Curso de
**Direitos
Humanos**

ANDRÉ DE CARVALHO RAMOS

Curso de Direitos Humanos

12ª edição
2025

- O autor deste livro e a editora empenharam seus melhores esforços para assegurar que as informações e os procedimentos apresentados no texto estejam em acordo com os padrões aceitos à época da publicação, *e todos os dados foram atualizados pelo autor até a data da entrega dos originais à editora*. Entretanto, tendo em conta a evolução das ciências, as atualizações legislativas, as mudanças regulamentares governamentais e o constante fluxo de novas informações sobre os temas que constam do livro, recomendamos enfaticamente que os leitores consultem sempre outras fontes fidedignas, de modo a se certificarem de que as informações contidas no texto estão corretas e de que não houve alterações nas recomendações ou na legislação regulamentadora.

- Data do fechamento do livro: 12/11/2024

- O autor e a editora se empenharam para citar adequadamente e dar o devido crédito a todos os detentores de direitos autorais de qualquer material utilizado neste livro, dispondo-se a possíveis acertos posteriores caso, inadvertida e involuntariamente, a identificação de algum deles tenha sido omitida.

- Direitos exclusivos para a língua portuguesa
  Copyright ©2025 by
  Saraiva Jur, um selo da SRV Editora Ltda.
  Uma editora integrante do GEN | Grupo Editorial Nacional
  Travessa do Ouvidor, 11
  Rio de Janeiro – RJ – 20040-040

- **Atendimento ao cliente: https://www.editoradodireito.com.br/contato**

- Reservados todos os direitos. É proibida a duplicação ou reprodução deste volume, no todo ou em parte, em quaisquer formas ou por quaisquer meios (eletrônico, mecânico, gravação, fotocópia, distribuição pela Internet ou outros), sem permissão, por escrito, da **SRV Editora Ltda.**

- Capa: Tiago Fabiano Dela Rosa
  Diagramação: SBNigri Artes e Textos Ltda.

- **DADOS INTERNACIONAIS DE CATALOGAÇÃO NA PUBLICAÇÃO (CIP)
  VAGNER RODOLFO DA SILVA – CRB-8/9410**

C196c   Ramos, André de Carvalho
  Curso de Direitos Humanos / André de Carvalho Ramos. – 12. ed. – São Paulo:
      Saraiva Jur, 2025.

  1096 p.
  ISBN: 978-85-5362-587-1 (Impresso)

  1. Direito. 2. Direitos Humanos. I. Título.

	CDD 341.4
2024-3235	CDU 341.4

  Índices para catálogo sistemático:
  1. Direitos Humanos   341.4
  2. Direitos Humanos   341.4

Respeite o direito autoral

*Reze e trabalhe, fazendo de conta que esta vida é um dia de capina
com sol quente, que às vezes custa muito a passar, mas sempre passa.
E você ainda pode ter muito pedaço bom de alegria...
Cada um tem a sua hora e a sua vez: você há de ter a sua.*
(**João Guimarães Rosa**, A hora e a vez de Augusto Matraga, in: *Sagarana*, 31. ed.
Rio de Janeiro: Nova Fronteira, 1984, p. 356.)

Ao Victor, Daniel e Denise, como tudo que faço e continuarei fazendo.
Boa leitura!

APRESENTAÇÃO DA 12ª EDIÇÃO

A elaboração deste *Curso* é fruto de um lento amadurecimento da minha atuação acadêmica na área dos direitos humanos. Inicialmente, meus projetos concentraram-se em livros específicos e artigos, além das aulas e orientações diversas na Graduação e Pós-Graduação (Especialização, Mestrado e Doutorado).

Após *vinte e nove anos* de docência universitária (em parte na Faculdade de Direito da Universidade de São Paulo, onde leciono atualmente), busquei oferecer à comunidade acadêmica brasileira a essência de um "Curso": uma *visão geral do docente* sobre a própria disciplina, atualizada e crítica, sem se perder na superficialidade e na mera coleção ou reprodução daquilo que os outros autores já mencionaram.

Este *Curso de Direitos Humanos* tem o propósito de expor, de modo adequado à importância e complexidade da matéria, os principais delineamentos normativos e precedentes judiciais da disciplina, para que os leitores possam, depois, aprofundar-se em um tema específico.

A metodologia que adotei é voltada para o aprendizado e fixação do conhecimento acumulado por intermédio de: (i) exposição do tema, (ii) quadros explicativos ao final de cada capítulo.

O livro está dividido em quatro grandes partes: na **primeira parte**, trato dos *aspectos gerais dos direitos humanos*, analisando o conceito, terminologia, fundamentos, desenvolvimento histórico, classificações e funções, bem como os direitos humanos na história e a proteção nacional e internacional; na **segunda parte**, abordo criticamente os principais tratados de direitos humanos e os mecanismos de monitoramento, incluindo também diversos diplomas de *soft law*, comentando ainda os principais casos da Corte Interamericana de Direitos Humanos (e *todos* os casos brasileiros); na **terceira parte**, analiso o tratamento dos direitos humanos de acordo com o ordenamento jurídico brasileiro, enfocando inclusive a atuação dos órgãos do Poder Executivo (desde o Ministério dos Direitos Humanos até os Conselhos, com análise dos *Programas Nacionais de Direitos Humanos*), Poder Legislativo, Ministério Público (da União e dos Estados) e Defensoria Pública (da União e dos Estados); na **quarta e última parte** são estudados os direitos e garantias em espécie, com análise minuciosa de diferentes tópicos, incluindo precedentes nacionais do Supremo Tribunal Federal e do Superior Tribunal de Justiça.

Como as quatro partes comprovam, este *Curso* é completo e abarca a visão *nacional* e *internacional* dos direitos humanos e seus órgãos de proteção internacionais (nos planos global e regional) e nacionais (na área federal, esta edição já está atualizada até 2024), o que inclui os órgãos de direitos humanos dos Poderes Executivo, Legislativo, Judiciário, além do Ministério Público e da Defensoria, bem como o estudo dos *direitos em espécie*, cujo conteúdo e interpretação têm desafiado os estudantes. Além da teoria, a *prática* não foi esquecida: em todos os direitos em espécie menciono os contornos dos casos concretos apreciados pelos tribunais do País ou ainda pela Corte Interamericana de Direitos Humanos.

Mantendo a premissa de atualidade que embasou a redação inicial deste *Curso*, esta 12ª edição conta com as últimas novidades legislativas e jurisprudenciais nacionais (em especial do STF e do STJ) e internacionais (em especial da Corte Interamericana de Direitos Humanos).

Entre as novidades da 12ª edição está o acréscimo de temas e discussões como: "*soft law* própria e imprópria", "*pushback* no contexto migratório", "direitos verdes e o direito à proteção contra a mudança climática", "direito a defender direitos humanos", "direito das pessoas em situação de rua (o "Relatório Farha" e a Lei n. 14.821/2024)", "extinção da pena de multa pela pobreza", "apreensão sem ordem judicial do celular pela polícia", "congelamento dos dados ou metadados sem ordem judicial", "consumo recreativo da maconha", "presunção de inocência e o empate nos julgamentos penais em órgão colegiado", "liberdade de imprensa e assédio judicial", "responsabilidade do veículo pelo conteúdo das entrevistas", "protocolo para julgamento com perspectiva de gênero" e a "diligência devida reforçada", "captação ambiental por terceiro (a favor da Acusação ou Defesa) e sua licitude mesmo após a Lei Anticrime", "ilicitude da gravação ambiental em pleito eleitoral", "inclusão de comentários aos Incidentes de Deslocamento de Competência 29, 31 e 32 (todos os IDCs já propostos foram analisados no *Curso*)", entre outros temas.

No que tange à análise de precedentes internacionais, foram incluídos mais 12 casos comentados da Corte Interamericana de Direitos Humanos, bem como todos os casos já julgados e em trâmite contra o Brasil. Foi revista toda a parte de medidas cautelares da Comissão Interamericana de Direitos Humanos e de medidas provisórias da Corte Interamericana de Direitos Humanos, com a atuação da Unidade de Monitoramento e Fiscalização do Conselho Nacional de Justiça. Também foram acrescidos, no tópico do Tribunal Penal Internacional, os mandados de prisão: contra líderes do Hamas e também contra o Primeiro-Ministro de Israel, Benjamin Netanyahu, e do seu Ministro da Defesa, Yoav Gallant. No que tange ao genocídio, foi tratada a ação da *África do Sul contra Israel* na Corte Internacional de Justiça, analisando-se a medida provisória exarada pela Corte, bem como a opinião consultiva sobre as consequências jurídicas decorrentes das políticas e práticas de Israel no território palestino ocupado, incluindo Jerusalém Oriental (sobre *apartheid*).

No plano internacional, foram acrescentados comentários à Declaração sobre a Eliminação da Violência contra as Mulheres (1993), à Declaração sobre os Defensores de Direitos Humanos (direito a defender direitos humanos – 1998) e aos Princípios Orientadores sobre Extrema Pobreza e Direitos Humanos (2012).

Também foram estudados 16 novos diplomas normativos nacionais, como 1) a Lei n. 14.713/2023 (que impede a guarda compartilhada em casos de risco de violência doméstica), 2) a Lei n. 14.624/2023 (institui o uso de cordão de girassóis como símbolo para deficiências ocultas), 3) a Lei n. 14.717/2023 (pensão especial para órfãos de feminicídio), 4) a Lei n. 14.721/2023 (expansão do suporte à gestante e à mãe no Estatuto da Criança e do Adolescente), 5) a Lei n. 14.786/2023 (protocolo "Não é Não" para prevenir violência contra a mulher), 6) a Lei n. 14.768/2023 (definição de deficiência auditiva), 7) a Lei n. 13.185/2015 (Programa de Combate ao *Bullying*), 8) a Lei n. 14.344/2022 (prevenção e enfrentamento da violência doméstica contra crianças e adolescentes), 9) a Lei n. 14.811/2024 (medidas de proteção contra violência em estabelecimentos educacionais), 10) a Lei n. 14.821/2024 (direitos das pessoas em situação de rua), 11) a Lei n. 14.826/2024 (instituição da parentalidade positiva e do "direito ao brincar"), 12) a Lei n. 14.847/2024 (atendimento privativo no SUS para mulheres vítimas de violência), 13) a Lei n. 14.880/2024 (Política Nacional de Atendimento Educacional Especializado a Crianças de Zero a Três Anos), 14) a Lei n. 14.911/2024 (prevenção e combate ao *bullying* no esporte), 15) a Lei n. 14.951/2024 (definição de cores para bengala longa de deficientes visuais) e 16) a Lei n. 14.836/2024 (*habeas corpus* de ofício e coletivo; empate em votações penais).

Esses tópicos juntam-se aos já existentes, como:
- "defesa da democracia e os atos golpistas de 8 de janeiro";
- "democracia militante";
- "denúncia de tratados e a teoria da junção de vontades negativas";
- "capacitismo sistêmico";
- "nacionalidade potestativa do filho adotivo";
- "local de detenção das pessoas trans";
- "legítima defesa da honra no Tribunal do Júri";
- "imprescritibilidade do crime de redução à condição análoga à de escravizado";

- "limites ao indulto presidencial e o Caso Daniel Silveira";
- "uso do *print* de WhatsApp";
- "Emenda Constitucional n. 131/2023 sobre a perda restrita da nacionalidade brasileira";
- "Incidente de Deslocamento de Competência imediato ou preventivo";
- Global Compact e o *bluewashing*;
- Pacto do Judiciário pelos Direitos Humanos e a Recomendação n. 123/2022 do CNJ (controle de convencionalidade);
- repulsão direta e indireta dos solicitantes de refúgio;
- Princípio do *non refoulement* e suas espécies;
- corrupção e direitos humanos;
- *in dubio pro natura*;
- direito à proteção dos dados pessoais;
- imunidade de jurisdição e direitos humanos;
- Lei Mariana Ferrer;
- Covid-19 e os direitos humanos;
- Lei Anticrime e seus impactos nos direitos humanos;
- Caso "André do Rap" e a revisão periódica da prisão preventiva;
- Caso do "racismo reverso" e o programa de *trainee* da Magalu;
- a absolvição com uso do quesito genérico no Tribunal do Júri e o recurso da Acusação para novo julgamento (prova contrária aos autos);
- presunção de inocência e o uso de condenações criminais existentes há mais de cinco anos como "maus antecedentes";
- entrada em vigor da LGPD;
- o racismo recreativo;
- a liberdade de expressão e as *fake news*;
- a liberdade de expressão e os membros da magistratura e do Ministério Público;
- o inquérito das *fake news* no STF e a ADPF n. 572;
- a privacidade e o direito à segurança, à verdade e à justiça: a geolocalização (Caso Marielle) e o uso do WhatsApp;
- prova e o acesso da polícia ao WhatsApp;
- direito à prova e cooperação jurídica internacional: a ADC 51;
- a independência do Poder Judiciário e a tese do uso do "art. 142";
- o enfrentamento de situações de emergência à luz dos direitos humanos;
- os diálogos institucionais e a convivência entre a legitimidade democrática e a proteção dos direitos humanos;
- a reforma da estrutura federal de proteção de direitos humanos;
- espécies de censura e a proteção da criança e do adolescente;
- o monitoramento de ideias e a "Escola sem partido": o efeito inibidor nas escolas;
- a liberdade de expressão e o efeito inibidor do uso de sanções cíveis e penais na defesa da honra (o crime de desacato é inconvencional?);
- a imprescritibilidade de graves violações de direitos humanos;
- a vulnerabilidade agravada dos povos indígenas;
- Princípios Básicos sobre a Independência do Poder Judiciário;
- Princípios de Bangalore;
- Protocolo de Minnesota sobre Investigação de Mortes Potencialmente Ilícitas;

- Princípios Básicos sobre o uso da força e armas de fogo pelos funcionários responsáveis pela aplicação da lei;
- o racismo homotransfóbico;
- a Operação Lava Jato: o juiz natural e crimes eleitorais conexos com crimes federais comuns;
- a liberdade de informação e a publicação de informação sob sigilo judicial (o caso da "Operação Boi Barrica");
- o "Caso Jair Bolsonaro" e a delimitação do discurso de ódio e racismo contra quilombolas (o *abuso da palavra* e a imunidade material dos congressistas);
- o "Caso Flávio Bolsonaro" e o compartilhamento de dados de órgãos de controle (Fisco, Coaf e Bacen) diretamente com o Ministério Público;
- a determinação de limite máximo de superpopulação carcerária e sua substituição por prisão domiciliar (sem controle);
- a restrição inconstitucional à atividade dos motoristas de aplicativo;
- a constitucionalidade de lei de proteção animal que prevê o sacrifício ritual de animais em cultos de religião de matriz africana;
- a participação popular e a extinção de conselhos na área de direitos humanos;
- a Justiça de Transição e o Caso Riocentro;
- a liberdade de religião e o sacrifício de animais;
- a pronúncia no Tribunal do Júri e a superação do *in dubio pro societate* no STF;
- a proibição do retrocesso social e o trabalho de mulheres grávidas e lactantes em ambientes insalubres;
- as decisões regulatórias e a restrição à revisão judicial;
- o ensino domiciliar (*homeschooling*) no STF;
- a impossibilidade de prisão para fins de deportação ou expulsão;
- a Bienal do Livro do Rio de Janeiro e o "beijo *gay*";
- as Testemunhas de Jeová e a recusa de tratamento;
- novos incidentes de deslocamento de competência, como o da "Favela Nova Brasília" e o "Caso Marielle";
- o "direito de falar por último" e a ordem de alegações finais do corréu colaborador no STF;
- efeito da medida provisória dos Relatores Especiais do Comitê de Direitos Humanos no caso da candidatura do ex-presidente Luiz Inácio Lula da Silva ("Caso Lula" no TSE);
- a indenização por danos materiais e morais devida aos presos em face do Estado do sistema prisional brasileiro;
- a constitucionalidade da preservação do meio ambiente pela proibição do uso de amianto;
- o caráter confessional do ensino religioso em escola pública e a laicidade;
- a constitucionalidade da lei que criou o "Mais Médicos";
- o proselitismo religioso em rádio comunitária;
- o racismo religioso;
- o novo entendimento sobre o foro por prerrogativa de função;
- a possibilidade de aborto realizado até a 12ª semana de gestação;
- o direito à saúde e a redução dos gastos públicos (Emenda do Orçamento Impositivo e Emenda do Teto);
- as cotas no serviço público e a Lei n. 12.990/2014 (ADC 41);
- a interposição de "*habeas corpus* coletivo";
- a suspensão de leis de restrição ao direito à educação democrática no contexto do movimento "Escola sem Partido";

- a nota zero nas redações do Enem que contenham conteúdo que ofenda os direitos humanos;
- o direito de greve dos servidores públicos, o desconto automático dos dias parados e o regime jurídico dos policiais;
- a abertura de vagas no sistema prisional, a Súmula Vinculante 56 e a questão do cumprimento de pena em regime mais gravoso;
- a questão da suspensão de mandato de congressista como medida cautelar penal (caso Eduardo Cunha e ADI 5.526);
- a inconstitucionalidade da vaquejada;
- a falta de culpa do proprietário como impeditivo de confisco de terras destinadas ao cultivo de drogas;
- a regulação dos direitos autorais e o Ecad;
- a imprescritibilidade dos crimes contra a humanidade no Brasil (Extradição n. 1.362/Argentina);
- a inconstitucionalidade do tratamento diferenciado entre cônjuge e companheiro para fins de sucessão;
- a fundamentação idônea e a quebra de sigilos fiscal e bancário por CPI;
- a execução provisória da pena;
- a convencionalidade do crime de desacato;
- a injúria racial como forma de racismo;
- a quebra do sigilo bancário diretamente pela Receita Federal e a nova posição do STF;
- o uso do *Miller-Test* e a obscenidade na jurisprudência do STF;
- o "crime de pederastia" no STF;
- a interrupção da gravidez pelo contágio do vírus Zika;
- o racismo institucional e a discriminação estrutural;
- direitos reprodutivos e sexuais.

Esses e outros temas tornam este *Curso* **único**, ao reunir precedentes nacionais de direitos humanos, entre outros julgados recentes.

Sem contar os comentários já existentes aos dispositivos da Emenda Constitucional n. 117/2022 (partidos políticos); Emenda Constitucional n. 115/2022 (proteção de dados); Recomendação n. 123/2022 do CNJ (controle de convencionalidade); a Lei n. 14.254/2021 (acompanhamento integral para educandos com dislexia ou Transtorno do Déficit de Atenção com Hiperatividade – TADH – ou outro transtorno de aprendizagem); Lei n. 14.306/2022 ("Dia Nacional da Síndrome de Down"); Lei n. 14.420/2022 ("Semana Nacional de Conscientização sobre o Transtorno do Déficit de Atenção com Hiperatividade"); EC n. 95/2016 (a "Emenda do Teto"), da EC n. 96/2017 (a "Emenda da Vaquejada e do Rodeio"), da EC n. 97/2017 e das Leis n. 13.487/2017 e 13.488/2017 (a minirreforma eleitoral), da Lei n. 13.709/2018 (Lei Geral de Proteção de Dados Pessoais), da Lei n. 13.641/2018 (descumprimento de medidas protetivas da Lei Maria da Penha), do Decreto n. 9.199/2017 (regulamentação da Lei de Migração), da Lei do Idoso (Lei n. 13.466/2017), da Lei n. 13.441/2017 (sobre infiltração de agentes policiais para a investigação de crimes contra a dignidade sexual de crianças), da Lei n. 13.440/2017 (perda de bens e valores em caso de prostituição ou exploração sexual de crianças), da Lei n. 13.434/2017 (proibição do uso de algemas), da Lei n. 13.431/2017 (sobre sistema de garantia de direitos da criança e do adolescente vítima ou testemunha de violência), da Lei n. 13.409/2016 (cotas), entre outras.

Aproveitei, para essa tarefa, tanto minha experiência docente (mais de vinte e nove anos no ensino jurídico) quanto minha experiência profissional na área dos direitos humanos.

Sou Procurador Regional da República (Ministério Público Federal), tendo sido Coordenador do Núcleo Criminal da Procuradoria Regional da República da 3ª Região, bem como Procurador Regional dos Direitos do Cidadão no Estado de São Paulo.

Exerci ainda a função de Procurador Regional Eleitoral do Estado de São Paulo (2012-2016), o maior colégio eleitoral do País, e, nessa atuação, lutei pela realização de um Direito Eleitoral inclusivo. Fui o *primeiro* Coordenador Nacional do Grupo Executivo Nacional da Função Eleitoral (GENAFE do Ministério Público Federal, 2013-2015).

Fui também o primeiro Secretário de Direitos Humanos e Defesa Coletiva da Procuradoria-Geral da República (2017-2019) e sou coordenador do Núcleo de Apoio à Procuradoria Federal dos Direitos do Cidadão na Procuradoria Regional da República da 3ª Região (2020-2022; reeleito para o biênio 2022-2024) e Coordenador do Grupo de Trabalho sobre Migrações e Refúgio da Procuradoria Federal dos Direitos do Cidadão (2020 – até o presente). Fui designado, pelo Procurador-Geral da República, observador, pelo Ministério Público Federal, do Comitê Nacional para os Refugiados (CONARE). Atualmente (2025-2025), sou Membro Auxiliar do Gabinete do Procurador-Geral da República, atuando em casos envolvendo Estados estrangeiros e Incidentes de Deslocamento de Competência.

Quis, assim, unir teoria e prática na defesa dos direitos humanos.

Leciono Direito Internacional (Público e Privado) e Direito Internacional dos Direitos Humanos na Graduação e na Pós-Graduação da *Faculdade de Direito da Universidade de São Paulo* (USP – Largo de São Francisco).

Na Faculdade de Direito da USP, fui aprovado no meu *Concurso Público de Ingresso* (2007) por unanimidade, com todos os votos dos cinco componentes da Banca. Sou também Professor Titular de Mestrado e Coordenador do Mestrado em Direito Constitucional Econômico da Escola Alfa Educação, em um ambiente de reflexão crítica e pesquisa sobre direitos, estado e economia.

Parte importante da minha visão sobre o aprendizado do ensino jurídico foi construída pela experiência pessoal: fui aprovado nos árduos concursos públicos para os cargos de *Procurador da República* (1º lugar *nacional* em todas as provas – preambular, escrita e oral – e 2º lugar *nacional* após o cômputo dos títulos), *Juiz Federal substituto* (4ª Região, 1º lugar) e ainda *Procurador do Estado* (Paraná, 1º lugar).

Em 2021, fui escolhido para integrar a *Banca do XX Concurso* para Juiz Federal Substituto do Tribunal Regional Federal da 3ª Região; designado para examinar Direito Internacional Público, Direito Internacional Privado e proteção internacional dos direitos humanos, o que realiza um desejo de contribuir na seleção das novas juízas e novos juízes federais do Brasil.

Em 2022, fui escolhido para compor a *Banca do 30º Concurso* de Procurador da República (na área de Direito Internacional Público e Direito Internacional Privado), contribuindo, agora na instituição que me orgulho de integrar, para a seleção dos novos colegas.

Nesta edição, registro meu agradecimento (pela ordem alfabética) aos brilhantes pesquisadores Ana Luiza Vidotti (Doutoranda em Direito Internacional pela FADUSP), Davi Quintanilha Failde de Azevedo (Doutor em Direito Internacional e Defensor Público do Estado de São Paulo), Isabel Penido de Campos Machado (Professora Doutora da Universidade Católica de Brasília) e Surrailly Fernandes Youssef (Mestre pela FADUSP e Defensora Pública do Estado de São Paulo) pelo auxílio na atualização desta obra.

Para finalizar, agradeço aos que me incentivaram, ao longo dos anos, a continuar lecionando e escrevendo: meus familiares; docentes; alunas e alunos das mais diversas Faculdades; colegas do Ministério Público, Magistratura, Defensoria, Advogados; e, acima de tudo, às minhas leitoras e aos meus leitores de todo o Brasil.

SUMÁRIO

Apresentação da 12ª edição IX

PARTE I – ASPECTOS BÁSICOS DOS DIREITOS HUMANOS

Capítulo I – Direitos humanos: conceito, estrutura e sociedade inclusiva 3
1. Conceito e estrutura dos direitos humanos 3
2. Conteúdo e cumprimento dos direitos humanos: rumo a uma sociedade inclusiva 3

Capítulo II – Os direitos humanos na história 6
1. Direitos humanos: faz sentido o estudo das fases precursoras? 6
2. A fase pré-Estado Constitucional 7
   - 2.1. A Antiguidade Oriental e o esboço da construção de direitos 7
   - 2.2. A visão grega e a democracia ateniense 7
   - 2.3. A República Romana 8
   - 2.4. O Antigo e o Novo Testamento e as influências do Cristianismo e da Idade Média 8
   - 2.5. Resumo da ideia dos direitos humanos na Antiguidade: a liberdade dos antigos e a liberdade dos modernos 9
3. A crise da Idade Média, início da Idade Moderna e os primeiros diplomas de direitos humanos 10
4. O debate das ideias: Hobbes, Grócio, Locke, Rousseau e os iluministas 12
5. A fase do constitucionalismo liberal e das declarações de direitos 14
6. A fase do socialismo e do constitucionalismo social 17
7. A internacionalização dos direitos humanos: as normas vinculantes e as normas de *soft law* (própria e imprópria) 18

Capítulo III – Terminologia, fundamento e classificação 21
1. Terminologia: os direitos humanos e os direitos fundamentais 21
2. Classificação dos direitos humanos 24
   - 2.1. A teoria do *status* e suas repercussões 24
   - 2.2. A teoria das gerações ou dimensões: a inexauribilidade dos direitos humanos 25
   - 2.3. A classificação pelas funções 28
   - 2.4. A classificação pela finalidade: os direitos e as garantias 30
   - 2.5. A classificação adotada na Constituição de 1988 32
     - 2.5.1. Direitos individuais 32
     - 2.5.2. Direitos sociais 33
     - 2.5.3. Direito à nacionalidade 34
     - 2.5.4. Direitos políticos e os partidos 34

		2.5.5.	Direitos coletivos, difusos e os direitos individuais de expressão coletiva......	37
		2.5.6.	Os deveres individuais e coletivos	38
	2.6.	A classificação pela forma de reconhecimento...		39
	2.7.	Mínimo existencial e a reserva do possível		42
3.	Dignidade humana			43
	3.1.	Conceito de dignidade humana e seus elementos..		43
	3.2.	Usos possíveis da dignidade humana..		45
4.	Os fundamentos dos direitos humanos...			48
	4.1.	O fundamento jusnaturalista		48
		4.1.1.	O jusnaturalismo de origem religiosa e o de origem racional..........	48
		4.1.2.	O jusnaturalismo de direitos humanos no direito internacional e no STF	50
	4.2.	O positivismo nacionalista..		52
	4.3.	As teorias utilitaristas, socialistas e comunistas do século XIX e a crítica aos direitos humanos		54
		4.3.1.	O utilitarismo clássico: Bentham e Stuart Mill	54
		4.3.2.	O socialismo e o comunismo..	54
	4.4.	A reconstrução dos direitos humanos no século XX: a dignidade humana e a abertura aos princípios jurídicos		55
5.	As especificidades dos direitos humanos..			56
	5.1.	A centralidade dos direitos humanos		56
	5.2.	Universalidade, inerência e transnacionalidade		57
	5.3.	Indivisibilidade, interdependência e unidade		59
	5.4.	A abertura dos direitos humanos, não exaustividade e fundamentalidade...........		61
	5.5.	Imprescritibilidade, inalienabilidade, indisponibilidade................................		62
	5.6.	Proibição do retrocesso...		64
	5.7.	A justiciabilidade dos direitos econômicos, sociais, culturais e ambientais (DESCAs)		67
	5.8.	A natureza de *jus cogens* de determinadas normas de direitos humanos		70
6.	A interpretação..			71
	6.1.	A interpretação conforme os direitos humanos..		71
	6.2.	A interpretação dos direitos humanos: aspectos gerais.................................		72
	6.3.	A máxima efetividade, a interpretação *pro persona* e o princípio da primazia da norma mais favorável ao indivíduo (à vítima)...		76
7.	A resolução dos conflitos entre direitos humanos			79
	7.1.	Aspectos gerais: a delimitação dos direitos humanos....................................		79
	7.2.	Teoria interna		81
	7.3.	Teoria externa		82
	7.4.	O princípio da proporcionalidade		84
		7.4.1.	Conceito e situações típicas de invocação na temática dos direitos humanos	84
		7.4.2.	Fundamento...	86
		7.4.3.	Elementos da proporcionalidade...	87
		7.4.4.	A proibição da proteção insuficiente: o sentido positivo da proporcionalidade..	90
		7.4.5.	A regra de colisão previamente disposta na Constituição e a ponderação de 2º grau	92
		7.4.6.	Proporcionalidade e razoabilidade	95
		7.4.7.	Inconstitucionalidade e proporcionalidade	96

8. A proteção do conteúdo essencial dos direitos humanos e a "garantia dupla" 99
9. Espécies de restrições dos direitos humanos 102
   9.1. As restrições legais: a reserva legal simples e a reserva legal qualificada 102
   9.2. Os direitos sem reserva expressa: a reserva legal subsidiária e a "reserva geral de ponderação" 103
   9.3. As limitações dos direitos humanos pelas relações especiais de sujeição 103
   9.4. O enfrentamento de situações de emergência à luz dos direitos humanos 104
10. Os diálogos institucionais e a convivência entre a legitimidade democrática e a proteção dos direitos humanos. O efeito *backlash* 107

PARTE II – ASPECTOS PRINCIPAIS DOS TRATADOS DE DIREITOS HUMANOS, DO DIREITO INTERNACIONAL HUMANITÁRIO E DO DIREITO INTERNACIONAL DOS REFUGIADOS

Capítulo I – Os três eixos da proteção internacional de direitos humanos 111

Capítulo II – O sistema universal (ONU) 113
1. A Carta Internacional dos Direitos Humanos 113
2. Pacto Internacional sobre Direitos Civis e Políticos 113
   2.1. Protocolo Facultativo ao Pacto Internacional sobre Direitos Civis e Políticos 117
   2.2. Segundo Protocolo Adicional ao Pacto Internacional sobre Direitos Civis e Políticos 118
3. Pacto Internacional sobre Direitos Econômicos, Sociais e Culturais (PIDESC) 119
   3.1. Protocolo Facultativo ao PIDESC 123
4. Convenção Suplementar sobre a Abolição da Escravatura, do Tráfico de Escravizados e das Instituições e Práticas Análogas à Escravatura 125
5. Convenção para a Prevenção e a Repressão do Crime de Genocídio 129
6. Convenção sobre Imprescritibilidade dos Crimes de Guerra e dos Crimes Contra a Humanidade 132
7. Convenção relativa ao Estatuto dos Refugiados e Protocolo sobre o Estatuto dos Refugiados 134
8. Declaração de Nova York sobre Refugiados e Migrantes (2016). O Pacto Global para a Migração Segura, Ordenada e Regular (2018) 139
9. Convenção sobre o Estatuto dos Apátridas (1954) 142
10. Convenção para a Redução dos Casos de Apatridia (1961) 144
11. Convenção sobre a Eliminação de Todas as Formas de Discriminação Racial 146
12. Convenção Internacional sobre a supressão e punição do crime de *apartheid* 149
13. Convenção Internacional contra o *apartheid* nos esportes 151
14. Convenção sobre a Eliminação de Todas as Formas de Discriminação contra a Mulher (CEDAW) e respectivo Protocolo Facultativo 152
15. Convenção contra a Tortura e Outros Tratamentos ou Penas Cruéis, Desumanos ou Degradantes e Protocolo Opcional 158
16. Protocolo de Istambul 164
17. Regras Mínimas das Nações Unidas para o Tratamento de Presos (Regras Nelson Mandela) 166
18. Regras das Nações Unidas para o Tratamento de Mulheres Presas e Medidas Não Privativas de Liberdade para Mulheres Infratoras (Regras de Bangkok) 173
19. Convenção Internacional para a Proteção de Todas as Pessoas contra o Desaparecimento Forçado 176
20. Convenção sobre os Direitos da Criança 184

- 20.1. O Protocolo Facultativo à Convenção sobre os Direitos da Criança Relativo ao Envolvimento de Crianças em Conflitos Armados.. 194
- 20.2. Protocolo Facultativo à Convenção sobre os Direitos da Criança Referente à Venda de Crianças, à Prostituição Infantil e à Pornografia Infantil 195
- 20.3. Protocolo Facultativo à Convenção sobre os Direitos das Crianças, Relativo aos Procedimentos de Comunicação 199
21. Declaração e Programa de Ação de Viena (1993).. 202
22. Protocolo de Prevenção, Supressão e Punição do Tráfico de Pessoas, especialmente Mulheres e Crianças, complementar à Convenção das Nações Unidas contra o Crime Organizado Transnacional.. 205
23. Convenção da ONU sobre os Direitos das Pessoas com Deficiência e seu Protocolo Facultativo... 208
24. Tratado de Marraqueche sobre acesso facilitado a obras publicadas................................. 213
25. Convenção Internacional sobre a Proteção dos Direitos de Todos os Trabalhadores Migrantes e dos Membros das suas Famílias 217
26. Princípios de Yogyakarta sobre orientação sexual – "Mais 10" 225
27. Convenção n. 169 da OIT sobre Povos Indígenas e Tribais 230
28. Declaração da ONU sobre os Direitos dos Povos Indígenas 235
29. Convenção sobre a Proteção e Promoção da Diversidade das Expressões Culturais....... 237
30. O "Global Compact" e os Princípios Orientadores sobre Empresas e Direitos Humanos. O "Bluewashing" e a responsabilidade das empresas 241
31. Convenção Quadro de Controle do Tabaco (CQCT) 247
32. Princípios Básicos sobre a Independência do Poder Judiciário e os Princípios de Bangalore... 250
33. O Protocolo de Minnesota sobre Investigação de Mortes Potencialmente Ilícitas............ 254
34. Princípios básicos sobre o uso da força e armas de fogo pelos funcionários responsáveis pela aplicação da lei 257
35. Declaração sobre o Direito ao Desenvolvimento (1986) 259
36. Declaração de Estocolmo sobre Meio Ambiente Humano (1972). Declaração da Conferência das Nações Unidas sobre o Meio Ambiente Humano ("Declaração de Estocolmo" – 1972)... 262
37. Declaração das Nações Unidas sobre o Meio Ambiente e o Desenvolvimento ("Declaração do Rio" – 1992)... 265
38. Agenda 2030 para o Desenvolvimento Sustentável.. 267
39. As 100 Regras de Brasília sobre o Acesso à Justiça das Pessoas em condição de vulnerabilidade... 270
40. Declaração Universal da Democracia (1987) 273
41. Declaração sobre a Eliminação da Violência contra as Mulheres (1993) 274
42. Plano de Rabat (2013) 276
43. Diretrizes de Riad – Diretrizes das Nações Unidas para Prevenção da Delinquência Juvenil (1990).. 278
44. Princípios Básicos e Diretrizes sobre o Direito a uma Reparação e Indenização para Vítimas de Graves Violações do Direito Internacional dos Direitos Humanos do Direito Internacional Humanitário (2005) 280
45. Princípios Orientadores sobre Extrema Pobreza e Direitos Humanos (2012) 281
46. Declaração sobre os Defensores de Direitos Humanos (direito a defender direitos humanos – 1998)... 285
47. Guia sobre como combater as violações dos direitos dos defensores dos direitos humanos ("Relatório Forst") de 2019 287

Capítulo III – O sistema regional americano 290

1. A Carta da OEA e a Declaração Americana dos Direitos e Deveres do Homem: aspectos gerais do sistema 290
2. Atuação específica da Organização dos Estados Americanos (OEA)............................ 292
   - 2.1. A OEA e a valorização da Defensoria Pública... 292
   - 2.2. Os relatórios anuais e relatoria para a liberdade de expressão 293
3. Convenção Americana Sobre Direitos Humanos ("Pacto de San José da Costa Rica")... 294
4. Protocolo adicional à Convenção Americana sobre Direitos Humanos em matéria de direitos econômicos, sociais e culturais ("Protocolo de San Salvador")............................ 305
5. Protocolo à Convenção Americana sobre Direitos Humanos Referente à Abolição da Pena de Morte 310
6. Convenção Interamericana para Prevenir e Punir a Tortura.. 311
7. Convenção Interamericana para Prevenir, Punir e Erradicar a Violência Contra a Mulher ("Convenção de Belém do Pará") 314
8. Convenção Interamericana para a Eliminação de Todas as Formas de Discriminação contra as Pessoas Portadoras de Deficiência.. 317
9. Convenção Interamericana sobre o Desaparecimento Forçado 320
10. Carta Democrática Interamericana 324
11. Carta Social das Américas... 326
12. Convenção Interamericana sobre a Proteção dos Direitos Humanos das Pessoas Idosas 328
13. Convenção Interamericana contra Toda Forma de Discriminação e Intolerância 330
14. Convenção Interamericana contra o Racismo, Discriminação Racial e Formas Conexas de Intolerância 333
15. Declaração de Princípios sobre Liberdade de Expressão (2000)................................... 335
16. Declaração Americana sobre os Direitos dos Povos Indígenas...................................... 336
17. Acordo Regional sobre Acesso à Informação, Participação Pública e Acesso à Justiça em Assuntos Ambientais na América Latina e no Caribe (Acordo de Escazú)................ 339

Capítulo IV – O sistema do Mercado Comum do Sul (Mercosul)............................ 342

1. Aspectos gerais do Mercosul e a defesa da democracia e dos direitos humanos............ 342
2. Os protocolos de Ushuaia e Montevidéu ("Ushuaia II") 343
3. Protocolo de Assunção sobre Compromisso com a Promoção e Proteção dos Direitos Humanos do Mercosul 344

Capítulo V – Mecanismos internacionais de proteção e monitoramento dos direitos humanos: competência, composição e funcionamento 346

1. Aspectos gerais do sistema global (ONU) 346
2. Conselho de Direitos Humanos 346
   - 2.1. Relatores especiais 347
   - 2.2. Revisão Periódica Universal 349
3. Comitê de Direitos Humanos 351
   - 3.1. Casos contra o Brasil... 353
4. Conselho Econômico e Social e Comitê de Direitos Econômicos, Sociais e Culturais.... 355
5. Comitê para a Eliminação da Discriminação Racial.. 358
6. Comitê sobre a Eliminação da Discriminação contra a Mulher..................................... 359
7. Comitê contra a Tortura 362
   - 7.1. Casos contra o Brasil... 368
8. Comitê para os Direitos da Criança 370
   - 8.1. Casos contra o Brasil: Greta Thunberg *vs.* Brasil.. 372

9. Comitê sobre os Direitos das Pessoas com Deficiência 373
    9.1. Casos contra o Brasil 374
10. Comitê contra Desaparecimentos Forçados 375
11. Resumo da atividade de monitoramento internacional pelos Comitês (*treaty bodies*).... 377
12. Alto Comissariado das Nações Unidas para Direitos Humanos 378
13. Comissão Interamericana de Direitos Humanos (Comissão IDH) 380
    13.1. Aspectos gerais 380
    13.2. A Comissão IDH e o trâmite das petições individuais 381
        13.2.1. Provocação e condições de admissibilidade 381
        13.2.2. A conciliação perante a Comissão 382
        13.2.3. As medidas cautelares da Comissão 383
        13.2.4. O Primeiro Informe e possível ação perante a Corte IDH 387
        13.2.5. O Segundo Informe 388
    13.3. Corte Interamericana de Direitos Humanos 388
        13.3.1. Composição e o juiz *ad hoc* 388
        13.3.2. Funcionamento 389
        13.3.3. Legitimidade ativa e passiva nos processos contenciosos 390
        13.3.4. O EPAP (ESAP) e o defensor público interamericano 390
        13.3.5. Contestação, exceções preliminares e provas 391
        13.3.6. Os *amici curiae* 392
        13.3.7. As medidas provisórias: a jurisdição cautelar 392
        13.3.8. Desistência, reconhecimento e solução amistosa 397
        13.3.9. A sentença da Corte: as obrigações de dar, fazer e não fazer 398
        13.3.10. O recurso cabível 398
        13.3.11. Jurisprudência da Corte Interamericana de Direitos Humanos: casos contenciosos 398
        13.3.12. A jurisdição consultiva da Corte IDH: o controle de convencionalidade preventivo e a coisa julgada interpretada 458
14. Entes e procedimentos da proteção da democracia no Mercosul 470

Capítulo VI – O Tribunal Penal Internacional e os direitos humanos 474

1. Os Tribunais precursores: de Nuremberg a Ruanda 474
2. O Estatuto de Roma 476
3. A fixação da jurisdição do TPI 478
4. O princípio da complementaridade e o regime jurídico: imprescritível e sem imunidades 478
5. Os crimes de *jus cogens* 480
    5.1. Genocídio 480
    5.2. Crimes contra a humanidade 481
    5.3. Crimes de guerra 482
    5.4. Crime de agressão 482
6. O trâmite 483
7. Penas e ordens de prisão processual 489
8. Responsabilidade penal individual no Estatuto de Roma 489
9. O TPI e o Brasil 490

PARTE III – O BRASIL E OS DIREITOS HUMANOS

1. Da Constituição de 1824 ao Congresso Nacional Constituinte (1985-1987) 499
2. A Constituição de 1988, fundamentos, objetivos e a internacionalização dos direitos humanos 501
   - 2.1. Os fundamentos e objetivos da República 501
   - 2.2. A expansão dos direitos humanos e sua internacionalização na Constituição de 1988 502
   - 2.3. A supremacia da Constituição e os direitos humanos 503
   - 2.4. Cláusulas pétreas 504
3. Os tratados de direitos humanos: formação, incorporação e hierarquia normativa no Brasil 510
   - 3.1. As normas constitucionais sobre a formação e incorporação de tratados 510
     - 3.1.1. Terminologia e a prática constitucional brasileira 510
     - 3.1.2. A teoria da junção de vontades 511
     - 3.1.3. As quatro fases: da formação da vontade à incorporação 511
     - 3.1.4. A hierarquia normativa ordinária ou comum dos tratados 515
   - 3.2. Processo legislativo, aplicação e hierarquia dos tratados internacionais de direitos humanos em face do art. 5º, e seus parágrafos, da CF/88 519
     - 3.2.1. Aspectos gerais 519
     - 3.2.2. A situação antes da Emenda Constitucional n. 45/2004: os §§ 1º e 2º do art. 5º 520
   - 3.3. A hierarquia normativa dos tratados de direitos humanos e a Emenda Constitucional n. 45/2004 521
     - 3.3.1. Aspectos gerais 521
     - 3.3.2. As diferentes visões doutrinárias sobre o impacto do rito especial do art. 5º, § 3º, na hierarquia dos tratados de direitos humanos 522
   - 3.4. A teoria do duplo estatuto dos tratados de direitos humanos: natureza constitucional (os aprovados pelo rito do art. 5º, § 3º) e natureza supralegal (todos os demais) 524
   - 3.5. O impacto do art. 5º, § 3º, no processo de formação e incorporação dos tratados de direitos humanos 526
     - 3.5.1. O rito especial do art. 5º, § 3º, é facultativo: os tratados de direitos humanos aprovados pelo rito comum depois da EC n. 45/2004 526
     - 3.5.2. O rito especial pode ser requerido pelo Presidente ou pelo Congresso 527
     - 3.5.3. O decreto de promulgação continua a ser exigido no rito especial 527
4. A denúncia de tratado internacional de direitos humanos em face do direito brasileiro: a teoria da junção de vontades negativa 528
5. A aplicabilidade imediata das normas contidas em tratados internacionais de direitos humanos ratificados pelo Brasil 531
6. O bloco de constitucionalidade 531
   - 6.1. O bloco de constitucionalidade amplo 531
   - 6.2. O bloco de constitucionalidade restrito 532
7. O controle de convencionalidade e suas espécies: o controle de matriz internacional e o controle de matriz nacional 534
8. "O Diálogo das Cortes" e seus parâmetros 538
9. A crise dos "tratados internacionais nacionais" e a superação do conflito entre decisões sobre direitos humanos: a teoria do duplo controle 540
10. A competência da Justiça Federal nas hipóteses de grave violação de direitos humanos 542
    - 10.1. O incidente de deslocamento de competência: origens e trâmite 542
    - 10.2. A motivação para a criação do IDC e requisitos para seu deferimento 543

	10.3.	A prática do deslocamento	544
	10.4.	As críticas ao IDC. O IDC preventivo ou imediato	548
11.	A busca da implementação dos direitos humanos no Brasil	551
	11.1.	O IDH brasileiro e a criação de uma política de direitos humanos	551
	11.2.	Os Programas Nacionais de Direitos Humanos 1, 2 e 3	552
	11.3.	Programas estaduais de direitos humanos	557
12.	As principais instituições de defesa e promoção dos direitos humanos no Poder Executivo Federal	559
	12.1.	Ministério dos Direitos Humanos e da Cidadania	559
	12.2.	Conselhos de Participação Social	562
	12.3.	Ouvidoria Nacional de Direitos Humanos	564
	12.4.	Conselho Nacional dos Direitos Humanos	564
	12.5.	Outros órgãos colegiados federais de defesa de direitos humanos	567
		12.5.1. Conselho Nacional dos Direitos da Criança e do Adolescente – CONANDA	567
		12.5.2. Conselho Nacional dos Direitos da Pessoa com Deficiência – CONADE	568
		12.5.3. Conselho Nacional dos Direitos da Pessoa Idosa – CNDPI	569
		12.5.4. Conselho Nacional dos Direitos das Pessoas Lésbicas, Gays, Bissexuais, Travestis, Transexuais, Queers, Intersexos, Assexuais e Outras – CNLGBTQIA+	569
		12.5.5. Comissão Especial sobre Mortos e Desaparecidos Políticos – CEMDP	570
		12.5.6. Comissão Nacional de Erradicação do Trabalho Escravo – CONATRAE	571
		12.5.7. Conselho Nacional de Promoção da Igualdade Racial – CNPIR	572
		12.5.8. Conselho Nacional dos Direitos da Mulher – CNDM	572
		12.5.9. Comitê Nacional de Prevenção e Combate à Tortura e o Mecanismo Nacional de Prevenção e Combate à Tortura	573
13.	No Poder Legislativo Federal: a Comissão de Direitos Humanos e Minorias da Câmara dos Deputados – CDHM	578
14.	Ministério Público Federal e Procuradoria Federal dos Direitos do Cidadão	579
15.	A Defensoria Pública da União e a defesa dos direitos humanos	581
16.	Instituições de defesa de direitos humanos no plano estadual e municipal	583
	16.1.	Ministério Público estadual	583
	16.2.	Defensoria Pública do Estado e a defesa dos direitos humanos	584
	16.3.	Conselhos Estaduais de Direitos Humanos	586
17.	*Custos legis*, *custos vulnerabilis* e o *amicus curiae* na defesa dos direitos humanos	587
18.	A instituição nacional de direitos humanos e os "Princípios de Paris"	589
	18.1.	O conceito de instituição nacional de direitos humanos	589
	18.2.	Os Princípios de Paris	590
	18.3.	A instituição nacional de direitos humanos e a ONU	591
	18.4.	O Brasil e a instituição nacional de direitos humanos	592
19.	Recomendações e resoluções do sistema de justiça	595
	19.1.	A Recomendação n. 123 do CNJ e o Pacto Nacional do Judiciário pelos Direitos Humanos	595
	19.2.	O Protocolo para Julgamento com Perspectiva de Gênero e a "diligência devida reforçada"	597
	19.3.	O controle de convencionalidade e o Ministério Público	599

PARTE IV – OS DIREITOS E GARANTIAS EM ESPÉCIE

1. Aspectos gerais 605
2. Destinatários da proteção e sujeitos passivos 605
3. Direito à vida 607
   3.1. Aspectos gerais 607
   3.2. Início: a concepção, o embrião *in vitro* e a proteção do direito à vida 608
   3.3. Término da vida: eutanásia, ortotanásia, distanásia e suicídio 610
   3.4. Pena de morte 612
      3.4.1. As fases rumo ao banimento da pena de morte 612
      3.4.2. O tratamento desumano: o "corredor da morte" 614
4. O direito à igualdade 615
   4.1. Livres e iguais: a igualdade na era da universalidade dos direitos humanos 615
   4.2. As dimensões da igualdade 617
   4.3. As diversas categorias e classificações doutrinárias 618
   4.4. O dever de inclusão, discriminação direta e indireta, teoria do impacto desproporcional 619
      4.4.1. Para obter a igualdade: as medidas repressivas, promocionais e as ações afirmativas 621
      4.4.2. Discriminação estrutural ou sistêmica. Racismo institucional. Racismo estrutural. O Caso Simone Diniz 627
   4.5. A violência de gênero 629
      4.5.1. Aspectos gerais. Tratados. Lei Maria da Penha. A lei do "não é não" 629
      4.5.2. A condição de mulher e os critérios de identificação. A mulher trans e a Lei Maria da Penha 633
      4.5.3. Aspectos penais e processuais penais da Lei Maria da Penha e a ADI n. 4.424 633
      4.5.4. A igualdade material e a ADC 19 634
      4.5.5. A Lei n. 13.104/2015: o feminicídio 635
   4.6. Decisões do STF e do STJ sobre igualdade 636
5. Legalidade 645
   5.1. Legalidade e reserva de lei 645
   5.2. Os decretos e regulamentos autônomos (CF, art. 84, IV) 647
   5.3. Reserva de lei e reserva de Parlamento 648
   5.4. Regimentos de tribunais e reserva de lei 649
   5.5. Resoluções do CNJ e do CNMP 650
   5.6. Precedentes diversos do STF 651
6. Direito à integridade física e psíquica 654
   6.1. Direito à integridade física e moral 654
   6.2. A tortura (art. 5º, III e XLIII) e seu tratamento constitucional e internacional 655
      6.2.1. O crime de tortura previsto na Lei n. 9.455/97 657
      6.2.2. O tratamento desumano ou degradante 658
      6.2.3. Tortura e penas ou tratos cruéis, desumanos ou degradantes como conceito integral. Diferenciação entre os elementos do conceito na jurisprudência da Corte Europeia de Direitos Humanos (caso irlandês) e seus reflexos no art. 16 da Convenção da ONU contra a Tortura de 1984 659
      6.2.4. Experimentação humana e seus limites bioéticos: casos de convergência com o conceito de tortura 660
   6.3. Precedentes do STF e do STJ 661

7. Liberdade de pensamento e expressão da atividade intelectual, artística, científica e de comunicação 663
   7.1. Conceito e alcance 664
   7.2. Espécies de censura e a proteção da criança e do adolescente 665
   7.3. O monitoramento de ideias: o efeito inibidor nas escolas 666
   7.4. A liberdade de expressão e o efeito inibidor do uso de sanções cíveis e penais na defesa da honra (o crime de desacato é inconvencional?) 666
   7.5. A proibição do anonimato, direito de resposta e indenização por danos 670
   7.6. A liberdade de expressão e o "discurso de ódio" (*hate speech*) 671
   7.7. Humor, pornografia e outros casos de limite à liberdade de expressão. O racismo recreativo. O "Miller-Test" 673
   7.8. Lei de Imprensa e regulamentação da liberdade de expressão. O uso do direito penal na repressão à liberdade de expressão 675
   7.9. Liberdade de imprensa e assédio judicial. A responsabilidade do veículo pelo conteúdo das entrevistas 677
   7.10. Liberdade de expressão em período eleitoral 678
   7.11. A liberdade de expressão e as *fake news* 680
   7.12. A liberdade de expressão e os membros da Magistratura e do Ministério Público 681
   7.13. Outros casos de liberdade de expressão e suas restrições no STF 684
8. Liberdade de consciência e liberdade religiosa 686
   8.1. Liberdade de consciência 686
   8.2. Liberdade de crença ou de religião 687
   8.3. Limites à liberdade de crença e religião 690
9. Direito à intimidade, à vida privada, à honra e à imagem 693
   9.1. Conceito: diferença entre privacidade (ou vida privada) e intimidade 693
   9.2. Direito à honra e à imagem 694
   9.3. Direito à privacidade e suas restrições possíveis 695
   9.4. Direito ao esquecimento e direito à esperança: o conflito entre a privacidade e a liberdade de informação 697
   9.5. Ordens judiciais restringindo a liberdade de informação em nome do direito à privacidade 701
   9.6. Divulgação de informação de interesse público obtida ilicitamente 701
   9.7. Inviolabilidade domiciliar 703
      9.7.1. Conceito e as exceções constitucionais 703
      9.7.2. Proibição de ingresso no domicílio e a atividade das autoridades tributárias e sanitárias 705
   9.8. Advogado: inviolabilidade do escritório de advocacia e preservação do sigilo profissional 706
   9.9. O sigilo de dados em geral 706
      9.9.1. Sigilo fiscal 708
      9.9.2. Sigilo bancário 709
   9.10. O COAF e os sigilos bancário e fiscal 714
   9.11. O CNJ e os sigilos bancário e fiscal 715
   9.12. Sigilo de correspondência e de comunicação telegráfica: possibilidade de violação e ausência de reserva de jurisdição 716
   9.13. O sigilo telefônico e interceptação prevista na Lei n. 9.296/96, inclusive do fluxo de comunicações em sistemas de informática e telemática. O sigilo comum e o sigilo qualificado 717
   9.14. A gravação realizada por um dos interlocutores sem o conhecimento do outro 720

9.15.	A interceptação ambiental	721
9.16.	Casos excepcionais de uso da interceptação telefônica: o "encontro fortuito de crime", a descoberta de novos autores e a prova emprestada	723
9.17.	Interceptação telefônica ordenada por juízo cível	724
9.18.	A Lei Geral de Proteção de Dados Pessoais	725
9.19.	A privacidade e o direito à segurança, à verdade e à justiça: a geolocalização (Caso Marielle) e o uso do WhatsApp	728
9.20.	O compartilhamento dos dados entre órgãos públicos. O acesso ao "cadastro base do cidadão"	731
9.21.	Decisões do STF	732
10. Liberdade de informação e sigilo de fonte		735
10.1.	Jurisprudência do STF	735
11. Liberdade de locomoção		736
11.1.	Conceito e restrições à liberdade de locomoção	736
11.2.	A privação de liberdade após a Lei Anticrime	737
11.3.	Liberdade provisória com ou sem fiança	744
11.4.	Prisões nos casos de transgressões militares ou crimes propriamente militares, definidos em lei e as prisões no estado de emergência	744
11.5.	Enunciação dos direitos do preso	745
11.6.	Direito a não contribuir para sua própria incriminação	746
11.7.	Prisão extrapenal	749
11.8.	Audiência de apresentação ou custódia	751
11.9.	Sistema prisional, uso de algemas e o estado de coisas inconstitucional. A extinção da pena de multa pela pobreza	754
12. Liberdade de reunião e manifestação em praça pública. O discurso contramajoritário, uso de máscaras e as táticas *black block*		758
13. Liberdade de associação		760
13.1.	Jurisprudência do STF	761
14. Direito de propriedade		762
14.1.	Conceito e função social	762
14.2.	As restrições impostas ao direito de propriedade	763
14.3.	A desapropriação	764
14.4.	Impenhorabilidade	765
14.5.	Propriedade de estrangeiros	765
15. Direitos autorais		768
15.1.	Direitos autorais e domínio público	768
15.2.	A proteção à propriedade industrial	769
16. Direito de herança e Direito Internacional Privado		770
17. Defesa do consumidor		771
17.1.	Jurisprudência do STJ	772
18. Direito à informação e a Lei de Acesso à Informação Pública		772
19. Direito de petição		774
20. Direito à certidão		775
21. Direito de acesso à justiça		776
21.1.	Conceito	776
21.2.	A tutela coletiva de direitos e a tutela de direitos coletivos	779
21.3.	Ausência de necessidade de prévio esgotamento da via administrativa e a falta de interesse de agir	779
21.4.	Arbitragem e acesso à justiça	780

21.5. A independência do Poder Judiciário e a tese do uso do "art. 142". ... 780
21.6. Acesso à justiça e imunidade de jurisdição do Estado estrangeiro em casos de violações de direitos humanos ... 782
22. A segurança jurídica e o princípio da confiança: a defesa do direito adquirido, ato jurídico perfeito e coisa julgada ... 783
23. Juiz natural e promotor natural. A Lei de Abuso de Autoridade ... 786
23.1. Conceito ... 786
23.2. A Constituição Federal e o juiz natural: o foro por prerrogativa de função ... 788
23.3. Juiz natural e crimes eleitorais conexos com crimes federais comuns: a Operação Lava Jato ... 793
23.4. Promotor natural, força-tarefa e Gaeco ... 794
23.5. Tribunal do Júri ... 795
24. Direitos humanos no direito penal e processual penal ... 798
24.1. Princípios da reserva legal e da anterioridade em matéria penal ... 799
24.2. Os mandados constitucionais de criminalização e o princípio da proibição de proteção deficiente ... 800
24.3. Racismo ... 803
24.3.1. O crime de racismo e sua abrangência: o antissemitismo e outras práticas discriminatórias. A Lei n. 14.532/2023. A redução à condição análoga à de escravizado ... 803
24.3.2. O estatuto constitucional punitivo do racismo e o posicionamento do STF: o caso do antissemitismo e outras práticas discriminatórias ... 805
24.3.3. O racismo homotransfóbico ... 807
24.4. Lei dos Crimes Hediondos, liberdade provisória e indulto ... 809
24.5. A imprescritibilidade de graves violações de direitos humanos ... 810
25. O regramento constitucional das penas e a Lei Anticrime ... 811
26. Extradição e os direitos humanos ... 815
26.1. Conceito ... 815
26.2. Juízo de delibação e os requisitos da extradição ... 816
26.3. Trâmite da extradição ... 819
27. Devido processo legal, contraditório e ampla defesa ... 820
27.1. Conceito e seu conteúdo de acordo com o STF ... 820
27.2. O devido processo legal substancial ... 821
27.3. O devido processo legal e o duplo grau de jurisdição ... 822
27.4. O devido processo legal e a garantia do processo acusatório ... 822
27.5. O devido processo legal e as inovações da Lei n. 13.964/2019 ("Lei Anticrime"): juiz das garantias e a imparcialidade do juízo ... 825
27.6 A imparcialidade do juízo e o "Caso Lula" no Comitê de Direitos Humanos. O diálogo com o STF ... 830
27.7. O devido processo legal e a investigação criminal pelo Poder Judiciário: o inquérito das *fake news* ... 832
27.8. O direito de falar por último e a *reformatio in pejus* ... 836
28. Direito à prova ... 837
28.1. Direito à prova e provas ilícitas. A Lei Mariana Ferrer ... 837
28.2. Aceitação das provas obtidas por meios ilícitos e teoria dos frutos da árvore envenenada. O caso do WhatsApp ... 838
28.3. Direito à prova e cooperação jurídica internacional: a ADC 51 ... 840
29. A presunção de inocência e suas facetas ... 843
29.1. Aspectos gerais da presunção de inocência e o princípio acusatório no processo penal. A Lei Anticrime ... 843

29.2. A execução provisória ou imediata da pena criminal após o julgamento proferido em grau de apelação 846

29.3. A presunção de inocência e o empate nos julgamentos penais em órgão colegiado ... 851

30. Identificação criminal: o Banco Nacional de Perfil Genético e o Banco Nacional Multibiométrico e de Impressões Digitais 852
31. Ação penal privada subsidiária 854
32. Publicidade dos atos processuais 854
33. Prisão civil 855
34. Assistência jurídica integral e gratuita 855
35. Defensoria Pública 856
    35.1. Conceito, inserção constitucional e poderes 856
    35.2. Funções institucionais da Defensoria Pública 858
    35.3. Precedentes do STF 859
36. O direito à duração razoável do processo 860
37. Justiça de transição, direito à verdade e justiça. O caso Riocentro. A ADPF 153. 861
38. Garantias fundamentais 863
    38.1. *Habeas corpus* 863
    38.2. Mandado de segurança 866
    38.3. Mandado de segurança coletivo 867
    38.4. Mandado de injunção 870
    38.5. *Habeas data* 872
    38.6. Ação popular 874
    38.7. Direito de petição 876
    38.8. Ação civil pública 877
39. Direito à saúde 877
    39.1. Aspectos gerais 877
    39.2. Sistema Único de Saúde 880
    39.3. O consumo recreativo da maconha 882
    39.4. Jurisprudência do STF 883
40. Sistema Único de Assistência Social 886
41. Direito à educação 887
    41.1. Aspectos gerais 887
    41.2. O direito à educação democrática e o direito à educação emancipadora 890
    41.3. Jurisprudência do STF 892
42. Direito à alimentação 893
43. Direito à moradia 894
44. Direitos das pessoas com deficiência e das pessoas com transtornos mentais. O combate ao capacitismo 897
    44.1. Direitos das pessoas com deficiência e a Lei n. 13.146/2015 897
    44.2. Direitos das pessoas com transtornos mentais 903
    44.3. Direitos das pessoas com transtorno do espectro autista e a neurodiversidade 905
45. Direito à mobilidade 907
46. Direitos indígenas 908
    46.1. Noções gerais: terminologia 908
    46.2. Tratamento normativo até a Constituição de 1988 910
    46.3. Indígenas na Constituição. Competência. Ocupação tradicional. Aplicação da lei brasileira 912
        46.3.1. Aspectos gerais: os princípios e os dispositivos constitucionais 912
        46.3.2. A vulnerabilidade agravada dos povos indígenas 914

	46.3.3. As terras tradicionalmente ocupadas pelos índios e o "renitente esbulho". O marco temporal da ocupação	914
	46.3.4. A jurisprudência da Corte IDH e a matéria indígena: o Diálogo das Cortes	919
	46.3.5. O direito à consulta livre e informada das comunidades indígenas e o respeito às tradições: o pluralismo jurídico	920
46.4.	Povos indígenas e comunidades tradicionais em face do Direito Internacional	921
46.5.	Autonomia e questão tutelar	923
46.6.	A demarcação contínua e as suas condicionantes: o Caso Raposa Serra do Sol	924
	46.6.1. A demarcação das terras indígenas	924
	46.6.2. O Caso Raposa Serra do Sol e as condicionantes	925
46.7.	Direito penal e os povos indígenas	928
46.8.	Aspectos processuais	929
46.9.	Questões específicas da matéria indígena	931
47. Direito à nacionalidade		932
47.1.	Nacionalidade na gramática dos direitos humanos	932
47.2.	Nacionalidade originária e a Emenda Constitucional n. 54/2007	932
47.3.	Nacionalidade derivada ou secundária (adquirida)	934
47.4.	Quase nacionalidade	936
47.5.	Diferença de tratamento entre brasileiros natos e naturalizados	937
47.6.	Perda e renúncia ao direito à nacionalidade. A EC n. 131/2023 da prevalência da nacionalidade e a polipatria	938
48. Direitos políticos		942
48.1.	Conceito: o direito à democracia	942
48.2.	A defesa da democracia e os atos golpistas do dia 8 de janeiro de 2023	945
48.3.	Democracia indireta ou representativa, democracia direta e democracia semidireta ou participativa	947
48.4.	A democracia partidária: os partidos políticos	949
48.5.	Os principais institutos da democracia direta utilizados no Brasil	955
48.6.	Os direitos políticos em espécie: o direito ao sufrágio	956
	48.6.1. Noções gerais	956
	48.6.2. Capacidade eleitoral ativa: a alistabilidade	958
	48.6.3. A capacidade eleitoral passiva: a elegibilidade	959
	48.6.4. A capacidade eleitoral passiva: as inelegibilidades constitucionais e infraconstitucionais	960
	48.6.5. Direito à boa governança e o controle de convencionalidade da Lei da Ficha Limpa: o Caso Lula	964
48.7.	Perda e suspensão dos direitos políticos	967
48.8.	A segurança da urna eletrônica e o direito ao voto seguro	970
49. Direitos sexuais e reprodutivos		972
49.1.	A proteção dos direitos sexuais e reprodutivos	972
49.2.	Direito à livre orientação sexual e identidade de gênero. Os direitos LGBTQIAP+	975
50. Direitos dos migrantes		980
50.1.	Aspectos gerais	980
50.2.	Histórico brasileiro do tratamento jurídico ao migrante	982
	50.2.1. Fase do estrangeiro como inimigo	982
	50.2.2. Fase do estrangeiro como imigrante e fator de desenvolvimento	983
	50.2.3. Fase do controle e xenofobia	983

	50.2.4.	Fase da segurança nacional	984
	50.2.5.	A CF/88 e a fase da igualdade e garantia de direitos	985
50.3.	A nova Lei de Migração (Lei n. 13.445/2017)		986
	50.3.1.	Aspectos gerais da nova lei	986
	50.3.2.	As principais características	987
50.4.	As medidas administrativas de retirada compulsória do imigrante		991
	50.4.1.	Aspectos gerais	991
	50.4.2.	A repatriação	992
	50.4.3.	A deportação	992
	50.4.4.	A expulsão	993
50.5.	A Portaria n. 770/2019 e a saída compulsória de estrangeiros por razões sérias de prática de crimes		995
50.6.	A detenção e o direito à notificação da assistência consular		996

51. Direito dos Refugiados: a Lei n. 9.474/97 997
    - 51.1. Aspectos gerais da Lei n. 9.474/97 997
    - 51.2. O princípio do *non refoulement* e suas espécies 998
        - 51.2.1 O princípio do *non refoulement* mitigado 998
        - 51.2.2 O princípio do *non refoulement* absoluto: o modelo do acolhimento 999
    - 51.3. O princípio do *non refoulement* na Corte Interamericana de Direitos 1000
        - 51.3.1. A jurisprudência internacional e a consolidação do princípio do *non refoulement* absoluto 1000
    - 51.4. A repulsão direta e indireta do solicitante de refúgio. A possível introdução do *pushback* no Brasil 1001

52. Direitos dos quilombolas 1003
53. Meio ambiente: o direito ao meio ambiente equilibrado 1004
    - 53.1. Aspectos gerais 1004
    - 53.2. A proteção do meio ambiente e suas fases 1005
    - 53.3. O "esverdeamento" e a proteção reflexa dos direitos ambientais. O modelo da incidência direta. Os principais direitos humanos ambientais 1007
    - 53.4. Os "direitos verdes" e o direito à proteção contra a mudança climática 1009
    - 53.5. O reconhecimento dos direitos de titularidade dos animais não humanos e da natureza 1012
    - 53.6. O racismo ambiental 1013
    - 53.7 Tratados ambientais e a hierarquia interna dos tratados de direitos humanos 1014
    - 53.8. Jurisprudência 1014

54. Corrupção e os direitos humanos. A Resolução n. 1/2018 da Comissão IDH 1017
55. Direito à proteção de dados pessoais, inclusive nos meios digitais 1020
56. COVID-19 e os direitos humanos 1024
    - 56.1. A "Emergência de Saúde Pública de Importância Internacional" (ESPII) e o novo coronavírus (COVID-19) 1024
    - 56.2. O balanceamento e as restrições aos direitos em tempo de pandemia 1026
    - 56.3. A vigilância epidemiológica e a restrição a direitos 1027
    - 56.4. Direito à saúde como direito autônomo, independente da proteção ao direito à vida. O direito à assistência social na pandemia. A EC n. 109/2021 1028
    - 56.5. O direito à informação: da ocultação de dados à nova "Revolta da Vacina" 1029
    - 56.6. A liberdade de locomoção (ir e vir), direito ao trabalho, livre-iniciativa, liberdade de religião e liberdade do exercício profissional 1031
    - 56.7. O direito à autodeterminação e à integridade pessoal: a vacinação e a internação compulsórias 1032

56.7.1. A recusa vacinal: a vacinação "obrigatória" e as medidas indiretas de indução à vacinação. O caso do "passaporte de vacinação" 1032
56.7.2. A vacinação obrigatória de crianças 1036
56.8. O uso obrigatório de máscara. Situações especiais 1037
56.9. A liberdade religiosa: o fechamento de lugares de culto e a cremação de cadáveres ... 1039
56.10. O direito dos povos indígenas, diálogos institucionais e a Comissão Interamericana de Direitos Humanos 1040
56.11. O direito dos migrantes e o fechamento das fronteiras 1041
56.12. A exigência de testagem a brasileiros e a proibição de ingressar no país 1044
56.13. Direito à privacidade ("MP do IBGE") 1046
56.14. Direito à vida e à saúde dos presos 1047
56.15. Direito à vida e as incursões policiais em comunidades 1049
57. Direito a defender direitos humanos 1050
58. Direito das pessoas em situação de rua. O "Relatório Farha" e a Lei n. 14.821/2024 1052

Referências 1057

PARTE I
ASPECTOS BÁSICOS DOS DIREITOS HUMANOS

DIREITOS HUMANOS: CONCEITO, ESTRUTURA E SOCIEDADE INCLUSIVA

1. CONCEITO E ESTRUTURA DOS DIREITOS HUMANOS

Os direitos humanos consistem em um conjunto de direitos considerado indispensável para uma vida humana pautada na liberdade, igualdade e dignidade. Os direitos humanos são os direitos essenciais e indispensáveis à vida digna.

Não há um rol predeterminado desse conjunto mínimo de direitos essenciais a uma vida digna. As necessidades humanas variam e, de acordo com o contexto histórico de uma época, novas demandas sociais são traduzidas juridicamente e inseridas na lista dos direitos humanos.

Em geral, todo direito exprime a faculdade de *exigir de terceiro*, que pode ser o Estado ou mesmo um particular, determinada *obrigação*. Por isso, os direitos humanos têm estrutura variada, podendo ser: direito-pretensão, direito-liberdade, direito-poder e, finalmente, direito-imunidade, que acarretam *obrigações* do Estado ou de particulares revestidas, respectivamente, na forma de: (i) dever, (ii) ausência de direito, (iii) sujeição e (iv) incompetência, como segue.

O *direito-pretensão* consiste na busca de algo, gerando a contrapartida de outrem do dever de prestar. Nesse sentido, determinada pessoa tem *direito a algo*, se outrem (Estado ou mesmo outro particular) tem o *dever* de realizar uma conduta que não viole esse direito. Assim, nasce o "direito-pretensão", como, por exemplo, o direito à educação fundamental, que gera o dever do Estado de prestá-la gratuitamente (art. 208, I, da CF/88).

O *direito-liberdade* consiste na faculdade de agir que gera a ausência de direito de qualquer outro ente ou pessoa. Assim, uma pessoa tem a liberdade de credo(art. 5º, VI, da CF/88), não possuindo o Estado (ou terceiros) *nenhum direito (ausência de direito)* de exigir que essa pessoa tenha determinada religião.

Por sua vez, o *direito-poder* implica uma relação de poder de uma pessoa de exigir determinada sujeição do Estado ou de outra pessoa. Assim, uma pessoa tem o *poder* de, ao ser presa, requerer a assistência da família e de advogado, o que *sujeita* a autoridade pública a providenciar tais contatos (art. 5º, LXIII, da CF/88).

Finalmente, o *direito-imunidade* consiste na autorização dada por uma norma a uma determinada pessoa, impedindo que outra interfira de qualquer modo. Assim, uma pessoa é *imune* à prisão, a não ser em flagrante delito ou por ordem escrita e fundamentada de autoridade judiciária competente, salvo nos casos de transgressão militar ou crime propriamente militar (art. 5º, LVI, da CF/88), o que impede que outros agentes públicos (como, por exemplo, agentes policiais) possam alterar a posição da pessoa em relação à prisão.

2. CONTEÚDO E CUMPRIMENTO DOS DIREITOS HUMANOS: RUMO A UMA SOCIEDADE INCLUSIVA

Os direitos humanos representam *valores essenciais*, que são explicitamente ou implicitamente retratados nas Constituições ou nas normas internacionais (como, por exemplo, em tratados internacionais). A *fundamentalidade* dos direitos humanos pode ser *formal*, por meio da inscrição desses direitos no rol de direitos protegidos nas Constituições e tratados, ou pode ser *material,* sendo considerado parte integrante dos direitos humanos aquele que – mesmo não expresso – é indispensável para a promoção da dignidade humana.

Apesar das diferenças em relação ao conteúdo, os direitos humanos têm em comum quatro ideias-chaves ou marcas distintivas: *universalidade, essencialidade, superioridade normativa (preferenciabilidade)* e *reciprocidade.*

A *universalidade* consiste no reconhecimento de que os direitos humanos são direitos de todos, combatendo a visão estamental de privilégios de uma casta de seres superiores. Por sua vez, a *essencialidade* implica que os direitos humanos apresentam valores indispensáveis e que todos devem protegê-los. Além disso, os direitos humanos são *superiores* a demais normas, não se admitindo o sacrifício de um direito essencial para atender as "razões de Estado"; logo, os direitos humanos representam *preferências* preestabelecidas que, diante de outras normas, devem prevalecer. Finalmente, a reciprocidade é fruto da teia de direitos que une toda a comunidade humana, tanto na *titularidade* (são direitos de todos) quanto na *sujeição passiva*: não há só o estabelecimento de deveres de proteção de direitos ao Estado e seus agentes públicos, mas também à coletividade como um todo. Essas quatro ideias tornam os direitos humanos vetores de uma sociedade humana pautada na *igualdade e na ponderação dos interesses de todos* (e não somente de alguns).

Os direitos humanos têm distintas *maneiras de implementação,* do ponto de vista *subjetivo e objetivo.* Do ponto de vista *subjetivo,* a realização dos direitos humanos pode ser da incumbência do Estado ou de um particular (eficácia horizontal dos direitos humanos, como veremos) ou de ambos, como ocorre com o direito ao meio ambiente (art. 225 da CF/88, o qual prevê que a proteção ambiental incumbe ao Estado e à coletividade). Do ponto de vista *objetivo,* a conduta exigida para o cumprimento dos direitos humanos pode ser *ativa* (comissiva, realizar determinada ação) ou *passiva* (omissiva, abster-se de realizar). Há ainda a combinação das duas condutas: o direito à vida acarreta tanto a conduta omissiva quanto comissiva por parte dos agentes públicos: de um lado, devem se abster de matar (sem justa causa) e, de outro, tem o dever de proteção (de ação) para impedir que outrem viole a vida.

Uma sociedade pautada na defesa de direitos (sociedade inclusiva) tem várias consequências. A primeira é o reconhecimento de que o primeiro direito de todo indivíduo é *o direito a ter direitos.* Arendt e, no Brasil, Lafer sustentam que o primeiro direito humano, do qual derivam todos os demais, é o direito a ter direitos[1]. No Brasil, o STF adotou essa linha ao decidir que "direito a ter direitos: uma prerrogativa básica, que se qualifica como fator de viabilização dos demais direitos e liberdades" (ADI 2.903, rel. Min. Celso de Mello, j. 1º-12-2005, Plenário, *DJe* de 19-9-2008).

Uma segunda consequência é o reconhecimento de que os direitos de um indivíduo *convivem* com os direitos de outros. O reconhecimento de um *rol amplo e aberto* (sempre é possível a descoberta de um novo direito humano) de direitos humanos exige ponderação e eventual *sopesamento dos valores envolvidos*. O mundo dos direitos humanos é o mundo dos conflitos entre direitos, com estabelecimento de *limites, preferências e prevalências* a depender do contexto e das especificidades do caso concreto. Basta a menção a disputas envolvendo o direito à vida e os direitos reprodutivos da mulher (aborto), direito de propriedade e direito ao meio ambiente equilibrado, liberdade de informação jornalística e direito à vida privada, entre outras inúmeras *colisões de direitos.*

Nesses casos de colisão de direitos, não há uma tábua de valores que crie uma hierarquia entre os direitos, pois todos são indispensáveis à vida digna. Há a necessidade de ponderação, que é uma técnica de decisão em **três fases**: na **primeira fase**, identificam-se as normas de direitos

---

[1] LAFER, Celso. *A reconstrução dos direitos humanos*: um diálogo com o pensamento de Hannah Arendt. São Paulo: Cia. das Letras, 1988.

humanos incidentes no caso concreto; na **segunda fase**, destacam-se os fatos envolvidos, com o uso do máximo do conhecimento humano no contexto da época (estado da arte), sendo necessário que o direito dialogue com outros campos da ciência (diálogo dos saberes); na **terceira fase**, devem ser testadas as soluções possíveis para a colisão de direitos, selecionando-se aquela que, no caso concreto, melhor cumpre com a vontade de promoção de direitos humanos e da dignidade (ver o voto do Min. Barroso na Reclamação 22.328/RJ, rel. Min. Barroso, j. 6-3-2018, *Informativo do STF* n. 893, em especial item 18 do voto).

Por isso, *não há automatismo* no mundo da sociedade de direitos. Não basta anunciar um direito para que o dever de proteção incida mecanicamente. Pelo contrário, é possível o *conflito* e *colisão entre direitos,* a exigir sopesamento e preferência entre os valores envolvidos. Por isso, nasce a necessidade de compreendermos como é feita a convivência entre os direitos humanos em uma sociedade inclusiva, na qual os direitos de diferentes conteúdos interagem. Essa atividade de ponderação é exercida cotidianamente pelos órgãos judiciais nacionais e internacionais de direitos humanos.

QUADRO SINÓTICO

Conceito e o novo "direito a ter direitos"	
Conceito de direitos humanos	• Conjunto de direitos considerado indispensável para uma vida humana pautada na liberdade, igualdade e dignidade.
Estrutura dos direitos humanos	• Direito-pretensão • direito-liberdade • direito-poder • direito-imunidade

Maneiras de cumprimento dos direitos humanos	• Ponto de vista subjetivo:
	  ▪ incumbência do Estado
	  ▪ incumbência de particular
	  ▪ incumbência de ambos
	• Ponto de vista objetivo:
	  ▪ conduta ativa
	  ▪ conduta passiva

Conteúdo dos direitos humanos	• Representam valores essenciais, explícita ou implicitamente retratados nas Constituições ou tratados internacionais.
Fundamentalidade	• Formal (inscrição dos direitos nas Constituições ou tratados) • Material (direito considerado indispensável para a promoção da dignidade humana)
Marcas distintivas dos direitos humanos	• Universalidade (direitos de todos); • Essencialidade (valores indispensáveis que devem ser protegidos por todos); • Superioridade normativa ou preferenciabilidade (superioridade com relação às demais normas); • Reciprocidade (são direitos de todos e não sujeitam apenas o Estado e os agentes públicos, mas toda a coletividade).
Consequências de uma sociedade pautada na defesa de direitos	• Reconhecimento do direito a ter direitos; • Reconhecimento de que os direitos de um indivíduo convivem com os direitos de outros – o conflito e a colisão de direitos implicam a necessidade de estabelecimento de limites, preferências e prevalências.

II
OS DIREITOS HUMANOS NA HISTÓRIA

1. DIREITOS HUMANOS: FAZ SENTIDO O ESTUDO DAS FASES PRECURSORAS?

Não há um ponto exato que delimite o nascimento de uma disciplina jurídica. Pelo contrário, há um *processo que desemboca na consagração de diplomas normativos, com princípios e regras que dimensionam o novo ramo do Direito*. No caso dos direitos humanos, o seu cerne é a luta contra a opressão e a busca do bem-estar do indivíduo; consequentemente, suas "ideias âncoras" são referentes à justiça, igualdade e liberdade, cujo conteúdo impregna a vida social desde o surgimento das primeiras comunidades humanas. Nesse sentido amplo, de *impregnação de valores*, podemos dizer que a evolução histórica dos direitos humanos passou por fases que, ao longo dos séculos, auxiliaram a sedimentar o conceito e o regime jurídico desses direitos essenciais. A contar dos primeiros escritos das comunidades humanas ainda no século VIII a.C. até o século XX d.C., são mais de vinte e oito séculos rumo à afirmação universal dos direitos humanos, que tem como marco a Declaração Universal dos Direitos Humanos de 1948.

Assim, para melhor compreender a atualidade da "era dos direitos", incursionamos pelo passado, mostrando a contribuição das mais diversas culturas à formação do atual quadro normativo referente aos direitos humanos.

Porém, não se pode medir épocas distantes da história da humanidade com a régua do presente. Deve-se evitar o anacronismo, pelo qual são utilizados conceitos de uma época para avaliar ou julgar fatos de outra. Essas diversas fases conviveram, em sua época respectiva, com institutos ou posicionamentos que hoje são repudiados, como a escravidão, a perseguição religiosa, a exclusão das minorias, a submissão da mulher, a discriminação contra as pessoas com deficiências de todos os tipos, a autocracia e outras formas de organização do poder e da sociedade *ofensivas* ao entendimento atual da proteção de direitos humanos.

Por isso, devemos ser cautelosos no estudo de códigos ou diplomas normativos do início da fase escrita da humanidade, ou de considerações de renomados filósofos da Antiguidade, bem como na análise das tradições religiosas, que fizeram remissão ao papel do indivíduo na sociedade, mesmo que parte da doutrina se esforce em tentar convencer que a proteção de direitos humanos sempre existiu.

Na realidade, a universalização dos direitos humanos é uma obra ainda inacabada, mas que tem como marco a Declaração Universal dos Direitos Humanos em 1948, não fazendo sentido transpor para eras longínquas o entendimento atual sobre os direitos humanos e seu regime jurídico.

Contudo, o estudo do passado – mesmo as raízes mais longínquas – é indispensável para detectar as regras que já existiram em diversos sistemas jurídicos e que expressaram o respeito a valores relacionados à concepção atual dos direitos humanos.

Para sistematizar o estudo das fases anteriores rumo à consagração dos direitos humanos, usamos a própria Declaração Universal de 1948, para estabelecer os seguintes *parâmetros de análise* das contribuições do passado à atual teoria geral dos direitos humanos: 1) o indicativo do respeito à dignidade humana e igualdade entre os seres humanos; 2) o reconhecimento de direitos fundado na própria existência humana; 3) o reconhecimento da superioridade normativa mesmo em face do poder do Estado e, finalmente, 4) o reconhecimento de direitos voltados ao mínimo existencial.

2. A FASE PRÉ-ESTADO CONSTITUCIONAL

2.1. A Antiguidade Oriental e o esboço da construção de direitos

O primeiro passo rumo à afirmação dos direitos humanos inicia-se já na Antiguidade[1], no período compreendido entre os séculos VIII e II a.C. Para Comparato, vários filósofos trataram de direitos dos indivíduos, influenciando-nos até os dias de hoje: Zaratustra na Pérsia, Buda na Índia, Confúcio na China e o Dêutero-Isaías em Israel. O ponto em comum entre eles é a adoção de códigos de comportamento baseados no amor e respeito ao outro[2].

Do ponto de vista normativo, há tenuemente o reconhecimento de direitos de indivíduos na codificação de Menes (3100-2850 a.C.), no Antigo Egito. Na Suméria antiga, o Rei Hammurabi da Babilônia editou o *Código de Hammurabi*, que é considerado o primeiro código de normas de condutas, preceituando esboços de direitos dos indivíduos (1792-1750 a.C.), em especial o direito à vida, propriedade, honra, consolidando os costumes e estendendo a lei a todos os súditos do Império. Chama a atenção nesse Código a *Lei do Talião*, que impunha a reciprocidade no trato de ofensas (o ofensor deveria receber a mesma ofensa proferida). Ainda na região da Suméria e Pérsia, Ciro II editou, no século VI a.C., uma declaração de boa governança, hoje exibida no Museu Britânico (o "*Cilindro de Ciro*"), que seguia uma tradição mesopotâmica de autoelogio dos governantes ao seu modo de reger a vida social. Na China, nos séculos VI e V a.C., *Confúcio* lançou as bases para sua filosofia, com ênfase na defesa do amor aos indivíduos. Já o *budismo* introduziu um código de conduta pelo qual se prega o bem comum e uma sociedade pacífica, sem prejuízo a qualquer ser humano[3].

2.2. A visão grega e a democracia ateniense

A herança grega na consolidação dos direitos humanos é expressiva. A começar pelos direitos políticos, a democracia ateniense adotou a participação política dos cidadãos (com diversas exclusões, é claro) que seria, após, aprofundada pela proteção de direitos humanos. O chamado "Século de Péricles" (século V a.C.) testou a democracia direta em Atenas, com a participação dos cidadãos homens da *polis* grega nas principais escolhas da comunidade. Platão, em sua obra *A República* (400 a.C.), defendeu a igualdade e a noção do bem comum. Aristóteles, na *Ética a Nicômaco*[4], salientou a importância do agir com justiça, para o bem de todos da *polis*, mesmo em face de leis injustas[5].

A Antiguidade grega também estimulou a reflexão sobre a *superioridade de determinadas normas*, mesmo em face da vontade contrária do poder. Nesse sentido, a peça de Sófocles, *Antígona* (421 a.C., parte da chamada Trilogia Tebana), retrata Antígona, a protagonista, e sua luta para enterrar seu irmão Polinice, mesmo contra ordem do tirano da cidade, Creonte, que havia promulgado uma lei proibindo que aqueles que atentassem contra a lei da cidade fossem enterrados. Para Antígona, *não se pode cumprir as leis humanas que se chocarem com as leis divinas*. O confronto de visões entre Antígona e Creonte é um dos pontos altos da peça. Uma das ideias

---

[1] Todos os textos aqui mencionados, salvo outra nota de rodapé específica, constam da Biblioteca Virtual de Direitos Humanos da USP, no precioso acervo de "Documentos Históricos". Disponível em: <http://www.direitoshumanos.usp.br>.

[2] COMPARATO, Fábio Konder. *A afirmação histórica dos direitos humanos*. 7. ed. São Paulo: Saraiva, 2010.

[3] GORCZEVSKI, Clóvis. *Direitos humanos dos primórdios da humanidade ao Brasil de hoje*. Porto Alegre: Imprensa Livre, 2005, p. 32.

[4] ARISTÓTELES. *Ética a Nicômaco*. Introdução, tradução e notas de Antônio de Castro Caeiro. São Paulo: Atlas, 2009.

[5] VILLEY, Michel. *Direito e os direitos humanos*. São Paulo: Martins Fontes, 2007.

centrais dos direitos humanos, que já é encontrada nessa obra de Sófocles, é a superioridade de determinadas regras de conduta, em especial contra a tirania e injustiça.

Essa "*herança dos gregos*" foi lembrada no voto da Ministra Cármen Lúcia, na ADPF 187, julgada em 15 de julho de 2011: "A Ágora – símbolo maior da democracia grega – era a praça em que os cidadãos atenienses se reuniam para deliberarem sobre os assuntos da *polis*. A liberdade dos antigos, para usar a conhecida expressão de Benjamin Constant, era justamente a liberdade de 'deliberar em praça pública' sobre os mais diversos assuntos: a guerra e a paz, os tratados com os estrangeiros, votar as leis, pronunciar as sentenças, examinar as contas, os atos, as gestões dos magistrados e tudo o mais que interessava ao povo. A democracia nasceu, portanto, dentro de uma praça" (voto da Ministra Cármen Lúcia, Supremo Tribunal Federal, ADPF 187, rel. Min. Celso de Mello, j. 15-6-2011, Plenário, *Informativo* n. 631).

2.3. A República Romana

Uma contribuição do direito romano à proteção de direitos humanos foi a sedimentação do *princípio da legalidade*. A Lei das Doze Tábuas, ao estipular a *lex scripta* como regente das condutas, deu um passo na direção da vedação ao arbítrio. Além disso, o direito romano consagrou vários direitos, como o da propriedade, liberdade, personalidade jurídica, entre outros. Um passo foi dado também na direção do reconhecimento da igualdade pela aceitação do *jus gentium*, o direito aplicado a todos, romanos ou não. No plano das ideias, Marco Túlio Cícero retoma a defesa da razão reta *(rectaratio)*, salientando, na *República*, que a verdadeira lei é a *lei da razão*, inviolável mesmo em face da vontade do poder. No seu *De legibus* (Sobre as leis, 52 a.C.), Cícero sustentou que, apesar das diferenças (raças, religiões e opiniões), os homens podem permanecer unidos caso adotem o "viver reto", que evitaria causar o mal a outros.

2.4. O Antigo e o Novo Testamento e as influências do Cristianismo e da Idade Média

Entre os hebreus, os cinco livros de Moisés (Torah) apregoam solidariedade e preocupação com o bem-estar de todos (1800-1500 a.C.). No Antigo Testamento, a passagem do Êxodo é clara quanto à necessidade de respeito a todos, em especial aos vulneráveis: "Não afligirás o estrangeiro nem o oprimirás, pois vós mesmos fostes estrangeiros no país do Egito. Não afligireis a nenhuma viúva ou órfão. Se o afligires e ele clamar a mim escutarei o seu clamor; minha ira se ascenderá e vos farei perecer pela espada: vossas mulheres ficarão viúvas e vossos filhos, órfãos" (Êxodo, 22: 20-26). No Livro dos Provérbios (25: 21-22) do Antigo Testamento, está disposto que "Se teu inimigo tem fome, dá-lhe de comer; se tem sede, dá-lhe de beber: assim amontoas brasas sobre sua cabeça, e Javé te recompensará".

O cristianismo também contribuiu para a disciplina: há vários trechos da Bíblia (Novo Testamento) que pregam a igualdade e solidariedade com o semelhante. A sempre citada passagem de Paulo, na Epístola aos Gálatas, conclama que "Não há judeu nem grego; não há escravo nem livre; não há homem nem mulher; porque todos vós sois um em Cristo Jesus" (III, 28). Os filósofos católicos também merecem ser citados, em especial São Tomás de Aquino, que, no seu capítulo sobre o Direito na sua obra *Suma Teológica* (1273), defendeu a igualdade dos seres humanos e aplicação justa da lei. Para a escolástica aquiniana, aquilo que é justo (*id quod justum est*) é aquilo que corresponde a cada ser humano na ordem social, o que reverberará no futuro, em especial na busca da justiça social constante dos diplomas de direitos humanos.

Ao mesmo tempo em que defendeu a igualdade espiritual, o cristianismo conviveu, no passado, com desigualdades jurídicas inconcebíveis para a proteção de direitos humanos, como a escravidão e a servidão de milhões, sem contar o apoio à perseguição religiosa à Inquisição. Novamente, essa análise histórica limita-se a apontar valores que, tênues em seu tempo, contribuíram, ao longo dos séculos, para a afirmação histórica dos direitos humanos.

2.5. Resumo da ideia dos direitos humanos na Antiguidade: a liberdade dos antigos e a liberdade dos modernos

A síntese mais conhecida da concepção da Antiguidade sobre o indivíduo foi feita por Benjamin Constant, no seu clássico artigo sobre a "liberdade dos antigos" e a "liberdade dos modernos"[6]. Para Constant, os antigos viam a liberdade composta pela possibilidade de participar da vida social na cidade; já os modernos (ele se refere aos iluministas do século XVIII e pensadores posteriores do século XIX) entendiam a liberdade como sendo a possibilidade de atuar sem amarras na vida privada. Essa visão de liberdade na Antiguidade resultou na ausência de discussão sobre a limitação do poder do Estado, um dos papéis tradicionais do regime jurídico dos direitos humanos.

As normas que organizam o Estado pré-constitucional não asseguravam ao indivíduo direitos de contenção ao poder estatal. Por isso, na visão de parte da doutrina, não há efetivamente regras de direitos humanos na época pré-Estado Constitucional. Porém, essa importante crítica doutrinária – que deve ser realçada – não elimina a valiosa influência de culturas antigas na afirmação dos direitos humanos. Como já mencionado acima, há costumes e instituições sociais das inúmeras civilizações da Antiguidade que enfatizam o respeito a valores que estão contidos em normas de direitos humanos, como a justiça e igualdade.

QUADRO SINÓTICO

A fase pré-Estado Constitucional	
A Antiguidade Oriental e o esboço da construção de direitos	• Antiguidade (no período compreendido entre os séculos VIII e II a.C.): primeiro passo rumo à afirmação dos direitos humanos, com a emergência de vários filósofos de influência até os dias de hoje (Zaratustra, Buda, Confúcio, Dêutero-Isaías), cujo ponto em comum foi a adoção de códigos de comportamento baseados no amor e respeito ao outro. • Antigo Egito: reconhecimento de direitos de indivíduos na codificação de Menes (3100-2850 a.C.). • Suméria antiga: edição do Código de Hammurabi, na Babilônia (1792-1750 a.C.) – primeiro código de normas de condutas, preceituando esboços de direitos dos indivíduos, consolidando os costumes e estendendo a lei a todos os súditos do Império. • Suméria e Pérsia: edição, por Ciro II, no século VI a.C., de uma declaração de boa governança. • China: nos séculos VI e V a.C., Confúcio lançou as bases para sua filosofia, com ênfase na defesa do amor aos indivíduos. • Budismo: introduziu um código de conduta pelo qual se prega o bem comum e uma sociedade pacífica, sem prejuízo a qualquer ser humano. • Islamismo: prescrição da fraternidade e solidariedade aos vulneráveis.
Herança grega na consolidação dos direitos humanos	• Consolidação dos direitos políticos, com a participação política dos cidadãos (com diversas exclusões). • Platão, em sua obra *A República* (400 a.C.), defendeu a igualdade e a noção do bem comum. • Aristóteles, na *Ética a Nicômaco*, salientou a importância do agir com justiça, para o bem de todos da *polis*, mesmo em face de leis injustas. • Reflexão sobre a superioridade normativa de determinadas normas, mesmo em face da vontade do poder.

---

[6] Discurso de 1818. CONSTANT, Benjamin. Da liberdade dos antigos comparada à dos modernos. *Revista Filosofia Política* n. 2, Porto Alegre: L&PM, 1985, p. 9-25. Disponível em: <http://caosmose.net/candido/unisinos/textos/benjamin.pdf>. Acesso em: 15 jun. 2024.

A República Romana	• Contribuição na sedimentação do princípio da legalidade. • Consagração de vários direitos, como propriedade, liberdade, personalidade jurídica, entre outros. • Reconhecimento da igualdade entre todos os seres humanos, em especial pela aceitação do *jus gentium*, o direito aplicado a todos, romanos ou não. • Marco Túlio Cícero retoma a defesa da *razão reta (recta ratio)*, salientando, na *República*, que a verdadeira lei é a lei da razão, inviolável mesmo em face da vontade do poder.
O Antigo e o Novo Testamento e as influências do Cristianismo e da Idade Média	• Cinco livros de Moisés (Torah): apregoam solidariedade e preocupação com o bem-estar de todos (1800-1500 a.C.). • Antigo Testamento: faz menção à necessidade de respeito a todos, em especial aos vulneráveis. • Cristianismo contribuiu para a disciplina: há vários trechos da Bíblia (Novo Testamento) que pregam a igualdade e solidariedade com o semelhante. • Filósofos católicos também merecem ser citados, em especial São Tomás de Aquino.

3. A CRISE DA IDADE MÉDIA, INÍCIO DA IDADE MODERNA E OS PRIMEIROS DIPLOMAS DE DIREITOS HUMANOS

Na Idade Média europeia, o poder dos governantes era ilimitado, pois era fundado na vontade divina. Contudo, mesmo nessa época de autocracia, surgem os primeiros movimentos de reivindicação de liberdades a determinados estamentos, como a *Declaração das Cortes de Leão* adotada na Península Ibérica em 1188 e ainda a *Magna Carta* inglesa de 1215. A Declaração de Leão consistiu em manifestação que consagrou a luta dos senhores feudais contra a centralização e o nascimento futuro do Estado Nacional. Por sua vez, a *Magna Carta* consistiu em um diploma que continha um ingrediente – ainda faltante – essencial ao futuro regime jurídico dos direitos humanos: o catálogo de direitos dos indivíduos *contra* o Estado. Redigida em latim, em 1215 – o que explicita o seu caráter elitista –, a *Magna Charta Libertatum* consistia em disposições de proteção ao Baronato inglês, contra os abusos do monarca João Sem-Terra (João da Inglaterra). Depois do reinado de João Sem-Terra, a Carta Magna foi confirmada várias vezes pelos monarcas posteriores. Apesar de seu foco nos direitos da elite fundiária da Inglaterra, a Magna Carta traz em seu bojo a ideia de governo representativo e ainda direitos que, séculos depois, seriam universalizados, atingindo todos os indivíduos, entre eles o direito de ir e vir em situação de paz, direito de ser julgado pelos seus pares (*vide* **Parte IV**, item 23.5, sobre o Tribunal do Júri), acesso à justiça e proporcionalidade entre o crime e a pena.

Com o Renascimento e a Reforma Protestante, a crise da Idade Média deu lugar ao surgimento dos Estados absolutistas europeus. A sociedade estamental medieval foi substituída pela forte centralização do poder na figura do rei. Paradoxalmente, com a erosão da importância dos estamentos (Igreja e senhores feudais), surge a igualdade de todos submetidos ao poder absoluto do rei. Só que essa igualdade não protegeu os súditos da opressão e violência. O exemplo maior dessa época de violência e desrespeito aos direitos humanos foi o extermínio de milhões de indígenas nas Américas, apenas algumas décadas após a chegada de Colombo na ilha de São Domingo (1492). Não que não houvesse reação contrária ao massacre. Houve célebre polêmica na metade do século XVI (1550-1551) na Espanha (então grande senhora dos domínios no Novo Mundo) entre o Frei Bartolomeu de Las Casas e Juan Ginés de Sepúlveda, então teólogo e jurista do próprio rei espanhol. Las Casas merece ser citado como um dos notáveis defensores da dignidade de todos os povos indígenas, contrariando a posição de Sepúlveda, que os via como inferiores e desprovidos de direitos. Na sua réplica final nesse debate doutrinário da época, Las Casas condenou duramente o genocídio indígena afirmando que "Os índios são nossos irmãos, pelos quais Cristo deu sua vida. Por que os perseguimos sem que tenham merecido tal coisa, com desumana crueldade? O passado, e o que deixou de ser feito, não tem remédio; seja atribuído à nossa fraqueza sempre que for feita a restituição dos bens impiamente arrebatados"[7]. Por sua vez, Francisco de Vitória, um dos fundadores do direito internacional moderno, reconheceu a humanidade dos povos autóctones das Américas, bem como sustentou a aplicação, em igualdade, do direito internacional nas suas relações com os espanhóis[8].

No século XVII, o Estado Absolutista foi questionado, em especial na Inglaterra. A busca pela limitação do poder, já incipiente na *Magna Carta,* é consagrada na *Petition of Right* de 1628, pela qual novamente o baronato inglês, representado pelo Parlamento, estabelece o dever do Rei de não cobrar impostos sem a autorização do Parlamento (*no taxation without representation*), bem como se reafirma que "nenhum homem livre podia ser detido ou preso ou privado dos seus bens, das suas liberdades e franquias, ou posto fora da lei e exilado ou de qualquer modo molestado, a não ser por virtude de sentença legal dos seus pares ou da lei do país". Essa exigência – lei da terra – consiste em parte importante do *devido processo legal* a ser implementado posteriormente.

Ainda no século XVII, há a edição do *Habeas Corpus Act* (1679), que formalizou o mandado de proteção judicial aos que haviam sido injustamente presos, existente até então somente no direito consuetudinário inglês (*common law*). No seu texto, havia ainda a previsão do dever de entrega do "mandado de captura" ao preso ou seu representante, representando mais um passo para banir as *detenções arbitrárias* (ainda um dos grandes problemas mundiais de direitos humanos no século XXI).

Ainda na Inglaterra, em 1689, após a chamada Revolução Gloriosa, com a abdicação do Rei autocrático Jaime II e com a coroação do Príncipe de Orange, Guilherme III, é editada a "Declaração Inglesa de Direitos", a "Bill of Rights" (1689), pela qual o poder autocrático dos reis ingleses é reduzido de forma definitiva. Não é uma declaração de direitos extensa, pois dela consta, basicamente, a afirmação da vontade da lei sobre a vontade absolutista do rei. Entre seus pontos, estabelece-se "que é ilegal o pretendido poder de suspender leis, ou a execução de leis, pela autoridade real, sem o consentimento do Parlamento"; "que devem ser livres as eleições dos membros do Parlamento" e que "a liberdade de expressão, e debates ou procedimentos no Parlamento, não devem ser impedidos ou questionados por qualquer tribunal ou local fora do Parlamento".

Em continuidade ao já decidido na Revolução Gloriosa, foi aprovado em 1701 o *Act of Settlement,* que serviu tanto para fixar de vez a linha de sucessão da coroa inglesa (banindo os católicos romanos da linha do trono e exigindo dos reis britânicos o vínculo com a Igreja Anglicana), quanto para reafirmar o *poder do Parlamento e a necessidade do respeito da vontade da lei,* resguardando-se os direitos dos súditos contra a volta da tirania dos monarcas.

QUADRO SINÓTICO

A crise da Idade Média, início da Idade Moderna e os primeiros diplomas de direitos humanos

- Idade Média: poder dos governantes era ilimitado, pois era fundado na vontade divina.
- Surgimento dos primeiros movimentos de reivindicação de liberdades a determinados estamentos, como a Declaração das Cortes de Leão adotada na Península Ibérica em 1188 e a *Magna Carta* inglesa de 1215.
- Renascimento e Reforma Protestante: crise da Idade Média deu lugar ao surgimento dos Estados Nacionais absolutistas e a sociedade estamental medieval foi substituída pela forte centralização do poder na figura do rei.

---

[7] SUESS, Paulo (Org.). *A conquista espiritual da América espanhola.* Petrópolis: Vozes, 1992, p. 543.
[8] CASELLA, Paulo Borba. *Direito internacional no tempo medieval e moderno até Vitoria.* São Paulo: Atlas, 2012, em especial p. 608 e 619.

- Com a erosão da importância dos estamentos (Igreja e senhores feudais), surge a ideia de igualdade de todos submetidos ao poder absoluto do rei, o que não excluiu a opressão e a violência, como o extermínio perpetrado contra os indígenas na América.
- Século XVII: o Estado Absolutista foi questionado, em especial na Inglaterra. A busca pela limitação do poder é consagrada na *Petition of Rights* de 1628. A edição do *Habeas Corpus Act* (1679) formaliza o mandado de proteção judicial aos que haviam sido injustamente presos, existente tão somente no direito consuetudinário inglês (*common law*).
- 1689 (após a Revolução Gloriosa): edição da "Declaração Inglesa de Direitos", a *Bill of Rights* (1689), pela qual o poder autocrático dos reis ingleses é reduzido de forma definitiva.
- 1701: aprovação do *Act of Settlement*, que enfim fixou a linha de sucessão da coroa inglesa, reafirmou o poder do Parlamento e da vontade da lei, resguardando-se os direitos dos súditos contra a volta da tirania dos monarcas.

4. O DEBATE DAS IDEIAS: HOBBES, GRÓCIO, LOCKE, ROUSSEAU E OS ILUMINISTAS

No campo das ideias políticas, Thomas Hobbes defendeu, em sua obra *Leviatã* (1651), em especial no Capítulo XIV, que o primeiro direito do ser humano consistia no direito de usar seu próprio poder livremente, para a preservação de sua própria natureza, ou seja, de sua vida. É um dos primeiros textos que trata claramente do *direito do ser humano*, pleno somente no *estado da natureza*. Nesse estado, o homem é livre de quaisquer restrições e não se submete a qualquer poder. Contudo, Hobbes conduz sua análise para a seguinte conclusão: para sobreviver ao estado da natureza, no qual todos estão em confronto (o homem seria o lobo do próprio homem), *o ser humano abdica dessa liberdade inicial e se submete ao poder do Estado (o Leviatã)*. A razão para a existência do Estado consiste na necessidade de se dar segurança ao indivíduo, diante das ameaças de seus semelhantes. Com base nessa espécie de contrato entre o homem e o Estado, justifica-se a antítese dos direitos humanos, que é a *existência do Estado que tudo pode*. Hobbes admite, ainda, que eventualmente o Soberano (identificado como o Estado) pode outorgar parcelas de liberdade aos indivíduos, desde que queira. Em síntese, os indivíduos não possuiriam qualquer proteção contra o poder do Estado. É claro que essa visão de Hobbes, em que pese a proclamação de um *direito pleno no estado da natureza*, o distancia da proteção atual de direitos humanos.

No mesmo século XVII, outros autores defenderam a existência de direitos para além do estado da natureza de Hobbes. Em primeiro lugar, Hugo Grócio, considerado um dos pais fundadores do Direito Internacional, fez interessante debate sobre o direito natural e os direitos de todos os seres humanos. No seu livro *O direito da guerra e da paz* (1625), Grócio defendeu a existência do direito natural, de cunho racionalista – mesmo sem Deus, ousou dizer em pleno século XVII –, reconhecendo, assim, que suas normas decorrem de princípios inerentes ao ser humano. Assim, é dada mais uma contribuição – de marca jusnaturalista – ao arcabouço dos direitos humanos, em especial no que tange ao *reconhecimento de normas inerentes à condição humana*.

Por sua vez, a contribuição de John Locke é essencial, pois defendeu o direito dos indivíduos mesmo contra o Estado, um dos pilares do contemporâneo regime dos direitos humanos. Para Locke, em sua obra *Segundo tratado sobre o governo civil* (1689[9]), o objetivo do governo em uma sociedade humana é *salvaguardar os direitos naturais do homem*, existentes desde o estado da natureza. Os homens, então, decidem livremente deixar o estado da natureza justamente para que o Estado preserve os seus direitos existentes. Diferentemente de Hobbes, não é necessário que o governo seja autocrático. Pelo contrário, para Locke, o grande e principal objetivo das sociedades políticas sob a tutela de um determinado governo é a preservação dos direitos à vida,

---

[9] LOCKE, John. *Segundo tratado sobre o governo civil*: ensaio sobre a origem, os limites e os fins verdadeiros do governo civil (1689). Trad. Magda Lopes e Marisa Lobo da Costa. Petrópolis, RJ: Vozes, 1994.

à liberdade e à propriedade. Logo, o governo não pode ser arbitrário e seu poder deve ser limitado pela supremacia do bem público. Nesse sentido, os governados teriam o direito de se insurgir contra o governante que deixasse de proteger esses direitos. Além disso, Locke foi um dos pioneiros na defesa da divisão das funções do Poder, tendo escrito que "como pode ser muito grande para a fragilidade humana a tentação de ascender ao poder, não convém que as mesmas pessoas que detêm o poder de legislar tenham também em suas mãos o poder de executar as leis, pois elas poderiam se isentar da obediência às leis que fizeram, e adequar a lei a sua vontade, tanto no momento de fazê-la quanto no ato de sua execução, e ela teria interesses distintos daqueles do resto da comunidade, contrários à finalidade da sociedade e do governo"[10]. Locke sustentou a existência do Poder Legislativo (na sua visão, o mais importante, por representar a sociedade), Executivo e Federativo, este último vinculado às atividades de guerra e paz (política externa). Quanto ao Judiciário, Locke considerou-o parte do Poder Executivo, na sua função de executar as leis. Em síntese, Locke é um expoente do liberalismo emergente, tendo *suas ideias influenciado o movimento de implantação do Estado Constitucional* (com separação das funções do poder e direitos dos indivíduos) em vários países.

As ideias de Locke reverberaram especialmente no século XVIII, com a consolidação da burguesia em vários países europeus. O Estado Absolutista, que havia comandado as grandes navegações e o auge do capitalismo comercial, era, naquele momento, um entrave para o desenvolvimento futuro do capitalismo europeu, que ansiava por segurança jurídica e limites à ação autocrática (e com isso imprevisível) do poder.

Na França, o reformista Abbé Charles de Saint-Pierre defendeu, em seu livro *Projeto de paz perpétua* (1713), o fim das guerras europeias e o estabelecimento de mecanismos pacíficos para superar as controvérsias entre os Estados em uma precursora ideia de federação mundial.

Surgiu, então, a obra *Do contrato social* (1762) de Jean-Jacques Rousseau, que defendeu uma vida em sociedade baseada em um contrato (o pacto social) entre *homens livres e iguais*, que estruturam o Estado para zelar pelo bem-estar da maioria. A igualdade e a liberdade são inerentes aos seres humanos, que, com isso, são aptos a expressar sua vontade e exercer o poder. A pretensa renúncia à liberdade e à igualdade pelos homens nos Estados autocráticos (base do pensamento de Hobbes) é inadmissível para Rousseau, uma vez que tal *renúncia* seria *incompatível com a natureza humana*.

Para Rousseau, portanto, um governo arbitrário e liberticida não poderia sequer alegar que teria sido aceito pela população, pois a renúncia à liberdade seria o mesmo que renunciar à natureza humana. A *inalienabilidade* dos direitos humanos encontra já eco em Rousseau, que, consequentemente, combate a escravidão (aceita por Grócio e Locke, por exemplo). Quanto à organização do Estado, Rousseau sustentou que os governos devem representar a vontade da maioria, respeitando ainda os valores da vontade geral, contribuindo para a consolidação tanto da democracia representativa quanto da possibilidade de supremacia da vontade geral em face de violações de direitos oriundas de paixões de momento da maioria. As ideias de Rousseau estão inseridas no movimento denominado Iluminismo (tradução da palavra alemã *Aufklärung*; o século XVIII seria o "século das luzes"), no qual autores como Voltaire, Diderot e D'Alembert, entre outros, defendiam o uso da razão para dirigir a sociedade em todos os aspectos[11], questionando o absolutismo e o viés religioso do poder (o rei como filho de Deus) tidos como irracionais.

---

[10] Parágrafo 143. LOCKE, John. *Segundo tratado sobre o governo civil*: ensaio sobre a origem, os limites e os fins verdadeiros do governo civil (1689). Trad. Magda Lopes e Marisa Lobo da Costa. Petrópolis, RJ : Vozes, 1994.

[11] BINETTI, SaffoTestoni. Iluminismo. In: BOBBIO, Norberto; MATEUCCI, Nicola: PASQUINO, Gianfranco (Coords.). *Dicionário de política*. Trad. João Ferreira. 4. ed. Brasília: UnB, 1992, v. 1, p. 605-611.

Por sua vez, Cesare Beccaria defendeu ideias essenciais para os direitos humanos em uma área crítica: o Direito Penal. Em sua obra *Dos delitos e das penas* (1766), Beccaria sustentou a existência de limites para a ação do Estado na repressão penal e balizando o *jus puniendi*, com influência até os dias de hoje.

Kant, no final do século XVIII (1785[12]), defendeu a *existência da dignidade intrínseca a todo ser racional*, que *não tem preço ou equivalente*. Justamente em virtude dessa dignidade, não se pode tratar o ser humano como um meio, mas sim como um *fim* em si mesmo. Esse conceito kantiano do valor superior e sem equivalente da dignidade humana será, depois, retomado no regime jurídico dos direitos humanos contemporâneos, em especial no que tange à indisponibilidade e à proibição de tratamento do ser humano como se fosse um objeto.

QUADRO SINÓTICO

O debate das ideias: Hobbes, Grócio, Locke, Rousseau e os iluministas

- Thomas Hobbes (*Leviatã* - 1651): é um dos primeiros textos que versa claramente sobre o direito do ser humano, que é ainda tratado como sendo pleno no estado da natureza. Mas Hobbes conclui que o ser humano abdica de sua liberdade inicial e se submete ao poder do Estado (o Leviatã), cuja existência justifica-se pela necessidade de se dar segurança ao indivíduo, diante das ameaças de seus semelhantes. Entretanto, os indivíduos não possuiriam qualquer proteção contra o poder do Estado.
- Hugo Grócio (*Da guerra e da paz* - 1625): defendeu a existência do direito natural, de cunho racionalista, reconhecendo, assim, que suas normas decorrem de "princípios inerentes ao ser humano".
- John Locke (*Tratado sobre o governo civil* -1689): defendeu o direito dos indivíduos mesmo contra o Estado, um dos pilares do contemporâneo regime dos direitos humanos. O grande e principal objetivo das sociedades políticas sob a tutela de um determinado governo é a preservação dos direitos à vida, à liberdade e à propriedade. Logo, o governo não pode ser arbitrário e deve seu poder ser limitado pela supremacia do bem público.
- Abbé Charles de Saint-Pierre (*Projeto de paz perpétua* -1713): defendeu o fim das guerras europeias e o estabelecimento de mecanismos pacíficos para superar as controvérsias entre os Estados em uma precursora ideia de federação mundial.
- Jean-Jacques Rousseau (*Do contrato social* - 1762): prega que a vida em sociedade é baseada em um contrato (o pacto social) entre homens livres e iguais (qualidades inerentes aos seres humanos), que estruturam o Estado para zelar pelo bem-estar da maioria. Um governo arbitrário e liberticida não poderia sequer alegar que teria sido aceito pela população, pois a renúncia à liberdade seria o mesmo que renunciar à natureza humana, sendo inadmissível.
- Cesare Beccaria (*Dos delitos e das penas* - 1766): sustentou a existência de limites para a ação do Estado na repressão penal, balizando os limites do *jus puniendi* que reverberam até hoje.
- Kant (*Fundamentação da metafísica dos costumes* - 1785): defendeu a existência da dignidade intrínseca a todo ser racional, que não tem preço ou equivalente. Justamente em virtude dessa dignidade, não se pode tratar o ser humano como um meio, mas sim como um fim em si mesmo.

5. A FASE DO CONSTITUCIONALISMO LIBERAL E DAS DECLARAÇÕES DE DIREITOS

As revoluções liberais, inglesa, americana e francesa (e suas respectivas Declarações de Direitos) marcaram a primeira clara afirmação histórica dos direitos humanos.

A chamada "Revolução Inglesa" foi a mais precoce (ver acima), pois tem como marcos a *Petition of Right*, de 1628 e o *Bill of Rights*, de 1689, que consagraram a supremacia do Parlamento e o império da lei.

---

[12] KANT, Immanuel. *Fundamentação da metafísica dos costumes* (1785). Trad. Antônio Pinto de Carvalho. São Paulo: Companhia Editora Nacional, 1964.

Por sua vez, a "Revolução Americana" retrata o processo de independência das colônias britânicas na América do Norte, culminado em 1776, e a criação da primeira Constituição do mundo, a Constituição norte-americana de 1787. Várias causas concorreram para a independência norte-americana, sendo a defesa das liberdades públicas contra o absolutismo do rei uma das mais importantes, o que legitimou a emancipação.

Nesse sentido, foi editada a *Declaração do Bom Povo de Virgínia* em 12 de junho de 1776 (pouco menos de um mês da declaração de independência, em 4 de julho): composta por 18 artigos, que contém afirmações típicas da promoção de direitos humanos com viés jusnaturalista, como, por exemplo, "todos os homens são, por natureza, igualmente livres e independentes" (artigo I) e ainda "todo poder é inerente ao povo e, consequentemente, dele procede; que os magistrados são seus mandatários e seus servidores e, em qualquer momento, perante ele responsáveis" (artigo II). A Declaração de Independência dos Estados Unidos de 4 de julho de 1776 (escrita em grande parte por Thomas Jefferson) estipulou, já no seu início, que "todos os homens são criados iguais, sendo-lhes conferidos pelo seu Criador certos Direitos inalienáveis, entre os quais se contam a Vida, a Liberdade e a busca da Felicidade. Que para garantir estes Direitos, são instituídos Governos entre os Homens, derivando os seus justos poderes do consentimento dos governados", marcando o direito político de autodeterminação dos seres humanos, governados a partir de sua livre escolha.

Curiosamente, a *Constituição norte-americana de 1787 não possuía um rol de direitos*, uma vez que vários representantes na Convenção de Filadélfia (que editou a Constituição) temiam introduzir direitos humanos em uma Constituição que organizaria a esfera federal, o que permitiria a consequente federalização de várias facetas da vida social. Somente em 1791, esse receio foi afastado e foram aprovadas 10 Emendas que, finalmente, introduziram um rol de direitos na Constituição norte-americana. Saliente-se que a promoção de direitos da época era intensamente desigual: a escravidão foi mantida por quase um século após a independência, tendo sido assinada a Proclamação de Emancipação pelo Presidente Lincoln em 1863, em plena Guerra Civil. Em 1865, foi aprovada a 13ª Emenda à Constituição americana, consagrando a abolição da escravidão no território norte-americano.

Já a "Revolução Francesa" gerou um marco para a proteção de direitos humanos no plano nacional: a *Declaração Francesa dos Direitos do Homem e do Cidadão*, adotada pela Assembleia Nacional Constituinte francesa em 27 de agosto de 1789. A Declaração Francesa é fruto de um *giro copernicano nas relações sociais na França* e, logo depois, em vários países. O Estado francês pré-Revolução era ineficiente, caro e incapaz de organizar minimamente a economia de modo a atender as necessidades de uma população cada vez maior. As elites religiosas e da nobreza também se mostraram insensíveis a qualquer alteração do *status quo* capitaneada pela monarquia. Esse impasse político na cúpula dirigente associado à crescente insatisfação popular foi o caldo de cultura para a ruptura, que se iniciou na autoproclamação de uma "Assembleia Nacional Constituinte", em junho de 1789, pelos representantes dos Estados Gerais (instituição representativa dos três estamentos da França pré-revolução: nobreza, clero e um "terceiro estado" que aglomerava a grande e pequena burguesia, bem como a camada urbana sem posses). Em 12 de julho de 1789, iniciaram-se os motins populares em Paris (capital da França), que culminaram, em *14 de julho de 1789*, na tomada da Bastilha (prisão quase desativada), cuja queda é, até hoje, o símbolo maior da Revolução Francesa.

Em 27 de agosto de 1789, a Assembleia Nacional Constituinte adotou a "Declaração Francesa dos Direitos do Homem e do Cidadão", que consagrou a igualdade e liberdade como direitos inatos a todos os indivíduos. O impacto na época foi imenso: aboliram-se os privilégios, direitos feudais e imunidades de várias castas, em especial da aristocracia de terras. O lema dos agora revolucionários era de clareza evidente: "liberdade, igualdade e fraternidade" ("*liberté, egalité et fraternité*").

A Declaração Francesa dos Direitos do Homem e do Cidadão proclamou os direitos humanos a partir de uma premissa que permeará os diplomas futuros: *todos os homens nascem livres e com direitos iguais*. Há uma clara *influência jusnaturalista*, pois, já no seu início, a Declaração menciona "os direitos naturais, inalienáveis e sagrados do homem". São apenas *dezessete* artigos, que acabaram sendo adotados como preâmbulo da Constituição francesa de 1791 e que condensam várias ideias depois esmiuçadas pelas Constituições e tratados de direitos humanos posteriores, como, por exemplo: soberania popular, sistema de governo representativo, igualdade de todos perante a lei, presunção de inocência, direito à propriedade, à segurança, liberdade de consciência, de opinião, de pensamento, bem como o dever do Estado Constitucional de garantir os direitos humanos. Esse *dever de garantia* ficou expresso no sempre lembrado artigo 16 da Declaração, que dispõe: "Toda sociedade onde a garantia dos direitos não está assegurada, nem a separação dos poderes determinada, não tem Constituição".

Também é importante marco para o desenvolvimento futuro dos direitos humanos o *projeto de Declaração dos Direitos da Mulher e da Cidadã*, de 1791, proposto por Olympe de Gouges, que reivindicou a *igualdade de direitos de gênero*. Ainda em 1791 foi editada a primeira Constituição da França revolucionária, que consagrou a perda dos direitos absolutos do monarca francês, implantando-se uma monarquia constitucional, mas, ao mesmo tempo, reconheceu o voto censitário. Em 1791, o Rei Luís XVI foi detido ao tentar fugir para reunir-se a monarquias absolutistas que já ensaiavam intervir no processo revolucionário francês. Após a invasão da França e derrota dos exércitos austro-prussianos, os revolucionários franceses decidem executar o Rei Luís XVI e sua mulher, a Rainha Maria Antonieta (1793).

Esse contexto de constante luta dos revolucionários com os exércitos das monarquias absolutistas europeias impulsionou a Revolução Francesa para além *das fronteiras daquele país*, uma vez que os revolucionários temiam que as intervenções estrangeiras não cessariam até a derrota dos demais Estados autocráticos. Esse *desejo de espalhar* os ideais revolucionários *distinguiu* a Revolução Francesa das anteriores revoluções liberais (inglesa e americana, mais interessadas na organização da sociedade local), o que consagrou a Declaração Francesa dos Direitos do Homem e do Cidadão como sendo a *primeira com vocação universal*.

Esse universalismo será o grande alicerce da futura afirmação dos direitos humanos no século XX, com a edição da Declaração Universal dos Direitos Humanos.

QUADRO SINÓTICO

A fase do constitucionalismo liberal e das declarações de direitos

- As revoluções liberais, inglesa, americana e francesa, e suas respectivas Declarações de Direitos marcaram a primeira afirmação histórica dos direitos humanos.
- "Revolução Inglesa": teve como marcos a *Petition of Rights*, de 1628, que buscou garantir determinadas liberdades individuais, e o *Bill of Rights*, de 1689, que consagrou a supremacia do Parlamento e o império da lei.
- "Revolução Americana": retrata o processo de independência das colônias britânicas na América do Norte, culminado em 1776, e ainda a criação da Constituição norte-americana de 1787. Somente em 1791 foram aprovadas 10 Emendas que, finalmente, introduziram um rol de direitos na Constituição norte-americana.
- "Revolução Francesa": adoção da Declaração Francesa dos Direitos do Homem e do Cidadão pela Assembleia Nacional Constituinte francesa, em 27 de agosto de 1789, que consagra a igualdade e liberdade, que levou à abolição de privilégios, direitos feudais e imunidades de várias castas, em especial da aristocracia de terras. Lema dos revolucionários: "liberdade, igualdade e fraternidade" ("*liberté, egalité et fraternité*").
- Projeto de Declaração dos Direitos da Mulher e da Cidadã: de 1791, proposto por Olympe de Gouges, reivindicou a igualdade de direitos de gênero.

- 1791: edição da primeira Constituição da França revolucionária, que consagrou a perda dos direitos absolutos do monarca francês, implantando-se uma monarquia constitucional, mas, ao mesmo tempo, reconheceu o voto censitário.
- Declaração Francesa dos Direitos do Homem e do Cidadão consagrada como sendo a primeira com vocação universal. Esse universalismo será o grande alicerce da futura afirmação dos direitos humanos no século XX, com a edição da Declaração Universal dos Direitos Humanos.

6. A FASE DO SOCIALISMO E DO CONSTITUCIONALISMO SOCIAL

No final do século XVIII, os jacobinos franceses defendiam a ampliação do rol de direitos da Declaração Francesa para *abarcar também os direitos sociais*, como o direito à educação e assistência social. Em 1793, os revolucionários franceses editaram uma nova "Declaração Francesa dos Direitos do Homem e do Cidadão", redigida com forte apelo à igualdade, com reconhecimento de direitos sociais como o direito à educação.

Essa percepção da necessidade de condições materiais mínimas de sobrevivência foi ampliada pela persistência da miséria, mesmo depois da implantação dos Estados liberais, como na Inglaterra e na França pós-revolucionária. Surgem, na Europa do século XIX, os *movimentos socialistas* que ganham apoio popular nos seus ataques ao modo de produção capitalista.

Proudhon, socialista francês, fez apelo inflamado à rejeição do direito de propriedade privada, que considerou um "roubo", em seu livro de 1840, "*O que é a propriedade*". Karl Marx, na obra *A questão judaica* (1843), questionou os fundamentos liberais da Declaração Francesa de 1789, defendendo que o homem não é um ser abstrato, isolado das engrenagens sociais. Para Marx, os direitos humanos até então defendidos eram focados no indivíduo voltado para si mesmo, para atender seu interesse particular egoístico dissociado da comunidade. Assim, não seria possível defender direitos individuais em uma realidade na qual os trabalhadores – em especial na indústria europeia – eram fortemente explorados. Em 1848, Marx e Engels publicam o *Manifesto do Partido Comunista*, no qual são defendidas novas formas de organização social, de modo a atingir o *comunismo*, forma de organização social na qual seria dado *a cada um segundo a sua necessidade e exigido de cada um segundo a sua possibilidade*. As teses socialistas atingiram também a igualdade de gênero: August Bebel defendeu, em 1883, que, na nova sociedade socialista, a mulher seria totalmente independente, tanto social quanto economicamente ("A mulher e o socialismo", 1883[13]).

São inúmeras as influências da ascensão das ideias socialistas no século XIX. No plano político, houve várias revoluções malsucedidas, até o êxito da Revolução Russa em 1917, que, pelo seu impacto (foi realizada no maior país do mundo em termos geográficos), estimulou novos avanços na defesa da igualdade e justiça social.

No plano do constitucionalismo, houve a *introdução dos chamados direitos sociais* – que pretendiam assegurar condições materiais mínimas de existência – em diversas Constituições, tendo sido pioneiras a Constituição do México (1917), da República da Alemanha (também chamada de República de Weimar, 1919) e, no Brasil, a Constituição de 1934.

No plano do Direito Internacional, consagrou-se, pela primeira vez, uma organização internacional voltada à melhoria das condições dos trabalhadores, que foi a *Organização Internacional do Trabalho*, criada em 1919 pelo próprio Tratado de Versailles que pôs fim à Primeira Guerra Mundial.

---

[13] Conferir em ISHAY, Micheline. *Direitos humanos*: uma antologia. Principais escritos políticos, ensaios, discursos e documentos desde a Bíblia até o presente. Trad. Fábio Joly. São Paulo: EDUSP, 2006, em especial p. 386.

QUADRO SINÓTICO

A fase do constitucionalismo social

- Antecedentes:
    - Final do século XVIII: próprios jacobinos franceses defendiam a ampliação do rol de direitos da Declaração Francesa para abarcar também os direitos sociais, como o direito à educação e assistência social.
    - 1793: revolucionários franceses editaram uma nova "Declaração Francesa dos Direitos do Homem e do Cidadão", redigida com forte apelo à igualdade, com reconhecimento de direitos sociais como o direito à educação.
- Europa do século XIX: movimentos socialistas ganham apoio popular nos seus ataques ao modo de produção capitalista. Expoentes: Proudhon, Karl Marx, Engels, August Bebel.
- Revolução Russa (1917): estimulou novos avanços na defesa da igualdade e justiça social.
- Introdução dos chamados direitos sociais – que pretendiam assegurar condições materiais mínimas de existência – em várias Constituições, tendo sido pioneiras a Constituição do México (1917), da República da Alemanha (também chamada de República de Weimar, 1919) e, no Brasil, a Constituição de 1934.
- Plano do Direito Internacional: consagrou-se, pela primeira vez, uma organização internacional voltada à melhoria das condições dos trabalhadores – a Organização Internacional do Trabalho, criada em 1919 pelo próprio Tratado de Versailles que pôs fim à Primeira Guerra Mundial.

7. A INTERNACIONALIZAÇÃO DOS DIREITOS HUMANOS: AS NORMAS VINCULANTES E AS NORMAS DE *SOFT LAW* (PRÓPRIA E IMPRÓPRIA)

Até meados do século XX, o Direito Internacional possuía apenas normas internacionais esparsas referentes a certos direitos essenciais, como se vê na temática do combate à escravidão no século XIX (que, apesar de não estar vinculada diretamente à gramática dos direitos humanos – e sim ao desejo de ampliar os mercados – serviu indiretamente para estimular a defesa da liberdade), na formação do Direito Internacional Humanitário (para impor regras aos conflitos armados, nas últimas décadas do séc. XIX), ou ainda na criação da OIT (Organização Internacional do Trabalho, 1919), que desempenha papel importante até hoje na proteção de direitos trabalhistas. Contudo, a criação do Direito Internacional dos Direitos Humanos está relacionada à nova organização da sociedade internacional no pós-Segunda Guerra Mundial[14]. Como marco dessa nova etapa do Direito Internacional, foi criada, na Conferência de São Francisco em 1945, a Organização das Nações Unidas (ONU). O tratado institutivo da ONU foi denominado "Carta de São Francisco".

A reação à barbárie nazista gerou a inserção da temática de direitos humanos na Carta da ONU, que possui *várias passagens* que usam expressamente o termo "*direitos humanos*", com destaque ao *artigo 55, alínea "c"*, que determina que a Organização deve favorecer "*o respeito universal e efetivo dos direitos humanos e das liberdades fundamentais para todos, sem distinção de raça, sexo, língua ou religião*". Já o artigo seguinte, o artigo 56, estabelece o compromisso de todos os Estados-membros de *agir em cooperação* com a Organização para a consecução dos propósitos enumerados no artigo anterior.

O Direito Internacional dos Direitos Humanos engloba, hoje, dezenas de convenções universais e regionais, sendo que algumas delas contam ainda com órgãos próprios de supervisão e controle (os chamados *treaties bodies*), além de outras normas protetoras de direitos humanos vinculantes oriundas do costume internacional e dos chamados princípios gerais de direito (fontes do Direito Internacional[15]).

---

[14] LEWANDOWSKI, Enrique Ricardo. *Proteção internacional dos direitos humanos na ordem interna e internacional*. Rio de Janeiro: Forense, 1984.

[15] Ver mais sobre as fontes do Direito Internacional dos Direitos Humanos em CARVALHO RAMOS, André de. *Teoria geral dos direitos humanos na ordem internacional*. 8. ed. São Paulo: Saraiva, 2024, p. 83 e seguintes.

Além das normas internacionais vinculantes, há também normas internacionais de *soft law* (ou direito em formação), que consiste no conjunto de normas não vinculantes, que servem (i) para auxiliar a interpretação e integração das normas internacionais vinculantes (nesse contexto, para diferenciar da *soft law,* também chamadas de *hard law*) e ainda (ii) para estimular os Estados a adotarem normas internacionais vinculantes, como um tratado.

Também é possível classificar as normas de *soft law* em dois tipos: a *soft law* própria (ou primária) e a *soft law* imprópria (ou secundária). A *soft law* própria é aquela produzida pelos Estados e organizações internacionais, que, por serem sujeitos de Direito Internacional, tem esse poder de editar normas para servirem de vetor de interpretação e integração das demais normas internacionais vinculantes. Por exemplo, a Declaração Universal dos Direitos Humanos foi adotada pela Organização das Nações Unidas (ver abaixo).

Já a *soft law* imprópria consiste em norma não vinculante oriunda de manifestações de entidades ou especialistas que agem em nome próprio, não se constituindo em manifestações não vinculantes de Estados ou organizações internacionais. Por exemplo, os Princípios de Yogya--karta foram elaborados por especialistas agindo em nome próprio (ver item 26 da **Parte II** deste *Curso* – Princípios de Yogyakarta sobre orientação sexual – "Mais 10"). A *soft law* imprópria, apesar da sua elaboração ser não estatal, continua a ser importante instrumento de densificação de normas internacionais vinculantes, na medida em que possuem força persuasiva e podem ser adotadas por Tribunais internacionais e nacionais.

Porém, a Carta da ONU não listou o rol dos direitos que seriam considerados essenciais. Por isso, foi aprovada, sob a forma de Resolução da Assembleia Geral da ONU, em 10 de dezembro de 1948, em Paris, a *Declaração Universal dos Direitos Humanos* (também chamada de "Declaração de Paris"), que contém 30 artigos e explicita o rol de direitos humanos aceitos internacionalmente. Embora a Declaração Universal dos Direitos Humanos tenha sido aprovada por *48 votos a favor* e sem voto em sentido contrário, houve *oito abstenções* (Bielorrússia, Checoslováquia, Polônia, União Soviética, Ucrânia, Iugoslávia, Arábia Saudita e África do Sul). Honduras e Iêmen não participaram da votação. A ONU possuía, na época, apenas 58 membros (originalmente, eram 51 – em 2024, são 193 membros).

Nos seus trinta artigos, são enumerados os chamados *direitos políticos e liberdades civis* (artigos I ao XXI), assim como *direitos econômicos, sociais e culturais* (artigos XXII-XXVII). Entre os direitos civis e políticos constam o direito à vida e à integridade física, o direito à igualdade, o direito de propriedade, o direito à liberdade de pensamento, consciência e religião, o direito à liberdade de opinião e de expressão e à liberdade de reunião. Entre os direitos sociais em sentido amplo constam o *direito à seguridade social, ao trabalho, o direito à livre escolha da profissão e o direito à educação,* bem como o "direito a um padrão de vida capaz de assegurar a si e a sua família saúde e bem-estar, inclusive alimentação, vestuário, habitação, cuidados médicos e os serviços sociais indispensáveis" (direito ao mínimo existencial – artigo XXV).

Quanto à ponderação e conflito dos direitos, a Declaração Universal dos Direitos Humanos (DUDH) prevê, em seu artigo XXIX, que toda pessoa tem *deveres* para com a comunidade e estará sujeita às *limitações de direitos*, para assegurar os *direitos dos outros* e de satisfazer às *justas exigências da moral, da ordem pública e do bem-estar de uma sociedade democrática*. O artigo XXX determina que nenhuma disposição da Declaração pode ser interpretada para justificar ato destinado à destruição de quaisquer dos direitos e liberdades lá estabelecidos, o que demonstra que os *direitos não são absolutos.*

Em virtude de ser a DUDH uma declaração e não um tratado, há discussões na doutrina e na prática dos Estados sobre sua força vinculante. Em resumo, podemos identificar *três vertentes possíveis*: (i) aqueles que consideram que a DUDH possui força vinculante por se constituir em interpretação autêntica do termo "direitos humanos", previsto na Carta das Nações Unidas (tratado, ou seja, tem força vinculante); (ii) há aqueles que sustentam que a DUDH possui força vinculante por representar o costume internacional sobre a matéria; (iii) há, finalmente, aqueles que defendem que a DUDH representa tão somente a *soft law* na matéria, que consiste em um conjunto de normas ainda não vinculantes, mas que buscam orientar a ação futura dos Estados para que, então, venha a ter força vinculante.

Do nosso ponto de vista, *parte* da DUDH é entendida como espelho do costume internacional de proteção de direitos humanos, em especial quanto aos direitos à integridade física, igualdade e devido processo legal[16].

QUADRO SINÓTICO

A fase da internacionalização dos direitos humanos	
Carta da Organização das Nações Unidas e a Declaração Universal dos Direitos Humanos	• Nova organização da sociedade internacional no pós-Segunda Guerra Mundial; fatos anteriores levaram ao reconhecimento da vinculação entre a defesa da democracia e dos direitos humanos com os interesses dos Estados em manter um relacionamento pacífico na comunidade internacional. • Conferência de São Francisco (abril a junho de 1945): Carta de São Francisco. • Declaração Universal dos Direitos Humanos (também chamada de "Declaração de Paris"), aprovada sob a forma de Resolução da Assembleia Geral da ONU, em 10 de dezembro de 1948 em Paris.

---

[16] CARVALHO RAMOS, André de. *Teoria geral dos direitos humanos na ordem internacional.* 8. ed. São Paulo: Saraiva, 2024, p. 58.

III

TERMINOLOGIA, FUNDAMENTO E CLASSIFICAÇÃO

1. TERMINOLOGIA: OS DIREITOS HUMANOS E OS DIREITOS FUNDAMENTAIS

Os direitos essenciais do indivíduo contam com *ampla diversidade de termos e designações*: direitos humanos, direitos fundamentais, direitos naturais, liberdades públicas, direitos do homem, direitos individuais, direitos públicos subjetivos, liberdades fundamentais. A terminologia varia tanto na doutrina quanto nos diplomas nacionais e internacionais.

A Constituição de 1988 acompanha o *uso variado de termos* envolvendo "direitos humanos". Inicialmente, o art. 4º, II, menciona "direitos humanos". Em seguida, o Título II intitula-se "direitos e garantias fundamentais". Nesse título, o art. 5º, XLI, usa a expressão "direitos e liberdades fundamentais" e o inciso LXXI adota a locução "direitos e liberdades constitucionais". Por sua vez, o art. 5º, § 1º, menciona "direitos e garantias fundamentais" e o § 3º utiliza "direitos humanos". Já o art. 17 adota a dicção "direitos fundamentais da pessoa humana". O art. 34, ao disciplinar a intervenção federal, insere uma nova terminologia: "direitos da pessoa humana" (art. 34, VII, *b*). Quando trata das cláusulas pétreas, a Constituição ainda faz menção à expressão "direitos e garantias individuais" (art. 60, § 4º). O art. 109, V e § 5º, usa o termo "direitos humanos". O art. 134 (sobre a Defensoria Pública) usa a denominação "direitos humanos". No art. 7º do Ato das Disposições Constitucionais Transitórias, há o uso, novamente, da expressão "direitos humanos".

No Direito Internacional, há também uma utilização livre de várias expressões. A Declaração Americana dos Direitos e Deveres do Homem de 1948 adota, já no preâmbulo, as locuções "direitos do homem" e "direitos essenciais do homem". A Declaração Universal dos Direitos Humanos, por seu turno, estabelece em seu preâmbulo a necessidade de respeito aos "direitos do homem" e logo após a "fé nos direitos fundamentais do homem" e ainda o respeito "aos direitos e liberdades fundamentais do homem". A Carta da Organização das Nações Unidas emprega a expressão "direitos humanos" (preâmbulo e art. 56), bem como "liberdades fundamentais" (art. 56, alínea *c*). A Carta dos Direitos Fundamentais da União Europeia de 2000 (revisada em 2007) lança mão da expressão "direitos fundamentais" e a Convenção Europeia de Direitos do Homem e Liberdades Fundamentais de 1950 adotou a locução "liberdade fundamental".

Essa imprecisão terminológica é resultado da evolução da proteção de certos *direitos essenciais* do indivíduo, pela qual a denominação de tais direitos foi sendo alterada, a partir do redesenho de sua delimitação e fundamento.

Nesse sentido, o uso da expressão "direito natural" revela a opção pelo reconhecimento de que esses direitos são inerentes à natureza do homem. Esse conceito e terminologia foram ultrapassados ao se constatar a *historicidade* de cada um destes direitos, sendo os direitos humanos verdadeiros direitos "conquistados".

Por sua vez, a locução "direitos do homem" retrata a mesma origem jusnaturalista da proteção de determinados direitos do indivíduo, no momento histórico de sua afirmação em face do Estado autocrático europeu no seio das chamadas revoluções liberais, o que imprimiu um certo caráter sexista da expressão, *que pode sugerir preterição aos direitos da mulher*. No Canadá, há o uso corrente da expressão "direitos da pessoa", apta a superar o sexismo da dicção "direitos do homem".

Já a expressão "*direitos individuais*" é tida como *excludente*, pois só abarcaria o grupo de direitos denominados de primeira geração ou dimensão (direito à vida, à igualdade, à liberdade e à propriedade – ver abaixo capítulo sobre a teoria das gerações de direitos). Contudo, há vários outros direitos, tais como os direitos a um ambiente ecologicamente equilibrado e outros, que não se amoldam nessa expressão "direitos individuais".

Outra expressão muito usada, em especial na doutrina de inspiração francesa, é "*liberdade pública*". Novamente, teme-se que essa terminologia seja excludente, pois não englobaria os direitos econômicos e sociais. Os "*direitos públicos subjetivos*", locução cunhada pela escola alemã de Direito Público do século XIX, sugerem direitos contra o Estado. Revelariam um conjunto de direitos que limita a ação estatal em benefício do indivíduo. *A evolução do papel do Estado, saindo do Estado-Gendarme para o Estado Social de Direito*, além da atual expansão da aplicação dos direitos humanos nas relações entre particulares, *torna essa expressão de menor utilização*.

Finalmente, chegamos a *duas expressões de uso corrente* no século XXI: *direitos humanos* e *direitos fundamentais*.

Inicialmente, a doutrina tende a reconhecer que os "*direitos humanos*" servem para definir os direitos estabelecidos pelo Direito Internacional em *tratados e demais normas internacionais* sobre a matéria, enquanto a expressão "*direitos fundamentais*" delimitaria aqueles direitos *reconhecidos* e *positivados* pelo *Direito Constitucional* de um Estado específico.

Porém, como vimos, o Direito Internacional não é uniforme e nem utiliza a locução "direitos humanos" sempre. Há casos recentes de uso da expressão "direitos fundamentais" em normas internacionais, como se vê na Carta dos *Direitos Fundamentais* da União Europeia (redigida em 2000 e alterada em 2007). Também o Direito Constitucional de um país pode adotar a expressão "direitos humanos", como se viu acima em dispositivos da Constituição brasileira.

Uma segunda diferença entre "direitos humanos" e "direitos fundamentais" também é comumente assinalada: *os direitos humanos não seriam sempre exigíveis internamente, justamente pela sua matriz internacional*, tendo então uma inspiração jusnaturalista sem maiores consequências; já os *direitos fundamentais seriam aqueles positivados internamente e por isso passíveis de cobrança judicial*, pois teriam matriz constitucional. Ora, a evolução do Direito Internacional dos Direitos Humanos não se coaduna com essa diferenciação. No sistema interamericano e europeu de direitos humanos, os direitos previstos em tratados podem também ser exigidos e os Estados podem ser cobrados pelo descumprimento de tais normas (como veremos).

Há aqueles que ainda questionam o uso da expressão "*direitos humanos*" por representar uma redundância, uma vez que não há direito que não seja titularizado pelo ser humano ou suas emanações (as pessoas jurídicas). Apesar de tal redundância, essa expressão é esclarecedora, pois acentua a essencialidade de tais direitos para o exercício de uma vida digna, sendo, por isso, adjetivados como "humanos". Com isso, *reconhece-se que esses direitos são de todos*, sem qualquer outra consideração ou qualificativo. Trata-se, então, de *ênfase e valorização* da condição humana como atributo para o exercício desses direitos. Assim, o adjetivo "humanos" significa que tais direitos são atribuídos a qualquer indivíduo, sendo assim considerados "direitos de todos".

Muitos já utilizam uma união entre as duas expressões vistas acima, "direitos humanos" e "direitos fundamentais", criando-se uma nova terminologia: "*direitos humanos fundamentais*" ou ainda "*direitos fundamentais do homem*".

Essa "união de termos" mostra que a diferenciação entre "direitos humanos, representando os direitos reconhecidos pelo Direito Internacional, e os "direitos fundamentais", representando os direitos positivados nas Constituições e leis internas, perde a importância, ainda mais na ocorrência de um *processo de aproximação e mútua relação entre o Direito Internacional e o Direito interno na temática dos direitos humanos*.

Essa aproximação entre o Direito Internacional e o Direito Nacional é consagrada, no Brasil, pela adoção do rito especial de aprovação congressual dos tratados de direitos humanos (previsto no art. 5º, § 3º) na CF/88. Esse rito especial consiste na aprovação de um tratado de direitos humanos por maioria de 3/5 e em dois turnos em cada Casa do Congresso Nacional para que o tal futuro tratado seja equivalente à emenda constitucional. Assim, um tratado de *direitos humanos* será equivalente à *emenda constitucional*, ou seja, um direito previsto em tratado (direitos humanos) será considerado um direito constitucional (direito fundamental).

Outro ponto de aproximação entre "direitos humanos" e "direitos fundamentais" está no reconhecimento da jurisdição da *Corte Interamericana* de *Direitos Humanos* pelo Brasil, que deve agir na *falha* do Estado brasileiro em proteger os direitos previstos na Convenção Americana de Direitos Humanos. Logo, a *efetividade dos direitos humanos é assegurada graças a uma sentença internacional irrecorrível, que deve ser implementada pelo Estado brasileiro* (artigo 68.1 da Convenção Americana de Direitos Humanos). Assim, a *antiga separação* entre direitos humanos (matriz internacional, sem maior força vinculante) e direitos fundamentais (matriz constitucional, com força vinculante gerada pelo acesso ao Poder Judiciário) no tocante aos instrumentos de proteção *fica diluída*, pois os direitos humanos *também* passaram a contar com a proteção judicial internacional.

Além disso, vários desses direitos previstos nacionalmente foram também previstos internacionalmente. Os direitos fundamentais espelham, então, os direitos humanos. Assim, uma interpretação *nacional* sobre determinado direito poderá ser confrontada e até *corrigida internacionalmente*, como veremos neste *Curso* na análise do Caso da Guerrilha do Araguaia (divergência de interpretação entre o Supremo Tribunal Federal e a Corte Interamericana de Direitos Humanos).

Abre-se a porta para a uniformização de interpretação, *erodindo* o sentido de termos separando rigidamente o mundo internacional dos *"direitos humanos"* e o mundo constitucional dos *"direitos fundamentais"*.

QUADRO SINÓTICO

Terminologia: os direitos humanos e os direitos fundamentais

- A imprecisão terminológica para designar os direitos essenciais à vida digna decorrem de evolução que levou ao redesenho de sua delimitação e fundamento:

Direito natural	Opção pelo reconhecimento de que esses direitos são inerentes à natureza do homem. Conceito ultrapassado ante a constatação da historicidade desses direitos.
Direitos do homem	Retrata a mesma origem jusnaturalista da proteção de determinados direitos do indivíduo, no momento histórico de sua afirmação perante o Estado autocrático europeu no seio das revoluções liberais.
Direitos individuais	Terminologia tida como excludente, pois só abarcaria o grupo de direitos denominados de primeira geração ou dimensão, mas não os vários outros direitos, que não se amoldam nesse termo.
Liberdade pública	Terminologia tida como excludente, pois não englobaria os direitos econômicos e sociais.
Direitos públicos subjetivos	Termo cunhado pela escola alemã de Direito Público do século XIX, sugere direitos contra o Estado (conjunto de direitos que limita a ação estatal em benefício do indivíduo).

Direitos humanos e direitos fundamentais	• Terminologias mais utilizadas. São comumente assim diferenciados: 　▪ direitos humanos: matriz internacional, sem maior força vinculante; 　▪ direitos fundamentais: matriz constitucional, com força vinculante gerada pelo acesso ao Poder Judiciário. • A distinção, porém, está ultrapassada por dois fatores: 　▪ maior penetração dos direitos humanos no plano nacional, com a incorporação doméstica dos tratados, inclusive, no caso brasileiro, com a possibilidade de serem equivalentes à emenda constitucional (art. 5º, § 3º); 　▪ força vinculante da interpretação internacionalista dos direitos humanos, graças ao reconhecimento da jurisdição de órgãos internacionais como a Corte Interamericana de Direitos Humanos.

2. CLASSIFICAÇÃO DOS DIREITOS HUMANOS

2.1. A teoria do *status* e suas repercussões

Para entender o desenvolvimento do rol dos direitos humanos no mundo atual, é importante estudar uma das teorias mais tradicionais referentes à relação do indivíduo com o Estado sob a ótica dos direitos, que é a *teoria do "status"* desenvolvida no *final do século XIX* por Georg Jellinek (1851-1911).

O contexto da elaboração dessa teoria é o repúdio de Jellinek ao denominado "jusnaturalismo" dos direitos humanos, ancorado nas declarações liberais do século XVIII, em especial, na Declaração de Virgínia (1776) e na Declaração Francesa dos Direitos do Homem e do Cidadão (1789). Na sua visão, os direitos humanos devem ser traduzidos em normas jurídicas *estatais* para que possam ser garantidos e concretizados. Por isso, sua teoria relaciona-se com a posição do direito do indivíduo em face do Estado, com previsão de mecanismos de *garantia* a serem invocados no ordenamento estatal.

Sua classificação, então, é pautada: 1) pelo reconhecimento do caráter *positivo* dos direitos, ou seja, direitos previstos e regulados pelo Estado, contrapondo-se à tese de inerência ou de que seriam direitos natos; 2) pela afirmação da *verticalidade*, defendendo que os direitos são concretizados na relação desigual entre indivíduo e Estado. Como a teoria é construída no final do século XIX (em seu livro *Sistema de direitos públicos subjetivos*, 1892), não abarca os direitos humanos nas *relações entre particulares* (efeito horizontal dos direitos humanos, como veremos) e também os direitos de *titularidade difusa*, transindividual (os direitos difusos, como veremos).

Para Jellinek, o indivíduo pode ser encontrado em quatro situações diante do Estado. Na primeira situação, o indivíduo encontra-se em um estado de submissão, que foi denominado *status subjectionis* ou *status* passivo. O indivíduo se encontra em uma posição de subordinação em face do Estado, que detém atribuições e prerrogativas, aptas a vincular o indivíduo e exigir determinadas condutas ou ainda impor limitações (proibições) a suas ações. Surgem, então, deveres do indivíduo que devem contribuir para o atingimento do bem comum. A preocupação de Jellinek é não desvincular os direitos dos indivíduos da possibilidade do Estado impor deveres, a fim de assegurar o interesse de todos. Logo, para Jellinek, o cumprimento desses deveres leva à implementação dos direitos de todos.

Na segunda situação, o indivíduo possui "*status*" negativo (*status libertatis*), que é o conjunto de limitações à ação do Estado voltado ao respeito dos direitos do indivíduo. O indivíduo exige respeito e contenção do Estado, a fim de assegurar o pleno exercício de seus direitos na vida privada. Nasce um espaço de liberdade individual ao qual o Estado deve respeito, abstendo-se de qualquer interferência. Jellinek, com isso, retrata a chamada dimensão subjetiva, liberal ou clássica dos direitos humanos, na qual os direitos têm o condão de proteger seu titular (o indivíduo) contra a intervenção do Estado. É a *resistência do indivíduo contra o Estado*. Ao Estado cabe a chamada prestação ou obrigação negativa: deve se *abster* de determinada conduta, como, por exemplo, não matar indevidamente, não confiscar, não prender sem o devido processo legal etc.

A terceira situação é denominada *status positivo (status civitatis)* e consiste no conjunto de pretensões do indivíduo para invocar a atuação do Estado em prol dos seus direitos. O indivíduo tem o poder de provocar o Estado para que interfira e atenda seus pleitos. A liberdade do indivíduo adquire agora uma faceta positiva, apta a exigir mais do que a simples abstenção do Estado (que era a característica do *"status" negativo*), levando à proibição da omissão estatal. Sua função original era exigir que o Estado protegesse a liberdade do indivíduo, evitando que sua omissão gerasse violações, devendo realizar *prestações positivas*. Assim, para proteger a vida, o Estado deveria organizar e manter um sistema eficiente de policiamento e segurança pública. Para assegurar o devido processo legal, o Estado deveria organizar de modo eficiente os recursos materiais e humanos do sistema de justiça. Porém, com a evolução das demandas e com o surgimento de novos direitos, emergem direitos a prestações *sociais*, nos quais se cobra uma ação prestacional do Estado para assegurar direitos referentes à igualdade material, como, por exemplo, direito à saúde, direito à educação etc.

A quarta situação é a do *"status" ativo (status activus)*, que consiste no conjunto de prerrogativas e faculdades que o indivíduo possui para participar da formação da vontade do Estado, refletindo no exercício de direitos políticos e no direito de aceder aos cargos em órgãos públicos. O poder do Estado é, em última análise, o poder do conjunto de indivíduos daquela comunidade política. O Supremo Tribunal Federal invocou o *status* ativo no caso do *direito de nomeação* de aprovado em concurso público *classificado entre o número disponível de vagas* previsto no Edital. Para o STF, a Administração Pública está vinculada às normas do edital, ficando obrigada a *preencher as vagas previstas para o certame* dentro do *prazo de validade* do concurso, salvo diante de excepcional justificativa. O candidato aprovado dentro do número de vagas tem um direito subjetivo à nomeação, que vincula diretamente a Administração. Para o Ministro Gilmar Mendes, "a acessibilidade aos cargos públicos constitui um direito fundamental expressivo da cidadania, como bem observou a Ministra Cármen Lúcia na referida obra. Esse direito representa, dessa forma, uma das faces mais importantes do *status activus* dos cidadãos, conforme a conhecida 'teoria do *status*' de Jellinek" (RE 598.099/MS, rel. Min. Gilmar Mendes, j. 10-8-2011, *DJe* de 3-10-2011, com repercussão geral).

Na doutrina alemã, Häberle defendeu a ampliação do *status* ativo, para que se transformasse em um *status activus processualis*, no qual o *indivíduo possui o direito à participação no procedimento da tomada de decisão por parte do Poder Público*. Não se trata de somente se manifestar, mas especialmente no direito de influenciar e ter sua posição levada em consideração na adoção de determinada decisão, inclusive a dos Tribunais Constitucionais[1]. O *status activus processualis* é visto, por exemplo, na adoção do *amicus curiae* e da *audiência pública* no processo do controle abstrato de constitucionalidade no Brasil (Leis n. 9.868/99 e 9.862/99)[2].

2.2. A teoria das gerações ou dimensões: a inexauribilidade dos direitos humanos

A teoria das gerações dos direitos humanos foi lançada pelo jurista francês de origem checa, Karel Vasak, que, em Conferência proferida no Instituto Internacional de Direitos Humanos de Estrasburgo (França), no ano de 1979, classificou os direitos humanos em *três* gerações, cada

---

[1] HÄBERLE, Peter. *Hermenêutica constitucional*: a sociedade aberta dos intérpretes da Constituição – contribuição para a interpretação pluralista e procedimental da Constituição. Trad. Gilmar Ferreira Mendes. Porto Alegre: Sergio Antonio Fabris Editor, 1997.

[2] Ver, sobre o controle de constitucionalidade, RAMOS, Elival da Silva. *Perspectivas de evolução do controle de constitucionalidade no Brasil*. São Paulo: Saraiva, 2009.

uma com características próprias³. Posteriormente, determinados autores defenderam a ampliação da classificação de Vasak para quatro ou até cinco gerações⁴.

Cada *geração foi associada*, na Conferência proferida por Vasak, a um dos componentes do *dístico da Revolução Francesa* (que completava, em 1979, data da conferência, 200 anos): "*liberté, egalité et fraternité*" (liberdade, igualdade e fraternidade). Assim, a primeira geração seria composta por direitos referentes à "liberdade"; a segunda geração retrataria os direitos que apontam para a "igualdade"; finalmente, a terceira geração seria composta por direitos atinentes à solidariedade social ("fraternidade").

A primeira geração engloba os chamados *direitos de liberdade*, que são direitos às *prestações negativas*, nas quais o Estado deve proteger a esfera de autonomia do indivíduo. São denominados também "*direitos de defesa*", pois protegem o indivíduo contra intervenções indevidas do Estado, possuindo caráter de distribuição de competências (limitação) entre o Estado e o ser humano.

Por regrar a atuação do indivíduo, delimitando o seu espaço de liberdade e, ao mesmo tempo, estruturando o modo de organização do Estado e do seu poder, são os direitos de primeira geração compostos por direitos civis e políticos. Por isso, são conhecidos como direitos (ou liberdades) *individuais*, tendo como *marco as revoluções liberais do século XVIII* na Europa e Estados Unidos (*vide* a evolução histórica dos direitos humanos). Essas revoluções visavam restringir o poder absoluto do monarca, impingindo limites à ação estatal. São, entre outros, o direito à liberdade, igualdade perante a lei, propriedade, intimidade e segurança, traduzindo o valor de liberdade. O papel do Estado na defesa dos direitos de primeira geração é tanto o tradicional papel *passivo* (abstenção em violar os direitos humanos, ou seja, as prestações negativas) quanto *ativo*, pois há de se exigir ações do Estado para garantia da segurança pública, administração da justiça, entre outras.

A *segunda geração de direitos humanos* representa a modificação do papel do Estado, exigindo-lhe um vigoroso papel ativo, além do mero fiscal das regras jurídicas. Esse papel ativo, embora indispensável para proteger os direitos de primeira geração, era visto anteriormente com desconfiança, *por ser considerado uma ameaça aos direitos do indivíduo*. Contudo, sob a influência das doutrinas socialistas, constatou-se que a inserção formal de liberdade e igualdade em declarações de direitos não garantiam a sua efetiva concretização, o que gerou movimentos sociais de reivindicação de um papel ativo do Estado para assegurar uma condição material mínima de sobrevivência. Os *direitos sociais são também titularizados pelo indivíduo e oponíveis ao Estado*. São reconhecidos o direito à saúde, educação, previdência social, habitação, entre outros, que demandam prestações positivas do Estado para seu atendimento e são denominados *direitos de igualdade* por garantirem, justamente às camadas mais miseráveis da sociedade, a *concretização* das liberdades abstratas reconhecidas nas primeiras declarações de direitos. Os direitos humanos de segunda geração são frutos das chamadas lutas sociais na Europa e

---

³ Em artigo publicado em 1977, Vasak credita a Amadou-Mathar M´Bow, então Diretor-Geral da UNESCO, a criação do termo "terceira geração dos direitos humanos". Inicialmente, a expressão foi utilizada para focar nova categoria de direitos, abarcando o direito ao desenvolvimento, meio ambiente, entre outros. Depois, Vasak transformou essa categorização em "gerações" para servir de instrumento de análise da evolução histórica dos direitos humanos. VASAK, Karel. A 30-year struggle; the sustained efforts to give force of law to the Universal Declaration of Human Rigths" in *The Unesco Courier*, ano XXX, 11, pp. 28-29, 32, 1977. VASAK, Karel. "For the Third Generation of Human Rights: The Rights of Solidarity", Inaugural lecture, Tenth Study Session, International Institute of Human Rights, July 1979. In: VASAK, K. (ed.) *The international dimension of human rights*. Paris: Unesco, 1982, v. I e II.

⁴ BONAVIDES, Paulo. *Curso de direito constitucional*. 4. ed.São Paulo: Malheiros, 1993; FERREIRA FILHO, Manoel G. *Os direitos humanos fundamentais*. 2. ed. São Paulo: Saraiva, 1998; CANÇADO TRINDADE, Antônio Augusto. *Tratado de direito internacional de direitos humanos*. Porto Alegre: Sergio Antonio Fabris Editor, 1999, v. II; WEIS, Carlos. *Os direitos humanos contemporâneos*. São Paulo: Malheiros, 1999, p. 38.

Américas, sendo seus marcos a *Constituição mexicana de 1917* (que regulou o direito ao trabalho e à previdência social), a *Constituição alemã de Weimar* de 1919 (que, em sua Parte II, estabeleceu os deveres do Estado na proteção dos direitos sociais) e, no Direito Internacional, o Tratado de Versailles, que criou a *Organização Internacional do Trabalho*, reconhecendo direitos dos trabalhadores (ver a evolução histórica dos direitos humanos neste *Curso*).

Já os direitos de terceira geração são aqueles de titularidade da comunidade, como o direito ao desenvolvimento, direito à paz, direito à autodeterminação e, em especial, o direito ao meio ambiente equilibrado. São chamados de direitos de solidariedade. São oriundos da constatação da vinculação do homem ao planeta Terra, com recursos finitos, divisão absolutamente desigual de riquezas em verdadeiros círculos viciosos de miséria e ameaças cada vez mais concretas à sobrevivência da espécie humana.

Posteriormente, no final do século XX, há aqueles, como Paulo Bonavides, que defendem o nascimento da quarta geração de direitos humanos, resultante da globalização dos direitos humanos, correspondendo aos direitos de participação democrática (democracia direta), direito ao pluralismo, bioética e limites à manipulação genética, fundados na defesa da dignidade da pessoa humana contra intervenções abusivas de particulares ou do Estado. Bonavides agrega ainda uma quinta geração, que seria composta pelo direito à paz em toda a humanidade (anteriormente classificado por Vasak como sendo de terceira geração)[5]. Parte da doutrina critica a criação de novas gerações (qual seria o limite?), apontando falhas na diferenciação entre as novas gerações e as anteriores, além da dificuldade em se precisar o conteúdo e efetividade dos "novos" direitos[6].

O Supremo Tribunal Federal *utiliza* a teoria geracional, com a seguinte síntese: "os *direitos de primeira geração* (direitos civis e políticos) – que compreendem as liberdades clássicas, negativas ou formais – realçam o princípio da liberdade e os direitos de *segunda geração* (direitos econômicos, sociais, culturais e ambientais – DESCAs) – que se identifica com as liberdades positivas, reais ou concretas – acentuam o princípio da igualdade, os *direitos de terceira geração*, que materializam poderes de titularidade coletiva atribuídos genericamente a todas as formações sociais, consagram o princípio da solidariedade e constituem um momento importante no processo de desenvolvimento, expansão e reconhecimento dos direitos humanos, caracterizados, enquanto valores fundamentais indisponíveis, pela nota de uma essencial inexauribilidade" (MS 22.164, rel. Min. Celso de Mello, j. 30-10-1995, grifo não constante do original).

A teoria geracional é criticada nos dias de hoje por quatro defeitos.

Em primeiro lugar, por transmitir, de forma errônea, o caráter de *substituição* de uma geração por outra. Se os direitos humanos representam um conjunto *mínimo* de direitos necessário a uma vida única, consequentemente, uma geração não sucede a outra, mas com ela interage, estando em constante e dinâmica relação. O direito de propriedade, por exemplo, deve ser interpretado em conjunto com os direitos sociais previstos no ordenamento, o que revela a sua função social. Após a consagração do direito ao meio ambiente equilibrado, o direito de propriedade deve também satisfazer as exigências ambientais para seu uso (função ecológica do direito de propriedade).

Em segundo lugar, a enumeração das gerações pode dar a ideia de *antiguidade ou posteridade* de um rol de direitos em relação a outros: os direitos de primeira geração teriam sido reconhecidos antes dos direitos de segunda geração e assim sucessivamente, o que efetivamente não ocorreu. No Direito Internacional, por exemplo, os direitos sociais (segunda geração) foram consagrados em convenções internacionais do trabalho (a partir do surgimento da Organização

---

[5] BONAVIDES, Paulo. *Curso de direito constitucional*. 25. ed. São Paulo: Malheiros, 2010.
[6] Por todos, ver FALCÓN Y TELLA, Fernando. *Challenges for human rights*. Leiden; Boston: Martinus Nijhoff Publishers, 2007, em especial p. 66.

Internacional do Trabalho em 1919), *antes* mesmo que os próprios direitos de primeira geração (cujos diplomas internacionais são do pós-Segunda Guerra Mundial, como a Declaração Universal dos Direitos Humanos de 1948).

Em terceiro lugar, a teoria geracional é rechaçada por apresentar os direitos humanos de forma *fragmentada* e ofensiva à indivisibilidade (característica que estudaremos em capítulo próprio). Embora essa teoria geracional, à primeira vista, seja razoável para fins didáticos, na prática serve como justificativa para a *diferenciação do regime de implementação* de uma geração em face da outra. O caso sempre lembrado dessa consequência da teoria geracional é a diferença entre o regime de proteção dos direitos de primeira geração em relação aos direitos de segunda geração. Em vários países, combatem-se com rigor a discriminação e as ofensas ao princípio da igualdade no tocante aos direitos individuais clássicos, mas se aceitam as imensas desigualdades no âmbito dos direitos sociais.

Em quarto lugar, o uso dessas divisões entre direitos é também criticável em face das *novas interpretações* sobre o conteúdo dos direitos. Como classificar o direito à vida? Em tese, seria um direito tradicionalmente inserido na primeira geração de Vasak, mas hoje há vários precedentes internacionais e nacionais que exigem que o Estado realize diversas prestações positivas para assegurar uma vida *digna,* como, por exemplo, saúde, moradia, educação etc., o que o colocaria na *segunda geração*. O exemplo mais marcante dessa nova interpretação do conteúdo do direito à vida é a jurisprudência da Corte Interamericana de Direitos Humanos (Corte IDH), que exige um claro conteúdo social na promoção do direito à vida.

Para evitar tais riscos, há aqueles que defendem o uso do termo "dimensões", em vez de gerações. Teríamos, então, três, quatro ou cinco *dimensões* de direitos humanos. Apesar da mudança de terminologia, restaria ainda a crítica da ofensa à indivisibilidade dos direitos humanos e aos novos conteúdos dos direitos protegidos, que inviabilizam também a teoria *dimensional* dos direitos humanos.

Além da troca de terminologia (*geração por dimensão),* há a busca incessante por novas "gerações", com autores defendendo a existência de uma quarta geração ou mesmo uma quinta geração de direitos.

Apesar de não existir muita precisão sobre a consequência prática de considerarmos um direito como pertencente a uma "quarta" ou "quinta" geração (ou dimensão), essas novas gerações ou dimensões apontadas pela doutrina auxiliam o estudioso a compreender o fenômeno da produção de novos direitos, também denominado *inexauribilidade dos direitos humanos,* para atender a recentes demandas sociais da atualidade.

Com isso, apesar das críticas, a teoria das gerações continua a ser um instrumento didático de compreensão dos direitos humanos e sua *inexauribilidade* (sempre há novas demandas sociais, gerando novos direitos), não podendo, é claro, ser usada para impedir a *unidade* dos direitos humanos e uma visão *integral* desse conjunto de direitos, todos essenciais para uma vida humana digna.

2.3. A classificação pelas funções

De acordo com suas funções, os direitos humanos podem ser classificados como: direitos de defesa, direitos a prestações e direitos a procedimento e instituições.

Os *direitos de defesa* consistem no conjunto de prerrogativas do indivíduo voltado para defender determinadas posições subjetivas contra a intervenção do Poder Público ou mesmo outro particular, assegurando que: 1) uma conduta não seja proibida; 2) uma conduta não seja alvo de interferência ou regulação indevida por parte do Poder Público; e 3) não haja violação ou interferência por parte de outro particular.

Os direitos de defesa, então, têm como consequência inicial a transformação desses direitos em um escudo contra o poder estatal, concretizando exigências de *abstenção, derrogação e até mesmo anulação de atos do Estado*, o que gera a chamada *eficácia vertical* dos direitos humanos (indivíduo *x* Estado). Porém, já é um consenso no Brasil que os direitos de defesa também podem ser invocados contra outros particulares, consagrando a *eficácia horizontal* dos direitos humanos (relação particular *x* particular). Finalmente, a assimetria entre os particulares consagrou, ainda, a *eficácia diagonal* dos direitos humanos, que consiste na invocação de direitos nas relações entre os particulares nas quais uma das partes ostenta vulnerabilidade, fazendo nascer uma prevalência de determinado direito de um particular sobre o outro[7].

Além disso, os direitos de defesa asseguram ao seu titular duas outras consequências, além das anteriores: (i) pretensão de *consideração*, que exige do Estado levar em conta os direitos envolvidos *antes* de adotar determinada conduta e ainda (ii) a pretensão de *proteção*, que gera o chamado "dever de proteção", ou seja, o dever do Estado de agir contra outros *particulares* que podem violar esses direitos (também chamada de dimensão objetiva dos direitos humanos).

Quer sejam invocados contra o Estado ou contra outro particular (exigindo-se do Estado que interfira a favor do titular e *contra* o particular que viola esse direito), os direitos de defesa estabelecem uma esfera jurídica de autonomia e autodeterminação dos indivíduos, protegendo-os contra condutas do Estado ou de terceiros.

É possível classificar os direitos de defesa em três subespécies: os *direitos ao não impedimento* (liberdade de expressão, por exemplo); *direitos ao não embaraço* (por exemplo, direito à inviolabilidade domiciliar, intimidade e sigilos diversos) e, finalmente, *direitos a não supressão* de determinadas situações jurídicas (defesa do direito de propriedade, por exemplo). O Estado, então, no que tange aos direitos de defesa, é o inimigo da liberdade individual e os direitos humanos têm a função de preservar o indivíduo contra as ingerências ou omissões indevidas do governante[8].

Por sua vez, os *direitos à prestação* são aqueles que exigem uma obrigação estatal de ação, para assegurar a efetividade dos direitos humanos. É uma verdadeira superação do dogma do "Estado inimigo" e seu papel limitado na defesa ativa dos direitos humanos. Pelo contrário, o Estado agora é o "Estado amigo", chamado a realizar condutas de proteção aos direitos, para dar existência real aos direitos previstos no ordenamento jurídico. Essas condutas estatais podem ser divididas em *prestações jurídicas* e *prestações materiais*. A *prestação jurídica* é realizada pela elaboração de normas jurídicas que disciplinam a proteção de determinado direito. Assim, o devido processo legal para ser protegido exigirá uma atuação estatal de regulação de normas processuais e procedimentais adequadas. Já a *prestação material* consiste na intervenção do Estado provendo determinada condição material para que o indivíduo frua adequadamente seu direito. Por exemplo, no caso do direito à saúde, o Estado deve realizar prestações materiais por meio de construção de hospitais, equipamentos, contratação de equipe médica e ainda fornecimento gratuito de medicamentos, tudo para assegurar materialmente o efetivo gozo do direito à saúde.

Os direitos à prestação *jurídica* acarretam discussão sobre a criação de medidas específicas de combate à inércia do Estado em legislar, como ocorreu no Brasil com a criação do *mandado*

---

[7] Por exemplo, nas relações envolvendo crianças, pessoas com deficiência, trabalhadores, consumidores etc. Sobre a eficácia diagonal, ver CONTRERAS, Sérgio Gamonal. Procedimiento de tutela y eficacia diagonal de losderechos humanos, *Revista Laboral Chilena,* nov. 2009, p. 72-76.

[8] Häberle, Peter. *Pluralismo y Constitución*:estudios de la Teoría Constitucional de la sociedad abierta. Madrid: Tecnos, 2002; MENDES, Gilmar. "Os direitos fundamentais e seus múltiplos significados na ordem constitucional". Brasília, v. 2, n. 13, jun. 1999. Disponível em: <https://revistajuridica.presidencia.gov.br/index.php/saj/article/view/1011/995>. Acesso em: 9 ago. 2024. JELLINEK, GeOrg. *TeoríageneraldelEstado*. Trad. da 2ª ed. alemã por Fernando de los Rios. Buenos Aires: Albatros, 1970.

de injunção e da *ação direta de inconstitucionalidade por omissão*. No caso das prestações materiais, veremos, em ponto específico, a consequência desses direitos de prestação, que vem a ser a possibilidade de *exigir judicialmente* que o Estado realize essas prestações, em um contexto de recursos finitos e necessidades de escolhas entre quais prestações devem ser realizadas em primeiro lugar.

Finalmente, os direitos podem ser classificados como *direitos a procedimentos e organizações,* que são aqueles que têm como função exigir do Estado que estruture órgãos e corpo institucional apto, por sua competência e atribuição, a oferecer bens ou serviços indispensáveis à efetivação dos direitos humanos.

Essa categoria é corolário dos direitos à prestação, mas com o traço distintivo de focar a estrutura administrativa e institucional do Estado, o que, para tal classificação, é também importante para a efetividade dos direitos humanos. A consequência dessa classificação é justamente permitir que determinadas *condutas do Estado voltadas a desmantelar uma instituição essencial* para a efetividade dos direitos humanos seja passível de questionamento por, em última análise, representar uma *violação do direito que aquela instituição zelava*.

2.4. A classificação pela finalidade: os direitos e as garantias

Os direitos humanos podem ser classificados de acordo com a *finalidade*. De um lado, há os *direitos propriamente ditos*, que são os dispositivos normativos que visam o reconhecimento jurídico de pretensões inerentes à dignidade de todo ser humano. De outro lado, temos as previsões normativas que *asseguram* a existência desses direitos propriamente ditos, sendo denominadas *garantias fundamentais*. As garantias fundamentais visam assegurar a fruição dos direitos propriamente ditos. O reconhecimento da existência das garantias fundamentais tem como importante consequência a proteção constitucional (e internacional, como veremos, nas garantias internacionais) contra a supressão legislativa ou ainda contra a eventual modificação erosiva por emendas constitucionais (por constituírem-se em cláusulas pétreas).

Por sua vez, as garantias fundamentais podem ser classificadas em várias espécies (ver mais na **Parte IV**). Em primeiro lugar, há a divisão entre as chamadas *garantias em sentido amplo* e as *garantias em sentido estrito* (os chamados remédios fundamentais). Em segundo lugar, podemos dividir as garantias de acordo com a origem nacional (garantias nacionais) ou ainda internacional (garantias internacionais).

As *garantias fundamentais em sentido amplo* consistem em um conjunto de meios de índole *institucional* e *organizacional* que visa assegurar a efetividade e observância dos direitos humanos. É possível ainda denominar essas garantias, em sentido amplo, "garantias institucionais", uma vez que contemplam estruturas institucionais *públicas* (por exemplo, o Ministério Público e a Defensoria Pública) e *privadas* (por exemplo, liberdade de imprensa) imprescindíveis à plena efetividade dos direitos humanos.

Em relação às garantias institucionais *públicas*, listamos *cinco* exemplos de instrumentos de índole institucional e organizacional que servem para assegurar os direitos humanos no Brasil.

A primeira garantia em sentido amplo dos direitos humanos é a *garantia diante do Poder Legislativo*, que deve legislar *conforme* aos direitos humanos. A nossa Constituição lista vários direitos em seu corpo, dotando-os naturalmente do estatuto constitucional, superior às leis. Assim, o *controle de constitucionalidade* das leis serve como garantia dos direitos humanos. Mesmo a emenda constitucional pode ser fulminada, se tender a abolir os "direitos e garantias individuais" (art. 60, § 4º, IV, da CF/88).

A segunda garantia em sentido amplo consiste na exigência da *reserva de lei* para a atuação do Poder Público, que consta como princípio da Administração Pública brasileira previsto no art. 37 da CF/88.

A terceira garantia em sentido amplo é a cláusula da *reserva de jurisdição* ou *reserva absoluta de jurisdição*, que consiste na exigência de *autorização judicial prévia* para a restrição e supressão de determinado direito. Consiste no "monopólio da primeira palavra" ou "monopólio do juiz", no linguajar de Canotilho[9], pelo qual, em certos casos de apreciação de restrição de direitos, a jurisdição deve dar não somente a última palavra, mas também a *primeira* palavra (autorizando ou negando).

A Constituição Federal de 1988 aceitou a garantia da reserva absoluta de jurisdição, ao dispor que determinados atos de grave intervenção em direitos individuais somente podem ser deferidos pelo Poder Judiciário, com a exclusão de todas as demais autoridades públicas. De acordo com o Supremo Tribunal Federal, a garantia constitucional da reserva da jurisdição incide sobre as hipóteses de: (i) busca domiciliar (CF, art. 5º, XI); (ii) interceptação telefônica (CF, art. 5º, XII); e (iii) decretação da prisão, ressalvada a situação de flagrância penal (CF, art. 5º, LXI – conferir no MS 23.639/DF, rel. Min. Celso de Mello, publicado no *DJ* em 16-2-2001). Por outro lado, não há falar em reserva de jurisdição na quebra ou transferência de sigilos bancário, fiscal e de registros telefônicos, pois, no teor da Constituição Federal, essas podem inclusive ser determinadas por Comissão Parlamentar de Inquérito (STF, MS 23.480, rel. Min. Sepúlveda Pertence, *DJU* de 15-9-2000).

A quarta garantia em sentido amplo consiste no próprio acesso à justiça ou *universalidade da jurisdição*, que se funda na possibilidade de se atacar, perante o Poder Judiciário, qualquer lesão ou ameaça de lesão a direito (art. 5º, XXXV, da CF/88).

A quinta garantia em sentido amplo consiste na implantação do novo perfil do *Ministério Público e da Defensoria Pública*, que, em seus respectivos âmbitos de atuação, são indispensáveis à proteção dos direitos fundamentais. No caso do Ministério Público, por exemplo, esse novo perfil engloba prerrogativas que concernem à "autonomia administrativa e financeira dessa instituição, ao processo de escolha, nomeação e destituição de seu titular e ao poder de iniciativa dos projetos de lei relativos à sua organização" (ADI 2.378, rel. Min. Maurício Corrêa, j. 19-5-2004, Plenário, *DJ* de 6-9-2007). No mesmo sentido, o STF reconheceu que a independência e a autonomia do Ministério Público representam garantias institucionais que foram feridas pela previsão de nomeação de Promotor *Ad hoc* pela Corregedoria do Poder Judiciário de Goiás (ADI 2.874, rel. Min. Marco Aurélio, j. 8-8-2003, Plenário, *DJ* de 3-10-2003). Consequentemente, uma emenda constitucional hipotética que buscasse eliminar esse novo perfil seria *inconstitucional* por ofensa à garantia de direitos humanos (*vide* **Parte III**, item 2.4 sobre "cláusulas pétreas").

Esses exemplos não são exaustivos. Por exemplo, há quem defenda que a laicidade do Estado se caracteriza como uma verdadeira garantia institucional da liberdade religiosa individual[10]. O STF reconheceu, por exemplo, que o art. 16 da Constituição ("Art. 16. A lei que alterar o processo eleitoral entrará em vigor na data de sua publicação, não se aplicando à eleição que ocorra até um ano da data de sua vigência") consiste em uma "*garantia institucional* da anualidade" (voto do Min. Gilmar Mendes, em julgamento no qual o STF, à unanimidade, decidiu não aplicar às Eleições de 2006 a EC 52 – ver ADI 3.685, rel. Min. Ellen Gracie, j. 22-3-2006, Plenário, *DJ* de 10-8-2006). Na mesma linha, o STF entendeu que a *imunidade parlamentar* é "garantia institucional deferida ao Congresso Nacional. O congressista, isoladamente considerado, não tem, sobre ela, qualquer poder de disposição", não cabendo, então, falar de "renúncia" à imunidade (Inq 510/DF, rel. Min. Celso de Mello, Plenário, unânime, *DJ* de 19-4-1991).

---

[9] CANOTILHO, J. J. Gomes. *Direito constitucional e teoria da Constituição*. 7. ed. Coimbra: Almedina, 2008.

[10] SARMENTO, Daniel. O crucifixo nos tribunais e a laicidade do Estado, *Revista Eletrônica PRPE*. Disponível em: <www.prpe.mpf.mp.br/internet/.../RE_%20DanielSarmento2.pdf>. Acesso em: 15 ago. 2024.

Quanto às *garantias institucionais de índole privada*, reconhece-se um feixe de dispositivos que representam instituições como o *casamento, família, maternidade, opinião pública*, aptos a abrigar diversos direitos humanos e que merecem, assim, proteção especial.

Porém, *devemos ficar atentos* com uma *banalização* do conceito de garantia institucional (que pode gerar decisionismo e arbítrio na solução de conflitos entre garantias institucionais), que só pode ser utilizado para definir uma forma de organização do Estado ou da sociedade cuja existência é *indispensável* para assegurar determinado direito fundamental.

Já as *garantias fundamentais em sentido estrito* consistem no conjunto de *mecanismos processuais ou procedimentais* destinada a proteger os direitos essenciais dos indivíduos. Essas garantias são de ordem *nacional* e *internacional*. No plano nacional, as garantias em sentido estrito estão previstas na própria Constituição brasileira e são denominadas *remédios constitucionais*, a saber: *habeas corpus*, mandado de segurança, *habeas data*, mandado de injunção, direito de petição, ação popular e ação civil pública. No plano internacional que interessa ao Brasil, há o *direito de petição internacional* a órgãos quase judiciais, como Comissão Interamericana de Direitos Humanos e Comitês estabelecidos em determinados tratados universais (celebrados no âmbito da Organização das Nações Unidas). Cabe lembrar que, no sistema europeu de direitos humanos, há ainda o *direito de ação internacional* das vítimas de violação de direitos humanos contra os Estados responsáveis pela conduta ofensiva.

2.5. A classificação adotada na Constituição de 1988

A Constituição de 1988 dividiu os direitos humanos, com base no seu Título II (denominado, sugestivamente, "Dos Direitos e Garantias Fundamentais"), em cinco categorias, a saber: a) direitos e deveres individuais e coletivos; b) direitos sociais; c) direitos de nacionalidade; d) direitos políticos; e e) partidos políticos.

Essa enumeração não é exaustiva, uma vez que o art. 5º, § 2º, da Constituição prevê o *princípio da não exaustividade dos direitos fundamentais*, também denominado *abertura da Constituição aos direitos humanos*, dispondo que os direitos previstos não excluem outros *decorrentes* do regime e princípios da Constituição, além dos que estão mencionados no *restante do texto* da Constituição e em *tratados de direitos humanos* celebrados pelo Brasil.

2.5.1. Direitos individuais

Os "direitos individuais" consistem no conjunto de direitos cujo conteúdo impacta a esfera de interesse protegido de um indivíduo. Por isso, são também considerados como sinônimos de "direitos de primeira geração", pois representam os direitos clássicos de liberdade de agir do indivíduo em face do Estado e dos demais membros da coletividade. Representam direitos tanto a ações negativas do Estado (abstenção de agir do Estado) quanto a ações positivas (prestações).

Na Constituição brasileira, são conhecidos também como sendo os direitos do "rol do art. 5º", no qual constam os direitos à vida, liberdade, segurança individual, integridade física, igualdade perante a lei, intimidade, entre outros. Essa denominação é imperfeita, pois o Supremo Tribunal Federal estabelece que os direitos individuais podem ser encontrados em qualquer parte da Constituição. De qualquer modo, o art. 5º impressiona pela *elasticidade* na enumeração de incisos e parágrafos, contendo nada menos que *79 incisos* (o último referente à proteção de dados pessoais, inclusive nos meios digitais – LXXIX) *e quatro parágrafos*, tendo a Constituição de 1988 atendido a um *anseio liberalizante* após anos e anos de ditadura militar.

Por outro lado, o *regime jurídico* dos direitos individuais é robusto: são de aplicação imediata (art. 5º, § 1º) e ainda componentes do núcleo pétreo da Constituição (art. 60, § 4º, IV), tornando-os elementos centrais na *identidade constitucional imutável* do Brasil.

A definição de "direito individual" (referente ao conteúdo de afetação somente a interesses de um indivíduo) permite que sejam identificados tais direitos em *toda* a Constituição, inclusive nos chamados direitos políticos (por exemplo, o direito de voto) e nos direitos sociais (direito à saúde e à educação tem claro perfil de atendimento à pretensão individual). Além disso, a restrição do termo "direitos individuais" aos direitos que constam somente do art. 5º poderia produzir interpretações também restritas quanto ao conjunto de direitos protegido pela imutabilidade do art. 60, § 4º, IV, e quanto ao alcance do art. 5º, § 1º (aplicação imediata).

Desde a edição da Constituição de 1988, duas emendas constitucionais adicionaram direitos ao rol do art. 5º: a) direito à duração razoável do processo judicial e administrativo (EC 45/2004); b) direito à proteção dos dados pessoais, inclusive nos meios digitais (EC 115/2022).

2.5.2. Direitos sociais

Os direitos sociais em sentido amplo consistem em um conjunto de faculdades e posições jurídicas pelas quais um indivíduo pode exigir prestações do Estado ou da sociedade ou até mesmo a abstenção de agir, tudo para assegurar *condições materiais, socioculturais e ambientais mínimas de sobrevivência*. Historicamente, os direitos sociais são frutos das revoluções socialistas em diversos países, tendo sido inseridos, no campo constitucional, de modo pioneiro na Constituição do México de 1917 e na Constituição de Weimar (Alemanha) de 1919. No Direito Internacional, o Tratado de Versailles (1919) é inovador ao constituir a Organização Internacional do Trabalho, existente até hoje e que tem como missão precípua a defesa dos direitos dos trabalhadores. No Brasil, a Constituição de 1934 é o marco inicial da introdução dos direitos sociais, porém estes foram incluídos no capítulo da "ordem econômica e social". Já a Constituição de 1988 tem um capítulo específico ("Direitos Sociais", arts. 6º ao 11) no Título II ("Direitos e Garantias Fundamentais") e ainda consagrou o princípio da não exaustividade dos direitos sociais, o que permite extrair novos direitos sociais *decorrentes* do regime e princípios, bem como dos tratados celebrados pelo Brasil (art. 5º, § 2º).

O conteúdo dos *direitos sociais é inicialmente prestacional*, exigindo-se ação do Estado e da sociedade para superar desigualdades fáticas e situação material ofensiva à dignidade. Todavia, há também *direitos sociais de abstenção(ou de defesa)*, pelos quais o Estado deve se abster de interferir de modo indevido em determinado direito social, como, por exemplo, a liberdade de associação sindical ou ainda o direito de greve. Rothenburg defende a *teoria unitária dos direitos humanos*, pela qual a própria categoria "direitos sociais" é questionada, uma vez que todos os direitos possuem uma carga de abstenção e uma carga prestacional[11].

É possível ainda classificar os direitos sociais em *direitos originários ou derivados a prestações sociais*. Os *direitos sociais originários* são aqueles que advêm do texto constitucional ou mesmo de um tratado de direitos humanos sem necessidade de posterior implementação legislativa ou administrativa. Restaria ao titular do direito social a busca dessas prestações fáticas por meio do acesso à justiça, gerando a crítica denominada "objeção democrática", pela qual o Estado-juiz não poderia ofender a separação de poderes e alocar recursos (decisão conjunta do Poder Executivo e do Poder Legislativo, na esfera da aprovação orçamentária), retirando-os de outras áreas, para satisfazer determinado direito social. Com isso, o Estado-juiz teria que traçar – sem legitimidade democrática – todas as facetas da implementação do direito.

---

[11] ROTHENBURG, Walter Claudius. *A fundamentalidade dos direitos sociais*: por uma concepção unitária dos direitos fundamentais. Tese de livre-docência aprovada na Faculdade de Direito da Universidade de São Paulo (Ribeirão Preto), 2019, da qual o Autor deste *Curso* participou da Banca Examinadora. Ver também ROTHENBURG, Walter Claudius. *Direitos sociais são direitos fundamentais*: simples assim. Salvador: JusPodivm, 2021.

Já o *direito social derivado* é aquele que *já* possui alguma regulamentação legal ou administrativa e que pode ser, então, objeto de apreciação judicial sob dois prismas: o *prisma da igualdade*, assegurando que tal implementação deve ser feita de modo a assegurar acesso igualitário a todos e ainda o *prisma da segurança e confiança no Estado*, impedindo que haja inconstância na prestação e *proibindo-se o retrocesso*.

Desde a edição da Constituição de 1988, houve várias emendas constitucionais que adicionaram novos direitos sociais ao rol de direitos fundamentais previsto no *caput* do art. 6º: a direito à moradia (EC 26/2000); b) direito à alimentação (EC 64/2010); direito ao transporte (EC n. 91/2015).

2.5.3. Direito à nacionalidade

Tradicionalmente, a nacionalidade é definida como sendo o vínculo jurídico entre determinada pessoa, denominada *nacional*, e um *Estado*, pelo qual são estabelecidos direitos e deveres recíprocos. No século XX, com a consolidação do Direito Internacional dos Direitos Humanos, a nacionalidade passa também a ser considerada *direito essencial*, previsto no artigo XV da Declaração Universal dos Direitos Humanos e em diplomas normativos internacionais posteriores.

O *povo é formado pelo conjunto de nacionais*, sendo elemento subjetivo do Estado. A fixação de regras para a determinação da nacionalidade foi lenta e somente se desenvolveu a partir das *revoluções liberais*, que geraram a consequente afirmação da participação popular no poder. Assim, era necessário *determinar quem era nacional*, ou seja, quem era membro do povo e, por consequência, deveria participar, direta ou indiretamente, da condução dos destinos do Estado. A França foi o primeiro Estado, no pós-Revolução de 1789, a estabelecer *regras constitucionais referentes à nacionalidade* (Constituição de 1791, arts. 2º a 6º).

O *modelo francês* de instituir as regras sobre nacionalidade no texto constitucional foi seguido pelo Brasil e a Constituição de 1988 estabelece as regras básicas sobre a nacionalidade em seu art. 12. Há ainda *normas internacionais de direitos humanos* dispondo sobre a nacionalidade, como a Declaração Universal dos Direitos Humanos (1948), que prevê que todos têm direito a uma nacionalidade e ninguém será arbitrariamente privado de sua nacionalidade, nem do direito de mudar de nacionalidade (artigo XV). A *Convenção Americana de Direitos Humanos* (já ratificada e incorporada ao ordenamento brasileiro) também dispõe que toda pessoa tem direito a uma nacionalidade e ninguém pode ser privado arbitrariamente de sua nacionalidade, nem do direito de mudá-la (art. 20). A Corte Interamericana de Direitos Humanos, inclusive, já emitiu opinião consultiva sobre o direito à nacionalidade (Parecer n. 4/84) e também analisou o conteúdo dos deveres dos nacionais (cotejo com o crime de traição) no caso *Castillo Petruzzi*.

O reconhecimento do direito fundamental à nacionalidade traz importantes consequências: 1) exige que a interpretação de dúvida na concessão da nacionalidade a estrangeiro seja feita em prol da concessão; 2) exige que a interpretação da perda da nacionalidade seja sempre restritiva, de modo a favorecer a manutenção do vínculo, caso o indivíduo assim queira; 3) não pode o Estado obstar o desejo legítimo do indivíduo de renunciar e mudar de nacionalidade (ver mais sobre o direito à nacionalidade na **Parte IV** deste *Curso*).

2.5.4. Direitos políticos e os partidos

Os direitos políticos constituem em um conjunto de direitos de *participação na formação da vontade do poder e sua gestão*. Expressam a soberania popular, representada na máxima "todo poder emana do povo" prevista no art. 1º da Constituição de 1988.

Os direitos políticos são compostos por direitos de participação, permitindo o exercício do poder pelo povo de modo direto (a chamada democracia direta ou participativa) ou indireto (a chamada democracia indireta ou representativa). Essa participação não se dá tão somente no exercício do *direito de votar e ser votado*, mas também na *propositura de projetos de lei* (iniciativa popular) e na *ação fiscalizatória sobre os governantes* (a ação popular).

No Brasil, os direitos políticos são exercidos não somente pelo direito de votar e ser votado em eleições, mas também por *instrumentos de democracia direta*, tais como o plebiscito, o referendo, a iniciativa popular (CF/88, art. 14, I a III), regidos pela Lei n. 9.709/98, e, no que tange à fiscalização do Poder, pela ação popular (art. 5º, LXXIII).

Para evitar manipulações, dispõe o art. 16 da CF/88 que a lei que alterar o processo eleitoral entrará em vigor na data de sua publicação, porém não se aplica à eleição que ocorra até um ano da data de sua vigência. Esse artigo representa a chamada *regra da anualidade eleitoral,* que garante o direito de segurança e de certeza jurídicas do cidadão-eleitor contra alterações abruptas das regras inerentes à disputa eleitoral (STF, ADI 3.345, rel. Min. Celso de Mello, e ADI 3.685, rel. Min. Ellen Gracie, j. 22-3-2006).

O *exercício dos direitos políticos* separa o conceito de *cidadania* do conceito de *nacionalidade*. O *cidadão* é aquele que exerce direitos políticos. Já o *nacional* é aquele que possui um vínculo jurídico com um determinado Estado, fixando direitos e deveres recíprocos. Em geral, a *nacionalidade é pressuposto básico para a obtenção da condição de cidadão*, mas, mesmo no Brasil, há caso de exercício de direitos políticos por *estrangeiro* (não nacional) no que tange aos *portugueses em situação de igualdade de direitos* (CF/88, art. 12 – ver mais na **Parte IV** deste *Curso*).

No Brasil, os *partidos políticos* são pessoas jurídicas de direito privado, criadas para assumir o poder e realizar seu ideário ideológico. A minirreforma eleitoral de 2017 (Lei n. 13.488/2017) estabeleceu que poderá participar das eleições o partido que, até seis meses antes do pleito, (i) tenha registrado seu estatuto no Tribunal Superior Eleitoral; e (ii) tenha, até a data da convenção, órgão de direção constituído na circunscrição, de acordo com o respectivo estatuto.

Apesar de não se constituir em um "direito" propriamente dito, a Constituição listou o partido político no seu Título II ("Direitos e Garantias Fundamentais"). Isso ocorre pelas seguintes razões: 1ª) a menção no art. 1º, parágrafo único, da CF/88 de que "Todo o poder emana do povo, que o exerce por meio de representantes eleitos" implica a existência de um vínculo entre os eleitores e o eleito denominado *representação política;* 2ª) em seguida, a Constituição considera que não é possível candidatura política avulsa: todos os que almejam ser representantes políticos têm que se filiar a um partido político. A Constituição de 1988 criou, então, uma "democracia partidária" ou "partidocracia", por meio da qual se instalou um "vínculo tricotômico absolutamente necessário: eleitores, candidatos e partidos políticos" (ADI 3.999, rel. Min. Joaquim Barbosa, passagem de voto do Min. Carlos Brito). Ressalte-se que, em face de dispositivos mais amplos de tratados internacionais de direitos humanos, o tema da "candidatura avulsa" (ou candidatura independente) à luz do teste de convencionalidade esteve em discussão no Supremo Tribunal Federal (STF, RE 1.054.490-RJ, rel. Min. Roberto Barroso, reautuado para RE 1.238.853, em trâmite em 1º de agosto de 2024 – ver mais no item 48.2 da **Parte IV** deste *Curso*).

Esse vínculo entre partido político e os direitos políticos foi consagrado nas decisões do Poder Judiciário brasileiro sobre "a perda do mandato por *infidelidade partidária*", que consiste na perda do cargo ou mandato eletivo pela saída *imotivada* de um mandatário do partido pelo qual foi eleito. Para o Supremo Tribunal Federal, o mandatário eleito vincula-se a determinado partido político, a cujo programa e ideário se subordinou. Essa *ruptura dos vínculos de caráter partidário* provocada pela saída do mandatário *sem justa causa* do partido pelo qual se elegeu "subverte o sentido das instituições, ofende o senso de responsabilidade política, traduz gesto de deslealdade para com as agremiações partidárias de origem, compromete o modelo de representação popular e frauda, de modo acintoso e reprovável, a vontade soberana dos cidadãos eleitores" (voto do Min. Celso de Mello, STF, MS 26.603-1/DF).

A Lei n. 9.096/95 (Lei dos Partidos Políticos, alterada pela Lei n. 13.165/2015) e a Resolução n. 22.610/2007 do TSE dispõem sobre as hipóteses de justa causa: a) mudança substancial ou desvio reiterado do programa partidário (foi o partido quem "traiu"); b) grave discriminação pessoal (espécie de *bullying* partidário contra o político, que reage saindo do partido). A consequência de saída sem justa causa é a perda do mandato. A Lei n. 13.165/2015 acrescentou uma "janela de infidelidade", possibilitando desfiliação imotivada e sem perda do mandato durante 30 dias no sétimo mês que antecede as eleições ao término do mandato vigente à época (art. 3º).

Em 2015, o Supremo Tribunal Federal decidiu, em ação direta de inconstitucionalidade promovida pela Procuradoria Geral da República, que a perda de mandato por infidelidade partidária *só atinge os eleitos em eleições proporcionais*. No caso das eleições majoritárias (prefeitos, governadores, presidente e seus respectivos vices, bem como os Senadores), o STF entendeu que há ênfase na figura do candidato, o que faz com que a perda do mandato, no caso de mudança de partido, frustre a vontade do eleitor e vulnere a soberania popular (ADI 5.081/DF, voto do rel. Min. Roberto Barroso, j. 27-5-2015). Em 2016, foi aprovada a Emenda Constitucional n. 91, pela qual ficou facultado ao detentor de mandato eletivo desligar-se do partido pelo qual foi eleito nos trinta dias seguintes à promulgação da Emenda (18 de fevereiro), sem prejuízo do mandato, não sendo essa desfiliação considerada para fins de distribuição dos recursos do Fundo Partidário e de acesso gratuito ao tempo de rádio e televisão. Essa segunda "janela de infidelidade" (a primeira foi a da Lei n. 13.165/2015, vista acima) desvalorizou o ideal constitucional de fortalecimento da democracia representativa por intermédio de partidos políticos, uma vez que o mandato eletivo é partidário e a mudança injustificada feita por detentor de cargo eletivo escolhido pelo sistema eleitoral proporcional não deve ser vista como um ato sem maiores consequências, mas sim como um ato contra a vontade popular expressa nas urnas. Em 2021, a Emenda Constitucional n. 111/2021 esclareceu que a "anuência do partido" também impede a perda do mandato, solucionando controvérsia antiga (nova redação do art. 17, § 6º, da CF/88).

Por sua vez, a menção aos "partidos políticos" inserida em um Título referente a "direitos e garantias fundamentais" realça a importância do partido para o exercício dos direitos políticos e da democracia. Nessa linha, decidiu o Tribunal Superior Eleitoral, que "(...) As greis partidárias podem ser qualificadas juridicamente como entidades integrantes do denominado espaço público, ainda que não estatal, o que se extrai da centralidade dispensada em nosso regime democrático aos partidos, essenciais que são ao processo decisório e à legitimidade na conformação do poder político" (Tribunal Superior Eleitoral, MS 0601453-16, rel. Min. Luiz Fux, j. sessão de 29-9-2016). Por sua vez, o art. 17, § 1º, da CF/88 assegura aos partidos políticos autonomia para definir sua estrutura interna, organização e funcionamento, *afastando o fantasma das restrições aos partidos* criadas pela ditadura militar brasileira.

Essas restrições levaram, por exemplo, ao *bipartidarismo forçado* imposto pela ditadura (na época, só eram permitidos dois partidos – a Aliança de Renovação Nacional, Arena, governista, e o Movimento Democrático Brasileiro – MDB, oposicionista). A Constituição de 1988 acata o *pluralismo político* como um dos fundamentos do Estado Democrático de Direito (art. 1º, V), impedindo restrições indevidas à liberdade de criação de partidos (que, em agosto de 2024, já alcançam o número de 29 com registro deferido no Tribunal Superior Eleitoral[12]).

A EC n. 97/2017 deu nova redação ao art. 17, § 1º, da CF/88, reforçando a autonomia partidária para definir a estrutura interna do partido e estabelecer regras sobre escolha, formação e duração de seus órgãos permanentes e provisórios e sobre sua organização e funcionamento. A EC 97/2017 ainda deu autonomia aos partidos para adotar os critérios de escolha e o regime de suas coligações nas eleições majoritárias, *vedada a sua celebração nas eleições proporcionais, sem*

---

[12] Disponível em: <https://www.tse.jus.br/partidos/partidos-registrados-no-tse>. Acesso em: 1º ago. 2024.

obrigatoriedade de vinculação entre as candidaturas em âmbito nacional, estadual, distrital ou municipal, devendo seus estatutos estabelecer normas de disciplina e fidelidade partidária. Contudo, a proibição das criticadas coligações partidárias nas eleições proporcionais só valeu, por previsão da própria EC 97/2017, a partir das Eleições de 2020 (são permitidas ainda as coligações para cargos majoritários).

Além disso, a EC 97/2017 instituiu a cláusula de barreira (ou desempenho), pela qual os partidos políticos só terão acesso aos recursos do fundo partidário e ao uso gratuito do rádio e televisão (o chamado "direito de antena eleitoral") caso obtenham: (i) nas eleições para a Câmara dos Deputados, no mínimo, 3% (três por cento) dos votos válidos, distribuídos em pelo menos um terço das unidades da Federação (9 unidades), com um mínimo de 2% (dois por cento) dos votos válidos em cada uma delas; ou (ii) tiverem elegido pelo menos quinze Deputados Federais distribuídos em pelo menos um terço das unidades da Federação. Há regras de *transição*, com o cumprimento *pleno* da regra *somente* na legislatura seguinte às eleições de *2030*. Diversos partidos hoje não cumpririam o desempenho exigido. Em mais um movimento para eliminar o número de partidos com baixa repercussão eleitoral, a EC 97 permitiu mais uma "janela de infidelidade" ao autorizar que o eleito por partido que não superou a "barreira" filie-se a outro partido que a tenha atingido[13]. Como há regras de transição, a "janela de infidelidade" pode ser aplicada a partir das Eleições de 2018, no início da legislatura de 2019. O partido político *Rede Sustentabilidade* ingressou com ação direta de inconstitucionalidade contra resolução da Câmara dos Deputados que, a pretexto de regular a cláusula de barreira, restringiu o funcionamento parlamentar do citado partido. Para a *Rede Sustentabilidade*, o art. 17, § 3º, da CF/88, com redação dada pela EC 97/2017, restringiu o acesso à distribuição de recursos públicos do fundo partidário e o acesso à propaganda gratuita em rádio e televisão, não impactando o funcionamento parlamentar dos partidos com resultados inferiores ao desempenho já previsto no pleito de 2018 (ADI 6.056, rel. Cristiano Zanin, ainda em trâmite em agosto de 2024).

A própria Constituição *impõe aos partidos os seguintes condicionantes*: o (i) respeito aos direitos fundamentais da pessoa humana; (ii) caráter nacional; (iii) é vedado o recebimento de recursos financeiros de entidade ou governo estrangeiros ou de subordinação a estes e também é (iv) vedada a utilização pelos partidos políticos de organização paramilitar[14].

Além disso, a autonomia partidária e a natureza jurídica de direito privado dos partidos *não* servem como escudo para violação de direitos humanos realizada internamente. Com base essencialmente na (i) eficácia horizontal dos direitos humanos (que vinculam os particulares) e (ii) na importância do partido político para a democracia, o TSE reconheceu que violações à ampla defesa e ao contraditório podem ser apreciadas pela Justiça Eleitoral, não sendo matéria *interna corporis* dos partidos (Tribunal Superior Eleitoral, MS 0601453-16, rel. Min. Luiz Fux, j. sessão de 29-9-2016).

2.5.5. Direitos coletivos, difusos e os direitos individuais de expressão coletiva

Inicialmente, denominamos *direitos coletivos em sentido amplo* todos os direitos que, indivisíveis ou não, regem *situações que atingem um agrupamento de pessoas*. Esse gênero (direito coletivo em sentido amplo) é dividido em (i) direitos difusos, (ii) direitos coletivos em sentido estrito, (iii) direitos individuais homogêneos.

---

[13] Art. 17, § 5º: Ao eleito por partido que não preencher os requisitos previstos no § 3º deste artigo é assegurado o mandato e facultada a filiação, sem perda do mandato, a outro partido que os tenha atingido, não sendo essa filiação considerada para fins de distribuição dos recursos do fundo partidário e de acesso gratuito ao tempo de rádio e de televisão. (Incluído pela Emenda Constitucional n. 97, de 2017)

[14] *Vide* mais sobre direitos políticos e os partidos no item 48.5. da Parte IV, que trata dos "Direitos em espécie".

Os *direitos difusos* são aqueles *direitos transindividuais de natureza indivisível*, que abrangem número indeterminado de pessoas unidas pelas mesmas *circunstâncias de fato*. Já os *direitos coletivo sem sentido estrito* consistem em *direitos transindividuais, de natureza indivisível*, de que seja titular grupo, categoria ou classe de pessoas ligadas entre si ou com a parte contrária por uma *relação jurídica base*.

A característica fundamental dos direitos difusos é a *indeterminabilidade* dos titulares, ao contrário dos direitos coletivos em sentido estrito, cujos titulares são *determinados ou determináveis* justamente pela vinculação a uma relação jurídica base. Como exemplo de direito difuso de titularidade indeterminada (toda a coletividade social), o STF reconheceu que o direito à "integridade do meio ambiente – típico direito de terceira geração – constitui prerrogativa jurídica de titularidade coletiva, refletindo, dentro do processo de afirmação dos direitos humanos, a expressão significativa de um poder atribuído, não ao indivíduo identificado em sua singularidade, mas, num sentido verdadeiramente mais abrangente, à própria coletividade social" (MS 22.164, rel. Min. Celso de Mello, j. 30-10-1995, Plenário, *DJ* de 17-11-1995).

Por sua vez, os direitos individuais homogêneos são *direitos pertencentes a vários indivíduos distintos*, não tendo natureza indivisível, mas que possuem a *mesma origem comum*. Eles se constituem, pela origem comum, em subespécie de direitos coletivos em sentido amplo (STF, RE 163.231/SP, rel. Min. Maurício Corrêa, j. 26-2-1997).

Finalmente, há *direitos individuais de expressão coletiva*, que são aqueles direitos individuais que só têm existência na junção de vontades de vários indivíduos, como, por exemplo, as liberdades de reunião e de associação[15].

A Constituição de 1988 não é unívoca na conceituação desses direitos: de início faz menção a "direitos coletivos" (Capítulo I do Título II); depois, refere-se a "interesses" na parte referente ao Ministério Público (arts. 127, *caput,* e 129, III); usa, ainda, indistintamente "direitos e interesses" no que tange aos sindicatos (art. 8º, III) e Ministério Público (art. 129, V).

2.5.6. Os deveres individuais e coletivos

O Capítulo I do Título II da Constituição de 1988 faz referência a "deveres individuais e coletivos". O dever é uma *sujeição* imputada a um indivíduo (dever individual), agrupamento de indivíduos ou ao Estado (deveres coletivos), para satisfação de interesses alheios. Há duas concepções a respeito dos deveres no campo dos direitos humanos.

A primeira é a concepção de dever em sentido amplo pelo qual os direitos humanos acarretam o *dever* de proteção do Estado, que não pode omitir-se e permitir que terceiros violem direitos essenciais e também geram *o dever geral dos particulares em não violar os direitos de outros* (eficácia dos direitos humanos em face dos particulares). Essa proteção exige atividades de cunho legislativo, administrativo e jurisdicional do Estado, sendo reflexo da dimensão objetiva dos direitos fundamentais.

Na Constituição de 1988, os deveres de proteção de direitos fundamentais são *explícitos*, como o baseado no art. 5º, XLI ("a lei punirá qualquer discriminação atentatória dos direitos e liberdades fundamentais"), e *implícitos*, que advêm da própria estipulação de um direito, gerando o dever correlato do Estado em protegê-lo e dos particulares em não violá-lo. Assim, a estipulação do direito à vida acarreta o dever implícito do Estado de criar mecanismos de proteção, bem como dos particulares de não violá-lo indevidamente.

A segunda concepção é o *dever em sentido estrito,* que implica reconhecer determinadas condutas obrigatórias, a agentes públicos e particulares, previstas na Constituição e em tratados,

---

[15] SILVA, José Afonso da. *Curso de direito constitucional positivo*. 5. ed. São Paulo: Malheiros, 1989, p. 174-175.

consideradas indispensáveis para a preservação de determinado direito fundamental. No caso da Constituição de 1988, cabe citar, em relação aos agentes públicos, o dever de respeitar a integridade física e moral do preso (art. 5º, XLIX); o dever de comunicar a prisão e o local onde se encontre o detido imediatamente ao juiz competente e à família do preso ou à pessoa por ele indicada (art. 5º, LXII); o dever de informar aos presos de seus direitos, entre os quais o de permanecer calado, sendo-lhe assegurada a assistência da família e de advogado (art. 5º, LXIII); o dever de informar ao preso a identificação dos responsáveis por sua prisão ou por seu interrogatório policial (art. 5º, LXIV), o dever de relaxar imediatamente a prisão ilegal (art. 5º, LXV), o dever de não prender nenhum indivíduo quando a lei admitir a liberdade. Quanto aos particulares, há deveres específicos, como o de prestar o serviço militar ou civil alternativo (art. 143), bem como o dever de votar (art. 14, § 1º, I), entre outros.

2.6. A classificação pela forma de reconhecimento

A produção normativa dos direitos humanos é intensa: há variado labor legislativo e também reconhecimento judicial de novos direitos, tanto na esfera nacional quanto na internacional. No Brasil, esse *marco plural dos direitos humanos é uma realidade*. A inflação de direitos humanos passa a ser um fenômeno corriqueiro, em face das contínuas e incessantes demandas sociais, que são canalizadas para o Congresso Nacional (pela via da aprovação de emendas constitucionais), para o Estado como um todo (pela via da ratificação e incorporação interna de tratados ou consentimento na criação do costume internacional na área dos direitos humanos) e finalmente para o Judiciário (reconhecimento de novos direitos pela via da interpretação dos juízes). Fica patente a *abertura* do rol de direitos humanos, marcada, no Brasil, pelo *princípio da não exaustividade*, pelo qual os direitos expressamente previstos na Constituição não excluem outros implícitos ao regime e princípios constitucionais nem outros decorrentes dos tratados celebrados pelo Brasil.

Com isso, classificamos os direitos, de acordo com a forma de reconhecimento, em *direitos expressos, direitos implícitos* e *direitos decorrentes*.

De início, há os direitos expressos, que são aqueles explicitamente mencionados na Constituição. No Brasil, é possível identificar direitos oriundos diretamente da Constituição e de suas Emendas Constitucionais, como, por exemplo, o "direito à moradia", incluído no art. 6º pela EC 26/2000, ou ainda o novo "direito à alimentação", no mesmo art. 6º, introduzido pela EC 64/2010.

Também é possível identificar direitos *implícitos*, que são aqueles extraídos pelo Poder Judiciário de normas gerais previstas na Constituição ou ainda de direitos de formulação genérica. No Brasil, o STF já reconheceu o direito fundamental do contribuinte à anualidade tributária (extraído pelo STF do direito à segurança jurídica) e o direito fundamental do eleitor à anualidade eleitoral.

Finalmente, há os *direitos decorrentes convencionais* oriundos dos tratados de direitos humanos, como, por exemplo, os direitos previstos na Convenção das Nações Unidas sobre os Direitos das Pessoas com Deficiência, de estatura constitucional, pois aprovada no Congresso Nacional sob o rito especial do art. 5º, § 3º. Veremos, no capítulo próprio, o estatuto normativo dos tratados de direitos humanos. Há também os *direitos decorrentes extraconvencionais*, que são extraídos do costume internacional.

QUADRO SINÓTICO	
Classificação dos direitos humanos	
Teoria do *status*	• Desenvolvida no final do século XIX por Jellinek.
	• Contexto: repúdio ao "jusnaturalismo" dos direitos humanos; ideia de que os direitos humanos devem ser traduzidos em normas jurídicas estatais para que possam ser garantidos e concretizados, com garantias a serem invocadas ante o ordenamento estatal.

	- Classificação do indivíduo perante o Estado (classificação pautada no reconhecimento do caráter positivo dos direitos e na verticalidade): - estado de submissão (*status subjectionis* ou *status* passivo): posição de subordinação em face do Estado; - *status* negativo (*status libertatis*): conjunto de limitações à ação do Estado voltados para o respeito dos direitos do indivíduo; - *status* positivo (*status civitatis*): conjunto de pretensões do indivíduo para invocar a atuação do Estado em prol dos seus direitos; - *status* ativo (*status activus*): conjunto de prerrogativas e faculdades que o indivíduo possui para participar da formação da vontade do Estado, refletindo no exercício de direitos políticos e no direito de aceder aos cargos em órgãos públicos; ampliação para o *status activus processualis* (Häberle).

Teoria das gerações ou dimensões	- Desenvolvida por Karel Vasak (1979).
	- Cada geração foi associada a um dos componentes do díctico da Revolução Francesa: "liberdade, igualdade, fraternidade".
	- Gerações:
	    • 1ª: direitos de liberdade; direitos individuais; direitos civis e políticos; direitos às prestações negativas, em que o Estado deve proteger a esfera de autonomia do indivíduo - papel passivo do Estado;
	    • 2ª: direitos de igualdade; direitos econômicos, sociais e culturais - vigoroso papel ativo do Estado;
	    • 3ª: direitos de solidariedade; direitos de titularidade da comunidade;
	    • 4ª (concebida apenas no século XX): direitos resultantes da globalização dos direitos humanos.
	    • Críticas à teoria geracional:
	      – Transite, de forma errônea, o caráter de substituição de uma geração por outra;
	      – Enumeração de gerações pode dar a ideia de antiguidade ou posteridade de um rol de direitos em relação a outros;
	      – Apresenta os direitos humanos de forma fragmentada e ofensiva à indivisibilidade dos direitos humanos;
	      – Dificulta as novas interpretações sobre o conteúdo dos direitos.

Classificação pelas funções	- *Direitos de defesa*: conjunto de prerrogativas do indivíduo voltada para defender determinadas posições subjetivas contra a intervenção do Poder Público ou mesmo outro particular, assegurando: 1) que uma conduta não seja proibida; 2) que uma conduta não seja alvo de interferência ou regulação indevida por parte do Poder Público; e 3) que não haja violação ou interferência por parte de outro particular. Além disso, asseguram a pretensão de consideração e o dever de proteção. São divididos em três subespécies:
	    • direitos ao não impedimento;
	    • direitos ao não embaraço;
	    • direitos a não supressão de determinadas situações jurídicas.
	- *Direitos a prestações*: aqueles que exigem uma obrigação estatal de ação, para assegurar a efetividade dos direitos humanos. As prestações podem ser divididas em:
	    – prestações jurídicas: realizadas pela elaboração de normas jurídicas que disciplinam a proteção de determinado direito;
	    – prestações positivas: intervenção do Estado provendo determinada condição material para que o indivíduo frua adequadamente seu direito.

	• *Direitos a procedimentos e instituições*: têm como função exigir do Estado que estruture órgãos e corpo institucional apto, por sua competência e atribuição, a oferecer bens ou serviços indispensáveis à efetivação dos direitos humanos.
Classificação pela finalidade	• *Direitos propriamente ditos*: dispositivos normativos que visam o reconhecimento jurídico de pretensões inerentes à dignidade de todo ser humano. • *Garantias fundamentais*: previsões normativas que asseguram a existência desses direitos propriamente ditos; são instrumentais, uma vez que visam assegurar a fruição dos direitos. Classificações das garantias fundamentais: • *Garantias em sentido amplo/garantias institucionais* (conjunto de meios de índole *institucional* e *organizacional* que visa assegurar a efetividade e observância dos direitos humanos) e *garantias em sentido estrito* (remédios fundamentais; conjunto de *ações processuais* destinadas a proteger os direitos essenciais dos indivíduos). • Quanto à origem: garantias nacionais ou garantias internacionais.

Classificação adotada na Constituição de 1988	• *Direitos individuais*: consistem no conjunto de direitos cujo conteúdo impacta somente a esfera de interesse protegido de um indivíduo.
	• *Direitos sociais*: conjunto de faculdades e posições jurídicas pelas quais um indivíduo pode exigir prestações do Estado ou da sociedade ou até mesmo a abstenção de agir, tudo para assegurar condições materiais mínimas de sobrevivência.
	• *Direitos de nacionalidade*, sendo a nacionalidade definida como o vínculo jurídico entre determinada pessoa, denominada *nacional*, e um *Estado*, pelo qual são estabelecidos direitos e deveres recíprocos.
	• *Direitos políticos*: constituem um conjunto de direitos de participação na formação da vontade do poder.
	• *Partidos políticos*: associações de pessoas, de natureza de direito privado no Brasil, criadas para assumir o poder e realizar seu ideário ideológico.
	• *Direitos coletivos*:
	  ▪ Direitos difusos: direitos transindividuais de natureza indivisível, que abrangem número indeterminado de pessoas unidas pelas mesmas circunstâncias de fato.
	  ▪ Direitos coletivos em sentido estrito: direitos metaindividuais, de natureza indivisível, de que seja titular grupo, categoria ou classe de pessoas ligadas entre si ou com a parte contrária por uma relação jurídica base.
	  ▪ Direitos individuais homogêneos: são direitos pertencentes a vários indivíduos, mas que possuem a mesma origem comum, constituindo-se, pela origem comum, em subespécie de direitos coletivos em sentido amplo.
	  ▪ Direitos individuais de expressão coletiva: são direitos individuais que só têm existência na junção de vontades de vários indivíduos, como, por exemplo, as liberdades de reunião e de associação.

Deveres individuais e coletivos	• Dever é uma *sujeição* imputada a um indivíduo (dever individual), agrupamento de indivíduos ou ao Estado (deveres coletivos), para satisfação de interesses alheios. • *Dever em sentido amplo*: os direitos humanos acarretam o dever de proteção do Estado, que não se pode omitir e permitir que terceiros violem direitos essenciais, bem como dever dos particulares de não violar os direitos de outros (eficácia dos direitos humanos em face dos particulares). • *Dever em sentido estrito*: implica reconhecer determinadas condutas obrigatórias, a agentes públicos e particulares, previstas na Constituição e em tratados, consideradas indispensáveis para a preservação de determinado direito fundamental.

Classificação pela forma de reconhecimento	• *Direitos expressos*: direitos explicitamente mencionados na Constituição. • *Direitos implícitos*: extraídos pelo Poder Judiciário de normas gerais previstas na Constituição. • *Direitos decorrentes convencionais e extraconvencionais*: oriundos dos tratados de direitos humanos e dos costumes internacionais na temática.

2.7. Mínimo existencial e a reserva do possível

É possível ainda classificar os direitos com base na proteção do mínimo existencial, separando aqueles que compõem esse mínimo daqueles que *não* compõem. O mínimo existencial consiste no conjunto de direitos cuja concretização é imprescindível para promover condições adequadas de existência digna, assegurando o direito geral de liberdade e os direitos sociais básicos, tais como o direito à educação, o direito à saúde, o direito à previdência e assistência social, o direito à moradia, o direito à alimentação, entre outros.

A maior controvérsia envolvendo a proteção do mínimo existencial e, em especial, dos direitos sociais em geral, está na busca de sua efetivação, que pode esbarrar em argumentos referentes à falta de recursos disponíveis, o que limitaria a realização desses direitos a uma "*reserva do possível*".

A "reserva do possível" consiste em argumento, desenvolvido originariamente pelo Tribunal Constitucional Federal da Alemanha, pelo qual se reconhece a limitação de recursos estatais, a qual impede a implementação imediata de todos os direitos que exijam prestações positivas. Por isso, o indivíduo só pode ter expectativa de implementação de direitos na *medida do possível*, ou seja, o Estado não pode ser exigido a concretizar todos os direitos que dependem de prestações materiais.

É um argumento *contrário* à intervenção do Poder Judiciário na luta pela implementação dos direitos sociais. *Grosso modo*, afirma-se que os recursos públicos não são ilimitados, e, assim, a decisão de alocação desses recursos finitos deve caber, em uma sociedade democrática, ao Poder Executivo e ao Poder Legislativo, nas suas interações que desembocam na aprovação do orçamento público. Caso o Judiciário (burocracia em geral não eleita) interferisse, a separação das funções do poder restaria abalada.

No Supremo Tribunal Federal, há precedentes que autorizam a intervenção do Poder Judiciário, exigindo do Poder Executivo a adoção de providências administrativas que visem à melhoria da qualidade da prestação do serviço de saúde pública. O STF reconheceu que a cláusula da reserva do possível *não* pode ser invocada com o propósito de obstaculizar a implementação de direitos, pois tal conduta do Poder Público viola a "garantia constitucional do mínimo existencial", que é fruto, para o STF, da junção do art. 1º, III (dignidade humana), e do art. 3º, III (erradicação da pobreza e da marginalização, bem como redução das desigualdades sociais e regionais), da Constituição (STF, ARE 639.337 AgR, rel. Min. Celso de Mello, j. 23-8-2011, 2ª T., *DJe* de 15-9-2011).

No mesmo sentido, decidiu o STF, em 2023, que há um núcleo de intangibilidade dos direitos fundamentais, que não pode sofrer com o argumento da "reserva do possível". No Tema 698 de repercussão geral, ficou estabelecido que "1. A intervenção do Poder Judiciário em políticas públicas voltadas à realização de direitos fundamentais, em caso de ausência ou deficiência grave do serviço, *não* viola o princípio da separação dos poderes. 2. A decisão judicial, como regra, em lugar de determinar medidas pontuais, deve apontar as finalidades a serem alcançadas e determinar à Administração Pública que apresente um plano e/ou os meios adequados para alcançar o resultado. 3. No caso de serviços de saúde, o déficit de profissionais pode ser suprido por concurso público ou, por exemplo, pelo remanejamento de recursos humanos e pela contratação de organizações sociais (OS) e organizações da sociedade civil de interesse público" (Tema 698, RE 684.612, j. 3-7-2023).

No tocante ao direito à educação, o STF também já decidiu que: "Educação de deficientes auditivos. Professores especializados em libras. Inadimplemento estatal de políticas públicas com previsão constitucional. Intervenção excepcional do Judiciário. (...) Cláusula da reserva do possível. Inoponibilidade. Núcleo de intangibilidade dos direitos fundamentais. Constitucionalidade e convencionalidade das políticas públicas de inserção dos portadores de necessidades especiais na sociedade" (ARE 860.979-AgR, rel. Min. Gilmar Mendes, j. 14-4-2015, Segunda Turma, *DJe* de 6-5-2015).

No que tange à intervenção judicial para obrigar a Administração Pública a executar obras no sistema prisional, foi adotada a seguinte *tese* pelo STF, em sede de repercussão geral: "É lícito ao Judiciário impor à Administração Pública obrigação de fazer, consistente na promoção de medidas ou na execução de obras emergenciais em estabelecimentos prisionais para dar efetividade ao postulado da dignidade da pessoa humana e assegurar aos detentos o respeito à sua integridade física e moral, nos termos do que preceitua o art. 5º, XLIX, da Constituição Federal, não sendo oponível à decisão o argumento da reserva do possível nem o princípio da separação dos poderes" (Tema 220, tese de repercussão geral, RE 592.581, rel. Min. Ricardo Lewandowski, j. 13-8-2015). Já no Superior Tribunal de Justiça, decidiu-se que o Poder Judiciário pode determinar a realização de obras de acessibilidade em prédios públicos (STJ, 2ª Turma, REsp 1.607.472-PE, rel. Min. Herman Benjamin, j. 15-9-2016).

Em tais precedentes, houve a análise conjunta entre o reconhecimento do dever de proteção ao "mínimo existencial" e a "reserva do possível", tendo sido decidido que, no caso do direito à saúde, a intervenção judicial é possível, pois não há usurpação da separação de poderes, mas tão somente determinação judicial para que o "Poder Executivo cumpra políticas públicas previamente estabelecidas" (RE 642.536-AgR, rel. Min. Luiz Fux, j. 5-2-2013, 1ª T., *DJe* de 27-2-2013).

3. DIGNIDADE HUMANA

3.1. Conceito de dignidade humana e seus elementos

A Constituição de 1988 estabelece que um dos fundamentos do Estado Democrático de Direito é a *"dignidade da pessoa humana"* (art. 1º, III). Além disso, o texto constitucional brasileiro afirma que toda a ação econômica tem como finalidade assegurar a todos uma *existência digna* (art. 170)[16]. Por sua vez, no art. 226, § 7º, ficou determinado que o planejamento familiar é fruto de livre decisão do casal, fundado no princípio da *dignidade da pessoa humana*. Já o art. 227 determina que cabe à família, à sociedade e ao Estado assegurar a *dignidade* à criança, ao adolescente e ao jovem. No art. 230, a Constituição de 1988 prevê que a família, a sociedade e o Estado têm o dever de amparar as pessoas idosas, defendendo sua *dignidade* e bem-estar.

No plano internacional, a Declaração Universal dos Direitos Humanos estabelece, já no seu preâmbulo, a *necessidade de proteção da dignidade humana* por meio da proclamação dos direitos elencados naquele diploma, estabelecendo, em seu art. 1º, que "todos os seres humanos nascem livres e iguais, em *dignidade* e direitos". Os dois Pactos Internacionais (sobre direitos civis e políticos e o sobre direitos sociais, econômicos e culturais) da Organização das Nações Unidas têm idêntico reconhecimento, no preâmbulo, da *"dignidade* inerente a todos os membros da família humana". A Convenção Americana de Direitos Humanos exige o respeito devido à

---

[16] "Art. 170. A ordem econômica, fundada na valorização do trabalho humano e na livre iniciativa, tem por fim assegurar a todos existência digna, conforme os ditames da justiça social (...)."

"dignidade inerente ao ser humano" (art. 5º). Já Convenção Europeia de Direitos Humanos, em que pese não possuir tal menção à dignidade humana, foi já interpretada pela Corte Europeia de Direitos Humanos no sentido de que a "dignidade e a liberdade do homem são a essência da própria Convenção"[17]. No plano comunitário europeu, a situação não é diferente. Simbolicamente, a dignidade humana está prevista no art. 1º da Carta de Direitos Fundamentais da União Europeia de 2000 (atualizada em 2007), que determina que a dignidade do ser humano é inviolável, devendo ser respeitada e protegida.

A raiz da palavra "dignidade" vem de *dignus*, que ressalta aquilo que possui honra ou importância. Com São Tomás de Aquino, há o reconhecimento da *dignidade humana*, qualidade inerente a todos os seres humanos, que nos separa dos demais seres e objetos. São Tomás de Aquino defende o conceito de que a pessoa é uma substância individual de natureza racional, centro da criação pelo fato ser imagem e semelhança de Deus. Logo, o intelecto e a semelhança com Deus geram a dignidade que é inerente ao homem, como espécie.

Para Kant, tudo tem um *preço* ou uma *dignidade*: aquilo que tem um preço é *substituível* e tem equivalente; já aquilo que *não admite equivalente*, possui uma dignidade. Assim, as coisas possuem preço; os indivíduos possuem *dignidade*[18]. Nessa linha, a dignidade da pessoa humana consiste que cada indivíduo é um fim em si mesmo, com autonomia para se comportar de acordo com seu arbítrio, nunca um meio ou instrumento para a consecução de resultados, não possuindo *preço*. Consequentemente, o ser humano tem o direito de ser respeitado pelos demais e também deve reciprocamente respeitá-los.

Assim, a *dignidade humana* consiste na *qualidade* intrínseca e distintiva de cada ser humano, que o protege contra todo tratamento degradante e discriminação odiosa, bem como assegura condições materiais mínimas de sobrevivência[19]. Consiste em atributo que todo indivíduo possui, inerente à sua condição humana, não importando qualquer outra condição referente à nacionalidade, opção política, orientação sexual, credo etc.

Tanto nos diplomas internacionais quanto nacionais, a dignidade humana é inscrita como princípio geral ou fundamental, mas não como um direito autônomo[20]. A dignidade humana é uma categoria jurídica que, por estar na origem de todos os direitos humanos, confere-lhes *conteúdo ético*. Ainda, a dignidade humana dá unidade axiológica a um sistema jurídico, fornecendo um substrato material para que os direitos possam florescer.

Diferentemente do que ocorre com direitos como liberdade, igualdade, entre outros, a dignidade humana não trata de um aspecto particular da existência, mas sim de uma *qualidade* inerente a todo ser humano, sendo um *valor* que identifica o ser humano como tal. Logo, o conceito de dignidade humana é polissêmico e aberto, em permanente processo de desenvolvimento e construção.

Há dois elementos que caracterizam a dignidade humana: o elemento positivo e o elemento negativo. O *elemento negativo* consiste na proibição de se impor tratamento ofensivo, degradante

---

[17] Corte Europeia de Direitos Humanos, *Pretty vs. Royaume-Uni*, julgamento de 29 de abril de 2002, *Recueil* 2002, parágrafo 65.

[18] KANT, Immanuel. *Fundamentação da metafísica dos costumes*. São Paulo: Abril, v. XXV, 1974 (Col. Os Pensadores).

[19] SARLET, Ingo Wolfgang. *Dignidade da pessoa humana e direitos fundamentais*. Porto Alegre: Livraria do Advogado, 2001, p. 60; PEREZ LUÑO, Antonio Enrique. *Derechos humanos, Estado de derecho y constitución*. Madrid: Tecnos, 2001.

[20] André Ramos Tavares entende que há uma *consubstancialidade parcial* entre a dignidade humana e determinados direitos, ou seja, uma identidade parcial entre o conteúdo da dignidade e o direito em questão. TAVARES, André Ramos. Princípio da consubstancialidade parcial dos direitos fundamentais na dignidade do homem, *Revista da AJURIS*, v. 32, n. 99, set. 2005, p. 22-39.

ou ainda discriminação odiosa a um ser humano. Por isso, a própria Constituição dispõe que "ninguém será submetido a tortura nem a tratamento desumano ou degradante" (art. 5º, III) e ainda determina que "a lei punirá qualquer discriminação atentatória dos direitos e liberdades fundamentais" (art. 5º, XLI).

Já o *elemento positivo* do conceito de dignidade humana consiste na defesa da existência de condições materiais mínimas de sobrevivência a cada ser humano. Nesse sentido, a Constituição estabelece que a nossa ordem econômica tem "por fim assegurar a todos existência digna" (art. 170, *caput*).

Na mesma linha, há aqueles que defendem que o núcleo essencial do princípio da dignidade da pessoa humana é composto pelo *mínimo existencial*, o qual consiste, como vimos acima, em um "conjunto de prestações materiais mínimas sem as quais se poderá afirmar que o indivíduo se encontra em situação de indignidade"[21]. Para compor esse mínimo existencial indispensável à promoção da dignidade humana, é necessário, na lição de Barcellos, levar em consideração a implementação dos direitos à educação básica, à saúde, à assistência social e acesso à justiça (com a prestação da assistência jurídica gratuita integral)[22]. Por sua vez, Maria Celina Bodin de Moraes assinala que o conteúdo da dignidade humana pode ser composto por quatro princípios: igualdade, integridade física e psíquica, liberdade e solidariedade[23]. Por fim, Barroso sustenta que a dignidade humana é um princípio que pode ser dividido em *três* componentes: o primeiro consiste no *valor intrínseco* de cada ser humano, que é único e especial, merecendo proteção; o segundo consiste na *autonomia*, que permite que cada indivíduo tome decisões que devem ser respeitadas; o terceiro componente é o *valor comunitário*, que consiste na interferência estatal e social legítima na fixação dos limites da autonomia[24].

Existem dois deveres impostos ao Estado para proteger a dignidade humana. O *dever de respeito* que consiste na imposição de limites à ação estatal, ou seja, é a dignidade um *limite* para a ação dos poderes públicos. Há também o *dever de garantia*, que consiste no conjunto de ações de promoção da dignidade humana por meio do fornecimento de condições materiais ideais para seu florescimento.

3.2. Usos possíveis da dignidade humana

É possível identificar *quatro* usos habituais da *dignidade humana* na jurisprudência brasileira. O *primeiro uso* é na *fundamentação* da *criação jurisprudencial de novos direitos*, também denominado *eficácia positiva* do princípio da dignidade humana. Por exemplo, o STF reconheceu o "direito à busca da felicidade", sustentando que este *resulta* da *dignidade humana*: "O direito à busca da felicidade, verdadeiro postulado constitucional implícito e expressão de uma ideia-força que *deriva* do princípio da essencial *dignidade da pessoa humana*" (RE 477.554 – Recurso Extraordinário, rel. Celso de Mello, *Informativo* n. 635). Nessa mesma linha, de tutela da felicidade e da realização pessoal (fruto da dignidade da pessoa humana), o STF reconheceu modelos

---

[21] BARCELLOS, Ana Paula de. *A eficácia jurídica dos princípios constitucionais*: o princípio da dignidade da pessoa humana. Rio de Janeiro: Renovar, 2002, em especial p. 305.

[22] BARCELLOS, Ana Paula de. *A eficácia jurídica dos princípios constitucionais*: o princípio da dignidade da pessoa humana. Rio de Janeiro: Renovar, 2002, em especial p. 305.

[23] MORAES, Maria Celina Bodin de. Conceito de dignidade humana: substrato axiológico e conteúdo normativo. In: SARLET, Ingo Wolfgang (Org.). *Constituição, direitos fundamentais e direito privado*. Porto Alegre: Livraria do Advogado, 2003.

[24] BARROSO, Luís Roberto. "Aqui, lá e em todo lugar": a dignidade humana no Direito Contemporâneo e no discurso transnacional, *RT*, ano 101, v. 919, maio de 2012, p. 127-196. Conferir também BARROSO, Luís Roberto. *A dignidade humana no direito constitucional contemporâneo*: a construção de um conceito jurídico à luz da jurisprudência mundial. Belo Horizonte: Editora Fórum, 2013.

familiares diversos da concepção tradicional, determinando que "[a] paternidade socioafetiva, declarada ou não em registro público, não impede o reconhecimento do vínculo de filiação concomitante baseado na origem biológica, com os efeitos jurídicos próprios" (RE 898.060/SC, rel. Min. Luiz Fux, j. 21 e 22-9-2016, *Informativo* STF n. 840). Gilmar Mendes defende que, para se reconhecer um *novo direito fundamental*, deve ser provado um *vínculo* com a dignidade humana (a chamada *derivação direta*) ou pelo menos ser o novo direito vinculado a direito por sua vez decorrente da dignidade humana (*derivação indireta*)[25].

Um *segundo uso* é o da formatação da *interpretação adequada* das características de um determinado direito. Por exemplo, o STF reconheceu que o direito de acesso à justiça e à prestação jurisdicional do Estado deve ser célere, pleno e eficaz. Para o STF, então: "A prestação jurisdicional é uma das formas de se concretizar o *princípio da dignidade humana*, o que torna imprescindível seja ela realizada de forma célere, plena e eficaz" (Rcl 5.758, rel. Min. Cármen Lúcia, j. 13-5-2009, Plenário, *DJe* de 7-8-2009). Nessa mesma linha, o Min. Celso de Mello considerou que a "duração prolongada, abusiva e irrazoável da prisão cautelar de alguém ofende, de modo frontal, o postulado da dignidade da pessoa humana, que representa – considerada a centralidade desse princípio essencial (CF, art. 1º, III) – significativo vetor interpretativo, verdadeiro valor-fonte que conforma e inspira todo o ordenamento constitucional vigente" (HC 139.664/GO, rel. Min. Celso de Mello, *DJe* 24-5-2017).

O *terceiro uso* é o de criar *limites à ação do Estado e mesmo dos particulares*. É a chamada *eficácia negativa* da dignidade humana. Por exemplo, a dignidade humana foi repetidamente invocada para traçar limites ao *uso desnecessário de algemas* em vários casos no STF. Para o Min. Marco Aurélio: "Diante disso, indaga-se: surge harmônico com a Constituição mantê-lo, no recinto, com algemas? A resposta mostra-se iniludivelmente negativa (...) a deficiência da estrutura do Estado não autorizava o desrespeito à *dignidade* do envolvido" (HC 91.952, voto do rel. Min. Marco Aurélio, j. 7-8-2008, Plenário, *DJe* de 19-12-2008). O uso de tortura por agentes do Estado foi também veementemente reprimido pelo STF, que assim se pronunciou: "A tortura constitui a negação arbitrária dos direitos humanos, pois reflete – enquanto prática ilegítima, imoral e abusiva – um inaceitável ensaio de atuação estatal tendente a asfixiar e, até mesmo, a suprimir a *dignidade*, a autonomia e a liberdade com que o indivíduo foi dotado, de maneira indisponível, pelo ordenamento positivo" (HC 70.389, rel. p/ o ac. Min. Celso de Mello, j. 23-6-1994, Plenário, *DJ* de 10-8-2001).

O *quarto uso* é a utilização da dignidade humana para *fundamentar* o *juízo de ponderação* e escolha da *prevalência* de um direito em prejuízo de outro. Por exemplo, o STF utilizou a *dignidade humana* para fazer *prevalecer* o direito à informação genética em detrimento do direito à segurança jurídica, afastando o trânsito em julgado de uma ação de investigação de paternidade. Para o STF, então: "O princípio da segurança jurídica não seria, portanto, absoluto, e que não poderia prevalecer em detrimento da *dignidade da pessoa humana*, sob o prisma do acesso à informação genética e da personalidade do indivíduo. Assinalou não se poder mais tolerar a prevalência, em relações de vínculo paterno-filial, do fictício critério da verdade legal, calcado em presunção absoluta, tampouco a negativa de respostas acerca da origem biológica do ser humano, uma vez constatada a evolução nos meios de prova voltados para esse fim" (RE 363.889, rel. Min. Dias Toffoli, j. 7-4-2011, Plenário, *Informativo* n. 622, com repercussão geral.) Quanto à liberdade de expressão, o STF pronunciou-se sobre a proibição de discursos antissemitas, pois a *dignidade* da pessoa humana não é compatível com discursos de preconceito e incitação de ódio e condutas hostis contra determinados grupos. Para o STF, "o preceito fundamental de

---

[25] MENDES, Gilmar; COELHO, Inocêncio Mártires; BRANCO, Paulo Gustavo Gonet. *Curso de direito constitucional*. 2. ed. São Paulo: Saraiva, 2008.

liberdade de expressão não consagra o 'direito à incitação ao racismo', dado que um direito individual não pode constituir-se em salvaguarda de condutas ilícitas, como sucede com os delitos contra a honra. Prevalência dos princípios da *dignidade da pessoa humana* e da igualdade jurídica" (HC 82.424, rel. p/ o ac. Min. Presidente Maurício Corrêa, j. 17-9-2003, Plenário, *DJ* de 19-3-2004).

Em outro caso emblemático, o STF recusou fazer prevalecer o direito à verdade e à justiça em detrimento do direito dos criminosos ao perdão e à anistia (contrariando, como veremos em capítulo próprio, a posição *consolidada* da *Corte Interamericana de Direitos Humanos*). Para o STF, então: "Sem de qualquer modo negar o que diz a arguente ao proclamar que a dignidade não tem preço (o que subscrevo), tenho que a indignidade que o cometimento de qualquer crime expressa não pode ser retribuída com a proclamação de que o instituto da anistia viola a dignidade humana" (ADPF 153, voto do rel. Min. Eros Grau, j. 29-4-2010, Plenário, *DJe* de 6-8-2010).

Também no tocante ao uso da dignidade humana como *fundamento genérico* na escolha da prevalência de um direito, o STF determinou a prevalência do direito à integridade física, recusando a realização compulsória (mesmo contra a vontade do presumido pai) do exame de DNA. Para o STF: "Discrepa, a mais não poder, de garantias constitucionais implícitas e explícitas – preservação da *dignidade humana* (...) provimento judicial que, em ação civil de investigação de paternidade, implique determinação no sentido de o réu ser conduzido ao laboratório, 'debaixo de vara', para coleta do material indispensável à feitura do exame DNA" (HC 71.373, rel. p/ o ac. Min. Marco Aurélio, j. 10-11-1994, Plenário, *DJ* de 22-11-1996). Finalmente, o juízo de ponderação e o uso da dignidade humana para fundamentar a posição a favor de um direito (em detrimento do outro) ficou evidente no caso da *proibição da prova ilícita*, tendo o STF decidido que: "A Constituição mesma que ponderou os valores contrapostos e optou – em prejuízo, se necessário da eficácia da persecução criminal – pelos valores fundamentais, da *dignidade humana*, aos quais serve de salvaguarda a proscrição da prova ilícita" (HC 79.512, rel. Min. Sepúlveda Pertence, j. 16-12-1999, Plenário, *DJ* de 16-5-2003).

Nessa categoria de uso da dignidade humana para justificar *genericamente* prevalências e compressões de direitos humanos, é possível sua utilização para *excluir* um direito já formalmente previsto do rol de direitos considerados materialmente essenciais. Esse uso da dignidade humana atualizaria, pela via hermenêutica, o catálogo dos direitos humanos. Sarmento defende que a ausência de vínculo direto com a dignidade humana pode ser *fator de exclusão* de determinado direito inserido formalmente na CF/88 do regime jurídico protetivo nela estabelecido (especialmente a proteção advinda da natureza de cláusula pétrea – art. 60, § 4º, IV, da CF/88). Para evitar o arbítrio judicial, sustenta Sarmento que a exclusão de um direito já previsto formalmente na CF/88 exigirá um ônus argumentativo daquele que sustenta o contrário[26].

Assim, o valor da dignidade humana, içado ao posto de princípio fundamental da República Federativa do Brasil (art. 1º, III), impõe-se como *valor central* de todo o nosso ordenamento jurídico, sendo considerado por José Afonso da Silva o *epicentro axiológico do nosso ordenamento constitucional*[27], indispensável para orientar o trabalho do intérprete do Direito e do aplicador da lei.

Por outro lado, o uso abusivo e retórico da "dignidade humana" pode *banalizar* esse conceito, *dificultando* a aferição da racionalidade da tomada de decisão pelo Poder Judiciário em especial no que tange ao juízo de ponderação entre direitos em colisão.

---

[26] SARMENTO, Daniel. *Dignidade da pessoa humana*. Conteúdo, trajetórias e metodologia. 2. ed. Belo Horizonte: Forum, 2016, p. 86.

[27] SILVA, José Afonso da. A dignidade da pessoa humana como valor supremo da democracia, *Revista de Direito Administrativo*. Rio de Janeiro, v. 212, p. 89-94, abr./jun. 1998, p. 92.

QUADRO SINÓTICO

Conceito de dignidade humana e conteúdo ético dos direitos humanos	
Conceito de dignidade humana	• Raiz da palavra: *dignus*, que ressalta aquilo que possui honra ou importância. • São Tomás de Aquino: reconhecimento da *dignidade humana*, qualidade inerente a todos os seres humanos, que nos separa dos demais seres e objetos. O intelecto e a semelhança com Deus geram a dignidade que é inerente ao homem, como espécie. • Kant: a dignidade da pessoa humana consiste que cada indivíduo é um fim em si mesmo, com autonomia para se comportar de acordo com seu arbítrio, nunca um meio ou instrumento para a consecução de resultados, não possuindo preço. • Sarlet e Peres Luño: dignidade humana como a qualidade intrínseca e distintiva de cada ser humano, que o protege contra todo tratamento degradante e discriminação odiosa, bem como assegura condições materiais mínimas de sobrevivência. • Nos diplomas internacionais e nacionais, a dignidade humana é inscrita como princípio geral ou fundamental, mas não como um direito autônomo. Trata-se de uma categoria jurídica que, por estar na origem de todos os direitos humanos, lhes confere *conteúdo ético*. Ainda, a dignidade humana dá unidade axiológica a um sistema jurídico, fornecendo um substrato material para que os direitos possam florescer. Não trata de um aspecto particular da existência, mas de uma qualidade inerente a todo ser humano, sendo um valor que o identifica como tal. • Dessa forma, o conceito de dignidade humana é polissêmico e aberto, em permanente processo de desenvolvimento e construção.
Elementos que caracterizam a dignidade humana	• Elemento positivo: defesa da existência de condições materiais mínimas de sobrevivência a cada ser humano. • Elemento negativo: consiste na proibição de se impor tratamento ofensivo, degradante ou ainda discriminação odiosa a um ser humano. Deveres impostos ao Estado para proteger a dignidade humana: dever de respeito (*limite* para a ação dos poderes públicos) e dever de garantia (conjunto de ações de promoção da dignidade humana por meio do fornecimento de condições materiais ideais para seu florescimento).
Usos habituais da dignidade humana na jurisprudência brasileira	• Fundamentação da criação jurisprudencial de novos direitos (eficácia positiva do princípio da dignidade humana). • Formatação da interpretação adequada das características de um determinado direito. • Criação de limites à ação do Estado (eficácia negativa do princípio da dignidade humana). • Fundamentação do juízo de ponderação e escolha da prevalência de um direito em prejuízo de outro. • Uso para negar a natureza de direitos humanos de um determinado direito.

4. OS FUNDAMENTOS DOS DIREITOS HUMANOS

4.1. O fundamento jusnaturalista

4.1.1. O jusnaturalismo de origem religiosa e o de origem racional

O *jusnaturalismo* é uma corrente do pensamento jurídico que defende a existência de um conjunto de normas vinculantes anterior e superior ao sistema de normas fixadas pelo Estado (direito posto). Na seara dos direitos humanos, é possível identificar uma visão jusnaturalista já na Antiguidade, simbolizada na peça de teatro *Antígona* de Sófocles (421 a.C., parte da chamada

Trilogia Tebana). A personagem principal da peça, Antígona, recusa-se a obedecer às ordens do rei, afirmando que as leis dos homens não podem sobrepor-se às leis eternas dos deuses.

Na Idade Média, o jusnaturalismo é incentivado pela visão religiosa de São Tomás de Aquino, para quem a *lex humana* deve obedecer a *lex naturalis,* que era fruto da razão divina, mas perceptível aos homens. No plano internacional, Hugo Grócio, considerado um dos fundadores do Direito Internacional e iniciador da teoria do *direito natural moderno*, sustentava, no século XVI, a *existência de um conjunto de normas ideais, fruto da razão humana.* Fica aqui o limite aos direitos positivados, pois o direito dos legisladores humanos só seria válido quando compatível com os mandamentos daquela lei imutável e eterna[28].

Nos séculos XVII e XVIII, a corrente jusnaturalista de Grócio impõe a consagração da razão e laicidade das normas de direito natural. Os iluministas, em especial Locke e Rousseau, fundam a corrente do *jusnaturalismo contratualista*, que aprofunda o racionalismo e o individualismo. A *razão* é fonte de direitos inerentes ao ser humano, afirmando-se a prevalência dos direitos dos indivíduos em face do Estado. Essa supremacia dos direitos humanos é fundada em um *contrato social* realizado por todos os indivíduos na comunidade humana, que impõe a proteção desses direitos e limita o arbítrio do Estado. A Declaração de Direitos do Homem e do Cidadão, documento marcante dessa visão dos direitos humanos, de 1789, estabelece que "o fim de toda a associação política é a conservação dos direitos naturais e imprescritíveis" de todo ser humano. Na visão do contratualismo liberal de direito natural, os direitos humanos são *direitos atemporais, inerentes à qualidade de homem de seus titulares*[29]. Para mencionar um exemplo desse legado teórico, cite-se a primeira afirmação da longeva Declaração Universal dos Direitos Humanos (art. I; 1948), pela qual todos os homens nascem livres e iguais em dignidade e direitos, o que é assemelhado ao escrito por Locke (os homens são "livres, iguais e independentes por natureza"[30]) e à frase inicial de Rousseau no clássico *Do contrato social*, na qual afirmou que o homem nasceu livre[31].

O traço marcante da corrente jusnaturalista (de origem religiosa, racional ou racional-contratualista) de direitos humanos é o seu *cunho metafísico*, pois se funda na existência de um direito preexistente ao direito produzido pelo homem, oriundo de Deus (escola de direito natural de razão divina) ou da natureza inerente do ser humano (escola de direito natural moderno). Consequentemente, o ser humano é titular de direitos que devem ser assegurados pelo Estado em virtude tão somente de sua *condição humana,* mesmo em sobreposição às leis estatais. O direito de resistência é um exemplo dessa irresignação da corrente jusnaturalista com os direitos postos pelo Estado. Por isso, as primeiras Declarações de Direitos (Virgínia, 1776 e Francesa dos Direitos do Homem e do Cidadão, 1789) reconheceram o direito humano de resistência à opressão (ver, respectivamente, seus arts. 3º e 2º). A Declaração Universal dos Direitos Humanos (Paris, 1948) também fez menção, no seu preâmbulo, ao direito à rebelião contra a tirania e a opressão.

Para determinados autores, os direitos humanos seriam, então, os equivalentes contemporâneos dos direitos naturais. Para Maritain e outros, os direitos humanos são consequência

---

[28] CASELLA, Paulo Borba. *Direito internacional no tempo moderno de Suarez a Grócio.* São Paulo: Atlas, 2013.

[29] VIEIRA DE ANDRADE, José Carlos. *Os direitos fundamentais na Constituição portuguesa de 1976.* Coimbra: Almedina, 1983, p. 14.

[30] LOCKE, John. *Segundo Tratado sobre o governo civil e outros escritos (1689-1690).* Trad. Magda Lopes e Marisa lobo da Costa. 3. ed. Petrópolis/RJ: Vozes, 2001, em especial p. 139 (Capítulo VIII – Do início das sociedades políticas).

[31] ROUSSEAU, Jean Jacques. *Do contrato social* (1762). Trad. Mário Pugliesi e Norberto de Paula Lima. São Paulo: Hemus, 1996.

da afirmação dos ideais jusnaturalistas[32]. Apesar da sua influência sentida até hoje nos contemporâneos diplomas normativos internacionais de direitos humanos, o jusnaturalismo sofreu pela falta de comprovação de direitos inerentes à natureza do homem. Pelo contrário, em relação à própria revelação, pela razão humana, do conteúdo dos direitos humanos, há de se recordar a existência de variados conteúdos de tais direitos, a depender dos valores de cada contexto histórico. A história mostra que os direitos humanos são direitos conquistados, sendo até possível que um direito consagrado seja, após, retirado do catálogo de direitos protegidos.

4.1.2. O jusnaturalismo de direitos humanos no direito internacional e no STF

Apesar do reconhecimento do caráter histórico dos direitos humanos, o recurso à fundamentação *jusnaturalista* é perceptível até hoje.

No Direito Internacional dos Direitos Humanos, a Declaração de Viena de 1993, emitida ao final da 2ª Conferência Mundial das Nações Unidas sobre Direitos Humanos, dispôs, no parágrafo 1º da Parte I, que "os direitos humanos e as liberdades fundamentais são *direitos naturais* de todos os seres humanos".

Também no Supremo Tribunal, há clara influência da tradição *jusnaturalista* de percepção de direitos inerentes e mesmo não escritos ou não positivados.

Um caso célebre foi o reconhecimento, pelo Ministro Celso de Mello, da existência de um "bloco de constitucionalidade" *material*, que seria o conjunto de normas de *estatura constitucional* composto pelas normas expressas da Constituição e normas implícitas e valores do direito natural. Nas palavras do Ministro Celso de Mello: "cabe ter presente que a construção do significado de Constituição permite, na elaboração desse conceito, que sejam considerados não apenas os preceitos de índole positiva, expressamente proclamados em documento formal (que consubstancia o texto escrito da Constituição), mas, sobretudo, que sejam havidos, igualmente, por relevantes, em face de sua transcendência mesma, os valores de caráter suprapositivo, os princípios cujas raízes mergulham no *direito natural* e o próprio espírito que informa e dá sentido à Lei Fundamental do Estado" (ADI 595/ES, rel. Celso de Mello, 2002, decisão publicada no *DJU* de 26-2-2002. Também disponível no *Informativo* n. 258 do STF).

O reconhecimento de direitos não expressos é feito para justificar *efeitos ainda não previstos* de determinado direito fundamental. Por exemplo, reconhecido o caráter de "direito natural" do direito de greve (inerente a toda prestação de trabalho, público ou privado), o STF decidiu que não cabe o não pagamento dos salários. Eventual compensação ao patrão pela ausência do trabalho deve ser feita *após* o encerramento da greve. Para o STF: "Em síntese, na vigência de toda e qualquer relação jurídica concernente à prestação de serviços, é irrecusável o direito à greve. E este, porque ligado à *dignidade do homem* – consubstanciando expressão maior da liberdade a recusa, ato de vontade, em continuar trabalhando sob condições tidas como inaceitáveis –, merece ser enquadrado entre os *direitos naturais*. Assentado o caráter de *direito natural da greve*, há de se impedir práticas que acabem por negá-lo (...) consequência da perda advinda dos dias de paralisação há de ser definida uma vez cessada a greve. Conta-se, para tanto, com o mecanismo dos descontos, a elidir eventual enriquecimento indevido, se é que este, no caso, possa se configurar" (STF, Decisão monocrática da Presidência, SS 2061 AgR/DF, rel. Min. Marco Aurélio, Presidente, j. 30-10-2001).

Contudo, em 2016, o STF adotou *tese* com repercussão geral, pela qual a administração pública deve proceder ao *desconto* dos dias de paralisação decorrentes do exercício do direito

---

[32] MARITAIN, Jacques. *Les droits de l'homme et la loi naturel*. Paris: Paul Hartmann Éditeur, 1947; FINNIS, John. *Natural law and natural rights*. Oxford: Clarendon Press, 1989.

de greve pelos servidores públicos, em virtude da suspensão do vínculo funcional que dela decorre, permitida a compensação em caso de acordo. O desconto será, contudo, *incabível* se ficar demonstrado que a greve foi provocada por conduta ilícita do Poder Público (STF, RE 693.456, rel. Min. Dias Toffoli, j. 27-10-2016). Em 2018, o STF voltou a reconhecer a legitimidade constitucional de determinadas reações da Administração Pública à greve de servidores. Foi considerado constitucional o Decreto 4.264/1995, da Bahia, que dispõe sobre as providências a serem adotadas em caso de greve de servidores públicos estaduais. A norma considerada constitucional prevê a instauração de processo administrativo para se apurar a participação do servidor na greve, com a possibilidade de não pagamento dos dias de paralisação, cumprindo o disposto no Mandado de Injunção n. 708 (STF, rel. Min. Gilmar Mendes, j. 25-10-2007, Plenário, *DJe* de 31-10-2008), que estipulou, até a edição da legislação específica (prevista no art. 37, VII, da CF), a incidência das Leis n. 7.701/88 e 7.783/89 relativas à greve no setor privado às greves dos servidores públicos civis. Também foi considerada constitucional a contratação de trabalhadores temporários para prestar serviços essenciais que não podem ser interrompidos, desde que a contratação seja para o período de duração da greve e apenas para garantir a continuidade dos serviços (ADPF 395/DF, rel. Min. Gilmar Mendes, j. 13 e 14-6-2018 e ADPF 444/DF, rel. Min. Gilmar Mendes, j. 13 e 14-6-2018).

O *direito natural foi ainda utilizado para reconhecer os direitos novos*, como o "direito à fuga", não positivado na Constituição ou nos tratados de direitos humanos celebrados pelo Brasil. Para o STF (com especial relevo nos votos do Min. Marco Aurélio[33]), a "fuga é um *direito natural* dos que se sentem, por isso ou por aquilo, alvo de um ato discrepante da ordem jurídica, pouco importando a improcedência dessa visão, longe ficando de afastar o instituto do excesso de prazo" (RHC 84.851/BA, Recurso em *Habeas Corpus*, rel. Min. Marco Aurélio, j. 1º-3-2005). Ou, ainda, "a fuga não pode ser considerada como fator negativo, tendo em vista consubstanciar direito natural" (HC 73.491/PR, rel. Min. Marco Aurélio, j. 2-4-1996).

O *direito natural serviu ainda para ampliar direito previsto na Constituição*, como foi o caso da previsão constitucional do direito ao preso de "permanecer calado" (art. 5º, LXIII), que foi transformado pelo STF ao longo dos anos em um *direito de não se autoincriminar* e *não colaborar* nas investigações criminais. Para o STF, "o *direito natural* afasta, por si só, a possibilidade de exigir-se que o acusado colabore nas investigações. A garantia constitucional do silêncio encerra que ninguém está compelido a autoincriminar-se. Não há como decretar a preventiva com base em postura do acusado reveladora de não estar disposto a colaborar com as investigações e com a instrução processual" (HC 83.943/MG, rel. Min. Marco Aurélio, j. 27-4-2004).

Outro direito ampliado pela fundamentação de *direito natural* foi o direito de defesa. O STF invocou o direito natural para ampliar o conceito de autodefesa e impedir que o acusado fosse prejudicado por não admitir a culpa ou até mesmo mentir (atribuindo a terceiro a autoria). Para o STF, "a autodefesa consubstancia, antes de mais nada, *direito natural*. O fato de o acusado não admitir a culpa, ou mesmo atribuí-la a terceiro, não prejudica a substituição da pena privativa do exercício da liberdade pela restritiva de direitos, descabendo falar de 'personalidade distorcida'" (HC 80.616, rel. Min. Marco Aurélio, j. 18-9-2001, Primeira Turma, *DJ* de 12-3-2004, grifo meu).

---

[33] Nem todos os Ministros do STF compartilham a existência de um "direito natural à fuga". Para o Min. Lewandowski, "a fuga do réu do distrito da culpa justifica o decreto ou a manutenção da prisão preventiva" (HC 90.967/PR, rel. Min. Ricardo Lewandowski, j. 18-9-2007).

QUADRO SINÓTICO

O fundamento jusnaturalista

- Jusnaturalismo: corrente do pensamento jurídico segundo a qual existe um conjunto de normas vinculantes anterior e superior ao sistema de normas fixadas pelo Estado (direito posto).
- Na Antiguidade, é possível identificar uma visão jusnaturalista na peça de teatro Antígona de Sófocles.
- Na Idade Média, é incentivado pela visão religiosa de São Tomás de Aquino, para quem a *lex humana* deve obedecer a *lex naturalis*, que era fruto da razão divina, mas perceptível aos homens.
- No plano internacional, Hugo Grotius sustentava, no século XVI, a existência de um conjunto de normas ideais, fruto da razão humana. Nos séculos XVII e XVIII, essa corrente jusnaturalista impõe a consagração da razão e laicidade das normas de direito natural.
- Os iluministas (em especial Locke e Rousseau) fundam a corrente do jusnaturalismo contratualista, que aprofunda o racionalismo e o individualismo. Os direitos humanos são concebidos como direitos atemporais, inerentes à qualidade de homem de seus titulares.
- Traço marcante da corrente jusnaturalista, de origem religiosa ou contratualista: cunho metafísico, pois se funda na existência de um direito preexistente ao direito produzido pelo homem, oriundo de Deus (escola de direito natural de razão divina) ou da natureza inerente do ser humano (escola de direito natural moderno).
- O recurso à fundamentação jusnaturalista é perceptível até hoje no Direito Internacional dos Direitos Humanos, bem como no Supremo Tribunal Federal.

4.2. O positivismo nacionalista

A consolidação do Estado *constitucional*, fruto das revoluções liberais, inseriu os direitos humanos tidos como naturais (jusnaturalismo de direitos humanos) no corpo das Constituições e das leis, sendo agora considerados direitos *positivados*.

Lentamente, até mesmo *a terminologia foi alterada*: muitos autores, como vimos acima, reservam o termo "direitos humanos" para o plano *internacional* e utilizam o termo "direitos fundamentais" para denominar os direitos essenciais positivados no plano interno e, em especial, nas Constituições.

A Escola positivista, de forte influência ao longo dos séculos XIX e XX, traduziu a ideia de um ordenamento jurídico produzido pelo homem, de modo coerente e hierarquizado. No topo do sistema jurídico, existiria a Constituição, pressuposto de validade de todas as demais normas do ordenamento. Os direitos humanos foram inseridos na Constituição, obtendo um estatuto normativo superior.

Para a Escola Positivista, o fundamento dos direitos humanos consiste na *existência* da norma posta, cujo pressuposto de validade está em sua edição conforme as regras estabelecidas na Constituição. Assim, os direitos humanos justificam-se graças à sua validade formal e sua previsão no ordenamento posto. O universalismo proposto pela corrente jusnaturalista e retratado na ideia de que todos os indivíduos possuem direitos *inerentes* foi sacrificado, sendo a ideia de "direitos inerentes" substituída pela ideia dos "direitos reconhecidos e positivados pelo Estado". Na vertente original do século XIX até meados do século XX, a positivação dos direitos humanos é *nacional*: o *positivismo nacionalista*, então, exige que os direitos sejam prescritos em normas internas para serem exigíveis em face do Estado ou de outros particulares.

O *risco* aos direitos humanos gerado pela adoção do *positivismo nacionalista* é visível, no caso de as normas locais (inclusive as constitucionais) não protegerem ou reconhecerem determinado direito ou categoria de direitos humanos. O *exemplo nazista* mostra a insuficiência da fundamentação positivista nacionalista dos direitos humanos[34]. Para Comparato, "sua validade deve assentar-se em algo mais profundo e permanente que a ordenação estatal, ainda que esta se baseie numa Constituição. A importância dos direitos humanos é tanto maior quanto mais louco ou celerado for o Estado"[35].

A história da positivação nacional dos direitos humanos é, então, um processo inacabado, no qual a imperfeição das regras legais ou constitucionais de respeito aos direitos humanos revela a manutenção de injustiças ou a criação de novas.

A divergência entre os jusnaturalistas e os positivistas não reside no reconhecimento ou não da existência de certos princípios de moral e justiça passíveis de revelação pela razão humana (mesmo que tenham origem divina). A *divergência* entre as duas Escolas jurídicas reside, *sim, na defesa, pela Escola jusnaturalista, da superioridade de normas não escritas e inerentes a todos os seres humanos, reveladoras da justiça, em face de normas postas incompatíveis*. Para os positivistas nacionalistas, essas normas reveladoras da justiça não pertencem ao ordenamento jurídico, inexistindo qualquer choque ou antagonismo com a norma posta. Para Hart, a moral e as regras de justiça podem sim influenciar a formação do Direito no momento da produção legislativa e também no momento do desempenho da atividade judicial[36].

QUADRO SINÓTICO

O positivismo nacionalista

- A consolidação do Estado constitucional, fruto das revoluções liberais oitocentistas, inseriu os direitos humanos tidos como naturais (jusnaturalismo de direitos humanos) no corpo das Constituições e das leis, sendo agora considerados direitos positivados.
- A Escola positivista, de forte influência ao longo dos séculos XIX e XX, traduziu a ideia de um ordenamento jurídico produzido pelo homem, de modo coerente e hierarquizado.
- Para a Escola Positivista, o fundamento dos direitos humanos consiste na existência da norma posta, cujo pressuposto de validade está em sua edição conforme as regras estabelecidas na Constituição. Assim, os direitos humanos justificam-se graças a sua validade formal e sua previsão no ordenamento posto.
- Na vertente original do século XIX até meados do século XX, a positivação dos direitos humanos é nacional: o positivismo nacionalista, então, exige que os direitos sejam prescritos em normas internas para serem exigíveis em face do Estado ou de outros particulares.
- Risco aos direitos humanos gerado pela adoção do positivismo nacionalista: normas locais (inclusive as constitucionais) não protegerem ou reconhecerem determinado direito ou categoria de direitos humanos.
- A divergência entre os jusnaturalistas e os positivistas reside na defesa, pela Escola jusnaturalista, da superioridade de normas não escritas e inerentes a todos os seres humanos, reveladoras da justiça, em face de normas postas incompatíveis. Para os positivistas nacionalistas, de outro lado, essas normas reveladoras da justiça não pertencem ao ordenamento jurídico, inexistindo qualquer choque ou antagonismo com a norma posta.

---

[34] Nas palavras de Perelman, "essa concepção do positivismo jurídico soçobra ante os abusos do hitlerismo, como toda teoria científica inconciliável com os fatos" (PERELMAN, Chaïm. É possível fundamentar os direitos do homem. In: *Ética e o Direito*. Trad. Maria Ermentina G. Pereira. São Paulo: Martins Fontes, 1996, p. 395).

[35] COMPARATO, Fábio Konder. Fundamentos dos direitos humanos, *Revista Consulex*, v. 48, dez. 2000, p. 43.

[36] HART, Herbert L. A. *O conceito de direito*. 2. ed. Trad. A. Ribeiro Mendes. Lisboa: Fundação C. Gulbenkian, 1994, p. 104 e 142.

4.3. As teorias utilitaristas, socialistas e comunistas do século XIX e a crítica aos direitos humanos

4.3.1. O utilitarismo clássico: Bentham e Stuart Mill

O século XIX assistiu a crescentes debates sobre a forma de implantação de uma sociedade humana justa e igualitária, com críticas ao reconhecimento dos direitos humanos. Entre as principais teorias, abordaremos o *utilitarismo*, o *socialismo* e o *comunismo*.

O utilitarismo é uma teoria consagrada por Jeremy Bentham e John Stuart Mill no final do século XVIII e início do século XIX[37], que, em síntese, prega que os cidadãos cumprem leis e compromissos com foco nas futuras vantagens (utilidades) que obterão para si e para a sociedade. Bentham critica, inicialmente, os defensores da existência de um contrato social baseado no Direito Natural. Para Bentham, não há prova da existência de um suposto "contrato social" original pelo qual os cidadãos obedeçam às leis e aos governantes. Pelo contrário, na visão de Bentham, os cidadãos cumprem as regras com vistas às vantagens e utilidades que obterão. Consagrou-se, então, o *utilitarismo*, defendido no século XIX especialmente por Stuart Mill, em sua obra *Utilitarismo* de 1863.

No campo dos direitos humanos, o utilitarismo clássico sustenta que a *avaliação* de uma conduta decorre de suas *consequências* e não do reconhecimento de direitos. Assim, determinado ato é – ou não – reprovável de acordo com as circunstâncias e consequências. O resultado em prol da felicidade do maior número possível de pessoas pode justificar determinada ação, uma vez que a utilidade não é simplesmente a felicidade individual. Para minimizar eventual defesa de monstruosidades (assassinato de alguns para beneficiar muitos, por exemplo), o utilitarismo *não* aceita que se obtenha a felicidade geral em prejuízo da felicidade individual. Logo, o utilitarismo não seria uma visão totalitária de eliminação da autonomia individual para o benefício da sociedade, mas sim uma visão de *maximização* das consequências positivas de uma conduta. A crítica ao utilitarismo em geral recai sobre a *impossibilidade de uso dos indivíduos (e seus direitos) como instrumentos de maximização da felicidade da maioria*. Ademais, há os riscos de se optar por uma ação que beneficie muitos e viole direitos fundamentais de poucos.

4.3.2. O socialismo e o comunismo

Na visão dos movimentos socialistas e comunistas do século XIX e início do século XX, as sociedades humanas podem ser compreendidas no contexto da *história da luta de classes*, na qual interagem os opressores (detentores dos meios de produção) e os oprimidos (aqueles que não têm os meios de produção, só contando com sua força de trabalho a ser explorada). A importância dessa luta é tamanha que as relações econômicas engendradas determinam as relações sociais e jurídicas. Nesse contexto, o capitalismo do século XIX (época da vida de Karl Marx e Friedrich Engels, dois dos mais célebres autores relacionados a esses movimentos) representaria o ápice da luta de classe, com o nascimento do proletariado industrial, que, pelo seu número, poderia reinventar a história das sociedades humanas, abolindo a luta de classes e o Estado. Por isso, a intensa *crítica marxista à formulação liberal dos direitos humanos*, retratada pelas revoluções liberais e suas declarações de direitos, uma vez que esses textos não atacavam o eixo central da exploração em uma sociedade capitalista, mas apenas mitigariam e aliviariam o peso da exploração do homem pelo homem.

---

[37] PONTARA, Giuliano. Utilitarismo. In: BOBBIO, Norberto; MANTEUCCI, Nicola: PASQUINO, Gianfranco (Coords.). *Dicionário de política*. 4. ed. Trad. João Ferreira. Brasília: UnB, 1992, v. 2, p. 1274-1284.

Marx sustentou que tais declarações de direitos não passavam de *mistificação*, pois os direitos humanos eram reconhecidos em abstrato (reconhecimento meramente formal), não levando em consideração os meios de implementação desses dispositivos. Ademais, ao se reconhecer o direito de propriedade e a livre iniciativa, os direitos humanos solidificaram a estrutura jurídica que mantinha a exploração do homem pelo homem. Outro ponto que acarretava a descrença marxista na linguagem dos direitos das revoluções liberais era a meta comunista de eliminação da luta de classes e, consequentemente, do próprio Estado. Assim, a atuação dos direitos humanos no papel de restrição ao poder do Estado e promoção da autonomia do indivíduo era *dispensável*, pois ingressaríamos, no futuro, na *era comunista*, em um mundo livre da opressão estatal. Essa crítica marxista *não* leva em consideração o *ideal emancipatório e de tolerância* dos direitos humanos, sobretudo após a internacionalização da matéria (ver **Parte I**, Capítulo II, item 7), que afirmou a universalidade, indivisibilidade e interdependência de todos os direitos, com foco em especial na garantia das condições materiais indispensáveis à vida humana digna.

QUADRO SINÓTICO

As teorias utilitaristas, socialistas e comunistas do século XIX e a crítica aos direitos humanos	
O utilitarismo clássico	• Teoria consagrada por Jeremy Bentham e John Stuart Mill no final do século XVIII e início do século XIX. • Crítica aos defensores da existência de um contrato social baseado no Direito Natural (jusnaturalistas contratualistas, como Hobbes e Rousseau). • Visão de que os cidadãos cumprem leis e compromissos com foco nas futuras vantagens (utilidades) que obterão para si e para a sociedade. • No campo dos direitos humanos, o utilitarismo clássico sustenta que a avaliação de uma conduta decorre de suas consequências e não do reconhecimento de direitos. Assim, determinado ato é – ou não – reprovável de acordo com as circunstâncias e consequências. • Visão de *maximização* das consequências positivas de uma conduta.

O socialismo e o comunismo	• Visão dos movimentos socialistas e comunistas do século XIX e início do século XX de que as sociedades humanas podem ser compreendidas no contexto da história da luta de classes, na qual interagem os opressores (detentores dos meios de produção) e os oprimidos (aqueles que não têm os meios de produção, só contando com sua força de trabalho a ser explorada).
	• Descrença marxista na linguagem dos direitos das revoluções liberais, pois:
	  ▪ os direitos humanos eram reconhecidos em abstrato, não levando em consideração os meios de implementação desses dispositivos;
	  ▪ ao se reconhecer o direito de propriedade e a livre iniciativa, solidificaram a estrutura jurídica que mantinha a exploração do homem pelo homem;
	  ▪ e, finalmente, ante a meta comunista de eliminação da luta de classes e, consequentemente, do próprio Estado, a atuação dos direitos humanos no papel de restrição ao poder do Estado e promoção da autonomia do indivíduo era dispensável.

4.4. A reconstrução dos direitos humanos no século XX: a dignidade humana e a abertura aos princípios jurídicos

O século XX consagrou a afirmação da "era dos direitos humanos", parafraseando o título de obra de Norberto Bobbio[38].

---

[38] BOBBIO, Norberto. *A era dos direitos*. Trad. Carlos Nelson Coutinho. Rio de Janeiro: Campus, 2004.

As críticas utilitaristas foram superadas pela aceitação da necessidade de se associar a liberdade e autonomia individuais com o bem comum, ponderando-se, no caso concreto, os limites necessários a determinado direito para que se obtenha um benefício a outro. Não há conflito entre o conceito de direitos individuais e a igualdade ou justiça social. A linguagem dos direitos não implica desconsiderar o bem comum, que, aliás, é o objetivo do Estado Democrático de Direito. Pelo contrário, os direitos servem para exigir do Estado e da comunidade as prestações necessárias para o bem-estar social fundado na igualdade.

A crítica marxista ficou esvaziada pelo reconhecimento da autocracia e do poder arbitrário que imperaram nas ditaduras do chamado socialismo real do século XX, desmanteladas após a queda do Muro de Berlim (1989) e da dissolução final da União Soviética (1991).

Por outro lado, a predominância positivista *nacionalista* dos direitos humanos do século XIX e início do século XX ficou desmoralizada após a barbárie nazista no seio da Europa (1933-1945), berço das revoluções inglesa e francesa. O desenvolvimento do Direito Internacional dos Direitos Humanos gerou uma positivação *internacionalista,* com normas e tribunais internacionais aceitos pelos Estados e com impacto direto na vida das sociedades locais. Essa *positivação internacionalista* foi identificada por Bobbio, que, em passagem memorável, detectou que "os direitos humanos nascem como direitos naturais universais, desenvolvem-se como direitos positivos particulares (quando cada Constituição incorpora Declaração de Direitos) para finalmente encontrar a plena realização como direitos positivos universais"[39].

QUADRO SINÓTICO

A reconstrução dos direitos humanos no século XX: a dignidade humana e abertura aos princípios jurídicos

- Críticas utilitaristas superadas pela aceitação da necessidade de se associar a liberdade e autonomia individuais com o bem comum, ponderando-se, no caso concreto, os limites necessários a determinado direito para que se obtenha um benefício a outro. Os direitos servem para exigir do Estado e da comunidade as prestações necessárias para o bem-estar social fundado na igualdade.
- Crítica marxista esvaziada pelo reconhecimento da autocracia e do poder arbitrário que imperaram nas ditaduras do chamado socialismo real do século XX, desmanteladas após a queda do Muro de Berlim (1989) e da dissolução final da União Soviética (1991).
- Predominância positivista *nacionalista* dos direitos humanos do século XIX e início do século XX desmoralizada após a barbárie nazista no seio da Europa (1933-1945), berço das revoluções inglesa e francesa.
- Positivismo nacionalista superado no plano internacional, acelerado desenvolvimento do Direito Internacional dos Direitos Humanos, que gerou uma positivação *internacionalista,* com normas e tribunais internacionais aceitos pelos Estados e com impacto direto na vida das sociedades locais.

5. AS ESPECIFICIDADES DOS DIREITOS HUMANOS

5.1. A centralidade dos direitos humanos

Os direitos humanos representam hoje a nova *centralidade* do *Direito Constitucional* e também do *Direito Internacional.*

No Direito Constitucional, há a *jusfundamentalização* do Direito, fenômeno pelo qual as diferentes normas de um ordenamento jurídico formatam-se à luz dos *direitos fundamentais.*

Trata-se de uma verdadeira "filtragem *pro persona*", na qual todas as normas do ordenamento jurídico devem ser compatíveis com a promoção da dignidade humana. Nessa linha, Sarmento sustenta que o "princípio da dignidade da pessoa humana representa o epicentro axiológico da

---

[39] BOBBIO, Norberto. *A era dos direitos*. Trad. Carlos Nelson Coutinho. Rio de Janeiro: Campus, 2004. p. 30.

ordem constitucional, irradiando efeitos sobre todo o ordenamento jurídico e balizando não apenas os atos estatais, mas também toda a miríade de relações privadas que se desenvolvem no seio da sociedade civil e do mercado"⁴⁰.

No plano internacional, os direitos humanos sofreram uma *ruptura* ocasionada pelos regimes totalitários nazifascistas na Europa na Segunda Guerra Mundial e, após, foram *reconstruídos* com a internacionalização da matéria. Com isso, o Direito Internacional passou por uma lenta mudança do seu eixo central voltado à perspectiva *do Estado* preocupado com a governabilidade e com a manutenção de suas relações internacionais⁴¹. Com a ascensão da temática dos direitos humanos previstos em diversas normas internacionais, os direitos humanos promoveram a entrada em cena da preocupação internacional referente à promoção da dignidade humana em todos os seus aspectos.

Para finalizar, esse novo papel dos direitos humanos já foi reconhecido pelo próprio STF, que estabeleceu que "(...) O eixo de atuação do direito internacional público contemporâneo passou a concentrar-se, também, na dimensão subjetiva da pessoa humana, cuja essencial dignidade veio a ser reconhecida, em sucessivas declarações e pactos internacionais, *como valor fundante do ordenamento jurídico sobre o qual repousa o edifício institucional dos Estados nacionais*" (HC 87.585-8, voto do Min. Celso de Mello, j. 12-3-2008).

5.2. Universalidade, inerência e transnacionalidade

A universalidade dos direitos humanos consiste na atribuição desses direitos a *todos* os seres humanos, não importando nenhuma outra qualidade adicional, como nacionalidade, opção política, orientação sexual, credo, entre outras.

A universalidade possui vínculo indissociável com o processo de internacionalização dos direitos humanos. Até a consolidação da internacionalização em sentido estrito dos direitos humanos, com a formação do Direito Internacional dos Direitos Humanos, os direitos dependiam da positivação e proteção do Estado Nacional.

Por isso, eram direitos *locais*.

A barbárie do totalitarismo nazista gerou a ruptura do paradigma da proteção nacional dos direitos humanos, cuja insuficiência levou à negação do valor do ser humano como fonte essencial do Direito. Para o nazismo, a titularidade de direitos dependia da origem racial ariana. Os demais indivíduos não mereciam a proteção do Estado. Os direitos humanos, então, *não eram universais* nem ofertados a todos.

Os números dessa ruptura dos direitos humanos são significativos: foram enviados aproximadamente 18 milhões de indivíduos a campos de concentração, gerando a morte de 11 milhões deles, sendo 6 milhões de judeus, além de inimigos políticos do regime, comunistas, homossexuais, pessoas com deficiência, ciganos e outros considerados descartáveis pela máquina de ódio nazista. Como sustenta Lafer, a ruptura trazida pela experiência totalitária do nazismo levou a inauguração do *tudo é possível*. Esse "tudo é possível" levou pessoas a serem tratadas, *de jure et de facto*, como supérfluas e descartáveis⁴².

---

[40] SARMENTO, Daniel. *A ponderação de interesses na Constituição brasileira*. Rio de Janeiro: Lumen Juris, 2000, p. 59-60.
[41] Utilizando aqui os vocábulos de Celso Lafer (ruptura e reconstrução) em *A reconstrução dos direitos humanos*: um diálogo com o pensamento de Hannah Arendt. São Paulo: Cia. das Letras, 1988.
[42] LAFER, Celso. A reconstrução dos direitos humanos: a contribuição de Hannah Arendt. In: *Estudos Avançados* 11 (30), 1997, p. 55-65, em especial p. 55.

Esse legado nazista de exclusão exigiu a *reconstrução* dos direitos humanos após a Segunda Guerra Mundial[43], sob uma ótica diferenciada: a ótica da proteção *universal,* garantida, *subsidiariamente e na falha do Estado,* pelo próprio Direito Internacional dos Direitos Humanos. Ficou evidente para os Estados que organizaram uma nova sociedade internacional ao redor da ONU – Organização das Nações Unidas – que a proteção dos direitos humanos *não* pode ser tida como parte do *domínio reservado* de um Estado, pois as falhas na proteção local tinham possibilitado o terror nazista. A *soberania* dos Estados foi, lentamente, sendo *reconfigurada,* aceitando-se que a proteção de direitos humanos era um *tema internacional* e não meramente um tema da jurisdição *local.*

O marco da *universalidade e inerência dos direitos humanos* foi a edição da Declaração Universal dos Direitos Humanos de 1948, a qual dispõe que basta a condição humana para a titularidade de direitos essenciais. O art. 1º da Declaração de 1948 (também chamada de "Declaração de Paris") é claro: "todos os seres humanos nascem livres e iguais em dignidade e direitos". Para a Declaração de Paris, o ser humano tem dignidade única e direitos *inerentes* à condição humana. Consequentemente, são os direitos humanos *universais.* Fica registrada a inerência dos direitos humanos[44], que consiste *na qualidade de pertencimento desses direitos a todos os membros da espécie humana, sem qualquer distinção.*

Desde a Declaração Universal de 1948 até hoje, a *universalidade* dos direitos humanos foi sendo constantemente reafirmada pelos diversos tratados e declarações internacionais de direitos editadas pelos próprios Estados. Entre elas, cite-se a *Proclamação de Teerã,* emitida na 1ª Conferência Mundial de Direitos Humanos da ONU, realizada em Teerã, em 1968, na qual ficou disposto que "é indispensável que a comunidade internacional cumpra sua obrigação solene de fomentar e incentivar o respeito aos direitos humanos e as liberdades fundamentais *para todos, sem distinção nenhuma* por motivos de raça, cor, sexo, idioma ou opiniões políticas ou de qualquer outra espécie".

Em 1993, na 2ª Conferência Mundial da ONU de Direitos Humanos, realizada em Viena, decidiu-se que "todos os direitos humanos são universais" (parágrafo 5º da Declaração de Viena).

Chegamos ao que se convencionou chamar, na exposição de Weis, de *transnacionalidade,* que consiste no reconhecimento dos direitos humanos onde quer o indivíduo esteja[45]. Essa característica é ainda mais importante na ausência de uma nacionalidade (apátridas) ou na existência de fluxos de refugiados[46]. Os direitos humanos não mais dependem do reconhecimento por parte de um Estado ou da existência do vínculo da nacionalidade, existindo o dever internacional de proteção aos indivíduos, confirmando-se o caráter *universal* e *transnacional* desses direitos.

QUADRO SINÓTICO

Universalidade, inerência e a transnacionalidade

Universalidade e inerência	• Conceito de universalidade dos direitos humanos: atribuição desses direitos a todos os seres humanos, não importando nenhuma outra qualidade adicional, como nacionalidade, opção política, orientação sexual, credo, entre outras.

---

[43] Utilizando novamente a feliz expressão de Celso Lafer em *A reconstrução dos direitos humanos*: um diálogo com o pensamento de Hannah Arendt. São Paulo: Cia. das Letras, 1988.
[44] WEIS, Carlos. *Direitos humanos contemporâneos.* 2. ed., 2. tir. São Paulo: Malheiros, 2011, p. 162.
[45] WEIS, Carlos. *Direitos humanos contemporâneos.* 2. ed., 2. tir. São Paulo: Malheiros, 2011.
[46] Sobre o direito internacional dos refugiados e seu novo paradigma, ver MAHLKE, Helisane. *Direito internacional dos refugiados.* Novo paradigma jurídico. Belo Horizonte: Arraes, 2017.

- A universalidade possui vínculo indissociável com o processo de internacionalização dos direitos humanos – a barbárie do totalitarismo nazista gerou a ruptura do paradigma da proteção nacional dos direitos humanos, graças a negação do valor do ser humano como fonte essencial do Direito.
- Conceito de inerência dos direitos humanos: qualidade de pertencimento desses direitos a todos os membros da espécie humana, sem qualquer distinção.
- Edição da Declaração Universal dos Direitos Humanos de 1948: marco da universalidade e inerência dos direitos humanos.
- Os direitos humanos não mais dependem do reconhecimento por parte de um Estado ou da existência do vínculo da nacionalidade, existindo o dever internacional de proteção aos indivíduos, confirmando-se o caráter universal e transnacional desses direitos.
  - Os direitos humanos incidem nas relações privadas, o que gera a eficácia dos direitos humanos nas relações entre os particulares.
  - Os direitos humanos exigem que o Estado aja para protegê-los, quer de condutas dos agentes públicos ou mesmo de particulares (dimensão objetiva dos direitos humanos).

5.3. Indivisibilidade, interdependência e unidade

A *indivisibilidade* consiste no reconhecimento de que todos os direitos humanos possuem a *mesma* proteção jurídica, uma vez que são essenciais para uma vida digna. A indivisibilidade possui duas facetas. A primeira implica reconhecer que o direito protegido apresenta uma unidade incindível em si. A segunda faceta, mais conhecida, assegura que não é possível proteger apenas alguns dos direitos humanos reconhecidos[47]. O objetivo do reconhecimento da indivisibilidade é exigir que o Estado também invista – tal qual investe na promoção dos direitos de primeira geração – nos direitos sociais, zelando pelo chamado *mínimo existencial*, ou seja, condições materiais mínimas de sobrevivência digna do indivíduo. A indivisibilidade também exige o combate tanto às violações maciças e graves de direitos considerados de primeira geração (direito à vida, integridade física, liberdade de expressão, entre outros) quanto aos direitos de segunda ou terceira geração (direitos sociais, como o direito à saúde, educação, trabalho, previdência social, bem como direitos como direito ao meio ambiente etc.).

A *interdependência* ou *inter-relação* consiste no reconhecimento de que todos os direitos humanos contribuem para a realização da dignidade humana, *interagindo* para a satisfação das necessidades essenciais do indivíduo, o que exige, novamente, a atenção integral a todos os direitos humanos, sem exclusão. O conteúdo de um direito pode se vincular ao conteúdo de outro, demonstrando a interação e a complementaridade entre eles, bem como que certos direitos são desdobramentos de outros[48].

A indivisibilidade e a interdependência de tais direitos foram confirmadas em várias ocasiões. A Proclamação de Direitos Humanos da 1ª Conferência Mundial de Direitos Humanos da ONU realizada em Teerã (1968) foi o primeiro texto a reconhecer que "os direitos humanos e as liberdades fundamentais são indivisíveis, a realização dos direitos civis e políticos sem o gozo dos direitos econômicos, sociais e culturais resulta impossível". Em 1986, na Declaração

---

[47] CARVALHO RAMOS, André de. *Teoria geral dos direitos humanos na ordem internacional*. 8. ed. São Paulo: Saraiva, 2024, p. 217.

[48] CARVALHO RAMOS, André de. *Teoria geral dos direitos humanos na ordem internacional*. 8. ed. São Paulo: Saraiva, 2024, p. 219.

sobre o Direito ao Desenvolvimento[49], ficou disposto que "todos os direitos humanos e todas as liberdades fundamentais são *indivisíveis* e *interdependentes*; a realização, a promoção e a proteção dos direitos civis, políticos, econômicos, sociais e culturais devem se beneficiar de uma atenção igual e ser encaradas com uma urgência igual" (art. 6º, § 2º). A Declaração de Viena (aprovada na 2ª Conferência Mundial de Direitos Humanos da ONU, 1993) repetiu a Proclamação de Teerã e reiterou que "todos os direitos humanos são universais, *indivisíveis, interdependentes e inter-relacionados*. A comunidade internacional deve tratar os direitos humanos de forma *global, justa e equitativa*, em pé de igualdade e com a mesma ênfase" (§ 5º).

Reconheceu-se que os direitos humanos formam uma *unidade de direitos tida como indivisível, interdependente e inter-relacionada*. Como bem expressa a Declaração de Viena (em seu § 15º) "o respeito aos direitos humanos e liberdades fundamentais, *sem distinções de qualquer espécie*, é uma norma fundamental do direito internacional na área dos direitos humanos". Tendo em vista o incremento da proteção dada ao indivíduo, ficou assente que, se determinado direito é violado, todos os demais direitos ficam vulneráveis e comprometidos. Por isso, em especial no Brasil, o grande desafio é implementar tanto os direitos de *liberdade* quanto os direitos relativos à *igualdade*, que concretizam a justiça social[50].

QUADRO SINÓTICO

Indivisibilidade, interdependência e unidade

Indivisibilidade	• Conceito: reconhecimento de que todos os direitos humanos possuem a mesma proteção jurídica, uma vez que são essenciais para uma vida digna. • Possui duas facetas: 1) implica reconhecer que o direito protegido apresenta uma unidade incindível em si; 2) assegura que não é possível proteger apenas alguns dos direitos humanos reconhecidos. • Objetivos do seu reconhecimento: 1) exigir que o Estado também invista nos direitos sociais, zelando pelo chamado mínimo existencial, ou seja, condições materiais mínimas de sobrevivência digna do indivíduo; 2) exigir o combate tanto às violações maciças e graves de direitos considerados de primeira geração quanto aos direitos de segunda geração.
Interdependência (ou inter-relação)	• Conceito: reconhecimento de que todos os direitos humanos contribuem para a realização da dignidade humana, o que exige a atenção integral a todos os direitos humanos, sem exclusão.
Normas internacionais que confirmaram a indivisibilidade e a interdependência	• Proclamação de Direitos Humanos da 1ª Conferência Mundial de Direitos Humanos da ONU (Teerã, 1968). • Declaração sobre o Direito ao Desenvolvimento (1986). • Declaração de Viena (aprovada na 2ª Conferência Mundial de Direitos Humanos da ONU, 1993).

---

[49] Adotada pela Resolução n. 41/128 da Assembleia Geral das Nações Unidas, de 4 de dezembro de 1986.
[50] PIOVESAN, Flávia. A universalidade e a indivisibilidade dos direitos humanos: desafios e perspectivas. In: BALDI, César Augusto (Org.). *Direitos humanos na sociedade cosmopolita*. Rio de Janeiro: Renovar, 2004, p. 55.

5.4. A abertura dos direitos humanos, não exaustividade e fundamentalidade

A abertura dos direitos humanos consiste na possibilidade de *expansão* do rol dos direitos necessários a uma vida digna. Fica consolidada, então, a *não exauribilidade* dos direitos humanos, sendo o rol de direitos previsto na Constituição Federal e tratados internacionais meramente exemplificativo e não exclui o reconhecimento futuro de outros direitos.

A abertura pode ser de origem *internacional* ou *nacional*. A abertura *internacional* é fruto do aumento do rol de direitos protegidos resultante do Direito Internacional dos Direitos Humanos, quer por meio de novos tratados, solidificação de novos costumes (ou princípios gerais) internacionais quer por meio da atividade dos tribunais internacionais. Já a abertura *nacional* é fruto do trabalho do Poder Constituinte Derivado (como, por exemplo, a inserção do direito à moradia pela EC 26/2000 e do direito à alimentação pela EC 64/2010) e também fruto da atividade interpretativa ampliativa dos tribunais nacionais.

O art. 5º, § 2º, da Constituição prevê o *princípio da não exaustividade dos direitos fundamentais*, introduzido pela primeira vez na Constituição de 1891, também denominado *abertura da Constituição aos direitos humanos*. Na Constituição de 1891 a abertura aos direitos era resultado do seu art. 78, que pregava que a especificação das garantias e direitos expressos na Constituição não excluía outras garantias e direitos não enumerados, mas resultantes da forma de governo que ela estabelece e dos princípios que consigna.

Já o art. 5º, § 2º, da CF/88 estipula que os direitos nela previstos expressamente não excluem outros *decorrentes* do *regime* e *princípios* da Constituição e em *tratados* celebrados pelo Brasil. De forma inédita na história constitucional brasileira, a abertura da Constituição aos direitos foi baseada também nos tratados internacionais celebrados pelo Brasil.

A abertura está relacionada com a *fundamentalidade* dos direitos humanos no ordenamento jurídico. Como os direitos humanos são *fundamentais* para uma vida digna, novos direitos podem surgir na medida em que as necessidades sociais assim exijam.

Por isso, os direitos humanos possuem uma *fundamentalidade formal* por estarem previstos em normas constitucionais e em tratados de direitos humanos, mas possuem, ainda, uma *fundamentalidade material* que consiste no reconhecimento da indispensabilidade de determinado direito para a promoção da dignidade humana.

QUADRO SINÓTICO

A abertura dos direitos humanos e fundamentalidade

- Abertura dos direitos humanos: consiste na possibilidade de expansão do rol dos direitos necessários a uma vida digna – consolidação da não exauribilidade dos direitos humanos.
- A abertura pode ser:
  a) Internacional: fruto do aumento do rol de direitos protegidos oriundo do Direito Internacional dos Direitos Humanos;
  b) Nacional: fruto do trabalho de interpretação ampliativa realizado pelo Poder Constituinte Derivado e pelos tribunais nacionais.
- O art. 5º, § 2º, adotou a abertura dos direitos humanos, por meio do princípio da não exaustividade dos direitos fundamentais.
- A abertura está relacionada com a fundamentalidade dos direitos humanos no ordenamento jurídico. Os direitos humanos possuem uma fundamentalidade formal (por estarem previstos em normas constitucionais e em tratados de direitos humanos), mas possuem, ainda, uma fundamentalidade material (reconhecimento da indispensabilidade de determinado direito para a promoção da dignidade humana).

5.5. Imprescritibilidade, inalienabilidade, indisponibilidade

Os direitos humanos são tidos como imprescritíveis, inalienáveis e indisponíveis (também chamados de irrenunciáveis), o que, em seu conjunto, compõe uma *proteção de intangibilidade* aos direitos tidos como essenciais a uma vida digna.

A imprescritibilidade implica reconhecer que tais direitos não se perdem pela passagem do tempo: existindo o ser humano, há esses direitos inerentes. A inalienabilidade pugna pela impossibilidade de se atribuir uma dimensão pecuniária desses direitos para fins de venda. Finalmente, a indisponibilidade ou irrenunciabilidade revela a impossibilidade de o próprio ser humano – titular desses direitos – abrir mão de sua condição humana e permitir a violação desses direitos.

Essa proteção de intangibilidade foi importante na afirmação dos direitos humanos a partir das revoluções liberais e suas declarações de direitos. Era importante gravar os direitos de cláusulas protetivas, contra a vontade do Estado e até mesmo contra a vontade de seu titular, demonstrando a essencialidade desses direitos e sua inerência à condição humana.

Porém, três observações são importantes. Em primeiro lugar, apesar de não se admitir a eliminação ou disposição dos direitos humanos em abstrato, seu exercício pode ser facultativo, sujeito inclusive à negociação ou mesmo prazo fatal para seu exercício. Só assim é possível compreender o disposto no art. 7º, VI (irredutibilidade do salário, salvo o disposto em convenção ou acordo coletivo); XIII (duração do trabalho normal não superior a oito horas diárias e quarenta e quatro semanais, facultada a compensação de horários e a redução da jornada, mediante acordo ou convenção coletiva de trabalho); XIV ("jornada de seis horas para o trabalho realizado em turnos ininterruptos de revezamento, salvo negociação coletiva"), e ainda o XXIX (ação, quanto aos créditos resultantes das relações de trabalho, com prazo prescricional de cinco anos para os trabalhadores urbanos e rurais, até o limite de dois anos após a extinção do contrato de trabalho), da Constituição de 1988. Há, então, *liberdade* do titular de exercer – ou não – tais direitos e um prazo para tanto.

A segunda observação diz respeito à indisponibilidade dos direitos humanos, para proteger seu titular de tratamento humilhante, cruel e degradante. Esse limite à autonomia quanto ao exercício dos direitos ocorreu no chamado *Caso do Arremesso de Pessoa com Nanismo*, na França. No caso, ocorreu a proibição desse tipo de conduta (arremesso de pessoa com nanismo) oferecida por uma casa noturna em Morsang-sur-Orge (periferia de Paris, França). Houve intenso debate sobre a indisponibilidade dos direitos humanos, uma vez que a própria pessoa com nanismo atacou a proibição, alegando ter dado consentimento a tal prática, utilizar equipamento de segurança satisfatório e de ter direito ao trabalho. Tanto perante o Conselho de Estado francês[51] quanto perante o Comitê de Direitos Humanos do Pacto Internacional sobre Direitos Civis e Políticos[52], confirmou-se a legitimidade da proibição da prática do "arremesso de pessoa com nanismo"[53]. No mesmo sentido (de se impedir que pessoas sejam consideradas objetos), o Tribunal Constitucional da Alemanha considerou inconstitucional lei de segurança aérea de 2004, pela qual as autoridades poderiam decidir abater aeronave em voo com passageiros inocentes, caso se constatasse que esta seria utilizada para atentado contra a vida de pessoas no solo e este (o abate) fosse o último recurso para impedir a conduta. Para o Tribunal alemão, tal abate instrumentalizava em absoluto os passageiros inocentes (para salvar outras vidas) e violava o direito à vida e à dignidade humana, mesmo que os passageiros fossem, ao final da ação terrorista,

---

[51] Decisão do *Conseil d'État*, de 27 de outubro de 1995, n. 136727, Commune de Morsang-sur-Orge.
[52] Deliberação em petição individual contra a França, n. 854/1999, de 26 de julho de 2002.
[53] Mais detalhes do caso, ver CARVALHO RAMOS, André de. *Teoria geral dos direitos humanos na ordem internacional*. 8. ed. São Paulo: Saraiva, 2024.

também mortos. No caso brasileiro, a "Lei do Abate" (Lei n. 9.614/98, que incluiu o § 3º no art. 303 do Código Brasileiro de Aeronáutica) sofre a crítica de permitir a "medida de destruição" para casos de tráfico de entorpecentes (de acordo com o Decreto n. 5.144/2004).

É importante salientar que a aplicação da fórmula do "homem objeto" não pode ser mecânica e automática: a instrumentalização do ser humano é claramente ofensiva à dignidade humana quando presente um elemento de desvalorização, humilhação ou degradação da pessoa. Por exemplo, a ação de determinada pessoa que auxilia outra a subir em um muro, sendo utilizada como uma "escada", revela certa coisificação pontual, mas não há a intenção de degradação[54].

A terceira observação diz respeito ao consentimento do titular e a garantia da autonomia da pessoa. Inicialmente, o indivíduo é livre para não exercer seus direitos: sua autonomia e autodeterminação são componentes do direito à liberdade e da própria dignidade humana. Assim, a indisponibilidade dos direitos humanos não pode gerar um *paternalismo estatal exacerbado*, que fulminaria a vontade de um indivíduo para protegê-lo. Nesse sentido, a participação em *reality shows* e o afastamento do direito à privacidade em um ambiente de consentimento livre e informado de indivíduos capazes é legítimo. Ou ainda a colocação consentida de tatuagens, conduta que é compatível com a liberdade, não podendo ser considerada como uma violação à integridade. Como resume Barroso, "[o] que o Estado não pode fazer é anular integralmente a liberdade pessoal e a autonomia moral do indivíduo, vivendo sua vida para poupá-lo do risco". Para o citado autor, os direitos humanos são, a princípio, *disponíveis* e sua indisponibilidade exigirá um ônus argumentativo do Estado, tendo em vista (i) a natureza do direito, (ii) a natureza de eventuais direitos contrapostos e (iii) os valores sociais relevantes em uma sociedade democrática[55]. A intangibilidade de um direito contra a vontade de seu titular, então, depende da ponderação entre a liberdade do indivíduo e o eventual direito em colisão.

Há pouca utilidade da proteção de intangibilidade em um cenário marcado pela expansão dos direitos humanos e seus *choques*. A indisponibilidade dos direitos humanos pode ser traduzida como sendo uma limitação (compressão) da liberdade em prol da prevalência de outros direitos ou da dignidade humana.

QUADRO SINÓTICO

Imprescritibilidade, inalienabilidade e indisponibilidade	
• Imprescritibilidade, inalienabilidade e indisponibilidade são características que, em conjunto, compõem uma proteção de intangibilidade aos direitos tidos como essenciais a uma vida digna.	
Imprescritibilidade	• Implica o reconhecimento de que os direitos humanos não se perdem pela passagem do tempo.
Inalienabilidade	• Pugna pela impossibilidade de se atribuir uma dimensão pecuniária dos direitos humanos para fins de venda.
Irrenunciabilidade	• Revela a impossibilidade de o próprio ser humano - titular dos direitos humanos - abrir mão de sua condição humana e permitir a violação desses direitos.

---

[54] Os dois exemplos (lei do abate na Alemanha e uso de pessoa como "escada") foram retirados de NOVAIS, Jorge Reis. *A dignidade da pessoa humana*. v. II – Dignidade e inconstitucionalidade. Coimbra: Almedina, 2017, em especial p. 119 e 244.

[55] BARROSO, Luís Roberto. Legitimidade da recusa de transfusão de sangue por Testemunhas de Jeová. Dignidade humana, liberdade religiosa e escolhas existenciais. Disponível em: <http://www.luisrobertobarroso.com.br/wp-content/themes/LRB/pdf/testemunhas_de_jeova.pdf>. Acesso em: 15 jun. 2023, em especial p. 17-19.

Observações	• Apesar de não se admitir a eliminação ou disposição dos direitos humanos em abstrato, seu exercício pode ser facultativo, sujeito inclusive a negociação ou mesmo prazo fatal para seu exercício. • Pela própria definição de direitos humanos, o indivíduo não é livre para não exercer os direitos quando há lesão à dignidade humana – limites da liberdade de exercício dos direitos calcada na autonomia da vontade. • Tais características perdem utilidade em um cenário marcado pela expansão dos direitos humanos, já que os conflitos entre direitos humanos fazem com que a sua interpretação tenha que ser acionada para estabelecer os limites entre eles, sem que seja útil apelar à proteção da intangibilidade conferida genericamente a todos, pois ambos os direitos em conflito também a terão.

5.6. Proibição do retrocesso

Os direitos humanos caracterizam-se pela existência da proibição do retrocesso (também chamada de "efeito cliquet", princípio do não retorno da concretização ou princípio da proibição da evolução reacionária), o qual consiste na vedação da eliminação da concretização já alcançada na proteção de algum direito, admitindo-se somente aprimoramentos e acréscimos.

Outra expressão utilizada pela doutrina é *entrenchment* ou entrincheiramento, que consiste na preservação do mínimo já concretizado dos direitos fundamentais, impedindo o *retrocesso*, que poderia ser realizado pela *supressão normativa* ou ainda pelo *amesquinhamento* ou *diminuição* de suas prestações à coletividade[56].

Há diferença entre a proibição do retrocesso e a proteção contra efeitos *retroativos*: este é proibido por ofensa ao ato jurídico perfeito, da coisa julgada e do direito adquirido. A vedação do retrocesso é distinta: proíbe as *medidas de efeitos retrocessivos,* que são aquelas que objetivam a supressão ou diminuição da satisfação de um dos direitos humanos. Abrange não somente os direitos sociais (a chamada proibição do retrocesso social), mas todos os direitos humanos, que, como vimos, são indivisíveis.

No Brasil, a proibição do retrocesso é fruto dos seguintes dispositivos constitucionais: 1) Estado democrático de Direito (art. 1º, *caput*); 2) dignidade da pessoa humana (art. 1º, III); 3) aplicabilidade imediata das normas definidoras de direitos fundamentais (art. 5º, § 1º); 4) proteção da confiança e segurança jurídica (art. 1º, *caput*, e ainda art. 5º, XXXVI – a lei não prejudicará o direito adquirido, o ato jurídico perfeito e a coisa julgada); e 5) cláusula pétrea prevista no art. 60, § 4º, IV (*vide* item 2.4 da **Parte III**)[57].

A proibição do retrocesso é característica também da proteção internacional dos direitos humanos, pois, "cristalizou-se no plano internacional, a chamada proibição do retrocesso, pela qual é vedado aos Estados que diminuam ou amesquinhem a proteção já conferida aos direitos humanos. Mesmo novos tratados internacionais não podem impor restrições ou diminuir a proteção de direitos humanos já alcançada"[58].

---

[56] AGRA, Walber de Moura. O *entrenchment* como condição para a efetivação dos direitos fundamentais. In: TAVARES, André Ramos (Coord.). *Justiça constitucional*: pressupostos teóricos e análises concretas. Belo Horizonte: Fórum, 2007.

[57] SARLET, Ingo Wolfgang. Direitos fundamentais sociais e proibição de retrocesso: algumas notas sobre o desafio da sobrevivência dos direitos sociais num contexto de crise, *Revista Brasileira de Direito Constitucional – RBDC*, São Paulo, n. 4, p. 241-271, jul./dez. 2004.

[58] CARVALHO RAMOS, André de. *Teoria geral dos direitos humanos na ordem internacional*. 7. ed. São Paulo: Saraiva, 2019, em especial p. 291.

A proibição de retrocesso não representa, contudo, uma vedação absoluta a qualquer medida de alteração da proteção de um direito específico. Por exemplo, podem ser constitucionais as alterações nas regras da aposentadoria dos servidores públicos que façam frente ao crescimento da expectativa de vida. A inalterabilidade dessas regras levaria o Estado a destinar mais recursos a esse direito social, diminuindo-se a proteção de outros direitos. Contudo, as discussões constantes sobre a reforma da Previdência dos trabalhadores da área privada e dos servidores públicos no Brasil deve levar em conta tal característica dos direitos humanos, uma vez que a inexistência ou insuficiência de regras de transição adequadas aos que já estavam vinculados ao sistema previdenciário *pode* violar a proibição do retrocesso, caso venha a se constatar a vulneração desproporcional da igualdade (tratando igualmente os desiguais, ou seja, aqueles que já contribuíram por anos com aqueles que ainda irão ingressar no mercado de trabalho) ou do direito à segurança jurídica na sua faceta da proibição da surpresa (ver o direito à segurança jurídica na **Parte IV**, Cap. 22).

Assim, há três condições para que eventual diminuição na proteção normativa ou fática de um direito seja permitida: 1) que haja justificativa também de estatura jusfundamental; 2) que tal diminuição supere o crivo da *proporcionalidade* (ver **Parte I**, Capítulo III, item 7.4) e 3) que seja preservado o núcleo essencial do direito envolvido.

Identifico cinco subespécies da proibição do retrocesso já reconhecidas no STF ou em debate:

i) **Vedação do Retrocesso Social.** O Min. Celso de Mello sustentou que "o postulado da proibição do retrocesso social, cuja eficácia impede – considerada a sua própria razão de ser – sejam desconstituídas as conquistas já alcançadas pelo cidadão, que não pode ser despojado, por isso mesmo, em matéria de direitos sociais, no plano das liberdades reais, dos níveis positivos de concretização por ele já atingidos". Depois, o Min. Celso de Mello apontou que "em realidade, a cláusula que proíbe o retrocesso em matéria social traduz, no processo de sua concretização, *verdadeira dimensão negativa* pertinente aos direitos sociais de natureza prestacional, impedindo, em consequência, que os níveis de concretização dessas prerrogativas, uma vez atingidos, venham a ser reduzidos ou suprimidos, exceto nas hipóteses – de todo inocorrente na espécie – em que políticas compensatórias venham a ser implementadas pelas instâncias governamentais" (MS 24.875, j. 11-5-2006, Pleno, grifo nosso)[59]. Para a Min. Cármen Lúcia, que foi relatora de Ação Direta de Inconstitucionalidade sobre reforma da Previdência Social (julgada *improcedente*), a proibição do retrocesso só seria aplicada se a aposentadoria, enquanto direito social, fosse abolida, mas não seria o caso de invocá-la no caso de mudança dos critérios para aposentadoria tão somente (ADI 3.104, rel. Min. Cármen Lúcia, j. 26-9-2007, Plenário, *DJ* de 9-11-2007).

ii) **Vedação do Retrocesso Político.** Em 2011, o STF decidiu suspender o art. 5º da Lei n. 12.034/2009 que dispunha sobre a volta do "voto impresso". Para a Min. Cármen Lúcia, a proibição de retrocesso político-constitucional impede que direitos conquistados (como o da garantia de voto secreto pela urna eletrônica) retroceda para dar lugar a modelo superado (voto impresso) exatamente pela sua vulnerabilidade (ADI 4.543-MC, rel. Min. Cármen Lúcia, j. 19-10-2011, Plenário). Em 2018, o STF voltou a considerar inconstitucional a impressão do voto. Foi suspenso o art. 59-A da Lei n. 9.504/1997, incluído pela Lei n. 13.165/2015 (Lei da Minirreforma Eleitoral), o qual determinava que, mantida a votação eletrônica, deveria cada voto ser impresso e depositado, de forma automática e sem contato manual do eleitor, em local previamente lacrado. De acordo com o parágrafo único do mesmo dispositivo, o processo de votação não seria concluído até que o eleitor confirmasse a correspondência entre o teor de seu voto e o registro impresso e

---

[59] Voto do Min. Celso de Mello, STA 175-AgR/CE, *Informativo* do STF n. 582, abril de 2010. Ver também seu voto vencido na ADI 3.105, rel. p/ acórdão Min. Cezar Peluso, j. 18-8-2004, *DJ* de 18-2-2005.

exibido pela urna eletrônica. Para o STF, essa medida introduzia o "modelo híbrido" (em adição ao modelo do voto impresso e ao modelo do voto eletrônico), significando retrocesso ao modelo do voto eletrônico puro, pois permitiria a identificação de quem votou, diminuindo a liberdade de votar (ADI 5.889/DF, rel. orig. Min. Gilmar Mendes, rel. p/ o ac. Min. Alexandre de Moraes, j. 6-6-2018). Em 2020, o STF repudiou em definitivo a reintrodução do voto impresso, declarando a inconstitucionalidade do art. 59-A e parágrafo único da Lei n. 9.504/97 (na redação dada pela Lei n. 13.165/2015). Para o STF, a impressão do voto pelo modo previsto na legislação impugnada violaria a liberdade e o sigilo do voto, tendo o Min. Gilmar Mendes ajustado seu voto a favor da inconstitucionalidade (ADI 5.889/DF, rel. Min. Gilmar Mendes, j. 15-9-2020).

iii) **Vedação do Retrocesso Civil.** Em 2017, o STF decidiu que o Código Civil de 2002 não poderia desigualar a proteção sucessória conferida pelas Leis n. 8.971/94 e n. 9.278/96 aos companheiros. Para o Min. Barroso, o Código Civil de 2002 foi anacrônico e representou um retrocesso vedado pela Constituição na proteção legal das famílias constituídas pela união estável (voto do Min. Barroso no RE 878.694/MG, rel. Min. Roberto Barroso, j. 10-5-2017). A tese fixada pelo STF (repercussão geral) estabelece que "é inconstitucional a distinção de regimes sucessórios entre cônjuges e companheiros prevista no art. 1.790 do CC/2002, devendo ser aplicado, tanto nas hipóteses de casamento quanto nas de união estável, o regime do art. 1.829 do CC/2002" (RE 878694/MG, rel. Min. Roberto Barroso, j. 10-5-2017).

iv) **Vedação do Retrocesso Institucional.** O Decreto n. 9.831, de 11 de junho de 2019, remanejou onze cargos de perito do Mecanismo Nacional de Prevenção e Combate à Tortura – MNPCT para outra área do Poder Público federal, exonerando os seus ocupantes, e determinando que a participação no Mecanismo seria considerada doravante "prestação de serviço público relevante, não remunerada". A Procuradoria-Geral da República ingressou com arguição de descumprimento de preceito fundamental (ADPF) contra tal modificação no MNPCT, alegando vedação à proibição do retrocesso institucional. Afinal, a medida teve caráter regressivo do ponto de vista institucional, na medida em que esvaziou significativamente o MNPCT, órgão essencial para o combate à prática de tortura e demais tratamentos degradantes ou desumanos em ambientes de detenção e custódia coletiva de pessoas, ao transformar o mecanismo, antes profissional, em trabalho voluntário e precário. Reduziu-se o âmbito de proteção normativa ao direito de não submissão à tortura ou tratamentos e penas cruéis e degradantes de pessoas sob custódia do Estado, configurando ofensa ao princípio da vedação do retrocesso institucional (petição inicial da PGR). Em 2022, o STF reconheceu a inconstitucionalidade de tal regresso, tendo seu Relator Min. Dias Toffoli destacado, em seu voto, que "(...) não é dado ao chefe do Poder Executivo, sob o pretexto de exercer função meramente regulamentar, *desmontar* política pública instituída no intuito de dar cumprimento ao texto constitucional e prevista em compromisso internacional assumido pelo Brasil" (itálico meu – STF, ADPF 607, rel. Min. Dias Toffoli, Plenário, Sessão Virtual de 18-3-2022 a 25-3-2022).

v) **Vedação do Retrocesso Ecológico.** O princípio da proibição de retrocesso ecológico ou socioambiental é fruto da tutela constitucional (art. 225 da CF/88) e internacional do meio ambiente (art. 11 do Protocolo de San Salvador e Pacto Internacional de Direitos Econômicos, Sociais e Culturais, entre outros), que restringe a discricionariedade do legislador (Estado-legislador) na adoção de medidas contrárias à proteção ambiental, bem como impede que haja regresso no que tange à estrutura organizacional do Estado (recursos humanos e materiais) voltada à implementação de políticas públicas. A *proibição do retrocesso ecológico* evita uma atuação legislativa e administrativa inexistente ou insuficiente na promoção do direito ao meio ambiente, sendo também faceta da proibição da proteção deficiente dos direitos humanos[60]. O STF reconheceu já a proibição do *retrocesso socioambiental*, exigindo a avaliação da proporcionalidade e do respeito ao núcleo essencial dos direitos ecológicos por parte de novas medidas restritivas adotadas pelos Poderes Públicos (STF, ADI 4.717/DF, rel. Min. Cármen Lúcia, j. 5-4-2018, *DJe* 15-2-2019).

QUADRO SINÓTICO

Proibição do retrocesso ("efeito cliquet")	
"Efeito cliquet" ou princípio do não retorno da concretização	• Consiste na vedação da eliminação da concretização já alcançada na proteção de algum direito, admitindo-se somente de aprimoramentos e acréscimos.
Entrenchment ou entrincheiramento	• Consiste na preservação do mínimo já concretizado dos direitos fundamentais, impedindo o retrocesso, que poderia ser realizado pela supressão normativa ou ainda pelo amesquinhamento ou diminuição de suas prestações à coletividade.
Proteção contra efeitos retroativos	• Este é proibido por ofensa ao ato jurídico perfeito, à coisa julgada e ao direito adquirido. Difere da vedação do retrocesso, que proíbe as medidas de efeitos retrocessivos, que são aquelas que objetivam a supressão ou diminuição da satisfação de um dos direitos humanos.
Fundamentos da Constituição brasileira para a proibição do retrocesso	1) Estado Democrático de Direito; 2) dignidade da pessoa humana; 3) aplicabilidade imediata das normas definidoras de direitos fundamentais; 4) proteção da confiança e segurança jurídica (a lei não prejudicará o direito adquirido, o ato jurídico perfeito e a coisa julgada); e 5) cláusula pétrea prevista no art. 60, § 4º, IV.
Condições para que eventual diminuição na proteção normativa ou fática de um direito seja permitida	1) que haja justificativa também de estatura jusfundamental; 2) que tal diminuição supere o crivo da proporcionalidade; e 3) que seja preservado o núcleo essencial do direito envolvido.

• A proibição de retrocesso não representa uma vedação absoluta a qualquer medida de alteração da proteção de um direito específico.

5.7. A justiciabilidade dos direitos econômicos, sociais, culturais e ambientais (DESCAs)

A justiciabilidade dos direitos econômicos, sociais, culturais e ambientais (DESCAs) consiste na exigência judicial (nacional ou internacional) de implementação de tais direitos pelos Estados. Em sentido contrário à justiciabilidade, há dispositivos normativos internacionais que estipulam o *dever de implementação progressiva* de tais direitos, fundados na falta de recursos econômicos para sua implementação imediata.

A temática da justiciabilidade dos direitos sociais foi objeto de discussão na redação do art. 26 da Convenção Americana de Direitos Humanos, cujo texto final adotou o dever dos Estados

---

[60] Ver a proteção insuficiente ou deficiente dos direitos humanos na Parte I, Capítulo III, item 7.4., referente ao "Princípio da Proporcionalidade", neste *Curso*.

de apenas zelar pelo *desenvolvimento progressivo* de tais direitos[61]. Por sua vez, o Protocolo de San Salvador sobre direitos sociais, econômicos e culturais e o Pacto Internacional sobre Direitos Econômicos, Sociais e Culturais (PIDESC) preveem também o desenvolvimento progressivo da disponibilidade de tais direitos, a depender da existência de recursos econômicos por parte do Estado. Nesse sentido, o art. 1º do Protocolo de San Salvador estabelece a obrigação internacional geral dos Estados em face dos direitos sociais, econômicos e culturais, que vem a ser o compromisso de adotar as medidas adequadas para efetivá-los, levando em consideração os (i) recursos disponíveis e (ii) a progressividade, no mesmo diapasão do Pacto Internacional sobre Direitos Econômicos, Sociais e Culturais (art. 2.1[62]).

Contudo, em face da (i) indivisibilidade e (ii) interdependência de todos os direitos, que são indispensáveis para a vida digna do ser humano, desenvolveu-se, na jurisprudência internacional dos direitos humanos, dois modos de justiciabilidade dos direitos sociais: (i) o modo indireto e, mais recentemente, (ii) o modo direto.

O modo indireto consiste na proteção dos direitos sociais como facetas dos direitos civis e políticos. A divisão entre "direitos civis e políticos" e "direitos sociais" é eliminada: há facetas dos direitos civis e políticos que afetam direitos sociais, e o combate à violação dos direitos sociais é feito *por derivação* da justiciabilidade de um direito civil e político. Por exemplo, a violação ao direito à saúde é apreciada por um órgão internacional em virtude de ofender o direito à integridade física; o direito à identidade cultural dos povos indígenas seria apreciado como subproduto da proteção do direito à vida, entre outras possíveis derivações.

Já pelo modo direto, a violação a direito social, econômico, cultural ou ambiental é reconhecida enquanto tal, de forma autônoma (por exemplo, violação ao direito à saúde, à educação ou ao trabalho). Trata-se de forma tradicionalmente reservada aos direitos civis e políticos, uma vez que os tratados que contêm direitos sociais em sentido amplo adotaram – como visto – somente o dever dos Estados em desenvolver progressivamente tais direitos.

No plano doméstico, a justiciabilidade direta dos direitos sociais possui já diversos precedentes, como se vê no uso de ações judiciais para a implementação de diversos direitos sociais, como o direito à saúde, educação, entre outros[63].

O modo indireto é o mais usualmente encontrado na jurisprudência internacional de direitos humanos. No plano interamericano, a redação do art. 26 da Convenção Americana de Direitos Humanos (CADH) restringiu a atuação da Corte Interamericana de Direitos Humanos (Corte IDH) na proteção de direitos sociais. Além disso, como veremos abaixo, o Protocolo de San Salvador (PSS) impôs uma limitação *rationae materiae* no seu art. 19.6, que prevê a jurisdição da Corte IDH somente sobre casos de violação do direito à educação fundamental e determinados direitos sindicais (arts. 8 e 13 do PSS). Por isso, em face da dificuldade de reconhecimento de uma violação direta às normas jurídicas delimitadoras dos DESCAs (em especial o art. 26 da

---

[61] Artigo 26 – Desenvolvimento progressivo. Os Estados-partes comprometem-se a adotar as providências, tanto no âmbito interno, como mediante cooperação internacional, especialmente econômica e técnica, a fim de conseguir progressivamente a plena efetividade dos direitos que decorrem das normas econômicas, sociais e sobre educação, ciência e cultura, constantes da Carta da Organização dos Estados Americanos, reformada pelo Protocolo de Buenos Aires, na medida dos recursos disponíveis, por via legislativa ou por outros meios apropriados.

[62] Artigo 2º, item 1: "Cada Estado Parte do presente Pacto compromete-se a adotar medidas, tanto por esforço próprio como pela assistência e cooperação internacionais, principalmente nos planos econômicos e técnicos, até o máximo de seus recursos disponíveis, que visem assegurar, progressivamente, por todos os meios apropriados, o pleno exercício dos direitos reconhecidos no presente Pacto, incluindo, em particular, a adoção de medidas legislativas".

[63] *Vide* o item 2.5.2, sobre os direitos sociais, visto acima.

CADH e os direitos do Protocolo de San Salvador), o modo indireto foi amplamente utilizado pela Corte IDH.

Nesse sentido, a Corte IDH reconheceu, em seus julgados, diferentes dimensões das violações derivadas de direitos civis e políticos, consagrando, simultaneamente, a indivisibilidade e a interdependência dos direitos humanos. Há duas críticas ao uso do modo indireto: (i) seu uso gera baixa visibilidade e reconhecimento dos DESCAs enquanto direitos com força vinculante; bem como (ii) exige que violações a direitos difusos ou coletivos sejam traduzidas como violações de direitos individuais.

O *modo direto* de proteção de direitos humanos foi consagrado pela Corte IDH somente em 2017, no *Caso Lagos del Campovs. Peru*[64]. Foi declarada, de ofício (sem pedido das vítimas ou da Comissão Interamericana de Direitos Humanos), a violação ao art. 26 da CADH. Foi a primeira vez que a Corte declarou violado pelo Estado o art. 26 da CADH, mantendo essa linha em julgados subsequentes, a saber: *Caso dos Trabalhadores Despedidos da Empresa Petroperu*[65] (2017), *Caso Poblete Vilches vs. Chile* (2018)[66] e *Caso San Miguel Sosa vs. Venezuela*[67] (2018).

A justiciabilidade direta dos direitos sociais implica no reconhecimento de direitos subjetivos oponíveis aos Estados (tais como os direitos civis e políticos), afastando-se a tese de que tais direitos representariam somente normas programáticas aos Estados. Com a justiciabilidade direta, os DESCAs reafirmam-se como direitos humanos, com o mesmo *status* e hierarquia que os direitos civis e políticos. Com isso, os Estados devem tanto evitar medidas regressivas (*vide* a proibição do retrocesso), quanto devem adotar medidas imediatas de respeito e garantia. As críticas ao modo direto tanto no plano interno quanto no plano internacional referem-se à intervenção judicial na implementação de direitos que exigem prestações materiais, o que não seria atribuição do Poder Judiciário.

QUADRO SINÓTICO

A justiciabilidade dos direitos sociais	
Modo indireto de proteção dos DESCAs	• Consiste na proteção de facetas sociais de direitos civis e políticos, por exemplo, a promoção do direito à saúde em virtude de seu vínculo com a proteção do direito à vida.
Modo direto de proteção dos DESCAs	• Consiste na exigência de proteção do direito social de modo autônomo, em face do dever do Estado de assegurar todos os direitos humanos.
Críticas ao uso do modo indireto	• O modo indireto geraria (i) baixa visibilidade e dúvida sobre a força vinculante dos direitos sociais, que dependeriam dos direitos civis e políticos; bem como (ii) exige que direitos difusos ou coletivos sejam traduzidos como direitos individuais.
Críticas ao uso do modo direto	• O modo direto é criticado por levar à intervenção judicial na implementação de políticas públicas, o que não seria atribuição do Poder Judiciário.

---

[64] Corte IDH. Caso *Lagos del Campo vs. Peru*. Exceções Preliminares, Mérito, Reparações e Custas. Sentença de 31 de agosto de 2017. Série C n. 340.

[65] Corte IDH. *Caso Trabalhadores Despedidos de Petroperú y otros vs. Peru*. Exceções Preliminares, Mérito, Reparações e Custas. Sentença de 23 de novembro de 2017. Série C n. 344.

[66] Corte IDH. *Caso PobleteVilches e outros vs. Chile*. Mérito, Reparações e Custas. Sentença de 8 de março de 2018. Série C n. 349.

[67] Corte IDH. *Caso San Miguel Sosa e outras vs. Venezuela*. Mérito, Reparações e Custas. Sentença de 8 de fevereiro de 2018. Série C n. 348.

5.8. A natureza de *jus cogens* de determinadas normas de direitos humanos

Os direitos humanos possuem superioridade normativa em relação às demais normas jurídicas, tanto no plano nacional (direito brasileiro) quanto no plano internacional (norma de *jus cogens*).

No Direito interno, as normas de direitos humanos são, em geral, de estatura constitucional, resultando em hierarquia superior às demais normas do ordenamento jurídico. Além disso, no Brasil, as normas definidoras de direitos e garantias individuais estão inseridas na Constituição e ainda são consideradas cláusulas pétreas, ou seja, imutáveis, pois não são passíveis de modificação sequer pela ação do Poder Constituinte Derivado[68].

No Direito Internacional, a norma imperativa em sentido estrito(também denominada norma cogente ou norma de *jus cogens*) é aquela que contém *valores* considerados *essenciais* para a comunidade internacional como um *todo*, e que, por isso, possui *superioridade normativa* no choque com outras normas de Direito Internacional[69]. A Corte Interamericana de Direitos Humanos já se referiu ao *jus cogens* indicando que "se apresenta como a expressão jurídica da própria comunidade internacional como um todo que, em razão de seu valor universal superior, constitui um conjunto de normas indispensáveis para a existência da comunidade internacional e para garantir valores essenciais ou fundamentais da pessoa humana. Isto é, aqueles valores que se relacionam com a vida e a dignidade humana, a paz e a segurança"[70].

Coube à Convenção internacional sobre o Direito dos Tratados de Viena (CVDT, 1969[71]) o papel de explicitar o conceito de *jus cogens* ou norma imperativa no Direito Internacional, em seus artigos 53 e 64. Para os fins da Convenção, uma norma imperativa de Direito Internacional geral é uma norma aceita e reconhecida pela comunidade internacional como norma da qual nenhuma derrogação é permitida e que só pode ser modificada por nova norma de direito internacional geral da mesma natureza. O artigo 53 da citada Convenção dispõe que é nulo o tratado que, no momento de sua conclusão, conflita com uma norma imperativa de Direito Internacional geral[72]. Já o artigo 64 dispõe que o tratado existente que estiver em conflito com uma norma imperativa *superveniente* de Direito Internacional geral torna-se nulo e extingue-se. Não há um rol de normas de *jus cogens* previsto na CVDT ou em qualquer outro tratado. Coube à jurisprudência internacional listar quais normas internacionais (de natureza convencional ou consuetudinária) seriam normas de *jus cogens*. Na área dos direitos humanos, a Corte Interamericana de Direitos Humanos reconheceu[73], de modo *não exaustivo*, a natureza de *jus cogens* das seguintes normas de direitos humanos:

1) Princípio da igualdade e proibição de discriminação[74];
2) Proibição absoluta de todas as formas de tortura, tanto física quanto psicológica[75];

---

[68] Art. 60, § 4º, da CF/88: "Não será objeto de deliberação a proposta de emenda tendente a abolir: (...) IV – os direitos e garantias individuais".

[69] Sobre o *jus cogens*, ver CARVALHO RAMOS, André de. *Teoria Geral dos direitos humanos na ordem internacional*. 7. ed. São Paulo: Saraiva, 2019.

[70] Corte Interamericana de Direitos Humanos, Opinião Consultiva OC-26/20, de 9 de novembro de 2020. Série A N. 26, em especial parágrafo 105.

[71] Já ratificada e incorporada internamente no Brasil pelo Decreto n. 7.030/2009.

[72] A redação do artigo 53 da Convenção de Viena sobre o Direito dos Tratados (CVDT) é *confusa* e envolve certa *circularidade*, pois define a *norma imperativa* justamente pela consequência (é aquela em que "nenhuma derrogação é permitida"), que, por sua vez, deveria ser fruto de sua definição (*petitio principii*).

[73] Rol mencionado na Opinião Consultiva n. 26/2020, comentada neste *Curso*.

[74] Corte Interamericana de Direitos Humanos, Opinião Consultiva n. 18/03, parágrafo 101. Corte Interamericana de Direitos Humanos, Empregados da Fábrica de Fogos de Santo Antônio de Jesus vs Brasil, 2020, parágrafo 182.

[75] Corte Interamericana de Direitos Humanos, Azul Rojas Marín e outra *vs.* Peru, 2020, parágrafo 140.

3) Proibição de tratamento ou punição cruel, desumana ou degradante[76];

4) Proibição de desaparecimento forçado de pessoas[77];

5) Proibição de escravidão e outras práticas semelhantes[78];

6) Princípio da não devolução (proibição do rechaço; *non-refoulement*), incluindo a não repulsão na fronteira e a repulsão indireta[79];

7) Proibição de cometer ou tolerar violações graves dos direitos humanos de forma maciça ou sistemática, incluindo execuções extrajudiciais, desaparecimentos forçados e tortura[80];

8) Proibição de cometer crimes contra a humanidade e a obrigação associada de criminalizar, investigar e punir esses crimes[81];

9) Proteção do meio ambiente[82].

Além desses, há reconhecimento jurisprudencial do princípio da autodeterminação dos povos e da proibição genérica do uso da força nas relações internacionais.

6. A INTERPRETAÇÃO

6.1. A interpretação conforme os direitos humanos

Os direitos humanos assumiram uma centralidade no ordenamento jurídico, cuja consequência é a aceitação da *vinculação* de todos os Poderes Públicos e agentes privados *ao conteúdo desses direitos*. Assim, em um caso concreto, deve ser averiguado se determinada norma a ser aplicada está *conforme* aos *direitos humanos*. Essa interpretação conforme aos direitos humanos é consequência da adoção da *interpretação conforme a Constituição*, que consiste no instrumento hermenêutico pelo qual é escolhida a interpretação de uma norma que "se revele compatível com a Constituição, suspendendo, em consequência, variações interpretativas conflitantes com a ordem constitucional" (voto do Ministro Celso de Mello, ADPF 187, sobre a "Marcha da Maconha" – j. 15-6-2011, *DJe* 29-5-2014). No caso da *"interpretação conforme os direitos humanos"* busca-se o mesmo: deve o intérprete escolher, quando a norma impugnada admite várias interpretações possíveis, uma que a compatibilize com os direitos humanos.

Com base na interpretação conforme aos direitos humanos, estes influem em todo o Direito e nos atos dos agentes públicos e privados, concretizando seu *efeito irradiante* que os transformam no centro dos valores de um ordenamento.

Ocorre que a interpretação conforme aos direitos humanos é complexa, fruto da *interdependência e indivisibilidade* desses próprios direitos. A indivisibilidade e interdependência impedem que se analise uma norma de direitos humanos de modo isolado dos demais direitos. Pelo contrário, a compreensão e aplicação de uma norma de direitos humanos é sempre feita

---

[76] Corte Interamericana de Direitos Humanos, Mulheres Vítimas de Tortura Sexual em Atenco, México *vs.* México, 2018, parágrafo 178.

[77] Corte Interamericana de Direitos Humanos, Goiburú e outros *vs.* Paraguai, 2006, parágrafo 84.

[78] Corte Interamericana de Direitos Humanos, Trabalhadores da Fazenda Brasil Verde *vs.* Brasil, 2016, parágrafos 249 e 342.

[79] Corte Interamericana de Direitos Humanos, Opinião consultiva 21/14, parágrafo 225 e Opinião Consultiva n. 25/18, parágrafo 181. Ver o significado de "repulsão direta" e "repulsão indireta" na análise do item 51 da Parte IV deste *Curso*.

[80] Corte Interamericana de Direitos Humanos, Almonacid Arellano e outros *vs.* Chile, 2006, parágrafo 99.

[81] Corte Interamericana de Direitos Humanos, Herzog e outros *vs.* Brasil, 2018, parágrafos 212 e 232.

[82] Corte Interamericana de Direitos Humanos, Caso Habitantes de La Oroya vs. Peru, sentença de 27-11-2023, voto Concorrente dos Juízes Ricardo C. Pérez Manrique, Eduardo Ferrer Mac-Gregor Poisot e Rodrigo Mudrovitsch, em especial parágrafo 71 e s.

levando-se em consideração os demais direitos atingidos, que igualmente são relevantes e indispensáveis a uma vida digna.

Por isso, reproduzem-se, na seara dos direitos humanos, as dificuldades da interpretação da Constituição como um todo, pois, em nome da unidade da Constituição, não se pode aplicar isoladamente uma norma constitucional violando outros dispositivos da mesma Constituição. No caso dos direitos humanos, todo o conjunto de direitos deve ser levado em consideração. Por isso, os direitos humanos são direitos *prima facie*, ou seja, direitos que asseguram em um primeiro momento posições jurídicas, que, em um segundo momento, podem sofrer restrições pela *incidência* de direitos titularizados por *outros* indivíduos. A dignidade humana deve ser assegurada em uma constante busca de harmonia na aplicação prática dos direitos humanos, que se irradiam por todo o ordenamento e orientam as ações dos agentes públicos e privados. Veremos, em seguida, como é realizada a interpretação dos direitos humanos que leve em consideração todos os direitos envolvidos.

6.2. A interpretação dos direitos humanos: aspectos gerais

A interpretação no Direito é toda atividade intelectual que visa solucionar problemas jurídicos por meio dos seguintes passos: 1) escolha dos textos normativos relevantes; 2) atribuição de significados a esses textos; e 3) resolução da questão jurídica à luz dos parâmetros eleitos[83].

Contudo, tradicionalmente a interpretação jurídica é vista como uma atividade de extração, de um determinado texto normativo, do seu real significado, sempre evitando que os pendores pessoais do intérprete possam influenciar na aplicação da norma. Para obter essa extração do real alcance e sentido da norma, os métodos tradicionais de interpretação – interpretação gramatical, interpretação sistemática, interpretação teleológica e interpretação histórica – não são excludentes entre si, mas podem ser complementares, na sua função de se alcançar o sentido adequado da norma interpretada, evitando que o aplicador se transforme em legislador.

Essa visão tradicional é criticada nos dias de hoje. Em primeiro lugar, a busca do real alcance e sentido da norma nos levaria à dispensa da interpretação diante da clareza do texto a ser interpretado *(claris non fit interpretatio)*. Porém, só é possível determinar a clareza ou obscuridade de determinada lei *após* a interpretação[84]. Assim, sendo o Direito uma ciência da linguagem, que se apresenta com diferentes significados a depender da leitura, a interpretação é sempre necessária.

Em segundo lugar, a interpretação *contribui* para o nascimento da norma, uma vez que não é uma atividade neutra, de extração de um sentido já preexistente. As votações apertadas no STF brasileiro demonstram que existem várias interpretações possíveis. Não que o texto a ser interpretado não tenha nenhuma importância, podendo o intérprete utilizá-lo como queira. O texto normativo é *o ponto de partida* e, unindo os dados da realidade – tal qual vista pelos valores do intérprete –, chega-se à norma interpretada.

A interpretação é uma atividade de cunho constitutivo (e não meramente declaratório), que *constrói* a norma a ser a aplicada ao caso concreto, a partir do *amálgama* entre o *texto normativo* e os *dados da realidade social* que incidem sobre esse texto. Nesse sentido, o Min. Eros Grau sustentou que "a interpretação do direito tem caráter constitutivo", pois "consiste na produção, pelo intérprete, a partir de textos normativos e da realidade, de normas jurídicas a serem aplicadas à solução de determinado caso, solução operada mediante a definição de uma norma de

---

[83] PEREIRA, Jane Reis Gonçalves. *Interpretação constitucional e direitos fundamentais*. Rio de Janeiro: Renovar, 2006, p. 37.

[84] GRAU, Eros. *Ensaio e discurso sobre a interpretação/aplicação do direito*. 5. ed. São Paulo: Malheiros, 2009, p. 74-75.

decisão". Em síntese, sustentou o Min. Eros Graus que "a interpretação do direito não é mera dedução dele, mas sim processo de contínua adaptação de seus textos normativos à realidade e seus conflitos" (voto do Min. Eros Grau, ADPF 153, rel. Min. Eros Grau, j. 29-4-2010, Plenário, *DJe* de 6-8-2010)[85].

Assim sendo, a interpretação é a chave da aplicação da norma jurídica pelos juízes e não mais a subsunção mecânica que os transformava na "boca da lei" ("bouche de laloi"), na expressão francesa do século XIX que retratava o receio de que os juízes subtraíssem, pela via da interpretação, o poder de criação de normas do Legislativo.

Esse receio foi superado pelo reconhecimento de que a interpretação das normas é indispensável a qualquer aplicação do direito. Por isso, sem maiores traumas para a democracia brasileira, o Supremo Tribunal Federal assumiu esse novo papel da interpretação em vários precedentes. Como exemplo, ainda o Min. Eros Grau, em voto elogiado por vários outros ministros, sustentou abertamente que "as normas resultam da interpretação e podemos dizer que elas, enquanto textos, enunciados, disposições, *não dizem nada: elas dizem o que os intérpretes dizem que elas dizem*" (voto do Min. Eros Grau, ADPF 153, rel. Min. Eros Grau, j. 29-4-2010, Plenário, *DJe* de 6-8-2010, grifo nosso).

Com base nessa introdução sobre interpretação, observo que as regras tradicionais de interpretação são também insuficientes no campo dos direitos humanos. As normas de direitos humanos são redigidas de forma aberta, repletas de conceitos indeterminados (por exemplo, "intimidade", "devido processo legal", "duração razoável do processo") e ainda interdependentes e com riscos de colisão (liberdade de informação e intimidade, direito de propriedade e direito ao meio ambiente equilibrado, entre os casos mais conhecidos).Consequentemente, a interpretação é *indispensável* para que possamos precisar e delimitar os direitos humanos. A interpretação dos direitos humanos é, acima de tudo, um mecanismo de *concretização desses direitos.* Tratar em abstrato dos direitos humanos transcritos nas Constituições e nos tratados internacionais é conhecê-los apenas parcialmente: somente após a interpretação pelos Tribunais Supremos e pelos órgãos internacionais é que a delimitação final do alcance e sentido de um determinado direito ocorrerá.

Com isso, é indispensável o estudo dos direitos humanos *interpretados pelos tribunais nacionais e internacionais.* Essa visão choca-se com a visão tradicional, escorada na separação de poderes, que defendia a escravidão do juiz às normas criadas, em última análise, pelo Poder Legislativo. Logo, a *subsunção* seria a única técnica utilizada pelos intérpretes na aplicação do direito, sendo composta pela identificação da premissa maior, que era a norma jurídica, apta a incidir sobre os fatos, que eram a premissa menor, resultando, como consequência, a aplicação da norma ao caso concreto. Porém, como visto acima, o próprio STF reconhece que a subsunção não é suficiente ou até mesmo é ultrapassada. O fundamento dessa superação está na essencialidade da tarefa da interpretação, uma vez que a subsunção não esclarece *qual é norma* e *qual é o seu conteúdo* para ser utilizado pelos aplicadores.

Além disso, a interpretação dos *direitos humanos* ganha importância pela sua: 1) *superioridade normativa*, pois não há outras normas superiores nas quais pode o intérprete buscar auxílio; 2) *força expansiva*, que acarreta a jusfundamentalização do Direito, fazendo com que todas as facetas da vida social sejam atingidas pelos direitos humanos.

A função da interpretação é concretizar os direitos humanos por meio de *procedimento fundamentado*, com *argumentos racionais* e *embasados,* que poderá ser coerentemente repetido em situações idênticas, gerando *previsibilidade jurídica* e evitando o arbítrio e decisionismo do

---

[85] Esse posicionamento foi exposto doutrinariamente em GRAU, Eros. *Ensaio e discurso sobre a interpretação/ aplicação do direito*. 5. ed. São Paulo: Malheiros, 2009, p. 74-75.

intérprete-juiz. A argumentação jurídica deve, então, justificar as decisões jurídicas referentes aos direitos humanos de modo *coerente e consistente*. Não se trata, então, de simplesmente realizar uma operação dedutiva que leve a extração de uma conclusão incontroversa a partir da premissa jurídica e dos fatos do caso: como se viu, os direitos humanos não se amoldam ao clássico desenho da interpretação. Pelo contrário, a estrutura principiológica dos direitos humanos gera vários resultados possíveis em temas com valores morais contrastantes. Não há certo ou errado, mas sim uma conclusão que deve atender a uma "reserva de consistência" em sentido amplo (termo propagado no Brasil por Häberle[86]).

Aplicada à seara dos direitos humanos, a *reserva de consistência* em *sentido amplo* exige que a interpretação seja: 1) transparente e sincera, evitando a adoção de uma decisão prévia e o uso da retórica da "dignidade humana" como mera forma de justificação da decisão já tomada; 2) abrangente e plural, não excluindo nenhum dado empírico ou saberes não jurídicos, tornando útil a participação de terceiros, como *amici curiae*; 3) *consistente em sentido estrito*, mostrando que os resultados práticos da decisão são compatíveis com os dados empíricos apreciados e com o texto normativo original; 4) coerente, podendo ser aplicada a outros temas similares, evitando as contradições que levam à insegurança jurídica.

Esse procedimento fundamentado deve ser aberto a todos os segmentos da sociedade, naquilo que Häberle defendeu ser necessário para a interpretação da Constituição.

Aplicando a visão de Häberle, os direitos humanos não compõem um corpo dogmático fechado em si mesmo, que se impõem como verdade abstrata e única sobre o conjunto de operadores jurídicos, mas sim o *resultado* de um processo de conciliação de interesses que se desenvolve para promover a dignidade humana em determinado contexto histórico e social. Os direitos humanos, na medida em que são vividos em sociedade, são interpretados e reinterpretados de maneira constante por todos os que convivem em sociedade, uma vez que regem tanto as relações verticais entre indivíduo e Estado quanto às horizontais entre os próprios indivíduos[87].

Especialmente no controle abstrato de constitucionalidade das normas, a interpretação dos direitos humanos exige amplo acesso e participação de sujeitos interessados, o que possibilitará aos julgadores uma apreciação das mais diversas facetas de um determinado direito analisado. Em se tratando de direitos humanos, exige-se do julgador, inevitavelmente, uma ampla *verificação de fatos* e ainda de *efeitos* das disposições normativas no cotidiano das pessoas. Logo, a adoção de um modelo aberto de processo de interpretação jusfundamental permite que os julgadores possam ter mais elementos para a tomada de decisão.

Espera-se, então, que os julgadores *recebam* e *efetivamente utilizem* tanto os subsídios técnicos quanto as constatações de repercussões sociais, políticas e econômicas que determinada formatação de um direito possa gerar. Caso a sociedade participe e os julgadores do Supremo Tribunal Federal levem em consideração tais contribuições, mesmo que para rechaçá-las fundamentadamente, teremos uma legitimação da decisão sobre os direitos envolvidos graças a tal procedimento aberto. Também superaremos o risco de que a defesa dos direitos humanos no Brasil na roupagem de cláusula pétrea possa significar uma ameaça à democracia, caso o Supremo

---

[86] HÄBERLE, Peter. *Hermenêutica constitucional*: a sociedade aberta dos intérpretes da Constituição: contribuição para a interpretação pluralista e "procedimental" da Constituição. Trad. Gilmar Ferreira Mendes. Porto Alegre: Sergio Antonio Fabris Editor, 1997.

[87] HÄBERLE, Peter. *Hermenêutica constitucional*: a sociedade aberta dos intérpretes da Constituição: contribuição para a interpretação pluralista e "procedimental" da Constituição. Trad. Gilmar Ferreira Mendes. Porto Alegre: Sergio Antonio Fabris Editor, 1997, p. 15-31.

Tribunal Federal interprete, sem maiores elementos, o sentido dos direitos humanos e desconsidere emendas constitucionais aprovadas pelo Congresso *democraticamente* eleito.

No caso brasileiro, há cada vez maior interação da sociedade civil com o Supremo Tribunal Federal e com os órgãos internacionais de direitos humanos.

No caso do STF, os espaços de interação e influência *direta* são: 1) apresentação, como *amicus curiae* (amigo da Corte), de memoriais em casos de direitos humanos; 2) exposição em *audiências públicas* promovidas pelo STF.

Quanto aos *amici curiae*, a Lei n. 9.868/99 permitiu que o relator nos casos de ações diretas de inconstitucionalidade e de constitucionalidade, considerando a *relevância da matéria* e a *representatividade* dos postulantes, admita a manifestação de órgãos ou entidades (art. 7º, § 2º). A Lei n. 9.882/99 (sobre a Arguição de Descumprimento de Preceito Fundamental) também possui previsão semelhante (art. 6º, § 2º). Além disso, o Código de Processo Civil de 2015 faz menção ao *amicus curiae* no art. 1.038, referente ao julgamento dos recursos extraordinário e especial repetitivos: "O relator poderá: I – solicitar ou admitir manifestação de pessoas, órgãos ou entidades com interesse na controvérsia, considerando a relevância da matéria e consoante dispuser o regimento interno; (...)", possibilitando que *indivíduos* possam se manifestar como *amigos da Corte*.

No caso de *indivíduos*, o Supremo Tribunal Federal mesmo antes da lei, já havia autorizado (na figura de *amicus curiae informal*) a manifestação do Prof. Celso Lafer no *Habeas Corpus* n. 82.249, em parecer *contrário* às pretensões do paciente (Sr. Ellwanger, que questionava a aplicação da imprescritibilidade do racismo ao antissemitismo – ver HC 82.424, rel. p/ ac. Min. Presidente Maurício Corrêa, j. 17-9-2003, Plenário, *DJ* de 19-3-2004). Nas palavras do Min. Gilmar Mendes, "a admissão de *amicus curiae* confere ao processo um *colorido diferenciado*, emprestando-lhe *caráter pluralista e aberto*, fundamental para o reconhecimento de direitos e a realização de garantias constitucionais em um Estado Democrático de Direito" (ADI 3.842 / MG, rel. Min. Gilmar Mendes, decisão de 3-12-2009, *DJe* de 10-12-2009 – grifo não constante do original).

No caso das audiências públicas, as Leis n. 9.868/99 e 9.882/99 possibilitam que sejam realizadas tais audiências para ouvir depoimentos de pessoas com experiência e autoridade na matéria discutida. Por exemplo, o Min. Luiz Fux determinou a realização de audiência pública para que fossem colhidas as opiniões técnicas e sociais no bojo da ADI 4.103 que impugna a Lei n. 11.705/2008, também conhecida como "Lei Seca", que proíbe a venda de bebidas alcoólicas à beira das rodovias federais ou em terrenos contíguos à faixa de domínio com acesso direto à rodovia. De acordo com o Ministro, é "valiosa e necessária a realização de audiências públicas sobre diversos temas controvertidos nestes autos, não só para que esta Corte possa ser municiada de informação imprescindível para o deslinde do feito, como, também, para que a *legitimidade democrática* do futuro pronunciamento judicial seja, sobremaneira, incrementada", observou ainda o Relator da matéria (grifo nosso, ver *Notícias do STF*, 14-11-2011). No mesmo sentido, foram realizadas audiências públicas sobre o "direito ao esquecimento" (em junho de 2017, envolvendo o julgamento do RE 1.010.606, rel. Min. Dias Toffoli) e sobre o bloqueio judicial do "WhatsApp" (também em junho de 2017, no bojo da Ação Direta de Inconstitucionalidade n. 5.527, relatada pela Ministra Rosa Weber, e da Arguição de Descumprimento de Preceito Fundamental n. 403, cujo relator é o ministro Edson Fachin). Nesta última audiência pública, o Min. Edson Fachin ressaltou que tais audiências propiciam um "espaço dialogal" em um ambiente aberto e republicano (ver *Notícias do STF*, 2-6-2017).

De modo *indireto*, a sociedade civil interage com o STF por meio da *representação* a entes com poderes processuais de provocação do STF (como, por exemplo, a Procuradoria Geral da República). Outro espaço indireto de influência da sociedade civil no STF seria o da *sabatina dos candidatos a Ministros do STF no Senado Federal* (art. 101, parágrafo único, da CF/88), por meio da apresentação de sugestões de perguntas da sociedade civil organizada a Senadores, que poderiam indagar os candidatos sobre a perspectiva de proteção de direitos humanos.

No que tange aos órgãos internacionais de direitos humanos, a sociedade civil organizada pode apresentar *petições contra o Estado brasileiro e ainda participar como amici curiae,* em casos de violações de direitos humanos, como veremos no item 13.3.6 do Capítulo V da **Parte II**.

6.3. A máxima efetividade, a interpretação *pro persona* e o princípio da primazia da norma mais favorável ao indivíduo (à vítima)

O critério da máxima efetividade exige que a interpretação de determinado direito conduza ao *maior proveito* do seu titular, com o menor sacrifício imposto aos titulares dos demais direitos em colisão. A máxima efetividade dos direitos humanos conduz à aplicabilidade *integral* desses direitos, uma vez que todos seus comandos são vinculantes. Também implica a aplicabilidade *direta,* pela qual os direitos humanos previstos na Constituição e nos tratados podem incidir diretamente nos casos concretos. Finalmente, a máxima efetividade conduz à aplicabilidade *imediata,* que prevê que os direitos humanos incidem nos casos concretos, sem qualquer lapso temporal.

Já o critério da interpretação *pro persona* exige que a interpretação dos direitos humanos seja sempre aquela mais favorável ao indivíduo. *Grosso modo,* a interpretação *pro persona* (também chamada de interpretação *pro homine*) implica reconhecer a superioridade das normas de direitos humanos, e, em sua interpretação ao caso concreto, na exigência de adoção da interpretação que dê posição mais favorável ao indivíduo.

A interpretação *pro persona*, contudo, sofre *desgaste* profundo pelo reconhecimento da existência da interdependência e colisão aparente entre os direitos, o que faz ser impossível a adoção desse critério no ambiente do século XXI no qual *há vários direitos* (de titulares distintos) *em colisão.* Como adotar a interpretação *pro persona* em causas envolvendo direitos em colisão? Qual indivíduo deve ser privilegiado e qual indivíduo deve ter seu direito comprimido?

Na mesma linha do critério *pro persona,* há o uso do *princípio da prevalência ou primazia da norma mais favorável ao indivíduo* (*ou vítima*), que defende a *escolha,* no caso de conflito de normas (quer nacionais ou internacionais) daquela que seja mais *benéfica* ao indivíduo. Por esse critério, não importa a origem (pode ser uma norma internacional ou nacional), mas sim o resultado: o benefício ao indivíduo ou vítima de violação de direitos. Assim, seria novamente cumprido o ideal *pro persona* das normas de direitos humanos. Outra variante é o *princípio da norma mais favorável à vítima*: novamente, por tal critério deve ser escolhida a norma que proteja os interesses de uma vítima de violação de direitos humanos.

Ocorre que, como visto acima, a abertura e expansão dos direitos humanos faz com que haja *vários direitos* (de titulares distintos) *em colisão.* Como escolher a "norma mais favorável ao indivíduo" em causas envolvendo direitos de titulares – indivíduos – distintos? Ou, ainda, como escolher a "norma mais favorável à vítima" se, em caso de colisão de direitos, cada uma das pessoas envolvidas *alega* que foi "vítima" e o seu direito específico foi ofendido? Novamente, o critério da primazia da norma mais favorável nada esclarece, devendo o intérprete buscar apoio nos métodos de solução de conflitos de direitos (ver no capítulo seguinte).

Apesar desse desgaste e inoperância, o critério da interpretação *pro persona* (*pro homine*) e o princípio da norma mais favorável ao indivíduo (ou à vítima) são encontrados em *várias* decisões judiciais, inclusive no Supremo Tribunal Federal. Para o Min. Celso de Mello, "os magistrados e Tribunais, no exercício de sua atividade interpretativa, especialmente no âmbito dos tratados internacionais de direitos humanos, devem observar um princípio hermenêutico básico (tal como aquele proclamado no art. 29 da Convenção Americana de Direitos Humanos), consistente em atribuir primazia à norma que se revele mais favorável à pessoa humana, em ordem a dispensar-lhe a mais ampla proteção jurídica. O Poder Judiciário, nesse processo hermenêutico que prestigia o critério da norma mais favorável (que tanto pode ser aquela prevista no tratado internacional como a que se acha positivada no próprio direito interno do Estado), deverá extrair a máxima eficácia das declarações internacionais e das proclamações constitucionais de direitos, como forma de viabilizar o acesso dos indivíduos e dos grupos sociais, notadamente os mais vulneráveis, a sistemas institucionalizados de proteção aos direitos fundamentais da pessoa humana, sob pena de a liberdade, a tolerância e o respeito à alteridade humana tornarem-se palavras vãs. Aplicação, ao caso, do art. 7º, n. 7, c/c o art. 29, ambos da Convenção Americana de Direitos Humanos (Pacto de São José da Costa Rica): um caso típico de primazia da regra mais favorável à proteção efetiva do ser humano" (HC 91.361, rel. Min. Celso de Mello, j. 23-9-2008, Segunda Turma, *DJe* de 6-2-2009).

Nesse ponto, cumpre anotar a posição de Sarlet, que defende, nesses casos de colisão e na ausência de possibilidade de concordância prática entre as normas, a *prevalência da norma que mais promova a dignidade da pessoa humana*[88].

QUADRO SINÓTICO

A interpretação	
A interpretação conforme os direitos humanos	• Interpretação conforme a Constituição: consiste no instrumento hermenêutico pelo qual é escolhida a interpretação de uma norma que seja compatível com a Constituição, suspendendo-se, assim, as variantes interpretativas conflitantes com a ordem constitucional. • Interpretação conforme os direitos humanos: consiste na escolha, pelo intérprete, quando a norma impugnada admite várias interpretações possíveis, de uma que a compatibilize com os direitos humanos. • Com base nessa interpretação, os direitos humanos influem em todo o Direito e nos atos dos agentes públicos e privados, concretizando-se seu efeito irradiante. • A interpretação conforme os direitos humanos é fruto da interdependência e indivisibilidade desses direitos, já que a compreensão e aplicação de uma norma de direitos humanos é feita levando-se em consideração os demais direitos atingidos. • Todo o conjunto de direitos humanos deve ser levado em consideração. Assim, os direitos humanos são direitos *prima facie*, ou seja, direitos que asseguram em um primeiro momento posições jurídicas, que, em um segundo momento, podem sofrer restrições pela incidência de direitos titularizados por outros indivíduos.
A interpretação dos direitos humanos: aspectos gerais	• A interpretação é toda atividade intelectual que visa solucionar problemas jurídicos por meio dos seguintes passos: 1) escolha dos textos normativos relevantes; 2) atribuição de significados a esses textos; e 3) resolução da questão jurídica à luz dos parâmetros eleitos. • Visão tradicional sobre a interpretação: ▪ A interpretação jurídica é vista como uma atividade de extração, de determinado texto normativo, do seu real significado, sempre evitando que os pendores pessoais do intérprete possam influenciar na aplicação da norma.

---

[88] SARLET, Ingo W. Direitos fundamentais, reforma do Judiciário e tratados internacionais de direitos humanos. In: CLEVE, Clèmerson Merlin; SARLET, Ingo W.; PAGLIARINI, Alexandre Coutinho (orgs). *Direitos humanos e democracia*. Rio de Janeiro: Forense, 2007, p. 331-360.

- Críticas à visão tradicional:
  1) a busca do real alcance e sentido da norma nos levaria à dispensa da interpretação diante da clareza do texto a ser interpretado; porém, só é possível determinar a clareza ou obscuridade de determinada lei após a interpretação;
  2) a interpretação contribui para o nascimento da norma e não é uma atividade neutra, de extração de um sentido já preexistente.
- A interpretação é uma atividade de cunho constitutivo (e não meramente declaratório), que constrói a norma a ser a aplicada ao caso concreto, a partir do amálgama entre o texto normativo e os dados da realidade social que incidem sobre esse texto.
- As regras tradicionais de interpretação são insuficientes no campo dos direitos humanos, já que as normas nesta matéria são redigidas de forma aberta, repletas de conceitos indeterminados e interdependentes e com riscos de colisão. Consequentemente, a interpretação é indispensável para que se possa precisar e delimitar os direitos humanos.
- Razões para a importância da interpretação dos direitos humanos:
  1) superioridade normativa, pois não há outras normas superiores às quais pode o intérprete buscar auxílio;
  2) força expansiva, que acarreta a jusfundamentalização do Direito, fazendo com que todas as facetas da vida social sejam atingidas pelos direitos humanos.
- Função da interpretação: concretizar os direitos humanos por meio de procedimento fundamentado, com argumentos racionais e embasados, que poderá ser coerentemente repetido em situações idênticas, gerando previsibilidade jurídica e evitando o arbítrio e decisionismo do intérprete-juiz.
- A estrutura principiológica dos direitos humanos gera vários resultados possíveis em temas com valores morais contrastantes. Chega-se a uma conclusão que deve atender a uma "reserva de consistência" em sentido amplo (Häberle).
- Aplicada à seara dos direitos humanos, a reserva de consistência em sentido amplo exige que a interpretação seja:
  1) transparente e sincera, evitando a adoção de uma decisão prévia e o uso da retórica da "dignidade humana" como mera forma de justificação da decisão já tomada;
  2) abrangente e plural, não excluindo nenhum dado empírico ou saberes não jurídicos, tornando indispensável a participação de terceiros, como *amici curiae*;
  3) consistente em sentido estrito, mostrando que os resultados práticos da decisão são compatíveis com os dados empíricos apreciados e com o texto normativo original;
  4) coerente, podendo ser aplicada a outros temas similares, evitando as contradições que levam à insegurança jurídica.
- A adoção de um modelo aberto de processo de interpretação jusfundamental permite que os julgadores possam ter mais elementos para a tomada de decisão.
- Mecanismos de interação entre a sociedade civil e o STF:
  1) apresentação, como *amicus curiae*, de memoriais em casos de direitos humanos (Lei n. 9.868/99, art. 7º, § 2º; Lei n. 9.882/99, art. 6º, § 2º; novo CPC, art. 138);
  2) exposição em audiências públicas promovidas pelo STF (Leis n. 9.868/99 e 9.882/99);
  3) representação a entes com poderes processuais de provocação do STF (participação de modo indireto);
  4) sabatina dos candidatos a Ministros do STF no Senado Federal (art. 101, parágrafo único – participação de modo indireto).

	• Mecanismos de interação entre a sociedade civil organizada brasileira e os órgãos internacionais de direitos humanos: apresentação de petições contra o Estado brasileiro e participação como *amici curiae*, em casos de violações de direitos humanos.
Máxima efetividade	• Critério da máxima efetividade: a) exige que a interpretação de determinado direito conduza ao maior proveito ao seu titular, com o menor sacrifício imposto aos titulares dos demais direitos em colisão; b) implica a aplicabilidade direta, pela qual os direitos humanos previstos na Constituição e nos tratados podem incidir diretamente aos casos concretos; c) conduz à aplicabilidade imediata, que prevê que os direitos humanos incidem nos casos concretos, sem qualquer lapso temporal.
Interpretação pro homine e prevalência da norma mais favorável ao indivíduo	• Critério da interpretação *pro persona* (*pro homine*): a) exige que a interpretação dos direitos humanos seja sempre aquela mais favorável ao indivíduo; b) implica reconhecer a superioridade das normas de direitos humanos, e, em sua interpretação ao caso concreto, na exigência de adoção da interpretação que dê posição mais favorável ao indivíduo. • O princípio da primazia da norma mais favorável ao indivíduo sofre desgaste profundo pelo reconhecimento da existência da interdependência e colisão aparente entre os direitos, o que faz ser impossível a adoção desse critério no ambiente do século XXI no qual há vários direitos (de titulares distintos) em colisão.

7. A RESOLUÇÃO DOS CONFLITOS ENTRE DIREITOS HUMANOS

7.1. Aspectos gerais: a delimitação dos direitos humanos

A intensa abertura do ordenamento jurídico brasileiro aos direitos humanos é comprovada pela existência de amplo rol de direitos previsto na Constituição e nos tratados de direitos humanos. Como a nossa Constituição é compromissária, ou seja, alberga em seu texto diferentes visões e valores, os direitos nela previstos também são de diferentes matizes, relacionando-se quer à lógica da preservação da *liberdade* (direitos de 1ª geração), quer à lógica da *igualdade* (direitos de 2ª geração), bem como à lógica da *solidariedade* (direitos de 3ª geração).

Além do caráter compromissário, os direitos previstos na Constituição e nos tratados internacionais são redigidos de forma imprecisa, com uso frequente de conceitos indeterminados, como "intimidade", "devido processo legal", "ampla defesa", entre outros, que podem ser interpretados de modo ampliativo, atingindo facetas novas da vida social, a depender da interpretação.

Salta aos olhos que *qualquer* atividade humana pode ser *encaixada* em normas de direitos humanos referentes à vida digna, igualdade e justiça social e liberdades das mais diversas. A depender da interpretação e compreensão do conteúdo dos direitos humanos podem ser criadas justificativas para determinadas ações humanas e para a imposição de deveres de proteção por parte do Estado e de terceiros.

Essas características forjam a chamada *força expansiva dos direitos humanos*, que consiste no fenômeno pelo qual os direitos humanos *contaminam* as mais diversas facetas do ordenamento jurídico. Há uma *eficácia irradiante* dos direitos humanos, que devem ser aplicados a todas as relações sociais e não somente às relações entre o indivíduo e o Estado. Essa verdadeira *jusfundamentalização do direito*, inclusive atingindo as relações entre particulares (eficácia horizontal dos direitos humanos), gera conflitos aparentes entre direitos de titulares diversos, exigindo do intérprete *sólida* argumentação jurídica sobre os motivos da *prevalência* de um direito em *detrimento* de outro, em determinada situação.

Não é mais possível que o intérprete apele para fórmulas vazias de reiteração da "dignidade humana" quando, no caso concreto, ambos os interesses em choque revelam direitos de titulares *distintos*.

Por outro lado, os direitos humanos encontram seus limites tanto na sua redação original quanto na interação com os demais direitos. A tese pela qual os direitos fundamentais que não foram restringidos formalmente no texto da Constituição seriam imunes a qualquer outra limitação, não encontra eco na jurisprudência brasileira, uma vez que os direitos humanos convivem com os demais direitos previstos na Constituição e nos tratados internacionais *inexistindo* direitos *absolutos*. Logo, mesmo que um direito determinado não tenha uma redação que apresente qualquer limite (a ser criado pela lei, por exemplo, ou por ato administrativo), esse direito deve ser delimitado para não ferir os direitos de outros indivíduos. Nesse sentido, o Min. Celso de Mello sustentou que "(...) Não há, no sistema constitucional brasileiro, direitos ou garantias que se revistam de caráter absoluto, mesmo porque razões de relevante interesse público ou exigências derivadas do princípio de convivência das liberdades legitimam, ainda que excepcionalmente, a adoção, por parte dos órgãos estatais, de medidas restritivas das prerrogativas individuais ou coletivas, desde que respeitados os termos estabelecidos pela própria Constituição" (STF, MS n. 23.452-1/RJ, rel. Min. Celso de Mello, Pleno, *DJe* 12-5-2000 – grifos retirados).

A colisão de direitos (ou *colisão de direitos em sentido estrito*) é constatada quando o exercício de um determinado direito prejudica o exercício de outro direito do mesmo titular ou de titular diverso.

Do *ponto de vista subjetivo*, essas colisões podem envolver direitos do mesmo titular (nascendo a discussão sobre se o titular pode *dispor* do direito a ser sacrificado – *vide* a discussão sobre a indisponibilidade dos direitos humanos em capítulo próprio, supra) ou de titulares diferentes. Nos casos nos quais o titular dos direitos em conflito é a mesma pessoa, existe a *concorrência de direitos*.

Do *ponto de vista objetivo*, as colisões podem envolver direitos idênticos ou direitos de diferentes espécies.

Canotilho defende que a colisão autêntica de direitos fundamentais se dá em caso de choque ou conflito no exercício de direitos fundamentais de titulares diferentes, ao passo que a colisão de direitos em sentido impróprio se passa com o choque ou conflito no exercício de direitos fundamentais com outros bens protegidos pela Constituição[89].

Já a *colisão de direitos em sentido amplo* consiste no exercício de um direito que conflita ou interfere no cumprimento de um dever de proteção por parte do Estado. Como já visto, o dever de proteção do Estado é fruto da dimensão objetiva dos direitos humanos, que extrai de determinado direito o dever de proteção do Estado. Ou seja, no conflito entre determinado direito e o dever de proteção a bens constitucionalmente protegidos (ou internacionalmente protegidos) há latente *um conflito entre direitos*[90].

Logo, analisaremos abaixo as principais respostas da doutrina e da jurisprudência para solucionar os conflitos entre direitos humanos.

---

[89] CANOTILHO, José Joaquim Gomes. *Direito constitucional e teoria da Constituição*. 5. ed. Coimbra: Almedina, 2002, p. 1251-1253.

[90] ALEXY, Robert. Colisão de direitos fundamentais e realização de direitos fundamentais no Estado Democrático de Direito, *Revista de Direito Administrativo*, Rio de Janeiro, n. 217: I-VI, p. 67-79, jul./set. 1999.

7.2. Teoria interna

A primeira fórmula de superação dos conflitos aparentes entre direitos humanos é o uso da interpretação *sistemática e finalística*, que determinaria o verdadeiro conteúdo dos direitos envolvidos e a adequação desse conteúdo à situação fática analisada. Esse modo de solução de conflitos entre direitos é denominado "teoria interna"[91], já que os conflitos são superados pela determinação do verdadeiro *conteúdo interno* dos direitos envolvidos. Assim, o conflito teria sido meramente aparente: um dos direitos envolvidos não deve ser aplicado ao caso concreto porque que esse direito nunca realmente incidiu sobre a situação fática.

A teoria interna, então, defende a existência de *limites internos a todo direito,* quer estejam traçados *expressamente* no texto da norma, quer sejam *imanentes* ou *inerentes* a determinado direito, que faz com que não seja possível um direito colidir com outro.

No caso do limite *expresso* ou *aparente*, o direito fundamental traz, em seu texto, a própria ressalva que o exclui da aplicação no caso concreto, como, por exemplo, a liberdade de expressão que *exclui* o anonimato. Quanto ao limite *imanente,* trata-se do poder do intérprete de reconhecer qual é a estrutura e finalidades do uso de determinado direito, delimitando-o. O *clássico exemplo de limite imanente* é o do homem que grita falsamente "fogo" em uma sala de cinema lotada, violando com sua conduta a integridade física daqueles que foram pisoteados pelo pânico gerado. A liberdade de expressão *nunca teria incidido*, pois ela não alberga a conduta de gritar "fogo" *falsamente* em um cinema lotado. *Nunca* existiu conflito entre direitos, pois aquele que assim agiu, atuou sem amparo de qualquer direito, pois a liberdade de expressão não protege esse tipo de conduta abusiva[92]. Como se viu, a teoria interna *nega* os conflitos entre direitos humanos. Virgílio Afonso da Silva lembra a máxima do direito francês, que sintetiza o âmago da teoria interna: "o direito cessa onde o abuso começa"[93].

A teoria interna impõe ao intérprete que conheça a natureza, estrutura, finalidades do direito em análise, para que possa bem delinear seu âmbito de atuação. Tudo o que estiver fora do âmbito de atuação daquele direito é, na realidade, uma conduta desprovida de amparo da ordem jurídica.

Em linha com a teoria interna está a *Teoria Estruturante do Direito* de Friedrich Müller (também chamada de "metódica normativa-estruturante"), que defende a separação entre *programa da norma* (ou programa normativo) e *âmbito da norma* (ou âmbito normativo). Para Müller, a aplicação do direito não é um tradicional processo de subsunção do fato a determinada norma preexistente e sim um processo de concretização da norma a partir do texto e da realidade social. A interpretação inicia-se com análise da linguagem e finalidade do *texto* gerando o chamado "programa da norma". Em seguida, o aplicador deve se atentar ao "âmbito normativo", que é composto dos dados da realidade abrangida pelo *programa da norma*: a união do programa da norma aos dados da realidade (âmbito normativo) gera a norma jurídica incidente[94]. No exemplo do "gritar falsamente fogo" em um cinema lotado, vê-se que há um *suposto fático* que não está abrangido pelo programa da norma (liberdade de expressão), que é a *falsidade* e o *desejo de criar pânico*. Assim, em que pese o exemplo apresentado possuir determinado dado da

---

[91] ALEXY, Robert. *Teoria dos direitos fundamentais*. Trad. Virgílio Afonso da Silva. São Paulo: Malheiros, 2008.

[92] Exemplo retirado do voto do Juiz Oliver Wendell Holmes Jr., em 1919, no julgamento Schenck *vs.* United States (249 U.S. 47, 52).

[93] SILVA, Virgílio Afonso da. O conteúdo essencial dos direitos fundamentais e a eficácia das normas constitucionais, *Revista de Direito do Estado*, n. 4, p. 23-51, 2006, em especial p. 37.

[94] MÜLLER, Friedrich. *Métodos de trabalho do direito constitucional*. 2. ed. São Paulo: Max Limonad, 2000. SOUZA NETO, Cláudio Pereira. *Jurisdição constitucional, democracia e racionalidade prática*. Rio de Janeiro: Renovar, 2002.

realidade abrangido pelo programa da norma (foi feita a expressão de algo), havia um dado que extrapolou o programa da norma (gritar *falsamente*), não sendo então a citada conduta protegida pela liberdade de expressão.

Em síntese, a teoria dos limites internos dos direitos humanos defende que as restrições a tais direitos devem estar expressamente autorizadas pela Constituição e pelos tratados de direitos humanos, ou, ainda, devem ser extraídas dos limites imanentes de cada direito. A delimitação de cada direito será realizada por meio da apreciação tanto da redação do direito quanto também dos dados da realidade social sobre a qual o texto incide. O resultado do uso da teoria interna é singelo: ou a situação fática é albergada no âmbito de incidência de um direito humano, ou não é albergada e consequentemente não há direito algum a ser invocado.

A defesa da teoria interna sustenta que seu uso evita uma explosão do número de *falsas colisões* entre direitos humanos e a consequente insegurança jurídica sobre qual direito prevalecerá em determinada situação.

No STF, há precedentes nos quais está clara a ideia de combate às pseudocolisões ou falsas colisões de direitos, como se vê na seguinte decisão do Min. Gilmar Mendes: "Assinale-se que a ideia de conflito ou de colisão de direitos individuais comporta temperamentos. É que *nem tudo* que se pratica no suposto exercício de determinado direito *encontra abrigo no seu âmbito de proteção*. Dessarte, muitas questões tratadas como relações conflituosas de direitos individuais configuram conflitos aparentes, uma vez que as práticas controvertidas desbordam da proteção oferecida pelo direito fundamental em que se pretende buscar abrigo" (Extradição n. 896, rel. Min. Carlos Velloso, decisão monocrática proferida pelo Min. Presidente Gilmar Mendes, j. 11-7-2008, *DJe* de 5-8-2008, grifo não consta do original). No *caso Ellwanger* no Supremo Tribunal Federal, apesar de muitos votos terem feito referência à proporcionalidade (teoria externa, como veremos), constou do acórdão passagem típica de uma teoria interna, ao se defender que "O direito à livre expressão não pode abrigar, em sua abrangência, manifestações de conteúdo imoral que impliquem ilicitude penal. (...) O preceito fundamental de liberdade de expressão não consagra o "direito à incitação ao racismo", dado que um direito individual não pode constituir-se em salvaguarda de condutas ilícitas, como sucede com os delitos contra a honra" (HC 82.424, rel. p/ o ac. Min. Presidente Maurício Corrêa, j. 17-9-2003, Plenário, *DJ* de 19-3-2004).

A *maior fragilidade da teoria interna* está justamente na dificuldade do intérprete delimitar, com argumentos racionais, o conteúdo dos direitos em análise, traçando seus limites, sem que ele seja *também* acusado de "arbitrário". Como aponta Novais, a coerência de que goza a doutrina dos limites (fruto da teoria interna) é meramente formal e possui o imenso defeito de "esconder" o jogo de valores opostos em disputa, sob o manto dos limites preestabelecidos em cada direito[95].

7.3. Teoria externa

A teoria externa adota a *separação entre o conteúdo do direito e os limites que lhe são impostos do exterior, oriundos de outros direitos*[96]. Essa teoria visa a superação dos conflitos de direitos dividindo o processo de interpretação dos direitos humanos em colisão em *dois* momentos.

No primeiro momento, delimita-se o direito *prima facie* envolvido, ou seja, identifica-se o direito que incide *aparentemente* sobre a situação fática. Nesse primeiro instante, o intérprete aprecia se a situação em análise se encaixa em um conteúdo *prima facie* (aparente) de um

---

[95] NOVAIS, Jorge Reis. *As restrições aos direitos fundamentais não expressamente autorizadas pela Constituição*. Coimbra: Coimbra Ed., 2003, p. 320.

[96] Também denominada "pensamento de intervenção e limites" (NOVAIS, Jorge Reis. *As restrições aos direitos fundamentais não expressamente autorizadas pela Constituição*. Coimbra: Coimbra Ed., 2003, p. 292).

determinado direito. Para tanto, o intérprete usa provisoriamente o direito de acordo com a *literalidade* do dispositivo, inclusive com as exceções previstas expressamente no texto da norma (por exemplo, ao se identificar o direito de reunião, o aprecia de acordo com as limitações expressas do texto da Constituição: "XVI – todos podem reunir-se pacificamente, sem armas, em locais abertos ao público, independentemente de autorização, desde que não frustrem outra reunião anteriormente convocada para o mesmo local, sendo apenas exigido prévio aviso à autoridade competente").

Caso a situação fática se amolde no texto *prima facie* do direito, o intérprete deve, em um *segundo momento*, investigar se há limites *justificáveis* impostos por outros direitos, de modo a impedir que o *direito aparente* (ou direito *prima facie*) seja considerado um *direito definitivo*.

Assim, há um procedimento de interpretação bifásico da teoria externa: os direitos inicialmente protegidos (direitos *prima facie*) são identificados, mas só serão efetivamente aplicados sobre a situação fática, caso não exista uma restrição *justificável* criada externamente por outro direito. Há uma compressão do direito *prima facie* por parte dos demais direitos, gerando sua delimitação definitiva.

A justificação – ou não – da delimitação da ação do direito *prima facie* será feita pelo *critério da proporcionalidade,* que fundamenta racionalmente as restrições impostas. No mesmo exemplo utilizado acima (gritar falsamente "fogo" em uma sala de cinema lotada), a teoria externa desenvolve o seguinte raciocínio bifásico: em primeiro lugar, identifica o direito *prima facie* envolvido, que é a liberdade de expressão de algo; em segundo lugar, verifica se há limite externo, fruto da existência de outros direitos e bens constitucionalmente protegidos (que representam, no limite, direitos de terceiros), o que, no caso, resulta na identificação do *direito à integridade física e à vida* daqueles que serão feridos ou mortos pelo pânico. Na *ponderação em sentido amplo* dos diversos direitos envolvidos, a limitação à liberdade de expressão é perfeitamente justificável, graças ao critério da proporcionalidade (que veremos, com detalhes, abaixo).

As duas teorias (interna e externa) podem *resultar na mesma conclusão,* como se viu no exemplo acima, em especial em casos caricatos e simples, como o apresentado. São nos chamados *casos difíceis (hard cases),* ou seja, casos nos quais há conflitos de direitos redigidos de forma genérica e imprecisa, contendo valores morais contrastantes e sem consenso na comunidade sobre sua resolução, que a insuficiência da teoria interna se apresenta, levando a inúmeros precedentes judiciais a utilizarem a teoria externa (e a ponderação entre os bens e valores envolvidos). O uso da teoria interna em casos envolvendo, por exemplo, o conflito referente ao direito à integridade física do suposto pai e ao direito à identidade da criança (que, assim, exige a realização do exame de DNA, que dá a certeza pretendida), revela que é difícil o intérprete concluir pelo "conteúdo verdadeiro" do direito. Sarmento sustenta que nos casos difíceis o intérprete que optar pela teoria interna fará, antes, uma *ponderação camuflada ou escamoteada,* para depois expor um conteúdo verdadeiro do direito delimitado. Adotar a teoria externa nos casos difíceis resulta em maior transparência do raciocínio jurídico do intérprete[97].

O critério da proporcionalidade, então, é chave mestra da teoria externa, pois garante *racionalidade* e controle da *argumentação jurídica* que será desenvolvida para estabelecer os limites externos de um direito e afastá-lo da regência de determinada situação fática.

A principal crítica contra a teoria externa é que esta impulsiona uma *inflação* de conflitos sujeitos ao Poder Judiciário, resultando em aumento da imprevisibilidade e insegurança jurídica sem maior controle da decisão (a depender da ponderação), bem como maior *déficit democrático,* uma vez que o Poder Judiciário ditaria a última interpretação.

---

[97] SARMENTO, Daniel. *Livres e iguais*: estudos de direito constitucional. Rio de Janeiro: Lumen Juris, 2010, em especial p. 259.

A resposta à crítica está no reconhecimento da inevitabilidade dos conflitos de direitos humanos, que são oriundos da própria redação do catálogo de direitos que consta da Constituição e dos tratados de direitos humanos. Essa redação é repleta de conceitos indeterminados e com valores morais contrastantes e polêmicos oriundos das sociedades plurais e complexas. No caso brasileiro, os valores contrastantes estão na própria Constituição *compromissária* de 1988, que adotou a proteção de direitos dos mais diversos matizes. Não é possível esconder os dilemas que assolam os casos de direitos humanos, apelando para os limites internos de um direito, que são igualmente difíceis de serem descritos sem recair no decisionismo.

Nesse sentido, o STF adotou em *vários precedentes a teoria externa* para solucionar choques de direitos, como se vê no voto do Min. Gilmar Mendes: "Há referências na concepção constitucional presente, que prevê a ampla defesa (art. 5º, LV, CF/1988), sopesada com a garantia de uma razoável duração do processo (art. 5º, LXXVIII, redação da EC 45, de 8-12-2004). É com base na ponderação entre os dois valores acima identificados que a decisão de primeira instância admitia que uma mera cota de "apelo" seria suficiente para devolver a Juízo superior a matéria discutida. A presunção não se concretizou, na medida em que não se admitiu que a cota "apelo" fosse suficiente para instrumentalizar as razões de recurso, em prejuízo da autarquia, e da autoridade da decisão desafiada" (AI 529.733, voto do rel. Min. Gilmar Mendes, j. 17-10-2006, Segunda Turma, *DJ* de 1º-12-2006). Ou ainda no voto da Min. Cármen Lúcia, que "a ponderação dos princípios constitucionais revelaria que as decisões que autorizaram a importação de pneus usados ou remoldados teriam afrontado os preceitos constitucionais da saúde e do meio ambiente ecologicamente equilibrado e, especificamente, os princípios que se expressam nos arts. 170, I e VI, e seu parágrafo único, 196 e 225, todos da CF" (ADPF 101, rel. Min. Cármen Lúcia, j. 11-3-2009, Plenário, *Informativo* n. 538). Finalmente, a Min. Ellen Gracie sustentou a legitimidade da imposição de condições judiciais (alternativas à prisão processual), uma vez que "não há direito absoluto à liberdade de ir e vir (CF, art. 5º, XV) e, portanto, existem situações em que se faz necessária a ponderação dos interesses em conflito na apreciação do caso concreto" (HC 94.147, rel. Min. Ellen Gracie, j. 27-5-2008, Segunda Turma, *DJe* de 13-6-2008).

Próxima também dessa teoria externa está a posição de Hesse, para quem os conflitos entre direitos fundamentais podem ser resolvidos pela *concordância prática*. A concordância prática defende que os direitos de estatura constitucional podem ser equilibrados entre si, gerando uma *compatibilidade* da aplicação dessas normas jurídicas de idêntica hierarquia, mesmo que, no caso concreto, seja minimizada a aplicação de um dos direitos envolvidos. A concordância prática exigirá do aplicador que leve em consideração os direitos envolvidos, tanto para *complementação* como para *modificação recíproca*. Para chegar a tal resultado, faz-se um juízo de ponderação para que se chegue à atuação harmonizada, podendo ocasionar restrições a um dos direitos envolvidos. O STF possui vários precedentes de uso da posição de Hesse, como se vê: "O sigilo bancário, como dimensão dos direitos à privacidade (art. 5º, X, da CF) e ao sigilo de dados (art. 5º, XII, da CF), é direito fundamental sob reserva legal, podendo ser quebrado no caso previsto no *art. 5º, XII, in fine, ou quando colidir com outro direito albergado na Carta Maior*. Neste último caso, a solução do impasse, mediante a *formulação de um juízo de concordância prática*, há de ser estabelecida através da *devida ponderação dos bens e valores, in concreto*, de modo a que se identifique uma '*relação específica de prevalência entre eles*'" (RE 476.361/SC, rel. Min. Dias Toffoli, j. 18-4-2011, publicado em 28-4-2011).

7.4. O princípio da proporcionalidade

7.4.1. Conceito e situações típicas de invocação na temática dos direitos humanos

O princípio da proporcionalidade consiste na aferição da idoneidade, necessidade e equilíbrio da *intervenção estatal* em determinado direito fundamental. Essa intervenção estatal pode ser fruto de conduta imputável a qualquer Poder do Estado: lei, ato administrativo ou decisão judicial. Por isso, esse princípio é utilizado em três situações típicas: 1) existência de lei ou ato administrativo que, ao incidir sobre determinado direito, o restrinja; 2) existência de lei ou ato administrativo que, ao incidir sobre determinado direito, não o proteja adequadamente; 3) existência de decisão judicial que tenha que, perante um *conflito de direitos humanos,* optar pela prevalência de um direito, limitando outro.

Trata-se de uma ferramenta de aplicação dos direitos humanos em geral, em situação de *limitação, concorrência ou conflito de direitos humanos,* na busca de proteção.

Originalmente, a proporcionalidade foi utilizada para combater os excessos das restrições a direitos, impostos por leis e atos administrativos. Por isso, era o instrumento de fiscalização da ação excessivamente limitadora dos atos estatais em face dos diretos fundamentais, sendo considerado o "limite dos limites" e também denominado "proibição do excesso".

Atualmente, a proporcionalidade não se reduz somente a essa atividade de fiscalização e proibição do excesso dos atos limitadores do Estado: há ainda duas facetas adicionais. Há a faceta de *promoção* de direitos, pela qual o uso da proporcionalidade fiscaliza os atos estatais excessivamente *insuficientes* para promover um direito (por exemplo, os direitos sociais), gerando uma "proibição da proteção insuficiente". Finalmente, há a faceta de *ponderação* em um conflito de direitos, pela qual a proporcionalidade é utilizada pelo intérprete para fazer *prevalecer* um direito, restringindo outro. Como realçado pelo Min. Gilmar Mendes, em seu voto no Caso *Ellwanger:* "(...) o princípio da proporcionalidade alcança as denominadas colisões de bens, valores ou princípios constitucionais. Nesse contexto, as exigências do princípio da proporcionalidade representam um método geral para a solução de conflito"(voto do Min. Gilmar Mendes, STF, HC 82.424, rel. p/ o ac. Min. Presidente Maurício Corrêa, j. 17-9-2003, Plenário, *DJ* de 19-3-2004).

Quanto à denominação, há frequente uso do termo "princípio da proporcionalidade"[98], "máxima da proporcionalidade"[99], "regra da proporcionalidade"[100], "postulado da proporcionalidade"[101], ou ainda "critério da proporcionalidade"[102].

---

[98] Por exemplo, utilizam a expressão "princípio da proporcionalidade" entre outros: MENDES, Gilmar Ferreira; COELHO, Inocêncio Mártires; BRANCO, Paulo Gustavo Gonet. *Curso de direito constitucional.* São Paulo: Saraiva, 2007, p. 311. BARROSO, Luís Roberto. Princípios da razoabilidade e proporcionalidade. In: SOARES, José Ronald Cavalcante (Coord.). *Direito constitucional*: estudos em homenagem a Paulo Bonavides. São Paulo: LTr, 2001, p. 319-342, em especial p. 328. SARLET, Ingo W. *A eficácia dos direitos fundamentais.* 10. ed. Porto Alegre: Livraria do Advogado, 2010, p. 394. GUERRA FILHO, Willis Santiago. Princípio da proporcionalidade e teoria do direito. In: GRAU, Eros Roberto; GUERRA FILHO, Willis Santiago (Orgs.). *Direito constitucional*: estudos em homenagem a Paulo Bonavides. São Paulo: Malheiros, 2003. LENZA, Pedro. *Direito constitucional esquematizado.* 15. ed. São Paulo: Saraiva, 2011, p. 150. Apoiado pelos precedentes de órgãos internacionais de direitos humanos, CARVALHO RAMOS, André de. *Teoria geral dos direitos humanos na ordem internacional.* 7. ed. São Paulo: Saraiva, 2019.

[99] ALEXY, Robert. *Teoria dos direitos fundamentais.* Trad. Virgílio Afonso da Silva. São Paulo: Malheiros, 2008, p. 117-118.

[100] SILVA, Virgílio Afonso da. O proporcional e o razoável, *Revista dos Tribunais,* São Paulo, n. 798, p. 23-50, 2002.

[101] ÁVILA, Humberto Bergmann. *Teoria dos princípios:* da definição à aplicação dos princípios jurídicos. 4. ed. rev. São Paulo: Malheiros, 2005.

[102] Utilizado por TAVARES, André Ramos. *Curso de direito constitucional.* 5. ed. São Paulo: Saraiva, 2007, p. 678; DIMOULIS, Dimitri e MARTINS, Leonardo. *Teoria geral dos direitos fundamentais.* São Paulo: Revista dos Tribunais, 2007, p. 177; ROTHENBURG, Walter Claudius. O tempero da proporcionalidade no caldo dos direitos fundamentais. In: *Princípios processuais civis na Constituição.* Coord. Olavo de Oliveira Neto e Maria Elizabeth de Castro Lopes. Rio de Janeiro: Elsevier, 2008, p. 283-319.

As discussões doutrinárias[103] revelam que não há uniformidade, mas cabe reconhecer que a terminologia "princípio da proporcionalidade" possui forte repercussão nos precedentes do Supremo Tribunal Federal até hoje[104], sendo usada ainda na Carta de Direitos Fundamentais da União Europeia, primeiro diploma internacional a expressamente mencionar o princípio da proporcionalidade.

A Carta dos Direitos Fundamentais da União Europeia tem previsão inédita no plano internacional sobre o princípio da proporcionalidade ao dispor em seu art. 52 que "qualquer restrição ao exercício dos direitos e liberdades reconhecidos pela presente Carta deve ser prevista por lei e respeitar o conteúdo essencial desses direitos e liberdades. Na observância do *princípio da proporcionalidade*, essas restrições só podem ser introduzidas se forem necessárias e corresponderem efectivamente a objectivos de interesse geral reconhecidos pela União, ou à necessidade de protecção dos direitos e liberdades de terceiros" (grifo meu). Essa Carta consiste em um rol de direitos civis, políticos, sociais, econômicos e culturais, tendo sido adotada em 2000, sob a forma de uma declaração de direitos sem força vinculante. O Tratado de Lisboa de 2007 (entrou em vigor em 2009) a alterou e ainda estabeleceu que os Estados Membros da União Europeia podem adotá-la com força vinculante. Acima de tudo, a Carta é efetivamente utilizada pelo Tribunal de Justiça da União Europeia como parâmetro de interpretação sobre a proteção de direitos humanos na União Europeia[105].

7.4.2. Fundamento

Não há menção expressa ao princípio da proporcionalidade na Constituição Federal de 1988 e nos tratados internacionais ratificados pelo Brasil. Seu fundamento normativo encontra-se implícito na Constituição, na visão da doutrina e dos precedentes do STF, embora não haja consenso.

Entre os fundamentos mencionados estão[106]:

1) *Estado Democrático de Direito*. O princípio da proporcionalidade seria implícito a qualquer Estado de Direito, pois nesse tipo de Estado há a vedação do excesso de poder na condução dos atos estatais, como se vê em vários precedentes do Tribunal Constitucional Federal da Alemanha[107].

2) *Devido processo legal*. A proporcionalidade é fruto do reconhecimento do *devido processo legal substancial*, implícito no art. 5º, LIV, que exige que todo o comportamento do Estado seja devido, legítimo e pautado pela justiça material, funcionando a proporcionalidade como "princípio

---

[103] Ver mais detalhes sobre essas questões terminológicas em ÁVILA, Humberto Bergmann. A distinção entre princípios e regras e a redefinição do dever de proporcionalidade, *Revista de Direito Administrativo*, n. 215, p. 151-179, 1999.

[104] Por exemplo, em julgamento de 2009: "Por fim, não há que se falar em ofensa ao *princípio da proporcionalidade*, pois o ato impugnado revelou-se adequado e necessário, atingindo sua finalidade de proteção e defesa do consumidor, tal qual estabelece o art. 5º, XXXII, da CF de 1988" (RMS 23.732, voto do rel. Min. Gilmar Mendes, j. 17-11-2009, Segunda Turma, *DJe* de 19-2-2010 – o grifo não consta do original). Ou ainda, em julgamento de 2007: "(...) exigência de depósito ou arrolamento prévio de bens e direitos pode converter-se, na prática, em determinadas situações, em supressão do direito de recorrer, constituindo-se, assim, em nítida violação ao *princípio da proporcionalidade*. Ação direta julgada procedente para declarar a inconstitucionalidade do art. 32 da MP 1.699-41 – posteriormente convertida na Lei 10.522/2002 –, que deu nova redação ao art. 33, § 2º, do Decreto 70.235/1972" (ADI 1.976, rel. Min. Joaquim Barbosa, j. 28-3-2007, Plenário, *DJ* de 18-5-2007, o grifo não consta do original).

[105] Ver mais em CARVALHO RAMOS, André de. *Direitos humanos na integração econômica*. Rio de Janeiro: Renovar, 2008.

[106] STEINMETZ, Wilson. *Colisão de direitos fundamentais e princípio da proporcionalidade*. Porto Alegre: Livraria do Advogado, 2001.

[107] HECK, Luís Afonso. *O Tribunal Constitucional Federal e o desenvolvimento dos princípios constitucionais*. Porto Alegre: Sergio Antonio Fabris Editor, 1996, p. 176.

geral do direito"[108]. Esse fundamento, de origem norte-americana, tem forte repercussão na jurisprudência do STF, como se vê na seguinte ementa: "A anistia é ato político, concedido mediante lei, assim da competência do Congresso e do Chefe do Executivo, correndo por conta destes a avaliação dos critérios de conveniência e oportunidade do ato, sem dispensa, entretanto, do controle judicial, porque pode ocorrer, por exemplo, desvio do poder de legislar ou afronta ao *devido processo legal substancial* (CF, art. 5º, LIV). Constitucionalidade da Lei 8.985, de 1995" (ADI 1.231, rel. Min. Carlos Velloso, j. 15-12-2005, Plenário, *DJ* de 28-4-2006). Ou ainda, nas palavras do Min. Celso de Mello: "O princípio da proporcionalidade – que extrai a sua justificação dogmática de diversas cláusulas constitucionais, notadamente daquela que veicula a garantia do *substantive due process of law* – acha-se vocacionado a inibir e a neutralizar os abusos do Poder Público no exercício de suas funções, qualificando-se como parâmetro de aferição da própria constitucionalidade material dos atos estatais. A norma estatal, que não veicula qualquer conteúdo de irrazoabilidade, presta obséquio ao postulado da proporcionalidade, ajustando-se à cláusula que consagra, em sua dimensão material, o princípio do *substantive due process of law* (CF, art. 5º, LIV)" (ADI 1.407 MC/DF, rel. Min. Celso de Mello, j. 7-3-1996, Plenário, *DJ* de 24-11-2000)[109].

3) *Dignidade humana e direitos fundamentais*. O princípio da proporcionalidade é justificado pelo vínculo de todo o ordenamento jurídico brasileiro à dignidade humana e aos direitos fundamentais (art. 1º, III), o que exige que todo ato dos Poderes do Estado (Executivo, Legislativo e também as decisões judiciais) seja proporcional e atento à justiça material[110].

4) *Princípio da isonomia*. A proporcionalidade decorre do princípio da igualdade, pois os atos do Estado Democrático de Direito que sejam excessivos ou insuficientes contrariam a igualdade material e a justiça a todos devidas[111].

5) *Direitos e garantias decorrentes do regime e dos princípios da Constituição*. A proporcionalidade é considerada cláusula implícita decorrente do regime dos direitos fundamentais adotado pela Constituição (art. 5º, § 2º). Esse fundamento é encontrado em precedentes do STF sob a vigência da Constituição de 1967[112].

7.4.3. Elementos da proporcionalidade

A doutrina e a jurisprudência habitualmente decompõem o princípio da proporcionalidade em três elementos (também denominados subprincípios ou subcritérios), a saber: a *adequação* das medidas estatais à realização dos fins propostos, a *necessidade* de tais medidas e finalmente a *ponderação* (ou equilíbrio) entre a finalidade perseguida e os meios adotados para sua consecução (proporcionalidade em sentido estrito). Esse detalhamento do princípio da proporcionalidade garante transparência e coerência no controle dos atos estatais, que é efetuado em geral pelos Tribunais.

---

[108] MENDES, Gilmar Ferreira; COELHO, Inocêncio Mártires; BRANCO, Paulo Gustavo Gonet. *Curso de direito constitucional*. São Paulo: Saraiva, 2007, p. 319.

[109] Na doutrina, seguem esse fundamento, entre outros, MENDES, Gilmar Ferreira; COELHO, Inocêncio Mártires; BRANCO, Paulo Gustavo Gonet. *Curso de direito constitucional*. São Paulo: Saraiva, 2007, e ainda BARROSO, Luís Roberto. *Interpretação e aplicação da Constituição*: fundamentos de uma dogmática transformadora. 5. ed. São Paulo: Saraiva, 2003. LENZA, Pedro. *Direito constitucional esquematizado*. 15. ed. São Paulo: Saraiva, 2011, p. 150.

[110] DIMOULIS, Dimitri; MARTINS, Leonardo. *Teoria geral dos direitos fundamentais*. São Paulo: Revista dos Tribunais, 2007, p. 193.

[111] BONAVIDES, Paulo. *Curso de direito constitucional*. 6. ed. São Paulo: Malheiros, 1996, p. 395.

[112] Constituição de 1967, art. 150, § 35: "A especificação dos direitos e garantias expressas nesta Constituição não exclui outros direitos e garantias decorrentes do regime e dos princípios que ela adota" (HC 45.232, rel. Themístocles Cavalcanti, j. 21-2-1968, *DJ* de 17-6-1968, p. 2228, citado por MENDES, Gilmar Ferreira; COELHO, Inocêncio Mártires; BRANCO, Paulo Gustavo Gonet. *Curso de direito constitucional*. São Paulo: Saraiva, 2007, p. 316).

Na aplicação da proporcionalidade, esses elementos são utilizados em *momentos distintos e sucessivos*. Se não houver o atendimento a um determinado elemento, nem se analisa o elemento seguinte, ou seja, não superado um primeiro elemento, o ato é considerado *desproporcional*.

Em um primeiro momento, o intérprete utiliza o elemento da *adequação* (também chamado de *idoneidade*), pelo qual é examinado se a decisão normativa restritiva de um determinado direito fundamental resulta, em abstrato, na realização do objetivo perseguido. Busca-se verificar se o *meio escolhido* é apto para atingir a finalidade, que também deve ser constitucionalmente legítima. Para Rothenburg, é o elemento mais "fácil de ser cumprido e mais difícil de ser criticado"[113], como demonstra um precedente importante do Supremo Tribunal Federal, no qual foi considerada inconstitucional a exigência legal de altura mínima de 1,60m para concurso público de escrivão de polícia, pois o meio empregado (exigência de altura mínima) *não* guardava pertinência lógica com o objetivo almejado por um concurso público para escrivão de polícia, cuja atividade é "estritamente escriturária" (voto do Min. Marco Aurélio): selecionar os mais aptos a bem exercer suas funções[114]. Em outra situação, mostrando que o que importava era a adequação/idoneidade da exigência da "altura mínima x função a ser exercida", o STF considerou *constitucional* a exigência de altura mínima para ingresso na carreira de delegado de polícia, dada a natureza do cargo a ser exercido, ou seja, a finalidade da exigência (altura mínima) que restringe o direito de exercício de determinada profissão é compatível com a finalidade almejada, que é a seleção dos mais aptos para o exercício de uma determinada atividade, no caso, de delegado de polícia[115].

Após superado o momento de aferição da idoneidade, o intérprete deve avaliar o elemento da *necessidade*, também denominado elemento da intervenção mínima (ou ingerência mínima) ou ainda exigibilidade. O elemento da necessidade busca detectar se a decisão normativa é indispensável ou se existe outra decisão passível de ser tomada que resulte na *mesma finalidade* almejada, mas que seja menos maléfica ao direito em análise. Esse elemento visa a identificação de uma medida *menos* restritiva, mas *tão eficiente quanto* a medida proposta. Novamente, o intérprete deve se apoiar em *dados da realidade* e até mesmo em *prognósticos* sobre o futuro para, inicialmente, *identificar* as alternativas possíveis. Depois, deve avaliar se as demais medidas alternativas são, efetivamente, *menos restritivas e igualmente eficientes* para o atingimento do fim proposto.

Finalmente, o elemento da proporcionalidade em sentido estrito, também denominado *regra ou mandado de ponderação*, exige que o intérprete realize uma avaliação da relação custo-benefício da decisão normativa avaliada. Para ser compatível com a proporcionalidade em sentido estrito, a decisão normativa deve impor um sacrifício a um direito humano que seja nitidamente inferior ao benefício resultante do atingimento da finalidade almejada.

Assim, o elemento da proporcionalidade em sentido estrito realiza uma ponderação de bens e valores, ao colocar, de um lado, os interesses protegidos com a decisão normativa e, por outro lado, os interesses que serão objeto de restrição. Para a decisão normativa ser válida e conforme

---

[113] ROTHENBURG, Walter Claudius. O tempero da proporcionalidade no caldo dos direitos fundamentais. In: *Princípios processuais civis na Constituição*. Coord. Olavo de Oliveira Neto e Maria Elizabeth de Castro Lopes. Rio de Janeiro: Elsevier, 2008, p. 283-319.

[114] Para o STF: "No âmbito da polícia, ao contrário do que ocorre com o agente em si, não se tem como constitucional a exigência de altura mínima, considerados homens e mulheres, de um metro e sessenta para a habilitação ao cargo de escrivão, cuja natureza é estritamente escriturária, muito embora de nível elevado" (RE 150.455, rel. Min. Marco Aurélio, j. 15-12-1998, Segunda Turma, *DJ* de 7-5-1999).

[115] Para o STF: "Razoabilidade da exigência de altura mínima para ingresso na carreira de delegado de polícia, dada a natureza do cargo a ser exercido. Violação ao princípio da isonomia. Inexistência" (RE 140.889, rel. p/ o ac. Min. Maurício Corrêa, j. 30-5-2000, Segunda Turma, *DJ* de 15-12-2000).

aos direitos humanos, o peso da proteção a um determinado valor tem que ser superior ao peso da restrição a outro valor. Busca-se o "equilíbrio da intervenção estatal em determinado direito fundamental"[116].

Este é o elemento que mais sofre crítica, pois seria irracional, uma vez que é impossível quantificar juridicamente o "peso" de cada direito envolvido e, depois, compará-los. Por isso, há autores que excluem a proporcionalidade em sentido estrito, optando por elementos do critério da proporcionalidade um pouco diferentes da enumeração tríplice vista acima. Entre eles, citem-se Dimoulis e Martins, que adotam quatro elementos do critério da proporcionalidade: *licitude da finalidade almejada; licitude dos meios utilizados; adequação* e *necessidade*. Os primeiros dois elementos (licitude do fim almejado e do meio utilizado) dizem respeito a um exame formal, pois o fim almejado e o meio utilizado não podem ser, *em si*, vedados por norma constitucional. Já a adequação continua a ser a aptidão – em abstrato – da decisão normativa escolhida para a objeção da finalidade pretendida. Assim, para os citados autores, o elemento decisivo é o da *necessidade*, que, como vimos acima, deve identificar as alternativas e chegar à utilização do *meio menos gravoso* para a obtenção da finalidade pretendida[117].

Na linha de subdivisão do critério da proporcionalidade e invocando a jurisprudência do Tribunal Constitucional Federal da Alemanha, o Min. Gilmar Mendes, em voto no Supremo Tribunal Federal sobre a descriminalização do uso de drogas, pontuou que há três elementos no controle judicial das restrições aos direitos humanos: a) controle de evidência; b) controle de justificabilidade (ou de sustentabilidade); e c) controle material de intensidade. O *controle de evidência* avalia, como vimos, se as medidas são idôneas para a efetiva proteção de um direito. Já o *controle de justificabilidade* aprecia se a restrição foi adotada após uma apreciação objetiva e justificável das fontes de conhecimento, levando a uma prognose de atuação em favor de determinado direito, fruto da restrição de outro. Finalmente, o *controle material de intensidade* verifica se a proteção de um direito não poderia ser realizada adotando-se um nível de restrição inferior ou menos lesivo a outro direito (voto do Min. Gilmar Mendes, Supremo Tribunal Federal, RE 635.659/SP, sessão de 20-8-2015 julgado em definitivo em 26-6-2024 – ver no item 39 da **Parte IV** deste *Curso* – caso do porte ou uso de maconha para fins recreativos).

Em dois sistemas judiciais internacionais de direitos humanos (Corte Interamericana de Direitos Humanos e Corte Europeia de Direitos Humanos), há o uso da proporcionalidade para se aferir a legitimidade de restrição ou compressão a direitos.

No que tange à Convenção Europeia de Direitos Humanos (CEDH), não houve a adoção expressa do princípio da proporcionalidade, que é contido como uma cláusula de limitação de direitos específicos expressos nos artigos 8 (direito ao respeito à vida privada e familiar), 10 (liberdade de expressão) e 11 (liberdade de reunião e associação), tendo sido generalizado para todos os demais direitos. A compressão a direitos deve superar três testes: i) teste da legalidade, ou seja, que haja disposição legal que restringe/comprime o direito, ii) a justificação legítima para a restrição, iii) a proporcionalidade da medida em face de seu objetivo, especificamente em relação à sua necessidade ("medida necessária em uma sociedade democrática"). Já na Corte Interamericana de Direitos Humanos, há o uso dos elementos da legalidade (previsão em lei), finalidade legítima (idoneidade da medida), necessidade e proporcionalidade em sentido estrito (custo × benefício).

Quer adotemos a divisão tríplice ou quadripartite do critério da proporcionalidade, o intérprete deve zelar por uma argumentação jurídica consistente, com uso de dados empíricos e

---

[116] CARVALHO RAMOS, André de. *Teoria geral dos direitos humanos na ordem internacional*. 7. ed. São Paulo: Saraiva, 2019.

[117] DIMOULIS, Dimitri; MARTINS, Leonardo. *Teoria geral dos direitos fundamentais*. São Paulo: Revista dos Tribunais, 2007, p. 204-232.

objetivos, que demonstrem o acerto da decisão adotada. Consequentemente, os graus de intensidade da intervenção e os diferentes pesos das razões justificadoras no caso concreto devem ser explicitados pelos tribunais em marcos argumentativos ostensivos e transparentes, justamente para evitar qualquer crítica sobre eventual decisionismo e arbítrio sem reflexão[118].

Em 2016, a Primeira Turma do STF reconheceu que a criminalização geral do aborto pelo Código Penal brasileiro de 1940 *ofende* o princípio da proporcionalidade em seus três subprincípios (adequação, necessidade e proporcionalidade em sentido estrito). O relator para o acórdão, Min. Barroso, salientou que: 1) em relação à adequação, a criminalização do aborto *não* é medida adequada, uma vez que é ineficaz para proteger a vida do feto, uma vez que não há meios para impedir os abortos clandestinos ou mesmo impedir a difusão de medicamentos para a interrupção da gestação. Além disso, gera o efeito perverso de pôr em risco a saúde, a integridade pessoal e a vida das mulheres que realizam esses abortos ilegais de modo clandestino; 2) quanto à necessidade, o Estado deve atuar sobre os fatores econômicos e sociais que dão causa à gravidez indesejada, bem como estabelecer políticas de aconselhamento e período de reflexão; 3) e, finalmente, quanto à proporcionalidade em sentido estrito, a tipificação penal da cessação geral da gravidez oferece proteção reduzida à vida do feto e comprime de modo exagerado os direitos sexuais e reprodutivos da mulher, com impacto desproporcional sobre as mulheres pobres. Para Barroso, "[s]opesando-se os custos e benefícios da criminalização, torna-se evidente a ilegitimidade constitucional da tipificação penal da interrupção voluntária da gestação, por violar os direitos fundamentais das mulheres e gerar custos sociais (e.g., problema de saúde pública e mortes) muito superiores aos benefícios da criminalização" (STF, Primeira Turma, HC 124.306/RJ, rel. orig. Min. Marco Aurélio, rel. p/ o ac. Min. Roberto Barroso, j. 29-11-2016).

7.4.4. A proibição da proteção insuficiente: o sentido positivo da proporcionalidade

O princípio da proporcionalidade possui ainda uma *dimensão positiva*, que consiste na *proibição da proteção insuficiente* (*ou deficiente*) a um determinado direito. Assim, ao mesmo tempo em que o Estado não se pode exceder no campo dos direitos humanos (*dimensão negativa*, proibição do excesso ou *Übermassverbot*), também não se pode omitir ou agir de modo insuficiente (proibição da insuficiência ou *Untermassverbot*)[119]. Por exemplo, o Estado, ao descriminalizar graves ofensas a direitos fundamentais (por exemplo, tortura), agiria contra a Constituição, pois a tutela penal seria considerada essencial para a adequada proteção desses bens jurídicos graças ao seu efeito dissuasório geral e específico.

Consequentemente, a proporcionalidade consiste não só em um instrumento de controle das restrições a direitos, mas também de controle da *promoção* a direitos. Essa atuação de proibição da proteção insuficiente decorre do reconhecimento dos *deveres de proteção*, fruto da dimensão objetiva dos direitos humanos. A proporcionalidade, então, tem *função dúplice*: serve para que se analise eventual "restrição em demasia", mas também serve para que se verifique se houve "proteção deficiente" dos direitos.

No Estado Democrático de Direito, no qual o Estado deve intervir na vida social para assegurar uma sociedade justa e solidária (art. 3º da CF/88), a proibição de insuficiência fixa um mínimo de proteção *adequada, necessária e proporcional em sentido estrito* a um direito, que sofre a *omissão do Estado* ou mesmo colisão com outros direitos.

---

[118] CARVALHO RAMOS, André de. *Teoria geral dos direitos humanos na ordem internacional*. 8. ed. São Paulo: Saraiva, 2024.

[119] Para Virgílio Afonso da Silva, foi Canaris o primeiro a utilizar o termo "*Untermassverbot*"(SILVA, Virgílio Afonso da. O proporcional e o razoável, *Revista dos Tribunais*, São Paulo, n. 798, p. 23-50, 2002, em especial p. 27.

No campo penal, a proporcionalidade age com seus dois vieses: na proibição do excesso, há o combate às leis que restringem, de modo excessivo, os direitos dos acusados; na proibição da insuficiência, atua para coibir leis e decisões judiciais que, de modo desproporcional, não protejam o direito à justiça das vítimas e o direito à segurança de todos beneficiados pela prevenção geral da tutela penal. Há aqueles que denominam, essa combinação das duas facetas do critério da proporcionalidade no âmbito penal de *garantismo integral ou positivo*[120].

No Supremo Tribunal Federal, há vários precedentes reconhecendo a *proibição da insuficiência* como faceta positiva do princípio (ou critério) da proporcionalidade. Entre eles, cite-se a decisão do Min. Gilmar Mendes, na qual foi sustentado que "os direitos fundamentais não contêm apenas uma proibição de intervenção (*Eingriffsverbote*), expressando também um postulado de proteção (*Schutzgebote*). Haveria, assim, para utilizar uma expressão de Canaris, não apenas uma proibição de excesso (*Übermassverbot*), mas também uma proibição de proteção insuficiente (*Untermassverbot*)". Concluiu o Min. Gilmar Mendes que "parece lógico, portanto, que a efetividade desse direito social à segurança não prescinde da ação estatal positiva no sentido da criação de certas condições fáticas, sempre dependentes dos recursos financeiros de que dispõe o Estado, e de sistemas de órgãos e procedimentos voltados a essa finalidade. (...) De outro modo, estar-se-ia a blindar, por meio de um espaço amplo de discricionariedade estatal, situação fática indiscutivelmente repugnada pela sociedade, caracterizando-se típica hipótese de proteção insuficiente por parte do Estado, num plano mais geral, e do Judiciário, num plano mais específico" (STA 419/RN – Decisão Min. Gilmar Mendes, j. 6-4-2010).

Também o voto do Ministro Lewandowski (relator), do Supremo Tribunal Federal, no caso da constitucionalidade da Lei n. 9.534/97 (gratuidade do registro civil de nascimento e da certidão de óbito, indo além do art. 5º, LXXVI, que contempla apenas os "reconhecidamente pobres"), fez menção às duas facetas do princípio da proporcionalidade: a proibição de excesso e a proibição de proteção deficiente, sustentando que os dispositivos impugnados não violavam nenhuma delas (ADI 1.800, rel. p/ o ac. Min. Ricardo Lewandowski, j. 11-6-2007, Plenário, *DJ* de 28-9-2007).

Em 2016, o Min. Barroso votou a favor da descriminalização do aborto realizado até o terceiro mês de gravidez por ofensa ao princípio da proporcionalidade tanto na sua dimensão positiva (estudado acima) quanto na sua dimensão negativa (princípio da proibição da proteção deficiente). De acordo com o voto, a criminalização da prática do aborto "confere uma proteção deficiente aos direitos sexuais e reprodutivos, à autonomia, à integridade psíquica e física, e à saúde da mulher, com reflexos sobre a igualdade de gênero e impacto desproporcional sobre as mulheres mais pobres". No mesmo voto, defendeu-se que não se pode também fornecer uma proteção deficiente à vida do nascituro, por isso caberia reconhecer "a constitucionalidade da tipificação penal da cessação da gravidez quando o feto já estivesse mais desenvolvido", sendo utilizado o parâmetro utilizado em vários Estados (Alemanha, Bélgica, França, Uruguai) do limite do primeiro trimestre de gestação (STF, Primeira Turma, HC 124.306/RJ, rel. orig. Min. Marco Aurélio, rel. p/ o ac. Min. Roberto Barroso, j. 29-11-2016).

A proibição da proteção insuficiente (ou deficiente) também utiliza os mesmos *três* subcritérios ou elementos da proporcionalidade: em primeiro lugar, a adequação exige que se verifique se o meio a ser utilizado alcança, em abstrato, o objetivo proposto (implementar o direito em questão); a *necessidade* exige que se adote a medida que imponha sacrifício menos intenso a

---

[120] FISCHER, Douglas. Garantismo penal integral (e não o garantismo hiperbólico monocular) e o princípio da proporcionalidade: breves anotações de compreensão e aproximação dos seus ideais, *Revista de Doutrina da 4ª Região*, Porto Alegre, n. 28, mar. 2009. Disponível em: <http://www.revistadoutrina.trf4.jus.br/index.htm?http://www.revistadoutrina.trf4.jus.br/artigos/edicao028/douglas_fischer.html>. Último acesso em: 15 jul. 2024.

outros direitos; finalmente, a proporcionalidade em sentido estrito exige uma ponderação entre os benefícios alcançados pela proteção pretendida a um direito e os custos impostos a outros direitos, que serão comprimidos pela proteção ofertada.

7.4.5. A regra de colisão previamente disposta na Constituição e a ponderação de 2º grau

Em geral, a proporcionalidade é utilizada na solução de conflitos de direitos humanos redigidos com termos indeterminados e genéricos. Por isso, a necessidade de um critério que leve a prevalência de um direito em relação a outro no caso concreto.

Por outro lado, a Constituição e os tratados de direitos humanos possuem alguns direitos que são redigidos de forma *determinada,* levando em consideração a interação com outros direitos, fixando-se limites. Em relação a tais direitos que já se apresentam redigidos de forma mais precisa com *limites estabelecidos*, a dúvida é a seguinte: é possível aplicar o critério de proporcionalidade e ponderar *de novo* também esse direito, mesmo diante do fato de que sua redação originária na Constituição Federal de 1988 já possui regras claras solucionando colisões?

Dois exemplos clarificam o problema: 1) a existência de várias decisões judiciais proibindo a divulgação de notícias, circulação de livros ou vídeos, bem como a realização de peças artísticas diversas por *ofensa à intimidade e vida privada*, apesar de a Constituição ter proibido expressamente a censura de qualquer tipo; e 2) a autorização judicial de invasão policial *noturna* de domicílio, em que pese a Constituição ter estabelecido, entre outras condições, para a superação da inviolabilidade domiciliar, que essa seja feita "durante o dia".

No primeiro exemplo, *grosso modo*, os direitos que incidem sobre a publicação de notícias, vídeos, livros etc. consistem na liberdade de imprensa, expressão e comunicação e ainda no direito à intimidade. A base de ambos os direitos está no art. 5º: o inciso IX prevê que é livre a expressão da atividade intelectual, artística, científica e de comunicação, independentemente de censura ou licença; o inciso X (imediatamente após) dispôs que são invioláveis a intimidade, a vida privada, a honra e a imagem das pessoas, assegurado o direito a indenização pelo dano material ou moral decorrente de sua violação.

Além disso, a Constituição previu expressamente uma "regra de colisão", tendo já ponderado esses direitos ao dispor que a manifestação do pensamento, a criação, a expressão e a informação, *sob qualquer forma*, processo ou veículo, *não sofrerão qualquer restrição, observado o disposto na própria Constituição* (art. 220). Paralelamente, o art. 220, § 1º, prevê que nenhuma lei conterá dispositivo que possa constituir embaraço à plena liberdade de informação jornalística em qualquer veículo de comunicação social, observado o disposto no art. 5º, incisos V ("é assegurado o direito de resposta, proporcional ao agravo, além da indenização por dano material, moral ou à imagem") e X ("são invioláveis a intimidade, a vida privada, a honra e a imagem das pessoas, assegurado o direito a indenização pelo dano material ou moral decorrente de sua violação").

Assim, a "regra de colisão" geral da Constituição na hipótese é a seguinte: a liberdade de expressão e comunicação pode ser exercida, mas seu titular que violar direitos referentes à intimidade, honra, imagem e vida privada de outros responderá pelos danos causados. É a "liberdade com responsabilização posterior": não se admite restrição *sob qualquer forma* (art. 220, *caput*), mas responsabiliza-se aquele que abusa.

Porém, os precedentes judiciais pós-Constituição de 1988 caminham no sentido de possibilitar ao Estado-Juiz que interfira *previamente* e evite o dano à intimidade, vida privada, honra ou imagem. Vários são os casos; um deles, de grande repercussão na mídia, foi a proibição judicial de divulgação de vídeo envolvendo apresentadora de televisão e seu namorado, na praia de Cádiz

(Espanha)[121]. Outro foi a decisão judicial do TJDF que proibiu o jornal *O Estado de S.Paulo* que publicasse reportagem contendo fatos extraídos de autos criminais cobertos pelo sigilo judicial.

No STF, esse tema gerou polêmica. Em 2009, o jornal *O Estado de S.Paulo* ingressou com Reclamação no STF sustentando que essa decisão *judicial* de proibição de divulgação de fatos cobertos por segredo de justiça (referentes à "Operação Boi Barrica") ofendia a liberdade de imprensa. A Reclamação não foi conhecida, por maioria, mas dois votos desnudaram o problema envolvendo a colisão de direitos cuja ponderação teria sido realizada pela própria Constituição. Em primeiro lugar, o Min. Gilmar Mendes sustentou que o direito à proteção judicial efetiva e inafastabilidade da jurisdição (art. 5º, XXXV) permitiria que um determinado juiz *protegesse a intimidade e outros valores constitucionais* antes de sua violação pela publicação de determinada matéria. Assim, a *responsabilidade "a posteriori"* que a Constituição de 1988 estabeleceu *não excluiria* a possibilidade de se solicitar uma providência judicial inibitória, apta a *impedir previamente* a realização do dano. Caberia, assim, uma "ponderação de segundo grau", agora perante o Poder Judiciário, abrangendo o direito à intimidade e os demais direitos envolvidos, uma vez que a solução constitucional (reparação *a posteriori* ou ulterior) pode ser insuficiente para todos os casos. Já Celso de Mello defendeu a aplicação, sem outra ponderação, da regra da responsabilização *a posteriori* e impossibilidade de qualquer censura, criticando duramente os magistrados que adotam outra postura da seguinte maneira: "(...) A minha crítica dirige-se a esses magistrados que parecem não ter consciência dos novos tempos que estamos vivendo" (grifos do original retirados – Voto do Min. Celso de Mello, Rcl 9.428, rel. Min. Cezar Peluso, j. 10-12-2009, Plenário, *DJe* de 25-6-2010). Porém, em 2018, o jornal foi vitorioso, tendo sido reconhecido que a decisão judicial (do Tribunal de Justiça do Distrito Federal) havia ofendido a decisão da ADPF 130, rel. Min. Ayres Britto, na qual se proibiu a realização de qualquer forma de censura prévia. Para o STF, é proibida a censura de publicações jornalísticas, bem como é excepcional qualquer tipo de intervenção estatal na divulgação de notícias e de opiniões. Eventual abuso da liberdade de expressão deve ser reparado, preferencialmente, por meio de retificação, direito de resposta ou indenização (STF, Agravo Regimental no RE 840.718, relator para o acórdão Min. Edson Fachin, j. 10-9-2018).

O segundo exemplo é referente à *proteção domiciliar*. A Constituição estabelece, em seu art. 5º, XI, que a casa é asilo inviolável do indivíduo, ninguém nela podendo penetrar sem consentimento do morador, salvo em caso de flagrante delito ou desastre, ou para prestar socorro, ou, *durante o dia*, por determinação judicial. A garantia constitucional da inviolabilidade domiciliar é abrangente e alcança, de acordo com os precedentes do STF, inclusive escritórios ou similares. Mesmo a administração tributária não pode ingressar, sem a permissão do dono (*invito domino*), em estabelecimentos comerciais ou escritórios de contabilidade, devendo obter previamente ordem judicial adequada. A autoexecutoriedade dos atos administrativos (*privilège du préalable*) subordina-se ao regime jurídico constitucional da inviolabilidade domiciliar (HC 93.050, rel. Min. Celso de Mello, j. 10-6-2008, 2ª T., *DJe*, de 1º-8-2008. Ver também HC 82.788/RJ, rel. Min. Celso de Mello).

Porém, em inquérito perante o STF, foi autorizado pelo Min. *Cezar Peluso* o ingresso de policiais *durante a madrugada* em escritório de advocacia, para *instalação de escuta ambiental*. O STF, por maioria, considerou *lícita* a conduta do Ministro relator, apesar da clara previsão constitucional de que a entrada sem consentimento (e sem flagrante delito, desastre ou prestar socorro) *só poderia ocorrer por ordem judicial e durante o dia*.

---

[121] Esse caso redundou no bloqueio (por ordem judicial) do acesso brasileiro a *site* mundialmente popular de exibição de vídeos, uma vez que o citado vídeo lá era inserido. Ver mais sobre o caso em ROTHENBURG, Walter Claudius. O tempero da proporcionalidade no caldo dos direitos fundamentais. In: *Princípios processuais civis na Constituição*. Coord. Olavo de Oliveira Neto e Maria Elizabeth de Castro Lopes. Rio de Janeiro: Elsevier, 2008, p. 283-319.

Por sua vez, foram votos vencidos os Ministros Marco Aurélio, Celso de Mello e Eros Grau, que consideraram a prova *ilícita*, uma vez que "a invasão do escritório profissional, que é equiparado à casa, no período noturno estaria em confronto com o previsto no art. 5º, XI, da CF" (Inq 2.424, rel. Min. Cezar Peluso, j. 26-11-2008, Plenário, *DJe* de 26-3-2010 – ver as citadas passagens dos votos no *Informativo* n. 529, Brasília, 17 a 21-11- 2008).

O voto divergente do Min. Celso de Mello foi enfático: "A Polícia Federal não podia, ainda que munida de autorização judicial dada por esta Suprema Corte, ingressar, *durante a noite*, em espaço privado protegido pela cláusula constitucional da inviolabilidade domiciliar (um escritório de Advocacia), pois a Constituição, tratando-se de determinação judicial, somente permite o seu cumprimento "durante o dia", como resulta claro, inequívoco, do que se acha previsto na parte final do inciso XI do art. 5º de nossa Lei Fundamental" (*Informativo* n. 584, Brasília, 26 a 30-4-2010).

A fundamentação da minoria (em resumo: *a autorização judicial ofendeu gravemente a Constituição, pois esta exige que a violação do domicílio nesses casos seja "durante o dia"*) é de fácil assimilação, pois consta de dispositivo expresso da Constituição.

Já a fundamentação dos votos da maioria e, em especial, do Min. relator, Cezar Peluso, nos aproxima, de novo, da aplicação do princípio da proporcionalidade mesmo na existência de *direito redigido de modo preciso e limitado* pela própria Constituição. A intangibilidade dos domicílios durante a noite mesmo diante de ordem judicial foi ponderada com os demais direitos constitucionais.

De acordo com o que consta do *Informativo* n. 529 do STF, enfatizou-se que "os interesses e valores jurídicos, que não têm caráter absoluto, representados pela inviolabilidade do domicílio e pelo poder-dever de punir do Estado, devem ser ponderados e conciliados à luz da proporcionalidade quando em conflito prático segundo os princípios da concordância. Não obstante a equiparação legal da oficina de trabalho com o domicílio, julgou-se ser preciso recompor a *ratio* constitucional e indagar, para efeito de colisão e aplicação do princípio da concordância prática, qual o direito, interesse ou valor jurídico tutelado por essa previsão. Tendo em vista ser tal previsão tendente à tutela da intimidade, da privacidade e da dignidade da pessoa humana, considerou-se ser, no mínimo, duvidosa, a equiparação entre escritório vazio com domicílio *stricto sensu*, que pressupõe a presença de pessoas que o habitem. De toda forma, concluiu-se que as medidas determinadas foram de todo lícitas por encontrarem suporte normativo explícito e guardarem precisa justificação lógico-jurídico constitucional, já que a restrição consequente não aniquilou o núcleo do direito fundamental e está, segundo os enunciados em que desdobra o princípio da proporcionalidade, amparada na necessidade da promoção de fins legítimos de ordem pública".

Assim, utilizou-se a proporcionalidade e a concordância prática para justificar uma "*ponderação de segundo grau*", ou seja, apesar de a regra de colisão já ter sido estabelecida pela Constituição (e o constituinte ter ponderado a limitação do direito à justiça e à verdade em face do direito à inviolabilidade domiciliar) o STF decidiu submeter essa regra ("durante o dia") a uma nova ponderação e, tendo em vista o caso concreto, autorizou a invasão noturna do domicílio, uma vez que o escritório de advocacia estaria a serviço dos criminosos – justamente aproveitando do seu direito à inviolabilidade domiciliar – e a colocação da escuta ambiental seria inviável durante o dia.

Semelhante à ponderação de 2º grau está o chamado "duplo controle de proporcionalidade". Trata-se de avaliar se a aplicação de normas que aparentemente *não* violariam direitos fundamentais poderiam, *no caso concreto*, resultar em violação de direitos[122]. A doutrina cita, como

---

[122] MENDES, Gilmar Ferreira; COELHO, Inocêncio Mártires; BRANCO, Paulo Gustavo Gonet. *Curso de direito constitucional*. São Paulo: Saraiva, 2007, p. 326.

exemplo, o Caso *Lebach* na Alemanha, no qual foram discutidos, em concreto, a liberdade de informação e os direitos da personalidade. Em abstrato, não havia nenhuma ofensa à proporcionalidade pelo exercício do direito à informação por parte de órgão de imprensa, que noticia a prática de crime por determinado indivíduo. Em concreto, o Tribunal Constitucional da Alemanha considerou que a divulgação dos fatos criminosos e da identidade de envolvido em latrocínio rumoroso (ocorrido no vilarejo de Lebach, no qual quatro soldados, que guardavam um depósito de munição, foram assassinados, com roubo de armas), em programa de televisão, *anos depois*, ameaçava, de forma *desproporcional*, o seu direito ao pleno desenvolvimento da personalidade em um cenário de ressocialização[123].

Do nosso ponto de vista, é *plenamente possível* a ponderação de 2º grau, uma vez que o Poder Constituinte *não consegue esgotar* a regência expressa de todas as hipóteses de colisão entre os direitos fundamentais. Novas situações sociais surgem, gerando inesperadas colisões de direitos e exigindo ponderação pelo intérprete. Foi o que ocorreu com a "invasão noturna" de escritório de advocacia, autorizada pelo STF, e ainda a *interceptação telefônica* ordenada por magistrado em *processo cível* (a CF/88 prevê apenas em casos criminais – ver comentário a este caso na **Parte IV**, item 9.16), aceita pelo STJ, o que sugere que novos casos de ponderação em situações não previstas pelo Poder Constituinte ocorrerão no futuro.

7.4.6. Proporcionalidade e razoabilidade

O princípio da razoabilidade no campo dos direitos humanos consiste na (i) exigência de verificação da legitimidade dos fins perseguidos por uma lei ou ato administrativo que regulamente ou restrinja o exercício desses direitos, além da aferição da (ii) compatibilidade entre o meio empregado pela norma e os fins visados.

A origem desse instituto é norte-americana, sendo extraído da cláusula do devido processo legal. Conforme lição de Luís Roberto Barroso, o princípio do devido processo legal, nos Estados Unidos, extrapolou o caráter estritamente processual (*procedural due process*), gerando uma segunda faceta, de cunho substantivo (*substantive due process*), que se tornou fundamento do princípio da razoabilidade das leis e atos administrativos. O princípio da razoabilidade estabelece o controle do arbítrio dos Poderes Legislativo e Executivo e é "por seu intermédio que se procede ao exame de razoabilidade (*reasonableness*) e de racionalidade (*rationality*) das normas jurídicas e dos atos do Poder Público em geral". Em resumo, para Barroso, o "princípio da razoabilidade é um parâmetro de valoração dos atos do Poder Público para aferir se eles estão informados pelo valor superior inerente a todo ordenamento jurídico: a justiça"[124].

Há aqueles que defendem *equivalência entre os conceitos de proporcionalidade e razoabilidade*, uma vez que ambos têm como fundamento o chamado "*devido processo legal substancial*", sendo institutos idênticos com terminologia diferente apenas. Essa é a posição de vários precedentes do Supremo Tribunal Federal, como se vê no seguinte trecho de acórdão do STF: "à luz do princípio da *proporcionalidade ou da razoabilidade*, se impõe evitar a afronta à dignidade pessoal que, nas circunstâncias, a sua participação na perícia substantivaria" (HC 76.060, rel. Min. Sepúlveda Pertence, j. 31-3-1998, Primeira Turma, *DJ* de 15-5-1998)[125].

---

[123] Descrição do caso e decisão obtida em MARTINS, Leonardo (Org.). *Cinquenta anos de jurisprudência do Tribunal Constitucional Federal alemão*. Montevidéu: Konrad Adenauer Stiftung, 2005, p. 487 e s.

[124] BARROSO, Luís Roberto. Princípios da razoabilidade e proporcionalidade. In: SOARES, José Ronald Cavalcante (Coord.). *Direito constitucional*: estudos em homenagem a Paulo Bonavides. São Paulo: LTr, 2001, p. 319-342, em especial p. 320 e 324-325.

[125] Na doutrina, além de Luís Roberto Barroso (já citado), ver MENDES, Gilmar Ferreira; COELHO, Inocêncio Mártires; BRANCO, Paulo Gustavo Gonet. *Curso de direito constitucional*. São Paulo: Saraiva, 2007. BARROS,

Porém, há aqueles que diferenciam *razoabilidade* e *proporcionalidade,* enfatizando que a razoabilidade representa apenas um dos elementos do critério da proporcionalidade (elemento *adequação),* sendo este mais amplo. Para Virgílio Afonso da Silva, a regra da proporcionalidade é mais ampla do que a regra da razoabilidade, pois não se esgota no exame da compatibilidade entre meios e fins (adequação)[126].

7.4.7. Inconstitucionalidade e proporcionalidade

Ao estudar o critério da proporcionalidade, há o risco de se considerar que a ofensa à proporcionalidade gera, em si, a invalidade de determinada norma. Por exemplo, no plano da avaliação da constitucionalidade de uma lei ou ato normativo, existiria o seguinte raciocínio: uma lei é desproporcional e considerando que a proporcionalidade é cláusula implícita no *devido processo legal substancial* (art. 5º, LIV), consequentemente a lei referida seria inconstitucional porque violou o referido inciso LIV do art. 5º.

Ocorre que esse raciocínio impede que se perceba que a proporcionalidade é um critério, mera ferramenta na aplicação das normas. Nessa linha e voltando ao exemplo anterior, veremos que o raciocínio correto é diferente: a lei tratou de modo *desproporcional* determinado direito ou valor constitucional; por violar esse direito específico (tratado de modo desproporcional) é que a referida lei é inconstitucional.

A diferença é sutil e não afeta a conclusão ("a lei é inconstitucional"), mas há a grande vantagem de se dar transparência e exigir do julgador que explicite qual é o direito que foi tratado de modo desproporcional e *por qual motivo esse tratamento previsto pela lei foi considerado desproporcional.* Tratar a proporcionalidade como um critério ou método de avaliação tem a imensa vantagem de exigir dos julgadores uma exposição clara e consistente da argumentação jurídica que levou à *prevalência de um direito ou valor constitucional,* não bastando afirmar que é "desproporcional" e por isso inconstitucional *por si só.*

Essa discussão tem tido repercussão no STF, tendo o Min. Eros Grau sustentado: "Eu pediria ao Tribunal que dissesse: há uma ofensa a tal ou qual preceito constitucional. Singelamente, sem explicitar que há uma ofensa ao tal princípio da proporcionalidade, que nem é princípio; é uma pauta, é um método de avaliação da ofensa, ou não, da Constituição. (...) Nós não estamos julgando segundo a proporcionalidade, mas eventualmente dizendo que, *por não ser proporcional em relação à liberdade, à afirmação da igualdade, por exemplo, julgamos inconstitucional.* Mas a inconstitucionalidade está referida não à proporcionalidade ou à razoabilidade, *porém a direito fundamental que tenha sido violado pelo texto*" (passagem da intervenção oral – sem direito a voto – do Min. Eros Grau na ADI 855, rel. p/ o ac. Min. Gilmar Mendes, j. 6-3-2008, Plenário, *DJe* de 27-3-2009).

QUADRO SINÓTICO

A resolução dos conflitos entre direitos humanos

- Força expansiva dos direitos humanos: consiste no fenômeno pelo qual os direitos humanos contaminam as mais diversas facetas do ordenamento jurídico.
- Intensa abertura do ordenamento jurídico brasileiro aos direitos humanos - existência de amplo rol de direitos previsto na Constituição e nos tratados internacionais de direitos humanos.

Suzana de Toledo. *O princípio da proporcionalidade e o controle de constitucionalidade das leis restritivas de direitos fundamentais.* 2. ed. Brasília: Brasília Jurídica, 2000.

[126] SILVA, Virgílio Afonso da. O proporcional e o razoável, *RT*, São Paulo, v. 798, p. 23-50, 2002.

- Os direitos previstos na Constituição e nos tratados internacionais são redigidos de forma imprecisa, com uso frequente de conceitos indeterminados, que podem ser interpretados de modo ampliativo, atingindo facetas novas da vida social, a depender da interpretação.
- Jusfundamentalização do direito gera conflitos aparentes entre direitos de titulares diversos, exigindo do intérprete sólida argumentação jurídica sobre os motivos da prevalência de um direito em detrimento de outro, em determinada situação.
- Direitos humanos encontram seus limites tanto na sua redação original quanto na interação com os demais direitos. Não existem direitos absolutos, porque os direitos convivem com os demais direitos humanos.
- Colisão de direitos:
- Colisão de direitos em sentido estrito: é constatada quando o exercício de um determinado direito prejudica o exercício de outro direito do mesmo titular ou de titular diverso.
  a) Do ponto de vista subjetivo:
     1. Direitos do mesmo titular (nascendo a discussão sobre se o titular pode dispor do direito a ser sacrificado): concorrência de direitos (cruzamento ou acumulação de direitos);
     2. Direitos de titulares diferentes: colisão autêntica.
  b) Do ponto de vista objetivo:
     1. Direitos idênticos;
     2. Direitos de diferentes espécies.
- Colisão de direitos em sentido amplo: consiste no exercício de um direito que conflita ou interfere no cumprimento de um dever de proteção de um direito qualquer por parte do Estado.

Teoria Interna	- Os conflitos são superados pela determinação do verdadeiro conteúdo dos direitos envolvidos. Trata-se de fórmula de superação dos conflitos aparentes entre direitos humanos, mediante o uso da interpretação sistemática e finalística, que determinaria o verdadeiro conteúdo dos direitos envolvidos e a adequação desse conteúdo à situação fática analisada.
	- Para a teoria interna, há limites internos a todo direito, quer estejam traçados expressamente no texto da norma, quer sejam imanentes ou inerentes a determinado direito, que faz com que não seja possível um direito colidir com outro.
	    ■ Limite expresso ou aparente: o direito fundamental traz, em seu texto, a própria ressalva que o exclui da aplicação no caso concreto.
	    ■ Limite imanente: trata-se do poder do intérprete de reconhecer qual é a estrutura e finalidades do uso de determinado direito, delimitando-o.
	- A teoria interna nega os conflitos entre direitos humanos: "o direito cessa onde o abuso começa".
	- A teoria interna impõe ao intérprete que conheça a natureza, estrutura, finalidades do direito em análise, para que possa delinear seu âmbito de atuação. Tudo o que estiver fora desse âmbito é uma conduta desprovida de amparo da ordem jurídica.
	- Teoria Estruturante do Direito de Friedrich Müller ("metódica normativa-estruturante"): defende a separação entre programa da norma (gerado da análise da linguagem e finalidade do texto) e âmbito da norma (composto dos dados da realidade abrangida pelo programa da norma).
	- Para a teoria interna, as restrições aos direitos humanos devem ser expressamente autorizadas pela Constituição e pelos tratados de direitos humanos, ou, ainda, devem ser extraídas dos limites imanentes de cada direito. A delimitação de cada direito será realizada por meio da apreciação tanto da redação do direito quanto também dos dados da realidade social sobre a qual o texto incide.
	- Resultado do uso da teoria interna: ou a situação fática é albergada no âmbito de incidência de um direito humano, ou não é albergada e consequentemente não há direito algum a ser invocado.

Teoria Externa	• Adota a separação entre o conteúdo do direito e limites que lhe são impostos do exterior, oriundos de outros direitos. • Objetivo da teoria: superação dos conflitos de direitos dividindo o processo de interpretação dos direitos humanos em colisão em dois momentos: • 1) Delimitação do direito *prima facie* envolvido (identificação sobre se o direito incide aparentemente sobre a situação fática); • 2) Investigação sobre a existência de limites justificáveis impostos por outros direitos, de modo a impedir que o direito aparente seja considerado um direito definitivo. A justificação se dá pelo critério da proporcionalidade. • Casos difíceis (*hard cases*): casos nos quais há conflitos de direitos redigidos de forma genérica e imprecisa, contendo valores morais contrastantes e sem consenso na comunidade sobre sua resolução - insuficiência da teoria interna para solucioná-los - adoção da teoria externa nestes casos resulta em maior transparência do raciocínio jurídico do intérprete. • Critério da proporcionalidade: chave-mestra da teoria externa, pois garante racionalidade e controle da argumentação jurídica que será desenvolvida para estabelecer os limites externos de um direito e afastá-lo da regência de determinada situação fática. • Posição de Hesse: os conflitos entre direitos fundamentais podem ser resolvidos pela concordância prática: os direitos de estatura constitucional podem ser equilibrados entre si, gerando uma compatibilidade da aplicação dessas normas jurídicas de idêntica hierarquia, mesmo que, no caso concreto, seja minimizada a aplicação de um dos direitos envolvidos.

O critério da proporcionalidade	
Conceito	• Consiste na aferição da idoneidade, necessidade e equilíbrio da intervenção estatal (por meio de lei, ato administrativo ou decisão judicial) em determinado direito fundamental. Trata-se de uma ferramenta de aplicação dos direitos humanos em geral, em situação de limitação, concorrência ou conflito de direitos humanos, na busca de proteção.
Situações típicas de invocação do critério da proporcionalidade na temática dos direitos humanos	1) existência de lei ou ato administrativo que, ao incidir sobre determinado direito, o restrinja; 2) existência de lei ou ato administrativo que, ao incidir sobre determinado direito, não o proteja adequadamente; 3) existência de decisão judicial que tenha que, perante um conflito de direitos humanos, optar pela prevalência de um direito, limitando outro.
Facetas do critério da proporcionalidade	a) fiscalização e proibição do excesso dos atos limitadores do Estado; b) promoção de direitos, pela qual o critério da proporcionalidade fiscaliza os atos estatais excessivamente insuficientes para promover um direito, gerando uma "proibição da proteção insuficiente"; c) ponderação em um conflito de direitos, pela qual o critério da proporcionalidade é utilizado pelo intérprete para fazer prevalecer um direito, restringindo outro.
Fundamentos	• Implícitos na CF/88, na visão da doutrina e dos precedentes do STF, embora não haja consenso: ▪ Estado Democrático de Direito; ▪ Devido processo legal; ▪ Dignidade humana e direitos fundamentais; ▪ Princípio da isonomia; ▪ Direitos e garantias decorrentes do regime e dos princípios da Constituição.

Elementos da proporcionalidade	a) *adequação* das medidas estatais à realização dos fins propostos: examina-se se a decisão normativa restritiva de um determinado direito fundamental resulta, em abstrato, na realização do objetivo perseguido; b) *necessidade* das medidas: busca-se detectar se a decisão normativa é indispensável ou se existe outra decisão passível de ser tomada que resulte na mesma finalidade almejada, mas que seja menos maléfica ao direito em análise; c) *proporcionalidade em sentido estrito*: ponderação (ou equilíbrio) entre a finalidade perseguida e os meios adotados para sua consecução (proporcionalidade em sentido estrito); avaliação da relação custo-benefício da decisão normativa avaliada.
Proibição da proteção insuficiente	• Proibição da proteção insuficiente é o sentido positivo do critério da proporcionalidade: o critério não é apenas controle das restrições a direitos, mas também controle da promoção a direitos. ▪ Decorre do reconhecimento dos deveres de proteção, fruto da dimensão objetiva dos direitos humanos. ▪ A proibição da proteção insuficiente também utiliza os mesmos três elementos da proporcionalidade.
"Ponderação de segundo grau"	• Apesar de a regra de colisão já ter sido previamente estabelecida na Constituição (e o constituinte ter ponderado a limitação dos direitos em colisão), submete-se essa regra a uma nova ponderação.
"Duplo controle de constitucionalidade"	• Trata-se de avaliar se a aplicação de normas que aparentemente não violariam direitos fundamentais poderiam, no caso concreto, resultar em violação de direitos.

Princípio da razoabilidade no campo dos direitos humanos	• Consiste na exigência de verificação da legitimidade dos fins perseguidos por uma lei ou ato administrativo que regulamente ou restrinja o exercício desses direitos, além da compatibilidade entre o meio empregado pela norma e os fins visados.
	▪ Origem do instituto: norte-americana (extraído da cláusula do devido processo legal).
	▪ Doutrina brasileira: duas correntes:
	  a) Ideia de que há equivalência entre os conceitos de proporcionalidade e razoabilidade, uma vez que ambos têm como fundamento o chamado "devido processo legal substancial";
	  b) Ideia de que razoabilidade e proporcionalidade se diferenciam; a razoabilidade representa apenas um dos elementos do critério da proporcionalidade (elemento adequação), sendo este mais amplo.

Proporcionalidade e inconstitucionalidade	• A proporcionalidade é um critério, uma ferramenta na aplicação das normas. Assim, se a lei tratou de modo desproporcional determinado direito ou valor constitucional, por violar esse direito específico (tratado de modo desproporcional), a referida lei é inconstitucional.

8. A PROTEÇÃO DO CONTEÚDO ESSENCIAL DOS DIREITOS HUMANOS E A "GARANTIA DUPLA"

A proteção do conteúdo essencial dos direitos humanos consiste no *reconhecimento da existência de núcleo permanente composto por determinadas condutas abarcadas pelo âmbito normativo de um direito específico, que não pode ser afetado de forma alguma pela intervenção do Estado*. Esse núcleo é intocável, constituindo-se em um "limite do limite" para o legislador e aplicador dos direitos humanos. A parte do direito que pode ser *regulada* ou *limitada* é somente aquela que não faz parte desse núcleo inexpugnável.

A teoria da proteção do conteúdo essencial origina-se de dispositivos expressos de determinadas Constituições, como, por exemplo, a Lei Fundamental de Bonn de 1949 (art. 19.2[127], ao que tudo indica, a primeira a expressamente estabelecer tal proteção), a Constituição de Portugal (art. 18.3), a Constituição da Espanha (art. 53.1). Em comum a todas elas está o fato de terem sido redigidas após ditaduras. No plano internacional, a Carta de Direitos Fundamentais da União Europeia estabelece, em seu art. 52.1 que "qualquer restrição ao exercício dos direitos e liberdades reconhecidos pela presente Carta deve ser prevista por lei e respeitar o *conteúdo essencial* desses direitos e liberdades". Esse dispositivo é fruto da influência alemã, e é evidente *reação* ao passado ditatorial recente de vários novos ingressantes da União Europeia (ex-países comunistas, como Polônia e outros).

No Brasil, não há adoção expressa na CF/88 da proteção do "conteúdo essencial", mas determinados autores, como Sarlet, sustentam que as cláusulas pétreas previstas no art. 60, § 4º, da Constituição Federal *implicitamente* resultam na garantia do conteúdo essencial dos direitos humanos[128]. Já Gilmar Mendes defende que a existência da garantia do conteúdo essencial é *implícita* ao próprio "modelo garantístico usado pelo Constituinte"[129].

Há duas teorias a respeito de como delimitar o *conteúdo essencial* dos direitos humanos: a teoria do "conteúdo essencial absoluto" e a teoria do "conteúdo essencial relativo".

Para a teoria do conteúdo essencial absoluto, o conteúdo essencial de um direito é determinado por meio da análise, *em abstrato*, de sua redação, o que seria suficiente para identificar e separar os seus elementos essenciais dos não essenciais. Assim, seria possível identificar já na redação do direito "um espaço de maior intensidade valorativa (o coração do direito) que não poderia ser afetado sob pena de o direito deixar realmente de existir"[130].

Na maioria dos casos, contudo, os direitos humanos apresentam uma redação concisa e lacônica, o que dificulta a identificação desse "núcleo duro" e intangível de determinado direito, o que torna a teoria absoluta *irrealizável*. Nesse sentido, decidiu o STF: "(...) É verdade que a teoria absoluta, ao acolher uma noção material do núcleo essencial, insuscetível de redução por parte do legislador, pode converter-se, em muitos casos, numa fórmula vazia, dada a dificuldade ou até mesmo a impossibilidade de se demonstrar ou caracterizar *in abstracto* a existência desse mínimo essencial" (HC 85.687-0-RS, voto do Min. Gilmar Mendes).

Por sua vez, a teoria relativa do conteúdo essencial dos direitos humanos sustenta que o núcleo essencial não é preestabelecido e fixo, mas *determinável*, de acordo com as circunstâncias de cada caso concreto, após a realização de um juízo de proporcionalidade com outros direitos eventualmente em colisão. A teoria relativa utiliza o princípio da proporcionalidade, para, de acordo com as exigências do momento, ampliar ou restringir o conteúdo essencial de um direito. O núcleo essencial de determinado direito seria formado pelo mínimo insuscetível de restrição ou redução com base em um *processo de ponderação*. Para a teoria relativa, então, o conteúdo

---

[127] *In verbis*: "em nenhum caso poderá ser afetado o conteúdo essencial de um direito fundamental".
[128] SARLET, Ingo Wolfgang. *A eficácia dos direitos fundamentais*. 2. ed. Porto Alegre: Livraria do Advogado, 2001, p. 354.
[129] MENDES, Gilmar Ferreira; COELHO, Inocêncio Mártires; BRANCO, Paulo Gustavo Gonet. *Curso de direito constitucional*. São Paulo: Saraiva, 2007, p. 305.
[130] VIEIRA DE ANDRADE, José Carlos. *Os direitos fundamentais na Constituição portuguesa de 1976*. Reimp. Coimbra: Almedina, 1987, p. 233 e 235-236.

essencial decorre da proporcionalidade e, assim, a simples aceitação da proporcionalidade implica respeitar o conteúdo essencial dos direitos humanos[131].

No Brasil, há poucos casos de invocação da garantia de conteúdo essencial e neles não há definição sobre a teoria (absoluta ou relativa) adotada. Quando se menciona a garantia do conteúdo essencial dos direitos humanos em precedentes do STF, há o uso de uma "garantia dupla" dos direitos humanos. Em primeiro lugar, verifica-se se a restrição a determinado direito é aceitável de acordo com o *princípio da proporcionalidade*; em seguida, avalia-se se essa restrição não esvaziou totalmente o "conteúdo essencial" do direito em análise.

Nesse sentido, o voto do Min. Celso de Mello é claro ao adotar essa "garantia dupla" dos direitos humanos, ao decidir que: "Entendo que a superação dos antagonismos existentes entre princípios constitucionais há de resultar da utilização, pelo Supremo Tribunal Federal, de critérios que lhe permitam ponderar e avaliar, *hic et nunc*, em função de determinado contexto e sob uma perspectiva axiológica concreta, qual deva ser o direito a preponderar no caso, considerada a situação de conflito ocorrente, desde que, no entanto, *a utilização do método da ponderação de bens e interesses não importe em esvaziamento do conteúdo essencial dos direitos fundamentais*" (voto do Min. Celso de Mello no HC 82.424, rel. p/ o ac. Min. Presidente Maurício Corrêa, j. 17-9-2003, Plenário, *DJ* de 19-3-2004; repetido em outros votos do Ministro).

Em caso envolvendo a não obrigatoriedade de diploma específico para o exercício da profissão de jornalista, o Min. Gilmar Mendes adotou essa "garantia dupla", ao dispor que "a restrição legal desproporcional *e* que viola o conteúdo essencial da liberdade deve ser declarada inconstitucional" (RE 511.961, rel. Min. Gilmar Mendes, j. 17-6-2009, Plenário, *DJe* de 13-11-2009).

Em *sentido contrário* a essa posição do STF, posiciona-se Virgílio Afonso da Silva, para quem a garantia do conteúdo essencial dos direitos fundamentais é "simples decorrência do respeito à regra da proporcionalidade" (posição da teoria relativa vista acima). Assim, se eventual restrição a direito fundamental passar no "teste da proporcionalidade", essa restrição é *constitucional* e apta a ser utilizada pelo intérprete[132].

QUADRO SINÓTICO

A proteção do conteúdo essencial dos direitos humanos

- Proteção do conteúdo essencial dos direitos humanos: consiste no reconhecimento da existência de núcleo permanente, que não pode ser afetado de forma alguma, em todo direito fundamental. Trata-se de um núcleo intocável, constituindo-se em um "limite do limite" para o legislador e aplicador dos direitos humanos.
- A proteção do conteúdo essencial origina-se de dispositivos expressos de determinadas Constituições (Lei Fundamental de Bonn, Constituição de Portugal, Constituição da Espanha, Constituição do Chile), que foram redigidas após ditaduras.
- No plano internacional, a Carta de Direitos Fundamentais da União Europeia estabelece a proteção do conteúdo essencial dos direitos humanos.
- No Brasil, não há previsão expressa da proteção do "conteúdo essencial", mas determinados autores sustentam que as cláusulas pétreas previstas no art. 60, § 4º, da CF/88 implicitamente resultam na garantia do conteúdo essencial dos direitos humanos.

---

[131] SILVA, Virgílio Afonso da. *Direitos fundamentais*: conteúdo essencial, restrições e eficácia. São Paulo: Malheiros, 2010, em especial p. 203.

[132] SILVA, Virgílio Afonso da. *Direitos fundamentais*: conteúdo essencial, restrições e eficácia. São Paulo: Malheiros, 2010, em especial p. 202.

- Teorias a respeito de como delimitar o conteúdo essencial dos direitos humanos:
  - Teoria do "conteúdo essencial absoluto": sustenta que o conteúdo essencial de um direito é determinado por meio da análise, em abstrato, de sua redação, o que seria suficiente para identificar e separar seus elementos essenciais dos não essenciais.
  - Teoria do "conteúdo essencial relativo": sustenta que o núcleo essencial não é preestabelecido e fixo, mas determinável em cada caso, de acordo com as circunstâncias de cada caso concreto, após a realização de um juízo de proporcionalidade com outros direitos eventualmente em colisão. A teoria relativa utiliza o critério da proporcionalidade, para, de acordo com as exigências do momento, ampliar ou restringir o conteúdo essencial de um direito.

9. ESPÉCIES DE RESTRIÇÕES DOS DIREITOS HUMANOS

9.1. As restrições legais: a reserva legal simples e a reserva legal qualificada

A *restrição em sentido amplo* de um direito fundamental consiste em ação ou omissão do Estado, que *elimina, reduz, comprime* ou *dificulta* de alguma maneira o exercício de direito fundamental pelo seu titular, ou ainda enfraquece *os deveres de proteção* que dele resultam ao Estado, afetando negativamente o exercício desse direito por seu titular[133]. A restrição a direitos humanos em sentido amplo pode ser realizada por meio de lei ou por meio de interpretação judicial que decide o conflito entre direitos em colisão.

Em sentido estrito, a restrição a um direito consiste em *intervenções legislativas* que foram autorizadas pela Constituição para limitar determinado direito, desde que respeitadas a proporcionalidade e o conteúdo essencial dos direitos humanos. São as chamadas *restrições legais* aos direitos humanos.

Em relação às restrições legais, a Constituição de 1988 traz dois tipos claros de restrições permitidas: a restrição ou reserva legal *simples* e a restrição ou reserva legal *qualificada*.

A *reserva legal simples* consiste na *autorização dada pela Constituição à edição posterior de lei que adote determinada restrição a direito fundamental*. Basta a leitura da Constituição para encontrarmos vários casos de reserva de lei simples na seara dos direitos humanos, como, por exemplo, nos seguintes incisos do art. 5º: VI – é inviolável a liberdade de consciência e de crença, sendo assegurado o livre exercício dos cultos religiosos e garantida, *na forma da lei*, a proteção aos locais de culto e a suas liturgias; VII – é assegurada, *nos termos da lei*, a prestação de assistência religiosa nas entidades civis e militares de internação coletiva; XV – é livre a locomoção no território nacional em tempo de paz, podendo qualquer pessoa, *nos termos da lei*, nele entrar, permanecer ou dele sair com seus bens; XLV – nenhuma pena passará da pessoa do condenado, podendo a obrigação de reparar o dano e a decretação do perdimento de bens ser, *nos termos da lei*, estendidas aos sucessores e contra eles executadas, até o limite do valor do patrimônio transferido; LVIII – o civilmente identificado não será submetido a identificação criminal, salvo nas hipóteses *previstas em lei*[134]. A terminologia varia: "na forma da lei"; "nos termos da lei"; "previstas em lei", entre outras, mas com uma característica comum: a Constituição *não fixa previamente os requisitos, condições ou parâmetros* da lei a ser editada pelo legislador.

---

[133] NOVAIS, Jorge Reis. *As restrições aos direitos fundamentais não expressamente autorizadas pela Constituição.* Coimbra: Coimbra Ed., 2003, p. 247.

[134] Conforme consta do voto do Min. Gilmar Mendes no HC 82.424, rel. p/ o ac. Min. Presidente Maurício Corrêa, j. 17-9-2003, Plenário, *DJ* de 19-3-2004. Também ver MENDES, Gilmar Ferreira; COELHO, Inocêncio Mártires; BRANCO, Paulo Gustavo Gonet. *Curso de direito constitucional.* São Paulo: Saraiva, 2007, p. 297.

Já a *restrição ou reserva legal qualificada* é aquela em que a Constituição, além de estabelecer a reserva de lei, ainda estipula os requisitos e condições que a lei necessariamente deve observar. O art. 5º, XIII, que trata da liberdade do exercício profissional estabelece ser livre o exercício de qualquer trabalho, ofício ou profissão, *atendidas as qualificações profissionais que a lei estabelecer*.

Todavia, toda reserva legal de um direito fundamental é, na verdade, uma "reserva legal *proporcional*", ou seja, deve a lei que impôs a restrição ser aprovada pelo crivo da proporcionalidade (voto do Min. Gilmar Mendes no ADI 855, rel. p/ o ac. Min. Gilmar Mendes, j. 6-3-2008, Plenário, *DJe* de 27-3-2009, grifo nosso).

9.2. Os direitos sem reserva expressa: a reserva legal subsidiária e a "reserva geral de ponderação"

Há ainda direitos previstos na Constituição sem qualquer menção à lei posterior restritiva. Mesmo assim, tais direitos *estão* sujeitos a uma *reserva legal subsidiária*, podendo o legislador regular esse direito em face dos demais valores constitucionais. Claro que a norma legal regulamentadora deverá sobreviver ao teste da proporcionalidade, demonstrando que a eventual limitação a direito previsto sem restrição expressa da Constituição, atendeu, de modo proporcional, a realização de outros direitos essenciais.

O exemplo sempre lembrado é o da regulamentação do sigilo de correspondência pela Lei n. 7.210/84, que *permite* a violação da correspondência do preso (art. 41, parágrafo único), apesar de o art. 5º, XII, da CF/88 tratar da "inviolabilidade da correspondência" *sem qualquer ressalva* ou permissão de violação "nos termos da lei". A citada lei foi considerada válida, uma vez que a interceptação da correspondência dos presos foi justificada em nome da preservação do direito à segurança de todos, inclusive dos agentes penitenciários. Nesse sentido, decidiu o STF que "a administração penitenciária, com fundamento em razões de segurança pública, de disciplina prisional ou de preservação da ordem jurídica, pode, sempre excepcionalmente, e desde que respeitada a norma inscrita no art. 41, parágrafo único, da Lei 7.210/1984, proceder à interceptação da correspondência remetida pelos sentenciados, eis que a cláusula tutelar da inviolabilidade do sigilo epistolar não pode constituir instrumento de salvaguarda de práticas ilícitas" (HC 70.814, rel. Min. Celso de Mello, j. 1º-3-1994, Primeira Turma, *DJ* de 24-6-1994).

Além da "reserva legal subsidiária", todos direitos fundamentais – mesmo sem restrição expressa – estão sujeitos a uma "reserva geral de ponderação"[135], uma vez que esses *dispositivos estão sujeitos à ponderação* com outros valores previstos na Constituição, relacionados a outros direitos fundamentais em colisão.

9.3. As limitações dos direitos humanos pelas relações especiais de sujeição

Há limitações de direitos humanos que resultam da inserção do titular desses direitos em uma *situação de sujeição* especial do indivíduo perante o Poder Público. Essa *sujeição* ocorreria devido à necessidade de atendimento a determinadas necessidades sociais, que, sem tal sujeição, não teriam como ser atendidas.

O exemplo maior seria o regime jurídico especial dos membros das Forças Armadas, submetidos à *hierarquia e disciplina próprias*, afetando os direitos dos militares e que seriam indispensáveis para a boa organização castrense. A própria Constituição de 1988 impõe limites expressos aos direitos humanos dos militares, em especial no art. 5º, LXI ("ninguém será preso

---

[135] NOVAIS, Jorge Reis. *As restrições aos direitos fundamentais não expressamente autorizadas pela Constituição*. Coimbra: Coimbra Ed., 2003, p. 359.

senão em flagrante delito ou por ordem escrita e fundamentada de autoridade judiciária competente, *salvo nos casos de transgressão militar ou crime propriamente militar, definidos em lei*") e ainda no art. 142, *caput* e § 2º ("Art. 142. As Forças Armadas, constituídas pela Marinha, pelo Exército e pela Aeronáutica, são instituições nacionais permanentes e regulares, organizadas com base na *hierarquia e na disciplina* (...) § 2º *Não* caberá *habeas corpus* em relação a punições disciplinares militares").

Esse *atendimento a necessidades sociais diferenciadas* seria o fundamento para determinadas restrições ou mesmo supressões de determinados direitos existentes em situações análogas no seio da sociedade civil. Consequentemente, o regime jurídico dos direitos humanos de *militares, funcionários públicos, sentenciados, estudantes* e *internos* da *rede escolar pública*, entre outros, seria distinto e poderiam ser seus direitos menos abrangentes do que os direitos dos demais indivíduos que não estivessem em tal situação.

O princípio da *supremacia do interesse público sobre o interesse privado* é a justificativa da legitimidade de tais restrições a direitos humanos dos submetidos a uma relação especial de sujeição. Porém, não se justifica, na atualidade, a invocação *sem maior discussão* dessa supremacia do interesse público. Ao contrário, há hoje o critério da *proporcionalidade* que pode orientar a interpretação dos direitos desses indivíduos, no choque com os direitos de terceiros e bens constitucionalmente protegidos. Não cabe apenas invocar o regime de "relação especial de sujeição" para restringir determinado direito: é necessário que tal restrição seja *proporcional* e, com isso, resolva de maneira adequada o conflito entre o direito do indivíduo submetido a tal relação especial de sujeição e os direitos da comunidade. Por exemplo, será que o regime disciplinar das Forças Armadas – com o amesquinhamento do princípio da legalidade e tipicidade, permitindo amplíssima dose de discricionariedade na caracterização e na dosimetria de sanções disciplinares pelo superior hierárquico – é *proporcional* e atende as finalidades em uma sociedade democrática? Do nosso ponto de vista, não basta justificar esse regime (imposto pelo "Estatuto dos Militares", Lei n. 6.880/80) apenas alegando a "relação especial de sujeição", mas deve ser analisado o conflito entre os direitos dos indivíduos (submetidos a tal poder) e os direitos dos terceiros, que são beneficiados pela existência de uma Força Armada preparada e eficiente.

Nessa linha, o Supremo Tribunal Federal considerou legítima a criminalização de atos libidinosos praticados por militares em ambientes sujeitos à administração militar, sendo justificável pelo regime especial da hierarquia e da disciplina castrenses. Contudo, o STF decidiu que não foram recepcionadas pela CF/88 as expressões "pederastia ou outro" e "homossexual ou não", contidas, respectivamente, no "nomen juris" e no *caput* do art. 235 do Código Penal Militar. Para o STF, "[n]ão se pode permitir que a lei faça uso de expressões pejorativas e discriminatórias, ante o reconhecimento do direito à liberdade de orientação sexual como liberdade existencial do indivíduo. Manifestação inadmissível de intolerância que atinge grupos tradicionalmente marginalizados" (ADPF 291, rel. Min. Roberto Barroso, j. 28-10-2015, publicado em 11-5-2016).

9.4. O enfrentamento de situações de emergência à luz dos direitos humanos

A limitação de um direito protegido pode ser fruto de restrições excepcionais e temporárias de defesa do próprio Estado de Direito[136].

A Constituição brasileira prevê a existência de regimes jurídicos extraordinários para combater situações excepcionais nas quais há necessidade de adoção de medidas anormais,

---

[136] CARVALHO RAMOS, André de. *Teoria geral dos direitos humanos na ordem internacional*. 8. ed. São Paulo: Saraiva, 2024, p. 244 e seguintes.

suspendendo ou restringindo de modo contundente direitos para assegurar, em última análise, a preservação do regime democrático e do Estado de Direito.

O sistema constitucional de combate a crises é composto pelos institutos do "estado de sítio" e do "estado de defesa", que admitem a suspensão ou a restrição diferenciada a direitos em situações excepcionais.

Para evitar abusos e desvio de finalidade desses institutos (ao invés de proteger a democracia, podem ser usados por governantes para aniquilá-la) há severo escrutínio do Direito Internacional dos Direitos Humanos sobre hipóteses de invocação e seu modo de utilização.

No plano internacional, o Pacto Internacional de Direitos Civis e Políticos admite a existência de cenários de emergência em seu art. 4º (a ser estudado abaixo), possibilitando medidas de restrição e suspensão de direitos protegidos em face de situações excepcionais que ameacem a existência do Estado e sejam proclamadas oficialmente. Para o Comitê de Direitos Humanos (órgão do Pacto) tais medidas devem ser estritamente proporcionais à situação de emergência enfrentada (Comentário n. 29/2001).

A Convenção Americana sobre os Direitos Humanos prevê, em seu art. 27 (a ser estudado abaixo) que, em período de guerra, de perigo público ou de outra emergência que ameace a independência ou a segurança do Estado Parte, podem ser adotadas disposições que, na medida e pelo tempo estritamente limitados às exigências da situação, suspendam os direitos previstos na Convenção, sempre que tais disposições não sejam incompatíveis com as demais obrigações que se lhes imponha o Direito Internacional e não adotem discriminação alguma fundada em motivos de raça, cor, sexo, idioma, religião ou origem social.

Além dos rigorosos requisitos, a suspensão das garantias é limitada a alguns direitos, na medida e pelo tempo estritamente limitados às exigências da situação, sem que se violem outras obrigações internacionais e sem que se pratique discriminações.

Há, assim, limites materiais (quanto ao conteúdo e intensidade da restrição), temporais e procedimentais:

(i) materiais quanto ao *conteúdo* da restrição: há direitos inderrogáveis, como se vê na Convenção Americana sobre Direitos Humanos (CADH) e no Pacto Internacional de Direitos Civis e Políticos (PIDCP), que estabelecem não serem passíveis de suspensão diversos direitos. No PIDCP, os direitos não passíveis de suspensão constam do "rol do art. 4.2": direito à vida (art. 6º); direito à integridade pessoal (proibição da tortura – art. 7º); direito à liberdade (proibição da escravidão e similares – arts. 8.1 e 8.2); direito à liberdade (proibição de prisão por obrigação contratual – art. 11); direito à liberdade na faceta da proteção do princípio da legalidade e da irretroatividade da lei penal e da retroatividade da lei penal benigna (art. 15); direito ao reconhecimento da personalidade jurídica (art. 16) e liberdade de pensamento, de consciência e de religião (art. 18). Na CADH a lista dos direitos que não são sujeitos à suspensão compõe o "rol do art. 27.2", a saber: direito ao Reconhecimento da Personalidade Jurídica (art. 3º); direito à vida (art. 4º); direito à integridade pessoal (art. 5º); direito à liberdade (Proibição da Escravidão e Servidão – art. 6º), direito à liberdade (Princípio da Legalidade e da Retroatividade – art. 9º); liberdade de consciência e de religião (art. 12); proteção da família (art. 17); direito ao nome (art. 18); direitos da criança (art. 19); direito à nacionalidade (art. 20); e direitos políticos (art. 23). Além do rol do art. 27.2, a CADH estipula que a suspensão de direitos pelo Estado não pode ser incompatível com "as demais obrigações que lhe impõe o Direito Internacional", o que exige a leitura em conjunto com o disposto no PIDCP. Por usa vez, não podem ser suspensas, de acordo com a Corte Interamericana de Direitos Humanos, as garantias judiciais indispensáveis para a proteção de tais direitos (como o *habeas corpus* ou o mandado de segurança, à luz da Opinião Consultiva n. 8/87, da Corte IDH);

(ii) materiais quanto à *intensidade* da limitação: exige-se que a restrição seja proporcional e último recurso para assegurar a sobrevivência do Estado de Direito, cabendo suspender ou restringir de modo excepcional somente os direitos que guardem relação com as medidas excepcionais necessárias para o atendimento da emergência pública;

(iii) procedimentais, pois se exige que a situação analisada seja efetivamente uma "emergência" e que o Estado tenha cumprido os requisitos para a decretação oficial, de acordo com suas regras constitucionais, do regime excepcional (Comentário n. 29/2001 do Comitê de Direitos Humanos);

(iv) temporais, só devendo perdurar na exata medida da duração da emergência (*vide* a situação do combate à pandemia do COVID-19 na **Parte IV** desta obra).

QUADRO SINÓTICO

Espécies de restrições dos direitos humanos

- A restrição a direitos humanos é realizada por meio de lei ou por meio de interpretação judicial que decide o conflito entre direitos em colisão.
- Restrição em sentido amplo de um direito fundamental: consiste em ação ou omissão do Estado, que elimina, reduz, comprime ou dificulta de alguma maneira o exercício de direito fundamental pelo seu titular, ou ainda enfraquece os deveres de proteção que dele resultam ao Estado, afetando negativamente o exercício desse direito por seu titular.
- Restrição em sentido estrito: consiste em intervenções legislativas que foram autorizadas pela Constituição para limitar determinado direito, desde que respeitadas a proporcionalidade e o conteúdo essencial dos direitos humanos. São as chamadas restrições legais aos direitos humanos.

As restrições legais	- A Constituição de 1988 traz dois tipos claros de restrições legais permitidas: - Restrição ou reserva legal simples: consiste na autorização dada pela Constituição a edição posterior de lei que adote determinada restrição a direito fundamental. - Restrição ou reserva legal qualificada: é aquela em que a Constituição, além de estabelecer a reserva de lei, ainda estipula os requisitos e condições que a lei necessariamente deve observar. Toda reserva legal de um direito fundamental é, na verdade, uma "reserva legal proporcional", ou seja, deve a lei que impôs a restrição ser aprovada pelo crivo da proporcionalidade.
Os direitos sem reserva expressa	- Reserva legal subsidiária: situação em que direitos são previstos na Constituição sem qualquer menção à lei restritiva, mas podem ser regulados pelo legislador em face dos demais valores constitucionais. - "Reserva geral de ponderação": todos os direitos fundamentais estão a ela submetidos, uma vez que estão sujeitos à ponderação com outros valores previstos na Constituição, relacionados a outros direitos fundamentais em colisão.
Limitações dos direitos humanos pelas relações especiais de sujeição	- São oriundas da inserção do titular dos direitos humanos em uma situação de sujeição especial do indivíduo perante o Poder Público, decorrente da necessidade de atendimento a determinadas necessidades sociais, que, sem tal sujeição, não teriam como ser atendidas. - Exemplos: regime jurídico dos direitos humanos de militares, funcionários públicos, sentenciados, estudantes e internos da rede escolar pública. - Justificativa da legitimidade de tais restrições a direitos humanos submetidos a uma relação especial de sujeição: princípio da supremacia do interesse público sobre o interesse privado – entretanto, é necessário que a restrição seja proporcional.

Limitações dos direitos humanos em virtude de situações de emergência	• São oriundas de situações que ameacem a existência do Estado de Direito, como as existentes em um (i) período de guerra; de (ii) perigo público; ou de (iii) outra emergência que ameace a independência ou a segurança do Estado. • Há limites: (i) materiais quanto ao conteúdo da restrição (ii) materiais quanto à intensidade da limitação; (iii) procedimentais; e (iv) temporais.

10. OS DIÁLOGOS INSTITUCIONAIS E A CONVIVÊNCIA ENTRE A LEGITIMIDADE DEMOCRÁTICA E A PROTEÇÃO DOS DIREITOS HUMANOS. O EFEITO *BACKLASH*

O direito de acesso à Justiça concretiza a realização dos demais direitos humanos por intermédio do Poder Judiciário. Como o Judiciário é o "Poder sem voto", as ordens judiciais poderiam ser consideradas como ameaças à democracia, uma vez que a judicialização dos direitos pode resultar na supremacia do Poder Judiciário em face dos demais Poderes do Estado. Trata-se, na verdade, de colisão de direitos: de um lado, o direito de acesso à justiça e a busca da reparação a determinado direito ofendido, que concretizam o Estado de Direito; de outro, o direito à democracia. Para superar esse antagonismo aparente entre Estado de Direito (o acesso à Justiça e o combate às omissões e ilícitos do Poder Público é uma de suas facetas mais conhecidas) e democracia (respeito à vontade da maioria que, teoricamente, informa as medidas do Poderes Legislativo e Executivo) busca-se o diálogo institucional entre o Poder Judiciário e os demais órgãos.

O diálogo institucional consiste em instrumento de busca de solução para casos complexos submetidos ao Poder Judiciário, os quais exigem respostas construídas a partir de interação contínua, sujeita a revisões e aperfeiçoamentos, entre órgãos de diversos Poderes e do Ministério Público. Trata-se de releitura da fórmula da separação das funções do Poder, dando ênfase, na elaboração da decisão judicial, a um papel do consenso construído com os demais órgãos estatais, evitando a "supremacia judicial" em casos complexos.

No Canadá, o diálogo institucional originou-se em resposta ao questionamento da falta de legitimidade democrática do controle de constitucionalidade, após a edição da Carta de Direitos e Liberdades, de 1982. A própria Carta estabelece que o Parlamento (federal ou provincial) pode determinar a aplicação de uma lei, *não obstante* a declaração judicial de violação -pela lei -de direitos lá previstos[137]. Assim, uma decisão judicial não se torna uma proibição permanente a uma lei, mas um início de diálogo que busca conciliar os direitos fundamentais da Carta canadense com as políticas do Parlamento[138].

No Brasil, a intensa judicialização dos mais variados temas da vida social por meio do controle abstrato de constitucionalidade (como se vê no uso disseminado e nos mais diversos temas da Arguição de Descumprimento de Preceito Fundamental – ADPF) fez nascer, em algumas decisões do STF, o uso dessa técnica para que se chegue a uma decisão construída dialogicamente e, em consequência, com maior efetividade. A convocação das partes e dos órgãos interessados para audiência de conciliação, com participação ativa do magistrado é um instrumento para que se concretize o "diálogo institucional".

---
[137] Art. 33 da Carta, conhecido como "cláusula não obstante".
[138] CLÈVE, Clèmerson Merlin e LORENZETTO, Bruno Meneses. Diálogos institucionais: estrutura e legitimidade". *Revista de Investigações Constitucionais*, Curitiba, vol. 2, n. 3, pp. 183-206, set./dez. 2015, em especial p. 192.

Em voto do Min. Barroso ficaram mencionadas as duas facetas do diálogo: 1) não é possível "abdicar do papel próprio dos tribunais, que é a tutela de direitos"; e 2) cabe abrir um "diálogo institucional e respeitar a separação de Poderes" (RE 661.256, rel. p/ o ac. Min. Dias Toffoli, j. 27-10-2016, P, *DJe* de 28-9-2017, tema 503 – tratamento jurídico da desaposentação), a fim de se obter decisão favorável à implementação de direitos.

Além disso, o "diálogo institucional" permite fortalecer a matriz democrática da decisão a ser tomada, no que pode ser complementado por instrumentos como o do uso da audiência pública ou de maior participação dos *amici curiae*.

Contudo, é possível também que essa intensa judicialização dos direitos humanos seja vista como um ativismo judicial indevido, contrário à separação dos poderes e oposto à visão majoritária dos eleitores, desencadeando o efeito *backlash* (contra-ataque).

O efeito *backlash* na área dos direitos humanos consiste na reação política adversa após decisão judicial favorável a um determinado tema de direitos humanos visto como controvertido (por exemplo, descriminalização do aborto, licitude do uso recreativo da maconha ou mesmo de todas as drogas hoje ilícitas)[139].

Tal contra-ataque é realizado, em geral, por meio de (i) reforma legislativa ou constitucional em sentido oposto à decisão judicial; (ii) vetos a determinados nomes para ocupar vagas abertas em relevantes cargos do Poder Judiciário, do Ministério Público e da Defensoria, e, ao mesmo tempo, por (iii) esforço para preencher tais vagas com pessoas *notoriamente* contrárias a tais decisões tidas como "ativistas"; (iv) aumento do número de vagas no Tribunal máximo do país, visando constituir uma nova maioria contrária a tais temas (*packing* ou "empacotamento" – fidelização – do Tribunal máximo); (v) aumento dos controles administrativos em órgãos externos de controle da Magistratura e Ministério Público, para que sejam evitadas ações ou decisões "ativistas" contrárias à separação das funções do Poder; e (vi) eliminação ou redução dos tipos mais frequentes de ações judiciais que possam conter tais decisões "ativistas".

Para combater o *backlash* é necessário que a decisão tida como ativista seja debatida intensamente com a sociedade (por isso a importância das audiências públicas, da admissão dos *amici curiae* e dos diálogos institucionais) tanto *prévia* quanto *posteriormente*, mostrando inclusive seus efeitos positivos para a construção de uma sociedade inclusiva.

QUADRO SINÓTICO

Diálogos institucionais e o efeito backlash

- O diálogo institucional consiste em instrumento de busca de solução para casos complexos submetidos ao Poder Judiciário, os quais exigem respostas construídas a partir de interação contínua, sujeita a revisões e aperfeiçoamentos, entre órgãos de diversos Poderes e do Ministério Público.
- Caso respostas judiciais sejam vistas como ativismo judicial indesejado surge o efeito backlash, que consiste em uma reação adversa pela qual se busca reverter os avanços obtidos (por exemplo, por meio de uma reforma constitucional em sentido oposto à decisão combatida) e ainda impedir que novas decisões sejam tomadas.
- Evita-se o *backlash* por meio do envolvimento da sociedade na construção da decisão judicial e ainda expondo continuamente seus efeitos positivos após a deliberação.

---

[139] É possível o *backlash* em outras áreas jurídicas e também como reação de setores tidos como progressistas contra um Poder Judiciário tido como conservador. Há, por exemplo, na história constitucional norte-americana, momentos nos quais o Poder Judiciário foi contrário a reformas sociais e à intervenção do Estado na economia (New Deal da Era Roosevelt) desencadeando um certo *backlash* progressista.

PARTE II
ASPECTOS PRINCIPAIS DOS TRATADOS DE DIREITOS HUMANOS, DO DIREITO INTERNACIONAL HUMANITÁRIO E DO DIREITO INTERNACIONAL DOS REFUGIADOS

OS TRÊS EIXOS DA PROTEÇÃO INTERNACIONAL DE DIREITOS HUMANOS

A proteção dos direitos essenciais do ser humano no plano internacional recai em três sub-ramos específicos do Direito Internacional Público: o Direito Internacional dos Direitos Humanos (DIDH), o Direito Internacional Humanitário (DIH) e o Direito Internacional dos Refugiados (DIR).

Inicialmente, deve-se evitar segregação entre esses três sub-ramos, pois o objetivo é comum: a proteção do ser humano.

Com base nesse vetor de interação e não segregação, o Direito Internacional dos Direitos Humanos (DIDH) é, sem dúvida, o mais abrangente, atuando o Direito Internacional Humanitário (DIH) e o Direito Internacional dos Refugiados (DIR) em áreas específicas. Defendo, inclusive, que o Direito Internacional dos Direitos Humanos é um único ramo, contando com vertentes (refugiados e humanitário) para esses temas específicos.

Na visão tradicional, a inter-relação entre esses ramos é a seguinte: ao DIDH incumbe a proteção do ser humano em todos os aspectos, englobando direitos civis e políticos e também direitos sociais, econômicos e culturais; já o DIH foca na proteção do ser humano na *situação específica* dos conflitos armados (internacionais e não internacionais); finalmente, o DIR age na proteção do *refugiado*, desde a saída do seu local de residência, trânsito de um país a outro, concessão do refúgio no país de acolhimento e seu eventual término.

Os dois últimos ramos são *lex specialis* em relação ao DIDH, que é *lex generalis*, e aplicável subsidiariamente a todas as situações, na ausência de previsão específica.

Além da relação de *especialidade*, há também uma relação de *identidade e convergência*. O art. 3º comum às quatro Convenções de Genebra sobre Direito Internacional Humanitário (ver abaixo) converge com a proteção de direitos humanos básicos, como o direito à vida e integridade física em tempo de paz. No mesmo sentido, há garantias fundamentais que foram adotadas nos dois Protocolos Adicionais de 1977 às Convenções de Genebra (Protocolo I, art. 75, e Protocolo II, arts. 4º a 6º, ver abaixo). Por sua vez, o Direito Internacional dos Refugiados possui diversos pontos convergentes aos do Direito Internacional dos Direitos Humanos, como é o caso do *princípio da proibição da devolução (ou proibição do rechaço – non-refoulement)*, que consta da Convenção sobre o Estatuto dos Refugiados de 1951 (art. 33) e simultaneamente da Convenção das Nações Unidas contra a Tortura (art. 3) e da Convenção Americana de Direitos Humanos (art. 22.8 e 9), sem contar o dever dos Estados de tratar com dignidade o solicitante do refúgio, o que é espelho do dever internacional de proteger os direitos humanos (previsto na Carta da ONU).

Também é constatada uma relação de *complementaridade*. Tanto o DIH quanto o DIR não excluem a aplicação geral das normas protetivas do Direito Internacional dos Direitos Humanos. Por exemplo, a Declaração e Programa de Ação da Conferência Mundial de Direitos Humanos de Viena (1993) defendeu a adoção de medidas internacionais efetivas para garantir e fiscalizar o cumprimento das normas de direitos humanos relativamente a povos sujeitos à ocupação estrangeira, devendo ser garantida uma proteção jurídica efetiva contra a violação dos Direitos Humanos desses povos, em conformidade com as normas de Direitos Humanos e com a Convenção de Genebra relativa à proteção de Civis em Tempo de Guerra (Convenção IV), de 12 de agosto de 1949, e outras normas aplicáveis de direito humanitário.

Também a relação de *complementaridade* é notada no uso do DIDH para suprir eventuais insuficiências dos demais, uma vez que *somente* no DIDH é que existem sistemas de acesso das vítimas a órgãos judiciais e quase judiciais internacionais (o que não ocorre no DIR ou no DIH).

Há ainda uma relação de *influência recíproca*. De início, o Direito Internacional dos Refugiados está ancorado no direito de todos, previsto na Declaração Universal dos Direitos Humanos de 1948, de procurar e obter, noutros países, asilo contra as perseguições de que sejam alvo, bem como o direito de regressar ao seu próprio país. Além disso, as violações graves dos direitos humanos, nomeadamente em casos de conflito armado, são um dos fatores que conduzem à criação de refugiados.

Finalmente, as origens históricas também possuem raízes comuns. O mais antigo desses ramos é o Direito Internacional Humanitário, voltado inicialmente à disciplina dos meios e métodos utilizados na guerra, mas que logo foi influenciado pela consolidação do Direito Internacional dos Direitos Humanos, após a edição da Carta da Organização das Nações Unidas e da Declaração Universal dos Direitos Humanos. O Direito Internacional dos Refugiados também possui diplomas e órgãos anteriores à Carta da ONU, mas seu crescimento foi sistematizado após a Declaração Universal consagrar o direito ao asilo em seu artigo XIV.

QUADRO SINÓTICO

Os três eixos da proteção de direitos no plano internacional

Eixos da proteção de direitos no plano internacional	• *Direito Internacional dos Direitos Humanos*: proteção do ser humano em todos os aspectos, englobando direitos civis e políticos e também direitos sociais, econômicos e culturais. • *Direito Internacional dos Refugiados*: age na proteção do refugiado, desde a saída do seu local de residência, concessão do refúgio e seu eventual término. • *Direito Internacional Humanitário*: foca na proteção do ser humano na situação específica dos conflitos armados (internacionais e não internacionais).
Objetivo comum	• Proteção do ser humano.
Inter-relação entre os eixos	• Relação de especialidade do Direito Internacional dos Refugiados e do Direito Internacional Humanitário com relação ao Direito Internacional dos Direitos Humanos. • Relação de identidade e convergência. • Relação de complementaridade. • Relação de influência recíproca.

II
O SISTEMA UNIVERSAL (ONU)

1. A CARTA INTERNACIONAL DOS DIREITOS HUMANOS

A Declaração Universal dos Direitos Humanos (DUDH) de 1948 foi elaborada pela extinta Comissão de Direitos Humanos da Organização das Nações Unidas para ser uma etapa anterior à elaboração de um "tratado internacional de direitos humanos". O objetivo da Comissão era criar um marco normativo vinculante logo após a edição da DUDH. Porém, a Guerra Fria impediu a concretização desse objetivo e *somente em 1966* (quase vinte anos depois da DUDH) foram aprovados dois Pactos Internacionais: o dos Direitos Civis e Políticos e o dos Direitos Sociais Econômicos e Culturais.

Na época, a doutrina consagrou o termo "Carta Internacional de Direitos Humanos" (*International Bill of Rights*), fazendo homenagem às chamadas *Bill of Rights* do Direito Constitucional e que compreende o seguinte conjunto de diplomas internacionais: (i) a Declaração Universal dos Direitos Humanos (DUDH) de 1948; (ii) o Pacto Internacional sobre Direitos Civis e Políticos de 1966; (iii) Pacto Internacional sobre Direitos Econômicos, Sociais e Culturais de 1966.

O uso do termo "Carta Internacional de Direitos Humanos" também implicava o reconhecimento de que os dois Pactos não poderiam ser interpretados desconectados da DUDH, o que deu sistematicidade à proteção dos direitos humanos internacionais. Outra consequência da "Carta Internacional de Direitos Humanos" foi a *reafirmação* do objetivo da ONU de proteger os direitos humanos, já previsto na Carta de São Francisco, mas frustrado pela Guerra Fria e pelo antagonismo entre Estados Unidos e União Soviética, dois membros extremamente influentes daquela organização. Desde a adoção dos dois Pactos, a ONU tem estimulado a adoção de vários tratados de direitos humanos em temas diversos, formando o chamado sistema global de direitos humanos (também chamado sistema universal ou onusiano).

Atualmente o sistema global é complexo e não se limita à Carta Internacional de Direitos Humanos, sendo composto por diversos tratados multilaterais de direitos humanos, como a Convenção Internacional sobre a Eliminação de Todas as Formas de Discriminação Racial, a Convenção sobre a Eliminação de todas as Formas de Discriminação contra a Mulher, a Convenção contra a Tortura e Outros Tratamentos ou Penas Cruéis, Desumanos ou Degradantes, a Convenção sobre os Direitos da Criança e a Convenção Internacional sobre a Proteção dos Direitos de Todos os Trabalhadores Migrantes e Membros de suas Famílias, entre outros, como veremos a seguir.

2. PACTO INTERNACIONAL SOBRE DIREITOS CIVIS E POLÍTICOS

O Pacto Internacional sobre Direitos Civis e Políticos (PIDCP) foi adotado pela XXI Sessão da Assembleia Geral das Nações Unidas, em 16 de dezembro de 1966, junto do Pacto Internacional sobre Direitos Econômicos, Sociais e Culturais. Contudo, entrou em vigor somente em 1976, pois exigiu ratificação de 35 Estados para entrar em vigor (art. 49, § 1º). Possui, em 2024, 174 Estados partes.

O Pacto teve por finalidade tornar juridicamente vinculantes aos Estados vários direitos já contidos na Declaração Universal de 1948, *detalhando-os* e criando *mecanismos* de monitoramento internacional de sua implementação pelos Estados Partes.

No Brasil, o Congresso Nacional aprovou o PIDCP por meio do Decreto Legislativo n. 226, de 12 de dezembro de 1991. A nota de adesão ao Pacto Internacional sobre Direitos Civis e Políticos foi depositada em 24 de janeiro de 1992 e o Pacto entrou em vigor internacional, para o Brasil, em 24 de abril de 1992. Finalmente, o Pacto foi promulgado (incorporação interna) pelo Decreto n. 592, de 6 de julho de 1992.

Seu texto possui 53 artigos, divididos em seis partes. Na *Parte I*, fica enunciado *o direito de todos os povos de dispor livremente de suas riquezas e de seus recursos naturais e à autodeterminação*, bem como o dever de todos os demais Estados de respeitarem esse direito.

Na *Parte II*, integrada por quatro artigos, o Pacto estabelece *o dever do Estado de respeito e a garantia* de todos os direitos nele previstos a todos os indivíduos que se achem em seu território, sem qualquer tipo de discriminação, inclusive quanto a origem nacional e, especialmente, entre homens e mulheres. Mesmo o imigrante indocumentado (em situação irregular) pode invocar os direitos do PIDCP contra o Brasil. Além disso, os Estados comprometem-se a adotar medidas legislativas ou de outra natureza destinadas a tornar efetivos os direitos previstos no Pacto. De acordo com o PIDCP, toda pessoa que tenha direitos garantidos no Pacto violados deve dispor de um recurso efetivo, ainda que a violência tenha sido perpetrada por agente no exercício de funções oficiais, bem como qualquer decisão que julgar procedente tal recurso deve ser cumprida pelas autoridades competentes (art. 2º).

O Pacto também permite a suspensão das obrigações dele decorrentes em situações excepcionais que ameacem a existência da nação e sejam proclamadas oficialmente, desde que as medidas não sejam *incompatíveis* com as demais obrigações que lhes sejam impostas pelo Direito Internacional e não acarretem discriminação alguma apenas por motivo de raça, cor, sexo, língua, religião ou origem social (art. 4º), situação que deve ser comunicada imediatamente aos outros Estados Partes do presente Pacto, por intermédio do Secretário-Geral da ONU.

Entretanto, os direitos previstos nos arts. 6º (direito à vida), 7º (direito de não ser submetido a tortura, nem a penas ou tratamentos cruéis, desumanos ou degradantes, ou a experiências médicas ou científicas), 8º (§§ 1º e 2º – direito de não ser submetido à escravidão e à servidão), 11 (direito de não ser preso apenas por não cumprir obrigação contratual), 15 (direito de não ser condenado por atos ou omissões não definidos como crime no direito nacional ou internacional, de não ser submetido a pena mais grave que a aplicável no momento da ocorrência do delito e de ver aplicada a lei penal mais benéfica), 16 (direito ao reconhecimento da personalidade jurídica) e 18 (liberdade de pensamento, consciência e religião) *não* podem ser suspensos nestas hipóteses, tampouco se admitirá restrição ou suspensão dos direitos reconhecidos em virtude de leis, convenções, regulamentos ou costumes, sob pretexto de que o Pacto não os reconhece ou os reconhece menor grau.

Na *Parte III*, composta por 22 artigos (6 a 27), o PIDCP enuncia e especifica o *rol dos direitos nele protegidos*. Ante a importância do Pacto para a efetivação de tais direitos, o rol será aqui apresentado de forma mais minuciosa.

O primeiro dos direitos garantidos é a *vida* (art. 6º), porém há hipóteses em que a pena de morte poderá ser imposta: nos países em que ainda não tenha sido abolida, poderá ser aplicada apenas em decorrência de uma sentença transitada em julgado e proferida por tribunal competente, nos casos de crimes mais graves, em conformidade com legislação vigente na época em que o crime foi cometido e que não esteja em conflito com as disposições do presente Pacto, nem com a Convenção sobre a Prevenção e a Punição do Crime de Genocídio, ou seja, países que já a tenham abolido *não* poderão aplicá-la mais.

Previu também o *direito de não ser submetido à tortura, a penas ou tratamentos cruéis, nem a experiências médicas ou científicas sem seu livre consentimento* (art. 7). O PIDCP traz importante vínculo entre o direito à integridade física e psíquica e a experimentação médica (ver a **Parte IV** sobre os direitos em espécie).

Além disso, ninguém poderá ser submetido à escravidão e à servidão, ficando proibidos, em todas as suas formas, a escravidão e o tráfico de escravizados (art. 8). Garantiu que toda pessoa tem *direito à liberdade e à segurança pessoais e ninguém poderá ser preso ou encarcerado arbitrariamente, nem poderá ser privado de liberdade, salvo pelos motivos previstos em lei*, conforme os procedimentos nela determinados, além de outras garantias relacionadas à prisão (art. 9).

Fica garantido o *direito de que toda pessoa privada de liberdade seja tratada com humanidade e respeito à dignidade da pessoa humana*, devendo as pessoas processadas ser separadas das condenadas, recebendo tratamento distinto, bem como as pessoas jovens processadas deverão ser separadas das adultas. O Pacto prevê ainda que o objetivo principal do regime prisional deverá ser a reabilitação dos prisioneiros, devendo os jovens ser separados dos adultos e receber tratamento condizente com sua idade e condição jurídica (art. 10). Ademais, consagra o Pacto o *direito de que ninguém poderá ser preso apenas por não poder cumprir uma obrigação contratual* (art. 11). No Brasil, esse dispositivo fundou, em conjunto com o art. 7.7 da Convenção Americana de Direitos Humanos, novo entendimento do STF, vedando a prisão civil do depositário infiel (Súmula Vinculante n. 25, do STF: "É ilícita a prisão civil do depositário infiel, qualquer que seja a modalidade de depósito").

O Pacto garante também o *direito à livre circulação* para pessoas que se encontrem no território do Estado Parte legalmente, bem como o *direito de sair livremente de qualquer país e de não ser privado arbitrariamente de entrar em seu próprio país* (art. 12). O estrangeiro que se encontre legalmente no território de um Estado Parte só poderá ser expulso mediante decisão proferida em conformidade com a lei (art. 13).

No art. 14, é prevista uma série de *garantias processuais*, como o direito de toda pessoa de ser ouvida publicamente por tribunal competente, independente e imparcial, estabelecido por lei; a presunção de inocência enquanto não for formalmente comprovada a culpa; e a publicidade das decisões, salvo se o interesse de menores exigir o oposto ou se a controvérsia disser respeito a questões matrimoniais ou a tutela de menores. Em certas hipóteses – por motivo de (i) moral pública, de (ii) ordem pública ou de (iii) segurança nacional, ou quando o (iv) interesse da vida privada das Partes o exija –, quando a publicidade prejudique os interesses da justiça, a imprensa ou o público poderão ser excluídos de parte ou da totalidade de um julgamento.

Ademais, são enunciadas as *garantias mínimas* a serem conferidas a todas as pessoas acusadas de um delito: *direito de ser informado*, sem demora, da natureza e dos motivos da acusação; de dispor de tempo e de meios necessários para a preparação de sua defesa e de se *comunicar* com o defensor de sua escolha; direito de *ser julgado* sem demora indevida; direito de *estar presente no julgamento e defender-se pessoalmente* ou por intermédio de defensor; caso não possua defensor, direito de ser informado do direito de ser assistido, bem como direito de ter *defensor designado de ofício* gratuitamente, caso não tenha condições de remunerá-lo; direito de *interrogar* ou fazer interrogadas as testemunhas de acusação e de defesa; direito de ser assistido gratuitamente por *intérprete*, caso não compreenda a língua empregada no julgamento e, finalmente, de não ser obrigado a depor contra si mesmo nem a confessar-se culpado. Ainda são previstos o *direito a recorrer* da sentença condenatória e da pena a uma instância superior; o direito a indenização da pessoa que sofreu pena decorrente de condenação por sentença posteriormente anulada ou que realizou ato para o qual foi posteriormente concedido indulto pela ocorrência ou descoberta de fatos novos que provem cabalmente a existência de erro judicial; e o direito de não ser processado ou punido por um delito pelo qual já foi absolvido ou condenado por sentença com trânsito em julgado (proibição do *bis in idem*).

No art. 15, o Pacto estabelece garantias de ordem penal, como o *direito de não ser condenado por atos ou omissões que não constituam delito de acordo com o direito nacional ou internacional*, no momento em que foram cometidos (princípio da legalidade), a *irretroatividade da lei penal mais gravosa* e a *retroatividade da lei penal mais benéfica ao réu*.

Também o *direito ao reconhecimento da personalidade jurídica* é garantido a toda pessoa, em qualquer oportunidade (art. 16). Ademais, ninguém poderá ser alvo de *ingerências arbitrárias ou ilegais em sua vida privada, em sua família, em seu domicílio ou em sua correspondência, nem de ofensas ilegais às suas honra e reputação*, devendo a lei proteger as pessoas de tais ingerências e ofensas (art. 17).

O Pacto garante, em seu art. 18, direitos de fundamental importância para a manutenção de sociedades democráticas: a *liberdade de pensamento, de consciência e de religião*. Nesse sentido, toda pessoa tem a liberdade de ter ou adotar uma religião ou crença de sua escolha e de professá-la individual ou coletivamente, de forma pública ou privada, por meio do culto, da celebração de ritos, de práticas e do ensino, assegurado aos pais e tutores legais o respeito quanto à educação religiosa e moral dos filhos. Tal liberdade só poderá sofrer limitações estabelecidas em *lei*e desde que sejam *necessárias* para proteger a segurança, a ordem, a saúde ou a moral públicas ou ante a colisão dela com direitos e liberdades das demais pessoas.

Além disso, ninguém poderá ser perseguido ou molestado por suas opiniões, incluindo-se no direito à liberdade de expressão a liberdade de procurar, receber e difundir informações e ideias de qualquer natureza por qualquer meio de sua escolha. Tal direito, como todos os outros, não é absoluto, podendo estar sujeito a restrições, que devem estar expressamente previstas em lei, se forem necessárias para assegurar o respeito dos direitos e da reputação das demais pessoas e para proteger a segurança nacional, a ordem, a saúde ou a moral públicas (art. 19). Também deve ser proibida por lei qualquer propaganda em favor da guerra e qualquer apologia do ódio nacional, racial ou religioso que constitua incitamento à discriminação, à hostilidade ou a violência (art. 20).

Por seu turno, os direitos *de reunião pacífica* e *de associação* são reconhecidos, inclusive o direito de constituir sindicatos e de a eles filiar-se, para a proteção de seus interesses (arts. 21 e 22), podendo seu exercício estar sujeito apenas a restrições (i) previstas em lei e que sejam (ii) necessárias ao interesse da segurança nacional, (iii) da segurança ou da ordem pública, ou para (iv) proteger a saúde ou a moral pública ou (v) os direitos e as liberdades das demais pessoas.

Confere-se ainda especial proteção à família, como elemento natural e fundamental da sociedade, reconhecendo-se o *direito do homem e da mulher de contrair casamento*, que não será celebrado sem o consentimento livre e pleno dos futuros esposos, e de *constituir família*. Nesse sentido, o Pacto prevê a obrigação dos Estados Partes de adotarem medidas apropriadas para assegurar a igualdade de direitos e responsabilidades dos esposos durante o casamento e por ocasião de sua dissolução (art. 23).

Contudo, em 2000, a Carta de Direitos Fundamentais da União Europeia não mencionou o direito de contrair casamento como um direito apenas do "homem e da mulher", indicando apenas que esse direito ao casamento deverá ser garantido pelas legislações nacionais, permitindo, então, a extensão de tal direito a casais do *mesmo sexo*.

Para as *crianças*, explicita-se o seu *direito de não sofrer discriminação alguma* por motivo de cor, sexo, língua, religião, origem nacional ou social, situação econômica ou nascimento, bem como o *direito às medidas de proteção por parte de sua família, da sociedade e do Estado* as quais sua condição de menor requerer. Toda criança tem o *direito de adquirir uma nacionalidade* e deverá ser *registrada imediatamente* após seu nascimento, recebendo um nome (art. 24).

No art. 25, o Pacto enuncia os *direitos de participação política*, garantindo a todo cidadão o direito e a possibilidade, sem qualquer discriminação ou restrições *infundadas*, de participar da condução dos assuntos públicos, diretamente ou por meio de representantes livremente escolhidos; de votar e de ser eleito em eleições periódicas, autênticas, realizadas por sufrágio universal e igualitário e por voto secreto, que garantam a manifestação da vontade dos eleitores e de ter acesso, em condições gerais de igualdade, às funções públicas de seu país.

Finalmente, garante-se o *direito à igualdade* de todos perante a lei e o direito de, sem discriminação alguma, receber igual proteção da lei (art. 26). Sendo assim, o Pacto explicita que a lei deverá proibir qualquer forma de discriminação e garantir a todas as pessoas proteção igual e eficaz contra qualquer discriminação por motivo de raça, cor, sexo, língua, religião, opinião política ou de outra natureza, origem nacional ou social, situação econômica, nascimento ou qualquer outra situação.

De outro lado, nos Estados em que existam minorias étnicas, religiosas ou linguísticas, as pessoas a elas pertencentes não poderão ser privadas, juntamente com os outros membros do grupo, de ter sua própria vida cultural, de professar e praticar sua própria religião e usar sua própria língua (art. 27).

Na *Parte IV*, composta por dezenove artigos (28 a 45), o Pacto determina a constituição do *Comitê de Direitos Humanos*, que receberá *relatórios* sobre as medidas adotadas para tornar efetivos os direitos civis e políticos e *comunicações interestatais*[1]. Assim, há *dois* mecanismos de supervisão e controle das obrigações assumidas: 1) envio de relatórios do Estado ao Comitê, retratando a situação dos direitos protegidos em um determinado período e 2) comunicações de um Estado *contra* outro, alegando violação dos direitos protegidos (art. 41; declaração facultativa).

Na *Parte V*, composta por dois artigos, o Pacto enuncia que nenhuma de suas disposições pode ser interpretada em detrimento das disposições da Carta das Nações Unidas e dos tratados constitutivos das agências especializadas (art. 46), tampouco em detrimento do direito inerente a todos os povos de desfrutar e utilizar plena e livremente suas riquezas e seus recursos naturais (art. 47). Esse dispositivo visa impedir que os direitos humanos sejam invocados para prejudicar outros valores caros às sociedades humanas, bem como o direito à autodeterminação e desenvolvimento dos povos.

Finalmente, na *Parte VI*, constituída por seis artigos, o Pacto apresenta as formas para assinatura, ratificação e adesão (art. 48), a data de entrada em vigor (art. 49), a aplicação das disposições do Pacto a todas as unidades constitutivas dos Estados federativos (art. 50), a forma de proposição, aprovação e entrada em vigor de emendas (art. 51) e as notificações relativas a todas essas situações (art. 52).

2.1. Protocolo Facultativo ao Pacto Internacional sobre Direitos Civis e Políticos

O Protocolo Facultativo ao Pacto Internacional sobre Direitos Civis e Políticos foi adotado pela Resolução da Assembleia Geral da ONU – na mesma ocasião em que o Pacto foi adotado – em 16 de dezembro de 1966, com a finalidade de instituir mecanismo de análise de petições de *vítimas* ao Comitê de Direitos Humanos por violações a direitos civis e políticos previstos no Pacto[2]. Possui, em 2024, 116 Estados partes.

---

[1] Para competência, composição e funcionamento do Comitê de Direitos Humanos, conferir Parte II, Capítulo V, item 3.

[2] Para funcionamento do Comitê de Direitos Humanos quanto ao peticionamento individual, conferir Parte II, Capítulo V, item 3.

Está em vigor desde 23 de março de 1976. No Brasil, foi aprovado apenas em 16 de junho de 2009, pelo Decreto Legislativo n. 311/2009. O Brasil ratificou o Protocolo em 25 de setembro de 2009, e, o decreto de incorporação n. 11.777 foi editado somente em 9 de novembro de 2023 (ver a repercussão dessa delonga no "Caso Lula no TSE" analisado neste *Curso*). Como defendo que tal decreto não é necessário (*vide* mais detalhes abaixo), as vítimas de violações de direitos protegidos no PIDCP contavam com mais um mecanismo internacional de supervisão e controle das obrigações assumidas pelo Brasil desde 2009 (e não desde 9 de novembro de 2023).

2.2. Segundo Protocolo Adicional ao Pacto Internacional sobre Direitos Civis e Políticos

O Segundo Protocolo Adicional ao Pacto Internacional sobre Direitos Civis e Políticos com vistas à Abolição da Pena de Morte foi adotado e proclamado pela Resolução n. 44/128 da Assembleia Geral da ONU, de 15 de dezembro de 1989. No Brasil foi aprovado junto do Protocolo Facultativo ao Pacto Internacional sobre Direitos Civis e Políticos, em 16 de junho de 2009, pelo Decreto Legislativo n. 311/2009, com a *reserva* expressa no art. 2º. O Brasil ratificou esse segundo protocolo em 25 de setembro de 2009. Somente em 9 de novembro de 2023 foi editado o Decreto de Promulgação n. 11.777, o qual incorporou o tratado ao ordenamento nacional. Possui, em 2024, 91 Estados partes.

O Segundo Protocolo é composto por onze artigos. Por meio dele, reconhece-se que nenhum indivíduo sujeito à jurisdição de um Estado Parte poderá ser executado, devendo os Estados adotar todas as medidas adequadas para abolir a pena de morte no âmbito da sua jurisdição (art. 1º).

O art. 2º prevê não ser admitida qualquer *reserva* ao Segundo Protocolo, exceto se for formulada no momento da ratificação ou adesão, que preveja a aplicação da pena de morte em virtude de condenação por infração penal de natureza militar de gravidade extrema cometida em *tempo de guerra*.

Com a *reserva expressa* feita pelo Brasil, o Segundo Protocolo ficou *compatível* com o dispositivo da Constituição de 1988 que veda a pena de morte, salvo em caso de guerra declarada, nos termos do art. 84, XIX (art. 5º, XLVII, *a*).

Embora a pena de morte não tenha sido aplicada no Brasil desde *1855*, nem mesmo nas exceções constitucionalmente autorizadas pela Constituição[3], a incorporação do Protocolo é mais um passo na direção do banimento total da pena de morte (a ser atingido no futuro com a edição de emenda constitucional) e vem na esteira da adesão ao Protocolo à Convenção Americana sobre Direitos Humanos relativos à abolição da Pena de Morte, adotado em 8 de junho de 1990.

As medidas adotadas para implementar o Protocolo deverão ser informadas pelos Estados Partes nos relatórios que submeterem ao Comitê de Direitos Humanos (art. 40º do Pacto). Também para aqueles que tenham feito a declaração prevista no art. 41 no Pacto, o reconhecimento de competência do Comitê para receber e apreciar comunicações nas quais um *Estado Parte* alega que outro não cumpre suas obrigações é extensivo às disposições do Segundo Protocolo (art. 4º), salvo se declaração em contrário tenha sido feita no momento da ratificação ou adesão.

Além disso, para os Estados que tenham aderido ao *primeiro Protocolo Adicional* ao Pacto de Direitos Civis e Políticos, o mecanismo de petição de vítimas é extensivo às disposições do Segundo Protocolo, salvo declaração em sentido contrário no momento da ratificação ou adesão (art. 5º).

---

[3] Informação da Exposição de Motivos do Ministro de Estado das Relações Exteriores que acompanha a Mensagem Presidencial n. 924, que submeteu o texto do Protocolo ao Congresso Nacional.

QUADRO SINÓTICO

Pacto Internacional sobre Direitos Civis e Políticos	
Principais direitos garantidos	• Direito à vida. • Direito de não ser submetido à tortura, a penas ou tratamentos cruéis, nem a experiências médicas ou científicas sem seu livre consentimento. • Direito à liberdade e à segurança pessoais e de não ser preso ou encarcerado arbitrariamente, nem privado de liberdade, salvo pelos motivos previstos em lei. • Direito de que toda pessoa privada de liberdade seja tratada com humanidade e respeito à dignidade da pessoa humana. • Direito de não ser preso apenas por não poder cumprir uma obrigação contratual. • Direito à livre circulação, direito de sair livremente de qualquer país e de não ser privado arbitrariamente de entrar em seu próprio país. • Garantias processuais. • Direito de não ser condenado por atos ou omissões que não constituam delito de acordo com o direito nacional ou internacional, irretroatividade da lei penal mais gravosa e a retroatividade da lei penal mais benéfica ao réu. • Direito ao reconhecimento da personalidade jurídica. • Direito a não ser alvo de ingerências arbitrárias ou ilegais em sua vida privada, em sua família, em seu domicílio ou em sua correspondência, nem de ofensas ilegais às suas honra e reputação. • Liberdade de pensamento, de consciência e de religião. • Direito de reunião. • Direito de associação pacífica. • Direito de contrair casamento e constituir família. • Direitos específicos das crianças (direito de não sofrer discriminação alguma; direito às medidas de proteção por parte de sua família, da sociedade e do Estado que sua condição de menor requerer; direito de adquirir uma nacionalidade). • Direito de participação política. • Direito à igualdade.
Mecanismo de monitoramento do Pacto	• Relatórios sobre as medidas adotadas para tornar efetivos os direitos civis e políticos ao Comitê de Direitos Humanos. • Comunicações interestatais, que são submetidas ao exame do Comitê.
Protocolo Facultativo	• Mecanismo de petição individual ao Comitê.
Segundo Protocolo Adicional	• Objetivo de abolir a pena de morte. • Brasil fez reserva para assegurar a possibilidade de aplicação da pena de morte em caso de guerra declarada.

3. PACTO INTERNACIONAL SOBRE DIREITOS ECONÔMICOS, SOCIAIS E CULTURAIS (PIDESC)

O Pacto Internacional sobre Direitos Econômicos, Sociais e Culturais foi adotado e aberto para assinatura, ratificação e adesão pela XXI Sessão da Assembleia Geral das Nações Unidas, em 19 de dezembro de 1966, em conjunto com o Pacto Internacional sobre Direitos Civis e Políticos. Entrou em vigor somente em 1976, três meses após a data do depósito do 35º instrumento de ratificação ou de adesão. Possui, em 2024, 172 Estados partes.

O PIDESC é considerado um marco por ter assegurado destaque aos direitos econômicos, sociais e culturais, *vencendo a resistência* de vários Estados e mesmo da doutrina, que viam os direitos sociais em sentido amplo como sendo meras recomendações ou exortações.

O Brasil, não obstante tenha participado de forma ativa na sua elaboração, só aprovou o texto do tratado por meio do Decreto Legislativo n. 226, de 12 de dezembro de 1991. A Carta de Adesão ao PIDESC foi depositada em 24 de janeiro de 1992 e o Pacto entrou em vigor, para o Brasil, em 24 de abril de 1992, três meses após a data do depósito, conforme determina seu art. 27, parágrafo 2º. Em 6 de julho de 1992, o PIDESC foi promulgado pelo Decreto n. 591, que entrou em vigor interno na data de sua publicação, em 7 de julho de 1992.

O PIDESC possui trinta e um artigos, divididos em cinco partes. A *primeira parte*, idêntica à do Pacto de Direitos Civis e Políticos, consagra o *direito de autodeterminação dos povos*, garantindo aos Estados a liberdade para determinar seu estatuto político, bem como a obrigação de que tal direito seja promovido e respeitado pelos demais Estados.

A *segunda parte*, formada de quatro artigos, enuncia os compromissos assumidos pelo Estado, especialmente com a finalidade de dar efetividade aos direitos econômicos, sociais e culturais. Nesse sentido, estabelece a obrigação de o Estado adotar medidas, inclusive pela assistência e cooperação internacionais, para assegurar, *progressivamente*, o pleno exercício daqueles direitos.

Fruto do seu tempo, o PIDESC reconheceu que os direitos sociais em sentido amplo são de realização *progressiva*, devendo os Estados dispor do máximo dos recursos disponíveis para a sua efetivação, o que não exclui a *obrigatoriedade* de sua promoção e, após, a proibição de retrocesso social. Assim, os direitos previstos no PIDESC são (i) obrigatórios, bem como (ii) após sua implementação estão protegidos pela proibição do retrocesso (ver **Parte I**, Capítulo III, item 5.6).

A todos os Estados Partes do Pacto, permitiu-se a submissão dos direitos econômicos, sociais e culturais unicamente a (i) limitações estabelecidas em lei, em medida compatível com sua (ii) natureza, e apenas tendo por finalidade (iii) favorecer o bem-estar geral da sociedade. Aos países em desenvolvimento, permitiu-se que determinem em que medida os direitos econômicos serão reconhecidos àqueles que não são seus nacionais.

Na *Parte III*, composta por dez artigos (arts. 6º a 15), o PIDESC elenca, de forma detalhada, os direitos econômicos, sociais e culturais e enuncia, de forma geral, as medidas adequadas para garanti-los e torná-los efetivos. Nesse sentido, reconhece-se o *direito ao trabalho* (art. 6º); bem como o *direito ao gozo de condições de trabalho equitativas e satisfatórias*, com remuneração mínima, igualdade de valor sem distinções – especialmente entre homens e mulheres –, segurança e higiene no trabalho, igualdade de oportunidade de promoção no trabalho com base em fatores de tempo de serviço e capacidade, além de descanso, limitação de jornada e férias periódicas pagas e remuneração dos feriados (art. 7º). Além disso, é reconhecido o *direito de toda pessoa à previdência social*, inclusive ao seguro social (art. 9º).

O Pacto garantiu também, no art. 8º, o *direito de toda pessoa fundar sindicatos e filiar-se àqueles de sua escolha*, o qual não pode sofrer restrições senão (i) por lei e (ii) que sejam necessárias à sociedade democrática (iii) no interesse da segurança nacional ou da ordem pública, ou (iv) para proteger os direitos e as liberdades alheias. Previu também o direito dos sindicatos de formar federações, confederações nacionais ou organizações sindicais internacionais, bem como o direito de funcionarem sem obstáculos. Finalmente, previu o *direito de greve*.

Tais disposições não impedem a aplicação de restrições legais ao exercício de tais direitos pelos membros das forças armadas, da polícia ou da administração dos Estados. Nessa linha, decidiu o STF, em tema de repercussão geral (*Informativo STF* n. 860 de abril de 2017) que "[o] exercício do direito de greve, sob qualquer forma ou modalidade, é vedado aos policiais civis e a todos os servidores públicos que atuem diretamente na área de segurança pública" (ARE 654.432/GO, rel. orig. Min. Edson Fachin, rel. p/ o ac. Min. Alexandre de Moraes, j. 5-4-2017).

Por outro lado, esses dispositivos não autorizam que os Estados Partes da Convenção n. 87 de 1948 da OIT (Convenção Relativa à Liberdade Sindical e à Proteção do Direito de Sindicalização – não ratificada pelo Brasil) adotem medidas legislativas que restrinjam as garantias nela previstas.

Ainda são garantidas as mais *amplas proteção e assistência possíveis* à *família*, apresentada como elemento fundamental da sociedade, especialmente no momento de sua constituição e enquanto ela for responsável pela educação dos filhos, ressaltando-se que o matrimônio deve ser contraído com o livre consentimento dos cônjuges (de acordo com determinadas tradições culturais, o casamento é um arranjo entre famílias, sem consentimento prévio dos envolvidos). Garante-se também especial proteção às mães, por período razoável antes e depois do parto, quando a elas deve ser concedida licença remunerada ou licença acompanhada de benefícios previdenciários adequados. Nessa linha de concessão da licença remunerada e para evitar discriminação entre o filho adotivo e o não adotivo, decidiu o STF que os prazos da "licença-adotante" não podem ser inferiores ao prazo da "licença-gestante", o mesmo valendo para as respectivas prorrogações. Em relação à licença-adotante, "não é possível fixar prazos diversos em função da idade da criança adotada" (STF, RE 778.889/PE, rel. Min. Roberto Barroso, j. 10-3-2016, com repercussão geral – *Informativo STF* n. 817).

As crianças e adolescentes também são especiais *sujeitos de proteção*, devendo o Estado adotar medidas especiais para sua proteção e assistência, especialmente contra exploração econômica e social e sem qualquer distinção por motivo de filiação ou qualquer outra condição. O Pacto atentou também para o gravíssimo problema do trabalho infantil, determinando ao Estado a *obrigação de estabelecer limites de idade* para que fique proibido e punido por lei o emprego assalariado da mão de obra infantil, bem como de punir por lei o emprego de crianças e adolescentes em trabalhos que lhes sejam nocivos à moral e à saúde ou que lhes façam correr perigo de vida, ou ainda que lhes venham a prejudicar o desenvolvimento normal (art. 10). No Brasil, o art. 7º, XXXII, proíbe o trabalho a menores de dezesseis anos, salvo na condição de aprendiz, a partir de quatorze anos (conforme redação dada pela EC 20, de 1998).

No art. 11, o Pacto reconhece o *direito de toda pessoa a um nível de vida adequado a si próprio e sua família*, mencionando expressamente a alimentação, a vestimenta, a moradia adequada e a melhoria contínua de suas condições de vida, bem como o direito fundamental de toda pessoa estar protegida contra a fome. Para que os Estados Partes assegurem a efetivação do direito, o Pacto ressalta a importância da cooperação internacional, bem como a adoção de programas concretos para melhorar os métodos de produção, conservação e distribuição de gêneros alimentícios e para assegurar a repartição equitativa dos recursos alimentícios.

O *direito de toda pessoa desfrutar do mais elevado nível possível de saúde física e mental* também é assegurado no Pacto (art. 12), devendo o Estado adotar as medidas necessárias para promover a redução da mortalidade infantil e do índice de natimortos, bem como o desenvolvimento sadio das crianças; a melhoria da higiene do trabalho e do meio ambiente; a prevenção e o tratamento de doenças epidêmicas, endêmicas, profissionais e outras, bem como a luta contra essas doenças e a criação de condições que assegurem a todos assistência médica e serviços médicos em caso de doença.

É assegurado também o *direito à educação* (art. 13). Para o PIDESC, todos têm o direito à educação, que deve visar (i) ao pleno desenvolvimento da personalidade humana e do sentido de sua dignidade e (ii) fortalecer o respeito pelos direitos humanos e liberdades fundamentais. Além disso, o direito à educação deve capacitar todas as pessoas a (iii) participar de uma sociedade livre, (iv) favorecer a compreensão, a tolerância e a amizade entre todas as nações e (v) entre todos os grupos raciais, étnicos ou religiosos.

Nesse sentido, o Pacto determinou o reconhecimento dos Estados de que a educação primária será obrigatória e acessível gratuitamente a todos; que a educação secundária em suas diferentes formas, inclusive a educação secundária técnica e profissional, deve ser generalizada e tornada acessível a todos, principalmente pela implementação *progressiva* do ensino gratuito; que também a educação de nível superior deve ser tornada acessível a todos, com base na capacidade de cada um, por todos os meios apropriados e, principalmente, pela implementação *progressiva* do ensino gratuito; que deve ser fomentada e intensificada a educação de base para as pessoas que não receberam ou não concluíram a educação primária. Os Estados Partes que não tenham garantido a obrigatoriedade e gratuidade da educação primária no momento em que se tornarem Parte assumem o compromisso de elaborar e adotar, no prazo de dois anos, um plano de ação detalhado destinado à implementação progressiva, dentro de um número razoável de anos estabelecidos no próprio plano, do princípio da educação primária obrigatória e gratuita para todos (art. 14). Além disso, o Estado Parte deve promover ativamente o desenvolvimento de uma rede escolar em todos os níveis de ensino, implementar um sistema adequado de bolsas de estudo e melhorar continuamente as condições materiais do corpo docente.

No Brasil, a Constituição de 1988 determina que a educação básica é obrigatória e gratuita dos 4 aos 17 anos de idade, assegurada ainda sua oferta gratuita para todos os que a ela não tiveram acesso na idade própria (art. 208). Já quanto à educação domiciliar (*homeschooling*), o STF, apesar de não o ter considerado totalmente inconstitucional, exigiu lei reguladora e determinados parâmetros para sua incidência (ver na **Parte IV** desta obra). Há divergência entre os Estados democráticos sobre a licitude ou não da educação domiciliar, destacando-se os Estados Unidos que a permitem e a Alemanha que a proíbe em absoluto. A Corte Europeia de Direitos Humanos não condena os Estados que adotam tal prática proibitiva, sustentando que a vedação do ensino domiciliar faz parte da margem de apreciação nacional referente ao tema, ponderando os direitos das crianças e o direito à vida privada (entre os casos, ver *Family H. v. Reino Unido* – Decisão da Comissão Europeia de Direitos Humanos, 1984; *Leuffen v. Alemanha*, 1992; *Wunderlich v. Alemanha*, 2019).

Não obstante isso, reconhece-se a liberdade dos pais e de tutores legais de escolher para seus filhos escolas distintas das criadas pelo Poder Público, quando atenderem aos padrões mínimos de ensino determinados pelo Estado, bem como de fazer com que seus filhos recebam educação religiosa e moral que esteja de acordo com suas próprias convicções; além da liberdade de indivíduos e de entidades de criar e dirigir instituições de ensino que obedeçam aos padrões mínimos determinados pelo Estado.

Os Estados Partes, pelo Pacto, reconhecem ainda a cada indivíduo o *direito de participar da vida cultural, desfrutar o processo científico e suas aplicações*, bem como *beneficiar-se da proteção de interesses morais e materiais decorrentes de toda a produção científica, literária ou artística de que seja autor*. Comprometem-se a respeitar a liberdade indispensável à investigação científica e à atividade criadora.

Na *Parte IV*, composta pelos arts. 16 a 25, o Pacto estabelece a obrigatoriedade de os Estados Partes apresentarem relatórios sobre as medidas adotadas e sobre os progressos realizados com o objetivo de assegurar a observância dos direitos econômicos, sociais e culturais. Os relatórios devem ser encaminhados ao Secretário-Geral da ONU, que enviará cópias ao Conselho Econômico e Social[4] para exame, bem como às agências especializadas, se os relatórios ou as partes a ele pertinentes tenham relação com matérias da competência desses organismos (art. 16).

Houve ainda uma importante lacuna: *não* foi criado um Comitê específico para monitorar o cumprimento do PIDESC pelos Estados, tal como ocorreu com o Pacto Internacional sobre Direitos Civis e Políticos (Comitê de Direitos Humanos). Essa diferença entre os dois Pactos evidenciava, à época da redação (1966), o desejo dos Estados de não exigir para os direitos sociais, econômicos e culturais a mesma força vinculante dos direitos civis e políticos.

---

[4] Para competência, composição e funcionamento do Conselho de Direitos Econômicos, Sociais e Culturais, conferir Parte II, Capítulo V, item 4.

Contudo, em 1985, o Conselho Econômico e Social da ONU decidiu transformar um grupo de trabalho sobre o cumprimento do Pacto no "Comitê de Direitos Sociais, Econômicos e Culturais", composto por 18 especialistas (Resolução n. 1.985/17, de 28 de maio de 1985). Para suprir essa lacuna, foi adotado, em 2008, o Protocolo Facultativo ao PIDESC, – que criou por meio de um tratado internacional – o Comitê de Direitos Sociais, Econômicos e Culturais (ver abaixo).

Por fim, a *Parte V*, integrada por seis artigos (arts. 26 a 31), estabelece a forma de assinatura, ratificação e adesão ao Pacto (art. 26), a entrada em vigor (art. 27), o procedimento para emenda do Pacto (art. 29), bem como a aplicação do Pacto a todas as unidades constitutivas dos Estados Federativos (art. 28).

3.1. Protocolo Facultativo ao PIDESC

O Protocolo Facultativo ao Pacto sobre Direitos Econômicos, Sociais e Culturais foi aprovado em 10 de dezembro de 2008 pela Assembleia Geral da ONU, por ocasião do 60º aniversário da assinatura da Declaração Universal dos Direitos Humanos. Como atingiu o mínimo de 10 ratificações, o Protocolo entrou em vigor em 2013, mas o Brasil ainda não o ratificou. Possui, em 2024, somente 29 Estados partes.

Tendo em vista que o Pacto Internacional sobre Direitos Econômicos, Sociais e Culturais previa apenas o mecanismo de informes gerais, o Protocolo Facultativo veio contribuir para a efetivação dos direitos econômicos, sociais e culturais, ao combinar o *sistema de petições*, o *procedimento de investigação* e as *medidas provisionais* (cautelares), reafirmando, assim, a exigibilidade e a justiciabilidade de tais direitos e os equiparando, finalmente, ao regime jurídico internacional dos direitos civis e políticos.

O Protocolo é composto por 22 artigos. O art. 1º prevê a competência do *Comitê de Direitos Econômicos, Sociais e Culturais*[5] para *receber petições individuais ou no interesse de indivíduos e grupos de indivíduos*, que noticiem violação de direitos econômicos, sociais e culturais realizadas pelo Estado Parte. Este deve tomar todas as medidas necessárias para garantir que os indivíduos sob sua jurisdição não sejam submetidos a maus-tratos ou intimidação em decorrência de terem recorrido ao Comitê (art. 13). Esse Comitê não estava previsto no Pacto, tendo sido criado por resolução do Conselho Econômico e Social. Com o Protocolo, o Comitê ganha inserção formal em um tratado.

Para que a comunicação possa ser admitida, deve haver o prévio esgotamento dos recursos internos, exceto quando o processamento de tais recursos seja injustificadamente prolongado. A comunicação deve ser declarada inadmissível nas seguintes hipóteses: (i) quando não for submetida ao Comitê no prazo de um ano após exauridos os recursos internos, salvo se o autor demonstrar que não havia possibilidade de submetê-la dentro da data limite; (ii) quando a matéria já tiver sido examinada pelo Comitê ou tenha sido submetida a exame ou esteja sendo examinada por outro procedimento de investigação ou acordo internacional; (iii) quando for incompatível com as disposições do Pacto; (iv) bem como quando os fatos de que trata tenham ocorrido anteriormente à entrada em vigor do Protocolo para o Estado Parte interessado, exceto se tenham continuado a ocorrer. Também não serão admitidas as comunicações manifestamente mal fundamentadas, não suficientemente comprovadas ou exclusivamente baseadas em relatos difundidos pela mídia; quando representarem um abuso do direito de submeter uma comunicação; quando forem anônimas ou não apresentadas por escrito. Ademais, o Comitê pode declinar comunicações que não revelem *clara desvantagem*, a menos que considere que a comunicação levanta *séria questão* de importância *geral*.

---

[5] Para funcionamento do Comitê de Direitos Humanos, conferir Parte II, Capítulo V, item 3.

O Comitê deve levar as comunicações submetidas a ele para conhecimento do Estado Parte interessado, de maneira confidencial. No prazo de seis meses, o Estado deve submeter ao Comitê explicações ou declarações por escrito. Observe-se que este considerará se as medidas tomadas pelo Estado foram razoáveis, ocasião em que deverá observar que o Estado pode adotar uma série de possíveis medidas políticas para a implementação dos direitos econômicos, sociais e culturais. Com efeito, tais direitos demandam prestações do Estado que podem ser concretizadas por uma infinidade de formas.

O Protocolo possibilita ainda que o Comitê transmita ao Estado Parte interessado pedido de *medidas provisórias*, para sua urgente consideração, com a finalidade de evitar possíveis danos irreparáveis, em circunstâncias excepcionais, a qualquer tempo depois do reconhecimento da comunicação e antes da decisão de mérito (art. 5). Ademais, o Comitê pode disponibilizar os seus bons préstimos para a finalidade de se alcançar um *acordo amigável* entre as partes interessadas, o qual encerrará a consideração da comunicação (art. 6).

Além do sistema de petição individual ou no interesse de indivíduos, pode haver também o procedimento entre os Estados, também chamado de mecanismo interestatal (art. 10), por meio do qual se reconhece a competência do Comitê para receber comunicações em que o Estado Parte alega que outro não está cumprindo as obrigações previstas no Pacto. Observe-se que o Estado que reconheceu a competência do Comitê é que vai acionar o Estado que supostamente esteja violando os direitos econômicos, sociais e culturais, por meio de comunicação escrita.

Outro mecanismo estabelecido no Protocolo com a finalidade de fornecer meios para fazer cessar violações a direitos econômicos, sociais e culturais é o *procedimento de investigação* (arts. 11 e 12), por meio do qual o Comitê convida o Estado Parte a cooperar no exame de informações caso receba informação confiável que indique graves ou sistemáticas violações pelo Estado de qualquer um dos direitos arrolados no Pacto. Quando for apropriado, com o consentimento do Estado Parte, a investigação poderá incluir visita ao seu território. Observe-se que o Estado Parte pode declarar a qualquer tempo que reconhece tal competência, bem como pode retirar sua declaração mediante notificação ao Secretário-Geral.

Dentre as medidas de assistência e cooperação internacional, o Protocolo prevê a criação de um fundo fiduciário com a finalidade de assegurar a *expertise* e a assistência técnica aos Estados Partes para a implementação efetiva dos direitos econômicos, sociais e culturais (art. 14).

QUADRO SINÓTICO

Pacto Internacional sobre Direitos Econômicos, Sociais e Culturais

- Direitos econômicos, sociais e culturais são de realização progressiva, o que não exclui a obrigatoriedade de sua realização pelo Estado e a sua exigibilidade pela via judicial.

Principais direitos garantidos	• Direito ao trabalho • Direito ao gozo de condições de trabalho equitativas e satisfatórias • Direito de toda pessoa à previdência social • Direito de toda pessoa fundar sindicatos e filiar-se àqueles de sua escolha • Direito de greve • Direito à proteção e assistência familiar, especialmente a mães e crianças • Direito a um nível adequado de vida (incluindo alimentação, vestimenta, moradia) • Direito à saúde física e mental • Direito à educação • Direito de participar da vida cultural, desfrutar o processo científico e suas aplicações, bem como beneficiar-se da proteção de interesses morais e materiais decorrentes de toda a produção científica, literária ou artística de que seja autor

Mecanismo de monitoramento do Pacto	• Relatórios periódicos ao Conselho Econômico e Social
Mecanismo de efetivação dos direitos previstos no Protocolo Facultativo	• Comunicação individual ou no interesse de indivíduos ou grupos de indivíduos • Procedimento interestatal • Procedimento de investigação • Medidas provisórias (cautelares)

4. CONVENÇÃO SUPLEMENTAR SOBRE A ABOLIÇÃO DA ESCRAVATURA, DO TRÁFICO DE ESCRAVIZADOS E DAS INSTITUIÇÕES E PRÁTICAS ANÁLOGAS À ESCRAVATURA

A Convenção Suplementar sobre a Abolição da Escravatura, do Tráfico de Escravos (Escravizados[6]) e das Instituições e Práticas Análogas à Escravatura foi adotada em Genebra em 7 de setembro de 1956. Sucedeu a Convenção sobre Escravatura de 1926, emendada pelo Protocolo de 1953, com o intuito de intensificar os esforços para abolir a escravidão, o tráfico de escravizados e as instituições e práticas análogas à escravidão. Possui, em 2024, 124 Estados partes.

O tratado veio em resposta a um problema persistente em todo o mundo, que vem a ser as práticas *análogas* à escravidão, também denominadas "escravidão contemporânea". O último país a abolir oficialmente a escravidão foi a Mauritânia, pelo Decreto n. 81.234, somente em novembro de 1981, mas episódios de redução a condição análoga de escravo (escravizado) ainda ocorrem no mundo, inclusive no Brasil.

No Brasil, a Convenção foi aprovada pelo Decreto Legislativo n. 66, de 1965, junto da Convenção sobre a escravatura assinada em Genebra em 25 de setembro de 1926 e emendada pelo Protocolo aberto à assinatura em 7 de dezembro de 1953. Em 6 de janeiro de 1966, foi efetuado o depósito do instrumento brasileiro de adesão junto ao Secretário-Geral das Nações Unidas e, por meio do Decreto n. 58.563, de 1º de junho de 1966, deu-se a promulgação.

A Convenção possui 15 artigos, divididos em seis Seções. A *Seção IV* é responsável por apresentar as definições utilizadas para os fins da Convenção. Define-se a *escravidão*, repetindo o texto de 1926, como "o estado ou a condição de um indivíduo sobre o qual se exerçam todos ou parte dos poderes atribuídos ao direito de propriedade", sendo "escravizado (escravo)" aquele indivíduo que se encontra nessa condição. *Tráfico de escravizados (escravos)*, para a Convenção, "significa e compreende todo ato de captura, aquisição ou cessão de uma pessoa com a intenção de escravizá-lo; todo ato de um escravo para vendê-lo ou trocá-lo; todo ato de cessão por venda ou troca, de uma pessoa adquirida para ser vendida ou trocada, assim como, em geral todo ato de comércio ou transporte de escravos, seja qual for o meio de transporte empregado".

Finalmente, "*pessoa de condição servil*" é definida como a pessoa que se encontra em *estado ou condição que resulte de alguma das instituições ou práticas consideradas análogas à escravidão*. São elas: (i) a servidão por dívidas, que é o "o estado ou a condição resultante do fato de que um devedor se haja comprometido a fornecer, em garantia de uma dívida, seus serviços pessoais ou os de alguém sobre o qual tenha autoridade, se o valor desses serviços não for equitativamente avaliado no ato da liquidação de dívida ou se a duração desses serviços não for limitada nem sua natureza definida"; (ii) a servidão, entendida como "a condição de qualquer um que seja obrigado pela lei, pelo costume ou por um acordo, a viver e trabalhar numa terra pertencente a outra pessoa e a fornecer a essa outra pessoa, contra remuneração ou gratuitamente, determinados serviços, sem poder mudar sua condição"; (iii) a instituição ou prática por meio da qual a mulher, sem que possa recusar, é prometida ou dada em casamento, mediante remuneração

---

[6] Apesar do uso do termo "escravos" em diplomas nacionais e internacionais, destaco a importância do uso do termo "escravizado", que indica a imposição da situação não natural.

em dinheiro ou espécie entregue a seus pais, tutor, família ou a qualquer outra pessoa ou grupo de pessoas; (iv) a instituição ou prática por meio da qual o marido, a família ou o clã tenha o direito de ceder a mulher a um terceiro, a título oneroso ou não; (v) a instituição ou prática por meio da qual a mulher possa ser transmitida, com a morte do marido, por sucessão a outra pessoa, e (vi) a instituição ou prática em virtude da qual a criança ou o adolescente com menos de 18 anos seja entregue a um terceiro, mediante remuneração ou não, com a finalidade de sua exploração ou de seu trabalho.

Essa convenção está em linha com os demais tratados e normas do Direito Internacional dos Direitos Humanos, a começar pela própria Declaração Universal dos Direitos Humanos, que estabelece, em seu art. 4º, que "ninguém será mantido em escravidão ou servidão" e que "a escravidão e o tráfico de escravos serão proibidos em todas as suas formas".

Por sua vez, o Pacto Internacional sobre Direitos Civis e Políticos prevê, em seu art. 8º (numerais 1 e 2) que "ninguém poderá ser submetido à escravidão", bem como que "a escravidão e o tráfico de escravos, em todas as suas formas, ficam proibidos", além de dispor que "ninguém poderá ser submetido à servidão".

A Organização Internacional do Trabalho (OIT), em 1957, adotou a Convenção n. 105 concernente à abolição do Trabalho forçado[7]. Além disso, a OIT previu a proibição da escravidão e suas práticas análogas na Convenção n. 182, de 1999, sobre a proibição das piores formas de trabalho infantil e a ação imediata para sua eliminação[8].

No que tange ao Direito Internacional Humanitário, o Protocolo Adicional II às Convenções de Genebra[9] prevê que *são e permanecerão* proibidos em qualquer tempo ou lugar a "escravidão e o tráfico de escravos em todas as suas formas" (art. 4.2, "f").

Também o Estatuto do Tribunal Internacional Penal[10] estipula que a escravidão pode constituir-se em crime contra a humanidade, definindo-a como "o exercício, relativamente a uma pessoa, de um poder ou de um conjunto de poderes que traduzam um direito de propriedade sobre uma pessoa, incluindo o exercício desse poder no âmbito do tráfico de pessoas, em particular mulheres e crianças" (art. 7.2, "c").

Assim, os textos internacionais estão em linha com a Convenção de 1956 ora analisada, que definiu a escravidão (também chamada de escravidão clássica ou *chattel*) como sendo "o estado ou a condição de uma pessoa sobre a qual há o exercício de algum ou de todos os poderes que decorrem do direito de propriedade", fixando seus dois elementos tradicionais: 1) estado ou condição da vítima e 2) exercício de um ou mais atributos do direito de propriedade). O primeiro elemento é comprovado quer exista uma situação jurídica reconhecida (*escravidão de jure*, que é o *chattel*, também chamada de escravidão tradicional) ou uma *situação de facto*.

Nessa linha, a jurisprudência internacional alargou também o conceito de escravidão, adaptando-o às formas *fáticas* de escravidão contemporâneas, considerando que a diferença com a escravidão tradicional *de jure* (*chattel*) é apenas de grau[11]. Nesse sentido, o Tribunal Penal Internacional para a ex-Iugoslávia enumerou-se indicadores da existência de escravidão contemporânea em um caso concreto: a) restrição ou eliminação da autonomia e da liberdade de movimento; b) busca de benefício ao ofensor; c) ausência de consentimento ou consentimento viciado por quadro de abuso e violência; d) o abuso de poder, explorando a vulnerabilidade da

---

[7] Incorporada internamente pelo Decreto n. 58.822, de 14 de julho de 1966.
[8] Incorporada internamente pelo Decreto n. 3.597, de 12 de setembro de 2000.
[9] Incorporado internamente pelo Decreto n. 849, de 25 de junho de 1993.
[10] Incorporado internamente pelo Decreto n. 4.388, de 25 de setembro de 1992.
[11] Tribunal Internacional Penal da ex-Iugoslávia. *Caso Prosecutor vs. DragoljubKunarac, RadomirKovac e Zoran vukovic*, julgamento do órgão de apelação em 12 de junho de 2002, em especial parágrafo 117.

vítima; e) a exploração feita, por exemplo, pela obrigatoriedade de trabalho, prostituição, entre outras formas e f) situação de tráfico de pessoas[12]. Essa lista de indicativos não é exaustiva e depende do caso concreto.

Assim, a proibição completa da escravidão e sua inserção como crime contra a humanidade é hoje norma costumeira do Direito Internacional[13] e a Convenção Suplementar de 1956 ora analisada é importante porque estendeu tal vedação a instituições e práticas análogas à escravidão, como a servidão por dívidas.

Em 20 de outubro de 2016, a Corte Interamericana de Direitos Humanos condenou o Brasil pela violação do direito a não ser submetido a escravidão e tráfico de pessoas, previsto no art. 6.1 da Convenção Americana de Direitos Humanos, no caso *Trabalhadores da Fazenda Brasil Verde vs. Brasil*[14]. Constatou-se a violação do direito a não ser submetido a escravidão e tráfico de pessoas, previsto no art. 6.1 da Convenção Americana de Direitos Humanos. Para a Corte IDH, a proibição da escravidão é norma imperativa do Direito Internacional (*jus cogens*) e implica em obrigações *erga omnes,* sendo imposto aos Estados, quando tomam conhecimento de um ato constitutivo de escravidão, servidão ou tráfico de pessoas, iniciar a investigação estabelecer as responsabilidades dos escravizadores[15].

Voltando à Convenção de 1956, sua *Seção I*, composta pelos arts. 1º e 2º, cuida de tais *instituições e práticas análogas à escravidão.* O Estado Parte se compromete, por meio dela, a tomar medidas legislativas ou de outra natureza que sejam necessárias e viáveis para obter progressivamente a abolição das instituições e práticas análogas à escravidão, e especialmente fixar idades mínimas adequadas para o casamento, estimular a adoção de processos que permitam aos futuros cônjuges exprimir seu livre consentimento ao casamento, bem como fomentar registros de casamento.

A *Seção II*, composta pelos arts. 3º e 4º, diz respeito ao *tráfico de escravizados (escravos),* que consiste no ato de transportar ou tentar transportar escravizados de um país a outro, por qualquer meio de transportes, e apresenta uma série de *mandados de criminalização* quanto a esse ato. Novamente, o Direito Internacional dos Direitos Humanos conta com o *instrumento penal* para fazer valer os direitos essenciais.

A Convenção determina que a prática de tráfico de escravizados ou a cumplicidade nele deverá constituir infração penal, devendo ser as penas cominadas rigorosas, nos termos do art. 3º. Além disso, os Estados Partes ficam obrigados a tomar todas as medidas necessárias para impedir que navios e aeronaves autorizados a arvorar suas bandeiras transportem escravizados, bem como para punir os responsáveis por esse ato ou por utilizar o pavilhão nacional para essa finalidade. Ademais, os Estados Partes deverão tomar as medidas necessárias para que seus portos, seus aeroportos e suas costas não possam servir para o transporte de escravizados. Como uma importante medida para garantir o objetivo da Convenção, estabelece-se que todo escravizados que se refugiar a bordo de um navio de Estado Parte será livre *ipso facto*.

Na *Seção III*, composta pelos arts. 5º e 6º, a Convenção versa sobre a *escravidão e instituições e práticas análogas à escravidão.* Por meio dela, o ato de escravizar uma pessoa ou de incitá-la a alienar sua liberdade ou a de alguém na sua dependência, para escravizá-la, deverá constituir infração penal,

---

[12] Tribunal Internacional Penal da ex-Iugoslávia. *Caso Prosecutor vs. DragoljubKunarac, RadomirKovac e Zoran vukovic*, Sentença de 22 de fevereiro de 2001, em especial parágrafo 542.

[13] Tribunal Internacional Penal da ex-Iugoslávia. *Caso Prosecutor vs. DragoljubKunarac, RadomirKovac e Zoran vukovic*, Sentença de 22 de fevereiro de 2001, em especial parágrafo 539.

[14] Corte IDH. *Caso Trabalhadores da Fazenda Brasil Verde vs. Brasil.* Exceções Preliminares, Mérito, Reparações e Custas. Sentença de 20 de outubro de 2016, parágrafo 249.

[15] Corte IDH. *Caso Trabalhadores da Fazenda Brasil Verde vs. Brasil.* Exceções Preliminares, Mérito, Reparações e Custas. Sentença de 20 de outubro de 2016, parágrafo 362.

bem como a participação nesse ato, a tentativa ou a cumplicidade neles, a submissão ou o incitamento a submissão de uma pessoa na sua dependência a uma condição resultante de alguma das instituições ou práticas análogas à escravidão. Nos Estados em que a escravidão ou as instituições e práticas análogas à escravidão não estejam ainda completamente abolidas, a Convenção prevê que o ato de mutilar, de marcar com ferro em brasa ou por qualquer outro processo um escravo ou uma pessoa de condição servil, para indicar sua condição, infligir um castigo ou por qualquer outra razão, bem como a cumplicidade em tais atos deverá constituir infração penal.

A *Seção V* versa sobre a cooperação entre os Estados Partes e com a ONU para a aplicação das disposições da Convenção e a comunicação de informações. Finalmente, a *Seção VI*, composta pelos arts. 9º a 15, traz as cláusulas finais da Convenção. No art. 9º, estabelece-se que não se admitirá nenhuma reserva à Convenção. Deve-se ressaltar, ademais, que qualquer litígio que surgir entre os Estados Partes em relação à Convenção quanto a sua interpretação ou aplicação, quando não resolvido por meio de negociação, será submetido à *Corte Internacional de Justiça* a pedido de uma das Partes, se não decidirem resolver a situação de outra maneira.

QUADRO SINÓTICO

Convenção Suplementar sobre a Abolição da Escravatura, do Tráfico de Escravos e das Instituições e Práticas Análogas à Escravatura	
Definições	• *Escravidão*: "o estado ou a condição de um indivíduo sobre o qual se exercem todos ou parte dos poderes atribuídos ao direito de propriedade", sendo "escravo" aquele indivíduo que se encontra nessa condição. • *Tráfico de escravizados (escravos)*: "significa e compreende todo ato de captura, aquisição ou cessão de uma pessoa com a intenção de escravizá-lo; todo ato de um escravo para vendê-lo ou trocá-lo; todo ato de cessão por venda ou troca, de uma pessoa adquirida para ser vendida ou trocada, assim como, em geral todo ato de comércio ou transporte de escravos, seja qual for o meio de transporte empregado". • *Pessoa de condição servil*: pessoa que se encontra em estado ou condição que resulte de alguma das instituições ou práticas consideradas análogas à escravidão. São elas: (i) a servidão por dívidas, que é o "o estado ou a condição resultante do fato de que um devedor se haja comprometido a fornecer, em garantia de uma dívida, seus serviços pessoais ou os de alguém sobre o qual tenha autoridade, se o valor desses serviços não for equitativamente avaliado no ato da liquidação de dívida ou se a duração desses serviços não for limitada nem sua natureza definida"; (ii) a servidão, entendida como "a condição de qualquer um que seja obrigado pela lei, pelo costume ou por um acordo, a viver e trabalhar numa terra pertencente a outra pessoa e a fornecer a essa outra pessoa, contra remuneração ou gratuitamente, determinados serviços, sem poder mudar sua condição"; (iii) a instituição ou prática por meio da qual a mulher, sem que possa recusar, é prometida ou dada em casamento, mediante remuneração em dinheiro ou espécie entregue a seus pais, tutor, família ou a qualquer outra pessoa ou grupo de pessoas; (iv) a instituição ou prática por meio da qual o marido, a família ou o clã tenha o direito de ceder a mulher a um terceiro, a título oneroso ou não; (v) a instituição ou prática por meio da qual a mulher possa ser transmitida, com a morte do marido, por sucessão a outra pessoa, e (vi) a instituição ou prática em virtude da qual a criança ou o adolescente com menos de 18 anos seja entregue a um terceiro, mediante remuneração ou não, com a finalidade de sua exploração ou de seu trabalho.
Mecanismo de monitoramento	• Não foi previsto um mecanismo internacional. Por outro lado, a Convenção contém uma série de mandados de criminalização para os Estados Partes.

5. CONVENÇÃO PARA A PREVENÇÃO E A REPRESSÃO DO CRIME DE GENOCÍDIO

Tendo em vista o reconhecimento do genocídio como *crime de "jus cogens"*, bem como da necessidade de cooperação internacional para extirpá-lo, a Convenção para a Prevenção e a Repressão do Crime de Genocídio foi aprovada e proposta para assinatura e ratificação ou adesão pela Resolução n. 260 A (III) da Assembleia Geral das Nações Unidas, em 9 de dezembro de 1948. Possui, em 2024, 153 Estados partes.

Foi editada como resposta às barbáries cometidas durante a Segunda Guerra Mundial. Entrou em vigor internacional em 12 de janeiro de 1951, conforme determina seu artigo XIII. É o primeiro tratado que estabelece, expressamente, o conceito de genocídio, cunhado em obra doutrinária de Lemkin, em 1944, ao se referir às técnicas nazistas de ocupação de território na Europa, tendo se inspirado nas partículas *genos* (raça, tribo) e *cídio* (assassinato)[16].

No Brasil, a Convenção foi aprovada pelo Decreto Legislativo n. 2, de 11 de abril de 1951, e o instrumento de ratificação foi depositado no secretariado geral da ONU em 15 de abril de 1952. Finalmente, foi promulgada pelo Decreto n. 30.822 de Getúlio Vargas, em 6 de maio de 1952.

A Convenção é composta por dezenove artigos. O art. 1º enuncia que o genocídio, quer seja cometido em tempo de paz, quer em tempo de guerra, é um crime internacional, e os Estados Contratantes se comprometem, por meio dela, a preveni-lo e a puni-lo.

Em seu art. 2º, a Convenção é pioneira em *definir* o genocídio, que consiste na prática de quaisquer atos, cometidos com a intenção de *destruir*, no *todo* ou em *parte*, um *grupo nacional, étnico, racial ou religioso*, tais como:

- *assassinato de membros do grupo;*
- *atentado grave à integridade física e mental de membros do grupo;*
- *submissão deliberada do grupo a condições de existência que acarretarão a sua destruição física, total ou parcial;*
- *medidas destinadas a impedir os nascimentos no seio do grupo;*
- *transferência forçada das crianças do grupo para outro grupo.*

Exige-se, então, o dolo específico de destruir, em todo ou em parte, o grupo nacional, étnico, racial ou religioso.

De acordo com a Convenção, são punidos não só o genocídio, mas também o acordo com vista a cometê-lo, o seu incitamento direto e público, a tentativa e a cumplicidade nele (art. 3º). As punições poderão ser aplicadas tanto a governantes e funcionários, quanto a particulares, ressaltando-se, novamente, a eficácia horizontal dos direitos humanos (art. 4º). A Convenção impede a consideração de tais atos como crimes políticos para fins de extradição, obrigando-se os Estados a conceder a extradição de acordo com a legislação e os tratados em vigor (art. 7º).

Por meio da Convenção, as Partes ficam obrigadas a adotar as medidas legislativas necessárias para assegurar sua aplicação, *especialmente para prever sanções penais* eficazes (mandado de criminalização) que recaiam sobre as pessoas que tenham praticado qualquer um dos atos supramencionados (art. 5º).

As pessoas acusadas da prática de genocídio ou aos atos a ele relacionados previstos no art. 3º devem ser julgadas por tribunais competentes do Estado em cujo território o ato tenha sido cometido ou por *tribunal criminal internacional* que tiver competência quanto às Partes Contratantes que tenham reconhecido a sua jurisdição (art. 6º).

---

[16] LEMKIN. Raphael. *Axis Rule in Occupied Europe: Laws of Occupation – Analysis of Government – Proposals for Redress.* Washington: Carnegie Endowment for International Peace, 1944, em especial p. 79-95 (Capítulo IX "Genocide").

Esse tratado é o primeiro a entrar em vigor trazendo menção a um "tribunal criminal internacional" que seria constituído para julgar o genocídio. Contudo, somente em 1998, com o Estatuto de Roma (que entrou em vigor em 2002 – ver **Parte II**, Capítulo VI, sobre o TPI), foi constituído o primeiro Tribunal Penal Internacional *permanente* apto a julgar crime de genocídio. O Tribunal Internacional Militar de Nuremberg *não* julgou o crime de genocídio, pois se entendeu que esse crime ainda não tinha sido tipificado no Direito Internacional.

É possível que as Partes Contratantes recorram aos órgãos competentes da ONU para que estes tomem as medidas que julgarem apropriadas para a prevenção e a repressão dos atos de genocídio, de acordo com a Carta das Nações Unidas (art. 8º). Ademais, discrepâncias quanto à interpretação, à aplicação ou execução da Convenção poderão ser submetidas à Corte Internacional de Justiça (CIJ), a pedido de uma das partes envolvidas na questão (art. 9º).

Aproveitando desse dispositivo, a *Bósnia processou a Sérvia perante a CIJ*, acusando-a de envolvimento com a prática de genocídio contra os bósnios muçulmanos durante a guerra de secessão na ex-Iugoslávia (CIJ, Caso da Aplicação da Convenção para a Prevenção e Repressão ao Crime de Genocídio, j. 26-2-2007). Ao final, a Corte Internacional de Justiça apenas condenou a Sérvia por se omitir na prevenção do genocídio, mas considerou improcedente a acusação de ter praticado genocídio nos atos bárbaros praticados por forças paramilitares, em especial no massacre da comunidade islâmica de Srebrenica, no qual se calcula que 8 mil pessoas tenham sido assassinadas. Além de declarar o descumprimento do dever de prevenção, a Corte determinou à Sérvia o dever de transferir as pessoas acusadas a pedido do Tribunal Internacional Penal da ex-Iugoslávia, cooperando plenamente com aquele Tribunal.

Em 2015, a CIJ julgou o segundo caso de genocídio envolvendo a guerra de secessão da ex-Iugoslávia em demanda promovida pela Croácia contra a Sérvia. Neste caso, a CIJ julgou improcedente a ação bem como a reconvenção – "counter-claim" – proposta pela Sérvia, que acusou a Croácia da prática de genocídio. Em ambas as situações – ação e reconvenção – a CIJ considerou que o genocídio envolve dois elementos: (i) a prática dos atos já listados e (ii) a intenção de praticar o genocídio. Nos casos *provados* de atos listados como de genocídio atribuídos à Croácia e Sérvia, a Corte considerou que não foi provada a intenção. Assim, julgou improcedente tanto a ação quanto a reconvenção (CIJ, Caso da Aplicação da Convenção de Prevenção e Repressão ao Crime de Genocídio, j. 3 de fevereiro de 2015).

Em 2020, a República da Gâmbia processou Mianmar por violação da Convenção de Genocídio, em face de atos brutais (assassinatos em massa, estupros e outras formas de violência sexual desde outubro de 2016) contra a minoria étnica Rohingya, de religião islâmica. A Gâmbia é país de maioria islâmica e contou com o apoio (inclusive financeiro) da Organização de Cooperação Islâmica (com 57 membros). Trata-se de exemplo de promoção do respeito à obrigação *erga omnes,* apesar de não se ter exigido mudança na jurisprudência da Corte sobre jurisdição (ambos, Autor e Réu, reconhecem a jurisdição da CJI). No voto concordante em separado do Juiz Cançado Trindade, ficou destacado o combate ao genocídio que é norma de *jus cogens*. Em janeiro de 2020, a CJI determinou medidas provisórias ordenando ao Estado réu que (i) adotasse medidas que prevenissem a prática de atos de genocídio contra o povo Rohingya, (ii) assegurasse que as forças militares e de segurança não viessem a cometer tais atos e (iii) adotasse medidas de preservação das provas dos atos já praticados[17].

Em 2022, a Corte Internacional de Justiça foi provocada agora para zelar pelo respeito à Convenção pela Prevenção e Repressão ao Crime de Genocídio pela Rússia em sua guerra à Ucrânia.

---

[17] Corte Internacional de Justiça. Application of the Convention on the Prevention and Punishment of the Crime of Genocide (The Gambia v. Myanmar). Disponível em: https://www.icj-cij.org/en/case/178. Acesso em: 25 maio 2022.

A Ucrânia processou a Rússia após a invasão de fevereiro de 2022, alegando que a justificativa russa para a invasão ("operação militar especial", na visão russa) foi para combater a prática de genocídio realizada por ucranianos na região de Luhansk e Donsetsk. Para a Ucrânia, essa falsa alegação de genocídio fundamentou grave violação de direitos dos ucranianos pela adoção de medidas militares unilaterais implementadas (ao invés, defendeu que a Rússia deveria ter acionado órgãos onusianos, para exigir o fim do suposto genocídio). A Corte afirmou que possuía jurisdição e foi além do pedido da Ucrânia (suspensão das operações baseadas na falsa alegação de prática de genocídio[18]), pois entendeu – no estágio do caso – que nada na Convenção autorizava a adoção de medidas militares unilaterais para combater o genocídio. Por isso, a CJI adotou as seguintes medidas provisórias (cautelares): (i) ordenou que a Federação Russa suspendesse imediatamente *todas* as operações militares iniciadas em 24 de fevereiro de 2022 no território da Ucrânia (13 votos a 2); (ii) ordenou à Federação Russa que assegure que forças irregulares armadas (dirigidas ou apoiadas pelos russos) também não realizem atividades militares (13 votos a 2) e finalmente ordenou às Partes que evitem ações que possam agravar a controvérsia (unanimidade)[19].

No final de 2023, a África do Sul processou o Estado de Israel na Corte Internacional de Justiça, com pedido de imediatas medidas provisórias, acusando-o de violar a Convenção para a Prevenção e Repressão do Crime de Genocídio na Faixa de Gaza. A África do Sul pediu que Israel suspendesse imediatamente suas operações militares em Gaza, evitasse atos que pudessem ser considerados genocídio, e garantisse o acesso à ajuda humanitária. A Corte, em sua decisão de 26 de janeiro de 2024, concluiu que, *prima facie*, tinha jurisdição para analisar o caso com base na Convenção de Genocídio e que a situação em Gaza, incluindo as operações militares israelenses, poderia potencialmente se enquadrar nas disposições da Convenção. A CIJ determinou que Israel deve tomar todas as medidas necessárias para prevenir atos de genocídio e garantir que as forças militares sob seu controle não cometam tais atos. Além disso, a Corte ordenou que Israel permita o acesso a serviços básicos e assistência humanitária em Gaza[20].

Observe-se que se previu que a Convenção duraria dez anos, contados da data de entrada em vigor. Após esse período, passaria a ficar em vigor por cinco anos, e assim sucessivamente, para as Partes Contratantes que não a tivessem denunciado seis meses pelo menos antes de expirar o termo (art. 14).

QUADRO SINÓTICO

Convenção para a Prevenção e a Repressão do Crime de Genocídio	
Definição de genocídio	• todos os atos de assassinato de membros do grupo; • atentado grave à integridade física e mental de membros do grupo; • submissão deliberada do grupo a condições de existência que acarretarão a sua destruição física, total ou parcial; • medidas destinadas a impedir os nascimentos no seio do grupo; • a transferência forçada das crianças do grupo para outro grupo, • *desde que tais atos sejam cometidos com a intenção de destruir, no todo ou em parte, um grupo nacional, étnico, racial ou religioso.*

---

[18] Petição inicial da Ucrânia disponível em https://www.icj-cij.org/public/files/case-related/182/182-20220227-WRI-01-00-EN.pdf. Acesso em: 25 julho 2024.

[19] Corte Internacional de Justiça. Alegações de genocídio sob a Convenção para a Prevenção e Punição do Crime de Genocídio (Ucrânia *v*. Federação Russa). Disponível em: https://www.icj-cij.org/public/files/case-related/182/182-20220316-ORD-01-00-EN.pdf. Acesso em: 25 jul. 2024.

[20] Corte Internacional de Justiça, Aplicação da Convenção para a Prevenção e Punição do Crime de Genocídio na Faixa de Gaza (África do Sul *v.* Israel). Disponível em: https://www.icj-cij.org/case/192. Acesso em: 10 ago. 2024.

6. CONVENÇÃO SOBRE IMPRESCRITIBILIDADE DOS CRIMES DE GUERRA E DOS CRIMES CONTRA A HUMANIDADE

Assinada em Nova York, em 26 de novembro de 1968, a Convenção sobre imprescritibilidade dos crimes de guerra e dos crimes contra a humanidade entrou em vigor em 11 de novembro de 1970, 90 dias após o depósito do décimo instrumento de ratificação. Possui, em 2024, 56 Estados partes.

O objetivo da Convenção, em apenas 11 artigos, é evitar que regras prescricionais de direito interno impeçam a persecução e punição dos responsáveis por crimes de guerra e crimes contra a humanidade, atos desumanos decorrentes da política do *apartheid* e crime de genocídio.

O art. 1º prevê a imprescritibilidade, independentemente da data dos fatos, para: (i) crimes de guerra definidos no Estatuto do Tribunal Militar Internacional de Nuremberg e na Convenção de Genebra para a proteção das vítimas de guerra, de 1949; (ii) os crimes contra a humanidade definidos no Estatuto do Tribunal Militar Internacional de Nuremberg, bem como a evicção por ataque armado, a ocupação e atos desumanos resultantes de práticas de *apartheid* e o crime de genocídio definido na Convenção para prevenção e repressão do crime de genocídio, de 1948.

Já o art. 2º estipula que tais crimes são imprescritíveis em relação a representantes de Estado e indivíduos que tenham participado na qualidade de autores, partícipes ou cúmplices, assim como aqueles que tenham, incitado, conspirado ou tolerado a sua perpetração.

Os arts. 3º e 4º preveem o dever dos Estados partes de adotar medidas para adequar suas legislações para permitir a extradição para fins de persecução e punição dos responsáveis pela prática dos crimes de guerra e contra a humanidade, bem como para assegurar a sua imprescritibilidade no que diz respeito à pretensão punitiva e executória.

Ao final, os arts. 5º a 11 trazem disposições procedimentais da Convenção, relativas a sua assinatura, ratificação, adesão, entrada em vigor, revisão e depósito.

A ausência de ratificação pelo Brasil desta Convenção *não* altera o regime jurídico gravoso *consuetudinário* dos crimes contra a humanidade e dos crimes de guerra. Há sólido costume internacional de imprescritibilidade desses crimes formado a partir da edição da Resolução n. 95, de 1946, da Assembleia Geral da ONU, que sucintamente afirmou os "princípios do direito internacional" reconhecidos nos julgamentos realizados pelo Tribunal de Nuremberg[21]. Em 1947, a Comissão de Direito Internacional da ONU foi incumbida de *codificar* os princípios utilizados em Nuremberg, para consolidar o avanço do Direito Internacional Penal. Em 1950, a Comissão de Direito Internacional aprovou os seguintes sete princípios, também chamados de "princípios de Nuremberg": 1º: Todo aquele que comete ato que consiste em crime internacional é passível de punição; 2º: lei nacional que não considera o ato crime é irrelevante; 3º: as imunidades locais são irrelevantes; 4º: a obediência às ordens superiores não são eximentes; 5º: todos os acusados têm direito ao devido processo legal; 6º: são crimes internacionais os julgados em Nuremberg; 7º: conluio para cometer tais atos é crime[22].

A Res. n. 95 e o trabalho feito pela Comissão de Direito Internacional foram, posteriormente, endossados pela prática dos Estados e reconhecidos em precedentes internacionais como *espelhos do costume internacional*. Nesse sentido, a Res. n. 3.074 (XXVIII) de 1973 da Assembleia Geral da ONU consagrou a obrigação geral de eliminação de óbices internos ao combate internacional

---

[21] Disponível em: <http://www.un.org/ga/search/view_doc.asp?symbol=A/RES/95(I)>. Acesso em: 12 jul. 2024.

[22] *Yearbook of the International Law Commission*, 1950, v. II, parágrafo. 97. Ver os sete princípios em: <http://legal.un.org/ilc/texts/instruments/english/draft_articles/7_1_1950.pdf>. Acesso em: 15 jul. 2024.

aos crimes de *jus cogens*, proclamando a necessidade de cooperação dos Estados para punir os crimes de guerra e os crimes contra a humanidade[23].

Na jurisprudência internacional, o Tribunal Internacional Penal para a ex-Iugoslávia reconheceu o caráter costumeiro dos "princípios de Nuremberg" no julgamento do *Caso Tadic*[24]. A Corte Interamericana de Direitos Humanos possui, entre outros precedentes, os julgamentos dos casos *La Cantuta*[25], *Almonacid Arellano*. Neste último julgamento, a Corte IDH determinou que a imprescritibilidade desses crimes não foi criada pela Convenção ora analisada, mas sim foi *constatada* por ela[26].

Por fim, não é incomum que o Direito Internacional possua normas contidas em *tratados* e também *em costume internacional*. Por isso a Convenção de Viena sobre Direito dos Tratados estabeleceu que uma regra prevista em um tratado pode se tornar obrigatória para Estados não partes caso seja uma regra consuetudinária de Direito Internacional (art. 38).

Por exemplo, as normas internacionais de Direito Internacional Humanitário estão contidas nas Convenções de Genebra de 1949 (*vide* supra), sendo ainda os princípios elementares de direito humanitário de natureza *costumeira*, vinculando todos os Estados. Nessa linha, a Corte Internacional de Justiça determinou que os princípios de direito humanitário são princípios elementares de humanidade, pelo que *todos os Estados devem cumprir essas normas fundamentais, tenham ou não ratificado todos os tratados que as estabelecem, porque constituem princípios invioláveis do Direito Internacional Consuetudinário*[27].

Por isso, o Brasil deve cumprir a imprescritibilidade dos crimes contra a humanidade e dos crimes de guerra, mesmo não tendo ainda ratificado a presente convenção.

Em 2016, o STF decidiu *contra* a imprescritibilidade dos crimes de *jus cogens*, *por apertada maioria* (6 x 5), na extradição, requerida pela Argentina, de acusado de sequestrar e assassinar militantes políticos de esquerda entre 1973 e 1975, o que corresponderia, em abstrato, aos crimes previstos nos arts. 288, parágrafo único, (associação criminosa armada), 148 (sequestro e cárcere privado) e 121 (homicídio), todos do Código Penal (CP). Para a maioria, os crimes analisados estavam prescritos de acordo com a lei brasileira, tendo em vista que o Brasil *não* subscreveu a Convenção ora em análise, impedindo que seu conteúdo vinculasse o país (Extradição n. 1.362/Argentina, relator para o acórdão Min. Teori Zavascki, julgamento finalizado em 9-11-2016. Votaram pelo indeferimento da extradição os Ministros Teori Zavascki, Celso de Mello, Luiz Fux, Dias Toffoli, Gilmar Mendes e Marco Aurélio; vencidos os Ministros Edson Fachin – relator original –, Roberto Barroso, Ricardo Lewandowski e as Ministras Cármen Lúcia e Rosa Weber).

Para o relator (vencido), Min. Edson Fachin, a imprescritibilidade dos crimes contra a humanidade decorre de *norma imperativa costumeira* do direito internacional integrante do regime internacional dos direitos humanos.

---

[23] Em especial no parágrafo 8º. Disponível em: <https://documents-dds-ny.un.org/doc/RESOLUTION/GEN/NR0/281/46/IMG/NR028146.pdf?OpenElement>. Acesso em: 15 jul. 2024.

[24] *Prosecutor v. DuskoTadić*, Appeals Chamber, julgamento de 2 de outubro de 1995, especialmente parágrafos 140 e 141.

[25] Corte Interamericana de Direitos Humanos, *La Cantuta v. Peru*, julgamento de 29 de novembro de 2006, em especial parágrafo 225.

[26] Corte Interamericana de Direitos Humanos, *Almonacid Arellano* v. Chile, julgamento de 26 de setembro de 2006, em especial parágrafos 105 e 106.

[27] Corte Internacional de Justiça, Advisory Opinion on Legality of the Use by a State of Nuclear Weapons, *in* Armed Conflict, *ICJ Report* 1996, em especial parágrafo 79. Ver mais em CARVALHO RAMOS, André de. *Teoria geral dos direitos humanos na ordem internacional*. 7. ed. São Paulo: Saraiva, 2019.

Conforme consta do voto do Min. Fachin: "Como se depreende das razões apresentadas pelo Ministério Público, a imprescritibilidade estaria fundada em norma 'costumeira cogente'. Assim, para se reconhecer a imprescritibilidade dos delitos imputados ao extraditando é preciso examinar se essa disposição normativa pode ser, por meio do direito internacional, aplicável ao país. A resposta é afirmativa. Isso porque, de acordo com o Direito Internacional dos Direitos Humanos, são imprescritíveis os crimes contra a humanidade (...)"[28]. Esse voto é um marco no reconhecimento do (i) papel das normas costumeiras internacionais no ordenamento brasileiro e (ii) da natureza de *jus cogens* (norma imperativa) de determinadas previsões de proteção de direitos humanos.

7. CONVENÇÃO RELATIVA AO ESTATUTO DOS REFUGIADOS E PROTOCOLO SOBRE O ESTATUTO DOS REFUGIADOS

A Convenção relativa ao Estatuto dos Refugiados foi concluída em Genebra, em 28 de julho de 1951, e adotada pela Conferência das Nações Unidas de Plenipotenciários sobre o Estatuto dos Refugiados e Apátridas, convocada pela Resolução n. 429 (V) da Assembleia Geral das Nações Unidas, de 14 de dezembro de 1950. Possui, em 2024, 146 Estados partes.

Inicialmente, a Convenção possuía uma *limitação temporal* (para acontecimentos ocorridos antes de 1º de janeiro de 1951) e *geográfica* da definição de refugiado (somente para os eventos ocorridos na Europa).

Em 1967, foi adotado o Protocolo sobre o Estatuto dos Refugiados, que eliminou tais limitações. Esse Protocolo foi firmado com a finalidade de se aplicar a proteção da Convenção a outras pessoas que não apenas aquelas que se tornaram refugiadas em resultado de acontecimentos ocorridos antes de 1º de janeiro de 1951 na Europa. O texto do Protocolo possui onze artigos, dentre os quais aquele que prevê a cooperação das autoridades nacionais com o Alto Comissário das Nações Unidas para os Refugiados e seu dever de fornecer informações e dados estatísticos sobre a condição de refugiados, a aplicação do Protocolo e sobre as leis, regulamentos e decretos que possam vir a ser aplicáveis em relação aos refugiados (artigo II).

No Brasil, a Convenção relativa ao Estatuto dos Refugiados foi aprovada pelo Congresso Nacional pelo Decreto Legislativo n. 11, de 7 de julho de 1960, com exclusão dos seus arts. 15 (direito de associação) e 17 (exercício de atividade profissional assalariada). Em 15 de novembro de 1960, foi depositado junto ao Secretário-Geral da ONU o instrumento de ratificação, e a Convenção foi promulgada pelo Decreto n. 50.215, de 28 de janeiro de 1961.

O Protocolo de 1967 foi promulgado internamente com o Decreto n. 70.946, de 7 de agosto de 1972, tendo sido superada a limitação temporal. Quanto à barreira geográfica, esta foi derrubada somente em 19 de dezembro de 1989, por meio do Decreto n. 98.602. Pelo Decreto n. 99.757, de 1990, o Governo brasileiro *retirou* as reservas aos arts. 15 e 17 da Convenção de 1951 relativa ao Estatuto dos Refugiados, ficaram derrubadas também as restrições quanto ao direito de associação e exercício de atividade profissional assalariada aos refugiados.

A Convenção é formada por 46 artigos, divididos em sete capítulos (disposições gerais, situação jurídica, empregos remunerados, bem-estar, medidas administrativas, disposições executórias e transitórias, cláusulas finais).

Combinando-se o que determina o art. 1º do Protocolo com o art. 1º da Convenção, pode-se definir "refugiado" como:

- *pessoa que é perseguida ou tem fundado temor de perseguição;*
- *por motivos de raça, religião, nacionalidade, grupo social ou opiniões políticas e encontra-se fora do país de sua nacionalidade ou residência;*

---

[28] Consta do voto do Min. Fachin menção ao presente *Curso*.

- *e que não pode ou não quer voltar a tal país em virtude da perseguição ou fundado temor de perseguição.*

A proteção da Convenção poderá cessar em hipóteses nela expressamente discriminadas, relacionadas ao fato de que a pessoa recuperou a nacionalidade voluntariamente ou voltou a se valer da proteção do país de que é nacional; adquiriu nova nacionalidade e, consequentemente, a proteção do país cuja nacionalidade adquiriu; voltou a estabelecer-se, voluntariamente, no país que abandonou; se deixaram de existir as circunstâncias em consequência das quais a pessoa foi reconhecida como refugiada.

A Convenção não é aplicável a pessoas que cometeram um crime contra a paz, um crime de guerra ou um crime contra a humanidade (conforme determinem instrumentos internacionais), que cometeram um crime grave de direito comum fora do país de refúgio antes de serem nele admitidas como refugiados e que se tornaram culpadas de atos contrários aos fins e princípios das Nações Unidas.

O art. 2º da Convenção prevê as obrigações gerais de todo refugiado, dentre as quais está a *obrigação de respeitar as leis e regulamentos do país de acolhida*, assim como as medidas que visam a manutenção da ordem pública do país em que se encontra. De outro lado, os Estados se comprometem a aplicar as disposições da Convenção aos refugiados sem discriminação quanto à raça, à religião ou ao país de origem (art. 3º). Ademais, devem proporcionar aos refugiados tratamento proporcionado aos nacionais no que concerne à liberdade de praticar sua religião e no que concerne à liberdade de instrução religiosa dos seus filhos (art. 4º).

No Capítulo II, a Convenção versa sobre a situação jurídica dos refugiados. O art. 12 estabelece que o estatuto pessoal do refugiado será regido pela lei do país de seu domicílio ou, na falta de domicílio, pela lei do país de sua residência. Ademais, os direitos que tenha adquirido anteriormente que decorram do estatuto pessoal, especialmente os que resultam do casamento, devem ser respeitados pelo Estado Contratante, ressalvado, se for o caso, o cumprimento das formalidades previstas pela legislação do Estado.

Quanto à aquisição de propriedade móvel ou imóvel e a outros direitos a ela referentes, ao aluguel e aos outros contratos relativos a propriedade móvel ou imóvel, os Estados Contratantes devem conceder ao refugiado um tratamento tão favorável quanto possível e não menos favorável do que é concedido "nas mesmas circunstâncias" aos estrangeiros em geral (art. 13). Quanto à propriedade industrial e à propriedade literária, artística e científica, o refugiado deve se beneficiar, no país em que tem sua residência habitual, da proteção que é conferida aos nacionais do referido país e, no território de outros Estados Contratantes, deve se beneficiar da proteção dada aos nacionais do país no qual tem sua residência habitual (art. 14).

Ainda quanto à situação jurídica do refugiado, a Convenção garante direitos de associação aos refugiados, quanto a associações sem fins políticos e lucrativos e a sindicatos profissionais, com o tratamento mais favorável concedido aos nacionais de um país estrangeiro (art. 15). Ademais, garante-se aos refugiados o direito de propor ações em juízo, assegurando-se o livre e fácil acesso aos tribunais, com o mesmo tratamento recebido por um nacional, incluindo-se aí a assistência judiciária e a isenção de *cautio judicatum solvi*[29] (art. 16).

O Capítulo III cuida do exercício de empregos remunerados pelos refugiados, determinando a aplicação do mesmo tratamento dispensado ao estrangeiro. Para as profissões assalariadas

---

[29] Observe-se que o Protocolo de *LasLeñas*, firmado entre Brasil, Argentina, Paraguai e Uruguai, prevê essa isenção no âmbito do Mercosul, ao estabelecer, em seu art. 4º, que nenhuma caução ou depósito, qualquer que seja sua denominação, poderá ser imposto em razão da qualidade de cidadão ou residente permanente de outro Estado Parte, o que se aplicará também às pessoas jurídicas constituídas, autorizadas ou registradas conforme as leis de qualquer dos Estados Partes.

(art. 17), garante-se que os refugiados gozarão, nas mesmas circunstâncias, do tratamento conferido aos estrangeiros, salvo quando medidas restritivas a estrangeiros forem impostas quando o refugiado delas estiver dispensado na data da entrada em vigor da Convenção para o Estado ou nas seguintes hipóteses: residir há três anos no país, ser cônjuge de pessoa nacional do país de residência ou ter filho ou filhos de nacionalidade do país de residência. Também quanto às profissões não assalariadas na agricultura, na indústria, no artesanato, no comércio e para instalação de firmas comerciais e industriais, também deve ser concedido tratamento favorável ou não menos favorável que o concedido ao estrangeiro. Finalmente, também para o exercício das profissões liberais os refugiados terão tratamento tão favorável quanto possível e não menos favorável ao que é dado a estrangeiros, desde que possuam diplomas reconhecidos pelas autoridades competentes do Estado.

O Capítulo IV (arts. 20 a 24), por sua vez, contém *disposições sobre o bem-estar dos refugiados*. Inicialmente, determina o tratamento do refugiado como o nacional em caso de racionamento de produtos de que há escassez (art. 20), assim como para o tratamento em matéria de assistência e de socorros públicos (art. 23) e oferecimento de ensino primário. Quanto aos graus de ensino superiores ao primário, os Estados devem dar aos refugiados um tratamento tão favorável quanto possível, e em todo caso não menos favorável do que aquele que é dado aos estrangeiros em geral, nas mesmas circunstâncias (art. 22). Quanto a alojamentos, deve-se dar aos refugiados o tratamento tão favorável quanto possível e, em todo caso, tratamento não menos favorável do que aquele que é dado, nas mesmas circunstâncias, aos estrangeiros em geral (art. 21).

Quanto à legislação do trabalho, os Estados Contratantes podem dar aos refugiados que residam regularmente no seu território o mesmo tratamento dado aos nacionais relativamente à remuneração, duração do trabalho, horas suplementares, férias pagas, restrições ao trabalho doméstico, idade mínima para o emprego, aprendizado e formação profissional, trabalho das mulheres e dos adolescentes e gozo das vantagens proporcionadas pelas convenções coletivas. Também recebem o mesmo tratamento dado aos nacionais quanto a previdência social (acidentes do trabalho, moléstias profissionais, maternidade, doença, invalidez, velhice, morte, desemprego, encargos de família, além de qualquer outro risco que esteja previsto no sistema de previdência social), conforme determina o art. 24.

O Capítulo V (arts. 25 a 34) versa ainda sobre medidas administrativas relativas aos refugiados. Primeiramente, o refugiado deve receber do Estado assistência administrativa para o exercício de direitos que normalmente exigem assistência estrangeira, porque, evidentemente, não podem com ela contar (art. 25). Qualquer refugiado que não possua documento de viagem válido deverá receber do Estado Contratante documento de identidade (art. 27) e documentos de viagem para que possam viajar para fora do território, salvo por razões imperiosas de segurança nacional ou ordem pública (art. 28). Com efeito, aos refugiados é garantida a liberdade de movimento para escolherem sua residência e circularem no território livremente, com as reservas aplicáveis aos estrangeiros (art. 26).

Os refugiados também não poderão ser submetidos a emolumentos alfandegários, taxas e impostos além do que cobrados dos seus nacionais em situações análogas (art. 29) e o Estado deve permitir que transfiram os bens necessários à sua reinstalação para outro país (art. 30).

Os refugiados em situação irregular no país de refúgio não serão submetidos a sanções caso se apresentem sem demora às autoridades e expuserem razões aceitáveis para sua entrada ou presença irregulares e apenas restrições necessárias podem ser impostas ao seu deslocamento (art. 31). Ademais, o refugiado que estiver regularmente em um território não poderá ser expulso, salvo por motivos de segurança nacional ou ordem pública, *mediante decisão judicial proferida em atendimento ao devido processo legal*.

O refugiado não poderá ser expulso ou rechaçado para fronteiras de territórios em que sua vida ou liberdade estejam ameaçadas em decorrência de sua raça, religião, nacionalidade, grupo social a que pertença ou opiniões políticas, o que consagra o princípio do *non refoulement* (proibição do rechaço).

O princípio da proibição do rechaço, entretanto, não poderá ser invocado se o refugiado for considerado, por motivos sérios, um (i) perigo à segurança do país, ou (ii) se for condenado definitivamente por um crime ou delito particularmente grave, constitua ameaça para a comunidade do país no qual ele se encontre (art. 33). Trata-se do princípio do *non refoulement* mitigado[30].

Obviamente, o Estado deve *fundamentar* esse rechaço, evitando que essa cláusula seja utilizada *arbitrariamente* simplesmente para diminuir o número de solicitantes de refúgio no Estado de acolhida.

Por fim, a Convenção prevê que os Estados Contratantes devem facilitar, na medida do possível, a naturalização dos refugiados, esforçando-se para acelerar o processo e reduzir suas taxas e despesas (art. 34).

O Capítulo VI traz as disposições executórias e transitórias (arts. 35 a 37), dentre as quais a necessidade de cooperação dos Estados Contratantes com o Alto Comissariado das Nações Unidas para os Refugiados (art. 35) e, finalmente, o Capítulo VII apresenta as cláusulas finais da Convenção (arts. 38 a 46).

QUADRO SINÓTICO

Convenção relativa ao Estatuto dos Refugiados, Protocolo sobre o Estatuto dos Refugiados e Protocolo Facultativo

Definição de refugiado	• A pessoa que, temendo ser perseguida por motivos de raça, religião, nacionalidade, grupo social ou opiniões políticas, encontra-se fora do país de sua nacionalidade e que não pode ou, em virtude desse temor, não quer valer-se da proteção desse país, ou que, se não tem nacionalidade. • Direito de receber dos Estados Partes tratamento pelo menos tão favorável como o que é proporcionado aos nacionais no que concerne à liberdade de praticar sua religião e no que concerne à liberdade de instrução religiosa dos seus filhos. • Direitos de associação, quanto a associações sem fins políticos e lucrativos e a sindicatos profissionais. • Direito de propugnar em juízo, assegurando-se o livre e fácil acesso aos tribunais, com o mesmo tratamento recebido por um nacional, incluindo-se aí a assistência judiciária e a isenção de *cautio judicatum solvi*. • Direito a receber o mesmo tratamento dispensado ao estrangeiro no exercício de empregos remunerados. • Direito a receber tratamento concedido ao nacional em caso de racionamento de produtos de que há escassez. • Direito a receber tratamento concedido ao nacional em matéria de assistência e de socorros públicos.

---

[30] Ver no item 51 da Parte IV deste *Curso* a proibição absoluta do *non refoulement* ("princípio do *non refoulement* absoluto").

	• Direito a receber tratamento concedido ao nacional em matéria de oferecimento de ensino primário. Quanto aos graus de ensino superiores ao primário, os Estados devem dar aos refugiados um tratamento tão favorável quanto possível, e em todo caso não menos favorável do que aquele que é dado aos estrangeiros em geral, nas mesmas circunstâncias. • Direito de receber tratamento para a concessão de alojamentos tão favorável quanto possível e, em todo caso, não menos favorável do que aquele que é dado, nas mesmas circunstâncias, aos estrangeiros em geral. • Direito a receber o mesmo tratamento dado aos nacionais quanto à legislação do trabalho (relativamente a remuneração, duração do trabalho, horas suplementares, férias pagas, restrições ao trabalho doméstico, idade mínima para o emprego, aprendizado e formação profissional, trabalho das mulheres e dos adolescentes e gozo das vantagens proporcionadas pelas convenções coletivas). • Direito de receber o mesmo tratamento dado aos nacionais quanto a previdência social (acidentes do trabalho, moléstias profissionais, maternidade, doença, invalidez, velhice, morte, desemprego, encargos de família, além de qualquer outro risco que esteja previsto no sistema de previdência social). • Direito de receber do Estado assistência administrativa para o exercício de direitos que normalmente exigem assistência estrangeira. • Direito de receber do Estado Contratante documento de identidade, quando não possua documento de viagem válido, e documentos de viagem para viajar para fora do território. • Direito à liberdade de movimento para escolha da residência e para circulação no território de livremente, com as reservas aplicáveis aos estrangeiros. • Direito de não ser submetido a emolumentos alfandegários, taxas e impostos além do que cobrados dos seus nacionais em situações análogas. • Direito de não ser submetido a sanções, caso o refugiado se apresente sem demora às autoridades e exponha razões aceitáveis para sua entrada ou presença irregulares; direito de que apenas restrições necessárias podem ser impostas ao seu deslocamento. • Direito de não ser expulso, salvo por motivos de segurança nacional ou ordem pública, mediante decisão judicial proferida em atendimento ao devido processo legal.
Situação jurídica do refugiado	• Estatuto pessoal do refugiado é regido pela lei do país de seu domicílio ou, na falta de domicílio, pela lei do país de sua residência. • Os direitos que tenha adquirido anteriormente que decorram do estatuto pessoal, especialmente os que resultam do casamento, devem ser respeitados pelo Estado Contratante, ressalvado, se for o caso, o cumprimento das formalidades previstas pela legislação do Estado. • Quanto à aquisição de propriedade móvel ou imóvel e a outros direitos a ela referentes, ao aluguel e aos outros contratos relativos a propriedade móvel ou imóvel: os Estados Contratantes devem conceder ao refugiado um tratamento tão favorável quanto possível e não menos favorável do que é concedido "nas mesmas circunstâncias" aos estrangeiros em geral. • Quanto à propriedade industrial e à propriedade literária, artística e científica: o refugiado deve se beneficiar, no país em que tem sua residência habitual, da proteção que é conferida aos nacionais do referido país e, no território de outros Estados Contratantes, deve se beneficiar da proteção dada aos nacionais do país no qual tem sua residência habitual.

8. DECLARAÇÃO DE NOVA YORK SOBRE REFUGIADOS E MIGRANTES (2016). O PACTO GLOBAL PARA A MIGRAÇÃO SEGURA, ORDENADA E REGULAR (2018)

Em setembro de 2016, os Estados membros da ONU adotaram a Declaração de Nova York sobre Refugiados e Migrantes, que consiste em ato político e de natureza de *soft law* (sem força vinculante), mas que (i) conclama os Estados a atuarem de acordo com seu texto e (ii) pugna pela formulação de nova política internacional sobre refugiados e migrantes para os próximos anos.

A Declaração foi adotada por consenso entre os 193 Estados membros da ONU, tendo como pano de fundo o aumento dos fluxos de pessoas em todo o globo nas últimas décadas, tanto em virtude de conflitos internos, perseguições, violações maciças de direitos humanos, mudanças climáticas, desastres de toda natureza ou por busca de melhores condições de vida (migração socioeconômica). Os Estados calculam que aproximadamente 244 milhões de pessoas vivem em Estados distintos de onde nasceram, mas, obviamente, tal cifra pode estar subestimada dada a existência de contingentes de migrantes indocumentados.

Para enfrentar essa situação, os Estados adotaram os seguintes compromissos genéricos:
- proteger os direitos humanos de todos os refugiados e migrantes, não importando o estatuto migratório, respeitando a Declaração Universal dos Direitos Humanos e demais tratados internacionais;
- condenar a discriminação contra os refugiados e migrantes, e reconhecer que a diversidade fortalece e enriquece toda sociedade, devendo ser impedida a xenofobia, intolerância, racismo e tratamentos discriminatórios;
- assegurar a cooperação internacional para que um Estado não tenha que lidar, isoladamente, com esses fluxos de pessoas. A responsabilidade pelo acolhimento aos refugiados e migrantes deve ser compartilhada;
- as crianças refugiadas e migrantes devem ter tratamento adequado ao seu melhor interesse e ter direito à educação, com base na Convenção da ONU sobre os Direitos das Crianças;
- adotar medidas para prevenir e reprimir a violência sexual e baseada em gênero dos migrantes e refugiados;
- fortalecer o acolhimento aos refugiados, com base em um redesenho das responsabilidades dos Estados, sociedade civil e agências da ONU, em especial o Alto Comissariado das Nações Unidas para os Refugiados (ACNUR);
- fortalecer a governança global da migração, pela inserção da Organização Internacional de Migrações como agência especializada da ONU.

A Declaração lançou também os próximos passos, que dizem respeito a: (i) edição de princípios orientadores sobre o tratamento de migrantes em situação de vulnerabilidade; (ii) adoção de novo pacto envolvendo a repartição dos custos e responsabilidade pelo acolhimento dos refugiados e migrantes.

Na linha do que foi decidido na Declaração de 2016, foi elaborado e adotado o "Pacto Global para uma Migração Segura, Ordenada e Regular"[31], assinado pelo Brasil e por mais 163 países, em conferência promovida pela ONU em Marraquexe (Marrocos) em 2018. É um diploma de *soft law* (não vinculante) que busca unir os Estados em uma estratégia comum voltada a assegurar o tratamento à migração pautado no (i) respeito aos direitos dos migrantes e (ii) combate a práticas de exploração e vulnerabilidade de direitos. Trata-se de um documento abrangente para melhor gerenciar a migração internacional, enfrentar seus desafios e fortalecer os direitos dos

---

[31] Disponível em: <https://undocs.org/es/A/CONF.231/3>. Acesso em: 15 ago. 2024.

migrantes, contribuindo para o desenvolvimento sustentável e expressa o compromisso coletivo dos Estados-membros de melhorar a cooperação na migração internacional.

Tem como *princípios diretivos*:

(a) Foco nas pessoas. O Pacto Global visa promover o bem-estar de migrantes e membros de comunidades nos países de origem, trânsito e destino.

(b) Cooperação internacional. O Pacto Global é uma estrutura de cooperação não vinculante, pela qual se reconhece que nenhum Estado pode abordar a migração de modo isolado.

(c) Soberania nacional. O Pacto Global é baseado no direito dos Estados, fundado na soberania estatal, de determinar sua própria política migratória e a prerrogativa de regular a migração dentro de sua jurisdição, de acordo com o direito internacional. Obviamente, esse item mostra que um Estado pode ter uma política migratória seletiva e restritiva (interessado somente em determinadas categorias de pessoas de alta renda ou com qualificação de excelência).

(d) Estado de direito e devido processo. O Pacto Global busca promover o Estado de Direito, o devido processo e o acesso à justiça em todos os aspectos da governança migratória, evitando o arbítrio e a denegação de justiça.

(e) Desenvolvimento sustentável. O Pacto Global dialoga com a Agenda para o Desenvolvimento Sustentável de 2030, prevendo que a migração é uma realidade de grande relevância para o desenvolvimento sustentável dos países de origem, trânsito e destino.

(f) Direitos humanos. O Pacto Global é baseado no Direito Internacional dos Direitos Humanos e afirma promover o respeito efetivo, a proteção e o cumprimento dos direitos humanos de todos os migrantes, independentemente de seu *status* migratório, durante todas as etapas do ciclo migratório. Porém, não assegura o direito de permanência ou o direito de buscar trabalho do migrante socioeconômico.

(g) Perspectiva de gênero. O Pacto Global garante que os direitos humanos de mulheres, homens, meninas e meninos sejam respeitados em todos os estágios da migração, respeitando as necessidades específicas de todas as mulheres e meninas, evitando que as mulheres migrantes não sejam percebidas quase que exclusivamente através do prisma da vitimização.

(h) Perspectiva da criança. O Pacto Global promove as obrigações internacionais existentes em relação aos direitos das crianças, e defende o princípio do *interesse superior* da criança em qualquer situação, o que inclui o tratamento adequado às crianças desacompanhadas e separadas.

(i) Abordagem plural em todos os níveis estatais (pan-governamental). O Pacto Global sustenta que a migração é uma realidade multidimensional, que exige coerência política horizontal e vertical entre setores e níveis de governo.

(j) Abordagem plural social. O Pacto Global promove uma ampla colaboração entre todos os segmentos sociais (migrantes, comunidades locais, sociedade civil, academia, setor privado, parlamentares, sindicatos, instituições nacionais de direitos humanos, a mídia e outras partes interessadas na governança da migração).

Os 23 objetivos a serem alcançados para uma migração segura, ordenada e regular são: 1. coletar e usar dados precisos e desagregados para formular políticas públicas; 2. minimizar os fatores adversos e estruturais que forçam as pessoas a deixar seu país de origem; 3. fornecer informações precisas e oportunas em todos os estágios da migração; 4. assegurar que todos os migrantes tenham prova de identidade e documentação adequada; 5. aumentar a disponibilidade e a flexibilidade dos canais regulares de migração; 6. facilitar o recrutamento justo e ético e salvaguardar condições que garantam um trabalho decente; 7. identificar e reduzir as vulnerabilidades na migração; 8. empreender esforços internacionais coordenados sobre migrantes desaparecidos; 9. reforçar a resposta transnacional ao tráfico de seres humanos envolvido na migração; 10. prevenir, combater e erradicar o tráfico de pessoas no contexto da migração internacional; 11. gerenciar as fronteiras de forma integrada, segura e coordenada; 12. aumentar a segurança jurídica e a previsibilidade dos procedimentos de migração para um exame, avaliação e encaminhamento adequados; 13. usar a detenção de migrantes apenas como último recurso e buscar alternativas; 14. melhorar a proteção consular, a assistência e a cooperação durante todo o ciclo de migração; 15. proporcionar aos migrantes o acesso a serviços básicos; 16. capacitar migrantes e sociedades para alcançar a plena inclusão e coesão social; 17. eliminar todas as formas de discriminação na migração; 18. investir no desenvolvimento e reconhecimento mútuo de habilidades, qualificações e competências; 19. criar as condições necessárias para que migrantes possam contribuir plenamente para o desenvolvimento sustentável em todos os países; 20. promover a inclusão financeira de migrantes; 21. trabalhar em conjunto para facilitar o retorno e a readmissão em segurança e dignidade, bem como a reintegração sustentável; 22. estabelecer mecanismos para o reconhecimento mútuo no campo da seguridade social, preservando os benefícios adquiridos; e 23. reforçar a cooperação internacional e parcerias globais para uma migração segura, ordenada e regular.

Em que pese ser um diploma normativo não vinculante e conter dispositivos compatíveis com a Constituição e ainda com os tratados de direitos humanos já ratificados, foi noticiado que o Brasil comunicou à ONU, em 2019, do seu desejo de não mais ser considerado um signatário do "Pacto"[32].

Em janeiro de 2023, o Brasil comunicou à Organização das Nações Unidas seu retorno ao Pacto Global[33]. Apesar de conter diversos dispositivos de respeito à soberania dos Estados (como já assinalado) e não ter reconhecido o "direito de migrar" (os Estados não aceitaram tal reconhecimento mesmo em diploma de *soft law*), o Pacto avança no sentido de reconhecer a necessidade de tratamento digno aos migrantes e pode servir de auxílio à interpretação dos comandos legais e convencionais vinculantes.

QUADRO SINÓTICO

Declaração de Nova York sobre refugiados e migrantes. O Pacto Global	
Natureza jurídica	• *Soft law*, mas deve ser utilizado como instrumento de interpretação da dignidade humana e das obrigações internacionais de tratados (como a Convenção relativa ao Estatuto dos Refugiados, Pacto Internacional sobre Direitos Civis e Políticos, Convenção da ONU sobre os Direitos das Crianças etc.) que podem incidir sobre os refugiados e migrantes.
Objetivo	• Tratar das obrigações mínimas dos Estados no trato dos refugiados e migrantes.
Uso no Brasil	• Como o Brasil já ratificou os tratados de direitos humanos que podem incidir sobre os refugiados e migrantes, esta Declaração pode auxiliar na interpretação dos comandos desses tratados.
Pacto Global para uma Migração Segura, Ordenada e Regular	• Diploma de *soft law*. • 23 objetivos que promovem a cooperação internacional para regular as migrações, com foco na proteção de direitos humanos, oferta de serviços básicos para migrantes e eliminação de todas as formas de discriminação.

---

[32] Disponível em: <https://jornal.usp.br/atualidades/brasil-completa-quase-dois-anos-fora-do-pacto-global-para-migracao-da-onu>. Acesso em: 3 ago. 2024.

[33] Disponível em: <https://agenciabrasil.ebc.com.br/internacional/noticia/2023-01/itamaraty-brasil-volta-integrar-pacto-global-para-migracao-segura>. Acesso em: 3 ago. 2024.

9. CONVENÇÃO SOBRE O ESTATUTO DOS APÁTRIDAS (1954)

A Convenção sobre o Estatuto dos Apátridas, assinada em 28 de setembro de 1954, em Nova York, entrou em vigor em 6 de junho de 1960, 90 dias após o depósito do sexto instrumento de ratificação. A Convenção conta, em 2024, com 98 Estados partes, incluindo o Brasil, que ratificou a Convenção em 1996 e a promulgou internamente pelo Decreto n. 4.246, de 22 de maio de 2002.

O objetivo da Convenção, organizada em 42 artigos e um Anexo, foi garantir aos apátridas, no contexto da pós-Segunda Guerra Mundial, amplo acesso aos direitos e garantias fundamentais.

O capítulo I (arts. 1º a 11) traz as disposições gerais sobre os direitos e deveres dos apátridas. Conceitua-se apátrida como "toda pessoa que não seja considerada seu nacional por nenhum Estado, conforme sua legislação".

Foram excetuados da proteção da Convenção: (i) aqueles que recebam proteção ou assistência de órgão ou agência das Nações Unidas diverso do Alto Comissariado das Nações Unidas para os Refugiados (ACNUR), como, por exemplo, os palestinos que recebem proteção do Agência das Nações Unidas de Assistência aos Refugiados da Palestina (conhecida pela sigla em inglês UNRWA); e (ii) aqueles que o Estado de residência já reconheceu como titulares dos mesmos direitos e deveres de seus nacionais.

Ainda, a Convenção não será aplicável aos indivíduos que (iii) cometerem crime contra paz, crime de guerra, crime contra a humanidade ou crime grave de natureza não política fora do país de sua residência, antes da sua admissão naquele Estado; e (iv) aos que forem condenados por ato contrário aos princípios da ONU.

O art. 2º prevê o dever dos apátridas de respeitarem as leis e a ordem pública do Estado em que se encontrem. Os arts. 3º e 4º dispõem sobre os direitos de não discriminação e liberdade de religião aos apátridas. Já os dois artigos subsequentes abordam as condições para o exercício dos direitos previstos na Convenção: o art. 5º garante que a Convenção não afete outros direitos concedidos aos apátridas; e o art. 6º estabelece que o apátrida cumpra as mesmas condições necessárias à permanência ou residência no Estado que aquele que possui uma nacionalidade, com exceção daqueles requisitos que não puderem ser cumpridos como decorrência da sua apatridia.

A dispensa da reciprocidade é prevista no art. 7º. Aos apátridas deve ser concedido o mesmo regime dos estrangeiros em geral, dispensada, após três anos de residência, a necessidade de reciprocidade legislativa. Ainda, na falta de reciprocidade, devem ser concedidos aos apátridas os direitos de propriedade, exercício profissional, habitação e instrução que já lhes eram garantidos na entrada em vigor da Convenção para o Estado em que residem.

Outra hipótese de dispensa é disciplinada no art. 8º, que estipula que as medidas excepcionais adotadas contra pessoa, bens ou interesses de determinado Estado não podem ser aplicadas contra apátridas apenas com base no fato de terem possuído determinada nacionalidade. Contudo, o art. 9º dispõe que enquanto não for determinada a condição de apátrida, é permitido ao Estado, excepcionalmente em caso de guerra ou circunstância grave, adotar medidas temporárias contra a pessoa, com o fim de garantir a segurança nacional.

Os arts. 10 e 11 versam sobre duas situações específicas dos apátridas: os apátridas deportados durante a Segunda Guerra Mundial e os marítimos apátridas. Aborda-se o dever de continuidade de residência de apátridas deportados durante a guerra e estimulam-se os Estados a admitirem temporariamente apátridas empregados em navio que arvorem a sua bandeira.

O Capítulo II (arts. 12 a 16) trata da *condição jurídica dos apátridas*. O seu estatuto pessoal (tema de Direito Internacional Privado[34]) é regido pela lei do Estado de seu domicílio ou, na sua ausência, de sua residência, sendo respeitados os direitos de casamento anteriormente adquiridos, desde que aceitos no Estado e respeitadas as formalidades legais. Os direitos de aquisição de propriedade móvel e imóvel, bem como o direito de associação por apátridas devem ser os mesmos concedidos aos demais estrangeiros. Já a proteção da propriedade intelectual e industrial, bem como os direitos de demandar em juízo, devem ser os mesmos garantidos aos nacionais do Estado em que o apátrida possui residência habitual.

Os arts. 17 a 19, do Capítulo III, abordam os empregos dos apátridas. No que se refere ao exercício de atividade profissional assalariada, não assalariada ou liberal aos apátridas, deve-lhes ser dado tratamento tão favorável quanto ao proporcionado aos estrangeiros. Ademais, os Estados devem esforçar-se para adotar programas de recrutamento de mão de obra e planos de imigração para favorecer os apátridas.

Os benefícios sociais dos apátridas estão previstos no Capítulo IV (arts. 21 a 24). Em casos de racionamento e de assistência pública, os apátridas devem ser considerados como nacionais. No que se refere à habitação, os apátridas têm os mesmos direitos dos estrangeiros e, no tocante à educação pública, o direito de participação no ensino primário dos apátridas deve equivaler ao dos nacionais e, nas demais categorias de ensino e bolsas de estudos, deve ser igual ao tratamento dado aos estrangeiros. Os direitos trabalhistas dos apátridas são os mesmos dos nacionais relativamente à remuneração, duração da jornada de trabalho, férias, restrições, idade de admissão, trabalho das mulheres e menores e temas abarcados em convenções coletivas de trabalho. Os direitos de previdência social também, em geral, se equivalem entre nacionais e apátridas.

O Capítulo V trata das medidas administrativas (arts. 25 a 32), as quais incluem assistência administrativa, liberdade de movimento, documentos de identidade e de viagem, encargos fiscais, transferência de bens, expulsão e naturalização. Assim, a assistência necessária ao exercício de um direito – incluindo a expedição de documentos de identidade e de viagem – deve ser prestada pelo Estado em que o apátrida residir. Aos apátridas é garantida a liberdade de circulação e residência dentro do Estado em que se encontram, nos mesmos moldes em que é permitido aos estrangeiros. Ainda, lhes é garantida liberdade de transferir os bens que lhes pertencerem para outro Estado em que desejem se reinstalarem. Ademais, os impostos e taxas a serem pagos pelos apátridas não podem ser mais elevados do que aqueles cobrados dos nacionais.

A naturalização do apátrida deve ser estimulada, com desburocratização do procedimento e redução de taxas e despesas. Por outro lado, a expulsão dos apátridas somente pode ocorrer por motivos de segurança nacional ou ordem pública, decorrente de decisão proferida em processo com contraditório, devendo, em caso de expulsão, ser concedido ao apátrida prazo razoável para obtenção de admissão regular em outro Estado. Como veremos, a Lei de Migração (Lei n. 13.445/2017) tem dispositivos sobre a apatridia, em linha com a presente Convenção.

Finalmente, o Capítulo VI (arts. 33 a 42) trata das cláusulas finais. Prevê-se a Corte Internacional de Justiça como foro para solução de controvérsias sobre a interpretação ou aplicação da Convenção, quando a disputa não puder ser resolvida por outros meios. Ainda, há disposição sobre a aplicação territorial da Convenção, sua adesão, ratificação, reservas, entrada em vigor, denúncia, revisão e comunicações ao Secretário-Geral da ONU.

---

[34] Sobre o estatuto pessoal no Direito Internacional Privado no Brasil, ver CARVALHO RAMOS, André de. *Curso de direito internacional privado*. 3. ed., São Paulo: Saraiva, 2023. CARVALHO RAMOS, André de e GRAMSTRUP, Erik Frederico. *Comentários à Lei de Introdução às Normas do Direito Brasileiro* (LINDB). 2. ed., São Paulo: Saraiva, 2021.

A Convenção possui, ainda, um Anexo, que descreve os requisitos, prazos e validade do documento de viagem a ser expedido para os apátridas, de modo a possibilitar-lhes viajar fora do Estado de sua residência regular.

QUADRO SINÓTICO

Convenção sobre o Estatuto dos Apátridas	
Definição de apátrida e as exclusões	• Apátrida é toda pessoa que não seja considerada seu nacional por nenhum Estado, conforme sua legislação. • A Convenção não se aplica aos indivíduos: (i) que recebem proteção ou assistência de órgão ou agência das Nações Unidas diverso do Alto Comissariado para os Refugiados; (ii) que o Estado de residência já reconheceu como titulares dos mesmos direitos e deveres de seus nacionais; (iii) que cometerem crime contra paz, crime de guerra, crime contra a humanidade ou crime grave de natureza não política fora do país de sua residência, antes da sua admissão naquele Estado; e (iv) que forem condenados por ato contrário aos princípios da ONU.
Objetivo	• Amplo acesso aos direitos e garantias fundamentais.
Término da proteção	• Naturalização do apátrida deve ser estimulada, com desburocratização do procedimento e redução de taxas e despesas. • Expulsão dos apátridas somente pode ocorrer por motivos de segurança nacional ou ordem pública, decorrente de decisão proferida em processo com contraditório. • Em caso de expulsão, ser concedido ao apátrida prazo razoável para obtenção de admissão regular em outro Estado.

10. CONVENÇÃO PARA A REDUÇÃO DOS CASOS DE APATRIDIA (1961)

A Convenção para a Redução dos Casos de Apatridia foi editada em 30 de agosto de 1961, tendo entrado em vigor em 13 de dezembro de 1975, dois anos após a data do depósito do sexto instrumento de ratificação ou de adesão. Em 2024, a Convenção conta com 80 Estados partes. A ratificação pelo Brasil foi feita em 25 de outubro de 2007, tendo entrado em vigor internacionalmente para o Brasil em 23 de janeiro de 2008. Curiosamente, a Convenção somente foi promulgada internamente pelo Decreto n. 8.501, em 18 de agosto de 2015, mais de sete anos depois da validade internacional para o Brasil.

Visando evitar a apatridia nas suas mais diversas formas, a Convenção está organizada em 20 artigos, que abordam a concessão (arts. 1º a 4º), a perda (arts. 5º a 7º), a privação de nacionalidade (arts. 8º e 9º) e a transferência de território (art. 10), além de aspectos procedimentais como a criação de organismo internacional (art. 11) e a solução de controvérsias sobre a Convenção (art. 14).

O art. 1º prevê que os Estados concedam a sua nacionalidade a pessoa nascida em seu território que seria apátrida, no momento do nascimento (pleno direito) ou mediante requerimento (com prazos de idade e requisitos de residência e ausência de determinadas condenações criminais). Ainda, independentemente de requerimento, em casos em que seria apátrida, adquire nacionalidade o filho nascido no território da nacionalidade da sua mãe. Ademais, a pessoa que seria apátrida e que não pode adquirir a nacionalidade do Estado em que tiver nascido por não preencher os requisitos exigidos, adquirirá a nacionalidade do Estado de um de seus pais.

O art. 2º estipula presunção sobre criança abandonada, a qual, salvo prova em contrário, será considerada nascida no território em que se encontra, presumindo-se, também, que seus pais possuem a nacionalidade daquele Estado. Já o art. 3º prevê que pessoa nascida a bordo de navio ou aeronave seja considerada como nascida no território do Estado de sua bandeira.

O art. 4º complementa a parte final do art. 1º, descrevendo os critérios e condições para que seja concedida, à pessoa que seria apátrida, a nacionalidade que um de seus pais possuía no momento do seu nascimento.

Já o art. 5º impede a configuração da apatridia em situações de perda de nacionalidade em decorrência de mudança de estado civil (casamento, separação, adoção, reconhecimento de filiação etc.) condicionando tais hipóteses a aquisição de outra nacionalidade. O próprio artigo traz, ainda, a possibilidade de reaquisição da nacionalidade por requerimento para o filho que a perdeu como consequência de reconhecimento de filiação. A seguir, o art. 6º impede que a perda da nacionalidade de um dos cônjuges ou de um dos pais acarrete a perda da nacionalidade do outro cônjuge ou dos filhos que não possuam outras nacionalidades.

O art. 7º veda a renúncia à nacionalidade sem a aquisição de outra nacionalidade, exceto em casos de (i) violação ao direito de liberdade de circulação ou (ii) perseguição dentro do Estado, o que consiste em duas importantes exceções à irrenunciabilidade da nacionalidade em caso que resulte em apatridia.

Ademais, impede-se a perda da nacionalidade de nacional, quando disso decorrer apatridia, excetuando-se, dessa regra, os naturalizados, que podem perder sua nacionalidade se residirem em seu Estado de origem por período superior ao previsto na lei (que deve ser superior a sete anos consecutivos), bem como não declararem sua intenção de conservar a nacionalidade adquirida. Outra exceção diz respeito aos nacionais nascidos fora de seu território, sendo permitido que o Estado subordine a conservação da sua nacionalidade, após a maioridade do interessado, à residência ou registro no território.

Os arts. 8º e 9º estabelecem o dever dos Estados de não privar nacionalidade quando desta decorrer apatridia. Tal regra possui várias exceções: (i) naturalizados; (ii) nacionalidade obtida mediante fraude ou falsidade; (iii) violação dos deveres de lealdade com o Estado, por exemplo, continuar a prestar serviço para outro Estado; (iv) declaração formal de lealdade a outro Estado. Nesses casos, deve ser assegurado ao interessado ampla defesa e contraditório no processo de privação de nacionalidade. Ademais, é proibido privar pessoa de sua nacionalidade por motivo racial, étnico, religioso ou político.

A proibição da apatridia decorrente da transferência de território entre Estados está prevista no art. 10. Na ausência de regras previstas no Tratado de transferência de território sobre a nacionalidade dos seus habitantes, o Estado que tenha adquirido o território concederá a sua nacionalidade aos habitantes desse território que, de outro modo, se tornariam apátridas.

O art. 11 prevê a criação de um organismo internacional dentro da estrutura da ONU para reivindicação e assistência em casos de apatridia. A Resolução n. 3.274 (XXIX), de 10 de dezembro de 1974 e a Resolução n. 3.136, de 30 de novembro de 1976, ambas da Assembleia Geral da ONU, designaram o exercício de tal função ao Alto Comissariado das Nações Unidas para Refugiados (ACNUR).

Os arts. 12 e 13 garantem a ampla aplicação da Convenção ao estipular que a concessão de nacionalidade, nos termos previstos nos arts. 1º e 4º, seja aplicável àqueles que nasceram antes e depois da entrada em vigor da Convenção, bem como que a Convenção não pode ser interpretada para restringir outras disposições existentes mais favoráveis aos apátridas.

O art. 14 dispõe que a solução de controvérsias sobre a interpretação ou aplicação da Convenção, quando não resolvida pelas partes, será levada à Corte Internacional de Justiça. A seguir, os arts. 15 a 21 tratam da aplicação da Convenção aos territórios, da sua assinatura, ratificação, adesão, entrada em vigor, denúncia, depósito e notificações.

QUADRO SINÓTICO	
Convenção para a Redução dos Casos de Apatridia	
A essência da Convenção	• Evitar a apatridia nas suas mais diversas formas e assegurar a nacionalidade para aqueles que já se encontram nessa situação.
Objetivo e medidas	• Imposição de deveres aos Estados para prevenir e para combater a situação de apatridia.
Monitoramento	• Prevê a criação de um organismo internacional dentro da estrutura da ONU para reivindicação e assistência em casos de apatridia. • A Resolução n. 3.274 (XXIX), de 10 de dezembro de 1974 e a Resolução n. 3.136, de 30 de novembro de 1976, ambas da Assembleia Geral da ONU, designaram o exercício de tal função ao Alto Comissariado das Nações Unidas para Refugiados (ACNUR).

11. CONVENÇÃO SOBRE A ELIMINAÇÃO DE TODAS AS FORMAS DE DISCRIMINAÇÃO RACIAL

A Convenção Internacional sobre a Eliminação de Todas as Formas de Discriminação Racial foi adotada pela Resolução n. 2.106 (XX) da Assembleia Geral da ONU, em dezembro de 1965, sendo e aberta à assinatura em 7 de março de 1966. Foi elaborada em um momento histórico no qual existiam ainda Estados com políticas internas oficiais de *segregação racial*, com a finalidade de promover e encorajar o respeito universal e efetivo pelos direitos humanos, sem qualquer tipo de discriminação, em especial a liberdade e a igualdade em direitos, tendo em vista que a discriminação entre seres humanos constitui ameaça à paz e à segurança entre os povos. Possui, em 2024, 182 Estados partes.

Em seu preâmbulo, a Convenção condena todas as práticas de segregação e discriminação, fazendo alusão à Declaração sobre a Outorga de Independência aos Países e Povos Coloniais (14 de dezembro de 1960) que proclamou a necessidade de extirpá-las, de forma rápida e incondicional, e à Declaração das Nações Unidas sobre a Eliminação de Todas as Formas de Discriminação Racial (20 de novembro de 1963). O Preâmbulo ressalta ainda que "qualquer doutrina de superioridade baseada em diferenças raciais é cientificamente falsa, moralmente condenável, socialmente injusta e perigosa, em que, não existe justificação para a discriminação racial, em teoria ou na prática, em lugar algum" e que ainda subsistiam práticas de discriminação racial no mundo, inclusive lastreadas em políticas governamentais baseadas em superioridade e ódio raciais, como o *apartheid*.

É um dos mais antigos tratados de direitos humanos ratificados pelo Brasil, que assinou a Convenção em 7 de março de 1966, quando foi aberta à assinatura, e a ratificou em 27 de março de 1968, em plena ditadura militar brasileira. Contudo, no primeiro relatório brasileiro encaminhado ao Comitê criado pela Convenção, o Brasil (era da ditadura militar) em conciso relatório explicou sua adesão: entendeu que não havia discriminação racial no Brasil (postura negacionista) e que a ratificação havia sido feita apenas para dar apoio político a Estados que combatiam o racismo e o *apartheid*[35]. Em 4 de janeiro de 1969, entrou em vigor, de acordo com o disposto em seu artigo XIX, 1º, *a*. Foi promulgada pelo Decreto n. 65.810, de 8 de dezembro de 1969. Na mesma época (anos 60 do século XX), o Brasil ratificou e incorporou internamente a Convenção n. 111 da Organização Internacional do Trabalho, de 1958, por intermédio do Decreto n. 62.150, de 19 de janeiro de 1968, vedando a discriminação fundada na raça, cor, sexo, religião, opinião

---

[35] Conferir SILVA, Silvio José Albuquerque e. Prefácio. In: *Comentários Gerais dos Comitês de Tratados de Direitos Humanos da ONU – Comitê sobre a Eliminação da Discriminação Racial*. São Paulo: Escola Superior da Defensoria Pública do Estado de São Paulo, 2020.

política, ascendência nacional ou origem social, que tenha por efeito destruir ou alterar a igualdade de oportunidade ou de tratamento em matéria de emprego ou profissão.

A Constituição de 1988 reafirmou o comprometimento brasileiro de combate à discriminação racial ao dispor, no seu art. 4º, VIII, o *repúdio ao racismo* como um dos princípios que regem as relações internacionais brasileiras.

A Convenção, composta de 25 artigos, é dividida em três partes. Na primeira delas, enunciam-se as obrigações assumidas pelo Estado que a adotem (artigos I a VII); na segunda, estabelece a constituição e o funcionamento do *Comitê para a Eliminação da Discriminação Racial* (artigos VIII a XVI) e, na terceira parte, prevê as disposições finais (artigos XVII a XXV).

No artigo I, apresenta-se a definição de *discriminação racial*, que é entendida como:
- qualquer distinção, exclusão, restrição ou preferência baseada em raça, cor, descendência ou origem nacional ou étnica;
- que tem por objetivo ou efeito (i) anular ou (ii) restringir o reconhecimento, gozo ou exercício num mesmo plano (em igualdade de condição), de direitos humanos e liberdades fundamentais;
- no domínio político econômico, social, cultural ou em qualquer outro domínio de sua vida.

Ficam excluídas dessa proibição as chamadas *ações afirmativas,* que consistem em distinções, exclusões, restrições e preferências feitas por um Estado com o objetivo de *assegurar* o *progresso* de grupos sociais ou étnicos ou de indivíduos que necessitem da proteção para proporcionar a eles *igual gozo* ou *exercício* de direitos humanos e liberdades fundamentais.

Os Estados Partes que aderem à Convenção se comprometem a adotar uma política de eliminação da discriminação racial, devendo cada Estado abster-se de praticar ato de discriminação racial contra pessoas, grupos de pessoas ou instituições e de abster-se de encorajar, defender ou apoiar a discriminação racial praticada por uma pessoa ou organização qualquer.

Em 2017, o Supremo Tribunal Federal (STF), na ADC n. 41, decidiu por unanimidade ser constitucional a Lei n. 12.990/2014, pela qual ficam reservadas aos negros 20% das vagas oferecidas em concursos públicos para provimento de cargos efetivos e empregos públicos no âmbito da administração pública federal direta e indireta. De acordo com o art. 2º desta lei, poderão concorrer às vagas reservadas a candidatos negros aqueles que se *autodeclararem pretos ou pardos* no ato da inscrição no concurso público, conforme o quesito cor ou raça utilizado pela Fundação Instituto Brasileiro de Geografia e Estatística – IBGE. O STF, em sua decisão, considerou que tais cotas vinculam os concursos dos três poderes da União (o que atinge os concursos para magistrados do Judiciário da União e para membros do Ministério Público da União) e ainda determinou ser legítima a utilização tanto do (i) critério da autodeclaração quanto de (ii) critérios subsidiários de heteroidentificação (avaliação feita por terceiros, fundada na percepção social de características fenotípicas do candidato), desde que respeitada a dignidade humana (evitando procedimentos de averiguação vexatórios aos candidatos) e garantidos o contraditório e a ampla defesa (STF, ADC n. 41, rel. Min. Roberto Barroso, j. 8-6-2017). No caso da magistratura, as cotas em concursos para magistrados também estão previstas na Resolução n. 203/2015 do Conselho Nacional de Justiça, que reserva 20% de vagas para os negros no âmbito do Poder Judiciário.

De outro lado, o Estado compromete-se também a tomar medidas eficazes, a fim de rever as políticas governamentais nacionais e locais que tenham por objetivo criar a discriminação ou perpetrá-la; a proibir e colocar fim à discriminação racial praticada por pessoa, por grupo ou organizações; e a favorecer organizações e movimentos multirraciais e outros meios vocacionados a eliminar as barreiras entre as raças e a desencorajar o que tende a reforçar a divisão racial. Fica aqui fixada a obrigação do Estado de impedir que particulares discriminem nas relações privadas.

Nesse sentido, os Estados Partes se comprometem a adotar medidas especiais e concretas, nos campos social, econômico, cultural e outros, para assegurar o desenvolvimento ou a proteção de certos grupos raciais de indivíduos pertencentes a estes grupos, tendo por objetivo garantir-lhes o pleno exercício dos direitos do homem e das liberdades fundamentais. Vê-se, pois, o fundamento expresso a permitir a *adoção de cotas raciais* para a consecução do objetivo de promover a *igualdade material*. Tais medidas devem *perdurar* apenas enquanto *subsistir* a situação de desigualdade.

Especialmente tendo em vista as barbáries cometidas por força do nazismo e as teorias racialistas de superioridade branca do século XIX, a Convenção prevê, em seu artigo IV, que os Estados Partes se comprometem a *condenar* toda propaganda e organizações que inspirarem quaisquer ideias ou teorias fundadas na superioridade de uma raça ou grupo de pessoas de certa cor ou origem étnica, bem como aquelas ideias ou teorias que buscam justificar ou encorajar qualquer forma de ódio e discriminação raciais. Ademais, comprometem-se a adotar medidas positivas destinadas a combatê-las, dentre elas declarar delitos puníveis por lei a difusão de tais ideias, em mais um *mandado internacional de criminalização*.

Ainda, os Estados se comprometem, nos termos do artigo V, a proibir e eliminar a discriminação racial em todas as suas formas, garantindo a igualdade perante a lei sem qualquer distinção, principalmente no gozo do (i) direito a tratamento igual perante os tribunais ou qualquer outro órgão que administre justiça; (ii) do direito à segurança pessoal e à proteção do Estado contra violência ou lesão corporal cometida, inclusive por funcionários do governo; dos direitos políticos e de tomar parte no Governo; (iii) de outros direitos civis – tais como o de circular livremente e escolher residência dentro das fronteiras do Estado, de deixar qualquer país, de ter uma nacionalidade, de casar-se e escolher o cônjuge, à propriedade, de herdar, à liberdade de pensamento, de consciência e de religião, à liberdade de opinião e de expressão, dentre outros – e de direitos econômicos, sociais e culturais – como o direito à habitação, à educação e ao acesso a todos os lugares e serviços destinados ao uso do público.

Pela Convenção, os Estados devem assegurar a qualquer pessoa sob sua jurisdição a proteção e os recursos perante os tribunais nacionais e outros órgãos competentes contra atos de discriminação racial que violarem direitos e liberdades fundamentais, bem como o direito de requerer aos tribunais uma satisfação ou reparação justa e adequada por danos que a vítima tenha sofrido (artigo VI). Ademais, os Estados comprometem-se a tomar medidas imediatas e eficazes para lutar contra os preconceitos que levem à discriminação racial, promovendo a tolerância e a amizade entre nações, grupos raciais e étnicos (artigo VII).

Na Parte II, a Convenção determina a Criação de um Comitê para a Eliminação da Discriminação Racial[36], bem como estabelece o mecanismo de relatórios periódicos, o procedimento de comunicação interestatal e a possibilidade de petição individual ao Comitê.

QUADRO SINÓTICO

Convenção sobre a Eliminação de Todas as Formas de Discriminação Racial

Definição de discriminação racial	• "Qualquer distinção, exclusão, restrição ou preferência baseada em raça, cor, descendência ou origem nacional ou étnica que tem por objetivo ou efeito (i) anular ou (ii) restringir o reconhecimento, gozo ou exercício num mesmo plano (em igualdade de condição), de direitos humanos e liberdades fundamentais no domínio político econômico, social, cultural ou em qualquer outro domínio de sua vida".

---

[36] Para competência, composição e funcionamento do Comitê, cf. Parte II, Capítulo V, item 5.

- Ação Afirmativa - A Convenção permite a introdução de medidas especiais destinadas a assegurar o progresso adequado de grupos raciais ou étnicos.

Mecanismos de monitoramento	• Relatórios periódicos • Comunicação interestatal • Peticionamento individual

12. CONVENÇÃO INTERNACIONAL SOBRE A SUPRESSÃO E PUNIÇÃO DO CRIME DE *APARTHEID*

Em 30 de novembro de 1973 foi assinada, em Nova York, a Convenção Internacional sobre a supressão e punição do crime de *apartheid*. A Convenção, que entrou em vigor em 18 de julho de 1976, 30 dias após o depósito do vigésimo instrumento de ratificação, atualmente conta com 110 Estados partes (2024). Não foi ratificada pelo Brasil.

A expansão da segregação racial e do *apartheid* na África do Sul, na década de 1970, bem como as disposições contra segregação racial contidas na Convenção Internacional sobre a eliminação de todas as formas de discriminação racial e na Convenção para a prevenção e repressão do crime de genocídio, impulsionaram a adoção de um tratado propondo medidas internacionais e nacionais para suprimir e punir o crime de *apartheid*.

A Convenção foi organizada em 19 artigos. O artigo I estipula que o *apartheid* é um crime contra a humanidade. Já o artigo II conceitua o crime de *apartheid* como qualquer prática ou política de segregação e discriminação racial que seja praticada com o objetivo de estabelecer a dominação racial de um grupo sobre outro.

São apontadas como práticas de *apartheid*: (i) prisão arbitrária, tortura, tratamento cruel, punição degradante ou assassinato de membros de um grupo racial; (ii) imposição de condições de vida que possam causar a destruição física de um grupo racial; (iii) medidas que impeçam que um grupo racial tenha participação social, econômica, cultural ou política, assim como que neguem direitos humanos básicos e liberdades fundamentais de trabalho, reunião, educação, circulação, nacionalidade, residência, opinião e expressão; (iv) medidas que dividam a população em critérios raciais, criando reservas ou guetos, assim como proibições de casamentos mistos e expropriações de propriedade; (v) exploração de trabalho de pessoas de um grupo racial; e (vi) perseguição a pessoas e grupos que se oponham ao *apartheid*.

O artigo III traz a responsabilidade internacional criminal para indivíduos, membros de organizações e representantes de Estados, independentemente do seu Estado de residência, quando cometerem, participarem, incitarem, conspirarem ou estimularem prática de *apartheid*.

Os artigos IV e V dispõem sobre o processamento e punição dos crimes de *apartheid*. Estipula-se que os Estados partes devem adotar medidas para evitar, suprimir e punir o crime de *apartheid* e práticas segregacionistas, levando a julgamento os responsáveis, independentemente da sua nacionalidade, local de residência ou eventual condição de apatridia. O acusado por ser julgado por tribunal competente de qualquer Estado parte da Convenção que possua jurisdição sobre o acusado, bem como por Tribunal Penal Internacional, em relação aos Estados partes que tenham aceitado a sua jurisdição.

Os artigos VI a X abordam a cooperação estatal com os órgãos da ONU para prevenção e punição do crime de *apartheid*. Os Estados partes devem aceitar e cumprir as decisões do Conselho de Segurança da ONU sobre prevenção, supressão e punição do crime de *apartheid*, bem como cooperar para a implementação de decisões sobre o tema tomadas por outros órgãos da

ONU. Os Estados podem requerer, a qualquer órgão competente da ONU, a adoção de medidas para prevenção e repressão do *apartheid*.

Ainda, os Estados devem enviar periodicamente relatórios sobre as medidas adotadas para implementação da Convenção para análise por um grupo formado por três membros da Comissão de Direitos Humanos da ONU, escolhidos pelo Presidente da Comissão, que sejam nacionais de Estados partes da Convenção (os relatórios são enviados, também, para o Comitê Especial do *Apartheid*). A Comissão de Direitos Humanos da ONU (hoje Conselho de Direitos Humanos) pode apontar queixas relativas aos crimes de *apartheid*, elaborar lista de indivíduos, organizações e representantes de Estados responsáveis pelos crimes, bem como solicitar informações sobre as medidas de persecução e punição adotadas.

O artigo XI abarca a cooperação jurídica internacional em matéria penal, proibindo que os crimes de *apartheid* sejam considerados como crimes políticos, com o intuito de evitar a extradição. Já o artigo XII diz respeito à solução de controvérsias sobre a interpretação ou aplicação da Convenção, estipulando que, não havendo acordo entre as partes sobre meio para resolver a disputa, o caso deve ser levado à Corte Internacional de Justiça.

Por fim, os artigos XIII a XIX trazem as disposições finais sobre assinatura, ratificação, entrada em vigor, denúncia e depósito da Convenção.

Em 2022, a Assembleia Geral da ONU solicitou opinião consultiva à Corte Internacional de Justiça a respeito das "consequências legais decorrentes das políticas e práticas de Israel no território palestino ocupado, incluindo Jerusalém Oriental". Em 2024, a Corte Internacional de Justiça emitiu sua opinião consultiva, atestando a existência de *apartheid* realizado por Israel contra os palestinos.

Para a Corte (parágrafo 229)[37], a legislação e as medidas de Israel impõem e servem para manter uma *separação quase completa* na Cisjordânia e em Jerusalém Oriental entre as comunidades de colonos judeus e palestinos. Por essa razão, o Tribunal considerou que a legislação e as medidas de Israel constituem uma *violação* do art. 3º da Convenção Internacional sobre a Eliminação de todas as Formas de Discriminação Racial (que também menciona o *apartheid* e foi ratificada por Israel – "Os Estados Partes especialmente condenam a segregação racial e o *apartheid* e comprometem-se a proibir e a eliminar nos territórios sob sua jurisdição todas as práticas dessa natureza".)

QUADRO SINÓTICO

Convenção Internacional sobre a supressão e punição do crime de *apartheid*	
Definição de *apartheid*	• O crime de *apartheid* consiste em qualquer prática ou política de segregação e discriminação racial que seja praticada com o objetivo de estabelecer a dominação racial de um grupo sobre outro.
Atos que concretizam o crime de *apartheid*	• (i) prisão arbitrária, tortura, tratamento cruel, punição degradante ou assassinato de membros de um grupo racial; • (ii) imposição de condições de vida que possam causar a destruição física de um grupo racial;

---

[37] Corte Internacional de Justiça, Opinião Consultiva sobre as consequências legais decorrentes das políticas e práticas de Israel no território palestino ocupado, incluindo Jerusalém Oriental. Opinião Consultiva de 19 de julho de 2024.

	• (iii) medidas que impeçam que um grupo racial tenha participação social, econômica, cultural ou política, assim como que neguem direitos humanos básicos e liberdades fundamentais de trabalho, reunião, educação, circulação, nacionalidade, residência, opinião e expressão; • (iv) medidas que dividam a população em critérios raciais, criando reservas ou guetos, assim como proibições de casamentos mistos e expropriações de propriedade; • (v) exploração de trabalho de pessoas de um grupo racial; • (vi) perseguição a pessoas e grupos que se oponham ao *apartheid*; • rol não exaustivo.
Previsão de julgamento e punição	• O acusado por ser julgado por tribunal competente de qualquer Estado parte da Convenção que possua jurisdição sobre o acusado, bem como por Tribunal Penal Internacional, em relação aos Estados partes que tenham aceitado a sua jurisdição.

13. CONVENÇÃO INTERNACIONAL CONTRA O *APARTHEID* NOS ESPORTES

A Convenção Internacional contra o *apartheid* nos esportes, atualmente com 60 Estados partes, foi assinada em Nova York, em 10 de dezembro de 1985 e entrou em vigor em 3 de abril de 1988, 30 dias após o depósito do vigésimo instrumento de ratificação. Não foi ratificada pelo Brasil. Possui, em 2024, 62 Estados partes.

Inspirada no "princípio da proibição a qualquer tipo de discriminação contra Estado ou indivíduo com base em raça, religião ou política nos Jogos Olímpicos", previsto na Carta Olímpica do Comitê Olímpico Internacional e na constatação de que práticas de segregação racial e *apartheid* na escolha de times e atividades esportivas incentivam a ocorrência de crimes de *apartheid*, a Convenção foi organizada em 22 artigos.

O artigo 1 conceitua, dentre outros, os seguintes termos: (i) *apartheid*, como um sistema institucionalizado de segregação racial e discriminação visando a dominação racial de um grupo por outro; (ii) *apartheid* nos esportes, como a utilização de práticas de *apartheid* em atividades esportivas profissionais ou amadoras; e (iii) princípio olímpico (*Olympic principle*), como princípio da proibição a discriminação por raça, religião ou política.

Os artigos 2 a 9 condenam o *apartheid* e estabelecem os deveres dos Estados partes de: (i) adotar medidas para eliminar o *apartheid* em todos os esportes; (ii) não permitir que seus times, atletas, organizações e comitês esportivos realizem qualquer tipo de contato com Estado que pratique *apartheid*; (iii) adotar medidas de prevenção e repressão contra práticas de *apartheid*, que incluam não cumprir os contratos esportivos, não fornecer ajuda financeira, restringir o acesso a instalações esportivas nacionais e retirar prêmios, homenagens e distinções para atletas, times, organizações e comitês que participarem de atividades esportivas em Estado que pratique *apartheid*; (iv) negar vistos e entrada a atletas, times, organizações e comitês esportivos que representem Estado que pratica *apartheid*; (v) expulsar Estado que pratica *apartheid* de organizações e comitês esportivos regionais e internacionais; (vi) não adotar penalidades para organizações e comitês esportivos que, em obediência à Convenção, recusem-se a participar de atividades esportivas em Estado que pratique *apartheid*.

Visando ao cumprimento universal da Convenção, o artigo 10 reitera os deveres dos Estados para prevenir e reprimir a prática de *apartheid* na África do Sul, antes da abolição do *apartheid* neste Estado.

O artigo 11 prevê a criação de Comissão contra o *apartheid* nos esportes, formada por 15 membros, nacionais de Estados partes da Convenção, com participação de indivíduos com experiência em gestão administrativa de esportes e respeito a distribuição geográfica e representatividade de vários sistemas jurídicos. Os membros da Comissão são eleitos, para mandato de quatro anos, por maioria absoluta, em votação secreta, durante reunião dos Estados partes, com quórum de instauração de 2/3 dos Estados partes da Convenção.

Os Estados partes devem, nos termos do artigo 12, enviar para considerações da Comissão, relatório, a cada dois anos, das medidas legislativas, administrativas e judiciais adotas para implementação da Convenção. A Comissão, por sua vez, apresentará anualmente à Assembleia Geral da ONU relatório das suas atividades, com recomendações gerais e sugestões. Os Estados partes, mediante pedido da maioria dos membros da Convenção, e a Comissão podem solicitar reunião dos Estados partes para avaliar a necessidade de novas medidas para prevenção e repressão do *apartheid* nos esportes. De forma complementar, o artigo 13 prevê que disputas sobre o não cumprimento das disposições da Convenção podem ser resolvidas pela Comissão e o artigo 14 traz diretrizes gerais de organização da Comissão.

Os artigos 15 a 18 organizam o depósito, assinatura, ratificação, adesão e entrada em vigor da Convenção. O artigo 19 estipula que, na ausência de escolha de outro procedimento, a Corte Internacional de Justiça solucione disputas entre os Estados partes sobre a aplicação e interpretação da Convenção. Finalmente, os artigos 20 a 22 trazem a possibilidade de emenda e denúncia à Convenção.

Esta convenção consagra o *ativismo* de décadas dos Estados africanos *contra* a participação da África do Sul do tempo do *apartheid* em competições olímpicas. De 1968 a 1988, a África do Sul foi banida dos jogos olímpicos em meio a ameaças de boicote dos Estados africanos e Estados comunistas, só retornando após o *fim* do regime de segregação naquele país.

QUADRO SINÓTICO

Convenção Internacional contra o apartheid nos esportes	
Apartheid nos esportes e o "princípio olímpico"	• O *apartheid* nos esportes consiste na utilização de práticas de *apartheid* em atividades esportivas profissionais ou amadoras. O princípio olímpico (*Olympic principle*) consiste na proibição de discriminação por raça, religião ou política na prática dos esportes olímpicos.
Objetivo e medidas	• Adoção de medidas para prevenir e reprimir a prática de *apartheid* nos esportes, bem como isolar o Estado que venha a adotar essa prática, banindo-o (assim seus esportistas) de competições e organizações internacionais esportivas. • Formalizou o banimento de países de *apartheid* das competições esportivas, exigindo-se inclusive quebra de contratos. Por exemplo, os Estados partes não permitirão que suas equipes participem de competições nos Estados racistas e também não receberão esportistas de um Estado racista.
Monitoramento	• A Convenção criou a Comissão contra o *apartheid* nos esportes, composta por 15 especialistas, que apreciam relatórios periódicos enviados pelos Estados partes.

14. CONVENÇÃO SOBRE A ELIMINAÇÃO DE TODAS AS FORMAS DE DISCRIMINAÇÃO CONTRA A MULHER (CEDAW) E RESPECTIVO PROTOCOLO FACULTATIVO

A Convenção sobre a Eliminação de Todas as Formas de Discriminação contra a Mulher (conhecida também pela sigla de sua denominação em inglês, CEDAW) foi adotada pela Resolução n. 34/180 da Assembleia Geral da ONU, em 18 de dezembro de 1979, tendo em vista a persistente manutenção das discriminações contra a mulher. Possui, em 2024, 189 Estados partes.

No Brasil, foi assinada em 31 de março de 1981 com reservas (arts. 15, parágrafo 4º, e 16, parágrafo 1º, alíneas *a, c, g* e *h*), aprovada pelo Decreto Legislativo n. 93, de 14 de novembro de 1983, e ratificada em 1º de fevereiro de 1984. A Convenção entrou em vigor para o Brasil em 2 de março de 1984, com a reserva do art. 29, parágrafo 2º, que permite que o Estado não se considere obrigado ao dispositivo que determina a submissão da questão não resolvida por negociação a arbitragem. O Decreto Legislativo n. 26, de 22 de junho de 1994, revogando o anterior, aprovou a Convenção sem as reservas dos arts. 15 e 16, e o Brasil as retirou em 20 de dezembro de 1994. A Convenção foi promulgada pelo Decreto n. 4.377, de 13 de setembro de 2002.

A Convenção é composta por 30 artigos, que são divididos em seis partes. Em seu preâmbulo, ressalta-se a importância de se *modificar* o papel tradicional do homem e da mulher na sociedade e na família para que se possa alcançar a *igualdade* plena entre homem e mulher.

Na *Parte I*, define-se a *discriminação contra a mulher* como:
- toda distinção, exclusão ou restrição baseada no sexo;
- e que tenha por objeto ou resultado prejudicar ou anular o reconhecimento, gozo ou exercício pela mulher;
- dos direitos humanos e liberdades fundamentais nos campos político, econômico, social, cultural e civil ou em qualquer outro campo;
- independentemente de seu estado civil, com base na igualdade do homem e da mulher (art. 1º).

Por meio da Convenção, os Estados Partes se comprometem a adotar, por todos os meios apropriados e sem dilações, política destinada a eliminar a discriminação contra a mulher.

Para tanto, comprometem-se, dentre outras medidas, a: consagrar em suas Constituições nacionais ou em outra legislação apropriada, o princípio da igualdade do homem e da mulher, assegurando outros meios apropriados à realização prática desse princípio; adotar medidas adequadas com as *sanções cabíveis* e que proíbam toda discriminação contra a mulher; garantir, por meio dos tribunais nacionais competentes e de outras instituições públicas, a proteção efetiva da mulher contra todo ato de discriminação; abster-se praticar qualquer ato de discriminação contra a mulher e, finalmente, *tomar medidas adequadas para eliminar a discriminação contra a mulher praticada por qualquer pessoa, organização ou empresa* (art. 2º, novamente, há menção à aplicação dos direitos humanos nas relações entre particulares).

Ademais, os Estados devem tomar todas as medidas apropriadas para assegurar o pleno desenvolvimento e o progresso da mulher, para garantir-lhe o exercício e o gozo dos direitos humanos e liberdades fundamentais em igualdade de condições com o homem (art. 3º).

Medidas especiais, de caráter *temporário*, podem também ser adotadas para acelerar a igualdade de fato entre homens e mulheres. Tais medidas não serão consideradas discriminação, mas deverão cessar quando os objetivos de igualdade de oportunidade e tratamento forem alcançados (art. 4º). Tem-se aí fundamento expresso a admitir *açõesafirmativas* para promover a igualdade de direitos entre homens e mulheres, como se adotou no Brasil, por exemplo, com a *cota eleitoral de sexo*, prevista no art. 10, § 3º, da Lei n. 9.504/97 (conhecida como "Lei das Eleições"). Como é notório, há evidente sub-representação da mulher nas Câmaras Municipais, Assembleias Legislativas e Congresso Nacional no Brasil. Assim, a Lei das Eleições (Lei n. 9.504/97 – art. 10, § 3º) exige que as candidaturas dos partidos obedeçam, nas eleições proporcionais, ao seguinte parâmetro: no mínimo 30% e no máximo 70% para cada sexo. Apesar de não se referir expressamente ao sexo feminino, a cota incide, na prática, sobre ele, pois era o sexo tradicionalmente sub-representado. Somente em 2012, o sexo feminino obteve mais de 30% das candidaturas nas eleições municipais do ano. Há dados que mostram, contudo, que as cotas na apresentação de candidaturas são insuficientes: nas eleições municipais de 2016 as mulheres representaram somente 13% das vereadoras e 12% das prefeitas de todo o país[38].

Ainda no plano das ações afirmativas eleitorais em prol da maior participação feminina, o Procurador-Geral da República interpôs ação direta de inconstitucionalidade impugnando o art. 9º da Lei n. 13.165/2015, que estabelecia limite mínimo (5%) e máximo (15%) do montante do Fundo partidário para financiamento das campanhas das candidatas mulheres. Para o PGR, como as cotas estabelecem, no mínimo, 30% de candidatos de um sexo (em geral, a sub-representação nas candidaturas é do sexo feminino), é verdadeira "proteção deficiente" de direitos humanos destinar no máximo 15% do montante do fundo partidário.

No voto do Min. Fachin (relator), foram citados expressamente o Comentário Geral n. 18 do Comitê de Direitos Humanos (sobre o princípio da igualdade, que exige medidas afirmativas) e o Comentário Geral n. 25 do Comitê para Eliminação da Discriminação contra a Mulher, tendo este último estabelecido que "A posição das mulheres não será melhorada enquanto as causas que sustentam a discriminação contra as mulheres, e sua desigualdade, não forem efetivamente enfrentadas". Nessa linha, o STF deu interpretação conforme à Constituição ao art. 9º da Lei n. 13.165/2015 de modo a (a) equiparar o patamar legal mínimo de candidaturas femininas (hoje o do art. 10, § 3º, da Lei n. 9.504/97, isto é, ao menos 30% de candidatas mulheres), ao mínimo de recursos do Fundo Partidário a lhes serem destinados, que deve ser interpretado como também de 30% do montante do Fundo alocado a cada partido, para eleições majoritárias e proporcionais, e (b) fixar que, havendo percentual mais elevado de candidaturas femininas, o mínimo de recursos globais do partido destinados a campanhas lhe seja alocado na mesma proporção (ADI 5.617, rel. Min. Edson Fachin, j. 15-3-2018, P, *DJe* de 3-10-2018).

Outra ação em prol de maior participação feminina na política é a previsão, na Lei dos Partidos Políticos (art. 44, V, da Lei n. 9.096/95, redação dada pela Lei n. 13.165/2015), de utilização de no mínimo 5% dos recursos oriundos do Fundo Partidário "na criação e manutenção de programas de promoção e difusão da participação política das mulheres". Contudo, em 2019, a Lei n. 13.831 suprimiu qualquer *penalidade* pelo descumprimento dessa ação, desde que o dinheiro tenha sido usado no financiamento de candidaturas femininas, desvirtuando a política de difusão da participação política das mulheres.

Com a finalidade de modificar práticas enraizadas na sociedade, a Convenção determina que os Estados Partes tomem todas as medidas apropriadas para alterar os padrões socioculturais de conduta, para o fim de alcançar a eliminação de preconceitos e práticas consuetudinárias ou de outra índole que estejam baseadas na ideia de superioridade ou inferioridade de qualquer dos sexos, bem como para garantir que a educação familiar inclua a compreensão adequada da maternidade como função social e o reconhecimento da responsabilidade comum entre homens e mulheres quanto ao desenvolvimento dos filhos (art. 5º). Ademais, os Estados se comprometem a tomar todas as medidas para suprimir todas as formas de tráfico de mulheres e exploração da prostituição da mulher (art. 6º).

Na *Parte II*, a Convenção explicita *direitos civis e políticos* que devem ser concedidos às mulheres em igualdade de condições quanto aos homens, especificando as medidas a serem adotadas pelo Estado Parte no âmbito da vida política e pública nacional e internacional (arts. 7º e 8º) e para a aquisição, mudança e conservação da nacionalidade (art. 9º).

Assim, os Estados Partes se obrigam a adotar as medidas apropriadas para eliminar a discriminação contra a mulher na vida política e pública, com especial ênfase no direito de votar e de ser elegível, na participação na formulação de políticas públicas governamentais, no exercício

---

[38] Dados disponíveis em: <http://agenciabrasil.ebc.com.br/politica/noticia/2016-03/mulheres-representam-13-das-vereadoras-e-12-das-prefeitas-de-todo-o-pais>. Acesso em: 30 jul. 2024.

de cargos públicos, na participação em organizações e associações não governamentais que se ocupam da vida pública e política do país (art. 7º). Ademais, medidas devem ser tomadas para garantir à mulher a oportunidade de representar seu governo no plano internacional e de participar no trabalho das organizações internacionais (art. 8º).

Finalmente, estabelece-se que às mulheres se outorgarão direitos iguais aos dos homens para adquirir, mudar ou conservar sua nacionalidade, não podendo o casamento com estrangeiro ou a mudança de nacionalidade do marido durante o casamento modificar automaticamente a nacionalidade da esposa, torná-la apátrida ou obrigá-la a adotar a nacionalidade do cônjuge. Ademais, quanto à nacionalidade dos filhos, os Estados devem outorgar às mulheres os mesmos direitos conferidos aos homens (art. 9º).

Na *Parte III*, a Convenção estabelece que as partes devem adotar todas as medidas apropriadas para assegurar a igualdade entre homens e mulheres na esfera da educação (art. 10), do emprego (art. 11), no acesso a serviços médicos (art. 12) e outras esferas da vida econômica e social (art. 13).

Quanto à *igualdade de condições na esfera da educação*, a Convenção especifica que devem ser concedidas às mulheres, em condições de igualdade:

- as mesmas condições de orientação em matéria de carreiras e capacitação profissional;
- acesso aos estudos e obtenção de diplomas nas instituições de ensino, em todos os níveis de educação e em todos os tipos de capacitação profissional;
- o acesso aos mesmos currículos e exames, a docentes do mesmo nível profissional e a instalações e material escolar da mesma qualidade;
- a eliminação da estereotipização dos papéis masculino e feminino;
- as mesmas oportunidades para a obtenção de bolsas de estudo e outras subvenções para estudos; as mesmas oportunidades de acesso aos programas de educação supletiva;
- as mesmas oportunidades de participação nos esportes e na educação física; o acesso a material informativo específico que contribua para assegurar a saúde e o bem-estar da família;
- o Estado deve também promover a redução da taxa de abandono feminino dos estudos e organizar programas para as mulheres que tenham abandonado os estudos prematuramente.

Quanto às medidas voltadas à *eliminação da discriminação da mulher na esfera do emprego*, a Convenção determina que o Estado deve assegurar entre homens e mulheres, dentre outras medidas, o direito às mesmas oportunidades de emprego, com os mesmos critérios de seleção, bem como o direito à promoção e estabilidade no emprego, o direito a igual remuneração, o direito à igualdade de tratamento com respeito à avaliação da qualidade do trabalho, direito à seguridade social, o direito a férias pagas, o direito à proteção da saúde e à segurança nas condições de trabalho. Como importantes medidas para impedir a discriminação da mulher por razões de casamento ou maternidade, os Estados *devem proibir* a demissão por motivo de gravidez ou de licença-maternidade e a discriminação nas demissões motivadas pelo estado civil, sob pena de sanção, conferindo proteção especial às mulheres durante a gravidez nos tipos de trabalho comprovadamente prejudiciais a elas. Nessa linha, o Brasil editou a *Lei n. 9.029/95*, que proíbe a exigência de atestados de gravidez e esterilização, e outras práticas discriminatórias, para efeitos admissionais ou de permanência da relação jurídica de trabalho.

Devem ainda implantar a licença-maternidade com salário pago ou benefícios sociais comparáveis, sem perda do emprego anterior, antiguidade ou benefícios sociais.

Às mulheres deve ser concedido, em condições de igualdade com os homens, o *acesso a serviços médicos*. De outro lado, os Estados devem garantir à mulher a assistência apropriada em relação à gravidez, ao parto e ao período pós-parto, proporcionando assistência gratuita quando for necessário, e devem assegurar-lhe uma nutrição adequada durante a gravidez e a lactância.

A Convenção prevê ainda que os Estados devem adotar medidas para eliminar a discriminação contra a mulher em outras esferas da vida econômica e social, assegurando-se, em condições de igualdade com relação aos homens o direito a benefícios familiares; o direito a obter empréstimos bancários, hipotecas e outras formas de crédito financeiro e o direito de participar em atividades de recreação, esportes e em todos os aspectos da vida cultural.

Considerando os problemas enfrentados pelas mulheres no *ambiente rural*, bem como a importância de seu papel na subsistência econômica da família, determinou-se que os Estados devem tomar medidas apropriadas para assegurar a aplicação dos dispositivos da Convenção a essas mulheres e para eliminar a discriminação contra a mulher nas zonas rurais, a fim de garantir, em condições de igualdade entre homens e mulheres: a participação da elaboração e execução dos planos de desenvolvimento em todos os níveis; o acesso a serviços médicos adequados; o benefício direto dos programas de seguridade social; a obtenção de todos os tipos de educação e de formação e dos benefícios de todos os serviços comunitários e de extensão; a organização de grupos de autoajuda e cooperativas, a fim de obter igualdade de acesso às oportunidades econômicas mediante emprego ou trabalho por conta própria; a participação de atividades comunitárias; o acesso a créditos e empréstimos agrícolas, a serviços de comercialização e tecnologias apropriadas; a receber um tratamento igual nos projetos de reforma agrária e de restabelecimentos; e, finalmente, *a gozar de condições de vida adequadas*, especialmente quanto a habitação, serviços sanitários, eletricidade e abastecimento de água, transporte e comunicações.

Na *Parte IV*, a Convenção versa sobre a *capacidade jurídica da mulher e sobre assuntos relativos ao casamento e às relações familiares*. Na art. 15, a Convenção determina que os Estados Partes devem reconhecer à mulher a *igualdade* com o homem perante a lei, incluindo-se nesse ponto o reconhecimento de igual capacidade jurídica em matérias civis e das mesmas oportunidades para seu exercício. Assim, devem reconhecer o direito da mulher de firmar contratos e administrar bens e de receber igual tratamento em todas as etapas do processo judicial, e, por meio da Convenção, convencionam que todo contrato ou outro instrumento privado de efeito jurídico que tenda a restringir a capacidade jurídica da mulher será considerado nulo. Aos homens e mulheres também devem ser concedidos os mesmos direitos quanto à legislação relativa ao direito das pessoas, à liberdade de movimento e à liberdade de escolha de residência e domicílio.

O art. 16 versa sobre as medidas que devem ser adotadas pelos Estados para eliminar a *discriminação contra a mulher em todos os assuntos relativos a casamento e relações familiares*. Para tanto, devem assegurar a elas o mesmo direito de contrair matrimônio; de escolher livremente o cônjuge e de contrair matrimônio somente com o livre e pleno consentimento; os mesmos direitos e responsabilidades durante o casamento e por ocasião de sua dissolução; os mesmos direitos e responsabilidades como pais; os mesmos direitos de decidir livre e responsavelmente sobre o número de filhos e sobre o intervalo entre os nascimentos; os mesmos direitos e responsabilidades com respeito à tutela, curatela, guarda e adoção dos filhos, ou institutos análogos; os mesmos direitos pessoais como marido e mulher, inclusive o direito de escolher sobrenome, profissão e ocupação; e os mesmos direitos em matéria de propriedade, aquisição, gestão, administração, gozo e disposição dos bens, tanto a título gratuito quanto a título oneroso. O mesmo dispositivo determina ainda que os esponsais e o casamento de uma criança não terão efeito legal (combate, então, os "casamentos arranjados" de crianças feitos pelos pais, ainda existentes em algumas culturas) e todas as medidas necessárias, inclusive as de caráter legislativo, devem ser adotadas para estabelecer uma idade mínima para o casamento e para tornar obrigatória a inscrição de casamentos em registro oficial.

Na *Parte V*, a Convenção determina a criação do *Comitê sobre a Eliminação da Discriminação contra a Mulher*[39], que tem a finalidade de examinar os progressos alcançados na sua aplicação, *bem como o mecanismo de relatoria periódica*.

A *Parte VI*, finalmente, contém disposições finais: assinatura, revisão, entrada em vigor, reservas, controvérsia sobre a interpretação ou aplicação da Convenção, dentre outras disposições.

Já o Protocolo Facultativo à Convenção sobre a Eliminação de Todas as Formas de Discriminação contra a Mulher, adotado por Resolução da Assembleia Geral da ONU de 6 de outubro de 1999, teve por objetivo aperfeiçoar *o sistema de monitoramento da Convenção*, assegurando o direito de petição quanto às violações dos direitos nela garantidos. Possui, em 2022, 115 Estados partes.

Por meio do Protocolo, que contém 21 artigos, o Estado reconhece a competência do Comitê sobre a Eliminação da Discriminação contra a Mulher para receber e considerar comunicações apresentadas por indivíduos ou grupo de indivíduos – ou em nome deles, se contarem com seu consentimento ou se for justificada a ação independente do consentimento – que se encontrem sob sua jurisdição e que sejam vítimas de violações de quaisquer dos direitos estabelecidos na Convenção (arts. 1º e 2º).

QUADRO SINÓTICO

Convenção sobre a Eliminação de Todas as Formas de Discriminação contra a Mulher e respectivo Protocolo Facultativo	
Definição de discriminação contra a mulher	• "Toda distinção, exclusão ou restrição baseada no sexo e que tenha por objeto ou resultado prejudicar ou anular o reconhecimento, gozo ou exercício pela mulher, independentemente de seu estado civil, com base na igualdade do homem e da mulher, dos direitos humanos e liberdades fundamentais nos campos político, econômico, social, cultural e civil ou em qualquer outro campo."
Principais medidas a serem adotadas pelos Estados	• Adoção de política destinada a eliminar a discriminação contra a mulher. • Medidas apropriadas para assegurar o pleno desenvolvimento e o progresso da mulher, para garantir-lhe o exercício e o gozo dos direitos humanos e liberdades fundamentais em igualdade de condições com o homem. • Medidas especiais, de caráter temporário, para acelerar a igualdade de fato entre homens e mulheres, que deverão cessar quando os objetivos de igualdade de oportunidade e tratamento forem alcançados (ações afirmativas). • Medidas apropriadas para alterar os padrões socioculturais de conduta (para eliminar preconceitos e práticas consuetudinárias ou de outra índole baseadas na ideia de superioridade ou inferioridade de qualquer dos sexos e para garantir que a educação familiar inclua a compreensão adequada da maternidade como função social e o reconhecimento da responsabilidade comum entre homens e mulheres quanto ao desenvolvimento dos filhos). • Medidas para suprimir todas as formas de tráfico de mulheres e exploração da prostituição da mulher.

---

[39] Para o funcionamento do Comitê sobre a Eliminação da Discriminação, conferir Parte II, Capítulo V, item 6.

Direitos expressamente previstos que devem ser realizados e promovidos em condições de igualdade com relação aos homens	• **Direitos civis e políticos** (especial ênfase no direito de votar e de ser elegível, na participação na formulação de políticas públicas governamentais, no exercício de cargos públicos, na participação em organizações e associações não governamentais que se ocupam da vida pública e política do país e na oportunidade de representar seu governo no plano internacional e de participar no trabalho das organizações internacionais; aquisição, mudança ou conservação da nacionalidade). • **Educação** (mesmas condições de orientação em matéria de carreiras e capacitação profissional, acesso aos estudos e obtenção de diplomas nas instituições de ensino, em todos os níveis de educação e em todos os tipos de capacitação profissional; a eliminação da estereotipização dos papéis masculino e feminino, dentre outros). • **Emprego** (direito às mesmas oportunidades de emprego, aos mesmos critérios de seleção, direito à promoção e estabilidade no emprego, o direito a igual remuneração, o direito à igualdade de tratamento com respeito à avaliação da qualidade do trabalho, direito à seguridade social, o direito a férias pagas, o direito à proteção da saúde e à segurança nas condições de trabalho, proibição de demissão por motivo de gravidez ou de licença-maternidade ou de estado civil, direito a licença-maternidade com salário pago ou benefícios sociais comparáveis, sem perda do emprego anterior, antiguidade ou benefícios sociais). • **Acesso a serviços médicos**, com assistência apropriada em relação à gravidez, ao parto e ao período pós-parto. • **Outras esferas da vida econômica e social** (direito a obter empréstimos bancários, hipotecas e outras formas de crédito financeiro, direito de participar em atividades de recreação, esportes e em todos os aspectos da vida cultural). • **Reconhecimento de igual capacidade jurídica em matérias civis e das mesmas oportunidades para seu exercício.**
Mecanismos de monitoramento da Convenção	• Procedimento de relatórios periódicos.
Mecanismos de monitoramento do Protocolo Facultativo	• Petição individual.

15. CONVENÇÃO CONTRA A TORTURA E OUTROS TRATAMENTOS OU PENAS CRUÉIS, DESUMANOS OU DEGRADANTES E PROTOCOLO OPCIONAL

A Convenção contra a Tortura e Outros Tratamentos ou Penas Cruéis, Desumanos ou Degradantes foi adotada em Nova Iorque, em 10 de dezembro de 1984. Foi assinada pelo Brasil em 23 de setembro de 1985; aprovada pelo Congresso Nacional por meio do Decreto n. 4, de 23 de maio de 1989; ratificada em 28 de setembro de 1989 e, finalmente, promulgada pelo Decreto n. 40, de 15 de fevereiro de 1991. Possui, em 2024, 174 Estados partes.

Na mesma linha do que já estava disposto na Declaração Universal dos Direitos Humanos (artigo V), no Pacto Internacional sobre Direitos Civis e Políticos (art. 7º) e na Declaração sobre a Proteção de Todas as Pessoas contra a Tortura e outros Tratamentos ou Penas Cruéis, Desumanos ou Degradantes (aprovada pela Assembleia Geral em 9 de dezembro de 1975), a Convenção veio também determinar *que ninguém será sujeito à tortura ou a pena ou tratamento cruel, desumano ou degradante.*

A Convenção é composta por 33 artigos, divididos em três partes. Na *Parte I*, determina as definições aplicáveis ao seu texto e explicita as obrigações dos Estados; na *Parte II*, estabelece a criação do Comitê contra a Tortura e, finalmente, na *Parte III*, apresenta suas *disposições finais*.

Na Parte I, no art. 1º, a Convenção define o que se entende por "tortura" para seus fins:
- qualquer ato pelo qual dores ou sofrimentos agudos, físicos ou mentais, são infligidos intencionalmente a uma pessoa;
- a fim de obter, dela ou de uma terceira pessoa, informações ou confissões;
- ou para castigá-la por ato que ela ou uma terceira pessoa tenha cometido ou seja suspeita de ter cometido;
- ou para intimidar ou coagir esta pessoa ou outras pessoas;
- ou por qualquer motivo baseado em discriminação de qualquer natureza;
- quando tais dores ou sofrimentos são infligidos por um funcionário público ou outra pessoa no exercício de funções públicas, ou por sua instigação, ou com o seu consentimento ou aquiescência.

Assim, para a Convenção, há quatro elementos definidores do conceito de tortura: (i) natureza do ato, (ii) dolo do torturador; (iii) finalidade e (iv) envolvimento direto ou indireto de agente público.

Quanto à *natureza*, há vários tipos de atos, tanto comissivos quanto omissivos, que podem caracterizar a tortura, pelo grau de sofrimento físico e mental. A prática internacional reconhece, inclusive, que as ameaças e o *perigo* real de submeter determinada pessoa ou seus familiares a tortura caracterizam, por sua vez, *tortura psicológica*, que também é proibido pelo Direito Internacional[40]. Por outro lado, atos omissivos, como a privação de sono, alimento, água etc., podem também caracterizar tortura.

Já quanto ao *dolo do torturador*, a mera negligência não seria suficiente para caracterizar a tortura, pois se exige que o agente queira o resultado ou assuma o risco de produzi-lo (dolo eventual).

Quanto à finalidade, a Convenção traz *quatro objetivos* visados pelo torturador: 1) obter informação ou confissão; 2) punição; 3) intimidação ou coação; e 4) por qualquer outro motivo baseado em *discriminação* de qualquer espécie.

Finalmente, quanto ao envolvimento do *agente público*, a Convenção exige que haja, no mínimo, a sua instigação ou ainda que o particular aja com o consentimento ou aquiescência do agente público.

A Convenção *não* considera como tortura as dores ou sofrimentos que sejam consequência unicamente de sanções legítimas, ou que sejam inerentes a tais sanções ou delas decorram.

No art. 2º, a Convenção prevê que o Estado deve tomar medidas eficazes de caráter legislativo, administrativo, judicial ou de outra natureza, a fim de impedir a prática de atos de tortura em qualquer território sob sua jurisdição.

Ademais, a proibição da prática da tortura é *absoluta* para a Convenção. Circunstâncias excepcionais, tais como ameaça ou estado de guerra, instabilidade política interna ou qualquer outra emergência pública, *não* poderão ser invocadas como justificação da tortura em nenhum caso, nem a ordem de um funcionário superior ou de uma autoridade pública poderá ser invocada para justificá-la. Entende-se que tal proibição absoluta da tortura é parte integrante do *jus cogens* (norma imperativa) do Direito Internacional, ou seja, é hierarquicamente superior às demais normas comuns internacionais[41].

---

[40] Corte Interamericana de Direitos Humanos, Caso Urrutia *vs*. Guatemala, sentença de 27 de novembro de 2003, em especial parágrafos 91 e 92.

[41] Corte Interamericana de Direitos Humanos, Caso Urrutia *vs*. Guatemala, 2003, em especial parágrafo 92.

O art. 3º veda a expulsão, devolução ou extradição de uma pessoa para outro Estado quando houver razões substanciais para crer que ela corre perigo de ali ser submetida a tortura (princípio do *non-refoulement*, ou proibição do rechaço). Para a determinação da existência dessas razões, as autoridades competentes devem levar em conta todas as considerações pertinentes, inclusive, quando for o caso, a existência, no Estado em questão, de um quadro de violações sistemáticas e graves de direitos humanos.

A *criminalização* de todos os atos de tortura deve ser concretizada por todo Estado Parte, nos termos do art. 4º da Convenção, bem como da tentativa de tortura e todo ato de qualquer pessoa que constitua cumplicidade ou participação na tortura. O Estado deve *punir* tais crimes com penas adequadas que levem em conta a sua gravidade. Novamente, o Direito Internacional dos Direitos Humanos pede auxílio ao Direito Penal, para promover o respeito aos seus comandos.

Medidas devem ser tomadas pelo Estado para estabelecer sua jurisdição sobre tais crimes quando tenham sido cometidos em qualquer território sob sua jurisdição ou a bordo de navio ou aeronave registrada no Estado, quando o suposto autor for nacional do Estado ou quando a vítima for nacional do Estado e este o considerar apropriado (art. 5º). Esse é mais um mandado internacional de criminalização.

Também o Estado Parte tomará as medidas necessárias para estabelecer sua jurisdição sobre tais crimes nos casos em que o suposto autor se encontre em qualquer território sob sua jurisdição e o Estado não extradite (*aut dedere, aut judicare* – ou extradita, ou julga). Trata-se de exemplo de jurisdição internacional universal convencional, ou seja, prevista em tratado.

Se uma pessoa suspeita de ter cometido os crimes relacionados a tortura estiver no território de Estado Parte, este, se considerar, após o exame das informações de que dispõe, que as circunstâncias o justificam, procederá à detenção de tal pessoa ou tomará outras medidas legais para assegurar sua presença no processo penal respectivo ou ainda em ação de extradição. Observe-se que a detenção e outras medidas legais devem ser tomadas de acordo com a lei do Estado, mas vigorarão apenas pelo tempo necessário ao início do processo penal ou de extradição. O Estado procederá a uma investigação preliminar dos fatos imediatamente. Assegura-se à pessoa detida facilidades para comunicar-se imediatamente com o representante mais próximo do Estado de que é nacional ou, se for apátrida, com o representante do Estado de residência habitual. Promovida a detenção, o Estado notificará imediatamente os Estados mencionados no art. 5º sobre a detenção e sobre as circunstâncias que a justificam. O Estado que proceder à investigação preliminar comunicará sem demora seus resultados aos Estados mencionados e indicará se pretende exercer sua jurisdição.

Atente-se para o fato de que qualquer pessoa processada por qualquer dos crimes previstos na Convenção receberá garantias de tratamento justo em todas as fases do processo (art. 7º).

Os crimes previstos na Convenção devem ser considerados como *extraditáveis* em qualquer tratado de extradição existente entre os Estados Partes e estes se obrigarão a incluir tais crimes como extraditáveis em todo tratado de extradição que vierem a concluir entre si. Se o Estado que condicionar a extradição à existência de um tratado receber um pedido de extradição por parte do outro Estado Parte com o qual não mantém tratado de extradição, a Convenção poderá ser considerada como *base jurídica* para a extradição com respeito a tais crimes, sujeitando-se a extradição às outras condições estabelecidas pela lei do Estado que receber a solicitação. Os Estados Partes que não condicionam a extradição à existência de um tratado reconhecerão, entre si, que tais crimes devem ser entendidos como extraditáveis, dentro das condições estabelecidas pela lei do Estado que receber a solicitação (art. 8º).

O art. 9º determina que os Estados Partes devem prestar entre si assistência jurídica internacional penal sobre qualquer dos delitos mencionados na Convenção, inclusive no que diz respeito ao fornecimento de todos os elementos de prova necessários para o processo que estejam em seu poder. Tais obrigações serão cumpridas conforme quaisquer tratados de assistência jurídica existentes entre os Estados.

Nos arts. 10 a 16, a Convenção explicita outras *obrigações assumidas pelos Estados Partes*.

Estes devem assegurar, conforme determina o art. 10, que o ensino e a informação sobra proibição de tortura sejam plenamente incorporados no treinamento do pessoal civil ou militar encarregado da aplicação da lei, do pessoal médico, dos funcionários públicos e de quaisquer outras pessoas que possam participar da custódia, interrogatório ou tratamento de qualquer pessoa submetida a qualquer forma de prisão, detenção ou reclusão. Tal proibição deve ser incluída nas normas ou instruções relativas aos deveres e funções de tais pessoas.

As normas, instruções, métodos e práticas de interrogatório, bem como as disposições sobre a custódia e o tratamento das pessoas submetidas a qualquer forma de prisão, detenção ou reclusão devem ser mantidas pelo Estado Parte sistematicamente sob exame, em qualquer território sob sua jurisdição, com o objetivo de se evitar qualquer caso de tortura (art. 11).

O Estado Parte deve também assegurar que suas autoridades competentes procederão imediatamente a uma *investigação imparcial* sempre que houver motivos razoáveis para crer que um ato de tortura tenha sido cometido em qualquer território sob sua jurisdição (art. 12), e deve assegurar, a qualquer pessoa que alegue ter sido submetida a tortura em qualquer território sob sua jurisdição, o direito de apresentar queixa perante as autoridades competentes do referido Estado, que procederão imediatamente e com imparcialidade ao exame do seu caso. Medidas para assegurar a proteção do queixoso e das testemunhas contra qualquer mau tratamento ou intimidação em consequência da queixa apresentada ou de depoimento prestado devem ser tomadas pelo Estado (art. 13).

À vítima de ato de tortura, cada Estado Parte deve assegurar, em seu sistema jurídico, o direito à reparação e a uma indenização justa e adequada, incluídos os meios necessários para a mais completa reabilitação possível. Em caso de morte da vítima como resultado de um ato de tortura, seus dependentes terão direito à indenização. Essa disposição não afeta qualquer direito a indenização que a vítima ou outra pessoa possam ter em decorrência das leis nacionais (art. 14).

No art. 15, a Convenção determina que o Estado Parte deve assegurar que *nenhuma declaração* que se demonstre ter sido prestada como resultado de tortura possa ser invocada como prova em qualquer processo, salvo *contra* uma pessoa acusada de tortura como prova de que a declaração foi prestada. É exemplo de prova ilícita de origem convencional.

Finalmente, o art. 16 determina que o Estado se comprometerá a proibir em qualquer território sob sua jurisdição outros atos que constituam tratamento ou penas cruéis, desumanos ou degradantes que não constituam tortura tal como definida na Convenção, quando tais atos forem cometidos por funcionário público ou outra pessoa no exercício de funções públicas, ou por sua instigação, ou com o seu consentimento ou aquiescência. Observe-se que se aplicam, em particular, as obrigações mencionadas nos arts. 10, 11, 12 e 13, com a substituição das referências a tortura por referências a outras formas de tratamentos ou penas cruéis, desumanos ou degradantes.

Como veremos na **Parte IV** deste livro sobre direitos em espécie, houve evolução da prática internacional no tocante à diferenciação entre a tortura e o tratamento cruel, desumano ou degradante. Três parâmetros servem de auxílio ao intérprete: (i) situação de impotência, vulnerabilidade ou sujeição (*powerlessness*) da vítima: quanto maior a situação de impotência ou sujeição da vítima, o ato aproxima-se da tortura; (ii) gravidade do ato: é verificada pela sua duração, impacto físico ou psíquico na vítima, bem como características pessoais da vítima (sexo, idade e estado de saúde); e (iii) a finalidade: cabe analisar se houve ou não as "quatro finalidades" da tortura. No caso *Lizardo Cabrera vs. República Dominicana*, a Comissão Interamericana de Direitos Humanos (Comissão IDH) levou esses parâmetros em consideração: as circunstâncias pessoais do Sr. Cabrera (estado de saúde frágil, após greve de fome) fizeram com que o sofrimento imposto pelos atos imputados ao Estado (isolamento e estado de incomunicabilidade) fossem considerados como *tortura*[42].

Na *Parte II*, a Convenção determina a constituição do *Comitê contra a Tortura*[43], bem como o procedimento de apresentação de relatórios sobre as medidas adotadas para o cumprimento das obrigações assumidas na Convenção pelos Estados, a *competência do Comitê para receber comunicações interestatais* e para receber *petições individuais* (comunicações enviadas por pessoas sob sua jurisdição, ou em nome delas, que aleguem ser vítimas de violação, por um Estado Parte, das disposições da Convenção).

O *Protocolo Facultativo à Convenção contra a Tortura e Outros Tratamentos ou Penas Cruéis, Desumanos ou Degradantes*, por sua vez, teve por objetivo estabelecer um *sistema de visitas regulares de órgãos nacionais e internacionais independentes* a lugares onde as pessoas são privadas de liberdade, com o intuito de prevenir a tortura e outros tratamentos ou penas cruéis, desumanos ou degradantes, conforme prevê seu art. 1º.

Foi adotado em Nova Iorque por Resolução da Assembleia Geral da ONU em 18 de dezembro de 2002. Possui, em 2024, 91 Estados partes. O Brasil o assinou em 13 de outubro de 2003 e o Congresso Nacional o aprovou, por meio do Decreto Legislativo n. 483, de 20 de dezembro de 2006. O instrumento de ratificação foi depositado em 11 de janeiro de 2007 e o Protocolo foi promulgado pelo Decreto n. 6.085, de 19 de abril de 2007.

O Protocolo é composto por 37 artigos, divididos em sete partes: princípios gerais (arts. 1º a 4º), Subcomitê de Prevenção (arts. 5º a 10), Mandato do Subcomitê de Prevenção (arts. 11 a 16), Mecanismos preventivos nacionais (arts. 17 a 23), Declaração (art. 24), Disposições Financeiras (arts. 25 e 26) e Disposições Finais (arts. 27 a 37).

Na *Parte I*, sobre princípios gerais, o Protocolo prevê que um *Subcomitê de Prevenção* da Tortura e Outros Tratamentos ou Penas Cruéis, Desumanos ou Degradantes deverá ser criado. Trata-se de Subcomitê do Comitê contra a Tortura, que deve desempenhar suas funções no marco da Carta das Nações Unidas e deve ser guiado por seus princípios e propósitos, bem como pelas normas das Nações Unidas relativas ao tratamento das pessoas privadas de sua liberdade. Deve ainda ser guiado pelos princípios da confidencialidade, imparcialidade, não seletividade, universalidade e objetividade (art. 2º). Em nível nacional, os Estados se comprometem a designar ou manter um ou mais *mecanismos preventivos nacionais*: órgãos de visita encarregados de prevenir a tortura e outros tratamentos ou penas cruéis, desumanos ou degradantes (art. 3º). Os Estados Partes devem permitir as visitas tanto do órgão *internacional* quanto do *nacional* a qualquer lugar sob sua jurisdição onde pessoas são ou podem ser presas, por força de ordem dada por autoridade pública.

Na *Parte II*, o Protocolo estabelece a composição do Subcomitê de Prevenção, a forma de eleição dos membros e da mesa e o tempo de mandato e, na *Parte III*, determina como deverá ser cumprido o mandato do Subcomitê. Na *Parte IV* (arts. 17 a 23), o Protocolo versa sobre os *mecanismos preventivos nacionais*.

Na *Parte V*, o Protocolo estabelece que, por ocasião da ratificação, os Estados Partes poderão fazer uma declaração que adie a implementação de suas obrigações, o que será válido pelo

---

[42] Comissão IDH, Caso Lizardo Cabrera *vs.* República Dominicana, Informe 35/96, Caso 10.832, deliberação de 19 de fevereiro de 1998.

[43] Para competência, composição e funcionamento do Comitê, cf. Parte II, Capítulo V, item 7.

máximo de três anos, que poderão ser estendidos pelo Comitê contra Tortura por mais dois anos após representações formuladas pelo Estado Parte e após consultas ao Subcomitê de Prevenção.

Finalmente, na *Parte VI* o Protocolo dispõe sobre o financiamento do Subcomitê de Prevenção. As despesas realizadas por ele na implementação do Protocolo serão custeadas pela ONU e, paralelamente, deverá ser estabelecido um Fundo Especial, administrado de acordo com o regulamento financeiro e as regras de gestão financeira das Nações Unidas, para auxiliar no financiamento da implementação das recomendações feitas pelo Subcomitê de Prevenção após a visita a um Estado Parte, bem como programas educacionais dos mecanismos preventivos nacionais. O Fundo poderá ser financiado por contribuições voluntárias feitas por Governos, organizações intergovernamentais e não governamentais e outras entidades públicas ou privadas.

Em 2 de agosto de 2013, foi aprovada a Lei n. 12.847, que instituiu o *Sistema Nacional de Prevenção e Combate à Tortura* – SNPCT, com o objetivo de fortalecer a prevenção e o combate à tortura.

Esse sistema é composto pelo (i) Comitê Nacional de Prevenção e Combate à Tortura – CNPCT, pelo (ii) Mecanismo Nacional de Prevenção e Combate à Tortura – MNPCT, pelo (iii) Conselho Nacional de Política Criminal e Penitenciária – CNPCP e pelo órgão do Ministério da Justiça responsável pelo sistema penitenciário nacional, atualmente o (iv) Departamento Penitenciário Nacional – DEPEN[44].

QUADRO SINÓTICO

Convenção contra a Tortura e Outros Tratamentos ou Penas Cruéis, Desumanos ou Degradantes

Definição de "tortura"	• Qualquer ato pelo qual dores ou sofrimentos agudos, físicos ou mentais, são infligidos intencionalmente a uma pessoa, por um funcionário público ou outra pessoa no exercício de funções públicas, ou por sua instigação, ou com o seu consentimento ou aquiescência, a fim de: • obter, dela ou de uma terceira pessoa, informações ou confissões; • castigá-la por ato que ela ou uma terceira pessoa tenha cometido ou seja suspeita de ter cometido; • intimidar ou coagir esta pessoa ou outras pessoas; ou • por qualquer motivo baseado em discriminação de qualquer natureza.

- O Estado deve tomar medidas eficazes de caráter legislativo, administrativo, judicial ou de outra natureza, a fim de impedir a prática de atos de tortura em qualquer território sob sua jurisdição. Circunstâncias excepcionais, tais como ameaça ou estado de guerra, instabilidade política interna ou qualquer outra emergência pública, não poderão ser invocadas como justificação da tortura em nenhum caso, nem a ordem de um funcionário superior ou de uma autoridade pública poderá ser invocada para justificá-la.
- A criminalização de todos os atos de tortura deve ser concretizada por todo Estado Parte.
- Qualquer pessoa processada por qualquer dos crimes previstos na Convenção receberá garantias de tratamento justo em todas as fases do processo.
- Os crimes discriminados na Convenção devem ser considerados como extraditáveis em qualquer tratado de extradição existente entre os Estados Partes e estes se obrigarão a incluir tais crimes como extraditáveis em todo tratado de extradição que vierem a concluir entre si.

---

[44] Ver mais sobre o CNPT e o MNPCT na Parte III deste *Curso*.

Mecanismos de monitoramento da Convenção	• procedimento de relatorias periódicas • comunicações interestatais • petições individuais
Protocolo Facultativo à Convenção contra a Tortura e Outros Tratamentos ou Penas Cruéis, Desumanos ou Degradantes	
Objetivo	• Estabelecer um *sistema de visitas regulares* de órgãos nacionais e internacionais independentes a lugares onde as pessoas são presas, com o intuito de *prevenir* a tortura e outros tratamentos ou penas cruéis, desumanos ou degradantes.
Mecanismos de monitoramento do Protocolo	• Subcomitê de Prevenção no plano internacional • órgão nacional para prevenir a prática de tortura • as visitas tanto do órgão internacional quanto do nacional a qualquer lugar sob sua jurisdição onde pessoas são ou podem ser presas, por força de ordem dada por autoridade pública

16. PROTOCOLO DE ISTAMBUL

A incompatibilidade entre a proibição da tortura e sua subsistência no cenário contemporâneo evidencia a necessidade constante de implementação de medidas eficazes contra tratamentos desumanos por parte dos Estados. Por este motivo, foi apresentado ao Alto Comissariado das Nações Unidas para os Direitos Humanos, em 9 de agosto de 1999, o *Manual para a investigação e documentação eficazes da tortura e outras penas ou tratamentos cruéis, desumanos ou degradantes,* também denominado Protocolo de Istambul.

Em 2003, o Protocolo foi oficialmente adotado pelo Alto Comissariado das Nações Unidas para os Direitos Humanos, como manual modelo na área, bem como tem sido sua utilização recomendada no âmbito do Conselho de Direitos Humanos (relatoria especial contra a tortura, por exemplo). O Protocolo é, formalmente, não vinculante, por ser *soft law*, mas como Claudio Grossman bem assinala, o manual deve servir de instrumento para implementar o dever internacional do Estado de combater a tortura[45].

O objetivo principal desse Protocolo foi fornecer aos Estados auxílio na coleta e utilização de provas da prática da tortura e maus-tratos, possibilitando, consequentemente, a responsabilização dos infratores. A despeito do foco do Protocolo ser os crimes de tortura, os métodos de documentação ali previstos também são ferramentas úteis na investigação e supervisão de outras questões de direitos humanos, como, por exemplo, a avaliação de situações de asilo, a defesa de indivíduos que admitem a prática de crimes sob tortura e a análise das necessidades de tratamento das vítimas.

O Protocolo de Istambul especifica as regras sobre os inquéritos estatais que investigam crimes de tortura, mencionando a necessidade de determinar o órgão competente para a realização do inquérito, recolher e preservar provas materiais (médicas, fotográficas etc.), realizar a colheita dos depoimentos das vítimas e testemunhas e estabelecer comissões de inquérito. Ademais, o Protocolo pormenoriza considerações sobre o procedimento e a finalidade da entrevista das vítimas e da colheita dos indícios físicos e psicológicos da tortura, asseverando sobre as especificidades das provas e as reações e dificuldades na instrução de tais procedimentos.

---

[45] Conferir o valor normativo do Protocolo de Istambul em GROSSMAN, Claudio. The Normative Value of the Istanbul Protocol. In: KJÆR, Susanne; KJÆRUM, Asger (eds.) *SheddingLight on a Dark Practice: Using the Istanbul Protocol to Document Torture*, Copenhagen, Denmark: International Rehabilitation Council for Torture Victims, 2009.

A análise geral das condições da vítima e do ambiente deve ser feita para o exame dos métodos de tortura empregados, eis que estes podem causar sintomas psicológicos, orgânicos e de memória às vítimas, bem como estas podem sequer ter noção da real extensão dos maus-tratos sofridos. O Protocolo enfatiza a necessidade de salvaguardar questões processuais e evitar nulidades, ressaltando que a solicitação de exame médico-legal deve ser realizada pelo Ministério Público ou outra autoridade competente e que a documentação do perfil psicossocial da vítima deve incluir os seus antecedentes, a detenção, os maus-tratos sofridos, as condições da prisão e o método de tortura empregado. Visando estabelecer uma imagem real e completa da realidade dos centros de detenção, o Protocolo recomenda visitas oficiais periódicas a tais estabelecimentos.

Sobre os indícios físicos de tortura, elementos corroboram os depoimentos prestados pelas vítimas e testemunhas e o Protocolo ressalta a importância da sua documentação detalhada. É essencial a colheita de histórico médico da vítima, com as lesões sofridas antes da detenção e suas possíveis sequelas e, a seguir, realização de exame físico geral (pele, rosto, peito e abdômen, sistema músculo esquelético, sistema geniturinário e sistema nervoso central e periférico) e específico sobre as formas de tortura (espancamento, suspensão, tortura posicional, choques elétricos, tortura dentária, asfixia, tortura sexual e estupro etc.).

Como atos de violência podem não deixar marcas físicas visíveis ou permanentes, bem como a tortura pode se dar apenas na forma psicológica, o Protocolo recomenda a realização de exame neuropsicológico, atentando para as reações psicológicas mais comuns à tortura (revivência do trauma, negação e alheamento emocional, depressão, dissociação, despersonalização, psicoses, abusos de substâncias etc.).

Como consequência do Protocolo de Istambul, em âmbito nacional, foi elaborado em 2003 o *Protocolo Brasileiro de Perícia Forense no crime de tortura*, o qual adaptou tais normas, regras e orientações à realidade do país.

Ademais, o Conselho Nacional de Justiça (CNJ) editou a Recomendação n. 49/2014, na qual reitera a obrigatoriedade de observância das normas do Protocolo de Istambul e do Protocolo Brasileiro de Perícia Forense pelos magistrados brasileiros.

Por meio da Resolução n. 221, de 2020, o Conselho Nacional do Ministério Público incorporou as providências de investigação referentes ao Protocolo de Istambul.

Recomendou-se aos membros do Ministério Público que observem as regras do Protocolo de Istambul especialmente no ato da audiência de custódia. De modo detalhado, a Resolução orienta os membros do MP na elaboração de seus questionamentos na audiência de custódia, levando em consideração que a prática de maus-tratos e tortura inclui distintas modalidades reconhecidas e descritas no *Protocolo de Istambul*, tais como espancamentos e outras contusões, espancamentos dos pés, suspensão, ações posicionais, choques elétricos, ações dentárias, asfixia, ações de natureza sexual e ações de direcionamento psicológico.

QUADRO SINÓTICO

Protocolo de Istambul	
Natureza jurídica	• *Soft law*, mas deve ser utilizado como instrumento para que os Estados comprovem que zelam pelo combate à tortura (dever internacional).
Objetivo	• Criar regras e procedimentos para documentar casos de tortura física e psicológica, bem como orientar a prevenção, como, por exemplo, por meio de visitas periódicas aos centros de detenção.

Uso no Brasil	• Foi criado, em 2003, o Protocolo Brasileiro de Perícia Forense no crime de tortura. O CNJ, em 2014, recomendou o uso do Protocolo de Istambul e do Protocolo Brasileiro de Perícia Forense para apurar o crime de tortura. Em 2020, o CNMP adotou resolução também incorporando o Protocolo de Istambul na orientação de agir aos membros do MP.

17. REGRAS MÍNIMAS DAS NAÇÕES UNIDAS PARA O TRATAMENTO DE PRESOS (REGRAS NELSON MANDELA)

As Regras Mínimas para o Tratamento dos Presos foram adotadas pelo I Congresso das Nações Unidas para a Prevenção do Crime e para o Tratamento de Delinquentes, que foi realizado em Genebra, em 31 de agosto de 1955. Foram posteriormente aprovadas pelo Conselho Econômico e Social (órgão principal da ONU), por meio das Resoluções n. 663 C (XXIV), de 31 de julho de 1957, e 2076 (LXII), de 13 de maio de 1977. Em maio de 2015, foram atualizadas pela Comissão das Nações Unidas sobre Prevenção do Crime e Justiça Criminal, tendo tais atualizações sido aprovadas, à unanimidade, pela Assembleia Geral da ONU em dezembro de 2015.

Foi aprovada, pela Assembleia Geral da ONU, a denominação honorífica da Resolução como "Regras Nelson Mandela", em homenagem a quem passou 27 anos de sua vida preso, na luta pelos direitos humanos, igualdade, democracia e promoção da cultura da paz (parte dos "considerandos" da Resolução)[46]. Um dos fatores a favor da atualização das regras foi a constatação da existência de mais de 10 milhões de pessoas encarceradas no mundo. No Brasil, os dados de 2021 apontam que há 690 mil pessoas encarceradas, a terceira população carcerária no mundo em termos absolutos, sem levar em consideração a população total do país. Por sua vez, o Brasil possuía, em 2021, somente 500 mil vagas (aproximadamente) no sistema prisional, levando à superpopulação carcerária (taxa de ocupação de 138%)[47].

As Regras Mínimas possuem natureza de *soft law*, que consiste no conjunto de normas não vinculantes de Direito Internacional, mas que podem se transformar em normas vinculantes posteriormente, caso consigam a anuência dos Estados. Todavia, tais normas espelham diversos direitos dos presos, previstos em tratados, como, por exemplo, o direito à integridade física e psíquica, igualdade, liberdade de religião, direito à saúde, entre outros. Essa interação das "Regras" com normas de direitos humanos foi atestada nos "considerandos" da Resolução da Assembleia Geral da ONU de 2015, pois se reconheceu a influência do Comentário Geral n. 21 do Comitê de Direitos Humanos do Pacto Internacional sobre Direitos Civis e Políticos.

Assim, por consequência, a violação das regras mínimas pode concretizar a violação de dispositivos previstos em tratados de direitos humanos. Nesse sentido, as Regras Mínimas foram expressamente mencionadas pela Corte Interamericana de Direitos Humanos no caso *Tibi vs. Equador*, como forma de esclarecer o alcance e o sentido do direito à integridade dos presos. No caso, a Corte IDH constatou o desrespeito, pelo Equador, do art. 24 das Regras (direito a tratamento médico)[48].

A revisão de 2015 abrangeu nove áreas temáticas: tratamento médico na prisão; restrições, disciplina e sanções ao preso; buscas nas celas de detenção; contato exterior; reclamações

---

[46] Conferir A/Res/70/175. Disponível em: <http://www.ohchr.org/Documents/ProfessionalInterest/NelsonMandelaRules.pdf>. Último acesso em: 15 jul. 2024.

[47] Levantamento do Conselho Nacional do Ministério Público. Disponível em: <http://www.cnmp.mp.br/portal/relatoriosbi/sistema-prisional-em-numeros>. Acesso em: 15 jul. 2024.

[48] Corte Interamericana de Direitos Humanos, Caso *Tibi vs. Equador*, sentença de 7 de setembro de 2004, em especial parágrafo 154.

dos presos, investigações e inspeções. Entre as alterações, destaca-se a definição de "confinamento solitário"[49].

As novas Regras Mínimas, compostas por 122 artigos (anteriormente eram 95), estão divididas em três seções: *observações preliminares*, *regras de aplicação geral* (Parte I, Regras 1 a 85) e *regras aplicáveis a categorias especiais* (Parte II, Regras 86 a 122).

As observações preliminares deixam claro que não se pretende que as regras descrevam pormenorizadamente um sistema penitenciário e que, levando-se em conta a grande variedade de condições legais, sociais, econômicas e geográficas existentes, não serão aplicadas indistintamente em todos os lugares. Pretendeu-se, entretanto, estabelecer princípios e regras básicos para a organização penitenciária e o tratamento dos reclusos, que devem servir de estímulo para esforços no sentido de promover a sua aplicação.

A primeira parte, conforme explicitam as observações preliminares, cuida de matérias relativas à *administração geral* dos estabelecimentos penitenciários e se aplica a todas as categorias de reclusos, quer em foro criminal, quer em foro cível, incluindo-se aqueles em prisão preventiva ou já condenados, bem como os detidos por medida de segurança ou medida de reeducação ordenadas por juiz. Conquanto as regras não tenham como objetivo enquadrar a organização de estabelecimentos juvenis, considera-se que as regras de aplicação geral podem ser também a eles aplicadas (e, como regra, tais jovens não devem ser condenados a penas de reclusão).

Enuncia-se, de início, o princípio básico: a aplicação das regras de forma *imparcial*, sem qualquer tipo de discriminação (com base em raça, cor, sexo, língua, religião, opinião política ou outra, origem nacional ou social, meios de fortuna, nascimento ou outra condição). No caso das pessoas com deficiência, as administrações prisionais devem fazer todos os ajustes possíveis para garantir que tais presos tenham acesso completo e efetivo à vida prisional em base de igualdade. Ainda, as crenças religiosas e os preceitos morais do grupo a que pertença o preso devem ser respeitados.

Os objetivos da sentença de encarceramento foram explicitados, a saber: (i) proteger a sociedade contra a criminalidade e (ii) reduzir a reincidência. Esses objetivos só podem ser alcançados se o período de encarceramento for utilizado para assegurar, na medida do possível, a reintegração de tais indivíduos à sociedade após sua soltura, para que possam levar uma vida autossuficiente, com respeito às leis. Por isso, as administrações prisionais e demais autoridades competentes devem oferecer educação, formação profissional e trabalho, bem como outras formas de assistência apropriadas e disponíveis, inclusive aquelas de natureza reparadora, moral, espiritual, social, esportiva e de saúde. Tais programas, atividades e serviços devem ser oferecidos em consonância com as necessidades individuais de tratamento dos presos.

Consequentemente, o regime prisional deve procurar minimizar as diferenças entre a vida no cárcere e aquela em liberdade, que tendem a reduzir a responsabilidade dos presos ou o respeito à sua dignidade como seres humanos.

Estabelecem-se regras sobre o registro de informações sobre o preso, como a identidade, os motivos da detenção e a autoridade que a ordenou e o dia e hora de entrada e saída, além da impossibilidade de que alguém seja preso *sem* ordem de detenção válida, cujos pormenores tenham sido registrados. Os bens pessoais do detido, quando não puderem manter sua posse durante a reclusão, serão guardados em lugar seguro e conservados em bom estado, para serem restituídos ao preso no momento de sua libertação.

---

[49] O Conselho Nacional de Justiça, durante a presidência do Min. Ricardo Lewandowski, publicou versão em *português* das "Regras de Mandela". Os termos aqui utilizados são oriundos dessa tradução. Disponível em: <http://www.cnj.jus.br/files/conteudo/arquivo/2016/05/39ae8bd2085fdbc4a1b02fa6e3944ba2.pdf>. Último acesso em: 15 jul. 2024.

Também no momento da admissão, cada preso deve receber informações (inclusive disponibilizadas nos idiomas mais utilizados ou com uso de intérprete, se necessário) escritas, ou oralmente, se o preso for analfabeto, sobre o regime aplicável à sua categoria, sobre as regras disciplinares do estabelecimento, sobre os meios autorizados para obter informações e formular queixas e sobre todos os outros pontos necessários para conhecer seus direitos e obrigações e para se adaptar à vida no estabelecimento. Presos com deficiências sensoriais devem receber as informações de maneira apropriada a suas necessidades. Todo preso deve ter o direito de fazer uma solicitação ou reclamação sobre seu tratamento, sem censura quanto ao conteúdo, à administração prisional central, à autoridade judiciária ou a outras autoridades competentes, inclusive àqueles com poderes de revisão e de reparação.

Toda solicitação ou reclamação deve ser prontamente apreciada e respondida sem demora. Se a solicitação ou reclamação for rejeitada, ou no caso de atraso indevido, o reclamante terá o direito de levá-la à autoridade judicial ou outra autoridade. Mecanismos de salvaguardas devem ser criados para assegurar que os presos possam fazer solicitações e reclamações de forma segura e, se requisitado pelo reclamante, confidencialmente. O preso, seus familiares ou advogados não devem ser expostos a qualquer risco de retaliação, intimidação ou outras consequências negativas como resultado de uma solicitação ou reclamação.

Ademais, as *diferentes categorias* de reclusos devem ser mantidas em estabelecimentos *separados* ou em *diferentes zonas*, considerando-se o sexo e a idade, além de antecedentes penais, razões da detenção e medidas necessárias. Dessa forma, fica estabelecido que, na medida do possível, homens e mulheres devem ser detidos em estabelecimentos separados ou em celas totalmente separadas, os presos preventivos devem ser separados dos condenados, os presos cíveis daqueles presos por motivos penais e os jovens reclusos com relação aos adultos.

Quanto aos locais de reclusão, as regras definem que não podem ser ocupados por mais de um recluso, salvo se houver excesso temporário de população prisional, quando dois reclusos poderão ficar em uma mesma cela. Tais locais devem atender a todas as exigências de higiene e saúde. Deve-se garantir também vestuário, que não pode ser degradante ou humilhante, e roupa de cama, além de alimentação de valor nutritivo adequado, acesso à água potável e a prática diária de exercício físico. Onde houver dormitórios, estes deverão ser ocupados por presos cuidadosamente selecionados como sendo capazes de serem alojados juntos. Durante a noite, deve haver vigilância regular, de acordo com a natureza do estabelecimento prisional.

Ademais, toda unidade prisional deve possuir serviço de saúde incumbido de avaliar, promover, proteger e melhorar a saúde física e mental dos presos, prestando particular atenção aos presos com necessidades especiais ou problemas de saúde que dificultam sua reabilitação. Os serviços de saúde devem ser compostos por equipe interdisciplinar, com pessoal qualificado suficiente, atuando com total independência clínica, e deve abranger a experiência necessária de psicologia e psiquiatria. Serviço odontológico qualificado deve ser disponibilizado a todo preso. Nos estabelecimentos em que houver reclusas grávidas, devem existir instalações especiais para o seu tratamento e, se a criança lá nascer, tal fato não pode constar de seu registro. Entre outras atribuições do médico, as regras mínimas preveem seu dever de examinar o preso o mais rapidamente possível, após a sua admissão no estabelecimento, para tomar as medidas necessárias, bem como de vigiar a saúde física e mental dos reclusos.

As "Regras" determinam que os presos devem ter a oportunidade, tempo e meios adequados para receberem visitas e de se comunicarem com um advogado de sua própria escolha ou com um defensor público, (i) sem demora, (ii) interceptação ou censura, (iii) em total confidencialidade, (iv) sobre qualquer assunto legal, (v) em conformidade com a legislação local. Tais encontros podem estar sob as vistas de agentes prisionais, mas não passíveis de serem ouvidos por estes. A confidencialidade da conversa entre o preso e seu advogado é a regra geral, mas o conteúdo da conversa deve ser restrito à matéria legal e em conformidade com a legislação local. Por isso, a eventual gravação ambiental do "parlatório" (sala separada por vidro e a comunicação entre advogado e preso é feita mediante interfone) com a gravação e filmagem da conversa pode ser, excepcionalmente, autorizada por ordem judicial caso haja indícios da prática de crime com envolvimento do advogado, devendo ser inutilizado qualquer outro teor da conversa[50].

O monitoramento, escuta e gravação ambiental de conversas e imagens produzidas nas áreas internas da Penitenciária Federal de Catanduvas, onde ocorrem encontros e diálogos entre os presos e seus visitantes, incluindo advogados, foi discutido no Superior Tribunal de Justiça e no Supremo Tribunal Federal. Tal situação foi autorizada *judicialmente* pelo colegiado de juízes federais que compõem a Seção de Execução Penal de Catanduvas. Para o STJ e também para o STF, a irresignação foi feita de maneira abstrata, sem mencionar nenhum evento concreto ocorrido no estabelecimento prisional que tivesse interferido diretamente na atuação do advogado na defesa do réu (STJ, HC n. 218.200/PR, rel. Min. Sebastião Reis Júnior, j. 21-6-2012; STF, HC n. 115.114, rel. Min. Ricardo Lewandowski, j. 21-6-2022).

As "Regras" preveem ainda que cada estabelecimento penitenciário deve contar com uma biblioteca para uso dos presos e que, se reunir um número suficiente de presos de uma mesma religião, um representante dela deve ser nomeado ou autorizado. Entretanto, se o recluso se opuser à visita de um representante, sua vontade deve ser respeitada.

A *realidade brasileira* demonstra claramente que tais regras não são cumpridas no Brasil: a superlotação dos presídios, a reclusão do preso em cela não separada de outras categorias, as péssimas condições de higiene e salubridade, abusos físicos e sexuais das mais variadas formas, bem como o controle *de facto* do presídio por *organizações criminosas* exemplificam o quanto ainda se está distante do modelo concebido nas Regras Mínimas.

Estabelece-se, ainda, que a ordem e a disciplina devem ser mantidas com firmeza, sem, entretanto, que se imponham mais restrições do que as necessárias para a manutenção da segurança e da boa organização da vida comunitária. Com efeito, as condutas que constituem infração disciplinar, o tipo e a duração das sanções e a autoridade competente para pronunciá-las devem ser determinados por lei ou regulamentação emanada da autoridade administrativa competente. Ademais, o preso não pode ser punido sem o respeito ao devido processo legal, o que inclui a assistência jurídica e a vedação ao *bis in idem* (ser punido duas vezes pelo mesmo fato).

Todas as punições cruéis, desumanas ou degradantes ou que impliquem tortura devem ser completamente proibidas como sanções disciplinares. As seguintes práticas, em particular, devem ser proibidas: (a) Confinamento solitário indefinido; (b) Confinamento solitário prolongado; (c) Encarceramento em cela escura ou constantemente iluminada; (d) Castigos corporais ou redução da dieta ou água potável do preso; (e) Castigos coletivos. Instrumentos de imobilização jamais devem ser utilizados como sanção a infrações disciplinares. Mesmo que o preso sofra sanções disciplinares ou medidas restritivas poderá, em geral, ter contato com sua família, que só pode ser restringido por um prazo limitado e quando for estritamente necessário para a manutenção da segurança e da ordem. Em grande avanço para reduzir a discricionariedade dos Estados, o confinamento solitário foi definido como o confinamento do preso por 22 horas ou mais, por dia, sem contato humano significativo. O confinamento solitário prolongado (sanção proibida) refere-se ao confinamento solitário por mais de 15 dias consecutivos.

Por oportuno, o Regime Disciplinar Diferenciado (RDD), incluído pela Lei n. 10.792, de 1º de dezembro de 2003, à Lei de Execução Penal (Lei n. 7.210/84) foi recentemente modificado

---

[50] *A favor* da escuta ambiental, desde que haja suspeita de prática de crime por parte do advogado (no caso, possível envolvimento com organização criminosa): TRF1, Agravo em Execução Penal 0006775-31.2013.4.01.4100/RO, rel. Desa. Federal Monica Sifuentes, j. 23-9-2014.

pela Lei n. 13.964/19 (Lei Anticrime). Trata-se de submissão do preso ao confinamento solitário prolongado por até 2 anos (antes eram 360 dias), *sem limite de repetição* da sanção por nova falta grave. Também cabe RDD sem prática de falta grave: (i) aos presos que apresentem alto risco para a ordem ou segurança da prisão; (ii) aos que recaiam "fundadas suspeitas" de participação em organização criminosa, milícia ou associação criminosa. Além disso, não há limitação desse tratamento rigoroso, permitindo que um preso passe todo o tempo de sua prisão no RDD.

Esse "RDD ilimitado" viola as Regras Mínimas, pela segregação prolongada de presos sem a observância dos limites vistos *supra*. Na ADI 4.162, proposta pelo Conselho Federal da Ordem dos Advogados do Brasil em 2008, defende-se a inconstitucionalidade do RDD uma vez que tal regime, que inclui isolamento, incomunicabilidade e severas restrições no recebimento de visitas, entre outras medidas, ofende a proibição de tratamento desumano ou degradante, bem como a vedação de penas cruéis (STF, ADI 4.162, rel. Min. Luiz Fux, em trâmite em agosto de 2024).

O uso de correntes, imobilizadores de ferro ou outros instrumentos restritivos inerentemente degradantes ou dolorosos deve ser proibido. Outros instrumentos restritivos (por exemplo, algemas) devem ser utilizados *apenas* quando (i) previstos em lei e (ii) em *circunstâncias definidas*, tais como por precaução contra evasão durante transferência (desde que sejam removidos quando o preso estiver diante de autoridade judicial ou administrativa) ou por razões médicas sob indicação do médico. Esses instrumentos de restrição devem ser: (i) os menos invasivos; (ii) temporários, sendo retirados depois que o risco que motivou a restrição não esteja mais presente. Os instrumentos de restrição não devem ser utilizados em mulheres em trabalho de parto, nem durante e imediatamente após o parto.

No Brasil, a Lei n. 13.434/2017 vedou o uso de algemas em (i) mulheres grávidas durante os atos médico-hospitalares preparatórios para a realização do parto e durante o trabalho de parto, bem como em (ii) mulheres durante o período de puerpério imediato. Além disso, o Decreto n. 8.858/2016 regulamentou o uso de algemas no Brasil. Ademais, a Súmula Vinculante 11 tem o seguinte teor, restringindo o uso de algemas: "Só é lícito o uso de algemas em casos de resistência e de fundado receio de fuga ou de perigo à integridade física própria ou alheia, por parte do preso ou de terceiros, justificada a excepcionalidade por escrito, sob pena de responsabilidade disciplinar, civil e penal do agente ou da autoridade e de nulidade da prisão ou do ato processual a que se refere, sem prejuízo da responsabilidade civil do Estado" (ver mais na **Parte IV**, Cap. 11.9, deste *Curso*).

As revistas íntimas e inspeções serão conduzidas respeitando-se a inerente dignidade humana e privacidade do indivíduo sob inspeção, assim como os princípios da proporcionalidade, legalidade e necessidade de garantir a segurança nas unidades prisionais. O registro das revistas é obrigatório, para fins de controle. As "revistas íntimas invasivas" (o que inclui o ato de despir o preso e inspecionar as partes íntimas) devem ser empreendidas apenas quando forem absolutamente necessárias. As administrações prisionais devem ser encorajadas a desenvolver e utilizar *outras* alternativas apropriadas em vez de revistas íntimas. Há ainda a previsão da realização da revista íntima apenas por profissionais de saúde qualificados, mas se aceita que seja feita por pessoal apropriadamente treinado por profissionais da área médica nos padrões de higiene, saúde e segurança.

Quanto ao visitante, as "Regras" reconhecem que sua entrada depende do seu consentimento em se submeter à revista: caso não concorde, a administração prisional poderá vedar-lhe o acesso. Por outro lado, os procedimentos de entrada e revista para visitantes *não* devem ser degradantes e devem ser regidos, no mínimo, pelos mesmos parâmetros protetivos da revista aos presos. Revistas em partes íntimas do corpo do visitante devem ser evitadas (mas não foram expressamente proibidas) e não devem ser utilizadas em crianças (proibição).

Para permitir contatos com o mundo exterior, as Regras Mínimas aludem expressamente ao dever de se conceder aos presos a possibilidade de comunicar-se com as suas famílias e amigos, seja por meio de correspondência (e, onde houver, telecomunicações, meios digitais, eletrônicos e outros), seja por meio de visitas. Caso sejam permitidas as visitas íntimas, estas devem ser garantidas sem discriminação, devendo as mulheres presas exercerem tal direito nas mesmas bases que os homens. Devem ser instaurados procedimentos, e locais devem ser disponibilizados, de forma a garantir o justo e igualitário acesso à visita íntima, respeitando-se a segurança e a dignidade dos envolvidos. Há ainda o dever de manter os presos regularmente informados sobre as notícias mais importantes, por meio de jornais, periódicos ou outros meios autorizados ou controlados pela administração.

Há regras também sobre a notificação de morte, doença e transferência, dentre outros fatos, ao preso e à sua família; regras sobre a forma de transferência, situação em que medidas apropriadas devem ser tomadas para proteger de insultos, curiosidade ou publicidade e regra sobre a inspeção regular dos estabelecimentos e serviços penitenciários para assegurar que sejam administrados de acordo com as leis e regulamentos vigentes.

Quanto aos sistemas de controle, as "Regras" estabelecem que, não obstante uma investigação interna, o diretor da unidade prisional deve reportar, imediatamente, a morte, o desaparecimento ou o ferimento grave à autoridade judicial ou a outra autoridade competente, independentemente da administração prisional; e deve determinar a investigação imediata, imparcial e efetiva sobre as circunstâncias e causas de tais eventos. A administração prisional deve cooperar integralmente com a referida autoridade e assegurar que todas as evidências sejam preservadas.

Há preocupação especial com a tortura: todas as alegações de tortura ou tratamentos ou sanções cruéis, desumanas ou degradantes devem ser apreciadas imediatamente e resultar em pronta e imparcial investigação, conduzida por autoridade nacional independente (por exemplo, o Ministério Público).

Finalmente, as Regras Mínimas apresentam as diretrizes para a formação e o trabalho dos membros do pessoal penitenciário, ressaltando sua missão social de grande importância, bem como diretrizes sobre o relacionamento dos funcionários com os presos, especialmente tendo-se em conta o tratamento com as mulheres.

A segunda parte, de outro lado, contém regras referentes ao objetivo de *reinserção* do preso na sociedade. As regras aplicáveis aos presos condenados são também aplicadas aos presos com transtornos mentais, presos detidos ou aguardando julgamento e condenados por dívidas ou a prisão civil, se não forem contraditórias com as regras específicas dessas seções e se levarem a uma melhoria de condições para tais presos.

Inicialmente, são apresentados os princípios gerais que devem nortear a administração dos sistemas penitenciários e os objetivos a que devem atender. O sistema penitenciário não deve agravar o sofrimento inerente à situação de privação de liberdade, exceto pontualmente, por razões justificáveis de segregação e para a manutenção da disciplina. Nesse sentido, o tratamento de presos sentenciados ao encarceramento ou a medida similar deve ter como propósito, até onde a sentença permitir, criar nos presos a vontade de levar uma vida de acordo com a lei e autossuficiente após sua soltura e capacitá-los a isso, além de desenvolver seu senso de responsabilidade e autorrespeito. Por isso, o tratamento dos presos deve enfatizar não a sua exclusão da comunidade, mas sua participação contínua nela, devendo existir a participação social para auxiliar a equipe da unidade prisional na tarefa de reabilitação social dos presos. Elege-se como fim da pena de privação de liberdade a proteção de direitos humanos de terceiros contra o crime, o que só pode ser assegurado se o preso, após seu regresso à liberdade, tenha vontade e aptidão para seguir um modo de vida de acordo com a lei e provendo suas próprias necessidades. Para tanto, diversas medidas são apresentadas com a finalidade de permitir a reintegração do preso à sociedade. A tarefa da sociedade não termina com a liberação de um preso. Deve haver, portanto, agências governamentais ou privadas capazes de prestar acompanhamento pós-soltura de forma eficiente, direcionadas à diminuição do preconceito contra ele e visando à sua reinserção social.

Para atender à individualização da pena, cada preso deve ter sua personalidade analisada para que lhe seja preparado um programa de tratamento, atendendo às suas necessidades individuais, suas capacidades e seu estado de espírito.

O trabalho na prisão é apresentado como uma medida apta a aumentar nos presos a habilidade de viver de modo digno após a liberdade. O trabalho na prisão não deve ser de natureza estressante e os presos não devem ser mantidos em regime de escravidão ou servidão. Dessa forma, prevê-se que a organização e os métodos do trabalho penitenciário devem se aproximar de trabalho semelhante fora do estabelecimento, garantindo-se aos reclusos os cuidados destinados a proteger a saúde e a segurança dos trabalhadores e que a lei preveja seus direitos de limitação do tempo de jornada, descanso semanal, remuneração equitativa, indenização em caso de acidente de trabalho ou doenças profissionais, dentre outros.

Também para atender ao objetivo de inclusão futura do preso, prevê-se que devem ser tomadas todas as medidas para melhorar sua educação, sendo esta obrigatória para analfabetos e jovens presos, além de atividades de recreio e culturais. Ademais, observa-se a necessidade de se prestar atenção à manutenção e à melhora das relações entre o preso e a família e de se estimular o preso a estabelecer relações com pessoas e organizações externas. Todas as unidades prisionais devem oferecer atividades recreativas e culturais em benefício da saúde física e mental dos presos. As Regras Mínimas, então, apresentam o especial tratamento que deve ser conferido aos presos com deficiência mental ou com problemas de saúde severos, que não devem ser mantidos em prisões, mas transferidos para estabelecimentos apropriados.

Quanto aos presos ainda no aguardo de sentença definitiva, estes devem ser tratados como "presos não julgados", sendo *presumidos inocentes* e assim devem ser tratados. Devem ser mantidos *separados* dos condenados, garantindo-se a eles maiores direitos, como o de ser visitado ou tratado por seu médico e dentista pessoais e o de se entrevistar com seu advogado sem que seja ouvido (embora possa ser visto) por funcionário da polícia ou do estabelecimento (tal qual os demais presos).

Há também regras para os países cuja legislação preveja a prisão por dívidas ou por outras formas pronunciadas por decisão sem natureza penal, cujo tratamento não será menos favorável do que aquele oferecido a presos não julgados, exceto para aqueles obrigados a trabalhar.

Finalmente, para os presos sem acusação, sem prejuízo do que dispõe o art. 9º do Pacto Internacional sobre Direitos Civis e Políticos, que garante a qualquer pessoa privada de sua liberdade o direito de recorrer a um tribunal para que decida sobre a legalidade de seu encarceramento, aplicam-se as disposições da Parte I das Regras Mínimas, além das aplicadas aos presos não julgados e dos princípios gerais da Parte II.

QUADRO SINÓTICO

Regras Mínimas das Nações Unidas para o Tratamento de Presos – Regras Nelson Mandela

- Natureza jurídica de *soft law*. Mas reflete vários direitos previstos em tratados internacionais.
- Atualizadas em 2015, com diversas inovações.
- Regras levam em conta a grande variedade de condições legais, sociais, econômicas e geográficas existentes, de forma que não serão aplicadas indistintamente em todos os lugares.
- A aplicação das regras deve ser feita de forma imparcial, sem qualquer tipo de discriminação (com base em raça, cor, sexo, língua, religião, opinião política ou outra, origem nacional ou social, meios de fortuna, nascimento ou outra condição). Entretanto, as crenças religiosas e os preceitos morais do grupo a que pertença o recluso devem ser respeitados.
- Devem ser respeitados os demais direitos fundamentais do preso não afetados pela restrição de sua liberdade.
- O objetivo é a reinserção social e prevenção da reincidência.

18. REGRAS DAS NAÇÕES UNIDAS PARA O TRATAMENTO DE MULHERES PRESAS E MEDIDAS NÃO PRIVATIVAS DE LIBERDADE PARA MULHERES INFRATORAS (REGRAS DE BANGKOK)

As Regras das Nações Unidas para o Tratamento de Mulheres Presas e Medidas não Privativas de Liberdade para Mulheres Infratoras resultam do trabalho de um grupo de especialistas, realizado em Bangkok, entre 23 e 26 de novembro de 2009, visando o desenvolvimento de normas específicas para o tratamento das mulheres submetidas a medidas privativas e não privativas de liberdade.

As também denominadas Regras de Bangkok, consideradas como complementares às Regras mínimas para o tratamento de presos (Regras Nelson Mandela), foram aprovadas pela Assembleia Geral da ONU, na Resolução n. 65/229, de 21 de dezembro de 2010[51].

Com isso, trata-se de um conjunto de normas de *soft law,* não possuindo força vinculante aos Estados. Porém, serve como importante vetor de interpretação do alcance de normas nacionais e internacionais sobre direitos humanos que podem incidir sobre as mulheres presas, como, por exemplo, o direito à integridade pessoal, devido processo legal, entre outras, bem como para orientar a produção normativa posterior. No caso brasileiro, em 2016, foi editado o Decreto n. 8.858, determinando o uso das Regras de Bangkok como diretrizes para o emprego de algemas.

O objetivo principal do documento é estabelecer regras e políticas públicas de prevenção de crimes e justiça criminal especificamente voltadas para as mulheres, sendo direcionadas às autoridades nacionais (legisladores, Poder Judiciário, Ministério Público e agentes penitenciários) envolvidas na administração do cumprimento das penas privativas de liberdade e alternativas à prisão.

As Regras de Bangkok pautam-se por dois pressupostos: (i) as necessidades específicas das mulheres, as quais incluem, entre outras, idade, orientação sexual, identidade de gênero, nacionalidade, situação de gestação e maternidade; (ii) o reconhecimento de que parcela das mulheres infratoras não representa risco à sociedade, de modo que o encarceramento pode dificultar a sua reinserção social[52].

As Regras de Bangkok são divididas em quatro seções: a Seção I aborda as Regras 1 a 39, relativas à administração das instituições, e possui aplicação geral a todas as mulheres privadas de liberdade; a Seção II traz as Regras 40 a 56, aplicáveis a categorias especiais, sendo subdividida entre as regras que se aplicam às presas condenadas (subseção A) e aquelas concernentes às presas provisórias (subseção B); a Seção III contém as Regras 57 a 66 para as mulheres submetidas a sanções não privativas de liberdade; e, finalmente, a Seção IV enumera as regras sobre pesquisa, avaliação, planejamento e compartilhamento de informações, aplicáveis a todas as categorias de mulheres infratoras. No total, são enumeradas 70 regras no documento.

Antes das regras, é enunciado um princípio básico: *a proibição a qualquer tipo de discriminação* na aplicação das Regras de Bangkok. Em caráter complementar, a Regra 1 reforça que a igualdade material de gênero depende do reconhecimento de necessidades distintas das mulheres presas.

---

[51] Visando promover e incentivar a aplicação das regras para o tratamento das mulheres infratoras pelos poderes Judiciário e Executivo brasileiro, o Conselho Nacional de Justiça traduziu as Regras de Bangkok. Disponível em: <http://www.cnj.jus.br/files/conteudo/arquivo/2016/03/27fa43cd9998bf5b43aa2cb3e0f53c44.pdf>. Acesso em: 15 jul. 2024.

[52] O próprio documento ressalva, todavia, que, a despeito de o seu foco ser a mulher e seus filhos, algumas das regras que envolvem responsabilidades maternas e paternas, serviços médicos e procedimentos de revista, aplicam-se também aos homens presos e infratores.

As Regras 2, 3 e 4 dizem respeito ao ingresso, registro e alocação das mulheres infratoras. Ao ingressar no estabelecimento prisional, deve ser permitido o contato com parentes, acesso à assistência judiciária e às informações sobre o regulamento das prisões, em idioma de sua compreensão. Para as mães, deve ser autorizada a adoção de providências em relação a seus filhos, incluindo, no melhor interesse da criança, eventual suspensão da medida privativa de liberdade.

Ademais, devem ser incluídos no registro da infratora, em caráter confidencial, os nomes e as idades dos filhos, sua localização e situação de guarda ou custódia. Outra providência é a priorização da permanência em prisão próxima ao seu meio familiar, levando em consideração as responsabilidades da mulher como fonte de cuidado dos filhos. No Brasil, a Lei n. 13.257/2016 alterou o Código de Processo Penal para incluir uma série de medidas que visam inserir nos atos procedimentais penais (lavratura do auto de prisão em flagrante, inquérito policial, interrogatório policial) o registro de informações sobre existência de filhos, respectivas idades e se possuem alguma deficiência e o nome e o contato de eventual responsável pelos cuidados dos filhos.

A seguir, as Regras 5 a 18 tratam da higiene pessoal e dos cuidados médicos das mulheres. Nessa linha, as instalações devem ser satisfatórias para as necessidades das mulheres, incluindo suprimento de produtos de higiene íntima gratuitos e água disponível.

O cuidado com a saúde das infratoras pressupõe, igualmente, a realização de amplo exame médico de ingresso, o qual deve incluir, entre outras medidas, o diagnóstico de abuso sexual ou outras formas de violência sofridas, acompanhado da informação do seu direito de denunciar aos abusos e recorrer às autoridades judiciais. Havendo crianças que acompanham a infratora, estas também devem passar por exame médico.

Outras regras relativas à saúde das mulheres incluem: (i) o atendimento médico específico, físico e mental, com a prioridade, se for solicitado pela mulher, de tratamento ou exame realizado por médica ou enfermeira; (ii) a presença apenas da equipe médica durante os exames, ressalvados os casos em que, para a segurança da equipe médica ou da própria mulher, for necessária a presença de funcionário do presídio; (iii) o fornecimento de programas de prevenção e tratamento especializado para o HIV, consumo de drogas e prevenção às lesões autoinfligidas e ao suicídio.

A segurança e a vigilância das mulheres são abordadas nas Regras 19 a 25. Os métodos de inspeção devem respeitar a dignidade das mulheres, evitando-se as revistas íntimas e as inspeções corporais invasivas, as quais, quando necessárias, devem ser conduzidas por funcionárias devidamente treinadas.

Visando proteger as crianças, é vedada a imposição de sanções de isolamento ou segregação disciplinar às gestantes e mães em período de amamentação. É vedada, também, a utilização de *instrumentos de contenção* em mulheres em trabalho de parto ou no período imediatamente posterior. Nessa linha e como já visto anteriormente, a Lei n. 13.434/2017 vedou o uso de algemas em (i) mulheres grávidas durante os atos médico-hospitalares preparatórios para a realização do parto e durante o trabalho de parto, bem como em (ii) mulheres durante o período de puerpério imediato. O contato entre a presa e o mundo exterior, pautado pelo estímulo à comunicação e visitas dos familiares, está enunciado nas Regras 26 a 28.

Ao final da Seção I, as Regras 29 a 35 abordam a capacitação dos funcionários penitenciários, com atenção especial às necessidades das presas, e as Regras 36 a 39 reforçam o dever de aplicação das regras para as adolescentes em conflito com a lei, atentando-se para as peculiaridades de sua idade e gênero.

A subseção A da Seção 2 abarca as presas condenadas. As Regras 40 e 41 determinam a classificação e individualização das presas de acordo com suas necessidades de gênero e situação, de modo a instituir programas apropriados de reabilitação. No mesmo sentido, a Regra 42 disciplina o regime prisional, o qual deve oferecer serviços adequados para a realização de atividades específicas de gênero, bem como para o cuidado de crianças.

Já as Regras 43 a 47 trazem o dever de incentivo, por parte das autoridades prisionais, às relações social e assistencial posterior ao encarceramento. Para facilitar a transição da prisão para a liberdade, estimula-se, na medida do possível, que as autoridades autorizem, por exemplo, o *sursis*, a fixação de regime prisional aberto e as saídas temporárias.

As mulheres gestantes, lactantes ou com filhos deverão receber orientações de dieta, saúde e qualidade de vida, conforme preceituado nas Regras 48 a 52. Deve-se estimular a amamentação e, visando o melhor interesse da criança, fornecer ambiente adequado, com serviços de saúde e educação, para crianças que vivam com as mães na prisão.

A subseção A da parte II termina enfatizando a prioridade na transferência de presas estrangeiras o mais cedo possível para o seu país de origem e o dever de reconhecimento das necessidades distintas das minorias e dos povos indígenas (Regras 53 a 55)[53].

A subseção B da Seção II contempla apenas a Regra 56, que estipula a adoção de medidas para minimizar o risco específico de abuso às mulheres em prisão cautelar. Ressalta-se que, apesar da divisão entre as subseções da Seção II, as regras da subseção A se aplicam a subseção B, desde que beneficiem a mulher e não sejam incompatíveis com as regras específicas das presas condenadas ou provisórias.

Compreendendo o histórico de vitimização das mulheres infratoras e suas responsabilidades de cuidado, a Seção III foca, nas Regras 57 e 58, no estabelecimento de medidas despenalizadoras e alternativas à prisão das mulheres. A seguir, a Regra 59 traz a regra da utilização de medidas protetivas não privativas de liberdade (albergues e serviços comunitários), admitindo a privação temporária da liberdade unicamente para a proteção da mulher, caso seja por ela solicitada, com a devida fiscalização judicial da medida.

Para auxiliar as mulheres a combater os estímulos mais comuns à criminalidade, a Regra 60 prevê a disponibilização de cursos e orientações, especificamente para vítimas de violência doméstica e abuso sexual, tratamento para transtorno mental e programas de capacitação para melhorar as possibilidades de acesso ao mercado de trabalho.

A Regra 61 autoriza a consideração da primariedade, da natureza, da falta de gravidade do crime e das responsabilidades de cuidado das mulheres como fatores atenuantes da pena a ser imposta. A compreensão dos traumas sofridos exclusivamente por mulheres inspira a Regra 62, que prevê a prestação de serviços comunitários, destinados exclusivamente para mulheres como tratamento para o consumo de drogas. Além disso, a Regra 63 reforça a necessidade de políticas específicas de reintegração da mulher infratora na sociedade, assim como o reconhecimento das responsabilidades de cuidado, as quais devem ser ponderadas de forma positiva nas decisões sobre livramento condicional.

A Regra 64 prevê que às mulheres gestantes e com filhos dependentes devem ser estipuladas medidas alternativas, sendo a prisão excepcional e aceita apenas para a prática de crimes graves ou violentos, ou quando a mulher representar ameaça contínua à sociedade. Nesse sentido, a Lei n. 13.257/2016 ("Marco Legal de Atenção à Primeira Infância") dispõe sobre as políticas públicas para a primeira infância e, em linha com as "Regras de Bangkok" e autoriza (por intermédio da alteração do art. 318 do CPP) a substituição da *prisão preventiva* pela *prisão domiciliar*, quando se tratar: (a) de gestante; (b) de mulher com filho de até 12 (doze) anos de idade incompletos; (c)

---

[53] Sobre a transferência de sentenciados e os direitos fundamentais na cooperação jurídica internacional, ver a indispensável obra de ABADE, Denise Neves. *Direitos fundamentais na cooperação jurídica internacional*. São Paulo: Saraiva, 2013.

de homem – caso seja o único responsável pelos cuidados do filho de até 12 (doze) anos incompletos; ou (d) de agente considerado "imprescindível aos cuidados especiais de pessoa menor de 6 (seis) anos de idade ou com deficiência" (citando *expressamente* as "Regras de Bangkok", conferir: STF, HC 182.582, rel. Min. Gilmar Mendes, decisão de 20-3-20; STF, HC 134.734, rel. Min. Celso de Mello, decisão de 30-6-2016, e também: STF, HC 134.104, rel. Min. Gilmar Mendes, j. 2-8-2016).

A preocupação com a vulnerabilidade de gênero e com a máxima proteção das vítimas rege as Regras 65 e 66, as quais preceituam a institucionalização mínima de adolescentes em conflito com a lei e a ratificação dos documentos internacionais para a prevenção e repressão do tráfico de mulheres e crianças.

Por fim, na Seção IV as Regras 67 a 69 valorizam o estímulo à pesquisa, planejamento e avaliação de aspectos relativos às características, delitos e encarceramento das mulheres infratoras, visando contribuir para a formulação de políticas e programas que reduzam a estigmatização da mulher e facilitem a sua reintegração social. Em caráter acessório, a Regra 70 enfatiza o papel de conscientização dos meios de comunicação e do público sobre os motivos que levam as mulheres à criminalidade e os mecanismos eficazes de lidar com tais problemas.

QUADRO SINÓTICO	
Regras de Bangkok	
Natureza jurídica	• Resolução n. 65/229, de 21 de dezembro de 2010, da Assembleia Geral da ONU (*soft law*). Serve como vetor de interpretação das normas nacionais e internacionais sobre os direitos humanos que incidem sobre as mulheres submetidas a tais medidas. Utilizada já expressamente em precedentes do STF.
Objetivo	• Desenvolver normas específicas para o tratamento das mulheres submetidas a medidas privativas e não privativas de liberdade. Em linha com a Lei n. 13.257/2016 (Marco Legal de Atenção à Primeira Infância).
Essência do documento	• Estabelecer regras e políticas públicas de prevenção de crimes e de justiça criminal especificamente voltadas para as mulheres, tendo em vista as suas necessidades específicas de idade, orientação sexual, identidade de gênero, nacionalidade, situação de gestação e maternidade.

19. CONVENÇÃO INTERNACIONAL PARA A PROTEÇÃO DE TODAS AS PESSOAS CONTRA O DESAPARECIMENTO FORÇADO

A Convenção Internacional para a Proteção de Todas as Pessoas contra o Desaparecimento Forçado foi assinada em Nova York, em dezembro de 2006. Possui, em 2024, 75 Estados partes.

No Brasil, a Convenção foi assinada em 6 de fevereiro de 2007, aprovada pelo Congresso Nacional por meio do Decreto Legislativo n. 661, publicado em 1º de setembro de 2010, e *ratificada* em 29 de novembro de 2010. Somente foi promulgada internamente *seis anos depois* da ratificação, pelo Decreto n. 8.767, de 11 de maio de 2016.

Foi firmada após a adoção da Declaração sobre a Proteção de Todas as Pessoas contra os Desaparecimentos Forçados pela Assembleia Geral das Nações Unidas (Resolução n. 47/133, de 18 de dezembro de 1992), tendo em vista a gravidade do desaparecimento forçado, que constitui crime e, em determinadas circunstâncias definidas pelo direito internacional, crime contra a humanidade. Nesse sentido, em seu preâmbulo, a Convenção ressalta a necessidade de prevenir o desaparecimento forçado e de *combater a impunidade* nesses casos, afirmando o direito à verdade das vítimas e de seus familiares sobre as circunstâncias do desaparecimento forçado e o destino da pessoa desaparecida, bem como o direito à liberdade de buscar, receber e difundir informação com este fim.

Trata-se de um importante instrumento para o Brasil, em conjunto com a *Convenção Interamericana sobre o Desaparecimento Forçado*, que também já foi ratificada e incorporada internamente. A Convenção possui o preâmbulo e 45 artigos, divididos em três partes, que podem ser assim esquematizadas: (i) Parte I: obrigações estatais, direitos e garantias (arts. 1º a 25); (ii) Parte II: Comitê contra Desaparecimentos Forçados (arts. 26 a 36) e (iii) Parte III: disposições finais (arts. 37 a 45).

Iniciando a Parte I, o art. 1º enuncia: nenhuma pessoa será submetida a desaparecimento forçado e nenhuma circunstância excepcional, seja estado de guerra ou ameaça de guerra, instabilidade política interna ou qualquer outra emergência pública, poderá ser invocada como justificativa para o desaparecimento forçado.

Em seguida, o art. 2º define o *desaparecimento forçado* como (i) a prisão, a detenção, o sequestro ou qualquer outra forma de privação de liberdade que seja perpetrada por agentes do Estado ou por pessoas ou grupos de pessoas agindo com a autorização, apoio ou aquiescência do Estado, e a subsequente (ii) recusa em admitir a privação de liberdade ou a ocultação do destino ou do paradeiro da pessoa desaparecida, privando-a assim da proteção da lei. Assim, há o binômio detenção *e* recusa em reconhecer a situação ou o destino da vítima. Por isso, nem mesmo a ação de *habeas corpus* é idônea para tais casos: o Estado simplesmente nega ter detido ou ainda estar a vítima em seu poder.

Trata-se de definição bastante semelhante à já adotada pela Convenção Interamericana sobre o Desaparecimento Forçado. Já no art. 24 a Convenção define como *vítima* a *pessoa desaparecida e todo indivíduo que tiver sofrido dano como resultado direto de um desaparecimento forçado*.

No art. 5º, a Convenção determina que a prática generalizada ou sistemática de desaparecimento forçado constitui *crime contra a humanidade*, tal como define o direito internacional aplicável, o qual está sujeito às consequências nele previstas.

O art. 3º determina ao Estado Parte a adoção de medidas apropriadas para *investigar* os atos definidos no art. 2º, cometidos por pessoas ou grupos de pessoas que atuem sem a autorização, o apoio ou a aquiescência do Estado, bem como para *levar os responsáveis à justiça*. Ademais, a Convenção estabelece um mandado de criminalização, ao determinar que os Estados tomem as medidas necessárias para assegurar que o desaparecimento forçado constitua crime em conformidade com o seu direito penal. Em seguida, o art. 6º determina que os Estados partes tomem as medidas necessárias para responsabilizar penalmente, ao menos: a) toda pessoa que cometa, ordene, solicite ou induza a prática de um desaparecimento forçado, tente praticá-lo, seja cúmplice ou partícipe do ato; b) o superior que: (i) tiver conhecimento de que os subordinados sob sua autoridade e controle efetivos estavam cometendo ou se preparavam para cometer um crime de desaparecimento forçado, ou que tiver conscientemente omitido informação que o indicasse claramente; (ii) tiver exercido sua responsabilidade e controle efetivos sobre as atividades relacionadas com o crime de desaparecimento forçado; e (iii) tiver deixado de tomar todas as medidas necessárias e razoáveis a seu alcance para prevenir ou reprimir a prática de um desaparecimento forçado, ou de levar o assunto ao conhecimento das autoridades competentes para fins de investigação e julgamento.

Ademais, nenhuma ordem ou instrução de autoridade pública civil, militar ou de outra natureza pode ser utilizada para justificar um crime de desaparecimento forçado.

Além de *criminalizar* a conduta, o Estado Parte deve fazer com que o crime seja punível com penas apropriadas, que levem em conta a sua gravidade. Entretanto, poderão ser definidas circunstâncias atenuantes, especialmente para pessoas que, tendo participado do cometimento de um desaparecimento forçado, efetivamente contribuam para a reaparição com vida da pessoa desaparecida, ou possibilitem o esclarecimento desses casos ou a identificação dos responsáveis por eles. Por outro lado, poderão ser definidas também circunstâncias agravantes, especialmente em caso de morte da pessoa desaparecida ou do desaparecimento forçado de gestantes, menores, pessoas com deficiência ou outras pessoas particularmente vulneráveis (art. 7º). No Caso Gomes Lund *vs.* Brasil ("Caso da Guerrilha do Araguaia"), a Corte Interamericana de Direitos Humanos determinou a edição de lei que criminalize o desaparecimento forçado, mas, até o momento (agosto de 2024), tal obrigação legislativa não foi cumprida pelo Estado brasileiro[54].

Com relação à *prescrição* penal do crime de desaparecimento forçado (art. 8º), o Estado Parte que adotá-la deve tomar as medidas necessárias para assegurar que o prazo seja de *longa duração e proporcional* à extrema seriedade desse crime e que sua contagem se *inicie* no momento em que *cessar* o desaparecimento forçado, considerando-se a sua *natureza permanente*. Em paralelo, cada Estado Parte deve garantir às vítimas de desaparecimento forçado o direito a um recurso efetivo durante o prazo de prescrição.

Ademais, o Estado deve tomar as medidas necessárias para instituir sua jurisdição sobre o crime de desaparecimento forçado quando o crime for cometido em qualquer território sob sua jurisdição ou a bordo de um navio ou aeronave que estiver registrado no referido Estado; quando o suposto autor do crime for um nacional desse Estado ou quando a pessoa desaparecida for nacional desse Estado e este o considere apropriado. Deve também tomar medidas necessárias para estabelecer sua jurisdição sobre o crime de desaparecimento forçado quando o suposto autor do crime encontrar-se em território sob sua jurisdição, salvo se extraditá-lo ou entregá-lo a outro Estado, de acordo com suas obrigações internacionais, ou entregá-lo a uma corte penal internacional, cuja jurisdição reconheça. Entretanto, a Convenção não exclui qualquer outra jurisdição penal exercida em conformidade com o direito interno (art. 9º).

No art. 10, a Convenção estabelece que, caso uma pessoa suspeita de ter cometido um crime de desaparecimento forçado esteja em território de um Estado Parte, este, após o exame da informação disponível e se considerar que as circunstâncias assim o justifiquem, pode proceder à detenção dessa pessoa ou adotar outras medidas legais necessárias para assegurar sua permanência. Nesses casos, será imediatamente iniciado um inquérito ou investigações para apurar os fatos. A pessoa detida nesses termos tem o direito de comunicar-se imediatamente com o representante mais próximo do Estado de que é nacional ou, caso se trate de pessoa apátrida, com o representante do Estado onde habitualmente resida.

Já o art. 11 estabelece que o Estado Parte no território de cuja jurisdição se encontre uma pessoa suspeita de haver cometido crime de desaparecimento forçado, caso não conceda sua extradição ou a sua entrega a outro Estado, de acordo com suas obrigações internacionais, ou sua entrega a uma corte penal internacional cuja jurisdição tenha reconhecido, deve submeter o caso a suas autoridades competentes para fins de ajuizamento da ação penal. Em paralelo, toda pessoa investigada por crime de desaparecimento forçado terá a garantia de tratamento justo em todas as fases do processo e deverá beneficiar-se de um julgamento justo, ante uma corte ou tribunal de justiça competente, independente e imparcial estabelecido por lei.

Ademais, o art. 13 prevê que, para fins de extradição entre os Estados partes, o crime de desaparecimento forçado *não* pode ser considerado crime político, um delito conexo a um crime político, nem um crime de motivação política. Dessa forma, um pedido de extradição fundado em um crime desse tipo não poderá ser recusado por este único motivo. Além disso, o crime de desaparecimento forçado deve estar entre os crimes passíveis de extradição em qualquer tratado celebrado entre Estados partes antes da entrada em vigor da Convenção e os Estados partes assumem o compromisso de incluir o crime de desaparecimento forçado

---

[54] Conforme o ponto resolutivo n. 15 da sentença, ver mais sobre o Caso Gomes Lund abaixo neste *Curso*.

entre os crimes passíveis de extradição em todos os tratados de extradição que vierem a firmar. A Convenção também pode ser considerada como a base legal necessária para extradições relativas ao crime de desaparecimento forçado, se um Estado Parte condicionar a extradição à existência de um tratado e não o tiver com outro Estado Parte. Por outro lado, os Estados partes que não condicionarem a extradição à existência de um tratado reconhecerão o crime de desaparecimento forçado como passível de extradição entre si. Em todos esses casos, a extradição está sujeita às condições estipuladas pela legislação do Estado Parte requerido ou pelos tratados de extradição aplicáveis, o que inclui as condições relativas à pena mínima exigida para a extradição e à motivação pela qual o Estado Parte requerido poderá recusar a extradição ou sujeitá-la a certas condições. Por outro lado, nada da Convenção pode ser interpretado no sentido de obrigar o Estado Parte requerido a conceder a extradição, se este tiver razões substantivas para crer que o pedido tenha sido apresentado com o propósito de processar ou punir uma pessoa com base em razões de sexo, raça, religião, nacionalidade, origem étnica, opiniões políticas ou afiliação a determinado grupo social, ou que a aceitação do pedido causaria dano àquela pessoa por qualquer dessas razões.

O Estado deve assegurar a qualquer indivíduo que alegue que alguém foi vítima de desaparecimento forçado o *direito de relatar os fatos* às autoridades competentes, as quais examinarão as alegações pronta e imparcialmente e, caso necessário, instaurarão sem demora uma *investigação completa e imparcial*. Ademais, medidas apropriadas devem ser tomadas, caso necessário, para assegurar que o denunciante, as testemunhas, os familiares da pessoa desaparecida e seus defensores, bem como os participantes da investigação, sejam protegidos contra maus-tratos ou intimidação em decorrência da denúncia ou de qualquer declaração prestada. Ainda, caso haja motivos razoáveis para crer que uma pessoa tenha sido vítima de desaparecimento forçado, as autoridades instaurarão uma investigação, mesmo que não tenha havido denúncia formal.

Também deve assegurar que as autoridades mencionadas tenham os poderes e recursos necessários para conduzir eficazmente a investigação, inclusive acesso à documentação e a outras informações que lhes sejam relevantes, bem como tenham acesso, se necessário mediante autorização prévia de autoridade judicial, emitida com brevidade, a qualquer local de detenção ou qualquer outro local onde existam motivos razoáveis que levem a crer que a pessoa desaparecida se encontre. O Estado deve também adotar as medidas necessárias para prevenir e sancionar atos que obstruam o desenvolvimento da investigação e assegurar que pessoas suspeitas de haverem cometido o crime de desaparecimento forçado não estejam em posição que possa influenciar o andamento da investigação por meio de pressão ou atos de intimidação ou represália dirigidos contra o denunciante, as testemunhas, os familiares da pessoa desaparecida ou seus defensores, ou contra quaisquer pessoas que participarem da investigação.

A Convenção estabelece, em seu art. 14, que os Estados devem prestar mutuamente toda a assistência judicial possível no que diz respeito a processos penais relativos a um crime de desaparecimento forçado, inclusive disponibilizando toda evidência em seu poder que for necessária ao processo. Tal assistência judicial está sujeita às condições previstas no direito interno do Estado Parte requerido ou nos tratados de cooperação judicial aplicáveis, incluindo, em particular, os motivos pelos quais o Estado Parte requerido poderá recusar-se a conceder assistência judicial recíproca, ou sujeitá-la a certas condições. Além disso, o art. 15 determina que os Estados partes cooperem entre si e prestem a máxima assistência recíproca para assistir as vítimas de desaparecimento forçado e para a busca, localização e libertação de pessoas desaparecidas e, na eventualidade de sua morte, para exumá-las, identificá-las e restituir seus restos mortais.

Pela Convenção, nenhum Estado Parte pode expulsar, entregar ou extraditar uma pessoa a outro Estado onde haja razões fundadas para crer que a pessoa correria o risco de ser vítima de desaparecimento forçado. Para avaliá-lo, as autoridades competentes devem levar em conta todas as considerações pertinentes, inclusive, se couber, a existência no Estado em questão de um padrão de violações sistemáticas, graves, flagrantes e maciças dos direitos humanos ou graves violações do direito internacional humanitário (art. 16).

O art. 17 prevê que *nenhuma pessoa será detida em segredo*. Ademais, estabelece que, sem prejuízo de outras obrigações internacionais do Estado Parte em matéria de privação de liberdade, cada Estado Parte, em sua legislação: (i) deve estabelecer as condições sob as quais pode ser emitida autorização para a privação de liberdade; (ii) deve indicar as autoridades facultadas a ordenar a privação de liberdade; (iii) deve garantir que toda pessoa privada de liberdade seja mantida unicamente em locais de detenção oficialmente reconhecidos e supervisionados; (iv) deve garantir que toda pessoa privada de liberdade seja autorizada a comunicar-se com seus familiares, advogados ou qualquer outra pessoa de sua escolha e a receber sua visita, de acordo com as condições estabelecidas em lei, ou, no caso de um estrangeiro, de comunicar-se com suas autoridades consulares, de acordo com o direito internacional aplicável; (v) deve garantir acesso de autoridades e instituições competentes e legalmente autorizadas aos locais onde houver pessoas privadas de liberdade, se necessário mediante autorização prévia de uma autoridade judicial e, por fim, (vi) deve garantir que toda pessoa privada de liberdade ou, em caso de suspeita de crime de desaparecimento forçado, por encontrar-se a pessoa privada de liberdade incapaz de exercer esse direito, quaisquer outras pessoas legitimamente interessadas, tais como seus familiares, representantes ou advogado, possam, em quaisquer circunstâncias, iniciar processo perante uma corte, para que esta decida sem demora quanto à legalidade da privação de liberdade e ordene a soltura da pessoa, no caso de tal privação de liberdade ser ilegal.

O Estado deve ainda assegurar a compilação e a manutenção de um ou mais registros oficiais ou prontuários atualizados de pessoas privadas de liberdade, os quais conterão certas informações determinadas pela Convenção e serão prontamente postos à disposição, mediante solicitação, de qualquer autoridade judicial ou de qualquer outra autoridade ou instituição competente, ao amparo do direito interno ou de qualquer instrumento jurídico internacional relevante de que o Estado Parte seja parte.

Ademais, cada Estado Parte deve garantir a quaisquer pessoas com interesse legítimo nessa informação, tais como familiares da pessoa privada de liberdade, seus representantes ou seu advogado, o acesso a pelo menos as seguintes informações: autoridade que ordenou a privação de liberdade; data, hora e local em que a pessoa foi privada de liberdade e admitida no local de privação de liberdade; autoridade que controla a privação de liberdade; local onde se encontra a pessoa privada de liberdade e, no caso de transferência para outro local de privação de liberdade, o destino e a autoridade responsável pela transferência; data, hora e local da soltura; dados sobre o estado de saúde da pessoa privada de liberdade; e, em caso de falecimento durante a privação de liberdade, as circunstâncias e causa do falecimento e o destino dado aos restos mortais (art. 18).

Esse direito *só pode ser restringido* em caso de estrita necessidade previsto por lei, e de maneira excepcional, quando a pessoa estiver sob proteção da lei e a privação de liberdade estiver sujeita a controle judicial; quando a transmissão da informação puder afetar de maneira adversa a privacidade ou a segurança da pessoa; obstruir uma investigação criminal; ou por outros motivos equivalentes, de acordo com a lei, em conformidade com o direito internacional aplicável e com os objetivos da Convenção. Deve-se assegurar às pessoas com interesse legítimo na informação o direito a um rápido e efetivo recurso judicial como meio de obter sem demora as informações previstas nessa disposição, o qual não poderá sob qualquer circunstância ser suspenso ou restringido (art. 20).

Os dados pessoais que forem coletados e/ou transmitidos no âmbito da busca por uma pessoa desaparecida, incluindo os dados médicos e genéticos, não podem ser utilizados ou disponibilizados para outros propósitos que não a referida busca, o que não prejudica a utilização de tais informações em procedimentos criminais relativos ao crime de desaparecimento forçado ou ao exercício do direito de obter reparação. A coleta, processamento, utilização e armazenamento de dados pessoais não devem infringir ou ter o efeito de infringir os direitos humanos, as liberdades fundamentais ou a dignidade humana de um indivíduo (art. 19).

O art. 21 prevê que cada Estado Parte deve tomar as medidas necessárias para assegurar que as pessoas privadas de liberdade sejam libertadas de forma que permita verificar, com certeza, terem sido elas efetivamente postas em liberdade. Ademais, deve adotar as medidas necessárias para assegurar a integridade física dessas pessoas e sua capacidade de exercer plenamente seus direitos quando da soltura, sem prejuízo de quaisquer obrigações a que essas pessoas possam estar sujeitas em conformidade com a legislação nacional.

Os Estados devem também tomar as medidas necessárias para prevenir e punir a conduta de retardar ou obstruir os recursos das pessoas privadas de liberdade (para decidir sobre a legalidade da prisão) e os relativos ao direito à informação anteriormente mencionado. Também devem ser punidas as condutas de deixar de registrar a privação de liberdade de qualquer pessoa, bem como registrar informação que o agente responsável pelo registro oficial sabia ou deveria saber ser errônea e recusar prestar informação sobre a privação de liberdade de uma pessoa, ou prestar informação inexata, apesar de preenchidos os requisitos legais para o fornecimento dessa informação (art. 22).

Ainda, os Estados devem assegurar que a formação dos agentes responsáveis pela aplicação da lei, civis ou militares, de pessoal médico, de funcionários públicos e de quaisquer outras pessoas suscetíveis de envolvimento na custódia ou no tratamento de pessoas privadas de liberdade, inclua a educação e a informação necessárias ao respeito das disposições pertinentes da Convenção, com o objetivo de prevenir o envolvimento de tais agentes em desaparecimentos forçados, ressaltar a importância da prevenção e da investigação desses crimes e assegurar que seja reconhecida a necessidade urgente de resolver esses casos. Devem ainda assegurar que sejam proibidas ordens ou instruções determinando, autorizando ou incentivando desaparecimentos forçados e que as pessoas que se recusarem a obedecer a ordens dessa natureza não sejam punidas. Por fim, devem assegurar que as pessoas que tiverem motivo para crer que um desaparecimento forçado ocorreu ou está sendo planejado, levem o assunto ao conhecimento de seus superiores e, quando necessário, das autoridades competentes ou dos órgãos investidos de poder de revisão ou recurso (art. 23).

O art. 24 diz respeito às vítimas de desaparecimento forçado. Assim, toda vítima tem o direito de saber a verdade sobre as circunstâncias do desaparecimento forçado, o andamento e os resultados da investigação e o destino da pessoa desaparecida, devendo o Estado Parte tomar medidas apropriadas a esse respeito. Ademais, o Estado deve tomar todas as medidas cabíveis para procurar, localizar e libertar pessoas desaparecidas e, no caso de morte, localizar, respeitar e devolver seus restos mortais, além de assegurar que sua legislação garanta às vítimas o direito de obter reparação e indenização rápida, justa e adequada.

O direito à obtenção de reparação abrange danos materiais e morais e, se couber, outras formas de reparação como restituição, reabilitação, satisfação (inclusive o restabelecimento da dignidade e da reputação) e garantias de não repetição. Cada Estado Parte deve adotar as providências cabíveis em relação à situação jurídica das pessoas desaparecidas cujo destino não tiver sido esclarecido, bem como à situação de seus familiares, no que diz respeito à proteção social, a questões financeiras, ao direito de família e aos direitos de propriedade. Ainda, deve garantir o direito de fundar e participar livremente de organizações e associações que tenham por objeto estabelecer as circunstâncias de desaparecimentos forçados e o destino das pessoas desaparecidas, bem como assistir as vítimas desses crimes.

Por fim, o art. 25 prevê que cada Estado Parte deve tomar as medidas necessárias para *prevenir e punir penalmente* a apropriação ilegal de crianças submetidas a desaparecimento forçado, de filhos cujo pai, mãe, ou guardião legal for submetido a esse crime, ou de filhos nascidos durante o cativeiro de mãe submetida a desaparecimento forçado. Ademais, deve adotar medidas para prevenir e punir penalmente a falsificação, ocultação ou destruição de documentos comprobatórios da verdadeira identidade das mencionadas crianças. Também devem ser adotadas providências para procurar e identificar as crianças e restituí-las a suas famílias de origem, em conformidade com os procedimentos legais e os acordos internacionais aplicáveis. Para a procura, identificação e localização das crianças, os Estados devem assistir uns aos outros. Ainda, tendo em vista a necessidade de assegurar o melhor interesse da criança e seu direito de preservar ou de ter restabelecida sua identidade, inclusive nacionalidade, nome e relações familiares reconhecidos pela lei, os Estados partes que reconhecerem um sistema de adoção ou outra forma de concessão de guarda de crianças devem estabelecer procedimentos jurídicos para rever o sistema de adoção ou concessão de guarda e, quando apropriado, para anular qualquer adoção ou concessão de guarda de crianças resultante de desaparecimento forçado. Em todos os casos, o melhor interesse da criança merece consideração primordial, e a criança que for capaz de formar opinião própria terá o direito de expressá-la livremente, à qual se dará o peso devido de acordo com a idade e a maturidade da criança.

Na Parte II, a Convenção estabelece a criação do *Comitê contra Desaparecimentos Forçados*[55].

Um relatório sobre as medidas tomadas pelo Estado em cumprimento das obrigações assumidas ao amparo da Convenção deve ser enviado pelo Estado Parte ao Comitê, dentro de dois anos contados a partir da data de entrada em vigor do texto para o Estado Parte interessado.

Ainda é possível a submissão ao Comitê, em regime de urgência, de pedido de busca e localização de uma pessoa desaparecida por seus familiares ou por seus representantes legais, advogado ou qualquer pessoa por eles autorizada, bem como por qualquer outra pessoa detentora de interesse legítimo. Também há a possibilidade de o Estado reconhecer a competência do Comitê para receber comunicações individuais ou interestatais. *O Brasil ainda não fez tal reconhecimento.*

Caso receba informação confiável de que um Estado Parte está incorrendo em grave violação do disposto na Convenção, o Comitê pode, após consulta ao Estado em questão, encarregar um ou vários de seus membros a empreender uma visita a esse Estado e a informá-lo a respeito o mais prontamente possível.

Por fim, a Parte III da Convenção contém suas disposições finais. O art. 37 dispõe que nada do que nela disposto afetará quaisquer outras disposições mais favoráveis à proteção das pessoas contra desaparecimentos forçados contempladas no direito de um Estado Parte ou no direito internacional em vigor para o referido Estado. Ademais, conforme prevê o art. 43, a Convenção não afeta as disposições de direito internacional humanitário, incluindo as obrigações das Altas Partes Contratantes das quatro Convenções de Genebra de 12 de agosto de 1949 e de seus dois Protocolos Adicionais de 8 de junho de 1977, nem a possibilidade que qualquer Estado Parte tem de autorizar o Comitê Internacional da Cruz Vermelha a visitar locais de detenção, em situações não previstas pelo direito internacional humanitário.

Os demais dispositivos versam sobre: assinatura, ratificação e adesão (art. 38); entrada em vigor (art. 39); notificações do Secretário-Geral da ONU (art. 40); aplicação a todas as unidades dos Estados federativos (art. 41); submissão de controvérsias a arbitragem ou à Corte Internacional de Justiça (art. 42); emenda à Convenção (art. 44) e idiomas (art. 45).

---

[55] Conferir tópico específico sobre o tema no item 10 do Capítulo V desta Parte II.

QUADRO SINÓTICO

Convenção Internacional para a Proteção de Todas as Pessoas contra o Desaparecimento Forçado	
Definições	• *Desaparecimento forçado:* a prisão, a detenção, o sequestro ou qualquer outra forma de privação de liberdade que seja perpetrada por agentes do Estado ou por pessoas ou grupos de pessoas agindo com a autorização, apoio ou aquiescência do Estado, e a subsequente recusa em admitir a privação de liberdade ou a ocultação do destino ou do paradeiro da pessoa desaparecida, privando-a assim da proteção da lei. • *Vítima de desaparecimento forçado:* 1) a pessoa desaparecida e 2) todo indivíduo que tiver sofrido dano como resultado direto de um desaparecimento forçado.
Principais obrigações assumidas pelos Estados	• Criminalização, investigação e punição do desaparecimento forçado. • Manutenção de informações sobre pessoas privadas de liberdade. • Prevenir e punir a conduta de retardar ou obstruir os recursos das pessoas privadas de liberdade (para decidir sobre a legalidade da prisão) e relativos ao direito à informação sobre pessoas privadas de liberdade. • Prevenir e punir as condutas de deixar de registrar a privação de liberdade de qualquer pessoa, bem como registrar informação que o agente responsável pelo registro oficial sabia ou deveria saber ser errônea e recusar prestar infor • mação sobre a privação de liberdade de uma pessoa, ou prestar informação inexata, apesar de preenchidos os requisitos legais para o fornecimento dessa informação. • Assegurar que a formação dos agentes responsáveis pela aplicação da lei, civis ou militares, de pessoal médico, de funcionários públicos e de quaisquer outras pessoas suscetíveis de envolvimento na custódia ou no tratamento de pessoas privadas de liberdade, inclua a educação e a informação necessárias a respeito do desaparecimento forçado. • Tomar todas as medidas cabíveis para procurar, localizar e libertar pessoas desaparecidas e, no caso de morte, localizar, respeitar e devolver seus restos mortais. • Assegurar que sua legislação garanta às vítimas o direito de obter reparação e indenização rápida, justa e adequada. • Prevenir e punir penalmente a apropriação ilegal de crianças submetidas a desaparecimento forçado, de filhos cujo pai, mãe, ou guardião legal for submetido a esse crime, ou de filhos nascidos durante o cativeiro de mãe submetida a desaparecimento forçado.
Principais direitos e garantias	• Nenhuma pessoa será submetida a desaparecimento forçado. • Nenhuma circunstância excepcional, seja estado de guerra ou ameaça de guerra, instabilidade política interna ou qualquer outra emergência pública, poderá ser invocada como justificativa para o desaparecimento forçado. • Direito de qualquer indivíduo que alegue que alguém foi vítima de desaparecimento forçado de relatar os fatos às autoridades competentes, as quais examinarão as alegações pronta e imparcialmente e, caso necessário, instaurarão sem demora uma investigação completa e imparcial. • Direito de não ser detido em segredo. • Direito de informação acerca das pessoas privadas de liberdade. • Direito das vítimas de desaparecimento forçado de saber a verdade sobre as circunstâncias do desaparecimento forçado, o andamento e os resultados da investigação e o destino da pessoa desaparecida.
Mecanismos de monitoramento	• Comitê contra Desaparecimentos Forçados, com competência para: • Exame de relatórios apresentados pelos Estados partes, sobre as medidas tomadas em cumprimento das obrigações assumidas ao amparo da Convenção, dentro de dois anos contados a partir da data de sua entrada em vigor para o Estado Parte interessado.

- Exame de comunicações interestatais.
- Exame de petições individuais.
- Possibilidade de exame de pedido de busca e localização de uma pessoa desaparecida, em regime de urgência.
- Visita ao Estado Parte.

20. CONVENÇÃO SOBRE OS DIREITOS DA CRIANÇA

A Convenção sobre os Direitos da Criança foi adotada pela Assembleia Geral da ONU em 20 de novembro de 1989 e entrou em vigor internacional em 2 de setembro de 1990, no trigésimo dia após a data de depósito do vigésimo instrumento de ratificação ou adesão junto ao Secretário-Geral das Nações Unidas. É a Convenção que possui o mais *elevado* número de ratificações em todo o Direito Internacional Público, já que conta, em 2024, com 196 partes (incluindo a Santa Sé e o Estado da Palestina). Os *Estados Unidos* não a ratificaram, contudo.

A Convenção leva em conta o direito de que as pessoas na infância recebam cuidados e assistência especiais, em virtude da falta de maturidade física e mental, conforme reconheceu a Declaração Universal dos Direitos Humanos, bem como a Declaração de Genebra de 1924 sobre os Direitos da Criança, a Declaração dos Direitos da Criança adotada pela Assembleia Geral em 20 de novembro de 1959 e os Pactos de Direitos Civis e Políticos e de Direitos Econômicos, Sociais e Culturais. Embora outros diplomas internacionais também confiram proteção às crianças, a Convenção *sistematizou* não só direitos civis e políticos, mas também econômicos, sociais e culturais em *um só texto*, voltado especificamente para a sua proteção.

A Convenção foi assinada pelo Brasil em 26 de janeiro de 1990; aprovada pelo Congresso Nacional, por meio do Decreto Legislativo n. 28, de 14 de setembro de 1990; ratificada em 24 de setembro de 1990. Entrou em vigor para o Brasil em 23 de outubro de 1990 e foi promulgada por meio do Decreto n. 99.710, em 21 de novembro de 1990. Nota-se a grande celeridade de sua incorporação ao Direito brasileiro.

A Convenção possui 54 artigos, divididos em três partes. Na *Parte I*, a Convenção estabelece *definições e obrigações dos Estados Partes*; na *Parte II*, determina a constituição de um *Comitê para os Direitos das Crianças* e, na *Parte III*, fixa as *disposições finais* (assinatura, ratificação, adesão, entrada em vigor, emendas e reservas, denúncias, dentre outras).

O art. 1º da Convenção define que é considerado como criança, para seus fins, como "todo ser humano com menos de dezoito anos de idade, a não ser que, em conformidade com a lei aplicável à criança, a maioridade seja alcançada antes". Observe-se que a definição da criança para a Convenção distingue-se da previsão do Estatuto da Criança e do Adolescente (Lei n. 8.069/1990), que considera como criança a pessoa até 12 anos de idade incompletos, e adolescente aquela entre 12 e 18 anos de idade (art. 2º).

O art. 2º da Convenção enuncia a obrigação geral dos Estados Partes de respeitarem os direitos nela previstos, bem como de assegurar sua aplicação a cada criança sujeita à sua jurisdição, sem distinção alguma, independentemente de raça, cor, sexo, idioma, crença, opinião política ou de outra índole, origem nacional, étnica ou social, posição econômica, deficiências físicas, nascimento ou qualquer outra condição da criança, de seus pais ou de seus representantes legais. Ademais, estabelece que os Estados devem tomar todas as medidas apropriadas para assegurar a proteção da criança contra toda forma de discriminação ou castigo por causa da condição, das atividades, das opiniões manifestadas ou das crenças de seus pais, representantes legais ou familiares.

O art. 3º, por sua vez, determina a consideração primordial do melhor interesse da criança (*best interests of the child*) em todas as ações relativas às crianças, levadas a efeito por autoridades administrativas ou órgãos legislativos e que se assegure à criança a proteção e o cuidado que sejam necessários para seu bem-estar, levando em consideração os direitos e deveres de seus pais, tutores ou outras pessoas responsáveis por ela perante a lei e, com essa finalidade, tomarão todas as medidas legislativas e administrativas adequadas. Ainda, determina que os Estados Partes se certifiquem de que as instituições, os serviços e os estabelecimentos encarregados do cuidado ou da proteção das crianças cumpram com os padrões estabelecidos pelas autoridades competentes, especialmente no que diz respeito à sua segurança e à saúde, ao número e à competência de seu pessoal e à existência de supervisão adequada.

A Convenção determina que os Estados Partes devem adotar todas as medidas administrativas, legislativas ou de outra espécie com a finalidade de implementar os direitos nela reconhecidos e, com relação aos direitos econômicos, sociais e culturais, devem adotar *essas medidas utilizando ao máximo os recursos disponíveis* e, quando necessário, dentro de um quadro de cooperação internacional, conforme determina o art. 4º.

Devem também respeitar as responsabilidades, os direitos e os deveres dos pais ou, quando for o caso, dos membros da família ampliada ou da comunidade, conforme determinem os costumes locais, dos tutores ou de outras pessoas legalmente responsáveis, de proporcionar à criança instrução e orientação adequadas à evolução de sua capacidade no exercício dos direitos reconhecidos na Convenção (art. 5º).

A partir do art. 6º a Convenção passa a enunciar os direitos em espécie a serem protegidos ou promovidos. O primeiro deles é o *direito à vida*, reconhecido como inerente a toda criança, devendo os Estados assegurar ao máximo sua sobrevivência e o seu desenvolvimento (art. 6º).

No art. 7º, garante-se o *direito de que seja registrada imediatamente* após seu nascimento e de que tenha, desde o momento do nascimento, um nome, uma *nacionalidade* e, na medida do possível, a *conhecer seus pais e a ser cuidada por eles*. Os Estados devem zelar pela aplicação desses direitos em conformidade com sua legislação nacional e com as obrigações assumidas em virtude de instrumentos internacionais, sobretudo se, de outro modo, a criança se tornaria apátrida. Devem também se comprometer a respeitar o *direito da criança de preservar sua identidade*, inclusive a nacionalidade, o nome e as relações familiares, de acordo com a lei, sem interferências ilícitas (art. 8º). Nesse sentido, quando uma criança for privada ilegalmente de algum ou de todos os elementos que configuram sua identidade, os Estados Partes devem prestar assistência e proteção adequadas com o intuito de restabelecer rapidamente sua identidade.

Nessa esteira, o art. 9º determina que os Estados zelem para que a criança não seja separada dos pais contra a vontade destes, *salvo* se a separação atender ao melhor interesse da criança, mediante autorização das autoridades competentes, em conformidade com a lei e os procedimentos legais cabíveis, sendo possível a revisão judicial. A Convenção menciona que a determinação de separação pode ser necessária em casos específicos, exemplificando os casos em que a criança sofre maus-tratos ou descuido por parte de seus pais ou quando estes vivem separados e uma decisão precisa ser tomada a respeito do local de sua residência. No caso de determinação de separação, todas as partes interessadas devem ter a oportunidade de participar e de manifestar suas opiniões e, à criança separada de um ou de ambos os pais, reconhece-se o direito de manter regularmente relações pessoais e contato direto com ambos, a menos que isso seja contrário ao melhor interesse da criança. Se a separação ocorrer em virtude de uma medida adotada por um Estado Parte, como detenção, prisão, exílio, deportação ou morte de um dos pais da criança, ou de ambos, ou da própria criança, o Estado, quando solicitado, deve proporcionar aos pais, à criança ou, se for o caso, a outro familiar, informações básicas a respeito do paradeiro do familiar ou familiares ausentes, a não ser que tal procedimento seja prejudicial ao bem-estar da criança.

Ademais, a Convenção estabelece obrigações que *favorecem* a reunião da família. Assim, toda solicitação apresentada por uma criança, ou por seus pais, para ingressar ou sair de um

Estado Parte com vistas à reunião da família, deverá ser atendida pelos Estados Partes de forma positiva, humanitária e rápida e estes deverão assegurar que a apresentação de tal solicitação não acarretará consequências adversas para os solicitantes ou para seus familiares. A criança cujos pais residam em Estados diferentes terá o direito de manter, periodicamente, relações pessoais e contato direto com ambos, exceto em circunstâncias especiais. Os Estados Partes devem respeitar o direito da criança e de seus pais de ingressar no seu próprio país e de sair de qualquer país, inclusive do próprio, sujeitando-se, neste caso, apenas às restrições determinadas pela lei que sejam necessárias para proteger a segurança nacional, a ordem pública, a saúde ou a moral públicas ou os direitos e as liberdades de outras pessoas e que estejam de acordo com os demais direitos reconhecidos pela Convenção (art. 10).

Entretanto, os Estados devem adotar medidas com a finalidade de *combater* a transferência ilegal de crianças para o exterior e a retenção ilícita destas fora do país, promovendo, para tanto, a conclusão de acordos bilaterais ou multilaterais ou a adesão a acordos já existentes (art. 11). Nesse sentido, o Brasil ratificou a Convenção sobre os Aspectos Civis do Sequestro Internacional de Crianças, concluída na cidade de Haia, em 25 de outubro de 1980, incorporando-a internamente pelo Decreto n. 3.413/2000, pela qual se busca proteger a criança, no plano internacional, dos efeitos prejudiciais resultantes de mudança de domicílio ou de retenção ilícitas e estabelecer procedimentos que garantam o retorno imediato da criança ao Estado de sua residência habitual[56].

No art. 12, a Convenção confere à criança que estiver capacitada a formular seus próprios juízos o importante direito de expressar suas opiniões livremente sobre todos os assuntos com ela relacionados, levando-se devidamente em consideração essas opiniões, em função da idade e maturidade da criança. Nesse sentido, o Estado deve proporcionar à criança a oportunidade de ser ouvida em todo processo judicial ou administrativo que afete a mesma, diretamente ou por intermédio de um representante ou órgão apropriado, em conformidade com as regras processuais da legislação nacional.

Nessa esteira, a Convenção também garante à criança *o direito à liberdade de expressão*, o qual inclui a liberdade de procurar, receber e divulgar informações e ideias de todo tipo, independentemente de fronteiras, de forma oral, escrita ou impressa, por meio das artes ou por qualquer outro meio escolhido pela criança (art. 13). Certas restrições podem ser impostas ao exercício de tal direito, mas unicamente se previstas em lei e se forem necessárias para o respeito dos direitos ou da reputação dos demais ou para a proteção da segurança nacional ou da ordem pública, ou da saúde e da moral públicas.

Às crianças também é garantido *o direito à liberdade de pensamento, de consciência e de crença*. Os Estados Partes devem respeitar os direitos e deveres dos pais e dos representantes legais de orientar a criança com relação ao exercício de seus direitos de acordo com a evolução de sua capacidade. Ademais, a liberdade de professar a própria religião ou as próprias crenças estará sujeita, unicamente, às limitações prescritas em lei e necessárias para proteger a segurança, a ordem, a moral, a saúde pública ou os direitos e liberdades fundamentais dos demais (art. 14).

O art. 15 determina aos Estados Partes o reconhecimento dos *direitos da criança à liberdade de associação e à liberdade de realizar reuniões pacíficas*, não podendo ser impostas restrições ao exercício desses direitos, salvo as estabelecidas em conformidade com a lei e que sejam necessárias numa sociedade democrática, no interesse da segurança nacional ou pública, da ordem pública, da proteção à saúde e à moral públicas ou da proteção aos direitos e liberdades dos demais.

---

[56] Sobre a Convenção da Haia de 1980, ver CARVALHO RAMOS, André de. *Curso de direito internacional privado*. 3. ed. São Paulo: Saraiva, 2023.

A Convenção prevê que nenhuma criança poderá ser objeto de interferências arbitrárias ou ilegais em sua vida particular, sua família, seu domicílio ou sua correspondência, nem de atentados ilegais a sua honra e a sua reputação, devendo o Estado conferir o direito à proteção da lei contra essas interferências ou atentados (art. 16).

No art. 17, a Convenção declara que os Estados Partes reconhecem a importância da função desempenhada pelos meios de comunicação. Nesse sentido, devem zelar para que a criança tenha acesso a informações e materiais procedentes de diversas fontes nacionais e internacionais, especialmente informações e materiais que visem a promover seu bem-estar social, espiritual e moral e sua saúde física e mental. Para tanto, os Estados Partes devem incentivar os meios de comunicação a difundir informações e materiais de interesse social e cultural para a criança, bem como a produção e difusão de livros para crianças; promover a cooperação internacional na produção, no intercâmbio e na divulgação dessas informações e desses materiais procedentes de diversas fontes culturais, nacionais e internacionais; incentivar os meios de comunicação no sentido de, particularmente, considerar as necessidades linguísticas da criança que pertença a um grupo minoritário ou que seja indígena; e, finalmente, promover a elaboração de diretrizes apropriadas a fim de proteger a criança contra toda informação e material prejudiciais ao seu bem-estar.

A Convenção ainda prevê que os Estados devem envidar seus melhores esforços para assegurar o reconhecimento de que *ambos os pais* têm obrigações comuns com relação à educação e ao desenvolvimento da criança. Estabelece que cabe aos pais ou, quando for o caso, aos representantes legais, a responsabilidade primordial pela educação e pelo desenvolvimento da criança, devendo ser o melhor interesse da criança sua preocupação fundamental. Para que se garantam os direitos enunciados na Convenção, os Estados devem prestar assistência adequada aos pais e aos representantes legais para o desempenho de suas funções no que tange à educação da criança, assegurando a criação de instituições, instalações e serviços para o cuidado das crianças. Devem também adotar todas as medidas apropriadas a fim de que as crianças cujos pais trabalhem tenham direito a beneficiar-se dos serviços de assistência social e creches (art. 18).

O art. 19 determina que os Estados adotem todas as medidas legislativas, administrativas, sociais e educacionais apropriadas para proteger a criança contra *todas as formas de violência física ou mental, abuso ou tratamento negligente, maus-tratos ou exploração, inclusive abuso sexual*, enquanto a criança estiver sob a custódia dos pais, do representante legal ou de qualquer outra pessoa responsável por ela. Tais medidas devem incluir procedimentos eficazes para a elaboração de programas sociais capazes de proporcionar assistência adequada à criança e às pessoas encarregadas de seu cuidado, bem como para outras formas de prevenção, para a identificação, notificação, transferência a uma instituição, investigação, tratamento e acompanhamento posterior dos casos mencionados de maus-tratos à criança e, conforme o caso, para a intervenção judiciária.

Nessa linha, foi editada a Lei n. 13.431, de 4 de abril de 2017, institui o sistema de garantia de direitos da criança e do adolescente vítima ou testemunha de violência. Esta Lei normatiza e organiza o sistema de garantia de direitos da criança e do adolescente (i) vítima ou (ii) testemunha de violência, bem como (iii) cria mecanismos para prevenir e coibir a violência, nos termos do art. 227 da Constituição Federal, da Convenção sobre os Direitos da Criança e seus protocolos adicionais, da Resolução n. 20/2005 do Conselho Econômico e Social das Nações Unidas[57] e de outros diplomas internacionais, estabelecendo medidas de assistência e proteção à criança e ao adolescente em situação de violência. A lei prevê que poderão ser criadas

---

[57] Disponível, em português, em: <http://www.crianca.mppr.mp.br/modules/conteudo/conteudo.php?conteudo=2039>. Acesso em: 9 ago. 2024.

(i) delegacias especializadas no atendimento de crianças e adolescentes vítimas de violência e ainda (ii) juizados ou varas especializadas em crimes contra a criança e o adolescente. Por sua vez, a Res. n. 20/2005 (mencionada expressamente na lei) consiste em diploma de *soft law* que estabelece as diretrizes para a justiça em assuntos envolvendo crianças vítimas ou testemunhas de crimes, devendo servir como *vetor interpretativo* da Lei n. 13.431.

No art. 20, garante-se às crianças privadas temporária ou permanentemente do seu meio familiar, ou cujo melhor interesse exija que não permaneçam nesse meio, o direito à proteção e assistência *especiais* do Estado, devendo os Estados Partes garantir, de acordo com suas leis nacionais, cuidados alternativos para essas crianças, inclusive a colocação em lares de adoção, a *kafalah* do direito islâmico, a adoção ou, caso necessário, a colocação em instituições adequadas de proteção para as crianças. Se tais soluções forem eleitas, deve-se dar especial atenção à origem étnica, religiosa, cultural e linguística da criança, bem como à conveniência da continuidade de sua educação.

O art. 21 versa sobre *sistema de adoção*. Os Estados Partes devem considerar sempre o melhor interesse da criança, atentando para cinco aspectos:

i) a adoção seja autorizada *apenas* pelas autoridades competentes, as quais determinarão, conforme as leis e os procedimentos cabíveis e com base em todas as informações pertinentes e fidedignas, que a adoção é admissível em vista da situação jurídica da criança com relação a seus pais, parentes e representantes legais e que, caso solicitado, as pessoas interessadas tenham dado, com conhecimento de causa, seu consentimento à adoção, com base no assessoramento que possa ser necessário;

ii) a adoção para Estado estrangeiro seja considerada como *outro meio* de cuidar da criança, no caso em que esta não possa ser colocada em um lar de adoção ou entregue a uma família adotiva ou não receba atendimento adequado em seu país de origem;

iii) a criança adotada em outro país goze de salvaguardas e normas equivalentes às existentes em seu país de origem com relação à adoção;

iv) todas as medidas apropriadas sejam implementadas, a fim de garantir que, em caso de adoção em outro país, a colocação não permita benefícios financeiros indevidos aos que dela participarem;

v) os Estados devem promover os objetivos do sistema de adoção mediante ajustes ou acordos bilaterais ou multilaterais, envidando esforços para assegurar que a colocação da criança em outro país seja levada a cabo por intermédio das autoridades ou organismos competentes.

No art. 22, a Convenção determina que os Estados Partes devem adotar medidas pertinentes para assegurar que a criança que tente obter a condição de refugiada, ou que seja considerada como refugiada de acordo com o direito e os procedimentos internacionais ou internos aplicáveis, receba, tanto no caso de estar sozinha como acompanhada por seus pais ou por qualquer outra pessoa, a proteção e a assistência humanitária adequadas. Com isso, busca-se garantir que possa usufruir dos direitos enunciados na Convenção e em outros instrumentos internacionais de direitos humanos ou de caráter humanitário dos quais os Estados sejam partes. Nesse sentido, os Estados devem cooperar com as Nações Unidas e demais organizações intergovernamentais competentes, ou organizações não governamentais que cooperem com as Nações Unidas, com o objetivo de proteger e ajudar a criança refugiada, bem como de localizar seus pais ou outros membros de sua família a fim de obter informações necessárias que permitam sua reunião com a família. Ademais, quando não for possível localizar nenhum dos pais ou membros da família, será concedida à criança a mesma proteção outorgada a qualquer outra criança privada permanentemente ou temporariamente de seu ambiente familiar, seja qual for o motivo.

O art. 23 trata de *direitos da criança com deficiência física ou mental*. Os Estados devem reconhecer que estas devem desfrutar de uma vida plena e decente, em condições que garantam sua dignidade, favoreçam sua autonomia e facilitem sua participação ativa na comunidade. No Brasil, deve ser mencionada a decisão do STF, em um marco antidiscriminatório, na ADI n. 5.647, pela qual foram considerados constitucionais os artigos 28, § 1º, e 30, *caput*, da Lei brasileira de Inclusão (ou Estatuto da Pessoa com Deficiência; Lei n. 13.146/2015), que determinam o dever das escolas privadas de acolher os alunos com deficiência, provendo a acessibilidade e serviços adicionais sem discriminação ou cobrança de taxas adicionais (STF, ADI 5.647, rel. Min. Fachin, j. 9-6-2016, publicada no *DJe* de 11-11-2016)[58].

Voltando à Convenção ora analisada, os Estados ainda reconhecem o direito de toda criança receber cuidados especiais e, de acordo com os recursos disponíveis e sempre que a criança ou seus responsáveis reúnam as condições requeridas, devem estimular e assegurar a prestação da assistência solicitada, que seja adequada ao estado da criança e às circunstâncias de seus pais ou das pessoas encarregadas de seus cuidados. A assistência prestada para atender às necessidades especiais da criança com deficiência será gratuita sempre que possível, levando-se em consideração a situação econômica dos pais ou das pessoas que cuidem da criança, e objetivará assegurar a ela o acesso efetivo à educação, à capacitação, aos serviços de saúde, aos serviços de reabilitação, à preparação para o emprego e às oportunidades de lazer, de maneira que atinja a mais completa integração social possível e o maior desenvolvimento individual factível, inclusive seu desenvolvimento cultural e espiritual. Os Estados devem promover intercâmbio adequado de informações nos campos da assistência médica preventiva e do tratamento médico, psicológico e funcional das crianças com deficiência, inclusive a divulgação de informações a respeito dos métodos de reabilitação e dos serviços de ensino e formação profissional, bem como o acesso a essa informação, a fim de que os Estados possam aprimorar sua capacidade e seus conhecimentos e ampliar sua experiência nesses campos, levando-se em conta as necessidades dos países em desenvolvimento.

Pelo art. 24, a Convenção determina que os Estados Partes reconheçam o direito da criança de *gozar do melhor padrão possível de saúde e dos serviços destinados ao tratamento das doenças e à recuperação da saúde*, envidando esforços para assegurar que nenhuma criança se veja privada de seu direito de usufruir desses serviços sanitários. Os Estados devem garantir a plena aplicação desse direito, adotando, em especial, medidas apropriadas para: reduzir a mortalidade infantil; assegurar a prestação de assistência médica e cuidados sanitários necessários a todas as crianças, com ênfase nos cuidados básicos de saúde; combater as doenças e a desnutrição dentro do contexto dos cuidados básicos de saúde mediante a aplicação de tecnologia disponível e o fornecimento de alimentos nutritivos e de água potável; assegurar às mães adequada assistência pré-natal e pós-natal; assegurar que todos os setores da sociedade conheçam os princípios básicos de saúde e nutrição das crianças, as vantagens da amamentação, da higiene e do saneamento ambiental e das medidas de prevenção de acidentes, tenham acesso à educação pertinente e recebam apoio para a aplicação desses conhecimentos; e, finalmente, desenvolver a assistência médica preventiva, a orientação aos pais e a educação e serviços de planejamento familiar. Os Estados também devem adotar todas as medidas eficazes e adequadas para abolir práticas tradicionais que sejam prejudiciais à saúde da criança e se comprometem a promover e incentivar a cooperação internacional para alcançar, progressivamente, a plena efetivação do direito à saúde.

O art. 25 cuida da internação de crianças em estabelecimento por autoridades competentes para fins de atendimento, proteção ou tratamento de saúde física ou mental. Nesse contexto, os Estados reconhecem, pela Convenção, *o direito da criança a um exame periódico de avaliação*

---

[58] Ver mais sobre esta decisão histórica do STF no item 44 da Parte IV deste *Curso*, que trata dos direitos das pessoas com deficiência.

do tratamento ao qual está sendo submetida e de todos os demais aspectos relativos à sua internação.

No art. 26, reconhece-se o direito das crianças de usufruir da previdência social, inclusive do seguro social. Assim, os Estados devem adotar as medidas necessárias para alcançar a plena consecução desse direito, em conformidade com sua legislação nacional. Os benefícios serão concedidos tendo em conta os recursos e a situação da criança e das pessoas responsáveis por seu sustento, além de outras considerações cabíveis.

O direito de toda criança a um nível de vida adequado ao seu desenvolvimento físico, mental, espiritual, moral e social é reconhecido no art. 27 da Convenção. Nesse sentido, atribui-se aos pais, ou a outras pessoas encarregadas, a responsabilidade primordial de propiciar, de acordo com suas possibilidades e meios financeiros, as condições de vida necessárias ao desenvolvimento da criança. Os Estados, entretanto, de acordo com as condições nacionais e dentro de suas possibilidades, devem adotar medidas apropriadas para ajudar a tornar efetivo esse direito e, caso necessário, devem proporcionar assistência material e programas de apoio, especialmente no que diz respeito à nutrição, ao vestuário e à habitação. Os Estados devem também tomar todas as medidas adequadas para assegurar o pagamento da pensão alimentícia por parte dos pais ou de outras pessoas financeiramente responsáveis pela criança, quer residam no Estado Parte, quer no exterior. Assim, se a pessoa que detém a responsabilidade financeira pela criança residir em Estado diferente daquele onde mora a criança, o Estado Parte deve promover a adesão a acordos internacionais ou a conclusão de tais acordos, bem como a adoção de outras medidas apropriadas.

O art. 28 cuida do direito da criança à educação. Para que se possa exercer progressivamente e em igualdade de condições esse direito, os Estados Partes devem tornar o ensino primário obrigatório e disponível gratuitamente para todos. Devem também estimular o desenvolvimento do ensino secundário em suas diferentes formas, inclusive o ensino geral e profissionalizante, tornando-o disponível e acessível a todas as crianças, e adotar medidas apropriadas, como a implantação do ensino gratuito e a concessão de assistência financeira em caso de necessidade. Ademais, devem tornar o ensino superior acessível a todos com base na capacidade, e tornar a informação e a orientação educacionais e profissionais disponíveis e acessíveis a todas as crianças. Devem ainda adotar medidas para estimular a frequência regular às escolas e a redução do índice de evasão escolar e para assegurar que a disciplina escolar seja ministrada de maneira compatível com a dignidade humana da criança. Finalmente, a Convenção atribui aos Estados Partes a obrigação de promover e estimular a cooperação internacional em questões relativas à educação, especialmente com o intuito de contribuir para a eliminação da ignorância e do analfabetismo no mundo e facilitar o acesso aos conhecimentos científicos e técnicos e aos métodos modernos de ensino.

No art. 29, a Convenção ainda especifica como deve ser orientada a educação da criança. Em primeiro lugar, deve ser voltada a desenvolver sua personalidade, suas aptidões e sua capacidade mental e física em todo o seu potencial. Ademais, deve imbuir nela o respeito aos direitos humanos e às liberdades fundamentais, ao meio ambiente e aos seus pais, à sua própria identidade cultural, ao seu idioma e seus valores, aos valores nacionais do seu país (de residência e de origem) e aos das civilizações diferentes da sua. Finalmente, deve preparar a criança para assumir uma vida responsável numa sociedade livre, com espírito de compreensão, paz, tolerância, igualdade de sexos e amizade entre todos os povos, grupos étnicos, nacionais e religiosos e pessoas de origem indígena. Tais disposições, entretanto, não podem ser interpretadas para restringir a liberdade dos indivíduos ou das entidades de criar e dirigir instituições de ensino, desde que a educação ministrada em tais instituições esteja em conformidade com os padrões mínimos estabelecidos pelo Estado.

A Convenção dispõe também sobre a situação das crianças de Estados Partes onde existam minorias étnicas, religiosas ou linguísticas, ou pessoas de origem indígena, em seu art. 30. À criança que pertença a tais minorias ou que seja indígena é conferido o direito de, em comunidade com os demais membros de seu grupo, ter sua *própria cultura, professar e praticar sua própria religião ou utilizar seu próprio idioma*.

Reconhece-se ainda o *direito ao descanso e ao lazer*, ao divertimento e às atividades recreativas próprias da idade, bem como à livre participação na vida cultural e artística, devendo os Estados respeitar o direito da criança de participar plenamente da vida cultural e artística e encorajar a criação de oportunidades adequadas, em condições de igualdade, para que participem da vida cultural, artística, recreativa e de lazer (art. 31).

Garante-se ainda o direito de a criança estar protegida contra a exploração econômica e contra o desempenho de qualquer trabalho que possa ser perigoso ou interferir em sua educação, ou que seja nocivo para sua saúde ou para seu desenvolvimento físico, mental, espiritual, moral ou social. Para assegurar sua efetivação, os Estados devem adotar medidas legislativas, administrativas, sociais e educacionais e devem, em particular, estabelecer idade mínima para a admissão em empregos, regulamentação apropriada relativa a horários e condições de emprego e sanções apropriadas a fim de assegurar o cumprimento efetivo dessa disposição (art. 32).

No art. 33, a Convenção determina que os Estados adotem medidas apropriadas, inclusive legislativas, administrativas, sociais e educacionais, com o fim de proteger a criança contra o uso ilícito de drogas e substâncias psicotrópicas descritas nos tratados internacionais pertinentes e para impedir que sejam utilizadas na produção e no tráfico ilícito dessas substâncias.

Os Estados também se comprometem, pelo art. 34, a *proteger a criança contra todas as formas de exploração e abuso sexual*. Para tanto, os Estados devem tomar todas as medidas de caráter nacional, bilateral e multilateral que sejam necessárias para impedir o incentivo ou a coação para que uma criança se dedique a qualquer atividade sexual ilegal; a exploração da criança na prostituição ou outras práticas sexuais ilegais e em espetáculos ou materiais pornográficos.

Também com o fim de impedir o sequestro, a venda ou o tráfico de crianças para qualquer fim ou sob qualquer forma, os Estados Partes devem tomar todas as medidas de caráter nacional, bilateral e multilateral que sejam necessárias (art. 35). Ademais, os Estados devem proteger a criança contra todas as demais formas de exploração que sejam prejudiciais para qualquer aspecto de seu bem-estar (art. 36).

O art. 37 versa sobre aspectos relativos a tortura e outros tratamentos ou penas cruéis, desumanos ou degradantes e à privação da liberdade das crianças. Assim, os Estados devem zelar para que nenhuma criança seja submetida a tortura nem a outros tratamentos ou penas cruéis, desumanos ou degradantes e não poderão impor a pena de morte nem a prisão perpétua sem possibilidade de livramento por delitos cometidos por menores de dezoito anos de idade. Ademais, nenhuma criança deve ser privada de sua liberdade de forma ilegal ou arbitrária, devendo a detenção, a reclusão ou a prisão de uma criança ser efetuada em conformidade com a lei e apenas como último recurso, e durante o mais breve período de tempo que for apropriado. Toda criança que for privada da liberdade deve ser tratada com humanidade e respeito, e levando-se em consideração as necessidades de uma pessoa de sua idade. Crianças em tais condições devem ficar separadas dos adultos, a não ser que tal fato seja considerado contrário ao melhor interesse da criança, assegurando-se a elas o *direito de manter contato com sua família* por meio de correspondência ou de visitas, salvo em circunstâncias excepcionais. Finalmente, explicita-se que toda criança privada de liberdade deve ter direito a assistência jurídica e a qualquer outra assistência adequada, bem como direito a impugnar a legalidade da privação de sua liberdade perante autoridade competente, independente e imparcial e a uma rápida decisão a respeito de tal ação.

O art. 38 versa sobre a participação de *crianças em conflitos armados e hostilidades*. Nesse sentido, os Estados se comprometem, por meio da Convenção, a respeitar e a fazer com que sejam respeitadas as normas do direito humanitário internacional aplicáveis em casos de conflito armado no que digam respeito às crianças. Devem adotar todas as medidas possíveis a fim de assegurar que todas as pessoas que ainda *não tenham completado quinze anos de idade não participem diretamente de hostilidades*. Devem também abster-se de recrutar pessoas que não tenham completado 15 anos de idade para servir em suas forças armadas; caso recrutem pessoas que tenham completado 15 anos mas que tenham menos de 18 anos, deve-se dar prioridade aos mais velhos. Finalmente, em conformidade com suas obrigações de acordo com o direito humanitário internacional para proteção da população civil durante os conflitos armados, os Estados Partes devem adotar todas as medidas necessárias para assegurar a proteção e o cuidado das crianças afetadas por um conflito armado.

Todas as medidas apropriadas para estimular a recuperação física e psicológica e a reintegração social de toda criança vítima de qualquer forma de abandono, exploração ou abuso; de tortura ou outros tratamentos ou penas cruéis, desumanos ou degradantes; ou de conflitos armados devem ser adotadas pelos Estados, o que deve ser feito em um ambiente que estimule a saúde, o respeito próprio e a dignidade da criança (art. 39).

Finalmente, o art. 40 da Convenção assegura uma série de *direitos processuais* às crianças. Enuncia-se que os Estados Partes reconhecem o direito de toda criança a quem se alegue ter infringido as leis penais de ser tratada de modo a promover e estimular seu sentido de dignidade e de valor e a fortalecer o respeito pelos direitos humanos e pelas liberdades fundamentais de terceiros, levando em consideração a idade da criança e a importância de se estimular sua reintegração e seu desempenho construtivo na sociedade.

Para tanto, a Convenção determina que os Estados assegurem uma série de medidas. Primeiramente, o Estado deve assegurar que não se alegue que nenhuma criança tenha infringido as leis penais, nem se acuse ou declare culpada nenhuma criança de ter infringido essas leis, por atos ou omissões que não eram proibidos pela legislação nacional ou pelo direito internacional no momento em que foram cometidos. Às crianças nessas condições devem ser concedidas as seguintes garantias: ser considerada inocente enquanto não for comprovada sua culpabilidade conforme a lei; ser informada sem demora e diretamente ou por intermédio de seus pais ou de seus representantes legais, das acusações que pesam contra ela; dispor de assistência jurídica ou outro tipo de assistência apropriada para a preparação e apresentação de sua defesa; ter a causa decidida sem demora por autoridade ou órgão judicial competente, independente e imparcial, em audiência justa conforme a lei, com assistência jurídica ou outra assistência e, a não ser que seja considerado contrário aos melhores interesses da criança, levando em consideração especialmente sua idade ou situação e a de seus pais ou representantes legais; não ser obrigada a testemunhar ou a se declarar culpada; e poder interrogar ou fazer com que sejam interrogadas as testemunhas de acusação, bem como poder obter a participação e o interrogatório de testemunhas em sua defesa, em igualdade de condições; contar com a assistência gratuita de um intérprete caso a criança não compreenda ou fale o idioma utilizado; ter plenamente respeitada sua vida privada durante todas as fases do processo; e, finalmente, ter submetidas a revisão por autoridade ou órgão judicial superior competente, independente e imparcial, de acordo com a lei, as decisões que reconheçam a violação a leis penais.

Nessa esteira, os Estados se comprometem a buscar promover o estabelecimento de leis, procedimentos, autoridades e instituições específicas para as crianças de quem se alegue ter infringido as leis penais ou que sejam acusadas ou declaradas culpadas de tê-las infringido. Em especial, devem estabelecer uma *idade mínima* antes da qual se presumirá que a criança não tem capacidade para infringir as leis penais e devem adotar, sempre que conveniente e desejável, medidas para tratar dessas crianças sem recorrer a procedimentos judiciais, respeitando-se plenamente os direitos humanos e as garantias legais. No caso brasileiro, a Constituição de 1988 estabelece que são penalmente *inimputáveis* os *menores de 18 anos*, sujeitos às normas da legislação especial (art. 228).

Ademais, devem disponibilizar diversas medidas, como ordens de guarda, orientação e supervisão, aconselhamento, liberdade vigiada, colocação em lares de adoção, programas de educação e formação profissional, bem como outras alternativas à internação em instituições, para garantir que as crianças sejam tratadas de modo apropriado ao seu bem-estar e de forma proporcional às circunstâncias e ao tipo do delito.

No art. 41, a Convenção determina que nada do que nela estipulado afeta disposições mais convenientes para a realização dos direitos das crianças que constem das leis de Estado Parte ou das normas de direito internacional vigentes para esse Estado.

Na *Parte II*, como já mencionado, determina-se a constituição do *Comitê para os Direitos da Criança*, para conferir maior eficácia com relação às disposições da Convenção, devendo os Estados, periodicamente, encaminhar relatórios sobre a situação nacional dos direitos protegidos[59]. Na *Parte III*, finalmente, a Convenção apresenta disposições finais.

A recente Lei n. 14.826, de 20 de março de 2024, dialoga com a Convenção dos Direitos das Crianças, ao instituir a parentalidade positiva e o "direito ao brincar" como estratégias intersetoriais para a prevenção da violência contra crianças. Essas políticas de Estado devem ser observadas em todas as esferas da União, Estados, Distrito Federal e Municípios, promovendo um ambiente de respeito, acolhimento e não violência na educação das crianças. Para a lei, o "direito ao brincar" da criança e do adolescente abrange quatro dimensões: a) o direito de brincar livre de intimidação ou discriminação; b) relacionar-se com a natureza; c) viver em seus territórios originários; e d) receber estímulos parentais lúdicos adequados à sua condição peculiar de pessoa em desenvolvimento (ver art. 7º da lei).

O direito ao brincar e à parentalidade positiva é visto como um dever do Estado, da família e da sociedade, e envolve ações que garantam o desenvolvimento físico, emocional, cognitivo e social das crianças, além de sua proteção contra violência e discriminação.

Além disso, a lei altera a Lei n. 14.344, de 2022, para incluir a promoção da parentalidade positiva e do direito ao brincar como estratégias de prevenção à violência doméstica contra crianças e adolescentes. Essa nova legislação enfatiza a importância de um ambiente seguro e estimulante para as crianças, reconhecendo o brincar como um direito fundamental e uma ferramenta essencial para o desenvolvimento saudável e a prevenção de abusos.

Outro diálogo possível diz respeito à violência contra as crianças e os adolescentes. A Lei n. 14.344, de 24 de maio de 2022, estabelece mecanismos para a prevenção e enfrentamento da violência doméstica e familiar contra crianças e adolescentes, conforme a Constituição Federal e tratados internacionais ratificados pelo Brasil. A lei modifica o Código Penal, a Lei de Execução Penal, o Estatuto da Criança e do Adolescente, a Lei de Crimes Hediondos e a Lei que estabelece o sistema de garantia de direitos da criança e do adolescente vítima ou testemunha de violência. Define violência doméstica e familiar contra crianças e adolescentes como qualquer ação ou omissão que cause morte, lesão, sofrimento físico, sexual, psicológico ou dano patrimonial, ocorrendo no domicílio, na família ou em qualquer relação em que o agressor conviva ou tenha convivido com a vítima.

---

[59] Para competência, composição e funcionamento do Comitê para os Direitos da Criança, cf. Capítulo V da Parte II ("Mecanismos internacionais de proteção e monitoramento dos direitos humanos: competência, composição e funcionamento").

20.1. O Protocolo Facultativo à Convenção sobre os Direitos da Criança Relativo ao Envolvimento de Crianças em Conflitos Armados

O Protocolo Facultativo à Convenção sobre os Direitos da Criança relativo ao envolvimento de crianças em conflitos armados foi adotado em Nova Iorque, em 25 de maio de 2000, e entrou em vigor internacionalmente em 12 de fevereiro de 2002. Possui, em 2024, 173 Estados partes.

Tem o objetivo primordial de estabelecer um limite mínimo de idade para o possível recrutamento (forçado ou voluntário) de pessoas pelas forças armadas, reconhecendo-se as necessidades especiais das crianças particularmente vulneráveis ao recrutamento ou utilização em hostilidades, em decorrência de sua situação econômica, social ou de sexo. O Protocolo leva em consideração as causas econômicas, sociais e políticas que levam ao envolvimento de crianças em conflitos armados.

O Protocolo foi firmado seguindo tendência internacional, uma vez que a vigésima sexta Conferência Internacional da Cruz Vermelha e do Crescente Vermelho, realizada em dezembro de 1995, já havia recomendado que as partes envolvidas em conflitos adotassem todas as medidas possíveis para garantir que crianças menores de 18 anos *não* participem de hostilidades. Ademais, a Convenção n. 182 da OIT sobre a Proibição das Piores Formas de Trabalho Infantil e Ação Imediata para sua Eliminação, adotada em julho de 1999, proíbe o recrutamento forçado ou compulsório de crianças para utilização em conflitos armados.

O Protocolo foi assinado pelo Brasil em 6 de setembro de 2000; aprovado pelo Congresso Nacional por meio do Decreto Legislativo n. 230, de 29 de maio de 2003, e ratificado em 27 de janeiro de 2004. Entrou em vigor para o Brasil em 27 de fevereiro de 2004 e foi promulgado pelo Decreto n. 5.006, de 8 de março de 2004.

Possui apenas 13 artigos, alguns dos quais versam sobre o recrutamento para as forças armadas e outros se referem a grupos distintos das forças armadas. Deve-se observar que, por disposição expressa, nenhuma das disposições do Protocolo deve ser interpretada de modo a impedir a aplicação dos preceitos do ordenamento interno do Estado ou de instrumentos internacionais e do direito humanitário internacional, quando forem *mais propícios* à realização dos direitos da criança (art. 5º).

Já nos arts. 1º e 2º, o Protocolo enuncia que os Estados Partes deverão adotar todas as medidas possíveis para assegurar que membros de suas forças armadas menores de 18 anos *não* participem diretamente de hostilidades e deverão assegurar que menores de 18 anos *não* serão recrutados de maneira *compulsória* em suas forças armadas.

Os Estados devem ainda elevar a idade mínima para o recrutamento *voluntário* de pessoas em suas forças armadas nacionais *acima de 15 anos* (idade fixada no art. 38, parágrafo 3, da Convenção sobre os Direitos da Criança), nos termos do art. 3º do Protocolo. Para tanto, ao ratificar o Protocolo ou aderir a ele, cada Estado depositará uma declaração vinculante, que fixa a idade mínima permitida para o recrutamento voluntário nas forças armadas nacionais, além de apresentar as salvaguardas adotadas para assegurar que o recrutamento não seja feito por meio da força ou coação. A declaração poderá ser *ampliada* a qualquer tempo pelos Estados por meio de notificação encaminhada ao Secretário-Geral da ONU. Observe-se que a exigência de elevação de idade não se aplica a escolas operadas ou controladas pelas forças armadas.

Se os Estados Partes permitirem o recrutamento *voluntário* de menores de 18 anos, devem manter salvaguardas para assegurar no mínimo que o recrutamento seja (i) realmente voluntário, (ii) que seja feito com o consentimento informado dos pais do menor ou de seus tutores legais, (iii) que os menores sejam devidamente informados das responsabilidades envolvidas no serviço militar e (iv) que comprovem sua idade antes de serem aceitos no serviço militar nacional.

Assim, o Protocolo diferencia as "crianças-soldado" em duas categorias, impondo limites à ação do Estado: a) aquelas crianças que se voluntariaram a participar do conflito e b) às submetidas ao recrutamento compulsório ou forçado. Além dos limites etários (que variam entre as duas categorias, como visto acima), há os deveres do Estado envolvendo: a) a informação sobre o impacto do alistamento militar voluntário para a criança e b) a restrição na "participação direta" em hostilidades.

No art. 4º, o Protocolo estabelece que os grupos armados distintos das forças armadas de um Estado *não* deverão, em qualquer circunstância, recrutar ou utilizar menores de 18 anos em hostilidades, devendo os Estados adotar todas as medidas possíveis para evitar esse recrutamento e essa utilização, inclusive mediante a adoção de medidas legais necessárias para proibir e criminalizar tais práticas.

O art. 6º determina que os Estados Partes devem adotar todas as medidas legais, administrativas e de outra natureza necessárias para assegurar a implementação e aplicação efetivas das disposições do Protocolo em suas jurisdições, comprometendo-se a disseminar e promover os princípios e as disposições do Protocolo junto a adultos e crianças. Também devem comprometer-se a adotar todas as medidas possíveis para assegurar que pessoas em sua jurisdição recrutadas ou utilizadas em hostilidades, em contrariedade ao Protocolo, sejam desmobilizadas ou liberadas do serviço de outro modo, prestando a essas pessoas, quando for necessário, toda a assistência apropriada para a sua recuperação física e psicológica e para sua reintegração social.

O art. 7º cuida da cooperação que deve ocorrer entre os Estados, inclusive por meio de cooperação técnica e assistência financeira, para implementação do Protocolo, também quanto à prevenção de qualquer atividade contrária às suas disposições e na reabilitação e reintegração social de vítimas. A assistência e cooperação devem ser implementadas de comum acordo com os Estados Partes envolvidos e organizações internacionais relevantes, e os Estados que tenham condições prestarão assistência por meio de programas multilaterais, bilaterais ou de outros programas existentes ou por meio de um fundo voluntário criado em conformidade com as normas da Assembleia Geral.

Finalmente, no artigo 8º o Protocolo determina a submissão de relatório abrangente ao Comitê sobre os Direitos da Criança, no prazo de dois anos a contar da data de entrada em vigor do Protocolo, que conterá inclusive as medidas adotadas para implementar as disposições sobre participação e recrutamento. Após a apresentação desse relatório, o Estado Parte deve incluir nos relatórios que submeter ao Comitê sobre os Direitos da Criança quaisquer informações adicionais sobre a implementação do Protocolo. Outros Estados Partes do Protocolo e que não forem Estados partes da Convenção dos Direitos da Criança (o que não ocorreu até o momento) devem submeter um relatório a cada cinco anos. O Comitê poderá solicitar aos Estados informações adicionais relevantes para a implementação do Protocolo.

A partir do art. 9º, o Protocolo enuncia suas disposições finais: assinatura, ratificação e adesão (art. 9º), entrada em vigor (art. 10), denúncia (art. 11), proposição de emenda (art. 12), dentre outras.

20.2. Protocolo Facultativo à Convenção sobre os Direitos da Criança Referente à Venda de Crianças, à Prostituição Infantil e à Pornografia Infantil

O Protocolo Facultativo à Convenção sobre os Direitos da Criança referente à venda de crianças, à prostituição infantil e à pornografia infantil foi adotado em Nova Iorque em 25 de maio de 2000 e entrou em vigor internacional em 18 de janeiro de 2002. Possui, em 2024, 178 Estados partes. No Brasil, o Congresso Nacional o aprovou por meio do Decreto Legislativo n. 230, de 29 de maio de 2003. O instrumento de ratificação foi depositado junto à Secretaria Geral da ONU em 27 de janeiro de 2004 e o Protocolo entrou em vigor para o Brasil em 27 de fevereiro de 2004 e foi promulgado por meio do Decreto n. 5.007, de 8 de março de 2004.

Foi adotado com a finalidade de ampliar medidas previstas na Convenção sobre os Direitos da Criança, com a finalidade de garantir a proteção das crianças – grupo particularmente vulnerável e mais exposto ao risco de exploração sexual – contra a venda de crianças, a prostituição infantil e a pornografia infantil, ante a preocupação com o significativo e crescente tráfico internacional de crianças para tais fins, com a prática disseminada do turismo sexual e com a crescente disponibilidade de pornografia infantil na internet e em outras tecnologias modernas[60]. Considerou-se, nesse sentido, o direito da criança de estar protegida contra a exploração econômica e contra o desempenho de qualquer trabalho perigoso ou capaz de interferir em sua educação ou ser prejudicial à sua saúde ou ao seu desenvolvimento físico, mental, espiritual, moral ou social.

A elaboração do Protocolo levou em consideração os aspectos que contribuem para a ocorrência da venda de crianças, da prostituição infantil e da pornografia, como o subdesenvolvimento, a pobreza, as disparidades econômicas, a estrutura socioeconômica desigual, as famílias com disfunções, a ausência de educação, a migração do campo para a cidade, a discriminação sexual, o comportamento sexual adulto irresponsável, as práticas tradicionais prejudiciais e os conflitos armados e o tráfico de crianças, conforme explicitado em seus *consideranda*.

O Protocolo possui 17 artigos, não divididos em seções específicas. No primeiro deles, o documento estabelece que os Estados Partes deverão proibir a venda de crianças, a prostituição infantil e a pornografia infantil. No art. 2º, são apresentadas as definições para os seus propósitos. Assim, a *venda de crianças* é definida como:

- qualquer ato ou transação pela qual uma criança é transferida por qualquer pessoa ou grupo de pessoas a outra pessoa ou grupo de pessoas;
- em troca de remuneração ou qualquer outra forma de compensação.

A prostituição infantil consiste no uso de uma criança em *atividades sexuais* em troca de remuneração ou qualquer outra forma de compensação e, finalmente, a *pornografia infantil* é definida como qualquer representação, por qualquer meio, de uma criança envolvida em atividades sexuais explícitas reais ou simuladas, ou qualquer representação dos órgãos sexuais de uma criança para fins primordialmente sexuais.

O Protocolo estabelece diversos mandados *internacionais de criminalização* dos atos relacionados à venda de crianças, à prostituição e pornografia infantis. O art. 3º determina que os Estados Partes devem assegurar a criminalização integral dos atos mencionados, quer sejam cometidos dentro, quer fora de suas fronteiras, de forma individual ou organizada. Assim, no contexto da venda de crianças, os Estados devem criminalizar a oferta, entrega ou aceitação de uma criança, por qualquer meio, para fins de exploração sexual, transplante de órgãos com fins lucrativos ou envolvimento em trabalho forçado. No Brasil, a Lei n. 13.440/2017 alterou o tipo penal do art. 244-A do Estatuto da Criança e do Adolescente (Lei n. 8.069/90) que tipifica a prática de submeter criança ou adolescente, à *prostituição* ou à *exploração sexual*, tendo sido estipulada, além da pena de reclusão e multa, a perda dos bens e valores utilizados na prática criminosa em favor do Fundo dos Direitos da Criança e do Adolescente da unidade da Federação brasileira em que foi cometido o crime (ressalvado o direito de terceiro de boa-fé).

Nesse contexto, o Estado deve ainda *criminalizar* a indução indevida ao consentimento, na qualidade de intermediário, para adoção de uma criança em violação dos instrumentos jurídicos

---

[60] Ressalte-se que a Conferência Internacional sobre o Combate à Pornografia Infantil na Internet (Viena, 1999) determina a criminalização da produção, distribuição, exportação, transmissão, importação, posse intencional e propaganda de pornografia infantil.

internacionais aplicáveis sobre adoção. Devem ser considerados crimes também os atos de oferta, obtenção, aquisição, aliciamento ou o fornecimento de uma criança para fins de prostituição infantil e a produção, distribuição, disseminação, importação, exportação, oferta, venda ou posse, para os fins mencionados, de pornografia infantil.

A tentativa desses atos também será punida, bem como cumplicidade ou participação em qualquer deles. A cominação das penas deve levar em conta a gravidade dos delitos e os Estados devem adotar medidas, quando for apropriado, para determinar a responsabilização legal das pessoas jurídicas, que poderá ser de natureza criminal, civil ou administrativa. Ademais, os Estados devem adotar todas as medidas legais e administrativas apropriadas para assegurar que todas as pessoas envolvidas na adoção de uma criança ajam em conformidade com os instrumentos jurídicos internacionais aplicáveis.

O art. 4º determina que o Estado Parte adote as medidas necessárias para estabelecer sua jurisdição sobre os crimes cometidos em seu território ou a bordo de embarcação ou aeronave registrada no Estado, bem como medidas para estabelecer sua jurisdição sobre os delitos quando o criminoso presumido estiver presente em seu território e não for extraditado para outro Estado (*autdedere, autjudicare* – ou extradita, ou julga). O Estado pode também adotar medidas necessárias para estabelecer sua jurisdição sobre os delitos nos casos em que o criminoso presumido for um cidadão daquele Estado ou uma pessoa que mantém residência habitual em seu território ou nos casos em que a vítima for um cidadão daquele Estado.

O art. 5º, por sua vez, determina que os delitos relativos à venda de crianças, à prostituição infantil e à pornografia infantil devem ser considerados delitos passíveis de extradição em qualquer tratado de extradição existente entre Estados Partes, e devem ser incluídos como delitos passíveis de extradição em todo tratado de extradição subsequentemente celebrado entre eles. Se o Estado Parte que condicionar a extradição à existência de um tratado receber solicitação de extradição de outro Estado Parte com o qual não mantém tratado de extradição, poderá adotar o Protocolo como base jurídica para a extradição quanto a esses delitos, sujeitando-se a extradição às condições previstas na legislação do Estado demandado. Ainda, se os Estados Partes não condicionarem a extradição à existência de um tratado, devem reconhecer os delitos como passíveis de extradição entre si, em conformidade com as condições estabelecidas na legislação do Estado demandado. Se este Estado não conceder a extradição ou recusar-se a concedê-la com base na nacionalidade do autor do delito, este Estado adotará as medidas apropriadas para submeter o caso às suas autoridades competentes, com vistas à instauração de processo penal (*aut dedere aut judicare* – ou entrega ou julga).

O art. 6º versa sobre a prestação de assistência jurídica penal mútua entre os Estados Partes no que se refere a investigações ou processos criminais ou de extradição instaurados, inclusive para obtenção de provas à sua disposição e necessárias para a condução dos processos. Tais obrigações devem ser cumpridas em conformidade com quaisquer tratados ou outros acordos sobre assistência jurídica mútua que porventura existam entre os Estados Partes e, na ausência destes, devem prestar-se assistência mútua em conformidade com sua legislação nacional.

Para dificultar a ocorrência dos delitos relacionados à venda de crianças, à prostituição infantil e à pornografia infantil, os Estados Partes devem adotar medidas para permitir o sequestro e confisco, conforme o caso, de bens, tais como materiais, ativos e outros meios utilizados para cometer ou facilitar o cometimento dos delitos, bem como rendas decorrentes do seu cometimento. Devem também atender às solicitações de outro Estado Parte referentes ao sequestro ou confisco de bens ou rendas e para fechar, temporária ou definitivamente, os locais utilizados para cometer esses delitos.

O art. 8º dispõe sobre as medidas a serem adotadas para proteger os direitos e interesses de crianças vítimas das práticas proibidas pelo Protocolo em todos os estágios do processo judicial criminal, considerando-se primordialmente o melhor interesse da criança. Nesse contexto, o Estado deve reconhecer a vulnerabilidade de crianças vitimadas e adaptando procedimentos para reconhecer suas necessidades especiais, inclusive como testemunhas, além de assegurar sua segurança, bem como de suas famílias e testemunhas, contra intimidação e retaliação e de prestar serviços adequados de apoio às crianças vitimadas no transcorrer do processo judicial.

Os Estados devem ainda informar as crianças sobre seus direitos, seu papel, além do alcance, datas e andamento dos processos e a condução de seus casos e evitar a demora desnecessária na condução de causas e no cumprimento de ordens ou decretos concedendo reparação a crianças vitimadas. Devem permitir que suas opiniões, necessidades e preocupações sejam apresentadas e consideradas nos processos em que seus interesses pessoais forem afetados, de forma coerente com as normas processuais da legislação nacional. A privacidade e a identidade das crianças também devem ser protegidas, devendo o Estado adotar medidas para evitar a disseminação inadequada de informações que possam levar à sua identificação.

Os Estados devem assegurar que eventuais dúvidas sobre a idade real da vítima não impeçam que se dê início a investigações, sejam elas criminais ou para determinar a idade da vítima. Ademais, devem assegurar treinamento apropriado, especialmente jurídico e psicológico, às pessoas que trabalham com vítimas dos delitos em questão e, nos casos apropriados, devem adotar medidas para proteger a segurança e integridade das pessoas e organizações envolvidas na prevenção ou proteção e reabilitação de vítimas desses delitos.

O art. 9º prevê as *medidas a serem tomadas pelos Estados para implementar as disposições do Protocolo*. Assim, determina que os Estados adotem ou reforcem, implementem e disseminem leis, medidas administrativas, políticas e programas sociais para evitar os delitos estabelecidos no Protocolo, conferindo especial atenção à proteção de crianças especialmente vulneráveis às práticas nele descritas. Devem ainda promover a conscientização do público em geral, inclusive das crianças, por meio de informações disseminadas por todos os meios apropriados, educação e treinamento, sobre as medidas preventivas e os efeitos prejudiciais da venda de crianças, da prostituição e pornografia infantis. No cumprimento dessas obrigações, os Estados Partes devem incentivar a participação da comunidade e, em particular, de crianças vitimadas, nas informações e em programas educativos e de treinamento, inclusive em nível internacional. Devem ainda adotar todas as medidas possíveis para assegurar assistência apropriada às vítimas, inclusive sua completa reintegração social e sua total recuperação física e psicológica, e assegurar que tenham acesso a procedimentos adequados que lhes permitam obter das pessoas legalmente responsáveis, sem discriminação, reparação pelos danos sofridos.

Conforme determina o art. 10, os Estados devem adotar todas as medidas necessárias para intensificar a cooperação internacional por meio de acordos multilaterais, regionais e bilaterais para prevenir, detectar, investigar, julgar e punir os responsáveis por atos envolvendo a venda de crianças, a prostituição infantil, a pornografia infantil e o turismo sexual infantil. Ademais, devem promover a cooperação e coordenação internacionais entre suas autoridades, organizações não governamentais nacionais e internacionais e organizações internacionais. Devem ainda promover a cooperação internacional com a finalidade de prestar assistência às crianças vitimadas em sua recuperação física e psicológica, sua reintegração social e repatriação, bem como o seu fortalecimento da cooperação para lutar contra as causas básicas, tais como pobreza e subdesenvolvimento, que contribuem para a vulnerabilidade das crianças. Os Estados que possuírem condições poderão ainda prestar assistência financeira, técnica ou de outra natureza por meio de programas multilaterais, regionais, bilaterais ou outros programas existentes.

No art. 11, o Protocolo prevê que nenhuma disposição poderá afetar quaisquer outras disposições mais propícias à fruição dos direitos da criança e que possam estar contidas na legislação interna do Estado ou na legislação internacional em vigor para aquele Estado.

O art. 12, por sua vez, prevê a apresentação de relatórios periódicos por cada Estado Parte ao Comitê sobre os Direitos da Criança, no prazo de dois anos a contar da data da entrada em vigor do Protocolo para aquele Estado Parte, que deverá conter informações abrangentes sobre as medidas adotadas para implementar as disposições do Protocolo. Após sua apresentação do relatório abrangente, o Estado parte deve incluir nos relatórios que submeter ao Comitê sobre os Direitos da Criança quaisquer informações adicionais sobre a implementação do Protocolo e os demais Estados devem fazê-lo a cada cinco anos. O Comitê poderá solicitar aos Estados informações adicionais relevantes para a implementação do Protocolo.

A partir do art. 13, estão previstas disposições finais do Protocolo (assinatura, entrada em vigor, denúncia, emendas, dentre outras).

No Brasil, a Lei n. 13.441/2017 inseriu a "Seção V-A" no Estatuto da Criança e do Adolescente (Lei n. 8.069/90) que trata da infiltração de agentes policiais para investigar de crimes contra a dignidade sexual de criança e de adolescente. A infiltração dependerá de (i) ordem judicial e (ii) assegura a atipicidade de condutas de ocultação de identidade do policial em sua atividade na *internet* para colher indícios de autoria e materialidade de diversos crimes envolvendo crimes contra a dignidade sexual da criança e do adolescente.

Em 2018, foi tipificada pela Lei n. 13.718 a *oferta, troca, disponibilização, transmissão, venda ou exposição à venda*, bem como a *distribuição, publicação ou divulgação* por qualquer meio (inclusive internet) de foto, vídeo ou outro registro audiovisual que contenha cena de estupro ou *estupro de vulnerável* ou que faça apologia a sua prática, ou, sem o consentimento da vítima, cena de sexo, nudez ou pornografia. A pena é aumentada de 1/3 (um terço) a 2/3 (dois terços) se o crime é praticado por agente que mantém ou tenha mantido relação íntima de afeto com a vítima ou com o fim de vingança ou humilhação ("revenge porn", "pornografia da vingança", novo art. 218-C do Código Penal).

20.3. Protocolo Facultativo à Convenção sobre os Direitos das Crianças, Relativo aos Procedimentos de Comunicação

O Protocolo Facultativo à Convenção sobre os Direitos da Criança relativo aos procedimentos de comunicação foi adotado em Nova Iorque em 19 de dezembro de 2001 e entrou em vigor internacional em 14 de abril de 2014. Possui, em 2024, 52 Estados partes. O Protocolo foi assinado pelo Brasil em 8 de fevereiro de 2012; aprovado pelo Congresso Nacional por meio do Decreto Legislativo n. 85, de 8 de junho de 2017, e ratificado em 29 de setembro de 2017 (ainda não foi promulgado).

Visando complementar os mecanismos nacionais e internacionais de proteção às crianças, o Protocolo permite que as *crianças* apresentem denúncias pela violação dos seus direitos previstos na Convenção sobre os Direitos da Criança e nos seus Protocolos Facultativos ao Comitê dos Direitos da Criança. De acordo com as Regras de Procedimento, não há necessidade de representação pelos pais ou terceiro: a própria criança, independentemente da sua idade, pode peticionar ao Comitê alegando violação de seus direitos.

O art. 2º prevê o que o princípio do melhor interesse da criança regerá as funções do Comitê, o qual, nos termos do art. 3, incluirá nos seus procedimentos salvaguardas para *evitar a manipulação* da criança por quem atue em seu nome, podendo recusar o exame de comunicações que considerem ser contrárias ao interesse superior da criança. O art. 4º, por sua vez, versa sobre as medidas de proteção às pessoas que comunicam situações ou cooperam com o Comitê.

Os arts. 5º a 12 versam sobre o Procedimento de Comunicações. As comunicações podem ser apresentadas por (i) pessoas ou grupo de pessoas (não podendo ser anônimas), (ii) *em nome* de pessoas ou grupos de pessoas vítimas de violações cometidas por Estado Parte da Convenção dos Direitos das Crianças ou de seus protocolos. Após examinar a admissibilidade do pedido (art. 7), o Comitê informa o Estado interessado sobre a comunicação apresentada, solicitando explicações ou declarações sobre as medidas adotadas (art. 8).

Medidas provisórias (medidas cautelares) podem ser solicitadas a qualquer tempo antes da decisão de mérito, em casos excepcionais para evitar danos irreparáveis à vítima (art. 6), bem como as partes podem chegar a uma solução amistosa sobre o caso (art. 9).

O exame das comunicações, bem como as recomendações do Comitê, serão encaminhados às partes (art. 10), devendo o Estado apresentar uma resposta, em seis meses, sobre as medidas adotadas à luz das recomendações do Comitê (art. 11). O art. 12 prevê que os Estados podem declarar que reconhecem, ainda, a competência do Comitê para receber e examinar comunicações nas quais um Estado alegue que outro Estado não cumpriu com as obrigações decorrentes da Convenção sobre os Direitos da Crianças ou seus Protocolos Facultativos.

Os arts. 13 e 14 abordam os procedimentos de investigações em casos de violações graves ou sistemáticas, as quais terão *caráter confidencial* e podem incluir visitas ao território do Estado.

Os arts. 15, 16 e 17 estipulam a assistência e cooperação internacionais entre os Estados, os organismos especializados, os fundos, os programas e outros órgãos competentes da ONU, bem como a submissão de resumo das suas atividades em relatório a ser enviado para a Assembleia Geral a cada dois anos, cabendo, ademais, a cada Estado a divulgação e informação sobre o Protocolo Facultativo no seu território.

Finalmente, os arts. 18 a 20 compreendem a assinatura, ratificação e adesão, entrada em vigor (o Comitê possui competência somente em relação a violações que ocorrerem após a data de entrada em vigor do Protocolo) e os arts. 21 a 24 dispõem sobre as emendas, denúncia, depósito e idiomas do Protocolo.

QUADRO SINÓTICO

Convenção sobre os Direitos da Criança	
Definição de criança	• Todo ser humano com menos de 18 anos de idade, a não ser que, em conformidade com a lei aplicável à criança, a maioridade seja alcançada antes.
	• Previsão da consideração do melhor interesse da criança (*best interest of the child*).
Principais direitos enunciados	• Direito à vida. • Direito de que seja registrada imediatamente após seu nascimento. • Direito de ter, desde o momento do nascimento, um nome, uma nacionalidade e, na medida do possível, de conhecer seus pais e a ser cuidada por eles. • Direito de preservar sua identidade. • Direito de que não seja separada dos pais contra a vontade destes, salvo se a separação atender ao melhor interesse da criança. • Direito de manter regularmente relações pessoais e contato direto com ambos os pais, a menos que isso seja contrário ao melhor interesse da criança (no caso de criança separada de um ou de ambos os pais). • Direito de expressar suas opiniões livremente sobre todos os assuntos com ela relacionados. • Direito à liberdade de expressão. • Direito à liberdade de pensamento, de consciência e de crença. • Direitos à liberdade de associação e à liberdade de realizar reuniões pacíficas.

- Direito à proteção da lei contra interferências arbitrárias ou ilegais em sua vida particular, sua família, seu domicílio ou sua correspondência, e contra atentados ilegais a sua honra e a sua reputação.
- Direito de acesso à informação.
- Direito à proteção e assistência especiais do Estado para crianças privadas temporária ou permanentemente do seu meio familiar, ou cujo melhor interesse exija que não permaneçam nesse meio.
- Direito a proteção e a assistência humanitária adequadas para crianças refugiadas.
- Direitos específicos da criança com deficiência física ou mental (vida plena e decente, em condições que garantam sua dignidade, favoreçam sua autonomia e facilitem sua participação ativa na comunidade).
- Direito de gozar do melhor padrão possível de saúde e dos serviços destinados ao tratamento das doenças e à recuperação da saúde.
- Direito a um exame periódico de avaliação do tratamento e de todos os demais aspectos relativos à sua internação.
- Direito de usufruir da previdência social.
- Direito a um nível de vida adequado ao seu desenvolvimento físico, mental, espiritual, moral e social.
- Direito à educação.
- Direito de, em comunidade com os demais membros de seu grupo, ter sua própria cultura, professar e praticar sua própria religião ou utilizar seu próprio idioma (especialmente para crianças de Estados Partes onde existam minorias étnicas, religiosas ou linguísticas, ou pessoas de origem indígena).
- Direito ao descanso e ao lazer, ao divertimento e às atividades recreativas próprias da idade, bem como à livre participação na vida cultural e artística.
- Direito de estar protegida contra a exploração econômica e contra o desempenho de qualquer trabalho que possa ser perigoso ou interferir em sua educação, ou que seja nocivo para sua saúde ou para seu desenvolvimento físico, mental, espiritual, moral ou social.
- Direito à proteção contra todas as formas de exploração e abuso sexual.
- Direito de não ser submetida a tortura ou a outros tratamentos ou penas cruéis, desumanos ou degradantes, nem à pena de morte ou à prisão perpétua sem possibilidade de livramento por delitos cometidos por menores de dezoito anos de idade.
- Direito de não ser privada de sua liberdade de forma ilegal ou arbitrária.
- Direito da criança privada da liberdade ser tratada com humanidade e respeito, e levando-se em consideração as necessidades de uma pessoa de sua idade; direito de manter contato com sua família por meio de correspondência ou de visitas; direito a assistência jurídica e a qualquer outra assistência adequada; direito a impugnar a legalidade da privação de sua liberdade perante autoridade competente, independente e imparcial e a uma rápida decisão a respeito de tal ação.
- Direitos processuais.

Mecanismo de monitoramento	- Procedimento de relatórios periódicos. - Atenção: 3º Protocolo à Convenção (dezembro de 2011): direito de petição das vítimas ao Comitê (Brasil já ratificou - 2017).

Protocolo Facultativo à Convenção sobre os Direitos da Criança relativo ao envolvimento de crianças em conflitos armados	
Objetivo	• Estabelecer um aumento de idade para o possível recrutamento de pessoas pelas forças armadas, reconhecendo-se as necessidades especiais das crianças particularmente vulneráveis ao recrutamento ou utilização em hostilidades, em decorrência de sua situação econômica ou social ou de sexo. Nesse sentido, os Estados Partes devem adotar todas as medidas possíveis para assegurar que membros de suas forças armadas menores de 18 anos não participem diretamente de hostilidades e devem assegurar que menores de 18 anos não serão recrutados de maneira compulsória em suas forças armadas, além de elevar a idade mínima para o recrutamento voluntário de pessoas em suas forças armadas nacionais acima de 15 anos. Ademais, os grupos armados distintos das forças armadas de um Estado não deverão, em qualquer circunstância, recrutar ou utilizar menores de 18 anos em hostilidades.
Mecanismo de monitoramento	• Submissão de relatórios ao Comitê sobre os Direitos da Criança.

Protocolo Facultativo à Convenção sobre os Direitos da Criança referente à venda de crianças, à prostituição infantil e à pornografia infantil	
Objetivo	• Ampliar medidas previstas na Convenção sobre os Direitos da Criança, com a finalidade de garantir a proteção das crianças contra a venda, a prostituição infantil e a pornografia infantil, ante a preocupação com o significativo e crescente tráfico internacional de crianças para tais fins, com a prática disseminada do turismo sexual e com a crescente disponibilidade de pornografia infantil na Internet e em outras tecnologias modernas.
Definições	• *Venda de crianças:* "qualquer ato ou transação pela qual uma criança é transferida por qualquer pessoa ou grupo de pessoas a outra pessoa ou grupo de pessoas, em troca de remuneração ou qualquer outra forma de compensação". • *Prostituição infantil:* "o uso de uma criança em atividades sexuais em troca de remuneração ou qualquer outra forma de compensação". • *Pornografia infantil:* "qualquer representação, por qualquer meio, de uma criança envolvida em atividades sexuais explícitas reais ou simuladas, ou qualquer representação dos órgãos sexuais de uma criança para fins primordialmente sexuais".
Mecanismo de monitoramento	• Submissão de relatórios ao Comitê sobre os Direitos da Criança.

21. DECLARAÇÃO E PROGRAMA DE AÇÃO DE VIENA (1993)

A II Conferência Mundial de Direitos Humanos (Conferência de Viena de 1993) foi a segunda grande conferência sobre direitos humanos sob o patrocínio da ONU (a primeira foi a de Teerã, 1968) e contou com a participação de delegações de 171 Estados e mais de 800 organizações não governamentais acreditadas como observadores oficiais, além do "Fórum das Organizações Não Governamentais – ONGs" em paralelo ao evento, caracterizando-se como um verdadeiro marco para o Direito Internacional[61].

---

[61] CARVALHO RAMOS, André de. *Teoria geral dos direitos humanos na ordem internacional.* 8. ed. São Paulo: Saraiva, 2024.

Na Conferência de 1993, foram adotadas a *Declaração e Programa de Ação de Viena*, por consenso, resultando em uma abrangente análise global do sistema internacional de direitos humanos e dos mecanismos de proteção desses direitos e ainda *consagrando* a *universalidade* como característica marcante do regime jurídico internacional dos direitos humanos. Realçou-se ainda a responsabilidade de todos os Estados desenvolverem e encorajarem o respeito a *todos* os direitos humanos.

A Declaração e Programa de Ação de Viena é um documento único[62], constituído de um *preâmbulo* de 17 parágrafos; da *Parte I*, com as declarações, apresentadas em 39 itens; e da *Parte II*, com 100 recomendações.

Inicialmente, declara-se que todos os povos têm *direito à autodeterminação*, podendo escolher livremente seu estatuto político e prosseguir livremente no seu desenvolvimento econômico, social e cultural. Dessa forma, a Conferência Mundial de Direitos Humanos reconhece o *direito dos povos sob domínio colonial ou ocupação estrangeira de empreenderem qualquer ação legítima*, em conformidade com a Carta da ONU, para realizar seu direito à autodeterminação (item 2 da Declaração).

A Declaração ressalta a importância de se adotarem medidas internacionais para garantir e fiscalizar o cumprimento das normas de direitos humanos relativamente a povos sujeitos a ocupação estrangeira (item 3) e ressalta que a promoção e a proteção dos direitos humanos e liberdades fundamentais devem ser considerados objetivos prioritários da ONU, devendo os órgãos e agências especializadas reforçar a coordenação das suas atividades com base na aplicação coerente e objetiva dos instrumentos internacionais em matéria de direitos humanos (item 4).

Enuncia-se que todos os direitos humanos são *universais*, *indivisíveis* e *inter-relacionados*, devendo a comunidade internacional considerá-los, globalmente, de forma justa e equitativa, no mesmo pé e com igual ênfase (item 5) e reafirma-se a importância de se garantir a *universalidade*, a *objetividade* e a *não seletividade* na consideração de questões relativas aos direitos humanos (item 32). Ressalta-se também que, embora o significado das *especificidades* nacionais e regionais e os diversos antecedentes históricos, culturais e religiosos devam ser sempre levados em consideração, compete aos Estados, independentemente dos seus sistemas políticos, econômicos e culturais, promover e proteger *todos* os direitos humanos e liberdades fundamentais.

No item 8, declara-se que a democracia, o desenvolvimento e o respeito pelos direitos humanos e pelas liberdades fundamentais são interdependentes e reforçam-se mutuamente. Nesse sentido, países menos desenvolvidos empenhados no processo de democratização e de reformas econômicas devem ser apoiados pela comunidade internacional, para que alcancem sucesso na sua transição para a democracia e para o desenvolvimento econômico (item 9).

Reafirma-se também o *direito ao desenvolvimento* (item 10), como direito inalienável e parte integrante dos direitos humanos, que deve ser realizado de modo a satisfazer, de forma equitativa, as necessidades de desenvolvimento e ambientais das gerações presentes e vindouras (item 11). Reconhece-se também que todos têm direito de usufruir os benefícios decorrentes do progresso científico e das suas aplicações práticas, considerando-se que alguns progressos, nomeadamente nas ciências biomédicas e da vida, bem como na tecnologia de informação, podem ter

---

[62] Observe-se que não se deve falar em "*a* Declaração e *o* Programa de Ação de Viena", e sim "Declaração e Programa de Ação de Viena". Lindgren Alves ressalta: "O simbolismo político do termo no título de um texto negociado entre 171 Estados, que, no período contemporâneo pós-colonial, oficialmente representavam toda a humanidade, compensaria sua imprecisão – e as dificuldades que os dois substantivos de gêneros distintos impõem à sintaxe de um documento singular, sobretudo nas línguas neolatinas" (ALVES, José Augusto Lindgren. *Relações internacionais e temas sociais*: a década das conferências. Brasília: IBRI, 2001, p. 104).

consequências potencialmente adversas para a integridade, a dignidade e os direitos humanos do indivíduo.

Por meio da Declaração, a Conferência Mundial sobre Direitos Humanos exorta a comunidade internacional a envidar todos os esforços necessários para *ajudar a aliviar o peso da dívida externa* dos países em vias de desenvolvimento (item 12), conclama-a a promover esforços para atenuar e eliminar a *pobreza extrema generalizada* (item 14), a eliminar todas as formas de racismo e discriminação racial, xenofobia e manifestações conexas de *intolerância* (item 15) e a *combater o terrorismo* (item 17).

A Declaração também reafirma explicitamente os *direitos humanos das mulheres e das crianças do sexo feminino*, exaltando como objetivos prioritários da comunidade internacional os esforços para eliminar a discriminação. Condena-se a violência baseada no sexo da pessoa e todas as formas de assédio e exploração sexual (item 18).

Declara-se também a importância de se promoverem e protegerem os direitos das minorias (item 19), *dos grupos vulneráveis, como os trabalhadores migrantes* (item 24) *e dos povos indígenas* (item 20). Ressalta-se também a necessidade de se efetivarem os direitos das crianças, considerando-se sempre o *melhor interesse da criança* (item 21), e *das pessoas com deficiência*, incluindo a sua participação ativa em todos os aspectos da vida em sociedade (item 22).

Reafirma-se o direito de todos, sem distinção, de procurar e obter, noutros países, *asilo* contra as perseguições de que sejam alvo, bem como o direito de regressar ao seu próprio país, reconhecendo a necessidade de adoção de estratégias para abordar as causas remotas e os efeitos das movimentações de *refugiados* e outras pessoas deslocadas, o reforço de mecanismos de alerta e resposta em caso de emergência, a disponibilização de proteção e assistência efetivas, bem como a obtenção de soluções duradouras e a *prestação de assistência humanitária* às vítimas de todas as catástrofes, quer naturais quer causadas pelo ser humano (item 23).

Após reafirmar os direitos humanos, a Declaração conclama os Estados a oferecer um quadro institucional efetivo de soluções para *reparar* injustiças ou violações dos direitos humanos e ressalta a importância de uma *administração da justiça forte e independente* (item 27). Manifesta também a consternação pelas violações desses direitos, em especial sob a forma de genocídio, "limpeza étnica" e estupro sistemático de mulheres em situações de guerra, originando êxodos em massa de refugiados e pessoas deslocadas, reiterando a necessidade de *punição* dos autores e eliminação dessas práticas (item 28 – aceitação dos mandatos internacionais de criminalização). Expressa também a profunda preocupação com as violações dos direitos humanos que ocorrem durante os conflitos armados, que afetam a população civil, sobretudo mulheres, crianças, idosos e pessoas com deficiências, reafirmando a necessidade de observância do Direito Internacional Humanitário (item 29).

Menciona-se também a preocupação com a reiteração, em todo o mundo, de práticas de *tortura* e de penas ou tratamentos cruéis, desumanos e degradantes, as execuções sumárias e arbitrárias, os desaparecimentos, as detenções arbitrárias, todas as formas de *racismo*, discriminação racial e *apartheid*, a ocupação e o domínio por parte de potências estrangeiras, a xenofobia, a pobreza, a fome e outras negações dos direitos econômicos, sociais e culturais, a *intolerância religiosa*, o *terrorismo, a discriminação contra as mulheres* e a *inexistência do Estado de Direito* (item 30).

A Declaração também exorta os Estados a que se abstenham de tomar qualquer *medida unilateral*, que não esteja em conformidade com o Direito Internacional e com a Carta das Nações Unidas e que crie obstáculos às relações comerciais entre Estados e obste à plena realização dos direitos humanos (em especial do direito de todos a um nível de vida adequado à sua saúde e bem-estar), não podendo a alimentação ser usada como meio de pressão política (item 31).

Realça-se a importância de se garantir que a *educação* se destine a reforçar o respeito pelos direitos humanos e liberdades fundamentais, promovendo a compreensão, a tolerância, a paz e as relações amistosas entre as nações e todos os grupos raciais ou religiosos (item 33).

A Declaração menciona que devem ser empreendidos esforços acrescidos para apoiar os países que o solicitem a criar as condições que permitam a cada indivíduo usufruir os direitos humanos e das liberdades fundamentais universalmente reconhecidos, ressaltando o papel dos Governos, do sistema das Nações Unidas, bem como de outras organizações multilaterais (item 34). Finalmente, menciona a necessidade de dotar as atividades das Nações Unidas de mais recursos, para a plena e efetiva execução de suas atividades (item 35) e ressalta a importância das instituições nacionais e das organizações não governamentais para a promoção e proteção dos direitos humanos (itens 36 e 38).

Em seguida, a Declaração e Programa de Ação de Viena apresenta as cem recomendações, que são divididas em tópicos e que referem à busca de igualdade e dignidade, educação para os direitos humanos, bem como maior coordenação no âmbito do sistema das Nações Unidas e meios de supervisão e controle do respeito aos direitos humanos.

QUADRO SINÓTICO

Declaração e Programa de Ação de Viena
- É produto da análise global do sistema internacional de direitos humanos e dos mecanismos de proteção destes direitos.
- Ressalta que os direitos humanos são universais, indivisíveis e inter-relacionados, devendo a comunidade internacional considerá-los, globalmente, de forma justa e equitativa.

22. PROTOCOLO DE PREVENÇÃO, SUPRESSÃO E PUNIÇÃO DO TRÁFICO DE PESSOAS, ESPECIALMENTE MULHERES E CRIANÇAS, COMPLEMENTAR À CONVENÇÃO DAS NAÇÕES UNIDAS CONTRA O CRIME ORGANIZADO TRANSNACIONAL

O Protocolo de Prevenção, Supressão e Punição do Tráfico de Pessoas, especialmente Mulheres e Crianças, complementar à Convenção das Nações Unidas contra o Crime Organizado Transnacional, adotado em Nova Iorque em 15 de novembro de 2000, foi firmado tendo-se em vista que a *prevenção e o combate ao tráfico de pessoas* requer atuação conjunta dos países de origem, trânsito e destino, com medidas destinadas a prevenir o tráfico, punir os traficantes e proteger suas vítimas, nos termos de seu preâmbulo. Possui, em 2024, 182 Estados partes.

No Brasil, foi aprovado pelo Congresso Nacional por meio do Decreto Legislativo n. 231, de 29 de maio de 2003, e ratificado em 29 de janeiro de 2004. Entrou em vigor internacional em 29 de setembro de 2003 e, para o Brasil, em 28 de fevereiro de 2004. Foi finalmente promulgado pelo Decreto n. 5.017, de 12 de março de 2004.

O Protocolo possui vinte artigos, divididos em quatro partes: *disposições gerais* (arts. 1º a 5º), *proteção de vítimas de tráfico de pessoas* (arts. 6º a 8º) e *prevenção, cooperação e outras medidas* (arts. 9º a 13) e *disposições finais* (arts. 14 a 20).

No art. 1º, explicita-se que o Protocolo completa a Convenção das Nações Unidas contra o Crime Organizado Transnacional, devendo ser interpretado em conjunto com ela, cujas disposições aplicam-se, *mutatis mutandis*, ao Protocolo.

O art. 2º, por sua vez, enuncia quais são os objetivos do Protocolo, quais sejam:
- prevenir e combater o tráfico de pessoas, com especial atenção às mulheres e às crianças; proteger e ajudar as vítimas do tráfico, com respeito pleno aos seus direitos humanos;

- promover a cooperação entre os Estados Partes com a finalidade de atingir tais objetivos.

Ainda nas disposições gerais, o art. 3º apresenta *definições* para efeitos do Protocolo. O *tráfico de pessoas* significa:
- o recrutamento, o transporte, a transferência, o alojamento ou o acolhimento de pessoas;
- ameaça ou uso da força ou a outras formas de coação, ao rapto, à fraude, ao engano, ao abuso de autoridade ou à situação de vulnerabilidade ou à entrega ou aceitação de pagamentos ou benefícios para obter o consentimento de uma pessoa que tenha autoridade sobre outra para fins de exploração;
- a exploração incluirá, no mínimo, a exploração da prostituição de outrem ou outras formas de exploração sexual, o trabalho ou serviços forçados, escravatura ou práticas similares à escravatura, a servidão ou a remoção de órgãos;
- o consentimento dado pela vítima será considerado irrelevante em face de qualquer exploração descrita.

De outro lado, se o recrutamento, o transporte, a transferência, o alojamento ou o acolhimento para fins de exploração se referirem a crianças – assim consideradas qualquer pessoa com idade inferior a 18 anos –, restará *configurado* o tráfico de pessoas, ainda que a exploração não envolva nenhum dos meios acima referidos.

O art. 5º exige, por sua vez, que o Estado *criminalize* os atos descritos como tráfico de pessoas, que tenham sido praticados intencionalmente, bem como sua tentativa, a participação como cúmplice, a organização da prática do tráfico ou a conferência de instruções a outras pessoas para que a pratiquem. O Protocolo se aplica à prevenção, investigação e repressão das infrações estabelecidas quando forem de natureza transnacional e envolverem grupo criminoso organizado, bem como à proteção das vítimas de tais infrações.

Na *Parte II*, o Protocolo dispõe sobre as medidas para proteção de vítimas do tráfico de pessoas. Nesse sentido, no art. 6º, que diz respeito à *assistência* e proteção às vítimas de tráfico de pessoas, fica estabelecido que o Estado protegerá a privacidade e a identidade das vítimas de tráfico de pessoas (inclusive com relação aos procedimentos judiciais relativos ao tráfico), nos casos em que se considere apropriado e na medida em que seja permitido pelo seu direito interno. Ademais, o Estado deve assegurar que seu sistema jurídico ou administrativo possua medidas que informem às vítimas do tráfico, quando for necessário, sobre os procedimentos judiciais e administrativos e assistência para permitir que suas preocupações sejam *levadas em conta* no processo penal instaurado *contra* o autor das infrações.

O Estado ainda deve fornecer medidas que permitam a recuperação física, psicológica e social das vítimas de tráfico de pessoas, em especial alojamento, aconselhamento e informação, assistência médica psicológica e material e oportunidades de emprego, educação e formação. O Estado deve ainda promover esforços para garantir a *segurança física das vítimas de tráfico de pessoas* e assegurar que seu sistema jurídico viabilize a possibilidade de obterem *indenização por danos sofridos*.

No art. 7º, o Protocolo estabelece um estatuto das vítimas de tráfico de pessoas no Estado de acolhimento, prevendo que o Estado deve considerar a possibilidade de adotar *medidas* que permitam às vítimas de tráfico permanecerem em seu território a título temporário ou permanente.

Finalmente, no art. 8º o Protocolo versa sobre o repatriamento das vítimas de tráfico de pessoas, de modo que o Estado Parte do qual a vítima é nacional ou em que tinha residência permanente deve facilitar e aceitar sem demora indevida ou injustificada o retorno da pessoa. Evidentemente, conforme previsto, deve-se levar em conta a segurança da pessoa e a situação de processo judicial relacionado ao fato de a pessoa ser vítima de tráfico.

Na *terceira parte* ("Prevenção, cooperação e outras medidas"), são determinadas medidas a serem adotadas pelos Estados para a prevenção e combate ao tráfico de pessoas e para proteção às suas vítimas, especialmente mulheres e crianças, tais como campanhas de informação e de difusão através dos órgãos de comunicação e iniciativas sociais e econômicas. Nesse sentido, devem tomar medidas para reduzir os fatores como a pobreza, o subdesenvolvimento e a desigualdade de oportunidades que possam tornar as pessoas vulneráveis ao tráfico, bem como desencorajar a procura que fomenta atos de exploração de pessoas conducentes ao tráfico.

O art. 10 prevê que os órgãos do Estado devem cooperar entre si, mediante troca de informações, para verificar se as pessoas que atravessam ou tentam atravessar fronteira internacional com documentos de viagem pertencentes a terceiros ou sem documentos de viagem são autores ou vítimas de tráfico de pessoas; bem como para verificar os tipos de documentos de viagem que as pessoas têm utilizado ou tentado utilizar para atravessar uma fronteira internacional com o objetivo de tráfico de pessoas e os meios e métodos utilizados por grupos criminosos organizados com o objetivo de tráfico de pessoas.

Os Estados Partes também devem assegurar a formação dos agentes dos serviços competentes para a aplicação da lei, dos serviços de imigração ou de outros serviços competentes na prevenção do tráfico de pessoas; devem reforçar os controles fronteiriços necessários para prevenir e detectar o tráfico de pessoas; devem adotar medidas apropriadas para prevenir a utilização de meios de transporte explorados por transportadores comerciais na prática de tráfico de pessoas, dentre outras medidas nas fronteiras (arts. 10 e 11).

Finalmente, os Estados devem adotar medidas necessárias para a segurança e o controle de documentos (art. 12), bem como sua legitimidade e validade (art. 13).

Nas disposições finais o Protocolo estabelece, além dos dispositivos de praxe, uma cláusula de salvaguarda, pela qual o Protocolo não prejudicará os direitos, obrigações e responsabilidades dos Estados e das pessoas por força do Direito Internacional, incluindo-se aí o Direito Internacional dos Direitos Humanos e o Direito Internacional Humanitário, e se forem aplicáveis a Convenção de 1951 e o Protocolo de 1967 relativos ao Estatuto dos Refugiados e ao princípio do *non-refoulement*.

Ademais, as medidas do Protocolo devem ser interpretadas e aplicadas de forma que as vítimas não sejam discriminadas (art. 14, a vítima não pode ser culpada pela situação de tráfico).

Em 2016, foi adotada a Lei n. 13.344 (Lei de Tráfico de Pessoas), atualizando a legislação interna, que, anteriormente, punia o tráfico de pessoas na sua finalidade de exploração sexual (arts. 231 e 231-A do Código Penal). A nova lei é *genérica* e visa reprimir o tráfico de pessoas cometido no território nacional contra vítima brasileira ou estrangeira e no exterior contra vítima brasileira (art. 1º). Nesse sentido, foram tipificadas diversas condutas (agenciar, aliciar, recrutar, transportar, transferir, comprar, alojar ou acolher pessoa, mediante grave ameaça, violência, coação, fraude ou abuso) e finalidades de tráfico de pessoas, como o tráfico para fins de remoção de órgãos, submissão a trabalho escravo, servidão, adoção ilegal ou exploração sexual (redação do art. 149-A do CP), em linha com o art. 3º do Protocolo analisado.

A Lei n. 13.344/2016, na linha do que dispõe o Protocolo, é calcada em 3 eixos, a saber: prevenção (capítulo II), repressão (capítulo III) e proteção e assistência às vítimas (capítulo IV).

QUADRO SINÓTICO

Protocolo de Prevenção, Supressão e Punição do Tráfico de Pessoas, especialmente Mulheres e Crianças, complementar à Convenção das Nações Unidas contra o Crime Organizado Transnacional	
Objetivos	• Prevenir e combater o tráfico de pessoas, com especial atenção às mulheres e às crianças; • Proteger e ajudar as vítimas do tráfico, com respeito pleno aos seus direitos humanos; • Promover a cooperação entre os Estados Partes com a finalidade de atingir tais objetivos.
Definição de tráfico de pessoas	• "O recrutamento, o transporte, a transferência, o alojamento ou o acolhimento de pessoas, recorrendo à ameaça ou uso da força ou a outras formas de coação, ao rapto, à fraude, ao engano, ao abuso de autoridade ou à situação de vulnerabilidade ou à entrega ou aceitação de pagamentos ou benefícios para obter o consentimento de uma pessoa que tenha autoridade sobre outra para fins de exploração. A exploração incluirá, no mínimo, a exploração da prostituição de outrem ou outras formas de exploração sexual, o trabalho ou serviços forçados, escravatura ou práticas similares à escravatura, a servidão ou a remoção de órgãos." • O consentimento dado pela vítima será considerado irrelevante em face de qualquer exploração descrita.
Principais medidas para proteção de vítimas do tráfico de pessoas	• Assistência e proteção às vítimas de tráfico de pessoas (inclusive proteção da privacidade e da identidade das vítimas de tráfico de pessoas). • Medidas que permitam a recuperação física, psicológica e social das vítimas de tráfico de pessoas. • Segurança física das vítimas de tráfico de pessoas. • Viabilização da possibilidade de, no sistema jurídico, as vítimas obterem indenização por danos sofridos. • Medidas que permitam às vítimas de tráfico permanecerem no território do Estado Parte a título temporário ou permanente.

23. CONVENÇÃO DA ONU SOBRE OS DIREITOS DAS PESSOAS COM DEFICIÊNCIA E SEU PROTOCOLO FACULTATIVO

A Convenção da ONU sobre os Direitos das Pessoas com Deficiência e seu Protocolo Facultativo foram assinados em Nova York, em 30 de março de 2007. A Convenção Internacional sobre os Direitos das Pessoas com Deficiência possui 50 artigos, não divididos em partes específicas, e seu Protocolo Facultativo possui 18 artigos. A Convenção e seu Protocolo possuem, em 2024, respectivamente, 191 e 106 Estados partes. A diferença significativa entre o número de Estados que ratificaram a Convenção e o número de Estados que ratificaram o Protocolo mostra ainda a resistência dos Estados a uma maior vigilância internacional sobre os direitos protegidos (veremos posteriormente o mecanismo de supervisão e controle criado pelo Protocolo).

No Brasil, a Convenção e o Protocolo foram aprovados pelo Congresso Nacional por meio do Decreto Legislativo n. 186, de 9 de julho de 2008, conforme o procedimento do § 3º do art. 5º da Constituição. A aprovação de dois tratados (a Convenção e o Protocolo) de modo conjunto mostra a vontade política de incrementar a proteção dos direitos das pessoas com deficiência no Brasil.

O instrumento de ratificação dos textos foi depositado junto ao Secretário-Geral das Nações Unidas em 1º de agosto de 2008, entrando em vigor para o Brasil, no plano jurídico externo, em 31 de agosto de 2008. A promulgação deu-se por meio do Decreto n. 6.949, de 25 de agosto de 2009.

Como o rito utilizado foi o do art. 5º, § 3º, da CF/88, esses dois tratados possuem, ambos, *hierarquia interna equivalente ao de emenda constitucional* (ver **Parte III**, item 3, sobre a incorporação dos tratados de direitos humanos ao ordenamento brasileiro). Devemos aqui expor pequena observação sobre a terminologia utilizada na questão. A expressão "pessoa portadora de deficiência" corresponde àquela usada pela Constituição brasileira (art. 7º, XXXI; art. 23, II, art. 24, XIV; art. 37, VIII; art. 203, IV; art. 203, V; art. 208, III; art. 227, § 1º, II; art. 227, § 2º; art. 244). Porém, o termo "portadora" realça o "portador", como se fosse possível deixar de ter a deficiência. Assim, a expressão utilizada pela Organização das Nações Unidas é "pessoas com deficiência" – *persons with disabilities*, conforme consta da *Standard Rules* e da Convenção da ONU de 2006. Tendo a Convenção em tela *status normativo equivalente ao de emenda constitucional*, houve *atualização constitucional* da denominação para "pessoa com deficiência", o qual deve, a partir de 2009, ser o termo utilizado.

Até 2006, havia uma impressionante lacuna na questão ante a inexistência de um tratado internacional global (celebrado sob os auspícios da ONU) sobre os direitos das pessoas com deficiência. Não que essa questão fosse de pouco interesse: havia, até a edição da Convenção, vários diplomas normativos internacionais específicos não vinculantes sobre os direitos das pessoas com deficiência, que compunham a chamada *soft law*[63]. Ademais, a Organização Mundial da Saúde (OMS), em relatório de 2011, calculou, à época, que 1 bilhão de pessoas possuíam alguma deficiência[64]. Mas a *invisibilidade* e a *falta de foco* das instâncias de proteção de direitos humanos sobre o tema da deficiência gerava assimetria na proteção local, perpetuação de estereótipos, falta de políticas de apoio e, finalmente, *exclusão*.

A invisibilidade no que tange aos direitos das pessoas com deficiência é particularmente agravada pela separação existente entre elas e o grupo social majoritário, causada por barreiras físicas e sociais. Mesmo quando há notícia pública da marginalização, há ainda o senso comum de que tal marginalização é fruto da condição individual (*modelo médico da deficiência*) e não do contexto social. Por exemplo, no caso brasileiro, a inacessibilidade de diversos locais de votação no Brasil teve como resposta a criação de "Seções Especiais" (cabe ao eleitor informar à Justiça Eleitoral sobre sua deficiência e pedir transferência para a Seção Especial) ou ainda a desoneração de sanção aos eleitores com deficiência impedidos de votar, ao invés de exigir a modificação e acessibilidade *total* destes locais[65].

Esse *modelo médico da abordagem da situação das pessoas com deficiência* percebia a deficiência como um "defeito" que necessitava de tratamento ou cura. Quem deveria se adaptar à vida social eram as pessoas com deficiência, que seriam "curadas". A atenção da sociedade e do Estado, então, voltava-se ao reconhecimento dos problemas de integração da pessoa com

---

[63] Citem-se, entre outros, a Declaração das Nações Unidas dos Direitos das Pessoas Portadoras de Deficiência, o Programa Mundial de Ação para as Pessoas Portadoras de Deficiência, aprovado pela Assembleia Geral das Nações Unidas, as Normas Uniformes sobre Igualdade de Oportunidades para as Pessoas Portadoras de Deficiência, a Declaração de Viena e Programa de Ação aprovados pela Conferência Mundial sobre Direitos Humanos em 1993, a resolução sobre a situação das pessoas portadoras de deficiência no Hemisfério Americano e, finalmente, o Compromisso do Panamá com as Pessoas Portadoras de Deficiência no Continente Americano.

[64] Dados que constam do "World Report ondisability" da OMS. Disponível em: <http://apps.who.int/iris/bitstream/handle/10665/70670/WHO_NMH_VIP_11.01_eng.pdf;jsessionid=073D874EA55D6C675019A82629EB19B5?sequence=1>. Acesso em: 9 ago. 2024.

[65] Por exemplo, a Resolução n. 23.659, de 26 de outubro de 2021, cujo art. 3ª estabelece: Art. 3ª É assegurada ao cidadão e à cidadã a emissão de certidão que reflita sua situação atual no cadastro eleitoral, com a necessária especificidade ao exercício de direitos, devendo ser disponibilizada, de forma automática no sistema, a geração de certidões relativas a: (...) VII – isenção da sanção decorrente do não cumprimento das obrigações eleitorais de alistamento ou de comparecimento às urnas, em razão de deficiência ou condição que torne impossível ou demasiadamente oneroso o cumprimento daquelas obrigações;

deficiência para que esta desenvolvesse estratégias para minimizar os efeitos da deficiência em sua vida cotidiana. A adoção desse modelo gerou falta de atenção às práticas sociais que justamente agravavam as condições de vida das pessoas com deficiência, ocasionando pobreza, invisibilidade e perpetuação dos estereótipos das pessoas com deficiência como destinatárias da caridade pública (e piedade compungida), negando-lhes a titularidade de direitos como seres humanos. Além disso, como a deficiência era vista como "defeito pessoal", a adoção de uma política pública de inclusão não era necessária.

Já o *modelo de direitos humanos* (ou modelo social) vê a pessoa com deficiência como ser humano, utilizando o dado médico apenas para definir suas necessidades. A principal característica desse modelo é sua abordagem de *"gozo dos direitos sem discriminação"*. Esse princípio de antidiscriminação acarreta a reflexão sobre a necessidade de políticas públicas para que seja assegurada a igualdade material, consolidando a responsabilidade do Estado e da sociedade na eliminação das barreiras à efetiva fruição dos direitos do ser humano. Assim, não se trata mais de exigir da pessoa com deficiência que esta se adapte, mas sim de exigir, com base na dignidade humana, que a sociedade trate seus diferentes de modo a assegurar a igualdade material, eliminando as barreiras à sua plena inclusão.

Na primeira parte do art. 1º, a Convenção Internacional sobre os Direitos das Pessoas com Deficiência adota, expressamente, o modelo de direitos humanos, ao estabelecer que seu propósito é promover, proteger e assegurar o exercício pleno e equitativo de todos os direitos humanos e liberdades fundamentais por todas as pessoas com deficiência e promover o respeito pela sua dignidade inerente.

Na parte final do art. 1º, a Convenção estabelece que pessoas com deficiência são *aquelas que têm impedimentos de natureza física, intelectual ou sensorial, os quais, em interação com diversas barreiras, podem obstruir sua participação plena e efetiva na sociedade com as demais pessoas.* Assim, vê-se que, tal qual consta do preâmbulo, a deficiência é considerada um conceito social (e não médico) em evolução, resultante da interação entre *pessoas com deficiência* e as *barreiras* devidas às atitudes e ao ambiente que *impedem* a plena e efetiva participação dessas pessoas na sociedade em igualdade de oportunidades com as demais pessoas (preâmbulo, item "e").

A espinha dorsal da Convenção é o seu compromisso com a dignidade e os direitos das pessoas com deficiência, que são tidos como *titulares dos direitos* e não como objeto ou alvo da compaixão pública. Já no preâmbulo da Convenção, ficou estabelecido que, com base na Declaração Universal dos Direitos Humanos e nos Pactos Internacionais sobre Direitos Humanos, toda pessoa faz jus a todos os direitos e liberdades ali estabelecidos, sem distinção de qualquer espécie, bem como a necessidade de garantir que todas as pessoas com deficiência os exerçam plenamente, sem discriminação.

Esta visão da Convenção das pessoas com deficiência como *rightsholders* (titulares de direitos) abrange os direitos civis, políticos, sociais, econômicos e culturais, inclusive o direito a um padrão mínimo de vida, reafirmando as características da universalidade, indivisibilidade e interdependência do regime jurídico dos direitos humanos no plano internacional.

Além de 26 parágrafos em seu preâmbulo, a Convenção é regida pelos vários princípios estabelecidos no art. 3º, em especial o princípio do respeito da dignidade humana, da autonomia individual e a independência das pessoas. Além destes princípios diretivos, a Convenção, que tem um claro desejo de reforço e explicitação, ainda fez menção ao princípio da não discriminação, igualdade entre o homem e a mulher e da igualdade de oportunidades; da plena e efetiva participação e inclusão na sociedade; do respeito pela diferença e pela aceitação das pessoas com deficiência como parte da diversidade humana e da humanidade; da acessibilidade e do respeito pelo desenvolvimento das capacidades das crianças com deficiência e pelo direito das crianças com deficiência de preservar sua identidade.

Após a ratificação da Convenção, cabe ao Brasil adotar todas as medidas legislativas, administrativas e de qualquer outra natureza, necessárias para a realização dos direitos reconhecidos, bem como eliminar os dispositivos e práticas, que constituírem discriminação contra pessoas com deficiência. Em síntese, deve o Estado abster-se de participar em qualquer ato ou prática incompatível com a Convenção e assegurar que as autoridades públicas e instituições atuem em conformidade com seu texto, além de tomar todas as medidas apropriadas para eliminar a discriminação baseada em deficiência, por parte de qualquer pessoa, organização ou empresa privada.

O art. 5º da Convenção estabelece que todas as pessoas são iguais perante e sob a lei e que fazem jus, sem qualquer discriminação, a igual proteção e igual benefício da lei. Além disso, os Estados devem proibir qualquer discriminação baseada na deficiência e garantirão às pessoas com deficiência igual e efetiva proteção legal contra a discriminação por qualquer motivo. Assim, a Convenção alinha-se com a tradição humanista de defesa da igualdade. Neste século XXI, a Convenção zela pelo reconhecimento de direitos para todos (a igualdade formal dos clássicos do século XIX), mas sem se descurar dos instrumentos de promoção da igualdade material em uma sociedade plural. Esta sociedade plural é marcada pela afirmação das diferenças, que não pode gerar guetos e incomunicabilidade entre grupos ou culturas, sob pena de congelar a desigualdade de trato.

Por isso a Convenção estabelece que, a fim de promover a igualdade e eliminar a discriminação, os Estados Partes adotarão todas as *medidas apropriadas* para garantir que a adaptação razoável seja oferecida. Consequentemente, as medidas específicas que forem necessárias para acelerar ou alcançar a efetiva igualdade das pessoas com deficiência não serão consideradas discriminatórias. Nesse contexto, a Convenção reconhece a possibilidade de os Estados adotarem as chamadas ações afirmativas, que objetivam fornecer condições estruturais de mudança social, evitando que a discriminação continue através de mecanismos informais, enraizados nas práticas culturais e no imaginário coletivo. Por essa razão, para dar efetividade à igualdade, há necessidade de uma conduta ativa visando a diminuição das desigualdades e a inclusão dos grupos vulneráveis. Com isso, ao afirmar a meta da igualdade material, a Convenção faz clara opção pela sociedade inclusiva.

No art. 24 ficou estabelecido o direito das pessoas com deficiência à educação. Para efetivar esse direito sem discriminação e com base na igualdade de oportunidades, os Estados assegurarão sistema educacional *inclusivo* em todos os níveis, bem como o aprendizado ao longo de toda a vida, para que seja obtido: 1) pleno desenvolvimento do potencial humano e do senso de dignidade e autoestima, além do fortalecimento do respeito pelos direitos humanos e pela diversidade humana; 2) o máximo desenvolvimento possível da personalidade e dos talentos e da criatividade das pessoas com deficiência, assim como de suas habilidades físicas e intelectuais; e, finalmente, 3) a participação efetiva das pessoas com deficiência em uma sociedade livre.

Para tanto, a Convenção é explícita em estabelecer que as pessoas com deficiência *não* podem ser excluídas do sistema educacional geral sob alegação de deficiência. Assim, as crianças com deficiência não podem ser excluídas do ensino primário gratuito e compulsório ou do ensino secundário, sob alegação de que "não acompanham".

Consequentemente, as pessoas com deficiência devem ter acesso ao ensino primário inclusivo, de qualidade e gratuito, e ao ensino secundário, em igualdade de condições com as demais pessoas na comunidade em que vivem, tendo que ser garantidas as adaptações de acordo com as necessidades individuais. Por isso, consta da Convenção que as pessoas com deficiência devem receber o apoio necessário, *no âmbito do sistema educacional geral*, com vistas a facilitar sua efetiva educação, devendo ser adotadas as medidas de apoio individualizadas e efetivas em ambientes que maximizem o desenvolvimento acadêmico e social, de acordo com a meta de inclusão plena. Nessa linha, o STF, na ADI n. 5.647, cumpriu a Convenção ao considerar constitucional o dever dos estabelecimentos privados de ensino de adotar todas as medidas necessárias para acolher alunos com deficiência *sem* mensalidades diferenciadas com cobranças e taxas adicionais (STF, ADI 5.647, rel. Min. Fachin, j. 9-6-2016, publicado no *DJe* de 11-11-2016).

A Convenção ainda prevê disposições específicas sobre: mulheres com deficiência (art. 6º); crianças com deficiência (art. 7º); conscientização (art. 8º); acessibilidade (art. 9º); direito à vida (art. 10); situações de risco e emergências humanitárias (art. 11); reconhecimento igual perante a lei (art. 12); acesso à justiça (art. 13); liberdade e segurança da pessoa (art. 14); prevenção contra tortura ou tratamentos ou penas cruéis, desumanos ou degradantes (art. 15); prevenção contra a exploração, a violência e o abuso (art. 16); proteção da integridade da pessoa (art. 17); liberdade de movimentação e nacionalidade (art. 18); vida independente e inclusão na comunidade (art. 19); mobilidade pessoal (art. 20); liberdade de expressão e de opinião e acesso à informação (art. 21); respeito à privacidade (art. 22); respeito pelo lar e pela família (art. 23); saúde (art. 25); habilitação e reabilitação (art. 26); trabalho e emprego (art. 27); padrão de vida e proteção social adequados (art. 28); participação na vida política e pública (art. 29) e participação na vida cultural e em recreação, lazer e esporte (art. 30).

Com relação à sua efetiva implementação, a Convenção prevê a obrigação dos Estados Partes de coletarem dados apropriados, inclusive estatísticos e de pesquisas, para que possam formular e implementar políticas destinadas a colocá-la em prática (art. 31). Devem ainda designar um ou mais de um ponto focal no âmbito do Governo para assuntos relacionados com a implementação da Convenção e devem dar a devida consideração ao estabelecimento ou designação de um mecanismo de coordenação no âmbito do Governo, a fim de facilitar ações correlatas nos diferentes setores e níveis. Ademais, em conformidade com seus sistemas jurídico e administrativo, devem manter, fortalecer, designar ou estabelecer estrutura, incluindo um ou mais de um mecanismo independente, de maneira apropriada, para promover, proteger e monitorar a implementação da Convenção (art. 33).

No âmbito internacional, estabelece que os Estados Partes devem reconhecer a importância da cooperação internacional e de sua promoção, em apoio aos esforços nacionais para a consecução do propósito e dos objetivos da Convenção e, assim, devem adotar medidas apropriadas e efetivas entre os Estados e, de maneira adequada, em parceria com organizações internacionais e regionais relevantes e com a sociedade civil e, em particular, com organizações de pessoas com deficiência (art. 32).

A implementação da Convenção é monitorada pelo chamado *sistema de relatórios periódicos*, por meio dos quais os Estados se obrigam a enviar informes, nos quais devem constar as ações que realizaram para a obtenção do respeito e garantia dos direitos humanos. No caso da Convenção sobre os Direitos das Pessoas com Deficiência, foi criado o Comitê sobre os Direitos das Pessoas com Deficiência composto por 18 especialistas independentes (12 inicialmente e 18 quando a Convenção alcançar 60 ratificações – já ocorrido), indicados pelos Estados contratantes para mandatos de quatro anos, com uma reeleição possível.

Os Estados devem informar ao citado Comitê sobre as medidas legislativas, judiciais ou administrativas que tenham adotado e que serviram para implementar os dispositivos da Convenção. A periodicidade na apresentação dos relatórios é feita da seguinte forma: em primeiro lugar, há o relatório inicial que deve ser entregue após *dois* anos da ratificação da Convenção; após este relatório, outro deve ser entregue a cada *quatro* anos.

A Convenção prevê que os Estados Partes devem se reunir regularmente em Conferência dos Estados Partes a fim de considerar matérias relativas a sua implementação (art. 40).

O Brasil ainda ratificou o Protocolo Facultativo à Convenção da ONU sobre os Direitos das Pessoas com Deficiência, sob o mesmo rito do art. 5º, § 3º, da CF/88, que também tem, então, *hierarquia equivalente à emenda constitucional.* De acordo com o Protocolo, o Comitê sobre os Direitos das Pessoas com Deficiência, criado pela Convenção, pode receber e considerar comunicações submetidas por pessoas ou grupos de pessoas, ou em nome deles, sujeitos à sua jurisdição, alegando serem vítimas de violação das disposições da Convenção pelo referido Estado.

QUADRO SINÓTICO

Convenção da ONU sobre os Direitos das Pessoas com Deficiência e seu Protocolo Facultativo	
Definição de "pessoas com deficiência"	• São aquelas que têm impedimentos de natureza física, intelectual ou sensorial, as quais, em interação com diversas barreiras, podem obstruir sua participação plena e efetiva na sociedade com as demais pessoas.
Princípios diretivos da Convenção	• respeito pela dignidade inerente, a autonomia individual, inclusive a liberdade de fazer as próprias escolhas, e a independência das pessoas; • não discriminação; • plena e efetiva participação e inclusão na sociedade; • respeito pela diferença e pela aceitação das pessoas com deficiência como parte da diversidade humana e da humanidade; • igualdade de oportunidades; • acessibilidade; • igualdade entre o homem e a mulher; • respeito pelo desenvolvimento das capacidades das crianças com deficiência e pelo direito das crianças com deficiência de preservar sua identidade.
Principais obrigações assumidas pelos Estados	• Adotar todas as medidas legislativas, administrativas e de qualquer outra natureza, necessárias para a realização dos direitos reconhecidos, bem como eliminar os dispositivos e práticas, que constituírem discriminação contra pessoas com deficiência. • O Estado deve abster-se de participar em qualquer ato ou prática incompatível com a Convenção e assegurar que as autoridades públicas e instituições atuem em conformidade com seu texto, além de tomar todas as medidas apropriadas para eliminar a discriminação baseada em deficiência, por parte de qualquer pessoa, organização ou empresa privada.
Mecanismos de monitoramento	• Comitê sobre os Direitos das Pessoas com Deficiência, com competência para: • Exame dos relatórios periódicos • Exame de petições das vítimas

24. TRATADO DE MARRAQUECHE SOBRE ACESSO FACILITADO A OBRAS PUBLICADAS

O Tratado de Marraqueche[66] para facilitar o acesso às obras publicadas às pessoas cegas, com deficiência visual ou com outras dificuldades para ter alcance ao texto impresso, concluído no âmbito da Organização Mundial de Propriedade Intelectual, foi celebrado em 27 de junho de 2013, em Marraqueche, no Marrocos. Possui, em 2024, 96 Estados partes.

No Brasil, foi aprovado pelo Congresso Nacional por meio do Decreto Legislativo n. 261, de 29 de novembro de 2015, de acordo com o rito especial do § 3º do art. 5º da Constituição (estatuto equivalente ao de emenda constitucional), tendo sido ratificado em 11 de dezembro de 2015. Foi promulgado internamente pelo Decreto n. 9.522, de 8 de outubro de 2018, quase três anos depois da ratificação. Anote-se que este é o terceiro tratado aprovado de acordo com o rito especial do

---

[66] Utilizo aqui a grafia "Marraqueche" adotada na *tradução oficial* para o português (Decreto Legislativo n. 261, publicado no *DOU* de 26-11-2015), em vez de *Marraquexe*.

§ 3º do art. 5º da CF/88, todos referentes aos direitos das pessoas com deficiência (Convenção das Nações Unidas sobre os Direitos das Pessoas com Deficiência, Protocolo Facultativo à Convenção e, agora, o Tratado de Marraqueche)[67].

Possui como objetivo principal a criação de instrumentos normativos e administrativos internos voltados a assegurar o *acesso facilitado à reprodução e distribuição de obras em formato acessível aos cegos e deficientes visuais*, superando limitações (por exemplo, direitos autorais). Visa, assim, eliminar a escassez crônica de publicação de obras em formatos acessíveis a pessoas com deficiência visual, democratizando o acesso à cultura, educação, bem como ao desenvolvimento pessoal e ao trabalho em igualdade de oportunidades.

Consta da exposição de motivos ministerial (EMI n. 4/2014, conjunta dos Ministérios das Relações Exteriores, Secretaria de Direitos Humanos e Ministério da Cultura) que menos de 5% das obras publicadas estão disponíveis em formato acessível para o uso dessas pessoas e, em países em desenvolvimento, esse percentual baixa para até 1%. Com isso, a escassez de obras em formato acessível resulta em verdadeira "fome de livros" (*book famine*).

O Tratado de Marraqueche foi negociado no seio da Organização Mundial da Propriedade Intelectual (OMPI), tendo sido fruto de proposta apresentada por Brasil, Equador e Paraguai, em maio de 2009, para pagar dívida histórica com as pessoas com deficiência visual. Sua entrada em vigor ocorreu em *30 de setembro de 2016*, três meses após o depósito do vigésimo instrumento de ratificação (feito pelo Canadá), nos termos do artigo 18.

A base do tratado é o estabelecimento de duas exceções aos direitos autorais que permitem: (i) a livre produção e distribuição de obras em formato acessível no território dos Estados partes e (ii) o intercâmbio transfronteiriço desimpedido desses formatos. Este último dispositivo aumenta o alcance do Tratado, na medida em que permite que as pessoas com deficiência visual residentes em um Estado Parte tenham acesso aos formatos acessíveis produzidos no território de outro Estado Parte.

Esse acesso facilitado promove a igualdade de oportunidades, a liberdade de expressão e de comunicação e o direito à cultura, estimulando a participação e a inclusão das pessoas com deficiência na sociedade. O Tratado, que possui somente 22 artigos, reforça o dever estatal na promoção da igualdade às pessoas com deficiência.

Na parte introdutória, o artigo 1º traz a relação do Tratado com outras normas de Direito Internacional, estipulando a não derrogação de obrigações ou direitos dos Estados decorrentes de outros tratados.

No tocante ao objeto do Tratado, os artigos 2º e 3º trazem definições importantes sobre o seu objeto. O artigo 2º trata de conceitos importantes: (i) o termo "obra" abarca todas as obras literárias e artísticas, em formato de texto, ilustração ou áudio; (ii) o termo "exemplar em formato acessível" significa a reprodução da obra para pessoas impossibilitadas de leitura impressa, com respeito a integridade da original, de forma alternativa que garanta acesso de maneira tão prática como o faria a uma pessoa sem deficiência visual; e (iii) o termo "entidade autorizada", como aquela autorizada ou reconhecida pelo governo para promover, sem intuito lucrativo, a leitura adaptada ou o acesso à informação, bem como para determinar os beneficiários dos exemplares em formato acessível.

O artigo 3º, por sua vez, estabelece os beneficiários, como sendo: (i) cegos; (ii) pessoas com deficiência visual ou de percepção ou leitura que não possa ser substancialmente corrigida, de modo a ser impossível a leitura de material impresso de forma equivalente à pessoa sem deficiência ou dificuldade; e (iii) pessoas que estejam impossibilitadas, por deficiência física, de

---

[67] Ver mais sobre o estatuto dos tratados de direitos humanos na Parte III, item 3.4, deste *Curso*.

sustentar ou manipular livro, ou focar ou mover os olhos da forma necessária à leitura impressa.

A harmonização da legislação interna de direito autoral com a promoção da igualdade de oportunidades é reiterada como obrigação dos Estados partes do Tratado de Marraqueche. Dispõe o artigo 4º que a permissão de acesso a obras em formato alternativo às pessoas com dificuldade para leitura de material impresso é exceção ou limitação aos direitos de reprodução.

Com o intuito de facilitar o acesso e o uso de obras publicadas por pessoas com deficiência, o Tratado *concretiza* as chamadas regras do "teste dos três passos" (*three step test*) para limitação da reprodução de obras por terceiros previstas no artigo 9.2 da Convenção de Berna sobre a Proteção de Obras Literárias e Artísticas (promulgada internamente pelo Decreto n. 75.699, de 6 de maio de 1975). Pelo "teste dos três passos" é admissível a limitação do direito do autor (i) em certos casos especiais (ii) que não prejudiquem a exploração comercial normal da obra e (iii) não causem prejuízo injustificado aos legítimos interesses do autor. O objetivo do "teste dos três passos" é só permitir a reprodução das obras com limitações aos direitos autorais caso isso seja feito excepcionalmente e sem que tais reproduções entrem em competição com a obra comercializada com o consentimento do titular de seus direitos autorais, o que é justamente a situação das "obras acessíveis" abarcadas pelo Tratado de Marraqueche[68]. A situação abrangida pelo Tratado é especial, justificada e não prejudica a comercialização ordinária das obras destinadas aos que não possuem deficiência visual.

Como consequência, as entidades autorizadas poderão, sem a necessidade de consentimento do titular dos direitos do autor, produzir exemplar em formato acessível de obra e fornecê-lo, sem fins lucrativos, aos beneficiários. Tal direito é estendido aos beneficiários e pessoas agindo em seu nome, as quais podem produzir exemplar acessível para uso pessoal do beneficiário. Em ambas as situações, pode o Estado restringir tais exceções às obras que não possam ser obtidas comercialmente sob "condições razoáveis" para os beneficiários daquele mercado, desde que declare tal intenção em notificação depositada junto ao Diretor-geral da OMPI no momento da ratificação, aceitação ou adesão ao Tratado, ou em qualquer momento posterior (art. 4º.4 – o que o Brasil *não* fez até o momento). Além disso, cabe à legislação interna determinar se as exceções ou limitações demandam remuneração.

Na mesma linha, as obrigações gerais sobre as limitações e exceções, disciplinadas no artigo 11, expressam a conformidade do Tratado de Marraqueche com a permissão de reprodução de obras em casos especiais, prevista no artigo 9.2 da Convenção de Berna, no artigo 13 do Acordo Relativo aos aspectos do Direito de Propriedade Intelectual relacionados ao Comércio e nos artigos 10.1 e 10.2 do Tratado da Organização Mundial de Propriedade Intelectual. Ademais, o artigo 12 do Tratado de Marraqueche autoriza os Estados partes, de acordo com as suas necessidades socioeconômicas e culturais, a adotarem outras exceções ou limitações ao direito autoral visando a facilitar o acesso a obras publicadas às pessoas impossibilitadas de ter alcance ao texto impresso.

Para estimular o acesso a obras publicadas às pessoas com deficiência visual, os artigos 5º e 6º estabelecem as diretrizes para o intercâmbio transfronteiriço e para a importação de exemplares em formato acessível, sem a autorização do titular do direito. A seguir, o artigo 7º prevê que a adoção de medidas tecnológicas para proteção de direitos autorais não deve interferir com as medidas adotadas para facilitar o acesso alternativo às obras impressas. Já o artigo 8º reitera

---

[68] Sobre a regra do teste dos três passos, ver BASSO, Maristela. "As exceções e limitações aos direitos do autor e a observância da regra do teste dos três passos (*three-step-test*)", *Revista da Faculdade de Direito da Universidade de São Paulo*, v. 102, jan./dez. 2007, p. 493-503.

o respeito à privacidade dos beneficiários do acesso às obras em formato alternativo ao impresso nas mesmas condições de outras pessoas. Por sua vez, os artigos 9º e 10 reforçam a cooperação necessária para a implementação do Tratado, ao estimularem o compartilhamento de informações e o comprometimento com a adoção das medidas internas necessárias para garantir a sua aplicação.

Para organizar a admissão e as decisões relativas ao Tratado, o artigo 13 estabelece a criação de Assembleia, composta por um delegado de cada Estado Parte, com direito a voto, que se reunirá mediante convocação do Diretor-Geral, para decidir sobre: (i) a adesão de organização governamental ao Tratado, nos termos do artigo 15; (ii) a aplicação, manutenção e desenvolvimento do Tratado; e (iii) a convocação de conferência diplomática para revisão do Tratado. As decisões da Assembleia devem ser tomadas preferencialmente por consenso, cabendo-lhe definir o quórum e maioria exigidos para as diferentes decisões.

Ainda no âmbito administrativo, o artigo 14 fixa o escritório internacional da Organização Mundial de Propriedade Intelectual (em Genebra) para executar as tarefas administrativas relativas ao Tratado. Por sua vez, o artigo 15 traz as condições para se tornar parte do Tratado, permitindo a adesão: (i) de qualquer Estado Parte da Organização Mundial de Propriedade Intelectual; e (ii) de Organização Intergovernamental (com menção expressa à União Europeia) com competência comum sobre o tema em questão. Finalmente, o artigo 16 fixa o cumprimento das obrigações e gozo dos direitos previstos no Tratado por todos os Estados partes, e os artigos 17 a 22 determinam as condições para assinatura, entrada em vigor, produção dos efeitos, denúncia, línguas e depositário do Tratado.

O Tratado de Marraqueche reforça o disposto na Lei Brasileira de Inclusão (Lei n. 13.146/2015)[69], pela qual a pessoa com deficiência tem direito à cultura, ao esporte, ao turismo e ao lazer em *igualdade de oportunidades* com as demais pessoas, sendo-lhe garantido o acesso a *bens culturais em formato acessível* (art. 42, I). O § 1º do art. 42 da LBI é claro, ao dispor que: "[é] vedada a recusa de oferta de obra intelectual em formato acessível à pessoa com deficiência, sob qualquer argumento, inclusive sob a alegação de proteção dos direitos de propriedade intelectual".

No mesmo sentido, o art. 68 da LBI determina ao poder público que adote mecanismos de incentivo à produção, à edição, à difusão, à distribuição e à comercialização de livros em formatos acessíveis, inclusive em publicações da administração pública ou financiadas com recursos públicos, com vistas a garantir à pessoa com deficiência o direito de acesso à leitura, à informação e à comunicação. Também dispõe (art. 68, § 1º) que nos editais de compras de livros, inclusive para o abastecimento ou a atualização de acervos de bibliotecas em todos os níveis e modalidades de educação e de bibliotecas públicas, o poder público deverá adotar cláusulas de impedimento à participação de editoras que não ofertem sua produção também em formatos acessíveis.

Cabe anotar que há críticas ao conteúdo do Tratado por parte de organizações não governamentais e por parte da *Procuradoria Federal dos Direitos do Cidadão* (PFDC)[70] do Ministério Público Federal, que apontam contradição entre a proteção dada pelo Tratado de Marraqueche e o teor da Convenção das Nações Unidas sobre Direito das Pessoas com Deficiência e da Lei Brasileira de Inclusão (LBI), em especial: (i) uso do termo "entidade autorizada" previsto nos arts. 2º e 4º do tratado, o que poderia sugerir que somente essas poderiam editar o livro acessível, gerando uma tutela indevida sobre as pessoas com deficiência (retorno ao assistencialismo); (ii) como consequência da primeira crítica, o tratado teria violado o direito das pessoas com

---

[69] Ver mais sobre a LBI na Parte IV, item 44, deste *Curso*.
[70] *Vide* a posição da PFDC. Disponível em: <http://pfdc.pgr.mpf.mp.br/informativos/edicoes-2016/novembro/ameaca-de-retrocessos-na-garantia-de-livro-acessivel-e-tema-de-reuniao-na-pfdc/>. Acesso em: 15 jul. 2024.

deficiência de acesso a bens culturais em formato acessível (art. 42 da LBI), eliminando o dever das editoras em fornecer esses bens, restando ao Estado fornecer subsídios às organizações não governamentais ("entidades autorizadas").

Contudo, o próprio tratado, prudentemente, faz expressamente *ponderação de direitos a favor das pessoas com deficiência* (limitando eventuais alegações de defesa do direito de propriedade), ao prever uma *cláusula de preferência a favor da acessibilidade* com base em outras "obrigações internacionais" (por exemplo, a Convenção da ONU sobre Direito das Pessoas com Deficiência) e na "legislação nacional", conforme dispõem respectivamente o art. 12.1[71] e 12.2[72]. Por isso, a LBI regula, no plano interno, o "acesso facilitado" previsto no Tratado de Marraqueche, não podendo ser o tratado de Marraqueche interpretado de modo a *diminuir a acessibilidade* já assegurada, em exemplo de ponderação de direitos e proibição do retrocesso.

QUADRO SINÓTICO

Tratado de Marraqueche para facilitar o acesso de obras publicadas às pessoas cegas, com deficiência visual ou com outras dificuldades para ter acesso ao texto impresso	
Natureza jurídica	• Tratado ratificado pelo Brasil em 11 de dezembro de 2015, com estatuto interno equivalente ao de emenda constitucional.
Objetivo	• Promover a igualdade de oportunidades, a liberdade de expressão e de comunicação e o direito à cultura, estimulando a participação e a inclusão das pessoas com deficiência na sociedade, mediante a facilitação ao acesso de obras publicadas às pessoas impossibilitadas à leitura impressa.
Essência da Convenção	• Está em linha com o "teste dos três passos". • Reforça o dever do Estado na promoção da igualdade às pessoas com deficiência, ao estabelecer a obrigação estatal de criar instrumentos para impedir limitações e facilitar a reprodução e distribuição de obras em formato acessível aos cegos e deficientes visuais.

25. CONVENÇÃO INTERNACIONAL SOBRE A PROTEÇÃO DOS DIREITOS DE TODOS OS TRABALHADORES MIGRANTES E DOS MEMBROS DAS SUAS FAMÍLIAS

A Convenção Internacional sobre a Proteção dos Direitos de Todos os Trabalhadores Migrantes e dos Membros das suas Famílias foi adotada pela Assembleia Geral da ONU por meio da Resolução n. 45/158, de 18 de dezembro de 1990, em Nova Iorque. Entrou em vigor em 1º de julho de 2003, conforme determina seu art. 87, possuindo, em 2024, 59 Estados partes. No Brasil, em 15 de dezembro de 2010 (vinte anos após a edição da Convenção), o Poder Executivo submeteu a apreciação de seu texto ao Congresso Nacional por meio da "Mensagem de Acordos, convênios, tratados e atos internacionais" – MSC n. 696/2010, a qual *ainda* está em tramitação, 14 anos após o envio da mensagem presidencial[73]. Por outro lado, essa delonga brasileira não é compartilhada

---

[71] Art. 12.1. As Partes Contratantes reconhecem que uma Parte Contratante pode implementar em sua legislação nacional outras limitações e exceções ao direito de autor para o proveito dos beneficiários além das previstas por este Tratado, tendo em vista a situação econômica dessa Parte Contratante e suas necessidades sociais e culturais, em conformidade com os direitos e obrigações internacionais dessa Parte Contratante, e, no caso de um país de menor desenvolvimento relativo, levando em consideração suas necessidades especiais, seus direitos e obrigações particulares e suas flexibilidades.

[72] Art. 12.2. Este Tratado não prejudica outras limitações e exceções para pessoas com deficiência previstas pela legislação nacional.

[73] CÂMARA DOS DEPUTADOS. *MSC 696/2010*. Disponível em: <http://www.camara.gov.br/proposicoesWeb/fichadetramitacao?idProposicao=489652>. Acesso em: 15 jul. 2024.

pelos Estados na região: todos os demais membros do Mercosul (Argentina, Uruguai, Paraguai, Venezuela e até mesmo Bolívia – recém-admitida como Membro Pleno) já ratificaram essa Convenção.

O tratado foi elaborado tendo em vista uma série de diplomas internacionais já existentes sobre os direitos dos trabalhadores migrantes, bem como considerando a amplitude do *fenômeno da migração*, nessa era de globalização. Seu objetivo fundamental foi estabelecer normas para uniformizar princípios fundamentais relativos ao tratamento dos trabalhadores migrantes e de suas famílias, por meio de uma proteção internacional adequada, especialmente tendo em vista sua situação de *vulnerabilidade* e seu afastamento do Estado de origem.

A elaboração do tratado considerou ainda os problemas das migrações indocumentadas, em que os trabalhadores são frequentemente empregados em condições de trabalho menos favoráveis que outros, o que leva a que se procure tal mão de obra a fim de se beneficiar da concorrência desleal. Assim, seu texto considerou a necessidade de encorajar a adoção de medidas adequadas para prevenir e eliminar os movimentos clandestinos e o tráfico dos trabalhadores migrantes, assegurando, ao mesmo tempo, a proteção dos direitos fundamentais desses trabalhadores. Nesse passo, considerou-se que a superexploração dos trabalhadores migrantes em situação indocumentada seria desencorajada se os direitos humanos fundamentais de todos os trabalhadores migrantes fossem mais amplamente reconhecidos.

O texto da Convenção possui o preâmbulo e 93 artigos, divididos em nove partes.

Na Parte I, a Convenção cuida de seu alcance e traz definições. No art. 1º, determina sua aplicação, salvo disposição em contrário em seu próprio texto, a todos os trabalhadores migrantes e aos membros das suas famílias sem qualquer distinção fundada nomeadamente no sexo, raça, cor, língua, religião ou convicção, opinião política, origem nacional, étnica ou social, nacionalidade, idade, posição econômica, patrimônio, estado civil, nascimento ou outra situação. Aplica-se também a todo o processo migratório dos trabalhadores migrantes e membros das suas famílias (preparação da migração, a partida, o trânsito e a duração total da estada, a atividade remunerada no Estado de emprego, bem como o regresso ao Estado de origem ou ao Estado de residência habitual).

No art. 2º são definidos os conceitos relevantes de trabalhador migrante para os fins da Convenção e nos arts. 4º e 6º são apresentadas outras definições, a seguir esquematizadas:

Trabalhador migrante	• Pessoa que vai exercer, exerce ou exerceu uma atividade remunerada num Estado de que não é nacional.
Trabalhador fronteiriço	• Trabalhador migrante que conserva a sua residência habitual num Estado vizinho a que regressa, em princípio, todos os dias ou, pelo menos, uma vez por semana.
Trabalhador sazonal	• Trabalhador migrante cuja atividade, pela sua natureza, depende de condições sazonais e só se realiza durante parte do ano.
Marítimo	• Abrange os pescadores e designa o trabalhador migrante empregado a bordo de um navio matriculado num Estado de que não é nacional.
Trabalhador numa estrutura marítima	• Trabalhador migrante empregado numa estrutura marítima que se encontra sob a jurisdição de um Estado de que não é nacional.
Trabalhador itinerante	• Trabalhador migrante que, tendo a sua residência habitual num Estado, tem de viajar para outros Estados por períodos curtos, devido à natureza da sua ocupação.

Trabalhador vinculado a um projeto	• Trabalhador migrante admitido num Estado de emprego por tempo definido para trabalhar unicamente num projeto concreto conduzido pelo seu empregador nesse Estado.
Trabalhador com emprego específico	• (i) Que tenha sido enviado pelo seu empregador, por um período limitado e definido, a um Estado de emprego para aí realizar uma tarefa ou função específica; ou • (ii) Que realize, por um período limitado e definido, um trabalho que exige competências profissionais, comerciais, técnicas ou altamente especializadas de outra natureza; ou • (iii) Que, a pedido do seu empregador no Estado de emprego, realize, por um período limitado e definido, um trabalho de natureza transitória ou de curta duração; • (iv) e que deva deixar o estado de emprego ao expirar o período autorizado de residência, ou mais cedo, se deixa de realizar a tarefa ou função específica ou o trabalho inicial.
Trabalhador independente	• Trabalhador migrante que exerce uma atividade remunerada não submetida a um contrato de trabalho e que ganha a sua vida por meio desta atividade, trabalhando normalmente só ou com membros da sua família, assim como o trabalhador considerado independente pela legislação aplicável do Estado de emprego ou por acordos bilaterais ou multilaterais.
Membros da família	• Pessoa casada com o trabalhador migrante ou que com ele mantém uma relação que, em virtude da legislação aplicável, produz efeitos equivalentes aos do casamento, bem como os filhos a seu cargo e outras pessoas a seu cargo, reconhecidas como familiares pela legislação aplicável ou por acordos bilaterais ou multilaterais aplicáveis entre os Estados interessados.
Estado de origem	• Estado de que a pessoa interessada é nacional.
Estado de emprego	• Estado onde o trabalhador migrante vai exercer, exerce ou exerceu uma atividade remunerada, consoante o caso.
Estado de trânsito	• Estado por cujo território a pessoa interessada deva transitar a fim de se dirigir para o Estado de emprego ou do Estado de emprego para o Estado de origem ou de residência habitual.

O art. 3º explicita que a Convenção *não* se aplica: (i) às pessoas enviadas ou empregadas por organizações e organismos internacionais, nem às pessoas enviadas ou empregadas por um Estado fora do seu território para desempenharem funções oficiais, cuja admissão e estatuto são regulados pelo direito internacional geral ou por acordos internacionais ou convenções internacionais específicas; (ii) às pessoas enviadas ou empregadas por um Estado ou por conta desse Estado fora do seu território que participam em programas de desenvolvimento e em outros programas de cooperação, cuja admissão e estatuto são regulados por acordo celebrado com o Estado de emprego e que, nos termos deste acordo, não são consideradas trabalhadores migrantes; (iii) às pessoas que se instalam num Estado diferente do seu Estado de origem na qualidade de investidores; (iv) aos refugiados e apátridas, salvo disposição em contrário da legislação nacional pertinente do Estado Parte interessado ou de instrumentos internacionais em vigor para esse Estado; (v) aos estudantes e estagiários e (vi) aos marítimos e aos trabalhadores de estruturas marítimas que não tenham sido autorizados a residir ou a exercer uma atividade remunerada no Estado de emprego.

O art. 5º, por sua vez, apresenta a distinção entre os trabalhadores e membros de suas famílias considerados em situação *regular* ou *irregular*. São considerados *documentados* ou em *situação regular* se forem autorizados a entrar, permanecer e exercer uma atividade remunerada no Estado de emprego, ao abrigo da legislação desse Estado e das convenções internacionais de que esse Estado seja Parte. Por outro lado, são considerados *indocumentados* ou em *situação irregular* aqueles que não preencherem tais condições.

Na Parte II, a Convenção dispõe sobre a *não discriminação* em matéria de direitos. Assim, em seu art. 7º, os Estados Partes se comprometem, em conformidade com os instrumentos internacionais relativos aos direitos humanos, a respeitar e garantir os direitos previstos na Convenção a todos os trabalhadores migrantes e membros da sua família que se encontrem no seu território e sujeitos à sua jurisdição, sem distinção alguma, independentemente de qualquer consideração de raça, cor, sexo, língua, religião ou convicção, opinião política ou outra, origem nacional, étnica ou social, nacionalidade, idade, posição econômica, patrimônio, estado civil, nascimento ou de qualquer outra situação.

Na Parte III, por sua vez, a Convenção enuncia os direitos humanos de *todos* os trabalhadores migrantes e membros de suas famílias. Trata-se de uma relação de direitos reconhecidos a todos os seres humanos, os quais, em linhas gerais, podem ser assim resumidos: direito à vida (art. 9º); impossibilidade de submissão a tortura, a penas ou tratamentos cruéis, desumanos ou degradantes (art. 10), a escravidão ou servidão, ou à realização de um trabalho forçado ou obrigatório (art. 11); liberdade de expressão (art. 13); inviolabilidade de domicílio, correspondência, comunicações (art. 14); expropriação condicionada a indenização justa e adequada (art. 15); liberdade e segurança, além de proteção contra a violência, os maus-tratos físicos, as ameaças e a intimidação, por parte de funcionários públicos ou privados, grupos ou instituições; proteção contra detenção ou prisão arbitrárias (art. 16).

Além disso, a Convenção prevê: direito a tratamento com humanidade e com respeito da dignidade inerente à pessoa humana e à sua identidade cultural; direitos dos trabalhadores migrantes detidos ou presos (art. 17); equiparação de garantias processuais às conferidas aos nacionais do Estado de emprego (art. 18); em matéria penal, princípio da legalidade e irretroatividade da lei, salvo se mais benéfica ao sentenciado (art. 19); impossibilidade de detenção por descumprimento de obrigação contratual e impossibilidade de privação de autorização de residência ou de trabalho; impossibilidade de expulsão por descumprimento de obrigação decorrente de um contrato de trabalho (art. 20); direito ao reconhecimento da personalidade jurídica (art. 24) e direito de reunião e associação, além do direito de inscrever-se livremente em sindicatos (art. 26).

Vale ressaltar, neste ponto, o art. 8º, que garante aos trabalhadores migrantes e suas famílias o *direito de poder sair livremente de qualquer Estado*, incluindo o seu Estado de origem, o qual só pode ser objeto de restrições que, sendo previstas na lei, constituam disposições necessárias para proteger a segurança nacional, a ordem pública, a saúde ou moral públicas, ou os direitos e liberdades de outrem, e se mostrem compatíveis com os outros direitos reconhecidos nesta parte da Convenção. Ademais, têm o direito a regressar em qualquer momento ao seu Estado de origem e aí permanecer.

O art. 21 veda a todas as pessoas, com exceção dos funcionários públicos devidamente autorizados por lei para este efeito, o direito de apreender, destruir ou tentar destruir documentos de identidade, documentos de autorização de entrada, permanência, residência ou de estabelecimento no território nacional, ou documentos relativos à autorização de trabalho. Ademais, em nenhum caso é permitido destruir o passaporte ou documento equivalente de um trabalhador migrante ou de um membro da sua família.

O art. 22 dispõe que os trabalhadores migrantes e membros das suas famílias *não podem ser objeto de medidas de expulsão coletiva*, devendo cada caso ser examinado individualmente. A expulsão do território de um Estado Parte só pode ocorrer em cumprimento da decisão tomada por autoridade competente, em conformidade com a lei.

Já o art. 23 garante aos trabalhadores migrantes e membros das suas famílias o direito de recorrer à *proteção e à assistência das autoridades diplomáticas e consulares* do seu Estado de origem ou de um Estado que represente os interesses daquele Estado em caso de violação dos direitos reconhecidos na Convenção.

O art. 25, por sua vez, garante tratamento não menos favorável que aquele que é concedido aos nacionais do Estado de emprego em matéria de retribuição e outras condições de trabalho e emprego, não sendo admitidas derrogações ao princípio da igualdade nos contratos de trabalho privados.

Nos arts. 27 e 28, a Convenção garante *direitos sociais* aos trabalhadores migrantes e membros das suas famílias, que se beneficiam no Estado de emprego, em matéria de segurança social, de tratamento igual ao que é concedido aos nacionais desse Estado, sem prejuízo das condições impostas pela legislação nacional e pelos tratados bilaterais e multilaterais aplicáveis. Ademais, têm direito de receber os cuidados médicos urgentes que sejam necessários para preservar a sua vida ou para evitar danos irreparáveis à sua saúde, em pé de igualdade com os nacionais do Estado em questão, os quais *não* podem ser-lhes recusados por motivo de irregularidade em matéria de permanência ou de emprego.

Nos arts. 29 e 30, a Convenção garante ao filho de um trabalhador migrante o direito a um nome, ao registro do nascimento e a uma nacionalidade, além do direito fundamental de acesso à educação em condições de igualdade de tratamento com os nacionais do Estado interessado, não podendo ser negado ou limitado o acesso a estabelecimentos públicos de ensino pré-escolar ou escolar por motivo de situação irregular em matéria de permanência ou emprego de um dos pais ou com fundamento na permanência irregular da criança no Estado de emprego.

Ademais, a Convenção prevê, em seu art. 31, que os Estados Partes devem assegurar respeito à *identidade cultural* dos trabalhadores migrantes e dos membros das suas famílias e não impedi--los de manter os laços culturais com o seu Estado de origem, podendo adotar as medidas adequadas para apoiar e encorajar esforços neste domínio. Além disso, cessando a permanência no Estado de emprego, os trabalhadores migrantes e os membros das suas famílias têm o direito de transferir os seus ganhos e as suas poupanças e, nos termos da legislação aplicável dos Estados interessados, os seus bens e pertences.

O art. 33, por sua vez, enuncia o direito dos trabalhadores migrantes e dos membros das suas famílias serem informados pelo Estado de origem, Estado de emprego ou Estado de trânsito, conforme o caso, relativamente aos direitos que lhes são reconhecidos pela Convenção e às condições de admissão, direitos e obrigações em virtude do direito e da prática do Estado interessado e outras questões que lhes permitam cumprir as formalidades administrativas ou de outra natureza exigidas por esse Estado.

Por fim, os arts. 34 e 35 dispõem que nenhum desses direitos isenta os trabalhadores migrantes e os membros das suas famílias do dever de cumprir as leis e os regulamentos dos Estados de trânsito e do Estado de emprego e de respeitar a identidade cultural dos habitantes desses Estados. Ademais, nenhuma disposição da Convenção deve ser interpretada de forma a implicar a regularização da situação dos trabalhadores migrantes ou dos membros das suas famílias que se encontram indocumentados ou em situação irregular, nem como no sentido de criar qualquer direito a ver regularizada a sua situação, nem como capaz de afetar as medidas destinadas a assegurar condições satisfatórias e equitativas para a migração internacional, previstas na Parte VI da Convenção.

Na Parte IV, a Convenção prevê outros direitos dos trabalhadores migrantes e dos membros das suas famílias que se encontram documentados ou em situação *regular*, para além dos direitos anteriormente previstos. Nesses casos, há algum *paralelismo* com os direitos já garantidos pela Convenção na Parte III.

A Parte V da Convenção (arts. 57 a 63) apresenta as disposições aplicáveis a categorias especiais de trabalhadores migrantes e membros de suas famílias: trabalhadores fronteiriços, trabalhadores sazonais, trabalhadores itinerantes, trabalhadores vinculados a um projeto, trabalhadores com emprego específico e trabalhadores independentes. Os dispositivos desta Parte especificam o benefício dos direitos previstos na Parte IV que são aplicáveis a cada um desses tipos de trabalhadores por força da sua presença e do seu trabalho no território do Estado de emprego e que sejam compatíveis com seu estatuto, fazendo, entretanto, algumas ressalvas.

Na Parte VI, a Convenção dispõe sobre a promoção de condições saudáveis, equitativas, dignas e justas em matéria de migração internacional de trabalhadores migrantes e de membros de suas famílias. O art. 64 determina que os Estados Partes interessados consultem-se e cooperem, se necessário, a fim de promover referidas condições. A esse respeito, a Convenção prevê que sejam tomadas em conta não só as necessidades e recursos de mão de obra ativa, mas também as necessidades de natureza social, econômica, cultural e outra dos trabalhadores migrantes e dos membros das suas famílias, bem como as consequências das migrações para as comunidades envolvidas.

A Convenção prevê ainda que sempre que os Estados Partes interessados considerarem a possibilidade de *regularizar* a situação dessas pessoas, devem ter devidamente em conta as circunstâncias da sua entrada, a duração da sua estada no Estado de emprego, bem como outras considerações relevantes, em particular as que se relacionem com a sua situação familiar. Os Estados devem ainda adotar medidas não menos favoráveis do que as aplicadas aos seus nacionais para garantir que as condições de vida e de trabalho dos trabalhadores migrantes e dos membros das suas famílias em situação regular sejam conformes às normas de saúde, de segurança e de higiene e aos princípios inerentes à dignidade humana, além de facilitar o repatriamento para o Estado de origem dos restos mortais dos trabalhadores migrantes ou dos membros das suas famílias.

A Parte VII da Convenção dispõe sobre sua aplicação. Assim, em seu art. 72, institui o *Comitê para a Proteção dos Direitos de Todos os Trabalhadores Migrantes e dos Membros de Suas Famílias*, com o fim de examinar a aplicação de seu texto.

O Comitê é composto por 14 peritos de alta autoridade moral, imparcialidade, e reconhecida competência no domínio abrangido pela Convenção, para exercerem suas funções a título pessoal. Os peritos são eleitos para um período de quatro anos por escrutínio secreto pelos Estados Partes, dentre uma lista de candidatos designados pelos Estados Partes, tendo em consideração a necessidade de assegurar uma repartição geográfica equitativa, no que respeita quer aos Estados de origem, quer aos Estados de emprego, e uma representação dos principais sistemas jurídicos. Cada Estado Parte pode designar um perito dentre os seus nacionais e pode haver reeleição. Por força do art. 73, os Estados Partes se comprometem a apresentar ao Comitê, por meio do Secretário-Geral da ONU, *relatórios periódicos* sobre as medidas legislativas, judiciais, administrativas e de outra natureza que hajam adotado para dar aplicação às disposições da Convenção, de cinco em cinco anos ou sempre que o Comitê solicitar. O Comitê examina os relatórios apresentados por cada Estado Parte, transmitindo a ele os comentários que julgar apropriados e podendo solicitar informações complementares.

O Comitê pode convidar agências especializadas e outros órgãos da ONU, bem como organizações intergovernamentais e outros organismos interessados, a submeter por escrito, para apreciação pelo Comitê, informações sobre a aplicação da Convenção nas áreas relativas aos seus domínios de atividade. Ademais, o Secretariado Internacional do Trabalho é convidado pelo Comitê a designar os seus representantes a fim de participarem, na qualidade de consultores, das reuniões.

O Comitê submete um relatório anual à Assembleia Geral das Nações Unidas sobre a aplicação da Convenção, contendo suas observações e recomendações fundadas na apreciação dos relatórios e nas observações apresentadas pelos Estados. Tais relatórios são transmitidos pelo Secretário-Geral da ONU aos Estados Partes na Convenção, ao Conselho Econômico e Social, à Comissão dos Direitos Humanos da ONU, ao Diretor-Geral do Secretariado Internacional e a outras organizações relevantes neste domínio.

O art. 76 prevê ainda a possibilidade de que os Estados Partes declarem que reconhecem a competência do Comitê para avaliar *comunicações interestatais*, ou seja, para receber e apreciar comunicações de um Estado Parte, invocando o não cumprimento por outro Estado das obrigações decorrentes da presente Convenção.

Por sua vez, o art. 77 viabiliza também a possibilidade de que qualquer Estado Parte declare que reconhece a competência do Comitê para receber e examinar *comunicações individuais*, ou seja, apresentadas por pessoas sujeitas à sua jurisdição ou em seu nome, invocando a violação por esse Estado Parte dos seus direitos individuais estabelecidos pela Convenção.

Ainda, a Parte VIII estabelece as disposições gerais da Convenção. No art. 79, determina-se que *nenhuma* disposição da Convenção afeta o direito de cada Estado Parte de estabelecer os *critérios de admissão* de trabalhadores migrantes e de membros de suas famílias. Entretanto, com relação às outras questões relativas ao estatuto jurídico e ao tratamento dos trabalhadores migrantes e dos membros das suas famílias, os Estados Partes ficam vinculados pelas limitações impostas pela Convenção.

Além disso, nenhuma disposição da Convenção deve ser interpretada de forma a afetar as disposições da Carta da ONU e atos constitutivos das agências especializadas que definem as responsabilidades respectivas dos diversos órgãos da ONU e das agências especializadas (art. 80), e nenhuma disposição afeta as normas mais favoráveis à realização dos direitos ou ao exercício das liberdades dos trabalhadores migrantes e dos membros das suas famílias que possam figurar na legislação ou na prática de um Estado Parte ou em qualquer tratado bilateral ou multilateral em vigor para esse Estado. Além disso, nenhuma disposição da Convenção deve ser interpretada como implicando para um Estado, grupo ou pessoa, o direito a dedicar-se a uma atividade ou a realizar um ato que afete os direitos ou as liberdades nela enunciados (art. 81).

O art. 82 enuncia que os direitos dos trabalhadores migrantes e dos membros das suas famílias previstos na Convenção não podem ser objeto de renúncia, não sendo permitida qualquer forma de pressão sobre eles para que renunciem a estes direitos ou se abstenham de exercê-los. Assim, também não é possível a derrogação por contrato dos direitos reconhecidos na Convenção e os Estados Partes devem tomar as medidas adequadas para garantir que esses princípios sejam respeitados.

No art. 83, são apresentados os compromissos dos Estados Partes no sentido de garantir um recurso efetivo a toda pessoa cujos direitos e liberdades reconhecidos na Convenção tenham sido violados, ainda que a violação tenha sido cometida por pessoa no exercício de funções oficiais. Os Estados devem garantir que, ao exercer tal recurso, o interessado possa ver a sua queixa apreciada e decidida por uma autoridade judiciária, administrativa ou legislativa competente, ou por qualquer outra autoridade competente prevista no sistema jurídico do Estado, e a desenvolver as possibilidades de recurso judicial. Além disso, os Estados devem garantir que as autoridades competentes deem seguimento ao recurso quando este for considerado fundado.

Por fim, de acordo com o art. 84, os Estados se comprometem a adotar todas as medidas legislativas e outras que se afigurem necessárias à aplicação das disposições da Convenção. Finalmente, na Parte IX (arts. 85 a 92) a Convenção traz suas disposições finais: Secretário-Geral da ONU como depositário do tratado (art. 85); assinatura, adesão e ratificação (art. 86); entrada em vigor (art. 87);

impossibilidade de exclusão de aplicação da Convenção a qualquer uma das partes (art. 88); denúncia (art. 89); revisão e emenda da Convenção (art. 90); reservas (art. 91); mecanismos de resolução de conflitos para interpretações distintas de seu texto (art. 92) e idiomas da Convenção (art. 93).

O Poder Executivo, em sua mensagem presidencial, e o parecer (aprovado) sobre o projeto de decreto legislativo na Câmara dos Deputados destacaram a necessidade de oposição de reservas (que são aceitas pelo tratado – art. 91[74]) para que não sejam aceitos os seguintes dispositivos: (i) alínea "g" do § 3º do art. 18 da Convenção, pelo qual o trabalhador migrante ou membro da sua família suspeito ou acusado de ter violado a lei penal tem, no mínimo, direito a não ser obrigado a *testemunhar* ou a confessar-se culpado: tal dispositivo convencional colide com o dever geral da testemunha de cooperar com a prestação jurisdicional do Estado (art. 206, do CPP, e arts. 6º e 455, § 5º, do NCPC); (ii) parte do § 3º do art. 22 da Convenção autoriza, em "circunstâncias excepcionais", a expulsão de migrantes e membros de sua família, sem a devida fundamentação, o que viola o direito de acesso à justiça e o devido processo legal, qualificados pela ampla defesa e pelo contraditório (art. 5º, XXXV, LIV e LV, da CF), entre outros.

De resto, a resistência do Congresso Nacional em aprovar o texto da Convenção estava relacionada à manutenção do antigo Estatuto do Estrangeiro (Lei n. 6.815). Com sua revogação pela Lei de Migração (Lei n. 13.445/2017, estudada na **Parte IV** deste *Curso*), é provável sua futura aprovação e, posteriormente, ratificação. Anoto que a Lei de Migração, por ser bem posterior ao texto da Convenção (de 1990) já oferta maior proteção ao migrante, como se vê, por exemplo, na ausência de distinção pela Lei de Migração entre migrantes documentados e indocumentados, ao contrário do que está previsto na Convenção. Portanto, os direitos e garantias estabelecidos nos arts. 3º e 4º da Lei de Migração podem ser invocados por qualquer migrante (documentados ou indocumentados). O direito à saúde é assegurado pela Lei de Migração a todos os migrantes; já a Convenção assegura apenas os "cuidados médicos urgentes" aos migrantes indocumentados (art. 28).

QUADRO SINÓTICO

Convenção Internacional sobre a Proteção dos Direitos de Todos os Trabalhadores Migrantes e dos Membros das suas Famílias

Aplicação da Convenção	• Aplica-se a todos os trabalhadores migrantes e aos membros das suas famílias sem qualquer distinção fundada nomeadamente no sexo, raça, cor, língua, religião ou convicção, opinião política ou outra, origem nacional, étnica ou social, nacionalidade, idade, posição econômica, patrimônio, estado civil, nascimento ou outra situação. • Compreende a preparação da migração, a partida, o trânsito e a duração total da estada, a atividade remunerada no Estado de emprego, bem como o regresso ao Estado de origem ou ao Estado de residência habitual. • A Convenção não se aplica: a) às pessoas enviadas ou empregadas por organizações e organismos internacionais, nem às pessoas enviadas ou empregadas por um Estado fora do seu território para desempenharem funções oficiais, cuja admissão e estatuto são regulados pelo direito internacional geral ou por acordos internacionais ou convenções internacionais específicas; b) às pessoas enviadas ou empregadas por um Estado ou por conta desse Estado fora do seu território que participam em programas de desenvolvimento e noutros programas de cooperação, cuja admissão e estatuto são regulados por acordo celebrado com o Estado de emprego e que, nos termos deste acordo, não são consideradas trabalhadores migrantes;

---

[74] A reserva é ato unilateral pelo qual o Estado, no momento da celebração, manifesta sua vontade de (i) modificar ou (ii) excluir determinada cláusula do tratado.

	c) às pessoas que se instalam num Estado diferente do seu Estado de origem na qualidade de investidores; d) aos refugiados e apátridas, salvo disposição em contrário da legislação nacional pertinente do Estado Parte interessado ou de instrumentos internacionais em vigor para esse Estado; e) aos estudantes e estagiários; f) aos marítimos e aos trabalhadores de estruturas marítimas que não tenham sido autorizados a residir ou a exercer uma atividade remunerada no Estado de emprego.
Principais obrigações dos Estados Partes	• Não discriminação em matéria de direitos: compromisso de respeitar e garantir os direitos previstos na Convenção a todos os trabalhadores migrantes e membros da sua família que se encontrem no seu território e sujeitos à sua jurisdição, sem distinção alguma, independentemente de qualquer consideração de raça, cor, sexo, língua, religião ou convicção, opinião política ou outra, origem nacional, étnica ou social, nacionalidade, idade, posição econômica, patrimônio, estado civil, nascimento ou de qualquer outra situação. • Promoção de condições saudáveis, equitativas, dignas e justas em matéria de migração internacional de trabalhadores migrantes e de membros das suas famílias.
Direitos garantidos	• A Convenção tem por objetivo garantir o respeito aos direitos da pessoa humana também com relação aos trabalhadores migrantes, o que inclui direito à vida, direito à liberdade de expressão, direito de associação, dentre outros.
Comitê para a Proteção dos Direitos de Todos os Trabalhadores Migrantes e dos Membros de Suas Famílias	• Composto por 14 peritos de alta autoridade moral, imparcialidade e reconhecida competência no domínio abrangido pela Convenção, para exercerem suas funções a título pessoal, eleitos para um período de quatro anos. • Relatórios periódicos apresentados ao Comitê pelos Estados Partes de cinco em cinco anos. • Comitê apresenta relatório anual à Assembleia Geral das Nações Unidas sobre a aplicação da Convenção. • Possibilidade de reconhecimento da competência do Comitê para avaliar comunicações interestatais. • Possibilidade de reconhecimento da competência do Comitê para avaliar comunicações individuais.

26. PRINCÍPIOS DE YOGYAKARTA SOBRE ORIENTAÇÃO SEXUAL – "MAIS 10"

Em 2006, especialistas em direitos humanos (em nome próprio, sem representarem os seus Estados de origem ou mesmo os órgãos internacionais nos quais trabalhavam), reunidos em Yogyakarta, na Indonésia, elaboraram os Princípios sobre a aplicação do direito internacional dos direitos humanos em relação à orientação sexual e identidade de gênero (Princípios de Yogyakarta). A natureza jurídica dos "Princípios de Yogyakarta" é não vinculante, não pertencendo ao conjunto de normas de *soft law* (direito em formação) *primária* produzido pelos Estados ou por organizações internacionais.

Sua origem *privada* os insere na *soft law derivada*, produzida por associações ou por indivíduos (como é o caso dos mencionados especialistas). Contudo, os "Princípios" representam importante vetor de interpretação do direito à igualdade e combate à discriminação por orientação sexual, que pode ser extraído pela via interpretativa dos tratados já existentes.

Nessa linha, os "Princípios" buscam invocar direitos genericamente previstos em tratados internacionais de direitos humanos, declarações ou resolução já consagrados para aplicá-los especificamente aos temas essenciais envolvendo a orientação sexual, visando assegurar igualdade e vedar discriminação, estigmatização e violência contra pessoas em razão de sua identidade de gênero e orientação sexual. Essa opção pela aplicação das normas gerais de direitos a situações específicas de discriminação foi pragmática, uma vez que há grande resistência de vários Estados na elaboração de textos (tratados ou não) específicos sobre orientação sexual e identidade de gênero. Por isso, os "Princípios" concretizam a *proteção indireta de pessoas em situação de vulnerabilidade*, que é aquela realizada pela interpretação ampliativa dos direitos já existentes em contraposição à *proteção direta*, que é feita pela especificação de direitos voltados a um determinado grupo de pessoas em situação de vulnerabilidade.

O documento elenca *29 princípios* relacionados à orientação sexual e identidade de gênero, aspectos essenciais da dignidade dos indivíduos, além de prescrever recomendações específicas para os Estados, visando esclarecer as suas obrigações internacionais e garantir a plena implementação de cada um desses direitos.

A "orientação sexual" é definida como sendo a capacidade de cada indivíduo experimentar atração afetiva, emocional ou sexual por pessoas de gênero diferente, mesmo gênero ou mais de um gênero. Por sua vez, a "identidade de gênero" consiste na experiência interna individual em relação ao gênero, a qual pode corresponder ou não ao sexo atribuído quando do nascimento, e que inclui expressões de gênero como o sentimento pessoal do corpo e o modo de vestir-se e falar.

Os princípios 1 e 2 expressam os princípios básicos do gozo universal dos direitos humanos e da igualdade e não discriminação, reforçando terem todos os indivíduos direito de desfrutar de todos os direitos, livres de preconceito por suas escolhas sexuais ou de gênero. Para a implementação de tais direitos, os Estados devem incorporá-los nas legislações internas, emendando e revogando, se necessário, textos vigentes que os violem, assim como implementando políticas públicas e programas educacionais, de conscientização e treinamento sobre o tema.

O princípio 3 aborda o direito à capacidade jurídica em todos os seus aspectos, ou seja, o pleno reconhecimento perante a lei, proibindo-se a adoção de práticas que atentem contra identidade de gênero ou orientação sexual, partes integrantes da personalidade, autodeterminação, liberdade e dignidade individual. Coíbe, por exemplo, a prática de procedimentos cirúrgicos e imposições de *status* parental como requisitos para o reconhecimento legal da identidade de gênero ou orientação sexual. Dentre os deveres estatais, exige-se a implementação de programas focados no apoio social aos indivíduos em situação de transição ou mudança de gênero.

No Brasil, há importante precedente do Superior Tribunal de Justiça no qual ficou estabelecido ser possível a alteração do sexo constante no registro civil de transexual que comprove judicialmente a mudança de gênero, *independentemente da realização de cirurgia de adequação sexual*. De acordo com o precedente, a averbação será feita no assentamento de nascimento original com a indicação da determinação judicial, sendo proibida a inclusão, ainda que sigilosa, (i) da expressão "transexual", (ii) do sexo biológico ou dos motivos das modificações registrais. Os princípios de Yogyakarta foram mencionados expressamente pelo relator, Min. Luis Felipe Salomão[75].

No Supremo Tribunal Federal, a matéria (possibilidade de alteração de sexo no registro civil de transexual sem a realização de cirurgia) foi discutida no Recurso Extraordinário n. 670.422 (repercussão geral) e na ADI n. 4.275 (proposta pelo Procurador-Geral da República).

Foi fixada a seguinte tese pelo STF: "i) O transgênero tem direito fundamental subjetivo à alteração de seu prenome e de sua classificação de gênero no registro civil, não se exigindo, para tanto, nada além da manifestação de vontade do indivíduo, o qual poderá exercer tal faculdade tanto pela via judicial como diretamente pela via administrativa; ii) Essa alteração deve ser averbada à margem do assento de nascimento, vedada a inclusão do termo 'transgênero'; iii) Nas certidões do registro não constará nenhuma observação sobre a origem do ato, vedada a expedição de certidão de inteiro teor, salvo a requerimento do próprio interessado ou por determinação

---

[75] STJ, Recurso Especial 1.626.739/RS, rel. Luís Felipe Salomão, acórdão da Quarta Turma, j. 9-5-2017.

judicial; iv) Efetuando-se o procedimento pela via judicial, caberá ao magistrado determinar de ofício ou a requerimento do interessado a expedição de mandados específicos para a alteração dos demais registros nos órgãos públicos ou privados pertinentes, os quais deverão preservar o sigilo sobre a origem dos atos" (Recurso Extraordinário n. 670.422, com repercussão geral, rel. Min. Dias Toffoli, j. 15-8-2018 – Tema 761).

Assim, cabe agora a alteração do prenome e sexo no registro civil diretamente pela via administrativa, bem como ficou vedada a inclusão da origem do ato e o termo "transgênero". Também ficou afastada a imposição da realização da cirurgia de transgenitalização para que seja alterado o gênero no assentamento civil de transexual, já que tal exigência viola o direito à saúde e à liberdade da pessoa trans.

Direito à vida, segurança pessoal e privacidade são mencionados nos princípios 4 a 6. Proíbe-se, especificamente, a imposição de pena de morte por motivo de orientação sexual ou identidade de gênero, bem como estabelece-se o direito de todos, sem preconceito sexual ou de gênero, à segurança pessoal e proteção do Estado contra qualquer forma de violência. Menciona-se, ainda, o direito de desfrutar da privacidade em todas as suas formas (família, residência, correspondência e informações pessoais sobre orientação sexual ou identidade de gênero), protegendo-se ataques ilegais à honra e reputação.

Os princípios 7, 8, 9, 10 e 23 dizem respeito à não privação arbitrária da liberdade, ao direito a julgamento justo, ao tratamento humano durante a detenção, à proibição da tortura ou tratamento desumano e ao asilo. Nesse sentido, estabelece-se que prisão baseada na orientação sexual ou identidade de gênero é arbitrária, mesmo que derive de ordem judicial. Orientação sexual e identidade de gênero não podem, tampouco, gerar tortura, tratamento cruel ou degradante. Quanto aos direitos ao tratamento com dignidade durante a detenção e ao respeito ao devido processo legal, reitera-se a sua obrigatoriedade sem preconceito em razão de sexo ou gênero. O direito de buscar asilo para escapar de situações de risco e perseguição, por sua vez, inclui a proibição de expulsão ou extradição de pessoas para locais onde possam sofrer tortura, perseguição ou tratamento desumano em razão da sua orientação sexual ou identidade de gênero.

No âmbito dos direitos sociais, os princípios de Yogyakarta abarcam o direito ao trabalho digno com condições justas (princípio 12), medidas de proteção social (princípio 13), habitação (princípio 15), educação (princípio 16), padrão de vida adequado (princípio 14), todos sem preconceito por orientação sexual e identidade de gênero e respeitando essas características.

A saúde sexual e reprodutiva é parte fundamental do direito ao padrão mais alto alcançável de saúde (princípio 17). Ademais, a proibição de considerar orientação sexual ou identidade de gênero como doenças médicas é protegida pelo direito à proteção contra abusos médicos (princípio 18). Nesse sentido, estabelece-se como dever dos Estados assegurar que os serviços de atendimento à saúde sejam planejados para levar em conta características de orientação sexual ou identidade de gênero e que os registros médicos relacionados sejam tratados de forma confidencial.

Os princípios 19 a 22 tratam de diversas esferas do direito à liberdade. A liberdade de opinião e expressão inclui qualquer representação de identidade pessoal (fala, comportamento, vestimenta, escolha de nome etc.), assim como a liberdade para transmitir informação de todos os tipos, incluindo aquelas relacionadas à orientação sexual e identidade de gênero. A liberdade de reunião e associação pacíficas compreende o direito de formar associações baseadas na orientação sexual ou identidade de gênero, bem como de defender os direitos de tais grupos. A liberdade de pensamento, consciência e religião, por seu turno, inclui a proibição de se invocar tais direitos para justificar leis ou práticas que discriminem por questões relacionadas a sexo ou gênero. O direito de ir e vir tampouco pode ser limitado por motivos de orientação sexual ou identidade de gênero. Dentre as obrigações estatais, destacam-se: garantir que as noções de ordem pública, moralidade, saúde e segurança não sejam empregadas para restringir, com preconceito, liberdade de opinião e expressão que afirme a diversidade de orientações sexuais e identidades de gênero; assegurar que os produtos das mídias reguladas pelos Estados sejam pluralistas e não discriminatórios em relação às questões de orientação sexual e identidade de gênero e que o recrutamento de pessoal e as políticas de promoção dessas organizações não realizem qualquer tipo de discriminação.

Os direitos de constituição de família e participação na vida pública e cultural também são lembrados nos princípios 24, 25 e 26. O direito à família inclui a sua constituição nas mais diversas formas, independentemente de orientação sexual ou identidade de gênero (princípio 24). A participação na vida pública abarca o direito de concorrer a cargos eletivos e o acesso a serviços públicos (incluindo a polícia e a força militar), sem discriminação por motivo de sexo ou gênero. A participação cultural, nas suas mais diversas formas de expressão, também deve ser garantida sem preconceitos de cunho de orientação sexual ou de identidade de gênero.

O direito à promoção dos direitos humanos, o direito a recursos jurídicos e o direito à responsabilização, princípios 27, 28 e 29, são elementares para a proteção efetiva dos direitos humanos a nível local e internacional. Tais princípios incluem medidas como: promoção de atividades que estimulem a defesa dos direitos de pessoas com orientação sexual ou identidade de gênero diversas; utilização de remédios jurídicos adequados a fornecerem a reparação às violações sofridas; responsabilização (*accountability*) daqueles que, de alguma forma, praticaram violação de direitos humanos relacionados à orientação sexual ou identidade de gênero, afastando a sua impunidade.

Ao final do documento, recomenda-se que diversos órgãos internacionais assumam o papel de promoção e implementação dos Princípios de Yogyakarta, dentre eles o Alto Comissariado das Nações Unidas para Direitos Humanos, o Conselho de Direitos Humanos e o Conselho Econômico e Social da ONU, a Organização Mundial da Saúde, o UNAIDS, o Alto Comissariado das Nações Unidas para Refugiados, os diversos órgãos previstos nos Tratados de Direitos Humanos, as organizações internacionais, não governamentais, humanitárias, profissionais e comerciais e os tribunais de direitos humanos.

Em 2017, foi adotado o documento denominado "Princípios de Yogyakarta Mais 10" ("Yogyakarta Principles plus 10"), em homenagem aos 10 anos da primeira edição (2006-2016), trazendo novos nove princípios e 111 obrigações dos Estados, devendo ser lido *em conjunto* com os 29 princípios anteriores (totalizando 38 princípios). O documento foi elaborado a partir de um chamamento público a especialistas e, depois, por um Comitê de Redação, reunidos em Genebra em setembro de 2017. O princípio n. 30 refere-se ao direito à proteção do Estado contra violência, discriminação e qualquer outro mal, quer seja praticado por agente público ou particular. Nesse sentido, a criminalização da homotransfobia ("racismo homotransfóbico", ver abaixo comentário às decisões do STF na ADO 26 e no MI 4.733) está em linha com o *dever de proteção* estatal.

Por sua vez, o princípio n. 31 traz o direito ao reconhecimento jurídico, que inclui o direito de obter documentos sem identificação da orientação sexual, de gênero ou características sexuais. Caso haja documento com tais informações, toda pessoa tem o direito de modificá-las. Os especialistas consideraram que os documentos com informações pessoais deveriam *eliminar* o registro de sexo e gênero. Caso continuem a manter tais informações, o Estado deve assegurar mecanismos de autodeterminação da pessoa para modificar tais informações, sem requisitos como intervenção ou autorização médica, idade etc.

O princípio n. 32 assegura que todos têm o direito a integridade física e psíquica, resultando que ninguém deve ser submetido a procedimentos médicos invasivos ou irreversíveis relativos à características sexuais sem o seu consentimento prévio, livre e informado.

O princípio n. 33 assegura a todos o direito de não enfrentar a criminalização ou outra forma de sanção fundada na orientação sexual ou identidade de gênero em sentido amplo. Esse princípio busca a vedação de punições baseadas em conceitos discriminatórios como "moralidade", "decência", que discrimina por orientação sexual ou identidade de gênero.

Por seu turno, o princípio n. 34 prevê a proteção de todos da exclusão social e da pobreza, uma vez que a discriminação por orientação sexual e identidade de gênero pode levar ao desemprego ou subemprego e a um círculo vicioso de miséria e ausência de fruição de direitos.

O princípio n. 35 trata do direito de acesso a instalações sanitárias, de modo seguro e sem discriminação. No Brasil, o chamado "direito dos banheiros"[76] chegou a ter a repercussão geral reconhecida no STF (Tema 778). A autora sustentou que, apesar de ser transexual, foi impedida por funcionários do *shopping center* de utilizar o banheiro feminino do estabelecimento, em abordagem grosseira e vexatória. Em 2015, após o reconhecimento da repercussão geral, o Min. Barroso votou pela adoção da tese pela qual as pessoas trans têm "direito a serem tratadas socialmente de acordo com a sua identidade de gênero, inclusive na utilização de banheiros de acesso público". Contudo, em 2024, o STF, por maioria, determinou a ausência de questão constitucional prequestionada e negou seguimento ao recurso extraordinário, cancelando o reconhecimento da repercussão geral da matéria atinente ao Tema 778, nos termos do voto do Ministro Luiz Fux, Redator para o acórdão, vencidos os Ministros Luís Roberto Barroso (Presidente e Relator), Edson Fachin e Cármen Lúcia (STF, Plenário, 6-6-2024).

O princípio n. 36 protege o direito de acesso igualitário à informação e às tecnologias de informação, assegurando-se o acesso por meio encriptado ou anônimo (ou com uso de pseudônimos), evitando que haja perseguição e violação da privacidade por motivo de orientação sexual e identidade de gênero.

Por sua vez, o princípio n. 37 assegura o direito à verdade às vítimas de violações de direitos humanos causadas por motivo de orientação sexual e identidade de gênero. O direito à verdade não pode ser submetido às regras prescricionais, tendo uma faceta individual e também difusa (direito da sociedade para evitar repetições).

O princípio n. 38 reafirma o direito à diversidade cultural, impedindo que manifestações culturais sejam censuradas ou discriminadas por orientação sexual ou por identidade de gênero. No Brasil, houve reação do Ministério Público Federal (Procuradoria Regional dos Direitos do Cidadão do Rio Grande do Sul) ao prematuro encerramento da exposição "Queer museu – Cartografias da Diferença na Arte Brasileira", realizada em Porto Alegre, em 2017, após protestos de determinados grupos contrários às questões de gênero lá debatidas. Foi firmado "Termo de Compromisso" entre o MPF e o expositor, que se comprometeu a realizar duas novas exposições sobre a diferença e a diversidade na ótica dos direitos humanos[77].

Em que pese sua origem – fruto do trabalho de especialistas e não dos Estados ou das organizações internacionais –, os "Princípios" representam, dada a omissão internacional na matéria, essencial passo rumo à igualdade e eliminação de toda forma de discriminação por orientação sexual. Fica, também, o registro negativo da constante omissão dos Estados e das organizações internacionais voltadas à proteção de direitos humanos, que ainda não produziram sequer um diploma normativo geral de *soft law* própria na temática.

Em 2016, o Conselho de Direitos Humanos editou a Resolução sobre Direitos Humanos, orientação sexual e identidade de gênero (o Brasil foi um dos proponentes), determinando a criação do posto de "Especialista Independente do Conselho de Direitos Humanos para a proteção contra a violência e discriminação baseada em orientação sexual e identidade de gênero"[78]. Ainda, em 2016, o Professor VititMuntarbhorn (Tailândia), um dos participantes da redação dos "Princípios

---

[76] RIOS, Roger Raupp; RESADORI, Alice Hertzog. Direitos humanos, transexualidade e "direito dos banheiros". *Direito & Práxis*, v. 6, n. 12, 2015, p. 196-227.

[77] O conteúdo do termo consta de: <https://www.conjur.com.br/dl/termo-compromisso-entre-santander.pdf>. Acesso em: 15 jul. 2024.

[78] Resolução A/HRC/RES/32/2.

de Yogyakarta" foi designado, pelo Conselho de Direitos Humanos, o primeiro especialista independente na temática, com mandato renovado em 2019 (com voto favorável do Brasil).

QUADRO SINÓTICO

Princípios de Yogyakarta	
Natureza jurídica	• *Soft law* derivada, podendo ser utilizado como guia de interpretação do direito à igualdade e combate à discriminação (deveres internacionais).
Definição de orientação sexual	• Capacidade de cada indivíduo experimentar atração afetiva, emocional ou sexual por pessoas de gênero diferente, mesmo gênero ou mais de um gênero.
Definição de identidade de gênero	• A identidade de gênero consiste na experiência interna individual em relação ao gênero, a qual pode corresponder ou não ao sexo atribuído quando do nascimento, e que inclui expressões de gênero como o sentimento pessoal do corpo e o modo de vestir-se e falar.
Direitos em espécie	• Igualdade e não discriminação, reforçando terem todos os indivíduos direito de desfrutar de todos os direitos, livres de preconceito por suas escolhas sexuais ou de gênero. • Proíbe-se, especificamente, a imposição de pena de morte por motivo de orientação sexual ou identidade de gênero, bem como estabelece-se o direito de todos, sem preconceito sexual ou de gênero, à segurança pessoal e proteção do Estado contra qualquer forma de violência. • Direito ao tratamento com dignidade durante a detenção e ao respeito ao devido processo legal, sem discriminação por orientação sexual. O direito de buscar asilo para escapar de situações de risco e perseguição, por sua vez, inclui a proibição de expulsão ou extradição de pessoas para locais onde possam sofrer tortura, perseguição ou tratamento desumano em razão da sua orientação sexual ou identidade de gênero. • O direito à família inclui a sua constituição nas mais diversas formas, independentemente de orientação sexual ou identidade de gênero. A participação na vida pública abarca o direito de concorrer a cargos eletivos e o acesso a serviços públicos (incluindo a polícia e a força militar), sem discriminação por motivo de sexo ou gênero.

27. CONVENÇÃO N. 169 DA OIT SOBRE POVOS INDÍGENAS E TRIBAIS

A Convenção n. 169 da Organização Internacional do Trabalho – OIT sobre Povos Indígenas e Tribais foi adotada pela OIT, em 27 de junho de 1989, entrando em vigor internacional em 1991. O Brasil ratificou-a em 2002 e incorporou-a internamente pelo Decreto n. 5.051, de 2004. Possui, em 2024, apenas 24 Estados partes (número muito baixo, se comparado com os números dos demais tratados de direitos humanos). Vários países com populações indígenas expressivas ainda *não* a ratificaram, como Austrália, Canadá, Estados Unidos e Nova Zelândia, em um velado boicote a suas regras.

Como (i) se trata de um tratado de direitos humanos e (ii) *não* foi aprovado no Congresso Nacional pelo rito especial previsto no art. 5º, § 3º, da CF/88, possui força *supralegal* na hierarquia normativa interna, à luz da jurisprudência atual do Supremo Tribunal Federal sobre a estatura normativa dos tratados de direitos humanos (ver, neste *Curso*, a hierarquia dos tratados de direitos humanos na **Parte III**, item 3.3).

É a única convenção internacional em vigor especificamente voltada a direitos dos povos indígenas, com foco especial na igualdade e combate à discriminação. A maior parte dos Estados que a ratificaram está na América Latina.

Sua edição atendeu a reclamos de revisão ou revogação da antiga Convenção n. 107 da OIT sobre Populações Indígenas e Tribais, de 1957, que era fortemente criticada pelo seu espírito integracionista, no qual os povos indígenas seriam assimilados pela sociedade envolvente não indígena, em claro espírito de hierarquia de culturas e falso sentido de evolução para a civilização[79].

Com a edição da Convenção n. 169, a OIT continuou a ser atuante na questão dos direitos humanos dos povos indígenas, ocupando o vazio gerado pela inexistência – pela resistência dos Estados desenvolvidos dotados de população indígena – à adoção de uma convenção da ONU de direitos humanos dos povos indígenas.

A inclinação de uma organização teoricamente voltada às relações de trabalho, em tema de defesa dos direitos em geral dos povos indígenas (e não somente referentes a direitos trabalhistas), explica-se por ser a OIT permeável a pressões de movimentos internos de um Estado, graças a sua peculiar estrutura tripartite, na qual as delegações dos Estados devem contar com um representante dos trabalhadores, um representante dos empregadores, além do representante governamental.

Obviamente, a Convenção n. 169 aproveitou-se da gramática dos direitos humanos, especialmente o que consta da Declaração Universal dos Direitos Humanos, do Pacto Internacional sobre Direitos Econômicos, Sociais e Culturais, do Pacto Internacional sobre Direitos Civis e Políticos e dos numerosos instrumentos internacionais sobre a prevenção da discriminação. Interessante que já há precedente sobre sua aplicabilidade como guia hermenêutico para que se interprete as demais obrigações de direitos humanos. Em caso contra o Equador, que não havia ratificado a Convenção n. 169, a Corte Interamericana de Direitos Humanos (Corte IDH) entendeu que a Convenção n. 169 serve como *baliza interpretativa* para dimensionar as obrigações do Estado perante a Convenção Americana de Direitos Humanos (Caso Sarayaku *vs*. Equador, ver comentário abaixo neste *Curso*).

É composta por 44 artigos, divididos em dez partes: política geral, terras, contratação e condições de emprego, indústrias rurais, seguridade social e saúde, educação e meios de comunicação, contatos e cooperação através das fronteiras, administração, disposições gerais, disposições finais. Seu espírito é de respeito às aspirações dos povos indígenas a assumir o controle de suas próprias instituições e formas de vida e seu desenvolvimento econômico, e manter e fortalecer suas identidades, línguas e religiões, dentro do âmbito dos Estados onde moram. Seu mote é: *igualdade e autonomia*.

A Convenção aplica-se aos povos indígenas, que são caracterizados de duas maneiras: a *primeira* é a que define o *povo indígena pelo seu traço distintivo*, fundado (i) em condições sociais, culturais e econômicas próprias, *diferentes* de outros setores da coletividade envolvente, e (ii) no fato de serem regidos, total ou parcialmente, por seus *próprios* costumes ou tradições ou por legislação especial. A *segunda maneira* define o povo indígena pelo seu *vínculo histórico e cultural*, sendo considerados indígenas pelo fato de (i) descenderem de populações que habitavam a região na época da conquista e que (ii) conservam todas as suas próprias instituições sociais, econômicas, culturais e políticas, ou parte delas.

A Convenção escolheu o critério da autoidentificação da condição de membro de povo indígena, como sendo a *consciência de sua identidade indígena*.

A base da Convenção é a universalidade dos direitos humanos: os povos indígenas e tribais deverão gozar plenamente dos direitos humanos e liberdades fundamentais, sem obstáculos nem discriminação. A vulnerabilidade histórica dos povos indígenas, submetidos a práticas coloniais brutais, fez com que a Convenção exigisse que o Estado adote as medidas especiais que sejam necessárias para salvaguardar as pessoas, as instituições, os bens, as culturas e o meio

---

[79] Convenção n. 107 da OIT sobre as Populações Indígenas e Tribais, adotada em Genebra, em 26 de junho de 1957, e, depois, promulgada no Brasil pelo Decreto n. 58.824, de 14 de julho de 1966.

ambiente dos povos interessados. Tais medidas especiais não deverão ser contrárias aos desejos dos próprios povos interessados.

Por isso, os Estados devem proteger os valores e práticas sociais, culturais, religiosas e espirituais próprios dos povos indígenas, *sempre* com a participação e consulta aos povos interessados. O art. 6º da Convenção traz o direito à consulta prévia e informada dos povos indígenas antes da adoção de quaisquer medidas (administrativas ou legislativas) que podem afetá-los. No art. 6º, item 2, exige-se que a consulta prévia seja feita "com boa fé e de maneira apropriada às circunstâncias, com o objetivo de se chegar a um acordo e conseguir o consentimento acerca das medidas propostas". Em que pese a Convenção não ter assegurado de modo expresso o *poder de veto* dos povos indígenas (que ocorreria com a exigência explícita de um "*consentimento* prévio obrigatório") à adoção das medidas estatais propostas, não pode o Estado realizar burocraticamente a consulta como se fosse "mera formalidade", sem qualquer intenção de modificar planos ou metas. A previsão convencional de "chegar a um acordo" em "boa fé" exige que o Estado realize (e comprove, sob pena de nulidade do processo, por inconvencionalidade) todos os esforços para que o consentimento seja obtido. Assim, exige-se que o Estado apresente argumentos convincentes para superar as objeções (e a falta de consentimento) do povo indígena, não podendo se escorar comodamente em razões genéricas como "interesse público" ou "desenvolvimento".

Além disso, em casos de *grandes empreendimentos* que gerem *grave* comprometimento às terras indígenas no que tange ao acesso, uso e gozo dos recursos essenciais à existência física e espiritual do povo indígena, a Corte Interamericana de Direitos Humanos (Corte IDH) interpretou a Convenção Americana de Direitos Humanos de modo a *exigir* o consentimento prévio (*poder de veto*). Essa posição da Corte IDH decorre da indispensabilidade do território para a promoção do direito à vida em seus vários aspectos (inclusive espiritual) dos povos indígenas (ver *Caso Povo Saramaka vs. Suriname* neste *Curso,* nos comentários às principais decisões da Corte).

A lógica que permeia a consulta é a do *empoderamento dos povos indígenas*, em nome da igualdade. As medidas não podem ser de cunho paternalista, e os indígenas têm o *direito de escolher* suas próprias prioridades no que diz respeito ao processo de desenvolvimento, conforme ele afete as suas vidas, crenças, instituições e bem-estar espiritual, bem como as terras que ocupam ou utilizam de alguma forma, e de *controlar*, quando possível, o seu próprio desenvolvimento econômico, social e cultural.

Os povos indígenas deverão ter o direito de conservar seus costumes e instituições próprias, *desde que* eles não sejam incompatíveis com os direitos fundamentais definidos pelo sistema jurídico nacional nem com os direitos humanos internacionalmente reconhecidos. Sempre que for necessário, deverão ser estabelecidos procedimentos para solucionar os conflitos que possam surgir de maneira a *compatibilizar as regras indígenas com as regras de direitos humanos*. Por isso, ao aplicar a legislação nacional aos povos interessados, deverão ser levados na devida consideração seus costumes ou seu direito consuetudinário.

Esse respeito às regras indígenas surge na Convenção, inclusive no que tange ao Direito Penal. Na medida em que for compatível com o sistema jurídico nacional e com os direitos humanos internacionalmente reconhecidos, deverão ser respeitados os métodos aos quais os povos interessados recorrem tradicionalmente para a repressão dos delitos cometidos pelos seus membros (art. 9º). Esse respeito gera a impossibilidade do Estado punir criminalmente àquele que já sofreu a *punição indígena*. Essa vedação ao "bis in idem" advém da natureza supralegal da Convenção n. 169 (por ser um tratado de direitos humanos[80], que se sobrepõe ao Código

---

[80] Sobre a hierarquia supralegal dos tratados de direitos humanos, conferir, neste curso, o item 3.3. da Parte III.

Penal brasileiro), impedindo uma *sucessão de penas* sobre o mesmo fato (pena indígena e depois a pena criminal geral)[81].

Quando sanções penais forem impostas pela legislação geral a membros dos povos mencionados, deverão ser levadas em conta as suas características econômicas, sociais e culturais, dando-se preferência a penas outras que a de privação da liberdade.

O respeito aos usos e costumes locais surge novamente na Convenção pela proibição de imposição de serviços obrigatórios (por exemplo, servir como jurado ou ainda prestar serviço militar obrigatório para os de sexo masculino). Contudo, os membros desses povos podem exercer os direitos reconhecidos para todos os cidadãos do país e assumir as obrigações correspondentes.

Novamente, ressalte-se o respeito ao *empoderamento dos povos indígenas*, que podem optar pelas regras e direitos da sociedade envolvente, não subsistindo a lógica da manutenção estática das práticas indígenas (até porque também as práticas da sociedade envolvente mudaram, em muito, desde os primeiros contatos da época colonial).

Quanto aos direitos, a Convenção reforça a importância da preservação e respeito ao *território indígena*, tema indispensável para a autonomia e garantia da dignidade dos povos indígenas. Por isso, os Estados devem respeitar a importância especial da *relação com as terras para as culturas e valores espirituais dos povos indígenas*, o que abrange a totalidade do *habitat* das regiões que os povos interessados ocupam ou utilizam de alguma outra forma. Nesse sentido, a Convenção proclama os *direitos de propriedade e de posse indígena sobre as terras que tradicionalmente ocupam* (art. 14). Apesar de, no Brasil, a CF/88 considerar bens da União as terras indígenas, fica evidente que a Convenção é cumprida pela *proteção efetiva à permanência e uso*, mesmo que o domínio jurídico seja da União.

Quanto à exploração da terra indígena, os povos indígenas têm o direito de participarem da utilização, administração e conservação dos recursos de suas terras. Como ocorre no Brasil, no caso de a propriedade dos minérios ou dos recursos do subsolo ser do Estado, há o *direito de consulta prévia* antes mesmo da autorização de exploração. Os povos interessados deverão participar sempre que for possível dos benefícios que essas atividades produzam e receber indenização equitativa por qualquer dano que possam sofrer como resultado dessas atividades.

A regra geral da Convenção é a permanência dos povos indígenas em suas terras. Quando, excepcionalmente, o translado e o reassentamento desses povos sejam considerados necessários, só poderão ser efetuados com o *consentimento* deles, concedido livremente e com pleno conhecimento de causa. Quando não for possível obter o seu consentimento, o translado e o reassentamento só poderão ser realizados após a conclusão de procedimentos adequados estabelecidos pela legislação nacional, inclusive consultas públicas, quando for apropriado, nas quais os povos interessados tenham a possibilidade de estar efetivamente representados. Os povos indígenas têm o direito de voltar a suas terras tradicionais assim que deixarem de existir as causas que motivaram seu translado e reassentamento.

Deverão ser respeitadas as modalidades de transmissão dos direitos sobre a terra entre os membros dos povos interessados estabelecidas por esses povos. Os povos interessados deverão ser *consultados* sempre que for considerada sua capacidade para alienarem suas terras ou transmitirem de outra forma os seus direitos sobre essas terras para fora de sua comunidade. Expressamente a Convenção determina que deve ser punida a intrusão não autorizada nas terras indígenas (art. 18).

---

[81] Nesse sentido, há o precedente (possivelmente inédito) da Apelação Criminal n. 0090.10.000302-0, rel. Des. Mauro Campello, do Tribunal de Justiça de *Roraima*, acórdão de 18-12-2015, *DJe* de 17-2-2016.

A Convenção ainda trata do *direito ao trabalho e medidas de cunho igualitário e protetivo nas relações de trabalho;* direito à *seguridade social e saúde;* direito à *educação*, desenvolvido em cooperação com os povos indígenas e ressalvado seu direito de criação de seus modos de educação e mantença do idioma. A Convenção aplica, aqui, o direito à *igualdade com autonomia*, pois os povos indígenas devem ter acesso à educação, caso queiram, que permita a participação plena na vida de sua própria comunidade e na da sociedade envolvente (art. 29).

Devem ser adotados esforços de educação para a eliminação dos preconceitos da sociedade não índia, em especial com a inclusão nos livros de História e demais materiais didáticos de uma descrição *equitativa, exata e instrutiva* das sociedades e culturas dos povos indígenas (art. 31).

Por fim, para aplacar o receio de Estados de que os povos indígenas pudessem reclamar o *direito à autodeterminação dos povos* (levando a disputas territoriais), a Convenção veda expressamente o uso do termo "povos" no sentido comumente atribuído ao termo no Direito Internacional. O artigo 1º tanto do Pacto Internacional sobre Direitos Civis e Políticos quanto do Pacto Internacional sobre Direitos Econômicos, Sociais e Culturais prevê que "todos os povos têm direito à autodeterminação. Em virtude desse direito, determinam livremente seu estatuto político e asseguram livremente seu desenvolvimento econômico, social e cultural", o que representa o direito à emancipação política e secessão dos povos submetidos à dominação estrangeira ou regime colonial.

O *direito de secessão*, então, não foi reconhecido pela Convenção, que, contudo, representa um importante avanço ao tratar, com dignidade, respeito e, especialmente, reconhecer sua autonomia e empoderamento no trato de questões de seu interesse.

Nas Disposições Gerais da Convenção, há *peculiar* mecanismo que dificulta o *retrocesso*. O Estado, após a ratificação, só pode denunciar a Convenção após *dez anos contados da entrada em vigor* do tratado para o denunciante. A denúncia só surtirá efeito um ano depois. Caso não o faça, mantém-se vinculado por mais um período de *dez* anos, quando, ao final, poderá denunciá-la, e assim sucessivamente.

No caso brasileiro, a Convenção entrou em vigor internacionalmente para o Brasil em 25 de julho de *2003*, em que pese o atraso na edição do Decreto de Promulgação (entrada em vigor no plano *interno*) somente em 2004. Assim, a denúncia da Convenção deveria ter ocorrido no ano de 2023 (período de denúncia: 25 de julho de 2023 a 25 de julho de 2024). Com a superação deste prazo sem a denúncia, agora se inicia o prazo de dez anos de vigência da Convenção para o Brasil, com nova janela de denúncia a ocorrer entre 2033 e 2034.

Além disso, essa denúncia exigirá o *duplo consentimento*, ou seja, a anuência do Poder Executivo (envio de mensagem presidencial ao Congresso) e do Poder Legislativo (aprovando o ato de denúncia – ver abaixo a decisão do STF na ADC 39 e ADI 1.625). Além disso, é possível o crivo judicial de tal hipotética denúncia por ofensa à proibição do retrocesso na temática dos direitos humanos.

QUADRO SINÓTICO

Convenção n. 169 da OIT sobre Povos Indígenas e Tribais	
Natureza jurídica	• Tratado ratificado e incorporado internamente. No caso brasileiro, a Convenção entrou em vigor internacionalmente para o Brasil em 25 de julho de 2003, em que pese o atraso na edição do Decreto de Promulgação (entrada em vigor no plano *interno*) somente em 2004. Possui peculiar mecanismo de denúncia, o que a imuniza contra desejos de momento nos Estados. Como o Brasil não denunciou a Convenção em 2013 e em 2023, só poderá fazê-lo de 2033 a 2034 (novo lapso de 10 anos para que a denúncia seja possível).

Objetivo	• A Convenção trata dos direitos dos povos indígenas, com foco especial na igualdade e combate à discriminação.
Essência da Convenção	• Sempre que for necessário, deverão ser estabelecidos procedimentos para solucionar os conflitos que possam surgir de maneira a *compatibilizar as regras indígenas com as regras de direitos humanos*.

28. DECLARAÇÃO DA ONU SOBRE OS DIREITOS DOS POVOS INDÍGENAS

A Declaração da ONU sobre os Direitos dos Povos Indígenas foi aprovada pela Assembleia Geral da ONU em 2007, tendo sido redigida no Conselho de Direitos Humanos, contando com 143 votos a favor, 11 abstenções e 4 votos em contrário (Estados Unidos, Nova Zelândia, Austrália e Canadá – *justamente* países desenvolvidos do chamado "Norte Global" com expressiva população indígena).

Compõe a chamada *"soft law" primária* do Direito Internacional, pois foi produzida pelos próprios Estados ou por organizações internacionais (no caso, a Organização das Nações Unidas) e não por organizações não governamentais, especialistas etc., que forjam a *soft law* derivada. Suas normas não são vinculantes aos Estados, mas podem, ao longo do tempo, servir como base de um futuro costume internacional de proteção dos direitos indígenas. Serve, também, para auxiliar a interpretação das normas internacionais vinculantes (por exemplo, tratados de direitos humanos) eventualmente aplicáveis à matéria indígena, como, por exemplo, a Convenção Americana de Direitos Humanos. O voto brasileiro na Assembleia Geral da ONU a favor da edição da Declaração é relevante, inclusive como prova da formação de costume internacional vinculante ao Brasil.

Possui 46 artigos, abrangendo tanto os direitos civis e políticos quanto os direitos sociais, econômicos e culturais.

Entre outros, a Declaração prevê os seguintes direitos:

Pleno exercício dos direitos humanos, sem discriminação. Os indígenas têm direito, a título coletivo ou individual, ao pleno desfrute de todos os direitos humanos e liberdades fundamentais reconhecidos pela Carta das Nações Unidas, a Declaração Universal dos Direitos Humanos e o direito internacional dos direitos humanos (art. 1º). Assim, por exemplo, devem ter os mesmos direitos da sociedade não índia no acesso igualitário aos serviços públicos oferecidos pelo Estado brasileiro.

Autodeterminação. Para o Direito Internacional, o direito à autodeterminação consiste na emancipação política de comunidade humana submetida a jugo colonial, dominação estrangeira ou, de modo discutível (já que não integralmente aceito pela Corte Internacional de Justiça – *vide* voto concordante em separado do Juiz Cançado Trindade no Parecer Consultivo sobre a Independência do Kosovo, 2010), a regime no qual há grave e sistemática violação de seus direitos humanos. A Declaração de 2007 *não* reconhece tal sentido do direito à autodeterminação: pelo contrário, há menção expressa de que a integridade territorial dos Estados *não* deve sofrer modificação diante dos direitos dos povos indígenas (art. 46). Assim, o sentido *singular* de "autodeterminação dos povos indígenas" consiste em reconhecer que eles têm o direito de determinar livremente sua condição política e buscar livremente seu desenvolvimento econômico, social e cultural, tendo *direito à autonomia* ou ao *autogoverno* nas questões relacionadas a seus assuntos internos e locais, assim como a disporem dos meios para financiar suas funções autônomas (arts. 3º e 4º). *O tripé da autodeterminação dos povos indígenas* é: território, governo e jurisdição (*e não secessão*). Podem conservar e reforçar, então, seus próprios sistemas de edição de normas, educação, saúde, moradia, cultura, meios de informação e solução de conflitos, entre outros.

Direito ao território. Os povos indígenas têm *direito às terras, territórios e recursos* que possuem e ocupam tradicionalmente ou que tenham de outra forma utilizado ou adquirido, não podendo ser removidos à força de suas terras ou territórios. Nenhum traslado se realizará sem o consentimento livre, prévio e informado dos povos indígenas interessados e sem um acordo prévio sobre uma indenização justa e equitativa e, sempre que possível, com a opção do regresso.

Direito ao consentimento livre, prévio e informado. Os povos indígenas têm o direito de serem consultados *e* de consentirem previamente antes da adoção e aplicação de medidas legislativas e administrativas que os afetem (art. 19). Há previsão expressa de consentimento prévio antes da aprovação de projeto que afete suas terras ou gere exploração de recurso hídrico, mineral ou de qualquer outro tipo (art. 32). Tais dispositivos – além da discussão sobre "autodeterminação" – foram responsáveis por anos de debate e *atraso* na aprovação do texto final da Declaração. Obviamente, a controvérsia estava na exigência do consentimento, o que dá *poder de veto* às comunidades indígenas sobre tais projetos.

Direito à educação e saúde de acordo com suas práticas. Os povos indígenas têm o direito de estabelecer e controlar seus sistemas e instituições educativos, que ofereçam educação em seus próprios idiomas, em consonância com seus métodos de ensino. Também têm direito a seus medicamentos tradicionais e a manter suas práticas de saúde.

Direito ao desenvolvimento. Os povos indígenas têm o direito de determinar e elaborar prioridades e estratégias para o exercício do seu direito ao desenvolvimento.

Direito à cultura. Os povos e pessoas indígenas têm o direito de pertencerem a uma comunidade ou nação indígena, em conformidade com as tradições e costumes da comunidade ou nação em questão. Assim, têm direito a não sofrer assimilação forçada ou a destruição de sua cultura.

Direito à propriedade imaterial sobre o conhecimento tradicional. Os povos indígenas têm o direito à propriedade intelectual sobre seu patrimônio cultural, seus conhecimentos tradicionais e suas expressões culturais tradicionais.

Direito à manutenção dos contatos transfronteiriços. Os povos indígenas, em particular os que estão divididos por fronteiras internacionais, têm o *direito de manter e desenvolver contatos*, relações e cooperação, incluindo atividades de caráter espiritual, cultural, político, econômico e social, com seus próprios membros, assim como com outros povos através das fronteiras.

Conflito entre as regras indígenas e as normas internacionais de direitos humanos. Os povos indígenas têm o direito de promover, desenvolver e manter suas estruturas institucionais e seus próprios costumes, espiritualidade, tradições, procedimentos, práticas e, quando existam, costumes ou sistema jurídicos, *em conformidade com as normas internacionais de direitos humanos.*

QUADRO SINÓTICO

Declaração da ONU sobre os Direitos dos Povos Indígenas	
Natureza jurídica	• *Soft law.* Uso para interpretar normas internacionais eventualmente aplicáveis à matéria indígena.
Objetivo	• Promover o respeito aos direitos dos indígenas – a título coletivo ou individual – reconhecidos pela Carta das Nações Unidas, a Declaração Universal dos Direitos Humanos e o direito internacional dos direitos humanos.
Essência da Convenção	• Possui 46 artigos, abrangendo tanto os direitos civis e políticos quanto os direitos sociais, econômicos e culturais. • Adoção da "gramática de direitos" aplicada à matéria indígena, mas, ao mesmo tempo, aceitação dos usos e costumes de cada comunidade.

- Os povos indígenas deverão ter o direito de conservar seus costumes e instituições próprias, *desde que* eles não sejam incompatíveis com os direitos fundamentais definidos pelo sistema jurídico nacional nem com os direitos humanos internacionalmente reconhecidos.
- Sempre que for necessário, deverão ser estabelecidos procedimentos para solucionar os conflitos que possam surgir de maneira a *compatibilizar as regras indígenas com as regras de direitos humanos.*

29. CONVENÇÃO SOBRE A PROTEÇÃO E PROMOÇÃO DA DIVERSIDADE DAS EXPRESSÕES CULTURAIS

A Convenção da Organização das Nações Unidas para a Educação, a Ciência e a Cultura (UNESCO) sobre a *Proteção e Promoção da Diversidade das Expressões Culturais* consagra o dever dos Estados de proteger a *diversidade cultural* e *respeitar* as diferentes expressões culturais. Foi celebrada em Paris, em 20 de outubro de 2005, ratificada pelo Brasil em 16 de janeiro de 2007 e incorporada internamente pelo Decreto n. 6.177, de 1º de agosto de 2007. Possui, em 2024, 157 Estados Partes e a União Europeia.

Inicialmente, podemos definir cultura como o conjunto dos traços distintivos, espirituais e materiais, intelectuais e afetivos que caracterizam uma sociedade ou um grupo social e que abarcam os modos de vida, artes, os sistemas de valores, as tradições e as crenças de uma comunidade (ver Declaração do México sobre Políticas Culturais, UNESCO, 1982).

Os direitos culturais são reconhecidos como parte da gramática dos direitos humanos, conforme consta do artigo XXVII da Declaração Universal dos Direitos Humanos ("Toda pessoa tem o direito de participar livremente da vida cultural da comunidade"), bem como do artigo 15 do Pacto Internacional sobre Direitos Econômicos, Sociais e Culturais ("Os Estados Partes do presente Pacto reconhecem a cada indivíduo o direito de (...) participar da vida cultural").

Atualmente, a defesa dos direitos culturais é tema que envolve três aspectos: (i) proteção e promoção do direito à cultura, associando os direitos culturais à *inclusão*; (ii) proteção da *circulação dos bens culturais*, tema que interessa à Organização Mundial do Comércio e separa os Estados Unidos (interessados em amplo e irrestrito acesso a mercados estrangeiros aos bens produzidos em Hollywood) de outros Estados (como França, interessada na restrição de acesso a mercados, para proteger os produtos culturais em francês); (iii) proteção da *produção cultural* (bens e expressões culturais).

A *diversidade cultural* revela-se pelas formas originais e plurais de identidades dos mais diversos grupos que integram a espécie humana. Ademais, essas formas plurais e originais de expressões culturais não são estanques e interagem, gerando, por sua vez, intercâmbios inesperados e inovações criativas. Nasce a chamada "interculturalidade", que consiste no fenômeno da *existência e interação* equitativa de diversas culturas, assim como na possibilidade de geração de expressões culturais compartilhadas por meio do diálogo e respeito mútuo.

Por isso, a diversidade cultural é indispensável para a humanidade, tendo sido considerada pela Convenção de 2005 *patrimônio comum da humanidade*, devendo ser defendida para benefício das gerações presentes e futuras. Por sua vez, a diversidade cultural, ao florescer em um ambiente de democracia, tolerância, justiça social e mútuo respeito entre povos e culturas, é indispensável para a paz e a segurança no plano local, nacional e internacional.

Com a globalização, o gigante fluxo de bens e serviços entre os Estados impacta fortemente as formas diversas que a cultura adquiriu nas comunidades humanas, existindo o *risco de homogeneização e perda da diversidade* pela conquista de mercado dos produtos culturais mais baratos e acessíveis pela sua escala de produção global. O exemplo mais conhecido é o do cinema norte-americano, cujos altíssimos custos de produção – que gera a indiscutível e superior qualidade técnica dessa indústria cinematográfica – são diluídos pelo avanço nos mercados de países terceiros. Nasce um círculo vicioso difícil de ser rompido: a superioridade técnica conquista mercados globais que, por sua vez, financiam maior superioridade técnica, o que torna quase impossível a entrada de novos atores nesse mercado.

No caso das populações indígenas, a Convenção reconhece a importância dos *conhecimentos tradicionais como fonte de riqueza material e imaterial*, e sua contribuição positiva para o *desenvolvimento sustentável*, o que impõe a necessidade de sua adequada *proteção e promoção*. Apesar de não ser uma convenção especificamente voltada aos direitos dos povos indígenas, é importante para a temática, pois exige dos Estados que respeitem a cultura indígena.

Por isso, a Convenção sobre a Proteção e Promoção da Diversidade das Expressões Culturais de 2005 da UNESCO visa – nesse cenário de globalização e risco a produções culturais de menor fôlego econômico – preservar a diversidade das expressões culturais, possuindo os oito princípios seguintes:

1. *Princípio do respeito aos direitos humanos.* Para a Convenção, a diversidade cultural somente poderá ser protegida e promovida se estiverem garantidos os direitos humanos, tais como a liberdade de expressão, informação e comunicação, bem como a possibilidade dos indivíduos de escolherem expressões culturais.

2. *Princípio da soberania.* De acordo com a Carta das Nações Unidas e com os princípios do direito internacional, os Estados têm o direito soberano de adotar medidas e políticas para a proteção e promoção da diversidade das expressões culturais em seus respectivos territórios.

3. *Princípio da igualdade e idêntica dignidade entre todas as culturas.* A proteção da diversidade das expressões culturais pressupõe o reconhecimento da igual dignidade e o respeito por todas as culturas, incluindo as *dos povos indígenas*.

4. *Princípio da cooperação.* Para a Convenção, a cooperação internacional deve permitir a todos os países, em particular os países em desenvolvimento, criarem e fortalecerem os meios necessários a sua expressão cultural – incluindo as indústrias culturais, sejam elas nascentes ou estabelecidas – nos planos local, nacional e internacional.

5. *Princípio da complementaridade* entre os aspectos econômicos e culturais do desenvolvimento. A cultura é um dos motores fundamentais do desenvolvimento. Assim, os aspectos culturais deste são tão importantes quanto os seus aspectos econômicos, e os indivíduos e povos têm o direito fundamental de dele participarem e se beneficiarem.

6. *Princípio do desenvolvimento sustentável.* A diversidade cultural constitui grande riqueza para os indivíduos e as sociedades, sendo condição essencial para o desenvolvimento sustentável em benefício das gerações atuais e futuras.

7. *Princípio do acesso equitativo.* O acesso equitativo a uma rica e diversificada gama de expressões culturais provenientes de todo o mundo e o acesso das culturas aos meios de expressão e de difusão constituem importantes elementos para a valorização da diversidade cultural e o incentivo ao entendimento mútuo.

8. *Princípio da abertura e do equilíbrio.* Ao adotarem medidas para favorecer a diversidade das expressões culturais, os Estados buscarão promover, de modo apropriado, a abertura a outras culturas do mundo e garantir que tais medidas estejam em conformidade com os objetivos perseguidos pela Convenção.

Finalmente, de acordo com a Convenção de 2005, os Estados devem encorajar indivíduos e grupos sociais a *criar, produzir, difundir, distribuir suas próprias expressões culturais*, e a elas ter acesso, conferindo a devida atenção às circunstâncias e necessidades especiais da *mulher*, assim como dos diversos grupos sociais, incluindo as *pessoas pertencentes às minorias* e *povos indígenas*.

Em 2016, o STF julgou procedente a Ação Direta de Inconstitucionalidade n. 4.983, promovida pelo Procurador-Geral da República contra a Lei estadual 15.299/2013, do Estado do Ceará, que regulamentava a "vaquejada" como prática desportiva e cultural naquele estado. Para o rel. Min. Marco Aurélio, a obrigação do Estado garantir a todos o pleno exercício de direitos culturais, incentivando a valorização e a difusão das manifestações, deve observar, contudo, o disposto no art. 225, VII, da CF/88, que veda prática que acabe por submeter os animais à crueldade[82]. Citou o Relator os laudos técnicos juntados pelo Procurador-Geral da República, pelos quais ficam atestadas "as consequências nocivas à saúde dos bovinos decorrentes da tração forçada no rabo, seguida da derrubada, tais como fraturas nas patas, ruptura de ligamentos e de vasos sanguíneos, traumatismos e deslocamento da articulação do rabo ou até o arrancamento deste, resultando no comprometimento da medula espinhal e dos nervos espinhais, dores físicas e sofrimento mental". Assim, para o Relator, "[a]nte os dados empíricos evidenciados pelas pesquisas, tem-se como indiscutível o tratamento cruel dispensado às espécies animais envolvidas". Para o Min. Dias Toffoli (vencido), a vaquejada é uma atividade esportiva e festiva, que pertence à cultura do povo, devendo ser respeitada. Quanto à crueldade com os animais envolvidos, o Min. Toffoli sustentou que há técnica, regramento e treinamento diferenciados, o que torna a atuação exclusiva de vaqueiros profissionais. Contudo, para o Relator (seguido pela maioria dos Ministros), "a *crueldade intrínseca* à vaquejada não permite a prevalência do valor cultural como resultado desejado pelo sistema de direitos fundamentais da Carta de 1988" (grifo meu, não constante do voto original – ADI n. 4.983, rel. Min. Marco Aurélio, j. 16-12-2016, publicado no *DJe* de 27-04-2017.).

Antes do julgamento deste STF, foi editada a Lei n. 13.364, de 29 de novembro de 2016, que elevou o Rodeio, a Vaquejada, bem como as respectivas expressões artístico-culturais, à condição de manifestação cultural nacional e de patrimônio cultural imaterial (para reforçar a posição daqueles que defenderam, como o Min. Toffoli, a prevalência do direito à cultura).

Em 6 de junho 2017, foi promulgada a Emenda Constitucional n. 96, que acrescentou o § 7º ao art. 225 da CF/88, determinando que não serão consideradas cruéis as "práticas desportivas que utilizem animais, desde que sejam manifestações culturais". De acordo com o texto da EC 96, lei posterior deve assegurar o bem-estar dos animais envolvidos[83].

Por outro lado, dois precedentes do STF destacam-se a respeito da preservação da *diversidade cultural* visando assegurar a presença da produção nacional de obras audiovisuais em um cenário de dominação, por produções estrangeiras, dos espaços em cinemas e na chamada "TV por assinatura, sendo mencionada em diversas passagens dos votos dos Ministros a Convenção da UNESCO aqui comentada.

O primeiro deles diz respeito à *constitucionalidade* da Lei n. 12.485/2011 que instituiu o novo marco regulatório da TV por assinatura brasileira, tendo fixado "cotas de conteúdo nacional" para canais e pacotes de TV por assinatura. O STF reconheceu que tais cotas servem para promover a cultura brasileira e estimular a produção independente, "dando concretude ao

---

[82] "Art. 225. Todos têm direito ao meio ambiente ecologicamente equilibrado, bem de uso comum do povo e essencial à sadia qualidade de vida, impondo-se ao Poder Público e à coletividade o dever de defendê-lo e preservá-lo para as presentes e futuras gerações: (...) VII – proteger a fauna e a flora, vedadas, na forma da lei, as práticas que coloquem em risco sua função ecológica, provoquem a extinção de espécies ou submetam os animais a crueldade."

[83] Art. 225, § 7º: Para fins do disposto na parte final do inciso VII do § 1º deste artigo, não se consideram cruéis as práticas desportivas que utilizem animais, desde que sejam manifestações culturais, conforme o § 1º do art. 215 desta Constituição Federal, registradas como bem de natureza imaterial integrante do patrimônio cultural brasileiro, devendo ser regulamentadas por lei específica que assegure o bem-estar dos animais envolvidos." (NR)

art. 221 da Constituição e ao art. 6º da Convenção Internacional sobre a Proteção e Promoção da Diversidade das Expressões Culturais (Decreto n. 6.177/2007)" (STF, ADI 4.923, Rel. Min. Luiz Fux, *Dje* 5-4-2018).

O segundo precedente diz respeito à "cota de tela" prevista na Medida Provisória n. 2.228-1[84], que consiste em mecanismo normativo destinado a proteger a produção audiovisual brasileira mediante a garantia da exibição de filmes nacionais em cinemas do país. Para o STF, esse tipo de proteção ("cota de tela") favorece o desenvolvimento econômico nacional (o domínio estrangeiro na exibição de filmes implica em drenagem de recursos para países estrangeiros), mas também preserva e valoriza a difusão de manifestações culturais brasileiras, em linha com os arts. 215 e 216 e o art. 216-A, introduzidos pela EC n. 71/2012, o qual instituiu política de valorização das produções nacionais. Também foi mencionada expressamente a Convenção sobre a Proteção e Promoção da Diversidade das Expressões Culturais, a qual, em seu art. 6º, permite que "cada Parte poderá adotar medidas destinadas a proteger e promover a diversidade das expressões culturais em seu território, *notadamente para criar oportunidades às atividades nacionais*". Esse tratado, por ser referente a direitos humanos, tem *força supralegal*. Foi fixada a seguinte tese: são constitucionais a cota de tela, consistente na obrigatoriedade de exibição de filmes nacionais nos cinemas brasileiros, e as sanções administrativas decorrentes de sua inobservância (STF, RE n. 627.432, Rel. Min. Dias Toffoli, j. 18-3-2021, com *repercussão geral*).

QUADRO SINÓTICO

Convenção sobre a Proteção e Promoção da Diversidade das Expressões Culturais

Contexto	• Tratado ratificado e incorporado internamente. • A cultura consiste no conjunto dos traços distintivos, espirituais e materiais, intelectuais e afetivos que caracterizam uma sociedade ou um grupo social e que abarcam os modos de vida, artes, os sistemas de valores, as tradições e as crenças de uma comunidade (ver Declaração do México sobre Políticas Culturais). • A defesa dos direitos culturais é tema que envolve três aspectos: (i) proteção e promoção do direito à cultura, associando os direitos culturais à inclusão; (ii) proteção da circulação dos bens culturais, assunto que interessa à Organização Mundial do Comércio e separa os Estados Unidos (interessados em amplo e irrestrito acesso de mercado aos bens produzidos em Hollywood) de outros Estados (como França, empenhada na restrição de acesso a mercados, para proteger os produtos culturais produzidos em francês); (iii) proteção da produção cultural (bens e expressões culturais).
Objetivo	• Visa - no atual cenário de globalização e risco a produções culturais de menor fôlego econômico - preservar a diversidade das expressões culturais.
Essência da Convenção	• Impacta na formatação dos direitos culturais. • *A diversidade cultural* revela-se pelas formas originais e plurais de identidades dos mais diversos grupos que integram a espécie humana. • A diversidade cultural é indispensável para a humanidade, tendo sido considerada pela Convenção de 2005 *patrimônio comum da humanidade*. • *Contém oito princípios que regulam a proteção da diversidade cultural.* • *Utilizada para assegurar tratamento benéfico a produções culturais nacionais.* • Tratado que tem hierarquia supralegal (tratado de direitos humanos)

---

[84] Ainda não convertida em lei. O regime jurídico aplicável é o previsto como regra de transição na EC n. 32/2001: continuam em vigor todas as medidas provisórias editadas até a data da publicação desta emenda, até que medida provisória ulterior as revogue explicitamente ou até deliberação definitiva do Congresso Nacional.

30. O "GLOBAL COMPACT" E OS PRINCÍPIOS ORIENTADORES SOBRE EMPRESAS E DIREITOS HUMANOS. O "BLUEWASHING" E A RESPONSABILIDADE DAS EMPRESAS

O respeito dos direitos humanos pelas empresas é consequência do reconhecimento: (i) da eficácia horizontal e (ii) da dimensão objetiva dos direitos humanos, como já visto no Capítulo III, item 2.3, da **Parte I** deste *Curso*. Os direitos humanos incidem não somente nas relações entre "Estado e indivíduo" (eficácia vertical dos direitos humanos), mas também nas relações entre particulares, o que obriga as empresas a respeitarem os direitos humanos na condução de suas atividades. Por sua vez, a dimensão objetiva consiste no reconhecimento de deveres de proteção aos direitos humanos reconhecidos. Assim, os direitos humanos possuem dupla dimensão, a saber: a dimensão subjetiva (reconhecimento de faculdades) e a dimensão objetiva (imposição de deveres de proteção). De acordo com a dimensão objetiva, o Estado deve agir para promover o respeito aos direitos humanos, não permitindo que seus agentes públicos ou mesmo particulares os violem. Essa dimensão objetiva é fruto implícito do próprio reconhecimento de determinado direito; assim, a CF/88, ao mencionar o direito à vida, implicitamente exige do Estado que aja adequadamente para sua proteção[85].

Há duas abordagens sobre a observância, pelas empresas, das normas de direitos humanos: (i) a direta e (ii) a indireta. Pela *abordagem direta*, há regras específicas de direitos humanos que incidem sobre as empresas para que estas observem, na condução de suas atividades, determinados padrões de conduta tanto no seu aspecto interno (nas relações com seus trabalhadores, por exemplo) quanto externo (nas relações com a comunidade, como, por exemplo, no respeito às normas ambientais). Pela *abordagem indireta*, as normas de direitos humanos já existentes responsabilizam os Estados e exigem que estes, então, cobrem das empresas uma conduta *pro persona*.

No tocante à abordagem indireta, há diversos exemplos na jurisprudência internacional de direitos humanos da responsabilização internacional dos Estados por violação de direitos humanos realizada por empresas. O Estado é responsabilizado pela sua omissão em *prevenir* e, muitas vezes, pela omissão em *reprimir* as violações de direitos humanos realizadas por empresas[86].

Já a abordagem direta é mais sistemática e geral, mas exige consenso sobre qual deve ser o conteúdo das normas diretamente incidente sobre as empresas, em especial aquelas cujo tamanho e poder econômico rivalizam inclusive com os próprios Estados.

No sistema global de direitos humanos, a vinculação das empresas à gramática dos direitos humanos é fundada genericamente na própria afirmação da universalidade dos direitos humanos, que tem como marco a Carta da Organização das Nações Unidas e a Declaração Universal dos Direitos Humanos. A universalidade dos direitos humanos não seria completa sem o reconhecimento da incidência desses direitos em todas as relações sociais, o que abarca obviamente as relações que envolvem empresas e suas atividades.

Porém, a evolução das normas que tratam especificamente da incidência dos direitos humanos nas atividades das empresas (abordagem direta) foi lenta. Na década de 70 do século passado, o Conselho Econômico e Social da ONU criou o *Centro das Nações Unidas para as Empresas Transnacionais*, visando a elaboração de um código de conduta para tais empresas. Na época, a ONU (influenciada pelos novos Estados recém independentes e em busca de novos padrões do comércio internacional após o colapso dos impérios coloniais) preocupava-se com

---

[85] Ver sobre a dimensão objetiva o Capítulo III, item 2.3, da Parte I. Sobre a proteção deficiente ou insuficiente, ver o Capítulo III, item 7.4.4, da Parte I deste *Curso*.
[86] CARVALHO RAMOS, André de. *Teoria geral dos direitos humanos na ordem internacional*. 8. ed. São Paulo: Saraiva, 2024.

o estabelecimento de uma "nova ordem econômica internacional"[87], na qual houvesse repartição de ganhos entre os Estados exportadores de capital (e suas multinacionais) e os Estados importadores de capital (subdesenvolvidos). Nesse contexto, a preocupação sobre a atuação das empresas multinacionais (cujas controladoras eram da nacionalidade dos Estados desenvolvidos) ficou ainda mais aguçada pela participação de algumas no financiamento de golpes contra governos tidos como nacionalistas ou estatizantes[88]. Não havia, contudo, uma menção explícita às regras de direitos humanos a serem cumpridas pelas empresas multinacionais (também chamadas transnacionais).

Ainda nessa época, em 1977, a Organização Internacional do Trabalho editou a *Declaração Tripartite de Princípios sobre Empresas Multinacionais e Política Social* (alterada em 2000, 2006 e em 2017). São 68 parágrafos, nos quais a OIT enumera princípios relativos às atividades das empresas multinacionais nas áreas do emprego; seguridade social; eliminação do trabalho forçado ou compulsório; abolição do trabalho infantil e penoso; igualdade de oportunidade e de tratamento; segurança laboral; treinamento, salários, benefícios e condições de trabalho; saúde e segurança nas empresas; relações industriais focando desde à liberdade sindical até arbitragem. Há menções genéricas sobre a necessidade de cumprimento da Declaração Universal dos Direitos Humanos e dos Pactos onusianos (Pacto Internacional sobre Direitos Civis e Políticos e Pacto Internacional sobre Direitos Econômicos, Sociais e Culturais). A Declaração é de cumprimento voluntário (*soft law*) e não elimina a necessidade dos Estados cumprirem os tratados celebrados na OIT.

Nesse ambiente regulatório internacional das atividades das empresas multinacionais, iniciou-se, em 1977, a preparação do código de conduta das Nações Unidas sobre Empresas Transnacionais, cujo projeto de 1983 foi alterado em 1990 para fazer menção expressa ao dever das empresas transnacionais de respeitar os direitos humanos e liberdades fundamentais nos países nos quais elas operam (art. 14). Em 1993, houve o encerramento dos trabalhos no âmbito do Conselho Econômico e Social da ONU sem que houvesse consenso para sua aprovação final na Assembleia Geral da ONU.

Após o final da guerra fria e com a aceleração da globalização, a abordagem direta da temática "empresas e direitos humanos" foi retomada em 2003, com a aprovação pela Subcomissão para a Prevenção e Proteção de Direitos Humanos da antiga (hoje extinta) Comissão de Direitos Humanos da resolução intitulada "Normas sobre as responsabilidades das empresas transnacionais e outras empresas privadas em relação a direitos humanos". Seu alcance era ampla (não somente empresas transnacionais) e havia várias referências a direitos humanos em geral, a partir do preâmbulo, com referências à Declaração Universal dos Direitos Humanos. Houve forte reação de Estados desenvolvidos e entidades empresariais e, em 2004, o Conselho Econômico e Social (a partir de provocação da própria Comissão de Direitos Humanos) decidiu que as "Normas" não possuíam efeito vinculante e nem deveriam ter sua observância monitorada nas Nações Unidas[89].

---

[87] O estabelecimento de uma nova ordem econômica internacional consta da Res. n. 3.201 da Assembleia Geral da ONU, denominada "Declaração sobre o estabelecimento de uma nova ordem econômica internacional", de 1º de maio de 1974.

[88] SAUVANTE, Karl. "The negotiations of the United Nations Code of Conduct on Transnational Corporations", *The Journal of World Investment & Trade*, n. 16, 2015, p. 11-87, em especial p. 13, fazendo referência ao golpe militar contra o Governo Allende no Chile. O próprio Presidente Allende, em discurso na Assembleia Geral da ONU em 1972, antes do golpe, apelou à comunidade internacional para que esta tomasse medidas contra o poder econômico, político e ações de corrupção das empresas transnacionais. Op. cit, p. 13.

[89] Ver ECOSOC Decision 2004/279. Disponível em: <https://www.pactoglobal.Org.br/10-principios>. Último acesso em: 15 jul. 2024.

Em 2005, o Secretário-Geral da ONU designou John Ruggie[90] para ser o representante especial para a questão dos direitos humanos e empresas transnacionais e outras empresas. A própria forma de nomeação (pelas mãos do Secretário-Geral e não por órgão colegiado interno da ONU composto por Estados) mostra as controvérsias em relação à temática no sistema global de direitos humanos, em especial entre aqueles que defendiam a (i) expansão da interpretação das normas de direitos humanos para alcançar de maneira clara as empresas (caso da tentativa frustrada da Subcomissão vista acima) e (ii) aqueles que defendiam a busca pela "colaboração" com as empresas, para consolidação de uma "cidadania corporativa mundial", visando inclusive estancar as críticas sobre os malefícios da globalização.

No que tange à segunda visão (colaboração com as empresas), o próprio Ruggie – na função de conselheiro do Secretário-Geral da ONU – havia participado do lançamento do "Pacto Global" feito por Kofi Annan (então Secretário-Geral da ONU) em 1999. O *Pacto Global das Nações Unidas* (UN Global Compact) é uma iniciativa da ONU para mobilizar, de modo *voluntário*, a comunidade empresarial internacional rumo a implementação de boa governança empresarial nas áreas de direitos humanos, relações de trabalho, meio ambiente e combate à corrupção refletidos em 10 princípios[91]:

- Direitos Humanos. 1. As empresas devem apoiar e respeitar a proteção de direitos humanos reconhecidos internacionalmente; e 2. Assegurar-se de sua não participação em violações destes direitos.
- Trabalho. 3. As empresas devem apoiar a liberdade de associação e o reconhecimento efetivo do direito à negociação coletiva; 4. A eliminação de todas as formas de trabalho forçado ou compulsório; 5. A abolição efetiva do trabalho infantil; e 6. Eliminar a discriminação no emprego.
- Meio Ambiente. 7. As empresas devem apoiar uma abordagem preventiva aos desafios ambientais; 8. Desenvolver iniciativas para promover maior responsabilidade ambiental; e 9. Incentivar o desenvolvimento e difusão de tecnologias ambientalmente amigáveis.
- Corrupção. 10. As empresas devem combater a corrupção em todas as suas formas, inclusive extorsão e propina.

O Pacto Global das Nações Unidas (*UN Global Compact*) busca ser, em síntese, uma grande iniciativa *voluntária* das empresas para alinhar a conduta empresarial com os princípios universais de defesa dos direitos humanos, entre eles os direitos trabalhistas, ambientais e normas anticorrupção. Seria forjada uma "sustentabilidade empresarial", pautada na promoção de normas de direitos humanos nas suas mais variadas espécies[92]. Com o Pacto Global, as empresas aderentes buscam desenvolver uma gestão empresarial social e ambientalmente corretas, naquilo que se convencionou chamar de pauta ESG (*Environmental and Social Governance*/ESG – gestão empresarial ambiental e social)

Como o Pacto Global das Nações Unidas (*UN Global Compact*) não é sequer um código de conduta (e sim uma iniciativa voluntária, envolvendo empresas em colaboração com a ONU e redes locais), *não há* mecanismos para efetivamente verificar o cumprimento dos "10 princípios", apenas a possibilidade de exclusão da lista do rol de empresas participantes, caso sejam comprovadas violações sistemáticas desses valores (*medida de integridade*).

De 2005 a 2011, Ruggie preparou relatórios sobre a temática, nos quais criticou a opção tida como estatocêntrica das "Normas", nas quais repetia-se o vetor do Direito Internacional

---

[90] Falecido em setembro de 2021.
[91] Ver mais em: <http://www.pactoglobal.Org.br/artigo/56/Os-10-principios>. Último acesso em: 9 ago. 2024.
[92] Ver mais em https://www.unglobalcompact.org/what-is-gc. Acesso em: 15 jul. 2024.

dos Direitos Humanos, pelo qual o Estado responderia pelas violações por parte das empresas, não sendo clara qual era a carga de deveres desses entes privados. No relatório de 2008, Ruggie defendeu um giro copernicano na temática por meio da adoção dos parâmetros "proteger, respeitar e reparar", que são utilizados tanto para sistematizar os principais pontos da temática quanto para dividir a responsabilidade na defesa de direitos humanos entre os Estados e as empresas. Em março de 2011, Ruggie apresentou seu relatório final, no qual os princípios orientadores constam no anexo[93] e, em junho do mesmo ano, o Conselho de Direitos Humanos adotou a Resolução 17/4[94], pela qual endossa o conteúdo do que foi apresentado no relatório final de Ruggie.

São 31 Princípios Orientadores sobre Empresas e Direitos Humanos (Princípios de Ruggie)[95] divididos em: (i) Princípios Gerais; (ii) Dever do Estado em *proteger* os direitos humanos (Princípios 1 a 10); (iii) Responsabilidade empresarial em *respeitar* os direitos humanos (Princípios 11 a 24); e (iv) Acesso a recursos e *reparação* (Princípios 25 a 31).

Os princípios gerais reforçam os três parâmetros ("proteger", "respeitar" e "reparar") já consagrados anteriormente, pelos quais: 1) cabe ao Estado *proteger* os direitos humanos; 2) às empresas cabe *respeitar* os direitos humanos; e 3) a ambos cabe *reparar* os danos causados pelas violações aos direitos humanos. Os princípios não criam ou restringem obrigações internacionais já existentes, devem ser aplicados de forma *não discriminatória a todas as empresas*, transnacionais ou não, independentemente de seu tamanho, titularidade, controle etc.

Quanto às três categorias de princípios, estes abordam, em síntese, o seguinte:

- **Princípios referentes à atuação do Estado na proteção dos direitos humanos** (Princípios 1 a 10). 1) Cabe ao Estado zelar pela proteção de direitos humanos em seu território, adotando medidas para prevenir, investigar, punir e reparar tais abusos, cometidos por particulares, inclusive empresas. Devem os Estados adotar políticas públicas, vinculando inclusive o financiamento. 2) Deve o Estado zelar pela atividade extraterritorial *pro persona* de empresas com sede em seu território. 3) Deve o Estado adotar leis e possuir formas de orientação às empresas para uma atuação que preserve direitos humanos. 4) As agências estatais ou empresas estatais devem atuar de forma compatível com o respeito aos direitos humanos, exigindo-se, se for o caso, auditorias (*due diligence*) na temática. 5) A contratação de empresas pelo Estado deve ser supervisionada, protegendo-se direitos humanos. 6) O Estado deve exigir o respeito aos direitos humanos das empresas com as quais faz transações comerciais. 7) O Estado deve fiscalizar o respeito aos direitos humanos pelas empresas em áreas de conflito. 8) O Estado deve assegurar coerência de atuação dos seus diversos órgãos, em especial os que orientam as práticas empresariais, para que sejam conforme os direitos humanos. 9) Os Estados devem manter um marco normativo nacional que assegure o cumprimento das obrigações de direitos humanos no âmbito de tratados ou contratos de investimento referentes a atividades empresariais em outros Estados. 10) Os Estados devem atuar com coerência e em prol dos direitos humanos na sua conduta como membros de instituições internacionais que tratam de questões referentes a atividades empresariais.

---

[93] Disponível em: <http://www.ohchr.org/Documents/Issues/Business/A-HRC-17-31_AEV.pdf>. Último acesso em: 15 jul. 2024.

[94] Disponível em: <https://documents-dds-ny.un.org/doc/RESOLUTION/GEN/G11/144/71/PDF/G1114471.pdf?OpenElement>. Último acesso em: 15 jul. 2024.

[95] Há versão em português elaborada pela organização não governamental atuante na área dos direitos humanos Conectas. Disponível em: <http://www.conectas.org/arquivos-site/Conectas_Princ%C3%ADpiosOrientadoresRuggie_mar2012(1).pdf>. Acesso em: 15 jul. 2024.

- **Princípios referentes à responsabilidade das empresas em respeitar os direitos humanos** (Princípios 11 a 24). 11) As empresas devem respeitar os direitos humanos, abstendo-se de infringir direitos de terceiros e reparando os danos eventualmente causados. 12) As empresas devem respeitar os direitos humanos enunciados internacionalmente e, no mínimo, os enunciados na Declaração Universal dos Direitos Humanos, Pacto Internacional sobre Direitos Civis e Políticos, Pacto Internacional sobre Direitos Econômicos, Sociais e Culturais, bem como os direitos previstos nas 8 convenções fundamentais da Organização Internacional do Trabalho, podendo incidir outras normas internacionais a depender do caso concreto (por exemplo, envolvendo crianças, pessoas com deficiência etc.). 13) As empresas devem evitar atividades que impactem negativamente sobre direitos humanos ou ainda buscar prevenir ou mitigar tais impactos relacionados com suas atividades empresariais. 14) A responsabilidade das empresas quanto ao respeito de direitos humanos é plena, independentemente de seu tamanho, setor, contexto operacional, proprietário e estrutura, mas as exigências quanto aos meios e recursos que devem ser disponibilizados podem variar, a depender desses fatores. 15) Para cumprir suas responsabilidades, as empresas, de acordo com tamanho e circunstâncias de atuação, devem adotar o compromisso político de respeitar os direitos humanos, possuir auditoria na matéria (*due diligence*) e procedimentos que permitam a plena reparação dos danos eventualmente causados. 16) As empresas devem adotar compromisso com o respeito aos direitos humanos aprovado pelo mais alto nível diretivo, que seja embasado em apoio especializado na área e que esclareça, publicamente, o que se espera em relação aos direitos humanos do seu corpo de funcionários, sócios e demais envolvidos na atividade empresarial, devendo ser tal compromisso refletido nos procedimentos operacionais adotados. 17) As empresas devem realizar auditorias contínuas (*due diligence*) em matéria de direitos humanos, incluindo avaliações sobre o impacto real e potencial das atividades sobre os direitos humanos, entre outros. 18) As empresas devem identificar e avaliar as consequências reais ou potenciais de suas ações sobre os direitos humanos, com recurso a especialistas internos ou independentes, bem como incluindo consultas aos grupos afetados ou interessados. 19) As empresas devem aplicar as conclusões de suas avaliações dos impactos de suas atividades sobre os direitos humanos em seus procedimentos internos, de modo a prevenir e mitigar as consequências negativas eventualmente geradas. 20) As empresas devem possuir sistema de monitoramento sobre as medidas de prevenção adotadas. 21) As empresas devem adotar medidas de comunicação social, acessível e com capacidade de fornecer as informações adequadas, preservadas as sujeitas a sigilo comercial. 22) As empresas devem, proativamente, reparar os danos causados. 23) As empresas devem cumprir as leis e respeitar os direitos humanos onde quer que operem, buscando fórmulas de respeito aos direitos humanos, quando confrontados com exigências conflitantes. 24) As empresas devem priorizar medidas que visam atenuar as consequências graves ou que possam se tornar irreversíveis.
- **Princípios referentes ao acesso a mecanismos de reparação** (Princípios 25 a 31). 25) Os Estados devem adotar medidas de reparação eficazes, pelas vias judiciais, administrativas, legislativas ou outros meios. 26) Os Estados devem assegurar a eficácia dos mecanismos judiciais nos casos abordando violações de direitos humanos por parte de empresas. 27) Os Estados devem estabelecer mecanismos extrajudiciais eficazes e adequados, em paralelo aos mecanismos judiciais, para a integral reparação das violações de direitos humanos por parte das empresas. 28) Os Estados devem facilitar o acesso a mecanismos não estatais de denúncia sobre a temática. 29) As empresas devem possuir ou participar de mecanismos de denúncia eficazes à disposição das pessoas e

comunidades afetadas. 30) As iniciativas empresariais de colaboração (por exemplo, os códigos de conduta empresariais) devem prever a disponibilidade de mecanismos eficazes de conduta. 31) Os mecanismos de recebimento de denúncia (estatais e não estatais) devem ser confiáveis, acessíveis, com procedimento claro e equitativo, bem como serem transparentes, em especial quanto à evolução do trâmite e resultado.

Pelo exposto, a essência dos Princípios Orientadores é distribuir a responsabilidade pela proteção de direitos humanos nas atividades empresariais entre os Estados e também às empresas. Os princípios orientadores constituem-se em *soft law*, servindo para orientar a interpretação das normas nacionais e internacionais, bem como podem espelhar – caso haja prática reiterada dos Estados com convicção de obrigatoriedade – costume internacional. Na Corte Interamericana de Direitos Humanos, constou do voto em separado do Juiz Ferrer Mac-Gregor no "Caso Empregados da fábrica de fogos de Santo Antônio de Jesus e Familiares *vs.* Brasil que "pode-se entender que o exposto nos princípios de Ruggie tem lugar no Sistema Interamericano" (item 14 do voto em separado). Além disso, o Conselho de Direitos Humanos, na mesma Res. 17/4, instituiu um Grupo de Trabalho da Organização das Nações Unidas (ONU) sobre Direitos Humanos, Empresas Transnacionais e outras Empresas, encarregado de monitorar o cumprimento dos "Princípios Orientadores", formulando recomendações aos Estados. Em 2016, o Grupo apresentou ao Conselho de Direitos Humanos o Relatório da visita realizada ao Brasil em dezembro de 2015, com forte ênfase nas consequências *negativas* às comunidades afetadas por grandes empreendimentos de infraestrutura (hidroelétrica de Belo Monte, obras da Copa do Mundo e das Olimpíadas etc.) e desastres ambientais (como o desastre de Mariana). O relatório ainda revelou preocupação com a falta de efetiva fiscalização do Estado (que inclusive financiou várias dessas obras graças ao BNDES). Por sua vez, o relatório fez 32 recomendações, sendo 21 destinadas ao Estado, 7 às empresas e 4 à sociedade civil organizada. Chamou a atenção *certa incoerência* do Grupo de Trabalho que concentrou seu foco no Estado (*vide* o número de recomendações), fugindo à assunção de responsabilidade das empresas privadas que são a base dos "Princípios de Ruggie"[96].

Em que pese o avanço dado pelos "Princípios Orientadores" quanto à responsabilidade das empresas pela prevenção e reparação das violações de direitos humanos, há *fragilidade* na implementação de suas normas. A opção pela edição dos "Princípios" (i) sem força vinculante e (ii) sem uma sistemática clara de cobrança efetiva do real compromisso das empresas com a proteção de direitos humanos permite a *adesão retórica* por parte desses conglomerados, com *uso publicitário* inclusive, sem que suas condutas reais sejam efetivamente favoráveis à gramática dos direitos humanos.

Há o risco do "bluewashing"[97], expressão que retrata a falsa adoção pelas empresas (mera retórica) dos princípios universais de direitos humanos defendidos pela ONU tanto no "Global Compact" quanto nos "Princípios de Ruggie". A veiculação de informações falsas sobre o cumprimento das normas de *soft law* acima expostas erode a credibilidade da pauta ESG, gerando prejuízo para toda a sociedade. Para evitar tal situação (a associação falsa de marcas empresariais à agenda ESG), é possível eventual ação de reparação de danos difusos por *publicidade enganosa* (no caso brasileiro) ou ainda responsabilização diante do órgão de controle (por exemplo,

---

[96] Ver a análise crítica do Centro de Direitos Humanos e Empresas (HOMA), sob a coordenação da Profa. Manoela Carneiro Roland, da Universidade Federal de Juiz de Fora, em: <http://homacdhe.com/index.php/pt/2016/06/29/grupo-de-trabalho-da-onu-sobre-direitos-humanos-e-empresas-homa-divulga-analise-do-relatorio-da-visita--ao-brasil-e-lanca-campanha-pelo-tratado-vinculante/>. Último acesso: em 15 jul. 2024.

[97] "Bluewashing" é termo que faz remissão à cor azul das Nações Unidas. Há ainda o "greenwashing", que descreve a adoção meramente retórica de normas ambientais pelas empresas.

Comissão de Valores Mobiliários) das informações prestadas por empresas de capital aberta, entre outras opções[98].

Em 2014, o Conselho de Direitos Humanos aprovou a Res. 26/9[99] pela qual foi estabelecido grupo de trabalho com o objetivo de elaborar um tratado internacional sobre a temática (direitos humanos e empresas), mostrando possível evolução no atual estágio da temática no sistema global.

A elaboração de um *tratado* sobre direitos humanos e empresas demonstra a maturidade da temática no âmbito da ONU, após décadas de edições de normas de *soft law*. Prova, também, a necessidade de discussão da responsabilidade direta das empresas multinacionais e a insuficiência da responsabilização internacional somente dos Estados, que, em muitos casos, não quer ou não consegue impor a *rule of law* e o respeito aos direitos humanos de todos os envolvidos. No Brasil, casos como o rompimento da barragem do Fundão, em Mariana (MG), na Bacia do Rio Doce, em 5 de novembro de 2015, que até agosto de 2024 não foi devidamente reparado, mostra a necessidade de uma nova etapa na responsabilização das empresas perante o Direito Internacional dos Direitos Humanos.

Em 2017, o Conselho de Direitos Humanos, no bojo dos mecanismos dos procedimentos especiais, criou o Grupo de Trabalho sobre a questão de direitos humanos e empresas transnacionais e outras empresas comerciais[100]. Em 2018, esse grupo de trabalho apresentou minuta de tratado sobre a temática ("Draft"), que está, em 2024, em discussão.

31. CONVENÇÃO QUADRO DE CONTROLE DO TABACO (CQCT)

A Convenção Quadro de Controle do Tabaco (CQCT) é o primeiro tratado internacional negociado sob os auspícios da Organização Mundial da Saúde (OMS). Foi adotado pela Assembleia Mundial da Saúde, em 21 de maio de 2003, e entrou em vigor em 27 de fevereiro de 2005. A CQCT tornou-se um dos tratados mais rápida e amplamente adotados na história do Sistema das Nações Unidas. Possui, em agosto de 2024, 183 Estados partes (*Estados Unidos* é o grande ausente – a Convenção abrange 90% da população mundial).

A CQCT foi construída como uma resposta à epidemia global de tabaco reconhecida, na década de 1970, pela Assembleia Mundial da Saúde. Entre 1978 e 1993, a Assembleia Mundial da Saúde (AMS) aprovou 10 resoluções sobre os perigos à saúde causados pelo uso do tabaco. A OMS institucionalmente afirma que a CQCT é um tratado baseado em evidências científicas que reafirma o direito de todas as pessoas ao mais alto padrão de saúde. A Convenção versa sobre promoção da saúde pública, fornecendo novas dimensões legais para a cooperação internacional em saúde.

Após a aprovação interna do tratado, pela edição do Decreto Legislativo n. 1.012, de 27 de outubro de 2005, o Brasil ratificou a CQCT, em 3 de novembro, tendo promulgado a convenção internamente pelo Decreto 5.658, de 2 de janeiro de 2006.

Desde 2014 a 2020, a *Head* do Secretariado da CQCT, na OMS, em Genebra, foi a brasileira Vera Luiza da Costa e Silva, exercendo a função de coordenar, junto às partes do tratado, ações pela implementação da CQCT nos países membros.

Apesar de não fazer parte formalmente das chamadas grandes convenções das Nações Unidas sobre direitos humanos, a CQCT, ao fazer alusão expressa em seu preâmbulo, *conecta-se*

---

[98] COELHO, Thales Cavalcanti. Investimentos ESG e a responsabilidade civil pela prática de bluewashing. In: *JOTA*, 20-9-2022. Acesso em: 20 jul. 2024.

[99] Disponível em: <http://www.ohchr.org/EN/HRBodies/HRC/RegularSessions/Session26/Pages/ResDecStat.aspx>. Último acesso em: 15 jul. 2024

[100] Conferir na Parte II, Capítulo V, item 2.1, deste *Curso*.

ao Artigo 12 do Pacto Internacional dos Direitos Econômicos, Sociais e Culturais, pelo qual se declara que toda pessoa tem direito de gozar o mais elevado nível de *saúde física e mental*. Também são destacadas a Convenção sobre a Eliminação de Todas as Formas de Discriminação Contra as Mulheres, adotada pela Assembleia Geral da ONU, em 18 de dezembro de 1979, e a Convenção sobre os Direitos da Criança, adotada pela Assembleia Geral da ONU em 20 de novembro de 1989.

Além disso, a CQCT destaca que, no preâmbulo da Constituição da Organização Mundial de Saúde, afirma-se que "o gozo do mais elevado nível de saúde que se possa alcançar é um dos direitos fundamentais de todo ser humano, sem distinção de raça, religião, ideologia política, condição econômica ou social"[101].

No art. 2º, a CQCT faz a sua relação com outros acordos e instrumentos jurídicos, deixando claro que deve ser interpretada como *garantia mínima*, fazendo previsão de que as normas internas e as internacionais podem ser mais avançadas no controle do tabaco, porém, as regras da CQCT devem formar o conjunto mínimo de proteção. Sendo certo que o objetivo da CQCT e de seus protocolos é "proteger as gerações presentes e futuras das devastadoras consequências sanitárias, sociais, ambientais e econômicas geradas pelo consumo e pela exposição à fumaça do tabaco, proporcionando uma referência para as medidas de controle do tabaco, a serem implementadas pelas Partes nos níveis nacional, regional e internacional, a fim de reduzir de maneira contínua e substancial a prevalência do consumo e a exposição à fumaça do tabaco" (art. 3º).

Também há, no documento, a listagem dos seus Princípios norteadores, no art. 4º, que são (i) informação; (ii) governança multidimensional; (iii) cooperação internacional; (iv) construção de políticas públicas internas coordenadas; (v) responsabilização pelos danos; (vi) sustentabilidade; e (vii) participação da sociedade civil.

Inovação importante no tratado é o art. 5º, numeral 3, que nasce da preocupação relativa à aplicação de *direitos humanos às empresas*, pois reconhece a influência das empresas na construção das normas internas e, para evitar interferências indevidas, determina que, ao "estabelecer e implementar suas políticas de saúde pública relativas ao controle do tabaco, as Partes agirão para proteger essas políticas dos interesses comerciais ou outros interesses garantidos para a indústria do tabaco, em conformidade com a legislação nacional".

Nos arts. 6º e 7º, é destacada a preocupação com o consumo do tabaco. Assim, há determinações relativas à criação de medidas relacionadas a preços e impostos para reduzir a demanda de tabaco, além de medidas não relacionadas a preços para reduzir a demanda de tabaco.

Uma das primeiras disputas de direitos fundamentais nascidas após a vinculação do Brasil à CQCT é a relacionada com os *ambientes livres de tabaco*. De acordo com o art. 8º, os Estados Partes devem garantir a proteção das pessoas contra a exposição à fumaça do tabaco, indicando que deve ser proibida qualquer conduta que exponha as pessoas à fumaça, o que faz nascer a necessidade dos ambientes livres de fumo, em especial para proteção daquele que é chamado de fumante passivo. Nesse campo, nasce o embate entre o *direito à saúde e a possibilidade de fumar*.

As primeiras normas proibindo completamente o fumo em ambientes fechados coletivos foram subnacionais, a começar pelo Estado de São Paulo, em 2009, a Lei Estadual Paulista n. 13.541, de 7 de maio de 2009. Depois dela outras normas vieram. A lei paulista foi alvo da ADI 4.249, no STF. O foco era a violação às normas constitucionais de competência no âmbito federativo. Porém, em 2011, a Lei n. 12.546 tornou nacional a proibição de fumar em ambiente fechado,

---

[101] Constituição da Organização Mundial da Saúde (OMS/WHO) – 1946.

levando à perda do objeto da ADI n. 4.249 (STF, ADI n. 4.249, rel. Min. Celso de Mello, decisão monocrática de 3-12-2019).

No art. 9º há determinação da regulamentação do conteúdo dos produtos de tabaco. A partir desse dispositivo, foram aprovadas diretrizes, na Conferência das Partes, nas reuniões de 2010 e 2012, sobre a necessidade de *proibição de aditivos* que possam aumentar o consumo do tabaco. Com base em tais diretrizes, foi aprovada, em 2012, a RDC 14 da ANVISA[102], que regula o uso de aditivos em produtos de tabaco. Tal resolução foi alvo da ADI 4.874, na qual a Confederação Nacional da Indústria – CNI pretendia a declaração de inconstitucionalidade do inciso XV do art. 7º da Lei n. 9.782/99, e, consequentemente, invalidar norma da ANVISA, RDC 14/2012, que proíbe o uso de aditivos em produtos de tabaco. No plenário, o resultado foi empate em 5 votos (Min. Barroso declarou suspeição), o que impediu a declaração de inconstitucionalidade pretendida, reconhecendo-se a competência da ANVISA para regular a questão. No art. 11, há determinação relativa à embalagem e etiquetagem de produtos de tabaco, que levou à colocação de avisos nos maços de cigarros.

Debate importante junto ao Centro Internacional para Resolução de Controvérsias sobre Investimentos do Banco Mundial[103], sobre investimentos estrangeiros, foi travado no caso *Philip Morris v. Uruguai*[104], decidido, em outubro de 2018, favoravelmente ao Uruguai, que determinou restrições ao uso da marca de cigarro. Além disso, a empresa Philip Morris também foi derrotada em ação contra a Austrália relativa ao empacotamento genérico (*plain packaging*) do tabaco[105].

As decisões sobre o empacotamento do tabaco seguem o art. 11 da CQCT, que determina que cada parte adotará e implementará, de acordo com sua legislação nacional, "medidas efetivas para garantir que (a) a embalagem e a etiquetagem dos produtos de tabaco não promovam produto de tabaco de qualquer forma que seja falsa, equivocada ou enganosa, ou que possa induzir ao erro, com respeito a suas características, efeitos para a saúde, riscos ou emissões, incluindo termos ou expressões, elementos descritivos, marcas de fábrica ou de comércio, sinais figurativos ou de outra classe que tenham o efeito, direto ou indireto, de criar a falsa impressão de que um determinado produto de tabaco é menos nocivo que outros". São exemplos dessa promoção falsa, equívoca ou enganosa, ou que possa induzir a erro, expressões como "lowtar" (baixo teor de alcatrão), "light", "ultra light" ou "mild" (suave); e (b) cada carteira unitária e pacote de produtos de tabaco, e cada embalagem externa e etiquetagem de tais produtos também contenham *advertências* descrevendo os efeitos *nocivos* do consumo do tabaco, podendo incluir outras mensagens apropriadas.

No art. 13, há regulação da publicidade, promoção e patrocínio do tabaco, determinando que a "proibição total da publicidade, da promoção e do patrocínio reduzirá o consumo de produtos de tabaco".

Em consonância com a CQCT, em 1º outubro de 2018 (Decreto n. 9.516), o Brasil promulgou o Protocolo para Eliminar o Comércio Ilícito de Produtos de Tabaco, de 12 de novembro de 2012, que foi celebrado a partir do art. 15 da CQCT.

O diploma de controle do tabaco se preocupa ainda com a exposição do tabaco para venda, permitindo publicidade apenas em pontos de venda. Além disso, no art. 17, para construir alternativas à produção do tabaco, há a determinação sobre o apoio a atividades alternativas economicamente viáveis para que o produtor não seja atingido pela restrição do consumo do tabaco.

---

[102] Resolução de Diretoria Colegiada da Agência Nacional de Vigilância Sanitária (ANVISA).
[103] ICSID (Sigla em inglês) – Centro Internacional para Resolução de Controvérsias sobre Investimentos do Banco Mundial.
[104] Decisão pode ser encontrada no *site* <https://www.iisd.org/itn/2018/10/18/philip-morris-v-uruguay/>. Acesso em: 15 jul. 2024.
[105] Decisão pode ser encontrada no *site*<https://pcacases.com/web/sendAttach/2190>. Acesso em: 15 jul. 2024.

No Brasil, há a Comissão Nacional para Implementação da Convenção Quadro para o Controle do Tabaco e de seus Protocolos (CONICQ), criada por Decreto de 1º de agosto de 2003[106]. A CONICQ tem o objetivo de promover o desenvolvimento, a implementação e a avaliação de estratégias, planos e programas, assim como políticas, legislações e outras medidas para o cumprimento das obrigações previstas na Convenção Quadro da OMS para o Controle do Tabaco (art. 2º, IV, do Decreto). Assim, os temas ligados a controle do tabaco devem ser analisados internamente pela CONICQ[107].

QUADRO SINÓTICO

Convenção Quadro de Controle do Tabaco	
Contexto	• Tratado ratificado e incorporado internamente. • Os motivos que impulsionaram a celebração do tratado foram principalmente: (i) o reconhecimento de que a propagação da epidemia do tabagismo é um problema global com sérias consequências para a saúde pública, (ii) o aumento do consumo e da produção mundial de cigarros e outros produtos de tabaco; (iii) o fato de que o consumo e a exposição à fumaça do tabaco são causas de mortalidade, morbidade e incapacidade; (iv) os cigarros e outros produtos contendo tabaco são elaborados de maneira sofisticada de modo a criar e a manter a dependência. • Nesse contexto, os Estados Partes demonstraram sua preocupação com o impacto que o tabaco causa em direitos humanos e nos orçamentos públicos.
Objetivo	• Seu objetivo básico é proteger as gerações presentes e futuras das "consequências sanitárias, sociais, ambientais e econômicas geradas pelo consumo e pela exposição à fumaça do tabaco, proporcionando uma referência para as medidas de controle do tabaco, a serem implementadas pelas Partes nos níveis nacional, regional e internacional, a fim de reduzir de maneira contínua e substancial a prevalência do consumo e a exposição à fumaça do tabaco".
Essência da Convenção	• A Convenção cria diversos deveres de proteção de direitos humanos relacionados ao uso do tabaco, impactando na formatação das políticas públicas internas dos Estados Partes, especialmente, na promoção da saúde.

32. PRINCÍPIOS BÁSICOS SOBRE A INDEPENDÊNCIA DO PODER JUDICIÁRIO E OS PRINCÍPIOS DE BANGALORE

Os Princípios Básicos Relativos à Independência do Poder Judiciário foram adotados pelo VII Congresso das Nações Unidas para a Prevenção do Crime e o Tratamento dos Delinquentes, realizado em Milão de 26 de agosto a 6 de setembro de 1985 e endossados pela Assembleia Geral das Nações Unidas nas suas Resoluções n. 40/32, de 29 de novembro de 1985, e 40/146, de 13 de dezembro de 1985.

Em 2002, foram aprovados os "Princípios de Conduta Judicial de Bangalore", elaborados pelo Grupo de Integridade Judicial (*Judicial Group on Strengthening Judicial Integrity*), inicialmente uma reunião informal de autoridades judiciais de vários países, sob a presidência do Juiz Christopher Weeramantry, então Vice-Presidente da Corte Internacional de Justiça. Esse grupo ganhou apoio da Organização das Nações Unidas, tendo sido os "Princípios" aprovados oficialmente em novembro de 2002, na Haia (Holanda). Em 2006, o Conselho Econômico e Social da

---

[106] Cf. <http://www.planalto.gov.br/ccivil_03/DNN/2003/Dnn9944.htm>. Acesso em: 15 jul. 2024.
[107] Agradeço ao Professor Luís Renato Vedovato (Unicamp) pela colaboração na redação deste texto sobre a CQCT.

ONU aprovou a Res. n. 2006/23 pela qual recomendou aos Estados Membros que levassem em consideração os "Princípios de Bangalore"[108] na adoção de regras de conduta dos membros do sistema de justiça.

Esses dois diplomas normativos buscam assegurar a independência do Poder Judiciário (e, por extensão, de órgãos públicos indispensáveis ao sistema de justiça, como o Ministério Público e a Defensoria Pública), a qual é condição necessária (embora não suficiente) para promover, (i) o acesso à justiça e (ii) zelar pela observância dos direitos humanos, em especial contra atos ofensivos do Poder Público. São diplomas de *soft law* ("direito em formação", inicialmente sem força vinculante), mas que servem de importante vetor de interpretação de diplomas vinculantes que tratam genericamente do direito de todo ser humano de ser julgado por um *julgador independente*.

A independência do Poder Judiciário possui duas facetas: a faceta externa, que assegura a sua autonomia sem interferência ou ameaça dos demais Poderes[109] e a faceta interna, que prevê que o magistrado possui independência funcional e é inviolável pelo conteúdo das decisões que proferir. A independência judicial é mencionada em vários diplomas normativos de direitos humanos. Em primeiro lugar, o artigo 10 da Declaração Universal dos Direitos Humanos prevê que todo ser humano tem direito a um julgamento justo realizado por um julgador independente e imparcial. Por sua vez, o Pacto Internacional sobre os Direitos Civis e Políticos dispõe, em seu artigo 14, parágrafo 1º, que toda pessoa tem o direito de acesso ao Poder Judiciário "independente e imparcial". Finalmente, a Convenção Americana sobre os Direitos Humanos estipula que toda pessoa tem direito a ser ouvida, com as devidas garantias e dentro de um prazo razoável, por um juiz ou tribunal competente, *independente* e imparcial (art. 8.1).

Para explicitar melhor tais comandos, foram adotados, em 1985, os Princípios Básicos das Nações Unidas sobre a Independência do Poder Judiciário. Ao todo são 20 princípios, os quais foram adotados com o objetivo de explicitar os mecanismos internos para assegurar a independência da função jurisdicional e, ao mesmo tempo, servir de parâmetro para que seja avaliada a real independência do Poder Judiciário em um determinado Estado[110].

Os princípios 1 e 2 estabelecem que "[a] independência do Poder Judiciário será garantida pelo Estado e consagrada na Constituição ou na legislação do país. É dever de todas as instituições governamentais e outras, respeitar e observar a independência do Poder Judiciário" (Princípio 1) e ainda "[o] Poder Judiciário deverá decidir de forma imparcial, com base em fatos e em conformidade com a lei, sem quaisquer restrições, influências impróprias, aliciamentos, pressões, ameaças ou interferências, diretas ou indiretas, de qualquer setor ou por qualquer motivo".

Sobre o alcance da função jurisdicional do Estado, o Princípio 3 assevera que cabe ao próprio Judiciário decidir se cabe ou não decidir em um caso que lhe foi submetido. Ou seja, não podem os demais Poderes sustentarem que o caso apresentado seria um "caso político" e insuscetível de avaliação judicial. Somente o *próprio Judiciário* pode decidir sobre sua competência.

O Princípio 4 trata da impossibilidade de interferências indevidas ou injustificadas no processo judicial e o Princípio 5 assegura o direito de toda pessoa de não ser julgada por tribunais de exceção ou de acordo com regras não previstas em lei. O Princípio 6 prevê que os magistrados

---

[108] NAÇÕES UNIDAS (ONU). Escritório Contra Drogas e Crime (Unodc). Comentários aos princípios de Bangalore de conduta judicial. Tradução de Marlon da Silva Malha, Ariane Emílio Kloth. – Brasília: Conselho da Justiça Federal, 2008.

[109] Ver o item sobre a tese da existência de um "poder moderador militar" em face de decisões judiciais que contrariaram o Poder Executivo (o chamado uso do "art. 142" da CF/88), posteriormente nesta obra.

[110] Disponível versão em português em: <http://gddc.ministeriopublico.pt/sites/default/files/princbasicos-magistratura.pdf>. Acesso em: 15 set. 2024.

têm o direito e o dever de garantir a condução dos processos de forma justa e respeitando o direito das partes. Já o Princípio 7 dispõe sobre o dever dos Estados de assegurar recursos materiais necessários para o regular desempenho de suas funções.

Há ainda preocupação dos "Princípios" a respeito das liberdades de expressão e de associação. O Princípio 8 assegura aos magistrados *as liberdades de expressão, de crença, de associação e de reunião*. Contudo, há a ressalva de exigência, no exercício desses direitos, de conduta *compatível* com a *dignidade* do seu cargo e a *imparcialidade* e a *independência* da magistratura. O Princípio 9 prevê o direito de associação voltada à representação de seus interesses, à formação e à defesa da independência do Poder Judiciário.

No que tange às qualificações, seleção e formação, o Princípio 10 exige (i) formação ou as qualificações jurídicas adequadas; (ii) método de seleção imunizado contra nomeações abusivas e que não contenha qualquer discriminação por motivo de raça, cor, sexo, religião, opinião política ou de outra índole, origem nacional ou social, posição econômica, nascimento ou condição. A exigência da nacionalidade do Estado *não* é considerada abusiva.

Quanto às condições de trabalho durante o exercício da função, os Princípios 11 a 14 tratam da (i) remuneração (inclusive na aposentadoria) e condições de trabalho adequadas, (ii) inamovibilidade, (iii) promoção baseada em critérios objetivos, voltados especialmente à análise da capacidade profissional, na integridade e na experiência e (iv) autonomia da administração judicial nas decisões de distribuição de processos.

O sigilo profissional é previsto no Princípio 15 (assegurando ao magistrado o direito de não ser obrigado a prestar depoimento sobre questões sigilosas) e, no Princípio 16 estabeleceu-se a imunidade pessoal em face de processos de responsabilidade civil por danos causados no exercício das suas funções, sem prejuízo de responsabilidade disciplinar e do direito à indenização a ser ofertada pelo Estado (em conformidade com a legislação nacional).

Há também determinação sobre medidas disciplinares, suspensão e destituição nos Princípios 17 a 20. Em síntese, o magistrado tem direito a um julgamento justo e com imparcialidade, devendo toda acusação ou queixa contra um juiz pelo exercício de suas funções ser tramitada de maneira célere e com respeito ao devido processo legal. O *exame inicial* da questão deve ser confidencial, a menos que o juiz solicite o contrário. O Princípio 20 estabelece que as decisões adotadas em procedimentos disciplinares, de suspensão ou de destituição *deverão* estar sujeitas a uma *revisão independente*. Porém, tal princípio poderá não ser aplicável às decisões proferidas pela *Suprema Corte* ou às do Poder Legislativo no âmbito de *processos de destituição* análogos. Contudo, mesmo em tais processos, há de ser observado o devido processo legal, com ampla defesa e contraditório.

Já os "Princípios de Bangalore de Conduta Judicial" têm como meta a preservação da confiança da sociedade no Poder Judiciário, o que é indispensável para que os indivíduos sintam confiança de lutar pelos seus direitos por intermédio do acesso à Justiça. É também um diploma de *soft law*, que, além de servir para interpretação dos comandos normativos vinculantes que se relacionam com a conduta dos magistrados no processo, pode também ser utilizado como inspiração para reformas legislativas nacionais. Foram escolhidos seis valores, que devem nortear a conduta dos magistrados.

O valor 1 é a *independência*, que consiste na condução do processo e adoção de decisão sem outra obediência a não ser a sua interpretação das normas incidentes no caso. É requisito do Estado de Direito e uma garantia fundamental de um julgamento justo. O juiz deve ser independente e ser o exemplo da independência judicial tanto no seu aspecto individual quanto no aspecto institucional. Não pode aceitar nenhuma interferência (seja do governo, de outro juiz, de grupos de particulares etc.) na forma da condução do litígio ou na adoção de sua decisão.

O valor 2 é a *imparcialidade*, que é representada tanto pelo aspecto subjetivo (não pode existir preconceitos, estereótipos ou mesmo interesses que envolvam o juiz na condução e julgamento) quanto objetivo (devem existir garantias que assegurem a imparcialidade aos olhos da sociedade).

O valor 3 é a *integridade*, que consiste no atributo de correção e virtude no desempenho da atividade jurisdicional. Almeja-se o repúdio à corrupção ou ao uso do cargo para a realização de desejos pessoais (indicação futura para um cargo em Tribunal Superior, busca de notoriedade para viabilizar futura candidatura política etc.). A integridade também alcança o julgador na sua vida privada, mas não se pode interpretar tal valor de modo a reprimir opções de vida que não são majoritárias do ponto de vista social ou moral. A magistratura ganha com a diversidade cultural e os padrões aplicáveis aos julgadores não devem ser homogêneos.

Nos "Comentários" aos Princípios de Bangalore, elaborados pelo próprio Grupo, há um "teste de integridade" composto por 6 fatores: 1) natureza pública ou privada do ato e sua (i)licitude; 2) ser o ato protegido por um direito individual; 3) grau de discrição e prudência usado pelo juiz; 4) avaliação do prejuízo causado pela conduta aos envolvidos ou se ela é – razoavelmente – ofensiva a outros; 5) análise do grau de respeito (ou desrespeito) a outros demonstrado pela conduta; 6) análise se a conduta denota parcialidade ou influência devida[111].

O valor 4 é a *idoneidade*, que consiste na aparência de ser o julgador um indivíduo dotado de integridade, imparcialidade, independência e competência. Por exemplo, dar tratamento diferenciado benéfico a um agente de alto escalão do Estado, especialmente se este pode contribuir para indicações futuras em postos elevados do Judiciário cria uma *aparência de parcialidade* e acesso especial ao Tribunal por parte daquele homenageado. Por outro lado, tratar de modo diferenciado e benéfico crianças que visitam o tribunal é tido como idôneo, já que crianças não ocupam posições de poder e não geram aparência de influência imprópria[112]. Deve ser analisado, caso a caso, a participação em festas a convite de firma de advogados, participação em congressos acadêmicos patrocinados por empresas, visitas a empresas etc., pois lhe é permitida a hospitalidade comum e a socialização no meio jurídico. O critério é, novamente, a aparência de abalo à idoneidade a partir do ponto de vista de um observador comum. Por outro lado, as relações sociais de maior intimidade (namoro, relações familiares etc.) com advogado, membro do Ministério Público, autores, réus, entre outros, devem ser prontamente relatadas e levar ao afastamento do juiz do caso. Também abala esse valor o envolvimento do juiz nos debates da arena política, criticando, por exemplo, determinada política pública, o governo ou a oposição, entre outros temas. Finalmente, no tocante à aceitação de *pagamentos pelo saber jurídico* (por aulas, cursos, palestras, publicações e outras participações na vida privada nas quais seu conhecimento jurídico é comercializado), estes devem ser *razoáveis e proporcionais* à tarefa realizada e não podem levantar *dúvidas* sobre influência indevida.

O valor 5 consiste na *igualdade*, devendo o juiz tratar de modo igualitário todas e todos, evitando estereotipar e devendo ser receptivo à diversidade existente na sociedade. Também deve zelar para que os servidores do Judiciário e demais atores do sistema de justiça não externem condutas tidas como racistas, sexistas, capacitistas ou qualquer outra conduta inapropriada.

---

[111] NAÇÕES UNIDAS (ONU). Escritório Contra Drogas e Crime (Unodc). *Comentários aos Princípios de Bangalore de Conduta Judicial*. Tradução de Marlon da Silva Malha, Ariane Emílio Kloth. Brasília: Conselho da Justiça Federal, 2008, p. 89 e 90.

[112] Exemplo extraído dos "Comentários". NAÇÕES UNIDAS (ONU). Escritório Contra Drogas e Crime (Unodc). *Comentários aos Princípios de Bangalore de Conduta Judicial*. Tradução de Marlon da Silva Malha, Ariane Emílio Kloth. Brasília: Conselho da Justiça Federal, 2008, p. 94.

O valor 6 consiste na exigência de *competência* e *diligência* por parte do juiz na execução de suas funções judicantes. Para tanto, recomenda-se a continuidade da capacitação (em especial nas Escolas das Magistraturas), com especial atenção a diplomas normativos internacionais que são aplicáveis internamente.

QUADRO SINÓTICO

Princípios Básicos Relativos à Independência do Poder Judiciário e os Princípios de Bangalore

Natureza jurídica	• *Soft law*, mas serve como parâmetro para interpretação dos diplomas normativos vinculantes, como os tratados de direitos humanos.
Pontos principais dos Princípios Básicos Relativos à Independência da Magistratura – 1985	• Conjunto de Princípios para garantia da independência para o exercício da magistratura envolvendo: ▪ princípios fundamentais; ▪ garantia de exercício da liberdade de expressão e associação; ▪ princípios relativos à seleção, formação e promoção; ▪ garantia de condições de trabalho; ▪ regulação sobre medidas disciplinares, suspensão e destituição.
Princípios de Bangalore de Conduta Judicial	• Seis valores: • Valor 1 – *independência* • Valor 2 – *imparcialidade* • Valor 3 – *integridade* • Valor 4 – *idoneidade* • Valor 5 – *igualdade* • Valor 6 – *competência e diligência*

33. O PROTOCOLO DE MINNESOTA SOBRE INVESTIGAÇÃO DE MORTES POTENCIALMENTE ILÍCITAS

O Protocolo de Minnesota sobre Investigação de Mortes Potencialmente Ilícitas (2016)[113] consiste em um conjunto de regras de orientação sobre como proceder a investigação de mortes que possam ser tidas como ilícitas. A versão original do Protocolo de Minnesota foi desenvolvida em 1991 através de um processo conduzido pelo Comitê Internacional de Direitos Humanos dos Advogados de Minnesota (por isso a alcunha), complementando os Princípios das Nações Unidas sobre a Prevenção e Investigação Eficazes de Execuções Extralegais, Arbitrárias ou Sumárias e visando a criação de um "guia prático" de alcance internacional para aqueles que conduziam investigações de mortes em circunstâncias suspeitas. O Protocolo de Minnesota busca evitar que a impunidade das violações ao direito à vida possa servir de estímulo a novas violações. Com base no sucesso do Protocolo de Minnesota foi criado o Manual sobre a Investigação Efetiva e Documentação da Tortura e Outros Tratamentos ou Penas Cruéis, Desumanos ou Degradantes (Protocolo de Istambul – analisado nesta obra). A fim de garantir que o Protocolo continuasse a manter sua relevância e refletir os avanços da técnica forense, em 2014, o Relator Especial sobre execuções extrajudiciais, sumárias ou arbitrárias, em colaboração com o Escritório do Alto Comissariado das Nações Unidas para os Direitos Humanos, iniciou um processo para revisar e atualizar o protocolo[114].

---

[113] Agradeço ao Professor Luís Renato Vedovato (Unicamp) pela colaboração na redação deste texto.
[114] Agradeço a colaboração do Prof. Luis Renato Vedovato (Unicamp) na redação deste item.

O objetivo do *Protocolo de Minnesota* é proteger o direito à vida e promover o acesso à justiça, bem como o direito à reparação, por meio de uma investigação eficaz de toda e qualquer morte potencialmente injusta, incluindo os casos de suspeita de desaparecimento forçado (por extensão). O Protocolo estabelece um roteiro de conduta na investigação de uma morte potencialmente ilícita ou caso de suspeita de desaparecimento forçado, bem como um conjunto comum de princípios e diretrizes para Estados, instituições e indivíduos que participam da investigação.

O Protocolo de Minnesota é o que se chama de *soft law* no Direito Internacional, que consiste no conjunto de normas não vinculantes, mas que servem como guias de interpretação de normas vinculantes. No caso, o Protocolo é utilizado como vetor de interpretação do dever de prevenção e repressão à violação do direito à vida, sendo invocado por diversos órgãos internacionais como a Corte Europeia de Direitos Humanos e a Corte Interamericana de Direitos Humanos (Corte IDH), o Comitê de Direitos Humanos, entre outros.

O Protocolo possui, como principais destinatários, policiais, médicos, advogados, agentes do Poder Judiciário, do Ministério Público, ONGs, portanto, todos os atores envolvidos em investigações de homicídios potencialmente ilícitos. Sua aplicação se dá, essencialmente, às investigações realizadas em tempos de paz, porém, não se descarta sua utilização em casos de homicídios durante conflitos armados.

O Protocolo de Minnesota se aplica à investigação de todas as "mortes potencialmente ilícitas" e, no que for possível, todos os casos de suspeita de desaparecimento forçado. Ele se aplica às situações em que:

1. a morte pode ter sido causada por atos ou omissões do Estado, seus órgãos ou agentes, ou pode ser imputável ao Estado, em violação de sua obrigação de respeitar o direito à vida. Inclui, por exemplo, todas as mortes possivelmente causadas por encarregados da aplicação da lei ou outros agentes do Estado; mortes causadas por grupos paramilitares, milícias ou "esquadrões da morte" suspeitos de agirem sob a direção do Estado ou com seu consentimento ou aquiescência; bem como mortes causadas por militares ou forças de segurança privadas no exercício de funções de Estado;

2. a morte ocorreu quando a pessoa estava detida ou sob custódia do Estado, seus órgãos ou agentes. Essa hipótese inclui todas as mortes de pessoas detidas em prisões, em outros locais de detenção (oficiais ou não) e em outras instalações onde o Estado exerce maior controle sobre suas vidas;

3. a morte pode ser o resultado do não cumprimento por parte do Estado de sua obrigação de proteger a vida. Isso inclui, por exemplo, qualquer situação em que um Estado deixe de exercer a devida diligência para proteger uma pessoa ou pessoas contra ameaças externas previsíveis ou atos de violência por parte de atores não estatais[115].

Também é obrigação geral do Estado investigar todas as mortes ocorridas em circunstâncias suspeitas, mesmo quando não são denunciadas ou quando o Estado foi o responsável pela morte ou de que se absteve ilegitimamente de evitá-la.

O Protocolo estabelece as seguintes regras gerais a respeito da condução das investigações, as quais devem ser: (i) imediatas; (ii) eficazes e completas; (iii) independentes e imparciais; e (iv) transparentes.

(i) **Imediatas**. As investigações sobre mortes potencialmente ilícitas devem ser conduzidas prontamente, para assegurar a repressão à violação do direito à vida e a promoção do direito a

---

[115] Conferir em *Protocolo de Minnesota sobre la Investigación de Muertes Potencialmente Ilícitas* (2016), Escritório do Alto Comissariado para os Direitos Humanos, Nova York/Genebra, 2017.

um recurso efetivo. Portanto, as autoridades públicas devem conduzir a investigação de modo o mais rápido possível, sem demora injustificada.

(ii) **Eficazes e completas**. Os investigadores devem, na medida do possível, colher e verificar todos os testemunhos, documentos e demais provas. Durante as investigações, é essencial: (a) identificar a(s) vítima(s); (b) recuperar e preservar o material probatório relacionado à causa, circunstâncias da morte e à identidade do(s) possíveis autor(es); (c) arrolar as testemunhas potenciais e obter seu depoimento em relação à morte e suas circunstâncias; (d) determinar a causa, modo, local e hora da morte e todas as circunstâncias relevantes. A investigação tem como obrigação distinguir entre morte por causas naturais, morte por acidente, suicídio e homicídio; e (e) delimitar os envolvidos e a responsabilidade individual de cada um.

(iii) **Independentes e imparciais**. Os investigadores e os mecanismos de investigação devem ser independentes (independência subjetiva), imunizados de qualquer influência indevida, sendo percebidos como tal pela comunidade (independência objetiva). No tocante à imparcialidade, os investigadores não podem ter nenhum outro interesse a não ser o deslinde da situação.

(iv) **Transparentes**. Os processos e resultados da investigação devem ser transparentes, o que significa que eles devem estar sujeitos ao escrutínio do público em geral e das famílias das vítimas, ressalvado o sigilo para assegurar a efetividade das investigações em curso. Tal transparência é exigida do Estado de Direito (a publicidade dos atos estatais é regra – *vide* art. 37, *caput*, da CF/88), permitindo que a idoneidade das investigações seja averiguada por observadores externos. Permite também o acompanhamento das investigações pelos familiares das vítimas.

Os Estados devem adotar todas as medidas apropriadas para incorporar as disposições do Protocolo em seu sistema jurídico interno e promover seu uso pelo sistema policial e pelo sistema de justiça. No Brasil, o STF determinou que, sempre que houver suspeita de envolvimento de agentes dos órgãos de segurança pública na prática de infração penal, a investigação será atribuição do órgão do Ministério Público competente, devendo atender ao que exige o Protocolo de Minnesota, em especial no que tange à oitiva das vítimas ou familiares (ADPF n. 635 Medida Cautelar, rel. Min. Edson Fachin, Plenário, Sessão Virtual de 7-8-2020 a 17-8-2020).

QUADRO SINÓTICO	
Protocolo de Minnesota sobre Investigação de Mortes Potencialmente Ilícitas	
Natureza jurídica	• *Soft law*, mas serve como vetor de interpretação do dever de prevenção e repressão à violação do direito à vida.
Ações ou omissões do Estado	• Cabe o uso do Protocolo tanto para mortes causadas por ações ou omissões dos agentes públicos quanto por particulares (por exemplo, milícias ou "esquadrões da morte").
Morte enquanto estava sob custódia	• O Protocolo deve ser utilizado em relação a mortes de pessoas detidas em prisões, em outros locais de detenção (oficiais ou não) e em todas as instalações onde o Estado tem o dever de proteção à vida do custodiado.
Morte resultante da não proteção do Estado	• A morte pode ser o resultado do não cumprimento por parte do Estado de sua obrigação de proteger a vida. Isso inclui, por exemplo, qualquer situação em que um Estado deixe de exercer a devida diligência para proteger uma pessoa ou pessoas contra ameaças previsíveis ou atos de violência por parte de particulares.
As investigações devem ser	I) imediatas; II) eficazes e abrangentes; III) independentes e imparciais; e IV) transparentes.

34. PRINCÍPIOS BÁSICOS SOBRE O USO DA FORÇA E ARMAS DE FOGO PELOS FUNCIONÁRIOS RESPONSÁVEIS PELA APLICAÇÃO DA LEI

O Código de Conduta das Nações Unidas para os funcionários responsáveis pela aplicação da lei, adotado pela Assembleia Geral da Organização das Nações Unidas, no dia 17 de dezembro de 1979, por meio da Resolução n. 34/169, prevê, no artigo 3º, que os encarregados da aplicação da lei podem usar a força apenas quando (i) estritamente necessário e (ii) na medida exigida para o cumprimento de suas obrigações[116].

A partir dele, os "Princípios Básicos sobre o uso da força e armas de fogo pelos funcionários responsáveis pela aplicação da lei" foram adotados no VIII Congresso das Nações Unidas sobre a Prevenção do Crime e o Tratamento de Delinquentes em 1990 e, em 18 de dezembro de 1990, a Assembleia Geral das Nações Unidas aprovou a Resolução n. 45/166, acolhendo os "Princípios Básicos" e convidando os Estados a "respeitá-los e tomá-los em consideração no âmbito da legislação e das práticas nacionais". Os "Princípios Básicos" estabelecem os parâmetros centrais para determinar a legalidade do uso da força pelo pessoal da aplicação da lei e estabelecer padrões para responsabilidade e revisão.

Os "Princípios Básicos do Uso da Força e Armas de Fogo" refletem o padrão básico de que os encarregados da aplicação da lei devem, no cumprimento de suas obrigações, na medida do possível, aplicar meios não violentos antes de recorrer ao uso da força e armas de fogo. São 25 princípios que definem um conjunto de parâmetros dentro dos quais os encarregados da aplicação da lei podem usar força e armas de fogo no desempenho de suas funções e proíbem o uso de força que não cumpra esses parâmetros e que, portanto, seja ilegal, arbitrário ou excessivo.

A *centralidade* dos "Princípios" encontra-se disposta no "Princípio 9", pelo qual os responsáveis pela aplicação da lei não usarão armas de fogo contra pessoas, exceto em casos de (i) legítima defesa própria ou de outrem contra ameaça iminente de morte ou ferimento grave; (ii) para impedir a perpetração de crime particularmente grave que envolva séria ameaça à vida; (iii) para efetuar a prisão de alguém que represente tal risco e resista à autoridade; ou (iv) para impedir a fuga de tal indivíduo, e isso apenas nos casos em que outros meios menos extremados revelem-se insuficientes para atingir tais objetivos.

Em qualquer caso, o uso letal intencional de armas de fogo *só poderá ser feito* quando estritamente inevitável à proteção da vida. De acordo com o "Princípio 10", nas circunstâncias previstas no Princípio 9, os responsáveis pela aplicação da lei deverão (i) identificar-se como tais e (ii) avisar prévia e claramente a respeito da sua intenção de recorrer ao uso de armas de fogo, com tempo suficiente para que o aviso seja levado em consideração, (iii) a não ser quando tal procedimento represente um risco indevido para os responsáveis pela aplicação da lei ou acarrete para outrem um risco de morte ou dano grave, ou seja (iv) claramente inadequado ou inútil dadas as circunstâncias do caso.

De acordo com o "Princípio 5", sempre que o uso legítimo da força e de armas de fogo for inevitável, os responsáveis pela aplicação da lei deverão: (a) exercer moderação no uso de tais recursos e agir na proporção da gravidade da infração e do objetivo legítimo a ser alcançado; (b) minimizar danos e ferimentos, e respeitar e preservar a vida humana; (c) assegurar que qualquer indivíduo ferido ou afetado receba assistência e cuidados médicos o mais rápido possível; (d) garantir que os familiares ou amigos íntimos da pessoa ferida ou afetada sejam notificados o mais depressa possível.

Para os casos de uso da força, os governos e organismos encarregados da aplicação da lei deverão assegurar que exista um processo de *revisão* efetivo e que autoridades administrativas

---

[116] Agradeço ao Professor Luís Renato Vedovato (Unicamp) pela colaboração na redação deste texto.

ou de persecução criminal independentes tenham condições de exercer jurisdição nas circunstâncias apropriadas (Princípio 22). Nos casos de morte e ferimento grave ou outras consequências sérias, um relatório pormenorizado deve ser prontamente enviado às autoridades competentes responsáveis pelo controle administrativo e judicial. Os indivíduos afetados pelo uso da força e armas de fogo, ou seus representantes legais, devem ter direito a um inquérito independente, incluindo um processo judicial (Princípio 23).

Cabe ao Estado estabelecer um sistema que reforce o cumprimento das obrigações internacionais de direitos humanos e promova padrões e normas sobre prevenção ao crime e justiça criminal, bem como boas práticas internacionais, o que requer não apenas uma estrutura legal e operacional adequada, mas também ação política, recursos e instituições para implementar e agir em conformidade

As normas em questão fazem parte da *soft law*, porém há clara relação com direitos humanos protegidos em tratados internacionais (*hard law*). Entre os principais direitos humanos relacionados ao uso da força devem ser ressaltados: (i) direito à vida; (ii) proteção contra tortura e outras formas de maus-tratos; (iii) direito à liberdade e segurança pessoal; (iv) direito a um julgamento justo; (v) direito de reunião pacífica, associação e liberdade de expressão e (vi) direito a um remédio eficaz (acesso à Justiça).

Por ter relação com tais direitos, esses instrumentos e, em particular, as suas disposições sobre o uso da força no que se refere ao direito à vida e à integridade física em particular – artigo 3 do Código de Conduta e princípio 9 dos Princípios Básicos – são tidos como aplicáveis por Cortes regionais de direitos humanos e tribunais nacionais, sendo base para suas decisões. Por exemplo, tanto a Corte Europeia de Direitos Humanos quanto a Corte Interamericana de Direitos Humanos já utilizaram os "Princípios Básicos" em casos envolvendo o uso da força na aplicação da lei, como se vê no *Caso Benzer vs. Turquia* (Corte EDH, j. 24-3-2014, § 90) e no *Caso Cruz Sánchez e outros vs. Peru* (Corte IDH, sentença de 17-4-2015, § 264).

No Supremo Tribunal Federal, os "Princípios" foram expressamente utilizados pelo Min. Fachin, no seu voto (condutor) na ADI n. 5.243, a qual impugnou a Lei n. 13.060/2014 (disciplina o uso dos instrumentos de menor potencial ofensivo pelos agentes de segurança pública, em todo o território nacional), salientando que "(...) Nenhuma pessoa pode ser arbitrariamente privada de sua vida. A arbitrariedade é aferida de forma objetiva, por meio de padrões mínimos de razoabilidade e proporcionalidade, como os estabelecidos pelos Princípios Básicos sobre o Uso da Força e Armas de Fogo pelos Funcionários Responsáveis pela Aplicação da Lei, adotados em 7 de setembro de 1990, por ocasião do Oitavo Congresso das Nações Unidas sobre a Prevenção do Crime e o Tratamento dos Delinquentes".

Na mesma ADI, ficou estabelecido que a Lei n. 13.060/2014 respalda os "Princípios Básicos", adotando critérios mínimos de razoabilidade e objetividade, e, como tal, "nada mais faz do que concretizar o direito à vida" (STF, ADI n. 5.243, relator para o acórdão Min. Edson Fachin, j. 11-4-2019, publicado em 5-8-2019).

A referida lei estipula, em seu art. 2º, § 1º, que "Os órgãos de segurança pública deverão priorizar a utilização dos instrumentos de menor potencial ofensivo, desde que o seu uso não coloque em risco a integridade física ou psíquica dos policiais, e deverão obedecer aos seguintes princípios: I – legalidade; II – necessidade; III – razoabilidade e proporcionalidade". E o parágrafo único do mesmo artigo é explícito ao estabelecer que não é legítimo o uso de arma de fogo: I – contra pessoa em fuga que esteja desarmada ou que não represente risco imediato de morte ou de lesão aos agentes de segurança pública ou a terceiros; e II – contra veículo que desrespeite bloqueio policial em via pública, exceto quando o ato represente risco de morte ou lesão aos agentes de segurança pública ou a terceiros.

QUADRO SINÓTICO

Princípios básicos sobre o uso da força e armas de fogo pelos funcionários responsáveis pela aplicação da lei	
Natureza jurídica	• *Soft Law*
Documentos diretamente relacionados ao controle do uso da força e das armas de fogo	• Princípios Básicos sobre o uso da força e armas de fogo pelos funcionários responsáveis pela aplicação da lei - 1990 • Código de Conduta das Nações Unidas, adotado pela Assembleia Geral em 1979
Pontos principais	• Os princípios gerais que regem qualquer uso da força (os princípios da legalidade, necessidade, proporcionalidade e não discriminação) • Os limites para o uso de força letal (força potencialmente letal e intenção letal) • Regras sobre responsabilização (criminal e outras formas) e os direitos das vítimas do uso ilegal, excessivo ou arbitrário da força • Mecanismos de controle e supervisão
Principais direitos protegidos	• Direito à vida • Proteção contra tortura e outras formas de maus-tratos • Direito à liberdade e segurança pessoal • Direito a um julgamento justo • Direito de reunião pacífica, associação e liberdade de expressão • Direito a um remédio eficaz

35. DECLARAÇÃO SOBRE O DIREITO AO DESENVOLVIMENTO (1986)

A Declaração sobre o Direito ao Desenvolvimento (DDD), aprovada pela Res. n. 41/128 da Assembleia Geral das Nações Unidas, de 4 de dezembro de 1986, consagrou o direito de todo ser humano de participar, contribuir e se beneficiar do desenvolvimento econômico, social, cultural e político. É um diploma de *soft law* (não vinculante), mas que serve como vetor hermenêutico de direitos espalhados em diversos tratados de direitos humanos e que dependem do desenvolvimento econômico e social. Possui escopo amplo e contém caráter programático, *aglutinando* princípios trazidos por instrumentos internacionais de direitos humanos com elementos políticos, buscando trazer a temática do desenvolvimento para as Nações Unidas[117].

O direito ao desenvolvimento incorpora a preocupação da implementação concreta dos direitos humanos, dando atenção às estruturas, aos processos e aos resultados do desenvolvimento, tanto em nível nacional como internacional. A DDD, assim, estabelece equidade, igualdade e justiça como determinantes primários do desenvolvimento, o que representa uma nova abordagem, baseada em direitos, para se reconhecer o desenvolvimento.

Suas bases estão: na Carta das Nações Unidas; na agenda de direitos humanos das Nações Unidas; no direito à autodeterminação; no princípio de não ingerência; na soberania permanente dos Estados sobre seus recursos naturais e riquezas; e na campanha para a Nova Ordem Econômica Internacional dos anos 1970 e início dos anos 1980.

Embora o conceito de desenvolvimento seja em grande parte um produto de eventos econômicos e políticos do período pós-Segunda Guerra Mundial, o objetivo da comunidade internacional de reduzir a pobreza (lembrando que a Erradicação da Pobreza se tornou o Primeiro ODS da ONU para 2030 – ver abaixo neste *Curso* a Agenda 2030) e promover o bem-estar tem suas raízes na Liga das Nações, que tratou do desenvolvimento dentro de seu sistema de mandato no art. 22.

---

[117] Agradeço ao Professor Luís Renato Vedovato (Unicamp) pela colaboração na redação deste texto.

O conceito de desenvolvimento está colocado no art. 55 da Carta das Nações Unidas, que reconhece a importância de promover "condições de progresso e desenvolvimento econômico" e "soluções para problemas internacionais econômicos, sociais, de saúde e relacionados".

Além disso, os Estados partes da ONU se comprometeram "a tomar ações conjuntas e separadas" em cooperação com as Nações Unidas "para a realização dos fins previstos no Artigo 55" (art. 56). Assim, as bases iniciais para a DDD foram estabelecidas na própria Carta das Nações Unidas, em 1945.

O vínculo entre o desenvolvimento e os direitos humanos foi oficialmente reconhecido pela I Conferência Mundial de Direitos Humanos, que aconteceu em Teerã, em 1968. A DDD também fundamenta-se no art. 2º (1) do Pacto Internacional sobre Direitos Econômicos, Sociais e Culturais. Nos moldes dos arts. 55 e 56 da Carta das Nações Unidas, o Pacto absorveu o "desenvolvimento", qualificando-o como um importante meio para a realização dos direitos humanos. Foi um reconhecimento da ideia de que as medidas de desenvolvimento podem servir como uma estrutura dentro da qual os direitos econômicos e sociais podem ser definidos e realizados.

A defesa do direito ao desenvolvimento exige que seja adotada uma política de desenvolvimento integral e centrada nos direitos do ser humano, promovendo ideais de justiça social e equidade.

A DDD contém 10 artigos. O art. 1º (1) proclama que o direito ao desenvolvimento é um direito humano inalienável com as seguintes palavras: "1. O direito ao desenvolvimento é um direito humano inalienável em virtude do qual toda pessoa humana e todos os povos têm o direito de participar, contribuir e desfrutar do desenvolvimento econômico, social, cultural e político, no qual todos os direitos humanos e liberdades fundamentais podem ser plenamente percebi".

Essa definição inclui o direito ao desenvolvimento como *direito individual e coletivo dos povos*. O art. 1º (2) estabelece o nexo entre o direito ao desenvolvimento e o princípio da autodeterminação, bem como a soberania dos Estados sobre todas as suas riquezas e recursos naturais.

A DDD identifica no art. 2º o ser humano como sujeito central do desenvolvimento e atribui aos Estados o direito e o dever de formular políticas nacionais de desenvolvimento adequadas que visem a melhoria constante do bem-estar de toda a população e de todos os indivíduos. As demais disposições da DDD identificam as responsabilidades e deveres dos Estados com relação à realização do direito ao desenvolvimento.

O art. 3º dispõe que a responsabilidade primária pela criação das condições nacionais e internacionais favoráveis à realização do direito ao desenvolvimento é dos Estados. Por isso, a realização do direito ao desenvolvimento requer pleno respeito aos *princípios do direito internacional* relativos às relações amistosas e cooperação entre os Estados em conformidade com a Carta das Nações Unidas. Ademais, os Estados têm o dever de *cooperar uns com os outros* para assegurar o desenvolvimento e eliminar os obstáculos ao desenvolvimento. O numeral 3 do art. 3º prevê uma *nova ordem econômica internacional* baseada na igualdade soberana, interdependência, interesse mútuo e cooperação entre todos os Estados, assim como a encorajar a observância e a realização dos direitos humanos. Já o art. 4º estabelece que os Estados têm o dever de, individual e coletivamente, tomar *medidas para formular as políticas internacionais de desenvolvimento*, com vistas a facilitar a plena realização do direito ao desenvolvimento.

Por sua vez, o art. 5º exige que os Estados tomem todas as medidas para eliminar as violações maciças e flagrantes dos direitos humanos dos povos e dos seres humanos afetados por situações tais como as resultantes do (i) *apartheid*, de (ii) todas as formas de racismo e discriminação racial, (iii) colonialismo, (iv) dominação estrangeira e (v) ocupação, agressão, interferência estrangeira e (vi) ameaças contra a soberania nacional, unidade nacional e integridade territorial,

(vii) ameaças de guerra e recusas de reconhecimento do direito fundamental dos povos à autodeterminação.

O art. 6º aborda a gramática de direitos humanos, exigindo providências dos Estados para eliminar os obstáculos ao desenvolvimento resultantes da falha na observância dos *direitos civis e políticos*, assim como dos *direitos econômicos, sociais e culturais*.

O art. 7º trata da paz, mencionando – de modo racional – que o desarmamento pode liberar recursos para o desenvolvimento amplo, em particular o dos países em via de desenvolvimento.

O art. 8º determina que os Estados devem adotar, em nível nacional, todas as medidas necessárias para a realização do direito ao desenvolvimento e para garantir igualdade de oportunidades para todos no acesso a recursos básicos, educação, serviços de saúde, alimentação, habitação, emprego e distribuição justa dos rendimentos.

O art. 9º estabelece que todos os aspectos do direito ao desenvolvimento estabelecidos na DDD são indivisíveis e interdependentes e cada um deles deve ser considerado no contexto do todo.

Finalmente, o art. 10 exige "medidas para assegurar o pleno exercício e o aumento progressivo do direito ao desenvolvimento por meio da formulação, adoção e implementação de medidas políticas, legislativas e outras".

QUADRO SINÓTICO

Declaração sobre o Direito ao Desenvolvimento (1986) – DDD

Contexto	• Declaração aprovada pela Assembleia Geral das Nações Unidas, em 4 de dezembro de 1986 – Resolução n. 41/128. • A Declaração sobre o Direito ao Desenvolvimento (DDD), aprovada em 4 de dezembro de 1986, em New York, é um documento que tem escopo amplo, e contém caráter programático, aglutinando princípios trazidos por instrumentos internacionais de direitos humanos com elementos políticos. Com a DDD foi trazido para a agenda de direitos humanos das Nações Unidas o direito de todo ser humano de participar, contribuir e se beneficiar do desenvolvimento econômico, social, cultural e político. • Buscando destacar que o direito ao desenvolvimento incorpora a abordagem abrangente para a realização dos direitos humanos, dando atenção às estruturas, processos e resultados do desenvolvimento, tanto a nível nacional como internacional. A DDD, assim, estabelece equidade, igualdade e justiça como determinantes primários do desenvolvimento, o que representa uma nova abordagem, baseada em direitos, para se reconhecer o desenvolvimento.
Objetivo	• A Declaração fornece uma estrutura abrangente e abordagem para as políticas e programas de todos os atores relevantes nos níveis global, regional, sub-regional e nacional para realizar o direito ao desenvolvimento. Integra aspectos dos direitos humanos e da teoria e prática do desenvolvimento e requer a participação ativa, livre e significativa das pessoas no processo de desenvolvimento. Ela incorpora os princípios dos direitos humanos de igualdade, não discriminação, participação, transparência, responsabilidade, bem como cooperação internacional de forma integrada. Reafirma os princípios de autodeterminação e total soberania sobre a riqueza e os recursos naturais e envolve as dimensões nacionais e internacionais das responsabilidades do Estado, incluindo responsabilidades na criação de um ambiente propício para o desenvolvimento e condições favoráveis para todos os direitos humanos. A ideia por trás do direito ao desenvolvimento é a adoção de uma política de desenvolvimento integral e centrada no homem, processos de desenvolvimento participativos, justiça social e equidade.

| Essência da Declaração | • A DDD contém 10 artigos. O artigo 1º (1) proclama que o direito ao desenvolvimento é um direito humano inalienável.
• A DDD identifica no artigo 2º o ser humano como sujeito central do desenvolvimento e atribui aos Estados o direito e o dever de formular políticas nacionais de desenvolvimento adequadas que visem a melhoria constante do bem-estar de toda a população e de todos os indivíduos. As demais disposições da DDD identificam as responsabilidades e deveres dos Estados com relação à realização do direito ao desenvolvimento. |
|---|---|

36. DECLARAÇÃO DE ESTOCOLMO SOBRE MEIO AMBIENTE HUMANO (1972). DECLARAÇÃO DA CONFERÊNCIA DAS NAÇÕES UNIDAS SOBRE O MEIO AMBIENTE HUMANO ("DECLARAÇÃO DE ESTOCOLMO" – 1972)

A Conferência das Nações Unidas sobre o Meio Ambiente Humano foi realizada em Estocolmo, na Suécia, de 5 a 16 de junho de 1972, contando com a presença de representantes de 113 Estados membros das Nações Unidas, bem como representantes de agências especializadas das Nações Unidas, tendo ainda recebido informes e documentos diversos de organizações intergovernamentais e não governamentais, incluindo dezenas de relatórios nacionais sobre problemas ambientais. A escolha de Estocolmo como sede do encontro relaciona-se com a iniciativa do governo sueco, em 1968, de provocar o Conselho Econômico e Social da ONU (ECOSOC) para que este introduzisse a pauta ambiental em sua agenda e convocasse uma conferência internacional sobre o meio ambiente humano. A provocação partiu do reconhecimento do caráter transfronteiriço do resultado das agressões ao meio ambiente ("poluição não conhece fronteiras"), o que implica na insuficiência de iniciativas meramente nacionais[118].

Foi a primeira conferência mundial cujo enfoque foi o direito ao meio ambiente. Um dos principais resultados da conferência de Estocolmo foi a criação do Programa das Nações Unidas para o Meio Ambiente (PNUMA).

Para maximizar a eficiência dos trabalhos, a Conferência estabeleceu um Grupo de Trabalho sobre a Declaração sobre o Meio Ambiente Humano, bem como três comitês principais para estudar seis itens substantivos de sua agenda, que foram:

1. planejamento e gestão de assentamentos humanos para a qualidade ambiental;
2. aspectos educacionais, informativos, sociais e culturais da qualidade ambiental;
3. aspectos ambientais da gestão de recursos naturais;
4. desenvolvimento e meio ambiente;
5. identificação e controle de poluentes de amplo significado internacional; e
6. implicações organizacionais internacionais das propostas de ação.

Foi adotada, por aclamação, a Declaração sobre o Meio Ambiente Humano, que é formada por um preâmbulo e 26 princípios, a saber:

Princípio 1. Direito ao Meio Ambiente Ecologicamente Equilibrado – Direito à Sadia Qualidade de Vida. Todos os seres humanos têm direito à liberdade, à igualdade e ao desfrute de condições de vida adequadas em um meio ambiente de qualidade tal que lhe permita levar uma vida digna e gozar de bem-estar. Todos têm, também, o dever de proteger e promover o respeito ao meio ambiente para as gerações presentes e futuras.

---

[118] Agradeço ao Professor Luís Renato Vedovato (Unicamp) pela colaboração na redação deste texto.

Princípio 2. Desenvolvimento sustentável. Os recursos naturais da Terra devem ser preservados em benefício das *gerações presentes e futuras*.

Princípio 3. Preservação dos recursos não renováveis. Deve-se manter, e sempre que possível, restaurar ou melhorar a capacidade da terra em produzir recursos vitais renováveis.

Princípios 4. Planejamento e conservação da fauna e flora. O ser humano possui a responsabilidade especial de preservar e gerir adequadamente o patrimônio da flora e da fauna silvestres e seu habitat, que se encontram atualmente, em grave perigo, devido a uma combinação de fatores adversos. Consequentemente, ao planificar o desenvolvimento econômico deve-se atribuir importância à conservação da natureza, incluídas a flora e a fauna silvestres.

Princípio 5. Prevenção ao esgotamento dos recursos não renováveis. Os recursos não renováveis da terra devem empregar-se de forma que se evite o perigo de seu futuro esgotamento e se assegure que toda a humanidade compartilhe dos benefícios de sua utilização.

Princípio 6. Combate à poluição e o risco do aquecimento global. Deve-se por fim à descarga de substâncias tóxicas ou de outros materiais que liberam calor, em quantidades ou concentrações tais que o meio ambiente não possa neutralizá-los, para que não causem danos graves e irreparáveis aos ecossistemas. Deve-se apoiar a justa luta dos povos de todos os países contra a poluição.

Princípio 7. Poluição dos mares. Os Estados deverão tomar todas as medidas possíveis para impedir a poluição dos mares por substâncias que possam por em perigo a saúde do homem, os recursos vivos e a vida marinha, menosprezar as possibilidades de derramamento ou impedir outras utilizações legítimas do mar.

Princípio 8. O desenvolvimento econômico e social. O desenvolvimento econômico e social é indispensável para assegurar ao homem um ambiente de vida e trabalho favorável e para criar na terra as condições necessárias de melhoria da qualidade de vida.

Princípio 9. Os desastres naturais, subdesenvolvimento e cooperação. As deficiências do meio ambiente originárias das condições de subdesenvolvimento e os desastres naturais colocam graves problemas. A melhor maneira de saná-los está no desenvolvimento acelerado, mediante a transferência de quantidades consideráveis de assistência financeira e tecnológica que complementem os esforços internos dos países em desenvolvimento e a ajuda oportuna que possam requerer.

Princípio 10. O preço das matérias-primas. Deve se assegurar que os países subdesenvolvidos obtenham receita adequada de suas exportações de produtos básicos, para evitar o aumento da produção para compensar queda de receita pela desvalorização dos preços.

Princípio 11. Política ambiental como barreira ao desenvolvimento. A política ambiental não pode servir como barreira ao desenvolvimento dos Estados subdesenvolvidos.

Princípio 12. Recursos para a preservação do meio ambiente. Os Estados subdesenvolvidos devem contar com recursos econômicos para a preservação do meio ambiente, devendo existir assistência técnica e financeira internacional para tal fim.

Princípio 13. Preservação do meio ambiente e benefícios aos seres humanos. Os Estados deveriam adotar um enfoque integrado e coordenado de planejamento de seu desenvolvimento, de modo que fique assegurada a compatibilidade entre o desenvolvimento e a necessidade de proteger e melhorar o meio ambiente humano em benefício de sua população.

Princípio 14. Planejamento e compatibilidade entre desenvolvimento e meio ambiente. O planejamento é ferramenta indispensável para conciliar as exigências do desenvolvimento e a necessidade de proteger o meio ambiente.

Princípio 15. Assentamentos humanos e meio ambiente. O planejamento de assentamentos humanos e de urbanização devem evitar consequências prejudiciais ao meio ambiente.

Princípio 16. Política demográfica e meio ambiente. A política demográfica deve respeitar os direitos humanos e ainda assegurar o respeito ao meio ambiente e ao desenvolvimento.

Princípio 17. Instituições nacionais e meio ambiente. Deve-se confiar às instituições nacionais especializadas a tarefa de planejar, administrar ou controlar a utilização dos recursos ambientais dos Estados, com o fim de melhorar a qualidade do meio ambiente.

Princípio 18. Ciência e meio ambiente. Deve-se utilizar a ciência e a tecnologia para descobrir, evitar e combater os riscos que ameaçam o meio ambiente, para solucionar os problemas ambientais e para o bem comum da humanidade.

Princípio 19. Educação e meio ambiente. É indispensável um esforço para a educação em questões ambientais, dirigida tanto às gerações jovens como aos adultos e que preste a devida atenção ao setor da população menos privilegiado, para fundamentar as bases de uma opinião pública bem informada, e de uma conduta responsável de toda a comunidade em prol do meio ambiente.

Princípio 20. Desenvolvimento científico e meio ambiente. Devem-se fomentar em todos os países, especialmente nos países em desenvolvimento, a pesquisa e o desenvolvimento científicos referentes aos problemas ambientais, tanto nacionais como multinacionais.

Princípio 21. Soberania permanente sobre os recursos naturais e os danos a terceiros. Em conformidade com a Carta das Nações Unidas e com os princípios de direito internacional, os Estados têm o direito soberano de explorar seus próprios recursos em aplicação de sua própria política ambiental e a obrigação de assegurar-se de que as atividades que se levem a cabo, dentro de sua jurisdição, ou sob seu controle, não prejudiquem o meio ambiente de outros Estados ou de zonas situadas fora de toda jurisdição nacional.

Princípio 22. Reparação às vítimas. Os Estados devem regular a responsabilidade e a indenização às vítimas da poluição e de outros danos ambientais.

Princípio 23. As diferenças entre países desenvolvidos e subdesenvolvidos. As normas aplicadas em países desenvolvidos podem ter alto custo social para países em desenvolvimento, o que deve ser levado em consideração.

Princípio 24. Cooperação internacional. Todos os Estados devem cooperar em matéria de proteção ao meio ambiente. É indispensável cooperar para controlar, evitar, reduzir e eliminar eficazmente os efeitos prejudiciais que as atividades que se realizem em qualquer esfera, possam ter para o meio ambiente.

Princípio 25. Organizações internacionais e meio ambiente. Os Estados devem assegurar-se de que as organizações internacionais realizem um trabalho coordenado, eficaz e dinâmico na conservação e no melhoramento do meio ambiente.

Princípio 26. Armas Nucleares e meio ambiente. Os Estados devem entrar em acordo para destruir completamente as armas nucleares e os demais meios de destruição em massa.

QUADRO SINÓTICO

Convenção sobre a Proteção e Declaração de Estocolmo sobre Meio Ambiente Humano (1972)	
Contexto	• Declaração Aprovada, em 15 de dezembro de 1972, pela Assembleia Geral das Nações Unidas - Resolução 2994/XXVII. • Em 1968, o Governo Sueco, percebendo que as leis internas protetivas do meio ambiente não seriam suficientes para a efetiva garantia do direito ao meio ambiente ecologicamente equilibrado, pois a poluição não respeita fronteiras, a Suécia formalizou, em 20 de maio, carta sobre o tema ambiental ao Conselho Econômico e Social (ECOSOC), que decidiu colocar em pauta, inserindo na agenda daquele ano, a convocação de uma Conferência Internacional sobre os Problemas do Meio Ambiente Humano.

	• A exposição de motivos apresentada junto com a carta do governo sueco afirmava que as mudanças no ambiente natural, provocadas pelo ser humano, haviam se tornado um problema urgente tanto para os países desenvolvidos quanto para os em desenvolvimento, e que esses problemas só poderiam ser resolvidos por meio da cooperação internacional. • O governo sueco, então, propôs convocar uma conferência sob os auspícios das Nações Unidas, para se alcançar uma solução para os problemas do meio ambiente humano. A Conferência aconteceu em junho de 1972. • Como passava pelo chamado Milagre Econômico, o Brasil defendeu que os recursos naturais deveriam ser usados a todo custo, não sendo, naquele momento, aliado na Proteção Ambiental.
Objetivo	• A Conferência das Nações Unidas sobre o Meio Ambiente Humano, realizada em Estocolmo de 5 a 16 de junho de 1972, tendo em vista a necessidade de um critério e de princípios comuns que ofereçam aos povos do mundo inspiração e guia para preservar e melhorar o meio ambiente humano, visou criar normas para tal proteção.
Essência da Declaração	• Em 16 de junho de 1972, a Conferência adotou, por aclamação, a Declaração sobre o Meio Ambiente Humano, que é formada por um preâmbulo e 26 princípios, posteriormente aprovada por resolução da Assembleia Geral da ONU. • A Conferência mundial de 1972 foi a primeira a fazer do meio ambiente uma questão de destaque. Os membros adotaram uma série de princípios para uma boa gestão do meio ambiente, incluindo a Declaração de Estocolmo e o Plano de Ação para o Meio Ambiente Humano e várias resoluções. • A Declaração de Estocolmo, que contém 26 princípios, buscou colocar as questões ambientais na vanguarda das preocupações internacionais e marcou o início de um diálogo entre os países industrializados e em desenvolvimento sobre a ligação entre o crescimento econômico, a poluição do ar, da água e dos oceanos e o bem-estar de pessoas ao redor do mundo. • O Plano de Ação contém três categorias principais: a) Programa de Avaliação Ambiental Global (plano de observação); b) Atividades de gestão ambiental; (c) Medidas internacionais de apoio às atividades de avaliação e manejo realizadas em nível nacional e internacional. Um dos principais resultados da conferência de Estocolmo foi a criação do Programa das Nações Unidas para o Meio Ambiente (PNUMA).

37. DECLARAÇÃO DAS NAÇÕES UNIDAS SOBRE O MEIO AMBIENTE E O DESENVOLVIMENTO ("DECLARAÇÃO DO RIO" – 1992)

Em um marco para a proteção do meio ambiente no globo, a Organização das Nações Unidas organizou, em 1992, vinte anos depois da Conferência das Nações Unidas sobre o Meio Ambiente Humano, realizada em Estocolmo, a "Conferência das Nações Unidas sobre Meio Ambiente e Desenvolvimento" no Brasil, na cidade do Rio de Janeiro e denominada, por isso, "Rio – 1992"[119].

Seu contexto mostra o crescimento da preocupação com a paulatina destruição do meio ambiente no globo. Em março de 1987, a Comissão Mundial sobre Meio Ambiente e Desenvolvimento, criada para organizar a Conferência de 1992, publicou o relatório "Nosso Futuro Comum", conhecido por Relatório Brundtland, pois foi coordenado pela então primeira-ministra da Noruega, Gro Harlem Brundtland, no qual foi feita uma recomendação formal de que os princípios legais

---

[119] Agradeço ao Professor Luís Renato Vedovato (Unicamp) pela colaboração na redação deste texto.

relevantes deveriam ser consolidados e estendidos em uma nova carta para orientar aos Estados comportamentos na transição para o desenvolvimento sustentável, e apresentou um conjunto de propostas de princípios jurídicos com o objetivo de redigir uma *declaração universal*.

A Conferência das Nações Unidas sobre Meio Ambiente e Desenvolvimento foi realizada de 3 a 14 de junho de 1992 no Rio de Janeiro, Brasil. Em seguida, a Assembleia Geral da ONU recebeu o relatório da Conferência, aprovando a Resolução n. 47/190, de 22 de dezembro de 1992, na qual endossou a Declaração do Rio sobre Meio Ambiente e Desenvolvimento (aprovada na Conferência), que possui como ponto central o Princípio 3, que define o Desenvolvimento Sustentável, nos seguintes termos: Princípio 3 – O direito ao desenvolvimento deve ser cumprido de forma a atender com equidade as necessidades de desenvolvimento e ambientais das gerações presentes e futuras. Almeja-se o equilíbrio, tendo-se em vista que as nações em desenvolvimento lutam pelo direito ao desenvolvimento ao mesmo tempo em que se protege o meio ambiente. Isso acontece, pois as nações desenvolvidas já teriam utilizado seus recursos ambientais antes de se construírem as normas sobre proteção ambiental.

Os Princípios da Declaração do Rio de 1992 podem assim ser resumidos:
1. O ser humano como centro do desenvolvimento sustentável.
2. Soberania e responsabilidade dos Estados na exploração de seus recursos.
3. Necessidades das gerações presentes e futuras.
4. Integração entre proteção ambiental e meio ambiente.
5. Erradicação da pobreza.
6. Tratamento especial aos países em desenvolvimento.
7. Responsabilidades comuns porém *diferenciadas* dos Estados na cooperação global em benefício do meio ambiente.
8. Redução e eliminação dos padrões insustentáveis de produção e de consumo.
9. Intercâmbio de conhecimentos científicos e tecnológicos.
10. Conscientização e participação popular nas questões ambientais, e garantia de acesso às informações.
11. Legislação ambiental eficaz e adequada a cada Estado.
12. Sistema econômico internacional aberto e favorável, propício ao crescimento econômico e ao desenvolvimento sustentável.
13. Responsabilização e indenização de vítimas de danos ambientais.
14. Realocação e transferência, para outros Estados, de atividades e substâncias danosas aos seres humanos e ao meio ambiente.
15. Princípio da Precaução.
16. Internacionalização de custos ambientais e uso de instrumentos econômicos.
17. Aplicação da avaliação de impacto ambiental.
18. Comunicação imediata de desastres naturais aos Estados que possam sofrer os prejuízos ambientais.
19. Notificação prévia de atividades que possam causar impacto transfronteiriço negativo sobre o meio ambiente.
20. Participação plena da mulher em prol do desenvolvimento sustentável.
21. Parceria global entre os jovens, tendo em vista o desenvolvimento sustentável.
22. Papel e importância dos povos indígenas e de outras comunidades locais.
23. Proteção dos bens naturais de povos oprimidos.
24. Respeito à proteção ambiental, mesmo em tempos de guerra.
25. Interdependência entre a paz, o desenvolvimento e a proteção ambiental.

26. Uso de soluções pacíficas para todas as controvérsias ambientais.
27. Cooperação entre povos e Estados para execução dos princípios e evolução do direito internacional na esfera do desenvolvimento sustentável.

QUADRO SINÓTICO

Declaração das Nações Unidas sobre o Meio Ambiente e o Desenvolvimento ("Declaração do Rio" – 1992)	
Contexto	• Declaração aprovada pela Assembleia Geral das Nações Unidas, em 22 de dezembro de 1992 – Resolução n. 47/190. • Em março de 1987, a Comissão Mundial sobre Meio Ambiente e Desenvolvimento, criada para organizar a Conferência de 1992, publicou o relatório "Nosso Futuro Comum", conhecido por Relatório Brundtland, pois foi coordenado pela então primeira-ministra da Noruega, Gro Harlem Brundtland, no qual foi feita uma recomendação formal de que os princípios legais relevantes deveriam ser consolidados e estendidos em uma nova carta para orientar aos Estados comportamentos na transição para o desenvolvimento sustentável, e apresentou um conjunto de propostas de princípios jurídicos com o objetivo de redigir uma declaração universal. • Brasil sediou a conferência e foi fundamental na construção dos documentos que embasaram os debates. • A Conferência das Nações Unidas sobre Meio Ambiente e Desenvolvimento aconteceu no Rio de Janeiro, de 3 a 14 de junho de 1992.
Objetivo	• Ela reafirmou a Declaração da Conferência das Nações Unidas sobre o Meio Ambiente Humano, adotada em Estocolmo em 16 de junho de 1972, e teve o objetivo de avançar a partir dela, para estabelecer uma nova e justa parceria global mediante a criação de novos níveis de cooperação entre os Estados, os setores-chaves da sociedade e os indivíduos, trabalhando com vista à conclusão de acordos internacionais que respeitem os interesses de todos e protejam a integridade do sistema global de meio ambiente e desenvolvimento, reconhecendo a natureza integral e interdependente da Terra, que foi chamada, pela Declaração, de "nosso lar".
Essência da Declaração	• A Conferência das Nações Unidas sobre Meio Ambiente e Desenvolvimento foi realizada de 3 a 14 de junho de 1992 no Rio de Janeiro, Brasil. Em sua 47ª sessão, a Assembleia Geral recebeu o relatório da Conferência, aprovando a Resolução n. 47/190, de 22 de dezembro de 1992, na qual endossou a Declaração do Rio sobre Meio Ambiente e Desenvolvimento, que possui como ponto central o Princípio 3, que traz o Desenvolvimento Sustentável, nos seguintes termos: Princípio 3 O direito ao desenvolvimento deve ser cumprido de forma a atender com equidade as necessidades de desenvolvimento e ambientais das gerações presentes e futuras. A busca nesse caso é pelo equilíbrio, tendo-se em vista que as nações em desenvolvimento lutam pelo direito ao desenvolvimento ao mesmo tempo em que se protege o meio ambiente. Isso acontece, pois as nações desenvolvidas já teriam utilizado seus recursos ambientais antes de se construírem as normas sobre proteção ambiental.

38. AGENDA 2030 PARA O DESENVOLVIMENTO SUSTENTÁVEL

Um dos mais importantes passos para o reconhecimento da indivisibilidade e interdependência dos direitos humanos no séc. XXI foi a adoção, em 2015, da Agenda 2030 para o Desenvolvimento Sustentável pela Assembleia Geral das Nações Unidas por intermédio de sua

Resolução "Transformando o Nosso Mundo: A Agenda 2030 para o Desenvolvimento Sustentável" (A/70/L.1).

Houve o reconhecimento, em diploma de *soft law,* do dever de proteção aos direitos humanos em um contexto de desenvolvimento sustentável, a ser perseguido em três dimensões: a econômica, social e ambiental. Para tanto, foi elaborado um plano composto de 17 objetivos de desenvolvimento sustentável (ODS), com 169 metas. Substituíram os chamados objetivos de desenvolvimento do milênio, que terminaram em 2015.

É um plano abrangente, a ser executado até 2030, que busca promover a erradicação da pobreza, assegurando vida digna para todas e todos no planeta, com respeito ao meio ambiente. A execução depende de cada Estado, que pode atuar de acordo com as prioridades nacionais, estimulando-se a consecução de parcerias e projetos de cooperação.

A redação dos 17 objetivos globais mostra inter-relação, pois foram concebidos para gerar, em seu conjunto, uma resposta aos mais diversos problemas da vida social.

Os 17 ODS são:

1. **Erradicação da Pobreza.** A erradicação da pobreza extrema no mundo é um desafio perene, uma vez que há mais de 700 milhões de pessoas vivendo, globalmente, com menos de US$ 1,90 por dia e mais da metade da população global vivendo com menos de US$ 8,00 por dia. A meta é, até 2030, erradicar a pobreza extrema, a qual é medida como tendo pessoas vivendo com menos de US$ 1,25 por dia[120]. Há necessidade de aumento das prestações sociais positivas por parte do Estado, assegurando-se o mínimo existencial.

2. **Fome Zero e agricultura sustentável.** A eliminação da fome exige que se assegure o direito à alimentação, com investimento na agricultura de produtos necessários à subsistência humana, respeitando-se a diversidade cultural e eliminando-se a desnutrição crônica. A meta é, até 2030, eliminar a fome e garantir o acesso de todas as pessoas, em particular as que estejam em situação de vulnerabilidade social, a alimentos seguros, nutritivos e suficientes durante todo o ano.

3. **Saúde e bem-estar.** Esse objetivo busca reduzir e eliminar (i) doenças crônicas e (ii) também as resultantes de desastres. Para tanto, busca-se, até 2030, eliminar as mortes evitáveis de recém-nascidos e crianças menores de 5 anos, com todos os países objetivando reduzir a mortalidade neonatal para pelo menos até 12 por 1.000 nascidos vivos e a mortalidade de crianças menores de 5 anos para pelo menos até 25 por 1.000 nascidos vivos.

4. **Educação de Qualidade.** Esse objetivo busca promover a educação inclusiva (para todas e todos, sem exclusões), de qualidade, assegurando-se a igualdade de oportunidade. Para tanto, exige-se que seja eliminado o analfabetismo, universalizado (e concretizada) a educação fundamental, bem como o acesso facilitado à educação de ensino médio e superior. Em 2030, a meta é garantir que jovens (homens e mulheres) tenham acesso ao ensino primário e secundário inclusivo e de qualidade.

5. **Igualdade de gênero.** Busca-se concretizar o direito à igualdade material sob a perspectiva de gênero, com foco na área pública (por exemplo, o direito à participação política das mulheres) e privada (combate à discriminação de gênero nas relações de emprego). A meta, em 2030, é um mundo sem discriminação de gênero, na qual as mulheres possam viver livres de quaisquer formas de opressão e diferenciação odiosa.

---

[120] Disponível em: <https://brasil.un.org/pt-br/91863-agenda-2030-para-o-desenvolvimento-sustent%C3%A1vel>. Acesso em: 4 ago. 2024.

6. **Água potável e Saneamento.** Trata-se de assegurar (universalizando) o direito à água e ao saneamento básico, que, por sua vez, é pressuposto para que se assegure o direito à saúde e à vida digna.
7. **Energia acessível e limpa.** Trata-se de assegurar o direito ao serviço de energia confiável, sustentável e módico. A meta é, até 2030, assegurar o acesso universal, confiável e a preços acessíveis a serviços de energia sustentável.
8. **Trabalho decente e crescimento econômico.** Em plena revolução 4.0, com uso intenso de tecnologias de informação, a precarização do trabalho é ameaça ao direito ao trabalho decente. O crescimento econômico deve levar em consideração o respeito aos direitos trabalhistas e a vedação completa da escravidão contemporânea, tráfico de pessoas, bem como a eliminação do trabalho infantil. A meta é, em 2030, alcançar o emprego pleno e produtivo e trabalho decente a todas as mulheres e a todos os homens, inclusive para os jovens e as pessoas com deficiência, e remuneração igual para trabalho de igual valor.
9. **Indústria, Inovação e Infraestrutura.** Indiretamente, a existência de condições para o fomento da inovação, estabelecimento de infraestrutura e indústria, serve para promover o desenvolvimento sustentável e a inclusão social. Por exemplo, a construção de malhas de transporte acessível é indispensável para a inclusão das pessoas com deficiência. A existência de atividades com maior valor agregado (indústria) promove o pleno emprego etc. A meta é, até 2030, desenvolver infraestrutura sustentável, que resulte em desenvolvimento econômico e o bem-estar humano, com foco no acesso equitativo e a preços acessíveis para todos.
10. **Redução da Desigualdade.** Os estudos mais recentes apontam para o incremento da desigualdade no século XXI, com a existência dos (i) novos plutocratas globais (que se beneficiaram com a globalização) e aumento dos excluídos da globalização (resultado da precarização do trabalho e do aumento do desemprego estrutural). No plano global, há aumento do fluxo migratório forçado por violações de direitos sociais (migrações forçadas econômicas) e aumento da pobreza. Por isso, o foco do ODS 10 é retomar o papel do Estado como instrumento de justiça social, por meio da adoção de políticas públicas (especialmente as de proteção social), para alcançar progressivamente maior igualdade e assegurar inclusão de todas e de todos, independentemente da idade, sexo, deficiência, raça, etnia, origem, religião, condição econômica ou outra.
11. **Cidades e Comunidades Sustentáveis.** O ODS 11 parte da constatação da crescente urbanização no globo, com a maior parte da população mundial já vivendo em cidades. Transformar a gestão do espaço urbano assegurando, até 2030, garantir o acesso de todos à moradia segura, adequada e a preço acessível, bem como proporcionar transporte seguro, acessível e sustentável, com preço acessível.
12. **Consumo e Produção Responsáveis.** O ODS 12 visa promover a eficiência do uso de recursos energéticos e naturais, o estabelecimento de infraestrutura sustentável e ainda assegurar acesso a serviços básicos. Do ponto de vista do consumo, há a meta de, até 2030, reduzir pela metade o desperdício de alimentos per capita mundial, em nível de varejo e do consumidor, e reduzir as perdas de alimentos ao longo das cadeias de produção e abastecimento, incluindo as perdas pós-colheita. Do ponto de vista da produção, há a meta de, até 2030, alcançar gestão sustentável e uso eficiente dos recursos naturais.
13. **Ação contra a mudança global do clima.** Mostrando a importância do direito humano ao meio ambiente, o ODS 13 busca estabelecer metas relacionadas à diminuição da velocidade da mudança climática, como, por exemplo, a plena operacionalização do

"Fundo Verde para o Clima" (*Green Climate Fund* – GCF), criada pela Convenção Quadro das Nações Unidas sobre Mudanças Climáticas.

14. **Vida na água.** O ODS 14 busca conservar e promover o uso adequado dos oceanos, dos mares e dos recursos marinhos para o desenvolvimento sustentável. Como marco normativo, foi feita menção à conservação e ao uso sustentável dos oceanos e seus recursos como previsto na Convenção das Nações Unidas sobre o Direito do Mar (Convenção de Montego Bay, 1982[121]).

15. **Vida terrestre.** O ODS 15 busca promover o uso sustentável dos recursos terrestres, por meio do manejo das florestas, combate à desertificação, e, especialmente, pela interrupção e reversão de processo de perda de biodiversidade.

16. **Paz, Justiça, e Instituições Fortes.** Em tempos de democracia iliberal e constitucionalismo abusivo (ver acima), o ODS 16 visa promover o Estado de Direito e concretizar o acesso à justiça. No plano internacional, há a meta geral de ampliar a participação dos países em desenvolvimento nas instituições internacionais.

17. **Parcerias e meios de implementação.** A ODS 17 visa promover ações para concretizar as demais metas ("meta sobre as metas"). Busca estimular ações de cooperação, solidariedade e de investimento nos Estados, bem como promover um sistema multilateral de comércio universal, baseado em regras, aberto, não discriminatório e equitativo no âmbito da Organização Mundial do Comércio (OMS).

QUADRO SINÓTICO	
Agenda 2030 para o Desenvolvimento Sustentável.	
Natureza jurídica	• *Soft law*
Importância	• Reafirma o vínculo entre direitos humanos e desenvolvimento sustentável, promovendo metas para a concretização da vida sustentável do ser humano.
Pontos principais	• 17 ODS - Objetivos de Desenvolvimento Sustentável • 15 anos de duração (2015-2030) • metas diferenciadas para os países (desenvolvidos e em vias de desenvolvimento) • Visa promover a erradicação da pobreza, assegurando vida digna para todas e todos no planeta, com respeito ao meio ambiente. • A execução depende de cada Estado, que pode atuar de acordo com as prioridades nacionais, estimulando-se a consecução de parcerias e projetos de cooperação.

39. AS 100 REGRAS DE BRASÍLIA SOBRE O ACESSO À JUSTIÇA DAS PESSOAS EM CONDIÇÃO DE VULNERABILIDADE

O direito de acesso à justiça é particularmente importante para as pessoas em situação de vulnerabilidade, pois é instrumento para a implementação dos mais diversos direitos que lhes são indispensáveis. Tal temática chamou a atenção da "Cúpula Judicial Ibero-Americana", que consiste em foro de diálogo, cooperação e troca de experiências entre os Poderes Judiciários de 23 países das Américas, Portugal e Espanha.

Nesse sentido, na XIV Conferência Judicial Ibero-americana, reunida em Brasília, em 2008, foram aprovadas as "100 Regras de Brasília" sobre o acesso à justiça das pessoas em condição (situação) de vulnerabilidade. O documento tem a natureza de *soft law* imprópria, pois foi

---

[121] Ratificada pelo Brasil em 1988. Incorporada internamente pelo Decreto n. 99.165/90.

produzido por entes os quais, embora públicos (órgãos judiciais de cada Estado), *não representam* os Estados nas suas relações internacionais.

Como norma de *soft law,* as "Regras de Brasília" não são vinculantes, mas servem de vetor de interpretação do delineamento do direito de acesso à justiça inserido nas Constituições e nos tratados celebrados pelos Estados cujos Judiciários participam da Cúpula (entre eles, o Brasil). Em 2022, as "100 Regras de Brasília" foram citadas expressamente pela Corte Interamericana de Direitos humanos na Opinião Consultiva n. 29/2022 sobre o enfoque diferenciado a pessoas privadas de liberdade justamente por ter reconhecido, expressamente, ser a detenção uma situação que expõe a pessoa detida a uma vulnerabilidade agravada.

As "Regras de Brasília" foram atualizadas em 2018, na XIX edição da Cúpula Judicial Ibero-Americana, realizada em Quito, Equador. Das 100 regras originais, 73 sofreram atualização[122]. Seguem abaixo as principais recomendações aos Estados participantes. Apesar do conteúdo não vinculante, há mecanismo de supervisão da evolução das ações dos Estados: foi criada uma Comissão de Acompanhamento, mostrando um incipiente sistema de cobrança ao Estado.

Seguem abaixo as principais regras de Brasília (já com a redação de 2018):

Objetivo. O objetivo destas Regras é garantir as condições de acesso efetivo à justiça para pessoas em condições vulneráveis, sem qualquer discriminação direta ou indireta, englobando o conjunto de políticas, medidas, facilidades e apoio que lhes permitam o pleno reconhecimento e gozo dos Direitos Humanos que lhes são inerentes perante os sistemas judiciais.

Conceito de pessoa com vulnerabilidade. Uma pessoa ou grupo de pessoas está em condição de vulnerabilidade quando sua capacidade de prevenir, resistir ou superar um impacto que as coloca em risco não está desenvolvida ou está limitada por várias circunstâncias, para exercer plenamente perante o sistema judiciário os direitos reconhecidos pelo sistema jurídico. Os seguintes são geralmente critérios para detectar vulnerabilidade: a) idade; b) deficiência; c) pertencer a comunidades indígenas; d) ser vítima de uma violação do sistema legal (devido às características pessoais da vítima ou da própria violação); e) migração ou deslocamento interno; f) pobreza; g) gênero; h) pertencer a uma minoria; e h) privação de liberdade (vide Opinião Consultiva n. 29 da Corte IDH abaixo).

Destinatários das "Regras". As regras destinam-se a todos os envolvidos no sistema de justiça, tanto na esfera da tutela judicial quanto extrajudicial. Por isso, atinge (i) atividades dos Membros do Poder Judiciário, Ministério Público, Defensorias Públicas, Advocacias Públicas e funcionários; (ii) Advogados privados e demais profissionais do direito, assim como suas associações e grupos; (iii) instituições de Ombudsman (Ouvidor), tais como as instituições nacionais de direitos humanos que obedecem os "Princípios de Paris" (ver abaixo neste *Curso)*; (iv) policiais e também os agentes prisionais; (v) as demais autoridades públicas com competências na administração da justiça.

Criação de uma cultura de direitos. Deve ser incentivada a formação de uma cultura cívica jurídica pela qual sejam capacitadas as pessoas sobre seus direitos e sobre como acessar a justiça.

Assistência jurídica e defesa pública. As políticas públicas devem ser promovidas para garantir assistência jurídica de qualidade, especializada e gratuita, assim como para expandir as funções da Defensoria Pública.

Direito a um intérprete ou tradutor. Compreensão dos procedimentos judiciais. O direito de ser assistido por um intérprete ou tradutor deve ser garantido, evitando que a barreira linguística prejudique o acesso à justiça. Além de tal direito, as "Regras" exigem que toda pessoa em situação vulnerável tenha o direito de compreender e ser compreendida. Por isso, também

---

[122] Disponíveis em https://eurosocial.eu/wp-content/uploads/2020/02/Reglas-brasilia_web.pdf. Acesso em: 3 ago. 2024.

devem ser tomadas as medidas necessárias para reduzir as dificuldades de comunicação que afetam a compreensão dos procedimentos legais nos quais uma pessoa em situação vulnerável participa, para que ela compreenda – totalmente – seu escopo e impactos.

Revisão dos requisitos processuais. Visando facilitar o acesso à justiça, devem ser revistos os requisitos processuais. Assim, deve ser permitindo a proclamação de medidas de precaução e aceitando a antecipação da produção de provas.

Adoção de uma gestão eficiente do processo. Devem ser adotadas medidas para evitar atrasos. Ao contrário, deve-se zelar pelo trâmite célere dos casos. Entre as medidas sugeridas, está a coordenação das ações dos entes que compõem o sistema de justiça, criação de juízos especializados e localizados próximos à população vulnerável.

Meios alternativos de resolução de conflitos. Meios alternativos podem contribuir para melhorar o acesso à justiça para os vulneráveis, bem como ajudar a descongestionar os serviços tradicionais do sistema de justiça.

Informações sobre procedimentos e jurisdição. Deve ser garantido que a pessoa em condição de vulnerabilidade seja devidamente informada sobre os aspectos relevantes de sua posição no processo judicial.

Segurança das vítimas em uma situação vulnerável. Ponto de destaque nas "Regras de Brasília" é a recomendação de adoção de medidas necessárias para assegurar uma proteção efetiva das pessoas em situação de vulnerabilidade que intervêm no processo judicial como vítimas ou testemunhas, bem como para garantir que a vítima seja ouvida em processos criminais nos quais seus interesses estejam em jogo. Tal recomendação dialoga com a "Lei Mari Ferrer" estudada aqui neste *Curso*.

Acessibilidade para pessoas com deficiência. Para que as pessoas com deficiência tenham o direito de acesso à justiça, é necessário que se assegure a acessibilidade para pessoas com deficiência, eliminando-se todos os tipos de barreiras arquitetônicas, de informação, comunicação e atitudinais nos órgãos do sistema de justiça.

Participação de crianças e adolescentes em processos judiciais. Nos processos judiciais envolvendo crianças e adolescentes, a idade e o desenvolvimento integral devem ser levados em conta.

Participação de membros de comunidades indígenas e povos tradicionais. Na realização de atos judiciais, a dignidade e a visão de mundo, costumes e tradições culturais de pessoas pertencentes a comunidades indígenas devem ser respeitados. O mesmo se aplica aos integrantes dos povos tradicionais.

Proteção da intimidade e dos dados pessoais. As "Regras de Brasília" defendem a criação de exceção à publicidade dos atos processuais para que seja protegida uma pessoa em situação de vulnerabilidade, impedindo-se a divulgação de qualquer informação que possa facilitar a identificação de pessoas (incluindo os dados pessoais) numa situação de vulnerabilidade.

Princípio geral de cooperação. As "Regras de Brasília" recomendam colaboração entre as pessoas e instituições destinatárias (*vide* acima os "destinatários").

Cooperação internacional. Sugere-se a criação e desenvolvimento de espaços institucionais para o intercâmbio de experiências neste campo entre os diferentes países, analisando as "boas práticas" e compartilhando as causas dos fracassos de determinada iniciativa.

QUADRO SINÓTICO

Regras de Brasília sobre Acesso à Justiça das Pessoas em Condição de Vulnerabilidade.	
Natureza jurídica	• *Soft law*

Importância	• Busca implementar o direito de acesso à justiça com o foco específico às pessoas em situação de vulnerabilidade.
Pontos principais	• são 100 "Regras" elaboradas em 2008 e atualizadas em 2018. • Tratam tanto de aspectos organizacionais quanto propriamente processuais. • Enfocam diversas situações de vulnerabilidade, buscando um tratamento específico a cada uma delas. • Estimulam medidas não judiciais, bem como a adoção de medidas voltadas ao processo célere e justo.

40. DECLARAÇÃO UNIVERSAL DA DEMOCRACIA (1987)

A União Interparlamentar (UI) é uma organização de âmbito global que conta com a participação de Parlamentos nacionais. Apesar de não ser uma organização internacional propriamente dita, é também distinta das organizações não governamentais típicas porque seus membros são órgãos internos estatais (os Parlamentos nacionais). O seu estatuto menciona laconicamente que a UI possui "personalidade jurídica" (art. 1.4), que a habilita a participar como observadora de organizações intergovernamentais. Seu início foi em 1889 por meio de um grupo de parlamentares e conta atualmente com 178 Parlamentos Nacionais como membros plenos, 14 membros Associados e parlamentares isolados[123].

O Conselho da UI aprovou a Declaração Universal da Democracia, na sua 161ª sessão, realizada na cidade do Cairo, em 16 de setembro de 1997, tendo representantes de 128 países, *incluindo* o Brasil. Tal documento é formado por 3 partes.

Na primeira parte, são trazidos os princípios da democracia, expressamente afirmando que a democracia é um ideal universalmente reconhecido, bem como um objetivo, o qual se baseia em valores comuns compartilhados pelos povos de toda a comunidade mundial, independentemente das diferenças culturais, políticas, sociais e econômicas. É, portanto, um direito básico a ser exercido em condições de liberdade, igualdade, transparência e responsabilidade, com o devido respeito à pluralidade de opiniões e no interesse da sociedade.

Ainda na primeira parte, é reconhecido que a democracia é tanto um ideal a ser perseguido quanto um modo de governo a ser aplicado segundo modalidades que reflitam a diversidade de experiências e particularidades culturais sem derrogar princípios, normas e padrões internacionalmente reconhecidos. É, portanto, um estado ou condição constantemente aperfeiçoado e sempre perfectível, cujo progresso dependerá de uma variedade de fatores políticos, sociais, econômicos e culturais.

Em seguida, na segunda parte, são apresentados os elementos necessários para o exercício de um governo plenamente democrático. Entre tais elementos estão a realização de eleições livres a intervalos regulares, a valorização da educação, uma vez que uma sociedade democrática possui a necessidade de ser constantemente alimentada pela educação, e o pressuposto da liberdade de opinião e expressão. Nela também se afirma que a função do Estado é assegurar o pleno exercício dos direitos civis fundamentais, culturais, econômicos, políticos e sociais de seus cidadãos.

Na 3ª parte da Declaração Universal da Democracia, ela é trazida à luz da sua perspectiva internacional, sendo reconhecida como patrimônio comum da humanidade.

QUADRO SINÓTICO	
Declaração Universal da Democracia	
Natureza jurídica	• *Soft Law*

---

[123] Conferir em https://www.ipu.org/. Agradeço a Luís Renato Vedovato pela inclusão deste item no *Curso*.

Pontos principais	• Construída por Organização formada por parlamentos, chamada de União Parlamentar. • Reconhece a Democracia como patrimônio da humanidade. • Reconhece a Democracia como um ideal e um objetivo.
Principais direitos protegidos	• Direito a eleições limpas, que seriam eleições qualificadas pela igualdade de condições entre os candidatos e liberdade dos eleitores. • Direito à participação popular. • Direito a que instituições democráticas façam a intermediação de conflitos.

41. DECLARAÇÃO SOBRE A ELIMINAÇÃO DA VIOLÊNCIA CONTRA AS MULHERES (1993)

A Declaração sobre a Eliminação da Violência contra as Mulheres foi adotada pela Assembleia Geral das Nações Unidas na sua Resolução n. 48/104, de 20 de dezembro de 1993. A Declaração, apesar de ser diploma de *soft law própria* (primária) e, assim, não vinculante, serve de vetor de interpretação dos deveres convencionais (vinculantes) assumidos pelo Brasil, em especial o dever de proteção estabelecido na Convenção CEDAW.

Inicialmente, a Declaração define a expressão "violência contra as mulheres" como qualquer ato de violência baseado no gênero, do qual resulte, ou possa resultar, dano ou sofrimento físico, sexual ou psicológico para as mulheres, incluindo as ameaças de tais atos, a coação ou a privação arbitrária de liberdade, que ocorra, quer na vida pública, quer na vida privada (art. 1º).

A violência contra as mulheres abrange os seguintes atos (lista não exaustiva): a) Violência física, sexual e psicológica ocorrida no seio da família, incluindo os maus-tratos, o abuso sexual das crianças do sexo feminino no lar, a violência relacionada a dote, o estupro conjugal, a mutilação genital feminina e outras práticas tradicionais nocivas para as mulheres, os atos de violência praticados por outros membros da família e a violência relacionada à exploração; b) Violência física, sexual e psicológica praticada na comunidade em geral, incluindo a violação, o abuso sexual, o assédio e a intimidação sexuais no local de trabalho, nas instituições educativas e em outros locais, o tráfico de mulheres e a prostituição forçada; c) Violência física, sexual e psicológica praticada ou tolerada pelo Estado, onde quer que ocorra (art. 2º).

A Declaração sobre a Eliminação da Violência contra as Mulheres estabelece, em seu art. 3º, que as mulheres têm direito ao gozo e à proteção, em condições de igualdade, de todos os direitos humanos e liberdades fundamentais, em diversas esferas, incluindo a política, econômica, social, cultural e civil. Esses direitos abrangem, entre outros, o direito à vida, à igualdade, à liberdade e à segurança pessoal, à proteção igual perante a lei, à não discriminação, ao melhor estado possível de saúde física e mental, a condições de trabalho justas e favoráveis, e à não sujeição à tortura ou a tratamentos cruéis, desumanos ou degradantes.

O artigo 4º da Declaração enfatiza que os Estados devem condenar a violência contra as mulheres e não devem invocar costumes, tradições ou considerações religiosas como justificativa para se eximirem de suas obrigações de eliminar essa violência. Os Estados são instados a adotar uma política abrangente e imediata para erradicar a violência contra as mulheres, o que inclui, entre outras medidas, considerar a ratificação da Convenção sobre a Eliminação de Todas as Formas de Discriminação contra as Mulheres (o que já foi efetuado pelo Brasil), atuar com diligência na prevenção, investigação e punição dos atos de violência, garantir o acesso das mulheres à justiça e à reparação, desenvolver planos de ação nacionais e adotar medidas jurídicas, políticas e culturais para proteger as mulheres contra a violência.

O artigo 5º da Declaração sobre a Eliminação da Violência contra as Mulheres determina que os órgãos e as agências especializadas do sistema das Nações Unidas, dentro de suas respectivas áreas de competência, devem atuar de forma ativa para promover o reconhecimento e a implementação dos direitos e princípios consagrados na presente Declaração. Isso inclui uma série de ações e iniciativas específicas:

a) **Promoção da cooperação internacional e regional**: Os órgãos e agências devem incentivar a definição de estratégias regionais de combate à violência contra as mulheres, facilitando a troca de experiências bem-sucedidas entre países e financiando programas que visem a eliminação da violência de gênero.

b) **Realização de reuniões e seminários**: Para aumentar a conscientização global sobre a necessidade de eliminar a violência contra as mulheres, é importante organizar eventos que reúnam especialistas, representantes governamentais e membros da sociedade civil. Esses encontros devem servir para discutir desafios, compartilhar boas práticas e fortalecer o compromisso internacional com a erradicação da violência de gênero.

c) **Coordenação e intercâmbios dentro do sistema das Nações Unidas**: Os órgãos encarregados de monitorar a aplicação dos tratados de direitos humanos devem coordenar suas ações e trocar informações regularmente para abordar de maneira eficaz a questão da violência contra as mulheres. Essa coordenação visa garantir que as respostas sejam integradas e coerentes em todas as frentes.

d) **Inclusão da violência contra as mulheres em análises de tendências sociais**: Relatórios periódicos, como os que avaliam a situação social mundial, devem incluir análises detalhadas sobre as tendências e desafios relacionados à violência contra as mulheres. Isso é essencial para compreender a magnitude do problema e desenvolver políticas públicas eficazes.

e) **Incorporação da questão da violência contra as mulheres em programas existentes**: Os programas em andamento das Nações Unidas, especialmente aqueles que lidam com grupos de mulheres particularmente vulneráveis à violência, devem incluir explicitamente a questão da violência de gênero em seus planos e ações.

f) **Desenvolvimento de diretrizes e manuais sobre violência contra as mulheres**: Com base nas medidas mencionadas na Declaração, as agências da ONU devem trabalhar na criação de diretrizes ou manuais práticos que possam ser utilizados por governos, ONGs e outros atores para implementar estratégias de prevenção e resposta à violência contra as mulheres.

g) **Consideração da eliminação da violência contra as mulheres em mandatos de direitos humanos**: Os órgãos responsáveis pela aplicação dos instrumentos de direitos humanos devem integrar a questão da violência contra as mulheres em suas atividades e relatórios, assegurando que essa questão receba a atenção devida.

h) **Cooperação com organizações não governamentais (ONGs)**: É fundamental que os órgãos e agências da ONU colaborem estreitamente com ONGs que trabalham na área de violência contra as mulheres. Essa cooperação pode incluir o apoio a iniciativas de base, a ampliação da capacidade das ONGs de fornecer assistência às vítimas, e o compartilhamento de informações e recursos para fortalecer as respostas à violência de gênero.

Esse detalhamento das ações previstas no artigo 5º reforça o compromisso das Nações Unidas em garantir que a violência contra as mulheres seja enfrentada de maneira eficaz e abrangente, com a participação ativa de diferentes atores em nível global e regional.

Por fim, o artigo 6º afirma que nenhuma disposição da Declaração pode prejudicar qualquer norma mais favorável à eliminação da violência contra as mulheres que esteja prevista na legislação de um Estado ou em convenções, tratados ou outros instrumentos internacionais em vigor (princípio *pro persona*).

QUADRO SINÓTICO	
Declaração sobre a Eliminação da Violência contra as Mulheres	
Natureza jurídica	• *Soft law*
Importância	• A Declaração enfatiza a importância do combate à violência contra a mulher, que é tida como de amplo espectro, abrangendo: (i) qualquer ato de violência baseado no gênero do qual resulte, ou possa resultar, (ii) dano ou sofrimento físico, sexual ou psicológico para as mulheres, incluindo as ameaças de tais atos, a coação ou a privação arbitrária de liberdade, que ocorra, quer na vida pública, quer na vida privada.
Pontos principais	• Estados devem condenar a violência contra as mulheres. • Não devem invocar costumes, tradições ou considerações religiosas como justificativa para não eliminar essa violência. • Adotar uma política abrangente e imediata para erradicar a violência contra as mulheres. • Considerar a ratificação da Convenção sobre a Eliminação de Todas as Formas de Discriminação contra as Mulheres (já ratificada pelo Brasil). • Atuar com diligência na prevenção, investigação e punição dos atos de violência. • Garantir o acesso das mulheres à justiça e à reparação. • Desenvolver planos de ação nacionais. • Adotar medidas jurídicas, políticas e culturais para proteger as mulheres contra a violência.

42. PLANO DE RABAT (2013)

Em 21 de fevereiro de 2013, o Escritório do Alto Comissariado das Nações Unidas para os Direitos Humanos (ACNUDH) lançou o Plano de Ação de Rabat sobre a proibição da defesa do ódio nacional, racial ou religioso que constitua incitamento à discriminação, hostilidade ou violência. O Plano Rabat visa fornecer orientações sobre como *ponderar* fundamentadamente a invocação do art. 19 do Pacto Internacional sobre Direitos Civis e Políticos (PIDCP), que prevê a liberdade de expressão, e ainda o art. 20, que proíbe a incitação à discriminação, hostilidade ou violência[124].

Assim, o objetivo maior é a busca do equilíbrio entre a liberdade de expressão e a proibição de incitação à violência. O art. 19 do PIDCP estabelece que todos "têm direito à liberdade de expressão", mas esse direito não é ilimitado. O § 3º do art. 19 afirma que tal liberdade "pode... estar sujeita a certas restrições, mas essas devem ser previstas em lei e necessárias... para o respeito dos direitos ou da reputação de outrem; ou para a proteção da segurança nacional ou da ordem pública, ou da saúde pública ou da moral". Além disso, o art. 20 do PIDCP estabelece que qualquer "defesa do ódio nacional, racial ou religioso que constitua incitação à discriminação, hostilidade ou violência será proibida por lei".

O Plano de Ação de Rabat surgiu como um documento final de quatro *workshops* regionais de especialistas organizados pelo ACNUDH da ONU na Áustria, Quênia, Tailândia e Chile durante 2011. Em cada fórum, os especialistas discutiram o que constitui incitamento à discriminação, hostilidade ou violência com base em motivos nacionais, raciais ou religiosos, conforme descrito no Direito Internacional dos Direitos humanos", e a melhor forma de encontrar um equilíbrio entre o art. 19 e o art. 20. Posteriormente, em outubro de 2012, o ACNUDH convocou uma reunião final para Rabat, em Marrocos, visando articular um plano de ação para conciliar

---

[124] Agradeço ao Prof. Luís Renato Vedovato (Unicamp) pela inclusão deste item no *Curso*.

esses princípios muitas vezes polarizadores. Os participantes do fórum de Rabat incluíram moderadores de cada um dos quatro *workshops* regionais, bem como especialistas da ONU em questões de liberdade de expressão e eliminação da discriminação.

O Plano de Rabat enfatiza a interdependência dos direitos humanos e o seu papel na criação de um "ambiente no qual uma discussão construtiva sobre assuntos religiosos possa ser realizada". Também observa que discussões abertas são a maneira mais sólida de investigar se as interpretações religiosas aderem ou distorcem os valores originais que minam a crença religiosa. O Plano Rabat, então, fornece recomendações aos Estados em termos de legislação, jurisprudência e política para alcançar esse espaço desejado para discussões livres e abertas que promovam a inclusão e respeitem a diversidade.

Em termos de construção normativa, o Plano de Rabat *encoraja* os Estados a definir o incitamento à discriminação de forma específica, observando que, quanto mais ampla for a definição do crime de incitação ao ódio na legislação doméstica, mais ela abre a porta para a aplicação arbitrária dessas leis. As restrições à liberdade de expressão devem, portanto, passar pelo *teste triplo*: (i) de legalidade, (ii) proporcionalidade (equilíbrio) e (iii) necessidade, ou seja, tais restrições devem ser previstas em lei, ser estritamente definidas para servir a um interesse legítimo e serem necessárias em uma sociedade democrática para proteger esse interesse.

Para dialogar com a jurisprudência, o Plano de Rabat oferece seis parâmetros para os tribunais nacionais avaliarem se determinado discurso deve ser proibido e punido como incitação. Esses parâmetros são: o 1) contexto da fala, 2) o próprio falante, 3) a intenção, 4) conteúdo ou forma, 5) extensão do discurso e 6) probabilidade iminente de incitar o ódio (previsão razoável). Quando a punição por incitação ilegal é necessária, o Plano de Rabat recomenda que ela deve ser preferencialmente apenas na forma de sanção civil ou administrativa – em oposição a sanções criminais – sempre que possível.

Com relação às políticas governamentais, o Plano de Rabat recomenda que os Estados devem agir amplamente para garantir o diálogo intercultural em vários fóruns e promover o pluralismo, para que as minorias e os povos indígenas tenham a oportunidade de fazer contribuições significativas para as discussões nacionais, bem como um meio de combater a intolerância e a discriminação com a sociedade. O Plano de Rabat recomenda que os Estados promovam a educação pública sobre direitos humanos e sensibilizem as forças policiais e de segurança sobre questões relativas à proibição de incitação ao ódio. O Plano de Rabat também descreve várias recomendações para a ONU e outras partes interessadas, incluindo organizações da sociedade civil, estimulem a criação de mecanismos e diálogos para promover a compreensão e o aprendizado intercultural e inter-religioso.

No entanto, embora o art. 19 reconheça especificamente que a liberdade de expressão pode ser restringida, determinar quais limitações são realmente necessárias para proteger a segurança nacional ou a ordem pública – e o que constitui uma ameaça à ordem pública – não é tarefa fácil, especialmente para que evitar que tais restrições gerem um indesejado "efeito inibidor", resultando em censura indireta. Da mesma forma, a extensão das limitações do art. 20 depende de quão amplamente se define seus termos, particularmente incitamento. Portanto, embora o art. 19 permita expressamente limitações à liberdade de expressão e o art. 20 exija que certos discursos incendiários sejam tornados ilegais, determinar exatamente onde um governo deve traçar a linha entre as proteções do art. 19 e as proibições do art. 20 está aberto a interpretação.

QUADRO SINÓTICO	
Plano de Rabat	
Natureza jurídica	• *Soft Law*

| Pontos principais | • Buscar o equilíbrio entre a liberdade de expressão e a proibição de incitação à violência.
• Indicar caminhos para impedir a difusão do discurso do ódio, inclusive pelos meios eletrônicos. |
|---|---|
| Principais direitos protegidos | • Liberdade de expressão.
• Proteção contra o discurso do ódio (defesa da igualdade). |

43. DIRETRIZES DE RIAD - DIRETRIZES DAS NAÇÕES UNIDAS PARA PREVENÇÃO DA DELINQUÊNCIA JUVENIL (1990)

Durante sua 68ª reunião plenária, em 14 de dezembro de 1990, a Assembleia Geral das Nações Unidas adotou Diretrizes para a Prevenção da Delinquência Juvenil, conhecidas como "Diretrizes de Riad". Tais Diretrizes afirmam a importância da redução da delinquência juvenil na redução do crime, a necessidade de sua implementação de acordo com uma abordagem centrada na criança e a responsabilidade comum pelo bem-estar das crianças desde as primeiras idades[125].

A estrutura do documento é a seguinte:

I. Princípios fundamentais; II. Escopo das Diretrizes; III. Prevenção geral; IV. Processos de socialização; A. Família; B. Educação; C. Comunidade; D. Mídia social (de massa); V. Política social; VI. Legislação e administração de justiça juvenil; VII. Pesquisa, desenvolvimento de políticas e coordenação.

Para prevenir a delinquência juvenil, as Diretrizes de Riad trazem seis *princípios fundamentais*, a seguir enumerados:

1. **Promoção de atividades lícitas e socialmente úteis** – a prevenção da delinquência juvenil é parte essencial da prevenção do crime na sociedade. Ao se envolver em atividades lícitas e socialmente úteis, adotando uma orientação humanista para a sociedade e com perspectiva de vida para os jovens, eles podem desenvolver atitudes não criminógenas;

2. **Envolvimento de toda a sociedade** – a prevenção bem-sucedida da delinquência juvenil requer esforços por parte de toda a sociedade para assegurar o desenvolvimento harmonioso de adolescentes, com respeito e promoção de sua personalidade desde a primeira infância;

3. **Interpretação centrada no melhor interesse da criança** – para fins de interpretação das Diretrizes, uma orientação com foco na criança deve ser o objetivo. Os jovens devem ter um papel ativo e parceria dentro da sociedade e não devem ser considerados como meros objetos de socialização ou controle;

4. **Foco no bem-estar dos jovens desde a primeira infância** – na implementação das Diretrizes, de acordo com sistemas jurídicos nacionais, o bem-estar dos jovens desde a sua primeira infância deve ser o foco de qualquer programa preventivo;

5. **Progressiva prevenção da delinquência** – a necessidade e a importância das políticas de prevenção progressiva da delinquência e a utilização de estudos sistemáticos reconhecidos devem ser buscados. Estes devem evitar criminalizar e penalizar uma criança por comportamento que não cause sérios danos ao desenvolvimento da criança ou prejudique as outras. Para tanto, devem (i) ser oferecidas oportunidades educacionais; (ii) utilização de abordagem especializada visando a prevenção da de-

---

[125] Agradeço ao Prof. Luís Renato Vedovato (Unicamp) pela inclusão deste item no *Curso*.

linquência; (iii) intervenção estatal sempre no interesse do jovem e pautada na justiça e na equidade; (iv) salvaguardar o bem-estar, desenvolvimento, direitos e interesses de todos os jovens; (v) identificação de que a não conformação às normas sociais gerais faz parte do amadurecimento do jovem, que está em formação, podendo desaparecer na transição para a vida adulta.

6. **Desenvolvimento de ações governamentais baseadas na comunidade** – serviços e programas baseados na comunidade devem ser desenvolvidos para a prevenção da delinquência juvenil, particularmente onde ainda não existem estruturas estatais estabelecidas. As estruturas formais de controle social só devem ser utilizadas como último recurso.

Essas Diretrizes devem (i) ser interpretadas e implementadas *de acordo* com a Declaração Universal dos Direitos Humanos, do Pacto Internacional de Direitos Econômicos, Sociais e Culturais, do Pacto Internacional de Direitos Civis e Políticos, da Declaração dos Direitos da Criança e a Convenção sobre os Direitos da Criança, e no contexto das Regras Mínimas das Nações Unidas para a Administração da Justiça Juvenil (As Regras de Pequim), bem como outros instrumentos e normas relativos aos direitos, interesses e bem-estar de todas as crianças e jovens; e (ii) ainda ser implementadas no contexto das condições econômicas, sociais e culturais prevalecentes em cada Estado.

Em seguida, o documento passa a indicar elementos para a prevenção geral da delinquência juvenil, afirmando que planos de prevenção abrangentes devem ser instituídos em todos os níveis de governo e incluir (a) análises aprofundadas do problema e inventários de programas, serviços, instalações e recursos disponíveis; (b) responsabilidades bem definidas para os órgãos, instituições e pessoal qualificado envolvidos em esforços preventivos; (c) mecanismos para a coordenação apropriada dos esforços de prevenção entre agências governamentais e não governamentais; (d) políticas, programas e estratégias baseados em estudos prognósticos a serem monitorados continuamente e cuidadosamente avaliados no curso de sua implementação; (e) métodos para reduzir efetivamente a oportunidade de cometer atos delinquentes; (f) envolvimento da comunidade através de uma ampla gama de serviços e programas; (g) estreita cooperação interdisciplinar entre os governos nacional, estadual, provincial e local, com o envolvimento do setor privado, cidadãos representativos da comunidade a ser atendida, e trabalho, creche, educação em saúde, social, aplicação da lei e agências judiciais na tomada de ações conjuntas para prevenir a delinquência juvenil e a criminalidade; (h) participação dos jovens nas políticas e processos de prevenção da delinquência, incluindo o recurso a recursos comunitários, autoajuda de jovens e programas de compensação e assistência às vítimas; (i) pessoal especializado em todos os níveis de atuação.

Com relação aos processos de socialização, a ênfase deve ser colocada em políticas preventivas que facilitem a socialização e integração bem-sucedida de todas as crianças e jovens, em particular através da família, comunidade, grupos de pares, escolas, formação profissional e mundo do trabalho, bem como através de organizações da sociedade civil. Além disso, deve-se respeitar o bom desenvolvimento pessoal das crianças e dos jovens, e eles devem ser aceitos como sujeitos plenos e iguais nos processos de socialização e integração. Nesses processos, estão em papel de destaque a família, a educação, a comunidade e a comunicação de massa.

QUADRO SINÓTICO

Diretrizes de Riad – Diretrizes das Nações Unidas para Prevenção da Delinquência Juvenil	
Natureza jurídica	• *Soft Law*

Documentos diretamente relacionados à proteção das crianças e dos adolescentes	• Declaração Universal dos Direitos Humanos. • Pacto Internacional sobre os Direitos Econômicos, Sociais e Culturais. • Pacto Internacional sobre os Direitos Civis e Políticos. • Declaração dos Direitos da Criança. • Convenção sobre os Direitos da Criança. • Regras Mínimas das Nações Unidas para a Administração da Justiça Juvenil (As Regras de Pequim).
Pontos principais	• Indica diretrizes para construção de políticas públicas de prevenção da delinquência juvenil. • Sugere a interpretação das normas no melhor sentido de proteção dos jovens e das crianças. • Reconhece o papel da família, da comunidade, da educação e dos meios de comunicação de massa na construção de processos de socialização das crianças e adolescentes.
Principais direitos protegidos	• Direito à promoção de espaços para desenvolvimento social e pessoal de crianças e adolescentes. • Proteção contra criminalização de suas condutas. • Direito ao oferecimento de políticas públicas para diminuição da delinquência. • Direito ao acompanhamento científico de suas ações e desenvolvimento.

44. PRINCÍPIOS BÁSICOS E DIRETRIZES SOBRE O DIREITO A UMA REPARAÇÃO E INDENIZAÇÃO PARA VÍTIMAS DE GRAVES VIOLAÇÕES DO DIREITO INTERNACIONAL DOS DIREITOS HUMANOS DO DIREITO INTERNACIONAL HUMANITÁRIO (2005)

Os "Princípios Básicos e Diretrizes sobre o Direito a uma Reparação e Indenização para Vítimas de Graves Violações do Direito Internacional dos Direitos Humanos e do Direito Internacional Humanitário" foram adotados pela Assembleia Geral das Nações Unidas, por meio da Res. 60/147, de 15 de dezembro de 2005.

Esses princípios e diretrizes enfatizam a necessidade de estados e organizações internacionais fornecerem às vítimas dessas graves violações remédios adequados, eficazes e prontos. Destaca a importância da reparação às vítimas e delineia formas de reparação, como restituição, compensação, reabilitação, satisfação e garantias de não repetição.

Trata-se de um diploma normativo de *soft law* (*soft law* primária) que serve para a interpretação de diversos direitos, como o acesso à justiça (das vítimas), o dever de proteger, bem como o dever de reparar as graves violações de direitos humanos. O texto é dividido em 13 capítulos que abordam:

1. **Obrigação de respeitar, garantir o respeito e implementar o direito internacional dos direitos humanos e o direito internacional humanitário** – isso descreve as obrigações básicas dos estados em aderir e fazer cumprir os padrões internacionais.
2. **Escopo da obrigação** – explica o escopo da responsabilidade do estado em relação a essas violações.
3. **Princípios gerais** – trata do tratamento das vítimas, sua dignidade humana e da necessidade de uma abordagem centrada na vítima para reparar violações.
4. **Estatuto das vítimas** – esboça o reconhecimento das vítimas e a necessidade de tratá-las com compaixão e respeito por seus direitos.
5. **Obrigação de proteger contra violações** – enfatiza a responsabilidade do estado em proteger e prevenir abusos por parte de seus agentes.

6. **Obrigação de investigar, processar e punir** – concentra-se no dever do estado de garantir investigações eficazes e a responsabilização dos responsáveis por violações.
7. **Acesso à justiça** – destaca a necessidade de as vítimas terem acesso à justiça e a importância das garantias processuais.
8. **Reparações por danos sofridos** – explica as formas de reparação que devem estar disponíveis para as vítimas.
9. **Acesso a informações relevantes sobre violações e mecanismos de reparação** – ressalta a importância da transparência e do direito das vítimas de conhecer a verdade sobre as violações.
10. **Dispositivos antidiscriminatórios** – destaca a necessidade de aplicação dos princípios sem qualquer discriminação.
11. **Não derrogação** – afirma que os princípios não restringem ou derrogam de outros direitos e obrigações sob o direito doméstico e internacional.
12. **Direitos de terceiros, inclusive os direitos dos supostos ofensores** – garante que os princípios não derrogam dos direitos de outras pessoas, especialmente os acusados.

A adoção destes princípios e diretrizes representou um passo significativo no reconhecimento dos direitos das vítimas de graves violações do direito internacional dos direitos humanos e do direito internacional humanitário. Ressalta as responsabilidades dos estados e organizações internacionais em garantir justiça e reparação para as vítimas, o que tem um *efeito preventivo e dissuasório* contra novas violações.

QUADRO SINÓTICO

Princípios Básicos e Diretrizes sobre o Direito a uma Reparação e Indenização para Vítimas de graves violações do Direito Internacional dos Direitos Humanos e do Direito Internacional Humanitário (2005)	
Natureza jurídica	• *Soft Law*. Aprovada por resolução da Assembleia Geral da ONU.
Importância	• Enfatizam a necessidade de estados e organizações internacionais fornecerem às vítimas dessas graves violações remédios adequados, eficazes e prontos. • Destaca a importância da reparação às vítimas e delineia formas de reparação, como restituição, compensação, reabilitação, satisfação e garantias de não repetição.
• Pontos principais	• Serve para a interpretação de diversos direitos, como o acesso à justiça (das vítimas). • Delineia o dever de proteger, bem como o dever de reparar as graves violações de direitos humanos. • O texto é dividido em 13 capítulos. • Tem efeito preventivo e dissuasório contra novas violações.

45. PRINCÍPIOS ORIENTADORES SOBRE EXTREMA POBREZA E DIREITOS HUMANOS (2012)

Os Princípios Orientadores sobre Extrema Pobreza e Direitos Humanos, desenvolvidos pela Representante Especial da ONU, Magdalena Sepúlveda Carmona, e aprovados pela Resolução n. 15/19 do Conselho de Direitos Humanos em 2012, são resultado de um longo processo de consulta, iniciado em 2001, envolvendo Estados e organizações não governamentais. Esses Princípios surgiram como uma resposta ao reconhecimento de que a pobreza é uma das mais graves violações dos direitos humanos, afetando profundamente a dignidade e a igualdade das pessoas. Como exemplo da relevância do combate à extrema pobreza, o Objetivo de Desenvolvimento Sustentável n. 1 consiste na erradicação da pobreza extrema no mundo (vide item 38 da **Parte II** deste Curso).

Os Princípios enfatizam que a pobreza não é apenas uma questão econômica, mas sim um fenômeno complexo e multidimensional, que envolve a privação de recursos, capacidades e oportunidades essenciais para uma vida digna. A pobreza extrema, em particular, é tanto causa quanto consequência de múltiplas violações de direitos humanos, que se retroalimentam e reforçam a marginalização e exclusão social daqueles que vivem nessa condição. Nesse contexto, a erradicação da pobreza extrema é vista como uma obrigação de Direito Internacional dos Estados, derivada das normas internacionais de direitos humanos.

A importância desses Princípios reside em seu papel de guiar a formulação e implementação de políticas públicas voltadas para a erradicação da pobreza, assegurando que essas políticas respeitem, protejam e realizem os direitos humanos de forma igualitária e inclusiva. São normas de soft law, porém se baseiam em normas e acordos internacionais amplamente aceitos, como o Pacto Internacional sobre Direitos Econômicos, Sociais e Culturais, e outras convenções internacionais que tratam de direitos civis, políticos e sociais em sentido amplo.

Os Princípios reconhecem a universalidade, indivisibilidade e interdependência de todos os direitos humanos, destacando que as pessoas que vivem na pobreza sofrem violações diárias em diversas dimensões, incluindo direitos civis, culturais, econômicos, políticos e sociais. Essas violações interagem entre si, criando um ciclo vicioso que perpetua a pobreza e dificulta o acesso a direitos básicos. Nesse sentido, os Estados têm a responsabilidade de criar um ambiente favorável ao combate à pobreza, implementando políticas públicas que garantam o respeito, a proteção e a realização de todos os direitos humanos para aqueles que vivem em situação de vulnerabilidade.

Além disso, a igualdade e a não discriminação são princípios centrais desses Princípios Orientadores. Eles estabelecem que os Estados devem identificar e priorizar os grupos mais vulneráveis e marginalizados, assegurando que eles desfrutem de direitos humanos de forma igualitária. Isso inclui a adoção de medidas positivas para eliminar as condições que perpetuam a discriminação e a pobreza. As pessoas que vivem na pobreza também devem ser protegidas contra o estigma e a discriminação, que agravam sua exclusão e marginalização.

A igualdade de gênero é outro aspecto fundamental abordado pelos Princípios. As mulheres, que são desproporcionalmente representadas entre os pobres, enfrentam múltiplas formas de discriminação que agravam sua vulnerabilidade. Os Estados são instados a garantir que as mulheres tenham acesso igualitário a oportunidades econômicas, emprego e formação, e a promover condições de trabalho decentes. As políticas públicas devem levar em consideração as responsabilidades familiares das mulheres, permitindo que elas possam conciliar trabalho e cuidado com a família.

Os direitos das crianças também ocupam um lugar central nos Princípios, dado que a pobreza infantil é uma das principais causas da perpetuação da subsequente pobreza entre os adultos. Os Estados são chamados a tomar ações imediatas para combater a pobreza infantil, reconhecendo que a privação durante a infância pode ter efeitos dramáticos e irreversíveis sobre o desenvolvimento e as oportunidades futuras das crianças.

Outro princípio importante é o reconhecimento da autonomia das pessoas que vivem na pobreza. Elas devem ser tratadas como agentes autônomos e livres, com direito a participar na formulação das políticas que afetam suas vidas. A participação efetiva e significativa dessas pessoas em todas as fases de decisão é essencial para assegurar que as políticas públicas sejam sustentáveis e respondam às necessidades expressas pelas camadas mais pobres da sociedade.

O acesso à informação e a transparência na implementação de programas e serviços públicos também são ressaltados pelos Princípios. Os Estados devem garantir que as informações sobre serviços disponíveis sejam acessíveis e culturalmente adequadas para as pessoas que vivem na pobreza, utilizando todos os meios de comunicação disponíveis para garantir que essas informações cheguem a quem mais precisa.

Os Princípios também destacam a necessidade de os Estados garantirem que as pessoas que vivem na pobreza tenham acesso a mecanismos efetivos de reparação em casos de violações de seus direitos. Isso inclui a criação de procedimentos judiciais e administrativos que sejam acessíveis financeira e fisicamente, para que essas pessoas possam buscar justiça e reparação por quaisquer danos sofridos.

Além desses princípios gerais, os Princípios Orientadores estabelecem uma série de direitos específicos que devem ser garantidos para as pessoas que vivem na pobreza:

1. Direito à vida e integridade física: A pobreza é uma das principais causas de mortes evitáveis, baixa expectativa de vida e más condições de saúde. As pessoas em situação de pobreza enfrentam maiores riscos de violência e privação material, o que afeta sua segurança física e mental, perpetuando o ciclo de pobreza.
2. Direito à liberdade e segurança pessoal: Pessoas em situação de pobreza são frequentemente mais vulneráveis à discriminação e ao contato desproporcional com o sistema de justiça criminal. Elas enfrentam obstáculos significativos para sair desse sistema, sendo muitas vezes sujeitas a detenções prolongadas sem acesso adequado à justiça.
3. Direito à proteção igual perante a lei: O acesso efetivo à Justiça é fundamental para que as pessoas em pobreza possam buscar reparação por violações de seus direitos. Os Estados devem garantir que procedimentos judiciais sejam acessíveis e que as barreiras enfrentadas por essas pessoas sejam eliminadas.
4. Direito ao reconhecimento legal: Muitas pessoas em situação de pobreza enfrentam dificuldades para registrar seus nascimentos ou obter documentos de identidade, o que as exclui de serviços essenciais. Os Estados devem assegurar sistemas de registro acessíveis, gratuitos e sem discriminação.
5. Direito à privacidade e proteção familiar: Pessoas em situação de pobreza são mais suscetíveis a violações de privacidade e ataques à sua reputação. Os Estados devem revisar procedimentos legais e administrativos para proteger a privacidade dessas pessoas.
6. Direito a um nível de vida adequado: Os Estados têm a obrigação de melhorar progressivamente as condições de vida das pessoas em situação de pobreza, removendo barreiras que as privam de atividades produtivas e garantindo acesso a alimentação, água, saúde e habitação de qualidade.
7. Direito à alimentação e nutrição adequadas: A segurança alimentar é essencial para a saúde e o desenvolvimento. Os Estados devem adotar estratégias nacionais para garantir a segurança alimentar e nutricional de todos, especialmente dos mais vulneráveis.
8. Direito à água e saneamento: O acesso à água segura e ao saneamento adequado é um direito fundamental que deve ser garantido a todas as pessoas, independentemente de sua situação habitacional ou econômica.
9. Direito à habitação adequada: Os Estados devem priorizar a erradicação da falta de habitação e proteger as pessoas contra despejos forçados, garantindo que todos tenham acesso a uma moradia segura e digna.
10. Direito à saúde física e mental: A pobreza agrava problemas de saúde e limita o acesso a cuidados de saúde. Os Estados devem garantir serviços de saúde acessíveis e de qualidade, especialmente para grupos vulneráveis.

11. Direito ao trabalho e direitos no trabalho: Os Estados devem garantir que todos os trabalhadores recebam salários suficientes para viver com dignidade e que tenham acesso a condições de trabalho justas e seguras.
12. Direito à previdência social: Um sistema de previdência social inclusivo é essencial para garantir que todos tenham acesso a um mínimo de direitos econômicos, sociais e culturais. Os Estados devem priorizar os mais vulneráveis em suas políticas de previdência social.
13. Direito à educação: A educação é fundamental para quebrar o ciclo de pobreza. Os Estados devem assegurar que todas as crianças, especialmente as que vivem na pobreza, tenham acesso a uma educação de qualidade e gratuita.
14. Direito à participação na vida cultural e aos benefícios do progresso científico: A pobreza restringe severamente a capacidade de indivíduos e grupos de participar da vida cultural e de usufruir dos benefícios do progresso científico. Os Estados devem facilitar o acesso aos bens culturais e garantir que as inovações essenciais sejam acessíveis a todos.

Esses Princípios são essenciais para a implementação de uma perspectiva baseada nos direitos humanos na luta contra a pobreza e devem servir como base para o desenvolvimento e a implementação de todas as políticas públicas que afetam pessoas em situação de vulnerabilidade.

QUADRO SINÓTICO

Princípios Orientadores sobre Extrema Pobreza e Direitos Humanos

Natureza jurídica	• *Soft law*
Importância	• A pobreza extrema, em particular, é tanto causa quanto consequência de múltiplas violações de direitos humanos, que se retroalimentam e reforçam a marginalização e exclusão social daqueles que vivem nessa condição. • A erradicação da pobreza extrema é vista como uma obrigação de Direito Internacional dos Estados, derivada das normas internacionais de direitos humanos. • A importância desses Princípios reside em seu papel de guiar a formulação e implementação de políticas públicas voltadas para a erradicação da pobreza, assegurando que essas políticas respeitem, protejam e realizem os direitos humanos de forma igualitária e inclusiva. São normas de soft law, porém se baseiam em normas e acordos internacionais amplamente aceitos, como o Pacto Internacional sobre Direitos Econômicos, Sociais e Culturais, e outras convenções internacionais que tratam de direitos civis, políticos e sociais em sentido amplo
Pontos principais	1. **Direito à vida e integridade física**: A pobreza é uma das principais causas de mortes evitáveis, baixa expectativa de vida e más condições de saúde. As pessoas em situação de pobreza enfrentam maiores riscos de violência e privação material, o que afeta sua segurança física e mental, perpetuando o ciclo de pobreza. 2. **Direito à liberdade e segurança pessoal**: Pessoas em situação de pobreza são frequentemente mais vulneráveis à discriminação e ao contato desproporcional com o sistema de justiça criminal. Elas enfrentam obstáculos significativos para sair desse sistema, sendo muitas vezes sujeitas a detenções prolongadas sem acesso adequado à justiça.

3. **Direito à proteção igual perante a lei**: O acesso efetivo à justiça é fundamental para que as pessoas em pobreza possam buscar reparação por violações de seus direitos. Os Estados devem garantir que procedimentos judiciais sejam acessíveis e que as barreiras enfrentadas por essas pessoas sejam eliminadas.
4. **Direito ao reconhecimento legal**: Muitas pessoas em situação de pobreza enfrentam dificuldades para registrar seus nascimentos ou obter documentos de identidade, o que as exclui de serviços essenciais. Os Estados devem assegurar sistemas de registro acessíveis, gratuitos e sem discriminação.
5. **Direito à privacidade e proteção familiar**: Pessoas em situação de pobreza são mais suscetíveis a violações de privacidade e ataques à sua reputação. Os Estados devem revisar procedimentos legais e administrativos para proteger a privacidade dessas pessoas.
6. **Direito a um nível de vida adequado**: Os Estados têm a obrigação de melhorar progressivamente as condições de vida das pessoas em situação de pobreza, removendo barreiras que as privam de atividades produtivas e garantindo acesso a alimentação, água, saúde e habitação de qualidade.

46. DECLARAÇÃO SOBRE OS DEFENSORES DE DIREITOS HUMANOS (DIREITO A DEFENDER DIREITOS HUMANOS – 1998)

A Declaração sobre o Direito e a Responsabilidade dos Indivíduos, Grupos ou Órgãos da Sociedade de Promover e Proteger os Direitos Humanos e Liberdades Fundamentais Universalmente Reconhecidos foi aprovada pela Resolução n. 53/144 da Assembleia Geral das Nações Unidas, de 9 de dezembro de 1998. É também denominada, mais sucintamente, Declaração da ONU sobre os Defensores de Direitos Humanos. Nos seus "considerandos" ficou claro que a responsabilidade e o dever primordiais de promover e proteger os direitos humanos incumbem ao Estado, mas que os "defensores de direitos humanos" (indivíduos, grupos e associações) têm o direito e a responsabilidade de promoverem o respeito e o conhecimento dos direitos humanos e liberdades fundamentais em nível nacional e internacional, o que consolida a autonomia do "direito a defender os direitos humanos".

O artigo 1º da Declaração da ONU sobre os Defensores de Direitos Humanos estabelece que todas as pessoas têm o direito fundamental, tanto individualmente quanto em grupo, de promover e defender os direitos humanos em nível nacional e internacional. Isso reforça a legitimidade dos defensores de direitos humanos em suas ações. O artigo 2º, por sua vez, atribui aos Estados a responsabilidade primordial de proteger, promover e efetivar esses direitos, destacando a necessidade de criar condições favoráveis em todas as esferas para que os indivíduos possam exercer plenamente seus direitos, incluindo a adoção de medidas legislativas e administrativas.

No artigo 3º, fica claro que o direito interno, em conformidade com a Carta das Nações Unidas e outras obrigações internacionais, constitui o quadro jurídico dentro do qual os direitos humanos devem ser realizados e gozados. Esse artigo reforça a importância de alinhar as legislações nacionais com os padrões internacionais. Já o artigo 4º assegura que nada na Declaração deve ser interpretado de forma a limitar ou contradizer os objetivos da Carta das Nações Unidas ou de outros instrumentos internacionais de direitos humanos, garantindo a supremacia dos princípios estabelecidos.

O artigo 5º garante a liberdade de reunião, associação e comunicação com organizações nacionais e internacionais, reafirmando o direito dos defensores de direitos humanos de se organizar e expressar pacificamente. O artigo 6º, por sua vez, destaca o direito à informação e ao debate sobre direitos humanos, permitindo que os indivíduos publiquem e compartilhem informações e opiniões, sublinhando a importância da transparência e do acesso à informação na defesa dos direitos humanos.

Já o artigo 7º assegura o direito de desenvolver e debater novas ideias e princípios no campo dos direitos humanos, promovendo a evolução contínua das normas de direitos humanos. O artigo 8º, por sua vez, garante a participação efetiva e não discriminatória no governo e em assuntos públicos, incentivando a crítica e a proposição de melhorias nas políticas governamentais relacionadas aos direitos humanos.

No artigo 9º, a Declaração assegura o direito a recursos legais e proteções adequadas em caso de violações dos direitos humanos, enfatizando que as queixas devem ser investigadas de maneira rápida e justa, com reparações adequadas. Já o artigo 10º proíbe a participação em violações de direitos humanos, destacando que ninguém deve ser punido por se recusar a participar dessas violações, estabelecendo um princípio de responsabilidade individual e moral.

O artigo 11º afirma o direito ao exercício profissional legítimo, sublinhando a responsabilidade de respeitar os direitos humanos em todas as profissões que possam afetar a dignidade humana. O artigo 12º reforça o direito de participar de atividades pacíficas contra violações de direitos humanos e a obrigação do Estado de proteger esses indivíduos contra represálias ou discriminação. Por fim, na forma do artigo 13º, fica estabelecido o direito de solicitar e utilizar recursos para a promoção e proteção dos direitos humanos, reforçando a importância do apoio financeiro e logístico para a defesa desses direitos.

Por sua vez, o artigo 14º incumbe ao Estado a promoção da compreensão dos direitos humanos por meio de medidas legislativas, educativas e administrativas, assegurando o conhecimento e o acesso à informação pela população. O artigo 15 estipula que o Estado deve promover a educação em direitos humanos em todos os níveis de ensino, garantindo que aqueles responsáveis por proteger esses direitos estejam adequadamente treinados.

O artigo 16º reconhece a importância das organizações da sociedade civil na educação e promoção dos direitos humanos, incentivando atividades que reforcem a compreensão, a tolerância e a paz. O artigo 17º estabelece que o exercício dos direitos e liberdades deve respeitar os limites estabelecidos pela lei, que garantem o respeito pelos direitos dos outros e a ordem pública em uma sociedade democrática. Na dicção do artigo 18º, é destacado que os indivíduos e organizações têm o dever de defender a democracia e os direitos humanos, contribuindo para o progresso social e a manutenção da ordem internacional que promove esses direitos.

Os artigos 19º e 20º concluem a Declaração assegurando que nenhum indivíduo, grupo ou Estado pode interpretar as disposições da Declaração de forma a destruir os direitos e liberdades nela enunciados ou de maneira contrária aos princípios da Carta das Nações Unidas, garantindo a coerência e a integridade das normas internacionais de direitos humanos.

Em síntese, as defensoras e os defensores de direitos humanos possuem uma ampla gama de direitos que são fundamentais para a proteção e promoção de suas atividades, forjando o "direito a defender os direitos humanos". Estes direitos incluem o acesso a todos os direitos sociais, econômicos, políticos e culturais, garantindo que possam desfrutar plenamente dessas liberdades em suas práticas cotidianas. Além disso, eles têm o direito a mecanismos efetivos de reparação caso sejam vítimas de violações de direitos humanos, bem como a proteção contra qualquer forma de violência, ameaças, retaliação ou discriminação como consequência de suas atividades legítimas. Os defensores de direitos humanos também têm o direito de exigir dos Estados a implementação de medidas legislativas e administrativas que assegurem a efetiva proteção e promoção dos direitos humanos, bem como a educação e conscientização pública sobre esses direitos em todos os níveis. Esses direitos são essenciais para garantir que os defensores possam exercer suas funções de maneira segura e eficaz, contribuindo para a promoção de uma sociedade mais justa e igualitária.

Por fim, a Declaração da ONU sobre os Defensores de Direitos Humanos é de fundamental importância por destacar diversas facetas das atividades dos defensores de direitos humanos, exigindo proteção do Estado e consagrando o direito autônomo de defender os direitos humanos como essencial para a promoção de uma sociedade justa. Ela exige dos Estados uma postura ativa na proteção dos defensores, garantindo-lhes a liberdade e a segurança necessárias para que possam exercer sua função sem medo de represálias, violências ou ameaças. Ao assegurar esse direito, a Declaração não apenas protege os indivíduos envolvidos na defesa dos direitos humanos, mas também fortalece o próprio tecido social, promovendo a justiça, a dignidade e a paz em nível nacional e internacional.

QUADRO SINÓTICO

Declaração sobre os Defensores de Direitos Humanos (direito a defender direitos humanos – 1998)	
Natureza jurídica	• *Soft law*
Importância	• Busca estabelecer a responsabilidade e o dever primordiais de promover e proteger os direitos humanos. • Incumbem ao Estado, mas os "defensores de direitos humanos" (indivíduos, grupos e associações) têm o direito e a responsabilidade de promover o respeito e o conhecimento dos direitos humanos e liberdades fundamentais em nível nacional e internacional, o que consolida a autonomia do "direito a defender os direitos humanos".
Pontos principais: os direitos dos defensores de direitos humanos	• Garante a liberdade de reunião, associação e comunicação com organizações para a defesa dos direitos humanos. • Assegura o direito à informação e ao debate sobre direitos humanos, permitindo a divulgação de informações e opiniões. • Reforça o direito de participar de atividades pacíficas contra violações de direitos humanos. • Obriga o Estado a proteger os defensores contra represálias e discriminação. • Estabelece o direito de solicitar e utilizar recursos para a promoção e proteção dos direitos humanos. • Incumbe ao Estado promover a compreensão e a proteção dos direitos humanos por meio de medidas legislativas, educativas e administrativas. • Afirma o dever dos indivíduos e organizações de defender a democracia e os direitos humanos. **Síntese:** • Defensores de direitos humanos têm direitos essenciais para proteger e promover os direitos humanos. • Inclui proteção contra violência e discriminação.

47. GUIA SOBRE COMO COMBATER AS VIOLAÇÕES DOS DIREITOS DOS DEFENSORES DOS DIREITOS HUMANOS ("RELATÓRIO FORST") DE 2019

Em 2019, no âmbito da Relatoria Especial sobre a situação dos defensores de direitos humanos, foi elaborado, pelo **Relator Especial Michel Forst**, relatório contendo uma avaliação sobre a impunidade envolvendo violações de direitos dos defensores de direitos humanos e ainda um guia aos Estados de como combater tais violações (evitando impunidade) e reparar os danos causados. O Relatório Forst foi encaminhado à Assembleia Geral da ONU.

Em linhas gerais, o Relatório fundamenta os princípios voltados à *proteção aos defensores dos direitos humanos* em dois pilares: (i) o direito de acesso à justiça e (ii) a obrigação de investigar as violações de direitos que afetem os defensores de direitos humanos, evitando a impunidade.

O direito de acesso à justiça deve ser efetivo e ser disponível para (i) determinar uma violação, (ii) estabelecer punição proporcional à gravidade da violação e (iii) fixar reparações, caso necessárias. Deve ser também reconhecida a imprescritibilidade do direito à verdade titularizado pelos familiares (direito à verdade individual) e pela sociedade (direito à verdade difuso).

Já a obrigação de investigar as violações de direitos humanos tem como base dispositivos de tratados gerais de direitos humanos. Por exemplo, o Comitê de Direitos Humanos explicitou a obrigação geral dos Estados contratantes do Pacto Internacional de Direitos Civis e Políticos de investigar as alegações de violações de direitos humanos de modo *imediato* e efetivo (Comentário Geral n. 31, § 15). Tal obrigação é imposta a todos os órgãos dos Estados, abrangendo órgãos do sistema de justiça e órgãos administrativos, incluindo as instituições nacionais de direitos humanos.

Com base nesses dois pilares, o Relatório estipula os princípios da devida diligência na investigação das violações de direitos humanos:

1. **Proatividade (iniciativa própria)**: assim que tiver ciência de uma violação de direitos humanos, o Estado iniciar uma investigação por sua própria iniciativa, sem esperar provocação da vítima ou de terceiro.
2. **Oportunidade e rapidez**. As investigações iniciadas devem evitar atrasos indevidos a fim de completar os procedimentos de investigação dentro de um período de tempo razoável. Tal princípio de celeridade é particularmente importante em relação aos primeiros passos da investigação, os quais devem visar preservar as provas e a cena do crime.
3. **Adequação**. A investigação deve ser realizada de forma rigorosa por profissionais com qualificações adequadas, utilizando procedimentos e métodos apropriados.
4. **Independência e imparcialidade**. Os órgãos responsáveis pela condução da investigação devem ser independentes e imparciais, particularmente em relação a qualquer pessoa que possa estar implicada em violações. A imparcialidade exige que os procedimentos não sejam afetados por preconceitos ou discriminação odiosa.
5. **Exaustividade**. O Estado deve utilizar todos os meios disponíveis para estabelecer a verdade, identificar todos os responsáveis e também as falhas sistêmicas que tornaram a violação de direitos humanos violação possível.
6. **Participação das vítimas**. No combate à impunidade das violações de direitos humanos, a centralidade das vítimas deve ser reconhecida, por meio de sua participação efetiva (real e não meramente formal) em todas as etapas da investigação e processo. Os Estados devem promover o direito de acesso das vítimas a informações completas, precisas e acessíveis, de acordo com suas necessidades. O acesso aos programas de atendimento disponíveis (psicossocial, de assistência jurídica) deve ser viabilizado, com a defesa dos interesses das vítimas em todas as fases da investigação e processo, inclusive na determinação das reparações plenas.
7. **Publicidade**. A transparência da investigação e a divulgação de seus resultados é indispensável para evitar a suspeita de favorecimento e de tolerância a atos ilícitos.

Há princípios orientadores ("*guidelines*") também para a investigação das violações de direitos que afetam os defensores de direitos humanos, como se segue:

Orientação n. 1. A atuação na defesa de direitos humanos da vítima deve ser um elemento central na estratégia investigativa.

Orientação n. 2. As investigações devem ser direcionadas para determinar as responsabilidades (e seus graus), bem como dimensionar as penas.

Orientação n. 3. Deve existir uma abordam interseccional diferenciada. Por exemplo, o Estado deve levar em consideração as particularidades envolvendo gênero no caso das mulheres defensoras de direitos humanos.

Orientações n. 4 e 5. A estratégia investigativa deve envolver a análise dos fatores de risco associados ao contexto no qual o defensor de direitos humanos atua. Os métodos utilizados devem ser compatíveis com a complexidade da violação (ou seja, o Estado não pode adotar, em casos complexos, uma "rotina investigativa").

Orientação n. 6. O Estado deve, já na fase da investigação, dimensionar os danos causados e assegurar a investigação.

A Corte Interamericana de Direitos Humanos ordenou que o Brasil adote um protocolo nacional sobre a investigação e processo de crimes contra os defensores de direitos humanos que siga as recomendações do "Relatório Forst" (Corte IDH, *Sales Pimenta vs. Brasil*, sentença de 30-6-2022; ver abaixo comentário ao caso neste *Curso*).

QUADRO SINÓTICO

Guia sobre como combater as violações dos direitos dos defensores dos direitos humanos ("Relatório Forst") de 2019.

Natureza jurídica	• *Soft law*
Importância	• Busca orientar os Estados sobre as providências a serem adotadas na investigação e reparação dos danos causados por violações de direitos dos defensores de direitos humanos. A Corte IDH determinou ao Brasil que crie um Protocolo nacional sobre tal tema, à luz do guia contido no "Relatório Frost" (Caso Sales Pimenta vs. Brasil, 2022).
Pontos principais	• Orientação n. 1. A atuação na defesa de direitos humanos da vítima deve ser um elemento central na estratégia investigativa. • Orientação n. 2. As investigações devem ser direcionadas para determinar as responsabilidades (e seus graus), bem como dimensionar as penas. • Orientação n. 3. Deve existir uma abordam interseccional diferenciada. • Orientações n. 4 e 5. A estratégia investigativa deve envolver a análise dos fatores de risco associados ao contexto no qual o defensor de direitos humanos atua. Os métodos utilizados devem ser compatíveis com a complexidade da violação. • Orientação n. 6. O Estado deve, já na fase da investigação, dimensionar os danos causados e assegurar a investigação.

III

O SISTEMA REGIONAL AMERICANO

1. A CARTA DA OEA E A DECLARAÇÃO AMERICANA DOS DIREITOS E DEVERES DO HOMEM: ASPECTOS GERAIS DO SISTEMA

Durante a 9ª Conferência Interamericana realizada em Bogotá, entre 30 de março a 2 de maio de 1948, foram aprovadas a Carta da Organização dos Estados Americanos (OEA) e a Declaração Americana de Direitos e Deveres do Homem. A Carta da OEA proclamou, de modo genérico, *o dever de respeito aos direitos humanos* por parte de todo Estado-membro da organização. Já a Declaração Americana enumerou quais são os direitos humanos que deveriam ser observados e garantidos pelos Estados[1].

A Declaração Americana, que é anterior à Declaração Universal dos Direitos Humanos, reconheceu a *universalidade* dos direitos humanos ao expressar que os direitos essenciais do homem não derivam do fato de ser ele cidadão ou nacional de um Estado, mas, sim, de sua condição humana (Preâmbulo da Declaração).

As disposições de direitos humanos da Carta da OEA têm início já no seu preâmbulo, que estabelece que o verdadeiro sentido da solidariedade americana e da boa vizinhança não pode ser outro senão o de consolidar um regime de *liberdade individual e de justiça social*, fundado no respeito dos direitos essenciais do homem. Os Estados americanos reconhecem ainda "os direitos fundamentais da pessoa humana, sem fazer distinção de raça, nacionalidade, credo ou sexo..." (art. 3, alínea *k*). Já o artigo 16 da Carta estipula que o desenvolvimento deve ser feito respeitando-se "os direitos da pessoa humana e os princípios da moral universal". Finalmente, o art. 44 da Carta estabelece direitos sociais, tais como o direito ao bem-estar material, o direito ao trabalho, direito à livre associação, direito à greve e à negociação coletiva, direito à previdência social e assistência jurídica para fazer valer seus direitos. O art. 48 estabelece o direito à educação, considerado como "*fundamento da democracia, da justiça social e do progresso*".

Além desses dispositivos da Carta, os Estados-membros da OEA estão vinculados ao cumprimento dos direitos mencionados na Declaração Americana dos Direitos e Deveres do Homem, que é considerada *interpretação autêntica* dos dispositivos genéricos de proteção de direitos humanos da Carta da OEA, conforme decidiu a Corte Interamericana de Direitos Humanos (*Parecer Consultivo sobre interpretação da Declaração Americana dos Direitos e Deveres do Homem – art. 64 da Convenção*, 1989, § 45).

Após a adoção da Carta da OEA e da Declaração Americana, iniciou-se um lento desenvolvimento da proteção interamericana de direitos humanos. O primeiro passo foi a criação de um órgão especializado na promoção e proteção de direitos humanos no âmbito da OEA. Na 5ª Reunião de consultas dos Ministros de Relações Exteriores, realizada em Santiago do Chile em 1959, foi aprovada moção pela criação de um órgão voltado para a proteção de direitos

---

[1] São 35 Estados independentes nas Américas, sendo que 34 são membros da OEA. A Nicarágua denunciou a Carta da OEA em 2021, produzindo efeito tal denúncia a partir de 2023. A situação da Venezuela é peculiar: denunciou a Carta da OEA em 2017, porém, em fevereiro de 2019, o Presidente reconhecido pela OEA (porém não pela ONU, que continua a aceitar os representantes da Venezuela do governo Maduro), Sr. Juan Guaidó, em carta dirigida ao Secretário-Geral da OEA decidiu deixar "sem efeito" tal denúncia. Atualmente, a Venezuela consta no site da OEA como membro da OEA, mas não há representação oficial.

humanos no seio da OEA, *que veio a ser a Comissão Interamericana de Direitos Humanos*. Pela proposta aprovada, a Comissão funcionaria provisoriamente até a adoção de uma "Convenção Interamericana de Direitos Humanos". Após a edição do Protocolo de Buenos Aires em 1967 (entrou em vigor em 1970), que emendou a Carta da OEA, a Comissão passou a ser *órgão principal* da própria Organização dos Estados Americanos, superando a debilidade inicial de ter sido criada por mera resolução adotada em reunião de Ministros. Assim, a Comissão incorporou-se à *estrutura permanente da OEA*, tendo os Estados a obrigação de responder aos seus pedidos de informação, bem como cumprir, em boa-fé, com suas recomendações, pois essas eram fundadas na própria Carta da OEA, agora reformada. A Comissão é composta de *sete comissários*, que são pessoas de alta autoridade moral e notório saber na área de direitos humanos (não é necessária a formação jurídica), indicados por Estados da OEA e eleitos em escrutínio secreto pela Assembleia da organização, para *mandato de quatro anos*, com a possibilidade de uma *recondução*.

Apesar da indicação *governamental*, os membros da Comissão atuam a título pessoal, ou seja, devem desempenhar suas funções com independência, com base em suas convicções pessoais, sem se ater a considerações políticas ou nacionais. Em 2017, a professora brasileira Flávia Piovesan foi escolhida pela Assembleia Geral dos Estados da OEA, a partir de indicação do governo brasileiro, para ser membro da Comissão IDH (2018-2021). No momento (2024), não há nenhum membro brasileiro na Comissão IDH.

Atualmente, a OEA possui dois órgãos voltados à promoção de direitos humanos: a Comissão Interamericana de Direitos Humanos e o Conselho Interamericano para o Desenvolvimento Integral. Incumbe à *Comissão Interamericana de Direitos Humanos* a tarefa principal de responsabilização dos Estados por descumprimento dos direitos civis e políticos expressos na Carta e na Declaração Americana. Já o *Conselho Interamericano de Desenvolvimento Integral* deve zelar pela observância dos chamados direitos econômicos, sociais e culturais.

O próximo salto no desenvolvimento do sistema interamericano de proteção de direitos humanos foi a *aprovação do texto da Convenção Americana de Direitos Humanos* em São José, Costa Rica, em 1969. A Convenção, entretanto, só entrou em vigor em 1978, após ter obtido o mínimo de 11 ratificações. Essa Convenção, além de dotar a já existente Comissão Interamericana de Direitos Humanos de novas atribuições, *criou* a Corte Interamericana de Direitos Humanos, como o segundo órgão de supervisão do sistema interamericano de direitos humanos.

Em relação aos direitos protegidos, a Convenção aprofundou a redação dos direitos enunciados na Declaração Americana, vinculando os Estados (a Declaração Americana era tida como um texto não vinculante – *soft law* – por não ser um tratado).

A partir da entrada em vigor da Convenção, a Comissão passou a ter *papel dúplice*. Em primeiro lugar, continuou a ser um órgão principal da OEA, encarregado de zelar pelos direitos humanos de modo amplo, incumbido até mesmo do processamento de petições individuais retratando violações de direitos humanos protegidos pela Carta da OEA e pela Declaração Americana. Em síntese, a Comissão IDH possui três segmentos de atuação de acordo com a Carta da OEA: (i) monitoramento da situação de direitos humanos nos Estados membros por intermédio de relatorias por país; (ii) análise de petições de vítimas (abrangendo os Estados que não ratificaram a Convenção Americana de Direitos Humanos); (iii) promoção de estudos técnicos em áreas de relevância. Em segundo lugar, a Comissão passou a ser também *órgão da Convenção Americana de Direitos Humanos*, analisando petições individuais e interestatais, bem como interpondo ação de responsabilidade internacional contra um Estado perante a Corte[2].

---

[2] CARVALHO RAMOS, André de. *Responsabilidade internacional por violação de direitos humanos*. Rio de Janeiro: Renovar, 2004.

Caso o Estado não tenha ratificado ainda a Convenção ou caso tenha ratificado, mas não tenha reconhecido a jurisdição obrigatória da Corte, a Comissão insere suas conclusões sobre a petição individual no seu Informe Anual, que será apreciado pela Assembleia Geral da OEA.

Além da Convenção Americana de Direitos Humanos, o sistema interamericano conta com diversos instrumentos internacionais que protegem direitos específicos. O mais importante deles é, sem dúvida, o Protocolo Adicional à Convenção Americana de Direitos Humanos em matéria de Diretos Econômicos, Sociais e Culturais (Protocolo de San Salvador), adotado em 1988 e ratificado pelo Brasil em 1996. Em uma região marcada por desigualdades sociais e pelo contraste entre a riqueza ostensiva de poucos e a miséria de milhões, o Protocolo Adicional veio ao encontro da necessidade de aferir o cumprimento dos direitos sociais em sentido amplo pelo Estado.

Quanto aos demais instrumentos internacionais do sistema interamericano de direitos humanos, citem-se, entre outros, a Convenção Interamericana para Prevenir e Punir o Crime de Tortura, adotada em 1985 e ratificada pelo Brasil em 1989; o Protocolo Adicional à Convenção Americana de Direitos Humanos relativo à Abolição da Pena de Morte, adotado em 1990 e ratificado pelo Brasil em 1996; a Convenção Interamericana para Prevenir, Punir e Erradicar a Violência contra a Mulher, adotada em 1994 em Belém do Pará (Brasil) e ratificada pelo Brasil em 1995, e a Convenção Interamericana sobre Desaparecimento Forçado de Pessoas adotada em 1994 e já ratificada pelo Brasil.

2. ATUAÇÃO ESPECÍFICA DA ORGANIZAÇÃO DOS ESTADOS AMERICANOS (OEA)

2.1. A OEA e a valorização da Defensoria Pública

Entre as várias atuações específicas da OEA na área dos direitos humanos, destaca-se a valorização do trabalho dos defensores públicos na promoção de direitos humanos.

Nesse sentido, foi editada pela OEA a Resolução n. 2.656/2011, intitulada "garantias de acesso à justiça: o papel dos defensores públicos oficiais", na qual se enfatizou a importância do trabalho realizado pelos *defensores públicos oficiais*, em diversos países do Hemisfério, na defesa dos direitos fundamentais dos indivíduos, que assegura o acesso de todas as pessoas à justiça, sobretudo daquelas que se encontram em situação especial de vulnerabilidade.

A OEA recomendou, pela resolução, aos Estados (como o Brasil) que já disponham do serviço de assistência jurídica gratuita que adotem medidas garantindo aos defensores públicos oficiais independência e autonomia funcional. Também incentivou os Estados-membros que ainda não disponham da instituição da *defensoria pública oficial* (o chamado "modelo brasileiro") que considerem a possibilidade de criá-la em seus ordenamentos jurídicos e ainda pugnou pela celebração de convênios para a capacitação e formação de defensores públicos oficiais.

Em 2012, a OEA editou a Resolução n. 2.714, de 2012, ressaltando a necessidade dos Estados americanos em *assegurar o acesso à justiça, bem como garantir a independência e autonomia funcional* da Defensoria Pública.

Durante o 48º Período Ordinário de Sessões da Assembleia Geral da OEA foi aprovada a Resolução AG/RES.2928 (XLVIII-O/18). O documento intitulado "Promoção e proteção dos direitos humanos" tem por objetivo aprofundar o compromisso dos Estados-membros da OEA e ressaltar o papel da Instituição "Defensoria Pública" como instrumento eficaz na garantia do acesso à Justiça das pessoas em situações de vulnerabilidades. A Resolução aponta também que é imprescindível o respeito à independência das defensoras e defensores públicos no exercício de suas funções.

Apesar de não possuírem força vinculante, essas resoluções indicam a posição da OEA sobre as defensorias, delineando o dever dos Estados de promover os direitos humanos por intermédio da adoção do modelo de *defensoria pública oficial*.

2.2. Os relatórios anuais e relatoria para a liberdade de expressão

A Organização dos Estados Americanos criou, desde 1990, *Relatorias* sobre temas de direitos humanos, vinculadas à *Comissão Interamericana de Direitos Humanos (Comissão IDH)*. Cabe às relatorias temáticas "fortalecer, impulsionar e sistematizar" os trabalhos no tema da própria Comissão IDH. O Regulamento da Comissão IDH estabelece que as Relatorias "podem funcionar tanto como *relatorias temáticas*, a cargo de um membro da Comissão quanto como *relatorias especiais*, a cargo de outras pessoas designadas pela Comissão (art. 15).

As pessoas a cargo das *relatorias especiais* serão designadas pela Comissão conforme os seguintes parâmetros: a) chamado a concurso aberto para a ocupação de cargo, com publicidade dos critérios a serem utilizados na seleção dos postulantes, dos seus antecedentes de idoneidade para o cargo, e da resolução da CIDH aplicável ao processo de seleção; b) posterior eleição por voto favorável da maioria absoluta dos membros da CIDH e publicidade dos fundamentos da decisão.

Em geral, as *relatoras e relatores temáticos* (cujos titulares são os próprios Comissionados) são designados pela Comissão IDH durante o primeiro período de sessões do ano, mas o Regulamento prevê que essas designações podem ser revisadas e modificadas a qualquer momento que se julgue necessário.

Em síntese, há as seguintes Relatorias da Comissão Interamericana de Direitos Humanos da OEA (com ano de criação)[3]:

a) Relatoria sobre os direitos das mulheres (1994).

b) Relatoria sobre mobilidade humana (1996).

c) Relatoria sobre os direitos das crianças e adolescentes (1998).

d) Relatoria sobre os direitos de lésbicas, *gays*, bissexuais, trans e intersexuais (LGBTI – 2011).

e) Relatoria sobre os direitos das pessoas privadas de liberdade e combate à tortura (2004).

f) Relatoria sobre os direitos das pessoas afrodescendentes[4] e contra a discriminação racial (2005).

g) Relatoria sobre os direitos dos povos indígenas (1990).

h) Relatoria sobre os defensores e defensoras de direitos humanos e agentes da Justiça (2001).

i) Relatoria Especial sobre Liberdade de Expressão (1997).

j) Relatoria Especial sobre os direitos econômicos, sociais, culturais e ambientais (2012).

k) Relatoria de Memória, Verdade e Justiça (2019).

l) Relatoria sobre direitos das pessoas com deficiência (2019).

m) Relatoria sobre os direitos dos idosos (2019).

As relatorias temáticas são coordenadas por um Comissionado (comissário). Já as Relatorias Especiais são coordenadas por um especialista escolhido pela Comissão (casos na atualidade da Relatoria Especial sobre *Liberdade de Expressão* e da Relatoria Especial sobre *Direitos Econômicos,*

---

[3] Disponível em: <https://www.oas.org/es/CIDH/jsForm/?File=/es/cidh/r/default.asp>. Acesso em: 2 ago. 2024.

[4] O termo "afrodescendente" é o utilizado na Organização das Nações Unidas, especialmente após a III Conferência Mundial Contra o Racismo, Discriminação Racial, Xenofobia e Intolerância Correlata, patrocinada pela ONU e realizada em Durban, África do Sul, no ano de 2001. É também de uso corrente na Organização dos Estados Americanos (*vide* a Relatoria sobre Direitos das Pessoas Afrodescendentes). No Brasil, o Decreto n. 4.228/2002, que institui, no âmbito da Administração Pública Federal, o Programa Nacional de Ações Afirmativas, usa o termo afrodescendente (art. 2º, I). Já a Lei n. 12.288/2010 (Estatuto da Igualdade Racial) e a Lei n. 12.990/2014 (Lei das Cotas Raciais) utilizam o termo negro para designar o conjunto de pretos e pardos (respectivamente, art. 1º, IV e art. 2º).

Sociais, Culturais e Ambientais). Cada comissionado (comissário) é também *relator geográfico* para determinado grupo de países membros da OEA (não pode ser relator geográfico do estado de sua nacionalidade).

Apesar de não possuírem força vinculante e serem considerados meras recomendações, os *relatórios* são amplamente divulgados e podem servir para que a Comissão IDH venha a processar os Estados infratores perante a Corte IDH (ver abaixo).

Por isso, em 2011, o Equador sugeriu uma série de mudanças na Comissão IDH, que atingem diretamente a Relatoria sobre liberdade de expressão. Entre as mudanças pretendidas (mas não adotadas, em virtude de forte crítica de movimentos organizados de direitos humanos) estava a eliminação dos relatórios temáticos, com a elaboração de um relatório anual único da Comissão IDH que incorporaria as recomendações dos relatores.

A mais importante dessas Relatorias é a Relatoria Especial para a Liberdade de Expressão, criada em 1997 e com caráter permanente, independência funcional e estrutura própria (que inclusive conta com financiamento externo). A criação dessa Relatoria permanente busca incentivar a plena liberdade de expressão e informação nas Américas, direito essencial para o enraizamento da democracia em Estados de passado ditatorial recente (a maior parte dos Estados americanos vivenciou períodos longos de ditaduras no século XX).

Cabe à Relatoria Especial para a Liberdade de Expressão:

1) elaborar relatório anual sobre a situação da liberdade de expressão nas Américas e apresentá-lo à Comissão para apreciação e futura inclusão no Relatório Anual da Comissão IDH à Assembleia Geral da OEA;

2) preparar relatórios temáticos;

3) obter informações e realizar atividades de promoção e capacitação sobre a temática;

4) acionar imediatamente a Comissão a respeito de situações urgentes para que estude a adoção de medidas cautelares ou solicite a adoção à Corte Interamericana de Direitos Humanos; e

5) remeter informação à Comissão para instruir casos individuais relacionados com a liberdade de expressão.

3. CONVENÇÃO AMERICANA SOBRE DIREITOS HUMANOS ("PACTO DE SAN JOSÉ DA COSTA RICA")

A Convenção Americana sobre Direitos Humanos (CADH[5]), ou Pacto de San José da Costa Rica, foi adotada no âmbito da Organização dos Estados Americanos, por ocasião da Conferência Especializada Interamericana sobre Direitos Humanos de 22 de novembro de 1969, em São José, na Costa Rica. À época, foram apenas 19 delegações de Estados que, em conjunto com a Comissão IDH, debateram e depois aprovaram o texto final da Convenção. Canadá e Guiana também estiveram presentes na Conferência Especializada, mas somente na condição de observadores (eram ainda Estados não membros da OEA). Na aprovação do texto, somente 12 Estados presentes à Conferência o assinaram. Ao longo dos anos, todos os Estados redatores da Convenção acabaram transformando-se em Estados Partes, com a exceção dos Estados Unidos. Em 1969, o Brasil participou das negociações para a elaboração da CADH, mas, sob o regime militar, *não* a assinou. O Brasil somente aderiu à Convenção em 9 de julho de *1992*, sete anos após a redemocratização. Depositou a carta de adesão em 25 de setembro de 1992 e a promulgou por meio do Decreto n. 678, de 6 de novembro do mesmo ano. O ato multilateral entrou em vigor para o

---

[5] Apesar da tradução da versão oficial em português (Decreto n. 678/92) mencionar "Convenção Americana *sobre* Direitos Humanos" será também adotada, pela ampla utilização, a denominação "Convenção Americana *de* Direitos Humanos".

Brasil em 25 de setembro de 1992, data do depósito de seu instrumento de ratificação (art. 74, § 2º).

Entrou em vigor internacional somente em 18 de julho de 1978, conforme determinava o § 2º de seu art. 74, após ter obtido 11 ratificações.

Em 2024, a Convenção conta com 23 Estados partes[6] entre os 35 Estados independentes das Américas, após a denúncia de Trinidad e Tobago (1998) e da Venezuela (2012[7])[8].

A situação *peculiar* da Venezuela é a seguinte: o Conselho Permanente da Organização dos Estados Americanos (OEA) não reconheceu, em janeiro de 2019, o novo mandato de Nicolas Maduro como Presidente eleito da Venezuela (*19* votos; maioria absoluta – até então ele era o presidente reconhecido). Por outro lado, *não* houve maioria para dar o passo seguinte e reconhecer o Sr. Guaidó Marquez como legítimo presidente da Venezuela (somente *16* países votaram a favor, não alcançando maioria entre os 35 Estados membros). Já na Organização das Nações Unidas (ONU) *não houve mudança*, sendo representada a Venezuela pelo Governo Maduro[9]. Apesar disso, a OEA introduziu em seu site na internet um "instrumento de ratificação" assinado por Juan Gerardo Guaidó Márquez (de 1º-7-2019), em nome da Venezuela, ratificando novamente a CADH com "efeito retroativo", como se a denúncia de 2012 (com efeito a partir de 2013) nunca tivesse sido feita. A Comissão IDH ainda não encaminhou nenhum caso à Corte contra a Venezuela para fatos ocorridos no âmbito de validade temporal da *nova* ratificação. Nos casos encaminhados após 2019 (sobre fatos anteriores a 2013), a Corte IDH ignora a nova "ratificação" e anota sua jurisdição para fatos anteriores à entrada em vigor da denúncia em 2013 (mencionada expressamente)[10].

Em seu preâmbulo, a Convenção ressalta o reconhecimento de que os direitos essenciais da pessoa humana derivam não da nacionalidade, mas sim da sua *condição humana*, o que justifica a proteção internacional, de natureza convencional, *coadjuvante ou complementar da que oferece o direito interno dos Estados*. O ideal do ser humano livre do temor e da miséria só pode ser realizado se forem criadas condições que permitam a cada pessoa gozar não só dos seus direitos civis e políticos, mas também dos seus direitos econômicos, sociais e culturais.

A Convenção Americana é *composta por 82 artigos, divididos em três partes*: Parte I sobre os Deveres dos Estados e Direitos Protegidos; a Parte II sobre os "Meios de Proteção" e a Parte III, sobre as "Disposições Gerais e Transitórias".

A Parte I, portanto, enuncia os deveres impostos aos Estados Partes por meio da Convenção e os direitos por ela protegidos.

---

[6] São 23 Estados que ratificaram a CADH: Argentina, Barbados, Bolívia, Brasil, Chile, Colômbia, Costa Rica, Dominica, Equador, El Salvador, Granada, Guatemala, Haiti, Honduras, Jamaica, México, Nicarágua, Panamá, Paraguai, Peru, República Dominicana, Suriname, Uruguai. A situação das ratificações dos tratados interamericanos contida neste *Curso* está disponível em https://www.oas.org/pt/CIDH/jsForm/?File=/pt/cidh/mandato/dbasicos.asp .

[7] A Venezuela denunciou a CADH em 10-9-2012, com efeito a partir de 10-9-2013 (aviso prévio de 1 ano para que esta surta efeito – art. 78.1). A denúncia não impede que a Venezuela seja processada na Corte IDH por *fatos* ocorridos *antes* de 10-9-2013.

[8] São 12 Estados que ainda não são partes da CADH: Antígua e Barbuda, Bahamas, Belize, Canadá, Cuba, Estados Unidos, Guiana, São Cristóvão e Névis (Saint Kitts and Nevis), Santa Lúcia, São Vicente e Granadinas, Trinidad e Tobago (foi parte de 1991 a 1998), Venezuela (foi parte de 1977 a 2012 – há incerteza jurídica sobre o futuro da ratificação feita em 2019).

[9] A nova ratificação feita por Guaidós Márques está disponível em http://www.oas.org/es/sla/ddi/docs/B-32_venezuela_RA_7-31-2019.pdf. A resolução da OEA (2019) *não* reconhecendo o novo mandato de Maduro está disponível em: https://www.oas.org/en/media_center/press_release.asp?sCodigo=E-001/19.

[10] Por exemplo, no caso Guerrero, Molina e outros *vs.* Venezuela, sentença de 3-6-2021, parágrafo 13.

O Capítulo I enumera os *deveres dos Estados*: respeitar os direitos e garanti-los, adotando disposições protetivas de direito interno. O primeiro dos deveres, portanto, é a obrigação de respeitar os direitos e as liberdades reconhecidos na Convenção e de garantir seu livre e pleno exercício a toda pessoa que esteja sujeita à sua jurisdição, sem discriminação alguma, por motivo de raça, cor, sexo, idioma, religião, opiniões políticas ou de qualquer outra natureza, origem nacional ou social, posição econômica, nascimento ou qualquer outra condição social (art. 1º). Explicita-se, nesse ponto, que, para efeitos da Convenção, pessoa é todo ser humano. O segundo dos deveres enunciados é o de adotar disposições de direito interno (medidas legislativas ou de outra natureza) que forem necessárias para tornar efetivos direitos e liberdades, caso o seu exercício ainda não estiver garantido por disposições legislativas ou de outra natureza (art. 2º).

O Capítulo II enuncia os *direitos civis e políticos* garantidos pela Convenção. Deve-se observar que a Convenção conferiu ênfase a tais direitos, apresentando um largo rol de direitos civis e políticos protegidos e explicitando situações decorrentes de sua proteção.

O art. 3º inicia o rol anunciando *o direito ao reconhecimento da personalidade jurídica*, conferido a toda pessoa.

O art. 4º, por sua vez, reconhece o *direito à vida*. Nesse sentido, expõe-se que toda pessoa tem o direito de que se respeite sua vida, o qual deve ser protegido por lei "e, em geral, desde o momento da concepção". Assim, ninguém pode ser privado de sua vida arbitrariamente. A possibilidade de autorização legal de hipóteses de aborto ou eutanásia *não* foi vedada pela Convenção, mas deve ser regrado de modo fundamentado como exceção à proteção geral da vida desde a concepção.

Como decorrência do reconhecimento do direito à vida, a Convenção dispõe que, nos países em que a pena de morte não tiver sido abolida, esta poderá ser imposta apenas para delitos mais graves, após a sentença final de tribunal competente e em conformidade com a lei que estabeleça tal pena, promulgada antes de haver o delito sido cometido. A pena de morte não poderá ter sua aplicação estendida aos delitos aos quais não se aplique no momento da ratificação do tratado e, nos Estados Partes que a tenham abolido, não poderá ser restabelecida. Em nenhum caso poderá ser aplicada a delitos políticos ou a delitos comuns conexos com políticos. Ademais, a Convenção determina que não se deve impor a pena de morte a pessoa que, no momento do cometimento do delito, for menor de 18 anos, ou maior de 70, nem se pode aplicá-la a mulher grávida. Finalmente, garante-se que toda pessoa condenada à morte tem direito a solicitar anistia, indulto ou comutação da pena, os quais podem ser concedidos em todos os casos. Enquanto tal pedido estiver pendente de decisão perante a autoridade competente, a pena de morte não pode ser executada.

O art. 5º dispõe sobre o *direito à integridade pessoal*. Nesse sentido, enuncia-se que toda pessoa tem direito a que se respeite sua integridade física, psíquica e moral, não podendo qualquer pessoa ser submetida a torturas, nem a penas ou tratos cruéis, desumanos ou degradantes. Como decorrência desse direito, a Convenção determina que toda pessoa privada de liberdade deve ser tratada com o respeito devido à dignidade inerente ao ser humano e que a pena não pode passar da pessoa do delinquente. Ademais, os processados devem ficar separados dos condenados, salvo em circunstâncias excepcionais, devendo ser submetidos a tratamento adequado à sua condição de pessoas não condenadas, e os menores devem ser separados dos adultos e conduzidos a tribunal especializado, com a maior rapidez possível, para seu tratamento. Finalmente, o art. 5º determina que as penas privativas de liberdade devem ter por finalidade essencial a ressocialização dos condenados.

No art. 6º, a Convenção *veda a submissão de qualquer pessoa a escravidão ou servidão*, que são proibidas em todas as suas formas, assim como o *tráfico de escravos* e o *tráfico de mulheres. Ademais, ninguém deve ser constrangido a executar trabalho forçado ou obrigatório*. Entretanto, nos países em que se prevê a pena privativa de liberdade acompanhada de trabalhos forçados, essa disposição *não* pode ser interpretada no sentido de proibir o cumprimento dessa pena, imposta por um juiz ou tribunal competente. De qualquer forma, o trabalho forçado *não* deve afetar a dignidade, nem a capacidade física e intelectual do recluso.

A Convenção explicita as situações que não podem ser consideradas como trabalhos forçados ou obrigatórios: *serviço militar* e, nos países em que se admite a isenção por motivo de consciência, *qualquer serviço nacional* que a lei estabelecer em lugar daquele; *serviço exigido em casos de perigo ou de calamidade que ameacem a existência ou o bem-estar da comunidade*; trabalho ou serviço que faça parte das *obrigações cívicas normais*.

Além disso, os trabalhos ou serviços normalmente exigidos de pessoa reclusa em cumprimento de sentença ou resolução formal expedida pela autoridade judiciária competente não podem ser considerados como trabalhos forçados ou obrigatórios, mas devem ser executados sob a vigilância e controle das autoridades públicas, e os indivíduos que os executarem não devem ser postos à disposição de particulares, companhias ou pessoas jurídicas de caráter privado.

No art. 7º, garante-se que toda pessoa tem *direito à liberdade e segurança pessoais*. Nesse sentido, a Convenção prevê que ninguém pode ser privado de sua liberdade física, salvo por causas e nas condições previamente fixadas pelas Constituições dos Estados ou pelas leis conformes com elas. Ademais, ninguém pode ser submetido a detenção ou encarceramento arbitrários e toda pessoa detida ou retida deve ser informada das razões da detenção e notificada, sem demora, da acusação ou das acusações formuladas contra ela. A pessoa nessas condições deve também ser conduzida, sem demora, à presença de um juiz ou outra autoridade autorizada por lei a exercer funções judiciais e tem o direito de ser julgada em prazo razoável ou de ser posta em liberdade, sem prejuízo de que prossiga o processo[11]. Entretanto, sua liberdade pode ser condicionada a garantias que assegurem o seu comparecimento em juízo.

A Convenção garante ainda a toda pessoa privada da liberdade o *direito a recorrer* a um juiz ou tribunal competente, a fim de que este decida, sem demora, sobre a legalidade de sua prisão ou detenção e de que se ordene sua soltura, se a prisão ou a detenção forem ilegais. Nos Estados Partes que contemplem a previsão de que toda pessoa que se vir ameaçada de ser privada de sua liberdade tem direito a recorrer a um juiz ou tribunal competente, este recurso não pode ser restringido nem abolido e poderá ser interposto pela própria pessoa ou por outra pessoa.

Finalmente, como decorrência do direito à liberdade e segurança pessoais, o art. 7º estabelece que *ninguém deve ser detido por dívidas*, salvo os mandados de autoridade judiciária competente expedidos em virtude de *inadimplemento de obrigação alimentar*. Observe-se que essa disposição da Convenção foi analisada pelo Supremo Tribunal Federal brasileiro por ocasião da decisão sobre a impossibilidade de prisão civil por dívidas do depositário infiel[12], hipótese viabilizada pela Constituição brasileira (art. 5º, LXVII), mas não prevista na Convenção Americana. O STF decidiu que a "subscrição pelo Brasil do Pacto de São José da Costa Rica, limitando a prisão civil por dívida ao descumprimento inescusável de prestação alimentícia, implicou a derrogação das normas estritamente legais referentes à prisão do depositário infiel" (HC 87.585, rel. Min. Marco Aurélio, j. 3-12-2008, Plenário, *DJe* de 26-6-2009).

---

[11] Ver, na Parte IV, sobre os direitos em espécie, a implantação (tardia) no Brasil da "audiência de custódia".

[12] Ver RE 466.343, rel. Min. Cezar Peluso, j. 3-12-2008, Plenário, *DJe* de 5-6-2009; RE 349.703, rel. Min. Carlos Britto, j. 3-12-2008, Plenário, *DJe* de 5-6-2009; HC 92.566, rel. Min. Marco Aurélio, j. 3-12-2008, Plenário, *DJe* de 5-6-2009. Tais *leading cases* e outros precedentes deram origem ao enunciado de Súmula Vinculante n. 25 do STF: "É ilícita a prisão civil de depositário infiel, qualquer que seja a modalidade do depósito".

O art. 8º, por sua vez, enuncia as *garantias judiciais* contempladas pela Convenção. Assim, garante-se a toda pessoa o direito de ser ouvida, com as devidas garantias e dentro de um *prazo razoável*, por um juiz ou Tribunal competente, independente e imparcial, estabelecido anteriormente por lei, na apuração de qualquer acusação penal formulada contra ela, ou na determinação de seus direitos e obrigações de caráter civil, trabalhista, fiscal ou de qualquer outra natureza. Toda pessoa acusada de um delito tem também o direito à presunção de inocência, enquanto não for legalmente comprovada sua culpa.

Ademais, toda pessoa tem direito, durante o processo, de ser *assistida gratuitamente por um tradutor ou intérprete*, caso não compreenda ou não fale a língua do juízo ou tribunal; direito à comunicação prévia e pormenorizada da acusação formulada; direito de lhe serem concedidos o tempo e os meios necessários à preparação da defesa; direito de defender-se pessoalmente ou de ser assistida por um defensor de sua escolha e de comunicar-se, livremente e em particular, com seu defensor; direito de ser assistida por um defensor proporcionado pelo Estado, remunerado ou não, segundo a legislação interna, se, acusada, não se defender ela própria, nem nomear defensor dentro do prazo estabelecido pela lei; direito da defesa de inquirir as testemunhas presentes no Tribunal e de obter o comparecimento, como testemunhas ou peritos, de outras pessoas que possam lançar luz sobre os fatos; *direito de não ser obrigada a depor contra si mesma, nem a confessar-se culpada; e direito de recorrer da sentença a juiz ou tribunal superior*.

O direito ao duplo grau de jurisdição, previsto no Pacto de San José, não é pleno no Brasil, pois a própria Constituição de 1988 prevê casos de competência criminal originária de Tribunais cujas decisões *não* podem ser questionadas *por recursos de cognição ampla*. Isso sem contar os casos de competência original criminal do próprio STF, cujas decisões não podem ser questionadas de qualquer forma perante outro Tribunal doméstico. Para o STF, "se bem é verdade que existe uma garantia ao duplo grau de jurisdição, por força do Pacto de São José, também é fato que tal garantia não é absoluta e encontra exceções na própria Carta" (AI 601.832-AgR, voto do rel. Min. Joaquim Barbosa, j. 17-3-2009, Segunda Turma, *DJe* de 3-4-2009). Porém, há modos de compatibilização da garantia convencional com a competência originária dos Tribunais (e, especialmente, a do STF). No caso dos tribunais com competência criminal originária, é necessária a aceitação de um recurso de ampla cognição. Por exemplo, o condenado em julgamento criminal originário em um Tribunal de Justiça teria direito a um tipo de recurso ordinário (como se fosse uma apelação) ao STJ. No caso do STF, devem existir uma turma de julgamento e uma turma de revisão, para permitir o duplo grau.

Garante-se também que a confissão do acusado só será válida se feita sem coação de nenhuma natureza e que o acusado absolvido por sentença transitada em julgado não poderá ser submetido a novo processo pelos mesmos fatos. Finalmente, a Convenção estabelece que o processo penal deve ser público, salvo no que for necessário para preservar os interesses da justiça.

No art. 9º, garante-se o *princípio da legalidade e da retroatividade da lei penal benéfica*. Assim, a Convenção estabelece que ninguém poderá ser condenado por atos ou omissões que, no momento em que foram cometidos, não constituam delito, de acordo com o direito aplicável. Ademais, não se pode impor pena mais grave do que o aplicável no momento da ocorrência do delito, e se, *após* o cometimento do delito, a lei estabelecer a imposição de pena mais leve, o indivíduo será beneficiado.

O art. 10 determina que toda pessoa tem *direito a ser indenizada por erro judiciário*, conforme a lei, no caso de haver sido condenada em sentença transitada em julgado.

O art. 11, por sua vez, volta-se ao *direito à proteção da honra e da dignidade*. Assim, a Convenção reconhece que toda pessoa tem direito ao respeito da sua honra e ao reconhecimento de sua dignidade, de forma que ninguém pode ser objeto de ingerências arbitrárias ou abusivas em sua vida privada, em sua família, em seu domicílio ou em sua correspondência, nem de ofensas ilegais à sua honra ou reputação. Nesse sentido, garante-se também o direito de toda pessoa à proteção da lei contra essas ingerências ou ofensas.

Já o art. 12 garante a *liberdade de consciência e de religião* a toda pessoa. A Convenção explicita que esse direito implica a liberdade de conservar ou mudar sua religião ou suas crenças, bem como a liberdade de professar e divulgar sua religião ou suas crenças, individual ou coletivamente, tanto em público como privadamente. Nesse sentido, não se pode submeter qualquer pessoa a medidas restritivas que possam limitar sua liberdade de conservar sua religião ou suas crenças, ou de mudá-las, e os pais e, quando for o caso, os tutores, têm direito a que seus filhos e pupilos recebam a educação religiosa e moral que esteja de acordo com suas próprias convicções. Essa liberdade pode ficar sujeita apenas às limitações previstas em lei e que se façam necessárias para proteger a segurança, a ordem, a saúde ou a moral públicas ou os direitos e as liberdades das demais pessoas.

O art. 13 contempla o direito de toda pessoa à *liberdade de pensamento e de expressão*, que inclui a liberdade de procurar, receber e difundir informações e ideias de qualquer natureza, sem considerações de fronteiras, verbalmente ou por escrito, ou em forma impressa ou artística, ou por qualquer meio de sua escolha. Pela Convenção, esse direito não pode estar sujeito à censura prévia, mas a responsabilidades ulteriores, que devem ser expressamente previstas em lei e que se façam necessárias para assegurar o respeito dos direitos e da reputação das demais pessoas e a proteção da segurança nacional, da ordem pública, ou da saúde ou da moral públicas. Também não se pode restringir o direito de expressão por vias e meios indiretos, tais como o abuso de controles oficiais ou particulares de papel de imprensa, de frequências radioelétricas ou de equipamentos e aparelhos usados na difusão de informação, nem por quaisquer outros meios destinados a obstar a comunicação e a circulação de ideias e opiniões.

De outro lado, a lei poderá submeter os espetáculos públicos a *censura prévia*, com o objetivo exclusivo de regular o acesso a eles, para proteção moral da infância e da adolescência, e deverá proibir toda propaganda a favor da guerra, bem como toda apologia ao ódio nacional, racial ou religioso que constitua incitamento à discriminação, à hostilidade, ao crime ou à violência.

Observe-se que a manifestação da Corte Interamericana de Direitos Humanos (órgão judicial criado pelo próprio Pacto de San José) sobre esse dispositivo da Convenção foi utilizada pelos Ministros do STF como *fundamento* para declarar não recepcionada pela Constituição de 1988 a exigência de diploma de jornalismo para o exercício da profissão de jornalista. Na ementa do RE 511.961 (rel. Min. Gilmar Mendes, j. 17-6-2009, Plenário, *DJe* de 13-11-2009), sintetizou-se o fundamento: "A Corte Interamericana de Direitos Humanos proferiu decisão no dia 13 de novembro de 1985, declarando que a obrigatoriedade do diploma universitário e da inscrição em ordem profissional para o exercício da profissão de jornalista viola o art. 13 da Convenção Americana de Direitos Humanos, que protege a liberdade de expressão em sentido amplo (caso 'La colegiación obligatoria de periodistas' – Opinião Consultiva OC-5/85, de 13 de novembro de 1985)"[13].

O art. 14, por sua vez, versa sobre o *direito de retificação ou resposta*. Assim, explicita-se que toda pessoa atingida por informações inexatas ou ofensivas emitidas em seu prejuízo por meios de difusão legalmente regulamentados e que se dirijam ao público em geral, tem direito a fazer, pelo mesmo órgão de difusão, sua retificação ou resposta, nas condições que estabeleça a lei. Tal retificação ou resposta *não* exime, em nenhum caso, de outras responsabilidades legais em que se houver incorrido. Ademais, para garantir a efetiva proteção da honra e da reputação, a

---

[13] O *Autor* deste livro, à época Procurador Regional dos Direitos do Cidadão do Estado de São Paulo (Ministério Público Federal), propôs tal ação civil pública contra a exigência do diploma de jornalismo para o exercício da profissão de jornalista, pautado na interpretação internacionalista dos direitos humanos.

Convenção determina que toda publicação ou empresa jornalística, cinematográfica, de rádio ou televisão, deve ter uma pessoa responsável, que não seja protegida por imunidades, nem goze de foro especial.

No art. 15, reconhece-se o *direito de reunião* pacífica e sem armas, cujo exercício só pode estar sujeito às restrições previstas em lei e que se façam necessárias, em uma sociedade democrática, ao interesse da segurança nacional, da segurança ou ordem públicas, ou para proteger a saúde ou a moral públicas ou os direitos e as liberdades das demais pessoas.

O art. 16 versa sobre a *liberdade de associação*. Assim, garante-se a todas as pessoas o direito de associar-se livremente com fins ideológicos, religiosos, políticos, econômicos, trabalhistas, sociais, culturais, desportivos ou de qualquer outra natureza. Restrições a esse direito também devem estar previstas em lei e somente podem ser impostas se forem necessárias, em uma sociedade democrática, ao interesse da segurança nacional, da segurança e da ordem públicas, ou para proteger a saúde ou a moral públicas ou os direitos e as liberdades das demais pessoas. Entretanto, tal disposição não impede a imposição de restrições legais ou a privação do exercício do direito de associação aos membros das forças armadas e da polícia.

No art. 17, a Convenção cuida da *proteção da família*, apresentando-a como o núcleo natural e fundamental da sociedade, que deve ser protegida pela sociedade e pelo Estado. Reconhece-se o direito do homem e da mulher de contraírem casamento e de constituírem uma família, se tiverem a idade e as condições para tanto exigidas pelas leis internas, na medida em que não afetem estas o *princípio da não discriminação* estabelecido na Convenção. A Convenção prevê também que o casamento não pode ser celebrado sem o consentimento livre e pleno dos contraentes e que a lei deve reconhecer iguais direitos tanto aos filhos nascidos fora do casamento como aos nascidos dentro do casamento. Por meio da Convenção, os Estados se comprometem a adotar as medidas apropriadas para assegurar a igualdade de direitos e a adequada equivalência de responsabilidades dos cônjuges quanto ao casamento, durante o mesmo e por ocasião de sua dissolução e, neste caso, devem ser adotadas disposições que assegurem a proteção necessária aos filhos, com base unicamente no interesse e conveniência deles.

A Convenção garante ainda que toda pessoa tem *direito a um prenome e aos nomes de seus pais ou ao de um destes*, devendo a lei regular a forma de assegurar a todos esse direito, ainda que mediante nomes fictícios, se for necessário (art. 18).

O art. 19, por sua vez, busca assegurar que toda *criança* tenha direito às medidas de proteção que a sua condição de menor requer, por parte da sua família, da sociedade e do Estado.

No art. 20, garante-se a toda pessoa o *direito a uma nacionalidade*. O direito à nacionalidade do Estado é garantido a toda pessoa em cujo território houver nascido, se não tiver direito a outra, não se podendo privar arbitrariamente qualquer pessoa de sua nacionalidade, nem do direito de mudá-la. Ressalte-se que o Pacto de San José é ousado, ao dispor que o Estado Parte deve dar a sua nacionalidade a quem tiver nascido no seu território, caso a pessoa não tiver direito a outra: *elimina-se, assim, a condição de apátrida*.

O art. 21 assegura o *direito à propriedade privada*. Nesse sentido, toda pessoa tem o direito ao uso e gozo de seus bens, mas a lei pode subordiná-los ao interesse social. A Convenção assegura que ninguém poderá ser privado de seus bens, salvo mediante o pagamento de indenização justa, por motivo de utilidade pública ou de interesse social e nos casos e na forma estabelecidos pela lei. Ademais, a usura ou qualquer outra forma de exploração do homem pelo homem devem ser reprimidas pela lei.

O art. 22, por sua vez, garante *o direito de circulação e de residência*. Assim, toda pessoa que se encontre legalmente no território de um Estado tem o direito de nele livremente circular e de nele residir, em conformidade com as disposições legais, bem como o direito de sair livremente de qualquer país, inclusive do seu próprio. O exercício desses direitos não pode ser restringido, senão em virtude de lei, na medida indispensável, em uma sociedade democrática, para prevenir infrações penais ou para proteger a segurança nacional, a segurança ou a ordem pública, a moral ou a saúde públicas, ou os direitos e liberdades das demais pessoas. Ademais, restrições também podem ser feitas pela lei em zonas determinadas, por motivo de interesse público.

A Convenção determina que *ninguém pode ser expulso* do território do Estado do qual for *nacional* nem ser privado do direito de nele entrar. Ademais, determina que o estrangeiro que se encontre legalmente no território de um Estado Parte só poderá ser expulso dele em decorrência de decisão adotada em conformidade com a lei. Em nenhum caso o estrangeiro pode ser expulso ou entregue a outro país, seja ou não de origem, onde seu direito à vida ou à liberdade pessoal esteja em risco de violação em virtude de sua raça, nacionalidade, religião, condição social ou de suas opiniões políticas, consagrando o princípio do *non-refoulement* na Convenção Americana de Direitos Humanos. Ademais, proíbe-se a expulsão coletiva de estrangeiros. A Convenção garante ainda que toda pessoa tem o direito de buscar e receber asilo em território estrangeiro, em caso de perseguição por delitos políticos ou comuns conexos com delitos políticos, de acordo com a legislação de cada Estado e com as Convenções internacionais.

No art. 23, são garantidos os *direitos políticos*. Assim, a Convenção estabelece que todos os cidadãos devem gozar dos direitos e oportunidades de participar da condução dos assuntos públicos, diretamente ou por meio de representantes livremente eleitos; de votar e ser eleito em eleições periódicas, autênticas, realizadas por sufrágio universal e igualitário e por voto secreto, que garantam a livre expressão da vontade dos eleitores; e de ter acesso, em condições gerais de igualdade, às funções públicas de seu país. O exercício de tais direitos e oportunidades pode ser regulado por lei *exclusivamente* por motivo de idade, nacionalidade, residência, idioma, instrução, capacidade civil ou mental, ou condenação, por juiz competente, em processo penal[14].

No art. 24, a Convenção garante o *direito à igualdade perante a lei*, de forma que todas as pessoas têm direito, sem discriminação alguma, a igual proteção da lei.

O art. 25 versa sobre a *proteção judicial*. Assim, garante-se que toda pessoa tem direito a um recurso simples e rápido ou a qualquer outro recurso efetivo, perante os juízes ou tribunais competentes, que a proteja contra atos que violem seus direitos fundamentais reconhecidos pela Constituição, pela lei ou pela Convenção, mesmo quando a violação for cometida por pessoas que estejam atuando no exercício de suas funções oficiais. Para tanto, os Estados assumem o compromisso de assegurar que a autoridade competente prevista pelo sistema legal do Estado decida sobre os direitos de toda pessoa que interpuser tal recurso; de desenvolver as possibilidades de recurso judicial e de assegurar o cumprimento, pelas autoridades competentes, de toda decisão em que se tenha julgado procedente o recurso.

O *Capítulo III*, composto apenas pelo art. 26, versa sobre os *direitos econômicos, sociais e culturais*, mencionando o compromisso dos Estados Partes de adotar providências, tanto no âmbito interno como mediante cooperação internacional, *para alcançar progressivamente a plena efetividade dos direitos* que decorrem das normas econômicas, sociais e sobre educação, ciência e cultura, constantes da Carta da Organização dos Estados Americanos, na medida dos recursos disponíveis, por via legislativa ou por outros meios apropriados. A Convenção, redigida em 1969, deu ênfase à implementação dos direitos civis e políticos, apenas mencionando o *vago* compromisso dos Estados com o desenvolvimento progressivo dos direitos econômicos, sociais e culturais. Posteriormente, esses direitos foram objeto do Protocolo de San Salvador (Protocolo

---

[14] Em face do teor do art. 23, discutiu-se a (in)convencionalidade da "Lei da Ficha Limpa" (Lei Complementar n. 135), que aumentou as hipóteses de inelegibilidade e agravou ainda o quadro normativo das hipóteses já existentes. Ver a análise da temática na Parte IV deste livro referente aos *direitos em espécie*.

Adicional à Convenção Americana sobre Direitos Humanos, de 1988, quase vinte anos depois do Pacto de San José).

Já o *Capítulo IV* (arts. 27 a 29) cuida da suspensão, interpretação e aplicação da Convenção.

O art. 27 dispõe ser possível ao Estado Parte *suspender* as obrigações assumidas em virtude da Convenção em caso de guerra, de perigo público, ou de outra emergência que ameace a independência ou segurança do Estado e desde que tais disposições não sejam incompatíveis com as demais obrigações impostas pelo Direito Internacional e não encerrem discriminação alguma fundada em motivos de raça, cor, sexo, idioma, religião ou origem social. Todo Estado que fizer uso desse direito de suspensão deve comunicar imediatamente, por meio do Secretário-Geral da OEA, aos outros Estados Partes na Convenção sobre as disposições cuja aplicação foi suspensa, os motivos determinantes da suspensão e a data em que foi finalizada.

Observe-se que essa autorização não permite a suspensão dos seguintes direitos:
- direito ao reconhecimento da personalidade jurídica;
- direito à vida;
- direito à integridade pessoal;
- proibição da escravidão e da servidão;
- princípio da legalidade e da retroatividade;
- liberdade de consciência e religião;
- proteção da família;
- direito ao nome;
- direitos da criança;
- direito à nacionalidade e direitos políticos;
- nem permite a suspensão das garantias indispensáveis para a proteção de tais direitos.

O art. 28 disciplina a chamada "cláusula federal": quando se tratar de um Estado Parte constituído como Estado Federal, o governo nacional deve cumprir todas as disposições da Convenção, relacionadas com as matérias sobre as quais exerce competência legislativa e judicial. Para as disposições relativas a matérias cuja competência é atribuída a entidades componentes da federação, o governo nacional deve *tomar imediatamente* as medidas pertinentes, em conformidade com sua Constituição e com suas leis, para que as autoridades competentes de tais entidades possam adotar as disposições cabíveis para o cumprimento da Convenção. A Corte Interamericana de Direitos Humanos interpretou restritivamente esse dispositivo, que *não* exonera o Estado Federal de cumprir a Convenção em todo o seu território.

No caso brasileiro, não poderia o Brasil alegar não ter responsabilidade sobre um ato de um Estado-membro ou município da Federação brasileira. É o Estado como um todo que possui personalidade jurídica de Direito Internacional, não podendo, como é óbvio, alegar óbice de direito interno para se eximir de sua responsabilidade (Corte Interamericana de Direitos Humanos, Parecer Consultivo sobre o direito à informação sobre a assistência consular em relação às garantias do devido processo legal, Parecer Consultivo n. 16/99, de 1º-10-1999, Série A, n. 16).

O art. 29 traz as normas de interpretação. Determina que nenhuma disposição da Convenção pode ser interpretada para permitir a qualquer dos Estados, grupo ou indivíduo, suprimir o gozo e o exercício dos direitos e liberdades reconhecidos na Convenção ou limitá-los em maior medida do que a nela prevista. Ademais, a interpretação não pode limitar o gozo e exercício de qualquer direito ou liberdade que possam ser reconhecidos em virtude de leis de qualquer dos Estados ou em virtude de Convenções em que seja parte um dos referidos Estados; não pode excluir outros direitos e garantias que são inerentes ao ser humano ou que decorrem da forma democrática representativa de governo; e não pode excluir ou limitar o efeito que possam produzir a Declaração Americana dos Direitos e Deveres do Homem e outros atos internacionais da mesma natureza. Consagra-se, nesse dispositivo, *o princípio da norma mais favorável ao indivíduo*, ou seja, entre duas normas (não importando a origem, se nacional ou internacional), cabe ao intérprete adotar a norma mais protetiva ao indivíduo (veja acima a *impossibilidade* de invocação desse princípio na atualidade de *colisão de direitos*).

O art. 30, por sua vez, dispõe sobre o alcance das restrições ao gozo e exercício dos direitos e liberdades reconhecidos da Convenção. Nesse sentido, determina-se que as restrições permitidas de acordo com a Convenção *não* podem ser aplicadas senão de acordo com leis que forem promulgadas por motivo de interesse geral e com o propósito para o qual houverem sido estabelecidas.

O art. 31, enfim, dispõe que outros direitos e liberdades reconhecidos de acordo com os processos estabelecidos nos arts. 69 e 70 podem ser incluídos no regime de proteção da Convenção.

O *Capítulo V*, composto pelo art. 32, cuida da *correlação entre direitos e deveres*. Assim, dispõe que toda pessoa tem deveres para com a família, a comunidade e a humanidade e os direitos de cada pessoa são limitados pelos direitos dos demais, pela segurança de todos e pelas justas exigências do bem comum, em uma sociedade democrática. Fica patente aqui a adoção da dupla dimensão dos direitos humanos (dimensão subjetiva e dimensão objetiva, conforme já visto acima na **Parte I** desta obra).

Na *Parte II*, a Convenção Americana prevê os *meios de proteção*. O *Capítulo VI*, composto apenas pelo art. 33, prevê os órgãos competentes para conhecer de assuntos relacionados com o cumprimento dos compromissos assumidos pelos Estados Partes na Convenção: a *Comissão Interamericana de Direitos Humanos* e a *Corte Interamericana de Direitos Humanos*. Observe-se que a Corte Interamericana foi criada pela Convenção, mas a Comissão Interamericana já existia, como visto acima. Dessa forma, a Convenção apenas ampliou suas atribuições.

O *Capítulo VII* (arts. 34 a 51) estabelece a organização, as funções, a competência da Comissão, determinando também como deve ser conduzido o processo em seu âmbito. Com a Convenção, a *Comissão passou a ter um papel dúplice*: órgão principal da OEA, encarregado de zelar pelos direitos humanos, e órgão da Convenção Americana. A atuação da Comissão é idêntica nos dois âmbitos. Entretanto, apenas no âmbito da Convenção há possibilidade de processar o Estado infrator perante a Corte IDH.

Observe-se que o Governo brasileiro, ao depositar a carta de adesão à Convenção Americana, fez a *declaração interpretativa* de que "os arts. 43 e 48, alínea d, não incluem o direito automático de visitas e inspeções *in loco* da Comissão Interamericana de Direitos Humanos, as quais dependerão da anuência expressa do Estado"[15]. Assim, caso a Comissão queira fazer visitas ao território brasileiro, deve obter a anuência prévia do nosso governo.

---

[15] O art. 43 dispõe que "os Estados-partes obrigam-se a proporcionar à Comissão as informações que esta lhes solicitar sobre a maneira pela qual seu direito interno assegura a aplicação efetiva de quaisquer disposições desta Convenção". Já a alínea *d* do art. 48 dispõe que "a Comissão, ao receber uma petição ou comunicação na qual se alegue a violação de qualquer dos direitos consagrados nesta Convenção, procederá da seguinte maneira: (...) d) se o expediente não houver sido arquivado, e com o fim de comprovar os fatos, a Comissão procederá, com conhecimento das partes, a um exame do assunto exposto na petição ou comunicação. Se for necessário e conveniente, a Comissão procederá a uma investigação para cuja eficaz realização solicitará, e os Estados interessados lhe proporcionarão, todas as facilidades necessárias".

O *Capítulo VIII* (arts. 52 a 69), por sua vez, determina a organização, a competência, as funções e o processo da Corte Interamericana de Direitos Humanos (Corte IDH), cuja sede é em San José da Costa Rica, sendo por isso denominada "Corte de San José"[16].

O *Capítulo IX*, finalmente, apresenta as disposições comuns a ambas, que dizem respeito aos juízes e membros da Corte: gozo das mesmas imunidades reconhecidas aos agentes diplomáticos pelo Direito Internacional, privilégios diplomáticos, impossibilidade de responsabilização por votos ou opiniões no exercício da função, incompatibilidade com atividades que possam afetar independência e imparcialidade, recebimento de honorários e despesas de viagem e sanções aplicáveis.

Por fim, a *Parte III* contempla as disposições gerais e transitórias. O *Capítulo X* (arts. 74 a 78) versa sobre assinatura, ratificação, reserva, emenda e denúncia.

A denúncia consiste no ato unilateral do Estado pelo qual é manifestada sua vontade de não mais vincular-se a determinado tratado. A denúncia ao Pacto de San José é prevista no art. 78, pelo qual o Estado deve conceder o aviso prévio de um ano, notificando o Secretário-Geral da Organização, o qual deve informar as outras partes. Nesse *ano de aviso prévio*, o Estado deve cumprir normalmente seus deveres de proteção de direitos humanos, estando ainda obrigado a obedecer às determinações da Corte IDH a respeito das violações cometidas por ele anteriormente à data na qual a denúncia produzir efeito. Assim, a Corte IDH ainda julga casos contra a Venezuela (que denunciou a Convenção Americana de Direitos Humanos em 2012; denúncia surtindo efeito a partir de 2013), pois os fatos apontados estão abrangidos pelo período no qual a Venezuela era parte (e reconhecia a jurisdição contenciosa obrigatória da Corte) acrescido do *ano de aviso prévio*. Em 2021, a Corte IDH emitiu opinião consultiva sobre os efeitos da denúncia da CADH, abaixo comentada.

Já o *Capítulo XI* (arts. 79 a 82, divididos em duas seções) versa sobre as disposições transitórias que tinham por fim permitir que, com a entrada em vigor da Convenção, fossem apresentados e eleitos os membros da Comissão e os juízes da Corte.

QUADRO SINÓTICO

Convenção Americana sobre Direitos Humanos ("Pacto de San José da Costa Rica")

- Aprofundou a redação dos direitos enunciados na Declaração Americana dos Direitos e Deveres do Homem, mas vinculando os Estados.

| Principais direitos protegidos | • **DIREITOS CIVIS E POLÍTICOS:**
• Direito ao reconhecimento da personalidade jurídica
• Direito à vida (o que incluiu a impossibilidade de restabelecimento da pena de morte para os países que a aboliram)
• Direito à integridade pessoal (integridade física, psíquica e moral)
• Proibição da escravidão e da servidão
• Direito à liberdade e à segurança pessoais
• Garantias judiciais (direito de ser ouvido por tribunal competente, independente e imparcial, estabelecido anteriormente por lei; presunção de inocência; direito de tempo e meios necessários para a defesa; direito de ser assistido por defensor; direito de não ser obrigado a depor contra si mesmo; direito de recorrer a tribunal superior, dentre outros)
• Princípio da legalidade e da retroatividade |

---

[16] Para competência, composição e funcionamento da Corte Interamericana de Direitos Humanos, conferir Capítulo V da Parte II.

	- Direito à indenização por erro judiciário
- Proteção da honra e da dignidade
- Liberdade de consciência e de religião
- Liberdade de pensamento e de expressão
- Direito de retificação ou resposta
- Direito de reunião
- Liberdade de associação
- Proteção da família
- Direito ao nome
- Direitos da criança
- Direito à nacionalidade
- Direito à propriedade privada
- Direito de circulação e de residência
- Direitos políticos
- Igualdade perante a lei
- Proteção judicial
- **DIREITOS ECONÔMICOS, SOCIAIS E CULTURAIS:** menciona-se apenas o compromisso dos Estados Partes com seu desenvolvimento progressivo. Posteriormente, foi o Protocolo de San Salvador que versou sobre esses direitos.
Meios de proteção	- Comissão Interamericana de Direitos Humanos (observação: possui papel dúplice no sistema interamericano – órgão da OEA e órgão da Convenção Americana), sede em Washington (sede da OEA)
- Corte Interamericana de Direitos Humanos, sede em San José da Costa Rica, também chamada "Corte de San José"

4. PROTOCOLO ADICIONAL À CONVENÇÃO AMERICANA SOBRE DIREITOS HUMANOS EM MATÉRIA DE DIREITOS ECONÔMICOS, SOCIAIS E CULTURAIS ("PROTOCOLO DE SAN SALVADOR")

O Protocolo Adicional à Convenção Americana sobre Direitos Humanos em Matéria de Direitos Econômicos, Sociais e Culturais, conhecido como Protocolo de San Salvador, foi adotado pela Assembleia Geral da OEA, em 17 de novembro de 1988, em São Salvador, El Salvador, sendo voltado aos *direitos econômicos, sociais e culturais* garantidos no âmbito do sistema interamericano de proteção aos direitos humanos. O Protocolo possui, em 2024, 16 Estados partes (entre os 35 Estados independentes das Américas).

O Congresso Nacional brasileiro aprovou o ato por meio do Decreto Legislativo n. 56, de 19 de abril de 1995. O Brasil aderiu ao Protocolo em 8 de agosto de 1996 e o ratificou em 21 de agosto de 1996, entrando o ato em vigor para o Brasil em 16 de novembro de 1999. Finalmente, deu-se a promulgação por meio do Decreto n. 3.321, de 30 de dezembro de 1999.

Em seu preâmbulo, o Protocolo ressalta a estreita relação existente entre os direitos econômicos, sociais e culturais, os direitos civis e políticos, uma vez que as diferentes categorias de direito constituem um *todo indissolúvel que protege a dignidade humana*. As duas categorias de direitos exigem uma tutela e promoção permanentes, com o objetivo de conseguir sua vigência plena, sem que jamais possa ser justificável a violação de uns a pretexto da realização de outros.

O Protocolo é composto por 22 artigos, não divididos expressamente em seções, mas que podem ser assim classificados: (i) obrigações dos Estados (arts. 1º a 3º), (ii) restrições permitidas e proibidas e seu alcance (arts. 4º e 5º), (iii) direitos protegidos (arts. 6º a 18), (iv) meios de proteção (art. 19), disposições finais (arts. 20 a 22).

No art. 1º, o Protocolo estabelece a obrigação de adotar medidas necessárias, de ordem interna ou por meio de cooperação entre os Estados, até o máximo dos recursos *disponíveis* e levando em conta o grau de desenvolvimento do Estado, a fim de conseguir, *progressivamente* e de acordo com a legislação interna, a *plena efetividade* dos direitos nele reconhecidos. No art. 2º, determina-se ainda a obrigação de os Estados Partes adotarem as medidas legislativas ou de outra natureza que forem necessárias para tornar efetivos esses direitos. Vê-se o linguajar *tímido*, que permite ao Estado implementar os direitos sociais previstos no Protocolo de maneira lenta e progressiva.

Por sua vez, o art. 3º fixa a obrigação de não discriminação, ou seja, os Estados se comprometem a garantir o exercício dos direitos enunciados no Pacto, sem discriminação alguma por motivo de raça, cor, sexo, idioma, religião, opiniões políticas ou de qualquer outra natureza, origem nacional ou social, posição econômica, nascimento ou qualquer outra condição social.

O art. 4º ressalta que não se admite restrição ou limitação de qualquer dos direitos reconhecidos ou vigentes em um Estado em virtude de sua legislação interna ou de convenções internacionais, sob pretexto de que o Protocolo não os reconhece ou os reconhece em menor grau. Novamente, fica aqui consagrado o princípio da norma mais favorável ao indivíduo. Restrições ou limitações ao gozo ou ao exercício dos direitos estabelecidos no Protocolo só poderão ser estabelecidas mediante leis promulgadas que tenham por objetivo a preservação do bem-estar geral da sociedade democrática, na medida em que não contrariem o propósito e razão dos mesmos (art. 5º).

A partir do art. 6º, o Protocolo passa a enunciar os direitos nele protegidos. O primeiro deles é o *direito de toda pessoa ao trabalho*, que inclui a "oportunidade de obter os meios para levar uma vida digna e decorosa por meio do desempenho de uma atividade lícita, livremente escolhida ou aceita" (art. 6º). Nesse sentido, os Estados se comprometem a adotar medidas que garantam a plena efetividade desse direito, especialmente quanto à consecução do pleno emprego, à orientação vocacional e ao desenvolvimento de projetos de treinamento técnico-profissional, particularmente os destinados às pessoas com deficiência. Comprometem-se ainda a executar e fortalecer programas que auxiliem o adequado atendimento da família, para que se possa dar à mulher a real possibilidade de exercer esse direito.

Os Estados devem ainda reconhecer que esse direito pressupõe que toda pessoa goze do mesmo em *condições justas, equitativas e satisfatórias no trabalho* (art. 7º). Nesse sentido, os Estados devem garantir em sua legislação nacional uma remuneração que assegure, no mínimo a todos os trabalhadores, *condições de subsistência digna e um salário equitativo e igual por trabalho idêntico, sem nenhuma distinção*. Devem assegurar ainda o direito de todo trabalhador de seguir sua vocação; de dedicar-se à atividade que melhor atenda a suas expectativas e de trocar de emprego de acordo com a respectiva regulamentação nacional.

Ainda, devem assegurar o direito do trabalhador à promoção ou avanço no trabalho, à segurança e higiene, ao repouso, ao gozo do tempo livre, a férias remuneradas, a remuneração nos feriados nacionais e a limitação razoável das horas de trabalho, que deverão ser ainda mais reduzidas quando se tratar de trabalhos perigosos, insalubres ou noturnos. Devem também garantir a estabilidade no emprego, de acordo com as características das profissões e, nos casos de demissão injustificada, o direito a indenização ou a readmissão no emprego ou outras prestações previstas pela legislação nacional.

Finalmente, devem proibir o trabalho noturno ou em atividades insalubres e perigosas para os *menores de 18 anos* e, em geral, todo trabalho que possa pôr em perigo sua saúde, segurança ou moral. Se se tratar *de menores de 16 anos*, a jornada de trabalho deve subordinar-se às disposições sobre ensino obrigatório e em nenhum caso pode constituir impedimento à assistência escolar ou limitação para beneficiar-se da instrução recebida.

O art. 8º versa sobre os direitos sindicais. Assim, os Estados devem garantir o direito dos trabalhadores de organizar sindicatos e de filiar-se ao de sua escolha, para proteger e promover seus interesses; de outro lado, ninguém poderá ser obrigado a pertencer a um sindicato. Devem também permitir que os sindicatos formem federações e confederações nacionais, que se associem aos já existentes, bem como que formem organizações sindicais internacionais e que se associem à de sua escolha e, ainda, que funcionem livremente. Garante-se também o *direito de greve*.

Limitações e restrições a tais direitos seguem as condições abaixo expostas:

a) devem estar previstas somente em lei;

b) devem ser apenas aquelas próprias a uma sociedade democrática e necessárias para salvaguardar: (i) a ordem pública e (ii) proteger a saúde ou a (iii) moral pública e os (iv) direitos ou liberdades dos demais;

c) ademais, os membros das forças armadas, da polícia e de outros serviços públicos essenciais estarão sujeitos às limitações e restrições impostas pela lei. Nessa linha, o STF reconheceu, com repercussão geral, que o exercício do direito de greve, sob qualquer forma ou modalidade, é *vedado* aos policiais civis e a todos os servidores públicos que atuem diretamente na área de segurança pública. Por outro lado, o STF reconheceu que é *obrigatória a participação do Poder Público* em mediação instaurada pelos órgãos classistas das carreiras de segurança pública, nos termos do art. 165 do CPC[17], para vocalização dos interesses da categoria (STF, Recurso Extraordinário com Agravo n. 654.432, rel. para o acórdão Min. Alexandre de Moraes, j. 5-4-2017).

O art. 9º estabelece o *direito à previdência social*, para proteção quanto a consequências da velhice e da incapacitação que impossibilite a pessoa, física ou mentalmente, de obter os meios de vida digna e decorosa. No caso de morte do beneficiário, estabelece-se que as prestações da previdência social beneficiarão seus dependentes. Para as pessoas em atividade, esse direito deve abranger pelo menos o atendimento médico e o subsídio ou pensão em casos de acidentes de trabalho ou de doença profissional e, quando se tratar da mulher, licença remunerada para a gestante, antes e depois do parto.

O art. 10, por sua vez, garante o *direito à saúde* a toda pessoa, entendendo-a como o gozo do mais alto nível de bem-estar físico, mental e social. Para torná-lo efetivo, o Protocolo determina que os Estados o reconheçam como bem público, adotando medidas para garanti-lo: atendimento primário de saúde (assistência médica essencial colocada ao alcance de todas as pessoas e famílias da comunidade); extensão dos benefícios dos serviços de saúde a todas as pessoas sujeitas à jurisdição do Estado; imunização total contra as principais doenças infecciosas; prevenção e tratamento das doenças endêmicas, profissionais e de outra natureza; educação sobre a prevenção e o tratamento dos problemas de saúde; e, finalmente, satisfação das necessidades de saúde dos grupos de mais alto risco e que, por suas condições de pobreza, sejam mais vulneráveis.

O Protocolo prevê ainda o *direito de toda pessoa a um meio ambiente sadio e de contar com os serviços públicos básicos* (art. 11). Os Estados, de outro lado, devem promover a proteção, a preservação e o melhoramento do meio ambiente.

O próximo direito garantido é o *direito à alimentação*, devendo-se garantir a toda pessoa uma nutrição adequada, que assegure a possibilidade de gozar do mais alto nível de desenvolvimento físico, emocional e intelectual. Para torná-lo efetivo e eliminar a desnutrição, os Estados se comprometem, pelo Protocolo, a aperfeiçoar os métodos de produção, abastecimento e

---

[17] Art. 165 do novo CPC (2015): "Os tribunais criarão centros judiciários de solução consensual de conflitos, responsáveis pela realização de sessões e audiências de conciliação e mediação e pelo desenvolvimento de programas destinados a auxiliar, orientar e estimular a autocomposição".

distribuição de alimentos e a promover maior cooperação internacional, com vistas a apoiar as políticas nacionais sobre o tema.

O art. 13, por sua vez, garante a toda pessoa o *direito à educação*. Por meio do Protocolo, os Estados convêm em que a educação deve orientar-se para o pleno desenvolvimento da personalidade humana e no sentido de sua dignidade e deverá fortalecer o respeito pelos direitos humanos, pelo pluralismo ideológico, pelas liberdades fundamentais pela justiça e pela paz, capacitando todas as pessoas para participar efetivamente de uma sociedade democrática e pluralista, para conseguir uma subsistência digna, para favorecer a compreensão, a tolerância e a amizade entre todas as nações e todos os grupos raciais, étnicos ou religiosos e para promover as atividades em prol da manutenção da paz.

Para alcançar o pleno exercício do direito à educação, por meio do Protocolo, os Estados reconhecem que o *ensino de primeiro grau deve ser obrigatório e acessível a todos gratuitamente; que o ensino de segundo grau deve ser generalizado e tornar-se acessível a todos, pelos meios que forem apropriados e, especialmente, pela implantação progressiva do ensino gratuito*; e que o ensino superior deve tornar-se igualmente acessível a todos, de acordo com a capacidade de cada um, pelos meios apropriados e, especialmente, pela implantação progressiva do ensino gratuito.

Os Estados reconhecem ainda que se deve promover ou intensificar, na medida do possível, o ensino básico para as pessoas que não tiverem recebido ou terminado o ciclo completo de instrução do primeiro grau; e que devem ser estabelecidos programas de ensino diferenciado para as pessoas com deficiência, com a finalidade de proporcionar instrução e a formação dessas pessoas.

O Protocolo prevê ainda que os pais terão direito a escolher o tipo de educação a ser dada aos seus filhos, de acordo com a legislação interna dos Estados Partes e desde que esteja de acordo com aqueles princípios. Ademais, estabelece que nenhuma de suas disposições pode ser interpretada como restrição da liberdade dos particulares e entidades de estabelecer e dirigir instituições de ensino, de acordo com a legislação interna dos Estados.

O art. 14 cuida *dos direitos culturais*. Assim, os Estados Partes, pelo Protocolo, reconhecem o direito de toda pessoa de participar na vida cultural e artística da comunidade, de gozar dos benefícios do progresso científico e tecnológico e de beneficiar-se da proteção dos interesses morais e materiais que lhe caibam em virtude das produções científicas, literárias ou artísticas de que for autora. Dentre as medidas adotadas pelo Estado para assegurar esse direito, devem figurar as necessárias para a conservação, desenvolvimento e divulgação da ciência, da cultura e da arte. O Protocolo ainda enuncia que os Estados se comprometem a respeitar a liberdade indispensável para a pesquisa científica e atividade criadora. Ademais, prevê que os Estados reconhecem os benefícios que decorrem da promoção e desenvolvimento da cooperação e das relações internacionais em assuntos científicos, artísticos e culturais, comprometendo-se, assim, a propiciar maior cooperação internacional nesse campo.

O art. 15, por sua vez, versa sobre o *direito à constituição e proteção da família*. Enuncia-se, assim, que a família é o elemento natural e fundamental da sociedade e deve ser protegida pelo Estado, que deverá velar pelo melhoramento de sua situação moral e material. Garante-se, nesse sentido, o direito de toda pessoa de constituir família, o qual deve ser exercido de acordo com as disposições da legislação interna. Finalmente, o Protocolo determina que os Estados Partes se comprometam a proporcionar adequada proteção ao grupo familiar, especialmente dispensando atenção e assistência especiais à mãe, por um período razoável, antes e depois do parto; garantindo às crianças alimentação adequada, tanto no período de lactação quanto na idade escolar; adotando medidas especiais de proteção dos adolescentes, a fim de assegurar o pleno amadurecimento de suas capacidades físicas, intelectuais e morais; e, finalmente, executando programas especiais de formação familiar, a fim de contribuir para a criação de um ambiente estável e positivo em que as crianças percebam e desenvolvam os valores de compreensão, solidariedade, respeito e responsabilidade.

A partir do art. 16, o Protocolo passa a apresentar os direitos garantidos em seu âmbito a grupos vulneráveis. O art. 16 cuida do *direito das crianças*. Nesse sentido, prevê que toda criança tem direito às medidas de proteção que sua condição de menor requer por parte de sua família, da sociedade e do Estado e tem direito de crescer ao amparo e sob a responsabilidade de seus pais, salvo em circunstâncias excepcionais reconhecidas judicialmente. A criança de tenra idade não deve ser separada de sua mãe. Ademais, prevê-se que toda criança tem direito à educação gratuita e obrigatória, pelo menos no nível básico, e a continuar sua formação em níveis mais elevados do sistema educacional.

No art. 17, o Protocolo versa sobre a proteção das pessoas idosas, garantindo o direito de que toda pessoa tenha proteção especial na velhice. Assim, a obrigação de realizar progressivamente uma série de medidas é atribuída ao Estado Parte, que deve: proporcionar instalações adequadas, bem como alimentação e assistência médica especializada, a idosos que careçam dela e não estejam em condições de prové-las por meios próprios; executar programas de trabalho destinados a dar a pessoas idosas a possibilidade de realizar atividade produtiva adequada às suas capacidades e respeitando sua vocação ou desejos; e, por fim, promover a formação de organizações sociais destinadas a melhorar a qualidade da vida das pessoas idosas.

Finalmente, o art. 18 versa sobre a proteção das pessoas com deficiência. Nesse sentido, garante-se que toda pessoa afetada por diminuição de suas capacidades físicas e mentais tem direito a receber atenção especial, com a finalidade de permitir que alcance máximo desenvolvimento de sua personalidade. Os Estados, assim, comprometem-se a adotar medidas para: proporcionar aos deficientes os recursos e o ambiente necessário para alcançar esse objetivo, inclusive programas trabalhistas adequados a suas possibilidades e que deverão ser livremente aceitos por eles ou, se for o caso, por seus representantes legais; proporcionar formação especial às famílias dos deficientes, para que possam ajudá-los a resolver os problemas de convivência e convertê-los em elementos atuantes no desenvolvimento físico, mental e emocional destes; incluir em seus planos de desenvolvimento urbano, de maneira prioritária, a consideração de soluções para os requisitos específicos decorrentes das necessidades das pessoas com deficiência; e, por fim, promover a formação de organizações sociais nas quais as pessoas com deficiência possam desenvolver uma vida plena.

No art. 19, o Protocolo cuida dos *meios de proteção* (relatórios periódicos e, em certos casos, possibilidade de petição das vítimas à Comissão Interamericana de Direitos Humanos). Assim, os Estados se comprometem a apresentar ao Secretário-Geral da OEA relatórios periódicos sobre as medidas progressivas que tiverem adotado a fim de assegurar o respeito dos direitos consagrados no Protocolo. O Secretário-Geral deve transmiti-los ao Conselho Interamericano de Desenvolvimento Integral, para que possa examiná-los, e deve enviar cópia desses relatórios à Comissão Interamericana de Direitos Humanos e aos organismos especializados do Sistema Interamericano, dos quais sejam membros os Estados Partes no Protocolo, à medida que tenham relação com matérias que sejam da competência de tais organismos, de acordo com seus instrumentos constitutivos.

Os relatórios anuais que o Conselho Interamericano de Desenvolvimento Integral apresenta à Assembleia Geral devem conter um resumo da informação recebida dos Estados Partes e dos organismos especializados sobre as medidas progressivas adotadas a fim de assegurar o respeito dos direitos reconhecidos no Protocolo e as recomendações de caráter geral que considerarem pertinentes.

Se os *direitos sindicais* (excetuado o direito de greve) e o direito à educação forem violados por ação imputável a Estado Parte do Protocolo, é possível a utilização do sistema de petições individuais (regulado pelos arts. 44 a 51 e 61 a 69 da Convenção Americana sobre Direitos Humanos), à Comissão Interamericana de Direitos Humanos que, caso entender cabível, pode acionar a Corte Interamericana de Direitos Humanos, processando o Estado faltoso (ver o mecanismo de acionamento da Corte IDH abaixo).

Sem prejuízo disso, a Comissão Interamericana de Direitos Humanos pode formular *observações* e *recomendações* que considerar pertinentes sobre a situação dos direitos econômicos, sociais e culturais nos Estados Partes, podendo incluí-las no Relatório Anual à Assembleia Geral ou num relatório especial, conforme considerar mais apropriado.

O Protocolo estabelece ainda que o Conselho Interamericano de Desenvolvimento Integral e a Comissão Interamericana de Direitos Humanos devem levar em conta natureza progressiva da vigência dos direitos protegidos no Protocolo.

Finalmente, o art. 20 estabelece a possibilidade de formulação de reservas e o art. 21 versa sobre assinatura, ratificação, adesão e entrada em vigor. O art. 22 cuida da possibilidade de apresentação de propostas de emendas para incorporação de outros direitos e ampliação dos reconhecidos.

QUADRO SINÓTICO

Protocolo adicional à Convenção Americana sobre Direitos Humanos ("Protocolo de San Salvador")

- Aprofunda os direitos econômicos, sociais e culturais protegidos no âmbito do sistema interamericano de proteção aos direitos humanos.

Principais direitos protegidos	• Direito ao trabalho • Direito de gozar do direito ao trabalho em condições justas, equitativas e satisfatórias (incluindo direito à promoção ou avanço no trabalho, direito à segurança e higiene, direito a repouso, direito a férias remuneradas, direito a limitação de horas de trabalho, dentre outros) • Direitos sindicais (direito de filiar-se ou não, direito de greve, dentre outros) • Direito à previdência social • Direito à saúde • Direito de toda pessoa a um meio ambiente sadio e de contar com os serviços públicos básicos • Direito à alimentação • Direito à educação • Direito aos benefícios da cultura • Direito à constituição e proteção da família • *Direitos das crianças* • *Direitos das pessoas idosas* • *Direitos das pessoas com deficiência*
Mecanismos de monitoramento	• Relatórios periódicos • Petições individuais para o caso de violação aos direitos sindicais (exceto o direito à greve) e o direito à educação

5. PROTOCOLO À CONVENÇÃO AMERICANA SOBRE DIREITOS HUMANOS REFERENTE À ABOLIÇÃO DA PENA DE MORTE

O Protocolo Adicional à Convenção Americana sobre Direitos Humanos Referente à Abolição da Pena de Morte foi adotado em Assunção, em 8 de junho de 1990, durante a XX Assembleia Geral da Organização dos Estados Americanos, na esteira da Convenção Americana sobre

Direitos Humanos, que já restringira a aplicação da pena de morte. Entrou em vigor internacional em 28 de agosto de 1991. Possui, em 2024, 13 Estados partes.

Foi assinado pelo Brasil em 7 de junho de 1994. O Congresso Nacional o aprovou por meio do Decreto Legislativo n. 56, de 19 de abril de 1995, e o instrumento de ratificação foi depositado em 13 de agosto de 1996. Apôs-se reserva, entretanto, para assegurar ao Estado brasileiro *o direito de aplicar a pena de morte em tempo de guerra*, de acordo com o Direito Internacional, por delitos sumamente graves de caráter militar. Finalmente, o Protocolo foi promulgado por meio do Decreto n. 2.754, de 27 de agosto de 1998.

O Protocolo é composto, além do seu preâmbulo, por apenas quatro artigos. No primeiro deles, fica estabelecido que os Estados Partes não podem aplicar em seu território a pena de morte a nenhuma pessoa submetida a sua jurisdição.

No art. 2º, determina-se que não se admitirá reserva alguma ao Protocolo. Entretanto, os Estados podem declarar, no momento de ratificação ou adesão, que se reservam o direito de aplicar a pena de morte em tempo de guerra, de acordo com o Direito Internacional, por delitos sumamente graves de caráter militar, *o que foi feito pelo Brasil*. Quando o Estado formular essa reserva, deve comunicar ao Secretário-geral da OEA, no momento da ratificação ou adesão, as disposições pertinentes de sua legislação nacional aplicáveis em tempo de guerra que se referem à reserva. Ademais, o Estado que a tiver feito deve notificar o Secretário-Geral da OEA sobre todo início ou fim de um estado de guerra aplicável ao seu território.

Finalmente, os arts. 3º e 4º dizem respeito às disposições finais: abertura à assinatura e ratificação ou adesão de todo Estado Parte na Convenção Americana sobre Direitos Humanos e depósito do instrumento de ratificação ou adesão na Secretaria Geral da OEA; e entrada em vigor.

QUADRO SINÓTICO

Protocolo à Convenção Americana sobre Direitos Humanos Referente à Abolição da Pena de Morte
• Estados Partes não podem aplicar em seu território a pena de morte a nenhuma pessoa submetida a sua jurisdição.
• Não se admite reserva, salvo para o direito de aplicar a pena de morte em tempo de guerra, de acordo com o Direito Internacional, por delitos sumamente graves de caráter militar.
• O Brasil *fez* a reserva.

6. CONVENÇÃO INTERAMERICANA PARA PREVENIR E PUNIR A TORTURA

A Convenção Interamericana para Prevenir e Punir a Tortura foi adotada pela Assembleia Geral da OEA em Cartagena das Índias, na Colômbia, em 9 de dezembro de 1985. Foi assinada pelo Brasil em 24 de janeiro de 1986; foi aprovada pelo Congresso Nacional por meio do Decreto Legislativo n. 5, de 31 de maio de 1989, e foi ratificada em 20 de julho de 1989. Finalmente, foi promulgada pelo Decreto n. 98.386, de 9 de dezembro de 1989. Possui, em 2024, 19 Estados partes.

A Convenção é composta por 24 artigos, não divididos expressamente em seções específicas. No art. 1º, determina que os Estados Partes, por meio dela, obrigam-se a prevenir e punir a tortura, nos termos da Convenção.

O art. 2º estabelece a definição de *tortura*:
- todo ato pelo qual são infligidos intencionalmente a uma pessoa penas ou sofrimentos físicos ou mentais;
- com fins de investigação criminal;
- ou como meio de intimidação;
- ou como castigo pessoal, ou como medida preventiva, como pena ou com qualquer outro fim.

Entender-se-á também como tortura a aplicação, sobre uma pessoa, de métodos tendentes a anular a personalidade da vítima, ou a diminuir sua capacidade física ou mental, embora não causem dor física ou angústia psíquica. Essa figura especial de tortura não consta expressamente da Convenção contra a Tortura da ONU.

Exclui-se expressamente do conceito de tortura, entretanto, as penas ou sofrimentos físicos ou mentais que sejam *unicamente* consequência de medidas legais ou inerentes a elas, contanto que não incluam a realização dos atos ou aplicação dos métodos mencionados na definição de tortura.

O art. 3º, por sua vez, determina quais são os responsáveis pelo delito de tortura. São considerados responsáveis os empregados ou funcionários públicos que, nessa condição, ordenem sua comissão ou instiguem ou induzam a ela, cometam-no *diretamente* ou, *podendo impedi-lo, não* o façam. São também consideradas responsáveis as pessoas que, por instigação dos funcionários ou empregados públicos anteriormente mencionados, ordenem sua comissão, instiguem ou induzam a ela, ou nela sejam cúmplices.

A Convenção é clara ao determinar que o fato de se ter agido por ordens superiores *não* exime da responsabilidade penal correspondente (art. 4º). Ademais, *não* se admite como justificativa para a prática de tortura a existência de circunstâncias como o estado de guerra, a ameaça de guerra, o estado de sítio ou emergência, a comoção ou conflito interno, a suspensão das garantias constitucionais, a instabilidade política interna, ou outras emergências ou calamidades públicas. Também *não* se admite como justificativa a periculosidade do detido ou condenado, nem a insegurança do estabelecimento carcerário ou penitenciário (art. 5º).

Os arts. 6º e 7º versam sobre medidas a serem tomadas pelos Estados Partes da Convenção, para *prevenir e punir a tortura* no âmbito de sua jurisdição. Nesse sentido, devem assegurar que todos os atos de tortura e as tentativas de praticar atos dessa natureza sejam considerados *delitos penais*, estabelecendo penas severas para sua punição, que levem em conta sua gravidade, *constituindo mais um mandado internacional de criminalização*. Obrigam-se também a tomar medidas efetivas para prevenir e punir *outros* tratamentos ou penas cruéis, desumanos ou degradantes, no âmbito de sua jurisdição. Ademais, devem tomar medidas para que, no treinamento de polícia e de outros funcionários públicos responsáveis pela custódia de pessoas privadas de liberdade, provisória ou definitivamente, e nos interrogatórios, detenções ou prisões, ressalte-se de maneira especial a proibição do emprego da tortura, bem como de evitar outros tratamentos ou penas cruéis, desumanos ou degradantes.

Nos arts. 8º e 9º, a Convenção determina a adoção de medidas com foco na pessoa *vítima* de tortura. Nesse sentido, os Estados devem assegurar que qualquer pessoa que denunciar ter sido submetida a tortura terá o direito de que o caso seja examinado de maneira imparcial. Se houver denúncia ou razão fundada para supor que ato de tortura tenha sido cometido no âmbito de sua jurisdição, o Estado deve garantir que suas autoridades procederão de ofício e imediatamente à realização de uma investigação sobre o caso, iniciando, se for cabível, o respectivo processo penal. Esgotado o procedimento jurídico interno do Estado, inclusive em âmbito recursal, o caso poderá ser submetido a instâncias internacionais, cuja competência tenha sido aceita por esse Estado. Os Estados se comprometem ainda a estabelecer, em suas legislações nacionais, normas que garantam compensação adequada para as vítimas do delito de tortura.

O art. 10 determina que *nenhuma declaração* que se comprove haver sido obtida mediante tortura poderá ser admitida como *prova* em um processo, salvo em processo instaurado contra a pessoa ou pessoas acusadas de haver obtido prova mediante atos de tortura – mas unicamente como prova de que, por esse meio, o acusado obteve tal declaração.

De acordo com o art. 12, todo Estado Parte deve adotar medidas necessárias para estabelecer sua jurisdição sobre o delito de tortura:

i) quando houver sido cometida no âmbito de seu território;

ii) ou quando o suspeito for nacional do Estado Parte de que se trate;

iii) ou quando a vítima for nacional do Estado Parte de que se trate e este o considerar apropriado;

iv) ou quando o suspeito se encontrar no âmbito de sua jurisdição e o Estado não o extraditar (*aut dedere aut judicare* – ou entrega ou julga).

Os arts. 11, 13 e 14 versam sobre a extradição. Os Estados Partes da Convenção devem tomar as medidas necessárias para conceder a extradição de toda pessoa acusada de delito de tortura ou condenada por esse delito, em conformidade com suas legislações nacionais sobre extradição e suas obrigações internacionais na matéria.

Ademais, os delitos de tortura devem ser considerados incluídos entre os delitos que são motivo de extradição em todo tratado de extradição celebrado entre Estados Partes e os Estados se comprometem a incluir o delito de tortura como caso de extradição em todo tratado de extradição que celebrarem entre si no futuro. Caso receba de outro Estado Parte, com o qual não tiver tratado, uma solicitação de extradição, todo Estado que sujeitar a extradição à existência de um tratado poderá considerar a Convenção como a base jurídica necessária para a extradição referente ao delito de tortura. Os Estados Partes que não sujeitarem a extradição à existência de um tratado devem reconhecer esses delitos como casos de extradição entre eles, respeitando as condições exigidas pelo direito do Estado requerido.

A Convenção determina ainda que *não* se concederá a extradição nem se procederá à devolução da pessoa requerida quando houver suspeita fundada de que sua vida corre perigo, de que será submetida à *tortura*, tratamento cruel, desumano ou degradante, ou de que será julgada por tribunais de exceção ou *ad hoc* no Estado requerente. Isso consagra o *princípio do non-refoulement*, ou proibição do rechaço, em caso de tortura.

No art. 15, a Convenção determina que nada do que nela disposto pode ser interpretado como limitação do direito de asilo, quando for cabível, nem como modificação das obrigações dos Estados Partes em matéria de extradição.

O art. 16 explicita que a Convenção Interamericana para Prevenir e Punir a Tortura deixa a salvo o disposto pela Convenção Americana sobre Direitos Humanos, por outras Convenções sobre a matéria e pelo Estatuto da Comissão Interamericana de Direitos Humanos com relação ao delito de tortura.

Por meio da Convenção, os Estados Partes se comprometem a informar a Comissão Interamericana de Direitos Humanos sobre as medidas legislativas, judiciais, administrativas e de outra natureza que adotarem em sua aplicação. A Comissão Interamericana procurará analisar, em seu relatório anual, a situação prevalecente nos Estados-membros da OEA, no que diz respeito à prevenção e supressão da tortura, em conformidade com suas atribuições (art. 17).

A partir do art. 18 a Convenção traz suas disposições finais: assinatura (art. 18), ratificação (art. 19), adesão (art. 20), reservas (art. 21), entrada em vigor (art. 22), denúncia, apesar da vigência indefinida da Convenção (art. 23), notificações (art. 24).

QUADRO SINÓTICO

Convenção Interamericana para Prevenir e Punir a Tortura

- *Definição de tortura:* Todo ato pelo qual são infligidos intencionalmente a uma pessoa penas ou sofrimentos físicos ou mentais, com fins de investigação criminal, como meio de intimidação, como castigo pessoal, como medida preventiva, como pena ou com qualquer outro fim. Entender-se-á também como tortura a aplicação, sobre uma pessoa, de métodos tendentes a anular a personalidade da vítima, ou a diminuir sua capacidade física ou mental, embora não causem dor física ou angústia psíquica.
- Exclui-se expressamente do conceito de tortura, entretanto, as penas ou sofrimentos físicos ou mentais que sejam unicamente consequência de medidas legais ou inerentes a elas, contanto que não incluam a realização dos atos ou aplicação dos métodos mencionados na definição de tortura.

- Direitos das pessoas vítimas de tortura: direito de ser examinada de maneira imparcial; direito à compensação adequada.
- Convenção contém mandado de criminalização da tortura.
- Estados Partes se comprometem a informar a Comissão Interamericana de Direitos Humanos sobre as medidas legislativas, judiciais, administrativas e de outra natureza que adotarem em sua aplicação. A Comissão procurará analisar, em seu relatório anual, a situação prevalecente nos Estados-membros da OEA, no que diz respeito à prevenção e supressão da tortura, em conformidade com suas atribuições.
- No caso de o Estado não poder extraditar por algum motivo o torturador, deve julgá-lo (*aut dedere, aut judicare*).

7. CONVENÇÃO INTERAMERICANA PARA PREVENIR, PUNIR E ERRADICAR A VIOLÊNCIA CONTRA A MULHER ("CONVENÇÃO DE BELÉM DO PARÁ")

A Convenção Interamericana para Prevenir, Punir e Erradicar a Violência Contra a Mulher (Convenção de Belém do Pará) foi concluída pela Assembleia Geral da OEA, em Belém do Pará, no Brasil, em 9 de junho de 1994, como resposta à situação de violência contra mulheres existente na América. Possui, em 2024, 32 Estados partes, não a tendo ratificado somente Estados Unidos, Canadá e Cuba[18].

O Brasil a assinou na mesma data e o Congresso Nacional a aprovou por meio do Decreto Legislativo n. 107, de 31 de agosto de 1995. O governo brasileiro depositou a carta de ratificação em 27 de novembro de 1995, data em que a Convenção começou a vigorar para o Brasil. Finalmente, a promulgação deu-se com o Decreto n. 1.973, de 1º de agosto de 1996.

A Convenção é composta por 25 artigos, divididos em cinco capítulos: definição e âmbito de aplicação (arts. 1º e 2º); direitos protegidos (arts. 3º a 6º); deveres dos Estados (arts. 7º a 9º); mecanismos interamericanos de proteção (arts. 10 a 12); disposições gerais (arts. 13 a 25).

No art. 1º, a *violência contra a mulher* é definida como "qualquer ação ou conduta, baseada no gênero, que cause morte, dano ou sofrimento físico, sexual ou psicológico à mulher, tanto no âmbito público como no privado".

O art. 2º, por sua vez, determina que a violência contra a mulher abrange a violência física, sexual ou psicológica, quer tenha ocorrido no âmbito da família ou unidade doméstica ou em qualquer outra relação interpessoal, em que o agressor conviva ou haja convivido no mesmo domicílio que a mulher e que compreende, entre outros, estupro, violação, maus-tratos e abuso sexual, quer no âmbito da comunidade e seja perpetrada por qualquer pessoa. Nesse caso, compreende, entre outros, violação, abuso sexual, tortura, maus-tratos, tráfico de mulheres, prostituição forçada, sequestro e assédio sexual no lugar de trabalho, bem como em instituições educacionais, estabelecimentos de saúde ou qualquer outro lugar. A violência contra a mulher abrange ainda aquela perpetrada pelo Estado ou seus agentes, onde quer que ocorra.

No Capítulo II, a Convenção enumera os direitos das mulheres a serem protegidos. O primeiro deles, estabelecido no art. 3º, é o *direito de toda mulher ser livre de violência, tanto na esfera pública quanto privada*. O direito a uma vida livre de violência inclui, entre outros, o direito da mulher de ser livre de toda forma de discriminação, e o direito de ser valorizada e educada livre de padrões estereotipados de comportamento e práticas sociais e culturais baseadas em conceitos de inferioridade ou subordinação (art. 6º).

A Convenção ainda enuncia que toda mulher tem direito ao reconhecimento, gozo, exercício e proteção de todos os direitos humanos e às liberdades consagradas pelos instrumentos regionais e internacionais sobre direitos humanos, os quais compreendem: o direito a que se respeite sua vida e sua integridade física, psíquica e moral; o direito à liberdade e à segurança pessoais;

---

[18] Disponível em: <http://www.oas.org/juridico/spanish/firmas/a-61.html>. Acesso em: 15 jul. 2024.

o direito a não ser submetida a torturas; o direito a que se respeite a dignidade inerente a sua pessoa e que se proteja sua família; o direito à igualdade de proteção perante a lei e da lei; o direito a um recurso simples e rápido diante dos tribunais competentes, que a ampare contra atos que violem seus direitos; o direito à liberdade de associação; o direito à liberdade de professar a religião e as próprias crenças, de acordo com a lei; e o direito de ter igualdade de acesso às funções públicas de seu país e a participar nos assuntos públicos, incluindo a tomada de decisões (art. 4º).

O art. 5º da Convenção ainda reafirma que toda mulher pode exercer livre e plenamente seus direitos civis, políticos, econômicos, sociais e culturais e deve contar com a total proteção desses direitos consagrados nos instrumentos regionais e internacionais sobre direitos humanos, devendo os Estados reconhecer que a violência contra a mulher impede e anula o exercício desses direitos.

No Capítulo III (arts. 7º a 9º), a Convenção apresenta os *deveres dos Estados*. Em primeiro lugar, esclarece-se que os Estados Partes condenam todas as formas de violência contra a mulher e concordam em adotar, por todos os meios apropriados e sem demora, políticas orientadas a preveni-la, puni-la e erradicá-la.

Nesse sentido, devem abster-se de prática de violência contra a mulher e velar para que as autoridades, seus funcionários, pessoal e agentes e instituições públicas cumpram essa obrigação e devem atuar com a devida diligência para prevenir, investigar e punir a violência contra a mulher. Ademais, devem incluir em sua *legislação interna normas penais, civis e administrativas* que sejam necessárias para tais fins, adotando as medidas administrativas apropriadas que venham ao caso. Devem também adotar medidas jurídicas que exijam do agressor que se abstenha de fustigar, perseguir, intimidar, ameaçar, machucar ou pôr em perigo a vida da mulher de qualquer forma que atente contra sua integridade ou prejudique sua propriedade. Ainda, devem tomar medidas apropriadas para modificar ou abolir leis e regulamentos vigentes, ou para modificar práticas jurídicas ou consuetudinárias que respaldem a persistência ou a tolerância da violência contra a mulher. Têm ainda a obrigação de estabelecer *procedimentos jurídicos justos e eficazes*, que incluam, entre outros, medidas de proteção, para que a mulher vítima de violência doméstica tenha um julgamento oportuno e o acesso efetivo a tais procedimentos, bem como a obrigação de estabelecer os mecanismos judiciais e administrativos necessários para assegurar o acesso efetivo a ressarcimento, reparação do dano ou outros meios de compensação justos e eficazes (art. 7º).

Esses inúmeros deveres do Estado foram fundamentais para que o Brasil, finalmente, editasse uma lei específica de combate à violência doméstica, a Lei n. 11.340/2006, também denominada "Lei Maria da Penha" (ver maiores detalhes dessa lei na **Parte IV** deste *Curso*). Tal lei criou mecanismos para coibir a violência doméstica e familiar contra a mulher, nos termos da Convenção sobre a Eliminação de Todas as Formas de Discriminação contra a Mulher (CEDAW) e da Convenção Interamericana para Prevenir, Punir e Erradicar a Violência contra a Mulher.

De forma progressiva, os Estados devem ainda adotar medidas específicas (art. 8º), inclusive programas para fomentar o conhecimento e a observância do direito da mulher a uma vida livre de violência e o direito da mulher a que se respeitem e protejam seus direitos humanos. Devem adotar programas também para modificar os padrões socioculturais de conduta de homens e mulheres para eliminar preconceitos e costumes e práticas que se baseiem na premissa da inferioridade ou superioridade de qualquer dos gêneros ou nos papéis estereotipados para o homem e a mulher que legitimam ou exacerbam a violência contra a mulher.

Os programas também devem se destinar a fomentar a educação e capacitação do pessoal na administração da justiça, policial e demais funcionários encarregados da aplicação da lei, assim como do pessoal encarregado das políticas de prevenção, sanção e eliminação da violência contra a mulher; a aplicar os serviços especializados apropriados para o atendimento necessário à mulher objeto de violência, por meio de entidades dos setores público e privado (inclusive abrigos e cuidado e custódia dos menores afetados); e a oferecer à mulher vítima de violência acesso a programas eficazes de reabilitação e capacitação que lhe permitam participar plenamente na vida pública, privada e social.

Ademais, devem voltar-se a fomentar e apoiar programas de educação governamentais e do setor privado destinados a conscientizar o público sobre os problemas relacionados com a violência contra a mulher, os recursos jurídicos e a reparação correspondente e a estimular os meios de comunicação a elaborar diretrizes adequadas de difusão que contribuam para a erradicação da violência contra a mulher. Finalmente, devem voltar-se à investigação de estatísticas e outras informações sobre as causas, consequências e frequência da violência contra a mulher, com o objetivo de avaliar a eficácia das medidas para prevenir, punir e eliminar a violência contra a mulher e de formular e aplicar as mudanças que sejam necessárias, bem como à promoção da cooperação internacional para o intercâmbio de ideias e experiências e a execução de programas destinados a proteger a mulher vítima de violência.

Para adoção das referidas medidas, os Estados devem ter em conta a situação de vulnerabilidade à violência que a mulher possa sofrer em consequência, entre outras, de sua raça ou de sua condição étnica, de migrante, refugiada ou desterrada. Devem ter em conta também a situação da mulher vítima de violência que estiver grávida, for pessoa com deficiência, menor de idade, anciã, ou estiver em situação socioeconômica desfavorável ou afetada por situações de conflitos armados ou de privação de sua liberdade (art. 9º).

No Capítulo IV, a Convenção versa sobre os *mecanismos interamericanos de proteção*. No art. 10, com o fim de proteger o direito da mulher a uma vida livre de violência, os Estados devem incluir, nos informes nacionais à Comissão Interamericana de Mulheres, informações sobre as medidas adotadas para prevenir e erradicar a violência contra a mulher, para assistir a mulher afetada pela violência, assim como sobre as dificuldades que observem na aplicação dessas e dos fatores que contribuam à violência contra a mulher.

O art. 11 permite que os Estados Partes da Convenção e a *Comissão Interamericana de Mulheres* requeiram *opinião consultiva sobre a interpretação da Convenção* à Corte Interamericana de Direitos Humanos.

No art. 12, permite-se ainda que qualquer pessoa, grupo de pessoas, ou entidade não governamental legalmente reconhecida em um ou mais Estados-membros da Organização, apresente à Comissão Interamericana de Direitos Humanos petições que contenham denúncias ou queixas de violação de deveres previstos na Convenção para o Estado Parte. A Comissão IDH deve considerá-las de acordo com as normas e os requisitos de procedimento para a apresentação e consideração de petições determinados na Convenção Americana sobre Direitos Humanos e no Estatuto e Regulamento da Comissão Interamericana de Direitos Humanos, podendo, se cabível, processar o Estado infrator perante a *Corte IDH* (caso o Estado tenha reconhecido a jurisdição obrigatória da Corte, como é o caso do Brasil desde 1998).

Finalmente, no Capítulo V, a Convenção apresenta as disposições gerais (arts. 13 a 25). Os arts. 13 e 14 determinam que as disposições da Convenção não poderão ser interpretadas como restrição ou limitação à legislação interna dos Estados Partes que preveja iguais ou maiores proteções e garantias aos direitos da mulher e salvaguardas adequadas para prevenir e erradicar a violência contra a mulher, nem à Convenção Americana sobre Direitos Humanos ou a outras convenções internacionais sobre a matéria que prevejam iguais ou maiores proteções relacionadas com este tema. Novamente, o princípio da norma mais favorável ao ser humano é adotado em um tratado internacional.

O art. 23 determina que o Secretário-Geral apresente um informe anual aos Estados-membros da OEA sobre a situação da Convenção, inclusive quanto a assinaturas, depósitos de instrumentos de ratificação, adesão ou declarações e reservas.

O art. 24, finalmente, permite que os Estados denunciem a Convenção mediante depósito de instrumento na Secretaria Geral da OEA, mas ressalva que a Convenção vigorará indefinidamente.

Outros artigos do Capítulo versam sobre assinatura (art. 15), ratificação (art. 16), adesão (art. 17), reservas (art. 18), proposta de emenda (art. 19), entrada em vigor (art. 21), dentre outros aspectos.

QUADRO SINÓTICO

Convenção Interamericana para Prevenir, Punir e Erradicar a Violência contra a Mulher ("Convenção de Belém do Pará")	
Definição de violência contra a mulher	• Qualquer ação ou conduta, baseada no gênero, que cause morte, dano ou sofrimento físico, sexual ou psicológico à mulher, tanto no âmbito público como no privado. • A violência contra a mulher abrange a violência física, sexual ou psicológica, quer tenha ocorrido no âmbito da família ou unidade doméstica ou em qualquer outra relação interpessoal, em que o agressor conviva ou haja convivido no mesmo domicílio que a mulher e que compreende, entre outros, estupro, violação, maus-tratos e abuso sexual; quer no âmbito da comunidade e seja perpetrada por qualquer pessoa.
Direitos protegidos	• Direito de toda mulher ser livre de violência, tanto na esfera pública quanto privada, o que inclui o direito de ser livre de toda forma de discriminação e o direito de ser valorizada e educada livre de padrões estereotipados de comportamento e práticas sociais e culturais baseadas em conceitos de inferioridade ou subordinação. • Direito ao reconhecimento, gozo, exercício e proteção de todos os direitos humanos e às liberdades consagradas pelos instrumentos regionais e internacionais sobre direitos humanos, os quais compreendem: o direito a que se respeite sua vida e sua integridade física, psíquica e moral; o direito à liberdade e à segurança pessoais; o direito a não ser submetida a torturas; o direito a que se respeite a dignidade inerente a sua pessoa e que se proteja sua família; o direito à igualdade de proteção perante a lei e da lei; o direito a um recurso simples e rápido diante dos tribunais competentes, que a ampare contra atos que violem seus direitos; o direito à liberdade de associação; o direito à liberdade de professar a religião e as próprias crenças, de acordo com a lei; e o direito de ter igualdade de acesso às funções públicas de seu país e a participar nos assuntos públicos, incluindo a tomada de decisões.
Mecanismos de proteção	• Informes à Comissão Interamericana de Mulheres. • Estados Partes da Convenção e a Comissão Interamericana de Mulheres podem requerer opinião consultiva sobre a interpretação da Convenção à Corte IDH. • Petição de qualquer pessoa, grupo de pessoas, ou entidade não governamental legalmente reconhecida em um ou mais Estados-membros da Organização, à Comissão Interamericana de Direitos Humanos (Comissão IDH). • Caso cabível, a Comissão IDH pode processar o Estado infrator perante a Corte IDH.

8. CONVENÇÃO INTERAMERICANA PARA A ELIMINAÇÃO DE TODAS AS FORMAS DE DISCRIMINAÇÃO CONTRA AS PESSOAS PORTADORAS DE DEFICIÊNCIA

A Convenção Interamericana para a Eliminação de Todas as Formas de Discriminação contra as Pessoas Portadoras de Deficiência foi adotada pela Assembleia Geral da OEA em 7 de junho de 1999, na Cidade da Guatemala, Guatemala. O Brasil a assinou um dia depois, em 8 de junho de 1999. O Congresso Nacional a aprovou por meio do Decreto Legislativo n. 198, de 13 de junho de 2001, e a ratificação se deu em 15 de agosto de 2001. A Convenção entrou em vigor em 14 de setembro de 2001 e, finalmente, foi promulgada, por meio do Decreto n. 3.956, de 8 de outubro de 2001. Possui, em 2024, 19 Estados partes[19].

É composta por 14 artigos, não divididos em seções ou capítulos específicos. Em seu preâmbulo, a Convenção já reafirma que as pessoas com deficiência têm os mesmos direitos humanos e liberdades fundamentais que outras pessoas, os quais emanam da dignidade e igualdade inerentes a todo ser humano. Possuem, assim, o *direito de não serem submetidas à discriminação com base na deficiência*.

O artigo I apresenta as definições dos termos utilizados na Convenção.

Deficiência é definida como:
- uma restrição física, mental ou sensorial, de natureza permanente ou transitória;
- que limita a capacidade de exercer uma ou mais atividades essenciais da vida diária, causada ou agravada pelo ambiente econômico e social.

Apesar de a Convenção Interamericana utilizar a expressão "portador de deficiência", anote-se que, após anos de discussão, a expressão utilizada atualmente é pessoa com deficiência, como se vê na Convenção da ONU de 2006 (comentada acima).

A *discriminação contra as pessoas com deficiência*, nos termos da Convenção, é apresentada como:
- toda diferenciação, exclusão ou restrição baseada em deficiência, antecedente de deficiência, consequência de deficiência anterior ou percepção de deficiência presente ou passada;
- que tenha o efeito ou propósito de impedir ou anular o reconhecimento, gozo ou exercício por parte das pessoas com deficiência de seus direitos humanos e suas liberdades fundamentais.

O mesmo dispositivo abre margem para a adoção de *ações afirmativas* em benefício das pessoas com deficiência ao explicitar que não constitui discriminação a diferenciação ou preferência adotada pelo Estado para *promover* a integração social ou o desenvolvimento pessoal dessas pessoas, desde que a diferenciação ou preferência não limite em si mesma o seu direito à igualdade e que as pessoas com deficiência não sejam obrigadas a aceitar tal diferenciação ou preferência. Ademais, também não constituirá discriminação a previsão, pela legislação interna, de declaração de interdição, quando for necessária e apropriada para o bem-estar da pessoa com deficiência.

O artigo II deixa claro que o *objetivo* da Convenção é prevenir e eliminar todas as formas de discriminação contra as pessoas com deficiência e propiciar sua plena integração à sociedade.

Os artigos III e IV listam os compromissos assumidos pelos Estados Partes para que alcancem esse objetivo. Assim, determina, inicialmente, que os Estados devem tomar as medidas de caráter legislativo, social, educacional, trabalhista, ou de qualquer outra natureza, que sejam necessárias para eliminar a discriminação contra as pessoas com deficiência e proporcionar a sua plena integração à sociedade.

Nesse sentido, algumas medidas devem ser tomadas, em especial: medidas das autoridades governamentais e de entidades privadas para *eliminar progressivamente* a discriminação e promover a integração na prestação ou fornecimento de bens, serviços, instalações, programas e atividades, tais como o emprego, o transporte, as comunicações, a habitação, o lazer, a educação,

---

[19] Disponível em: <http://www.oas.org/juridico/spanish/firmas/a-65.html>. Acesso em: 3 ago. 2024.

o esporte, o acesso à justiça e aos serviços policiais e as atividades políticas e de administração; medidas de acessibilidade, para que os edifícios, os veículos e as instalações que venham a ser construídos ou fabricados facilitem o transporte, a comunicação e o acesso das pessoas com deficiência, bem como medidas para eliminar, na medida do possível, os obstáculos nesses meios; e, finalmente, medidas para *assegurar* que as pessoas encarregadas de aplicar a Convenção e a legislação interna sobre a matéria estejam capacitadas a fazê-lo.

O Estado deve ainda trabalhar prioritariamente nas áreas de *prevenção* de todas as formas de deficiência possíveis; de detecção e intervenção precoce, tratamento, reabilitação, educação, formação ocupacional e prestação de serviços completos para garantir o melhor nível de independência e qualidade de vida para as pessoas com deficiência; e de sensibilização da população, por meio de campanhas de educação, destinadas a eliminar preconceitos, estereótipos e outras atitudes que atentam contra o direito das pessoas a serem iguais.

Os Estados se comprometem ainda a cooperar entre si para contribuir para a prevenção e eliminação da discriminação contra as pessoas com deficiência e colaborar de forma efetiva na pesquisa científica e tecnológica relacionada com a prevenção das deficiências, o tratamento, a reabilitação e a integração na sociedade e o desenvolvimento de meios destinados a facilitar ou promover a vida independente, a autossuficiência e a integração total à sociedade, em condições de igualdade, das pessoas com deficiência.

A Convenção determina ainda, em seu artigo V, que os Estados devem promover, se isso for coerente com as suas legislações nacionais, a participação de representantes de organizações de pessoas com deficiência, de organizações não governamentais que trabalham nessa área ou, se estas não existirem, de pessoas com deficiência, na elaboração, execução e avaliação de medidas e políticas para aplicá-la. Ademais, devem criar canais de comunicação eficazes que permitam difundir entre as organizações públicas e privadas que trabalham com pessoas com deficiência os avanços normativos e jurídicos ocorridos para a eliminação da discriminação.

O artigo VI estabelece a criação da *Comissão para a Eliminação de Todas as Formas de Discriminação contra as Pessoas Portadoras de Deficiência*, que é constituída por um representante designado por cada Estado Parte. Os Estados se comprometeram a, na primeira reunião da Comissão, apresentar um relatório ao Secretário-Geral da OEA. Essa reunião ocorreu entre 28 de fevereiro e 1º de março de 2008, no Panamá, quando foi aprovado o Regulamento da Comissão. Após essa primeira reunião, os Estados Partes da Convenção se comprometeram a apresentar relatórios a cada quatro anos, que devem incluir as medidas que os Estados-membros tiverem adotado na aplicação da Convenção, qualquer progresso alcançado na eliminação de todas as formas de discriminação contra as pessoas com deficiência, bem como toda circunstância ou dificuldade que afete o grau de cumprimento de obrigação decorrente da Convenção.

Com efeito, a Convenção explicita que a Comissão será o foro encarregado de examinar o progresso registrado na sua aplicação e de trocar experiências entre os Estados Partes. Os relatórios que a Comissão vai produzir devem refletir os debates, incluindo informações sobre as medidas que os Estados Partes tenham adotado para aplicar a Convenção, o progresso alcançado na eliminação de todas as formas de discriminação contra as pessoas com deficiência, as circunstâncias ou dificuldades que tenham tido na implementação da Convenção, bem como as conclusões, observações e sugestões gerais da Comissão para o seu cumprimento progressivo.

A partir do artigo VII, a Convenção traz as disposições finais. Inicia mencionando que nenhuma disposição poderá ser interpretada para restringir ou permitir que os Estados limitem o gozo dos direitos das pessoas com deficiência reconhecidos pelo Direito Internacional consuetudinário ou pelos instrumentos internacionais vinculantes para um determinado Estado Parte. Em seguida, dispõe sobre assinatura, ratificação e entrada em vigor (artigo VIII), adesão (artigo IX), depósito dos instrumentos de ratificação e adesão (artigo X), propostas de emenda (artigo XI), reservas (artigo XII), denúncia, a despeito da vigência indefinida (artigo XIII), idiomas das cópias do instrumento original da Convenção e notificações (artigo XIV).

QUADRO SINÓTICO

Convenção Interamericana para a Eliminação de Todas as Formas de Discriminação contra as Pessoas Portadoras de Deficiência	
Objetivo	• Prevenir e eliminar todas as formas de discriminação contra as pessoas com deficiência e propiciar sua plena integração à sociedade.
Definição de deficiência	• Restrição física, mental ou sensorial, de natureza permanente ou transitória, que limita a capacidade de exercer uma ou mais atividades essenciais da vida diária, causada ou agravada pelo ambiente econômico e social.
Definição de discriminação contra pessoas com deficiência	• Toda diferenciação, exclusão ou restrição baseada em deficiência, antecedente de deficiência, consequência de deficiência anterior ou percepção de deficiência presente ou passada, que tenha o efeito ou propósito de impedir ou anular o reconhecimento, gozo ou exercício por parte das pessoas portadoras de deficiência de seus direitos humanos e suas liberdades fundamentais. Não constitui discriminação a diferenciação ou preferência adotada pelo Estado para promover a integração social ou o desenvolvimento pessoal dessas pessoas, desde que a diferenciação ou preferência não limite em si mesma o seu direito à igualdade e que as pessoas com deficiência não sejam obrigadas a aceitar tal diferenciação ou preferência. Ademais, também não constituirá discriminação a previsão, pela legislação interna, de declaração de interdição, quando for necessária e apropriada para o bem-estar da pessoa com deficiência.
Mecanismos de monitoramento	• Relatórios periódicos ao Secretário-Geral da OEA. • Comissão para a Eliminação de Todas as Formas de Discriminação contra Pessoas Portadoras de Deficiência é encarregada de examinar o progresso registrado na aplicação da Convenção e de trocar experiências entre os Estados, produzindo relatórios.

9. CONVENÇÃO INTERAMERICANA SOBRE O DESAPARECIMENTO FORÇADO

Na esteira da Declaração n. 47/133 de 1992 da Assembleia Geral da ONU sobre a Proteção de Todas as Pessoas contra o Desaparecimento Forçado, foi adotada, no âmbito da Organização dos Estados Americanos, em 9 de junho de 1994, em Belém do Pará, a Convenção Interamericana sobre o Desaparecimento Forçado de Pessoas. A Convenção é um *marco* na prevenção, punição e eliminação do desaparecimento forçado, tendo inspirado dispositivos do Estatuto de Roma do Tribunal Penal Internacional, de 1998, e da Convenção Internacional para a Proteção de Todas as Pessoas contra o Desaparecimento Forçado, de 2007.

A Convenção entrou em vigor em 28 de março de 1996 e, em 2024, conta com 15 Estados partes[20], o que é pouco se for levada em consideração a prática de desaparecimento forçado generalizada em diversos países nos tempos das ditaduras latino-americanas.

No âmbito nacional, a assinatura brasileira ocorreu em 11 de junho de 1994; a aprovação pelo Congresso Nacional ocorreu por meio do Decreto Legislativo n. 127, em 11 de abril de 2011; a ratificação brasileira ocorreu em 3 de fevereiro de 2014 e a promulgação da Convenção deu-se com o Decreto n. 8.766, de 11 de maio de 2016.

---

[20] Disponível em: <http://www.oas.org/juridico/spanish/firmas/a-60.html>. Acesso em: 4 ago. 2024.

O preâmbulo da Convenção reconhece que a prática sistemática de desaparecimentos forçados constitui *crime contra a humanidade*, e os principais objetivos da Convenção são resumidos no art. 1º: (i) a proibição à prática, permissão ou tolerância ao desaparecimento forçado em qualquer situação, incluindo as excepcionais ocasiões de Estado de emergência e de suspensão de garantias individuais; (ii) a punição interna dos autores, cúmplices e partícipes do crime ou da tentativa de crime de desaparecimento forçado; (iii) a cooperação para prevenção, punição e erradicação do desaparecimento forçado; e (iv) a adoção de medidas internas, de cunho administrativo, legislativo e judicial, para adimplir os compromissos assumidos na Convenção.

Para a Convenção (art. 2º), o desaparecimento forçado consiste: (i) na privação da liberdade de um ou mais indivíduos (a qual pode ocorrer de várias formas), realizada (ii) por agentes estatais ou pessoas autorizadas ou apoiadas pelo Estado, associada (iii) à negativa ao reconhecimento da privação de liberdade ou ao fornecimento de informações sobre os indivíduos detidos, de modo a impedir o exercício dos direitos e garantias processuais inerentes à detenção. Assim, o núcleo deste delito consiste nesses "três elementos": 1) privação da liberdade, 2) envolvimento direto ou indireto de agentes públicos e 3) negativa do reconhecimento da detenção.

Os arts. 3º e 4º tratam da obrigação estatal em adotar medidas legislativas para a tipificação do delito de desaparecimento forçado de pessoas no âmbito dos ordenamentos jurídicos internos. O art. 3º prevê que, na pendência da localização do paradeiro da vítima, o crime seja considerado como de natureza continuada ou permanente, bem como que a pena a ser imposta ao delito corresponda a sua extrema gravidade. Ainda, é facultado aos Estados o estabelecimento de circunstâncias atenuantes nos casos em que os partícipes do crime contribuam para o seu esclarecimento ou forneçam informações sobre o destino das vítimas.

O art. 4º dispõe, inicialmente, que os atos constitutivos do desaparecimento forçado de pessoas serão considerados *delitos* em qualquer Estado Parte. Após, determina as hipóteses de jurisdição dos Estados Partes nos casos de desaparecimento forçado. Cabe ao Estado Parte adotar medidas para estabelecer a sua jurisdição quando: (i) os atos forem perpetrados no âmbito da sua jurisdição; (ii) os agentes forem nacionais do Estado; (iii) as vítimas forem nacionais do Estado, se apropriado; e (iv) o agente estiver em seu território e o Estado não o extradite. Assim, não obstante a Convenção estipule que o desaparecimento forçado seja reconhecido como crime em todos os Estados Partes, não é permitido o exercício da jurisdição estatal ou das funções reservadas às autoridades internas em outro Estado Parte.

O art. 5º, por seu turno, disciplina a *extradição* dos agentes que praticarem o crime de desaparecimento forçado, *proibindo-se* que este seja considerado como *delito político*. Para os Estados que subordinam a extradição a existência de tratado específico, prevê-se a inclusão do desaparecimento forçado no rol de delitos passíveis de extradição em todos os tratados extradicionais (existentes e futuros) celebrados entre os Estados Partes. Nos casos de inexistência de tratado de extradição entre os Estados Partes, a Convenção pode ser utilizada como *substrato jurídico* para a solicitação de extradição relativa ao delito de desaparecimento forçado. Nos Estados nos quais os tratados extradicionais não são exigidos, o desaparecimento forçado será reconhecido como crime passível de extradição, sujeita às condições estabelecidas pelo Estado requerido. Em ambas as situações, a extradição obedecerá a Constituição e nas leis internas do Estado requerido.

De forma complementar, o artigo 6º estabelece, caso negada a extradição, o dever de submissão dos casos às autoridades competentes internas (*aut dedere aut judicare*). Destarte, investigação e persecução penal devem ser processadas em conformidade com a legislação interna, como se o delito tivesse sido praticado no âmbito da jurisdição do Estado, com a comunicação da decisão ao Estado que originalmente solicitou a extradição.

Os arts. 7º, 8º e 9º trazem cláusulas específicas para evitar a impunidade dos agentes responsáveis pelo desaparecimento forçado, ao estabelecerem: (i) a sua imprescritibilidade, (ii) a impossibilidade de escusa pela obediência hierárquica e (iii) a proibição de julgamento por jurisdição especial.

A *imprescritibilidade* (da pretensão punitiva e da pretensão executória) do crime de desaparecimento forçado está expressa no art. 7º, o qual, contudo, excetua dessa regra os Estados que possuam normas de caráter fundamental que vedem a imprescritibilidade[21], hipótese em que o prazo prescricional para o desaparecimento forçado deve ser *equiparado* àquele estipulado para o *delito mais grave* previsto na legislação interna. Nesse ponto, a Convenção Interamericana é *distinta* da Convenção da ONU sobre a temática, que não parte da imprescritibilidade, mas ordena que a prescrição seja compatível com a natureza grave do crime (art. 8º).

Ademais, tampouco é possível contornar o dever de punir os responsáveis pelo desaparecimento forçado pelo reconhecimento da obediência hierárquica como excludente de ilicitude. O art. 8º da Convenção é claro ao estipular, igualmente, que toda pessoa que receber ordens para perpetrar o delito em questão possui o *direito e o dever de não obedecê-las*. Para implementar a previsão contida nesse dispositivo, os Estados devem garantir que seja fornecida a formação pessoal e a educação adequada relativamente ao delito de desaparecimento forçado aos funcionários públicos encarregados da aplicação da lei penal.

Na mesma linha, para evitar a impunidade, o art. 9º fixa a jurisdição *comum* para o julgamento dos agentes responsáveis pela prática do crime de desaparecimento forçado, excluindo expressamente a possibilidade de incidência de qualquer jurisdição especial. Assim, não apenas é impossível a alegação de que o crime de desaparecimento forçado fora cometido no exercício de funções militares, bem como não são admitidas imunidades, privilégios e dispensas especiais nas ações penais que investiguem a prática deste crime (ressalvadas, apenas, as disposições da Convenção de Viena sobre Relações Diplomáticas).

O art. 10 reforça a proibição total à prática do desaparecimento forçado, independentemente do contexto sociopolítico interno. Instabilidade política, emergência pública, Estado ou ameaça de guerra, ou qualquer outra circunstância interna não podem ser utilizadas como justificativa para autorizar o desaparecimento forçado de pessoas. Nessas circunstâncias excepcionais, deve ser garantido o acesso a procedimentos judiciais expeditos e eficazes para determinar a autoridade responsável pela detenção e o paradeiro e condições das pessoas detidas. Para combater o desaparecimento forçado, é garantida às autoridades judiciárias que tiverem indícios da prática deste crime a livre entrada em todos os centros de detenção, *inclusive* àqueles sujeitos à jurisdição militar.

Já o art. 11 traz as garantias mínimas relacionadas à detenção. São deveres do Estado relacionados à privação de liberdade: (i) manter os detentos em locais oficialmente reconhecidos; (ii) conduzir os detentos, sem demora e nos ditames da legislação interna, à autoridade judiciária competente; e (iii) manter registros oficiais atualizados sobre os detidos, com consulta disponível para os familiares e advogado do detido, bem como para os juízes, autoridades e outras pessoas com interesse legítimo.

Reconhecendo o caráter perene do desaparecimento forçado, bem como o seu impacto negativo sobre as entidades familiares, o art. 12 estipula a cooperação recíproca entre os Estados Partes para a localização, identificação e restituição de menores que tenham sido transportados para ou retidos em outros Estados como consequência do desaparecimento forçado de seus pais ou tutores.

---

[21] Ver a posição do STF no que tange à criação de novos tipos criminais sujeitos à imprescritibilidade na Parte IV, item 24.1, deste *Curso*.

A importância do sistema interamericano de proteção dos direitos humanos para prevenir e punir o crime de desaparecimento forçado está estabelecida nos arts. 13 e 14. O art. 13 dispõe que a tramitação de petições relativas a tal crime na Comissão Interamericana de Direitos Humanos segue o *rito* estabelecido na Convenção Americana sobre Direitos Humanos, bem como nos Estatutos e Regulamentos da própria Comissão e da Corte Interamericana, com menção especial à possibilidade de adoção de medidas cautelares.

Paralelamente aos procedimentos perante o sistema interamericano, o art. 14 estabelece que, quando do recebimento de petição relatando desaparecimento forçado, a Comissão requisitará ao Estado pertinente informação, em *caráter urgente e confidencial*, sobre o paradeiro e outras circunstâncias relevantes da pessoa supostamente desaparecida. Tal pedido de informação, contudo, não tem o condão de prejudicar a admissibilidade da petição apresentada à Comissão.

O art. 15 traz limitações à aplicabilidade da Convenção, ao prever que ela não restringe tratados bilaterais ou multilaterais assinados pelos Estados Partes, bem como não se aplica aos conflitos armados disciplinados pelas Convenções de Genebra de 1949 sobre a proteção dos feridos, doentes e náufragos das forças armadas, e a prisioneiros civis em tempo de guerra.

Os arts. 16 a 22 trazem as condições para que um Estado se obrigue à Convenção. Os arts. 16 e 17 preveem que a Convenção está aberta para assinatura por todos os Estados membros da OEA, ficando sujeita à ratificação, a ser depositada na Secretaria Geral da Organização. A adesão da Convenção por outros Estados, mediante depósito do referido instrumento também na Secretaria Geral, é facultada no art. 18.

A apresentação de reservas à Convenção está autorizada no art. 19, as quais podem ser realizadas na sua aprovação, assinatura, ratificação ou adesão, desde que sejam específicas e compatíveis com os objetivos da Convenção. O art. 20 determina a entrada em vigor da Convenção no plano internacional com o depósito do 2º instrumento de ratificação e, para os Estados que a ratificarem posteriormente, a sua entrada em vigor no trigésimo dia a partir da data do depósito da sua ratificação.

Finalmente, o art. 21 admite a possibilidade de denúncia à Convenção, com a cessação de efeitos para o Estado denunciante após um ano contado do depósito do instrumento de denúncia na Secretaria Geral da OEA. Já o art. 22 prevê que o depósito do instrumento original da convenção, nas línguas oficiais, será realizado também na Secretaria Geral da Organização, sendo enviada cópia autenticada do texto para o Secretariado da ONU. Ainda, havendo assinatura, ratificação, adesão, reserva ou denúncia à Convenção, os Estados membros da OEA serão comunicados.

QUADRO SINÓTICO

Convenção Interamericana sobre o Desaparecimento Forçado de Pessoas

Objetivo	• proibição à prática, permissão ou tolerância ao desaparecimento forçado em qualquer situação; • punição interna dos autores, cúmplices e partícipes do crime de desaparecimento forçado; • cooperação para prevenção, punição e erradicação do desaparecimento forçado; • adoção de medidas internas, de cunho administrativo, legislativo e judicial, para prevenir, punir e erradicar o desaparecimento forçado; • reforça o dever dos Estados de prevenir, punir e eliminar os desaparecimentos forçados, com o reconhecimento de que a sua prática sistemática constitui crime contra a humanidade.

Definição de desaparecimento forçado	• Restrição física, mental ou sensorial, de natureza permanente ou transitória, que limita a capacidade de exercer uma ou mais atividades essenciais da vida diária, causada ou agravada pelo ambiente econômico e social.
Mecanismos de monitoramento	• Adoção dos mesmos procedimentos previstos na Convenção Americana de Direitos Humanos, permitindo à Comissão IDH e à Corte IDH zelarem pela observância da Convenção. • Novidade: ao receber a petição sobre desaparecimento forçado, a Comissão pode pedir informações urgentes e em sigilo ao Estado tido como infrator, sem que isso interfira no processamento regular da petição em si.

10. CARTA DEMOCRÁTICA INTERAMERICANA

A Carta Democrática Interamericana (CDI) foi aprovada em 11 de setembro de 2001 na primeira sessão do XXVIII período extraordinário da *Assembleia Geral* da Organização dos Estados Americanos, em Lima, Peru. A Carta, por ter sido aprovada como resolução da Assembleia Geral da OEA, não é vinculante, compondo a *soft law* primária (direito em formação) que rege a temática na região. Contudo, a Carta constitui importante vetor de interpretação de como promover a democracia prevista na Carta da OEA (art. 2º, "b"[22]).

O ineditismo da Carta Democrática Interamericana consiste em seu objetivo de exigir o respeito à democracia formal (rotatividade do poder e eleições periódicas) e *também* à democracia substancial (justiça social), estabelecendo o *direito à democracia*, bem como superando a antiga preocupação de defesa da ordem democrática somente nos casos de golpes de Estado que caracterizaram a região por décadas.

A Carta possui 28 artigos divididos em 6 partes: I) a democracia e o sistema interamericano; II) a democracia e os direitos; III) democracia, desenvolvimento integral e combate à pobreza; IV) fortalecimento e preservação da institucionalidade democrática; V) a democracia e as missões de observação eleitoral; e VI) promoção da cultura democrática.

A Parte I abarca disposições gerais sobre o exercício da democracia na região latino-americana. A *democracia é tida como direito*, tendo os governos o dever de promovê-la e defendê-la (artigo 1º) e, sendo o seu exercício a base do Estado de Direito, este deve ser realizado de forma ética e responsável com a participação permanente dos cidadãos (artigo 2º).

Como elementos da democracia, o art. 3º aponta o respeito dos direitos humanos e liberdades fundamentais, a realização de eleições periódicas, livres e justas, o sufrágio universal e secreto como expressão da soberania do povo, o pluralismo de partidos políticos e a separação dos poderes públicos.

O art. 4º, por sua vez, elenca a transparência, a probidade, a responsabilidade na gestão pública e o respeito aos direitos sociais e à liberdade de imprensa como componentes fundamentais ao exercício da democracia. O art. 5º demonstra preocupação com o papel dos partidos políticos na democracia diante dos altos custos de suas campanhas eleitorais, primando pelo estabelecimento de regime equilibrado e transparente de seus financiamentos.

Já o art. 6º evidencia a importância da participação popular, a qual é concomitantemente direito, responsabilidade e condição para o exercício efetivo da democracia.

A Parte II enfatiza a indispensabilidade da democracia para o pleno exercício dos direitos humanos (art. 7º). Como violações a tais direitos podem gerar denúncia aos órgãos do sistema

---

[22] "Artigo 2º Para realizar os princípios em que se baseia e para cumprir com suas obrigações regionais, de acordo com a Carta das Nações Unidas, a Organização dos Estados Americanos estabelece como propósitos essenciais os seguintes: (...) b. Promover e consolidar a democracia representativa, respeitado o princípio da não intervenção."

interamericano, os Estados devem assegurar a sua proteção (art. 8º). Nesse sentido, a promoção dos direitos humanos e da diversidade e a eliminação de toda forma de discriminação e intolerância fortalecem a democracia e a participação cidadã (art. 9º). O art. 10 lembra, também, que a melhoria das condições de trabalho e qualidade de vida dos trabalhadores auxilia na promoção da democracia.

A relação entre democracia, pobreza e desenvolvimento é analisada na Parte III. Expressa-se a interdependência e o reforço mútuo entre os três conceitos (art. 11), assinalando que os baixos índices de desenvolvimento contribuem negativamente para a democracia, de modo que os Estados devem adotar ações objetivando a criação de empregos, a redução da pobreza e a coesão social (art. 12).

O crescimento econômico, por sua vez, pressupõe a promoção dos direitos de cunho econômico, social e cultural (art. 13) e os Estados devem fomentar o diálogo e cooperação para promovê-los (art. 14). O exercício da democracia também contribui para o desenvolvimento sustentável, de modo que políticas de preservação ambiental devem ser adotadas pelos Estados (art. 15). Grifa-se, ademais, que a educação acessível para todos é fundamental para a consolidação das instituições democráticas e para o crescimento econômico (art. 16).

A manutenção das instituições democráticas é o foco da Parte IV da Carta Democrática Interamericana. Estabelece-se que, caso se considere que o processo político democrático ou o seu exercício estão em risco, o Secretário-Geral ou o Conselho Permanente podem, com o consentimento prévio do governo afetado, realizar visitas e elaborar relatórios de avaliação coletiva da situação para instruir o Conselho Permanente sobre a necessidade de adotar medidas para preservar e consolidar a democracia na região (arts. 17 e 18). Tal prerrogativa do Conselho Permanente de atuação para a normalização da institucionalidade democrática também pode ser provocada pelos Estados-membros (art. 20).

A ruptura da ordem democrática ou alteração constitucional que a afete gravemente constitui, enquanto durar, obstáculo à participação de membro na Assembleia Geral e demais órgãos estabelecidos na OEA, ficando o Estado *suspenso* mediante voto afirmativo de dois terços dos demais membros, o que já consta do Protocolo de Washington, de 1992 (que reformou a Carta da OEA). Contudo, tal suspensão não escusa o Estado do cumprimento de suas obrigações como membro da OEA, especialmente o respeito aos direitos humanos (arts. 19 e 21). Para a superação da suspensão, quando cessada a situação que lhe deu causa, exige-se o mesmo quórum de dois terços (art. 22).

No âmbito da responsabilidade dos Estados pela organização de processos eleitorais livres e justos, a Parte V trata das *missões de observação eleitorais*, as quais podem ser solicitadas por Estados-membros para auxiliarem no desenvolvimento das instituições e processos eleitorais (art. 23). A formalização e o alcance das missões de observação eleitorais, imparciais e independentes, são estipulados em convênio celebrado entre o Secretário-Geral e o Estado solicitante e os resultados sobre as condições necessárias à realização de eleições livre e justas são apresentados ao Conselho Permanente, o qual, caso necessário, pode enviar missões especiais para melhorar os indicadores potencialmente problemáticos (arts. 24, 25 e 26).

Por fim, a Parte VI versa sobre a promoção da cultura democrática, a qual abarca o desenvolvimento de programas que considerem a democracia como sistema de vida com liberdade e desenvolvimento econômico, social e cultural (art. 26). Tais programas devem ter como objetivos específicos a promoção da governabilidade, boa gestão e fortalecimento das instituições políticas, com especial atenção para a educação na infância e juventude como ferramenta para a continuidade dos valores democráticos e para a participação da mulher nas estruturas políticas (arts. 27 e 28).

A Carta Democrática Interamericana é valioso instrumento para a interpretação do direito à democracia e dos direitos políticos no Brasil, especialmente diante de inovações como a "Lei da Ficha Limpa", que busca afastar – temporariamente – da possibilidade de ser eleito aqueles cuja conduta revela falta de compromisso com o direito à boa governança, entre outros[23].

QUADRO SINÓTICO

Carta Democrática Interamericana (CDI)	
Natureza jurídica	• *Soft law*, mas deve ser utilizada como instrumento de interpretação dos deveres do Estado na promoção da democracia (que consta da Carta da OEA).
Objetivo	• Tratar de maneira ampla o *direito à democracia*, tanto no aspecto formal (eleições livres, periódicas e justas) quanto no aspecto material (ou substancial), que abarca a justiça social e o desenvolvimento sustentável.
Uso no Brasil	• A CDI é valioso instrumento para a interpretação do direito à democracia e dos direitos políticos no Brasil, especialmente diante de inovações como a "Lei da Ficha Limpa", que busca afastar - temporariamente - das eleições aqueles cuja conduta revela falta de compromisso com o direito à boa governança, entre outros.

11. CARTA SOCIAL DAS AMÉRICAS

A Carta Social das Américas foi aprovada pela Assembleia Geral da Organização dos Estados Americanos (OEA) em 2012, em linha com o que dispõe a Carta Democrática Interamericana no que tange à interdependência entre o desenvolvimento econômico e social e a democracia. A Carta estimula os Estados a erradicar a pobreza, enfrentar a exclusão social e combater a desigualdade, que são considerados óbices à consolidação da democracia no continente.

A Carta possui 35 artigos divididos em 5 capítulos: 1) justiça social, desenvolvimento com igualdade e democracia; 2) desenvolvimento econômico inclusivo e equitativo; 3) desenvolvimento cultural, diversidade e pluralidade; 4) solidariedade e esforço conjunto das Américas; e 5) cooperação interamericana para a obtenção de justiça social e eliminação da pobreza.

Nos "considerandos", a Carta reconhece "a universalidade, a indivisibilidade e a interdependência de todos os direitos humanos e seu papel essencial para o desenvolvimento social e a realização do potencial humano, e reconhecendo a legitimidade e a importância do Direito Internacional dos Direitos Humanos para sua promoção e proteção". Entretanto, esse reconhecimento da indivisibilidade dos direitos humanos não impede a Carta de prever, timidamente, a adoção progressiva de medidas para implementar os direitos sociais (em sentido amplo) por parte dos Estados membros, o que não ocorre com os direitos civis e políticos.

O primeiro capítulo abarca dispositivos sobre a busca pela justiça social, que deve ser promovida pelos Estados, já que o desenvolvimento com igualdade fortalece a democracia, sendo ambos interdependentes e se reforçam mutuamente. Foi enfatizado que a garantia dos direitos econômicos, sociais e culturais são inerentes ao desenvolvimento integral, ao crescimento econômico com igualdade e à consolidação da democracia nos Estados (art. 2º). Contudo, os Estados devem implementar tais direitos apenas *progressivamente*, pela adoção de políticas e programas que considerem mais eficazes e adequados às suas necessidades, em conformidade com as escolhas democráticas e os recursos disponíveis.

---

[23] *Vide* sobre "direitos políticos" o item 48 da Parte IV.

O combate à pobreza deve ser objetivo do Estado, para que seja suprimida a exclusão social e desigualdade, devendo ser adotadas políticas e programas públicos para alcançar esse fim.

Por sua vez, cada Estado tem a responsabilidade primordial pelo seu desenvolvimento e, ao escolher seu sistema econômico e social em um ambiente de democracia, deve buscar o estabelecimento de uma ordem econômica e social mais justa, que possibilite a plena realização do ser humano. Nessa linha, a Carta estipula que a pessoa humana é o centro, partícipe e beneficiária principal do processo de desenvolvimento econômico inclusivo, justo e equitativo (art. 6º). Por isso, as políticas econômicas e sociais devem promover a geração de emprego e a redução da desigualdade de renda, focando no combate à pobreza, desigualdade e dignidade, o que é uma luta conjunta do Estado e da sociedade civil.

Os Estados devem buscar eliminar os obstáculos ao desenvolvimento, com vistas à consolidação e plena vigência dos direitos civis, políticos, econômicos, sociais e culturais (art. 7º). No tocante aos direitos dos trabalhadores, cabe ao Estado a promoção do trabalho decente, a redução do desemprego e do subemprego e a atenção aos desafios do trabalho informal, que constituem elementos essenciais para que se alcance o desenvolvimento econômico com igualdade (art. 8º). A Carta faz ainda referência à Declaração da Organização Internacional do Trabalho sobre os *Princípios e Direitos Fundamentais no Trabalho e seu Acompanhamento*, de 1998, pela qual se busca o fomento de uma força de trabalho de qualidade e com justiça social.

Além disso, os Estados devem promover e executar políticas públicas voltadas para o desenvolvimento econômico com justiça social, reconhecendo a importância dos programas que contribuam para a inclusão e a coesão social e gerem renda e emprego. A Carta ressalta o importante papel das micro, pequenas e médias empresas, bem como das cooperativas e outras unidades de produção. As políticas públicas e as estruturas normativas devem promover a criação de novas empresas e a incorporação do setor informal à economia formal (art. 9º).

Apesar da forte inclinação na proteção dos trabalhadores e dos setores excluídos das sociedades americanas, a Carta reconhece o direito de propriedade (art. 11), pugnando pela criação de um sistema de direitos de propriedade voltado a oferta de segurança jurídica aos povos das Américas, facilitando a formação de capital e promovendo o desenvolvimento econômico com justiça social e, desse modo, contribuindo para a sua prosperidade geral.

A Carta valorizou também o meio ambiente: dispõe que os Estados promoverão, em parceria com o setor privado e a sociedade civil, o desenvolvimento sustentável por meio do (i) crescimento econômico, do (ii) desenvolvimento social e da (iii) conservação e uso sustentável dos recursos naturais.

Por sua vez, a Carta estabelece que os Estados devem implementar políticas de proteção social integral, com prioridade aos vulneráveis (art. 14), reconhecendo as contribuições dos povos indígenas, afrodescendentes e comunidades migrantes para o processo histórico continental, devendo-se valorizá-las. Por isso, cabe aos Estados adotar políticas para promover a inclusão e prevenir, combater e eliminar todo tipo de intolerância e discriminação, especialmente a discriminação de gênero, étnica e racial, para resguardar a igualdade de direitos e oportunidades e fortalecer os valores democráticos.

Tal qual a "Carta Democrática Interamericana", a Carta Social das Américas (CSA) não é um texto vinculante, possuindo a natureza jurídica de *soft law* primária, ou seja, um diploma não vinculante que serve para apontar, aos Estados, condutas que podem se transformar em normas vinculantes no futuro (pela sua aceitação como (i) norma consuetudinária ou (ii) pela inserção em tratados internacionais). Outra possibilidade de aplicação da "Carta Social" é seu uso pela Corte Interamericana de Direitos Humanos, como instrumento de interpretação da dimensão social dos direitos previstos na Convenção Americana de Direitos Humanos.

QUADRO SINÓTICO

Carta Social das Américas (CSA)

Natureza jurídica	• *Soft law*, mas pode ser utilizada como instrumento de interpretação da dignidade humana e da dimensão social dos direitos previstos na Convenção Americana de Direitos Humanos.
Objetivo	• Tratar dos direitos sociais e das missões dos Estados no combate à pobreza, exclusão social e miséria no continente. Vincula, ainda, desenvolvimento social com democracia.
Uso no Brasil	• A CSA é valioso instrumento para a interpretação dos deveres do Estado na elaboração de políticas econômicas, que não podem gerar mais exclusão e concentração de renda.

12. CONVENÇÃO INTERAMERICANA SOBRE A PROTEÇÃO DOS DIREITOS HUMANOS DAS PESSOAS IDOSAS

A crescente longevidade da humanidade impacta no crescimento da população idosa, que abrange os indivíduos de 60 anos ou mais. Dados da ONU indicam que o número de pessoas idosas no mundo dobrará de aproximadamente 841 milhões em 2013 para mais de 1,5 bilhões em 2050[24]. A longevidade crescente obtida pela humanidade e o consequente envelhecimento populacional global sensibilizou a Organização das Nações Unidas a tratar da matéria nas últimas décadas com a adoção dos seguintes textos normativos: (i) Plano Internacional de Ação sobre Envelhecimento, fruto de conferência mundial sobre envelhecimento organizada pela ONU; (ii) Resolução n. 45/106 da Assembleia Geral, de 1990, que designou o dia 1º de outubro como o "Dia Internacional da Pessoa Idosa"; (iii) Resolução n. 46, de 1991, que adotou os "Princípios das Nações Unidas em favor das Pessoas Idosas"; Plano de Ação Internacional sobre o Envelhecimento de Madri, de 2002, na segunda conferência mundial sobre a temática, organizada pela ONU, entre outros. Esses textos não são dotados de força vinculante, compondo a *soft law* da matéria, mas que podem servir para interpretação, em face da pessoa idosa, do alcance dos direitos previstos nos tratados.

No plano convencional global, o Comentário (ou Observação) Geral n. 6 (1996) do Comitê para os Direitos Sociais, Econômicos e Culturais do PIDESC (Pacto Internacional sobre Direitos Econômicos, Sociais e Culturais) fez aprofundada interpretação dos direitos das pessoas idosas, com base nos ditames do Pacto. Em 2014, o Conselho de Direitos Humanos da ONU designou um *Especialista Independente para o gozo de todos os direitos humanos das pessoas idosas.*

No plano interamericano, foi adotada a Declaração de Brasília sobre o Envelhecimento, durante a II Conferência Intergovernamental sobre Envelhecimento na América Latina e no Caribe, em dezembro de 2007. Nesse diploma de *soft law,* ficou claro que a velhice não pode mais ser tratada como uma etapa de vida episódica ou mesmo curta, mas sim como uma fase regular e cada vez maior da vida do ser humano.

Em 2015, a OEA deu um importante passo adicional ao adotar a Convenção Interamericana sobre a Proteção dos Direitos Humanos das Pessoas Idosas. A Convenção já foi assinada pelo Brasil (15-6-2015), mas ainda não foi ratificada e incorporada internamente na data do fechamento deste *Curso*, em agosto de 2024. Possui, em 2024, 11 Estados partes.

---

[24] Dados disponíveis em: <https://www.un.org/en/observances/older-persons-day#:~:text=On%2014%20December%201990%2C%20the,(resolution%2045%2F106)>. Acesso em: 4 ago. 2024.

Essa Convenção é pioneira nas Américas e também *precede* a eventual tratado universal sobre os direitos das pessoas idosas. A adoção de um tratado específico fornece (i) visibilidade e (ii) aprofunda a redação e amplitude dos direitos ao segmento vulnerável, como ocorreu, agora, com a Convenção Interamericana.

A Convenção é composta por 41 artigos e visa promover, proteger e assegurar o pleno gozo e exercício dos direitos do idoso. Define, inicialmente, a pessoa idosa como aquela com *60 anos ou mais*, exceto se a lei interna determinar uma idade-base menor ou maior, *desde que esta não seja superior a 65 anos*. No Brasil, em linha com a Convenção, o Estatuto do Idoso (Lei n. 10.741/2003) define a pessoa idosa como aquela com idade igual ou superior a 60 anos. Em 2017, foi editada a Lei n. 13.466, pela qual foi alterado o Estatuto do Idoso, tendo sido prevista a figura *qualificada* do "idoso com mais de 80 anos". A nova lei assegurou, dentre os idosos, *prioridade especial* aos maiores de oitenta anos, atendendo-se suas necessidades sempre preferencialmente em relação aos demais idosos.

O envelhecimento consiste, para a Convenção, em um processo gradual que se desenvolve durante o curso de vida e que implica alterações biológicas, fisiológicas, psicossociais e funcionais de várias consequências, as quais se associam com interações dinâmicas e permanentes entre o sujeito e seu meio. Por isso, a Convenção adota, como dever do Estado, a promoção do "envelhecimento ativo e saudável", que consiste no processo pelo qual se otimizam as oportunidades de bem-estar físico, mental e social da pessoa idosa, possibilitando a participação em atividades sociais, econômicas, culturais, espirituais e cívicas, bem como assegurando proteção, segurança e atenção, com o objetivo de ampliar sua expectativa de vida saudável e com qualidade e permitindo à pessoa idosa seguir contribuindo ativamente nas relações familiares e sociais.

O principal vetor da Convenção é a promoção de direitos da pessoa idosa pautada na *dignidade, independência, protagonismo* e *autonomia*. Assim, não é possível – em virtude da idade – excluir a pessoa idosa das decisões que a afetem.

Entre os principais direitos assegurados pela Convenção, estão:

(i) *Direito à vida digna na velhice*. A pessoa idosa tem direito à vida digna na velhice, em igualdade de condições com outros setores da população. A Convenção não adotou posição sobre a eutanásia[25], mas exige dos Estados que estabeleçam os "cuidados paliativos", que consiste na atenção e no cuidado ativo, integral e interdisciplinar de pacientes cuja enfermidade *não* responde a um tratamento curativo ou que sofrem dores evitáveis, a fim de melhorar sua qualidade de vida até a morte. De acordo com a Convenção, os "cuidados paliativos" não aceleram nem retardam a morte. Os Estados devem, ainda, estabelecer medidas que impeçam o sofrimento desnecessário e as intervenções fúteis e inúteis (a chamada obstinação terapêutica), em conformidade com o direito do idoso a expressar o consentimento informado.

(ii) *Direito à independência e à autonomia*. O respeito à autonomia da pessoa idosa na tomada de suas decisões, bem como a independência na realização de seus atos, implica uma série de consequências, como, por exemplo, que a pessoa idosa tenha a oportunidade de escolher seu lugar de residência e onde e com quem viver, em igualdade de condições com as demais pessoas, e não se veja obrigado a viver de acordo com um sistema de vida específico.

(iii) *Direito à participação e integração comunitária*. A pessoa idosa tem direito à participação ativa, produtiva, plena e efetiva dentro da família, da comunidade e da sociedade para sua integração em todas elas.

(iv) *Direito à saúde e consentimento livre e informado*. A pessoa idosa tem direito a aceitar, recusar ou interromper voluntariamente tratamentos médicos ou cirúrgicos, inclusive os da

---

[25] *Vide* item 3 da Parte IV, sobre o direito à vida.

medicina tradicional, alternativa e complementar, pesquisa, experimentos médicos ou científicos, sejam de caráter físico ou psíquico, e a receber informação clara e oportuna sobre as possíveis consequências e os riscos dessa decisão.

(v) *Direitos à seguridade social.* Todo idoso tem direito à seguridade social que o proteja para levar uma vida digna.

(vi) *Direito ao trabalho.* A pessoa idosa tem direito ao trabalho digno e à igualdade de oportunidades e de tratamento em relação aos outros trabalhadores, independentemente da idade. Por sua vez, a Convenção prevê que os Estados devem adotar as medidas legislativas, administrativas ou de outra índole para promover o emprego formal do idoso e regular as diversas formas de autoemprego e o emprego doméstico e para impedir a discriminação profissional do idoso.

O conjunto de direitos previsto na Convenção pode ser resumido como consistindo no *direito ao cuidado,* com autonomia e protagonismo da pessoa idosa.

QUADRO SINÓTICO	
Convenção Interamericana sobre a Proteção dos Direitos Humanos das Pessoas Idosas	
Natureza jurídica	• Tratado assinado, mas não ratificado ainda pelo Brasil.
Objetivo	• Fomentar o envelhecimento "ativo e saudável", que consiste no processo pelo qual se otimizam as oportunidades de bem-estar físico, mental e social da pessoa idosa, possibilitando a participação em atividades sociais, econômicas, culturais, espirituais e cívicas, bem como assegurando proteção, segurança e atenção, com o objetivo de ampliar sua expectativa de vida saudável e com qualidade e permitindo à pessoa idosa seguir contribuindo ativamente nas relações familiares e sociais
Essência da Convenção	• Promoção de direitos da pessoa idosa pautada na dignidade, independência, protagonismo e autonomia. Assim, não é possível – em virtude da idade – excluir a pessoa idosa das decisões que a afetem.

13. CONVENÇÃO INTERAMERICANA CONTRA TODA FORMA DE DISCRIMINAÇÃO E INTOLERÂNCIA

Em junho de 2013, na Assembleia ordinária da Organização dos Estados Americanos, realizada em Antígua, foram aprovadas duas importantes convenções contra a intolerância e discriminação: a Convenção Interamericana contra o Racismo, Discriminação Racial e Formas Conexas de Intolerância (numerada como A-68) e a Convenção Interamericana contra Toda Forma de Discriminação e Intolerância (numerada como A-69). A elaboração dessas convenções teve início com a iniciativa, em 2000, da Assembleia Geral da OEA, que recomendou ao Conselho Permanente que estudasse a possibilidade de elaborar projeto de convenção interamericana para prevenir, sancionar e erradicar o racismo e toda forma de discriminação e intolerância.

Em 2011, o Grupo de Trabalho encarregado da redação da minuta do texto entendeu ser necessário *dividir* o projeto original, abandonando-se a ideia de uma grande convenção antidiscriminação, uma vez que alguns Estados *não* ratificariam uma convenção que abarcasse temas envolvendo identidade de gênero e orientação sexual.

Por isso, a primeira convenção (A-68) centrou-se no *combate ao racismo e à discriminação racial*; a segunda (A-69) ataca a *discriminação e a intolerância em geral*, combatendo facetas inéditas no Direito Internacional convencional referentes à discriminação, como aquelas geradas por orientação sexual, identidade de gênero e condição infectocontagiosa estigmatizada.

Essas convenções tratam de atualizar e fazer avançar o acervo antidiscriminatório do Direito Internacional dos Direitos Humanos, que tem seu marco inicial na edição da Convenção da ONU sobre a Eliminação de Todas as Formas de Discriminação Racial de 1965.

A Convenção Interamericana contra Toda Forma de Discriminação e Intolerância foi adotada em 2013 pela OEA. Já foi assinada, mas não ratificada pelo Brasil. Possui, até 2024, apenas seis Estados partes (Uruguai e México – a última ratificação, em janeiro de 2020)[26], o que mostra a resistência dos Estados. Essa Convenção é pioneira nas Américas e também precede a eventual tratado universal sobre o combate à discriminação e intolerância em geral. Além disso, essa convenção realizou avanço significativo na matéria: nenhuma outra convenção de direitos humanos possui, até o momento, um *conceito tão inclusivo no que tange às diferentes facetas da discriminação*, explicitando fatores de discriminação e grupos vulneráveis (como a orientação sexual e migrantes) outrora esquecidos.

Em linhas gerais, a adoção de um tratado específico sobre discriminação e intolerância é importante porque fornece (i) visibilidade e (ii) aprofunda a redação e amplitude dos direitos ao segmento vulnerável, como ocorreu, agora, com essa Convenção Interamericana.

Nos "Considerandos", a Convenção estabelece o dever dos Estados de fomentar e estimular o respeito aos direitos humanos sem distinção de sexo, idade, orientação sexual, idioma, religião, opiniões políticas ou de qualquer natureza, origem social, posição econômica, condição de migrante, refugiado ou deslocado interno, nascimento, condição infectocontagiosa estigmatizada, característica genética, deficiência, sofrimento psíquico incapacitante ou qualquer outra condição social.

Por isso, fica estabelecido que uma sociedade pluralista e democrática deve respeitar a identidade cultural, linguística, religiosa, de gênero e sexual de toda pessoa, que pertença ou não a uma minoria, bem como criar condições que lhe permitam expressar, preservar e desenvolver tal identidade.

A Convenção é composta por 22 artigos e visa a promoção de direitos pautada na dignidade, ausência de qualquer discriminação odiosa e respeito à alteridade, combatendo simultaneamente a intolerância e a busca da exclusão ilegítima do outro.

Nessa linha, a Convenção define discriminação como sendo qualquer (i) distinção, (ii) exclusão, (iii) restrição ou (iv) preferência em qualquer esfera *pública* ou *privada*, que tenha como objetivo ou efeito anular ou limitar o reconhecimento, gozo ou exercício, em condições de igualdade, de direitos humanos consagrados em instrumentos internacionais. Assim, a discriminação é todo tratamento de diferenciação, restrição ou mesmo exclusão sem justificativa racional e proporcional, realizado por agentes públicos ou privados, visando a privação ou prejuízo a direitos de outrem.

Na linha dos "considerandos", o art. 1.1 da Convenção estipula que a discriminação pode estar baseada em 16 motivos, a saber: (i) nacionalidade, (ii) idade, (iii) sexo, (iv) orientação sexual, (v) identidade e expressão de gênero[27], (vi) idioma, (vii) religião, (viii) identidade cultural, (ix) opiniões políticas ou de qualquer natureza, (x) origem social, (xi) posição socioeconômica, (xii) nível de educação, (xiii) condição migratória, de refugiado, repatriado, apátrida ou deslocado interno, (xiv) deficiência, (xv) característica genética, (xvi) condição de saúde mental ou física, incluindo doença infectocontagiosa, psíquica, incapacitante ou qualquer outra.

---

[26] Disponível em: <http://www.oas.org/es/sla/ddi/tratados_multilaterales_interamericanos_A-69_discriminacion_intolerancia_firmas.asp>. Acesso em: 4 ago. 2024.

[27] Ver, na Parte IV, Capítulo 49, deste *Curso*, análise da proteção internacional e nacional dos direitos sexuais e reprodutivos.

A discriminação pode ser *direta ou indireta*: a discriminação direta assume um dos critérios de diferenciação vistos acima para gerar desvantagem de modo desigual e injusto; a discriminação indireta adota critério aparentemente neutro, mas que implica em desvantagem maior para os que pertencem a determinado grupo. Ainda, a discriminação pode ser *múltipla ou agravada*, que consiste em qualquer preferência, distinção, exclusão ou restrição, baseada, concomitantemente, em *dois* ou mais fatores de diferenciação já expostos acima. A Convenção não considera discriminação odiosa as medidas especiais ou ações afirmativas que são adotadas para assegurar a igualdade material e o exercício de direitos por parte de determinados grupos, desde que tais medidas não impliquem na manutenção de direitos separados para grupos distintos e ainda que sejam temporárias (até que seus objetivos sejam atingidos).

Já a intolerância consiste no ato, conjunto de atos ou manifestações que expressam o *desrespeito, rechaço ou desprezo* da dignidade, características, convicções e opiniões de seres humanos por serem diferentes ou contrárias. A intolerância pode ser manifestada em atos de marginalização ou mesmo exclusão da participação na vida pública ou privada de grupos em condições de vulnerabilidade, bem como pode ser expressa em atos de violência.

Entre seus principais dispositivos estão:

(i) Direitos protegidos. A Convenção determina que todo ser humano é igual perante a lei e tem direito à proteção igualitária contra toda forma de discriminação e intolerância em qualquer âmbito da sua vida pública e privada. Nessa linha, todo ser humano tem o direito ao reconhecimento, gozo, exercício e proteção, em condições de igualdade, de todos os demais direitos e liberdades consagrados no direito nacional e internacional, tanto no âmbito individual quanto no coletivo.

(ii) Reconhecimento do dever do Estado em prevenir e reprimir a discriminação e intolerância. Os Estados devem prevenir, eliminar, proibir e sancionar os atos e manifestações de intolerância e discriminação em todas as áreas, o que inclui o uso da internet ou qualquer meio de comunicação para tais propósitos (combate ao discurso de ódio – *hate speech*).

(iii) Adoção de políticas e ações afirmativas. Os Estados devem adotar políticas e ações afirmativas para garantir o gozo e o exercício de direitos por parte das pessoas e grupos discriminados e alvos de intolerância, com o objetivo de promover condições de igualdade e oportunidade para todos.

(iv) Representação política pautada na diversidade. Os Estados devem assegurar que seus sistemas políticos e jurídicos reflitam apropriadamente a diversidade dentro de suas sociedades, a fim de atender às necessidades especiais e legítimas de cada setor da população, para combater a discriminação e intolerância.

(v) Mandados de criminalização. Os Estados comprometem-se a assegurar às vítimas de discriminação e intolerância um tratamento equitativo, igualitário e não discriminatório no acesso ao sistema justiça, com processos ágeis e eficazes, para que seja obtida uma justa reparação no âmbito civil ou penal.

(vi) Supervisão da Comissão Interamericana de Direitos Humanos. A Convenção estabelece sistema de petição individual e interestatal para a Comissão IDH, que, por sua vez, pode enviar o caso à Corte Interamericana de Direitos Humanos, caso o Estado infrator tenha reconhecido a jurisdição contenciosa obrigatória da Corte.

(vii) Comitê Interamericano para a Prevenção e Eliminação do Racismo, Discriminação Racial e Todas as Formas de Discriminação e Intolerância. Foi criado um Comitê, composto por especialistas independentes nomeados pelos Estados Partes, que tem a atribuição de monitorar os compromissos assumidos perante esta Convenção *e também* perante a Convenção Interamericana contra o Racismo, a Discriminação Racial e Formas Conexas de Intolerância (a seguir comentada).

QUADRO SINÓTICO

Convenção Interamericana contra Toda Forma de Discriminação e Intolerância	
Natureza jurídica	• Elaborado em 2013. Tratado assinado, mas não ratificado ainda pelo Brasil. Mais de dez anos de sua elaboração, ratificado por apenas 2 Estados (México e Uruguai) dos 35 Estados da OEA.
Objetivo	• Promover o respeito aos direitos sem discriminação odiosa de qualquer natureza, abrangendo fatores de discriminação e intolerância não mencionados explicitamente em tratados anteriores, como a discriminação por orientação sexual, por condição infectocontagiosa estigmatizada etc.
Essência da Convenção	• Estabelece o dever dos Estados de fomentar e estimular o respeito aos direitos humanos sem distinção de sexo, idade, orientação sexual, idioma, religião, opiniões políticas ou de qualquer natureza, origem social, posição econômica, condição de migrante, refugiado ou deslocado interno, nascimento, condição infectocontagiosa estigmatizada, característica genética, deficiência, sofrimento psíquico incapacitante ou qualquer outra condição social.

14. CONVENÇÃO INTERAMERICANA CONTRA O RACISMO, DISCRIMINAÇÃO RACIAL E FORMAS CONEXAS DE INTOLERÂNCIA

A Convenção Interamericana contra o Racismo, Discriminação Racial e Formas Conexas de Intolerância foi aprovada em 2013, pela Organização dos Estados Americanos. O Congresso Nacional aprovou a convenção por intermédio do Decreto Legislativo n. 1, de 18-2-2021, o qual obedeceu ao rito especial do art. 5º, § 3º, da CF/88, dotando-a de hierarquia normativa interna equivalente à emenda constitucional. O Brasil realizou o depósito do ato internacional de ratificação em 28-5-2021. Em janeiro de 2022, foi promulgada internamente pelo Decreto 10.932/22. Possui somente 6 Estados partes em 2024.

Nos "Considerandos", a Convenção estabelece o dever dos Estados de erradicar total e incondicionalmente o racismo, a discriminação racial e toda forma de intolerância. Por isso, fica estabelecido que o Estado democrático deve fomentar a igualdade jurídica efetiva e ainda criar mecanismos que favoreçam a igualdade de oportunidade, combatendo a discriminação racial em todas as suas manifestações individuais, estruturais e institucionais.

Para a Convenção, o racismo consiste em qualquer teoria, doutrina, ideologia ou conjunto de ideia que sustenta a existência de um vínculo causal entre as características fenotípicas ou genotípicas de indivíduos ou grupo de indivíduos com suas características intelectuais, culturais e de personalidade, incluindo o falso conceito de superioridade racial.

Já a discriminação racial consiste em qualquer (i) distinção, (ii) exclusão, (iii) restrição ou (iv) preferência em qualquer esfera pública ou privada, baseada em motivos de raça, cor, linhagem ou origem nacional ou étnica, que tenha como objetivo ou efeito anular ou limitar o reconhecimento, gozo ou exercício, em condições de igualdade, de direitos humanos consagrados em instrumentos internacionais. Assim, a discriminação (discriminação racial direta) é todo tratamento de diferenciação, restrição ou mesmo exclusão sem justificativa razoável, realizado por agentes públicos ou privados, visando a privação ou prejuízo a direitos de outrem.

Além da discriminação direta, a Convenção prevê a *discriminação racial indireta* que ocorre, em qualquer esfera da vida pública ou privada, quando um dispositivo, prática ou critério *aparentemente neutro* acarreta uma *desvantagem particular* para pessoas pertencentes a um grupo específico, a menos que esse dispositivo, prática ou critério tenha um objetivo ou justificativa razoável e legítima à luz do Direito Internacional dos Direitos Humanos.

Por sua vez, tal qual visto na Convenção Interamericana contra Toda Forma de Discriminação e Intolerância, não se considera discriminação odiosa as medidas especiais ou ações afirmativas que são adotadas para assegurar a igualdade material e o exercício de direitos por parte de determinados grupos, desde que tais medidas não impliquem na manutenção de direitos separados para grupos distintos e ainda que sejam temporárias (até que seus objetivos sejam atingidos).

A Convenção é composta por 22 artigos e, entre seus principais dispositivos, estão:

(i) Direitos protegidos. A Convenção estipula que todo ser humano é igual perante a lei e tem o direito à idêntica proteção contra o racismo, a discriminação racial e formas conexas de intolerância em qualquer âmbito da vida pública e privada. Nessa linha, todo ser humano tem o direito ao reconhecimento, gozo, exercício e proteção, em condições de igualdade, de todos os demais direitos e liberdades consagrados no direito nacional e internacional, tanto no âmbito individual quanto no coletivo.

(ii) Reconhecimento do dever do Estado em prevenir, eliminar, proibir e sancionar. A Convenção determina que os Estados adotem medidas para prevenir, eliminar, proibir e sancionar todos os atos e manifestações de racismo, discriminação racial e formas conexas de intolerância, o que inclui o apoio privado ou público a atividades racialmente discriminatórias e racistas, promoção de ódio, qualquer tipo de defesa ou promoção de atos de genocídio ou de crimes contra a humanidade, entre outros.

(iii) Adoção de políticas e ações afirmativas. Os Estados devem adotar políticas e ações afirmativas para garantir o gozo e o exercício de direitos por parte das pessoas e grupos discriminados, com o objetivo de promover condições de igualdade e oportunidade para todos.

(iv) Adoção de leis contra o racismo. Os Estados devem adotar legislação que defina e proíba claramente o racismo, discriminação racial e formas conexas de intolerância tanto no setor público quanto no privado, em especial na área do emprego, participação em organizações profissionais, educação, moradia, saúde etc.

(v) Mandados de criminalização. Os Estados comprometem-se a assegurar às vítimas de discriminação e intolerância um tratamento equitativo, igualitário e não discriminatório no acesso ao sistema justiça, com processos ágeis e eficazes, para que seja obtida uma justa reparação no âmbito civil ou penal.

(vi) Supervisão da Comissão Interamericana de Direitos Humanos. A Convenção estabelece sistema de petição individual e interestatal para a Comissão IDH, que, por sua vez, pode enviar o caso à Corte Interamericana de Direitos Humanos, caso o Estado infrator tenha reconhecido a jurisdição contenciosa obrigatória da Corte.

(vii) Comitê Interamericano para a Prevenção e Eliminação do Racismo, Discriminação Racial e Todas as Formas de Discriminação e Intolerância. Foi criado um Comitê, composto por especialistas independentes nomeados pelos Estados Partes, que tem a atribuição de monitorar os compromissos assumidos perante esta Convenção e também perante a Convenção Interamericana contra Toda Forma de Discriminação e Intolerância (já comentada).

QUADRO SINÓTICO

Convenção Interamericana contra o Racismo, Discriminação Racial e Formas Conexas de Intolerância

Natureza jurídica	• Tratado ratificado pelo Brasil. Foi aprovado no Congresso Nacional pelo rito especial do art. 5º, § 3º, dotando-a de hierarquia normativa interna equivalente à emenda constitucional.

Objetivo	• Busca erradicar total e incondicionalmente o racismo, a discriminação racial e toda forma de intolerância. Por isso, fica estabelecido que o Estado democrático deve fomentar a igualdade jurídica efetiva e ainda criar mecanismos que favoreçam a igualdade de oportunidade, combatendo a discriminação racial em todas as suas manifestações individuais, estruturais e institucionais.
Discriminação direta e indireta	• Discriminação racial direta: qualquer distinção, exclusão, restrição ou preferência, em qualquer área da vida pública ou privada, cujo propósito ou efeito seja (i) anular ou (ii) restringir o reconhecimento, gozo ou exercício, em condições de igualdade, de um ou mais direitos humanos. • Discriminação racial indireta: uso de dispositivo, prática ou critério aparentemente neutro que acarreta desvantagem particular a pessoas de determinado grupo, a menos que esse dispositivo, prática ou critério tenha um objetivo ou justificativa razoável e legítima à luz do Direito Internacional dos Direitos Humanos.
Essência da Convenção	• Reforça o dever dos Estados de combater o racismo, a discriminação racial e as formas conexas de intolerância, estipulando uma série de condutas a serem adotadas.

15. DECLARAÇÃO DE PRINCÍPIOS SOBRE LIBERDADE DE EXPRESSÃO (2000)

A "Declaração de Princípios sobre Liberdade de Expressão" foi adotada pela Comissão Interamericana de Direitos Humanos (Comissão IDH) em outubro de 2000, a partir da atividade da Relatoria Especial para a Liberdade de Expressão daquela Comissão. Ela representa um esforço para definir e promover padrões que garantam e protejam a liberdade de expressão nas Américas, de acordo com as obrigações internacionais relevantes, sendo importante instrumento de interpretação do art. 13 da Convenção Americana de Direitos Humanos.

A Declaração contém vários princípios que destacam a importância da liberdade de expressão como um direito humano, bem como o papel da mídia e os limites desse direito. Foram elencados 13 princípios, a saber:

1. **Requisito para a existência da democracia.** A liberdade de expressão é direito essencial e, concomitantemente, é requisito indispensável à existência de uma sociedade democrática.
2. **Conteúdo tríplice.** Todas as pessoas têm o direito de (i) buscar, (ii) receber e (iii) divulgar informações e opiniões livremente em qualquer meio de comunicação.
3. **Acesso à informação pessoal.** Toda pessoa tem o direito de acesso à informação sobre si mesma ou sobre seus bens de forma expedita e não onerosa, esteja a informação contida em bancos de dados, registros públicos ou privados e, se for necessário, de atualizá-la, retificá-la e/ou emendá-la.
4. **Acesso à informação em poder do Estado.** O direito de acesso à informação detida pelo Estado é considerado um direito humano.
5. **Vedação à censura prévia.** Fica vedada a censura prévia ou *interferência* direta ou indireta sobre qualquer expressão, informação ou opinião, transmitida por qualquer meio de comunicação (oral, escrita, artística, visual ou eletrônica).
6. **Ameaças à liberdade de expressão.** O exercício do direito à liberdade de expressão é uma responsabilidade dos indivíduos, e sua proteção e promoção devem ser garantidas pelo Estado.
7. **Responsabilidade posterior.** As leis de privacidade não devem inibir nem restringir a investigação e a difusão de informação de interesse público. A proteção da reputação deve ser garantida apenas por meio de sanções civis nos casos em que a pessoa ofendida seja um funcionário público ou particular e tenha voluntariamente se exposto a maior escrutínio público.

8. **Combate a monopólios e oligopólios da mídia.** É necessário que os Estados garantam a pluralidade e a diversidade dos meios de comunicação, o que implica a obrigação de não os discriminar e de garantir sua operação e circulação.
9. **Ameaças contra jornalistas.** Os Estados têm a obrigação de prevenir e investigar esses ataques, punir seus autores e garantir que as vítimas recebam devida indenização.
10. **Uso do poder do Estado para controlar a mídia.** O Estado deve se abster de tentar controlar a mídia de modo direto ou indireto, por meio de vantagens tributárias, recursos publicitários, outorgas de concessões etc.
11. **Impossibilidade de se exigir veracidade.** Condicionamentos prévios, tais como de veracidade, oportunidade ou imparcialidade por parte dos Estados, são incompatíveis com o direito à liberdade de expressão reconhecido nos instrumentos internacionais.
12. **Direito ao sigilo.** Todo comunicador social tem o direito de reserva de suas fontes de informação, apontamentos, arquivos pessoais e profissionais.
13. **Leis de desacato.** As leis que punem a expressão ofensiva contra funcionários públicos, geralmente conhecidas como "leis de desacato", atentam contra a liberdade de expressão e o direito à informação.

Essa Declaração, apesar de ser diploma de *soft law*, reflete a interpretação internacionalista da Comissão IDH e ainda seu compromisso com a promoção e proteção da liberdade de expressão nas Américas. Ela destaca a importância do direito à liberdade de expressão, reconhecendo-o como preferencial (e fundante) para o desenvolvimento da democracia e para o pleno exercício dos direitos humanos, devendo ser utilizada como vetor hermenêutico dos dispositivos relacionados com a liberdade de expressão em diplomas internacionais vinculantes (*hard law*).

QUADRO SINÓTICO

Declaração de Princípios sobre Liberdade de Expressão	
Natureza jurídica	• Diploma de *soft law* adotado pela Comissão Interamericana de Direitos Humanos, a partir da atividade da Relatoria Especial para a Liberdade de Expressão daquela Comissão. Serve como vetor hermenêutico dos diplomas normativos vinculantes (tratados e outras normas internacionais) referentes à liberdade de expressão.
Objetivo	• Busca orientar a adequada interpretação e aplicação de normas e políticas públicas voltadas à proteção e à promoção da liberdade de expressão.
Conteúdo	• São 13 princípios contendo diversas previsões a respeito do conteúdo, limites e possibilidades de tutela cível ou penal da liberdade de expressão.

16. DECLARAÇÃO AMERICANA SOBRE OS DIREITOS DOS POVOS INDÍGENAS

Como resultado de quase duas décadas de esforços para a elaboração de um documento para a promoção e proteção dos direitos dos povos indígenas nas Américas, foi aprovada, à unanimidade, pela Assembleia Geral da Organização dos Estados Americanos, em 15 de junho de 2016 (AG/doc.5537/16), a Declaração Americana sobre os Direitos dos Povos Indígenas.

Trata-se de instrumento de *soft law*, que não possui força vinculante, mas que pode servir para orientar a interpretação de tratados como a Convenção Americana de Direitos Humanos em sua incidência sobre a temática indígena.

Pautada pelo reconhecimento da contribuição dos povos indígenas para o desenvolvimento, pluralidade e diversidade cultural das Américas, a Declaração possui como objetivo respeitar e promover os direitos dos povos indígenas no continente americano, nos seus aspectos políticos, econômicos, sociais, culturais, espirituais, históricos e filosóficos.

Com um total de 41 artigos, a Declaração é dividida em seis seções: a seção primeira, que abarca o âmbito de aplicação da declaração; a seção segunda, que aborda os direitos humanos e os direitos coletivos; a seção terceira, centrada na identidade cultural indígena; a seção quarta, relativa aos direitos de organização e aos direitos políticos; a seção quinta, que versa sobre os direitos sociais, econômicos e de propriedade; e a seção sexta, com dispositivos gerais.

O artigo I determina o escopo de aplicação da declaração a todos os povos indígenas da América, com especial valoração para a autoidentificação como critério de reconhecimento. Em complementação, os artigos II e III estipulam o respeito ao caráter pluricultural e multilíngue dos povos indígenas e o seu direito à autodeterminação. O escopo de aplicação da declaração é *limitado* pelo artigo IV, que *impede* a sua interpretação em sentido contrário à Carta da OEA ou que coloque em *risco* a integridade territorial e a unidade política dos Estados membros.

Na seção segunda, relativa aos direitos humanos e coletivos dos povos indígenas, os artigos V e VI reiteram a máxima do gozo de todos os direitos humanos pelos indígenas, assim como dos direitos coletivos indispensáveis para a sua existência, bem-estar e desenvolvimento integral como povo.

O artigo VII, por sua vez, expressa a igualdade de gênero, enfatizando os direitos das mulheres indígenas à proteção contra todas as formas de discriminação e violência. Já o direito a pertencer a um povo indígena de acordo com a sua identidade, tradição e costumes, vedada qualquer hipótese de discriminação, está expresso no artigo VIII.

A seguir, os artigos IX e X reconhecem a personalidade jurídica dos povos indígenas e o direito de expressão livre da sua identidade cultural, proibindo as tentativas externas de assimilação ou destruição da cultura indígena. Os dois artigos subsequentes vedam práticas odiosas contra indígenas, especificamente o genocídio, racismo, xenofobia e intolerância, as quais devem ser combatidas com medidas preventivas e corretivas estatais.

A identidade cultural, tema abordado na seção terceira, é definida no artigo XIII como a integridade cultural e o patrimônio tangível e intangível, histórico e ancestral, a ser preservado para a coletividade e para as gerações futuras. Ocorrendo violação à identidade cultural, os Estados devem garantir a reparação aos indígenas por meio de mecanismos de restituição dos bens culturais, intelectuais, religiosos e espirituais dos quais os indígenas foram privados sem o seu consentimento.

O artigo XIV versa sobre os sistemas de linguagem e comunicação indígenas, os quais devem ser preservados, utilizados e repassados. Na mesma linha, o direito à educação a todas as crianças indígenas, sem discriminação em relação aos não indígenas, é previsto no artigo XV, o qual autoriza, ainda, a educação nos métodos culturais de aprendizagem indígena, inclusive em seus próprios idiomas.

Já o artigo XVI foca na liberdade de exercício da espiritualidade indígena nas suas mais diversas formas, o qual inclui a realização de tradições e cerimônias em público, o acesso a locais sagrados e a proteção dos símbolos religiosos.

Nos ditames do artigo XVII, é garantida, ainda, a preservação dos próprios sistemas de família indígenas, nas variadas formas de união patrimonial, filiação e descendência. Nas questões de custódia e adoção, prevê-se o melhor interesse da criança indígena como critério norteador, abarcando o direito de desfrutar da própria cultura, religião e idioma.

O direito à saúde é tutelado de forma ampla no artigo XVIII. Permite-se o uso dos sistemas e práticas de saúde indígenas (plantas, animais e minerais de uso medicinal), assim como o acesso irrestrito aos serviços de saúde acessíveis à população em geral, ao mesmo tempo em que veda-se a experimentação médica ou biológica e a esterilização sem consentimento. Intrinsecamente ligado ao direito à saúde indígena, o direito ao meio ambiente sadio está disposto no artigo XIX, com destaque para o manejo sustentável das terras, territórios e recursos indígenas.

Aos indígenas são garantidos, igualmente, os direitos de organização e os direitos políticos. O artigo XX reforça os direitos de livre associação, reunião, liberdade de expressão e pensamento. Já os artigos XXI e XXII trazem, como consequência do direito a autodeterminação, o direito ao autogoverno em questões relacionadas aos assuntos locais e internos indígenas, bem como o direito à jurisdição indígena, desde que em conformidade com as normas internacionais de proteção aos direitos humanos. Ainda, os direitos de participação ampla e efetiva dos povos indígenas na vida política estão dispostos no artigo XXIII e o direito dos povos indígenas nos tratados e acordos construtivos é elucidado no artigo XXIV.

O art. XXIII, numeral 2, determina que os Estados devem obter o "consentimento livre, prévio e informado" dos povos indígenas *antes* de adotar e aplicar medidas legislativas ou administrativas que os afetem.

O direito dos indígenas sobre as terras e recursos que tradicionalmente ocupam e utilizam, bem como o reconhecimento das formas alternativas de propriedade, posse e domínio de terras são previstas no artigo XXV. Igualmente, o direito de uma comunidade indígena manter-se em isolamento voluntário é resguardado no artigo XXVI.

O artigo XXVII detalha os direitos trabalhistas dos indígenas, fixando a obrigação estatal de adotar medidas para eliminar práticas exploratórias e discriminatórias. Por sua vez, o patrimônio cultural indígena e a sua propriedade intelectual coletiva, a qual inclui os conhecimentos tradicionais sobre recursos genéticos e procedimentos ancestrais, são protegidos no artigo XXVIII.

Reconhecendo as violações e abusos sistemáticos sofridos pelos povos indígenas, os artigos XXIX e XXX pormenorizam os direitos ao desenvolvimento (político, social, econômico e cultural), à paz, à segurança e à proteção dos indígenas (limita-se a realização de atividades militares em territórios indígenas às situações de interesse público pertinente ou consentimento da parte).

Na última seção da Declaração, os artigos XXXI e XXXII reforçam a obrigação estatal em garantir o pleno gozo de todos os direitos por indígenas, sem discriminação de gênero. Nessa linha, o artigo XXXIII prevê o acesso aos recursos judiciais para a reparação de violação aos direitos indígenas, enquanto o artigo XXXIV tutela a participação ampla e efetiva dos indígenas nos referidos procedimentos.

Além disso, os artigos XXXV e XXXVI reiteram a complementaridade entre a Declaração Americana sobre os Direitos dos Povos Indígenas e o direito internacional dos direitos humanos, não sendo autorizada nenhuma interpretação que não esteja de acordo com a proteção internacional de direitos humanos. O artigo XXXVII compreende o direito dos povos indígenas a assistência financeira e técnica dos Estados e os artigos XXXVIII a XL estipulam o dever dos Estados membros da OEA em promover o pleno respeito aos direitos da Declaração.

Finalmente, o artigo XLI faz expressa menção à Declaração da ONU sobre o Direito dos Povos Indígenas, concluindo que ambas contêm as normas mínimas para a sobrevivência, dignidade e bem-estar dos povos indígenas das Américas.

QUADRO SINÓTICO

Declaração Americana sobre os Direitos dos Povos Indígenas	
Natureza jurídica	• Resolução da Assembleia Geral da OEA, em 14 de junho de 2016 (*soft law*), que não possui força vinculante, mas que pode servir para orientar a interpretação de tratados como a Convenção Americana de Direitos Humanos em sua incidência sobre a temática indígena.

Objetivo	• Promover e proteger os direitos necessários para a sobrevivência, dignidade e bem-estar dos povos indígenas nas Américas.
Essência do documento	• Reconhecer a contribuição dos povos indígenas para o desenvolvimento, pluralidade e diversidade cultural das Américas, e promover os direitos dos povos indígenas, nos seus aspectos políticos, econômicos, sociais, culturais, espirituais, históricos e filosóficos.

17. ACORDO REGIONAL SOBRE ACESSO À INFORMAÇÃO, PARTICIPAÇÃO PÚBLICA E ACESSO À JUSTIÇA EM ASSUNTOS AMBIENTAIS NA AMÉRICA LATINA E NO CARIBE (ACORDO DE ESCAZÚ)

O Acordo Regional sobre Acesso à Informação, Participação Pública e Acesso à Justiça em Assuntos Ambientais na América Latina e no Caribe, conhecido como Acordo de Escazú (cidade da Costa Rica, na qual o tratado foi adotado), tem por objetivo combater a desigualdade, a discriminação e garantir o direito a um meio ambiente saudável e ao desenvolvimento sustentável, especialmente em relação às pessoas e grupos em situação de vulnerabilidade.

Foi adotado em 2018, no bojo da comemoração do 70º aniversário da Comissão Econômica para a América Latina e o Caribe (CEPAL) e da Declaração Universal dos Direitos Humanos, tendo se inspirado na Conferência das Nações Unidas sobre Desenvolvimento Sustentável (Rio+20, de 2012) e fundamentado no Princípio 10[28] da Declaração do Rio sobre Meio Ambiente e Desenvolvimento de 1992, o qual trata do direito de acesso à informação e à reparação de danos. Em 2024, possui 16 Estados contratantes[29]. O Brasil ainda não o ratificou (só assinou).

Consagra o (i) multilateralismo regional da América Latina e Caribe estimulado pela Organização das Nações Unidas, bem como (ii) a inserção da temática ambiental no arcabouço de um tratado de direitos humanos.

O objetivo do Acordo é assegurar a implementação plena e efetiva, na América Latina e no Caribe, de *três direitos ecológicos*, a saber (i) direito de acesso à informação ambiental, (ii) direito de participação pública nos processos de tomada de decisões ambientais e (iii) direito de acesso à justiça em questões ambientais. Além disso, há a previsão de criação e de fortalecimento das capacidades e cooperação, contribuindo para a proteção do direito de cada pessoa, das gerações presentes e futuras, a viver em um meio ambiente saudável e a um desenvolvimento sustentável.

Por isso, o art. 4º prevê, expressamente, que o Estado parte garantirá o direito de toda pessoa a viver em um meio ambiente saudável, bem como qualquer outro direito humano universalmente reconhecido que esteja relacionado. Nesse sentido, ficou explicitado o direito a acessar a informação ambiental que esteja em (i) poder do Estado, sob seu (iii) controle ou custódia, de acordo com o princípio de máxima publicidade.

---

[28] O Princípio 10 consiste em um dos 27 princípios do documento final aprovado na Conferência da ONU sobre o Meio Ambiente e o Desenvolvimento realizada no Rio de Janeiro em 1992 (ECO-92). Princípio 10: "a melhor maneira de tratar as questões ambientais é assegurar a participação, no nível apropriado, de todos os cidadãos interessados. No nível nacional, cada indivíduo terá acesso adequado às informações relativas ao meio ambiente de que disponham as autoridades públicas, inclusive informações acerca de materiais e atividades perigosas em suas comunidades, bem como a oportunidade de participar dos processos decisórios. Os Estados irão facilitar e estimular a conscientização e a participação popular, colocando as informações à disposição de todos. Será proporcionado o acesso efetivo a mecanismos judiciais e administrativos, inclusive no que se refere à compensação e à reparação de danos".

[29] Disponível em: <https://treaties.un.org/Pages/ViewDetails.aspx?src=TREATY&mtdsg_no=XXVII--18&chapter=27&clang=_en>. Acesso em: 3 ago. 2024.

O acesso à informação poderá ser recusado em conformidade com a legislação nacional. Nessa hipótese, a autoridade pública deverá comunicar por escrito a denegação, incluindo as disposições jurídicas e as razões que justificarem essa decisão em cada caso, e informar ao solicitante sobre seu direito de impugná-la e recorrer. Caso não haja um regime nacional de exceções ao acesso, o acordo prevê a recusa de fornecimento da informação fundada nas seguintes hipóteses: (i) quando a divulgação da informação puder pôr em risco a vida, a segurança ou a saúde de uma pessoa física; (ii) quando a divulgação da informação afetar negativamente a segurança nacional, a segurança pública ou a defesa nacional; (iii) quando a divulgação da informação afetar negativamente a proteção do meio ambiente, inclusive qualquer espécie ameaçada ou em risco de extinção; ou (iv) quando a divulgação da informação gerar um risco claro, provável e específico de dano significativo à execução da lei ou à prevenção, investigação e persecução de delitos.

As autoridades competentes deverão responder a um pedido de informação ambiental com a máxima brevidade possível, num prazo não superior a 30 dias úteis contados a partir da data de recebimento do pedido, ou num prazo menor, se assim estiver previsto expressamente na norma interna.

Importante requisito para o direito de acesso é a coleta e difusão das informações ambientais. Por isso, o art. 6º dispõe sobre a (i) geração e (ii) divulgação da informação ambiental, que devem ser feitas de modo sistemático, proativo, oportuno, regular, acessível e compreensível.

O acordo enuncia que cada Estado parte envidará todos os esforços para publicar e difundir em intervalos regulares, que não superem *cinco anos*, um relatório nacional sobre o meio ambiente, que poderá conter: a) informações sobre o meio ambiente e os recursos naturais, incluídos os dados quantitativos, quando isso for possível; b) as ações nacionais para o cumprimento das obrigações legais em matéria ambiental; c) os avanços na implementação dos direitos de acesso; d) os convênios de colaboração entre os setores público e privado e a sociedade civil. Esses relatórios deverão ser redigidos de maneira que sejam de fácil compreensão, estar acessíveis ao público em diferentes formatos e ser difundidos através de meios apropriados, considerando as realidades culturais. Cada Estado poderá convidar o público a contribuir para esses relatórios e ainda incentivará a realização de avaliações independentes de desempenho ambiental que levem em conta critérios e guias acordados nacional ou internacionalmente e indicadores comuns, a fim de avaliar a eficácia, a efetividade e o progresso das políticas nacionais ambientais no cumprimento de seus compromissos nacionais e internacionais.

O Estado deve promover o acesso à informação ambiental contida nas concessões, contratos, convênios e autorizações que tenham sido concedidas e que envolvam o uso de bens, serviços ou recursos públicos, de acordo com a legislação nacional.

Por sua vez, o Estado assegurará que os consumidores e usuários contem com informação (i) oficial, (ii) pertinente e (iii) clara sobre as qualidades ambientais de bens e serviços e seus efeitos sobre a saúde, favorecendo padrões de consumo e produção sustentáveis.

No tocante ao direito à participação pública, há o compromisso de implantar mecanismos de participação do público nos processos de tomada de decisões, revisões, reexames ou atualizações relativos a projetos e atividades, bem como em outros processos de autorizações ambientais que tenham ou possam ter um *impacto significativo* sobre o meio ambiente, incluindo os que possam afetar a saúde.

Não se trata tão somente de tomar conhecimento: o direito do público de participar nos processos de tomada de decisões ambientais incluirá a oportunidade de apresentar *observações* por meios apropriados e disponíveis, que devem ser levadas em consideração pela autoridade pública *antes da decisão*. Evita-se, assim, a queixa tradicional de participação meramente "formal" da sociedade em audiências públicas.

Ponto importante envolvendo os direitos linguísticos dos povos indígenas no Brasil consta do acordo que, quando o público diretamente afetado falar majoritariamente idiomas distintos dos oficiais, a autoridade pública assegurará meios para que se facilite sua compreensão e participação.

Já quanto ao direito de acesso à justiça em questões ambientais, este deve ser assegurado respeitando-se as garantias do devido processo. Para assegurar esse direito de acesso à justiça, o Estado deve contar com a) órgãos estatais competentes com acesso a conhecimentos especializados em matéria ambiental; b) procedimentos efetivos, oportunos, públicos, transparentes, imparciais e sem custos proibitivos; c) legitimação ativa ampla em defesa do meio ambiente, em conformidade com a legislação nacional; d) a possibilidade de dispor de medidas cautelares e provisórias para, entre outros fins, prevenir, fazer cessar, mitigar ou recompor danos ao meio ambiente; e) medidas para facilitar a produção da prova do dano ambiental, conforme o caso e se for aplicável, como a inversão do ônus da prova e a carga dinâmica da prova; f) mecanismos de execução e de cumprimento oportunos das decisões judiciais e administrativas correspondentes; e g) mecanismos de reparação, conforme o caso, tais como a restituição ao estado anterior ao dano, a restauração, a compensação ou a imposição de uma sanção econômica, a satisfação, as garantias de não repetição, a atenção às pessoas afetadas e os instrumentos financeiros para apoiar a reparação.

Tendo em vista os riscos pessoais aos defensores e defensoras de direitos ambientais, o Estado deve assegurar que as pessoas, os grupos e as organizações protetoras de direitos humanos em questões ambientais possam atuar sem ameaças, restrições e insegurança.

Do ponto de vista institucional, ficou estabelecida (i) a Conferência das Partes e o (ii) Comitê de Apoio à Implementação e ao Cumprimento como órgão encarregado de zelar por atividades de observância do acordo.

Cabe lembrar que este acordo é o primeiro tratado que se refere *expressamente* às pessoas defensoras de direitos humanos, preocupando-se com sua segurança.

QUADRO SINÓTICO

Acordo Regional sobre Acesso à Informação, Participação Pública e Acesso à Justiça em Assuntos Ambientais na América Latina e no Caribe (Acordo de Escazú)

Natureza jurídica	• Tratado celebrado sob os auspícios da ONU, mas restrito à celebração pelos países da América Latina e Caribe.
Objetivo	• Assegurar a implementação plena e efetiva, na América Latina e no Caribe, de *três direitos*: (i) direito de acesso à informação ambiental; (ii) direito de participação pública nos processos de tomada de decisões ambientais; (iii) direito de acesso à justiça em questões ambientais.
Essência do documento	• Combater a desigualdade, a discriminação e garantir o direito a um meio ambiente saudável e ao desenvolvimento sustentável, especialmente em relação às pessoas e grupos em situação de vulnerabilidade.

IV

O SISTEMA DO MERCADO COMUM DO SUL (MERCOSUL)

1. ASPECTOS GERAIS DO MERCOSUL E A DEFESA DA DEMOCRACIA E DOS DIREITOS HUMANOS

Fruto de intensas negociações, foi assinado, em 26 de março de 1991, por Brasil, Argentina, Uruguai e Paraguai, o "Tratado de Assunção para Constituição do Mercado Comum do Sul". Depois do depósito das devidas ratificações, o Tratado de Assunção entrou em vigor em 29 de novembro de 1991. O Tratado de Assunção de 1991 é um marco no lento processo de integração entre as economias dos Estados do Cone Sul americano ao estabelecer, como objetivo final, a constituição de um *mercado comum* entre Brasil, Argentina, Paraguai e Uruguai e, a partir de 12 de agosto de 2012, também a Venezuela[1]. Em agosto de 2017, a Venezuela foi suspensa das atividades do bloco e só retornará até que haja a restauração da ordem democrática (ver abaixo o mecanismo democrático do Mercosul). A Bolívia, em 2024, ingressou como membro pleno do Mercosul (terá quatro anos para a completa integração do acervo mercosulino), que agora conta com 6 países (Argentina, Bolívia, Brasil, Paraguai, Uruguai e Venezuela)[2].

São ainda Estados associados: Chile (a partir de 1996), Peru (a partir de 2003), Colômbia, Equador (a partir de 2004), Guiana e Suriname (ambos desde 2013).

O direito primário do Mercosul é composto essencialmente pelo Tratado de Assunção (1991), o Protocolo de Ouro Preto (1994) e o Protocolo de Olivos (2004). Esses acordos são considerados tipicamente acordos de integração econômica, porque tratam do delineamento básico da organização inter-nacional integracionista, seus objetivos e instrumentos, bem como seu sistema de solução de controvérsias.

Não há previsão específica ou capítulo próprio sobre a proteção de direitos humanos nesses tratados. Contudo, o Tratado de Assunção dispõe, em seu preâmbulo, sobre vários objetivos relacionados com a qualidade de vida dos indivíduos dos Estados membros do bloco em formação. Na primeira alínea do Preâmbulo ficou estabelecido que a ampliação das atuais dimensões dos mercados nacionais dos Estados membros constitui condição fundamental para acelerar seus processos de desenvolvimento econômico com *justiça social*. Em complemento, reconheceram os Estados que o Mercosul deve almejar "*melhorar as condições de vida de seus habitantes*" (alínea sexta do Preâmbulo). No Protocolo de Ouro Preto (1994), houve uma breve menção, no Preâmbulo, à "*necessidade de uma consideração especial para países e regiões menos desenvolvidos do Mercosul*".

Assim, há, nos preâmbulos dos dois principais acordos do Direito do Mercosul, uma fraca menção a objetivos sociais ou não econômicos da integração. Não há nos textos dos citados

---

[1] Em 2005, a Venezuela apresentou pedido de adesão plena ao Mercosul, com acolhimento consensual do pleito pela Decisão CMC n. 29/05, de 8 de dezembro de 2005. O Protocolo de adesão da República bolivariana da Venezuela ao Mercosul foi assinado em 2006, mas a adesão da Venezuela ao Mercosul foi concluída somente em 2012 (seis anos de espera – ver abaixo a crise do *impeachment* do Presidente Lugo), por meio da Decisão do Conselho Mercado Comum n. 27/2012. Como a própria decisão estabeleceu, não houve a necessidade de incorporação de tal decisão CMC, por regular aspectos da organização do bloco. Íntegra da decisão disponível em: <http://www.desenvolvimento.gov.br/arquivos/dwnl_1377717164.pdf>. Acesso em: 24 jun. 2024.

[2] O Brasil incorporou internamente o Protocolo de Adesão do Estado Plurinacional da Bolívia ao Mercosul, firmado em Brasília, em 17 de julho de 2015, somente em 2023, pelo Decreto n. 11.817 (de 8 de dezembro de 2023).

tratados qualquer menção explícita à proteção de direitos humanos ou a sua relação com o processo de integração. Essa tibieza dos Estados é explicada pela concepção minimalista do Mercosul, que objetiva a formação de um Mercado Comum em etapas, sendo que a mais factível de ser alcançada (ainda em formação) é a união aduaneira. Nesse contexto, não havia maior divagação sobre o impacto ou relação da integração econômica na proteção de direitos humanos.

2. OS PROTOCOLOS DE USHUAIA E MONTEVIDÉU ("USHUAIA II")

Em que pese a ausência de menções específicas sobre a proteção de direitos humanos no Tratado de Assunção e no Protocolo de Ouro Preto (espinha dorsal do Mercosul até o momento) e também a ausência de um catálogo de direitos como o existente na União Europeia (Carta de Direitos Fundamentais[3]) houve evidente evolução na determinação dos direitos no âmbito do Mercosul, especialmente no que tange à admissão e permanência dos Estados no bloco.

Em 1998, foi assinado o Protocolo de Ushuaia sobre o Compromisso Democrático no Mercosul[4], por meio do qual os quatro membros e os dois Estados associados (Chile e Bolívia) reconheceram, em um tratado internacional, que a vigência das instituições democráticas é condição necessária para o gozo dos direitos de Estado membro ou associado do processo de integração do Cone Sul. Assim, toda ruptura da ordem democrática é considerada um obstáculo intransponível para o ingresso no bloco ou a continuidade do processo de integração.

No caso de ruptura da ordem democrática em um Estado Parte do Protocolo, os demais Estados Partes iniciarão consultas entre si e com o Estado em crise. Quando as consultas resultarem infrutíferas, os demais Estados Partes do Protocolo, no âmbito específico dos acordos de Integração vigentes entre eles, devem decidir sobre a natureza e o alcance das medidas de coerção – objetivando o retorno ao regime democrático – serem aplicadas, levando em conta a gravidade da situação existente.

O Protocolo, em seu artigo 5º, estabelece que as medidas compreenderão desde a suspensão do direito de participar nos diferentes órgãos dos respectivos processos de integração até a suspensão dos direitos e obrigações resultantes destes processos.

As medidas previstas no mencionado artigo 5º deverão ser adotadas por consenso pelos Estados Partes daquele Protocolo e comunicadas ao Estado afetado, que não participará do processo decisório pertinente. Tais medidas entrarão em vigor na data em que se faça a comunicação respectiva. De acordo com o artigo 7º do Protocolo, as medidas cessarão com o pleno restabelecimento da ordem democrática.

Embora tenha sido tímido ao exigir o consenso para a tomada de medidas de coerção, pelo menos seu artigo 8º estabelece que o Protocolo é parte integrante do Tratado de Assunção e dos respectivos Acordos de Integração celebrados entre o Mercosul, Bolívia e Chile.

Na mesma linha, foi subscrita, em 1998, a Declaração Política do Mercosul, Bolívia e Chile como Zona de Paz, pela qual foi dito que a paz constitui elemento essencial para a manutenção do processo de integração regional. Os Estados signatários da citada Declaração comprometeram-se a desenvolver mecanismos de consulta e cooperação nas áreas de defesa, segurança, bem como desarmamento e uso pacífico da energia nuclear.

Em 2004, o Regime de Participação dos Estados Associados ao Mercosul, estabelecido pela Decisão Mercosul/CMC n. 18/2004, prevê (art. 2º) que a adesão ao Protocolo de Ushuaia e à

---

[3] Sobre a proteção de direitos humanos na integração econômica, ver CARVALHO RAMOS, André de. *Direitos humanos na integração econômica*. Rio de Janeiro: Renovar, 2008.

[4] O Congresso brasileiro aprovou o texto do Protocolo de Ushuaia sobre Compromisso Democrático no Mercosul, Bolívia e Chile, por meio do Decreto Legislativo n. 452, de 14 de novembro de 2001. De acordo com o artigo 10 do Protocolo, este entrou em vigor, para o Brasil, em 17 de janeiro de 2002. O Protocolo foi promulgado no Brasil pelo Decreto n. 4.210 em 24 de abril de 2002.

Declaração Presidencial sobre Compromisso Democrático no Mercosul constitui condição *sinequa non* para que um Estado venha a adquirir a condição de Estado Associado ao bloco, cláusula reiterada em 2013 (Decisão CMC n. 11/13).

Em dezembro de 2011, foi aprovada pelo Conselho do Mercado Comum a futura reforma do mecanismo democrático do Mercosul, com a adoção do *Protocolo de Montevidéu* sobre Compromisso com a Democracia no Mercosul (chamado pelos próprios redatores de Protocolo "Ushuaia II", para demonstrar suas origens).

O novo Protocolo supre a lacuna do anterior e prevê, exemplificadamente, algumas medidas que podem ser adotadas para estimular o retorno à democracia, como: (a) suspensão do direito de participar nos diferentes órgãos da estrutura institucional do Mercosul; (b) fechamento das fronteiras; (c) suspensão ou limitação do comércio, o tráfego aéreo e marítimo, as comunicações e o fornecimento de energia, serviços e abastecimento; (d) suspensão da Parte afetada do gozo dos direitos e benefícios emergentes do Mercosul; (e) ações dos demais Estados para incentivar a suspensão do Estado infrator em outras organizações internacionais e também de direitos derivados de outros acordos de cooperação; (f) ação dos Estados para apoiar os esforços regionais e internacionais para o retorno à democracia (por exemplo, na Organização das Nações Unidas ou na Organização dos Estados Americanos); e (g) adoção de sanções políticas e diplomáticas adicionais.

O novo Protocolo almeja evitar que o "inocente pague pelo culpado": as medidas devem ser proporcionais à gravidade da situação existente e não deverão pôr em risco o bem-estar da população e o gozo efetivo dos direitos humanos e liberdades fundamentais no Estado afetado. Dos membros do Mercosul, apenas a Venezuela (hoje suspensa no bloco) já o ratificou. No Brasil, o projeto de Decreto Legislativo n. 1.290/2013 tramita, sob regime de urgência, no Congresso Nacional brasileiro e foi aprovado pela Comissão de Constituição e Justiça da Câmara dos Deputados, estando em trâmite em agosto de 2024[5].

Assim, o Protocolo Ushuaia II não entrou em vigor, mas pode servir como norte para a atuação dos Estados envolvidos, uma vez que algumas das medidas de coerção listadas acima podem ser adotadas pelos países do Mercosul, no interior do bloco, ou ainda em suas próprias ações diplomáticas e em outras organizações internacionais.

3. PROTOCOLO DE ASSUNÇÃO SOBRE COMPROMISSO COM A PROMOÇÃO E PROTEÇÃO DOS DIREITOS HUMANOS DO MERCOSUL

O Protocolo de Assunção sobre Compromisso com a Promoção e Proteção dos Direitos Humanos do Mercosul é mais uma etapa rumo à consagração da proteção de direitos humanos no cenário integracionista do Mercosul. Apesar de não conter uma "Carta de Direitos Fundamentais", o Protocolo busca inserir, como veremos, uma "cláusula de direitos humanos do Mercosul". Sua redação é fruto da I Reunião de Altas Autoridades em Direitos Humanos e Chancelarias do Mercosul e Estados Associados, foro criado em 2004, e foi prevista na Declaração Presidencial de Porto Iguaçu, de 8 de julho de 2004, na qual os Presidentes dos Estados do Mercosul afirmaram o desejo de valorizar a promoção e garantia dos direitos humanos e as liberdades fundamentais no bloco.

Nos "Considerandos" da Decisão n. 17/2005 do CMC que adotou o Protocolo, realçou-se que "é fundamental assegurar a proteção, promoção e garantia dos Direitos Humanos e as liberdades fundamentais de todas as pessoas" e que "o gozo efetivo dos direitos fundamentais é condição indispensável para a consolidação do processo de integração". No preâmbulo do Protocolo encontram-se as principais afirmações dos Estados Partes em prol dos direitos

---

[5] Trâmite disponível em: <https://www.camara.leg.br/proposicoesWeb/fichadetramitacao?idProposicao=592921>. Acesso em: 4 ago. 2024.

humanos no bloco. De início, salientou-se o endosso aos princípios e normas contidos (i) na Declaração Americana de Direitos e Deveres do Homem, (ii) na Convenção Americana sobre Direitos Humanos e (iii) em outros instrumentos regionais de direitos humanos. Além disso, o preâmbulo ressaltou que a democracia, o desenvolvimento e o respeito aos direitos humanos e liberdades fundamentais são conceitos interdependentes que se reforçam mutuamente, tal qual foi expresso na Declaração e no Programa de Ação da Conferência Mundial de Direitos Humanos de 1993. Também foi feita referência às resoluções da Assembleia Geral e da Comissão de Direitos Humanos (hoje Conselho) das Nações Unidas, nas quais ficou estabelecido que o respeito aos direitos humanos e às liberdades fundamentais são elementos essenciais da democracia.

Por outro lado, o preâmbulo reconheceu as características de universalidade, indivisibilidade, interdependência e inter-relação de todos os direitos humanos, sejam direitos econômicos, sociais, culturais, civis ou políticos.

Em que pese a força retórica dos "considerandos" e do preâmbulo, o conteúdo do Protocolo foi tímido. Em síntese, o Protocolo criou um sistema de consultas similar ao atualmente previsto no Protocolo de Ushuaia para casos de ruptura democrática, com previsão de adoção de medidas de reação contra violações sistemáticas e graves de direitos humanos em situação de "crise institucional" ou "vigência de estados de exceção" (art. 3º).

Com isso, não estão incluídos no alcance do Protocolo os casos sistemáticos de violação de direitos humanos *sem crise institucional ou estado de exceção,* como, por exemplo, ocorre no sistema prisional brasileiro, na miséria crônica de várias regiões brasileiras ou paraguaias, nas favelas argentinas etc. Quando tais consultas resultarem ineficazes, as demais Partes, por *consenso,* considerarão a natureza e o alcance das medidas a aplicar, tendo em vista a gravidade da situação existente. Tais medidas abarcarão desde a suspensão do direito a participar deste processo de integração até a suspensão dos direitos e obrigações emergentes do mesmo (artigo 4º).

A falta de vontade de explicitar o teor das medidas de coerção ao Estado Membro violador de direitos humanos ficou evidente. Além disso, a regra do consenso (que impera no Mercosul) foi também aqui adotada, o que pode dificultar a adoção de qualquer medida mais gravosa. De qualquer modo, o Protocolo de Assunção é um passo importante na construção normativa mercosulina, porque insere o tema da violação grave e sistemática de direitos humanos como uma preocupação adicional do bloco.

QUADRO SINÓTICO

Mercosul e Direitos Humanos	
Estágio da proteção da democracia e direitos humanos no Mercosul	• Protocolo de Ushuaia I - ratificado e já incorporado internamente - admissão e permanência de Estados no bloco estão vinculadas à democracia. • Protocolo de Ushuaia II - ainda não em vigor - aperfeiçoa a chamada "cláusula democrática do Mercosul". • Protocolo de Assunção - ratificado e incorporado internamente - implanta sistema de reação do Mercosul em caso de graves violações de direitos humanos em crises institucionais ou vigência de estado de exceção.
Objetivo	• Vincula o processo de integração à proteção da democracia e promoção de direitos humanos.
Principais deveres dos Estados	• Cabe ao Mercosul estimular a preservação da democracia e promoção de direitos humanos. • Possibilidade de suspensão e exclusão do bloco e outras sanções (Protocolos de Ushuaia I e II). • Consultas no caso do Protocolo de Assunção.

V

MECANISMOS INTERNACIONAIS DE PROTEÇÃO E MONITORAMENTO DOS DIREITOS HUMANOS: COMPETÊNCIA, COMPOSIÇÃO E FUNCIONAMENTO[1]

1. ASPECTOS GERAIS DO SISTEMA GLOBAL (ONU)

A Organização das Nações Unidas possui órgãos próprios e ainda relações de apoio administrativo e técnico com entes criados por tratados elaborados sob seu patrocínio voltados à proteção de direitos humanos. O conjunto de mecanismos de proteção geridos tanto por *órgãos onusianos* quanto por *órgãos previstos em tratados diversos apoiados pela ONU* recebe o nome de "*sistema global, onusiano ou universal de direitos humanos*".

O ponto de união entre esses órgãos é a atuação da ONU, quer (i) diretamente (são órgãos da própria organização) quer (ii) indiretamente (são órgãos independentes, previstos em tratados elaborados sob o patrocínio da ONU e recebem apoio técnico e administrativo daquela organização).

São órgãos e entes *internos* da ONU voltados precipuamente à proteção dos direitos humanos:

- Conselho de Direitos Humanos.
- Relatorias Especiais de Direitos Humanos.
- Alto Comissariado de Direitos Humanos.

São órgãos e entes *externos* à ONU, criados por tratados de direitos humanos elaborados com seu incentivo explícito *e* que recebem apoio daquela organização:

- Comitês criados por tratados internacionais de âmbito universal.
- Tribunal Penal Internacional.

QUADRO SINÓTICO	
Sistema Onusiano	
Criação	• Conjunto de órgãos da ONU e ainda de tratados elaborados sob os auspícios da ONU.
Composição	• Conselho de Direitos Humanos, Alto Comissário, Relatores especiais, Comitês criados pelos tratados internacionais e Tribunal Penal Internacional.
Competência	• Zelar pelo cumprimento da Carta da ONU e, a depender do tratado, do seu teor.

2. CONSELHO DE DIREITOS HUMANOS

Em 10 de dezembro de 1946, o Conselho Econômico e Social da ONU decidiu criar um órgão específico para a promoção de direitos humanos, denominado "Comissão de Direitos Humanos", que entrou em funcionamento em 1947, sendo extinta em 2006 e substituída pelo Conselho de Direitos Humanos.

---

[1] Para maior desenvolvimento, ver, por todos, CARVALHO RAMOS, André de. *Processo internacional de direitos humanos*. 7. ed. São Paulo: Saraiva, 2022.

O Conselho de Direitos Humanos é composto por 47 Estados-membros e vinculado à Assembleia Geral da ONU (e não mais ao Conselho Econômico e Social, como o era a extinta Comissão de Direitos Humanos). Seu surgimento, em 2006, se deu por ampla maioria, por meio da Resolução n. 60/251 da Assembleia Geral da ONU, adotada por 170 votos favoráveis, quatro contra (Estados Unidos, Israel, Ilhas Marshall, Palau) e três abstenções (Irã, Belarus e Venezuela).

A admissão dos novos membros do Conselho de Direitos Humanos é regrada pela Resolução n. 60/251, que em seus parágrafos 7, 8 e 9, determina que o Conselho deve contar com *47 membros, eleitos de modo direto e individualmente por voto secreto da Assembleia Geral,* devendo ter representantes de várias regiões do globo (Grupo dos Estados africanos – 13; grupo dos Estados asiáticos – 13; Grupo da Europa do Leste – 6; Grupo da América Latina e Caribe – 8; Grupo da Europa Ocidental e outros Estados – 7).

A Resolução exige que sejam escolhidos membros comprometidos com a proteção de direitos humanos, ao mesmo tempo em que determinou que os Estados eleitos sejam submetidos ao mecanismo da revisão universal periódica (ver abaixo). Também foi fixada possível sanção aos eleitos, por meio da suspensão do mandato de membro pela *prática de grave e sistemática violação de direitos humanos,* por votação da Assembleia Geral com maioria de dois terços. Essa suspensão foi posta em prática pela primeira vez em março de 2011 com a *suspensão* da Líbia por votação unânime da Assembleia Geral, em virtude da repressão sangrenta aos opositores da ditadura de Kadafi.

Após a criação do Conselho, adotou-se o "Mecanismo de Revisão Periódica Universal", que *coexiste* com os procedimentos especiais (ver abaixo) criados ainda na época da extinta Comissão de Direitos Humanos.

QUADRO SINÓTICO

Conselho de Direitos Humanos da ONU	
Criação	• 2006, sucedendo a Comissão de Direitos Humanos (1946-2006).
Composição	• 47 Estados Membros, escolhidos por votação secreta da Assembleia Geral da ONU.
Competência	• Promover e fiscalizar a observância da proteção de direitos humanos pelos Estados da ONU. • Atualmente, gere o sistema dos procedimentos especiais e o Mecanismo da Revisão Periódica Universal (RPU).

2.1. Relatores especiais

A extinta Comissão de Direitos Humanos da ONU desenvolveu, a partir do final da década de 60, *procedimentos especiais de análise da situação de direitos humanos no mundo,* com base nos dispositivos genéricos da Carta de São Francisco que estabelecem o dever dos Estados de promover direitos humanos. Em síntese, não houve acordos específicos, pelo contrário, buscava-se extrair a proteção aos direitos humanos da interpretação ampla dos objetivos da ONU e do dever de cooperação dos Estados para alcançar tais objetivos[2].

Mesmo após a extinção da Comissão e sua substituição pelo Conselho de Direitos Humanos, os procedimentos foram mantidos. Existem o procedimento público (baseado na Resolução n. 1.235, de 1967, do Conselho Econômico e Social) e o procedimento confidencial (Resolução n. 1.503, de 1970, do mesmo Conselho, atualizada em 2007 pela Resolução n. 5/1 do Conselho de

---

[2] CARVALHO RAMOS, André de. *Processo internacional de direitos humanos.* 7. ed. São Paulo: Saraiva, 2022.

Direitos Humanos). O procedimento confidencial tem alcance diminuto, pois visa apenas detectar quadro de violação grave e sistemática de direitos humanos em um país. Por sua vez, os procedimentos públicos exigem a nomeação de um órgão de averiguação de violações de direitos humanos, cuja abrangência pode ser geográfica (por país) ou temática.

Esses órgãos de averiguação podem ser unipessoais ou coletivos. A denominação varia: nos casos unipessoais, há o uso da expressão "Relator Especial" e ainda "Especialista Independente"; no caso dos órgãos colegiados, utiliza-se a expressão "Grupo de Trabalho".

Esses relatores e especialistas são escolhidos pelo Conselho de Direitos Humanos a título pessoal, não representando o Estado de nacionalidade e assumem o encargo sob juramento de independência e autonomia diante dos Estados. Há um *processo público de seleção*, no qual as qualificações da função são esclarecidas (conhecimento de idioma oficial da ONU, expertise na área da proteção de direitos humanos, entre outros). Eles não serão funcionários da ONU e só recebem ajuda de custo, porém, durante o exercício de suas funções são protegidos pela Convenção sobre as Prerrogativas e Imunidades das Nações Unidas (especialmente o art. 22, VI).

Seu trabalho é múltiplo. Em primeiro lugar, contribuem para a melhor interpretação das normas internacionais de direitos humanos, além de promover a evolução das normas internas por meio da cooperação técnica. Além disso, podem realizar visitas aos países, em missões de coleta de dados (*fact-finding missions*), bem como em agir diante de violações de direitos humanos solicitando (não podem exigir) atenção do Estado infrator sobre os casos. Seus relatórios não vinculam, apenas contêm recomendações, que são enviadas aos Estados e também ao Conselho de Direitos Humanos e Assembleia Geral da ONU. O Brasil é *um dos países do mundo* que já comunicou ao Conselho de Direitos Humanos que *aceita* toda e qualquer visita dos Relatores e Grupos de Trabalho, sem que estes precisem pedir anuência prévia a cada missão oficial no país.

O Alto Comissariado das Nações Unidas (órgão da ONU, com sede em Genebra) fornece o *suporte administrativo e técnico aos procedimentos especiais* do Conselho de Direitos Humanos. Até 2024, há 60 procedimentos públicos, sendo 46 temáticos e 14 geográficos (por país)[3]. Entre as novidades dos últimos anos, cite-se que, em 2016, foi criada (após superada a resistência de diversos Estados) a primeira relatoria especial referente à orientação sexual e identidade de gênero, com a designação do primeiro Especialista Independente do Conselho de Direitos Humanos para a proteção contra a violência e discriminação baseada em orientação sexual e identidade de gênero. Em 2017, foi criado o Grupo de Trabalho sobre a questão de direitos humanos e empresas transnacionais e outras empresas comerciais. Ainda em 2017 foi criada a Relatoria Especial sobre a eliminação da discriminação contra pessoas afetadas pela hanseníase e seus familiares (renovado o mandato em 2020). Em 2023, foi criado o Grupo de Trabalho sobre os direitos dos camponeses e outras pessoas que trabalham em áreas rurais.

QUADRO SINÓTICO

Procedimentos especiais e seus relatores	
Criação	• 1967 (Res. n. 1.235) e 1970 (Res. n. 1.503, atualizada pela Res. 5/1 de 2007).
Composição	• Especialistas que, a título pessoal e com independência, são escolhidos pelo Conselho de Direitos Humanos.
Competência	• Investigar situações de violação de direitos humanos, efetuar visitas *in loco* (com a anuência do Estado), bem como elaborar relatórios finais contendo recomendação de ações aos Estados.

---

[3] Disponível em: <http://www.ohchr.org/EN/HRBodies/SP/Pages/Welcomepage.aspx>. Acesso em: 4 ago. 2024.

2.2. Revisão Periódica Universal

No bojo da criação do Conselho de Direitos Humanos em 2006, foi criado o Mecanismo de Revisão Periódica Universal (RPU). A essência do RPU é o *peer review* – monitoramento pelos pares – pelo qual um Estado tem a sua situação de direitos humanos analisada pelos demais Estados da ONU e que, futuramente, poderá vir a substituir os procedimentos especiais vistos acima.

O RPU prevê que *todos* os Estados da ONU serão avaliados em períodos de quatro a cinco anos, evitando-se a *seletividade* e os *parâmetros dúbios* da escolha de um determinado país e não outro. O trâmite é simples e previsto no anexo da Resolução n. 5/1 do Conselho de Direitos Humanos, de 18 de junho de 2007. De início, cabe ao Estado a ser examinado apresentar (i) *relatório nacional oficial* ao Conselho de Direitos Humanos sobre a situação geral de direitos humanos em seu território. Após, apresenta-se (ii) uma compilação de todas as informações referentes a direitos humanos no Estado examinado constante dos procedimentos especiais do próprio Conselho de Direitos Humanos e demais órgãos internacionais de direitos humanos. Por fim, *as organizações não governamentais e a instituição nacional de direitos humanos* (ver na **Parte III**, item 18.1, o conceito de instituição nacional de direitos humanos) podem também apresentar (iii) informes e outros documentos relevantes, que serão resumidos por equipe do Alto Comissariado da ONU para os Direitos Humanos.

Após, o Estado a ser examinado é questionado no Conselho de Direitos Humanos em relação à promoção de direitos humanos constante da Carta da ONU, Declaração Universal dos Direitos Humanos e ainda nos tratados internacionais de direitos humanos eventualmente ratificados.

Esse exame tem como peça-chave o "diálogo construtivo" entre o Estado sob revisão e outros Estados-membros da ONU (membros ou não do Conselho). Para tanto é formado um Grupo de Trabalho capitaneado pelo Presidente do Conselho e composto pelos seus 47 Estados-membros. Todos os documentos acima expostos sobre a situação de direitos humanos devem ser apreciados em reunião desse Grupo de Trabalho, prevista para durar três horas.

Esse diálogo permite ao Estado examinado responder às dúvidas e ainda opinar sobre os comentários e sugestões dos demais Estados. *Não há, então, condenação ou conclusões vinculantes*. Busca-se a cooperação e adesão voluntária do Estado examinado.

Para sistematizar o exame, são nomeados pelo Conselho três Estados (escolhidos entre os diversos grupos regionais, por sorteio, mas de comum acordo com o Estado avaliado), conhecidos como "troika", que atuam como verdadeiros relatores da revisão periódica do Estado examinado.

Cabe à troika resumir as discussões, elaborando o chamado *Relatório de Resultado* ou *Relatório Final*, fazendo constar um sumário dos passos tomados no exame, observações e sugestões dos Estados, bem como as respostas e eventuais "compromissos voluntários" do Estado examinado.

Esse relatório será apreciado pelo colegiado do Conselho de Direitos Humanos. O art. 27 do Anexo da Resolução n. 5/1 deixa claro que a RPU é um "mecanismo cooperativo". Assim, o conteúdo do resultado do exame deverá conter uma avaliação objetiva e transparente da situação de direitos humanos do país, que inclua os (i) avanços e (ii) desafios ainda existentes, bem como os (iii) *compromissos voluntariamente* aceitos pelo Estado examinado.

O Brasil foi pioneiro na proposição de um novo mecanismo de exame da situação de direitos humanos na ONU e, na condição de membro da primeira composição do recém-criado Conselho, acatou ser submetido a exame já na primeira sessão do Conselho. No primeiro ciclo da RPU (2008-2011), a "troika" indicada foi composta por *Gabão, Arábia Saudita e Suíça*, que editou um Relatório de Resultado sobre o Brasil em maio de 2008. Em 2012 o Brasil foi submetido a nova revisão, no segundo ciclo da RPU (2012-2016), a "troika" foi *Equador, Polônia e China*. O Brasil recebeu 170 recomendações, das quais acatou integralmente 159, rejeitou uma e acatou parcialmente 10.

Em 2017, o Brasil foi submetido ao terceiro ciclo da RPU (que se iniciou em 2017 e terminou em 2021), tendo sido escolhidos o *Quirguistão, El Salvador e Botsuana* para atuar como relatores ("troika").

No terceiro ciclo brasileiro, inicialmente, o Brasil apresentou a sua visão sobre o cumprimento das recomendações acatadas em 2012 e suas demais considerações. Após, houve intensa participação dos Estados examinadores, com a apresentação de 246 recomendações. Várias delas continuam a ser programáticas e genéricas (por exemplo, adotar medidas para reformar o sistema prisional à luz dos direitos humanos – feita pela Itália, Namíbia, Argélia, Áustria, Santa Sé, Irlanda) e há inclusive recomendação com potencial discriminatório, como a feita pela Santa Sé, que sugeriu que o Brasil continuasse a proteger a "família natural e o casamento, formado pelo marido e esposa"[4].

Foram quatro recomendações rejeitadas pelo Brasil: a formulada pela Santa Sé (vista acima), Venezuela (duas, referentes ao *impeachment* da Presidente Dilma Rousseff e ao congelamento de gastos por 20 anos da EC 95/16 – na época da avaliação, o Brasil já estava sob o governo do Presidente Temer) e ainda a do Reino Unido (referente à adoção de critério transparente e meritocrático para seleção de candidatos nacionais para órgãos da ONU)[5].

No quarto ciclo (2022-2027), o Conselho de Direitos Humanos selecionou a *troika* de Estados Relatores do Brasil: *Japão, Montenegro e Paraguai*. A revisão do Brasil foi realizada na 12ª reunião do Conselho de Direitos Humanos, em 14 de novembro de 2022. Foram apresentadas 306 recomendações feitas por 119 Estados (algumas delas por mais de um Estado). Como se tratava do final da gestão Bolsonaro, houve a imediata rejeição de 17 recomendações. Posteriormente, em 2023, já no governo do Presidente Lula, houve reconsideração da posição anterior e o Brasil acatou 301 recomendações, rejeitando aquelas relacionadas com a promoção da "família tradicional". Entre as recomendações, destaco as relativas às ratificações de diversos tratados de direitos humanos ainda faltantes, como a Convenção das Nações Unidas sobre os direitos dos trabalhadores migrantes e suas famílias.

Não é difícil para o Estado avaliado (qualquer que seja) apontar o cumprimento das recomendações aceitas voluntariamente, que são *propositalmente* feitas de modo genérico e programático. Assim, basta apontar a edição de uma lei ou algum investimento (mesmo que insuficiente) para que recomendações do tipo "fazer esforços", "promover", "adotar medidas" sejam consideradas *cumpridas*. Por outro lado, quando um Estado examinador faz uma recomendação direta, cujo cumprimento é de fácil aferição (tudo ou nada), basta que o Estado avaliado a recuse. Por exemplo, em 2012, a Dinamarca fez *recomendação do tipo direto* (união das polícias civil e militar, gerando a *desmilitarização* do policiamento ostensivo) ao Brasil (governo Dilma), que a *recusou*. Por outro lado, várias das recomendações exigem grande consenso político, escapando ao esforço solitário do Poder Executivo federal (que representa o Brasil nas relações internacionais) e exigindo anuência do Poder Legislativo, Poder Judiciário, Ministério Público, Defensoria Pública ou mesmo de entes subnacionais (Estados membros da Federação brasileira).

---

[4] Disponível em: <http://acnudh.org/wp-content/uploads/2017/05/A_HRC_WG.6_27_L.9_Brazil.pdf>. Em português: <https://nacoesunidas.org/wp-content/uploads/2017/08/RPU-Brasil.docx.docx.pdf>. Acesso em: 3 ago. 2024.

[5] As informações e documentos sobre o Brasil e os *quatro* ciclos estão disponíveis em: <https://www.ohchr.org/EN/HRBodies/UPR/Pages/BRindex.aspx>. Ver também <https://www.upr-info.org/en/review/brazil>. Acesso em: 3 ago. 2024.

O resultado desse mecanismo, caso continuem a existir essas recomendações genéricas, sem maior atenção a dados objetivos e mensuráveis, tende a se restringir a fornecer um *espaço político* de visibilidade sobre a situação de direitos humanos em um determinado país, sem maiores consequências ao Estado avaliado.

QUADRO SINÓTICO

Revisão Periódica Universal – RPU	
Criação	• Resolução do Conselho de Direitos Humanos, 2007.
Composição	• Os Membros do Conselho de Direitos Humanos avaliam o Estado. Todos os Estados da ONU devem passar pela RPU a cada quatro anos.
Competência	• Estabelecer um "diálogo construtivo" com o Estado examinado. Os compromissos são aceitos voluntariamente e não podem ser impostos.

3. COMITÊ DE DIREITOS HUMANOS

O Pacto Internacional sobre Direitos Civis e Políticos (PIDCP) determinou a constituição do Comitê de Direitos Humanos. O Comitê é composto de *18 membros eleitos*, que exercem suas funções a título pessoal. É integrado por nacionais de Estados Partes do Pacto, que devem ser pessoas de elevada reputação moral e reconhecida competência em matéria de direitos humanos (art. 28). Cada Estado poderá indicar apenas duas pessoas, que devem ser nacionais do país que as indicou, sendo possível a indicação mais de uma vez (art. 29). A eleição se dá mediante votação secreta entre os Estados Partes.

O Comitê não poderá ter mais de um nacional do mesmo Estado. O art. 30 do PIDCP determina que seus membros serão eleitos em reuniões dos Estados Partes convocados pelo Secretário-Geral da ONU, cujo *quorum* estabelecido é de dois terços dos Estados Partes, sendo eleitos os candidatos que obtiverem o maior número de votos e a maioria absoluta dos votos dos representantes dos Estados Partes presentes e votantes. As eleições devem levar em consideração uma distribuição geográfica equitativa e a "representação das diversas formas de civilização", nos termos do Pacto, bem como dos principais sistemas jurídicos (art. 31).

Os membros do Comitê são eleitos para um *mandato de quatro anos*, podendo, caso suas candidaturas sejam apresentadas novamente, ser reeleitos. O Pacto determina que o Comitê deve se reunir em todas as ocasiões previstas em suas regras de procedimento e as reuniões devem ser realizadas normalmente na sede da ONU (Nova York) ou no Escritório das Nações Unidas em *Genebra, como é feito usualmente nos dias de hoje* (art. 37).

Antes de iniciar suas funções, todos os membros do Comitê devem, antes de iniciar suas funções, assumir publicamente o compromisso solene de desempenhar suas funções de forma imparcial e consciente (art. 38).

A mesa diretora do Comitê é eleita para um período de dois anos e os seus membros poderão ser reeleitos. As regras de procedimentos são estabelecidas pelo próprio Comitê, mas devem, por disposição expressa do Pacto, conter as seguintes disposições: *quorum* de doze membros e determinação de que as decisões do Comitê sejam tomadas por maioria de votos dos membros presentes (art. 39).

O Pacto prevê ainda a necessidade de submissão ao Comitê, pelos Estados Partes, de *relatórios* sobre as *medidas* adotadas para tornar efetivos os direitos nele reconhecidos, bem como os fatores e as dificuldades que *prejudiquem* sua implementação, caso existam. O primeiro relatório deve ser apresentado no prazo de um ano a contar do início da vigência do Pacto e, a partir de então, sempre que o Comitê solicitar, podendo os outros Estados Partes do Pacto apresentar relatórios (usualmente a cada quatro anos).

O Comitê ainda recebe informes de organizações não governamentais que apresentam o chamado "*relatório sombra*" (*shadow report*), que busca revelar criticamente a real situação de direitos humanos naquele país. Após, o Comitê aprecia o relatório oficial e as demais informações obtidas, emitindo *relatório final* contendo recomendações, sem força vinculante ao Estado.

Além dessas observações específicas a um determinado Estado, o Comitê de Direitos Humanos elabora as chamadas "Observações Gerais" ou "Comentários Gerais", que contêm a interpretação do Comitê sobre os direitos protegidos. Atualmente (2024), há *37 observações gerais*, sendo a antepenúltima emitida em dezembro de 2014 sobre a liberdade e segurança individual, a penúltima, em outubro de 2018, sobre o direito à vida e a última foi emitida em 2020 (liberdade de reunião).

Além disso, o Estado Parte do Pacto pode declarar que reconhece a competência do Comitê para receber e examinar as comunicações em que um Estado Parte alegue que outro não vem cumprindo as obrigações nele previstas. Esse mecanismo é conhecido como "*mecanismo interestatal*". Se dentro de seis meses a contar da data do recebimento da comunicação original pelo Estado destinatário a questão não estiver dirimida satisfatoriamente, ambos os Estados envolvidos poderão submeter a questão ao Comitê, que oferecerá os seus bons préstimos para que se alcance uma solução amistosa. Se a questão ainda não for dirimida, satisfatoriamente, o Comitê poderá, mediante o consentimento prévio dos Estados Partes interessados, constituir uma comissão *ad hoc*, que também oferecerá os seus bons préstimos para alcançar uma solução amistosa. Ao final, a Comissão apresentará um relatório, de acordo com o estágio da questão. Se solução amistosa não tiver sido alcançada, apresentará, no relatório, opinião sobre a situação, devendo os Estados Partes interessados comunicar se aceitam ou não os termos do relatório.

O *Protocolo Facultativo ao Pacto Internacional sobre Direitos Civis e Políticos*, por sua vez, foi adotado pela Resolução da Assembleia Geral da ONU – na mesma ocasião em que o Pacto foi adotado –, com a finalidade de instituir mecanismo de petição individual ao Comitê de Direitos Humanos por violações a direitos civis e políticos previstos no Pacto. Está em vigor desde 23 de março de 1976. No Brasil, foi aprovado apenas em 16 de junho de 2009, pelo Decreto Legislativo n. 311/2009, junto com o Segundo Protocolo Facultativo ao Pacto Internacional sobre Direitos Civis e Políticos com vistas à Abolição da Pena de Morte. Em 25 de setembro de 2009, o Brasil *ratificou* esses dois protocolos. Somente em 9 de novembro de 2023, houve a incorporação interna pelo Decreto n. 11.777 (ver o "Caso Lula" e a falta do decreto de promulgação como *impeditivo* para a validade interna dos tratados).

Quatorze artigos compõem o primeiro Protocolo Facultativo. O art. 1º enuncia que os Estados que se tornarem partes do Protocolo reconhecem a competência do Comitê para receber e examinar *comunicações de indivíduos* sujeitos à sua jurisdição que aleguem ser vítimas de violação de qualquer dos direitos previstos no Pacto pelos Estados Partes. Não serão admissíveis as comunicações anônimas ou cuja apresentação constitua abuso de direito ou que for incompatível com as disposições do Pacto (art. 3º).

O Comitê dará conhecimento das comunicações que lhe forem apresentadas aos Estados Partes que aleguem que tenham violado direitos estabelecidos no Pacto, os quais deverão, em seis meses, submeter por escrito ao Comitê as explicações ou declarações que esclareçam a questão, indicando, se for o caso, as medidas que tenham tomado para remediar a situação (art. 5º).

Para que possa examinar a comunicação, entretanto, o Comitê, obedecendo à *subsidiariedade do mecanismo*, deverá se assegurar de que a mesma questão não esteja sendo examinada por outra instância internacional de inquérito ou decisão e de que o indivíduo tenha *esgotado os recursos internos disponíveis*, salvo em caso de demora injustificada. As sessões relativas às comunicações individuais serão realizadas a portas fechadas, comunicando-se as conclusões ao Estado Parte interessado e ao indivíduo (art. 5º). As atividades relativas às comunicações individuais, previstas nesse Protocolo, serão incluídas pelo Comitê em seu relatório anual (art. 6º).

O *Segundo Protocolo Adicional ao Pacto Internacional sobre Direitos Civis e Políticos com vistas à Abolição da Pena de Morte*, ratificado pelo Brasil em 2009 e também incorporado internamente somente em 2023 (Decreto n. 11.777), determinou também que as medidas adotadas para implementar o Protocolo deverão ser informadas pelos Estados Partes nos relatórios que submeterem ao Comitê de Direitos Humanos (art. 40 do Pacto). Também para aqueles que tenham feito a declaração prevista no art. 41 no Pacto, o reconhecimento de competência do Comitê para receber e apreciar comunicações nas quais um Estado Parte alega que outro não cumpre suas obrigações é extensivo às disposições do Segundo Protocolo (art. 4º), salvo se declaração em contrário tenha sido feita no momento da ratificação ou adesão.

Além disso, para os Estados que tenham aderido ao primeiro Protocolo Adicional ao Pacto de Direitos Civis e Políticos, também é extensiva às disposições do Segundo Protocolo a competência do Comitê de Direitos Humanos para receber e examinar as comunicações feitas por indivíduos sujeitos à sua jurisdição, salvo declaração em sentido contrário no momento da ratificação ou adesão (art. 5º).

3.1. Casos contra o Brasil

A força vinculante das deliberações do Comitê foi questionada no Brasil na análise da petição individual do ex-presidente da República Luiz Inácio Lula da Silva, que alegou (Caso 2.841/2016, ver o desfecho abaixo) violações ao devido processo legal em processo criminal no Brasil, no qual foi condenado em 1ª instância, tendo sido confirmada a condenação no Tribunal Regional Federal da 4ª Região (Apelação Criminal n. 504651294.2016.4.04.7000/PR, 8ª Turma, rel. Des. João Pedro Gebran Neto, j. 24-1-2018).

Em abril de 2018, o peticionário requereu medida provisória (medida cautelar; *interim measure*) ao Comitê para que fosse assegurada a sua participação no pleito eleitoral presidencial em 2018, até que houvesse o trânsito em julgado desse processo criminal. Como o Comitê *não é um órgão permanente*, tais medidas são analisadas pelos relatores especiais sobre novas comunicações e medidas provisórias. No caso, os relatores Sarah H. Cleveland e Olivier de Frouville concluíram pela existência de dano irreparável aos direitos políticos do peticionário Luiz Inácio Lula da Silva previstos no art. 25 do Pacto Internacional sobre Direitos Civis e Políticos (PIDCP).

Por conseguinte e de acordo com o art. 92 das regras de procedimento do Comitê de Direitos Humanos, os Relatores Especiais, em nome do citado Comitê, pediram ao Brasil que adotasse todas as medidas necessárias para que o peticionário pudesse gozar e exercer seus direitos políticos mesmo preso, como *candidato nas eleições presidenciais de 2018*, o que inclui o acesso apropriado à mídia e aos membros do seu partido político; também pediram não fosse proibida a sua postulação como candidato a presidente nas eleições presidenciais enquanto sua condenação criminal não tenha transitado em julgado. A natureza de tal medida é cautelar, ou seja, visa somente a assegurar o resultado útil da deliberação final do Comitê, não se constituindo em julgamento final sobre a existência ou não de violação do Estado aos direitos do peticionário.

Como já defendi em obra própria, os Estados, ao ratificar o Primeiro Protocolo Facultativo, *avançaram* na proteção de direitos de seus jurisdicionados, permitindo que as pretensas vítimas possam contar com uma proteção adicional, não prevista no Pacto. Essa proteção adicional não pode gerar uma deliberação que tenha força de mera recomendação, como se fosse o resultado da avaliação dos relatórios estatais submetidos periodicamente ao Comitê por força do disposto no Pacto[6]. No que tange às medidas provisórias, o Comitê, no Comentário Geral n. 33, de 2009, dirimiu as dúvidas e deliberou que os Estados, em nome do princípio da boa-fé, têm que cumprir as deliberações provisórias do Comitê no exame das comunicações individuais. O próprio conceito de "medida provisória" exige seu cumprimento imediato, uma vez que há risco de dano irreparável ao resultado útil da análise da comunicação pelo Comitê. No *Caso Piandiong et al. vs. Filipinas*, o Estado réu descumpriu, em 1999, a medida provisória que suspendia a execução de pena de morte ao peticionário até o final do trâmite do caso no Comitê de Direitos Humanos. Mesmo após a execução do peticionário, o Comitê continuou a analisar o caso e decidiu, em 2000, que o Estado descumpriu seu dever de cumprir tais medidas provisórias. Esse dever, para o Comitê, é oriundo *implicitamente* da própria adesão do Estado ao Primeiro Protocolo Facultativo, pois de nada serviria o direito de petição das vítimas se o Estado não adotasse as medidas necessárias para assegurar o resultado útil da futura decisão do Comitê.

No "Caso Lula", como veremos posteriormente[7], somente o Min. Fachin no Tribunal Superior Eleitoral reconheceu o dever brasileiro de cumprir as medidas provisórias do Comitê de Direitos Humanos. Para Fachin, negar a força vinculante das medidas provisórias significa negar o próprio sistema de comunicações individuais nos casos em que houvesse a necessidade de evitar danos irreparáveis (Tribunal Superior Eleitoral, Registro de Candidatura (11532) n. 0600903-50.2018.6.00.0000, rel. Min. Roberto Barroso, por maioria, j. 31 de agosto de 2018, voto do Min. Edson Fachin, p. 19).

A conduta dos Estados em negar a força vinculante das deliberações finais e também das medidas provisórias do Comitê de Direitos Humanos no bojo do sistema de petições individuais é mais uma amostra da *resistência estatal* à interpretação internacionalista dos tratados. Cria-se, assim, um "Pacto Internacional sobre Direitos Civis e Políticos *nacional*", o que torna inútil, obviamente, a internacionalização da temática. Essa conduta dos Estados consiste em clara violação do tratado, ao qual eles voluntariamente aderiram.

Os dispositivos finais dizem respeito à assinatura, ratificação e adesão ao Protocolo (art. 8º), data de entrada em vigor (art. 9º), aplicação a todas as unidades constitutivas dos Estados federais (art. 10), o procedimento para a proposição de emendas (art. 11) e a possibilidade de denúncia (art. 12).

QUADRO SINÓTICO	
Comitê de Direitos Humanos	
Criação	• Pacto Internacional sobre Direitos Civis e Políticos.
Composição	• Dezoito membros eleitos, nacionais de Estados Partes do Pacto, que exercem suas funções a título pessoal. Devem ser pessoas de elevada reputação moral e reconhecida competência em matéria de direitos humanos. A eleição se dá mediante votação secreta, dentre uma lista de pessoas que preencham os mencionados requisitos e indicadas pelos Estados Partes.
Competência atribuída pelo Pacto Internacional sobre Direitos Civis e Políticos	• Exame de relatórios sobre as medidas adotadas para tornar efetivos os direitos reconhecidos no Pacto, enviados pelos Estados Partes. • O Comitê, após análise do relatório, emite recomendações sem força vinculante ao Estado.

---

[6] CARVALHO RAMOS, André de. Processo internacional de direitos humanos. 7. ed. São Paulo: Saraiva, 2022.
[7] Item 48.6.5 da Parte IV deste *Curso*. Ver também a decisão final no item 27.6 da Parte IV.

	• Receber e examinar as comunicações em que um Estado Parte alegue que outro não vem cumprindo as obrigações nele previstas. No âmbito das comunicações interestatais, pode oferecer os seus bons préstimos para que se alcance uma solução amistosa. Se esta não tiver sido alcançada, o Comitê deve apresentar relatório, e os Estados Partes interessados comunicam se aceitam ou não seus termos. • Elabora "Comentários Gerais" contendo a interpretação internacionalista do tratado.
Competência atribuída pelo Protocolo Facultativo ao Pacto Internacional sobre Direitos Civis e Políticos	• Receber e examinar comunicações de indivíduos que aleguem ser vítimas de violação de qualquer dos direitos previstos no Pacto pelos Estados Partes.
Segundo Protocolo Adicional ao Pacto Internacional sobre Direitos Civis e Políticos com vistas à Abolição da Pena de Morte	• As medidas adotadas para implementar o Protocolo deverão ser informadas pelos Estados Partes nos relatórios que submeterem ao Comitê de Direitos Humanos. Ademais, o Comitê tem competência para receber e apreciar comunicações nas quais um Estado Parte alega que outro não cumpre suas obrigações estabelecidas no Segundo Protocolo. Tem ainda competência para receber e examinar as comunicações feitas por indivíduos sujeitos à sua jurisdição, salvo declaração em sentido contrário no momento da ratificação ou adesão, quanto às situações previstas no Segundo Protocolo.

4. CONSELHO ECONÔMICO E SOCIAL E COMITÊ DE DIREITOS ECONÔMICOS, SOCIAIS E CULTURAIS

O *Conselho Econômico e Social* foi criado pela *Carta das Nações Unidas* (Capítulo X, arts. 61 a 72) como órgão das Nações Unidas responsável por coordenar assuntos internacionais de caráter econômico, social, cultural, educacional, de saúde e conexos. Trata-se do foro central para discussão desses temas e de formulação de recomendações aos Estados e ao sistema das Nações Unidas. É composto por 54 Estados das Nações Unidas eleitos pela Assembleia Geral e cada membro tem um voto. As decisões são tomadas por maioria dos membros presentes e votantes.

Os arts. 62 a 64 definem seus poderes e funções. Dentre outras funções, o Conselho Econômico e Social pode *fazer ou iniciar estudos e relatórios* a respeito de assuntos de sua competência, podendo fazer recomendações à Assembleia Geral, aos membros das Nações Unidas e às organizações especializadas interessadas. Pode preparar, para os assuntos de sua competência, *projetos de convenções* a serem submetidos à Assembleia Geral e pode convocar, de acordo com as regras estipuladas pela ONU, *conferências internacionais* sobre assuntos de sua competência. Pode ainda coordenar as atividades das agências especializadas[8] da ONU por meio de consultas e recomendações às mesmas e de recomendações à Assembleia Geral e aos membros das Nações Unidas. Pode também tomar as medidas adequadas a fim de obter relatórios regulares das agências especializadas, dentre outras atribuições.

Ademais, o Conselho Econômico e Social pode criar *comissões* para os assuntos econômicos, sociais e para a *proteção dos direitos humanos*, bem como outras comissões necessárias ao desempenho de suas funções. Finalmente, pode entrar em entendimentos convenientes para a consulta com organizações não governamentais que se ocupem de assuntos no âmbito da sua competência.

---

[8] As agências especializadas são organizações internacionais, com personalidade jurídica própria e distinta da personalidade jurídica da ONU, que possuem objetivos comuns aos da ONU e celebraram acordos de colaboração e coordenação com a ONU. Há agências até anteriores à ONU (Organização Internacional do Trabalho, por exemplo, é de 1919).

O *Comitê de Direitos Econômicos, Sociais e Culturais*, por sua vez, foi instituído pela Resolução n. 1985/17 do Conselho Econômico e Social, de 28 de maio de 1985, inicialmente para prestar assistência ao Conselho no exame de informes apresentados pelos Estados Partes, ou seja, nas funções de monitoramento atribuídas ao Conselho na Parte IV do *Pacto de Direitos Econômicos, Sociais e Culturais*.

Nos termos da referida Resolução, o Comitê é composto por 18 membros, que devem ser especialistas de reconhecida competência na esfera dos direitos humanos e que atuam a título pessoal. São eleitos pelo Conselho, em votação secreta, levando-se em consideração a distribuição geográfica equitativa e a representação de diferentes sistemas sociais e jurídicos, para um período de quatro anos, podendo ser reeleitos se suas candidaturas forem novamente apresentadas. A metade dos membros se renova a cada dois anos para atender à necessidade de manter a distribuição geográfica equitativa. O Comitê de Direitos Econômicos, Sociais e Culturais foi concebido pelo Conselho para auxiliá-lo no exercício dessas funções, pois o PIDESC *não* havia feito menção a um Comitê específico. Somente em *2008*, o Comitê foi criado por norma internacional convencional, no caso o *Protocolo Facultativo ao PIDESC*.

Os Estados Partes devem apresentar relatórios ao Comitê do PIDESC sobre as medidas adotadas e sobre os progressos realizados com o objetivo de assegurar a observância dos direitos econômicos, sociais e culturais. O primeiro relatório deve ser apresentado em um ano após a ratificação e os demais, em períodos de cinco anos. No que tange à análise dos relatórios dos Estados, o Comitê ainda recebe informes de organizações não governamentais que apresentam o chamado "relatório sombra" (*shadow report*), que busca revelar criticamente a real situação dos direitos sociais, econômicos e culturais naquele país. Após, o Comitê aprecia o relatório oficial e as demais informações obtidas, emitindo *relatório final* contendo recomendações, sem força vinculante ao Estado.

Além dessas observações específicas a um determinado Estado, o Comitê do PIDESC elabora as chamadas "Observações Gerais" ou "Comentários Gerais", que contêm a interpretação do Comitê sobre os direitos protegidos. Em agosto de 2024, há *26 observações gerais*, sendo a emitida em 2016 sobre o direito de toda pessoa de gozar de condições de trabalho justas e favoráveis (art. 7º do Pacto), a antepenúltima emitida em 2017 sobre as obrigações dos Estados no contexto das atividades empresariais; a penúltima foi adotada em 2020 a respeito da ciência e os direitos econômicos, sociais e culturais e a última, adotada em 2022, sobre terra e direitos econômicos, sociais e culturais.

Os relatórios que contenham recomendações de caráter geral ou resumo de informações recebidas dos Estados Partes e das agências especializadas sobre medidas adotadas e progressos realizados poderão ser ocasionalmente apresentados pelo Conselho à Assembleia Geral (art. 21). Além disso, quaisquer questões suscitadas nos relatórios poderão ser levadas pelo Conselho ao conhecimento de outros órgãos da ONU, de seus órgãos subsidiários ou de agências especializadas interessadas, incumbidas de prestação de assistência técnica, para que tais entidades se pronunciem, dentro de sua competência, sobre a conveniência de medidas internacionais que possam contribuir para a implementação efetiva e progressiva do Pacto (art. 22).

Como já mencionado, o Pacto Internacional sobre Direitos Econômicos, Sociais e Culturais previa apenas o *mecanismo de relatórios periódicos* para o monitoramento dos direitos. Por isso, atendendo a recomendação da Declaração e Programa de Ação de Viena de 1993, foi editado, em 2008, o *Protocolo Facultativo ao Pacto de Direitos Econômicos, Sociais e Culturais*, que veio implementar o *sistema de petições*, o *procedimento de investigação* e as *medidas provisionais* (cautelares), reafirmando, assim, a exigibilidade e a justiciabilidade de tais direitos, como visto acima.

Como já estudado, o Protocolo é composto por 22 artigos. O art. 1º prevê a competência, para os Estados que a reconheçam, do Comitê de Direitos Econômicos, Sociais e Culturais para receber petições individuais ou no interesse de indivíduos e grupos de indivíduos, mediante seu consentimento, que denunciem violações de direitos econômicos, sociais e culturais que tenham sido realizadas pelo Estado Parte. Este deve tomar todas as medidas necessárias para garantir que os indivíduos sob sua jurisdição não sejam submetidos a maus-tratos ou intimidação em decorrência de terem recorrido ao Comitê (art. 13).

QUADRO SINÓTICO

Conselho Econômico e Social	
Origem	• Carta das Nações Unidas.
Composição	• Cinquenta e quatro membros das Nações Unidas eleitos pela Assembleia Geral.
Principais funções	• Fazer ou iniciar estudos e relatórios a respeito de assuntos de sua competência, podendo fazer recomendações à Assembleia Geral, aos membros das Nações Unidas e às organizações especializadas interessadas. • Preparar, para os assuntos de sua competência, projetos de convenções a serem submetidos à Assembleia Geral. • Convocar, de acordo com as regras estipuladas pela ONU, conferências internacionais sobre assuntos de sua competência. • Coordenar as atividades das organizações especializadas por meio de consultas e recomendações às mesmas e de recomendações à Assembleia Geral e aos membros das Nações Unidas. • Tomar as medidas adequadas a fim de obter relatórios regulares das organizações especializadas. • Criar comissões para os assuntos econômicos e sociais e para a proteção dos direitos do homem, bem como outras comissões necessárias ao desempenho de suas funções. • Entrar em entendimentos convenientes para a consulta com organizações não governamentais que se ocupem de assuntos no âmbito da sua competência.
Competência atribuída pelo PIDESC	• Examinar relatórios sobre as medidas adotadas e sobre os progressos realizados com o objetivo de assegurar a observância dos direitos econômicos, sociais e culturais. O Comitê de Direitos Econômicos, Sociais e Culturais foi instituído para auxiliar o Conselho no exercício dessa função.

Comitê de Direitos Econômicos, Sociais e Culturais	
Origem	• Resolução n. 1.985/17 do Conselho Econômico e Social e Protocolo Facultativo ao PIDESC (ainda não ratificado pelo Brasil).
Composição	• Dezoito membros, que devem ser especialistas de reconhecida competência na esfera dos direitos humanos e que atuam a título pessoal. São eleitos pelo Conselho, em votação secreta, levando-se em consideração distribuição geográfica equitativa e a representação de diferentes sistemas sociais e jurídicos, para um período de quatro anos, podendo ser reeleitos se suas candidaturas forem novamente apresentadas.
Principais funções	• Apresentar ao Conselho um informe sobre suas atividades, que incluirá um resumo de seu exame dos relatórios apresentados pelos Estados Partes do Pacto. Deve ainda formular sugestões e recomendações de caráter geral, baseando-se nos exames desses relatórios e daqueles apresentados pelos mecanismos especializados, com a finalidade de auxiliar o Conselho Econômico e Social a cumprir suas funções.

Competência atribuída ao Comitê pela Resolução	• Auxiliar o Conselho Econômico e Social no exame dos relatórios apresentados pelos Estados Partes. • Emitir recomendações aos Estados. • Elaborar observações gerais.
Competência estabelecida no Protocolo Facultativo ao Pacto	• Receber *petições individuais ou no interesse de indivíduos e grupos de indivíduos*, mediante seu consentimento, que denunciem violações de direitos econômicos, sociais e culturais que tenham sido realizadas pelo Estado Parte. • Apresentar pedido de *medidas provisórias* ao Estado Parte, para sua urgente consideração, com a finalidade de evitar possíveis danos irreparáveis, em circunstâncias excepcionais, a qualquer tempo depois do reconhecimento da comunicação e antes da decisão de mérito. • Disponibilizar os seus bons préstimos para a finalidade de se alcançar um *acordo amigável* entre as partes interessadas. • Receber *comunicações interestatais*. • Convidar o Estado Parte a cooperar no exame de informações caso receba informação confiável que indique graves ou sistemáticas violações pelo Estado de qualquer um dos direitos arrolados no Pacto (*procedimento de investigação*).

5. COMITÊ PARA A ELIMINAÇÃO DA DISCRIMINAÇÃO RACIAL

A Convenção sobre a Eliminação de Todas as Formas de Discriminação Racial determinou a criação do Comitê para a Eliminação da Discriminação Racial. O Comitê é composto de dezoito peritos conhecidos por sua alta moralidade e imparcialidade, que são eleitos para mandatos de 2 anos pelos Estados Partes dentre seus nacionais e que atuam *a título individual*, levando-se em conta uma repartição geográfica equitativa e a representação das "formas diversas de civilização" assim como dos principais sistemas jurídicos (artigo VIII).

A Convenção estabelece o *mecanismo de relatórios*, que serão examinados pelo Comitê e devem ser apresentados no prazo de um ano da entrada em vigor da Convenção e, a partir de então, a cada dois anos e sempre que o Comitê solicitar. Os relatórios devem conter todas as medidas legislativas, judiciárias, administrativas ou outras aptas a tornarem efetivas as disposições da Convenção (artigo IX).

No que tange à análise dos relatórios dos Estados, o Comitê ainda recebe informes de organizações não governamentais que apresentam o chamado "relatório sombra" (*shadow report*), que busca revelar criticamente a real situação dos direitos protegidos naquele país. Após, o Comitê aprecia o relatório oficial e as demais informações obtidas, emitindo relatório final contendo recomendações, sem força vinculante ao Estado.

Além dessas observações específicas a um determinado Estado, o Comitê de Direitos Humanos elabora as chamadas "Recomendações Gerais", que contêm a interpretação do Comitê sobre como alcançar o fim da discriminação racial. Atualmente (agosto de 2024), há 36 recomendações gerais, sendo a última emitida em 2020 referente a prevenir e combater o uso de "perfil racial" pelos agentes da lei. Em 2013 foi emitida a recomendação geral sobre o combate ao discurso de ódio de conteúdo racista (comentário corrigido em 2014, para suprimir erro material).

Com base nos relatórios e informações recebidas pelos Estados Partes, o Comitê deverá submeter à Assembleia Geral da ONU um relatório sobre suas atividades, podendo fazer sugestões e recomendações de ordem geral.

O artigo XI prevê a possibilidade de um Estado Parte chamar a atenção do Comitê caso entenda que outro Estado Parte não aplica as disposições da Convenção (*mecanismo interestatal*).

Se no prazo de seis meses a contar do recebimento da comunicação pelo Estado destinatário a questão não tiver sido resolvida pelos dois Estados Partes, esta poderá ser submetida novamente ao Comitê, que poderá dela conhecer, ante o esgotamento dos recursos internos, salvo prazo excessivo. Examinadas as questões necessárias, o Comitê deve nomear uma Comissão *ad hoc* para alcançar uma solução amigável (artigo XII), que, após analisar a questão sob todos os seus aspectos, submeterá ao presidente do Comitê um relatório com as conclusões sobre as questões de fato e com as recomendações que entender razoáveis para se alcançar solução amistosa para a polêmica. Os Estados, posteriormente, devem comunicar se aceitam ou não as recomendações (artigo XIII).

Finalmente, além do mecanismo de (i) relatórios periódicos e de (ii) comunicação interestatal, a Convenção prevê que os Estados Partes podem declarar que reconhecem a competência do Comitê para (iii) examinar *comunicações individuais* ou de grupos de indivíduos sob sua jurisdição que se considerarem vítimas de violações de direitos nela protegidos, nos termos do artigo XIV. A declaração pode ser retirada a qualquer tempo, sem prejuízo das comunicações que já tenham sido estudadas pelo Comitê.

Por fim, a Convenção estabelece que o Comitê receberá cópias de petições provenientes de órgãos das Nações Unidas que se ocupem de questões diretamente relacionadas com os princípios e objetivos da Convenção sobre Eliminação de todas as Formas de Discriminação Racial, incluindo em seu relatório à Assembleia Geral um resumo das petições e relatórios que houver recebido de órgãos da ONU e as opiniões e recomendações que houver proferido sobre tais petições e relatórios (artigo XV).

QUADRO SINÓTICO

Comitê para a Eliminação da Discriminação Racial	
Criação	• Convenção sobre a Eliminação de Todas as Formas de Discriminação Racial.
Composição	• Dezoito peritos conhecidos por sua alta moralidade e imparcialidade, que são eleitos periodicamente pelos Estados-membros dentre seus nacionais e que atuam a título individual, levando-se em conta uma repartição geográfica equitativa e a representação das "formas diversas de civilização", assim como dos principais sistemas jurídicos.
Competência	• Exame de relatórios, que devem ser apresentados no prazo de um ano da entrada em vigor da Convenção e, a partir de então, a cada dois anos e sempre que o Comitê solicitar. • O Comitê elabora um relatório contendo recomendações ao Estado, sem força vinculante. • Com base nos relatórios e informações recebidas pelos Estados Partes, o Comitê deverá submeter à Assembleia Geral da ONU um relatório sobre suas atividades, podendo fazer sugestões e recomendações de ordem geral. • Exame de comunicações interestatais, com possibilidade de alcançar solução amigável e de o Comitê apresentar recomendações aos Estados, que poderão ou não ser aceitas. • Examinar comunicações individuais ou de grupos de indivíduos que se considerarem vítimas de violações de direitos nela protegidos. • Elaborar "Recomendações Gerais" contendo a interpretação internacionalista do tratado.

6. COMITÊ SOBRE A ELIMINAÇÃO DA DISCRIMINAÇÃO CONTRA A MULHER

A Convenção sobre a Eliminação de Todas as Formas de Discriminação contra a Mulher (conhecida também pela sigla em inglês CEDAW) determinou a criação do *Comitê sobre a Eliminação da Discriminação contra a Mulher*, que tem a finalidade de examinar os progressos alcançados na sua aplicação.

O Comitê é composto de 23 especialistas de grande prestígio moral e competência na área abarcada pela Convenção, que são eleitos pelos Estados Partes, exercendo suas funções a título pessoal.

São eleitos em votação secreta dentre uma lista de pessoas indicadas pelos Estados Partes (cada Estado pode indicar uma pessoa dentre os seus nacionais) para um mandato de quatro anos. Em caso de necessidade de preenchimento de vagas fortuitas, o Estado cujo especialista (também chamado de perito) tenha deixado de exercer suas funções nomeará outro perito entre seus nacionais, sob reserva da aprovação do Comitê (art. 17).

O art. 18 prevê a obrigação de os Estados Partes submeterem ao Secretário-Geral das Nações Unidas, para exame do Comitê, um relatório sobre as medidas legislativas, judiciárias, administrativas ou outras que adotarem para tornarem efetivas as disposições da Convenção e dos progressos alcançados a respeito. Isso deve ser feito no prazo de um ano, a partir da entrada em vigor da Convenção para o Estado interessado e, posteriormente, pelo menos a cada quatro anos e toda vez que o Comitê vier a solicitar.

No que tange à análise dos relatórios dos Estados, o Comitê ainda recebe informes de organizações não governamentais que apresentam o chamado "relatório sombra" (*shadow report*), que busca revelar criticamente a real situação dos direitos protegidos naquele país. Após, o Comitê aprecia o relatório oficial e as demais informações obtidas, emitindo relatório final contendo recomendações, sem força vinculante ao Estado.

Além dessas observações específicas a um determinado Estado, o Comitê elabora as chamadas "Recomendações Gerais", que contêm a interpretação do Comitê sobre como alcançar o fim da discriminação contra a mulher. A adoção do termo "recomendação" indica claramente o desejo do Comitê de não sugerir força vinculante a tais textos.

Atualmente (2024), há 39 observações gerais. Em 2016, foi editada a recomendação n. 34 sobre os direitos das mulheres que vivem em áreas rurais (25% da população mundial, de acordo com o Comitê). Em 2017, houve edição da Recomendação Geral n. 35, pela qual foi atualizada a Recomendação n. 19 sobre a violência de gênero contra a mulher. O Comitê adotará seu próprio regulamento (art. 19) e todos os anos se reunirá para examinar os relatórios que lhe forem submetidos (art. 20). Ainda em 2017, foi editada a Recomendação Geral n. 36 sobre o direito à educação; em 2018, adotou-se a Recomendação Geral n. 37 sobre as dimensões de gênero associadas aos riscos de desastres no contexto da mudança climática. Em 2020, foi aprovada a Recomendação Geral n. 38 sobre tráfico de mulheres e garotas no contexto da migração global. Finalmente, em 2022 foi aprovada a Recomendação n. 39 sobre mulheres e meninas indígenas.

Já o Protocolo Facultativo à Convenção sobre a Eliminação de Todas as Formas de Discriminação contra a Mulher, adotado por Resolução da Assembleia Geral da ONU de 6 de outubro de 1999, teve por objetivo aperfeiçoar o sistema de monitoramento da Convenção, assegurando o direito de petição das vítimas de violações dos direitos nela garantidos. Foi adotado pelo Brasil em 13 de março de 2001, aprovado pelo Decreto Legislativo n. 107, de 6 de junho de 2002, e ratificado em 28 de junho de 2002. Foi promulgado pelo Decreto n. 4.316, de 30 de julho de 2002, mas entrou em vigor apenas em 28 de setembro de 2002, e, portanto, após a entrada em vigor da Convenção.

Por meio do Protocolo, que contém 21 artigos, o Estado reconhece a competência do Comitê sobre a Eliminação da Discriminação contra a Mulher para receber e considerar comunicações apresentadas por indivíduos ou grupo de indivíduos – ou em nome deles, se contarem com seu consentimento ou se se justificar a ação independente do consentimento – que se encontrem sob sua jurisdição e que sejam vítimas de violações de quaisquer dos direitos estabelecidos na Convenção (arts. 1º e 2º).

Os requisitos e procedimentos para tanto estão previstos no Protocolo, nos termos dos arts. 3º a 14, estabelecendo-se a possibilidade de o Comitê solicitar ao Estado a adoção de medidas cautelares (antecipando a tutela) necessárias para evitar possíveis danos irreparáveis à vítima da violação (art. 5º).

O Comitê apenas poderá considerar a comunicação se tiver reconhecido que todos os recursos internos foram esgotados ou que a sua utilização está sendo protelada além do razoável ou deixa dúvidas quanto a produzir o efetivo amparo. O Protocolo também enumera as hipóteses em que a comunicação será considerada inadmissível: quando se referir a assunto que já tiver sido examinado pelo Comitê ou tiver sido examinado ou estiver sob exame sob outro procedimento internacional de investigação ou solução de controvérsias; quando for incompatível com as disposições da Convenção; quando estiver manifestamente mal fundamentada ou não suficientemente consubstanciada; quando constituir abuso do direito de submeter comunicação; quando tiver como objeto fatos que tenham ocorrido antes da entrada em vigor do Protocolo para o Estado Parte em questão, a não ser no caso de tais fatos terem tido continuidade após aquela data.

No prazo de seis meses, o Estado Parte que receber a comunicação deve apresentar ao Comitê explicações ou declarações por escrito esclarecendo o assunto e o remédio, se houver, que possa ter sido aplicado pelo Estado (art. 6º).

O Comitê deve realizar reuniões fechadas ao examinar as comunicações no âmbito do Protocolo. Após examiná-la, deve transmitir suas opiniões a respeito, juntamente com sua recomendação, se houver, às partes em questão. Dentro de seis meses, o Estado Parte deve apresentar resposta por escrito incluindo as informações sobre quaisquer ações realizadas à luz das opiniões e recomendações do Comitê (art. 7º).

Se o Comitê receber informação fidedigna indicando graves ou sistemáticas violações por um Estado Parte dos direitos estabelecidos na Convenção, deve convidar o Estado Parte a cooperar no exame da informação e, para esse fim, a apresentar observações quanto à informação em questão. O Comitê poderá designar um ou mais de seus membros para conduzir uma investigação, o que será feito em caráter confidencial e com a cooperação do Estado Parte em todos os estágios dos procedimentos, e para apresentar relatório urgentemente ao Comitê. Sempre que justificado, e com o consentimento do Estado Parte, a investigação poderá incluir visita ao território deste último. Após o exame dos resultados da investigação, o Comitê deve transmiti-los ao Estado Parte em questão, com comentários e recomendações. Em seis meses, contados do recebimento do resultado, o Estado Parte deverá apresentar suas observações ao Comitê (art. 8º).

O Protocolo ressalta que os Estados Partes devem tomar todas as medidas apropriadas para assegurar que os indivíduos sob sua jurisdição não fiquem sujeitos a maus-tratos ou intimidação como consequência de sua comunicação com o Comitê (art. 11). Por meio do Protocolo, os Estados também se comprometem a tornar públicos e amplamente conhecidos a Convenção e o Protocolo e a facilitar o acesso a informações sobre as opiniões e recomendações do Comitê, especialmente as que dizem respeito ao próprio Estado Parte (art. 13).

O primeiro caso brasileiro nesse Comitê foi referente à morte da Sra. **Alyne da Silva Pimentel**. Alyne foi vítima da precariedade da assistência médica do Estado do Rio de Janeiro: em 2002, grávida de 27 semanas, sua morte e a de seu feto foi fruto de negligência e imperícia nos cinco dias que se passaram desde o início de seu mal-estar até seu falecimento. Sua família ingressou com ação cível na Justiça Estadual e a delonga do Poder Judiciário estadual gerou a dispensa do esgotamento dos recursos internos, viabilizando a análise da petição pelo Comitê. Em 2011, o Comitê decidiu que o Brasil *falhou* no monitoramento e controle dos serviços privados de saúde que são remunerados pelo Poder Público (caso das instituições privadas que atenderam Alyne, sob o regime do SUS – Sistema Único de Saúde). Também decidiu que a falta de serviços de saúde materna *violou* o direito da mulher à saúde e que houve *discriminação* pela sua condição de *mulher afrodescendente* e oriunda de grupo socioeconômico não privilegiado. Finalmente, considerou que o Brasil *violou* o direito de acesso à justiça, pela delonga no trâmite da ação indenizatória.

Apesar de o Protocolo estabelecer que a deliberação do Comitê é uma "recomendação", o Estado deve apresentar *informações* sobre suas ações após a recomendação. No caso, o Brasil pagou indenização à mãe da vítima (cerca de 130 mil reais), tendo ainda realizado *satisfação* (uma unidade de terapia intensiva foi denominada "Alyne Pimentel") e ainda adotou determinados programas de treinamento e fornecimento de remédios envolvendo o direito à saúde reprodutiva das mulheres. Contudo, quanto às *sanções* aos responsáveis médicos recomendadas pelo Comitê, o Conselho Regional de Medicina arquivou os procedimentos disciplinares contra os médicos envolvidos.

QUADRO SINÓTICO	
Comitê sobre a Eliminação da Discriminação contra a Mulher	
Criação	• Convenção sobre a Eliminação de Todas as Formas de Discriminação contra a Mulher.
Composição	• Vinte e três peritos de grande prestígio moral e competência na área abarcada pela Convenção, eleitos pelos Estados Partes, exercendo suas funções a título pessoal, para um mandato de quatro anos.
Competência	• Exame de relatórios periódicos sobre as medidas adotadas para tornar efetiva a Convenção e sobre os progressos alcançados a respeito. Os relatórios devem ser apresentados no prazo de um ano, a partir da entrada em vigor da Convenção para o Estado interessado e, posteriormente, pelo menos a cada quatro anos e toda vez que o Comitê vier a solicitar. • O Comitê elabora recomendações aos Estados, após a análise dos relatórios, sem força vinculante. • Receber e considerar comunicações apresentadas por indivíduos ou grupo de indivíduos – ou em nome deles, se contarem com seu consentimento ou se se justificar a ação independente do consentimento – que sejam vítimas de violações de quaisquer dos direitos estabelecidos na Convenção (competência determinada pelo Protocolo Facultativo à Convenção). • Elaborar "Recomendações Gerais" contendo a interpretação internacionalista do tratado.

7. COMITÊ CONTRA A TORTURA

A Convenção contra a Tortura e outros Tratamentos ou Penas Cruéis, Desumanos ou Degradantes determinou, em sua Parte II, a constituição do Comitê contra a Tortura.

O Comitê é composto por 10 especialistas (também chamados de peritos) de elevada reputação moral e reconhecida competência em matéria de direitos humanos, que exercerão suas funções *a título pessoal* e serão eleitos pelos Estados Partes, para mandatos de 4 anos, levando em conta uma distribuição geográfica equitativa e a utilidade da participação de algumas pessoas com experiência jurídica.

Os Estados Partes devem submeter ao Comitê *relatórios* sobre as medidas adotadas para o cumprimento das obrigações assumidas na Convenção, no *prazo de um ano* a contar do início da vigência da Convenção para o Estado Parte interessado. A partir de então, os Estados devem apresentar relatórios a cada *quatro* anos, ou quando o Comitê solicitar, sobre todas as novas disposições que tiverem sido adotadas.

No que tange à análise dos relatórios dos Estados, o Comitê ainda recebe informes de organizações não governamentais que apresentam o chamado "relatório sombra" (*shadow report*), que busca revelar criticamente a real situação dos direitos protegidos naquele país. Após, o Comitê aprecia o relatório oficial e as demais informações obtidas, emitindo relatório final contendo recomendações, *sem força vinculante* ao Estado.

Além dessas observações específicas a um determinado Estado, o Comitê contra a Tortura elabora as chamadas "Observações Gerais" ou "Comentários Gerais", que contêm a interpretação do Comitê sobre como alcançar o fim da tortura e outros tratamentos cruéis, desumanos e degradantes. Atualmente (agosto de 2024), há apenas *quatro* observações gerais, sendo a penúltima emitida em 2012, tendo considerado a *proibição da tortura* norma de *jus cogens*. Em 2017, foi emitida a Observação Geral n. 4, que substituiu a de n. 1, sobre o dever do Estado Parte de não deportar, devolver (*refouler*) ou extraditar uma pessoa para outro Estado quando existirem razões fundadas para crer que essa pessoa estará sob o risco de ser submetida a tortura (art. 3º).

Se o Comitê receber informações fidedignas que indiquem, de forma fundamentada, que a tortura é praticada sistematicamente no território de um Estado Parte, este será convidado a cooperar no exame das informações e, nesse sentido, a transmitir ao Comitê as observações que julgar pertinentes. Levando em consideração todas as questões de que dispuser, o Comitê poderá designar membros para procederem a uma *investigação confidencial*, que poderá incluir visita ao território se houver concordância do Estado Parte em questão.

O art. 21 prevê a possibilidade de reconhecimento pelos Estados Partes da Convenção, a qualquer momento, da competência do Comitê para receber *comunicações interestatais*, nas quais um Estado Parte alegue que outro Estado Parte não vem cumprindo as obrigações que lhe impõe a Convenção. Tais comunicações somente podem ser apresentadas por um Estado Parte que houver feito uma declaração em que reconheça, com relação a si próprio, a competência do Comitê. Toda declaração poderá ser retirada, a qualquer momento, mediante notificação endereçada ao Secretário-Geral, o que será feito sem prejuízo do exame de quaisquer questões que constituam objeto de uma comunicação já transmitida.

A Convenção determina o procedimento para as comunicações interestatais. Levada a questão por um Estado Parte ao Estado destinatário, este, no prazo de três meses a contar da data do recebimento da comunicação, deverá fornecer ao Estado que enviou a comunicação explicações ou quaisquer outras declarações por escrito que esclareçam a questão, as quais deverão fazer referência, até onde seja possível e pertinente, aos procedimentos nacionais e aos recursos jurídicos adotados, em trâmite ou disponíveis sobre a questão. Se no prazo de seis meses, a contar da data do recebimento da comunicação original pelo Estado destinatário, a questão não estiver dirimida satisfatoriamente para os Estados Partes interessados, ambos terão o direito de submetê-la ao Comitê, mediante notificação a ele endereçada ou ao outro Estado interessado.

Assim, o Comitê tratará de todas as questões que lhe forem submetidas por meio de comunicações interestatais somente após ter-se assegurado de que houve o esgotamento dos recursos internos, salvo se a aplicação dos recursos se prolongar injustificadamente ou se não for provável que sua aplicação venha a melhorar realmente a situação da vítima. Quando for examinar as comunicações, o Comitê deve realizar reuniões confidenciais.

Sem prejuízo da análise das questões pelo Comitê, este deve colocar seus bons ofícios à disposição dos Estados Partes interessados, no intuito de se alcançar uma solução amistosa, podendo inclusive constituir, se julgar conveniente, uma comissão de conciliação *ad hoc*.

Para todas as questões interestatais submetidas ao Comitê, este poderá solicitar aos Estados Partes interessados que lhe forneçam quaisquer informações pertinentes. Estes, por sua vez, terão o direito de fazer-se representar quando as questões forem examinadas no Comitê e de apresentar suas observações verbalmente e/ou por escrito.

Dentro dos doze meses seguintes à data de recebimento de notificação pelo Estado destinatário, o Comitê apresentará relatório em que, se houver sido alcançada uma solução amistosa, restringir-se-á a uma breve exposição dos fatos e da solução alcançada; e, se a solução amistosa não tiver sido alcançada, apresentará breve exposição dos fatos, anexando-se ao relatório o texto das observações escritas e as atas das observações orais apresentadas pelos Estados Partes interessados.

No art. 22, a Convenção versa sobre a possibilidade de reconhecimento, pelos Estados, da competência do *Comitê* para *receber petições individuais* (comunicações enviadas por pessoas sob sua jurisdição, ou em nome delas, que aleguem ser vítimas de violação, por um Estado Parte, das disposições da Convenção). O Comitê não poderá receber comunicação anônima, ou que constitua abuso de direito, ou que seja incompatível com as disposições da Convenção. A declaração de reconhecimento dessa competência poderá ser retirada, a qualquer momento, mediante notificação endereçada ao Secretário-Geral. O Brasil *fez* essa declaração em 2006.

O Comitê deverá levar todas as petições individuais ao conhecimento do Estado Parte da Convenção que houver feito a declaração e sobre o qual se alegue ter violado qualquer disposição da Convenção. Dentro dos seis meses seguintes, o Estado destinatário deverá submeter ao Comitê as explicações ou declarações por escrito que elucidem a questão e, se for o caso, indiquem o recurso jurídico adotado pelo Estado em questão.

As petições individuais serão analisadas pelo Comitê à luz de todas as informações a ele submetidas pela pessoa interessada, ou em nome dela, e pelo Estado Parte interessado. A petição não será analisada sem que se tenha assegurado de que a mesma questão não foi, nem está sendo, examinada perante uma outra instância internacional de investigação ou solução e de que a pessoa em questão esgotou todos os recursos jurídicos internos disponíveis, salvo quando a aplicação dos recursos se prolongar injustificadamente ou quando não for provável que sua aplicação venha a melhorar realmente a situação da vítima.

Quando estiver examinando petições individuais, o Comitê realizará reuniões confidenciais. Este comunicará seu parecer ao Estado Parte e à pessoa em questão. O Comitê ainda apresentará um relatório anual sobre suas atividades aos Estados Partes e à Assembleia Geral da ONU. Conforme defendo em livro específico, a deliberação em petição individual por parte do Comitê é *vinculante* ao Estado que aceitou tal competência de modo voluntário[9].

O *Protocolo Facultativo à Convenção contra a Tortura e Outros Tratamentos ou Penas Cruéis, Desumanos ou Degradantes* foi adotado em 18 de dezembro de 2002. O Congresso Nacional aprovou, por meio do Decreto Legislativo n. 483, de 20 de dezembro de 2006, seu texto e o Brasil depositou o instrumento de ratificação do Protocolo junto ao Secretário-Geral da ONU em 11 de janeiro de 2007. Posteriormente, o Protocolo foi promulgado internamente pelo Decreto n. 6.085, de 19 de abril de 2007.

Esse Protocolo, por sua vez, teve por objetivo estabelecer um *sistema de visitas regulares* de órgãos nacionais e internacionais independentes a lugares onde as pessoas são privadas de liberdade, com o intuito de *prevenir* a tortura e outros tratamentos ou penas cruéis, desumanos ou degradantes, conforme prevê seu art. 1º.

O Protocolo é composto por 37 artigos, divididos em sete partes: Princípios gerais (arts. 1º a 4º), Subcomitê de Prevenção (arts. 5º a 10), Mandato do Subcomitê de Prevenção (arts. 11 a

---

[9] CARVALHO RAMOS, André de. *Processo internacional de direitos humanos*. 7. ed. São Paulo: Saraiva, 2022.

16), Mecanismos preventivos nacionais (arts. 17 a 23), Declaração (art. 24), Disposições Financeiras (arts. 25 e 26) e Disposições Finais (arts. 27 a 37).

Na Parte I, sobre princípios gerais, o Protocolo prevê que um *Subcomitê de Prevenção da Tortura e Outros Tratamentos ou Penas Cruéis, Desumanos ou Degradantes* deverá ser criado. Trata-se de Subcomitê do Comitê contra a Tortura, que deve desempenhar suas funções no marco da Carta das Nações Unidas e deve ser guiado por seus princípios e propósitos, bem como pelas normas das Nações Unidas relativas ao tratamento das pessoas privadas de sua liberdade. Deve ainda ser guiado pelos princípios da *confidencialidade, imparcialidade, não seletividade, universalidade e objetividade* (art. 2º). Em nível doméstico, os Estados se comprometem a designar ou manter um ou mais *mecanismos preventivos nacionais*: órgãos de visita encarregados de prevenir a tortura e outros tratamentos ou penas cruéis, desumanos ou degradantes (art. 3º). Os Estados Partes devem permitir as visitas dos dois mecanismos a qualquer lugar sob sua jurisdição onde pessoas são ou podem ser privadas de liberdade, por força de ordem dada por autoridade pública.

Na Parte II, o Protocolo estabelece a composição do Subcomitê de Prevenção, a forma de eleição dos membros e da mesa e o tempo de mandato e, na Parte III, determina como deverá ser cumprido o mandato do Subcomitê.

O Subcomitê de Prevenção, após a quinquagésima ratificação ou adesão ao Protocolo, em 2011, passou a ser constituído por *25 membros*. São escolhidos entre pessoas de elevado caráter moral, de comprovada experiência profissional no campo da administração da justiça, em particular o direito penal e a administração penitenciária ou policial, ou nos vários campos relevantes para o tratamento de pessoas privadas de liberdade. Para a composição do Subcomitê, deve-se considerar também a distribuição geográfica equitativa e a representação de diferentes formas de civilização e de sistema jurídico dos Estados-membros, bem como o equilíbrio de gênero, com base nos princípios da igualdade e da não discriminação. Observe-se que os membros do Subcomitê devem servir em sua capacidade individual, atuando de forma independente e imparcial (art. 5º). Em outubro de 2024, o brasileiro Luciano Mariz Maia (Subprocurador-Geral da República) foi eleito membro do Subcomitê de Prevenção à Tortura e outros Tratamentos ou Penas Cruéis, Desumanos ou Degradantes (SPT), com mandato até 2028.

As eleições dos membros do Subcomitê de Prevenção devem ser realizadas em uma reunião bienal dos Estados Partes convocada pelo Secretário-Geral das Nações Unidas. Serão eleitos aqueles que obtenham o maior número de votos e uma maioria absoluta de votos dos representantes dos Estados presentes e votantes. O *quorum* da reunião é de dois terços dos Estados Partes (art. 7º).

Os membros do Subcomitê são eleitos para *mandato de quatro anos*, podendo ser reeleitos uma vez, caso suas candidaturas sejam novamente apresentadas (art. 9º). Os membros da mesa serão eleitos pelo Subcomitê de Prevenção para um período de dois anos.

O art. 10 determina que o Subcomitê estabeleça seu próprio regimento. Ademais, prevê que após a reunião inicial, este deve reunir-se nas ocasiões previstas no regimento, mas o Subcomitê de Prevenção e o Comitê contra a Tortura deverão convocar suas sessões simultaneamente pelo menos uma vez por ano.

O Subcomitê *deverá visitar* os lugares onde haja pessoas privadas de liberdade e fazer recomendações para os Estados Partes a respeito da proteção de pessoas privadas de liberdade contra a tortura e outros tratamentos ou penas cruéis, desumanos ou degradantes.

Quanto aos *mecanismos preventivos nacionais*, o Subcomitê deve aconselhar e assistir os Estados Partes, quando necessário, no estabelecimento desses mecanismos; deve manter diretamente, e se necessário de forma confidencial, contatos com os mecanismos e oferecer treinamento e assistência técnica com vistas a fortalecer sua capacidade; deve aconselhá-los e assisti-los na avaliação de suas necessidades e no que for preciso para fortalecer a proteção das pessoas privadas de liberdade e, finalmente, deve fazer recomendações e observações aos Estados Partes, com a finalidade de fortalecer a capacidade e o mandato dos mecanismos preventivos nacionais para a prevenção da tortura e outros tratamentos ou penas cruéis, desumanos ou degradantes.

Além disso, o Subcomitê deve cooperar para a prevenção da tortura em geral com os órgãos e mecanismos relevantes das Nações Unidas, bem como com organizações ou organismos internacionais, regionais ou nacionais que trabalhem para fortalecer a proteção de todas as pessoas contra a tortura e outros tratamentos ou penas cruéis, desumanos ou degradantes.

De outro lado, o art. 12 prevê as obrigações dos Estados Partes para que o Subcomitê de Prevenção possa cumprir sua missão: *receber* o Subcomitê em seu território e *franquear-lhe* o *acesso* aos centros de detenção; fornecer todas as informações relevantes que o Subcomitê solicitar para avaliar as necessidades e medidas que deverão ser adotadas para fortalecer a proteção das pessoas privadas de liberdade contra a tortura e outros tratamentos ou penas cruéis, desumanos ou degradantes; encorajar e facilitar os contatos entre o Subcomitê e os mecanismos preventivos nacionais e examinar as recomendações do Subcomitê de Prevenção e com ele engajar-se em diálogo sobre possíveis medidas de implementação.

De acordo com o art. 13, o Subcomitê deve estabelecer, inicialmente por sorteio, um programa de *visitas regulares* aos Estados Partes com a finalidade de pôr em prática seu mandato. Após proceder a consultas, deverá notificar os Estados Partes de seu programa para que eles possam, sem demora, fazer os arranjos práticos necessários para que as visitas sejam realizadas.

As visitas devem ser realizadas por pelo menos dois membros do Subcomitê de Prevenção, que deverão ser acompanhados, se necessário, por peritos que demonstrem experiência profissional e conhecimento no campo abrangido pelo Protocolo. Deverão ser selecionados de uma lista de peritos preparada com bases nas propostas feitas pelos Estados Partes, pelo Escritório do Alto Comissariado dos Direitos Humanos das Nações Unidas e pelo Centro Internacional para Prevenção de Crimes das Nações Unidas. Para elaborar a lista de peritos, os Estados Partes interessados deverão propor não mais que cinco peritos nacionais e o Estado interessado pode se opor à inclusão de algum perito específico na visita; devendo o Subcomitê indicar outro perito. O Subcomitê poderá propor, se considerar apropriado, curta visita de seguimento de visita regular anterior.

De acordo com o art. 14, os Estados Partes ainda se comprometem a conceder ao Subcomitê: *acesso irrestrito* a todas as informações relativas ao número de pessoas privadas de liberdade em centros de detenção, bem como o número de centros e sua localização; acesso irrestrito a todas as informações relativas ao tratamento dessas pessoas, bem como às condições de sua detenção; acesso irrestrito a todos os centros de detenção, suas instalações e equipamentos; oportunidade de entrevistar-se privadamente com pessoas privadas de liberdade, sem testemunhas, pessoalmente ou com intérprete, se considerado necessário, bem como com qualquer outra pessoa que o Subcomitê acredite poder fornecer informação relevante; e, finalmente, liberdade de escolher os lugares que pretende visitar e as pessoas que quer entrevistar.

Assim, *objeções* a visitas a algum lugar de detenção em particular só poderão ser feitas com fundamentos urgentes e imperiosos ligados à *defesa nacional, à segurança pública, ou a algum desastre natural ou séria desordem no lugar* a ser visitado que temporariamente impeçam a realização da visita e a existência de uma declaração de estado de emergência *não* deverá ser invocada por um Estado Parte como razão para objetar uma visita.

O Protocolo determina, em seu art. 15, que nenhuma autoridade ou funcionário público deverá ordenar, aplicar, permitir ou tolerar qualquer sanção contra qualquer pessoa ou organização por haver comunicado ao Subcomitê de Prevenção ou a seus membros qualquer informação, verdadeira ou falsa, e nenhuma dessas pessoas ou organizações deverá ser de qualquer outra forma prejudicada.

O art. 16 estabelece as obrigações do Subcomitê. Este deve comunicar suas *recomendações e observações* confidencialmente para o Estado Parte e, se for o caso, para o mecanismo preventivo nacional. Deverá publicar seus relatórios, em conjunto com qualquer comentário do Estado Parte interessado, quando solicitado pelo Estado. Se este fizer parte do relatório público, o Subcomitê poderá publicar o relatório total ou parcialmente. Observe-se que nenhum dado pessoal deverá ser publicado sem o expresso consentimento da pessoa interessada. O Subcomitê de Prevenção deverá apresentar um *relatório público anual* sobre suas atividades ao Comitê contra a Tortura.

Se o Estado se recusar a cooperar com o Subcomitê de Prevenção ou a tomar as medidas para melhorar a situação à luz de suas recomendações, o *Comitê contra a Tortura* poderá, a pedido do Subcomitê, e depois que o Estado Parte tenha a oportunidade de fazer suas observações, decidir, pela maioria de votos dos membros, *fazer declaração sobre o problema ou publicar o relatório* do Subcomitê de Prevenção.

Na Parte IV (arts. 17 a 23), o Protocolo versa sobre os *mecanismos preventivos nacionais*. O art. 17 estabelece a obrigatoriedade de o Estado manter, designar ou estabelecer, dentro de um ano da entrada em vigor do Protocolo ou de sua ratificação ou adesão, um ou mais mecanismos preventivos nacionais independentes para a prevenção da tortura em nível doméstico. Observe-se que os mecanismos estabelecidos por meio de unidades descentralizadas poderão ser designados como mecanismos preventivos nacionais para os fins do Protocolo se estiverem em conformidade com suas disposições.

O art. 18 prevê que os Estados devem garantir a independência funcional dos mecanismos preventivos nacionais bem como a independência de seu pessoal. Devem tomar as medidas necessárias para assegurar que os seus peritos tenham as habilidades e o conhecimento profissional necessários e devem buscar equilíbrio de gênero e representação adequada dos grupos étnicos e minorias no país. Comprometem-se ainda a tornar disponíveis todos os recursos necessários para o funcionamento dos mecanismos.

No art. 19, o Protocolo determina as competências mínimas a serem conferidas aos mecanismos preventivos nacionais, dentre as quais a de *examinar regularmente* o tratamento de pessoas presas em centro de detenção, com vistas a fortalecer, se necessário, sua proteção contra a tortura e outros tratamentos ou penas cruéis, desumanos ou degradantes; a de fazer *recomendações* às autoridades relevantes com o objetivo de melhorar o tratamento e as condições das pessoas privadas de liberdade e o de prevenir a tortura e outros tratamentos ou penas cruéis, desumanos ou degradantes e a de submeter propostas e observações a respeito da legislação existente ou ainda em projeto.

Para habilitar os mecanismos preventivos nacionais a cumprirem seu mandato (art. 20), os Estados Partes *comprometem-se a lhes conceder, à semelhança do disposto no art. 14 quanto ao Subcomitê*, o *acesso* a todas as informações relativas ao número de pessoas privadas de liberdade em centros de detenção, bem como o número de centros e sua localização; o acesso a todas as informações relativas ao tratamento daquelas pessoas bem como às condições de sua detenção; o acesso a todos os centros de detenção, suas instalações e equipamentos; a oportunidade de entrevistar-se privadamente com presos, sem testemunhas, pessoalmente ou com intérprete, bem como com qualquer outra pessoa que os mecanismos preventivos nacionais acreditem poder fornecer informação relevante; a liberdade de escolher os lugares que pretendem visitar e as pessoas que querem entrevistar e o direito de manter contato com o Subcomitê de Prevenção, enviar-lhe informações e encontrar-se com ele.

No mesmo sentido do que disposto no art. 15, o art. 21 determina que nenhuma autoridade ou funcionário público deverá ordenar, aplicar, permitir ou tolerar qualquer sanção contra qualquer pessoa ou organização por haver comunicado ao mecanismo preventivo nacional qualquer informação, verdadeira ou falsa, e nenhuma dessas pessoas ou organizações deverá ser de qualquer outra forma prejudicada. Determina-se que as informações confidenciais obtidas pelos mecanismos preventivos nacionais deverão ser privilegiadas e nenhum dado pessoal deverá ser publicado sem o consentimento expresso da pessoa em questão.

Finalmente, o art. 22 prevê que as autoridades competentes do Estado interessado devem examinar as *recomendações* do mecanismo preventivo nacional e com ele engajar-se em diálogo sobre possíveis medidas de implementação, e o art. 23 determina que os Estados comprometem-se a publicar e difundir os relatórios anuais dos mecanismos preventivos nacionais.

Na Parte V, o Protocolo estabelece que, por ocasião da ratificação, os Estados Partes poderão fazer uma declaração que adie a implementação de suas obrigações, o que será válido pelo máximo de três anos, que poderão ser estendidos pelo Comitê contra Tortura por mais dois anos após representações formuladas pelo Estado Parte e após consultas ao Subcomitê de Prevenção.

Finalmente, na Parte VI o Protocolo dispõe sobre o financiamento do Subcomitê de Prevenção. As despesas realizadas por ele na implementação do Protocolo serão custeadas pela ONU e, paralelamente, deverá ser estabelecido um Fundo Especial, administrado de acordo com o regulamento financeiro e as regras de gestão financeira das Nações Unidas, para auxiliar no financiamento da implementação das recomendações feitas pelo Subcomitê de Prevenção após a visita a um Estado Parte, bem como programas educacionais dos mecanismos preventivos nacionais. O Fundo poderá ser financiado por contribuições voluntárias feitas por Governos, organizações intergovernamentais e não governamentais e outras entidades públicas ou privadas.

7.1. Casos contra o Brasil

O Comitê Contra a Tortura da ONU admitiu, em julho de 2023, uma denúncia histórica contra o Brasil, apresentada pela Defensoria Pública do Estado de São Paulo e a Conectas Direitos Humanos. O caso envolve o Grupo de Intervenção Rápida (GIR) da Secretaria de Administração Penitenciária (SAP) do Estado de São Paulo (corpo de policiais penais estaduais) que, em setembro de 2015, teria torturado 240 presos durante uma revista no Anexo de Regime Semiaberto de Presidente Prudente-SP.

É a primeira denúncia do Brasil aceita pelo CAT, que supervisiona a Convenção contra a Tortura. O caso aborda o uso excessivo da força e a omissão dos órgãos de fiscalização. O CAT determinou medidas cautelares para proteger as vítimas enquanto o processo internacional está em andamento. A denúncia busca reparação às vítimas, punição dos responsáveis e mudanças na política de segurança pública. O Brasil ainda deve responder à denúncia[10].

QUADRO SINÓTICO

Comitê contra a Tortura	
Criação	• Convenção contra a Tortura e outros Tratamentos ou Penas Cruéis, Desumanos ou Degradantes.

---

[10] DEFENSORIA PÚBLICA DO ESTADO DE SÃO PAULO. NÚCLEO ESPECIALIZADO DE CIDADANIA E DIREITOS HUMANOS (NCDH). *Boletim Informativo*. 01/agosto – 31/setembro de 2023. Disponível em https://www.defensoria.sp.def.br/documents/20122/e5103fa5-40c2-6488-3dda-e2d0d07d8f46. Acesso em: 20 jul. 2024. Agradeço ao Doutor em Direito Internacional e Defensor Público do Estado de São Paulo, Davi Quintanilha Failde de Azevedo, pela colaboração na atualização dos "casos contra o Brasil" nos Comitês dos tratados do sistema global de direitos humanos.

Composição	• Dez peritos de elevada reputação moral e reconhecida competência em matéria de direitos humanos, que exercerão suas funções a título pessoal e serão eleitos pelos Estados Partes, levando em conta uma distribuição geográfica equitativa e a utilidade da participação de algumas pessoas com experiência jurídica.
Competência	• Exame de relatórios apresentados pelos Estados Partes, no prazo de um ano a contar do início da vigência da Convenção no Estado Parte interessado e, a partir de então, a cada quatro anos, ou quando o Comitê solicitar, sobre todas as novas disposições que tiverem sido adotadas. • Exame de comunicações interestatais, situação em que pode tentar alcançar solução amistosa. • Exame de petições individuais (comunicações enviadas por vítimas de violação dos direitos garantidos na Convenção, ou de pessoas em nome delas).

Subcomitê de Prevenção da Tortura e Outros Tratamentos ou Penas Cruéis, Desumanos ou Degradantes	
Criação	• Protocolo Facultativo à Convenção contra a Tortura e outros Tratamentos ou Penas Cruéis, Desumanos ou Degradantes.
Composição	• Vinte e cinco membros, escolhidos entre pessoas de elevado caráter moral, de comprovada experiência profissional no campo da administração da justiça, em particular o direito penal e a administração penitenciária ou policial, ou nos vários campos relevantes para o tratamento de pessoas presas, que servem em sua capacidade individual, atuando de forma independente e imparcial. São eleitos para um mandato de quatro anos, permitida uma reeleição.
Competência	• Realizar visitas a lugares onde haja pessoas privadas de liberdade, com o intuito de prevenir a tortura e outros tratamentos ou penas cruéis, desumanos ou degradantes. • Fazer recomendações aos Estados Partes a respeito da proteção das pessoas privadas de liberdade. • Quanto aos mecanismos preventivos nacionais, o Subcomitê deve aconselhar e assistir os Estados Partes, quando necessário, no estabelecimento desses mecanismos; deve manter diretamente, e se necessário de forma confidencial, contatos com os mecanismos e oferecer treinamento e assistência técnica com vistas a fortalecer sua capacidade; deve aconselhá-los e assisti-los na avaliação de suas necessidades e no que for preciso para fortalecer a proteção das pessoas privadas de liberdade e deve fazer recomendações e observações aos Estados Partes, com a finalidade de fortalecer a capacidade e o mandato dos mecanismos preventivos nacionais para a prevenção da tortura e outros tratamentos ou penas cruéis, desumanos ou degradantes. • Cooperar para a prevenção da tortura em geral com os órgãos e mecanismos relevantes das Nações Unidas, bem como com organizações ou organismos internacionais, regionais ou nacionais que trabalhem para fortalecer a proteção de todas as pessoas contra a tortura e outros tratamentos ou penas cruéis, desumanos ou degradantes.

Mecanismos preventivos nacionais	
• São mecanismos independentes criados para a prevenção da tortura em nível doméstico.	
Criação	• Protocolo Facultativo à Convenção contra a Tortura e outros Tratamentos ou Penas Cruéis, Desumanos ou Degradantes.

Competências mínimas	• Examinar regularmente o tratamento de pessoas privadas de sua liberdade, em centro de detenção, com vistas a fortalecer, se necessário, sua proteção contra a tortura e outros tratamentos ou penas cruéis, desumanos ou degradantes. • Fazer recomendações às autoridades relevantes com o objetivo de melhorar o tratamento e as condições dos presos e o de prevenir a tortura e outros tratamentos ou penas cruéis, desumanos ou degradantes. • Submeter propostas e observações a respeito da legislação existente ou ainda em projeto.

8. COMITÊ PARA OS DIREITOS DA CRIANÇA

A Convenção sobre os Direitos da Criança determinou a constituição do *Comitê para os Direitos da Criança*, com a finalidade de examinar os progressos realizados no cumprimento das obrigações contraídas pelos Estados Partes quanto às obrigações nela assumidas (art. 43).

Esse Comitê monitora a implementação da Convenção e ainda de seus três protocolos facultativos, o (i) Protocolo Facultativo à Convenção sobre os Direitos da Criança relativo ao envolvimento de crianças em conflitos armados, o (ii) Protocolo Facultativo à Convenção sobre os Direitos da Criança referente à venda de crianças, à prostituição infantil e à pornografia infantil e o (iii) 3º Protocolo à Convenção sobre os Direitos da Criança, que cria o mecanismo de petição individual ao Comitê para os Direitos da Criança, todos já ratificados pelo Brasil.

O Comitê é integrado por 10 especialistas de reconhecida integridade moral e competência nas áreas cobertas pela Convenção, com mandato de 4 anos. Os membros do Comitê são eleitos pelos Estados Partes dentre seus nacionais e exercem suas funções *a título pessoal*, tomando-se em conta a distribuição geográfica equitativa, bem como os principais sistemas jurídicos. Eles são escolhidos, em votação secreta, de uma lista de pessoas indicadas pelos Estados Partes, podendo cada Estado indicar uma pessoa dentre os cidadãos de seu país.

O Comitê tem competência para estabelecer suas próprias regras de procedimento e deve eleger a mesa para um período de dois anos. Deve reunir-se normalmente todos os anos e as reuniões serão celebradas na sede das Nações Unidas ou em qualquer outro lugar que o Comitê julgar conveniente.

O art. 44 determina que os Estados Partes se comprometam a apresentar ao Comitê, por intermédio do Secretário-Geral das Nações Unidas, *relatórios* sobre as medidas que tenham adotado com vistas a tornar efetivos os direitos reconhecidos na Convenção e sobre os progressos alcançados no desempenho desses direitos, no *prazo de dois anos*, a partir da data em que entrou em vigor para cada Estado Parte e, a partir de então, a cada *cinco anos*.

Os relatórios devem indicar as circunstâncias e dificuldades que afetam o grau de cumprimento das obrigações derivadas da Convenção. Devem também conter informações suficientes para que o Comitê compreenda, com exatidão, a implementação da Convenção no país. O Comitê ainda recebe informes de organizações não governamentais que apresentam o chamado "relatório sombra" (*shadow report*), que busca revelar criticamente a real situação dos direitos da criança naquele país. Após, o Comitê aprecia o relatório oficial e as demais informações obtidas, *emitindo relatório final contendo recomendações, sem força vinculante ao Estado*.

Além dessas observações específicas a um determinado Estado, o Comitê de Direitos Humanos elabora as chamadas "Observações Gerais" ou "Comentários Gerais", que contêm a interpretação do Comitê sobre os direitos protegidos. Atualmente (agosto de 2024), há 26 comentários gerais, estando entre os últimos adotados o de 2016 sobre os recursos públicos destinados à implementação dos direitos da criança (art. 4º da Convenção, n. 19); o emitido também em 2016 sobre a implementação dos direitos da criança na adolescência (n. 20); o de n. 21 foi adotado em 2017 e trata da situação dos "meninos de rua"; o de n. 22 (em conjunto com o Comitê dos Trabalhadores Migrantes) sobre migração internacional e seus princípios gerais; o de n. 23 (em conjunto com o Comitê dos Trabalhadores Migrantes) sobre migração internacional e os deveres dos Estados de trânsito e destino; o de n. 24 sobre os direitos da criança no sistema de justiça voltado à criança e ao adolescente (sistema de justiça juvenil). Em 2021, foi adotado o Comentário Geral n. 25 sobre os direitos das crianças no ambiente digital. Em 2023, foi adotado o Comentário referente aos "Direitos das crianças e o meio ambiente com foco especial em mudanças climáticas".

A cada dois anos, o Comitê deve submeter relatórios sobre suas atividades à Assembleia Geral da ONU, por meio do Conselho Econômico e Social. De outro lado, os Estados Partes devem tornar seus relatórios amplamente disponíveis ao público dos seus respectivos países.

Para incentivar a efetiva implementação da Convenção e estimular a cooperação internacional nas esferas por ela regulamentadas, o art. 45 prevê uma série de medidas a serem adotadas. Nesse sentido, os organismos especializados, o Fundo das Nações Unidas para a Infância (UNICEF) e outros órgãos das Nações Unidas possuem o direito de estar representados quando for analisada a implementação das disposições da Convenção que estejam compreendidas no âmbito de seus mandatos. O Comitê pode convidar as agências especializadas, o Fundo das Nações Unidas para a Infância e outros órgãos competentes que considere apropriados para fornecer assessoramento especializado sobre a implementação da Convenção em matérias correspondentes a seus respectivos mandatos. Ademais, poderá convidar as agências especializadas, o Fundo das Nações Unidas para Infância e outros órgãos das Nações Unidas para apresentarem relatórios sobre a implementação das disposições da Convenção compreendidas no âmbito de suas atividades.

O *Protocolo Facultativo à Convenção sobre os Direitos da Criança relativo ao Envolvimento de Crianças em Conflitos Armados* determina, em seu art. 8º, a submissão de *relatório* abrangente ao Comitê sobre os Direitos da Criança, no prazo de dois anos a contar da data de entrada em vigor do Protocolo, que conterá inclusive as medidas adotadas para implementar as disposições sobre participação e recrutamento. Após a apresentação desse relatório, o Estado Parte deve incluir nos relatórios que submeter ao Comitê sobre os Direitos da Criança quaisquer informações adicionais sobre a implementação do Protocolo. Outros Estados Partes do Protocolo devem submeter um relatório a cada cinco anos. O Comitê poderá solicitar aos Estados informações adicionais relevantes para a implementação do Protocolo. Na mesma linha da apreciação dos relatórios vistos acima, o Comitê emite recomendações, sem força vinculante, ao Estado.

Também o Protocolo Facultativo à Convenção sobre os Direitos da Criança referente à venda de crianças, à prostituição infantil e à pornografia infantil prevê a apresentação de relatórios periódicos por cada Estado Parte ao Comitê sobre os Direitos da Criança, no prazo de dois anos a contar da data da entrada em vigor do Protocolo para aquele Estado Parte, que deverá conter informações abrangentes sobre as medidas adotadas para implementar as disposições do Protocolo (art. 12). Após sua apresentação do relatório abrangente, o Estado Parte deve incluir nos relatórios que submeter ao Comitê sobre os Direitos da Criança quaisquer informações adicionais sobre a implementação do Protocolo e os demais Estados devem fazê-lo a cada cinco anos. O Comitê poderá solicitar aos Estados informações adicionais relevantes para a implementação do Protocolo e emitirá as recomendações pertinentes.

Finalmente, o 3º Protocolo, aberto a ratificações em fevereiro de 2012, cria o tão esperado mecanismo de petição individual das vítimas de violações da Convenção e dos dois Protocolos Facultativos ao Comitê para os Direitos da Criança. Em 2014, o Protocolo entrou em vigor, após atingir o mínimo de 10 ratificações. O Brasil *ratificou* o Protocolo em 29 de setembro de 2017, após ter sido aprovado no Congresso Nacional pelo Decreto Legislativo n. 85/17. Em agosto de

2024, ainda não foi editado o Decreto presidencial, que promulgaria o tratado no ordenamento interno.

A sistemática é similar a dos demais Comitês que aceitam petições de vítimas de violações de direitos protegidos:

- Vítimas (as próprias crianças) e representantes podem peticionar.
- Há cláusulas de admissibilidade, em especial a do esgotamento prévio dos recursos internos.
- Pode existir solução amistosa entre a vítima e o Estado, ou ainda um procedimento de investigação das violações.
- Se for considerada procedente a petição, o Comitê decidirá sobre a reparação cabível, devendo o Estado comunicar seus atos de reparação em um prazo de seis meses.

QUADRO SINÓTICO

Comitê para os Direitos da Criança	
Criação	• Convenção sobre os Direitos da Criança.
Composição	• Dez especialistas de reconhecida integridade moral e competência nas áreas cobertas pela Convenção, eleitos pelos Estados Partes dentre seus nacionais, tomando-se em conta a distribuição geográfica equitativa, bem como os principais sistemas jurídicos. Os membros exercem suas funções a título pessoal e são escolhidos, em votação secreta, por uma lista de pessoas indicadas pelos Estados Partes, podendo cada Estado indicar uma pessoa dentre os cidadãos de seu país. Os membros são eleitos para um mandato de quatro anos, podendo ser reeleitos caso sejam apresentadas novamente suas candidaturas.
Competência	• Examinar relatórios sobre as medidas que os Estados tenham adotado com vistas a tornar efetivos os direitos reconhecidos na Convenção e sobre os progressos alcançados no desempenho desses direitos, no prazo de dois anos, a partir da data em que entrou em vigor para cada Estado Parte e, a partir de então, a cada cinco anos. Observação: o Protocolo Facultativo à Convenção sobre os Direitos da Criança relativo ao Envolvimento de Crianças em Conflitos Armados e o Protocolo Facultativo à Convenção sobre os Direitos da Criança referente à venda de crianças, à prostituição infantil e à pornografia infantil determinam a apresentação de relatórios periódicos por cada Estado Parte ao Comitê sobre os Direitos da Criança, no prazo de dois anos a contar da data da entrada em vigor do Protocolo para aquele Estado Parte, que deverá conter informações abrangentes sobre as medidas adotadas para implementar as disposições do Protocolo. Após sua apresentação do relatório abrangente, o Estado Parte deve incluir nos relatórios que submeter ao Comitê sobre os Direitos da Criança quaisquer informações adicionais sobre a implementação do Protocolo e os demais Estados devem fazê-lo a cada cinco anos.

8.1. Casos contra o Brasil: Greta Thunberg vs. Brasil

A comunicação[11] apresentada por Chiara Sacchi (Argentina), Greta Thunberg (Suécia), Catarina Lorenzo (Brasil) e outros jovens ativistas acusa países, incluindo o Brasil, de não mitigar

---

[11] HAUSFELD LLP (US). HAUSFELD UK. EARTHJUSTICE. Communication to the Committee on the Rights of the Child in the Case of Chiara Sacchi (Argentina); Catarina Lorenzo (Brazil); Iris Duquesne (France); Raina Ivanova (Germany); Ridhima Pandey (India); David Ackley, Iii, Ranton Anjain, And Litokne Kabua (Marshall Islands); Deborah Adegbile (Nigeria); Carlos Manuel (Palau); Ayakha Melithafa (South Africa); Greta Thunberg

adequadamente as mudanças climáticas, violando a Convenção sobre os Direitos da Criança. Eles alegam que as emissões de gases de efeito estufa prejudicam diretamente seus direitos à vida e à saúde. O Brasil argumentou que as mudanças climáticas são um problema global e não poderia ser responsabilizado individualmente. O Comitê entendeu pela inadmissibilidade do caso, considerando que não foi demonstrado o esgotamento dos recursos internos ou que eles seriam ineficazes ou demorados[12].

9. COMITÊ SOBRE OS DIREITOS DAS PESSOAS COM DEFICIÊNCIA

O Comitê sobre os Direitos das Pessoas com Deficiência foi criado pela Convenção da ONU sobre os Direitos das Pessoas com Deficiência, para avaliar sua implementação. É composto por 18 especialistas independentes, indicados pelos Estados contratantes para mandatos de quatro anos, com uma reeleição possível. Os membros atuam a título pessoal e são eleitos pelos Estados Partes, observando-se uma distribuição geográfica equitativa, representação de diferentes formas de civilização e dos principais sistemas jurídicos, representação equilibrada de gênero e participação de peritos com deficiência.

Os Estados Partes, por meio do Secretário-Geral da ONU, devem submeter relatório abrangente sobre as medidas adotadas em cumprimento de suas obrigações estabelecidas pela Convenção e sobre o progresso alcançado nesse aspecto, dentro do período de dois anos após a entrada em vigor da presente Convenção para o Estado Parte concernente. Depois disso, devem ser apresentados relatórios periódicos, ao menos a cada quatro anos, ou quando o Comitê solicitar.

Na consideração dos relatórios, o Comitê fará sugestões e recomendações que julgar pertinentes, transmitindo-as aos Estados Partes. Estes poderão responder ao Comitê com as informações que julgarem pertinentes.

Os relatórios são colocados à disposição de todos os Estados Partes pelo Secretário-Geral da ONU e todos os Estados devem tornar seus relatórios amplamente disponíveis ao público em seus países, facilitando o acesso à possibilidade de sugestões e de recomendações gerais a respeito desses relatórios. Ademais, o Comitê transmitirá às agências, fundos e programas especializados das Nações Unidas e a outras organizações competentes, da maneira que julgar apropriada, os relatórios dos Estados Partes que contenham demandas ou indicações de necessidade de consultoria ou de assistência técnica, acompanhados de eventuais observações e sugestões do Comitê em relação às referidas demandas ou indicações, a fim de que possam ser consideradas.

A cada dois anos, o Comitê deve submeter à Assembleia Geral e ao Conselho Econômico e Social um relatório de suas atividades, podendo fazer sugestões e recomendações gerais baseadas no exame dos relatórios e nas informações recebidas dos Estados Partes.

And Ellen-Anne (Sweden); Raslen Jbeili (Tunisia); & Carl Smith And Alexandria Villaseñor (Usa); Petitioners, V. Argentina, Brazil, France, Germany & Turkey, Respondents. Submitted under Article 5 of the Third Optional Protocol to the United Nations Convention on the Rights of the Child 23 September 2019. Disponível em https://childrenvsclimatecrisis.org/wp-content/uploads/2019/09/2019.09.23-CRC-communication-Sacchi-et-al--v.-Argentina-et-al.pdf. Acesso em 05/08/2024. Agradeço ao Doutor em Direito Internacional e Defensor Público do Estado de São Paulo, Davi Quintanilha Failde de Azevedo, pela colaboração na atualização dos "casos contra o Brasil" nos Comitês dos tratados do sistema global de direitos humanos.

[12] UNIITED NATIONS. HUMAN RIGHTS OFFICE OF THE HIGH COMISSIONER. Committee on the Rights of the Child Decision adopted by the Committee under the Optional Protocol to the Convention on the Rights of the Child on a communications procedure, concerning communication No. 105/2019. Disponível em: <https://docstore.ohchr.org/SelfServices/FilesHandler.ashx?enc=6QkG1d%2fPPRiCAqhKb7yhslov9FOAeMK-pBQmp0X2W982mRZTtgQmxijUnzCUMwyK2wR7mLU5BemswhBawN48ePxofbSSFvqWjSYk9qZLLmD9HaXm%2fLl%2b5ytFHSeO58M%2bE0HcCr73XS%2buCjZ8%2fiXljIFTYPT3zVj5fC5unNqrdVz0%3d>. Acesso em: 05/08/2024.

Por meio do Protocolo Facultativo à Convenção sobre os Direitos das Pessoas com Deficiência, os Estados Partes reconhecem a competência do Comitê para receber e considerar *comunicações* submetidas por pessoas ou grupos de pessoas, ou em nome deles, sujeitos à sua jurisdição, alegando serem vítimas de violação das disposições da Convenção pelo referido Estado Parte. O Comitê não pode receber comunicação referente a qualquer Estado Parte que não seja signatário do Protocolo.

O Comitê considerará inadmissível a comunicação quando for anônima, ou for incompatível com as disposições da Convenção. Além disso, há a previsão de coisa julgada e litispendência (não cabe apreciação se a mesma matéria já tenha sido examinada pelo Comitê ou tenha sido ou estiver sendo examinada sob outro procedimento de investigação ou resolução internacional), bem como a exigência do chamado "esgotamento prévio dos recursos internos", que consagra a *subsidiariedade da jurisdição internacional*.

O Comitê realizará sessões fechadas para examinar comunicações a ele submetidas em conformidade com o presente Protocolo. Depois de examinar uma comunicação, o Comitê enviará suas sugestões e deliberações, se houver, ao Estado Parte concernente e ao requerente.

Finalmente, o Comitê elabora as chamadas "Observações Gerais" ou "Comentários Gerais", que contêm a interpretação do Comitê sobre os direitos protegidos. Atualmente (2024), há 8 comentários gerais, sendo o de n. 4 emitido em 2016 sobre o direito à educação inclusiva (art. 24 da Convenção). O de n. 5 trata do direito à vida independente (art. 19 da Convenção); o de n. 6, emitido em 2018, trata da igualdade e não discriminação. Também em 2018 foi adotado o de n. 7, que explicita o direito à participação das pessoas com deficiência na implementação e monitoramento da própria Convenção. Em 2022, foi adotado o Comentário Geral n. 8 sobre o direito das pessoas com deficiência ao trabalho e emprego.

9.1. Casos contra o Brasil

F.O.F., um brasileiro com deficiência, submeteu uma comunicação individual ao Comitê sobre os Direitos das Pessoas com Deficiência, alegando discriminação e falta de adaptações razoáveis no trabalho oferecidas pelo Conselho Regional de Engenharia e Agronomia de São Paulo (CREA-SP). Ele alegou que essas falhas agravaram sua condição de saúde e negaram a ele igualdade de remuneração. O Estado argumentou que as adaptações foram oferecidas conforme exigido e que a alegação de F.O.F. de discriminação não tinha fundamento. O Comitê decidiu pela inadmissibilidade do caso, considerando que o autor não esgotou todos os recursos internos disponíveis, especialmente não levando sua queixa aos tribunais trabalhistas[13].

Outro caso contra o Brasil foi de S.C., brasileira, que alegou discriminação por parte do Banco do Brasil devido à sua deficiência, o que teria levado ao seu rebaixamento de cargo após um período de licença médica superior a três meses. Ela argumentou que essa política do banco era discriminatória para pessoas com deficiência. O Estado afirmou que S.C. não tinha uma deficiência conforme definido pela Convenção e que ela não esgotou todos os recursos legais internos. O Comitê reconheceu que a falta de assistência jurídica pode ter influenciado o resultado interno do caso. Assim, o Comitê concluiu que S.C. não esgotou todos os recursos internos

---

[13] UNITED NATIONS. HUMAN RIGHTS OFFICE OF THE HIGH COMISSIONER. Committee on the Rights of Persons with Disabilities. Communication N. 40/2017. Decision adopted by the Committee under article 5 of theOptional Protocol, 25 September 2020. Disponível em: <https://docstore.ohchr.org/SelfServices/FilesHandler.ashx?enc=6QkG1d%2fPPRiCAqhKb7yhshZEsQpq2VmlaFuT3ws7ySERaBYPEp0eaDCYYmXyfjyfs7rgk7kUoZcmYQiqaCPpBHawL39k1WCfarHqOg76WUlGa93ttBAY0c%2fso9alvKcxVpBdVrD%2bWVveT9op2Ski1DZX%2f2hUTjSh15vOC8Ww2rs%3d>. Acesso em: 20-7-2024.

disponíveis, pois não apresentou uma ação judicial específica alegando que o rebaixamento estava ligado à sua deficiência[14].

QUADRO SINÓTICO	
Comitê dos Direitos das Pessoas com Deficiência	
Criação	• Convenção Internacional sobre os Direitos das Pessoas com Deficiência.
Composição	• Composto por 18 especialistas independentes (12 inicialmente e 18 quando a Convenção alcançar 60 ratificações), indicados pelos Estados contratantes para mandatos de quatro anos, com uma reeleição possível.
Competência	• Exame dos relatórios periódicos - recomendação. • Exame de petições das vítimas - deliberação. • Elaboração de comentários (observações) gerais.

10. COMITÊ CONTRA DESAPARECIMENTOS FORÇADOS

A Convenção da ONU para a Proteção de Todas as Pessoas contra o Desaparecimento Forçado criou o *Comitê contra Desaparecimentos Forçados*, composto por 10 especialistas de elevado caráter moral e de reconhecida expertise em matéria de direitos humanos, que atuam em sua própria capacidade, com independência e imparcialidade. Eles são eleitos pelos Estados Partes para um mandato de quatro anos, permitida uma reeleição, com base em distribuição geográfica equitativa, levando-se em consideração o interesse de que se reveste para os trabalhos do Comitê a presença de pessoas com relevante experiência jurídica e equilibrada representação de gênero.

Os membros do Comitê são eleitos por voto secreto, a partir de uma lista de candidatos designados pelos Estados Partes entre seus nacionais, em reuniões bienais convocadas com esse propósito pelo Secretário-Geral da ONU. Têm direito às instalações, aos privilégios e às imunidades a que fazem jus os peritos em missão das Nações Unidas, em conformidade com as seções relevantes da Convenção sobre Privilégios e Imunidades das Nações Unidas.

O Comitê deve cooperar com todos os órgãos, repartições, agências e fundos especializados das Nações Unidas e com as organizações ou órgãos intergover-namentais regionais pertinentes, bem como com todas as instituições, agências ou repartições governamentais relevantes, que se dediquem à proteção de todas as pessoas contra desaparecimentos forçados. Ademais, deve consultar os órgãos instituídos por relevantes instrumentos internacionais de direitos humanos, particularmente o Comitê de Direitos Humanos estabelecido pelo Pacto Internacional sobre Direitos Civis e Políticos, a fim de assegurar a consistência de suas respectivas observações e recomendações.

Cada Estado Parte deve submeter ao Comitê um *relatório* sobre as medidas tomadas em cumprimento das obrigações assumidas ao amparo da Convenção, dentro de dois anos contados a partir da data de sua entrada em vigor para o Estado Parte interessado. O Comitê pode emitir

---

[14] UNITED NATIONS. HUMAN RIGHTS OFFICE OF THE HIGH COMISSIONER. Committee on the Rights of Persons with Disabilities. Communication N. 10/2013. Decision adopted by the Committee at its twelfth session (15 September–3 October 2014). Disponível em: <http://docstore.ohchr.org/SelfServices/FilesHandler.ashx?enc=6QkG1d%2fPPRiCAqhKb7yhshZEsQpq2VmlaFuT3ws7ySGnYisPUBtZNyvM7Zh%2bUiH%2bIzlzK93fPHvp5aoatzE2Qg8iyrbEPDDfEcw%2fMkRDdCgeCL7zRD51vzAeDwk3j4s9qitwDZYaLGVVJ8BaHh3zNMaoHxLGapJR2SmL3TD%2b2HU%3d>. Acesso em: 20-7-2024. Agradeço ao Doutor em Direito Internacional e Defensor Público do Estado de São Paulo, Davi Quintanilha Failde de Azevedo, pela colaboração na atualização dos "casos contra o Brasil" nos Comitês dos tratados do sistema global de direitos humanos.

comentários, observações e recomendações que julgar apropriados, os quais serão comunicados ao Estado Parte interessado, que poderá responder por iniciativa própria ou por solicitação do Comitê. O Comitê pode também solicitar informações adicionais aos Estados Partes a respeito da implementação da Convenção. *Não se trata, portanto, de um mecanismo de relatoria periódica*, mas da apresentação de um relatório inicial e sempre que houver solicitação.

A Convenção prevê ainda a possibilidade de submissão ao Comitê de pedido de busca e localização de uma pessoa desaparecida, em regime de urgência, por familiares da pessoa desaparecida ou por seus representantes legais, advogado ou qualquer pessoa por eles autorizada, bem como por qualquer outra pessoa detentora de interesse legítimo.

O Comitê pode transmitir recomendações ao Estado Parte, acompanhadas de pedido para que este tome todas as medidas necessárias, inclusive de natureza cautelar, para localizar e proteger a pessoa, e para que informe o Comitê, no prazo que este determine, das medidas tomadas, tendo em vista a urgência da situação. O Comitê deverá manter o autor da petição informado sobre as providências adotadas.

O Estado pode declarar que reconhece a competência do Comitê para receber *comunicações individuais*, ou seja, apresentadas por indivíduos ou em nome de indivíduos sujeitos à sua jurisdição, que alegam serem vítimas de violação pelo Estado Parte de disposições da Convenção. Tal comunicação é inadmissível quando for anônima; quando constituir abuso do direito de apresentar essas comunicações ou for inconsistente com as disposições da Convenção; quando a mesma questão estiver sendo examinada em outra instância internacional de exame ou de solução de mesma natureza; ou quando todos os recursos efetivos disponíveis internamente não tiverem sido esgotados, salvo na hipótese de excesso de prazo razoável. Caso a demanda seja considerada admissível, o Comitê transmite a comunicação ao Estado Parte interessado, solicitando-lhe que envie suas observações e comentários dentro de um prazo fixado pelo Comitê. Este pode também dirigir ao Estado Parte interessado um pedido urgente para que tome as medidas cautelares necessárias para evitar eventuais danos irreparáveis às vítimas da violação alegada.

Também pode ser reconhecida a competência do Comitê para receber e considerar *comunicações interestatais*, ou seja, comunicações em que um Estado Parte alega que outro Estado Parte não cumpre as obrigações decorrentes da Convenção.

Caso o Comitê receba informação confiável de que um Estado Parte está incorrendo em grave violação do disposto na Convenção, poderá, após consulta àquele, encarregar um ou vários de seus membros a empreender uma visita e a informá-lo a respeito o mais prontamente possível. A intenção de organizar uma visita, indicando a composição da delegação e o seu objetivo deve ser informada por escrito ao Estado. O adiamento ou cancelamento da visita poderá ocorrer mediante pedido fundamentado deste. Após a visita, o Comitê comunica ao Estado Parte interessado suas observações e recomendações.

Quanto às observações gerais, houve a adoção da *primeira* em 2023 referente ao tema do desaparecimento forçado no contexto migratório.

A competência do Comitê limita-se aos desaparecimentos forçados ocorridos após a entrada em vigor da Convenção Internacional para a Proteção de Todas as Pessoas contra o Desaparecimento Forçado e, caso um Estado se torne signatário após sua entrada em vigor, somente para os desaparecimentos forçados ocorridos após a entrada em vigor para o referido Estado.

Ainda, a Convenção estabelece que o Comitê deve apresentar um relatório anual de suas atividades aos Estados Partes e à Assembleia Geral das Nações Unidas. As observações relativas a um determinado Estado Parte contidas no relatório devem ser previamente anunciadas a esse Estado, que disporá de um prazo razoável de resposta e poderá solicitar a publicação de seus comentários e observações no relatório.

QUADRO SINÓTICO	
Comitê contra Desaparecimentos Forçados	
Criação	• Convenção Internacional para a Proteção de Todas das Pessoas contra o Desaparecimento Forçado.
Composição	• Dez peritos de elevado caráter moral e de reconhecida competência em matéria de direitos humanos, que atuarão em sua própria capacidade, com independência e imparcialidade. • Mandato de quatro anos, permitida uma reeleição. • Eleição com base em distribuição geográfica equitativa, levando-se em consideração o interesse de que se reveste para os trabalhos do Comitê a presença de pessoas com relevante experiência jurídica e equilibrada representação de gênero.
Competência	• Exame de relatórios apresentados pelos Estados Partes sobre as medidas tomadas em cumprimento das obrigações assumidas ao amparo da Convenção, dentro de dois anos contados a partir da data de sua entrada em vigor para o Estado Parte interessado. • Exame de comunicações interestatais. • Exame de petições individuais. • Possibilidade de exame de pedido de busca e localização de uma pessoa desaparecida, em regime de urgência. • Visita ao Estado Parte.

11. RESUMO DA ATIVIDADE DE MONITORAMENTO INTERNACIONAL PELOS COMITÊS (*TREATY BODIES*)

- Os principais tratados universais (ou globais ou onusianos) criaram Comitês, também chamados comumente de *treaty bodies*, para o monitoramento internacional da situação dos direitos protegidos. O Comitê não é órgão formal da ONU (*equívoco* comum na mídia), e sim órgão do tratado institutivo, o qual foi adotado sob o patrocínio da ONU. A princípio, o monitoramento limita-se ao envio pelo Estado de **relatórios periódicos**, que serão analisados pelo Comitê, que emitirá recomendações.

- Como os Comitês não são vinculados entre si, nada impede que tais recomendações sejam *contraditórias* ou *suicidas*. Por exemplo, determinado Comitê recomenda ação que colide com outra ação proposta por Comitê distinto, sem maior preocupação com a coerência. A ausência de força vinculante das recomendações minimiza esse problema, porém essas contradições *desprestigiam* o próprio sistema de relatórios periódicos[15].

- Nove dos tratados onusianos que possuem esses Comitês admitem, sob condições, o mecanismo de **petições individuais**: Comitê de Direitos Humanos (via Protocolo Facultativo), Comitê pela Eliminação de Toda Forma de Discriminação Racial (via cláusula de adesão facultativa prevista no próprio tratado), Comitê pela Eliminação de Toda Forma de Discriminação contra a Mulher (via Protocolo Facultativo), Comitê contra a Tortura (via cláusula de adesão facultativa prevista no próprio tratado) e Comitê sobre os Direitos da Criança (3º Protocolo Facultativo), Comitê do PIDESC (via Protocolo Facultativo), Comitê contra o Desaparecimento Forçado (cláusula facultativa) e Comitê sobre a Proteção dos Direitos dos Trabalhadores Migrantes e dos Membros de suas Famílias (via cláusula facultativa prevista no próprio tratado).

---

[15] Ver mais detalhes em CARVALHO RAMOS, André de. *Processo internacional de direitos humanos*. 7. ed. São Paulo: Saraiva, 2022.

- O Brasil já reconheceu o mecanismo de *petição individual* de *seis* Comitês: Comitê pela Eliminação de Toda Forma de Discriminação Racial[16], Comitê pela Eliminação de Toda Forma de Discriminação contra a Mulher[17], Comitê dos Direitos das Pessoas com Deficiência[18], Comitê de Direitos Humanos[19], Comitê contra a Tortura[20] e Comitê sobre os Direitos da Criança.
- No caso de o Comitê considerar, no bojo de uma petição individual contra um Estado, que houve violação de direitos humanos, este determina ao Estado que realize a reparação (força vinculante questionada; os próprios Comitês admitem que se trata de uma recomendação).
- Ainda, o Brasil adotou o Protocolo Facultativo à Convenção contra a Tortura e outros Tratamentos ou Penas Cruéis, Desumanos ou Degradantes, que estabelece a competência, para fins preventivos, do *Subcomitê de Prevenção da Tortura e outros Tratamentos ou Penas Cruéis, Desumanos ou Degradantes do Comitê contra a Tortura*[21] e exige a criação de mecanismo nacional.

12. ALTO COMISSARIADO DAS NAÇÕES UNIDAS PARA DIREITOS HUMANOS

O posto de *Alto Comissário das Nações Unidas para Direitos Humanos* foi criado por meio da Resolução 48/141 da Assembleia Geral da ONU, de 20 de dezembro de 1993, objetivando focar os esforços e dar sinergia às atividades das Nações Unidas na área dos direitos humanos. Compõe a estrutura do Secretariado-Geral da ONU e possui sede em Genebra (Suíça), no "Palais Wilson" (ver abaixo). Esse posto foi sugerido já na Declaração e Programa de Ação de Viena, em 1993, que o via como essencial para *aperfeiçoar a coordenação* e, consequentemente, a *eficiência e efetividade* dos *diversos* órgãos onusianos de proteção de direitos humanos.

O Alto Comissário deve ser alguém de elevada idoneidade moral e integridade pessoal, devendo possuir *expertise* no campo dos direitos humanos, bem como conhecimento e compreensão das diversas culturas, para realizar suas atribuições de forma imparcial, objetiva, não seletiva e efetiva. É indicado pelo Secretário-Geral das Nações Unidas e aprovado pela Assembleia Geral, tendo em conta uma alternância geográfica, para um *mandato de quatro anos, renovável uma vez* por mais quatro. Foram Altos Comissários: 1) José Ayala-Lasso (Equador, 1994-1997); 2) Mary Robinson (Irlanda, 1997-2002), 3) *Sergio Vieira de Mello* (Brasil, 2002-2003 – morto em ataque a bomba por insurgentes em Bagdá), 4) Louise Arbour (Canadá, 2004-2008), 5) Navanethem Pillay (África do Sul, 2008-2014), 6) Zeid Ra'ad Al Hussein (Jordânia, 2014-2018) e 7) Michelle Bachelet Jeria (2018-2022). Em outubro de 2022, assumiu o posto Volker Türk (Áustria), o oitavo Alto Comissário.

De acordo com a Resolução n. 48/141 de 1993, o Alto Comissário deve exercer suas funções pautado no respeito à *Carta das Nações Unidas, à Declaração Universal dos Direitos Humanos e a instrumentos internacionais*, observando a soberania, a integridade territorial e a jurisdição doméstica dos Estados, e promovendo o respeito e a observância universal dos direitos humanos,

---

[16] Apenas em 12 de junho de 2003 (quase um ano depois) houve a internalização do referido ato, por meio da edição de Decreto n. 4.738/2003.
[17] Decreto n. 4.316, de 30 de julho de 2002.
[18] Decreto n. 6.949, de 25 de agosto de 2009.
[19] Decreto n. 11.777, de 9 de novembro de 2023.
[20] Brasil realizou declaração baseada no art. 26 da Convenção (*vide* acima). Não há necessidade de ser tal declaração aprovada novamente pelo Congresso Nacional com posterior edição de decreto de promulgação (incorporação interna), porque tal hipótese (declaração) consta do texto da própria convenção que já passou pelo rito de incorporação interna.
[21] Decreto n. 6.085, de 19 de abril de 2007.

como uma preocupação legítima da comunidade internacional. Deve também ser guiado pelo reconhecimento de que todos os direitos humanos são *universais, indivisíveis, interdependentes e inter-relacionados* e pelo fato de que, mesmo que as particularidades nacionais e regionais e históricas, culturais e religiosas sejam aspectos que devem ser levados em consideração, é obrigação dos Estados, independentemente de seu sistema político, econômico ou cultural, promover todos os direitos e liberdades fundamentais. Por fim, a Resolução enuncia que o Alto Comissário deve reconhecer a importância de se promover o desenvolvimento sustentável para todos e de assegurar a realização do direito ao desenvolvimento.

Em seguida, a Resolução da Assembleia Geral lista *onze* atribuições do Alto Comissário. A primeira delas é a promoção e proteção do efetivo gozo de todos os direitos civis, políticos, econômicos, culturais e sociais. Em segundo lugar, deve realizar as tarefas a ele atribuídas pelos órgãos competentes do sistema das Nações Unidas no campo dos direitos humanos, bem como fazer recomendações a eles para aperfeiçoar a promoção e proteção de todos os direitos humanos.

Em terceiro lugar, deve promover e proteger a realização do direito ao desenvolvimento e aumentar o apoio de órgãos relevantes do sistema das Nações Unidas para esse propósito. Deve ainda fornecer, por meio do *Centro para os Direitos Humanos* (órgão por ele presidido), serviços de consultoria e assistência técnica e financeira, a pedido do respectivo Estado, e, quando apropriado, de organizações regionais de direitos humanos, com o intuito de apoiar ações e programas no campo dos direitos humanos.

O Alto Comissário ainda coordena programas de educação e informação pública relevantes das Nações Unidas no campo dos Direitos Humanos. Deve ter papel ativo na remoção de obstáculos, no enfrentamento de desafios para a completa realização de todos os direitos humanos e na prevenção na continuidade de violações a direitos humanos ao redor do mundo, como estabelecido na Declaração e Programa de Ação de Viena. Deve também envolver os Governos num diálogo para a implementação de seu mandato, com a finalidade de assegurar o respeito aos direitos humanos.

O Alto Comissário deve ainda incentivar o aumento da cooperação internacional para a promoção e proteção dos direitos humanos, coordenar as atividades de promoção e proteção dos direitos humanos do sistema das Nações Unidas, realizar a supervisão do Centro para os Direitos Humanos e, finalmente, racionalizar, adaptar, fortalecer e simplificar os mecanismos das Nações Unidas no âmbito dos direitos humanos, com o intuito de aumentar sua eficiência e efetividade.

Em resumo, o *Alto Comissário deveria ser o "Secretário-Geral" dos direitos humanos na ONU*, capaz de angariar recursos administrativos para os demais órgãos de direitos humanos (por exemplo, os Comitês e relatorias especiais), simplificar e obter eficiência na ação dos variados órgãos de direitos humanos na ONU, bem como aumentar o engajamento dos Estados e ainda sinalizar os futuros passos para a implementação dos direitos humanos.

O Alto Comissário envia relatório anual sobre suas atividades para o Conselho de Direitos Humanos e, por meio do Conselho Econômico e Social, para a Assembleia Geral.

Como já mencionado, o Escritório do Alto Comissário das Nações Unidas para Direitos Humanos está localizado em Genebra, no histórico *Palais Wilson*, e possui um escritório em Nova Iorque. O *Palais Wilson* foi *sede original da Liga das Nações* (antecessora da ONU) e foi assim denominado em homenagem ao Presidente norte-americano Woodrow Wilson, idealizador da Liga (apesar de os Estados Unidos nunca dela terem participado). O Secretário-Geral da ONU deve fornecer pessoal e recursos para permitir que o Alto Comissário realize seu mandato.

As prioridades do Alto Comissariado incluem: maior engajamento dos Estados, em estreita colaboração com os parceiros em nível nacional e regional, para assegurar que as normas internacionais de direitos humanos sejam aplicadas; papel de liderança mais forte para o Alto Comissariado e parcerias mais estreitas com a sociedade civil e com agências das Nações Unidas.

QUADRO SINÓTICO

Alto Comissariado das Nações Unidas para os Direitos Humanos	
Criação	• Resolução n. 48/141 da Assembleia Geral da ONU, de 20 de dezembro de 1993. • Sede principal: Genebra (*Palais Wilson*).
Composição	• Alto Comissário deve ser alguém de elevada idoneidade moral e integridade pessoal e deve possuir *expertise*, inclusive no campo dos direitos humanos, e conhecimento e compreensão das diversas culturas, para realizar suas atribuições de forma imparcial, objetiva, não seletiva e efetiva. É indicado pelo Secretário-Geral das Nações Unidas e aprovado pela Assembleia Geral, tendo em conta uma alternância geográfica, para um mandato de quatro anos, renovável uma vez por mais quatro.
Atribuições	• Promover e proteger o efetivo gozo de todos os direitos civis, políticos, econômicos, culturais e sociais. • Realizar as tarefas a ele atribuídas pelos órgãos competentes do sistema das Nações Unidas no campo dos direitos humanos, bem como fazer recomendações a eles para aperfeiçoar a promoção e proteção de todos os direitos humanos. • Promover e proteger a realização do direito ao desenvolvimento e aumentar o apoio de órgãos relevantes do sistema das Nações Unidas para esse propósito. • Fornecer, por meio do Centro para os Direitos Humanos, serviços de consultoria e assistência técnica e financeira, a pedido do respectivo Estado, e, quando apropriado, de organizações regionais de direitos humanos, com o intuito de apoiar ações e programas no campo dos direitos humanos. • Coordenar programas de educação e informação pública relevantes das Nações Unidas no campo dos Direitos Humanos. • Atuar ativamente na remoção de obstáculos, no enfrentamento de desafios para a completa realização de todos os direitos humanos e na prevenção na continuidade de violações a direitos humanos ao redor do mundo, como estabelecido na Declaração e Programa de Ação de Viena. • Envolver os Governos num diálogo para a implementação de seu mandato, com a finalidade de assegurar o respeito aos direitos humanos. • Aumentar a cooperação internacional para a promoção e proteção dos direitos humanos. • Coordenar as atividades de promoção e proteção dos direitos humanos do sistema das Nações Unidas. • Realizar a supervisão do Centro para os Direitos Humanos. • Racionalizar, adaptar, fortalecer e simplificar os mecanismos das Nações Unidas no âmbito dos direitos humanos, com o intuito de aumentar sua eficiência e efetividade.

13. COMISSÃO INTERAMERICANA DE DIREITOS HUMANOS (COMISSÃO IDH)

13.1. Aspectos gerais

A Comissão Interamericana de Direitos Humanos é órgão principal da Organização dos Estados Americanos (OEA), sendo composta por sete membros (denominados Comissários ou, mais usualmente como decorrência de termo em espanhol, "Comissionados"), que deverão ser pessoas de alta autoridade moral e de reconhecido saber em matéria de direitos humanos, não necessariamente formados em Direito, pois o conhecimento jurídico *não* é tido como indispensável para o cargo. Os membros da Comissão serão eleitos por *quatro anos e só poderão ser reeleitos uma vez*, sendo que o mandato é incompatível com o exercício de atividades que possam afetar sua independência e sua imparcialidade, ou a dignidade ou o prestígio do seu cargo na Comissão.

Os membros da Comissão serão eleitos a título pessoal, pela Assembleia Geral da OEA, de uma lista de candidatos propostos pelos Governos dos Estados Membros. Cada Governo pode propor até *três* candidatos (ou seja, também pode propor apenas um nome), nacionais do Estado que os proponha ou de qualquer outro Estado-membro. Quando for proposta uma lista tríplice de candidatos, pelo menos um deles deverá ser nacional de Estado diferente do proponente. Em resumo, a Comissão é um órgão principal da OEA, porém autônomo, pois seus membros atuam com independência e imparcialidade, não representando o Estado de origem.

Em relação à Convenção Americana de Direitos Humanos, a Comissão pode receber *petições individuais e interestatais* contendo alegações de violações de direitos humanos. O procedimento individual é considerado de adesão obrigatória e o interestatal é facultativo. A Convenção Americana de Direitos Humanos dispõe que qualquer pessoa – não só a vítima – pode peticionar à Comissão, alegando violação de direitos humanos de terceiros. A própria Comissão pode, *de ofício*, iniciar um procedimento contra determinado Estado, para verificar a violação de direitos humanos de indivíduo ou grupo de indivíduos.

Já a Corte Interamericana só pode ser acionada (*jus standi)* pelos Estados contratantes e pela Comissão Interamericana de Direitos Humanos, que exerce a função similar à do Ministério Público brasileiro[22].

A vítima (ou seus representantes) possui somente o direito de petição à Comissão Interamericana de Direitos Humanos. A Comissão analisa tanto a *admissibilidade* da demanda (há requisitos de admissibilidade, entre eles, o esgotamento prévio dos recursos internos) quanto seu *mérito*.

Caso a Comissão arquive o caso (demanda inadmissível, ou quanto ao mérito, infundada) não há recurso disponível à vítima. Outra hipótese de ser o caso apreciado pela Corte ocorre se algum Estado, no exercício de uma verdadeira *actio popularis,* ingressar com a ação contra o Estado violador. Mesmo nesse caso, o procedimento perante a Comissão é obrigatório.

Em 2007, a Comissão julgou inadmissível a petição proposta pela Nicarágua contra Costa Rica. Em 2010, mostrando uma nova posição dos Estados, a Comissão *aceitou* a petição do Equador contra a Colômbia, pela morte de um nacional equatoriano (Senhor Franklin Guillermo Aisalla Molina) durante o ataque colombiano ao acampamento da guerrilha colombiana em território equatoriano em 2008. Em 2013, em face de acordo entre os Estados envolvidos, a Comissão arquivou o caso.

13.2. A Comissão IDH e o trâmite das petições individuais

13.2.1. Provocação e condições de admissibilidade

A Comissão é provocada por meio de uma petição escrita, que pode ser de (i) autoria da própria vítima, (ii) de terceiros, incluindo as organizações não governamentais (demandas individuais), ou ainda (iii) oriunda de outro Estado (demandas interestatais, de impacto reduzido – até hoje, apenas 2 casos na Comissão).Também a (iv) Comissão pode agir de ofício. Em sua petição internacional, o representante deve apontar os fatos que comprovem a violação de direitos

---

[22] CARVALHO RAMOS, André de. *Processo internacional de direitos humanos.* 7. ed. São Paulo: Saraiva, 2022.

humanos denunciada, assinalando, se possível, o nome da vítima e de qualquer autoridade que tenha tido conhecimento da situação.

As condições de admissibilidade da petição individual à Comissão IDH são as seguintes:

i) o esgotamento dos recursos locais;

ii) ausência do decurso do prazo de seis meses, contados do esgotamento dos recursos internos, para a apresentação da petição;

iii) ausência de litispendência internacional, o que impede o uso simultâneo de dois mecanismos internacionais de proteção de direitos humanos; e

iv) ausência de coisa julgada internacional, o que impede o uso sucessivo de dois mecanismos internacionais de proteção de direitos humanos.

O esgotamento dos recursos internos exige que o peticionante prove que tenha esgotado os mecanismos internos de reparação, quer administrativos, quer judiciais, antes que sua controvérsia possa ser apreciada perante o Direito Internacional. Fica respeitada a soberania estatal ao se enfatizar *o caráter subsidiário da jurisdição internacional*, que só é acionada após o esgotamento dos recursos internos.

Contudo, os Estados têm o dever de prover recursos internos aptos a reparar os danos porventura causados aos indivíduos. No caso de inadequação destes recursos, o Estado responde *duplamente*: pela violação inicial e também por não prover o indivíduo de recursos internos aptos a reparar o dano causado.

Há casos de dispensa da necessidade de prévio esgotamento dos recursos internos, a saber:

1) não existir o devido processo legal para a proteção do direito violado;

2) não se houver permitido à vítima o acesso aos recursos da jurisdição interna, ou houver sido ele impedido de esgotá-los;

3) houver demora injustificada na decisão sobre os mencionados recursos (artigo 46.2);

4) o recurso disponível for inidôneo (por exemplo, o recurso não é apto a reparar o dano);

5) o recurso for inútil (por exemplo, já há decisão da Suprema Corte local em sentido diverso) ou

6) faltam defensores ou há barreiras de acesso à justiça.

Atualmente, a Corte IDH consagrou o entendimento que a exceção de admissibilidade por ausência de esgotamento dos recursos internos tem que ser invocada pelo Estado já no procedimento perante à Comissão Interamericana de Direitos Humanos. Assim, se o Estado *nada* alega durante o procedimento perante a Comissão, subentende-se que houve desistência tácita dessa objeção. Após, não pode o Estado alegar a falta de esgotamento, pois seria violação do *princípio do estoppel*, ou seja, da proibição de se comportar de modo contrário a sua conduta anterior (*non concedit venire contra factum proprium*).

13.2.2. A conciliação perante a Comissão

Passada a *fase da admissibilidade* da petição perante a Comissão Interamericana de Direitos Humanos, ingressa-se na *fase conciliatória*. Caso tenha sido obtida a solução amigável entre a vítima e o Estado infrator, a Comissão elabora seu relatório, contendo os fatos e o acordo alcançado, sendo o mesmo remetido ao peticionário, aos Estados e também ao Secretário-Geral da OEA.

Há vários exemplos bem-sucedidos de conciliação perante a Comissão Interamericana de Direitos Humanos, envolvendo diversos países. O primeiro caso brasileiro que foi objeto de conciliação na Comissão IDH foi o Caso José Pereira (caso 11.289). Nele, José Pereira (17 anos à época) foi ferido no ano 1989 por disparos de arma de fogo efetuados por pistoleiros que tentavam impedir a fuga de trabalhadores mantidos em condições análogas à de escravos na fazenda Espírito Santo, no Estado do Pará. O Brasil reconheceu sua responsabilidade internacional, uma vez que os agentes e órgãos estatais não foram capazes de (i) prevenir a ocorrência da grave prática de trabalho escravo, nem de (ii) punir os atores (particulares) das violações de direitos humanos. A fim de efetuar a indenização pelos danos materiais e morais a José Pereira, foi editada a Lei n. 10.706/2003, que determinou o pagamento de R$ 52.000,00 (cinquenta e dois mil reais) à vítima[23]. Outro caso emblemático de conciliação, que contou com autorização do Presidente da República para a participação de ente subnacional nas negociações (Estado do Maranhão[24]) foi o *Caso dos Meninos Emasculados do Maranhão* em 2005[25].

13.2.3. As medidas cautelares da Comissão

O art. 25 do regulamento da Comissão IDH prevê a edição de medidas cautelares para proteger pessoas ou grupo de pessoas do (i) risco de dano irreparável em (ii) situações de gravidade e urgência, quer haja relação *ou não* (medida cautelar flutuante) com petição em trâmite. Não há dispositivo expresso na Convenção Americana de Direitos Humanos sobre a eficácia vinculante de tais medidas cautelares, que são, então, entendidas como *recomendações* à luz do art. 41, "b", da Convenção.

A reforma do regulamento da Comissão em 2013 inseriu a oitiva do Estado antes da edição de medidas cautelares. Contudo, em casos de gravidade e urgência, a Comissão ainda pode adotar medidas cautelares *sem ouvir* o Estado para evitar dano irreparável referente a um caso.

Em março de 2011, a Comissão adotou *medida cautelar requerendo a suspensão da construção da Usina Hidrelétrica de Belo Monte*, a principal obra de fornecimento de energia do Brasil nos últimos anos, por ofensa a diversos direitos dos povos indígenas. Após veemente recusa do Estado brasileiro em cumprir tal deliberação, a Comissão modificou sua posição e decidiu que a obra poderia continuar desde que fossem tomadas determinadas cautelas na preservação dos direitos até deliberação final da Comissão.

O episódio mostrou que a ausência de previsão expressa das medidas cautelares da Comissão na Convenção Americana de Direitos Humanos faz com que os Estados Partes da Convenção não aceitem sua força vinculante. Por outro lado, a Comissão pode requerer medidas provisórias à Corte IDH, que possuem – de modo expresso – previsão na Convenção. Não é incomum que a Comissão adote medida cautelar e, após comprovada a falta de cumprimento pelo Estado, peça à Corte IDH uma medida provisória. Por exemplo, a Comissão adotou medida cautelar para que o Estado adotasse medidas a favor dos direitos dos presos do Complexo de Pedrinhas (São Luís/MA)[26]. Dada a ineficácia da medida cautelar, a Comissão pleiteou medida provisória da Corte IDH, que a deferiu em 18 de novembro de 2014 (ver abaixo, o item 13.3.7, sobre as medidas provisórias da Corte).

De acordo com o Regulamento da Comissão, esta acionará a Corte e solicitará medidas provisórias quando: 1) o Estado não tiver cumprido as medidas cautelares anteriores, 2) as

---

[23] Dados retirados do relatório oficial da Comissão IDH. Disponível em: https://cidh.oas.org/annualrep/2003port/brasil.11289.htm. Acesso em: 2 ago. 2024.

[24] Decreto n. 5.619/2005. *In verbis*: "Art. 1º Fica autorizada a Secretaria Especial dos Direitos Humanos da Presidência da República a promover as gestões necessárias à negociação, à assinatura e ao adimplemento de Acordo de Composição Amistosa com vistas ao encerramento dos casos n. s 12.426 e 12.427, em tramitação perante a Comissão Interamericana de Direitos Humanos. Parágrafo único. Representante do Governo do Estado do Maranhão poderá firmar o Acordo previsto no *caput*.

[25] Comissão Interamericana de Direitos Humanos, Casos n. 12.426 e 12.427, ambos de 2001. CARVALHO RAMOS, André de. *Processo internacional de direitos humanos*. 7. ed. São Paulo: Saraiva, 2022.

[26] Medida cautelar de 16 de dezembro de 2013.

medidas cautelares não tiverem sido eficazes, 3) já existir uma medida cautelar conectada com o caso submetido à jurisdição da Corte e, finalmente, 4) a Comissão entender ser pertinente para dar maior efeito às medidas cautelares já exaradas, fundamentando seus motivos (cláusula geral, que permite flexibilidade à Comissão). Caso a Corte indefira o pedido de medidas provisórias, a Comissão só considerará um novo pedido de medidas cautelares se surgirem fatos novos que o justifiquem. Em todo caso, a Comissão poderá considerar o uso de outros mecanismos de monitoramento da situação.

Desde 2004[27], a Comissão IDH adotou 28 medidas cautelares contra o Brasil, principalmente em cinco temas: (i) adolescentes em conflito com a lei privados de liberdade, (ii) pessoas privadas de liberdade, (iii) proteção de testemunhas, (iv) proteção de defensores de direitos humanos e (v) proteção a comunidades tradicionais (como povos indígenas e quilombolas. Segundo as informações oficiais do sítio da CIDH, há 24 vigentes e 4 já levantadas. O maior número de cautelares outorgadas pela Comissão IDH nessas décadas refere-se à proteção de defensores de direitos humanos. Somam-se, ao todo, 17 medidas.

A crise aguda do sistema prisional brasileiro e do sistema de execução de medidas socioeducativas foi detectada pela Comissão IDH, que emitiu já 16 medidas cautelares sobre o tema, sendo sete em relação às ameaças da integridade física e a vida de adolescentes e oito em relação a adultos privados de liberdade.

Entre os sete casos envolvendo adolescentes privados de liberdade, encontram-se o das Crianças Privadas de Liberdade na FEBEM Tatuapé, em São Paulo, e o dos Adolescentes Privados de Liberdade em Centros de Atenção Socioeducativa de Internação Masculina, no Ceará, incluindo, ainda, outros casos do Espírito Santo, do Rio de Janeiro e do Distrito Federal. As nove medidas em relação à proteção dos direitos humanos de presos referem-se ao caso do Complexo Penitenciário de Pedrinhas, no Maranhão, ao caso do Presídio Professor Aníbal Bruno (posteriormente dividido e rebatizado de "Complexo do Curado"), em Pernambuco, ao caso da Penitenciária de Urso Branco, em Rondônia. No Rio de Janeiro, destacam-se as situações do Instituto Penal Plácido de Sá Carvalho, Cadeia Pública Jorge Santana[28] e Presídio Alfredo Trajan, e a Penitenciária Evaristo de Moraes. Somam-se, ainda, outros casos no Rio Grande do Sul e Espírito Santo.

Diversas medidas cautelares visaram à proteção dos direitos de comunidades indígenas em Pernambuco, Pará, Roraima, Mato Grosso do Sul, Amazonas, Ceará, Maranhão e Bahia, sendo, respectivamente, os casos Líderes Indígenas do Povo Xukuru de Ororubá, Comunidades Indígenas da Bacia do Rio Xingu ("Caso Belo Monte"), Povos Indígenas Munduruku, Povos Indígenas na Raposa Serra do Sol, Povos Indígenas Yanomami e Ye'kwana[29] (vide Parte IV, item 52, sobre a Covid-19 e os direitos humanos), Dom Phillips, Bruno Pereira e Beneficiários da Associação dos Povos Indígenas do Vale do Javari, membros da comunidade Guyraroká e Guapoy do Povo Indígena Guarani Kaiowá, Povos Indígenas Guajajara e Awá (Terra Indígena de Araribóia), Povo Indígena Tapeba de Caucaia e Povo Indígena Pataxó.

Em relação à proteção dos povos quilombolas, a medida cautelar adotada foi em relação ao Quilombo Rio dos Macacos, na Bahia (2020) e às Comunidades Quilombolas de Boa Hora – Marmorana, no Maranhão (2024). A situação de grave risco deriva da disputa pelo reconhecimento das terras tradicionalmente ocupadas situadas na Bahia, além do risco de ruptura de uma represa nos arredores da comunidade. Foi reportado que os(as) beneficiários(as) das medidas

---

[27] Segundo o mapa de medidas cautelares divulgado pela Comissão IDH. Disponível em: https://www.oas.org/es/CIDH/jsForm/?File=/es/cidh/decisiones/mc/mapa.asp . Acesso em: 16 ago. 2024.

[28] Cf. Res. n. 6/2020. Disponível em: <http://www.oas.org/es/cidh/decisiones/pdf/2020/6-20MC888-19-BR.pdf>. Acesso em: 2 ago. 2024.

[29] Disponível em: <https://www.oas.org/es/cidh/decisiones/pdf/2020/35-20mc563-20-br-pt.pdf>. Acesso em: 2 ago. 2024.

estariam sendo vítimas de ameaças e constrangimentos, motivo pelo qual a Comissão IDH determinou a adoção de medidas voltadas a garantir a vida e a integridade física dos membros da comunidade.

Em relação à proteção de testemunhas, a Comissão IDH deferiu três medidas cautelares visando à proteção da vida de pessoas que testemunharam assassinatos de seus familiares[30]. Em uma das medidas cautelares, órgão da OEA determinou ao Estado que investigasse o desaparecimento de policial militar ameaçado pela milícia no Rio de Janeiro.

Entre 2018 e 2022, a Comissão emitiu sete medidas cautelares para possibilitar a continuidade do trabalho de defensoras e defensores de direitos humanos sem que sejam alvo de ameaças, intimidações ou atos de violência durante o exercício de suas funções. Destacam-se o caso de Padre Julio Lancellotti, da Pastoral da População em Situação de Rua; Jean Wyllys de Matos Santos, ex-deputado federal e militante da luta LGBTI; Monica Benício, viúva da vereadora Marielle Franco, e Joana Darc Mendes, mãe na busca por justiça após a morte de seu filho por policiais militares. As recomendações da Comissão IDH alertam para as deficiências do programa de proteção de defensores de direitos humanos no Brasil e da importância de proteger a vida e a integridade dessas pessoas. Seguem comentários a alguns desses casos:

- Jean Wyllys (2018): o ex-deputado Jean Wyllys e seus familiares receberam uma série de ameaças por meio eletrônico e redes sociais, em razão de sua atuação como militante por direitos das pessoas LGBTI, além de ser o primeiro deputado a abertamente falar sobre sua orientação sexual. Em razão da falta de atuação do Estado para proteger o deputado por meio de escolta e suporte aos familiares e diante da urgência e gravidade dos riscos à integridade pessoal e à vida, a Comissão IDH emitiu medida cautelar.
- André Luiz Moreira de Souza (2019): policial militar no Rio de Janeiro designado para atuar em unidade de polícia pacificadora, a qual mostrou sua indignação pelos perigos do novo posto de trabalho. Em setembro de 2018, enquanto estava com a família em um veículo, foi abordado por homens armados e desapareceu. Seu carro foi encontrado no outro dia queimado. Diante do contexto de ameaças a policiais por parte da milícia, a CIDH entendeu que o Estado não atuou para investigar os fatos e para encontrar André Luiz, de modo que após três meses de seu desaparecimento a medida cautelar atendeu aos critérios de urgência e gravidade. No mais, a Comissão IDH reforçou seu entendimento de que não é necessário o esgotamento dos recursos internos, mas apenas uma notificação do Estado e sua consequente omissão para concessão de medida cautelar.
- Padre Julio Lancellotti (2019): Padre Julio Lancellotti é conhecido defensor dos direitos das pessoas em situação de rua na cidade de São Paulo. Contudo, há anos vem sofrendo ameaças por partes de agências policiais e guardas civis. Diante da ausência de medidas protetivas para que o defensor pudesse continuar realizando seu trabalho, a Comissão emitiu a medida cautelar[31].
- Antonio Martins Alves (2021). Martins Alves é trabalhador rural e participa ativamente da defesa de suas terras e do meio ambiente. Desapareceu em 19-7-2021. Em 21-10-2021, a Comissão IDH deferiu medida cautelar para que o Estado brasileiro adote medidas necessárias para determinar a situação e o paradeiro de Antônio Martins Alves, a fim de proteger os seus direitos à vida e à integridade pessoal[32].

---

[30] Conferir em: <http://www.oas.org/es/cidh/decisiones/cautelares.asp>. Acesso em: 20 ago. 2024.
[31] Conferir em https://www.oas.org/pt/cidh/prensa/notas/2019/075.asp. Acesso em: 2 ago. 2024.
[32] Disponível em: <https://www.oas.org/pt/CIDH/jsForm/?File=/pt/cidh/prensa/notas/2021/281.asp>. Acesso em: 2 ago. 2024.

- Benny Briolly Rosa da Silva Santos e três integrantes de sua equipe de trabalho (2022): trata-se da situação de extrema violência política contra a vereadora niteroiense e ativista LGBTQIA+ Benny Briolly e as pessoas que compõem sua equipe, motivada por racismo e transfobia, por meio de uma série de ameaças e perseguições virtuais e presenciais, que não foram devidamente investigadas. Apesar de incluída em programa de proteção a defensores de direitos humanos em âmbito estadual, foi reportada a ausência de escolta para viabilizar a adequada proteção para participação nas atividades parlamentares, bem como ausência de coordenação entre as entidades responsáveis pela proteção, o que gerava extrema burocratização e reiterada vitimização. A Comissão IDH determinou que as medidas protetivas sejam adotadas a partir de uma perspectiva étnico-racial e de gênero; que o Estado organize e coordene de forma adequada entre os atores locais com atribuição para adoção das medidas necessárias e que, de forma periódica, fossem prestadas informações a(os) peticionários, sobre as ações adotadas para investigar os fatos, evitando-se a repetição[33].
- Dom Phillips e Bruno Pereira (2022): trata-se de caso de grande repercussão internacional sobre o desaparecimento do jornalista britânico Dom Phillips e do defensor de direitos indígenas Bruno Pereira, que desapareceram enquanto faziam uma expedição na Terra Indígena do Vale do Javari. A medida cautelar da CIDH foi adotada seis dias após a última vez que ambos tinham sido vistos, determinando que fossem adotados os esforços necessários para a realização das buscas. Após grande mobilização iniciada pela própria associação de comunidades indígenas locais, pelos familiares e demais organizações que lutavam pela causa, a Justiça Federal do Amazonas determinou a mobilização das instituições e equipamentos federais (como uso de helicópteros) e a polícia federal passou a investigar os potenciais suspeitos. Após a confissão de uma pessoa envolvida, os restos mortais foram localizados e a identidade foi confirmada após perícia. No entanto, integrantes da Associação Indígena UNIVAJA, que participaram das buscas, passaram também a sofrer ameaças e, em outubro de 2022, a medida cautelar foi estendida para lhes conceder proteção[34]. Em dezembro de 2023, o Estado brasileiro concordou em instaurar uma mesa conjunta de seguimento[35], com a adoção de um plano de ação para enfrentamento da situação de risco à vida e à integridade das pessoas beneficiárias. A mesa conjunta é composta por representantes do Estado, representantes das vítimas e da Comissão IDH.

Em 27 de fevereiro de 2023, a CIDH outorgou medidas cautelares em benefício dos membros da comunidade quilombola Boa Hora III/Marmorana, no Maranhão[36]. O caso versa sobre a invasão do território por um fazendeiro local, que vinha realizando ameaças e esbulho, cerceando o acesso à fonte de água dos beneficiários. Assim, a Comissão IDH determinou a adoção de medidas de proteção, inclusive em relação à ação de terceiros.

---

[33] Disponível em: <http://www.oas.org/pt/cidh/decisiones/mc/2022/res_34-22%20_mc_408-22_br_pt.pdf>. Acesso em: 2 ago. 2024.

[34] Disponível em: <https://www.oas.org/pt/cidh/decisiones/mc/2022/res_59-22_mc_449-22_pt.pdf>. Acesso em: 2 ago. 2024.

[35] Disponível em: <https://www.oas.org/pt/cidh/decisiones/mc/2023/res_76-23_mc_449-22br.pdf>. Acesso em: 2 ago. 2024.

[36] Disponível em: <https://www.oas.org/pt/cidh/decisiones/mc/2023/res_10-23_mc_938-22%20_br_pt.pdf>. Acesso em: 2 ago. 2024.

Em 24 de abril do mesmo ano (2023), foi outorgada a medida cautelar em favor dos membros do Povo Indígena Pataxó situados nas Terras Indígenas de Barra Velha e Comexatibá, na Bahia/Brasil. O conflito se refere às disputas territoriais envolvendo a tese do "marco temporal". Após a concessão das cautelares, em razão do aumento do índice de mortes de lideranças indígenas pataxó e o acirramento da violência no campo, com a ascensão de grupos paramilitares denominado "Invasão Zero", houve uma escalada de violência no sul da Bahia, que deu ensejo à ampliação das medidas cautelares em 2024, abrangendo também os Pataxó Hã-hã-hã, da Terra Indígena Caramuru-Paraguaçu.

Em maio de 2024, foi adotada medida cautelar em favor do Povo Indígena Tapeba de Caucaia, em razão da demora da finalização da demarcação do território, somado às ameaças sofridas em razão da atuação do crime organizado e da polícia.

Após 2023, há sensível aumento do esforço da Comissão IDH em acompanhar o seguimento (e cumprimento) das medidas pelo Brasil. Houve a realização de reuniões técnicas (que são espécies de audiências entre as partes), para acompanhamento da *implementação* das medidas. Seja no âmbito da visita *in locu* realizada ao Brasil em maio de 2023 e junho de 2024; seja no âmbito dos períodos de sessão, observa-se que o acompanhamento dos casos sobre medidas cautelares tem sido priorizado na agenda do órgão.

Contudo, apesar da existência de várias medidas cautelares vigentes há alguns anos, nota-se que a situação não tem gerado uma prioridade de tramitação dos casos vinculados a tais medidas cautelares, que aguardam a avaliação de admissibilidade e mérito. Essa situação é contraditória, uma vez que há, ao menos, risco aos envolvidos e urgência na atuação do Estado brasileiro[37].

13.2.4. O Primeiro Informe e possível ação perante a Corte IDH

No caso de constatação de violação de direitos humanos, a Comissão elabora o chamado *Primeiro Informe ou Primeiro Relatório*, encaminhando-o ao Estado infrator. Cabe ao Estado cumprir as recomendações desse *primeiro relatório, que é confidencial*. Se, em até três meses após a remessa ao Estado do primeiro relatório da Comissão, o caso não tiver sido solucionado (reparação dos danos pelo Estado), pode ser submetido à Corte se (i) o Estado infrator houver reconhecido sua jurisdição obrigatória *e* (ii) se a Comissão entender tal ação conveniente para a proteção dos direitos humanos no caso concreto. De acordo com o regulamento da Comissão, no caso de Estados que já tenham reconhecido a jurisdição contenciosa obrigatória da Corte *e* que não cumpriram o conteúdo do Primeiro Informe, é necessária maioria de votos dos Comissários para que o caso *não* seja encaminhado à Corte.

A prática interamericana contempla a prorrogação do prazo de três meses, bastando a anuência da Comissão e do Estado. O Estado é beneficiado pela prorrogação do prazo, pois teria mais tempo para evitar uma ação da Comissão perante a Corte de San José. Não pode, depois, justamente alegar perante a Corte IDH a decadência do direito da Comissão em propor a ação. Seria mais um exemplo do *princípio do estoppel*, também chamado de proibição de *venire contra factum proprium*.

Se o Estado não tiver reconhecido ainda a jurisdição da Corte (ou os fatos e repercussões dos fatos forem anteriores ao reconhecimento – vários Estados só aceitam a jurisdição da Corte para os casos futuros – a chamada "cláusula temporal", também realizada pelo Brasil) e não tiver cumprido o Primeiro Informe, deve a Comissão Interamericana de Direitos Humanos elaborar um *segundo informe*.

---

[37] Agradeço à Isabel Penido de Campos Machado, Professora Doutora da Universidade Católica de Brasília, a atualização deste item do *Curso*.

13.2.5. O Segundo Informe

Esse Segundo Informe é público (diferentemente do Primeiro Informe, que é confidencial, restrito às partes) e só é elaborado (i) na falta de cumprimento pelo Estado infrator dos comandos do 1º Informe e (ii) com a *ausência* de ação judicial perante a Corte Interamericana de Direitos Humanos. Inicialmente, a Comissão encaminha o texto do segundo informe às partes, contendo suas conclusões finais e recomendações, com prazo fixado para informar sobre o cumprimento do seu teor (art. 47 do Regulamento da Comissão). Após o decurso desse prazo, a Comissão agrega a informação sobre o cumprimento das medidas requeridas, publicando o Segundo Informe. No caso de descumprimento do Segundo Informe, a Comissão Interamericana de Direitos Humanos encaminha seu relatório anual à Assembleia Geral da OEA, fazendo constar as deliberações não cumpridas pelos Estados para que a *OEA* adote medidas para convencer o Estado a restaurar os direitos protegidos.

13.3. Corte Interamericana de Direitos Humanos

13.3.1. Composição e o juiz *ad hoc*

A Corte Interamericana de Direitos Humanos (Corte IDH), é uma *instituição judicial autônoma*, não sendo órgão judicial da OEA (apesar de possuir relação privilegiada com tal organização internacional), mas sim da Convenção Americana de Direitos Humanos.

Possui jurisdição contenciosa e consultiva (pode emitir pareceres ou opiniões consultivas, não vinculantes). *Não é obrigatório* o reconhecimento de sua jurisdição contenciosa: o Estado pode ratificar a Convenção Americana e não reconhecer a jurisdição contenciosa da Corte IDH, pois tal reconhecimento é cláusula facultativa da Convenção. O Estado pode reconhecer a jurisdição contenciosa por declaração específica para todo e qualquer caso (art. 62 da Convenção) ou mesmo para somente um caso específico. A jurisdição da Corte para julgar pretensas violações em face do Pacto de São José foi admitida, até o momento, por 20 Estados (inclusive o Brasil), entre os 23 contratantes do Pacto[38], exercendo a Corte IDH jurisdição sobre aproximadamente 550 milhões de pessoas.

Apesar de ter ratificado e incorporado internamente a Convenção Americana de Direitos Humanos em *1992, foi somente em 1998* que o Brasil reconheceu a jurisdição contenciosa obrigatória da Corte Interamericana de Direitos Humanos. O Decreto Legislativo n. 89/98 aprovou tal reconhecimento em 3 de dezembro de 1998. Por meio de nota transmitida ao Secretário-Geral da OEA no dia 10 de dezembro de 1998, o Brasil reconheceu a jurisdição contenciosa obrigatória da Corte para os fatos ocorridos *após* tal data (10-12-1998 – a chamada cláusula temporal). Curiosamente, o Poder Executivo editou o Decreto n. 4.463 somente em 8 de novembro de 2002, promulgando o reconhecimento da jurisdição da Corte Interamericana no território nacional quase quatro anos após o reconhecimento internacional.

A Corte IDH é composta por sete juízes, cuja escolha é feita pelos Estados Partes da Convenção, em sessão da Assembleia Geral da OEA, de uma lista de candidatos propostos pelos mesmos Estados. São requisitos para ser juiz da Corte: (i) ser jurista da mais alta autoridade moral; (ii) ter reconhecida competência em matéria de direitos humanos; (iii) reunir as condições requeridas para o exercício das mais *elevadas funções judiciais* de acordo com a lei do Estado do

---

[38] São os seguintes 20 Estados Partes da Convenção Americana de Direitos Humanos que reconhecem a jurisdição contenciosa obrigatória da Corte IDH: Argentina, Barbados, Bolívia, Brasil, Chile, Colômbia, Costa Rica, Equador, El Salvador, Guatemala, Haiti, Honduras, México, Nicarágua, Panamá, Paraguai, Peru, República Dominicana, Suriname, Uruguai. Apesar de terem ratificado a Convenção Americana de Direitos Humanos, não reconheceram a jurisdição contenciosa da Corte IDH os seguintes Estados: Dominica, Granada e Jamaica.

qual sejam nacionais, ou do Estado que os propuser como candidatos e (iv) ter a nacionalidade de um dos Estados da OEA (ou seja, mesmo nacionais de Estados que sequer ratificaram a CADH podem ser juízes da Corte). Diferentemente dos membros da Comissão IDH, os juízes da Corte IDH devem ser *obrigatoriamente* juristas. No caso do Brasil, para se cumprir o requisito relativo às condições para o exercício das "mais elevadas funções judiciais", é exigido que o candidato possua mais de (i) trinta e cinco e menos de setenta anos de idade, (ii) tenha notável saber jurídico e (iii) reputação ilibada (requisitos para o cargo de *ministro do STF*, constante do art. 101 da CF/88, já alterado pela EC n. 122/2022).

Os juízes da Corte serão eleitos para um mandato de seis anos e só poderão ser reeleitos uma vez. O brasileiro Roberto Caldas foi juiz da Corte IDH para o mandato de 2013-2018. No governo Temer, o Brasil não apresentou nenhum candidato para, eventualmente, substituir o Juiz Caldas. Em dezembro de 2020, o Presidente Bolsonaro determinou (por despacho público) o encaminhamento do nome de Rodrigo de Bittencourt Mudrovitsch ao Ministério das Relações Exteriores para adoção de providência visando a indicação do escolhido para *concorrer* ao mandato de Juiz da Corte IDH. O candidato brasileiro *foi eleito*, estando no curso de seu mandato (2022-2028).

Desde o início do funcionamento da Corte (1979), o Brasil tem *tímida* participação na sua composição, tendo tido apenas 3 juízes permanentes (desconsiderando os juízes *ad hoc*): (i) Juiz Cançado Trindade (1995-2006 – dois mandatos) e (ii) Juiz Roberto Caldas (2013-2018 – mandato único, tendo renunciado por motivos pessoais antes do seu fim do seu período[39]) e (iii) Rodrigo de Bittencourt Mudrovitsch (2022-2028).

Além dos 7 juízes, determinado caso pode ter um "juiz *ad hoc*" na jurisdição contenciosa, caso o Estado-Réu não possua um juiz de sua nacionalidade em exercício na Corte. A Corte IDH restringiu em 2009 – por meio de Opinião Consultiva n. 20 – a interpretação do art. 55 da Convenção, que trata do juiz *ad hoc*, eliminando tal figura nas demandas iniciadas pela Comissão a pedido de vítimas (ou seja, *todas* até o momento) e mantendo-o somente para as demandas originadas de comunicações interestatais (nenhuma até o momento).

Também em 2009, na mesma Opinião Consultiva n. 20, a Corte *restringiu* a possibilidade do juiz que possuir a mesma nacionalidade do Estado Réu atuar no caso. Somente o fará nas demandas interestatais (inexistentes, até o momento). Nas demandas iniciadas pela Comissão a pedido das vítimas, o juiz da nacionalidade do Estado Réu *deve se abster* de participar do julgamento, *tal qual* ocorre com o Comissário da nacionalidade do Estado em exame, que não pode participar das deliberações da Comissão IDH.

13.3.2. Funcionamento

A Corte fez sua primeira sessão em 1979. Seu funcionamento ocorre em sessões ordinárias e extraordinárias, uma vez que a Corte IDH *não* é um tribunal permanente. Os juízes também não têm dedicação exclusiva, recebendo um pequeno *jeton* de participação por sessão (ou seja, devem ter outro emprego de sustento). Os períodos extraordinários de sessões deverão ser convocados pelo seu presidente ou por solicitação da maioria dos juízes. Tal arquitetura institucional demonstra que a Corte *não* foi desenhada para um número elevado de demandas, o que gera preocupação com seu futuro.

O quórum para as deliberações da Corte IDH é de cinco juízes, sendo que as decisões da Corte serão tomadas pela maioria dos juízes presentes. Em caso de empate, o presidente terá o voto de qualidade.

---

[39] Após a renúncia do Juiz Roberto Caldas, em maio de 2018, a Corte IDH decidiu continuar seus trabalhos *sem* solicitar a nomeação de novo juiz para completar o mandato, uma vez que este findaria ao final de 2018.

Os idiomas oficiais da Corte são os da OEA, ou seja, o espanhol, o inglês, o português e o francês. Os idiomas de trabalho são escolhidos anualmente pela Corte. Em geral, a Corte é tida como uma Corte "espanholizada", pela predominância do espanhol como idioma oficial dos Estados partes. No trâmite de casos contenciosos, pode ser adotado o idioma do Estado Réu. Porém, como a maior parte dos juízes é de fala espanhola, mesmo em casos brasileiros a Corte utiliza o espanhol como idioma de trabalho, usando intérpretes e fazendo as traduções para o português quando necessário (oitiva de testemunhas, peritos etc.).

A sede da Corte é em San José da Costa Rica, podendo a Corte realizar sessões em outros países, para difundir seu trabalho.

Como visto, a Corte possui jurisdição contenciosa e consultiva (pode emitir pareceres ou opiniões consultivas, não vinculantes). Também possui jurisdição cautelar como se verá na edição de medidas provisórias pela Corte IDH.

13.3.3. Legitimidade ativa e passiva nos processos contenciosos

Somente *Estados* que tenham reconhecido a jurisdição da Corte e a *Comissão* podem processar Estados perante a Corte Interamericana no exercício da jurisdição contenciosa. Assim, os indivíduos *dependem* da Comissão ou de outro Estado (*actio popularis*) para que seus reclamos cheguem à Corte IDH.

Já a legitimidade *passiva* é sempre do *Estado*: a Corte IDH não é um Tribunal que julga pessoas, o que será debatido mais abaixo.

A Corte julga, assim, uma *ação de responsabilidade internacional do Estado por violação de direitos humanos*[40].

13.3.4. O EPAP (ESAP) e o defensor público interamericano

A Comissão, em no máximo três meses após o não acatamento das conclusões do seu Primeiro Informe pelo Estado infrator, pode acioná-lo perante a Corte Interamericana de Direitos Humanos, *caso* o Estado tenha reconhecido a jurisdição da Corte. Os outros Estados contratantes, que tenham também reconhecido a jurisdição da Corte, podem acionar um Estado, já que a garantia de direitos humanos é uma obrigação objetiva, de interesse de todos os contratantes da Convenção Americana de Direitos Humanos. Ou mesmo o *próprio Estado* interessado pode propor a ação para substituir eventual relatório desfavorável da Comissão por uma sentença que o isente das violações apontadas. Como já abordado, o art. 51 da Convenção estabelece o prazo de até três meses contados da remessa do Primeiro Informe ou Relatório ao Estado interessado sobre o caso para que a Comissão acione a Corte. Até o momento, *todas* as ações tiveram início a partir da iniciativa da Comissão.

Assim sendo, a ação é iniciada pelo envio do Primeiro Informe da Comissão IDH à Corte. As vítimas ou seus representantes são intimados a apresentar a *petição inicial* do processo internacional no prazo de dois meses. Essa petição inicial é denominada "Escrito de petições, argumentos e provas" (EPAP; em espanhol, a sigla comumente utilizada é ESAP[41]), que deve conter: (i) a descrição dos fatos dentro do marco fático estabelecido na apresentação do caso pela Comissão em seu Primeiro Informe; (ii) as provas oferecidas devidamente ordenadas, com indicação dos fatos e *fundamentos jurídicos* sobre os quais versam; (iii) a individualização dos declarantes e o objeto de sua declaração. No caso dos peritos, deverão ademais remeter (iv) seu currículo e seus dados de contato; (v) as pretensões, incluídas as que concernem a reparações e custas.

---

[40] Sobre as minúcias da responsabilidade internacional por violação de direitos humanos, ver CARVALHO RAMOS, André de. *Responsabilidade internacional por violação de direitos humanos*. Rio de Janeiro: Renovar, 2004.

[41] ESAP é a sigla para "Escrito de solicitudes, argumentos y pruebas".

Assim, os fatos expostos pela Comissão no Primeiro Informe *determinam*, em geral, os limites *objetivos* e *subjetivos* do objeto do processo. Não podem ser agregados fatos distintos ou novas vítimas. A exceção a essa restrição são os fatos novos, que se qualificam como *supervenientes* ou mesmo *antecedentes* mas trazidos *por provas novas*, desde que vinculados aos fatos já apresentados pela Comissão[42]. Além disso, as vítimas e seus representantes podem também invocar a violação de direitos *distintos* àqueles incluídos no Relatório de Mérito da Comissão IDH, desde que tais novos direitos também estejam dentro do marco fático definido pela Comissão[43].

Assim, estamos em uma fase de transição, pois não cabe aos novos "Autores" (as vítimas ou seus representantes) nem sequer fixar o objeto do processo, mas sim à Comissão. Contudo, após, todas as etapas processuais são focadas nas vítimas e no Estado Réu e, secundariamente, na Comissão como fiscal da lei (*custos legis*).

Há ainda o "Defensor Interamericano" que deve *representar judicialmente* às vítimas sem recursos (até 2009, a representação era feita pela própria Comissão).

A OEA fez convênio com a Associação Interamericana de Defensorias Públicas, que possui uma lista de defensores públicos nacionais especializados no sistema interamericano (a qual conta, inclusive, com defensores públicos brasileiros). Dessa lista, há a nomeação de dois/duas Defensores/as Públicos/as Interamericanos/as e um/a suplente às vítimas ou representantes que não possuam ainda representação jurídica, para atuar nos processos perante a Corte IDH ou na etapa de mérito perante a Comissão IDH[44].

13.3.5. Contestação, exceções preliminares e provas

O Estado Réu é notificado para oferecer sua *contestação* no prazo idêntico de dois meses. O Estado demandado pode não impugnar os fatos e as pretensões, acatando sua responsabilidade internacional. Nesse caso, a Corte estará apta a sentenciar. Caso queira contestar, deve já indicar as provas (inclusive as periciais), bem como os fundamentos de direito, as observações às reparações e às custas solicitadas, bem como as conclusões pertinentes.

Na própria *contestação*, o Estado deve, caso queira, apresentar suas exceções preliminares. São exceções preliminares toda a matéria que impeça a Corte de se pronunciar sobre o mérito da causa, como, por exemplo, ausência de esgotamento prévio dos recursos internos.

Ao opor exceções preliminares, deverão ser expostos os fatos, os fundamentos de direito, as conclusões e os documentos que as embasem, bem como o oferecimento de provas. A apresentação de exceções preliminares *não* suspenderá o procedimento em relação ao mérito, nem aos prazos e aos termos respectivos. A Comissão, as supostas vítimas ou seus representantes poderão apresentar suas observações às exceções preliminares no prazo de 30 dias, contado a partir do seu recebimento. Quando considerar indispensável, a Corte poderá convocar uma audiência especial para as exceções preliminares, depois da qual sobre estas decidirá.

Ao fim desse contraditório, a Corte decidirá sobre as exceções preliminares, podendo arquivar o caso ou ordenar o seu prosseguimento. Porém, há vários casos nos quais a Corte prefere adotar uma única sentença, *contendo as exceções preliminares, o mérito e, inclusive, as determinações de*

---

[42] Ver, entre outros, Corte Interamericana de Direitos Humanos, *Caso Amrhein e outros vs. Costa Rica*, sentença de 25 de abril de 2018, parágrafo 148.

[43] Conforme, por exemplo, o decidido no Caso *Sales Pimenta vs. Brasil*, sentença de 30-06-2022, parágrafo 35.

[44] Sobre o assunto, conferir em ASOCIACIÓN INTERAMERICANA DE DEFENSORÍAS PÚBLICAS. Reglamento Unificado para la actuación de la AIDEF ante la Comisión y la Corte Interamericanas de Derechos Humanos. 2021. Disponível em https://aidef.org/wp-content/uploads/2022/09/Reglamento_Unificado_actuacion_de_la_AIDEF_junio_2021.pdf. Acesso em: 15 jul. 2024.

reparações e as custas. Assim, as exceções preliminares ficam no feito, que segue normalmente com a produção probatória, para serem decididas ao final em conjunto com o mérito.

Quanto às provas, são admitidos todos os modos de produção previstos também no direito brasileiro, como as provas testemunhais, periciais e documentais. As provas produzidas pela Comissão em seu procedimento próprio só serão incorporadas ao processo perante a Corte IDH *se* foram produzidas em procedimento que foi fruto do contraditório. A fase probatória encerra-se com a apresentação de alegações finais escritas pelas vítimas, Estado demandado e também a Comissão.

13.3.6. Os *amici curiae*

No Direito Internacional, o *amicus curiae* (na tradução literal, amigo do Tribunal) consiste em *um ente que não é parte na disputa e que oferece a determinada Corte Internacional uma perspectiva própria, argumentos ou determinado saber* especializado, que poderão ser *úteis* na tomada de decisão.

A petição escrita do *amicus curiae* na jurisdição contenciosa poderá ser apresentada a qualquer momento do processo até a data limite de 15 dias posteriores à celebração da audiência de coleta de testemunhos. Nos casos em que não se realize audiência, deverá ser remetido dentro dos 15 dias posteriores à resolução correspondente na qual se outorga prazo para o envio de alegações finais. Após consulta à Presidência, o escrito de *amicus curiae*, junto com seus anexos, será posto imediatamente em conhecimento das partes para sua informação.

13.3.7. As medidas provisórias: a jurisdição cautelar

A Corte, nos casos sob sua apreciação, poderá tomar as medidas provisórias que considerar pertinentes para, em casos de extrema gravidade e urgência, evitar danos irreparáveis às pessoas. Trata-se, assim, de uma jurisdição cautelar, que pode ser (i) autônoma (medidas provisórias anteriores à ação de conhecimento ou mesmo medidas provisórias *sem* que seja proposta a ação de conhecimento) ou (ii) incidental, caso sejam adotadas no curso da ação de conhecimento.

A melhor terminologia seria, naturalmente, medidas cautelares, cuja necessidade é evidente, pois em nada serviria o processo internacional se a Corte IDH não pudesse proteger, *in limine*, as pessoas de danos irreparáveis. A Corte, nos *casos já sob sua análise*, pode agir *ex officio* ou ainda por provocação das *vítimas ou representantes*. Tratando-se de casos ainda *não* submetidos à sua consideração, a Corte *só* poderá atuar por requerimento da *Comissão*.

O Estado deve cumprir as medidas provisórias e informar periodicamente a Corte IDH. A Corte incluirá em seu relatório anual à Assembleia Geral uma relação das medidas provisórias que tenha ordenado durante o período do relatório e quando tais medidas *não* tenham sido devidamente executadas.

Em relação ao Brasil, a Corte adotou, entre 2002 e agosto de 2024, diversas resoluções sobre medidas provisórias. Destas, há uma significativa concentração de decisões voltadas às onze situações emergenciais, a saber: 1) Caso da Penitenciária de Urso Branco (Porto Velho/RO – já arquivado pela Comissão; nunca foi encaminhada ação à Corte IDH); 2) Caso das crianças e adolescentes privados de liberdade no "Complexo do Tatuapé" da FEBEM (São Paulo – Capital); 3) Caso das pessoas privadas de liberdade na Penitenciária "Dr. Sebastião Martins Silveira" (Araraquara/São Paulo); 4) Caso do Complexo Penitenciário do Curado (Antigo Presídio Prof. Aníbal Bruno – Recife/PE); 5) Caso do Complexo de Pedrinhas (São Luís/MA); 6) Caso Gomes Lund e outros ("Guerrilha do Araguaia"); 7) Caso da Unidade de Internação Socioeducativa (Cariacica/ES – IDC n. 23); 8) Caso do Instituto Penal Plácido de Sá Carvalho (Gericinó/RJ); 9) Caso Tavares Pereira *vs.* Brasil (sobre a proteção ao patrimônio cultural); 10) Favela Nova Brasília (pedido indeferido, relacionado aos retrocessos reportados em relação à letalidade policial no Rio de Janeiro, em situação que já está em fase de supervisão de cumprimento de sentença); 11) situação de extremo risco dos membros dos povos indígenas Yanomami, Ye´kwana e Mundukuru (nos respectivos territórios, situados no Estado de Roraima e do Pará[45]) e 12) Penitenciária Evaristo de Moraes.

Em relação à matéria prisional, ainda estão vigentes a situação do Complexo Penitenciário de São Luís/MA (antigo complexo de Pedrinhas), o Instituto Penal Plácido de Sá Carvalho/RJ, Unidade de Internação Socioeducativa/ES e o Complexo do Curado/PE. Em relação a esses contextos, em duas oportunidades (2017 e 2021), a Corte IDH optou pela reunião dos casos para realização de audiência de supervisão conjunta, em razão de um padrão sistêmico de violação do direito à integridade física de pessoas privadas de liberdade. Nas respectivas ocasiões, o Brasil foi provocado para apresentar as ações implementadas para reverter o quadro de violações de direitos humanos nos referidos estabelecimentos. Essa iniciativa de concentração das audiências foi apelidada pela sociedade civil de "supercaso" prisional brasileiro. Apesar da expectativa de adoção de uma resolução conjunta, a Corte IDH optou por analisar cada contexto separadamente nas resoluções que se seguiram, apesar de sempre fazer menção ao contexto geral do sistema prisional nacional.

Na última audiência de supervisão realizada em 2021, a Corte IDH convocou[46] as partes para apresentarem informações sobre o cumprimento das resoluções, como também a sistematização de dados sobre a situação de risco agravada das pessoas privadas de liberdade, diante da pandemia da COVID-19. Com a criação da Unidade de Monitoramento e Fiscalização das deliberações da Corte Interamericana de Direitos Humanos por meio da Resolução CNJ n. 364, de 12 de janeiro de 2021, o Conselho Nacional de Justiça apresentou informe[47] sobre os dados solicitados. Além disso, detalhou as medidas adotadas para a população prisional no curso da pandemia, com especial destaque para a Recomendação n. 62/2020.

A imposição da *compensação punitiva* (contagem a maior do dia de prisão, por ter sido cumprido em situação prisional precária) de dias é uma questão inovadora a ser destacada. Em 2018, a Corte inseriu a medida de forma paradigmática, entre as ações concretas para redução da superpopulação prisional dos presídios de Plácido Sá Carvalho e Complexo do Curado. A propósito, a Corte determinou: (i) a observância da Súmula Vinculante 56 do Supremo Tribunal Federal, (ii) a proibição de ingresso de novos apenados (*numerus clausus*), (iii) a proibição de transferências para outros estabelecimentos superlotados, (iv) a aplicação de compensação penal para todas as pessoas privadas de liberdade naqueles estabelecimentos, observando-se alguns critérios. A propósito do ponto anterior, a Corte adotou como referência o computo em *dobro* do período cumprido em condições degradantes como regra geral. Em relação às pessoas que cumpriam pena em razão da prática de crimes contra a vida, integridade física ou sexuais, o tribunal optou por solicitar a elaboração de *laudo pericial* por equipe multidisciplinar para aferir o perfil de agressividade dos apenados, para que os juízes e juízas da execução penal pudessem, na sequência, verificar a fração compensatória a ser aplicada.

---

[45] Corte IDH. Asunto Miembros de los Pueblos Indígenas Yanomami, Ye'kwana y Munduruku respecto de Brasil. Adopción de Medidas Provisionales. Resolución de la Corte Interamericana de Derechos Humanos de 1 de julio de 2022.

[46] Corte IDH. Asunto de Unidad de Internación Socioeducativa, Complejo Penitenciario de Curado, Complejo Penitenciario de Pedrinhas e Instituto Penal Plácido de Sá Carvalho respecto de Brasil. Medidas Provisionales. Resolución de la Presidenta de la Corte Interamericana de Derechos Humanos de 20 de abril de 2021.

[47] Conselho Nacional de Justiça do Brasil. ARAÚJO, Valter; LANFREDI, Luis; MACHADO, Isabel *(Coord.)*. Informe sobre as medidas provisórias adotadas em relação ao Brasil. Série Sistema Interamericano de Direitos Humanos, n. 1. Brasília: CNJ, 2021, p. 57-58. Disponível em: https://www.cnj.jus.br/wp-content/uploads/2021/06/Medidas_Provisorias_adotadas_em_relacao_ao_Brasil_2021-06-16_V5.pdf.

Em acórdãos recentes, o Superior Tribunal de Justiça *proferiu* decisões que reconhecem a força vinculante das medidas provisórias e determinam o seu cumprimento pelos tribunais locais, com foco justamente na *compensação punitiva*[48].

No Instituto Penal Plácido Sá Carvalho, a aplicação do ponto resolutivo sobre a compensação punitiva nos crimes comuns vinha sendo cumprida, apesar da existência de questões pontuais controvertidas (como o *dies a quo* para início da contagem). Em relação às pessoas condenadas por crimes graves, a prévia realização de exame criminológico para a determinação da fração aplicável impõe dificuldade na viabilização do benefício, tendo em vista as dificuldades burocráticas diante do número reduzido de psicólogos e assistentes sociais disponíveis nos estabelecimentos prisionais para a realização dos referidos laudos. Além disso, é questionável a compatibilidade do exame criminológico com o Direito Internacional dos Direitos Humanos, por almejar a aferição de um "perfil de agressividade", similar à ultrapassada "periculosidade" típica do positivismo criminológico[49].

Em relação ao Complexo do Curado, reportou-se uma maior resistência ao cumprimento da determinação por parte de tribunal estadual. Após o advento de uma decisão de primeira instância que aplicava a compensação penal, foi instaurado um Incidente de Resolução de Demandas Repetitivas (IRDR)[50] admitido em junho de 2021, que gerou a suspensão de todos os pedidos sobre a aplicação do benefício. Em razão disso, os potenciais beneficiários da medida impetraram inúmeros *habeas corpus* nas instâncias superiores, tendo em vista que o contexto emergencial da situação reportada e a prioridade de julgamento das causas relacionadas a pessoas presas seria incompatível com o sobrestamento dos feitos imposto pelo incidente. Como resultado dessa mobilização, em recente julgado do STF[51], há uma sinalização de que a situação das pessoas privadas de liberdade no Complexo do Curado tende a seguir o mesmo caminho trilhado na apreciação individual dos casos individuais oriundos do Instituto Penal Plácido Sá Carvalho. Ao final de junho de 2022, em medida liminar no julgamento do referido *habeas corpus* que versava sobre a situação de uma pessoa privada de liberdade no Complexo do Curado em razão da prática de crime contra a vida, o Min. Fachin reforçou a força vinculante das medidas provisórias da Corte IDH e determinou que fossem adotadas medidas para a realização da avaliação por equipe multidisciplinar e a consequente reapreciação do pedido de compensação penal do potencial beneficiário. Um pouco depois, em setembro do mesmo ano, o referido IRDR foi finalmente julgado[52], confirmando a aplicabilidade da *compensação penal ("compensação punitiva")* e consolidando diretrizes interpretativas sobre os seus contornos.

---

[48] Superior Tribunal de Justiça (STJ). AgRg no RHC 136.961. Rel. Min. Reynaldo Soares da Fonseca, 5ª Turma, *DJ* 21-6-2021.

[49] Conselho Federal de Psicologia; Centro de Referência Técnica em Psicologia e Políticas Públicas. Referências técnicas para atuação de psicólogas(os) no sistema prisional. Brasília: CFP, 2021, p. 161. Disponível em: https://site.cfp.org.br/wp-content/uploads/2021/04/Refer%C3%AAncias-T%C3%A9cnicas-para-Atua%C3%A7%C3%A3o-dos-Psic%C3%B3logos-no-Sistema-Prisional-FINAL.pdf. Acesso em 25 set 2021, Já o Conselho de Assistência Social: Conselho Regional de Serviço Social da 7ª Região (RJ). Termo de orientação: atuação de assistentes sociais em Comissões Técnicas de Classificação e em requisições de exame criminológico. Rio de Janeiro, 11 de março de 2017.

[50] C.F. TJPE. IRDR N. 0008770-65.2021.8.17.9000. Rel. Des. Cláudio Jean Nogueira Virgínio. Disponível Em: Https://Www.Tjpe.Jus.Br/Documents/10180/132214/Aco%C2%B4rda~O+IRDR+0008770-65.2021.8.17.9000+%28Sec%C2%B8a~O+Criminal+TJPE%29+-+Contagem+Em+Dobro+Do+Tempo+De+Prisa~O.+Complexo+Do+Curado+%281%29.Pdf/B949e5c8-23d7-27d3-805b-6e8e787e3c39. *DJ* 21 de junho de 2021.

[51] STF. HC 208.337/PE, Relator: Edson Fachin, Data de Julgamento: 30-6-2022, Data de Publicação: 1º-7-2022

[52] TJPE. IRDR n. 0008770-65.2021.8.17.9000, Rel. para o acórdão Des. Carlos Moraes. Disponível em: <https://srv01.tjpe.jus.br/consultaprocessualunificada/processo/>.

A partir de 2022, além dos avanços observados em relação à implementação das medidas provisórias sobre pessoas privadas de liberdade, houve uma maior diversificação na agenda protetiva em relação aos casos brasileiros.

A grande inovação observada se refere à outorga, pela Corte IDH, da primeira medida provisória voltada à proteção dos povos indígenas no Brasil. A providência teve, como pano de fundo, o descumprimento reiterado e sistemático de medidas cautelares que tinham sido adotadas pela Comissão IDH em 2020[53], para a proteção à vida e à integridade de membros das comunidades Yanomami (RR/AM), Ye´kwana (RR) e Mundukuru (PA). Além disso, a política governamental pautada pelo desmantelamento da saúde e segurança da população indígena, das instituições de proteção (como a FUNAI); as constantes ameaças e o elevado índice de atentados aos(às) membros(as) das comunidades e suas lideranças foram fatores decisivos para a formação desta agenda[54]. Em breve síntese, em relação à situação das Comunidades Indígenas Yanomami e Ye´kwana, a decisão tem caráter coletivo, atingindo quase 26.000 pessoas indígenas, distribuídas em 321 aldeias, abrangidas pelo território ancestral situado no território indígena Yanomami, na região do Rio Orinoco- Amazonas[55].

É relevante destacar que uma parte dos(as) beneficiários(as) pertence a povos de contato recente e a grupos em isolamento voluntário, vale dizer, coletividades especialmente protegidas pelo Direito Internacional dos Direitos Humanos. Além da existência de uma crise relativa à implementação de políticas públicas de proteção à cultura e de atenção à saúde indígena que já vinha se agravando nos últimos anos, a situação de grave risco foi acentuada em razão da pandemia da COVID-19. A vulnerabilidade imunológica, as falhas no atendimento às demandas de saúde deste grupo e a permanência de terceiros (em geral garimpeiros) nos territórios ancestrais geravam o risco de disseminação do coronavírus, de contaminação por mercúrio (em razão da lavra ilegal), além de perpetuarem as tensões e violência contra os indígenas.

Por isso, em 2020, a Comissão IDH adotara medidas cautelares, recomendando a adoção das medidas necessárias para a proteção da saúde, vida e integridade dos membros da comunidade, por meio da adoção de medidas de prevenção por meio de uma "perspectiva culturalmente adequada" (com a participação da coletividade interessada) para evitar a disseminação da COVID-19. Na ocasião, a Comissão IDH destacou a importância de garantir o direito à saúde segundo os *standards* internacionais, observados os parâmetros de disponibilidade, acessibilidade e qualidade (consolidados na Observação Geral n. 14, do CDESC/ONU[56]), além do dever de investigar as ameaças e atos de violência praticados contra os membros da comunidade.

Passados dois anos, a Comissão IDH resolveu submeter um pedido de medidas provisórias à Corte IDH em razão do agravamento do conflito entre os povos indígenas e os terceiros invasores da terra – em especial garimpeiros – sem a adoção das providências concretas para enfrentar a situação de risco reportada. Além da precariedade do atendimento das questões de saúde indígena e das medidas decorrentes da pandemia, outros fatores que influenciaram o envio à Corte foram: o homicídio de uma adolescente de 12 anos e o sequestro de uma menina com a sua mãe (todas indígenas), o aumento das ameaças às lideranças indígenas, os frequentes ataques com

---

[53] Sobre o caso dos Povos Indígenas Yanomami e Ye'kwana, cf.: <https://www.oas.org/es/cidh/decisiones/pdf/2020/35-20mc563-20-br-pt.pdf>. Sobre o caso do Povo Mundukuru, cf. <https://www.oas.org/pt/cidh/decisiones/pdf/94-20MC679-20-BR.pdf>.

[54] Corte IDH. Asunto Miembros de los Pueblos Indígenas Yanomami, Ye'kwana y Munduruku respecto de Brasil. Adopción de Medidas Provisionales. Resolución de la Corte Interamericana de Derechos Humanos de 1 de julio de 2022.

[55] Disponível em: <https://www.oas.org/es/cidh/decisiones/pdf/2020/35-20mc563-20-br-pt.pdf>.

[56] Disponível em: <http://pfdc.pgr.mpf.mp.br/atuacao-e-conteudos-de-apoio/publicacocs/saude/comentario_14_espanhol.pdf>. Acesso em: 15 ago. 2024.

uso de armas de fogo e ameaças por WhatsApp por parte dos garimpeiros, o deslocamento forçado de indígenas em isolamento voluntário, violência sexual contra meninas e mulheres indígenas[57].

Em relação à Comunidade Mundukuru, também foram reportadas ameaças e agressões físicas às lideranças das comunidades (o que inclui um incêndio criminoso à residência da líder da associação e a interrupção do fornecimento de luz elétrica), a interceptação de ônibus com 42 pessoas que iam para Brasília denunciar os atos de violência, a precariedade do atendimento de saúde, medidas para enfrentamento à pandemia e acesso a medicamentos, e aumento da desnutrição infantil em razão da poluição ambiental e do deflorestamento, que impactava na "insegurança alimentar"[58].

Assim, em razão da situação de grave risco à vida, integridade e saúde, a Corte IDH determinou que o Estado adotasse medidas de proteção à vida, integridade e saúde das comunidades afetadas, que incluíssem: providências para o acesso à água potável e alimentação para os membros da comunidade, "com uma perspectiva culturalmente adequada, com enfoque de gênero e etário"[59]; medidas de prevenção contra a exploração e violência sexual em face de meninas e mulheres indígenas, além da garantia da proteção da integridade das lideranças indígenas em face da violência estatal e também de atores privados, como os garimpeiros.

Em janeiro de 2023, com a criação do Ministério de Povos Indígenas, uma das primeiras medidas adotadas foi a mobilização de uma comitiva da Presidência da República à *Terra Indígena Yanomami*, o que representou uma mudança na postura do Estado Brasileiro no enfrentamento da situação. A partir de então, o Ministério de Direitos Humanos e da Cidadania (MDHC) publicou um relatório diagnóstico[60] sobre a *situação de crise de desassistência* e, na sequência, foi criado um Comitê Interministerial, coordenado pela Casa Civil para a estruturação de medidas intersetoriais para responder à situação. Esse Comitê foi incumbido de preparar um relatório[61] e plano de ação com as ações e políticas públicas integradas para tratamento da situação, que segue sendo acompanhada por meio de supervisão internacional da Corte Interamericana e por órgãos onusianos (como o Alto Comissariado das Nações Unidas para os Direitos Humanos – ACNUDH e o gabinete da *Conselheira Especial sobre a Prevenção ao Genocídio*, que é vinculada ao gabinete do Secretário Geral das Nações Unidas). Inclusive, em maio de 2023, a Conselheira Especial *Alice Nderitu* realizou uma visita *in loco* à localidade, a convite do Governo Brasileiro e manifestou a sua preocupação com a situação em comunicado de imprensa[62].

---

[57] Corte IDH. Asunto Miembros de los Pueblos Indígenas Yanomami, Ye'kwana y Munduruku respecto de Brasil. Adopción de Medidas Provisionales. Resolución de la Corte Interamericana de Derechos Humanos de 1 de julio de 2022, § 8ª.

[58] Corte IDH. Asunto Miembros de los Pueblos Indígenas Yanomami, Ye'kwana y Munduruku respecto de Brasil. Adopción de Medidas Provisionales. Resolución de la Corte Interamericana de Derechos Humanos de 1 de julio de 2022, § 8ª.

[59] Corte IDH. Asunto Miembros de los Pueblos Indígenas Yanomami, Ye'kwana y Munduruku respecto de Brasil. Adopción de Medidas Provisionales. Resolución de la Corte Interamericana de Derechos Humanos de 1 de julio de 2022, § 10.

[60] Disponível em: <https://www.gov.br/secom/pt-br/arquivos/2023_mdhc_relatorio_omissaommfdh-yanomami-2019-2022_v2>. Acesso em: 10 ago. 2024.

[61] Disponível em: <https://www.gov.br/secom/pt-br/assuntos/noticias/2023/05/em-pouco-mais-de-100-dias-operacao-yanomami-muda-o-cenario-em-roraima/00_relatoriointegradoacoesemergencias-a4-final_11-05-23__vale.pdf>. Acesso em: 10 ago. 2024.

[62] Disponível em: <https://brasil.un.org/pt-br/231206-declara%C3%A7%C3%A3o-da-sub-secret%C3%A1ria-geral-alice-wairimu-nderitu-sobre-conclus%C3%A3o-de-visita-ao-brasil>. Acesso em: 10 ago. 2024.

Em outubro de 2023, a Corte Interamericana realizou uma histórica visita *in locu* ao Brasil, com a realização de audiência pública em Awaris, dentro da Terra Indígena Yanomami[63]. Em dezembro do mesmo ano, foi publicada a segunda decisão em relação à situação, na qual a Corte IDH considerou que, as medidas estatais adotadas não tinham sido suficientes para afastar a situação de grave risco à vida, integridade e saúde das comunidades. Nesse sentido, a decisão aprofundou uma série de medidas a serem estruturadas pelo Estado. Posteriormente, no curso de nova visita ao Brasil por conta da realização do período extraordinário de sessões, foi realizada reunião de alto nível entre a Corte IDH e o Estado brasileiro, com o objetivo de receber informações sobre a implementação das medidas provisórias. Na ocasião, o Ministério da Casa Civil apresentou à Corte IDH os passos que vinham sendo dados no ano de 2024, como a instalação da casa de governo e adoção de planos de segurança alimentar, além das ações de desintrusão para promoção da segurança no território Yanomami[64].

Em 21 de março de 2023, foi adotada mais uma medida provisória em relação ao Brasil, referente às pessoas privadas de liberdade na *Penitenciária Evaristo de Moraes*, no Estado do Rio de Janeiro. Assim como a medida deferida em relação ao Instituto Penal Plácido de Sá Carvalho, o grave risco à vida e à integridade física reportado se referia à situação de superlotação no estabelecimento, combinado com os altos índices de letalidade em razão das questões sanitárias, do precário acesso à água, à alimentação saudável e a atendimento de saúde de média e alta complexidade. Em consequência, na primeira resolução sobre o referido estabelecimento, a Corte IDH determinou ao Estado a adoção de medidas para controle da superlotação; além de determinar que o Estado apresentasse informes periódicos sobre medidas para melhoria da infraestrutura, fortalecimento do acesso à saúde e uma investigação sobre as causas das mortes reportadas pelos peticionários[65-66].

13.3.8. Desistência, reconhecimento e solução amistosa

O processo perante a Corte IDH pode ser abreviado em três situações:

- solução amistosa, que consiste no acordo entre as vítimas e o Estado Réu, fiscalizado pela Corte, que pode – ou não – homologá-lo;
- desistência por parte das vítimas, mas a Corte, ouvida a opinião de todos os intervenientes no processo, decidirá sobre sua procedência e seus efeitos jurídicos;
- reconhecimento do pedido (total ou parcial), pelo qual o Estado Réu acata as pretensões das vítimas, cabendo à Corte decidir sobre os efeitos do reconhecimento.

Nas três situações (desistência, reconhecimento e solução amistosa) não há automatismo na eventual extinção do processo. A natureza das obrigações em jogo exige que a Corte zele pela *indisponibilidade* dos direitos humanos, mesmo na existência de um acordo. Por isso, mesmo em presença desse tipo especial de vontade das partes (desistindo, reconhecendo ou mesmo entrando em acordo), a Corte IDH poderá decidir pelo prosseguimento do exame do caso.

---

[63] <https://www.corteidh.or.cr/docs/comunicados/cp_81_2023_port.pdf> . Acesso em: 10 ago. 2024.

[64] <https://agenciagov.ebc.com.br/noticias/202405/casa-civil-apresenta-medidas-implementadas-na-terra-yanomami-a-corte-interamericana-de-direitos-humanos>. Acesso em: 10 ago. 2024

[65] Corte IDH. Asunto Personas Privadas de Libertad enlaPenitenciaría Evaristo de Moraes respecto de Brasil. Adopción de Medidas Provisionales. Resolución de la Corte Interamericana de Derechos Humanos de 21 de marzo de 2023. Disponível em: <https://www.corteidh.or.cr/docs/medidas/penitenciariaevaristodemoraes_se_01_pt.pdf>.

[66] Agradeço à Isabel Penido de Campos Machado, Professora Doutora da Universidade Católica de Brasília, a atualização deste item do *Curso*.

13.3.9. A sentença da Corte: as obrigações de dar, fazer e não fazer

A Corte IDH pode decidir pela procedência ou improcedência, parcial ou total, da *ação de responsabilização internacional do Estado por violação de direitos humanos*. O conteúdo da sentença de procedência consiste em assegurar à vítima o gozo do direito ou liberdade violados. Consequentemente, a Corte IDH pode determinar toda e qualquer conduta de reparação e garantia do direito violado, abrangendo obrigações de dar, fazer e não fazer.

Há o dever do Estado de cumprir integralmente a sentença da Corte, conforme dispõe expressamente o art. 68.1 da seguinte maneira: "Os Estados Partes na Convenção comprometem-se a cumprir a decisão da Corte em todo caso em que forem partes". É tarefa do Estado escolher o meio de execução, que em geral depende do tipo de órgão imputado (por exemplo, se judicial ou não) e de seu *status* normativo.

Essa aparente liberdade dos Estados em definir os meios internos de execução de sentença internacional foi reduzida pela Convenção Americana de Direitos Humanos, no art. 68.2, o qual dispõe que, no tocante a parte da sentença relativa à indenização compensatória, esta seria executada de acordo com o *processo interno de execução de sentença contra o Estado*.

No caso de não cumprimento *sponte propria* das decisões da Corte Interamericana de Direitos Humanos, o art. 65 da Convenção Americana de Direitos Humanos possibilita à Corte Interamericana de Direitos Humanos a inclusão dos casos em que o Estado não tenha dado cumprimento a suas sentenças no seu relatório anual à Assembleia Geral da OEA. Além disso, a Corte IDH exige que o Estado condenado apresente relatórios periódicos de cumprimento da sentença (no chamado mecanismo de acompanhamento). Quando considere pertinente, a Corte poderá convocar o Estado e os representantes das vítimas a uma audiência para supervisionar o cumprimento de suas decisões, ouvindo-se a Comissão (fase do cumprimento de sentença).

13.3.10. O recurso cabível

A sentença da Corte IDH é *definitiva e inapelável*. Em caso de divergência sobre o sentido ou alcance da sentença, cabe à parte (vítima ou Estado) ou ainda à Comissão interpor *recurso ou pedido de interpretação*, semelhante aos nossos embargos de declaração, cujo prazo para apresentação é de noventa dias a partir da data da notificação da sentença.

Além disso, a Corte poderá, por iniciativa própria ou a pedido de uma das partes, apresentado no mês seguinte à notificação, *retificar* erros notórios, de edição ou de cálculo. Se for efetuada alguma retificação, a Corte notificará a Comissão, as vítimas ou seus representantes e o Estado.

13.3.11. Jurisprudência da Corte Interamericana de Direitos Humanos: casos contenciosos

A Corte IDH editou 463 decisões[67] em mais de 300 casos contenciosos e 698 resoluções de medidas provisórias, de 1979 (1ª sessão da Corte) a julho de 2022. Entre os casos mais renomados (sem contar os brasileiros), citem-se[68]:

- Velásquez Rodríguez *vs.* Honduras (sentença de 29-7-1988)

Tratou-se de desaparecimentos forçados de pessoas por agentes da ditadura militar de Honduras nos anos 80 do século passado. O Caso Velasquez Rodriguez em conjunto com o Caso Godinez Cruz e Fairén Garbi e Solís Corrales representam os três primeiros julgamentos de mérito da Corte IDH, em 1988-1989 (os chamados casos hondurenhos, pois todos foram contra

---

[67] Inclusive decisões de interpretação da sentença do caso contencioso.
[68] Agradeço à Surrailly Fernandes Youssef pelo auxílio na atualização desta parte do *Curso*.

Honduras). A Corte inverteu contra o Estado o ônus da prova no caso de desaparecimentos. Fixaram-se indenizações por danos materiais e morais aos familiares das vítimas e também determinaram-se investigações e punições criminais aos responsáveis.

- Genie Lacayo *vs.* Nicarágua (sentença de 29-1-1997)

Tratou-se de assassinato do jovem Genie Lacayo, que não foi investigado apropriadamente em virtude do envolvimento de membros das forças de segurança de alto governante da Nicarágua (também é conhecido como o "Caso da Comitiva de Ortega"). A Nicarágua foi condenada pela violação do direito à verdade e justiça dos familiares da vítima assassinada. Assim, a Corte decidiu, em 1997, que houve violação do direito da vítima a um processo contra os violadores de direitos humanos com duração razoável (art. 8º da Convenção).

- Loayza Tamayo *vs.* Peru (sentença de 27-11-1998)

Tratou-se de condenações injustas realizadas pelo Judiciário peruano contra a Sra. Tamayo, suposta apoiadora da guerrilha do Sendero Luminoso. O Peru foi condenado, em 1997, pela violação ao direito à liberdade, à integridade pessoal (maus-tratos, exibição pública em trajes infamantes), ao devido processo legal (*juízes sem rosto, foro militar, juiz parcial*) e em especial a violação à proibição do *bis in idem*. Com isso, fixou-se o repúdio da Corte a medidas excepcionais de julgamento de supostos colaboradores do terrorismo.

- Castillo Petruzzi *vs.* Peru (Caso dos "juízes sem rosto" – sentença de 30-5-1999)

Tratou-se de julgamento de civil por juízo militar no Peru, com a participação de juízes e promotores "sem rosto", ou seja, sem que a *Defesa* pudesse conhecer e impugnar o juiz natural e o promotor natural. O Peru foi condenado em 1999 pois, para a Corte IDH, o foro militar é excepcional e serve somente para julgamento de ofensas militares, não podendo julgar civis. Além disso, não podem oficiar juízes ou promotores "sem rosto". O processo penal público deve ser a *regra* e o advogado deve ter *condições* para o exercício de sua defesa técnica.

- Villagrán Morales *vs.* Guatemala (ou "Caso dos Meninos de Rua" – sentença de 19-11-1999)

Tratou-se de sequestro, tortura e morte, por parte de agentes do Estado, de menores de rua na Guatemala. A Corte IDH determinou o dever do Estado de zelar pela vida digna das crianças nessa condição, dando conteúdo social ao conceito de "direito à vida" previsto na Convenção Americana de Direitos Humanos. Nos votos concorrentes dos Juízes Cançado Trindade e Burelli foi retomado o conceito da reparação do "projeto de vida" (visto pela primeira vez no Caso Tamayo), ou seja, o dever do Estado de recompor a situação provável de desenvolvimento pessoal e profissional de cada indivíduo, que é interrompida e modificada em virtude de violações de direitos humanos.

- Olmedo Bustos *vs.* Chile (Caso "A última tentação de Cristo" – sentença de 5-2-2001)

Tratou-se de censura à exibição do filme "A Última Tentação de Cristo" no Chile, fundada no art. 19, inciso 12, de sua Constituição, confirmada pelo Poder Judiciário local. A Corte IDH determinou que, mesmo diante de norma constitucional, deve o Estado cumprir a Convenção Americana de Direitos Humanos, devendo, então, alterar sua própria Constituição. Para a Corte, a liberdade de expressão e de pensamento possui duas dimensões: a dimensão individual, que consiste no direito de expressar o próprio pensamento, e a dimensão coletiva ou social, que consiste no direito de receber as manifestações de pensamento e expressão de outros. A Corte decidiu que a censura prévia ao filme em questão violou os direitos à liberdade de expressão e liberdade de consciência consagrados nos arts. 12 e 13 da Convenção, em detrimento da sociedade chilena. O Chile, após, alterou sua Constituição.

- Barrios Altos *vs.* Peru (sentença de 14-3-2001)

Este caso faz referência a um massacre ocorrido em Lima, inserido nas práticas estatais de extermínio conduzido pelo Exército peruano de Fujimori. As leis de anistia que impediram a responsabilização criminal dos indivíduos ligados ao massacre foram consideradas pela Corte IDH incompatíveis com as garantias outorgadas pelos arts. 8º e 25 da CADH. Este caso é *paradigmático* por estabelecer a invalidade das leis de anistia de medidas que impliquem a impunidade de agentes responsáveis por graves violações de Direitos Humanos (ver também sobre esse tema os comentários aos casos Almonacid – Chile e Gomes Lund-Brasil).

- Comunidad Mayagna (Sumo) Awas Tingni *vs.* Nicarágua (sentença de 31-8-2001)

O caso Comunidad Mayagna Awas Tingni expandiu a extensão da proteção conferida pelo art. 21 da CADH, no sentido de não apenas proteger a propriedade privada, mas também a *propriedade comunal dos povos indígenas*, conforme todas as particularidades que este grupo exige. Além disso, a Corte estabeleceu restrições para a outorga a terceiros de direitos de exploração sobre recursos naturais em territórios indígenas. É considerado um caso de "esverdeamento" (*greening*; proteção indireta ou reflexa do direito ao meio ambiente) pelo qual a Corte IDH valoriza a proteção ambiental por intermédio da constatação de violação de outros direitos na Convenção Americana de Direitos Humanos (ver a definição de "esverdeamento" na **Parte IV** desta obra).

- Cantos *vs.* Argentina (sentença de 7-9-2001)

A Corte IDH admitiu que, em determinadas circunstâncias, os indivíduos peticionem à Comissão mesmo quando envolvidas pessoas jurídicas. Apesar de a sentença de mérito não ter incluído violações cujas vítimas fossem propriamente as empresas das quais o *Sr. Cantos era acionista*, este caso é um importante precedente na tendência crescente do sistema de reconhecer o caráter *eminentemente coletivo* de alguns direitos, como a liberdade de expressão e a propriedade comunal indígena.

- Bulacio *vs.* Argentina (sentença de 18-9-2003)

Tratou-se de detenção arbitrária e morte (fruto dos maus-tratos e tortura) do adolescente Walter Bulacio, no contexto de detenções em massa realizadas pela polícia argentina. O processo contra um agente policial já durava mais de 10 anos e a sanção dos responsáveis pelas violações tinha sido obstaculizada depois da prescrição da ação penal, existindo, então, *coisa julgada nacional a favor do acusado*. A Argentina reconheceu sua responsabilidade internacional por violação dos direitos à vida, à integridade pessoal, à liberdade pessoal, às garantias judiciais e à proteção judicial e aos direitos da criança. Em relação às medidas de reparação, a Corte reforçou que a grave situação de impunidade deveria ser revertida e que o Estado deveria concluir a investigação e sancionar os responsáveis, independentemente de qualquer óbice de direito interno, ou seja, exigiu a *superação da coisa julgada nacional* em favor do direito dos familiares à justiça. Depois de intenso debate interno de como cumprir a decisão da Corte IDH, houve a reabertura do caso e, em 2013, um acusado da detenção arbitrária foi finalmente condenado a três anos de prisão.

- Caso Herrera Ulloa *vs.* Costa Rica (sentença de 2-7-2004)

Tratou-se de caso paradigmático envolvendo a ofensa à liberdade de expressão dos jornalistas pelo uso de sanções penais e cíveis. No caso, o Judiciário da Costa Rica impôs punição criminal (difamação) e cível (danos morais) a jornalista investigativo Sr. Maurício Herrera Ulloa, pela elaboração de reportagem sobre o envolvimento de diplomata em ilícitos graves. Para a Corte, a liberdade de expressão adquire um duplo valor: (i) como direito fundamental e (ii) e como serviço que presta à existência, subsistência, exercício, desenvolvimento e garantia de outros direitos (perspectiva funcional). No voto separado do Juiz Sérgio Ramirez, os outros direitos humanos sofrem, diminuem ou desaparecem quando a liberdade de expressão é comprimida indevidamente. Por isso, a Corte entendeu que o Sr. Herrera Ulloa havia apenas repercutido na Costa Rica notícias já publicadas em jornais europeus. A exigência de que ele provasse a verdade dos fatos imputados ao diplomata (*exceptio veritatis*) era excessiva e gerava o efeito inibidor em todos os jornalistas. Entre as reparações determinadas pela Corte está a tornar sem efeito a condenação criminal.

- Caso Ricardo Canese *vs*. Paraguai (sentença de 31-8-2004)

Trata-se de caso envolvendo candidato a presidente, Ricardo Canese, que, em 1992, durante o debate eleitoral para as eleições presidenciais de 1993 no Paraguai associou o candidato adversário, Juan Carlos Wasmosy, a ações ilícitas quando era presidente de um consórcio. Foi processado por diretores do citado consórcio pelos crimes de difamação e calúnia, condenado (em 1994 e 1997) e depois absolvido (em 2002). Porém, ficou submetido durante o curso do processo a uma restrição permanente de deixar o país (mais de 8 anos). Como o Sr. Canese emitiu suas declarações no debate eleitoral para a Presidência da República, em um contexto de transição para a democracia, a Corte reconheceu o exercício da liberdade de pensamento e expressão no contexto de uma disputa eleitoral, em relação a outro candidato presidencial, sobre assuntos de interesse público. Logo, condenou o Paraguai pelo uso da criminalização ilegítima da liberdade de expressão, bem como pela delonga excessiva do processo e da restrição à liberdade de ir e vir da vítima (proibida de deixar o país por 8 anos).

- "Instituto de Reeducación del Menor" *vs*. Paraguai (sentença de 2-9-2004)

Tratou-se da ocorrência de sucessivos incêndios que feriram e mataram crianças em um estabelecimento de detenção. A Corte detalhou os parâmetros que o sistema de detenção juvenil deve seguir, além da obrigação de plena separação entre crianças e adultos em estabelecimentos prisionais. Além disso, a Corte amenizou o requisito de *individualização das vítimas* no procedimento perante a Comissão (que não havia cumprido plenamente esta exigência no momento da apresentação do caso). A Corte admitiu a complementação posterior feita pela Comissão e rejeitou a exceção preliminar relativa à não individualização das vítimas proposta pelo Paraguai. Ainda, foi constatada a violação do artigo 26 que trata dos Direitos Econômicos, Sociais e Culturais.

- Tibi *vs*. Equador (sentença de 7-9-2004)

Tratou-se da detenção arbitrária do nacional francês Sr. Daniel Tibi (inicialmente foi lhe dito que se tratava de "controle migratório") por envolvimento com tráfico de drogas. Foi torturado repetidamente para que confessasse, não tendo sido ofertada proteção judicial contra tais atos ou reparação adequada. O Equador foi condenado pela violação da Convenção Americana sobre Direitos Humanos e da Convenção Interamericana para Prevenir e Punir a Tortura. No que tange ao direito à notificação da assistência consular, a Corte condenou o Estado por não ter cumprido com tal notificação, o que redundou no reconhecimento da violação do direito à defesa e a um julgamento justo.

- Fermín Ramírez *vs*. Guatemala (sentença de 20-6-2005)

O caso trata da acusação e prisão preventiva do Sr. Fermín Ramírez acusado de assassinato cometido contra uma menina/criança. Ao fim do processo, Sr. Ramirez foi condenado à pena de morte e a defesa apresentou recursos buscando reverter a decisão, em razão de uma série de violações ao direito à defesa e ao devido processo legal. Desde 1997, ele permaneceu privado de liberdade em condições degradantes. Foi concedida uma medida provisória para suspender a pena de morte do Sr. Fermín Ramirez.

A Corte IDH adotou parâmetros para garantia do devido processo legal, do direito a defesa e de um recurso efetivo em processos penais: i) a sentença deve refletir unicamente os fatos alegados na acusação, sob pena de violar o princípio da correlação acusação-sentença, o qual tem efeitos diretos no exercício do direito à defesa; ii) a legalidade estrita constitui um elemento central da persecução penal, sendo que ninguém pode ser condenado por ações não consideradas delitos na época dos fatos; iii) a introdução no texto penal da "periculosidade do agente" como critério para qualificação típica dos fatos e sanções é incompatível com a legalidade penal e contrária a CADH, uma vez que reflete um direito penal do autor e não dos fatos. Em relação ao direito a um recurso efetivo, a Corte entendeu que a defesa teve disponível uma série de recursos, sendo que o fato de as impugnações não terem sido resolvidas de forma favorável não justifica a violação do art. 25 da CADH. Por fim, em casos que impliquem a imposição de pena de morte, o conjunto de garantias do devido processo que signifiquem a regulação do poder punitivo em um Estado democrático deve ser especialmente rigoroso.

- Lori Berenson Mejía *vs.* Peru (sentença de 23-6-2005)

Trata-se de condenação da Sra. Lori Berenson, integrante do Movimento Tupac Amaru, em processo penal eivado de vícios, no foro militar e por juízes sem rosto, além de tratamento desumano na prisão. Destaca-se a violação da *presunção de inocência* pela apresentação pública da vítima, presa, à mídia, como se terrorista fosse. Esse desprezo pela situação jurídica de inocência de qualquer suspeito, investigado, preso antes da condenação na forma da lei, ofende o princípio da presunção de inocência prevista na CADH.

- Acosta Calderón *vs.* Equador (sentença de 24-6-2005)

Trata-se da responsabilidade internacional do Equador pela prisão do Sr. Acosta Calderón por tráfico de drogas, o qual, após dois anos de sua detenção em flagrante, não foi apresentado a um juiz (audiência de custódia) ou garantido seu direito à assistência consular. Ao total, permaneceu por mais de cinco anos em prisão preventiva, violando o direito a um prazo razoável no processo criminal, diante da ausência de complexidade do assunto e de qualquer atuação por parte do Sr. Calderón para atrasar o processo, sendo a demora associada à inércia das autoridades judiciais. Por fim, a Corte entendeu que houve violação do direito à liberdade pessoal, devido processo legal e proteção judicial. No caso, reafirmou que toda pessoa presa deverá ser apresentada a uma autoridade judicial após a prisão, bem como acessar um recurso efetivo e não ilusório.

- Yatama *vs.* Nicarágua (sentença de 23-6-2005)

Na sua primeira oportunidade para decidir sobre os *direitos políticos* de povos indígenas, a Corte IDH analisou as normas eleitorais da Nicarágua que exigiam que o partido indígena Yatama possuísse candidatos em 80% dos municípios. O fato de o Yatama não ter conseguido ser admitido no pleito eleitoral, nem mesmo nas regiões em que tinha lideranças e estruturas, fez com que a Corte concluísse que o Estado estava restringindo de forma *desproporcional* os direitos políticos dos povos indígenas ao exigir dos candidatos indígenas formas de organização política que eram *estranhas* aos seus costumes e tradições.

- Niñas Yean y Bosico *vs.* República Dominicana (sentença de 8-9-2005)

Tratou-se, no caso, de filhas de mães dominicanas e pais haitianos, as meninas Dilcia Yean e Violeta Bosico, que foram privadas do *direito à nacionalidade* e permaneceram *apátridas* por mais de quatro anos graças a sucessivas exigências de documentação feitas pela República Dominicana para realizar o registro tardio de nascimento das meninas. Em linha com o que já havia sido exposto na Opinião Consultiva n. 18 (ver tópico abaixo sobre a jurisdição consultiva), a Corte reafirmou que a não discriminação é um direito que independe de *status* migratório. Assim, a Corte considerou que a República Dominicana tinha práticas administrativas e medidas legislativas em matéria de nacionalidade que eram discriminatórias e que, por essa razão, agravaram a situação de vulnerabilidade das meninas e afetaram o gozo de outros direitos previstos na Convenção Americana, como o direito ao nome.

- Masacres de Ituango *vs.* Colômbia (sentença de 1º-7-2006)

Em mais uma sentença que tratou das violações de direitos humanos cometidas por grupos paramilitares na Colômbia e das consequências relativas a deslocamentos forçados e assassinatos, este caso é paradigmático por ser o primeiro a abordar uma violação do art. 6.2 (*vide* acima a análise, artigo por artigo da Convenção Americana). Referindo-se à *Convenção 29 da OIT*, a Corte IDH fixou os parâmetros para a identificação de um trabalho forçado: i) a ameaça de sanção; ii) o oferecimento não espontâneo para o trabalho; e iii) a atribuição da violação a agentes do Estado; sendo que os dois primeiros podem sofrer variações no grau com que se apresentam.

- Claude Reyes e outros *vs.* Chile (sentença de 19-9-2006)

A Corte ampliou o conteúdo do art. 13 da CADH (liberdade de informação) para também proteger sua dimensão *coletiva* – direito de acesso público à informação. Como se tratava de acesso público à informação sobre impactos *ambientais* de uma obra, a Corte IDH analisou, ainda que indiretamente, o direito a um meio ambiente equilibrado, no chamado *greening* ou "esverdeamento" dos direitos humanos (proteção indireta ou reflexa do direito ao meio ambiente – ver **Parte IV** deste *Curso*). O Chile foi condenado, então, pela violação do art. 13 da Convenção por ofender o *princípio da máxima divulgação* e negar – sem a devida fundamentação – informações sobre os *impactos ambientais* que o projeto Rio Condor teria sobre o desenvolvimento sustentável no país.

- Goiburú e outros *vs.* Paraguai (sentença de 22-9-2006)

O caso trata do desaparecimento forçado do médico Goiburú Gimenez e outros três cidadãos paraguaios, alguns deles exilados na Argentina, no contexto da Operação Condor e da ditadura General Alfredo Stroessner no Paraguai. A Corte IDH entendeu que o contexto de prática sistemática de sequestros, prisões ilegais, torturas e desaparecimentos forçados de pessoas condiciona a responsabilidade internacional do Estado no caso, com envolvimento direto de altos agentes governamentais nas violações de direitos humanos. Além disso, a Corte reafirmou o caráter permanente e continuado do desaparecimento forçado, o qual implica em uma violação dos arts. 4, 5 e 7 em relação ao 1.1 da Convenção Americana sobre Direitos Humanos. Mais do que isso, considerou um crime contra a humanidade que implica em abandono dos princípios essenciais do Sistema Interamericano. A Corte ainda entendeu que não era suficiente a condenação de responsáveis sobre tipos penais como sequestro, abuso de autoridade e privação ilegítima da liberdade, uma vez que o Estado assumiu a obrigação de tipificar os delitos de tortura e desparecimento forçado (art. 2º da CADH; Convenção Interamericana para Prevenir e Sancionar a Tortura; e Convenção Interamericana sobre Desaparecimento Forçado de Pessoas). Entendeu, deste modo, ser a persecução penal uma via fundamental para prevenir futuras violações de direitos humanos, permitindo aos Estados que adotem uma maior reprimenda a essas condutas em função do que consideram como maior proteção de bens jurídicos (par. 92 do caso). Por fim, em relação à violação dos arts. 8 e 25 da CADH, a Corte reafirmou que em relação à reparação das consequências das violações não deve depender exclusivamente da atuação processual dos familiares das vítimas, exigindo que estas ingressem com ações administrativas ou civis. Entendeu ainda que nada justifica a demora prolongada das autoridades judiciais em decretar a prisão preventiva com fins de extradição dos responsáveis pela prática das violações de direitos humanos, de forma que a plena realização da justiça exigia uma devida diligência da extração dos responsáveis, em especial do General Stroessner.

- Caso Trabalhadores Demitidos do Congresso (Aguado Alfaro e outros) *vs.* Peru (sentença de 24-11-2006)

A Corte IDH condenou o Peru por violação dos artigos 8.1 e 25 da Convenção, em relação aos artigos 1.1 e 2, pela demissão de 257 trabalhadores do Congresso, bem como pela falta de devido processo legal para recorrerem da situação, em um contexto do chamado Governo de Emergência e Reconstrução Nacional, no qual houve a racionalização de pessoal. Apesar de notar que os Estados dispõem de poderes discricionários para reorganizar suas instituições e, eventualmente, demitir pessoal com base nas necessidades e interesses da ordem pública, isso não pode se dar sem respeito das garantias do devido processo legal e da tutela jurisdicional.

A Corte IDH também apontou que é um princípio de Direito Internacional o dever de reparar uma violação de uma obrigação internacional que tenha causado um dano e que os juízes de países que aderiram à Convenção Americana estão sujeitos a ela, devendo zelar por sua aplicação.

- La Cantuta *vs.* Peru (sentença de 29-11-2006)

A Universidad Nacional de Educacíon Enrique Guzmán y Vale – La Cantuta desde 1991 esteve sob controle militar no *campus* universitário. Em diversas oportunidades, o destacamento especial La Corina realizou incursões ilegais nas residências de professores e estudantes, bem como detenções, execuções extrajudiciais e desaparecimentos forçados. As investigações das violações de direitos humanos foram realizadas perante a Justiça Militar, assim como a Lei de Anistia obstaculizou as investigações penais contra os responsáveis, compreendendo todos os funcionários militares ou civis que em algum momento foram denunciados ou condenados em foro comum ou militar. A Corte IDH entendeu que as prisões ilegais constituíram uma etapa prévia das execuções e desaparecimentos dos estudantes e professores de La Cantuta. Os *habeas corpus* impetrados não constituíram uma investigação séria e independente, sendo ilusórios. Assim, a Corte IDH entendeu que houve violação múltipla dos arts. 4, 5 e 7 em relação ao 1.1 da CADH, em razão do desaparecimento forçado e execução extrajudicial das vítimas. Por fim, considerou que o desaparecimento forçado também traduz uma violação do direito à personalidade jurídica (art. 3 da CADH). Nessa oportunidade, a Corte ainda reafirmou sua jurisprudência sobre a *incompetência* da Justiça Militar para investigar e julgar graves violações de direitos humanos, uma vez que há uma *falta de objetividade e imparcialidade* dos julgadores. Assim, a jurisdição militar em um Estado Democrático de Direito deve ter um alcance restritivo e excepcional, julgando exclusivamente delitos ou faltas cuja própria natureza atente contra bens jurídicos próprios da ordem militar. Por fim, reiterou o posicionamento de *Barrios Alto vs. Peru*, segundo o qual são inadmissíveis as disposições de anistia, prescrição e excludentes de responsabilidade que visem a impedir a investigação e punição dos responsáveis por graves violações de direitos humanos, como tortura, execuções sumárias, desaparecimentos forçados e outros, uma vez que implica em uma violação dos arts. 8, 25 e 1.1 e 2º da CADH. A centralidade da busca pela verdade judicial (processual) por meio de investigações e eventuais sanções penais foi reafirmada pela Corte, inclusive afastando argumentos de *bis in idem*, quando o procedimento anterior de absolvição do responsável não foi marcado por um procedimento imparcial e em conformidade com o devido processo legal.

- Almonacid Arellano e outros *vs.* Chile (sentença de 26-9-2006)

A Corte decidiu pela *incompatibilidade* entre uma lei de anistia e o Pacto de San José da Costa Rica, condenando o Chile pela *ausência de investigação e persecução criminal* dos responsáveis pela execução extrajudicial do Sr. Almonacid Arellano, durante a ditadura de Pinochet. Diferentemente do que ocorrera no Peru (*Barrios Alto,* conforme estudado acima), contudo, no Chile já tinha sido estabelecida uma *Comissão da Verdade* e outorgada reparação material e simbólica, dos quais os familiares de Sr. Almonacid Arellano se beneficiaram. Mesmo assim, a Corte determinou o cumprimento da obrigação de *investigação, persecução e punição criminal* e dos violadores bárbaros de direitos humanos, não sendo aceitável anistia a um grave crime contra a humanidade. O Chile foi condenado, então, pela violação do *direito à justiça das vítimas,* graças a uma interpretação ampla dos arts. 8º e 25, em relação aos arts. 1.1 e 2º da Convenção.

- Povo Saramaka *vs.* Suriname (sentença de 27-11-2007 e sentença de interpretação de 12-8-2008)

A Corte IDH decidiu que os Estados devem consultar os povos indígenas afetados por grandes (alto impacto) projetos de exploração de recursos naturais, com os seguintes parâmetros que essa consulta deve observar: (i) o *consentimento* livre, prévio e informado; (ii) a garantia ao acesso às informações sobre impactos sociais e ambientais; e (iii) o respeito aos métodos tradicionais da comunidade para a tomada de decisões. Para a Corte, é imprescindível a obtenção do consentimento das comunidades afetadas pelos grandes projetos (ampliando a interpretação dos efeitos da "consulta" prevista na Convenção n. 169 – ver parágrafos 133 a 137 da sentença de 2007 e parágrafo 17 da sentença de interpretação). Novamente, a Corte IDH realizou o "greening" (proteção indireta do direito ao meio ambiente), ao constatar que a extração de minérios nas terras de ocupação tradicional ofendeu o direito de propriedade (art. 21) e o direito à proteção judicial (art. 25) com graves impactos ambientais.

- Chaparro Álvarez y Lapo Íñiguez *vs.* Equador (Caso da "audiência de custódia" – sentença de 21-11-2007)

Tratou-se da detenção de duas pessoas e da apreensão de uma fábrica de refrigeradores por suspeitas de relação com o tráfico internacional de drogas. O Equador foi responsabilizado internacionalmente por violar os direitos à liberdade pessoal, à integridade física, a garantias judiciais e à propriedade. Em particular, a Corte exigiu o cumprimento do direito do preso de ser apresentado, sem demora, à autoridade judicial ou com poderes judiciais, após sua prisão, *não* bastando (como ocorria no Brasil) a entrega dos autos de prisão a um juiz, para que este avalie documentalmente a legalidade da prisão sem *ouvir o preso* (parágrafo 85 da sentença). A Corte estabeleceu parâmetros para analisar a adequação de uma restrição à propriedade realizada mediante medida cautelar. Além disso, determinou que a apreensão dos bens de uma empresa afeta o direito à propriedade de um indivíduo em virtude de sua participação societária.

- Apitz Barbera e outros ("Corte Primera de lo Contencioso Administrativo") *vs.* Venezuela (sentença de 5-8-2008)

O caso trata da destituição dos ex-juízes da Corte Primera de Contencioso Administrativo em 2003, em razão do cometimento de erro judicial inescusável ao conceder amparo, em liminar, suspendendo efeitos de ato administrativo. As destituições ocorreram no contexto do regime de transição do sistema judiciário venezuelano, após a aprovação de uma nova Constituição. Nessa oportunidade, foi atribuída função disciplinar à Comissão de Funcionamento e Reestruturação do Sistema Judicial (CFRSJ). Em razão da medida de amparo concedida, a CFRSJ decidiu destituir quatro dos cinco magistrados da Corte Primera. A Corte IDH, nessa oportunidade, entendeu que os Estados devem assegurar aos juízes, sejam temporários ou concursados, sua *independência judicial,* outorgando estabilidade e permanência no cargo, de modo que a provisoriedade não signifique uma possibilidade de livre destituição. É *incompatível* com a independência judicial, a possibilidade de destituir juízes dos cargos antes do prazo do mandato, sem que exista uma proteção judicial específica para impugnar tal ato. Ademais, entendeu que o tribunal disciplinar atuou de modo meramente protocolar, visto que suas decisões não foram motivadas, violando o art. 8 da CADH, bem como houve clara violação do direito a ser julgado por um tribunal com suficientes garantias de independência, uma vez que o CFRSJ atuou em desvio de poder, vinculado ao Executivo para destituir os juízes de seus cargos.

- Corte IDH. Caso Kimel *vs.* Argentina (sentença de 2-5-2008)

O caso envolveu a condenação do jornalista Eduardo Kimel por calúnia após a publicação de seu livro *La masacre de San Patricio*, no qual criticava a investigação de um juiz sobre o assassinato de cinco religiosos durante a ditadura militar argentina. Kimel foi condenado a um ano de prisão e a pagar uma multa, o que gerou uma controvérsia sobre a liberdade de expressão e o direito à honra. A Corte Interamericana de Direitos Humanos analisou o conflito entre a liberdade de expressão e a proteção da honra, concluindo que a condenação penal de Kimel violou o artigo 13 da Convenção Americana sobre Direitos Humanos, que protege a liberdade de pensamento e expressão. A Corte determinou que a tipificação penal ampla e imprecisa das injúrias e calúnias era incompatível com a Convenção e que as sanções impostas eram desproporcionais em relação à alegada violação do direito à honra. Além disso, a Corte considerou que o processo penal contra Kimel foi excessivamente longo, violando seu direito a um julgamento justo em tempo razoável, conforme o artigo 8 da Convenção. A sentença ordenou a anulação da condenação de Kimel, a eliminação de seus antecedentes criminais e a reparação dos danos sofridos, além da reforma da legislação penal sobre proteção à honra e à reputação, estabelecendo que ela violava o princípio de tipicidade penal ou estrita legalidade.

- Revéron Trujillo *vs.* Venezuela (sentença de 30-6-2009):

Trata-se da destituição da Sra. María Cristina Reverón Trujillo do cargo de juíza provisória no poder judiciário venezuelano. Mesmo após recurso de nulidade que reconheceu a ilegalidade da sua destituição, a Sra. Trujillo não foi restituída ao cargo ou recebeu o pagamento de salários e benefícios sociais. A Corte responsabilizou o Estado pela violação ao direito à proteção judicial (artigo 25, CADH), por entender que não basta a existência de recursos na lei, mas estes devem ser idôneos e efetivos para estabelecer se houve violação de direitos humanos e garantir o necessário para remediá-la. No mais, reforçou seu entendimento de que os juízes devem atuar com a independência necessária para o exercício da função judicial, o que é um dos pilares do devido processo legal. Apoiando-se nos Princípios Básicos das Nações Unidas relativos à Independência do Judiciário, a Corte determinou que a independência judicial requer um adequado processo de nomeação, estabilidade, inamovibilidade do cargo e garantias contra pressões externas. Por fim, em relação aos juízes provisórios venezuelanos, o Tribunal considerou que esta deve consistir em uma situação excepcional e não na regra, pelos riscos gerados à independência judicial, de modo que a situação provisória da Sra. Trujillo resultou em uma violação do seu direito a acessar as funções públicas em igualdade.

- Acevedo Buendía e outros *vs.* Peru (sentença de 1º-7-2009)

Tratou-se do *descumprimento* de sentenças do Tribunal Constitucional do Peru relativas a *direitos previdenciários*. Aqui, a Corte analisou o art. 26 da CADH (direitos sociais em sentido amplo), firmando sua competência para a apreciação de sua violação. Contudo, no julgamento do caso, foi decidido que o Peru não impediu o desenvolvimento progressivo do direito à pensão, mas descumprido decisões judiciais, acabando por ofender o direito à propriedade.

- González e outras ("Campo Algodonero") *vs.* México (sentença de 16-11-2009)

Tratou-se de emblemático caso de *violência de gênero,* que envolveu o desaparecimento e assassinato de três mulheres cujos corpos foram encontrados em um campo algodoeiro em

Ciudad Juárez (México). A Corte IDH analisou, pela primeira vez, a situação de violência estrutural de gênero. A sentença voltou-se, além da indenização aos familiares, também à promoção de medidas gerais de compatibilização do direito interno com parâmetros internacionais de proteção à mulher – sobretudo em relação à Convenção de Belém do Pará. Tendo em vista a existência de múltiplos casos de *feminicídio* que ocorrem em Ciudad Juárez, a Corte determinou a necessidade de as autoridades estatais adotarem medidas amplas de luta contra os casos de violência ligados a *estereótipos* de gênero socialmente dominantes, bem como combaterem a impunidade nos casos de violência contra as mulheres (mais um uso do Direito Penal pelos Tribunais de Direitos Humanos).

- Vélez Loor *vs.* Panamá (sentença de 23-11-2010)

Tratou-se de caso envolvendo a situação da imigração irregular. No caso, Jesús Vélez Loor, cidadão equatoriano, foi preso e processado no Panamá por delitos relacionados à sua situação migratória, sem a observação do devido processo legal. Apesar de os Estados poderem fixar políticas migratórias, são consideradas *arbitrárias* as políticas migratórias cujo eixo central é a *detenção obrigatória* dos migrantes irregulares, sem que as autoridades competentes verifiquem em cada caso em particular, e mediante uma avaliação individualizada, a possibilidade de utilizar medidas menos restritivas que sejam efetivas para alcançar os fins legítimos buscados. Além disso, a prisão ocorreu em condições desumanas e sem que lhe fossem asseguradas as garantias do devido processo, tendo sido o Panamá condenado por violações de dispositivos dos arts. 1.1, 2º, 5º, 7º, 8º, 9º e 25 da CADH, além dos arts. 1º, 6º e 8º da Convenção Interamericana para Prevenir e Punir a Tortura.

- Cabrera García e Montiel Flores *vs.* México (sentença de 26-11-2010)

Tratou-se de caso envolvendo prisão em condições degradantes, bem como de violação do devido processo posteriormente à prisão, e da falha na investigação e punição dos agentes responsáveis por toda esta situação e também pela tortura ocorrida. Destaque para a necessidade de exclusão de provas obtidas mediante coação e também das evidências que indiretamente se depreendam daquele ato irregular (regra de exclusão e prova ilícita por derivação).

- Gelman *vs.* Uruguai (sentença de 24-2-2011)

Trata-se de caso envolvendo a parte uruguaia da *Operação Condor*[69], com violações de direitos humanos que não foram devidamente punidas em função de uma lei de anistia (caso de justiça de transição). A Corte analisou a situação de pessoa (María Macarena) que, ao nascer, foi subtraída de seus pais biológicos – argentinos – por agentes da repressão e entregue *ilegitimamente* à adoção em família uruguaia. A negação de sua própria identidade configurou, para a Corte, um caso particular de desaparecimento forçado. O Uruguai foi condenado pela violação dos direitos ao reconhecimento da personalidade jurídica, à vida, à integridade pessoal, à liberdade pessoal, à família, à nacionalidade, ao nome e aos direitos da criança.

- Barreto Leiva *vs.* Venezuela (sentença de 17-11-2009)

Este caso está ligado à violação de garantias judiciais no processo que condenou Oscar Enrique Barreto por crimes contra o patrimônio público sem que ele pudesse exercer adequadamente seu direito à defesa. Para a Corte, a presença do Ministério Público no processo não supre a falta de defesa técnica para o réu, já que defensores e Ministério Público desempenham papéis antagônicos. Além disso, o caso foi conhecido e julgado por uma única instância, a Corte

---

[69] A chamada Operação Condor foi uma união de forças das ditaduras da Argentina, Uruguai, Brasil e Chile, para troca de informação, tortura, perseguição e assassinatos dos opositores.

Suprema de Justiça, inviabilizando o direito individual de recorrer da sentença condenatória. A duração da prisão preventiva superou a própria pena a que o réu foi condenado, sendo considerada fora dos limites de temporalidade, proporcionalidade e razoabilidade a que deveria estar sujeita, violando o direito à presunção de inocência e à liberdade pessoal. Este caso é sempre citado nos debates sobre a inconvencionalidade da competência constitucional originária do Supremo Tribunal Federal para julgar crimes de determinadas autoridades (*vide* o debate no "Caso do Mensalão", APn 470, rel. Min. Joaquim Barbosa, j. 17-12-2012, Plenário, *DJe* de 22-4-2013).

- Radilla Pacheco *vs.* México (sentença de 23-11-2009)

O caso aborda novamente a sensível temática do desaparecimento forçado. Em decorrência de sua prisão por agentes policiais, a vítima nunca mais foi vista. Seus familiares buscaram as vias judiciais para que se realizassem investigações dos fatos e a sanção dos responsáveis. O processo acabou na justiça penal militar e foi infrutífero. Em sua sentença de 2009, a Corte reafirmou que a proibição do desaparecimento forçado alcançou o *status* de *jus cogens* internacional. Também reiterou sua posição de que os juízes penais militares em Estados Democráticos devem ter um alcance restritivo e excepcional. Por fim, o caso é de grande relevância por continuar o paulatino desenvolvimento da doutrina do controle de convencionalidade de matriz internacional.

- Fernandez Ortega *vs.* México (sentença de 30-8-2010)

Trata-se da violência sexual e tortura sofrida pela Sra. Fernandez Ortega por parte de agentes militares na região de Guerreiro no México. No caso, a Corte entendeu que mulheres indígenas são afetadas de maneira particular pela violência institucional e reafirmou o dever reforçado do estado de atuar com devida diligência para investigar e se for o caso punir violência perpetrada contra mulheres, conforme previsão da Convenção de Belém do Pará. Além disso, a Corte ainda determinou que houve discriminação no acesso à justiça às vítimas por não terem sido fornecidos intérpretes no idioma me'phaa quando requereu atenção médica, nem quando apresentou as denúncias iniciais.

- Chocrón Chocrón *vs.* Venezuela (sentença de 1º-07-11)

O caso aborda a ausência de estabilidade da juíza Mercedes Chocrón Chocrón, a qual após ser designada para atuar temporariamente como juíza em Caracas foi destituída do cargo, sem uma justificativa fundamentada. Tanto a decisão que determinou a destituição do cargo, como o ofício informando a Sra. Chocrón não constavam com o descritivo das razões que levaram a Comissão Judicial a tomar tal decisão. Apesar de administrativamente ter apresentado recursos para reverter a decisão, estes foram considerados improcedentes. Para a Corte IDH, o caso deve ser analisado a partir da ótica da *independência judicial*, uma vez que esta é essencial para que os juízes possam exercer suas funções. A remoção de juízes sem qualquer justificativa implica na criação de um ambiente de medo de represálias ao decidir sobre um caso concreto. Assim, para decidir pela responsabilização da Venezuela, a Corte retomou sua jurisprudência do caso *Reverón Trujillo*, argumentando que juízes definitivos ou provisórios devem contar com as mesmas garantias, como a inamovibilidade e independência judicial, de modo a evitar que pressões externas interfiram na sua capacidade de decidir de forma imparcial. Cabe aos Estados, desde modo, estabelecer marcos temporais e resolutivos para o exercício da atividade de juízes temporários. A decisão ainda tem um caráter estrutural ao determinar que o Estado crie normas e práticas claras sobre a vigência plena de garantias aos juízes provisórios e temporários, superando as dificuldades identificadas no regime de transição do poder judiciário que se prolonga a 12 anos e permite a suspensão de juízes discricionariamente. Por fim, foi reiterada a jurisprudência relacionada a necessidade das decisões administrativas também respeitarem o devido processo legal, motivando as decisões e ofertando recursos efetivos, de modo que a Venezuela violou as disposições do art. 8 e 25 da CADH.

- López Mendoza *vs.* Venezuela (sentença de 1º-9-2011)

Neste caso, a Corte considerou que o direito a ser eleito foi violado em virtude de sanções que impediam o exercício de funções públicas terem sido impostas por um *órgão administrativo* e não por uma condenação, por um juiz competente, em um processo penal, conforme dispõe o artigo 23.2. A Corte reforçou que todos os órgãos que exerçam funções materialmente jurisdicionais devem respeitar as garantias do devido processo, sendo que, no caso, o dever de motivar as decisões não foi cumprido pela autoridade administrativa que decidiu pela restrição ao direito de ser votado. Este caso é sempre lembrado por aqueles que defendem a inconvencionalidade de vários dispositivos da Lei Complementar n. 135/2010 (Lei da Ficha Limpa), em especial aqueles que tratam de novas hipóteses não criminais de inelegibilidades (ver item 48 sobre "direitos políticos" na **Parte IV**, especialmente sobre a convencionalidade da Lei da Ficha Limpa).

- Fontevecchia e D'Amico *vs.* Argentina (sentença de 29-11-2011)

Trata-se da responsabilidade do Estado argentino pela condenação civil dos jornalistas Jorge Fontevecchia e Héctor D'Amico, em razão da publicação de artigos na revista *Notícias*, que expuseram detalhes pessoais da vida do então Presidente argentino, Carlos Menem, incluindo a existência de um filho não reconhecido. A Corte Suprema da Argentina entendeu que as publicações violaram o direito à privacidade de Menem. Em 2011, a Corte Interamericana de Direitos Humanos concluiu que a condenação violou a liberdade de expressão dos jornalistas, destacando que as informações divulgadas eram de interesse público e já estavam, em parte, no domínio público. A Corte Interamericana estabeleceu que as informações publicadas eram de interesse público, e que, ademais, já estavam no domínio público. Por isso, não ocorreu uma ingerência arbitrária no direito à vida privada do senhor Menem. Desse modo, a medida de responsabilidade ulterior imposta não cumpriu com o requisito de ser necessária em uma sociedade democrática, e constituiu uma violação do Artigo 13 da Convenção Americana. O caso ganha importância pela recusa da Suprema Corte argentina de rever a condenação local (havia já transitado em julgado), mostrando que mesmo a tradicional receptividade judicial argentina à interpretação internacionalista da Corte IDH pode sofrer reveses.

- Caso Atala Riffo e Filhas *vs.* Chile (sentença de 24-2-2012)

Trata-se do primeiro caso em que a Corte afirmou que orientação sexual e identidade de gênero são categorias protegidas pela Convenção Americana, no âmbito do direito à igualdade e não discriminação do artigo 1.1. A decisão da Suprema Corte chilena que retirou da mãe a guarda de suas três filhas argumentando que uma convivência homoafetiva afetaria o desenvolvimento das crianças foi considerada discriminatória e ofensiva aos direitos à vida privada e familiar. A Corte afirmou que o melhor interesse da criança não pode ser utilizado para fundamentar a discriminação sexual contra qualquer um dos pais e que a Convenção Americana não estabelece um modelo único de família e tampouco o reduz ao matrimônio, devendo abarcar outros laços familiares de fato.

- Povo indígena Kichwa de Sarayaku *vs.* Equador (sentença de 27-6-2012)

A partir de consórcio entre empresas privadas e pública, buscou-se explorar os recursos petrolíferos das terras indígenas do povo Sarayaku. Mesmo sem a obtenção do consentimento dos interessados, o consórcio iniciou suas atividades, que ocasionaram um vasto impacto no meio ambiente e no meio cultural local. O Equador foi condenado, em 2012, pela violação dos direitos à vida, integridade e liberdade pessoais; direito à propriedade comunal e a ser consultado. Sendo o mais recente caso sobre violações a direitos de comunidades indígenas e tradicionais, o caso Sarayaku traz importante fortalecimento dos parâmetros interpretativos já desenvolvidos pela Corte em outros casos, com destaque para a necessidade de se atingir um *consentimento* sobre as medidas propostas após a realização da consulta prévia, o que, indiretamente, serve como proteção ao direito ao meio ambiente (caso de "esverdeamento" – ver **Parte IV** desta obra).

- Nadege Dorzema e outros *vs.* República Dominicana (sentença de 24-8-2012)

Em um contexto de graves e reiteradas ações discriminatórias contra haitianos ou descendentes de haitianos na República Dominicana, em 2012, a Corte continuou a julgar uma sequência de casos sobre o assunto. Tratou-se do uso excessivo da força por parte de militares da Rep. Dominicana contra grupo de haitianos, no qual foram mortas sete pessoas. Os militares envolvidos foram absolvidos pela justiça militar nacional e algumas das vítimas sobreviventes foram deportadas pelo Estado infrator. A Corte considerou que o caso demonstrava, mesmo após o julgamento do Caso de las Niñas Yean y Bosico *vs.* República Dominicana, que a situação de discriminação estrutural contra haitianos ou pessoas de origem haitiana continuava a existir no Estado infrator, gerando violação de direitos e impunidade. O caso impressiona pelo rigor e diversidade das reparações, que vão desde o pagamento de indenizações até medidas estruturais, como a adequação do direito interno à Convenção Americana e a realização de investigações e consequente sanção aos responsáveis.

- Furlan e Familiares *vs.* Argentina (sentença de 31-8-2012)

O caso relaciona-se ao acidente que sofreu o adolescente Sebastián Furlan, nas dependências desativadas de um quartel militar, gerando incapacidade psíquica, cognitiva e motora. A Corte entendeu que a demora prolongada das autoridades judiciárias argentinas, bem como a falta de resposta adequada a uma ação civil contra o Estado por danos e prejuízos, da qual dependia Furlan para a realização de tratamento de saúde, resultou em violação de direitos da CADH. Recorrendo à Convenção da ONU sobre os Direitos das Pessoas com Deficiência, a Corte destacou que a condição de pessoa com deficiência não deriva meramente de limites físicos, mentais, intelectuais ou sensoriais, mas se inter-relaciona com as barreiras socialmente impostas para que as pessoas possam exercer seus direitos de forma efetiva. Assim, os Estados devem garantir o acesso à justiça das pessoas com deficiência, incluindo o direito de as crianças com deficiência serem ouvidas em processos judiciais que as envolvam. Nesse sentido, os Estados devem promover a *inclusão* e adotar medidas de diferenciação positivas para eliminar as barreiras à participação das pessoas com deficiência.

- Mohamed *vs.* Argentina (sentença de 23-11-2012)

A partir de um atropelamento na cidade de Buenos Aires e do desencadeamento de um processo penal pelo crime de homicídio culposo, o Sr. Mohamed, o motorista, foi absolvido em primeira instância, mas condenado em sede de apelação. Ocorreu que a legislação argentina – tal como a brasileira – não previa a existência de recurso penal ordinário para a sentença condenatória de segunda instância. Em 2012, a Corte condenou a Argentina pela violação dos direitos e garantias judiciais e do princípio da legalidade. Estabeleceu, dentre outras reparações, o dever do Estado de adotar medidas para garantir à vítima o direito de recurso à decisão penal condenatória, além da suspensão da sentença. No Brasil, na mesma hipótese (absolvição no juízo de 1º grau e condenação no Tribunal de Justiça estadual), não há recurso ordinário (aquele que devolve toda a matéria – inclusive fática – ao Tribunal *ad quem*) e só cabem os recursos especial e extraordinário, que possuem requisitos específicos de admissibilidade, como, por exemplo, a repercussão geral no caso do recurso extraordinário.

- Artavia Murillo y otros *vs*. Costa Rica (sentença de 28-11-2012)

O caso refere-se aos impactos gerados por uma decisão da Suprema Corte costarriquense que anulou a autorização ao procedimento de fertilização *in vitro* (FIV) no país. Para a Corte, tal decisão violou o *direito à liberdade pessoal e à vida privada*, a qual inclui a autonomia reprodutiva e o acesso aos serviços de saúde reprodutiva. Como a proibição para a FIV tinha se baseado no texto da própria CADH, em que se diz que a vida é protegida, *em geral*, desde o momento da concepção, a Corte analisou profundamente o artigo 4, com base nos seguintes métodos de interpretação (i) conforme; (ii) sistemático e histórico; (iii) evolutivo e (iv) do sentido e fim do tratado. A conclusão da Corte foi de que o embrião *não pode ser considerado pessoa* nos termos da Convenção Americana e que a concepção teria início com a implantação do embrião no útero. Essa decisão está em linha com o que foi decidido pelo Supremo Tribunal Federal no caso da "pesquisa com células-tronco" (ADI 3.510, rel. Min. Ayres Britto, j. 29-5-2008, Plenário, *DJe* de 28-5-2010).

- Mendoza e outros *vs*. Argentina (sentença de 14-5-2013)

O caso trata da responsabilização internacional da Argentina pela violação dos arts. 5º, 7º, 8, 19 e 25 em relação ao 1.1 e 2 da CADH em virtude da imposição de pena perpétua a cinco pessoas por delitos cometidos durante sua infância. Segundo o Regime Penal da Menoridade, lei datada da ditadura militar, crianças que cometam crimes antes de completar 18 anos podem ser submetidas a intervenções tutelares, sem qualquer limitação temporal, de modo que após cumprir 18 anos, a autoridade judicial poderia impor penas que seriam aplicáveis aos adultos, com uma ampla margem de discricionariedade. No decorrer do cumprimento de pena, os adolescentes e posteriormente adultos foram submetidos a uma série de ofensas à integridade pessoal e à vida. Assim, com base no princípio do interesse superior da criança, a Corte apontou que: i) as penas privativas de liberdade perpétuas, por sua natureza, implicam na máxima exclusão da criança da sociedade; ii) as condições de encarceramento e a desproporcionalidade da pena resultam em tratamento cruel desumano e degradante; iii) não foram realizados controles periódicos para salvaguardar a saúde das crianças; iv) o Estado deveria ter investigado e eventualmente punido os responsáveis pela morte, tortura e perda de visão dos adolescentes; iv) um recurso judicial efetivo impõe a possibilidade de rever questões fáticas e probatórias por um juiz de tribunal superior, contudo esta possibilidade não existia na lei penal argentina. Entre as reparações destaca-se como medidas de não repetição que a Argentina não volte a impor a prisão perpétua a quem cometeu delitos quando crianças/adolescentes e que as pessoas cumprindo tais penas possam ter a sua revisão.

- Suárez Peralta *vs*. Equador (sentença de 21-5-2013).

Trata-se de caso envolvendo complicações decorrentes do atendimento médico e procedimento cirúrgico da Sra. Suárez Peralta, o que resultou em denúncia de negligência médica perante os tribunais do Equador. A Corte IDH responsabilizou o Estado pela demora judicial e ausência de medidas para investigar, julgar e sancionar os responsáveis pelas negligências médicas. A demora na reparação impediu que a Sra. Suárez Peralta pudesse acessar um tratamento médico necessário ao seu problema de saúde. Ademais, considerou que houve violação da integridade pessoal da vítima (art. 5º, CADH) e reafirmou a indivisibilidade e interdependência dos direitos econômicos sociais, culturais, civis e políticos, entendendo que o Estado deve adotar mecanismos de supervisão estatal das instituições de saúde tanto estatais quanto privadas.

- Defensor de Direitos Humanos e outros *vs*. Guatemala (sentença de 10-10-2013)

A Corte determinou a responsabilidade internacional da Guatemala por não adotar medidas adequadas para proteger a defensora de direitos humanos B. A. e sua família, assim como por não conduzir uma investigação adequada a respeito do assassinato de A. A., também defensor de direitos humanos e pai de B. A. Conforme destacado pelos juízes Roberto F. Caldas e Eduardo Ferrer Mac-GregorPoisot em seu voto parcialmente dissidente, este foi o primeiro caso em que a Corte estabeleceu uma definição clara para a categoria "defensores de direitos humanos". Além disso, foram utilizados parâmetros para analisar a adequação de medidas adotadas pelo Estado para proteger as atividades de defensores.

- Comunidades Afrodescendentes Deslocadas do Rio Cacarica *vs.* Colômbia (sentença de 20-11-2013)

Este caso, também conhecido como "Operação Gênesis", refere-se às violações sofridas por comunidades afrodescendentes deslocadas em decorrência de uma operação militar da Colômbia contra guerrilheiros das FARC, assim como da ação de grupos paramilitares. Apesar da responsabilização do Estado colombiano pela violação dos direitos à vida, à integridade pessoal, à liberdade de circulação e residência, à propriedade coletiva, assim como de outros direitos relacionados, a Corte sinalizou admitir que processos transicionais de países emergentes em conflito armado interno possam exceder a capacidade do sistema judiciário doméstico, posição que contrasta com sua jurisprudência anterior. Também foi apontada a exploração ilegal de recursos naturais das terras indígenas (extração de madeira), mostrando também uma faceta de proteção ambiental na promoção do direito à propriedade coletiva (caso de "esverdeamento" – ver **Parte IV** desta obra).

- J. *vs.* Peru (sentença de 27-11-2013)

Trata-se de caso no qual houve a violação de vários direitos da vítima J., durante a repressão estatal aos suspeitos de terrorismo nos anos 90 no Peru. Durante o período em que a vítima foi presa – em péssimas condições –, teve sua integridade pessoal ofendida, tendo ocorrido abusos sexuais. A Corte IDH aplicou as regras de Bangkok (estudadas anteriormente) sobre o tratamento de mulheres presas e medidas não privativas de liberdade para mulheres infratoras (Regras n. 5, 7 e 10.2). A Corte considerou que o exame médico, nos casos de violência sexual, deverá ser realizado por profissionais capacitados e idôneos, do sexo que a vítima prefira, tendo sempre presente uma funcionária mulher (Regra 10.2). No caso de o exame médico determinar a ocorrência da violência sexual, a mulher encarcerada receberá assistência jurídica para dar início aos procedimentos investigatórios e judiciais, bem como receberá imediatamente atendimento médico e psicológico (Regra 7). Por fim, a Corte considerou que os locais de alojamento de mulheres presas devem ter instalações e artigos necessários a higiene próprias de seu gênero.

- Família Pacheco Tineo *vs.* Bolívia (sentença de 25-11-2013)

Foi o primeiro caso submetido à Corte em que um país foi responsabilizado por violações de direitos humanos ocorridas no marco de um procedimento de solicitação de reconhecimento do estatuto de *refugiado*, mostrando uma tendência de absorção do Direito Internacional dos Refugiados pelos *processos internacionais de direitos humanos*. Para a Corte, procedimentos migratórios vinculados à solicitação de refúgio ou que podem levar à deportação ou à expulsão de alguém devem contemplar as garantias mínimas do devido processo legal. Além disso, o sistema interamericano reconhece que qualquer pessoa estrangeira não deve ser devolvida quando sua vida, integridade pessoal ou liberdade estejam sob risco de serem violadas. No caso, a expulsão da família Pacheco Tineo para o Peru, inclusive de seus filhos, violou o direito a buscar e receber asilo e ao princípio do *non-refoulement*.

- Norín Catrimán e outros *vs.* Chile (sentença de 22-5-2014)

Tratou-se de condenação de lideranças do povo indígena mapuche por condutas consideradas terroristas em um contexto de protestos sociais pelo direito às terras ancestrais e aos recursos naturais. A Corte decidiu que na investigação e sanção de condutas ilícitas, o princípio da legalidade impõe que não se presuma uma ação terrorista pela presença de determinados elementos objetivos (ex.: uso de fogos de artifício) e que esses tipos penais não devem ser usados caso o ilícito possa ser apurado a partir de um tipo penal ordinário de menor reprovabilidade. No caso, considerou-se que a aplicação da lei penal às lideranças violou o princípio da não discriminação e da igualdade perante a lei porque esteve baseada em estereótipos negativos associados a um grupo étnico.

- Brewer Carías *vs.* Venezuela (sentença de 26-5-2014)

Tratou-se de persecução penal contra o advogado Allan BrewerCarías, acusado de participar do golpe de Estado contra o governo eleito da Venezuela em 2002. A Corte, de forma inédita, deixou de realizar a análise de mérito de um caso em razão de ter acolhido a exceção preliminar de *não esgotamento dos recursos internos*. A decisão da maioria dos juízes considerou que o processo ainda estava em etapa intermediária e que o principal obstáculo para que avançasse era a ausência de BrewerCarías da Venezuela. Tratando-se ainda de uma fase processual tão inicial, as solicitações de nulidade absoluta feitas pelo réu não seriam aptas a esgotar os recursos idôneos e efetivos. Os juízes Ventura Robles e Ferrer Mac-Gregor *divergiram* da maioria, argumentando que a Venezuela não teria cumprido seu dever de indicar, durante o trâmite da petição perante a Comissão IDH, precisamente quais eram os recursos idôneos e efetivos que estavam disponíveis e que a interpretação com base no princípio do *estoppel* levaria a considerar os recursos esgotados. Além disso, a etapa processual não poderia ser considerada, como fez a maioria dos juízes, como um *critério* para apurar se o esgotamento ocorreu, sob risco de se negar o direito de acesso à justiça.

- Pessoas dominicanas e haitianas expulsas *vs.* República Dominicana (sentença de 28-8-2014).

Tratou-se de caso envolvendo a expulsão ou deportação de membros de cinco famílias de origem haitiana da República Dominicana no final do século XX (1999 e 2000). O cenário comum dessas expulsões ou deportações foi a detenção arbitrária e retirada para a fronteira do Haiti sem observância do direito a defesa. Para a Corte, houve violações do direito ao devido processo legal nos processos de expulsão e deportação, com ofensas ainda ao direito à liberdade pessoal, direito à nacionalidade (alguns eram nacionais da República Dominicana, mas o Estado Réu dificultava o fornecimento da documentação, em virtude da origem haitiana), direitos de proteção à criança e da família. A Corte ainda considerou que a sentença do Tribunal Constitucional local (sentença TC/01/168/13, de 2013), bem como determinados artigos da lei de migração nacional de 2014, violavam a Convenção Americana de Direitos Humanos. A Corte condenou o Estado a adotar medidas cabíveis para que tais atos (inclusive a sentença nacional) deixem de produzir os seus efeitos. Destaque-se que o Tribunal Constitucional da República Dominicana buscou, na fundamentação da decisão atacada pela Corte IDH, defender o uso da teoria da "margem de apreciação nacional" (utilizada na Corte Europeia de Direitos Humanos) na hipótese da temática da "nacionalidade dominicana requerida por haitianos". O Tribunal Constitucional do Estado Réu, assim, criticou a atuação da Corte IDH em tema que seria "sensível" aos dominicanos. A República Dominicana manifestou-se contrariamente à sentença da Corte IDH, considerando que a lei nacional impugnada (Lei n. 169-14) havia sido aprovada à unanimidade no Congresso local e a Corte deveria respeitar a soberania estatal. Curiosamente, na mesma manifestação, o governo reiterou o seu compromisso com o sistema interamericano de direitos humanos. No final de 2014, em clara reação à jurisprudência da Corte IDH, o Tribunal Constitucional dominicano considerou inconstitucional o reconhecimento da jurisdição da Corte IDH pela República Dominicana, pois o instrumento de aceitação deveria ter sido aprovado também pelo Congresso e não somente pelo Presidente da República (TC/0256/14, de novembro de 2014).

- Wong Ho Wing *vs.* Peru (sentença de 30-6-2015)

O caso trata do pedido de extradição do Sr. Wing, formulado pela República Popular da China ao Estado peruano, sob alegações de que o extraditando havia cometido o crime de "contrabando de mercadorias comuns", cuja pena máxima na legislação chinesa era a pena de morte (legislação depois revogada). Após idas e vindas – com direito à atuação diplomática chinesa –, o processo de extradição resultou num impasse: duas decisões internas com fundamentos diversos e a inatividade do Poder Executivo para tomar a decisão extradicional final. O caso é *paradigmático*, pois é o primeiro a vincular a *cooperação jurídica internacional* aos direitos humanos: a Corte exigiu que os Estados americanos não cooperem caso o extraditando possa ser submetido a pena de morte, a tortura ou tratamento cruel, desumano e degradante. Contudo, a Corte decidiu que não bastam alegações genéricas de violações de direitos humanos no Estado requerente da cooperação jurídica, mas deve o Estado requerido analisar especificamente as circunstâncias do caso concreto. Esse posicionamento da Corte IDH está em linha com o debate da temática (cooperação jurídica internacional e os direitos humanos[70]) na Corte Europeia de Direitos Humanos. No caso, a Corte IDH considerou que não foi constatado risco específico ao extraditando, mas determinou que se tome uma decisão final o mais brevemente possível e que se revise a privação de liberdade do Sr. Wing. A Corte IDH afastou a possibilidade de se presumir que o extraditando será condenado à morte, caso o país requerente (no caso a China) aceite não aplicar tal pena. Destaque-se que a Corte IDH reconheceu que a demora para concessão ou não da extradição, com a manutenção do indivíduo preso, consiste em violação do devido processo legal. Em junho de 2016, a Corte IDH prolatou sentença de interpretação, a pedido do Estado (recurso de interpretação), pela qual esclareceu que o Peru é obrigado a permitir o acesso, pelo extraditando, a uma revisão judicial da decisão do Poder Executivo favorável à extradição.

- Gonzales Lluy e outros *vs.* Equador (sentença de 1º-9-2015).

Trata-se de caso envolvendo contágio pelo vírus do HIV da vítima Talia Lluy em sua infância por conta de transfusão de sangue sem os devidos exames realizados. Posteriormente, por conta da sua condição de mulher, pobre e portadora do vírus do HIV, foram impostos diversos obstáculos para que Talia ingressasse na escola e obtivesse um tratamento de saúde de qualidade. A Corte IDH entendeu que o Estado era responsável pela violação ao direito à vida e à integridade pessoal (arts. 4º e 5º da CADH) por conta da ausência de fiscalização e controle dos bancos de sangue e serviços de saúde particulares. No mais, em face da proibição de frequentar a escola por conta de sua situação de portadora do vírus HIV, a Corte responsabilizou o Equador pela violação do direito social à educação de Talia, previsto no artigo 13 do Protocolo de San Salvador.

- Ruano Torres *vs.* El Salvador (sentença de 5-10-2015)

O caso trata da responsabilidade internacional de El Salvador, em razão das negligências na defesa efetiva ofertada pela Defensoria Pública, bem como da garantia do devido processo legal durante o trâmite do processo criminal no qual o Sr. Ruano Torres era acusado de delito de sequestro, existindo sérias dúvidas quanto a ser o autor do crime. A Corte entendeu que houve violação do direito à presunção da inocência, em razão da falta de investigações efetivas para determinar a autoria do crime, bem como da fundamentação da sentença única e exclusivamente na declaração de um corréu, sem outros elementos de comprovação. Diante dos fatos do caso, houve ainda ausência de defesa técnica materialmente efetiva que incorporasse as garantias

---

[70] Sobre o tema da cooperação jurídica internacional e os direitos humanos, ver a obra indispensável de ABADE, Denise Neves. *Direitos fundamentais na cooperação jurídica internacional*. São Paulo: Saraiva, 2013.

mínimas legais previstas no art. 8.2. da CADH. Por essa razão, a Corte elencou os seguintes parâmetros para aferir a qualidade da defesa realizada pela Defensoria Pública (lista não exaustiva): a) não realizar mínima atividade probatória; b) inatividade argumentativa; c) carência de conhecimento técnico; d) falta de interposição de recursos; e) indevida fundamentação dos recursos; f) abandono de defesa. Como reparação, determinou que a Defensoria Pública de El Salvador coloque uma placa em sua unidade para lembrar a importância de garantir a defesa técnica efetiva e estimular a consciência institucional.

- Espinoza Gonzáles *vs.* Peru (sentença de 20-11-2015)

    Trata-se de violações de diversos direitos da Sra. Espinoza, condenada a 25 anos pela prática do crime de terrorismo, em plena repressão estatal dos anos 90, tendo sido vítima de abusos sexuais e práticas de tortura relacionadas ao seu gênero. Não obteve atendimento médico especializado após a violência sexual, e seus relatos foram desconsiderados por conta de preconceitos de gênero utilizados para avaliar suas declarações. O Peru foi responsabilizado pela violação do direito à liberdade pessoal, integridade física e garantias judiciais (respectivamente arts. 7º, 5º, 8º e 25 da Convenção Americana de Direitos Humanos), bem como pela ausência de investigação e punição dos responsáveis pela violência de gênero (art. 7º.b da Convenção Interamericana para prevenir, punir e erradicar a violência contra a mulher – Convenção de Belém do Pará). No caso, a Corte IDH estabeleceu parâmetros de proteção de mulheres em conflito com a lei, considerando discriminatório os estereótipos construídos sobre mulheres infratoras em seus processos judiciais. No mais, estabelece parâmetros para a investigação e punição da violência sexual sofrida por mulheres presas, em especial: (i) inclusão da perspectiva de gênero nas investigações, que deverão ser realizadas por funcionários capacitados, sendo a entrevista com a vítima realizada em lugar seguro e com privacidade, com registro consentido (para evitar a repetição do depoimento); (ii) a realização dos exames médicos deve levar em consideração o gênero da vítima e a falta de evidência médica não deve diminuir a veracidade da declaração da vítima (§ 153 da sentença). A Corte ainda estabeleceu que a garantia do acesso à justiça de mulheres vítimas de violência sexual exige previsão de regras para valoração da prova que evite afirmações e insinuações estereotipadas (§ 278 da sentença).

- Duque *vs.* Colômbia (sentença de 26-2-2016)

    A Corte IDH condenou a Colômbia por discriminação por orientação sexual, uma vez que a vítima, Sr. Duque, foi impedida de receber a pensão por morte de seu companheiro do mesmo sexo em 2002. A Corte IDH reconheceu (diálogo das Cortes) o esforço e as decisões da Corte Constitucional Colombiana a partir de 2007, no sentido de permitir o recebimento de benefícios de pensão, direitos de propriedade e seguro social para casais do mesmo sexo ("significativo avanço jurisprudencial", § 133). A Corte IDH reafirmou que orientação sexual e identidade de gênero são categorias normativas protegidas pela Convenção e entendeu que as normas estatais estabeleciam uma diferença de tratamento por orientação sexual, já que somente os casais heterossexuais poderiam ser considerados como sendo uma união de fato. A Corte IDH decidiu que houve violação do artigo 24 (igualdade), em relação ao artigo 1.1. da Convenção Americana de Direitos Humanos.

- Chinchilla Sandoval *vs.* Guatemala (sentença de 29-2-2016).

    Tratou-se do falecimento de María Inés Chinchilla Sandoval como resultado de uma queda na prisão em que estava presa. Foi provado que houve piora da situação de saúde da Sra. Chinchilla (tinha diabetes e hipertensão arterial), o que resultou em amputação de uma perna e prejuízo à visão. Apesar disso, recebia apenas atendimento médico básico na prisão e, às vezes, atendimento especializado em hospitais públicos. A Corte ainda apontou o dever dos Estados americanos em cumprir as Regras Nelson Mandela (sobre o tratamento das pessoas privadas de liberdade), as quais, entre outros direitos, protegem o direito à saúde dos presos.

- Flor Freire *vs.* Equador (sentença de 31-8-2016)

Trata-se de caso apresentado pela Comissão IDH à Corte IDH, em 11 de dezembro de 2014, relativo ao desligamento do Exército do tenente Homero Flor Freire pela prática de atos sexuais com outro homem dentro de um quartel. A Comissão alegou que a sanção aplicável a este caso (baixa das Forças Armadas) era mais grave do que a aplicável a atos sexuais heterossexuais (suspensão até 30 dias), o que conferia tratamento discriminatório. A Corte reconheceu a responsabilidade internacional do Estado, reafirmando que o direito à igualdade abarca a orientação sexual. Contudo, a Corte separou a sanção penal da sanção administrativa, entendendo que é possível sanção disciplinar sobre atos sexuais dentro de um quartel (desde que não haja discriminação quanto à orientação sexual), Esse caso relaciona-se com a ADPF 291, vista nesta obra, referente ao crime militar de "pederastia ou outro ato de libidinagem".

- Herrera Espinoza e outros *vs.* Equador (sentença de 1º-9-2016)

Trata-se de caso apresentado pela Comissão IDH à Corte IDH, em 21 de novembro de 2014, relativo a prisões arbitrárias e torturas durante investigação por tráfico internacional de drogas, além de violações ao devido processo legal e proteção judicial. A Corte reconheceu a responsabilidade internacional do Estado.

- Yarce e outras *vs.* Colômbia (sentença de 22-11-2016)

Trata-se de caso apresentado pela Comissão IDH à Corte IDH, em 3 de junho de 2014, referente a ameaças, perseguições, invasões de domicílio e prisões arbitrárias de cinco defensoras de direitos humanos, em 2002, no seio de conflito armado existente na Comuna 13, em Medellín (Colômbia), que culminou com a morte de Ana Teresa Yarce em 2004. A Corte reconheceu a responsabilidade internacional do Estado, sendo precedente importante no que tange à proteção dos defensores de direitos humanos em contexto de operações militares em conflitos armados.

- I. V. *vs.* Bolívia (sentença de 30-11-2016)

Trata-se de caso apresentado pela Comissão IDH à Corte IDH, em 23 de abril de 2015, relativo à esterilização da senhora I. V., sem consentimento prévio, em hospital público durante procedimento de cesárea. A Corte reconheceu a responsabilidade do Estado pela violação dos direitos à integridade, liberdade, integridade, dignidade, vida privada e familiar, acesso à informação e o direito de fundar uma família.

- Zegarra Marin *vs.* Peru (sentença de 15-2-2017).

O Sr. Zegarra Marin foi condenado por delitos contra a administração pública, falsificação de documentos e corrupção de funcionários, em razão da tramitação de passaportes de forma irregular quando era Subdiretor da Direção de Migrações e Naturalizações. A Corte entendeu que houve violação do direito à presunção de inocência e à motivação das decisões judiciais (art. 8º, CADH). Em relação ao princípio da presunção da inocência, a Corte reafirmou seu entendimento de que este é um princípio orientador da análise probatória, estabelecendo limites à discricionariedade e à subjetividade das autoridades judiciais. Assim, a prova deve ser analisada no processo pessoal de forma racional, objetiva e imparcial, e de modo algum o ônus da prova deve recair sobre o acusado. Na verdade, cabe à parte acusadora demonstrar os fatos e o cometimento do crime, e de forma alguma deve existir presunção de culpabilidade que obrigue o acusado a provar sua inocência.

- Lagos del Campo *vs.* Peru (sentença de 31-8-2017)

Tratou-se de caso sobre a dispensa *arbitrária* de líder dos trabalhadores em razão de entrevista concedida a periódico peruano, no qual teceu críticas à empresa na qual possuía *estabilidade laboral*. Apesar de se tratar de demanda cujo objeto central era claramente o direito social à estabilidade laboral, tanto a Comissão (em seu informe de mérito) quanto os litigantes requereram o reconhecimento de violações à liberdade de expressão (art. 13 da CADH), liberdade de associação (art. 16 da CADH) e direito de acesso à justiça e a um remédio judicial efetivo (arts. 8 e 25 da CADH), todos em relação com o art. 1.1 da Convenção. Utilizou-se, então, a tradicional *defesa indireta* dos direitos econômicos, sociais, culturais e ambientais (DESCA), que é aquela pela qual a proteção de tais direitos é feita pela invocação de facetas sociais dos direitos civis e políticos. Contudo, em uma decisão paradigmática, a Corte IDH Interamericana, liderada pelo voto do Juiz Eduardo Ferrer Mac-GregorPoisot, que já vinha defendendo em inúmeros votos dissidentes, desde 2013[71], a necessidade de abordagem das violações aos DESCAs pela via direta, finalmente obteve a maioria de votos para declarar, de ofício, a violação ao art. 26 da Convenção Americana de Direitos Humanos (que trata do desenvolvimento progressivo da implementação dos direitos sociais em sentido amplo). A Corte ressaltou que, apesar da inexistência de pedido formal das partes no procedimento perante a Corte, o peticionário tinha suscitado a violação à estabilidade laboral perante os tribunais internos, de forma que o Estado tivera ampla oportunidade para se defender a respeito desta violação. Foi a primeira vez que a Corte declarou uma violação ao art. 26 da Convenção. Dessa forma, o caso Lagos Del Campo *vs.* Peru é paradigmático ao dar início a uma nova etapa na jurisprudência da Corte, cujo principal desafio é a densificação do conteúdo, sentido e alcance dos DESCAs.

- V.R.P., V.P.C. *vs.* Nicarágua (sentença de 8-3-2018)

Trata-se de caso de abuso sexual de criança de nove anos pelo pai. A Corte determinou que o Estado é internacionalmente responsável pela violação dos direitos à integridade pessoal e à proibição de tratos desumanos, cruéis e degradantes, às garantias judiciais, à proteção da vida privada e familiar, à proteção da família, à residência e à proteção judicial. A Corte apontou a violação a obrigações derivadas da Convenção de Belém do Pará, tendo levado em consideração a situação de vulnerabilidade agravada da vítima por ser menina. A relevância do caso também é reforçada pela análise da revitimização do sistema de justiça em casos de abuso sexual de criança.

- Acosta e outros *vs.* Nicarágua (sentença de 25-3-2017)

Trata-se de caso apresentado pela Comissão IDH à Corte IDH, em 29 de julho de 2015, relativo ao homicídio do marido da Sra. MaríaLuisa Acosta, defensora de direitos humanos dos povos indígenas, ocorrido em 2002, na Nicarágua, em que o Estado foi acusado de não investigar diligentemente e em prazo razoável a hipótese de crime contra defensores de direitos humanos. A Corte reconheceu a violação aos direitos de acesso à justiça, à verdade, às garantias judiciais e à proteção judicial de Maria Luisa Acosta e outros familiares.

- Poblete Vilches *vs.* Chile (sentença de 8-3-2018)

Tratou-se da violação do direito à saúde sem discriminação do Sr. Vinicio AntonioPoblete-Vilches. A falta de cuidados adequados resultou na morte da vítima. O Chile foi declarado internacionalmente responsável por violação aos arts. 1, 4, 5, 7, 8, 11, 13, 25 e 26 da Convenção Americana. Nesse caso, houve o desenvolvimento de parâmetros para análise de direitos econômicos, sociais e culturais, tendo sido a primeira vez que a Corte detectou a violação autônoma

---

[71] Corte IDH. Caso Suárez Peralta *vs.* Equador. Exceções Preliminares, Mérito, Reparações e Custas. Voto dissidente do Juiz Ferrer Mac-GregorPoisot, de 21 de maio de 2013. Série C n. 261.

do art. 26 da Convenção, com base no direito à saúde. Foi realçada ainda a especial vulnerabilidade de *pessoas idosas*.

- Caso Ramírez Escobar *vs.* Guatemala (sentença de 9-3-2018)

Tratou-se de separação forçada de membros de uma família como resultado de irregularidades sistemáticas em processos de adoção internacional de crianças guatemaltecas. A Corte declarou a responsabilidade internacional do Estado pela separação arbitrária dos membros da família, com consequentes violações à proibição de ingerências arbitrárias na vida familiar, ao direito à proteção da família, às garantias judiciais, ao direito à proteção judicial, à proibição da discriminação, ao direito à integridade pessoal, além do direito à liberdade, ao nome e à identidade. O caso é relevante por se referir ao tema da adoção internacional.

- Amrhein *vs.* Costa Rica (sentença de 25-4-2018)

Tratou-se da ausência de recurso que permitiria obter uma revisão abrangente de condenações penais de dezessete pessoas na Costa Rica, após o país ter realizado reformas legislativas para implementar as determinações da Corte IDH no caso Herrera Ulloa *vs.* Costa Rica. A Corte IDH declarou o Estado da Costa Rica responsável internacionalmente pela violação do direito à liberdade pessoal de Jorge Martínez Meléndez. Todavia, a Corte acolheu algumas das exceções preliminares interpostas pelo Estado, inclusive a tese da quarta instância, e determinou que o Estado não violou os direitos ao recurso, a um juiz imparcial, à presunção de inocência, ao prazo razoável, à defesa, a recorrer da legalidade da detenção, e à integridade pessoal. Com esse reconhecimento da ausência de violação de diversos direitos, a Corte IDH faz nova delimitação das garantias processuais penais.

- Carvajal Carvajal e outros *vs.* Colombia (sentença de 13-3-2018)

Trata-se da responsabilidade internacional do Estado colombiano pela violação do direito à vida do Sr. Carvajal, bem como de seu direito à liberdade de expressão em razão de seu assassinato por conta de sua atuação profissional como jornalista. O caso se insere em um contexto de uma série de assassinatos de jornalistas na Colômbia e uma atuação omissa no dever de investigar e eventualmente punir os responsáveis. Após cerca de 20 anos, a morte do Sr. Carvajal ainda não foi solucionada e os fatos permanecem na impunidade, de forma que a Corte reconheceu a violação do direito ao acesso à justiça em um prazo razoável. No mais, familiares do Sr. Carvajal foram obrigados a se deslocar de suas residências por conta de ameaças, violando seu direito à livre circulação e residência e a integridade pessoal.

- Coc Max e outros (Massacre de Xamán) *vs.* Guatemala (sentença de 22-8-2018)

Trata-se da responsabilidade do Estado da Guatemala por massacre na região de Xamán, o qual afetou a comunidade "Aurora 8 de outubro" (composta por indígenas de várias etnias), resultando na morte de 11 pessoas, entre elas crianças, bem como na afetação da integridade pessoal de outras 29 pessoas. O uso da força por parte de militares no caso em tela foi compreendido como uma violação desproporcional e discriminatória às populações indígenas. Determinou ainda uma ausência de ações para investigar com a devida diligência os fatos e eventualmente punir os responsáveis. Por fim, a Corte reafirmou sua jurisprudência reiterada de que o foro militar não é competente para investigar violações de direitos humanos, mas afastou a responsabilidade do Estado, visto que o caso permaneceu apenas por quatro meses na jurisdição militar, o que não afetou de forma exagerada o processo.

- Cuscul Pivaral e outros *vs.* Guatemala (sentença de 23-8-2018)

Tratou-se de caso sobre o direito à saúde de 49 pessoas diagnosticadas com HIV/AIDS na Guatemala entre 1992 e 2003. A Corte reconheceu que o Estado foi omisso em seu dever de fornecer um tratamento médico adequado e acessível às pessoas com HIV/AIDS, violando não apenas seu direito à vida e à integridade pessoal, mas também, de forma autônoma, o direito à saúde, com base na proteção progressiva do art. 26 da CADH. Mais uma vez, a Corte se referiu às normas sobre direitos econômicos, sociais, educação, ciência e cultura da Carta da OEA para definir parâmetros de proteção do direito à saúde. No que tange às mulheres gestantes com HIV/AIDS, a Corte considerou que houve discriminação de gênero no acesso à saúde. Por fim, a Corte entendeu que a demora prolongada para analisar recursos judiciais apresentados pelas vítimas implicou uma violação dos direitos ao devido processo legal e à proteção judicial.

- Lopez Soto e outros *vs.* Venezuela (sentença de 26-9-2018)

Trata-se da violação do direito à liberdade pessoal, à integridade pessoal, à vida, à dignidade, à autonomia e ao direito de viver livre de violência e discriminação de gênero de uma jovem de 19 anos que permaneceu privada de sua liberdade por terceiro. Nessa oportunidade, a Corte reafirmou a responsabilidade estatal por atos de particulares em casos nos quais se está diante de um dever de evitar violações quando há um risco real e imediato, especialmente diante do dever reforçado de investigar e punir a violência contra a mulher. O caso é paradigmático, pois reconhece que a prática de atos de tortura não se limita à atuação de agentes estatais, mas também engloba atos de particulares intencionais e destinados a causar sofrimento e humilhação a pessoas submetidas a sua autoridade.

- Mulheres Vítimas de Tortura Sexual em Atenco, México *vs.* México (sentença de 28-11-2018)

Trata-se da violação dos direitos à integridade física, vida, liberdade pessoal, bem como da proibição da tortura e da violência contra mulher, em razão da detenção ilegal e das violências sexuais e tortura praticadas contra 11 mulheres detidas no decorrer da repressão de uma manifestação no México. A Corte entendeu que a violência sexual constituiu uma estratégia de controle e domínio, de forma a instrumentalizar seus corpos para enviar mensagens de desaprovação e repressão aos protestos realizados. Ademais, determinou-se a violação da Convenção de Belém do Pará, pois não houve incorporação de uma perspectiva de gênero nas investigações. As autoridades estatais incorporaram estereótipos de gênero, o que resultou em um processo de revitimização das mulheres. Como mecanismo de reparação, determinou o estabelecimento de um Mecanismo de Acompanhamento de casos de Tortura Sexual Cometida contra Mulheres.

- Órdenes Guerra e outros *vs.* Chile (sentença de 29-11-2018)

Trata-se de caso no qual a Corte reconheceu a responsabilidade internacional do Estado pela violação do direito ao acesso à justiça e à proteção judicial pela negativado Poder Judiciário chileno em conceder indenizações aos familiares de vítimas de sequestros, desaparecimentos forçados e execuções extrajudiciais durante a ditadura militar na década de 1970. A Corte reiterou sua jurisprudência de que não são prescritíveis ações de reparação civil por danos derivados de delitos contra a humanidade. Em 2020, em caso envolvendo ação civil pública do MPF contra delegados de polícia por práticas de tortura, desaparecimento e homicídio de dissidentes políticos no regime militar, o Superior Tribunal de Justiça decidiu no mesmo sentido, considerando que (i) a "reparação civil de atos de violação de direitos fundamentais cometidos no período militar não se sujeita à prescrição"; (ii) a "Lei de Anistia não alcança sanções administrativas ordinárias, não fundadas em atos de exceção, institucionais ou complementares" e (iii) não se pode invocar a Lei da Anistia brasileira para impedir o fornecimento dos dados sobre identificação e lotação de servidores públicos (STJ, Recurso Especial n. 1.836.862, rel. Min. Og Fernandes, 2ª T., j. 22-9-2020, *DJe* 9-10-2020).

- Colindres Schonenberg *vs.* El Salvador (sentença de 4-2-2019)

Trata-se da violação dos direitos à proteção judicial e à permanência em cargo público em condição de igualdade, em razão da destituição do Sr. Colindres Schonenberg do cargo de magistrado do Tribunal Supremo Eleitoral por parte da Assembleia Legislativa, sem que houvesse previsão legal ou procedimento previsto para tal ato. Contudo, apesar das ações de amparo interpostas pelo magistrado, não foi realizada uma revisão judicial efetiva, de forma a violar o direito ao devido processo legal e à proteção judicial.

- Villa Señor Velarde e outros *vs.* Guatemala (sentença de 5-2-2019)

Trata-se das ameaças sofridas pela Sra. Velarde e seus familiares quando exercia a função de juíza na Guatemala e dos efeitos gerados em sua independência funcional e direito à integridade pessoal. A Corte afastou a responsabilidade internacional do Estado pelas ameaças sofridas, bem como pela violação do direito à honra e à intimidade da magistrada. Apenas foi considerado violada a obrigação de meio de investigar e punir as ameaças sofridas, pela ausência de uma investigação efetiva.

- Muelle Flores *vs.* Peru (sentença de 6-3-2019)

Trata-se de reconhecimento da responsabilidade internacional do estado pela violação do direito a tutela jurisdicional e proteção judicial efetiva, em razão da demora prolongada em garantir o direito à segurança social de pessoa idosa, em clara situação de vulnerabilidade, o que gerou efeitos na sua qualidade de vida e garantia de direito à saúde. A Corte reconheceu, pela primeira vez, de forma autônoma a violação do direito à segurança social com fundamento na proteção progressiva de direitos econômicos, sociais e culturais previstos no art. 26. No mais, a Corte analisou o impacto das privatizações na proteção de direitos humanos.

- Arrom Suhurt e outros *vs.* Paraguai (sentença de 13-5-2019)

Trata-se de caso sobre o desaparecimento, violação da integridade física, tortura e detenção ilegal de dois membros da organização *Patria Libre* do Paraguai. A Corte entendeu que o Estado não violou a Convenção Americana, em razão da ausência de provas para concluir que as supostas vítimas teriam sido privadas de liberdade por agentes estatais ou com sua aquiescência, argumentando que não se tratava de um contexto sistemático de desaparecimento forçado e perseguição política como em outros casos já analisados pela corte. Do mesmo modo, a Corte afastou a responsabilidade internacional pela ausência de devida diligência nas investigações ou de violação da integridade pessoal dos familiares. Após essa decisão, o Ministro da Justiça e Segurança Pública Sérgio Moro, em julho de 2019, indeferiu recurso de Juan Arrom, Anuncio Martí e Víctor Colmán, ex-líderes do Partido Pátria Livre (PPL), cujo estatuto de refugiados (reconhecido em 2003) havia sido cancelado por decisão do CONARE (Comitê Nacional para os Refugiados – ver abaixo).

- Álvarez Ramos *vs.* Venezuela (sentença de 30-8-2019)

A Corte IDH reconheceu que o uso da Justiça Penal para responsabilizar um jornalista pela publicação de artigo de opinião sobre irregularidades cometidas por funcionários públicos do governo viola o direito à liberdade de expressão, à participação política, às garantias judiciais e ao direito a um recurso efetivo. No caso, após a publicação de artigo, o jornalista Álvarez Ramos foi condenado por difamação agravada e continuada e além da pena de prisão foi inabilitado politicamente. Nessa oportunidade, foi reafirmada a jurisprudência de que a (i) responsabilidade ulterior pelo exercício da liberdade de expressão deve ser prevista em lei; (ii) deve a lei possuir um interesse legítimo e ser (iii) necessária em uma sociedade democrática, ressaltando que discursos protegidos pelo (iv) interesse público não podem ser abarcados pela responsabilidade penal.

- Gorigoitía *vs.* Argentina (sentença de 2-9-2019)

Tratou-se da violação dos artigos 8º e 25 da CADH (devido processo legal e do direito a um recurso efetivo) pela Argentina no processo criminal que condenou o Sr. Gorigoitía a 14 anos de prisão por homicídio, determinando a necessidade de reforma legislativa do procedimento penal. A Corte IDH considerou que o direito a um recurso efetivo (não ilusório ou meramente formal) requer a possibilidade de um juiz/tribunal superior reanalisar questões fáticas (probatórias) e jurídicas nas quais se fundamentaram a sentença impugnada, o que foi obstaculizado pelo Tribunal argentino que rechaçou o recurso por demandar revisão do critério de valoração probatória da sentença de primeiro grau.

- Romero Feriz *vs.* Argentina (sentença de 15-10-2019)

O Sr. Romero Feriz foi detido acusado de uma série de delitos de administração fraudulenta e peculato e teve sua prisão preventiva prolongada, excedendo o prazo previsto pela autoridade judicial para sua manutenção. A Corte IDH entendeu que a Argentina violou o direito ao devido processo legal, a presunção da inocência e a liberdade pessoal em razão da detenção ilegal e arbitrária. Estabeleceu ainda critérios para que a prisão cautelar não seja arbitrária: i) pressupostos materiais da existência de fato ilícito com indícios de autoria; ii) as medidas cumpram com o teste de proporcionalidade, ou seja, a medida deve ser legítima (compatível com a CADH); idônea para cumprir sua finalidade, necessária em uma sociedade democrática e estritamente proporcional; iii) a decisão deve ser motivada e adequada as condições assinaladas anteriormente. Considerou ainda que as únicas finalidades compatíveis com a CADH da prisão preventiva estão relacionadas (i) ao desenvolvimento eficaz do processo, como o (ii) perigo de fuga do processo ou (iii) obstrução do procedimento penal. Reiterou seu posicionamento de que a gravidade do delito *não* é suficiente para manutenção da prisão preventiva e que os argumentos utilizados pelo Judiciário argentino para fundamentar o perigo de fuga eram *inidôneos*, pois não se basearam em *critérios objetivos*, mas apenas suposições e argumentos abstratos não atrelados às particularidades do caso.

- Asociación Nacional de Cesantes y Jubilados de la Superintendencia Nacional de Administración Tributaria (ANCEJUB-SUNAT) *vs.* Peru (sentença de 21-11-2019).

O caso trata do *direito* à *seguridade social* de 598 membros da ANCEJUB-SUNAT. A demora prolongada – 27 anos – do Estado em cumprir a sentença que reconhecia os direitos previdenciários dos membros da associação, deixando de adotar medidas necessárias para implemento da decisão favorável aos pensionistas e informá-los sobre seus direitos implicou em uma violação ao direito ao devido processo legal e à proteção judicial (arts. 8 e 25 da CADH). Para a Corte IDH, o prazo razoável deve ser analisado a partir do caso concreto, de modo que o não cumprimento da decisão se deu devido à falta de clareza de quem era a autoridade competente, a necessidade de iniciar novos trâmites administrativos pelas vítimas e a falta de pagamento dos valores determinados. Foi estabelecida pela Corte uma *relação* entre o *direito* à *seguridade social* e o exercício de outros direitos, em especial o *direito* à vida digna e à *propriedade*, especialmente em relação às pessoas idosas. Definiu elementos que compõem o direito à seguridade social: (i) disponibilidade; (ii) riscos e imprevistos sociais; (iii) nível suficiente de recursos; (iv) acessibilidade e (v) sua relação com uma série de direitos. Mais uma vez, a Corte entendeu que o direito à seguridade social é um *direito autônomo*, derivado do artigo 26 da Convenção Americana e das disposições das normas econômicas e sociais da Carta da OEA. Reforçou que os Estados devem adotar medidas positivas para ajudar os indivíduos a acessar esse direito, tendo aspectos de exigibilidade imediata e outros progressivos.

- Hernández *vs.* Argentina (sentença de 22-11-2019)

Tratou-se da violação do direito à integridade pessoal, à liberdade pessoal, à presunção de inocência e às garantias judiciais do Sr. Hernandez em razão do contexto de encarceramento, no qual contraiu meningite TBC associada à falta de atendimento médico e à superlotação. A

Corte IDH entendeu que o Estado foi omisso ao manter uma pessoa privada de liberdade em condições degradantes sem acesso a um tratamento de saúde com qualidade, disponibilidade e acessibilidade, mesmo após diversas solicitações da genitora de prestação de atendimento médico, violando os arts. 5º e 26 da CADH. Assim, estabeleceu um vínculo entre violações decorrentes da temática penal (encarceramento) com a proteção de direitos econômicos, sociais e culturais. Reiterou ainda sua jurisprudência sobre os critérios restritivos que autorizam a decretação de prisão preventiva, entendendo que a prisão cautelar do Sr. Hernandez violou o direito à liberdade (legalidade), pois não foram verificados indícios mínimos de responsabilidade no cometimento do delito, bem como não havia um fim legítimo, de modo que significou, no caso concreto, *uma antecipação de pena*. Assim, houve clara violação dos arts. 7, 8, 25, pois não foi garantido o devido processo legal e acesso aos recursos efetivos, em especial no que tange aos pedidos de tratamento de saúde. Por fim, a Corte IDH considerou que a genitora do Sr. Hernandez também deveria ser considerada vítima no caso pelas incertezas, dores e angústias decorrentes das condições de encarceramento do filho sem qualquer atenção médica.

- López e outros *vs.* Argentina (sentença de 25-11-2019)

    No caso, a Corte IDH considerou que violações de direitos humanos decorrentes do encarceramento não só afetam a pessoa privada de liberdade, mas também seus familiares. Analisou a importância do princípio da não transcendência da pena. Considerou que a Argentina violou o direito à integridade pessoal e as finalidades da pena de reforma e readaptação do condenado, quando atuou de forma arbitrária e abusiva ao transferir três homens privados de liberdade das penitenciárias próximas de sua cidade de origem para locais distantes de *800 km a 2000 km de seus familiares, advogados e juízes de execução da pena*. Isso gerou um efeito psicológico nas pessoas privadas de liberdade e dificultou os contatos familiares e com advogados. Com efeito, determinou que houve clara violação ao direito à vida privada e à família dessas pessoas presas, bem como violação do direito à defesa e à proteção judicial, pois mesmo após recursos e *habeas corpus* exigindo o controle judicial das decisões de transferência, esses três homens permaneceram presos longe de familiares. Considerou que a administração penitenciária *não* pode dispor de poder discricionário para realizar transferências conforme sua conveniência, devendo buscar um fim legítimo, necessário, idôneo e proporcional.

- Jenkins *vs.* Argentina (sentença de 26-11-2019)

    A Corte IDH no caso em tela reafirmou sua jurisprudência sobre o controle judicial da prisão preventiva, destacando a importância de estabelecer critérios para restringir sua aplicação. Assim, a Argentina foi responsabilizada internacionalmente pela prisão preventiva prolongada do Sr. Jenkins por tráfico ilícito de entorpecentes, sem acesso a um recurso efetivo. Entendeu que a inaplicabilidade da legislação relacionada aos prazos máximos de prisões preventivas para delitos de tráfico de drogas implicava em tratamento desigual entre pessoas presas preventivamente, de modo a não se justificar a partir dos critérios de idoneidade, necessidade e proporcionalidade. Utilizou-se, ainda, dos parâmetros já elencados em casos anteriores para analisar a violação do prazo razoável da prisão preventiva: i) complexidade do assunto; ii) atividade processual do interessado; iii) conduta das autoridades judiciais; iv) afetação gerada na situação jurídica da vítima.

- Comunidades Indígenas membros da Associação Lhaka Honhat (Nossa Terra) *vs.* Argentina (sentença de 6-2-2020)

    O caso trata da violação da propriedade coletiva de 132 comunidades indígenas da Argentina, sendo paradigmático pelo fato de a Corte IDH, pela primeira vez, abordar diretamente a violação do art. 26 da CADH em razão dos impactos da ação estatal no direito ao meio ambiente sadio, associada a violação de direitos culturais, alimentação adequada e acesso à água. Durante 28 anos as comunidades indígenas reivindicaram a propriedade de lotes de terra, tendo ao longo do tempo o Estado dificultado e obstaculizado seu acesso definitivo e a segurança jurídica necessária para proteção do território tradicional. A Corte IDH, no caso em tela, reafirmou sua jurisprudência sobre o direito à propriedade coletiva das comunidades indígenas derivada do art. 21 da CADH, a qual reconhece a relação transcendental do povo indígena com a terra. Deve ser garantida sua participação direta e consulta efetiva em relação a todas as atividades/medidas que possam afetar a integridade de suas terras e recursos naturais. Como dito anteriormente, esse é o primeiro caso que a Corte analisou de forma autônoma os direitos econômicos sociais, culturais e ambientais (DESCA) das comunidades indígenas, a partir da violação do art. 26 da CADH. Ademais, as reparações foram organizadas de forma diferenciada, buscando reparar a violação dos DESCA como de participar da vida cultural, do acesso ao meio ambiente sadio e direito à água, a exemplo da realização de estudo para identificar situações críticas de falta de agua potável e alimentação, formulando plano de ação para atender essas situações e da abstenção de realizar obras e empreendimentos no território indígenas que possam afetar a sua existência e o uso da terra, sempre consultando as populações afetadas.

- Azul Rojas Marín e outra *vs.* Peru (sentença de 12-3-2020)

O caso se relaciona ao contexto de violações de direitos da população LGBTQI no Peru cometidos por agentes estatais, incluindo a polícia nacional. Azul Rojas no momento de sua detenção se identificava como homem gay e atualmente se identifica como mulher. Durante todo o período da prisão foi insultada pela sua orientação sexual, desnudada forçadamente, além de ter sido vítima de agressões físicas, tortura e violência sexual. Após mais de 10 anos dos fatos, os autores de tais condutas não foram responsabilizados. A Corte reafirmou sua jurisprudência sobre o *direito à igualdade e não discriminação derivadas de orientação sexual e identidade de gênero*, considerando que a violência contra pessoas LGBTQI tem um aspecto simbólico e comunica uma mensagem de exclusão e subordinação. Foi reconhecida a violação do direito à liberdade pessoal, devido processo legal e proteção judicial; integridade física e vida privada, em razão da detenção ilegal para fins de identificação e sem motivo idôneo, resultando na verdade de um tratamento discriminatório pela expressão de gênero da vítima, o que é incompatível com a CADH. Considerou ainda que a sistematicidade e a intencionalidade da violência cometida contra a vítima, inclusive por razões discriminatórias, constituiu uma prática de tortura. Entre as medidas de reparação, destaca-se a adoção de um protocolo de investigação e administração da justiça em processos penais de pessoas LGBTQI vítimas de violência e exclusão do indicador "erradicar homossexuais e travestis" dos planos de segurança cidadã das cidades do Peru.

- Spoltore *vs.* Argentina (sentença de 9-6-2020)

Trata-se de caso paradigmático no qual a Corte reconheceu a violação de garantias judiciais à proteção judicial e às condições de trabalho equitativas que assegurem a saúde do trabalhador. O Sr. Spoltore enquanto trabalhava em empresa privada sofreu infartos que o impossibilitaram de exercer atividades laborativas, tendo passado a receber uma aposentadoria por invalidez. Buscou o Judiciário para que fosse indenizado pelo empregador por doença profissional, sem sucesso. A Corte IDH entendeu que houve violação do art. 26 da CADH, pois integra esse artigo o direito à saúde do trabalhador, englobando a prevenção de acidentes e doenças profissionais, de modo que cabe ao Estado garantir condições de trabalho equitativas e satisfatórias, bem como o acesso à Justiça para buscar reparações em caso de violação desse direito. Por fim, a Argentina reconheceu a violação do direito ao prazo razoável, visto que o processo indenizatório durou mais de 12 anos.

- Roche Azaña e outros *vs*. Nicarágua (sentença de 3-6-2020)

Tratou-se da execução extrajudicial de Pedro Roche Azaña e de lesões corporais a seu irmão, Patrício Roche Azaña, equatorianos que buscavam emigrar aos Estados Unidos. O veículo que os transportava foi interceptado pela Polícia e alvejado por disparos por parte dos agentes, levando à morte de Pedro e ferimentos em Patrício. Foram denunciados por homicídio doloso e lesões corporais dolosas e submetidos ao Tribunal do Júri cinco agentes, que acabaram absolvidos cabalmente. Não há recurso previsto na legislação local para impugnar sentenças absolutórias do Tribunal do Júri. A Corte considerou a especial vulnerabilidade dos migrantes, que foi fundamental na ausência de participação no processo (Patrício retornou ao Equador cinco meses depois dos fatos, ocorridos em 1996). Por isso, não se garantiu de forma efetiva sua participação no processo, coadjuvando o Ministério Público, tendo sido violado seu acesso à justiça penal. Em relação à falta de motivação do veredito dos jurados, a Corte entendeu que não há modelo único interamericano de processo penal, sendo que a falta de motivação expressa *não* vulnera em si a CADH, pois corresponde à essência do sistema do júri (parágrafo 95). Quanto à ausência de recurso *contra* a absolvição, diferentemente da Comissão IDH (que considerou tal falta de recurso violação do direito de acesso à justiça), a Corte IDH não adotou nenhuma posição (eventual violação do direito ao acesso à justiça) porque a falta de participação de Patrício e dos familiares de Pedro já demonstravam a violação do acesso à justiça e a consagração da impunidade, 24 anos após os fatos (parágrafo 96). Na determinação das reparações, a Corte indeferiu o pedido da Comissão IDH de reabertura das investigações e de um novo processo, apontando, *singelamente*, que "devido às particularidades do caso", a reabertura do processo penal não procedia (parágrafo 111), mas assegurou que o sofrimento causado seria levado em consideração nas indenizações (a Corte determinou o pagamento de 80 mil dólares de dano moral pelo homicídio de Pedro e 65 mil dólares pelas lesões de Patrício). No Brasil, o Supremo Tribunal Federal (STF) deve ainda decidir se o Acusador pode apelar e o tribunal de segunda instância pode determinar a realização de novo júri, caso a absolvição do réu tenha ocorrido ofendendo a prova dos autos (como veremos na **Parte IV**, item 23.5 deste *Curso* – STF, Recurso Extraordinário com Agravo n. 1.225.185 – Tema 1.087 – repercussão geral – em trâmite em agosto de 2024).

- Paola Guzmán Albarracín e outras *vs*. Equador (sentença de 24-6-2020)

Tratou-se da violação dos artigos 4, 5, 8, 11, 19, 24 e 25 em relação ao 1.1 da CADH, bem como do art. 13 do Protocolo de San Salvador e do artigo 7 da Convenção do Belém do Pará em decorrência da violência sexual sofrida pela adolescente *Paola Guzman* no âmbito educativo estatal, cometida pelo vice-reitor do colégio onde estudava. Tal violência implicou no suicídio da menina, bem como não houve medidas estatais para reparar tais violações, afetando a integridade pessoal de sua irmã e genitora. A Corte IDH considerou que meninas devem viver livres de violência, tendo preservados seus direitos à vida privada, à liberdade e à integridade pessoal, com base nas disposições da Convenção do Belém do Pará e do artigo 19 da CADH sobre os direitos das crianças. Considerou que a violência praticada contra mulheres pelo fato de serem mulheres é uma forma de discriminação. Tratou-se, assim, de uma discriminação em forma interseccional, na qual diversos fatores de vulnerabilidade e risco de discriminação como idade e género se articularam. Ademais, destacou que as violências praticadas contra a adolescente afetaram de maneira desproporcional seu direito à educação, sendo que os Estados devem adotar medidas para prevenir violações de direitos de crianças no decorrer de seus processos educativos. Considerou que as autoridades tiveram uma tolerância institucional com a situação, aproveitando-se da situação de vulnerabilidade da menina para culpabilizá-la e estigmatizá-la, dificultando inclusive a responsabilização do vice-reitor. Por fim, reiterou sua jurisprudência sobre a necessidade de investigar com devida diligência estrita violências praticadas contra meninas, ressaltando a importância da celeridade nesses processos para que se conheça a verdade e coloque um fim nas humilhações e estigmas (pela fuga do vice-reitor, a ação penal foi tida, após, como prescrita – a Corte, contudo, em apenas seis linhas, rejeitou sem maior fundamentação o pedido para reabrir o processo penal – parágrafo 222). Mais do que isso considerou que o julgamento incorporou uma série de preconceitos de gênero, avaliando a conduta da vítima e mobilizando estereótipos. Entre as reparações determinadas pela Corte destaca-se a detecção de casos de violência sexual contra crianças no âmbito educativo e a capacitação de profissionais nas escolas sobre a prevenção dessas situações.

- Valle Ambrosio e outro *vs*. Argentina (sentença de 20-7-2020)

O caso refere-se ao direito ao duplo grau de jurisdição na Argentina, que já foi objeto de apreciação da Corte em outros casos (por exemplo, Gorigoitía *vs*. Argentina; Mendoza e outros *vs*. Argentina). No caso, as vítimas, Valle Ambrosio e Domínguez Linares foram condenados pelo Nono Tribunal Criminal de Córdoba a três anos e seis meses de prisão pelo crime de fraude. Contudo, o código processual da província limitava o recurso de cassação somente a erros substantivos quanto processuais na aplicação da lei, não sendo possível a revisão dos fatos apurados. Não há o efeito devolutivo pleno, impedindo uma revisão abrangente pelo Tribunal *ad quem*, em violação ao direito de recorrer da sentença previsto no artigo 8(2)(h) da Convenção Americana. Esses casos são relevantes para o Brasil, que, ao prever os julgamentos criminais originários em Tribunais (pelo foro por prerrogativa de função), acaba impedindo o gozo do direito a um recurso amplo e efetivo por parte dos indivíduos (que contarão, no máximo, com o recurso especial e o recurso extraordinário – se a condenação originária for no STJ, somente o recurso extraordinário).

- Urrutia Laubreaux *vs*. Chile (sentença de 27-8-2020)

Tratou-se da punição imposta em 2004 pelo Judiciário do Estado réu ao magistrado UrrutiaLaubreax por ter elaborado monografia acadêmica, em curso de especialização, que defendia a adoção de medidas de reparação por atos imputados ao Poder Judiciário durante a ditadura militar chilena. Foi-lhe imposta uma censura por escrito, uma vez que seu trabalho acadêmico teria sido uma manifestação abusiva contra seus superiores hierárquicos. Em 2018, a Corte Suprema chilena anulou a condenação (que já havia sido transformada em advertência privada, mas inserida na sua ficha funcional). Para a Corte IDH, apesar da anulação, a manutenção da sanção por 14 anos afetou a carreira da vítima, sendo clara violação à sua liberdade de expressão (art. 13 da CADH). Também foram detectadas falhas no procedimento sancionatório: houve a participação de ministros que haviam se manifestado sobre o trabalho acadêmico e ainda remetido ao órgão competente para sancioná-lo, o que comprometeu a imparcialidade do julgamento sancionador, violando também a garantia do devido processo legal da CADH. A falta de clareza do dispositivo utilizado para punir o magistrado ofendeu ainda o princípio da legalidade da CADH. O caso tem relevo para o Brasil no que tange à liberdade de expressão dos membros da magistratura e do ministério público (cuja simetria de tratamento já foi reconhecida pela Corte IDH no "Caso Martínez Esquivia *vs*. Colômbia" e também no que tange a manifestações públicas realizadas por determinados julgadores antes do julgamento sancionatório, o que compromete a imparcialidade.

- Acosta Martínez e outros *vs*. Argentina (sentença de 31-8-2020)

O caso é referente à prisão e subsequente morte do Sr. José Delfín Acosta Martínez em 1996. No caso, os irmãos uruguaios afrodescendentes José Delfín e Ángel Acosta Martinez fundaram o Grupo Cultural Afro e, em virtude de seu ativismo, José Delfín decidiu intervir quando a polícia argentina deteve dois jovens brasileiros na saída de uma discoteca, em Buenos Aires, em

1996. José Delfín foi também preso e na revista ficou comprovado que nenhum dos três portavam armas (a polícia fora chamada por ter recebido "denúncia anônima" sobre pessoa armada na localidade). Mesmo assim, foram presos com base em norma administrativa que previa prisão de pessoas em estado de embriaguez ("Edicto Policial sobre Ebriedad"). Após a prisão, há relatos controvertidos sobre lesões no Sr. José Delfin (teriam sido infligidas pelos policiais ou autoimpostas), o qual veio a falecer. Para a Corte, em uma sociedade democrática, o poder punitivo estatal só pode ser exercido para a proteção de direitos fundamentais de outros, sendo reserva de lei formal. No caso, houve ofensa formal (prisão baseada em ato administrativo) e também material do princípio da legalidade estrita, uma vez que a embriaguez, tal como prevista no "Édito", é punida *per se* sem estar associada a qualquer conduta que possa por em perigo bens jurídicos individuais ou coletivos, sendo assim inconvencional, violando o direito à liberdade (art. 7º da CADH). Além disso, ficou comprovada a arbitrariedade da prisão dos jovens brasileiros e do Sr. José Delfín, pois foi baseada, para a Corte, mais no perfil racial dos três (afrodescendentes) do que em uma verdadeira suspeita de prática de crime. Por isso, além da indenização e outras medidas reparatórias, a Corte condenou a Argentina a implementar treinamento sobre a natureza discriminatória dos estereótipos de raça, cor, nacionalidade ou etnia, assim como o uso do perfil racial na efetuação da prisão pela polícia, e a conscientização do impacto negativo de seu uso sobre as pessoas de ascendência africana. O treinamento para a polícia deve incluir o estudo da sentença da Corte. A Argentina reconheceu sua responsabilidade internacional (somente após sua contestação) pelos fatos e admitiu que o caso em questão não era um evento isolado, mas sim um caso paradigmático sobre a discriminação e estigmatização do coletivo afrodescendente no país. O caso é de relevo para o Brasil, como se viu em caso de flagrante delito por tráfico de drogas j. 2021 no STJ. Para o Relator, Min. Sebastião Reis, a prisão em flagrante delito por tráfico de droga (1,53 g de cocaína) deu-se a partir de presunção racial por parte dos policiais, que avistaram uma pessoa negra parada no meio fio junto a um carro, como se estivesse vendendo ou comprando algo. Para o Ministro, ficou claro que o motivo da aproximação pessoal foi ilícito e ofensivo à igualdade, por ter se baseado em presunção racial (se tratar de pessoa negra). O Relator ficou vencido, não tendo sido reconhecida a ilegalidade do flagrante neste aspecto (STJ, HC 660.930, j. 14-9-2021). O presente caso contra a Argentina torna evidente a inconvencionalidade do uso de estereótipos raciais para justificar a intervenção policial.

- Martínez Esquivia *vs.* Colômbia (sentença de 6 de outubro de 2020)

O caso tratou da demissão da Sra. Martínez Esquivia de seu cargo de Procuradora-Adjunta perante os Tribunais Criminais da Circunscrição de Cartagena. De acordo com a Constituição da Colômbia, a Procuradoria-Geral da Nação (Ministério Público) é organizada hierarquicamente e pertence ao sistema judicial. Há a possibilidade de se nomear, provisoriamente, promotores temporários, que ocupam cargos de carreira, até que haja o provimento definitivo por concurso público. A Sra. Martínez Esquivia foi demitida sem qualquer motivação em 2004, após ter sido nomeada de modo provisório em 1992 (12 anos em regime "provisório"). Para a Corte IDH, tal demissão *violou* a garantia de estabilidade que abrange também os promotores (tal qual os juízes) como agentes públicos de justiça. Além disso, a Corte IDH reconheceu que tal demissão *violou* o direito da Sra. Martínez Esquivia de permanecer em seu cargo sob condições gerais de igualdade. O Tribunal também considerou que o Estado *violou* o direito à proteção judicial porque nenhuma das vias tentadas pela Sra. Martínez Esquivia era um recurso efetivo para contestar a decisão que a afastou de seu posto. Finalmente, o Estado violou a garantia do devido processo legal em razoável ao tardar quase quatro anos para resolver um recurso no processo trabalhista. O caso é importante porque revela que a independência dos promotores possui regime equivalente a dos juízes, à luz da CADH.

- Casa Nina *vs.* Peru (sentença de 24-11-2020)

Em 1998, o Sr. Julio Casa Nina foi nomeado Procurador (equivalente a membro do Ministério Público; promotor ou procurador) Provincial Adjunto temporário (provisório) da Procuradoria Provincial Mista de La Mar, Distrito Judicial de Ayacucho (Peru). Em 2003, o Ministério Público deu por terminada a segunda nomeação do Sr. Casa Nina, que não possuía prazo predeterminado, justificando tal decisão nas "necessidades do serviço" e na natureza temporária da nomeação de procuradores temporários (provisórios). Em importante precedente para o Brasil, a Corte IDH reiterou que a garantia de estabilidade (no Brasil, vitaliciedade) e inamovibilidade dos juízes, destinada a salvaguardar a sua independência, é aplicável aos magistrados do Ministério Público devido à natureza das funções que desempenham. Caso assim não fosse, comprometeria a independência e a objetividade que são exigidas no exercício da função do *parquet*, em consonância com o artigo 8º da Convenção (garantias processuais). No que respeita aos procuradores (promotores) temporários (provisórios), a Corte IDH decidiu que, durante o seu mandato, devem gozar das mesmas garantias que os procuradores de carreira, uma vez que as suas funções são idênticas e necessitam de proteção igual contra pressões externas, assegurando-se a *independência funcional*. Consequentemente, a Corte IDH especificou que a destituição de um procurador temporário deve ser fundamentada em parâmetros legais (inexistentes à época no Peru) que poderiam ser ocorrência de uma condição resolutiva (por exemplo, realização de um concurso público para preencher as vagas; prazo de mandato) ou (ii) de uma falta disciplinar grave ou falta de condições técnicas à luz de procedimento informado pelo devido processo legal. Nas reparações, a Corte determinou que o Estado réu, num prazo razoável, adaptasse sua legislação interna ao que foi considerado na sentença, no sentido de garantir a estabilidade dos procuradores temporários.

- Cordero Bernal *vs.* Peru (sentença de 16-2-2021)

O caso abordou o término da designação do Sr. Cordero Bernal no cargo de juiz provisório (temporário) do 4º Juizado Penal da Província de Huánuco em 1995, após ter concedido a liberdade a acusado de tráfico ilícito de drogas. O Sr. Cordero Bernal recorreu, mas até mesmo o Tribunal Constitucional do Peru rechaçou sua demanda. Inicialmente, a Corte enfatizou que a independência judicial, indispensável ao devido processo legal, é assegurada pela (a) garantia de estabilidade (no Brasil, vitaliciedade) e inamovibilidade no cargo, (b) por um processo de nomeação adequado, e (c) por ser protegida contra quaisquer influencias ou pressões externas. A estabilidade e inamovibilidade exige que (i) a destituição de juízes do cargo deve ser *exclusivamente* por infrações disciplinares ou comprovada atuação deficiente, devendo ser realizada por meio de procedimento informado pelas garantias judiciais. Porém, admite-se o término das funções de judicatura por escoamento do prazo de mandato. No caso em concreto, na visão da Corte, foram obedecidos tais requisitos e a demanda foi julgada improcedente. Ressalte-se o teor do voto dissidente do Juiz Eduardo Ferrer Mac-Gregor Poisot exigindo a análise do princípio da legalidade quando existentes – em processo administrativo sancionador de imposição de sanção severa. O caso é importante para o Brasil, porque ressalta a proteção à independência dos juízes e membros do ministério público e, ainda, lança luzes sobre o regime jurídico das sanções disciplinares.

- Vicky Hernández e outras *vs.* Honduras (sentença de 26-3-2021)

O caso trata de violações ao direito à vida e à integridade pessoal de Vicky Hernándes, mulher trans, trabalhadora sexual e defensora de direitos das mulheres trans. De acordo com as provas do caso, a vítima trabalhava na rua em 28-6-2009, quando uma patrulha policial tentou prendê-la e a suas colegas – que fugiram. No dia seguinte, o corpo da vítima foi encontrado, tendo a morte sido causada por disparo de arma de fogo. Até a sentença, não houve resultado concreto da investigação criminal. A Corte IDH reconheceu a discriminação estrutural contra as pessoas LGBTIQI+, submetidas a várias formas de violência e violações dos seus direitos humanos, recordando que a orientação sexual e identidade de gênero são categorias protegidas pela Convenção Americana (*vide* a Opinião Consultiva n. 24/17). Consequentemente, o Estado não pode agir de forma discriminatória contra uma pessoa com base na sua orientação sexual, identidade de gênero ou expressão de gênero. Além disso, há um dever adicional do Estado em combater (identificando e punindo os ofensores) a violência contra pessoas LGBTQIA+, pois os ofensores querem transmitir, a toda a sociedade, um mensagem de exclusão, inferiorização ou de subordinação. A violência praticada por razões discriminatórias gera efeito inibidor ao gozo dos direitos humanos, aumentando a discriminação estrutural. Ficou comprovado que o Estado vulnerou o direito à vida e integridade pessoal da vítima (óbvio envolvimento de agentes públicos) bem como o direito de acesso à justiça e o direito à verdade dos seus familiares pela persistente impunidade dos perpetradores. Além disso, o Estado foi condenado pela violação do direito ao reconhecimento da personalidade jurídica, liberdade, vida privada, liberdade de expressão, igualdade e do direito ao nome (artigos 3, 7, 11, 13 e 18 da Convenção Americana), que, em termos mais gerais, consubstanciam o direito à identidade de gênero em virtude de três situações: (a) seu homicídio estar vinculado à identidade de gênero; (b) o fracasso das investigações e (c) o marco jurídico geral de Honduras, que não reconhecia a identidade de gênero da vítima. Finalmente, a Corte IDH reconheceu ser aplicável a Convenção Interamericana para Prevenir, Punir e Erradicar a Violência contra a Mulher ("Convenção de Belém do Pará, 1994) a situações de violência baseada no gênero contra mulheres trans. Houve dois votos contra a existência de violação da Convenção de Belém do Pará (da juíza Elisabeth Odio Benito – Presidenta e do Juiz Eduardo Vio Grossi) por entenderem que a mulher trans não é protegida por aquela Convenção, que se destinaria somente para mulheres determinadas pelo conceito "sexo". Entendo correto o posicionamento da maioria. As mulheres trans são protegidas pela Convenção de Belém do Pará porque são mulheres. Ademais, as mulheres trans estão sujeitas à violência baseada no gênero, que é construção social das identidades, papéis e atributos socialmente atribuídos às mulheres e aos homens, como consta da OC n. 24/17.

- Guachalá Chimbo e outros *vs.* Equador (sentença de 26-3-2021)

Tratou-se do desaparecimento do Sr. Guachalá Chimbo, de 23 anos, em 2004, sob os cuidados de hospital psiquiátrico público para tratamento de epilepsia. A Corte IDH considerou provado que a vítima era pessoa com deficiência, tendo tido vários de seus direitos desrespeitados, a saber: (i) direito à autodeterminação terapêutica, já que não consta que tenha dado seu consentimento informado quanto à internação hospitalar; (ii) direito à saúde, pela falta de tratamento médico de qualidade e acessível, uma vez que foi provada a falta de acesso – pelo alto custo – a medicamentos e pela falta de diagnóstico correto sobre o tipo de epilepsia que lhe acometia; (iii) direito de acesso à justiça e direito à verdade, uma vez que o Estado não adotou as medidas necessárias para descobrir (até a data da sentença!) o paradeiro da vítima. Esse caso soma-se ao Caso Damião Ximenes como representativo dos direitos das pessoas com deficiência na jurisprudência da Corte IDH.

- Ríos Avalos e outro *vs.* Paraguai (sentença de 19-8-2021)

No Paraguai, a Constituição permite que os ministros da Corte Suprema de Justicia (Suprema Corte de Justiça, composta por nove ministros) sejam destituídos em um juízo político (*impeachment*) a ser apreciado pelo Poder Legislativo, por mal desempenho de suas funções, por delitos cometidos no exercício do cargo e por delitos comuns. Cabe a acusação à Câmara dos Deputados (maioria de dois terços) e o julgamento pela Câmara de Senadores (aprovação do *impeachment*). O presente caso tratou do processo de *impeachment* contra os então ministros da Suprema Corte de Justiça, Fernández Gadea e Ríos Avalos (Presidente do Tribunal na época), a fim de iniciar um processo de *impeachment* contra eles. O processo foi extremamente rápido. Em 18 de novembro de 2003, a Câmara dos Deputados imputou aos acusados diferentes condutas, redundando em 20 imputações, qualificadas como mal desempenho no exercício do cargo. Em 26 de novembro de 2003, o julgamento do *impeachment* começou perante a Câmara de Senadores. Havia ainda outro ministro acusado, que se demitiu antes do fim do processo. Em 12 de dezembro de 2003, a Câmara dos Senadores julgou procedente o *impeachment* em relação a ambos. Houve a propositura de várias ações por parte das vítimas contra tal situação, mas vários juízes do Supremo Tribunal, bem como membros de outros tribunais, recusaram-se a atuar. Somente em 30 de dezembro de 2009 (seis anos após o julgamento político), a Sala Constitucional do Supremo Tribunal de Justiça pronunciou-se a favor das vítimas, ordenando a reintegração delas aos seus cargos. Porém, logo em seguida, em 2 de janeiro de 2010, o Congresso Nacional emitiu a Resolução n. 1, pela qual repudiou tais decisões judiciais, advertindo os ministros da Suprema Corte de Justiça sobre a possibilidade de serem eles próprios submetidos também ao processo de *impeachment*. Quase que imediatamente, a Suprema Corte de Justiça revogou as decisões favoráveis às vítimas. Ponto importante anotado pela Corte IDH é que nessa última decisão judicial desfavorável votaram aqueles que antes haviam se recusado a apreciar o feito. O caso é extremamente importante para o Brasil, uma vez que recentemente houve o protocolo do pedido de *impeachment* do Ministro Alexandre de Moraes (STF) feito pelo próprio Presidente da República Jair Bolsonaro. Para a Corte IDH, o juízo político contra autoridades judiciais (ainda é importante esperar a posição da Corte IDH sobre o *impeachment* contra as autoridades do Poder Executivo) não pode ser arbitrário e se submete às garantias processuais da CADH. Assim, quando o *impeachment* é instaurado contra autoridades judiciais, o controle parlamentar deve se basear em (i) razões jurídicas e ser exercido de acordo com (ii) garantias processuais, não podendo o julgador parlamentar atuar por conveniência, oportunidade ou por razões políticas. Assim, há crivo jurídico sobre (i) a conduta imputada; (ii) sobre o julgador político (é imparcial?) e (iii) sobre o procedimento (observou as garantias processuais? sofreu o crivo judicial, caso acionado?). A Corte IDH julgou inadmissível que o processo de *impeachment* tenha sido resultado das decisões judiciais exaradas pelas vítimas, uma vez que tal situação amesquinha a independência judicial e, com isso, viola a garantia do devido processo legal (art.8.1) prevista na CADH. Essa restrição ao controle político do parlamento sobre o Poder Judiciário reforça a separação das funções do poder e preserva o Estado de direito. Além disso, ficou provado que os julgadores parlamentares não eram imparciais, tendo ocorrido um acordo político entre os Senadores e não havia possibilidade de impugná-los por parcialidade. Essa exigência de imparcialidade do julgador parlamentar é dado importante e que possivelmente revolucionaria o julgamento de *impeachment* no Brasil. Quanto ao descumprimento da ordem de retorno ao cargo e sobre a ameaça aos ministros que a concederam, a Corte IDH reconheceu que houve grave ofensa à independência do Judiciário e à proteção judicial das vítimas. Finalmente, em face da incrível delonga (mais de 6 anos) para apreciar os recursos das vítimas, a Corte decidiu que houve violação do devido processo legal em prazo razoável. Ao final, como uma das vítimas havia morrido (Sr. Fernández Gadea) e como não havia vaga na composição atual da Corte paraguaia, a Corte IDH desistiu de ordenar a reintegração do Sr. Ríos Avalos. Por essa razão, o Estado deve pagar-lhe uma compensação financeira.

- Mergulhadores Misquitos (Lemoth Morris e outros) *vs.* Honduras (sentença de 31-8-2021)

Trata-se de homologação de acordo ("solução amistosa") entre os representantes dos misquitos (povo indígena cujo território foi dividido entre Honduras e Nicarágua) e Honduras (Estado réu). Os fatos imputados referem-se à situação de extrema pobreza de aproximadamente 40 mil indígenas, com altos índices de analfabetismo, falta de energia, serviço de saneamento, desnutrição, desemprego, entre outros. Uma das poucas alternativas de emprego formal era a pesca por meio de mergulho de profundidade (com cilindro), levando aos mais diversos tipos de acidentes dos mergulhadores misquitos pela falta de cumprimento de regras de segurança laboral por parte das empresas contratantes. A Corte analisou a situação de 42 vítimas, com 7 mortos. Apesar da Corte não poder julgar empresas (só Estados podem ser réus), foi feita menção à responsabilidade das empresas pelo respeito aos direitos humanos e ao dever dos Estados de adotar medidas de prevenção ou repressão a atos de terceiros (particulares) que violem os direitos de outros (eficácia horizontal dos direitos humanos). Foram utilizados os Princípios Orientadores sobre Empresas e Direitos Humanos e aos seus três pilares ("proteger", "respeitar" e "reparar"), mas ressaltou-se o papel central do Estado na sua obrigação de garantir os direitos humanos, exigindo que as empresas tenham a) políticas adequadas para a proteção dos direitos humanos; b) processos de *due diligence* para a identificação, prevenção e reparação de violações dos direitos humanos, bem como para garantir trabalho decente e digno; e c) processos que permitam à empresa reparar as violações dos direitos fruto de suas atividades, especialmente quando afetam pessoas que vivem em situação de pobreza ou que pertencem a grupos em situações de vulnerabilidade. A Corte reconheceu violação direta do art. 26 da CADH por meio da ofensa ao direito ao trabalho decente, que é aquele realizado com condições justas, equitativas (proibição de discriminação) e com respeito à segurança, previdência social, saúde do trabalhador, entre outras. Tal direito foi reconhecido pelo *corpus iuris* internacional composto pela Carta da OEA (art. 45; direito ao trabalho) e convenções da OIT. Outro ponto importante foi o reconhecimento do direito à seguridade social como direito protegido pelo art. 26 da Convenção Americana de Direitos Humanos, tendo sido citado, novamente, como vetor hermenêutico o art. 45 da Carta da OEA.

- Caso Cuya Lavy e outros *vs.* Peru (sentença de 28-9-2021)

Trata-se de caso referente a diversas violações do devido processo legal e do acesso à justiça em desfavor de dois juízes e dois promotores peruanos, durante o curso de procedimento administrativo de avaliação e confirmação nos seus respectivos cargos (após 7 anos, os juízes e promotores devem ser avaliados e confirmados no cargo – art. 154 da Constituição peruana) perante o "Conselho Nacional da Magistratura" daquele país. A Corte reafirmou a necessidade de garantias que assegurem a independência judicial e do Ministério Público (entre elas, a estabilidade e a inamovibilidade). Só podem perder o cargo por (i) faltas graves ou (ii) incompetência e, ainda, no processo de destituição é exigido: a) o dever de motivação da decisão; b) o dever de conhecer a acusação; c) o direito de ter tempo e meios adequados para a defesa. Também é exigido do Estado, em face dos direitos políticos das pessoas de aceder aos cargos públicos em condições de igualdade, que os procedimentos de nomeação, promoção, suspensão e destituição de servidores públicos devem respeitar critérios objetivos e razoáveis.

- Caso Vera Rojas e outros *vs.* Chile (sentença de 1-10-2021)

A Corte IDH abordou, no caso, a temática da responsabilidade das empresas em relação ao respeito aos direitos humanos, para a promoção do direito à saúde e do direito à vida com dignidade de uma criança. Ao completar um ano de idade, Sra. Martina Veras Rojas foi diagnosticada em 2007 com Síndrome de Leigh, uma doença progressiva que gera uma série de sequelas neurológicas e musculares. O genitor de Martina, o Sr. Ramiro Vera, contratou um seguro de saúde privado com cobertura especial para doenças raras, o que permitiu que a criança tivesse um tratamento domiciliar com a mesma complexidade, intensidade e duração. Contudo, em 2010, o seguro de saúde decidiu extinguir a possibilidade do tratamento da doença crônica na residência. Os genitores de Martina tiveram que acionar a Superintendência de Saúde, assim como uma série de instâncias judiciais para garantir o direito de assistência médica domiciliar. Ademais, tiveram custos no período em que esse direito foi suspenso pela operadora do plano de saúde. Para a Corte, os serviços de saúde infantil voltados aos cuidados e reabilitação de crianças com deficiência são essenciais. A responsabilidade do Estado em relação ao direito à saúde foi definida a partir dos parâmetros do dever de prevenção. Por essa razão, a Corte entendeu que caberia ao estado, por conta do dever de proteção à vida e à integridade pessoal, fiscalizar e regular toda assistência de saúde, inclusive se prestada por entidades privadas. Assim, considerou que as dificuldades para garantir o tratamento de saúde de Martina resultou em uma violação do direito à vida, vida digna, integridade pessoal, infância, saúde e segurança social. Reconheceu, ainda, que os pais de Martina tiveram o direito à integridade pessoal afetado pelo sofrimento adicional decorrente das omissões de fiscalização do Estado. Entre as medidas reparatórias, para além da garantia ao tratamento de médico, psicológico que Martina possa precisar no futuro, determinou que fossem adotadas medidas legislativas ou outras para garantir que o Defensor/a da Infância, quando for o caso, em todos os processos perante a Superintendência de Saúde, ou em processos judiciais, nos quais os direitos das crianças possam ser afetados por ações de seguradoras de saúde privadas. Caso paradigmático e importante para o Brasil, por envolver violações causadas por operadora de plano de saúde privada em contexto de omissão do Estado.

- Caso dos Povos Indígenas Maya Kaqchikel de Sumpango e outros *vs.* Guatemala (sentença de 6-12-2021)

É o primeiro precedente da Corte IDH voltado à liberdade de expressão – na sua dimensão coletiva e individual (art. 13 da CADH) – dos povos indígenas, bem como a seus direitos de participação na vida cultural (direitos culturais; art. 26 da CADH). Tratou-se da impossibilidade de quatro comunidades indígenas na Guatemala de exercer livremente sua liberdade de expressão e direitos culturais por meio de rádios comunitárias. Para a Corte, o acesso dos povos indígenas a rádios comunitárias constitui veículo fundamental da liberdade de expressão e componente indispensável para promover a identidade cultural dos povos originários. A Guatemala violou tais direitos por ter fixado um marco regulatório de aquisição de radiofrequências baseado no leilão público com preço mais alto como único critério de adjudicação. Assim, "ao invés de promover uma pluralidade de vozes através de mecanismos que garantem a diversidade da mídia, acaba criando indiretamente espaço para apenas um tipo de rádio – a rádio comercial com fins lucrativos" (§ 142). Houve discriminação indireta e violação do direito à igualdade (art. 24 da CADH) pelo impacto desproporcional de tal regulação (aparentemente neutro) no exercício da liberdade de expressão dos povos indígenas. Além disso, a persecução penal contra os operadores de rádio sem licença também violou a liberdade de expressão.

- Caso Manuela e outros *vs.* El Salvador (sentença de 2-11-2021 e ainda a sentença de interpretação de 27-7-2022)

O caso aborda a criminalização absoluta do aborto em El Salvador em face da situação da Sra. Manuela, vítima de uma série de violações de direitos previstos na Convenção Americana no âmbito de um processo penal, a qual resultou em sua condenação criminal por homicídio agravado. Em 1998, entrou em vigor um novo Código Penal em El Salvador que *suprimiu* as causas de aborto não puníveis e eliminou a previsão de homicídio atenuado nos casos de infanticídio. Após as mudanças legislativas, uma série de mulheres sofreram criminalizações após emergências obstétricas e abortos espontâneos, o que foi reconhecido por diversos órgãos internacionais de proteção dos direitos humanos como uma violação dos direitos das mulheres. Manuela descobriu sua gestação em fevereiro de 2008, tendo sofrido um acidente doméstico que resultou em um aborto. Após dar entrada para atendimento médico no Hospital Nacional São Francisco Gotera, a médica responsável pelo atendimento apresentou uma notícia criminal em desfavor de Manuela. Para além de responder ao processo presa preventivamente, Manuela foi condenada a cumprir 30 anos de prisão. Dois anos depois de sua condenação, Manuela morreu na prisão em virtude de câncer. A decisão que determinou sua responsabilidade criminal pelo homicídio de seu filho supostamente recém-nascido mobilizou uma série de estereótipos de gênero, inclusive sobre os comportamentos sexuais e reprodutivos da Sra. Manuela. Para a Corte, El Salvador violou os seguintes direitos previstos na CADH: i) liberdade pessoal e presunção da inocência, em razão da ausência de justificativa idônea para prisão preventiva, particularmente em razão da legislação processual que estabelecia uma prisão provisória obrigatória para certos tipos de delitos; ii) violação dos direitos as garantias judiciais, integridade pessoal e a igualdade perante a lei, pois a decisão judicial mobilizou estereótipos de gênero, assim como não se garantiu um direito à defesa efetiva no decorrer do procedimento criminal. No mais, entendeu que as emergências obstétricas, por se tratar de uma condição médica, não podem gerar uma sanção penal e reconheceu que a pena de 30 anos aplicada era desproporcional; iii) violação do direito à vida, integridade pessoal, saúde e à vida privada, uma vez que no Hospital a Sra. Manuela não recebeu um atendimento de saúde adequado, visto que permaneceu algemada em sua cama durante um período da internação mesmo após uma emergência obstétrica, bem como foram reveladas informações protegidas pelo segredo profissional pelos médicos responsáveis pelo seu atendimento. Neste ponto, a Corte considerou que uma série de fatores discriminatórios *estruturais* (caso de discriminação estrutural – § 253) se intersectaram para produzir as violências praticadas contra Manuela, pois era uma mulher com (i) escassos recursos econômicos, (ii) analfabeta e (iii) com residência em uma zona rural, como muitas outras mulheres acusadas da prática de aborto em El Salvador. Por sua vez, considerou-se que a ausência de um atendimento de saúde inicial na prisão impediu a identificação de sua doença (câncer) já no primeiro contato com o Hospital, de modo a ausência de atendimento médico durante o período de encarceramento também resultou em seu falecimento e (iv) violação dos direitos à integridade pessoal dos familiares pelo sofrimento psíquico e moral decorrente do encarceramento, julgamento e morte de Manuela. Entre as medidas de reparação determinadas, destaca-se a capacitação dos funcionários da área da saúde e do judiciário; a adequação da dosimetria da pena do crime de infanticídio; a implementação de programa de educação sexual e reprodutiva, bem como a adoção de medidas para atender mulheres em emergência obstétrica.

- Caso dos ex-trabalhadores do órgão judicial *vs.* Guatemala (sentença de 17-11-2021)

É o primeiro precedente da Corte IDH, em um caso contencioso (ver a Opinião Consultiva n. 27 neste Curso, justamente sobre liberdade sindical, negociação coletiva e greve), no qual foi declarada a violação do *direito de greve e da liberdade sindical de modo autônomo* (ofensa ao art. 26 e, no caso da liberdade sindical, ofensa ao art. 16 da CADH). Tratou-se de litígio laboral envolvendo trabalhadores do Poder Judiciário da Guatemala, que redundou em 65 demissões por participação em movimento grevista considerado ilegal. A greve, em linhas gerais, deve ser considerada lícita, salvo, sob certas condições, no caso de servidores públicos e trabalhadores privados em serviços essenciais. A Corte considerou que as condições para o exercício do direito de greve eram excessivas e, por isso, a ilegalidade foi abusiva. A Corte ainda utilizou as fontes, princípios e critérios do *corpus iuris* internacional, incluindo as Convenções da OIT, as opiniões expressas pelo Comitê de Liberdade Sindical e pelo Comitê de Peritos da Organização Internacional do Trabalho.

- Caso Palacio Urrutia e outros *vs.* Equador (sentença de 24-11-2021)

O caso se insere no contexto de uma série de acusações formais e verbais por parte de representantes do governo de Rafael Correa Delgado contra os jornalistas do jornal *El Universo*.

Tais informações foram submetidas à Corte pela Relatoria de Liberdade de Expressão da Comissão Interamericana de Direitos Humanos. No caso, o Sr. Emílio Palacio Urrutia publicou uma reportagem titulada "Não às mentiras" criticando a possibilidade de o Presidente Rafael Correa conceder um indulto aos responsáveis pelo conflito nos quartéis da Polícia Nacional do Equador que resultou em um enfrentamento entre a polícia e as forças armadas. O Presidente Rafael Correa processou os jornalistas do periódico por injúrias caluniosas, que foram condenados a três anos de prisão e multa. Além disso, determinou-se o pagamento de indenização. Posteriormente, a Corte Nacional de Justiça aceitou o perdão outorgado pelo presidente aos jornalistas. Apesar de reconhecer parcialmente a responsabilidade, a Corte decidiu pela violação ao direito à liberdade de expressão, liberdade pessoal, direito à propriedade, direito à circulação e residência, bem como direito ao trabalho das vítimas. Como medida de reparação, foi determinado que o Equador desenvolvesse *alternativas* ao processo penal para proteger a honra de funcionários públicos em casos relacionados a sua atuação na esfera pública.

- Caso Federação Nacional de Trabalhadores Marítimos e Portuários (FEMAPOR) *vs.* Peru (sentença de 1-2-2022)

    Em 1991, em razão de uma grave crise financeira, 4.090 trabalhadores marítimos e portuários, organizados localmente em sindicatos e afiliados à FEMAPOR, foram demitidos. Estes trabalhavam sob a gestão da Comissão Controladora do Trabalho Marítimo (CCTM). Com a dissolução da CCTM, foi criada uma Comissão de Dissolução responsável por gerir o pagamento dos benefícios e direitos sociais dos trabalhadores. No ano anterior à dissolução da CCTM, a FEMAPOR tinha apresentado um recurso de amparo em favor dos trabalhadores, a fim de garantir o direito ao correto cálculo do adicional das remunerações, o que foi provido pela Justiça. Em primeiro lugar, a Corte entendeu existir uma obrigação reforçada do Estado em cumprir, com maior celeridade, as decisões e sentenças definitivas relacionadas aos direitos de *pessoas idosas* (as vítimas possuíam entre 70 a 90 anos de idade; mais de 800 vítimas já haviam falecido, sem o cumprimento de seus direitos – a média da expectativa de vida no Peru é de 77 anos). Para a Corte, a demora em garantir os direitos sociais e benefícios dos trabalhadores resultou em uma violação do direito ao trabalho, propriedade privada, assim como às garantias judiciais e à proteção judicial. Este caso dialoga com o caso *Poblete Vilches vs. Chile*, visto acima neste *Curso*.

- Caso Pavez Pavez *vs.* Chile (sentença de 4-2-2022)

    Trata-se da responsabilização do Estado pela violação dos direitos à igualdade, não discriminação, liberdade pessoal, vida privada e trabalho da professora Sra. Sandra Pavez Pavez. Isso porque a professora de religião perdeu seu certificado de idoneidade, concedido pela Igreja, para lecionar em decorrência de rumores de sua orientação sexual. Nessa oportunidade, foi indicado que ela deveria se submeter a terapias psiquiátricas para manter-se no cargo de professora. Por conta da revogação, deixou de lecionar religião católica não só em escola pública do Chile, mas em qualquer entidade educacional nacional. Todos os recursos judiciais foram indeferidos e a decisão de restringir seu direito de dar aulas foi mantida. O caso é de extrema importância por entender que, no âmbito da educação pública, a decisão das autoridades religiosas deve estar adequada não apenas ao direito à liberdade religiosa, mas também a outras obrigações vigentes em matéria de igualdade e não discriminação. Para a Corte, a decisão de afastá-la das atividades de professora de religião por conta de sua orientação sexual, além de constituir uma invasão na sua esfera de vida privada, também resultou em um tratamento discriminatório. Entre as medidas de reparação, determinou-se a criança de um plano de capacitação permanente às pessoas encarregadas de avaliar a idoneidade pessoal de docentes.

- Caso Moya Chacón e outro *vs.* Costa Rica (sentença de 23-5-2022)

A Costa Rica foi responsabilizada por violar o direito à livre manifestação dos jornalistas Freddy Parrales e Moya Chacón (art. 13 da CADH). Após publicarem uma matéria no periódico "La Nación" sobre o esquema de contrabando de bebidas envolvendo chefes e oficiais das forças de segurança que atuavam na zona fronteiriça do Panamá, os jornalistas foram condenados a indenizar um dos investigados do esquema. Além de reiterar a jurisprudência da Corte sobre o direito à liberdade de expressão como pedra angular de uma sociedade democrática de direito, o tribunal considerou que a existência do jornalismo investigativo exige garantir um "espaço para margem de erro". Ademais, apontou que não é possível responsabilizar jornalistas que difundem assuntos de interesse público e com base em materiais provenientes de fontes oficiais. Determinou-se, ainda, que a interpretação do Código Civil da Costa Rica no campo da responsabilidade ulterior por violação do direito à honra deve ser realizada de forma compatível com a proteção do art. 13 da Convenção Americana. Por essa razão, conclui que a sanção civil imposta não era proporcional ou atendia a fins legítimos.

- Caso Guevara Díaz *vs.* Costa Rica (sentença de 22-6-2022)

O caso aborda a discriminação vivenciada pelo Sr. Luis Fernando Guevara Díaz, pessoa com deficiência intelectual. Em 2001, o Sr. Guevara Dias foi nomeado para um posto temporário no Ministério da Fazenda. Posteriormente, o Estado abriu um concurso para o posto do Sr. Guevara. Apesar de obter a maior nota nas avaliações, ele não foi selecionado para o cargo. Trocas de ofícios entre funcionários do Ministério da Saúde demonstravam que o Sr. Guevara deixou de ser selecionado exclusivamente em razão de sua deficiência intelectual. Assim, sua atuação no Ministério da Fazenda se encerrou com a exoneração do posto. Os recursos judiciais interpostos para contestar o viés discriminatório do concurso foram todos indeferidos. O Estado da Costa Rica reconheceu a responsabilidade internacional pela violação dos arts. 24 (direito à igualdade), 26 (direitos sociais), 8.1 (devido processo legal) e 25 (acesso à justiça) da Convenção Americana sobre Direitos Humanos (CADH), assim como todos os fatos estabelecidos no relatório de mérito da Comissão Interamericana. Por essa razão, a Corte optou por se manifestar sobre a violação do direito à igualdade e a proibição de discriminação das pessoas com deficiência em relação ao direito ao trabalho. Trata-se de importante caso relacionado ao desenvolvimento de parâmetros de proteção do direito ao trabalho de pessoas em situação de vulnerabilidade, especialmente pelo fato da Corte reconhecer uma obrigação positiva do Estado de promover *medidas de inclusão trabalhista* de *pessoas com deficiência* no *setor público*. Entre as medidas de reparação, para além da restituição do cargo do Sr. Guevara, a Corte determinou a realização de formações e programas de educação dirigidos aos funcionários públicos do Ministério da Fazenda. No seu voto concordante em separado, o Juiz Rodrigo Mudrovitsch defendeu a existência de uma "sociedade aberta de intérpretes da Convenção Americana de Direitos Humanos" (na linha de Peter Häberle), composta pela Comissão IDH, sociedade civil e órgãos nacionais, a qual consolidou a justiciabilidade e a proteção direta dos direitos sociais na CADH (além da proteção indireta).

- Caso Integrantes e Militantes da União Patriótica *vs.* Colômbia (sentença de 27-7-2022)

O caso trata de violações de direitos humanos cometidas em detrimento de mais de seis mil pessoas, que eram membros e militantes do partido político União Patriótica, desde 1984. A Corte IDH entendeu que há uma responsabilidade internacional do Estado da Colômbia por violação de seu dever de respeitar os direitos humanos dos membros e militantes do referido partido e classificou os fatos como um extermínio.

- Caso Benites Cabrera e outros *vs.* Peru (sentença de 4-10-2022)

Trata-se de caso referente à demissão de 184 trabalhadores do Congresso da República do Peru, em 1992, quando este foi temporariamente dissolvido, e foram aprovadas normas que proibiam os trabalhadores de ingressar com recurso para contestar sua demissão. A Corte IDH entendeu violadas as garantias judiciais e a tutela jurisdicional, o direito ao trabalho e os direitos políticos das vítimas.

- Caso Valencia Campos e outros *vs.* Bolívia (sentença de 18-10-2022)

A Bolívia foi condenada no caso, que se refere a uma incursão para investigação de um assalto a uma van de transporte de valores, na qual as forças policiais bolivianas usaram força excessiva e cometeram atos de violência e tortura contra as vítimas, invadiram casas que não constavam em ordens judiciais e detiveram crianças e adolescentes. Nas instalações da polícia técnica judiciária, onde as vítimas foram detidas, as celas não tinham condições adequadas, as vítimas sofreram violência física e verbal e as mulheres foram estupradas. Depois de serem transferidas a presídios, as vítimas continuaram sofrendo violência física e verbal, sendo que uma das vítimas sofreu um aborto e não teve atendimento médico, e outra vítima sofreu um derrame na prisão e morreu no hospital, ao qual só foi transferida horas depois. A Corte IDH entendeu que houve violação do direito à liberdade pessoal, à vida privada, ao domicílio, à proteção da família, do direito à propriedade, da integridade pessoal, da vida, da saúde, da proteção judicial, da honra, da dignidade, do dever de investigar atos de tortura, dos direitos das crianças e dos adolescentes, bem como do direito das mulheres de viver livres de violência e do dever de investigar e punir a violência contra a mulher.

- Caso Brítez Arce e outros *vs.* Argentina (sentença de 16-11-2022)

Sentença na qual a Corte IDH declarou a República Argentina responsável pelas violações dos direitos à vida, à integridade e à saúde, dos direitos à integridade pessoal, garantias judiciais, proteção da família, direitos da criança e proteção judicial em detrimento de Ezequiel Martín Avaro e Vanina Verónica Avaro, filho e filha de Cristina Brítez Arce, que morreu em um hospital público quando estava grávida de 40 semanas. Durante a gravidez, os fatores de risco não foram adequadamente observados no sistema de saúde, e a Corte notou que a gestante sofreu *violência obstétrica*, uma violência de gênero proibida pelos tratados interamericanos de Direitos Humanos.

- Caso Angulo Losada *vs.* Bolívia (sentença de 18-11-2022)

Trata-se de caso apresentado à Corte IDH pela Comissão IDH, em 17 de julho de 2020, por violação dos direitos à integridade pessoal, garantias judiciais, vida privada e familiar, direitos das crianças, igualdade perante a lei e proteção judicial por violação do dever de diligência reforçada e proteção especial para investigar a violência sexual sofrida por Brisa de Angulo Losada. A Corte ressaltou a *ausência* de perspectiva de gênero e infância na tramitação do processo penal e a prática de *revitimização*, a aplicação de legislação penal incompatível com a Convenção Americana, bem como a violência institucional e a discriminação no acesso à justiça por razões de gênero e infância sofridas pela vítima e a violação da garantia do prazo razoável, uma vez que transcorreram mais de 20 anos da violência sexual sem que houvesse sentença transitada em julgado.

- Caso Dial e outro *vs.* Trinidade e Tobago (sentença de 21-11-2022)

Trata-se de condenação por aplicação de pena de morte obrigatória em condenação por assassinato. No caso, a Corte declarou a responsabilidade internacional de Trinidad e Tobago por violação do direito à vida, à liberdade pessoal, a ser informado dos motivos da detenção, violação das garantias processuais por deficiências ocorridas no âmbito do processo penal, à integridade pessoal em virtude de condições de detenção prisional incompatíveis com os padrões convencionais em detrimento dos senhores Kelvin Dial e Andrew Dottin, bem como da violação do direito à proteção da família em detrimento do Sr. Dial.

- Caso Tzompaxtle Tecpile e outros *vs.* México (7-11-2022)

O caso envolve a detenção ilegal e arbitrária de Jorge Marcial Tzompaxtle Tecpile, Gerardo Tzompaxtle Tecpile e Gustavo Robles López por agentes policiais em uma estrada entre Veracruz e Cidade do México, em 12 de janeiro de 2006. As vítimas foram retidas e revistadas sem ordem judicial e sem estarem em flagrante delito, tornando a detenção ilegal e arbitrária. A Corte considerou que a detenção violou diversos artigos da Convenção Americana sobre Direitos Humanos, incluindo o direito à liberdade pessoal, à presunção de inocência, à integridade pessoal e à vida privada. A Corte determinou que as figuras do *arraigo e da prisão preventiva* aplicadas no caso são incompatíveis com a Convenção Americana, destacando que a detenção prolongada e a falta de apresentação das vítimas a uma autoridade judicial foram violações graves dos seus direitos e da presunção de inocência. O Estado mexicano reconheceu parcialmente sua responsabilidade, e a Corte determinou, dentre as medidas de reparação, que o Estado anule, em seu regulamento interno, as disposições relativas ao arraigo pré-processual e adapte seu ordenamento jurídico interno em matéria de prisão preventiva.

- Caso Nissen Pessolani *vs.* Paraguay (sentença de 21-11-2022)

Trata-se de condenação do Estado do Paraguai em razão da violação da garantia de um juiz imparcial, proteção judicial, direito de permanecer no cargo em condições de igualdade e estabilidade no emprego de Alejandro Nissen Pessolani, frutos de sua destituição do cargo de Promotor de Justiça Criminal após processo pela Junta de Julgamento de Magistrados. O então promotor estava investigando tráfico ilegal de veículos roubados que envolveria altos funcionários do setor público, inclusive o então presidente da Junta, quando foi processado e afastado por mau desempenho de suas funções.

- Leguizamón Zaván e Outros *vs.* Paraguai (sentença de 15 de novembro de 2022).

Trata-se da impunidade em assassinato de jornalista. Em mais um caso envolvendo morte violenta de jornalista, a Corte Interamericana de Direitos Humanos (Corte IDH) destacou a necessidade de (i) prevenção e ainda (ii) repressão por meio da adequada investigação, persecução penal e punição dos autores intelectuais e assassinos, bem como (iii) reparação. No caso, a Corte responsabilizou o Paraguai pela impunidade dos autores do assassinato do jornalista Santiago Leguizamón Zaván, ocorrido em 1991, em Pedro Juan Caballero. A Corte determinou que o Estado paraguaio violou o direito à proteção judicial de Zaván e a integridade pessoal de seus familiares (foram também ameaçados), condenando-o a pagar indenizações à sua esposa e filhos. Zaván, que denunciava corrupção, narcotráfico e outras atividades ilícitas, havia sofrido diversas ameaças antes de ser morto. A investigação do assassinato apontou 14 suspeitos, todos brasileiros, mas a falta de pedido de cooperação a tempo ao Brasil resultaram na prescrição do crime e impediram o avanço do processo, resultando em impunidade.

A Corte destacou a falha do Paraguai em adotar medidas adequadas para proteger Zaván, mesmo sabendo dos riscos que ele enfrentava. O tribunal também ressaltou que o assassinato representou um ataque à liberdade de expressão, com impacto significativo na sociedade paraguaia e um efeito intimidatório sobre outros jornalistas. A Corte IDH reafirmou a importância da cooperação jurídica internacional para assegurar o acesso à justiça, o direito à verdade e a proteção dos direitos humanos. Por fim, o Paraguai foi condenado a reconhecer publicamente sua responsabilidade e a implementar medidas para preservar a memória de Zaván.

A prescrição do crime refere-se ao prazo legal máximo dentro do qual uma ação penal pode ser movida ou uma pena pode ser executada. Após o término desse prazo, o Estado perde o direito de punir o autor do crime, resultando na extinção da punibilidade.

No caso em questão, além da prescrição potencial dos crimes no Brasil, houve um problema relacionado à "dupla identidade". Esse conceito exige que o ato criminoso seja considerado delito em ambos os países envolvidos na cooperação jurídica internacional. Para que o Brasil pudesse processar os suspeitos indicados pelo Paraguai, o crime precisava ser reconhecido como tal tanto pelo direito penal paraguaio quanto pelo direito penal brasileiro, e o prazo para a ação penal deveria estar dentro dos limites permitidos por ambas as jurisdições.

No entanto, os crimes estariam hipoteticamente prescritos no Brasil, ou seja, o prazo legal para processá-los já teria expirado. Isso resultou na ausência de dupla identidade, o que é um requisito fundamental para a cooperação penal internacional. Como o crime não poderia mais ser perseguido judicialmente no Brasil devido à prescrição, não havia base legal para o Brasil cooperar com o Paraguai no julgamento dos suspeitos. Assim, a combinação do atraso no envio dos documentos pelo Paraguai e a prescrição dos crimes no Brasil levou à impossibilidade de prosseguir com o caso no âmbito da cooperação internacional penal.

- Caso Baraona Bray *vs*. Chile (sentença de 24-11-2022)

Trata-se de um caso referente ao processo penal e condenação pelo crime de injúria sofridos por Carlos Baraona Bray em decorrência de declarações proferidas sobre a atuação de um senador, na qualidade de funcionário público, sobre seu suposto envolvimento na extração ilegal de lárico, árvore milenar e nativa do Chile. O senador acusado apresentou denúncia criminal contra o denunciante, que foi condenado pelo delito de injúrias graves através das redes sociais, com pena de 300 dias de prisão, multa e suspensão acessória de cargos e ofícios públicos pelo período da pena. A pena foi suspensa, mas o pedido de anulação contra a decisão foi rejeitado pela Corte Suprema do Chile, e posteriormente o processo foi extinto. A Corte IDH considerou que a condição de defensor de direitos humanos deriva do trabalho que realiza, independentemente de que se trate de uma pessoa física ou jurídica, ou de que a defesa seja exercida com respeito aos direitos civis e políticos ou econômicos, direitos sociais, culturais e ambientais. Segundo a Corte IDH, o acesso à informação sobre atividades e projetos que possam afetar o meio ambiente constituem assuntos de evidente *interesse público* e, portanto, gozam de proteção especial por sua importância em uma sociedade democrática, e em particular no que se refere às críticas dirigidas a funcionários públicos, sobre os quais a resposta penal é contrária à Convenção Americana. A Corte IDH constatou que a aplicação da figura penal das injúrias graves no caso sob análise constituiu um *meio indireto de cerceamento* da liberdade de expressão e amedrontador ao afetar seu âmbito individual e social. Assim sendo, cabe aos Estados criar mecanismos alternativos ao processo penal para que os funcionários públicos obtenham uma retificação, resposta ou reparação civil quando sua honra for lesada.

- Caso García Rodríguez e outro *vs*. México (sentença de 25-1-2023)

Trata-se de caso no qual as vítimas foram submetidas à prisão preventiva por mais de 17 anos no México. A Corte IDH entendeu que foram desrespeitados o direito de não ser privado ilegalmente da liberdade, de ser informado sobre os motivos da detenção e de ser apresentado a um juiz ou oficial da lei rapidamente, à presunção de inocência e à igualdade e não discriminação. A Corte IDH também observou que a figura do "arraigo", por se tratar de uma medida restritiva da liberdade de caráter pré-processual para fins investigativos, violava os direitos à liberdade pessoal e à presunção de inocência; e que a prisão preventiva não oficial também era contrária à Convenção Americana. Por fim, entendeu que foram violados os direitos à integridade pessoal, já que havia elementos comprobatórios de maus-tratos e tortura de Reyes Alpízar, o dever de investigar atos de torturas em detrimento de ambas as vítimas e o direito às garantias judiciais, como o direito de defesa e de prazo razoável do processo.

- Caso Aguinaga Aillón *vs.* Equador (sentença de 30-1-2023)

Trata-se de condenação do Estado do Equador pela destituição do senhor Aninaga Aillón de seu cargo como membro do Tribunal Superior Eleitoral (doravante também "TSE") através da Resolução 25-160 do Congresso Nacional, somada ao entendimento da Corte Constitucional que impediu que juízes de primeira instância conhecessem ações contra a resolução do Congresso. O caso se insere em um contexto de instabilidade política, cujas demissões já foram analisadas pela Corte Interamericana, nos casos da *Corte Suprema de Justiça* (Quintana Coello e outros) e do *Tribunal Constitucional* (Camba Campos e outros). No caso em tela, a demissão ocorreu por suposto desrespeito à Constituição da República na nomeação do membro do tribunal, e a vítima foi impedida de recorrer da decisão em razão da decisão da Corte Constitucional impedindo recursos contra a resolução do Congresso. A Corte IDH considerou que os membros do TSE deveriam contar com as mesmas garantias de independência judicial que os juízes em geral, em razão da natureza materialmente jurisdicional das funções que desempenhavam, e que o Congresso agiu fora de suas competências e de forma arbitrária, afetando a separação dos poderes, violando os direitos de defesa e de conhecer prévia e detalhadamente uma acusação, além de violar as condições da vítima de permanecer no cargo em condições de igualdade e de estabilidade no emprego. Por fim, o Estado violou a Convenção Americana ao impedir que o senhor Aguinaga Aillón interpusesse qualquer ação contra sua destituição do cargo.

- Caso Olivera Fuentes *vs.* Peru (sentença de 4-2-2023)

A Corte IDH condenou o Estado do Peru em face das respostas dadas por autoridades nacionais em relação à denúncia apresentada pela vítima por discriminação sofrida por sua orientação sexual. No caso em tela, a Corte IDH determinou que os Estados são obrigados a desenvolver políticas adequadas, atividades regulatórias, de monitoramento e controle para que as empresas adotem ações destinadas a eliminar todo tipo de práticas e atitudes discriminatórias contra a comunidade LGBTIQIA+, uma vez que, para eliminar todo tipo de práticas e atitudes discriminatórias e alcançar a igualdade material, é necessário o envolvimento de toda a comunidade e, inclusive, do setor empresarial.

- Caso Hendrix *vs.* Guatemala (7-3-2023)

No caso, a Corte Interamericana de Direitos Humanos avaliou a responsabilidade da Guatemala por impedir Steven Edward Hendrix de exercer a profissão de notário público devido à sua nacionalidade estrangeira, mesmo tendo ele obtido o título universitário na Guatemala. A Corte Interamericana analisou se a exigência de nacionalidade para o exercício do notariado era compatível com o direito à igualdade e não discriminação. Concluiu que a exigência de nacionalidade guatemalteca não violava o direito à igualdade perante a lei e que Hendrix teve acesso a um recurso judicial efetivo, pois tribunal interno analisou seus argumentos e revogou as decisões administrativas e judiciais anteriores, permitindo a autorização para o exercício do notariado, desde que ele adquirisse a nacionalidade guatemalteca. Assim, a Corte concluiu que não houve violação do direito à proteção judicial e a igualdade. Também não analisou a alegada violação do direito à propriedade privada devido à falta de elementos fáticos e probatórios suficientes. Por fim, a Corte determinou que não houve violação dos direitos de Hendrix pela Guatemala, e por isso, não procedia qualquer reparação. O caso foi arquivado.

O voto dissidente do juiz Rodrigo Mudrovitsch argumenta que a exigência de nacionalidade para exercer a função notarial em Guatemala não foi devidamente examinada à luz do princípio de igualdade e não discriminação previsto no artigo 24 da Convenção Americana sobre Direitos Humanos. O juiz discordou da decisão majoritária da Corte, defendendo que a exigência de nacionalidade para notários na Guatemala é discriminatória e não atende aos padrões de proporcionalidade e não discriminação exigidos pela CADH.

- Caso Comunidad Indígena Maya Q'eqchi' Agua Caliente *vs.* Guatemala (16-5-2023)

    Trata-se da responsabilidade internacional do Estado da Guatemala por violações dos direitos da comunidade indígena Maya Q'eqchi' Agua Caliente. A comunidade, situada em El Estor, no departamento de Izabal, buscava o reconhecimento legal de suas terras desde 1974, mas enfrentou obstáculos significativos, incluindo a implementação de um projeto de mineração sem consulta prévia adequada. A Corte Interamericana de Direitos Humanos determinou que a Guatemala violou direitos como o reconhecimento da personalidade jurídica, integridade pessoal, garantias judiciais, liberdade de pensamento e expressão, propriedade coletiva, direitos políticos e proteção judicial, exigindo medidas de reparação e garantias de não repetição. A Corte ordenou à Guatemala que conceda um título comunitário de terras, realize uma consulta adequada sobre a mineração, adote medidas legislativas para garantir os direitos de propriedade comunitária e consulta prévia, e crie um fundo de desenvolvimento comunitário, entre outras reparações.

    O voto concorrente do Juiz Rodrigo Mudrovitsch, juntamente com o Juiz Eduardo Ferrer Mac-Gregor Poisot, destaca avanços importantes na jurisprudência da Corte Interamericana de Direitos Humanos em relação aos direitos dos povos indígenas, particularmente no que diz respeito ao direito à consulta prévia, livre, informada e culturalmente adequada, especialmente em relação à sua dimensão informativa, essencial para o exercício dos direitos políticos e para o pleno gozo do direito à propriedade comunal dos povos consultados.

- Caso López Sosa *vs.* Paraguai (sentença de 17-5-2023)

    Trata-se da detenção, tortura e processamento disciplinar e penal de um inspetor de polícia, Jorge Luis López Sosa, por suposto envolvimento uma tentativa de golpe de Estado no Paraguai, quando, na época, o então presidente declarou Estado de Exceção por 30 dias (Decreto n. 8.772). A Corte IDH condenou o Estado e observou que a detenção ocorreu em desrespeito à Constituição do Paraguai, além de notar que a vítima foi sujeita a maus-tratos, que lhe causaram sofrimentos físicos e mentais, somados à demora para a prolação de uma sentença final nos processos nacionais, mantendo a impunidade e evidenciando a denegação de justiça.

- Caso Núñez Naranjo e outros *vs.* Equador (sentença de 23-5-2023)

    O caso envolve a desaparição forçada de Fredy Núñez Naranjo e a violação dos direitos às garantias judiciais e proteção judicial dele e de seus familiares devido à falta de busca, investigação e sanção dos responsáveis. Fredy Núñez Naranjo foi detido pela polícia em 15 de julho de 2001 após uma briga. Horas depois, uma multidão invadiu o destacamento policial, libertando outros dois detidos e levando Núñez Naranjo, sua mãe e irmã como reféns. Gregoria e Marcia Naranjo foram libertadas posteriormente, mas Fredy Núñez Naranjo desapareceu e nunca mais foi visto. A Corte Interamericana de Direitos Humanos responsabilizou o Equador pela desaparição forçada e pela violação dos direitos à verdade e à integridade pessoal dos familiares de Núñez Naranjo. A Corte destacou a falta de ação dos agentes estatais para proteger a vítima, criticando a ausência de uma investigação eficaz e de operações de busca oportunas. As omissões do Estado contribuíram para o prolongado sofrimento dos familiares de Núñez Naranjo, violando seus direitos à integridade pessoal. Entre as medidas de reparação, a Corte ordenou continuar as investigações penais, realizar buscas por Fredy Núñez Naranjo, proporcionar tratamento psicológico aos familiares, publicar a sentença em meios de comunicação, realizar um ato público de reconhecimento de responsabilidade internacional e pagar indenizações por danos materiais e imateriais, além das custas e despesas. O voto concorrente da Juíza Verónica Gómez e do Juiz

Rodrigo Mudrovitsch destaca a necessidade de um exame mais profundo sobre a responsabilidade estatal por tolerar as condutas de atores não estatais.

- Caso María e outros *vs.* Argentina (sentença de 22-8-2023)

    Trata-se de sentença que reconheceu a responsabilidade do Estado argentino por violações de direitos humanos no processo de guarda e adoção de Mariano, filho de María, que tinha 13 anos quando deu à luz. Durante o processo, não foram garantidos os direitos à família, à identidade e ao interesse superior de Mariano e María, sendo a criança entregue a um casal adotivo logo após o nascimento. María e sua mãe assinaram documentos sem assistência jurídica, manifestando a intenção de adoção, e a Justiça argentina iniciou procedimentos sem considerar adequadamente a vontade e a capacidade de María de compreender a situação. O reconhecimento de responsabilidade pelo Estado resultou em medidas de reparação, incluindo indenizações, garantias de não repetição e a busca por uma solução definitiva para a situação de adoção de Mariano. A Corte destacou a importância de garantir proteção adequada e direitos judiciais para menores e suas famílias em processos de adoção, sublinhando o interesse superior da criança e o direito à identidade.

- Caso Comunidade Garífuna de San Juan e seus Membros *vs.* Honduras (sentença de 29-8-2023)

    Este caso envolve a violação dos direitos da Comunidade Garífuna de San Juan e seus membros. A Corte Interamericana de Direitos Humanos declarou a responsabilidade internacional de Honduras por violar o direito à propriedade coletiva, a obrigação de garantir a participação em assuntos públicos e de acesso à informação pública. O Estado falhou em titular, delimitar e demarcar adequadamente o território ancestral da comunidade, impedindo seu uso e gozo. Além disso, o Estado não garantiu a participação da comunidade em decisões que a afetavam, como a ampliação do município de Tela e a criação do Parque Janeth Kawas. A Corte também constatou que algumas solicitações de domínio pleno feitas pela comunidade não foram respondidas pelas autoridades, e que houve falhas na investigação de violência e ameaças contra seus membros, gerando um clima de insegurança. A Corte ordenou reparações, incluindo a titularidade do território, publicação da sentença, resolução dos recursos pendentes, indenizações por danos materiais e imateriais, e a criação de um fundo para projetos educacionais, habitacionais, de segurança alimentar, saúde, e infraestrutura sanitária para a comunidade.

    Os juízes Eduardo Ferrer Mac-Gregor Poisot e Rodrigo Mudrovitsch destacaram que a jurisprudência da Corte deve continuar evoluindo para encontrar soluções práticas que garantam os direitos dos povos originários. Eles sugeriram que, em casos em que a restituição de terras ancestrais não é possível, devem ser oferecidas terras alternativas de igual ou maior qualidade física, ou compensação em dinheiro ou espécie, conforme disposto no artigo 16 do Convênio 169 da OIT e na Declaração das Nações Unidas sobre os Direitos dos Povos Indígenas. Essa interpretação reforça a necessidade de que os Estados Membros garantam a consulta e a participação das comunidades indígenas em qualquer processo ou decisão que possa impactar suas terras, territórios e recursos, reconhecendo a consulta prévia como um direito fundamental que deve ser respeitado para proteger a integridade cultural e os direitos coletivos dessas comunidades.

- Caso Rodríguez Pacheco e outra *vs.* Venezuela (sentença de 1º-9-2023)

    Trata-se de caso de violações dos direitos humanos de Balbina Francisca Rodríguez Pacheco e sua mãe, Aura de las Mercedes Pacheco Briceño, devido a atos de *violência obstétrica e má prática médica* ocorridos em um hospital privado na Venezuela. A Corte declarou a responsabilidade internacional do Estado da Venezuela pelas violações aos direitos às garantias judiciais, à proteção judicial, à integridade pessoal e à saúde. O Tribunal destacou que houve um tratamento inadequado durante várias intervenções cirúrgicas, resultando em sofrimento físico e psicológico para Rodríguez Pacheco, incluindo complicações severas que impactaram sua qualidade de vida. Além disso, a falta de investigação diligente e a morosidade processual levaram à impunidade dos responsáveis, agravando o sofrimento das vítimas. Assim, a Corte ordenou várias medidas de reparação, como a investigação dos fatos e de possíveis casos de violência obstétrica, sanções aos responsáveis, publicação da sentença, programas de capacitação em saúde e pagamentos de indenizações por danos materiais e imateriais.

- Caso Córdoba *vs.* Paraguai (sentença de 4-9-2023)

    Este caso envolve Arnaldo Javier Córdoba, que teve seu filho levado ilicitamente do Brasil para o Paraguai por sua ex-esposa, sem seu consentimento, mostrando uma intersecção entre a proteção internacional dos direitos humanos e o Direito Internacional Privado, em especial no que tange à restituição de crianças e a Convenção da Haia sobre Sequestro Internacional de Crianças (1980). A Corte Interamericana de Direitos Humanos responsabilizou o Paraguai pela violação dos direitos à integridade pessoal, à vida privada e familiar, à proteção à família e ao cumprimento de decisões judiciais, conforme os artigos 5.1, 11.2, 17 e 25.2.c da Convenção Americana sobre Direitos Humanos. O Tribunal concluiu que o Paraguai não agiu com diligência e celeridade na execução da ordem de restituição internacional da criança e na adoção de medidas para estabelecer um vínculo entre pai e filho, facilitando assim a consolidação de uma situação ilícita que prejudicou Córdoba. O Estado também não adotou as medidas necessárias para localizar a mãe e a criança após a sua ausência em uma audiência de restituição. A falta de ação adequada por parte do Estado resultou em uma separação prolongada e injustificada entre Córdoba e seu filho, causando-lhe sofrimento e violando seu direito à integridade pessoal. Entre as medidas de reparação, a Corte ordenou pagamento de indenizações, publicação da sentença, adequação das leis internas relativas à restituição internacional de crianças, criação de uma base de dados para informações sobre crianças envolvidas em processos de restituição e capacitação dos operadores de Justiça envolvidos nesses processos.

    Os juízes Ricardo C. Pérez Manrique, Eduardo Ferrer Mac-Gregor Poisot e Rodrigo Mudrovitsch concordaram com a decisão da Corte, destacando a importância de uma legislação específica para a proteção dos direitos das crianças e das famílias em casos de *restituição internacional*. Além disso, destacaram a necessidade de que os processos judiciais envolvendo crianças sejam conduzidos com a máxima urgência e diligência. O voto parcialmente dissidente, por outro lado, destacou a relevância da coordenação e diligência na aplicação das normas já existentes.

- Caso Membros da Corporação Coletivo de Advogados "José Alvear Restrepo" *vs.* Colômbia (sentença de 18-10-2023)

    O caso trata da responsabilidade do Estado colombiano pelas violações dos direitos humanos cometidas contra os membros da Corporação Coletivo de Advogados (Corporación Colectivo de Abogados) "José Alvear Restrepo" (CCAJAR).

    Desde a década de 1990 até pelo menos 2005, diversas agências estatais realizaram atividades arbitrárias de inteligência contra as vítimas, incluindo vigilância, interceptações de comunicações e coleta de dados pessoais sem base legal adequada. A Corte IDH declarou que a Colômbia violou os direitos à vida, à integridade pessoal, à liberdade pessoal, à liberdade de expressão, à liberdade de associação, à proteção judicial e às garantias judiciais dos membros do CCAJAR, em virtude das atividades de inteligência e perseguições sofridas por esses advogados defensores dos direitos humanos. A sentença destacou que tais atos constituíram uma violação à Convenção Americana sobre Direitos Humanos e a outros dispositivos interamericanos de proteção aos direitos humanos. A Corte ordenou uma série de medidas de reparação, incluindo a investigação e punição dos responsáveis, a adoção de medidas para evitar a repetição dessas violações e a implementação de programas de capacitação para funcionários públicos sobre direitos humanos, e a adequação das leis internas relativas às atividades de inteligência.

O Juiz Rodrigo Mudrovitsch, em seu voto concorrente, abordou a intersecção entre as atividades jornalísticas e a defesa dos direitos humanos, argumentando que ambas as categorias requerem proteção reforçada devido ao seu papel crucial na promoção da democracia e na denúncia de violações de direitos. Por fim, reconheceu o *direito à autodeterminação informacional* e o *direito de defender os direitos humanos* como direitos autônomos (ver item 55 da Parte IV do *Curso*) e diretamente exigíveis e o caráter coletivo das violações, ressaltando a importância da abertura da lista de vítimas através da aplicação inovadora do artigo 35.2 do Regulamento da Corte IDH[72], abrindo um importante horizonte de possibilidades para futuros desenvolvimentos hermenêuticos.

- Caso Cajahuanca Vásquez *vs.* Peru (sentença de 27-11-2023)

Este caso envolve o processo disciplinar e a destituição de Humberto Cajahuanca Vásquez, ex-presidente da Corte Superior de Justiça de Huánuco, Peru, em 1996. A Corte Interamericana de Direitos Humanos concluiu que o Peru não é responsável pela violação dos direitos às garantias judiciais, princípios da legalidade e retroatividade, direitos políticos e proteção judicial, conforme os artigos 8, 9, 23 e 25 da Convenção Americana sobre Direitos Humanos. Cajahuanca Vásquez foi destituído após a investigação da Oficina de Controle da Magistratura que identificou irregularidades em suas ações, particularmente na designação de um juiz que concedeu liberdade incondicional a dois processados por narcotráfico. A Corte concluiu que o processo disciplinar foi devidamente fundamentado e não violou os direitos mencionados, considerando que as decisões judiciais foram razoáveis e não arbitrárias. As exceções preliminares apresentadas pelo Estado, relativas ao esgotamento dos recursos internos e à competência da Corte como quarta instância, foram desconsideradas. A Corte ordenou o arquivamento do caso, não havendo necessidade de se pronunciar sobre reparações, custos e despesas.

No voto dissidente, os juízes Eduardo Ferrer Mac-Gregor Poisot e Rodrigo Mudrovitsch destacaram que a Corte *perdeu a oportunidade* de reafirmar a jurisprudência interamericana sobre a independência judicial e a motivação necessária em processos sancionadores administrativos envolvendo magistrados, especialmente em casos com tipos disciplinares vagos ou indeterminados.

- Caso Viteri Ungaretti y Otros *vs.* Equador (sentença de 27-11-2023)

Este caso aborda as violações dos direitos à liberdade de expressão e à liberdade pessoal de Julio Rogelio Viteri Ungaretti, que denunciou casos de corrupção nas Forças Armadas do Equador. A Corte Interamericana de Direitos Humanos declarou que as sanções impostas a Viteri Ungaretti por suas denúncias, incluindo detenções arbitrárias e processos penais injustos, violaram seus direitos. A Corte também reconheceu a violação dos direitos à estabilidade laboral e à proteção contra remoções arbitrárias. Entre as medidas de reparação, a Corte ordenou a publicação da sentença, a realização de um ato público de reconhecimento de responsabilidade e o pagamento de indenizações por danos materiais e imateriais.

---

[72] *In verbis:* art. 35.2. 2. Quando se justificar que não foi possível identificar alguma ou algumas supostas vítimas dos fatos do caso, por se tratar de casos de violações massivas ou coletivas, o Tribunal decidirá em sua oportunidade se as considera vítimas.

O Juiz Mudrovitsch emitiu voto concorrente, destacando a continuidade e aprofundamento da jurisprudência da Corte em relação à proteção da liberdade de expressão. O juiz enfatizou a importância da proteção especial para denunciantes de corrupção e criticou o uso do direito penal para proteger funcionários públicos de críticas, o que seria desproporcional e incompatível com a CADH e geraria um *efeito inibidor* sobre a liberdade de expressão e o debate público. Além disso, sublinhou a evolução jurisprudencial que reforça a prevalência da liberdade de expressão sobre o uso de medidas punitivas em tais contextos, reiterando que o debate aberto e plural é essencial para sociedades democráticas.

- Caso Habitantes de La Oroya *vs.* Peru (sentença de 27-11-2023)

Este caso refere-se às violações dos direitos humanos de 80 habitantes de La Oroya, no Peru, devido à contaminação do ar, água e solo causada pelas atividades mineradoras e metalúrgicas do Complexo Metalúrgico de La Oroya (CMLO). A Corte Interamericana de Direitos Humanos declarou a responsabilidade internacional do Peru por não regular e fiscalizar adequadamente as atividades do CMLO, resultando na *violação dos direitos ao meio ambiente sadio*, à saúde, à vida e à integridade pessoal das vítimas. A Corte concluiu que o Estado não cumpriu sua obrigação de desenvolver progressivamente o direito ao meio ambiente sadio, especialmente ao modificar de forma regressiva os padrões de qualidade do ar. Além disso, o Estado foi considerado responsável pela falta de medidas adequadas de proteção às crianças, considerando o impacto diferenciado da contaminação nesse grupo, e pela violação do direito à participação pública e à informação das vítimas. A Corte também determinou que o Estado violou o direito à proteção judicial, pois não cumpriu efetivamente uma decisão do Tribunal Constitucional de 2006 destinada a proteger os habitantes de La Oroya. Finalmente, a Corte concluiu que o Estado não investigou adequadamente os atos de hostilidade e ameaças denunciados por algumas vítimas. Entre as medidas de reparação, a Corte ordenou investigações dos fatos, diagnósticos de linha de base para avaliar a contaminação, atendimento médico gratuito às vítimas, publicação da sentença, adequação das normas ambientais e pagamento de indenizações por danos materiais e imateriais

Em voto Concorrente dos Juízes Ricardo C. Pérez Manrique, Eduardo Ferrer Mac-Gregor Poisot e Rodrigo Mudrovitsch, foi destacada a importância do direito ao meio ambiente e sua inter-relação com outros direitos humanos, citando a Opinião Consultiva n. 23, de 2017, como um marco. O voto destacou cinco pontos principais: (i) a inserção do caso no contexto do direito internacional dos direitos humanos "verdes", (ii) a evolução da jurisprudência interamericana sobre o meio ambiente, (iii) a violação do direito ao meio ambiente saudável no caso, (iv) a dimensão coletiva do direito ao meio ambiente e a relevância das reparações coletivas e medidas de não repetição, e (v) o reconhecimento do caráter de *jus cogens* da proteção do meio ambiente e o princípio de equidade intergeracional. Os juízes enfatizaram a necessidade de medidas eficazes para prevenir danos ambientais futuros e proteger os direitos das gerações presentes e futuras.

Os juízes Humberto Antonio Sierra Porto e Patricia Pérez Goldberg, por sua vez, emitiram voto parcialmente dissidente, principalmente por discordarem da justiciabilidade direta do artigo 26 da Convenção Americana sobre Direitos Humanos, ressaltando, apesar disso, a importância de se preservar o *meio ambiente saudável como um direito fundamental para a existência da humanidade.*

- Caso Gutiérrez Navas e outros *vs.* Honduras (sentença de 29-11-2023)

Trata-se de um caso envolvendo a destituição arbitrária e ilegal de *quatro magistrados da Sala Constitucional da Corte Suprema de Justiça de Honduras*, em dezembro de 2012, após emitirem decisões contrárias aos interesses do Executivo e Legislativo, incluindo a declaração de inconstitucionalidade da Lei de Depuração Policial. A Corte Interamericana de Direitos Humanos declarou a responsabilidade de Honduras pelas violações das garantias judiciais, princípio de legalidade, direitos políticos, proteção judicial e direito ao trabalho das vítimas, conforme os artigos 8, 9, 23.1(c), 25 e 26 da Convenção Americana sobre Direitos Humanos. Além disso, a Corte ordenou ao Estado a reparação integral das vítimas, incluindo compensação econômica, restituição dos cargos, e medidas de não repetição para assegurar a independência judicial e o devido processo legal.

Em voto Concorrente dos Juízes Eduardo Ferrer Mac-Gregor Poisot e Rodrigo Mudrovitsch, foi enfatizado que o julgamento político não deve ser usado como um instrumento de interferência arbitrária entre os poderes do Estado, destacando a importância da garantia de independência judicial tanto em sua faceta individual quanto institucional. Os juízes analisaram as repercussões dos julgamentos políticos de magistrados na salvaguarda da independência judicial e na democracia, reforçando a necessidade de uma regulação processual clara e objetiva, que garanta o devido processo legal e os direitos garantidos pela CADH, para os julgamentos políticos, especialmente aqueles envolvendo a destituição de magistrados.

Os casos brasileiros são os seguintes:

1. *Damião Ximenes Lopes*: procedência (**sentença de 04-07-2006**)

Datas – A Comissão recebeu a petição dos familiares em 22 de novembro de 1999 e apresentou o caso (n. 12.237) à Corte em 1º de outubro de 2004. Foram proferidas sentenças em 30 de novembro de 2005 (exceções preliminares) e 4 de julho de 2006 (mérito).

Conteúdo – O Sr. Damião Ximenes Lopes, pessoa com doença mental, foi assassinado cruelmente em 1999 na Casa de Repouso de Guararape (Ceará). Com a delonga nos processos cível e criminal na Justiça estadual do Ceará, a família peticionou à Comissão IDH alegando violação do direito à vida, integridade psíquica (dos familiares, pela ausência de punição aos autores do homicídio), devido processo legal em prazo razoável. Na sentença de mérito da Corte, ficou reconhecida a violação do direito à vida e à integridade pessoal, bem como das garantias judiciais e, consequentemente, foram fixadas diversas obrigações de reparação.

Importância – É o primeiro caso envolvendo pessoa com deficiência na Corte IDH. A sentença expõe as mazelas do Brasil. Uma pessoa, portadora de doença mental, com as mãos amarradas, foi morta em Casa de Repouso situada em Guararapes (Ceará), em situação de extrema vulnerabilidade. Somente sete anos depois (2006) é que uma sentença internacional restaurou, em parte, a justiça, concedendo indenizações (danos materiais e morais) e exigindo *punições criminais* dos autores do homicídio. Também ficaram estabelecidos deveres do Estado de elaboração de política antimanicomial. O caso mostra que o Brasil pode ser condenado por ato de ente federado ou por ato do *Poder Judiciário*, não sendo aceitas alegações como "respeito ao federalismo" ou "respeito à separação de poderes".

2. *Gilson Nogueira Carvalho*: improcedência (**sentença de 28-11-2006**)

Datas – A Comissão recebeu denúncia em 11 de dezembro de 1997 e apresentou o caso (n. 12.058) à Corte em 13 de janeiro de 2005. Sentença de 28 de novembro de 2006.

Conteúdo – O caso referiu-se a homicídio do Dr. Gilson Nogueira Carvalho, advogado defensor de direitos humanos no Estado do Rio Grande do Norte, possivelmente por membros de esquadrão da morte conhecido como "Meninos de Ouro". O Brasil foi acusado pela Comissão por não ter investigado e punido, a contento, os responsáveis pela morte do Sr. Gilson, violando o direito de acesso à justiça por parte das vítimas (direito à verdade e à justiça). Entretanto, a Corte considerou a ação da Comissão improcedente, uma vez que, para a Corte, a obrigação de investigar, perseguir criminalmente e punir os responsáveis pelas violações de direitos humanos é uma obrigação de meio e não de resultado. Malgrado, então, os resultados pífios (apenas um dos pretensos responsáveis foi processado e absolvido pelo Júri popular), a Corte considerou que o Brasil esforçou-se para cumprir suas obrigações internacionais de garantia de direitos humanos.

Importância – O caso mostra a importância do mecanismo coletivo de proteção de direitos humanos também para os Estados. O Brasil defendeu-se de modo adequado e a demanda internacional foi considerada improcedente.

3. *Escher e outros*: procedência **(sentença de 6-7-2009)**

Datas – A Comissão recebeu petição em 26 de dezembro de 2000 e apresentou o caso (n. 12.353) à Corte em 20 de dezembro de 2007. Foram proferidas sentenças em 6 de julho de 2008 (exceções preliminares) e 6 de julho de 2009 (mérito).

Conteúdo – A Corte condenou o Brasil pela violação do direito à privacidade e o direito à honra e à reputação, resultantes da interceptação, gravação e divulgação das conversas telefônicas de vários indivíduos de movimentos sociais de modo totalmente indevido de acordo com a própria lei brasileira – houve pedido direto da Polícia Militar à Juíza de Direito de região do Paraná marcada por choques de fazendeiros e "sem terra", sem notificação ao Ministério Público e sem investigação criminal formal, servindo apenas para controle dos movimentos populares. Ademais, a Corte considerou que o Brasil violou o direito à liberdade de associação reconhecido no art. 16 da Convenção Americana, uma vez que as interceptações telefônicas ilegais tinham como propósito embaraçar o funcionamento de associações legítimas relacionadas a movimentos sociais. O Brasil foi condenado a pagar indenizações e investigar e punir os responsáveis pelas violações acima mencionadas.

Importância – A Corte traçou importantes parâmetros para o tratamento do direito à privacidade e à honra, em um contexto de disputa agrária entre fazendeiros e membros de movimentos populares de reforma agrária, que, de modo ilegal, foram submetidos à interceptação telefônica autorizada pelo Judiciário do Paraná, sem ciência do Ministério Público e sem investigação criminal formal.

4. *Garibaldi*: procedência **(sentença de 23-9-2009)**

Datas – A Comissão recebeu petição sobre o caso em 6 de maio de 2003 e apresentou o caso (n. 12.478) à Corte em 24 de dezembro de 2007. A sentença foi proferida em 23 de setembro de 2009.

Conteúdo – Tratou-se do homicídio do Sr. Garibaldi, militante do movimento "sem terra", que foi assassinado por milícia rural em uma invasão de terras no Paraná, na mesma região do Caso Escher. O Brasil foi condenado por ter descumprido, graças a falhas gritantes do inquérito policial, sua obrigação de investigar e punir as violações de direitos humanos. A Corte concluiu que o lapso de mais de cinco anos que demorou o procedimento interno – apenas na fase de investigação dos fatos – ultrapassou excessivamente o chamado "prazo razoável" para que um Estado realize as diligências de investigação criminal, constituindo uma *denegação de justiça criminal em prejuízo dos familiares de Sétimo Garibaldi*. Assim, declarou haver violação aos direitos às garantias judiciais e à proteção judicial (direito à verdade e à justiça). No plano interno, o Ministério Público do Estado do Paraná, com base no art. 18 do Código de Processo Penal (CPP), requereu o desarquivamento do inquérito policial, com base em provas novas surgidas no âmbito do processo internacional perante a Corte IDH. O TJ/PR alegando que não existiam provas novas, concedeu ordem de *habeas corpus* para trancar o inquérito. O STJ não conheceu o recurso especial, sustentando que seria necessário reexame do acervo probante (para se saber se existiriam elementos inéditos ou não), o que seria vedado ao Tribunal. Em voto vencido, o

Min. Schietti salientou que o art. 18 do CPP busca evitar uma nova e arbitrária investigação ou perseguição, o que não aconteceu no caso, bem como deve ser levada em consideração a sentença internacional obrigando o Estado a realizar as investigações necessárias para que o homicida seja processado e punido. Caso esse entendimento do STJ seja mantido, o desfecho desse caso impõe a alteração do art. 18 do CPP, sob pena de dificultar o cumprimento do dever de proteção aos direitos humanos em casos similares (STJ, Recurso Especial n. 1.351.177, rel. para o acórdão Sebastião Reis Júnior, 6ª T., j. 15-3-2016, *DJe* de 18-4-2016).

Importância – Na mesma região e no mesmo contexto de disputa agrária do Caso Escher, a Corte IDH exigiu o respeito ao devido processo legal penal e ao direito das vítimas à justiça, punindo-se o assassino do Sr. Garibaldi. Essa *faceta punitiva* da Corte IDH exige modificações no sistema do inquérito policial brasileiro.

5. *Gomes Lund e outros* (Caso "Guerrilha do Araguaia"): procedência (**sentença de 24-11-2010**)

Datas – A Comissão recebeu a representação em 7 de agosto de 1995 (caso n. 11.552) e processou o Brasil perante a Corte em 26 de março de 2009. A sentença foi proferida em 24 de novembro de 2010.

Conteúdo – Tratou-se de ação promovida pela Comissão pelo *desaparecimento forçado* de mais de 60 pessoas que lutaram contra a ditadura militar brasileira, em geral membros do Partido Comunista do Brasil (PC do B), na região do Araguaia (Tocantins), durante o início da década de 70 do século XX. O destino (torturados, assassinados etc.) e os eventuais restos mortais dos guerrilheiros jamais foram revelados pelo Exército. A Corte declarou o Estado responsável pela violação dos direitos ao reconhecimento da personalidade jurídica, à vida, à integridade física e à liberdade pessoal (pelo desaparecimento forçado), às garantias judiciais e de proteção judicial (pela falta de investigação dos fatos e do julgamento e sanção dos responsáveis, em prejuízo dos familiares das pessoas desaparecidas, e pela delonga no processamento dos acusados). Também o declarou responsável pela violação ao direito à liberdade de pensamento e de expressão, ao direito de buscar e receber informação e ao direito à verdade. Por tudo isso, a Corte determinou que o Estado realizasse uma série de medidas para reparação dos danos causados, dentre elas promover todos os esforços para determinar o paradeiro das pessoas desaparecidas e ainda investigar, processar e punir, no foro criminal comum (e não na Justiça Militar), os responsáveis pelas graves violações de direitos humanos na ditadura militar. A Corte declarou a anistia aos agentes da ditadura militar *incompatível* com a Convenção.

Importância – O julgamento da Corte representou importante contribuição no tratamento do caso de desaparecimento forçado de pessoas em período de regime militar, em benefício dos familiares dos desaparecidos. Novamente, a Corte IDH enfatizou o direito à justiça e à verdade, exigindo punições penais aos violadores de direitos humanos. Também enfatizou que o controle de convencionalidade internacional deve ser respeitado, tendo considerado inconvencional a Lei da Anistia.

6. *Trabalhadores da Fazenda Brasil Verde*: procedência (**sentença de 20-10-2016**)

Datas – A Comissão recebeu a representação em 12 de novembro de 1998 e submeteu o caso à jurisdição da Corte em 04 de março de 2015 (quase 17 anos depois). A sentença foi proferida em 20 de outubro de 2016.

Conteúdo – Trata-se de condenação do Brasil pela sua omissão na prevenção e repressão da situação de escravidão contemporânea, bem como pela omissão no tocante ao desaparecimento de dois adolescentes trabalhadores na fazenda Brasil Verde, localizada no Estado do Pará. Esta fazenda havia sido objeto de várias inspeções trabalhistas (sendo as mais recentes apreciadas pela

Corte realizadas em 1997 e 2000), sem que houvesse punição adequada aos escravizadores. Além disso, registrou que a prescrição dos crimes, prevista no direito interno, é incompatível com as obrigações internacionais assumidas pelo Estado. A defesa do Estado apresentou 10 exceções preliminares, tendo sido aceita a incompetência *ratione temporis* para os fatos anteriores à data do reconhecimento brasileiro da jurisdição contenciosa da Corte (10-12-1998 – cláusula temporal já vista anteriormente neste *Curso*). Por isso, Corte apreciou dois grupos de fatos: as ações e omissões a partir de 10 de dezembro de 1998 na investigação e nos processos relacionados à inspeção realizada na Fazenda Brasil Verde no ano de 1997; e os fatos violatórios e a respectiva investigação e processos decorrentes da inspeção realizada em 15 de março de 2000 à referida Fazenda. Para a Corte, ficou provado o *contexto* de captação ou aliciamento de trabalhadores rurais por meio de fraude, enganos e falsas promessas para fazendas no norte do Brasil. Também ficou provada a situação de *discriminação estrutural histórica* em razão da vulnerabilidade dos trabalhadores rurais (a maioria analfabetos), o que o Brasil deveria ter levado em conta na prevenção e repressão das práticas escravagistas. Também a Corte considera provado que os 85 trabalhadores resgatados em março de 2000 haviam sido também vítimas de tráfico de pessoas e estavam submetidos à escravidão contemporânea. Além disso, foi constatada a submissão de criança a trabalho infantil, em ambiente de violência e escravidão. Também a Corte condenou o Brasil por não fornecer a adequada proteção judicial a 43 trabalhadores resgatados em 1997 (data dos fatos anteriores ao reconhecimento da jurisdição da Corte; por isso, o Brasil só foi condenado por violações aos direitos às garantias judiciais e proteção judicial) na Fazenda Brasil Verde e também aos 85 resgatados em 2000. Como reparação, a Corte fixou indenizações por dano imaterial e ainda determinou o reinício das investigações e processos penais em prazo razoável, não sendo possível aplicar a prescrição interna ao crime de trabalho em condições análogas a de escravo.

Importância – O caso é emblemático por se tratar do primeiro caso na jurisprudência da Corte sobre a escravidão contemporânea. Para a Corte, há dois elementos fundamentais na definição da escravidão contemporânea: (i) o estado ou condição de um indivíduo e (ii) o exercício de algum dos atributos do direito de propriedade, pelo qual o escravizador exerça poder ou controle sobre a pessoa escravizada, anulando a personalidade e independência da vítima. Na sentença da Corte, esses "atributos do direito de propriedade" podem consistir (lista não exaustiva): a) restrição ou controle da autonomia individual; b) perda ou restrição da liberdade de movimento de uma pessoa; c) obtenção de um benefício por parte do escravizador; d) ausência de consentimento ou de livre arbítrio da vítima, que pode ser gerado pelo uso ou ameaça de violência ou outras formas de coerção, fraude ou falsas promessas; e) uso de violência física ou psicológica; f) vulnerabilidade da vítima; g) detenção ou cativeiro; i) exploração. Para a Corte, a proibição da escravidão é norma imperativa do Direito Internacional (*jus cogens*) e implica em obrigações *erga omnes*.

7. *Cosme Rosa Genoveva, Evandro de Oliveira e outros* ("Favela Nova Brasília"): procedência **(sentença de 16-2-2017)**

Datas – A Comissão recebeu petições de representantes das vítimas entre 1995 e 1996, tendo submetido o caso à jurisdição da Corte em 19 de maio de 2015 (quase 20 anos depois). A sentença foi proferida em 16 de fevereiro de 2017.

Conteúdo – Trata-se de caso apresentado à Corte IDH pela Comissão IDH, em 19 de maio de 2015, relativo à tortura, violência sexual e morte, inclusive de menores, por agentes da Polícia Civil do Rio do Janeiro, na Favela Nova Brasília, nos anos de 1994 e 1995.

As operações policiais resultaram em 26 mortes de moradores do local, além de atos de violência sexual contra três mulheres. A Corte decidiu que foram violados os direitos de vítimas e de familiares a garantias judiciais, a uma investigação imparcial e independente, à devida diligência e ao prazo razoável, a proteção judicial e à integridade pessoal. Como forma de reparação, a Corte determinou que o Brasil realize investigações eficazes sobre os fatos do caso, de modo a identificar, processar e, se for o caso, punir os responsáveis, afastando-se eventual prescrição, uma vez que essas graves violações de direitos humanos seriam imprescritíveis. Há menção expressa à Procuradoria-Geral da República (PGR), para que esta avalie se os fatos referentes às incursões de 1994 e 1995 devem ser objeto de pedido de Incidente de Deslocamento de Competência (a PGR, após, ingressou com o IDC n. 21 na **Parte III**, item 10.3 deste *Curso*). A Corte determinou que o Estado deve utilizar a expressão "lesão corporal ou homicídio decorrente de intervenção policial" nos relatórios e investigações da polícia ou do Ministério Público em casos de mortes ou lesões provocadas por ação policial. O conceito de "oposição" ou "resistência" à ação policial deverá ser abolido. O Estado deverá realizar um ato público de reconhecimento de responsabilidade internacional, em relação aos fatos do caso e sua posterior investigação, durante o qual deverão ser inauguradas duas placas em memória das vítimas na praça principal da Favela Nova Brasília. A Corte também determinou que o Estado deve providenciar tratamento psicológico e psiquiátrico às vítimas, além de realizar uma série de medidas direcionadas a diminuir a letalidade e a violência policial no Brasil. Ainda, o Estado deverá adotar as medidas legislativas ou de outra natureza necessárias para permitir às vítimas de delitos ou a seus familiares participar de maneira formal e efetiva da investigação de delitos conduzida pela polícia ou pelo Ministério Público. Destaque para o ponto resolutivo n. 16 da condenação, pelo qual a Corte IDH exigiu que o Brasil, no prazo de um ano contado a partir da notificação da sentença, estabelecesse "os mecanismos normativos necessários para que, na hipótese de supostas mortes, tortura ou violência sexual decorrentes de intervenção policial, em que *prima facie* policiais apareçam como possíveis acusados, desde a *notitia criminis* se delegue a investigação a um órgão independente e diferente da força pública envolvida no incidente, como uma autoridade judicial ou o Ministério Público, assistido por pessoal policial, técnico criminalístico e administrativo alheio ao órgão de segurança a que pertença o possível acusado". Também é importante mencionar que o Brasil alegou que o documento de *amicus curiae* apresentado pela Defensoria Pública da União não teria uma análise técnica e imparcial. A Corte IDH entendeu que a manifestação brasileira era equivocada e o documento da Defensoria deveria ser levado em consideração "na medida em que ofereça ao Tribunal 'fundamentos acerca dos fatos contidos no escrito de submissão do caso ou formula considerações jurídicas sobre a matéria do processo'" (nota de rodapé 13, parágrafo 11 da sentença).

Importância – O caso trata de violência policial camuflada pela elaboração dos chamados "autos de resistência à prisão", gerando impunidade e repetição do ciclo de violência. Por isso, a importância da condenação para seja alterado tal panorama em todo o Brasil. A exigência da investigação de possíveis abusos feitos por policiais seja feita pelo Ministério Público ou autoridade judicial (com apoio de policiais não vinculados ao órgão do qual os suspeitos trabalham – por exemplo, policiais federais investigando abusos de policiais de Estados membros e vice-versa) rompe radicalmente com o histórico brasileiro de investigar tais casos de modo ordinário (inquérito policial, ou seja, a polícia investigando abusos da polícia). Tal ponto resolutivo foi reiterado (e ampliado) no Caso da "Operação Castelinho", como veremos. Também foi importante que a Corte IDH tenha determinado que o Estado publique, anualmente, um relatório oficial com dados relativos às mortes ocasionadas durante operações da polícia em todos os estados do país. Esse relatório deverá conter informação atualizada anualmente sobre as investigações realizadas a respeito de cada incidente que redunde na morte de um civil ou de um policial.

8. *Povo Indígena Xucuru e seus membros*: procedência (**sentença de 5-2-2018**)

Datas – A Comissão IDH encaminhou, em 16 de março de 2016, à Corte IDH o Caso 12.728, referente à violação do direito à propriedade coletiva do povo indígena Xucuru em consequência:

(i) da demora de mais de dezesseis anos, entre 1989 e 2005, no processo administrativo de reconhecimento, titulação, demarcação e delimitação de suas terras e territórios ancestrais; e (ii) da demora na regularização total dessas terras e territórios, de maneira que o mencionado povo indígena possa exercer pacificamente tal direito. A sentença da Corte foi proferida em 5 de fevereiro de 2018.

Conteúdo – Além da questão da propriedade de terras indígenas, o caso abarcou a violação dos direitos às garantias judiciais e proteção judicial, em consequência do descumprimento da garantia de prazo razoável no mencionado processo administrativo, assim como da demora em resolver ações civis iniciadas por pessoas não indígenas em relação à parte das terras e territórios ancestrais do povo indígena Xucuru. No julgado de fevereiro de 2018, a Corte Interamericana avaliou o longo processo de identificação, demarcação, titulação e desintrusão de terceiros do referido território ancestral indígena. Contudo, a Corte entendeu que só poderia analisar as violações posteriores ao reconhecimento da competência contenciosa do Brasil (10-12-1998). Por essa limitação da competência temporal, a sentença não avalia se as várias mortes antes de 1998 (como a do Cacique Xicão e outros), bem como a demora nas primeiras etapas do processo demarcatório, constituiriam violações aos direitos consagrados na Convenção Americana de Direitos Humanos. Todavia, a Corte IDH levou em conta os referidos fatos para entender o contexto turbulento do conflito nas demarcações e procedeu à análise das violações em razão dos fatos posteriores à aceitação da sua competência contenciosa. Em síntese, a sentença entendeu que, a partir 10 de dezembro de 1998, o Brasil não garantiu um procedimento administrativo em prazo razoável para demarcação e titulação das terras Xucurus; não cumpriu com o dever de adotar medidas para a desintrusão integral de terceiros em prazo razoável e, tampouco, garantiu um remédio judicial efetivo para resolver os questionamentos suscitados, o que ensejou muita insegurança jurídica para que a comunidade pudesse fruir de suas terras. Por isso, o Brasil foi condenado por violação aos arts. 8 (garantias judiciais), 21 (direito de propriedade) e 25 (direito a um remédio judicial efetivo) c/c art. 1.1 da Convenção.

Importância – Há questionamento judicial no Brasil feito por fazendeiros contra a demarcação realizada pela FUNAI, sendo que alguns desses processos ainda estão em curso e há um caso em que há decisão judicial com força de coisa julgada em desfavor das pretensões do povo Xucuru. Ao se debruçar sobre a complexa situação, que envolve conflito de direitos humanos de indígenas e de direitos humanos dos terceiros que hoje ocupam a área, a Corte determinou que o Brasil adote medidas imediatas, efetivas e de ofício para garantir o direito de propriedade coletiva do Povo Indígena Xucuru sobre seu território. Ademais, exigiu também que o Estado conclua o processo de desintrusão do território indígena Xucuru com extrema diligência, e efetue os pagamentos das indenizações por benfeitorias de boa-fé pendentes e remova qualquer tipo de obstáculo ou interferência sobre o território em questão, em prazo não superior a 18 meses. Para tanto, caso não seja possível uma solução amigável, a Corte menciona casos anteriores em que os Estados Partes, para cumprir o "dever de desintrusão" procederam à desapropriação por interesse social, mediante justa indenização aos terceiros interessados[73].

9. *Vladimir Herzog e outros*: procedência (**sentença de 15-3-2018**)

Datas – A Comissão IDH encaminhou, no dia 22 de abril de 2016, à Corte o Caso 12.879, que trata do homicídio do jornalista Vladimir Herzog e ainda da existência de um padrão de violência e perseguição sistemática a indivíduos militantes do Partido Comunista. O caso foi sentenciado em 15 de março de 2018.

---

[73] Neste ponto, a Corte fez menção aos casos Comunidad Indígena YakyeAxa*vs.*Paraguay, § 217 e Caso Comunidad-Garífuna de PuntaPiedra y sus miembros*vs.* Honduras, § 324.

Conteúdo – A Corte apontou a responsabilidade internacional do Estado Brasileiro pela ausência de julgamento, investigação e punição dos responsáveis pela tortura e execução do jornalista e membro do Partido Comunista Brasileiro, Vladimir Herzog. Para a Corte, os diversos *obstáculos* à persecução criminal dos agentes da ditadura militar brasileira responsáveis pela morte de Herzog, como (i) o uso da Lei de Anistia brasileira, (ii) a invocação da prescrição criminal, bem como (iii) a utilização do princípio de *ne bis in idem* e (iv) do instituto da coisa julgada constituem uma violação do direito às garantias judiciais previstas pela Convenção Americana sobre Direitos Humanos (arts. 8, 25 e 1.1 e 2 da CADH) e da Convenção Interamericana para Prevenir e Punir a Tortura (arts. 1, 6 e 8). No mais, a ausência de esclarecimentos a respeito da morte de Herzog e a permanência por anos da falsa justificativa da morte como suicídio, em conjunto com a negativa de disponibilização de documentos sobre a atuação dos militares, configuraram uma violação ao direito à verdade (arts. 8 e 25 da CADH). Por fim, a Corte considerou que, em consequência da falta de verdade, investigação, julgamento e punição dos responsáveis pela tortura e pelo assassinato de Vladimir Herzog, os familiares diretos da vítima tiveram um profundo sofrimento e angústia, em detrimento de sua integridade psíquica e moral.

Importância – Foi mais uma oportunidade para a Corte IDH reafirmar sua firme jurisprudência sobre a *inconvencionalidade* da lei brasileira de anistia e da impossibilidade do uso de institutos como coisa julgada e prescrição, nesses casos de graves violações de direitos humanos na época da ditadura, em virtude do regime jurídico internacional dos crimes contra a humanidade. Novamente, é necessário que o sistema de justiça nacional reveja sua forma de relacionamento com os processos internacionais de direitos humanos (ver abaixo os capítulos sobre controle de convencionalidade e sobre a teoria do duplo controle). Também o caso demonstra o dever dos Estados de assegurar o direito de acesso à justiça penal por parte da vítima ou de seus familiares, mostrando a complexidade da relação entre o direito penal e os direitos humanos.

10. *Empregados da Fábrica de Fogos de Santo Antônio de Jesus e outros*: procedência (**sentença de 15-7-2020**)

Datas – A Comissão IDH recebeu petição relatando os fatos do caso em 3 de dezembro de 2001. Após (lento) trâmite, a Comissão encaminhou, no dia 19 de setembro de 2018, à Corte o Caso 12.428, que se relaciona à explosão de uma fábrica de fogos de artifício em Santo Antônio de Jesus (Bahia), ocorrida em 11 de dezembro de 1998, em que 60 pessoas morreram e seis sobreviveram, entre elas 22 crianças. O caso foi sentenciado em 15 de julho de 2020.

Conteúdo – Trata-se de caso referente a violações de direitos humanos decorrentes da explosão da fábrica de fogos de artifício em Santo Antônio de Jesus/BA que causou a morte de 60 pessoas e lesão de outras 6, em 11-12-1998. Em razão da situação de pobreza da comunidade, as pessoas se submeteram a um trabalho de alto risco em troca de salários baixos. A fábrica possuía condições de trabalho extremamente precárias e guardava materiais proibidos sem condições mínimas de segurança. Ademais, contava com a negligência e conivência de órgãos públicos.

Embora houvesse conhecimento dos riscos, nada foi realizado para regularizar a situação da fábrica e proteger os trabalhadores, apesar do desrespeito público às normas técnicas de segurança. Após 20 anos contados da explosão, apenas os processos administrativos e trabalhistas foram encerrados, porém sem garantia à reparação integral das vítimas. A ação penal não se encerrou e repercutiu na demora da apreciação judicial das ações cíveis.

A Corte condenou o Brasil pela violação de seu dever de assegurar o direito ao trabalho, em condições de trabalho adequadas (segurança, saúde e higiene) e justas (sem superexploração de mulheres e crianças em trabalho perigoso), em um ambiente de pobreza estrutural (sem outros empregos disponíveis). O Estado foi também condenado pela falha na punição e reparação dos danos: quase 22 anos após a explosão, as ações penais ainda não transitaram em julgado (houve prescrição em relação a um dos principais responsáveis), tendo também sido insuficientes as reparações cíveis e trabalhistas.

Importância – Tratou-se do primeiro caso contra o Brasil no qual a Corte IDH apontou a violação *direta* do art. 26 da CADH (direitos sociais em sentido amplo), pela ofensa ao *direito ao trabalho decente*. Em 22-1-2021, o Brasil apresentou um recurso de interpretação da sentença (art. 67 da CADH) questionando (entre outros aspectos) a jurisdição da Corte IDH para declarar violações do direito ao trabalho, pela mera menção ao *art. 26* da Convenção. Na verdade, tratou-se de busca de *rejulgamento* de objeção *ratione materiae* já interposta pelo Brasil e rechaçada pela Corte no julgamento de mérito. A Corte IDH laconicamente repetiu ter jurisdição para apreciar e determinar litígios relativos ao artigo 26 da Convenção, que agora tem natureza autônoma (Corte IDH, sentença de interpretação de 21-6-2021). Esse recurso brasileiro mostra a insatisfação de um Estado réu quanto à função de interpretar de um Tribunal internacional. Tal insatisfação obviamente é incoerente com a decisão adotada de ratificar um tratado (a CADH) que possui um tribunal encarregado de dar a *interpretação internacionalista* de seu conteúdo, mesmo que tal interpretação seja contrária à interpretação feita *por algum Estado* ou mesmo *por todos* os Estados celebrantes.

11. *Barbosa de Souza e outros*: procedência **(sentença de 7-9-2021)**

Datas – A Comissão IDH recebeu petição em 2000, autuada como Caso 12.263, que trata da situação de impunidade em que se encontraria a morte de Márcia Barbosa de Souza, ocorrida em junho de 1998 nas mãos de então deputado estadual, o senhor Aércio Pereira de Lima. Em 11 de julho de 2019 (18 anos após a petição inicial), a Comissão encaminhou o caso à Corte IDH, que o sentenciou em 7 de setembro de 2021.

Conteúdo – Márcia Barbosa de Souza, então com 20 anos, foi morta por asfixia em junho de 1998. O acusado era deputado estadual e o caso só começou a ser julgado quando este deixou de ser parlamentar (em 2003), tendo sido condenado em 2007, tendo falecido de morte natural antes de ser preso. A Comissão IDH considerou que a demora prolongada de nove anos do processo por conta da imunidade parlamentar constituiu uma violação dos direitos à garantia judicial, proteção judicial e princípio da igualdade e não discriminação em prejuízo aos familiares de Márcia.

Importância – O homicídio de Márcia Barbosa de Souza teve uma série de falhas investigativas e ausência de realização de diligências necessárias para esclarecer a verdade, o que é incompatível com a necessidade de investigar violações de direitos humanos contra mulheres com a devida diligência. Entre as recomendações realizadas ao Estado brasileiro pela Comissão IDH e não cumpridas que foram determinantes para envio do caso a Corte destacam-se: i) adequação do marco normativo interno para assegurar que a prerrogativa de foro e imunidade de altos funcionários do Estado não se transforme em um obstáculo para a devida e pronta investigação de casos de violações de direitos humanos e ii) adoção de todas as medidas necessárias ao cumprimento integral da Lei Maria da Penha mobilizando recursos e políticas públicas para prevenir, investigar e punir a violência contra a mulher no Brasil. Para a Corte IDH, o Estado violou o direito de acesso à justiça de modo célere ao permitir a existência da imunidade parlamentar tal qual era regulada à época, na qual exigia-se licença da respectiva Casa legislativa, que poderia procrastinar e não fundamentar inclusive o motivo pelo qual não dava a autorização devida. Também se considerou que o Estado falhou na investigação de outros envolvidos no feminicídio, mostrando falta de perspectiva de gênero na investigação criminal. Finalmente, o Estado violou a Convenção ao permitir que houvesse o uso de *estereótipos negativos de gênero* no julgamento, ao ser provado que o advogado de defesa no Tribunal do Júri solicitou a incorporação de 150 páginas de artigos de jornais que se referiam à *prostituição, overdose e suposto* *suicídio* para vinculá-los à vítima, afetando sua imagem. Trata-se de caso emblemático que dialoga com a "Lei Mari Ferrer" (Lei n. 14.245/2021), que expressamente proíbe a utilização, no processo penal, de (i) linguagem, de (ii) informações ou de (iii) material que ofendam a dignidade da vítima ou testemunhas.

12. *Sales Pimenta* procedência (**sentença de 30-6-2022**)

Datas – A Comissão remeteu o caso, em 4-12-2020 (após quase 14 anos de trâmite, desde a petição dos representantes da vítima em 2006), à Corte IDH relativo à responsabilidade internacional do Estado brasileiro pela situação de impunidade dos atos referentes à morte de Gabriel Sales Pimenta, defensor dos direitos dos trabalhadores rurais, ocorrida em 1982 no Estado do Pará. O caso foi sentenciado em 30 de junho de 2022.

Conteúdo – Trata-se de homicídio realizado em contexto de violência praticada contra os defensores da reforma agrária no Brasil. Gabriel Sales Pimenta era advogado do Sindicato dos Trabalhadores Rurais de Marabá e nessa condição recebeu diversas ameaças. Apesar de ter a proteção do Estado em pelo menos três ocasiões, acabou sendo morto enquanto caminhava em Marabá (a proteção policial vinda de Belém chegou no dia seguinte da morte). Houve o reconhecimento judicial da prescrição do crime de homicídio em 2006, tendo a Comissão averiguado que as autoridades não protegeram testemunhas ameaçadas e não evitaram a fuga do acusado. Houve ofensa à liberdade de associação a defesa dos direitos dos trabalhadores e trabalhadoras rurais, uma vez que a retaliação ao trabalho do advogado foi a motivação do assassinato da vítima. A morte de Gabriel Sales Pimenta ocorreu antes da própria ratificação brasileira da Convenção Americana de Direitos Humanos, o que levou a Comissão a submeter somente os fatos que começaram ou continuaram ocorrendo após a data da ratificação e após a data do reconhecimento brasileiro da jurisdição contenciosa obrigatória da Corte IDH em 10-12-1998, relacionados à falta de devida diligência na investigação e aos fatores que os causaram uma denegação de justiça em relação aos fatos do caso. Em 2022, a Corte atestou a existência de um quadro de assassinatos de camponeses no Estado do Pará, com constante impunidade. No caso específico de Gabriel, a Corte reconheceu que: 1) Gabriel, advogado do Sindicato dos Trabalhadores Rurais de Marabá, foi assassinado em 1982, no contexto de matança de defensores de camponeses no Pará; 2) A ação penal contra um dos envolvidos foi extinta sem julgamento de mérito pela prescrição em 2006; 3) Foi negada indenização pela má prestação da atividade jurisdicional à família pelo TJ/Pará e pelo STJ (trânsito em julgado 2021). Consequentemente, a Corte condenou o Brasil: a) por violação do devido processo legal penal (arts. 8º e 25 da CADH), uma vez que "atuação lenta e negligente dos funcionários do judiciário contribuiu de forma definitiva para que fosse declarada a prescrição" (§ 103); b) ofensa à duração razoável do processo (art. 8º da CADH), em face da delonga por 24 anos entre a data do fato e o reconhecimento da prescrição; c) violação do direito à verdade (judicial), com base nos arts. 8º, 25 e 13 (direito à informação), em face da incerteza sobre os autores do homicídio de Gabriel; d) violação do direito à integridade pessoal (art. 5º) dos familiares da vítima. A Corte ainda reiterou que o caso está inserido no contexto de impunidade estrutural relacionado a ameaças, homicídios e outras violações de direitos humanos contra os trabalhadores rurais e seus defensores no Estado do Pará.

Importância – As reparações determinadas pela Corte IDH visam a superar a impunidade e o estímulo à continuidade da violência contra defensores de direitos humanos de trabalhadores rurais no Brasil. Assim, a Corte determinou que o Brasil crie um grupo de trabalho, com cinco membros, coordenado pelo Conselho Nacional de Justiça, grupo de trabalho com a "finalidade de identificar as causas e circunstâncias geradoras dessa impunidade e elabore linhas de ação que permitam superá-las", que terá dois anos para elaborar um relatório final sobre seu tema (§§ 145 e 147). Foi determinado o apoio à saúde dos familiares, bem como medidas de satisfação: (i) realização de ato público de reconhecimento da responsabilidade internacional do Estado;

(ii) denominar uma praça na cidade de Marabá com o nome de "Gabriel Sales Pimenta" com explicação sobre tal homenagem em placa de bronze lá afixada; (iii) criação de espaço de memória em Belo Horizonte "no qual se valorize, proteja e resguarde o ativismo das pessoas defensoras de direitos humanos no Brasil, entre eles o de Gabriel Sales Pimenta" (§ 162); (iv) publicação da sentença. Como garantias de não repetição, a Corte ordenou que o Brasil crie um *protocolo de investigação de crimes contra os Defensores dos Direitos Humanos*, que regulamente a atuação da Polícia, Ministério Público e Poder Judiciário, em três anos, que observe os "Princípios de devida diligência para identificar a todos os responsáveis, e as diretrizes "que complementam e reforçam a devida diligência na investigação de violações de direitos humanos contra defensores de direitos humanos" do *Relator Especial Michel Forst* (estudado acima neste *Curso*). Além disso, ordenou a revisão e adoção por lei (e não somente por decretos) de um Programa de Proteção aos Defensores de Direitos Humanos, com participação paritária da sociedade civil (entre outras exigências). Também determinou a elaboração de estatísticas (a falta de dados sobre tais homicídios foram demonstrados no processo internacional). Fixou-se ainda indenização por danos materiais e morais aos familiares de Gabriel e pagamento dos custos. Não houve a determinação de investigação e punição aos responsáveis pelo assassinato de Gabriel. Porém, em clara reação ao não cumprimento pelo Brasil de tal obrigação em casos anteriores (vide a recusa, pelo STJ, de se reabrir o inquérito policial referente ao homicídio do Sr. Garibaldi, mesmo após a sentença da Corte), a Corte determinou que o Brasil adote, em 3 anos, mecanismo jurídico voltado a reabertura de investigação em caso de condenações pela Corte IDH referente à obrigação de investigar e punir os responsáveis por violações de direitos humanos.

13. Caso Tavares Pereira e outros *vs.* Brasil **(sentença de 16-11-2023)**

A Comissão remeteu à Corte IDH, em 6-2-2021, o caso relativo à morte de Antonio Tavares Pereira e às lesões sofridas por outras 185 pessoas trabalhadoras integrantes do Movimento dos Trabalhadores Rurais Sem Terra (MST) em virtude da atuação de agentes da polícia militar do Estado do Paraná, durante a repressão de uma marcha pela reforma agrária realizada em 2-5-2000. A Comissão IDH concluiu que não há dúvida que (i) agente da polícia militar disparou e causou a morte do Sr. Antônio Tavares Pereira; (ii) não ocorreu legítima defesa (a vítima ainda estava desarmada); e (iii) o disparo não tinha uma finalidade legítima nem foi proporcional. Além disso, a Comissão entendeu ser inadmissível a mobilização feita pelo Estado de sua polícia militar para impedir o exercício dos direitos de reunião, liberdade de expressão e circulação dos trabalhadores sem terra. Por fim, foi considerada violação da Convenção Americana de Direitos Humanos a apuração dos fatos feita pela Justiça Militar e ainda o arquivamento na apuração do crime de homicídio que se deu pela Justiça Comum (impunidade).

A Corte Interamericana de Direitos Humanos, em 16 de novembro de 2023, declarou a responsabilidade internacional do Brasil por violações aos direitos à vida, à integridade pessoal, à liberdade pessoal, à liberdade de pensamento e expressão, à reunião, e aos direitos da criança e de circulação, conforme os artigos 4.1, 5.1, 7, 13, 15 e 22 da Convenção Americana sobre Direitos Humanos. A Corte determinou que o uso da força pela Polícia Militar foi desproporcional e que o Estado falhou em investigar diligentemente as lesões e identificar as pessoas feridas. Além disso, o processo civil de indenização movido pelos familiares de Tavares Pereira não cumpriu a garantia do prazo razoável, prolongando-se por mais de 21 anos.

Importância – O caso tem importância por condenar a violência estatal contra movimentos sociais e a inadequada resposta judicial, principalmente quando há repressão violenta de manifestações sociais e a impunidade associada a essas ações. O caso soma-se ao "Caso Escher" e ao "Caso Garibaldi", todos relacionados à conduta das autoridades públicas paranaenses no contexto de luta pela reforma agrária no Estado do Paraná (os chamados "casos paranaenses").

14. Caso Honorato e outros *vs.* Brasil "Operação Castelinho" (**sentença de 27-11-2023**)

Em 28-5-2021, a Comissão IDH encaminhou à Corte o caso da "Castelinho", que se refere às mortes de 12 pessoas (José Airton Honorato e outros) atribuídas a policiais militares em operação policial contra o ônibus no qual estavam os mortos, na Rodovia conhecida como "Castelinho" (por isso o nome do caso), no ano de 2002, e pela situação de impunidade ainda existente. Além da preparação da operação policial (com infiltração de preso em facção criminosa, entre outros aspectos), a Comissão sustentou que a Polícia Militar possuía no local aproximadamente cem policiais e, sem a presença de testemunhas, promoveu um tiroteio – justificado por ser contra ato de resistência do grupo no ônibus. Foram realizados mais de 700 disparos, sendo ferido um policial (lesões leves), e morrendo as doze vítimas do presente caso. Relatórios de necropsia indicaram que as vítimas foram mortas com tiros à queima-roupa, levantando suspeitas de uso excessivo da força. Para a Comissão, o Estado não confirmou a realização de certas diligências essenciais para o esclarecimento dos fatos, conforme os parâmetros interamericanos e seguindo o Protocolo de Minnesota. Finalmente, para que seja superada a impunidade, a Comissão sublinha que o Estado não pode invocar a garantia do *ne bis in idem* ou da prescrição para justificar o descumprimento da futura condenação da Corte IDH (violação do direito à vida, da proteção judicial, entre outros).

A Corte Interamericana de Direitos Humanos emitiu sua sentença em 27 de novembro de 2023, e declarou que o Brasil violou o direito à vida dessas pessoas e os direitos de seus familiares devido à falta de investigação, julgamento e punição dos responsáveis. A Corte também constatou a violação do direito à verdade e ao cumprimento das decisões judiciais, devido à demora excessiva na tramitação e execução dos processos civis movidos pelos familiares das vítimas.

Importância – O caso "Honorato e Outros *vs.* Brasil" realça a proteção do direito à vida e a proibição de execuções extrajudiciais, ressaltando que o Estado deve tomar medidas eficazes para garantir que suas ações de segurança pública não violem esses direitos fundamentais. A Corte determinou que sua sentença constitui, por si só, uma forma de reparação, e ordenou a criação de um grupo de trabalho para esclarecer as atuações do Grupo de Ações Táticas Especiais (GRADI) no Estado de São Paulo e realizar recomendações para prevenir a repetição de fatos similares. Também foi ordenado prover tratamento médico, psicológico e/ou psiquiátrico aos familiares das vítimas, adotar medidas para garantir a implementação de dispositivos de *geolocalização* e *registro de movimentos* dos veículos e policiais no Estado de São Paulo, com envio aos órgãos de controle interno e externo da polícia, incluindo gravações de *câmeras corporais* e de geolocalização em operações policiais que resultem em mortes ou lesões graves, e adotar medidas para um quadro normativo que permita o afastamento temporário de agentes policiais envolvidos em mortes resultantes de ações policiais até a avaliação da corregedoria. Adicionalmente, a Corte determinou a criação de um mecanismo que permita a reabertura de investigações e processos judiciais, inclusive prescritos, quando uma sentença da Corte determinar a responsabilidade internacional do Estado por não investigar violações de direitos humanos de forma diligente e imparcial, e eliminar a competência da Polícia Militar para investigar delitos contra civis. Também exigiu que sejam fornecidas *condições materiais e humanas* ao Ministério Público do Estado de São Paulo para que investigue, com independência e autonomia, os abusos policiais, sem que se dependa para tanto da própria polícia, dando continuidade ao já disposto no Caso da Favela Nova Brasília.

15. *Neusa dos Santos Nascimento e Gisele Ana Ferreira* (em trâmite)

Em 29-7-2021, a Comissão IDH encaminhou o caso à Corte, o qual trata de discriminação racial no âmbito laboral. De acordo com a Comissão, Neusa dos Santos Nascimento e Gisele Ana Ferreira foram entrevistadas para um posto de trabalho em uma empresa privada, tendo lhes sido informado que todas as vagas já tinham sido preenchidas. Todavia, após, uma mulher branca foi contratada. Em 27 de março de 1998, a situação foi noticiada ao Ministério Público do Estado de São Paulo, que fez a denúncia criminal pelo delito de racismo. O acusado foi absolvido em 1999, contudo. A apelação foi interposta em 17-11-1999 e só foi julgada em 11-08-2004. O Tribunal de Justiça condenou o acusado a pena de dois anos de prisão e, em seguida, extinguiu a punibilidade pela prescrição *in concreto*. Em 5-10-2004, o MP recorreu, uma vez que o crime de racismo é imprescritível, de acordo com a própria CF/88, o que foi acolhido. Em 26-10-2006, foi expedida ordem de prisão (regime semiaberto) e em 2007 o condenado passou a cumprir a pena de prisão no regime aberto. A ação de reparação de danos foi julgada improcedente em 2007. Para a Comissão, a delonga acima exposta (fato criminoso ocorreu em 1998 e somente em 2006 foi expedida a ordem de prisão – e somente porque o crime é imprescritível) concretizou a violação dos arts. 8º e 25 da Convenção, bem como foram ofendidos o direito à igualdade e o direito ao trabalho decente.

16. *Manoel Luiz da Silva* (em trâmite)

Em 26-11-2021, a Comissão IDH encaminhou o caso à Corte, o qual trata da falta de diligência do Estado na investigação do homicídio de Manoel Luiz da Silva, trabalhador rural e integrante do Movimento Sem Terra, ocorrido em 19-5-1997 no Município de São Miguel de Taipu na Paraíba. Houve, para a Comissão, denegação de justiça pela impunidade (22 anos do fato criminoso), especialmente do autor intelectual. A Comissão, no Relatório de Mérito, considerou que, apesar de não ser possível atribuir responsabilidade indireta ao Estado, não foram realizadas pela polícia muitas das diligências necessárias para a devida apuração dos fatos, principalmente para a identificação do autor intelectual, o que prejudicou a correta investigação e a persecução penal dos responsáveis. Ademais, considerou que a longa duração da investigação e do processo penal, de mais de 22 anos, constitui uma violação do prazo razoável e uma denegação de justiça. Para a Comissão, o Estado brasileiro é responsável pela violação dos direitos à integridade pessoal, às garantias judiciais e à proteção judicial da vítima, bem como pela violação do direito à integridade psíquica e moral dos familiares de Manoel Luiz da Silva.

17. *Comunidades Quilombolas de Alcântara* (em trâmite)

Em 5-1-2022, a Comissão IDH encaminhou o caso que trata de violação do direito à propriedade colectiva de 152 comunidades quilombolas localizadas no município de Alcântara, no estado do Maranhão. O Brasil violou tal direito ao não emitir títulos de propriedade para as suas terras, bem como ao permitir a instalação de uma base aeroespacial sem consulta e consentimento prévios destas comunidades. Houve falha, ainda, dos recursos judiciais para reparar a situação. A Comissão analisou as obrigações do Estado quanto à propriedade tradicional daquelas comunidades, cuja ascendência majoritária é de indígena e africana, sendo que as terras então ocupadas foram declaradas de "utilidade pública" e expropriadas para a criação do Centro de Lançamento de Alcântara (CLA). A Comissão concluiu que o Estado descumpriu suas obrigações internacionais, à medida em que (i) não respeitou o direito à propriedade ancestral e à consulta prévia, (ii) não realizou um processo de reassentamento adequado, (iii) não concedeu uma indenização integral que permitisse às comunidades participar dos benefícios do projeto, (iv) e nem realizou estudos socioambientais para identificar o impacto sobre os direitos das comunidades quilombolas. Além disso, as violações aconteceram em um contexto de múltiplas vulnerabilidades, aprofundando a *discriminação sistemática*, a ausência de proteção territorial, a falta de acesso à justiça, o abandono, a indiferença e ausência do Estado para resolver a problemática que afeta essas comunidades historicamente excluídas e em situação de pobreza extrema. Em abril de 2023, durante a audiência pública sobre o caso (sessão extraordinária da Corte, em Santiago, no Chile), o Brasil realizou pedido público de desculpas em atenção a um dos requerimentos de reparação formulados pelos peticionários (não reconheceu totalmente o pedido).

18. *Leite de Souza e outros – "Mães de Acari"* (em trâmite)

Em 22-4-2022, a Comissão IDH encaminhou o caso à Corte, o qual trata do desaparecimento forçado de onze pessoas (sete adolescentes; vítimas com idades entre 13 e 32 anos), moradores da Favela do Acari no Rio de Janeiro, ocorrido em julho de 1990 (conhecido também como "Chacina de Acari" ou "Caso das Mães de Acari"). O inquérito policial foi arquivado em 2010, sem que tivessem sido localizadas as vítimas e sem que os responsáveis fossem identificados (e posteriormente, processados e julgados). Em 1993, houve o homicídio de duas mulheres, após o depoimento de uma delas sobre a participação de policiais nos desaparecimentos forçados. Em relação a tais homicídios, o suposto responsável foi absolvido pelos jurados (com pedido de absolvição em plenário pelo *parquet* estadual do RJ). Há suspeita de envolvimento de policiais militares do Estado do RJ no grupo de extermínio denominado "Cavalos Corredores" (pois entravam nas comunidades fazendo muito barulho). Segundo a Comissão, o Estado não cumpriu sua obrigação de investigar, processar e punir os desaparecimentos dentro de um prazo razoável. Com relação à investigação, que durou quase 20 anos, as diligências, as técnicas utilizadas e a avaliação das provas foram *lentas*, e a investigação foi arquivada *sem* que tivesse sido identificado o paradeiro de nenhuma das vítimas nem os responsáveis pelos fatos e *sem* investigar a denúncia de violência sexual.

19. *Eduardo Collen Leite e Denise Peres Crispim* (em trâmite)

Em 17-5-2022, a Comissão IDH encaminhou o caso à Corte, o qual trata da impunidade dos responsáveis pela detenção arbitrária e tortura cometidas contra Eduardo Collen Leite e Denise Peres Crispim em 1970 (durante a ditadura militar brasileira). Denise Peres Crispim estava grávida de seis meses, tendo sido submetida a tortura contínua por uma semana. Já Eduardo Leite foi detido em agosto de 1970 e levado a centro clandestino de tortura, tendo sido assassinado. Em 2011, Denise Crispim apresentou notícia de fato criminal ao Ministério Público Federal. Em 2012, o Procurador da República (promotor natural) promoveu o arquivamento, acatado pela Justiça Federal, sob o fundamento de prescrição da pretensão punitiva, uma vez que, sob sua ótica, o ordenamento brasileiro não aceita a imprescritibilidade dos crimes em tela. A Comissão considerou que o Estado não investigou os fatos de modo diligente, já que a justiça ordinária arquivou a denúncia de tortura e execução de Eduardo Collen Leite ao aplicar a figura da prescrição, bem como uma interpretação da Lei n. 6.683/79, a Lei de Anistia, que são incompatíveis com as obrigações estatais na matéria e que se refletiram na impunidade do caso. Além da violação ao art. 5º (direito à integridade pessoal) e aos arts. 8º e 25 (garantias processuais e acesso à justiça) da CADH, foi pleiteado o reconhecimento da ofensa à Convenção Interamericana para Prevenir e Punir a Tortura e à Convenção de Belém do Pará.

20. *Muniz da Silva* (em trâmite)

Em 29-8-2022, a Comissão IDH encaminhou à Corte o caso, que trata do desaparecimento de Almir Muniz da Silva, trabalhador rural e defensor dos direitos dos trabalhadores rurais no estado da Paraíba, e da situação de impunidade dos fatos. Almir Muniz da Silva era membro ativo da associação de trabalhadores rurais de Itabaiana/PB e testemunhou perante CPI sobre a violência no campo e a formação de milícias rurais na Paraíba, indicando que policiais estariam praticando atos de violência contra trabalhadores rurais, e que o Policial Civil Sergio de Souza Azevedo seria o principal responsável por esses acontecimentos. Posteriormente, recebeu ameaças de morte, e seu desaparecimento foi comunicado à delegacia de Itabaiana em 2002. Entretanto, a denúncia não foi recebida, e tampouco foram tomadas ações para se buscar a vítima ou investigar os fatos. A Comissão, tendo em vista a falta de esclarecimento dos fatos e de punição dos responsáveis, concluiu se tratar de desaparecimento forçado, uma vez que o senhor Muniz da Silva fora assassinado por um agente policial, e que seus restos mortais foram ocultados. A Comissão também considerou que o assassinato de um defensor dos Direitos Humanos e a subsequente impunidade dos responsáveis causaram intimidação sobre outras pessoas na mesma condição, e sobre o próprio movimento dos trabalhadores rurais.

21. *Hernández Norambuena* (em trâmite)

Em 30-11-2022, a Comissão IDH encaminhou o caso que trata das condições de privação de liberdade de Maurício Hernández Norambuena, nacional chileno, no sistema penitenciário estadual e federal de São Paulo, em que a vítima permaneceu por 4 anos, tendo sido submetido ao "Regime Disciplinar Diferenciado" (RDD), caracterizado pela detenção em isolamento com limitadas visitas e saídas da cela. Segundo a Comissão, o isolamento prolongado ao que foi submetida a vítima é incompatível com a Convenção Americana, que estabelece que esse regime só pode ser aplicado de 180 a 360 dias, com possibilidade de ampliação. Contudo, a detenção de Maurício Hernández Norambuena sob esse regime foi estendida por um tempo excessivo, não lhe foi garantido o devido processo legal, em razão da ausência de um recurso efetivo para o controle da medida e não foi considerado o impacto severo em seus direitos.

22. *Max Cley Mendes, Marciley Roseval Melo Mendes e Luís Fábio Coutinho da Silva – "Chacina do Tapanã"* (em trâmite)

O caso se refere aos homicídios de três vítimas jovens que teriam sido assassinadas por policiais militares em dezembro de 1994, por serem suspeitos de autoria da morte de cabo da Polícia Militar. Em 18 de dezembro de 1996, o Ministério Público denunciou 21 policiais militares por sua participação na operação que resultou na morte dos três adolescentes. Em 3 de setembro de 1997, houve aditamento à denúncia, excluindo quatro réus. Em agosto de 2018, os réus foram absolvidos pelo júri popular, por falta de provas suficientes. O Ministério Público não recorreu das absolvições, o que fez com que elas transitassem em julgado em 30 de novembro de 2018. A Comissão solicitou à Corte IDH que conclua e declare que o Estado brasileiro é responsável pela violação dos direitos estabelecidos nos artigos 5.1 (integridade pessoal), 8.1 (direito às garantias judiciais), 19 (direitos da criança) e 25.1 (direito à proteção judicial) da Convenção Americana sobre Direitos Humanos, em relação às obrigações estabelecidas nos artigos 1.1 e 2 da mesma, bem como pela violação das obrigações contidas nos artigos 1, 6 e 8 da Convenção Interamericana para Prevenir e Punir a Tortura.

23. *Luíza Melinho* (em trâmite)

Em 7-6-2023, a Comissão IDH encaminhou o caso que trata de violação dos direitos humanos pelo Estado brasileiro em um processo de cirurgia de afirmação de gênero de Luíza Melinho. Segundo a vítima, o Estado negou sua cirurgia de afirmação de gênero através do sistema público de saúde e o pagamento do procedimento em hospital privado, o que teria impedido o direito a uma vida decente e colocado sua vida e integridade física em risco.

Em 1997, no Hospital de Clínicas da Universidade de Campinas (Unicamp), foi constatado que Luiza apresentava um quadro de depressão, episódios de tentativa de suicídio e transtorno de identidade de gênero. Em abril de 1998, Luiza passou por uma intervenção inicial de afirmação de gênero no mesmo hospital. Em março de 2001, foi internada novamente para modificar o aspecto de sua laringe, mas a cirurgia foi cancelada devido à ausência do anestesista, o que agravou seu estado de depressão. Posteriormente, a Unicamp declarou que não poderia realizar a "correção cirúrgica de transexualismo" e sugeriu que Luiza fosse transferida para outro hospital em outra cidade, que não reconheceu o diagnóstico da Unicamp e obrigou Luiza a passar por novas avaliações médicas e constantes viagens a São Paulo por dois anos, o que resultou em altos custos e piora do estado psicológico de Luiza, levando-a a realizar uma automutilação genital. Em 2002, Luiza enviou uma notificação extrajudicial ao Hospital da Unicamp solicitando a realização da cirurgia, mas o hospital respondeu que não tinha os recursos necessários para realizar o procedimento. Assim, Luiza entrou com uma ação por danos morais contra a Unicamp, mas acabou realizando a cirurgia em um hospital privado em 2005 após obter um empréstimo. Em 2008, o Tribunal de Justiça de São Paulo negou o recurso de Luiza, mesmo após uma decisão do Tribunal Regional Federal que incluía o "procedimento de afirmação de gênero" entre os procedimentos cobertos pelo sistema público de saúde.

A Comissão Interamericana concluiu que o Estado brasileiro não garantiu o acesso à saúde de Luiza em condições de igualdade, demonstrado pelos obstáculos para acessar a cirurgia, como o número limitado de hospitais que realizavam o procedimento, a distância geográfica, e as demoras judiciais. Essas falhas afetaram negativamente a saúde física e mental de Luiza, violando seus direitos à saúde, à integridade pessoal, à vida privada, e à igualdade e não discriminação, conforme previsto na Convenção Americana sobre Direitos Humanos.

24. *Caso Clínica Pediátrica da Região dos Lagos* (CLIPEL)

Em 22-3-2024, a Comissão IDH encaminhou o caso sobre a morte de 96 bebês na UTI da Clínica Pediátrica da Região dos Lagos (CLIPEL – em trâmite), ocorrida entre 1996 e 1997 por suposta negligência médica. Familiares e investigadores observaram irregularidades na atuação da equipe médica. No entanto, após processos judiciais e administrativos, os responsáveis foram absolvidos de homicídio culposo, sem garantias de um devido processo para avaliar adequadamente as alegações de violações.

13.3.12. A jurisdição consultiva da Corte IDH: o controle de convencionalidade preventivo e a coisa julgada interpretada

A Corte IDH pode emitir pareceres consultivos (também chamados de *opiniões consultivas*), sobre a (1) interpretação da Convenção ou de outros tratados concernentes à proteção dos diretos humanos nos Estados americanos (mesmo os tratados universais, como o Pacto Internacional sobre Direitos Civis e Políticos etc.) e sobre a (2) compatibilidade entre qualquer lei interna e os mencionados instrumentos internacionais.

Podem solicitar pareceres consultivos:

- Sobre a interpretação da Convenção e outros tratados de direitos humanos aplicáveis nos Estados Americanos: (i) Estados-membros da OEA, (ii) Comissão IDH (que possui pertinência temática universal, podendo pedir parecer sobre qualquer dispositivo da Convenção ou qualquer tratado de direitos humanos incidente nos Estados Americanos), (iii) outros órgãos da OEA com pertinência restrita a temas de direitos humanos de sua atuação.
- Sobre a compatibilidade de lei interna: Estados-membros da OEA.

Até agosto de 2023, a Corte IDH expediu vinte e nove opiniões consultivas, todas requeridas pela Comissão Interamericana de Direitos Humanos ou por Estados Partes da Convenção que já reconheceram a jurisdição obrigatória da Corte de San José. Os demais Estados da OEA (aqueles que não são partes da Convenção) não têm utilizado a faculdade de solicitar parecer consultivo, a eles conferida pelo art. 64 da Convenção Americana de Direitos Humanos[74]. A Corte IDH possui tradição em desenvolver o direito internacional dos direitos humanos utilizando as opiniões consultivas para esclarecer o alcance e sentido das normas de direitos humanos que vinculam os Estados da OEA. Listo, abaixo, as últimas opiniões consultivas emitidas e as solicitações em trâmite (agosto de 2024):

- **Opinião consultiva n. 21, de 2014, sobre os direitos e garantias das crianças migrantes.**

Em julho de 2011, em uma iniciativa inédita, os quatro países-membros do Mercosul (Mercado Comum do Sul), Argentina, Brasil, Paraguai e Uruguai, apresentaram em conjunto um pedido de opinião consultiva (pois o Mercosul não possui legitimidade para tanto) sobre os

---

[74] CARVALHO RAMOS, André de. *Processo internacional de direitos humanos*. 7. ed. São Paulo: Saraiva, 2022.

direitos de crianças e adolescentes migrantes. Em agosto de 2014, a Corte IDH emitiu sua opinião consultiva n. 21 (OC-21/2014) sobre o tema.

Os países solicitantes indagaram à Corte IDH quais seriam as obrigações dos Estados em situações internas envolvendo crianças migrantes ou seus pais, tendo como base a Convenção Americana de Direitos Humanos, a Declaração Americana dos Direitos e Deveres do Homem e a Convenção Interamericana para Prevenir e Punir a Tortura.

Após uma longa análise das fontes do Direito Internacional dos Direitos Humanos, dos direitos das crianças e dos migrantes, a Corte IDH entendeu que os Estados devem priorizar os direitos das crianças (por crianças, deve-se entender "toda pessoa que não tenha completado 18 anos de idade, salvo que tenha alcançado a maioridade antes em conformidade com a lei"), levando em consideração (i) o seu desenvolvimento integral, (ii) sua proteção e (iii) seu melhor interesse.

Nessa linha, a criança tem direito de acesso à justiça e devido processo legal nas situações particulares que envolvem os migrantes, que consistem nos seguintes direitos: (i) o direito de ser notificada da abertura e de todo o ocorrido em processo migratório; (ii) o direito a que os processos migratórios sejam conduzidos por um funcionário ou juiz especializado; (iii) o direito a ser ouvida e a participar nas diferentes etapas processuais; (iv) o direito a ser assistida gratuitamente por um tradutor e/ou intérprete; (v) o acesso efetivo à comunicação e à assistência consular; (vi) o direito a ser assistida por um representante legal e a comunicar-se livremente com este; (vii) o dever de designar um tutor no caso de criança desacompanhada ou separada; (viii) o direito a que a decisão adotada avalie o interesse superior da criança e seja devidamente fundamentada; (ix) o direito a recorrer da decisão perante um juiz ou tribunal superior com efeitos suspensivos; e (x) o prazo razoável de duração do processo.

Quanto à privação de liberdade das crianças migrantes, a Corte apontou que tal medida só pode ser imposta em casos extremos, cabendo aos Estados implementar garantias de proteção às crianças privadas de liberdade.

Por fim, a Corte IDH explicitou o princípio do *non refoulement* – válido para todo e qualquer estrangeiro, não somente para os refugiados –, ou seja, a proibição dos Estados de transferirem (qualquer que seja a nomenclatura – rechaço, expulsão, deportação etc.) uma criança a um outro Estado quando sua vida, segurança ou liberdade estejam em risco de violação por causa de (i) perseguição ou ameaça de perseguição, (ii) violência generalizada ou (iii) violações massivas aos direitos humanos, entre outros, assim como para um Estado onde (iv) corra o risco de ser submetida a tortura ou outros tratamentos cruéis, desumanos ou degradantes.

- **Opinião Consultiva n. 22, de 2016, sobre a titularidade de direitos humanos pelas pessoas jurídicas**

Em 2016, a Corte IDH prolatou opinião consultiva n. 22 (solicitada pelo Panamá) a respeito de serem ou não as pessoas jurídicas titulares de direitos à luz da Convenção Americana de Direitos Humanos, o que poderia, caso positiva a resposta da Corte, possibilitar o direito de petição por parte de pessoa jurídica à Comissão IDH. Inicialmente, a Corte utilizou a Convenção interamericana sobre personalidade e capacidade de pessoas jurídicas no Direito Internacional Privado, que define pessoa jurídica como sendo "toda entidade que tenha existência e responsabilidade próprias, distintas das dos seus membros ou fundadores e que seja qualificada como pessoa jurídica segundo a lei do lugar de sua constituição" (art. 1º)[75].

---

[75] Já ratificada e incorporada internamente no Brasil pelo Decreto n. 2.427/97. Ver mais sobre pessoa jurídica no Direito Internacional Privado, no comentário ao art. 11 da Lei de Introdução às Normas do Direito Brasileiro, em CARVALHO RAMOS, André de; GRAMSTRUP, Erik G. *Comentários à Lei de Introdução às Normas do Direito Brasileiro*. 2. ed. São Paulo: Saraiva, 2021.

A Corte interpretou o art. 1.2 da Convenção ("Para efeitos desta Convenção, pessoa é todo ser humano") para concluir que as pessoas jurídicas não são titulares de direitos convencionais, não podendo ser consideradas possíveis vítimas nos processos contenciosos do sistema interamericano. A Corte aduziu que o Direito Internacional dos Direitos Humanos desenvolveu-se para assegurar proteção às pessoas físicas e somente reconhecem, por dispositivos expressos e excepcionais, direitos a pessoas jurídicas a (i) Convenção Europeia de Direitos Humanos e (ii) a Convenção das Nações Unidas pela Eliminação de Toda Forma de Discriminação Racial. Mesmo diante da tradição constitucional de vários países da região (inclusive o Brasil) de reconhecer a titularidade de direitos essenciais por pessoas jurídicas, a Corte entendeu que a ausência de disposição expressa da Convenção a impedia de reconhecer tal titularidade às pessoas jurídicas.

Não obstante essa exclusão da titularidade de direitos humanos por parte de pessoas jurídicas, a Corte reiterou o entendimento de que as comunidades indígenas são titulares de direitos protegidos pelo sistema interamericano, podendo ser vítimas, aplicando-se o mesmo aos povos tribais. No mesmo sentido, o Comitê de Direitos Sociais, Econômicos e Culturais do PIDESC (Pacto Internacional sobre Direitos Econômicos, Sociais e Culturais) já havia reconhecido que a expressão "toda pessoa" refere-se tanto ao sujeito individual quanto ao sujeito coletivo, o que implica no reconhecimento de direitos por parte de indivíduos associados com outros, dentro de comunidades ou grupos (Comentário Geral n. 21). Nessa linha, a Corte concluiu que, de acordo com o Protocolo de San Salvador, os sindicatos, as federações e confederações de trabalhadores são titulares de direitos, o que os permite atuar no sistema interamericano na defesa desses direitos. A Corte determinou, ainda, que em alguns casos, quando o indivíduo exerce seus direitos por intermédio de pessoa jurídica (como membro ou controlador da pessoa jurídica), pode provocar o sistema para fazer valer seus direitos humanos. Nesse caso, basta que a pessoa jurídica tenha esgotado previamente os recursos internos, desde que o tema controvertido pelo indivíduo no sistema interamericano tenha estado contido no debate interno.

- **Opinião consultiva n. 23, de 2017, sobre as obrigações de proteção do meio ambiente no marco da proteção internacional de direitos humanos.**

A Opinião consultiva n. 23 foi solicitada pela Colômbia (envolvida em disputas de delimitação territorial marítima na Corte Internacional de Justiça) à Corte IDH para que fosse esclarecido o alcance da obrigação de respeito e garantia do direito à vida e do direito à integridade pessoal da Convenção Americana de Direitos Humanos em relação ao dever de respeitar normas de direito internacional ambiental, que buscam impedir danos ambientais (que por sua vez afetam o direito à vida e o direito à integridade pessoal), em especial o dever de estabelecer estudos de impacto ambiental na Região do Grande Caribe. O objetivo da Colômbia foi questionar, indiretamente, a conduta de Estados caribenhos que estariam, com suas obras de infraestrutura, afetando o ambiente marinho da região.

A Corte IDH, inicialmente, não limitou seu parecer consultivo aos danos ambientais marinhos, como queria a Colômbia. Pela importância do direito ao meio ambiente equilibrado, a Corte considerou que tal direito interessa a todos os habitantes da região. Além disso, tal direito pode ser diretamente apreciado pela Corte IDH, naquilo que já foi comentado acima que é a "defesa direta dos direitos sociais" (art. 26 da Convenção Americana de Direitos Humanos). Assim, a Corte reconheceu a existência de uma relação inegável entre a proteção do meio ambiente e a realização dos direitos humanos. Reforça-se a indivisibilidade e a interdependência existente entre os direitos civis e políticos e os direitos sociais, econômicos e culturais. Também foi enfatizada a dimensão coletiva do direito ao meio ambiente, que se constitui em um interesse universal, tanto das gerações presentes quanto das futuras. Mas também foi lembrada a dimensão individual do direito ao meio ambiente, na medida em que sua ofensa gera impacto ao direito à saúde, direito à integridade pessoal, direito à vida, entre outros. Finalmente, a Corte, com base nessas considerações, enfatizou a importância da defesa dos direitos dos povos indígenas, do direito à informação e do direito de acesso à justiça no contexto da proteção ao meio ambiente.

- **Opinião consultiva n. 24, de 2017, sobre a identidade de gênero, igualdade e não discriminação a uniões homoafetivas.**

A Costa Rica solicitou opinião consultiva à Corte IDH sobre identidade de gênero e sobre o reconhecimento dos direitos patrimoniais derivados de um vínculo entre pessoas do mesmo sexo. Para o Estado solicitante, a identidade de gênero é uma categoria protegida pelos arts. 1 e 24 da Convenção Americana de Direitos Humanos, bem como pelos arts. 11.2 e 18, que devem ser, então, interpretados pela Corte para que se saiba se o Estado tem o dever de reconhecer e facilitar a mudança de nome das pessoas, de acordo com a respectiva identidade de gênero. Ainda, a Costa Rica indagou se, caso positiva a resposta à primeira consulta, viola a Convenção caso seja prevista a mudança de nome somente por meio de um processo judicial, sem que haja um procedimento administrativo. Finalmente, a Costa Rica perguntou se a proibição de discriminação por orientação sexual (arts. 1 e 24 da Convenção, bem como art. 11.2) exige que o Estado reconheça todos os direitos patrimoniais que derivam de um vínculo entre pessoas do mesmo sexo. Se positiva a resposta, a Costa Rica indaga se é necessária a existência de um instituto jurídico que regule os vínculos entre pessoas do mesmo sexo, para que o Estado reconheça tais direitos patrimoniais (questão sobre a autoaplicabilidade dessa proibição de discriminação por orientação sexual).

Para a Corte, é possível que uma pessoa seja discriminada a partir da percepção social a respeito de sua relação com um grupo social, independentemente da realidade ou ainda com a autoidentificação da pessoa. Essa "discriminação por percepção" tem o efeito de impedir ou prejudicar o gozo de direitos humanos. Por isso, a proteção da identidade deve abarcar a identidade social, sendo a expressão de gênero uma categoria protegida pela Convenção Americana de Direitos Humanos. A Corte reconheceu que a identidade de gênero compõe o "direito à identidade", que é protegido pelo art. 13 da Convenção (liberdade de expressão). Além disso, tal direito é um instrumento para o exercício de outros, como direito à personalidade, ao nome, à nacionalidade, entre outros. Assim, o direito de decidir autonomamente sobre a identidade de gênero encontra-se protegido pela Convenção, em especial nos artigos referentes à liberdade (art. 7º), privacidade (art. 11.2), personalidade (art. 3º) e ao direito ao nome (art. 18). Quanto à modificação da identidade de gênero, a Corte exigiu que os Estados, embora com certa margem de escolha dos meios, devem realizar a adequação integral da identidade de gênero autopercebida com base unicamente no consentimento livre e informado do solicitante (afastando, expressamente, a certificação médica ou intervenções cirúrgicas e hormonais).

Por fim, a Corte enfatizou que todos os direitos (e não só os patrimoniais) dos casais heterossexuais devem ser também reconhecidos às uniões homoafetivas. No que tange ao casamento, a Corte realçou que proibir o matrimônio de pessoas do mesmo sexo é ofensa à Convenção, inexistindo razão convencionalmente adequada e proporcional para tanto.

- **Opinião consultiva n. 25, de 2018, sobre o instituto do asilo e seu reconhecimento como direito humano.**

O Equador solicitou uma opinião consultiva à Corte IDH sobre o "alcance e fim do direito de asilo à luz do Direito Internacional dos Direitos Humanos, do Direito Interamericano e do Direito Internacional". Na petição inicial de solicitação, o Estado reconhece o direito de buscar asilo como um direito humano amplamente sedimentado no âmbito da comunidade internacional e indaga, em suma, (i) quais são os limites de atuação de um Estado que concedeu asilo em relação ao indivíduo solicitante, bem como os (ii) limites de atuação de um Estado em relação a um indivíduo asilado na Embaixada de outro Estado em seu território. Essa solicitação de opinião consultiva por parte do Equador é fruto, obviamente, da controvérsia que envolve o fundador do *site* Wikileaks, Julian Assange, asilado na Embaixada do Equador em Londres desde 2012. O Reino Unido não concedeu, até agora, salvo-conduto, para que Assange possa sair da Embaixada rumo ao Equador (Estado asilante).

Na opinião consultiva, a Corte adotou a terminologia de "asilo em sentido estrito" como equivalente a asilo político, bem como "asilo sob o estatuto de refugiado" para designar o refúgio (quer pela sua definição estrita – pela Convenção de Genebra de 1951 –, quer pela definição ampla oriunda da Declaração de Cartagena de 1984).

No tocante ao asilo político, a Corte identificou as suas duas formas tradicionais: o asilo territorial e o asilo diplomático. Somente o asilo territorial está regulado pela Convenção Americana de Direitos Humanos (art. 22.7) e pelo art. XXVII da Declaração Americana de Direitos e Deveres do Homem. Já o asilo diplomático, pelos seus vínculos com as prerrogativas estatais referentes à diplomacia, deve ser regido por tratados específicos, costumes internacionais ou mesmo suas próprias leis internas.

Contudo, em qualquer hipótese (mesmo no asilo diplomático), o Estado de acolhida está obrigado a não devolver o solicitante a um território no qual este possa sofrer o risco de perseguição odiosa. Assim, o princípio da proibição do rechaço ("proibição do *non refoulement*") é exigível por qualquer estrangeiro, inclusive quando este busque asilo diplomático. Para tanto, a Corte assinalou que o Estado da acolhida deve adotar todos os meios necessários para proteger o estrangeiro recebido em sua missão diplomática toda vez que a sua devolução ao Estado territorial possa ameaçar sua vida, liberdade, integridade ou segurança, de modo direto ou indireto (o Estado territorial possa extraditar ou entregar de qualquer forma o indivíduo a um Estado terceiro no qual haja tais riscos). Esse dever de proteção ao solicitante de asilo, para a Corte, é obrigação *erga omnes* e vincula internacionalmente os Estados.

- **Opinião consultiva n. 26 sobre as obrigações em matéria de direitos humanos de um Estado que denunciou a Convenção Americana sobre Direitos Humanos e que tenta retirar-se da OEA (9-11-2020).**

Trata-se de solicitação de opinião consultiva realizada pela Colômbia em 2019 que busca resposta da Corte IDH sobre três questões: 1) qual é o alcance das obrigações internacionais em matéria de proteção e promoção de direitos humanos impostas a um Estado membro da OEA mas que tenha denunciado a Convenção Americana (casos de Trindade e Tobago e Venezuela); 2) qual o efeito dessas obrigações internacionais caso o Estado (que denunciou a CADH) busque denunciar o tratado constitutivo da OEA ("Carta de Bogotá – Venezuela (2019) e Nicarágua (2021) denunciaram a Carta da OEA); e 3) quais os mecanismos de que dispõem, de um lado, a "comunidade internacional" (*sic*, termo utilizado pela Colômbia) e, em particular, os Estados membros da OEA para exigir o cumprimento dessas obrigações internacionais de direitos humanos e, de outro, os indivíduos sujeitos à jurisdição do Estado denunciante. Apesar de obviamente ter relação com a denúncia da Venezuela (seguida, após, pela Nicarágua) a Carta da OEA (retirando-se dessa organização), mereceu conhecimento por se tratar de situação abstrata o suficiente para um indispensável posicionamento da Corte. Na sua opinião, a Corte decidiu: (i) que a denúncia deve ser realizada de acordo com o disposto no tratado, o que, no caso da CADH, exige 5 anos decorridos da ratificação e 1 ano de aviso prévio (a denúncia só entra em vigor 1 ano após ter sido comunicada à Secretaria-Geral da OEA – depositária do tratado); (ii) como a denúncia reduz a proteção aos direitos humanos e pode impedir o acesso a um tribunal internacional, esta deveria ser submetida a um debate *interno* "plural e transparente". A Corte indicou que deveria ser utilizado o "paralelismo das formas", pelo qual o mesmo formato interno utilizado para a ratificação seja utilizado para a denúncia, ou seja, nos Estados nos quais a ratificação exige a aprovação prévia do Congresso, a denúncia deveria exigir tal aprovação parlamentar (parágrafo 64). Tal indicação decorre da necessidade da denúncia ser fruto de uma decisão democrática do Estado de Direito. Por isso, a Corte também indicou que deve fazer um "escrutínio estrito" da denúncia, em situações críticas internas que podem afetar a estabilidade democrática, a segurança e a paz hemisférica, na hipótese, por exemplo, de erosão interna das instituições democráticas ou ruptura inconstitucional da ordem democrática interna (parágrafo 113); (iii) a Corte reiterou que a denúncia da CADH não gera efeitos retroativos. Por isso, inclusive, tem admitido vários casos promovidos pela Comissão relativos a fatos anteriores ao ano de 2013 (após o ano de aviso prévio) referentes à Venezuela; (iv) caso o Estado não tenha denunciado outros tratados interamericanos, deve cumpri-los; (v) as normas costumeiras internacionais e as normas de *jus cogens* continuam válidas; (vi) caso o Estado que não é parte da CADH denuncie também a Carta da OEA, deve cumprir o aviso prévio de 2 anos após a comunicação da denúncia à Secretaria Geral; a denúncia não gera efeitos retroativos; deve cumprir todas obrigações derivadas das decisões dos órgãos de proteção de direitos humanos até seu cumprimento total; deve cumprir os tratados interamericanos ainda não denunciados; deve cumprir as normas consuetudinárias e as normas de *jus cogens*, bem como a Carta da ONU. Finalmente, a Corte IDH determinou que há uma garantia coletiva de direitos humanos resultante da Carta da OEA. Por isso, os demais Estados ainda membros da OEA devem: (i) criticar toda denúncia da CADH e da Carta da OEA que não esteja de acordo com o princípio democrático no Estado denunciante; (ii) zelar para que o Estado denunciante cumpra suas obrigações de direitos humanos perante a OEA e a CADH até a entrada em vigor da denúncia (obviamente, tal obrigação deveria ser imposta aos Estados não denunciantes, como o Brasil, que resiste – como se vê no Caso Gomes Lund e no Caso Herzog, a cumprir as decisões vinculantes da Corte IDH); (iii) cooperar para obter a investigação e punição dos autores de violação de direitos humanos; (iv) outorgar proteção internacional a refugiados e outros indivíduos merecedores de acolhida; e (v) realizar esforços diplomáticos para que o Estado denunciante volte a se comprometer perante a Carta da OEA e a CADH. Foi voto dissidente o Juiz Zaffaroni, para quem a Corte IDH não poderia emitir a Opinião uma vez que se trataria da situação em concreto da Venezuela, votando também contra no mérito, pois a denúncia da CADH pela Venezuela seria tema envolvendo "conflito de maior volume na política internacional na região", não tendo como ser resolvido pela Corte. O Juiz Pazmiño Freire foi parcialmente dissidente no mérito, salientando que deveria ser a Corte IDH a gestora pela "garantia coletiva" de direitos, facultando a participação dos Estados ou da Assembleia Geral da ONU, dando uma visão jurídica da proteção de direitos.

- **Opinião Consultiva n. 27 sobre a Liberdade Sindical com Perspectiva de Gênero (5-5-2021).**

A Comissão Interamericana de Direitos Humanos e a Relatoria Especial Sobre Direitos Econômicos Sociais e Culturais submeteram, em 31 de julho de 2019, solicitação de Opinião Consultiva sobre liberdade sindical com perspectiva de gênero. Busca-se uma interpretação conjunta de diversas normas interamericanas relacionadas ao exercício do direito de greve e negociação coletiva como integrantes do direito à liberdade sindical, a partir de um enfoque nos efeitos das discriminações de gênero no ambiente de trabalho que impedem o exercício por parte de mulheres desse direito de forma igualitária e livre de violência. Assim, a opinião consultiva visa também formatar (i) o direito à participação de mulheres nos processos de formação de sindicatos, (ii) sua atuação como líderes em ambientes sindicais, e (iii) o exercício de direitos à associação e liberdade de expressão. A Opinião Consultiva abordou diversos pontos essenciais referentes ao direito ao trabalho, como se vê:

1) Liberdade sindical. A liberdade sindical deve ser assegurada aos trabalhadores públicos e privados, incluindo aqueles que trabalham em empresas estatais. A liberdade sindical é indispensável para permitir a defesa adequada dos direitos dos trabalhadores, incluindo seu direito ao trabalho e a condições justas, justas e favoráveis de trabalho.

2) Negociações coletivas. O direito à negociação coletiva é um componente essencial da liberdade sindical, que abarca os meios necessários para que os trabalhadores possam defender e promover seus interesses. Assim, os Estados devem se abster de condutas que limitem o direito de negociação coletiva que busque *melhorar* as condições de vida e de trabalho.

3) Greve. O direito à greve é um *direito* dos trabalhadores e de suas organizações, sendo meio legítimo de defesa de seus interesses econômicos, sociais e profissionais. A lei deve proteger o exercício do direito à greve para todos os trabalhadores, não impondo condições que impossibilitem, na prática, uma greve lícita.

Para a Corte IDH, a liberdade sindical, direito à negociação coletiva e direito de greve só podem ser limitados por lei, a qual deve atender as finalidades de uma sociedade democrática e para salvaguardar a ordem pública, proteger a saúde pública ou a moral, e proteger os direitos e liberdades de terceiros. As restrições impostas ao exercício desses direitos devem ser interpretadas de forma restritiva, em aplicação do princípio *pro persona*, não podendo privá-los de seu conteúdo essencial ou reduzi-los de tal forma que não tenham valor na prática. Contudo, reconheceu a Corte que os membros das forças armadas e da polícia, os servidores públicos que exercem funções de autoridade em nome do Estado, bem como os de serviços públicos essenciais, podem ser sujeitos a restrições especiais no gozo de tais direitos.

4) Negociações *in pejus*. A natureza protetora da incidência dos direitos humanos nas relações de trabalho tem como premissa o desequilíbrio de poder entre trabalhadores e empregadores ao negociar seus termos e condições de emprego. Por tal razão, permitir que a legislação trabalhista seja derrogada de forma geral, em *pejus*, em virtude de um acordo coletivo, reforçaria a assimetria, uma vez que não existira verdadeira liberdade na negociação. Tal permissão de erodir direitos previstos em lei (o "negociado" prevalecendo sobre o "legislado", diminuindo direitos) viola o direito internacional dos direitos humanos, impondo um retrocesso social (parágrafo 148). Os acordos coletivos podem somente ampliar a proteção dos direitos trabalhistas.

5) Direitos das Mulheres. A Corte IDH reconheceu o direito das mulheres de estarem livres de todas as formas de discriminação e violência no exercício da liberdade sindical, negociação coletiva e direito à greve. A liberdade sindical engloba o direito à auto-organização dessas entidades. Eventual legislação sindical não constitui em si mesma uma violação dessa autonomia, desde que estabeleça condições formais e não prejudique os direitos dos trabalhadores. Pode ainda a lei promover os princípios democráticos dentro das organizações sindicais. Por sua vez, a autonomia sindical não alberga medidas que limitem o exercício dos direitos sindicais das mulheres dentro dos sindicatos e, ao contrário, obriga os Estados a adotar medidas que permitam às mulheres gozar de igualdade formal e material nas esferas trabalhista e sindical. Cabe ao Estado adotar medidas legislativas e outras destinadas a promover a igualdade no âmbito do trabalho, tais como as destinadas a proteger a mulher durante a maternidade ou a conciliação da vida profissional e familiar. Por fim, a Corte IDH apontou que, para conseguir uma participação equilibrada e proporcional de homens e mulheres no espaço de trabalho, os Estados devem adotar medidas destinadas a remover barreiras que impeçam as mulheres de participar ativamente dos sindicatos, bem como em seus cargos de liderança, e, portanto, de ter um papel ativo na tomada de decisões sindicais.

6) Novas tecnologias e o "trabalhador de aplicativo". Para a Corte IDH, a regulamentação do trabalho no contexto das novas tecnologias deve ser realizada de acordo com os critérios de universalidade e inalienabilidade dos direitos trabalhistas, garantindo o *direito ao trabalho decente e digno*. Os Estados devem adotar medidas legislativas e outras, que protejam as pessoas e respondam aos desafios e às oportunidades geradas pela transformação digital do trabalho, incluindo o trabalho em plataformas digitais. Entre as medidas que devem ser adotadas, citem-se: (a) o reconhecimento da relação de trabalho (se, na prática, forem empregados), pois deverão ter acesso aos direitos trabalhistas a que têm direito nos termos da legislação nacional; e, consequentemente, (b) o reconhecimento dos direitos à liberdade de associação, negociação coletiva e greve. O Tribunal considerou que os direitos trabalhistas são universais e, portanto, se aplicam a todas as pessoas em todos os países, na medida em que as disposições das convenções trabalhistas assim o prevejam. Foi mencionado que, para a OIT, o maior desafio decorrente do trabalho em plataforma por meio de uso de aplicativos e do trabalho em massa, é a falta de reconhecimento do *status* de *empregado* desses trabalhadores. Essa falta de reconhecimento amesquinha benefícios trabalhistas dos trabalhadores, incluindo estabilidade no emprego, salário mínimo e acesso a condições de trabalho decentes, dificultando o exercício de seus direitos sindicais. Foi destacada a importância do *diálogo tripartite* (entre Estado, empregadores e empregados) que resulte em políticas públicas e a legislação trabalhista voltadas a relações profissionais estáveis e sólidas entre empregadores e trabalhadores, dentro do quadro de respeito e garantia dos direitos humanos.

- **Opinião consultiva n. 28 sobre a figura da reeleição presidencial indefinida no contexto do sistema interamericano de direitos humanos (7-6-2021).**

    Trata-se de opinião consultiva solicitada pela Colômbia em 2019 que busca esclarecer dúvidas sobre a possibilidade de reeleição indefinida de presidentes diante do sistema interamericano de direitos humanos. A Colômbia fez duas perguntas centrais (todas com diversas indagações), a seguir sintetizadas: 1) a reeleição presidencial é um direito político do candidato (e de seus eleitores) que pode ser restringido e de que modo; 2) pode um Estado modificar seu ordenamento jurídico para assegurar a reeleição presidencial indefinida? Nos fundamentos do pedido, houve a menção à decisão da Corte Suprema da Nicarágua, que considerou inaplicável o impedimento constitucional à reeleição presidencial, permitindo, assim, a reeleição de Daniel Ortega. Também foi citada a decisão da Corte Suprema de Honduras na mesma linha, o que permitiu a reeleição de Juan Orlando Hernández. E, finalmente, foi citada a decisão do Tribunal Constitucional Plurinacional da Bolívia, em 2017, pela qual foi invocado o art. 23 da CADH (sobre limitação de direitos políticos) e, consequentemente, permitida a reeleição presidencial, assegurando a possibilidade de Evo Morales se candidatar a um quarto mandato consecutivo (tal eleição foi considerada viciada pelos opositores, tendo ocasionado vários conflitos de rua, com a consequente renúncia de Evo Morales, então presidente). Na Opinião Consultiva, a Corte reconheceu que a proibição da reeleição indefinida é uma restrição ao direito a ser eleito, mas que os Estados podem impô-las, desde que sejam (i) previstas em lei; (ii) não visem finalidades legítimas e sejam proporcionais, cumprindo os elementos do critério da proporcionalidade: idoneidade, necessidade e proporcionalidade em sentido estrito. Logo, o raciocínio jurídico do Tribunal boliviano (sobre o alcance absoluto do art. 23 da CADH) foi descartado, podendo existir outras restrições que *não estejam previstas* no citado artigo, desde que não sejam abusivas ou arbitrárias (parágrafo 112; como defendi na análise da *convencionalidade* da "Lei da Ficha Limpa"). Ademais, não há direito à reeleição indefinida (como direito autônomo). Além de considerar tal restrição *compatível* com a CADH, a Corte avançou e considerou que a proibição à reeleição indefinida *deve* ser estabelecida, pois a reeleição indefinida, apesar de comprimir o direito de ser eleito do político e o direito de votar do eleitor, vulnera a rotatividade do poder e o pluralismo político, ferindo gravemente a ordem democrática pela perpetuação de determinada pessoa no poder. Assim, apesar da liberdade de conformação do sistema político por parte dos Estados (Caso Castañeda Gutman *vs*. México), tal liberdade não é absoluta e o sistema escolhido nacionalmente deve ser compatível com a CADH. A reeleição indefinida debilita os partidos políticos e vulnera o pluralismo e a separação dos poderes, o que amesquinha a própria democracia representativa. Assim, ao menos nos regimes presidencialistas e semipresidencialistas, a reeleição indefinida do presidente viola os direitos humanos. Houve dois votos dissidentes. O Juiz L. Patricio Pazmiño Freire dissentiu, após considerações formais sobre a inadmissibilidade da consulta em si (especialmente pela interpretação da Carta Democrática Interamericana, que não teria "hierarquia convencional"), apontando que não cabe à Corte IDH e sim ao Estado e à sociedade civil nacional decidir sobre a arquitetura eleitoral interna. Haveria, então, espaço para várias opções eleitorais, como a Corte havia já decidido no *Caso Castañeda Gutman Vs. México* (também mencionado pela maioria vencedora – comentado acima). O Juiz Eugenio Raúl Zaffaroni votou pela *"improcedência"* da opinião consultiva, cuja emissão invadiria a soberania constitucional dos Estados, sugerindo a liberdade dos Estados em adotar modelos presidencialistas com reeleição indefinida ("considero que la presente Opinión Consultiva no es procedente" – na verdade, o Juiz Zaffaroni discordou da maioria).

- **Opinião consultiva n. 29 sobre os enfoques diferenciados em matéria de pessoas privadas da liberdade (30-5-2022).**

Trata-se de opinião consultiva solicitada pela Comissão IDH em 2019 a respeito da intepretação do direito à igualdade e as consequentes obrigações dos Estados em face da situação especial de risco envolvendo determinados grupos de pessoas privadas de liberdade. A aplicação de um "enfoque diferenciado" consiste no reconhecimento de características e necessidades de determinados grupos que geram riscos de vulnerabilidade e violação de direitos exigindo, em contrapartida, ações específicas do Estado. Trata-se de incidência do direito à igualdade na sua faceta antidiscriminatória. Não utilizar o "enfoque diferenciado" aumentaria o risco de ofensa a direitos de um determinado grupo, pois o Estado ignoraria as diferenças e os riscos agravados. Como consta do voto em separado do Juiz Eduardo Ferrer Mac-Gregor Poisot, a OC-29 possui três aspectos fundamentais: a) a incorporação de diferentes DESCAs na perspectiva do art. 26 da CADH, b) os parâmetros interpretativos devem sempre levar em conta o enfoque diferenciado e as especificidades dos grupos abordados, e c) cabe aos Estados adotarem medidas de prevenção para evitar prevenir futuras violações contra tais grupos de detidos. Em síntese, o "enfoque diferenciado" é uma *ferramenta* para atender grupos em situação especial de vulnerabilidade, como, no caso das pessoas detidas:

1) Mulheres grávidas, no pós-parto, lactantes e cuidadoras principais. Entre as medidas apontadas pela Corte estão: (i) prioridade no uso de medidas alternativas à pena de prisão; (ii) separação entre mulheres e homens; (iii) instalações apropriadas para as mulheres grávidas, no período do pós-parto e da lactância; (iv) proibição de medidas de isolamento e de coerção física; (v) oferta de acesso a medidas de gozo de saúde sexual e reprodutiva; e (vi) medidas de redução da violência obstétrica (por exemplo, prática de cesarianas abusivas, ausência de fornecimento de analgésicos etc.).

2) Pessoas LGBTI. Entre as medidas apontadas pela Corte estão: (i) a escolha do centro prisional de acordo com a opinião da pessoa e levando em consideração sua segurança; (ii) a adoção de medidas de prevenção e investigação em face da violência exercida contra as pessoas LGBTI; (iii) a implementação do direito à visita íntima, nas mesmas condições das demais, sem discriminação.

3) Pessoas indígenas, no caso de encarceramento no sistema prisional do Estado. Entre as medidas que devem ser adotadas estão: (i) a escolha de penas alternativas à prisão;

(ii) caso isso não seja possível, deve ser preservada a identidade cultural da pessoa indígena presa, o que engloba o acesso a alimentos culturalmente adequados e a práticas curativas e medicamentos tradicionais;(ii) o uso do idioma indígena durante o cumprimento da pena.

4) Pessoas idosas. Entre as medidas que devem ser adotadas estão: (i) a escolha de penas alternativas à prisão; (ii) a promoção do direito à acessibilidade e à mobilidade; (iii) o atendimento especial ao direito à saúde.

5) Crianças que vivem com suas mães ou cuidadoras principais na prisão. Entre as medidas apontadas pela Corte estão medidas que assegurem o desenvolvimento adequado e integral das crianças, com atenção especial à socialização.

6) Pessoas com deficiência (voto em separado do Juiz Eduardo Ferrer Mac-Gregor Poisot). Não houve detalhamento, mas ficou exposta a amplitude do "enfoque diferenciado", o qual abarca outros grupos vulneráveis.

- **Solicitações de opiniões consultivas em trâmite (agosto de 2024)**

Há três solicitações de opiniões consultivas em trâmite (até agosto de 2024). *Todas* foram feitas por *Estados partes da Convenção* (nenhuma pela Comissão), o que pode indicar maior engajamento estatal ao menos na jurisdição consultiva:

1) Solicitação feita pelo **México** (em 11-11-2022) objetivando que a Corte IDH esclareça o regramento de direitos humanos incidente sobre a falta de devida diligência, práticas negligentes e até mesmo intencionais de empresas privadas atuantes na temática da indústria de armas, que facilitam o tráfico ilícito de armas, disponibilizando-as indiscriminadamente na sociedade e, consequentemente, aumentando o risco de violência armada na região. A solicitação é importante porque aborda a temática de "empresas e direitos humanos" em temática pouco estudada, que é a contribuição do setor privado de armas para o aumento da violência armada na América Latina.

2) Solicitação feita em conjunto por **Chile** e **Colômbia** (em 9-1-2023) para que a Corte IDH com o propósito de esclarecer o alcance das obrigações estatais, em sua dimensão individual e coletiva, no que tange à emergência climática no marco do Direito Internacional dos Direitos Humanos. Os Estados destacaram o impacto diferenciado da emergência climática sobre as diversas regiões e populações, gerando desafios como secas, inundações, grandes incêndios, entre outros. Essa solicitação traz o tema da "mudança climática" e a (in)ação dos Estados ao plano dos direitos humanos, demonstrando que o não agir estatal (especialmente dos grandes poluidores do capitalismo global) gera impacto negativo na promoção de direitos humanos. Em maio de 2024, houve audiência pública para oitiva dos *amici curiae,* que foi realizada em Manaus (Brasil). Nove estados, 17 órgãos de organizações internacionais e mais de 200 entidades da sociedade civil participaram da audiência pública, a maior participação em toda a história da jurisdição consultiva da Corte IDH[76].

3) Solicitação feita pela **Argentina** (em 20-1-2023) objetivando que a Corte IDH esclareça o alcance do *cuidado* (inclusive como direito humano) e sua interrelação com os demais direitos da Convenção Americana sobre Direitos Humanos. Nas razões apresentadas, a Argentina destacou que o trabalho de cuidado compreende tarefas que visam o bem-estar cotidiano das pessoas, tanto em termos materiais, econômicos e morais, como em termo emocional. Salientou que há predomínio de mulheres em tal atuação,

---

[76] Dados disponíveis em: <https://www.conjur.com.br/2024-mai-13/problemas-relativos-a-participacao-na-consulta-sobre-a-emergencia-climatica-da-cidh/>. Acesso em: 10 ago. 2024.

a maior parte sem remuneração. Para a Argentina, "os cuidados são uma necessidade, um trabalho e um direito". Ressaltou que o *direito ao cuidado* deve ser garantido em suas três dimensões: (i) dar cuidado; (ii) receber cuidado e (iii) autocuidado. O pedido de opinião consultiva *visibiliza* uma importante atuação de defesa de direitos e visa esclarecer o alcance de um novo direito (o direito de cuidado) os deveres (e políticas públicas) dos Estados, já que tal trabalho é indispensável para o bem-estar geral das pessoas.

- **Solicitações de opiniões consultivas indeferidas**

Nos últimos anos, a Corte IDH recusou-se a emitir opinião consultiva em duas ocasiões, ambas relacionadas aos casos de julgamentos políticos (processos de impedimento ou *impeachment*) que têm se repetido em várias democracias da América Latina, atingindo mandatários eleitos ou ainda ameaçando juízes ou membros do Ministério Público com cassações de mandatos ou exonerações de seus cargos. Em ambas as ocasiões, foram solicitadas as opiniões consultivas com base no temor da utilização indevida do processo de *impeachment* como forma de acesso ou manutenção do poder.

Em 2016 o Secretário-Geral da OEA apresentou pedido de opinião consultiva sobre quais critérios, dentro da separação de poderes, deveriam limitar os juízos políticos no julgamento de um político eleito, referindo-se especificamente ao caso do *impeachment* da então presidente Dilma Rousseff (Brasil). A Corte não conheceu do pedido ("não deu trâmite"), pois considerou que a opinião consultiva: (i) não deve referir-se a um caso contencioso (específico) ou servir para obter pronunciamento prematuro sobre tema que poderia ser submetido à Corte através de um caso contencioso; (ii) não pode ser utilizada como mecanismo para obter pronunciamento indireto sobre um assunto em litígio ou em controvérsia interna; (iii) não deve ser utilizada como instrumento de debate público interno; (iv) não deve abarcar, exclusivamente, temas sobre os quais a Corte já tenha se pronunciado em sua jurisprudência; e (v) não deve procurar a solução de questões de fato, apenas o sentido, o propósito ou a razão das normas internas de direitos humanos, de forma que os Estados membros e os órgãos da OEA cumpram de maneira cabal e efetiva suas obrigações internacionais. A Corte entendeu, no caso, que poderia constituir um pronunciamento prematuro sobre a questão, que poderia ser-lhe submetida em eventual caso contencioso, bem como que poderia pronunciar-se sobre assunto que não foi resolvido no plano interno. Utilizou-se, assim, a antiga "Doutrina Carelia", adotada pela Corte Permanente de Justiça Internacional, pela qual não se pode utilizar a jurisdição consultiva como alternativa camuflada à jurisdição contenciosa de um tribunal internacional[77].

Em 2017, a Comissão pediu opinião consultiva à Corte sobre a mesma temática (convencionalidade dos juízos políticos), mas com o cuidado de não se referir a um caso concreto, como havia feito o Secretário-Geral da OEA anteriormente. A dúvida da Comissão referia-se ao alcance do princípio da legalidade, do direito ao acesso à justiça e ao devido processo legal em casos de impedimentos (*impeachment*) e juízos políticos. Seria possível um controle judicial desses procedimentos, que tradicionalmente seriam da alçada exclusiva da política e os julgadores sequer têm que motivar seus votos (a favor ou contra a cassação do mandato)? Contudo, em 2018, a

---

[77] Conferir sobre o tema, Corte Permanente de Justiça Internacional, *Parecer Consultivo sobre a Carelia Oriental*, PCIJ, Série B, n. 5, 1923, p. 27. Em sentido contrário, defendendo uma interpretação generosa e a favor da jurisdição consultiva, conferir o voto concorrente do Juiz Cançado Trindade na Opinião Consultiva n. 15/97 da Corte Interamericana de Direitos Humanos. Ver: Corte Interamericana de Direitos Humanos, *Parecer sobre os relatórios da Comissão Interamericana de Direitos Humanos (art. 51)*, Parecer n. 15/97, de 14 de novembro de 1997, Série A, n. 15, voto concorrente do Juiz Antônio Augusto Cançado Trindade.

Corte recusou-se *novamente* a emitir opinião consultiva por entender que há grande diversidade de procedimentos de juízos políticos e de *impeachment* na região, impedindo um pronunciamento em abstrato e sendo mais adequado sua provocação na via contenciosa para dirimir qualquer controvérsia.

Dessa maneira, a Corte IDH buscou estabelecer os seguintes parâmetros para que possa se pronunciar na jurisdição consultiva:

1) não pode a solicitação ser utilizada para encobrir um caso contencioso ou pretender obter prematuramente uma posição da Corte sobre tema que será provavelmente submetido à sistemática da jurisdição contenciosa;

2) não pode servir para obter um pronunciamento da Corte sobre tema já inserido em litígio no âmbito interno ou ser utilizado como instrumento no debate político nacional;

3) não deve abarcar exclusivamente temas já tratados pela Corte;

4) não pode buscar resolver questões de fato. No máximo, pode assinalar questões de fato para pontuar as dúvidas jurídicas.

A importância das opiniões consultivas: o controle de convencionalidade preventivo e a "coisa julgada interpretada".

As opiniões consultivas, apesar de formalmente não obrigatórias, têm importante peso doméstico, uma vez que consagram a *interpretação internacionalista* (a ser seguida por todos os órgãos internos, no âmbito administrativo, legislativo e judicial) sobre as normas de direitos humanos que vinculam o Brasil. A Corte Interamericana de Direitos Humanos tem, reiteradamente, decidido que as opiniões consultivas correspondem a um "*controle de convencionalidade preventivo*", que, se seguido, impede que os Estados violem a Convenção Americana de Direitos Humanos (ver, por exemplo, a Opinião Consultiva n. 22, em especial o parágrafo 26). Gera-se uma *coisa julgada interpretada*, ou seja, caso o Estado teime em ofender a interpretação dada pela Corte IDH a determinado direito, pode ser processado e responsabilizado internacionalmente na jurisdição contenciosa.

QUADRO SINÓTICO

Comissão Interamericana de Direitos Humanos	
Criação	• 1959, por resolução da OEA. Em 1967, foi inserida formalmente na Carta da OEA pelo Protocolo de Buenos Aires. Sede: Washington (EUA).
Composição	• Sete Comissários, eleitos pela Assembleia Geral da OEA, para mandato de quatro anos, com a possibilidade de uma recondução.
Competência	• De acordo com as competências previstas na Carta da OEA e estatuto da Comissão 　- promover estudos e capacitação em direitos humanos 　- criar relatorias especiais de direitos humanos em temas ou países 　- receber petições de vítimas de violação de direitos humanos e recomendar reparação • De acordo com as competências previstas na Convenção Americana de Direitos Humanos 　- receber petições de vítimas, recomendar reparação de danos aos Estados e, caso (i) não cumprida a reparação e (ii) caso o Estado infrator tenha reconhecido a jurisdição da Corte IDH, encaminhar o caso à Corte 　- solicitar opiniões consultivas 　- atuar nos processos perante a Corte IDH como *custos legis*

Corte Interamericana de Direitos Humanos	
Criação	• Pela Convenção Americana de Direitos Humanos, de 1969. A Convenção entrou em vigor somente em 1978 e a 1ª sessão da Corte IDH ocorreu em 1979. Sede: San José da Costa Rica.
Composição	• Sete juízes, escolhidos pelos Estados Partes da Convenção, para um mandato de seis anos e só poderão ser reeleitos uma vez.
Competência	• Julgar casos de violação da Convenção, emitindo sentenças vinculantes, em casos encaminhados pela Comissão IDH ou Estados Partes da Convenção que tenham reconhecido a jurisdição da Corte. • Emitir opiniões consultivas, não vinculantes.

14. ENTES E PROCEDIMENTOS DA PROTEÇÃO DA DEMOCRACIA NO MERCOSUL

A defesa da democracia no Mercosul, conforme os Protocolos de Ushuaia I, II e Protocolo de Assunção, bem como dos demais tratados institutivos, dependem da ação dos Estados Partes, que podem apontar a existência de ruptura – ou não – do regime democrático, acionando-se as sanções lá previstas (ver capítulo próprio).

Assim, inicialmente a *cláusula democrática do Mercosul* depende da *avaliação discricionária* dos demais Estados sobre a situação de preservação da democracia em um dos membros. Esse tipo de mecanismo de proteção de direitos humanos é denominado *mecanismo político,* sendo criticado justamente por permitir uma apreciação *discricionária* dos demais Estados sobre a existência – ou não – de violação de direitos humanos no Estado infrator, o que pode gerar *seletividade e ambiguidade.* Por outro lado, o Mercosul já conta com sistema de solução de controvérsias próprio, capitaneado pelo Tribunal Permanente de Revisão (TPR, regulado pelo Protocolo de Olivos, de 2004), no qual há a possibilidade de apreciação *jurídica* do uso dos mecanismos de proteção da democracia como veremos a seguir.

A ação dos Estados e do Tribunal Permanente de Revisão no "caso do *impeachment* do Presidente Lugo", em 2012, foi importante *teste* sobre a viabilidade do uso da "cláusula democrática" do Mercosul. O caso diz respeito ao processo de *impeachment* e a destituição do Presidente Lugo em 2012 no Paraguai. Tendo em vista a rapidez do processo de impedimento, com restrições à ampla defesa e contraditório do Presidente Lugo e com base nas disposições do primeiro Protocolo de Ushuaia, o Paraguai foi suspenso, em decisão datada de 29-6-2012, do direito de participar dos órgãos do Mercosul e suas deliberações até que restabelecida a ordem democrática no país. Somente em 12 de julho de *2013,* o Mercosul decidiu retirar a sanção contra o Paraguai, a partir de 15 de agosto daquele mesmo ano, em virtude da eleição do novo Presidente (Horácio Cartes).

O "caso Lugo" mostra as divergências geradas pela apreciação discricionária da situação de direitos humanos realizada a partir do mecanismo internacional político: se, por um lado, o Mercosul reagiu, partindo da sua constatação de *ruptura* do regime democrático, a Organização dos Estados Americanos (OEA) não o fez, apesar de ter acompanhado a crise[78]. Para aumentar a complexidade da temática, a União Sul-Americana de Nações (Unasul)

---

[78] Sobre a postura distinta da OEA durante a crise do *impeachment* do Presidente Lugo, conferirem: MCCOY, Jennifer L. "Challenges for the Collective Defense of Democracy on the Tenth Anniversary of the Inter-American Democratic Charter". In: *Latin American Policy,* v. 3, n. 1, p. 33–57. Disponível em: <http://www.plataformademocratica.org/Publicacoes/22343.pdf>. Último acesso em: 10 ago. 2024.

também considerou que houve deposição ilegítima do Presidente eleito e suspendeu o Paraguai das atividades daquela organização internacional[79].

Além disso, o *impeachment* do Presidente Lugo do Paraguai mostrou um *hibridismo* do modelo mercosulino de promoção da democracia, que, apesar de ser essencialmente político, possui certa tonalidade "judiciária". Essa tonalidade de *mecanismo internacional judiciário* é vista na possibilidade de *revisão jurídica*, pelo sistema de controvérsia do Mercosul, das sanções impostas ao Estado no qual houve a pretensa ruptura democrática. Ou seja, a discricionariedade típica do mecanismo político pode ser contrariada pela força do Direito Internacional, graças à revisão jurídica dessas sanções.

No caso, o Paraguai reagiu à deliberação de suspensão feita pelos demais Estados e os acionou perante o Tribunal Permanente de Revisão (TPR) do Mercosul em 9 de julho de 2012, cuja competência é regulada pelo Protocolo de Olivos. O Paraguai requereu que fossem declaradas inaplicáveis (i) a decisão que o suspendeu do bloco e (ii) a decisão de incorporação da Venezuela como membro pleno do Mercosul. O Paraguai sustentou, quanto à sua suspensão, a ocorrência de vícios formais, como a ausência de legitimidade dos Chefes de Estados para adotarem referidas decisões e a não realização das consultas previstas no art. 4º do Protocolo de Ushuaia, bem como matéria de mérito, ponderando que *não houve* ruptura da ordem democrática do país com a deposição de seu presidente.

No que tange à aplicação do Protocolo de Ushuaia, Argentina, Brasil e Uruguai defenderam-se alegando que o TPR *não* poderia julgar o mérito em razão de sua incompetência *ratione materiae* por se tratar de um "litígio de natureza política" não alcançado pelo sistema de solução de controvérsias previsto no Protocolo de Olivos (PO). Subsidiariamente, sustentaram os três Estados réus não ser aplicável o Protocolo de Olivos para dirimir conflitos que resultam da aplicação do Protocolo de Ushuaia (PU).

Contudo, o TPR decidiu, em sede preliminar e unanimemente, a favor da competência *ratione materiae* daquela Corte para apreciar controvérsia referente à legalidade dos procedimentos previstos no Protocolo de Ushuaia, uma vez que o TPR pode decidir sobre controvérsias afetas a *qualquer norma* do Mercosul e não somente sobre lides comerciais[80].

Não obstante, por maioria, o TPR lembrou que o Protocolo de Olivos (PO) permite o acesso direto ao TPR, sem a fase anterior de tribunal *ad hoc* somente quando os Estados Partes na controvérsia concordem expressamente em submeter o litígio diretamente em única instância ao TPR (art. 23 do PO). Sem o consentimento dos demais Estados Partes e

---

[79] A UNASUL também busca a promoção da democracia nos seus Estados Partes. O Protocolo Adicional ao Tratado Constitutivo da UNASUL sobre Compromisso com a Democracia, assinado na IV Reunião do Conselho de Chefes de Estado da UNASUL, realizada em Georgetown, Guiana, em 26 de novembro de 2010, prevê mecanismo concreto para a proteção, defesa e eventual restauração da democracia. Tal qual o Protocolo de Ushuaia II, há previsão de adoção de medidas como o fechamento de fronteiras terrestres, limitação ou suspensão do comércio, tráfego aéreo e marítimo, comunicações, provimento de energia e outros serviços, entre outras medidas contra o Estado no qual houve a ruptura democrática. O Brasil, em 2019, *denunciou* o tratado da UNASUL, deixando de ser membro de tal organização. Tal denúncia – determinada por ação unilateral da Chefia de Estado (Presidente Jair Bolsonaro) foi questionada no STF, como veremos na Parte III, item 4 deste *Curso*. Em 2023, o Brasil (agora sob o governo Lula) *ratificou* novamente o tratado institutivo da UNASUL (em 6 de abril de 2023), já o tendo promulgado por meio do Decreto n. 11.475, também de 6 de abril de 2023.

[80] Tribunal Permanente de Revisão, "Laudo en el procedimiento excepcional de urgencia solicitado por la República del Paraguay en relación con la suspensión de su participación en los órganos del Mercado Común del Sur (Mercosur) y a la incorporación de Venezuela como miembro pleno", Laudo n. 01/2012, de 21 de julho de 2012. Disponível em: <http://www.mercosur.int/innovaportal/file/440/1/laudo_01_2012_pt.pdf>. Último acesso em: 15 ago. 2024.

ainda considerando que o Paraguai não demonstrou a tentativa de realização de negociações diretas com os demais Estados (outra exigência do sistema de controvérsias do Mercosul), o TPR entendeu não ser possível conhecer diretamente o mérito da demanda.

O Laudo n. 01/2012 do TPR indica, então, alguns passos para o controle da ação dos Estados contra a ruptura democrática ou mesmo graves e sistemáticas violações dos direitos humanos em situações de crise institucional: (i) exigência de comprovação de negociações infrutíferas, (ii) demanda de criação de tribunal arbitral *ad hoc* ou (iii) consenso para que a demanda arbitral seja instaurada diretamente no TPR.

Em 2017, ocorreu outro caso de invocação da "cláusula democrática do Mercosul" que gerou a *suspensão da Venezuela* por ruptura da ordem democrática. Esta decisão impôs a suspensão de todos os direitos e obrigações inerentes à condição de Estado parte do Mercosul por parte da República Bolivariana da Venezuela, em conformidade com o disposto no artigo 5º, § 2º, do Protocolo de Ushuaia I[81]. A decisão foi, como exige o Protocolo de Ushuaia I, por unanimidade dos demais membros plenos (Brasil, Argentina, Uruguai e Paraguai). O *motivo* foi a implementação do processo constituinte na Venezuela em meio a acusações de fraude e desbalanceamento das circunscrições eleitorais (para dar maior peso a regiões de eleitores a favor do governo) na escolha dos constituintes, bem como pela repressão à oposição.

Por outro lado, na hipótese de os Estados mercosulinos – por razões geopolíticas – ignorarem a ruptura democrática ou graves e sistemáticas violações de direitos humanos, *não* é prevista a revisão judicial da *omissão* dos Estados em aplicar a cláusula democrática.

Por isso o *controle da omissão* dos Estados em invocar a cláusula democrática do Mercosul é mais problemático. Há, nesse caso, a necessidade de utilização do sistema da Convenção Americana de Direitos Humanos em relação aos Estados do Mercosul que a ratificaram, bem como reconheceram a jurisdição contenciosa obrigatória da Corte Interamericana de Direitos Humanos (Argentina, Brasil, Bolívia, Paraguai e Uruguai). Por exemplo, pode a Comissão Interamericana de Direitos, a partir de petição individual ou interestatal, considerar que houve ruptura democrática e provocar a Corte Interamericana de Direitos Humanos.

Quanto à Venezuela, que denunciou a Convenção Americana de Direitos Humanos em 2012, cabe a utilização do sistema da Carta da OEA, podendo a Assembleia Geral suspender o Estado no qual tenha existido a ruptura da ordem democrática (maioria exigida de dois terços). Também cabe a edição de medida cautelar por parte da Comissão IDH, que *não* tem força vinculante. É também possível acionar a *jurisdição consultiva* da Corte Interamericana de Direitos Humanos, para que seja, por exemplo, interpretada a compatibilidade do regime de exceção ou mesmo dos atos que ocasionaram a ruptura democrática com a Convenção Americana de Direitos Humanos. A jurisdição consultiva, apesar de não vinculante, é importante instrumento de interpretação do real alcance e sentido das normas de direitos humanos aplicáveis nas Américas. A Corte Interamericana de Direitos Humanos (Corte IDH) pode interpretar qualquer dispositivo de direitos humanos que incida sobre os Estados Americanos.

---

[81] *In verbis:* Art. 5.2 "Tais medidas compreenderão desde a suspensão do direito de participar nos diferentes órgãos dos respectivos processos de integração até a suspensão dos direitos e obrigações resultantes destes processos.

QUADRO SINÓTICO

Órgãos e mecanismo de proteção da democracia no Mercosul	
Entes envolvidos	- Estados e Tribunal Permanente de Revisão.
Objetivo	- Cabe aos Estados dar partida ao trâmite da "cláusula democrática do Mercosul", podendo inclusive suspender o Estado faltoso. - Cabe ao Tribunal Permanente de Revisão do Mercosul (TPR), no contexto das regras de solução de controvérsia, analisar juridicamente a existência dos pressupostos para a implantação da cláusula democrática.
Essência da atuação desses entes	- Os Estados avaliam, discricionariamente, se houve ou não ruptura democrática. - O TPR avalia se a aplicação das sanções oriundas da ruptura do regime democrático foi bem realizada.

VI
O TRIBUNAL PENAL INTERNACIONAL E OS DIREITOS HUMANOS

1. OS TRIBUNAIS PRECURSORES: DE NUREMBERG A RUANDA

A implementação *direta* do Direito Internacional Penal por tribunais internacionais remonta ao artigo 227 do Tratado de Versailles (1919), que previa um "tribunal especial" com juízes das potências vencedoras para julgar o Kaiser Guilherme da Alemanha vencida. A pena seria determinada pelo próprio Tribunal. Os Países Baixos jamais extraditaram o Kaiser, que lá obtivera asilo após a Primeira Guerra Mundial e tal julgamento nunca ocorreu. Contudo, houve uma ruptura de paradigma no Direito Internacional: até então o julgamento penal dos indivíduos era de atribuição *exclusiva* dos Estados. A *responsabilidade internacional penal* do indivíduo despontava.

Em 1937, a Liga das Nações elaborou convenção sobre a prevenção e repressão do terrorismo, que contemplava a *criação de um Tribunal Penal Internacional*, porém com apenas uma ratificação o tratado nunca entrou em vigor. Esse tratado foi feito em reação ao terrorismo após os assassinatos do Ministro das Relações Exteriores da França, Louis Barthou, e do Rei da Iugoslávia, Alexandre I, em Marseille, por terroristas croatas em 1934.

Em 1945, finalmente um tribunal internacional penal foi criado. Pelo Acordo celebrado em Londres em 8 de agosto de 1945 foi estabelecido o *Tribunal Internacional Militar*, tendo como partes originais o Reino Unido, Estados Unidos, União Soviética e França, bem como 19 Estados aderentes. Seu Anexo 2 continha o Estatuto do Tribunal Internacional Militar (TIM), que possuía *sede em Berlim*, realizando os julgamentos em Nuremberg (por isso, passou para a história como "*Tribunal de Nuremberg*").

Cada Estado celebrante indicou um nome para compor o colegiado de juízes (sem possibilidade para a defesa arguir impedimento ou suspeição), bem como uma parte acusadora (cada Estado celebrante indicou um nome) e defesa. No julgamento principal e que deu notoriedade ao Tribunal, os acusados foram 24 próceres do regime nazista, bem como organizações criminosas: SS, Gestapo, Partido Nazista, Estado-Maior das Forças Armadas e SA (*único* caso de tribunal internacional que julgou *pessoas jurídicas*).

O libelo acusatório contou com quatro crimes:
- *conspiracy* (figura do direito anglo-saxão, sem correspondência exata no direito brasileiro, mas que, por aproximação, se enquadraria na figura da reunião de agentes voltada para a prática de crime);
- crimes contra a paz (punição da guerra de agressão e conquista);
- crimes contra as leis e os costumes da guerra;
- crimes contra a humanidade, desde que *conexos* com os demais (*war nexus*).

Após três meses, com dezenas de oitivas e amplo material documental, as sentenças foram prolatadas entre 30 de setembro e 1º de outubro de 1946, com várias condenações à morte (enforcamento).

O fundamento da jurisdição do TIM, apesar das controvérsias, é fruto do *direito internacional consuetudinário* de punição a aqueles que cometeram *crimes contra os valores essenciais da comunidade internacional*. Discute-se, obviamente, a falta de tipificação clara de determinadas condutas, a vinculação do reconhecimento de crimes contra a humanidade à existência de um conflito armado (*war nexus*) e ainda a natureza *ex post facto* do tribunal.

Em 1947, a Comissão de Direito Internacional da ONU foi incumbida de *codificar* os princípios utilizados em Nuremberg, para consolidar o avanço do Direito Internacional Penal. Em 1950, a Comissão aprovou os seguintes sete princípios, também chamados de "princípios de Nuremberg":

1º) todo aquele que comete ato que consiste em crime internacional é passível de punição;

2º) lei nacional que não considera o ato crime é irrelevante;

3º) as imunidades locais são irrelevantes;

4º) a obediência às ordens superiores não são eximentes;

5º) todos os acusados têm direito ao devido processo legal;

6º) são crimes internacionais os julgados em Nuremberg;

7º) conluio para cometer tais atos é crime.

O segundo Tribunal internacional do século XX foi o *Tribunal Militar Internacional para o Extremo Oriente*, com sede em Tóquio, criado em 1946 por *ato unilateral* dos Estados Unidos, potência ocupante, por intermédio do Chefe da Ocupação, General MacArthur, que editou suas regras de funcionamento. MacArthur nomeou 11 juízes, nacionais dos Aliados e os componentes da Promotoria. Coube ainda à potência ocupante (EUA) determinar a lista de acusados e a *imunidade* ao Imperador Hiroíto e sua família. Julgou componentes do núcleo militar e civil do governo japonês por crimes contra a paz, crimes de guerra e crimes contra a humanidade, sendo exigida conexão com os crimes contra a paz. Determinou *sete* penas de morte, por enforcamento, realizadas em 1948, bem como diversas penas de caráter perpétuo. No bojo da Guerra Fria e com o Japão como *aliado* contra os *soviéticos*, houve *concessão* de liberdade condicional aos presos a partir de 1952, por ordem do Presidente Truman (Estados Unidos). Em comparação, o último preso do julgamento de Nuremberg, Rudolf Hess, condenado à prisão perpétua em 1946, morreu na prisão de Spandau (Alemanha) em 1987.

A mesma guerra fria impediu que novos tribunais internacionais fossem estabelecidos: a Convenção para a Prevenção e Repressão ao Crime de Genocídio (1948) previu a instalação de um tribunal internacional para julgar esse crime (artigo VII), mas não houve continuidade. No seio das Nações Unidas, o projeto pelo estabelecimento de um código de crimes internacionais e de um tribunal internacional penal na Comissão de Direito Internacional ficou décadas (desde os anos 50) *sem* conseguir o consenso dos Estados.

Foi necessário esperar o fim da Guerra Fria, com a queda do Muro de Berlim e o desmantelamento do comunismo soviético (1989-1990), para que o Conselho de Segurança (CS) da ONU determinasse a criação de *dois* tribunais internacionais penais *ad hoc* e temporários.

Foi criado pela Resolução n. 827 do Conselho de Segurança de 1993, o Tribunal Penal Internacional para os crimes contra o Direito Humanitário cometidos na ex-Iugoslávia, com o objetivo de processar os responsáveis pelas sérias violações ao direito internacional humanitário cometidas no território da antiga Iugoslávia desde 1991. O Estatuto do Tribunal Internacional Penal para a ex-Iugoslávia (*TPII, com sede em Haia*) fixou sua competência para julgar quatro categorias de crimes, a saber: graves violações às Convenções de Genebra de 1949; violações às leis e costumes da guerra; crimes contra a humanidade e genocídio.

Em 1994, com a Resolução n. 955, o Conselho de Segurança (CS) determinou a criação de um *segundo* tribunal internacional penal *ad hoc*, com o objetivo de julgar as graves violações de direitos humanos, em especial genocídio, ocorridas em Ruanda e países vizinhos durante o ano de 1994 (Tribunal Penal Internacional para os crimes ocorridos em Ruanda – TPIR). Os dois tribunais tinham estruturas vinculadas, pois o Procurador do TPII também atuava como órgão acusatório no TPIR; os juízes que compunham a Câmara de Apelação do TPII eram também do órgão de apelação do TPIR, que possuía sede em *Arusha* (Tanzânia).

Esses tribunais são importantes porque codificaram os elementos de crimes internacionais (como genocídio, crime contra a humanidade e crimes de guerra) associados ao devido processo legal, com direitos da defesa. Também adotaram o *princípio da primazia* da jurisdição internacional em detrimento da jurisdição nacional, dado o momento de desconfiança contra as instituições locais (da ex-Iugoslávia e de Ruanda). Assim, ficou determinado que cada um desses tribunais teria primazia sobre as jurisdições nacionais, podendo, em qualquer fase do processo, exigir oficialmente às jurisdições nacionais que abdicassem de exercer jurisdição em favor da Corte internacional. A *pena máxima era a pena de caráter perpétuo*, que, inclusive, foi fixada em ambos os Tribunais nesses anos de funcionamento. Em 2015, o TPIR foi extinto e, em 2017, foi extinto o TPII. As funções realizadas pelos dois tribunais *ad hoc* são ainda realizadas pelo Mecanismo Residual Internacional para Tribunais Penais, criado pelo Conselho de Segurança em 2010 inicialmente para funcionar em paralelo ao TPII e ao TPIR, mas que assume as funções de ambos após seu encerramento. Assim, é perante tal Mecanismo Residual que correm os últimos casos referentes à ex-Iugoslávia e à Ruanda.

Com os dois tribunais *ad hoc,* aceleraram-se os esforços das Nações Unidas para a constituição de um Tribunal Internacional Penal *permanente*, para julgar os indivíduos acusados de cometer crimes de *jus cogens* posteriores à data de instalação do tribunal (evitando-se o estigma do tribunal *ad hoc* e as críticas aos "tribunais de exceção"), sob o pálio do devido processo legal, como veremos abaixo.

2. O ESTATUTO DE ROMA

Após anos de negociação no seio das Nações Unidas, em 1998, durante Conferência Intergovernamental em Roma (Itália), foi adotado o *texto* do tratado internacional que cria o Tribunal Penal Internacional (TPI), também chamado de "Estatuto de Roma". Esse marco no Direito Internacional dos Direitos Humanos ocorreu justamente no ano da comemoração do 50º aniversário da Declaração Universal dos Direitos Humanos (1948-1998).

O texto do Estatuto foi adotado em Roma por 120 votos a favor, 7 votos contrários (Estados Unidos, China, Índia, Líbia, Iêmen, Israel e Catar) e 21 abstenções. Havia *expectativa pessimista* sobre a entrada em vigor do tratado, pois não cabia reservas (art. 120, impedindo exclusões ou modificações de dispositivos mais polêmicos) e exigiu-se o número mínimo de 60 ratificações para tanto (art. 126).

Em 2002, contudo, o número foi atingido e, atualmente, 124 Estados são partes do Tribunal Penal Internacional (dados de 2024). Até hoje, notam-se ausências expressivas, como as da China, Estados Unidos, Israel, Irã e Rússia.

O Estatuto de Roma foi aberto à assinatura dos Estados em 17 de julho de 1998 e entrou em vigor internacional em 1º de julho de 2002. No Brasil, foi aprovado pelo Congresso Nacional por meio do Decreto Legislativo n. 112, de 6 de junho de 2002, e entrou em vigor em 1º de setembro de 2002. Finalmente, foi promulgado pelo Decreto n. 4.388, de 25 de setembro de 2002.

É composto de um preâmbulo e treze capítulos, com 128 artigos que englobam as regras referentes aos crimes, à investigação e ao processo, à cooperação e execução da pena, bem como ao financiamento das atividades.

O preâmbulo do Estatuto de Roma realça o *vínculo entre o direito penal e a proteção de direitos humanos* por meio do *combate à impunidade* e, consequentemente, gerando efeito de prevenção que evita novas violações. No preâmbulo, estabeleceu-se ainda que é dever de cada Estado exercer a respectiva jurisdição penal sobre os responsáveis por crimes internacionais, pois crimes de tal gravidade constituem uma ameaça à paz, à segurança e ao bem-estar da humanidade. O Tribunal tem personalidade jurídica internacional, com sede em *Haia* (Holanda), possuindo igualmente capacidade jurídica necessária ao desempenho das suas funções e cumprimento dos seus objetivos.

É um *tribunal independente da ONU* (diferente dos tribunais *ad hoc* da ex-Iugoslávia e Ruanda, criados pelo Conselho de Segurança da ONU), com personalidade jurídica própria, mas que, em face de seus objetivos, possui uma relação de *cooperação* com essa organização, enviando (i) relatos anuais à Assembleia Geral e ainda sendo (ii) obediente a determinadas ordens do Conselho de Segurança quanto ao início de um caso e suspensão de trâmite (*vide* abaixo). Além disso, existe o dever da ONU de contribuir financeiramente para a manutenção do tribunal (art. 115).

O Tribunal é composto de quatro órgãos, a saber: Presidência, Divisão Judicial, Procuradoria (Ministério Público) e Secretariado.

São 18 juízes que compõem o tribunal, eleitos pelos Estados Partes para um *mandato de nove anos* (não podem ser reeleitos). A escolha deve recair sobre pessoas de elevada idoneidade moral, imparcialidade e integridade, que reúnam os requisitos para o exercício das mais altas funções judiciais nos seus respectivos países. No caso do Brasil, serão exigidos dos candidatos os requisitos para a nomeação ao posto de Ministro do Supremo Tribunal Federal, ou seja: notório saber jurídico, reputação ilibada e com mais de 35 anos e menos de 70 anos (EC n. 122/2022). Por ausência de previsão constitucional, não é necessária a aprovação da indicação do nome (feita pelo Poder Executivo, na sua função de representação externa do Estado brasileiro) pelo Senado Federal (tal qual ocorre com os indicados para ministro do STF). Além disso, o Estatuto prevê que os juízes devem ser eleitos de modo a preencher, isonomicamente, *duas categorias*: a primeira categoria ("lista A") é composta por pessoas com experiência em Direito Penal e Processo Penal; a segunda categoria ("lista B") é composta por pessoas com competência em matérias relevantes de Direito Internacional, tais como o direito internacional humanitário e os direitos humanos.

Na seleção dos juízes, os Estados Partes devem ponderar a necessidade de assegurar que a composição do Tribunal inclua representação dos principais sistemas jurídicos do mundo, uma representação geográfica equitativa e uma representação justa de juízes do sexo feminino e do sexo masculino. No caso brasileiro, o Brasil indicou em 2002 *Sylvia Steiner*, ex-Procuradora da República (Ministério Público Federal) e ex-Desembargadora Federal (Tribunal Regional Federal da 3ª Região, na vaga do quinto constitucional do Ministério Público Federal), eleita para a primeira composição do TPI. Em 2014, o Brasil apresentou a candidatura do Professor de Direito Internacional Leonardo Nemer Caldeira Brandt (UFMG; atualmente Juiz da Corte Internacional de Justiça), que, contudo, não foi escolhido pela Assembleia dos Estados Partes. Em 2020, o Brasil apresentou a candidatura da Des. Federal Mônica Sifuentes (TRF da 1ª Região) para exercer mandato entre 2021-2030, também não eleita.

Os juízes são divididos em três grandes Seções: o Juízo de Instrução (*Pre-Trial Chamber*), o Juízo de Julgamento em 1ª Instância (*Trial Chamber*) e ainda o Juízo de Apelação (*Appeal Chamber*).

O Ministério Público do TPI é capitaneado pelo Procurador, que atua com independência funcional, como órgão autônomo do Tribunal. Cabe ao Procurador receber comunicações e qualquer outro tipo de informação, devidamente fundamentada, sobre crimes da competência do Tribunal, a fim de os examinar e investigar e de exercer a ação penal junto ao Tribunal. É eleito pela Assembleia dos Estados Partes para mandato de nove anos, não renovável. O primeiro Procurador eleito foi o *argentino Luiz Moreno-Ocampo*, escolhido em 2003. A partir de 2012, foi escolhida a *gambiana Fatou Bensouda* para ser Procuradora do TPI. Seu mandato venceu em 15 de junho de 2021. Atualmente, o Procurador do TPI é Karim A. A. Khan (Reino Unido).

3. A FIXAÇÃO DA JURISDIÇÃO DO TPI

A jurisdição do TPI de acordo com a matéria (*ratione materiae*) restringe-se aos crimes de *jus cogens,* os quais consistem em *crimes que ofendem valores da comunidade internacional.*

Os crimes que compete ao TPI julgar são:
- o genocídio;
- os crimes contra a humanidade;
- os crimes de guerra; e
- o crime de agressão, cujo tipo penal só foi acordado em 2010, na Conferência de Kampala, Uganda.

Porém, há a possibilidade de os Estados emendarem o Estatuto e ampliarem o rol desses crimes (hoje restritos às quatro espécies), permitindo que o TPI seja instrumento do incremento do número de crimes internacionais em sentido estrito.

No *âmbito espacial*, a jurisdição do TPI só pode ser exercida em quatro hipóteses, ou seja, quando o crime de *jus cogens* sujeito à jurisdição do Tribunal for:

i) cometido no *território* de um *Estado Parte* – **Interpretação ampla**: o TPI estabelece sua jurisdição em casos em que apenas *parte da conduta é realizada no território de um Estado contratante*, quando o crime em questão possui necessariamente um *caráter transfronteriço*. Assim, no caso de Myanmar/Bangladesh, o TPI entendeu ser competente para apurar a conduta de *deportação forçada* e perseguição de *rohingyas por Myanmar* (Estado não parte), uma vez que o crime apenas se concretiza com a transposição da fronteira com *Bangladesh* (Estado parte). Fundamento similar justificou a expedição de *mandados de prisão***(inclusive contra o atual Presidente da Federação Russa Vladimir Putin)** pela deportação ilegal de crianças ucranianas (Estado que reconheceu a jurisdição do TPI para tal situação) para a Rússia.

ii) ou por um *nacional* do Estado Parte;

iii) ou por meio de *declaração específica* do Estado não contratante (caso o crime tiver ocorrido em seu território ou for cometido por seu nacional);

iv) ou, na ausência de quaisquer hipóteses anteriores, ter o Conselho de Segurança adotado resolução vinculante *adjudicando o caso ao Tribunal Penal Internacional.* Foi o Caso de Darfur (Sudão), o primeiro no qual o Conselho de Segurança determinou o início das investigações, mesmo sem a ratificação, pelo Sudão, do Estatuto do TPI. Em 2011, houve mais uma resolução vinculante do CS, agora em relação aos crimes contra a humanidade realizados pelo ditador Kadafi para abafar revolta popular contra sua longeva tirania na Líbia (1969-2011).

No *âmbito temporal*, a jurisdição do TPI só pode ser invocada para os crimes cometidos após a entrada em vigor do Estatuto para cada Estado parte e, de forma absoluta, para crimes cometidos após 1º/7/2002 (entrada em vigor do Estatuto, após a 60ª ratificação).

Finalmente, no *âmbito pessoal*, a jurisdição do TPI só pode ser exercida sobre pessoas físicas e maiores de 18 anos. Diferentemente da Corte Internacional de Justiça, então, o TPI não busca a penalização de Estados, mas, sim, dos perpetradores de graves violações de direitos humanos, ainda que estes atuem em conformidade com uma política nacional odiosa.

4. O PRINCÍPIO DA COMPLEMENTARIDADE E O REGIME JURÍDICO: IMPRESCRITÍVEL E SEM IMUNIDADES

O preâmbulo do Estatuto de Roma dispõe que "é dever de cada Estado exercer a respectiva jurisdição penal sobre os responsáveis por crimes internacionais". Logo, estabeleceu-se mais um exemplo da *subsidiariedade* da jurisdição internacional, tal qual ocorre com os tribunais internacionais de direitos humanos. O princípio que espelha essa subsidiariedade é o princípio da complementaridade. Por esse princípio, o TPI *não* exercerá sua jurisdição caso o Estado com jurisdição já houver iniciado ou terminado investigação ou processo penal, salvo se este não tiver "capacidade" ou "vontade" de realizar justiça. Nesse ponto, o próprio Estado Parte pode solicitar a intervenção do TPI ou ainda o próprio TPI pode iniciar as investigações e persecuções criminais. Assim, a jurisdição internacional penal é complementar à jurisdição nacional e só poderá ser acionada se o Estado não possuir vontade ou capacidade para realizar justiça e impedir a impunidade.

Cite-se, como exemplo, o recente arquivamento da investigação preliminar que a Promotoria do TPI exercia sobre a *situação da Colômbia* (referente aos confrontos entre forças armadas, paramilitares e guerrilhas) desde junho de 2004, por meio da conclusão de um acordo de cooperação com o governo colombiano que garante, entre outros, o suporte à atuação dos mecanismos de justiça de transição e, especialmente, da *Jurisdição Especial para a Paz*, mecanismo judicial criado para lidar com a investigação e persecução das violações ocorridas. No seu comunicado, o Procurador informou entender que o princípio da complementariedade se encontra em *pleno funcionamento* atualmente e que, portanto, não haveria, por ora, motivo para manter o exame preliminar aberto.

Além disso, o caso é também inadmissível se a pessoa em causa já tiver sido julgada nacionalmente pela conduta a que se refere a denúncia, *salvo* se o julgamento doméstico tenha sido um simulacro para obter a impunidade e, finalmente, se o caso não for suficientemente grave para justificar a ulterior intervenção do Tribunal.

A fim de determinar se há ou não vontade ou capacidade de um Estado em agir em um determinado caso, o Tribunal, tendo em consideração as garantias de um processo equitativo reconhecidas pelo Direito Internacional, deve verificar a existência de uma ou mais das seguintes circunstâncias:

a) intenção evidente do Estado de usar o processo nacional para subtrair a pessoa em causa à sua responsabilidade criminal por crimes da competência do Tribunal, gerando impunidade;

b) delonga injustificada no processo;

c) condução tendenciosa e parcial, ou seja, incompatível com a intenção de fazer justiça;

d) eventual colapso total ou substancial da respectiva administração da justiça, que, assim, não está em condições de realizar ou concluir o processo.

O art. 20, § 3º, do Estatuto chega ao ponto de esclarecer que o TPI não julgará de novo o criminoso, salvo se o processo criminal nacional tiver sido feito para obtenção da impunidade. Quem decide se o julgamento nacional, *mesmo que chancelado* pela Suprema Corte local, foi um simulacro para a obtenção da impunidade? *O próprio TPI*.

Assim, o princípio da complementariedade é complexo, pois, a um primeiro olhar, evita conflito com as jurisdições locais ao remeter a jurisdição do TPI a um papel secundário, "complementar", bem diferente do princípio da primazia assumido pelos tribunais *ad hoc* penais para a ex-Iugoslávia e Ruanda.

Porém, em um *olhar mais atento*, cabe ao próprio TPI definir se a jurisdição nacional agiu a contento, podendo inclusive desconsiderar a coisa julgada local que, na sua visão, serviu para camuflar a impunidade, o que implica manter, *sempre nas mãos internacionais*, o poder de instaurar ou não os processos contra esses criminosos no TPI.

Quanto ao regime jurídico dos crimes sujeitos à jurisdição do TPI, cabe notar que:

i) Os crimes são imprescritíveis (art. 29).

ii) Nenhuma imunidade é admitida (art. 27). Esse fato já foi analisado pela Câmara de Apelação, a qual concluiu, no caso de uma reclamação da *Jordânia* referente ao mandado de entrega de *Al Bashir*, que nem mesmo a imunidade de chefes de Estado pode ser arguida perante o TPI. Não é imunidade também a regra prevista no art. 98 do Estatuto, pelo qual um Estado Parte no TPI pode deixar de colaborar com o Tribunal e não entregar uma pessoa procurada, caso tenha acordo internacional nesse sentido (da não entrega) com outro país. Se o TPI lograr cumprir o mandado de captura, a pessoa não poderá alegar imunidade.

5. OS CRIMES DE *JUS COGENS*

5.1. Genocídio

Como visto acima, o genocídio é termo que foi cunhado por Lemkin em livro de 1944 ao se referir às técnicas nazistas de ocupação de território na Europa, tendo se inspirado nas partículas *genos* (raça, tribo) e *cídio* (assassinato)[1].

A Convenção para Prevenção e Repressão ao Crime de Genocídio (1948) foi a primeira a tipificar o crime internacional de genocídio (uma vez que o Tribunal de Nuremberg não o julgou).

O art. 6º do Estatuto de Roma define o genocídio como sendo o *ato ou atos cometidos com a intenção de destruir, no todo ou em parte, um grupo nacional, étnico, racial ou religioso*. Assim, exige-se dolo específico de "destruir, no todo ou em parte".

O objeto tutelado é a própria existência do grupo, que é constituído pelos "quatro vínculos":

i) O primeiro vínculo é o da nacionalidade, que forma o grupo composto por pessoas que se reconhecem como membros de uma nação, mesmo que na luta pela independência (caso dos palestinos e curdos).

ii) O segundo vínculo é o étnico, que forma o grupo que compartilha uma identidade histórica e cultural.

iii) O terceiro vínculo é o "racial", que aponta para grupo formado pela percepção social de traços fenotípicos distintivos. Apesar da inexistência da distinção biológica entre humanos, este item persiste como fenômeno social.

iv) O quarto vínculo é o religioso, que agrega os indivíduos unidos pela mesma fé espiritual. Fica evidente a *falta de menção da destruição de grupo político* e ainda de grupo social (por exemplo, grupo determinado por sua orientação sexual), que podem ser *tipificados na categoria de crimes contra a humanidade* (ver abaixo). Também se discute sobre a possibilidade/necessidade de se aumentar esse rol para englobar também genocídio baseado em sexo ou gênero, por exemplo.

Esses atos de destruição podem ser: homicídios; atentados graves à integridade física ou mental dos membros do grupo; sujeição intencional do grupo a condições de vida voltadas a provocar a sua destruição física, total ou parcial; imposição de medidas destinadas a impedir nascimentos no seio do grupo e transferência forçada das crianças do grupo para outro grupo. A lista dos atos é meramente *exemplificativa*.

No Brasil, o combate ao genocídio deu-se pela ratificação da Convenção de 1948 e ainda pela edição da Lei n. 2.889, de 1956. O bem jurídico tutelado é transindividual – a existência do grupo – e as penas variam de acordo com o ato da prática do genocídio. Em 2006, o STF reconheceu que a competência para julgar o *crime de genocídio é da justiça federal*, do juiz monocrático, salvo se os atos de destruição forem crimes dolosos contra a vida, quando será do Tribunal do Júri federal. Como o STF entende que há concurso formal entre o crime de genocídio e os

---

[1] LEMKIN, Raphael. *Axis Rule in Occupied Europe*: Laws of Occupation – Analysis of Government – Proposals for Redress. Washington: Carnegie Endowment for International Peace, 1944, em especial p. 79-95 (Capítulo IX – "Genocide").

atos também tipificados de sua realização (homicídio, lesão corporal etc.), no caso da prática de *crime doloso contra a vida para praticar genocídio*, o julgamento cabe a *Tribunal do Júri federal* (RE 351.487, rel. Min. Cezar Peluso, j. 3-8-2006, Plenário, *DJ* de 10-11-2006[2]).

5.2. Crimes contra a humanidade

Os crimes contra a humanidade foram introduzidos no Direito Internacional pelo Estatuto de Londres de 1945 (que criou o conhecido "Tribunal de Nuremberg", ver acima).

Foi o art. 6º, "c", do Estatuto do Tribunal que definiu serem "crimes contra a humanidade" o assassinato, o extermínio, a escravização, deportação e outros atos desumanos cometidos contra a população civil *antes da guerra ou durante esta*, a perseguição de natureza política, racial ou religiosa na execução daqueles crimes que sejam de competência do Tribunal ou em conexão com eles, constituam ou não uma violação do direito interno do país do cometimento do crime. Foi feita a menção a "antes" e "durante" a guerra e ainda à "conexão" com os crimes julgados pelo Tribunal (crimes contra a paz e crimes de guerra). Logo, os abusos bárbaros nazistas *anteriores* a 1939 (ano do início da guerra) não foram apreciados em Nuremberg.

A evolução do conceito de crime contra a humanidade fez com que esse vínculo com a situação de guerra (conhecido pela expressão em inglês *war nexus*) fosse *eliminado*. A prática dos Estados reconheceu a existência de crimes contra a humanidade praticados internamente fora de uma situação de guerra[3].

O Estatuto de Roma confirmou essa autonomia do "crime contra a humanidade" em seu art. 7º, que define ser o crime contra a humanidade *um determinado ato de violação grave de direitos humanos, realizado em um quadro de ataque generalizado ou sistemático contra a população civil, havendo conhecimento desse ataque*. Busca-se, então, punir aqueles que usam a máquina do Estado ou de uma organização privada para promover violações graves de direitos humanos em uma situação de banalização de ataques à população civil.

São vários os *atos de violação grave de direitos humanos* que foram mencionados como *exemplos* de crime contra a humanidade no Estatuto de Roma, a saber:

i) atos de violação do direito à vida, por meio do homicídio e do extermínio;

ii) a escravidão, deportação ou transferência forçada de população, prisão ou outra forma de privação da liberdade física grave, em violação das normas fundamentais de direito internacional;

iii) tortura;

iv) crimes sexuais e agressão sexual, escravatura sexual, prostituição forçada, gravidez forçada, esterilização forçada ou qualquer outra forma de violência no campo sexual de gravidade comparável;

v) perseguição de um grupo ou coletividade por motivos políticos, raciais, nacionais, étnicos, culturais, religiosos ou de gênero, ou em função de outros critérios universalmente reconhecidos como inaceitáveis no direito internacional (é o caso da perseguição aos homossexuais);

vi) desaparecimento forçado de pessoas e crime de *apartheid*;

vii) uma *cláusula aberta* que permite que sejam um "crime contra a humanidade" quaisquer atos desumanos de caráter semelhante, que causem intencionalmente grande sofrimento, ou afetem gravemente a integridade física ou a saúde física ou mental.

---

[2] Caso do massacre da aldeia de *Haximu*, em Roraima, em 1993, no qual 12 indígenas da etnia yanomami foram mortos por garimpeiros.

[3] CARVALHO RAMOS, André de. *Processo internacional de direitos humanos*. 7. ed. São Paulo: Saraiva, 2022.

Não é necessário que ocorra uma série de atos para que se caracterize o crime contra a humanidade: basta que exista essa política ou cenário de ataque sistemático à população civil para que uma única conduta seja considerada um "crime contra a humanidade" (Tribunal Internacional Penal para a Ex-Iugoslávia, Caso Tadic, j. 7-5-1997).

5.3. Crimes de guerra

Os crimes de guerra consistem em *violações graves do Direito Internacional Humanitário*, que compreende os tratados e os costumes sobre os meios ou condutas em conflitos armados internacionais ou mesmo não internacionais.

Nessa linha, o art. 8º do Estatuto de Roma apontou ser crime de guerra uma violação grave das Convenções de Genebra, de 12 de agosto de 1949, bem como outras violações graves das leis e costumes aplicáveis em conflitos armados no âmbito do direito internacional.

A lista de atos é *meramente exemplificativa*, seguindo a lógica anterior aplicada no crime de genocídio e nos crimes contra a humanidade.

Em síntese, o Direito Internacional Humanitário proíbe os meios ou instrumentos de guerra que não sejam estritamente necessários para superar o oponente, bem como veda a conduta que não seja proporcional e dirigida ao combatente adversário.

5.4. Crime de agressão

O crime de agressão foi apenas previsto no Estatuto de Roma em 1998, com sua implementação condicionada à aprovação do seu conteúdo final em uma conferência intergovernamental de revisão (art. 5º, § 2º, do Estatuto). Em junho de 2010, foi realizada em Kampala, Uganda, a primeira Conferência de Revisão do Estatuto de Roma do Tribunal Penal Internacional. A Conferência ocorreu em virtude do disposto no art. 123, § 1º, do Estatuto de Roma, que previu, sete anos após a entrada em vigor do Estatuto, uma Conferência de Revisão para examinar qualquer alteração ao Estatuto. A revisão deveria incidir especialmente, mas não exclusivamente, sobre a lista de crimes que figura no art. 5º.

Na Conferência de Revisão foi aprovada a Resolução n. 6, de 11 de junho de 2010, que definiu o crime de agressão como sendo "o planejamento, início ou execução, por uma pessoa em posição de efetivo controle ou direção da ação política ou militar de um Estado, de um ato de agressão que, por suas características, gravidade e escala, constitua uma violação manifesta da Carta das Nações Unidas". Essa definição foi adotada por consenso, seguindo a linha da Resolução n. 3.314 da Assembleia Geral da ONU de 1974.

A entrada em vigor dessa alteração foi lenta. Em primeiro lugar, o crime de agressão só restou plenamente ativo no Estatuto a partir de 2017, por decisão de dois terços dos Estados Partes. Adicionalmente, o TPI só poderá adjudicar esses casos em relação a crimes de agressão ocorridos um ano após a ratificação da emenda por trinta Estados Partes. Em 26 de junho de 2016, finalmente este número foi atingido após a ratificação da Palestina (em agosto de 2023, já eram 45 Estados).

Assim, desde 1º de janeiro de 2017, os Estados Partes podem decidir em ativar a jurisdição do TPI para os crimes de agressão (por maioria de dois terços). Também pode determinado Estado declarar que não aceita a jurisdição do TPI por crime de agressão (art. 15 *bis* do Estatuto, conforme as emendas de Kampala; em 2016, Quênia foi o primeiro Estado a depositar essa declaração de não aceitação – *opt out*).

Respeitando o lapso de um ano depois da 30ª ratificação (ocorrida em 26 de junho de 2016), a jurisdição do TPI para o crime de agressão foi ativada em 17 de julho de 2018 (data do 20º aniversário do Estatuto de Roma), após intensa negociação entre os Estados Partes ocorrida em dezembro de 2017.

Assim, em síntese, a persecução do crime de agressão perante o TPI pode ser feita:

a) pela adjudicação da situação pelo Conselho de Segurança; ou

b) pela provocação por Estado Parte ao Procurador do TPI ou ainda por iniciativa própria do Procurador (*proprio motu*), caso os Estados envolvidos na agressão sejam: (i) todos partes do Estatuto de Roma, (ii) sendo que um deles deve ter ratificado a Emenda de Kampala, e ainda (iii) o Estado agressor não tenha aderido à cláusula de exclusão da jurisdição da Corte sobre o crime de agressão (*opt out*). No caso da guerra de agressão da Rússia contra a Ucrânia (2022), não é possível o julgamento do crime de agressão porque a Rússia não é parte do Estatuto de Roma.

Até agosto de 2024, o Brasil ainda não havia ratificado a Emenda de Kampala[4].

A mecânica da ação criminal contra os líderes agressores levará em conta ainda a missão do Conselho de Segurança (CS) da ONU na preservação da paz. O Procurador *deverá* acionar o CS, que pode concordar com a existência de um cenário de agressão (essa conclusão política não vinculará o Tribunal no julgamento de cada indivíduo acusado). Caso o Conselho *não* determine a existência de agressão em seis meses, o Procurador *poderá conduzir* as investigações com *autorização* do Juízo de Instrução (*Pre-Trial Chamber*) do TPI. Claro que o CS pode usar seu poder geral de suspender o processo, invocando o art. 16 do Estatuto, que permite suspensão dos procedimentos do TPI por 12 meses, renováveis indefinidamente, por decisão do próprio CS.

6. O TRÂMITE

Dentro dos limites da jurisdição do Tribunal (limites materiais, espaciais e temporais), o início da investigação pode ocorrer por:

1) iniciativa (*proprio motu*) do Procurador (atualmente, Karim A. A. Khan);

2) por remessa de um Estado Parte ou por declaração específica de Estado não Parte e, finalmente;

3) por decisão do Conselho de Segurança (que atingirá inclusive os crimes ocorridos em Estados não contratantes).

Em 1º de janeiro de 2015, o Estado da Palestina depositou declaração específica na linha do item 2 acima (Estado não parte), reconhecendo a jurisdição do TPI para supostos crimes de guerra cometidos nos territórios palestinos ocupados por Israel, incluindo Jerusalém Oriental, desde 13 de junho de 2014. Em 2 de janeiro de 2015, o Estado da Palestina aderiu ao Estatuto de Roma, tornando-se Estado Parte. O Gabinete do Procurador abriu, em 2015, *investigação* preliminar sobre a situação na Palestina.

A remessa da informação pelo Estado *não* vincula o Procurador. Caso entenda procedente essa notícia do Estado Parte e ainda nos casos de investigação aberta *proprio motu*, o Procurador *deverá notificar* todos os Estados Partes e os Estados que, de acordo com a informação disponível, *teriam jurisdição* sobre esses crimes. Essa notificação pode ser feita confidencialmente, e sempre que seja necessário para proteger pessoas, impedir a destruição de provas ou a fuga, poderá ser limitada.

No prazo de um mês após a recepção da referida notificação, qualquer Estado poderá informar o Tribunal de que está procedendo, ou já procedeu, a um inquérito sobre nacionais seus ou outras pessoas sob a sua jurisdição.

---

[4] Disponível em: <https://treaties.un.org/Pages/ViewDetails.aspx?src=TREATY&mtdsg_no=XVIII-10-b&chapter=18&clang=_en>. Acesso em: 6 ago. 2024.

A pedido desse Estado, o Procurador transferirá o inquérito sobre essas pessoas, a menos que, a pedido do Procurador, o TPI (por meio de sua *Pre-Trial Chamber*, ou Juízo de Instrução) decida autorizar o inquérito. A *transferência do inquérito* poderá ser *reexaminada* pelo Procurador seis meses após a data em que tiver sido decidida ou, a todo o momento, quando tenha ocorrido uma alteração significativa de circunstâncias, decorrente da falta de vontade ou da *incapacidade efetiva* do Estado de levar a cabo o inquérito.

O artigo 18(2) determina que Estados, ao serem notificados acerca da decisão do Procurador em iniciar uma investigação, podem informar à Corte que investigaram ou estão investigando os mesmos fatos e requerer que a Promotoria do TPI defira a investigação às autoridades nacionais. O Procurador, então, deverá interromper suas investigações e só poderá retomá-las com a expressa autorização da *Pre-Trial Chamber* (PTC, na sigla em inglês). Trata-se de uma decorrência prática do princípio da complementariedade (ou subsidiariedade).

Em 2020, o Afeganistão fez uso dessa prerrogativa e interrompeu a investigação conduzida pela Promotoria do TPI. Em outubro de 2021, a PTC autorizou o pedido da promotoria para retomar as investigações ao considerar que as autoridades afegãs não estavam, no momento, efetuando investigações genuínas acerca dos fatos e também não haviam demonstrado interesse em manter seu pedido de deferência apresentado dois anos antes.

Em 2023, a PTC responsável pela análise da situação na Venezuela I também autorizou a retomada das investigações ao entender que embora a Venezuela estivesse implementado algumas medidas investigativas, os procedimentos criminais nacionais *não* seriam tão abrangentes quanto o escopo da investigação proposta pela promotoria do TPI.

Finalmente, em julho de 2023, a Câmara de Apelação manteve a decisão da PTC de retomar a investigação referente a situação nas Filipinas frente à ineficácia das investigações nacionais. O recurso envolveu discussão de interesse para o Direito Internacional (impacto da denúncia de tratado), pois as Filipinas, tal como Burundi, *denunciaram* o Estatuto de Roma *antes* da abertura da investigação, gerando questionamentos acerca da jurisdição da Corte. A maioria da Câmara de Apelação entendeu que, *a despeito da denúncia*, a Corte mantém sua jurisdição sobre os crimes cometidos *antes* de a denúncia surtir efeitos (no caso, crimes cometidos até março de 2019 – 1 ano depois da denúncia feita em março de 2018, conforme previsão do art. 127). A situação investigada diz respeito *à política de combate às drogas* implementada pelo ex-presidente Rodrigo Duterte).

No caso da abertura de investigação *ex officio*, o Procurador deve inicialmente pedir *autorização ao Juízo de Instrução*. Se, após examinar o pedido e a documentação que o acompanha, o Juízo de Instrução considerar que há fundamento suficiente para abrir um Inquérito e que o caso parece caber na jurisdição do Tribunal, autorizará a abertura do inquérito, sem prejuízo das decisões que o Tribunal vier a tomar posteriormente em matéria de competência e de admissibilidade.

Se, contudo, depois da análise preliminar o Procurador concluir que a informação apresentada *não* constitui fundamento suficiente para um inquérito, o Procurador informará quem a tiver apresentado de tal entendimento. Tal não impede que o Procurador examine, à luz de novos fatos ou provas, qualquer outra informação que lhe venha a ser comunicada sobre o mesmo caso.

Há certa indefinição entre os poderes da Procuradoria e do Juízo de Instrução (*Pre-Trial Chamber*). Em 2013, *Comores* (Estado parte do Estatuto de Roma) solicitou a atenção do Procurador sobre o ataque, por *Israel*, em 31 de maio, à flotilha humanitária que levaria mercadorias para a Faixa de Gaza. Em 2014, a Procuradoria recusou-se a abrir investigação, alegando que o caso não teria gravidade para atrair futura ação no TPI. Houve recurso e o Juízo de Instrução – I determinou ao Procurador que reconsiderasse a questão. Tal decisão foi confirmada em apelação. Em 2019, ao reavaliar o caso, a Procuradoria continuou a se recusar a abrir investigação com o mesmo argumento. Em 2020, o Juízo de Instrução – I arquivou em definitivo o caso, rejeitando novo recurso de Comores, alegando que a posição da Câmara de Apelação não estabeleceu a "exata distribuição" entre as prerrogativas da Procuradoria e do Juízo de Instrução[5].

Em relação ao Brasil, noticiou-se nos últimos meses a apresentação de *sete* notícias de crimes sujeitos à jurisdição do TPI por parte de diversos atores em face do presidente Jair Bolsonaro[6]. Como se pode perceber, tais notícias constituem-se em comunicações à Procuradoria do TPI que poderão, eventualmente, subsidiar um pedido de abertura de investigação *proprio motu* se, no futuro, a Procuradoria entender haver indícios suficientes do cometimento de crimes sob a jurisdição do tribunal.

Já no caso de a investigação ser determinada por *resolução do Conselho de Segurança* (por exemplo, nos casos de Darfur e da Líbia), o Procurador é *obrigado* a iniciar as investigações.

As regras de direito processual constam das Partes V e VI do Estatuto e determinam o modo de investigação e processamento dos acusados perante a Corte. Os direitos das pessoas investigadas foram mencionados no art. 55 do Estatuto, bem como o conteúdo e limites da atividade de investigação do promotor. Ainda em relação à atividade pré-processual, o Estatuto do Tribunal estipula as regras relativas à prisão processual e os direitos do preso. Não existe previsão de julgamento *in absentia* no TPI, enquanto não ocorrer a entrega ou prisão dos acusados, o julgamento *não* pode ser iniciado.

Quanto ao processamento propriamente dito do feito criminal, o Estatuto do Tribunal dispõe sobre o juiz natural, os direitos do acusado no processo, afirmando em especial a sua presunção de inocência (art. 66) e também sobre a coleta de provas, com dispositivos específicos para a oitiva de testemunhas e das vítimas (art. 68).

O Estatuto prevê uma *fase de triagem prévia* de casos antes de serem remetidos a julgamento. Trata-se da *fase de confirmação das acusações*, na qual um juízo de instrução (*Pre-Trial Chamber*) examina o *acervo probatório e os argumentos trazidos pelas partes* a fim de verificar se o caso preenche o requisito probatório adequado para prosseguir para julgamento.

Não se trata propriamente de um *julgamento precoce*, mas sim de uma *análise preliminar* do caso a fim de se assegurar que haja fundamentos substanciais para acreditar que o réu cometeu os crimes que lhe são imputados (*substantial grounds to believe* – art. 61.7). O juízo de instrução deve se assegurar que haja provas *suficientemente convincentes* que sejam *além da mera teoria ou suspeita*. O *evidentiary standard* (critério ou padrão de prova) nessa fase é mais alto que aquele exigido para a mera expedição do mandado de prisão (*reasonable grounds to believe* – art. 58), porém *menor* que aquele exigido para efetiva condenação dos acusados (*beyond reasonable doubt* – art. 66.3).

As regras relativas ao direito ao duplo grau de jurisdição encontram-se mencionadas na Parte VII do Estatuto, determinando-se as regras de processamento da apelação e da revisão criminal.

Em linhas gerais, a sentença é *recorrível*, desde que o recurso se fundamente em vício processual, erro de fato, erro de direito, ou *qualquer outro motivo* suscetível de afetar a equidade ou a regularidade do processo ou da sentença (esse só em benefício do condenado). O Procurador ou o condenado poderão, em conformidade com o Regulamento Processual, interpor recurso da pena invocando a *desproporcionalidade* da pena.

---

[5] Disponível em: <https://www.icc-cpi.int/Pages/record.aspx?docNo=ICC-01/13-111>. Acesso em: 6 ago. 2024.
[6] Por exemplo, ver https://brasil.elpais.com/brasil/2021-07-01/acao-contra-bolsonaro-da-passo-inedito-no-tribunal-penal-internacional-enquanto-indigenas-se-preparam-para-denuncia-lo-por-genocidio-e-ecocidio-na-corte.html. Acesso em: 30 jul. 2024.

Em atenção ao papel do tribunal como um órgão não só de punição e repressão, mas também de reparação de graves violações de direitos humanos foi criado um *Fundo de Reparação em benefício das vítimas*. Assim, as vítimas não apenas podem participar como partes do processo penal – uma espécie de assistência à acusação – como também pode vir a receber reparação pelos danos sofridos, caso tenham conexão com a conduta punida pelo tribunal.

Até agosto de 2024, foi autorizada pelo TPI a abertura de investigação em 14 situações: Burundi, República do Congo, República Centro-Africana (duas situações, a última em setembro de 2014), Darfur (Sudão), Quênia, Líbia, Mali, Costa do Marfim, Geórgia, Afeganistão, Bangladesh/Myanmar, Palestina, Filipinas, Venezuela e Ucrânia (em 2022). Em 2024, a Procuradoria deu por encerrada a investigação da situação de Uganda.

Dessas investigações, 8 foram remetidas pelos Estados Partes (Uganda, Congo, Mali, República Centro-Africana – 2 e Palestina, Venezuela e Ucrânia, cuja situação foi referida ao TPI por 43 Estados Partes), duas pelo Conselho de Segurança (Darfur e Líbia) e 7 foram iniciados *ex officio* pelo Procurador (Burundi, Georgia, Quênia, Costa do Marfim, Bangladesh/Myanmar, Afeganistão e Filipinas).

Atualmente (dados de 2024), são 32 casos (referentes a nove situações: Darfur/Sudão, República Democrática do Congo, Quênia, República Centro-Africana I, República Centro-Africana II, Costa do Marfim, Líbia, Mali e Uganda), com todas as pessoas indiciadas originárias de países africanos (surgindo a crítica do foco excessivamente em situações na África pelo Tribunal)[7].

Foram também expedidos nos últimos anos os *primeiros* mandados de prisão em situações *não relacionadas à África*, a saber: Geórgia (referente à guerra na Ossétia do Sul em 2008), Ucrânia (atingindo autoridades russas) e ainda Israel e o grupo "Hamas" (atingindo autoridades israelenses e líderes do Hamas).

Foram emitidos ordens de prisão, em março de 2023, com relação à Ucrânia, em desfavor do presidente russo *Vladimir Putin* e da Comissária de Direito das Crianças do gabinete do presidente russo pelo alegado *crime de guerra* de deportação ilegal de crianças ucranianas para a Rússia.

Em 24 de junho de 2024, a Câmara de Pré-Julgamento II do Tribunal Penal Internacional emitiu mandados de prisão para o ex-Ministro da Defesa russo, Sr. Sergei Shoigu, e o Chefe do Estado-Maior russo, Valery Gerasimov, no contexto da situação na Ucrânia por supostos crimes internacionais cometidos de pelo menos 10 de outubro de 2022 até pelo menos 9 de março de 2023, em especial crime de guerra de dirigir ataques a objetos civis (artigo 8(2)(b)(ii) do Estatuto de Roma) e pelo crime de guerra de causar danos excessivos incidentais a civis ou a objetos civis (artigo 8(2)(b)(iv) do Estatuto de Roma), e pelo crime contra a humanidade de atos desumanos sob o artigo 7(1)(k) do Estatuto de Roma.

Com base em ser a Palestina um Estado Parte (Israel não é parte do TPI), em 20 de maio de 2024, o Procurador do TPI, Karim A. A. Khan, requereu a prisão de lideranças do Hamas Yahya Sinwar (Chefe do Movimento de Resistência Islâmica "Hamas" na Faixa de Gaza), Mohammed Diab Ibrahim Ak-Masri (Comandante-Chefe da ala militar do Hamas, conhecida como Brigadas Al-Qassam), e Ismail Haniyeh (Chefe do Bureau Político do Hamas) por crimes de guerra e crimes contra a humanidade cometidos no território de Israel e do Estado da Palestina (na Faixa de Gaza) desde pelo menos 7 de outubro de 2023, a saber: extermínio como crime contra a humanidade, contrário ao artigo 7(1)(b) do Estatuto de Roma; assassinato como crime contra a humanidade, contrário ao artigo 7(1)(a), e como crime de guerra, contrário ao artigo 8(2)(c)(i); tomada de reféns como crime de guerra, contrário ao artigo 8(2)(c)(iii); estupro e outros atos de

---

[7] Disponível em: <https://www.icc-cpi.int/Pages/cases.aspx>. Acesso em: 9 ago. 2024.

violência sexual como crimes contra a humanidade, contrário ao artigo 7(1)(g), e também como crimes de guerra, nos termos do artigo 8(2)(e)(vi) no contexto de cativeiro; tortura como crime contra a humanidade, contrário ao artigo 7(1)(f), e também como crime de guerra, contrário ao artigo 8(2)(c)(i), no contexto de cativeiro, bem como outros atos desumanos como crime contra a humanidade, contrário ao artigo 7(1)(k), no contexto de cativeiro; tratamento cruel como crime de guerra, contrário ao artigo 8(2)(c)(i), no contexto de cativeiro; e ultrajes à dignidade pessoal como crime de guerra, contrário ao artigo 8(2)(c)(ii), no contexto de cativeiro.

Também requereu a prisão do Primeiro-Ministro de Israel, Benjamin Netanyahu, e do seu Ministro da Defesa, Yoav Gallant, por diversos crimes de guerra e crimes contra a humanidade cometidos no território do Estado da Palestina (na Faixa de Gaza) desde pelo menos 8 de outubro de 2023, a saber: uso da imposição da fome de civis como método de guerra, como crime de guerra contrário ao artigo 8(2)(b)(xxv) do Estatuto de Roma; causar intencionalmente grande sofrimento, ou lesões graves ao corpo ou à saúde, contrário ao artigo 8(2)(a)(iii), ou tratamento cruel como crime de guerra contrário ao artigo 8(2)(c)(i); Assassinato intencional contrário ao artigo 8(2)(a)(i), ou homicídio como crime de guerra contrário ao artigo 8(2)(c)(i); Atacar intencionalmente uma população civil como crime de guerra contrário aos artigos 8(2)(b)(i) ou 8(2)(e)(i); Extermínio e/ou assassinato contrário aos artigos 7(1)(b) e 7(1)(a), inclusive no contexto de mortes causadas por fome, como crime contra a humanidade; Perseguição como crime contra a humanidade contrário ao artigo 7(1)(h); e ainda Outros atos desumanos como crimes contra a humanidade contrário ao artigo 7(1)(k).

O primeiro julgamento ocorreu em 2012, com a condenação de Thomas Lubanga Dyilo (situação da República Democrática do Congo), por crime de guerra (alistamento forçado de crianças – *child soldier*), a 14 anos de prisão.

Em 2014, houve a segunda condenação, de Germain Katanga, por cumplicidade em crimes contra a humanidade no chamado "massacre de Bogoro" (Congo), no qual cerca de 200 pessoas foram assassinadas, com estupros de mulheres e submissão de crianças a alistamento forçado. Katanga foi condenado a 12 anos de prisão, tendo sido absolvido da prática dos estupros e alistamento forçado de crianças.

Em 2016, houve a terceira condenação, de Jean-Pierre Bemba Gombo (*Procurador v. Jean-Pierre Bemba Gombo*), condenado por dois crimes contra a humanidade (homicídio e estupro) e três crimes de guerra (homicídio, estupro e pilhagem) no contexto do conflito armado não internacional da República Centro-Africana entre 2002 e 2003, quando estava no comando do "Movimento de Libertação do Congo". Foi condenado em 21 de junho de 2016 a 18 anos de prisão. Não obstante, em 2018 a Câmara de Apelação absolveu o acusado de todos os crimes.

Em 20 de outubro de 2016, houve nova condenação no contexto do "Caso Bemba Gombo", agora no caso *Procurador v. Jean-Pierre Bemba Gombo, Aimé Kilolo Musamba, Jean-Jacques Mangenda Kabongo, Fidèle Babala Wandu e Narcisse Arido*. O TPI condenou os cinco acusados por crimes contra a administração da justiça no curso do "Caso Bemba Gombo", quando agiram para corromper 14 testemunhas de defesa a apresentar falsos testemunhos no TPI.

O mesmo ocorre no atual julgamento do caso Gicheru, baseado também em ofensas à administração da justiça pela corrupção de testemunhas no anterior caso Ruto e Sang (situação do Quênia), que foi rejeitado pela Corte (*no-case to answer*) pela fragilidade dos elementos de prova apresentados pela Procuradoria. O terceiro caso relacionado à situação do Quênia, caso Kenyatta, foi retirado pela Procuradoria com base na insuficiência das provas coletadas.

Em 27 de setembro de 2016, o TPI condenou Ahmad Al Faqi Al Mahdi (que havia se declarado culpado) por crime de guerra consistente na sua participação nos ataques a prédios históricos e religiosos em Timbuktu (Mali) durante o conflito armado não internacional naquele país em 2012. Al Mahdi teria concordado e incentivado a destruição de nove mausoléus do século XIV, tendo sido condenado a nove anos de prisão. Foram levadas em consideração circunstâncias atenuantes, em especial a confissão, cooperação do acusado com a Procuradoria, reconhecido remorso e sua relutância inicial em cometer os crimes. Foi a primeira vez que o TPI condenou indivíduo por crime de guerra na espécie "ataque a bens protegidos" (art. 8º.2, "e", iv. "Atacar intencionalmente edifícios consagrados ao culto religioso, à educação, às artes, às ciências ou à beneficência, monumentos históricos, hospitais e lugares onde se agrupem doentes e feridos, sempre que não se trate de objetivos militares"). Em setembro de 2016, o Gabinete da Procuradora do TPI divulgou sua política de "seleção e priorização" dos casos a serem eventualmente investigados e processados. Chamou a atenção, na linha do julgamento "Mahdi" visto acima, a inclusão, como critério de gravidade, o impacto da conduta criminosa sobre o meio ambiente[8].

Em março de 2021, a Câmara de Apelação confirmou a condenação de *Bosco Ntaganda* (situação do Congo) a 30 anos de prisão por sua atuação na ala militar da União de Congoleses Patriotas, envolvida em um conflito armado de natureza não internacional com opositores em Ituri.

Ainda em março de 2021, a Câmara de Apelação confirmou a absolvição dos acusados no caso Gbagbo e Blé Goudé, referente à situação da Costa do Marfim. Consequentemente, a Procuradoria também solicitou a revogação do mandado de prisão de Simone Gbagbo.

Em maio de 2021, foi promulgada a sentença de condenação de Dominic Ongwen a 25 anos de prisão por 61 violações de crimes de guerra e crimes contra a humanidade na situação de Uganda. O acusado, membro do grupo *Lord's Resistance Army*, foi condenado pelos ataques contra a população civil de diversos campos de refugiados, bem como pela conscrição de crianças-soldados e por crimes sexuais e de gênero, incluindo a inédita condenação por casamento forçado, escravidão sexual e gravidez forçada.

O Gabinete da Procuradoria conduz investigações preliminares (para verificar se é caso ou não de requerer investigação plena ao TPI) de crimes ocorridos na Venezuela (Venezuela II) e Nigéria. A situação "Venezuela II" foi referida pelo próprio país ao TPI e é referente às sanções impostas pelos Estados Unidos.

Em novembro de 2022, a Procuradoria requereu, de forma *pioneira* no TPI, que o procedimento de *confirmação* das acusações contra Joseph Kony (situação da Uganda) seja realizado à revelia do acusado, que *há mais de 17 anos se evade de um mandado de prisão expedido pela Corte*. O pedido foi aceito, mas com a ressalva que o julgamento não poderá prosseguir após em revelia (decisão de novembro de 2023).

Em dezembro de 2022, também de forma pioneira, o Procurador do TPI anunciou a conclusão da fase de investigação nas situações referentes à República Centro Africana e à Georgia. Anteriormente, as investigações abertas pelo TPI permaneciam abertas por tempo indeterminado. A situação na RCA levou à propositura de seis casos: 1) Bemba (absolvido), 2) Bemba e outros (alguns das acusados condenados por ofenças à administração da justiça), 3) Yekatom e Ngaïssona (em julgamento), 4) Said (em julgamento), 5) Mokome 6) Mahamat (foragido). O anúncio do Procurador significa que a Procuradoria *não* continuará a investigar outras pessoas a não ser aquelas para as quais denúncias foram apresentadas.

Em julho de 2023, em seu relatório ao Conselho de Segurança, o Procurador do TPI anunciou que a Procuradoria investigará, com base no mesmo mandato que lhe foi conferido em 2005 por aquele Conselho, os crimes que estariam sido atualmente cometidos em Darfur na *guerra civil* que eclodiu no Sudão em 15 de abril de 2023.

---

[8] É crime de guerra de natureza ambiental, previsto no art. 8.2, "e", iv: "(...) Lançar intencionalmente um ataque, sabendo que o mesmo causará (...) prejuízos extensos, duradouros e graves no meio ambiente que se revelem claramente excessivos em relação à vantagem militar global concreta e direta que se previa".

Apesar de existirem situações em vários continentes, o Tribunal só julgou, até 2024, casos ocorridos no continente africano.

7. PENAS E ORDENS DE PRISÃO PROCESSUAL

Não há previsão de intervalo específico de pena por tipo de crime: o Tribunal pode impor à pessoa condenada pena de prisão por um número determinado de anos, até o *limite máximo de 30 anos*; ou ainda a *pena de prisão perpétua*, se o elevado grau de ilicitude do fato e as condições pessoais do condenado o justificarem. Além da pena de prisão, o Tribunal poderá aplicar *multa* e ainda a *perda* de produtos, bens e haveres provenientes, direta ou indiretamente, do crime, sem prejuízo dos direitos de terceiros que tenham agido de boa-fé.

As penas podem passar por revisão a favor do sentenciado após 2/3 do seu cumprimento. Nas penas de caráter perpétuo, poderá existir revisão após *25* anos de cumprimento.

Também pode o Tribunal impor medidas de detenção preventiva, solicitando que os Estados cumpram o pedido de entrega (*surrender*).

Para efetivar suas ordens de prisão, o TPI conta com celas nas instalações holandesas de Scheveningen. Não obstante, após o trânsito em julgado das sentenças, os condenados são transferidos para outros países para o cumprimento de suas sentenças. Thomas Lubanga Dylio, por exemplo, foi transferido para um estabelecimento prisional no próprio Congo para o cumprimento do restante de sua sentença após a confirmação da condenação pela Câmara de Apelação. Já *Bosco Ntaganda* foi transferido no final de 2022 para a Bélgica para cumprimento de sentença. Em 18 de dezembro de 2023, a Noruega recebeu, para cumprimento de pena de 25 anos de prisão, Dominic Ongwen (situação de Uganda). Ele foi a quinta pessoa transferida pelo Tribunal Penal Internacional para um Estado que indicou sua disposição em aceitar pessoas condenadas, mostrando que o Tribunal conta com o apoio dos Estados para a execução de suas sentenças (art. 103 do Estatuto de Roma).

8. RESPONSABILIDADE PENAL INDIVIDUAL NO ESTATUTO DE ROMA

O Estatuto de Roma estabelece modos progressivos de responsabilização penal individual dos indivíduos suspeitos de cometer um dos crimes tipificados. Abarca, assim, tanto a prática direta de crimes como a mera participação em condutas criminosas. A comissão de crimes (art. 25(3)(a)), que implica numa maior responsabilização do acusado, é classificada em:

- **Comissão direta ou imediata** (*direct perpetration*), na qual o acusado pessoalmente comete elementos materiais dos crimes.
- **Comissão indireta ou por meio de terceiros** (*indirect perpetration* ou *perpetration through another person*), por meio da qual é responsabilizado o agente que se usa de terceiros, controlando sua vontade, para a comissão de crimes. Abrange tanto o uso de um único terceiro – independentemente de este ser punível criminalmente ou não (ex. crianças) – quanto a situação de mandantes que se utilizam de uma organização criminosa organizada para o cometimento do crime, desde que se comprove que exercem efetivo controle sobre essa organização e que suas ordens são automaticamente cumpridas pelos seus membros (teoria do domínio do fato).
- **Comissão conjunta direta** (*direct co-perpetration*): em que há uma divisão funcional de tarefas entre pelo menos dois membros da quadrilha e um plano comum ou pelo menos um acordo para a comissão do crime. Cada membro, embora responsável por parte das tarefas apenas, tem o poder de frustrar a comissão do crime ao não as realizar e, assim, poderá ser punido pela conduta como um todo. Tem inspiração no *joint criminal enterprise* criado pelo TPII.

- **Comissão conjunta indireta** (*indirect co-perpetration*): embora essa modalidade de responsabilização não encontre previsão explícita no art. 25(3)(a), o TPI vem consistentemente entendendo que se trata de uma legítima derivação das demais formas previstas nesse dispositivo (o julgamento da apelação no caso *Ongwen* comprovou isso). Serve para responsabilizar comandantes de diferentes organizações que divisam um plano comum para prática dos crimes e contribuem essencialmente para a realização desse plano através do comando de suas respectivas organizações (como, por exemplo, nos casos Katanga e Ngudjolo Chui). Serve também para responsabilizar diferentes líderes de uma mesma organização criminosa que exercem, em conjunto, controle sobre essa (como, por exemplo, nos casos Ntaganda, Al Bashir).
- **Ordenar** (*ordering* – art. 25(3)(b)): embora prevista em alínea diversa, esta é uma forma de *comissão indireta* de crimes, por criminalizar a conduta daquele que ordena um subordinado, de forma efetiva e substancial, a realizar um crime.

O Estatuto de Roma também criminaliza as condutas daqueles que meramente participam, de forma acessória, da realização de crimes. Assim, a instigação (solicitação e indução), o auxílio e cumplicidade (*aid and abet*) e a conspiração para realização de crimes (art. 25(3)(b, c, d)) são todas formas de participação *punidas* (de forma menos grave) pelo Estatuto.

Há, por fim, uma forma subsidiária de responsabilização indireta prevista no art. 28, o qual tipifica a responsabilidade do superior hierárquico ou *command responsibility*, daquele que tinha o dever agir para prevenir o crime cometido por um subordinado, mas deixou de o fazer.

Com relação ao dolo (*mens rea*), o estatuto prevê que, via de regra, caso não haja previsão diversa no Estatuto, são responsabilizados aqueles que atuam com *intenção e conhecimento* para realização do crime (art. 30).

9. O TPI E O BRASIL

O Brasil, apesar de ter votado a favor da aprovação do texto do Estatuto do Tribunal Penal Internacional na Conferência de Roma de 1998, manifestou, por meio de declaração de voto, sua preocupação com o fato de a Constituição brasileira proibir a extradição de nacionais e também proibir penas de caráter perpétuo, que foram aceitas pelo Estatuto.

Apesar dessa preocupação, o Brasil assinou o Estatuto de Roma em 7 de dezembro de 2000. O Congresso Nacional, à luz do art. 49, I, da Constituição, aprovou o texto do futuro tratado pelo Decreto Legislativo n. 112, de 6 de junho de 2002, vindo o Brasil a depositar o ato de ratificação em 20 de junho de 2002. O ato final do ciclo de incorporação interna deu-se com o Decreto n. 4.388, de 25 de setembro de 2002.

Para suprir eventuais lacunas do ordenamento jurídico nacional e levando em consideração o art. 88 do Estatuto de Roma, o Presidente da República encaminhou ao Congresso Nacional, por meio da Mensagem n. 700, de 17 de setembro de 2008, projeto de lei que recebeu o n. 4.638/2008, que "dispõe sobre o crime de genocídio, define os crimes contra a humanidade, os crimes de guerra e o crimes contra a administração da justiça do Tribunal Penal Internacional, institui normas processuais específicas, dispõe sobre a cooperação com o Tribunal Penal Internacional, e dá outras providências" (apensado ao PL n. 301/2007 – no Senado ainda tramitam dois outros projetos sobre o mesmo assunto, PL n. 4.178 e n. 3.817, ambos de 2021).

Além de tipificar vários crimes na linha do estabelecido pelo Estatuto de Roma, o projeto também busca cumprir os deveres impostos ao Brasil em relação aos *atos de cooperação* com o Tribunal Penal Internacional. Esses atos de cooperação foram divididos por este autor em três espécies: os atos de entrega de pessoas à jurisdição do Tribunal, os atos instrutórios diversos e por último os atos de execução das penas.

Em 2004, em um claro movimento para abafar as críticas referentes a eventuais inconstitucionalidades do Estatuto de Roma, a Emenda Constitucional n. 45/2004 introduziu o novo § 4º do art. 5º, que dispõe que: "O Brasil se submete à jurisdição de Tribunal Penal Internacional a cuja criação tenha manifestado adesão".

Veremos abaixo as pretensas inconstitucionalidades, por ofensa a cláusula pétrea ("direitos e garantias individuais", art. 60, § 4º, IV, da CF/88), com a superação defendida pela maior parte da doutrina:

i) **Entrega de brasileiro nato**

Crítica – a Constituição de 1988 impede que brasileiro nato seja extraditado, e o brasileiro naturalizado só pode ser extraditado em duas hipóteses: comprovado envolvimento com tráfico de entorpecentes ou crime anterior à naturalização. Logo, nesse quesito, o Estatuto de Roma seria *inconstitucional*.

Superação – o Estatuto de Roma expressamente prevê o dever do Estado de entrega (*surrender*) das pessoas acusadas cujo julgamento foi considerado admissível pela Corte. O art. 102 do Estatuto expressamente diferencia a extradição do ato de entrega. A extradição é termo reservado ao ato de cooperação jurídica internacional penal entre Estados soberanos. Já o *surrender* é utilizado no caso específico de cumprimento de ordem de organização internacional de proteção de direitos humanos, como é o caso do Tribunal Penal Internacional. Logo, não haveria óbice constitucional ao cumprimento de ordem de detenção e entrega de acusado brasileiro ao Tribunal, já que a Constituição brasileira só proíbe a extradição de nacionais. Como o brasileiro não estaria sendo remetido a outro Estado, mas sim a uma organização internacional (o Tribunal Penal Internacional) que representa a comunidade dos Estados, não haveria impedimento algum. Nessa linha, o STF apreciou pedido do Poder Executivo brasileiro, que solicitava autorização para cumprir ordem de detenção emitida pelo TPI em desfavor do então Presidente do Sudão (Caso Bashir), cumprindo o disposto no art. 89 do Estatuto de Roma (cooperação com o Tribunal). Após longo despacho do Min. Celso de Mello em 2009 (no qual o autor deste *Curso* foi citado), foi solicitada manifestação da Procuradoria-Geral da República. Em 2013, o então Procurador-Geral da República Roberto Gurgel opinou pela 1) ausência de competência constitucional do STF pela diferença entre "extradição" (de competência constitucional do STF) e entrega; e 2) no mérito, pela possibilidade de cumprir a ordem no Brasil. Em 2020, a Ministra Rosa Weber decidiu que: 1) a CF/88 estabeleceu as hipóteses da competência constitucional do STF, que não abrange a *entrega* (*surrender*), mas somente *extradição* (*vide* a diferença acima); 2) que o tratado firmado pelo Brasil (Estatuto de Roma) exige cooperação com o TPI; 3) cabe aos juízes federais de 1ª instância decidir sobre a *entrega*, à luz do art. 109, III, da CF/88 (Art. 109. Aos juízes federais compete processar e julgar: (...) III – as causas fundadas em tratado ou contrato da União com Estado estrangeiro ou organismo internacional); e 4) com a prisão de Bashir em seu país de origem, o próprio pedido do TPI ao Brasil perdeu o objeto. Assim, foi determinado o *arquivamento* do caso (STF, Pet. 4.625, decisão monocrática da Ministra Rosa Weber, de 20-6-2020).

ii) **A coisa julgada *pro reo***

Crítica – o princípio da complementaridade não impede que o Tribunal Penal Internacional decida pela prevalência da jurisdição do Tribunal, mesmo que já exista coisa julgada absolutória nacional, caso o TPI entenda que essa absolvição foi forjada ou inapropriada, podendo julgar o indivíduo de novo. Porém, o princípio do *non bis in idem* tem base constitucional (art. 5º, XXXVI), podendo mesmo o acusado, quando processado no Brasil pela segunda vez em relação ao mesmo fato, utilizar o recurso da *exceção de coisa julgada*, de acordo com o art. 95, V, do CPP.

Assim, entregar determinada pessoa para ser julgada pelo TPI, *após* ter sido *absolvida* internamente pelo *mesmo fato*, seria inconstitucional.

Superação – o Direito Internacional não admite que, com base em leis locais e em processos locais muitas vezes utilizados para dar um *bill* de imunidade aos acusados de atrocidades, haja a arguição da coisa julgada. Em face desses crimes internacionais, os Estados têm o dever de julgar ou entregar ao Tribunal Penal Internacional. Caso apenas *simulem* um julgamento, obviamente tal dever não foi cumprido a contento, podendo o Tribunal Penal Internacional ordenar a entrega do acusado para novo julgamento, desta vez sério e perante o Direito Internacional. No limite, não há desobediência ao princípio tradicional do Direito Penal do *non bis in idem*. A qualidade de coisa julgada da sentença penal local foi obtida para a obtenção da impunidade, em típico caso de simulação com fraude à lei. Esse vício insanável torna inoperante o seu efeito de imutabilidade do comando legal e permite o processo internacional. Por fim, não há identidade dos elementos da ação, entre a causa nacional e a causa internacional. O pedido e a causa de pedir, no plano internacional, são amparados em normas internacionais, o que não ocorre com a causa doméstica.

iii) **Imunidades materiais e formais previstas na Constituição de 1988**

Crítica – o Estatuto de Roma não reconhece qualquer imunidade (art. 27). Porém, a Constituição estabelece imunidades formais e materiais, por exemplo, aos congressistas.

Superação – não são aplicáveis os dispositivos internos que tratam das imunidades materiais e formais de determinadas autoridades públicas. A Constituição, que estabeleceu tais imunidades, não pode ser interpretada em tiras. Devemos, então, conciliar a existência de tais imunidades com a aceitação da jurisdição internacional penal, o que pode ser feito pela simples separação: as imunidades constitucionais são aplicadas *nacionalmente tão somente*. Por isso, é compatível com a Constituição a negação das imunidades pelo Estatuto de Roma.

iv) **Imprescritibilidade**

Crítica – O Estatuto de Roma estipula, em seu art. 29, que os "crimes da competência do Tribunal não prescrevem". Já a CF/88 estabelece, inicialmente, que são imprescritíveis: (i) a prática do racismo e (ii) a ação de grupos armados, civis ou militares, contra a ordem constitucional e o Estado Democrático (respectivamente, incisos XLII e XLIV do art. 5º). Assim, a generalização da imprescritibilidade feita pelo Estatuto de Roma seria inconstitucional.

Superação – A CF/88 não estabeleceu a vedação expressa da imprescritibilidade criminal, mas tão somente impôs a imprescritibilidade para, pelo menos, dois tipos de ação delituosa (a prática do racismo e a ação de grupos armados contra a ordem constitucional e o Estado Democrático). Assim, até mesmo por lei ordinária podem ser criadas novas hipóteses de imprescritibilidade na seara penal. No Supremo Tribunal Federal, há precedente nesse sentido (a favor da criação de novas hipóteses de imprescritibilidade criminal por mera lei ordinária) no qual o relator Min. Sepúlveda Pertence, assinalou que "(...) a CF se limita, no art. 5º, XLII e XLIV, a excluir os crimes que enumera da incidência material das regras da prescrição, sem proibir, em tese, que a legislação ordinária criasse outras hipóteses" (STF, RE 460.971/RS, rel. Min. Sepúlveda Pertence, j. 14/02/2007, Primeira Turma, *DJ* de 30/03/2007). Com isso, pode obviamente um tratado internacional que trata de proteger direitos humanos (de hierarquia interna *supralegal*, na visão majoritária do STF – ver abaixo) impor a imprescritibilidade para tais graves condutas. Contudo, em 2020, houve mudança no entendimento do STF, como será visto no item 24.1 da Parte IV deste *Curso*. Mesmo assim, defendo que a imprescritibilidade prevista na CF/88 não deve ter alcance extraterritorial. Ou seja, não pode ser interpretada para abranger os crimes internacionais julgados por tribunal internacional, devendo ser restrita ao foro doméstico.

v) **Pena de caráter perpétuo**

Crítica – A CF/88 veda, expressamente, a imposição de pena de caráter perpétuo (art. 5º, XLVII, "b"). Logo, o Estatuto de Roma seria inconstitucional neste aspecto. Nessa linha, a Lei n. 13.445/2017 (Lei de Migração) impõe, como condição para o deferimento do pedido de extradição, que o Estado requerente assuma o compromisso de comutar a pena de morte, *perpétua* ou corporal em pena privativa de liberdade, respeitado o limite máximo de cumprimento de 30 anos (art. 96, III – observação: a Lei n. 13.964/2019 aumentou a duração máxima da pena privativa de liberdade no Brasil para 40 anos. Ver mais na **Parte IV**, item 26 – sobre extradição – deste *Curso*).

Superação – Esse dispositivo da Lei de Migração seguiu a jurisprudência do STF, que após a Extradição n. 855 (Caso Norambuena), exige que seja comutada a pena de prisão perpétua em pena privativa de liberdade não superior a trinta anos. No caso da entrega para o Tribunal Penal Internacional, essa exigência *não* poderia ser imposta por dois motivos: em primeiro lugar, porque há hipótese de revisão da pena, após vinte e cinco anos de cumprimento. Em segundo lugar, fica claro que a vedação da extradição nestes termos foi oriunda da construção do STF para impedir que a cooperação *entre Estados* pudesse se realizar fora de determinados padrões de respeito a direitos humanos (no caso, pena excessiva). Mas o TPI é justamente um tribunal que visa *proteger os direitos humanos* pela punição daqueles que violaram valores essenciais da comunidade internacional. Os direitos humanos – na visão dos Tribunais Internacionais como a Corte Europeia e a Corte Interamericana de Direitos Humanos – exigem a atuação penal para concretizar o direito à justiça e verdade, bem como para assegurar a não repetição das condutas. Logo, não há sentido em aplicar a construção jurisprudencial de restrição à pena de caráter perpétuo na *extradição* à *entrega*, que é utilizada para a cooperação com um tribunal (TPI) de natureza vinculada à proteção de direitos humanos.

QUADRO SINÓTICO

As normas do Estatuto do Tribunal Penal Internacional em face da Constituição de 1988

- Estatuto do Tribunal Penal Internacional (TPI), "Estatuto do TPI" ou "Estatuto de Roma":
    - foi adotado em 1998, durante Conferência Intergovernamental em Roma (Itália), por 120 votos a favor, 7 votos contrários (Estados Unidos, China, Índia, Líbia, Iêmen, Israel e Catar) e 21 abstenções;
    - entrou em vigor em 2002;
    - possui 128 artigos com normas materiais e processuais penais referentes aos chamados crimes de *jus cogens*, que são o genocídio, os crimes contra a humanidade, os crimes de guerra e o crime de agressão (cujo tipo penal só foi acordado em 2010, na Conferência de Kampala, Uganda).
- Tribunal Penal Internacional:
    - tem personalidade jurídica internacional e capacidade jurídica necessária ao desempenho das suas funções e cumprimento dos seus objetivos;
    - tem sede em Haia (Países Baixos);
    - é tribunal independente da ONU, embora possua uma relação de cooperação com esta organização;
    - é composto de quatro órgãos: Presidência, Divisão Judicial, Procuradoria (Ministério Público) e Secretariado (*Registry*);
    - dezoito juízes compõem o tribunal, eleitos pelos Estados Partes para um mandato de nove anos (não podem ser reeleitos);

- seleção dos juízes: devem ser escolhidos entre pessoas de elevada idoneidade moral, imparcialidade e integridade, que reúnam os requisitos para o exercício das mais altas funções judiciais nos seus respectivos países (no caso do Brasil, são os requisitos exigidos para a nomeação ao posto de Ministro do STF: notório saber jurídico, reputação ilibada e com mais de 35 anos e menos de 65 anos); os Estados Partes devem ponderar ainda a necessidade de assegurar que a composição do Tribunal inclua representação dos principais sistemas jurídicos do mundo, uma representação geográfica equitativa e uma representação justa de juízes do sexo feminino e do sexo masculino;
- juízes são divididos em três grandes Seções: Juízo de Instrução (*Pre-Trial Chamber*), Juízo de Julgamento em 1ª Instância (*Trial Chamber*) e Juízo de Apelação (*Appeal Chamber*).
- Ministério Público do TPI:
  - capitaneado pelo Procurador, que atua com independência funcional, como órgão autônomo do TPI;
  - atribuições: receber comunicações e qualquer outro tipo de informação, devidamente fundamentada, sobre crimes da competência do Tribunal, a fim de os examinar, investigar e, eventualmente, propor a ação penal junto ao Tribunal;
  - eleição: pela Assembleia dos Estados Partes para mandato de nove anos, não renovável.

As principais objeções e o novo § 4º do art. 5º da CF/88

- Brasil: assinou (2000), ratificou (2002) e incorporou, pelo Decreto n. 4.388, de 25 de setembro de 2002, o Estatuto do TPI.
- Emenda Constitucional n. 45/2004: introduziu o novo § 4º do art. 5º, que dispõe que "o Brasil se submete à jurisdição de Tribunal Penal Internacional a cuja criação tenha manifestado adesão".
- Brasil votou favoravelmente ao texto do projeto do Estatuto do TPI na Conferência de Roma em julho de 1998, participou ativamente das discussões promovidas pelo Tribunal e atuou com desenvoltura na Conferência de Revisão do Estatuto do TPI, de 2010. Entretanto, manifestou preocupação com o fato de a Constituição brasileira proibir a extradição de nacionais e vedar penas de caráter perpétuo.
- STF, Petição 4.625, de 2009, Caso Presidente Bashir, ditador do Sudão: discussão sobre se as pretensas inconstitucionalidades podem impedir que o Brasil cumpra seu dever de colaborar com o TPI: o governo brasileiro entendeu ser necessária a autorização do STF para que pudesse existir a prisão e entrega no caso eventual da vinda do Presidente do Sudão ao nosso território. Em 2020, a Ministra Rosa Weber decidiu que: 1) a CF/88 estabeleceu as hipóteses da competência constitucional do STF, que não abrange a *entrega* (*surrender*), mas somente *extradição* (*vide* a diferença acima); 2) que o tratado firmado pelo Brasil (Estatuto de Roma) exige cooperação com o TPI; e 3) cabe aos juízes federais de 1ª instância decidir sobre a *entrega*, à luz do art. 109, III, da CF/88 (Art. 109. Aos juízes federais compete processar e julgar: (...) III – as causas fundadas em tratado ou contrato da União com Estado estrangeiro ou organismo internacional); e 4) com a prisão de Bashir em seu país de origem, o próprio pedido do TPI ao Brasil perdeu o objeto (STF, Pet. 4.625, decisão monocrática da Ministra Rosa Weber, de 20-6-2020).
- *Princípio da complementaridade:* jurisdição internacional penal é subsidiária à jurisdição nacional; o TPI não exercerá sua jurisdição caso o Estado com jurisdição já houver iniciado ou terminado investigação ou processo penal, salvo se este não tiver "capacidade" ou "vontade" de realizar justiça; o caso é também inadmissível se a pessoa em causa já tiver sido julgada pela conduta a que se refere a denúncia, salvo se o julgamento for um simulacro para obter a impunidade e, finalmente, se o caso não for suficientemente grave para justificar a ulterior intervenção do Tribunal. O próprio TPI decide se o julgamento nacional é simulacro para obtenção da impunidade.
- *Responsabilidade internacional do indivíduo.* O Estatuto pune as seguintes modalidades de prática de crime e participação em crimes:
  - comissão direta ou imediata
  - comissão indireta ou por meio de terceiros
  - comissão conjunta direta
  - comissão conjunta indireta

- Ordenar
- participação, de forma acessória, da realização de crimes. Espécies: a instigação (solicitação e indução), o auxílio e cumplicidade (*aid and abet*) e a conspiração para realização de crimes.

O ato de entrega de brasileiro nato	
Dever do Brasil	• Estatuto de Roma expressamente prevê o dever do Estado de entrega de indivíduos, caso exista uma ordem de detenção e entrega determinada pelo TPI.
Objeção	• Só é possível a entrega do brasileiro naturalizado na hipótese de ocorrência de crime praticado antes da naturalização.
Superação	• Não há equiparação possível entre extradição a um Estado estrangeiro e entrega ao TPI. A nacionalidade é óbice somente à extradição, podendo o Brasil promover a entrega de todo indivíduo ao TPI.
A imprescritibilidade dos crimes do TPI e o Brasil	
Dever do Brasil	• De acordo com o Estatuto de Roma, os crimes sujeitos a sua jurisdição são imprescritíveis.
Objeção	• O Brasil não poderia entregar nenhum indivíduo ao TPI caso o crime do qual ele seja acusado já tenha prescrito, de acordo com a lei brasileira.
Superação	• Na relação entre o Estado e o TPI deve vigorar o princípio da confiança, sendo dispensável a dupla tipicidade e punibilidade.
A pena de prisão perpétua	
Dever do Brasil	• O Estatuto de Roma prevê que as penas podem ser: 1) de prisão até o limite máximo de 30 anos; ou 2) prisão perpétua.
Objeção	• O Brasil não poderia colaborar com o TPI e entregar um indivíduo, pois há sempre o risco de imposição da pena de "caráter perpétuo" ao final do processo internacional.
Superação	• Não se aplica à entrega a vedação da pena de caráter perpétuo existente internamente e nos processos extradicionais à entrega de um indivíduo ao TPI.
A coisa julgada	
Dever do Brasil	• Caso o TPI decida pela prevalência da jurisdição do Tribunal, deve o Estado brasileiro efetuar a entrega do acusado, mesmo que já exista coisa julgada absolutória local.
Objeção	• No caso da existência de coisa julgada absolutória nacional, há impedimento constitucional brasileiro para a entrega de um indivíduo ordenada pelo TPI.
Superação	• O Direito Internacional não admite que, com base em leis locais e em processos locais muitas vezes utilizados para dar um *bill* de imunidade aos acusados de atrocidades, haja a arguição da coisa julgada. Se a qualidade de coisa julgada da sentença penal local foi obtida para a obtenção da impunidade, em típico caso de simulação com fraude à lei, o vício insanável torna inoperante o seu efeito de imutabilidade do comando legal e permite o processo internacional. Além disso, não cabe alegar coisa julgada como justificativa para a não implementação de decisão internacional, já que seria necessária a identidade de partes, pedido e causa de pedir, o que não ocorre entre a causa local e a causa internacional.
A impossibilidade de alegação de qualquer imunidade	
Dever do Brasil	• Não há nenhuma imunidade material ou processual que impeça o TPI de realizar justiça, devendo o Brasil entregar toda e qualquer pessoa ao Tribunal, não importando o cargo oficial exercido no próprio país ou fora dele.

Objeção	• A Constituição de 1988 estabelece uma longa lista de imunidades materiais e processuais a altas autoridades.
Superação	• As imunidades materiais e processuais, bem como as prerrogativas de foro estabelecidas na Constituição são de exclusivo alcance interno, não podendo ser interpretadas de modo a imunizar quem quer que seja do alcance da jurisdição internacional.

Os demais atos de cooperação com o TPI

- Consistem em atos de instrução processual e mesmo de execução da pena porventura fixada pelo Tribunal.
- Atos de instrução: Estados contratantes obrigam-se a cooperar com o Tribunal na obtenção de documentos, oitiva de testemunhas; facilitar o comparecimento voluntário de peritos e testemunhas perante o Tribunal; realizar perícias diversas, inclusive a exumação; proteger testemunhas e preservar provas; conceder e implementar medidas cautelares.

A ausência de competência constitucional do STF e do STJ para apreciar decisões do TPI

- As decisões do TPI não necessitam de *exequatur* nem de homologação de sentença estrangeira perante o STJ, uma vez que a Constituição exige esse crivo somente a decisões oriundas de Estados estrangeiros, nada exigindo quanto a decisões internacionais.
- Quanto ao pedido de prisão e posterior entrega, o governo brasileiro solicitou autorização do STF para a prisão e entrega do Presidente do Sudão ao TPI (Petição 4.625). Em 2020, o STF recusou sua competência para tais casos e decidiu que cabe aos *juízes federais* de 1ª instância decidir sobre a *entrega* do investigado ao TPI, à luz do art. 109, III, da CF/88.

PARTE III
O BRASIL E OS DIREITOS HUMANOS

1. DA CONSTITUIÇÃO DE 1824 AO CONGRESSO NACIONAL CONSTITUINTE (1985-1987)

Desde a primeira Constituição brasileira, em 1824, houve a previsão de um rol de direitos a serem assegurados pelo Estado. O seu art. 179 dispunha que "a inviolabilidade dos direitos civis, e políticos dos cidadãos brasileiros, que tem por base a liberdade, a segurança individual, e a propriedade, é garantida pela Constituição do Império", seguindo-se 35 incisos, detalhando-se os direitos fundamentais. Mas essa Constituição mascarava a real situação de violência e exclusão da época: havia *escravidão* e o voto era *censitário* e excluía as mulheres.

Com a República, a tradição de inserção do rol de direitos na Constituição de 1891 continuou: o art. 72 dispôs que "a Constituição assegura a brasileiros e a estrangeiros residentes no País a *inviolabilidade dos direitos* concernentes à liberdade, à segurança individual e à propriedade, nos termos seguintes...". O *princípio da não exaustividade dos direitos fundamentais* foi reconhecido no art. 78, que dispunha que "a especificação das garantias e direitos expressos na Constituição *não exclui* outras garantias e direitos não enumerados, mas resultantes da *forma de governo* que ela estabelece e dos *princípios* que consigna".

Também a Constituição de 1934 previu expressamente direitos fundamentais ao dispor, em seu Título III ("Declaração de Direitos"), vários direitos civis e políticos. Ela inovou ao estabelecer, em seu Título IV ("Da Ordem Econômica e Social), vários *direitos sociais*, como os previstos no art. 121 referentes aos *direitos trabalhistas* (inclusive a proibição de diferença de salário para um mesmo trabalho, por motivo de idade, sexo, nacionalidade ou estado civil, proibição de trabalho a menores de 14 anos, previsão de férias anuais remuneradas, salário mínimo e descanso semanal). A Constituição de 1934 reconheceu também o princípio da não exaustividade dos direitos fundamentais ao estabelecer, no seu art. 114 que "a especificação dos direitos e garantias expressos nesta Constituição não exclui outros, resultantes do *regime* e dos *princípios* que ela adota".

Em que pese a Constituição de 1937 apenas servir para camuflar a ditadura de Getúlio Vargas e seu Estado Novo, houve a *menção formal a um rol de direitos* em seus arts. 122 e seguintes ("Dos Direitos e Garantias Individuais") e aos *direitos decorrentes* ("Art. 123. A especificação das garantias e direitos acima enumerados não exclui outras garantias e direitos, resultantes da *forma de governo* e dos *princípios* consignados na Constituição"). Porém, a parte final do art. 123 deixava clara a *prevalência absoluta da razão de Estado* em detrimento dos *direitos humanos,* ao determinar que o "uso desses direitos e garantias terá por limite o bem público, as necessidades da defesa, do bem-estar, da paz e da ordem coletiva, bem como as exigências da segurança da Nação e do *Estado* em nome dela constituído e organizado nesta Constituição".

Após o final da ditadura do Estado Novo, a Constituição de 1946 instaurou uma nova ordem democrática no Brasil, que se encerraria somente com o golpe militar de 1964. Ela previu, em seu art. 141, o rol dos "direitos e garantias individuais", com a cláusula de abertura dos *direitos decorrentes* prevista no art. 144 ("a especificação, dos direitos e garantias expressas nesta Constituição não exclui outros direitos e garantias decorrentes do *regime* e dos *princípios* que ela adota"). Na linha da Constituição de 1934, a Constituição de 1946 enumerou vários direitos sociais nos arts. 157 e seguintes, inclusive o direito de greve (art. 158), que havia sido proibido expressamente pela Constituição de 1937.

Com a ditadura militar, a Constituição de 1967 previu formalmente um rol de direitos e garantias individuais no seu art. 150, fazendo remissão a outros direitos, decorrentes do regime e dos princípios constitucionais no art. 150, § 35 ("A especificação dos direitos e garantias expressas nesta Constituição não exclui outros direitos e garantias decorrentes do regime e dos princípios que ela adota"). Contudo, o art. 151 trouxe a *ameaça explícita* aos inimigos do regime ditatorial, determinando que "aquele que abusar dos direitos individuais previstos nos §§ 8º, 23, 27 e 28 do artigo anterior e dos direitos políticos, para atentar contra a ordem democrática ou praticar a corrupção, incorrerá na suspensão destes últimos direitos pelo prazo de dois a dez anos, declarada pelo Supremo Tribunal Federal, mediante representação do Procurador-Geral da República, sem prejuízo da ação civil ou penal cabível, assegurada ao paciente a mais ampla defesa". Assim, a cláusula indeterminada do "abuso dos direitos individuais" pairava sobre os indivíduos, demonstrando a *razão de Estado* que imperava naquele momento de governo militar. A Emenda Constitucional n. 1, de 1969, manteve a mesma situação, elencando os direitos no art. 153 e prevendo a abertura a novos direitos decorrentes do regime e dos princípios constitucionais no art. 153, § 36.

Com a redemocratização, o Congresso Constituinte (1985-1987) reagiu a mais de vinte anos de ditadura com uma forte inserção de direitos e garantias no texto da futura Constituição, que recebeu a alcunha de "Constituição Cidadã". Além dos direitos, houve sensível mudança no perfil do *Ministério Público*, que deixou de ser vinculado ao Poder Executivo e ganhou autonomia, independência funcional e a missão de defesa de direitos humanos (como instituição extrapoder; ver arts. 127 e 129, III, entre outros). Também foi mencionada, pela primeira vez no texto de uma Constituição, a *Defensoria Pública* como função essencial à Justiça, criando mais um ente público comprometido com a defesa dos direitos humanos.

Além disso, foi aceita a internacionalização dos direitos humanos, com a menção a tratados internacionais (art. 5º, § 2º) e também a um "tribunal internacional de direitos humanos" (art. 7º do Ato das Disposições Constitucionais Transitórias), como estudaremos a seguir.

QUADRO SINÓTICO

Da Constituição de 1824 ao Congresso Nacional Constituinte (1985-1987)	
Constituição de 1824	• Contém a previsão constitucional de um rol de direitos (inviolabilidade dos direitos civis e políticos, "que tem por base a liberdade, a segurança individual, e a propriedade"). O texto constitucional, entretanto, mascarava a real situação do Império: havia escravidão e o voto era censitário.
Constituição Republicana de 1891	• Foi mantida a tradição de inserção do rol de direitos na Constituição, garantindo-se a brasileiros e a estrangeiros residentes no País a inviolabilidade dos direitos concernentes à liberdade, à segurança individual e à propriedade. • A possibilidade de novos direitos e garantias foi também reconhecida, explicitando-se que a especificação das garantias e direitos expressos na Constituição não excluiria outras garantias e direitos não enumerados.
Constituição de 1934	• Também previu expressamente um rol de direitos, explicitando vários direitos civis e políticos. • Inovou ao estabelecer vários direitos sociais, como direitos trabalhistas. • Reconheceu também os direitos decorrentes ao estabelecer que "a especificação dos direitos e garantias expressos nesta Constituição não exclui outros, resultantes do regime e dos princípios que ela adota".

Constituição de 1937	• Houve a menção formal a um rol de direitos e aos direitos decorrentes, mas que apenas serviam para camuflar a ditadura do Estado Novo. • O texto constitucional deixava clara a prevalência absoluta da razão de Estado sobre os direitos humanos.
Constituição de 1946	• Instaurou uma nova ordem democrática no Brasil, que se encerraria somente com o golpe militar de 1964. • Previu um rol dos "direitos e garantias individuais", com a cláusula de abertura dos direitos decorrentes. • Enumerou vários direitos sociais, inclusive o direito de greve, que havia sido proibido expressamente pela Constituição de 1937.
Constituição de 1967	• Com a ditadura militar, previu formalmente um rol de direitos e garantias individuais, fazendo remissão a outros direitos, decorrentes do regime e dos princípios constitucionais. • Trouxe a cláusula indeterminada do "abuso dos direitos individuais", que consistia em ameaça latente aos inimigos do regime, determinando a possibilidade de suspensão de direitos individuais e políticos pelo prazo de dois a dez anos, "declarada pelo Supremo Tribunal Federal, mediante representação do Procurador-Geral da República, sem prejuízo da ação civil ou penal cabível, assegurada ao paciente a mais ampla, defesa".
Emenda n. 1, de 1969	• Manteve a mesma situação da Constituição de 1967.
Constituição de 1988 – a "Constituição Cidadã"	• Com a redemocratização, houve forte inserção de direitos e garantias no texto da futura Constituição. • Mudança no perfil do Ministério Público: deixou de ser vinculado ao Poder Executivo (agora como instituição extrapoder) e ganhou autonomia, independência funcional e a missão de defesa de direitos humanos. • Menção à Defensoria Pública como função essencial à Justiça, criando mais um ente público comprometido com a defesa dos direitos humanos. • Aceitação da internacionalização dos direitos humanos, com a menção a tratados internacionais e também a um "tribunal internacional de direitos humanos".

2. A CONSTITUIÇÃO DE 1988, FUNDAMENTOS, OBJETIVOS E A INTERNACIONALIZAÇÃO DOS DIREITOS HUMANOS

2.1. Os fundamentos e objetivos da República

De acordo com o art. 1º da Constituição de 1988, a República Federativa do Brasil é formada pela união indissolúvel dos Estados e Municípios e do Distrito Federal, constituindo-se em um Estado Democrático de Direito, que tem como fundamentos: I – a soberania; II – a cidadania; III – a dignidade da pessoa humana; IV – os valores sociais do trabalho e da livre iniciativa; V – o pluralismo político. Seu parágrafo único reitera a vocação democrática do Estado, ao dispor que "todo o poder emana do povo, que o exerce por meio de representantes eleitos ou diretamente, nos termos desta Constituição".

Os fundamentos da República convergem para a proteção dos direitos humanos.

A soberania (art. 1º, I) possui duas esferas, a externa e a interna. Na esfera externa, a soberania consiste no poder político independente atuante na esfera internacional. Na sua esfera interna, a soberania consiste no poder político titularizado pelo povo, redundando na soberania popular. Essa soberania popular é refletida em outros dispositivos da Constituição, como os relativos ao sufrágio universal, direto, secreto e periódico, cláusula pétrea da Constituição (art. 60, § 4º, II).

A cidadania (art. 1º, II) consiste em um conjunto de direitos e obrigações referentes à participação do indivíduo na formação da vontade do poder estatal. Em geral, a cidadania está associada à nacionalidade, mas há no Brasil a quase nacionalidade, que se refere ao *estatuto da igualdade dos portugueses* com a situação jurídica de brasileiro naturalizado, o que permite o exercício de direitos políticos para aquele português que obtém a igualdade de direitos.

A cidadania da Constituição de 1988 possui diversas facetas, a saber:

1) cidadania-eleição, que permite ao cidadão-eleitor votar e ser votado;

2) a cidadania-fiscalização, que permite ao cidadão propor a ação popular (art. 5º, LXXIII), noticiar irregularidades ou ilegalidades perante o Tribunal de Contas da União (art. 74, § 2º), ou ainda ser eleito conselheiro do Conselho Nacional de Justiça (art. 103-B, XIII) e do Conselho Nacional do Ministério Público (art. 130-A, VI);

3) a cidadania-propositiva, que permite ao cidadão dar início a projetos de lei (art. 61, § 2º);

4) cidadania-mediação social, que permite ao cidadão ser eleito *Juiz de Paz* (art. 98, II).

A dignidade da pessoa humana (art. 1º, III) consiste na qualidade intrínseca e distintiva de cada ser humano, que o protege contra todo tratamento degradante e discriminação odiosa, bem como assegura condições materiais mínimas de sobrevivência. Trata-se de atributo que todo indivíduo possui, inerente à sua condição humana, não importando nacionalidade, opção política, orientação sexual, credo, entre outros fatores de distinção. Novamente, esse fundamento da República converge para a proteção de direitos humanos, que é indispensável para o Estado Democrático de Direito brasileiro.

Por fim, são fundamentos da República os valores sociais do trabalho e da livre-iniciativa (art. 1º, IV) e o pluralismo político (art. 1º, V). A livre iniciativa foi utilizada pelo STF para considerar inconstitucionais leis municipais que restringiram *desproporcionalmente* ou *proibiram* a atividade de transporte individual de passageiros por meio de *aplicativos*. Para o relator, Luiz Fux (ADPF 449), tais leis vulneram os princípios da livre iniciativa e do valor social do trabalho (além da livre concorrência, da liberdade profissional e da proteção ao consumidor – ADPF 449, rel. Luiz Fux, j. 8-5-2019).

Essas opções refletem o desejo do constituinte de agregar, como fundamento da República, valores aparentemente antagônicos (capital e trabalho), bem como valores políticos dos mais diversos quilates, redundando em uma sociedade diversificada e plural. Para que se tenha essa sociedade pautada na pluralidade e respeito aos diferentes valores é essencial que exista a proteção de direitos humanos, para que todos tenham assegurada uma vida digna.

Os objetivos fundamentais da República Federativa do Brasil também se relacionam com a *proteção de direitos humanos*, pois são finalidades da República a construção de uma sociedade livre, justa e solidária; o desenvolvimento nacional; a erradicação da pobreza e a marginalização e redução das desigualdades sociais e regionais; e ainda a promoção do promover o bem de todos, sem preconceitos de origem, raça, sexo, cor, idade e quaisquer outras formas de discriminação.

Assim, o Estado brasileiro deve guiar suas condutas para obter uma sociedade livre, justa e solidária, atacando a pobreza e desigualdades odiosas.

2.2. A expansão dos direitos humanos e sua internacionalização na Constituição de 1988

Na temática dos direitos humanos, a Constituição de 1988 é um marco na história constitucional brasileira. Em primeiro lugar, introduziu o mais extenso e abrangente rol de direitos das mais diversas espécies, incluindo os direitos civis, políticos, econômicos, sociais, culturais e ambientais, além de prever várias garantias constitucionais, algumas inéditas, como o mandado de injunção e o *habeas data*.

Além disso, essa enumeração de direitos e garantias não é exaustiva, uma vez que o seu art. 5º, § 2º, prevê o *princípio da não exaustividade dos direitos fundamentais*, introduzido pela primeira vez na Constituição de 1891, também denominado *abertura* da Constituição aos *direitos humanos*, dispondo que os direitos nela previstos não excluem outros decorrentes do (i) *regime*, (ii) *princípios* da Constituição e em (iii) *tratados* celebrados pelo Brasil.

De forma inédita na história constitucional brasileira, a abertura da Constituição aos direitos foi *baseada também nos tratados internacionais* celebrados pelo Brasil.

Quanto aos direitos sociais, a Constituição de 1988 tem um capítulo específico ("Direitos Sociais, arts. 6º ao 11), sendo ainda possível novos direitos sociais *decorrentes* do regime e princípios, bem como dos tratados celebrados pelo Brasil (art. 5º, § 2º).

Essa abertura constitucional aos direitos humanos reflete-se também no funcionamento de todo o sistema de justiça. Novas demandas exigem reflexão sobre a implementação judicial dos direitos humanos, bem como o papel dos atores do sistema de justiça na promoção dos direitos.

Além disso, a Constituição determinou que o Brasil deveria cumprir, nas suas relações internacionais, o princípio da "prevalência dos direitos humanos" (art. 4º, II). Nessa mesma linha, a Constituição determinou que o Brasil propugnasse pela formação de um "tribunal internacional de direitos humanos" (art. 7º do Ato das Disposições Constitucionais Transitórias). Esse novo perfil constitucional favorável ao Direito Internacional levou o Brasil, logo após a edição da Constituição de 1988, a ratificar os Pactos Internacionais de Direitos Civis e Políticos e de Direitos Econômicos, Sociais e Culturais e às Convenções contra a Tortura e Outros Tratamentos ou Penas Cruéis, Desumanos ou Degradantes e a Convenção Americana de Direitos Humanos. Desde então, o Brasil celebrou todos os mais relevantes instrumentos internacionais de proteção aos direitos humanos, tendo reconhecido, em 1998, a *jurisdição contenciosa obrigatória* da Corte Interamericana de Direitos Humanos (Corte IDH) e, em 2002, a *jurisdição* do Tribunal Penal Internacional.

Com o reconhecimento da jurisdição contenciosa obrigatória da Corte IDH, o Brasil deu o passo decisivo para aceitar o universalismo em concreto na área dos direitos humanos. Não é mais possível uma interpretação "nacionalista" dos direitos humanos no Brasil, pois essa interpretação pode ser questionada perante a Corte IDH ou outros órgãos internacionais, devendo o Brasil cumprir a interpretação internacionalista porventura fixada.

Além do universalismo, o Brasil, após a Constituição de 1988, acatou a indivisibilidade e interdependência de todos os direitos humanos, ao ratificar indistintamente os tratados voltados a direitos civis e políticos e direitos sociais, econômicos e culturais.

Resta agora analisar a internacionalização dos direitos humanos na perspectiva brasileira e os órgãos internos envolvidos na promoção desses direitos no Brasil do século XXI.

2.3. A supremacia da Constituição e os direitos humanos

A supremacia da Constituição consiste na sua qualidade de norma superior, que representa o pressuposto de validade de todas as demais normas do ordenamento jurídico. Essa qualidade (superioridade) é fruto de dois critérios: o material e o formal. Do ponto de vista material, a Constituição contempla os valores considerados *superiores* pela vontade geral (poder constituinte) de uma comunidade. Do ponto de vista formal, a Constituição está no cume do ordenamento jurídico, porque prescreve as formas de criação das demais normas e ainda suas próprias regras de alteração (emendas constitucionais).

No que tange aos *direitos humanos,* a Constituição de 1988, cumprindo a tradição inaugurada já com a Constituição imperial de 1824, trouxe robusto rol de direitos em seu texto. Essas normas são obrigatórias e superiores às demais, independentemente do grau de abstração que possuam. Ademais, a Constituição elenca, como fundamento da República, a dignidade humana (art. 1º, III).

Parte da doutrina reconhece que as normas constitucionais de direitos humanos possuem *hierarquia material singular*, uma vez que são: 1) *cláusulas pétreas* (art. 60, § 4º, IV); 2) são *princípios constitucionais sensíveis*, ou seja, autorizam a decretação de intervenção federal em caso de violação dos direitos humanos pelos Estados e pelo Distrito Federal (art. 34, VII); 3) são *preceitos fundamentais*, defendidos pela Arguição de Descumprimento de Preceito Fundamental – ADPF (art. 102, § 1º); 4) são normas de *aplicação imediata* (art. 5º, § 1º).

Formalmente não há hierarquia entre as normas constitucionais oriundas do Poder Constituinte originário, mas esse regime jurídico constitucional *especial* das normas de direitos humanos deve ser levado em consideração na argumentação jurídica que envolva a interpretação desses direitos em um caso concreto[1].

Essa superioridade das normas constitucionais ainda exige que todas as demais normas do ordenamento sejam interpretadas *conforme* os valores previstos na Constituição. Nasce a chamada *filtragem constitucional*, que consiste na exigência de que todas as demais normas do ordenamento jurídico sejam compatíveis com a Constituição. No caso das normas de direitos humanos, há a chamada *filtragem jusfundamentalista* ou ainda a *jusfundamentalização do Direito*, que prega que as demais normas do ordenamento jurídico sejam compatíveis com os direitos humanos.

Essa filtragem jusfundamentalista serve para: 1) declarar inconstitucional ou não recepcionada determinada norma ofensiva aos direitos humanos; 2) firmar a escolha de interpretação *conforme* aos direitos humanos de determinada norma; 3) exigir que as políticas públicas tornem efetivas as normas de direitos humanos estabelecidas na Constituição.

Essa terceira e última função é questionada em face (i) da separação dos poderes e (ii) da reserva do possível, temas que são debatidos neste *Curso*.

A supremacia da Constituição na seara dos direitos humanos também sofre as consequências da internacionalização dos direitos humanos. A ideia de supremacia da Constituição deve ser compatibilizada com a proteção internacional dos direitos humanos, fazendo nascer o respeito à interpretação *internacionalista* dos direitos humanos (ver como conciliar a interpretação internacionalista com a interpretação nacionalista no item 3 da **Parte III**).

2.4. Cláusulas pétreas

As cláusulas pétreas são as normas constitucionais cujo conteúdo não pode ser eliminado ou amesquinhado de forma alguma, mesmo por emendas constitucionais. Trata-se de limite ao Poder Constituinte Derivado de reforma e são também chamadas de "garantias de imutabilidade". A justificativa para a existência de um núcleo imutável de normas constitucionais é a escolha, por parte do Poder Constituinte Originário, de determinados valores que simbolizariam a própria essência do Estado Democrático brasileiro. Para alterar, então, essa essência, seria necessária a ruptura e a invocação, novamente, do Poder Constituinte Originário para criar outra ordem constitucional e fundar outro modelo de Estado.

Há duas críticas possíveis à existência de cláusulas pétreas. A primeira crítica prega que a imutabilidade de determinado valor dificulta a *atualização* constitucional para fazer frente a novos desafios sociais, fazendo nascer o risco de "legislar para além-túmulo". A segunda crítica defende que o Poder Constituinte Derivado *também* é titularizado pelo povo (tal qual o Poder Constituinte originário), podendo modificar todo e qualquer valor previsto na Constituição.

Apesar de tais críticas, a existência de cláusulas pétreas é bem aceita no Brasil, pois reforça o caráter de perenidade e estabilidade de determinados valores, o que pode ser útil em determinados momentos históricos, nos quais há a necessidade de se consolidar determinada visão de Estado e de respeito a direitos fundamentais.

---

[1] SILVA, Virgílio Afonso da. Interpretação constitucional e sincretismo metodológico. In: SILVA, Virgílio Afonso da (Org.). *Interpretação constitucional*. São Paulo: Malheiros, 2005, p. 115-144, em especial p. 123.

No Brasil, a Constituição de 1988 reconheceu limites materiais expressos robustos ao Poder Constituinte Derivado de Reforma, retratados no art. 60, § 4º, que prevê a impossibilidade de ser objeto de deliberação uma emenda constitucional que tenda a abolir: "I – a forma federativa de Estado; II – o voto direto, secreto, universal e periódico; III – a separação dos Poderes; IV – os direitos e garantias individuais".

A proteção de todas as cláusulas pétreas visa combater modificação posterior que "tenda a abolir" o respectivo valor constitucional. É possível, contudo: 1) modificações que fortaleçam os valores mencionados; 2) modificações que alterem o quadro normativo, mas com neutralidade, sem prejudicar ou fortalecer o valor previsto.

Não é possível uma *modificação que enfraqueça* o valor contido nas cláusulas pétreas, pois isso é um passo para sua eliminação.

Ocorre que há *valores contrastantes* em todas as cláusulas pétreas vistas acima: ao proteger um valor, pode-se ferir outro, dentro da mesma cláusula pétrea. Por exemplo, uma emenda constitucional que vise proteger com maior rigor o direito à intimidade dos políticos e personalidades, pode amesquinhar o direito à liberdade de informação jornalística. Essa situação foi gerada pelo próprio Poder Constituinte Originário ao usar conceitos indeterminados ("separação de poderes", "direitos e garantias individuais", "federalismo") na redação das cláusulas pétreas.

Essa amplitude e indeterminação das cláusulas pétreas tiveram como resultado uma grande *liberdade* do STF para a tomada de decisão, na sua missão de guardião máximo da Constituição. Nesse sentido, o STF decidiu que não cabe adotar simplesmente uma "interpretação restritiva" das cláusulas pétreas, pois isso significaria diminuir a proteção almejada pelo Constituinte Originário. Para o Min. Gilmar Mendes, cada uma das cláusulas pétreas "é dado doutrinário que tem de ser examinado no seu conteúdo e delimitado na sua extensão. Daí decorre que a interpretação é *restritiva* apenas *no sentido de limitada aos princípios enumerados*; não o exame de cada um, que não está nem poderá estar limitado, comportando necessariamente a exploração do conteúdo e fixação das características pelas quais se defina cada qual deles, nisso consistindo a delimitação do que possa ser consentido ou proibido aos Estados (Repr. 94, rel. Min. Castro Nunes, *Archivo Judiciário* 85/31, 34-35, 1947)" (ADPF 33-MC, voto do rel. Min. Gilmar Mendes, j. 29-10-2003, Plenário, *DJ* de 6-8-2004, grifo não constante do original).

Há também *cláusulas pétreas implícitas,* que consistem: 1) no Estado Democrático de Direito, pois é o ambiente no qual a própria Constituição atua, o substrato para todas as liberdades constitucionais; e 2) na inalterabilidade do próprio art. 60, § 4º, para evitar a chamada *teoria da dupla revisão* (uma emenda constitucional eliminaria o art. 60, § 4º, e, após, uma outra emenda diminuiria a proteção constitucional aos valores anteriormente petrificados).

Há duas cláusulas pétreas com relação direta com os direitos humanos ("direitos e garantias individuais" e "voto secreto, direto, universal e periódico") e duas com relação indireta ("separação dos poderes", "forma federativa do Estado").

Ao utilizar a expressão "direitos e garantias individuais" a Constituição de 1988 criou a seguinte *dúvida* na análise das cláusulas pétreas: a expressão foi usada de modo *literal,* fazendo remissão ao Capítulo I do Título II da própria Constituição, que separa os direitos individuais dos direitos sociais, coletivos, de nacionalidade e políticos? Ou a expressão "direitos e garantias individuais" foi usada como sinônimo de "direitos essenciais titularizados pelo indivíduo", o que estenderia sua aplicação a todos os direitos espalhados pela Constituição e ainda aos direitos decorrentes previstos em tratados de direitos humanos?

A dignidade humana (epicentro axiológico da CF/88) e o reconhecimento do princípio da não exaustividade dos direitos humanos (art. 5º, § 2º) orientam a interpretação dessa cláusula pétrea para a aceitação de que são protegidos *todos* os direitos indispensáveis a uma vida digna e não somente os que, pela literalidade, estão contidos no Capítulo I do Título II da Constituição ("direitos e garantias individuais").

O STF também acatou essa visão, tendo já considerado direitos espalhados pelo corpo da Constituição de 1988 protegidos pelo manto pétreo, como, por exemplo, a garantia do contribuinte à anterioridade tributária (art. 150, III) ou ainda a garantia do eleitor à anterioridade eleitoral (art. 16). Para a Min. Ellen Gracie, "o art. 16 representa garantia individual do cidadão-eleitor, detentor originário do poder exercido pelos representantes eleitos e 'a quem assiste o direito de receber, do Estado, o necessário grau de segurança e de certeza jurídicas contra alterações abruptas das regras inerentes à disputa eleitoral' (ADI n. 3.345, rel. Min. Celso de Mello). Além de o referido princípio conter, em si mesmo, elementos que o caracterizam como uma garantia fundamental oponível até mesmo à atividade do legislador constituinte derivado, nos termos dos arts. 5º, § 2º, e 60, § 4º, IV" (ADI n. 3.685, rel. Min. Ellen Gracie, j. 22-3-2006, Plenário, *DJ* de 10-8-2006). Na mesma linha, decidiu o STF que "a anterioridade da norma tributária, quando essa é gravosa, representa uma das garantias fundamentais do contribuinte, traduzindo uma limitação ao poder impositivo do Estado" (RE 587.008, rel. Min. Dias Toffoli, j. 2-2-2011, Plenário, *DJe* de 6-5-2011, com repercussão geral, repetindo a linha dada na ADI n. 939, rel. Min. Sydney Sanches, j. 15-12-1993, Plenário, *DJ* de 18-3-1994).

Em relação à dúvida sobre se os direitos previstos nos tratados de direitos humanos celebrados pelo Brasil também estariam albergados na cláusula pétrea "direitos e garantias individuais", há a especificidade de Direito Internacional da chamada "denúncia do tratado de direitos humanos", que será estudada em item específico deste *Curso*.

Quanto ao voto secreto, direto, universal e periódico, entendemos que essa cláusula pétrea visa defender a cidadania e a democracia. Embora haja redundância com a cláusula pétrea vista acima, o Poder Constituinte preferiu dar destaque a esse núcleo imutável da Constituição, tendo em vista os abusos cometidos no passado, com fraudes eleitorais (épocas do coronelismo e voto de cabresto) e períodos ditatoriais diversos, nos quais imperavam o voto indireto e ainda a suspensão das eleições.

O voto direto consiste na *escolha pelo eleitor*, sem intermediário, de seus representantes nos Parlamentos municipais, estaduais e federal, bem como nas Chefias dos respectivos Poderes Executivos. Também consta da Constituição a eleição de juiz de paz (arts. 98, II, da CF e 30 do ADCT). No tocante ao Poder Judiciário, a Constituição prevê *concurso público* ou, no máximo, *nomeação condicionada* em casos específicos dos Tribunais (por exemplo, quanto aos Ministros do STF, condicionada ao notório saber jurídico, reputação ilibada, determinada faixa etária – entre 35 e 70 anos, à luz da EC 122/22) – e, especialmente, indicação pelo Presidente e aprovação por maioria absoluta do Senado Federal).

O art. 81 da CF/88 impõe exceção ao voto direto no plano federal, que pode ser reproduzida nos planos estaduais e municipais (reprodução não obrigatória), ao determinar a *escolha indireta*, pelo Congresso Nacional, de Presidente e Vice-Presidente da República no caso de vacância desses cargos nos dois últimos anos do mandato presidencial. Também há exceção constitucional ao voto direto quanto à escolha de Governador de Território, que será nomeado pelo Presidente da República após aprovação pelo Senado.

O *voto secreto* consiste na impossibilidade de se conhecer a identidade do eleitor nas suas escolhas. A liberdade de escolha do eleitor seria desfigurada e sujeita a pressões, caso o voto fosse aberto. Por sua vez, o voto *universal* consiste no reconhecimento do direito de qualquer indivíduo, na medida do razoável, de votar. Há critérios razoáveis que moldam a universalidade do voto, que consistem na (i) idade mínima de 16 anos (voto facultativo para pessoas com idade entre 16 e 18 anos), (ii) alistamento eleitoral e (iii) nacionalidade brasileira, além de (iv) não estar com os direitos políticos suspensos.

Em 2011, o STF deferiu medida cautelar em ação direta de inconstitucionalidade, ajuizada pelo Procurador-Geral da República, para suspender os efeitos do art. 5º da Lei n. 12.034/2009, que dispunha sobre a criação, a partir das eleições de 2014, do *voto impresso*, concomitante ao atual voto eletrônico. A relatora, Min. Cármen Lúcia, considerou verdadeiro retrocesso a volta do voto registrado em papel, pois a impressão do voto feriria o direito inexpugnável ao voto secreto, favorecendo a coação de eleitores pela possibilidade de vincular o voto ao eleitor. Por outro lado, a urna eletrônica, atualmente utilizada, permite que o resultado seja apurado – de modo seguro – sem a identificação do votante. Para o STF, a impressão do voto criaria discriminação odiosa em relação às pessoas com deficiências visuais e aos analfabetos, "que não teriam como verificar seus votos, para o que teriam de buscar ajuda de terceiros, em detrimento do direito ao sigilo igualmente assegurado a todos" (ADI n. 4543 MC/DF, rel. Min. Cármen Lúcia, 19-10-2011, *Informativo STF*, Brasília, 17 a 21-10-2011, n. 645).

Em 2020, o STF repudiou em definitivo a reintrodução do voto impresso, declarando a inconstitucionalidade do art. 59-A e parágrafo único da Lei n. 9.504/97 (na redação dada pela Lei n. 13.165/2015). Para o STF, a impressão do voto pelo modo previsto na legislação impugnada violaria a liberdade e o sigilo do voto, tendo o Min. Gilmar Mendes ajustado seu voto a favor da inconstitucionalidade (ADI n. 5.889/DF, rel. Min. Gilmar Mendes, j. 15-9-2020).

Já o *voto periódico* é fruto da própria existência do princípio republicano, que repudia os postos vitalícios ou hereditários. O voto periódico é aquele que é realizado em determinados lapsos de tempo, podendo ser permitido apenas um número razoável de reconduções dos eleitos. No Brasil, o § 5º do art. 14 da CF prevê que o Presidente da República, os Governadores de Estado e do Distrito Federal, os Prefeitos e quem os houver sucedido, ou substituído no curso dos mandatos poderão ser reeleitos para um *único* período subsequente. Assim, apenas uma recondução é permitida. Para burlar essa regra, alguns políticos criaram a figura do "prefeito itinerante" (ou "prefeito profissional"): após cumprir dois mandatos como Prefeito em um Município, buscam outro mandato em município contíguo, aproveitando-se da *reputação* e *notoriedade* para obter vantagem sobre os demais rivais. O STF, com base no princípio republicano e a consequente necessidade de respeito à temporariedade e à alternância do exercício do poder, entendeu que tal figura do "prefeito itinerante" é inconstitucional, determinando que "[o] cidadão que exerce dois mandatos consecutivos como prefeito de determinado Município fica inelegível para o cargo da mesma natureza em qualquer outro Município da federação" (RE 637.485, rel. Min. Gilmar Mendes, j. 1º-8-2012, P, *DJe* de 21-5-2013, tema 564, com *repercussão geral*).

O respeito das cláusulas pétreas é fiscalizado por um controle *preventivo* e *repressivo*. Para o STF, o congressista (deputado ou senador) tem o direito líquido e certo a um processo legislativo hígido, no qual não se discuta PEC – Proposta de Emenda Constitucional – que fira as cláusulas pétreas. Há, então, um *controle judicial preventivo* perante o STF por mandado de segurança quanto à obediência às cláusulas pétreas. Além desse controle preventivo, há o tradicional controle preventivo de constitucionalidade exercido pela Comissão de Constituição e Justiça de cada Casa do Congresso Nacional. Já o controle *repressivo* será feito pela via *difusa* em todo Poder Judiciário ou pela via *do controle abstrato* por ação direta perante o Supremo Tribunal Federal.

QUADRO SINÓTICO

Constituição de 1988, fundamentos, objetivos e a internacionalização dos direitos humanos	
Fundamentos da República	I - Soberania: consiste no poder político independente na esfera internacional e, na esfera interna, no poder político titularizado pelo povo, redundando na soberania popular.

	II - Cidadania: consiste em um conjunto de direitos e obrigações referentes à participação do indivíduo na formação da vontade do poder estatal.
	■ Facetas da cidadania:
	  1) cidadania-eleição, que permite ao cidadão-eleitor votar e ser votado;
	  2) cidadania-fiscalização, que permite ao cidadão propor a ação popular, noticiar irregularidades ou ilegalidades perante o TCU, ou ainda ser eleito conselheiro do Conselho Nacional de Justiça e do Conselho Nacional do Ministério Público;
	  3) a cidadania-propositiva, que permite ao cidadão dar início a projetos de lei;
	  4) cidadania-conciliação, que permite ao cidadão ser eleito Juiz de Paz.
	■ Quase nacionalidade: estatuto da igualdade dos portugueses com a situação jurídica de brasileiro naturalizado, o que permite o exercício de direitos políticos para aquele português que obtém a igualdade de direitos.
	III - Dignidade da pessoa humana: consiste na qualidade intrínseca e distintiva de cada ser humano, que o protege contra todo tratamento degradante e discriminação odiosa, bem como assegura condições materiais mínimas de sobrevivência.
	IV - Valores sociais do trabalho e da livre iniciativa.
	V - Pluralismo político.

Objetivos da República	• Construção de uma sociedade livre, justa e solidária; • Desenvolvimento nacional; • Erradicação da pobreza e a marginalização e redução das desigualdades sociais e regionais; • Promoção do bem de todos, sem preconceitos de origem, raça, sexo, cor, idade e quaisquer outras formas de discriminação.

A expansão dos direitos humanos e sua internacionalização na CF/88	• Constituição de 1988: marco na história constitucional brasileira na temática dos direitos humanos:
	  a) Introdução do mais extenso e abrangente rol de direitos das mais diversas espécies, incluindo os direitos civis, políticos, econômicos, sociais e culturais, além de várias garantias constitucionais, algumas inéditas, como o mandado de injunção e o *habeas data*.
	  b) Essa enumeração de direitos e garantias não é exaustiva: princípio da não exaustividade dos direitos fundamentais ou abertura da Constituição aos direitos humanos, que foi baseada também nos tratados internacionais celebrados pelo Brasil.
	  c) Há um capítulo específico para os direitos sociais, sendo ainda possível novos direitos sociais decorrentes do regime e princípios, bem como dos tratados celebrados pelo Brasil.
	  d) Determinação de que o Brasil cumpra o princípio da "prevalência dos direitos humanos".
	  e) Determinação de que o Brasil propugne pela formação de um "tribunal internacional de direitos humanos".
	• Consequências do novo perfil constitucional favorável ao Direito Internacional:
	  a) Ratificação dos Pactos Internacionais de Direitos Civis e Políticos e de Direitos Econômicos, Sociais e Culturais, das Convenções contra a Tortura e Outros Tratamentos ou Penas Cruéis, Desumanos ou Degradantes, da Convenção Americana de Direitos Humanos, além da celebração de todos os mais relevantes instrumentos internacionais de proteção aos direitos humanos.

b) Reconhecimento da jurisdição da Corte Interamericana de Direitos Humanos, o que representou um passo decisivo para aceitar o universalismo na área dos direitos humanos.
c) Aceitação da indivisibilidade e interdependência dos direitos humanos, com a ratificação indistinta de tratados voltados a direitos civis e políticos e direitos sociais, econômicos e culturais.

Superioridade normativa	

A supremacia da Constituição e os direitos humanos	• Supremacia da Constituição: consiste na sua qualidade de norma superior, que representa o pressuposto de validade de todas as demais normas do ordenamento jurídico.
	• Superioridade do ponto de vista material: a Constituição contempla os valores considerados superiores pela vontade geral (poder constituinte) de uma comunidade.
	• Superioridade do ponto de vista formal: a Constituição está no cume do ordenamento jurídico, porque prescreve as formas de criação das demais normas e ainda suas próprias regras de alteração (emendas constitucionais).
	• Parte da doutrina reconhece que as normas constitucionais de direitos humanos possuem certa hierarquia material, com superioridade às demais normas constitucionais, uma vez que são:
	  1) cláusulas pétreas;
	  2) princípios constitucionais sensíveis;
	  3) preceitos fundamentais, defendidos pela ADPF;
	  4) normas de aplicação imediata.
	• Filtragem constitucional: exigência de que todas as demais normas do ordenamento jurídico sejam compatíveis com a Constituição.
	• No caso das normas de direitos humanos, há a filtragem jusfundamentalista ou jusfundamentalização do Direito, que serve para:
	  1) declarar inconstitucional ou não recepcionada determinada norma ofensiva aos direitos humanos;
	  2) escolher interpretação conforme aos direitos humanos de determinada norma;
	  3) exigir que as políticas públicas tornem efetivas as normas de direitos humanos estabelecidas na Constituição.

Cláusulas pétreas	• São as normas constitucionais insuscetíveis de modificação ou eliminação por emendas à Constituição.
	• Justificativa: escolha, por parte do Poder Constituinte Originário, de determinados valores que simbolizam a essência do Estado Democrático brasileiro.
	• Críticas possíveis à existência de cláusulas pétreas:
	  1) a imutabilidade de determinado conjunto de normas dificulta a atualização constitucional para fazer frente a novos desafios sociais;
	  2) exigir a ruptura e uma nova ordem constitucional para atualizar a Constituição seria ignorar que o Poder Constituinte Originário Material é titularizado pelo povo e é permanente, não necessitando de uma convocação específica retratada em uma Assembleia Constituinte (Poder Constituinte Originário Formal).
	• Constituição de 1988: art. 60, § 4º, prevê a impossibilidade de deliberação uma Emenda Constitucional que *tenda a abolir*:
	"I - a forma federativa de Estado;
	II - o voto direto, secreto, universal e periódico;

III - a separação dos Poderes;
IV - os direitos e garantias individuais".

- É possível que sejam feitas modificações: 1) que fortaleçam; 2) que alterem o quadro normativo, mas com neutralidade, sem prejudicar ou fortalecer o valor previsto. Não é possível uma modificação que enfraqueça o valor contido nas cláusulas pétreas, pois isso é um passo para sua eliminação.
- Cláusulas pétreas implícitas: 1) Estado Democrático de Direito; 2) inalterabilidade do próprio art. 60, § 4º, para evitar a chamada teoria da dupla revisão.
- Dúvida acerca da expressão "direitos e garantias individuais" na CF/88: o STF adotou a orientação de que são protegidos todos os direitos indispensáveis a uma vida digna e não somente os que, pela literalidade, estão contidos no Capítulo I do Título II da Constituição ("direitos e garantias individuais").
- Voto secreto, direto, universal e periódico - cláusula que visa defender a cidadania e a democracia:
  - *Voto direto*: consiste na escolha pelo eleitor, sem intermediário, de seus representantes nos Parlamentos municipais, estaduais e federal, bem como nas Chefias dos respectivos Poderes Executivos, além da eleição do juiz de paz. Exceções: 1) escolha indireta, pelo Congresso Nacional, de Presidente e Vice-Presidente da República no caso de vacância desses cargos nos dois últimos anos do mandato presidencial; 2) escolha de Governador de Território, que será nomeado pelo Presidente da República após aprovação pelo Senado.
  - *Voto secreto*: consiste na impossibilidade de se conhecer a identidade do eleitor nas suas escolhas.
  - *Voto universal*: consiste no reconhecimento do direito de qualquer indivíduo, na medida do razoável, de votar. Critérios razoáveis determinados na CF/88: idade mínima de 16 anos (voto facultativo), alistamento eleitoral e nacionalidade brasileira, além de não estar com os direitos políticos suspensos.
  - *Voto periódico*: é aquele que é realizado em determinados lapsos de tempo, podendo ser permitido apenas um número razoável de reconduções.
- O respeito das cláusulas pétreas é fiscalizado por meio do controle de constitucionalidade:
  - Controle preventivo: mandado de segurança impetrado por congressista quanto à obediência às cláusulas pétreas; controle exercido pela Comissão de Constituição e Justiça de cada Casa do Congresso Nacional.
  - Controle repressivo: pela via difusa ou pela via do controle abstrato por ação direta perante o STF.

3. OS TRATADOS DE DIREITOS HUMANOS: FORMAÇÃO, INCORPORAÇÃO E HIERARQUIA NORMATIVA NO BRASIL

3.1. As normas constitucionais sobre a formação e incorporação de tratados

3.1.1. Terminologia e a prática constitucional brasileira

A Constituição brasileira possui alguns dispositivos que mencionam tratados, utilizando uma terminologia variada: *tratados internacionais* (arts. 5º, §§ 2º e 3º; 49, I; 84, VIII; 109, V e § 5º), *convenção internacional* (arts. 5º, § 3º; 84, VIII; 109, V), *atos internacionais* (arts. 49, I; 84,

VIII), *acordos internacionais* (arts. 49, I; 178; e 52, X, do Ato das Disposições Transitórias) e até mesmo "*compromissos internacionais*" (art. 143, X)[2].

Apesar dos esforços doutrinários em diferenciar essas categorias, a Convenção de Viena sobre Direito dos Tratados cristalizou a prática dos Estados em considerar esses termos acima mencionados na Constituição como *sinônimos*, como se vê no seu art. 2º, 1, *a* (Art. 2º,1, *a*: (...) "tratado significa um acordo internacional concluído por escrito entre Estados e regido pelo Direito Internacional, quer conste de um instrumento único, quer de dois ou mais instrumentos conexos, *qualquer que seja sua denominação específica*"[3]).

A Constituição de 1988, seguindo a tradição constitucional brasileira, adota essa multiplicidade de termos da prática internacional, considerando-os equivalentes. O resultado é um processo de formação da vontade do Estado e de incorporação dos *tratados* ao ordenamento brasileiro, como veremos abaixo.

3.1.2. A teoria da junção de vontades

A Constituição de 1988, inicialmente, dispôs que a participação brasileira na formação do Direito Internacional é de competência da União. Prevê o art. 21, I, que compete à União "manter relações com Estados estrangeiros e participar de organizações internacionais". A União possui um papel dúplice em nosso Federalismo: é (i) ente federado (arts. 1º e 18), de igual hierarquia com os demais entes (Estados, Municípios e Distrito Federal) e, ainda, (ii) representa o Estado Federal nas relações internacionais.

A Constituição exigiu um procedimento complexo que une a vontade concordante dos Poderes Executivo e do Legislativo no plano federal no que tange à formação e incorporação de tratados ao ordenamento interno.

As bases constitucionais são o art. 84, VIII, que estabelece competir ao Presidente da República celebrar tratados, convenções e atos internacionais, sujeitos a referendo do Congresso Nacional e, ainda, o art. 49, I, que dispõe que é da competência exclusiva do Congresso Nacional resolver definitivamente sobre tratados, acordos ou atos internacionais que acarretem encargos ou compromissos gravosos ao patrimônio nacional.

A participação dos dois Poderes na formação da vontade brasileira em celebrar definitivamente um tratado internacional consagrou a chamada "teoria da junção de vontades *ou* teoria dos atos complexos": para que um tratado internacional seja formado é necessária a conjunção de vontades do Poder Executivo e do Poder Legislativo, como veremos a seguir.

3.1.3. As quatro fases: da formação da vontade à incorporação

Há três fases que levam a *formação da vontade* do Brasil em celebrar um tratado, assumindo obrigações perante o Direito Internacional: 1) a fase da assinatura; 2) a fase da aprovação congressual (ou fase do Decreto Legislativo); e 3) a fase da ratificação. Há ainda uma *quarta fase*, que é a fase de *incorporação* do tratado já celebrado pelo Brasil ao ordenamento interno, denominada fase do Decreto Presidencial (ou Decreto de Promulgação).

A fase da assinatura é iniciada com as negociações do teor do futuro tratado. As negociações dos tratados internacionais não possuem destaque no corpo da Constituição de 1988, sendo consideradas de atribuição do Chefe de Estado, por decorrência implícita do disposto no art. 84, VIII, que dispõe que *compete ao Presidente da República celebrar tratados, convenções e acordos internacionais, sujeitos a referendo do Congresso Nacional.*

---

[2] Fique registrado que poderíamos utilizar o termo "tratado" tão somente e não "tratado internacional". Porém, como a própria Constituição utiliza "tratado internacional", utilizaremos o termo indistintamente.

[3] Grifo meu. Ratificada e incorporada internamente no Brasil em 2009.

Usualmente, após uma negociação bem-sucedida, o Estado realiza a assinatura do texto negociado, pela qual manifesta sua predisposição em celebrar, no futuro, o texto do tratado. Por sua vez, há ainda a possibilidade de *adesão* a textos de tratados já existentes, dos quais o Brasil não participou da negociação. A assinatura é de atribuição do Chefe de Estado, fruto do disposto no art. 84, VIII, que utiliza o vocábulo "celebrar" em *sentido impróprio*: a assinatura, em geral, não vincula o Estado brasileiro. Antes, é necessário, de acordo com a linguagem do próprio art. 84, VIII, o referendo ou aprovação do Congresso Nacional.

Após a assinatura, cabe ao Poder Executivo encaminhar o texto assinado do futuro tratado ao Congresso, no momento em que julgar oportuno. A Constituição de 1988 foi omissa quanto a prazos, enquanto a Constituição de 1967 fixou o prazo de quinze dias após sua assinatura para que o Poder Executivo encaminhasse o texto do tratado ao Congresso Nacional (art. 47, parágrafo único). Na ausência de prazo, entende-se que o *próprio envio é ato discricionário* do Presidente.

A segunda etapa do *iter* de formação dos tratados no Brasil é a da aprovação congressual ou fase do decreto legislativo.

A Constituição de 1824 introduziu essa exigência para os tratados concluídos em tempo de paz envolvendo "cessão ou troca de território do Império ou de Possessões a que o Império tenha direito", determinando que não poderiam ser ratificados sem a aprovação prévia da Assembleia Geral (art. 102, VIII). Para os demais tratados, não era exigida essa anuência prévia, mas tão somente o envio à Assembleia para conhecimento *após* a ratificação, desde que o interesse ou segurança do Estado permitissem (admitiam-se, então, os tratados secretos).

A Constituição de 1891 generalizou a necessidade de *aprovação congressual antes da ratificação* ao dispor, em seu art. 48, item 16º, que ao Presidente da República cabia celebrar os tratados sempre *ad referendum* do Congresso. Ao Congresso cabia *resolver definitivamente* sobre os tratados e convenções com as nações estrangeiras. Essa fórmula foi o maior avanço constitucional no processo de formação de tratados para o Brasil, impondo a necessidade de aprovação dos textos dos tratados pelo Poder Legislativo.

A Constituição de 1988 repetiu a velha fórmula: cabe ao Congresso Nacional resolver definitivamente sobre tratados, acordos ou atos internacionais que acarretem encargos ou compromissos gravosos ao patrimônio nacional (art. 49, I) e ainda cabe ao Presidente da República celebrar tratados, convenções e atos internacionais, sujeitos a referendo do Congresso Nacional (art. 84, VIII). Note-se que a expressão latina *ad referendum*, tradicional nas Constituições anteriores, foi substituída pelo equivalente "sujeitos a referendo".

O trâmite da fase da aprovação congressual é o seguinte:

i) O Presidente encaminha mensagem presidencial ao Congresso Nacional, fundamentada (a exposição de motivos é feita pelo Ministro das Relações Exteriores), solicitando a aprovação congressual ao texto do futuro tratado, que vai anexado na versão oficial em português.

ii) Como é iniciativa presidencial, o trâmite é iniciado pela Câmara dos Deputados, no rito de aprovação de decreto legislativo, que é espécie legislativa que veicula matéria de competência exclusiva do Congresso Nacional. De acordo com o Regimento Interno da Câmara dos Deputados, a Mensagem Presidencial é encaminhada, inicialmente, para a Comissão de Relações Exteriores e Defesa Nacional, que prepara o projeto de decreto legislativo (PDC). Após, o projeto é apreciado pela Comissão de Constituição e Justiça e de Cidadania, que analisa a constitucionalidade do texto do futuro tratado. O próximo passo é o parecer sobre a conveniência e oportunidade da Comissão de Relações Exteriores e Defesa Nacional, bem como de outras Comissões temáticas, a depender da matéria do futuro tratado. O PDC é remetido ao Plenário da Câmara, para aprovação por maioria simples (veremos depois o caso especial dos tratados de direitos humanos), estando presente a maioria absoluta dos membros da Casa (art. 47 da CF/88).

iii) Após a aprovação no plenário da Câmara, o projeto é apreciado no Senado. No Senado, o projeto é encaminhado à Comissão de Relações Exteriores e Defesa Nacional. Em seu rito normal, após o parecer dessa Comissão, o projeto é votado no Plenário. Há, contudo, um rito abreviado previsto no art. 91, § 1º, do Regimento do Senado, que possibilita ao Presidente do Senado, ouvidas as lideranças, conferir à Comissão de Relações Exteriores e Defesa Nacional a apreciação terminativa (final) do projeto. Aprovado no rito normal (plenário) ou no rito abreviado (Comissão), o Presidente do Senado Federal promulga e publica o Decreto Legislativo. Caso o Senado apresente emenda (*vide* abaixo a possibilidade de emenda na fase da aprovação congressual), o projeto retorna para a Câmara (Casa Iniciadora) para a apreciação, que a analisará. Rejeitada a emenda pela Câmara, o projeto de decreto legislativo segue para o Presidente do Senado Federal para promulgação e publicação. O texto do tratado internacional é publicado como anexo ao Decreto Legislativo no Diário do Congresso Nacional.

Não há prazo para o término do rito de aprovação congressual, mesmo quanto aos tratados de direitos humanos. Tudo depende da *conveniência política*: o projeto pode ser rapidamente analisado e aprovado, ou arrastar-se por décadas.

A atuação legislativa na análise do tratado é reduzida, com pouca margem de interferência: em geral, cabe ao Congresso aprovar ou rejeitar o projeto. Caso o projeto de decreto legislativo seja rejeitado na Câmara dos Deputados ou no Senado Federal, há o envio de mensagem ao Presidente da República, informando-o do ocorrido.

Como a Constituição é omissa quanto às emendas a textos de tratados, o Congresso Nacional brasileiro, utilizando a máxima *qui potest maius potest minus* (quem pode o mais, pode o menos), aceita aprovar tratados com emendas, que assumem a forma de "ressalvas". Em geral, as alterações do texto do tratado podem ser impostas pelo Congresso Nacional da seguinte forma:

i) Basta que não sejam aprovados determinados dispositivos, que ficam ressalvados no texto do Decreto Legislativo: sem a aprovação do Congresso, o Presidente não terá outra escolha a não ser impor *reservas* desses dispositivos no momento da ratificação (a reserva é o *ato unilateral* pelo qual o Estado, *no momento da celebração final,* manifesta seu desejo de excluir ou modificar determinada(s) cláusula(s) do tratado).

ii) Além disso, a emenda pode exigir a modificação de parte do texto do tratado, cuja nova redação também consta do Decreto Legislativo, que também será comunicada pelo Presidente aos demais parceiros internacionais sob a forma de reservas.

iii) Caso o Presidente não concorde com tais ressalvas, sua única opção é *não* ratificar o tratado.

A fórmula usual de redação do Decreto Legislativo é concisa, com dois artigos e um parágrafo: no primeiro, fica expressa a vontade congressual em aprovar o texto do tratado ("Fica aprovado"), contendo as *ressalvas* eventualmente impostas de artigos; em seu parágrafo único, repete-se, em clara redundância, a fórmula do art. 49, I, da CF/88, dispondo que "ficam sujeitos à aprovação do Congresso Nacional quaisquer atos que impliquem revisão do tratado, bem como quaisquer atos que, nos termos do inciso I do *caput* do art. 49 da CF/88, acarretem encargos ou compromissos gravosos ao patrimônio nacional"; o segundo artigo dispõe que o Decreto Legislativo entra em vigor na data de sua publicação.

Aprovado o Decreto Legislativo, o Presidente da República, querendo, pode, em nome do Estado, celebrar em definitivo o tratado, o que é feito, em geral, pela ratificação. O Presidente da República pode, também, formular reservas ao ratificar o tratado internacional, além daquelas que, obrigatoriamente, lhe foram impostas pelas ressalvas ao texto aprovado pelo Congresso (*vide* acima). Não há a necessidade de submeter essas novas reservas ao Congresso, uma vez que se trata de desejo de *não submissão* do Brasil à norma internacional. Esse desejo não é passível de controle pelo Congresso, da mesma maneira que, graças à separação das funções do poder, não pode ser obrigado o Presidente a ratificar um determinado tratado internacional.

A leitura dos arts. 84, VIII, e 49, I, em conjunto faz nascer um *mínimo denominador comum*: caso o Congresso ou, nesse tópico do estudo, o Presidente, não aceite determinada disposição convencional, ela *deve ser sujeita à reserva*. Por isso, a celebração de um tratado é um ato complexo: não basta a vontade isolada de um Poder: é necessária a junção da vontade dos Poderes Legislativo e Executivo.

Não há um prazo no qual o Presidente da República deve celebrar em definitivo o tratado, em face do próprio dinamismo da vida internacional. Como o Congresso Nacional não possui prazo para aprovar o texto do futuro tratado, nada impede que a aprovação tenha sido realizada *tardiamente*, desaparecidas as condições convenientes da época da assinatura do tratado pelo Presidente. Logo, *não é adequado exigir que a ratificação seja obrigatória*: ela é da alçada discricionária do Presidente.

Resta ainda verificar quando o tratado entrará em vigor, pois isso depende do texto do próprio tratado. Há tratados que estabelecem um número mínimo de Estados partes e há tratados que exigem o decurso de um lapso temporal para que comecem a viger. Essa executoriedade no plano internacional é essencial para que o tratado possa ser, coerentemente, exigido no plano interno. Seria violar o próprio conceito de "tratado", exigir internamente o cumprimento de seus termos, se ainda o tratado não entrou em vigor internacionalmente.

Temos, após a ratificação e entrada em vigor do tratado no plano internacional, o fim do ciclo de formação de um tratado para o Brasil.

Porém, a norma, válida internacionalmente, *não* será válida internamente até que seja editado o Decreto de Promulgação (também chamado de Decreto Executivo ou Decreto Presidencial) pelo Presidente da República e referendado pelo Ministro das Relações Exteriores (art. 87, I, da Constituição), que incorpora ou recepciona internamente o tratado.

Esse Decreto *inova* a ordem jurídica brasileira, tornando válido o tratado no plano interno. Não há prazo para sua edição e até lá o Brasil está vinculado internacionalmente, mas não internamente: esse descompasso enseja a óbvia responsabilização internacional do Brasil. Há casos de edição de decreto executivo anos após a entrada em vigor internacional do tratado. Entretanto, o STF tem decidido, reiteradamente, que o *decreto de promulgação é indispensável* para que o tratado possa ser recepcionado e aplicado internamente, justificando tal exigência em nome da publicidade e segurança jurídica a todos (CR 8.279-AgR, rel. Min. Presidente Celso de Mello, j. 17-6-1998, Plenário, *DJ* de 10-8-2000).

Nossa posição é pela *desnecessidade* da edição do decreto de promulgação para todo e qualquer tratado. A publicidade da ratificação e entrada em vigor internacional deve ser apenas atestada (efeito meramente declaratório) nos registros públicos dos atos do Ministério das Relações Exteriores (Diário Oficial da União). Esse aviso, de caráter declaratório, em nada afetaria o disposto no art. 84, inciso VIII, e ainda asseguraria publicidade – desejável em nome da segurança jurídica – e sintonia entre a validade internacional e a validade interna dos tratados[4].

Contudo, em 2018, no caso da impugnação do registro da candidatura do ex-presidente Luiz Inácio Lula da Silva, o Tribunal Superior Eleitoral reiterou a jurisprudência tradicional do STF e decidiu que a *ausência* do decreto de promulgação impedia a incorporação do Primeiro Protocolo ao Pacto Internacional de Direitos Civis e Políticos ao ordenamento jurídico brasileiro (ironicamente, não editado nas gestões do então Presidente Lula e da Presidente Dilma Rousseff). Para o TSE, o Primeiro Protocolo Facultativo "não está em vigor na ordem interna brasileira"

---

[4] CARVALHO RAMOS, André de. *Teoria geral dos direitos humanos na ordem internacional*. 8. ed., São Paulo: Saraiva, 2024, p. 307.

(Tribunal Superior Eleitoral, Registro de Candidatura (11532) n. 0600903-50.2018.6.00.0000, rel. Min. Roberto Barroso, por maioria, j. 31-8-2018).

3.1.4. A hierarquia normativa ordinária ou comum dos tratados

A Constituição de 1988 não contém capítulo específico sobre a relação do direito interno com o direito internacional: consequentemente, os dispositivos sobre a hierarquia dos tratados estão espalhados no texto da Constituição. Sem ingressar ainda na temática dos tratados de direitos humanos, que será estudada a seguir, os dispositivos tradicionalmente levados em consideração na análise da hierarquia dos tratados em geral são os artigos: 1) 102, III, *b*; 2) 105, III, *a*; e 3) 47.

O art. 102, III, *b*, dispõe que cabe recurso extraordinário no caso de ter a decisão impugnada considerado inconstitucional "lei ou tratado". Já o art. 105, III, *a* estabelece que cabe recurso especial ao Superior Tribunal de Justiça quando a decisão impugnada houver violado ou negado vigência a "lei ou tratado". Finalmente, o art. 47 estabelece que, no caso de a espécie normativa não possuir quórum de aprovação especificado no texto da Constituição, esse será de *maioria simples*, o que ocorre, por exemplo, com o *decreto legislativo* e com *lei ordinária federal*.

Esses três dispositivos constitucionais são os que normalmente são invocados para a determinação da hierarquia dos *tratados internacionais comuns* perante o direito brasileiro.

Analisando esses três dispositivos em conjunto, o Supremo Tribunal Federal concluiu que os tratados internacionais incorporados possuem, *em geral*, o estatuto normativo interno *equivalente ao da lei ordinária federal*. Essa é a *hierarquia ordinária ou comum* dos tratados em geral: equivalência à lei ordinária federal. A justificativa é simples. Em primeiro lugar, o art. 102, III, *b*, determina que o estatuto dos tratados é *infraconstitucional*, pois permite o controle de constitucionalidade dos tratados. Em segundo lugar, os arts. 47 e 105, III, *a*, cuidam dos tratados da mesma maneira que as leis em dois momentos: no quórum de aprovação (maioria simples para a lei ordinária e para o decreto legislativo) e na definição de um mesmo recurso (recurso especial) para a impugnação de decisões inferiores que os contrariarem ou lhes negarem vigência.

Esse estatuto equivalente à lei ordinária foi consagrado, ainda antes da Constituição de 1988, no Recurso Extraordinário 80.004, de 1977 (RE 80.004/SE – relator p/ o acórdão Min. Cunha Peixoto, j. 1º-6-1977, *DJU* de 29-12-1977). Após 1988, o Supremo Tribunal Federal possui precedente claro sobre a *hierarquia dos tratados internacionais*: a Medida Cautelar na Ação Direta de Inconstitucionalidade n. 1.480. Nesse precedente, o Supremo Tribunal Federal estabeleceu, de início, que os tratados se subordinam à nossa Constituição, pois no "sistema jurídico brasileiro, os tratados ou convenções internacionais estão hierarquicamente subordinados à autoridade normativa da Constituição da República. Em consequência, nenhum valor jurídico terão os tratados internacionais, que, incorporados ao sistema de direito positivo interno, transgredirem, formal ou materialmente, o texto da Carta Política" (ADI n. 1.480-MC, rel. Min. Celso de Mello, j. 4-9-1997, Plenário, *DJ* de 18-5-2001).

Para o STF, fundado na supremacia da Constituição da República, no conflito entre qualquer norma constitucional e um tratado em geral (*cuidado: ver as situações especiais abaixo*), a Constituição sempre prevalecerá, devendo ser a incompatibilidade exposta nos controles difuso e concentrado de constitucionalidade. Os diplomas normativos a serem atacados serão o Decreto Legislativo e o Decreto de Promulgação, pois seriam os atos domésticos que levaram à recepção das normas convencionais ao sistema de direito positivo interno.

Nas palavras do Min. Celso de Mello: "Supremacia da CF sobre todos os tratados internacionais. O exercício do *treaty-making power*, pelo Estado brasileiro, está sujeito à observância das limitações jurídicas emergentes do texto constitucional. Os tratados celebrados pelo Brasil estão *subordinados à autoridade normativa* da CF. *Nenhum valor jurídico terá o tratado internacional, que, incorporado ao sistema de direito positivo interno, transgredir, formal ou materialmente, o texto da Carta Política*. Precedentes" (MI 772-AgR, rel. Min. Celso de Mello, j. 24-10-2007, Plenário, *DJe* de 20-3-2009, grifo nosso).

Podem gerar a inconstitucionalidade de um tratado: (i) transgressões formais e orgânicas à Constituição, fruto da violação do *iter* de formação dos tratados (por ter o Presidente excedido suas atribuições, por exemplo) e (ii) as transgressões de fundo, no caso de texto do tratado colidir com o conteúdo da Constituição.

A solução dos conflitos entre lei e tratado, de acordo com o STF, não é resolvida pelo critério hierárquico, mas sim pelo uso alternativo do *critério cronológico* (*later in time,* o último diploma suspende a eficácia do anterior que lhe for incompatível, ou, no brocardo latino, *lex posterior derogat priori*) ou, ainda, quando possível, do *critério da especialidade*.

Em síntese, trata-se de paridade normativa entre tratados comuns e leis ordinárias, o que impõe, na visão do STF:

1) a submissão do tratado internacional ao texto constitucional;

2) a utilização do critério cronológico ou da especialidade na avaliação do conflito entre tratado e lei;

3) tal qual assinalava o voto do Min. Leitão de Abreu (RE 80.004/77), há suspensão de eficácia do texto do tratado e não sua revogação pela lei posterior contrária.

Apesar dos ventos da redemocratização e do apelo da Constituição de 1988 à cooperação internacional (art. 4º, IX), não houve mudança drástica da orientação do STF quanto à hierarquia normativa dos tratados em geral.

A antiga orientação, consagrada no RE 80.004, de 1977, foi seguida e atualmente (2024) os tratados internacionais comuns incorporados internamente são *equivalentes* à lei ordinária federal. Consequentemente, *não há a prevalência automática dos atos internacionais em face da lei ordinária*, já que a ocorrência de conflito entre essas normas deveria ser resolvida pela aplicação do critério cronológico (a normatividade posterior prevalece – *later in time*) ou pela aplicação do critério da especialidade.

Futuramente, é possível que, com a ratificação e incorporação interna em 2009 da Convenção de Viena sobre Direito dos Tratados, o STF seja influenciado pelo seu art. 27, que dispõe que nenhum Estado pode invocar dispositivos internos para não cumprir os comandos de um tratado, o que modificaria a paridade normativa hoje existente entre tratado e leis ordinárias.

Resta analisar o caso especial que nos interessa, que é o tratamento diferenciado aos tratados de *direitos humanos*.

QUADRO SINÓTICO

As normas constitucionais sobre a formação e incorporação de tratados

Terminologia	• Constituição brasileira utiliza terminologia variada para designar os tratados: tratados internacionais, convenção internacional, atos internacionais, acordos internacionais e "compromissos internacionais". • Tais termos são sinônimos para a Convenção de Viena sobre Direito dos Tratados, que define tratado como: "um acordo internacional concluído por escrito entre Estados e regido pelo Direito Internacional, quer conste de um instrumento único, quer de dois ou mais instrumentos conexos, qualquer que seja sua denominação específica".

A teoria da junção de vontades	- União: papel dúplice no Federalismo brasileiro: é ente federado, de igual hierarquia com os demais entes (Estados, Municípios e Distrito Federal) e, ainda, representa o Estado Federal nas relações internacionais.
	- Constituição exigiu um procedimento complexo para a formação da vontade do Brasil no plano internacional, que une a vontade concordante dos Poderes Executivo e do Legislativo no que tange aos tratados internacionais.
	- Bases constitucionais:
	    - art. 84, VIII (estabelece competir ao Presidente da República celebrar tratados, convenções e atos internacionais, sujeitos a referendo do Congresso Nacional) e
	    - art. 49, I (dispõe que é da competência exclusiva do Congresso Nacional resolver definitivamente sobre tratados, acordos ou atos internacionais que acarretem encargos ou compromissos gravosos ao patrimônio nacional).
	- Teoria da junção de vontades ou teoria dos atos complexos: para que um tratado internacional seja formado, é necessária a conjunção de vontades do Poder Executivo e do Poder Legislativo.

A hierarquia normativa ordinária ou comum dos tratados	- Dispositivos constitucionais comumente utilizados para esclarecer o tema da hierarquia dos tratados, ante a ausência de dispositivo expresso sobre a questão:
	  1) Art. 102, III, *b*: determina que cabe recurso extraordinário no caso de ter a decisão impugnada considerado inconstitucional "lei ou tratado"; assim, considera que o estatuto dos tratados é infraconstitucional, pois permite o controle de constitucionalidade dos tratados.
	  2) Art. 105, III, *a*: determina que cabe recurso especial ao Superior Tribunal de Justiça quando a decisão impugnada houver violado ou negado vigência a "lei ou tratado"; assim, define o mesmo recurso (recurso especial) utilizado para as leis para a impugnação de decisões inferiores que os contrariarem ou lhes negarem vigência.
	  3) Art. 47: determina que, no caso de a espécie normativa não possuir quórum de aprovação especificado no texto da Constituição, esse será de maioria simples; assim, dá tratamento igual a tratados e leis, ao estabelecer o quórum de aprovação (maioria simples para a lei e para o decreto legislativo).
	- Analisando referidos dispositivos em conjunto, o STF concluiu que os tratados internacionais incorporados em geral possuem o estatuto normativo interno equivalente ao da lei ordinária federal.
	- Evolução da jurisprudência:
	    - Antes da CF/88: RE 80.004, de 1977: estatuto equivalente à lei ordinária foi consagrado.
	    - Após 1988: precedente sobre a hierarquia comum dos tratados internacionais: na ADI-MC 1.480, o STF: a) estabeleceu o estatuto inferior à Constituição, de forma que transgressões formais e de fundo podem gerar a inconstitucionalidade do tratado; e b) consagrou o estatuto do tratado como equivalente à lei ordinária federal, de forma que as soluções de conflitos entre lei e tratado se dão por meio dos critérios cronológico e de especialidade, mas não pelo não hierárquico.
	- A paridade normativa entre tratados em geral e leis ordinárias impõe:
	  1) a submissão do tratado internacional ao texto constitucional;
	  2) a utilização do critério cronológico ou da especialidade na avaliação do conflito entre tratado e lei;
	  3) a suspensão de eficácia do texto do tratado e não sua revogação pela lei posterior contrária.

	• Não houve mudança da orientação do STF quanto à hierarquia normativa dos tratados em geral: atualmente, permanece a orientação de que os tratados internacionais comuns incorporados internamente são equivalentes à lei ordinária federal.

As quatro fases: da formação da vontade à incorporação

- Três fases que levam à formação da vontade do Brasil em celebrar um tratado, assumindo obrigações perante o Direito Internacional:

1) FASE DA ASSINATURA	• É iniciada com as negociações do teor do futuro tratado, que são consideradas atribuição do Chefe de Estado. • Com a assinatura, o Estado manifesta sua predisposição em celebrar, no futuro, o texto do tratado. • A assinatura, em geral, não vincula o Estado brasileiro, sendo necessário o referendo do Congresso Nacional. • É possível a adesão a textos de tratados já existentes, dos quais o Brasil não participou da negociação. • Após a assinatura, cabe ao Poder Executivo encaminhar o texto assinado do futuro tratado ao Congresso, no momento em que julgar oportuno, já que a Constituição de 1988 foi omissa quanto ao prazo.

2) FASE DA APROVAÇÃO CONGRESSUAL (OU FASE DO DECRETO LEGISLATIVO)	• Trâmite da aprovação congressual:
	1. Presidente encaminha mensagem presidencial ao Congresso Nacional, fundamentada, solicitando a aprovação congressual ao texto do futuro tratado, que vai anexado na versão oficial em português. A exposição de motivos é feita pelo Ministro das Relações Exteriores.
	2. O trâmite é iniciado pela Câmara dos Deputados (iniciativa presidencial), no rito de aprovação de decreto legislativo.
	  2.1. A mensagem presidencial é encaminhada para a Comissão de Relações Exteriores e Defesa Nacional, que prepara o projeto de decreto legislativo (PDC).
	  2.2. O projeto é apreciado pela Comissão de Constituição e Justiça e de Cidadania, que analisa a constitucionalidade do texto do futuro tratado.
	  2.3. Comissão de Relações Exteriores e Defesa Nacional emite parecer sobre a conveniência e oportunidade, bem como outras Comissões temáticas, a depender da matéria do futuro tratado.
	  2.4. O PDC é remetido ao Plenário da Câmara, para aprovação por maioria simples, estando presente a maioria absoluta dos membros da Casa.
	3. Após a aprovação no plenário da Câmara, o projeto é apreciado no Senado.
	  3.1. O projeto é encaminhado à Comissão de Relações Exteriores e Defesa Nacional
	  3.2. No rito normal, após o parecer da Comissão, o projeto é votado no Plenário. No rito abreviado (regimental), o Presidente do Senado pode, ouvidas as lideranças, conferir à Comissão de Relações Exteriores e Defesa Nacional a apreciação terminativa do projeto.
	  3.3. Aprovado o projeto, o Presidente do Senado Federal promulga e publica o Decreto Legislativo.
	  3.4. Caso o Senado apresente emenda, o projeto retorna para a Câmara para a apreciação, que a analisará. Rejeitada a emenda pela Câmara, o projeto de decreto legislativo segue para o Presidente do Senado Federal para promulgação e publicação..

	3.5. O texto do tratado internacional é publicado no anexo ao Decreto Legislativo no Diário do Congresso Nacional.
• Caso o projeto de decreto legislativo seja rejeitado na Câmara dos Deputados ou no Senado Federal, há o envio de mensagem ao Presidente da República, informando-o do ocorrido.
• O Congresso Nacional aceita aprovar tratados com emendas, que assumem a forma de "ressalvas". Se dispositivos não forem aprovados pelo Congresso Nacional, ficam ressalvados no Decreto Legislativo e Presidente terá que impor reservas desses dispositivos no momento da ratificação. Se a emenda exigir a modificação de parte do texto do tratado, a nova redação também deve constar do Decreto Legislativo. Se o Presidente não concordar com as ressalvas, sua única opção é não ratificar os tratados.
3) FASE DA RATIFICAÇÃO	• Após a aprovação congressual, querendo, o Presidente da República pode, em nome do Estado, celebrar o tratado em definitivo.
• O Presidente pode formular reservas, além daquelas que obrigatoriamente lhe foram impostas pelas ressalvas ao texto aprovado pelo Congresso. A reserva é o ato unilateral pelo qual o Estado, no momento da celebração final, manifesta seu desejo de excluir ou modificar o texto do tratado.
• Não há a necessidade de submeter essas novas reservas ao Congresso.
• Não há um prazo no qual o Presidente da República deve celebrar em definitivo o tratado.
• A entrada em vigor depende do texto do próprio tratado. A executoriedade no plano internacional é essencial para que o tratado possa ser, coerentemente, exigido no plano interno.
Fase de incorporação do tratado já celebrado pelo Brasil no plano interno (após a ratificação):	
4) FASE DO DECRETO PRESIDENCIAL (OU DECRETO DE PROMULGAÇÃO)	• Para que a norma válida internacionalmente seja também válida internamente, deve ser editado o Decreto de Promulgação (também chamado de Decreto Executivo ou Decreto Presidencial) pelo Presidente da República e referendado pelo Ministro das Relações Exteriores (art. 87, I, da Constituição).
• O Decreto inova a ordem jurídica brasileira, tornando válido o tratado no plano interno.
• Não há prazo para sua edição, mas, ainda sem sua edição, o Brasil está vinculado internacionalmente, mas não internamente, o que pode ensejar a *responsabilização* internacional do Estado.

3.2. Processo legislativo, aplicação e hierarquia dos tratados internacionais de direitos humanos em face do art. 5º, e seus parágrafos, da CF/88

3.2.1. Aspectos gerais

A Constituição de 1988 possui poucos artigos que tratam do *processo de formação e incorporação dos tratados*, como vimos acima. Também foi concisa naquilo que se esperaria de uma Constituição cujo epicentro é a dignidade humana (art. 1º, III): um tratamento diferenciado aos tratados de direitos humanos.

Por isso, a doutrina e a jurisprudência debateram, com profundidade e muitas divergências, as diferenças entre um tratado sobre um tema qualquer e um tratado de direitos humanos, com foco em duas áreas: 1) o processo legislativo e aplicação imediata dos tratados de direitos humanos; e 2) a hierarquia normativa dos tratados de direitos humanos.

A situação ficou ainda mais complexa depois da Emenda Constitucional n. 45, que introduziu na Constituição de 1988 o § 3º do art. 5º, que dispõe: "Os tratados e convenções internacionais sobre direitos humanos que forem aprovados, em cada Casa do Congresso Nacional, em dois turnos, por três quintos dos votos dos respectivos membros, serão equivalentes às emendas constitucionais". Esse dispositivo não encerrou os debates sobre o tema, como veremos abaixo.

3.2.2. A situação antes da Emenda Constitucional n. 45/2004: os §§ 1º e 2º do art. 5º

Após a edição da Constituição de 1988, parte da doutrina apoiou a tese de que os tratados de direitos humanos eram diferenciados dos demais tratados em virtude da redação dos dois parágrafos originais do art. 5º: o § 1º e o § 2º.

O § 1º estabelece que "as normas definidoras dos direitos e garantias fundamentais têm aplicação imediata". Esse termo "aplicação imediata" teria, para uma determinada parte da doutrina, a consequência da dispensa do *decreto de promulgação*. Consequentemente, houve quem defendesse que, desde 1988, a Constituição ordenava a dispensa da incorporação e a *adoção automática* dos tratados internacionais de direitos humanos ratificados pelo Brasil. Bastaria o ato de ratificação e a entrada em vigor, no plano internacional, do tratado de direitos humanos para que esse fosse, automaticamente, válido internamente[5]. O Supremo Tribunal Federal, contudo, interpretou o art. 5º, § 1º restritivamente, pois este regeria somente a *aplicação interna dos direitos e garantias fundamentais,* sem relação, então, com a necessidade ou não de decreto executivo na incorporação de tratados. Assim, para o STF, nada mudou no processo de formação e incorporação dos tratados: todos (inclusive os de direitos humanos) deveriam passar pelas quatro fases vistas acima (assinatura, decreto legislativo, ratificação e decreto presidencial) para que pudessem ter *validade nacional.*

Por outro lado, o art. 5º, § 2º, da CF dispõe que "os direitos e garantias expressos nesta Constituição *não excluem outros decorrentes* do regime e dos princípios por ela adotados, ou dos *tratados internacionais* em que a República Federativa do Brasil seja parte". A expressão "não excluem outros decorrentes (...) dos tratados" fez com que parte da doutrina defendesse que a Constituição havia adotado a *hierarquia constitucional* dos tratados de direitos humanos.

Veremos, a seguir, as minúcias da hierarquia dos tratados de direitos humanos e a situação atual.

QUADRO SINÓTICO

A situação antes da Emenda Constitucional n. 45/2004: os §§ 1º e 2º do art. 5º

- Após a edição da CF/88, parte da doutrina apoiou a tese de que os tratados de direitos humanos eram diferenciados dos demais tratados em virtude da redação dos dois parágrafos originais do art. 5º, com base nos seguintes argumentos:
    1) Art. 5º, § 1º: estabelece a aplicação imediata das normas definidoras dos direitos e garantias fundamentais - consequentemente, para parte da doutrina, haveria a dispensa do decreto de promulgação, bastando apenas a entrada em vigor internacional e a ratificação para que o tratado fosse válido internamente. Entretanto, o STF entendeu que todos os tratados, inclusive os de direitos humanos, deveriam passar pelas quatro fases de incorporação de tratados, carecendo de decreto de promulgação para validade interna.
    2) Art. 5º, § 2º: dispõe que os direitos e garantias expressos na Constituição não excluem outros decorrentes do regime e dos princípios por ela adotados, ou dos tratados internacionais em que o Brasil seja parte - consequentemente, para parte da doutrina, a CF/88 havia adotado a hierarquia constitucional dos tratados de direitos humanos.

---

[5] PIOVESAN, F. *Direitos humanos e o direito constitucional internacional.* 7. ed. São Paulo: Saraiva, 2006, p. 71.

3.3. A hierarquia normativa dos tratados de direitos humanos e a Emenda Constitucional n. 45/2004

3.3.1. Aspectos gerais

De 1988 a 2008, o STF decidiu a favor da tese de que os tratados de direitos humanos *teriam a mesma hierarquia dos demais tratados*, considerados equivalentes à lei ordinária federal (como visto acima). Desprezou-se, então, o disposto no art. 5º, § 2º, da CF/88, que, de acordo com esse posicionamento, não teria o poder de alterar a hierarquia equivalente à lei ordinária federal dos tratados internacionais como um todo, uma vez que não seria possível uma alteração da Constituição feita por um tratado de direitos humanos posterior. A ementa do acórdão no HC 72.131, *julgado em* 1995, *leading case* do tema à época não deixa dúvida: "Com efeito, é pacífico na jurisprudência desta Corte que os tratados internacionais ingressam em nosso ordenamento jurídico tão somente com força de lei ordinária (...), não se lhes aplicando, quando tendo eles integrado nossa ordem jurídica posteriormente à Constituição de 1988, *o disposto no art. 5º, § 2º, pela singela razão de que não se admite emenda constitucional realizada por meio de ratificação de tratado*" (HC 72.131, voto do rel. p/ o ac. Min. Moreira Alves, Plenário, j. 23-11-1995, Plenário, DJ de 1º-8-2003 – grifo meu).

Assim, mesmo os tratados de direitos humanos teriam estatuto normativo equivalente à lei ordinária federal. O caso da *prisão civil do depositário infiel* é exemplar. Essa prisão foi expressamente proibida pela Convenção Americana de Direitos Humanos, que, em seu art. 7º, 7, veda a prisão civil com exceção da decorrente de obrigação alimentar. Ainda na década de 90 do século passado, o Supremo Tribunal Federal decidiu que a Convenção Americana de Direitos teria *estatuto de lei ordinária federal* e, logo, deveria ser *subordinada ao texto constitucional brasileiro*, que, em seu art. 5º, LXVII, menciona, além da prisão civil decorrente do inadimplemento de obrigação alimentar, a hipótese da prisão civil do depositário infiel.

Para reforçar tal visão, o STF comparou a Constituição de 1988 com a Constituição argentina, a qual, depois da reforma de 1994, consagrou expressamente a hierarquia constitucional dos tratados de direitos humanos. Para a Corte Suprema brasileira, a diferença entre as duas Constituições demonstrava que, quando o constituinte almeja estabelecer um *"status" normativo diferenciado* aos tratados de direitos humanos, ele assim o faz expressamente.

Tal entendimento do STF, todavia, sempre possuiu ferozes críticos. Em primeiro lugar, houve quem defendesse o estatuto *supraconstitucional* dos tratados internacionais de direitos humanos[6], com base na necessidade de cumprimento dos tratados, mesmo se contrariassem a Constituição. Para outra parte da doutrina, o art. 5º, § 2º, asseguraria a *hierarquia de norma constitucional* aos tratados de direitos humanos ratificados pelo Brasil, pois sua redação ("Os direitos e garantias expressos nesta Constituição não excluem outros *decorrentes*... dos tratados internacionais...") gera *cláusula de abertura* que forneceria aos direitos previstos nos tratados de direitos humanos a almejada *estatura constitucional*[7].

Para conciliar a visão majoritária do Supremo Tribunal Federal de *estatura equivalente a mera lei ordinária federal* com a visão doutrinária de natureza constitucional dos tratados de direitos humanos, o então Ministro Sepúlveda Pertence, em *passagem na fundamentação do seu voto* no Recurso em Habeas Corpus n. 79.785-RJ, sustentou que deveríamos "aceitar a outorga de *força supralegal* às convenções de direitos humanos, de modo a dar aplicação direta às suas normas – até,

---

[6] MELLO, Celso A. O § 2º do art. 5º da Constituição Federal. In: TORRES, Ricardo Lobo. *Teoria dos direitos fundamentais*. 2. ed., Rio de Janeiro: Renovar, 2001, p. 1-33, em especial p. 25.

[7] CANÇADO TRINDADE, A. A. A interação entre direito internacional e o direito interno na proteção dos direitos humanos, *Arquivos do Ministério da Justiça*, 182, 1993, p. 27-54.

se necessário, contra a lei ordinária – sempre que, sem ferir a Constituição, a complementem, especificando ou ampliando os direitos e garantias dela constantes". Essa posição conciliatória de Sepúlveda Pertence em 2000 (tratados de direitos humanos ficariam acima das leis e abaixo da Constituição) não logrou inicialmente apoio no STF até a aposentadoria do Ministro (RHC 79.785, rel. Min. Sepúlveda Pertence, j. 29-3-2000, Plenário, *DJ* de 22-11-2002, grifo nosso).

Assim sendo, até a edição da Emenda Constitucional n. 45/2004 havia intenso debate doutrinário sobre a posição hierárquica dos tratados internacionais de direitos humanos, especialmente em virtude do disposto no art. 5º, § 2º, da Constituição.

Tal *caos* sobre a hierarquia normativa dos tratados de direitos humanos pode ser resumido em quatro posições de maior repercussão:

i) natureza supraconstitucional, em face de sua origem internacional;

ii) natureza constitucional (forte apoio doutrinário);

iii) natureza equiparada à lei ordinária federal (majoritária no STF, de 1988 a 2008);

iv) natureza supralegal (acima da lei e inferior à Constituição, voto solitário do Min. Sepúlveda Pertence, no RHC 79.785/RJ).

Apesar da diversidade de posições, o posicionamento do STF até 2008 foi o seguinte: o tratado de direitos humanos possuía hierarquia equivalente à lei ordinária federal, como todos os demais tratados incorporados.

3.3.2. As diferentes visões doutrinárias sobre o impacto do rito especial do art. 5º, § 3º, na hierarquia dos tratados de direitos humanos

Em face desse caos e da resistência do Supremo Tribunal Federal em reconhecer a hierarquia constitucional dos tratados de direitos humanos, o movimento de direitos humanos buscou convencer o Congresso a aprovar emenda constitucional contendo tal reconhecimento.

Foi, então, aprovada a Emenda Constitucional n. 45/2004, que introduziu o § 3º no art. 5º da CF/88, com a seguinte redação: "Os tratados e convenções internacionais sobre direitos humanos que forem aprovados, em cada Casa do Congresso Nacional, em dois turnos, por três quintos dos votos dos respectivos membros, serão equivalentes às emendas constitucionais".

A redação final aprovada do dispositivo foi recebida, contudo, com pouco entusiasmo pelos defensores de direitos humanos, pelos seguintes motivos: 1) condicionou a hierarquia constitucional ao rito idêntico ao das emendas constitucionais, aumentando o quórum da aprovação congressual futura e estabelecendo dois turnos, tornando-a mais *dificultosa*; 2) sugeriu, ao usar a expressão "que forem", a existência de dois tipos de tratados de direitos humanos no pós--Emenda: os aprovados pelo rito equivalente ao da emenda constitucional e os aprovados pelo rito comum (maioria simples); 3) nada mencionou quanto aos tratados anteriores à Emenda.

Cançado Trindade, em contundente voto em separado no Caso Damião Ximenes, da Corte Interamericana de Direitos Humanos, criticou duramente o citado parágrafo: "(...) mal concebido, mal redigido e mal formulado, representa um lamentável retrocesso em relação ao modelo aberto consagrado pelo parágrafo 2º do artigo 5º da Constituição Federal de 1988". Para sintetizar, Cançado Trindade o denomina "aberração jurídica" (parágrafos 30 e 31 do citado Voto em Separado).

Após a emenda constitucional, houve quem defendesse sua inconstitucionalidade nesse ponto, por ter piorado a hierarquia dos tratados de direitos humanos e, assim, violado cláusula pétrea (art. 60, § 4º, referente à proibição de emenda que tenda a abolir direitos e garantias individuais). Essa visão era baseada na crença da existência anterior do estatuto constitucional dos tratados internacionais de direitos, fundado na interpretação do alcance do art. 5º, § 2º, não aceita pelo STF. Essa visão também não foi aceita pelo próprio STF, que, em mais de uma ocasião, fez referência ao art. 5º, § 3º, sem qualquer alegação de inconstitucionalidade.

Por outro lado, parte da doutrina entendeu que a *batalha* pela natureza constitucional de todos os tratados internacionais fora *perdida*; somente alguns seriam equivalentes à emenda constitucional, a saber, os que fossem aprovados pelo rito especial recém-criado. Nessa linha, José Afonso da Silva defendeu que, após a Emenda n. 45, existiriam dois tipos de tratados de direitos humanos: os aprovados pelo rito especial do art. 5º, § 3º, e os que não aprovados (quer por serem anteriores à EC 45/2004 ou, se posteriores, terem sido aprovados pelo rito simples). Os últimos teriam estatuto equivalente à lei ordinária federal e somente os primeiros teriam estatura constitucional[8].

Por sua vez, houve aqueles que sustentaram que o estatuto constitucional se estenderia ao menos aos tratados de direitos humanos aprovados anteriormente, graças ao instituto da *recepção formal*, aceito pelo constitucionalismo brasileiro, tal qual leis ordinárias preexistentes que foram consideradas leis complementares em face do novo posicionamento hierárquico da matéria pela nascente ordem constitucional. Essa posição restou fragilizada em face – novamente – da redação do art. 5º, § 3º, que aceita a possibilidade de tratados no pós-Emenda serem aprovados pelo *rito simples*. Assim, como os tratados anteriores seriam recepcionados com qual hierarquia, se a EC 45/2004 usou a expressão "que forem" no § 3º do art. 5º, abrindo uma alternativa ao Congresso Nacional para aprovar os tratados pelo *rito simples*?

Entre esses dois polos antagônicos, floresceu visão doutrinária defendida, entre outros, por Piovesan[9], que fez interessante compatibilização entre a visão minoritária de outrora (estatuto constitucional dos tratados de direitos humanos) com a redação peculiar do rito especial do § 3º e sua expressão "que forem". Nem o § 3º do artigo seria inconstitucional nem os tratados de direitos humanos aprovados pelo rito simples seriam equivalentes à lei ordinária federal.

Nessa linha conciliatória, *todos* os tratados de direitos humanos – incorporados antes ou depois da EC 45, teriam estatuto constitucional, com base no art. 5º, § 2º. Na acepção de Piovesan, todos seriam *materialmente constitucionais*. Porém, os tratados aprovados sob a forma do rito do art. 5º, § 3º, seriam material e formalmente constitucionais.

Ter sido aprovado pelo rito especial do art. 5º, § 3º, e ser, consequentemente, material e formalmente constitucional, acarretaria duas *consequências adicionais* aos tratados de direitos humanos: 1) a impossibilidade de denúncia, pois tais tratados seriam material e formalmente constitucionais; e 2) a inclusão no rol de cláusulas pétreas, uma vez que não poderiam mais ser denunciados e excluídos do nosso ordenamento. Assim, teríamos tão somente a *petrificação* dos tratados de direitos humanos que fossem *aprovados de acordo com o rito especial*, visto que não estariam sujeitos à denúncia (ato unilateral pelo qual o Estado brasileiro manifesta sua vontade de não se engajar perante determinado tratado).

O STF, contudo, adotou outro entendimento, consagrando a "teoria do duplo estatuto", como veremos abaixo.

QUADRO SINÓTICO	
A hierarquia normativa dos tratados de direitos humanos e a EC 45/2004	
Debate doutrinário e posição do STF sobre a hierarquia normativa dos tratados de direitos humanos antes da EC 45/2004	• mesmo após a Constituição de 1988, prevalecia, no plano judicial, o posicionamento do STF: o tratado de direitos humanos possuía hierarquia equivalente à lei ordinária federal, como todos os demais tratados incorporados. • Entretanto, até a edição da EC 45/2004 houve intenso debate doutrinário sobre a posição hierárquica dos tratados internacionais. As posições de maior repercussão eram as seguintes:

---

[8] SILVA, José Afonso da. *Comentário contextual à Constituição*. 2. ed. São Paulo: Malheiros, 2006, p. 179.
[9] PIOVESAN, F. *Direitos humanos e o direito constitucional internacional*. 7. ed. São Paulo: Saraiva, 2006, p. 77.

	a) natureza supraconstitucional, em face de sua origem internacional; b) natureza constitucional; c) natureza equiparada à lei ordinária federal (STF da época); d) natureza supralegal (acima da lei e inferior à Constituição, voto do Min. Sepúlveda Pertence).
Diferentes visões doutrinárias após a EC 45/2004, que introduziu o § 3º no art. 5º da CF/88	• Art. 5º, § 3º, da CF/88: "Os tratados e convenções internacionais sobre direitos humanos que forem aprovados, em cada Casa do Congresso Nacional, em dois turnos, por três quintos dos votos dos respectivos membros, serão equivalentes às emendas constitucionais". • A redação final aprovada do dispositivo gerou ainda diversos debates, com os seguintes posicionamentos: • a) inconstitucionalidade do novo parágrafo, por ter piorado a hierarquia dos tratados de direitos humanos e, assim, violado cláusula pétrea; • b) somente alguns tratados internacionais seriam equivalentes à emenda constitucional, a saber, os que fossem aprovados pelo rito especial recém-criado; • c) o estatuto constitucional se estenderia ao menos aos tratados de direitos humanos aprovados anteriormente, graças ao instituto da recepção formal; • d) todos os tratados de direitos humanos, incorporados antes ou depois da EC 45, teriam estatuto constitucional, com base no art. 5º, § 2º, pois todos seriam materialmente constitucionais (Piovesan); as consequências do rito especial seriam apenas duas: 1) a impossibilidade de denúncia, pois tais tratados seriam material e formalmente constitucionais; e 2) a inclusão no rol de cláusulas pétreas, uma vez que não poderiam mais ser denunciados e excluídos do nosso ordenamento.

3.4. A teoria do duplo estatuto dos tratados de direitos humanos: natureza constitucional (os aprovados pelo rito do art. 5º, § 3º) e natureza supralegal (todos os demais)

O art. 5º, § 3º, da CF/88 motivou *revisão* do posicionamento do STF sobre a hierarquia dos tratados de direitos humanos no Brasil. No julgamento do RE 466.343, simbolicamente também referente à prisão civil do depositário infiel, a maioria de votos dos Ministros sustentou novo patamar normativo para os tratados internacionais de direitos humanos, *inspirada* pelo § 3º do art. 5º da CF/88 introduzido pela EC 45/2004.

A nova posição prevalecente no STF foi capitaneada pelo Min. Gilmar Mendes, que, retomando a visão pioneira de Sepúlveda Pertence (em seu voto no HC 79.785-RJ), sustentou que os tratados internacionais de direitos humanos, que não forem aprovados pelo Congresso Nacional pelo rito especial do art. 5º, § 3º, da CF/88, têm natureza *supralegal*: abaixo da Constituição, mas acima de toda e qualquer lei.

O voto do Min. Gilmar Mendes é esclarecedor: "Desde a adesão do Brasil, sem qualquer reserva, ao Pacto Internacional sobre Direitos Civis e Políticos (art. 11) e à Convenção Americana sobre Direitos Humanos – Pacto de San José da Costa Rica (art. 7º, 7), ambos no ano de 1992, não há mais base legal para prisão civil do depositário infiel, pois o caráter especial desses diplomas internacionais sobre direitos humanos lhes reserva lugar específico no ordenamento jurídico, *estando abaixo da Constituição, porém acima da legislação interna*. O *"status" normativo supralegal* dos tratados internacionais de direitos humanos subscritos pelo Brasil, dessa forma, torna inaplicável a legislação infraconstitucional com ele conflitante, seja ela anterior ou posterior ao ato de adesão. Assim ocorreu com o art. 1.287 do CC de 1916 e com o Decreto-Lei 911/1969, assim como em relação ao art. 652 do novo CC" (RE 466.343, rel. Min. Cezar Peluso, voto do Min. Gilmar Mendes, j. 3-12-2008, Plenário, *DJe* de 5-6-2009, com repercussão geral[10], grifo nosso).

Já os tratados aprovados pelo Congresso pelo rito especial do § 3º ao art. 5º (votação em dois turnos nas duas Casas do Congresso, com maioria de três quintos) terão *estatuto equivalente à emenda constitucional*.

Em 2009, a Corte Especial do Superior Tribunal de Justiça adotou o mesmo entendimento firmado pelo Supremo Tribunal Federal no RE n. 466.343/SP, no sentido de que os tratados de direitos humanos, ratificados e incorporados internamente, têm *força supralegal*, o que resulta em que toda lei antagônica às normas emanadas de tratados internacionais sobre direitos humanos é considerada inválida (STJ, REsp 914.253/SP, rel. Ministro Luiz Fux, Corte Especial, j. 2-12-2009, *DJe* 4-2-2010).

Ficou consagrada a *teoria do duplo estatuto* dos tratados de direitos humanos: natureza constitucional, para os aprovados pelo rito do art. 5º, § 3º; natureza supralegal, para todos os demais, quer sejam anteriores ou posteriores à Emenda Constitucional n. 45 e que tenham sido aprovados pelo rito comum (maioria simples, turno único em cada Casa do Congresso).

Em resumo, com a consagração da teoria do duplo estatuto, temos que:

i) as leis (inclusive as leis complementares) e atos normativos são válidos se forem compatíveis, simultaneamente, com a Constituição e com os tratados internacionais de direitos humanos incorporados;

ii) cabe ao Poder Judiciário realizar o chamado controle de convencionalidade de matriz nacional das leis, utilizando os tratados de direitos humanos como parâmetro supralegal ou mesmo equivalente à emenda constitucional;

iii) os tratados incorporados pelo rito especial previsto no art. 5º, § 3º, da CF/88 passam a integrar o *bloco de constitucionalidade restrito*, como veremos abaixo, podendo servir de parâmetro para avaliar a constitucionalidade de uma norma infraconstitucional qualquer.

QUADRO SINÓTICO

A teoria do duplo estatuto dos tratados de direitos humanos: natureza constitucional (os aprovados pelo rito do art. 5º, § 3º) e natureza supralegal (todos os demais)

- A introdução do § 3º ao art. 5º da CF/88 motivou recente revisão do posicionamento do STF. *Leading case*: RE 466.343 (referente à prisão civil do depositário infiel): a maioria de votos dos Ministros sustentou novo patamar normativo (natureza supralegal) para os tratados internacionais de direitos humanos.
- Ficou consagrada a teoria do duplo estatuto dos tratados de direitos humanos:
  a) natureza constitucional para os aprovados pelo rito do art. 5º, § 3º;
  b) natureza supralegal para todos os demais, quer sejam anteriores ou posteriores à Emenda Constitucional n. 45 e que tenham sido aprovados pelo rito comum (maioria simples, turno único em cada Casa do Congresso).
- Como consequência, tem-se que:
  a) as leis (inclusive as leis complementares) e atos normativos são válidos se forem compatíveis, simultaneamente, com a Constituição e com os tratados internacionais de direitos humanos incorporados;
  b) os tratados de direitos humanos incorporados pelo rito simples não têm estatuto constitucional, logo não cabe ao Supremo Tribunal Federal analisar, no âmbito do controle abstrato de constitucionalidade, a compatibilidade entre leis ou atos normativos e tratado internacional de direitos humanos;

---

[10] Ver também a Súmula Vinculante 25: "É ilícita a prisão civil de depositário infiel, qualquer que seja a modalidade do depósito".

c) cabe ao STF realizar o chamado controle de convencionalidade nacional das leis em relação aos tratados tidos como supralegais e também em relação aos tratados incorporados pelo rito especial previsto no art. 5º, § 3º, da CF/88, que passam a integrar o bloco de constitucionalidade restrito.

3.5. O impacto do art. 5º, § 3º, no processo de formação e incorporação dos tratados de direitos humanos

3.5.1. O rito especial do art. 5º, § 3º, é facultativo: os tratados de direitos humanos aprovados pelo rito comum depois da EC n. 45/2004

A consagração da teoria do duplo estatuto dos tratados de direitos humanos não eliminou todas as dúvidas sobre o processo de formação e incorporação dos tratados de direitos humanos. Vamos responder abaixo as principais perguntas sobre essa temática.

Em primeiro lugar, o rito especial do art. 5º, § 3º, é obrigatório e *deve ser sempre seguido pelo Poder Executivo e Poder Legislativo*, cuja tradicional junção de vontades acarreta a incorporação de um tratado ao ordenamento brasileiro?

A resposta é negativa.

A redação do § 3º, inicialmente, abre a porta para a existência da possibilidade de os tratados serem aprovados pelo rito comum ou ordinário (maioria simples), pois o art. 5º, § 3º, usa a expressão "que forem". Logo, não se pode exigir que *todo e qualquer tratado de direitos humanos* possua o quórum expressivo de 3/5 previsto no art. 5º, § 3º, pois assim dificultaríamos sua aprovação e teríamos uma situação pior que a anterior à EC 45.

O Congresso brasileiro adotou esse posicionamento ao aprovar vários tratados de direitos humanos após a EC 45/2004 pelo rito comum ou ordinário, ou seja, por maioria simples e em votação em turno único.

Seguem abaixo alguns tratados de direitos humanos aprovados no Brasil pelo *rito simples* mesmo *após* a EC 45/2004:

1) Protocolo Facultativo à Convenção contra a Tortura e Outros Tratamentos ou Penas Cruéis, Desumanos ou Degradantes, adotado em 18 de dezembro de 2002. *Decreto Legislativo n. 483, de 20-12-2006, e Decreto n. 6.085, de 19-4-2007.*

2) Protocolo de Assunção sobre Compromisso com a Promoção e a Proteção dos Direitos Humanos do Mercosul, assinado em Assunção, em 20 de junho de 2005. *Decreto Legislativo n. 592, de 27-8-2009, e Decreto n. 7.225, de 1º-7-2010.*

3) Convenção sobre a Proteção e Promoção da Diversidade das Expressões Culturais, assinada em Paris, em 20 de outubro de 2005. *Decreto Legislativo n. 485, de 20-12-2006, e Decreto n. 6.177, de 1º-8-2007.*

4) Convenção para a Salvaguarda do Patrimônio Cultural Imaterial, adotada em Paris, em 17 de outubro de 2003, e assinada em 3 de novembro de 2003. *Decreto Legislativo n. 22, de 1º-2-2006, e Decreto n. 5.753, de 12-4-2006.*

5) Segundo Protocolo relativo à Convenção da Haia de 1954 para a Proteção de Bens Culturais em Caso de Conflito Armado, celebrado na Haia, em 26 de março de 1999. *Decreto Legislativo n. 782, de 8-7-2005, e Decreto n. 5.760, de 24-4-2006.*

6) Convenção da Haia sobre o Acesso Internacional à Justiça, *Decreto Legislativo n. 658/10, de 1º-9-2010,* e *ratificada em 20-11-2011.*

7) Convenção Internacional para a Proteção de Todas as Pessoas contra o Desaparecimento Forçado, *Decreto Legislativo n. 661, de 1º-9-2010, e ratificada em 29-9-2010.*

8) Protocolo Facultativo ao Pacto Internacional sobre Direitos Civis e Políticos e Segundo Protocolo Facultativo ao Pacto Internacional sobre Direitos Civis e Políticos com vistas à Abolição da Pena de Morte, ambos aprovados pelo *Decreto Legislativo n. 331, de 16-6-2009*, e *ratificados em 25-9-2009*.

3.5.2. O rito especial pode ser requerido pelo Presidente ou pelo Congresso

Uma segunda dúvida diz também respeito ao rito especial: este deve ser pedido pelo Presidente ou o Congresso pode adotá-lo, independentemente da vontade presidencial? Entendo que o *rito especial pode ser pedido pelo Presidente da República*, em sua mensagem de encaminhamento do texto do tratado ao Congresso *ou ainda* pode ser o rito especial adotado pelo próprio Congresso *sponte sua*.

Nem se diga que a vontade presidencial de adoção do rito simples vincularia o Congresso. É que, nesse caso, o Presidente é apenas o *senhor da oportunidade* de envio da mensagem, mas a adoção do rito especial é tema que envolve matéria eminentemente congressual, de acordo com o art. 49, I. Logo, cabe ao Congresso decidir sobre o quórum de aprovação e os dois turnos de votação. O Congresso pode ser provocado, mas pode também adotar o rito *ex officio*, pois não podemos concluir que esse tema dependa da iniciativa privativa do Presidente, sem que a Constituição tenha expressamente assim disposto. A iniciativa do Presidente é *concorrente*, referente tão somente ao papel de provocar a manifestação do Congresso sobre o rito especial: este pode inclusive rejeitar o pedido inserido na mensagem presidencial e aprovar o tratado de acordo com o rito simples (por exemplo, caso seja politicamente impossível aprová-lo pelo quórum qualificado).

3.5.3. O decreto de promulgação continua a ser exigido no rito especial

A terceira dúvida diz respeito às alterações do rito geral de incorporação de um tratado internacional de direitos humanos ao ordenamento interno, inspirado também na redação do art. 5º, § 3º?

As alterações são duas: 1) a alteração do quórum de aprovação do Projeto de Decreto Legislativo, que agora passa a necessitar de aprovação de 3/5 dos membros de cada Casa: 308 deputados na Câmara dos Deputados e 49 Senadores no Senado Federal devem votar a favor; 2) deve existir votação em dois turnos, em cada Casa, com interstício de 10 sessões ordinárias, tal como ocorre no rito da PEC – Proposta de Emenda Constitucional.

Será que o rito especial do art. 5º, § 3º, não levaria à dispensa da ratificação e do Decreto de Promulgação, usando como analogia o rito da emenda constitucional, que dispensa a chamada fase da deliberação executiva (sanção ou veto presidencial)?

A resposta é negativa. O uso analógico do rito da emenda constitucional não pode servir para transformar a aprovação do futuro tratado em uma PEC – Proposta de Emenda Constitucional.

O rito especial do art. 5º, § 3º, considera que o tratado de direitos humanos deve ser considerado *equivalente* à emenda constitucional: *sua natureza de tratado internacional não é afetada*. Assim, resta ainda ao Presidente da República ratificar o tratado de direitos humanos, pois esse ato internacional é que, em geral, leva à celebração definitiva dos tratados.

Como, até hoje, o STF ainda exige o Decreto de Promulgação (*vide* crítica acima), este deve ser editado para todo e qualquer tratado, inclusive os tratados de direitos humanos aprovados pelo rito especial do art. 5º, § 3º. Aliás, a praxe republicana brasileira de exigência do Decreto de Promulgação é *resistente*: o primeiro tratado internacional de direitos humanos a ser aprovado pelo rito do art. 5º, § 3º (a Convenção das Nações Unidas sobre os Direitos das Pessoas com Deficiência), *foi promulgado* pelo Decreto Presidencial n. 6.949, de 25 de agosto de 2009.

QUADRO SINÓTICO

O impacto do art. 5º, § 3º, no processo de formação e incorporação dos tratados de direitos humanos

1) O rito especial do art. 5º, § 3º, é facultativo: não se pode exigir que todo e qualquer tratado de direitos humanos possua o quórum expressivo de 3/5 previsto no art. 5º, § 3º, pois assim dificultaríamos sua aprovação e teríamos uma situação pior que a anterior à EC 45.
2) O rito especial pode ser requerido pelo Presidente da República, em sua mensagem de encaminhamento do texto do tratado ao Congresso, ou pelo próprio Congresso. A vontade presidencial de adoção do rito simples não vincula o Congresso, já que a adoção do rito especial é tema que envolve matéria eminentemente congressual, cabendo ao Congresso decidir sobre o quórum de aprovação e os dois turnos de votação. De outro lado, o Congresso pode também rejeitar o pedido inserido na mensagem presidencial e aprovar o tratado de acordo com o rito simples.
3) Há duas alterações no rito geral de incorporação de um tratado internacional de direitos humanos ao ordenamento interno:
   a) alteração do quórum de aprovação do Projeto de Decreto Legislativo, que agora passa a necessitar de aprovação de 3/5 dos membros de cada Casa;
   b) deve existir votação em dois turnos, em cada Casa, com interstício de 10 sessões ordinárias, tal como ocorre no rito da PEC - Proposta de Emenda Constitucional.
- O Decreto de Promulgação, entretanto, continua a ser exigido no rito especial. O uso analógico do rito da emenda constitucional não pode servir para transformar a aprovação do futuro tratado em uma PEC.
- Observação: a existência do Decreto de Promulgação pode ser questionada em relação a todos os tratados (e não somente em relação aos tratados de direitos humanos), com base na ausência de dispositivo constitucional que faça menção ao decreto presidencial de incorporação dos tratados (posição minoritária).

4. A DENÚNCIA DE TRATADO INTERNACIONAL DE DIREITOS HUMANOS EM FACE DO DIREITO BRASILEIRO: A TEORIA DA JUNÇÃO DE VONTADES NEGATIVA

A tese defendida por parte da doutrina sobre o estatuto *constitucional* de todos os tratados de direitos humanos, mesmo após a EC 45/2004 repercute na temática da denúncia dos tratados (ato unilateral pelo qual o Estado expressa sua vontade de *não* mais se obrigar perante o tratado).

Na linha defendida por Piovesan, há duas categorias de tratados de direitos humanos, ambas de estatura constitucional:

1) o tratado materialmente constitucional, que é aquele aprovado pelo rito comum dos tratados;

2) o tratado material e formalmente constitucional, que é aquele aprovado pelo rito especial do art. 5º, § 3º. Este último seria *insuscetível de denúncia* e ainda seria *parte integrante do núcleo pétreo* da Constituição.

Em que pese essa posição ser minoritária no STF (que adotou, desde 2008, a teoria do "duplo estatuto" dos tratados de direitos humanos), *entendemos ser inegável o estatuto constitucional de todos os tratados internacionais de direitos humanos*, em face do disposto especialmente no art. 1º, *caput*, e inciso III (estabelecimento do Estado Democrático de Direito e ainda consagração da dignidade humana como fundamento da República), bem como em face do art. 5º, § 2º.

Até 2023, a *posição prevalecente* era que *bastaria a vontade unilateral do Poder Executivo ou ainda uma lei do Poder Legislativo*, ordenando ao Executivo que denunciasse o tratado no plano internacional. Tudo isso sem motivação, uma vez que ingressaria na área da política nacional de condução das relações internacionais.

Essa posição tradicional merecia revisão, como defendemos em edições anteriores deste *Curso*. Em um momento de expansão quantitativa e qualitativa do direito internacional, os tratados passaram a regular aspectos significativos da vida social interna, que não podem ser *abruptamente* alterados pela *vontade unilateral* do Poder Executivo, que, aliás, não tem esse poder de revogar unilateralmente normas com tais estatutos normativos (a depender do tratado, terá força equiparada à lei, superior à lei – supralegal – ou equivalente à emenda constitucional).

Urgia a consagração do "paralelismo das formas": como foi exigida a anuência do Congresso para a ratificação (**junção de vontades positiva**), deve ser exigida sua anuência para a denúncia (**junção de vontades negativa**). A melhor interpretação atual da Constituição é o reconhecimento da exigência da "junção de vontades" (junção de vontades *negativa*) também para o ato de denúncia do tratado. Fica ressalvada, em nome da urgência na defesa dos interesses nacionais, que possa existir rito célere de aprovação da denúncia no Congresso Nacional, em mais um uso dos "diálogos institucionais" como já exposto.

O rito da denúncia de tratados foi apreciado no STF na ADI n. 1.625, proposta em 1997, na qual a Confederação Nacional dos Trabalhadores da Agricultura (Contag) questiona o Decreto n. 2.100/96, pelo qual o Presidente da República da época (Fernando Henrique Cardoso) promulgou internamente a denúncia (ato internacional que já havia sido realizado) à Convenção n. 158 da Organização Internacional do Trabalho (OIT), que trata do término da relação de trabalho por iniciativa do empregador e veda a dispensa injustificada. Questionou-se na ADI o poder arbitrário do Presidente da República para denunciar tratados, sendo defendida a necessidade de obtenção prévia da anuência do Congresso Nacional. Em 2015, em face da delonga no julgamento da ADI n. 1.625, um ente patronal (a Confederação Nacional do Comércio de Bens, Serviços e Turismo) propôs, por sua vez, a Ação Direta de Constitucionalidade n. 39 defendendo a constitucionalidade do mesmo Decreto n. 2.100/96 e, consequentemente, o poder da realização unilateral da denúncia por parte do Poder Executivo na esfera internacional, sem a aprovação prévia do Congresso Nacional.

Em 2023, o STF decidiu, por maioria, ser imprescindível a anuência prévia do Congresso Nacional para a realização de denúncia de Tratados Internacionais pelo Presidente da República. Os argumentos da maioria foram: a decisão unilateral (sem aprovação congressual prévia) do Poder Executivo de denunciar um tratado viola a (i) separação dos poderes, (ii) a soberania popular (representada pelo Congresso na fase da aprovação congressual do tratado objeto posterior da denúncia), o (iii) o sistema de freios e contrapesos e (iv) o princípio da legalidade do Estado Democrático de Direito, que exigem uma "sequência de ações institucionais coordenadas, mas jamais por atos pessoais isolados" para a edição ou a retirada de direitos (trecho do voto do Min. Teori Zavascki).

Foi julgada (com trânsito em julgado) a ADC n. 39, no qual foi fixada a seguinte tese: "A denúncia pelo Presidente da República de tratados internacionais aprovados pelo Congresso Nacional, para que produza efeitos no ordenamento jurídico interno, não prescinde da sua aprovação pelo Congresso". Aplicação desse entendimento a partir da publicação da ata do julgamento, mantendo-se a eficácia das denúncias realizadas até esse marco temporal. No caso concreto (Convenção n. 158 da OIT), o novo entendimento do STF (a favor da teoria da junção de vontades negativa) tem efeito prospectivo, ou seja, vale somente a partir da publicação da ata de julgamento da ADC n. 39 (ata publicada em 23-6-2023), preservando-se a eficácia das denúncias realizadas até esse marco temporal. O STF também fez um apelo ao legislador, para que este elabore disciplina sobre a denúncia dos tratados internacionais que preveja a chancela do Congresso Nacional como condição para a produção de efeitos na ordem jurídica interna (STF, ADC n. 39, rel. Min. Dias Toffoli, j. 19-6-2023, *DJe* de 18-8-2023[11]). Entendo que tal nova

---

[11] A ADI 1.625, apesar de conter o mesmo objeto (a (in)constitucionalidade da decisão unilateral da denúncia) e já ter sido iniciada a votação (alguns de seus votos foram citados nos votos da ADC n. 39, em especial o do Min.

disciplina no Congresso deve abordar a adoção de um rito de urgência para que a condução das relações internacionais por parte da Presidência da República não fique sem o instrumento da denúncia célere de tratado, impedindo, por exemplo, medidas de retaliação ou retorsão, usuais entre Estados no Direito Internacional Público, fragilizando a posição brasileira. Em agosto de 2024, foi julgada em definitivo a ADI 1.625 com a tese no mesmo sentido: "A denúncia pelo Presidente da República de tratados internacionais aprovados pelo Congresso Nacional, para que produza efeitos no ordenamento jurídico interno, não prescinde da sua aprovação pelo Congresso" (ADI 1.625, rel. Min. Dias Toffoli, Plenário, j. 22-8-2024).

Tendo em vista o "paralelismo das formas" entre o processo de incorporação e o processo de denúncia de um tratado internacional, deve ser observado, ainda, no caso dos tratados de direitos humanos aprovados pelo rito especial do art. 5º, § 3º, o quórum qualificado de 3/5 para aceitação, pelo Congresso, da denúncia.

Além disso, em qualquer hipótese, a denúncia de um tratado de direitos humanos submete-se ao crivo da *proibição do retrocesso*, ou seja, deve existir motivo para a denúncia que não acarrete diminuição de direitos e ainda cabe controle judicial para verificação da constitucionalidade da denúncia.

Em 2020, foi interposta a ADI n. 6.544 impugnando, pela ausência de anuência do Congresso Nacional, a denúncia do Tratado Constitutivo da União de Nações Sul-Americanas (Unasul). Formalmente, pugnou-se pela declaração de inconstitucionalidade do art. 1º, inciso CCIII, do Decreto n. 10.086, de 5 de novembro de 2019, que revogou o Decreto n. 7.667, de 11 de janeiro de 2012, o qual promulgara o Tratado da Unasul (ADI n. 6.544, rel. Min. Cristiano Zanin, após a aposentadoria do Min. Ricardo Lewandowski, em trâmite em agosto de 2024). Com a nova ratificação do tratado da Unasul pelo Brasil (governo Lula) em abril de 2023, tal ação deve perder seu objeto.

QUADRO SINÓTICO

A denúncia de tratado internacional de direitos humanos em face do direito brasileiro

- Entende-se que, no caso dos tratados de direitos humanos, em face da matéria vinculada à dignidade humana, toda denúncia deveria ser apreciada pelo Congresso Nacional.
- Além dessa aprovação congressual (com quórum qualificado, no caso dos tratados aprovados pelo rito especial do art. 5º, § 3º), a denúncia ainda deve passar pelo crivo da proibição do retrocesso ou "efeito cliquet", consequência do regime jurídico dos direitos fundamentais.
- A justificativa constitucionalmente adequada para a denúncia seria a ocorrência de desvios na condução dos tratados, o que conspiraria contra a defesa dos direitos humanos.
- O controle do respeito ao "efeito cliquet" deve ser feito pelo Poder Judiciário.
- A posição prevalecente sobre a denúncia de tratados de direitos humanos, entretanto, é que basta a vontade unilateral do Poder Executivo ou ainda uma lei do Poder Legislativo, ordenando ao Executivo que denunciasse o tratado no plano internacional.
- O tema da exigência da aprovação prévia do Congresso Nacional para a denúncia de um tratado foi decidido a favor da exigência na ADC n. 39.
- Em 2020, foi proposta a ADI n. 6.544 (STF, ADI n. 6.544, rel. Min. Cristiano Zanin, em trâmite em agosto de 2024) que busca declarar a inconstitucionalidade da revogação do Decreto n. 7.667 (promulgação do Tratado da Unasul). Com a nova ratificação feita pelo Brasil em 2023 (Governo Lula), espera-se a perda do objeto da ação.

Teori Zavaski), ainda não terminou o seu julgamento, o qual tende a ser idêntico ao da ADC n. 39 (em trâmite, em agosto de 2024).

5. A APLICABILIDADE IMEDIATA DAS NORMAS CONTIDAS EM TRATADOS INTERNACIONAIS DE DIREITOS HUMANOS RATIFICADOS PELO BRASIL

O art. 5º, § 1º, da Constituição determina que "as normas definidoras dos direitos e garantias fundamentais têm aplicação imediata". Essa "aplicação imediata" deve ser estendida aos *direitos previstos nos tratados de direitos humanos*, como fruto lógico da aplicação desse § 1º combinado com o § 2º do art. 5º, já exposto.

Esses direitos são *tendencialmente completos*[12], ou seja, aptos a serem invocados desde logo pelo jurisdicionado.

Essa posição foi aceita pelo STF: em caso de aplicação de direitos ao extraditando, o STF decidiu que "direitos e garantias fundamentais devem ter *eficácia imediata* (cf. art. 5º, § 1º); a vinculação direta dos órgãos estatais a esses direitos deve obrigar o Estado a guardar-lhes estrita observância. (...)" (Extr 986, rel. Min. Eros Grau, j. 15-8-2007, Plenário, *DJ* de 5-10-2007, grifo nosso).

QUADRO SINÓTICO

A aplicabilidade imediata das normas contidas em tratados internacionais de direitos humanos ratificados pelo Brasil
• O art. 5º, § 1º, da Constituição determina a aplicabilidade imediata das normas definidoras dos direitos e garantias fundamentais, a qual deve ser estendida aos direitos previstos nos tratados de direitos humanos (considerando-se o disposto no § 2º do art. 5º).
• Esses direitos são tendencialmente completos, ou seja, aptos a serem invocados desde logo pelo jurisdicionado. Essa posição foi aceita pelo STF.

6. O BLOCO DE CONSTITUCIONALIDADE

6.1. O bloco de constitucionalidade amplo

O bloco de constitucionalidade consiste no reconhecimento da existência de *outros* diplomas normativos de hierarquia constitucional, *além* da própria Constituição.

No Direito Comparado, o marco do reconhecimento da existência do bloco de constitucionalidade foi a decisão n. 71-44 DC, de 16-7-1971, do Conselho Constitucional francês, relativa à liberdade de associação, que consagrou o valor constitucional do preâmbulo da Constituição francesa de 1958, que, por sua vez, faz remissão ao preâmbulo da Constituição de 1946 e à Declaração de Direitos do Homem e do Cidadão de 1789. Em 2005, houve alteração do preâmbulo da Constituição francesa e foi agregada remissão à Carta do Meio Ambiente (*Charte de l'environment*), todos agora fazendo parte do bloco de constitucionalidade.

No Supremo Tribunal Federal em 2002, o Min. Celso de Mello constatou a existência do debate sobre o bloco de constitucionalidade, o qual influencia a atuação do STF, uma vez que os dispositivos normativos pertencentes ao bloco poderiam ser utilizados como paradigma de confronto das leis e atos normativos infraconstitucionais no âmbito do controle de constitucionalidade[13].

No texto constitucional, o art. 5º, § 2º, permite, ao dispor sobre os "direitos decorrentes" do regime, princípios e tratados de direitos humanos, o reconhecimento de um bloco de

---

[12] Para usarmos a feliz expressão de Walter Rothenburg. Ver ROTHENBURG, Walter Claudius. Direitos fundamentais e suas características, *Caderno de Direito Constitucional e Ciência Política*, n. 29, out./dez. 1999, p. 55-65, em especial p. 62.

[13] STF, ADI 595/ES, rel. Celso de Mello, 2002. Decisão publicada no *DJU* de 26-2-2002. Também disponível no *Informativo* n. 258 do STF.

constitucionalidade amplo, que alberga os direitos previstos nos tratados internacionais de direitos humanos. Contudo, até a edição da EC 45/2004, o estatuto desses tratados, na visão do STF, era equivalente à mera lei ordinária, como visto acima. Assim, no máximo, a doutrina e jurisprudência majoritárias reconheciam o valor constitucional apenas às normas expressas *ou* implícitas previstas na Constituição, devendo até mesmo ser levados em consideração os valores mencionados no preâmbulo[14].

Com a introdução do art. 5º, § 3º, o STF modificou sua posição, mas ainda situou os tratados aprovados sem o rito especial do citado parágrafo no patamar da supralegalidade. Restam, então, os tratados aprovados pelo rito especial do art. 5º, § 3º, como parte integrante de um bloco de constitucionalidade restrito.

6.2. O bloco de constitucionalidade restrito

Em que pese nossa posição de ter a redação originária da Constituição de 1988 adotado o conceito de um bloco de constitucionalidade amplo, ao dotar os tratados de direitos humanos de estatuto equivalente à norma constitucional (de acordo com o art. 5º, § 2º), essa posição é minoritária até o momento.

Assim, resta a aceitação – plena, ao que tudo indica – de um bloco de constitucionalidade restrito, que *só* abarca os tratados aprovados pelo rito especial do art. 5º, § 3º, introduzido pela Emenda Constitucional n. 45/2004.

Logo, todos os demais artigos da Constituição que tratam do princípio da supremacia da norma constitucional, como, por exemplo, os referentes ao controle difuso e concentrado de constitucionalidade (arts. 102 e 103) devem agora ser lidos como sendo componentes do mecanismo de preservação da supremacia do bloco de constitucionalidade restrito como um todo e não somente da Constituição.

A filtragem constitucional do ordenamento, ou seja, a exigência de coerência de todo o ordenamento aos valores da Constituição passa a contar também com o *filtro internacionalista* oriundo dos valores existentes nesses tratados de direitos humanos aprovados pelo rito especial. Consequentemente, as normas paramétricas de confronto no controle de constitucionalidade devem levar em consideração não só a Constituição, mas também os tratados celebrados pelo rito especial. Portanto, cabe acionar o controle abstrato e difuso de constitucionalidade, em todas as suas modalidades, para fazer valer as normas previstas nesses tratados.

Os dois primeiros tratados que foram aprovados de acordo com esse rito foram a *Convenção das Nações Unidas sobre os Direitos das Pessoas com Deficiência e seu Protocolo Facultativo*, assinados em Nova Iorque, em 30 de março de 2007. Além de robusto rol de direitos previsto na Convenção, houve a submissão brasileira ao sistema de petição das vítimas de violação de direitos previstos ao Comitê sobre os Direitos das Pessoas com Deficiência, de acordo com o Protocolo Facultativo.

O rito especial foi seguido em sua inteireza. O Presidente, na mensagem presidencial de encaminhamento do texto do futuro tratado, solicitou o rito especial. O Decreto Legislativo n. 186 foi aprovado, por maioria de 3/5 e em dois turnos em cada Casa do Congresso Nacional e publicado em 10 de junho de 2008. O Brasil depositou o instrumento de ratificação dos dois tratados (a Convenção e seu Protocolo Facultativo) junto ao Secretário-Geral das Nações Unidas em 1º de agosto de 2008 e estes entraram em vigor para o Brasil, no plano internacional, em 31 de agosto de 2008. O Decreto Presidencial n. 6.949 promulgou os textos dos dois tratados no âmbito interno, tendo sido editado em 25 de agosto de 2009, quase um ano após a validade internacional dos referidos tratados para o Brasil.

---

[14] STF, ADI 2.649, voto da Ministra Cármen Lúcia, 2008, atualizando o entendimento anterior, de ausência de força vinculante do Preâmbulo, visto na ADI 2.076-AC, de 2002.

Em 2015, foi aprovado no Congresso Nacional o "Tratado de Marraqueche para Facilitar o Acesso a Obras Publicadas às Pessoas Cegas, com Deficiência Visual ou com outras Dificuldades para ter Acesso ao Texto Impresso", concluído no âmbito da Organização Mundial da Propriedade Intelectual (OMPI), celebrado em Marraqueche, em 28 de junho de 2013, que passou a ser o terceiro tratado de direitos humanos sob o rito do art. 5º, § 3º, da CF/88.

No caso do Tratado de Marraqueche, a adoção do rito especial foi recomendada pela Exposição de Motivos conjunta ministerial (EMI n. 00004/2014 MRE SDH MinC – Ministério das Relações Exteriores, Turismo e Secretaria de Direitos Humanos, então com *status* ministerial), uma vez que o tratado em questão tem como objetivo favorecer a plena realização dos direitos das pessoas com deficiência, em consonância com as normativas internacionais de direitos humanos (*vide*, em capítulo próprio, a análise do Tratado de Marraqueche, bem como as críticas de parte da sociedade civil organizada e da Procuradoria Federal dos Direitos do Cidadão do Ministério Público Federal). Na mensagem presidencial n. 344, de 3 de novembro de 2014, não é feito nenhum pedido referente ao rito especial, mas é encaminhada a exposição de motivos conjunta. O Congresso Nacional adotou o rito especial do art. 5º, § 3º, redundando na aprovação do Decreto Legislativo n. 261, de 25 de novembro de 2015.

Esse estatuto comum aos três tratados referentes aos direitos das pessoas com deficiência dá coerência à temática, a partir da Convenção das Nações Unidas sobre os Direitos das Pessoas com Deficiência: o Protocolo Facultativo trata do direito de petição das vítimas de violação de direitos previstos na Convenção e o Tratado de Marraqueche cumpre o disposto no art. 30.3 da Convenção ("Os Estados Partes deverão tomar todas as providências, em conformidade com o direito internacional, para assegurar que a legislação de proteção dos direitos de propriedade intelectual não constitua barreira excessiva ou discriminatória ao acesso de pessoas com deficiência a bens culturais").

Os três tratados, interligados, constituem-se, então, no *arco internacional de inclusão da pessoa com deficiência* no Brasil, sendo coerente que tenham o mesmo estatuto normativo (equivalente à emenda constitucional).

O quarto tratado aprovado pelo rito especial do art. 5º, § 3º, foi a Convenção Interamericana contra o Racismo, a Discriminação Racial e Formas Correlatas de Intolerância. Na Mensagem Presidencial n. 237/16 (assinada pela Presidente Dilma Rousseff em 10-5-2016) consta da Exposição de Motivos[15] a sugestão de que o texto fosse encaminhado ao Congresso Nacional com a menção ao interesse do Poder Executivo em vê-lo aprovado de acordo com o rito especial do art. 5º, § 3º, da CF/88. A convenção foi aprovada pelo Decreto Legislativo n. 1, de 18-2-2021, o qual obedeceu ao rito especial do art. 5º, § 3º, da CF/88, dotando-a de hierarquia normativa interna equivalente à emenda constitucional. O Brasil realizou o depósito do ato internacional de ratificação em 28-5-2021, tendo sido o tratado promulgado internamente pelo Decreto n. 10.932/22.

QUADRO SINÓTICO

O bloco de constitucionalidade	
O bloco de constitucionalidade amplo	• Bloco de constitucionalidade: consiste no reconhecimento da existência de outros diplomas normativos de hierarquia constitucional, além da própria Constituição.

---

[15] Texto da mensagem e exposição de motivos disponível em <https://www.camara.leg.br/proposicoesWeb/prop_mostrarintegra?codteor=1675400&filename=Avulso+-PDC+861/2017>. Acesso em: 1º nov. 2021.

	• Marco do reconhecimento da existência do bloco de constitucionalidade: Decisão n. 71-44 DC, de 16-7-1971, do Conselho Constitucional francês, relativa à liberdade de associação. • Art. 5º, § 2º, da CF/88: permite, ao dispor sobre os "direitos decorrentes" do regime, princípios e tratados de direitos humanos, o reconhecimento de um bloco de constitucionalidade amplo, que alberga os direitos previstos nos tratados internacionais de direitos humanos. • Com o posicionamento do STF sobre a hierarquia normativa dos tratados de direitos humanos (patamar de supralegalidade), restam apenas os tratados aprovados pelo rito especial do art. 5º, § 3º, como parte integrante de um bloco de constitucionalidade restrito.
O bloco de constitucionalidade restrito	• Não obstante o disposto no art. 5º, § 2º, da Constituição permitir entender que se adotou o conceito de um bloco de constitucionalidade amplo, essa é uma posição minoritária. O bloco de constitucionalidade restrito só abarca os tratados aprovados pelo rito especial do art. 5º, § 3º, introduzido pelo Emenda Constitucional n. 45/2004. • Consequência do reconhecimento do bloco de constitucionalidade estrito: todos os dispositivos que dizem respeito ao princípio da supremacia da norma constitucional (como aqueles relativos ao controle de constitucionalidade) devem ser lidos como componentes do mecanismo de preservação da supremacia do bloco de constitucionalidade como um todo.

7. O CONTROLE DE CONVENCIONALIDADE E SUAS ESPÉCIES: O CONTROLE DE MATRIZ INTERNACIONAL E O CONTROLE DE MATRIZ NACIONAL

O *controle de convencionalidade consiste na análise da compatibilidade dos atos internos* (comissivos ou omissivos) *em face das normas internacionais* (tratados, costumes internacionais, princípios gerais de direito, atos unilaterais, resoluções vinculantes de organizações internacionais). Esse controle pode ter efeito *negativo* ou *positivo*: o efeito negativo consiste na invalidação das normas e decisões nacionais contrárias às normas internacionais, resultando no chamado *controle destrutivo ou saneador de convencionalidade;* o efeito positivo consiste na interpretação adequada das normas nacionais para que estas sejam conformes às normas internacionais (efeito positivo do controle de convencionalidade), resultando em um *controle construtivo de convencionalidade*[16].

Há duas subcategorias: (i) o controle de convencionalidade de matriz internacional, também denominado controle de convencionalidade autêntico ou definitivo; e o (ii) controle de convencionalidade de matriz nacional, também denominado *provisório* ou *preliminar*.

O *controle de convencionalidade de matriz internacional* é, em geral, atribuído a órgãos internacionais compostos por julgadores independentes, criados por tratados internacionais, para evitar que os próprios Estados sejam, ao mesmo tempo, *fiscais e fiscalizados*, criando a indesejável figura do *judex in causa sua*. Na seara dos direitos humanos, exercitam o controle

---

[16] SAGÜES, Nestor Pedro. El "control de convencionalidad" en el sistema interamericano, y sus antecipos en el ámbito de los derechos económicos-sociales. Concordancias y diferencias con el sistema europeo. In: BOGDANDY, Armin von; FIX-FIERRO, Héctor; ANTONIAZZI, Mariela Morales; MAC-GREGOR, Eduardo Ferrer (Orgs.). *Construcción y Papel de los Derechos Sociales Fundamentales. Hacia un ius constitucionale commune en América Latina*. Universidad Nacional Autônoma de México: Instituto de Investigaciones Jurídicas, 2011. Disponível em: <http://biblio.juridicas.unam.mx/libros/7/3063/16.pdf>. Acesso em: 9 ago. 2024.

de convencionalidade internacional os tribunais internacionais de direitos humanos (Corte Europeia, Interamericana e Africana), os comitês onusianos, entre outros.

Cabe mencionar também o controle de convencionalidade internacional *compulsório*, que consiste na adoção, pelo Estado, das decisões internacionais exaradas em processos internacionais de direitos humanos dos quais foi réu. Nessa hipótese, o Estado é obrigado a cumprir a interpretação internacionalista dada pelo órgão internacional prolator de decisão. A Corte Interamericana de Direitos Humanos, no Caso Gelman *vs.* Uruguai, decidiu que "quando existe uma sentença internacional ditada com caráter de coisa julgada a respeito de um Estado que tenha sido parte no caso submetido à jurisdição da Corte Interamericana, todos seus órgãos, incluídos os juízes e órgãos vinculados à administração de justiça, também estão submetidos ao tratado e à sentença deste Tribunal, o qual lhes obriga a zelar para que os efeitos das disposições da Convenção e, consequentemente, das decisões da Corte Interamericana não se vejam amesquinhadas pela aplicação de normas contrárias a seu objeto e finalidade ou por decisões judiciais ou administrativas" (Caso Gelman, supervisão de cumprimento de sentença, 20 de março de 2013, parágrafo 68).

Há ainda o controle de convencionalidade de matriz nacional, que vem a ser o exame de compatibilidade do ordenamento interno diante das normas internacionais incorporadas, realizado pelos *próprios juízes internos.* Esse controle nacional foi consagrado na França em 1975 (decisão sobre a lei de interrupção voluntária da gravidez), quando o Conselho Constitucional, tendo em vista o art. 55 da Constituição francesa sobre o estatuto supralegal dos tratados, decidiu que não lhe cabia a análise da compatibilidade de lei com tratado internacional. Essa missão deve ser efetuada pelos juízos ordinários, sob o controle da Corte de Cassação e do Conselho de Estado. Além dos juízes, é possível que o controle de convencionalidade nacional seja feito pelas autoridades administrativas, membros do Ministério Público e Defensoria Pública (no exercício de suas atribuições) e haja, inclusive, o controle preventivo de convencionalidade na análise de projetos de lei no Poder Legislativo. Consagra-se o *controle de convencionalidade de matriz nacional não jurisdicional* (Corte Interamericana de Direitos Humanos, Caso Gelman *vs.* Uruguai, supervisão de cumprimento de sentença, decisão de 20 de março de 2013, parágrafo 69).

No âmbito *jurisdicional* interno, o controle de convencionalidade nacional na seara dos direitos humanos consiste na análise da compatibilidade entre as leis (e atos normativos), decisões nacionais e os tratados internacionais de direitos humanos, realizada pelos juízes e tribunais brasileiros, no julgamento de casos concretos, nos quais devem deixar de aplicar os atos normativos que violem o referido tratado.

É óbvio que *nem sempre os resultados do controle de convencionalidade internacional coincidirão com os do controle nacional.* Por exemplo, um Tribunal interno pode afirmar que determinada norma legal brasileira é compatível com um tratado de direitos humanos; em seguida, um órgão internacional de direitos humanos, ao analisar a mesma situação, pode chegar à conclusão de que a referida lei *viola* o tratado.

Há diferenças, portanto, entre o controle de convencionalidade internacional e o controle de convencionalidade nacional.

i) Quanto ao parâmetro de confronto e objeto do controle

O parâmetro de confronto no controle de convencionalidade internacional é a norma internacional, em geral um determinado tratado. Já o objeto desse controle é toda norma ou decisão interna, não importando a sua hierarquia nacional. Como exemplo, o controle de convencionalidade internacional exercido pelos tribunais internacionais pode inclusive analisar a compatibilidade de uma norma oriunda do Poder Constituinte Originário com as normas previstas em um tratado internacional de direitos humanos. No caso do *controle de convencionalidade nacional no Brasil*, os juízes e os tribunais internos não ousam submeter uma norma do Poder Constituinte Originário à análise da compatibilidade com um determinado tratado de direitos humanos. O Supremo Tribunal Federal, em precedente antigo, sustentou que "*O STF não tem jurisdição para fiscalizar a validade das normas aprovadas pelo poder constituinte originário*" (ADI n. 815, rel. Min. Moreira Alves, j. 28-3-1996, Plenário, *DJ* de 10-5-1996, grifo meu). Assim, há limite de objeto do controle de convencionalidade nacional, o que o restringe.

ii) Quanto à hierarquia do tratado-parâmetro

No controle de convencionalidade nacional, a hierarquia do tratado-parâmetro depende do próprio Direito Nacional, que estabelece o estatuto dos tratados internacionais. No caso brasileiro, há tratados de direitos humanos de estatura *supralegal e constitucional*, na visão atual do Supremo Tribunal Federal, como vimos acima. Já no controle de convencionalidade internacional, o tratado de direitos humanos é sempre a norma paramétrica superior. Todo o ordenamento nacional lhe deve obediência, inclusive as normas constitucionais originárias.

iii) Quanto à interpretação

A interpretação do que é compatível ou incompatível com o tratado-parâmetro não é a mesma. Há tribunais internos que se socorrem de normas previstas em tratados sem sequer mencionar qual é a interpretação dada a tais dispositivos pelos órgãos internacionais, levando a conclusões divergentes. O controle de convencionalidade nacional pode levar a violação das normas contidas nos tratados tal qual interpretadas pelos órgãos internacionais. Isso desvaloriza a própria ideia de primazia dos tratados de direitos humanos, implícita na afirmação da existência de um controle de *convencionalidade*.

Em virtude de tais diferenças, na sentença contra o Brasil no Caso *Gomes Lund* (caso da "Guerrilha do Araguaia"), na Corte Interamericana de Direitos Humanos, o juiz *ad hoc* indicado pelo próprio Brasil, Roberto Caldas, em seu voto concordante em separado, assinalou que "se aos tribunais supremos ou aos constitucionais nacionais incumbe o controle de constitucionalidade e a última palavra judicial no âmbito interno dos Estados, à Corte Interamericana de Direitos Humanos cabe o controle de convencionalidade e a última palavra quando o tema encerre debate sobre direitos humanos. É o que decorre do reconhecimento formal da competência jurisdicional da Corte por um Estado, como o fez o Brasil"[17].

O *controle nacional é importante*, ainda mais se a hierarquia interna dos tratados for equivalente à norma constitucional ou quiçá supraconstitucional. Deve-se evitar, contudo, a adoção de um controle de convencionalidade nacional (jurisdicional ou não jurisdicional) isolado, que *não dialoga* com a interpretação internacionalista dos direitos humanos, uma vez que tal conduta nega a universalidade dos direitos humanos e desrespeita o comando dos tratados celebrados pelo Brasil. Assim, o controle nacional deverá dialogar com a interpretação ofertada pelo controle de convencionalidade internacional, para que possamos chegar à conclusão de que os tratados foram efetivamente cumpridos.

Defendemos, então, que os controles nacionais e o controle de convencionalidade internacional interajam, permitindo o diálogo entre o Direito Interno e o Direito Internacional, em especial quanto às interpretações fornecidas pelos órgãos internacionais cuja jurisdição o Brasil reconheceu. Esse diálogo será visto logo a seguir.

A Corte Interamericana de Direitos Humanos utiliza essa mesma divisão (entre o controle de matriz nacional e o de matriz internacional). O controle de matriz nacional é denominado

---

[17] Voto concordante do juiz *ad hoc* Roberto Caldas, Corte Interamericana de Direitos Humanos, *Caso Gomes Lund e outros vs. Brasil*, julgamento de 24-11-2010.

"controle de convencionalidade preventivo" e é baseado na hierarquia nacional dos tratados. Por isso, a Corte admite a hipótese de o controle de convencionalidade nacional resolver que a ordem jurídica nacional prevalece sobre o que está contemplado nos tratados de direitos humanos. Mas, caso isso ocorra, o Judiciário nacional (caso esse controle preventivo seja judicial), "assumirá o risco de que a questão possa ser levada ao Sistema Interamericano de Direitos Humanos e que, consequentemente, a Corte possa declarar a responsabilidade internacional do Estado".

Também a Corte reconhece (tal qual este *Curso*) que o controle de matriz nacional é "útil e necessário", pois (i) desempenha um papel "relevante e insubstituível", especialmente em relação à incorporação da Convenção ao Direito Interno e ainda permite "socializar entre os agentes estatais a ideia de que eles deveriam buscar a aplicação da Convenção como parte de seu próprio sistema jurídico, e isto em vista de não incorrer o Estado em responsabilidade internacional"[18].

QUADRO SINÓTICO

O controle de convencionalidade e suas espécies: o controle internacional e o controle nacional	
Controle de convencionalidade internacional	• Conceito: consiste na análise da compatibilidade dos atos internos (comissivos ou omissivos) em face das normas internacionais (tratados, costumes internacionais, princípios gerais de direito, atos unilaterais, resoluções vinculantes de organizações internacionais), realizada por órgãos internacionais. • É, em geral, atribuído a órgãos compostos por julgadores independentes, criados por tratados internacionais, para evitar que os próprios Estados sejam, ao mesmo tempo, fiscais e fiscalizados. É, portanto, fruto da ação do intérprete autêntico - os órgãos internacionais.
Controle de convencionalidade nacional	• Conceito: consiste no exame de compatibilidade do ordenamento interno diante das normas internacionais incorporadas, realizado pelos próprios Tribunais internos. • No Brasil, o controle de convencionalidade nacional na seara dos direitos humanos consiste na análise da compatibilidade entre as leis (e atos normativos) e os tratados internacionais de direitos humanos, realizada pelos juízes e tribunais brasileiros, no julgamento de casos concretos.
Diferenças entre controle de convencionalidade internacional e nacional	1) O parâmetro de confronto no controle de convencionalidade internacional é a norma internacional; seu objeto é toda norma interna, não importando a sua hierarquia nacional, podendo mesmo ser oriunda do Poder Constituinte Originário. No controle nacional, há limite ao objeto de controle, uma vez que não se analisam normas do Poder Constituinte Originário. 2) No controle de convencionalidade nacional, a hierarquia do tratado-parâmetro depende do próprio Direito Nacional, que estabelece o estatuto dos tratados internacionais. No controle de convencionalidade internacional, o tratado de direitos humanos é sempre a norma paramétrica superior. 3) A interpretação do que é compatível ou incompatível com o tratado-parâmetro não é a mesma e o controle nacional nem sempre resulta em preservação dos comandos das normas contidas nos tratados tal qual interpretados pelos órgãos internacionais.

---

[18] Trechos extraídos dos parágrafos 132 e 133 do Parecer Consultivo n. 24, de 2017, da Corte IDH sobre identidade de gênero, igualdade e não discriminação de casais do mesmo sexo (analisado neste *Curso*).

8. "O DIÁLOGO DAS CORTES" E SEUS PARÂMETROS

Outro ponto importante da ratificação, pelo Brasil, dos tratados internacionais de direitos humanos é o reconhecimento da supervisão e controle internacionais sobre o cumprimento de tais normas.

Até o momento (2024), a situação brasileira é a seguinte:

1) em 1998, o Estado brasileiro reconheceu a jurisdição obrigatória e vinculante da Corte Interamericana de Direitos Humanos, órgão da *Convenção Americana de Direitos Humanos*;

2) em 2002, o Brasil aderiu ao *Protocolo Facultativo à Convenção para a Eliminação de Todas as Formas de Discriminação contra a Mulher,* conferindo, então, poder ao seu Comitê para receber petições de vítimas de violações de direitos protegidos nesta Convenção[19];

3) em 2002, o Brasil também reconheceu a competência do Comitê para a Eliminação de Toda a Forma de Discriminação Racial para receber e analisar denúncias de vítimas de violação de direitos protegidos pela *Convenção sobre a Eliminação de Todas as Formas de Discriminação Racial*, por ato internacional depositado junto ao Secretariado Geral da ONU[20];

4) em 2006, o Brasil reconheceu a competência do Comitê contra a Tortura para receber e analisar petições de vítimas contra o Brasil. Em 2007, o Brasil adotou o Protocolo Facultativo à Convenção contra a Tortura e Outros Tratamentos ou Penas Cruéis, Desumanos ou Degradantes, que estabelece a competência, para fins preventivos, do Subcomitê de Prevenção da Tortura e outros Tratamentos ou Penas Cruéis, Desumanos ou Degradantes do Comitê contra a Tortura[21];

5) o Brasil reconheceu a competência do Comitê dos Direitos das Pessoas com Deficiência para receber petições de vítimas de violações desses direitos[22];

6) em 2009, o Brasil deu um passo adiante, após o Congresso ter aprovado a adesão brasileira ao Primeiro Protocolo Facultativo ao Pacto Internacional sobre Direitos Civis e Políticos[23]; houve sua ratificação em 25 de setembro de 2009, permitindo a propositura de petições de vítimas de violações de direitos protegidos no citado Pacto ao Comitê de Direitos Humanos (somente em 2023 houve a promulgação interna desse tratado[24]);

7) em 2017, o Brasil ratificou o Protocolo Facultativo à Convenção sobre os Direitos da Criança relativo aos procedimentos de comunicação.

Assim, o Brasil deu um passo importante rumo à concretização do universalismo, aceitando a interpretação *internacional* dos direitos humanos[25]. Assim, temos a seguinte situação: no plano nacional, há juízes e tribunais que interpretam cotidianamente esses

---

[19] Decreto n. 4.316, de 30 de julho de 2002.

[20] Apenas em 12 de junho de 2003 (quase um ano depois) houve a internalização do referido ato, por meio da edição de Decreto n. 4.738/2003.

[21] Decreto n. 6.085, de 19 de abril de 2007.

[22] Decreto n. 6.949, de 25 de agosto de 2009.

[23] Decreto Legislativo n. 311, publicado no DSF de 17 de junho de 2009. Aprova o texto do Protocolo Facultativo ao Pacto Internacional sobre Direitos Civis e Políticos, adotado em Nova Iorque, em 16 de dezembro de 1966, e do Segundo Protocolo Facultativo ao Pacto Internacional sobre Direitos Civis e Políticos com vistas à Abolição da Pena de Morte, adotado e proclamado pela Resolução n. 44/128, de 15 de dezembro de 1989, com a reserva expressa no seu art. 2º.

[24] Decreto n. 11.777, de 9 de novembro de 2023.

[25] Sobre a interpretação internacionalista dos tratados, em contraposição à interpretação nacionalista (que cria os "tratados internacionais nacionais") ver minha obra: *Processo internacional de direitos humanos.* 7. ed., São Paulo: Saraiva, 2022.

tratados de direitos humanos. No plano internacional, há órgãos internacionais que podem ser acionados, caso a *interpretação nacional* desses tratados seja *incompatível* com o entendimento internacional.

Por isso, foi mencionada acima a necessidade de compatibilização entre o resultado do controle de convencionalidade nacional com o decidido no controle de convencionalidade internacional. Não seria razoável, por exemplo, que, ao julgar a aplicação de determinado artigo da *Convenção Americana de Direitos Humanos*, o STF optasse por interpretação não acolhida pela própria Corte Interamericana de Direitos Humanos, abrindo a possibilidade de eventual sentença desta Corte *contra* o Brasil.

Com foco especialmente no *diálogo interamericano* e no papel dos juízes brasileiros na aplicação dos parâmetros interamericanos (especialmente da Corte Interamericana de Direitos Humanos), decidiu o Superior Tribunal de Justiça (5ª Turma), no caso de cumprimento de medida provisória da Corte IDH a respeito da situação do Instituto Penal Plácido de Sá Carvalho no Rio de Janeiro (IPPSC), que: "Os juízes nacionais devem agir como juízes interamericanos e estabelecer o diálogo entre o direito interno e o direito internacional dos direitos humanos, até mesmo para diminuir violações e abreviar as demandas internacionais. É com tal espírito hermenêutico que se dessume que, na hipótese, a melhor interpretação a ser dada é pela aplicação a Resolução da Corte Interamericana de Direitos Humanos, de 22 de novembro de 2018 a todo o período em que o recorrente cumpriu pena no IPPSC" (STJ, AgRg no Recurso em HC 136.961/RJ, Quinta Turma, rel. Min. Reynaldo Soares da Fonseca, j. 15-6-2021).

Esse "Diálogo das Cortes" deve ser realizado internamente, para impedir violações de direitos humanos oriundas de interpretações nacionais equivocadas dos tratados. Para evitar que o "Diálogo das Cortes" seja mera peça de retórica judicial, há que se levar em consideração os seguintes parâmetros na análise de uma decisão judicial nacional, para que se determine a existência de um "Diálogo" efetivo:

1) a menção à existência de dispositivos internacionais convencionais ou extraconvencionais de direitos humanos vinculantes ao Brasil sobre o tema;

2) a menção à existência de caso internacional contra o Brasil sobre o objeto da lide e as consequências disso reconhecidas pelo Tribunal;

3) a menção à existência de jurisprudência anterior sobre o objeto da lide de órgãos internacionais de direitos humanos aptos a emitir decisões vinculantes ao Brasil;

4) o peso dado aos dispositivos de direitos humanos e à jurisprudência internacional[26].

Claro que não é possível obrigar os juízes nacionais ao "Diálogo das Cortes", pois isso desnaturaria a independência funcional e o Estado Democrático de Direito. Assim, no caso de o diálogo inexistir ou ser insuficiente, deve ser aplicada a *teoria do duplo controle ou crivo de direitos humanos*, que reconhece a atuação em separado do controle de constitucionalidade (STF e juízos nacionais) e do controle de convencionalidade internacional (órgãos de direitos humanos do plano internacional).

Os direitos humanos, então, no Brasil possuem uma dupla garantia: o controle de constitucionalidade nacional e o controle de convencionalidade internacional. Qualquer ato ou norma deve ser aprovado pelos dois controles, para que sejam respeitados os direitos no Brasil, como veremos a seguir.

---

[26] A posição do Autor deste *Curso* sobre o "Diálogo das Cortes" consta do voto do Min. Fachin, na Extradição n. 1.362. Extradição n. 1.362/Argentina, relator para o acórdão Min. Teori Zavascki, julgamento finalizado em 9-11-2016.

> **QUADRO SINÓTICO**
>
> **"O Diálogo das Cortes" e seus parâmetros**
>
> - Reconhecimento da supervisão e controle internacionais sobre o cumprimento dos tratados internacionais de direitos humanos pelo Brasil:
>   1) 1998: reconhecimento da jurisdição obrigatória e vinculante da Corte Interamericana de Direitos Humanos;
>   2) 2002: adesão ao Protocolo Facultativo à Convenção para a Eliminação de Todas as Formas de Discriminação contra a Mulher, conferindo poder ao seu Comitê para receber petições de vítimas de violações de direitos protegidos nesta Convenção;
>   3) 2002: reconhecimento da competência do Comitê para a Eliminação de Toda a Forma de Discriminação Racial para receber e analisar denúncias de vítimas de violação de direitos protegidos pela Convenção sobre a Eliminação de Todas as Formas de Discriminação Racial;
>   4) 2006: reconhecimento da competência do Comitê contra a Tortura. 2007: adoção do Protocolo Facultativo à Convenção contra a Tortura e Outros Tratamentos ou Penas Cruéis, Desumanos ou Degradantes, que estabelece a competência, para fins preventivos, do Subcomitê de Prevenção da Tortura e outros Tratamentos ou Penas Cruéis, Desumanos ou Degradantes do Comitê contra a Tortura;
>   5) 2009: reconhecimento da competência do - Deficiência para receber petições de vítimas de violações desses direitos;
>   6) 2009: aprovação pelo Congresso e ratificação do Primeiro Protocolo Facultativo ao Pacto Internacional sobre Direitos Civis e Políticos, permitindo a propositura de petições de vítimas de violações de direitos protegidos no citado Pacto ao Comitê de Direitos Humanos; somente em 2023, houve a promulgação interna desse tratado.
>   7) em 2017, o Brasil ratificou o Protocolo Facultativo à Convenção sobre os Direitos da Criança relativo aos procedimentos de comunicação.
> - Necessidade de compatibilização entre o resultado do controle de convencionalidade nacional com o decidido no controle de convencionalidade internacional. Ideia de um "Diálogo das Cortes", já que tanto o STF quanto os órgãos internacionais de direitos humanos cumprem a mesma missão de assegurar o respeito à dignidade humana e aos direitos fundamentais.
> - Teoria do duplo controle ou crivo de direitos humanos: reconhece a atuação em separado do controle de constitucionalidade nacional (STF e juízos nacionais) e do controle de convencionalidade internacional (órgãos de direitos humanos do plano internacional).

9. A CRISE DOS "TRATADOS INTERNACIONAIS NACIONAIS" E A SUPERAÇÃO DO CONFLITO ENTRE DECISÕES SOBRE DIREITOS HUMANOS: A TEORIA DO DUPLO CONTROLE

Caso paradigmático do "beco sem saída" da interpretação nacionalista dos tratados ocorreu no chamado "Caso da Guerrilha do Araguaia". Pela primeira vez, um tema (superação – ou não – da anistia a agentes da ditadura militar brasileira) foi analisado pelo Supremo Tribunal Federal *e* pela Corte Interamericana de Direitos Humanos. No âmbito do STF, foi proposta, em outubro de 2008, pelo Conselho Federal da Ordem dos Advogados do Brasil (OAB), uma Arguição de Descumprimento de Preceito Fundamental (ADPF 153), pedindo que fosse interpretado o parágrafo único do art. 1º da Lei n. 6.683, de 1979 (Lei da Anistia), conforme a Constituição de 1988, de modo a declarar que a anistia concedida pela citada lei aos crimes políticos ou conexos *não* se estende aos crimes comuns praticados pelos agentes da repressão (civis ou militares) contra opositores políticos, durante o regime militar.

Por sua vez, em 26 de março de 2009, a Comissão Interamericana de Direitos Humanos (Comissão IDH) processou o Brasil perante a Corte Interamericana de Direitos Humanos (Corte IDH, sediada em San José, guardiã da Convenção Americana de Direitos Humanos), no chamado *Caso Gomes Lund e outros contra o Brasil,* invocando, ao seu favor (entre outros argumentos), a copiosa jurisprudência da Corte IDH *contrária* às leis de anistia e favorável ao dever de investigação, persecução e punição penal dos violadores bárbaros de direitos humanos.

A ADPF 153 foi julgada em 28 de abril de 2010, tendo o STF decidido que a Lei da Anistia *alcança os agentes da ditadura militar*, tornando *impossível* a persecução criminal pelas graves violações de direitos humanos ocorridas na época dos "anos de chumbo". Chama a atenção que, novamente, ignorou-se a *interpretação internacional* da Convenção Americana de Direitos Humanos, de responsabilidade da Corte Interamericana de Direitos Humanos (Corte IDH).

Contudo, em 24 de novembro de 2010, meses após a decisão do STF, a Corte IDH *condenou* o Brasil no Caso *Gomes Lund*, exigindo que fosse feita completa investigação, persecução e punição criminal aos agentes da repressão política durante a ditadura militar, mandando o Brasil desconsiderar, então, a anistia para tais indivíduos.

Como cumprir a decisão da Corte IDH? Inicialmente, parto da seguinte premissa: não há conflito insolúvel entre as decisões do STF e da Corte IDH, uma vez que ambos os tribunais têm a incumbência de proteger os direitos humanos. Adoto assim a *teoria do duplo controle* ou *crivo de direitos humanos*, que reconhece a atuação em separado do controle de constitucionalidade (STF e juízos nacionais) e do controle de convencionalidade internacional (Corte de San José e outros órgãos de direitos humanos do plano internacional).

Os direitos humanos, então, no Brasil possuem uma *dupla* garantia: o *controle de constitucionalidade e o controle de convencionalidade internacional*. Qualquer ato ou norma deve ser aprovado pelos dois controles, para que sejam respeitados os direitos no Brasil. Esse *duplo controle* parte da constatação de uma verdadeira separação de atuações, na qual inexistiria conflito real entre as decisões porque cada Tribunal age em esferas distintas e com fundamentos diversos.

De um lado, o STF, que é o guardião da Constituição e exerce o controle de *constitucionalidade*. Por exemplo, na ADPF 153 (controle abstrato de constitucionalidade), a maioria dos votos decidiu que o *formato amplo de anistia* foi recepcionado pela nova ordem constitucional. Por outro lado, a Corte de San José é guardiã da Convenção Americana de Direitos Humanos e dos tratados de direitos humanos que possam ser conexos. Exerce, então, o controle de *convencionalidade de matriz internacional*. Para a Corte IDH, a Lei da Anistia *não é passível* de ser invocada pelos agentes da ditadura.

Com base nessa separação, é possível dirimir o conflito aparente entre uma decisão do STF e da Corte de San José. Assim, ao mesmo tempo em que se respeita o crivo de *constitucionalidade* do STF, deve ser *incorporado* o crivo de *convencionalidade* da Corte Interamericana de Direitos Humanos. Todo ato interno (não importa a natureza ou origem) deve obediência aos dois crivos. Caso não supere um deles (por violar direitos humanos), deve o Estado envidar todos os esforços para cessar a conduta ilícita e reparar os danos causados. No caso da ADPF 153, houve o controle de constitucionalidade. No caso *Gomes Lund*, houve o controle de convencionalidade. A anistia aos agentes da ditadura, para subsistir, deveria ter sobrevivido intacta aos dois controles, mas só passou (com votos contrários, diga-se) por um, o controle de constitucionalidade. Foi destroçada no controle de convencionalidade. Cabe, agora, aos órgãos internos (Ministério Público, Poderes Executivo, Legislativo e Judiciário) cumprirem a sentença internacional.

A partir da *teoria do duplo controle*, agora deveremos exigir que todo ato interno se conforme não só ao teor da jurisprudência do STF, mas também ao teor da jurisprudência interamericana, cujo conteúdo deve ser estudado já nas Faculdades de Direito.

Só assim será possível evitar o antagonismo entre o Supremo Tribunal Federal e os órgãos internacionais de direitos humanos, evitando a ruptura e estimulando a convergência em prol dos direitos humanos.

> **QUADRO SINÓTICO**
>
> **A crise dos "tratados internacionais nacionais" e a superação do conflito entre decisões sobre direitos humanos: a teoria do duplo controle**
>
> - Há um dever primário de cada Estado de proteger os direitos humanos. Consequentemente, tem-se que a jurisdição internacional é subsidiária, agindo na falha do Estado.
> - A principal característica da interpretação internacional dos direitos humanos é ser contramajoritária, porque as violações que chegam ao crivo internacional não foram reparadas mesmo após o esgotamento dos recursos internos.
> - Interpretação contramajoritária: concretiza o ideal universalista do Direito Internacional dos Direitos Humanos, saindo do abstrato das Declarações de Direitos e tratados internacionais e chegando ao concreto da interpretação e aplicação dessas normas no cotidiano dos povos.
> - Não é suficiente ratificar e incorporar tratados de direitos humanos ou ainda defender seu estatuto normativo especial (supralegal ou mesmo constitucional), sem que se aceite a consequência da internacionalização dos direitos humanos: o acatamento da interpretação internacional sobre esses direitos.
> - Teoria do duplo controle ou crivo de direitos humanos: reconhece a atuação em separado do controle de constitucionalidade (STF e juízos nacionais) e do controle de convencionalidade (Corte de San José e outros órgãos de direitos humanos do plano internacional). A partir dessa teoria, deve-se exigir que todo ato interno se conforme não só ao teor da jurisprudência do STF, mas também ao teor da jurisprudência interamericana. Com isso, evita-se o antagonismo entre o STF e os órgãos internacionais de direitos humanos, evitando a ruptura e estimulando a convergência em prol dos direitos humanos.

10. A COMPETÊNCIA DA JUSTIÇA FEDERAL NAS HIPÓTESES DE GRAVE VIOLAÇÃO DE DIREITOS HUMANOS

10.1. O incidente de deslocamento de competência: origens e trâmite

A Emenda Constitucional n. 45/2004 introduziu um novo § 5º no art. 109, estabelecendo que, nas hipóteses de grave violação de direitos humanos, o Procurador-Geral da República, com a finalidade de assegurar o cumprimento de obrigações decorrentes de tratados internacionais de direitos humanos dos quais o Brasil seja parte, poderá suscitar, perante o Superior Tribunal de Justiça, em qualquer fase do inquérito ou processo, incidente de deslocamento de competência para a Justiça Federal. Simultaneamente, foi introduzido o novo inciso V-A no art. 109, que determina que compete aos juízes federais julgar "as causas relativas a direitos humanos a que se refere o § 5º deste artigo".

Ficou, assim, constituído o "incidente de deslocamento de competência" (IDC), com seis elementos principais, a saber:

1) Legitimidade exclusiva de propositura do Procurador-Geral da República.

2) Competência privativa do Superior Tribunal de Justiça, para conhecer e decidir, com recurso ao STF (recurso extraordinário).

3) Abrangência cível ou criminal dos feitos deslocados, bem como de qualquer espécie de direitos humanos (abarcando todas as gerações de direitos) desde que se refiram a casos de "graves violações" de tais direitos.

4) Permite o deslocamento na fase pré-processual (ex., inquérito policial ou inquérito civil público) ou já na fase processual.

5) Relaciona-se ao cumprimento de obrigações decorrentes de tratados de direitos humanos celebrados pelo Brasil.

6) Fixa a competência da Justiça Federal e do Ministério Público Federal para atuar no feito deslocado.

10.2. A motivação para a criação do IDC e requisitos para seu deferimento

A motivação para a criação do IDC foi o Direito Internacional, que não admite que o Estado justifique o descumprimento de determinada obrigação em nome do respeito a "competências internas de entes federados". O Estado Federal é uno para o Direito Internacional e passível de responsabilização, mesmo quando o fato internacionalmente ilícito seja da atribuição interna de um Estado-membro da Federação[27]. Esse entendimento é parte integrante do Direito dos Tratados[28] e do Direito Internacional costumeiro.

Com isso, o IDC decorre da internacionalização dos direitos humanos e, em especial, do dever internacional assumido pelo Estado brasileiro de estabelecer recursos internos eficazes e de duração razoável.

Ficou consagrado, então, um instrumento que, ao lado da (i) intervenção federal por violação dos direitos da pessoa humana (art. 34, VII, *b*, da CF/88) e da (ii) autorização prevista na Lei n. 10.446/2002 para atuação da Polícia Federal em investigações de crime de competência estadual, possibilita à União cumprir obrigações internacionais de defesa de direitos humanos.

Com isso, na medida em que haja inércia ou dificuldades materiais aos agentes locais, pode o Chefe do Ministério Público Federal, o Procurador-Geral da República, requerer ao Superior Tribunal de Justiça (STJ) o deslocamento do feito, em qualquer fase e de qualquer espécie (cível ou criminal) para a Justiça Federal. De acordo com a Resolução n. 06/2005 do Superior Tribunal de Justiça, a competência para o julgamento do incidente será da Terceira Seção, composta pelos Ministros da 5ª e 6ª Turmas do STJ. Curiosamente, ambas as turmas têm competência criminal, mas o IDC pode ser proposto em face de ações não criminais, pois a CF/88 menciona genericamente "grave violação de direitos humanos" (*vide* abaixo essa discussão no IDC n. 23).

O deslocamento da competência deverá ser deferido quando:

i) ocorrer grave violação aos direitos humanos;

ii) estiver evidenciada uma conduta das autoridades estaduais reveladora de *falha proposital ou por negligência, imperícia, imprudência* na condução de seus atos, que vulnerem o direito a ser protegido, ou ainda que revele *demora injustificada* na investigação ou prestação jurisdicional (*vide* abaixo a possibilidade do IDC Preventivo ou Imediato);

iii) existir o risco de responsabilização internacional do Brasil, por descumprimento de nossas obrigações internacionais de direitos humanos.

Assim, não basta que ocorra uma "grave violação de direitos humanos": é necessário que a conduta da autoridade estadual revele comportamento reprovável que amesquinha as obrigações internacionais de direitos humanos assumidas pelo Brasil. Contudo, no julgamento em setembro de 2023 da ADI n. 3.486/DF e da ADI n. 3.493/DF, o Min. Relator Dias Toffoli, em *obiter dictum*, defendeu o fim do requisito da inércia, incapacidade ou ausência de condições materiais dos entes federados, o que pode acarretar a superação da "Doutrina Stang" do STJ (pois foi reconhecido tal requisito já no IDC n. 1) e o surgimento do *IDC Preventivo ou Imediato*, como veremos abaixo.

---

[27] CARVALHO RAMOS, André de. *Responsabilidade internacional por violação de direitos humanos*. Rio de Janeiro: Renovar, 2004, p. 192 e s.

[28] A *Convenção de Viena sobre Direito dos Tratados* estabelece em seu art. 27 que "uma parte não pode invocar as disposições de seu direito interno para justificar o descumprimento de um tratado. Esta regra não prejudica o artigo 46". Ainda, estipula o art. 29 que um tratado, em geral, é aplicável em todo o território de um Estado, o que também é válido para os Estados Federais.

10.3. A prática do deslocamento

Deslocado o feito, a Justiça Federal será definida de acordo com as demais peculiaridades do caso, observando-se todas as demais regras constitucionais e legais de competência (salvo a que foi superada pela concessão do deslocamento). Assim, em caso de crime doloso contra a vida, a competência do Tribunal do Júri Estadual será deslocada para o Tribunal do Júri Federal. Se for caso de foro por prerrogativa de função, será observado tal foro agora na esfera federal: por exemplo, no caso de federalização de causa originária perante o Tribunal de Justiça, o competente será o Tribunal Regional Federal da região que abranger o Estado respectivo.

Apesar de ter sido julgado improcedente, o primeiro Incidente de Deslocamento de Competência (IDC) requerido pela Procuradoria-Geral da República, o IDC 01 referente ao homicídio de *Dorothy Stang*, é fonte preciosa para análise do novel instituto. Em primeiro lugar, o STJ conheceu o pedido e assim confirmou sua constitucionalidade. Citando expressamente a *Convenção Americana de Direitos Humanos*, decidiu o STJ que "todo homicídio doloso, independentemente da condição pessoal da vítima e/ou da repercussão do fato no cenário nacional ou internacional, representa grave violação ao maior e mais importante de todos os direitos do ser humano, que é o direito à vida, previsto no art. 4º, n. 1, da Convenção Americana sobre Direitos Humanos, da qual o Brasil é signatário" (Incidente de Deslocamento de Competência n. 1/PA, rel. Min. Arnaldo Esteves, Brasília, 8-6-2005, publicado em 10-10-2005).

Ainda neste mesmo caso decidiu-se que o deslocamento de competência exige "demonstração concreta de risco de descumprimento de obrigações decorrentes de tratados internacionais firmados pelo Brasil, resultante da inércia, negligência, falta de vontade política ou de condições reais do Estado-membro, por suas instituições, em proceder à devida persecução penal".

Em 2010, o STJ *concedeu* a primeira federalização de grave violação de direitos humanos relacionada ao homicídio do defensor de direitos humanos Manoel Mattos, assassinado em janeiro de 2009, após ter incessantemente noticiado a atuação de grupos de extermínio na fronteira de Pernambuco e Paraíba. A Procuradoria Geral da República requereu ao Superior Tribunal de Justiça (STJ) a federalização do caso (IDC), tendo o STJ, por maioria (rel. Min. Laurita Vaz), acatado o pleito[29].

Até agosto de 2024, a Procuradoria-Geral da República propôs 15 incidentes de deslocamento de competência (o último em dezembro de 2023), nos seguintes casos:

1) IDC n. 1 – Caso do homicídio de Dorothy Stang, julgado **improcedente** (STJ, IDC 1/PA, rel. Min. Arnaldo Esteves Lima, Terceira Seção, j. 8-6-2005, *DJ*, de 10-10-2005, p. 217).

2) IDC n. 2 – Caso do homicídio de Manoel Mattos, julgado **parcialmente procedente** e deslocado o caso do homicídio de Manoel Mattos para a Justiça Federal, não tendo sido deslocada a investigação sobre o grupo de extermínio (STJ, IDC 2/DF, rel. Min. Laurita Vaz, Terceira Seção, j. 27-10-2010, *DJe*, de 22-11-2010).

3) IDC n. 3 – Caso da atuação de grupos de extermínio e violência policial em Goiás, julgado **parcialmente procedente** para deslocar casos de violência policial e desaparecimento forçado (STJ, IDC 3/GO, rel. Min. Jorge Mussi, Terceira Seção, j. 10-12-2014, *DJe*, de 2-2-2015).

4) IDC n. 5 – Caso do homicídio do Promotor de Justiça Thiago Faria Soares, julgado **procedente**. Nesse caso, a falha na conduta das autoridades estaduais foi, de modo inédito, a falta de entendimento entre *a Polícia Civil e o Ministério Público estadual*, o que, na visão do STJ, poderia gerar uma investigação criminal precária e, consequentemente, a impunidade dos autores do crime (STJ, IDC 5/PE, rel. Rogério Schietti Cruz, Terceira Seção, j. 13-8-2014, *DJe*, de 1º-9-2014).

---

[29] IDC 2/DF, rel. Min. Laurita Vaz, Terceira Seção, j. 27-10-2010, *DJe* de 22-11-2010.

5) O IDC n. 9 – Caso Parque Bristol, fruto da impunidade dos autores dos chamados "crimes de maio de 2006", que foram a execução sumária – com suspeita de envolvimento de policiais – de diversas pessoas, após rebeliões em presídios e ataques contra policiais no Estado de São Paulo, em maio de 2006. O IDC foi proposto pela PGR em 2016 e foi julgado **procedente** em agosto de 2022. Foi determinada a reabertura e a transferência, para a Justiça Federal, de inquéritos relativos ao caso. Esse caso é importante, porque consolida a tese de que o arquivamento de inquéritos na seara estadual não impede a federalização e a automática *reabertura* dos inquéritos criminais (agora federais), os quais não dependem do cumprimento do art. 18 do CPP (art. 18 – "Depois de ordenado o arquivamento do inquérito pela autoridade judiciária, por falta de base para a denúncia, a autoridade policial poderá proceder a novas pesquisas, se de outras provas tiver notícia"). A decisão foi tomada à unanimidade pela Terceira Seção do STJ (STJ, IDC 9/SP, nel. Min. João Noronha, Terceira Seção, j. 10-8-2022).

6) O IDC n. 10 – Caso da Chacina do Cabula, que é um caso de múltiplos homicídios cujos acusados (policiais) foram absolvidos sumariamente em 1º grau na Justiça da Bahia. O deslocamento foi *indeferido*, tendo o relator, Min. Reynaldo Soares da Fonseca, entendido que o IDC seria "medida excepcionalíssima" e que os percalços do processo penal na Bahia não chegaram a comprometer as funções de apuração, processamento e julgamento do caso, uma vez que o próprio Tribunal de Justiça da Bahia havia dado provimento ao recurso do Ministério Público do Estado (STJ, IDC 10, rel. Min. Reynaldo Soares da Fonseca, Terceira Seção, j. 28-11-2018)).

7) IDC n. 14 – Caso da greve dos policiais militares do Espírito Santo. Tratou-se de greve de policiais militares por mais de vinte dias no Estado do Espírito Santo, tendo sido registradas na época (2017) mais de 210 mortes, saques, arrombamentos de estabelecimentos comerciais, roubos etc. Por maioria, a Terceira Seção do STJ *indeferiu* o deslocamento. Pelo voto da relatora, Min. Maria Thereza de Assis Moura, inexistiu prova da inércia ou leniência das autoridades encarregadas da investigação e persecução da cúpula da polícia militar envolvida (STJ, IDC 14, rel. Min. Maria Thereza de Assis Moura, j. 22-8-2018).

8) IDC n. 15 – Trata-se de pedido de deslocamento, para a Justiça Federal do Estado do Ceará, preferencialmente para a sede da Seção Judiciária do Ceará (Fortaleza), das investigações e ações penais relativas a casos (a maioria era formada por homicídios) praticados em contexto de atuação de grupos de extermínio, com relato de participação de autoridades e agentes de segurança pública locais. Para o Relator, ficou comprovada a incapacidade dos agentes públicos na condução de investigações, seja por inércia, seja por falta de vontade de apurar os fatos, de identificar os autores dos homicídios relacionados ao chamado "Caso Lagosteiro", existindo o risco de responsabilização internacional do Brasil. O IDC foi julgado parcialmente procedente (alguns casos foram mantidos na Justiça estadual), mas, nos casos não federalizados, foi recomendada "celeridade" no julgamento estadual (STJ, IDC 15, rel. João Otávio de Noronha, j. 10-8-2022).

9) IDC n. 21 – Caso da Comunidade Nova Brasília (a numeração dos IDCs possui "saltos" por equívocos na autuação no STJ e por "IDC" promovido por particular – parte notoriamente ilegítima). Trata-se de IDC ajuizado pela Procuradoria-Geral da República, em setembro de 2019, para federalizar a investigação e a persecução dos envolvidos nas chacinas ocorridas em 1994 e 1995 na comunidade Nova Brasília, no Complexo do Alemão, na cidade do Rio de Janeiro. Foram vinte e seis pessoas mortas e três mulheres torturadas e agredidas sexualmente durante operações policiais. Após mais de vinte e cinco anos, nenhum responsável foi condenado. A Corte Interamericana de Direitos Humanos condenou o Brasil pela sua omissão, que gera a ofensa ao direito à verdade judicial e ao direito de acesso à justiça penal por parte dos familiares das vítimas. Na mesma sentença, a Corte requereu expressamente que a Procuradoria-Geral da República avalie a possibilidade de propor a federalização, o que foi feito em

setembro de 2019. O incidente foi julgado **improcedente** em 2021, tanto quanto a chacina de 1994 (13 mortos) quanto a de 1995, Na chacina de 1994, foi mencionado – inclusive na ementa – que, apesar da "patente omissão estatal na investigação por dez anos", houve nova investigação e pronúncia dos investigados, o que demonstrou que "a máquina estatal, vem agindo, atualmente". O julgamento na esfera estadual terminou (17-8-2021) com a absolvição dos 5 acusados pela chacina. O MP estadual pediu a *absolvição por falta de provas* dos acusados, reconhecendo, aparentemente, que a investigação estadual anterior não havia sido bem sucedida. Mesmo assim, o caso não foi federalizado. Quanto à chacina de 1995, foi reconhecida o "descaso estatal" (o inquérito policial tramitou por 14 anos e ao final, o MP requereu o arquivamento sob a alegação de ter existido legítima defesa dos policiais), mas se entendeu que os crimes estariam prescritos. Quanto à imprescritibilidade reconhecida pela Corte IDH, o Relator a afastou, utilizando o mesmo raciocínio exposto no "Caso Riocentro" (STJ, REsp n. 1.798.903/RJ, a ser visto neste *Curso*). Assim, as mortes ocorridas após as incursões policiais de 1994 e 1995 na Favela Nova Brasília restam impunes (STJ, IDC 21, rel. Min. Reynaldo Soares da Fonseca, j. 25-8-2021, *DJe* de 31-8-2021).

10) IDC n. 22 – Crimes de Rondônia – conflitos agrários. Trata-se de Incidente de Deslocamento de Competência (IDC) ajuizado pela Procuradoria-Geral da República para federalizar as investigações de mortes e torturas no Estado de Rondônia ocorridas desde 2012, em contexto de conflito agrário na região. Houve a menção, na petição inicial, a vários homicídios cuja apuração é lenta ou inexistente, tendo em comum serem as vítimas lideranças de movimentos em prol dos trabalhadores rurais e responsáveis por denúncias de grilagem de terras e de extração ilegal de madeira. O IDC n. 22 menciona o precedente do Caso Garibaldi *vs.* Brasil, da Corte IDH (que aborda também a impunidade dos homicídios nos conflitos agrários brasileiros, como se viu acima neste *Curso*), mostrando a importância da federalização para combater o risco da responsabilização internacional do Brasil. O IDC foi julgado parcialmente procedente, tendo sido determinada a federalização de seis inquéritos criminais, que passam agora às mãos da Polícia Federal e Ministério Público Federal, todos relacionados a crimes de homicídio praticados contra líderes de trabalhadores rurais e outras pessoas que denunciaram grilagem de terras e exploração ilegal de madeira em Rondônia. De acordo com o voto do Relator, Ministro Messod Azulay Neto, ficou evidenciada a inércia da Polícia Civil do Estado e a sua subsequente incapacidade de atuar nesses casos (STJ, IDC 22, rel. Min. Messod Azulay Neto, j. 23-8-2023).

11) IDC n. 23 – Violência no sistema socioeducativo do Espírito Santo. A Procuradoria-Geral da República (PGR) ajuizou IDC para apurar graves violações de direitos humanos na área de socioeducação no Espírito Santo, visando assegurar o cumprimento das determinações do Estatuto da Criança do Adolescente (ECA) e do sistema nacional de atenção ao atendimento socioeducativo (Sinase), além de responsabilizar os autores de violações de direitos humanos realizadas contra adolescentes em conflito com a lei. *In casu*, o Relator **indeferiu** liminarmente o IDC, entendendo que o caso evidencia mais o descumprimento de ordens judiciais por parte do Poder Executivo estadual do que inércia das autoridades estaduais do sistema de justiça. Registro, ainda, que houve dúvida do Relator a respeito da possibilidade da 3ª Seção do STJ julgar IDC de ações civis públicas e ações de improbidade, as quais constavam da inicial da PGR, além de ação penal (STJ, IDC 23, rel. Min. Reynaldo Soares da Fonseca, j. 1º-6-2021).

12) IDC n. 24 – Caso Marielle – mandante. A PGR ajuizou IDC para federalizar a investigação e posterior persecução criminal referente aos *autores intelectuais* dos assassinatos da vereadora Marielle Franco e Anderson Gomes. Foi mencionada expressamente a manutenção na Justiça Estadual (Tribunal do Júri) do processo contra os executores já identificados dos crimes. Por unanimidade, a 3ª Seção do STJ julgou **improcedente** o pedido de deslocamento,

não tendo sido constatado "descaso, desinteresse, desídia ou falta de condições pessoais ou materiais das instituições estaduais", mas, pelo contrário, teria existido até a data do julgamento "notório empenho" (STJ, IDC 24, rel. Min. Laurita Vaz, j. 27-5-2020, *DJe* de 1º-7-2020).

Em 2023, houve a instauração de inquérito policial federal, com base na Lei n. 10.446/2002, que permite a atuação da Polícia Federal em casos de violação a direitos humanos, que a República Federativa do Brasil se comprometeu a reprimir em decorrência de tratados internacionais de que seja parte. Nessa hipótese, é mantida a atuação do Ministério Público do Estado do Rio de Janeiro (como promotor natural, que deve ser o destinatário do que for apurado), da Polícia Civil (suas investigações podem continuar – espera-se que em colaboração com a área federal) e ainda da Justiça Estadual (que continua a ordenar as medidas que exijam intervenção judicial nas investigações federais).

Em 2024, devido ao envolvimento de pessoa com foro com prerrogativa de função, o inquérito foi deslocado para o Supremo Tribunal Federal. No relatório final da Polícia Federal (divulgado pelo STF), há potente relato sobre o envolvimento de policiais civis no caso (o Delegado Chefe da Polícia Civil do Rio de Janeiro à época foi preso), em sentido oposto ao "notório empenho" exposto pelas autoridades estaduais no IDC n. 24 (e que fundamentou a improcedência do IDC). Após denúncia criminal do Procurador-Geral da República, os autores intelectuais do duplo homicídio (Marielle e Anderson) aguardam julgamento no STF (Relatoria do Min. Alexandre de Moraes, em trâmite em agosto de 2024).

13) IDC n. 29 – Crime no Tocantins – Proposto em janeiro de 2023, o IDC almeja a federalização da investigação da morte de F. B., ocorrida em 1º de outubro de 2005, em Araguaína/TO, bem como das lesões corporais em face de J. V. S. Foi deferida medida cautelar em 3-3-2023 para "determinar: (i) a imediata transferência do Inquérito Policial (...) para a Polícia Federal, com atuação do Ministério Público Federal; (ii) a submissão à Justiça Federal dos atos que eventualmente demandarem reserva de jurisdição". O STJ acolheu as razões da PGR, julgando procedente o IDC (STJ, IDC n. 29, rel. Min. Joel Paciornik, da 3ª Seção, j. 28-8-2024).

14) IDC n. 31 – Crimes no Complexo prisional de Pedrinhas. Proposto em dezembro de 2023, o IDC busca a federalização da investigação e processamento criminal de seis mortes e um desaparecimento registradas no Complexo Prisional de Pedrinhas (atualmente Complexo Penitenciário de São Luís/MA). Dessas seis mortes e um desaparecimento alvo do IDC, houve três investigações arquivadas pela Justiça Estadual, enquanto outras três não foram sequer instauradas pelos órgãos locais de persecução penal, mostrando a incapacidade do sistema estadual em concretizar o direito à verdade e o direito de acesso à justiça penal, pela punição dos autores desses crimes bárbaros. A PGR destacou, como exemplo da crise dos órgãos estaduais, o estado de coisas inconstitucional no sistema penitenciário brasileiro (Arguição de Descumprimento de Preceito Fundamental 347/DF). Quanto ao risco de responsabilização internacional do Brasil, a PGR apontou as decisões sobre a situação do Complexo de Pedrinhas tanto da Comissão Interamericana de Direitos Humanos (CIDH) quanto da Corte Interamericana de Direitos Humanos (vistas neste *Curso* – STJ, IDC n. 31, rel. Min. Rogerio Schietti Cruz, em trâmite em agosto de 2024).

15) IDC n. 32 – Crime da "Ponta do Abunã". Proposto também em dezembro de 2023[30], o IDC busca a federalização da investigação da morte do Sr. Nemes Machado de Oliveira, líder de direitos humanos na área rural do Seringal São Domingos. Relata a PGR que Nemes, ao questionar a ordem dada por 4 (quatro) indivíduos encapuzados, munidos com espingardas,

---

[30] O autor deste *Curso* foi membro auxiliar do Gabinete da Procuradora-Geral da República Elizeta Ramos, coordenando a área da função constitucional (responsável, à época, também pelos procedimentos preparatórios de IDC) de novembro a dezembro de 2023, quando foram propostos o IDC n. 31 e o IDC n. 32.

para que os posseiros abandonassem o local sem levar nada, foi, então assassinado. A área em questão está situada na região conhecida como Ponta do Abunã – localizada na fronteira dos Estados do Acre, do Amazonas e de Rondônia. Em face da inércia das autoridades estaduais, a PGR requereu que a investigação e julgamento seja transferido para a Polícia Federal, Ministério Público Federal e Justiça Federal no Estado do Amazonas. Com rápido trâmite, o STJ acolheu as razões da PGR, decidindo pela procedência do IDC (STJ, IDC n. 32, rel. Min. Reynaldo Soares da Fonseca, Terceira Seção, j. 28-8-2024).

10.4. As críticas ao IDC. O IDC preventivo ou imediato

Porém, em que pese o posicionamento do STJ favorável ao uso do IDC (nas balizas vistas acima), houve a propositura de duas Ações Diretas de Inconstitucionalidade perante o STF, a ADI n. 3.493 e a ADI n. 3.486 (ambas relatadas outrora pelo Min. Menezes Direito e após pelo Min. Dias Toffoli e julgadas no Plenário Virtual, julgamento finalizado em 12-9-2023), promovidas por entidades de classe de magistrados. Na visão de seus críticos, a federalização das graves violações de direitos humanos gera amesquinhamento do pacto federativo, em detrimento do Poder Judiciário Estadual, e ainda violação do princípio do juiz natural e do devido processo legal.

Contudo, o federalismo brasileiro não é imutável: ofende as cláusulas pétreas de nossa Constituição a emenda que *tenda a abolir* o pacto federativo, mas não emenda que apenas torne *coerente* o seu desenho. Seria incoerente permitir a continuidade da situação anterior: a Constituição de 1988 reconhecia a existência de órgãos judiciais internacionais de direitos humanos (*vide* o art. 7º do Ato das Disposições Constitucionais Transitórias), mas tornava missão quase impossível a defesa brasileira e a implementação das decisões desses processos internacionais. Houve caso em que o Brasil nem defesa apresentou perante a Comissão Interamericana de Direitos Humanos, pela dificuldade da União em obter informações dos entes federados[31].

No que tange à prevenção, o desenho anterior impedia uma ação preventiva que evitasse a responsabilização internacional futura do Brasil, uma vez que os atos danosos eram dos entes federados. Assim, a EC 45/2004 apenas aperfeiçoou o desenho do federalismo brasileiro, adaptando-o às exigências da proteção internacional de direitos humanos (proteção essa desejada pela CF/88).

Além disso, inexiste ofensas ao devido processo legal e juiz natural pelo "deslocamento", uma vez que o próprio texto constitucional original convive com tal instituto. De fato, há a previsão de "deslocamento de competência" na ocorrência de *vício de parcialidade* da magistratura: é o caso do art. 102, I, *n*, da CF/88, que permite deslocar ao STF processo no qual juízes de determinado tribunal local sejam alegadamente suspeitos. No mesmo diapasão, no caso de descumprimento de obrigações internacionais de direitos humanos pelos juízos estaduais, pode o STJ julgar procedente o IDC para deslocar o feito para a Justiça Federal. Para Ubiratan Cazetta, o referido instituto apenas "distribui, por critérios assumidos pelo Texto Constitucional, interpretados pelo STJ, a competência entre as justiças comum estadual e federal"[32].

Também não merece acolhida a crítica de indefinição da expressão "grave violação de direitos humanos". O uso do conceito indeterminado "grave violação de direitos humanos" está sujeito ao crivo do STJ e, posteriormente, ao do STF na via do recurso extraordinário.

Além do crivo judicial, há caso semelhante adotado pelo Poder Constituinte originário que é a autorização de intervenção federal por violação dos "direitos da pessoa humana" (art. 34,

---

[31] CARVALHO RAMOS, André de. *Teoria geral dos direitos humanos na ordem internacional*. 8. ed. São Paulo: Saraiva, 2024.

[32] CAZETTA, Ubiratan. *Direitos humanos e federalismo*: o incidente de deslocamento de competência. São Paulo: Atlas, 2009.

VII, *b*, da CF): não se listou quais seriam esses "direitos da pessoa humana" e nunca houve ameaça ao federalismo. Em setembro de 2023, foram julgadas a ADI n. 3.486/DF (proposta pela AMB – Associação dos Magistrados Brasileiros) e a ADI n. 3.493/DF (proposta pela ANAMAGES – Associação Nacional dos Magistrados Estaduais).

O Min. Relator Dias Toffoli expressamente afastou, como requisito de deferimento do IDC, a comprovação da inércia, negligência, falta de vontade política ou de condições das instituições do sistema policial e de justiça do ente federado. Tal requisito não consta da EC n. 45/2004, mas foi imposto pela prática do STJ desde o IDC n. 01 (a chamada "Doutrina Stang").

Tal requisito, além de não constar do texto da EC n. 45, desconsidera que o risco de violação das obrigações internacionais possa decorrer de outros fatores, como, por exemplo, a existência de caso na iminência de ser apreciado em um Tribunal internacional. Nesse sentido, o Min. Toffoli apontou que o IDC pode ser manejado de forma preventiva, ou seja, antes mesmo que haja a constatação da ineficiência ou inércia das autoridades policiais, ministeriais ou judiciais do ente federado. Em sentido oposto, a Ministra Rosa Weber concordou com esse requisito imposto pelo STJ, o qual seria fruto da observância do princípio da proporcionalidade no uso do IDC.

Essa modalidade de IDC (o IDC imediato ou preventivo) é hoje impossível. Desde o Caso Dorothy Stang (IDC n. 1), o STJ indeferiu em vários casos o deslocamento justamente por considerar que a PGR não havia provado a desídia ou incapacidade dos órgãos do sistema policial ou de justiça do ente federado, como ocorreu no Caso Marielle Franco e Anderson Gomes (IDC n. 24). Porém, essa posição do Min. Toffoli, em que pese não ser decisiva na afirmação da constitucionalidade do IDC e ter recebido oposição no voto da Ministra Rosa Weber, merece debate no futuro.

Isso porque a "Doutrina Stang" exige que a PGR tenha que aguardar um lapso temporal razoável para a comprovação da inércia, desídia ou falta de condições reais do ente federado, mesmo quando haja forte prognose de ineficiência e risco de impunidade (por exemplo, pela constatação comprovada de falta de investimento e precariedade da força policial local, bem como falhas de apuração em casos similares no passado). Após tal lapso temporal imprescindível a ser aguardado pela PGR, há de ser provada tal inércia ou ineficiência depois no STJ. Finalmente, após anos da grave violação de direitos humanos, pode existir o deslocamento.

Contudo, esses anos de espera acarretarão – ironicamente – enorme risco de fracasso das investigações futuras da Polícia Federal ou da persecução criminal do Ministério Público Federal, pela dificuldade de obtenção das provas graças ao decurso de tempo (o chamado "cold case"), frustrando a finalidade precípua do IDC de promoção de direitos humanos e de afirmação dos direitos à verdade e à justiça.

Assim, o IDC imediato ou preventivo proposto expressamente pelo Min. Toffoli (ADI n. 3.486/DF e ADI n. 3.493/DF, Plenário Virtual, julgamento terminado em 12-9-2023) pode gerar uma mudança na jurisprudência do STJ. Uma alternativa seria, por exemplo, exigir do Autor (PGR) prognose razoável da melhor posição do sistema de investigação e persecução federais para que sejam cumpridas as obrigações internacionais de direitos humanos do Brasil, ao invés de se exigir a comprovação da inércia e ineficiência no caso concreto após largo lapso temporal (em geral, anos).

Com isso, nesse momento de valorização do Direito Internacional dos Direitos Humanos pelo STF, devemos aplaudir a inovação trazida pelo Poder Constituinte Derivado, que reconheceu a fragilidade normativa anteriormente existente, na qual atos de entes federados eram apreciados pelas instâncias internacionais de direitos humanos sem que a União, em seu papel de representante do Estado Federal, pudesse ter instrumentos para implementar as decisões internacionais ou mesmo para prevenir que o Brasil fosse condenado internacionalmente.

O novo § 5º do art. 109, então, está em plena sintonia com os comandos de proteção de direitos humanos da Constituição de 1988 e ainda com a visão dada ao instituto da responsabilidade internacional dos Estados Federais pela Corte Interamericana de Direitos Humanos.

Pelo que foi acima exposto, a reforma constitucional não ofendeu o federalismo: antes permite o equilíbrio, por meio de um instrumento processual cuja deliberação está nas mãos de tribunal de superposição, o STJ, e ainda assegura que o Estado Federal possua mecanismos para o correto cumprimento das obrigações internacionais contraídas.

QUADRO SINÓTICO

A competência da Justiça Federal nas hipóteses de grave violação de direitos humanos	
Emenda Constitucional n. 45/2004	• Art. 109, § 5º: estabelece que, nas hipóteses de grave violação de direitos humanos, o Procurador-Geral da República, com a finalidade de assegurar o cumprimento de obrigações decorrentes de tratados internacionais de direitos humanos dos quais o Brasil seja parte, poderá suscitar, perante o STJ, em qualquer fase do inquérito ou processo, incidente de deslocamento de competência para a Justiça Federal. • Art. 109, V-A: determina que compete aos juízes federais julgar "as causas relativas a direitos humanos a que se refere o § 5º deste artigo".
Elementos principais do IDC	1) Legitimidade exclusiva de propositura do Procurador-Geral da República. 2) Competência privativa do STJ, para conhecer e decidir, com recurso ao STF (recurso extraordinário). 3) Abrangência cível ou criminal dos feitos deslocados, bem como de qualquer espécie de direitos humanos, desde que se refiram a casos de "graves violações" de tais direitos. 4) Permite o deslocamento na fase pré-processual ou já na fase processual. 5) Relaciona-se ao cumprimento de obrigações decorrentes de tratados de direitos humanos celebrados pelo Brasil. 6) Fixa a competência da Justiça Federal e do Ministério Público Federal para atuar no feito deslocado.
IDC como decorrência do dever internacional do Estado de estabelecer recursos internos eficazes e de duração razoável para os direitos humanos	• A jurisprudência constante dos tribunais internacionais não admite que o Estado justifique o descumprimento de determinada obrigação em nome do respeito a "competências internas de entes federados". • O Estado Federal é uno para o Direito Internacional e passível de responsabilização, mesmo quando o fato internacionalmente ilícito seja da atribuição interna de um Estado-membro da Federação. • IDC decorre da internacionalização dos direitos humanos e, em especial, do dever internacional assumido pelo Estado de estabelecer recursos internos eficazes e de duração razoável. • É competência da União Federal (e não aos entes federados) apresentar a defesa do Estado brasileiro e tomar as providências para a implementação da deliberação internacional, inclusive quanto às garantias de não repetição da conduta. • Instrumentos brasileiros que possibilitam à União Federal fazer cumprir as obrigações internacionais de defesa de direitos humanos: a) intervenção federal por violação dos direitos da pessoa humana (art. 34, VII, b, da CF/88); b) autorização prevista na Lei n. 10.446/2002 para atuação da Polícia Federal em investigações de crime de competência estadual; c) incidente de deslocamento de competência para a Justiça Federal.

O que se debate no IDC	• O direito violado no caso concreto. • A violação da obrigação internacional assumida pelo Estado brasileiro de prestar adequadamente justiça em prazo razoável. Assim, além da grave violação a direitos humanos, deve estar evidenciada uma conduta das autoridades estaduais reveladora de falha proposital ou por negligência, imperícia, imprudência na condução de seus atos, que vulnerem o direito a ser protegido, ou ainda que revele demora injustificada na investigação ou prestação jurisdicional, gerando o risco de responsabilização internacional do Brasil, por descumprimento de nossas obrigações internacionais de direitos humanos.
Requisitos para o deslocamento	i) ocorrer grave violação aos direitos humanos; ii) estar evidenciada uma conduta das autoridades estaduais reveladora de *falha proposital ou por negligência, imperícia, imprudência* na condução de seus atos, que vulnerem o direito a ser protegido, ou ainda que revelem *demora injustificada* na investigação ou prestação jurisdicional ("Doutrina Stang"). Em 2023, o Min. Toffoli defendeu a ausência de base constitucional de tal exigência feita pelo STJ, pugnando pela possibilidade de propositura imediata do IDC ("IDC imediato ou preventivo"). iii) existir o risco de responsabilização internacional do Brasil, por descumprimento de nossas obrigações internacionais de direitos humanos.

Divergências quanto à constitucionalidade da federalização	• Argumentos pela inconstitucionalidade da federalização das graves violações de direitos humanos ou contrários a ela:
	  a) gera amesquinhamento do pacto federativo, em detrimento ao Poder Judiciário Estadual;
	  b) viola o princípio do juiz natural;
	  c) viola o devido processo legal;
	  d) indefinição da expressão "grave violação de direitos humanos".
	• Argumentos pela constitucionalidade da federalização das graves violações de direitos humanos:
	  a) a emenda não foi tendente a abolir o federalismo brasileiro, mas tornou coerente o seu desenho, adaptando-o às exigências da proteção internacional de direitos humanos;
	  b) desenho anterior impedia uma ação preventiva que evitasse a responsabilização internacional futura do Brasil;
	  c) não há ofensas ao juiz natural e ao devido processo legal pelo "deslocamento", uma vez que o próprio texto constitucional realiza a distribuição de competência entre a justiça comum estadual e federal;
	  d) o uso do conceito indeterminado "grave violação de direitos humanos" está sujeito ao crivo do STJ e do STF, além de haver também conceito aberto no texto constitucional com relação à autorização de intervenção federal por violação dos "direitos da pessoa humana".

11. A BUSCA DA IMPLEMENTAÇÃO DOS DIREITOS HUMANOS NO BRASIL

11.1. O IDH brasileiro e a criação de uma política de direitos humanos

Salta aos olhos que os direitos humanos não se concretizaram para todos os brasileiros no século XXI, muitos sem direitos básicos, como acesso à educação fundamental, saúde de qualidade, moradia, segurança, entre outros. Há um claro descompasso entre a posição econômica do Brasil (uma das maiores potências industriais e agrícolas do mundo) e a qualidade de vida de sua população. Digno de nota é a classificação pífia do Brasil em um dos indicadores mais respeitados sobre a existência de uma vida digna, que é o *Índice de Desenvolvimento Humano* (IDH).

O IDH foi desenvolvido a partir das ideias de Amartya Sen e Mahbubul Haq (o primeiro foi Prêmio Nobel de Economia de 1998), consistindo em uma medida comparativa usada para classificar os Estados de acordo com seu grau de "desenvolvimento humano" pautado em um agregado de dados. Evita-se, assim, usar exclusivamente o "PIB *per capita*" para se analisar a riqueza de um país (pois este pode mascarar grande desigualdade interna de renda), agregando dados referentes à longevidade (expectativa de vida ao nascer), escolaridade e renda (utiliza-se a paridade de poder de compra, para comparar a renda *per capita* entre diferentes moedas). Apesar das críticas sobre a ausência de outros indicadores de desenvolvimento sustentável de um país, o IDH é utilizado pelo Programa das Nações Unidas para o Desenvolvimento (PNUD), tendo o Brasil obtido a 897ª posição entre os 191 Estados avaliados em 2022 (publicado em 2023), o que contrasta com o quilate econômico geral do País (uma das 10 maiores economias do mundo).

É necessária a implementação de uma política pública de promoção ativa de direitos humanos, para ao menos equiparar o atual desenvolvimento econômico do Brasil com a mesma qualidade de vida para todos os seus habitantes.

A elaboração de *programas nacionais de direitos humanos* é o primeiro passo para a concretização de uma política pública de promoção desses direitos. A orientação de elaborar programas de direitos humanos consta da Declaração e Programa de Ação da Conferência Mundial de Direitos Humanos de Viena, em 1993, que recomendou a cada Estado que fizesse um plano de ação nacional de promoção e proteção dos direitos humanos (item 71).

Rompia-se, então, o paradigma antigo de que as normas de direitos humanos eram normas programáticas, sujeitas à reserva do possível e ao desenvolvimento progressivo ou ainda o paradigma de tratar os direitos humanos como *consequência* dos projetos governamentais gerais.

Ao contrário, buscou-se criar um espaço de discussão e elaboração de uma política pública específica voltada aos direitos humanos, condensando aquilo que o Estado e a sociedade civil propunham-se a realizar nessa temática.

Veremos abaixo os principais programas de direitos humanos que foram elaborados no Brasil desde então.

11.2. Os Programas Nacionais de Direitos Humanos 1, 2 e 3

A origem dos programas nacionais de direitos humanos está na Declaração e Programa de Ação da Conferência Mundial de Viena de 1993, organizada pela Organização das Nações Unidas, que instou os Estados a concatenar os esforços rumo à implementação de todas as espécies de direitos humanos. Na Conferência de Viena, o Brasil presidiu o Comitê de Redação (pelas mãos do Embaixador Gilberto Sabóia), atuando decisivamente para a aprovação final da Declaração e do Programa da Conferência Mundial dos Direitos Humanos de Viena, inclusive quanto ao dever dos Estados de adotar planos nacionais de direitos humanos.

No Brasil, a competência administrativa de realizar políticas públicas de implementação dos direitos humanos é *comum* a todos os entes federados. O art. 23 da CF/88, que trata da competência administrativa comum é prova disso, com vários incisos referentes a temas de direitos humanos, em especial o inciso X: "combater as causas da pobreza e os fatores de marginalização, promovendo a integração social dos setores desfavorecidos". Consequentemente, é possível termos *programas de direitos humanos* no plano federal, estadual e municipal.

Em 13 de maio de 1996, foi editado pela Presidência da República o Decreto n. 1.904, que criou o Programa Nacional de Direitos Humanos (PNDH), o terceiro do mundo, depois dos programas da Austrália e das Filipinas. Referido Decreto dispunha, em seu art. 1º, sua meta de realizar um diagnóstico da situação desses direitos no País e medidas para a sua defesa e promoção. A missão do PNDH é *dar visibilidade* aos problemas referentes aos direitos humanos no Brasil e, simultaneamente, *estipular e coordenar os esforços* para a superação das dificuldades e implementação dos direitos.

Assim, há uma dupla lógica: a *lógica da identificação* dos principais obstáculos à promoção e defesa dos direitos humanos no Brasil, bem como a *lógica da execução*, a curto, médio e longo prazos, de medidas de promoção e defesa desses direitos.

A elaboração do Programa Nacional de Direitos Humanos conta com a articulação do governo e sociedade civil, para se chegar a uma redação comum, devendo ser explicitados objetivos definidos e precisos e contar ainda com um monitoramento de sua implementação.

O PNDH não possui força vinculante em si, pois é mero decreto presidencial editado à luz do art. 84, IV, da Constituição, visando a fiel execução das leis e normas constitucionais. Porém, serve como orientação para as ações governamentais, podendo ser cobrado de determinado agente do governo federal os motivos pelos quais sua conduta (ação ou omissão) é incompatível com o Decreto que instituiu o PNDH. Quanto às ações que incumbem aos Poderes Legislativo, Judiciário e ao Ministério Público, bem como aos entes federados, o PNDH é, novamente, apenas um referencial.

Por ser pioneiro, o PNDH de 1996 é também denominado PNDH-1, sendo voltado à garantia de *proteção dos direitos civis*, com especial foco no combate à impunidade e à violência policial, adotando, ainda, como meta a adesão brasileira a tratados de direitos humanos. Além disso, o PNDH-1 inaugurou um processo, depois repetido, de consulta e debate prévio com a sociedade civil. Foram realizados entre novembro de 1995 e março de 1996 seis seminários regionais em São Paulo, Rio de Janeiro, Recife, Belém, Porto Alegre e Natal. A construção do projeto do plano foi organizada pelo Núcleo de Estudos da Violência (NEV), da Universidade de São Paulo (USP), coordenado por Paulo Sérgio Pinheiro naquele momento. O projeto do Programa foi apresentado e debatido na I Conferência Nacional de Direitos Humanos, em abril de 1996, promovida pela Comissão de Direitos Humanos e Minorias da Câmara dos Deputados, com o apoio de diversas organizações da sociedade civil.

Em 2002, foi aprovado, pelo Decreto n. 4.229, de 13 de maio de 2002, o II Programa Nacional de Direitos Humanos, na mesma linha do PNDH-1, mas agora com ênfase nos direitos sociais em sentido amplo. Nos "considerandos" do novo programa, foram identificados avanços obtidos nos seis anos de vida do PNDH-1, entre eles a adoção de leis sobre: 1) reconhecimento das mortes de pessoas desaparecidas em razão de participação política (Lei n. 9.140/95), pela qual o Estado brasileiro reconheceu a responsabilidade por essas mortes e concedeu indenização aos familiares das vítimas; 2) a transferência da justiça militar para a justiça comum dos crimes dolosos contra a vida praticados por policiais militares (Lei n. 9.299/96); 3) a tipificação do crime de tortura (Lei n. 9.455/97); 4) e a proposta de emenda constitucional sobre a reforma do Poder Judiciário, na qual se incluiu a chamada "federalização" dos crimes de direitos humanos (ver o tópico sobre o Incidente de Deslocamento de Competência, supra).

O PNDH-2, conforme consta de sua introdução, foi fruto de seminários regionais, com ampla participação de órgãos governamentais e de entidades da sociedade civil, sendo as propostas consolidadas novamente (tal qual o PNDH-1) pelo Núcleo de Estudos da Violência da Universidade de São Paulo – NEV/USP. A Secretaria dos Direitos Humanos do governo federal realizou ainda, no período de 19 de dezembro de 2001 a 15 de março de 2002, consulta pública por meio da internet, dela resultando o texto do PNDH-2 com 518 tipos de ações governamentais.

Além da menção ao direito à vida, liberdade e outros direitos civis, o PNDH-2 lançou ações específicas referentes a direitos sociais, como o direito à educação, à saúde, à previdência e assistência social, ao trabalho, à moradia, a um meio ambiente saudável, à alimentação, à cultura e ao lazer, assim como propostas voltadas para a educação e sensibilização de toda a sociedade brasileira para a cristalização de uma *cultura de respeito aos direitos humanos*.

Com isso, houve uma mudança no foco da proteção de direitos humanos. O PNDH-1 concentrou-se nos direitos civis, considerando-os importantes para a consolidação do regime democrático no Brasil. Já o PNDH-2, 13 anos depois da primeira eleição direta do primeiro presidente após a ditadura militar (1989), preferiu focar temas sociais e de grupos vulneráveis, como os direitos dos afrodescendentes, dos povos indígenas, de orientação sexual, consagrando o multiculturalismo. Outra característica importante do PNDH-2 é que sua aprovação se deu no último ano do segundo mandato do Presidente Fernando Henrique Cardoso (1994-2002). Sua implementação, então, incumbia ao seu opositor, Presidente Luiz Inácio Lula da Silva (2003-2010).

Finalmente, em 2009, foi aprovado o PNDH-3, já quase no final do segundo mandato do governo do Presidente Lula. O PNDH-3, como os anteriores, resultou de processo de consulta e discussão, que foi finalizado na 11ª Conferência Nacional dos Direitos Humanos de dezembro de 2008. A Conferência, organizada desde 1996 pela Comissão de Direitos Humanos e Minorias da Câmara dos Deputados (esta, criada em 1995 – *vide* abaixo), contou com delegados escolhidos pela sociedade civil, que ainda realizaram conferências preparatórias estaduais prévias. A Conferência teve como lema "Democracia, Desenvolvimento e Direitos Humanos: Superando as Desigualdades", discutindo múltiplas facetas dos direitos humanos: desde o combate a desigualdades, violência, bem como a melhoria da segurança pública e acesso à Justiça até direito à memória e à verdade. A Conferência foi o resultado de um processo composto por encontros prévios (âmbito estadual e local), contando com diversos segmentos da sociedade civil e representantes de órgãos públicos. De acordo com a Secretaria de Direitos Humanos (órgão do governo federal – ver abaixo) o relatório final da 11ª CNDH abarca as deliberações aprovadas na Conferência, resultado de votações dos delegados presentes, representando segmentos da sociedade civil (60%) e poder público (40%), tudo para dar maior legitimidade ao documento final.

O documento final da Conferência *não* foi totalmente seguido pelo governo federal, mas serviu de base aos trabalhos, sob a coordenação da Secretaria Especial de Direitos Humanos (SEDH, hoje denominada Ministério dos Direitos Humanos), que levaram à elaboração do PNDH-3. Este foi adotado pelo Decreto n. 7.037, de 21 de dezembro de 2009, que oficializou o Programa, dividido em seis eixos orientadores, 25 diretrizes, 82 objetivos estratégicos e 521 linhas de ações.

Há várias diferenças entre o PNDH-3 e os seus dois antecessores, os quais, por terem sido ambos organizados pelo NEV/USP, possuíam certa continuidade. Em primeiro lugar, o PNDH-3 adotou "eixos orientadores" e diretrizes, detalhando as diversas dimensões dos direitos humanos com a linguagem adotada pelo movimento de direitos humanos no Brasil (ver abaixo o quadro com os "eixos" e das "diretrizes"). Em comparação, o PNDH-1 limitava-se a enumerar as ações pretendidas, com denominações próximas às existentes nas Declarações de Direitos e tratados internacionais (por exemplo: o PNDH-1 trazia a menção às "políticas públicas para proteção e promoção dos direitos humanos", englobando "Proteção do Direito à Vida" e "Proteção do Direito à Liberdade").

Esse detalhamento do PNDH-3 e a absorção de uma linguagem de direitos humanos próxima das demandas da sociedade civil fizeram com que seus *enunciados fossem percebidos como sendo de iminente implementação*, o que a linguagem abstrata dos anteriores não havia realçado. Essa sensação gerou ampla repercussão negativa na mídia tradicional e em grupos organizados contrários a determinadas ideias defendidas no PNDH-3, em especial no que tange a descriminalização do aborto, laicização do Estado, responsabilidade social dos meios de comunicação, conflitos sociais no campo e repressão política da ditadura militar.

Em relação aos temas envolvendo o aborto e a proibição de símbolos religiosos em recintos de órgãos públicos, houve reação de segmentos religiosos, que protestaram vivamente. No caso da responsabilização dos meios de comunicação que são concessionários públicos (concessão de rádio ou televisão), houve reação a possíveis sanções de perda da concessão em casos de programação discriminatória e atentatória aos direitos humanos, bem como protestos contra a criação de um *ranking* de emissoras comprometidas (ou não) com os direitos humanos. No caso dos conflitos sociais e reforma agrária, segmentos organizados do agronegócio reagiram contra a criação de exigência de mediação com os ocupantes *antes* de concessão de ordem judicial de reintegração de posse de áreas invadidas. Finalmente, houve reação à menção referente à repressão política do período da ditadura militar recente no Brasil (1964-1985).

A resposta do governo federal foi editar o Decreto n. 7.177/2010, que providenciou alterações em *sete* ações e determinou a eliminação de duas no PNDH-3, o que realçou que esse Programa tem natureza governamental, na qual a sociedade civil *colabora* mas *não decide*.

Os temas relativos à abolição dos símbolos religiosos nos órgãos públicos e sobre o *ranking* de empresas de comunicação na área de direitos humanos foram simplesmente suprimidos. A defesa da descriminalização do aborto (redação original: "g) Apoiar a aprovação do projeto de lei que descriminaliza o aborto, considerando a autonomia das mulheres para decidir sobre seus corpos") foi *neutralizada* e transformada em "considerar o aborto como tema de saúde pública, com a garantia do acesso aos serviços de saúde". No caso dos conflitos agrários, houve a supressão de ser a mediação "medida preliminar à avaliação da concessão de medidas liminares". No caso dos militares, foram eliminadas as passagens que faziam menção à "ditadura militar". Por exemplo, a ação relacionada à Diretriz 24, que dizia "c) Identificar e sinalizar locais públicos que serviram à *repressão ditatorial*, bem como locais onde foram ocultados corpos e restos mortais de perseguidos políticos", foi transformada em "c) Identificar e tornar públicos as estruturas, os locais, as instituições e as circunstâncias relacionados à prática de violações de direitos humanos (...)".

Esse *recuo* do governo federal demonstra que o tema de direitos humanos é extremamente polêmico em uma sociedade desigual como a brasileira, restando ainda um longo caminho para o estabelecimento uma sociedade justa e plural, como prega o art. 3º da CF/88. Também provou um certo esgotamento do modelo participativo de elaboração do PNDH, pois o governo simplesmente alterou o decreto, amputando as partes outrora decididas de modo cooperativo.

Quanto à implementação do PNDH-3, cada *ação estratégica* incumbe um ou mais órgãos governamentais do dever de realização da conduta. Há, então, possibilidade de monitoramento das ações, cobrando-se os órgãos responsáveis e evitando que o PNDH-3 seja mais uma *carta de intenção sem maiores resultados*. Foi criado o "Comitê de Acompanhamento e Monitoramento do PNDH-3", integrado por 21 representantes de órgãos do Poder Executivo, presidido pelo Secretário de Direitos Humanos, que designará os demais representantes do Comitê. Em 2019, esse "Comitê" foi extinto pelo Decreto n. 10.087/2019, sem nenhuma outra indicação de ente substituto. Os Estados, o Distrito Federal, os Municípios e os órgãos do Poder Legislativo, do Poder Judiciário e do Ministério Público seriam convidados a aderir ao PNDH-3.

Por outro lado, várias das ações estratégicas dependem do Congresso Nacional e muitas das condutas do Poder Executivo restringem-se a *enviar um projeto de lei* ou mesmo a *fomentar debates*. A prática brasileira revela que mesmo que o projeto de lei seja encaminhado pelo Poder Executivo não é certo que este orientará os partidos políticos que compõem a base de sustentação do governo (a chamada "base aliada") que votem a favor da proposta legislativa.

O *monitoramento*, então, é essencial para revelar eventual abuso de retórica, oportunismo e incoerência do próprio Poder Executivo na condução da implementação do PNDH. Por isso, no 1º Ciclo da Revisão Periódica Universal da situação brasileira (realizada pelo Conselho de Direitos Humanos em 2008) o Brasil comprometeu-se a estabelecer um abrangente instrumento de monitoramento da situação de direitos humanos em toda a Federação, até hoje (agosto de 2024) não realizado.

QUADRO SINÓTICO

Eixos e diretrizes do PNDH-3

Eixo Orientador	• Diretriz
I. Interação Democrática – entre Estado e Sociedade Civil	1. Interação democrática entre Estado e sociedade civil como instrumento de fortalecimento da democracia participativa. 2. Fortalecimento dos direitos humanos como instrumento transversal das políticas públicas e de interação democrática. 3. Integração e ampliação dos sistemas de informação em direitos humanos e construção de mecanismos de avaliação e monitoramento de sua efetivação.
II. Desenvolvimento e Direitos Humanos	4. Efetivação de modelo de desenvolvimento sustentável, com inclusão social e econômica, ambientalmente equilibrado e tecnologicamente responsável, cultural e regionalmente diverso, participativo e não discriminatório. 5. Valorização da pessoa humana como sujeito central do processo de desenvolvimento. 6. Promover e proteger os direitos ambientais como direitos humanos, incluindo as gerações futuras como sujeitos de direitos.
III. Universalizar Direitos em um Contexto de Desigualdades	7. Garantia dos Direitos Humanos de forma universal, indivisível e interdependente, assegurando a cidadania plena. 8. Promoção dos direitos de crianças e adolescentes para o seu desenvolvimento integral, de forma não discriminatória, assegurando seu direito de opinião e participação. 9. Combate às desigualdades estruturais. 10. Garantia da igualdade na diversidade.
IV. Segurança Pública, Acesso à Justiça e Combate à Violência	11. Democratização e modernização do sistema de segurança pública. 12. Transparência e participação popular no sistema de segurança pública e justiça criminal. 13. Prevenção da violência e da criminalidade e profissionalização da investigação de atos criminosos. 14. Combate à violência institucional, com ênfase na erradicação da tortura e na redução da letalidade policial e carcerária. 15. Garantia dos direitos das vítimas de crimes e de proteção das pessoas ameaçadas. 16. Modernização da política de execução penal, priorizando a aplicação de penas e medidas alternativas à privação de liberdade e melhoria do sistema penitenciário. 17. Promoção de sistema de justiça mais acessível, ágil e efetivo, para o conhecimento, a garantia e a defesa dos direitos.

	18. Efetivação das diretrizes e dos princípios da política nacional de educação em direitos humanos para fortalecer cultura de direitos.
	19. Fortalecimento dos princípios da democracia e dos direitos humanos nos sistemas de educação básica, nas instituições de ensino superior e nas instituições formadoras.
V. Educação e Cultura em Direitos Humanos	20. Reconhecimento da educação não formal como espaço de defesa e promoção dos direitos humanos.
	21. Promoção da educação em direitos humanos no serviço público.
	22. Garantia do direito à comunicação democrática e ao acesso à informação para a consolidação de uma cultura em direitos humanos.
VI. Direito à Memória e à Verdade	23. Reconhecimento da memória e da verdade como direito humano da cidadania e dever do Estado.
	24. Preservação da memória histórica e a construção pública da verdade.
	25. Modernização da legislação relacionada com a promoção do direito à memória e à verdade, fortalecendo a democracia.

11.3. Programas estaduais de direitos humanos

Tendo em vista a diversidade regional e a competência administrativa comum para proteção dos direitos humanos, vários Estados adotaram programas estaduais de direitos humanos, que contemplem as características específicas de cada Estado. Como vimos acima, o PNDH-3 propõe a atuação conjunta do governo federal com os governos estaduais, governos municipais e sociedade civil.

O primeiro Programa Estadual de Direitos Humanos (PEDH) foi adotado no Estado de São Paulo, pelo Decreto n. 42.209, de 15 de setembro de 1997. A Secretaria da Justiça e da Defesa da Cidadania foi designada para coordenar as iniciativas governamentais ligadas ao PEDH, bem como presidir um Comitê de monitoramento da implementação. No caso de São Paulo, de acordo com sua própria introdução, o PEDH baseia-se em cinco princípios básicos: 1) garantia dos direitos humanos de todas pessoas, independentemente de origem, idade, sexo, etnia, raça, condição econômica e social, orientação ou identidade sexual, credo religioso e convicção política; 2) os direitos civis, políticos, econômicos, sociais e culturais são indissociáveis; 3) as violações dos direitos humanos têm muitas causas, de ordem internacional, política, econômica, social, cultural e psicológica; 4) o estudo e pesquisa da natureza e das causas das violações de direitos humanos são indispensáveis para formulação e implementação de políticas e programas de combate à violência e discriminação e de proteção e promoção dos direitos humanos; e finalmente 5) a proteção dos direitos humanos e a consolidação da democracia dependem da cooperação de todos, entre o governo federal e o governo estadual, com os governos municipais e a sociedade civil, tanto na fase de formulação quanto na fase de implementação, monitoramento e avaliação das políticas e programas de direitos humanos.

Depois de São Paulo, vários Estados adotaram programas estaduais de direitos humanos, como Acre, Alagoas, Amapá, Amazonas, Bahia, Ceará, Distrito Federal, Espírito Santo, Goiás, Maranhão, Mato Grosso, Mato Grosso do Sul, Minas Gerais, Pará, Paraíba, Paraná, Pernambuco, Piauí, Rio de Janeiro, Rio Grande do Norte, Rio Grande do Sul, Rondônia, Roraima, Santa Catarina, Sergipe e Tocantins.

QUADRO SINÓTICO

A busca da implementação dos direitos humanos no Brasil	
IDH brasileiro e a criação de uma política de direitos humanos	• Índice de Desenvolvimento Humano (IDH): medida comparativa usada para classificar os Estados de acordo com seu grau de "desenvolvimento humano" pautado em um agregado de dados ("PIB *per capita*", expectativa de vida ao nascer, escolaridade e renda). • Há evidente descompasso entre a posição econômica do Brasil (uma das 10 maiores economias do mundo) e a qualidade de vida de sua população (IDH: 87ª posição entre os 191 Estados avaliados em 2021). • Orientação que consta da Declaração e Programa de Ação da Conferência Mundial de Direitos Humanos de Viena, em 1993: Estados devem elaborar programas nacionais de direitos humanos. • Essa orientação foi concretizada por diversos Estados. Com isso, rompeu-se o paradigma de que as normas de direitos humanos eram normas programáticas, sujeitas à reserva do possível e ao desenvolvimento progressivo ou ainda o paradigma de tratar os direitos humanos como consequência dos projetos governamentais gerais, criando-se um espaço de discussão e elaboração de uma política pública específica voltada aos direitos humanos.

Programas Nacionais de Direitos Humanos 1, 2 e 3	• PNDH-1:
	  ▪ Criado pelo Decreto n. 1.904, de 13 de maio de 1996.
	  ▪ Meta (art. 1º): realizar um diagnóstico da situação dos direitos humanos no País e medidas para a sua defesa e promoção, conferindo visibilidade aos problemas referentes a esses direitos no Brasil e, simultaneamente, coordenando os esforços para a superação das dificuldades e para sua implementação.
	  ▪ Dupla lógica: a) identificação dos principais obstáculos à promoção e defesa dos direitos humanos no Brasil, e b) execução, a curto, médio e longo prazos, de medidas de promoção e defesa desses direitos.
	  ▪ Não possui força vinculante em si, mas serve como orientação para as ações governamentais, podendo ser cobrado de determinado agente do governo federal os motivos pelos quais sua conduta é incompatível com o Decreto que instituiu o PNDH.
	  ▪ Voltado à garantia de proteção dos direitos civis, com especial foco no combate à impunidade e à violência policial, bem como à adesão brasileira a tratados de direitos humanos.
	  ▪ Inaugurou um processo, depois repetido, de consulta e debate prévio com a sociedade civil.
	• PNDH-2:
	  ▪ Aprovado pelo Decreto n. 4.229, de 13 de maio de 2002.
	  ▪ Foi fruto de seminários regionais, com ampla participação de órgãos governamentais e de entidades da sociedade civil.
	  ▪ Foi realizada consulta pública pela internet (pela Secretaria dos Direitos Humanos do governo federal) sobre o Programa.
	  ▪ Ênfase nos direitos sociais em sentido amplo e em grupos vulneráveis (direitos dos afrodescendentes, dos povos indígenas, de orientação sexual, consagrando o multiculturalismo), lançando-se ações específicas referentes ao direito à educação, à saúde, à previdência e assistência social, ao trabalho, à moradia, a um meio ambiente saudável, à alimentação, à cultura e ao lazer, assim como propostas voltadas para a educação e sensibilização de toda a sociedade brasileira para a cristalização de uma cultura de respeito aos direitos humanos.
	• PNDH-3:
	  ▪ Adotado pelo Decreto n. 7.037, de 21 de dezembro de 2009, que oficializou o Programa, dividido em seis eixos orientadores, 25 diretrizes, 82 objetivos estratégicos e 521 linhas de ações.

- Resultou de processo de consulta e discussão, que foi finalizado na 11ª Conferência Nacional dos Direitos Humanos de dezembro de 2008, que teve como lema "Democracia, Desenvolvimento e Direitos Humanos: Superando as Desigualdades".
- Documento final da Conferência não foi totalmente seguido pelo governo federal, mas serviu de base aos trabalhos, sob a coordenação da Secretaria Especial de Direitos Humanos (hoje denominado Ministério dos Direitos Humanos).
- Diferentemente dos Planos anteriores, no PNDH-3 adotaram-se "eixos orientadores" e diretrizes, detalhando as diversas dimensões dos direitos humanos com a linguagem adotada pelo movimento de direitos humanos no Brasil, o que fez com que seus enunciados fossem percebidos como sendo de iminente implementação. Com isso, o PNDH-3 alcançou ampla repercussão na mídia e em grupos organizados contrários a determinadas ideias defendidas no PNDH-3 (em relação a temas envolvendo, por exemplo, o aborto e a proibição de símbolos religiosos em recintos de órgãos públicos, a responsabilização dos meios de comunicação que são concessionários públicos em casos de programação discriminatória e atentatória aos direitos humanos e a criação de exigência de mediação com os ocupantes antes de concessão de ordem judicial de reintegração de posse de áreas invadidas).
- Decreto n. 7.177/2010: resposta do governo às manifestações, com a eliminação de duas ações no PNDH-3 (símbolos religiosos nos órgãos públicos e *ranking* de empresas de comunicação na área de direitos humanos) e alterações em sete ações.
- Implementação: cada ação estratégica cabe a um ou mais órgãos governamentais do dever de realização da conduta, tornando-se possível o monitoramento das ações.
- Foi criado o "Comitê de Acompanhamento e Monitoramento do PNDH-3", integrado por 21 representantes de órgãos do Poder Executivo e presidido pelo Secretário de Direitos Humanos; o Comitê poderá constituir subcomitês temáticos para a execução de suas atividades e convidar representantes dos demais Poderes, da sociedade civil e dos entes federados para participarem de suas reuniões e atividades.

Programas Estaduais de Direitos Humanos	• No Brasil, a competência administrativa de realizar políticas públicas de implementação dos direitos humanos é comum a todos os entes federados. Assim, é possível que haja programas de direitos humanos no plano federal, estadual e municipal. • Considerando-se a diversidade regional e a competência administrativa comum para proteção dos direitos humanos, vários Estados adotaram programas estaduais de direitos humanos, que contemplem as características específicas de cada Estado.

12. AS PRINCIPAIS INSTITUIÇÕES DE DEFESA E PROMOÇÃO DOS DIREITOS HUMANOS NO PODER EXECUTIVO FEDERAL

12.1. Ministério dos Direitos Humanos e da Cidadania

Na esfera administrativa federal, o órgão especializado em direitos humanos voltou a ser o *Ministério dos Direitos Humanos e da Cidadania* (MDHC), outrora denominado (Governo Bolsonaro) "Ministério da Mulher, da Família e dos Direitos Humanos". Sua história recente revela a própria instabilidade no governo federal dos últimos anos. Após o afastamento temporário da Pres. Dilma Rousseff, em pleno processo de *impeachment* de 2016, houve a vinculação da *Secretaria Especial de Direitos Humanos* ao então existente "Ministério da Justiça e Cidadania" (hoje denominado "Ministério da Justiça e da Segurança Pública"). Antes do *impeachment*, a secretaria era (i) vinculada à Presidência da República e (ii) possuía estatuto de Ministério. Assim, mesmo antes do afastamento definitivo da Pres. Rousseff, ocorreram significativas transformações no primeiro semestre de 2016, pelas quais foi (i) condensada com outras duas secretarias em uma única estrutura ministerial e, posteriormente, (ii) perdeu o *status* de Ministério e voltou a se subordinar aos quadros do Ministério da Justiça e da Cidadania. A primeira reforma ministerial mencionada foi implementada pelo próprio Governo Dilma Rousseff, no dia 5 de abril de 2016[33]. Outra alteração foi promovida em 12 de maio de 2016[34] pelo então Presidente interino Michel Temer, após a suspensão temporária da presidente Dilma em decorrência da abertura do seu processo de *impeachment* pelo Senado. Esta configuração vigorou até fevereiro de 2017, após a decisão final pelo *impeachment* de Dilma Rousseff e posse definitiva de Michel Temer como Presidente da República[35]. Em fevereiro de 2017, foi recriado o Ministério dos Direitos Humanos.

Com a posse do Pres. Jair Bolsonaro, em janeiro de 2019, houve a fusão de órgãos em um novo Ministério, agora denominado "Ministério da Mulher, da Família e dos Direitos Humanos"[36]. Finalmente, com a posse do Presidente Luiz Inácio Lula da Silva em 2023, houve nova reorganização administrativa com a volta do Ministério dos Direitos Humanos e da Cidadania.

Apesar das reviravoltas dos últimos anos que mostram incertezas sobre onde inserir a promoção de direitos humanos no Poder Executivo federal, o processo de institucionalização da temática dos direitos humanos na administração pública federal passou por um período de paulatina evolução. A existência de um órgão específico e de hierarquia administrativa superior na área federal (*status* de Ministério e vinculado à Presidência da República), voltado especificamente para a temática dos direitos humanos, é recente na história do País. Até o início dos anos 90 do século passado, a temática era de atribuição do Ministério da Justiça. O crescimento da importância da temática (e, em especial, a adesão brasileira ao crescente processo de internacionalização dos direitos humanos) fez a matéria sair do Ministério da Justiça e ganhar corpo próprio.

Essa escalada foi iniciada com a criação da Secretaria Nacional dos Direitos Humanos, ainda vinculada ao Ministério da Justiça, criada pelo Decreto n. 2.193, de 7 de abril de 1997 (Presidência de Fernando Henrique Cardoso). A criação dessa secretaria já demonstrou prestígio da temática, pois substituiu o departamento de direitos humanos da antiga Secretaria de Direitos da Cidadania. A mudança foi realizada para que o novo órgão pudesse coordenar e acompanhar a execução do Programa Nacional de Direitos Humanos, PNDH-1, conforme dispunha o Decreto n. 2.193/97.

No primeiro mandato do Presidente Luiz Inácio Lula da Silva, foi dado mais um passo, sendo criada a Secretaria Especial dos Direitos Humanos, vinculada à Presidência da República (Lei n. 10.683/2003), desvinculando-a do Ministério da Justiça. Pela primeira vez, em 2003, a Secretaria foi equiparada a um Ministério e o titular da pasta possuía o *status* de Ministro. A

---

[33] Esta modificação foi veiculada pela Lei n. 13.266, publicada no dia 5 de abril de 2016.
[34] Esta modificação foi veiculada por meio da edição da MPV n. 726, publicada no dia 12 de maio de 2016, convertida na Lei n. 13.341/2016.
[35] A decisão final de *impeachment* de Dilma Vilma Rousseff foi tomada, no Senado Federal, em 31 de agosto de 2016, tendo sido julgada procedente a denúncia por crime de responsabilidade por 61 votos, registrando-se 20 votos contrários e nenhuma abstenção, ficando assim a acusada condenada à perda do cargo de Presidente da República Federativa do Brasil. Em votação subsequente (o chamado "fatiamento"), o Senado Federal decidiu afastar a pena de inabilitação para o exercício de cargo público, em virtude de não se ter obtido nessa votação (feita em separado) dois terços dos votos constitucionalmente previstos, tendo-se verificado 42 votos favoráveis à aplicação da pena, 36 contrários e 3 abstenções. O resultado final consta da Resolução n. 35/2016 do Senado Federal, de 31 de agosto de 2016, publicada no mesmo dia em edição extraordinária do *Diário Oficial da União* ("Atos do Senado Federal").
[36] De acordo com a Lei n. 13.844/2019.

Secretaria ostentava o vínculo direto com o Gabinete do Presidente, o que facilitava sua articulação com os demais órgãos da Administração Pública.

No final do Governo Lula, a Secretaria perdeu a denominação de "Especial" e passou a se chamar "Secretaria de Direitos Humanos", demonstrando que a preocupação com a temática é *permanente* e equiparada às demais áreas administrativas (não existe, por exemplo, "Ministério Especial da Justiça", "Ministério Especial da Economia" etc.). Em 2016, um movimento em sentido contrário ganhou impulso com o advento da Lei n. 13.266, que extinguiu a Secretaria de Direitos Humanos da Presidência da República, ao mesmo tempo que dissolveu duas outras secretarias com *status* ministerial de grande relevância para os Direitos Humanos: a Secretaria de Políticas de Promoção da Igualdade Racial da Presidência da República e a Secretaria de Políticas para as Mulheres da Presidência da República. Ao extinguir as 3 secretarias, a então presidente Dilma Rousseff buscou aglutinar as temáticas dos três órgãos em um único Ministério, denominado Ministério das Mulheres, da Igualdade Racial, da Juventude e dos Direitos Humanos (Lei n. 13.266/2016). Ainda que toda uma pluralidade de órgãos relacionados aos direitos humanos tenha sido extinta, um órgão unificado e com *status* ministerial foi mantido.

Pouco depois, com a suspensão provisória da presidente Dilma em razão da abertura de processo de *impeachment*, o então presidente interino Michel Temer editou Medida Provisória (MPV n. 726/16) pela qual extinguiu o Ministério das Mulheres, da Igualdade Racial, da Juventude e dos Direitos Humanos, transferindo a competência sobre a temática ao reestruturado Ministério da Justiça e Cidadania. Em outras palavras, o órgão da administração federal especializado em direitos humanos voltou a se subordinar ao Ministério da Justiça, reestabelecendo seu formato anterior à promulgação da Lei n. 10.683/2003.

Em 2017, houve nova alteração e foi recriado o Ministério dos Direitos Humanos pela Medida Provisória n. 768, de 2 de fevereiro (atualmente, Lei n. 13.502/2017), menos de um ano depois de sua extinção pelo atual Governo Temer. Em 2018, novas alterações foram realizadas pelo Decreto n. 9.417. Em 2019, no bojo de ampla reorganização dos ministérios do governo federal após a posse do Pres. Jair Bolsonaro, foi criado o Ministério da Mulher, da Família e dos Direitos Humanos.

Com a posse do Presidente Luiz Inácio Lula da Silva em janeiro de 2023, houve a criação das seguintes pastas ministeriais (quatro) com claro vínculo com a proteção de direitos humanos (Lei n. 14.600/2023, em especial seu art. 17): (1) Ministério dos Direitos Humanos e da Cidadania; (2) Ministério da Igualdade Racial; (3) Ministério das Mulheres e (4) Ministério dos Povos Indígenas.

De acordo com a Lei n. 14.600/2023, o Ministério dos Direitos Humanos e da Cidadania zela pelas políticas e diretrizes destinadas à *promoção dos direitos humanos,* incluídos os direitos a) da pessoa idosa; b) da criança e do adolescente; c) da pessoa com deficiência; d) das pessoas LGBTQIA+; e) da população em situação de rua; e f) de grupos sociais vulnerabilizados. Deve ainda: (i) promover a articulação de políticas e apoio a iniciativas destinadas à defesa dos direitos humanos, com respeito aos fundamentos constitucionais; (ii) exercer a função de ouvidoria nacional em assuntos relativos aos direitos humanos; (iii) promover *políticas de educação em direitos humanos*, objetivando o reconhecimento e da valorização da dignidade da pessoa humana em sua integralidade; (iv) combater a todas as formas de violência, de preconceito, de discriminação e de intolerância; e atuar nos programas de cooperação com organismos nacionais e internacionais, públicos e privados, destinados à promoção e à defesa dos direitos humanos.

Integram a estrutura básica do **Ministério dos Direitos Humanos e da Cidadania (MDHC)**, de acordo com o Decreto n. 11.341 (combinado com o Decreto n. 11.394/2023): a) a Secretaria Nacional dos Direitos da Pessoa Idosa; b) Secretaria Nacional dos Direitos da Criança e do Adolescente; c) Secretaria Nacional de Promoção e Defesa dos Direitos Humanos; d) Secretaria

Nacional dos Direitos da Pessoa com Deficiência; e) Secretaria Nacional dos Direitos das Pessoas LGBTQIA+, além da Ouvidoria Nacional de Direitos Humanos e assessorias diversas.

Também integram o MDHC os seguintes *conselhos de participação social,* a saber: a) Comissão Especial sobre Mortos e Desaparecidos Políticos; b) Conselho Nacional dos Direitos Humanos; c) Conselho Nacional de Combate à Discriminação (apesar de constar formalmente no art. 31 do Decreto n. 11.341, de 2023, seu decreto regulamentador foi revogado também em 2023, encontrando-se desativado); d) Conselho Nacional dos Direitos das Pessoas Lésbicas, **Gays**, Bissexuais, Travestis, Transexuais, Queers, Intersexos, Assexuais e Outras (CNLGBTQIA+, *vide* Decreto n. 11.471/2023); e) Conselho Nacional dos Direitos da Criança e do Adolescente; f) Conselho Nacional dos Direitos da Pessoa com Deficiência; g) Conselho Nacional dos Direitos da Pessoa Idosa; h) Comitê Nacional de Prevenção e Combate à Tortura e i) o Mecanismo Nacional de Prevenção e Combate à Tortura.

12.2. Conselhos de Participação Social

Em 2001, a Emenda Constitucional n. 32 suprimiu um tratamento desigual que era dado, pela redação original da CF/88, aos Poderes Executivo, Legislativo e Judiciário no que tange à auto-organização: enquanto os dois últimos poderiam adotar normas administrativas internas para se organizarem[37], o primeiro dependia de lei (ou seja, dependia de outro Poder). Com a EC 32, o art. 84, VI, da CF/88 adquiriu nova redação, pela qual compete privativamente ao Presidente da República dispor, mediante *decreto*, sobre: (i) organização e funcionamento da administração federal, quando não implicar aumento de despesa nem criação ou extinção de órgãos públicos e (ii) extinção de funções ou cargos públicos, quando vagos[38].

Ficou estabelecido o princípio da *reserva da administração,* pelo qual o Poder Executivo fica protegido da indevida ingerência do Poder Legislativo na sua organização interna. De acordo com o STF, "(...) O princípio constitucional da reserva de administração impede a ingerência normativa do Poder Legislativo em matérias sujeitas à exclusiva competência político-administrativa do Poder Executivo. É que, em tais matérias, o Legislativo não se qualifica como instância de revisão dos atos administrativos emanados do Poder Executivo" (ADI n. 2.364 MC, rel. Min. Celso de Mello, j. 1º-8-2001, Pleno, *DJ*, de 14-12-2001).

Com base nessa atribuição, foi editado o Decreto n. 9.759, de 11 de abril de 2019, que determinou, a partir de 28 de junho do mesmo ano, a *extinção* dos seguintes colegiados da administração pública federal: (i) os instituídos por decreto; (ii) os instituídos por ato normativo inferior a decreto e (iii) ato de outro decreto. Previu, ainda, que seriam extintos os colegiados instituídos por ato infralegal, em cuja lei em que são mencionados nada conste sobre a competência ou a composição (redação dada pelo Decreto n. 9.812/2019). Como exceção a essa draconiana extinção, foram preservados os colegiados previstos no regimento interno ou no estatuto de instituição federal de ensino; e os criados ou alterados por ato publicado a partir de 1º de janeiro de 2019. O Decreto n. 9.759 ainda dispôs sobre a criação ou mesmo recriação dos colegiados, dando parâmetros e condições. A exposição de motivos do citado decreto justificou a extinção sem sequer uma lista dos colegiados a serem atingidos pela excessiva dificuldade em realizar tal mapeamento. Alegou-se que a recriação dos colegiados essenciais contornaria eventual excesso.

---

[37] Por exemplo, a auto-organização do Poder Legislativo está prevista nos arts. 49, VI e VII, art. 51, III e IV, e ainda nos arts. 52, XII e XIII. Já no que tange ao Poder Judiciário, conferir o art. 96, I, *a* e *b*.

[38] A redação original era a seguinte: "Art. 84. Compete privativamente ao Presidente da República: (...) VI – dispor sobre a organização e o funcionamento da administração federal, *na forma da lei.*" Grifo meu. Com a EC 32, foi suprimida a expressão "na forma da lei".

Todavia, essa *extinção em massa* de colegiados impactou sobremaneira a *participação social* na administração pública federal na temática dos direitos humanos. Segundo levantamento do Ministério Público Federal, ao menos 35 órgãos criados por decretos e com importância na área dos direitos humanos (em sentido amplo) seriam extintos[39]. Essa extinção generalizada, sem fundamentação caso a caso, precarizou a transparência no agir estatal, bem como a mínima fiscalização social das políticas públicas, que já era frágil em face da composição majoritariamente governamental dos colegiados, sem contar a ausência de força decisória. O *direito à democracia participativa* (detalhado na Carta Democrática Interamericana) foi comprimido, sem que seja analisada pormenorizadamente a situação concreta, que poderia conter elementos que levassem à extinção *justificada* de um determinado colegiado, sem ferir a *proibição de retrocesso institucional*

Em que pese o princípio da reserva da administração e a natureza política, inserida na competência discricionária do Presidente da República para organizar os colegiados da administração, todo ato do Poder Público sujeita-se ao crivo judicial no que tange (i) à forma, (ii) finalidade e (iii) proporcionalidade (decisão monocrática do Min. Roberto Barroso, ADI n. 6.062, de 23-4-2019).

Além disso, o princípio da legalidade estrita impede que o Poder Público *por decreto* elimine colegiado que tenha sido mencionado direta ou indiretamente por lei. O Decreto n. 9.759/2019 (alterado pelo Decreto n. 9.812/2019), poupou da extinção o colegiado que tenha sido mencionado (i) por lei ou por (ii) ato infralegal em cuja lei em que mencionado o órgão nada conste sobre a competência ou a composição. Aceitar tal extinção seria ofensivo à separação de poderes, porque permitiria ao Poder Executivo legislar, contrariando a vontade da lei e retornando à figura do "decreto autônomo" vedada pela CF/88[40].

Por isso, o STF decidiu, cautelarmente, a favor da *suspensão parcial* do Decreto n. 9.759/2019, na redação dada pelo Decreto n. 9.812/2019, afastando a possibilidade da extinção de colegiado cuja existência encontre *algum tipo de menção* em lei em sentido formal, ainda que ausente expressa referência "sobre a competência ou a composição". Para o Min. Gilmar Mendes, na hipótese da menção (mesmo sem detalhamento) do colegiado por lei formal, "(...) o legislador acabou por convalidar a instituição do colegiado originalmente operada por Decreto. Desse modo, tolerar a extinção do colegiado significaria desrespeitar a vontade do legislador em alguma medida, o que não pode ser admitido ante o princípio da separação de poderes e a própria excepcionalidade do uso do decreto autônomo" (voto do Min. Gilmar Mendes, Medida Cautelar na ADI n. 6.121, Plenário, j. 13-6-2019. A ação está em trâmite em agosto de 2024, sob a Relatoria do Min. André Mendonça).

Ressalte-se que a decisão a favor da suspensão apenas parcial foi apertada (6 x 5), tendo sido vencidos os Ministros Edson Fachin, Roberto Barroso, Rosa Weber, Cármen Lúcia e Celso de Mello, que concediam *integralmente* a cautelar. Para o Min. Fachin, que abriu a divergência, a extinção indiscriminada dos órgãos colegiados, previstos ou *não* em lei, violou o *princípio constitucional da participação e controle social,* bem como os princípios republicano, democrático e de participação popular, essência do Estado Democrático de Direito (art. 1º da CF/88). Apontou que esses órgãos colegiados são instrumentos da democracia participativa, servindo como mecanismo de aproximação da sociedade civil e o governo, e tal extinção resultou em *retrocesso* na implementação dos direitos humanos. O Min. Barroso apontou a falta de transparência e a vagueza do Decreto, o que afetou os direitos já mencionados (STF, ADI n. 6.121, rel. Min. Marco

---

[39] Disponível em: <http://www.mpf.mp.br/pgr/documentos/nota-publica-decreto-9-759.pdf/view>. Acesso em: 10 ago. 2024.

[40] Ver na Parte IV, item 5.2, a análise do "decreto autônomo" e o princípio da legalidade.

Aurélio, Plenário, j. 13-6-2021 – atualmente o Relator é o Min. André Mendonça, em trâmite em agosto de 2024). O Decreto n. 9.759 foi revogado no dia 1º de janeiro de 2023 pelo Decreto n. 11.371, no primeiro dia do novo Governo do Presidente Luiz Inácio Lula da Silva.

12.3. Ouvidoria Nacional de Direitos Humanos

No Brasil, as Ouvidorias (sem, é claro, comentar a figura do *ombudsman* privado, instituto totalmente distinto) são órgãos de controle *interno* da Administração Pública. Para tanto, desenvolvem trabalho referente à divulgação dos direitos daqueles envolvidos com a Administração, bem como devem possibilitar meios de recebimento de notícias de má prestação do serviço público, encaminhamento de pedidos de providências e fiscalização dos resultados das sindicâncias abertas. Em virtude do papel de fiscalização, é importante que o Ouvidor seja dotado de estrutura material adequada e garantias de independência (mandato, impossibilidade de exoneração por livre decisão da Administração Pública) para que seu papel não seja meramente decorativo.

Nessa linha, a Ouvidoria Nacional de Direitos Humanos é um órgão interno do MDH, que tem a atribuição básica de atuar diretamente nos casos de denúncias de violações de direitos humanos e na resolução de tensões e conflitos sociais que envolvam violações de direitos humanos, em articulação com o Ministério Público, com os órgãos dos Poderes Judiciário, Legislativo e Executivo federal, com os demais entes federativos e com as organizações da sociedade civil. A Ouvidoria Nacional de Direitos Humanos poderá agir de ofício quando tiver conhecimento de atos que violem os direitos humanos individuais ou coletivos, podendo receber denúncias anônimas.

Assim, cabe à Ouvidoria receber as reclamações e críticas da população e dar encaminhamento aos respectivos órgãos. Também possui papel *de formação,* empenhando-se em informar os direitos de todos.

12.4. Conselho Nacional dos Direitos Humanos

Após longa maturação no Congresso, foi editada, com alguns vetos presidenciais, a Lei n. 12.986/2014, que criou o Conselho Nacional dos Direitos Humanos – CNDH. Com isso, foi substituído o Conselho de Defesa dos Direitos da Pessoa Humana, que era um órgão colegiado, criado pela Lei n. 4.319, de 16 de março de 1964 (agora expressamente revogada), sancionada pelo Presidente João Goulart poucos dias antes do golpe militar de 1964 (31 de março de 1964).

O novo Conselho Nacional dos Direitos Humanos (CNDH) tem por finalidade (i) a promoção e (ii) a defesa dos direitos humanos, mediante ações *preventivas, protetivas, reparadoras* e *sancionadoras* das condutas e situações de ameaça ou violação desses direitos. O CNDH pode agir por (i) provocação ou (ii) de ofício.

Na dicção da lei, os direitos humanos sob a proteção do CNDH englobam os direitos e garantias fundamentais, individuais, coletivos ou sociais previstos na Constituição Federal ou nos tratados ou atos internacionais celebrados pelo Brasil.

Sua composição é plural, contando com 22 membros, sendo 11 do Poder Público e 11 representantes da sociedade civil, ampliando em muito a representatividade em comparação ao CDDPH (10 membros ao todo, 5 do Poder Público e os outros 5 divididos entre professores, OAB, Associação Brasileira de Educação e Associação Brasileira de Imprensa). O presidente nato do extinto CDDPH era o Ministro de Estado Chefe da Secretaria de Direitos Humanos, agora Ministério dos Direitos Humanos e da Cidadania. A nova lei não prevê a presidência nata de membro do Poder Público (ver a questão da independência do Poder Público e os Princípios de Paris no item 18 deste capítulo). Em 2016, pela primeira vez, a Presidência do CNDH foi exercida por representante da sociedade civil.

São representantes do Poder Público: a) Ministro dos Direitos Humanos e da Cidadania; b) Procurador-Geral da República; c) 2 (dois) Deputados Federais; d) 2 (dois) Senadores; e) 1 (um) de entidade de magistrados; f) 1 (um) do Ministério das Relações Exteriores; g) 1 (um) do Ministério da Justiça; h) 1 (um) da Polícia Federal; i) 1 (um) da Defensoria Pública da União. Os representantes dos órgãos públicos serão designados pelos ministros, chefes ou presidentes das respectivas instituições. Os representantes do Senado Federal e da Câmara dos Deputados serão designados pelos presidentes das respectivas Casas no início de cada legislatura, com paridade entre os partidos de situação e de oposição.

Quanto aos 11 representantes da sociedade civil, há 1 representante da Ordem dos Advogados do Brasil, indicado pelo Conselho Federal da OAB; 1 indicado pelo Conselho Nacional dos Procuradores-Gerais do Ministério Público dos Estados e da União (associação civil de direito privado) e 9 representantes de organizações da sociedade civil de *abrangência nacional* e com relevantes atividades relacionadas à defesa dos direitos humanos. Esses 9 representantes de organizações de abrangência nacional serão eleitos por elas mesmas em *Encontro Nacional*, organizado pelo CNDH (na primeira composição, o encontro foi organizado pela Secretaria de Direitos Humanos, em 2014), participando as entidades que demonstraram interesse e cumpriram as regras mínimas do edital.

Compete ao CNDH: 1) promover medidas necessárias à prevenção, repressão, sanção e reparação de condutas e situações contrárias aos direitos humanos, inclusive os previstos em tratados e atos internacionais ratificados no País, e apurar as respectivas responsabilidades; 2) fiscalizar a política nacional de direitos humanos, podendo sugerir e recomendar diretrizes para a sua efetivação; 3) receber representações ou denúncias de condutas ou situações contrárias aos direitos humanos e apurar as respectivas responsabilidades; 4) expedir recomendações a entidades públicas e privadas envolvidas com a proteção dos direitos humanos, fixando prazo razoável para o seu atendimento ou para justificar a impossibilidade de fazê-lo; 5) articular-se com órgãos federais, estaduais, do Distrito Federal e municipais encarregados da proteção e defesa dos direitos humanos; 6) manter intercâmbio e cooperação com entidades públicas ou privadas, nacionais ou internacionais, com o objetivo de dar proteção aos direitos humanos; 7) acompanhar o desempenho das obrigações relativas à defesa dos direitos humanos resultantes de acordos internacionais, *produzindo relatórios* e prestando a colaboração que for necessária ao Ministério das Relações Exteriores; 8) opinar sobre atos normativos, administrativos e legislativos de interesse da política nacional de direitos humanos e elaborar propostas legislativas e atos normativos relacionados com matéria de sua competência; 9) realizar estudos e pesquisas sobre direitos humanos e promover ações visando à divulgação da importância do respeito a esses direitos; 10) recomendar a inclusão de matéria específica de direitos humanos nos currículos escolares, especialmente nos cursos de formação das polícias e dos órgãos de defesa do Estado e das instituições democráticas; 11) dar especial atenção às áreas de maior ocorrência de violações de direitos humanos, podendo nelas promover a instalação de representações do CNDH pelo tempo que for necessário; 12) representar (i) à autoridade competente para instauração de inquérito policial ou procedimento administrativo, (ii) especialmente ao Ministério Público para promover medidas relacionadas com a defesa de direitos humanos e (iii) ao Procurador-Geral da República para fins de intervenção federal por violação dos direitos da pessoa humana (alínea *b* do inciso VII do art. 34 da CF/88); 13) realizar procedimentos apuratórios de condutas e situações contrárias aos direitos humanos e aplicar sanções de sua competência; e 14) pronunciar-se, por deliberação expressa da maioria absoluta de seus conselheiros, sobre crimes que devam ser considerados, por suas características e repercussão, como violações a direitos humanos de excepcional gravidade, para fins de acompanhamento das providências necessárias a sua apuração, processo e julgamento. A Lei n. 12.986 não menciona expressamente o Incidente de

Deslocamento de Competência, mas entende-se englobado no poder de representar ao "Ministério Público".

Tais previsões indicam que há *três* principais atribuições do novo CNDH, a saber: (i) promocional; (ii) fiscalizadora e (iii) repressiva. A atribuição *promocional* consiste na elaboração de estudos, recomendações e opiniões sobre ações na temática, inclusive para influenciar na capacitação e educação para os direitos humanos. A atribuição *fiscalizadora* é consagrada no dever de fiscalizar a política nacional de direitos humanos e observar o cumprimento das obrigações internacionais de direitos humanos assumidas pelo Brasil. A atribuição *repressiva* pode ser dividida entre (i) repressão direta, na qual o CNDH apura condutas de violação de direitos humanos e impõe sanções, e (ii) indireta, na qual o CNDH representa contra tais condutas e cobra ação das autoridades policiais e do Ministério Público, evitando que haja negligência e impunidade.

Para cumprir suas atribuições repressivas, o CNDH conta com poder de *requisitar* informações ou documentos, auxílio da Polícia Federal ou de força policial para cumprir suas atribuições, bem como requerer aos órgãos públicos serviços, diligências ou mesmo exames e vistorias. Foram vetados pela Presidência da República os dispositivos que davam ainda o poder de convocar pessoas e inquirir testemunhas, bem como realizar "diligências investigatórias, inclusive inspeções e tomar depoimentos de autoridades". Assim, o CNDH tem um espaço reduzido para atuar de modo repressivo *direto*, mas continua com o poder de representar ao Ministério Público, cobrando sua ação.

As sanções previstas na Lei n. 12.986 para que o CNDH tenha algum tipo de resposta para dar aos casos de violação de direitos humanos são as seguintes: (i) advertência, (ii) censura pública, (iii) recomendação de afastamento de cargo, função ou emprego na administração pública direta, indireta ou fundacional da União, Estados, Distrito Federal, Territórios e Municípios do responsável por conduta ou situações contrárias aos direitos humanos e (iv) recomendação de que não sejam concedidos verbas, auxílios ou subvenções a entidades comprovadamente responsáveis por condutas ou situações contrárias aos direitos humanos.

Não há outra consequência mais grave prevista na Lei n. 12.986. Segue-se, aqui, o exemplo do *ombudsman* nórdico e dos Defensores do Povo latino-americanos, tendo o CNDH *poder sancionatório restrito* à esfera do (i) *juízo de valor negativo* (advertência, censura) ou (ii) *juízo opinativo* (recomenda a quem tem o poder de afastar o servidor ou de conceder verbas).

As resoluções do CNDH serão tomadas por deliberação da maioria absoluta dos conselheiros. No caso de empate, o Presidente terá voto de qualidade.

Comparando-se as atribuições do novo CNDH e do antigo Conselho de Defesa dos Direitos da Pessoa Humana (CDDPH), observo que o CDDPH podia realizar diligências, tomar o depoimento de quaisquer autoridades federais, estaduais ou municipais e inquirir testemunhas. As testemunhas seriam intimadas de acordo com as normas estabelecidas no Código de Processo Penal. Em caso de não comparecimento de testemunha sem motivo justificado, a sua intimação seria solicitada ao Juiz Criminal da localidade em que residisse ou se encontrasse. Havia, inclusive, previsão de tipos penais, constituindo-se em crime impedir ou tentar impedir, mediante violência ou ameaças, o regular funcionamento do CDDPH ou de Comissão de Inquérito por ele instituída, ou o livre exercício das atribuições de qualquer dos seus membros. A pena era a do art. 329 do CP. Também era crime fazer afirmação falsa, negar ou calar a verdade como testemunha, perito, tradutor ou intérprete perante o CDDPH ou Comissão de Inquérito por ele instituída. A pena era a do art. 342 do CP.

O novo CNDH, como visto, perdeu esses poderes, pois, com o fortalecimento do Ministério Público após a Constituição de 1988 (com previsão constitucional de autonomia e independência funcional), o *papel de repressão direta* do CDDPH ficou secundário, uma vez que não havia sequer como comparar as estruturas materiais e de recursos humanos entre esses dois entes, com clara prevalência da estrutura do Ministério Público, sem contar que o resultado da investigação do CDDPH era encaminhado ao próprio Ministério Público. Em caso de negligência de um promotor de justiça, há ainda a possibilidade de as vítimas e a sociedade civil acionarem o Conselho Nacional do Ministério Público (CNMP).

Resta saber como será exercido o papel promocional e de fiscalização dos direitos humanos do novo CNDH, uma vez que, nas últimas décadas, houve crescimento de outros Conselhos "temáticos", como veremos no item 12.6, que ocupam esse papel de desenvolvimento de capacitação e de políticas públicas em suas áreas respectivas.

Finalmente, a criação do CNDH tinha como objetivo sua inscrição como "instituição nacional de direitos humanos" brasileira na ONU (ver abaixo o item 18), mas sua candidatura não obteve êxito, em virtude da intensa participação do governo no seu funcionamento.

12.5. Outros órgãos colegiados federais de defesa de direitos humanos

12.5.1. Conselho Nacional dos Direitos da Criança e do Adolescente – CONANDA

O Conselho Nacional dos Direitos da Criança e do Adolescente (CONANDA) foi criado pela Lei n. 8.242, de 12 de outubro de 1991, cabendo-lhe atuar na promoção dos direitos humanos das crianças e adolescentes. Em janeiro de 2023, foi editado o Decreto n. 11.371, revogando o Decreto n. 10.003. Com o Decreto n. 11.743/2023 foi dada nova organização ao CONANDA.

As principais atribuições do CONANDA são: 1) elaborar as normas gerais da política nacional de atendimento dos direitos da criança e do adolescente, fiscalizando as ações de execução, em consonância com a Lei n. 8.069/90 (Estatuto da Criança e do Adolescente – ECA); 2) zelar pela aplicação da política nacional de atendimento dos direitos da criança e do adolescente; 3) dar apoio aos Conselhos Estaduais e Municipais dos Direitos da Criança e do Adolescente e órgãos correlatos; 4) avaliar a política estadual e municipal e a atuação dos Conselhos Estaduais e Municipais da Criança e do Adolescente; 5) apoiar a promoção de campanhas educativas sobre os direitos da criança e do adolescente.

O CONANDA conta com 30 membros, divididos da seguinte forma (Decreto n. 11.743/2023 e Decreto n. 9.579/2018). São 15 membros do Estado, com um representante dos seguintes órgãos: a) Secretaria Nacional dos Direitos da Criança e do Adolescente do Ministério dos Direitos Humanos e da Cidadania; b) Casa Civil da Presidência da República; c) Ministério da Cultura; d) Ministério do Desenvolvimento e Assistência Social, Família e Combate à Fome; e) Ministério da Educação; f) Ministério do Esporte; g) Ministério da Fazenda; h) Ministério da Igualdade Racial; i) Ministério da Justiça e Segurança Pública; j) Ministério do Planejamento e Orçamento; k) Ministério dos Povos Indígenas; l) Ministério da Previdência Social; m) Ministério da Saúde; n) Ministério do Trabalho e Emprego; e o) Secretaria Nacional de Juventude da Secretaria-Geral da Presidência da República. Há quinze representantes de organizações da sociedade civil. O Ministério Público Federal pode acompanhar a eleição dos representantes da sociedade civil.

Cabe lembrar que, em setembro de 2019 foi editado o Decreto n. 10.003, que reduziu o número de assentos no CONANDA (de 28 para 18), com a divisão na seguinte forma: nove assentos para representantes de órgãos públicos e nove assentos para representantes da sociedade civil. O método de escolha das entidades representantes da sociedade civil foi alterado, deixando de ser por eleição em assembleia específica, disciplinada pelo Regimento Interno do CONANDA, sendo substituído por *processo seletivo* a ser elaborado pelo então existente Ministério da Mulher, da Família e dos Direitos Humanos. Ficou estabelecido mandato de dois anos, com vedação à recondução dos representantes das entidades não governamentais. Estabeleceu-se que o Presidente da República designaria o Presidente do CONANDA, que seria escolhido dentre os seus membros, tendo o Presidente do Conselho voto de qualidade (além do seu voto ordinário) em caso de empate. Ademais, o decreto reduziu a frequência das reuniões do CONANDA, de mensal no passado para trimestral, tendo também dispensado todos os membros então atuantes.

Foi proposta a ADPF n. 622 pela Procuradoria-Geral da República sustentando que o Decreto n. 10.003 é inconstitucional, uma vez que, como resultado dessas mudanças, o caráter democrático participativo do CONANDA foi esvaziado. Em 19-12-2019, o Min. Barroso deferiu liminar para restabelecer (i) o mandato dos antigos conselheiros até o seu termo final; (ii) a eleição dos representantes das entidades da sociedade civil em assembleia específica, disciplinada pelo Regimento Interno do Conanda; (iii) a realização de reuniões mensais pelo órgão; (iv) o custeio do deslocamento dos conselheiros que não residem no Distrito Federal; (v) a eleição do Presidente do Conanda por seus pares, na forma prevista em seu Regimento Interno. Aduziu, na fundamentação, a ascensão de um "*constitucionalismo abusivo*" (também denominado "legalismo autocrático" ou "democracia liberal"), que retrata experiências estrangeiras que têm em comum a tomada do poder pelo voto por parte de líderes carismáticos que depois buscam se eternizar no poder, por meio de diversas estratégias, entre elas a exclusão do espaço público das organizações da sociedade civil. A ação foi julgada parcialmente procedente, tendo sido considerado que as novas regras frustraram a participação das entidades da sociedade civil na formulação de políticas públicas em favor de crianças e adolescentes e no controle da sua execução, como exigido pela Constituição, colocando em risco a *proteção integral e prioritária da infância e da juventude* (art. 227, *caput* e § 7º, e art. 204, II, CF). Não foi acolhido o pedido da PGR quanto à redução paritária do número de representantes do Poder Público e da sociedade civil, que valerá, contudo, apenas a partir do início dos novos mandatos.

A tese fixada foi clara e a favor do direito à participação democrática: "É inconstitucional norma que, a pretexto de regulamentar, dificulta a participação da sociedade civil em conselhos deliberativos" (STF, ADPF 622, rel. Min. Roberto Barroso, Plenário, Sessão Virtual de 19-2-2021 a 26-2-2021).

12.5.2. Conselho Nacional dos Direitos da Pessoa com Deficiência – CONADE

O Conselho Nacional dos Direitos da Pessoa com Deficiência (CONADE) é um órgão colegiado, vinculado ao Ministério dos Direitos Humanos e da Cidadania, que deve acompanhar e avaliar o desenvolvimento de uma política nacional para *inclusão* da pessoa com deficiência e das políticas setoriais de educação, saúde, trabalho, assistência social, transporte, cultura, turismo, desporto, lazer e política urbana voltados a essas pessoas. O CONADE é um órgão paritário, com conselheiros da área pública e também da sociedade civil organizada.

De acordo com o Decreto n. 3.298/99 compete ao CONADE zelar pela efetiva implantação da política para *inclusão* da pessoa com deficiência em âmbito nacional e acompanhar o planejamento e avaliar a execução das políticas setoriais de educação, saúde, trabalho, assistência social, transporte, cultura, turismo, desporto, lazer, política urbana e outras relativas à pessoa com deficiência. Também deve o CONADE acompanhar e apoiar as políticas e as ações do Conselho dos Direitos da Pessoa com Deficiência no âmbito dos Estados, do Distrito Federal e dos Municípios e propor a elaboração de estudos e pesquisas que objetivem a melhoria da qualidade de vida da pessoa com deficiência, além de propor e incentivar a realização de campanhas visando à prevenção de deficiência e à promoção dos direitos da pessoa com deficiência.

Além disso, cabe ao CONADE aprovar o plano de ação anual da Coordenadoria Nacional para Integração da Pessoa Portadora de Deficiência – CORDE, órgão administrativo da Secretaria de Direitos Humanos que deve acompanhar e orientar a execução pela Administração Pública Federal das ações da Política Nacional para Inclusão da Pessoa Portadora de Deficiência.

No lado governamental, há 18 representantes dos seguintes entes: 1) Secretaria de Direitos Humanos; 2) Ministério da Ciência e Tecnologia; 3) Ministério das Comunicações; 4) Ministério da Cultura; 5) Ministério da Educação; 6) Ministério do Esporte; 7) Ministério da Previdência Social; 8) Ministério das Relações Exteriores; 9) Ministério da Saúde; 10) Ministério do Trabalho e Emprego; 11) Casa Civil da Presidência da República; 12) Ministério do Desenvolvimento Social e Combate à Fome; 13) Ministério dos Transportes; 14) Ministério das Cidades; 15) Ministério do Turismo; 16) Ministério da Justiça; 17) Secretaria de Políticas para as Mulheres; Representante dos Conselhos Estaduais; 18) Representante dos Conselhos Municipais. No lado da sociedade civil, há também 18 representantes de organizações de defesa das mais diferentes deficiências.

Por ter sido mencionado (apesar de sem detalhamento) na Lei n. 13.844/2019, o CONADE não foi extinto pelo Decreto n. 9.759/2019, em face da ADI n. 6.121, estudada anteriormente (STF, ADI n. 6.121, rel. Min. André Mendonça, em trâmite em agosto de 2024).

12.5.3. Conselho Nacional dos Direitos da Pessoa Idosa - CNDPI

O Conselho Nacional dos Direitos da Pessoa Idosa (CNDPI) é um órgão colegiado e paritário, vinculado ao Ministério dos Direitos Humanos e da Cidadania, tendo como finalidade a elaboração das diretrizes para a formulação e implementação da Política Nacional do Idoso, observadas as linhas de ação e as diretrizes conforme dispõe a Lei n. 10.741, de 1º de outubro de 2003 (Estatuto do Idoso), bem como acompanhar e avaliar a sua execução.

De acordo com o Decreto n. 11.483/2023, cabe ao CNDI, entre outras missões: (i) propor as diretrizes, os objetivos e as prioridades da Política Nacional da Pessoa Idosa; (ii) supervisionar, acompanhar, fiscalizar e avaliar a Política Nacional da Pessoa Idosa; (iii) apoiar os conselhos e os órgãos estaduais, distrital e municipais dos direitos da pessoa idosa e as entidades não governamentais, de modo a efetivar os direitos estabelecidos pela Lei n. 10.741, de 2003; (iv) gerir o Fundo Nacional do Idoso e estabelecer os critérios para sua utilização e (v) propor o desenvolvimento de sistemas de indicadores, em parceria com órgãos e entidades, públicos e privados, nacionais e internacionais, com vistas a estabelecer metas e procedimentos com base nesses índices, para monitorar as atividades relacionadas à Política Nacional da Pessoa Idosa.

Antes da reforma de 2019, o CNDI contava com 28 membros, sendo 14 vinculados ao Poder Público e 14 representantes da sociedade (Decreto n. 5.109/2004). Em 2023, o novo decreto estabeleceu composição paritária com 18 representantes de órgãos federais e 18 representantes da sociedade civil (ao todo 36 membros). Quatro das vagas de representantes da sociedade civil serão distribuídas para a participação de entidades com atuação em temas relacionados com igualdade racial, mulheres, indígenas e população LGBTQIA+, com atividades de promoção e defesa dos direitos da pessoa idosa.

12.5.4. Conselho Nacional dos Direitos das Pessoas Lésbicas, Gays, Bissexuais, Travestis, Transexuais, Queers, Intersexos, Assexuais e Outras - CNLGBTQIA+

O Conselho Nacional dos Direitos das Pessoas Lésbicas, Gays, Bissexuais, Travestis, Transexuais, Queers, Intersexos, Assexuais e Outras – CNLGBTQIA+ foi criado pelo Decreto n. 11.471, de 2023, que o vinculou ao Ministério dos Direitos Humanos e da Cidadania.

Seu antecessor foi o Conselho Nacional de Combate à Discriminação e Promoção dos Direitos de Lésbicas, Gays, Bissexuais, Travestis e Transexuais (CNCD-LGBT), que foi órgão colegiado vinculado ao antigo Ministério dos Direitos Humanos. Sua existência baseava-se em regulamentação anterior à reorganização administrativa atualmente existente.

A origem do CNCD-LGBT remontava ao combate à discriminação da população negra, dos povos indígenas e dos grupos de Lésbicas, Gays, Bissexuais, Travestis e Transexuais previsto no

Programa Nacional dos Direitos Humanos-1 de 1996. Essa luta contra a discriminação foi ainda impulsionada pela III Conferência Mundial Contra o Racismo, Discriminação Racial, Xenofobia e Intolerância Correlata, patrocinada pela ONU e realizada em Durban, África do Sul, no ano de 2001.

Após Durban, o governo federal instituiu, por meio do Decreto n. 3.952, o Conselho Nacional de Combate à Discriminação – CNCD, órgão colegiado composto por representantes da sociedade civil e Governo Federal visando coordenar os esforços de combate à discriminação no Brasil. Ao novo Conselho foi atribuído o acompanhamento dos casos que tramitam perante o Comitê de Eliminação de Discriminação – CERD, nos termos do art. 14 da Convenção Internacional sobre a Eliminação de Todas as Formas de Discriminação Racial de 1965 e ratificada pelo Brasil em 1968 (*vide* Parte II, Capítulo II, item 11).

Em 2010, foi dado novo perfil ao CNCD, por meio do Decreto n. 7.388, de 9 de dezembro de 2010, especializando-o na promoção dos direitos da população LGBT, passando a ser denominado CNCD-LGBT. As atribuições de combate à discriminação aos afrodescendentes e aos povos indígenas foram transferidas a outros órgãos. O CNCD-LGBT tinha por finalidade formular e propor diretrizes de ação governamental, em âmbito nacional, voltadas para o combate à discriminação *e* para a promoção e defesa dos direitos de Lésbicas, Gays, Bissexuais, Travestis e Transexuais – LGBT.

Agora, com o *novo* Conselho Nacional dos Direitos das Pessoas Lésbicas, Gays, Bissexuais, Travestis, Transexuais, Queers, Intersexos, Assexuais e Outras – CNLGBTQIA+ é *retomada* a linha anterior, de dar *visibilidade* à defesa de *direitos das pessoas discriminadas pela sua orientação sexual e identidade de gênero.* Tem como finalidade colaborar na formulação e no estabelecimento de ações, de diretrizes e de medidas governamentais referentes às pessoas lésbicas, gays, bissexuais, travestis, transexuais, queers, intersexos, assexuais e outras – LGBTQIA+

Ao CNLGBTQIA+ compete, entre outras atribuições: I – colaborar com a Secretaria Nacional dos Direitos das Pessoas LGBTQIA+ do Ministério dos Direitos Humanos e da Cidadania na elaboração de critérios e parâmetros de ações governamentais, em níveis setorial e transversal, que visem a assegurar as condições de igualdade, de equidade e de garantia de direitos fundamentais às pessoas LGBTQIA+; II – propor estratégias para a avaliação e o monitoramento das ações governamentais voltadas às pessoas LGBTQIA+; III – acompanhar a elaboração e a execução da proposta orçamentária da União, com possibilidade de apresentar recomendações quanto à alocação de recursos, com vistas à promoção e à defesa dos direitos das pessoas LGBTQIA+; IV – acompanhar proposições legislativas que tenham implicações sobre as pessoas LGBTQIA+ e apresentar recomendações sobre as referidas proposições; V – promover a realização de estudos, debates e pesquisas sobre a temática de direitos e a inclusão das pessoas LGBTQIA+; VI – apoiar campanhas destinadas à promoção e à defesa de direitos e de políticas públicas para as pessoas LGBTQIA+ e VII – organizar a Conferência Nacional LGBTQIA+ e outros eventos de âmbito nacional com impacto sobre as pessoas LGBTQIA+, no âmbito de sua atuação.

É composto por 38 conselheiros, sendo 19 do governo e 19 da sociedade civil (representação paritária governo × sociedade civil). Os representantes da sociedade civil deverão ter atuação nacional ou regional e serão selecionadas por meio de processo eleitoral a ser definido no regimento interno do CNLGBTQIA+.

12.5.5. Comissão Especial sobre Mortos e Desaparecidos Políticos - CEMDP

A *Comissão Especial sobre Mortos e Desaparecidos Políticos* (CEMDP) foi criada pela Lei n. 9.140, de 4 de dezembro de 1995, que reconheceu como mortas as pessoas desaparecidas em razão de participação, ou acusação de participação, em atividades políticas no período de 2 de setembro de 1961 a 15 de agosto de 1979. Tal lei determinou a criação da CEMDP, com a atribuição de reconhecer a morte de pessoas desaparecidas, que, por terem participado ou por terem sido acusadas de participação em atividades políticas, no período de 2 de setembro de 1961 a 15 de agosto de 1979, tenham falecido, por causas não naturais, em *dependências policiais ou assemelhadas*, bem como envidar os esforços para a localização de corpos de pessoas desaparecidas no caso de existência de indícios quanto ao local em que possam estar depositados.

Em 14 de agosto de 2002, foi promulgada a Lei n. 10.536, que ampliou o período de abrangência da lei anterior, para a data final de 5 de outubro de 1988, e ainda reabriu o prazo para apresentação de novos requerimentos. Pela Lei n. 10.875, foram ampliados os critérios de *reconhecimento das vítimas da ditadura* militar, contemplando os que foram alvo por participarem de manifestações públicas ou de conflitos armados com agentes do poder público, e os indivíduos que tenham falecido em decorrência de suicídio praticado na iminência de serem presas ou em decorrência de sequelas psicológicas resultantes de atos de tortura.

A Comissão Especial está vinculada ao Ministério dos Direitos Humanos e da Cidadania (MDHC), sendo composta por sete membros, de livre escolha e designação do Presidente da República, que indicará, dentre eles, quem irá presidi-la, com voto de qualidade. Dos sete membros da Comissão, quatro devem ser escolhidos: dentre os membros da Comissão de Direitos Humanos da Câmara dos Deputados; dentre as pessoas com vínculo com os familiares das vítimas; dentre os membros do Ministério Público Federal e dentre os integrantes do Ministério da Defesa. Os outros três membros não possuem origem determinada pela lei.

Em 2019, o Conselho Superior do Ministério Público Federal (CSMPF) recusou indicação feita pelo MMFDH de nome de Procurador da República para compor a Comissão Especial, alegando que tal indicação deve ser feita pelo Procurador-Geral da República (ouvido o Conselho Superior do MPF), em face do disposto no art. 49, XV, da Lei Complementar n. 75/93[41].

Em dezembro de 2022, foi publicado o relatório final dos trabalhos da Comissão, o que encerraria seus trabalhos. Como há ainda desaparecidos sem paradeiro certo, entendeu-se que a Comissão deve continuar seus trabalhos no governo atual.

Em 4-7-2024, novo despacho presidencial tornou sem efeito o despacho presidencial de 30-12-2022 (que havia encerrado os trabalhos da Comissão), declarando "a continuidade das atividades da Comissão Especial, na forma prevista no art. 4º da Lei n. 9.140, de 4 de dezembro de 1995". Além disso, foram nomeados novos membros (Decreto Presidencial sem número de 3 de julho de 2024).

12.5.6. Comissão Nacional de Erradicação do Trabalho Escravo – CONATRAE

A Comissão Nacional de Erradicação do Trabalho Escravo – CONATRAE consiste em órgão colegiado vinculado ao Ministério dos Direitos Humanos, que visa acompanhar o cumprimento das ações constantes do Plano Nacional para a Erradicação do Trabalho Escravo.

De acordo com o Decreto n. 9.887, de 27 de junho de 2019 (alterado pelo Decreto n. 11.066/2022), cabe ainda ao CONATRAE propor (i) medidas que se fizerem necessárias à implementação do Plano Nacional para a Erradicação do Trabalho Escravo; (ii) acompanhar e avaliar os projetos de cooperação técnica firmados entre a República Federativa do Brasil e organismos internacionais e (iii) propor a elaboração de estudos e pesquisas e incentivar a realização de campanhas relacionadas à erradicação do trabalho escravo.

A CONATRAE é composta por oito integrantes, sendo quatro do governo (representante do Ministério dos Direitos Humanos, que a coordenará; do Ministério da Justiça e

---

[41] Art. 49. São atribuições do Procurador-Geral da República, como Chefe do Ministério Público Federal: (...) XV – designar membro do Ministério Público Federal para: a) funcionar nos órgãos em que a participação da Instituição seja legalmente prevista, ouvido o Conselho Superior.

Segurança Pública; do Ministério do Trabalho e Previdência; do Ministério da Cidadania – atualmente Ministério do Desenvolvimento e Assistência Social, Família e Combate à Fome) e quatro da sociedade civil (representantes de entidades não governamentais privadas, reconhecidas nacionalmente e que possuam atividades relevantes relacionadas com o combate ao trabalho escravo).

No campo penal, o chamado "trabalho escravo contemporâneo" é tipificado no crime do *art. 149 do CP*, cuja figura típica consiste em *"reduzir alguém à condição análoga à de escravo*, quer submetendo-o a trabalhos forçados ou a jornada exaustiva, quer sujeitando-o a condições degradantes de trabalho, quer restringindo, por qualquer meio, sua locomoção em razão de dívida contraída com o empregador ou preposto. Pena – reclusão, de dois a oito anos, e multa, além da pena correspondente à violência" (Redação dada pela Lei n. 10.803, de 11-12-2003).

O *2º Plano Nacional para a Erradicação do Trabalho Escravo* aprovado em 2008 pela então existente Secretaria de Direitos Humanos conta com 66 diferentes tipos de ação que visam à erradicação do "trabalho escravo contemporâneo", tida como prioridade do Estado brasileiro. Em 2024, houve anúncio oficial de início da atualização (após 16 anos) do Plano Nacional para a Erradicação do Trabalho Escravo[42].

12.5.7. Conselho Nacional de Promoção da Igualdade Racial - CNPIR

O Conselho Nacional de Promoção da Igualdade Racial (CNPIR) é um órgão colegiado, de caráter consultivo e vinculado ao Ministério da Igualdade Racial (*vide* Decreto n. 11.346, de 2023). O CNPIR visa propor, em âmbito nacional, políticas de promoção da *igualdade racial* com ênfase na população negra e outros segmentos raciais e étnicos da população brasileira. Além do combate ao racismo, o CNPIR almeja propor *alternativas para a superação das desigualdades raciais*, em suas múltiplas facetas (econômica, social, política e cultural).

O CNPIR foi criado pela Lei n. 10.678, de 23 de maio de 2003, e regulamentado pelo Decreto n. 4.885, de 20 de novembro de 2003. De acordo com o Decreto n. 4.885/2003, compete ao CNPIR principalmente participar na elaboração de critérios e parâmetros para a formulação e implementação de metas e prioridades para assegurar as condições de igualdade à população negra e de outros segmentos étnicos da população brasileira, bem como propor estratégias de acompanhamento, avaliação e fiscalização, participar do processo deliberativo de diretrizes das políticas de promoção da igualdade racial, fomentando a inclusão da dimensão racial nas políticas públicas desenvolvidas em âmbito nacional, e ainda zelar pelos direitos culturais da população negra, especialmente pela preservação da memória e das tradições africanas e afro-brasileiras, além dos demais segmentos étnicos constitutivos da formação histórica e social do povo brasileiro.

12.5.8. Conselho Nacional dos Direitos da Mulher - CNDM

O Conselho Nacional dos Direitos da Mulher – CNDM consiste em órgão colegiado que possui por finalidade formular e propor diretrizes de ação governamental voltadas à promoção dos direitos das mulheres e atuar no controle social de políticas públicas de igualdade de gênero. Está atualmente vinculado ao Ministério das Mulheres (2024).

De acordo com o Decreto n. 6.412, de 25 de março de 2008, compete ao CNDM principalmente participar na elaboração de critérios e parâmetros para o estabelecimento e implementação de metas e prioridades que visem assegurar as condições de igualdade às mulheres e ainda

---

[42] Disponível em: <https://www.gov.br/mdh/pt-br/assuntos/noticias/2024/junho/plano-nacional-para-a-erradicacao--do-trabalho-escravo-comeca-a-ser-atualizado-apos-16-anos> Acesso em: 10-8-2024.

apresentar sugestões relativas à implementação do Plano Nacional de Políticas para as Mulheres – PNPM, devendo também propor estratégias de ação visando ao acompanhamento, avaliação e fiscalização das *políticas de igualdade* para as mulheres, desenvolvidas em âmbito nacional, bem como a participação social no processo decisório relativo ao estabelecimento das diretrizes dessas políticas. O II Plano Nacional de Políticas para as Mulheres foi adotado em 2008 e conta com 388 ações propostas, visando à implementação da igualdade de gênero prevista na Constituição de 1988 e nos tratados internacionais de direitos humanos.

12.5.9. Comitê Nacional de Prevenção e Combate à Tortura e o Mecanismo Nacional de Prevenção e Combate à Tortura

O Comitê Nacional de Prevenção e Combate à Tortura (CNPCT) é composto por vinte e três membros escolhidos e designados pelo Presidente da República, sendo onze representantes de órgãos do Poder Executivo federal e doze de conselhos de classes profissionais e de organizações da sociedade civil, sendo presidido pelo Ministro dos Direitos Humanos e da Cidadania. Sua missão é acompanhar, avaliar e propor aperfeiçoamentos às ações, aos programas, aos projetos e aos planos de prevenção e combate à tortura e a outros tratamentos ou penas cruéis, desumanos ou degradantes desenvolvidos em âmbito nacional.

Já o *Mecanismo Nacional de Prevenção e Combate à Tortura – MNPCT*, órgão integrante da estrutura do Ministério dos Direitos Humanos e da Cidadania, é composto por 11 peritos escolhidos pelo CNPCT e tem como principal missão planejar, realizar e monitorar *visitas periódicas e regulares a pessoas privadas de liberdade em todas as unidades da Federação*, para verificar as condições a que se encontram submetidas.

O Decreto n. 8.154/2013 regulamentou o funcionamento do Sistema Nacional de Prevenção e Combate à Tortura, bem como regrou a composição e o funcionamento do Comitê Nacional de Prevenção e Combate à Tortura, regulando ainda o Mecanismo Nacional de Prevenção e Combate à Tortura.

É composto por 11 peritos especialistas e independentes que possuem amplo acesso aos espaços de privação de liberdade como prisões, sistema socioeducativo, asilos, albergues, hospitais psiquiátricos e de custódia, comunidades terapêuticas e outros. Possui competência para realizar visitas periódicas e regulares aos locais de privação de liberdade para subsidiar a elaboração de relatórios e recomendações às autoridades públicas e privadas responsáveis por esses espaços. Ademais, diante da constatação de indícios da prática de tortura e de outros tratamentos e práticas cruéis, desumanos ou degradantes, deve requerer à autoridade competente que instaure procedimento criminal e administrativo.

O Decreto n. 9.831, de 11 de junho de 2019, remanejou esses 11 cargos utilizados pelos peritos do Mecanismo Nacional de Prevenção e Combate à Tortura – MNPCT para outra área do Poder Público federal, exonerando os seus ocupantes, e determinando que a participação no Mecanismo seria considerada doravante "prestação de serviço público relevante, não remunerada".

A Procuradoria-Geral da República ingressou com arguição de descumprimento de preceito fundamental contra tal modificação no MNPCT (ver acima), na medida em que *esvaziou* significativamente o MNPCT, órgão essencial para o combate à prática de tortura e demais tratamentos degradantes ou desumanos em ambientes de detenção e custódia coletiva de pessoas, ao transformar o mecanismo, antes profissional, em trabalho voluntário e precário (petição inicial da PGR, ADPF 607). Em 2022, o STF determinou o restabelecimento da fixação de *cargos* aos peritos, os quais devem, assim, ser remunerados. Para o STF, houve fragilização e retrocesso na prevenção e combate à tortura no Brasil, o que ofende a CF/88 (STF, ADPF 607, rel. Min. Dias Toffoli, Plenário, Sessão Virtual de 18-3-2022 a 25-3-2022).

QUADRO SINÓTICO

As principais instituições de defesa e promoção dos direitos humanos no Poder Executivo federal

Ministério dos Direitos Humanos e da Cidadania	• Ganhou no Governo Lula (2023) essa denominação, substituindo a antiga denominação "Ministério da Mulher, da Família e dos Direitos Humanos" do Governo Bolsonaro (2019-2022).
	• Havia deixado de ter estatuto equivalente a Ministério após a substancial reforma administrativa do Governo Temer em 2016. Retomou o *status* ministerial com a reforma do novo Governo Temer em 2017.
	• Histórico: Decreto n. 2.193, de 7 de abril de 1997: criação da Secretaria Nacional dos Direitos Humanos, vinculada ao Ministério da Justiça, em substituição ao departamento de direitos humanos da antiga Secretaria de Direitos da Cidadania.
	• Criação da Secretaria Especial dos Direitos Humanos, vinculada à Presidência da República (Lei n. 10.683/2003), desvinculando-a do Ministério da Justiça.
	• Secretaria perde a denominação "Especial" e passa a se chamar "Secretaria de Direitos Humanos", demonstrando que a preocupação com a temática é corriqueira e equiparada às demais áreas administrativas. Em 2016, com o governo interino e depois permanente de Michel Temer, passou a ser "Secretaria Especial de Direitos Humanos", órgão subsidiário do Ministério da Justiça e Cidadania. Em 2017, volta a ter *status* ministerial, com a denominação Ministério dos Direitos Humanos. Em 2019, sua denominação foi alterada para *Ministério da Mulher, da Família e dos Direitos Humanos* (MMFDH). Em 2023, ganha a denominação Ministério dos Direitos Humanos e da Cidadania.
	• Atribuições:
	  a) formulação de políticas e diretrizes destinadas à promoção dos direitos humanos;
	  b) articulação de iniciativas e apoio a projetos de proteção e promoção dos direitos humanos;
	  c) adoção de políticas de promoção do reconhecimento e da valorização da dignidade da pessoa humana em sua integralidade;
	  d) exercício da função de ouvidoria nacional em assuntos relativos aos direitos humanos;
	  e) formulação de políticas de promoção do reconhecimento e da valorização da dignidade da pessoa humana em sua integralidade; e
	  f) combate a todas as formas de violência, de preconceito, de discriminação e de intolerância.
	• Principais órgãos colegiados:
	  1) Conselho Nacional dos Direitos Humanos (CNDH);
	  2) Conselho Nacional dos Direitos da Pessoa com Deficiência (CONADE);
	  3) Conselho Nacional dos Direitos da Criança e do Adolescente (CONANDA);
	  4) Conselho Nacional dos Direitos da Pessoa Idosa (CNDI);
	  5) Conselho Nacional dos Direitos da Mulher (CNDM);
	  6) Conselho Nacional de Promoção da Igualdade Racial (vinculado ao Ministério da Igualdade Racial);
	  7) Comitê Nacional de Prevenção e Combate à Tortura e Mecanismo Nacional de Prevenção e Combate à Tortura;
	  8) Conselho Nacional dos Direitos da Mulher (vinculado ao Ministério das Mulheres);
	  9) Conselho Nacional dos Direitos das Pessoas Lésbicas, Gays, Bissexuais, Travestis, Transexuais, Queers, Intersexos, Assexuais e Outras - CNLGBTQIA+

Ouvidoria Nacional dos Direitos Humanos	• Ouvidorias: no Brasil, são órgãos de controle interno da Administração Pública, que desenvolvem trabalho referente à divulgação dos direitos daqueles envolvidos com a Administração, e que devem possibilitar meios de recebimento de notícias de má prestação do serviço público, encaminhamento de pedidos de providências e fiscalização dos resultados das sindicâncias abertas. • Ouvidoria Nacional de Direitos Humanos: é um órgão interno do Ministério dos Direitos Humanos e da Cidadania (2023).

Conselho Nacional dos Direitos Humanos	• É um órgão colegiado, criado pela Lei n. 12.986/2014. • Atribuições: (i) A atribuição promocional consiste na elaboração de estudos, recomendações e opiniões sobre ações na temática, inclusive para influenciar na capacitação e educação para os direitos humanos. (ii) A atribuição fiscalizadora é consagrada no dever de fiscalizar a política nacional de direitos humanos e observar o cumprimento das obrigações internacionais de direitos humanos assumidas pelo Brasil. (iii) A atribuição repressiva pode ser dividida entre: (a) repressão direta, na qual o CNDH apura condutas de violação de direitos humanos e impõe sanções, e (b) indireta, na qual o CNDH representa contra tais condutas e cobra ação das autoridades policiais e do Ministério Público, evitando que haja negligência e impunidade.
Conselho Nacional dos Direitos da Criança e do Adolescente – CONANDA	• Criado pela Lei n. 8.242/91, cabendo-lhe atuar na promoção dos direitos humanos das crianças e dos adolescentes. Regulado atualmente (2023) pelo Dec. n. 11.371/2023. • Principais atribuições: 1) elaborar as normas gerais da política nacional de atendimento dos direitos da criança e do adolescente, fiscalizando as ações de execução, em consonância com a Lei n. 8.069/90; 2) zelar pela aplicação da política nacional de atendimento dos direitos da criança e do adolescente; 3) dar apoio aos Conselhos Estaduais e Municipais dos Direitos da Criança e do Adolescente e órgãos correlatos; 4) avaliar a política estadual e municipal e a atuação dos Conselhos Estaduais e Municipais da Criança e do Adolescente; 5) apoiar a promoção de campanhas educativas sobre os direitos da criança e do adolescente. • O CONANDA possui composição paritária entre o Poder Executivo e entidades não governamentais de âmbito nacional de atendimento dos direitos da criança e do adolescente.
Conselho Nacional dos Direitos da Pessoa com Deficiência – CONADE	• Órgão colegiado, vinculado ao Ministério dos Direitos Humanos e da Cidadania, que deve acompanhar e avaliar o desenvolvimento de uma política nacional para inclusão da pessoa com deficiência e das políticas setoriais de educação, saúde, trabalho, assistência social, transporte, cultura, turismo, desporto, lazer e política urbana voltadas a essas pessoas. • É um órgão paritário, com conselheiros da área pública e também da sociedade civil organizada. • Competência (Decreto n. 3.298/99): 1) zelar pela efetiva implantação da política para inclusão da pessoa com deficiência em âmbito nacional e acompanhar o planejamento e avaliar a execução das políticas setoriais de educação, saúde, trabalho, assistência social, transporte, cultura, turismo, desporto, lazer, política urbana e outras relativas à pessoa com deficiência; 2) acompanhar e apoiar as políticas e as ações do Conselho dos Direitos da Pessoa com Deficiência no âmbito dos Estados, do Distrito Federal e dos Municípios; 3) propor a elaboração de estudos e pesquisas que objetivem a melhoria da qualidade de vida da pessoa com deficiência; 4) propor e incentivar a realização de campanhas visando à prevenção de deficiência e à promoção dos direitos da pessoa com deficiência; 5) aprovar o plano de ação anual da Coordenadoria Nacional para Integração da Pessoa com Deficiência – CORDE, órgão administrativo da Secretaria de Direitos Humanos que deve acompanhar e orientar a execução pela Administração Pública Federal das ações da Política Nacional para Inclusão da Pessoa com Deficiência.

Conselho Nacional dos Direitos do Idoso – CNDI	• Órgão colegiado, vinculado ao Ministério dos Direitos Humanos e da Cidadania.
	• Finalidade: elaboração das diretrizes para a formulação e a implementação da Política Nacional do Idoso, observadas as linhas de ação e as diretrizes conforme dispõe o Estatuto do Idoso, bem como acompanhar e avaliar a sua execução.
	• Competência (Decreto n. 11.483/2023):
	  i) propor as diretrizes, os objetivos e as prioridades da Política Nacional da Pessoa Idosa;
	  ii) supervisionar, acompanhar, fiscalizar e avaliar a Política Nacional da Pessoa Idosa;
	  iii) apoiar os conselhos e os órgãos estaduais, distrital e municipais dos direitos da pessoa idosa e as entidades não governamentais, de modo a efetivar os direitos estabelecidos pela Lei n. 10.741, de 2003;
	  iv) gerir o Fundo Nacional do Idoso e estabelecer os critérios para sua utilização; e
	  v) propor o desenvolvimento de sistemas de indicadores, em parceria com órgãos e entidades, públicos e privados, nacionais e internacionais, com vistas a estabelecer metas e procedimentos com base nesses índices, para monitorar as atividades relacionadas à Política Nacional da Pessoa Idosa.

Conselho Nacional de Direitos das pessoas LGBTQIA+	• Órgão colegiado, vinculado ao Ministério dos Direitos Humanos e da Cidadania. Regulado pelo Decreto n. 11.471/2023.
	• É composto por 36 membros, sendo 18 governamentais e 18 da sociedade civil.
	• Atribuições:
	  I) colaborar com a Secretaria Nacional dos Direitos das Pessoas LGBTQIA+ do Ministério dos Direitos Humanos e da Cidadania na elaboração de critérios e parâmetros de ações governamentais, em níveis setorial e transversal, que visem a assegurar as condições de igualdade, de equidade e de garantia de direitos fundamentais às pessoas LGBTQIA+;
	  II) propor estratégias para a avaliação e o monitoramento das ações governamentais voltadas às pessoas LGBTQIA+;
	  III) acompanhar a elaboração e a execução da proposta orçamentária da União, com possibilidade de apresentar recomendações quanto à alocação de recursos, com vistas à promoção e à defesa dos direitos das pessoas LGBTQIA+;
	  IV) acompanhar proposições legislativas que tenham implicações sobre as pessoas LGBTQIA+ e apresentar recomendações sobre as referidas proposições;
	  V) promover a realização de estudos, debates e pesquisas sobre a temática de direitos e a inclusão das pessoas LGBTQIA+;
	  VI) apoiar campanhas destinadas à promoção e à defesa de direitos e de políticas públicas para as pessoas LGBTQIA+; e
	  VII) organizar a Conferência Nacional LGBTQIA+ e outros eventos de âmbito nacional com impacto sobre as pessoas LGBTQIA+, no âmbito de sua atuação.

Comissão Especial sobre Mortos e Desaparecidos Políticos – CEMDP	• Criada pela Lei n. 9.140/95, que reconheceu como mortas as pessoas desaparecidas em razão de participação, ou acusação de participação, em atividades políticas no período de 2 de setembro de 1961 a 15 de agosto de 1979. • Atribuição: reconhecer a morte de pessoas desaparecidas que, por terem participado ou por terem sido acusadas de participação em atividades políticas, no período de 2 de setembro de 1961 a 15 de agosto de 1979, tenham falecido, por causas não naturais, em dependências policiais ou assemelhadas, bem como envidar os esforços para a localização de corpos de pessoas desaparecidas no caso de existência de indícios quanto ao local em que possam estar depositados. • Lei n. 10.536/2002: ampliou o período de abrangência da lei anterior para a data final de 5 de outubro de 1988 e reabriu o prazo para apresentação de novos requerimentos.

	- Lei n. 10.875/2004: ampliou os critérios de reconhecimento das vítimas da ditadura militar. - Composta por sete membros, de livre escolha e designação do Presidente da República, que indicará, dentre eles, quem irá presidi-la, com voto de qualidade.

Comissão Nacional de Erradicação do Trabalho Escravo – CONATRAE	- Órgão colegiado vinculado ao Ministério dos Direitos Humanos e da Cidadania, que visa acompanhar o cumprimento das ações constantes do Plano Nacional para a Erradicação do Trabalho Escravo, propondo as adaptações que se fizerem necessárias. Regulado pelo Decreto n. 9.887/2019.
	- Competência:
	  1) acompanhar a tramitação de projetos de lei relacionados com o combate e erradicação do trabalho escravo no Congresso Nacional;
	  2) propor atos normativos que se fizerem necessários à implementação do plano nacional de erradicação do trabalho escravo.
	- A CONATRAE é composta por oito integrantes, sendo quatro governamentais e quatro da sociedade civil.
	- "Trabalho escravo contemporâneo": tipificado no crime do art. 149 do CP.
	- 2º Plano Nacional para a Erradicação do Trabalho Escravo: aprovado em 2008 pela Secretaria de Direitos Humanos, conta com 66 diferentes tipos de ação que visam à erradicação do "trabalho escravo contemporâneo".

Conselho Nacional de Promoção da Igualdade Racial – CNPIR	- Órgão colegiado, de caráter consultivo e vinculado ao Ministério da Igualdade Racial. Regulado pelo Decreto n. 11.346/2023.
	- Criado pela Lei n. 10.678/2003, e regulamentado pelo Decreto n. 4.885/2003.
	- Objetivo: propor, em âmbito nacional, políticas de promoção da igualdade racial com ênfase na população negra e outros segmentos raciais e étnicos da população brasileira; propor alternativas para a superação das desigualdades raciais, em suas múltiplas facetas (econômica, social, política e cultural).
	- Competência:
	  1) participar na elaboração de critérios e parâmetros para a formulação e implementação de metas e prioridades para assegurar as condições de igualdade à população negra e de outros segmentos étnicos da população brasileira;
	  2) propor estratégias de acompanhamento, avaliação e fiscalização, bem como a participação no processo deliberativo de diretrizes das políticas de promoção da igualdade racial, fomentando a inclusão da dimensão racial nas políticas públicas desenvolvidas em âmbito nacional;
	  3) zelar pelos direitos culturais da população negra, especialmente pela preservação da memória e das tradições africanas e afro-brasileiras, bem como dos demais segmentos étnicos constitutivos da formação histórica e social do povo brasileiro.

Conselho Nacional dos Direitos da Mulher – CNDM	- Órgão colegiado vinculado ao Ministério das Mulheres.
	- Finalidade: formular e propor diretrizes de ação governamental voltadas à promoção dos direitos das mulheres e atuar no controle social de políticas públicas de igualdade de gênero.
	- Competência (Decreto n. 6.412/2008):
	  1) participar na elaboração de critérios e parâmetros para o estabelecimento e implementação de metas e prioridades que visem assegurar as condições de igualdade às mulheres;
	  2) apresentar sugestões relativas à implementação do Plano Nacional de Políticas para as Mulheres;

	3) propor estratégias de ação visando ao acompanhamento, avaliação e fiscalização das políticas de igualdade para as mulheres, desenvolvidas em âmbito nacional, bem como a participação social no processo decisório relativo ao estabelecimento das diretrizes dessas políticas. • 2º Plano Nacional de Políticas para as Mulheres: foi adotado em 2008 e conta com 388 ações propostas, visando à implementação da igualdade de gênero.
Comitê Nacional de Prevenção e Combate à Tortura -CNPCT	• O Comitê Nacional de Prevenção e Combate à Tortura (CNPCT) é um dos órgãos integrantes do Sistema Nacional de Prevenção e Combate à Tortura (SNPCT), criado pela Lei Federal n. 12.847, de 2 de agosto de 2013 e regulamentado pelo Decreto n. 8.154, de 16 de dezembro de 2013. • Composto por 23 membros, escolhidos e designados pelo Presidente da República, sendo 11 representantes de órgãos do Poder Executivo federal e 12 de conselhos de classes profissionais e de organizações da sociedade civil, sendo presidido pelo Ministro de Direitos Humanos e da Cidadania. • Tem como missão acompanhar, avaliar e propor aperfeiçoamentos às ações, aos programas, aos projetos e aos planos de prevenção e combate à tortura e a outros tratamentos ou penas cruéis, desumanos ou degradantes desenvolvidos em âmbito nacional. • Já o *Mecanismo Nacional de Prevenção e Combate à Tortura* - MNPCT, órgão integrante da estrutura do Ministério dos Direitos Humanos e da Cidadania, é composto por 11 peritos escolhidos pelo CNPCT e tem como principal missão planejar, realizar e monitorar *visitas periódicas e regulares a pessoas privadas de liberdade em todas as unidades da Federação*, para verificar as condições a que se encontram submetidas.

13. NO PODER LEGISLATIVO FEDERAL: A COMISSÃO DE DIREITOS HUMANOS E MINORIAS DA CÂMARA DOS DEPUTADOS – CDHM

A *Comissão de Direitos Humanos e Minorias* (CDHM) é uma comissão permanente da Câmara dos Deputados, cabendo-lhe discutir e votar propostas legislativas referentes à temática dos direitos humanos, bem como fiscalizar a atuação governamental na área, recebendo notícias de violações de direitos humanos e colaborando com entidades não governamentais na feitura dos chamados "relatórios sombra" (*vide* Parte II, Capítulo V, itens 3 a 10) a serem encaminhados a órgãos internacionais de direitos humanos.

A Comissão, criada em 1995, é referência também na discussão das políticas públicas de direitos humanos, organizando anualmente as conferências nacionais de direitos humanos, que auxiliaram a realização dos Programas Nacionais de Direitos Humanos 1, 2 e 3 (atualmente em vigor).

QUADRO SINÓTICO

No Poder Legislativo Federal: a Comissão de Direitos Humanos e Minorias da Câmara dos Deputados (CDHM)

- A CDHM é uma comissão permanente da Câmara dos Deputados.
- Criação: 1995.
- Atribuições: discutir e votar propostas legislativas referentes à temática dos direitos humanos, bem como fiscalizar atuação governamental na área, recebendo notícias de violações de direitos humanos e colaborando com entidades não governamentais na feitura dos chamados "relatórios sombra" a serem encaminhados a órgãos internacionais de direitos humanos.

14. MINISTÉRIO PÚBLICO FEDERAL E PROCURADORIA FEDERAL DOS DIREITOS DO CIDADÃO

De acordo com o art. 127 da CF/88, o Ministério Público é instituição permanente, essencial à função jurisdicional do Estado, incumbindo-lhe a defesa da ordem jurídica, do regime democrático e dos interesses sociais e individuais indisponíveis.

A Lei Complementar n. 75/93, que dispõe sobre o estatuto do Ministério Público da União, determina, em seu art. 39, que compete ao Ministério Público Federal exercer a *defesa dos* direitos constitucionais do cidadão, sempre que se cuidar de garantir-lhes o respeito: I – pelos Poderes Públicos Federais; II – pelos órgãos da Administração Pública federal direta ou indireta; III – pelos concessionários e permissionários de serviço público federal; IV – por entidades que exerçam outra função delegada da União. Ainda, o art. 5º, III, *e*, da Lei Complementar n. 75/93 estabelece que compete ao Ministério Público a defesa dos direitos e interesses coletivos, especialmente das comunidades indígenas, da família, da criança, do adolescente e do idoso.

Assim, a defesa dos direitos humanos é atribuição constitucionaldo Ministério Público, o que resultou, no âmbito de atuação federal, na criação da Procuradoria Federal dos Direitos do Cidadão(PFDC) do Ministério Público Federal.

A PFDC foi criada pela Lei Complementar n. 75/93 a qual dispôs, em seu art. 40, que o Procurador-Geral da República designará, *dentre* os Subprocuradores-Gerais da República e mediante prévia aprovação do nome pelo Conselho Superior, o *Procurador Federal dos Direitos do Cidadão*, para exercer as funções do ofício pelo prazo de dois anos, permitida uma recondução, precedida de nova decisão do Conselho Superior.

Também estabeleceu que em cada Estado e no Distrito Federal será designado, pelo Procurador-Geral da República, um *Procurador Regional dos Direitos do Cidadão*. Compete ao Procurador Federal dos Direitos do Cidadão coordenar o trabalho dos Procuradores Regionais, expedindo-lhes instruções, respeitando, contudo, o princípio da independência funcional.

A PFDC zela pela defesa dos direitos constitucionais do cidadão e visa à garantia do seu efetivo respeito pelos Poderes Públicos e pelos prestadores de serviços de relevância pública. Cabe ao Procurador dos Direitos do Cidadão agir de ofício ou mediante representação, notificando a autoridade questionada para que preste informação, no prazo que assinar. Recebidas ou não as informações e instruído o caso, se o Procurador dos Direitos do Cidadão concluir que direitos constitucionais foram ou estão sendo desrespeitados, deverá notificar o responsável para que tome as providências necessárias a prevenir a repetição ou que determine a cessação do desrespeito verificado. Não atendida, no prazo devido, a notificação prevista no artigo anterior, a Procuradoria dos Direitos do Cidadão representará ao poder ou autoridade competente para promover a responsabilidade pela ação ou omissão inconstitucionais.

A Lei Complementar n. 75/93 estruturou a PFDC a partir da experiência do Defensor do Povo("Defensor del Pueblo") ibérico e do *ombudsman* sueco, que são entes que recomendam a correção da conduta por parte da autoridade faltosa. Só assim é possível entender o art. 15 da Lei Complementar n. 75/93 que prevê que "é vedado aos órgãos de defesa dos direitos constitucionais do cidadão promover em juízo a defesa de direitos individuais lesados".

Em 2016, houve debate no Conselho Nacional do Ministério Público sobre a atuação da Procuradoria Federal dos Direitos do Cidadão na fiscalização da ação da Polícia Militar do Estado de São Paulo na repressão a manifestações populares. O Ministério Público do Estado de São Paulo *representou* ao Conselho Nacional do Ministério Público contra os procuradores da república envolvidos, alegando, em síntese, usurpação das atribuições do *parquet* paulista no controle externo da atividade policial[43]. Contudo, *não há usurpação*, uma vez que a PFDC, quando fiscaliza entes estaduais ou municipais, age como observador que coleta dados, para, ao final, emitir recomendações e pedidos de providências. Entre as providências, pode estar o pedido ao Procurador-Geral da República para que este pleiteie ao Superior Tribunal de Justiça o deslocamento de competência no caso de graves violações de direitos humanos.

Quando a legitimidade para a ação judicial decorrente da inobservância da Constituição Federal verificada pela PFDC couber a *outro* órgão do Ministério Público, os elementos de informação lhe serão remetidos. Sempre que o titular do direito lesado não puder constituir advogado e a ação cabível não incumbir ao Ministério Público, o caso, com os elementos colhidos, será encaminhado à Defensoria Pública competente.

Dentre os instrumentos de atuação dos Procuradores dos Direitos do Cidadão estão: a) instauração de procedimento administrativo e inquérito civil público para investigação de violações de direitos humanos; b) expedição de notificação às autoridades; c) requisição de informações e documentos; d) expedição de recomendações às autoridades federais de todos os níveis hierárquicos; e) celebração de Termos de Ajustamento de Conduta; f) realização de audiências públicas; g) representação às autoridades competentes para o ajuizamento de ações; h) recebimento de queixas, denúncias e representações de qualquer cidadão, órgão público ou entidade não governamental, em matérias relacionadas à defesa dos direitos humanos; i) acompanhamento das proposições legislativas relacionadas aos direitos humanos. Além disso, a PFDC auxilia na promoção dos direitos humanos pela divulgação de cartilhas de direitos humanos, realização de eventos e cursos. Mais, a PFDC, no exercício de suas funções, está em constante diálogo com órgãos de Estado, organismos nacionais e internacionais e representantes da sociedade civil.

Finalmente, cabe salientar que só há *três* ofícios unipessoais na cúpula do Ministério Público Federal: o de Procurador-Geral da República, o de Procurador-Geral Eleitoral (exercido simultaneamente pelo próprio Procurador-Geral da República) e o de Procurador Federal dos Direitos Humanos. Este último seria o *"procurador-geral dos direitos humanos"*, simbolizando o comprometimento da instituição com a matéria.

Em 2017, foi criada a Secretaria de Direitos Humanos e Defesa Coletiva (SDHDC) da Procuradoria-Geral da República, que tinha como missão atuar nas demandas de direitos humanos sob atribuição da Procuradoria-Geral da República, como, por exemplo, processos no Supremo Tribunal Federal ou ainda incidentes de deslocamento de competência no Superior Tribunal de Justiça[44]. Em 2020, a SDHDC foi extinta.

---

[43] O conflito de atribuição entre membro do Ministério Público Federal e membro do Ministério Público Estadual era dirimido, até 2020, pelo Procurador-Geral da República e não pelo Conselho Nacional do Ministério Público, de acordo com o posicionamento do STF (entre outras decisões do STF: "Entendimento superveniente firmado pelo Plenário do Supremo Tribunal no sentido da incompetência da Corte para apreciar conflitos de atribuição entre ministérios públicos. ACO 924/PR, ACO 1.394/RN, Pet 4.706/DF e Pet 4.863/RN). Contudo, em junho de 2020, no julgamento da ACO n. 843, o Min. Alexandre de Moraes, considerando não existir hierarquia entre o Ministério Público da União e os estaduais, votou pela *modificação da jurisprudência então dominante*, devendo agora a definição sobre a atribuição ficar a cargo do Conselho Nacional do Ministério Público (CNMP). Essa foi a posição vencedora, cabendo agora ao CNMP resolver tal conflito de atribuição. Ficaram vencidos os Ministros Roberto Barroso, Rosa Weber e Edson Fachin (ACO 843, rel. para o acórdão Min. Alexandre de Moraes, Sessão Virtual de 29-5-2020 a 5-6-2020).

[44] O autor do presente *Curso* foi o primeiro titular desta Secretaria de Direitos Humanos da PGR (2017-2019).

QUADRO SINÓTICO

Ministério Público Federal e Procuradoria Federal dos Direitos do Cidadão

- Defesa dos direitos humanos: atribuição constitucional do Ministério Público (art. 127 da CF/88; art. 39 da LC n. 75/93).
- Procuradoria Federal dos Direitos do Cidadão (PFDC):
  - Criação pela LC n. 75/93.
  - Origem da estrutura da PFDC: experiência do Defensor do Povo ibérico e do *ombudsman* sueco (entes que recomendam a correção da conduta por parte da autoridade faltosa). Com isso, compreende-se a vedação a que os órgãos de defesa dos direitos constitucionais do cidadão promovam em juízo a defesa de direitos individuais lesados.
  - Art. 40 da LC n. 75/93: o Procurador-Geral da República designa, dentre os Subprocuradores-Gerais da República e mediante prévia aprovação do nome pelo Conselho Superior, o Procurador Federal dos Direitos do Cidadão, para exercer as funções do ofício pelo prazo de dois anos, permitida uma recondução, precedida de nova decisão do Conselho Superior. Em cada Estado e no Distrito Federal é designado, pelo Procurador-Geral da República, um Procurador Regional dos Direitos do Cidadão.
  - Procurador Federal dos Direitos do Cidadão: coordena o trabalho dos Procuradores Regionais, expedindo-lhes instruções, respeitando, contudo, o princípio da independência funcional.
  - A PFDC zela pela defesa dos direitos constitucionais do cidadão e visa à garantia do seu efetivo respeito pelos Poderes Públicos e pelos prestadores de serviços de relevância pública. Atua como "ombudsman" ou "defensor del pueblo".
  - Dentre os instrumentos de atuação dos Procuradores dos Direitos do Cidadão estão:
    a) instauração de procedimento administrativo e inquérito civil público para investigação de violações de direitos humanos;
    b) expedição de notificação às autoridades;
    c) requisição de informações e documentos;
    d) expedição de recomendações às autoridades federais de todos os níveis hierárquicos;
    e) celebração de Termos de Ajustamento de Conduta;
    f) realização de audiências públicas;
    g) representação às autoridades competentes para o ajuizamento de ações;
    h) recebimento de queixas, denúncias e representações de qualquer cidadão, órgão público ou entidade não governamental, em matérias relacionadas à defesa dos direitos humanos;
    i) acompanhamento das proposições legislativas relacionadas aos direitos humanos;
    j) auxílio na promoção dos direitos humanos pela divulgação de cartilhas de direitos humanos, realização de eventos e cursos;
    k) diálogo com órgãos de Estado, organismos nacionais e internacionais e representantes da sociedade civil.

15. A DEFENSORIA PÚBLICA DA UNIÃO E A DEFESA DOS DIREITOS HUMANOS

O direito à assistência jurídica encontra-se previsto no ordenamento jurídico constitucional e também no Direito Internacional dos Direitos Humanos por meio de tratados internacionais já ratificados e incorporados internamente ao direito brasileiro. Na CF/88, prevê o art. 5º, LXXIV, que: "O Estado prestará assistência jurídica integral e gratuita aos que comprovarem insuficiência de recursos". Há ainda outros dispositivos constitucionais que também revelam a existência do dever do Estado em prover a assistência jurídica gratuita, como o direito de acesso à justiça (art. 5º, XXXV) e também o direito à igualdade (art. 5º, I). É evidente que o acesso à justiça ficaria comprometido, caso não fosse disponibilizado também o acesso ao advogado e sua capacidade de traduzir a demanda de uma pessoa em uma provocação técnica da jurisdição. Por outro lado, a igualdade prevista no art. 5º dependerá, em última análise, que todos conheçam o direito e possam se socorrer dos remédios judiciais, sem o que haverá disparidade injustificável de tratamento e, consequentemente, exclusão social. Concretiza-se, assim, o *direito de acesso à justiça e a igualdade por meio da assistência jurídica integral e gratuita* e, por conseguinte, a assistência jurídica gratuita passou a ser uma obrigação do Estado e um direito fundamental de todo aquele que dela necessite.

A Constituição de 1988 garantiu a assistência jurídica *integral,* que não se limita à assistência judiciária, que era assegurada desde a Constituição de 1934. Essa última refere-se tão somente à defesa dos interesses das pessoas em juízo; já a assistência jurídica integral é mais ampla, abrangendo a informação do direito e ainda a tutela administrativa e extrajudicial.

Além disso, a Constituição de 1988 também foi inovadora ao criar Defensoria Pública no seu art. 134, mencionando-a como função essencial à prestação jurisdicional do Estado e formando, então, *o arco público* do sistema de justiça: Magistratura, Ministério Público, Advocacia Pública e Defensoria Pública.

Em 2014, foi promulgada a Emenda Constitucional n. 80, que deu nova redação ao art. 134 da CF, prevendo que incumbe à Defensoria Pública, como expressão e instrumento do regime democrático, *fundamentalmente,* a orientação jurídica, a promoção dos *direitos humanos* e a defesa, em todos os graus, judicial e extrajudicial, dos direitos *individuais e coletivos,* de forma integral e gratuita, aos necessitados, na forma do inciso LXXIV do art. 5º. Foi transposta para o plano constitucional a literalidade do art. 1º da Lei Complementar n. 80/94 (alterado pela Lei Complementar n. 132/2009).

Entre os objetivos da Defensoria Pública estão a busca da primazia da dignidade da pessoa humana e a redução das desigualdades sociais, bem como a prevalência e efetividade dos direitos humanos (art. 3º-A, Lei Complementar n. 80/94, incluído pela Lei Complementar n. 132, de 2009). Nesses objetivos constitucionais e legais da Defensoria Pública fica clara a pertinência da instituição com a temática dos direitos humanos.

No caso em análise, a Defensoria Pública da União (DPU) possui a missão de assegurar o acesso à justiça das pessoas, prestando assistência jurídica *judicial* integral e gratuita, nas causas na Justiça Federal, na Justiça Militar, na Justiça Eleitoral, na Justiça Trabalhista, nos Tribunais Superiores e no Supremo Tribunal Federal, além dos Juizados Especiais Federais. Também lhe incumbe a assistência jurídica *extrajudicial federal,* que abarca a orientação e o aconselhamento jurídicos, feitos pelo Defensor Público, além da conciliação e da representação do vulnerável junto à Administração Pública Federal Direta, Autárquica e Fundacional, como, por exemplo, em procedimentos administrativos perante o Instituto Nacional do Seguro Social (INSS), agências reguladoras (ANATEL, ANEEL etc.), entre outros.

Fica excluída da atribuição da DPU a defesa da pessoa em situação de vulnerabilidade perante as sociedades de economia mista controladas pela União (Petrobras, por exemplo) e concessionárias privadas de serviços públicos federais, uma vez que tais entes são sujeitos ao Poder Judiciário dos Estados, cabendo atuação da Defensoria Pública dos Estados.

O grande desafio da DPU é cumprir essa missão constitucional e legal, superando a barreira da falta de recursos humanos e materiais, para realizar a *inclusão jurídica* na área federal da enorme quantidade de brasileiros que não podem dispor de serviços privados de advocacia sem prejudicar a própria subsistência.

QUADRO SINÓTICO

Defensoria Pública da União e a defesa dos direitos humanos

- *Direito à assistência jurídica:* previsto na CF/88 (art. 5º, I, LXXIV, XXXV) e em tratados internacionais de direitos humanos.
- *Assistência jurídica gratuita:* obrigação do Estado e direito fundamental de todo aquele que dela necessite.

- A CF/88 garantiu a assistência jurídica integral, que abrange não só a defesa dos interesses das pessoas em juízo, mas também a informação do direito e a tutela administrativa e extrajudicial.
- *Defensoria Pública*: função essencial à prestação jurisdicional do Estado (CF, art. 134).
- LC n. 80/94, alterada pela LC n. 132/2009: Defensoria Pública é instituição permanente, essencial à função jurisdicional do Estado, incumbindo-lhe, como expressão e instrumento do regime democrático, fundamentalmente, a orientação jurídica, a promoção dos direitos humanos e a defesa, em todos os graus, judicial e extrajudicial, dos direitos individuais e coletivos, de forma integral e gratuita, aos necessitados.
- *Objetivos da Defensoria Pública*: busca da primazia da dignidade da pessoa humana e a redução das desigualdades sociais, bem como a prevalência e efetividade dos direitos humanos (art. 3º-A, LC n. 80/94, incluído pela LC n. 132/2009).
- *Missão da DPU*:
  a) assegurar o acesso à justiça das pessoas, prestando assistência jurídica judicial integral e gratuita, nas causas na Justiça Federal, na Justiça Militar, na Justiça Eleitoral, na Justiça Trabalhista, nos Tribunais Superiores e no Supremo Tribunal Federal, além dos Juizados Especiais Federais;
  b) prestar assistência jurídica extrajudicial federal, que abarca a orientação e o aconselhamento jurídicos, feitos pelo Defensor Público, além da conciliação e da representação do vulnerável junto à Administração Pública Federal Direta, Autárquica e Fundacional.
- *Excluído da atribuição da DPU*: defesa do vulnerável perante as sociedades de economia mista controladas pela União e concessionárias privadas de serviços públicos federais.

16. INSTITUIÇÕES DE DEFESA DE DIREITOS HUMANOS NO PLANO ESTADUAL E MUNICIPAL

16.1. Ministério Público estadual

Os Ministérios Públicos estaduais dispõem de curadorias que abarcam temas típicos da temática de direitos humanos como cidadania, meio ambiente, consumidor, entre outros.

Além disso, foi criado o *Grupo Nacional de Direitos Humanos* do Conselho Nacional de Procuradores-Gerais (GNDH/CNPG), que visa a capacitação e troca de experiências entre os promotores e procuradores de justiça atuantes na temática. O Conselho Nacional de Procuradores-Gerais é uma *associação de direito privado sem fins lucrativos*, criada em 1981, que congrega os Procuradores-Gerais de Justiça dos Ministérios Públicos dos Estados e da União. De acordo com seu estatuto, o Conselho deve integrar os Ministérios Públicos de todos os Estados brasileiros, promovendo o intercâmbio de experiências funcionais e administrativas para melhor cumprir as missões constitucionais do Ministério Público. No caso dos direitos humanos, o *Grupo Nacional de Direitos Humanos* possui Comissões Permanentes que tratam de diversos temas de direitos humanos, tais como tortura, violência doméstica contra a mulher, saúde pública, conflitos agrários, idosos, pessoas com deficiência, infância e juventude etc. Por se tratar de uma associação privada, a troca de experiências depende da vontade dos próprios envolvidos.

Ainda no que tange à atuação coordenada em prol dos direitos humanos, há as relevantes ações do Conselho Nacional do Ministério Público (CNMP), criado pela Emenda Constitucional n. 45/2004 (art. 130-A da CF/88) em especial no que tange à infância e juventude, tendo sido criada uma Comissão de Aperfeiçoamento da Atuação do Ministério Público na Área da Infância e Juventude, que já gerou a adoção da Resolução n. 71, de 15 de junho de 2011, regendo as medidas de aprimoramento da atuação do Ministério Público na área.

16.2. Defensoria Pública do Estado e a defesa dos direitos humanos

A *Defensoria Pública do Estado* consiste em instituição que presta assistência jurídica a indivíduos em condição de vulnerabilidade, em todos os graus de jurisdição estadual e instâncias administrativas estaduais e municipais. Vale destacar a possibilidade de atuação na esfera federal na seara administrativa ou mesmo judicial, em conjunto com o Ministério Público Federal (MPF) e/ou a Defensoria Pública da União (DPU). A DPU e DPE/SP já ajuizaram ação na Justiça Federal contra a União, Estado e município para cobrar "atendimento emergencial" às famílias desabrigadas após o desabamento do edifício Wilton Paes de Almeida, no Largo do Paissandu, centro da capital paulista[45]. Outra ação civil pública ajuizada contra a Caixa Econômica Federal, a União e a Empresa de Tecnologia e Informações da Previdência (Dataprev) pela Defensoria do Estado de São Paulo, DPU, MPF e MPSP buscou que os três entes implementassem medidas de aperfeiçoamento do acesso de pessoas em situação de rua e migrantes em condição de vulnerabilidade às parcelas do auxílio emergencial[46].

Sua tarefa compreende a orientação jurídica e a defesa dos seus assistidos, no âmbito judicial, extrajudicial e administrativo. O art. 106-A da Lei Complementar n. 80/94 (incluído pela Lei Complementar n. 132/2009) determina que a organização da Defensoria Pública do Estado deve primar pela descentralização e sua atuação deve incluir atendimento interdisciplinar, bem como a tutela dos interesses individuais, difusos, coletivos e individuais homogêneos.

Na temática dos direitos humanos, essa determinação legal é essencial para a concretização do direito à assistência jurídica integral. Nenhuma fórmula assecuratória dos direitos humanos deve ser descartada, podendo ser utilizados os mecanismos judiciais e extrajudiciais (os termos de ajuste de conduta, a mediação e negociação assistida).

Como exemplo dessa nova concepção de *assistência jurídica integral* cabe citar o trabalho da Defensoria Pública do Estado de São Paulo na garantia dos direitos das vítimas do acidente de *desmoronamento em obra de expansão* do Metro de São Paulo. Nesse acidente, ocorrido em 2007, ao invés da prestação de assistência judiciária, o que poderia levar às vítimas ao tortuoso e moroso processo judicial de indenização brasileiro, houve a opção por mediação e negociação extrajudicial. Assim, a Defensoria Pública do Estado de São Paulo intermediou o pagamento de indenizações extrajudiciais, o que tornou a prestação de assistência jurídica rápida e eficaz para familiares de vítimas e moradores desamparados. Esta experiência ganhou o *Prêmio Innovare* na categoria de prática de excelência na Defensoria Pública.

Também ganhadora do Prêmio Innovare foi a prática Ronda de Direitos Humanos (RONDADH) executada pela Defensoria Pública do Rio de Janeiro e a DPU, na qual integrantes das duas instituições percorrem as ruas da capital carioca, em locais de grande concentração de pessoas em situação de rua, para coletar informações sobre violências institucionais praticadas contra esse grupo. Além da adoção das providências cabíveis, as denúncias são compiladas e objeto de mediação com órgãos públicos[47].

---

[45] DEFENSORIA PÚBLICA DA UNIÃO. *DPU e DPE-SP conseguem liminar em favor de vítimas de prédio que caiu em SP*. Disponível em: <https://dpu.jusbrasil.com.br/noticias/581439962/dpu-e-dpe-sp-conseguem-liminar-em-favor-de-vitimas-de-predio-que-caiu-em-sp>. Acesso em: 28 jul. 2024.

[46] MINISTÉRIO PÚBLICO FEDERAL. *Ação contra a Caixa exige melhorias no pagamento do auxílio emergencial a moradores de rua e migrantes*. Disponível em: <https://www.mpf.mp.br/sp/sala-de-imprensa/noticias-sp/acao-contra-a-caixa-exige-melhorias-no-pagamento-do-auxilio-emergencial-a-moradores-de-rua-e-migrantes>. Acesso em: 28 jul. 2024.

[47] INSTITUTO INNOVARE. *Ronda de Direitos Humanos (RONDADH)*. Disponível em: <https://www.premioinnovare.com.br/pratica/ronda-de-direitos-humanos-(rondadh)/3080>. Acesso em: 9 ago. 2024.

Outra atuação de destaque foi a realizada pela Defensoria Pública de São Paulo e a Procuradoria-Geral do Estado na realização de acordos administrativos para o pagamento de indenizações pagas pelo governo aos familiares de nove jovens que morreram após uma ação policial durante um baile na comunidade de Paraisópolis, em 2019[48].

No que tange à organização, as Defensorias Públicas estaduais contam com núcleos especializados na temática dos direitos humanos, tais quais os Ministérios Públicos estaduais.

Em São Paulo, há o Núcleo Especializado de Cidadania e Direitos Humanos e que atua nas áreas não tratadas pelos demais Núcleos Especializados dessa Defensoria Pública, que são os seguintes: Defesa do Consumidor; Direitos da Pessoa Idosa e da Pessoa com Deficiência; Defesa da Diversidade e da Igualdade Racial; Promoção e Defesa dos Direitos das Mulheres; Situação Carcerária; Habitação e Urbanismo; Infância e Juventude.

Sua função primordial é promover a proteção e promoção dos direitos humanos dos chamados grupos sociais vulneráveis, atuando com foco no tratamento coletivo dos problemas de direitos humanos, podendo propor medidas judiciais e extrajudiciais, agindo isolada ou conjuntamente com os Defensores Públicos, sem prejuízo da atuação do Defensor Natural (art. 53 da Lei Complementar paulista n. 988/2006). Também auxilia os demais Defensores na realização de suas atividades, agindo como órgão operacional de apoio.

Em São Paulo, esse Núcleo também se encarrega de estudar o acionamento dos sistemas internacionais de proteção dos direitos humanos, como prevê o art. 4º, VI, da Lei Complementar n. 80/94[49].

Vale destacar que as Defensorias têm submetido casos ao sistema interamericano, sendo que a Defensoria Pública do Estado de São Paulo inclusive é responsável por um caso que foi recentemente julgado na Corte Interamericana de Direitos Humanos, o Caso Airton Honorato e outros *vs*. Brasil (Caso Castelinho)[50].

A Defensoria Pública do Estado de São Paulo inclusive possui tese institucional (tese n. 02/2008), a qual vincula todos os membros da instituição, no seguinte sentido: "O defensor público, toda vez que apresentar impugnação de qualquer decisão judicial, deverá utilizar, sempre que possível, como fundamento, algum dispositivo de tratado de direitos humanos (ratificado e assinado pelo Brasil), objetivando a efetiva aplicação destes diplomas no Brasil e

---

[48] CONSULTOR JURÍDICO. *Famílias de vítimas de ação policial em Paraisópolis serão indenizadas pelo Estado*. Disponível em: <https://www.conjur.com.br/2021-dez-23/familias-vitimas-acao-pm-paraisopolis-serao-indenizadas>. Acesso em: 28 set. 2024.

[49] "Art. 4º São funções institucionais da Defensoria Pública, dentre outras: (...) VI – representar aos sistemas internacionais de proteção dos direitos humanos, postulando perante seus órgãos" (introduzido pela LC n. 132/2009).

[50] DEFENSORIA PÚBLICA DO ESTADO DE SÃO PAULO. NÚCLEO ESPECIALIZADO DE CIDADANIA E DIREITOS HUMANOS (NCDH). *Boletim Informativo*, 8 nov. a 17 dez. 2021. Disponível em: https://www2.defensoria.sp.def.br/dpesp/Repositorio/31/Documentos/Boletim%20Informativo%20-%20Nov.Dez.%202021-compactado.pdf. Acesso 23 jul. 2024. Sobre o Caso Castelinho, em 1 de dezembro, o NCDH apresentou Escrito de Petições, Argumentos e Provas (EPAP) à Corte Interamericana de Direitos Humanos requerendo a responsabilização do Estado brasileiro quando doze homens foram sumariamente executados na Rodovia José Ermírio de Moraes, também conhecida como "Castelinho". Busca-se, ainda, a responsabilização estatal pela impunidade subsequente, tendo em vista as falhas do Estado ao longo das investigações, o que resultou na impunidade de todos os envolvidos no caso. Depois de quase 20 anos, o NCDH logrou localizar 42 familiares das 12 vítimas, realizou os respectivos atendimentos e peticionou em seus nomes requerendo indenizações por danos morais e materiais, além de diversas medidas por parte do Estado brasileiro como garantias de não repetição das violências policiais.

também para que eventualmente possa apresentar o caso perante o sistema regional de proteção de direitos humanos"[51].

Desse modo, a instituição incentiva seus membros a exercerem o controle de convencionalidade internamente.

16.3. Conselhos Estaduais de Direitos Humanos

Os Conselhos Estaduais de Defesa dos Direitos Humanos representam, no plano estadual, a coordenação das *políticas públicas estaduais de direitos humanos* tal qual existe no plano federal. Espera-se que o modelo de participação da sociedade civil seja adotado, bem como a participação popular, por meio de conferências estaduais de direitos humanos.

Outra característica importante de atuação de um Conselho Estadual de Direitos Humanos é a *adoção de mecanismos monitoramento e avaliação* da situação de direitos humanos no Estado, bem como objetivos e metas para o avanço da implementação de direitos na seara estadual. Finalmente, espera-se que um Conselho Estadual também sirva para o recebimento de notícias de violação de direitos humanos em especial por parte de autoridades públicas, para depois exigir reparação e punição das autoridades faltosas.

QUADRO SINÓTICO

Instituições de defesa de direitos humanos no plano estadual e municipal	
Ministério Público Estadual	• Instrumentos utilizados pelo Ministério Público em prol dos direitos humanos: • Curadorias que abarcam temas típicos da temática de direitos humanos, como cidadania, meio ambiente, consumidor, entre outros. • Grupo Nacional de Direitos Humanos do Conselho Nacional de Procuradores-Gerais (GNDH/CNPG), que visa a capacitação e troca de experiências entre os promotores e procuradores de justiça atuantes na temática. • Ações do CNMP, em especial no que tange à infância e juventude.
Defensoria Pública do Estado e a defesa dos direitos humanos	• Presta assistência jurídica aos necessitados (orientação jurídica e defesa dos seus assistidos, no âmbito judicial, extrajudicial e administrativo), em todos os graus de jurisdição e instâncias administrativas do Estado. • Organização (art. 106-A da LC n. 80/94): deve primar pela descentralização e sua atuação deve incluir atendimento interdisciplinar, e a tutela dos interesses individuais, difusos, coletivos e individuais homogêneos. • Contam com núcleos especializados na temática dos direitos humanos.
Conselhos Estaduais de Direitos Humanos	• Representam, no plano estadual, a coordenação das políticas públicas estaduais de direitos humanos. • Característica importante: adoção de modelo de participação da sociedade civil e de participação popular por meio de conferências estaduais de direitos humanos. • Atribuições: a) adoção de mecanismos monitoramento e avaliação da situação de direitos humanos no Estado, bem como objetivos e metas para o avanço da implementação de direitos na seara estadual; b) recepção de notícias de violação de direitos humanos em especial por parte de autoridades públicas, para posterior exigência de reparação e punição das autoridades faltosas.

---

[51] DEFENSORIA PÚBLICA DO ESTADO DE SÃO PAULO. Tese 2. Área Cível. II Encontro Estadual – 2008. Disponível em: <https://www.defensoria.sp.def.br/institucional/edepe/pagina-inicial-edepe/teses-institucionais>. Acesso em: 28 jul. 2024.

17. *CUSTOS LEGIS*, *CUSTOS VULNERABILIS* E O *AMICUS CURIAE* NA DEFESA DOS DIREITOS HUMANOS

A intervenção de um ente desvinculado das partes principais de um processo é fenômeno tradicional no processo brasileiro. A intervenção necessária do Ministério Público como *custos legis* (fiscal da lei) se dá para proteger direitos essenciais, zelar por interesses indisponíveis envolvidos no processo ou ainda em virtude do uso de garantias fundamentais, como o mandado de segurança ou o *habeas corpus*. Entende-se que o Ministério Público, nessa condição, é guardião da ordem jurídica, *não* se vinculando inclusive à defesa incondicional do interesse que o atraiu ao processo. Sua missão de defesa da ordem jurídica é feita inclusive nos processos nos quais é Autor, como na ação penal pública incondicionada, na qual a atuação do MP perante os Tribunais se dá, em geral, sob a ótica do fiscal da lei[52].

Assim, é comum a atuação do Ministério Público, na função de *custos legis,* na defesa de direitos humanos.

Outra atuação em prol da defesa de direitos humanos seria a da Defensoria Pública atuando na função de *custos vulnerabilis*, que consistiria na defesa das pessoas em situação de vulnerabilidade envolvidos no processo, independentemente da existência de advogado particular constituído. A justificativa para essa função da Defensoria está na presunção de desigualdade e fragilidade dessas pessoas. A origem etimológica de vulnerabilidade advém de "vulnus", que, no latim, significa estar machucado, ferido, sendo o estado daquele que tem um ponto fraco e que pode ser ferido. A vulnerabilidade compreende o *estado inerente de risco ou confrontação excessiva* com a parte adversa, que pode ser permanente ou provisória, individual ou coletiva, mas que *fragiliza* o sujeito de direitos, *desequilibrando* a relação jurídica com a outra parte. É um instrumento que guia a atuação do legislador ou do julgador na aplicação de normas protetivas que reequilibram as relações jurídicas, em nome da justiça material[53].

A atuação da Defensoria, então, serve para permitir maior equilíbrio no processo, preservando-se a igualdade material, mesmo que a pessoa em situação de vulnerabilidade (ou grupo de pessoas) já tenha advogado constituído. Diferentemente do *custos legis,* o *custos vulnerabilis* não poderia, em tese, *atacar* a posição daquele interesse que o atraiu no processo, sob pena de se transformar, assim, em um *segundo e desnecessário* fiscal da lei. Ponto polêmico diz respeito ao tratamento a ser dado na existência de pessoas em situação de vulnerabilidade nos dois polos processuais. Duas posições são possíveis: a) não seria necessária a intervenção do *custos vulnerabilis*, sob pena de escolha indevida de um lado por parte da Defensoria; b) caso a intervenção seja indispensável pela gravidade da disputa, dois defensores atuariam como *custos vulnerabilis,* cada qual na defesa de um polo processual.

Existiriam, de modo implícito, três hipóteses legais de intervenção da Defensoria Pública como *guardiã dos vulneráveis*:

---

[52] Nessa linha, ver o seguinte precedente do STF: "Há de se distinguir no processo penal duas formas de atuação do Ministério Público. A primeira como *dominus litis* e outra como *custos legis*. O promotor de justiça agiu como titular da ação penal ao oferecer denúncia e contrarrazões à apelação aviada. Já no Tribunal de Justiça do Estado de Minas Gerais e no STJ atuaram o procurador de justiça e o subprocurador-geral da República como fiscais da lei. Não há contraditório a ser assegurado após a manifestação ministerial, pois não houve ato de parte e sim do fiscal da lei. Não havendo contraditório, não há quebra de isonomia quanto aos prazos" (HC 81.436, voto do rel. Min. Néri da Silveira, j. 11-12-2001, 2ª T., *DJ* de 22-2-2002, e RHC 107.584, rel. Min. Luiz Fux, j. 14-6-2011, 1ª T., *DJe* de 28-9-2011).

[53] MARQUES, Claudia Lima. A pessoa no mercado e a proteção dos vulneráveis no direito privado brasileiro. In: MENDES, Gilmar Ferreira; GRUNDMANN, Stefan; MARQUES, Claudia Lima; BALDUS, Christian e MALHEIROS, Manuel. *Direito privado, Constituição e fronteiras.* Encontros da Associação Luso-Alemã de Juristas no Brasil. 2. ed. São Paulo: RT, 2014, p. 287-331, em especial p. 317-318.

a) art. 81-A da Lei n. 7.210/84 (Lei de Execução Penal, incluído pela Lei n. 12.313/2010), que dispõe que "A *Defensoria Pública* velará pela regular execução da pena e da medida de segurança, oficiando, no processo executivo e nos incidentes da execução, para a defesa dos necessitados em todos os graus e instâncias, de forma individual e coletiva";

b) art. 554, § 1º, do CPC, pelo qual "[n]o caso de ação possessória em que figure no polo passivo grande número de pessoas, serão feitas a citação pessoal dos ocupantes que forem encontrados no local e a citação por edital dos demais, determinando-se, ainda, a intimação do Ministério Público e, se envolver pessoas em situação de hipossuficiência econômica, da *Defensoria Pública*";

c) art. 141 do Estatuto da Criança e do Adolescente, que prevê: "Art. 141. É garantido o acesso de toda criança ou adolescente à *Defensoria Pública*, ao Ministério Público e ao Poder Judiciário, por qualquer de seus órgãos.

A interpretação restritiva desses dispositivos, contudo, pode acarretar a conclusão de que caberia a intervenção da Defensoria somente no âmbito de seu papel constitucional de assegurar a assistência jurídica integral às pessoas em situação de vulnerabilidade: caso estes já contem com advogado particular a vulnerabilidade já estaria sanada.

A jurisprudência do Supremo Tribunal Federal (STF), inicialmente, *não* acolheu a existência do *custos vulnerabilis*. No maior teste da tese, o Min. Lewandowski, em decisão monocrática no *habeas corpus* coletivo em favor das mulheres grávidas ou gestantes presas, admitiu a intervenção da Defensoria Pública da União como Impetrante e das demais Defensorias Públicas como *amicicuriae* não como *custos vulnerabilis* como pleiteado (STF, *Habeas Corpus Coletivo* n. 143.641, rel. Min. Ricardo Lewandowski, decisão monocrática de 19-12-2017[54]). Em 2019, em outro *teste* da tese em caso de grande repercussão, a Defensoria Pública da União requereu seu ingresso na Extradição n. 1578[55] como *custos vulnerabilis* ou como *amicus curiae,* tendo o relator, Min. Edson Fachin, determinado o ingresso somente como *amicus curiae* (STF, Extradição n. 1.578, rel. Min. Edson Fachin, decisão monocrática de 17-6-2019).

Porém, já há decisão histórica do Min. Barroso *autorizando* a intervenção da DPU como *custos vulnerabilis* na ADPF n. 709 (caso envolvendo a pandemia da Covid-19 e os povos originários), na qual elencou quatro requisitos para tal intervenção: (i) a vulnerabilidade dos destinatários da prestação jurisdicional; (ii) o elevado grau de desproteção judiciária dos interesses que se pretende defender; (iii) a formulação do requerimento por defensores com atribuição para a matéria; e (iv) a pertinência da atuação com uma estratégia de cunho institucional, que se expressa na relevância do direito e/ou no impacto do caso sobre um amplo universo de representados[56]. Para o Min. Barroso, esses requisitos asseguram um "uso razoável e não excessivo do instituto". Ainda para o Ministro, cabe ao Poder Judiciário aferir, como etapa prévia à admissão do ingresso, "ao menos" os três primeiros acima elencados (o quatro está na órbita decisória da Defensoria Pública, que deve gerir com autonomia seus recursos humanos e materiais – limitados diante da imensa demanda).

---

[54] *In verbis:* "Defiro o ingresso, como *amici curiae*, do Instituto Brasileiro de Ciências Criminais (IBCCRIM), o Instituto Terra Trabalho e Cidadania (ITTC) e a Pastoral Carcerária Nacional, bem como de todas as Defensorias Estaduais que vierem a requerer sua admissão nos autos. Anote-se".

[55] Ver abaixo, no capítulo referente à extradição. *In verbis:* "Em 14/6/2019, (...) os pedidos de admissão (...) de *amici curiae* da Defensoria Pública da União (DPU), do Centro Cultural Brasil-Turquia (CCBT) e da Associação de Direitos Humanos em Rede – Conectas Direitos Humanos. (...)".

[56] O Min. Barroso citou expressamente a obra de José Augusto Garcia de Sousa, Apresentação. In: Maurílio Casas Maia (org.), (Re)Pensando o *custos vulnerabilis*: Por uma defesa emancipatória dos vulneráveis. São Paulo: Tirant lo Blanch, 2021. p. 20-26.

No caso concreto, a intervenção da Defensoria Pública da União (DPU) justificou-se pela (i) vulnerabilidade histórica dos povos indígenas; (ii) relevância da atuação para proteção judiciária dos interesses dessas pessoas; e (iii) pertinência da questão discutida com as atribuições da DPU (STF, ADPF n. 709, decisão monocrática do rel. Min. Barroso, de 16-10-2023).

Por outro lado, no Superior Tribunal de Justiça (STJ), houve o reconhecimento, em setembro de 2019, pela sua Segunda Seção, da atuação da Defensoria Pública da União (DPU) como *custos vulnerabilis*. Tratou-se de interposição de embargos de declaração da DPU em recurso especial repetitivo sobre tema de defesa de consumidores de planos de saúde em face da delonga da Agência Nacional de Vigilância Sanitária no registro e autorização de medicamento. Como a DPU havia sido admitida como *amicus curiae*, a interposição de embargos de declaração não deveria, teoricamente, ser conhecida, porque o ato de recorrer *extrapolaria* os poderes de um "amigo da Corte". Contudo, reconheceu-se que "(...) a atuação da Defensoria Pública, mesmo na condição de *amicus curiae*, tem evoluído para uma intervenção ativa no processo em nome de terceiros interessados no êxito de uma das partes" (STJ, EDcl no REsp 1.712.163/SP, rel. Min. Moura Ribeiro, 2ª Seção, j. 25-9-2019, publicado no *DJe* de 27-9-2019).

Com essa intervenção ativa da condição de *custos vulnerabilis* da Defensoria Pública advém o poder de recorrer, tal qual ocorre com a figura do *custos legis* do Ministério Público.

É pacífica a possibilidade de a Defensoria Pública, tal como as organizações não governamentais, intervir como *amicus curiae* (amigo do Tribunal), tal como preconiza o art. 138 do CPC, nas causas de direitos humanos. Utiliza-se o binômio "tipo do tema em debate" (relevante, específico ou com repercussão social) e ainda "representatividade adequada" (este último preenchido obviamente pela Defensoria Pública, pela sua missão constitucional) para aferir a possibilidade de intervenção do *amicus curiae*. Contudo, *não* há a possibilidade de interposição de recursos (salvo recorrer da decisão que julgar o incidente de resolução de demandas repetitivas), cabendo ao juiz ou ao relator, na decisão que solicitar ou admitir a intervenção, definir os poderes do *amicus curiae*.

18. A INSTITUIÇÃO NACIONAL DE DIREITOS HUMANOS E OS "PRINCÍPIOS DE PARIS"

18.1. O conceito de instituição nacional de direitos humanos

As instituições nacionais de direitos humanos são, *grosso modo*, *órgãos públicos nacionais* que agem com *independência*, com a missão específica de *proteger e promover* os direitos humanos, recebendo notícias de violações, recomendando ações e políticas de implementação de direitos. Embora a composição e funções concretas de tais instituições possam variar consideravelmente de país para país, elas compartilham a (i) *natureza pública*, esse (ii) *objetivo comum* e essa (iii) *característica de agir* com independência, sendo por isso denominadas, no plano onusiano, "instituições nacionais de direitos humanos" (INDH).

O conceito de instituições nacionais de direitos humanos reflete o desenvolvimento da proteção internacional dos direitos humanos, após sua consagração pela edição da Carta da Organização das Nações Unidas (1945) e pela Declaração Universal dos Direitos Humanos (1948). Em 1946, as instituições nacionais de direitos humanos foram discutidas pela primeira vez pelo Conselho Econômico e Social (ECOSOC – um dos órgãos principais da ONU), tendo sido os Estados-membros convidados a estabelecer *grupos de informação ou comitês locais de direitos humanos*, para colaborarem no reforço da atividade da então existente Comissão dos Direitos Humanos (extinta em 2006, substituída pelo Conselho de Direitos Humanos), órgão subsidiário da própria ONU. Os Estados, pelos mesmos motivos pelos quais aceitaram a internacionalização dos direitos humanos, também concordaram com a criação ou mesmo adaptação de seus órgãos internos *ao que se esperava* de uma "instituição nacional de direitos humanos":

um órgão nacional *público*, porém *independente*, com membros com mandato estável e representando todos os segmentos sociais, sem vinculação hierárquica ao Poder Executivo e capaz de *apontar* os rumos de uma proteção mais adequada e eficaz dos direitos humanos em seu território.

Na Conferência Mundial de Direitos Humanos de Viena de 1993, houve expressa recomendação aos Estados para que criassem uma "instituição nacional de direitos humanos".

18.2. Os Princípios de Paris

O primeiro *Workshop* Internacional de Instituições Nacionais para a Promoção e Proteção dos Direitos Humanos realizou-se em *Paris*, em outubro de 1991. As suas conclusões foram aprovadas pela Comissão de Direitos Humanos (atual Conselho de Direitos Humanos da ONU) na Resolução n. 1992/54 contendo os Princípios relativos ao estatuto das instituições nacionais, a partir de então denominados "Princípios de Paris", em homenagem ao *workshop* de 1991. Mais tarde, a Assembleia Geral da ONU aprovou tais princípios em sua Resolução n. 48/134, de 20 de dezembro de 1993, também recomendando a criação, em cada Estado, de uma *instituição nacional de direitos humanos* (INDH).

Os "Princípios de Paris" determinam que uma *instituição nacional de direitos humanos* deva ser um órgão público competente para promover e proteger os direitos humanos, estando previsto na Constituição ou em lei, agindo com *independência* nas seguintes atribuições: a) apresentar ao Governo, Parlamento, ou outro órgão competente, em caráter consultivo, opiniões recomendações, propostas e relatórios; b) promover e assegurar a harmonização entre preceitos nacionais e internacionais de direitos humanos, e sua efetiva implementação; c) encorajar a ratificação de instrumentos internacionais de direitos humanos e assegurar sua implementação; d) contribuir para os relatórios que os Estados têm de elaborar de acordo com os tratados de direitos humanos; e) cooperar com a ONU e seus órgãos, bem assim com instituições regionais e nacionais, com atuação em direitos humanos; f) assistir na formulação de programas para o ensino e a pesquisa em direitos humanos, e participar de sua execução em escolas, universidades e círculos profissionais; g) dar publicidade aos direitos humanos e aos esforços de combater todas as formas de discriminação, em particular de discriminação racial, aumentando a conscientização pública, especialmente por meio da educação e de órgãos da imprensa.

Trata-se de uma *instituição pública* (o INDH *não é* uma organização não governamental), porém *independente*, não podendo ser comandada pelo Governo ou ter maioria de votos de representantes vinculados à hierarquia governista (representantes de ministérios etc.). A instituição nacional deve ter *representação pluralista* de todas as forças da sociedade envolvidas na promoção e proteção dos direitos humanos, bem como uma infraestrutura que permita a condução das atividades de modo harmonioso, em especial com recursos adequados (com pessoal e ambiente de trabalho próprios, com *independência do Governo*), com mandato por prazo determinado, podendo haver recondução, mas desde que seja respeitado o pluralismo na instituição.

Em resumo, deve ser uma instituição *pública*, de alcance *nacional*, com mandato *claro* e *independente*, com forte *representatividade social* e *autonomia política*, dotada de *orçamento próprio*, apta a atuar na prevenção e também nos casos de violação de direitos humanos sem ser constrangida, impedida ou ameaçada nessa atuação.

Caso cumpra esses requisitos de *ser ao mesmo tempo um órgão público, de âmbito de atuação geográfico nacional, independente, plural* e de *atuação livre*, a instituição nacional pode pleitear seu credenciamento perante a Organização das Nações Unidas.

18.3. A instituição nacional de direitos humanos e a ONU

O Alto Comissariado para os Direitos Humanos das Nações Unidas patrocina as atividades de interação e diálogo entre as instituições nacionais de direitos humanos no chamado Comitê Internacional de Coordenação das Instituições Nacionais de Direitos Humanos (*International Coordinating Committee of National Human Rights Institutions* – ICC-NHI), com sede em Genebra (também sede do Alto Comissariado de Direitos Humanos da ONU).

Em 2016, o ICC modificou seu nome para "Global Alliance of National Human Rights Institutions" (GANHRI – Aliança Global de Instituições Nacionais de Direitos Humanos), que possui personalidade jurídica de direito suíço (associação civil sem fins lucrativos).

O ICC-NHI foi estabelecido em 1993, em Conferência realizada na Tunísia entre as próprias Instituições Nacionais de Direitos Humanos. O objetivo principal era estabelecer uma rede entre as instituições nacionais para troca de "boas práticas", obtendo também o aumento da divulgação das iniciativas para consolidar os avanços da proteção de direitos humanos em cada país. Em 1998, o ICC decidiu criar um procedimento para credenciamento de novos membros e em 2008 houve a integração do ICC ao sistema internacional de direitos humanos, sob os auspícios do Alto Comissariado das Nações Unidas para os Direitos Humanos, bem como sua formalização legal e sede na Suíça (Genebra). Em 2016, houve a mudança de nome (ICC) para GANHRI, que retrata melhor a natureza associativa (tem personalidade jurídica de direito suíço) e não intergovernamental do grupo. Assim, a coordenação do ICC tem como objetivo a *troca de experiência, capacitação e estímulo ao aprofundamento da proteção de direitos humanos nos Estados.*

Para que as Instituições Nacionais de Direitos Humanos participem dessa parceria com o Alto Comissariado, elas devem ser aprovadas pelo Subcomitê de Credenciamento (*Sub-Committee on Accreditation – SCA*), que analisará o cumprimento dos "Princípios de Paris". Também há categorias de credenciamento como membros do GANHRI, cujo topo é a Categoria "A", que representa o pleno preenchimento dos Princípios de Paris. Há ainda a Categoria "B", composta por instituições nacionais que cumprem apenas parcialmente os "Princípios", e a Categoria "C" que *não* cumprem os "Princípios". Cabe salientar que o GANHRI é a única organização não governamental cujo processo de credenciamento gera o direito de participação (voz) no Conselho de Direitos Humanos e nos órgãos de direitos humanos previstos em tratados onusianos.

Em junho de 2024, há 118 instituições nacionais de direitos humanos aceitas no GANHRI, sendo 90 na Categoria A, 28 na Categoria B [57].

Paralelamente a esse esforço em padronizar minimamente o que vem a ser uma "instituição nacional de direitos humanos", a Conferência Mundial de Direitos Humanos das Nações Unidas, realizada em Viena em 1993, decidiu que cada Estado pode ter singularidades que justifiquem formatos diferenciados. Assim, os *Princípios de Paris* acima elencados não são invocados de modo absoluto sem levar em consideração as peculiaridades de cada Estado. Basta um olhar sobre as instituições nacionais credenciadas *hoje* para verificar que elas assumem formas distintas (Comissões Nacionais de Direitos Humanos, *Ombudsman*, *Defensoría del Pueblo*, Provedor de Justiça, Procuradoria de Direitos Humanos etc.).

Não há uma abordagem monolítica, mas, ao contrário, várias opções possíveis para a implementação dos Princípios de Paris, desde a adoção de "Conselhos" a "Procuradorias unipessoais", o que permite que vários tipos de Instituições Nacionais de Direitos Humanos *convivam harmonicamente* no GANHRI. O que as une é a independência diante do governo, com mandato protegido, livre atuação, forte representatividade social e autonomia na realização de seus

---

[57] Dados disponíveis em <https://www.ohchr.org/en/countries/nhri/ganhri-sub-committee-accreditation-sca>. Acesso em: 9 ago. 2024.

objetivos de proteção de direitos humanos. Por exemplo, a Guatemala possui seu *Procurador de los Derechos Humanos*; El Salvador conta com o *Procurador para la Defensa de los Derechos Humanos*; México possui a *Comisión Nacional de Derechos Humanos*; Polônia possui ainda um *Protetor de Direitos Civis* e há o *Ombudsman* de Direitos Humanos da Eslovênia, sem contar os *Defensores del Pueblo* da Espanha, Argentina e Peru, ou o *Provedor de Justiça* de Portugal e o *Ombudsman* da Finlândia.

18.4. O Brasil e a instituição nacional de direitos humanos

O III Programa Nacional de Direitos Humanos aprovado pelo Decreto n. 7.037/2009 assumiu o interesse do Estado brasileiro e da sociedade civil organizada na criação de um "Conselho Nacional dos Direitos Humanos", informado pelos Princípios de Paris, a fim de ser credenciado junto ao Alto Comissariado das Nações Unidas para os Direitos Humanos, como "instituição nacional brasileira" (III PNDH. Eixo: Interação democrática e sociedade civil. Ação programática "a" do Objetivo estratégico n. 1).

No PNDH-2, o foco era diferente, tendo sido estabelecido, no item "Garantia do direito à Justiça", entre outras tantas estratégias, as seguintes: "3. Apoiar a criação de promotorias de direitos humanos no âmbito do Ministério Público. 4. Apoiar a atuação da Procuradoria Federal dos Direitos do Cidadão no âmbito da União e dos Estados". Esse apoio ao fortalecimento do Ministério Público na área dos direitos humanos tinha razão de ser: a configuração constitucional do Ministério Público brasileiro (por não ser vinculado ao Poder Executivo) e sua autonomia financeira e orçamentária *aproximavam sua atuação do modelo* estabelecido pelos *Princípios de Paris*.

Com o PNDH-3, buscou-se o caminho da criação de um "Conselho Nacional dos Direitos Humanos" que deveria substituir o CDDPH (visto acima), uma vez que este *não* atendia aos comandos dos "Princípios de Paris", em especial quanto à atuação livre e independente: o Presidente do CDDPH era o próprio Secretário de Direitos Humanos, que possui *status* de Ministro de Estado, ou seja, é cargo de confiança do Presidente, podendo ser destituído a qualquer momento e sem qualquer motivação.

Um passo para a criação de uma verdadeira INDH no Brasil foi dado com a transformação do Conselho de Defesa dos Direitos da Pessoa Humana (CDDPH) em um *Conselho Nacional dos Direitos Humanos*. O Projeto de Lei n. 4.715, de 1994, da Câmara dos Deputados tinha tal intento. Esse projeto sofreu alteração no Senado Federal, e, em junho de 2014, foi promulgada a Lei n. 12.986, criando o Conselho Nacional dos Direitos Humanos. Todavia, o maior desafio para a aprovação deste Conselho como INDH é a presença de vários representantes do Poder Executivo e Legislativo *com* direito a voto, o que contraria a exigência de "autonomia" e "independência funcional" dos conselheiros. Note-se que, ao menos, não foi dada ao titular do Ministério de Direitos Humanos a *presidência nata* do CNDH.

Um novo "Conselho Nacional dos Direitos Humanos" que atenda aos Princípios de Paris *terá um papel diferente* dos atuais "Conselhos e Comissões de Direitos Humanos" existentes hoje.

Os mais diversos Conselhos analisados acima são exemplos de *Conselhos de Políticas Públicas de Direitos Humanos*, com representação aberta à sociedade civil e voltados à *elaboração e coordenação* das políticas de direitos humanos. Nesses Conselhos, o governo participa, *ativamente*, do processo decisório, pois seu envolvimento é indispensável para fazer valer a posição dos referidos conselhos no cotidiano da Administração Pública. Representam um *modo de participação social e cogestão*, tendo em comum o exercício do *controle social* da implementação dos direitos em sua área de preocupação (mulheres, pessoas com deficiência, LGBT etc.).

O formato pretendido pelos "Princípios de Paris" é *distinto*: o governo é mero observador da atuação independente e imparcial da *instituição nacional de direitos humanos* (INDH). Os Ministros de Estado e demais órgãos submetidos ao poder hierárquico do Poder Executivo podem ter *direito à voz*, mas não teriam direito a voto na INDH. O papel de uma INDH é fiscalizar, cobrar e, com base na sua imparcialidade e representatividade social, exigir a reparação das violações de direitos identificadas e correção das políticas públicas em prol dos direitos humanos.

Em 2018, foi *sugerida* a candidatura da Procuradoria Federal dos Direitos do Cidadão (órgão do MPF, como visto acima) ao GANHRI para que o Brasil, finalmente, tenha uma *instituição nacional de direitos humanos*, após a incapacidade do Conselho Nacional de Direitos Humanos de se desvincular do Poder Executivo. A PFDC surgiu como candidata forte ao posto de primeira INDH, em face de ser instituição pública, autônoma perante os Poderes do Estado (pela sua localização no Ministério Público, instituição pública *extrapoder* no Brasil), tendo historicamente atuação independente (inclusive com críticas à atuação do próprio Ministério Público), com forte porosidade aos movimentos sociais e com capilaridade nacional, tendo ainda a possibilidade de provocar a atuação dos Procuradores da República com atuação em direitos humanos em todo o Brasil. Como visto acima, a Lei Complementar n. 75 concebeu a PFDC nos moldes do *defensor del pueblo, defensor do povo* ou do *ombudsman* nórdico, que são figuras já aceitas como INDH. Em 2019, a PFDC foi considerada para ser credenciada junto ao GANHRI como a primeira INDH brasileira. Em uma pré-avaliação, o Subcomitê de Acreditação do GANHRI entendeu que as peculiaridades do modelo heterodoxo da PFDC (órgão autônomo do Ministério Público Federal) demandariam mais estudos quanto ao seu enquadramento nos requisitos dos Princípios de Paris[58]. Assim, em plena segunda década do século XXI, o Brasil continua sem ter uma INDH credenciada perante o ACNUDH.

Para que a PFDC seja aceita no futuro como INDH, será necessária uma nova *arquitetura institucional* que assegure sua atuação independente diante dos poderes públicos. Por exemplo, o modo de nomeação do PFDC (atualmente, de escolha discricionária pelo Procurador-Geral da República entre os Subprocuradores-gerais da República, com a aprovação do Conselho Superior do MPF) deve ser condicionado a um passado reconhecido de defesa de direitos humanos, com oitiva da sociedade civil organizada, bem como é salutar que, ao escolhido, sejam impostas restrições como, por exemplo, proibição de recondução e vedação à futura candidatura a postos de poder no MPF ou fora dele ("quarentena"), assegurando uma atuação livre e independente.

QUADRO SINÓTICO

O futuro: a criação de uma instituição nacional de direitos humanos, com a observância dos "Princípios de Paris"	
O conceito de instituição nacional de direitos humanos e os Princípios de Paris	• Instituições nacionais de direitos humanos (INDH): órgãos públicos que agem com independência, com a missão específica de proteger os direitos humanos, recebendo notícias de violações, recomendando ações e políticas de implementação de direitos. • A INDH deve ser uma instituição pública (não é uma organização não governamental), de alcance nacional, com mandato claro e independente, com forte representatividade social e autonomia política, dotada de orçamento próprio, apta a atuar nos casos de violação de direitos humanos sem ser constrangida, impedida ou ameaçada nessa atuação.

---

[58] Avaliação feita na sessão de Genebra (Suíça), de 14 a 18 de outubro de 2019.

	- Origem:
- 1946: as INDH foram discutidas pela primeira vez pelo Conselho Econômico e Social, e os Estados-membros foram convidados a estabelecer grupos de informação ou comitês locais para colaborarem no reforço da atividade da então existente Comissão dos Direitos Humanos;
- 1991 (Paris): primeiro *Workshop* Internacional de Instituições Nacionais para a Promoção e Proteção dos Direitos Humanos. Conclusões foram aprovadas pela Comissão de Direitos Humanos na Resolução n. 1.992/54, contendo os "Princípios de Paris";
- 1993: Assembleia Geral da ONU aprovou tais princípios na Resolução n. 48/134, também recomendando a criação, em cada Estado, de INDH;
- 1993 - Conferência Mundial de Direitos Humanos de Viena de 1993: houve expressa recomendação aos Estados para que criassem uma INDH.
- "Princípios de Paris": determinam que uma INDH deva ser um órgão público competente para promover e proteger os direitos humanos, estando previsto na Constituição ou em lei, agindo com independência nas seguintes atribuições:
a) apresentar ao Governo, Parlamento, ou outro órgão competente, em caráter consultivo, opiniões recomendações, propostas e relatórios;
b) promover e assegurar a harmonização entre preceitos nacionais e internacionais de direitos humanos, e sua efetiva implementação;
c) encorajar a ratificação de instrumentos internacionais de direitos humanos e assegurar sua implementação;
d) contribuir para os relatórios que os Estados têm de elaborar de acordo com os tratados de direitos humanos;
e) cooperar com a ONU e seus órgãos, bem assim com instituições regionais e nacionais, com atuação em direitos humanos;
f) assistir na formulação de programas para o ensino e a pesquisa em direitos humanos, e participar de sua execução em escolas, universidades e círculos profissionais;
g) dar publicidade aos direitos humanos e aos esforços de combater todas as formas de discriminação, em particular de discriminação racial, aumentando a conscientização pública, especialmente por meio da educação e de órgãos da imprensa.
- Cumpridos os requisitos de ser órgão público, independente, plural e de atuação livre, a instituição nacional pode pleitear seu credenciamento perante a ONU.
- O GANHRI ("Global Alliance of National Human Rights Institutions"), patrocina as atividades de interação e diálogo entre as instituições nacionais de direitos humanos.
- Coordenação do GANHRI: tem como objetivo a troca de experiência, capacitação e estímulo ao aprofundamento da proteção de direitos humanos nos Estados.
- Para que as INDH participem dessa parceria, devem ser aprovadas pelo Subcomitê de Credenciamento, que analisará o cumprimento dos "Princípios de Paris".
- Os Princípios de Paris não são invocados de modo absoluto sem levar em consideração as peculiaridades de cada Estado.
O Brasil e a instituição nacional de direitos humanos	- PNDH-3 (aprovado pelo Decreto n. 7.037/2009): assumiu o interesse do Estado brasileiro e da sociedade civil organizada na criação de um "Conselho Nacional dos Direitos Humanos", informado pelos princípios de Paris, a fim de ser credenciado junto ao Alto Comissariado das Nações Unidas para os Direitos Humanos, como "instituição nacional brasileira".

- O CDDPH (Conselho de Defesa dos Direitos da Pessoa Humana) não atendia aos comandos dos "Princípios de Paris", em especial quanto à atuação livre e independente. No formato pretendido pelos Princípios, o governo é mero observador da atuação independente e imparcial da instituição nacional de direitos humanos (INDH), já que o papel de uma INDH é fiscalizar, cobrar e, com base na sua imparcialidade e representatividade social, exigir a reparação das violações de direitos identificadas e correção das políticas públicas em prol dos direitos humanos.
- A Lei n. 12.986 criou o Conselho Nacional dos Direitos Humanos, mas manteve forte presença de conselheiros vinculados ao Poder Executivo, com direito a voto.
- A Procuradoria Federal dos Direitos do Cidadão teve sua candidatura apresentada em 2019, mas o pleito não teve seguimento. O Brasil continua sem ter uma "INDH".

19. RECOMENDAÇÕES E RESOLUÇÕES DO SISTEMA DE JUSTIÇA

19.1. A Recomendação n. 123 do CNJ e o Pacto Nacional do Judiciário pelos Direitos Humanos

Em 2022, o Conselho Nacional de Justiça (CNJ) deu dois passos importantes para zelar pela implementação da interpretação internacionalista dos direitos humanos no Brasil, resultando no universalismo em concreto, a saber: 1) a adoção da Recomendação CNJ n. 123 de 7-1-2022 e 2) o estabelecimento do "Pacto Nacional do Judiciário pelos Direitos Humanos".

A Recomendação CNJ n. 123 estabelece, em seus considerandos, que consta da jurisprudência da Corte IDH, "o dever de controlar a convencionalidade pelo Poder Judiciário, no sentido de que cabe aos juízes e juízas aplicar a norma mais benéfica à promoção dos direitos humanos no equilíbrio normativo impactado pela internacionalização cada vez mais crescente e a necessidade de se estabelecer um diálogo entre os juízes". Em outro "considerando", o CNJ apontou que "cabe aos juízes extrair o melhor dos ordenamentos buscando o caminho para o equilíbrio normativo impactado pela internacionalização cada vez mais crescente e a necessidade de se estabelecer um diálogo entre os juízes"[59].

Em conclusão, recomendou-se aos órgãos do Poder Judiciário do Brasil que (i) observem os "tratados e convenções internacionais de direitos humanos em vigor no Brasil e a utilização da jurisprudência da Corte Interamericana de Direitos Humanos (Corte IDH), bem como a necessidade de controle de convencionalidade das leis internas" e (ii) assegurem "a priorização do julgamento dos processos em tramitação relativos à reparação material e imaterial das vítimas de violações a direitos humanos determinadas pela Corte Interamericana de Direitos Humanos em condenações envolvendo o Estado brasileiro e que estejam pendentes de cumprimento integral".

Apesar da menção somente à "jurisprudência da Corte Interamericana de Direitos Humanos", a mesma lógica pode ser aplicada às outras deliberações internacionais vinculantes, como as dos Comitês onusianos em casos de petições individuais. Há inegável opção pelo "controle de convencionalidade de matriz internacional", pela remissão à jurisprudência da Corte IDH. Trata-se de uma recomendação que, por definição, não é vinculante.

Já o "Pacto Nacional do Judiciário pelos Direitos Humanos" consiste na "adoção de medidas variadas voltadas para a concretização dos Direitos Humanos no âmbito do Poder Judiciário"[60]. Desse modo, o Pacto busca fortalecer a "cultura de direitos humanos" no Poder Judiciário, como

---

[59] Disponível em: <https://atos.cnj.jus.br/atos/detalhar/4305>. Acesso em: 29 jul. 2024.

[60] Conferir em: <https://www.cnj.jus.br/wp-content/uploads/2022/03/folder-pacto-versao-mobile>. Acesso em: 10 jul. 2024.

forma de se obter um efetivo controle de convencionalidade de inegável matriz internacional, uma vez que se baseia no uso da jurisprudência internacional na temática. O Pacto cita, ainda, a experiência da criação, no seio do CNJ, da sua Unidade de Monitoramento e Fiscalização das Decisões da Corte Interamericana de Direitos Humanos (UMF – Resolução CNJ n. 364 de 12-1-2021), que, como o próprio nome diz, visa verificar o cumprimento das deliberações internacionais da Corte IDH no Brasil.

As medidas iniciais adotadas no "Pacto" são: (i) instituição de "Concurso Nacional de Decisões Judiciais e Acórdãos em Direitos Humanos", com ênfase no controle de convencionalidade de matriz internacional (ênfase na jurisprudência interamericana); (ii) estímulo à inclusão da disciplina de Direitos Humanos nos editais dos concursos públicos para ingresso na carreira da magistratura em todas as esferas do Poder Judiciário nacional, "com destaque ao sistema interamericano, jurisprudência da Corte Interamericana, controle de convencionalidade, jurisprudência do STF em matéria de tratados de Direitos Humanos e diálogos jurisdicionais"; (iii) promover programas de capacitação em Direitos Humanos e controle de convencionalidade, também com ênfase ao "controle de convencionalidade; à jurisprudência interamericana; aos diálogos jurisdicionais; e ao "impacto transformador do sistema interamericano considerando a experiência regional e brasileira"; (iv) publicação dos "Cadernos de Jurisprudência do STF: Concretizando Direitos Humanos"; e (v) realização de Seminário internacional sobre "Direitos Humanos e Diálogos Jurisdicionais: Controle de Convencionalidade", para divulgar e fomentar a temática entre os membros da magistratura[61].

Em todos os seus aspectos, o "Pacto" estimula o desenvolvimento de um tipo específico de controle de convencionalidade, que é o controle de convencionalidade de matriz *internacional*. Nas palavras do Min. Fux, "O Pacto é inspirado na Recomendação do Conselho Nacional de Justiça (CNJ) 123/2022, que conclama os órgãos do Poder Judiciário a observar os tratados internacionais de direitos humanos em vigor no país e o uso da jurisprudência da Corte Interamericana de Direitos Humanos, aplicando o controle de convencionalidade para garantir a harmonia entre o Direito interno e os compromissos internacionais assumidos pelo país"[62].

Contudo, resta o desafio da efetividade, ou seja, é necessário criar uma estrutura institucional que zele pelo cumprimento dessa almejada (e louvável) cultura dos direitos humanos (conforme a interpretação internacionalista) na prática da judicatura brasileira.

Por isso, sugerimos a adoção do *mesmo modelo* adotado no art. 25 da Resolução do CNJ n. 449, de 30-3-2022, que dispõe sobre a tramitação das ações judiciais fundadas na Convenção da Haia sobre Aspectos Civis do Sequestro Internacional de Crianças. Tal artigo estipula a ação da *Corregedoria Nacional* do CNJ, que pode inclusive instaurar "Pedido de Providências" para acompanhar as ações previstas naquela Resolução[63].

---

[61] Disponível em: <https://www.cnj.jus.br/poder-judiciario/relacoes-internacionais/monitoramento-e-fiscalizacao-das-decisoes-da-corte-idh/pacto-nacional-do-judiciario-pelos-direitos-humanos>. Acesso em: 6 ago. 2024.

[62] FUX, Luiz. Direitos humanos, democracia e Estado de Direito demandam Judiciário independente. *Revista Conjur*, 22 mar. 2022. Disponível em: <https://www.conjur.com.br/2022-mar-22/luiz-fux-judiciario-brasileiro-pelos-direitos-humanos>. Acesso em: 29 abr. 2024.

[63] *In verbis:* "Do acompanhamento pela Corregedoria. Art. 25. A Corregedoria Nacional de Justiça poderá instaurar Pedido de Providências para acompanhamento de ações previstas nesta Resolução e dos respectivos recursos e direcionará correspondência ao magistrado, encaminhando material informativo e reforçando a importância de adotar decisão conclusiva nos prazos estabelecidos. Parágrafo único. As atribuições deste artigo poderão ser exercidas concorrentemente com o Conselho da Justiça Federal, a Corregedoria-Geral da Justiça Federal e as Corregedorias Regionais da Justiça Federal". Disponível em: <https://www.conjur.com.br/dl/resolucao-xxx-dispoe-tramitacao-acoes1.pdf>. Acesso em: 29 abr. 2024.

Com a adoção de tal modelo, a Corregedoria Nacional do CNJ poderia ser acionada para supervisionar, por exemplo, (i) ações que tratam da implementação de decisões internacionais de direitos humanos contra o Brasil, ou ainda (ii) ações que busquem implementar a jurisprudência internacional de direitos humanos no Brasil[64].

19.2. O Protocolo para Julgamento com Perspectiva de Gênero e a "diligência devida reforçada"

Em março de 2023, o Conselho Nacional de Justiça (CNJ) aprovou a Resolução n. 492 de 17-3-2023, que busca orientar os juízos brasileiros a adotar, em suas decisões e julgamentos, as diretrizes do Protocolo para Julgamento com Perspectiva de Gênero pelo Poder Judiciário nacional.

A adoção do Protocolo pelo Poder Judiciário constava da Recomendação n. 128 do CNJ, que recomenda (força não vinculante) aos órgãos do Poder Judiciário a adoção do "Protocolo para Julgamento com Perspectiva de Gênero" (art. 1º). Tal Protocolo foi elaborado e aprovado por Grupo de Trabalho instituído por intermédio da Portaria CNJ n. 27/2021, visando à implementação das Políticas Nacionais (próprio do CNJ) de (i) Enfrentamento à Violência contra as Mulheres pelo Poder Judiciário e (ii) ao Incentivo à Participação Feminina no Poder Judiciário.

A Resolução n. 492 avança ao prever a criação de "Comitê de Acompanhamento e Capacitação sobre Julgamento com Perspectiva de Gênero no Poder Judiciário", tendo ainda convertido o Grupo de Trabalho (que elaborou o Protocolo) em "Comitê de Incentivo à Participação Institucional Feminina no Poder Judiciário".

Caberá ao Comitê de Acompanhamento e Capacitação sobre Julgamento com Perspectiva de Gênero no Poder Judiciário acompanhar o cumprimento da resolução, bem como elaborar estudos e propor medidas concretas de aperfeiçoamento do sistema de justiça quanto às causas que envolvam direitos humanos, gênero, raça e etnia, em perspectiva interseccional (entre outras missões).

O Protocolo para Julgamento com Perspectiva de Gênero foi criado com escopo de orientar a magistratura no julgamento de casos concretos, tendo como base o diálogo multinível (porque busca pontes entre a proteção nacional, interamericana e global de direitos humanos), com foco específico no "modelo de protocolo latino-americano de investigação de mortes violentas de mulheres por razões de gênero (feminicídio)", apoiado pelo Brasil em 2016 (*soft law*).

Há farta menção pelo Grupo de Trabalho de diplomas normativos e precedentes internacionais de direitos humanos, o que legitima o instrumento como fator de implementação da interpretação internacionalista de direitos humanos.

Nos "considerandos" da Resolução n. 492/2023 são mencionados explicitamente dois deveres previstos na CEDAW (Convenção sobre a Eliminação de todas as Formas de Discriminação contra as Mulheres): (i) o dever de todos e todas se absterem de incorrer em ato ou prática de discriminação, bem como o de zelar para que autoridades e instituições públicas atuem em conformidade com essa obrigação, em todas as esferas, para fins de alcance da isonomia entre mulheres e homens (art. 2º, *b-g*; e 3º, CEDAW); (ii) os deveres impostos para se modificar padrões socioculturais, com vistas a alcançar a superação de costumes que estejam baseados na ideia de inferioridade ou superioridade de qualquer dos sexos (art. 5º, *a* e *b*, CEDAW);

---

[64] Este item do *Curso* consta do artigo de minha autoria, em conjunto com a Professora Marina Faraco. CARVALHO RAMOS, André de; GAMA, Marina Faraco Lacerda. Controle de convencionalidade, teoria do duplo controle e o Pacto Nacional do Judiciário pelos Direitos Humanos. *Revista Direito Culturais* – URI, Santo Angelo, v. 17, p. 283-297, 2022.

Também foram explicitados o (i) dever de promoção de capacitação de todos os atores do sistema de justiça a respeito da violência de gênero (art. 8º, *c*, da Convenção de Belém do Pará), bem como de (ii) adequar medidas que contribuam para a erradicação de costumes que alicerçam essa modalidade de violência (art. 8º, *g*, da Convenção de Belém do Pará);

Quantos aos precedentes, foi invocada a Recomendação n. 33 do Comitê da CEDAW, em especial no que estabelece o (i) o dever de promoção de conscientização e capacitação a todos os agentes do sistema de justiça para eliminar os estereótipos de gênero e (ii) incorporar a perspectiva de gênero em todos os aspectos do sistema de justiça (Recomendação n. 33, item 29, *a*, do CEDAW). Ainda no plano global, há expressa menção ao Objetivo de Desenvolvimento Sustentável (ODS) n. 5, constante da Agenda 2030, da Organização das Nações Unidas (ONU), que preconiza "alcançar a igualdade de gênero e empoderar todas as mulheres e meninas", já estudado neste *Curso*.

No plano interamericano, foi mencionada a sentença da Corte Interamericana de Direitos Humanos, de 7 de setembro de 2021, no Caso Márcia Barbosa de Souza e outros *vs*. Brasil (estudada aqui neste *Curso*). No parágrafo 221 da sentença, a Corte ordenou ao Estado "que adote e implemente um protocolo nacional que estabeleça critérios claros e uniformes para a investigação dos feminicídios. Este instrumento deverá ajustar-se às diretrizes estabelecidas no Modelo de Protocolo Latino-Americano de Investigação de Mortes Violentas de Mulheres por Razões de Gênero, bem como à jurisprudência deste Tribunal". Por outro lado, a Corte IDH, no Caso *Vicky Hernández,* desenvolveu a noção de *diligência devida reforçada*. Isso implica aplicar uma perspectiva de gênero na investigação e julgamento de casos de violência cometida contra as mulheres, incluindo a violência contra *mulheres trans*, bem como evitar a impunidade crônica que envia uma mensagem de tolerância e permite a repetição dos fatos. O objetivo é alcançar a erradicação futura desse fenômeno que tem raízes estruturais nas sociedades interamericanas (Corte IDH, Caso *Vicky Hernández e Outras vs. Honduras,* sentença de 26-3-2021, parágrafo 133).

Cumprindo o diálogo multinível, foram mencionados nos "considerandos" diplomas nacionais, a começar pela Constituição, que estabelece o objetivo fundamental da República Federativa do Brasil de promoção do bem de todos e todas, sem preconceitos de origem, raça, sexo, cor, idade e quaisquer outras formas de discriminação (art. 3º, IV, da Constituição Federal) e assegura a igualdade em direitos e obrigações entre homens e mulheres (art. 5º, I, da Constituição Federal). Também se recordou que a igualdade de gênero constitui expressão da cidadania e da dignidade humana, princípios fundamentais da República Federativa do Brasil e valores do Estado Democrático de Direito.

A posição do Comitê CEDAW sobre os efeitos deletérios da "neutralidade judicial" foi importante para a adoção do "Protocolo". O Comitê CEDAW sustenta que os estereótipos e os preconceitos de gênero, no sistema judicial, têm consequências de amplo alcance para o pleno desfrute, pelas mulheres, de seus direitos humanos. Por isso, devem os Estados adotar programas de conscientização e capacitação dos operadores do sistema de justiça, para se eliminar os estereótipos (item 29 da Recomendação Geral n. 33, do Comitê CEDAW).

A suposta "neutralidade judicial", na verdade, é afastada na prática pela existência de vieses arraigados nos agentes jurídicos de todo o sistema de justiça, bem como por ideias preconcebidas, socialmente construídas, sobre determinados grupos e que podem influenciar as condutas e a ação hermenêutica dos julgadores. Com isso, viola-se a igualdade material e o papel do Judiciário de aplicar, com igualdade material, as normas jurídicas. Não se trata de ser parcial (e favorecer mulheres), mas sim, imparcial do ponto de vista da igualdade material. Como consta especificamente na fundamentação do "Protocolo", (...) a parcialidade reside justamente na desconsideração das desigualdades estruturais, e não o contrário".

O Protocolo divide a atividade jurisdicional em sete segmentos, pugnando pela adoção da perspectiva de gênero pelos julgadores em cada um deles, como se vê abaixo:

1. **Aproximação com o processo**. O julgador deve, desde o primeiro momento, identificar o contexto (social e jurídico) no qual o litígio está situado. Além do ramo do direito e de suas normas, é necessário, de pronto, questionar se as desigualdades de gênero, sempre sob uma ótica interseccional, estão presentes na controvérsia apresentada.

2. **Aproximação dos sujeitos processuais**. O julgador deve conhecer todos os atores relevantes envolvidos, como advogadas, promotoras, testemunhas e outros. Em sua atuação, o julgador deve levar em consideração as desigualdades estruturais que afetam a participação dos sujeitos em um processo judicial. Por exemplo, deve indagar se alguma das pessoas presentes em audiência é lactante, tem filhos pequenos, tem deficiência, possui vulnerabilidade que possa tornar uma sessão desconfortável para ela, entre outros.

3. **Medidas especiais de proteção**. O "Protocolo" estipula que o deferimento ou não de medidas de proteção deve ser pautado nessa análise de risco e em atenção ao princípio da cautela, e deve ser imediato a fim de romper com os ciclos de violência instaurados, decorrentes e inclusive potencializados por assimetrias (social e cultural) estabelecidas entre homens e mulheres.

4. **Instrução processual**. O "Protocolo" enfatiza que, em casos que envolvem desigualdades estruturais, a audiência pode se tornar um ambiente de violência institucional de gênero. Por isso, o gênero deve ser utilizado em todas as etapas da instrução, levando a uma postura ativa da magistrada/do magistrado na análise de laudos técnicos, nas perguntas formuladas pelas partes (estão reproduzindo estereótipos de gênero? Questionam a mulher a partir de papéis socialmente atribuídos?), entre outros.

5. **Valoração de provas e identificação de fatos**. O "Protocolo" exige que se avalie tanto as provas constantes dos autos quanto às faltantes. Para o "Protocolo", em um julgamento com perspectiva de gênero, "a palavra da mulher deve ter um peso elevado". É necessário que preconceitos de gênero sejam abandonados ("a mulher é vingativa" etc.).

6. **Identificação do marco normativo e precedentes aplicáveis**. Na linha do "diálogo multinível", o "Protocolo" determina que o julgador use: (i) marcos normativos; e (ii) precedentes nacionais ou internacionais que se relacionam com o caso em análise, assim como recomendações, opiniões consultivas ou observações gerais emitidas pelos organismos regional e internacional de proteção de direitos. Estimula-se, tal qual preconiza a Recomendação n. 123 do CNJ, o exercício do controle de convencionalidade no plano interno.

7. **Interpretação e aplicação do direito**. O "Protocolo" prevê que o julgador deve interpretar a norma de modo a atingir a igualdade material. Sua análise deve levar em consideração o fato de que a própria lei pode estar impregnada com estereótipos. Também deve considerar o impacto discriminatório direto e indireto da norma. O impacto discriminatório direto é aquele no qual a norma pode ter um efeito diretamente desigual (ou seja, discrimina pessoas); já o impacto indireto é aquele pelo qual a norma aparentemente neutra tem impacto real negativo desproporcional sobre determinado grupo.

19.3. O controle de convencionalidade e o Ministério Público

O Ministério Público deve, de ofício e em todas as suas atuações (judiciais e extrajudiciais, criminais e não criminais), pautar sua conduta de modo a respeitar e promover o respeito às normas internacionais de direitos humanos. Como *custos iuris*, o Ministério Público é também fiscal do respeito ao Direito Internacional dos Direitos Humanos, cujas normas convencionais e consuetudinárias são vinculantes e devem ser observadas. Nesse sentido, o Conselho Nacional do Ministério Público adotou a Recomendação n. 96, de 2023, pela qual foi reafirmado o compromisso do Ministério Público com a promoção dos direitos humanos e a necessidade de promover o respeito às normas internacionais de proteção aos direitos humanos no ordenamento jurídico interno. Em consonância com a Constituição Federal, que atribui centralidade à dignidade da pessoa humana e aos direitos humanos, o CNMP orienta o Ministério Público a exercer o controle de convencionalidade, assegurando que normas e práticas nacionais sejam interpretadas à luz de tratados e convenções internacionais, de acordo com a interpretação internacionalista. Ao reconhecer a competência obrigatória da Corte IDH e enfatizar a boa-fé na aplicação dos tratados, conforme a Convenção de Viena sobre o Direito dos Tratados, a Recomendação n. 96 orienta que os membros do Ministério Público conduzam o controle de convencionalidade de ofício, promovendo maior alinhamento com as obrigações internacionais do Brasil e prevenindo possíveis responsabilizações em âmbitos interamericano e global.

A Recomendação n. 96 do CNMP destaca a importância de que os membros do Ministério Público sigam as normas internacionais, as recomendações da Comissão Interamericana de Direitos Humanos (CIDH) e a jurisprudência da Corte Interamericana de Direitos Humanos (Corte IDH) (art. 1º). Além disso, a recomendação reforça a necessidade de os órgãos do Ministério Público considerarem o efeito vinculante das decisões da Corte IDH em casos que envolvam o Brasil, e, quando aplicável, as declarações e documentos internacionais de direitos humanos. Os membros do Ministério Público devem priorizar o controle de convencionalidade em suas ações judiciais e extrajudiciais, especialmente na garantia de reparação às vítimas de violações de direitos humanos, conforme estipulado pela Corte IDH. A recomendação também incentiva o uso das opiniões consultivas da Corte como fundamento para pareceres e manifestações.

QUADRO SINÓTICO

Recomendações e Resoluções do sistema de justiça.

A Recomendação n. 123 e o "Pacto Nacional do Judiciário pelos Direitos Humanos"	1. Recomendação (não vinculante) do CNJ para que os juízes cumpram a jurisprudência da Corte IDH. 2. Seu raciocínio pode ser aplicado a outras deliberações vinculantes ao Brasil e também aos precedentes da Corte contra outros Estados, já que o Brasil pode ser responsabilizado por descumprir o entendimento da Corte. 3. O "Pacto Nacional" enumera uma série de atividades para fomentar a "cultura dos direitos humanos" com interpretação internacional no Judiciário, inclusive com a realização de concurso para selecionar sentenças e acórdãos que melhor realizaram o controle de convencionalidade de matriz internacional.
O Protocolo para Julgamento com Perspectiva de Gênero	• Busca orientar os juízes brasileiros a adotar, em suas decisões e julgamentos, as diretrizes do Protocolo para Julgamento com Perspectiva de Gênero pelo Poder Judiciário nacional. • Cabe ao Comitê de Acompanhamento e Capacitação sobre Julgamento com Perspectiva de Gênero no Poder Judiciário acompanhar o cumprimento da Resolução, bem como elaborar estudos e propor medidas concretas de aperfeiçoamento do sistema de justiça quanto às causas que envolvam direitos humanos, gênero, raça e etnia, em perspectiva interseccional (entre outras missões). • O Protocolo divide a atividade jurisdicional em sete segmentos, pugnando pela adoção da perspectiva de gênero pelos julgadores em cada um deles, como se vê abaixo:

1) **Aproximação com o processo**. O julgador deve, desde o primeiro momento, identificar o contexto (social e jurídico) no qual o litígio está situado.
2) **Aproximação dos sujeitos processuais**. Em sua atuação, o julgador deve levar em consideração as desigualdades estruturais que afetam a participação dos sujeitos em um processo judicial.
3) **Medidas especiais de proteção**. O "Protocolo" estipula que o deferimento ou não de medidas de proteção deve ser pautado nessa análise de risco e em atenção ao princípio da cautela, e deve ser imediato a fim de romper com os ciclos de violência instaurados,
4) **Instrução processual**. O "Protocolo" enfatiza que, em casos que envolvem desigualdades estruturais, a audiência pode se tornar um ambiente de violência institucional de gênero. Por isso, o gênero deve ser utilizado em todas as etapas da instrução, levando a uma postura ativa da magistrada/do magistrado na análise de laudos técnicos.
5) **Valoração de provas e identificação de fatos**. O "Protocolo" exige que se avalie tanto as provas constantes dos autos quanto as faltantes.
6) **Identificação do marco normativo e precedentes aplicáveis**. Na linha do "diálogo multinível", o "Protocolo" determina que o julgador use: (i) marcos normativos; e (ii) precedentes nacionais ou internacionais que se relacionam com o caso em análise, assim como recomendações, opiniões consultivas ou observações gerais emitidas pelos organismos regional e internacional de proteção de direitos.
7) **Interpretação e aplicação do direito**. O "Protocolo" prevê que o julgador deve interpretar a norma de modo a atingir a igualdade material.

PARTE IV
OS DIREITOS E GARANTIAS EM ESPÉCIE

1. ASPECTOS GERAIS

Esta parte deste livro visa abordar os principais aspectos discutidos na doutrina e na jurisprudência sobre determinados *direitos e garantias fundamentais*, focando, em especial, na Constituição de 1988.

Grosso modo, os direitos são dispositivos normativos que atribuem a alguém a titularidade de um bem jurídico qualquer. Já as garantias fundamentais constituem-se também em direitos, mas que são voltados a assegurar a fruição dos bens jurídicos.

Há as *garantias fundamentais gerais ou genéricas*, que acompanham a redação dos direitos, proibindo abusos e outras formas de vulneração, como, por exemplo, a proibição da censura que assegura a liberdade de expressão. Há ainda as *garantias específicas*, que consistem em *instrumentos processuais* que tutelam os direitos e liberdades fundamentais, como o *habeas corpus*, mandado de segurança, mandado de injunção, *habeas data*, ação popular e ação civil pública. Essas garantias também são chamadas de *garantias fundamentais instrumentais*.

As *garantias institucionais* consistem em estruturas institucionais públicas (por exemplo, o Ministério Público e a Defensoria Pública) e privadas (por exemplo, órgãos da imprensa livre) imprescindíveis à plena efetividade dos direitos humanos. Já as *garantias limite* são direitos que exigem *abstenção* ou um *não fazer* do Estado, como, por exemplo, o direito de não sofrer tratamento desumano ou degradante, não sofrer embaraço à liberdade de exercício profissional sem lei adequada que assim o diga etc.

2. DESTINATÁRIOS DA PROTEÇÃO E SUJEITOS PASSIVOS

Os direitos humanos, por definição, são direitos de todos os indivíduos, não importando origem, religião, grupo social ou político, orientação sexual e qualquer outro fator. Esse é o sentido do art. 5º da CF/88, que prevê que "todos são iguais perante a lei, sem distinção de qualquer natureza".

Apesar dessa afirmação geral, que consagra a *igualdade* entre todas as pessoas, destinatárias da proteção de direitos humanos, há ainda direitos referentes a determinada faceta da vida social que são titularizados somente por determinadas categorias de pessoas. Por exemplo, a Constituição de 1988 elenca direitos referentes às mulheres, aos idosos, aos povos indígenas, aos presos, aos condenados, aos cidadãos, aposentados, aos necessitados, entre outros. A igualdade é respeitada, pois esses *direitos específicos visam atender situações especiais voltadas a tais categorias*, consagrando a máxima de "tratar desigualmente os desiguais" como forma de se obter a igualdade material de todos.

Na jurisprudência brasileira, foi controvertida a extensão dos direitos previstos na Constituição a *estrangeiros não residentes*. A origem da polêmica está na redação do art. 5º, *caput*, da CF/88, que garante "aos brasileiros e estrangeiros residentes" os direitos elencados no rol desse artigo. A redação da Constituição reproduz a tradição constitucional brasileira desde a Constituição de 1891, com apego ao termo "estrangeiro residente".

Porém, os direitos previstos na Constituição são estendidos aos estrangeiros não residentes, uma vez que ela própria (i) estabelece o Estado Democrático de Direito (art. 1º), (ii) defende a *dignidade humana* (art. 1º, III) e ainda prevê (iii) os *direitos decorrentes* dos tratados celebrados pelo Brasil (art. 5º, §§ 2º e 3º)[1]. Nesse sentido, decidiu o STF que "ao estrangeiro, residente no exterior, também é assegurado o direito de impetrar mandado de segurança, como decorre da interpretação sistemática dos arts. 153, *caput*, da Emenda Constitucional de 1969 e do 5º, LXIX, da Constituição atual" (RE 215.267, rel. Min. Ellen Gracie, j. 24-4-2001, Primeira Turma, *DJ* de 25-5-2001). No mesmo sentido, decidiu o STF que "a condição jurídica de não nacional do Brasil e a circunstância de o réu estrangeiro não possuir domicílio em nosso País não legitimam a adoção, contra tal acusado, de qualquer tratamento arbitrário ou discriminatório. Precedentes" (HC 94.016, rel. Min. Celso de Mello, j. 16-9-2008, Segunda Turma, *DJe* de 27-2-2009).

Entendemos, nessa linha, que *não pode* o estrangeiro não residente sofrer discriminação na *matrícula na educação básica obrigatória e gratuita* dos 4 (quatro) aos 17 (dezessete) anos de idade (art. 208, I) ou na *prestação de saúde pública*, que, conforme o texto constitucional, é universal e gratuita (art. 196), bem como na *assistência jurídica integral gratuita*. A nova Lei de Migração (Lei n. 13.445/2017) caminhou nesse sentido, fazendo expressa referência ao gozo, sem discriminação, desses direitos pelos estrangeiros[2].

A segunda polêmica referente aos destinatários da proteção está na possibilidade de *pessoa jurídica de direito privado* ser titular de direitos fundamentais. A resposta da jurisprudência é positiva, desde que o direito invocado tenha *pertinência temática* com a natureza da pessoa jurídica[3]. Por exemplo, as pessoas jurídicas têm direito à imagem e à honra objetiva, acesso à justiça e até mesmo assistência jurídica gratuita. Nesse último caso, contudo, cabe à pessoa jurídica provar e não somente alegar a insuficiência de recursos. Nesse sentido decidiu o STF que "ao contrário do que ocorre relativamente às pessoas naturais, não basta a pessoa jurídica asseverar a insuficiência de recursos, devendo comprovar, isto sim, o fato de se encontrar em situação inviabilizadora da assunção dos ônus decorrentes do ingresso em juízo" (Rcl 1.905-ED-AgR, rel. Min. Marco Aurélio, j. 15-8-2002, Plenário, *DJ* de 20-9-2002). No campo tributário, as pessoas jurídicas têm direito ao tratamento tributário constitucional, inclusive quanto à anterioridade tributária que o STF considerou parte integrante dos direitos e garantias individuais, ou ainda ao sigilo fiscal (que, na visão do STF, decorre do direito à intimidade). Há ainda direitos que são titularizados especificamente pelas pessoas jurídicas de direito privado, como as associações, que são mencionadas nos incisos XVII a XXI do art. 5º, ou os sindicatos no disposto do art. 8º e os partidos políticos no art. 17.

Também a *pessoa jurídica de direito público* pode utilizar as garantias fundamentais para sua proteção. Nesse sentido, decidiu o STF: "Não se deve negar aos Municípios, peremptoriamente, a titularidade de direitos fundamentais e a eventual possibilidade de impetração das ações constitucionais cabíveis para sua proteção. Se considerarmos o entendimento amplamente adotado de que as pessoas jurídicas de direito público podem, sim, ser titulares de direitos fundamentais, como, por exemplo, o direito à tutela judicial efetiva, parece bastante razoável vislumbrar a hipótese em que o Município, diante de omissão legislativa do exercício desse direito, se veja compelido a impetrar mandado de injunção. A titularidade de direitos fundamentais tem como consectário lógico a legitimação ativa para propor ações constitucionais destinadas à proteção efetiva desses direitos" (MI 725, rel. Min. Gilmar Mendes, j. 10-5-2007, Plenário, *DJ* de 21-9-2007).

---

[1] Ver mais sobre a fundamentação da extensão dos direitos a estrangeiros não residentes na Parte IV, item 50, deste *Curso* ("Direitos dos migrantes").

[2] Como será visto, em item próprio, neste *Curso*.

[3] Como já visto, a Corte Interamericana de Direitos Humanos, na Opinião Consultiva n. 22, não aceita que a pessoa jurídica possa ter direitos previstos na Convenção Americana de Direitos Humanos.

São ainda destinatários da proteção de direitos humanos os *entes despersonalizados*, que podem invocar determinados direitos pertinentes com sua situação (por exemplo, acesso à justiça) como as sociedades de fato, condomínio, espólio, massa falida e o nascituro. Rothenburg menciona a discussão sobre a titularidade de direitos fundamentais por outros seres vivos (fauna e flora), projetando a gramática dos direitos humanos para um paradigma *biocêntrico* ou *ecocêntrico*. Como exemplo, o citado autor menciona o art. 71 da Constituição do Equador (2008), que prevê expressamente que "a natureza ou Pacha Mama, onde a vida se reproduz, tem *direito a que se respeitem integralmente sua existência e a manutenção e regeneração de seus ciclos vitais, estrutura, funções e processos evolutivos*"[4] (ver no item 52 da **Parte IV** a análise dos direitos dos animais).

Quanto aos *sujeitos passivos*, o Estado é, em geral, o responsável pelo cumprimento dos direitos humanos, de todas as gerações ou dimensões. Entretanto, há ainda a invocação dos direitos humanos em face de particulares (como já estudado, também denominado *drittwirkung*) e ainda em face da sociedade. A Constituição de 1988 expressamente menciona a *família* no polo passivo do direito à educação (art. 205), além do Estado, a *sociedade* no polo passivo do direito à seguridade (art. 195) e a *coletividade*, no polo passivo do direito ao meio ambiente equilibrado (art. 225).

No sentido de reconhecer o dever de todos na proteção de direitos humanos, o STF decidiu que o uso do amianto pelos agentes econômicos viola os direitos à vida, à saúde e o direito ao meio ambiente equilibrado. Assim, na ADI n. 3937 e nas ADIs 3.406 e 3.470, o STF decidiu que são constitucionais as leis estaduais que proíbem ou estabelecem a progressiva substituição do produto. Também foi declarada, incidentalmente, a inconstitucionalidade do art. 2º da lei federal que autorizava o uso do amianto (ADI n. 3.937, rel. p/ o ac. Min Dias Toffoli, j. 24-8-2017, P, *Informativo* 874, e também ADI n. 3.406 e ADI n. 3.470, rel. Min. Rosa Weber, j. 29-11-2017, P, *Informativo* 886 – ver mais sobre o caso no item sobre "direito à saúde").

3. DIREITO À VIDA

Dispõe a Constituição de 1988:

> Art. 5º *Todos são iguais perante a lei, sem distinção de qualquer natureza, garantindo-se aos brasileiros e aos estrangeiros residentes no País a inviolabilidade do* **direito à vida**, *à liberdade, à igualdade, à segurança e à propriedade, nos termos seguintes:*

3.1. Aspectos gerais

Dispõe o art. 5º, *caput*, que é garantida a "inviolabilidade do direito à vida". Vida é o estado em que se encontra determinado ser animado. Seu oposto, a morte, consiste no fim das funções vitais de um organismo.

O direito à vida engloba diferentes facetas, que vão desde o direito de nascer, de permanecer vivo e de defender a própria vida e, com discussões cada vez mais agudas em virtude do avanço da medicina, sobre o ato de obstar o nascimento do feto, decidir sobre embriões congelados e ainda optar sobre o momento da própria morte. Tais discussões envolvem aborto, pesquisas científicas, suicídio assistido e eutanásia, suscitando a necessidade de dividir a proteção à vida em dois planos: a *dimensão vertical* e a *dimensão horizontal*.

A dimensão *vertical* envolve a proteção da vida nas diferentes fases do desenvolvimento humano (da fecundação à morte). Algumas definições sobre o direito à vida refletem esta

---

[4] ROTHENBURG, Walter Claudius. *Direitos fundamentais*. São Paulo: GEN/Método, 2014, p. 71.

dimensão, pois esse direito consistiria no "direito a não interrupção dos processos vitais do titular mediante intervenção de terceiros e, principalmente, das autoridades estatais"[5].

A dimensão horizontal engloba a qualidade da vida fruída. Esta dimensão horizontal resulta na proteção do direito à saúde, educação, prestações de seguridade social e até mesmo meio ambiente equilibrado, para assegurar o *direito à vida digna*.

Para o Estado, a "inviolabilidade do direito à vida" resulta em três obrigações: (i) a obrigação de respeito; (ii) a obrigação de garantia; e (iii) a obrigação de tutela:

- A obrigação de respeito consiste no dever dos agentes estatais em não violar, arbitrariamente, a vida de outrem.
- A obrigação de garantia consiste no dever de prevenção da violação da vida por parte de terceiros e eventual punição para quem arbitrariamente viola a vida de outrem.
- A obrigação de tutela implica o dever do Estado de assegurar uma vida *digna,* garantindo condições materiais mínimas de sobrevivência.

3.2. Início: a concepção, o embrião *in vitro* e a proteção do direito à vida

A Constituição de 1988 não dispõe sobre o início da vida humana ou o instante preciso em que ela começa. Porém, a mera menção ao direito à vida implica proteção aos que ainda não nasceram (embriões e fetos), visto que, sem tal proteção, a vida sequer poderia existir. Já a Convenção Americana de Direitos Humanos é mais detalhada, determinando que "toda pessoa tem o direito de que se respeite sua vida. Esse direito deve ser *protegido pela lei* e, *em geral*, desde o momento da *concepção*. Ninguém pode ser privado da vida arbitrariamente".

Assim, o direito à vida estabelecido na Constituição e nos tratados exige que o Estado proteja, por lei, os *embriões ainda não implantados* no útero (gerados *in vitro*) e a *vida intrauterina*. Para o STF, a "potencialidade de algo para se tornar pessoa humana já é meritória o bastante para acobertá-la, infraconstitucionalmente, contra tentativas levianas ou frívolas de obstar sua natural continuidade fisiológica (...) O Direito infraconstitucional protege por modo variado cada etapa do desenvolvimento biológico do ser humano. Os momentos da vida humana anteriores ao nascimento devem ser objeto de proteção pelo direito comum" (voto do Min. Ayres Britto, ADI n. 3.510, rel. Min. Ayres Britto, j. 29-5-2008, Plenário, *DJe* de 28-5-2010).

Pelo que consta do artigo 4.1 da Convenção Americana de Direitos Humanos, a regra é a proteção da vida *desde a concepção* ("em geral"). Logo, a lei nacional que quebrar essa proteção deve sofrer o crivo da *proporcionalidade*, verificando-se o equilíbrio entre o custo (vulneração da vida) e o benefício dos valores constitucionais eventualmente protegidos. Porém, abre-se espaço para que seja exercitada excepcionalmente, pela lei, a ponderação, entre vários bens que podem estar em colisão com o direito à vida, que levaram, por exemplo, a *permissão do aborto* em algumas hipóteses pelo Código Penal brasileiro (lei ordinária).

O aborto é a *interrupção da gravidez antes do seu termo normal*, com ou sem a expulsão do feto, podendo ser espontâneo ou provocado. Há intensa discussão sobre o início da proteção do direito à vida. Podemos identificar as seguintes correntes a respeito do início da proteção jurídica da vida: a) desde a concepção; b) desde a nidação, com ligação do feto à parede do útero; c) desde a formação das características individuais do feto, em especial o tubo neural; d) desde a viabilidade da vida extrauterina; e) desde o nascimento.

No campo cível, a partir da concepção, o Código Civil preserva os direitos do nascituro. O art. 2º do Código Civil determina que "a personalidade civil da pessoa começa do nascimento com vida; mas a lei põe a salvo, desde a concepção, os direitos do nascituro". Além disso, o

---

[5] DIMITRI, Dimoulis. Vida (Direito à). In: DIMOULIS, Dimitri et al. (Orgs.). *Dicionário brasileiro de direito constitucional*. São Paulo: Saraiva, 2007, v. 1, p. 397-399.

nascituro pode receber doações (art. 542 do CC), constar de testamento (art. 1.799 do CC), ser adotado (art. 1.621 do CC). Pode, inclusive, acionar o Poder Judiciário, sendo titular do direito de acesso à justiça (art. 5º, XXXV).

No campo penal, a tutela infraconstitucional atual indica que o momento aceito para o início da proteção penal da vida é o da nidação; a partir da *nidação*, o aborto passa a ser alcançado pela incidência dos arts. 124 a 127 do CP. No tocante à utilização do *medicamento anticoncepção de emergência*, a popular "pílula do dia seguinte", as Normas Técnicas de Planejamento Familiar do Ministério da Saúde, que o recomendam desde 1996, esclarecem que seu uso é tido como "não abortivo", pois seus componentes atuam impedindo a fecundação e sempre antes da implantação na parede do útero. De acordo com o Ministério da Saúde, a pílula não atua após a fecundação e não provoca a perda do embrião caso ele já tenha aderido à parede do útero.

Contudo, a lei permite que não seja punido o aborto praticado por médico se não há outro meio de salvar a vida da gestante (*aborto necessário*), bem como é lícito o aborto no caso de gravidez resultante de estupro, desde que haja consentimento da gestante ou, se incapaz, do seu representante legal (*aborto sentimental*). Essas exceções são aplicadas cotidianamente na jurisprudência brasileira, não tendo repercussão qualquer tese de eventual não recepção desses dispositivos em face da proteção constitucional da vida. Fica demonstrado, conforme o voto da Min. Cármen Lúcia, na ADI n. 3.510, que *há limites à proteção jurídica da vida*, ponderando-a em face de outros valores (a vida da mãe ou sua liberdade sexual). Nas palavras da Ministra: "Todo princípio de direito haverá de ser interpretado e aplicado de forma ponderada segundo os termos postos no sistema. (...) Mesmo o direito à vida haverá de ser interpretado e aplicado com a observação da sua ponderação em relação a outros que igualmente se põem para a perfeita sincronia e dinâmica do sistema constitucional. Tanto é assim que o ordenamento jurídico brasileiro comporta, desde 1940, a *figura lícita do aborto* nos casos em que seja necessário o procedimento para garantir a sobrevivência da gestante e quando decorrer de estupro (art. 128, incs. I e II, do Código Penal)" (voto da Ministra Cármen Lúcia, ADI n. 3.510, rel. Min. Ayres Britto, j. 29-5-2008, Plenário, *DJe* de 28-5-2010, grifo nosso).

Em 2004, foi proposta a Arguição de Descumprimento de Preceito Fundamental n. 54, que requereu, ao STF, a interpretação conforme a Constituição do Código Penal para excluir a incidência de crime no caso de interrupção da gravidez de feto anencéfalo, que foi denominada como antecipação terapêutica do parto. A dignidade humana e a proteção da integridade psíquica da mãe, bem como a proteção à maternidade e o direito à saúde foram os fundamentos da Arguição. O STF, oito anos depois, em 2012, decidiu que a *antecipação terapêutica do parto* em casos de gravidez de feto anencéfalo, desde que com diagnóstico médico, não é caso de aborto (cujas hipóteses de licitude são excepcionais), pois não haverá vida extrauterina. Assim, a gestante, caso queira, pode solicitar a antecipação terapêutica do parto, sem permissão específica do Estado (alvará judicial de juiz criminal, por exemplo) (ADPF 54, rel. Min. Marco Aurélio, j. 11-4-2012).

Ponto importante para o debate é se seria possível a despenalização *completa* do aborto no Brasil, ponderando-se o direito à vida do feto com os direitos reprodutivos da mulher. Esse debate divide a doutrina, pois poderia existir violação do dever de proteção à vida, e, consequentemente, violação da cláusula pétrea no Brasil. Na ADI n. 3.510, o voto do Min. Carlos Britto sustentando que a vida intrauterina depende da proteção *infraconstitucional* (o que permitiria a alteração da lei penal) foi *contrastado* pela manifestação de outros Ministros de que o caso da pesquisa de célula-tronco *não teria* nenhuma relação com o aborto.

Isso demonstra que o STF deixou a questão em aberto, para apreciar no futuro caso algum dia o Congresso Nacional venha a adotar lei que descriminalize o aborto, imitando outros países do mundo.

Em 2016, foi proposta a ADI n. 5.581, pela qual, entre outros pedidos, pleiteou-se o reconhecimento da constitucionalidade de interrupção de gravidez quando houver diagnóstico de infecção pelo vírus zika. Diferentemente da ADPF 54, não se trata nesta nova ação de hipótese de inviabilidade da vida extrauterina. O feto contaminado pelo vírus zika poderá ter microcefalia, mas tal deficiência *não* inviabiliza sua vida. Há, assim, a dúvida se, apesar do sofrimento psíquico da mãe, tal pedido não flerta com o chamado aborto eugênico (ou eugenésico), pelo qual se autoriza o aborto em caso de detecção de deficiência grave. O aborto eugênico viola frontalmente o "direito à vida das pessoas com deficiência em igualdade de oportunidades" previsto na Convenção da ONU sobre o Direito das Pessoas com Deficiência, que, em seu art. 10, estipula que: "(...) todo ser humano tem o inerente direito à vida e tomarão todas as medidas necessárias para assegurar o efetivo exercício desse direito pelas pessoas com deficiência, em igualdade de oportunidades com as demais pessoas". Assim, autorizar o aborto porque o feto possui ou pode possuir deficiência, mas não autorizar em relação aos demais fetos (tidos como "normais") implica tratamento discriminatório, vedado pela convenção. Em 2020, o STF julgou prejudicada a ação, pela perda do seu objeto, em face da revogação do principal ponto questionado pela Medida Provisória n. 894/2019, que institui pensão vitalícia a crianças com microcefalia decorrente do zika vírus (STF, ADI n. 5.581, rel. Min. Cármen Lúcia, j. 4-5-2020).

Ainda em 2016, a Primeira Turma do STF concedeu a ordem de *habeas corpus,* considerando que o aborto realizado *até* o terceiro mês de gravidez (12 semanas) deve ser considerado *fato atípico*. Para o Min. Barroso, a criminalização do aborto viola os seguintes direitos: a) direitos sexuais e reprodutivos da mulher, que não pode ser obrigada pelo Estado a manter uma gestação indesejada; b) liberdade da mulher, que deve ser autônoma em suas escolhas existenciais; c) a integridade física e psíquica da gestante; d) igualdade da mulher, uma vez que, como os homens não engravidam, a única maneira de manter a igualdade de tratamento é respeitar a vontade da mulher. Além disso, a criminalização do aborto nestes termos (antes do marco temporal do *primeiro trimestre* utilizado em diversos países democráticos do mundo, como Estados Unidos, Alemanha, Reino Unido, Canadá, França, Itália, Espanha, Portugal, Holanda e Austrália) ofenderia o princípio da proporcionalidade (STF, Primeira Turma, HC n. 124.306/RJ, rel. orig. Min. Marco Aurélio, rel. p/ o ac. Min. Roberto Barroso, j. 29-11-2016).

Em 2017, foi proposta a ADPF 442 (rel. Min. Flávio Dino, em trâmite em agosto de 2024), que pede que os arts. 124 e 126 do Código Penal[6] sejam considerados apenas parcialmente recepcionados pela CF/88, o que descriminalizaria o aborto realizado até o primeiro trimestre de gestação.

3.3. Término da vida: eutanásia, ortotanásia, distanásia e suicídio

Da mesma maneira que o início da vida, o término da vida não possui previsão constitucional. Coube ao Código Civil estabelecer, sucintamente, que a existência da pessoa natural termina com a morte (art. 6º). Além disso, a Lei n. 9.434/97 (Lei dos Transplantes) optou pelo critério da "morte encefálica" para que seja atestado o término das funções vitais do organismo humano e, com isso, autorizada a retirada *post mortem* de tecidos, órgãos ou partes do corpo humano destinados a transplante ou tratamento (art. 3º).

---

[6] "Art. 124. Provocar aborto em si mesma ou consentir que outrem lho provoque: Pena – detenção, de um a três anos." "Art. 126. Provocar aborto com o consentimento da gestante. Pena – reclusão, de um a quatro anos. Parágrafo único. Aplica-se a pena do artigo anterior, se a gestante não é maior de quatorze anos, ou é alienada ou débil mental, ou se o consentimento é obtido mediante fraude, grave ameaça ou violência." A ADPF 442 está em trâmite, após o voto da então Relatora Ministra Rosa Weber (aposentada atualmente), que julgou procedente, em parte, o pedido, para declarar a não recepção parcial dos arts. 124 e 126 do Código Penal, em ordem a excluir do seu âmbito de incidência a interrupção da gestação realizada nas *primeiras doze semanas*.

O dever do Estado de proteger a vida levou várias legislações no mundo a combaterem a *eutanásia* e a *assistência ao suicídio,* o que implica a negação de um *direito à própria morte.* Consequentemente, impedir um suicídio não seria um ato ilícito. Contudo, como esclarece Rey Martínez, *há já casos de descriminalização* (sob certas condições) da eutanásia na Holanda e Bélgica, bem como de suicídio assistido lícito no Oregon (Estados Unidos), mostrando *que não há consenso* nos Estados constitucionais sobre o tema[7].

A eutanásia *consiste em ato de término da vida de doente terminal para abreviar a agonia e os sofrimentos prolongados*. No Brasil, a prática da eutanásia consiste em *crime* previsto no art. 121, § 1º (homicídio privilegiado, em face do relevante valor moral na conduta do agente, *morte doce,* homicídio por piedade). O consentimento do paciente é juridicamente irrelevante. A depender do caso e da conduta da própria vítima, pode configurar auxílio ao suicídio.

A *ortotanásia* (morte justa ou morte digna) consiste, com anuência do paciente terminal, na *ausência de prolongamento artificial da vida* pela desistência médica do uso de aparelhos ou outras terapias, evitando sofrimento desnecessário. Há aqueles que denominam a ortotanásia de *eutanásia passiva ou indireta*, mas não há proximidade com a eutanásia. A ortotanásia consiste na *desistência*, pelo médico, do uso de medicamentos e terapias, pois não há esperança de reversão do quadro clínico nos pacientes terminais. Ocorre a suspensão de aplicação de processos artificiais médicos, que resultariam apenas em uma morte mais lenta e mais sofrida, mas o que mata o paciente é a doença e não o médico. Diferentemente da eutanásia, a ortotanásia deixa de manter a vida por modo artificial, para evitar prolongar a dor em um quadro clínico irreversível. O oposto da ortotanásia é a *distanásia*, que consiste na prática de prorrogar, por quaisquer meios, a vida de um paciente incurável, mesmo em quadro de agonia e dor, o que é denominado também "obstinação terapêutica"[8].

A ortotanásia é regulada pelo Conselho Federal de Medicina, por meio da Resolução n. 1.805/2006, a qual dispõe que, sendo o quadro irreversível, e caso assim o paciente o deseje, o médico está *autorizado a não lançar mão* de cuidados terapêuticos que apenas terão o condão de causar dor adicional ao paciente. O Ministério Público Federal do Distrito Federal, em 2006, ajuizou ação civil pública impugnando a Resolução n. 1.805, alegando sua inconstitucionalidade e ilegalidade. Em 2010, com base na manifestação de nova Procuradora da República responsável pelo caso (mostrando a *relevância* da independência funcional no Ministério Público), o MPF reavaliou o caso e entendeu que a *ortotanásia não é vedada pelo ordenamento jurídico*. A sentença foi de improcedência, utilizando, em sua fundamentação, a nova posição do *Parquet* atuante no caso (Ação Civil Pública, Autos n. 2007.34.00.014809-3, Distrito Federal). O Senado Federal aprovou o Projeto de Lei n. 6.715/2009, que exclui do tipo penal do homicídio a *ortotanásia*, eliminando qualquer dúvida. O projeto encontra-se em trâmite perante a Câmara dos Deputados[9].

Quanto ao suicídio assistido, o Código Penal considera crime *induzir ou instigar alguém a suicidar-se ou prestar-lhe auxílio para que o faça, desde que o suicídio se consume ou da tentativa resultar lesão corporal* (CP, art. 122).

---

[7] REY MARTÍNEZ, Fernando. *Eutanasia y derechos fundamentales*. Madrid: Centro de Estudios Políticos y Constitucionales, 2008.
[8] Ver LIMA, Carolina Alves de Souza; LOPES, Antonio Carlos; SANTORO, Luciano de Freitas. *Eutanásia, Ortotanásia e Distanásia*. 3. ed., atualizada e ampliada. Rio de Janeiro: Atheneu, 2018.
[9] *Vide*: <https://www.camara.leg.br/proposicoesWeb/fichadetramitacao?idProposicao=465323>. Acesso em: 9 ago. 2024.

3.4. Pena de morte

3.4.1. As fases rumo ao banimento da pena de morte

A pena de morte é expressamente vedada pela Constituição de 1988, salvo em caso de guerra declarada ("art. 5º, XLVII – não haverá penas: *a*) de morte, salvo em caso de guerra declarada"). É necessário que o Código Penal Militar (CPM) prescreva tal pena, existente hoje em *vários crimes* a partir do art. 356 (entre outros, os crimes de *deserção, traição à pátria, dano especial, inobservância do dever militar, motim, espionagem,* entre outros). A pena de morte no Brasil é executada por fuzilamento (art. 56 do CPM). Caso a pena seja imposta em zona de operações de guerra, pode ser imediatamente executada, quando o exigir o interesse da ordem e da disciplina militares (art. 57). Mesmo emenda constitucional não poderia tornar possível a pena de morte em outros casos fora do contexto de guerra declarada, pois o direito à vida é cláusula pétrea.

No mundo, a pena de morte caminha para seu completo desaparecimento. De acordo com a Organização das Nações Unidas, há poucos países que preveem a pena capital para crimes comuns em situação regular. Há alguns Estados, como o Brasil, que a admitem em caso de guerra declarada, mas essa excepcionalidade reafirma a proibição da pena de morte em geral. Mesmo para crimes gravíssimos *a pena de morte não é prevista* nos últimos tratados internacionais penais, como se vê no Estatuto do Tribunal Penal Internacional (Estatuto de Roma), cuja pena máxima é a de prisão perpétua. Esta tendência é fruto dos inegáveis malefícios da pena de morte, uma vez que não admite a reparação do erro judiciário, como é óbvio, além de outras mazelas, como a assunção da impossibilidade de ressocialização, a banalização da vida em um "assassinato oficial", entre outras.

Há três fases da regulação jurídica da pena de morte. A *primeira fase* é a da *convivência tutelada,* na qual a pena de morte era tolerada, porém com estrito regramento. A imposição ordinária da pena de morte em vários países e, em especial, em alguns considerados berços da proteção aos direitos humanos, como o Reino Unido os Estados Unidos, não permitiu que fosse incluída nos textos iniciais de proteção internacional dos direitos humanos a completa proibição de tal pena.

Apesar disso, a proteção à vida exigiu, ao menos, que constasse dos textos dos primeiros tratados de direitos humanos explícita regulação *restritiva* da pena de morte. O art. 6º do Pacto Internacional sobre Direitos Civis e Políticos possui 5 parágrafos que tratam exclusivamente da restrição à imposição da pena de morte. No mesmo sentido, devem ser mencionadas as Convenções Europeia e Americana de Direitos Humanos, que também possuem regulação impondo limites ao uso da pena capital pelos Estados.

Esses limites são os seguintes:

1) **Natureza do crime**. Só crimes graves e comuns podem ser puníveis com pena de morte, impedindo-se sua banalização e aplicação a crime político ou comuns conexos a delito político. Em 2005, a Comissão de Direitos Humanos da ONU (extinta, substituída pelo Conselho de Direitos Humanos) editou a Resolução n. 59, que conclamou os Estados a interpretarem o termo "crime grave" como sendo aqueles "letais" ou com "consequências extremamente graves". Atualmente, há vários países que ratificaram o Pacto Internacional sobre Direitos Civis e Políticos e que adotam a pena de morte para o tráfico ilícito de entorpecentes (como a Indonésia, que, inclusive, executou dois presos brasileiros, em 2015), gerando o questionamento se tal prática não violaria o Pacto ("crime grave").

2) **Vedação da ampliação**. Os países contratantes não podem ampliar a aplicação da pena a outros delitos após a ratificação desses tratados.

3) **Devido processo legal penal**. Exige-se rigoroso crivo judiciário para sua aplicação, devendo o Estado prever o direito à solicitação de anistia, indulto ou comutação da pena, vedando-se a aplicação da pena enquanto pendente recurso ou solicitação de indulto, anistia ou comutação da pena.

4) **Vedações circunstanciais**. As citadas normas vedam a aplicação da pena de morte a pessoas que, no momento da comissão do delito, tiverem menos de 18 anos de idade ou mais de 70, ou ainda às mulheres grávidas.

A *segunda fase* do regramento da pena de morte é a do *banimento com exceções,* as quais são relacionadas a crimes militares (distantes, então, do cotidiano). O Segundo Protocolo Facultativo ao Pacto Internacional sobre Direitos Civis e Políticos é reflexo desta segunda fase, pois vedou a pena de morte estabelecendo em seu art. 1º: "1. Nenhum indivíduo sujeito à jurisdição de um Estado Parte no presente Protocolo será executado. 2. Os Estados Partes devem tomar as medidas adequadas para abolir a pena de morte no âmbito da sua jurisdição". Porém, o art. 2º deste Protocolo admite que o Estado faça reserva formulada no momento da ratificação ou adesão prevendo a aplicação da pena de morte em *tempo de guerra* em virtude de condenação por infração penal de natureza militar de *gravidade extrema* cometida em tempo de guerra[10]. No plano americano, cite-se o Protocolo Adicional à Convenção Americana de Direitos Humanos relativo à Abolição da Pena de Morte que foi adotado em 1990, que também permite, excepcionalmente, a aplicação da pena de morte caso o Estado, no momento de ratificação ou adesão, declare que se reserva o direito de aplicar a pena de morte em *tempo de guerra*, por delitos sumamente graves de caráter militar.

A *terceira* – e tão esperada – fase no regramento jurídico da pena de morte no plano internacional é a do *banimento em qualquer circunstância*. Contudo, o banimento – sem qualquer exceção – da pena de morte, abarcando inclusive os crimes militares, foi somente obtido no plano europeu após a entrada em vigor do Protocolo n. 13 à Convenção Europeia de Direitos Humanos. Esse protocolo *veda* sumariamente a imposição da pena de morte, sem exceções e sem permitir qualquer reserva ao seu texto[11]. O Conselho da Europa, organização internacional que gere a prática da Convenção Europeia de Direitos Humanos, instituiu o dia 10 de outubro como o "Dia Europeu contra a Pena de Morte". No plano europeu, há ainda os esforços da União Europeia, cuja Carta de Direitos Fundamentais estabelece, em seu art. 2º, que "todas as pessoas têm direito à vida. 2. Ninguém pode ser condenado à pena de morte, nem executado", vedando a pena de morte em qualquer circunstância. A abolição da pena de morte é uma das condições de adesão de um Estado à União Europeia.

No atual momento, as organizações não governamentais de direitos humanos assinalam que *58 Estados possuem previsão de aplicação da pena de morte a crimes comuns e 25 a utilizaram regularmente nos últimos anos*. Em 2015, a Anistia Internacional apontou que 20 mil prisioneiros estavam condenados à morte em 2014, sendo que as execuções estão concentradas (90%) nos seguintes Estados: China, Estados Unidos, Egito, Tanzânia, Paquistão e Arábia Saudita. Nas Américas, desde 1990 houve progressos e Canadá, México e Paraguai aboliram a pena de morte em situações ordinárias. De fato, nas Américas, somente os Estados Unidos utilizam, na prática, a pena de morte.

---

[10] Este protocolo entrou em vigor em 11 de julho de 1991. O Brasil já o ratificou (em 2009) e incorporou internamente pelo Decreto n. 11.777/2023. Foi feita a reserva, pela qual cabe a aplicação da pena de morte em virtude de condenação por infração penal de natureza militar de gravidade extrema cometida em *tempo de guerra*. Com essa *reserva expressa* feita pelo Brasil, o Segundo Protocolo ficou *compatível* com a Constituição de 1988 que veda a pena de morte, salvo em caso de guerra declarada, nos termos do art. 84, XIX (art. 5º, XLVII, *a*).

[11] Este protocolo entrou em vigor em 1º de julho de 2003.

3.4.2. O tratamento desumano: o "corredor da morte"

Apesar da não adesão de países como China e Estados Unidos, há crescente zelo internacional sobre a forma de aplicação da pena de morte nos derradeiros Estados que a aplicam. Há repúdio, por exemplo, quanto ao excessivo prazo para que a pena de morte seja aplicada, quanto ao devido processo legal e quanto à exigência de sua imposição.

No tocante à delonga na execução da pena capital, os condenados nos Estados Unidos passam anos a fio no chamado "corredor da morte". Essa espera foi considerada, pela Corte Europeia de Direitos Humanos, verdadeiro *tratamento desumano*, o que *impede* a extradição para os Estados Unidos (sem que este país prometa comutar a pena capital) de foragidos detidos nos países europeus partes da Convenção Europeia de Direitos Humanos, constrangendo todo o sistema de justiça estadunidense. O caso célebre dessa proibição de extradição para os Estados Unidos daqueles que poderiam ser submetidos ao "fenômeno do corredor da morte" foi o caso Söering[12], no qual o Reino Unido foi proibido de extraditar o Sr. Söering (assassino fugitivo dos Estados Unidos, que fora preso na Inglaterra) por decisão da Corte Europeia de Direitos Humanos (Corte EDH[13]), sem que houvesse promessa de comutar sua pena capital. O Brasil somente extradita determinada pessoa caso haja expressa promessa do Estado requerente de não aplicar a pena de morte, caso esta seja cabível (art. 96, III, da Lei n. 13.445/17).

No tocante ao devido processo legal na imposição da pena capital, há vários questionamentos sobre a ausência da notificação do direito à assistência consular aos estrangeiros presos submetidos à pena de morte. Os Estados Unidos foram seguidamente processados e condenados na Corte Internacional de Justiça, por não cumprir o básico comando do art. 36 da Convenção de Viena sobre Relações Consulares, que prevê justamente o direito do estrangeiro detido de ser informado do seu direito à assistência do consulado de seu país (Caso dos *Irmãos La Grand* – Alemanha *vs.* Estados Unidos, 2001, e Caso *Avena* e outros – México *vs.* Estados Unidos, 2004). Tal auxílio consular é essencial, pois sua defesa pode ser prejudicada pelas diferenças de idioma e mesmo jurídicas. Para a Corte Internacional de Justiça, a ausência de notificação do direito à assistência consular *ofende* o devido processo legal penal, impedindo a aplicação da pena de morte.

No mesmo sentido, manifestou-se a Corte IDH em sua *Opinião Consultiva n. 16/99*. No caso, o México solicitou opinião consultiva da Corte IDH sobre eventual impacto jurídico do descumprimento da notificação do direito à assistência consular. Como na solicitação da Opinião Consultiva o México havia feito menção a vários casos de mexicanos condenados à *pena de morte* nos Estados Unidos sem a observância do citado direito à informação sobre a assistência consular, a Corte determinou que, nesses casos, além da violação do direito ao devido processo legal, há ainda a violação do art. 4º do Pacto de San José da Costa Rica, que se refere ao direito de não ser privado da vida de modo arbitrário.

Por fim, há o repúdio à aplicação *obrigatória* da pena de morte sem possibilidade de indulto, graça ou anistia. No Caso *Hilaire*, a Corte IDH condenou Trindade e Tobago, cuja legislação interna previa a pena de morte para *todo* caso de homicídio doloso. No caso, a lei, de 1925, impedia o juiz de considerar circunstâncias específicas do caso na determinação do grau de culpabilidade e individualização da pena (condições pessoais do réu, por exemplo), pois deveria impor a mesma sanção para condutas diversas.

---

[12] Corte Europeia de Direitos Humanos, Söering *vs.* Reino Unido, julgamento de 7 de julho de 1989, Série A 161.

[13] Ver mais sobre o caso em ABADE, Denise Neves. *Direitos fundamentais na cooperação jurídica internacional*. São Paulo: Saraiva, 2013.

4. O DIREITO À IGUALDADE

> *Art. 5º Todos são iguais perante a lei, sem distinção de qualquer natureza, garantindo-se aos brasileiros e aos estrangeiros residentes no País a inviolabilidade do direito à vida, à liberdade, à igualdade, à segurança e à propriedade, nos termos seguintes:*
>
> *I – homens e mulheres são iguais em direitos e obrigações, nos termos desta Constituição;*

4.1. Livres e iguais: a igualdade na era da universalidade dos direitos humanos

A igualdade consiste em um *atributo de comparação* do tratamento dado aos seres humanos, visando assegurar uma vida digna a todos, sem privilégios odiosos. Consequentemente, o *direito à igualdade* consiste na *exigência de um tratamento sem discriminação odiosa, que assegure a fruição adequada de uma vida digna.*

A busca da igualdade foi o grande marco das Declarações de Direitos das revoluções liberais do século XVIII, que precederam as primeiras Constituições. Nessas Declarações e primeiras Constituições, a igualdade almejada era a *igualdade perante a lei*, que exigia um *tratamento idêntico* para todas as pessoas, submetidas, então, à lei. Essa forma de entender a igualdade não levava a busca da igualdade de condições materiais nem criticava eventuais lacunas da lei (por exemplo, ao permitir a escravidão).

Essa fase foi marcada pela *igualdade jurídica parcial,* que buscava eliminar os privilégios de nascimento (nobreza) e das castas religiosas, mas *não* afetava outros fatores de tratamento desigual, como, por exemplo, o tratamento dado aos escravizados, às mulheres ou aos pobres em geral.

A primeira Declaração de Direitos dessa época, a Declaração de Virgínia, de 12 de junho de 1776, reconheceu que todos os homens são, pela sua natureza, iguais e todos possuem direitos inatos. A Declaração de Independência dos Estados Unidos da América, aprovada no Congresso Continental de 4 de julho de 1776 (data da comemoração da independência dos Estados Unidos), enfatizou que "todos os homens são criados iguais". A Declaração Francesa dos Direitos do Homem e do Cidadão, de 26 de agosto de 1789, foi na mesma direção, proclamando que "os homens nascem e são livres e iguais em direitos" (art. 1º). A Constituição americana de 1787 não contava com um rol de direitos (entendendo-os como de competência dos Estados da Federação), e a igualdade não constou da lista de direitos incluídos nas emendas de 1791. A escravidão nos Estados Unidos só foi completamente abolida após a Guerra de Secessão (1861-1865), conflito no qual morreram quase 620 mil soldados. Em 1868, foi incluído o direito de "igual proteção da lei" a todos (Emenda XIV).

Nessa primeira fase do constitucionalismo, a igualdade perante a lei (isonomia) era considerada já uma ruptura com o passado de absolutismo. Foi necessário, porém, a ascensão do Estado Social de Direito para que a *igualdade efetiva* entre as pessoas fosse também considerada como uma meta do Estado. Essa *igualdade efetiva ou material* busca ir além do reconhecimento da igualdade perante a lei: busca ainda a erradicação da pobreza e de outros fatores de inferiorização que impedem a plena realização das potencialidades do indivíduo. A igualdade, nessa fase, vincula-se à vida digna.

As duas facetas da igualdade (igualdade formal ou perante a lei e igualdade material ou efetiva) são *complementares* e convivem em diversos diplomas normativos no mundo.

Atualmente, o fundamento do direito à igualdade é a *universalidade* dos direitos humanos. A universalidade determina que todos os seres humanos são titulares desses direitos; consequentemente, todos os seres humanos são iguais e devem usufruir das condições que possibilitem a fruição desses direitos. Nessa linha, a igualdade consta do artigo I da Declaração *Universal* dos Direitos Humanos, que dispõe que "todas as pessoas nascem *livres e iguais* em *dignidade* e direito".

A universalidade dos direitos humanos é *concretizada* pela *igualdade*. Por exemplo, de que adianta reconhecer que todos têm o mesmo direito ao trabalho e de acesso aos cargos públicos, se as pessoas com deficiência sofrem com as mais diversas barreiras de acesso, ficando alijadas desses mercados? Como reconhecer o direito de acesso à justiça se os mais pobres não têm condições de pagar um advogado?

Na Constituição de 1988, a igualdade tem, inicialmente, a forma de *valor ou princípio maior* assumido pelo Estado brasileiro desde o seu *Preâmbulo*, o qual prega que a igualdade é um dos valores supremos da sociedade fraterna que se pretende a sociedade brasileira. Em seguida, o art. 3º estabelece os diversos *objetivos* do Estado brasileiro voltados à erradicação dos *fatores de desigualdades materiais*, como a pobreza, marginalização e redução das desigualdades sociais e regionais. Em síntese, traz o artigo 3º o *dever do Estado brasileiro* de promover o bem de todos, sem preconceitos de origem, raça, sexo, cor, idade e quaisquer outras formas de discriminação. No plano das relações internacionais, o Brasil deve, de acordo com o art. 4º, VIII, pautar sua conduta pelo princípio do "repúdio ao terrorismo e ao *racismo*".

Conforme esses dispositivos, a *defesa da igualdade é um valor* que incumbe ao Estado e também à sociedade. Nesse sentido, decidiu a Min. Cármen Lúcia (STF): "Não apenas o Estado haverá de ser convocado para formular as políticas públicas que podem conduzir ao bem-estar, à igualdade e à justiça, mas a sociedade haverá de se organizar segundo aqueles valores, a fim de que se firme como uma comunidade fraterna, pluralista e sem preconceitos (...)" (ADI n. 2.649, voto da rel. Min. Cármen Lúcia, j. 8-5-2008, Plenário, *DJe* de 17-10-2008).

Por outro lado, a Constituição de 1988 dispõe que a igualdade é também um *direito fundamental*. O art. 5º, *caput*, prevê que "todos são iguais perante a lei", garantindo-se a inviolabilidade do *direito à igualdade*. Além do *caput*, o art. 5º ainda prevê outros incisos relacionados diretamente com a igualdade, que preveem que: "homens e mulheres são iguais em direitos e obrigações, nos termos desta Constituição" (inciso I); "a lei punirá qualquer discriminação atentatória dos direitos e liberdades fundamentais" (inciso XLI) e "a prática do racismo constitui crime inafiançável e imprescritível, sujeito à pena de reclusão, nos termos da lei" (inciso XLII).

No tocante à igualdade racial, é certo que, do ponto de vista biológico, só há uma raça, a raça humana, não existindo subdivisões na espécie humana. Porém, no plano social, a divisão dos seres humanos em raças é fruto de um processo político e social, resultando em discriminação, preconceito e racismo (STF, HC 82.424, rel. p/ o ac. Min. Presidente Maurício Corrêa, j. 17-9-2003, Plenário, *DJ* de 19-3-2004).

Como processo político e social, a caracterização de "raça" é feita, de acordo com Sílvio Almeida, a partir de dois registros básicos, que se complementam: 1) o registro biológico, no qual a identidade racial será atribuída por algum traço físico, como a cor da pele e 2) registro étnico-geográfico, no qual a identidade racial será atribuída à região de origem, religião, idioma etc. (gerando o racismo religioso, racismo cultural etc.)[14].

Também cabe aqui salientar a diferenciação, feita também por Sílvio Almeida, entre (i) *racismo*, (ii) preconceito racial e (iii) discriminação racial: (i) racismo consiste em uma forma sistemática de discriminação que tem a raça como fundamento e que se manifesta por práticas, conscientes ou não, de imposição de desvantagens a indivíduos (e privilégios a outros), a depender do grupo racial; (ii) preconceito racial é o uso de *estereótipos* de cunho inferiorizante e (iii) discriminação racial é a utilização da raça como forma de exclusão odiosa (em algum grau) de direitos[15].

---

[14] ALMEIDA, Sílvio Luiz de. *Racismo estrutural*. Coleção Feminismos Plurais. São Paulo: Sueli Carneiro/Pólen, 2019, p. 24.

[15] ALMEIDA, Sílvio Luiz de. *Racismo estrutural*. Coleção Feminismos Plurais. São Paulo: Sueli Carneiro/Pólen, 2019, p. 25.

Esse conceito social e político de raça foi incorporado à Lei n. 12.888/2010 (Estatuto da Igualdade Racial) que define "discriminação racial" ou "étnico-racial" como sendo toda distinção, exclusão, restrição ou preferência baseada em (i) raça, (ii) cor, (iii) descendência ou (iv) origem nacional ou (v) étnica que tenha por objeto anular ou restringir o reconhecimento, gozo ou exercício, em igualdade de condições, de direitos humanos e liberdades fundamentais nos campos político, econômico, social, cultural ou em qualquer outro campo da vida pública ou privada.

Como veremos, a caracterização de uma conduta como sendo de "racismo" acarretará um *estatuto punitivo diferenciado,* composto pela (i) *inafiançabilidade,* (ii) *imprescritibilidade* e (iii) *cominação de pena de reclusão.*

Também no que tange aos *direitos sociais,* prevê o art. 7º a proibição de diferença de salários, de exercício de funções e de critério de admissão por motivo de sexo, idade, cor ou estado civil (inciso XXX) e a proibição de qualquer discriminação no tocante a salário e critérios de admissão do trabalhador portador de deficiência (inciso XXXI).

O direito à igualdade gera o dever de proteção por parte do Estado visando a *promover a igualdade,* não se conformando com as desigualdades fáticas existentes na sociedade, como veremos abaixo.

4.2. As dimensões da igualdade

Há duas dimensões da igualdade. A primeira dimensão consiste na proibição de discriminação indevida e, por isso, é denominada *vedação da discriminação negativa.* A segunda dimensão trata do *dever de impor* uma determinada discriminação para a obtenção da igualdade efetiva, e por isso é denominada "discriminação positiva" (ou "ação afirmativa").

Na primeira dimensão, concretiza-se a igualdade exigindo-se que as normas jurídicas sejam aplicadas a todos indistintamente, evitando discriminações odiosas. A discriminação odiosa consiste em qualquer distinção, exclusão, restrição ou preferência baseada na raça, cor, sexo ou orientação sexual, religião, convicção política, nacionalidade, pertença a grupo social ou outro traço social que *objetiva ou gera o efeito de impedir ou prejudicar* a plena fruição, em igualdade de condições, dos direitos humanos[16].

Na segunda dimensão, concretiza-se a igualdade por meio de normas que *favoreçam* aqueles que estejam em situações de *indevida desvantagem social* (os vulneráveis) ou *imponham um ônus maior* aos que estejam numa situação de *exagerada vantagem social.* Por exemplo, no primeiro caso, atende-se a igualdade com a previsão de existência de reserva de vagas em concursos públicos para as pessoas com deficiência, que possuem imensas desvantagens sociais em relação aos demais (art. 37, VIII da CF/88). Na mesma linha, foi coerente a Constituição de 1988 ao tratar diferentemente as mulheres, favorecendo-as em relação aos homens, como se vê no tempo necessário para aposentadoria (menor para as mulheres, art. 40, § 1º, III, e art. 201, § 7º, I). Já no segundo caso, por exemplo, atende-se a igualdade com a previsão de existência de "imposto sobre grandes fortunas", que exige dos que tem exagerada vantagem uma contribuição *adicional* para o Estado (art. 153, VII, da CF/88, o qual, curiosamente, não foi instituído por lei até hoje)[17].

---

[16] Comitê de Direitos Humanos, Comentário Geral n. 18, de 1989, em especial parágrafo 7º. Ver mais sobre os comentários ou observações gerais em CARVALHO RAMOS, André de. *Teoria geral dos direitos humanos na ordem internacional.* 8. ed. São Paulo: Saraiva, 2024.

[17] ROTHENBURG, Walter Claudius. Igualdade. In: LEITE, George Salomão; SARLET, Ingo Wolfgang (Coords.). *Direitos fundamentais e estado constitucional*: estudos em homenagem a J. J. Gomes Canotilho. São Paulo: Revista dos Tribunais; Coimbra: Coimbra Ed., 2009, p. 346-371.

Essas duas dimensões são fruto da máxima de Aristóteles, para quem devemos tratar os iguais igualmente e os desiguais, desigualmente. Ou seja, tratar igualmente os que estão em situação desigual (no exemplo acima, as pessoas com deficiência) seria manter a situação de inferioridade, não concretizando nenhuma igualdade[18].

4.3. As diversas categorias e classificações doutrinárias

Há várias categorias doutrinárias, de uso inclusive na jurisprudência brasileira, sobre igualdade que valem ser mencionadas[19].

Em primeiro lugar, há a distinção entre igualdade *liberal* e igualdade *social* ou ainda os termos "igualdade formal" e "igualdade material". A *igualdade liberal ou formal* representa a igualdade perante a lei, exigindo a submissão de todos à lei; já a *igualdade social ou material* representa a busca de igualdade concreta (real), com distribuição adequada dos bens em toda sociedade.

John Rawls sustenta a necessidade de implementação da igualdade por meio da *justiça distributiva*, que consiste na atividade de superação das desigualdades fáticas entre os indivíduos, por meio de uma intervenção estatal de realocação dos bens e oportunidades existentes na sociedade em benefício da coletividade[20].

A *igualdade material* deixou de ser apenas uma *igualdade socioeconômica,* para ser também uma *igualdade de reconhecimento de identidades próprias*, distintas dos agrupamentos hegemônicos. Ficam consagradas, então, as lutas pelo reconhecimento da igualdade orientada pelos critérios de gênero, orientação sexual, idade, raça, etnia, entre outros critérios. A lógica do *reconhecimento da identidade* é a constatação de que, mesmo em condições materiais dignas, há grupos cujo fator de identidade os leva a situações de vulnerabilidade, como, no caso do gênero, a situação de violência doméstica que atinge também as mulheres de classes abastadas.

Para Barroso, a igualdade como reconhecimento significa respeitar as pessoas nas suas diferenças, mas procurar aproximá-las, igualando as oportunidades, tendo, assim, um papel simbólico de incremento da autoestima dos grupos não hegemônicos. O aumento do pluralismo e da diversidade graças à busca da igualdade como reconhecimento auxilia ainda em um "ambiente melhor e mais rico", na dicção de Barroso (voto do Min. Roberto Barroso, ADC 41, rel. Min. Roberto Barroso, j. 8-6-2017, P, *DJe* de 17-8-2017).

Em outro texto, Barroso e Osório destacam que a igualdade material contemporânea deve abarcar o binômio "redistribuição" e "reconhecimento", porque tais eixos se interpenetram: as injustiças contra as mulheres, os negros, entre outros, têm origem tanto na estrutura econômica quanto na estrutura cultural-valorativa, exigindo ações e políticas públicas em ambas as dimensões[21].

Também é comum a diferenciação entre igualdade *perante* a lei, que consiste na igualdade de *aplicação* da lei, dirigida aos Poderes Executivo e Judiciário, e a igualdade *na* lei, que obriga o legislador a formular uma lei que atenda à igualdade.

---

[18] ARISTÓTELES. *Política*. 3. ed. Brasília: Universidade de Brasília, 1997, em especial p. 97.

[19] ROTHENBURG, Walter Claudius. Igualdade. In: LEITE, George Salomão; SARLET, Ingo Wolfgang (Coords.). *Direitos fundamentais e estado constitucional*: estudos em homenagem a J. J. Gomes Canotilho. São Paulo: Revista dos Tribunais; Coimbra: Coimbra Ed., 2009, p. 346-371.

[20] RAWLS, John. *Uma teoria da justiça*. Trad. Almiro Pisetta, Lenita M. R. Esteves. São Paulo: Martins Fontes, 1997, p. 3.

[21] BARROSO, Luís Roberto e OSÓRIO, Aline Rezende Peres. "Sabe com quem está falando?": algumas notas sobre o princípio da igualdade no Brasil contemporâneo. *Direito & Práxis*, v. 7, n. 13, 2016, p. 204-232.

Também há aqueles que usam os termos "igualdade geral" e "igualdade específica". A igualdade geral seria a igualdade formal; já a igualdade específica seria a igualdade material. Ainda, há o uso da expressão "igualdade de direito ou *de jure*", que seria a igualdade formal, em contraposição à expressão "igualdade de fato", que seria a igualdade material.

Por fim, a doutrina destaca a separação dos tratamentos discriminatórios entre os que seriam fruto da "discrimination against" e os que seriam oriundos da "discrimination between". A "discrimination against" é aquela que almeja diferenciar com finalidade preconceituosa ou estigmatizante; a "discrimination between" é aquela que visa diferenciar para igualar.

4.4. O dever de inclusão, discriminação direta e indireta, teoria do impacto desproporcional

Em diversas passagens, a Constituição de 1988 demonstra o apego à igualdade, na perspectiva formal e material. O direito à igualdade implica dever de promoção da igualdade, o que traz como consequência um *dever de inclusão,* não se aceitando a continuidade de situações fáticas desiguais.

Esse *dever de inclusão* leva a tratamentos desiguais aos desiguais. A própria Constituição lista hipóteses de tratamento diferenciado para que se obtenha a igualdade material, como, por exemplo:

i) reserva de vagas às pessoas com deficiência nos concursos públicos (art. 37, VIII da CF/88);

ii) tratamento previdenciário privilegiado às mulheres (art. 40, § 1º, III, e art. 201, § 7º, I);

iii) isenção das mulheres e eclesiásticos do serviço militar obrigatório em tempo de paz, sujeitos, porém, a outros encargos que a lei lhes atribuir (art. 143, § 2º);

iv) garantia de um salário mínimo de benefício mensal à pessoa com deficiência e ao idoso que comprovem não possuir meios de prover à própria manutenção ou de tê-la provido por sua família, conforme dispuser a lei (art. 203, V);

v) previsão de que a lei disporá sobre a fixação de datas comemorativas de alta significação para os diferentes segmentos étnicos nacionais (art. 215, § 2º), entre outras.

Esse tratamento diferenciado explícito *não elimina* a possibilidade de outros tratamentos diferenciados *implícitos* aceitos pela Constituição de 1988, a serem impostos futuramente por lei. Pelo contrário, o objetivo de construção de uma sociedade justa e solidária exige que o Estado indague se há uma razão suficiente para impor um novo tratamento desigual. Caso exista, esse tratamento desigual deve ser aplicado.

Porém, esse *tratamento diferenciado implicitamente* aceito pela Constituição deve levar em consideração determinados requisitos para ser legítimo.

Assim, a Constituição adotou a *teoria da desigualdade justificada*, cujos requisitos, baseados na lição de Bandeira de Mello[22], são os seguintes:

1) existência de vínculo de pertinência lógica entre o elemento de diferenciação (discrímen) escolhido pela lei e a situação objetiva analisada;

2) a diferenciação atende aos objetivos do Estado Democrático de Direito (consonância da discriminação com os valores protegidos pela Constituição e tratados internacionais de direitos humanos); e

3) a diferenciação realizada pela lei atende ao princípio da proporcionalidade (descrito na **Parte I**, Capítulo III, item 7.4).

---

[22] BANDEIRA DE MELLO, Celso Antônio. *Conteúdo jurídico do princípio da igualdade*. 3. ed. São Paulo: Malheiros, 1993.

Quanto ao elemento ou critério de discriminação (discrímen), a escolha do legislador é ampla, desde que haja pertinência lógica com a situação objetiva analisada. Os critérios usualmente utilizados para impor preconceitos e situações inferiorizantes, descritos no art. 3º, IV, da CF/88, tais como raça, sexo, cor, idade, origem, entre outros, *podem ser utilizados para promover o direito à igualdade*, veiculando vantagens aos que foram alvo de discriminação negativa.

Em síntese, a igualdade exige que sejam evitadas discriminações *injustificáveis*, proibindo-se o tratamento desigual aos que estejam na mesma situação e, simultaneamente, exige que sejam promovidas distinções justificáveis que resultem em um tratamento mais favorável aos que estão em situação desigual injusta. Com isso, há dois requisitos para comprovarmos a existência de uma discriminação injusta: (i) a existência de uma conduta (ativa ou omissiva) de discriminação e (ii) a ausência de uma *justificativa* adequada para tanto.

Assim, conforme já exposto, a discriminação injusta ou odiosa consiste em qualquer (i) distinção, (ii) exclusão, (iii) restrição ou (iv) preferência em qualquer esfera pública ou privada, que tenha como objetivo ou efeito anular ou limitar o reconhecimento, gozo ou exercício, em condições de igualdade, de direitos humanos consagrados em instrumentos nacionais ou internacionais. Assim, a discriminação é todo tratamento de diferenciação, restrição ou mesmo exclusão sem justificativa racional e proporcional, realizado por agentes públicos ou privados, visando a privação ou prejuízo a direitos de outrem.

Por sua vez, a discriminação injusta (que é combatida) pode ser direta ou indireta (também chamada de invisível). A discriminação *direta* consiste na adoção de prática intencional e consciente que adote *critério injustificável*, discriminando determinado grupo e resultando em prejuízo ou desvantagem.

A discriminação *indireta* é mais sutil: consiste na adoção de critério aparentemente neutro (e, então, justificável), mas que, na situação analisada, possui *impacto negativo desproporcional* em relação a determinado segmento vulnerável. A discriminação indireta levou à consolidação da teoria do impacto desproporcional, pela qual é vedada toda e qualquer conduta (inclusive legislativa) que, ainda que não possua intenção de discriminação, gere, na prática, efeitos negativos sobre determinados grupos ou indivíduos[23].

Na discussão sobre a Emenda Constitucional n. 20/98, que limitou os benefícios previdenciários a R$ 1.200,00, discutiu-se a quem caberia pagar a licença-maternidade no caso de a mulher trabalhadora receber salário *superior* a tal valor. Caso a interpretação concluísse que o excedente seria pago pelo empregador, a regra aparentemente neutra (limite a todos os benefícios) teria um *efeito discriminatório* no mercado de trabalho e um *impacto desproporcional* sobre a *empregabilidade* da mulher, pois aumentariam os custos para o empregador. Com isso, a regra teria um efeito *de discriminação indireta*, contrariando a regra constitucional proibitiva da discriminação, em matéria de emprego, por motivo de sexo. Nesse sentido, o STF decidiu que "na verdade, se se entender que a Previdência Social, doravante, responderá apenas por R$ 1.200,00 (hum mil e duzentos reais) por mês, durante a licença da gestante, e que o empregador responderá, sozinho, pelo restante, ficará sobremaneira facilitada e estimulada a opção deste pelo *trabalhador masculino, ao invés da mulher trabalhadora*. Estará, então, propiciada a discriminação que a Constituição buscou combater, quando proibiu diferença de salários, de exercício de funções e de critérios de admissão, por motivo de sexo (art. 7º, XXX, da CF/1988), proibição que, em substância, é um desdobramento do princípio da igualdade de direitos entre homens e mulheres, previsto no inciso I do art. 5º da CF. (...) Ação direta de inconstitucionalidade é julgada procedente, em parte, para se dar ao art. 14 da EC 20, de 15-12-1998, interpretação conforme à

---

[23] GOMES, Joaquim B. Barbosa. *Ação afirmativa & princípio constitucional da igualdade*. Rio de Janeiro: Renovar, 2001, p. 24.

Constituição, *excluindo-se sua aplicação ao salário da licença gestante, a que se refere o art. 7º, XVIII, da CF*" (ADI n. 1.946, rel. Min. Sydney Sanches, j. 3-4-2003, Plenário, *DJ* de 16-5-2003).

Já na ADPF 291, referente ao crime militar de "pederastia ou outro ato de libidinagem", o voto do Min. Barroso enfatizou que o dispositivo (art. 235 do Código Penal Militar), embora hipoteticamente fosse aplicável a relações homossexuais ou heterossexuais, era, na prática, empregado de forma discriminatória, produzindo maior impacto sobre militares gays, sendo típica hipótese de "discriminação indireta" com impacto desproporcional (*disparate impact*). Para o Min. Barroso todo o artigo 235 deveria ser julgado como não recepcionado, uma vez que "(...) a manutenção de um dispositivo que torna crime militar o sexo consensual entre adultos, ainda que sem a carga pejorativa das expressões 'pederastia' e 'homossexual ou não', produz, apesar de sua aparente neutralidade e em razão do histórico e das características das Forças Armadas, um impacto desproporcional sobre homossexuais, o que é incompatível com o princípio da igualdade". Contudo, a maioria dos Ministros entendeu que a criminalização de atos libidinosos praticados por militares em ambientes sujeitos à administração militar justifica-se, em tese, para a proteção da hierarquia e da disciplina castrenses (art. 142 da Constituição), mas, por outro lado, não foram recepcionadas pela CF/88 as expressões "pederastia ou outro" e "homossexual ou não", contidas, respectivamente, no *nomen iuris* e no *caput* do art. 235 do Código Penal Militar, mantido o restante do dispositivo (STF, ADPF 291, rel. Min. Roberto Barroso (que reajustou seu voto), Tribunal Pleno, j. 28-10-2015, *DJ* de 11-5-2016).

Há ainda a discriminação *múltipla ou agravada*, que consiste em qualquer preferência, distinção, exclusão ou restrição, baseada, concomitantemente, em dois ou mais fatores de diferenciação injustificada.

4.4.1. Para obter a igualdade: as medidas repressivas, promocionais e as ações afirmativas

A discriminação injusta (inconvencional e inconstitucional) é constatada na ocorrência de tratamento igualitário para situações diferenciadas e, também, na ocorrência de tratamento diferenciado para situações idênticas.

O Estado possui dois instrumentos para promover a igualdade e eliminar a discriminação injusta: o instrumento repressivo e o instrumento promocional (voltado ao fomento da igualdade).

O primeiro instrumento é o *repressivo*. Como prevê a Constituição de 1988, a lei punirá qualquer discriminação atentatória dos direitos e liberdades fundamentais (art. 5º, XLI) e ainda a prática do racismo constitui crime inafiançável e imprescritível, sujeito à pena de reclusão, nos termos da lei (art. 5º, XLII).

Consequentemente, o legislador pode constituir em tipos penais outros comportamentos discriminatórios, como, por exemplo, a discriminação por orientação sexual ou por procedência nacional. Nessa linha, a Lei n. 7.716/89 (alterada por leis posteriores) determinou a punição dos crimes resultantes de discriminação ou preconceito de raça, cor, etnia, religião ou procedência nacional (ver abaixo o crime de racismo).

O segundo instrumento é o *promocional,* uma vez que a proibição da discriminação não assegura, de pronto, a *inclusão* do segmento social submetido a determinada situação inferiorizante. A opção da Constituição de 1988 foi de também utilizar *políticas compensatórias* que acelerem a igualdade e a consequente inclusão dos grupos vulneráveis.

Entre outras, o art. 7º, XX, determina a proteção do mercado de trabalho da mulher mediante incentivos específicos, bem como o art. 37, VIII, que determina que a lei reservará percentual de cargos e empregos públicos para as pessoas com deficiência. Assim, a Constituição abriu a porta para a implementação de outras *ações afirmativas* ou *políticas de discriminação positiva*.

As ações afirmativas consistem em um *conjunto de diversas medidas*, adotadas temporariamente e com foco determinado, que visa compensar a existência de uma *situação de discriminação* que políticas generalistas não conseguem eliminar, e objetivam a concretização do acesso a bens e direitos diversos (como trabalho, educação, participação política etc.).

Tais ações tutelam os interesses de grupos sociais em situação de vulnerabilidade e objetivam, no futuro, a realização da igualdade substantiva ou material. No STF, o Min. Nelson Jobim destacou que "a discriminação positiva introduz tratamento desigual para produzir, no futuro e em concreto, a igualdade. É constitucionalmente legítima, porque se constitui em instrumento para obter a igualdade real" (voto do Min. Nelson Jobim, na ADI n. 1.946-MC/DF, rel. Min. Sydney Sanches, j. 3-4-2003, Plenário, *DJ* de 16-5-2003).

No Direito Comparado, destacam-se as discussões sobre as *ações afirmativas* na *Índia* (origem da temática, com *Government of India Act*, de 1935, para ações afirmativas às castas subalternas) e nos *Estados Unidos*. A Suprema Corte americana foi protagonista na aceitação da teoria do *treatment as equal*, a partir de meados dos anos 50 do século XX, pela qual foram aceitas as políticas públicas ou condutas privadas que tratam desigualmente os desiguais, para efetivamente combater situações de inferioridade e discriminação. Para Joaquim Barbosa, as ações afirmativas diferem das tradicionais políticas governamentais antidiscriminatórias baseadas em leis de conteúdo meramente proibitivo, em geral de caráter penal, que são caracterizadas por oferecerem às respectivas vítimas tão somente instrumentos jurídicos de caráter reparatório e de intervenção *post facto*. Pelo contrário, as ações afirmativas objetivam fornecer condições estruturais de mudança social, evitando que a discriminação continue através de mecanismos informais, enraizados nas práticas culturais e no imaginário coletivo[24].

As medidas de ações afirmativas (também chamadas de políticas ou ações compensatórias) são de diferentes espécies: desde o encorajamento de órgãos públicos e privados para que ajam em prol da inclusão de grupos vulneráveis, passando por estímulos diferenciados (por exemplo, cursinhos preparatórios para o ingresso em Faculdades para afrodescendentes), benefícios fiscais e preferências (por exemplo, pontuação adicional em licitações) até a imposição de *percentual de vagas* para grupos vulneráveis em determinados temas (as cotas).

No Brasil, além da reserva de vagas para as pessoas com deficiência, há a cota de candidaturas por sexo (30% no mínimo e 70% no máximo, para cada sexo – Lei n. 12.034/2009). Não são cotas para as mulheres, mas têm especial *impacto nas candidaturas femininas*, pois tradicionalmente a política partidária é dominada pelo sexo masculino.

Além disso, o PNDH-3 incentiva a adoção de políticas compensatórias, defendendo o aumento das ações afirmativas em favor de grupos em situação de vulnerabilidade. No plano federal, há o Programa de Ações Afirmativas na Administração Pública Federal (Decreto n. 4.228, de 13-5-2002), que determina a observância, pelos órgãos da Administração Pública Federal, de requisito que garanta a realização de metas percentuais de participação de afrodescendentes, mulheres e pessoas com deficiência no preenchimento de cargos em comissão e ainda a observância, nas licitações promovidas por órgãos da Administração Pública Federal, de critério adicional de pontuação, a ser utilizado para beneficiar fornecedores que comprovem a adoção de políticas compatíveis com os objetivos do Programa.

Quanto à base normativa específica, o Brasil ratificou e incorporou internamente três tratados de âmbito global que contam com a previsão de *ações afirmativas*:
- a Convenção das Nações Unidas sobre a Eliminação de Todas as Formas de Discriminação Racial dispõe, no art. 1º, parágrafo 4º, que são legítimas as *medidas especiais*

---

[24] GOMES, Joaquim B. Barbosa. *Ação afirmativa & princípio constitucional da igualdade*. Rio de Janeiro: Renovar, 2001, p. 40-41.

tomadas com o único objetivo de assegurar o *progresso adequado de certos grupos raciais ou étnicos ou de indivíduos que necessitem da proteção* que possa ser necessária para proporcionar a tais grupos ou indivíduos igual gozo ou exercício de direitos humanos e liberdades fundamentais, contanto que tais medidas *não conduzam*, em consequência, à manutenção de direitos separados para diferentes grupos raciais e *não prossigam* após terem sido alcançados os seus objetivos;
- a Convenção das Nações Unidas sobre a Eliminação de Todas as Formas de Discriminação contra a Mulher permite que os Estados imponham medidas especiais de caráter temporário destinadas a acelerar a igualdade de fato entre o homem e a mulher (art. 4.1). São medidas de compensação à situação histórica de desigualdade entre os gêneros, em prejuízo da mulher;
- a Convenção das Nações Unidas sobre os Direitos das Pessoas com Deficiência dispõe, no seu art. 5º, item 4, que as medidas específicas que forem necessárias para acelerar ou alcançar a efetiva igualdade das pessoas com deficiência não serão consideradas discriminatórias. No art. 27, alínea *h*, prevê o dever do Estado de promover o emprego de pessoas com deficiência no setor privado, mediante políticas e medidas apropriadas, que poderão incluir programas de ação afirmativa, incentivos e outras medidas.

Em 2010, foi editada a Lei n. 12.228, que instituiu o *Estatuto da Igualdade Racial*. Foi criado o *Sistema Nacional de Promoção da Igualdade Racial* (Sinapir) que busca a implementação do conjunto de políticas e serviços prestados pelo Poder Público federal e destinados a superar as desigualdades étnicas existentes no País.

São objetivos do *Sinapir*: I – promover a igualdade étnica e o combate às desigualdades sociais resultantes do racismo, inclusive mediante adoção de ações afirmativas; II – formular políticas destinadas a combater os fatores de marginalização e a promover a integração social da população negra; III – descentralizar a implementação de ações afirmativas pelos governos estaduais, distrital e municipais; IV – articular planos, ações e mecanismos voltados à promoção da igualdade étnica; V – garantir a eficácia dos meios e dos instrumentos criados para a implementação das ações afirmativas e o cumprimento das metas a serem estabelecidas.

Em 2012, o STF reconheceu a constitucionalidade da adoção de cotas para afrodescendentes em universidades, ao julgar improcedente a ADPF n. 186 (rel. Min. Ricardo Lewandowski, j. 26-4-2012, Plenário, *DJe* de 20-10-2014). Nessa Arguição de Descumprimento de Preceito Fundamental, as seguintes balizas foram consagradas no tocante às políticas de cotas para afrodescendentes e povos indígenas nas Universidades:

a) Objetivo: ficou evidenciado que a cota étnico-racial nas universidades tem objetivo constitucionalmente adequado: estabelecer um ambiente acadêmico plural e diversificado, superando a pouca diversidade racial do ensino superior público e, com isso, eliminando distorções sociais historicamente consolidadas.

b) Critério: é importante que o critério a ser utilizado seja também adequado. No caso da cota para afrodescendentes há dois critérios utilizados comumente: a *autoidentificação* e a *heteroidentificação* (identificação feita por terceiros). No caso da ADPF 186, ambos os critérios foram considerados constitucionais, mesmo a polêmica heteroidentificação. Nesse último critério, exigiu-se o (i) respeito à dignidade pessoal dos candidatos, com a (ii) formação de comitê composto de modo plural e com (iii) mandatos curtos, *que julgue por fenótipo e não por ascendência*, na linha do sugerido por Daniela Ikawa[25].

---

[25] IKAWA, Daniela. *Ações afirmativas em universidades*. Rio de Janeiro: Lumen Juris, 2008.

c) Proporcionalidade: a cota deve ser proporcional e razoável, reservando-se as vagas em número adequado, apto a não excluir em demasia os demais membros da comunidade não abrangidos no critério de seleção. Assim, para o relator, Min. Lewandowski, no caso da Universidade de Brasília, a reserva de 20% de suas vagas para estudantes afrodescendentes e de um pequeno número delas para "índios de todos os Estados brasileiros", pelo prazo de 10 anos, constitui providência adequada e proporcional ao atingimento da igualdade material.

d) Transitoriedade – o caráter temporário da discriminação positiva (compatível com a produção de efeitos no futuro) foi realçado pelo voto do Min. Marco Aurélio na ADPF 186, para quem tal sistema há de ser utilizado na correção de desigualdades e afastado tão logo eliminadas essas diferenças.

Ainda na busca por igualdade material no ensino superior, a Medida Provisória n. 213 instituiu o ProUni – Programa Universidade para Todos, hoje regido pela Lei n. 11.096/2005. O Programa destina bolsa de estudos para alunos carentes, determinando cotas para alunos egressos da rede pública, da rede privada (desde que tenham cursado com bolsa integral), pessoa com deficiência e professor da rede pública, para determinados cursos.

Também em 2012, o Supremo Tribunal Federal (STF) julgou *improcedente* o pedido feito na Ação Direta de Inconstitucionalidade (ADI) 3.330, considerando *constitucional* a Lei n. 11.096/2005, que instituiu o Programa Universidade para Todos (ProUni).

Após o julgamento da ADPF 186, houve a edição da Lei n. 12.711/2012, que determinou a implantação de *cotas sociais com recorte étnico-racial* em Universidades federais e instituições federais de ensino técnico, exigindo a reserva de, no mínimo, 50% das vagas para estudantes que tenham cursado *integralmente* o ensino médio ou fundamental (a depender do curso) em escolas *públicas*. Além disso, a lei exigiu que a cota social fosse preenchida, por curso e turno, por *autodeclarados* pretos, pardos e indígenas (recorte racial), em proporção no mínimo igual à de pretos, pardos e indígenas na população da unidade da Federação onde está instalada a instituição, segundo o último censo do Instituto Brasileiro de Geografia e Estatística (IBGE). Várias universidades públicas federais mantêm ainda as Comissões de Avaliação da autodeclaração, à luz da decisão da ADPF 186 e da ADC 41[26], para validar o autorreconhecimento. Em 2016, a Lei n. 13.409 alterou a Lei n. 12.711 para dispor sobre cotas por critérios étnico-raciais e deficiência nos cursos técnicos de nível médio e superior das instituições federais de ensino. Ficou estipulado que, nesses cursos, por autodeclarados pretos, pardos e indígenas e por pessoas com deficiência, em *proporção* ao total de vagas *no mínimo igual* à *proporção* respectiva de pretos, pardos, indígenas e pessoas com deficiência na *população da unidade da Federação onde está instalada a instituição*, segundo o último censo da Fundação Instituto Brasileiro de Geografia e Estatística – IBGE. Assim, o censo do IBGE ditará o percentual de vagas a serem oferecidas sob esses critérios.

Em 2014, foi editada a Lei n. 12.990, que instituiu a reserva aos negros de 20% (vinte por cento) das vagas oferecidas nos concursos públicos para provimento de cargos efetivos e empregos públicos no âmbito da administração pública federal, das autarquias, das fundações públicas, das empresas públicas e das sociedades de economia mista controladas pela União. De acordo com o art. 2º da lei, o critério adotado foi o do *autorreconhecimento* ou *autoidentificação*, pelo qual poderão concorrer às vagas reservadas a candidatos negros aqueles que se autodeclararem pretos ou pardos no ato da inscrição no concurso público, conforme o quesito cor ou raça utilizado pela Fundação Instituto Brasileiro de Geografia e Estatística – IBGE (preto, pardo, amarelo, branco ou indígena).

---

[26] Ver ADC 41 (logo em seguida).

De acordo com os dados de 2014, aproximadamente 53% dos brasileiros autodeclararam-se preto ou pardo. Não há previsão explícita na lei do uso de características estereotipadas de fenotípico (cor de pele, características físicas etc.), mas há previsão de punição por "declaração falsa", resultando na necessidade implícita da existência de heteroidentificação (para detectar justamente a declaração falsa).

Na hipótese de constatação de declaração falsa, o candidato será eliminado do concurso e, se houver sido nomeado, ficará sujeito à anulação da sua admissão ao serviço ou emprego público, após procedimento administrativo em que lhe sejam assegurados o contraditório e a ampla defesa, sem prejuízo de outras sanções cabíveis. Dessa maneira, esse dispositivo legal indica que a condição de preto ou pardo é *sindicável*, ou seja, seria possível que um determinado observador (terceiro) defina quem é ou não merecedor da ação afirmativa. Haveria, então, um modo "objetivo" de se definir quem é preto ou pardo, mas a lei nada esclareceu sobre quais seriam esses "critérios". Mesmo eventual transferência da questão ao Poder Judiciário (por intermédio de ações judiciais promovidas pelo interessado ou pelos outros candidatos) exigiria que o juiz fundamente sua decisão sobre se alguém é ou não merecedor da cota, conforme exige o art. 93, IX, da Constituição (exigência de fundamentação das decisões judiciais). Assim, o heterorreconhecimento, em que pese não ter sido considerado inconstitucional pelo STF (ADPF 186) ficou sem nenhuma baliza ou critério legal. Como bem resume Vitorelli, como a declaração poderá ser falsa, se é uma "autodeclaração"? Para o citado autor, como a má-fé não se presume, caberia à Administração Pública prove (por documentos ou testemunhas) que o candidato se apresentava como "branco" e somente se apresentou como negro para fraudar o concurso[27]. Porém, entendo que mesmo que não seja possível a punição (por falta de provas da má-fé), a heteroidentificação cumpre seu papel ao excluir dos certames aqueles que não são percebidos como pretos ou pardos e que, com isso, não sofreram preconceitos ou discriminação na sua história de vida.

Em resumo, a **Lei n. 12.990/2014**:

(i) atinge os concursos públicos do Poder Executivo Federal, tanto da Administração Pública Federal Direta quanto da Administração Pública Federal Indireta, inclusive as empresas públicas (Caixa Econômica Federal, por exemplo) e sociedades de economia mista (Banco do Brasil, por exemplo);

(ii) abrange os concursos do Poder Legislativo Federal, Judiciário Federal, Ministério Público da União e Defensoria Pública da União, bem como os concursos realizados pelas Forças Armadas (ver ADC 41, abaixo analisada). Não abrange os da área estadual ou municipal;

(iii) não abrange os concursos cujos editais foram publicados antes da entrada em vigor da lei, no dia 10-6-2014 (art. 6º da lei);

(iv) o critério inicialmente adotado é o da autoidentificação, abrangendo tanto os que se reconhecem como "pretos" ou "pardos", de acordo com classificação do IBGE; admite-se que haja a realização da heteroidentificação como critério subsidiário (e para validar a autoidentificação), que deverá ser fundamentada, respeitando-se a dignidade humana e ainda os direitos ao contraditório e ampla defesa (STF, ADC n. 41 – ver abaixo);

(v) a previsão da penalidade administrativa à "declaração falsa" (sem prejuízo da previsão legal de sanções de outras espécies – art. 2º, parágrafo único) gerou certa dúvida inicial, pois o

---

[27] Em sentido contrário ao defendido neste *Curso*, Vitorelli defende que a Lei n. 12.990/2014 é *inconstitucional do ponto de vista formal* (somente emenda constitucional poderia agregar critério diverso do "mais apto para a função" para preenchimento de vaga no serviço público) e do ponto de vista *material*, por violar o princípio da igualdade e da motivação dos atos administrativos (eis que a lei não explicita os fatores pelos quais pode entender que houve "declaração falsa"). VITORELLI, Edilson. "O equívoco brasileiro: cotas raciais em concursos públicos". Revista de Direito Administrativo, v. 271, p. 281-315, maio 2016.

critério da lei é o da autoidentificação. Porém, a lei admite a heteroidentificação (posição do STF), permitindo que terceiro (comissão de concurso, organizações da sociedade civil, comissão de notáveis etc.) determine o que é ser "pardo" ou "preto", evitando que a ausência de qualquer revisão da autodeclaração resultasse em preenchimentos indevidos das cotas;

(vi) tal qual como ocorre na aplicação – mais longeva – das cotas para pessoas com deficiência nos concursos públicos, o candidato deve: 1) concorrer concomitantemente na lista geral e na lista de vagas reservadas, o que permite que um candidato preto ou pardo com nota para ser aprovado na lista geral não ocupe a vaga dos 20%; 2) o candidato na lista da cota deve superar os critérios mínimos de aprovação, o que assegura a qualidade da seleção;

(vii) a nomeação dos candidatos deve ser alternada entre a lista geral e a lista das vagas reservadas, para que, ao final, haja também nas nomeações o respeito ao percentual (80% x 20%);

(viii) como se espera de qualquer medida compensatória, há um prazo para a sua duração: a lei prevê o prazo de 10 anos para tais cotas (art. 6º). Tal prazo de 10 anos venceria em junho de 2024. Porém, no mesmo mês de junho de 2024, o STF adotou interpretação conforme à Constituição para o art. 6º da Lei n. 12.990, de 9 de junho de 2014, entendendo que tal prazo é mero "marco temporal para avaliação da eficácia da ação afirmativa, determinação de prorrogação e/ou realinhamento e, caso atingido seu objetivo, previsão de medidas para seu encerramento". Assim, ficou superada a interpretação literal que extinguia as cotas raciais previstas na Lei n. 12.990/2014 em junho de 2024. Com tal decisão, as cotas devem ser cumpridas, até que se conclua o processo legislativo de competência do Congresso Nacional e, subsequentemente, do Poder Executivo sobre qual é o destino das cotas raciais (sendo provável sua prorrogação por mais 10 anos). Havendo a conclusão de tal reavaliação, prevalecerá a nova deliberação do Poder Legislativo (STF, Referendo na Medida Cautelar da ADI 7.654, rel. Min. Flávio Dino, Plenário, Sessão Virtual de 7-6-2024 a 14-6-2024).

A **Lei n. 13.409/2016** também instituiu cotas ao prever que, em cada instituição federal de ensino superior ou de ensino técnico de nível médio, devem ser reservadas vagas, por curso e turno, por *autodeclarados* pretos, pardos e indígenas e por pessoas com deficiência, em proporção ao total de vagas *no mínimo igual à proporção respectiva* de pretos, pardos, indígenas e pessoas com deficiência na população da unidade da Federação onde está instalada a instituição, segundo o *último censo* da Fundação Instituto Brasileiro de Geografia e Estatística – IBGE.

Em 8-6-2017, o Supremo Tribunal Federal julgou a Ação Declaratória de Constitucionalidade (ADC) n. 41, reconhecendo a constitucionalidade da Lei n. 12.990/2014, que reserva 20% das vagas oferecidas em concursos públicos para provimento de cargos efetivos e empregos públicos no âmbito da administração pública federal direta e indireta, no âmbito dos Três Poderes. A decisão foi unânime e, com ela, ficaram afastadas dúvidas na aplicação da cota dos 20% para concursos de membros e servidores do Poder Judiciário e Ministério Público da União. Também foi aceita a utilização da heteroidentificação, desde que com respeito ao contraditório e à ampla defesa, sendo preservada ainda a dignidade do candidato (que não pode ser sujeito à verificação vexatória de sua condição). A tese fixada na ADC foi a seguinte: "*É constitucional a reserva de 20% das vagas oferecidas nos concursos públicos para provimento de cargos efetivos e empregos públicos no âmbito da administração pública direta e indireta. É legítima a utilização, além da autodeclaração, de critérios subsidiários de heteroidentificação, desde que respeitada* a dignidade da pessoa humana e garantidos o contraditório e a ampla defesa" (ADC 41, rel. Min. Roberto Barroso, j. 8-6-2017, P, *DJe* de 17-8-2017).

No caso da magistratura, as cotas em concursos para magistrados também estão previstas na Resolução n. 203/2015 do Conselho Nacional de Justiça, que reserva 20% de vagas para pretos e pardos no âmbito do Poder Judiciário. Já no caso do Ministério Público, a cota de 20% de vagas para pretos e pardos nos concursos de provimento de cargos de membros do MP consta da

Resolução n. 170/2017 do Conselho Nacional do Ministério Público. Ambas as resoluções vigorariam até 9 de junho de 2024, término do prazo de vigência da Lei n. 12.990/2014. Porém, com a prorrogação da "Lei de Cotas" (sem prazo, até ulterior deliberação do Poder Legislativo e Executivo) determinada pelo STF (ADI n. 7.654, já vista), o Conselho Nacional de Justiça aprovou, na mesma linha, a extensão da validade das resoluções de cotas (Resoluções CNJ n. 203/2015, 382/2021 e 457/2022).

Em 2019, foi editada a Lei n. 13.872, que adotou mais uma medida de ação afirmativa, assegurando à mãe o direito de amamentar seus filhos de até 6 (seis) meses de idade durante a realização de provas ou de etapas avaliatórias em concursos públicos na administração pública direta e indireta dos Poderes da União, mediante prévia solicitação à instituição organizadora.

As políticas de ação afirmativa podem ser também adotadas pelo *setor privado* sem que tais medidas sejam consideradas discriminatórias, na medida em que tenham como metas (i) a correção de desigualdades e (ii) a obtenção de igualdade material. Assim, a *diferenciação* na área privada (tal qual na área pública) que vise a *inclusão* não pode ser tida como discriminação odiosa. O próprio Estatuto da Igualdade Racial (Lei n. 12.228/2010) prevê, em seu art. 4º, VI, o estímulo a iniciativas oriundas da sociedade civil direcionadas à promoção da igualdade de oportunidades e ao combate às desigualdades étnicas. No que tange ao mercado de trabalho, o Poder Público deve incentivar a adoção de medidas que assegurem a igualdade de oportunidades no mercado de trabalho para a população negra (art. 39 da Lei n. 12.228).

No plano convencional referente à discriminação em matéria de emprego e ocupação, a Convenção da OIT n. 111 (ratificada e incorporada internamente) prevê que é não discriminatória a medida que se destina a atender necessidades particulares de pessoas (art. 5º). Novamente, a diferenciação para a inclusão é distinta da diferenciação para exclusão.

Caso de programa de *trainee* voltado exclusivamente para negros é típico caso de diferenciação para inclusão, sendo *constitucional* e convencional, na medida em que serve para cumprir a igualdade material em determinada empresa, cujos quadros diretivos quase não possuíam pretos ou pardos. Houve ação civil pública da Defensoria Pública da União *contra* tal programa na Justiça do Trabalho, que apontou a existência de "racismo reverso" contra os excluídos desse tipo de contratação (Ação Civil Pública n. 0000790-37.2020.5.10.0015, 15ª Vara do Trabalho do Distrito Federal).

O *racismo reverso* consistiria na adoção de medidas discriminatórias por parte de minorias contra maiorias. Todavia, *não é aceitável* esse conceito de "racismo reverso". O conceito de *racismo* exige a existência de uma situação de vulnerabilidade e inferiorização na qual a vítima se encontra, o que impede que grupos hegemônicos na sociedade possam se utilizar do regime jurídico de combate ao racismo, o qual justamente visa a corrigir tal situação de fragilidade do grupo não hegemônico discriminado (*justiça corretiva*).

4.4.2. Discriminação estrutural ou sistêmica. Racismo institucional. Racismo estrutural. O Caso Simone Diniz.

A discriminação estrutural ou sistêmica consiste na sujeição de grupos historicamente vulneráveis a práticas *constantes* de negação de direitos ou tratamento discriminatório inferiorizante. Os parâmetros para a constatação da discriminação estrutural ou sistêmica podem ser assim resumidos:

(i) identificação de grupo em situação de vulnerabilidade afetado, por motivo de raça, nacionalidade, sexo, orientação sexual ou outro fator de diferenciação;

(ii) a situação de marginalização e exclusão desse grupo é fruto de fatores históricos, sociais, econômicos e culturais;

(iii) é possível aferir padrão e disseminação de condutas de exclusão em organizações públicas ou privadas, bem como em zonas geográficas;

(iv) esse padrão de conduta gere situação ou desvantagem desproporcional ao grupo vulnerável[28].

O primeiro caso de discriminação estrutural ou sistêmica da Corte Europeia de Direitos Humanos foi o caso DH *vs.* República Checa (2007), no qual 18 crianças da minoria *roma* processaram o Estado por violação do direito à educação sem discriminação, por terem sido inseridas em escolas segregadas para pessoas com deficiência mental. A Corte detectou, pela primeira vez, um padrão sistemático de discriminação pelo qual as crianças dessa minoria eram excluídas do sistema regular de educação[29]. Na Corte Interamericana de Direitos Humanos, a República Dominicana foi condenada a adotar medidas para reverter ou modificar as situações de discriminação sistêmica que existem na sociedade contra grupos específicos de pessoas, no caso os nacionais do Haiti que vivem no Estado réu[30].

Ainda perante a Corte Interamericana de Direitos Humanos, houve a constatação da discriminação estrutural na conduta do Brasil em não proteger com eficiência pessoas que sofriam vulnerabilidades agravadas no *Caso Trabalhadores da Fazenda Brasil Verde*, a saber: (i) vulnerabilidade *social*: eles se encontravam em uma situação de pobreza; (ii) vulnerabilidade *regional*: eram oriundos das regiões mais pobres do país, com menor desenvolvimento humano e perspectivas de trabalho e emprego; (iii) vulnerabilidade *educacional*: eram analfabetos, e tinham pouca ou nenhuma escolarização. Essas circunstâncias geraram uma situação de risco maior de submissão a falsas promessas e ameaças, redundando na submissão à escravidão contemporânea[31].

No Brasil, a discriminação sistêmica foi detectada no chamado "racismo institucional" que consiste em um conjunto de normas, práticas e comportamentos discriminatórios cotidianos adotados por organizações públicas ou privadas que, movidos por estereótipos e preconceitos, impõe a membros de grupos raciais ou étnicos discriminados situação de desvantagem no acesso a bens, serviços, e oportunidades geridos pelo Estado ou por instituições e organizações privadas[32]. Essa expressão foi utilizada pela primeira vez na obra de Hamilton e Carmichael, na qual dividem o racismo em duas categorias: o racismo individual, aberto; e o racismo institucional, camuflado[33].

Segundo o Min. Luís Roberto Barroso, em voto paradigmático no Tribunal Superior Eleitoral, "[o] O Brasil é um país racista. Somos uma sociedade racista. E cada um de nós reproduz o racismo em alguma medida – ainda que de forma não intencional, pela mera fruição ou aceitação

---

[28] QUIÑONES, Paola Pelletier. "La 'discriminación estructural' en la evolución jurisprudencial de la Corte Interamericana de Direitos Humanos", *Revista del Instituto Interamericano de Derechos Humanos*, v. 60, 2014, p. 204-215.

[29] Corte Europeia de Direitos Humanos, *Caso D.H e outros vs. República Checa*, julgamento de 13 de novembro de 2007.

[30] Corte Interamericana de Direitos Humanos, *Caso Nadege Dorzema et al. v. República Dominicana*, sentença de 24 de outubro de 2012, parágrafo 236. Ver também: Corte IDH, *Caso das Pessoas dominicanas e haitianas expulsas v. República Dominicana*, sentença de 28 de agosto de 2014, parágrafos 153-169.

[31] Corte Interamericana de Direitos Humanos, *Caso Trabalhadores da Fazenda Brasil Verde vs. Brasil*, sentença de 20 de outubro de 2016, em especial parágrafo 339.

[32] Conforme definido pelo Programa de Combate ao Racismo Institucional (PRCI – hoje vinculado à Secretaria Especial de Direitos Humanos). Ver em FONSECA, Igor Ferraz da. Inclusão política e racismo institucional: reflexões sobre o programa de combate ao racismo institucional e o Conselho Nacional de Promoção da Igualdade Racial. In: *Planejamento e Políticas Públicas*, n. 45, jul./dez. 2015, p. 329-345, em especial p. 336.

[33] CARMICHAEL, S.; HAMILTON, C. *Black power: the politics of liberation in America*. New York, Vintage, 1967, em especial p. 4.

dos privilégios e vantagens que decorrem de um sistema profundamente desigual. Não é confortável reconhecer esse fato, mas é preciso fazê-lo" (Tribunal Superior Eleitoral, Consulta n. 0600306-47.2019.6.00.0000, j. 25-8-2020 – ver na **Parte IV**, item 48.3).

O *racismo institucional* consiste na prática de um órgão público ou ente privado de discriminar determinado indivíduo por motivo de cor, cultura ou origem étnica. Tal prática pode constar expressamente das normas internas ou mesmo ser extraída da conduta real dos agentes públicos ou privados. O Brasil já foi processado, em 1997, na Comissão Interamericana de Direitos Humanos pela prática de racismo institucional. Tratou-se do caso da peticionária Simone Diniz, que, após se candidatar ao cargo de empregada doméstica, não foi contratada por ser negra. O inquérito policial por racismo foi arquivado pelo Judiciário a pedido do MP (antiga sistemática do art. 28, antes da Lei Anticrime). Para a Comissão IDH, a omissão das autoridades públicas em efetuar diligente e adequada persecução criminal de autores de discriminação racial e racismo "cria o risco de produzir *não somente* um racismo institucional, onde o Poder Judiciário é visto pela comunidade afrodescendente como um poder racista, como também resulta grave pelo impacto que tem sobre a sociedade na medida em que a impunidade estimula a prática do racismo". A Comissão entendeu, então, que excluir uma pessoa do acesso ao mercado de trabalho por sua raça constitui um ato de discriminação racial[34].

Nesse sentido, a Lei n. 12.228/2010, que instituiu o *Estatuto da Igualdade Racial*, define a desigualdade racial como "toda situação injustificada de diferenciação de acesso e fruição de bens, serviços e oportunidades, nas esferas pública e privada, em virtude de raça, cor, descendência ou origem nacional ou étnica" propondo programas e políticas públicas – já vistas acima de modo a eliminar tais assimetrias, o que complementa a luta contra a discriminação individual (*vide* as leis penais contra o racismo).

Cabe também assinalar a existência do *racismo estrutural* de acordo com a classificação adotada por Sílvio Almeida, para quem há três formas de racismo: (i) individual; (ii) institucional e (iii) estrutural (os dois primeiros vistos acima). O racismo estrutural parte da constatação de que "as instituições são racistas porque a sociedade é racista". Assim, para Almeida, o racismo estrutural é aquele fruto da própria estrutura social (conjunto de relações políticas, econômicas, jurídicas e familiares), exigindo medidas que, além de coibir o racismo individual e institucional, levem a mudanças profundas nas relações sociais, políticas e econômicas[35].

4.5. A violência de gênero

4.5.1. Aspectos gerais. Tratados. Lei Maria da Penha. A lei do "não é não"

Há diversos tratados incorporados ao ordenamento brasileiro que combatem a discriminação e violência contra a mulher. Esses tratados exigem a implementação de regras de *discriminação positiva*, que consistem em medidas especiais de caráter temporário destinadas a *acelerar a igualdade de fato entre homem e mulher*.

Nesse sentido, a Convenção sobre a Eliminação de Todas as Formas de Discriminação contra a Mulher das Nações Unidas (CEDAW, na sigla em inglês) determina que os Estados Partes devem tomar as *medidas apropriadas* para combater as diversas formas de exploração, violência e discriminação contra a mulher. A Convenção Interamericana para Prevenir, Punir e Erradicar

---

[34] Comissão Interamericana de Direitos Humanos. Relatório n. 66/06, Caso 12.001, Mérito, Simone André Diniz *vs.* Brasil, decisão de 21 de outubro de 2006. Disponível em <https://www.cidh.org/annualrep/2006port/BRASIL.12001port.htm>. Acesso em: 10-8-2024.

[35] ALMEIDA, Sílvio Luiz de. *Racismo estrutural*. Coleção Feminismos Plurais. São Paulo: Sueli Carneiro/Pólen, 2019, p. 36 e s. (em especial p. 39).

a Violência contra a Mulher (também chamada de Convenção de Belém do Pará) foi explícita em estabelecer *mandados de criminalização* de condutas de violência contra a mulher[36].

De acordo com o art. 7º, *d* e *e*, da citada Convenção, os Estados Partes devem "*adotar, por todos os meios apropriados e sem demora, políticas orientadas e prevenir,* punir e erradicar a dita violência e empenhar-se em (...) incluir em sua legislação interna normas penais, *civis e administrativas, assim como as de outra natureza que sejam necessárias para prevenir,* punir *e erradicar a violência contra a mulher*".

O *combate penal* à violência contra a mulher foi reforçado pelo importante precedente da Comissão Interamericana de Direitos Humanos no caso brasileiro "Maria da Penha Maia Fernandes". Os fatos relativos a esse caso remontam a 1983, quando a Sra. Maria da Penha Maia Fernandes foi vítima de tentativa de homicídio por parte de seu marido à época, o que a deixou paraplégica. Houve, depois, outro ataque do marido, mas, apesar da denúncia criminal do Ministério Público ter sido proposta em 1984, a lentidão da Justiça Penal brasileira quase gerou a prescrição do crime. Somente em 2002 (19 anos depois dos fatos) o agressor foi preso, após o trânsito em julgado dos mais variados recursos. Para impedir a repetição de tais condutas, a Comissão recomendou que o Brasil adotasse medidas legislativas que protegessem, efetivamente, a mulher contra a violência.

Em 2006, foi adotada a Lei n. 11.340, conhecida como Lei Maria da Penha, que foi o resultado dos tratados internacionais já citados e também da recomendação da Comissão Interamericana de Direitos Humanos[37], cumprindo ainda o disposto no § 8º do art. 226 da CF/88 ("O Estado assegurará à assistência à família na pessoa de cada um dos que a integram, criando mecanismos para coibir a violência no âmbito de suas relações"). De maneira clara, a Lei Maria da Penha trata a violência doméstica e familiar contra a mulher como uma das formas de violação dos direitos humanos (art. 6º).

A lei objetiva coibir e prevenir a *violência doméstica e familiar contra a mulher*. Assim, nem toda violência contra a mulher faz incidir a Lei Maria da Penha: é necessário que haja (i) uma questão de gênero em um (ii) contexto familiar e doméstico. A violência tratada na Lei Maria da Penha consiste em ato ou omissão que viole os direitos da mulher oriundos de uma *relação de afeto ou de convivência.*

Por isso, configura "violência doméstica e familiar contra a mulher" qualquer ação ou omissão *baseada no gênero*[38] que lhe cause morte, lesão, sofrimento físico, sexual ou psicológico e dano moral ou patrimonial, (i) no *âmbito da unidade doméstica*, compreendida como o espaço de convívio permanente de pessoas, com ou sem vínculo familiar, inclusive as esporadicamente agregadas; (ii) no *âmbito da família*, compreendida como a comunidade formada por indivíduos que são ou se consideram aparentados, unidos por laços naturais, por afinidade ou por vontade expressa; (iii) em *qualquer relação íntima de afeto*, na qual o agressor conviva ou tenha convivido com a ofendida, *independentemente de coabitação* (art. 5º da Lei), como, por exemplo, relacionamentos entre amantes, namorados etc. Nesse sentido, a Súmula n. 600 do Superior Tribunal

---

[36] Adotada pela Assembleia Geral da Organização dos Estados Americanos em 6-6-1994 e ratificada pelo Brasil em 27-11-1995.

[37] A lei homenageia Maria da Penha Maia Fernandes, vítima de violência doméstica. Maria da Penha peticionou à Comissão IDH, que publicou o Informe (Relatório n. 54/01), atestando várias violações da Convenção Americana de Direitos Humanos. Ver em <https://www.cidh.oas.org/annualrep/2000port/12051.htm>. Acesso em: 9 ago. 2024.

[38] Sexo refere-se às características biológicas de um ser: homem ou mulher. Já *gênero* consiste no conjunto de aspectos sociais, culturais, políticos relacionados a *diferenças percebidas* entre os papéis masculinos e femininos em uma sociedade. Assim, os termos travesti e transexual referem-se à identidade de gênero de uma determinada pessoa.

de Justiça dispõe que "[p]ara a configuração da violência doméstica e familiar prevista no artigo 5º da Lei n. 11.340/2006 (Lei Maria da Penha) não se exige a coabitação entre autor e vítima".

Essas relações pessoais (*domésticas, familiares e de afetividade*) independem de orientação sexual e a coabitação, o que inclui o namoro e as relações entre amantes. O art. 7º da Lei n. 11.340/2006 lista, de modo não exaustivo, as espécies de violência doméstica e familiar: violência *física, sexual, psicológica, patrimonial* e *moral*, ou seja, a violência física não é a única que faz incidir a Lei Maria da Penha: a agressão verbal, perseguição contumaz, vigilância constante são tipos de violência previstos pela lei.

A lei visa combater toda e qualquer violência realizada no local de residência da vítima ou, ainda, em qualquer lugar, desde que a violência seja resultado de *relação de afeto ou de convivência*.

Prevê o art. 22 da Lei Maria da Penha que o juiz poderá aplicar, em conjunto ou separadamente, as seguintes medidas protetivas de urgência *contra o agressor*: I – suspensão da posse ou restrição do porte de armas, com comunicação ao órgão competente; II – afastamento do lar, domicílio ou local de convivência com a ofendida; III – proibição de determinadas condutas, entre as quais: a) aproximação da ofendida, de seus familiares e das testemunhas, fixando o limite mínimo de distância entre estes e o agressor; b) contato com a ofendida, seus familiares e testemunhas por qualquer meio de comunicação; c) frequentação de determinados lugares a fim de preservar a integridade física e psicológica da ofendida; IV – restrição ou suspensão de visitas aos dependentes menores, ouvida a equipe de atendimento multidisciplinar ou serviço similar; V – prestação de alimentos provisionais ou provisórios. Tais medidas não são exaustivas, podendo ainda o juiz usar, analogicamente, o disposto no novo Código de Processo Civil (2015) para o cumprimento da tutela específica de obrigação de fazer (art. 536) para assegurar os direitos da vítima.

Há ainda medidas protetivas *a favor da mulher*, que podem ser adotadas pelo juiz, como, por exemplo: 1) o encaminhamento da ofendida e seus dependentes a programa oficial ou comunitário de proteção ou de atendimento; 2) a determinação de recondução da ofendida e a de seus dependentes ao respectivo domicílio, após afastamento do agressor; 3) a determinação do afastamento da ofendida do lar, sem prejuízo dos direitos relativos a bens, guarda dos filhos e alimentos; 4) e a separação de corpos. São também previstas medidas protetivas da integralidade dos bens da sociedade conjugal ou de propriedade particular da mulher.

Como tais medidas são apenas exemplificadas na lei, admite-se o uso de medidas previstas na Lei n. 12.403/2011 (lei sobre a prisão e outras medidas cautelares), como, por exemplo, o monitoramento eletrônico.

Em 2019, foi editada a Lei n. 13.827, pela qual se autorizou, na existência de risco atual ou iminente à vida ou à integridade física da mulher em situação de violência doméstica e familiar, ou de seus dependentes, que seja determinado o afastamento do agressor do lar, domicílio ou local de convivência com a ofendida pelo (i) *delegado de polícia* ou (ii) pelo *policial*, quando o Município não for sede de comarca e não houver delegado disponível. Nessas hipóteses, o juiz deve ser comunicado em 24 horas para decidir sobre a manutenção ou revogação da medida, devendo dar ciência ao Ministério Público concomitantemente. Também ficou estabelecido que as medidas protetivas de urgência serão registradas em *banco de dados* mantido e regulamentado pelo Conselho Nacional de Justiça, garantido o acesso do Ministério Público, da Defensoria Pública e dos órgãos de segurança pública e de assistência social, com vistas à fiscalização e à efetividade das medidas protetivas.

Ainda em 2019, foram editadas mais *três novas leis* que alteraram a Lei Maria da Penha, para incrementar a proteção da mulher. A Lei n. 13.871/2019 previu a *obrigação de ressarcimento* ao Estado pelos (i) gastos relativos ao atendimento da vítima através do Sistema Único de Saúde

(SUS), por parte daquele que, por ação ou omissão, causou lesão, violência física, sexual ou psicológica e dano moral ou patrimonial contra a mulher. Também foi prevista a *obrigação de ressarcimento* dos gastos estatais com os (ii) dispositivos de segurança destinados ao uso em caso de perigo iminente e disponibilizados para o monitoramento das vítimas de violência doméstica ou familiar amparadas por medidas protetivas (por exemplo, tornozeleiras eletrônicas). De acordo com a nova lei, em ambas as hipóteses de ressarcimento, os gastos realizados não podem configurar ônus de qualquer natureza ao patrimônio da mulher e de seus dependentes, nem configurar atenuante ou ensejar a possibilidade de substituição da pena aplicada. Já a Lei n. 13.880/2019 estabeleceu a possibilidade de apreensão de arma de fogo sob a posse de agressor em casos de violência doméstica. Por sua vez, a Lei n. 13.882/2019 alterou a Lei Maria da Penha para garantir a matrícula dos dependentes da mulher vítima de violência doméstica e familiar na instituição de educação básica mais próxima de seu domicílio. Essas quatros leis de 2019 (Lei n. 13.827, Lei n. 13.871, Lei n. 13.880 e Lei n. 13.882) buscam aumentar o *arco legal de proteção à mulher vítima da violência doméstica*.

Em 2020, foi aprovada a Lei n. 13.984, pela qual se estabeleceu, como medidas protetivas de urgência da Lei Maria da Penha, a frequência do agressor a centro de educação e de reabilitação e acompanhamento psicossocial.

Em 2021, foi adotada a Lei n. 14.232, que criou a Política Nacional de Dados e Informações relacionadas à Violência contra as Mulheres (PNAINFO), com a finalidade de reunir, organizar, sistematizar e disponibilizar dados e informações atinentes a todos os tipos de violência contra as mulheres. São diretrizes da PNAINFO: I – a integração das bases de dados dos órgãos de atendimento à mulher em situação de violência no âmbito dos Poderes Executivo, Legislativo e Judiciário; II – a produção e gestão transparente das informações sobre a situação de violência contra as mulheres no País; III – o incentivo à participação social por meio da oferta de dados consistentes, atualizados e periódicos que possibilitem a avaliação crítica das políticas públicas de enfrentamento à violência contra as mulheres. Foi prevista a criação do "Registro Unificado de Dados e Informações sobre Violência contra as Mulheres", visando conter informações e dados sobre os registros administrativos referentes ao tema, sobre os serviços especializados de atendimento às mulheres em situação de violência e sobre as políticas públicas de enfrentamento à violência contra as mulheres, gerando uma exata dimensão da violência contra a mulher no Brasil (os entes federados podem aderir por meio de convênio).

A violência contra a mulher exige complexa política pública de prevenção e repressão que envolve o Poder Executivo (autoridade policial e assistência de todos os tipos), Defensoria Pública, Ministério Público e Poder Judiciário. No que tange ao Poder Judiciário, a Lei dispõe que poderão ser criados os Juizados de Violência Doméstica e Familiar contra a Mulher, com competência cível e criminal, para o processo, julgamento e a execução das causas decorrentes da prática de violência doméstica e familiar contra a mulher. Na mesma linha, a Lei n. 14.847, de 25 de abril de 2024, altera a Lei Orgânica da Saúde (Lei n. 8.080, de 1990) para garantir que *mulheres vítimas de violência* sejam atendidas em *ambiente privativo e individualizado* nos serviços de saúde do Sistema Único de Saúde (SUS). A nova lei assegura que essas mulheres sejam acolhidas em locais que garantam sua privacidade e restrinjam o acesso de terceiros, especialmente do agressor, durante o atendimento médico.

Também foi importante a edição da Lei do "Não é Não". Trata-se da Lei n. 14.786, de 28 de dezembro de 2023, que institui o protocolo "Não é Não" para prevenir o constrangimento e a violência contra a mulher em ambientes como casas noturnas, boates e shows que vendem bebidas alcoólicas. A lei também cria o selo "Não é Não – Mulheres Seguras" no caso do cumprimento do protocolo protetivo pelo estabelecimento. Estabelece os direitos das mulheres em situações de risco, como a proteção imediata e a informação sobre seus direitos, e impõe deveres aos estabelecimentos, incluindo a qualificação de equipe para atender ao protocolo, a colaboração com as autoridades em casos de violência, e a garantia de acesso às imagens do sistema de câmeras de vigilância, preservando-as por no mínimo 30 dias, e permitindo o acesso à Polícia Civil, à perícia oficial e aos diretamente envolvidos. A lei não se aplica a eventos religiosos.

Em mais uma camada protetiva, agora no instituto da guarda, a Lei n. 14.713, de 30 de outubro de 2023, alterou o Código Civil (Lei n. 10.406, de 2002) e o Código de Processo Civil (Lei n. 13.105, de 2015) para incluir o risco de violência doméstica ou familiar como um fator que impede a aplicação da guarda compartilhada. Além disso, a lei impõe ao juiz o dever de consultar previamente o *Ministério Público* e as *partes envolvidas* sobre a existência de situações de violência doméstica ou familiar que possam afetar o casal ou os filhos, antes de tomar decisões relacionadas à guarda.

4.5.2. A condição de mulher e os critérios de identificação. A mulher trans e a Lei Maria da Penha

A proteção regulada pela Lei Maria da Penha (e demais leis a ela relacionadas, vistas anteriormente, em verdadeiro arco de proteção à mulher) depende da *condição de mulher*, que pode ser definida sob três critérios: a) *critério psicossocial*, que consiste no critério de autoidentificação da vítima como pertencente ao gênero feminino; b) *critério genético*, que identifica a mulher a partir de análise genética; e, finalmente c) *critério legal*, baseado na identidade de gênero do registro civil perante o Estado.

O atendimento à finalidade da norma (combate à discriminação e violência) dá-se com a aplicação do critério *psicossocial*, sendo então cabível o uso dos institutos protetivos da Lei Maria da Penha pelas pessoas que se identificam como sendo do gênero feminino, como é o caso das mulheres transexuais e transgêneros, não sendo exigível (sob pena de discriminação odiosa) a (i) alteração do registro civil ou (ii) cirurgia de transgenitalização.

Além disso, os "Princípios de Yogyakarta" (estudados acima neste *Curso*) exigem que o Estado tome todas as medidas legais, administrativas e de outras espécies para reconhecer legalmente a identidade de gênero *autodefinida* por cada pessoa.

O Comitê para a Eliminação da Discriminação contra a Mulher (CEDAW – já estudado neste *Curso*) decidiu, em sua Recomendação Geral n. 28, de 2010, que, embora a Convenção pela Eliminação de Toda Forma de Discriminação conta a Mulher mencione apenas a discriminação por motivos de sexo, fica evidente que a Convenção abrange a discriminação contra a mulher por "motivos de gênero". Por isso, a Recomendação n. 35, de 2017, sobre a violência por razão de gênero, do mesmo Comitê CEDAW, considerou que a expressão "violência de gênero contra a mulher" é "um termo mais preciso que revela as causas e os efeitos relacionados ao gênero da violência". Também decidiu-se, na Recomendação Geral n. 35, que a condição de lésbica, bissexual, transgênero ou intersexual são fatores a serem levados em consideração na discriminação contra a mulher.

Por fim, a Corte IDH decidiu, em *interpretação evolutiva*, que o âmbito de aplicação da Convenção Interamericana para Prevenir, Sancionar e Erradicar a Violência contra a Mulher (Convenção de Belém do Pará) também se refere a situações de violência baseada em gênero contra *mulheres trans* (Corte IDH, Caso *Vicky Hernández e Outras vs. Honduras*, sentença de 26-3-2021, parágrafo 133).

4.5.3. Aspectos penais e processuais penais da Lei Maria da Penha e a ADI n. 4.424

Além de buscar prevenir e evitar novos casos de violência de gênero contra a mulher, a Lei Maria da Penha também possui preceitos penais e processuais penais. O STF, na ADI n. 4.424, proposta pelo Procurador-Geral da República, combateu o entendimento de vários Tribunais e do Superior Tribunal de Justiça, decidindo que a ação penal por *crime de lesão corporal leve*, em caso de violência doméstica ou familiar contra a mulher, é *pública e incondicionada*, sendo constitucional a regra da Lei Maria da Penha, proibindo, nos casos de sua incidência, a aplicação da Lei n. 9.099/95 (sobre crimes de menor potencial ofensivo e Juizados Especiais Criminais). Assim, os institutos despenalizadores daquela lei não são aplicados aos crimes que envolvam violência doméstica e familiar contra a mulher, independentemente da pena.

O Poder Legislativo e o Poder Judiciário consideraram o instrumento penal *essencial* para a promoção dos direitos da mulher, tendo sido estabelecidos os seguintes marcos:

1) nos crimes de ação penal pública condicionada (ameaça, por exemplo), cabe a autoridade policial ouvir a ofendida, lavrar o boletim de ocorrência e tomar a representação a termo, se apresentada;

2) essa representação é retratável, se: a) for feita perante o juiz, em audiência especialmente designada com tal finalidade; b) a retratação ocorrer antes do recebimento da denúncia; e c) ouvido o Ministério Público (art. 16);

3) a Lei Maria da Penha afasta a aplicação das regras envolvendo os crimes de menor potencial ofensivo e ainda as referentes aos Juizados Especiais Criminais, nos casos que envolvam violência doméstica e familiar contra a mulher (art. 41), não cabendo, por exemplo, transação e suspensão condicional do processo (ADI n. 4.424); em 2015, o STJ editou a Súmula 536, na mesma linha: "A suspensão condicional do processo e a transação penal não se aplicam na hipótese de delitos sujeitos ao rito da Lei Maria da Penha";

4) consequência direta do item "3", o crime de lesão corporal leve praticado contra a mulher no ambiente doméstico e familiar é de *ação penal pública incondicionada* (ADI n. 4.424 – não se aplica o art. 88 da Lei n. 9.099/95[39]); em 2015, o STJ adotou, no mesmo sentido, a Súmula 542: "A ação penal relativa ao crime de lesão corporal resultante de violência doméstica contra a mulher é pública incondicionada";

5) Contudo, o mesmo STJ decidiu que o crime de injúria (Código Penal, art. 140), mesmo que cometido no âmbito doméstico contra a própria mulher, continua a ser submetido ao regime da ação penal privada (promovido por queixa), por se tratar de crime contra a honra (STJ, RHC 32.953/AL, rel. Ministro Sebastião Reis Júnior, Data de Julgamento: 10-9-2013, Data de Publicação: *DJe* 24-9-2013).

6) a Lei Maria da Penha não admite: a) a pena de oferta de cesta básica; b) a pena de prestação pecuniária; e c) a substituição de pena que implique o pagamento isolado de multa (art. 17). Nesse sentido, dispõe a Súmula n. 588 do STJ: "A prática de crime ou contravenção penal contra a mulher com violência ou grave ameaça no ambiente doméstico impossibilita a substituição da pena privativa de liberdade por restritiva de direitos".

7) Também é "inaplicável o princípio da insignificância nos crimes ou contravenções penais praticados contra a mulher no âmbito das relações domésticas" (Súmula n. 589 do STJ).

8) A Lei n. 13.641/2018 tornou *crime* descumprir decisão judicial que defere medidas protetivas de urgência da Lei Maria da Penha (Lei n. 11.340/06), que foi editada *após* precedentes judiciais que reconheciam a atipicidade da conduta de descumprir medida protetiva.

4.5.4. A igualdade material e a ADC 19

Em 2007, o Presidente da República interpôs Ação Direta de Constitucionalidade (ADC 19) visando declarar constitucional os arts. 1º, 33 e 41 da Lei Maria da Penha, após divergências

---

[39] "Art. 88. Além das hipóteses do Código Penal e da legislação especial, dependerá de representação a ação penal relativa aos crimes de lesões corporais leves e lesões culposas."

judiciais sobre a constitucionalidade da lei⁴⁰. No campo dos direitos humanos, interessa o argumento (contrário à constitucionalidade da lei) de eventual tratamento discriminatório promovido pela lei, uma vez que o *homem agredido* em um contexto familiar ou doméstico não pode beneficiar-se do seu manto protetor.

Esse trato diferenciado não é proibido pela igualdade entre homens e mulheres prevista na Constituição de 1988 (art. 5º, I), uma vez que o objetivo é justamente promover a igualdade material entre homens e mulheres.

A violência doméstica e familiar sofrida pela mulher é parte de um contexto de dominação pelo homem e submissão da mulher, no qual a mulher tem dificuldade de toda sorte para obter os mesmos papéis reservados aos homens.

No âmbito da violência doméstica e familiar, a mulher enfrenta preconceitos arraigados ("briga de marido e mulher, ninguém mete a colher"), sem contar as dificuldades de perder o suporte material e de sobrevivência muitas vezes assegurado pelo agressor (que aproveita tal situação para externar seu poder e violência).

Para superar as desigualdades fáticas, é cabível a intervenção do legislador, aumentando as garantias da mulher e ainda restringindo os direitos do agressor. Nas palavras da Min. Cármen Lúcia, em voto histórico na ADC 19, é necessário que a sociedade conte com tais leis, mesmo que temporariamente, para "superar a indiferença às diferenças"⁴¹.

Por sua vez, o homem eventualmente agredido pela mulher, além de não enfrentar esse contexto histórico e social de preconceito e subordinação, pode ser amparado pelas medidas cautelares penais previstas no CPP.

4.5.5. A Lei n. 13.104/2015: o feminicídio

A Lei n. 13.104/2015 inseriu, como modalidade de homicídio qualificado, o feminicídio, que consiste no assassinato de uma mulher no contexto de violência doméstica e familiar ou por envolver menosprezo e discriminação à condição feminina.

Na nova hipótese de homicídio qualificado, considera-se ocorrido o feminicídio na ocorrência de homicídio contra a mulher por razões da condição de sexo feminino (art. 121, VI, do Código Penal). Por sua vez, considera-se que há razões de condição de sexo feminino quando o crime envolve (i) violência doméstica e familiar ou (ii) menosprezo ou discriminação à condição de mulher.

A pena do feminicídio é aumentada de 1/3 (um terço) até a metade se o crime for praticado: I – durante a gestação ou nos 3 (três) meses posteriores ao parto; II – contra pessoa menor de 14 (catorze) anos, maior de 60 (sessenta) anos ou com deficiência; III – na presença de descendente ou de ascendente da vítima.

A proposta legislativa foi fruto dos trabalhos da Comissão Parlamentar Mista de Inquérito sobre a violência contra a mulher, que coletou dados impressionantes sobre a perpetuação da violência contra a mulher, mesmo anos após a edição da "Lei Maria da Penha". Claro que o

---

⁴⁰ Em relação ao art. 33 (que prevê que varas comuns acumulem as competências cível e criminal para conhecer e julgar as causas decorrentes da prática de violência doméstica e familiar contra a mulher, enquanto não estiverem estruturados os Juizados de Violência Doméstica e Familiar contra a Mulher) não há inconstitucionalidade pela violação da competência dos Estados-membros. Também o art. 41 da lei é constitucional, não ofendendo o art. 98, I, da CF (que trata dos crimes de menor potencial ofensivo), pois o legislador pode considerar que os casos que envolvem violência doméstica e familiar contra a mulher não são "crimes de menor potencial ofensivo". Nesse sentido, cabe lembrar que também os crimes afetos à Justiça Militar não estão sob a incidência da Lei n. 9.099/95 (art. 90-A da Lei n. 9.099/95, que reza: "As disposições desta Lei não se aplicam no âmbito da Justiça Militar").

⁴¹ Intervenção oral no julgamento da ADC 19/DF, rel. Min. Marco Aurélio, j. 9-2-2012.

Direito Penal não consegue sozinho reverter o quadro de desigualdade de gênero e relações desiguais de poder entre os gêneros, mas pode servir para demonstrar o repúdio social a tais práticas, *auxiliando* a conscientização de todos e todas. No mesmo sentido, a Corte Interamericana de Direitos Humanos ordenou ao México a adoção de medidas amplas de luta contra os casos de violência associados a *estereótipos* de gênero socialmente dominantes, assegurando, ainda, o fim da *impunidade* nos casos de violência contra as mulheres (Caso "Campo Algodoneiro", já estudado acima).

Para incidir a qualificadora, é necessário que a vítima do homicídio seja uma mulher, definida pelo critério da autoidentificação, como visto acima. Nesse sentido, o TJDFT manteve, em fase recursal, a sentença de pronúncia com a qualificadora de feminicídio utilizada pelo MPDFT na denúncia de tentativa de homicídio contra mulher trans, sendo aceita a definição de mulher pelo critério da autoidentificação (TJDFT, RSE 2018 07 1 001953-0, rel. Waldir Leôncio Lopes Júnior, j. 4-7-2019, *DJe* de 12-7-2019).

No que tange à definição de "violência doméstica e familiar" contra a mulher, a Convenção Interamericana para Prevenir, Punir e Erradicar a Violência contra a Mulher (Convenção de Belém do Pará) dispõe, em seu art. 1º, que a violência contra a mulher consiste em qualquer ato ou conduta baseada no gênero, que cause morte, dano ou sofrimento físico, sexual ou psicológico à mulher, tanto na esfera pública como na esfera privada.

Já em relação ao "menosprezo à condição de mulher", este consiste na conduta construída a partir da falsa superioridade do homem sobre a mulher, na qual a condição do sexo feminino é considerada desvalorizada e inferior, apta a ser dominada e sujeita às vontades do sexo masculino. Já a "discriminação contra a mulher" consiste, de acordo com a Convenção para a Eliminação de Todas as Formas de Discriminação contra a Mulher (já ratificada e incorporada internamente) em: "(...) distinção, exclusão ou restrição baseada no sexo e que tenha por objeto ou resultado prejudicar ou anular o reconhecimento, gozo ou exercício pela mulher, independentemente de seu estado civil, com base na igualdade do homem e da mulher, dos direitos humanos e liberdades fundamentais nos campos político, econômico, social, cultural e civil ou em qualquer outro campo" (art. 1º).

Em uma camada adicional de proteção no contexto da prática do feminicídio, a Lei n. 14.717, de 31 de outubro de 2023, institui uma pensão especial destinada a filhos e dependentes que sejam crianças ou adolescentes e que tenham se tornado *órfãos* devido ao crime de *feminicídio*, conforme tipificado no Código Penal (Decreto-Lei n. 2.848, de 1940). A pensão é concedida para aqueles cuja renda familiar mensal per capita seja igual ou inferior a um quarto do salário mínimo.

4.6. Decisões do STF e do STJ sobre igualdade

Igualdade e tratamento processual especial a favor do Estado. "A ampliação de prazo para a oposição de embargos do devedor pela Fazenda Pública, inserida no art. 1º-B da Lei 9.494/1997, *não* viola os princípios da *isonomia* e do devido processo legal. É sabido que o estabelecimento de tratamento processual especial para a Fazenda Pública, inclusive em relação a prazos diferenciados, quando *razoáveis*, não constitui propriamente uma restrição a direito ou prerrogativa da parte adversa, mas busca atender ao princípio da supremacia do interesse público" (ADI n. 2.418, voto do rel. Min. Teori Zavascki, j. 4-5-2016, P, *DJe* de 17-11-2016).

Igualdade e exigência de não ser tatuado para participar de concurso público. "(...) evidencia-se a ausência de razoabilidade da restrição dirigida ao candidato de uma função pública pelo simples fato de possuir tatuagem, posto medida flagrantemente discriminatória e carente de qualquer justificativa racional que a ampare. Assim, o fato de uma pessoa possuir tatuagens, visíveis ou não, não pode ser tratado pelo Estado como parâmetro discriminatório quando do deferimento de participação em concursos de provas e títulos para ingresso em uma carreira pública." (STF, RE 898.450/SP, rel. Min. Luiz Fux, j. 17-8-2016, *Informativo do STF* n. 841 – ver abaixo a hipótese de "tatuagem reveladora de um simbolismo ilícito e incompatível com o desempenho da função pública", que permite a exclusão do candidato do certame público)

Igualdade e reserva de vagas para pessoas com deficiência. Surdez unilateral. Súmula 552 do STJ: "O portador de surdez unilateral não se qualifica como pessoa com deficiência para o fim de disputar as vagas reservadas em concursos públicos". O STJ considerou que a surdez unilateral não resulta em barreira social ou tratamento discriminatório que exija a reserva de vagas.

Igualdade e reserva de vagas para pessoas com deficiência. Arredondamento "para o primeiro número subsequente". "Não se mostra justo, ou, no mínimo, razoável, que o candidato portador de deficiência física, na maioria das vezes limitado pela sua deficiência, esteja em aparente desvantagem em relação aos demais candidatos, devendo a ele ser garantida a observância do princípio da isonomia/igualdade. O STF, buscando garantir razoabilidade à aplicação do disposto no Decreto n. 3.298/1999, entendeu que o referido diploma legal deve ser interpretado em conjunto com a Lei n. 8.112/1990. Assim, as frações mencionadas no art. 37, § 2º, do Decreto n. 3.298/1999 deverão ser arredondadas para o primeiro número subsequente, desde que respeitado o limite máximo de 20% das vagas oferecidas no certame." [RMS 27.710 AgR, rel. Min. Dias Toffoli, j. 28-5-2015, Plenário, *DJe* de 1º-7-2015]

Igualdade e reserva de vagas para pessoas com deficiência. Nos termos do art. 37, VIII, da CF/88 ("a lei reservará percentual dos cargos e empregos públicos para as pessoas portadoras de deficiência e definirá os critérios de sua admissão"), a pessoa com deficiência possui o direito de acesso em cota reservada a cargos públicos sob duas condições: (i) caracterizada a deficiência e (ii) que esta não seja incompatível com as atribuições do cargo postulado. A compatibilidade entre a deficiência e as atribuições do cargo deve ser avaliada durante o estágio probatório, nos termos do § 2º do art. 43 do Decreto n. 3.298/99. Assim, decidiu o STF que *viola* a CF/88 e a Convenção da Organização das Nações Unidas sobre os Direitos das Pessoas com Deficiência (2007) exigir, adicionalmente, que a situação de deficiência seja ainda um embaraço para o exercício das funções do cargo almejado (essa posição – derrotada no STF – tinha como objetivo impedir que pessoas com pequenas deficiências se aproveitassem da cota) (AgR no RO em MS 32.732/DF, rel. Min. Celso de Mello, j. 3-6-2014).

Igualdade e reserva de vagas. Ação afirmativa como fruto da sociedade fraterna. "De se enfatizar, pois, que a reserva de vagas determinada pelo inciso VIII do art. 37 da Constituição da República tem tripla função: a) garantir 'a reparação ou compensação dos fatores de desigualdade factual com medidas de superioridade jurídica, [verdadeira] política de ação afirmativa que se inscreve nos quadros da sociedade fraterna que se lê desde o preâmbulo da Constituição de 1988', como destacado pelo Ministro Ayres Britto no julgamento do RMS 26.071 (*DJ* 1º-2-2008); b) viabilizar o exercício do direito titularizado por todos os cidadãos de acesso aos cargos públicos, permitindo, a um só tempo, que pessoas com necessidades especiais participem do mundo do trabalho e, de forma digna, possam manter-se e ser mantenedoras daqueles que delas dependem; e c) possibilitar à Administração Pública preencher os cargos com pessoas qualificadas e capacitadas para o exercício das atribuições inerentes aos cargos, observando-se, por óbvio, a sua natureza e as suas finalidades" (RE 676.335/MG, rel. Min Cármen Lúcia, j. 26-3-2013).

Igualdade e cotas nas Universidades. Legitimidade e condições. "(...) Não contraria – ao contrário, prestigia – o princípio da *igualdade material*, previsto no *caput* do art. 5º da CR, a possibilidade de o Estado lançar mão seja de políticas de *cunho universalista*, que abrangem um número indeterminado de indivíduos, mediante ações de natureza estrutural, seja de *ações afirmativas*, que atingem grupos sociais determinados, de maneira pontual, atribuindo a estes certas vantagens, por um tempo limitado, de modo a permitir-lhes a superação de *desigualdades decorrentes de situações históricas particulares*. (...) as políticas de ação afirmativa fundadas na discriminação reversa apenas são legítimas se a sua manutenção estiver condicionada à persistência, no tempo, do quadro de exclusão social que lhes deu origem. Caso contrário, tais políticas poderiam converter-se em benesses permanentes, instituídas em prol de determinado grupo social, mas em detrimento da coletividade como um todo, situação – é escusado dizer – incompatível com o espírito de qualquer Constituição que se pretenda democrática, devendo, outrossim, respeitar a proporcionalidade entre os meios empregados e os fins perseguidos" (ADPF 186, rel. Min. Ricardo Lewandowski, j. 26-4-2012, Plenário, *DJe* de 20-10-2014, grifos meus). No mesmo sentido: RE 597.285, rel. Min. Ricardo Lewandowski, j. 9-5-2012, Plenário, *DJe* de 18-3-2014, sendo aprovada a Tese 203 de repercussão geral, com o seguinte teor: "É constitucional o uso de ações afirmativas, tal como a utilização do sistema de reserva de vagas ("cotas") por critério étnico-racial, na seleção para ingresso no ensino superior público".

Igualdade. Não existe direito à remarcação de prova. "Remarcação de teste de aptidão física em concurso público em razão de problema temporário de saúde. Vedação expressa em edital. Constitucionalidade. Violação ao princípio da isonomia. Não ocorrência. Postulado do qual não decorre, de plano, a possibilidade de realização de segunda chamada em etapa de concurso público em virtude de situações pessoais do candidato. Cláusula editalícia que confere eficácia ao princípio da isonomia à luz dos postulados da impessoalidade e da supremacia do interesse público. Inexistência de direito constitucional à remarcação de provas em razão de circunstâncias pessoais dos candidatos. Segurança jurídica. Validade das provas de segunda chamada realizadas até a data da conclusão do julgamento" (RE 630.733, rel. Min. Gilmar Mendes, j. 15-5-2013, Plenário, *DJe* de 20-11-2013, com repercussão geral). Observação: foi editada, em 2019, a Lei n. 13.796, que permite aos alunos de instituição de ensino pública ou privada, de qualquer nível, o direito de, o direito de, mediante prévio e motivado requerimento, ausentar-se de prova ou de aula marcada para dia em que, segundo os preceitos de sua religião, seja vedado o exercício de tais atividades, devendo-se-lhe atribuir, a critério da instituição e sem custos para o aluno, prestação alternativa (ver comentário no item sobre escusa de consciência).

Igualdade e constitucionalidade da Lei n. 11.096/2005 (PROUNI – Programa Universidade para Todos). "A desigualação em favor dos estudantes que cursaram o ensino médio em escolas públicas e os egressos de escolas privadas que haja sido contemplados com bolsa integral não ofende a Constituição pátria, porquanto se trata de um descrímen que acompanha a toada da compensação de uma anterior e factual inferioridade ('ciclos cumulativos de desvantagens competitivas'). Com o que se homenageia a insuperável máxima aristotélica de que a verdadeira igualdade consiste em tratar igualmente os iguais e desigualmente os desiguais, máxima que Rui Barbosa interpretou como o ideal de tratar igualmente os iguais, porém na medida em que se igualem; e tratar desigualmente os desiguais, também na medida em que se desigualem" (ADI n. 3.330, rel. Min. Ayres Britto, j. 3-5-2012, Plenário, *DJe* de 22-3-2013).

Igualdade e dignidade humana. "Art. 25 da Lei de Contravenções Penais não recepcionado pela CF/88 (porte de objetos como pé de cabra, gazuas, por pessoas condenadas por furto, roubo ou classificadas como mendigos ou vadios)" (RE 755.565, rel. Min. Gilmar Mendes, j. 3-10-2013).

Igualdade e sexo. Deve existir relação de pertinência. "A regra direciona no sentido da inconstitucionalidade da diferença de critério de admissão considerado o sexo – art. 5º, I, e § 2º do art. 39 da Carta Federal. A *exceção* corre à conta das hipóteses aceitáveis, tendo em vista a ordem socioconstitucional" (RE 120.305, rel. Min. Marco Aurélio, j. 8-9-1994, Segunda Turma, *DJ* de 9-6-1995). No mesmo sentido: RE 528.684, rel. Min. Gilmar Mendes, j. 3-9-2013, Segunda Turma, *DJe* de 26-11-2013.

Igualdade e foro especial da mulher no CPC. Constitucionalidade. "O inciso I do art. 100 do CPC, com redação dada pela Lei 6.515/77, foi recepcionado pela CF de 1988. O foro especial para a mulher nas ações de separação judicial e de conversão da separação judicial em divórcio não ofende o princípio da isonomia entre homens e mulheres ou da igualdade entre os cônjuges" (RE 227.114, rel. Min. Joaquim Barbosa, j. 14-12-2011, Segunda Turma, *DJe* de 22-11-2012). Atualmente, o CPC de 2015 (Lei n. 13.105) aboliu esse tratamento especial à mulher. De acordo com o CPC/2015, o foro especial agora é o do domicílio do guardião do incapaz. Caso não haja incapaz, o foro será o do último domicílio do casal ou, finalmente, o tradicional foro do domicílio do réu (art. 53, I).

Igualdade e altura mínima em cargo público. Necessidade de pertinência com o cargo. "Razoabilidade da exigência de altura mínima para ingresso na carreira de delegado de polícia, dada a natureza do cargo a ser exercido. Violação ao princípio da isonomia. Inexistência" (RE 140.889, rel. p/ o ac. Min. Maurício Corrêa, j. 30-5-2000, Segunda Turma, *DJ* de 15-12-2000).

Igualdade e altura mínima em cargo público. Critérios idôneos e proporcionais. Correlação com a atividade. "Conforme a Jurisprudência desta Suprema Corte, a adoção de requisitos de capacidade física para o acesso a cargos públicos deve observar critérios **idôneos e proporcionais** de seleção, que guardem **correlação** com as atividades a serem desempenhadas pelo servidor. (...) Os limites de estatura estabelecidos pela norma impugnada (referente a bombeiros), que reproduzem a mesma exigência imposta aos militares das Forças Armadas (1,60 m para homens e 1,55 m para mulheres), mostram-se *razoáveis*" (grifo meu. ADI n. 5.044, rel. Min. Alexandre de Moraes, j. 11-10-2018, P, *DJe* de 27-6-2019).

Igualdade e Princípio da Congeneridade. Necessidade da transferência de vaga em instituição de ensino do mesmo sistema: público para público, privado para privado. "(...) é consentânea com a Carta da República previsão normativa asseguradora, ao militar e ao dependente estudante, do acesso a instituição de ensino na localidade para onde é removido. Todavia, a *transferência do local do serviço não pode se mostrar verdadeiro mecanismo para lograr-se a transposição da seara particular para a pública*, sob pena de se colocar em plano secundário a isonomia – art. 5º, cabeça e inciso I –, a impessoalidade, a moralidade na administração pública, a igualdade de condições para o acesso e permanência na escola superior, prevista no inciso I do art. 206, bem como a viabilidade de chegar-se a níveis mais elevados do ensino, no que o inciso V do art. 208 vincula o fenômeno à capacidade de cada qual" (ADI n. 3.324, voto do rel. Min. Marco Aurélio, j. 16-12-2004, Plenário, *DJ* de 5-8-2005).

Igualdade e prova de títulos em concurso público. Necessidade de pertinência da exigência com a seleção do mais apto (inclusive na prova de títulos). Mera função pública não pode servir para título. Concurso público. (...) Prova de títulos: exercício de funções públicas. Viola o princípio constitucional da isonomia norma que estabelece como título o mero exercício de função pública" (ADI n. 3.443, rel. Min. Carlos Velloso, j. 8-9-2005, Plenário, *DJ* de 23-9-2005).

Igualdade e licitação. Exigência que não seja indispensável a garantia de cumprimento da obrigação. Violação. "A lei pode, sem violação do princípio da igualdade, distinguir situações, a fim de conferir a uma tratamento diverso do que atribui a outra. Para que possa fazê-lo, contudo, sem que tal violação se manifeste, é necessário que a discriminação guarde compatibilidade com o conteúdo do princípio. A Constituição do Brasil exclui quaisquer exigências de qualificação técnica e econômica que não sejam indispensáveis à garantia do cumprimento das obrigações. A discriminação, no julgamento da concorrência, que exceda essa limitação é inadmissível" (ADI n. 2.716, rel. Min. Eros Grau, j. 29-11-2007, Plenário, *DJe* de 7-3-2008).

Igualdade e acesso a cargo público. Tratamento diferenciado àquele que já integram o Ministério Público. Possibilidade. "A igualdade, desde Platão e Aristóteles, consiste em tratar-se de modo desigual os desiguais. Prestigia-se a igualdade, no sentido mencionado, quando, no exame de prévia atividade jurídica em concurso público para ingresso no MPF, dá-se tratamento distinto àqueles que já integram o Ministério Público. Segurança concedida" (MS 26.690, rel. Min. Eros Grau, j. 3-9-2008, Plenário, *DJe* de 19-12-2008).

Igualdade e cláusula de barreira em concurso público (por exemplo, regra que elimina para a próxima fase candidato que não for classificado entre os 200 primeiros, mesmo tendo obtido a nota mínima). **Constitucionalidade. "Regras restritivas em editais de concurso público, quando fundadas em critérios objetivos relacionados ao desempenho meritório do candidato, *não* ferem o princípio da *isonomia*. As cláusulas de barreira em concurso público, para seleção dos candidatos mais bem classificados, têm amparo constitucional" (RE 635.739, rel. Min. Gilmar Mendes, j. 19-2-2014, Plenário, *DJe* de 3-10-2014, com repercussão geral).

Igualdade e estrangeiro. Impossibilidade de discriminar por nacionalidade e impedir a progressão da pena. "O fato de o condenado por tráfico de droga ser estrangeiro, estar preso, não ter domicílio no país e ser objeto de processo de expulsão, não constitui óbice à progressão de regime de cumprimento da pena" (HC 97.147, rel. p/ o ac. Min. Cezar Peluso, j. 4-8-2009, Segunda Turma, *DJe* de 12-2-2010). A Lei n. 13.445/2017 (Lei de Migração) assegura ao estrangeiro tais benefícios, na linha desse precedente do STF (art. 30, § 2º, e 54, § 3º).

Igualdade e liberdade de religião. Impossibilidade de participar de exame em data alternativa, para respeito de dia sagrado. "Agravo Regimental em Suspensão de Tutela Antecipada. Pedido de restabelecimento dos efeitos da decisão do Tribunal *a quo* que possibilitaria a participação de estudantes judeus no Exame Nacional do Ensino Médio (ENEM) em data alternativa ao Shabat. Alegação de inobservância ao direito fundamental de liberdade religiosa e ao direito à educação. Medida acautelatória que configura grave lesão à ordem jurídico-administrativa. Em mero juízo de delibação, pode-se afirmar que a designação de data alternativa para a realização dos exames não se revela em sintonia com o princípio da isonomia, convolando-se em privilégio para um determinado grupo religioso". (STA 389-AgR, rel. Min. Presidente Gilmar Mendes, j. 3-12-2009, Plenário, *DJe* de 14-5-2010). Observação. Foi proposta a ADI n. 3.714, que impugnava lei estadual paulista a qual tratou dos horários de provas de concursos públicos e exames vestibulares, estipulando que esses exames deveriam ocorrer preferencialmente "no período de domingo a sexta-feira, no horário compreendido entre as 8h e as 18h". Na eventualidade de ocorrerem em dia de sábado, a lei facultava aos candidatos alegar "motivo de crença religiosa", sendo-lhe assegurada a possibilidade de realização do exame após as 18 horas. Foram alegadas, entre outras inconstitucionalidades (várias formais), a violação do princípio da laicidade do Estado (CF, art. 5º, VI e VIII) e da garantia de igualdade de condições de acesso e permanência na escola (CF, art. 206, I). Contudo, a ADI foi extinta sem julgamento de mérito pela edição, em 2019, da Lei n. 13.796, que permite aos alunos de instituição de ensino pública ou privada, de qualquer nível, o direito de, mediante prévio e motivado requerimento, ausentar-se de prova ou de aula marcada para dia em que, segundo os preceitos de sua religião, seja vedado o exercício de tais atividades, devendo-se-lhe atribuir, a critério da instituição e sem custos para o aluno, prestação alternativa. Caberia ao Autor da ADI impugnar "todas as normas que integram o conjunto normativo apontado como inconstitucional", o que não foi feito, sendo considerado falta de interesse de agir (sobre a prestação alternativa, ver Parte IV, item 8.2 – STF, ADI n. 3.714, rel. Min. Alexandre de Moraes, decisão de 22-2-2019, *DJe* de 26-2-2019).

Igualdade e Teste de Esforço para admissão em cargo público. Desarrazoada a exigência de teste de esforço físico com critérios diferenciados em razão da

faixa etária. "O STF entende que a restrição da admissão a cargos públicos a partir da idade somente se justifica se previsto em lei e quando situações concretas exigem um limite razoável, tendo em conta o grau de esforço a ser desenvolvido pelo ocupante do cargo ou função. No caso, se mostra desarrazoada a exigência de teste de esforço físico com critérios diferenciados em razão da faixa etária" (RE 523.737-AgR, rel. Min. Ellen Gracie, j. 22-6-2010, Segunda Turma, *DJe* de 6-8-2010).

Igualdade e lei estadual instituindo piso regional. "A lei impugnada realiza materialmente o princípio constitucional da isonomia, uma vez que o tratamento diferenciado aos trabalhadores agraciados com a instituição do piso salarial regional visa reduzir as desigualdades sociais. A LC federal 103/2000 teve por objetivo maior assegurar àquelas classes de trabalhadores menos mobilizadas e, portanto, com menor capacidade de organização sindical, um patamar mínimo de salário" (ADI n. 4.364, rel. Min. Dias Toffoli, j. 2-3-2011, Plenário, *DJe* de 16-5-2011).

Igualdade e Tributação. "A isenção tributária que a União Federal concedeu, em matéria de IPI, sobre o açúcar de cana (Lei 8.393/1991, art. 2º) objetiva conferir efetividade ao art. 3º, II e III, da CF. Essa pessoa política, ao assim proceder, pôs em relevo a função extrafiscal desse tributo, utilizando-o como instrumento de promoção do desenvolvimento nacional e de superação das desigualdades sociais e regionais" (AI 360.461-AgR, rel. Min. Celso de Mello, j. 6-12-2005, Segunda Turma, *DJe* de 28-3-2008).

Igualdade e prerrogativa de foro a ex-titular de cargos públicos. Privilégio pessoal inaceitável. "O reconhecimento da prerrogativa de foro, perante o STF, nos ilícitos penais comuns, em favor de ex-ocupantes de cargos públicos ou de ex-titulares de mandatos eletivos transgride valor fundamental à própria configuração da ideia republicana, que se orienta pelo vetor axiológico da igualdade. A prerrogativa de foro é outorgada, constitucionalmente, *ratione muneris*, a significar, portanto, que é deferida em razão de cargo ou de mandato ainda titularizado por aquele que sofre persecução penal instaurada pelo Estado, sob pena de tal prerrogativa – descaracterizando-se em sua essência mesma – degradar-se à condição de inaceitável privilégio de caráter pessoal. Precedentes" (Inq 1.376-AgR, rel. Min. Celso de Mello, j. 15-2-2007, Plenário, *DJ* de 16-3-2007).

Igualdade. Passe livre às pessoas com deficiência carentes no transporte interestadual. "Constitucionalidade da Lei n. 8.899, de 29 de junho de 1994, que concedeu passe livre às pessoas portadoras de deficiência, comprovadamente carentes, no sistema de transporte coletivo interestadual. Incabível a alegação de afronta aos princípios da ordem econômica, da isonomia, da livre iniciativa e do direito de propriedade, além de ausência de indicação de fonte de custeio. (...) Em 30-3-2007, o Brasil assinou, na sede da ONU, a Convenção sobre os Direitos das Pessoas com Deficiência, bem como seu Protocolo Facultativo, comprometendo-se a implementar medidas para dar efetividade ao que foi ajustado. A Lei 8.899/1994 é parte das políticas públicas para inserir os portadores de necessidades especiais na sociedade e objetiva a igualdade de oportunidades e a humanização das relações sociais, em cumprimento aos fundamentos da República de cidadania e dignidade da pessoa humana, o que se concretiza pela definição de meios para que eles sejam alcançados" (ADI n. 2.649, rel. Min. Cármen Lúcia, j. 8-5-2008, Plenário, *DJe* de 17-10-2008).

Idade e Concurso Público. "O limite de idade para a inscrição em concurso público só se legitima em face do art. 7º, XXX, da Constituição, quando possa ser justificado pela *natureza das atribuições do cargo a ser preenchido*" (Súmula 683 do STF). No mesmo sentido, foi aprovada a tese de repercussão geral, pela qual se definiu que "[o] estabelecimento de limite de idade para inscrição em concurso público apenas é legítimo quando justificado pela *natureza das atribuições do cargo a ser preenchido*" (STF, Agravo em RE n. 678.112, Rel. Luiz Fux, j. 25-4-2013 – Tema 646).

Idade e Concurso Público. "Candidata funcionária pública: indeferimento de inscrição fundada em Constituição e imposição legal de limite de idade, *não reclamado pelas atribuições do cargo*, que configura discriminação inconstitucional (CF, arts. 5º e 7º, XXX): (...)" (RE 141.357, rel. Min. Sepúlveda Pertence, j. 14-9-2004, Primeira Turma, *DJ* de 8-10-2004).

Idade e Concurso Público. "A vedação constitucional de diferença de critério de admissão por motivo de idade (CF, art. 7º, XXX) é corolário, na esfera das relações de Trabalho, do princípio fundamental de igualdade (CF, art. 5º, *caput*), que se estende, à falta de exclusão constitucional inequívoca (como ocorre em relação aos militares – CF, art. 42, § 11), a todo o sistema do pessoal civil. *É ponderável, não obstante, a ressalva das hipóteses em que a limitação de idade se possa legitimar como imposição da natureza e das atribuições do cargo a preencher*. Esse não é o caso, porém, quando, como se dá na espécie, a lei dispensa do limite os que já sejam servidores públicos, a evidenciar que não se cuida de discriminação ditada por exigências etárias das funções do cargo considerado" (RMS 21.046, rel. Min. Sepúlveda Pertence, j. 14-12-1990, Plenário, *DJ* de 14-11-1991). No mesmo sentido: AI 722.490-AgR, rel. Min. Ricardo Lewandowski, j. 3-2-2009, Primeira Turma, *DJe* de 6-3-2009.

Igualdade nas Relações Privadas. Discriminação contra Brasileiro por parte de Empresa Multinacional. "Estabelece a Constituição em vigor, reproduzindo nossa tradição constitucional, no art. 5º, *caput* (...). (...) De outra parte, no que concerne aos direitos sociais, nosso sistema veda, no inciso XXX do art. 7º da Constituição Federal, qualquer discriminação decorrente – além, evidentemente, da nacionalidade – de sexo, idade, cor ou estado civil. Dessa maneira, nosso sistema constitucional é contrário a tratamento discriminatório entre pessoas que prestam serviços iguais a um empregador. No que concerne ao estrangeiro, quando a Constituição quis limitar-lhe o acesso a algum direito, expressamente estipulou. (...) Mas o princípio do nosso sistema é o da igualdade de tratamento. Em consequência, não pode uma empresa, no Brasil, seja nacional ou estrangeira, desde que funcione, opere em território nacional, estabelecer discriminação decorrente de nacionalidade para seus empregados, em regulamento de empresa, a tanto correspondendo o estatuto dos servidores da empresa, tão só pela circunstância de não ser um nacional francês. (...) Nosso sistema não admite esta forma de discriminação, quer em relação à empresa brasileira, quer em relação à empresa estrangeira" (RE 161.243, rel. Min. Carlos Velloso, voto do Min. Néri da Silveira, j. 29-10-1996, Segunda Turma, *DJ* de 19-12-1997).

Igualdade e competência da União para legislar sobre direito do trabalho. Lei estadual estipulando sanções a empresas que discriminem mulheres. Inconstitucionalidade. "Lei 11.562/2000 do Estado de Santa Catarina. Mercado de trabalho. Discriminação contra a mulher. Competência da União para legislar sobre direito do trabalho. (...) A Lei 11.562/2000, não obstante o louvável conteúdo material de combate à discriminação contra a mulher no mercado de trabalho, incide em inconstitucionalidade formal, por invadir a competência da União para legislar sobre direito do trabalho" (ADI n. 2.487, rel. Min. Joaquim Barbosa, j. 30-8-2007, Plenário, *DJe* de 28-3-2008).

Igualdade e direito do marido de ser dependente automático da esposa quando a lei só prevê o oposto. Impossibilidade. "A extensão automática da pensão ao viúvo, em obséquio ao princípio da igualdade, em decorrência do falecimento da esposa-segurada, assim considerado aquele como dependente desta, exige lei específica, tendo em vista as disposições constitucionais inscritas no art. 195, *caput*, e seu § 5º, e art. 201, V, da CF" (RE 204.193, rel. Min. Carlos Velloso, j. 30-5-2001, Plenário, *DJ* de 31-10-2002 – ver abaixo possível **superação** desse precedente).

Igualdade e lei estadual que exige invalidez do viúvo para receber a pensão da segurada mulher, não exigindo isso da viúva. Inconstitucionalidade. "(...) a lei estadual mineira, violando o princípio da igualdade do art. 5º, I, da Constituição, exige do marido, para que perceba a pensão por morte da mulher, um requisito – o da invalidez – que, não se presume em relação à viúva, e que não foi objeto do acórdão do RE 204.193, 30-5-2001, Carlos Velloso, *DJ* de 31-10-2002. Nesse precedente, ficou evidenciado que o *dado sociológico que se presume em favor da mulher é o da dependência econômica*, e não a de invalidez, razão pela qual também não pode ela ser exigida do marido. Se a condição de invalidez revela, de modo inequívoco, a dependência econômica, a recíproca não é verdadeira; a condição de dependência econômica não implica declaração de invalidez" (RE 385.397-AgR, rel. Min. Sepúlveda Pertence, j. 29-6-2007, Plenário, *DJ* de 6-9-2007). Possível indicativo da mudança de orientação e superação do precedente do RE 204.193 de 2001 visto acima (este que teria se apoiado no "dado sociológico da dependência da mulher em relação ao homem", que, atualmente, seria percebido como reforço da estereotipação negativa do "papel da mulher" na sociedade e sua inferiorização em face do homem). Vários dos Ministros que votaram em 2001 não mais se encontram no STF. Assim, entendo que, para não perpetuar preconceitos e imaginário social de inferiorização da mulher, é de se assumir a igualdade na fruição de benefícios de pensão entre cônjuges, exigindo-se os mesmos requisitos, com ou sem presunções (p. ex., se não se exige dependência econômica real para a mulher receber a pensão, não se pode exigir para o homem).

Tratamento privilegiado à magistratura federal em detrimento da estadual dado pela EC 41/2003. Subteto estadual inferior ao teto federal é ofensa à isonomia. Poder Judiciário é nacional. "Como se vê, é do próprio sistema constitucional que brota, nítido, o *caráter nacional* da estrutura judiciária. E uma das suas mais expressivas e textuais reafirmações está precisamente – e não, por acaso – na chamada regra de escalonamento vertical dos subsídios, de indiscutível alcance nacional, e objeto do art. 93, V, da Constituição da República, que, dispondo sobre a forma, a gradação e o limite para fixação dos subsídios dos magistrados não integrantes dos Tribunais Superiores, *não lhes faz nem autoriza distinção entre órgãos dos níveis federal e estadual,* senão que, antes, os reconhece a todos como categorias da estrutura judiciária nacional (...)" (ADI n. 3.854-MC, voto do rel. Min. Cezar Peluso, j. 28-2-2007, Plenário, *DJ* de 29-6-2007).

Igualdade e vedação da advocacia pelo Estatuto da OAB aos que desempenham atividade policial. Não violação ao direito à igualdade. "O que pretendeu o legislador foi estabelecer cláusula de incompatibilidade de exercício simultâneo das referidas atividades, por entendê-lo prejudicial ao cumprimento das respectivas funções. Referido óbice não é inovação trazida pela Lei n. 8.906/94, pois já constava expressamente no anterior Estatuto da OAB, Lei n. 4.215/63 (art. 84, XII). Elegeu-se critério de diferenciação compatível com o princípio constitucional da isonomia, ante as peculiaridades inerentes ao exercício da profissão de advogado e das atividades policiais de qualquer natureza" (ADI n. 3.541, rel. Min. Dias Toffoli, j. 12-2-2014, Plenário, *DJe* de 24-3-2014).

Igualdade e Súmula Vinculante 37. "Não cabe ao Poder Judiciário, que não tem função legislativa, aumentar vencimentos de servidores públicos sob o fundamento de isonomia" (SV n. 37, Sessão Plenária de 16-10-2014, *DOU* de 24-10-2014).

Igualdade. Perícia feita por perita mulher em caso de vítima de crime de estupro ser menor de idade do sexo feminino. Diferenciação admitida, desde que não cause maior prejuízo às vítimas. O STF deferiu liminar, determinando que a Lei fluminense n. 8.008/2018 seja interpretada de modo a "reconhecer que as crianças e adolescentes do sexo feminino vítimas de violência sexual deverão ser examinadas por legista mulher desde que a medida não implique retardamento ou prejuízo da investigação" (ADI n. 6.039 – Medida Cautelar, rel. Min. Edson Fachin, j. 13-3-2019). Após, a lei impugnada foi alterada, *alinhando-a* ao entendimento do Supremo Tribunal Federal quando do julgamento da medida cautelar, tendo a ADI perdido o objeto (ADI n. 6.039, rel. Min. Fachin, decisão de 20-4-2020, *DJe* 20-5-2020).

5. LEGALIDADE

Art. 5º, II – ninguém será obrigado a fazer ou deixar de fazer alguma coisa senão em virtude de lei;

5.1. Legalidade e reserva de lei

O *direito à liberdade* consiste na possibilidade de o ser humano atuar com autonomia e livre-arbítrio, salvo se existir lei obrigando-o a fazer ou deixar de fazer algo. Cabe-lhe *liberdade de escolha* até a edição de lei em sentido contrário. Com isso, uma conduta que interfira com a liberdade e bens de uma pessoa exige lei prévia que a autorize. Essa *sintonia entre liberdade e legalidade* é fruto da consagração do Estado de Direito. Fica superada a antiga submissão de todos à vontade do monarca, substituída pela vontade da lei. Nesse sentido, entre o governo dos homens ou o governo das leis, o Estado de Direito optou pelo segundo.

A liberdade tem seus contornos definidos pela vontade da lei, que expressa o desejo social. O art. 5º, II, trata do *princípio da legalidade,* o qual engloba a *lei* em sentido amplo, abrangendo todas as espécies normativas do art. 59 da Constituição, a saber: I – emendas à Constituição; II – leis complementares; III – leis ordinárias; IV – leis delegadas; V – medidas provisórias; VI – decretos legislativos; VII – resoluções. A internacionalização do Direito também não pode ser esquecida: os tratados celebrados pelo Brasil e demais normas internacionais vinculantes podem impor restrições à liberdade.

Atualmente, o Estado Democrático de Direito no Brasil admite várias dimensões do princípio da legalidade, refletindo em especial os novos papéis do Poder Executivo, chamado a participar direta e indiretamente da atividade legislativa. Nesse sentido, são consagrados na doutrina e jurisprudência os seguintes princípios decorrentes da legalidade: 1) princípio da *reserva absoluta de lei;* 2) princípio da *reserva relativa de lei;* 3) princípio da *reserva de lei formal;* 4) princípio da *reserva de lei material.*

O princípio da *reserva absoluta de lei* consiste na exigência de que o tratamento de determinada matéria seja, em sua integralidade, regido pela lei. Não há espaço para a atuação regulamentar discricionária dos agentes públicos executores da lei. Por sua vez, o princípio da *reserva relativa de lei* admite que determinada matéria seja regrada pela lei com espaço para a atuação discricionária do agente.

Por outro lado, o princípio da *reserva de lei formal* consiste na exigência de regência de matéria por ato emanado do Poder Legislativo, fruto do processo legislativo tradicional (iniciativa, deliberação, sanção/veto e promulgação e publicação). A definição do que está incluído nas matérias de reserva de lei formal tem de ser obtida do próprio texto constitucional (HC 85.060, rel. Min. Eros Grau, j. 23-9-2008, Primeira Turma, *DJe* de 13-2-2009).

No Brasil, o Direito Penal é submetido ao princípio da reserva de lei formal (também denominado simplesmente "reserva legal"), para dar sentido ao disposto no art. 5º, XXXIX ("Não haverá crime sem lei anterior que o defina, nem pena sem prévia cominação legal"). Essa interpretação impede eventual redundância deste inciso com o disposto no art. 5º, II. Há, assim, uma faceta *negativa* e uma faceta *positiva* do princípio da *reserva de lei formal.* A faceta negativa implica vedar, "nas matérias a ela sujeitas, quaisquer intervenções normativas, a título primário, de órgãos estatais não legislativos". A faceta positiva "impõe à administração e à jurisdição a necessária submissão aos comandos estatais emanados, exclusivamente, do legislador". A violação dessas facetas resulta "transgressão ao princípio constitucional da separação de poderes" (ADI n. 2.075-MC, rel. Min. Celso de Mello, j. 7-2-2001, Plenário, *DJ* de 27-6-2003, passagens do voto do Relator).

Já o princípio da *reserva de lei material* consiste na exigência de matéria regrada por atos normativos equiparados à lei, mesmo que *não* oriundos do Poder Legislativo. Trata-se do reconhecimento de atos normativos com *força de lei* oriundos do Poder Executivo. A Constituição de 1988 admite uma intensa participação do Poder Executivo na função de legislar, em especial no que tange: 1) à edição de Medida Provisória (art. 62), que tem força de lei sem autorização prévia do Congresso Nacional; 2) à edição de lei delegada (art. 68); e por fim 3) pela edição de decretos mesmo sem lei anterior, sobre organização e funcionamento da administração federal, quando não implicar aumento de despesa nem criação ou extinção de órgãos públicos ou ainda sobre extinção de funções ou cargos públicos, quando vagos (art. 84, VI).

A própria Constituição limita as matérias que podem ser tratadas *sem apoio em lei* aprovada pelo Congresso Nacional. No caso das *medidas provisórias*, estas não podem abarcar regras sobre: a) nacionalidade, cidadania, direitos políticos, partidos políticos e direito eleitoral; b) direito penal, processual penal e processual civil; c) organização do Poder Judiciário e do Ministério Público, a carreira e a garantia de seus membros; d) planos plurianuais, diretrizes orçamentárias, orçamento e créditos adicionais e suplementares, ressalvado o previsto no art. 167, § 3º; e) que visem a detenção ou sequestro de bens, de poupança popular ou qualquer outro ativo financeiro; f) reservadas a lei complementar; g) já disciplinadas em projeto de lei aprovado pelo Congresso Nacional e pendente de sanção ou veto do Presidente da República. Além disso, *não cabe reedição* de medida provisória que tenha sido rejeitada ou tenha perdido a sua eficácia por decurso de prazo na mesma sessão legislativa (art. 62, § 10, da CF/88). Por isso, o STF suspendeu parte da Medida Provisória n. 886/2019, que transferia a competência para a demarcação de terras indígenas da FUNAI para o Ministério da Agricultura, Pecuária e Abastecimento (MAPA). Ficou incontroverso que a citada transferência constava da MP 870, editada em 1º-1-2019, que foi convertida na Lei n. 13.844/2019, ausente tal modificação (rejeitada pelo Congresso Nacional). Foi aprovada a seguinte tese: "Nos termos expressos na Constituição, é vedada a reedição, na mesma sessão legislativa, de medida provisória que tenha sido rejeitada. Com a concessão da presente medida cautelar, subsiste o tratamento normativo anterior, com a vinculação da FUNAI ao Ministério da Justiça" (STF, ADIns 6.172, 6.173 e 6.174, rel. Min. Barroso, julgamento da medida cautelar em 1º-8-2019).

Após, foi aprovada a Lei n. 13.901, de 11-11-2019, que reintroduziu a matéria indígena na atribuição do Ministério da Justiça. Em 2023, a FUNAI deixou de ser "Fundação Nacional do Índio" e passou a ser denominada "Fundação Nacional dos Povos Indígenas", mas foi mantida a sigla FUNAI (Lei n. 14.600/2023).

Quanto à lei delegada, a Constituição dispõe que *não* serão objeto de delegação os atos de competência exclusiva do Congresso Nacional, os de competência privativa da Câmara dos Deputados ou do Senado Federal, a matéria reservada à lei complementar, nem a legislação sobre organização do Poder Judiciário e do Ministério Público, a carreira e a garantia de seus membros; nacionalidade, cidadania, direitos individuais, políticos e eleitorais; planos plurianuais, diretrizes orçamentárias e orçamentos.

Diferentemente dos particulares, o Poder Público é regido pelo *princípio da legalidade estrita*, exposto no art. 37, *caput*, da CF/88, que exige que o Poder Público *só* possa fazer ou deixar de fazer o que está previsto na lei. Logo, o particular pode fazer aquilo que a lei não proíbe e o Poder Público só pode fazer o que é *autorizado* pela lei.

5.2. Os decretos e regulamentos autônomos (CF, art. 84, IV)

O princípio da legalidade, consagrado pela Constituição de 1988, exige que os decretos e regulamentos administrativos meramente explicitem os comandos previamente estabelecidos pela lei. Assim, *proibiu-se* o chamado "decreto ou regulamento autônomo" que seria aquele ato administrativo que, sem apoio na lei, inova o ordenamento jurídico, criando direitos ou obrigações.

Dois dispositivos da Constituição sustentam essa vedação do "decreto autônomo": *o art. 84, IV* ("Art. 84. Compete privativamente ao Presidente da República: (...) V – sancionar, promulgar e fazer publicar as leis, bem como expedir decretos e regulamentos para *sua fiel execução*") e o *art. 25* do Ato das Disposições Constitucionais Transitórias ("Art. 25. Ficam *revogados*, a partir de cento e oitenta dias da promulgação da Constituição, sujeito este prazo a prorrogação por lei, todos os *dispositivos legais que atribuam ou deleguem* a órgão do *Poder Executivo* competência assinalada pela Constituição ao Congresso Nacional, especialmente no que tange a: I – *ação normativa*").

Nesse sentido, decidiu o STF que os "Decretos existem para assegurar a fiel execução das leis (art. 84, IV, da CF/1988) (...). Não havendo lei anterior que possa ser regulamentada, qualquer disposição sobre o assunto tende a ser adotada em lei formal. O decreto seria nulo, não por ilegalidade, mas por inconstitucionalidade, já que supriu a lei onde a Constituição a exige" (ADI n. 1.435-MC, rel. Min. Francisco Rezek, j. 27-11-1996, Plenário, *DJ* de 6-8-1999).

Assim, o poder regulamentar *só* é cabível na existência de lei ou mesmo norma constitucional que já possua todos os atributos para sua fiel execução *(*ADI n. 1.590-MC, rel. Min. Sepúlveda Pertence, j. 19-6-1997, Plenário, *DJ* de 15-8-1997). Com isso, nenhum ato administrativo fruto do poder regulamentar pode criar ou restringir direitos, violando a separação de poderes e a reserva de lei em sentido formal.

Caso isso ocorra, constata-se o chamado "abuso de poder regulamentar", que pode ser atacado pela via judicial e ainda autoriza o Congresso Nacional a sustar os atos normativos do Poder Executivo que exorbitem do poder regulamentar (art. 49, V). (Entre outros precedentes do STF, ver AC 1.033-AgR-QO, rel. Min. Celso de Mello, j. 25-5-2006, Plenário, *DJ* de 16-6-2006.)

5.3. Reserva de lei e reserva de Parlamento

Tema correlato ao do "decreto autônomo" é o da lei que autoriza a edição de decreto regulamentador que inove a ordem jurídica, desde que obedecendo a parâmetros genéricos constitucionais e legais. O debate gira em torno da eventual *delegação inválida* de poderes do Legislativo para o Executivo. A delegação de poder legislativo, salvo hipóteses autorizadas na *própria Constituição* (como, por exemplo, na lei delegada) *ofende* a separação de poderes, uma vez que tal delegação desnaturaria a divisão de poderes estabelecida pelo Poder Constituinte.

Esse tema é discutido em face do *poder normativo das agências reguladoras*, que inova a ordem jurídica, autorizado por disposições genéricas das leis instituidoras e também *em face de determinadas leis* que autorizam atos administrativos de criação de direitos por parte de entes da Administração Pública Direta e Indireta.

Um dos casos decididos no STF era o referente ao do art. 67 da Lei n. 9.478/97, que dispunha que os contratos celebrados pela Petrobras, para aquisição de bens e serviços, seriam precedidos de procedimento licitatório simplificado, a ser definido em decreto do Presidente da República. O Decreto n. 2.745/98 estabeleceu esse procedimento licitatório simplificado, que foi impugnado pelo Tribunal de Contas da União (TCU), tendo declarado a inconstitucionalidade do art. 67 da Lei n. 9.478/97 e do Decreto n. 2.745/98, determinando que a Petrobras observasse os ditames da Lei n. 8.666/93 (Lei das Licitações[42]).

Em Mandado de Segurança interposto pela Petrobras, o Min. Gilmar Mendes suspendeu a decisão do TCU, decidindo que o art. 177, § 2º, II, da CF/88 permite que a lei estabeleça as condições gerais de contração da Petrobras tendo em vista o novo regime de concorrência a que ela se submete após a Emenda Constitucional n. 9/95. Contudo, a Lei n. 13.303/2016 (Lei das Estatais) revogou expressamente o art. 67 da Lei n. 9.478/97, bem como foi editado o novo Regulamento de Licitações e Contratos da Petrobras, cuja vigência se iniciou com sua publicação no Diário Oficial da União no dia 15-1-2018, o que levou a perda do objeto do mandamus (MS 25.888 MC/DF, rel. Min. Gilmar Mendes, decisão pela perda superveniente de objeto de 14-9-2020). A celeuma anterior era sobre se esse regime especial de contratação não deveria ser detalhado na lei e não em mero decreto. Agora, os *critérios e princípios* vetores desse procedimento licitatório diferenciado (que a Petrobras merece, é claro, pois concorre com empresas privadas que *não* se submetem à lei das licitações) foram elencados na Lei das Estatais.

---

[42] A Lei n. 14.133/2021 (nova Lei de Licitação e Contratos Administrativos) determinou a revogação da Lei n. 8.666 "decorridos 2 (dois) anos da publicação" (art. 193, II) da nova lei.

Ainda nessa temática, em 2011, o STF julgou *improcedente* (por 8 votos a 2) a Ação Direta de Inconstitucionalidade n. 4.568 (rel. Min. Cármen Lúcia, j. 3-11-2011, Plenário, *DJe* de 30-3-2012), em que partidos políticos da *oposição* impugnaram dispositivos da Lei n. 12.382, de 25 de fevereiro de 2011, nos quais a *fixação* do valor do salário mínimo até 2015 ficou por conta de *decreto* do Presidente da República *de acordo* com critérios predefinidos pelo legislador.

Para o STF, a lei em questão é *constitucional*, pois não ofendeu a *reserva de lei* estabelecida no art. 7º, IV ("salário mínimo, *fixado em lei*..."), uma vez que o decreto previsto para apuração e divulgação do novo *quantum* salarial é norma administrativa *meramente declaratória* de valor cujos parâmetros (índice de reajuste) foram fixados *legalmente*. Assim, no caso, a lei em questão fixou os critérios que, após, os decretos presidenciais que fixarem o valor do salário mínimo deverão obedecer.

O voto do Min. Gilmar Mendes, apesar de ter anuído com a maioria, foi extremamente crítico, pois considerou que a Constituição, ao tratar da reserva de lei formal (nos casos em que a Constituição exige *lei formal* para reger uma matéria), estabelece, em última análise, uma "*exigência de Reserva de Parlamento*", o que implicaria exigir dos temas um debate mais amplo, com maior visibilidade e participação da sociedade. Por isso, concluiu o Ministro que a referida lei "transita no limite da constitucionalidade" e só votou a favor de sua constitucionalidade pela evidente reversibilidade do regime criado pela Lei n. 12.382/2011 por uma lei ordinária posterior (voto do Min. Gilmar Mendes, ADI n. 4.568, rel. Min. Carmen Lúcia, j. 3-11-2011).

Nessa linha, a Constituição de 1988 traria implicitamente o conceito da "Reserva de Parlamento", que consiste na exigência de necessária *discussão* de determinados temas *no âmbito do Congresso Nacional*, no qual a tensão entre a maioria e minoria enriquece o debate em prol da sociedade. Essa "Reserva de Parlamento" é ainda mais importante no Brasil pela histórica alta volatilidade da "maioria congressual", que é obtida pelo Poder Executivo no início do mandato e depois tende a se desmanchar por interesses eleitorais.

Como exemplos de temas submetidos à "Reserva de Parlamento", trouxe o voto do Min. Mendes os seguintes casos previstos na CF/88:

1) *art. 231, § 5º* ("É vedada a remoção dos grupos indígenas de suas terras, salvo, *ad referendum* do Congresso Nacional, em caso de catástrofe ou epidemia que ponha em risco sua população, ou no interesse da soberania do País, após deliberação do Congresso Nacional, garantido, em qualquer hipótese, o retorno imediato logo que cesse o risco");

2) o *art. 49, XIV* ("É competência exclusiva do Congresso Nacional: (...) XIV – aprovar iniciativas do Poder Executivo referentes a atividades nucleares")

3) o *art. 225, § 6º* ("Art. 225. Todos têm direito ao meio ambiente ecologicamente equilibrado, bem de uso comum do povo e essencial à sadia qualidade de vida, impondo-se ao poder público e à coletividade o dever de defendê-lo e preservá-lo para as presentes e futuras gerações. (...) § 6º As usinas que operem com reator nuclear deverão ter sua localização definida em lei federal, sem o que não poderão ser instaladas").

5.4. Regimentos de tribunais e reserva de lei

Outro ponto sempre questionado no que tange ao princípio da legalidade é o papel que cabe ao *regimento interno de um tribunal*. A Constituição estabelece, em seu art. 22, I, que a competência para legislar sobre Direito Processual é da União; porém, o art. 96, I, *a*, da CF/88 dispõe que compete aos Tribunais "elaborar seus regimentos internos, com observância das normas de processo e das garantias processuais das partes, dispondo sobre a competência e o funcionamento dos respectivos órgãos jurisdicionais e administrativos".

Assim, o regimento interno dos tribunais, por força de expressa disposição da Constituição, podem reger a organização judiciária, levando em consideração as normas processuais ditadas pela lei.

Há uma integração de critérios preestabelecidos na Constituição, nas leis e nos regimentos internos dos tribunais. Esse foi o caso da criação, por normas *regimentais*, de *Varas Federais Especializadas em Crimes contra o Sistema Financeiro Nacional e de Lavagem ou Ocultação de Bens, Direitos e Valores*, que, por *não* terem sido criadas por *lei*, foram questionadas pela Defesa de diversos investigados e réus. Esse foi o caso da alegação de inconstitucionalidade da Resolução n. 10-A/2003, do Tribunal Regional Federal da 5ª Região, que regulamentou a Resolução n. 314/2003, do Conselho da Justiça Federal – CJF, tendo especializado vara federal criminal para processar e julgar os *crimes contra o sistema financeiro nacional e de lavagem ou ocultação de bens, direitos e valores*. Entretanto, o STF decidiu que essa especialização é *constitucional*, pois a Constituição permite que os regimentos fixem normas de organização judiciária *respeitando* as normas processuais gerais (HC 88.660, rel. Min. Cármen Lúcia, j. 15-5-2008, Plenário, *DJe* de 6-8-2014).

No mesmo sentido, decidiu o STF que, "com o advento da CF de 1988, delimitou-se, de forma mais criteriosa, o campo de regulamentação das leis e o dos regimentos internos dos tribunais, cabendo a estes últimos o respeito à reserva de lei federal para a edição de regras de natureza processual (CF, art. 22, I), bem como às garantias processuais das partes, 'dispondo sobre a competência e o funcionamento dos respectivos órgãos jurisdicionais e administrativos' (CF, art. 96, I, *a*). São normas de direito processual as relativas às garantias do contraditório, do devido processo legal, dos poderes, direitos e ônus que constituem a relação processual, como também as normas que regulem os atos destinados a realizar a *causa finalis* da jurisdição" (ADI n. 2.970, rel. Min. Ellen Gracie, j. 20-4-2006, Plenário, *DJ* de 12-5-2006).

Ponto importante na temática da hierarquia normativa dos regimentos dos Tribunais é o *singular estatuto equiparado à lei* do Regimento Interno do Supremo Tribunal Federal (RISTF). Tal regimento foi editado de acordo com a Constituição de 1967 (Emenda n. 1 de 1969), que o dotou de poder normativo primário, com atribuição de dispor sobre processo e julgamento perante o próprio STF (art. 115, parágrafo único, alínea *c*). Houve a recepção do RISTF pela CF/88 com estatura normativa equivalente à do próprio Código de Processo Penal e das leis processuais penais esparsas (AP 409 EI/CE, Ministro Celso de Mello, *DJe* 19-4-2012). Porém, tal situação é *única* mesmo entre os Tribunais Superiores. Conforme decisão da Min. Rosa Weber, os demais regimentos internos de outros Tribunais (inclusive o do Superior Tribunal de Justiça), especialmente quando editados na vigência da Constituição de 1988, *não* podem inovar na ordem processual, pois o art. 22, inciso I, da CF/88 reservou à lei federal a competência para dispor sobre normas de direito processual (STF, HC n. 198.013, Rel. Min. Rosa Weber, decisão de 30-3-2021).

5.5. Resoluções do CNJ e do CNMP

Outro tema envolvendo a eventual inconstitucionalidade de atos administrativos que *inovam* a ordem jurídica diz respeito às resoluções administrativas do Conselho Nacional de Justiça (CNJ) e do Conselho Nacional do Ministério Público (CNMP).

Os precedentes mais rumorosos dizem respeito às Resoluções do CNJ. Nesse caso, prevê *laconicamente* o inciso I do § 4º do art. 103-B da CF/88 que cabe ao CNJ "zelar pela autonomia do Poder Judiciário e pelo cumprimento do Estatuto da Magistratura, podendo expedir atos regulamentares, *no âmbito de sua competência*, ou recomendar providências".

Restam dúvidas sobre o que significaria "no âmbito de sua competência", em especial porque a Constituição estabelece que compete a *Lei Complementar*, de iniciativa do Supremo Tribunal Federal, dispor sobre o Estatuto da Magistratura (atualmente a Lei Complementar n. 35/79).

Assim, várias resoluções do CNJ foram questionadas perante o STF, alegando-se extrapolação de sua função meramente administrativa, o que acarretaria violação das competências do Poder Legislativo. O caso mais rumoroso referente ao *poder normativo do CNJ* foi relativo à Resolução CNJ n. 7/2005, que proibiu práticas de *nepotismo*, como, por exemplo, o exercício de cargo de provimento em comissão ou de função gratificada, no âmbito da jurisdição de cada Tribunal ou Juízo, por cônjuge, companheiro ou *parente em linha reta, colateral* ou por *afinidade*, até o *terceiro grau*, inclusive, dos respectivos membros ou juízes vinculados.

O STF, por maioria – vencido o Ministro Marco Aurélio –, decidiu ser constitucional a resolução, pois essas restrições contra nepotismo teriam sido impostas pela própria Constituição de 1988, por meio dos princípios da *impessoalidade*, da *eficiência*, da *igualdade* e da *moralidade* (ADC 12, rel. Min. Carlos Britto, j. 20-8-2008, Plenário, *DJe* de 18-12-2009).

O STF foi coerente e considerou que outros atos administrativos contrários ao nepotismo não eram ilegais ou inconstitucionais. O fundamento foi o da vedação implícita na Constituição a essa prática de contratação de parentes. Nessa linha, decidiu o STF que "a vedação do nepotismo não exige a edição de lei formal para coibir a prática", pois essa proibição "decorre diretamente dos princípios contidos no art. 37, *caput*, da CF" (passagens do RE 579.951, rel. Min. Ricardo Lewandowski, j. 20-8-2008, Plenário, *DJe* de 24-10-2008, com *repercussão geral*). A Lei n. 14.230/2021 (nova Lei de Improbidade Administrativa) prevê, no art. 11, XI, que constitui ato de improbidade administrativa "nomear cônjuge, companheiro ou parente em linha reta, colateral ou por afinidade, até o terceiro grau, inclusive, da autoridade nomeante ou de servidor da mesma pessoa jurídica investido em cargo de direção, chefia ou assessoramento, para o exercício de cargo em comissão ou de confiança ou, ainda, de função gratificada na administração pública direta e indireta em qualquer dos Poderes da União, dos Estados, do Distrito Federal e dos Municípios, compreendido o ajuste mediante designações recíprocas.

5.6. Precedentes diversos do STF

Inconstitucionalidade dos Decretos Autônomos – I. "Se a interpretação administrativa da lei, que vier a consubstanciar-se em decreto executivo, divergir do sentido e do conteúdo da norma legal que o ato secundário pretendeu regulamentar, quer porque tenha este se projetado *ultra legem*, quer porque tenha permanecido *citra legem*, quer, ainda, porque tenha investido *contra legem*, a questão caracterizará, sempre, típica crise de legalidade, e não de inconstitucionalidade, a inviabilizar, em consequência, a utilização do mecanismo processual da fiscalização normativa abstrata. O eventual extravasamento, pelo ato regulamentar, dos limites a que materialmente deve estar adstrito poderá configurar insubordinação executiva aos comandos da lei" (ADI n. 996-MC, rel. Min. Celso de Mello, j. 11-3-1994, Plenário, *DJ* de 6-5-1994).

Inconstitucionalidade dos Decretos Autônomos – II. "Decretos existem para assegurar a fiel execução das leis (art. 84, IV, da CF/88). A EC 8, de 1995 – que alterou o inciso XI e alínea *a* do inciso XII do art. 21 da CF –, é expressa ao dizer que compete à União explorar, diretamente ou mediante autorização, concessão ou permissão, os serviços de telecomunicações, nos termos da lei. Não havendo lei anterior que possa ser regulamentada, qualquer disposição sobre o assunto tende a ser adotada em lei formal. O decreto seria nulo, não por ilegalidade, mas por inconstitucionalidade, já que supriu a lei onde a Constituição a exige. A Lei n. 9.295/96 não sana a deficiência do ato impugnado, já que ela é posterior ao decreto" (ADI n. 1.435-MC, rel. Min. Francisco Rezek, j. 27-11-1996, Plenário, *DJ* de 6-8-1999).

Reserva legal. Instituição de emolumentos cartorários por resolução do Tribunal de Justiça. Impossibilidade. "A instituição dos emolumentos cartorários pelo Tribunal de Justiça afronta o princípio da reserva legal. Somente a lei pode criar, majorar ou reduzir os valores das taxas judiciárias. Precedentes. Inércia da União Federal em editar normas gerais sobre emolumentos. Vedação aos Estados para legislarem sobre a matéria com fundamento em sua competência suplementar. Inexistência" (ADI n. 1.709, rel. Min. Maurício Corrêa, j. 10-2-2000, Plenário, *DJ* de 31-3-2000).

Nova redação do art. 84, VI. Decreto Presidencial válido. "Pagamento de servidores públicos da administração federal. Liberação de recursos. Exigência de prévia autorização do Presidente da República. Os arts. 76 e 84, I, II e VI, *a*, todos da CF, atribuem ao Presidente da República a posição de chefe supremo da administração pública federal, ao qual estão subordinados os Ministros de Estado. Ausência de ofensa ao princípio da reserva legal, diante da nova redação atribuída ao inciso VI do art. 84 pela EC 32/2001, que permite expressamente ao Presidente da República dispor, por decreto, sobre a organização e o funcionamento da administração federal, quando isso não implicar aumento de despesa ou criação de órgãos públicos, exceções que não se aplicam ao decreto atacado" (ADI n. 2.564, rel. Min. Ellen Gracie, j. 8-10-2003, Plenário, *DJ* de 6-2-2004).

Reserva legal. Aumento de servidores públicos por ato administrativo. Impossibilidade. "Em tema de remuneração dos servidores públicos, estabelece a Constituição o princípio da reserva de lei. É dizer, em tema de remuneração dos servidores públicos, nada será feito senão mediante lei, lei específica. CF, art. 37, X, art. 51, IV, art. 52, XIII. Inconstitucionalidade formal do Ato Conjunto 1, de 05-11-2004, das Mesas do Senado Federal e da Câmara dos Deputados" (ADI n. 3.369-MC, rel. Min. Carlos Velloso, j. 16-12-2004, Plenário, *DJ* de 18-2-2005.) No mesmo sentido: ADI n. 3.306, rel. Min. Gilmar Mendes, j. 17-3-2011, Plenário, *DJe* de 7-6-2011.

Teto de remuneração de servidor público por decreto. Aplicabilidade imediata da Constituição. Possibilidade. "Servidor público: teto de remuneração (CF, art. 37, XI): autoaplicabilidade. Dada a eficácia plena e a aplicabilidade imediata, inclusive aos entes empresariais da administração indireta, do art. 37, XI, da Constituição, e do art. 17 do ADCT, a sua implementação – não dependendo de complementação normativa – não parece constituir matéria de reserva à lei formal e, no âmbito do Executivo, à primeira vista, podia ser determinada por decreto, que encontra no poder hierárquico do Governador a sua fonte de legitimação" (ADI n. 1.590-MC, rel. Min. Sepúlveda Pertence, j. 19-6-1997, Plenário, *DJ* de 15-8-1997).

Reserva legal e aumento da alíquota do Imposto de Importação por Decreto. Possibilidade. "É compatível com a Carta Magna a norma infraconstitucional que atribui a órgão integrante do Poder Executivo da União a faculdade de estabelecer as alíquotas do Imposto de Exportação. Competência que não é privativa do Presidente da República. Inocorrência de ofensa aos arts. 84, *caput*, IV, e parágrafo único, e 153, § 1º, da CF ou ao princípio de reserva legal. Precedentes. Faculdade discricionária atribuída à Câmara de Comércio Exterior – CAMEX, que se circunscreve ao disposto no Decreto-Lei 1.578/1977 e às demais normas regulamentares" (RE 570.680, rel. Min. Ricardo Lewandowski, j. 28-10-2009, Plenário, *DJe* de 4-12-2009, com repercussão geral).

Reserva legal e crimes militares. "Os crimes militares situam-se no campo da exceção. As normas em que previstos são exaustivas. Jungidos ao princípio constitucional da reserva legal – inciso XXXIX do art. 5º da carta de 1988 – Hão de estar tipificados em dispositivo próprio, a merecer interpretação estrita. Competência – Homicídio – Agente: militar da reserva – Vítima: policial militar em serviço. Ainda que em serviço a vítima – policial militar, e não militar propriamente dito – a competência é da Justiça comum. Interpretação sistemática e teológica dos preceitos constitucionais e legais regedores da espécie" (HC 72.022, rel. Min. Néri da Silveira, j. 9-2-1995, Plenário, *DJ* de 28-4-1995).

Legalidade e cola eletrônica. Vazio legislativo penal até dezembro de 2011. "Não se pode pretender a aplicação da analogia para abarcar hipótese não mencionada no dispositivo legal (*analogia in malam partem*). Deve-se adotar o fundamento constitucional do princípio da legalidade na esfera penal. Por mais reprovável que seja a lamentável prática da 'cola eletrônica', a persecução penal não pode ser legitimamente instaurada sem o atendimento mínimo dos direitos e garantias constitucionais vigentes em nosso Estado Democrático de Direito. Denúncia rejeitada, por maioria, por reconhecimento da atipicidade da conduta descrita nos autos como 'cola eletrônica'" (Inq 1.145, rel. p/ o ac. Min. Gilmar Mendes, j. 19-12-2006, Plenário, *DJe* de 4-4-2008.) Esse precedente motivou a edição da Lei n. 12.550, de 16 de dezembro de 2011, que criou o novo tipo penal do art. 311-A no CP, sobre "fraudes em certames de interesse público: *Utilizar ou divulgar, indevidamente, com o fim de beneficiar a si ou a outrem, ou de comprometer a credibilidade do certame, conteúdo sigiloso de: I – concurso público; II – avaliação ou exame públicos; III – processo seletivo para ingresso no ensino superior; ou IV – exame ou processo seletivo previstos em lei: Pena – reclusão, de 1 (um) a 4 (quatro) anos, e multa*".

Crime de responsabilidade e reserva legal. Competência privativa da União. "Entenda-se que a definição de crimes de responsabilidade, imputáveis embora a autoridades estaduais, é matéria de Direito Penal, da competência privativa da União – como tem prevalecido no Tribunal – ou, ao contrário, que, sendo matéria de responsabilidade política de mandatários locais, sobre ela possa legislar o Estado-membro – como sustentam autores de tomo – o certo é que estão todos acordes em tratar-se de questão submetida à reserva de lei formal, não podendo ser versada em decreto legislativo da Assembleia Legislativa" (ADI n. 834, rel. Min. Sepúlveda Pertence, j. 18-2-1999, Plenário, *DJ* de 9-4-1999).

Revisão judicial do critério de correção de prova de Bancas de Concurso Público, em nome do controle de legalidade. Impossibilidade. "Não compete ao Poder Judiciário, no *controle de legalidade*, substituir banca examinadora para avaliar respostas dadas pelos candidatos e notas a elas atribuídas. (...) Excepcionalmente, é permitido ao Judiciário juízo de compatibilidade do conteúdo das questões do concurso com o previsto no edital do certame" (RE 632.853, rel. Min. Gilmar Mendes, j. 23-4-2015, Plenário, *DJe* de 29-6-2015, com repercussão geral, grifo meu).

Legalidade e exame psicotécnico em concurso público. Súmula Vinculante 44 e Súmula 686. "Só por lei se pode sujeitar a exame psicotécnico a habilitação de candidato a cargo público" (SV 44, Sessão Plenária de 8-4-2015, *DOU* de 17-4-2015).

Requisito previsto em edital de concurso público não amparado na lei. Impossibilidade. "Os requisitos do edital para o ingresso em cargo, emprego ou função pública devem ter por fundamento lei em sentido formal e material" (STF, RE 898.450/SP, rel. Min. Luiz Fux, j. 17-8-2016, *Informativo do STF* n. 841).

Legalidade proporcional e requisitos em concursos públicos: o caso das tatuagens. "(...) a tatuagem reveladora de um simbolismo ilícito e incompatível com o desempenho da função pública pode mostrar-se inaceitável. Um policial não pode exteriorizar sinais corporais, como tatuagens, que conflitem com esta *ratio*, como, a título de ilustração, tatuagens de palhaços, que significam, no ambiente marginal, o criminoso que promove o assassinato de policiais. (...) A tatuagem, desde que não expresse ideologias terroristas, extremistas e contrárias às instituições democráticas, que incitem a violência e a criminalidade, ou incentivem a discriminação ou preconceitos de raça e sexo, ou qualquer outra força de intolerância, é compatível com o exercício de qualquer cargo público" (STF, RE 898.450/SP, rel. Min. Luiz Fux, j. 17-8-2016, *Informativo do STF* n. 841).

Legalidade estrita e "Lista Suja" de empregadores que tenham submetido trabalhadores a condições análogas à de escravo. O STF considerou que a edição da Portaria contendo Cadastro de empregadores que tenham submetido trabalhadores a condições análogas à de escravo cumpre o princípio da legalidade estrita, pois tratou de dar concretude ao "princípio da transparência ativa" da Lei de Acesso à Informação (arts. 3º, incisos I e II, e 7º, inciso VII, alínea "b"). Também o "Cadastro" deu efetividade ao direito à informação – art 5º, XXXIII, e respeitou o devido processo legal, uma vez que lançamento, no Cadastro, do nome do empregador ocorre após decisão administrativa irrecorrível, observadas as garantias do contraditório e ampla defesa (STF, ADPF n. 509, rel. Min. Marco Aurélio, Sessão Virtual de 4-9-2020 a 14-9-2020).

6. DIREITO À INTEGRIDADE FÍSICA E PSÍQUICA

Art. 5º, III – ninguém será submetido a tortura nem a tratamento desumano ou degradante;

6.1. Direito à integridade física e moral

O *direito à integridade física* consiste na intangibilidade física do ser humano, que merece proteção contra tratamento cruel, degradante, desumano ou tortura. Já o direito à integridade *psíquica ou moral* implica a vedação do tratamento desonroso ou que cause sofrimento psíquico desnecessário ou odioso.

A Constituição de 1988 trata explicitamente da integridade física e moral no art. 5º, XLIX ("é assegurado aos presos o respeito à integridade física e moral") e ainda no que tange à aposentadoria de servidores públicos (art. 40, § 4º, III) e dos segurados do regime geral da previdência social (art. 201, § 1º), dispondo, em ambos os casos, que a lei estabelecerá regime diferenciado em caso de atividades exercidas sob condições especiais que prejudiquem a integridade física.

Implicitamente, o direito à integridade física e moral decorre do art. 5º, III, que protege o ser humano contra a tortura, tratamento degradante e desumano ("III – ninguém será submetido a tortura nem a tratamento desumano ou degradante"), a ser estudado no próximo item.

A Declaração Universal dos Direitos Humanos prevê que "ninguém será submetido à tortura, nem a tratamento ou castigo cruel, desumano ou degradante" (artigo V). Já Convenção Americana de Direitos Humanos dispõe que "Art. 5. 2. Ninguém deve ser submetido a torturas, nem a penas ou tratos cruéis, desumanos ou degradantes. Toda pessoa privada de liberdade deve ser tratada com o respeito devido à dignidade inerente ao ser humano".

No Brasil, a intangibilidade física também impede que haja condutas invasivas do corpo humano, sem a anuência do titular, salvo para proteção de outros valores constitucionais, como, por exemplo, para salvar sua vida ou a de terceiros. No campo penal, a utilização contra a vontade do titular de partes do seu corpo para fins probatórios será enfrentada no comentário ao art. 5º, LXIII ("o preso será informado de seus direitos, entre os quais o de permanecer calado, sendo-lhe assegurada a assistência da família e de advogado"), que concretiza o direito de não ser obrigado a se autoincriminar (garantia contra a autoincriminação, *nemo tenetur se detegere*).

No campo cível, discutiu-se a intangibilidade física nos casos de não cooperação do réu em ação cível de investigação de paternidade, que se recusa a fornecer material para o exame de DNA. Apesar do altíssimo grau de certeza do DNA, que asseguraria o *direito da personalidade de se conhecer sua própria ascendência*, o STF decidiu, por maioria, que a integridade física, no caso, *prepondera*, devendo o juiz da causa utilizar a presunção de paternidade em desfavor daquele que recusou o exame e outros elementos que constem do processo (testemunhas do relacionamento amoroso, correspondência etc. – STF, HC 71.373, rel. p/ o ac. Min. Marco Aurélio, j. 10-11-1994, Plenário, *DJ* de 22-11-1996).

Será discutida, na **Parte IV**, item 52 deste Curso, a questão da vacinação obrigatória prevista na Lei n. 13.979/2020 ("Lei da Pandemia") em face da pandemia da COVID-19.

6.2. A tortura (art. 5º, III e XLIII) e seu tratamento constitucional e internacional

A Constituição dispõe, no inciso III do art. 5º, que "ninguém será submetido à tortura". Logo depois, no inciso XLIII do mesmo art. 5º, impõe que a lei "considerará crimes inafiançáveis e insuscetíveis de graça ou anistia a prática da *tortura*, (...)", por eles respondendo os mandantes, os executores e os que, podendo evitá-los, se omitirem.

Retomou-se, então, a previsão da Constituição Imperial de 1824, que em seu art. 179, XIX, estabeleceu: "*Desde já ficam abolidos os açoites, a tortura, a marca de ferro quente, e todas as mais penas cruéis*".

A tortura foi sistematicamente utilizada pelo regime militar no Brasil (1964-1985) em diversos presos políticos, sendo a apuração de tais fatos bárbaros um dos objetivos da *Comissão Nacional da Verdade* instituída pela Lei n. 12.528/2011.

A Constituição de 1988 não definiu "tortura", tendo deixado tal tarefa para a jurisprudência, secundada pelos tratados internacionais e pela lei (9.455/97).

Para a jurisprudência do STF, decidiu o Ministro Celso de Mello que "o delito de tortura – por comportar formas múltiplas de execução – *caracteriza-se pela inflição de tormentos e suplícios que exasperam, na dimensão física, moral ou psíquica em que se projetam os seus efeitos, o sofrimento da vítima por atos de desnecessária, abusiva e inaceitável crueldade*" (HC 70.389/SP, rel. p. Acórdão Min. Celso de Mello, *DJ* de 10-8-2001, passagem de voto, grifo meu).

A Convenção das Nações Unidas contra a Tortura e outros tratamentos ou penas cruéis, desumanos ou degradantes, adotada em 10 de dezembro de 1984 (promulgada internamente pelo Decreto n. 40, de 15-2-1991), designa tortura como *qualquer ato* pelo qual (i) dores ou sofrimentos agudos, físicos ou mentais, (ii) são infligidos intencionalmente a uma pessoa a fim de obter, dela ou de uma terceira pessoa, (iii) *informações ou confissões*; de (iv) *castigá-la* por ato que ela ou uma terceira pessoa tenha cometido ou seja suspeita de ter cometido; (v) de *intimidar* ou *coagir* esta pessoa ou outras pessoas; ou (vi) por qualquer motivo baseado em *discriminação de qualquer natureza*; (vii) quando tais dores ou sofrimentos são infligidos por um *funcionário público* ou outra pessoa no exercício de funções públicas, ou por sua instigação, ou com o seu consentimento ou aquiescência".

A Convenção ainda determina que não se considerará como tortura as dores ou sofrimentos que sejam consequência unicamente de *sanções legítimas*, ou que sejam inerentes a tais sanções ou delas decorram. Por sua vez, a Convenção da ONU, em seu art. 5º, § 2º, estabelece o princípio do *aut dedere, aut judicare,* pelo qual o Estado contratante tem o dever de extraditar ou julgar o torturador que esteja sob sua jurisdição, não importando a nacionalidade do autor, vítima ou local que a tortura tenha ocorrido (*jurisdição universal condicionada* à presença do autor no território estatal). Também estabelece o art. 5º o dever do Estado de criminalizar a tortura, no caso dela ocorrer em seu território (princípio da territorialidade da lei penal), ou, caso ocorra fora do seu território, for seu nacional o *autor* (princípio da nacionalidade ativa, justificando a extraterritorialidade da lei penal) ou a vítima (princípio da nacionalidade passiva).

Assim, para essa Convenção, a tortura é ato que (i) inflige *dores ou sofrimentos agudos* (físicos ou mentais), (ii) intencionalmente, (iii) por agente público (diretamente ou com sua aquiescência), (iv) para: 1) obter confissão ou obter informação; ou 2) castigar por ato próprio ou de terceiro; ou 3) para intimidar ou coagir; ou 4) por discriminação de qualquer natureza (por exemplo, torturar um homossexual por sua orientação sexual).

A Convenção de 1984 é criticada por ter adotado uma definição estrita de tortura, dando a entender que a tortura não pode ser cometida por omissão e negligência. Também foi alvo de polêmicas a menção a "sanções legítimas" que descaracterizam a tortura, exigência na época da negociação do tratado dos países que adotam castigos corporais. Essa menção a "sanções legítimas" pode ser utilizada de modo abusivo por países, como os Estados Unidos, interessados em justificar os seus meios de interrogatórios de suspeitos de prática de atos de terrorismo (ver mais sobre tratamento cruel e o art. 16 da Convenção da ONU contra a Tortura abaixo).

Já a Convenção Interamericana para Prevenir e Punir a Tortura, de 9 de dezembro de 1985 (promulgada internamente pelo Decreto n. 98.386/89), dispõe que a tortura é "todo ato pelo qual são infligidos intencionalmente a uma pessoa *penas ou sofrimentos físicos ou mentais*, com fins de *investigação criminal*, como meio de *intimidação*, como *castigo* pessoal, como *medida preventiva*, como *pena* ou com qualquer outro fim". Tal convenção cria uma *figura equiparada de tortura,* ao dispor que *também* é tortura "a aplicação, sobre uma pessoa, de *métodos tendentes a anular a personalidade da vítima*, ou a *diminuir sua capacidade física ou mental*, embora não *causem dor física ou angústia psíquica*" (art. 2º, parte final). A Convenção dispõe que não estarão compreendidos no conceito de tortura as dores ou sofrimentos que sejam consequências unicamente de sanções legítimas, ou que sejam inerentes a tais sanções ou delas decorram.

Comparando a Convenção das Nações Unidas de 1984 com a Convenção Interamericana de 1985, temos as seguintes *convergências*:

a) ambas considerando tortura como "sofrimentos físicos e mentais";

b) para fins de investigação penal, intimidação, castigo pessoal.

Já as *divergências* são as seguintes:

a) só a Convenção da ONU exige que a tortura seja feita por agente público ou com sua aquiescência;

b) só a Convenção da ONU exige que o sofrimento seja agudo;

c) a Convenção Interamericana tipifica como tortura o ato de imposição de sofrimento físico e psíquico com "qualquer fim";

d) a Convenção Interamericana admite que pode ser tortura determinada pena ou medida preventiva;

e) a Convenção Interamericana criou a "figura equiparada", ou seja, são equiparadas a tortura medidas que não infligem dor ou sofrimento, mas diminuem a capacidade física ou mental.

Além dessas definições, o Estatuto de Roma (que criou o Tribunal Penal Internacional) conceituou *tortura como sendo o ato por meio do qual uma dor ou sofrimentos agudos, físicos ou mentais, são intencionalmente causados a uma pessoa que esteja sob a custódia ou o controle do acusado;* este termo *não* compreende a dor ou os sofrimentos resultantes unicamente de sanções legais, inerentes a essas sanções ou por elas ocasionadas (artigo 7.2).

O STF utilizou a *definição de tortura* prevista na Convenção da ONU de 1984 (incorporada internamente em 1991) para dar sentido ao tipo estabelecido no art. 233 do Estatuto da Criança e do Adolescente ("Art. 233. Submeter criança ou adolescente sob sua autoridade, guarda ou vigilância a *tortura*: Pena – reclusão de um a cinco anos" – HC 70.389/SP, rel. p/ o ac. Min. Celso de Mello, *DJ* de 10-8-2001).

No que tange à divisão de competência judicial interna para apurar o crime de tortura cometido contra brasileiro no exterior, o Superior Tribunal de Justiça decidiu que o crime de tortura praticado integralmente em território *estrangeiro* contra brasileiros não é, inicialmente, de competência da Justiça Federal, pois não é aplicável o art. 109, V, da CF (que dispõe que compete à Justiça Federal processar e julgar "os crimes previstos em tratado ou convenção internacional, quando, iniciada a execução no País, o resultado tenha ou devesse ter ocorrido no estrangeiro, ou reciprocamente") por não se tratar de um crime a distância. Todavia, é possível que a Justiça Federal venha a julgar tal fato, caso ocorra o deslocamento de competência, de acordo com o art. 109, V-A e § 5º, da CF/88 (STJ, CC 107.397-DF, rel. Min. Nefi Cordeiro, j. 24-9-2014)[43].

Por outro lado, na hipótese de ter existido *pedido de cooperação jurídica passiva de transferência de processo* por parte do Estado estrangeiro, a competência é da Justiça Federal, à luz do art. 109, IV, da CF, em nome do interesse da União em cumprir o pedido sob promessa de reciprocidade ou tratado cooperacional (como, por exemplo, um tratado de extradição). Tem-se a consagração do princípio do direito internacional *aut dedere, aut indicare* ou *extradita revel iudicare*, pelo qual se evita a ausência de punição aos brasileiros não extraditáveis e que cometeram o crime fora do território nacional (STJ, RHC n. 110.733, rel. Min. Ribeiro Dantas, Terceira Seção, j. 18-8-2020, *DJe* de 24-8-2020).

6.2.1. O crime de tortura previsto na Lei n. 9.455/97

A Lei n. 9.455, de 7 de abril de 1997, define tortura como sendo "*constranger* alguém com *emprego de violência ou grave ameaça*, causando-lhe *sofrimento físico ou mental*:

a) com o fim de obter informação, declaração ou confissão da vítima ou de terceira pessoa;

b) para provocar ação ou omissão de natureza criminosa;

c) em razão de discriminação racial ou religiosa".

Ainda, há o *subtipo de tortura* que consiste em submeter alguém, sob sua guarda, poder ou autoridade, com emprego de violência ou grave ameaça, a intenso sofrimento físico ou mental, como forma de aplicar *castigo pessoal* ou *medida* de *caráter preventivo*. Há *outro subtipo de tortura* que determina que, na mesma pena incorre quem submete pessoa *presa* ou sujeita a *medida de segurança* a *sofrimento físico ou mental* por intermédio da prática de *ato não previsto em lei ou não resultante de medida legal.*

Comparando o disposto nos diplomas internacionais ratificados pelo Brasil e a Lei n. 9.455/97, nota-se que a *lei brasileira é mais próxima do diploma interamericano*, pois é mais ampla que a

---

[43] Veja os requisitos do IDC acima neste *Curso*.

Convenção da ONU, que considera essencial ser a tortura cometida por agente público ou com sua aquiescência.

Assim, para a lei brasileira, a tortura exige: 1) sofrimento físico ou mental causado a alguém; 2) emprego de violência ou grave ameaça; 3) para obter informação, declaração ou confissão da vítima ou de terceira pessoa; 4) ou para provocar ação ou omissão de natureza criminosa; 5) ou, então, em razão de discriminação *racial* ou *religiosa*.

O tipo penal nacional não contempla a *violência imprópria*, por meio de uso de droga ou outra substância análoga. Assim, a tortura provocada pelo uso de droga pode configurar, por exemplo, crime de abuso de autoridade. Por outro lado, o subtipo de tortura relativo à aplicação de castigo pessoal ou medida de caráter preventivo, bem como o subtipo referente à tortura contra pessoa presa ou sujeita a medida de segurança, são semelhantes ao disposto na Convenção Interamericana. A qualidade de agente público é causa de aumento de pena (de um sexto até um terço) de acordo com a Lei n. 9.455/97.

Por seu turno, o art. 1º, § 6º, da Lei n. 9.455/97 determina que o crime de tortura é *inafiançável* e *insuscetível* de graça e anistia, reproduzindo o art. 5º, XLIII, da CF/88. A lei não impede a concessão do indulto, uma vez que o art. 84, XII, da CF/88, referente ao indulto, nenhuma restrição impõe.

Quanto à *extraterritorialidade da jurisdição* que incumbe ao Brasil pelo art. 7º da Convenção da ONU de 1984, o art. 2º da Lei n. 9.455/97 determina que a lei é aplicável – ainda quando o crime não tenha sido cometido no território nacional, *desde que a vítima brasileira* ou *ainda encontrando-se o agente em local sob jurisdição brasileira*. Assim, há dois casos de extraterritorialidade: 1) pelo princípio da *personalidade passiva*, quando a vítima da tortura for brasileira; e 2) pelo princípio da *universalidade da jurisdição*, quando o agente torturador encontra-se em território brasileiro.

Por fim, o art. 4º da Lei n. 9.455/97 revogou expressamente o art. 233 da Lei n. 8.069/90 (Estatuto da Criança e do Adolescente). Consequentemente, a tortura realizada em criança ou adolescente é regida pela Lei n. 9.455/97, que, nesse caso, prevê tal situação como *causa de aumento de pena* de um sexto até um terço (art. 1º, § 4º, II). Também é causa de aumento de pena na mesma dosagem o crime contra *gestante, pessoa com deficiência ou maior de 60 (sessenta) anos*, ou ainda se o crime é cometido mediante sequestro.

QUADRO DA LEI N. 9.455/97

Constitui crime de tortura

A) Constranger alguém com violência ou grave ameaça, causando-lhe sofrimento físico ou mental:
   - a.1) com o fim de obter informação, declaração ou confissão da vítima ou de terceira pessoa;
   - a.2) para provocar ação ou omissão de natureza criminosa;
   - a.3) em razão de discriminação racial ou religiosa (cuidado, não é todo tipo de discriminação)

B) Submeter alguém, sob sua *guarda*, *poder* ou *autoridade*, com emprego de violência ou grave ameaça, a intenso sofrimento físico ou mental:
   - b.1) como forma de aplicar castigo pessoal;
   - b.2) medida de caráter preventivo (intimidação).

6.2.2. O tratamento desumano ou degradante

A Constituição de 1988 prevê a proibição do "tratamento desumano ou degradante" no mesmo inciso III do art. 5º, que veda ainda a tortura. O tratamento desumano ou degradante consiste em toda *conduta que leva a humilhações, rebaixando e erodindo a autoestima e a estima social de uma pessoa, violando sua dignidade*. O tratamento desumano *abarca* o degradante: o tratamento desumano é aquele que humilha e degrada, e, além disso, provoca severo sofrimento físico ou mental irrazoável (por isso, desumano). O tratamento degradante é aquele que cria em suas vítimas o sentimento de inferioridade e humilhação.

Vários precedentes da Corte Europeia de Direitos Humanos confirmam a diferença entre tortura e tratamento desumano. Para a Corte EDH, intérprete da Convenção Europeia de Direitos Humanos (1950), a tortura é uma conduta (ação ou omissão) pela qual é imposto intenso *sofrimento* físico ou mental, com uma finalidade que pode ser obter confissão ou informação, castigar, intimidar, em razão de discriminação, quando o responsável *for* agente público. Assim, a tortura seria o *tratamento desumano agravado* e com *finalidade específica* (Corte EDH, Selmouni v. França, j. 28 -7-1999).

No Brasil, a tortura também tem finalidade específica (ver a Lei n. 9.455/97 acima comentada). Os demais tratamentos degradantes podem ser objeto do tipo de *maus-tratos* (art. 136 do CP: "Expor a perigo a vida ou a saúde de pessoa sob sua *autoridade, guarda ou vigilância*, para fim de educação, ensino, tratamento ou custódia, quer privando-a de alimentação ou cuidados indispensáveis, quer sujeitando-a a trabalho excessivo ou inadequado, quer abusando de meios de correção ou disciplina") ou ainda *abuso de autoridade* (por exemplo, art. 13, II, da Lei n. 13.869/2019 – Lei do Abuso de Autoridade: "constranger o preso ou o detento, mediante violência, grave ameaça ou redução de sua capacidade de resistência, a: [...] II – submeter-se a situação vexatória ou a constrangimento não autorizado em lei").

No tocante à proteção da integridade física e psíquica da criança e do adolescente, foi editada, em 26 de junho de 2014, a Lei n. 13.010, conhecida como "Lei da Palmada" ou "Lei Menino Bernardo". Essa lei alterou a Lei n. 8.069/90 (Estatuto da Criança e do Adolescente – ECA), para estabelecer o direito da criança e do adolescente de serem educados e cuidados sem o uso de castigos físicos ou de tratamento cruel ou degradante.

Para a Lei n. 13.010, o castigo físico consiste em toda ação de natureza disciplinar ou punitiva aplicada com o uso da força física sobre a criança ou o adolescente que resulte em (a) sofrimento físico ou (b) lesão. Por seu turno, a lei define tratamento cruel ou degradante como sendo toda conduta ou forma cruel de tratamento em relação à criança ou ao adolescente que a humilhe, ou ameace gravemente, ou ainda a ridicularize. Sem prejuízo de outras sanções criminais (maus-tratos) ou cíveis (por exemplo, a perda do poder familiar); houve a previsão de sanções administrativas a serem impostas pelo Conselho Tutelar, aplicadas de acordo com a gravidade do caso, a saber: I – encaminhamento a programa oficial ou comunitário de proteção à família; II – encaminhamento a tratamento psicológico ou psiquiátrico; III – encaminhamento a cursos ou programas de orientação; IV – obrigação de encaminhar a criança a tratamento especializado; V – advertência.

6.2.3. Tortura e penas ou tratos cruéis, desumanos ou degradantes como conceito integral. Diferenciação entre os elementos do conceito na jurisprudência da Corte Europeia de Direitos Humanos (caso irlandês) e seus reflexos no art. 16 da Convenção da ONU contra a Tortura de 1984

A Convenção contra a Tortura e tratamento desumano e degradante criou uma divisão entre "tortura" e outros atos que constituem tratamentos ou penas cruéis, desumanos ou degradantes, mas que não são considerados "tortura", tal como definida no art. 1º da Convenção. De acordo com o art. 16 da Convenção, os Estados se comprometem a *coibir e punir tais atos*, quando forem cometidos por funcionário público ou outra pessoa no exercício de funções públicas, ou por sua instigação, ou com o seu consentimento ou aquiescência.

A inspiração da redação do art. 16 foi fruto de tratamento desumano a prisioneiros realizado em plena Europa democrática, no seio da luta antiterrorista britânica. Em 1971, o Reino Unido deflagrou a "Operação Demetrius" para reprimir ativistas suspeitos de integrar ou apoiar o IRA (Irish Revolutionary Army) na Irlanda do Norte e deteve quase 350 pessoas. Várias delas foram submetidas às chamadas "5 técnicas" (*five techniques*) de interrogatório, que consistiam em:

obrigação de ficar em pé por horas e horas, usar capuz cobrindo toda a cabeça (retratado em foto célebre de prisioneiro iraquiano na Prisão de *Abu Ghraib*, Iraque, feita por soldados norte-americanos), sujeição a ruído excessivo, privação de sono e privação de comida e água por prazo indeterminado. Tudo voltado para desorientar, enfraquecer, gerar privação de sentidos, intimidar, obtendo a total sujeição do prisioneiro para seus propósitos.

Essas técnicas são comumente conhecidas como "tortura invisível" e foram usadas também por diversas ditaduras no mundo. A Irlanda, então, processou o Reino Unido perante a Corte Europeia de Direitos Humanos (Corte EDH), na primeira demanda interestatal de todo o sistema europeu de direitos humanos[44]. Porém, a Corte EDH, em julgamento de 18 de janeiro de 1978, considerou que tais técnicas não eram tortura, mas sim tratamento cruel e desumano, proibido no art. 3º da Convenção Europeia de Direitos Humanos.

Por isso, em 1984, a Convenção da ONU quis evitar que Estados utilizassem essas técnicas (e outras) sob a alegação de que não se trataria de "tortura". Pelo art. 16 da Convenção, o tratamento cruel, degradante e desumano também deve ser coibido e punido.

Em 1999, mostrando a evolução do sistema europeu de direitos humanos, a Corte EDH modificou sua posição, citando expressamente a Convenção da ONU contra a Tortura de 1984, no *Caso Selmouni vs. França* e considerou que atos como submeter o prisioneiro a "corredor polonês" (fazê-lo correr entre duas fileiras de policiais e ser espancado), assediá-lo verbalmente pela sua origem árabe, ser alvo de urina de um policial, obrigá-lo a simular sexo oral com um policial, ameaçá-lo com uma seringa, entre diversas outras condutas descritas no caso, foram *além do tratamento degradante e consistiram em tortura*. Para a Corte EDH, a tortura pode ser sintetizada em atos, com características *cruéis e severas*, de violência física e mental, *considerados em seu conjunto*, que causam dor e sofrimento agudo. Com isso, a Corte modificou seu posicionamento, uma vez que adota a *interpretação evolutiva* da Convenção Europeia de Direitos Humanos (tida como um "instrumento vivo"), sustentando que atos que hoje são caracterizados como degradantes ou desumanos podem, no futuro, ser caracterizados como tortura.

6.2.4. Experimentação humana e seus limites bioéticos: casos de convergência com o conceito de tortura

O uso de seres humanos como cobaias não voluntárias em pesquisas "médicas" pode gerar sofrimento agudo que converge com o conceito de tortura.

Há vários casos dramáticos da história, como os envolvendo experimentos nazistas do Dr. *Josef Mengele* (conhecido como "Anjo da Morte" e morto sob nome falso em Bertioga, São Paulo, em 1979) ou os da *Unidade 731* das forças japonesas de ocupação na China (1933-1945), que levaram à realização de testes sobre a tolerância do corpo humano à dor, à hipotermia, a doenças infecciosas, ao uso intenso de água salgada, entre outros, impondo *sofrimento e dor intensos*.

Em 2009, o Presidente Barack Obama instituiu a *Comissão Presidencial para Estudo de Questões Bioéticas*, que, entre outros, investigou a experimentação não voluntária em seres humanos feita por pesquisadores norte-americanos na Guatemala, durante os anos 40 do século passado, por meio da inoculação de doenças sexualmente transmissíveis (em especial sífilis).

O Direito Internacional Humanitário prevê que é crime de guerra as violações graves às Convenções de Genebra, de 12 de agosto de 1949, a saber, *qualquer ato de tortura ou outros tratamentos desumanos, incluindo as experiências biológicas*, dirigidos contra pessoas ou bens protegidos nos termos das Convenções de Genebra (art. 8º, § 2º, do Estatuto de Roma, já incorporado internamente pelo Decreto n. 4.388/2002).

---

[44] Sobre o sistema europeu de direitos humanos, ver CARVALHO RAMOS, André de. *Processo internacional de direitos humanos*. 7. ed. São Paulo: Saraiva, 2022.

6.3. Precedentes do STF e do STJ

Integridade Física e Exame Compulsório de DNA em Ação de Investigação de Paternidade. Impossibilidade. "Discrepa, a mais não poder, de garantias constitucionais implícitas e explícitas – preservação da dignidade humana, da intimidade, da intangibilidade do corpo humano, do império da lei e da inexecução específica e direta de obrigação de fazer – provimento judicial que, em ação civil de investigação de paternidade, implique determinação no sentido de o réu ser conduzido ao laboratório, 'debaixo de vara', para coleta do material indispensável à feitura do exame DNA. A recusa resolve-se no plano jurídico-instrumental, consideradas a dogmática, a doutrina e a jurisprudência, no que voltadas ao deslinde das questões ligadas à prova dos fatos" (STF, HC 71.373, rel. p/ o ac. Min. Marco Aurélio, j. 10-11-1994, Plenário, *DJ* de 22-11-1996).

Integridade Física e Exame de DNA, sem consentimento da mulher, na placenta após sua expulsão do corpo. Possibilidade. "Coleta de material biológico da placenta, com propósito de fazer exame de DNA, para averiguação de paternidade do nascituro, embora a oposição da extraditanda. (...) Bens jurídicos constitucionais como 'moralidade administrativa', 'persecução penal pública' e 'segurança pública' que se acrescem – como bens da comunidade, na expressão de Canotilho – ao direito fundamental à honra (CF, art. 5º, X), bem assim direito à honra e à imagem de policiais federais acusados de estupro da extraditanda, nas dependências da Polícia Federal, e direito à imagem da própria instituição, em confronto com o alegado direito da reclamante à intimidade e a preservar a identidade do pai de seu filho" (STF, Rcl 2.040-QO, rel. Min. Néri da Silveira, j. 21-2-2002, Plenário, *DJ* de 27-6-2003).

Algemas e infâmia social. "As algemas, em prisões que provocam grande estardalhaço e comoção pública, cumprem, hoje, exatamente o papel da infâmia social. E esta é uma pena que se impõe antes mesmo de se finalizar a apuração e o processo penal devido, para que se fixe a punição necessária a fim de que a sociedade imponha o direito a que deve se submeter o criminoso. Se a prisão é uma situação pública – e é certo que a sociedade tem o direito de saber quem a ela se submete – é de se acolher como válida juridicamente que se o preso se oferece às providências policiais sem qualquer reação que coloque em risco a sua segurança, a de terceiros e a ordem pública não há necessidade de uso superior ou desnecessário de força ou constrangimento. Nesse caso, as providências para coagir não são uso, mas abuso de medidas e instrumentos. E abuso, qualquer que seja ele e contra quem quer que seja, é indevido no Estado Democrático. A Constituição da República, em seu art. 5º, III, em sua parte final, assegura que ninguém será submetido a tratamento degradante, e, no inciso X daquele mesmo dispositivo, protege o direito à intimidade, à imagem e à honra das pessoas. De todas as pessoas, seja realçado. Não há, para o direito, pessoas de categorias variadas. O ser humano é um e a ele deve ser garantido o conjunto dos direitos fundamentais. As penas haverão de ser impostas e cumpridas, igualmente por todos os que se encontrem em igual condição, na forma da lei" (STF, HC 89.429, voto da rel. Min. Cármen Lúcia, j. 22-8-2006, Primeira Turma, *DJ* de 2-2-2007).

Algemas e Tratamento degradante no Tribunal do Júri. Réu sem passado de violência. Impossibilidade do uso de algemas. Se não há segurança suficiente,

deve ser adiada a sessão do júri. "(...). Diante disso, indaga-se: surge harmônico com a Constituição mantê-lo, no recinto, com algemas? A resposta mostra-se iniludivelmente negativa. (...) Da leitura do rol das garantias constitucionais – art. 5º –, depreende-se a preocupação em resguardar a figura do preso. A ele é assegurado o respeito à integridade física e moral – inciso XLIX. (...) Ora, estes preceitos – a configurarem garantias dos brasileiros e dos estrangeiros residentes no País – repousam no inafastável tratamento humanitário do cidadão, na necessidade de lhe ser preservada a dignidade. Manter o acusado em audiência, com algema, sem que demonstrada, ante práticas anteriores, a periculosidade, significa colocar a defesa, antecipadamente, em patamar inferior, não bastasse a situação de todo degradante. (...) Quanto ao fato de apenas dois policiais civis fazerem a segurança no momento, a deficiência da estrutura do Estado não autorizava o desrespeito à dignidade do envolvido. Incumbia, sim, inexistente o necessário aparato de segurança, o adiamento da sessão, preservando-se o valor maior, porque inerente ao cidadão" (STF, HC 91.952, voto do rel. Min. Marco Aurélio, j. 7-8-2008, Plenário, *DJe* de 19-12-2008.)

Algemas. Uso permitido para proteger direitos de terceiros ou do próprio acusado. "O uso de algemas durante audiência de instrução e julgamento pode ser determinado pelo magistrado quando presentes, de maneira concreta, riscos à segurança do acusado ou das pessoas ao ato presentes" (STF, Rcl 9.468-AgR, rel. Min. Ricardo Lewandowski, j. 24-3-2011, Plenário, *DJe* de 11-4-2011).

Algemas e Súmula Vinculante 11. "Só é lícito o uso de algemas em casos de resistência e de fundado receio de fuga ou de perigo à integridade física própria ou alheia, por parte do preso ou de terceiros, justificada a excepcionalidade por escrito, sob pena de responsabilidade disciplinar, civil e penal do agente ou da autoridade e de nulidade da prisão ou do ato processual a que se refere, sem prejuízo da responsabilidade civil do Estado" (STF, Sessão Plenária de 13-8-2008).

Tortura e Extradição. Território Palestino, mas ocupado por Israel. Extraterritorialidade da lei, prevista na Convenção da ONU de 1984, no combate à tortura permite a extradição. "(...) a própria natureza do crime de tortura já autoriza a flexibilização da regra geral de competência jurisdicional penal (o princípio da territorialidade da lei incriminadora). (...). Quero dizer: em matéria de delito de tortura, abre-se a oportunidade para que os Estados-partes estabeleçam a sua própria jurisdição criminal, ainda que os delitos objeto de eventual pedido de extradição *extrapolem os limites das respectivas fronteiras*. Sendo assim, e a partir da simples leitura das alíneas 'b' e 'c' do parágrafo 1º do Artigo 5º, combinado com o parágrafo 4º do Artigo 8º da 'Convenção contra a Tortura', basta a nacionalidade do autor (princípio da nacionalidade ativa) ou da suposta vítima (princípio da nacionalidade passiva) para que o Governo requerente possa, legitimamente, subscrever o pedido de extradição. Isto, não me custa repetir, com apoio na regra da extraterritorialidade da lei criminal, expressamente autorizada pela referida Convenção. (...)" (STF, Extr 1.122, rel. Min. Carlos Britto, j. 21-5-2009).

Tortura e criança. Caracterização. "Tenho para mim, desse modo, que o policial militar que, a pretexto de exercer atividade de repressão criminal em nome do Estado, inflige, mediante desempenho funcional abusivo, *danos físicos a menor momentaneamente sujeito ao seu poder de coerção, valendo-se desse meio* *executivo para intimidá-lo e coagi-lo à confissão de determinado delito*, pratica, inequivocamente, o *crime de tortura*, tal como tipificado pelo art. 233 do Estatuto da Criança e do Adolescente, expondo-se, em função desse comportamento arbitrário, a todas as consequências jurídicas que decorrem da Lei 8.072/1990 (art. 2º), editada com fundamento no art. 5º, XLIII, da Constituição" (STF, HC 70.389, voto do rel. Min. Celso de Mello, j. 23-6-1994, Plenário, *DJ* de 10-8-2001.) **O art. 233 foi expressamente revogado pela Lei n. 9.455/97, que rege o tema no Brasil.**

Tortura e criança. Caracterização. "(...) Ressai dos fatos narrados na denúncia que a paciente tinha a guarda provisória e precária da vítima e a submeteu a intolerável e intenso sofrimento psicológico e físico ao praticar, em continuidade delitiva, *diversas agressões verbais e violência física, de forma a caracterizar o crime de tortura* descrito no art. 1º, inciso II, combinado com o § 4º, inciso II da Lei 9.455/97" (STJ, HC 172.784/RJ, rel. Min. Napoleão Nunes Maia Filho, j. 3-2-2011, 5ª Turma, *DJU* de 21-2-2011).

Dano Moral imprescritível em caso de tortura, não incidência da prescrição quinquenal de ações contra a Fazenda Pública. "O dano noticiado, caso seja provado, atinge o mais consagrado direito da cidadania: o de respeito pelo Estado à vida e de respeito à dignidade humana. O delito de *tortura* é hediondo. A *imprescritibilidade* deve ser a regra quando se busca indenização por danos morais consequentes da sua prática" (STJ, REsp 379.414/PR, rel. Min. José Delgado, *DJ* de 17-2-2003). No mesmo sentido: "Tortura. Dano moral. Fato notório. Nexo causal. Não incidência da prescrição quinquenal -- art. 1º Decreto 20.910/1932. *Imprescritibilidade*. (...) 11. A dignidade humana desprezada, *in casu*, decorreu do fato de ter sido o autor torturado revelando flagrante violação a um dos mais singulares direitos humanos, os quais, segundo os tratadistas, são inatos, universais, absolutos, inalienáveis e *imprescritíveis*.(...)" (STJ, REsp 1165986/SP, Min. Luiz Fux, j. 16-11-2010, *DJU* de 4-2-2011).

Tortura e ação de improbidade. Possibilidade. "Em síntese, atentado à vida e à liberdade individual de particulares, praticado por agentes públicos armados – incluindo tortura, prisão ilegal e "justiçamento", afora repercussões nas esferas penal, civil e disciplinar, pode configurar improbidade administrativa, porque, além de atingir a pessoa-vítima, alcança simultaneamente interesses caros à Administração em geral, às instituições de segurança pública em especial, e ao próprio Estado Democrático de Direito (STJ, REsp 1177910/SE, rel. Min. Herman Benjamin, j. 26-8-2015, *DJe* de 17-2-2016). Com a alteração da Lei de Improbidade (Lei n. 14.230/22) e nova redação do art. 11 da lei, **este precedente encontra-se superado.**

7. LIBERDADE DE PENSAMENTO E EXPRESSÃO DA ATIVIDADE INTELECTUAL, ARTÍSTICA, CIENTÍFICA E DE COMUNICAÇÃO

Art. 5º, IV – é livre a manifestação do pensamento, sendo vedado o anonimato;

V – é assegurado o direito de resposta, proporcional ao agravo, além da indenização por dano material, moral ou à imagem;

IX – é livre a expressão da atividade intelectual, artística, científica e de comunicação, independentemente de censura ou licença;

7.1. Conceito e alcance

A liberdade de expressão consiste no *direito de manifestar, sob qualquer forma, ideias e informações de qualquer natureza*. Por isso, abrange a produção intelectual, artística, científica e de comunicação de quaisquer ideias ou valores. Para o STF, a liberdade de expressão engloba a *livre manifestação do pensamento, a exposição de fatos atuais ou históricos e a crítica* (HC 83.125, rel. Min. Marco Aurélio, j. 16-9-2003, Primeira Turma, *DJ* de 7-11-2003). Tem uma dimensão *individual* (direito de se expressar e de ser protegido contra atos que impeçam tal manifestação) e uma dimensão *coletiva*, que consiste no direito coletivo de receber informações e de conhecer a expressão do pensamento de outrem (STF, ADI n. 2.566, Rel. p/ o ac. Min. Edson Fachin, Tribunal Pleno, *DJe* de 23-10-2018). Nessa linha, a Declaração Universal dos Direitos Humanos é clara: a liberdade de opinião e expressão inclui o direito de, sem interferência, (i)*ter opiniões* e (ii) de *procurar*, (iii) *receber* e (iv) *transmitir* informações e ideias por quaisquer meios e independentemente de fronteiras (artigo XIX).

A forma *não* é relevante: o STF decidiu que o *gesto de mostrar as nádegas* em público, em reação a críticas da plateia em um teatro, ainda que a conduta seja "inadequada e deseducada", está inserido na liberdade de expressão (HC 83.996/RJ rel. Min. Gilmar Mendes, j. 17-8-2004).

A liberdade de expressão é prevista, inicialmente, no art. 5º, IV, da CF. Há, contudo, dispositivos constitucionais *correlatos*, como o art. 5º, VI, que dispõe sobre a liberdade religiosa (ver abaixo), ou ainda o art. 5º, IX, que prevê a liberdade intelectual, artística, científica e de comunicação, *independentemente de censura e licença* e o art. 5º, XIV, que assegura o direito ao acesso à informação. Para a Ministra Cármen Lúcia, a censura é definida como sendo uma "forma de controle da informação. Alguém, que não o autor do pensamento e do que quer se expressar, impede a produção, a circulação ou a divulgação do pensamento ou, se obra artística, do sentimento. Enfim, controla-se a palavra ou a forma de expressão do outro. Pode-se afirmar que se controla o outro" (STF, ADI n. 4.815, rel. Min. Cármen Lúcia, j. 10-6-2015, *DJe* de 1º-2-2016, voto da Ministra, § 29).

A liberdade de expressão consiste em um direito que *alicerça* o exercício de outras liberdades, sendo indispensável para a consecução do direito à democracia. É refletida em vários dispositivos da Constituição, tais como a liberdade de manifestação do pensamento (art. 5º, IV), a liberdade de expressão da atividade intelectual, artística, científica e de comunicação, independentemente de censura ou licença (art. 5º, IX).

Pela sua importância para a vida em sociedade é tida como um *direito preferencial* que se sobrepõe, inicialmente, a outros direitos. Porém, não está imune a limites em face do choque com outros direitos (como o direito à privacidade), mas, justamente pelo caráter de *pilar* de vários direitos e da democracia exercido pela liberdade de expressão, se exige do intérprete que verifique com maior rigor a intensidade da violação do outro direito ou valor constitucional.

Do ponto de vista do alcance, a liberdade de expressão possui uma dupla dimensão: é tida como direito individual, mas possui uma dimensão coletiva.

Em sua dimensão individual, a liberdade de expressão consiste no direito de externalizar, de forma oral, escrita (ou outro meio), uma determinada opinião ou mensagem, abrangendo, ainda, o direito de uso de qualquer meio apropriado para difundir o pensamento. Nesse sentido, a Corte Interamericana de Direitos Humanos (Caso Olmedo Bustos e outros vs. Chile – "A Última Tentação de Cristo") fixou que a expressão e a difusão de ideias e informações são indivisíveis, resultando que restrição indevida à divulgação é uma ofensa à liberdade de expressão.

Em sua dimensão coletiva, a liberdade de expressão abrange o acesso a *meios* que permitem a oferta ou o intercâmbio de ideias e informações (*direito de receber informações*), bem como o *direito de conhecer* o pensamento alheio. Tal dimensão coletiva abarca o direito do indivíduo de se fazer comunicar ao maior número possível de pessoas, compreendendo também o direito de ter acesso a opiniões e informações. Para a Corte IDH, "para o cidadão comum tem tanta importância o conhecimento da opinião alheia ou da informação de que dispõem os outros como o direito a difundir sua própria" (Opinião Consultiva OC-5/85, de 13 de novembro de 1985).

7.2. Espécies de censura e a proteção da criança e do adolescente

A Constituição de 1988 protege a liberdade de manifestação do pensamento também em outro título da Constituição (Título VIII, referente à "ordem social"), no capítulo da "Comunicação Social". O art. 220, *caput*, prevê, novamente, a liberdade de manifestação do pensamento, da criação, da expressão e informação, sob qualquer forma e veículo. O art. 220, § 1º, assegura a liberdade de informação *jornalística* em qualquer veículo de comunicação social e seu § 2º veda expressamente qualquer censura de natureza política, artística ou ideológica.

A *repetição* da *vedação da censura* (arts. 5º, IX, e 220, § 2º) não deixa qualquer dúvida sobre a orientação constitucional a favor da liberdade de pensamento, contrária a qualquer forma de censura.

Inicialmente, a censura consiste em ato estatal de direcionamento ou vedação da expressão do indivíduo ou da imprensa, o que é proibido pela Constituição. Para o STF, "não cabe ao Estado, por qualquer dos seus órgãos, definir previamente o que pode ou o que não pode ser dito por indivíduos e jornalistas" (ADI n. 4.451-REF-MC, rel. Min. Ayres Britto, j. 2-9-2010, Plenário, *DJe* de 1º-7-2011) e ainda "(...) a Lei Fundamental do Brasil veicula o mais democrático e civilizado regime da livre e plena circulação das ideias e opiniões" (ADPF 130, rel. Min. Ayres Britto, j. 30-4-2009, Plenário, *DJe* de 6-11-2009).

Porém, o STF reconheceu também a *ilegitimidade* da censura *privada*. Em 2015, o Supremo Tribunal Federal, por unanimidade, deu interpretação conforme à Constituição aos arts. 20 e 21 do Código Civil[45], sem redução de texto, para declarar *inexigível* o consentimento de pessoa biografada relativamente a obras biográficas literárias ou audiovisuais, sendo por igual desnecessária autorização de pessoas retratadas como coadjuvantes (ou de seus familiares, em caso de pessoas falecidas – ADI n. 4.815, rel. Min. Cármen Lúcia, j. 10-6-2015, Plenário, *DJe* de 1º-2-2016). A biografia, pelo voto da Relatora, consiste "na escrita (ou o escrito) sobre a vida de alguém, relatando-se o que se apura e se interpreta sobre a sua experiência mostrada", sendo considerada uma obra artística, que não pode ficar sujeita à "censura privada" (autorização do biografado, coadjuvantes ou de seus familiares), dada a eficácia horizontal dos direitos humanos (que vinculam os particulares, inclusive). Assim, a proibição de "censura" do art. 5º, IX, abrange tanto atos estatais quanto de particulares. Eventual dano à honra, à imagem ou à intimidade deve ser resolvido pela outorga de indenização, à luz do art. 5º, X.

Ainda no que tange à *censura estatal* de obras, a Procuradoria-Geral da República, em 2019, ingressou com pedido de suspensão de liminar para fazer valer ordem judicial contra a Prefeitura do Rio de Janeiro, que havia notificado a organização da tradicional Bienal do Livro do Rio de Janeiro para que não permitisse a comercialização de livros sobre o tema da homotransexualidade, comercializados sem embalagem lacrada e advertência quanto ao conteúdo. A Prefeitura invocou a proteção integral da criança (art. 227 da CF/88) e dispositivos do Estatuto da Criança

---

[45] "Art. 20. Salvo se autorizadas, ou se necessárias à administração da justiça ou à manutenção da ordem pública, a divulgação de escritos, a transmissão da palavra, ou a publicação, a exposição ou a utilização da imagem de uma pessoa poderão ser proibidas, a seu requerimento e sem prejuízo da indenização que couber, se lhe atingirem a honra, a boa fama ou a respeitabilidade, ou se se destinarem a fins comerciais. Parágrafo único. Em se tratando de morto ou de ausente, são partes legítimas para requerer essa proteção o cônjuge, os ascendentes ou os descendentes. Art. 21. A vida privada da pessoa natural é inviolável, e o juiz, a requerimento do interessado, adotará as providências necessárias para impedir ou fazer cessar ato contrário a esta norma."

e do Adolescente. Dando razão à PGR, o Min. Presidente do STF decidiu que houve ofensa à liberdade de expressão artística e informação, à igualdade, bem como discriminação pela orientação sexual e de gênero. De fato, as relações homoafetivas representam também forma de constituição de família e *não* podem ser equiparadas a tema de "conteúdo impróprio ou inadequado à infância e juventude" do ECA (STF, Suspensão de Liminar n. 1.248, decisão monocrática da Presidência de 8-9-2019).

7.3. O monitoramento de ideias: o efeito inibidor nas escolas

Tem-se observado, nos últimos anos no Brasil, discurso de defesa de forte intervenção estatal para combater uma certa "doutrinação ideológica" na área da educação. Esses movimentos (como, por exemplo, o movimento "Escola Sem Partido") partem da premissa de que as escolas brasileiras, em especial aquelas que compõem o sistema público de ensino, praticam essa "doutrinação ideológica" e, portanto, seriam necessárias medidas legais para fiscalizar e limitar a atuação de professores e professoras, proibindo que expressem suas opiniões (consideradas impróprias) em sala de aula. Contudo, esse pleito de forte intervenção estatal na área da educação ofende a liberdade de cátedra e o pluralismo de ideias que caracterizam o direito à educação[46].

Também foi visto o movimento de determinados juízes eleitorais buscando associar a liberdade de expressão nos ambientes universitários à "propaganda eleitoral" em seu sentido negativo (depreciando um candidato). Provocado pela PGR, o STF decidiu que são nulos atos judiciais ou administrativos da Justiça Eleitoral os quais possibilitem, determinem ou promovam (i) ingresso de agentes públicos em universidades públicas e privadas; (ii) recolhimento de documentos; (iii) interrupção de aulas; (iv) debates ou manifestações de docentes e discentes universitários pela "prática de manifestação livre de ideias e divulgação de pensamento nos ambientes universitários" (ver abaixo a liberdade de expressão no ambiente eleitoral – ADPF 548, rel. min. Cármen Lúcia, j. 15-5-2020, Plenário, *DJe* de 9-6-2020).

Por sua vez, o Min. Edson Fachin ordenou a suspensão dos efeitos de decisão judicial que permitia a deputada estadual (Santa Catarina) estimular, em sua página do Facebook, estudantes a apontarem manifestações de professores de cunho político-partidário ou ideológico que os estudantes considerassem humilhantes ou ofensivas à liberdade de crença e consciência. Para o Min. Fachin, existiu ofensa à decisão do próprio STF na ADPF 548, promovida pela Procuradoria-Geral da República (PGR), que assegura a livre manifestação do pensamento e de ideias em ambiente acadêmico (STF, Reclamação n. 33.137, rel. Min. Edson Fachin, decisão monocrática de 8-2-2019).

O uso de um conceito genérico e excessivamente opaco ("doutrinação ideológica"), resulta em um deletério *efeito inibidor* (também chamado *chilling effect* ou, ainda, "efeito resfriador") pelo qual os docentes, discentes e servidores deixam expor o pluralismo de ideias sobre certo tema em face do receio de serem punidos de alguma forma.

7.4. A liberdade de expressão e o efeito inibidor do uso de sanções cíveis e penais na defesa da honra (o crime de desacato é inconvencional?)

Outra espécie de censura que pode existir é a *censura indireta*, que consiste no uso desproporcional de sanções cíveis e penais na defesa do direito à honra, do direito à intimidade ou outro direito supostamente atingido, bem como na inércia no combate a ataques a jornalistas ou meios de comunicação, com o propósito de desestimular o gozo da liberdade de expressão.

A censura indireta é forma sutil de censura, pois aparentemente o Estado admite a liberdade de expressão, mas possibilita a imposição de pesadas sanções associadas ao seu exercício (por

---

[46] *Vide* Parte IV, item referente ao direito à educação (item 41).

exemplo, fixação judicial ou administrativa de altíssimas somas referentes a supostos danos morais por críticas a autoridades públicas) ou ainda admite passivamente a impunidade dos autores de ataques a jornalistas (investigações policiais inoperantes, casos não solucionados etc.), gerando pernicioso *efeito inibidor* e *autocensura*.

A Corte IDH entende que a censura indireta também é proibida pela Convenção Americana de Direitos Humanos, devendo o Estado impedir a aplicação de sanções desproporcionais ou excessivas que gerem esse tipo de efeito (Caso *Tristán Donoso* v. *Panamá*, 2009).

Em 2000, a Declaração conjunta sobre Censura e ataques a jornalistas do Relator Especial sobre Liberdade de Expressão da Organização das Nações Unidas (ONU), do Relator Especial sobre Liberdade de Expressão da Organização dos Estados Americanos (OEA) e ainda do Representante da Organização para a Segurança e Cooperação da Europa (OSCE) sobre a Liberdade dos Meios de Comunicação, considerou ser forma contemporânea de censura a ausência de punição a autores de assassinatos e outras agressões a jornalistas, que gera dramático efeito inibidor sobre os demais. Essa declaração conjunta enfatizou ainda que a legislação do Estado deve dar preferência a reparações não pecuniárias (por exemplo, o direito de resposta) aptas a restaurar eventualmente o direito à honra e não servir como castigo ou desestímulo ao demandado. Apesar de sua natureza jurídica de *soft law*, a Declaração pode servir de orientação para a interpretação de normas internacionais vinculantes, como a Convenção Americana de Direitos Humanos.

A previsão do *crime de desacato* do Código Penal brasileiro (art. 331[47]) também é tida como ofensiva à liberdade de expressão e o direito à informação pela Comissão Interamericana de Direitos Humanos, que, em sua Declaração de Princípios sobre Liberdade de Expressão (2000 – estudada acima neste *Curso*), estabeleceu que: "Os funcionários públicos estão sujeitos a maior escrutínio da sociedade. As leis que punem a expressão ofensiva contra funcionários públicos, geralmente conhecidas como 'leis de desacato', atentam contra a liberdade de expressão e o direito à informação" (ver abaixo). Gera-se o efeito inibidor do exercício regular da liberdade de expressão e direito de informação, característico da "censura indireta", que deve ser evitada em Estados democráticos, nos quais os servidores públicos devem estar sujeitos ao escrutínio crítico de todos.

No mesmo sentido, a Corte Interamericana de Direitos Humanos considerou violar a Convenção Americana de Direitos Humanos a existência do crime de desacato (ofensa à liberdade de expressão – art. 13), por criar entrave desproporcional aos que criticam o funcionamento dos órgãos públicos e seus membros, suprimindo o debate essencial para o funcionamento de um sistema democrático e restringindo, ao mesmo tempo, de modo desnecessário, a liberdade de pensamento e expressão (Corte Interamericana de Direitos Humanos, *Caso Palamara Iribarne vs. Chile*, sentença de 22 de novembro de 2005, em especial parágrafo 88). Neste caso, o Sr. Iribarne, na época dos fatos servidor civil da Marinha chilena, foi processado por delitos de desobediência e desacato, pela publicação de livro intitulado "Ética y Servicios de Inteligencia", no qual criticou a atuação da inteligência militar chilena.

No Brasil, houve *divergência* jurisprudencial no Superior Tribunal de Justiça. Em dezembro de 2016, a 5ª Turma do STJ afastou a tipicidade do crime de desacato, em virtude de sua incompatibilidade com a Convenção Americana de Direitos Humanos. No voto do Relator, Min. Ribeiro Dantas, salientou-se a necessidade do controle de convencionalidade das leis brasileiras levar em consideração a interpretação internacionalista da Comissão IDH e da Corte IDH, conforme abordado acima. Sobre a Comissão IDH, o voto do Relator, Min. Ribeiro Dantas, esclareceu que

---

[47] "Art. 331. Desacatar funcionário público no exercício da função ou em razão dela: Pena – detenção, de seis meses a dois anos, ou multa."

"As recomendações da CIDH assumem força normativa interna, porquanto, 'no caso Loayza Tamayo v. Peru e nos posteriores, a Corte [Interamericana de Direitos Humanos] sustentou que o princípio da boa-fé, consagrado também na Convenção de Viena sobre Direito dos Tratados, obriga os Estados contratantes da Convenção Americana de Direitos Humanos a realizar seus melhores esforços para cumprir as deliberações da Comissão [CIDH], que é também órgão principal da OEA, organização que tem como uma de suas funções justamente promover a observância e a defesa dos direitos humanos no continente americano" (RAMOS, André de Carvalho. *Processo internacional de direitos humanos*. 4. ed. São Paulo: Saraiva, 2015, p. 234)"[48]. Além disso, a Turma, na dicção do voto do Relator, apontou que a invalidade da tipificação criminal do desacato *não* impede a responsabilidade ulterior, civil ou até mesmo de outra figura típica penal (calúnia, injúria, difamação), pela ocorrência de abuso na expressão verbal ou gestual ofensiva, utilizada perante o funcionário público.

Contudo, em 2017, a Terceira Seção do Superior Tribunal de Justiça, por maioria, considerou *constitucional e convencional* a tipificação interna sobre o crime de desacato[49].

Os argumentos da **maioria vencedora**[50], que constam especialmente dos votos dos Ministros Antonio Saldanha Palheiro e Rogerio Schietti Cruz:

1. O art. 13.2 "a" e "b"[51] da Convenção Americana de Direitos Humanos estipula que a liberdade de expressão *não é absoluta*, permitindo a criação de tipos penais que visem proteger os direitos e da reputação das demais pessoas, bem como a segurança nacional, da ordem pública, ou da saúde ou da moral públicas.

2. A Corte Interamericana de Direitos Humanos decidiu, em vários julgados, que, em casos de abuso da liberdade de expressão, pode ser utilizado o direito penal para a proteção da honra, devendo a aplicação dessas medidas ser avaliada com especial cautela (Caso Ricardo Canese vs. Paraguai, sentença de 31 de agosto de 2004, em especial parag. 104; Caso Kimel vs. Argentina, sentença de 2 de maio de 2008, em especial parags. 71 e 76 e Caso Herrera Ulloa vs. Costa Rica, sentença de 2 de julho de 2004.

3. A posição da Comissão IDH *não é vinculante, sendo mera recomendação*. Quanto aos casos da Corte IDH, embora esta já tenha se pronunciado sobre o tema "leis de desacato" (em especial no caso *Palamara Iribarne vs. Chile*), tratou-se de casos envolvendo a liberdade de expressão e crítica, não sendo especificamente violado o bem jurídico protegido pelo desacato no Brasil. No caso *Palamara Iribarne vs. Chile*, como já exposto acima, tratou-se da publicação de livro crítico ao serviço de inteligência chileno. Assim, as circunstâncias nesses julgados da Corte IDH são *distintas*. Além disso, não há precedente da Corte relacionada ao crime de desacato *tal qual* este é entendido no Brasil (posição expressamente adotada pelo Min. Rogério Schietti Cruz).

---

[48] Voto do Min. Ribeiro Dantas. STJ, REsp n. 1.640.084/SP, rel. Ministro Ribeiro Dantas, 5ª Turma, j. 15-12-2016, DJe 1º-2-2017.

[49] STJ, *Habeas Corpus* n. 379.269/MS, Terceira Seção, rel. para o acórdão Min. Antonio Saldanha Ribeiro, julgamento de 24 de maio de 2017, Data de Publicação: DJe 30-6-2017.

[50] Na Terceira Seção, votaram a favor da constitucionalidade e convencionalidade do crime de desacato os Ministros: Antonio Saldanha Palheiro (relator para acórdão), Felix Fischer, Maria Thereza de Assis Moura, Jorge Mussi, Rogerio Schietti Cruz e Nefi Cordeiro. Votaram vencidos (pela invalidade do crime de desacato, por ofensa à Convenção Americana de Direitos Humanos) os Ministros Reynaldo Soares da Fonseca (relator original) e Ribeiro Dantas.

[51] "Art. 13. Liberdade de pensamento e de expressão (...). 2. O exercício do direito previsto no inciso precedente não pode estar sujeito à censura prévia, mas a responsabilidades ulteriores, que devem ser expressamente previstas em lei e que se façam necessárias para assegurar: *a)* o respeito dos direitos e da reputação das demais pessoas; *b)* a proteção da segurança nacional, da ordem pública, ou da saúde ou da moral públicas."

4. O crime de desacato tutela a dignidade, o prestígio, o respeito devido à função pública e não a honra pessoal do servidor público. O tratamento diferenciado à proteção da função pública é justificada, tendo ainda sido apontado que há tratamento penal mais gravoso ao servidor público, justamente por sua função pública (pena criminal mais elevada do crime de peculato em comparação ao crime de furto etc.)

5. A punição de eventuais ofensas a título de desacato à autoridade para os crimes contra a honra implicaria em não punir situações em que a conduta e o comportamento ilícito não se dirigem, necessariamente, à honra da pessoa.

Em 2018, a 2ª Turma do STF considerou compatível com a Constituição e com a Convenção Americana de Direitos Humanos o crime de desacato a militar (art. 299 do Código Penal Militar), sustentando o Min. Gilmar Mendes que "(...) "O desacato constitui importante instrumento de preservação da lisura da função pública e, indiretamente, da própria dignidade de quem a exerce" (HC 141.949/DF, rel. Min. Gilmar Mendes, *DJe* de 21-3-2018). Em relação ao crime de desacato do Código Penal (art. 331 do CP), a mesma 2ª Turma já o considerou compatível com Constituição Federal de 1988 (CF, art. 5º, IV, da CF), bem como com o disposto no art. 13 da Convenção Americana de Direitos Humanos (Ag. Reg. no RE 1.049.152/DF, rel. Min. Dias Toffoli, j. 7-5-2018, e HC 154.143, decisão monocrática do rel. Min. Celso de Mello, j. 8-8-2018). A justificativa para tal posição é justamente a ausência de caráter absoluto da liberdade de expressão, sendo a criminalização de abusos por meio do desacato um instrumento razoável de tutela da dignidade do cargo ou função pública que o servidor ocupa ou exerce.

Em 2020, foi julgada a ADPF n. 496, sendo fixada a seguinte tese: "Foi recepcionada pela Constituição de 1988 a norma do art. 331 do Código Penal, que tipifica o crime de desacato" (STF, ADPF n. 496, rel. Min. Barroso, j. 22-6-2020).

O voto do relator Min. Barroso realizou o controle de convencionalidade de matriz nacional (o chamado "controle nacional preventivo" na dicção da Corte IDH), destacando:

1) não há caso similar da Corte IDH sobre o crime de desacato tal qual é previsto no Brasil. Os três casos mais citados não são aplicáveis: o caso *Verbitsky v. Argentina* (pois houve solução amistosa), *Palamara Iribarne v. Chile* (porque no Brasil, a conduta não seria desacato, pois a liberdade de expressão, mesmo diante de crítica ácida, prevaleceria) e *Herrera Ulloa v. Costa Rica* (porque seria caso de difamação, e não desacato);

2) o art. 13 da CADH (liberdade de pensamento e expressão) permite que a lei restrinja a liberdade de expressão para respeitar *à ordem e à moral públicas*, protegendo a honra do serviço público prestado pelo servidor público;

3) a jurisprudência da Corte IDH admite que a liberdade de expressão não é um direito absoluto, como se vê no caso *Ricardo Canese vs. Paraguai*. A Corte Europeia de Direitos Humanos (Corte EDH) já considerou que não houve violação à liberdade de expressão protegida pela Convenção Europeia de Direitos Humanos na condenação de indivíduo que ofendeu guardas chamando-os de "imbecis e burros" (Corte EDH, *Janowski v. Polônia*, j. de 21-1-1999);

4) há fundamento na existência do crime de desacato. Os servidores públicos são punidos com maior rigor, mesmo se cometem condutas idênticas a de particulares (por exemplo, peculato) ou mesmo são punidos (e os particulares, não, como é o caso da corrupção passiva, que só abrange agentes públicos). Por isso, é razoável "proteger a função pública exercida pelo funcionário, por meio da garantia, reforçada pela ameaça de pena, de que ele não será menosprezado ou humilhado enquanto se desincumbe dos deveres inerentes ao seu cargo ou função públicos";

5) contudo, o tipo penal do art. 331 (desacato) deve ser interpretado restritivamente, não bastando a (i) ofensa à honra do agente, mas também deve existir (ii) o menosprezo da própria função pública exercida pelo agente e (iii) que o ato perturbe ou obstrua a execução das funções

do funcionário público. Para evitar abusos, o crime de desacato só incide em "casos graves e evidentes de menosprezo à função pública", dando o relator os seguintes exemplos: a) ofensa grosseira e exagerada durante a tentava de realização de testes de alcoolemia (*blitz* de trânsito); b) rasgar mandado judicial entregue pelo oficial de justiça; c) desferimento de tapa. Não pode ser invocado em críticas pela imprensa/redes sociais ou longe da presença do agente. Além disso, as penas são baixas e normalmente sujeitarão o autor a medidas despenalizadoras ou a penas restritivas de direitos (voto do Min. Barroso, STF, ADPF n. 496, rel. Min. Barroso, j. 22-6-2020).

Por sua vez, o voto vencido do Min. Fachin assinala:

1) a criminalização provoca um efeito inibidor, sendo nefasta para liberdade de crítica aos agentes públicos;

2) a criminalização – pelo seu efeito estigmatizante – interfere gravemente na liberdade de expressão, mesmo se a pena for baixa;

3) o crime de desacato não supera o teste de proporcionalidade, pois trata ofensas de modo desproporcional (pela tipificação). Trouxe o Min. Fachin pesquisa sobre o conteúdo do ato de desacato no Rio de Janeiro, tendo observado que a grande maioria dos casos refere-se a "palavras de baixo calão ou profanas". Para o relator, somente atos de violência (que já são punidos por outros tipos penais) merecem a proteção penal. No plano do direito comparado, a jurisprudência norte-americana aponta para tal exigência adicional (potencial resultado de violência), tendo considerado que *não* se pode punir aquele que acena com o dedo do meio para policiais ou lhe grita palavra de baixo calão.

Entendo que o crime de desacato é fator de intimidação e limite excessivo à liberdade de crítica e gera estigmatização e constrangimento social irrazoáveis. Há já petições na Comissão IDH contra o Brasil sobre a temática e agora resta aguardar o controle de convencionalidade de matriz internacional.

7.5. A proibição do anonimato, direito de resposta e indenização por danos

A liberdade de manifestação do pensamento e da expressão encontra uma série de limitações explícitas na própria Constituição de 1988. Inicialmente, o art. 5º, IV, assegura que é livre a manifestação do pensamento, mas veda expressamente o *anonimato*.

Essa proibição do anonimato gerou importante discussão sobre as investigações policiais amparadas nos chamados "Disque-Denúncia", nos quais o anonimato do noticiante é assegurado. A visão consolidada do Supremo Tribunal Federal e do Superior Tribunal de Justiça determina que a delação anônima (*notitia criminis inqualificada*) enseja a "diligências preliminares", que, se confirmarem minimamente o alegado na peça apócrifa (anônima), ensejam a instauração de inquérito policial. Essas *diligências preliminares* são medidas informais destinadas a apurar, previamente, em averiguação sumária, a verossimilhança dos fatos noticiados anonimamente, a fim de promover, então, em caso positivo, a formal instauração da investigação criminal (ver, entre outros, STF, Inq 1.957, rel. Min. Carlos Velloso, voto do Min. Celso de Mello, j. 11-5-2005, Plenário, *DJ* de 11-11-2005). A peça anônima não pode, *per se,* gerar a imediata instauração de inquérito policial ou ação penal.

Já no inciso V fica consagrada a *contrapartida* do direito à livre manifestação em uma sociedade democrática: a todos também é assegurado *o direito de resposta e a indenização proporcional ao dano ocasionado pela manifestação de pensamento de outrem.*

O direito de resposta consiste na possibilidade de *replicar* ou de *retificar* matéria publicada, sendo invocável por aquele que foi ofendido em sua honra objetiva ou subjetiva (ADPF 130, rel. Min. Ayres Britto, j. 30-4-2009, Plenário, *DJe* de 6-11-2009).

Já a indenização proporcional ao dano abarca tanto os danos materiais quanto os morais. Há muitas discussões sobre valores excessivos fixados pelo Judiciário. A antiga Lei de Imprensa (Lei n. 5.250/67) protegia as empresas de comunicação ao estipular um teto para tais valores indenizatórios, o que não foi aceito pelo STF, que considerou que "toda limitação, prévia e abstrata, ao valor de indenização por dano moral, objeto de juízo de equidade, é incompatível com o alcance da indenizabilidade irrestrita assegurada pela atual Constituição da República" (RE 447.584, rel. Min. Cezar Peluso, j. 28-11-2006, Segunda Turma, *DJ* de 16-3-2007).

A linha adotada pela Constituição de 1988 sinaliza que a liberdade de manifestação gera também responsabilização *a posteriori* daqueles que dela abusam.

Nesse sentido é também a posição dos textos internacionais de direitos humanos. A Convenção Americana de Direitos Humanos dispõe, em seu art. 13, que a liberdade de expressão não pode estar sujeita à censura prévia, *mas* há responsabilidades ulteriores, que devem ser expressamente previstas em lei, devendo ainda a lei proibir toda propaganda a favor da guerra, bem como toda apologia ao ódio nacional, racial ou religioso que constitua incitamento à discriminação, à hostilidade, ao crime ou à violência.

A Convenção Europeia de Direitos Humanos bem sintetiza a *tensão entre a liberdade de expressão e outros direitos humanos*, ao dispor que a liberdade de expressão não pode ser objeto de outras restrições senão as que, previstas na lei, constituírem disposições necessárias, em uma sociedade democrática, à segurança pública, à proteção da ordem, da saúde e moral públicas, ou à proteção dos direitos e liberdades de outrem (art. 9º).

Veremos os principais casos nos quais foram debatidos os limites à liberdade de expressão.

7.6. A liberdade de expressão e o "discurso de ódio" (*hate speech*)

O discurso de ódio (*hate speech*) consiste na manifestação de valores discriminatórios, que ferem a igualdade, ou de incitamento à discriminação, violência ou a outros atos de violação de direitos de outrem. Essa terminologia acadêmica é de extrema atualidade no Brasil e em diversos países no mundo, em face do discurso neonazista, antissemita, islamofóbico, entre outras manifestações de pensamento odiosas.

O STF debateu essa temática no chamado "Caso Ellwanger", no qual foram discutidos os limites da liberdade de expressão e seu alcance no caso da publicação de obras antissemitas[52]. De acordo com a maioria dos votos (vencidos os Ministros Marco Aurélio e Carlos Britto, que valorizaram a liberdade de expressão), não há garantia constitucional absoluta. Ou seja, as liberdades públicas não são incondicionais, por isso devem ser exercidas de maneira harmônica, observados os limites explícitos e implícitos (fruto da proporcionalidade e ponderação com outros direitos) previstos na Constituição e nos tratados de direitos humanos. A liberdade de expressão não pode ser invocada para abrigar "exteriorizações revestidas de ilicitude penal" (passagem do voto do Min. Celso de Mello). Em vários votos, como, por exemplo, o do Min. Gilmar Mendes, foram feitas referências à colisão entre a liberdade de expressão e o direito à igualdade, bem como à dignidade humana. No caso, preponderou o direito à igualdade e a dignidade humana, admitindo-se que não era caso de se privilegiar a liberdade de expressão de ideias racistas antissemitas.

Consequentemente, decidiu o STF que o "preceito fundamental de liberdade de expressão não consagra o 'direito à incitação ao racismo', dado que um direito individual não pode constituir-se em salvaguarda de condutas ilícitas, como sucede com os delitos contra a honra.

---

[52] STF, HC 82.424, rel. p/ o ac. Min. Presidente Maurício Corrêa, j. 17-9-2003, Plenário, *DJ* de 19-3-2004.

Prevalência dos princípios da dignidade da pessoa humana e da igualdade jurídica" (HC 82.424, rel. p/ o ac. Min. Presidente Maurício Corrêa, j. 17-9-2003, Plenário, *DJ* de 19-3-2004).

Fachin, em voto no STF, aponta que há *três* etapas necessárias para que se caracterize o chamado "discurso discriminatório criminoso": 1ª etapa, de caráter cognitivo, na qual se afirma a desigualdade entre grupos ou indivíduos; 2ª etapa, de caráter valorativo, na qual se atesta pretensa relação de superioridade entre eles; e a 3ª etapa, na qual, com base nas duas etapas anteriores, o agente deduz ser legítima uma consequência odiosa, que pode ser a dominação, a exploração, a escravização, a eliminação ou o amesquinhamento de quaisquer direitos humanos daquele tido como diferente e inferior. Para Fachin, não há repressão penal caso inexista essa terceira etapa (RHC 134.682, rel. Min. Edson Fachin, j. 29-11-2016, 1ª T., *DJe* de 29-8-2017 – ver o comentário ao caso concreto abaixo, na temática do "racismo religioso").

Nesse sentido, cabe lembrar o alerta de Daniel Sarmento, que, comparando a visão norte--americana de liberdade de expressão com a brasileira, ponderou que a concepção norte-americana é uma *concepção ultralibertária*, sendo um verdadeiro fim em si mesma (não admitindo restrições), e não um instrumento[53].

Já no Brasil, adotamos a visão da "liberdade de expressão responsável", que possui limites *explícitos* e *implícitos*. São limites explícitos à liberdade de expressão: a) a vedação ao anonimato – art. 5º, IV; b) direito de resposta – art. 5º, V; c) restrições à propaganda comercial de tabaco, bebidas alcoólicas, agrotóxicos e terapias – art. 220, § 4º; d) classificação indicativa – art. 21, XVI; e) indenização ao dano material, moral ou à imagem – art. 5º, V. Por sua vez, são limites *implícitos* aqueles gerados pela ponderação com os demais direitos, como, por exemplo, o direito à privacidade (art. 5º, X) ou, no caso da divulgação de ideias racistas, o direito à igualdade (art. 5º, *caput*).

Esse limite à liberdade de expressão foi testado no "Caso Bolsonaro", no qual o ex-Presidente da República, Jair Bolsonaro (então deputado federal), foi processado criminalmente pela Procuradoria-Geral da República em virtude de ter, fora do recinto do Congresso Nacional, utilizado expressões como "arroba" e "procriador" ao se referir aos membros de comunidade quilombola do interior do Estado de São Paulo[54]. Para o Min. Barroso (acompanhado pela Ministra Rosa Weber), o uso de expressões comumente associadas a animais para se referir a indivíduos afrodescendentes no Brasil representou o cometimento do crime do art. 20 da Lei n. 7.716/89[55], que trata de conduta discriminatória por *raça* ou *etnia*. Na linha do "Caso Ellwanger", a prática de racismo contra os quilombolas do então Dep. Bolsonaro teria constituído (i) *hate speech* e (ii) não poderia ser vista como protegida pela liberdade de expressão, bem como (iii) não pode ser abarcada pela imunidade material dos congressistas (*freedom from speech*, art. 53 da CF).

Nesse último ponto, a imunidade material dos parlamentares não é absoluta, pois há a tensão entre a liberdade de expressão e o *abuso da palavra* (que pode levar à responsabilização cível e criminal). Para a jurisprudência do STF, a imunidade material só se verifica se as palavras ofensivas guardarem *conexão com o exercício do mandato parlamentar*, o que não seria o caso (Inq 2.134, rel. Min. Joaquim Barbosa, j. 23-3-2006, P, *DJ* de 2-2-2007). Para a Ministra Rosa Weber,

---

[53] SARMENTO, Daniel. *Livres e iguais*: estudos de direito constitucional, em especial "A liberdade de expressão e o problema do *hate speech*". Rio de Janeiro: Lumen Juris, 2010.

[54] A frase transcrita nos autos e apontada como prática de discriminação foi: "eu fui em um quilombo em Eldorado Paulista. Olha, o afrodescendente mais leve lá pesava sete arrobas. Não fazem nada. Acho que nem para procriador eles servem mais" (STF, Inq. 4.964/DF, rel. Min. Marco Aurélio, j. 11-09-2018, publicado no *DJe* de 1º-8-2019).

[55] Também denominada "Lei Caó". Art. 20. Praticar, induzir ou incitar a discriminação ou preconceito de raça, cor, etnia, religião ou procedência nacional. Ver mais sobre a Lei Caó abaixo, na Parte IV, item 24.3.

o pronunciamento do denunciado não guardou vínculo com sua atividade parlamentar. Contudo, a maioria de votos entendeu que se tratou de *uso regular da liberdade de expressão no exercício da atividade parlamentar*. Para o Min. Alexandre de Moraes, apesar da "grosseria, a vulgaridade e, no tocante aos quilombolas, principalmente, total desconhecimento da realidade nas declarações que foram feitas", a conduta do Dep. Bolsonaro não extrapolou os limites da liberdade de expressão, *não tendo se constituído* em um discurso de ódio, de incitação ao racismo, uma vez que não defendeu ou incitou tratamento desumano, degradante ou cruel aos afrodescendentes, nem fez apologia do que foi feito no período abominável da escravidão no Brasil. Também não teria a conduta buscado ampliar ou propagar o ódio racial. Por não caracterizar a incitação ao ódio ou violência racial, não seria discurso de ódio e sim "crítica a políticas de governo, com as quais o denunciado não concorda" (trecho do voto do Min. Alexandre de Moraes). Assim, a denúncia criminal foi rejeitada por 3 votos a 2 (STF, Inq. 4.694, rel. Min. Marco Aurélio, j. 11-9-2018, *DJe* de 1º-8-2019).

7.7. Humor, pornografia e outros casos de limite à liberdade de expressão. O racismo recreativo. O "Miller-Test"

Tema de recente impacto na mídia diz respeito aos limites à liberdade de expressão artística do gênero *humor*. As piadas "politicamente incorretas" podem sofrer limitação judicial e os humoristas serem responsabilizados civilmente por danos morais individuais às pessoas atingidas ou danos morais coletivos às comunidades ofendidas?

A casuística pende para a preferência à liberdade de expressão artística (humor), como se vê em julgado do Superior Tribunal de Justiça, no qual a relatora, Ministra Nancy Andrighi, ressaltou que "a tarefa de examinar aquilo que se poderia chamar de 'inteligência' do humor praticado cabe, apenas, aos setores especializados da imprensa, que concedem prêmios aos artistas de acordo com o desempenho por eles demonstrado em suas obras" (STJ, REsp 736.015/RJ, rel. Min. Nancy Andrighi, j. 16-6-2005).

Em 2015, houve, contudo, posição divergente do Superior Tribunal de Justiça em conhecido caso envolvendo humorista que, em programa de televisão de rede nacional, diante de matéria envolvendo celebridade grávida, fez comentário considerado chulo e grosseiro ("comeria ela e o bebê"). Houve a propositura de ação de indenização promovida pelos pais e também pelo feto (direito da personalidade do nascituro), tendo sido o humorista condenado no 1º grau, sendo a sentença mantida no Tribunal de Justiça de São Paulo (por maioria). No conflito entre a liberdade de expressão (na faceta humorística) e os direitos de personalidade dos atingidos (honra, imagem), o TJSP entendeu que a agressividade contida nas palavras ditas afasta que se tome o dito como piada, sendo vedado "usar de sua liberdade de expressão de modo a pôr em risco valores ainda maiores, como a dignidade da pessoa humana". Nessa linha, a maioria no TJSP entendeu que "quando o humor seja sem graça, mais ofenda que divirta, não cumpre sua função: o fazer rir. Assim, não se pode admitir venha alguém querer se escudar no fato de fazer humor para escapar à responsabilidade quanto ao conteúdo de certa manifestação que tenha emitido". Com isso, a maioria do TJSP – além de invocar a dignidade humana como princípio de maior peso – fez descaracterização da frase grosseira como forma de humor, ou seja, criou-se critério – sem parâmetros claros – do que pode ser considerado humor em uma sociedade. O voto vencido (do relator originário, Des. Roberto Maia) apontou a impossibilidade de um terceiro descaracterizar o humor, somente porque – *pelos seus parâmetros* – este foi chulo, grosseiro ou extremamente infeliz. Para Roberto Maia, condenar o humorista seria estabelecer *standards* judiciais sobre os mais diversos tipos de humor, segmentando-os em lícitos/ilícitos (Apelação Cível n. 0201838-05.2011.8.26.0100, Tribunal de Justiça do Estado de São Paulo, rel. designado João Batista Vilhena, j. 6-11-2012). O Superior Tribunal de Justiça manteve a condenação, sustentando que o comentário feito pelo humorista foi "reprovável, agressivo e grosseiro, sendo efetivamente causador de abalo moral" (REsp 1.487.089-SP, rel. Min. Marco Buzzi, j. 23-7-2015).

Ridendocastigat mores (o riso corrige os costumes) e, em geral, não gera dever de indenização. O cerne da diferenciação do humor de outras formas de conduta (como a ofensa pura e simples) está no ânimo do agente: havendo a vontade clara de divertir e gracejar (*animus jocandi*), fica caracterizada a liberdade de expressão humorística, mesmo se a piada for rude, cáustica ou mesmo sem nenhuma graça no contexto social de uma época. Por outro lado, caso haja a caracterização do ânimo de *ofender ou inferiorizar determinada pessoa ou grupo social*, pode-se chegar à limitação da liberdade de expressão humorística, aqui usada somente como disfarce, para se assegurar a prevalência de outro direito envolvido (por exemplo, o direito à igualdade).

Destaca-se a caracterização, dado o contexto brasileiro de exclusão e marginalização das minorias raciais (ver **Parte IV**, item 48.3), do humor depreciativo envolvendo pessoas negras (bem como de outras minorias) como sendo uma espécie velada de racismo – o chamado "racismo recreativo", na conceituação pioneira de Adilson Moreira. Para Moreira, o *racismo recreativo* consiste em uma política cultural que usa o humor para expressar hostilidade em relação a minorias raciais, camuflando o racismo, mostrando a minoria em situação degradante e inferiorizada. Como exemplo, o autor cita a degradação sexual de minorias em piadas como tentativa de (i) manter a superioridade dos membros do grupo racial dominante (seriam os únicos parceiros sexuais socialmente aceitáveis) e (ii) associar tal característica sexual depreciativa à incompetência do integrante da minoria para outros postos de poder na sociedade. Tal *humor racista* representa, sob o pretexto de fazer rir, o desejo da manutenção da posição de poder de pessoas brancas, eternizando estereótipos negativos, ao mesmo tempo em que impede a mobilização da minoria e tenta deslegitimar o debate sobre racismo ("era só uma piada"). Conclui Moreira que o racismo recreativo é espécie de discurso de ódio, não sendo protegido pela liberdade de expressão[56].

A Lei n. 14.532/2023 seguiu essa linha, considerando ser *racismo* o crime de injúria racial ("em razão de raça, cor, etnia ou procedência nacional") *com pena aumentada* (1/3 a metade) "quando ocorrerem em contexto ou com intuito de descontração, diversão ou recreação".

Também as manifestações racistas em atividades esportivas passam a ser expressamente consideradas como práticas criminosas de racismo. A Lei n. 14.532/2023 determina, além da pena de reclusão, a proibição de frequência, por três anos, a locais destinados a práticas esportivas, artísticas ou culturais destinadas ao público, conforme o caso concreto. Não se descarta, também, a possibilidade de repressão a eventuais violações de direitos das pessoas atingidas por atividades invasivas. O caso de conhecido programa de humor que perseguiu atriz televisiva célebre, inclusive com a contratação de caminhão com guindaste para ficar na frente de sua residência, importunando-a e interferindo fortemente na sua vida privada, é típico caso de *uso camuflado da liberdade de expressão artística* para justificar violação do direito à vida privada.

Nessa linha de ponderação da liberdade de expressão com outros direitos, o STF considerou que o Estado não está autorizado a impedir que um candidato seja aprovado em definitivo em concurso público, pelo fato de ostentar, de forma visível ou não, uma pigmentação definitiva em seu corpo (a chamada tatuagem) que expresse os sentimentos, ideologia, crenças ou quaisquer valores do seu portador. Contudo, caso a tatuagem exteriorize valores ofensivos aos previstos na Constituição e tratados de direitos humanos, não é possível invocar a liberdade de expressão, pois aquele que exerce cargo público deve possuir valores compatíveis com a dignidade humana.

---

[56] MOREIRA, Adilson. Racismo recreativo (Coleção Femininos Plurais – coordenação de Djamila Ribeiro). São Paulo: Pólen Livros, 2019, em especial p. 58 e s.

Para o Min. Luiz Fux, "(...) Independentemente de ser visível ou do seu tamanho, uma tatuagem não é sinal de inaptidão profissional, apenas podendo inviabilizar o desempenho de um cargo ou emprego público, quando exteriorizar valores excessivamente ofensivos à dignidade dos seres humanos, ao desempenho da função pública pretendida (como na hipótese, *verbi gratia*, de um candidato ao cargo policial que possua uma tatuagem simbolizando uma facção criminosa ou o desejo de assassinato de policiais), incitação à violência iminente, ameaças reais ou representar obscenidades". Assim, somente se: (i) houver lei e (ii) a tatuagem for ofensiva à dignidade e aos direitos humanos, pode existir o óbice à assunção do cargo público (STF, RE 898.450/SP, rel. Min. Luiz Fux, j. 17-8-2016, *Informativo do STF* n. 841).

Por fim, a liberdade de expressão pode encontrar compressão nas limitações previstas em lei no tocante à *obscenidade e pornografia*, em especial diante dos direitos da criança. Em 2016, o Min. Luiz Fux fez menção às três condições impostas pela Suprema Corte dos Estados Unidos para definir o que seria obscenidade nas publicações e obras em geral (o chamado *Miller-Test*, no caso Miller *vs.* Califórnia, de 1973), a saber: "i) o homem médio, seguindo padrões contemporâneos da comunidade, considere que a obra, tida como um todo, atrai o interesse lascivo; ii) quando a obra retrata ou descreve, de modo ofensivo, conduta sexual, nos termos do que definido na legislação estadual aplicável; iii) quando a obra, como um todo, não possua um sério valor literário, artístico, político ou científico" (STF, RE 898.450/SP, rel. Min. Luiz Fux, j. 17-8-2016, *Informativo do STF* n. 841).

7.8. Lei de Imprensa e regulamentação da liberdade de expressão. O uso do direito penal na repressão à liberdade de expressão

A liberdade de expressão é tratada tanto no "rol do art. 5º" quanto no capítulo da comunicação social na CF/88. Essa repetição não é acidental: a comunicação de massa, em diversos países democráticos, é sujeita à regulamentação específica, diferente da que rege a comunicação entre indivíduos.

A liberdade de informação jornalística decorre da liberdade de expressão, mas dela difere: na liberdade de expressão, predomina o *discurso direto do emitente*, que veicula suas ideias e valores; na liberdade de informação predomina o *discurso indireto do emitente*, que noticia e veicula fatos ou falas de outrem.

É possível, ainda, decompor o "direito de informação" em: (i) liberdade de informar; (ii) liberdade de se informar e (iii) de ser informado. No caso brasileiro, a Constituição de 1988 reiterou o direito à livre manifestação do pensamento, da criação, da expressão e da informação (art. 220, *caput*), vedando a edição de leis que venham a restringir a liberdade de informação jornalística (art. 220, § 1º), e ainda também proibiu qualquer censura política, ideológica e artística (art. 220, § 2º).

Porém, a CF/88 regulou fortemente o conteúdo transmitido pela comunicação de massa das emissoras de rádio e televisão (que são concessões públicas), ao dispor, em diversos incisos do art. 221, que esses meios devem observar em sua programação uma "preferência a finalidades educativas, artísticas, culturais e informativas" (inciso I), além de zelar pela "promoção da cultura nacional e regional e estímulo à produção independente que objetive sua divulgação" (inciso II), e devem esses veículos acatar a "regionalização da produção cultural, artística e jornalística, conforme percentuais estabelecidos em lei" (inciso III), e, finalmente, devem obedecer aos "valores éticos e sociais da família" (inciso IV).

Na jurisprudência do STF, prevalece o espírito liberal de valorização da liberdade de expressão (com a exceção da *jurisprudência de defesa do Estado Democrático*, como se verá em item específico), *mesmo* na comunicação de massa. Na Ação de Descumprimento de Preceito

Fundamental n. 130, o STF considerou como totalmente não recepcionada pela ordem constitucional a Lei n. 5.250/67 (denominada "Lei de Imprensa").

Para o STF, o conjunto desses dispositivos constitucionais referentes à "Comunicação Social" (Capítulo V do Título VIII da CF/88) demonstra que os veículos de comunicação de massa representam uma "instituição-ideia", influenciando cada pessoa e auxiliando a formar a opinião pública.

Nessa linha, o STF sustentou que o capítulo constitucional da comunicação social representa um *prolongador de direitos* que são emanações da dignidade da pessoa humana: a livre manifestação do pensamento e o direito à informação e à expressão artística, científica, intelectual e comunicacional. Portanto, para o STF, a liberdade de informação jornalística é expressão sinônima de liberdade de imprensa, constituindo-se em um patrimônio imaterial do povo e "irmã siamesa da democracia". Ou, nas palavras do Ministro Celso de Mello, "a censura governamental, emanada de qualquer um dos três Poderes, é a expressão odiosa da face autoritária do poder público" (trecho mencionado na ementa da ADPF 130, rel. Min. Ayres Britto, j. 30-4-2009, Plenário, *DJe* 6-11-2009). No final, o STF decidiu que, apesar da não recepção da Lei n. 5.250/67, o direito de resposta, nela regulamentado, *ainda é cabível*, uma vez que é fruto direto do art. 5º, V, da CF/88.

Em face da importância da liberdade de imprensa, o STF elencou áreas que podem ser regulamentadas por leis dos mais diversos âmbitos (ADPF 130, rel. Min. Ayres Britto, j. 30-4-2009, Plenário, *DJe* 6-11-2009):

1) direitos de resposta e de indenização, proporcionais ao agravo;

2) proteção do sigilo da fonte, quando necessário ao exercício profissional;

3) responsabilidade penal por calúnia, injúria e difamação;

4) regulamentação das diversões e espetáculos públicos;

5) previsão de estabelecimento de meios legais que garantam à pessoa e à família a possibilidade de se defenderem de programas ou programações de rádio e televisão que contrariem o disposto no art. 221, bem como da propaganda de produtos, práticas e serviços que possam ser nocivos à saúde e ao meio ambiente" (inciso II do § 3º do art. 220 da CF);

6) independência e proteção remuneratória dos profissionais de imprensa como elementos de sua própria qualificação técnica (inciso XIII do art. 5º);

7) participação do capital estrangeiro nas empresas de comunicação social (§ 4º do art. 222 da CF);

8) composição e funcionamento do Conselho de Comunicação Social (art. 224 da CF).

Nesse mesmo acórdão, o STF decidiu que são irregulamentáveis os bens de personalidade que se põem como o próprio conteúdo ou substrato da liberdade de informação jornalística, o que assegura a liberdade de conteúdo da matéria publicada.

Quanto ao uso do direito penal para reprimir a liberdade de expressão, a Corte IDH possui uma série de precedentes que estabelece limites ao uso – em especial – do "crime contra a honra" para cercear tanto a liberdade de expressão quanto a liberdade de informação. É necessário, para incidência do direito penal, que (i) haja prévia tipificação penal em lei; (ii) que seja usada a lei penal para proteger direitos também albergados pela Convenção Americana sobre Direitos Humanos e (iii) a tipificação penal seja necessária em uma sociedade democrática.

No recente caso *Álvarez Ramos*, houve a condenação, na Venezuela, do jornalista Álvarez Ramos por difamação agravada e continuada e além da pena de prisão, foi inabilitado politicamente. Para a Corte IDH, no tocante à tipificação necessária em uma sociedade democrática, as matérias de interesse público não podem resultar em uma responsabilidade penal, o que geraria um nefasto efeito inibidor (*chilling effect*). Assim, o debate público e a crítica a políticos e administradores públicos exigem o afastamento do uso do direito penal na proteção da honra, evidenciando a especial proteção da liberdade de expressão nesse contexto[57].

7.9. Liberdade de imprensa e assédio judicial. A responsabilidade do veículo pelo conteúdo das entrevistas

Outro tema importante na análise das restrições à liberdade de expressão jornalística diz respeito ao uso das *ações de indenização por dano moral*, que pode servir como fator de inibição e restrição desproporcional da própria liberdade de imprensa. Para o STF, é necessário assegurar a proporcionalidade entre o dano moral ou material sofrido por alguém pela ação de jornalistas e a indenização fixada, pois a "excessividade indenizatória é, em si mesma, poderoso fator de inibição da liberdade de imprensa, em violação ao princípio constitucional da proporcionalidade" (ADPF 130, rel. Min. Ayres Britto, j. 30-4-2009, Plenário, *DJe* de 6-11-2009).

Em 2023, foi debatido no Supremo Tribunal Federal o fenômeno do "assédio judicial", que consiste no ajuizamento de inúmeras ações judiciais (especialmente ações de indenização por danos morais) a respeito dos mesmos fatos, em comarcas ou subseções diversas, com o intuito ou o efeito de (i) constranger jornalista ou órgão de imprensa, (ii) dificultar sua defesa ou (iii) torná-la excessivamente onerosa. Nesses casos, o mesmo fato gerava a propositura – por diferentes autores que alegam terem sido prejudicados – de diversas ações em juízos em localidades diversas, com o nítido propósito de gerar incômodo (pela necessidade de deslocamento) e ainda prejudicar ou deixar mais onerosa a defesa dos jornalistas ou dos órgãos de imprensa (pelo deslocamento dos advogados ou pela necessidade de contratação de advogados locais). Por isso, o STF decidiu (nas ADIs n. 6.792/DF e 7.055/DF) que, havendo assédio judicial em casos envolvendo a liberdade de expressão, as demandas devem ser reunidas para julgamento conjunto no foro de domicílio do réu; e ainda (ii) deu interpretação conforme à Constituição aos arts. 186 e 927, *caput*, do Código Civil, para estabelecer que a responsabilidade civil do jornalista, no caso de divulgação de notícias que envolvam pessoa pública ou assunto de interesse social, dependem de o jornalista ter agido com dolo ou com culpa grave. Foi fixada a seguinte tese de julgamento: "1. Constitui assédio judicial comprometedor da liberdade de expressão o ajuizamento de inúmeras ações a respeito dos mesmos fatos, em comarcas diversas, com o intuito ou o efeito de constranger jornalista ou órgão de imprensa, dificultar sua defesa ou torná-la excessivamente onerosa; 2. Caracterizado o assédio judicial, a parte demandada poderá requerer a reunião de todas as ações no foro de seu domicílio; 3. A responsabilidade civil de jornalistas ou de órgãos de imprensa somente estará configurada em caso inequívoco de dolo ou de culpa grave (evidente negligência profissional na apuração dos fatos)" (STF, ADIs n. 6.792/DF e 7.055/DF, Relator para o acórdão (voto vencedor) Min. Barroso, Plenário, 22-5-2024).

Contudo, não é possível imunizar totalmente o veículo de imprensa pela divulgação de entrevista na qual o entrevistado imputa falsamente crime a terceiro (ou pratica outra ilicitude). Em geral, para viabilizar a divulgação, pela imprensa, de fatos criminosos ou de procedimentos criminais, o conflito potencial entre a liberdade de expressão e a proteção à honra dos acusados é resolvido, em geral, pela *prevalência* da liberdade de informação (e compressão do direito à honra), já que há interesse público na divulgação de tais fatos. Como assinala o Min. Barroso, não se exige comprovação da veracidade da imputação para a publicação, mas apenas a *diligência razoável* na apuração dos fatos. Assim, mesmo que posteriormente seja comprovada a inocência do acusado, o veículo não responderá pela divulgação pretérita. Como destaca o Min. Alexandre de Moraes, "a proteção constitucional às informações verdadeiras também engloba aquelas

---

[57] Nesse sentido, ver TORRES, Paula Ritzmann. O caso Álvarez Ramos vs. Venezuela: limites à tutela penal da honra e da liberdade de expressão e crítica. Boletim do IBCCrim, n. 327, fev. 2020.

eventualmente errôneas ou não comprovadas em juízo, desde que não tenha havido comprovada negligência ou má-fé por parte do informador" (votos no RE 1.075.412, rel. para o acórdão Min. Edson Fachin, julgamento virtual finalizado em 7 de agosto de 2023; em trâmite em agosto de 2024, aguardando fixação de tese).

A devida diligência também se aplica ao conteúdo de entrevistas. Caso o entrevistado acuse falsamente alguém de crime, cabe ao veículo de comunicação destacar a existência de elementos que contrariam a falsa imputação, dar o mesmo destaque a versão da vítima da falsa imputação ou até entrevistar a vítima da falsa imputação. Caso não tome essas cautelas, o veículo responde civilmente.

Sobre esse caso (entrevistado que falsamente imputou crime a terceiro), o Ministro Edson propôs a seguinte tese (em agosto de 2024, em trâmite, na análise de embargos de declaração, aguardando votação final):

"1. A plena proteção constitucional à liberdade de imprensa é consagrada pelo binômio liberdade com responsabilidade, vedada qualquer espécie de censura prévia. Admite-se a possibilidade posterior de análise e responsabilização em relação a eventuais danos materiais e morais. Isso porque os direitos à honra, intimidade, vida privada e à própria imagem formam a proteção constitucional à dignidade da pessoa humana, salvaguardando um espaço íntimo intransponível por intromissões ilícitas externas.

2. Na hipótese de publicação de entrevista, por quaisquer meios, em que o entrevistado imputa falsamente prática de crime a terceiro, a empresa jornalística somente poderá ser responsabilizada civilmente se comprovada a sua má-fé caracterizada pelo dolo direto, demonstrado pelo conhecimento prévio da falsidade da declaração, ou ainda por dolo eventual, evidenciado pela negligência na apuração da veracidade de fato duvidoso e na sua divulgação ao público sem resposta do terceiro ofendido ou, ao menos, de busca do contraditório pelo veículo.

3. Na hipótese de entrevistas realizadas e transmitidas ao vivo, fica excluída a responsabilidade do veículo por ato exclusivamente de terceiro quando este falsamente imputa a outrem a prática de um crime, devendo ser assegurado pelo veículo o exercício do direito de resposta em iguais condições, espaços e destaque, sob pena de responsabilização nos termos dos incisos V e X do artigo 5º da Constituição Federal".

Esses parâmetros preservam as "entrevistas ao vivo" e afastam a indenização em casos de culpa (somente em caso de má-fé), mas preveem a responsabilização por dolo *eventual*, evidenciado pela (i) negligência na apuração da veracidade de fato duvidoso e na (ii) sua divulgação ao público "sem resposta do terceiro ofendido ou, ao menos, de busca do contraditório pelo veículo" (Tese do ARE 1.075.412, Tema 995 da sistemática da repercussão geral, em trâmite em agosto de 2024).

Esses novos posicionamentos do STF são importantes porque visam impedir a intimidação e a adoção da "autocensura", fruto do medo do jornalista e do veículo de comunicação de serem processados por qualquer tipo de equívoco ou falsidade, mesmo após terem realizado a diligência esperada.

7.10. Liberdade de expressão em período eleitoral

O direito eleitoral brasileiro, sob a justificativa de impedir *manipulação* do eleitorado, *ofensa à isonomia* entre os candidatos ou *favorecimento* pela mídia de determinado candidato, possui diversos dispositivos de regulamentação da liberdade de expressão no período eleitoral.

Um dos primeiros casos suscitados no STF, ainda em 1994, foi a vedação – por meio de lei – à utilização de gravações externas, montagens ou trucagens na propaganda eleitoral gratuita. O STF decidiu que essas restrições são constitucionais, uma vez que o acesso ao rádio e à televisão, sem custo para os partidos, dá-se a expensas do erário e deve ocorrer na forma que dispuser a lei, consoante disposição expressa na CF/88 (art. 17, § 3º). Essas restrições legais são *proporcionais*, na ótica do STF, pois visam eliminar desequilíbrios, fruto do poder econômico (por exemplo, vedando computação gráfica e efeitos especiais), assegurando-se a isonomia entre os candidatos (ADI n. 956, rel. Min. Francisco Rezek, j. 1º-7-2004, Plenário, *DJ* de 20-4-2001).

Em 2002, o STF analisou a constitucionalidade da proibição da participação, na propaganda partidária, de pessoa filiada a partido que não o responsável pelo programa (art. 45, § 1º, da Lei n. 9.096/95). Para o STF, essa restrição é constitucional, pois a propaganda partidária "destina-se à difusão de princípios ideológicos, atividades e programas dos partidos políticos, caracterizando-se desvio de sua real finalidade a participação de pessoas de outro partido no evento em que veiculada" (ADI n. 2.677-MC, rel. Min. Maurício Corrêa, j. 26-6-2002, Plenário, *DJ* de 7-11-2003). Em 2017, a Lei n. 13.487/2017 extinguiu a propaganda partidária a partir de 1º-1-2018, o que era antigo pleito das emissoras de rádio e televisão. Contudo, em 2022, a Lei n. 14.291 alterou a Lei n. 9.096/95 (Lei dos Partidos Políticos), reintroduzindo a propaganda partidária gratuita no rádio e na televisão, com compensação tributária às empresas de rádio e televisão. O novo regramento já foi aplicado no 1º semestre de 2022.

Em 2006, o STF reconheceu a *inconstitucionalidade* do art. 35-A inserido na Lei n. 9.504/97 ("Lei das Eleições"), que vedava a *divulgação* de *pesquisas eleitorais* a partir do décimo quinto dia anterior até às dezoito horas do dia do pleito. Decidiu o STF que essa regra ofendeu o direito à informação garantido pela Constituição Federal e a liberdade de expressão política, sendo, "à luz dos princípios da razoabilidade e da proporcionalidade, inadequada, desnecessária e desproporcional quando confrontada com o objetivo pretendido pela legislação eleitoral que é, em última análise, o de permitir que o cidadão, antes de votar, forme sua convicção da maneira mais ampla e livre possível" (ADI n. 3.741, rel. Min. Ricardo Lewandowski, j. 6-9-2006, Plenário, *DJ* de 23-2-2007, *Informativo* n. 439 do STF).

Finalmente, em 2011, o STF declarou *inconstitucional* as proibições às emissoras de rádios e televisões, na programação normal e noticiários, de uso de trucagem, montagem ou outro recurso de áudio ou vídeo que, de qualquer forma, *degradem* ou *ridicularizem* candidato, partido ou coligação, ou produzir ou veicular programa com esse efeito, a partir de 1º de julho do ano de eleições (art. 45, II, da Lei n. 9.504/97). Nesse caso, o STF fez valer a liberdade de imprensa das empresas de rádio e televisão, que, até aquele momento, estavam impedidas de veicular os tradicionais programas humorísticos expondo criticamente a imagem dos candidatos (ou os próprios) a situações cômicas.

Quanto ao art. 45, II e III[58], da mesma lei (proibição de veicular propaganda política ou difundir opinião favorável ou contrária a candidato, partido, coligação, a seus órgãos ou representantes), o STF deu interpretação conforme à Constituição para considerar conduta ilícita, aferida *a posteriori* pelo Poder Judiciário, a veiculação, por emissora de rádio e televisão, de crítica ou matéria jornalísticas que *venham a descambar* para a propaganda política, passando, nitidamente, a favorecer uma das partes na disputa eleitoral, de modo a desequilibrar o "princípio da paridade de armas" (ADI n. 4.451-REF-MC, rel. Min. Ayres Britto, j. 2-9-2010, Plenário, *DJe* de 1º-7-2011).

---

[58] Eis os dispositivos impugnados da Lei n. 9.504/97 (Lei das Eleições), com a redação da Lei n. 13.165: "Art. 45. Encerrado o prazo para a realização das convenções no ano das eleições, é vedado às emissoras de rádio e televisão, em sua programação normal e em seu noticiário: (...) II – usar trucagem, montagem ou outro recurso de áudio ou vídeo que, de qualquer forma, degradem ou ridicularizem candidato, partido ou coligação, ou produzir ou veicular programa com esse efeito; III – veicular propaganda política *ou difundir opinião favorável ou contrária a candidato, partido, coligação, a seus órgãos ou representantes*". O STF ainda considerou inconstitucional, por arrastamento, os §§ 4º e 5º do art. 45 da Lei n. 9.504/97 (Lei das Eleições), os quais definem os conceitos de "trucagem" e "montagem" referenciados nos incisos II e III do citado art. 45.

Em 2018, houve o julgamento definitivo dessa ação, tendo o STF declarado inconstitucional o art. 45, II e III (parte final); a liberdade de expressão assegura tanto as opiniões supostamente verdadeiras, admiráveis ou convencionais, como aquelas que são *duvidosas, exageradas, condenáveis, satíricas, humorísticas,* bem como as que são *repudiadas* por uma maioria. Até mesmo as declarações errôneas podem ser abrigadas pela liberdade de expressão. No voto da Ministra Rosa Weber, houve a menção ao eventual apoio "escancarado" de um programa ou de uma emissora a um candidato: a solução seria a punição do candidato pelo abuso dos meios de comunicação, bem como tal conduta abusiva deveria ser noticiada pelo opositor (caso tenha meios e recursos...) para que o eleitor pudesse, inclusive, não dar o voto àquele que assim se comporta. Para o Min. Fachin, a proteção da legitimidade do pleito e da igualdade entre os candidatos pode ser feita de outra forma, por exemplo, com a vedação às empresas de rádio e televisão de "dar tratamento privilegiado a candidato, partido ou coligação" (art. 45, IV), o que asseguraria a isonomia sem impor censura. Isso sem contar as figuras penais típicas do período eleitoral e o direito de resposta (ADI n. 4.451, rel. Min. Alexandre de Moraes, j. 21-6-2018, P, *DJe* de 6-3-2019).

Em 2018, houve decisões judiciais na Justiça Eleitoral considerando manifestações favoráveis ou contrárias a determinados candidatos nas Eleições Presidenciais daquele ano em estabelecimentos de ensino universitário *propaganda eleitoral ilícita em bem de uso comum* ou até *bem público* (no caso de universidades públicas). A Procuradora-Geral da República interpôs a ADPF 548 para assegurar a liberdade de expressão e manifestação dos docentes e discentes, tendo obtido medida cautelar referendada pelo Plenário. Para o STF, "as providências judiciais e administrativas impugnadas na ADPF, além de ferir o princípio garantidor de todas as formas de manifestação da liberdade, desrespeitam a autonomia das universidades e a liberdade dos docentes e discentes" (ADPF 548, rel. min. Cármen Lúcia, j. 15-5-2020, Plenário, *DJe* de 9-6-2020).

Esse precedente é importante freio às tentativas de ampliação do alcance das vedações à propaganda eleitoral da Lei n. 9.504/97 (Lei das Eleições), que devem assegurar somente a igualdade entre os candidatos e a liberdade do eleitor. Não podem se transformar em mecanismos de asfixia da crítica política e da liberdade de expressão salutar em qualquer processo eleitoral.

7.11. A liberdade de expressão e as *fake news*

Outro ponto de intensa atualidade é a proteção da liberdade de expressão em face do fenômeno da proliferação de notícias e mensagens sabidamente *falsas*, naquilo que foi denominado "indústria das *fake news*" nas redes sociais e outros canais de informação especialmente no mundo digital.

De acordo com a jurisprudência brasileira e internacional já exposta, a liberdade de expressão prevalece (seria inclusive um direito preferencial) especialmente no ambiente de crítica aos agentes públicos que deve existir em uma democracia (*vide* o caso Álvarez Ramos ou os precedentes do STF no tocante à liberdade de expressão no ambiente acadêmico, mesmo em época eleitoral).

Porém, a propagação maciça e concentrada em uma determinada coletividade de notícias evidentemente falsas faz com que, graças ao uso de algoritmos, somente um tipo de informação falsa chegue aos integrantes do grupo, gerando um risco à própria liberdade de informação. Se as *fake news* forem então de conteúdo político-eleitoral, a manipulação dos eleitores pela avalanche de notícias falsas sem outro cotejo crítico pode resultar em *risco à democracia*. Por isso, é necessária uma diferenciação entre o regime de preferência da liberdade de expressão e da crítica aos agentes públicos do contexto de combate às notícias fraudulentas, maciçamente produzidas e divulgadas nas redes sociais e nos novos meios de comunicação da internet.

O regime jurídico da liberdade de expressão contendo esse conteúdo falso se aproxima do regime jurídico do "discurso de ódio", pois em ambas as situações há o ataque a direitos protegidos pela CF/88 e pelos tratados, o qual não pode ser justificado pelo uso da liberdade de expressão.

No caso das *fake news* utilizadas no ambiente político-institucional, pode existir o risco ao Estado de Direito, no caso de elas sugerirem, *falsamente* e de um *modo industrial*, a existência de agentes políticos (eleitos ou não, inclusive magistrados do STF) envolvidos com corrupção, aliciamento, aproximação com o crime organizado, proteção a determinados políticos ou a partidos ou mesmo fraudes eleitorais, entre outras falsificações da realidade, levando à erosão da credibilidade da própria democracia, ao mesmo tempo que defendem, em contrapartida, a volta de regimes autoritários.

Por isso, salientou em seu voto o Min. Celso de Mello, na ADPF 572, sobre a indústria das *fake news*, a liberdade de expressão "não protege nem ampara atos criminosos, especialmente aquelas condutas que objetivem provocar lesão ao regime representativo e democrático, bem assim às instituições da República e aos postulados que regem e informam a própria ordem constitucional" (voto do Min. Celso de Mello, ADPF n. 572, rel. Min. Edson Fachin, j. 18-6-2020). No mesmo sentido, apontou o Min. Dias Toffoli que: "A tolerância a tais comportamentos apenas estimula novas manifestações de ódio e de incitação à violência, as quais passam ao largo da expressão legítima da liberdade de expressão" (voto do Min. Dias Toffoli, ADPF n. 572, rel. Min. Edson Fachin, j. 18-6-2020).

7.12. A liberdade de expressão e os membros da Magistratura e do Ministério Público

A liberdade de expressão na vida privada por parte dos membros do Poder Judiciário e do Ministério Público tem sido objeto de atenção por parte dos respectivos conselhos de controle, o Conselho Nacional de Justiça e o Conselho Nacional do Ministério Público, em especial pelo potencial de disseminação dos pontos de vista expressados nas redes sociais e demais meios de comunicação da era digital.

Inicialmente, a CF/88 proíbe a atividade político-partidária a ambos os membros de tais carreiras públicas (respectivamente art. 95, parágrafo único, III[59], e art. 128, § 5º, II, "e"[60]).

No plano infraconstitucional, a Lei Orgânica da Magistratura Nacional (Lei Complementar n. 35/79), em seu art. 36, III, proíbe: (i) manifestação sobre processo pendente de julgamento seu ou de outrem, por qualquer meio de comunicação; (ii) emitir juízo depreciativo sobre despachos, votos ou sentenças, de órgãos judiciais, ressalvada a crítica nos autos e em obras técnicas ou no exercício do magistério (art. 36, III). No que tange ao Ministério Público, as vedações estão no art. 237, inciso V, da Lei Complementar Federal n. 75/93, e no art. 44, inciso V, da Lei Orgânica Nacional do Ministério Público (Lei n. 8.625/93).

O CNJ editou a Resolução n. 305, de 17 de dezembro de 2019, que estabelece parâmetros para o uso das redes sociais por membros do Poder Judiciário. A abrangência da resolução é evidente: para o CNJ, consideram-se rede social todos os *sítios da internet, plataformas digitais e aplicativos de computador ou dispositivo eletrônico móvel* voltados à interação pública e social, que possibilitem a comunicação, a criação ou o compartilhamento de mensagens, de arquivos ou de informações de qualquer natureza.

---

[59] Art. 95. (...) Parágrafo único. Aos juízes é vedado: (...) III – dedicar-se à atividade político-partidária..

[60] Art. 128, § 5º Leis complementares da União e dos Estados, cuja iniciativa é facultada aos respectivos Procuradores-Gerais, estabelecerão a organização, as atribuições e o estatuto de cada Ministério Público, observadas, relativamente a seus membros: (...) II – as seguintes vedações: (...) e) exercer atividade político-partidária;

Nos "considerandos" da resolução, consta que (i) é dever do Estado zelar pela independência e imparcialidade dos julgadores, de acordo com os "Princípios Básicos Relativos à Independência da Magistratura" e ainda com os "Princípios de Bangalore" (ambos estudados neste *Curso*); (ii) que a liberdade de manifestação de pensamento e a liberdade de expressão dos magistrados devem se compatibilizar com o direito de qualquer indivíduo ser julgado perante um Poder Judiciário imparcial, independente, isento e íntegro e (iii) os impactos que a conduta dos magistrados na vida privada pode ter sobre a "percepção da sociedade em relação à credibilidade, à legitimidade e à respeitabilidade da atuação da Justiça".

Entre as diretrizes, estão:

1) observar que a moderação, o decoro e a conduta respeitosa devem orientar todas as formas de atuação nas redes sociais;

2) evitar expressar opiniões ou compartilhar informações que possam prejudicar o conceito da sociedade em relação à independência, à imparcialidade, à integridade e à idoneidade do magistrado ou que possam afetar a confiança do público no Poder Judiciário;

3) evitar manifestações cujo conteúdo, por impróprio ou inadequado, possa repercutir negativamente ou atente contra a moralidade administrativa, observada sempre a prudência da linguagem;

4) evitar expressar opiniões ou aconselhamento em temas jurídicos concretos ou abstratos que, mesmo eventualmente, possam ser de sua atribuição ou competência jurisdicional, ressalvadas manifestações em obras técnicas ou no exercício do magistério.

Quanto às condutas vedadas, citem-se:

1) é proibido emitir opinião que demonstre atuação em atividade político-partidária ou manifestar-se em apoio ou crítica públicos a candidato, lideranças políticas ou partidos políticos;

2) é proibido emitir ou compartilhar opinião que caracterize discurso discriminatório ou de ódio, especialmente os que revelem racismo, LGBT-fobia, misoginia, antissemitismo, intolerância religiosa ou ideológica, entre outras manifestações de preconceitos concernentes a orientação sexual, condição física, de idade, de gênero, de origem, social ou cultural.

Unindo a abrangência da resolução (conceito amplo de "redes sociais") com as diretrizes e proibições, a Res. n. 305 ampliou fortemente o comando constitucional de proibição de "atividade político-partidária", bem como o comando infraconstitucional referente a emitir juízos ou opiniões sobre decisões judiciais (suas ou de terceiros). Para o CNJ toda manifestação de apoio ou crítica a agentes públicos pode ser considerado uma violação dos deveres do magistrado. As diretrizes também são extremamente amplas e vagas, como, por exemplo, evitar expressar "opiniões ou compartilhar informações" que possam afetar a "confiança do público" no Poder Judiciário.

Quanto à supervisão do eventual conteúdo da manifestação que pode "repercutir negativamente", vê-se, novamente, o uso de categorias extremamente abertas e impõe uma adesão do magistrado em sua vida privada a padrões considerados "majoritários". Se o magistrado veicula "charges" (que por definição são ácidas) em seu perfil particular, não cabe ao Estado verificar se isso tem ou não tem "repercussão" do ponto de vista moral. Além disso, as demais limitações à liberdade de expressão (como, por exemplo, a proibição do "discurso de ódio" visto anteriormente) também servem para balizar o comportamento dos magistrados e dos membros do Ministério Público.

Não se nega que os "Princípios Básicos Relativos à Independência da Magistratura" e ainda com os "Princípios de Bangalore" exigem que o magistrado mantenha postura na qual seja clara sua independência objetiva. Porém, a vedação de atividade político-partidária não afeta a liberdade de opinião, o que é salutar, pois estimula a contínua reflexão do magistrado sobre seu entorno e sobre os desafios sociais contemporâneos. Claro que, em um caso concreto, suas opiniões já exaradas podem levar à sua parcialidade, como, por exemplo, ocorrerá caso atue em ação envolvendo político por ele criticado.

Mas essa restrição *ab initio* com conteúdo tão vago gera um *efeito inibidor* sobre a liberdade de expressão, sem que haja um ganho no que tange à garantia de imparcialidade. Pelo contrário, a transparência e a exposição das ideias do magistrado nas redes sociais podem facilitar eventual detecção de parcialidade subjetiva.

Mesmo raciocínio se aplica ao membro do Ministério Público. Contudo, ao contrário do CNJ, houve apenas a adoção de uma "Recomendação de caráter geral" (n. 01/2016) pelo CNMP, que expressamente apontou:

1) não configura atividade político-partidária, vedada constitucionalmente, o exercício da liberdade de expressão na defesa pelo membro do Ministério Público de valores constitucionais e legais em discussões públicas sobre causas sociais, em debates ou outras participações ou manifestações públicas que envolvam a defesa da ordem jurídica, do regime democrático e dos interesses sociais e individuais indisponíveis;

2) não configura atividade político-partidária a crítica pública por parte do membro do Ministério Público dirigida, entre outros, a ideias, a ideologias, a projetos legislativos e a programas de governo;

3) são vedados atos discriminatórios em relação à raça, gênero, orientação sexual, religião e a outros valores ou direitos protegidos, e que possam comprometer os ideais defendidos pela Instituição;

4) são vedados ataques de cunho pessoal, que possam configurar violação do dever de manter conduta ilibada e de guardar decoro pessoal, direcionados a candidato, a liderança política ou a partido político, com a finalidade de descredenciá-los perante a opinião pública em razão de ideias ou ideologias de que discorde o membro do Ministério Público.

Apesar da menor restrição, a Recomendação n. 1/2016 também gera dúvida, em especial quanto à vagueza do "ataque de cunho pessoal". De todo modo, segue a orientação de restringir a liberdade de expressão em casos nos quais já há limitação aceita no Brasil (como é o caso das mensagens discriminatórias e odiosas).

A Resolução n. 305 foi impugnada pelas ADIs 6.310 e 6.293, sob relatoria do Min. Alexandre de Moraes (em trâmite em agosto de 2024[61]). No MS n. 37.178, por maioria, o STF denegou a ordem em caso no qual se questionava sanção disciplinar imposta pelo CNMP a membro do MP por publicação em rede social. Destaco que o voto do relator Min. Fux, pelo qual identificou – em abstrato, por não ser possível dilação probatória no mandado de segurança – vínculo do conteúdo da mensagem com a violação do pluralismo político e defesa de minorias políticas. Mas, ressaltou o Min. Fux que "a liberdade de expressão pode sofrer limitações pontuais, desde que absolutamente proporcionais, sem recair em falso moralismo que intenta censurar palavras e atos" (STF, MS n. 37.178, rel. Min. Luiz Fux, Primeira Turma, Sessão Virtual de 7-8-2020 a 17-8-2020).

Especificamente sobre os agentes políticos do Poder Executivo (mas que pode servir de baliza para os demais agentes políticos), o STF decidiu que a manifestação de opinião, mesmo que ácida, por parte de Ministro de Estado *não gera* dano moral. Entendeu-se que o agente político não pode ter sua liberdade de expressão tolhida pela futura ameaça de processo cível por danos morais, pois isso geraria um efeito inibidor nefasto ao exercício pleno de suas atividades (STF, RE n. 685.493, Rel. Min. Marco Aurélio, j. 17-8-2020, Tema 562 – repercussão geral

---

[61] Já há votos dos Ministros Alexandre de Moraes (Relator), Edson Fachin e Dias Toffoli pela improcedência das ADIs 6.293 e 6.310 (em sessão virtual). Após, o processo foi destacado pelo Ministro Nunes Marques. A Ministra Rosa Weber (Presidente, que se aposentou) antecipou seu voto, também pela improcedência.

nos seguintes termos: "Ante conflito entre a liberdade de expressão de agente político, na defesa da coisa pública, e honra de terceiro, há de prevalecer o interesse coletivo").

7.13. Outros casos de liberdade de expressão e suas restrições no STF

Crime de racismo religioso. A liberdade de expressão como condição de tutela efetiva da liberdade de religião. Prevalência da liberdade de expressão religiosa. Tratou-se de denúncia criminal do Ministério Público Federal contra sacerdote da Igreja Católica autor de publicação que afirmava, entre outros, que o demônio "hoje se esconde nos rituais e nas práticas do espiritismo, da umbanda, do candomblé" e ainda que "o espiritismo é como uma epidemia e como tal deve ser combatido". No voto do relator, Min. Edson Fachin, a liberdade de expressão religiosa compreende o chamado "discurso proselitista", que visa convencer e doutrinar o outro sobre a sua fé. Por isso, não seria ilícito penal a comparação entre diversas religiões, inclusive com explicitação de hierarquização ou animosidade. Concluiu o Relator afirmando que: "(...) Conduta que, embora intolerante, pedante e prepotente, se insere no cenário do embate entre religiões e decorrente da liberdade de proselitismo, essencial ao exercício, em sua inteireza, da liberdade de expressão religiosa" (RHC 134.682, rel. Min. Edson Fachin, j. 29-11-2016, 1ª T, *DJe* de 29-8-2017).

Classificação indicativa e não impositiva. Prevalência da liberdade de expressão e impossibilidade de censura prévia. O Supremo Tribunal Federal declarou inconstitucional o artigo 254 do Estatuto da Criança e do Adolescente (ECA), que estabelece multa e suspensão de programação às emissoras de rádio e TV que exibirem programas em horário não autorizado pela classificação indicativa do Ministério da Justiça brasileiro. Foi decisivo, para o STF, a vedação à censura (art. 220, *caput*, da CF/88) e o disposto no art. 220, § 3º, da CF/88 que estabelece que o Poder Público deve *informar* sobre a natureza dos programas, locais e horário de exibição. Para o Min. Dias Toffoli, o dispositivo questionado, ao estabelecer punição às empresas de radiodifusão por exibirem programa em horário diverso do "autorizado", incorreu em "abuso constitucional", uma vez que não há albergado na CF/88 horário autorizado, mas tão somente "horário recomendado". Assim, o STF reconheceu que o tema (proteção da criança na programação de rádio e TV) é submetido inicialmente à autorregulação, mas ficou ressalvada no voto do Relator a possibilidade de "responsabilização judicial das emissoras de radiodifusão por abusos ou eventuais danos à integridade das crianças e dos adolescentes, inclusive levando em conta a recomendação do Ministério da Justiça quanto aos horários em que a referida programação se mostre inadequada" (STF, ADI n. 2.404, rel. Min. Dias Toffoli, j. 31-8-2016).

Liberdade de expressão e manifestações políticas em grandes eventos (Copa do Mundo). O STF indeferiu medida cautelar em ação direta de inconstitucionalidade que impugnava o parágrafo 1º do art. 28 da Lei n. 12.663/2012. ("Lei Geral da Copa"), que, na visão do Autor da ADI restringia a liberdade de expressão. Para o STF, o parágrafo único do art. 28 ("É ressalvado o direito constitucional ao livre exercício de manifestação e à plena liberdade de expressão em defesa da dignidade da pessoa humana") possui sentido oposto ao daquele interpretado pelo Autor da ADI n. (partido político), ou seja, assegura a liberdade de expressão. Para o Min. Barroso, "a liberdade de expressão é uma manifestação da dignidade da pessoa humana e, do ponto de vista do seu valor instrumental, ela é também uma forma de expressão para realizar este fim último da democracia" (ADI n. 5.136 MC, rel. Min. Gilmar Mendes, j. 1º-7-2014, Plenário, *DJe* de 30-10-2014).

Proteção da Criança e Adolescente e liberdade de expressão e informação. Restrição prevista na lei e não na Constituição. Inconstitucionalidade. "Divulgação total ou parcial, por qualquer meio de comunicação, de nome, ato ou documento de procedimento policial, administrativo ou judicial relativo à criança ou adolescente a que se atribua ato infracional. Publicidade indevida. Penalidade: suspensão da programação da emissora até por dois dias, bem como da publicação do periódico até por dois números. Inconstitucionalidade. A Constituição de 1988 em seu art. 220 estabeleceu que a liberdade de manifestação do pensamento, de criação, de expressão e de informação, sob qualquer forma, processo ou veículo, não sofrerá qualquer restrição, observado o que nela estiver disposto. Limitações à liberdade de manifestação do pensamento, pelas suas variadas formas. Restrição que há de estar explícita ou implicitamente prevista na própria Constituição" (ADI n. 869, rel. p/o ac. Min. Maurício Corrêa, j. 4-8-1999, Plenário, *DJ* de 4-6-2004).

Proibição judicial que impede órgão de imprensa de divulgar teor sigiloso de investigação policial. Não é caso de ofensa à ADPF 130. "Liberdade de imprensa. Decisão liminar. Proibição de reprodução de dados relativos ao autor de ação inibitória ajuizada contra empresa jornalística. Ato decisório fundado na expressa invocação da inviolabilidade constitucional de direitos da personalidade, notadamente o da privacidade, mediante proteção de sigilo legal de dados cobertos por segredo de justiça. Contraste teórico entre a liberdade de imprensa e os direitos previstos nos arts. 5º, X e XII, e 220, *caput*, da CF. Ofensa à autoridade do acórdão proferido na ADPF 130, que deu por não recebida a Lei de Imprensa. Não ocorrência. Matéria não decidida na ADPF. Processo de reclamação extinto, sem julgamento de mérito. Votos vencidos. Não ofende a autoridade do acórdão proferido na ADPF 130 a decisão que, proibindo a jornal a publicação de fatos relativos ao autor de ação inibitória, se fundou, de maneira expressa, na inviolabilidade constitucional de direitos da personalidade, notadamente o da privacidade, mediante proteção de sigilo legal de dados cobertos por segredo de justiça" (Rcl 9.428, rel. Min. Cezar Peluso, j. 10-12-2009, Plenário, *DJe* de 25-6-2010).

Tribunal de Contas da União e anonimato permanente do noticiante de irregularidade. Impossibilidade. "A Lei 8.443, de 1992, estabelece que qualquer cidadão, partido político ou sindicato é parte legítima para denunciar irregularidades ou ilegalidades perante o TCU. A apuração será em caráter sigiloso, até decisão definitiva sobre a matéria. Decidindo, o Tribunal manterá ou não o sigilo quanto ao objeto e à autoria da denúncia (§ 1º do art. 55). Estabeleceu o TCU, então, no seu Regimento Interno, que, quanto à autoria da denúncia, será mantido o sigilo: inconstitucionalidade diante do disposto no art. 5º, V, X, XXXIII e XXXV, da CF" (MS 24.405, rel. Min. Carlos Velloso, j. 3-12-2003, Plenário, *DJ* de 23-4-2004).

Disque-Denúncia. Anonimato. Necessidade de diligências criminais preliminares para só depois instaurar o inquérito policial. "(...)Firmou-se a orientação de que a autoridade policial, ao receber uma denúncia anônima, deve *antes realizar diligências preliminares* para averiguar se os fatos narrados nessa 'denúncia' são materialmente verdadeiros, para, só então, iniciar as investigações. 2. No caso concreto, ainda sem instaurar inquérito policial, policiais federais diligenciaram no sentido de apurar as identidades dos investigados e a veracidade das respectivas ocupações funcionais, tendo eles confirmado tratar-se de oficiais de justiça lotados naquela comarca, cujos nomes eram os mesmos fornecidos pelos 'denunciantes'. Portanto, os procedimentos tomados pelos policiais federais estão em perfeita consonância com o entendimento firmado no precedente supracitado, no que tange à realização de diligências preliminares para apurar a veracidade das informações obtidas anonimamente e, então, instaurar o procedimento investigatório propriamente dito. 3. *Habeas corpus* denegado" (HC 95.244, rel. Min. Dias Toffoli, 1ª Turma, j. 23-3-2010, publicado no *DJ* em 30-4-2010).

8. LIBERDADE DE CONSCIÊNCIA E LIBERDADE RELIGIOSA

Art. 5º, VI – é inviolável a liberdade de consciência e de crença, sendo assegurado o livre exercício dos cultos religiosos e garantida, na forma da lei, a proteção aos locais de culto e a suas liturgias;

VII – é assegurada, nos termos da lei, a prestação de assistência religiosa nas entidades civis e militares de internação coletiva;

VIII – ninguém será privado de direitos por motivo de crença religiosa ou de convicção filosófica ou política, salvo se as invocar para eximir-se de obrigação legal a todos imposta e recusar-se a cumprir prestação alternativa, fixada em lei;

8.1. Liberdade de consciência

A liberdade de consciência consiste no *direito de possuir, inovar, expressar ou até desistir de opiniões e convicções*, assegurando-se o *direito de agir* em consonância com tais valores. A liberdade de pensamento (*vide* acima) abarca a liberdade de consciência, mas sua especificação na Constituição realça a importância de se assegurar a livre formação e exteriorização de convicções e valores.

A própria Constituição valoriza a liberdade de consciência ao prever a chamada "escusa de consciência" (ou ainda "imperativo de consciência" ou "objeção de consciência"), que consiste na possibilidade de invocar convicção filosófica, política ou religiosa para não cumprir obrigação legal a todos imposta, devendo cumprir prestação alternativa fixada em lei.

No caso do serviço militar obrigatório, o art. 14, § 1º, dispõe que às Forças Armadas compete, na forma da lei, atribuir *serviço alternativo* aos que, em tempo de paz, após alistados, alegarem imperativo de consciência (pacifistas, por exemplo), entendendo-se como tal o decorrente de crença religiosa e de convicção filosófica ou política, para se eximirem de atividades de caráter essencialmente militar.

A Lei n. 8.239/91 prevê que tal *serviço alternativo* será prestado em organizações militares da ativa e em órgãos de formação de reservas das Forças Armadas ou em órgãos subordinados aos Ministérios Civis, mediante convênios entre estes e os Ministérios Militares, desde que haja interesse recíproco e, também, sejam atendidas as aptidões do convocado. O indivíduo realizará atividades de caráter administrativo, assistencial, filantrópico ou mesmo produtivo, em substituição às atividades de caráter essencialmente militar. Ao final do período, será conferido *Certificado de Prestação Alternativa ao Serviço Militar Obrigatório*, com os mesmos efeitos jurídicos do *Certificado de Reservista*.

Caso haja recusa ou cumprimento incompleto do Serviço Alternativo por motivo de responsabilidade pessoal do interessado, não será emitido o certificado, pelo prazo de dois anos após o vencimento do período que ele teria que ter cumprido. Após esses dois anos, o certificado só será emitido após a decretação, pela autoridade competente, da *suspensão dos direitos políticos do inadimplente*, que poderá, a qualquer tempo, regularizar sua situação mediante cumprimento das obrigações devidas.

Apesar de minuciosa, a Lei n. 8.239/91 *não* foi implementada pela União para fornecer aos objetores o serviço alternativo. Até que tal situação seja alterada, os jovens alistados que alegarem "imperativo de consciência" receberão o "Certificado de Dispensa de Serviço Alternativo", *sem qualquer outro ônus*. Mais de 40 mil jovens, de 2002 a 2006, invocaram o "imperativo de consciência", segundo os dados do Departamento de Mobilização do Ministério da Defesa, que constam de ação civil pública proposta pelo Ministério Público Federal em litisconsórcio com o Ministério Público Militar, perante a Justiça Federal de Santa Maria (RS). Em 2011, o Tribunal Regional Federal da 4ª Região julgou a apelação dessa ação e decidiu que "os mais de vinte anos de vigência da regra da escusa de consciência sem a devida implementação, bem como a ausência de informação clara pelos órgãos responsáveis a respeito do direito", resultam no *dever da União* de implementar tal serviço alternativo em um prazo de três anos (Ação Civil Pública, Ap. Cív. 2008.71.02.000356-3/RS. rel. Desa. Federal Marga Inge Barth Tessler, j. 16-3-2011). Em 2013, o Superior Tribunal de Justiça *deu razão à União* no curso da citada ação, decidindo que não há a necessidade de implementar os serviços alternativos, uma vez que (i) há custo para tanto e cabe à União verificar a conveniência e oportunidade de tal gasto e (ii) os jovens não são prejudicados, porque recebem o certificado de dispensa (REsp 1.339.383/RS, rel. Min. Benedito Gonçalves, j. 26-11-2013, *DJe* de 23-4-2014).

Quanto à obrigação de servir como *jurado* no Tribunal do Júri, dispõe o art. 438 do CPP que a recusa ao serviço do júri fundada em convicção religiosa, filosófica ou política importará no dever de prestar *serviço alternativo*, sob pena de suspensão dos direitos políticos, enquanto não prestar o serviço imposto. Esse serviço alternativo consiste no exercício de atividades de caráter administrativo, assistencial, filantrópico ou mesmo produtivo, no Poder Judiciário, na Defensoria Pública, no Ministério Público ou em entidade conveniada para esses fins. Cabe ao juiz fixar o serviço alternativo atendendo aos *princípios da proporcionalidade e da razoabilidade* (art. 438, §§ 1º e 2º, do CPP).

No tocante às obrigações eleitorais, o Código Eleitoral prevê que o eleitor que, sendo obrigado (o voto no Brasil é obrigatório a todos os brasileiros, alfabetizados, dos 18 aos 70 anos), deixar de votar e não se justificar até 60 dias após a realização da eleição deverá pagar multa (art. 7º do CE). A inscrição eleitoral será cancelada nos seguintes casos se o eleitor, por três eleições consecutivas não votar, nem justificar a sua ausência ou, finalmente, não pagar a multa por não ter votado e não ter justificado. Com o cancelamento da inscrição, ele não poderá exercer seus direitos políticos, até que cumpra suas obrigações eleitorais *pagando a multa*.

No caso da alegação, pelo eleitor, de convicções filosóficas contrárias a sua participação no processo eleitoral (como eleitor ou mesário), não há "prestação alternativa" como prevê a Constituição. O pagamento de multa *não serve* como "serviço alternativo", pois tem cunho punitivo, o que não é o caso do serviço alternativo preconizado pela Constituição de 1988.

8.2. Liberdade de crença ou de religião

A liberdade de crença e religião é faceta da liberdade de consciência, consistindo no direito de *adotar ou não* qualquer crença religiosa ou *abandoná-la* livremente, bem como *praticar* seus ritos, cultos e manifestar sua fé, *sem* interferências abusivas. Há um duplo aspecto da liberdade de crença ou religião: no sentido positivo, tal liberdade assegura o direito de professar uma fé;

no sentido negativo, assegura o direito de não possuir uma fé ou ainda de não ser exposto indevidamente ao proselitismo religioso.

A proteção da liberdade de crença ou religião impede a punição daquele que a invoca para não cumprir obrigação legal a todos imposta, como vimos acima na análise da "escusa de consciência", como também impede que alguém seja *obrigado a acreditar* em algum culto ou religião ou *impelido a renunciar* ao que acredita.

Fica estabelecido o marco de tolerância a toda e qualquer religião, devendo o Estado ter uma postura de *neutralidade* sem favorecer ou prejudicar qualquer uma delas. O art. 19 da CF qualifica o Estado brasileiro como *Estado laico,* uma vez que veda a qualquer ente federativo *estabelecer* cultos religiosos ou igrejas, *subvencioná-los, embaraçar-lhes* o funcionamento ou *manter* com eles ou seus representantes relações de dependência ou aliança, ressalvada, na forma da lei, *a colaboração de interesse público.*

Há relação entre a liberdade de religião e a liberdade de expressão, que se revela na possibilidade de difusão da fé e dos princípios de cada religião. Esses atos de proselitismo religioso são duplamente protegidos pela gramática de direitos humanos, pois fundamentam-se na liberdade de expressão e também na liberdade de religião.

Justamente por ser uma faceta da liberdade de religião, o proselitismo religioso possui tratamento jurídico distinto da expressão de ideias em geral. O Supremo Tribunal Federal apreciou o *limite* do *proselitismo religioso em espaços públicos* na análise da restrição, em vigor há mais de vinte anos no Brasil, prevista no art. 4º, § 1º, da Lei n. 9.612/98, que estabelece: "É vedado o proselitismo de qualquer natureza na programação das emissoras de radiodifusão comunitária". Para o STF (por maioria), o dispositivo colide com (i) a liberdade de expressão, (ii) a liberdade religiosa e (iii) o livre exercício de cultos religiosos. No voto do Min. Fachin (relator para o acórdão), foi feito o "diálogo das Cortes", com citação da posição da Corte Interamericana de Direitos Humanos (Corte IDH) na Opinião Consultiva n. 5. Nesse julgado, a Corte IDH enfatizou a "dupla dimensão" da liberdade de expressão, que requer que (i) ninguém seja arbitrariamente privado ou impedido de manifestar seu pensamento e ainda (ii) consiste no direito coletivo de receber informações e de conhecer o pensamento alheio. Para Fachin, a restrição ao proselitismo religioso em rádios comunitárias *não* se amolda a nenhuma hipótese de restrição autorizada de direitos humanos, pois a liberdade de expressão inclui o *discurso persuasivo* e a troca de ideias. Mesmo se tratando de concessões públicas, impera a liberdade de expressão "sob qualquer forma, processo ou veículo" (art. 220 da CF/88). Quanto ao direito de não ser exposto indevidamente ao proselitismo religioso, o dano é mínimo e bastaria ao ouvinte que "desligue o rádio" (ADI n. 2.566, rel. p/ o ac. Min. Edson Fachin, j. 16-5-2018, P, *DJe* de 23-10-2018).

A *laicidade* do Estado, no Brasil, foi consagrada somente na Constituição de 1891 e suas sucessoras. Na Constituição imperial de 1824, houve a adoção da religião católica como oficial do Estado (Estado Confessional, art. 5º) e prevalecia o *regalismo,* que consiste na subordinação da Igreja ao Estado em seus assuntos internos (por exemplo, pelo art. 102, II, cabia ao Imperador nomear os Bispos).

Por outro lado, há outros comandos da Constituição de 1988 que fazem remissão à fé e a religiões, a saber:

1) a expressão "sob a proteção de Deus" no Preâmbulo da CF/88;

2) a escolha do descanso semanal "preferencialmente aos domingos" prevista no art. 7º, XV, fruto do dia do descanso preconizado pelo cristianismo;

3) a previsão de colaboração do Estado com entes religiosos, caso isso seja "de interesse público" (art. 19, I);

4) a previsão de dispensa do serviço militar obrigatório, em tempo de paz, aos eclesiásticos (art. 143, § 2º);

5) a previsão do ensino religioso, de matrícula facultativa, como disciplina dos horários normais das escolas públicas de ensino fundamental (art. 210, § 1º);

6) o art. 5º, VII, assegura, nos termos da lei, a prestação de assistência religiosa nas entidades civis e militares de internação coletiva.

Quanto ao conteúdo do ensino religioso facultativo em escolas públicas, há duas visões sob o tema. A primeira visão, tradicional, sustenta que o ensino tem *conteúdo vinculado ao ensino dos dogmas de determinada fé*, devendo ser ofertadas várias opções aos alunos, de acordo com o interesse, podendo ser os professores vinculados a igrejas ou cultos, sendo vedado qualquer forma de doutrinação ou proselitismo. É o chamado ensino religioso de caráter confessional.

A segunda visão defende que o ensino religioso em escola pública deve consistir na *exposição das doutrinas e história das religiões*, bem como da análise de posições não religiosas, como o ateísmo e o agnosticismo – sem qualquer tomada de partido por parte dos educadores, que devem ser professores da própria rede pública. Essa segunda posição foi defendida pela Procuradoria Geral da República, ao propor a Ação Direta de Inconstitucionalidade n. 4.439 em 2010 perante o Supremo Tribunal Federal, questionando a Lei n. 9.394/96 (Lei de Diretrizes e Bases da Educação) e a Concordata Brasil-Santa Sé (tratado incorporado internamente pelo Decreto 77.107/2010).

No julgamento dessa ADI n. 4.439, o STF julgou improcedente o pedido e conferiu interpretação conforme à Constituição ao art. 33, *caput*, e §§ 1º e 2º, da Lei n. 9.394/1996 (Lei de Diretrizes e Bases da Educação Nacional – LDB), e ao art. 11, § 1º, do acordo Brasil-Santa Sé, consagrando que o ensino religioso em escolas públicas pode ter natureza confessional. O STF entendeu que o poder público, observado o binômio laicidade do Estado e consagração da liberdade religiosa (no seu duplo aspecto), deve regulamentar o art. 210, § 1º, da CF, autorizando, na rede pública, em igualdade de condições, o oferecimento de ensino confessional das diversas crenças, mediante requisitos formais de credenciamento, de preparo, previamente fixados pelo Ministério da Educação. Para o STF, deve ser permitido aos alunos se matricularem voluntariamente para que possam exercer o seu "direito subjetivo ao ensino religioso" como disciplina dos horários normais das escolas públicas. O ensino deve ser ministrado por integrantes, devidamente credenciados, da confissão religiosa que será ministrada, a partir de chamamento público, preferencialmente sem qualquer ônus para o poder público (STF, ADI n. 4.439, rel. p/ o ac. Min. Alexandre de Moraes, j. 27-9-2017, P, *Informativo* 879).

Assim, para o STF, o caráter confessional do ensino religioso em escolas públicas não viola a laicidade do Estado e a liberdade de religião no sentido negativo.

Quanto à prestação de assistência religiosa nos estabelecimentos civis e militares de internação coletiva (quartéis, presídios, hospitais públicos, entre outros), há um direito que exige do Estado a implementação das condições materiais mínimas para a realização do culto, sem discriminação de qualquer um, desde que solicitados pelos internos.

Também é constitucional a lei de proteção animal que, em nome da liberdade de religião, prevê o *sacrifício ritual* de animais em cultos de religião de matriz africana. Para o STF, a proibição do sacrifício aniquilaria a própria essência da pluralidade cultural e religiosa. Fixou-se a seguinte tese: "É constitucional a lei de proteção animal que, a fim de resguardar a liberdade religiosa, permite o sacrifício ritual de animais em cultos de religiões de matriz africana" (RE 494.601, relator para o acórdão Min. Edson Fachin, j. 28-3-2019). Destaque-se, no caso, a posição da maioria no STF a favor de evitar que, em nome da tutela de um direito relevante, seja aniquilado de modo desproporcional outro (ver mais no item 52 da Parte IV, sobre o direito ao meio ambiente e os direitos dos animais).

Em 2019, foi editada a Lei n. 13.796, pela qual ficou assegurado ao aluno regularmente matriculado em instituição de ensino pública ou privada, de qualquer nível, ausentar-se de prova ou de aula marcada para dia em que, segundo os preceitos de sua religião, seja vedado o exercício de tais atividades, devendo ser atribuído, a critério da instituição e sem custos para o aluno, *prestação alternativa*, que pode ser (i) prova ou aula de reposição, em data alternativa e com anuência expressa do aluno; ou (ii) trabalho escrito ou outra modalidade de pesquisa. Trata-se aqui de ponderação legislativa entre a liberdade de crença e a igualdade (os alunos, sem distinção, devem se submeter aos exames para comprovação de conhecimento), preservando-se a convicção religiosa do aluno.

Por sua vez, o STF considerou *inconstitucional* a Lei n. 1.864/2008 do Estado de Rondônia, que determinou a oficialização da *Bíblia* como livro-base de fonte doutrinária para fundamentar princípios, usos e costumes de comunidades, igrejas e grupos no Estado de Rondônia. Essa adoção implicou inconstitucional discriminação entre religiões, bem como resultou em ofensa à *neutralidade* exigida do Estado pela CF/88 (ADI n. 5.257, rel. Min. Dias Toffoli, j. 20-9-2018, P, *DJe* de 3-12-2018). Reafirmou-se, assim, a laicidade do Estado brasileiro, que não é religioso ou ateu, e, sim, *neutro* (ADPF 54, voto do rel. Min. Marco Aurélio, j. 12-4-2012, P, *DJe* de 30-4-2013).

Em 2024, o STF, por unanimidade, decidiu que é permitido o uso de trajes religiosos em fotos de documentos de identidade oficiais. No caso analisado, debateu-se o uso, por freira, do seu hábito religioso na foto da CNH, contrariando uma resolução do Contran de 2006. O relator, Ministro Barroso, argumentou que impedir o uso de símbolos religiosos viola a liberdade religiosa e o princípio da proporcionalidade, destacando que não há risco ao direito à segurança pública, já que a identificação facial é plenamente possível mesmo com a cabeça coberta. O ministro enfatizou que, desde que o acessório religioso não cubra o rosto, não há justificativa para proibi-lo em fotografias de documentos oficiais, permitindo assim a conciliação entre o direito difuso à segurança da sociedade e o direito individual da proteção à liberdade religiosa. Além disso, ressaltou que o Estado tem o dever de adaptar as regras gerais para não discriminar grupos vulneráveis ou minoritários, garantindo que as pessoas religiosas possam manter suas vestimentas nas fotos de documentos, desde que o rosto permaneça visível. Foi aprovado o tema 953 da tese de repercussão geral nos seguintes termos. "É constitucional a utilização de vestimentas ou acessórios relacionados à crença ou religião nas fotos de documentos oficiais, *desde que* não impeçam a adequada identificação individual, com rosto visível" (STF, RE 859.376 (Tema 953). rel. Min. Barroso, Plenário, 17-4-2024).

8.3. Limites à liberdade de crença e religião

Há limites à liberdade de crença e religião, que são oriundos da necessária convivência com outros direitos e valores constitucionais. Entre as situações analisadas pelo Judiciário estão:

1) Colisão entre a liberdade de religião, no que diz respeito à liberdade de culto, e o direito à integridade psíquica, no caso do uso de alto-falantes, com ruídos acima do permitido. Há ponderação de valores, não podendo a liberdade de religião impor, de modo desproporcional, ofensa ao sossego e descanso dos demais, que compõem o direito à integridade psíquica e à saúde.

2) Solicitação de data alternativa para realização de exames e concursos públicos. Há diversas ações judiciais e pleitos administrativos no Brasil que exigem a mudança de datas de provas e exames em nome de *crença de candidato que o impede de realizar a prova no dia ou horário previsto ordinariamente*. Em alguns casos, é possível que o pedido do candidato seja atendido pela própria Administração, sem maiores ônus e sem que a igualdade entre os candidatos seja afetada (o que ocorreria, hipoteticamente, pela realização de prova de conteúdo diferente em outra data), como, por exemplo, a realização de prova em *horário diferente* porém com incomunicabilidade do candidato beneficiado, evitando a quebra do sigilo da prova, que será a mesma para todos. Porém, em vários casos, o indivíduo pleiteia que a prova seja diferente, o que torna impossível a manutenção da *igualdade no concurso*. Teremos, então, a necessidade de se ponderar o dispositivo constitucional da *igualdade* (art. 5º, *caput*) e a liberdade de religião (art. 5º, VIII), que proíbe a privação de direitos devido à crença religiosa. Defendemos que *é possível conciliar* esses dois direitos na maior parte dos casos, como, por exemplo, pelo uso da diferenciação de horários com incomunicabilidade do candidato que alega óbice religioso para não fazer no horário normal (uso do critério da *concordância prática* entre esses dois direitos, ou ainda da *acomodação razoável*). O STF, em 2011, reconheceu a repercussão geral dessa questão no Recurso Extraordinário 611.874, tendo adotado a seguinte tese em 2020, na linha do que foi defendido nas edições anteriores deste *Curso*: "Nos termos do artigo 5º, VIII, da Constituição Federal é possível a realização de etapas de concurso público em *datas e horários distintos dos previstos em edital*, por candidato que invoca escusa de consciência por motivo de crença religiosa, desde que presentes a *razoabilidade da alteração*, a preservação da *igualdade* entre todos os candidatos e que *não* acarrete *ônus desproporcional* à Administração Pública, que deverá decidir de maneira *fundamentada* (STF, RE n. 611.874, Relator Min. Dias Toffoli, j. 26-11-2020, tema 386 – grifos meus).

3) Posição do STF recusando mudança de data do ENEM para aluno da fé judaica. Prevalência da igualdade em detrimento da liberdade de religião. "Pedido de restabelecimento dos efeitos da decisão do Tribunal *a quo* que possibilitaria a participação de estudantes judeus no Exame Nacional do Ensino Médio (ENEM) em data alternativa ao *Shabat*. (...) Em mero juízo de delibação, pode-se afirmar que a designação de data alternativa para a realização dos exames *não se revela em sintonia com o princípio da isonomia*, convolando-se em privilégio para um determinado grupo religioso" (STA 389-AgR, rel. Min. Presidente Gilmar Mendes, j. 3-12-2009, Plenário, *DJe* de 14-5-2010).

4) Recusa de tratamento médico por motivo religioso. A recusa de determinado tratamento médico por motivo religioso é também tema polêmico. Há vários casos nos quais o paciente alega impedimento religioso para recusar determinado tratamento (por exemplo, *recusa de transfusão de sangue* por Testemunhas de Jeová), pondo em risco sua própria vida. Em que pese a decisões judiciais de 1º grau autorizando médicos a desconsiderar a vontade do próprio paciente, entendemos, como aponta Barroso, que *cabe ao paciente*, com a ressalva daqueles que não podem expressar de modo pleno sua vontade (os interditados, as crianças e adolescentes), *a escolha do tratamento*, em nome da liberdade e de sua autonomia. Para Barroso, a liberdade de religião é um direito fundamental que concretiza uma "escolha existencial que deve ser respeitada pelo Estado e pela sociedade". A recusa do paciente em se submeter a procedimento médico, por motivo de crença religiosa, "configura manifestação da autonomia do paciente, derivada da dignidade da pessoa humana". O próprio autor citado ressalva que o *consentimento* deve ser *genuíno*, ou seja, válido, inequívoco, livre e informado[62]. Ao decidir o Tema 952 da repercussão geral, o STF fixou a tese de que Testemunhas de Jeová, *quando maiores e capazes*, têm o direito de *recusar* procedimento médico que envolva transfusão de sangue, com base na *autonomia individual e na liberdade religiosa*. Além disso, em respeito ao direito à vida e à saúde, fazem jus aos procedimentos alternativos disponíveis no Sistema Único de Saúde – SUS (STF, RE n. 979.472, Tema 952 da repercussão geral, rel. Min. Barroso, j. 25-9-2024). Também decidiu (Tema 1.069 da repercussão geral) que a recusa a tratamento de saúde, por razões religiosas, é condicionada à decisão inequívoca, livre, informada e esclarecida do paciente, inclusive, quando veiculada por meio de diretivas antecipadas de vontade (STF, RE n. 1.212.272, Tema 1.069, rel. Min. Gilmar Mendes, Plenário, j. 25-9-2024).

5) Colocação de crucifixos em órgãos públicos e, em especial, nas salas de audiência e sessões dos Tribunais. Outro tema debatido é a colocação de símbolos de uma religião específica

---

[62] BARROSO, Luís Roberto. Legitimidade da recusa de transfusão de sangue por Testemunhas de Jeová. Dignidade humana, liberdade religiosa e escolhas existenciais. Disponível em: <http://www.luisrobertobarroso.com.br/wp-content/themes/LRB/pdf/testemunhas_de_jeova.pdf>. Acesso em: 15 jul. 2024.

em repartições públicas do Estado laico brasileiro. Para os defensores da inexistência de impedimento constitucional à colocação de *crucifixos* em salas de audiência, plenários, entre outros órgãos públicos, trata-se de *manifestação cultural*, típica de um país cuja população é majoritariamente católica, que não indica preferência do Estado por uma religião ou outra. Para os opositores dessa prática comum no Poder Público brasileiro, a existência do crucifixo ou de outros símbolos religiosos sinaliza uma *conduta confessional* por parte da administração pública, que não poderia custear (com dinheiro público) um símbolo e nem afixá-lo em local público, pois não seria um dos símbolos nacionais (bandeira, hino, armas e selos nacionais) previstos no art. 13 da CF/88. No Brasil, a existência, inclusive no Plenário do Supremo Tribunal Federal, do crucifixo católico foi questionada judicialmente também perante o Conselho Nacional de Justiça (CNJ). Em 2007, o CNJ *rejeitou*, por maioria, quatro pedidos de providência (1.344, 1.345, 1.346 e 1.362) que exigiam a retirada dos crucifixos em dependências de órgãos do Poder Judiciário. Para o CNJ, os crucifixos e objetos da religião católica existentes nos Tribunais são símbolos da cultura brasileira, amparados no art. 215 da Constituição (que trata da cultura), não interferindo na imparcialidade e universalidade do Poder Judiciário. O único voto vencido, o do Conselheiro Paulo Lobo, defendeu que, no âmbito público do Estado laico, não é cabível demonstrações como o uso de símbolos religiosos específicos. O próprio STF acata esse posicionamento majoritário no CNJ, pois na *sala do Plenário do STF* se encontra, ao fundo, acima do escudo de armas brasileiro, um *crucifixo*.

6) Escusa de consciência e assiduidade no serviço público. Foi reconhecida a repercussão geral na análise de recurso extraordinário sobre se a objeção de consciência por motivos religiosos constitui um dever por parte do administrador de disponibilizar prestação alternativa para servidores, em estágio probatório, cumprirem seus deveres funcionais. Contudo, o cumprimento dos deveres funcionais de um serviço público (cujo concurso de ingresso, o servidor voluntariamente prestou) não pode ser considerada uma "*obrigação legal a todos imposta*" (art. 5º, VIII), capaz de legitimar a "escusa de consciência". Por outro lado, há a liberdade de religião, na faceta de não se ter restrição à fé, que pode justificar o dever do Estado de ofertar alternativas ao servidor. Assim, o STF decidiu (tema 1.021 da repercussão geral) que, à luz do art. 5º, VIII, da CF/88, é possível à Administração Pública, inclusive durante o *estágio probatório*, estabelecer critérios alternativos para o regular exercício dos deveres funcionais inerentes aos cargos públicos, em face de servidores que invocam escusa de consciência por motivos de crença religiosa, desde que presentes a (i) *razoabilidade* da alteração, (ii) não se caracterize o *desvirtuamento* do exercício de suas funções (por exemplo, cargo que só pode ser exercido em dia que a fé não permite) e (iii) não acarrete ônus desproporcional à Administração Pública (por exemplo, não haja quem faça a função no dia objetado pelo servidor recém admitido, tendo que ser realizado outro concurso público). A decisão do Poder Público deve ser fundamentada (STF, RE com agravo n. 1.099.099, rel. Min. Fachin, Plenário, 26.11.2020).

7) Escusa de consciência e afastamento de regra que proíba vestuário/acessório que cubra parte do rosto ou da cabeça em foto de identificação na CNH. O STF reconheceu a existência de *repercussão geral* da questão referente à possibilidade de, em nome da liberdade de crença e religião, não cumprir a obrigação imposta a todos referente à identificação civil. Em 2024, o STF, por unanimidade, entendeu que o uso de vestimentas ou acessórios em fotos de identificação é protegido pela liberdade religiosa, *desde que* não impeça a adequada identificação individual, devendo o rosto estar visível. Com isso, protege-se os direitos de terceiro, evitando-se que a identificação individual seja prejudicada. Foi fixada a seguinte tese: "É constitucional a utilização de vestimentas ou acessórios relacionados a crença ou religião nas fotos de documentos oficiais, desde que não impeçam a adequada identificação individual, com rosto visível" (STF,RE n. 859.376, rel. Min. Roberto Barroso, Tema 953 da repercussão geral, Plenário, 17-4-2024).

9. DIREITO À INTIMIDADE, À VIDA PRIVADA, À HONRA E À IMAGEM

> Art. 5º, X – são invioláveis a intimidade, a vida privada, a honra e a imagem das pessoas, assegurado o direito a indenização pelo dano material ou moral decorrente de sua violação;
>
> XI – a casa é asilo inviolável do indivíduo, ninguém nela podendo penetrar sem consentimento do morador, salvo em caso de flagrante delito ou desastre, ou para prestar socorro, ou, durante o dia, por determinação judicial;
>
> XII – é inviolável o sigilo da correspondência e das comunicações telegráficas, de dados e das comunicações telefônicas, salvo, no último caso, por ordem judicial, nas hipóteses e na forma que a lei estabelecer para fins de investigação criminal ou instrução processual penal;

9.1. Conceito: diferença entre privacidade (ou vida privada) e intimidade

O direito à privacidade consiste na faculdade de se *optar por estar só* e *não ser perturbado em sua vida particular*, formando uma esfera de autonomia e exclusão dos demais e evitando que, sem o consentimento do titular ou por um interesse público, nela se intrometam terceiros.

É direito que permite ao seu titular que impeça que determinados aspectos de sua vida sejam submetidos, contra a sua vontade, à publicidade e a outras turbações feitas por terceiros.

O direito à privacidade ou vida privada engloba, de acordo com a doutrina, o direito à intimidade. Para Alexandre de Moraes, a intimidade relaciona-se às *relações subjetivas e de trato íntimo* de uma pessoa, suas relações familiares e de amizade, enquanto privacidade ou vida privada é *mais ampla* e envolve todos os relacionamentos sociais, inclusive as relações comerciais, de trabalho e de estudo[63].

A privacidade foi consagrada por Warren e Brandeis, que, em artigo intitulado "Right to Privacy", publicado em 1890[64], deram releitura ao "direito de estar só", sustentando que este abarcava as várias manifestações do *modo de ser de um indivíduo*, como suas cartas, desenhos, gestos e conversas, que mereciam proteção mesmo diante dos meios de comunicação social. Desde então, houve intenso desenvolvimento da proteção da privacidade, trazendo debates sobre seu alcance e conteúdo, em especial no momento de globalização e aumento incessante do fluxo de informação digital entre as pessoas.

Para auxiliar o entendimento sobre a dinâmica da *proteção da privacidade* é utilizada a *teoria das esferas ou círculos concêntricos*[65]. De acordo com essa teoria, a privacidade ou vida privada em sentido amplo contempla *três círculos concêntricos*: a vida privada em sentido estrito, o círculo da intimidade e o círculo do segredo.

O círculo da *vida privada em sentido estrito* consiste no conjunto de relações entre o titular e os demais indivíduos, contendo informações de conteúdo material (por exemplo, dados sobre a riqueza de alguém) e também sentimentos, porém de caráter superficial e de menor impacto sobre a intimidade, como, por exemplo, as amizades comuns. No círculo da vida privada em sentido estrito são contidos os sigilos de âmbito patrimonial (fiscal, bancário) e de *dados* das mais diversas ordens (registros telefônicos, dados telemáticos, entre outros).

---

[63] MORAES, Alexandre de. *Direito constitucional*. 24. ed. São Paulo: Atlas, 2009, p. 53.
[64] WARREN, Samuel D.; BRANDEIS, Louis D. The right of privacy, *Harvard Law Review*, n. 5, p. 193-220, 1890.
[65] No Brasil, ver COSTA JR., Paulo José da. *O direito de estar só*: tutela penal da intimidade. 2. ed. São Paulo: Revista dos Tribunais, 1995.

Já o *círculo da intimidade* é composto pelo conjunto de manifestações (informações, imagens, gestos, entre outros), só compartilhados com familiares e amigos próximos e, no máximo, com profissionais submetidos ao sigilo profissional. Nesse círculo encontra-se a previsão da proibição da *intrusão* de terceiros no domicílio (inviolabilidade do domicílio prevista no art. 5º, IX, da CF/88) e ainda a proteção do *acesso indevido* e *publicização* do *conteúdo* das comunicações pelos mais diversos meios, gerando o sigilo do conteúdo telemático, epistolar, telefônico, entre outros.

Finalmente, no *círculo do segredo*, há todas as manifestações e preferências íntimas que são componentes confidenciais da personalidade do titular, envolvendo suas opções e sentimentos que, por sua decisão, devem ficar a salvo da curiosidade de terceiros.

A teoria das esferas ou círculos concêntricos parte do pressuposto de que a proteção da intimidade depende da conduta do próprio titular, que, a partir de escolhas pessoais, decide o que vai partilhar ou não com o público. O Código Civil de 2002 obedeceu o comando constitucional, dispondo, em seu art. 21, que "a vida privada da pessoa natural é inviolável, e o juiz, a requerimento do interessado, adotará as providências necessárias para impedir ou fazer cessar ato contrário a esta norma".

Em face da importância que adquiriu a informação pessoal na Era Digital atual, o direito à proteção de dados foi reconhecido e inserido na Constituição de 1988 por intermédio da EC n. 115/2022 (que introduziu o novo inciso LXXIX do art. 5º: "é assegurado, nos termos da lei, o direito à proteção dos dados pessoais, inclusive nos meios digitais"). Esse novo direito e a Lei Geral de Proteção de Dados (2018) serão estudados posteriormente.

9.2. Direito à honra e à imagem

O direito à privacidade desdobra-se, com base na Constituição de 1988, na proteção do *direito à honra e direito à imagem*. O direito à honra consiste na preservação da reputação de determinada pessoa perante a sociedade (honra objetiva) ou da dignidade e autoestima de cada um (honra subjetiva). A pessoa jurídica possui somente a honra objetiva.

O *direito à imagem* consiste na faculdade de controlar a exposição da própria imagem para terceiros. Esse controle da exposição da imagem veda tanto a divulgação quanto montagem, inclusive diante dos meios de comunicação e abrangendo tanto a pessoa física quanto a jurídica.

O direito à imagem foi tratado no STF na análise da exposição de pessoas algemadas, o que constituiria uma "infâmia social", ofendendo o disposto no art. 5º, X (direito à imagem). Para a Min. Cármen Lúcia, "as algemas, em prisões que provocam grande estardalhaço e comoção pública, cumprem, hoje, exatamente o papel da infâmia social. (...) A Constituição da República, em seu art. 5º, III, em sua parte final, assegura que ninguém será submetido a tratamento degradante, e, no inciso X daquele mesmo dispositivo, protege o direito à intimidade, à imagem e à honra das pessoas. De todas as pessoas, seja realçado. Não há, para o direito, pessoas de categorias variadas. O ser humano é um e a ele deve ser garantido o conjunto dos direitos fundamentais. As penas haverão de ser impostas e cumpridas, igualmente por todos os que se encontrem em igual condição, na forma da lei" (HC 89.429, voto da rel. Min. Cármen Lúcia, j. 22-8-2006, Primeira Turma, *DJ* de 2-2-2007).

Também é cabível a indenização no caso de publicação de fotografia não consentida, sendo admitida a cumulação do dano material com dano moral, pois "a publicação da fotografia de alguém, com intuito comercial ou não, causa desconforto, aborrecimento ou constrangimento, não importando o tamanho desse desconforto, desse aborrecimento ou desse constrangimento. Desde que ele exista, há o dano moral, que deve ser reparado, manda a Constituição, art. 5º, X" (STF, RE 215.984, rel. Min. Carlos Velloso, j. 4-6-2002, Segunda Turma, *DJ* de 28-6-2002). O

Superior Tribunal de Justiça, por sua vez, decidiu que "pessoa jurídica de direito público *não* tem direito à indenização por danos morais relacionados à violação da honra ou da imagem", sendo inaplicável a Súmula 227 do STJ ("A pessoa jurídica pode sofrer dano moral") ao Estado (STJ, REsp 1.258.389/PB).

9.3. Direito à privacidade e suas restrições possíveis

O direito à privacidade convive, no texto constitucional e nos tratados de direitos humanos, com o direito à informação e com a liberdade de imprensa.

A primeira restrição ao direito à privacidade é oriunda da *própria conduta do titular*. Caso o titular exponha sua imagem e conduta ao público, não poderá rechaçar a divulgação de sua imagem-retrato incluída no próprio cenário público do qual participa (caso de um comício, de uma manifestação popular, entre outros). Também aqueles que vivem da exploração da imagem (celebridades) ou atuam na vida política, aceitam maior exposição das diversas manifestações de sua conduta, não podendo, depois, invocar o direito à privacidade para impedir a divulgação de fatos considerados desabonadores.

Entretanto, mesmo as figuras públicas possuem o direito à privacidade, em especial no que diz respeito ao círculo da intimidade e do segredo, em ambientes fechados ou reservados. Por isso, viola a intimidade a atitude de fotografar, sem autorização, com teleobjetivas, celebridades em seus lares ou ambientes reservados, sem acesso ao público.

Há maior polêmica a respeito da *exposição da prática de atos íntimos* de pessoas em *espaços públicos*. De um lado, há aqueles que defendem que, mesmo em espaços públicos, há a incidência do direito à privacidade, mesmo das pessoas célebres. Nesse sentido é a lição de Walter Rothenburg, que, comentando o caso de conhecida apresentadora brasileira *filmada sem seu conhecimento ou anuência* em praia pública em cidade espanhola, praticando atos íntimos com seu namorado, sustentou que "quem 'ousa' fazer amor na praia ou no mar expõe-se deliberadamente em certa medida e, assim, tem diminuída sua esfera de privacidade, mas dela não abdica completamente. Mesmo que o espaço seja público, não se pode devassar completamente a privacidade das pessoas, que guardam em algum grau a possibilidade de determinação sobre o que querem expor"[66].

Há *dois parâmetros* que são úteis para determinar a prevalência da privacidade em casos de exposição de *comportamentos em espaços públicos*, que é a (i) *falta de interesse* público das filmagens e fotografias (o *voyeurismo* de alguns não atende esse critério) e a (ii) *falta de autorização* para a obtenção das imagens que serão, depois, alavancas para maiores vendagens, audiência e lucros de terceiros.

Esses foram os *parâmetros da Corte Europeia de Direitos Humanos* (Corte EDH), em caso célebre envolvendo a *Princesa Caroline de Mônaco*, alvo frequente de fotógrafos *paparazzi*, que, com teleobjetivas potentes e outras táticas, tiraram fotos do cotidiano da princesa em espaços públicos. A Corte, em face da falta de interesse público legítimo e de autorização da Princesa (dada a finalidade comercial evidente da atividade dos fotógrafos), considerou que houve violação ao direito à privacidade previsto na Convenção Europeia de Direitos Humanos. Em 2012, a Corte EDH rechaçou a demanda oposta pela Princesa contra a Alemanha, entendendo que o Estado réu (por seu Poder Judiciário) havia seguido a jurisprudência europeia de direitos humanos, ao permitir a publicação de foto (da Princesa, em férias) para ilustrar matéria de *interesse público*

---

[66] Grifo meu. ROTHENBURG, Walter Claudius. O tempero da proporcionalidade no caldo dos direitos fundamentais. In: OLIVEIRA NETO, Olavo de; LOPES, Maria Elizabeth de Castro (Coords.). *Princípios processuais civis na Constituição*. Rio de Janeiro: Elsevier, 2008, p. 283-319.

legítimo, referente ao estado de saúde do seu pai, o Chefe de Estado de Mônaco, Príncipe Rainier, o que não havia existido na ação julgada pela Corte em 2004[67].

Em sentido oposto, há precedente do Superior Tribunal de Justiça, em caso envolvendo foto publicada *sem autorização* de banhista de *topless* em praia em Santa Catarina, no qual ficou decidido que "se a demandante expõe sua imagem em cenário público, não é ilícita ou indevida sua reprodução sem conteúdo sensacionalista pela imprensa, uma vez que a proteção à privacidade encontra limite na própria exposição realizada" (REsp 595.600-SC, rel. Min. Cesar Asfor, j. 18-3-2004).

Os *políticos* também possuem *direito à privacidade limitado*, porém não inexistente. Assim, o comportamento íntimo dos agentes públicos merece proteção, salvo se a divulgação for justificável em face interesse público, como, por exemplo, a divulgação de fotos referentes à infidelidade conjugal de político conhecido pelo discurso da defesa da família e da moral para angariar votos.

A segunda limitação diz respeito à *preponderância*, em um juízo de proporcionalidade, do *direito à informação diante do direito à privacidade* e a vontade do titular de não expor dados de sua vida em público, *mesmo* diante de fatos que têm interesse social. Um caso célebre que ocorreu no Tribunal Constitucional Federal da Alemanha (TCF) é o caso do "Assassinato dos soldados de Lebach" (também conhecido como Caso Lebach), julgado em 1973. No caso, tratou-se da proibição da edição de documentário por empresa de televisão alemã sobre uma chacina ocorrida em Lebach (foram mortos quatro soldados em um roubo de munição) na *iminência da soltura* de um dos criminosos. O TCF decidiu que, em geral, o direito de informação da população em crimes graves prevalece (interesse social), sendo permitida a informação do nome, foto ou outra identificação do criminoso. Porém, um documentário posterior, anos depois, é *inadmissível*, em face da ameaça à sua reintegração à sociedade (ressocialização), devendo ser protegida sua imagem e intimidade (Caso Lebach I). Em 1999, o TCF permitiu a veiculação de programa sobre o caso "Lebach", argumentando que as mais de duas décadas passadas teriam já permitido a ressocialização dos envolvidos (Caso Lebach II)[68].

Outro tema sempre discutido no Brasil é se há violação ao direito à honra pela divulgação de mera *suspeita* ou ainda de ação penal ou de improbidade ainda não transitada em julgado. Em vários precedentes judiciais, não há violação do direito à honra se a informação prestada atender o *dever de veracidade aferível naquele momento* e seu conteúdo for relevante para o interesse público, excluindo-se do âmbito de proteção da privacidade. Nesse sentido, decidiu o STJ que "(...) a honra e imagem dos cidadãos não são violados quando se divulgam informações verdadeiras e fidedignas a seu respeito e que, além disso, são do interesse público. O veículo de comunicação exime-se de culpa quando busca fontes fidedignas, quando exerce atividade investigativa, ouve as diversas partes interessadas e afasta quaisquer dúvidas sérias quanto à veracidade do que divulgará".

A "Declaração de Princípios sobre Liberdade de Expressão" (OEA, 2000, já estudada neste *Curso*) estabelece que "Condicionamentos prévios, tais como de *veracidade*, *oportunidade* ou *imparcialidade* por parte dos Estados, são incompatíveis com o direito à liberdade de expressão reconhecido nos instrumentos internacionais" (grifos meus). Apesar da redação, entendo que essa

---

[67] Corte Europeia de Direitos Humanos, Von Hannover *vs.* Germany, Application n. 59320/00, julgamento de 24-6-2004. Segundo julgamento. Corte Europeia de Direitos Humanos, Von Hannover *vs.* Germany (n. 2) (applicationns. 40660/08 and 60641/08), j. 7-2-2012.

[68] Ver o primeiro caso Lebach em MARTINS, Leonardo (Org.). *Cinquenta anos de jurisprudência do Tribunal Constitucional Federal alemão*. Montevidéu: Konrad Adenauer Stiftung, 2005. O segundo caso Lebach (Lebach II) foi julgado em 25 de novembro de 1999 – *BVerfGE* n. 1, p. 349 (1999).

impossibilidade de se exigir "veracidade" significa uma exigência desproporcional, incompatível com a natureza do trabalho jornalístico, não albergando, obviamente, a falsidade (*fake news*).

Assim, o *dever de veracidade* que incumbe à mídia deve ser avaliado no contexto jornalístico, no qual as matérias devem ser produzidas de modo célere. Se a suspeita sobre o indivíduo realmente existia *e* a divulgação informou que eram "suspeitas" (sem apontá-lo como criminoso condenado), não houve violação de sua honra, mesmo que, anos depois, ele tenha sido absolvido cabalmente (REsp 984.803, rel. Min. Nancy Andrighi, j. 19-8-2009).

9.4. Direito ao esquecimento e direito à esperança: o conflito entre a privacidade e a liberdade de informação

O direito à privacidade possui limites, como visto anteriormente, que levam, em determinadas situações, à prevalência do direito à informação, sendo inadmitida a censura pública ou privada. Na atualidade da sociedade da informação, na qual os registros de fatos ocorridos no passado podem ser facilmente coletados por mecanismos de busca, discute-se se a passagem do tempo pode transformar um fato que outrora possuiu interesse público em um fato abarcado pelo direito à privacidade.

Surge, então, como desdobramento do direito à privacidade, o *direito ao esquecimento*, que consiste na faculdade de se exigir a não publicização de fato relacionado ao titular, cujo interesse público esvaneceu pela passagem do tempo.

O "direito ao esquecimento" (*right to be forgotten*, *droit à l´oubli*, *El derecho al olvido*) possui duas facetas: a de não permitir a divulgação (*right of oblivion*) e a de buscar a eliminação do fato registrado, que, em virtude do tempo passado, não mais pode ser considerado público, exigindo a autorização do titular para que conste de bancos de dados (*right to erasure*, autodeterminação informativa).

O direito ao esquecimento, então, é importante tema em um mundo no qual a informação (inclusive pessoal) tem valor econômico (para fornecedores, empregadores, meios de comunicação etc.), fazendo com que haja o choque entre o direito à privacidade e a autodeterminação informativa de um lado, e o direito de informação de outro, em um contexto diferente do que foi visto acima (no qual a jurisprudência, nacional e internacional, inclina-se a reconhecer a prevalência do direito à informação no caso de fatos de interesse público), que é a *passagem do tempo*.

No Direito Comparado, um dos primeiros casos do direito ao esquecimento ocorreu na França, em 1967, no qual foi exigida a reparação de danos à antiga companheira de *serial killer* pela sua menção no filme *Landru,* do conhecido cineasta Claude Chabrol, tendo a Corte de Cassação rechaçado o pleito, porque ela própria havia tornado o caso público pela publicação de livro[69]. Via de regra, o direito ao esquecimento era debatido – sem a caracterização atual – nos casos de condenações criminais, nas quais o condenado via a sua ressocialização (após o cumprimento da pena) dificultada pelo ressurgimento – de tempos em tempos – do caso na mídia. Essa preocupação com os direitos dos ex-sentenciados foi vista no caso "Lebach" do Tribunal Constitucional Federal (comentado anteriormente), em suas duas aparições na jurisprudência daquele Tribunal.

Por sua vez, em decisão de 20 de abril de 1983, o *Tribunal de Grande Instance* (TGI) de Paris, no caso *M. c. Filipacchi et Cogedipresse*, reconheceu o "direito ao esquecimento" titularizado

---

[69] *Tribunal de Grande Instance,* Seine, 14 de outubro de 1965. Mme. S. c. Soc. Rome Paris Film, confirmado: *CA* Paris 15 de março de 1967.

por todo indivíduo envolvido em eventos públicos após a passagem de vários anos, que possibilita na vedação de publicização desse envolvimento, desde que não seja indispensável à história[70].

No plano internacional, o direito ao esquecimento foi consagrado pelo Tribunal de Justiça da União Europeia (TJUE) que, em sentença de 13 de maio de 2014, condenou o buscador *Google* a retirar, a pedido, da sua lista de resultados de pesquisa, aqueles que firam o direito ao esquecimento. Tratou-se do "Caso Costeja Gonzales" envolvendo nacional espanhol que pleiteou a eliminação da menção nos resultados da busca envolvendo seu nome (no buscador em questão) de dívida perante a seguridade social espanhola, uma vez que a execução já havia sido encerrada (há mais de 15 anos) e tal menção (apesar de correta) trazia, anos depois, prejuízos à imagem de bom pagador. O TJUE deu preferência ao direito à privacidade (art. 7º da Carta de Direitos Fundamentais da União Europeia) e 8º (direito à proteção dos dados pessoais) em detrimento da liberdade de iniciativa do *Google* (os negócios envolvendo a disponibilização de informações são vultosos) e eventual direito à informação de terceiros (na modalidade receber informação), salientando que sua decisão era justificada pela ausência de interesse público na pesquisa impugnada[71].

No Brasil, a defesa do direito ao esquecimento foi adotada na VI Jornada de Direito Civil, promovida pelo Conselho da Justiça Federal e pelo Superior Tribunal de Justiça (2013). Dispõe o Enunciado 531 (*soft law*; não vinculante, de mera orientação aos magistrados e demais operadores do Direito) que "a tutela da dignidade da pessoa humana na sociedade da informação inclui o direito ao esquecimento", tendo tido a justificativa de sua adoção a cautela de ressaltar que o direito ao esquecimento" (...) Não atribui a ninguém o direito de apagar fatos ou reescrever a própria história, mas apenas assegura a possibilidade de discutir o uso que é dado aos fatos pretéritos, mais especificamente o modo e a finalidade com que são lembrados"[72].

O Superior Tribunal de Justiça reconheceu o direito ao esquecimento em caso envolvendo indivíduo *absolvido* pelo Tribunal do Júri por envolvimento na "Chacina da Candelária" (massacre de 8 jovens, no Rio de Janeiro, ocorrido em 1993) que pugnou pelo seu direito de não ver seu nome incluído em programa de televisão que reconstituía a tragédia em 2006 (REsp 1.334.097/RJ, rel. Min. Luís Felipe Salomão, j. 28-5-2013, *DJ* de 10-9-2013). Por seu turno, o mesmo STJ não reconheceu o direito ao esquecimento no caso "Aída Curi", no qual familiares da vítima de assassinato buscaram proibir programa de televisão sobre esse homicídio, ocorrido há mais de 50 anos. Nesse último caso, o STJ entendeu que o crime havia se tornado histórico, tendo entrado para o domínio público, de modo que se tornaria impraticável a atividade da imprensa "retratar o caso Aída Curi, sem Aída Curi" (REsp 1.335.153/RJ, rel. Min. Luís Felipe Salomão, j. 28-5-2013, *DJe* de 10-9-2013).

A decisão no Caso "Chacina da Candelária" fez a ponderação dos direitos envolvidos (direito ao esquecimento e a liberdade de informação) à luz do paradigma brasileiro atual, do século XXI, de uma democracia consolidada e com um Poder Judiciário independente, o que não condiz com as restrições feitas à liberdade no tempo da ditadura militar. Listo a seguir as principais *críticas* ao "direito ao esquecimento" e os argumentos *favoráveis*.

    i. *Crítica*. A liberdade de informação e de imprensa prevalecem sobre o direito à privacidade e o direito ao esquecimento. *Resposta*. A liberdade de informação não

---

[70] *Tribunal de Grande Instance,* Paris, 20 de abril de 1983, *Mme. M. c. Filipacchi et soc. Cogedipresse.*

[71] Ver parágrafo 97 da sentença. Tribunal de Justiça da União Europeia, C131/12, julgamento de 13-5-2014. Disponível em: <http://curia.europa.eu/juris/document/document.jsf?docid=152065&doclang=ES>. Acesso em: 15 jul. 2024.

[72] Enunciado disponível em: <http://www.cjf.jus.br/CEJ-Coedi/jornadas-cej/enunciados-vi-jornada>. Acesso em: 15 jul. 2024.

prevalece, em abstrato, sobre todo e qualquer direito, em especial no contexto de uma sociedade democrática (na qual não há censura estatal), bem como há interesses econômicos que valoram e lucram sobre a informação e imagem de terceiros.

ii. *Crítica*. O direito ao esquecimento viola o direito à memória. *Resposta*. O direito ao esquecimento não é passível de invocação diante de fatos históricos ou domínio público, cuja importância faz prevalecer o direito à memória. Trata-se, ao contrário, de direito oponível na sociedade da hiperinformação, no qual se lucra com a eliminação ou mitigação da privacidade sobre fatos que não são de interesse histórico.

iii. *Crítica*. A relevância social de um fato pretérito a ser divulgado não pode ser decidida pelo Poder Judiciário, devendo os órgãos de comunicação serem livres para informar o que considerarem de interesse público (mesmo que visto por alguns como puro mercantilismo ou sensacionalismo "tabloide"). *Resposta*. Essa crítica retoma, sob outro ângulo, a preponderância da liberdade de informação sob qualquer outro direito, ao impedir o acesso à justiça para fazer prevalecer o direito à privacidade em determinado caso concreto. Como visto acima, no caso *Caroline de Mônaco-I*, a Corte EDH considerou a ausência de interesse público e ainda o uso da imagem privada da vítima para obtenção de lucros a terceiros como parâmetros para comprimir a liberdade de informação e privilegiar o direito à intimidade da princesa.

iv. *Crítica*. Se o fato no passado foi de interesse público e sua divulgação foi lícita, o decurso do tempo não pode transformar sua divulgação em ilícita. *Resposta*. O decurso do tempo é importante fator na avaliação do estatuto normativo de um determinado fato. O Min. Luís Felipe Salomão citou, por exemplo, o decurso do prazo de cinco anos para a menção de dívida nos bancos de dados de consumo; após esse prazo, a manutenção da negativação é ilícita (art. 43, § 1º, do CDC); ou ainda o art. 748 do Código de Processo Penal, que prevê que, concedida a reabilitação, as condenações anteriores não serão mencionadas na folha de antecedentes do reabilitado, nem em certidão extraída dos livros do juízo, salvo quando requisitadas por juiz criminal. Assim, a *passagem do tempo* é importante fator para decidir sobre a licitude ou ilicitude de determinada conduta. Como foi decidido pelo TCF alemão no primeiro Caso Lebach, a veiculação do programa seria desastrosa para a ressocialização; décadas depois (segundo caso Lebach), não mais.

Finalmente, o direito ao esquecimento, na visão do precedente "Chacina da Candelária" do STJ, está em linha com o "direito à esperança", pois permite que fatos deletérios do passado não impeçam a vida cotidiana dos envolvidos de modo perpétuo, ou ainda, como no caso em concreto (o indivíduo fora absolvido), permite que vicissitudes do passado (inquéritos arquivados, absolvições etc.) possam ser reparadas. Trata-se, assim, de um *direito a ser deixado em paz*.

No Supremo Tribunal Federal, o direito ao esquecimento constou do Recurso Extraordinário n. 1.010.606, com repercussão geral reconhecida (caso "Aida Curi", visto acima), julgado em 2021. Sobre o caso, ficou decidido que a exibição do referido programa não violou o direito ao nome, à imagem, à vida privada da vítima ou de seus familiares.

Foi fixada a seguinte tese: "É incompatível com a Constituição a ideia de um direito ao esquecimento, assim entendido como o poder de obstar, em razão da passagem do tempo, a divulgação de fatos ou dados verídicos e licitamente obtidos e publicados em meios de comunicação social analógicos ou digitais. Eventuais excessos ou abusos no exercício da liberdade de expressão e de informação devem ser analisados caso a caso, a partir dos parâmetros constitucionais – especialmente os relativos à proteção da honra, da imagem, da privacidade e da personalidade em geral – e as expressas e específicas previsões legais nos âmbitos penal e cível" (RE n. 1.010.606, Relator Min. Dias Toffoli, Plenário, 11-2-2021 – Tema 786 – grifo meu).

Da tese aprovada (vencidos parcialmente os Ministros Edson Fachin, Gilmar Mendes e Nunes Marques) e com base no conteúdo dos diversos votos, é possível extrair as seguintes conclusões.

1. Não há direito ao esquecimento *autônomo*, como desdobramento do direito à privacidade (posição pessoal do Autor deste *Curso*[73]), pelos seguintes fundamentos: (i) falta de previsão expressa na CF ou na legislação infraconstitucional; (ii) restrição desproporcional à liberdade de expressão e ao direito à informação.

2. Porém, é possível detectar, caso a caso, a colisão entre a liberdade de expressão e o direito à informação (direito a dar e a receber informação) de um lado e o direito à privacidade, honra e imagem de outro, gerando: (i) direito de resposta; e (ii) indenização, entre outros. Conforme consta do voto do Min. Gilmar Mendes, o direito ao esquecimento (o "direito ao apagamento de dados") deve ser entendido como uma resposta do ordenamento jurídico para regular fato ocorrido em determinado momento distante da vida de uma pessoa, mesmo que verídico, seja exposto "indiscriminada e/ou vexatoriamente na atualidade, sob pena de *indenização, direito de resposta* ou outros mecanismos previstos no ordenamento jurídico" (voto do Min. Gilmar Mendes, STF, RE n. 1.010.606, Relator Min. Dias Toffoli, Plenário, 11-2-2021 – grifo meu).

3. O STF ressalvou na tese aprovada as "expressas e específicas previsões legais nos âmbitos penal e cível" que venham a privilegiar o "direito ao esquecimento" ou "direito ao apagamento de dados". Entre as previsões legais, mencionem-se:

3.1 **Seara penal**: o direito à reabilitação criminal representa um limite à liberdade de informação. Há, assim, direito ao apagamento de dados pelo qual a condenação após a reabilitação não constará da folha de antecedentes, salvo por ordem judicial criminal, como se vê no art. 748[74] do CPP, nos arts. 41, VIII, e 202[75] da Lei n. 7.210/84 – Lei de Execução Penal – e no art. 93[76] do Código Penal. Tal direito foi tido pelo Min. Gilmar Mendes, em seu voto no R.E n. 1.010.606 como "direito fundamental implícito, corolário da vedação à adoção de pena de caráter perpétuo e do direito à reabilitação".

3.2 **Seara da internet**. O Marco Civil da Internet (Lei n. 12.965/2014) estabelece o direito à intimidade e à vida privada (art. 7º, I), direito ao não fornecimento a terceiros de dados pessoais, inclusive registros de conexão, e de acesso a aplicações de internet, salvo mediante consentimento livre, expresso e informado ou nas hipóteses previstas em lei (por exemplo, requisição judicial) e, finalmente, o *direito à exclusão definitiva dos dados pessoais* que tiver fornecido a determinada aplicação de internet, a seu requerimento, ao término da relação entre as partes, ressalvadas as hipóteses de guarda obrigatória de registros previstas no próprio Marco Civil. Assim, a proteção de dados pessoais assegura o direito ao apagamento dos dados.

---

[73] Em 2018, a Procuradoria-Geral da República (Procuradora-Geral Raquel Dodge) manifestou-se *favoravelmente* ao reconhecimento do direito ao esquecimento em cotejo (ponderação) com o direito à informação e liberdade de expressão, apresentando a proposta da seguinte tese (para fins de repercussão geral): "O direito ao esquecimento, por ser desdobramento do direito à privacidade, deve ser ponderado, no caso concreto, com a proteção do direito à informação e liberdade de expressão".

[74] Art. 748. A condenação ou condenações anteriores não serão mencionadas na folha de antecedentes do reabilitado, nem em certidão extraída dos livros do juízo, salvo quando requisitadas por juiz criminal.

[75] Art. 41. Constituem direitos do preso: (...) VIII – proteção contra qualquer forma de sensacionalismo. Art. 202. Cumprida ou extinta a pena, não constarão da folha corrida, atestados ou certidões fornecidas por autoridade policial ou por auxiliares da Justiça, qualquer notícia ou referência à condenação, salvo para instruir processo pela prática de nova infração penal ou outros casos expressos em lei.

[76] Art. 93. A reabilitação alcança quaisquer penas aplicadas em sentença definitiva, assegurando ao condenado o sigilo dos registros sobre o seu processo e condenação.

3.3 **Seara da proteção da criança e do adolescente**. O Estatuto da Criança e do Adolescente (Lei n. 8.069/90) proíbe a divulgação (restrição à liberdade de informação) de atos judiciais, policiais e administrativos que digam respeito a crianças e adolescentes a que se atribua autoria de ato infracional, vedando-se ainda que a notícia identifique a criança ou adolescente e que traga fotos, referências ao nome, apelido etc. (inclusive não pode trazer as iniciais).

3.4 **Seara consumerista**. O Código de Defesa do Consumidor (Lei n. 8.078/90) estabelece que as informações negativas dos consumidores constantes nos bancos de dados de consumo só poderão ser armazenadas e utilizadas por cinco anos. Após, devem ser apagadas (direito ao apagamento de dados de matiz legal – art. 43, § 1º[77]).

9.5. Ordens judiciais restringindo a liberdade de informação em nome do direito à privacidade

O direito à privacidade, para ser protegido de modo integral, *exige* a *intervenção judicial*, inclusive com o manejo da tutela preventiva ou inibitória. Há vários casos nos quais o titular do direito à privacidade busca ordem judicial para *suspender previamente* a divulgação de notícia, retirar livros de circulação, impedir publicação de notícia em jornais etc. Tal ordem judicial *consistiria em censura* proibida pela CF/88, que só admitiria a responsabilidade *a posteriori* da mídia, que deveria indenizar os danos causados? A resposta é negativa.

A liberdade de informação e a vedação da censura *não* geram restrição ao direito de acesso à justiça, igualmente previsto na CF/88 em seu art. 5º, XXXV. A tutela inibitória existe justamente para os casos nos quais a indenização *a posteriori* é insuficiente para recompor o direito lesado, o que ocorre justamente no caso da privacidade, que nunca será recomposta após a divulgação das informações[78].

Nesse sentido, Gilmar Mendes defende o direito de acesso à justiça, uma vez que a proteção judicial à ameaça ao direito à privacidade em nada valeria, caso a intervenção judicial apenas "pudesse se dar após a configuração da lesão"[79].

9.6. Divulgação de informação de interesse público obtida ilicitamente

Outro tema que merece destaque na atualidade brasileira é a possibilidade de divulgação de informações de interesse público, mas que foram obtidas *ilicitamente* pela ação de terceiros. Por exemplo, é legítimo que emissora de televisão veicule gravação ilícita de conversa telefônica (feita por terceiros, que repassaram a gravação à emissora) de agentes públicos com diálogos sobre corrupção e recebimento de propina? É legítimo que um jornal divulgue informações sobre político, que recebeu de suas fontes não reveladas (sigilo de fonte), contidas em inquérito criminal sob *sigilo judicial*?

Em casos semelhantes aos dois exemplos citados, o STF *não* permitiu, em exame preliminar, a divulgação das informações ao público, por considerar que, respectivamente, o sigilo telefônico e o sigilo judicial foram *indevidamente* violados, em detrimento da privacidade dos envolvidos (Pet 2.702-MC, rel. Min. Sepúlveda Pertence, j. 18-9-2002, Plenário, *DJ* de 19-9-2003, e Rcl 9.428, rel. Min. Cezar Peluso, j. 10-12-2009, Plenário, *DJe* de 25-6-2010).

---

[77] Art. 43. § 1ª Os cadastros e dados de consumidores devem ser objetivos, claros, verdadeiros e em linguagem de fácil compreensão, não podendo conter *informações negativas referentes a período superior a cinco anos*.

[78] Nessa linha, defendendo o uso da tutela inibitória para proteger o direito à privacidade, ver ARENHART, Sérgio Cruz. *A tutela inibitória da vida privada*. São Paulo: Revista dos Tribunais, 2000.

[79] MENDES, Gilmar Ferreira. *Direitos fundamentais e controle de constitucionalidade*. 3. ed. São Paulo: Saraiva, 2004, em especial p. 86.

Nesses casos, para o STF, a liberdade de imprensa, que foi valorizada na ADPF 130 (que considerou não recepcionada a Lei de Imprensa), *deve obediência ao direito à privacidade*, mediante proteção de sigilo legal de dados cobertos por segredo de justiça (Rcl 9.428, rel. Min. Cezar Peluso, j. 10-12-2009, Plenário, *DJe* de 25-6-2010).

Contudo, em 2018, a 2ª Turma do STF liberou a publicação de informação sob o manto do sigilo judicial obtida pelo jornal *O Estado de S.Paulo* (Caso da "Operação Boi Barrica", já mencionado). Para o STF, em face da ADPF 130, é proibida a censura de publicações jornalísticas, bem como é excepcional qualquer tipo de intervenção estatal na divulgação de notícias e de opiniões. Eventual abuso da liberdade de expressão deve ser reparado, preferencialmente, por meio de retificação, direito de resposta ou indenização (STF, Agravo Regimental no RE 840.718, rel. para o acórdão Min. Edson Fachin, j. 10-9-2018).

Outra situação é a da possibilidade de *investigação e persecução penal* de jornalista que *divulgou* informação protegida sob sigilo. O STF distinguiu a interceptação telefônica ilícita (crime, de acordo com o art. 10 da Lei n. 9.296/96[80], que exige a *intrusão* do agente, da conduta de *divulgação* daquilo que já foi interceptado feita por jornalista, o que seria atípico, mesmo que o conteúdo estivesse sob sigilo (Rcl 19.464/SP, concessão de *habeas corpus* de ofício, rel. Min. Dias Toffoli, 22-9-2015). No mesmo sentido, o Min. Celso de Mello: "A proteção constitucional que confere ao jornalista o direito de não proceder à *disclosure* da fonte de informação ou de não revelar a pessoa de seu informante desautoriza qualquer medida tendente a pressionar ou a constranger o profissional de imprensa a indicar a origem das informações a que teve acesso" (STF, Inq 870/RJ, rel. Min. Celso de Mello, *DJU* 15-4-1996).

Também é vedada a investigação sobre a atividade do jornalista voltada a apurar a identidade da fonte (que teria cometido o crime), como a quebra do seu sigilo telefônico (ou o sigilo telefônico do jornal), apreensão de seu celular, entre outras medidas. Para o STF, "é vedado, ante o sigilo constitucional de fonte (art. 5º, XIV, CF), ordenar-se o afastamento do sigilo telefônico do jornalista autor da matéria ou da empresa jornalística que a publicou a pretexto de se apurar a autoria do vazamento das informações sobre segredo de justiça. Os dados obtidos mediante indevido afastamento de sigilo telefônico, com violação do sigilo de fonte, constituem prova ilícita, inadmissível no processo penal" (STF, rel. Min. Dias Toffoli, Rcl-AgR 19.464, Sessão Virtual de 2-10-2020 a 9-10-2020).

Assim, a divulgação das mensagens hackeadas entre membros do Ministério Público Federal e o então Juiz Federal Sérgio Moro (no bojo da Operação Lava-Jato) pelo site *Intercept Brasil* (e reproduzido por vários outros meios de comunicação), no episódio conhecido como "Vaza-Jato", foi considerada lícita, sendo proibida a investigação sobre como o jornalista Glenn Greenwald obteve tais mensagens (o autor do hackeamento foi investigado e punido) ou mesmo se o jornalista teria cometido crime com tal divulgação. O Min. Gilmar Mendes, citando outros precedentes, explicitou que o sigilo constitucional da fonte jornalística (art. 5º, inciso XIV, da CF)impossibilita que o Estado utilize medidas (mesmo institucionalizadas, por meio de inquérito policial) para descobrir a forma de recepção e transmissão daquilo que é trazido a conhecimento público. Assim, o sigilo constitucional da fonte jornalística é composto por duas facetas: (i) pelo direito subjetivo do jornalista de *não* divulgar a forma de obtenção das suas informações e ainda (ii) pela "impossibilidade de o Estado promover atos punitivos tendentes à obliteração desse sigilo constitucional" (ADPF n. 601, rel. Min. Gilmar Mendes, decisão monocrática de 7-8-2019).

---

[80] "Art. 10. Constitui crime realizar interceptação de comunicações telefônicas, de informática ou telemática, ou quebrar segredo da Justiça, sem autorização judicial ou com objetivos não autorizados em lei. Pena: reclusão, de dois a quatro anos, e multa."

9.7. Inviolabilidade domiciliar

9.7.1. Conceito e as exceções constitucionais

O art. 5º, XI, dispõe que "a casa é asilo inviolável do indivíduo, ninguém nela podendo penetrar sem consentimento do morador, salvo em caso de flagrante delito ou desastre, ou para prestar socorro, ou, durante o dia, por determinação judicial". O direito à privacidade ecoa nessa garantia, fazendo com que o indivíduo seja o "senhor de sua morada", podendo impedir que o Poder Público ou terceiros a invadam, salvo na ocorrência das exceções previstas no texto da Constituição, que são: 1) flagrante delito; 2) desastre; 3) prestar socorro; e 4) por ordem judicial, durante o dia.

A invasão domiciliar, então, consiste na entrada de terceiro em uma casa, sem a permissão do morador, ou ainda contra sua expressa proibição.

O Supremo Tribunal Federal decidiu que o conceito de "casa" é *abrangente*, atingindo todo e qualquer compartimento privado não aberto ao público, onde determinada pessoa possui moradia ou exerce profissão ou atividade.

Assim, o conceito constitucional ou normativo de "casa" abrange a (i) moradia propriamente dita (nas mais diversas formas) e também os (ii) locais de exercício de qualquer atividade *nos espaços não abertos ao público* existentes em empresas, escritórios de contabilidade, consultórios médicos e odontológicos, entre outros (HC 93.050, rel. Min. Celso de Mello, j. 10-6-2008, Segunda Turma, *DJe* de 1º-8-2008). Nessa linha, o Código Penal dispõe que a expressão "casa" compreende: I – qualquer compartimento habitado; II – aposento ocupado de habitação coletiva; III – compartimento não aberto ao público, onde alguém exerce profissão ou atividade (art. 150, § 4º).

Para que seja, então, lícita a entrada de qualquer pessoa a uma casa (em seu sentido *normativo*, amplo, consagrado pelo STF) é necessário separar duas situações: (i) com autorização do morador e (ii) sem autorização do morador (*invito domino*, ou seja, contra a vontade do morador).

Com a autorização do morador, não há restrição a entrada em uma casa, inclusive por parte de autoridades públicas. Porém, a prova da autorização deve ser feita pela polícia por meio de: (i) documentação escrita sobre a diligência policial; *e* (ii) o registro em áudio e vídeo do consentimento do morador, para não existir qualquer dúvida sobre a legitimidade da entrada dos policiais (STJ, HC n. 598.051, Rel. Min. Rogério Schietti Cruz, 6ª Turma, j. 02-03-2021). Afinal, não pode haver dúvida sobre a autorização do morador, ainda mais em situação na qual – de acordo com as regras de experiência e senso comum – afigura-se de baixa credibilidade a afirmação do policial (por exemplo, morador que guardava droga, porém teria anuído com a entrada da polícia...). Todavia, em relação à gravação audiovisual da anuência de entrada no local, o STF entendeu que tal exigência é *inovação não prevista* na CF/88. Entendeu também que a formalização na entrada sem mandado judicial prevista no Tema 280 – Repercussão Geral (ver abaixo) *não* exige filmagem. Por fim, o STJ teria realizado uma "pura legislação" ao criar tal exigência (STF, Recurso Extraordinário n. 1.342.077, Rel. Min. Alexandre de Moraes, decisão monocrática, j. 2 de dezembro de 2021).

Porém, em 2022, o Pleno do STF decidiu ser imprescindível o monitoramento por vídeo e áudio das atividades dos policiais no Estado do Rio de Janeiro, nas viaturas e nas fardas dos agentes policiais, com posterior armazenamento digital dos arquivos gerados (Embargos de Declaração na Medida Cautelar na ADPF n. 635 – "ADPF das Favelas", rel. Min. Edson Fachin, j. de 3-2-2022). Na falta dessa prova inequívoca da autorização do morador, a palavra do policial do consentimento do morador deve ser avaliada por uma "pessoa isenta e com base na experiência quotidiana", militando, na dúvida, a favor do titular do direito atingido (o morador que afirma, posteriormente, que não deu autorização ou foi induzido a erro – *in dubio pro libertas* – STJ, HC n. 674.139/SP, rel. Min. Rogério Schietti Cruz, j. 15-2-2022, *DJe* 24-2-2022).

Sem autorização do morador, cabe a entrada em uma casa a qualquer momento, nas seguintes hipóteses: 1) na ocorrência de flagrante delito ou iminência de o ser (art. 150, § 3º, II, do CP); 2) na ocorrência de desastre; e 3) para prestar socorro. Também 4) sem autorização do morador e somente *durante o dia*, cabe a entrada de determinada pessoa em uma casa por *ordem judicial*.

No caso do flagrante delito e diante de diversos casos de invasão domiciliar pela polícia (sem ordem judicial), sob a alegação de ocorrência de crime permanente[81] (em geral tráfico de drogas), o STF decidiu aperfeiçoar a jurisprudência até então dominante, que considerava lícita tal invasão, aprovando a seguinte tese em recurso extraordinário com repercussão geral: "A entrada forçada em domicílio sem mandado judicial só é lícita, mesmo em período noturno, quando amparada *em fundadas razões*, devidamente justificadas *a posteriori*, que indiquem que dentro da casa ocorre situação de flagrante delito, sob pena de responsabilidade disciplinar, civil e penal do agente ou da autoridade, e de nulidade dos atos praticados" (RE 603.616, rel. Min. Gilmar Mendes, j. 5-11-2015, *DJe* de 9-5-2016, com repercussão geral – Tema 280).

Assim, mesmo que nenhum crime tenha sido detectado após a invasão, os policiais *não* respondem pelo crime de violação de domicílio (majorado pela sua qualidade de funcionário público, art. 150, § 2º, do CP) caso demonstrem, *a posteriori*, a existência das "fundadas razões" que os levaram a crer na existência de flagrante delito na residência invadida. Por outro lado, devem os policiais ter em mente a necessidade de sustentar as "fundadas razões", as quais devem ser analisadas já na audiência de custódia que aferirá a legalidade do flagrante.

O "durante o dia" previsto na Constituição é determinado de acordo com o critério *físico-astronômico*, compreendendo o lapso temporal entre a aurora e o crepúsculo, que, em geral, corresponde ao período das 06:00 h às 18:00 h, podendo ser alargado no caso do horário de verão, uma vez que a proteção prevista na Constituição visa impedir possíveis ações ilegais acobertadas pela escuridão na casa invadida[82]. A forma pela qual deve ser feita a invasão do domicílio é ditada pelo art. 245 do CPP, que dispõe que "as buscas domiciliares serão executadas de dia, salvo se o morador consentir que se realizem à noite, e, antes de penetrarem na casa, os executores mostrarão e lerão o mandado ao morador, ou a quem o represente, intimando-o, em seguida, a abrir a porta".

Com isso, nenhum terceiro poderá, sem o consentimento do morador, ingressar, durante o dia, sem ordem judicial, em espaço privado não aberto ao público. É a *cláusula de reserva de domicílio*. Além da sanção do crime de invasão de domicílio (art. 150 do CP) ou ainda de abuso de autoridade (art. 22 da Lei n. 13.869/2019), a prova resultante da diligência de busca e apreensão gerada por violação indevida do espaço domiciliar é ilícita e inadmissível, "porque impregnada de ilicitude material" (HC 93.050, rel. Min. Celso de Mello, j. 10-6-2008, Segunda Turma, *DJe* de 1º-8-2008).

Apesar do comando expresso do art. 5º, XI, o STF reconheceu como *válida* a invasão domiciliar *durante a noite* por ordem judicial, justificando-a em virtude da (i) inexistência de outra alternativa, pois a invasão durante o dia frustraria o escopo da medida, inviabilizando a tutela judicial justa; (ii) houve desgaste mínimo à privacidade, pois o escritório de advocacia cujo recinto foi invadido pelos policiais federais (para instalação de aparelho de interceptação ambiental) estava vazio (Inq 2.424, rel. Min. Cezar Peluso, j. 26-11-2008, Plenário, *DJe* de 26-3-2010).

---

[81] Código de Processo Penal, art. 303: "Nas infrações permanentes, entende-se o agente em flagrante delito enquanto não cessar a permanência".
[82] Nesse sentido, MORAES, Alexandre de. *Direitos humanos fundamentais*. 9. ed. São Paulo: Atlas, 2011, p. 152-153.

Correto o entendimento do STF, uma vez que a ponderação de bens e valores prevista no corpo da Constituição *não é exaustiva nem impede* a aplicação do critério da proporcionalidade em situações não previstas pelo Poder Constituinte (*vide* **Parte I**, Capítulo III, item 7.4.5 sobre a "ponderação de 2º grau"). Há casos nos quais o direito de acesso à justiça e seus corolários, como o direito à verdade e à tutela jurídica justa, exigem que o direito à privacidade seja mitigado, *podendo o juiz autorizar, fundamentadamente, a invasão domiciliar noturna*. Interpretar as exceções à inviolabilidade domiciliar como sendo exaustivas seria negar a tutela jurídica justa, o que não é, obviamente, o objetivo de um Estado Democrático de Direito.

9.7.2. Proibição de ingresso no domicílio e a atividade das autoridades tributárias e sanitárias

O poder de polícia e o atributo da autoexecutoriedade dos atos administrativos (também denominado *privilège du préalable*) *não* autorizam a invasão domiciliar por parte dos agentes públicos fora das exceções previstas no art. 5º, XI.

No caso das autoridades tributárias, o art. 145, § 1º, da CF dispõe que pode a administração tributária identificar, respeitados os direitos individuais e nos termos da lei, o patrimônio, os rendimentos e as atividades econômicas do contribuinte. Nessa linha, o art. 195 do CTN dá ao Fisco o direito de examinar mercadorias, livros, arquivos, documentos, papéis e efeitos comerciais ou fiscais, impondo a obrigação dos que os detêm de exibi-los. Essa regra impõe amplo acesso dos agentes fiscalizadores aos documentos e bens para a correta aplicação da lei tributária, existindo a obrigação legal de apresentar tais itens para fiscalização (STF, Súmula 439: "Estão sujeitos à fiscalização tributária ou previdenciária quaisquer livros comerciais, limitado o exame aos pontos objeto da investigação").

Porém, *não* pode a lei tributária exigir que o fiscalizado aceite a entrada dos fiscais nos espaços privados sem acesso ao público. Sem o consentimento, não podem os fiscais ingressar nesses recintos, que ficam ao abrigo da inviolabilidade domiciliar do art. 5º, XI, da CF/88. Nesse caso, cabe ao Fisco proceder ao *lançamento por arbitramento, com a imposição de multa* pela não apresentação dos documentos e informações exigidos, *ou* obter *ordem judicial* para ingressar no recinto (entre outros, STF, HC 93.050, rel. Min. Celso de Mello, j. 10-6-2008, Segunda Turma, *DJe* de 1º-8-2008).

No caso das autoridades sanitárias, o poder de polícia *não* autoriza o ingresso em casa sem autorização do morador, mesmo que seja para a fiscalização em ações de combate à dengue e outras doenças. Assim, resta ao Poder Público a imposição de multas e outras sanções, inclusive eventual determinação de evacuação da área. Caso necessite ingressar na moradia, deve obter ordem judicial. De acordo com o Min. Celso de Mello, "nem os organismos policiais e nem a Administração Pública, afrontando direitos assegurados pela Constituição da República, podem invadir domicílio alheio, sem a prévia e necessária existência de ordem judicial, ressalvada a ocorrência das demais exceções constitucionais. (...) O respeito (sempre necessário) à garantia da inviolabilidade domiciliar decorre da limitação constitucional que restringe, de maneira válida, as prerrogativas do Estado e, por isso mesmo, não tem o condão de comprometer a ordem pública, especialmente porque, no caso, como é enfatizado, as liminares em referência não impedem o Governo do Distrito Federal de exercer, com regularidade, o poder de polícia que lhe é inerente, circunstância esta que lhe permite adotar as providências administrativas necessárias à evacuação da área, desde que observadas as concernentes prescrições constitucionais" (STF, SS 1.203, rel. Min. Celso de Mello, j. 8-9-1997, publicação de 15-9-1997).

9.8. Advogado: inviolabilidade do escritório de advocacia e preservação do sigilo profissional

O art. 133 da CF/88 determina que o advogado é indispensável à administração da justiça, sendo inviolável por seus atos e manifestações no exercício da profissão, nos limites da lei. Dessa disposição, decorrem o (i) *sigilo profissional do advogado* e ainda a (ii) *inviolabilidade do escritório de advocacia*, concretizando tanto o direito à privacidade quanto da ampla defesa.

O sigilo profissional entre o advogado e o cliente, contudo, *não* é absoluto. Admite-se a interceptação telefônica e ambiental quando o advogado deixa sua função de defensor e passa a atuar como coautor ou partícipe na prática de crimes em conjunto com seu cliente, aproveitando-se justamente das prerrogativas do advogado. Nesse momento, não pode a inviolabilidade constitucional do advogado servir para violar os direitos de terceiros (as vítimas das práticas criminosas). Frise-se que se admite a violação do sigilo profissional e da inviolabilidade dos locais de exercício da profissão da advocacia quando houver provas ou fortes indícios da *participação de advogado na prática delituosa* sob investigação e no exato limite desse envolvimento. Assim, não se admite a interceptação telefônica e ambiental do escritório de advocacia simplesmente para obter provas contra o cliente do advogado, o que ofende tanto a ampla defesa quanto a privacidade nas relações profissionais.

A inviolabilidade do escritório ou local de trabalho do advogado, bem como de seus instrumentos de trabalho, de sua correspondência escrita, eletrônica, telefônica e telemática, desde que relativas ao exercício da advocacia *foi prevista* no art. 7º da Lei n. 8.906/94 (com nova redação dada pela Lei n. 11.767/2008), o que está em linha com a inviolabilidade domiciliar (art. 5º, XI) e ainda com a inviolabilidade constitucional do advogado nos seus atos e manifestações no exercício da profissão (art. 133 da CF/88).

Em 2022, foi aprovada a Lei n. 14.365, que alterou o Estatuto da Advocacia (Lei n. 8.906/94) e os Códigos de Processo Civil e Processo Penal. Cabe a quebra judicial da inviolabilidade do escritório do advogado, com os seguintes requisitos: (i) indícios de autoria e materialidade da prática de crime por parte do advogado; (ii) decisão judicial devidamente motivada; (iii) mandado específico e pormenorizado; (iv) presença na diligência do representante da OAB; (v) proibição de acesso às informações relativas aos clientes não investigados.

Também é possível a quebra da inviolabilidade do escritório do advogado quando este servir de esconderijo para "*elemento do corpo de delito*" (art. 243, § 2º, do CPP). Na mesma linha, é possível a quebra da inviolabilidade para se obter instrumento ou produto do crime, bem como documentos ou dados imprescindíveis à elucidação do fato em apuração. A busca e apreensão *não* pode abarcar documentos que dizem respeito a outros sujeitos não investigados.

Assim, a inviolabilidade domiciliar do escritório de advocacia não é absoluta e não pode acobertar a prática de crimes pelo advogado, tendo o STF decidido que "não opera a inviolabilidade do escritório de advocacia, quando o próprio advogado seja suspeito da prática de crime, sobretudo concebido e consumado no âmbito desse local de trabalho, sob pretexto de exercício da profissão" (Inq 2.424, rel. Min. Cezar Peluso, j. 26-11-2008, Plenário, *DJe* de 26-3-2010).

Ambas as situações acima mencionadas (a quebra do sigilo profissional e ainda da inviolabilidade do escritório de advocacia) exigem ordem judicial, estando sob o abrigo da *reserva de jurisdição*.

9.9. O sigilo de dados em geral

O sigilo de dados consta do texto do art. 5º, XII, tendo a CF/88 o considerado "inviolável".

Tendo em vista a consagração da relatividade das liberdades públicas, o Supremo Tribunal Federal, ao longo dos anos, sedimentou as hipóteses e formas pelas quais o sigilo de dados *pode ser legitimamente violado* por terceiros.

Em primeiro lugar, cabe uma separação entre os denominados "dados pessoais" e os "dados públicos".

Os *dados pessoais* consistem em informações relativas à intimidade de um indivíduo, que este não revela ao público em geral, só autorizando determinadas pessoas a acessá-las. A Lei n. 13.709/18 (Lei Geral de Proteção de Dados Pessoais) define dado pessoal como sendo a informação relacionada à pessoa natural identificada ou identificável[83].

Já os *dados públicos* são aquelas informações acessíveis a todos, mesmo que referentes a determinado indivíduo, pois são pertinentes à vida social. Essas informações, pela sua natureza, não estão protegidas pelo sigilo de dados constante do art. 5º, XII. Entre as informações a todos acessíveis, estão as que constam dos registros públicos, como, por exemplo, o registro de pessoa física (quem é o pai ou a mãe de determinado indivíduo, seu local de nascimento etc.), o registro de imóveis (quem é o proprietário de determinado imóvel) etc.

Há situações ainda de *proteção* a informações constante de determinados bancos de dados, não importando a natureza (se pública ou privada), em virtude da *especial finalidade* da transmissão da informação ao gestor do banco de dados, que não pode ser desvirtuada. É o caso das informações cadastrais da Receita Federal, que são remetidas ao órgão fiscal para o cumprimento de suas funções, voltadas ao cumprimento da *igualdade de todos perante a arrecadação tributária* (impedindo a sonegação e a subsequente sobrecarga tributária daqueles que não sonegam). Com isso, essas informações, mesmo que meramente cadastrais e constantes de outras fontes, *não* podem ser repassadas a terceiros para que estes lucrem com tais dados, sem autorização de cada indivíduo.

Como o sigilo de dados pessoais ou ainda de dados constante de banco de dados reservados não é absoluto, é possível invocar o *critério da proporcionalidade* para afastar o direito à privacidade e privilegiar outro direito previsto na Constituição ou nos tratados de direitos humanos. Para tanto, cumpre demonstrar:

a) a adequação da medida ao fim pretendido;

b) sua necessidade (inexistência de meio menos invasivo que alcance o mesmo fim); e

c) a importância da quebra do sigilo para a preservação de outro direito fundamental.

Agora resta analisar quem pode ordenar a quebra do sigilo. Em primeiro lugar, é possível a quebra por *ordem judicial*, em nome da concretização do direito de acesso à justiça. Assim, não pode um determinado gestor de banco de dados opor sigilo ao Poder Judiciário, vulnerando com isso o direito das partes de obter uma tutela justa e célere.

Em segundo lugar, cabe a quebra do sigilo de dados por expressa *autorização constitucional ou legal*. Assim, as *Comissões Parlamentares de Inquérito* (CF, art. 58, § 3º) e o *Ministério Público* (art. 129, VI, e Lei Complementar n. 75/93, em especial no seu art. 8º, § 2º) podem ordenar a quebra de sigilo de dados em geral (ver as restrições específicas ao MP abaixo), desde que de modo fundamentado e mantendo o sigilo. Na realidade, trata-se de uma *transferência de sigilo*.

Em terceiro lugar, é possível o acesso de determinadas instituições a informações tidas como pessoais, para o *exercício de suas próprias atribuições previstas na Constituição Federal ou na lei*. Nesses casos, o sigilo de dados não lhe pode ser oponível.

Assim, a *Receita Federal*, o *Banco Central*, os *Tribunais de Contas* têm acesso a dados pessoais dos indivíduos fiscalizados para o exercício de suas funções. No caso do Tribunal de Contas da União, o art. 1º da Lei n. 8.730/93 prevê a apresentação das Declarações de Bens e Rendas pelas autoridades e por todos quantos exerçam cargo eletivo e cargo, emprego ou função de confiança, na administração direta, indireta e fundacional, de qualquer dos Poderes da União. Para tanto,

---

[83] Ver abaixo a análise da lei.

foi firmado um convênio entre a Secretaria da Receita Federal do Brasil e o TCU, que prevê a disponibilização ao Tribunal dos dados da Declaração de Ajuste Anual do Imposto de Renda Pessoa Física das pessoas obrigadas à prestação das informações estabelecidas pela Lei n. 8.730/93.

Cabe, agora, o *detalhamento* da proteção do sigilo no que tange ao sigilo bancário e ao sigilo fiscal.

9.9.1. Sigilo fiscal

Os dados fiscais de uma pessoa (física ou jurídica) consistem no *conjunto de informações sobre a situação econômica ou financeira* do sujeito passivo tributário ou de terceiros sobre a natureza e estado de seus negócios ou atividades, conforme dispõe o art. 198 do CTN, que impõe o chamado sigilo fiscal, proibindo o Fisco e seus servidores de divulgarem, sob qualquer forma, tais informações. O sigilo fiscal nada mais é que um desdobramento do direito à intimidade e à vida privada (HC 87.654, voto da rel. Min. Ellen Gracie, j. 7-3-2006, Segunda Turma, *DJ* de 20-4-2006).

As informações que compõem os arquivos do Fisco são importantes para tutelar vários direitos fundamentais de terceiros. Como faceta do direito da intimidade, o sigilo fiscal não é absoluto, podendo ser afastado, devendo o Fisco fornecer tais informações e transferindo-se o sigilo ao órgão que venha a receber tais informações. A chamada "quebra do sigilo fiscal" consiste tão somente na *quebra do monopólio do Fisco* sob tais informações, sendo mais apropriada a denominação de "transferência do sigilo fiscal" para ente que continua obrigado a não divulgar tais informações ao público.

Essa transferência do sigilo fiscal pode ocorrer para: (i) o Poder Judiciário por *ordem judicial*, em ações penais ou cíveis, cuja tutela justa dependa das informações econômicas e financeiras em poder do Fisco; (ii) outros Fiscos (por exemplo, do Fisco Federal para o Fisco Estadual), em face da necessária troca de informações para o cumprimento de suas funções (art. 198 do CTN); (iii) autoridades estrangeiras, com base em tratado, para permutar informações no interesse da arrecadação e da fiscalização de tributos; (iv) o Tribunal de Contas da União (Lei n. 8.730/93), para supervisão da moralidade e probidade dos agentes públicos; (v) demais autoridades administrativas, desde que seja comprovada a instauração regular de processo administrativo, no órgão ou na entidade respectiva, com o objetivo de investigar o sujeito passivo a que se refere a informação, por prática de infração administrativa; (vi) Comissão Parlamentar de Inquérito, federal ou estadual; (vii) Ministério Público da União, de acordo com Lei Complementar n. 75/93. Vê-se que a transferência de sigilo fiscal não é submetida à cláusula de reserva de jurisdição.

A transferência de sigilo fiscal para o Ministério Público da União, sem a mediação do Poder Judiciário, foi tema controverso. A base normativa para tal transferência é o art. 8º, § 2º, da LC n. 75/93, que determina que "*nenhuma autoridade poderá opor ao Ministério Público, sob qualquer pretexto, a exceção de sigilo, sem prejuízo da subsistência do caráter sigiloso da informação, do registro, do dado ou do documento que lhe seja fornecido*". Em despacho de 27 de dezembro de 2007, o Advogado-Geral da União, Ministro José Dias Toffoli (atualmente Ministro do STF) adotou parecer normativo (vinculante para a Receita Federal) no sentido de que *não há que se opor reserva de sigilo fiscal* ao Ministério Público da União, dirimindo as controvérsias no seio dos órgãos da Administração Federal.

Contudo, há vários precedentes judiciais mais recentes que entendem que, mesmo para o Ministério Público da União, é necessária *ordem judicial* para a transferência do sigilo fiscal (STJ, HC 160.646-SP, rel. Min. Jorge Mussi, j. 1º-9-2011).

No Tribunal Superior Eleitoral, o posicionamento pacificado também é pela *impossibilidade do Ministério Público eleitoral* requisitar, *diretamente*, a quebra do sigilo fiscal à Receita Federal, devendo obter, antes, ordem judicial para tanto (TSE, AgR-REsp 82.404/RJ, rel. Min. Arnaldo Versiani, j. 4-11-2010).

Por outro lado, caso identifique crime, a Receita Federal pode voluntariamente encaminhar diretamente – sem ordem judicial – os dados necessários do contribuinte ao Ministério Público Federal[84]. Em julho de 2019, o Pres. do STF, Min. Dias Toffoli, em petição avulsa de Flávio Bolsonaro, decidiu *suspender* o processamento de todos os inquéritos e procedimentos de investigação criminal (PICs), atinentes aos Ministérios Públicos Federal e estaduais, em trâmite no território nacional, que foram instaurados sem prévia autorização judicial sobre os dados compartilhados pelos órgãos de fiscalização e controle (Fisco, COAF e BACEN), *que vão além* da identificação dos titulares das operações bancárias e dos montantes globais.

Contudo, no julgamento, foi considerada constitucional a transferência do sigilo de todos os dados apurados pela Receita Federal diretamente ao Ministério Público (sem autorização judicial prévia – inclusive houve retificação do voto e mudança posição do Min. Dias Toffoli), uma vez que o sigilo fiscal continua a ser mantido (agora, sob a guarda do MP). Foi fixada a seguinte tese: "1. É constitucional o compartilhamento dos relatórios de inteligência financeira da UIF e da íntegra do procedimento fiscalizatório da Receita Federal do Brasil, que define o lançamento do tributo, com os órgãos de persecução penal para fins criminais, sem a obrigatoriedade de prévia autorização judicial, devendo ser resguardado o sigilo das informações em procedimentos formalmente instaurados e sujeitos a posterior controle jurisdicional. 2. O compartilhamento pela UIF e pela RFB, referente ao item anterior, deve ser feito unicamente por meio de comunicações formais, com garantia de sigilo, certificação do destinatário e estabelecimento de instrumentos efetivos de apuração e correção de eventuais desvios". Com a tese fixada, o compartilhamento ao Ministério Público voltou a ser admitido, com a devida formalização e garantia de manutenção do sigilo (STF, RE 1.055.941/SP, rel. Min. Dias Toffoli, Plenário, 4-12-2019).

Em outro precedente importante, ficou decidido que o sigilo fiscal *não* impede que o Ministério Público requisite *diretamente* à Receita Federal dados fiscais, a despeito de não ter sido oferecida representação fiscal para fins penais após a conclusão do procedimento administrativo fiscal. No caso, o MP justamente investigava a suposta *violação de dever funcional* por parte dos auditores fiscais em fazer a representação fiscal (Superior Tribunal de Justiça, HC n. 500.470, Relatora Ministra Laurita, j. 23-3-2021, *DJe* 5-4-2021).

A divulgação indevida desses dados sigilosos consiste no crime de "violação de sigilo funcional", que é punido de acordo com a previsão do art. 325 do CP (Violação de sigilo funcional: Art. 325. Revelar fato de que tem ciência em razão do cargo e que deva permanecer em segredo, ou facilitar-lhe a revelação: Pena – detenção, de seis meses a dois anos, ou multa, se o fato não constitui crime mais grave).

9.9.2. Sigilo bancário

Os dados e informações constantes nas contas correntes e aplicações em instituições financeiras devem ser utilizados para o correto cumprimento das normas financeiras existentes, *sendo proibida a divulgação indevida*, de modo a preservar a intimidade do seu titular. Nesse sentido, STF reconheceu que o sigilo bancário é *consequência* da proteção constitucional da privacidade.

---

[84] Entre outros, cite-se o art. 83 da Lei n. 9.420/96. "Art. 83. A representação fiscal para fins penais relativa aos crimes contra a ordem tributária previstos nos arts. 1ª e 2ª da Lei n. 8.137, de 27 de dezembro de 1990, e aos crimes contra a Previdência Social, previstos nos arts. 168-A e 337-A do Decreto-lei n. 2.848, de 7 de dezembro de 1940 (Código Penal), será encaminhada ao Ministério Público depois de proferida a decisão final, na esfera administrativa, sobre a exigência fiscal do crédito tributário correspondente".

Porém, como já vimos, o direito à privacidade não é absoluto, podendo ceder diante de outros direitos, como, por exemplo, os direitos de terceiros lesados (ver, entre outras decisões, AI 655.298-AgR, rel. Min. Eros Grau, j. 4-9-2007, Segunda Turma, *DJ* de 28-9-2007).

O art. 192 da CF/88 exige lei complementar para a regência do sistema financeiro, tendo sido editada a Lei Complementar n. 105/2001, que trata do sigilo bancário. De acordo com essa lei, as *instituições financeiras conservarão sigilo* em suas operações ativas e passivas e serviços prestados, mas, ao mesmo tempo, há hipóteses de (i) não incidência do sigilo e (ii) transferência do sigilo bancário para outros entes.

Na primeira hipótese (não incidência do sigilo), a Lei Complementar n. 105 prevê que não constitui violação do dever de sigilo: I – a troca de informações entre instituições financeiras, para fins cadastrais, inclusive por intermédio de centrais de risco (o que legitimou a atuação da SERASA), observadas as normas baixadas pelo Conselho Monetário Nacional e pelo Banco Central do Brasil; II – o fornecimento de informações constantes de cadastro de emitentes de cheques sem provisão de fundos e de devedores inadimplentes, a entidades de proteção ao crédito (legitimando os Serviços de Proteção ao Crédito), observadas as normas baixadas pelo Conselho Monetário Nacional e pelo Banco Central do Brasil; III – a comunicação, às autoridades competentes, da prática de ilícitos penais ou administrativos, abrangendo o fornecimento de informações sobre operações que envolvam recursos provenientes de qualquer prática criminosa (o que autoriza a ação proativa dos funcionários dos Bancos); IV – a revelação de informações sigilosas com o consentimento expresso dos interessados; e finalmente V – o uso pelo Banco Central das informações contidas nas contas de depósitos, aplicações e investimentos mantidos em instituições financeiras para sua *fiscalização*, inclusive nos casos de regime especial de intervenção.

Porém, o STF já decidiu que o Banco Central *não pode, sob a justificativa de fiscalização,* quebrar o sigilo bancário de contas correntes de dirigente de Banco público estadual (o que abrangia inclusive as que ele mantinha com sua mulher) (RE 461.366, rel. Min. Marco Aurélio, j. 3-8-2007, Primeira Turma, *DJ* de 5-10-2007).

Na segunda hipótese (transferência do sigilo), a Lei Complementar n. 105 elenca uma série de entes que podem, de modo fundamentado (ver abaixo), requerer ao Banco Central ou às instituições financeiras o acesso aos dados com a transferência do sigilo bancário. A lógica que embasou essas hipóteses é a limitabilidade do direito à privacidade, devendo ser permitido o acesso (com a transferência do sigilo) para a preservação de outros direitos e valores constitucionais.

Assim, são entes legitimidades a obter o acesso e transferência do sigilo bancário de acordo com a Lei Complementar n. 105:

1) Poder Judiciário, em inquéritos ou processos de qualquer natureza.

2) Câmara dos Deputados e Senado Federal, por decisão aprovada nos respectivos Plenários.

3) Comissões Parlamentares de Inquérito, por decisão aprovada em seu plenário.

4) As autoridades e os agentes fiscais tributários da União, dos Estados, do Distrito Federal e dos Municípios, quando houver processo administrativo instaurado ou procedimento fiscal em curso[85].

---

[85] Ver a seguir a posição final do STF, em 2016, a favor da constitucionalidade da transferência dos dados sujeitos a sigilo bancário para o Fisco, sem ordem judicial.

Além disso, as Comissões Parlamentares de Inquérito *Estaduais* também podem pedir a quebra do sigilo bancário e fiscal, desde que autorizadas pela Constituição estadual (STF, ACO 1.390/RJ, rel. Min. Marco Aurélio, j. 25-5-2009).

O Tribunal de Contas da União, órgão auxiliar do Poder Legislativo, não foi contemplado pelo próprio legislador na Lei Complementar n. 105, embora suas atividades de verificação e julgamento de contas (art. 71, II, da CF) justificassem o direito de acesso direto e transferência do sigilo, não cabendo ao Judiciário uma interpretação extensiva que lhe possibilite isso (MS 22.801, rel. Min. Menezes Direito, j. 17-12-2007, Plenário, *DJe* de 14-3-2008). Contudo, em 2015, o Supremo Tribunal Federal reconheceu o direito do TCU de acessar diretamente os dados bancários referentes a verbas públicas, considerando que operações financeiras envolvendo recursos públicos não estão abrangidas pelo sigilo bancário, estando submetidas aos princípios da Administração Pública previstos no art. 37 da CF (em especial, o princípio da publicidade). Por isso, decidiu o STF que "(...) Em tais situações, é prerrogativa constitucional do Tribunal (TCU) o acesso a informações relacionadas a operações financiadas com recursos públicos (STF, MS 33.340, rel. Min. Luiz Fux, j. 26-5-2015, Primeira Turma,*DJe* de 3-8-2015).

Também o Ministério Público foi esquecido pela Lei Complementar n. 105/2001, mas possui, contudo, a autorização prevista no art. 8º, § 2º, da LC n. 75/93 (visto acima). Apenas foi mencionado na Lei Complementar n. 105 que, caso o Banco Central do Brasil e a Comissão de Valores Mobiliários verifiquem a ocorrência de crime definido em lei como de ação pública, ou indícios da prática de tais crimes, esses entes informarão ao Ministério Público, juntando à comunicação os documentos necessários à apuração ou comprovação dos fatos. Salvo nessa hipótese, cabe ao Ministério Público requerer, fundamentadamente, o acesso e transferência de sigilo bancário ao Poder Judiciário, que deferirá ou não a medida.

A única permissão aceita pelo STF de acesso direto pelo Ministério Público aos dados cobertos pelo sigilo bancário é no caso de informações financeiras e bancárias referentes às *verbas públicas*, tal como ocorre com o TCU. O princípio da publicidade regente da atuação do Poder Público (art. 37 da CF) impede que o administrador público alegue "privacidade" para impedir o acesso direto do *Parquet* a tais dados (STF, MS 21.729, rel. p/ o ac. Min. Néri da Silveira, j. 5-10-1995, Plenário, *DJ* de 19-10-2001).

A discussão da atualidade sobre a quebra do sigilo bancário por órgão *não judicial* merece reflexão. Será que o sigilo bancário é sujeito à reserva de jurisdição, ou seja, sua violação depende de *ordem judicial fundamentada*? Entendemos que não.

Em primeiro lugar, não há na Constituição de 1988 a exigência de "ordem judicial" para a superação do *sigilo bancário*, o qual sequer consta expressamente do texto constitucional.

Em segundo lugar, cabe analisar o argumento de que a quebra do sigilo bancário deva sempre ser feita por autoridade judicial, negando tal poder em especial às Autoridades Tributárias, aos Tribunais de Contas e ao Ministério Público. A argumentação, em geral, funda-se na maior garantia do jurisdicionado associada a *nenhum prejuízo* à atuação desses órgãos, ou seja, em outras palavras: "que mal há em, por exemplo, a Autoridade Tributária pleitear ao Juiz a quebra do sigilo bancário em uma investigação fiscal qualquer? Se o pedido for sólido, o juiz autorizará o acesso ou, caso este negue, o Tribunal autorizará, em grau de recurso".

Essa argumentação desconsidera a seguinte *ponderação de valores*: de um lado, há o *direito à privacidade* daquele detentor das contas correntes e dos ativos financeiros; de outro, há os *direitos dos terceiros* que são protegidos pela atuação dos órgãos de fiscalização, em especial da imensa maioria de brasileiros que exige que o Estado obtenha recursos e assegure os direitos sociais, como direito à educação, saúde, moradia, entre outros. Também do outro lado da ponderação, há o direito à *igualdade*, pois a fragilidade da fiscalização aumenta o ônus de se viver em sociedade, punindo aqueles que voluntariamente cumprem a lei e estimulando outros a descumpri-la, na ausência de temor de sanções concretas.

Usando como exemplo a atuação das autoridades tributárias, vê-se que, na atualidade, os sonegadores usam o sistema bancário em suas atividades econômicas formais e *também* nas informais. O Fisco não tem outra arma *menos invasiva* para conferir se a *atividade econômica relatada* é real ou apenas camuflada e forjada para menor pagamento de tributos, a não ser a conferência dos dados contidos nas transações bancárias. Para aqueles que exigem ordem judicial para acesso do Fisco aos dados bancários, a alternativa seria a solicitação judicial para conferência de dados nas investigações ordinárias e extraordinárias. Para cada contribuinte, uma ação. Claro que seriam milhões de novas ações – de cunho satisfativo (pois se pede somente a autorização da transferência de sigilo bancário para exercer a fiscalização ordinária), renovadas periodicamente, que exigiriam imenso tempo e recurso do Estado-Juiz (e também dos Advogados Públicos), resultando em *caos* no acesso à justiça e *estímulo* para que mais pessoas deixem de pagar tributos. Teríamos milhares de Varas Judiciais somente para autorizar acesso aos dados bancários por parte das fiscalizações tributárias federais, estaduais e municipais. Isso é tão absurdo que sequer é tentado. De fato, a "opção brasileira" para suprir as deficiências no combate à sonegação é simplesmente *aumentar* as alíquotas e criar novos tributos, que também serão sonegados, em uma espiral viciosa sem fim, exasperando a carga daqueles que não sonegam.

A mesma situação ocorre no que tange aos Tribunais de Contas. Como averiguar se cada contrato, conta fiscalizada ou mesmo declarações de imposto de renda de servidores públicos federais (ver acima) contém dados reais ou *ficção* contábil? Será que atende o *direito fundamental à probidade administrativa* exigir a propositura de milhares de ações judiciais de autorização de transferência de sigilo bancário para que determinado Tribunal de Contas possa exercer o seu mister? Na prática do Brasil de hoje, os Tribunais de Contas *não* realizam essa atividade de fiscalização *real,* contentando-se com as análises documentais tradicionais e *vários escândalos* envolvendo superfaturamento, e conluios em obras públicas são relatados pela imprensa nacional sem que o Tribunal de Contas respectivo estivesse atento à situação. O cachorro não late, o alarme não soa...

No caso do Ministério Público, a exigência de dois agentes políticos (o membro do Ministério Público e o Magistrado) analisarem cada pedido de quebra de sigilo bancário (com a exceção do caso das verbas públicas – *vide* acima o precedente do STF) ocasiona investigações extremamente demoradas, facilitando sobremaneira a *prescrição* e estimulando, de novo, a impunidade e novas violações aos direitos de terceiros.

Em 2016, o Supremo Tribunal Federal, por larga maioria (9 votos contra 2), decidiu pela constitucionalidade da Lei Complementar n. 105, que autoriza a Administração Tributária dos entes federados a requisitar diretamente às instituições financeiras os dados dos contribuintes sujeitos a sigilo bancário, sem necessidade da obtenção de prévia ordem judicial. Foi consagrado o entendimento de que não há propriamente "quebra do sigilo bancário", mas sim transferência de informações protegidas – agora pelo Fisco e pelo sigilo fiscal – contra o acesso de terceiros. Os votos vencedores abordaram a ponderação de valores, optando por fazer prevalecer, como no voto do Min. Fachin, a concretização da *equidade* tributária. Tratou-se de ponderar a colisão entre o direito à privacidade (do contribuinte) e o direito à igualdade (dos demais pagadores de tributos, que sofrem com a dificuldade do Estado em inibir ou desestimular a sonegação)[86].

---

[86] STF. Plenário. ADI 2.390/DF; ADI 2.386/DF; ADI 2.397/DF e ADI 2.859/DF, rel. Min. Dias Toffoli, j. 24-2-2016. STF. Plenário. RE 601.314/SP, rel. Min. Edson Fachin, j. 24-2-2016 (repercussão geral, tendo sido fixada a tese: " "O art. 6ª da Lei Complementar 105/01 não ofende o direito ao sigilo bancário, pois realiza a igualdade em relação

O STF estabeleceu, ainda, parâmetros para que os Fiscos tenham esse tipo de acesso. Por isso, devem os Estados Membros e Municípios regulamentar essa transferência direta de dados bancários para seus respectivos Fiscos, tal como já o fez a União no tocante à Receita Federal (Decreto Federal n. 3.724/2001), observados os seguintes parâmetros: a) pertinência temática entre a obtenção das informações bancárias e o tributo objeto de cobrança no procedimento administrativo instaurado; b) prévia notificação do contribuinte quanto à instauração do processo e a todos os demais atos, garantindo o mais amplo acesso do contribuinte aos autos, permitindo-lhe tirar cópias, não apenas de documentos, mas também de decisões; c) sujeição do pedido de acesso a um superior hierárquico; d) existência de sistemas eletrônicos de segurança que fossem certificados e com o registro de acesso; e, finalmente, e) estabelecimento de mecanismos efetivos de apuração e correção de desvios[87].

Em síntese, a posição atual (2024) do STF sobre o acesso a dados bancários *sem* autorização judicial é a seguinte:

1) Autoridade Tributária dos entes federados, devendo tal acesso ser regulamentado administrativamente seguindo-se os parâmetros vistos acima;

2) Tribunais de Contas: somente no caso de verba pública. No mais, exige-se autorização judicial, pela ausência de previsão na Lei Complementar n. 105;

3) Ministério Público: somente no caso de verbas públicas (STF, MS 21.729, rel. p/ o ac. Min. Néri da Silveira, j. 5-10-1995, Plenário, *DJ* de 19-10-2001.

4) Comissão Parlamentar de Inquérito, Câmara dos Deputados e Senado Federal, por decisão aprovada nos respectivos Plenários.

Dependem de *prévia autorização do Poder Judiciário* a prestação de informações e o fornecimento de documentos sigilosos bancários solicitados por comissão de inquérito administrativo destinada a apurar responsabilidade de servidor público por infração praticada no exercício de suas atribuições, ou que tenha relação com as atribuições do cargo em que se encontre investido.

Em todas as hipóteses de acesso e transferência do sigilo bancário dos bancos para qualquer outro ente, exige-se *fundamentação* da requisição do ente ou da ordem judicial, que deve levar em consideração: (i) a indispensabilidade da medida, bem como a (ii) existência de procedimento regular em curso e o (iii) interesse público na quebra (por exemplo, proteção dos direitos e valores constitucionais).

Em relação à *fundamentação idônea* para a quebra dos sigilos fiscal e bancário, exige-se que se demonstrem, minimamente, fatos delituosos e a contribuição dos investigados para tanto (STF, Mandado de Segurança n. 34.299, rel. Luiz Fux, decisão monocrática da Presidência do STF de 15-7-2016).

Como visto acima, o STF considerou constitucional o acesso de dados bancários pela Receita Federal sem ordem judicial. Em paralelo, houve decisões do próprio STF considerando *legítimo* o envio direto – sem ordem judicial – pela Receita Federal ao Ministério Público Federal de notícia de crime contendo, como fundamento, dados da movimentação bancária do contribuinte. De fato, não é cabível exigir ordem judicial, pois esse envio é fruto das atribuições regulares da Receita Federal e decorre da constitucionalidade do acesso do Fisco aos dados bancários. Por isso, não é prova ilícita o uso desses dados na instrução penal de processo criminal movido pelo

---

aos cidadãos, por meio do princípio da capacidade contributiva, bem como estabelece requisitos objetivos e o translado do dever de sigilo da esfera bancária para a fiscal").

[87] STF, ADI 2.390/DF, rel. Min. Dias Toffoli, j. 24-2-2016; ADI 2.386/DF, rel. Min. Dias Toffoli, j. 24-2-2016; ADI 2.397/DF, rel. Min. Dias Toffoli, j. 24-2-2016; ADI 2.859/DF, rel. Min. Dias Toffoli, j. 24-2-2016.

Ministério Público (STF, Agravo Reg. RE 1.041.285/SP, rel. Min. Barroso, j. 27-10-2017, *DJe* 14-11-2017).

Contudo, conforme já mencionado, no caso "Flávio Bolsonaro", o Min. Dias Toffoli suspendeu os procedimentos e processos criminais que utilizaram tais dados, até que fosse decidido o alcance do compartilhamento de dados bancários e fiscais sem ordem judicial. Para a corrente a que – aparentemente – o Min. Dias Toffoli se filiava (retificou o seu voto), o acesso às operações bancárias se *limitaria* à identificação dos titulares das operações e dos montantes globais mensalmente movimentados, ou seja, dados genéricos e cadastrais dos correntistas, vedada a inclusão de qualquer elemento que permitisse identificar sua origem ou a natureza dos gastos a partir deles efetuados (STF, RE 1.055.941/SP, rel. Min. Dias Toffoli, decisão liminar). Caberia ao Ministério Público requerer judicialmente o envio dos demais dados. Tal tese criava *mais uma etapa* na investigação de crimes, sem nenhuma proteção adicional ao contribuinte, pois os sigilos fiscal e bancário deveriam também ser mantido pelo Ministério Público, quer tenha acesso por meio de informações enviadas voluntariamente pela Receita Federal ou por meio de ordem judicial de quebra do sigilo fiscal e bancário.

Com o julgamento definitivo do recurso, foi fixada a tese (exposta acima de modo completo) pela qual o STF reconhece como constitucional o compartilhamento dos relatórios de inteligência financeira da UIF/COAF e da íntegra do procedimento fiscalizatório da Receita Federal, que define o lançamento do tributo, com a Polícia e MP para fins criminais, sem a obrigatoriedade de prévia autorização judicial (STF, RE 1.055.941/SP, Tema 990 de repercussão geral, rel. Min. Dias Toffoli, Plenário, 4-12-2019).

Em mais um precedente que sedimentou a interpretação do Tema 990, o STF reconheceu constitucional o compartilhamento de Relatórios de Inteligência Financeira (RIF) entre o COAF e as autoridades de persecução penal *sem* necessidade de prévia autorização judicial, inclusive com a possibilidade de *solicitação* do material ao órgão de inteligência financeira, desde que não haja "abuso por parte das autoridades policiais, do Ministério Público ou a configuração do *fishing expedition*[88]" (STF, Agravo Regimental na Reclamação 61.944/Pará, rel. Cristiano Zanin, j. 2-4-2024). No caso, houve pedido da Polícia ao COAF para que este elaborasse seu relatório de inteligência financeira. Tal solicitação da Polícia ou do MP foi considerada constitucional pelo STF, revertendo decisão em sentido contrário do STJ (que, contrariando o Tema 990, só admitia – sem ordem judicial – o envio espontâneo de tais relatórios).

9.10. O COAF e os sigilos bancário e fiscal

A sofisticação da criminalidade levou à criação, pela Lei n. 9.613/98, do Conselho de Controle de Atividades Financeiras (COAF), autarquia vinculada ao Ministério da Fazenda, que foi encarregado de "disciplinar, aplicar penas administrativas, receber, examinar e identificar as ocorrências suspeitas de atividades ilícitas previstas nesta Lei, sem prejuízo da competência de outros órgãos e entidades". A Medida Provisória n. 893, de 19 de agosto de 2019, alterou o nome do COAF para "Unidade de Inteligência Financeira" (UIF) e ainda determinou sua vinculação administrativa ao Banco Central do Brasil, mantendo autonomia técnica e operacional e atuação em todo o território nacional. Contudo, a Lei n. 13.974/2020 (conversão da MP n. 893/2019) *manteve* a denominação "Conselho de Controle de Atividades Financeiras" (COAF).

O COAF é considerado a "unidade de inteligência financeira" brasileira, tendo como missão receber e analisar informações de cunho econômico-financeiro de pessoas físicas e jurídicas, que obtém de diversas fontes obrigadas a enviar dados de cadastro e movimentação, em especial

---

[88] A *fishing expedition* (expedição de pesca; pescaria) consiste em expressão que retrata a atividade de "devassa" da vida de um indivíduo sem que haja, minimamente, indícios de crime a ser investigado previamente.

Bancos. Essas informações são prestadas por critérios objetivos (depósito que ultrapassa determinado valor) ou subjetivos (considerados, a critério do informante que conhece seu cliente, atípicos ou suspeitos – art. 11 da Lei n. 9.613). O COAF poderá requerer aos órgãos da Administração Pública as informações cadastrais bancárias e financeiras de pessoas envolvidas em atividades suspeitas (art. 14, § 3º, da Lei n. 9.613/98 e art. 2º, § 6º, da LC n. 105/2001). Após análise, o COAF comunicará às autoridades competentes para a instauração dos procedimentos cabíveis, quando concluir pela existência de qualquer ilícito (art. 15 da Lei n. 9.613).

Assim, *não* cabe ao COAF investigar com profundidade, mas sim provocar a autoridade (por exemplo, Polícia ou Ministério Público) para que investigue.

O COAF repassa a tais autoridades os "Relatórios de Informações Financeiras", que contém informações sobre operações atípicas (não necessariamente ilícitas), para que as investigações sejam aprofundadas, podendo as autoridades recebedoras dos Relatórios solicitar, eventualmente, ao juízo competente a quebra dos sigilos bancário e fiscal.

Contudo, o Superior Tribunal de Justiça (6ª Turma), na análise de rumoroso caso de corrupção envolvendo personalidades da sociedade brasileira (Operação Boi Barrica) decidiu que o mero *encaminhamento* de Relatório de Inteligência Financeira pelo COAF ao Ministério Público, retratando "operação atípica", *não* pode embasar pedido de decretação judicial de quebra de sigilos bancário, fiscal e telefônico ou ainda interceptação telefônica, *devendo a autoridade policial realizar diligências posteriores* que demonstrem que tais quebras de sigilo são imprescindíveis. Com isso, o STJ decretou a *nulidade* das ordens judiciais por falta de fundamentação adequada e invocou ainda a teoria dos frutos da árvore envenenada para *descartar* provas obtidas em decorrência daquelas anuladas (inclusive eventuais conversas comprometedoras obtidas – ver HC 191.378, rel. Min. Sebastião Reis Júnior, 6ª Turma, j. 15-9-2011).

Todavia, é difícil realizar essas "diligências posteriores" que não envolvam quebras de sigilo, uma vez que as técnicas tradicionais (oitiva de testemunhas, vigilância – "campana", e outras) são quase sempre *inúteis* em crimes de corrupção e de lavagem de ativos, que vulneram intensamente direitos fundamentais de terceiros.

Por outro lado, foi resolvida a controvérsia quanto ao próprio envio do "Relatório de Informações Financeiras", que poderia representar uma indevida quebra do sigilo bancário sem ordem judicial. Como já mencionado, no caso "Flávio Bolsonaro", foi suspensa a investigação criminal do Ministério Público Estadual do Rio de Janeiro, que teria sido iniciada a partir de envio do "RIF" do COAF ao órgão ministerial.

Após o julgamento, foi fixada tese pela *constitucionalidade* de tal envio (STF, RE 1.055.941/SP, Tema 990 da repercussão geral, rel. Min. Dias Toffoli, Plenário, 4-12-2019 – já estudado). O conteúdo do RIF produzido pelo COAF é de caráter meramente informativo, que, isoladamente ou em conjunto com outras peças de informação, pode formar a convicção da autoridade policial ou ministerial para que seja requerido eventual pedido judicial de quebra de sigilo bancário ou fiscal no bojo de regular produção probatória. Anteriormente, o próprio STF (em sessão plenária) já havia considerado regular o uso do "RIF" pelo Ministério Público Federal na Operação Lava Jato para *subsidiar* o requerimento judicial de quebra do sigilo bancário (Ag Reg. na Ação Cautelar n. 3.872/DF, rel. Min. Teori Zavascki, j. 22-10-2015, *DJe* de 13-11-2015).

9.11. O CNJ e os sigilos bancário e fiscal

O art. 8º, V, do Regimento do Conselho Nacional de Justiça prevê que compete ao Corregedor Nacional de Justiça "requisitar das autoridades *fiscais*, *monetárias* e de outras autoridades competentes informações, exames, perícias ou documentos, *sigilosos* ou não, imprescindíveis ao esclarecimento de processos ou procedimentos submetidos à sua apreciação, dando conhecimento ao Plenário".

Esse Regimento ampara-se *diretamente* na Emenda Constitucional n. 45/2004, cujo art. 5º, § 2º, dispõe que, até que entre em vigor o novo Estatuto da Magistratura (que será feito por futura lei complementar, de iniciativa exclusiva do STF), o Conselho Nacional de Justiça, *mediante resolução*, disciplinará seu funcionamento e definirá as atribuições do Ministro-Corregedor.

Esse poder da Corregedoria do CNJ de quebrar os sigilos bancário e fiscal foi questionado, no final de 2011, em dois mandados de segurança, impetrados por associações de magistrados contra atos do Corregedor Nacional de Justiça, sob a alegação de violação do art. 5º, X (direito à privacidade), e vício formal, uma vez que uma resolução do CNJ não poderia substituir autorização expressa em lei complementar.

Em 2021, ambos os processos foram extintos por decisões monocráticas do Min. Dias Toffoli (já transitaram em julgado), por perda do objeto, mas com diversas passagens favoráveis ao poder do CNJ. Para o Ministro, nesses 10 anos desde a propositura das ações, assentou-se nos precedentes e na legislação o direito de acesso a tais informações por parte do Poder Público. Entre os precedentes, cite-se a ADI n. 2.390 (vista acima, no item sobre "Sigilo Bancário"[89]) pela qual se determinou que a transferência de informações sigilosas no âmbito da Administração Pública, prevista na LC n. 104/2001 *é constitucional*.

No RE n. 1.055.941/SP-RG (Tema 990 da repercussão geral), decidiu-se que o art. 198, § 1º, II[90], do Código Tributário Nacional autoriza o intercâmbio de informações sigilosas, no âmbito da administração pública para fins de apuração de cometimento de infração administrativa, como é o caso das fiscalizações da Corregedoria do CNJ (RE n. 1.055.941/SP-RG, Relator Min. Dias Toffoli, *DJe* de 6-10-2020). Foi levada em consideração também a Lei de Acesso à Informação (Lei n. 12.527/2011), a qual expressamente subordina o Poder Judiciário aos seus comandos, regulamentada pela Res. 215/15 e que gerou inclusive a disponibilização dos valores pagos a título de subsídios dos magistrados na internet (STF, Rel. Min. Dias Toffoli, MS 31.083 e 31.085, decisão monocrática de 26-4-2021, *DJe* 29-4-2021).

9.12. Sigilo de correspondência e de comunicação telegráfica: possibilidade de violação e ausência de reserva de jurisdição

O art. 5º, XII, da CF/88 assegura o sigilo de correspondência e de comunicação telegráfica. Em que pese que este último tenha ficado ultrapassado pelo desenvolvimento tecnológico, o direito à privacidade do conteúdo tanto da *comunicação epistolar* quanto da *telegráfica* não é absoluto, apesar da literalidade do comando constitucional. Admite-se a restrição da privacidade para fazer prevalecer outros direitos constitucionais, aplicando-se o critério da proporcionalidade no caso concreto.

No caso da comunicação epistolar, o art. 41, parágrafo único, da Lei de Execução Penal (Lei n. 7.210/84), editado antes da Constituição de 1988, *autoriza* o Diretor do estabelecimento prisional a violar correspondência encaminhada ou dirigida aos presos. O STF considerou tal regra *compatível* com a Constituição, uma vez que nenhuma liberdade pública é absoluta e não pode o direito à privacidade ser invocado para permitir crimes. Para o Min. Celso de Melo, a

---

[89] STF. Plenário. ADI 2.390/DF; ADI 2.386/DF; ADI 2.397/DF e ADI 2.859/DF, rel. Min. Dias Toffoli.

[90] Art. 198. Sem prejuízo do disposto na legislação criminal, é vedada a divulgação, por parte da Fazenda Pública ou de seus servidores, de informação obtida em razão do ofício sobre a situação econômica ou financeira do sujeito passivo ou de terceiros e sobre a natureza e o estado de seus negócios ou atividades. (Redação dada pela LCP n. 104, de 2001) § 1º Excetuam-se do disposto neste artigo, além dos casos previstos no art. 199, os seguintes: (Redação dada pela LCP n. 104, de 2001) (...) II – solicitações de autoridade administrativa no interesse da Administração Pública, desde que seja comprovada a instauração regular de processo administrativo, no órgão ou na entidade respectiva, com o objetivo de investigar o sujeito passivo a que se refere a informação, por prática de infração administrativa. (Incluído pela LCP n. 104, de 2001)

"inviolabilidade do sigilo epistolar não pode constituir instrumento de salvaguarda de práticas ilícitas" (HC 70.814, rel. Min. Celso de Mello, j. 1º-3-1994, Primeira Turma, *DJ* de 24-6-1994).

Assim, o critério da proporcionalidade foi aplicado, prevalecendo a proteção dos direitos dos terceiros (vítimas dos crimes que poderiam ser cometidos) em face do direito à privacidade dos presos.

Digno de nota é a *ausência de reserva de jurisdição*: em face da autorização legal (submetida a lei ao crivo do critério da proporcionalidade), mesmo autoridade administrativa pode violar o sigilo de correspondência, na visão do STF.

Porém, em caso de ausência de lei autorizadora ou descumpridos os condicionantes nela previstos, não pode existir a violação do sigilo de correspondência (salvo, é claro, por ordem judicial). No caso envolvendo os Correios (abertura de correspondência), foram descumpridos os condicionantes estabelecidos na Lei n. 6.538/78 – Lei dos Correios –, arts. 10 e 13) e não houve ordem judicial. Foi fixada a seguinte tese: "Sem autorização judicial ou fora das hipóteses legais, é ilícita a prova obtida mediante abertura de carta, telegrama, pacote ou meio análogo" (STF, RE n. 1.116.949, Relator para o Acórdão Min. Edson Fachin, j. 17-8-2020, Tema 1041, com repercussão geral).

9.13. O sigilo telefônico e interceptação prevista na Lei n. 9.296/96, inclusive do fluxo de comunicações em sistemas de informática e telemática. O sigilo comum e o sigilo qualificado

O art. 5º, XII, da Constituição prevê, excepcionalmente, a violação do sigilo das comunicações telefônicas sob os seguintes requisitos: 1) existência de lei regulamentadora; 2) ordem judicial; 3) nas hipóteses e na forma prevista na lei regulamentadora para fins de investigação criminal ou instrução processual penal.

Quanto à lei regulamentadora, houve omissão legislativa até a edição da Lei n. 9.296/96. Consequentemente, o STF considerou prova ilícita aquela obtida mediante quebra do sigilo das comunicações telefônicas, mesmo quando existia ordem judicial, uma vez que o art. 57, II, *a*, do Código Brasileiro de Telecomunicações (Lei n. 4.117/62) foi considerado não recepcionado pela Constituição de 1988.

A ordem judicial é indispensável e deve ser fundamentada. Nem Comissão Parlamentar de Inquérito (CPI) pode ordenar a *interceptação telefônica*, uma vez que a violação do sigilo da *comunicação* é matéria abrangida pelo *princípio da reserva de jurisdição*. Pode tão somente a CPI ordenar a quebra do sigilo dos dados telefônicos (registros das chamadas – quem ligou e para quem ligou – e duração), mas *nunca ordenar a interceptação* da conversa telefônica.

Não se pode confundir a proteção da comunicação telefônica com os registros telefônicos. O sigilo da comunicação telefônica (que só pode ser quebrado por ordem judicial) abarca o (i) teor da conversa e do que (ii) é transmitido pelos envolvidos, não abrangendo os números de chamadas, horário, duração, dentre outros registros similares, que são dados externos à comunicação propriamente dita.

Por isso, o STF autoriza a Polícia (ou o Ministério Público) a requisitar diretamente, sem ordem judicial, às operadoras de telefonia os dados relativos à hora, ao local e à duração das chamadas realizadas por ocasião da prática criminosa, o que não configura violação ao art. 5º, XII, da CF/88 (STF, HC 124.322/RS, rel. Min. Luís Roberto Barroso, decisão de 21 de setembro de 2015).

Em síntese, a exigência de reserva de jurisdição (ordem judicial para a quebra) é para a comunicação de dados e não para a obtenção de registros e cadastros de dados (HC 91.867, rel. Min. Gilmar Mendes, Segunda Turma, j. 24-4-2012, *DJe* de 20-9-2012).

Porém, como veremos, há crescente preocupação do legislador de estender – por determinação legal – a proteção à privacidade. O Marco Civil da Internet e a Lei Anticrime estabeleceram novos campos nos quais é exigida ordem judicial para que autoridade policial ou membro do MP tenha acesso a dados pessoais (ver abaixo o item 54 da Parte IV).

Tal proteção era de ordem legal, mas, após a EC n. 115/2022 que introduziu o direito à proteção de dados pessoais no "rol do art. 5º", ganhou – de modo expresso – dignidade constitucional.

Assim, a compressão do direito à privacidade que, por comando constitucional ou legal, exija autorização *judicial* prévia, concretiza o *sigilo qualificado*. O *sigilo comum* ou *ordinário* é aquele que deve ser assegurado por quem o detém, mas cede diante da requisição de autoridade policial, do MP ou outra autoridade administrativa nos termos da lei.

A Lei n. 9.296, de 24 de julho de 1996, regrou as hipóteses e forma da interceptação telefônica, que rapidamente se transformou em um dos instrumentos mais utilizados de investigação policial no Brasil.

A interceptação dependerá de ordem do juiz competente da ação principal, sob segredo de justiça, podendo ser decretada de ofício pelo juiz, ou a requerimento da autoridade policial ou do Ministério Público.

Para a decretação da interceptação de comunicações telefônicas é necessário que haja (i) indícios razoáveis da autoria ou participação em infração penal, inclusive com a qualificação dos investigados (*salvo impossibilidade* – ver abaixo o tópico dos "autores desconhecidos"), bem como que a (ii) prova não possa ser feita por outros meios disponíveis em casos de (iii) infração penal punida com pena de reclusão (pena máxima de mera detenção não autoriza interceptação telefônica).

Assim, de acordo com a Lei n. 9.296/96 *não* cabe a determinação judicial de interceptação telefônica se:

1) não houver indícios razoáveis de autoria ou participação em infração penal;
2) existir outro meio de produção da prova pretendida;
3) for caso de crime punido com pena máxima de detenção.

No caso de *notitia criminis* anônima, deve a autoridade policial antes realizar diligências preliminares para, só após, com novos indícios, solicitar a interceptação telefônica (HC 99.490, rel. Min. Joaquim Barbosa, j. 23-11-2010, Segunda Turma, *DJe* de 1º-2-2011).

O juiz deve decidir no prazo máximo de vinte e quatro horas, fundamentando a decisão. O período de interceptação deve ser fixado na decisão, mas não poderá exceder o prazo de 15 dias, renovável por igual tempo *uma vez* comprovada a indispensabilidade do meio de prova. Apesar de a lei não estabelecer, expressamente, quantas prorrogações de "15 dias" são possíveis, prevalece o entendimento da possibilidade de *renovações sucessivas* até que a investigação esteja finalizada, desde que as ordens judiciais sejam fundamentadas e demonstrem a indispensabilidade das prorrogações para o deslinde do caso. Nesse sentido, decidiu o STF que "(...) É *lícita* a prorrogação do prazo legal de autorização para interceptação telefônica, ainda que de modo *sucessivo*, quando o fato seja complexo e, como tal, exija investigação diferenciada e contínua. (...)" (Inq 2.424, rel. Min. Cezar Peluso, j. 26-11-2008, Plenário, *DJe* de 26-3-2010).

Deferido o pedido, a autoridade policial conduzirá os procedimentos de interceptação, dando ciência ao Ministério Público (MP), que poderá acompanhar a sua realização. Em vários casos, não há a cientificação prévia ao MP e a Defesa alega vício e nulidade das provas obtidas. Na hipótese do Ministério Público ofertar a denúncia, o STF entendeu que esse argumento é superado, pois a denúncia implica "*envolvimento próximo do promotor*" (HC 83.515, rel. Min. Nelson Jobim, j. 16-9-2004, publicado em 4-3-2005).

Porém, na fase do inquérito policial, pode o próprio Ministério Público determinar o arquivamento da peça (agora decidido internamente no MP, na sistemática do "art. 28 automático" após a edição da Lei Anticrime – ver abaixo a nova configuração deste "art. 28 automático" na interpretação do STF), caso não aceite ter sido mantido alheio à interceptação e a considere *prova ilícita,* não existindo outra apta a sustentar uma denúncia idônea.

Após, será feita a transcrição das conversas, com foco naquilo que interessa para o caso. Atualmente, há diversas discussões judiciais sobre o dever de transcrição *integral* do conteúdo gravado das conversas telefônicas e não somente as *partes relevantes*, em nome da ampla defesa. Porém, o STF decidiu que "só é exigível, na formalização da prova de interceptação telefônica, a *transcrição integral de tudo aquilo que seja relevante* para esclarecer sobre os fatos da causa *sub iudice*" (Inq 2.424, rel. Min. Cezar Peluso, j. 26-11-2008, Plenário, *DJe* de 26-3-2010). Nesse mesmo sentido, decidiu o STF que "é *desnecessária* a juntada do *conteúdo integral* das degravações das escutas telefônicas realizadas nos autos do inquérito no qual são investigados os ora pacientes, pois bastam que se tenham degravados os excertos necessários ao embasamento da denúncia oferecida, não configurando, essa restrição, ofensa ao princípio do devido processo legal (art. 5º, LV, da CF). Liminar indeferida" (HC 91.207-MC, rel. p/ o ac. Min. Cármen Lúcia, j. 11-6-2007, Plenário, *DJ* de 21-9-2007).

Também cabe mencionar que a Lei n. 9.296/96 *permite* a interceptação do fluxo de comunicações em *sistemas de informática e telemática*, particularmente útil nos casos de correio eletrônico, *chats*, redes sociais e outras formas de comunicação da internet. Essa previsão legal não viola o direito à privacidade constitucional, que não é absoluto, podendo ser limitado – no caso, pela lei – para que se assegurem os direitos fundamentais de terceiros, vítimas de crimes sujeitos à pena de reclusão (ou seja, crimes graves).

Por sua vez, a Lei n. 12.965/2014 (Marco Civil da Internet) determinou sigilo qualificado (ordem judicial) quanto à entrega de conteúdo das comunicações privadas e para os registros de acesso a aplicações de internet nos mais diversos suportes (computador, aparelho celular, tablet etc. – art. 7º, III, art. 10, §§ 1º e 2º). Inicialmente, como não se trata de "interceptação", esses dados estáticos poderiam ser requisitados pela autoridade policial ou pelo MP. Contudo, o legislador entendeu que tais dados hoje representam importante *devassa* da vida íntima, com envio *constante* de dados, fotos, vídeos etc. Criou-se um regime especial aos dados armazenados na rede mundial de computadores. Uma mensagem de correio eletrônico exigirá ordem judicial para ser lida por uma autoridade policial; já a correspondência tradicional pode ser violada diretamente pela autoridade administrativa (por exemplo, no caso dos presídios, como já visto).

Por sua vez, constitui crime realizar interceptação de comunicações telefônicas, de informática ou telemática, ou quebrar segredo da Justiça, sem autorização judicial ou com objetivos não autorizados em lei (o chamado "grampo telefônico", com pena de reclusão, de dois a quatro anos, e multa).

Em 2008, no bojo de diversas críticas de advogados criminalistas sobre o uso descontrolado de interceptações telefônicas na investigação criminal, o Conselho Nacional de Justiça editou a Resolução n. 59, regrando a matéria em especial quanto ao trâmite burocrático dos pedidos. No mesmo ano, o Procurador-Geral da República considerou que tal deliberação administrativa foi além da regulamentação da Lei n. 9.296/96 e ingressou com a Ação Direta de Inconstitucionalidade n. 4.145 perante o STF. O STF declarou *somente* a inconstitucionalidade do art. 13, § 1º, dessa Resolução, que proibia a prorrogação da interceptação durante plantão judiciário (ADI n. 4.145, redator para o acórdão Min. Alexandre de Moraes, j. 26-4-2018).

9.14. A gravação realizada por um dos interlocutores sem o conhecimento do outro

Há diferença entre a *interceptação* e a *gravação* de conversas telefônicas ou ambientais: a interceptação é aquela que é realizada por terceiros *sem* o consentimento dos envolvidos; a gravação é aquela realizada por um dos participantes (autogravação), com ou sem a anuência dos demais.

Houve muita discussão na doutrina e jurisprudência sobre a licitude da gravação por um dos participantes, sem o consentimento dos demais, de conversa telefônica ou ambiental. Inicialmente, o próprio STF considerou-a prova ilícita, salvo se fosse para a prova de crime feito pelo outro interlocutor (gravação da conversa do sequestrador, por exemplo). Posteriormente, o fato de a conversa ter sido gravada por um dos participantes pesou decisivamente na consolidação do entendimento do STF de que seria *prova lícita*, tal qual um documento celebrado pelas partes e utilizado apenas por uma delas, sem o consentimento da outra. Somente será prova ilícita se existir uma causa legal de sigilo ou reserva da conversação.

Por isso, a *gravação de conversa telefônica* por um dos envolvidos (autogravação telefônica) se constitui em prova lícita da comunicação da qual participa, salvo a existência de causa legal de sigilo ou reserva (STF, AI 578.858-AgR, rel. Min. Ellen Gracie, j. 4-8-2009, Segunda Turma, *DJe* de 28-8-2009).

Por outro lado, a jurisprudência reconheceu ser *ilícita* a gravação ambiental de "conversa informal" entre o suspeito e policiais, caso não tenha sido avisado do direito de permanecer em silêncio. Nesse sentido, decidiu o STJ que "é ilícita a gravação de conversa informal entre os policiais e o conduzido ocorrida quando da lavratura do auto de prisão em flagrante, se não houver prévia comunicação do direito de permanecer em silêncio" (STJ, HC 244.977-SC, rel. Min. Sebastião Reis Júnior, j. 25-9-2012).

Assim, a gravação de conversa em ambiente qualquer (*gravação ambiental*) por um dos participantes consiste em *prova lícita*, se não há causa legal específica de sigilo nem de reserva da conversação (RE 583.937-QORG, rel. Min. Cezar Peluso, j. 19-11-2009, Plenário, *DJe* de 18-12-2009, com *repercussão geral – Tema 237*). A tese aprovada foi a seguinte: "É lícita a prova consistente em gravação ambiental realizada por um dos interlocutores sem conhecimento do outro".).

Em 2019, a Lei n. 13.964 (Lei Anticrime) alterou a Lei n. 9.296/96 (Lei da Interceptação Telefônica) e regulou de modo mais restritivo a captação ambiental no formato *interceptação ambiental* (ver abaixo). No tocante à captação ambiental na forma "autogravação ambiental feita por um dos interlocutores", esta continua a ser lícita em geral. Tal situação decorre da própria lei, cujo novo dispositivo 8º-A, § 5º, dispõe que "[a]plicam-se subsidiariamente à captação ambiental as regras previstas na legislação específica para a interceptação telefônica e telemática". E a Lei de Interceptação Telefônica, em dispositivo novo, prevê que "não há crime se a captação é realizada por um dos interlocutores" (art. 10-A), ou seja, a "captação ambiental por um dos interlocutores" continua sendo lícita. Como reforço, o art. 8º-A, § 4º, previu que é lícita a captação ambiental feita por um dos interlocutores (sem a autorização judicial e o prévio requerimento da autoridade policial ou do Ministério Público) caso esta seja utilizada em *matéria de defesa*, desde que demonstrada a integridade da gravação.

Cotejando todos esses dispositivos, o STJ entende que a gravação ambiental feita por um dos interlocutores (mesmo *sem* a ciência do outro e *sem* autorização judicial) continua a ser lícita após a Lei Anticrime, podendo ser tal prova utilizada tanto pela Acusação quanto pela Defesa (STJ, HC n. 512.290-RJ, rel. Min. Rogério Schietti Cruz, j. 18-8-2020). Permanece, então, válido na atualidade o tema 237 de repercussão geral decidida pelo STF e mencionada acima. Em 2023, o STJ novamente reiterou esse posicionamento, decidindo que a licitude da gravação ambiental feita por um dos interlocutores, com ou sem a ciência do outro, não protegida por um sigilo legal, é prova válida. Consta do acórdão que se trata de hipótese pacífica na jurisprudência do Supremo Tribunal Federal e do Superior Tribunal de Justiça, "pois se considera que os interlocutores podem, em depoimento pessoal ou em testemunho, revelar o teor dos diálogos" (AgRg no RHC n. 150.343/GO, relator para acórdão Ministro Sebastião Reis Júnior, Sexta Turma, j. 15-8-2023, *DJe* 30-8-2023).

Porém, na seara eleitoral, o STF decidiu pela ilicitude da gravação ambiental (feita por um dos interlocutores) na área *eleitoral* (Tema 979 da repercussão geral), tendo fixado a seguinte tese, a qual deverá ser aplicada a partir das eleições de 2022: "1) No processo eleitoral, é ilícita a prova colhida por meio de gravação ambiental clandestina, sem autorização judicial e com violação à privacidade e à intimidade dos interlocutores, ainda que realizada por um dos participantes, sem o conhecimento dos demais. 2) A exceção à regra da ilicitude da gravação ambiental feita sem o conhecimento de um dos interlocutores e sem autorização judicial ocorre na hipótese de registro de fato ocorrido em local público desprovido de qualquer controle de acesso, pois, nesse caso, não há violação à intimidade ou quebra da expectativa de privacidade" (STF, RE n. 1.040.515, rel. Dias Toffoli, Plenário, Sessão Virtual de 19-4-2024 a 26-4-2024). Para a maioria vencedora, a área eleitoral possui peculiaridades, podendo as gravações ambientais ser "utilizadas com promiscuidade, de maneira dissimulada, ardilosa, no intento de se produzirem incidentes desestabilizadores do pleito eleitoral, como o induzimento ao crime e o preparo de flagrante" (voto do relator Min. Toffoli). Por isso, sua ilicitude, caso não haja autorização judicial, com a exceção do fato ocorrido em a) lugar público e b) sem controle de acesso (como as gravações por câmaras de bancos, centros e lojas comerciais ou mesmo nas ruas). Nessa exceção, não há "expectativa de privacidade", uma vez que o autor da prática delituosa ou vedada "tem plena consciência de que ali pode ser facilmente descoberto, seja por prova testemunhal, seja por gravação ambiental" (trecho do voto do rel. Min. Dias Toffoli).

9.15. A interceptação ambiental

A interceptação ambiental consiste na captação, feita por terceiros *estranhos* à conversa em um determinado ambiente, de sinais eletromagnéticos, óticos ou acústicos, abarcando o seu registro e análise. Diferentemente da "gravação ambiental ou autogravação ambiental", a interceptação ambiental caracteriza-se por ser realizada por *terceiros*, e não por um interlocutor. Até a edição da Lei n. 12.850/2013 não havia uma regulação específica da interceptação ambiental (a Lei de Interceptação Telefônica era omissa).

Mesmo assim, antes da edição da Lei n. 12.850/2013, o STF rechaçou a ilicitude da prova de interceptação ambiental, sob a alegação defensiva de ausência de um procedimento detalhado previsto na Lei n. 9.034/95 (na redação dada pela Lei n. 10.217/2001). Ainda nesse julgamento, o STF considerou *prova lícita* a interceptação ambiental realizada com ordem judicial em escritório de advocacia (houve também invasão noturna de domicílio, ver acima), uma vez que havia indícios de envolvimento do advogado com práticas criminosas da quadrilha – Inq 2.424, rel. Min. Cezar Peluso, j. 26-11-2008, Plenário, *DJe* de 26-3-2010).

Após, a captação e a interceptação ambiental de sinais eletromagnéticos, óticos ou acústicos, e o seu registro e análise foram previstos na Lei n. 12.850/2013, que expressamente revogou a Lei n. 9.034/95, definindo organização criminosa, bem como dispondo sobre a investigação criminal, os meios de obtenção da prova, infrações penais correlatas e o procedimento criminal.

Ficou autorizada a *captação ambiental* de sinais eletromagnéticos, ópticos ou acústicos (art. 3º, II, da Lei).

Em 2019, a Lei Anticrime suprimiu o déficit normativo na questão e adotou *grande mudança* na temática ao inserir o art. 8º-A na Lei n. 9.296/96, o qual determinou que a captação ambiental (modalidade *interceptação ambiental*, ou seja, gravação ambiental feita por terceiro) deve ser feita por (i) autorização judicial mediante (ii) requerimento do Ministério Público ou (iii) da autoridade policial. A desobediência a tais comandos gera a ilicitude da prova e prática de crime previsto no art. 10-A da Lei n. 9.296, com a ressalva (já mencionada acima) prevista no art. 8º-A, § 4º, da mesma lei, pela qual tal interceptação ambiental feita por terceiros (sem autorização judicial e requerimento do MP ou autoridade policial) pode ser usada como prova da Defesa.

Não deve ser considerada prova ilícita, podendo ser usada tanto pela Acusação ou Defesa:

1) a gravação em ambientes públicos ou abertos ao público (tanto em órgãos públicos ou privados), feita de modo transparente, uma vez que não há expectativa de privacidade por parte daquele gravado ou filmado;

2) a gravação em ambientes privados, mas com circulação social, como elevadores, áreas internas ou externas de Condomínios etc., também feita de modo transparente, pela ausência de expectativa de privacidade;

3) a gravação feita por terceiros em defesa de direitos de pessoa vulnerável (por idade, deficiência, ou por qualquer outro motivo que impossibilite a livre manifestação da vontade – por exemplo, a vítima de estupro estando desacordada, é lícita a captação ambiental feita por terceiro);

4) gravação feita pela vítima de crime, na autodefesa de seus interesses (nesse sentido: "A gravação realizada pela vítima sem o conhecimento do autor do delito não se equipara à interceptação telefônica, sendo prova válida" – STJ, AgRg no HC 84.427, rel. Ribeiro Dantas, j. 13-5-2024).

A interpretação aqui sustentada do art. 8º-A, § 4º (uso da captação ambiental por terceiros somente para prova da Defesa), é no sentido de se abarcar também a vítima de crime, na defesa de seus legítimos direitos e em nome do direito à igualdade no processo ("paridade de armas"). Nesse sentido, o STJ decidiu que a captação (interceptação; escuta) ambiental feita por terceiro pode ser também considerada lícita "sempre que o direito a ser protegido tiver valor superior à privacidade e à imagem do autor de crime, utilizando-se da legítima defesa probatória, a fim de se garantir a licitude da prova". Assim, aquele que faz gravação ambiental clandestina, inicialmente, comete *crime* (art. 10-A da Lei n. 9.296/96), mas, caso tenha agido a favor da vítima (por exemplo, gravando clandestinamente estupro de pessoa desacordada como mencionado acima), atua amparado "pela excludente de antijuridicidade, pois sua conduta, embora cause lesão a um bem jurídico protegido, no caso a privacidade ou a intimidade da pessoa alvo da gravação, é utilizada para a defesa de direito próprio ou de terceiro contra agressão injusta, atual e iminente". Usou-se a ponderação de 2º grau já vista neste *Curso*, cotejando-se o direito à privacidade do ofensor ao direito à prova da vítima, exercitado por terceiro, em verdadeira legítima defesa probatória da vítima no processo penal (Trechos da ementa. HC n. 812.310/RJ, rel. Min. Ribeiro Dantas, Quinta Turma, j. 21-11-2023, *DJe* 28-11-2023.)

Em 2024, o STJ reconheceu a licitude da captação ambiental, "tanto para a acusação quanto para a defesa, sob pena de ofensa ao princípio da paridade das armas, da lealdade, da boa-fé objetiva e da cooperação entre os sujeitos processuais. A nova regulamentação, portanto, não alcança apenas o direito de defesa, mas também as vítimas de crimes" (STJ, rel. Min. Ribeiro Dantas, processo sem número por segredo de justiça. Informação do site do STJ de 8 de fevereiro de 2024[91])

---

[91] Disponível em <https://www.stj.jus.br/sites/portalp/Paginas/Comunicacao/Noticias/2024/08022024-Gravacao-ambiental-clandestina-e-valida-se-direito-protegido-tem-valor-superior-a-privacidade-do-autor-do-crime.aspx>. Acesso em: 14 ago. 2024.

9.16. Casos excepcionais de uso da interceptação telefônica: o "encontro fortuito de crime", a descoberta de novos autores e a prova emprestada

No decorrer da interceptação ou qualquer outra atividade investigativa submetida à cláusula da reserva de jurisdição, é possível que seja provado crime *não* previsto no pedido ("encontro fortuito de crime" ou também "crime achado"), sendo tal prova *lícita*, mesmo se a infração penal nova for punida com detenção ou for mera contravenção penal, desde que conexo com a infração constante do pedido (nesse sentido, STF, HC 83.515, rel. Min. Nelson Jobim, j. 16-9-2004, Plenário, *DJ* de 4-3-2005).

Caso seja totalmente desvinculado do crime investigado originalmente, há duas posições. A primeira posição defende que essa gravação pode servir como *notitia criminis* a fundamentar novo pedido próprio de interceptação (Streck, entre outros)[92]. A segunda posição considera que a prova é lícita, desde que não se verifique desvio de finalidade ou fraude (por exemplo, simular o pedido de interceptação de um suposto crime sujeito à pena de reclusão só para obter prova do real crime perseguido, sujeito à pena de detenção – exemplo de Moraes[93]).

Na linha da *segunda posição*, decidiu o STF que o Conselho Nacional de Justiça *pode* usar prova emprestada de interceptação telefônica criminal em seu procedimento administrativo contra juiz, mesmo que o possível crime do magistrado tenha sido fortuitamente detectado, pois era diverso do que era objeto de investigação no monitoramento telefônico em curso (MS 28.003/DF, rel. orig. Min. Ellen Gracie, rel. p/ o acórdão Min. Luiz Fux, j. 8-2-2012 – *Informativo do STF* n. 654, de 6 a 10-2-2012). Ainda, decidiu o STF que "[o] 'crime achado', ou seja, a infração penal desconhecida e, portanto, até aquele momento não investigada, sempre deve ser cuidadosamente analisada para que não se relativize em excesso o inciso XII do art. 5º da CF. A prova obtida mediante interceptação telefônica, quando referente à infração penal diversa da investigada, deve ser considerada lícita se presentes os requisitos constitucionais e legais" (HC 129.678, rel. p/ o ac. Min. Alexandre de Moraes, j. 13-6-2017, 1ª T., *DJe* de 18-8-2017).

Também é possível que coautores e partícipes desconhecidos surjam no decorrer da interceptação, autorizada inicialmente apenas para determinadas pessoas. A prova contra esses novos indivíduos será lícita, uma vez que a própria Lei n. 9.296/96 permite que a interceptação ocorra sem identificação precisa quanto ao investigado. Nesse sentido, decidiu o STF: "Interceptação realizada em linha telefônica do corréu que captou diálogo entre este e o ora paciente, mediante autorização judicial. Prova lícita que pode ser utilizada para subsidiar ação penal, sem contrariedade ao art. 5º, XII, LIV, LV e LVI, da Constituição da República" (HC 102.304, rel. Min. Cármen Lúcia, j. 25-5-2010, Primeira T., *DJe* de 25-5-2011).

Finalmente, admite-se o uso da chamada *prova emprestada*, no qual o conteúdo da conversa interceptada em seara criminal é utilizado no âmbito cível (por exemplo, em ação de improbidade) ou disciplinar (processo administrativo). Entendemos que esse uso é *regular*, uma vez que o direito à privacidade já foi afastado, de maneira legítima, no âmbito criminal, o que pode resultar inclusive na perda da liberdade do réu. Logo, impedir o uso da degravação da conversa interceptada no bojo de outro processo, mesmo que não criminal, não teria o condão de restaurar a privacidade do indivíduo-alvo ou mesmo de terceiros, podendo, porém, assegurar a tutela jurídica justa.

Nesse sentido, decidiu o STF que "dados obtidos em interceptação de comunicações telefônicas e em escutas ambientais, judicialmente autorizadas para produção de prova em investigação

---

[92] STRECK, Lenio Luiz. *As interceptações telefônicas e os direitos fundamentais*: Constituição, cidadania, violência: a Lei 9.296/96 e seus reflexos penais e processuais. 2. ed. Porto Alegre: Livraria do Advogado, 2001.

[93] MORAES, Alexandre de. *Direitos humanos fundamentais*. 9. ed. São Paulo: Atlas, 2011, p. 164.

criminal ou em instrução processual penal, podem ser usados em procedimento administrativo disciplinar, contra a mesma ou as mesmas pessoas em relação às quais foram colhidos, ou contra outros servidores cujos supostos ilícitos teriam despontado à colheita dessa prova" (Inq 2.424-QO--QO, rel. Min. Cezar Peluso, j. 20-6-2007, Plenário, *DJ* de 24-8-2007).

9.17. Interceptação telefônica ordenada por juízo cível

O reconhecimento da limitabilidade dos direitos fundamentais consolidou o uso da proporcionalidade nos precedentes judiciais brasileiros, afastando a literalidade da redação dos direitos previstos na Constituição e nos tratados internacionais. O caso da inviolabilidade do sigilo de correspondência (relativizada pelo STF no caso dos presos) ou da invasão de domicílio por ordem judicial durante a noite (determinada pelo próprio STF) são exemplos marcantes da proporcionalidade nos direitos fundamentais.

O Superior Tribunal de Justiça (STJ) considerou *constitucional e legal* a interceptação telefônica determinada por *juiz* em processo *cível*. Tratava-se de ação na qual se buscava a localização de menor subtraído por um dos genitores, tendo sido esgotados todos os meios tradicionais na esfera cível de localização pelo oficial de justiça e por ofícios infrutíferos e demorados.

Nessa hipótese, o juiz decidiu fazer prevalecer o direito à proteção da criança e do adolescente (art. 227 da CF) em detrimento da inviolabilidade do sigilo telefônico, fruto do direito à intimidade. A proporcionalidade foi aplicada, desconsiderando-se a redação do art. 5º, XII, que faz menção à *interceptação telefônica* regrada por lei e para investigação e persecução *criminais*. Na apreciação do caso no Superior Tribunal de Justiça (STJ), o Ministro relator, Sidnei Beneti, decidiu a favor da possibilidade de interceptação telefônica por juízo cível, uma vez que "há que se proceder à ponderação dos interesses constitucionais em conflito, sem que se possa estabelecer, *a priori*, que a garantia do sigilo deva ter preponderância" (voto do Ministro, STJ, HC 203.405, Terceira Turma, j. 28-6-2011).

Parte da doutrina criticou severamente essa decisão, alegando que a subtração de criança ou adolescente ao poder de quem o tem sob sua guarda é crime (com pena de reclusão) tipificado no art. 237 do Estatuto da Criança e do Adolescente (ECA), o que permitiria que o juiz cível representasse ao juiz criminal, para que este, no bojo de um inquérito *criminal,* ordenasse validamente a interceptação telefônica. Claro que, ao assim proceder, o juízo cível corre o risco de se *curvar* ao entendimento do seu *colega juiz criminal* (que poderia entender que não era caso de interceptação telefônica imediata, aguardando diligências policiais prévias) e também de se *subordinar* à posição do *membro do Ministério Público* oficiante no Inquérito Policial instaurado, que poderia entender que a conduta em tela não era crime (tendo em vista as peculiaridades do caso), promovendo seu arquivamento, o que negaria novamente o direito de acesso à justiça no processo cível.

Assim, pode-se justificar a *interceptação telefônica para fins civis*, em caso de (i) esgotados os meios usuais para fazer valer o direito da parte requerente; (ii) para fazer valer o direito de acesso à justiça em prazo razoável e (iii) em casos excepcionalmente graves, nos quais há risco de ofensa a direitos fundamentais. O *direito de acesso à justiça* (art. 5º, XXXV) e o consequente direito a ser protegido devem ser levado em consideração, ponderando-o também com o *direito à privacidade*. O sigilo telefônico em processos cíveis *não* pode ser absoluto, sob pena de amesquinharmos o direito a uma tutela justa em caso de imprescindibilidade da interceptação telefônica para fazer valer o direito da parte.

Esse caso torna evidente que o Poder Constituinte não consegue esgotar a regência expressa de todas as hipóteses de colisão entre os direitos fundamentais, uma vez que novas situações sociais surgem, gerando inesperadas colisões de direitos e exigindo ponderação pelo intérprete.

Assim, apesar de a Constituição de 1988 ter ponderado a colisão de direitos entre o direito à privacidade e os direitos das vítimas no campo penal (direito à verdade e justiça), exigindo lei para o caso de interceptação telefônica e somente para fins penais, isso não exclui a possibilidade de ponderação desses mesmos direitos para a obtenção da tutela justa e célere no *campo cível*.

Do nosso ponto de vista, não há qualquer incongruência: a Constituição exigiu lei para a interceptação telefônica para fins criminais, uma vez que o direito penal trata da liberdade dos indivíduos. Na esfera cível, não há a necessidade de lei específica (basta o CPC e o poder geral de cautela), uma vez que não há o *periculum libertatis*. O *direito de acesso à justiça* e o poder geral de cautela (para assegurar o resultado útil do processo é imprescindível a interceptação) são suficientes para conferir ao juiz o poder de sopesar os direitos, avaliar a situação e ordenar a interceptação telefônica.

É cedo para prever se esse entendimento do STJ prevalecerá no Supremo Tribunal Federal. A fundamentação do Min. Beneti, porém, é condizente com precedentes anteriores do próprio STF já vistos nesta obra, como os referentes (i) à relatividade da inviolabilidade do sigilo de correspondência e (ii) à relatividade da inviolabilidade domiciliar em período noturno no caso de ordem judicial (que deveria ser cumprida durante o dia, mas o foi durante a noite), em decisão referendada pelo Pleno do STF.

9.18. A Lei Geral de Proteção de Dados Pessoais

Em 2018, foi editada a Lei n. 13.709 (denominada "Lei Geral de Proteção de Dados Pessoais" – LGPDP), que dispõe sobre o tratamento de dados pessoais, inclusive nos meios digitais, por pessoa natural ou por pessoa jurídica de direito público ou privado, com os objetivos expressos de (i) proteger os direitos fundamentais de liberdade e de privacidade e (ii) o livre desenvolvimento da personalidade da pessoa natural. Em 8 de julho de 2019, a LGPD foi alterada pela Lei n. 13.853, que criou a Autoridade Nacional de Proteção de Dados (ANPD).

A adoção de uma legislação como a aprovada é reação ao uso não autorizado de informações pessoais para diversas finalidades no mundo atual. Ferramentas como o *big data* e fenômenos como rastreamento de comportamentos (*marketing* comportamental), inclusive nas redes sociais, bem como o desvio de finalidade com o uso de dados sensíveis para objetivos eleitorais e comerciais, além da venda não autorizada de dados pessoais, entre outras condutas de agentes privados ou públicos, geram preocupação nas sociedades democráticas, tanto para a proteção da privacidade, quanto da livre concorrência ou ainda de outros direitos (como a igualdade dos candidatos e a liberdade do eleitor, no caso da manipulação de dados sensíveis para fins eleitorais).

O Brasil não está isolado nessa iniciativa de proteger o direito à privacidade, que tem se tornado preocupação de diversos Estados e organizações internacionais. No plano da integração europeia, entrou em vigor em 2018 o Regulamento Geral de Proteção de Dados ("General Data Protection Regulation" – *GDPR* na sigla em inglês), que possui claro efeito extraterritorial, uma vez que disciplina o (i) tratamento dos dados realizado por empresa estabelecida na União Europeia (independentemente do local do tratamento e da nacionalidade dos titulares dos dados) e o (ii) tratamento de dados realizado por empresa estrangeira (não estabelecida na União Europeia) que ofereça bens e serviços ou monitore comportamentos na União Europeia[94].

A nova lei brasileira adotou tal alcance extraterritorial, aplicando-se a qualquer operação de tratamento realizada por pessoa natural ou por pessoa jurídica de direito público ou privado,

---

[94] Regulamento (UE) 2016/679 do Parlamento Europeu e do Conselho, de 27 de abril de 2016, relativo à proteção das pessoas singulares no que diz respeito ao tratamento de dados pessoais e à livre circulação desses dados e que revoga a Diretiva 95/46/CE (Regulamento Geral sobre a Proteção de Dados).

independentemente do meio, do país de sua sede ou do país onde estejam localizados os dados, desde que (i) a operação de tratamento seja realizada no território nacional; ou (ii) a atividade de tratamento tenha por objetivo a oferta ou o fornecimento de bens ou serviços ou o tratamento de dados de indivíduos localizados no território nacional; ou (iii) os dados pessoais objeto do tratamento tenham sido coletados no território nacional, considerando como "coletados no território nacional" os dados pessoais cujo titular nele se encontre no momento da coleta.

Consequentemente, a lei não abarca os dados provenientes de fora do território nacional e que não sejam (i) objeto de comunicação, uso compartilhado de dados com agentes de tratamento brasileiros ou (ii) objeto de transferência internacional de dados com outro país que não o de proveniência, desde que o país de proveniência proporcione grau de proteção de dados pessoais adequado ao disposto na lei brasileira. Essa última hipótese permite que a lei brasileira tenha alcance extraterritorial (justificado perante o direito internacional pela jurisdição do local do efeito/dano) para assegurar a proteção à privacidade, no caso de regulamentação estrangeira inadequada.

Ainda, há *cláusulas de exclusão*, não se aplicando a lei brasileira a tratamento de dados pessoais que tenha sido (i) realizado por pessoa natural para fins exclusivamente particulares e não econômicos; (ii) realizado para fins exclusivamente jornalísticos, artísticos ou acadêmicos (aplicando-se, nesta última hipótese, determinados dispositivos da lei sobre requisitos para o tratamento de dados); (iii) realizado para fins exclusivos de segurança pública, defesa nacional, segurança do Estado ou atividades de investigação e repressão de infrações penais (falta, ainda, a edição de uma "LGPD criminal").

Ponto importante da nova lei é a exigência de as atividades de tratamento de dados pessoais observarem a boa-fé e os seguintes princípios:

(i) *princípio da finalidade legítima e informada,* que exige que a realização do tratamento ocorra para propósitos legítimos, específicos, explícitos e informados ao titular, sem possibilidade de tratamento posterior de forma incompatível com essas finalidades;

(ii) *princípio da adequação,* que exige a compatibilidade do tratamento com as finalidades informadas ao titular, de acordo com o contexto do tratamento;

(iii) *princípio da necessidade,* que exige a limitação do tratamento ao mínimo necessário para a realização de suas finalidades, com abrangência dos dados pertinentes, proporcionais e não excessivos em relação às finalidades do tratamento de dados;

(iv) *princípio do livre acesso,* que assegura aos titulares dos dados a consulta facilitada e gratuita sobre a forma e a duração do tratamento, bem como sobre a integralidade de seus dados pessoais;

(v) *princípio da qualidade e transparência,* que assegura aos titulares dos dados a exatidão dos dados e informações sobre realização do tratamento e os respectivos agentes de tratamento, observados os segredos comercial e industrial;

(vi) *princípio da segurança e prevenção,* que exige a adoção de medidas técnicas e administrativas aptas a proteger os dados pessoais de acessos não autorizados e de situações acidentais ou ilícitas de destruição, perda, alteração, comunicação ou difusão, bem como a adoção de medidas para prevenir a ocorrência de danos em virtude do tratamento de dados pessoais. Consequentemente, o agente deve comprovar a observância e o cumprimento das normas de proteção aos dados pessoais.

(vii) *princípio da não discriminação,* que veda a realização do tratamento para fins discriminatórios ilícitos ou abusivos.

A lei elenca *dez* situações autorizadas de tratamento de dados pessoais, sendo uma geral e nove hipóteses específicas, que são as seguintes:

1) situação geral de uso autorizado, gerada pelo *consentimento* do titular;

2) cumprimento de obrigação legal ou regulatória pelo controlador do dado;

3) tratamento e uso compartilhado de dados pelo Poder Público, necessários à execução de políticas públicas previstas em leis e regulamentos ou respaldadas em contratos, convênios ou instrumentos congêneres;

4) realização de estudos por órgão de pesquisa, garantida, sempre que possível, a *anonimização* dos dados pessoais (desvinculação dos dados dos indivíduos geradores);

5) execução de contrato ou de procedimentos preliminares relacionados a contrato do qual seja parte o titular, a pedido do titular dos dados;

6) exercício regular de direitos em processo judicial, administrativo ou arbitral;

7) proteção da vida ou da incolumidade física do titular ou de terceiro;

8) para a tutela da saúde, exclusivamente, em procedimento realizado por profissionais de saúde, serviços de saúde ou autoridade sanitária;

9) quando necessário para atender aos interesses legítimos do controlador ou de terceiro, exceto no caso de prevalecerem direitos e liberdades fundamentais do titular que exijam a proteção dos dados pessoais;

10) para a proteção do crédito, inclusive quanto ao disposto na legislação pertinente.

Assim, em geral o *consentimento* do titular dos dados é elemento-chave da nova lei para o uso legítimo dos dados pessoais, devendo ser fornecido por escrito ou por outro meio que demonstre a manifestação de vontade do titular. Caso queira compartilhar os dados, o controlador deverá obter *consentimento específico do titular* para esse fim. Todavia, é dispensada a exigência do consentimento para os dados tornados manifestamente públicos pelo titular.

Cabe ao controlador o ônus da prova de que o consentimento foi obtido de forma legítima, sendo *nulas* as autorizações genéricas para o tratamento de dados pessoais.

Além disso, cabe a *revogação* do consentimento mediante manifestação expressa do titular, por procedimento gratuito e facilitado.

Outro ponto importante da lei é o *direito de acesso do titular* às informações sobre o tratamento de seus dados, abarcando a finalidade, a forma e a duração do tratamento, bem como a identificação do controlador dos dados e informações acerca do uso compartilhado de dados pelo controlador e a finalidade, entre outros.

No que tange ao conteúdo dos dados, a lei criou a categoria dos "dados pessoais sensíveis", que são aqueles vinculados a determinado indivíduo referentes à (i) origem racial ou étnica, (ii) convicção religiosa, (iii) opinião política, (iv) filiação a sindicato ou a organização de caráter religioso, filosófico ou político, (v) dado referente à saúde ou à vida sexual, (vi) dado genético ou biométrico.

Nesses casos, o tratamento dos dados sensíveis exige o consentimento de forma especial e destacada, para finalidades específicas. Excepcionalmente, o consentimento do titular é dispensável, na seguintes hipóteses: (i) existência de lei prevendo tal manipulação; (ii) estudos por órgão de pesquisa, garantida, sempre que possível, a anonimização dos dados pessoais sensíveis; (iii) exercício regular de direitos, inclusive em contrato e em processo judicial, administrativo e arbitral; (iv) proteção da vida ou da incolumidade física do titular ou de terceiro; (v) tutela da saúde, exclusivamente, em procedimento realizado por profissionais de saúde, serviços de saúde ou autoridade sanitária; ou (vi) prevenção à fraude e para assegurar a segurança do titular.

A lei ainda facilitou o uso de dados *anonimizados*, que não serão considerados dados pessoais, salvo (i) quando o processo de anonimização ao qual foram submetidos for revertido, utilizando exclusivamente meios próprios, ou quando, com (ii) esforços razoáveis, puder ser revertido. Nesse último caso, a determinação do que seja "razoável" deve levar em consideração fatores objetivos, tais como custo e tempo necessários para reverter o processo de anonimização, de acordo com as tecnologias disponíveis, e a utilização exclusiva de meios próprios.

A fiscalização do cumprimento da lei foi reforçada pela edição da Lei n. 13.853/2019, que criou a "Autoridade Nacional de Proteção de Dados" (ANPD), órgão federal de fiscalização da proteção de dados. A citada lei tem origem na Medida Provisória n. 869/2018, ainda sob o governo Temer, e foi sancionada com 9 vetos pelo Pres. Bolsonaro.

A Autoridade Nacional de Proteção de Dados (ANPD) foi criada como órgão da administração pública federal, integrante da Presidência da República, tendo *natureza transitória*. Em 2022, foi aprovada a Lei n. 14.460, de 2022, que transformou a ANPD em autarquia de natureza especial.

9.19. A privacidade e o direito à segurança, à verdade e à justiça: a geolocalização (Caso Marielle) e o uso do WhatsApp

O desenvolvimento tecnológico das últimas décadas gerou uma mudança de paradigma na coleta, transmissão e armazenamento de informação tendendo a abranger, de modo mais ou menos sutil, todas as facetas da vida em sociedade.

Esse imenso acervo de informação sobre um indivíduo já é utilizado maciçamente pelas empresas privadas dos mais diversos setores: desde gigantes da internet, empresas multinacionais de bens e serviços até o pequeno comerciante que contrata um serviço para oferta focada em potenciais clientes, cujos dados foram coletados por rede social de uso "gratuito". Do ponto de vista do *indivíduo*, é praticamente um truísmo reconhecer que suas interações armazenadas no mundo digital fornecem mais informações sobre sua pessoa que eventual violação do seu domicílio físico.

No plano da segurança pública e da persecução criminal, o Estado também utiliza essas informações para fins de promover (i) o direito à segurança; (ii) o direito à verdade e o (iii) direito à justiça.

A "tríade da privacidade" da CF/88 auxilia pouco. O art. 5º, XI, é restrito à morada[95], que, mesmo no sentido ampliativo dado pelo STF não abrange o mundo digital (da "nuvem de dados" aos dados contidos nos *smartphones*); já o art. 5º, XII, é de maior utilidade, mas protege somente as "comunicações"[96]. Finalmente, o art. 5º, X, incide com maior propriedade, ao dispor que "são invioláveis a intimidade, a vida privada...". Porém, como visto, não há direitos absolutos, devendo o intérprete realizar a devida ponderação com outros direitos em conflito, em especial o direito de terceiros protegidos pelo direito penal e o direito difuso à segurança pública da coletividade (art. 144 da CF/88). No plano infraconstitucional, a LGPD é inútil na seara criminal, pois seu art. 4º, III exclui de sua abrangência as atividades relacionadas: a) segurança pública; b) defesa nacional; c) segurança do Estado; ou d) atividades de investigação e repressão de infrações penais. Por sua vez, a Lei n. 12.965/2014 ("Marco Civil da Internet") é concisa e prevê somente a inviolabilidade e o sigilo das comunicações privadas armazenadas na rede mundial de computadores (dados armazenados), "salvo por ordem judicial".

Três casos envolvendo a privacidade em face da persecução penal merecem destaque:

---

[95] Art. 5º (...) XI – a casa é asilo inviolável do indivíduo, ninguém nela podendo penetrar sem consentimento do morador, salvo em caso de flagrante delito ou desastre, ou para prestar socorro, ou, durante o dia, por determinação judicial;

[96] Art. 5º (...) XII – é inviolável o sigilo da correspondência e das comunicações telegráficas, de dados e das comunicações telefônicas, salvo, no último caso, por ordem judicial, nas hipóteses e na forma que a lei estabelecer para fins de investigação criminal ou instrução processual penal;

1) Acesso da polícia, em caso de flagrante delito, a dados armazenados em celular apreendido. Tradicionalmente, o CPP autoriza a perícia nos instrumentos apreendidos que podem ser sido utilizados para a prática de crimes (art. 6º, II, III e VII, do CPP). Tais dispositivos legais são compatíveis com a CF/88, pois não há reserva de jurisdição e a ponderação de direitos feita pela lei é tida como proporcional. Assim, inicialmente, o conteúdo armazenado no aparelho, tal qual outro objeto apreendido, poderia ser analisado, sem ordem judicial, pela autoridade policial.

Contudo, a crescente capacidade dos celulares e suas diversas aplicações (dados variados, fotos em número expressivo, informações bancárias, mensagens, histórico de sítios visitados, informações dos aplicativos de orientação no trânsito levando a locais visitados, vídeos etc.) impedem que sua apreensão e perícia sejam equiparadas a um livro, uma agenda telefônica apreendida ou um álbum de fotos.

Trata-se de uma devassa na vida íntima em grande proporção ainda sem regulação legal específica (uma futura "LGPD criminal"), que não foi sequer imaginada pelo legislador no momento da elaboração das regras gerais do CPP (1941!). Por isso, utilizando o *Marco Civil da Internet* como analogia, a jurisprudência – não sem razão – *tende a reconhecer* a necessidade de ordem judicial para o acesso aos dados contidos em um celular apreendido, quer seja em flagrante delito ou em cumprimento de ordem de busca e apreensão (STJ, HC 537.274/MG, j. 19-11-2019, *DJe* de 26-11-2019). Essa ordem judicial pode ser de busca e apreensão tão somente, pois subentende-se que o aparelho será periciado e seus dados extraídos (STJ, RHC n. 75.800/PR, rel. Min. Felix Fischer, 5ª T., j. 15-9-2016, *DJe* 26-9-2016).

Em uma *corrente intermediária*, defendo, na falta de uma regulação legal específica, que não é possível descartar o acesso direto das autoridades policiais (sem ordem judicial) em determinado caso concreto, no qual a demora na obtenção do mandado judicial possa trazer prejuízo à (i) investigação ou à (ii) vítima (por exemplo, caso de extorsão mediante sequestro – necessidade imediata de acessar aparelho celular recém-abandonado), *tal como consta* da ressalva de voto da Ministra Maria Thereza de Assis Moura, em importante precedente do STJ a favor da necessidade da autorização judicial para acesso a dados de celulares (STJ, RHC 51.531, rel. Nefi Cordeiro, j. 19-4-2016, *DJe* de 9-5-2016)[97].

2) Uso da geolocalização e da visita a sites para fins de investigação criminal. Outro instrumento de investigação criminal é o *geofencing* (mapeamento de presença pela via digital) ou o uso da geolocalização de pessoas com base em coordenadas determinadas pelo uso do aparelho celular. Inicialmente, o Marco Civil da Internet, no seu art. 22, permite o acesso a tais informações de *geolocalização individual*, pelo qual se busca o mapa da presença física de um indivíduo em uma área geográfica por meio da detecção de sua presença digital via celular, *sob autorização judicial*, a qual, obviamente, deve ser fundamentada, expondo (i) fundados indícios da ocorrência do ilícito; (ii) justificativa motivada da utilidade dos registros solicitados para fins de investigação ou instrução probatória e (iii) período ao qual se referem os registros.

Por outro lado, seria possível o uso da "geolocalização objetiva ou de massa", pela qual se pede genericamente dados não a partir da identificação de um número de celular específico, mas de *todos* os que estiveram em uma localidade (em determinada data/período de tempo e horário) e, com isso, identificar um determinado indivíduo?

Para os defensores da *geolocalização objetiva ou de massa* (também com autorização judicial), o espaço virtual é comparável hoje a um condomínio residencial ou a um clube recreativo com "controle de portaria" (os provedores de serviços da internet). O acesso a tais dados gerais seria equivalente à consulta, pela polícia, do registro de entrada em um condomínio ou clube privado

---

[97] Mais precedentes sobre a (des)necessidade de ordem judicial para o acesso da polícia a dados de celulares apreendidos, ver abaixo, no item sobre o "direito à prova".

em um certo período de tempo para que seja localizado um indivíduo. Aos que são contrários, há o argumento da devassa e do risco da violação da privacidade sem que haja motivo justificável (a grande maioria daqueles que terão os dados apurados não cometeram ilícitos).

Do ponto de vista do Marco Civil da Internet, não há a exigência de (i) identificação de determinado indivíduo (alvo da medida) ou (ii) de indispensabilidade da medida (prova que a quebra de sigilo de dados seria a "última alternativa"), ou seja, em tese, a medida não ofende a lei. Contudo, resta saber, à luz do caso concreto, se a medida é proporcional e protege os direitos de terceiros não envolvidos na prática criminosa *mas* que terão seus dados devassados.

No caso dos homicídios de Marielle Franco e Anderson Gomes, o STJ considerou lícita a geolocalização de massa exigida – por ordem judicial – à empresa Google Brasil, obrigando-a a fornecer identificação dos usuários de aplicativos de um conjunto não identificado de pessoas que tenham transitado, em certo período de tempo, por determinadas coordenadas geográficas no Rio de Janeiro. Deixando de lado a falta de interesse de agir da Google (já que a ordem – em tese – violaria direitos de terceiros), apontou-se que a quebra de sigilo de dados (registros) violaria essencialmente o direito à privacidade, devido processo legal e presunção de inocência.

A Terceira Seção do STJ reconheceu a possibilidade da "geolocalização de massa", apontando: (i) conformidade com a lei: o Marco Civil da Internet não exige a individualização do usuário-alvo, mas, ao contrário, tem como objetivo que os dados permitam a identificação de usuário; (ii) diferença (óbvia) entre quebra de sigilo de dados armazenados e a interceptação do fluxo de comunicações; e (iii) restrição proporcional à privacidade, com envio de *dados estáticos* relacionados à identificação de usuários que operaram em determinada área delimitada, com parâmetros e por lapso de tempo, em face da justificativa (apuração de crime grave envolvendo homicídio de defensora de direitos humanos, sendo citados precedentes da Corte IDH contra o Brasil em face da impunidade de autores desse tipo de grave violação de direitos humanos – STJ, Recurso em Mandado de Segurança n. 62.143, Terceira Seção, j. 26-8-2020).

Também é importante que se assegure o caráter sigiloso desses dados, para proteger os usuários (terceiros), os quais devem ser devem ser cientificados de que suas informações foram remetidas e analisadas em investigação criminal. Após, os dados desses terceiros devem ser apagados. Após recurso do Google, o Supremo Tribunal Federal considerou que é questão constitucional de repercussão geral a controvérsia relativa aos limites e ao alcance de decisões judiciais de quebra de sigilo de dados pessoais, nas quais tenha sido determinado o fornecimento de registros de acesso à internet e de IPs (*internet protocol address*), circunscritos a um lapso temporal demarcado, sem, contudo, que tenha sido feita a indicação de qualquer elemento concreto apto a identificar os usuários (Repercussão Geral no Recurso Extraordinário 1.301.250/RJ, Tema 1.148, em trâmite em agosto de 2024).

3) Interceptação telefônica e espelhamento de conversas travadas no WhatsApp. A interceptação e espelhamento de aplicativos de mensagens também foi objeto de atenção da jurisprudência. O STJ considerou que *até mesmo* a autorização judicial é *insuficiente* para legitimar o uso, pela Polícia, do chamado espelhamento de conversas do WhatsApp por meio do sítio eletrônico disponibilizado pela própria empresa, denominado WhatsApp Web. Foram três motivos: 1) o investigador tem a possibilidade de interagir nos diálogos e depois *excluir* mensagens, tornando impossível o controle *a posteriori* (ver a questão do "print" e a quebra da cadeia de custódia no item sobre o direito à prova); 2) o espelhamento via Código QR viabiliza à Polícia acesso amplo e irrestrito a toda e qualquer comunicação realizada antes da mencionada autorização, operando efeitos retroativos e impossibilitando uma ordem judicial com lapso temporal definido; 3) o espelhamento exige uma conduta pública ativa de *engodo*, pois o aparelho deve ser apreendido e devolvido, com a falsa afirmação de que nada foi feito (STJ, RHC n. 99.735/SC, rel. Min. Laurita Vaz, j. 27-11-2018, publicado no *DJe* 12-12-2018).

Contudo, esse precedente foi superado, especialmente porque o "engodo" (criticado pela Min. Laurita Vaz) é técnica comum nas forças policiais do mundo, que inclusive atuam em ações controladas com infiltração de agentes no crime organizado (obviamente, usando "engodos" e "mentiras"). Sem essas simulações, haveria grave risco ao direito à segurança e outros direitos das vítimas. Quanto à possibilidade de adulteração de prova, esse risco existe em qualquer operação policial, como, por exemplo, em uma tradicional invasão de domicílio físico autorizada por ordem judicial, no qual um agente policial "planta" drogas ou armas para incriminar o morador. Tal risco de comportamento indevido não impede que haja a invasão do domicílio, cabendo a responsabilização do agente policial infrator. Por isso, em 2023, o STJ decidiu que são lícitas as "ações encobertas, controladas virtuais ou de agentes infiltrados no plano cibernético", inclusive via espelhamento do WhatsApp Web, desde que o uso da ação controlada na investigação criminal esteja amparada por autorização judicial (STJ. 5ª Turma. AREsp 2.309.888-MG, rel. Min. Reynaldo Soares da Fonseca, j. 17-10-2023).

9.20. O compartilhamento dos dados entre órgãos públicos. O acesso ao "cadastro base do cidadão"

O compartilhamento de dados pessoais entre órgãos públicos exige que haja finalidades legítimas em um Estado Democrático de Direito, bem como que sejam seguidos procedimentos e obedecidos requisitos impostos pela Lei Geral de Proteção de Dados (LGPD, estudada acima).

Na sociedade da informação do século XXI, o direito à proteção dos dados pessoais (introduzido pela EC n. 115/2022) não permite que o Estado livremente circule dados pessoais, sem que tais parâmetros sejam cumpridos justamente para proteger o indivíduo de eventual desvio de finalidade e abusos por parte das autoridades públicas. Mesmo antes da edição da EC n. 115/2022, o direito à privacidade exige que o Estado compartilhe dados pessoais levando em consideração os diversos ditames protetivos da CF/88. Por isso, os dados sujeitos à reserva de jurisdição (por exemplo, os extraídos das comunicações interceptadas com autorização judicial) não podem ser compartilhados sem uma posterior autorização judicial.

Em 2022, o STF, na análise de tais ADIs, parametrizou da seguinte forma o modo de circulação de dados pessoais entre órgãos públicos, com foco em especial no "Cadastro Base do Cidadão" (CBC). O CBC foi instituído pelo Decreto n. 10.046/2019 e visa principalmente (i) aumentar a confiabilidade dos cadastros de dados pessoais já existentes na Administração Pública; (ii) criar uma interface unificada de identificação do indivíduo para a prestação de serviços públicos; (iii) disponibilizar uma interface unificada de atualização dos dados; (iv) facilitar o compartilhamento dos dados pessoais na Administração Pública, realizando inclusive o "cruzamento de dados". Foi criado ainda o "Comitê Central de Governança de Dados", inicialmente sem a previsão de membros de fora da Administração Pública federal (o que foi considerado inconstitucional pelo STF – ver abaixo).

O STF determinou os seguintes requisitos e condicionantes:

1. Existência de propósitos legítimos, específicos e explícitos para o tratamento de dados (art. 6º, inciso I, da Lei n. 13.709/2018 – LGPD).
2. Compatibilidade do tratamento com as finalidades informadas (art. 6º, inciso II).
3. Limitação do compartilhamento *ao mínimo necessário* para o atendimento da finalidade declarada formalmente (art. 6º, inciso III); bem como o cumprimento integral dos requisitos, garantias e procedimentos estabelecidos na Lei Geral de Proteção de Dados, no que for compatível com o setor público.
4. O compartilhamento de dados pessoais entre órgãos públicos pressupõe que seja dada *publicidade* às hipóteses em que cada entidade governamental compartilha ou tem acesso a banco de dados pessoais, "preferencialmente em seus sítios eletrônicos".

5. Cabe ao Comitê Central de Governança de Dados justificar previamente, à luz dos postulados da (i) proporcionalidade, da (ii) razoabilidade e dos (iii) princípios gerais de proteção da LGPD, a necessidade de inclusão de novos dados pessoais na base integradora e a escolha das bases temáticas que comporão o Cadastro Base do Cidadão, instituindo medidas de segurança compatíveis com os princípios de proteção da LGPD, em especial a criação de sistema eletrônico de registro de acesso (por exemplo, nome, horário e duração do acesso do servidor público que acessou o dado), para efeito de responsabilização em caso de abuso.
6. O compartilhamento de informações pessoais em atividades de inteligência (por exemplo, a ABIN) observará o disposto em legislação específica e os parâmetros fixados no julgamento da ADI n. 6.529, rel. Min. Cármen Lúcia (ver abaixo), quais sejam: (i) adoção de medidas proporcionais e estritamente necessárias ao atendimento do interesse público; (ii) instauração de procedimento administrativo formal, acompanhado de prévia e exaustiva motivação, para permitir o controle de legalidade pelo Poder Judiciário; (iii) utilização de sistemas eletrônicos de segurança e de registro de acesso, inclusive para efeito de responsabilização em caso de abuso; e (iv) observância dos princípios gerais de proteção e dos direitos do titular previstos na LGPD, no que for compatível com o exercício dessa função estatal.
7. Cabe a responsabilidade civil do Estado pelos danos suportados pelos particulares caso haja a violação desses parâmetros, com o consequente *direito de regresso* contra os servidores e agentes políticos responsáveis pelo ato ilícito, em caso de culpa ou dolo.
8. A ofensa *dolosa* ao dever de publicidade estabelecido no art. 23, inciso I, da LGPD (o Poder Público deve informar as "hipóteses em que, no exercício de suas competências, realizam o tratamento de dados pessoais, fornecendo informações claras e atualizadas sobre a previsão legal, a finalidade, os procedimentos e as práticas utilizadas para a execução dessas atividades, em veículos de fácil acesso, preferencialmente em seus sítios eletrônicos"), fora das hipóteses constitucionais de sigilo, importará a responsabilização do agente estatal por ato de improbidade administrativa, nos termos do art. 11, inciso IV, da Lei n. 8.429/92 ("negar publicidade aos atos oficiais, exceto em razão de sua imprescindibilidade para a segurança da sociedade e do Estado ou de outras hipóteses instituídas em lei"), sem prejuízo da aplicação das sanções disciplinares previstas nos estatutos dos servidores públicos federais, municipais e estaduais.
9. É necessário que o Comitê Central de Governança de Dados tenha um "perfil independente e plural" e que seja composto por representantes de outras instituições democráticas, devendo seus componentes ter garantias mínimas contra influências indevidas (STF, ADI n. 6.649 e ADPF 695, rel. Min. Gilmar Mendes, Plenário, 15-9-2022).

9.21. Decisões do STF

ABIN e acesso a dados pessoais. A prática de atos motivados pelo interesse público não torna juridicamente válidos comportamentos de órgãos do Sistema Brasileiro de Inteligência para fornecerem à ABIN dados configuradores de quebra do sigilo telefônico ou de dados, sujeitos à reserva de jurisdição (ADI n. 6.259, rel. Min. Cármen Lúcia, j. 11-10-2021).

Intimidade e a legitimidade da prorrogação das interceptações telefônicas. "(...) as decisões que, como no presente caso, *autorizam* a prorrogação de interceptação telefônica sem acrescentar novos motivos, evidenciam que essa prorrogação foi autorizada com base na mesma fundamentação exposta na primeira decisão que deferiu o monitoramento" (HC 92.020, rel. Min. Joaquim Barbosa, j. 21-9-2010, Segunda Turma, *DJe* de 8-11-2010). No mesmo sentido: HC 100.172, rel. Min. Dias Toffoli, j. 21-2-2013, Plenário, *DJe* de 25-9-2013.

Direito à honra e exame de DNA. "Coleta de material biológico da placenta, com propósito de fazer exame de DNA, para averiguação de paternidade do nascituro, embora a oposição da extraditanda. (...) Bens jurídicos constitucionais como 'moralidade administrativa', 'persecução penal pública' e 'segurança pública' que se acrescem – como bens da comunidade, na expressão de Canotilho – ao direito fundamental à honra (CF, art. 5º, X), bem assim direito à honra e à imagem de policiais federais acusados de estupro da extraditanda, nas dependências da Polícia Federal, e direito à imagem da própria instituição, em confronto com o alegado direito da reclamante à intimidade e a preservar a identidade do pai de seu filho" (Rcl 2.040-QO, rel. Min. Néri da Silveira, j. 21-2-2002, Plenário, *DJ* de 27-6-2003).

Diferença entre interceptação de comunicações e obtenção de dados. "Não há violação do art. 5º, XII, da Constituição, que, conforme se acentuou na sentença, não se aplica ao caso, pois não houve 'quebra de sigilo das comunicações de dados (interceptação das comunicações), mas sim apreensão de base física na qual se encontravam os dados, mediante prévia e fundamentada decisão judicial'" (RE 418.416, rel. Min. Sepúlveda Pertence, j. 10-5-2006, Plenário, *DJ* de 19-12-2006).

Quebra de sigilos e fundamentação. "São consideradas ilícitas as provas produzidas a partir da quebra dos sigilos fiscal, bancário e telefônico, sem a devida fundamentação. Com esse entendimento, a Segunda Turma deferiu *habeas corpus* para reconhecer a ilicitude das provas obtidas nesta condição e, por conseguinte, determinar o seu desentranhamento dos autos de ação penal" (HC 96.056, rel. Min. Gilmar Mendes, j. 28-6-2011, Segunda Turma, *Informativo* n. 633).

Prorrogação sucessiva das interceptações telefônicas. Possibilidade. "É lícita a interceptação telefônica, determinada em decisão judicial fundamentada, quando necessária, como único meio de prova, à apuração de fato delituoso. (...) É lícita a prorrogação do prazo legal de autorização para interceptação telefônica, ainda que de modo sucessivo, quando o fato seja complexo e, como tal, exija investigação diferenciada e contínua. (...) O Ministro relator de inquérito policial, objeto de supervisão do STF, tem competência para determinar, durante as férias e recesso forenses, realização de diligências e provas que dependam de decisão judicial, inclusive interceptação de conversação telefônica. (...) O disposto no art. 6º, § 1º, da Lei federal 9.296, de 24 de julho de 1996, só comporta a interpretação sensata de que, salvo para fim ulterior, só é exigível, na formalização da prova de interceptação telefônica, a transcrição integral de tudo aquilo que seja relevante para esclarecer sobre os fatos da causa *sub iudice*" (Inq 2.424, rel. Min. Cezar Peluso, j. 26-11-2008, Plenário, *DJe* de 26-3-2010). No mesmo sentido: HC 105.527, rel. Min. Ellen Gracie, j. 29-3-2011, Segunda Turma, *DJe* de 13-5-2011; HC 92.020, rel. Min. Joaquim Barbosa, j. 21-9-2010, Segunda Turma, *DJe* de 8-11-2010.

Reserva de Jurisdição e interceptação telefônica. Impossibilidade de CPI ordenar a interceptação. "O princípio constitucional da reserva de jurisdição – que incide sobre as hipóteses de busca domiciliar (CF, art. 5º, XI), de interceptação telefônica (CF, art. 5º, XII) e de decretação da prisão, ressalvada a situação de flagrância penal (CF, art. 5º, LXI) – não se estende ao tema da quebra de sigilo, pois, em tal matéria, e por efeito de expressa autorização dada pela própria Constituição da República (CF, art. 58, § 3º), assiste competência à CPI, para decretar, sempre em ato necessariamente motivado, a excepcional ruptura dessa esfera de privacidade das pessoas" (MS 23.652, rel. Min. Celso de Mello, j. 22-11-2000, Plenário, *DJ* de 16-2-2001). No mesmo sentido: MS 23.639, rel. Min. Celso de Mello, j. 16-11-2000, Plenário, *DJ* de 16-2-2001.

Licitude da gravação por um dos interlocutores. "A gravação de conversa telefônica feita por um dos interlocutores, sem conhecimento do outro, quando ausente causa legal de sigilo ou de reserva da conversação não é considerada prova ilícita" (AI 578.858-AgR, rel. Min. Ellen Gracie, j. 4-8-2009, Segunda Turma, *DJe* de 28-8-2009).

Crime achado. Conexão. Prova lícita. "Encontro fortuito de prova da prática de crime punido com detenção. (...) O Supremo Tribunal Federal, como intérprete maior da Constituição da República, considerou compatível com o art. 5º, XII e LVI, o uso de prova obtida fortuitamente através de interceptação telefônica licitamente conduzida, ainda que o crime descoberto, conexo ao que foi objeto da interceptação, seja punido com detenção" (AI 626.214-AgR, rel. Min. Joaquim Barbosa, j. 21-9-2010, Segunda Turma, *DJe* de 8-10-2010).

Direito ao silêncio e vedação da autoincriminação. Inaplicável à interceptação telefônica. "(...) a Lei 9.296/1996 nada mais fez do que estabelecer as diretrizes para a resolução de conflitos entre a privacidade e o dever do Estado de aplicar as leis criminais. Em que pese ao caráter excepcional da medida, o inciso XII possibilita, expressamente, uma vez preenchidos os requisitos constitucionais, a interceptação das comunicações telefônicas. E tal permissão existe, pelo simples fato de que os direitos e garantias constitucionais não podem servir de manto protetor a práticas ilícitas. (...) Nesse diapasão, não pode vingar a tese da impetração de que o fato de a autoridade judiciária competente ter determinado a interceptação telefônica dos pacientes, envolvidos em investigação criminal, fere o direito constitucional ao silêncio, a não autoincriminação" (HC 103.236, voto do rel. Min. Gilmar Mendes, j. 14-6-2010, Segunda Turma, *DJe* de 3-9-2010).

"**Ação cível originária. Mandado de segurança. Quebra de sigilo de dados bancários determinada por CPI de Assembleia Legislativa. Recusa de seu cumprimento pelo Banco Central do Brasil.** LC 105/2001. Potencial conflito federativo (cf. ACO 730-QO). Federação. Inteligência. Observância obrigatória, pelos Estados-membros, de aspectos fundamentais decorrentes do princípio da separação de poderes previsto na CF de 1988. Função fiscalizadora exercida pelo Poder Legislativo. Mecanismo essencial do sistema de *checks-and-counter checks* adotado pela CF de 1988. Vedação da utilização desse mecanismo de controle pelos órgãos legislativos dos Estados-membros. Impossibilidade. Violação do equilíbrio federativo e da separação de poderes. Poderes de CPI estadual: ainda que seja omissa a LC 105/2001, podem essas comissões estaduais requerer quebra de sigilo de dados bancários, com base no art. 58, § 3º, da Constituição" (ACO 730, rel. Min. Joaquim Barbosa, j. 22-9-2004, Plenário, *DJ* de 11-11-2005).

Ingresso do Fiscal Tributário em casa na falta de consentimento do morador: somente ordem judicial. "(...) 2. Em consequência, o poder fiscalizador da administração tributária perdeu, em favor do reforço da garantia constitucional do domicílio, a prerrogativa da autoexecutoriedade, condicionado, pois, o ingresso dos agentes fiscais em dependência domiciliar do contribuinte, sempre que necessário vencer a oposição do morador, passou a depender de autorização judicial prévia. 3. Mas, é um dado elementar da incidência da garantia constitucional do domicílio o não consentimento do morador ao questionado ingresso de terceiro: malgrado a ausência da autorização judicial, só a entrada *invito domino* a ofende" (AgRg no RE 331.303-PR, STF, j. 10-2-2004, publicado no *DJ* de 12-3-2004).

10. LIBERDADE DE INFORMAÇÃO E SIGILO DE FONTE

Art. 5º, XIV – é assegurado a todos o acesso à informação e resguardado o sigilo da fonte, quando necessário ao exercício profissional;

O direito à informação consiste no direito individual ou coletivo de fornecer, veicular e receber informações sobre fatos ou condutas em geral. Há, então, a dupla dimensão do direito à informação: a dimensão de (i) fornecer informação e a de (ii) recebê-la. Todos têm o direito de se informar livremente a partir de diversas fontes. A Constituição Federal garante o direito à informação e, simultaneamente, assegura o sigilo da fonte ao jornalista, quando necessário ao exercício de sua atividade profissional.

No Estado Democrático de Direito, o direito ou liberdade de informação possui duais espécies: (i) a liberdade de informação individual e a (ii) liberdade de informação de massa ou coletiva, pelos meios de comunicação, o que consagra a liberdade de imprensa.

A liberdade de imprensa consiste em um *conjunto de atividades de produção de informação a terceiros* em um ambiente livre de censura e outras formas de intimidação. Consiste em uma instituição-ideia, que permite a (i) revelação de informações, (ii) realização de críticas e (iii) formação da opinião pública (STF, ADPF 130, rel. Min. Ayres Britto, j. 30-4-2009, Plenário, *DJe* de 6-11-2009).

O sigilo da fonte consiste no direito do jornalista de *impedir que terceiros* conheçam a identidade daquele que transmitiu determinada informação. Consequentemente, não é possível constranger o jornalista, *de qualquer modo*, para que quebre o sigilo de suas fontes de informação jornalística. O sigilo de fonte é também um dever, no caso daquele que só forneceu a informação sob essa ressalva. Caso o jornalista divulgue assim mesmo o nome da fonte, viola seu sigilo profissional (prática do crime previsto no art. 154 do CP).

10.1. Jurisprudência do STF

Sigilo de Fonte e sua proteção. "Em suma: a proteção constitucional que confere ao jornalista o direito de não proceder à 'disclosure' da fonte de informação ou de não revelar a pessoa de seu informante desautoriza qualquer medida tendente a pressionar ou a constranger o profissional de imprensa a indicar a origem das informações a que teve acesso, eis que – não custa insistir – os jornalistas, em tema de sigilo da fonte, não se expõem ao poder de indagação do Estado ou de seus agentes e não podem sofrer, por isso mesmo, em função do exercício dessa legítima prerrogativa constitucional, a imposição de qualquer sanção penal, civil ou administrativa, tal como reconheceu o Supremo Tribunal Federal" (Inq 870/RJ, rel. Min. Celso de Mello, *DJU* de 15-4-1996).

Liberdade de imprensa e crítica jornalística. "O STF tem destacado, de modo singular, em seu magistério jurisprudencial, a necessidade de preservar-se a prática da liberdade de informação, resguardando-se, inclusive, o exercício do direito de crítica que dela emana, por tratar-se de prerrogativa essencial que se qualifica como um dos suportes axiológicos que conferem legitimação material à própria concepção do regime democrático. Mostra-se incompatível com o pluralismo de ideias, que legitima a divergência de opiniões, a visão daqueles que pretendem negar, aos meios de comunicação social (e aos seus profissionais), o direito de buscar e de interpretar as informações, bem assim a prerrogativa de expender as críticas pertinentes. Arbitrária, desse modo, e inconciliável com a proteção constitucional da informação, a repressão à crítica jornalística, pois o Estado – inclusive seus Juízes e Tribunais – não dispõe de poder algum sobre a palavra, sobre as ideias e sobre as convicções manifestadas pelos profissionais da Imprensa" (AI 705.630-AgR, rel. Min. Celso de Mello, j. 22-3-2011, Segunda Turma, *DJe* de 6-4-2011).

11. LIBERDADE DE LOCOMOÇÃO

Art. 5º, XV – é livre a locomoção no território nacional em tempo de paz, podendo qualquer pessoa, nos termos da lei, nele entrar, permanecer ou dele sair com seus bens;

LXI – ninguém será preso senão em flagrante delito ou por ordem escrita e fundamentada de autoridade judiciária competente, salvo nos casos de transgressão militar ou crime propriamente militar, definidos em lei;

LXII – a prisão de qualquer pessoa e o local onde se encontre serão comunicados imediatamente ao juiz competente e à família do preso ou à pessoa por ele indicada;

LXIII – o preso será informado de seus direitos, entre os quais o de permanecer calado, sendo-lhe assegurada a assistência da família e de advogado;

LXIV – o preso tem direito à identificação dos responsáveis por sua prisão ou por seu interrogatório policial;

LXV – a prisão ilegal será imediatamente relaxada pela autoridade judiciária;

LXVI – ninguém será levado à prisão ou nela mantido, quando a lei admitir a liberdade provisória, com ou sem fiança;

LXVII – não haverá prisão civil por dívida, salvo a do responsável pelo inadimplemento voluntário e inescusável de obrigação alimentícia e a do depositário infiel;

11.1. Conceito e restrições à liberdade de locomoção

A liberdade de locomoção (ou ambulatorial) consiste no *direito de ir, vir e permanecer*, sem interferência do Estado ou de particulares, podendo ainda o indivíduo deixar, em tempo de paz, o território nacional com seus bens.

Como qualquer outro direito, este também é restringível por disposição expressa do texto constitucional *ou*, ainda, por meio de restrição explícita (lei) ou implícita resultante da ponderação com outros direitos.

No caso, a CF/88 já dispõe que o indivíduo pode ter o seu direito de deixar o território nacional com seus bens restrito em tempo de guerra. Porém, na busca de preservação de outros direitos (como, por exemplo, o direito à igualdade tributária), pode o Estado instituir tributos para aqueles que queiram levar seus bens para fora do País.

Por fim, a CF/88 nada dispõe, no art. 5º, XV, sobre o *ingresso* no território nacional.

No que tange aos nacionais, nenhum obstáculo pode ser imposto pelo Estado ao ingresso no território nacional, por *decorrência implícita* à proibição da pena de banimento (art. 5º, XLVII, *b*).

Quanto aos estrangeiros, pode o Estado regular e proibir seu ingresso, respeitando o direito à igualdade, sem discriminações odiosas, com a exceção do *solicitante de refúgio* a quem o Brasil deve, *em geral*, permitir o ingresso (art. 4º, X da CF/88, regulamentado pela Lei n. 9.474/97 e pela Convenção da ONU sobre os Refugiados de 1951, já ratificada e incorporada internamente).

11.2. A privação de liberdade após a Lei Anticrime

O art. 5º, LXI, da CF/88 prevê que ninguém será preso senão em (i) flagrante delito ou por (ii) ordem escrita e fundamentada de autoridade judiciária competente, salvo nos casos de transgressão militar ou crime propriamente militar, definidos em lei.

Assim, ressalvados os casos de transgressão militar e crime propriamente militar (que veremos abaixo), a Constituição de 1988 consagrou a liberdade ambulatorial ao dispor que, excepcionalmente, a prisão só será realizada em flagrante delito ou por ordem de autoridade judiciária competente. Assim, os órgãos policiais do Estado *perderam* a competência de decretar a "prisão para averiguação".

Já a prisão em flagrante delito pode ser efetuada por qualquer indivíduo, dispondo o art. 301 do CPP que "qualquer do povo poderá e as autoridades policiais e seus agentes deverão prender quem quer que seja encontrado em flagrante delito".

O art. 302 do CPP estabelece que determinada pessoa pode ser presa em flagrante delito quando: I – está cometendo a infração penal; II – acaba de cometê-la; III – é perseguido, logo após, pela autoridade, pelo ofendido ou por qualquer pessoa, em situação que faça presumir ser autor da infração; IV – é encontrado, logo depois, com instrumentos, armas, objetos ou papéis que façam presumir ser ele autor da infração. Nas infrações permanentes, entende-se o agente em flagrante delito enquanto não cessar a permanência (art. 303).

Há *precariedade do flagrante como fundamento da prisão*: ao receber o auto de prisão em flagrante, no prazo máximo de até 24 horas após a realização da prisão, o juiz deverá promover audiência de custódia (nova redação do art. 310, dada pela Lei n. 13.964/2019[98]) com a presença do acusado, seu advogado constituído ou membro da Defensoria Pública e o membro do Ministério Público, e, nessa audiência, o juiz deverá, fundamentadamente: I – relaxar a prisão ilegal; ou II – converter a prisão em flagrante em preventiva (caso haja requerimento do MP ou querelante, em face da nova estrutura acusatória do CPP), no caso de se revelarem inadequadas ou insuficientes as medidas cautelares diversas da prisão; ou ainda III – conceder liberdade provisória, com ou sem fiança. Consequentemente, o flagrante delito não poderá servir para manter um indivíduo preso durante uma investigação ou processo penal. Agora consagrada no CPP (após a ADPF 347 e a Resolução CNJ n. 213/2015), a audiência de custódia é imprescindível e constitui direito público subjetivo do preso (STF, Medida Cautelar no *Habeas Corpus* 186.421, rel. Min. Celso de Mello, decisão de 17-7-2020).

Com a Lei Anticrime, foi dado mais um passo na afirmação da estrutura acusatória do processo penal brasileiro, tendo sido introduzido o art. 3º-A do CPP, pelo qual o processo penal terá estrutura acusatória, sendo vedada a "iniciativa do juiz na fase de investigação (...)"[99]. Com isso, a decretação da prisão (preventiva ou temporária) depende de iniciativa da autoridade policial ou do MP.

---

[98] Ver mais sobre a "audiência de apresentação" ou "audiência de custódia" no item 11.8 abaixo.

[99] Ver mais sobre a estrutura acusatória do processo penal brasileiro abaixo.

Há, contudo, duas posições a favor da possibilidade de conversão de ofício da prisão em flagrante em prisão preventiva, na ausência de manifestação do MP (constatada falta de realização da audiência de custódia ou do representante do Ministério Público nela).

A **primeira posição** sustenta que a atividade do julgador de ofício foi mantida – mesmo após a Lei Anticrime – na conversão da prisão em flagrante em preventiva, pois lhe cabe dizer o direito, não podendo deixar subsistir a prisão em flagrante, devendo impor a prisão preventiva caso ainda seja cabível. Contudo, tal posição ignora o art. 3º-A do CPP e ainda não aborda a situação do indivíduo preso preventivamente de modo prematuro pela iniciativa de ofício do juiz, na hipótese de o MP não entender que é caso de prisão ou, pior, sequer entender que houve a prática de crime. A **segunda posição** (corrente do contraditório diferido) admite a conversão de ofício em face da possibilidade de soltura de indivíduo colocar em risco a vida ou bens de terceiros, mas estipula a necessidade de encaminhamento dos autos imediatamente ao MP, promovendo assim o contraditório diferido (a favor do contraditório diferido, ver STJ, HC n. 583.995, rel. Min. Nefi Cordeiro, 6ª T., j. 17-9-2020).

A **terceira posição** sustenta que não é mais cabível a conversão de ofício, em nome da estrutura acusatória da investigação e do processo criminal no Brasil. A "conversão" *ex officio* na verdade é, pela natureza e pressupostos distintos da prisão em flagrante da prisão preventiva, a edição de novo decreto prisional sem provocação da autoridade policial, Ministério Público ou querelante. Nesse sentido, o Min. Celso de Mello decidiu, fundado no princípio acusatório e no devido processo legal penal, que é "inadmissível" em face da Lei n. 13.964 a conversão de ofício da prisão em flagrante em preventiva (STF, Medida Cautelar no *Habeas Corpus* 186.421, rel. Min. Celso de Mello, decisão de 17-7-2020). No STJ, a Terceira Seção adotou essa terceira posição, sustentando que a conversão da prisão em flagrante em prisão preventiva, no contexto da audiência de custódia, somente se legitima se e quando houver, por parte do Ministério Público ou da autoridade policial (ou do querelante, quando for o caso), pedido expresso e inequívoco dirigido ao Juízo competente (RHC n. 131.263/GO, rel. Min. Sebastião Reis Júnior, Terceira Seção, j. 24-2-2021, *DJe* 15-4-2021).

A ausência de realização da audiência de custódia sem motivação idônea, ensejará a (i) ilegalidade da prisão, a ser (ii) relaxada pela autoridade competente, (iii) sem prejuízo da possibilidade de imediata decretação de prisão preventiva. Além disso, a autoridade que deu causa, sem motivação idônea, à não realização da audiência de custódia em 24 horas responderá administrativa, civil e penalmente pela omissão (art. 310, § 4º, do CPP).

Anteriormente, o prazo previsto na Resolução CNJ n. 213/2015 era de 24 horas da comunicação do flagrante, que, por sua vez, era comunicado em 24 horas da prisão. Agora, o prazo máximo é 24 horas após a prisão para o juiz realizar a audiência de custódia. Por considerar as (i) dificuldades práticas locais de diferentes regiões do Brasil e (ii) a categoria excessivamente aberta de "motivação idônea", a qual não forneceria baliza segura às autoridades, o Min. Fux decidiu suspender o relaxamento da prisão caso a audiência de custódia não se realize em 24 horas (suspensão da eficácia do art. 310, § 4º – STF, ADIs n. 6.298, 6.299, 6.300, 6.305, rel. Min. Luiz Fux, decisão monocrática de 22-1-2020). No julgamento definitivo, o STF decidiu que o preso em flagrante ou por força de mandado de prisão provisória será encaminhado à presença do juiz das garantias, no prazo de 24 horas, salvo *impossibilidade fática*. A audiência será realizada com a presença do membro do Ministério Público e da Defensoria Pública ou de advogado constituído, cabendo, excepcionalmente, o emprego de videoconferência, mediante decisão da autoridade judiciária competente, *desde que* este meio seja apto à (i) verificação da integridade do preso e à (ii) garantia de todos os seus direitos (STF, ADIs n. 6.288, 6.299, 6.300, 6.305, rel. Min. Luiz Fux, Plenário, j. 24-8-2023).

Na segunda hipótese referente à prisão decretada por ordem de autoridade judiciária competente, a Constituição de 1988 permitiu que a lei regulasse, de modo proporcional, a restrição à liberdade. De acordo com a nova redação do art. 287 do CPP, é necessária *também* a realização de audiência de custódia em caso de cumprimento de mandado de prisão (cautelar ou definitiva), que deve ser realizada pelo juiz que decretou a medida. Ou seja, a audiência de custódia é devida em todas as hipóteses de prisão criminal (STF, Reclamação n. 29.303, rel. Min. Edson Fachin, Sessão Virtual do Plenário de 24-2 a 3-3-2023).

A Lei n. 12.403, de 2011, expressamente fez referência à indispensabilidade do binômio "necessidade e adequação" para que seja decretada qualquer medida cautelar restritiva à liberdade. Antes da sentença penal definitiva, é essencial a demonstração da *necessidade*, *adequação* e *urgência* para a prisão cautelar. São espécies legais de prisão provisória ou processual (antes da sentença definitiva) decretada por autoridade judiciária: prisão temporária e a prisão preventiva. Atualmente, então, antes da sentença penal definitiva, só há três hipóteses de prisão criminal de determinada pessoa: (i) *flagrante delito* (que deve depois se redundar em liberdade ou prisão preventiva); (ii) *prisão temporária*; (iii) *prisão preventiva*.

A prisão temporária é decretada pelo juiz na *fase investigatória*, a requerimento da Polícia ou do Ministério Público, sendo cabível nas hipóteses da Lei n. 7.960/89 e somente em virtude de sua imprescindibilidade para a investigação policial. A Lei n. 7.960 dispõe que caberá prisão temporária nas seguintes hipóteses: I – quando imprescindível para as investigações do inquérito policial; ou II – quando o indiciado não tiver residência fixa ou não fornecer elementos necessários ao esclarecimento de sua identidade; ou III – quando houver fundadas razões, de acordo com qualquer prova admitida na legislação penal, de autoria ou participação do indiciado em crimes que elenca (que vão desde o homicídio doloso ao genocídio, tráfico de drogas e crimes contra o sistema financeiro). A *prisão temporária* terá o prazo de 5 (cinco) dias, prorrogável por igual período em caso de extrema e comprovada necessidade.

Já a *prisão preventiva* consiste na espécie de prisão cautelar, a ser decretada pelo juiz em qualquer fase do inquérito ou processo, a requerimento do Ministério Público, do querelante ou do assistente, ou por representação da autoridade policial (ou seja, o juiz nunca poderá decretar a prisão preventiva de ofício), para que seja garantida a ordem pública, a ordem econômica, por conveniência da instrução criminal, ou para assegurar a aplicação da lei penal, desde que haja prova da existência do crime e indício suficiente de autoria e de perigo gerado pelo estado de liberdade do imputado (arts. 311 e 312 do CPP – com as novas redações estabelecidas pela Lei n. 13.964/2019). É possível ainda a decretação da prisão preventiva em caso de descumprimento de qualquer das outras medidas cautelares (ver abaixo a lista das outras medidas cautelares possíveis).

A prisão preventiva será admitida nas seguintes hipóteses, mencionadas no art. 313 do CPP: I – nos crimes dolosos punidos com pena privativa de liberdade máxima superior a quatro anos; II – no caso de reincidente que houver cometido outro crime doloso (com sentença transitada em julgado), desde que não transcorrido o período depurador inserido no art. 64, I, do CP; III – nos casos de crimes envolvendo violência doméstica e familiar contra a mulher, criança, adolescente, idoso, enfermo ou pessoa com deficiência, para garantir a execução das medidas protetivas de urgência; IV – no caso de dúvida quanto à identidade civil da pessoa ou quando esta não fornecer elementos suficientes para esclarecê-la, devendo o preso ser colocado imediatamente em liberdade após a identificação, salvo se outra hipótese recomendar a manutenção da medida.

A Lei Anticrime exige fundamentação idônea e com base em fatos contemporâneos à decretação da prisão preventiva (nova redação do art. 315, § 1º, do CPP). Não se pode decretar a prisão preventiva sem *fatos contemporâneos* que a justifiquem. Também não será admitida a decretação da prisão preventiva com a (i) finalidade de antecipação de cumprimento de pena ou (ii) como decorrência imediata de investigação criminal ou da apresentação ou recebimento de denúncia. Ponto controvertido é a impossibilidade de concessão de liberdade provisória (com ou sem medidas cautelares) nas hipóteses de (i) reincidência; (ii) integrante de organização criminosa armada ou milícia; e (iii) portador de arma de fogo de uso restrito, o que é incompatível com o princípio da presunção de inocência e devido processo legal (art. 310, § 2º, do CPP).

Outra inovação da Lei Anticrime é a necessidade de o órgão emissor da medida revisar a necessidade de manutenção da prisão preventiva a cada 90 dias, mediante decisão fundamentada, de ofício, sob pena de tornar a prisão ilegal (art. 316, parágrafo único).

Tal dispositivo introduziu o novo instituto da *revisão periódica da prisão preventiva* (a cada 90 dias) reforçando a necessidade de justificativa robusta e prazo determinado para a prisão preventiva, evitando verdadeira antecipação da pena definitiva, a qual viola a presunção de inocência. O novo dispositivo avança e supera o tradicional posicionamento jurisprudencial sobre o excesso de prazo da prisão preventiva em face da demora na formação da culpa excedendo 81 dias, sem motivo dado pela defesa, o que caracterizaria constrangimento ilegal (STF, HC 78.978/PI, rel. Min. Nelson Jobim, j. 13-10-2000).

Contudo, gerou intenso debates sobre (i) a autoridade responsável (o que seria o "órgão emissor da medida", sabendo que a prisão processual só se converte em prisão definitiva após o trânsito em julgado em geral nos Tribunais Superiores?) e (ii) sobre a consequência da detecção da superação do prazo de 90 dias (liberdade imediata do preso ou provocação do "órgão emissor" para que decida).

No tocante à primeira dúvida, são possíveis três respostas: a primeira seria a que cabe sempre ao juiz ou Tribunal (caso de competência originária), mesmo após a sentença ou acórdão condenatório (STF, Medida Cautelar no HC n. 191.836, decisão monocrática do Min. Marco Aurélio de 10-10-2020 – Caso "André do Rap"). O problema dessa corrente é justificar a atuação do juiz/Tribunal após o fim de sua atuação no caso, analisando a manutenção da prisão preventiva *sem ter jurisdição* – e sem os autos.

Uma segunda resposta seria a que a revisão a cada 90 dias deve ser feita pelo juiz ou Tribunal (competência originária) *somente* durante o respectivo trâmite do processo de conhecimento e não na fase recursal. Tal dispositivo (art. 316, parágrafo único) almeja tão somente impedir prisões durante o curso do processo de conhecimento penal e não objetiva a revisão até o trânsito em julgado (que, em abstrato, pode somente ocorrer na 4ª instância, perante o STF).

Assim, tal previsão não se aplica aos Tribunais de Justiça e Federais, quando em atuação como órgão revisor (STJ, AgRg no HC 569.701/SP, rel. Min. Ribeiro Dantas, j. de 9-6-2020, *DJe* 17-6-2020).

Finalmente, uma terceira posição adota uma visão *intermediária*, pela qual cabe ao juiz e, após, ao colegiado na apelação nos Tribunais de Justiça e Federais a revisão periódica da prisão preventiva. Depois de *esgotada* a instância de 2º grau *não* se aplica tal dispositivo (tese proposta pelo Min. Alexandre de Moraes no Referendo na Medida Cautelar na SL n. 1.395/SP, mas sem deliberação do Pleno do STF).

As duas dúvidas acimas expostas foram dirimidas pelo STF em 2023. No julgamento das Ações Diretas de Inconstitucionalidade (ADIs) 6.581 e 6.582 ficaram definidos os seguintes parâmetros de interpretação conforme a Constituição do artigo 316, parágrafo único do Código de Processo Penal (CPP), com a redação dada pelo Pacote Anticrime (Lei n. 13.964/2019):

1) A reavaliação da prisão preventiva no prazo de 90 dias se aplica até o final do processo de conhecimento, o qual se encerra com o julgamento a ser feito pelo tribunal de 2ª instância. Uma vez encerrado o julgamento de 2ª instância, caso seja mantida a prisão cautelar, não cabe mais a aplicação da regra.

2) A ausência da reavaliação após o curso do prazo de 90 dias *não* implica a revogação automática da prisão preventiva. No caso, o juízo competente (juiz do 1º grau ou o relator da apelação no Tribunal de 2º grau) sempre deverá ser acionado a rever a legalidade e a atualidade dos fundamentos da medida.

3) Foi definido, ainda, que o dispositivo deve ser aplicado a processos contra autoridades com prerrogativa de foro.

4) O Superior Tribunal de Justiça (STJ) e o Supremo Tribunal Federal (STF) poderão analisar, por meio de *habeas corpus*, a legalidade da prisão cautelar ou da própria condenação.

Foi adotada uma solução de *equilíbrio* entre o dever do Estado de rever, periodicamente, a prisão processual e o trâmite do processo penal brasileiro por *quatro* instâncias (no limite) para que uma sentença penal possa ser considerada "definitiva". Por outro lado, na pendência dos recursos especial e extraordinário, a revisão pode ser feita por intermédio do *habeas corpus*.

Há caso de substituição da prisão preventiva pela prisão domiciliar, que consiste no recolhimento do indiciado ou acusado em sua residência, só podendo dela ausentar-se com autorização judicial. Essa substituição poderá ocorrer nos casos de indivíduo: I – maior de 80 anos; II – extremamente debilitado por motivo de doença grave; III – que seja considerado imprescindível para dar cuidados especiais a pessoa menor de 6 anos de idade ou com deficiência; IV – seja gestante; V – mulher com filho até 12 anos de idade incompletos ou VI – homem, caso seja o único responsável pelos cuidados do filho de até 12 anos de idade incompletos (art. 318).

Em fevereiro de 2018, a 2ª Turma do STF concedeu HC coletivo ordenando a substituição da prisão preventiva por prisão domiciliar de mulheres presas, em todo o território nacional, que sejam (i) gestantes, puérperas ou (ii) mães de crianças de até 12 anos ou de pessoas com deficiência, com a exceção aos casos de crimes praticados por elas mediante violência ou grave ameaça contra seus descendentes ou, ainda, em situações excepcionalíssimas (de modo fundamentado). A Turma concedeu ainda HC coletivo de ofício estendendo tal substituição também para adolescentes em conflito com a lei cumprindo medidas socioeducativas em idêntica situação (STF, *Habeas Corpus Coletivo* n. 143.641, rel. Min. Ricardo Lewandowski, j. 20-2-2018).

Em dezembro de 2018, a Lei n. 13.769 introduziu parcialmente essa posição jurisprudencial no CPP estabelecendo, no art. 319, que a prisão preventiva será (e não "poderá") substituída pela prisão domiciliar no caso (i) da mulher gestante ou que for mãe ou (ii) responsável por crianças ou pessoas com deficiência desde que I – não tenha cometido crime com violência ou grave ameaça a pessoa; II – não tenha cometido o crime contra seu filho ou dependente (art. 318-A).

Como *alternativa à prisão*, há hoje um extenso rol de medidas coercitivas menos invasivas, a saber (art. 319 do CPP, de acordo com a Lei n. 12.4063/11):

a) comparecimento periódico em juízo;

b) proibição de acesso ou frequência a determinados lugares quando, por circunstâncias relacionadas ao fato, deva o indiciado ou acusado permanecer distante desses locais para evitar o risco de novas infrações;

c) proibição de manter contato com pessoa determinada quando, por circunstâncias relacionadas ao fato, deva o indiciado ou acusado dela permanecer distante;

d) proibição de ausentar-se da Comarca quando a permanência seja conveniente ou necessária para a investigação ou instrução;

e) recolhimento domiciliar no período noturno e nos dias de folga quando o investigado ou acusado tenha residência e trabalho fixos;

f) suspensão do exercício de função pública ou de atividade de natureza econômica ou financeira quando houver justo receio de sua utilização para a prática de infrações penais;

g) internação provisória do acusado nas hipóteses de crimes praticados com violência ou grave ameaça, quando os peritos concluírem ser inimputável ou semi-imputável (art. 26 do CP) e houver risco de reiteração;

h) fiança, nas infrações que a admitem, para assegurar o comparecimento a atos do processo, evitar a obstrução do seu andamento ou em caso de resistência injustificada à ordem judicial;

i) monitoração eletrônica.

Para o STF, é possível ainda a edição de medidas cautelares atípicas, ou seja, não previstas expressamente no texto legal, com base no poder geral de cautela do processo penal (quer previsto implicitamente na própria função de julgar, quer por meio de uso analógico com o CPC), com a exceção, conforme será visto na ADPF 444/DF (ADPF n. 444, rel. Min. Gilmar Mendes, j. 14-6-2018), às medidas cautelares pessoais de restrição do direito de ir e vir da pessoa (condução coercitiva).

O Superior Tribunal de Justiça também reconhece o poder geral de cautela penal, como "poder conferido ao juiz, inerente à própria natureza cogente das decisões judiciais", justificando a aplicação de *astreintes* pelos magistrados no processo criminal e ainda o bloqueio de valores por meio do Bacen-Jud (REsp 1.568.445 / PR, rel. Min. Rogerio Schietti Cruz, Terceira Seção, j. 24-6-2020).

A reforma introduzida pela Lei n. 12.403/2011 e, após, pela Lei n. 13.946/2019, no Código de Processo Penal consagrou a *preferência pelo uso de meios alternativos à prisão preventiva* (art. 282, § 6º, do CPP[100]). Por seu turno, a Lei n. 13.679/2018 ressalvou que a conversão da prisão preventiva em domiciliar (a geral do art. 318 e a especial do art. 318-A) pode ser feita de modo concomitante à aplicação das medidas alternativas menos invasivas acima expostas,

Em 2016, o STF, interpretando o art. 319, VI, do CPP (relativo à "suspensão do exercício de função pública ou de atividade de natureza econômica ou financeira quando houver justo receio de sua utilização para a prática de infrações penais"), decidiu que tal suspensão tutela tanto o (i) risco de prática da delinquência no poder quanto (ii) o risco de uso do poder para cometer crimes. Por isso, o STF entendeu cabível a *suspensão do mandato de parlamentar federal e ainda a suspensão do exercício da Presidência da Câmara dos Deputados* (Caso Eduardo Cunha).

No pedido de afastamento do então Presidente da Câmara dos Deputados Dep. Federal Eduardo Cunha, o Procurador-Geral da República Rodrigo Janot apontou diversos indícios envolvendo coação de testemunhas na Comissão Parlamentar de Inquérito (CPI), além de interferência da Comissão de Fiscalização de Contratos, a fim de coagir empresários, e no Conselho de Ética[101]. Para o Ministro relator, Teori Zavascki, não permitir a suspensão do exercício do mandato do parlamentar por falta de previsão expressa da CF/88 seria ofender a igualdade entre os agentes políticos, porque (i) os magistrados podem ser suspensos de suas atribuições pelo Tribunal competente para julgá-los (art. 29 da Lei Orgânica da Magistratura Nacional) e (ii) o Presidente da República fica automaticamente suspenso do exercício de suas funções, após denúncia ou queixa-crime recebida pela Câmara dos Deputados (art. 86, § 1º, I, da CF/88 – ver trecho do voto do Ministro relator, Teori Zavascki. STF, ACO n. 4.070/DF, j. 5-5-2016, *DJe* de 21-10-2016).

---

[100] Art. 282. (...) § 6ª A prisão preventiva somente será determinada quando não for cabível a sua substituição por outra medida cautelar, observado o art. 319 deste Código, e o não cabimento da substituição por outra medida cautelar deverá ser justificado de forma fundamentada nos elementos presentes do caso concreto, de forma individualizada. (Redação dada pela Lei n. 13.964, de 2019.)

[101] Conforme mencionado no voto do Min. relator, Teori Zavascki, decisão de 4-5-2016. STF, ACO n. 4.070/DF, referendo na ação cautelar, j. 5-5-2016, *DJe* de 21-10-2016.

Em 2017, o STF modificou sua posição ao julgar parcialmente procedente a ADI n. 5.526, estabelecendo que o Poder Judiciário pode impor medidas cautelares penais (art. 319 do Código de Processo Penal) a parlamentares. Porém, caso a execução da medida impossibilitar, direta ou indiretamente, o exercício regular de mandato, o Tribunal deve encaminhar à Casa Legislativa a que pertencer o parlamentar para que esta resolva sobre a sua manutenção ou não (aplicação do art. 53, § 2º, da CF/88).

Em 2011, a 1ª Turma do STF reconheceu a possibilidade de prisão por autoridade policial e *condução coercitiva* do detido (também denominada prisão cautelar de curta duração) para fins de investigação policial (HC 107.644/SP, rel. Min. Ricardo Lewandowski, j. 6-9-2011). Para o STF, o art. 144, § 4º, da CF/88 assegura às polícias civis, dirigidas por delegados de polícia de carreira, as funções de polícia judiciária e a apuração de infrações penais. Consequentemente, os agentes policiais, tendo em vista a necessidade de elucidação de um delito, podem realizar, sem ordem judicial ou estado de flagrante delito, a *prisão* e *condução coercitiva* de pessoas para prestar esclarecimentos ou depoimentos (com uso de algemas, inclusive). Nesse acórdão, o STF *não* utilizou a "teoria dos poderes implícitos" da Polícia, pois existe *expressa previsão constitucional*, que dá poderes à polícia para investigar a prática de eventuais infrações penais, bem como para exercer as funções de polícia judiciária.

Apesar desse importante precedente do STF autorizando a condução coercitiva por policiais *sem ordem judicial,* entendemos que é *necessário cautela,* uma vez que não há autorização legal.

A título de comparação, o Ministério Público *pode* requisitar condução coercitiva de vítimas e testemunhas, de acordo com o previsto na Lei Complementar n. 75/93 (art. 8º, I) e na Lei n. 8.625/93 (art. 26, I, *a*). Só é conduzida coercitivamente a pessoa que *descumpre* a regular notificação de comparecimento. Já a Polícia não é mencionada, o que gera discussão sobre se é necessária intimação para comparecimento e só após a condução coercitiva ou se pode a Polícia já prender a pessoa (em sua casa, local de trabalho etc.) e conduzi-la para prestar esclarecimentos. Além disso, essa prisão de curta duração já encontra sucedâneo que é a prisão temporária – está é feita com ordem judicial.

Em 2018 – em clara evolução do posicionamento anterior, o STF decidiu *não* ter sido recepcionado pela CF/88 a condução coercitiva de réu ou investigado para interrogatório, constante do art. 260 do Código de Processo Penal (CPP)[102]. Com isso, foi *proibida* a condução coercitiva do investigado ou acusado para interrogatório. Para a maioria do STF, é incabível a condução coercitiva do investigado ou réu para interrogatório, uma vez que este tem o *direito de não se autoincriminar, podendo inclusive ficar em silêncio*. No que tange ao mandato de condução coercitiva nas hipóteses de *testemunhas e peritos*, o voto do Min. Celso de Mello apontou três requisitos: (i) prévia e regular intimação pessoal do convocado para comparecer perante a autoridade competente, (ii) não comparecimento ao ato processual designado e (iii) inexistência de causa legítima que justifique a ausência ao ato processual que motivou a convocação.

Ficaram vencidos o Min. Alexandre de Moraes, para quem a condução coercitiva é *legítima* quando o investigado ou acusado não tiver atendido, injustificadamente, prévia intimação. O ministro Edson Fachin também divergiu em maior extensão, sustentando que a condução coercitiva para fins de interrogatório depende da (i) prévia intimação do investigado e sua ausência injustificada, sendo também cabível (ii) sempre que a condução ocorrer em substituição à medida cautelar mais grave, a exemplo da prisão preventiva e da prisão temporária. O voto vencido do Min. Fachin foi acompanhado pelos Ministros Roberto Barroso e Luiz Fux (STF, ADPF 395 e ADPF n. 444, rel. Min. Gilmar Mendes, j. 14-6-2018).

---

[102] Art. 260. Se o acusado não atender à intimação para o interrogatório, reconhecimento ou qualquer outro ato que, sem ele, não possa ser realizado, a autoridade poderá mandar conduzi-lo à sua presença.

11.3. Liberdade provisória com ou sem fiança

A Constituição de 1988 prevê que a *prisão ilegal* será imediatamente relaxada pela autoridade judiciária e ninguém será levado à prisão ou nela mantido, quando a lei admitir a *liberdade provisória*, com ou sem fiança (art. 5º, LXV e LXVI). Assim, há previsão constitucional expressa que possibilita (i) análise judicial da prisão de qualquer indivíduo e (ii) a concessão de liberdade provisória com ou sem fiança.

Consequentemente, caso não seja necessária, adequada e urgente a segregação cautelar de um indivíduo ou outra medida menos invasiva, o juiz deve conceder a liberdade provisória, com ou sem fiança (se a pena privativa de liberdade cominada for superior a quatro anos: 10 a 200 salários mínimos). No caso de crimes com pena prevista igual ou inferior a quatro anos, a fiança pode ser arbitrada já pelo delegado de polícia (no valor de 1 a 100 salários mínimos).

Há determinados crimes aos quais a Constituição *proíbe* a fiança, que são os (i) crimes de racismo; (ii) crimes de tortura, tráfico ilícito de entorpecentes e drogas afins, terrorismo e os definidos como crimes hediondos; e (iii) crimes cometidos por grupos armados, civis ou militares, contra a ordem constitucional e o Estado Democrático. Contudo, *mesmo diante* de delitos inafiançáveis, caso não haja necessidade da prisão provisória, deve o juiz conceder *liberdade provisória sem fiança*.

Em 2012, o STF reconheceu a *inconstitucionalidade* da proibição da concessão de liberdade provisória aos acusados de tráfico de entorpecentes, prevista na Lei Antidrogas (art. 44 da Lei n. 11.343/2006). Para o STF, cabe ao magistrado analisar o caso concreto e conceder a restituição da liberdade no crime de tráfico de entorpecentes caso faltem os requisitos da imposição da prisão preventiva, impondo ainda as medidas cautelares previstas na Lei n. 12.403, *exceto a fiança* que continua proibida pelo texto constitucional. Ou seja, para o STF, o art. 5º, XLIII, da CF/88 não proibiu a liberdade provisória e sim somente a fiança (HC 104.339, rel. Min. Gilmar Mendes, j. 9-5-2012).

Apesar desse precedente pela inconstitucionalidade de tal tipo de proibição da liberdade provisória (*in abstrato*), a Lei n. 13.964/2019 (Lei Anticrime) veda a concessão de liberdade provisória, com ou sem medidas cautelares, no caso de o preso em flagrante ser reincidente ou integrar organização criminosa armada ou milícia, ou ainda ter sido preso por portar arma de fogo de uso restrito.

A prisão processual ou provisória é, assim, medida excepcional, que deve ser fundamentada e servir como última opção ao julgador.

11.4. Prisões nos casos de transgressões militares ou crimes propriamente militares, definidos em lei e as prisões no estado de emergência

Além da prisão em flagrante, a Constituição de 1988 prevê **quatro** hipóteses de prisão que *independem* de ordem judicial, a saber:

a) Prisão por transgressão militar. A Lei n. 6.880/80 ("Estatuto dos Militares") determina, em seu art. 42, que "a violação das obrigações ou dos deveres militares constituirá crime, contravenção ou transgressão disciplinar, conforme dispuser a legislação ou regulamentação específicas". Assim, a transgressão disciplinar consiste na violação dos regulamentos administrativos do corpo militar, que, de acordo com o art. 142 da CF/88 (também repetido no art. 1º da LC n. 97/99 – normas gerais para a organização, o preparo e o emprego das Forças Armadas), deve ser organizado com base na hierarquia e na disciplina. Para assegurar plenamente esses preceitos (hierarquia e disciplina), é permitida pelo texto constitucional a decretação de prisão pelo superior competente por falta administrativa de determinado militar. Porém, exige-se que haja a prévia menção da conduta como falta disciplinar, inserida no regulamento administrativo do corpo militar.

b) Prisão por crime militar próprio, definido em lei. O Brasil adotou o critério legal para definição do crime militar (*ratione legis*): é crime militar o que a lei, no caso o Código Penal Militar (CPM, Decreto-Lei n. 1.001/69), assim define. Com a Lei n. 13.491/2017, foi alterado o Código Penal Militar para se considerar "crime militar" qualquer crime previsto na legislação penal comum e especial quando praticado por militar (estadual ou federal), ainda que sem previsão no Código Penal Militar. O crime militar próprio é aquele que só pode ser praticado por militar, como, por exemplo, os crimes de abandono de posto (art. 195 do CPM), omissão de eficiência da força (art. 198 do CPM), omissão de eficiência para salvar comandados (art. 199 do CPM), dormir em serviço (art. 203 do CPM), de deserção (art. 187 do CPM), entre outros.

c) Prisão em Estado de Defesa. A Constituição permite que, na vigência do estado de defesa, a prisão por crime contra o Estado poderá ser determinada administrativamente pelo executor da medida, que a comunicará imediatamente ao juiz competente, que a relaxará, se não for legal, facultado ao preso requerer exame de corpo de delito à autoridade policial (art. 136, § 3º, I).

d) Prisão em Estado de Sítio. A Constituição permite que, no estado de sítio decretado por comoção grave de repercussão nacional ou ocorrência de fatos que comprovem a ineficácia de medida tomada durante o estado de defesa, seja feita a prisão por ordem administrativa do executor do estado de sítio, com detenção em edifício não destinado a acusados ou condenados por crimes comuns (art. 139, II). No estado de sítio decretado por declaração de estado de guerra ou resposta a agressão armada estrangeira também é possível a decretação da prisão por ordem administrativa do executor.

11.5. Enunciação dos direitos do preso

A importância de se garantir os direitos de um indivíduo no momento da prisão é universal, pois evita abusos a um indivíduo que está fragilizado e evidentemente em situação de vulnerabilidade. Para implementar esses direitos nos Estados Unidos, a Suprema Corte estadunidense – durante o período de atuação do *Chief Justice* Warren – decidiu, no caso "Miranda *vs.* Arizona"[103] em 1966, que todo custodiado deve ser *advertido*, *no momento da prisão*, pela própria polícia, que tem *direito de ficar em silêncio* ou, caso prefira falar, de *consultar previamente seu advogado*[104]. Qualquer outro comportamento da polícia ensejaria a nulidade da confissão obtida. No caso *Miranda*, o voto do *Chief Justice* Warren expôs as vísceras do sistema de investigação policial norte-americano, por meio da transcrição de partes de *manuais de interrogatório*, que ensinavam como obter a confissão do suspeito, por meio de técnicas diversas.

O ponto em comum de todas essas técnicas usadas nos EUA era criar uma atmosfera de dominação, isolar e fragilizar o suspeito, impedindo contatos com advogados e parentes. Assim, valia tudo para obter a confissão: uso da representação com toques teatrais do "policial bom, policial mau" ("*Muttand Jeff*", no jargão), falsas "testemunhas" e reconhecimentos forjados para desestabilizar o suspeito, duração excessiva do interrogatório, sugestão de exculpantes (como legítima defesa – mas que não teriam credibilidade alguma, uma vez que o suspeito teria inicialmente negado a autoria), argumentos para convencer o suspeito a não chamar um advogado

---

[103] Ernesto Miranda foi preso por suspeita de autoria do crime de estupro. Após, foi levado para interrogatório e confessou, sem assistência de advogado. Condenado, recorreu à Suprema Corte americana, que anulou o julgamento pela violação ao direito de não ser obrigado a se autoincriminar. Em um novo julgamento, Miranda foi novamente condenado. Anos mais tarde, Miranda foi assassinado. *Ironicamente*, o suspeito de seu assassinato foi advertido sobre seus direitos, graças à *Miranda Rule*.

[104] As advertências hoje feitas compõem a chamada *Miranda Rule*. No original: "You have the right to remain silent. Anything you say can and will be used against you in a Court of law. You have the right to be speak to an attorney, and to have an attorney present during any questioning. If you cannot afford a lawyer, one will be provided for you at government expense".

("se você é inocente, por que precisa de um advogado?"), entre outras "técnicas". Tudo isso sem contar a *violência* dos policiais, que, obviamente, não constava dos manuais, mas que foi lembrada no voto do Juiz Warren, no célebre "Caso Miranda" da Suprema Corte dos Estados Unidos (que reforçou o dever de enunciação dos direitos do preso)[105]. O resgate desse voto histórico é importante para demonstrar a importância universal dos direitos do indivíduo no *momento em que é preso*.

A Constituição de 1988 enumera alguns direitos do indivíduo que devem ser enunciados pelo executor da medida:

a) Direito à comunicação do local de sua prisão. O preso tem o direito de que seja comunicado (i) à família (ou a pessoa por ele indicada) e (ii) ao juiz competente do local onde se encontre. Essa segunda comunicação permite o relaxamento da prisão ilegal ou ainda a concessão da liberdade provisória.

b) Direito ao silêncio. O preso será informado do seu direito de permanecer calado. Esse direito é também denominado "autodefesa passiva", com o investigado ou réu preferindo adotar uma linha de defesa não ativa, uma vez que cabe à Acusação provar o alegado. Ora, por conseguinte, não pode o acusado ser apenado por um exercício regular do direito de defesa, e, então, não se pode extrair nenhuma consequência negativa do exercício do direito ao silêncio, como, por exemplo, estipulava a antiga redação do art. 186[106] do CPP brasileiro, já alterada[107].

c) Direito à assistência da família e de advogado. O preso tem assegurada a assistência da família e de advogado. Caso não possua recursos para pagar o advogado sem prejuízo da subsistência pessoal ou familiar, tem direito à assistência jurídica integral por intermédio da Defensoria Pública.

d) Direito à identificação dos captores e dos interrogadores. O preso tem direito à identificação dos responsáveis por sua prisão ou por seu interrogatório policial.

A jurisprudência ainda extraiu o *privilégio contra a autoincriminação* do preso e dos demais investigados e acusados, decorrente do direito expresso ao silêncio do preso, como veremos abaixo.

11.6. Direito a não contribuir para sua própria incriminação

Diversos tratados de direitos humanos ratificados pelo Brasil asseguram o direito de todo indivíduo de *não ser obrigado a se autoincriminar*, o que é conhecido pelo brocardo latino *Nemo tenetur se detegere*. O Pacto Internacional sobre Direitos Civis e Políticos, aprovado pela Assembleia Geral das Nações Unidas em 1966 e já ratificado e incorporado internamente, assegura a "cada indivíduo acusado de um crime", entre as garantias processuais mínimas para o exercício do direito de defesa, aquela de "não ser constrangido a depor contra si mesmo ou a confessar-se culpado" (art. 14, II e III, *g*). A Convenção Americana sobre Direitos Humanos (Pacto de São José da Costa Rica), em vigor para o Brasil desde 1992, assegura "a toda pessoa acusada de delito", entre outras garantias mínimas, *o direito de não ser obrigada a depor contra si mesma, nem a declarar-se culpada* (art. 8º, II, *g*).

---

[105] Ver em *Miranda vs. Arizona*, 384 U.S. 436 (1966).

[106] Redação anterior do art. 186: "Antes de iniciar o interrogatório, o juiz observará ao réu que, embora não esteja obrigado a responder às perguntas que lhe forem formuladas, o seu silêncio poderá ser interpretado em prejuízo da própria defesa".

[107] A Lei n. 10.792/2003 deu nova redação ao art. 186 do CPP, adequando-o ao processo penal de partes. O novo art. 186 estipula que: "Depois de devidamente qualificado e cientificado do inteiro teor da acusação, o acusado será informado pelo juiz, antes de iniciar o interrogatório, do seu direito de permanecer calado e de não responder perguntas que lhe forem formuladas. Parágrafo único. O silêncio, que não importará em confissão, não poderá ser interpretado em prejuízo da defesa".

No caso brasileiro, a *disposição constitucional sobre o direito ao silêncio* do preso (art. 5º, LXIII, ver comentário acima) gerou, para o STF, o direito de toda pessoa, perante qualquer Poder, em qualquer processo (administrativo ou judicial), não importando a qualidade de sua posição no procedimento (mesmo se na condição de testemunha) de não ser obrigado a se autoincriminar ou a contribuir, de qualquer forma, para sua própria incriminação (privilégio contra a autoincriminação, *nemo tenetur se detegere*).

O direito a não ser *obrigado* a se autoincriminar compõe o direito à defesa. A não incriminação é uma modalidade de autodefesa passiva, que é exercida por meio da *inatividade* do indivíduo sobre quem recai ou pode recair uma imputação. O indivíduo pode defender-se da maneira que entender mais conveniente, sem que ninguém possa coagi-lo ou induzir seu comportamento, podendo inclusive optar pelo *non facere*. Afinal, o ônus da prova recai sobre a Acusação.

O direito de não ser obrigado a se autoincriminar implica a proibição de qualquer ato estatal que impeça, condicione ou perturbe a vontade do indivíduo de não contribuir para o processo sancionatório contra ele dirigido no momento ou no futuro (o que protege a testemunha de responder a uma pergunta que pode, futuramente, gerar um processo contra si).

As principais consequências, na jurisprudência brasileira, do privilégio contra a autoincriminação são:

a) Silêncio em face de pergunta cuja resposta é autoincriminadora. O STF já se pronunciou diversas vezes que toda *pessoa* pode invocar o direito de não produzir prova contra si, mesmo sem acusação formal ou no momento de depoimento na condição de testemunha. Toda *pessoa* que, na condição de testemunha, de indiciado ou de réu, deva prestar depoimento perante órgãos públicos, inclusive perante um juiz e Comissão Parlamentar de Inquérito, pode invocar o direito ao silêncio, sem qualquer prejuízo ou sanção (por exemplo, prisão em flagrante pelo crime de falso testemunho, modalidade "calar a verdade").

b) Nulidade gerada pela ausência da notificação do direito ao silêncio. O STF determinou que há *nulidade* no caso de omissão de informação do direito do preso de quedar-se em silêncio, pois "ao invés de constituir desprezível irregularidade, a omissão do dever de informação ao preso dos seus direitos, no momento adequado, gera efetivamente a nulidade e impõe a desconsideração de todas as informações incriminatórias dele anteriormente obtidas, assim como das provas delas derivadas" (STF, HC 78.708, rel. Min. Sepúlveda Pertence, j. 931999, 1ª T., *DJ* de 1641999); ver ainda HC n. 218.335, Rel. Min. Gilmar Mendes, j. 18 de agosto de 2022.

c) Direito de não produzir elementos que servirão de prova contra si mesmo. O investigado não pode ser obrigado, sob "pena de desobediência", a fornecer qualquer elemento de prova contra si mesmo. Por exemplo, não cabe exigir autógrafos para servir de padrão à perícia. Há outros métodos menos gravosos e que atingem o mesmo resultado, como, por exemplo, fazer requisição a órgãos públicos que detenham documentos da pessoa a qual é atribuída a letra.

d) Direito à mentira e as falsidades do investigado. O direito de não ser obrigado a produzir prova contra si mesmo *foi expandido* no Brasil e fundamenta, em conjunto com o direito à ampla defesa (modalidade autodefesa), a *atipicidade* da conduta de *apresentar versões falsas*. O tipo penal de falso testemunho *não* comporta a punição do investigado ou acusado. O art. 342 do CP, com a redação dada pela Lei n. 10.268/2001, estabelece ser o falso testemunho o ato da testemunha, perito, contador, tradutor ou intérprete em processo judicial, ou administrativo, inquérito policial, ou em juízo arbitral, de fazer afirmação falsa, ou negar ou calar a verdade, excluindo o investigado ou réu.

e) Direito à mentira e impossibilidade de usar as falsidades na dosimetria da pena. Como resultado do direito do réu de se defender com versões falsas, não pode o juiz, na visão majoritária, usar tal conduta na dosimetria da pena, punindo com maior severidade o réu. Para o STF, "a fixação da pena acima do mínimo legal exige fundamentação adequada, baseada em circunstâncias que, em tese, se enquadrem entre aquelas a ponderar, na forma prevista no art. 59 do CP, não se incluindo, entre elas, o fato de haver o acusado negado falsamente o crime, em virtude do princípio constitucional – *nemo tenetur se detegere*" (grifo meu – HC 68.742, rel. p/ o ac. Min. Ilmar Galvão, j. 28-6-1991, Plenário, *DJ* de 2-4-1993, com vários julgados posteriores).

f) Vedação da atribuição falsa de identidade. Todavia, o investigado *não pode mentir e atribuir para si falsa identidade*. Deve optar pelo silêncio, caso não queira revelar sua identidade verdadeira, pois poderá ser processado pelo crime previsto no art. 307 do CP ("Atribuir-se ou atribuir a terceiro falsa identidade para obter vantagem, em proveito próprio ou alheio, ou para causar dano a outrem"). Para o STF, "o princípio constitucional da autodefesa (art. 5º, LXIII, da CF/1988) *não* alcança aquele que atribui falsa identidade perante autoridade policial com o intento de ocultar maus antecedentes, sendo, portanto, típica a conduta praticada pelo agente (art. 307 do CP)" (RE 640.139-RG, rel. Min. Dias Toffoli, j. 22-9-2011, Plenário, *DJe* de 14-10-2011, com repercussão geral – Tema 478). No mesmo sentido, há a Súmula 522 do STJ: "A conduta de atribuir-se falsa identidade perante autoridade policial é típica, ainda que em situação de alegada autodefesa" (decisão de 25-3-2015, *DJe* de 6-4-2015).

g) Privilégio contra a autoincriminação e a interceptação telefônica. O privilégio contra a autoincriminação proíbe apenas que o Estado exija do investigado que contribua com sua própria incriminação. Contudo, *não impede* que o Estado realize investigações que colham, inclusive, a confissão do investigado em interceptações telefônicas ou escutas ambientais. O que é vedado, por ofensivo à dignidade humana, é coagir e forçar o investigado a revelar a prática de crime. Nesse sentido, o STF decidiu que "não pode vingar a tese da impetração de que o fato de a autoridade judiciária competente ter determinado a interceptação telefônica dos pacientes, envolvidos em investigação criminal, fere o direito constitucional ao silêncio, a não autoincriminação" (HC 103.236, voto do rel. Min. Gilmar Mendes, j. 14-6-2010, Segunda Turma, *DJe* de 3-9-2010).

h) Privilégio contra a autoincriminação e o dever de apresentação de documentos. *O dever de fornecer documentos* é tratado de modo diferente. Nesse último caso, esses documentos entregues em si não têm o condão de incriminar ou absolver quem quer que seja. A batalha da defesa estará na interpretação do alcance e sentido de cada informação contida nos documentos. Assim, é legítima a requisição de documentos ou mesmo o recurso à busca e apreensão judicial de documentos.

i) Privilégio contra a autoincriminação e a intervenção corpórea mínima. O privilégio contra a autoincriminação e a integridade física são direitos utilizados para impedir que o Estado exija do investigado que ceda material integrante do próprio corpo para a investigação de ilícitos. Assim, no Brasil, *é vedado* que se exija de um indivíduo que doe material para o exame de DNA, que faça o teste do etilômetro ("bafômetro") ou permita exame de sangue para aferição de estado de embriaguez. A conduta do investigado em fazer tais atos tem que ser *voluntária*, não podendo ser exigida. Nada impede, contudo, que a investigação obtenha material *sem* que a integridade física seja violada. No STF, foi considerado legítimo o exame de DNA feito na placenta, após sua expulsão pelo corpo, mesmo contra a vontade da mãe (Rcl 2.040-QO, rel. Min. Néri da Silveira, j. 21-2-2002, Plenário, *DJ* de 27-6-2003). *Contudo*, outros órgãos internacionais de direitos humanos, como a Corte Europeia de Direitos Humanos, *aceitam* a intervenção corpórea mínima no próprio investigado (p. ex., exame compulsório de DNA), de modo a preservar o direito à verdade e à justiça das vítimas, fazendo *ponderação* entre os direitos do investigado e os direitos das vítimas.

j) Fuga do local do acidente de trânsito e crime do art. 305 do Código Brasileiro de Trânsito. Constitucionalidade. Ao punir a conduta do condutor envolvido em acidente de trânsito que não permanece no local do acidente, o crime do art. 305 do CTB não ofende o princípio da não incriminação. De fato, o envolvido *não precisa* dar declarações ou assumir culpa. O núcleo duro do "Nemo tenetur se detegere" consiste em não obrigar o indivíduo a agir ativamente na produção de prova contra si próprio, o que a previsão do art. 305 não ofende. Tutela-se somente administração da justiça, que tem interesse em preservar o local do acidente, impondo que os condutores lá permaneçam. Em síntese, para o STF, "[a] exigência de permanência no local do acidente e de identificação perante a autoridade de trânsito não obriga o condutor a assumir eventual responsabilidade cível ou penal pelo sinistro nem, tampouco, enseja que contra ele se aplique qualquer penalidade caso não o faça" (RE 971.959, rel. Min. Luiz Fux, j. 14-11-2018, P, *Informativo* 923, Tema 907).

k) Silêncio parcial do réu ("silêncio seletivo") em interrogatório judicial. Ao ser interrogado em processo criminal, o réu tem o direito de nada responder (silêncio total) ou responder parcialmente ao que lhe for perguntado. Pode, inclusive, responder *somente* às perguntas da Defesa e se recusar a responder a perguntas do (i) Acusador e do (ii) magistrado (STJ, HC n. 688.748/SC, rel. Joel Ilan Paciornik, j. 26-8-2021).

11.7. Prisão extrapenal

Há casos de prisão de natureza não criminal, que não tem o caráter de pena criminal, a saber:

a) Prisão especial ou preventiva para fins de deportação, expulsão e prisão cautelar para fins de extradição. Essas modalidades de prisão eram ordenadas, antes da Constituição de 1988, por autoridade administrativa, sendo conhecida como prisão administrativa, conforme dispõe a Lei n. 6.815/80 ("Estatuto do Estrangeiro" – arts. 61, 69 e 81). Com a Constituição de 1988 e com a manutenção da Lei n. 6.815/80 (revogada somente em 2017, com a edição da Lei n. 13.445/2017 – "Lei de Migração"), a jurisprudência sedimentou-se no sentido de permitir que *juiz federal* ordenasse a prisão especial para fins de deportação e expulsão (prazo máximo de 90 dias, segundo a construção jurisprudencial de Tribunais Regionais Federais) e o STF viesse a ordenar a prisão cautelar para fins de extradição; em 2013, a Lei n. 12.878 estabeleceu, expressamente, a possibilidade de "prisão cautelar para fins de extradição" (nova redação do art. 82 da Lei n. 6.715/80).

Em 2017, a Lei n. 13.455/2017 revogou a Lei n. 6.815/80, mantendo de modo expresso somente a previsão da prisão cautelar do extraditando pelo STF (art. 84 da Lei n. 13.445/2017). Para o STF, é obrigatória a prisão do extraditando, que é verdadeira *condição de procedibilidade* para a continuidade de análise do processo de extradição (Ext 1196, rel. Min. Dias Toffoli, Tribunal Pleno, j. 16-6-2011). Há precedentes, contudo, que admitem sua conversão, excepcionalmente, em prisão domiciliar (até mesmo com monitoramento eletrônico – PPE 760 AgR, rel. Min. Edson Fachin, Primeira Turma, j. 10-11-2015).

Em 2016, foi proposta a ADPF 425, que questionava a obrigatoriedade de tal prisão especial para fins de extradição, tendo em vista especialmente que (i) a liberdade deve ser a regra e (ii) a ordem de prisão preventiva deve sempre observar critérios de pertinência e necessidade, o que não ocorre com sua adoção como "condição de procedibilidade" no processo extradicional. Essa ação foi extinta *sem* julgamento de mérito, tendo em vista que o art. 84 da Lei n. 6.815/80 e o art. 208 do Regimento Interno do STF (dispositivos que anteriormente prescreviam a obrigatoriedade de prisão para fins de extradição) foram revogados pela Lei n. 13.445/2017, a qual prevê, em seu art. 86, a imposição de prisão domiciliar ou concessão de liberdade, inclusive com possibilidade de adoção de medidas cautelares diversas da prisão, como a retenção de passaporte ou outras medidas cautelares, de acordo com (i) sua situação migratória, (ii) os antecedentes do extraditando, e (iii) as circunstâncias do caso (ADPF 425, rel. Min. Edson Fachin, j. 10-10-2018).

Curiosamente, o Regimento Interno do STF não foi alterado, constando ainda no art. 208 que "não terá andamento o pedido de extradição sem que o extraditando seja preso e colocado à disposição do Tribunal", que agora tem que ser interpretado conforme a Lei de Migração.

Para Badaró e Torres, acertadamente, a fundamentação das decisões (mesmo posteriores à Lei de Migração) que revogam prisões preventivas para extradição usam, como regra geral, a necessidade da prisão preventiva para fins de extradição e, em seguida, apontam a existência (ou não) de situações excepcionais que permitem que o extraditando responda ao processo em liberdade, com ou sem a imposição de medidas cautelares alternativas. Por exemplo, na Extradição n. 1.1017 decidiu-se que "(...) A *regra é a prisão cautelar* do extraditando para se viabilizar a execução da ordem extradicional, garantindo-se, assim, a efetiva entrega do custodiado ao Estado estrangeiro requerente". (STF. Agravo Regimental na Petição Preventiva para a Extradição n. 1.107, rel. Min. Alexandre de Moraes, j. 11-4-2022, grifo meu).

Esse raciocínio inverte a lógica da decretação da prisão (ela deve ser a última *ratio*) e, ainda, impõe tratamento discriminatório ao extraditando, já que os que cometerem o mesmo crime no Brasil se beneficiam do raciocínio ordinário (a liberdade é regra; a prisão é a exceção a ser fundamentada). Para igualar o tratamento da determinação da prisão em geral (previsto internamente e em tratados internacionais) com a determinação da prisão dos extraditandos, os autores sugerem que seja sempre exposto o (i) *fumus boni iuris* (a extradição será deferida em um juízo de probabilidade) e o (ii) *periculum libertatis* (os riscos existentes caso o extraditando continue em liberdade)[108].

Quanto à prisão do deportando e do expulsando, a Lei n. 13.445/2017 singelamente determina que o chefe da unidade da Polícia Federal poderá *representar* perante o juízo federal, respeitados, nos procedimentos judiciais, os direitos à ampla defesa e ao devido processo legal. A omissão da Lei n. 13.445/2017 sobre a permanência da antiga "prisão especial para fins de deportação ou expulsão" gerou dúvida quanto à ofensa ao princípio da reserva legal por parte do art. 211 do Decreto n. 9.199/2017, que expressamente previu a existência de representação do delegado da Polícia Federal (como autoridade administrativa migratória) para fins de decretação de prisão ou outra medida cautelar para concretizar as medidas administrativas de retirada compulsória de estrangeiros[109].

Em 2018, a Sexta Turma do STJ decidiu pela *inexistência de previsão legal* para a adoção da prisão especial, tendo o Decreto n. 9.199/2017 *inovado*, de modo ilegal, a ordem jurídica (STJ, RHC 91.785, rel. Min. Maria Thereza de Assis Moura, j. 16-8-2018, *DJe* 28-8-2018). Com razão o precedente. A Lei de Migração, além de não prever a prisão para fins de deportação ou expulsão,

---

[108] BADARÓ, Gustavo e TORRES, Paula Ritzmann. Precisamos falar da prisão preventiva para extradição. *Revista Conjur*, 29-10-2023. Disponível em: <https://www.conjur.com.br/2023-out-29/badaroe-torres-precisamos-falar-prisao-preventiva-extradicao/>. Acesso em: 15 ago. 2024.

[109] Art. 211 do Decreto n. 9.199/2017:
Art. 211. O delegado da Polícia Federal poderá representar perante o juízo federal pela prisão ou por outra medida cautelar, observado o disposto no Título IX do Decreto-Lei n. 3.689, de 3 de outubro de 1941 – Código de Processo Penal.
§ 1ª A medida cautelar aplicada vinculada à mobilidade do imigrante ou do visitante deverá ser comunicada ao juízo federal e à repartição consular do país de nacionalidade do preso e registrada em sistema próprio da Polícia Federal.
§ 2ª Na hipótese de o imigrante sobre quem recai a medida estar preso por outro motivo, o fato deverá ser comunicado ao juízo de execuções penais competente, para determinar a apresentação do deportando ou do expulsando à Polícia Federal.
§ 3ª O deportando ou o expulsando preso será informado de seus direitos, observado o disposto no inciso LXIII do *caput* do art. 5ª da Constituição e, caso ele não informe o nome de seu defensor, a Defensoria Pública da União será notificada.

expressamente dispõe que ninguém será privado de sua liberdade por razões migratórias, exceto nos casos previstos na própria lei (art. 123)[110]. Assim, não poderia o Decreto n. 9.199 ter inovado e previsto expressamente uma nova prisão especial, *sine die*, determinando a incidência do CPP à situação.

b) Prisão civil do alimentante inadimplente de modo injustificado. A prisão civil do devedor de alimentos é ainda admitida, no caso de inadimplemento *não justificado*. No caso da prisão do depositário infiel (art. 5º, LXVII, da CF/88), o STF não mais a admite, em face da adoção de tratados internacionais de direitos humanos que impedem sua adoção (Pacto Internacional sobre Direitos Civis e Políticos; Convenção Americana de Direitos Humanos). A Súmula Vinculante 25 do STF dispõe que "É ilícita a prisão civil de depositário infiel, qualquer que seja a modalidade do depósito".

c) Prisão administrativa disciplinar, já estudada acima e ordenada por autoridade militar nos casos de transgressões militares, fundada nos arts. 5º, LXI, e 142, § 2º, da CF/88.

11.8. Audiência de apresentação ou custódia

A audiência de apresentação ou custódia consiste em direito do indivíduo preso de (i) ser conduzido à presença de um juiz ou autoridade com os predicamentos da magistratura (independência, imparcialidade) e (ii) ter a legalidade da detenção e demais consequências examinadas, como a manutenção da prisão, concessão da liberdade, adoção de medida alternativa à prisão, verificação de agressão ou tortura, entre outras.

Trata-se de um direito relacionado à *proteção da liberdade e da integridade pessoal*, uma vez que evita tanto o abuso nas decretações das prisões quanto a violência camuflada. Tem como elemento central a apresentação imediata do detido pela autoridade administrativa realizadora da prisão (policial) a uma autoridade com independência e garantias (juiz). Não tem como finalidade a antecipação do interrogatório do suposto autor do delito, mas sim a verificação do estado do preso e da legalidade da prisão. Também não basta, então, o mero envio formal da documentação da prisão ao juiz, como era feito à luz do art. 306, § 1º, do CPP[111]: a audiência de apresentação ou custódia exige *presença* diante do juiz do preso em flagrante pela autoridade policial, para que os dois objetivos sejam cumpridos: verificação da legalidade da prisão (e tomada de decisão sobre o seu prosseguimento) e promoção da integridade pessoal (evitando agressões policiais na detenção, que são estimuladas pela impunidade).

A audiência de custódia ou apresentação consta expressamente da Convenção Americana de Direitos Humanos (CADH), cujo artigo 7.5 prevê que "toda pessoa presa, detida ou retida deve ser conduzida, sem demora, à presença de um juiz ou outra autoridade autorizada por lei a exercer funções judiciais e tem o direito de ser julgada em prazo razoável ou de ser posta em liberdade, sem prejuízo de que prossiga o processo". No mesmo sentido, o artigo 9.3 do Pacto Internacional sobre Direitos Civis e Políticos dispõe que "qualquer pessoa presa ou encarcerada em virtude de infração penal deverá ser conduzida, sem demora, à presença do juiz ou de outra autoridade habilitada por lei a exercer funções judiciais e terá o direito de ser julgada em prazo razoável ou de ser posta em liberdade".

Esses dois tratados foram *omissos* quanto ao sentido da expressão "sem demora", mas a legislação dos países americanos (com realidades próximas a do Brasil) utilizaram prazos de até 48 horas, a saber: Argentina, prazo de seis horas após a prisão em caso de prisão sem ordem judicial;

---

[110] Ver, abaixo, o item específico sobre as medidas compulsórias de saída do estrangeiro.

[111] "Em até 24 (vinte e quatro) horas após a realização da prisão, será encaminhado ao juiz competente o auto de prisão em flagrante e, caso o autuado não informe o nome de seu advogado, cópia integral para a Defensoria Pública."

Chile, em casos de prisão em flagrante, o suspeito seja apresentado dentro de 12 horas a um promotor e, caso não seja solto, a um juiz no prazo de 24 horas da prisão; Peru, 24 horas (o Peru foi condenado pela Corte IDH por não ter cumprido esse prazo constitucional no Caso *Castillo Páez*); Colômbia, 36 horas; e México, 48 horas[112]. Assim, em que pese a indeterminação do conceito "sem demora", fica evidente que o lapso temporal da apresentação do preso ao magistrado deve ser diminuto, para que seja cumprido o comando dos tratados de direitos humanos acima expostos.

Quanto à *definição* do que vem a ser "juiz" ou "autoridade autorizada por lei a exercer funções judiciais", a jurisprudência da Corte IDH exige que seja autoridade com os predicamentos tradicionais da magistratura, como a independência funcional, imparcialidade e competência previamente estabelecida (juiz natural)[113]. No Brasil, a apresentação do preso em flagrante ao delegado de polícia não preenchia tais requisitos.

Quanto à *finalidade* da audiência de apresentação, trata-se, como visto acima, da proteção da liberdade e da integridade pessoal do preso, não sendo um ato instrutório processual.

Não se trata de uma formalidade burocrática: é ato processual de defesa de direitos humanos, que permite ao juiz avaliar: (i) a legalidade e a persistência dos motivos que ensejaram a prisão; (ii) a existência de eventual tratamento desumano, cruel ou degradante (inclusive os excessos na exposição da imagem do custodiado – *perp walk* no jargão norte-americano) e (iv) a existência de circunstâncias pessoais do preso que podem repercutir na imposição de medida menos gravosa (STF, Rcl 29.303-AgR-Extn- Terceira/RJ, rel. Min. Edson Fachin, decisão monocrática, *DJe* 17-12-2020).

No Brasil, a regulamentação foi feita inicialmente pela via administrativa por intermédio de *provimentos de Tribunais de Justiça*, com apoio do Conselho Nacional de Justiça (CNJ). A Associação dos Delegados de Polícia do Brasil (ADEPOL) ingressou com ação direta de inconstitucionalidade atacando a implementação das "audiências de custódia" por provimento administrativo[114], o que ofenderia a separação de poderes e a competência legislativa da União. O STF julgou a ação *improcedente,* considerando que (i) há a previsão da audiência no artigo 7.5 da Convenção Americana de Direitos Humanos, diploma de hierarquia supralegal e (ii) que a apresentação do preso ao juiz no Brasil não é novidade, como se vê no regramento da ação de *habeas corpus*, o qual regula a apresentação do preso (em especial no art. 656 do Código de Processo Penal[115]). Assim, não houve inovação legislativa proibida ao ato administrativo, mas sim a operacionalização daquilo que já estava na Convenção Americana de Direitos Humanos e no Pacto Internacional sobre Direitos Civis e Políticos (STF, ADI n. 5.240/SP, rel. Min. Luiz Fux, j. 20-8-2015). Em 9 de setembro de 2015, o STF, na ADPF 347, deferiu medida cautelar exigindo a realização da audiência de apresentação no prazo de 24 horas contado da realização da prisão. Em 15 de dezembro de 2015, o CNJ adotou a Resolução n. 213/2015, dispondo sobre a apresentação de toda pessoa presa à autoridade judicial no prazo de 24 horas[116].

---

[112] CANINEU, Maria Luisa. O direito à 'audiência de custódia' de acordo com o direito internacional. Disponível em: <https://redejusticacriminal.files.wordpress.com/2013/07/rjc-boletim05-aud-custodia-2013.pdf>. Acesso em: 11 ago. 2024.

[113] Ver, em especial, Corte IDH, *Caso Chaparro Álvarez e Lapo Íñiguez vs. Equador*, sentença de 21-11-2007, § 84.

[114] Questionou-se o Provimento Conjunto n. 3, de 22-1-2015, da Presidência e da Corregedoria Geral da Justiça do Tribunal de Justiça do Estado de São Paulo.

[115] Art. 656. Recebida a petição de *habeas corpus*, o juiz, se julgar necessário, e estiver preso o paciente, mandará que este lhe seja imediatamente apresentado em dia e hora que designar.
Parágrafo único. Em caso de desobediência, será expedido mandado de prisão contra o detentor, que será processado na forma da lei, e o juiz providenciará para que o paciente seja tirado da prisão e apresentado em juízo.

[116] Sobre audiência de custódia, ver PAIVA, Caio. *Audiência de custódia e o processo penal brasileiro*. São Paulo: Empório do Direito, 2015.

Após a Lei Anticrime, a audiência de apresentação ou custódia foi finalmente introduzida no CPP. De acordo com a lei, há dois tipos de audiência de custódia relativa, respectivamente, ao (i) preso em flagrante e (ii) ao preso por ordem judicial a título de prisão temporária ou preventiva.

Para o STF, a audiência de custódia deve ser realizada em *todas* as modalidades prisionais, o que abrange: a) prisões preventivas, b) temporárias, c) preventivas para fins de extradição (o que vincula o próprio STF), d) decorrentes de descumprimento de medidas cautelares diversas, e) de violação de monitoramento eletrônico e f) até mesmo prisões definitivas para fins de execução da pena (STF, Rcl 29.303, Rel. Min. Edson Fachin, Plenário, Sessão Virtual de 24-2-2023 a 3-3-2023 e também STF, Rcl 54.997, rel. Min. Rosa Weber, j. 5-8-2022).

Em linhas gerais, a audiência de apresentação ou custódia segue a seguinte forma:

1) A autoridade policial providenciará a apresentação da pessoa detida, até 24 horas após a sua prisão, ao juiz competente, para participar da audiência de custódia. No caso de prisão em flagrante, o auto será encaminhado juntamente com a pessoa detida. Qualquer modalidade de prisão processual exige a realização da audiência de custódia.

2) Previsão de contato prévio e por tempo razoável do preso com advogado ou com defensor público.

3) Restrição das perguntas às circunstâncias objetivas da prisão e pessoais do preso. Não devem ser feitas ou admitidas perguntas que antecipem instrução própria de eventual processo de conhecimento.

4) O Ministério Público e a Defensoria (ou advogado constituído) devem participar da audiência.

5) No caso de prisão em flagrante, o Ministério Público deve se manifestar pelo (i) relaxamento da prisão em flagrante, (ii) conversão em prisão preventiva, (iii) concessão de liberdade provisória com imposição, se for o caso, das medidas cautelares (previstas no art. 319 do CPP).

6) Após o Ministério Público, devem se manifestar o autuado e a defesa.

7) O juiz deve decidir, na audiência, sobre (i) relaxamento da prisão ilegal; (ii) concessão de liberdade provisória, com ou sem fiança; (iii) adoção de medidas cautelares diversas substitutivas da prisão; e (iv) conversão da prisão em flagrante em prisão preventiva, caso haja pedido da autoridade policial ou do MP (ver acima as correntes sobre a "conversão da prisão em flagrante em prisão preventiva" *de ofício*).

8) No caso da prisão temporária ou preventiva com mandado cumprido fora do âmbito territorial da jurisdição do Juízo que a determinou, a audiência de custódia deve ser efetivada por meio da condução do preso à autoridade judicial competente na localidade em que ocorreu a prisão.

9) O STF admite, excepcionalmente, o emprego de videoconferência, mediante decisão da autoridade judiciária competente, desde que este meio seja apto à verificação da integridade do preso e à garantia de todos os seus direitos (STF, ADIs n. 6.288, 6.299, 6.300, 6.305, rel. Min. Luiz Fux, Plenário, j. 24-8-2023 – ver a audiência de custódia durante a pandemia da COVID-19).

10) O juiz deve tomar medidas para que sejam apurados abusos ocorridos durante a prisão em flagrante ou lavratura do ato, especialmente o exame clínico e de corpo de delito do autuado.

Cabe ainda a realização da audiência de apresentação no caso de crianças e adolescentes apreendidos, conforme já decidido pela Corte Interamericana de Direitos Humanos (*Caso Hermanos Landaeta Mejías y otros vs. Venezuela*, sentença de 27 de agosto de 2014, em especial parágrafo 178). A Corte IDH fez referência, neste caso (no parágrafo 177), ao Comentário Geral n. 10 do Comitê dos Direitos das Crianças, que, interpretando a Convenção dos Direitos da Criança, estabeleceu o prazo de 24 horas para a apresentação do menor à autoridade competente que deve decidir sobre a soltura ou manutenção da prisão. Em relação a qual seria a autoridade competente para a apresentação do adolescente, entendo que, apesar dos diferentes encargos do Ministério Público perante o Estatuto da Criança e do Adolescente (inclusive na concessão de remissão), o comando da Convenção Americana de Direitos Humanos exige que a apresentação seja feita a juiz ou à autoridade judicial. No Brasil, a louvável separação entre as carreiras da Magistratura e do Ministério Público exige que o adolescente apreendido seja apresentado à autoridade judicial.

11.9. Sistema prisional, uso de algemas e o estado de coisas inconstitucional. A extinção da pena de multa pela pobreza

A caótica situação do sistema prisional brasileiro é notória e já gerou vários casos contra o Brasil no sistema interamericano de direitos humanos, como se vê nas diversas medidas provisórias adotadas pela Corte Interamericana de Direitos Humanos exigindo que o Estado cumpra os direitos básicos do preso, como direito à vida, integridade pessoal, segurança, saúde, entre outros (ver a lista das medidas provisórias contra o Brasil no item 13.3.7 do Capítulo V da **Parte II**).

Não se trata, então, de violação de direitos de um determinado preso, ou, no máximo, da negligência de um Estado da Federação no trato do seu sistema prisional, mas sim de um quadro (i) generalizado e (ii) longevo de violações de direitos, que se mostra imune a mudanças, graças à (iii) constante ineficiência (por ações ou omissões) dos agentes políticos eleitos (de diferentes partidos). Esse tipo de *falha estrutural e sistêmica* dos Poderes eleitos do Estado Democrático fez nascer na Colômbia uma reação do Poder Judiciário pela declaração do "Estado de Coisas Inconstitucional"(ECI).

Esse instituto foi inicialmente adotado pela Corte Constitucional da Colômbia (CCC) em caso de desrespeito generalizado e estrutural a direitos previdenciários (*Sentencia de Unificación* – 559, de 6-11-1997). Em seguida, em 1998, a mesma Corte colombiana reconheceu o ECI em virtude da situação do sistema prisional colombiano, cuja superlotação e violação sistemática de direitos dos presos era fruto da omissão de diversas autoridades no Estado (*Sentencia de Tutela* – 153, de 28-4-1998). Reconhecido o ECI, o Poder Judiciário fica autorizado a adotar medidas de coordenação dos agentes públicos envolvidos mesmo se de entes federados diversos, designando e alocando recursos materiais e humanos e formulando políticas públicas de enfrentamento da situação. A coordenação do Poder Judiciário é feita ao longo do tempo, em uma *jurisdição de supervisão*, que pode inclusive alterar as medidas já ordenadas, dando flexibilidade à coisa julgada. Esse tipo de conduta do Poder Judiciário não visa satisfazer o direito de vítimas individualizadas, mas sim gerenciar o cumprimento dos deveres de proteção do Estado em relação a todos os afetados, até que a situação seja revertida.

Em face da gravidade das consequências do ECI, que afetam – no caso brasileiro – obviamente a separação de poderes e o federalismo (cláusulas pétreas da CF/88), seus requisitos são os seguintes:

- **Quadro extraordinário**. Exige-se a constatação da existência de quadro de violação generalizada e sistemática de direitos humanos, que seja *extraordinária* e *longeva*, não bastando ser meramente a proteção ineficiente ou necessitando melhorias.
- **Falha estrutural do Estado**. Também é exigida a constatação de bloqueios políticos e jurídicos que impedem a adoção das diversas medidas legislativas, administrativas e até judiciais (por exemplo, recusa dos juízes de instâncias inferiores de adotar

medidas alternativas ao encarceramento no caso da crise do sistema prisional), que permite a perenização (não há perspectiva de melhoria contínua, sequer a longo prazo) da situação.

- **Necessidade de coordenação por parte da cúpula do Poder Judiciário**. Trata-se aqui da necessidade da atuação dirigente excepcional do Poder Judiciário, para superar o impasse da situação. Para tanto, constata-se a formação de um *litígio estrutural*, que é aquele que afeta número expressivo de pessoas e exige remédios de diversos tipos, sob a coordenação do Poder Judiciário. O Poder Judiciário deve agir porque há falta de coordenação entre os atores envolvidos, muitas vezes por motivos políticos (partidos diferentes controlando entes federados indispensáveis para a reversão do quadro), eleitorais (a questão é explorada eleitoralmente de modo negativo, gerando a invisibilidade das violações e sua consequente manutenção), orçamentários (as prioridades dos agentes eleitos são outras) e mesmo jurídicos (autonomia dos entes federados, por exemplo).

Em 2015, houve a propositura da ADPF 347 pelo Partido Socialismo e Liberdade (PSOL), que requereu o reconhecimento, pelo STF, do "Estado de Coisas Inconstitucional" na situação do sistema penitenciário brasileiro. Com o reconhecimento do ECI deveria o STF interferir na formulação e implementação de políticas públicas, determinar alocações orçamentárias e ordenar interpretação vinculante do processo penal, visando a melhoria das condições desumanas dos presídios brasileiros, bem como buscando a redução da superlotação dos presídios. A maior parte dos nove pedidos cautelares do requerente na ADPF 347 dizia respeito ao poder-dever dos juízes criminais e de execução criminal de contribuir para a redução da superlotação, inclusive abrandando os requisitos legais de concessão de benefícios prisionais e ainda abatendo o tempo de prisão caso o preso tenha cumprido a pena em condições desumanas. Contudo, no julgamento da medida cautelar, o STF *não* deferiu a maior parte desses pedidos, tendo, por maioria, decidido somente:

1) pela aplicabilidade imediata do artigo 7.5 da Convenção Americana de Direitos Humanos e do artigo 9.3 do Pacto dos Direitos Civis e Políticos, devendo os juízes e tribunais realizar audiências de custódia, no prazo máximo de 90 dias, exigindo o comparecimento do preso em até 24 horas da prisão diante de autoridade judicial (ver acima o regramento da audiência de custódia após a Lei Anticrime);

2) deferir a cautelar para determinar à União que libere o saldo acumulado do Fundo Penitenciário Nacional para utilização com a finalidade para a qual foi criado, abstendo-se de realizar novos contingenciamentos (mesmo sem os contingenciamentos, feitos para auxiliar no combate ao déficit fiscal, a falta de vagas persiste);

3) conceder cautelar de ofício para que se determine à União e aos Estados, e especificamente ao Estado de São Paulo, que encaminhem ao Supremo Tribunal Federal informações sobre a situação prisional (ADPF 347 MC, rel. Min. Marco Aurélio, j. 9-9-2015, P, *DJe* de 19-2-2016).

Em 2016, houve a edição do Decreto n. 8.858, que regulamentou o disposto no art. 199 ("O emprego de algemas será disciplinado por decreto federal") da Lei n. 7.210/84 (Lei de Execução Penal), determinando o uso como diretrizes da Resolução n. 2010/16, de 22 de julho de 2010, das Nações Unidas sobre o tratamento de mulheres presas e medidas não privativas de liberdade para mulheres infratoras (Regras de Bangkok) e do Pacto de San José da Costa Rica, que determina o tratamento humanitário dos presos e, em especial, das mulheres em condição de vulnerabilidade. Nesse sentido, permitiu o emprego de algemas apenas em casos de: (i) resistência e (ii) de fundado receio de fuga ou de perigo à integridade física própria ou alheia, causado pelo preso ou por terceiros, (iii) justificada a sua excepcionalidade por escrito. Por sua vez, proibiu emprego de algemas em mulheres presas em qualquer unidade do sistema penitenciário nacional (a) durante o trabalho de parto, (b) no trajeto da parturiente entre a unidade prisional e a unidade hospitalar, e (c) após o parto, durante o período em que se encontrar hospitalizada.

Também cabe mencionar a aprovação, em 13-8-2008, da *Súmula Vinculante 11*, pela qual ficou estabelecido que só é lícito o uso de algemas em casos: (i) de resistência e (ii) de fundado receio de fuga ou (iii) de perigo à integridade física própria ou alheia, por parte do preso ou de terceiros. Tal uso deve ser justificado por escrito, sob pena de responsabilidade disciplinar, civil e penal do agente ou da autoridade e de nulidade da prisão ou do ato processual a que se refere, sem prejuízo da responsabilidade civil do Estado.

É devido pagamento de indenização por danos materiais e morais ao preso submetido às condições degradantes e desumanas do sistema prisional brasileiro, tendo já o Supremo Tribunal Federal aprovado a seguinte tese em repercussão geral: "Considerando que é dever do Estado, imposto pelo sistema normativo, manter em seus presídios os padrões mínimos de humanidade previstos no ordenamento jurídico, é de sua responsabilidade, nos termos do artigo 37, parágrafo 6º, da Constituição, a obrigação de ressarcir os danos, inclusive morais, comprovadamente causados aos detentos em decorrência da falta ou insuficiência das condições legais de encarceramento" (Recurso Extraordinário n. 580.252, relator para o acórdão Min. Gilmar Mendes, j. 16-2-2017, Tema 365 de repercussão geral).

No caso de morte do detento (homicídio, suicídio, acidente), há o dever *específico* de proteção conforme o disposto no art. 5º, XLIX, da CF/88, respondendo o Estado pelo ocorrido. Contudo, pode o Estado provar causa impeditiva da sua atuação protetiva, rompendo o nexo de causalidade da sua omissão com o resultado danoso, pois nem sempre o Estado pode evitar a morte (STF. Plenário. RE 841.526/RS, rel. Min. Luiz Fux, j. 30-3-2016, repercussão geral, tese: "Em caso de inobservância do seu dever específico de proteção previsto no art. 5º, XLIX, da Constituição Federal, o Estado é responsável pela morte de detento").

Em 2018, houve avanço no tratamento judicial da superpopulação carcerária no Brasil, em caso envolvendo a detenção de adolescentes em conflito com a lei em unidades de cumprimento de medidas socioeducativas de internação. Em *habeas corpus* coletivo, o Min. Fachin reconheceu que a manutenção do socioeducando internado em ambiente superlotado ofende o art. 227 da CF/88[117] e o art. 3º da Convenção da ONU sobre os direitos da criança[118]. Assim, as medidas socioeducativas privativas de liberdade devem ser cumpridas em estabelecimentos que ofereçam dignas condições, em respeito à sua peculiar situação de pessoa em desenvolvimento, o que levou o Min. Fachin a determinar um limite ao número de socioeducandos em determinada unidade (Unidade de Internação Regional Norte – UNINORTE, de Linhares/ES) à capacidade máxima próxima de 119%.

O percentual de 119% foi extraído da taxa média de ocupação dos internos de 16 estados, aferido pelo CNMP em 2013. Atingido esse percentual, deve ser realizada transferência para outras unidades e, na impossibilidade, ser incluído em programa de meio aberto à luz dos

---

[117] Art. 227. É dever da família, da sociedade e do Estado assegurar à criança, ao adolescente e ao jovem, com absoluta prioridade, o direito à vida, à saúde, à alimentação, à educação, ao lazer, à profissionalização, à cultura, à dignidade, ao respeito, à liberdade e à convivência familiar e comunitária, além de colocá-los a salvo de toda forma de negligência, discriminação, exploração, violência, crueldade e opressão. (Redação dada Pela Emenda Constitucional n. 65, de 2010)

[118] Art. 3º Os Estados Partes se certificarão de que as instituições, os serviços e os estabelecimentos encarregados do cuidado ou da proteção das crianças cumpram com os padrões estabelecidos pelas autoridades competentes, especialmente no que diz respeito à segurança e saúde das crianças, ao número e à competência de seu pessoal e à existência de supervisão adequada.

parâmetros do art. 49, II, da Lei n. 12.594/2012[119]. Caso também seja impossível a adoção das medidas já referidas, que haja a conversão das medidas de internação em *internações domiciliares* (STF, Ag. Reg. no HC 143.988/ES, rel. Min. Edson Fachin, decisão monocrática de 16-8-2018).

Assim, a situação dramática dos presídios brasileiros vulnera a Constituição, a Lei de Execução Penal, tratados de direitos humanos (como o Pacto Internacional sobre Direitos Civis e Políticos, a Convenção contra a Tortura e outros Tratamentos ou Penas Cruéis, Desumanos ou Degradantes, a Convenção Americana de Direitos Humanos) e também diplomas de *soft law*, como as Regras Mínimas das Nações Unidas para o Tratamento de Reclusos – "Regras de Nelson Mandela". Por isso, cabe a adoção das mais diversas *ordens judiciais* ao Poder Executivo no que tange ao tratamento prisional para assegurar o "mínimo existencial", superando (i) eventual alegação de ofensa à separação de poderes e (ii) alegação de inexistência de recursos financeiros ("reserva do possível"). Nesse sentido, o Min. Celso de Mello conheceu *habeas corpus coletivo* e decidiu a *favor* do direito ao banho de sol diário por duas horas de todos os presos (mesmo os que estivessem detidos no "Pavilhão Disciplinar" e no "Pavilhão Seguro" – termo utilizado para locais nos quais os presos ameaçados são detidos), fundado no direito à integridade física e psíquica e ainda no direito à saúde, além de ser extraído do respeito à dignidade humana. Nas palavras do Ministro Celso de Mello, "[a] cláusula da reserva do possível, por isso mesmo, é inoponível à concretização do 'mínimo existencial'" (STF, HC Coletivo n. 172.136/SP, rel. Min. Celso de Mello, decisão monocrática de 1º-7-2019, julgamento na sessão virtual de 2 a 9 de outubro de 2020, *DJe* de 1º-12-2020).

Em 2020, o Superior Tribunal de Justiça concedeu *habeas corpus* coletivo para fixar o regime aberto a todas as pessoas condenadas no estado por tráfico privilegiado (art. 33, § 4º, da Lei n. 11.343/2006), com pena de um ano e oito meses. O *habeas corpus* impetrado pela Defensoria Pública/SP foi em favor de um preso, processado por armazenar 23 pedras de crack (2,9 g) e quatro papelotes de cocaína (2,7 g) e condenado a um ano e oito meses de reclusão, no regime inicial fechado – pela capacidade de viciar da droga apreendida –, mais multa. Para o STJ, a fundamentação para manter o regime fechado não foi idônea, uma vez que a quantidade de drogas apreendidas não era relevante e o réu preenchia os requisitos para a caracterização do tráfico privilegiado – tanto que a pena foi fixada no mínimo legal. Foi ressaltado que, de acordo com o próprio STF (HC n. 111.840, Pleno, rel. Min. Dias Toffoli, *DJe* 17-12-2013), não é considerado crime hediondo o delito de tráfico de drogas, na modalidade prevista no art. 33, § 4º, da Lei n. 11.343/2006 (caracterizada pela quantidade de drogas apreendida não elevada e por ser o agente primário, sem antecedentes penais e sem envolvimento com atividade ou organização criminosa), devendo o regime inicial ser aberto quando as circunstâncias forem todas favoráveis ao agente. Como houve pedido de extensão, o *habeas corpus* foi deferido também a todos os presos na situação, tendo sido determinado ainda para o futuro que *não seja mais imposto* o regime fechado "aos que vierem a ser sancionados por prática do crime de tráfico privilegiado" (STJ, *Habeas Corpus* n. 596.603, rel. Min. Rogério Schietti Cruz, j. 8-9-2020).

Cumpre-se, assim, o respeito à dignidade humana do preso ou do socioeducando (art. 1º, III, da CF/88) e o direito de não ser submetido a tratamento desumano ou degradante (art. 5º, III, da CF/88).

A determinação da Corte IDH de cômputo adicional de abatimento da pena diante do degradado sistema prisional brasileiro gerou resultado: há decisões ordenando o "cômputo em

---

[119] Art. 49. São direitos do adolescente submetido ao cumprimento de medida socioeducativa, sem prejuízo de outros previstos em lei: (...) II – ser incluído em programa de meio aberto quando inexistir vaga para o cumprimento de medida de privação da liberdade, exceto nos casos de ato infracional cometido mediante grave ameaça ou violência à pessoa, quando o adolescente deverá ser internado em Unidade mais próxima de seu local de residência.

dobro" do período de cumprimento da pena em situação considerada degradante (por exemplo, STJ, AgRg no RHC 136.961/RJ, Quinta Turma, rel. Min. Reynaldo Soares da Fonseca, *DJe* 21-6-2021, referente ao Instituto Penal Plácido de Sá Carvalho no Rio de Janeiro).

Em 2024, houve mais uma evolução no tocante à execução das penas criminais no Brasil, referente à execução da pena de multa.

Para o STJ, o não pagamento da pena de multa não obsta a declaração de extinção de punibilidade, entre outros efeitos (cabe progressão do regime de cumprimento de pena). Para tanto, era necessário, de acordo com o Tema Repetitivo 931 do STJ que o apenado comprovasse a impossibilidade de adimplemento. Eis o tema 931: "Na hipótese de condenação concomitante a pena privativa de liberdade e multa, o inadimplemento da sanção pecuniária, pelo condenado que comprovar impossibilidade de fazê-lo, não obsta o reconhecimento da extinção da punibilidade (REsp 1.785.383/SP e 1.785.861/SP, *DJe* 30-11-2021).

Porém, houve evolução desse posicionamento. Para o STJ (2024), basta a declaração do apenado, cabendo ao juiz afastar tal hipossuficiência em decisão motivada, que pode inclusive ser por provocação do MP. Assim, "[o] inadimplemento da pena de multa, após cumprida a pena privativa de liberdade ou restritiva de direitos, não obsta a extinção da punibilidade, ante a alegada hipossuficiência do condenado, salvo se diversamente entender o juiz competente, em decisão suficientemente motivada, que indique concretamente a possibilidade de pagamento da sanção pecuniária" (REsp n. 2.024.901/SP, rel. Min. Rogerio Schietti Cruz, Terceira Seção, j. 28-2-2024, *DJe* 1º-3-2024).

Porém, o STF decidiu de modo diferente ainda em 2024. O STF conferiu ao art. 51 do Código Penal interpretação no sentido de que, cominada conjuntamente com a pena privativa de liberdade, a pena de multa obsta o reconhecimento da extinção da punibilidade, salvo na situação de comprovada impossibilidade de seu pagamento pelo apenado, ainda que de forma parcelada, acrescentando, ainda, a possibilidade de o juiz de execução extinguir a punibilidade do apenado, no momento oportuno, concluindo essa impossibilidade de pagamento através de elementos comprobatórios constantes dos autos, nos termos do voto do relator (Min. Flávio Dino). Assim, para o STF, cabe à Defesa (e não ao juiz ou ao MP) apresentar as provas da vulnerabilidade social do apenado (ADI n. 7.032, rel. Min. Flávio Dino, Plenário, Sessão Virtual de 15-3-2024 a 22-3-2024). Tal posição do STF exigirá maior atuação da Defensoria Pública e da advocacia na defesa dos sentenciados vulnerabilizados.

12. LIBERDADE DE REUNIÃO E MANIFESTAÇÃO EM PRAÇA PÚBLICA. O DISCURSO CONTRAMAJORITÁRIO, USO DE MÁSCARAS E AS TÁTICAS *BLACK BLOCK*

> *Art. 5º, XVI – todos podem reunir-se pacificamente, sem armas, em locais abertos ao público, independentemente de autorização, desde que não frustrem outra reunião anteriormente convocada para o mesmo local, sendo apenas exigido prévio aviso à autoridade competente;*

A Constituição de 1988 assegura a todos o *direito de se reunir*, pacificamente e sem armas, em locais abertos ao público, sem necessidade de autorização prévia, desde que: (i) avisem previamente à autoridade competente e (ii) não frustrem outra reunião já convocada anteriormente.

A liberdade de reunião é *direito-meio*, que viabiliza a liberdade de expressão e a liberdade de associação, permitindo a participação da sociedade civil na vida política e social. A reunião em "local aberto ao público" é o instrumento que viabiliza essa participação.

Os requisitos para que o exercício do direito à reunião em *locais abertos ao público* (não são aplicáveis, obviamente, esses requisitos a reuniões privadas) consistem em *seis* elementos: a) *pessoal*: qualquer um pode utilizá-lo; b) *temporal*: não pode ser inviabilizada outra reunião no mesmo horário; c) *finalidade*: o fim deve ser pacífico, ou seja, não pode ser feita reunião com violência ou incitação ao ódio ou à discriminação; d) *espacial*: não pode se sobrepor a outra reunião marcada anteriormente no mesmo local; e) *circunstancial*: não pode ser feita com participantes armados; e f) *formal*: deve existir aviso prévio à autoridade competente, para que se verifique a existência dos demais elementos e viabilidade da reunião.

Esse último elemento (*formal*) foi interpretado pelo STF no tema de repercussão geral n. 855. O direito de reunião não exige uma organização formal e não requer "autorização prévia" ou aviso formalizado. O aviso prévio previsto na CF/88 *não* pode ser interpretado pelas autoridades públicas como um "pedido de autorização" e não exige que seja feita uma notificação pessoal, protocolada ou registrada de alguma forma. Basta que os organizadores façam conhecer ao Poder Público a realização da reunião de modo prévio. Além disso, as manifestações espontâneas *não estão proibidas* e as manifestações pacíficas gozam de presunção de constitucionalidade. Assim, caso não tenha sido possível a notificação prévia, os organizadores *não* podem ser punidos com sanções criminais ou administrativas que resultem multa ou prisão. Foi aprovada a seguinte tese: "A exigência constitucional de aviso prévio relativamente ao direito de reunião é satisfeita com a veiculação de informação que permita ao poder público zelar para que seu exercício se dê de forma pacífica ou para que não frustre outra reunião no mesmo local" (STF RE n. 806.339, rel. Min. Edson Fachin, j. 15-12-2020, *DJ* de 19-3-2021, Tema 855 – repercussão geral).

Existentes esses elementos, o espaço público pode abarcar a defesa de teses não majoritárias, como a da defesa da *legalização das drogas* ou de qualquer outro tipo penal. Essa defesa de *teses contrárias ao Direito Penal vigente* não se constitui em apologia ao crime, mas sim o exercício legítimo do direito à livre manifestação do pensamento, graças ao exercício do direito de reunião, como decidiu o STF no Caso da "Marcha da Maconha". Nesse caso, o STF interpretou o Código Penal restritivamente, considerando que não é "apologia ao crime" do art. 287 do CP a defesa em praça pública da mudança da lei e legalização do uso e produção da maconha (ADPF 187, rel. Min. Celso de Mello, j. 15-6-2011, Plenário, *Informativo* n. 631).

Em outro caso emblemático, o STF considerou inconstitucional o Decreto n. 20.098/99 do Distrito Federal, que proibia a *manifestação com aparelhos sonoros* na Praça dos Três Poderes em Brasília. O STF considerou que a liberdade de reunião e de manifestação pública são conquistas da civilização, enquanto fundamento das modernas democracias políticas, não podendo ser exigidas "manifestações silenciosas" (ADI n. 1.969, rel. Min. Ricardo Lewandowski, j. 28-6-2007, Plenário, *DJ* de 31-8-2007).

No Brasil, após o uso de violência por manifestantes (a chamada tática *black block*), leis estaduais foram aprovadas proibindo o uso de máscaras ou qualquer forma de ocultar o rosto para dificultar ou impedir a identificação em manifestações (ressalvadas as manifestações culturais, como o carnaval), tais como a Lei estadual paulista n. 15.556, de 29-8-2014, e a Lei estadual fluminense n. 6.528, de 11-9-2013. O ápice da violência ocorreu com a morte de cinegrafista de empresa de televisão em 10 de fevereiro de 2014, atingido por rojão durante seu trabalho de cobertura de manifestação no Rio de Janeiro.

O Tribunal de Justiça do Rio de Janeiro considerou a lei estadual *constitucional*, entendendo que tal proibição não é óbice que embarace ou mesmo inviabilize o direito de reunião, mas busca preservar os direitos daqueles que seriam atingidos pela violência (ADI n. 0052756-30.2013.8.19.0000 e 0053071-58.2013.8.19.0000, rel. designada Desa. Nilza Bitar, j. 10-11-2014).

Sem levar em conta os debates constantes do acórdão estadual sobre a competência federal (tema de direito penal), estadual (tema de segurança pública) ou municipal (tema de restrição administrativa para determinado indivíduo poder estar em espaço público) para regular a matéria, observo que a proibição das máscaras *não* pode ser extraída logicamente da "cláusula de pacificidade" constante do direito à reunião. É possível, obviamente, que um manifestante com máscara tenha comportamento pacífico e outro, sem máscara, atente contra direitos e bens de terceiros. O uso de máscara pode ocorrer por outro motivo: em plena pandemia do COVID-19, o uso de máscaras pelos manifestantes decorreu de exigência sanitária e não representou "ameaça" alguma.

Quanto à proibição do anonimato, que consta com restrição à liberdade de manifestação do pensamento (art. 5º, IV), observo que não há a mesma restrição no que tange ao direito de reunião. É comum, aliás, o uso de máscaras em reuniões pacíficas de protesto: a "máscara de Guy Fawkes" já é um símbolo globalizado de revolta contra o abuso do poder. Também há outros meios para que se garanta a identificação e punição aos que cometem atos violentos, por meio da ação policial especificamente voltada aos que cometem tais atos.

13. LIBERDADE DE ASSOCIAÇÃO

> *Art. 5º, XVII – é plena a liberdade de associação para fins lícitos, vedada a de caráter paramilitar;*
>
> *XVIII – a criação de associações e, na forma da lei, a de cooperativas independem de autorização, sendo vedada a interferência estatal em seu funcionamento;*
>
> *XIX – as associações só poderão ser compulsoriamente dissolvidas ou ter suas atividades suspensas por decisão judicial, exigindo-se, no primeiro caso, o trânsito em julgado;*
>
> *XX – ninguém poderá ser compelido a associar-se ou a permanecer associado;*
>
> *XXI – as entidades associativas, quando expressamente autorizadas, têm legitimidade para representar seus filiados judicial ou extrajudicialmente;*

A liberdade de associação consiste no *direito de formação de entidades,* não importando a espécie ou natureza (com ou sem fim lucrativo), sendo *proibida* unicamente as de *caráter paramilitar*. O "caráter paramilitar" expressamente proibido pela Constituição refere-se a associações que buscam organizar e treinar seus membros de forma similar à das Forças Armadas, com uso de hierarquia, disciplina, cadeia de comando (com ou sem fardamento próprio) e voltado a atividades bélicas. A proibição expressa de associações de caráter paramilitar não elimina a possibilidade de proibição também de funcionamento de associações voltadas a *outras* práticas ilícitas, incidindo nesse caso, a ponderação entre o direito de associação e os direitos de terceiros (futuras vítimas das práticas ilícitas).

Foi prevista pela primeira vez em um texto constitucional brasileiro na Constituição de 1891, destacando-se nos textos constitucionais sucessivos. Há duas facetas ou dimensões da liberdade de associação: a dimensão positiva e a dimensão negativa. A liberdade de associação *positiva* assegura a qualquer pessoa (física ou jurídica) o direito de associar-se e de formar associações, gerindo-as sem interferência do Estado. Já a liberdade de associação *negativa* impede que qualquer pessoa seja compelida a filiar-se, permanecer filiado ou ainda a se desfiliar de determinada entidade (ADI n. 3.045, voto do rel. Min. Celso de Mello, j. 10-8-2005, Plenário, *DJ* de 1º-6-2007).

Além da liberdade de criação (salvo a de caráter paramilitar), a Constituição ainda estabelece outras regras regentes da liberdade de associação, a saber:

(i) criação e funcionamento *independente* de autorização estatal;

(ii) *proibição* da interferência estatal em seu funcionamento;

(iii) *suspensão* de suas atividades por *decisão judicial,* mesmo que em liminar;

(iv) *dissolução* compulsória só poderá ser feita por *ordem judicial transitada em julgado*;

(v) legitimidade para *representar* seus filiados judicial ou extrajudicialmente, quando expressamente autorizadas, quer seja no estatuto institutivo ou mediante deliberação em Assembleia. Para o STF, descabe exigir instrumentos de mandatos subscritos pelos associados (RE 192.305, rel. Min. Marco Aurélio, j. 15-12-1998, Segunda Turma, *DJ* de 21-5-1999). Trata-se do instituto da representação processual (defesa de interesses de terceiros, em nome de terceiros), diferente do instituto da substituição processual (defesa em nome próprio dos interesses de terceiros), regulado no inciso LXX do art. 5º.

A Constituição ainda regula o direito de associação em dispositivos referentes aos sindicatos (art. 8º), aos partidos políticos (art. 17) e às cooperativas (arts. 5º, XVIII, e 146 e 174).

13.1. Jurisprudência do STF

Liberdade de associação e direito de crítica. "Quem critica o autoritarismo não está a criticar a disciplina. Frise-se, ainda, que a liberdade de associação presta-se a satisfazer necessidades várias dos indivíduos, aparecendo, ao constitucionalismo atual, como básica para o Estado Democrático de Direito. Os indivíduos se associam para serem ouvidos, concretizando o ideário da democracia participativa. Por essa razão, o direito de associação está intrinsecamente ligado aos preceitos constitucionais de proteção da dignidade da pessoa, de livre iniciativa, da autonomia da vontade e da garantia da liberdade de expressão. Uma associação que deva pedir licença para criticar situações de arbitrariedade terá sua atuação completamente esvaziada; e toda dissolução involuntária de associação depende de decisão judicial" (HC 106.808, rel. Min. Gilmar Mendes, j. 9-4-2013).

Liberdade de associação na dimensão negativa. Ninguém pode ser obrigado a pagar mensalidade de associação a qual não quer ingressar, mesmo que seja beneficiado pelos trabalhos da dita associação. "Por não se confundir a associação de moradores com o condomínio disciplinado pela Lei n. 4.591/1964, descabe, a pretexto de evitar vantagem sem causa, impor mensalidade a morador ou a proprietário de imóvel que a ela não tenha aderido. Considerações sobre o princípio da legalidade e da autonomia da manifestação de vontade – art. 5º, II e XX, da CF" (RE 432.106, rel. Min. Marco Aurélio, j. 20-9-2011, 1ª T., *DJe* de 4-11-2011).

Representação por parte da Associação. "A representação prevista no inciso XXI do art. 5º da CF surge regular quando autorizada a entidade associativa a agir judicial ou extrajudicialmente mediante *deliberação* em *assembleia*. Descabe exigir instrumentos de mandatos subscritos pelos associados" (RE 192.305, rel. Min. Marco Aurélio, j. 15-12-1998, Segunda Turma, *DJ* de 21-5-1999 – veja também, a seguir, o Tema 82).

Tema 82 da repercussão geral (RE 573.232, Plenário, 14-5-2014). I – A *previsão estatutária* genérica *não* é suficiente para legitimar a atuação, em Juízo, de associações na defesa de direitos dos filiados, sendo indispensável autorização expressa, ainda que deliberada em assembleia, nos termos do art. 5º, inciso XXI, da Constituição Federal; II – As balizas subjetivas do título judicial, formalizado em ação proposta por associação, são definidas pela representação no processo de conhecimento, limitada a execução aos associados apontados na inicial.

Tema 499 da repercussão geral (RE 612.043, j. 10-5-2017). A eficácia subjetiva da coisa julgada formada a partir de ação coletiva, de rito ordinário, ajuizada por associação civil na defesa de interesses dos associados, somente alcança os filiados, residentes no âmbito da jurisdição do órgão julgador, *que o fossem em momento anterior ou até a data da propositura da demanda*, constantes da relação jurídica juntada à inicial do processo de conhecimento.

14. DIREITO DE PROPRIEDADE

Art. 5º, XXII – é garantido o direito de propriedade;

XXIII – a propriedade atenderá a sua função social;

XXIV – a lei estabelecerá o procedimento para desapropriação por necessidade ou utilidade pública, ou por interesse social, mediante justa e prévia indenização em dinheiro, ressalvados os casos previstos nesta Constituição;

XXV – no caso de iminente perigo público, a autoridade competente poderá usar de propriedade particular, assegurada ao proprietário indenização ulterior, se houver dano;

XXVI – a pequena propriedade rural, assim definida em lei, desde que trabalhada pela família, não será objeto de penhora para pagamento de débitos decorrentes de sua atividade produtiva, dispondo a lei sobre os meios de financiar o seu desenvolvimento;

14.1. Conceito e função social

O direito de propriedade consiste na *faculdade de usar, gozar, usufruir e dispor de um determinado bem*. A Constituição de 1988 o inseriu, inicialmente, no *caput* do art. 5º ("todos são iguais perante a lei, sem distinção de qualquer natureza, garantindo-se aos brasileiros e aos estrangeiros residentes no país a inviolabilidade... do direito... à propriedade").

Após, no inciso XXII do mesmo art. 5º, houve novamente a menção à garantia do direito de propriedade e, no inciso seguinte, foi previsto que a propriedade atenderá a sua função social. A propriedade e sua função social são também princípios da ordem econômica e financeira da Constituição, tendo disposto o seu art. 170, II e III, que: "A ordem econômica, fundada na valorização do trabalho humano e na livre-iniciativa, tem por fim assegurar a todos existência digna, conforme os ditames da justiça social, observados os seguintes princípios: (...) II – propriedade privada; III – função social da propriedade privada".

Assim, a Constituição consagrou, expressamente, a *relatividade* do direito de propriedade, que não é mais absoluto e sagrado (como constava, por exemplo, da Declaração Francesa dos Direitos do Homem e do Cidadão, 1789, art. 17), devendo o proprietário cumprir a função social da propriedade (art. 5º, XXIII, da CF). Assim, o direito de propriedade não é mais um direito liberal ou de abstenção tradicional, no qual seu titular pode exigir a ausência de turbação ao seu exercício; é um direito que exige do proprietário e do Estado conduta ativa (o cumprimento da função social) em prol dos interesses da comunidade.

A função social da propriedade consiste na *exigência do exercício, pelo proprietário, dos atributos inerentes ao direito de propriedade de modo compatível com o interesse da coletividade*.

Para cumprir a função social da propriedade, o proprietário deve tanto respeitar limitações (*dimensão negativa da função social da propriedade*) quanto parâmetros de ação (*dimensão positiva*), agindo em prol do interesse público. Logo, o objetivo do direito de propriedade não é mais restrito aos interesses egoísticos do seu titular, mas sim é vinculado ao interesse de toda a coletividade.

A Constituição diferencia duas espécies de função social, a depender do tipo de propriedade (urbana ou rural):

- **Função social da propriedade urbana:** de acordo com o art. 182, § 2º, da CF/88, a propriedade urbana cumpre a função social quando obedece às diretrizes fundamentais de ordenação da cidade fixadas no plano diretor. O plano diretor, aprovado pela Câmara Municipal, obrigatório para cidades com mais de vinte mil habitantes, é o instrumento básico da política de desenvolvimento e de expansão urbana (art. 182, § 1º, da CF).
- **Função social da propriedade rural:** o art. 186 da CF/88 estabelece que a propriedade rural cumpre sua função social quando atende, simultaneamente, segundo critérios e graus de exigência estabelecidos em lei, aos seguintes requisitos: I – aproveitamento racional e adequado; II – utilização adequada dos recursos naturais disponíveis e preservação do meio ambiente; III – observância das disposições que regulam as relações de trabalho; IV – exploração que favoreça o bem-estar dos proprietários e dos trabalhadores.

14.2. As restrições impostas ao direito de propriedade

Em nome do direito de todos a condições mínimas de sobrevivência, o Estado pode limitar e regular o direito de propriedade individual e interferir nas atividades econômicas dos entes privados.

A Constituição de 1988 distingue a forma e a intensidade de tais restrições e regulações, como se vê abaixo:

1) Propriedade que esteja cumprindo sua função social. A Constituição prevê que a lei estabelecerá o procedimento para desapropriação por necessidade ou utilidade pública, ou por interesse social, mediante justa e prévia indenização em dinheiro (art. 5º, XXIV). No mesmo sentido, as desapropriações de imóveis urbanos serão feitas com prévia e justa indenização em dinheiro (art. 182, § 3º).

2) Propriedade que não esteja cumprindo a sua função social. A Constituição prevê a desapropriação para fins de reforma agrária no caso da propriedade rural (ver abaixo), com pagamento ao desapropriado por meio de títulos da dívida pública. No caso de imóvel urbano, a Constituição determinada que o Poder Público municipal, mediante lei específica para a área incluída no plano diretor, possa exigir nos termos da lei federal, do proprietário do solo urbano (i) não edificado, (ii) subutilizado ou (iii) não utilizado, que promova seu adequado aproveitamento (função social da propriedade urbana), sob pena, sucessivamente, ou seja, da punição menos gravosa a mais gravosa, de: I – parcelamento ou edificação compulsórios; II – imposto sobre propriedade predial e territorial progressivo no tempo; III – desapropriação com o pagamento mediante títulos da dívida pública de emissão previamente aprovada pelo Senado Federal, com prazo de resgate em até dez anos, em parcelas anuais, iguais e sucessivas, assegurado o valor real da indenização e os juros legais.

3) Propriedade que esteja sendo utilizada para produção de plantas psicotrópicas ilegais. Excepcionalmente, a Constituição prevê caso de confisco, ou seja, de perda da propriedade sem indenização, para punir o proprietário que determina ou deixa que ocorra a cultura ilegal de plantas psicotrópicas (art. 243). Em 2016, o STF fixou tese com *repercussão geral*, pela qual a expropriação prevista no art. 243 da Constituição Federal *pode ser afastada*, desde que o proprietário comprove que *não* incorreu em culpa (*in vigilando* ou *in eligendo*). (STF, RE n. 635.336, Plenário, j. 14.12.2016).

4) Propriedade que seja indispensável para combater iminente perigo público. A Constituição prevê que, no caso de iminente perigo público, o Estado poderá usar a propriedade particular, sendo assegurada indenização posterior de danos causados ao proprietário (art. 5º, XXV). O perigo não precisa ser atual, basta a alta probabilidade de ocorrência (iminência).

5) Propriedade indispensável para a preservação do patrimônio histórico-cultural do Brasil. O patrimônio cultural brasileiro consiste no conjunto de bens de natureza material e imaterial, tomados individualmente ou em conjunto, portadores de referência à identidade, à ação, à memória dos diferentes grupos formadores da sociedade brasileira. A Constituição prevê que o Estado, com a colaboração da comunidade, deve promover e proteger o patrimônio cultural brasileiro, por meio de inventários, registros, vigilância, tombamento e desapropriação, e de outras formas de acautelamento e preservação. A própria Constituição determinou o tombamento de todos os documentos e os sítios detentores de reminiscências históricas dos antigos quilombos (art. 216 e seus parágrafos).

14.3. A desapropriação

A CF/88 prevê a possibilidade de perda do direito de propriedade para o atendimento do (i) interesse público geral, (ii) da função social da propriedade rural e (iii) da função social da propriedade urbana.

A desapropriação para a satisfação do interesse público geral é chamada também de *desapropriação ordinária* (comum), que resulta na transferência compulsória da propriedade para o Poder Público por motivo de necessidade (a desapropriação é indispensável), utilidade pública (a desapropriação aumenta o proveito extraído da propriedade pela coletividade) ou ainda interesse social (determinado grupo social será beneficiado). A Constituição exige que seja paga (a) indenização justa, (b) previamente à transferência e (c) em dinheiro (art. 5º, XXIV).

Por sua vez a desapropriação por descumprimento da função social da propriedade rural é comumente denominada *desapropriação por interesse social para fins de reforma agrária*. Somente a *União* pode desapropriar para tal finalidade e recai sobre o imóvel que não esteja cumprindo sua função social, mediante *prévia* e *justa* indenização em *títulos da dívida agrária*, com cláusula de preservação do valor real, resgatáveis no prazo de *até vinte anos*, a partir do segundo ano de sua emissão. As benfeitorias úteis e necessárias serão indenizadas em dinheiro.

São insuscetíveis de desapropriação para fins de reforma agrária: I – a *pequena e média propriedade rural*, assim definida em lei, desde que seu proprietário não possua outra; e II – a *propriedade produtiva* (art. 185).

A lei garantirá tratamento especial à propriedade produtiva e fixará normas para o cumprimento dos requisitos relativos a sua função social. A função social é cumprida quando a propriedade rural atende, *simultaneamente*, segundo critérios e graus de exigência estabelecidos em lei, aos seguintes requisitos: I – aproveitamento racional e adequado; II – utilização adequada dos recursos naturais disponíveis e preservação do meio ambiente; III – observância das disposições que regulam as relações de trabalho; IV – exploração que favoreça o bem-estar dos proprietários e dos trabalhadores (art. 186 da CF/88). A Lei n. 8.629/93 trata da temática.

Os beneficiários da distribuição de imóveis rurais pela reforma agrária receberão títulos de domínio ou de concessão de uso, inegociáveis pelo prazo de *dez anos*. A Lei Complementar n. 76/93, com alterações realizadas pela Lei Complementar n. 88/96, rege o procedimento contraditório especial, de rito sumário, para o processo de desapropriação de imóvel rural, por interesse social, para fins de reforma agrária.

Finalmente, a desapropriação por descumprimento da função social urbana da propriedade consiste na perda do direito de propriedade sobre imóvel urbano não edificado, não utilizado ou subutilizado. A propriedade urbana cumpre sua função social quando atende às exigências fundamentais de ordenação da cidade expressas no Plano Diretor. A Lei n. 10.257/2001, denominada "Estatuto da Cidade" rege a desapropriação para fins de política urbana.

É possível que o Poder Público exija do proprietário do solo urbano não edificado, subutilizado ou não utilizado, que este promova seu adequado aproveitamento, sob pena, *sucessivamente* (ou seja, deve-se tentar inicialmente a restrição menos agressiva), de:

a) parcelamento ou edificação compulsórios;

b) imposto sobre a propriedade predial e territorial urbana progressivo no tempo;

c) finalmente, a última e mais drástica sanção (só após a ineficácia das duas anteriores): a desapropriação mediante pagamento com títulos da dívida pública de emissão previamente aprovada pelo Senado Federal, com prazo de resgate de até dez anos, em parcelas anuais, iguais e sucessivas, assegurados o valor real da indenização e os juros legais.

14.4. Impenhorabilidade

De acordo com o art. 5º, XXVI, da CF/88, a pequena propriedade rural, assim definida em lei, desde que trabalhada pela família, não será objeto de penhora para pagamento de débitos decorrentes de sua atividade produtiva, dispondo a lei sobre os meios de financiar o seu desenvolvimento.

Assim, o regime constitucional da impenhorabilidade da propriedade rural é composto pelos seguintes elementos: (i) somente a pequena propriedade; (ii) trabalhada pela família; (iii) somente quanto aos débitos decorrentes da atividade produtiva. Essa impenhorabilidade constitucional tem aplicação imediata (RE 136.753, rel. Min. Sepúlveda Pertence, j. 13-2-1997, Plenário, *DJ* de 25-4-1997).

14.5. Propriedade de estrangeiros

Apesar da igualdade entre os brasileiros e estrangeiros residentes prevista no art. 5º, a própria CF/88 determina tratamentos diferenciados ao longo do seu texto. No caso do direito de propriedade, ela estabelece as seguintes restrições e condicionantes a estrangeiros (pessoas físicas ou jurídicas):

i) Restrição na aquisição e arrendamento. A Constituição dispõe que "a lei regulará e limitará a aquisição ou o arrendamento de propriedade rural por pessoa física ou jurídica estrangeira e estabelecerá os casos que dependerão de autorização do Congresso Nacional" (literalidade do art. 190 da CF/88). A Lei n. 5.709/71 determina que a aquisição de imóvel rural por pessoa física estrangeira *não poderá exceder* a 50 módulos de exploração indefinida, em área contínua ou descontínua (quando se tratar de até 3 módulos, fora da faixa de fronteira, a aquisição será livre – art. 3º da citada lei). No caso de pessoas jurídicas estrangeiras ou controladas por estrangeiros, *somente* poderão ser adquiridos imóveis rurais destinados à implantação de projetos agrícolas, pecuários e industriais que estejam vinculados aos seus objetivos de negócio previstos no estatuto social. A soma das áreas rurais pertencentes a empresas estrangeiras ou controladas por estrangeiros *não* poderá ultrapassar 25% da superfície do município (ver Parecer AGU de 2010, abaixo).

ii) A empresa brasileira controlada por estrangeiro. Os requisitos da Lei n. 5.079/71. A Lei n. 5.709, de 1971, regulamenta a aquisição de imóveis rurais por estrangeiros residentes no Brasil ou por pessoas jurídicas estrangeiras autorizadas a operar no país, além de estabelecer outras disposições relacionadas ao tema. No seu art. 1º, § 1º, ficou expressamente abrangida por tais restrições legais a "pessoa jurídica brasileira da qual participem, a qualquer título, pessoas estrangeiras físicas ou jurídicas que tenham a maioria do seu capital social e residam ou tenham sede no Exterior".

Editada no ambiente do nacionalismo militarista da época (com certa incoerência, dada a abertura econômica ao capital estrangeiro feita pelo regime ditatorial então no poder no Brasil), a lei só permite que pessoas físicas estrangeiras comprem propriedades rurais, desde que: 1) a área total, seja ela contínua ou descontínua, seja inferior até 50 Módulos de Exploração Indefinida (MEI), fora da área de fronteira; 2) a) a soma das propriedades registradas em nome de estrangeiros não pode ultrapassar um quarto (vinte e cinco por cento) da área total do município onde se localizam; e b) dentro desse limite, a área total pertencente a estrangeiros de uma *mesma* nacionalidade não pode exceder quarenta por cento desse montante, ou seja, não pode ultrapassar dez por cento da área total do município e 3) observância de procedimentos e com autorizações específicas para o registro de propriedades em nome de pessoas estrangeiras. Com a edição da Constituição de 1988, houve uma sucessão de pareceres do Poder Executivo. Pelo Parecer GQ-22, de 1994, elaborado em conjunto pela Controladoria-Geral da União (CGU) e pela Advocacia-Geral da União (AGU), a referida lei foi considerada não recepcionada pela CF/88 e inaplicável às pessoas jurídicas brasileiras de capital estrangeiro, uma vez que possuem sede no Brasil e são constituídas conforme as leis brasileiras. Posteriormente, com a Emenda Constitucional n. 6, de 1996, que revogou o art. 171 da Constituição (que dava alguma relevância à "empresa brasileira de capital nacional"), a AGU editou o Parecer GQ-181, publicado em 1999 e reafirmou a revogação da mencionada restrição. Somente em 2010 é que a AGU mudou seu entendimento, editando o parecer CGU/AGU N. 01/2008-RVJ, a seguir analisado (o que pode gerar debate sobre a aplicação retroativa e a quebra do princípio da confiança e vedação da surpresa aos que adquiriam imóveis rurais sob o pálio dos pareceres anteriores)[120].

iii) A empresa brasileira controlada por estrangeiro. A EC 6/95 e o retorno da controvérsia. Em 1995, foi editada a Emenda Constitucional n. 6 que eliminou do texto original da Constituição a distinção entre empresa brasileira e a empresa brasileira de capital nacional (revogação do art. 171 da CF/88), o que permitiu que empresas brasileiras controladas por capital estrangeiro adquirissem livremente terras no país. Contudo, em 2010, foi editado o o Parecer CGU/AGU n. 01/2008 RVJ, publicado em 23-8-2010, o qual determinou que o § 1º do art. 1º da Lei n. 5.709/71, foi recepcionado pela Constituição Federal de 1988, seja em sua redação originária, seja após a promulgação da Emenda Constitucional n. 6, de 1995. Tal parecer foi aprovado pelo Presidente da República, e, consequentemente, com força vinculante para a Administração Pública Federal (arts. 40 e 41 da LC n. 73/93). Nesse Parecer, decidiu-se que continua *válida* a previsão da Lei n. 5.709/71 sobre a restrição da aquisição e arrendamento de imóveis rurais à "pessoa jurídica brasileira da qual participem, a qualquer título, pessoas estrangeiras físicas ou jurídicas que tenham a maioria do seu capital social e residam ou tenham sede no Exterior" (parágrafo primeiro do art. 1º da Lei n. 5.709/71). Com isso, as empresas brasileiras controladas por capital estrangeiro (as "multinacionais", por exemplo) ficaram sob o regime das restrições acima expostas. Pela nova interpretação, a EC 6/95 não influencia na temática, que deve ainda ser regida pelo art. 190 da CF/88, que prega a possibilidade de limitação da aquisição de terras por estrangeiros. Após o Parecer, devem ser registradas as aquisições por tais empresas em livros especiais nos cartórios de imóveis, com comunicação à Corregedoria de Justiça dos Estados e ao Ministério do Desenvolvimento Agrário. Em 2014, a Portaria Interministerial federal n. 4 exigiu o cumprimento do Parecer AGU n. 1/2010 às situações jurídicas aperfeiçoadas entre 7 de junho de 1994 a 22 de agosto de 2010 (datas referentes à edição da antiga posição da AGU e à edição da nova posição, em 2010), o que impõe a aplicação *retroativa* da nova interpretação da

---

[120] Evolução extraída de SCOTON, Luis Eduardo Brito e TRENTINI, Flávia. A limitação à aquisição de propriedades rurais por pessoas jurídicas de capital estrangeiro: grupos de interesse e efeitos socioeconômicos. Estudo feito pelo IPEA. Disponível em <https://www.ipea.gov.br/code2011/chamada2011/pdf/area8/area8-artigo5.pdf >. Acesso em: 10 ago. 2024.

AGU. Houve entendimento do Órgão Especial do Tribunal de Justiça de São Paulo pela *inconstitucionalidade* da nova interpretação da AGU[121]. Contudo, em 2016, o Min. Marco Aurélio (STF) suspendeu os efeitos da decisão paulista (restaurando a força da Portaria federal), alegando: "(...) A efetividade dessa norma pressupõe que, na locução "estrangeiro", sejam incluídas entidades nacionais controladas por capital alienígena. A assim não se concluir, a burla ao texto constitucional se concretizará, presente a possibilidade de a criação formal de pessoa jurídica nacional ser suficiente à observância dos requisitos legais, mesmo em face da submissão da entidade a diretrizes estrangeiras – configurando a situação que o constituinte buscou coibir" (STF, Medida Cautelar na Ação Cível Originária n. 2.463, Decisão de 1-8-2016, publicada no *DJe* de 2-9-2016). Ainda em maio de 2016, a Sociedade Rural Brasileira ajuizou a ADPF 342, na qual pede que o STF reconheça a incompatibilidade com a CF/88 do tratamento diferenciado a empresas nacionais de capital estrangeiro no tocante à aquisição e arrendamento de imóveis rurais. A Procuradoria-Geral da República (PGR) manifestou-se, no mérito, pela *improcedência* do pedido, uma vez que "[é] constitucional norma legal que imponha requisitos para aquisição de imóvel rural por pessoas físicas ou jurídicas brasileiras das quais participem pessoas estrangeiras com maioria de capital e residência ou sede no exterior, porquanto visa a tutelar soberania do país, a defesa e a integridade do território nacional" (ADPF n. 342, rel. Min. Marco Aurelio, relator atual Min. Alexandre de Moraes – em trâmite em agosto de 2024). Em sessão virtual extraordinária de 28-4-2023 a 3-5-2023 *não* foi referendada medida cautelar de suspensão de feitos sobre o tema no Brasil outorgada pelo Rel. Min. André Mendonça, que havia substituído o Min. Marco Aurélio – aposentado. Vários Ministros que votaram com a divergência destacaram que não estavam antecipando o voto de mérito, que segue em aberto. Destaco que, caso seja considerada que a aquisição de terra por empresa nacional controlada por capital estrangeiro deva cumprir os requisitos da Lei n. 5.709/71 será necessário (i) verificar o alcance da modulação da decisão (caso exista) e, após, determinar a sua consequência (nulidade da aquisição, obrigação de venda e o destino da terra caso não haja interessado etc.).

iii) Faixa de Fronteira. A Constituição prevê que a faixa de até 150 quilômetros de largura, ao longo das fronteiras terrestres, é designada como *faixa de fronteira*, sendo considerada fundamental para defesa do território nacional, e sua ocupação e utilização serão reguladas em lei (art. 20, § 2º, da CF/88). A Lei n. 6.634/79 veda transações com imóvel rural, que impliquem a obtenção, por *estrangeiro*, do domínio, da posse ou de qualquer direito real sobre o imóvel na faixa de fronteira. Proíbe ainda a participação, a qualquer título, de estrangeiro, pessoa natural ou jurídica, em pessoa jurídica que seja titular de direito real sobre imóvel rural na faixa de fronteira. A ADPF n. 342 impacta também este tema, para que seja esclarecido se empresa brasileira controlada por estrangeiros pode – ou não – adquirir terras de fronteira.

iv) Meios de comunicação. A propriedade de empresa jornalística e de radiodifusão sonora e de sons e imagens é privativa de brasileiros natos ou naturalizados há mais de dez anos, ou de pessoas jurídicas constituídas sob as leis brasileiras e que tenham sede no País. Em qualquer caso, 70% do capital total e do capital votante das empresas jornalísticas e de radiodifusão sonora e de sons e imagens deverá pertencer, direta ou indiretamente, a brasileiros natos ou naturalizados há mais de dez anos, que exercerão obrigatoriamente a gestão das atividades e estabelecerão o conteúdo da programação (EC 36/2002).

v) Embarcações estrangeiras. Pela redação original dos §§ 2º e 3º do art. 178 da CF/88, deveriam ser brasileiros os armadores, os proprietários, os comandantes e dois terços, pelo menos, dos tripulantes de embarcações nacionais e ainda deveria ser a navegação de cabotagem

---

[121] Órgão Especial do Tribunal de Justiça de São Paulo, MS 0058947-33.2012.8.26.0000, rel. Des. Guerrieri Rezende, j. 12-9-2012.

e a interior privativas de embarcações nacionais, salvo caso de necessidade pública. Com as reformas liberalizantes e de abertura ao capital internacional dos anos 90 no Brasil (e em vários países da América Latina), foi aprovada a Emenda Constitucional n. 7, de 1995, que alterou o art. 178 e remeteu o tratamento normativo dos transportes aéreo, aquático e terrestre à lei ordinária federal, devendo esta, quanto à ordenação do transporte internacional, observar os *acordos internacionais* celebrados pelo Brasil, atendido o princípio da *reciprocidade*. Também ficou disposto que a lei regerá as condições em que o transporte de mercadorias na (i) cabotagem (navegação feita com observação da costa) e a (ii) navegação interior poderá ser feito por embarcações estrangeiras. Assim passou-se a admitir a propriedade por estrangeiros de navios nacionais e ainda permitiu-se que embarcações estrangeiras concorram pelo transporte de mercadorias no mar territorial e nas águas interiores do País, rompendo-se a tradição de monopólio dos navios nacionais.

15. DIREITOS AUTORAIS

> *Art. 5º, XXVII – aos autores pertence o direito exclusivo de utilização, publicação ou reprodução de suas obras, transmissível aos herdeiros pelo tempo que a lei fixar;*
>
> *XXVIII – são assegurados, nos termos da lei:*
>
> *a) a proteção às participações individuais em obras coletivas e à reprodução da imagem e voz humanas, inclusive nas atividades desportivas;*
>
> *b) o direito de fiscalização do aproveitamento econômico das obras que criarem ou de que participarem aos criadores, aos intérpretes e às respectivas representações sindicais e associativas;*
>
> *XXIX – a lei assegurará aos autores de inventos industriais privilégio temporário para sua utilização, bem como proteção às criações industriais, à propriedade das marcas, aos nomes de empresas e a outros signos distintivos, tendo em vista o interesse social e o desenvolvimento tecnológico e econômico do País;*

15.1. Direitos autorais e domínio público

O Direito da Propriedade Intelectual consiste no conjunto de regras de proteção referentes às criações intelectuais, bem como seus limites, abarcando tanto o *Direito de Autor* quanto o *Direito de Propriedade Industrial* (ver abaixo). Nesse sentido, o Brasil ratificou e incorporou internamente, pelo Decreto n. 75.541/75, o tratado que criou a Organização Mundial da Propriedade Intelectual – OMPI, de 1967 (também chamada de Convenção de Estocolmo). De acordo com a citada Convenção, a *proteção da propriedade intelectual* consiste na defesa dos direitos relativos às *obras literárias, artísticas e científicas*, às *interpretações* dos artistas e suas emissões, às *invenções* em todos os domínios da atividade humana, às *descobertas científicas*, aos *desenhos e modelos industriais*, às *marcas industriais, comerciais* e de *serviço*, bem como às *firmas e denominações comerciais*, bem como todos os outros direitos inerentes à atividade intelectual nos domínios industrial, científico, literário e artístico (art. 2º, VIII).

O Direito de Autor consiste no conjunto de direitos e limitações do criador de determinada obra intelectual sobre a *integralidade de sua criação e gozo dos seus frutos*, em especial no que tange à reprodução, execução ou representação. No Brasil, há ainda direitos conexos aos direitos do autor, como os direitos do intérprete (sobre a sua interpretação de obra de terceiro) ou ainda do produtor.

No que toca aos direitos autorais, a Constituição prevê que a (i) utilização, (ii) publicação ou (iii) reprodução de qualquer obra pertence ao seu autor, sendo transmissíveis aos herdeiros.

Desse dispositivo, extraem-se tanto *direitos da personalidade* do autor (por exemplo, conservar a obra) quanto *direitos de propriedade* (cessão e comercialização).

A herança no caso dos direitos de autor é condicionada ao prazo previsto na lei. Atualmente, rege o tema a Lei n. 9.610/98, que dispõe, no seu art. 22 que "pertencem ao autor os direitos morais e patrimoniais sobre a obra que criou". Ainda de acordo com a lei, os direitos patrimoniais do autor perduram por *setenta anos* contados de 1º de janeiro do ano subsequente ao de seu falecimento, obedecida a ordem sucessória da lei civil.

Após, a obra recairá sob *domínio público*, sendo livre sua utilização, publicação e reprodução, mas devendo o Estado zelar pela integridade e autoria da obra sob domínio público.

A Constituição assegura, ainda, a proteção às participações individuais em obras coletivas e à reprodução da imagem e voz humanas, inclusive nas atividades desportivas, gerando o direito de arena, que consiste na prerrogativa exclusiva de negociar, autorizar ou proibir a captação, a fixação, a emissão, a transmissão, a retransmissão ou a reprodução de imagens, por qualquer meio ou processo, de espetáculo desportivo de que participem (*vide* a Lei n. 9.615/98 e ainda a Lei n. 12.395, de 2011).

Além disso, cabe o *direito* de *fiscalização* do aproveitamento econômico das obras aos criadores, aos intérpretes e às respectivas representações sindicais e associativas. No caso brasileiro, a Lei n. 9.610/98 reconheceu a legitimidade da existência do Escritório Central para a Arrecadação e Distribuição (ECAD, regido inicialmente pela Lei n. 5.988/73, sociedade civil sem fins lucrativos, que desenvolve "atividade de caráter público" de acordo com o STF, RE 201.819, rel. p/ o ac. Min. Gilmar Mendes, j. 11-10-2005, Segunda Turma, *DJ* de 27-10-2006), que fiscaliza e cobra os direitos relativos à execução pública das (i) obras *musicais* e (ii) literomusicais e de fonogramas, inclusive por meio da radiodifusão e transmissão por qualquer modalidade, para, após, destinar o recurso ao autor. Também o STF decidiu que "pela execução de obra musical por artistas remunerados é devido direito autoral, não exigível quando a orquestra for de amadores" (Súmula 386).

Em 2016, o STF julgou improcedentes duas ações diretas de inconstitucionalidade que impugnavam diversos artigos da Lei n. 12.853/2013 (que modificou a Lei n. 9.610/1998, após cinco de comissões parlamentares de inquérito, conhecidas como CPIs do ECAD). Novamente, o STF considerou que o ECAD consiste, portanto, em uma 'associação de associações que arregimenta não apenas interesses particulares imediatos, mas, mediatamente, interesse público afeto ao patrimônio cultural brasileiro, em função do qual (e com maior relevo) sujeita-se à dinâmica dos princípios republicano e democrático". Por isso, a intervenção do legislador na regulação da gestão coletiva de arrecadação e distribuição de direitos autorais pelo ECAD não ofende a liberdade de associação ou outro direito fundamental (STF, ADI n. 5.062 e ADI n. 5.065, rel. Min. Luiz Fux, j. 27-10-2016, publicado no *DJe* de 20-6-2017).

15.2. A proteção à propriedade industrial

A Constituição prevê que a lei assegurará aos autores de (i) inventos industriais *privilégio temporário* para sua utilização, bem como *proteção* às (ii) criações industriais, à (iii) propriedade das marcas, aos (iv) nomes de empresas e a outros signos distintivos, tendo em vista o interesse social e o desenvolvimento tecnológico e econômico do País.

No Brasil, a Lei n. 9.279/96 regula os direitos e obrigações relativos à propriedade industrial, tendo estabelecido que a proteção dos direitos relativos à propriedade industrial, considerado o seu *interesse social e o desenvolvimento tecnológico e econômico do País*, efetua-se mediante: I – concessão de patentes de invenção e de modelo de utilidade; II – concessão de registro de desenho industrial; III – concessão de registro de marca; IV – repressão às falsas indicações geográficas; e V – repressão à concorrência desleal.

Nesse sentido, decidiu o STF que "a propriedade da marca goza de proteção em todo território nacional. Não há se cogitar da coexistência do uso em Estados diferentes" (RE 114.601, rel. Min. Célio Borja, j. 14-2-1989, Segunda Turma, *DJ* de 12-5-1989).

Nessa mesma linha, o art. 218 da CF/88 dispõe que o Estado promoverá e incentivará o desenvolvimento científico, a pesquisa e a capacitação tecnológicas, tendo sido editada a Lei n. 10.973/2004 que regula os incentivos à inovação e à pesquisa científica e tecnologias no ambiente produtivo.

No contexto da pandemia da COVID-19, a Lei n. 14.200/2021 alterou a Lei n. 9.279/96 (Lei de Propriedade Industrial), para permitir a licença compulsória de patentes ou de pedidos de patente nos casos de (i) declaração de emergência nacional ou (ii) internacional ou (iii) de interesse público (pelo Poder Executivo federal), ou de (iv) reconhecimento de estado de calamidade pública de âmbito nacional (pelo Congresso Nacional). Nesses casos, poderá ser concedida licença compulsória, de ofício, temporária e não exclusiva, para a exploração da patente ou do pedido de patente, sem prejuízo dos direitos do respectivo titular (e mediante remuneração), desde que seu titular ou seu licenciado não atenda a essa necessidade. Busca-se, assim, evitar que os direitos proprietários impeçam o pleno atendimento das necessidades da população, fruto da limitação da produção do titular da patente, atraindo novos fornecedores para esse mercado.

16. DIREITO DE HERANÇA E DIREITO INTERNACIONAL PRIVADO

> *Art. 5º, XXX – é garantido o direito de herança;*
>
> *XXXI – a sucessão de bens de estrangeiros situados no País será regulada pela lei brasileira em benefício do cônjuge ou dos filhos brasileiros, sempre que não lhes seja mais favorável a lei pessoal do "de cujus";*

A Constituição reconhece o *direito individual à herança*, que consiste na transmissão de bens de pessoa natural falecida ou declarada judicialmente ausente (ver abaixo) para os chamados herdeiros, escolhidos pela lei (herdeiro necessário) ou pelo titular dos bens por meio de ato de última vontade (herdeiro testamentário). A abertura da sucessão se dá pela morte da pessoa natural ou pela ausência.

Nessa última hipótese, reconhece-se o estado de ausência a quem desaparece do seu domicílio sem dela haver notícia, sem representante ou procurador a quem caiba administrar-lhe os bens, cabendo ao juiz, a requerimento de qualquer interessado ou do Ministério Público, declarar sua ausência, e nomear curador. Decorrido um ano da arrecadação dos bens do ausente, ou, se ele deixou representante ou procurador, em se passando três anos, poderão os interessados requerer que se declare a ausência e se abra provisoriamente a sucessão. Dez anos depois de passada em julgado a sentença que concede a abertura da sucessão provisória, poderão os interessados requerer a sucessão definitiva e o levantamento das cauções prestadas. Se, nos dez anos a que se refere este artigo, o ausente não regressar, e nenhum interessado promover a sucessão definitiva, os bens arrecadados passarão ao domínio do (i) Município ou do Distrito Federal, se localizados nas respectivas circunscrições, incorporando-se ao domínio da (ii) União, quando situados em território federal.

No que tange à *sucessão que possa envolver dois ou mais ordenamentos jurídicos* (sucessão transnacional – temática de interesse do direito internacional privado), a sucessão por morte ou por ausência obedece à *lei do país* em que domiciliado o *defunto* ou o *ausente*, qualquer que seja a natureza e a situação dos bens (art. 10 da Lei de Introdução às Normas do Direito Brasileiro – nova denominação dada à antiga Lei de Introdução ao Código Civil pela Lei n. 12.376/2010).

Excepcionalmente, a Constituição criou *regra unilateral* de Direito Internacional Privado, que só pode ser aplicada *para beneficiar brasileiros*: a sucessão de bens de estrangeiros, situados no País, será regulada pela *lei brasileira* em benefício do *cônjuge* ou dos *filhos brasileiros*, ou de quem os represente, sempre que *não lhes seja mais favorável* a lei pessoal do *de cujus*.

Assim, no caso de sucessão de bens de estrangeiros, mesmo se o falecido tiver domicílio em outro país, a *lei utilizada será a brasileira* no que tange aos bens situados no Brasil, *desde que* tal aplicação beneficie o cônjuge ou filhos brasileiros[122].

17. DEFESA DO CONSUMIDOR

Art. 5º, XXXII – o Estado promoverá, na forma da lei, a defesa do consumidor;

A Constituição de 1988 reconheceu o dever de proteção do Estado aos *direitos do consumidor*, que consistem no conjunto de direitos e deveres dos fornecedores e consumidores que asseguram o equilíbrio nas relações de consumo. A Lei n. 8.078/90 ("Código de Defesa do Consumidor", como denominou o art. 48 da ADCT) rege atualmente a matéria, tendo criado um *microssistema* de proteção calcado em normas cíveis, penais e administrativas. A defesa do consumidor deve ser um imperativo também da ordem econômica brasileira, como dispõe o art. 170, V, da CF/88. Nesse sentido, o STF decidiu que "o princípio da livre-iniciativa não pode ser invocado para afastar regras de regulamentação do mercado e de *defesa do consumidor*" (RE 349.686, rel. Min. Ellen Gracie, j. 14-6-2005, Segunda Turma, *DJ* de 5-8-2005). Assim, é imprescindível que o Estado brasileiro, por meio de políticas públicas, concilie a livre iniciativa e a livre concorrência com os princípios da *defesa do consumidor* e da redução das desigualdades sociais, em conformidade com os ditames da justiça social (STF, ADI n. 319-QO, rel. Min. Moreira Alves, j. 3-3-1993, Plenário, *DJ* de 30-4-1993).

Corolário dessa exigência de defesa do consumidor foi a decisão do STF de considerar as instituições financeiras alcançadas pela incidência das normas veiculadas pelo Código de Defesa do Consumidor (ADI n. 2.591-ED, rel. Min. Eros Grau, j. 14-12-2006, Plenário, *DJ* de 13-4-2007).

Também nas relações econômicas internacionais, o Brasil deve se pautar pelo respeito ao direito dos consumidores. Nesse sentido, coroando uma nova fase da harmonização do Direito do Consumidor no Mercosul foi editada a Declaração Presidencial dos Direitos Fundamentais dos Consumidores do Mercosul (aprovada na XLX Reunião do Conselho Mercado Comum, realizada em Florianópolis, nos dias 14 e 15 de dezembro de 2000), que evitou tratar os direitos do consumidor como barreira não tarifária ao comércio. Pelo contrário, os "considerandos" da Declaração reforçam o *caráter de direito fundamental* do direito do consumidor, realçando que "os regimes democráticos se baseiam no respeito aos direitos fundamentais da pessoa humana, incluídos os direitos do consumidor". Nesse sentido, os Estados reconheceram que "a defesa do consumidor é um elemento indissociável e essencial do desenvolvimento econômico equilibrado e sustentável do Mercosul". Sem contar que os Estados aceitaram que, em "um processo de integração, com livre circulação de produtos e serviços, o equilíbrio na relação de consumo, baseado na boa-fé, requer que o consumidor, como agente econômico e sujeito de direito, disponha de uma proteção especial em atenção a sua vulnerabilidade".

---

[122] CARVALHO RAMOS, André de. *Curso de direito internacional privado*. 3. ed. São Paulo: Saraiva, 2023. CARVALHO RAMOS, André de; GRAMSTRUP, Erik Frederico. *Comentários à Lei de Introdução às Normas do Direito Brasileiro* (LINDB). 2. ed. Saraiva: São Paulo, 2021.

17.1. Jurisprudência do STJ

Súmula n. 595 do STJ: "As instituições de ensino superior respondem objetivamente pelos danos suportados pelo aluno/consumidor pela realização de curso não reconhecido pelo Ministério da Educação, sobre o qual não lhe tenha sido dada prévia e adequada informação".

Súmula n. 601 do STJ: "O Ministério Público tem legitimidade ativa para atuar na defesa de direitos difusos, coletivos e individuais homogêneos dos consumidores, ainda que decorrentes da prestação de serviço público".

Súmula n. 602 do STJ: "O Código de Defesa do Consumidor é aplicável aos empreendimentos habitacionais promovidos pelas sociedades cooperativas".

Súmula n. 608 do STJ: "Aplica-se o Código de Defesa do Consumidor aos contratos de plano de saúde, salvo os administrados por entidades de autogestão".

18. DIREITO À INFORMAÇÃO E A LEI DE ACESSO À INFORMAÇÃO PÚBLICA

> Art. 5º, XXXIII – todos têm direito a receber dos órgãos públicos informações de seu interesse particular, ou de interesse coletivo ou geral, que serão prestadas no prazo da lei, sob pena de responsabilidade, ressalvadas aquelas cujo sigilo seja imprescindível à segurança da sociedade e do Estado;

A Constituição de 1988 estabelece o *direito fundamental de acesso a informações de interesse particular ou de interesse coletivo* detidas pelo Poder Público, na forma da lei, que pode afastar esse direito em face de sigilo imprescindível à segurança da sociedade e do Estado. Em 2011, foi adotada a Lei n. 12.527, que entrou em vigor em 16 de maio de 2012 (regulamentada pelo Decreto n. 7.724/12), e que expressamente regulou o direito de acesso a informações previsto neste dispositivo constitucional.

Em linhas gerais, a Lei n. 12.527/2011 (Lei de Acesso à Informação Pública) dispõe o seguinte:

- **Entes obrigados** – o direito de acesso à informação deve ser assegurado por: I – órgãos públicos integrantes da administração direta dos Poderes Executivo, Legislativo, incluindo as Cortes de Contas, e Judiciário e do Ministério Público; II – autarquias, fundações públicas, empresas públicas, sociedades de economia mista e demais entidades controladas direta ou indiretamente pela União, Estados, Distrito Federal e Municípios; III – entidades privadas sem fins lucrativos que recebam, para realização de ações de interesse público, recursos públicos diretamente do orçamento ou mediante subvenções sociais, contrato de gestão, termo de parceria, convênios, acordo, ajustes ou outros instrumentos congêneres.

- **Dever de prestar as informações, sem provocação (transparência ativa)** – é dever dos órgãos e entidades públicas promover, independentemente de requerimentos, a divulgação em local de fácil acesso, no âmbito de suas competências (por exemplo, internet), de informações de interesse coletivo ou geral por eles produzidas ou custodiadas. Como exemplo, a lei exige que as competências e estrutura organizacional, bem como os registros de repasses, despesas, licitações e dados gerais de programas diversos, além das respostas a perguntas mais frequentes da sociedade sejam disponibilizadas *ex officio*.

- **Pedido de informação** – qualquer interessado poderá apresentar pedido de acesso a informações, por qualquer meio legítimo (o que inclui o *e-mail* e o formulário eletrônico), devendo o pedido conter a identificação do requerente e a especificação da informação requerida. Para o acesso a informações de interesse público, a identificação do requerente não pode conter exigências que inviabilizem a solicitação.

- **Prazo para o fornecimento da informação** – o acesso à informação já disponível deve ser imediato. Não sendo possível, o prazo não pode ser superior a 20 dias para o fornecimento da informação, prorrogável por mais 10 dias, de modo fundamentado.
- **Recusa fundamentada** – a recusa deve indicar as razões de fato ou de acesso pretendido, o que inclui a ausência da informação em seu banco de dados, quando deverá indicar, se for do seu conhecimento, o órgão que a detém.
- **Custo** – o serviço de busca e fornecimento da informação é gratuito, salvo no caso de reprodução de documentos, situação em que poderá haver ressarcimento.
- **Exceções ao direito de acesso** – a Constituição prevê a ressalva impeditiva do sigilo indispensável à segurança da sociedade (ponham em risco a vida, a segurança ou a saúde da população) ou do Estado (o que abarca as informações indispensáveis à atuação soberana e independente do Estado – *vide* art. 23 da lei), o que gerou a seguinte classificação tríplice de sigilo das informações públicas: a) ultrassecreta, com prazo máximo de restrição de acesso de 25 anos (renovável uma única vez); b) secreta, com prazo máximo de restrição de acesso de 15 anos; c) reservada, com prazo máximo de restrição de acesso de 5 anos.
- **Permissão de acesso incondicionada** – não poderá ser negado acesso à informação: a) necessária à tutela judicial ou administrativa de direitos fundamentais; b) sobre condutas que impliquem violação dos direitos humanos praticada por agentes públicos ou a mando de autoridades públicas.
- **Não eliminação de outras hipóteses de sigilo legal** – a lei expressamente não exclui as demais hipóteses legais de sigilo e de segredo de justiça nem as hipóteses de segredo industrial decorrentes da exploração direta de atividade econômica pelo Estado ou por pessoa física ou entidade privada que tenha qualquer vínculo com o poder público.
- **Acesso restrito a informações pessoais** – o tratamento das informações pessoais deve ser feito de forma transparente e com respeito à intimidade, vida privada, honra e imagem das pessoas, bem como às liberdades e garantias individuais. As informações pessoais terão as seguintes regras de acesso: I – terão seu acesso restrito, independentemente de classificação de sigilo e pelo prazo máximo de 100 anos a contar da sua data de produção, a agentes públicos legalmente autorizados e à pessoa a que elas se referirem; e II – poderão ter autorizada sua divulgação ou acesso por terceiros diante de previsão legal ou consentimento expresso da pessoa a que elas se referirem.
- **Excepcional acesso amplo a informações pessoais** – o consentimento do interessado não será exigido quando as informações pessoais forem necessárias: I – à prevenção e diagnóstico médico, quando a pessoa estiver física ou legalmente incapaz, e para utilização única e exclusivamente para o tratamento médico; II – à realização de estatísticas e pesquisas científicas de evidente interesse público ou geral, previstos em lei, sendo vedada a identificação da pessoa a que as informações se referirem; III – ao cumprimento de ordem judicial; IV – à defesa de direitos humanos; ou V – à proteção do interesse público e geral preponderante; VI – em processo de apuração de irregularidades em que o titular das informações estiver envolvido; VII – em ações voltadas para a recuperação de fatos históricos de maior relevância.
- **Responsabilidade dos agentes públicos** – a lei estabelece que o agente público (civil ou militar) que violar os dispositivos acima mencionados comete infração disciplinar e ato de improbidade administrativa.
- **Comissão Mista de Reavaliação de Informações** – é a Comissão que decidirá, no âmbito da Administração Pública federal, sobre o tratamento, classificação de informações sigilosas, com atribuição para rever a classificação de informações ultrassecretas

ou secretas, de ofício ou mediante provocação de pessoa interessada, e também para prorrogar o prazo de sigilo de informação classificada como ultrassecreta, sempre por prazo determinado (no máximo mais 25 anos), enquanto o seu acesso ou divulgação puder ocasionar ameaça externa à soberania nacional ou à integridade do território nacional ou grave risco às relações internacionais do País.

- **Dever de informar não constitui quebra de sigilo** – a lei ainda dispõe sobre o dever do servidor público de comunicação de crime ou ato de improbidade, dispondo que nenhum servidor poderá ser responsabilizado civil, penal ou administrativamente por dar ciência à autoridade sobre informação concernente à prática de crimes ou improbidade de que tenha conhecimento, ainda que em decorrência do exercício de cargo, emprego ou função pública.

Mesmo antes da entrada em vigor da lei em 2012, o STF já havia reconhecido o direito à informação de atos estatais, admitindo ser legítimo o acesso a dados da remuneração bruta, cargos e funções titularizados por servidores públicos, uma vez que tais dados concretizam a informação de interesse coletivo ou geral. Nesse mesmo caso, o STF *afastou* qualquer ofensa à intimidade, vida privada e segurança pessoal e familiar, determinando somente a proibição de se revelar o endereço residencial, o CPF e a CI de cada servidor. Para o STF, tais revelações ao público representam "o preço que se paga pela opção por uma carreira pública no seio de um Estado republicano. (...) A negativa de prevalência do princípio da publicidade administrativa implicaria, no caso, inadmissível situação de grave lesão à ordem pública" (SS 3.902-AgR-segundo, rel. Min. Ayres Britto, j. 9-6-2011, Plenário, *DJe* de 3-10-2011).

Em 2015, o STF, novamente, decidiu que "é legítima a publicação, inclusive em sítio eletrônico mantido pela Administração Pública, dos nomes dos seus servidores e do valor dos correspondentes vencimentos e vantagens pecuniárias" (ARE – Recurso Extraordinário com Agravo – 652.777, rel. Min. Teori Zavascki, j. 23-4-2015, Plenário, *DJe* de 1º-7-2015, com *repercussão geral*, Tema 483).

19. DIREITO DE PETIÇÃO

> *Art. 5º, XXXIV – são a todos assegurados, independentemente do pagamento de taxas:*
>
> *a) o direito de petição aos Poderes Públicos em defesa de direitos ou contra ilegalidade ou abuso de poder;*

O direito de petição (*right of petition*) consiste na faculdade de *provocar* as autoridades competentes para que *adotem* determinadas condutas comissivas ou omissivas na defesa de interesse próprio ou coletivo. Logo, o direito de petição pode ser individual ou coletivo.

O direito de petição abarca as chamadas "reclamações ou representações" dirigidas ao Poder Público, para expor reivindicações, exigindo que este se pronuncie sobre determinada questão fática ou de direito, referente a interesse particular ou coletivo.

Constitui-se uma *provocatio ad agendum*, ou seja, provocação para que o Poder Público se *pronuncie*, em prazo razoável, sem que o interessado tenha que pagar qualquer taxa ou se submeta a condição ou requisito (sem a necessidade, por exemplo, de possuir advogado). Por outro lado, o Poder Público pode *responder desfavoravelmente*, devendo cientificar o peticionante.

Mas o direito de petição *não é absoluto*, não podendo ser invocado para desobrigar o interessado a cumprir determinadas condições específicas voltadas ao exercício do direito de ação, uma vez que, conforme decidiu o STF, "o direito de petição, fundado no art. 5º, XXXIV, *a*, da Constituição, não pode ser invocado, genericamente, para exonerar qualquer dos sujeitos processuais do dever de observar as exigências que condicionam o exercício do direito de ação, pois, tratando-se de controvérsia judicial, cumpre respeitar os pressupostos e os requisitos fixados pela legislação processual comum. A mera invocação do direito de petição, por si só, não basta para assegurar à parte interessada o acolhimento da pretensão que deduziu em sede recursal" (AI 258.867-AgR, rel. Min. Celso de Mello, j. 26-9-2000, Segunda Turma, *DJ* de 2-2-2001).

Foi com base no direito constitucional de petição que o STF reconheceu ser inconstitucional a exigência de depósito ou arrolamento prévios de dinheiro ou bens para admissibilidade de recurso administrativo (STF, Súmula Vinculante 21).

No mesmo sentido, há a Súmula 373 do STJ: "É ilegítima a exigência de depósito prévio para admissibilidade de recurso administrativo".

20. DIREITO À CERTIDÃO

> *Art. 5º, XXXIV – são a todos assegurados, independentemente do pagamento de taxas:*
>
> *b) a obtenção de certidões em repartições públicas, para defesa de direitos e esclarecimento de situações de interesse pessoal;*
>
> *LXXVI – são gratuitos para os reconhecidamente pobres, na forma da lei:*
>
> *a) o registro civil de nascimento;*
>
> *b) a certidão de óbito;*
>
> *LXXVII – são gratuitas as ações de habeas corpus e habeas data, e, na forma da lei, os atos necessários ao exercício da cidadania;*

O direito à certidão consiste na *faculdade constitucional de exigir que seja atestada determinada situação particular ou de interesse coletivo por parte de órgão público competente*. Para a defesa do direito à certidão é cabível o mandado de segurança ou mesmo a ação civil pública, no caso da defesa de direitos e interesses individuais homogêneos (nesse sentido, STF, RE 472.489-AgR, rel. Min. Celso de Mello, j. 29-4-2008, Segunda Turma, *DJe* de 29-8-2008).

A Lei n. 9.051/95 dispõe sobre a expedição de certidões para a defesa de direitos e esclarecimentos de situações. De acordo com a lei, as certidões para a defesa de direitos e esclarecimentos de situações, requeridas aos órgãos da administração centralizada ou autárquica, às empresas públicas, às sociedades de economia mista e às fundações públicas da União, dos Estados, do Distrito Federal e dos Municípios, deverão ser expedidas no *prazo improrrogável de quinze dias*, contado do registro do pedido no órgão expedidor.

A Constituição de 1988 ainda dispõe que são gratuitos para os reconhecidamente pobres (i) o registro civil de nascimento e (ii) a certidão de óbito, bem como os atos necessários ao exercício da cidadania na forma da lei. Porém, a Lei n. 9.534/97 alterou a Lei n. 8.935/94 e determinou a *gratuidade* dos assentos do registro civil de nascimento e o de óbito, bem como a *primeira certidão respectiva, quer pobres ou não*. Para o STF, essa lei é constitucional, pois a atividade desenvolvida pelos titulares das serventias de notas e registros, embora seja análoga à atividade empresarial, sujeita-se a um regime de direito público, não existindo direito constitucional a receber emolumentos, sendo certo de que tais assentos e certidões são atos necessários ao exercício da cidadania, como reza o art. 5º, LXXVII, da CF/88 (conferir ADC 5 e ADI n. 1.800, rel. Min. Ricardo Lewandowski, j. 11-6-2007, Plenário, *DJ* de 5-10-2007).

Contudo, o direito à certidão não pode violar o direito à privacidade, não podendo o órgão público ser compelido a fornecer a eventual interessado informações que envolvam terceiros. O direito à certidão previsto no art. 5º, XXXIV, *b*, somente ampara direito individual (STF, AI 739.338 AgR, rel. Min. Roberto Barroso, j. 16-3-2018, 1ª T., *DJe* de 6-4-2018).

21. DIREITO DE ACESSO À JUSTIÇA

Art. 5º, XXXV – a lei não excluirá da apreciação do Poder Judiciário lesão ou ameaça a direito;

Art. 129. São funções institucionais do Ministério Público:

III – promover o inquérito civil e a ação civil pública, para a proteção do patrimônio público e social, do meio ambiente e de outros interesses difusos e coletivos;

21.1. Conceito

O direito de acesso à justiça (ou direito de acesso ao Poder Judiciário ou direito à jurisdição) consiste na *faculdade de requerer a manifestação do Poder Judiciário* sobre pretensa ameaça de lesão ou lesão a direito. Concretiza-se, assim, o *princípio da universalidade da jurisdição ou inafastabilidade do controle judicial*, pelo qual o Poder Judiciário brasileiro não pode sofrer nenhuma restrição para conhecer as lesões ou ameaças de lesões a direitos. Esse direito é tido como de natureza *assecuratória*, uma vez que possibilita a garantia de todos os demais direitos, sendo oponível inclusive ao legislador e ao Poder Constituinte Derivado, pois é cláusula pétrea de nossa ordem constitucional.

O direito de acesso à justiça possui duas facetas: a primeira é a *faceta formal*, e consiste no reconhecimento do direito de acionar o Poder Judiciário.

A segunda faceta é a *material ou substancial*, e consiste na efetivação desse direito: (i) por meio do reconhecimento da assistência jurídica integral e gratuita aos que comprovem a insuficiência de recursos (art. 5º, LXXIV); (ii) pela estruturação da Defensoria Pública como instituição essencial à função jurisdicional do Estado (art. 134); (iii) pela aceitação da tutela coletiva de direitos e da tutela de direitos coletivos (ver abaixo), que possibilita o acesso à justiça de várias demandas reprimidas (ver abaixo); e (iv) pela exigência de um devido processo legal em prazo razoável, pois não basta possibilitar o acesso à justiça em um ambiente judicial marcado pela morosidade e delonga.

A Corte Interamericana de Direitos Humanos fixou quatro parâmetros para que seja aferida a duração razoável do processo: (i) complexidade da causa; (ii) atividade processual do interessado; (iii) conduta das autoridades do sistema de justiça; (iv) impacto na situação jurídica dos indivíduos envolvidos no processo (por exemplo, o impacto do atraso para uma pessoa idosa exige uma prestação jurisdicional prioritária e célere)[123]. Também não pode a lei criar obstáculos ao *poder geral de cautela do juiz*, uma vez que este se justifica para assegurar o resultado útil do processo principal: sem o poder de cautela, nada adiantaria o trâmite regular do acesso à justiça. Nessa linha, decidiu o STF que o "poder de cautela, mediante o implemento de liminar, é ínsito ao Judiciário" (ADPF 172-MCREF, rel. Min. Marco Aurélio, j. 10-6-2009, Plenário, *DJe* de 21-8-2009).

Por sua vez, o STF decidiu que é inconstitucional a exigência de depósito prévio como requisito de admissibilidade de ação judicial na qual se pretenda discutir a exigibilidade de crédito tributário" (Súmula Vinculante 28) e ainda que viola a garantia constitucional de acesso à jurisdição a taxa judiciária calculada sem limite sobre o valor da causa (Súmula 667).

É *constitucional* a imposição de restrições razoáveis ao acesso à justiça que tenham como finalidade o *desincentivo* à litigiosidade excessiva, que justamente esgota o Poder Judiciário e dificulta o acesso à justiça para os que realmente necessitam de tutela jurisdicional. Para o Min.

---

[123] Corte IDH. *Caso Perrone y Preckel vs. Argentina*. Julgamento em 8 de outubro de 2019, parágrafo 142. Corte IDH, *Caso Valle Jaramillo e outros vs. Colombia*. Julgamento em 27 de novembro de 2008.

Barroso, é necessário impedir a "sobreutilização" do Poder Judiciário, que prejudica a qualidade e a celeridade da prestação da tutela jurisdicional, bem como leva a comportamentos deletérios de propositura de "demandas oportunistas", afetando a efetividade e a credibilidade das instituições judiciais. Essa litigiosidade excessiva, em última análise, fulmina o próprio direito constitucional de acesso à Justiça. Por isso, o depósito prévio no ajuizamento de ação rescisória foi considerado mecanismo legítimo de desincentivo ao ajuizamento de demandas ou de pedidos rescisórios tidos como aventureiros. (Depósito de 20% sobre o valor da causa – ADI n. 3.995, rel. Min. Roberto Barroso, j. 18-12-2018, P, *DJe* de 1º-3-2019.)

Também é cabível a compatibilização entre o direito de acesso à justiça penal e a proteção integral da criança e adolescente do sexo feminino, em casos envolvendo a necessidade de perícia para averiguar a existência de agressão sexual. A preferência para a realização da perícia deve recair sobre perita do sexo feminino; na sua ausência, a perícia pode ser feita por profissional do sexo masculino, evitando que a delonga impeça o Estado de cumprir seu dever de proteger a criança, responsabilizando penalmente os perpetradores das agressões sexuais. Nessa linha, decidiu o STF que, "apesar de salutar a iniciativa da norma de buscar proteger as crianças e adolescentes, o fato de impedir ou retardar a realização de exame por médico legista poderia acabar por deixá-las desassistidas da proteção criminal (...). Além disso, na medida em que se nega o acesso à produção da prova na jurisdição penal, há também ofensa à proteção prioritária, porquanto se afasta a efetividade da norma, que exige a punição severa do abuso de crianças e adolescentes" (ADI n. 6.039-MC, rel. Min. Edson Fachin, j. 13-3-2019, P, *Informativo* 933).

Por sua vez, o acesso à justiça (art. 5º, XXXV) justifica, em linhas gerais, a revisão judicial dos atos administrativos. Mesmo o chamado "ato discricionário", no qual o administrador age sob o manto da escolha da conveniência e oportunidade de sua adoção, pode ser avaliado judicialmente, caso haja desvio de finalidade ou mesmo desproporcionalidade.

No tocante às agências reguladoras, contudo, o STF já *entendeu* que há limite ao controle judicial, pois a regulação econômica incide sobre controvérsias complexas, que revelam a reduzida *expertise* do Poder Judiciário para tratá-las adequadamente. De acordo com essa perspectiva, há um *dever de deferência do Poder Judiciário* às decisões regulatórias, que se funda na: "(i) falta de *expertise* e capacidade institucional de tribunais para decidir sobre intervenções regulatórias, que envolvem questões policêntricas e prognósticos especializados e (ii) possibilidade de a revisão judicial ensejar efeitos sistêmicos nocivos à coerência e dinâmica regulatória administrativa" (trecho extraído da ementa do acórdão. STF, Agravo Regimental no RE 1.083.955, rel. Min. Luiz Fux, 1ª T., j. 28-5-2019, *DJe* 7-6-2019).

Tal posição, caso seja adotada sistematicamente no futuro pelo STF, restringe o acesso à justiça para beneficiar outros direitos, como, por exemplo, o direito à segurança jurídica e ainda os direitos dos indivíduos beneficiados pelas decisões regulatórias.

Jurisprudência do STF

- **Acesso gratuito à Justiça e pagamento dos honorários de sucumbência. Reforma trabalhista.** Para o STF, são inconstitucionais as regras da "Lei da Reforma Trabalhista" (Lei n. 13.467/2017) que exigiam o pagamento dos honorários periciais e advocatícios pelos trabalhadores beneficiários da justiça gratuita, caso *perdessem* a ação (honorários de sucumbência), mas que tivessem obtido créditos suficientes para tal pagamento em *outra* demanda trabalhista. Para a maioria, tais regras (criadas pela Reforma Trabalhista para desestimular a "litigância frívola") resultaram em uma restrição excessiva no acesso à justiça e ainda adotaram uma "presunção absoluta" inconstitucional de que o trabalhador, ao vencer um processo, teria se transformado em autossuficiente e poderia, assim, pagar as custas do outro processo no qual foi derrotado. Contudo, essa dispensa não é absoluta. Caso o beneficiário venha a reunir condições financeiras nos cinco anos posteriores ao fim do processo, pode ser chamado a arcar com os encargos inicialmente dispensados. Além disso, é *constitucional* o pagamento de custas pelo beneficiário da justiça gratuita que (i) faltar à audiência inicial *e* (ii) não apresentar justificativa legal no prazo de 15 dias (ADI n. 5.766, rel. para o Acórdão Min. Alexandre de Moraes, j. 20-10-2021, *DJe* de 2-5-2022).

- **Requisitos desproporcionais para o acesso à justiça trabalhista.** "(...) Contraria a Constituição interpretação do previsto no art. 625-D e parágrafos da Consolidação das Leis do Trabalho pelo qual se reconhecesse a submissão da pretensão à Comissão de Conciliação Prévia como requisito para ajuizamento de reclamação trabalhista. Interpretação conforme a Constituição da norma. Art. 625-D e parágrafos da Consolidação das Leis do Trabalhos: a legitimidade desse meio alternativo de resolução de conflitos baseia-se na consensualidade, sendo importante instrumento para o acesso à ordem jurídica justa, devendo ser estimulada, não consubstanciando, todavia, requisito essencial para o ajuizamento de reclamações trabalhistas. Ação direta de inconstitucionalidade julgada parcialmente procedente para dar interpretação conforme a Constituição aos §§ 1º a 4º do art. 625-D da Consolidação das Leis do Trabalho, no sentido de assentar que a Comissão de Conciliação Prévia constitui meio legítimo, mas não obrigatório de solução de conflitos, permanecendo o acesso à Justiça resguardado para todos os que venham a ajuizar demanda diretamente ao órgão judiciário competente" (ADI n. 2.139 e ADI n. 2.160, rel. Min. Cármen Lúcia, j. 1º-8-2018, P, *DJe* de 19-2-2019).

- **Inconstitucionalidade do art. 16 da Lei da Ação Civil Pública (LACP), com a redação da Lei n. 9.494/97.** O Supremo Tribunal Federal reconheceu a importância da ação civil pública na seara dos direitos humanos, como instrumento de proteção dos "interesses difusos e coletivos, decorrente de uma natural necessidade de efetiva proteção a uma nova gama de direitos resultante do reconhecimento dos denominados direitos humanos de terceira geração ou dimensão, também conhecidos como direitos de solidariedade ou fraternidade". Por isso, julgou inconstitucional a redação dada ao art. 16 da LACP pela Lei n. 9.494/97[124], que restringia os efeitos das demandas em ações civis públicas aos "limites da competência territorial do órgão prolator", que gerava (i) ofensa à igualdade (pois não abrangia todos que estavam na mesma situação jurídica) e ainda ao princípio da eficiência da atividade jurisdicional (forçando a propositura de outras ações civis públicas idênticas). Caso sejam ajuizadas mais de uma ação civil pública de âmbito nacional ou regional, fixa-se a competência por prevenção (atraindo ao foro prevento as demais ações conexas). Foi fixada a seguinte tese em repercussão geral (Tema 1.075): "I – É inconstitucional a redação do art. 16 da Lei n. 7.347/85, alterada pela Lei n. 9.494/97, sendo repristinada sua redação original. II – Em se tratando de ação civil pública de efeitos nacionais ou regionais, a competência deve observar o art. 93, II, da Lei n. 8.078/90 (Código de Defesa do Consumidor). III – Ajuizadas múltiplas ações civis públicas de âmbito nacional ou regional e fixada a competência nos termos do item II, firma-se a prevenção do juízo que primeiro conheceu de uma delas, para o julgamento de todas as demandas conexas" (Supremo Tribunal Federal, RE 1.101.937/SP, rel. Min. Alexandre de Moraes, com repercussão geral, j. 7-4-2021).

---

[124] A redação considerada inconstitucional era essa: "Art. 16. A sentença civil fará coisa julgada *erga omnes*, nos limites da competência territorial do órgão prolator, exceto se o pedido for julgado improcedente por insuficiência de provas, hipótese em que qualquer legitimado poderá intentar outra ação com idêntico fundamento, valendo-se de nova prova".

21.2. A tutela coletiva de direitos e a tutela de direitos coletivos

O direito de acesso à justiça na sua *faceta material* exige que sejam asseguradas a tutela de direitos coletivos e a tutela coletiva de direitos individuais[125].

A *tutela de direitos coletivos* é aquela que abarca a proteção de interesses indivisíveis, como os interesses difusos e coletivos *stricto sensu*, como definidos nos arts. 81 e 82 do Código de Defesa do Consumidor. Justamente por serem tais direitos indivisíveis, essa tutela reclama normas especiais, que viabilizem sua proteção pelo Poder Judiciário, como se vê na Lei n. 7.347/85 e na Lei n. 8.078/90 (Código de Defesa do Consumidor).

Além disso, o acesso à justiça exige normas que facilitem a *tutela coletiva de direitos individuais* (que, em tese, poderiam ser defendidos por cada um de seus titulares, em ações individuais), uma vez que há demandas que possuem determinadas características que exigem tratamento coletivo, como, por exemplo, uma pequena lesão a direitos de milhares de consumidores: seu conteúdo econômico baixo não viabilizaria demandas individuais, mas uma ação coletiva poderia exigir reparação, evitando a sensação de impunidade e desamparo do consumidor.

21.3. Ausência de necessidade de prévio esgotamento da via administrativa e a falta de interesse de agir

O direito de acesso à justiça não pode ser obstaculizado pela exigência de prévio esgotamento da via administrativa. *Diferentemente* da Constituição de 1967/1969, a Constituição de 1988 não adotou nenhuma espécie de contencioso administrativo obrigatório, condicionando o direito de acesso à justiça somente no caso da (i) Justiça do Trabalho e (ii) Justiça Desportiva.

No caso da Justiça do Trabalho, a Constituição de 1988 determina ser indispensável o término da fase de negociação no caso dos *dissídios coletivos* (art. 114, § 2º). Em 2009, o STF deu interpretação conforme a Constituição do art. 625, *d*, da CLT, decidindo que não será obrigatório o acionamento de Comissão de Conciliação Prévia nos dissídios individuais, podendo ser proposta diretamente a ação trabalhista (ADI n. 2.139-MC e ADI n. 2.160-MC, voto do rel. p/ o ac. Min. Marco Aurélio, j. 13-5-2009, Plenário, *DJe* de 23-10-2009).

No caso da Justiça Desportiva (órgãos privados, relacionados com a autonomia das entidades desportivas), prevê a Constituição de 1988 que o Poder Judiciário só admitirá ações relativas à disciplina e às competições desportivas após *esgotarem-se as instâncias da justiça desportiva*, regulada em lei. Porém, a justiça desportiva terá o *prazo máximo de 60 dias*, contados da instauração do processo, para proferir decisão final (art. 217, §§ 1º e 2º).

Por isso, o STF decidiu que "não há previsão, na Lei Fundamental, de esgotamento da fase administrativa como condição para acesso, ao Poder Judiciário, por aquele que pleiteia o reconhecimento do direito previdenciário (...)" (AI 525.766, rel. Min. Marco Aurélio, *DJ* de 1º-3-2007).

Porém, na área federal, há discussão nos Juizados Especiais Federais sobre a necessidade de prévio requerimento de benefício previdenciário pelo interessado ao INSS (Instituto Nacional do Seguro Social). Nesse caso, não se exige esgotamento da via administrativa, mas sim o mero requerimento administrativo para que seja *comprovado o interesse de agir* do autor (pelo indeferimento pelo INSS ou delonga na análise do pleito).

---

[125] ZAVASCKI, Teori Albino. *Processo coletivo*: tutela de direitos coletivos e tutela coletiva de direitos. 4. ed. São Paulo: Revista dos Tribunais, 2009.

21.4. Arbitragem e acesso à justiça

A Lei de Arbitragem (Lei n. 9.307/96, modificada pela Lei n. 13.129/2015) atualizou o regramento desse modo não estatal de *solução de controvérsias* em litígios envolvendo direitos disponíveis. Houve intensa discussão sobre eventual ofensa ao direito de acesso à justiça pela previsão de obrigatoriedade do cumprimento da cláusula compromissória de instalação de arbitragem para os futuros litígios, prevista em contratos, com o direito à tutela judicial específica para que a arbitragem viesse a ocorrer.

Para o STF, a manifestação de vontade da parte na cláusula compromissória, quando da celebração do contrato que previa a arbitragem, e a permissão legal dada ao juiz para que substitua a vontade da parte recalcitrante em firmar o compromisso *são compatíveis* com o art. 5º, XXXV, da CF (SE 5.206-AgR, rel. Min. Sepúlveda Pertence, j. 12-12-2001, Plenário, *DJ* de 30-4-2004). A própria lei determina que a arbitragem pode ser prevista somente em casos de direitos disponíveis, que sequer seriam obrigatoriamente submetidos ao Poder Judiciário. Logo, nada obsta seus titulares de acordarem um mecanismo não estatal de solução de controvérsias.

21.5. A independência do Poder Judiciário e a tese do uso do "art. 142".

Em um Estado de Direito, o acesso à Justiça é qualificado pela instituição do Poder Judiciário, que deve ter o compromisso com a aplicação das normas jurídicas de modo independente e sem medo de desagradar, inclusive aos demais órgãos e Poderes do Estado.

A independência judicial é fundamental tanto para a correta aplicação das normas jurídica quanto para a sua legitimação política. Não existe o império da norma, essência do Estado de Direito, sem que haja a confiança na independência dos julgadores e do próprio Poder Judiciário

A independência do Poder Judiciário possui duas dimensões: a dimensão substantiva ou decisional e a dimensão garantia. A dimensão substantiva consiste no reconhecimento da vinculação do juiz somente ao ordenamento jurídico, retratando uma verdadeira independência funcional, sem temores ou influências indevidas do poder econômico ou político. A dimensão garantia consiste no conjunto de mecanismos de proteção que asseguram aos julgadores a independência funcional, tais como a garantia do juiz natural, da imparcialidade, do respeito – especialmente por parte dos demais Poderes – a suas decisões etc. A independência não é somente um atributo a ser preservado em um caso concreto e em relação a determinado julgador: há também a independência coletiva, que consiste na independência do Poder Judiciário em seu conjunto frente aos demais Poderes do Estado, como expressão do princípio da separação das funções do poder em uma democracia[126].

Por isso, a Corte Interamericana de Direitos Humanos, ao analisar a destituição da Sra. María Cristina Reverón Trujillo do cargo de juíza provisória no Poder Judiciário venezuelano, entendeu que a independência do Poder Judiciário relaciona-se com aspectos essenciais de um Estado de Direito, tais como a (i) separação das funções do poder e no (ii) papel que cumpre a função judicial em uma sociedade democrática. Cabe ao Estado o dever de zelar pelo respeito à independência do Poder Judiciário adotando medidas para fazer cumprir as deliberações judiciais, não desrespeitando-as ou adotando qualquer outro meio de ameaçar a independência funcional dos magistrados[127].

---

[126] DÍEZ-PICAZO, Luis María. Notas de derecho comparado sobre la independencia judicial. Revista Española de Derecho Constitucional, n. 34, enero-abril 1992, p. 19-39, em especial p. 19-21

[127] Corte IDH, *Caso Reverón Trujillo vs. Venezuela*, sentença de 30 de junho de 2009, parágrafo 146.

A garantia institucional da independência do Poder Judiciário encontra abrigo no art. 8.1 da Convenção Americana sobre Direitos Humanos (toda pessoa tem direito a ser ouvida... por um juiz ou tribunal competente, independente e imparcial...)[128].

Por sua vez, a existência de divergências entre os Poderes de Estado e entes extrapoder (como o Ministério Público) é resolvida por meio do *acesso ao Poder Judiciário*, sob os mais variados instrumentos processuais. O art. 5º, XXXV, é claro ao dispor sobre a universalidade da jurisdição, devendo todas as controvérsias (inclusive as que impactem as instituições políticas) serem solucionadas à luz do ordenamento vigente.

Contudo, em 2020, houve proposta de um novo modo de solucionar as divergências entre os Poderes: o recurso ao papel "moderador" das Forças Armadas, com base na dicção do art. 142 da Constituição. Prevê o art. 142 que: "As Forças Armadas, constituídas pela Marinha, pelo Exército e pela Aeronáutica, são instituições nacionais permanentes e regulares, organizadas com base na hierarquia e na disciplina, sob a autoridade suprema do Presidente da República, e destinam-se à defesa da Pátria, à garantia dos poderes constitucionais e, por iniciativa de qualquer destes, da lei e da ordem".

Com base nesse dispositivo e a partir de decisão do Min. Alexandre de Moraes (impedindo a posse de Diretor da Polícia Federal indicado pelo Pres. Jair Bolsonaro[129]), *Ives Gandra Martins* assinala que, sem entrar no mérito da decisão monocrática (se cabe ou não determinação judicial impedindo a posse de Diretor-Geral da Polícia Federal), existiria perigo à harmonia e independência dos Poderes, podendo tal questão ser levada às Forças Armadas "para que reponham a lei e a ordem, como está determinado no art. 142 da Lei Suprema"[130].

Tal proposta traz como premissa que uma decisão judicial do STF pode trazer risco à lei e à ordem, sem levar em consideração que a própria Constituição reserva ao Poder Judiciário o papel de interpretação das normas constitucionais e infraconstitucionais. Ou seja, a decisão judicial reafirma o conteúdo da norma jurídica (não podendo pôr em risco a lei e a ordem...), não cabendo aos chefes dos demais Poderes descumprir a decisão, alegando que a interpretação foi equivocada ou abusiva, aniquilando a essência da independência da função judicial.

As Forças Armadas brasileiras têm como autoridade suprema o Presidente da República, sendo seus comandantes indicados pelo próprio. A tese do uso do "art. 142" implica em reconhecer que o Presidente da República é o *intérprete final* das normas constitucionais e legais, podendo descumprir decisão judicial, caso seus subordinados (os comandantes das Forças Armadas) entendam que há risco à lei e à ordem. Obviamente, se tal poder for conferido algum dia ao Presidente da República, fica desnaturada a própria independência do Poder Judiciário e sua função de interpretação da norma jurídica.

Usar o aparato *militar* para superar interpretações jurídicas dadas pelo Poder Judiciário viola frontalmente a Constituição e os tratados internacionais, na medida em que transfere o poder de interpretar a norma jurídica (caso a decisão judicial desagrade) do Poder Judiciário aos comandos militares (e, indiretamente, ao Presidente da República, chefe e nomeador de tais comandos). Sem Poder Judiciário, não há como assegurar a proteção, de modo independente, da democracia e dos direitos humanos.

---

[128] Voto concorrente do Juiz Eduardo Ferrer Mac-Gregor Poisot. Corte IDH, *Caso Corte Suprema de Justicia (Quintana Coello Y Otros) vs. Equador*, sentença de 23 de agosto de 2013, parágrafo 54.

[129] STF, Mandado de Segurança n. 37.097, rel. Min. Alexandre de Moraes, decisão monocrática de 29-4-2020.

[130] MARTINS, Ives Gandra da Silva. Harmonia e independência dos poderes? *Consultor Jurídico – Conjur*, 2 de maio de 2020, Disponível em: <https://www.conjur.com.br/2020-mai-02/ives-gandra-harmonia-independencia-poderes>. Acesso em: 11 ago. 2024.

21.6. Acesso à justiça e imunidade de jurisdição do Estado estrangeiro em casos de violações de direitos humanos

Há intenso debate interno e internacional sobre se o estatuto jurídico superior dos direitos humanos deve impactar a *imunidade de jurisdição* do Estado estrangeiro. Na Corte Internacional de Justiça (CIJ), entendeu-se que *é mantida a imunidade do Estado estrangeiro*, baseada em costume internacional, diante da jurisdição de outro Estado, na hipótese de prática de atos de império (*jure imperii*), *mesmo* que tais atos sejam considerados *graves violações de direitos humanos*[131].

Todavia, como visto neste *Curso*, parte dos direitos humanos é considerado integrante do *jus cogens*, que são normas internacionais que contém valores essenciais da comunidade internacional como um todo. No plano material, as normas de *jus cogens* possuem qualidade especial, sendo hierarquicamente superiores às normas internacionais ordinárias. No plano processual, a qualidade de norma de *jus cogens* deveria ter impacto sobre a imunidade de jurisdição, para facilitar a reparação das vítimas de graves violações de direitos humanos, agregando-se mais uma hipótese de relativização da imunidade de jurisdição e consagrando a *imunidade jurisdicional pro persona* no Direito Internacional contemporâneo.

No Brasil, o afundamento de barcos brasileiros por submarinos alemães no contexto da 2ª Guerra Mundial tem sido debatido no Judiciário nacional, com a aceitação inicial, da imunidade de jurisdição da Alemanha por ato de império (conflito armado – ver a mudança de posição abaixo em precedente do STF). Do ponto de vista do direito de acesso à justiça das famílias das vítimas, a situação representava grande risco de denegação de justiça, pois não é mais possível processar o Estado alemão no seu foro (Alemanha), em virtude de tratados (de reconhecimento do fim da responsabilidade alemã pelos danos na guerra) e lei local[132]. Assim, caso o Brasil reconhecesse a imunidade de jurisdição à Alemanha por ato de império, nenhum outro foro será capaz de reparar os danos.

Também é importante mencionar que vários países buscam impor sua visão do costume internacional sobre imunidade de jurisdição por ato de império para limitar tal imunidade e, consequentemente, excluir atos que causem danos graves cometidos pelo Estado estrangeiro (ou seus agentes) no território do foro. Por exemplo, os Estados Unidos permitem, sob condições, ações contra Estado estrangeiro por atos ou omissões ilícitos que tenham resultado morte, danos pessoais ou danos à propriedade nos Estados Unidos[133]. No contexto sul-americano, a lei argentina sobre imunidade de jurisdição também permite ações contra Estados estrangeiros quando forem demandados por danos causados no território do foro[134].

Em 2021, o STF apreciou recurso extraordinário, com repercussão geral, relativo à imunidade de jurisdição invocada pela Alemanha em face de afundamento de barco de pesca brasileiro Changri-lá pelo submarino alemão U-199 no curso da 2ª Guerra Mundial. No STJ, houve o reconhecimento da imunidade por se tratar de ato de guerra (ato de império ou ato soberano)

---

[131] Corte Internacional de Justiça, *Caso das imunidades jurisdicionais do Estado* (Alemanha vs. Itália. Grécia como interveniente, julgamento de 3 de fevereiro de 2012. Ressalte-se o voto vencido do Juiz Cançado Trindade, que concluiu pela inexistência de imunidade ao Estado nos casos de graves violações de direitos humanos.

[132] GATTINI, Andrea. To what extent are state immunity and non-justiciability major hurdles to individuals' claims for war damages. *Journal of International Criminal Justice*, 1(2), 2002, p. 348-367, em especial p. 358-359.

[133] *Vide*, em especial, o item 5 da seção 1.605 do *U.S Code*. Disponível em https://www.law.cornell.edu/uscode/text/28/1605#:~:text=in%20this%20section. -,A%20foreign%20state%20shall%20not%20be%20immune%20from%20the%20jurisdiction,section%2031301%20of%20title%2046. Acesso em: 11 ago. 2024.

[134] "Ley n. 24.488/95 "(inmunidad jurisdiccional de los estados extranjeros ante los tribunales argentinos"), em especial art. 2º, *f*.

e, por consequência, *acta jure imperii*, que resultaria em imunidade de jurisdição absoluta, *não comportando exceção*[135]. Como já discorri em outra obra, o Brasil é autoridade de Direito Internacional e o costume internacional sobre a imunidade de jurisdição é autônomo e nunca foi totalmente pleno, devendo hoje ser inspirado também na necessidade de se assegurar o acesso à justiça. Nada impede o Brasil de impor a sua posição sobre o costume internacional em casos de violação grave de direitos humanos (em linha com a superioridade normativa de tais direitos), adotando visão restritiva sobre a imunidade de jurisdição por ato de império para *excluir* as graves violações de direitos causadas por Estados estrangeiros no nosso território[136].

Os danos causados pela Alemanha (por meio de afundamento de barcos brasileiros) ocorreram no mar territorial brasileiro e o Brasil possui o dever de ofertar justiça, tendo *jurisdição concorrente* (art. 21, III, do CPC) que concretiza o acesso à justiça, respeitando-se o art. 5º, XXXV, bem como os arts. 4º, II, e 5º, § 2º, da CF/88. Após os embargos de declaração da PGR, a tese aprovada foi: "Os atos ilícitos praticados por Estados estrangeiros em violação a direitos humanos, dentro do território nacional, não gozam de imunidade de jurisdição" (STF, Embargos de declaração, Agravo em RE n. 954.858, Plenário, Sessão Virtual de 13-5-2022 a 20-5-2022).

Sobre o caso do pesqueiro Changri-lá, o STJ constatou a superação (*overruling*) da sua própria jurisprudência a favor da imunidade absoluta do Estado estrangeiro por atos de guerra e, consequentemente, decidiu *reformar* a anterior decisão a favor da imunidade de jurisdição da República Federal da Alemanha, e determinar o retorno dos autos à origem para prosseguimento do feito (Recurso Ordinário n. 109, rel. Min. Luis Felipe Salomão, j. 7-6-2022).

22. A SEGURANÇA JURÍDICA E O PRINCÍPIO DA CONFIANÇA: A DEFESA DO DIREITO ADQUIRIDO, ATO JURÍDICO PERFEITO E COISA JULGADA

> *Art. 5º, XXXVI – a lei não prejudicará o direito adquirido, o ato jurídico perfeito e a coisa julgada;*

O direito à segurança jurídica consiste na faculdade de obstar a extinção ou alteração de determinado ato ou fato jurídico, posto a salvo de modificações futuras, inclusive legislativas.

Há duas facetas do direito à segurança jurídica: a *objetiva*, pela qual se imuniza os atos e fatos jurídicos de alterações posteriores, consagrando a regra geral da irretroatividade da lei e a *subjetiva*, que também é chamada de *princípio da confiança*, pela qual a segurança jurídica assegura a confiança dos indivíduos no ordenamento jurídico.

Nesse sentido, decidiu o STF que é obrigatória a "observância do princípio da segurança jurídica enquanto subprincípio do Estado de Direito", sendo o princípio da confiança um elemento da segurança jurídica (MS 22.357, rel. Min. Gilmar Mendes, j. 27-5-2004, Plenário, *DJe* de 5-11-2004).

Nessa linha, a Constituição determinou que a lei não pode prejudicar:

i) **o direito adquirido,** que consiste no direito que o seu titular, ou alguém por ele, possa exercer, como aquele cujo começo do exercício tenha termo prefixo, ou condição preestabelecida

---

[135] Superior Tribunal de Justiça, Recurso Ordinário n. 80, Relator Marco Aurélio Bellizze, j. 29-6-2015. Consta da ementa da decisão monocrática: "1 – A imunidade *acta jure imperii* é absoluta e não comporta exceção. Precedentes do STJ e do STF. 2 – Não há infelizmente como submeter a República Federal da Alemanha à jurisdição nacional para responder a ação de indenização por danos morais e materiais por ato de império daquele País, consubstanciado em afundamento de barco pesqueiro no litoral de Cabo Frio – RJ, por um submarino nazista, em 1943, durante a Segunda Guerra Mundial.

[136] CARVALHO RAMOS, André de. *Curso de direito internacional privado*. 3. ed., São Paulo: Saraiva, 2023.

inalterável, a arbítrio de outrem (art. 6º, § 2º, da Lei de Introdução às Normas do Direito Brasileiro – LINDB);

ii) **ato jurídico perfeito,** que consiste no ato já consumado segundo a lei vigente ao tempo em que se efetuou (art. 6º, § 1º, da LINDB); e

iii) **coisa julgada,** que consiste na decisão judicial de que já não caiba recurso (e não a denominada coisa julgada administrativa, como decidiu o STF no RE 144.996, rel. Min. Moreira Alves, j. 29-4-1997, Primeira Turma, *DJ* de 12-9-1997).

No STF, o direito à segurança jurídica foi diversas vezes discutido para se firmar:

1) **Em casos de nova lei que elimine direitos de servidores públicos,** *não* **há direito adquirido à permanência de regime jurídico benéfico da data da posse do servidor; apenas se asseguram os direitos que já se incorporaram ao seu patrimônio.** Nesse sentido: "O STF já pacificou sua jurisprudência no sentido de que os quintos incorporados, conforme Portaria MEC 474/1987, constituem direito adquirido, não alcançado pelas alterações promovidas pela Lei 8.168/1991" (AI 754.613-AgR, voto da rel. Min. Ellen Gracie, j. 20-10-2009, Segunda Turma, *DJe* de 13-11-2009). Ou ainda, decidiu o STF que "Gratificação incorporada aos proventos por força de norma vigente à época da inatividade não pode ser suprimida por lei posterior" (RE 538.569-AgR, rel. Min. Cezar Peluso, j. 3-2-2009, Segunda Turma, *DJe* de 13-3-2009).

2) **Não ofende direito adquirido, a mudança da lei que incide sobre ato cujo ciclo de formação ainda não se completou, não sendo possível a proteção de mera expectativa de direito.** Assim, caso haja mudança constitucional sobre as regras da aposentadoria, aqueles que ainda não possuíam todos os requisitos para a aposentadoria pelas regras revogadas não podem invocar a proteção do direito adquirido. Porém, ressalte-se que a *previsão de regra de transição adequada* pode ser exigida em nome da igualdade, não podendo a nova lei tratar de modo idêntico aos demais aqueles que já estão há anos contribuindo pelas regras revogadas.

3) **A supremacia do Poder Constituinte originário.** Para o STF, a inviolabilidade do direito adquirido, ato jurídico perfeito e da coisa julgada *não* pode ser invocada contra o Poder Constituinte Originário (RE 140.894, rel. Min. Ilmar Galvão, j. 10-5-1996, Primeira Turma, *DJ* de 9-8-1996).

4) **A validade do termo de adesão previsto na LC 110/2001.** O STF editou a *Súmula Vinculante 1*, segundo o qual, ofende a garantia constitucional do ato jurídico perfeito a decisão que, sem ponderar as circunstâncias do caso concreto, desconsidera a validez e a eficácia de acordo constante de termo de adesão instituído pela Lei Complementar n. 110/2001.

5) **A irretroatividade da lei e o arrependimento do Poder Público.** A irretroatividade da lei não pode ser invocada pelo ente estatal que a tenha editado, o que permite que leis novas preservem a mera expectativa de direito (Súmula 654 do STF), não podendo, após, o Poder Público arrepender-se e questionar a constitucionalidade da própria lei.

6) **A irretroatividade da lei e o Direito Penal.** A segurança jurídica é expressamente afastada no caso do *direito penal*, pois a Constituição prevê que a lei penal não retroagirá, salvo para *beneficiar* o réu (art. 5º, XL).

7) **Tema 138 da repercussão geral (RE 594.296,** *DJe* **13-2-2012).** Ao Estado é facultada a revogação de atos que repute ilegalmente praticados; porém, se de tais atos já tiverem decorrido efeitos concretos, seu desfazimento deve ser precedido de **regular processo administrativo**.

O direito à segurança jurídica **não é absoluto**, podendo ser afastado para que prevaleçam outros direitos fundamentais.

Há a possibilidade de invocação da *coisa julgada inconstitucional,* para permitir a superação da coisa julgada (mesmo após o prazo da ação rescisória – coisa julgada soberana), como apregoa o art. 525, § 12, do novo CPC de 2015, que considera também inexigível a obrigação reconhecida em título executivo judicial fundado em lei ou ato normativo considerado inconstitucional pelo Supremo Tribunal Federal, ou fundado em aplicação ou interpretação da lei ou do ato normativo tido pelo Supremo Tribunal Federal como incompatível com a Constituição Federal, em controle de constitucionalidade concentrado ou difuso.

O STF considerou *constitucional* o *afastamento* da coisa julgada em casos de execução de sentença transitada em julgado, fundada em norma inconstitucional, nas seguintes hipóteses:

1) a sentença a ser executada esteja fundada em norma reconhecidamente inconstitucional, seja por (i) aplicar norma inconstitucional, (ii) seja por aplicar norma em situação ou com um sentido inconstitucionais;

2) a sentença a ser executada tenha deixado de aplicar norma reconhecidamente constitucional;

3) *e* desde que, em qualquer dos casos acima mencionados, o reconhecimento dessa constitucionalidade ou a inconstitucionalidade tenha decorrido de *julgamento do Supremo Tribunal Federal* (STF) realizado em *data anterior ao trânsito em julgado* da sentença a ser executada (RE 601.580, rel. p/ o ac. Min. Edson Fachin, j. 20-9-2018, P, *Informativo* 916, Tema 360)

Em 2023, o STF enfrentou a possibilidade de rompimento dos efeitos da sentença judicial tributária favorável ao contribuinte em anos seguintes, após o STF ter considerado a questão *a favor* do Fisco. No Tema 881 de repercussão geral (RE 949.297, j. 8-2-2023), as decisões do STF em controle incidental de constitucionalidade, anteriores à instituição do regime de repercussão geral, *não* impactam automaticamente a coisa julgada que se tenha formado, mesmo nas relações jurídicas tributárias de trato sucessivo. 2. Já as decisões proferidas em ação direta ou em sede de repercussão geral interrompem *automaticamente* os efeitos temporais das decisões transitadas em julgado nas referidas relações, respeitadas a irretroatividade, a anterioridade anual e a noventena ou a anterioridade nonagesimal, conforme a natureza do tributo. Ou seja, mesmo que o contribuinte tenha obtido sentença tributária transitada em julgado para considerar inconstitucional determinado tributo, caso o STF, posteriormente, em ações de controle concentrado ou repercussão geral, tenha decidido favoravelmente ao Fisco, o contribuinte voltará a pagar o tributo, respeitada a "irretroatividade, a anterioridade anual e a noventena ou a anterioridade nonagesimal, conforme a natureza do tributo". Evitou-se a surpresa, mas impediu-se que a coisa julgada tornasse eternamente um contribuinte imune a determinado tributo (constitucional, diga-se), com forte abalo à competição no cenário concorrencial.

Também foi *afastada* a coisa julgada em ação de investigação de paternidade, para fazer valer o direito à identidade genética, tendo o STF decidido que o princípio da segurança jurídica não pode prevalecer em detrimento da dignidade da pessoa humana, sob o prisma do acesso à informação genética e da personalidade do indivíduo (RE 363.889, rel. Min. Dias Toffoli, julgamento 7-4-2011, Plenário, *Informativo* n. 622, com repercussão geral).

Não cabe, por fim, a alegação de "coisa julgada administrativa" para impedir a revisão do ato administrativo pelo Poder Judiciário, *salvo* se transcorrido o prazo previsto em lei para a Administração Pública ou para o indivíduo questionar a decisão. Tal apreciação da decisão administrativa pelo Poder Judiciário é fruto do princípio da inafastabilidade e unidade de jurisdição (art. 5º, XXXV, da Constituição Federal). Nesse sentido e diante de inúmeros precedentes do Superior Tribunal de Justiça foi aprovado o Tema 283 da Turma Nacional de Uniformização (TNU) em 26-8-2021 com o seguinte teor: "A coisa julgada administrativa *não* exclui a apreciação da matéria controvertida pelo Poder Judiciário e não é oponível à revisão de ato administrativo para adequação aos requisitos previstos na lei previdenciária, enquanto não transcorrido o prazo decadencial".

No caso das *decisões administrativas tributárias* transitadas em julgado (coisa julgada administrativa) do Conselho Administrativo de Recursos Fiscais (Carf), a possibilidade do uso de ações pelo Poder Público para *desconstituir* tais decisões era tido como impossível, uma vez que existia um desequilíbrio *a favor* do Fisco em tal tribunal administrativo: no caso de empate, um representante do Fisco Federal teria o voto de qualidade (§ 9º do art. 25 do Decreto n. 70.235/1972). Caso o Estado promovesse posteriormente uma ação judicial, sem qualquer motivo que não a discordância jurídica (deixo de lado a análise de corrupção de julgadores administrativos ou vícios formais, que acarretariam a nulidade ou até mesmo inexistência do *decisum*), acabaria sendo violado o *princípio da confiança* e a boa-fé (*ne concedat venire contra factum proprium*). Porém, com a Lei n. 13.988/2020, foi extinto o voto de qualidade *pro Fisco*, tendo sido determinado que o empate na votação resulta em vitória do contribuinte[137]. Cabe lembrar que tal empate ocorre porque o CARF tem composição paritária entre representantes do Fisco e dos contribuintes. Houve a propositura de três ADIs (ADI 6.399, ADI 6.403 e ADI 6.415) contra tal inovação. A ação está em trâmite, mas destaco a proposta de tese do Min. Barroso, que admite ser *constitucional* tal inovação a favor do contribuinte, mas admite que, nesses casos de empate *pro contribuinte*, o Fisco Federal não reconheceu razão ao contribuinte: simplesmente por "ficção legal", o contribuinte saiu vitorioso. Logo, o Poder Público poderia levar a questão ao Judiciário. A tese sugerida pelo Min. Barroso é a seguinte: "É constitucional a extinção do voto de qualidade do Presidente das turmas julgadoras do Conselho Administrativo de Recursos Fiscais (CARF), significando o empate decisão favorável ao contribuinte. *Nessa hipótese, todavia, poderá a Fazenda Pública ajuizar ação visando a restabelecer o lançamento tributário*" (ADI 6.399, ADI 6.403 e ADI 6.415, Rel. Min. André Mendonça, em trâmite em agosto de 2024).

Ainda em 2023, houve aprovação na Câmara dos Deputados do substitutivo ao Projeto de Lei n. 2.384/2023, que retoma o voto de qualidade *pro Fisco*, mas exclui as multas e a representação para fins criminais ao Ministério Público Federal nos casos de uso do voto de qualidade. Essa nova normatividade foi fruto de consenso entre os atores envolvidos (com apoio inclusive da OAB), o que resultou na Lei n. 14.689, de 20 de setembro de 2023.

23. JUIZ NATURAL E PROMOTOR NATURAL. A LEI DE ABUSO DE AUTORIDADE

Art. 5º, XXXVII – não haverá juízo ou tribunal de exceção;

LIII – ninguém será processado nem sentenciado senão pela autoridade competente;

23.1. Conceito

O direito ao juiz natural consiste no direito de qualquer indivíduo de ser processado e sentenciado por juízo designado por *regras abstratas e existentes previamente*. Proíbe-se, assim, o juiz designado para o caso (juiz *ad hoc*) e o juízo ou tribunal de exceção, aquele que é criado posteriormente para julgar determinado caso. Na dicção do Min. Edson Fachin, "a garantia do juiz natural, que, como sabemos, visa assegurar que a jurisdição, em cada caso submetido ao Poder Judiciário, será prestada pelo órgão competente, segundo a Constituição Federal, com o auxílio das normas infraconstitucionais vigentes. E é por isso que, sem dúvida alguma, no Estado Democrático de Direito, há que se vedar, de modo absoluto, a instituição de Tribunais ou Juízos de exceção" (STF, Inq. 4.435 Ag. R. – Quarto/DF, rel. Min. Marco Aurélio, trecho do voto do Min. Edson Fachin, j. 14-3-2019, *DJU* de 21-8-2019).

A exigência de um *juízo natural, imparcial* e *independente* impede que haja ameaças legislativas à tomada de decisão judicial isenta ou à provocação isenta do Judiciário.

---

[137] Lei n. 13.998/2020: "Art. 19-E. Em caso de empate no julgamento do processo administrativo de determinação e exigência do crédito tributário, não se aplica o voto de qualidade a que se refere o § 9º do art. 25 do Decreto n. 70.235, de 6 de março de 1972, resolvendo-se favoravelmente ao contribuinte".

Por isso, há intenso debate sobre a inconstitucionalidade e inconvencionalidade da Lei n. 13.869, de 5 de setembro de 2019, que redefiniu o conceito de "crime de abuso de autoridade", revogando a Lei n. 4.898/65. Os crimes de abuso de autoridade são aqueles (i) cometidos por agente público, servidor ou não, que, (ii) no exercício de suas funções ou a pretexto de exercê-las, (iii) abuse do poder que lhe tenha sido atribuído. É necessário que o (iv) agente tenha atuado com a finalidade específica de prejudicar outrem ou beneficiar a si mesmo ou a terceiro, ou, ainda, por mero capricho ou satisfação pessoal.

Foi afastado, pela própria lei, o risco de existir o chamado "crime de hermenêutica" (criminalização da conduta de um agente público que adotou interpretação distinta da interpretação majoritária), sendo expresso na lei que a divergência na interpretação de lei ou na avaliação de fatos e provas não configura abuso de autoridade (art. 1º, § 2º).

Os tipos penais foram elencados a partir do art. 9º da lei, destacando-se: 1) "Decretar medida de privação da liberdade em manifesta desconformidade com as hipóteses legais"; 2) "Decretar a condução coercitiva de testemunha ou investigado manifestamente descabida"; 3) "Proceder à obtenção de prova, em procedimento de investigação ou fiscalização, por meio manifestamente ilícito"; 4) "Requisitar instauração ou instaurar procedimento investigatório de infração penal ou administrativa, em desfavor de alguém, à falta de qualquer indício da prática de crime, de ilícito funcional ou de infração administrativa"; 5) "Impedir, sem justa causa, a entrevista pessoal e reservada do preso com seu advogado"; 6) "Dar início ou proceder à persecução penal, civil ou administrativa sem justa causa fundamentada ou contra quem sabe inocente"; 7) "Exigir informação ou cumprimento de obrigação, inclusive o dever de fazer ou de não fazer, sem expresso amparo legal"; 8) "Decretar, em processo judicial, a indisponibilidade de ativos financeiros em quantia que extrapole exacerbadamente o valor estimado para a satisfação da dívida da parte e, ante a demonstração, pela parte, da excessividade da medida, deixar de corrigi-la"; 9) "Requisitar instauração ou instaurar procedimento investigatório de infração penal ou administrativa, em desfavor de alguém, à falta de qualquer indício da prática de crime, de ilícito funcional ou de infração administrativa"; 10) "Exigir informação ou cumprimento de obrigação, inclusive o dever de fazer ou de não fazer, sem expresso amparo legal"; e 11) "Demorar demasiada e injustificadamente no exame de processo de que tenha requerido vista em órgão colegiado, com o intuito de procrastinar seu andamento ou retardar o julgamento".

Apesar dos limites gerais autoimpostos (dolo específico e proibição do "crime de hermenêutica"), os tipos penais acima enunciados da lei aprovada (com a superação dos vetos presidenciais) são indeterminados, gerando ofensa (i) à segurança jurídica e (ii) à reserva legal em matéria penal. De fato, o uso do vocábulo "manifestamente" ou ainda da expressão "sem justa causa fundamentada" (ou ainda "sem justa causa"), bem como de "exacerbadamente", "sem qualquer indício", "injustificadamente" ou "sem expresso amparo legal", gera incerteza incompatível com a segurança jurídica e com a indispensável taxatividade do tipo penal incriminador (art. 5º, XXXIX – "não há crime sem lei anterior que o defina, nem pena sem prévia cominação legal").

Além disso, ficam abalados ainda o direito ao juiz natural e o direito ao promotor natural, que exigem magistrados e membros do Ministério Público *independentes,* que devem adotar as medidas cabíveis sem temer que apreciação futura considere que suas decisões foram "manifestamente" incabíveis, resultando na prática de crimes.

Cabe salientar que a evolução da jurisprudência pode ser feita, de início, com a propositura de ações, pedidos ou adoção de decisões que são, a princípio, ofensivas a textos normativos, mas que são compatíveis com a CF/88, tratados e com a gramática de direitos.

Neste *Curso,* estudou-se a "ponderação de 2º grau", mencionando-se, como exemplo, a decisão do STF de autorizar a entrada de policiais federais em domicílio (escritório – para colocação de escuta ambiental) durante a *madrugada.*

De início, essa decisão do STF contrariou texto expresso da CF/88 (em nome da inviolabilidade domiciliar, a autorização judicial *nessa hipótese* deve ser cumprida *durante o dia* – art. 5º, XI), mas foi proporcional em face dos direitos em colisão (Inq. 2.424, rel. Min. Cezar Peluso, j. 26-11-2008, Plenário, *DJe* 26-3-2010).

A nova Lei de Abuso de Autoridade desestimula esse tipo de decisão (*ao menos* as tomadas pelas instâncias judiciais *inferiores* ao STF), *fragilizando* a independência judicial e ministerial.

23.2. A Constituição Federal e o juiz natural: o foro por prerrogativa de função

A Constituição estabeleceu diversas hipóteses de competência por foro de prerrogativa de função, que se constituem no juiz natural dessas autoridades, a saber:

Função	Espécie de crime	Competência
Presidente da República e Vice-Presidente	• crime comum	• STF (CF, art. 102, I, *b*)
	• crime de responsabilidade	• Senado Federal (CF, art. 52, *I*).
Deputados Federais e Senadores	• crime comum	• STF (CF, art. 102, I, *b*)
	• crime de responsabilidade	• Casa respectiva • (CF, art. 55)
Ministros do STF	• crime comum	• STF (CF, art. 102, I, *b*)
	• crime de responsabilidade	• Senado Federal (CF, art. 52, *I*).
Procurador-Geral da República	• crime comum	• STF (CF, art. 102, I, *b*)
	• crime de responsabilidade	• Senado Federal (CF, art. 52, *I*).
Advogado-Geral da União	• crime comum	• STF (CF, art. 102, I, *b*)
	• crime de responsabilidade	• Senado Federal (CF, art. 52, *I*).
Membros dos Tribunais Superiores, do TCU e os chefes de missão diplomática de caráter permanente	• crime comum e • de responsabilidade	• STF (CF, art. 102, I, *b*)
Governador de Estado	• crime comum	• STJ (CF, art. 105, I, *a*)
	• crime de responsabilidade	• Tribunal Especial (Lei n. 1.079/50, art. 78)
Desembargadores dos Tribunais de Justiça dos Estados e do Distrito Federal	• crime comum e • de responsabilidade	• STJ (CF, art. 105, I, *a*)
Desembargadores Federais Membros dos Tribunais Regionais Eleitorais e do Trabalho	• crime comum e • de responsabilidade	• STJ (CF, art. 105, I, *a*)

Membros dos Tribunais de Contas dos Estados, do DF, e dos Conselhos ou Tribunais de Contas dos Municípios	• crime comum e • de responsabilidade	• STJ (CF, art. 105, I, *a*)
Membros do Ministério Público da União que oficiam perante tribunais	• crime comum e • de responsabilidade	• STJ (CF, art. 105, I, *a*)
Deputados estaduais	• crime comum	• Depende da Constituição Estadual (em regra, Tribunais de Justiça)
	• crime de responsabilidade	• Assembleia Legislativa do Estado
	• crime federal	• Tribunal Regional Federal
	• crime eleitoral	• Tribunal Regional Eleitoral
Juízes Federais Juízes da Justiça Militar Juízes da Justiça do Trabalho	• crime comum e • de responsabilidade	• Tribunal Regional Federal • (CF, art. 108, I, *a*)
	• crime eleitoral	• Tribunal Regional Eleitoral
Membros do Ministério Público da União MPM/MPT/MPDFT/MPF) que atuam na 1ªinstância	• crime comum e • de responsabilidade	• Tribunal Regional Federal (CF, art. 108, I, *a*), ou seja, promotor de justiça do DF não é julgado pelo TJDF, mas sim pelo TRF, sendo processado criminalmente por membro do MPF
	• crime eleitoral	• Tribunal Regional Eleitoral
Juízes Estaduais e do Distrito Federal	• crime comum e • de responsabilidade	• Tribunais de Justiça (CF, art. 96, III)
	• crime eleitoral	• Tribunal Regional Eleitoral
Procurador-Geral de Justiça	• crime comum	• Tribunais de Justiça • (CF, art. 96, III)
	• crime eleitoral	• Tribunal Regional Eleitoral
	• crime de responsabilidade	• Poder Legislativo Estadual ou • Distrital (CF, art. 128)
	• crime de responsabilidade conexo com Governador de Estado	• Tribunal Especial (Lei n. 1.079/50, art. 78)
Membros do Ministério Público Estadual	• crime comum e • de responsabilidade	• Tribunais de Justiça • (CF, art. 96, III)
	• crime eleitoral	• Tribunal Regional Eleitoral
Prefeitos	• crime comum	• Tribunais de Justiça • (CF, art. 29, X)
	• crime eleitoral	• Tribunal Regional Eleitoral
	• crime federal	• Tribunal Regional Federal
	• crime de responsabilidade	• Câmara de Vereadores • (CF, art. 31)

Em maio de 2018, o Supremo Tribunal Federal (STF) restringiu o foro por prerrogativa de função dos deputados e senadores às hipóteses de crimes praticados (i) no exercício da função (a partir da diplomação) e relacionado às funções desempenhadas (*ratione muneris*). Todos os demais casos são de competência do juiz de 1º grau. Após o final da instrução processual, com a publicação do despacho de intimação para apresentação de alegações finais, a competência para processar e julgar as ações penais do STF não será mais afetada, mesmo que o agente público venha a ocupar outro cargo ou deixar o cargo que ocupava por qualquer motivo.

Para o relator Min. Barroso, havia imensa *disfuncionalidade* no sistema anteriormente vigente (ampla prerrogativa de foro, após a diplomação e envio dos autos, caso houvesse perda da função), com possibilidade de manipulação da condução do processo pelo agente político infrator, gerando desprestígio para o STF. A lógica usada pelo Min. Barroso foi a de adotar interpretação restritiva da competência constitucional do STF, para dar efetividade e racionalidade na prestação jurisdicional. Foi fixada a seguinte tese: "(i) O foro por prerrogativa de função aplica-se apenas aos crimes cometidos *durante* o exercício do cargo *e* relacionados às *funções desempenhadas*; e (ii) Após o *final da instrução processual*, com a publicação do despacho de intimação para apresentação de alegações finais, a competência para processar e julgar ações penais *não* será mais afetada em razão de o agente público vir a ocupar outro cargo ou deixar o cargo que ocupava, qualquer que seja o motivo", com o entendimento de que esta nova linha interpretativa deve se aplicar imediatamente aos processos em curso, com a ressalva de todos os atos praticados e decisões proferidas pelo STF e pelos demais juízes com base na jurisprudência anterior" (STF, Questão de Ordem na Ação Penal n. 937/RJ, rel. Min. Barroso, Plenário, 3-5-2018 – grifos meus).

Na mesma linha, a Corte Especial do STJ também decidiu que o foro por prerrogativa de função dos governadores e conselheiros de tribunais de contas também seria *restrito a fatos* ocorridos *durante* o exercício do cargo e *em razão deste* (STJ, Questão de Ordem na Ação Penal n. 857, rel. Min. João Otávio de Noronha, j. 20-6-2018). Todos os demais casos seriam remetidos aos juízes de 1º grau.

Contudo, para evitar quebra de imparcialidade de juízes de 1º grau que julgariam desembargadores, o STJ decidiu manter o foro por prerrogativa de função integral para os crimes comuns e de responsabilidade cometidos por desembargadores, mesmo para os crimes anteriores ou que não tenham sido praticados em razão do cargo (STJ, Questão de Ordem na Ação Penal n. 878, rel. Min. Benedito Gonçalves, j. 21-11-2018). Por *simetria constitucional*, esse entendimento foi também aplicado ao *Ministério Público*, ou seja, mesmo em casos de delitos comuns não relacionados ao cargo, o promotor de justiça manteve o foro no Tribunal de Justiça respectivo (STJ, CC 177.100, Terceira Seção, Rel. Min. Joel Ilan Paciornik, j. 8-9-2021).

No caso de *mandato sucessivo*, a interpretação tem sido restritiva. O foro por prerrogativa de função do prefeito aplica-se somente aos crimes cometidos (i) durante o exercício do cargo e (ii) relacionados ao cargo (*ratione muneris*). Não cabe prorrogação da prerrogativa do foro após o fim do mandato do prefeito, mesmo que ele tenha assumido um novo mandato (STF, RE 1.185.838/SP, rel. para o acórdão Min. Alexandre de Moraes, j. 14-5-2019).

Em 2020, o STF, apreciando reclamação do Senador José Serra, concedeu liminar suspendendo investigação em curso perante juízo eleitoral de 1º grau (*fatos anteriores ao mandato*) sob a justificativa de que a ordem judicial de apreensão e acesso de informações e documentos poderia ter desrespeitado as prerrogativas parlamentares do reclamante. Espera-se novo pronunciamento do STF sobre o "juiz natural" nos casos de prerrogativa de foro (STF, Recl, n. 42.389/SP, decisão monocrática do Presidente Min. Dias Toffoli de 29-7-2020 – já com trânsito em julgado).

De todo modo, houve sensível diminuição do acervo de casos a espera de deliberação criminal no STF, de acordo com levantamento feito pelo próprio tribunal. Em 2022, o número de inquéritos e ações penais em trâmite no Supremo Tribunal Federal diminuiu 80% desde que o

Plenário definiu, em 2018, que o foro por prerrogativa de função se aplica apenas aos crimes cometidos durante o exercício do cargo *e* relacionados às funções desempenhadas[138].

Em 2024, houve já fixação de maioria para manutenção da prerrogativa de foro, nos casos de crimes cometidos no cargo e em razão dele, *após a saída da função*. A justificativa para essa alteração foi a necessidade de combater a "oscilação de foro", pois após a cessação do mandato, os autos eram remetidos a outro juízo (STF, HC 232.627, rel. Min. Gilmar Mendes, em trâmite em agosto de 2024 – os votos já expostos podem ser modificados até a proclamação do resultado). "A prerrogativa de foro para julgamento de crimes praticados no cargo *e* em razão das funções subsiste mesmo após o afastamento do cargo, ainda que o inquérito ou a ação penal sejam iniciados depois de cessado seu exercício".

Desse quadro, cabem as seguintes observações:[139]

1) **Crime de Responsabilidade e infração político-administrativa.** Toda vez que a Constituição menciona crime de responsabilidade a ser julgado por órgão político (por exemplo, crime de responsabilidade do Presidente que será julgado pelo Senado, após autorização da Câmara dos Deputados e confirmação desta autorização pelo próprio Senado[140]), deve-se entender tal "crime" como sendo infração político-administrativa; quando se referir a crime de responsabilidade a ser julgado por órgão do Poder Judiciário, trata-se de crime propriamente dito, em ação penal titularizada pelo Ministério Público (art. 129, I, da CF/88).

2) **Juiz natural e regras de conexão/continência.** De acordo com a Súmula 704 do STF, "não viola as garantias do juiz natural, da ampla defesa e do devido processo legal a atração por continência ou conexão do processo do corréu ao foro por prerrogativa de função de um dos denunciados".

3) **Foro por prerrogativa de função e desmembramento das ações.** O desmembramento das investigações e ações penais no foro por prerrogativa de função é a *regra*, devendo excepcionalmente ser mantido o julgamento conjunto do réu com prerrogativa e o corréu sem prerrogativa.

4) **Foro por prerrogativa de função e o ex-ocupante.** O foro por prerrogativa de função na esfera criminal é estabelecido para a preservação das atribuições do cargo ocupado pela autoridade pública. Assim, *não* pode ser invocado por ex-ocupante (por aposentadoria, renúncia, cassação etc.). Em 2002, a Lei n. 10.628 estendeu essa prerrogativa aos ex-ocupantes de cargos públicos e ex-detentores de mandatos eletivos e ainda alargou tal prerrogativa para os atos de improbidade, tendo o STF considerado tal extensão inconstitucional em 15 de setembro de 2005. Em 2024, houve maioria no STF para estender o foro por prerrogativa de função ao ex-ocupante (*vide* acima).

5) **Foro por prerrogativa de função e a renúncia pelo ocupante.** A renúncia ou qualquer outra forma de término do exercício do cargo que gera a prerrogativa de foro *implica* em cessação da competência e remessa do processo, no estado em que se encontra, ao juízo comum. Esse tema foi alvo de polêmica no Supremo Tribunal Federal: com o cancelamento da Súmula 394 do STF, prevaleceu por um tempo a orientação de que a renúncia de réu parlamentar teria como efeito a extinção imediata da competência do STF (Questão de Ordem no Inquérito 687/SP, rel. Min. Sydney Sanches, em 27-8-1999). Tal entendimento passou a ser questionado em 2007 na Ação Penal 333/PB, em que foi suscitada questão de ordem devido à renúncia de mandato pelo réu, Ronaldo José da Cunha Lima, *após* a *publicação da pauta* de julgamento da ação. Em que

---

[138] Dados disponíveis em <https://portal.stf.jus.br/noticias/verNoticiaDetalhe.asp?idConteudo=489564&ori=1>. Acesso em: 10 ago. 2024.

[139] ABADE, Denise Neves. *Processo penal*. Rio de Janeiro: Forense; São Paulo: Método, 2014.

[140] Conforme decidido na ADPF 378, rel. para o acórdão Min. Roberto Barroso, j. 17-12-2015.

pese entendimento contrário de parte dos Ministros, o STF considerou *não* ter sido configurado *abuso do direito de renúncia*, declinando, assim, a sua competência para o caso. Diferente foi a solução na Ação Penal 396/RO, em 2010, na qual o parlamentar Natan Donadon também renunciou a mandato depois do processo ter sido incluído em pauta para julgamento (com risco de prescrição). Nessa ação penal, o STF consignou, por maioria, que a renúncia de mandato *não* poderia ser subvertida em escolha pessoal para deslocar competências constitucionalmente definidas, considerando-se competente para continuar o julgamento do feito. Em 2014, no julgamento de Questão de Ordem na Ação Penal n. 536/MG, referente à *renúncia de mandato do réu Eduardo Azeredo* após o oferecimento de alegações finais pelo Procurador-Geral da República, o STF, rememorando a polêmica sobre o tema, reconheceu a necessidade de estabelecer parâmetro objetivo no exame de eventual abuso processual na renúncia de mandato. Em 2014, o STF reconheceu que o final da instrução deve ser o parâmetro objetivo para que a renúncia gere o fim do foro por prerrogativa de função; após o fim da instrução, o Tribunal deve continuar o julgamento, mesmo *após* a extinção do mandato (AP 606 QO, rel. Min. Roberto Barroso, j. 12-8-2014, Primeira Turma, *DJe* de 18-9-2014; no mesmo sentido, AP 568, rel. Min. Roberto Barroso, j. 14-4-2015, Primeira Turma, *DJe* de 18-5-2015). Em 2024, houve maioria no STF para estender o foro por prerrogativa de função ao ex-ocupante (*vide* acima), modificando novamente o posicionamento em face do renunciante (agora, mesmo renunciando a qualquer tempo, seu foro permanecerá).

6) **Foro por prerrogativa de função e ações cíveis.** Não há foro por prerrogativa de função na área cível e, em especial, na ação de improbidade e na ação popular, tendo decidido o STF que há "orientação firmada no sentido de que inexiste foro por prerrogativa de função nas ações de improbidade administrativa" (RE 601.478-AgR, rel. Min. Eros Grau, j. 16-3-2010, Segunda Turma, *DJe* de 9-4-2010).

7) **Juiz natural e o desaforamento do júri.** O desaforamento (previsto no art. 427 do CPP) do tribunal do júri não viola o princípio do juiz natural, sendo compatível com Constituição, pois assegura o respeito ao devido processo legal e imparcialidade do juízo (STF, HC 67.851, rel. Min. Sydney Sanches, j. 24-4-1990, Plenário, *DJ* de 18-5-1990).

8) **Constitucionalidade das Varas criminais coletivas.** As varas criminais colegiadas (5 juízes atuando no julgamento em 1º grau) para julgar organizações criminosas, tais quais as estabelecidas em Alagoas *não* são inconstitucionais. A competência legislativa concorrente (art. 24 da CF) permite tal atuação de lei estadual. Além disso, o julgamento coletivo em 1º grau nesses casos de organizações criminosas favorece a independência judicial (STF, ADI n. 4414/AL, rel. Min. Luiz Fux, 30 e 31-5-2012).

9) **Delegação de atos de instrução pelo STF. Inexistência de ofensa ao juiz natural.** A garantia do juiz natural é atendida quando o STF delega o interrogatório dos réus e outros atos da instrução processual a juízes da Seção Judiciária escolhidos mediante sorteio (APn 470-QO, rel. Min. Joaquim Barbosa, j. 6-12-2007, Plenário, *DJe* de 14-3-2008).

10) **Foro por prerrogativa de função e suspensão do mandato.** É possível, excepcionalmente, suspender o exercício do mandato parlamentar e ainda da Presidência de uma Casa legislativa, caso existam elementos de riscos para a efetividade da jurisdição criminal e para a dignidade do próprio Parlamento envolvido. No caso *Eduardo Cunha*, o STF suspendeu, em maio de 2016, o mandato parlamentar do então Dep. Federal Eduardo Cunha e também o seu exercício da Presidência da Câmara dos Deputados, a pedido do Procurador-Geral da República Rodrigo Janot, como medida "adequada e suficiente para neutralizar os riscos descritos pelo Procurador-Geral da República" (trecho do voto do Min. relator, Teori Zavascki. STF, ACO n. 4.070/DF, j. 5-5-2016, *DJe* de 21-10-2016).

11) **Juiz natural e crimes eleitorais.** A competência para julgamento dos crimes eleitorais está fragmentada entre os Tribunais Superiores brasileiros, gerando interpretações divergentes na matéria. Obviamente, na Justiça Eleitoral, há competência para julgamento de crimes eleitorais pelos juízes eleitorais, pelo Tribunal Regional Eleitoral e, somente na via recursal, pelo Tribunal Superior Eleitoral (que *não* possui competência criminal eleitoral *originária*); o Superior Tribunal de Justiça e o Supremo Tribunal Federal também julgam originalmente crimes eleitorais de determinadas autoridades públicas. Claro que a posição do STF como órgão de cúpula do Poder Judiciário brasileiro o indicaria como fonte da interpretação final do conteúdo jurídico dos crimes eleitorais. Porém, como os casos criminais têm forte carga fática, a prática indica que é muito difícil, para a parte prejudicada (Ministério Público ou Defesa) por determinada interpretação divergente do que vem a ser um "crime eleitoral", conseguir interpor um recurso extraordinário viável ao Supremo Tribunal Federal.

12) **Caso haja o surgimento de indícios de envolvimento de detentor de prerrogativa de foro em investigação criminal qualquer (por exemplo, em interceptações telefônicas em primeiro grau de jurisdição), é necessária a remessa imediata dos autos à Corte respectiva.** O prosseguimento das investigações no primeiro grau em relação ao detentor de foro constitui, na visão do STF, violação do princípio do juiz natural. Para evitar prejuízo às investigações envolvendo os demais investigados, cabe desmembramento e envio dos autos apartados ao Tribunal. Por outro lado, todas as provas decorrentes da continuidade das investigações em foro não apropriado são consideradas provas ilícitas por derivação, em face da *teoria dos frutos da árvore envenenada* (RHC 135.683, rel. Min. Dias Toffoli, j. 25-10-2016, 2ª T., *DJe* de 3-4-2017).

13) **Juiz natural e "juízes convocados" nos Tribunais.** Não viola o postulado constitucional do juiz natural o julgamento de apelação por órgão composto majoritariamente por juízes convocados, autorizado no âmbito da Justiça Federal pela Lei n. 9.788/99 (Tema 170 de repercussão geral, RE 597.133, j. 17-11-2010).

23.3. Juiz natural e crimes eleitorais conexos com crimes federais comuns: a Operação Lava Jato

O princípio do juiz natural foi discutido no STF na análise sobre qual deve ser o juízo natural em casos conexos sob competência de mais de um ramo do Poder Judiciário da União. Em diversos casos da "Operação Lava Jato", entre outras, a investigação e a persecução criminal envolveram crimes eleitorais e crimes federais comuns. A hipótese mais comum encontrada foi a de persecução do crime de falsidade eleitoral (art. 350 do Código Penal) em virtude de prestações de contas fraudadas (para esconder a fonte ilícita dos recursos, em geral associada à corrupção envolvendo agentes públicos) e outros crimes federais, por exemplo, a evasão de divisas.

O Ministério Público Federal defendeu a cisão e o julgamento em separado: o crime de falsidade ideológica eleitoral deveria ser julgado perante a Justiça Eleitoral (art. 121, *caput*, da CF/88), e o crime de evasão de divisas deveria ser julgado perante a Justiça Federal (art. 109, VI). O STF entendeu que os crimes comuns conexos a crimes eleitorais devem ser investigados, processados e julgados perante a Justiça Eleitoral. Para o Min. Marco Aurélio (relator), é impossível o desmembramento das investigações no tocante aos delitos comuns e eleitoral, uma vez que "a competência da Justiça comum, federal ou estadual, é residual quanto à Justiça especializada – seja eleitoral ou militar –, estabelecida em razão da matéria, e não se revela passível de sobrepor-se à última". Para o Min. Gilmar Mendes, do ponto de vista constitucional, a prevalência da Justiça Eleitoral é justificada pela preocupação com o bom funcionamento do sistema democrático, pois "(...) A apuração de crimes comuns conexos a crimes eleitorais é importante inclusive para reforçar o papel institucional da Justiça Eleitoral, possibilitando melhor compreensão sobre os impactos e efeitos de crimes financeiros, econômicos e de corrupção sobre os resultados dos pleitos".

Em que pese a existência de diversos precedentes anteriores, abriu divergência o Min. Fachin, defendendo a *prevalência da competência constitucional*, que não poderia ser usurpada por regra de conexão estabelecida no CPP (art. 79, IV[141]). De fato, a competência constitucional da Justiça Federal, que é absoluta, não poderia ser derrogada por lei. No voto do Min. Fachin, "(...) Entender de modo diverso seria autorizar que a lei modificasse a competência constitucionalmente estabelecida no art. 109 da CF". Além disso, como ambas as competências (Justiça Federal e Justiça Eleitoral) têm assento constitucional, a solução para evitar a prevalência indevida de uma sobre a outra seria a cisão. Assim, para o Min. Fachin, existindo concorrência de juízos com competências igualmente fixadas na Constituição Federal, o princípio do juiz natural exige a cisão do processo.

Contudo, essa posição ficou vencida por apertada maioria, tendo sido mantida a reunião de processos na Justiça Eleitoral, a quem cabe, por sua vez, verificar se existe ou não a pretendida conexão (votação de 6 x 5 – STF, Inq. 4.435 Ag. R., Quarto/DF, rel. Min. Marco Aurélio, trecho do voto do Min. Edson Fachin, j. 14-3-2019, *DJU* de 21-8-2019).

23.4. Promotor natural, força-tarefa e Gaeco

Após intensa discussão doutrinária e jurisprudencial, o STF acatou a existência do postulado do promotor natural, que consiste no *direito de determinado indivíduo de ser investigado ou processado por promotor designado de acordo com regras abstratas e existentes anteriormente ao caso concreto* (STF, HC 67.759, rel. Min. Celso de Mello, j. 6-8-1992, P, *DJ* de 1º-7-1993). O postulado do Promotor Natural é *implícito* ao sistema constitucional brasileiro, sendo fruto combinado da cláusula do devido processo legal e da garantia de inamovibilidade do *Parquet* (STF, HC 114.093/PR, Redator para o acórdão: Min. Alexandre de Moraes, j. 3-10-2017, publicação: 21-2-2018), gerando os seguintes efeitos:

1) Proibição de designações casuísticas de Promotor, mesmo que efetuadas pela Chefia da Instituição (situação denominada "Acusação de exceção").

2) Garantia de que o afastamento do promotor, originalmente promotor natural, será feito também por regras previamente existentes, como, por exemplo, férias, aposentadoria, quebra da inamovibilidade por decisão de órgão superior, por maioria absoluta, por motivo de interesse público (CF, art. 128, I, *b*), punição disciplinar do Conselho Nacional do Ministério Público (art. 130-A, § 2º, III) etc.

3) Ausência de violação do postulado do promotor natural pela *sucessão de posições colidentes* em um mesmo processo, uma vez que tais divergências entre promotores são decorrência da independência funcional (HC 102.147, rel. Min. Celso de Mello, decisão monocrática, j. 16-12-2010, *DJe* de 3-2-2011).

4) Ausência de violação do postulado do promotor natural pela assinatura da peça, em conjunto com o promotor natural, por parte de outro promotor. Para o STF, "A subscrição da denúncia pelo promotor da comarca e por promotores auxiliares não a torna, ante a subscrição destes últimos, à margem do Direito" (RHC 93.247 / GO – Recurso em *habeas corpus*, rel. Min. Marco Aurélio, 1ª T., j. 18-3-2008, publicado em 2-5-2008, entre outros). No Superior Tribunal Justiça, também foi decidido que "atuação de promotores auxiliares ou de grupos especializados (GAECO) não ofende o princípio do promotor natural, uma vez que, nessa hipótese, amplia-se a capacidade de investigação, de modo a otimizar os procedimentos necessários à formação da *opinio delicti do Parquet*" (STJ, RHC 77.422/RJ, rel. Min. Reynaldo Soares da Fonseca, 5ª T, j. 16-10-2018, *DJe* 26-10-2018). Na mesma lógica insere-se a atuação conjunta entre o promotor ou

---

[141] Código de Processo Penal. "Art. 78. Na determinação da competência por conexão ou continência, serão observadas as seguintes regras: (...) IV – no concurso entre a jurisdição comum e a especial, prevalecerá esta".

procurador natural e outros procuradores ou promotores nas chamadas "forças-tarefa" ou de grupos especializados para apoiar o promotor natural. Para o Min. Alexandre de Moraes, o grupo especializado pode atuar junto ao promotor natural ou mesmo isoladamente, "mas com o consentimento dele, mesmo que *a posteriori*" (Voto do Min. Alexandre de Moraes, STF, HC 114.093/PR, redator para o acórdão: Min. Alexandre de Moraes, j. 3-10-2017, publicação: 21-2-2018).

O *postulado do promotor natural* deve ser interpretado em conjunto com o direito de acesso à justiça e à luz dos direitos das vítimas, protegidos pela ação do Ministério Público. Desse modo, interpretar tal postulado exigindo uma atuação *solitária* ignora a especificidade de determinados casos complexos, que exigem trabalho em equipe, o que resulta em possível vulneração de direitos, com simultânea ofensa à paridade de armas (já que a Defesa, obviamente, pode contar com grupos de advogados ou defensores públicos atuando em conjunto).

Foram propostas duas Ações Diretas de Inconstitucionalidade abordando, também, a temática (ADIs 2.838 e 4.624), as quais questionam a criação de Grupo de Atuação Especial contra o Crime Organizado (Gaeco) por leis dos Estados de Mato Grosso e Tocantins, respectivamente, com estrutura cooperativa nas investigações criminais por parte de membros do MP, Polícias Civil e Militar. Ambas foram julgadas improcedentes, reconhecendo-se a constitucionalidade da criação desses Grupos de Atuação Especial contra o Crime Organizado – GAECO (STF, Rel. Min. Alexandre de Moraes – em ambas as ações – Plenário, sessão virtual de 31-3-2023 a 12-4-2023).

23.5. Tribunal do Júri

> *Art. 5º, XXXVIII – é reconhecida a instituição do júri, com a organização que lhe der a lei, assegurados:*
>
> *a) a plenitude de defesa;*
>
> *b) o sigilo das votações;*
>
> *c) a soberania dos veredictos;*
>
> *d) a competência para o julgamento dos crimes dolosos contra a vida;*

A instituição do Júri consiste no conjunto de normas que rege o julgamento de determinada causa (cível ou criminal) por um *colegiado de cidadãos*. É inspirada pela Carta Magna, de 1215, que determinava o direito de uma *pessoa ser julgada por seus pares*.

A Constituição de 1988 inseriu, na mesma linha, a instituição do júri no rol dos direitos individuais. No plano constitucional, a Constituição de 1824 foi a primeira a prever o Tribunal do Júri, tradição que foi mantida até a Constituição de 1988, com as seguintes características: 1) organização regida pela lei; 2) competência *mínima* a ser observada (podendo ser ampliada pela lei, mas nunca reduzida): julgamento dos crimes dolosos contra a vida; 3) informado pelos princípios da plenitude de defesa, sigilo das votações e soberania dos veredictos.

Atualmente, o Júri possui competência para os crimes dolosos contra a vida (arts. 121, §§ 1º e 2º, 122, parágrafo único, 123, 124, 125, 126 e 127 do CP, consumados ou tentados) e conexos, tendo a Lei n. 11.689/2008 alterado as regras do CPP (arts. 408 e seguintes) para dotar o Júri de um novo procedimento mais célere. A Lei Anticrime também modificou regras relativas aos efeitos da sentença, caso haja condenação a pena igual ou superior a 15 anos de prisão.

De acordo com a nova redação do art. 492, I, *e*, o juiz ordenará a *execução provisória das penas*, com expedição do mandado de prisão, se for o caso, de condenação a uma pena igual ou superior a 15 (quinze) anos de reclusão (ver abaixo a nova posição do STF).

Há duas fases do julgamento do procedimento: a primeira fase é o juízo de admissibilidade (*judicium accusationis*) ou *juízo do sumário de culpa* perante o juiz togado singular, que se inicia com o recebimento da denúncia por juiz togado (ou queixa, na hipótese de ação penal privada subsidiária da pública) e termina com a sentença de pronúncia, impronúncia ou absolvição sumária. O juiz pode ainda desclassificar o crime para um fora da competência do Júri e caso não seja competente para o julgamento, remeterá os autos ao juiz que o seja. A segunda fase, caso exista a pronúncia, é denominada *judicium causae,* terminando com o julgamento da causa em plenário no qual os jurados decidem sobre a matéria de fato e o juiz presidente decidirá sobre o *quantum* da sentença, caso os jurados decidam pela existência de crime.

Da imensa jurisprudência do STF sobre a instituição do júri, devem ser ressaltadas:

i) **A competência constitucional do foro por prerrogativa de função *prevalece* sobre a competência do Tribunal do Júri.** Assim, crime doloso contra a vida cometido por juiz de direito, será julgado pelo seu Tribunal de Justiça (*vide* acima a posição do STJ sobre a manutenção do foro por prerrogativa de função *mesmo diante* de delitos comuns dos juízes).

ii) **A competência do Tribunal do Júri prevista na Constituição de 1988 é *mínima*.** A lei pode ampliar a competência do Júri, o que torna legítimo o julgamento pelo júri dos crimes conexos, tal qual preconiza o Código de Processo Penal.

iii) **Prevalência do Tribunal do Júri.** A competência do Tribunal do Júri, por ser prevista na Constituição Federal, *prevalece* sobre a competência prevista *somente* na Constituição Estadual (Súmula 721 do STF).

iv) **Prevalência do Tribunal do Júri.** A competência constitucional do Tribunal do Júri *prevalece* sobre o foro por prerrogativa de função estabelecida exclusivamente pela Constituição estadual (STF, Súmula Vinculante 45);

v) **A situação do corréu.** Corréu que *não* tem foro por prerrogativa de função deve ser julgado pelo Tribunal do Júri, desmembrando-se o processo penal.

vi) **O caso do latrocínio.** Para o STF, "a competência para o processo e julgamento de latrocínio é do juiz singular e *não* do Tribunal do Júri" (Súmula 603, grifo meu).

vii) **A Justiça Militar e o afastamento do Tribunal do Júri.** Para o STF, é *constitucional* o julgamento dos crimes dolosos contra a vida de militar em serviço pela justiça castrense federal, sem a submissão destes crimes ao Tribunal do Júri, nos termos do o art. 9º, III, *d*, do CPM (HC 91.003, rel. Min. Cármen Lúcia, j. 22-5-2007, Primeira Turma, *DJ* de 3-8-2007).

viii) **A soberania (absoluta ou relativa?) dos vereditos do Tribunal do Júri – I.** A soberania dos veredictos do Tribunal do Júri *não é absoluta*, sendo constitucionais os dispositivos que preveem a anulação da decisão do Júri sob o fundamento de que ela se deu de modo contrário à prova dos autos. Evita-se o arbítrio que é incompatível com o Estado de Direito (HC 88.707, rel. Min. Ellen Grafcie, j. 9-9-2008, Segunda Turma, *DJe* de 17-10-2008 – ver abaixo o julgamento do Tema 1.087).

ix) **A nova competência da Justiça Militar.** A Lei n. 13.491/2017 restringiu o alcance do Tribunal do Júri ao prever que, mesmo quando dolosos contra a vida de *civil*, serão da competência da Justiça Militar da União quando praticados por *militares* (somente das Forças Armadas e não os das polícias militares) nas seguintes situações: I – do cumprimento de atribuições que lhes forem estabelecidas pelo Presidente da República ou pelo Ministro de Estado da Defesa; II – de ação que envolva a segurança de instituição militar ou de missão militar, mesmo que não beligerante; ou III – de atividade de natureza militar, de operação de paz, de garantia da lei e da ordem ou atribuição subsidiária. Nesta última hipótese se encaixam as mortes de civis causadas por militares das Forças Armadas nas chamadas "Operações de Garantia da Lei e da Ordem – GLO", vistas, por exemplo, no Rio de Janeiro.

x) **A execução provisória da pena e a Lei Anticrime.** Pacificou-se o debate no STF sobre o cabimento da execução provisória da pena após a condenação pelo Tribunal do Júri. De um lado, havia a corrente que defende ser inaceitável "a conclusão de que a soberania do veredicto do júri legitimaria a execução antecipada ou meramente provisória da condenação proferida, em primeira instância, pelo Conselho de Sentença" (STF, Medida Cautelar no HC n. 174.759, rel. Min. Celso de Mello, decisão monocrática de 20-9-2019). Por outro lado, havia a corrente que defende, diante do princípio constitucional da soberania dos veredictos (art. 5º, XXXVIII, *c*) que se trata de execução da pena privativa de liberdade imposta pelo órgão competente para o julgamento dos crimes contra a vida. No plano legislativo, a Lei n. 13.964 deu *nova redação* ao art. 492, I, "e" do CPP, determinando, no caso de condenação no Tribunal do Júri, a uma pena igual ou superior a *15 anos de reclusão*, que seja dado início imediato à execução provisória das penas (art. 492, I, *e*, e seu § 4º, do CPP – cabe efeito suspensivo à apelação em hipóteses especialíssimas constantes do § 5º do mesmo artigo). No STF, foi adotada a seguinte tese, por maioria, com repercussão geral: "A soberania dos veredictos do Tribunal do Júri autoriza a imediata execução de condenação imposta pelo corpo de jurados, independentemente do total da pena aplicada". (STF, RE 1.235.340, rel. Min. Barroso, j. 12-9-2024).

xi) **O *in dubio pro societate*.** O critério de decisão do *in dubio pro societate* é tradicional na fase de pronúncia nos julgamentos submetidos ao Tribunal do Júri. Por tal critério, caso haja mínimo lastro probatório sobre os indícios de autoria, além da materialidade, a soberania constitucional dos julgados do Tribunal do Júri exigiria que o réu fosse submetido ao Conselho de Sentença. Contudo, mesmo na fase da pronúncia, deve existir uma apreciação racional das provas coligidas, levando à preponderância de provas incriminadoras em face daquelas que são consistentes com a narrativa defensiva. Não se trata de exigir da Acusação um *standard* probatório típico da condenação, mas que ao menos haja um "lastro probatório consistente no sentido da tese acusatória" (voto do Min. Gilmar Mendes no ARE 1.067.392). Além disso, caso haja dúvida sobre a preponderância de provas (existindo equilíbrio entre as que sustentam a tese acusatória e a tese defensiva), incide o critério de decisão do *in dubio pro reo*, estabelecido na consagração da presunção de inocência da CF/88 (art. 5º, LVII), em tratados internacionais de direitos humanos (por exemplo, no art. 8.2 da Convenção Americana de Direitos Humanos) e também no CPP (arts. 413 e 414). Não se viola o princípio da soberania dos veredictos no Tribunal do Júri, uma vez que (i) a lógica do sistema bifásico (pronúncia por juiz togado e julgamento final pelo corpo de jurados) assegura um processo penal racional em um Estado Democrático de Direito e (ii) outra denúncia pode ser proposta, caso surjam novas provas incriminatórias (STF, Agravo no RE n. 1.067.392, 2ª T., rel. Min. Gilmar Mendes, j. 26-3-2019 – concessão de ordem de *habeas corpus* de ofício).

xii) **A soberania (absoluta ou relativa) dos vereditos do Tribunal do Júri – II – a apelação da Acusação em caso de absolvição pelo quesito genérico.** No Brasil, o Supremo Tribunal Federal (STF) foi chamado a decidir, no caso da absolvição do réu em resposta ao quesito genérico (se o/a jurado/a absolve o/a acusado/a; art. 483, III, do CPP) ter ocorrido em suposta contrariedade à prova dos autos, se o Acusador pode apelar e o tribunal de segunda instância pode determinar a realização de novo júri. Assim, se o júri é soberano e pode absolver por razão humanitária, clemência ou por puro sexismo, racismo ou outra discriminação odiosa (por exemplo, absolve homem que matou ex-mulher por ciúmes para "defesa da honra" – ver abaixo), pode o Acusador apelar e o Tribunal determinar novo julgamento, com base no art. 593, III, do CPP? A situação foi enfrentada pela Comissão IDH (ver caso *Roche Azaña e outros vs. Nicarágua*, estudado acima neste *Curso*), para quem é imprescindível que haja a possibilidade legal de recurso da Acusação, de modo a se preservar os direitos da vítima ou seus familiares à verdade e à justiça. Entendo que a "soberania dos veredictos" do júri não pode ser interpretada em termos absolutos, devendo ser compatibilizada com a igualdade (paridade de armas – já que a Defesa pode recorrer de condenação por motivo odioso) e a preservação do papel da tutela penal dos direitos humanos em especial nos crimes dolosos contra a vida. Permitir, em especial nos casos envolvendo vulneráveis como no *feminicídio*, *homotransfobia* e outros, que a absolvição não sofra nenhum crivo – mesmo que flagrantemente contrária às provas dos autos –, estimularia o uso de argumentos preconceituosos capazes de gerar absolvição, *perpetuando-se* estereótipos inferiorizantes. Assim, há compatibilidade entre o quesito genérico (art. 483, III e § 2º, do CPP) e o cabimento da apelação pela Acusação nos casos de decisão manifestamente contrária às provas dos autos (art. 593, III, *d*, do CPP). Decidiu o STF que cabe apelação pela Acusação nas hipóteses em que a decisão dos jurados no quesito genérico for considerada "manifestamente contrária à prova dos autos". Contudo, tal apelação deve ser desprovida quando tiver ocorrido a apresentação de tese conducente à clemência ao acusado (Defesa tem que explicitar) "compatível com a Constituição, os precedentes vinculantes do Supremo Tribunal Federal e com as circunstâncias fáticas apresentadas nos autos" (STF, Recurso Extraordinário com Agravo n. 1.225.185 – Tema 1.087 – repercussão geral – j. 4-10-2024).

xiii) **Teses *pro reo* ofensivas aos direitos humanos: a legítima defesa da honra.** O STF determinou que a tese absolutória da "legítima defesa da honra" é *inconstitucional*, por contrariar os princípios da dignidade da pessoa humana (art. 1º, III, da CF), da proteção à vida e da igualdade de gênero (art. 5º, *caput*, da CF); (ii) conferir interpretação *conforme à Constituição* aos arts. 23, II, e 25, *caput* e parágrafo único, do Código Penal, e ao art. 65 do Código de Processo Penal, de modo a excluir a legítima defesa da honra do âmbito do instituto da legítima defesa e, por consequência, (iii) obstar à defesa, à acusação, à autoridade policial e ao juízo que utilizem, direta ou indiretamente, a tese de legítima defesa da honra (ou qualquer argumento que induza à tese) nas fases pré-processual ou processual penais, bem como durante julgamento perante o tribunal do júri, sob pena de *nulidade* do ato e do julgamento. Para evitar que o réu se beneficie da própria torpeza, alegando a legítima defesa da honra, fica vedado o reconhecimento da nulidade, na hipótese de a defesa ter-se utilizado da tese com tal finalidade. Por fim, cabe apelação que anule a absolvição fundada em *quesito genérico*, quando, *de algum modo*, possa implicar a repristinação da odiosa tese da legítima defesa da honra (STF, ADPF n. 779, rel. Min. Dias Toffoli, unanimidade, j. 1º-8-2023). Resta saber se o mesmo fundamento será aplicado a *outras* teses absolutórias *ofensivas* aos direitos humanos, como racismo, homotransfobia, xenofobia, entre outras.

24. DIREITOS HUMANOS NO DIREITO PENAL E PROCESSUAL PENAL

> *Art. 5º, XXXIX – não há crime sem lei anterior que o defina, nem pena sem prévia cominação legal;*
>
> *XL – a lei penal não retroagirá, salvo para beneficiar o réu;*
>
> *XLI – a lei punirá qualquer discriminação atentatória dos direitos e liberdades fundamentais;*
>
> *XLII – a prática do racismo constitui crime inafiançável e imprescritível, sujeito à pena de reclusão, nos termos da lei;*
>
> *XLIII – a lei considerará crimes inafiançáveis e insuscetíveis de graça ou anistia a prática da tortura, o tráfico ilícito de entorpecentes e drogas afins, o terrorismo e os definidos como crimes hediondos, por eles respondendo os mandantes, os executores e os que, podendo evitá-los, se omitirem;*
>
> *XLIV – constitui crime inafiançável e imprescritível a ação de grupos armados, civis ou militares, contra a ordem constitucional e o Estado Democrático;*

24.1. Princípios da reserva legal e da anterioridade em matéria penal

De acordo com a Constituição de 1988, o Direito Penal é regido pelo princípio da reserva legal (ver acima), pelo qual não há crime sem lei formal anterior que o defina (*nullum crime nulla poena sine praevia lege*).

Com a exigência de lei prévia, *evita-se a surpresa e a insegurança jurídica* causada por lei retroativa, bem como o estabelecimento de norma incriminadora sem o respaldo dos representantes do povo (por isso a exigência de lei formal).

Porém, a própria Constituição excepciona a proibição de lei retroativa no campo penal, prevendo que a lei penal *retroagirá* para beneficiar o réu.

Por sua vez, qualquer alteração legislativa na área criminal que contenha normas penais benéficas, como as que abolem crimes ou que limitam sua abrangência, estabeleçam extinção ou abrandamento de penas ou aumentem os casos de isenção de pena, de extinção de pena, ou qualquer elemento que minore os efeitos deletérios da aplicação da lei penal pretérita, deve retroagir.

A expressão "lei penal" do art. 5º, XL ("XL – a lei penal não retroagirá, salvo para beneficiar o réu;") é gênero e abarca (i) as leis penais em sentido estrito e também (ii) as leis penais processuais que disciplinam a) o exercício da pretensão punitiva do Estado (como, por exemplo, aquelas relativas ao direito de queixa ou de representação, à prescrição ou à decadência, ao perdão ou à perempção, a causas de extinção de punibilidade) ou b) que interferem diretamente na liberdade do indivíduo (como, por exemplo, admissão de fiança, alteração das hipóteses de cabimento de prisão cautelar, propositura de acordo de não persecução penal, entre outros). Assim, mesmo normas inseridas no Código de Processo Penal devem retroagir, caso afetem o *jus puniendi* do Estado ou a liberdade do indivíduo, sendo, então, consideradas de natureza mista e não exclusivamente processuais (STF, Agravo Regimental em *Habeas Corpus* n. 217.275, rel. Min. Edson Fachin, Sessão Virtual de 17-3-2023 a 24-3-2023).

A jurisprudência recente do STF traz as seguintes contribuições ao tema:

i) Para o STF, "a lei penal mais grave aplica-se ao crime continuado ou ao crime permanente, se a sua vigência é anterior à cessação da continuidade ou da permanência" (Súmula 711).

ii) Ainda para o STF, "transitada em julgado a sentença condenatória, compete ao juízo das execuções a aplicação de lei mais benigna" (Súmula 611).

iii) Não se admite medida provisória incriminadora. Já a medida provisória não incriminadora foi admitida pelo STF em julgamento anterior à edição da Emenda Constitucional n. 32/2001, que expressamente proibiu medida provisória para tratar de matéria referente ao Direito Penal. Entende-se que esse precedente (RE 254.818, rel. Min. Sepúlveda Pertence, j. 8-11-2000, Plenário, *DJ* de 19-12-2002) não mais é aplicável.

iv) Para o STF, a nova Lei n. 12.015/2009 permite a retroatividade da lei penal mais benéfica, pois, ao unificar os crimes anteriores de estupro e atentado violento ao pudor no novo art. 213 do CP permitiu o reconhecimento da continuidade delitiva dos antigos delitos de estupro e atentado violento ao pudor, quando praticados nas mesmas circunstâncias de tempo, modo e local e contra a mesma vítima, levando a um abrandamento da pena (HC 86.110, rel. Min. Cezar Peluso, j. 2-3-2010, Segunda Turma, *DJe* de 23-4-2010).

v) A imprescritibilidade de crimes prevista na CF/88 não elimina a possibilidade de lei ordinária estabelecer outras hipóteses de crimes imprescritíveis (STF, RE 460.971, rel. Min. Sepúlveda Pertence, j. 13-2-2007, Primeira Turma, *DJ* de 30-3-2007). **Novo entendimento.** Em 2020, contudo, o STF reconheceu que, "no caso de inatividade processual decorrente de citação por edital, ressalvados os crimes previstos na Constituição Federal como imprescritíveis, é *constitucional* limitar o período de suspensão do prazo prescricional ao tempo de prescrição da pena máxima em abstrato cominada ao crime, a despeito de o processo permanecer suspenso". Reconhecer que o processo penal deveria continuar suspenso *ad eternum* no caso da citação do réu por edital (art. 366 do CPP) levaria a criação de nova modalidade de imprescritibilidade de crime, o que *não seria permitido fora das hipóteses constitucionais* (novo entendimento). Para o STF, "vedação de penas de caráter perpétuo, a celeridade processual e o devido processo legal substantivo (art. 5º, XLVII, *b*, LXXVIII; LIV) obstam que o Estado submeta o indivíduo ao sistema de persecução penal sem prazo previamente definido". Cabe às autoridades policiais encontrarem o réu no prazo previsto para a prescrição em abstrato do crime. Após, apesar do processo estar suspenso, o prazo prescricional volta a fluir. Há, assim, certa *compressão* da *actio nata* (não corre a prescrição de um direito, se não é possível que seja proposta a ação de tutela), pois há o curso da prescrição, mas o processo está suspenso (STF, RE n. 600.851, rel. Min. Edson Fachin, RE n. 600.851, j. 7-12-2020, *DJ* 23-2-2021, Tema 438 – repercussão geral).

vi) Em matéria penal, o STF entende que prevalece o dogma da reserva constitucional de lei em sentido formal, admitindo-se no Brasil somente a *lei interna* como fonte formal e direta de regras de Direito Penal. Por isso, decidiu que "(...) As convenções internacionais, como a Convenção de Palermo, não se qualificam, constitucionalmente, como fonte formal direta legitimadora da regulação normativa concernente à tipificação de crimes e à cominação de sanções penais" (STF, RHC 121.835-AgR, rel. Min. Celso de Mello, j. 13-10-2015, Segunda Turma, *DJe* de 23-11-2015).

vii) O Acordo de Não Persecução Penal, introduzido pela Lei n. 13.964/2019 (Lei Anticrime) tem aplicação retroativa, incidindo sobre todos os casos iniciados antes da vigência da lei. Tal posição do STF (por maioria) é fruto da chamada natureza mista da lei: tem natureza processual e penal (por isso retroage). A natureza processual do instituto é clara, pois – como visto acima – atinge o *jus puniendi* do Estado e também o *status libertatis* do indivíduo (cumprido integralmente o acordo de não persecução penal, o juízo competente decretará a extinção de punibilidade). Há mitigação do princípio da indisponibilidade da ação penal nos casos de crimes de médio potencial ofensivo, desde que atendidos os requisitos legais, por meio de regras de negociação que contemplam a confissão do investigado, a recomposição do dano à vítima e à sociedade, evitando-se o processo penal (economia processual) uma vez que sua incidência ordinária é anterior à denúncia. Em agosto de 2024, formou-se maioria no STF no sentido de se reconhecer a *retroatividade* da aplicação das regras do ANPP aos casos em curso antes da edição da Lei Anticrime. A fixação da tese, com a definição do limite da retroatividade (tendência de serem abarcados inclusive os casos transitados em julgado) e ainda sobre o *iter* (pedido da Defesa na primeira oportunidade, manifestação do MP na primeira oportunidade, suspensão ou não da prescrição etc.) será ainda definido (STF, rel. Min. Gilmar Mendes, Plenário, *Habeas Corpus* n. 185.913, j. 8-8-2024).

24.2. Os mandados constitucionais de criminalização e o princípio da proibição de proteção deficiente

A proteção de direitos humanos impõe limites materiais e formais ao Direito Penal e à persecução criminal (investigação, processo e execução penais), mas, ao mesmo tempo, *também* exige que o Estado *estabeleça* a tutela penal contra condutas de violação de direitos humanos.

Desde Beccaria, o Direito Penal desenvolve-se sob a atenta observação da proteção dos direitos, de modo a impedir o excesso e a sanha vingativa e repressiva da sociedade e do Estado[142]. Assim, consagrou-se, ao longo dos séculos, a conformação do Direito Penal à proteção de direitos humanos, o que redundou em uma adequação constitucional do Direito Penal.

---

[142] BECCARIA, Cesare. *Dos delitos e das penas.* Trad. Paulo M. Oliveira. Rio de Janeiro: Ediouro, 1988.

Do ponto de vista formal, a proteção de direitos dos indivíduos estipulou (i) restrições à aplicação da lei penal pela adoção do princípio da legalidade estrita, presunção de inocência e o *in dubio pro reo*, irretroatividade da lei gravosa e retroatividade da lei benigna, bem como (ii) garantias processuais, como a do juízo natural, vedação do tribunal de exceção, devido processo legal penal, legalidade e legitimidade das provas, e ainda condicionamentos da (iii) execução penal, por meio da vedação de penas cruéis e desumanas, individualização da pena e direitos do sentenciado.

Do ponto de vista material, há restrições implícitas à tipificação de determinadas condutas, sob pena de violação de direitos fundamentais. Com isso, seria inconstitucional, por violação de direitos fundamentais, a tipificação e punição da homossexualidade ou o uso do Direito Penal para fins de defesa de determinada moralidade religiosa[143].

Por outro lado, a Constituição de 1988 e os tratados de direitos humanos também invocam a atuação do Direito Penal para sua proteção. Assim, o Direito Penal não é só limitado pelas Constituições e tratados, mas, em algumas situações, sua aplicação é *exigida* como instrumento essencial de proteção de bens jurídicos. Ao mesmo tempo em que o Estado não pode se exceder no campo penal (proibição do excesso ou *Übermassverbot*), também não se pode omitir ou agir de modo insuficiente (proibição da insuficiência ou *Untermassverbot*).

É uma nova faceta, agora amistosa, na relação entre os Direitos Humanos e o Direito Penal. Parte-se da constatação que, em um Estado Democrático de Direito, o Poder Público não pode se omitir na promoção dos direitos humanos, devendo protegê-los inclusive com o instrumento penal. Caso abra mão da tutela penal, o Estado incorre na *proteção deficiente* dos direitos fundamentais, violando a Constituição e os tratados de direitos humanos ratificados pelo Brasil. Consagra-se o princípio da proibição da proteção deficiente na esfera criminal, que consiste na vedação ao Estado de descriminalizar ou atenuar a tutela penal de certas condutas ofensivas a direitos fundamentais.

O *princípio da vedação da proteção deficiente na esfera criminal* é fundado implicitamente no próprio dispositivo constitucional que trata do Estado Democrático de Direito e de seu dever de promover a dignidade da pessoa humana (art. 1º, *caput* e inciso III, da CF/88) e tem os seguintes usos:

i) Torna constitucional e estimula a criação de leis penais criminalizando condutas ofensivas a direitos fundamentais, como, por exemplo, futura lei que venha a criminalizar a homofobia (antigo anseio dos movimentos de direitos humanos no Brasil – ver o "racismo homotransfóbico" no STF abaixo neste *Curso*).

ii) Torna inconstitucional lei ou interpretação da lei que venha a descriminalizar ou ainda dificultar a persecução penal a violadores de direitos humanos. Nesse sentido, a Procuradoria-Geral da República propôs a ADI n. 4.301 perante o STF, a qual atacou a redação do art. 225 do CP, pela qual, no crime de estupro do qual resulte lesão corporal grave ou morte, deveria proceder-se mediante ação penal pública condicionada à representação, e não mais por meio de ação penal pública incondicionada. Essa mudança legislativa foi considerada pela PGR *inconstitucional* por violar o princípio da proibição da proteção deficiente. Com a edição da Lei n. 13.718/2018, foi revogado o parágrafo único do art. 225 do Código Penal e tornou pública incondicionada as ações penais referentes aos crimes contra a liberdade sexual, perdendo a ação seu objeto (STF, ADI n. 4.301, rel. Min. Roberto Barroso, decisão de 20-2-2019, *DJe* de 22-2-2019).

---

[143] FELDENS, Luciano. *A Constituição Penal*: a dupla face da proporcionalidade no controle de normas penais. Porto Alegre: Livraria do Advogado, 2005, p. 49.

No STF, houve já discussão do princípio da proibição da proteção deficiente em voto do Ministro Gilmar Mendes, que afirmou que "a proibição de proteção deficiente adquire importância na aplicação dos direitos fundamentais de proteção, ou seja, na *perspectiva do dever de proteção*, que se consubstancia naqueles casos em que o Estado não pode abrir mão da proteção do direito penal para garantir a proteção de um direito fundamental". Nesse caso, o STF *não* permitiu a equiparação da união estável ao casamento, para fins de extinção de punibilidade à época permitida (antes da edição da Lei n. 11.106/2005) de Autor de estupro de menina de 9 anos, não aceitando o uso de analogia *pro reo* em caso de dramática violação de direitos humanos (RE 418.376, rel. p/ o ac. Min. Joaquim Barbosa, j. 9-2-2006, Plenário, *DJ* de 23-3-2007).

Em outro julgado, decidiu o STF que "Os mandatos constitucionais de criminalização, portanto, impõem ao legislador, para o seu devido cumprimento, o dever de observância do princípio da proporcionalidade como proibição de excesso e como proibição de proteção insuficiente" (HC 104.410, rel. Min. Gilmar Mendes, 2ª T., j. 6-3-2012).

A própria Constituição adotou expressamente o dever do uso do Direito Penal para proteger direitos fundamentais por meio dos *mandados constitucionais de criminalização*. Esses mandados consistem em dispositivos constitucionais que (i) ordenam a tipificação penal de determinada conduta, (ii) exigem a imposição de determinada pena, (iii) estabelecem a vedação de determinados benefícios ou até (iv) determinam tratamento prisional específico.

São os seguintes *mandados expressos de criminalização* identificados por Gonçalves[144] na Constituição, devendo o leitor não esquecer dos mandados *internacionais* de criminalização estudados acima nos capítulos sobre os tratados específicos de direitos humanos:

1) Art. 5º, XLI – a lei punirá qualquer discriminação atentatória dos direitos e liberdades fundamentais.

2) Art. 5º, XLII – a prática do racismo constitui crime inafiançável e imprescritível, sujeito à pena de reclusão, nos termos da lei.

3) Art. 5º, XLIII – a lei considerará crimes inafiançáveis e insuscetíveis de graça ou anistia a prática da tortura, o tráfico ilícito de entorpecentes e drogas afins, o terrorismo e os definidos como crimes hediondos, por eles respondendo os mandantes, os executores e os que, podendo evitá-los, se omitirem.

4) Art. 5º, XLIV – constitui crime inafiançável e imprescritível a ação de grupos armados, civis ou militares, contra a ordem constitucional e o Estado Democrático.

5) Art. 7º, X – proteção do salário na forma da lei, constituindo crime sua retenção dolosa.

6) Art. 225, § 3º – As condutas e atividades consideradas lesivas ao meio ambiente sujeitarão os infratores, pessoas físicas ou jurídicas, a sanções penais e administrativas, independentemente da obrigação de reparar os danos causados.

7) Art. 227, § 4º – A lei punirá severamente o abuso, a violência e a exploração sexual da criança e do adolescente.

8) Art. 243, parágrafo único – Todo e qualquer bem de valor econômico apreendido em decorrência do tráfico ilícito de entorpecentes e drogas afins será confiscado e reverterá em benefício de instituições e pessoal especializados no tratamento e recuperação de viciados e no aparelhamento e custeio de atividades de fiscalização, controle, prevenção e repressão do crime de tráfico dessas substâncias.

Abordaremos com destaque alguns desses mandados expressos de criminalização.

---

[144] Por todos, ver GONÇALVES, Luiz Carlos dos Santos. *Mandados expressos de criminalização e a proteção de direitos fundamentais na Constituição brasileira de 1988*. Belo Horizonte: Fórum, 2007.

24.3. Racismo

24.3.1. O crime de racismo e sua abrangência: o antissemitismo e outras práticas discriminatórias. A Lei n. 14.532/2023. A redução à condição análoga à de escravizado

O racismo consiste em qualquer teoria, doutrina, ideologia ou conjunto de ideia que sustenta a existência de um vínculo causal entre as características fenotípicas ou genotípicas de indivíduos ou grupo de indivíduos com suas características intelectuais, culturais e de personalidade, incluindo o falso conceito de superioridade racial ("Considerandos" da Convenção Interamericana contra o Racismo, Discriminação Racial e Formas Conexas de Intolerância).

O racismo tem como finalidade justamente consagrar a superioridade de uma pretensa raça, buscando fundamentar práticas discriminatórias e inferiorizantes em uma suposta moral ou racionalidade científica. A CF/88 estabelece, no seu art. 4º, VIII, que o Brasil deve reger suas relações internacionais pelo princípio do repúdio ao racismo. Nessa linha, o art. 5º, XLII, da CF/88 prevê que a prática do racismo constitui crime inafiançável e imprescritível, sujeito à pena de reclusão, nos termos da lei.

A Lei n. 7.716, de 5 de janeiro de 1989, também chamada de "Lei Caó", define os crimes de discriminação ou preconceito e suas punições, tendo revogado leis anteriores (Lei n. 7.438/85 e Lei n. 1.390/51, esta que tratava a matéria como contravenção penal – "Lei Afonso Arinos"). De acordo com seu art. 1º, "serão punidos, na forma desta lei, os crimes resultantes de *discriminação* ou *preconceito* de raça, cor, etnia, religião ou procedência nacional" (redação dada pela Lei n. 9.459/97).

Essa lei *pune* várias condutas odiosas adotadas pelo agente *por motivo de discriminação de* raça, cor, etnia, religião ou procedência nacional, podendo ser classificadas de acordo com o objetivo tutelado:

1) **Igualdade no acesso a cargos públicos,** que pune a conduta de impedir ou obstar o acesso de alguém ou sua promoção funcional, a qualquer cargo da Administração Direta ou Indireta, bem como das concessionárias de serviços públicos;

2) **Igualdade na relação de trabalho**, que pune aquele que deixar de conceder os equipamentos necessários ao empregado em igualdade de condições com os demais trabalhadores ou impedir a ascensão funcional do empregado ou obstar outra forma de benefício profissional, ou ainda aquele que proporcionar ao empregado tratamento diferenciado no ambiente de trabalho, especialmente quanto ao salário;

3) **Igualdade nas relações de consumo,** que pune diversas condutas nas relações consumeristas, tais como: a) recusar ou impedir acesso a estabelecimento comercial, negando-se a servir, atender ou receber cliente ou comprador; b) recusar, negar ou impedir a inscrição ou ingresso de aluno em estabelecimento de ensino público ou privado de qualquer grau; c) impedir o acesso ou recusar hospedagem em hotel, pensão, estalagem, ou qualquer estabelecimento similar; d) impedir o acesso ou recusar atendimento em restaurantes, bares, confeitarias, ou locais semelhantes abertos ao público; e) impedir o acesso ou recusar atendimento em estabelecimentos esportivos, casas de diversões, ou clubes sociais abertos ao público; f) impedir o acesso ou recusar atendimento em salões de cabeleireiros, barbearias, termas ou casas de massagem ou estabelecimento com as mesmas finalidades;

4) **Igualdade nas relações sociais,** que pune aquele que impedir o acesso às entradas sociais em edifícios públicos ou residenciais e elevadores ou escada de acesso aos mesmos, ou ainda que impedir o acesso ou uso de transportes públicos, como aviões, navios, barcas, barcos, ônibus, trens, metrô ou qualquer outro meio de transporte concedido;

5) **Igualdade nas Forças Armadas,** que pune aquele que impedir ou obstar o acesso de alguém ao serviço em qualquer ramo das Forças Armadas;

6) **Igualdade no Direito de Família,** que pune aquele que impedir ou obstar, por qualquer meio ou forma, o casamento ou convivência familiar e social.

Constitui efeito da condenação a perda do cargo ou função pública, para o servidor público, e a suspensão do funcionamento do estabelecimento particular por prazo não superior a três meses. Porém, tais efeitos não são automáticos, devendo ser motivadamente declarados na sentença condenatória.

Finalmente, cabe destacar (veja a análise da "liberdade de expressão") a criminalização da conduta de "praticar, induzir ou incitar, pelos meios de *comunicação social ou por publicação de qualquer natureza*, a discriminação ou preconceito de raça, por religião, etnia ou procedência nacional", que foi incluído pela Lei n. 8.081/90.

Em 1994, a *Lei n. 8.882* criminalizou a conduta de fabricar, comercializar, distribuir ou veicular símbolos, emblemas, ornamentos, distintivos ou propaganda que utilizem a *cruz suástica ou gamada*, para fins de divulgação do nazismo. Poderá o juiz determinar, ouvido o Ministério Público ou a pedido deste, ainda antes do inquérito policial, sob pena de desobediência o recolhimento imediato ou a busca e apreensão dos exemplares do material respectivo, bem como a cessação das respectivas transmissões radiofônicas ou televisivas. A *Lei n. 12.288*, de 2010, ainda permite que o juiz determine, mesmo na fase do inquérito policial, a interdição das respectivas mensagens ou páginas de informação na rede mundial de computadores (internet).

Em 1995, a *Lei n. 9.029* vedou a adoção de qualquer prática discriminatória e limitativa para efeito de acesso a relação de emprego, ou sua manutenção, por motivo de *sexo, origem, raça, cor, estado civil, situação familiar ou idade*, ressalvadas, neste caso, as hipóteses de proteção ao menor previstas no inciso XXXIII do art. 7º da Constituição Federal. São crimes as práticas discriminatórias de exigir teste, exame, perícia, laudo, atestado, declaração ou qualquer outro procedimento relativo à esterilização ou a estado de gravidez, bem como a adoção de qualquer programa de esterilização forçada.

Por outro lado, ficou superada a divergência sobre a existência de *concurso aparente de normas penais* entre o art. 20 da Lei n. 7.716/89 (Art. 20. Praticar, induzir ou incitar a discriminação ou preconceito de raça, cor, etnia, religião ou procedência nacional) e a antiga redação do art. 140, § 3º, do CP (injúria qualificada por preconceito). Esse dispositivo do Código Penal havia sido acrescentado pela Lei n. 9.459/97, gerando um *tipo qualificado ao delito de injúria*, que cominava a pena de reclusão, de um a três anos, e multa, se a injúria consistir na utilização de elementos referentes a *raça, cor, etnia, religião, origem ou a condição de pessoa idosa ou portadora de deficiência*.

Em 2023, a Lei n. 14.532 tipificou como racismo o crime de injúria racial, agora inserido na Lei n. 7.716 (Lei do Crime Racial; Lei Caó). De acordo com a nova lei, a Lei Caó tem um novo dispositivo: "Art. 2º-A Injuriar alguém, ofendendo-lhe a dignidade ou o decoro, em razão de raça, cor, etnia ou procedência nacional. Pena: reclusão, de 2 (dois) a 5 (cinco) anos, e multa. Parágrafo único. A pena é aumentada de metade se o crime for cometido mediante concurso de 2 (duas) ou mais pessoas". Assim, em casos de xingamentos, uso de expressões chulas, entre outros, pratica-se injúria racial, como subtipo do racismo.

Essa inovação legislativa segue a jurisprudência. Em 2016, o Superior Tribunal de Justiça determinou que a injúria racial é modalidade de racismo e, por isso, *imprescritível* (AgRg no Agravo em Recurso Especial n. 686.965, rel. Min. Ericson Maranho – Des. convocado, j. 18-8-2015, *DJe* de 31-8-2015). Esse precedente reforça o regime jurídico de repúdio ao racismo, uma vez que aquele que pratica a injúria racial adota e promove estereótipos inferiorizantes, aprofundando o tratamento discriminatório típico da narrativa racista, o que faz por merecer o severo tratamento constitucional e internacional repressivo.

Em 2021, o STF seguiu a nova linha e decidiu que a injúria racial é forma de discriminação racial, que se materializa de forma *sistemática* e que, assim, configura o *racismo*. Para o Min. Relator Edson Fachin, é inegável que a injúria racial impõe, baseado na *raça*, tratamento diferenciado e inferiorizante contrário ao respeito indispensável à dignidade dos indivíduos. Não há diferença de natureza (ontológica) entre as condutas de racismo da Lei n. 7.716/89 e aquela constante do art. 140, § 3º (injúria racial), do CP, o que implica que esta última deve ser considerada também racismo e, consequentemente, ser imprescritível. Vencido o Min. Nunes Marques para quem não caberia ao STF ampliar a imprescritibilidade dos crimes (STF, HC n. 154.428/DF, Relator Min. Edson Fachin, j. 28-10-2021).

Com a nova lei (e com os precedentes citados), estabeleceu-se que o racismo pode se manifestar de diversas maneiras na sociedade brasileira: a injúria racial é uma delas.

Em 2023, foi proposta a ADPF n. 1.053 pela Procuradoria-Geral da República[145], para declarar a não recepção, sem redução de texto, dos artigos do Código Penal relativos à prescrição, notadamente os arts. 107, IV, 109, 110, 111 e 112, relativamente ao crime de redução a condição análoga à de escravo (art. 149 do Código Penal). Busca-se o reconhecimento da imprescritibilidade desse tipo penal, que se alinha com o combate constitucional ao racismo, devendo ter o mesmo regime jurídico gravoso (ADPF n. 1.053, Rel. Min. Nunes Marques, em trâmite em agosto de 2024).

O reconhecimento da imprescritibilidade do tipo penal da redução a condição análoga à de escravo (escravizado) concretiza, no Brasil, a interpretação internacionalista da Corte IDH, que já considerou ser imprescritível essa conduta por ser grave violação de direitos humanos (Caso dos Trabalhadores da Fazenda Brasil Verde, estudado neste *Curso*).

24.3.2. O estatuto constitucional punitivo do racismo e o posicionamento do STF: o caso do antissemitismo e outras práticas discriminatórias

Inicialmente, o preconceito consiste em qualquer opinião ou sentimento fruto de estereótipos e generalizações percebidas por experiência pessoal ou mesmo absorvida de experiências de terceiros, sem exame crítico. Do ponto de vista jurídico, o preconceito é o juízo baseado em estereótipos acerca de indivíduos que pertençam a um determinado grupo e que pode ou não resultar em práticas discriminatórias[146].

Por sua vez, a discriminação odiosa consiste em toda conduta estigmatizante e inferiorizante a outrem, gerada por motivo racial, étnico, socioeconômico, idade, estado civil, orientação sexual, deficiência, religião, convicção política, origem nacional ou regional, ou outro fator social.

Para aqueles que defendem o *conceito restrito de racismo*, este consistiria em discriminação racial baseada em *cor da pele e outros traços fenotípicos*. Assim, os crimes previstos na Lei n. 7.716/89 (vista acima) teriam tratamento jurídico desigual: os crimes de discriminação racial seriam inafiançáveis, imprescritíveis e sujeitos à pena de reclusão, por ordem expressa da CF/88 (art. 5º, XLII). Já os crimes de discriminação por religião ou procedência nacional não sofreriam tal rigor. Seriam, por exemplo, prescritíveis.

Esse conceito restrito de racismo foi *abandonado* pelo STF no julgamento do *Habeas Corpus* n. 82.424, em 2003, no qual se discutiu se a conduta de publicação de *obras antissemitas* poderia ser encaixada no crime de racismo, cujo estatuto constitucional punitivo é severo

---

[145] Este *Curso* foi citado na peça inicial da ADPF.
[146] ALMEIDA, Sílvio Luiz de. *Racismo estrutural*. São Paulo: Sueli Carneiro; Ed. Jandaira, 2021, p. 32.

(*inafiançabilidade, imprescritibilidade* e a *cominação de pena de reclusão,* conforme o art. 5º, XLI já mencionado).

Com o objetivo de afastar a *imprescritibilidade* da pena, a Defesa alegou que a conduta não era "racismo", porque os judeus não constituiriam uma raça. Assim, a condenação pelo crime de preconceito de religião previsto no art. 20 da Lei n. 7.716 estaria *prescrita.* Porém, a maioria dos Ministros adotou o chamado conceito amplo (ou conceito social) de racismo, pelo qual esse *crime é realizado contra grupos humanos com características culturais próprias.* Assim, o racismo é uma construção social (uma vez que só há uma raça, a *humana*), consistindo em uma prática que visa inferiorizar, ultrajar e estigmatizar um determinado agrupamento humano por motivo odioso.

De acordo com a ementa do acórdão, da qual foi relator o Ministro Maurício Corrêa (foi voto vencido o relator original, Min. Moreira Alves, que adotava o conceito restrito de racismo e votou pelo *reconhecimento* da prescrição): "Com a definição e o mapeamento do *genoma humano, cientificamente* não existem distinções entre os homens, seja pela segmentação da pele, formato dos olhos, altura, pelos ou por quaisquer outras características físicas, visto que todos se qualificam como espécie humana. *Não há diferenças biológicas entre os seres humanos.* Na essência são todos iguais".

Ainda, para o STF, "a divisão dos seres humanos em raças resulta de um *processo de conteúdo meramente político-social.* Deste *pressuposto origina-se o racismo,* que, por sua vez, gera a discriminação e o preconceito segregacionista" (HC 82.424, rel. p/ o ac. Min. Presidente Maurício Corrêa, j. 17-9-2003, Plenário, *DJ* de 19-3-2004).

Todos os seres humanos podem ser vítimas de racismo, que possui *facetas contemporâneas,* como a do antissemitismo, xenofobia, islamofobia, homotransfobia entre outras. Nessa linha do STF (conceito amplo do racismo), a prática de todo e qualquer tipo de racismo previsto na lei penal (não somente o oriundo da discriminação racial) *impõe o estatuto constitucional punitivo,* a saber: *inafiançabilidade, imprescritibilidade* e *pena de reclusão.*

O STF decidiu que a ausência de prescrição nos crimes de racismo justifica-se como "alerta grave para as gerações de hoje e de amanhã, para que impeça a reinstauração de velhos e ultrapassados conceitos que a consciência jurídica e histórica não mais admitem" (HC 82.424, rel. p/ o ac. Min. Presidente Maurício Corrêa, j. 17-9-2003, Plenário, *DJ* de 19-3-2004).

Assim, temos o seguinte quadro-resumo:

1) Os crimes de racismo exigem tipificação penal, não bastando a previsão dos *mandados constitucionais de criminalização* na CF/88, a saber: "a lei punirá qualquer discriminação atentatória dos direitos e liberdades fundamentais" (art. 5º, XLI) e "a prática do racismo constitui crime inafiançável e imprescritível, sujeito à pena de reclusão, nos termos da lei" (art. 5º, XLII).

2) A Lei n. 7.716/89 tipifica os resultantes de discriminação ou preconceito de *raça, cor, etnia, religião* ou *procedência nacional.*

3) De acordo com o STF, o crime de discriminação por religião (antissemitismo, por exemplo) concretiza o crime de racismo (conceito amplo de racismo, de cunho social e não biológico) e, com isso, sujeito ao regime constitucional punitivo (inafiançabilidade, imprescritibilidade, pena de reclusão).

4) Para o STF, também caracteriza o crime de racismo a discriminação por orientação sexual e de gênero (homotransfobia – ver abaixo).

5) De acordo com o STJ e do novo posicionamento do STF, o crime de injúria racial promove o racismo, devendo ser abarcado pelo regime jurídico severo previsto na CF/88.

24.3.3. O racismo homotransfóbico

Em linha com o conceito amplo ou social de racismo visto acima, o Supremo Tribunal Federal inseriu a homotransfobia como forma de racismo, criminalizando a conduta à luz da Lei n. 7.716/89 em duas ações que tratavam da *omissão* do Congresso Nacional em adotar lei penal sobre a temática. Tal criminalização deve perdurar *até* que o Congresso Nacional legisle especificamente sobre a discriminação por orientação sexual e identidade de gênero.

No Mandado de Injunção n. 4.733, o relator, Min. Fachin, afirmou que a mora legislativa é ainda mais grave se considerarmos que, nas Américas, o Brasil é o país onde mais ocorreram relatos de violência contra a população LGBTI, conforme Relatório "Violência contra Pessoas Lésbicas, *Gays*, Bissexuais, Trans e *Intersex* nas Américas" da Comissão Interamericana de Direitos Humanos[147].

Por sua vez, o Comentário Geral n. 20 do Comitê de Direitos Econômicos, Sociais e Culturais aduz que os Estados devem garantir que a orientação sexual de uma pessoa não seja uma barreira para a realização dos direitos desta Convenção. Também mereceu citação do relator, Min. Fachin (i) o Princípio n. 1 de Yogyakarta, (ii) a Opinião Consultiva n. 24 da Corte IDH e (iii) a Declaração e Programa de Ação de Viena[148]. Conclui o Relator estabelecendo que "[t]oda pessoa deve ser protegida contra qualquer ato que atinja sua dignidade" e, assim, não se pode tolerar tanto a discriminação baseada na cor, etnia, religião ou procedência nacional quanto as praticadas "em virtude de preconceito a homossexual ou transgênero".

Por sua vez, o Min. Celso de Mello considerou, como premissa, que há um mandado de criminalização no que pertine *toda e qualquer* discriminação atentatória dos direitos e liberdades fundamentais (art. 5º, XLI). Por isso, para Celso de Mello, a omissão do Congresso Nacional em tipificar a discriminação por orientação sexual ou identidade de gênero implica a aceitação de que o sofrimento e a violência dirigida a pessoa *gay*, lésbica, bissexual, transgênera ou *intersex* é tolerada ou não gera a reação devida.

Por se tratar de condutas com a mesma vocação de violar a dignidade humana pela prática da discriminação odiosa, o STF julgou procedente o mandado de injunção para (i) reconhecer a mora inconstitucional do Congresso Nacional; e (ii) aplicar com efeitos prospectivos, até que o Congresso Nacional venha a legislar a respeito, a Lei n. 7.716/89 a fim de estender a tipificação prevista para os crimes resultantes de discriminação ou preconceito de raça, cor, etnia, religião ou procedência nacional à discriminação por orientação sexual ou identidade de gênero (STF, Mandado de Injunção n. 4.733, rel. Min. Edson Fachin, j. 13-6-2019).

Já na Ação Direta de Inconstitucionalidade por Omissão n. 26, o relator, Min. Celso de Mello, enfatizou a "configuração de atos homofóbicos e transfóbicos como formas contemporâneas do racismo – e, nessa condição, subsumíveis à tipificação penal constante da Lei n. 7.716/89 – objetiva fazer preservar – no processo de formação de uma sociedade sem preconceitos de origem, raça, sexo, cor, idade e quaisquer outras formas de discriminação (CF, art. 3º, IV) – a incolumidade dos direitos da personalidade, como a essencial dignidade da pessoa humana, buscando inibir, desse modo, comportamentos abusivos que possam, impulsionados por motivações subalternas, disseminar, criminosamente, em exercício explícito de inadmissível intolerância, o ódio público contra outras pessoas em razão de sua orientação sexual ou de sua identidade de gênero" (STF, ADO 26, rel. Min. Celso de Mello, j. 13-6-2019).

A posição divergente, minoritária, pode ser resumida no voto do Min. Lewandowski, que, em que pese ter se posicionado contra a atual mora congressual (optando por fixar prazo para

---

[147] Disponível em: <http://www.oas.org/pt/cidh/docs/pdf/ViolenciaPessoasLGBTI.pdf>. Acesso em: 15 ago. 2024.
[148] Tendo expressamente mencionado, no seu voto, artigo do Autor do presente *Curso*.

a edição de lei formal), entendeu que a extensão do tipo penal para abarcar situações não *especificamente* tipificadas pela norma penal incriminadora ofenderia o princípio da reserva legal em matéria penal, cuja finalidade é assegurar a segurança jurídica (STF, ADO 26, voto do Min. Ricardo Lewandowski, j. 13-6-2019).

Assim, por maioria, o STF deu provimento ao Mandado de Injunção para (i) reconhecer a mora inconstitucional do Congresso Nacional e; (ii) aplicar, com efeitos prospectivos, até que o Congresso Nacional venha a legislar a respeito, a Lei n. 7.716/89 a fim de estender a tipificação prevista para os crimes resultantes de discriminação ou preconceito de raça, cor, etnia, religião ou procedência nacional à discriminação por *orientação sexual* ou *identidade de gênero*.

No mesmo sentido, o STF, também por maioria, julgou parcialmente procedente a ADO 26, reconhecendo e ordenando a cientificação do Congresso Nacional sobre sua mora *inconstitucional*. Decidiu, por maioria, fixar os seguintes pontos:

1. Racismo e homotransfobia: o "racismo homotransfóbico". O conceito de racismo, compreendido em sua dimensão social, projeta-se para além de aspectos estritamente biológicos ou fenotípicos, pois resulta, enquanto manifestação de poder, de uma construção de índole histórico-cultural motivada pelo *objetivo de justificar a desigualdade e destinada ao controle ideológico, à dominação política, à subjugação social e à negação da alteridade, da dignidade e da humanidade daqueles que, por integrarem grupo vulnerável* (LGBTQIA+) e por não pertencerem ao estamento que detém posição de hegemonia em uma dada estrutura social, são considerados *estranhos* e *diferentes*, degradados à condição de marginais do ordenamento jurídico, expostos, em consequência de odiosa inferiorização e de perversa estigmatização, a uma injusta e lesiva situação de exclusão do sistema geral de proteção do direito.

2. Racismo na dimensão social e uso temporário dos crimes previstos na Lei n. 7.716/89. Até que sobrevenha lei emanada do Congresso Nacional destinada a implementar os mandados de criminalização definidos nos incisos XLI e XLII do art. 5º da Constituição da República, as condutas homofóbicas e transfóbicas, reais ou supostas, que envolvem aversão odiosa à orientação sexual ou à identidade de gênero de alguém, por traduzirem expressões de *racismo*, compreendido este em sua *dimensão social*, ajustam-se, por identidade de razão e mediante adequação típica, aos preceitos primários de incriminação definidos na Lei n. 7.716/89, constituindo, também, na hipótese de homicídio doloso, circunstância que o qualifica, por configurar motivo torpe (Código Penal, art. 121, § 2º, I, *in fine*);

3. Ausência de repressão penal à liberdade religiosa. A repressão penal à prática da homotransfobia não alcança nem restringe ou limita o exercício da liberdade religiosa, sendo assegurado o direito de pregar e de divulgar o seu pensamento e de externar suas convicções, podendo buscar e conquistar prosélitos.

4. Liberdade religiosa não abarca o discurso de ódio. As manifestações de convicções religiosas *não* podem configurar discurso de ódio, sob pena de repressão penal, que são aquelas exteriorizações que incitem (i) a discriminação, (ii) a hostilidade ou (iii) a violência contra pessoas em razão de sua *orientação sexual* ou de sua *identidade de gênero* (STF, ADO 26, voto do Min. Ricardo Lewandowski, j. 13-6-2019).

Em síntese, os argumentos da maioria no STF na ADO 26 e no MI 4.733 podem ser assim reunidos e sintetizados:

(i) foi reconhecida a intensidade da mora do Congresso Nacional e a ausência de perspectiva de proteção criminal da homotransfobia, mais de 30 anos após a edição da CF/88;

(ii) houve menção às graves estatísticas sobre a violência por homotransfobia no Brasil, realçando a necessidade de uma intervenção penal específica na temática;

(iii) apontou-se a violação da CF/88 pela *omissão* e a necessidade de dar utilidade à Ação Direta de Inconstitucionalidade por Omissão e ao Mandado de Injunção, que não podem gerar tão somente um pedido ao Poder Legislativo para que este legisle, em especial em uma situação na qual há mínima possibilidade de sensibilização do Congresso Nacional sobre a gravidade da situação de risco dos integrantes de grupo vulnerável (LGBTI);

(iv) não se desconhece o princípio da reserva de lei formal em matéria penal, mas, ao mesmo tempo, prevalece a busca de concessão de efeito ao combate à omissão, em especial diante das graves violações aos direitos e à dignidade daqueles discriminados por sua orientação sexual e pela sua identidade de gênero.

(v) o racismo em sua dimensão social abarca o *racismo homotransfóbico*, pois se busca discriminar por motivo odioso, amesquinhando a dignidade e desrespeitando direitos básicos daqueles que são considerados diferentes do grupo hegemônico. Combate-se a proteção deficiente dos direitos humanos e se cumpre o mandado de criminalização da CF/88 (art. 5º, XLI). Assim, em uma ponderação de direitos, o uso temporário dos tipos penais da Lei n. 7.716/89, até que o Congresso Nacional legisle, é proporcional e respeita a proteção a grupos vulneráveis que se espera do Estado Democrático de Direito.

24.4. Lei dos Crimes Hediondos, liberdade provisória e indulto

A Constituição de 1988 instituiu regime penal gravoso à tortura, ao tráfico ilícito de entorpecentes e drogas afins, ao terrorismo e aos definidos como *crimes hediondos*, devendo a lei considerá-los crimes (i) inafiançáveis e (ii) insuscetíveis de graça ou (iii) anistia, por eles respondendo os mandantes, os executores e os que, podendo evitá-los, se omitirem.

No caso dos crimes hediondos, a Lei n. 11.464/2007 deu nova redação aos parágrafos do art. 2º da Lei n. 8.072/90 (Lei dos Crimes Hediondos), permitindo a liberdade provisória sem fiança, no caso de não existirem os pressupostos para a decretação da prisão preventiva. Em 2012, o STF ainda reconheceu que cabe a concessão da liberdade no crime de tráfico de entorpecentes, caso faltem os requisitos da imposição da prisão preventiva, impondo ainda as medidas cautelares previstas na Lei n. 12.403, exceto a fiança que continua proibida pelo texto constitucional. Ou seja, para o STF, o art. 5º, XLIII, da CF/88 *não proibiu a liberdade provisória e sim a fiança* (HC 104.339, rel. Min. Gilmar Mendes, j. 9-5-2012).

Quanto ao indulto, o STF decidiu que o art. 5º, XLIII, da CF, que proíbe a graça nos crimes hediondos definidos em lei, representa *gênero* do qual o indulto é *espécie*. Porém, o indulto está previsto especificamente no art. 84, XII, da CF/88, como competência privativa do Presidente da República. Assim, em nome da especialidade, o Presidente possui discricionariedade para *conceder o indulto*, o que configura ato de governo (HC 90.364, rel. Min. Ricardo Lewandowski, j. 31-10-2007, Plenário, *DJ* de 30-11-2007).

Contudo, há limites para tal discricionariedade. Em 2022, o Supremo Tribunal Federal condenou o deputado Daniel Silveira por tentar impedir o livre exercício dos Poderes e por ataques a integrantes do STF. O Presidente Jair Bolsonaro editou decreto ainda no mês de abril de 2022, contendo indulto individual (graça) em benefício de Daniel Silveira, posteriormente julgado inconstitucional pelo STF, nas ADPFs 964, 965, 966 e 967 (Rel. Min. Rosa Weber, j. 10-5-2023). Pelos votos da maioria, houve desvio de finalidade e uso abusivo da competência privativa do Poder Executivo para perdoar a pena do então Deputado Federal. Para o Min. Gilmar Mendes, não houve motivação idônea para o indulto individual e, ao contrário, foi feita uma "peça vulgar de puro proselitismo político". Para o Min. Fux, os crimes contra o Estado Democrático de Direito não são passíveis de indulto ou anistia. Já a Ministra Rosa Weber destacou que o indulto tem que observar o interesse público e não "simples vínculo de afinidade político-ideológico", o que é incompatível com os princípios constitucionais da impessoalidade e da moralidade administrativa (art. 37, *caput*, da CF/88)[149].

A Constituição de 1988 prevê que constitui crime *inafiançável e imprescritível* a ação de grupos armados, civis ou militares, contra a ordem constitucional e o Estado Democrático.

24.5. A imprescritibilidade de graves violações de direitos humanos

A qualidade de imprescritibilidade das graves violações de direitos humanos é reconhecida pelo direito internacional, inicialmente, em relação aos crimes de *jus cogens* (crime de genocídio, crimes contra a humanidade, crimes de guerra e crimes de agressão). O Estatuto de Roma, que criou o Tribunal Penal Internacional, reconheceu a existência da imprescritibilidade desses crimes (art. 29 – "Os crimes da competência do Tribunal não prescrevem").

Tal imprescritibilidade é fundada no dever de proteção de determinados direitos humanos, que se reflete em dois momentos: 1) na tipificação penal das graves ofensas a tais direitos e 2) no regime jurídico qualificado de tal tipificação, com a imposição da qualidade de imprescritibilidade, impossibilidade de reconhecimento de imunidades (mesmo as das autoridades de alto escalão do Estado), proibição de uso de certas exculpantes (por exemplo, cumprimento do dever legal). Essa qualidade de imprescritibilidade é reconhecida por *costume internacional*, que inspirou os Estados a adotarem a Convenção sobre imprescritibilidade dos crimes de guerra e dos crimes contra a humanidade (1968). Por isso, mesmo que um determinado Estado não tenha ratificado tal Convenção, deve zelar pela imprescritibilidade no plano interno, em face do costume que se consolidou após a 2ª Guerra Mundial[150].

Em seguida, esse regime jurídico especial impregnou também a outras subcategorias que se referem a violações de direitos humanos na leitura dos órgãos internacionais de direitos humanos. Entre eles, destaca-se a Corte Interamericana de Direitos Humanos, que reconhece quatro categorias de violações de direitos humanos e que possuem um regime especial que assegura a persecução e julgamento dos violadores.

São essas as 4 categorias: (i) *crimes contra a humanidade* (Corte IDH, *La Cantuta vs. Peru*, 2006, par. 225); (ii) *crimes de guerra* (Corte IDH, *Massacres de El Mozote e lugares vizinhos vs. El Salvador*, 2012, par. 286); (iii) *delitos de direito internacional* (Corte IDH, *Caso Trabalhadores da Fazenda Brasil Verde vs. Brasil*, 2016, parágrafos 248 a 306) e (iv) *graves violações de direitos humanos* (*Favela Nova Brasília vs. Brasil* – sentença de interpretação, 2018, par. 29).

O regime especial reconhecido pela Corte é composto pela prevalência do direito de acesso à Justiça e pela compressão de outros direitos, como o direito à igualdade, devido processo legal, liberdade (legalidade estrita), entre outros.

Essas categorias resultaram em um direito de acesso à Justiça Penal especial (denominado aqui "acesso à Justiça Penal qualificado"), que não pode ser obstaculizado quer *ab initio* (caso da Lei da Anistia ou reconhecimento imediato de prescrição ou coisa julgada), quer *a posteriori*, com o reconhecimento de prescrição (como se viu no Caso Bulacio).

---

[149] Ver notícia do julgamento no *site* do STF. Disponível em: <https://portal.stf.jus.br/noticias/verNoticiaDetalhe.asp?idConteudo=507050&ori=1>. Acesso em: 14 ago. 2024.

[150] Ver o comentário à Convenção sobre imprescritibilidade dos crimes de guerra e dos crimes contra a humanidade neste Curso.

Até o momento, o *direito de acesso à Justiça qualificado* tem encontrado resistência no Brasil, mesmo em face de regimes jurídicos já consolidados no direito internacional dos direitos humanos, como se vê na falta de aplicação interna da normatividade referente aos "crimes contra a humanidade". No caso Herzog, houve arquivamento por parte do Procurador da República oficiante (homologado pela Justiça Federal), sob a alegação de que o crime em questão estaria *prescrito* de acordo com a lei interna, apesar de o membro oficiante reconhecer se tratar de crime contra a humanidade. No novo caso contra o Brasil (Caso Eduardo Collen Leite e Denise Peres Crispim – ver comentário neste *Curso*) referente à impunidade dos agentes da ditadura militar, a Comissão apontou a promoção de arquivamento do caso feito pelo Ministério Público Federal no primeiro grau, o qual invocou a prescrição da pretensão punitiva do Estado (com posterior homologação do juízo federal criminal).

Se há resistência doméstica em relação a categorias já tradicionais, espera-se idêntica reticência no que tange ao reconhecimento, pela Corte IDH, de um regime jurídico especial fruto da categoria das "graves violações de direitos humanos", o qual se apresenta de difícil delineamento.

A Corte IDH, futuramente, deve avançar na exata delimitação da chamada *violação estrutural ou sistêmica de direitos humanos*, a não ser que deseje simplesmente abolir o uso de institutos como anistia, prescrição ou coisa julgada de boa parte dos casos criminais em curso, que, inexoravelmente envolvem direta ou indiretamente direitos essenciais (individuais ou difusos) das vítimas.

25. O REGRAMENTO CONSTITUCIONAL DAS PENAS E A LEI ANTICRIME

Art. 5º, XLV – nenhuma pena passará da pessoa do condenado, podendo a obrigação de reparar o dano e a decretação do perdimento de bens ser, nos termos da lei, estendidas aos sucessores e contra eles executadas, até o limite do valor do patrimônio transferido;

XLVI – a lei regulará a individualização da pena e adotará, entre outras, as seguintes:

a) privação ou restrição da liberdade;

b) perda de bens;

c) multa;

d) prestação social alternativa;

e) suspensão ou interdição de direitos;

XLVII – não haverá penas:

a) de morte, salvo em caso de guerra declarada, nos termos do art. 84, XIX;

b) de caráter perpétuo;

c) de trabalhos forçados;

d) de banimento;

e) cruéis;

XLVIII – a pena será cumprida em estabelecimentos distintos, de acordo com a natureza do delito, a idade e o sexo do apenado;

XLIX – é assegurado aos presos o respeito à integridade física e moral;

L – às presidiárias serão asseguradas condições para que possam permanecer com seus filhos durante o período de amamentação;

A pena criminal foi regrada pela Constituição de 1988 uma vez que representa importante limitação do direito à liberdade.

Analisaremos as principais características constitucionais das penas:

i) Princípio da pessoalidade, intranscendência, incontagiabilidade ou intransmissibilidade da pena. A pena criminal é tida como personalíssima, ou seja, não pode passar da pessoa do condenado. Nesse sentido, o STF já decidiu que "viola o princípio da incontagiabilidade da pena criminal determinada decisão judicial que permite ao condenado fazer-se substituir, por terceiro absolutamente estranho ao ilícito penal, na prestação de serviços à comunidade" (HC 68.309, rel. Min. Celso de Mello, j. 27-11-1990, Primeira Turma, *DJ* de 8-3-1991).

ii) Princípio da individualização da pena. A Constituição de 1988 exigiu que a lei regulasse a individualização da pena, podendo prever, entre outras, a) pena de privação ou restrição da liberdade; b) perda de bens; c) multa; d) prestação social alternativa; e) suspensão ou interdição de direitos. Esse princípio reflete-se nos três momentos do processo de formação da resposta punitiva do Estado: o legislativo (no qual ficam estabelecidas as penas e seus limites máximo e mínimo), o judicial (na sentença, com a dosimetria da pena e eventual penas substitutivas, bem como nas decisões sobre o regime de cumprimento de pena) e o executivo (com a concessão da graça ou indulto). Nos últimos anos, houve intensa análise do princípio da individualização da pena no STF, produzindo as seguintes posições:

a) A *proibição em abstrato da progressão de regime* de cumprimento de pena nos crimes hediondos (prevista originalmente na Lei de Crimes Hediondos, Lei n. 8.072/90) foi declarada *inconstitucional* pelo STF em 2006, por violar a individualização da pena, que foi tida como garantia individual (HC 82.959, rel. Min. Marco Aurélio, j. 23-2-2006, Plenário, *DJ* de 1º-9-2006). Após, foi editada a Súmula Vinculante 26, de 2009: "Para efeito de progressão de regime no cumprimento de pena por crime hediondo, ou equiparado, o juízo da execução observará a inconstitucionalidade do art. 2º da Lei n. 8.072, de 25 de julho de 1990, sem prejuízo de avaliar se o condenado preenche, ou não, os requisitos objetivos e subjetivos do benefício, podendo determinar, para tal fim, de modo fundamentado, a realização de exame criminológico". Atualmente, a Lei n. 8.072 prevê que a progressão de regime será feita após o cumprimento de 2/5 (dois quintos) da pena, se o apenado for primário, e de 3/5 (três quintos), se reincidente (Lei n. 11.464, de 2007).

b) Também em nome do princípio da individualização da pena, o STF decidiu também que a lei não pode, em abstrato, proibir a substituição da pena privativa de liberdade pela pena restritiva de direitos (HC 97.256, rel. Min. Ayres Britto, j. 1º-9-2010, Plenário, *DJe* de 16-12-2010).

c) Para o STF, "a imposição do regime de cumprimento mais severo do que a pena aplicada permitir exige motivação idônea" (Súmula 719).

d) Também o STF decidiu que "admite-se a progressão de regime de cumprimento da pena ou a aplicação imediata de regime menos severo nela determinada, antes do trânsito em julgado da sentença condenatória" (Súmula 716).

e) Para o STF, "a pena unificada para atender ao limite de trinta anos de cumprimento, determinado pelo art. 75 do Código Penal, não é considerada para a concessão de outros benefícios, como o livramento condicional ou regime mais favorável de execução" (Súmula 715).

iii) Penas proibidas. A Constituição de 1988 determinou a proibição das penas: a) de morte, salvo em caso de guerra declarada, nos termos do art. 84, XIX; b) de caráter perpétuo; c) de trabalhos forçados; d) de banimento; e) cruéis. Já comentamos acima o caso da pena de morte. Quanto às demais, o STF já decidiu que:

a) A medida de segurança criminal também tem prazo máximo de 30 anos, pois a CF/88 veda prisão de caráter perpétuo. Eventual necessidade de internação por prazo adicional deve ser discutida no juízo cível (HC 84.219, rel. Min. Marco Aurélio, j. 16-8-2005, Primeira Turma, *DJ* de 23-9-2005).

b) Também não pode ser perpétua a pena de inabilitação para o exercício de cargos de administração ou gerência de instituições financeiras (RE 154.134, rel. Min. Sydney Sanches, j. 15-12-1998, Primeira Turma, *DJ* de 29-10-1999).

iv) O dever do Estado de propiciar diferentes tipos de estabelecimentos prisionais. A Constituição determinou que o indivíduo que perde a liberdade tem o direito fundamental de cumprir sua pena em estabelecimentos distintos, de acordo com a natureza do delito, a idade e seu sexo. Em virtude do caos do sistema prisional brasileiro, com superlotação de presídios e falta de vagas em regimes semiaberto e aberto, esse tema foi intensamente discutido no STF, que decidiu o seguinte:

a) "Não pode o juiz determinar que o preso continue no regime fechado, se o único óbice à progressão de regime é a ausência de vaga em colônia penal agrícola ou colônia penal industrial ou em estabelecimento similar. A solução, para o STF, é dar-lhe o direito de permanecer em liberdade, até que o Poder Público providencie vaga em estabelecimento apropriado, não podendo ser mantido em prisão domiciliar que é destinada para outras hipóteses" (HC 87.985, rel. Min. Celso de Mello, j. 20-3-2007, Segunda Turma, *Informativo* n. 460). Em outra linha, o STF reconheceu o direito até mesmo, na falta de vagas, à conversão da prisão em prisão domiciliar, pois "incumbe ao Estado aparelhar-se visando à observância irrestrita das decisões judiciais. Se não houver sistema capaz de implicar o cumprimento da pena em regime semiaberto, dá-se a transformação em aberto e, inexistente a casa do albergado, a prisão domiciliar" (HC 96.169, rel. Min. Marco Aurélio, j. 25-8-2009, Primeira Turma, *DJe* de 9-10-2009).

b) Finalmente, em 2016, foi editada a Súmula Vinculante n. 56, com o seguinte teor: "A falta de estabelecimento penal adequado não autoriza a manutenção do condenado em regime prisional mais gravoso, devendo-se observar, nessa hipótese, os parâmetros fixados no RE 641.320/RS". Os *parâmetros* do RE 641.320 (repercussão geral, publicado no *DJ* de 1º-8-2016), a serem avaliados pelos juízes da execução penal, são os seguintes:

b.1) Devem ser avaliados os estabelecimentos destinados aos regimes semiaberto e aberto, para qualificação como adequados a tais regimes. São aceitáveis estabelecimentos que não se qualifiquem como "colônia agrícola, industrial" (regime semiaberto) ou "casa de albergado ou estabelecimento adequado" (regime aberto). No entanto, não deverá haver alojamento conjunto de presos dos regimes semiaberto e aberto com presos do regime fechado.

b.2) No caso de déficit de vagas, deverão ser determinadas: (1) a saída antecipada de sentenciado no regime com falta de vagas; (2) a liberdade eletronicamente monitorada ao sentenciado que sai antecipadamente ou é posto em prisão domiciliar por falta de vagas; (3) o cumprimento de penas restritivas de direito e/ou estudo ao sentenciado que progride ao regime aberto.

b.3) Até que sejam estruturadas as medidas alternativas propostas, poderá ser deferida a prisão domiciliar ao sentenciado.

Por sua vez, em virtude de inexistência de vagas no regime semiaberto (o regime de cumprimento previsto na sentença), o STF reverteu decisão da Justiça estadual paulista (que havia mantido o preso em regime fechado, mais gravoso do que o previsto na sentença) para determinar o cumprimento da pena em prisão domiciliar até o surgimento de vaga no regime semiaberto. Para o Min. Barroso, manter o preso em regime mais gravoso pela inexistência de vaga criada pelo Estado no regime adequado é clara *violação* da Súmula Vinculante n. 56 (STF, Reclamação n. 24.892, decisão de 11-10-2017).

c) "O direito à prisão especial, antes da prisão por sentença definitiva, deve ser assegurado, conforme o disposto no art. 295 do CPP e ainda em leis diversas (Lei Complementar 75/93, para os membros do MP e Lei Complementar n. 80/94, para os membros da Defensoria Pública). Para o STF, atende à prerrogativa profissional do advogado ser recolhido preso, antes de sentença transitada em julgado, em cela individual, dotada de condições regulares de higiene, com instalações sanitárias satisfatórias, sem possibilidade de contato com presos comuns (HC 93.391, rel. Min. Cezar Peluso, j. 15-4-2008, Segunda Turma, *DJe* de 9-5-2008).

v) Execução da pena. A Constituição de 1988 assegurou aos presos o respeito à integridade física e moral. Além disso, de acordo com o art. 5º, § 2º, o Brasil deve respeito às regras internacionais de proteção aos direitos dos reclusos (editadas pela ONU), que foram estudadas no capítulo sobre os direitos humanos internacionais. A Constituição também fez previsão do direito ao aleitamento materno.

vi) Transexuais. Direito das mulheres trans ao cumprimento de pena em presídios femininos, de acordo com a sua identidade de gênero. Diante da necessidade de assegurar o respeito à dignidade humana, à liberdade, à igualdade por orientação sexual, as mulheres trans têm o direito de cumprir pena em presídios femininos. O Min. Barroso, em sua decisão, salientou a *dupla vulnerabilidade* à qual os transexuais e travestis estão sujeitos, decorrente tanto da situação de encarceramento quanto da identidade de gênero. Essa dupla vulnerabilidade indica que pessoas pertencentes a tais grupos sofrem mais exclusão e violência, gerando situações equiparáveis a atos de tortura e tratamento cruel, devendo o Estado adotar medidas de prevenção. Os Princípios de Yogyakarta, estudados neste *Curso,* exigem que as pessoas presas participem de decisões relacionadas ao local de detenção adequado a sua orientação sexual e identidade de gênero (princípio n. 9). Assim, o encaminhamento de mulheres trans a presídios femininos é providência "necessária a assegurar a sua integridade física e psíquica, diante do histórico de abusos perpetrados contra essas pessoas em situação de encarceramento. Não há, no caso, uma opção aberta ao Poder Público sobre como tratar esse grupo, mas uma imposição que decorre dos princípios constitucionais da dignidade humana, da liberdade, da autonomia, da igualdade, do direito à saúde e da vedação ao tratamento cruel e à tortura" (STF, Medida Cautelar na ADPF n. 527, decisão monocrática do Min. Luís Roberto Barroso, de 26-6-2019). Em 2021, o Min. Barroso proferiu *nova* medida cautelar outorgando às transexuais e travestis com identidade de gênero feminina o direito de opção por cumprir pena: (i) em estabelecimento prisional feminino; ou (ii) em estabelecimento prisional masculino, porém em área reservada, que garanta a sua segurança. Em 2023, o STF *reverteu* esse entendimento e, por maioria, decidiu aplicar a Resolução n. 366/2021 do CNJ, que prevê que o juiz deverá decidir, fundamentadamente, sobre o local de detenção de pessoa trans, após a oitiva de sua preferência.

vii) Lei Anticrime e o regime jurídico das penas. A Lei Anticrime modificou o tempo máximo do cumprimento de pena privativa de liberdade, que agora não pode ser superior a 40 anos (art. 75 – antes o limite era trinta anos). Também foram alteradas as regras de progressão de regime, com maior rigor em especial para aqueles (i) condenados pela prática de crime hediondo ou equiparado, com resultado morte, se for primário, vedado o livramento condicional; (ii) condenados por exercer o no comando de organização estrutura para a prática de crime hediondo ou equiparado; (iii) condenados pela prática do crime de constituição de milícia privada (devem ser cumpridos 50% da pena em regime fechado). Os maiores percentuais de cumprimento de pena como requisito de progressão para os reincidentes na prática de crime hediondo ou equiparado (60%) e para os reincidentes em crime hediondo ou equiparado com resultado morte.

viii) Revisão da Súmula 231 do STJ e do Tema 158 da repercussão geral do STF: a igualdade e a individualização da pena. Foi desencadeado, em 2023, o processo de revisão da Súmula 231 do Superior Tribunal de Justiça ("A incidência da circunstância atenuante não pode conduzir à redução da pena abaixo do mínimo legal"), a partir da iniciativa do Min. Rogério Schietti Cruz (afetou para julgamento da Terceira Seção três recursos especiais discutindo o tema na 6ª Turma do STJ). No STF, há também enunciado similar: o Tema 158 de repercussão geral dispõe:

"Circunstância atenuante genérica não pode conduzir à redução da pena abaixo do mínimo legal". O debate sobre a revisão foi iniciado a partir da constatação da existência de novos institutos do Direito Penal (como o Acordo de Não Persecução Criminal – ANPC), por meio do qual o Ministério Público sequer oferece a denúncia se, entre outras condições, o investigado confessar o crime. Tais situações mostram o novo peso das atenuantes. Além disso, desconsiderar a atenuante para reduzir a pena abaixo do limite mínimo viola a *igualdade* (tratar dois indivíduos da mesma forma) e rompe o comando constitucional da *individualização* da pena, o que indica a necessidade da superação (*overruling*) desses entendimentos (Súmula 231 e Tema 158). Contudo, por 5 votos a 4, a Terceira Seção do STJ (a qual reúne as duas turmas criminais – 5ª e 6ª – daquele Tribunal) decidiu manter o enunciado 231 de sua Súmula, até que haja revisão do Tema 158 pelo STF (STJ, REsp n. 1.869.764 / MS, rel. para o acórdão Min. Messod Azulay Neto, j. 14-8-2024).

26. EXTRADIÇÃO E OS DIREITOS HUMANOS

> *Art. 5º, LI – nenhum brasileiro será extraditado, salvo o naturalizado, em caso de crime comum, praticado antes da naturalização, ou de comprovado envolvimento em tráfico ilícito de entorpecentes e drogas afins, na forma da lei;*
>
> *LII – não será concedida extradição de estrangeiro por crime político ou de opinião;*

26.1. Conceito

A extradição é espécie de *cooperação jurídica em matéria penal*[151], na qual determinado Estado requer o envio de determinado indivíduo para que seja este julgado criminalmente (extradição instrutória) ou possa cumprir pena criminal (extradição executória).

A extradição é regida no Brasil pela Constituição de 1988, pela Lei n. 13.455/2017 ("Lei de Migração", que revogou a Lei n. 6.815/80, que havia sido parcialmente modificada pela Lei n. 12.878/2013[152]) ou, caso existente, por tratado internacional (que prevalece, pelo critério da especialidade, em relação à Lei n. 13.445/2017).

De acordo com a Lei n. 13.445/2017, a extradição consiste em medida de cooperação internacional em matéria penal entre o Estado brasileiro e outro Estado pela qual se concede ou solicita a entrega de pessoa sobre quem recaia (i) condenação criminal definitiva ou (ii) para fins de investigação criminal ou ainda para instrução de processo penal em curso.

A extradição pode ser *ativa*, no caso de ser o Brasil o Estado Requerente, ou ainda *passiva*, no caso de Estado estrangeiro requerer a extradição ao Brasil.

Na extradição ativa, o procedimento inicia-se a pedido do juízo criminal, que será encaminhado ao Ministério da Justiça (no qual se localiza o Departamento de Recuperação de Ativos e Cooperação Jurídica Internacional – DRCI, nossa autoridade central para fins de extradição[153]) que, após a análise e aceitação da documentação (art. 88 da Lei n. 13.445/2017), o encaminhará

---

[151] Ver a indispensável obra de ABADE, Denise Neves. *Direitos fundamentais e cooperação jurídica internacional*: extradição, assistência jurídica, execução da pena e transferência de presos. São Paulo: Saraiva, 2013.

[152] É recomendável que a inserção de temas de cooperação jurídica internacional em matéria criminal em uma *Lei de Migração* venha a ser *temporário*, até que seja editada uma lei geral de cooperação jurídica internacional no Brasil.

[153] A autoridade central é um órgão de comunicação especializado entre Estados na temática da cooperação jurídica internacional. Em geral, pode integrar a estrutura do Ministério Público ou do Ministério da Justiça. No Brasil, exerce a função de autoridade central para fins de *extradição* o Departamento de Recuperação de Ativos e Cooperação Jurídica Internacional (DRCI) da Secretaria Nacional de Justiça e Cidadania (DRCI/SNJ), órgão do Ministério da Justiça. De acordo com o art. 15 do Decreto n. 11.348/2023, compete ao DRCI exercer a função de autoridade central para o trâmite dos pedidos de cooperação jurídica internacional tanto na área cível quanto na

diretamente à autoridade central estrangeira. Eventualmente, na ausência de autoridade central prevista em tratado, o pedido tramitará pelo Ministério das Relações Exteriores para o envio diplomático do pedido ao Estado estrangeiro requerido. A extradição ativa é comandada pelo tratado eventualmente em vigor ou pelo pedido encaminhado pelo Brasil e aceito pelo Estado requerido.

No caso da extradição passiva (o Brasil é o Estado requerido), o Estado requerente encaminha seu pedido por via diplomática ou por meio de mecanismos previstos em tratados de extradição (autoridade central). Cabe ainda o pedido de prisão cautelar transmitido diretamente com o ponto focal da Organização Internacional de Polícia Criminal (Interpol – atualmente, o ponto focal é o Departamento da Polícia Federal), de acordo com o art. 84, § 3º, da Lei de Migração.

É a chamada 1ª fase ou fase da solicitação administrativa da extradição passiva. Após, o pedido será encaminhado ao Supremo Tribunal Federal, inaugurando a 2ª fase ou fase judicial. Nessa fase, o STF fará um juízo de delibação ou de contenciosidade limitada, no qual será verificado o cumprimento dos requisitos previstos na Constituição, bem com os elencados na Lei n. 13.445/2017 ou no tratado de extradição aplicável.

26.2. Juízo de delibação e os requisitos da extradição

O juízo de delibação na extradição passiva consiste em avaliação, pelo STF, de cumprimento formal dos requisitos constitucionais, convencionais e legais que autorizam a extradição. Não visa verificar a culpa do extraditando, pois é um contencioso de legalidade no qual a defesa apontará eventuais ausências de requisitos essenciais no procedimento extradicional. Nesse sentido, a Lei n. 13.445/2017 estabelece que a defesa do extraditando deve versar sobre (i) a identidade da pessoa reclamada, (ii) defeito de forma de documento apresentado ou (iii) ilegalidade (e também inconvencionalidade, caso prevista em tratado) da extradição (art. 91, § 1º). Também a defesa pode sustentar eventual violação de direitos do extraditando previstos na CF/88 ou em tratados de direitos humanos celebrados pelo Brasil.

Podemos dividir os requisitos essenciais para o deferimento pelo STF de uma extradição passiva em requisitos constitucionais e requisitos legais.

Os requisitos constitucionais são:

1) **Não existir óbice quanto à nacionalidade.** Não pode ser o extraditando brasileiro nato em qualquer hipótese. No caso de brasileiro naturalizado, o crime deve ter sido cometido (ii) antes da naturalização ou, a qualquer momento, no caso de comprovado envolvimento em tráfico de entorpecente (princípio geral de inextraditabilidade do brasileiro, incluído o naturalizado). Como a Constituição exige "comprovado envolvimento", só se admite a extradição passiva *executória* de brasileiro naturalizado envolvido em tráfico de entorpecentes *após* a naturalização (ver neste *Curso* o ciclo da naturalização, **Parte IV**, item 47.3). Logo, o Estado Requerente terá que apresentar certidão de trânsito em julgado da condenação criminal para que a extradição do brasileiro naturalizado nesta hipótese seja deferida. No caso da existência de registro civil de nascimento no Brasil contestado por ação anulatória, a presunção de veracidade dos registros públicos impede, em geral, que a extradição seja deferida (há o risco de se extraditar brasileiro nato, caso a ação anulatória seja, ao final, julgada improcedente). Contudo, caso venha a ser definitivamente cancelado o assento de nascimento brasileiro do indivíduo, pode ser realizado novo pedido extradicional (Extradição n. 1.446, rel. Min. Dias Toffoli, j. 7-11-2017).

2) **Não for caso de crime político ou de opinião.** A Constituição não define o que vem a ser crime político, tendo o STF adotado a *teoria mista* para caracterizá-lo: é crime político aquele

---

área penal, nos termos lá expostos. Ver mais em CARVALHO RAMOS, André de. *Curso de direito internacional privado*. 3. ed., São Paulo: Saraiva, 2022.

que é realizado com motivação e os objetivos políticos de um lado (elemento subjetivo), e, de outro, com a lesão real ou potencial a valores fundamentais da organização política do Estado (elemento objetivo). Como exemplo de reconhecimento de crime político está o caso de extraditando acusado de transmitir ao Iraque segredo do Estado Requerente (Alemanha), utilizável em projeto de desenvolvimento de armamento nuclear, tendo o STF indeferido a extradição (Ext 700, rel. Min. Octavio Gallotti, j. 4-3-1998, Plenário, *DJ* de 5-11-1999.) Por outro lado, o STF não reconhece a excludente de crime político para casos de terrorismo, sejam atos cometidos por particulares, sejam atos perpetrados com o apoio oficial do próprio aparato governamental, no chamado terrorismo de Estado (Ext 855, rel. Min. Celso de Mello, j. 26-8-2004, Plenário, *DJ* de 1º-7-2005). A Lei n. 13.445/17 determina que o Supremo Tribunal Federal poderá deixar de considerar crime político o atentado contra chefe de Estado ou quaisquer autoridades, bem como crime contra a humanidade, crime de guerra, crime de genocídio e terrorismo (art. 82, § 4º). Também a mesma lei determina que a extradição ocorrerá quando o fato objeto do pedido de extradição constituir, *principalmente*, infração à lei penal comum ou quando o crime comum, conexo ao delito político, constituir o fato principal (art. 82, § 1º).

3) **Ser respeitado o devido processo legal no Estado Requerente.** A observância do devido processo legal pelo Estado Requerente no julgamento do extraditando é requisito constitucional implícito, de acordo com o STF (Ext 633-9, rel. Min. Celso de Mello, j. 28-8-1996, *DJ* de 6-4-2001), podendo ser extraído ainda da proibição legal de julgamento do extraditando por juízo de exceção (ver abaixo).

4) **Ser comutada a pena de morte ou de caráter perpétuo em pena privativa de liberdade não superior a 30 anos.** A comutação da pena de caráter perpétuo foi considerada pelo STF como requisito implícito da CF/88 indispensável para que a extradição passiva possa ser deferida (Ext 855, rel. Min. Celso de Mello, j. 26-8-2004, Plenário, *DJ* de 1º-7-2005). Atendendo essa posição do STF, a Lei 13.445/17 dispõe que o Estado estrangeiro requerente deve assumir o compromisso de comutar a (i) pena corporal, (ii) perpétua ou de (iii) morte em pena privativa de liberdade de, no máximo, cumprimento por 30 anos (art. 96, III). A Lei Anticrime modificou o tempo máximo do cumprimento de pena privativa de liberdade, que agora não pode ser superior a 40 anos (art. 75 do CP – antes o limite era trinta anos). Houve o *rompimento* do paralelismo do limite das penas, pelo qual a restrição aplicada no Brasil no processo extradicional era fruto da opção interna de limite máximo de cumprimento de pena. Tal opção gerava o dever do Estado estrangeiro requerente de seguir o modelo nacional. Agora, o extraditando estará em melhor situação que o preso (nacional ou estrangeiro) do sistema de justiça nacional. Não se pode alegar *revogação implícita*, pois são institutos diferentes manejados em diplomas normativos distintos, não tratando a Lei Anticrime em nenhum momento de cooperação jurídica na modalidade extradição. Contudo, o STF adotou **solução intermediária**: foi fixado o entendimento de que os fatos incriminados na extradição que sejam anteriores a 24 de dezembro de 2019, determinam a exigência de compromisso do Estado estrangeiro em estabelecer o cumprimento de pena máxima de 30 anos para o extraditando. Assim, caso os fatos sejam posteriores à alteração legislativa, pode ser utilizado o limite de 40 anos mesmo *sem* a alteração da Lei de Migração (STF, Extradição n. 1.652, Relatora Ministra Rosa Weber, j. 19-10-2021).

São os seguintes os principais requisitos legais previstos na Lei n. 13.445/2017 e nos principais tratados de extradição:

1) **Obediência e Prevalência dos Tratados.** A extradição será regida pelo tratado eventualmente firmado pelo Brasil e pelo Estado Requerendo, afastando-se a Lei n. 13.445, pois o tratado é *lex speciali s*em relação à lei.

2) **Reciprocidade na ausência de tratado.** A extradição só será autorizada pelo Brasil caso haja tratado ou, na sua ausência, caso haja promessa de reciprocidade pelo Estado Requerente (art. 84, § 2º, o qual deve ser utilizado como cláusula genérica de reciprocidade) assegurando que, na hipótese de o Brasil solicitar extradição em caso similar, o Estado estrangeiro a deferirá.

3) **Especialidade.** O Estado Requerente deve se comprometer a só processar ou punir o extraditando pelo crime que estiver no pedido de extradição. Não pode também extraditar para outro Estado (extradição camuflada para terceiro).

4) **Identidade ou dupla tipicidade e punibilidade** (também chamado modelo do crime hipotético ou paralelismo). Só cabe extradição caso a conduta cometida pelo extraditando for, hipoteticamente, crime no Estado Requerente e também no Brasil, sem qualquer caso de extinção da punibilidade de acordo com os dois ordenamentos jurídicos. Não se exige o mesmo tipo penal ou a mesma denominação: basta que o fato seja crime punível nos dois Estados.

5) **Preferência da jurisdição nacional penal.** Não será concedida extradição caso o Brasil for competente, segundo suas leis, para julgar o crime imputado ao extraditando.

6) **Proibição do *ne bis in idem*.** Não será concedida a extradição, caso o extraditando estiver a responder a processo ou já houver sido condenado ou absolvido no Brasil pelo mesmo fato em que se fundar o pedido.

7) **Proibição de Juízo de Exceção**. Não se concede extradição caso o extraditando houver de responder, no Estado requerente, perante Tribunal ou Juízo de Exceção. Essa proibição legal é compatível com a exigência do "devido processo legal" no Estado requerente, que é *requisito constitucional implícito,* na visão do STF.

8) **Proibição de determinadas penas e de tratamento cruel, desumano e degradante**. Como já apontado acima, a Lei n. 13.445/2017 absorveu a jurisprudência atual do STF e determinou a necessidade de comutação da pena *corporal*, *perpétua* e de *morte*, que o extraditando poderia estar submetido pela lei do Estado requerente, bem como estipulou o limite máximo de 30 anos para o cumprimento da pena privativa de liberdade (ver a "posição intermediária" assumida pela STF, acima exposta). Além disso, o Estado requerente não poderá submeter o extraditando a (i) tortura ou a (ii) outros tratamentos ou penas cruéis, desumanos ou degradantes. A fiscalização do cumprimento desses deveres do Estado requerente incumbe ao Estado brasileiro, nas suas relações diplomáticas.

9) **Exigência de crime grave**. Só será concedida extradição se a lei brasileira impuser, hipoteticamente, ao crime cometido pena de prisão igual ou superior a dois anos (não cabe extradição para ilícito cível ou contravenção penal).

Em 2019, na Extradição n. 1.578, o STF esclareceu pontos importantes sobre os requisitos da extradição. No caso, tratou-se de pedido extradicional de brasileiro naturalizado (turco, originalmente) feito pela Turquia por supostos crimes cometidos *antes* da naturalização. Apesar de teoricamente possível (crimes cometidos antes da naturalização), o STF reconheceu três grandes óbices. Em primeiro lugar, (i) a ausência da dupla identidade, pois o crime de terrorismo teria sido praticado (2013-2014) antes da vigência da Lei brasileira n. 13.260, de 2016 (disciplina o terrorismo e reformula o conceito de organização terrorista). Em segundo lugar, (ii) a utilização do art. 16 da Lei de Segurança Nacional brasileira (LSN; Lei n. 7.170/83) para caracterizar a "dupla identidade" não seria possível, pois o STF já reconheceu que os crimes tipificados na LSN são "crimes políticos", uma vez que considerados crimes contra a segurança nacional e a ordem política e social. Consequentemente, aplica-se a vedação do art. 5º, LII, da CF/88 (não será concedida a extradição de estrangeiro por crime político ou de opinião). Finalmente, (iii) a situação recente na Turquia levou o STF a considerar impossível um *julgamento justo e com a garantia do devido processo legal* no Estado estrangeiro, fazendo incidir a proibição de extraditar caso o extraditando venha a responder, no Estado requerente, perante tribunal ou juízo de exceção (art. 82, VIII, da Lei n. 13.445/2017). Foi mais um caso no qual o STF avaliou a situação de direitos humanos no Estado requerente, antes de autorizar a extradição (STF, Extradição n. 1.578, rel. Min. Edson Fachin, j. 6-8-2019).

26.3. Trâmite da extradição

A extradição passiva será requerida por via diplomática ou por meio da autoridade central estabelecida por um tratado de extradição. No caso da extradição passiva, há três fases:

a) 1ª Fase – o Ministério da Justiça ao receber o pedido diretamente (com base no tratado) ou do Ministério das Relações Exteriores (que, por sua vez, o recebeu pela via diplomática) avalia se o pedido é compatível com a ordem jurídica brasileira, podendo recusar sumariamente o pedido. Caso o extraditando esteja cumprindo pena por outro crime no Brasil ou sendo processado por outro crime, é necessário – a princípio – que se aguarde o fim do cumprimento de pena no Brasil. Porém, o STF, mesmo após a Lei de Migração, entende que a decisão pela extradição é, ao final, política (como se vê na 3ª fase) e pode ser feita pelo Poder Executivo. Assim, caso autorizada pelo STF a extradição após o fim do cumprimento da pena (execução diferida da extradição), pode assim mesmo o Presidente da República determinar a imediata entrega. Para o STF, a prerrogativa do Presidente da República de promover a entrega imediata do extraditando remanesce mesmo após a Lei de Migração, "uma vez que encontra assento direto no próprio texto constitucional (art. 84, VII, CF/1988)" (STF, Ext 1.499, rel. Min. Alexandre de Moraes, *DJe* de 20-3-2018) Por outro lado, não cabe a extradição caso o extraditando estiver respondendo a processo ou já houver sido condenado ou absolvido no Brasil *pelo mesmo fato* em que se fundar o pedido.

b) 2ª Fase – o pedido é encaminhado ao STF, que fará o juízo de delibação extradicional. Caso o extraditando concorde com o pedido e deseje entregar-se voluntariamente ao Estado Requerente, deve estar (i) assistido por advogado, (ii) declarar essa vontade expressamente, (iii) sendo advertido de que tem direito ao processo de extradição e à proteção de que tal direito encerra. Este pleito do extraditando será submetido ao STF, abreviando-se o rito da extradição (extradição sumária). Quanto à prisão cautelar do extraditando, destaco que a CF/88 não admite prisão cautelar automática, devendo o relator justificar o motivo da ordem de prisão cautelar do extraditando. A Lei n. 13.445/2017 prevê que, em caso de urgência, o Estado interessado na extradição poderá, previamente ou conjuntamente com a formalização do pedido extradicional, requerer, por via diplomática ou por meio de autoridade central do Poder Executivo, *prisão cautelar* com o objetivo de assegurar a executoriedade da medida de extradição. Após exame da presença dos pressupostos formais de admissibilidade exigidos, o Ministério da Justiça deverá representar pela prisão ao STF, ouvido previamente o Ministério Público Federal. O pedido de prisão cautelar também poderá ser apresentado por meio da Organização Internacional de Polícia Criminal (Interpol), devidamente instruído com a documentação comprobatória da existência de ordem de prisão proferida por Estado estrangeiro. O pedido de prisão cautelar pode ser feito *antes* mesmo da formalização da extradição, atendendo a reclamação antiga dos parceiros internacionais do Brasil. Porém, a formalização do pedido deve ser feita em até 60 dias contados da data em que tiver sido o Estado estrangeiro cientificado da prisão do extraditando. Como já visto acima, a defesa do extraditando só poderá alegar vício de identidade, defeito de forma dos documentos apresentados ou *inconstitucionalidade, inconvencionalidade ou ilegalidade* da extradição. Caso o STF indefira a extradição, o Brasil não poderá expulsá-lo ou deportá-lo, caso haja risco de o indivíduo ser entregue ao Estado Requerente, o que geraria a chamada "extradição inadmitida" (art. 53 e 55, I da Lei n. 13.445/2017). Sobre a prisão cautelar para fins de extradição, ver acima a necessidade de mudança de paradigma (a liberdade do extraditando tem que ser a regra; apenas com fundados motivos – alta probabilidade de deferimento do pleito e *periculum libertatis*) no item 11.7 da **Parte IV** deste *Curso*.

c) 3ª Fase – também é uma fase administrativa, na qual o Poder Executivo pode, fundado no tratado, *não* determinar a extradição autorizada pelo STF. Assim, *o STF autoriza, mas não determina* a extradição. Caso o STF negue a extradição, a palavra final é sua; caso o STF autorize a extradição, *ainda assim a última palavra é do Presidente da República,* por ser ele responsável pela condução da política externa brasileira (art. 92 da Lei n. 13.445/2017). Na hipótese de o Poder Executivo determinar a extradição, o Estado Requerente ainda deverá se comprometer a comutar o tempo de prisão que, no Brasil, foi imposta ao extraditando por força do pedido de extradição, além dos outros compromissos já expostos (comutação da pena de morte etc.). No Caso *Battisti*, o Supremo Tribunal Federal reconheceu o poder do Presidente de impedir a entrega do extraditando autorizada previamente pelo STF (3ª fase), desde que sua decisão seja compatível com tratado de extradição caso existente com o Estado. Todavia, ainda no caso Battisti, o STF decidiu que a decisão de não entregar o extraditando do Presidente da República *não* pode ser impugnada no próprio STF, sendo definitiva no Brasil e devendo o Estado Requerente processar o Brasil perante órgãos internacionais (Ext 1.085, rel. Min. Cezar Peluso, j. 16-12-2009, P, *DJe* de 16-4-2010; Rcl 11.243, rel. p/ o ac. Min. Luiz Fux, j. 8-6-2011, P, *DJe* de 5-10-2011).

27. DEVIDO PROCESSO LEGAL, CONTRADITÓRIO E AMPLA DEFESA

Art. 5º, LIV – ninguém será privado da liberdade ou de seus bens sem o devido processo legal;

LV – aos litigantes, em processo judicial ou administrativo, e aos acusados em geral são assegurados o contraditório e ampla defesa, com os meios e recursos a ela inerentes;

27.1. Conceito e seu conteúdo de acordo com o STF

O devido processo legal de caráter procedimental (*procedural due process*) consiste na qualidade de determinado processo, cível, penal ou administrativo, informado pelos princípios do juiz natural, ampla defesa, contraditório e publicidade.

No plano penal, o devido processo criminal consiste, para o STF, na reunião das seguintes garantias: "(a) direito ao processo (garantia de acesso ao Poder Judiciário); (b) direito à citação e ao conhecimento prévio do teor da acusação; (c) direito a um julgamento público e célere, sem dilações indevidas; (d) direito ao contraditório e à plenitude de defesa (direito à autodefesa e à defesa técnica); (e) direito de não ser processado e julgado com base em leis *ex post facto*; (f) direito à igualdade entre as partes; (g) direito de não ser processado com fundamento em provas revestidas de ilicitude; (h) direito ao benefício da gratuidade; (i) direito à observância do princípio do juiz natural; (j) direito ao silêncio (privilégio contra a autoincriminação); (l) direito à prova; e (m) direito de presença e de 'participação ativa' nos atos de interrogatório judicial dos demais litisconsortes penais passivos, quando existentes" (HC 94.016, rel. Min. Celso de Mello, j. 16-9-2008, Segunda Turma, *DJe* de 27-2-2009).

Na linha de se assegurar a ampla defesa e o contraditório, o STF editou a Súmula Vinculante n. 14 que determina que é direito do defensor, no interesse do representado, ter (i) acesso amplo aos elementos de prova que, já documentados em procedimento investigatório realizado por órgão com competência de polícia judiciária, digam respeito (ii) ao exercício do direito de defesa.

27.2. O devido processo legal substancial

O STF reconhece como implícito ao art. 5º, LIV, o chamado *devido processo legal substancial*, que consiste em limite ao poder de legislar, devendo as leis ser elaboradas levando-se em consideração os princípios de justiça, sendo dotadas de razoabilidade (*reasonableness*) e de racionalidade (*rationality*), guardando um real e substancial nexo com o objetivo que se quer atingir (ADI n. 1.511-MC, voto do rel. Min. Carlos Velloso, j. 16-10-1996, Plenário, *DJ* de 6-6-2003).

Por sua vez, a Constituição assegura o contraditório e ampla defesa nos processos judiciais e administrativos, bem como os meios e recursos a ela inerentes. Porém, os inquéritos (policial, civil ou ainda administrativo) são *procedimentos inquisitivos*, visando a coleta de fatos, sem ser informados pelo contraditório e ampla defesa. Após o inquérito, os atos de supressão ou limitação de direitos devem ser submetidos a ampla defesa e contraditório.

Nesse sentido, decidiu o STF que:

a) **Inquérito administrativo e contraditório**. "Descabe ter-se como necessário o contraditório em inquérito administrativo. O instrumento consubstancia simples sindicância visando a, se for o caso, instaurar processo administrativo no qual observado o direito de defesa" (RE 304.857, rel. Min. Marco Aurélio, j. 24-11-2009, Primeira Turma, *DJe* de 5-2-2010).

b) **Inquérito Civil Público, contraditório e ampla defesa.** "Desnecessidade de observância no inquérito civil dos princípios do contraditório e da ampla defesa" (RE 481.955-AgR, rel. Min. Cármen Lúcia, j. 10-5-2011, Primeira Turma, *DJe* de 26-5-2011).

c) **Inquérito Policial, contraditório e ampla defesa.** "Inaplicabilidade da garantia constitucional do contraditório e da ampla defesa ao inquérito policial, que não é processo, porque não destinado a decidir litígio algum, ainda que na esfera administrativa; existência, não obstante, de *direitos fundamentais do indiciado no curso do inquérito*, entre os quais o de fazer-se assistir por advogado, o de não se incriminar e o de manter-se em silêncio" (grifo meu, HC 82.354, rel. Min. Sepúlveda Pertence, j. 10-8-2004, Primeira Turma, *DJ* de 24-9-2004).

d) **Sindicância e acesso aos autos.** "O Verbete 14 da Súmula Vinculante do Supremo *não* alcança sindicância administrativa objetivando elucidar fatos sob o ângulo do cometimento de infração administrativa" (Rcl 10.771-AgR, rel. Min. Marco Aurélio, j. 4-2-2014, Primeira Turma, *DJe* de 18-2-2014, grifo meu).

e) **Legitimidade da investigação criminal pelo Ministério Público e o devido processo legal – I.** Os arts. 5º, LIV e LV; 129, III e VIII; e 144, IV, § 4º, da CF não tornam a investigação criminal exclusividade da polícia, nem afastam os poderes de investigação do Ministério Público. Fixada, em repercussão geral, tese assim sumulada: "O Ministério Público dispõe de competência para promover, por autoridade própria, e por prazo razoável, investigações de natureza penal, desde que respeitados os direitos e garantias que assistem a qualquer indiciado ou a qualquer pessoa sob investigação do Estado, observadas, sempre, por seus agentes, as hipóteses de reserva constitucional de jurisdição e, também, as prerrogativas profissionais de que se acham investidos, em nosso país, os advogados (Lei n. 8.906/94, art. 7º, notadamente os incisos I, II, III, XI, XIII, XIV e XIX), sem prejuízo da possibilidade – sempre presente no Estado Democrático de Direito – do permanente controle jurisdicional dos atos, necessariamente documentados (Súmula Vinculante n. 14), praticados pelos membros dessa instituição" (RE 593.727, rel. p/ o ac. Min. Gilmar Mendes, j. 14-5-2015, Plenário, *DJe* de 8-9-2015, Tema 184 – repercussão geral).

f) **Legitimidade da investigação criminal pelo Ministério Público e o devido processo legal – II.** Em 2024, o STF densificou as regras pelas quais o MP deve conduzir suas investigações criminais, assegurando o devido processo legal nas investigações ministeriais. Para o STF, a investigação ministerial criminal (não importando a denominação) deve cumprir: (i) a imediata comunicação ao juiz de garantias sobre o início e o fim da investigação; (ii) o prazo da investigação ministerial é o mesmo do inquérito policial; (iii) o Ministério Público deve requerer autorização judicial para prorrogar o prazo da investigação; (iv) caso a Polícia também investigue o caso, ambas as investigações devem ser submetidas ao mesmo juiz das garantias; (v) arquivada a investigação ministerial, esta só poderá ser reaberta com novas provas (aplicando-se o art. 18 do CPP); (vi) em suas investigações criminais, o Ministério Público pode requisitar a realização de perícias técnicas, cujos peritos deverão gozar de plena autonomia funcional, técnica e científica na realização dos laudos;(vii) caso o uso de arma de fogo por agentes de segurança resultar em mortes ou ferimentos graves, ou quando esses agentes forem suspeitos de envolvimento em crimes, o MP deve motivar a apuração e também o motivo da não apuração, caso haja representação ao órgão. Havia tese – abandonada nos debates – de ser *obrigatória* a investigação por parte do MP em casos de possível abuso policial; porém, na linha do defendido pelo Min. Flávio Dino, tal "obrigação ministerial de investigar a polícia" violaria a independência funcional dos membros do MP. Aproveitando a discussão sobre a investigação de abusos policiais, foi mencionada a falta de estrutura material e humana do MP para investigar e exercer o controle externo da polícia. Foi feita expressa menção à Corte IDH e sua decisão no "Caso da Operação Castelinho" (Honorato e outros *vs.* Brasil, 2023, estudada anteriormente neste Curso), exigindo-se do Poder Executivo e Legislativo que garantam "ao Ministério Público, para o fim de exercer a função de controle externo da polícia, recursos econômicos e humanos necessários para investigar as mortes de civis cometidas por policiais civis ou militares" (STF, ADIs 2.943, 3.309 e 3.318, rel. Min. Edson Fachin, votação unânime, j. 2-5-2024).

27.3. O devido processo legal e o duplo grau de jurisdição

O direito ao duplo grau de jurisdição consiste na faculdade de se exigir o (i) reexame integral de determinada decisão judicial, a ser realizado (ii) por órgão diverso e de hierarquia superior no Poder Judiciário.

A Constituição de 1988 não assegurou tal direito explicitamente, sendo fruto implícito: (i) dos direitos decorrentes de tratados de direitos humanos (art. 5º, § 2º), como o Pacto Internacional sobre Direitos Civis e Políticos (art. 14.5) e a Convenção Americana de Direitos Humanos (art. 8.2 "h"); e (ii) da previsão em diversos dispositivos constitucionais de recursos a Tribunais (deduzido, por exemplo, dos arts. 102, II, e 105, II).

Para o STF, o direito ao duplo grau de jurisdição não é absoluto, pois há diversas previsões na Constituição de julgamentos de única instância ordinária, tanto na área cível quanto na matéria criminal. O STF não se sensibilizou com a regra da Convenção Americana de Direitos Humanos (Pacto de São José), pela qual todos têm direito ao duplo grau de jurisdição em matéria penal, uma vez que prevalece a Constituição, mesmo diante de tratados de direitos humanos (RHC 79.785, rel. Min. Sepúlveda Pertence, j. 29-3-2000, Plenário, *DJ* de 22-11-2002).

Entretanto, no caso *Barreto Leiva contra Venezuela*, a Corte IDH decidiu que há violação da Convenção Americana de Direitos Humanos (art. 8.2 "h") no julgamento em única ou última instância, no qual não se garanta o direito de recorrer do julgamento a órgão distinto (sentença de 17 de novembro de 2009). A Corte ressalvou, ainda nesse julgamento, que considera compatível com a Convenção o estabelecimento de foro por prerrogativa de função mesmo na mais Alta Corte de um país, mas exigiu que sejam criados mecanismos que assegurem, mesmo em uma situação de julgamento originário, o direito de recorrer do julgamento a outro órgão (por exemplo, fracionando o órgão colegiado máximo, para criar Turma de Julgamento e Turma de Apelação – parágrafo 91 da sentença Barreto Leiva).

27.4. O devido processo legal e a garantia do processo acusatório

A Constituição de 1988 adotou o chamado princípio acusatório no processo penal, que consiste em uma separação rígida entre, de um lado, as funções de investigar e acusar e, de outro, a função de julgar. Tal princípio é baseado na garantia da imparcialidade do julgador, na ampla defesa e contraditório, bem como com os princípios da igualdade (paridade de armas entre Acusador e Defesa) e do devido processo legal.

Consagrou-se a garantia do processo penal acusatório, o qual, para ser concretizado, exigiu da CF/88 diversos dispositivos a respeito da independência e das atribuições do Ministério Público, órgão extrapoder, a quem incumbe, precipuamente, a titularidade da ação penal pública (CF/88, art. 129, I, VI e VIII[154]), exercendo, em geral, a função de Acusador, não vinculado ao Poder Judiciário.

Por sua vez, a Lei n. 13.964/2019 ("Lei Anticrime") foi editada contendo diversas inovações no Código Penal, Código Processual Penal e leis penais especiais, tendo sido elaborada a partir de anteprojeto de especialistas (Comissão presidida pelo Min. Alexandre de Moraes) combinado com projeto de lei encaminhado pelo Poder Executivo (pelo então Ministro da Justiça, Sérgio Moro), com as alterações promovidas no seu trâmite. Após *vacatio legis* de 30 dias, entrou em vigor em 23-1-2020, mas vários de seus dispositivos foram suspensos por decisão monocrática do Min. Luiz Fux nas ADIs n. 6.298, 6.299, 6.300 e 6.305 (ver abaixo os ditames do julgamento final de tais ADIs).

Com a Lei Anticrime, busca-se, ainda, mesmo que tardiamente (após mais de 30 anos de vigência da CF/88), romper a cultura inquisitória no processo penal, pela qual o magistrado, na busca da verdade real, tinha o controle sobre os principais aspectos da investigação (poderia ordenar à Polícia que investigasse ou estimular o Ministério Público para que este ingressasse com a ação penal, por meio do mecanismo tradicional do art. 28 do CPP – ver comentário abaixo), instrução (gestão das provas, ordenando a produção de provas não requeridas) e julgamento (pode condenar mesmo com pedido expresso de *absolvição* por parte do MP).

À luz do devido processo penal acusatório constitucional, a Lei n. 13.964/2019 (Lei Anticrime) introduziu, no Código de Processo Penal (CPP), o novo art. 3º-A, pelo qual "[o] processo penal terá estrutura acusatória, vedadas a iniciativa do juiz na fase de investigação e a substituição da atuação probatória do órgão de acusação".

Com o novo art. 3º-A, há duas vedações iniciais: a) proibição da iniciativa do juiz na fase de investigação e b) proibição da substituição da atuação probatória do acusador.

Tais medidas impactam o devido processo legal penal, ao reforçar a estrutura acusatória do processo penal, (i) vedadas a iniciativa do juiz na fase de investigação e (ii) a substituição da atuação probatória do órgão de acusação (art. 3º-A do CCP, introduzido pela Lei n. 13.964/2019).

Trata-se de se aproximar o CPP do sistema acusatório constitucional, eliminando-se resquícios inquisitivos voltados à atuação do juiz como auxiliar da Acusação, irmanados no combate ao crime. Claro que não houve a supressão de todos os dispositivos de inspiração inquisitiva no CPP, tanto em relação à fase de investigação quanto em relação à gestão da prova e julgamento.

Como sustenta Jacinto Nelson de Miranda Coutinho, não há sistema processual "puro": todos são mistos, como construções históricas e fruto de opções políticas[155]. Mas, há traços unificadores e elementos principais, que, no caso brasileiro, têm que fazer valer o processo penal

---

[154] CF/88: Art. 129. São funções institucionais do Ministério Público: I – promover, privativamente, a ação penal pública, na forma da lei; VI – expedir notificações nos procedimentos administrativos de sua competência, requisitando informações e documentos para instruí-los, na forma da lei complementar respectiva; VIII – requisitar diligências investigatórias e a instauração de inquérito policial, indicados os fundamentos jurídicos de suas manifestações processuais;

[155] COUTINHO, Jacinto Nelson de Miranda. Sistema acusatório – cada parte no lugar constitucionalmente demarcado. *Revista de Informação Legislativa*, a. 46, n. 183, jul./set. 2009, p. 103-115, em especial p. 109.

acusatório, devendo permanecer *ao mínimo* elementos secundários que reflitam o sistema inquisitivo.

No tocante à fase de investigação, entendo que é fundante em um processo penal acusatório a necessidade de separação clara entre as funções da Polícia e do Ministério Público e as do Poder Judiciário[156]. Essa separação rígida foi reconhecida pelo Min. Barroso como sendo um "traço marcante" do sistema acusatório. Para o Min. Barroso, "(...) O traço mais marcante do sistema acusatório consiste no estabelecimento de uma separação rígida entre os momentos da acusação e do julgamento", no qual o "juiz deixa de exercer um papel ativo na fase de investigação e de acusação" (ADI n. 5.104 MC, rel. min. Roberto Barroso, j. 21-5-2014, P, *DJe* de 30-10-2014).

No caso da investigação, tem-se como revogado implicitamente o art. 5º, inciso II, primeira parte, do CPP, que trata da requisição judicial do inquérito policial. Caso o juiz tome conhecimento de infração penal sujeita à ação penal pública, deve encaminhar o que dispõe ao MP, na forma do art. 40 do CPP. Também foi revogado implicitamente a determinação *ex officio* de provas consideradas urgentes e relevantes na fase da investigação (art. 156) ou ainda a possibilidade de se decretar medida cautelar real (sequestro de bens) *ex officio* também na fase da investigação.

Quanto à gestão das provas, há diversos dispositivos do CPP que ainda concedem ao juiz o poder de determinar *ex officio* a realização de diligências (art. 156, II), o que, em geral, beneficia a Acusação, uma vez que a Defesa é beneficiada pela dúvida, caso existente (presunção de inocência). Também há dispositivos que permitem a decretação de medida cautelar durante o processo *ex officio*, como é o caso do sequestro de bens (art. 127).

Finalmente, no tocante ao julgamento, questiona-se a recepção do art. 385, que permite ao juiz condenar o acusado, ainda que o MP tenha se manifestado pela absolvição. A Defesa, em suas alegações finais, não contradita os argumentos do MP (pelo contrário, os secunda), sendo surpreendida pela condenação[157]. Na jurisprudência brasileira, há divergências sobre esse último ponto, mostrando a resistência na aceitação, pelo Judiciário, do princípio acusatório.

Majoritariamente, entende-se que o art. 385 do CPP foi recepcionado pela CF/88, que não teria adotado um sistema acusatório "puro". Nesse sentido, decidiu o STJ que "Nos termos do art. 385 do Código de Processo Penal, nos crimes de ação pública, o juiz poderá proferir sentença condenatória, ainda que o Ministério Público tenha *opinado* pela absolvição" (grifo meu – AgRg nos EDcl no HC n. 537.251/SP, rel. Min. Nefi Cordeiro, Sexta Turma, j. 12-5-2020, *DJe* de 18-5-2020). O uso do termo "opinado" na ementa desse acórdão da 6ª Turma do STJ quase sugere que o MP criminal não é "parte", ou seja, o processo penal seria inquisitivo: de um lado o magistrado; de outro, a Defesa. Em uma linha intermediária, há posicionamento do STF a favor da excepcionalidade de tal condenação, que só seria constitucional com um "ônus de fundamentação elevado". O art. 385 do CPP teria sido recepcionado, porém a fundamentação da sentença condenatória teria que ser "robusta" para justificar a "excepcionalidade". Nesse sentido, decidiu a 1ª Turma do STF que "O art. 385 do Código de Processo Penal permite ao juiz proferir sentença condenatória, embora o Ministério Público tenha requerido a absolvição. Tal norma, ainda que considerada constitucional, impõe ao julgador que decidir pela condenação um *ônus de fundamentação elevado*, para justificar a *excepcionalidade* de decidir *contra* o titular da ação penal" (grifo meu – AP n. 976, rel. Min. Roberto Barroso, Primeira Turma, *DJe* de 7-4-2020).

---

[156] Sobre as garantias do processo penal acusatório, ver ABADE, Denise Neves. *Garantias do processo penal acusatório. O novo papel do Ministério Público no processo penal de partes*. Rio de Janeiro: Renovar, 2005.

[157] Nesse sentido, PRADO, Geraldo. *Sistema acusatório*: a conformidade constitucional das leis processuais penais. 4. ed. Rio de Janeiro: Lumen Juris, 2006.

A terceira corrente, minoritária ainda na jurisprudência recente, defende a não recepção do art. 385, o qual seria incompatível com o princípio acusatório da CF/88, posição que defendo. Como já salientado, não há sistema acusatório puro, porém a separação entre julgador e acusador é um traço indispensável ao sistema acusatório. Caso tal separação seja rompida, ingressamos em outro sistema (um sistema mais inquisitivo). Para o Min. Noronha, "(...) a Carta Magna reserva ao Ministério Público o monopólio da titularidade da ação penal pública (art. 129, I). E a acusação não é atividade que se encerra com o oferecimento da denúncia, já que a atividade persecutória persiste até o término da ação penal. Assim, considero que, quando o Ministério Público requer a absolvição do réu, ele está, de forma indireta, retirando a acusação, sem a qual o juiz não pode promover decreto condenatório, sob pena de *acusar e julgar simultaneamente*" (grifo meu).

Ao final, decidiu a 5ª Turma do STJ que "Tendo o Ministério Público, titular da ação penal pública, pedido a absolvição do réu, não cabe ao juízo *a quo* julgar procedente a acusação, sob pena de violação do princípio acusatório, previsto no art. 3º-A do CPP, que impõe estrita separação entre as funções de acusar e julgar" (AREsp 1.940.726, rel. Min. João Noronha, j. 6-9-2022. Apesar de ter votado pela conclusão, o Min. Joel Ilan Paciornik defendeu a recepção do art. 385 – corrente majoritária).

Tais divergências de posicionamentos exigem intervenção legislativa. Para dar coerência ao princípio acusatório também na fase das alegações finais, cabe ao legislador brasileiro ampliar o uso do "art. 28 automático do CPP" (introduzido pela Lei Anticrime), pois a lógica é a mesma. Se antes do início da ação penal, o membro do MP não quer promover a ação penal, essa sua inação será controlada pelo próprio MP (remessa a órgão superior). Se, após promovida a ação penal, o membro do MP também se manifestar contra o *jus puniendi* do Estado, deve o processo ser paralisado e enviado (hoje, os autos são em geral eletrônicos) ao órgão superior do MP para que se manifeste, concordando ou não com tal posicionamento.

Até que haja tal intervenção legislativa, decidiu o STF pela continuidade de tais feições inquisitivas no processo penal brasileiro, sendo possível o juiz, *de ofício*: (a) "determinar, no curso da instrução, ou antes de proferir sentença, a realização de diligências para dirimir dúvida sobre ponto relevante" (art. 156, II); (b) determinar a oitiva de uma testemunha (artigo 209); (c) complementar a sua inquirição (art. 212) e (d) "proferir sentença condenatória, ainda que o Ministério Público tenha opinado pela absolvição" (art. 385)" (ADIs n. 6.298, 6.299, 6.300 e 6.305, Rel. Min. Luiz Fux, j. 24-8-2023, *DJe* de 19-12-2023).

27.5. O devido processo legal e as inovações da Lei n. 13.964/2019 ("Lei Anticrime"): juiz das garantias e a imparcialidade do juízo

No plano processual penal, houve duas importantes inovações da Lei Anticrime (Lei n. 13.964/19), que buscaram reafirmar a garantia da imparcialidade do julgador: (1) a separação entre o juiz que atua na investigação (juiz das garantias) e aquele que atuará no *julgamento* de eventual ação penal; e (2) a eliminação do papel de estímulo do juiz voltado à propositura de ações penais (fim da função anômala do juiz na análise do arquivamento do inquérito ou peças informativas – a "fase do art. 28" do CPP).

No tocante à primeira inovação, foi criado o juiz das garantias, que vem a ser o magistrado que, no bojo de uma investigação criminal, tem as funções de (i) exercer o controle de legalidade da investigação e de (ii) analisar requerimentos de atos que exijam, para serem realizados, da autorização prévia do Poder Judiciário. Ao final, caberia ao juiz das garantias decidir pelo recebimento da denúncia ou queixa, e, após, seria dada por encerrada sua atuação. Porém, determinou o STF que o juiz das garantias não deve decidir sobre o recebimento da denúncia, e sim o juiz da instrução da ação penal (ADIs n. 6.298, 6.299, 6.300 e 6.305, rel. Min. Luiz Fux,

j. 24-8-2023, *DJe* de 19-12-2023). Assim, a competência do juiz das garantias cessa com o oferecimento da denúncia ou determinação de arquivamento da apuração por parte do membro do MP (ver as alterações promovidas pelo STF a respeito do "art. 28 automático" abaixo). Não se trata de um "juiz investigador" ou um "juiz de instrução", mas, ao contrário, um juiz de preservação das liberdades.

Tal função restrita do juiz na investigação é fruto do princípio acusatório típico de um devido processo penal à luz dos direitos humanos (*vide* acima), sendo já reconhecida pela jurisprudência antes da Lei n. 13.964/2019, uma vez que o "sistema processual penal acusatório, mormente na fase pré-processual, reclama deva ser o juiz apenas um magistrado de garantias, mercê da inércia que se exige do Judiciário enquanto ainda não formada a opinio delicti do Ministério Público" (Inq. 2.913, rel. p/ acórdão Min. Luiz Fux, Tribunal Pleno, *DJe* 21-6-2012).

A inovação legislativa foi alocar as funções de "juiz das liberdades na investigação" e de "juiz do processo" (também chamado de "juiz da instrução e julgamento da ação penal") em dois magistrados distintos: o juiz das garantias e o juiz da instrução e julgamento. A atuação como juiz das garantias gera impedimento para servir como juiz da instrução e julgamento.

Tal separação serve para assegurar a imparcialidade do julgador na instrução e julgamento. Apesar da imparcialidade do julgador não constar expressamente do rol de garantias constitucionais do processo, é anunciada nos tratados de direitos humanos celebrados pelo Brasil, como se viu no art. 8.1 da Convenção Americana de Direitos Humanos ("juiz ou tribunal imparcial") e no art. 14.1 do Pacto Internacional de Direitos Civis e Políticos ("tribunal imparcial"). Tais dispositivos, no mínimo, possuem força supralegal e devem orientar a interpretação sobre a constitucionalidade da introdução do juiz das garantias no ordenamento brasileiro.

Não se trata de buscar uma impossível neutralidade ou ainda despir o magistrado de suas posições como indivíduo inserido em um determinado contexto social, político e econômico. A garantia de imparcialidade busca assegurar a (i) inexistência de convicções consolidadas antes da devida instrução e julgamento da causa e (ii) a confiança social sobre tal inexistência.

Por sua vez, a garantia da imparcialidade desdobra-se na (i) *imparcialidade subjetiva* e (ii) *imparcialidade objetiva*. A imparcialidade subjetiva consiste na averiguação da convicção prévia do julgador em um caso; a imparcialidade objetiva consiste na existência de garantias institucionais que excluam qualquer dúvida sobre a imparcialidade do julgador (Corte EDH, *Piersack vs. Bélgica*, julgamento em 1º-10-1982, em especial parágrafo 30). Tal interpretação internacionalista foi importante para fomentar modificações em diversos sistemas nacionais europeus que ainda contavam com a figura do "juiz de instrução", que investigava e ainda participava do julgamento.

No tocante à imparcialidade subjetiva, a Corte EDH considerou que a parcialidade deve ser provada (a imparcialidade é tida como presunção relativa), por exemplo, pela comprovação de (i) atos prévios de hostilidade ou ainda de má intenção, bem como pela (ii) adoção de meios anormais para ser o julgador de determinado indivíduo. A própria Corte EDH admite que a prova da parcialidade subjetiva é dificultosa na maior parte dos casos, e, por isso, a imparcialidade objetiva é faceta indispensável da referida garantia (Corte EDH, *Caso De Cubber vs. Bélgica*, julgamento em 26-10-1984, em especial parágrafo 25).

Com base na jurisprudência europeia e interamericana de direitos humanos, é possível delimitar um "teste de imparcialidade" pelo qual são aferidos:

(i) inexistência de vínculos hierárquicos ou relações próximas entre o juiz e outras pessoas envolvidas no processo. Por exemplo, o julgamento realizado por Tribunal composto por militar da ativa, submetido à hierarquia militar (Corte EDH, *Gürkan v. Turquia*, julgamento em 3-7-2012, em especial parágrafos 13-20) e julgamento de civis pela jurisdição militar (Corte EDH, *Iprahim Ülger v. Turquia*, julgamento em 29-7-2004, em especial parágrafo 26 e Corte IDH,

Durand e Ugarte vs. Peru, sentença de 16 de agosto de 2000, em especial parágrafo 117). Sobre a ampliação da jurisdição militar no Brasil pela Lei n. 13.491/2017, ver acima no tópico sobre o "juiz natural";

(ii) existência de regras de impedimento e suspeição, efetivamente utilizadas (Corte EDH, *Dorozhko e Pozharskiy v. Estonia*, j. 24-4-2008, parágrafos 56-58, quando se atestou que o juiz da causa era esposa do chefe da investigação);

(iii) inexistência de fundadas razões, oriundas da conduta dos juízes em um caso concreto, que possam gerar dúvidas sobre imparcialidade (Corte EDH, *Buscemi v. Itália*, j. 16-9-1999, em especial parágrafo 67, no qual o julgador respondeu, pela mídia impressa, a críticas feitas pelo réu, violando o dever de discrição e imparcialidade – mesmo que provocado anteriormente). O apoio a um juiz por parte de membro de Tribunal que julga a apelação de réu envolvido na contenda com o primeiro juiz (mesmo que em outro caso) também é tido como violação da imparcialidade (Corte EDH, *Morice vs. França*, j. 23-4-2015, em especial parágrafos 79 a 92);

(iv) inexistência de acúmulo de funções pelo mesmo julgador em um processo. O exercício sucessivo de função de "juiz de instrução" e depois de "juiz de julgamento" é tido como violação da garantia da imparcialidade (Corte EDH, *Caso De Cubber vs. Bélgica*, j. 26-10-1984, em especial parágrafos 27 a 30). Importante salientar que a Corte EDH já considerou que a ausência do promotor e a assunção de seu papel (por exemplo, no interrogatório ou na introdução de novas provas) pelo juiz gera a confusão entre os papéis (de acusar e julgar), resultando em violação da garantia da imparcialidade (Corte EDH, *Ozerov v. Rússia*, j. 18-5-2010, em especial parágrafos 47 a 58). O juiz das garantias cumpre essa função de separação e distanciamento entre a acusação e o julgador;

(v) inexistência de pronunciamento anterior (em outras fases) pelo qual o julgador manifesta sua convicção a respeito da culpabilidade do acusado, mesmo que de forma indiciária (Corte EDH, *Gómez de Liaño y Botella vs. Espanha*, j. 22-10-2008, em especial parágrafos 67-72).

Entre as objeções a respeito da introdução da figura do "juiz das garantias" está o eventual desrespeito ao juiz natural. Como se viu acima, a garantia do juiz natural relaciona-se ao direito de qualquer indivíduo de ser processado e sentenciado por juízo designado por *regras abstratas e existentes previamente*. O "juiz das garantias" obedece rigorosamente a essa garantia: foi instituído por lei, de modo prévio e com base em regras abstratas, definindo-se com transparência (e com fundamentação constitucional e convencional) sua esfera de atuação. A atuação de dois juízes em um só feito – com separação funcional – não é *per se* inconstitucional (*vide* a existência dos Tribunais e também dos colegiados em 1º grau), sendo ainda amparada em sólida razão (a garantia de imparcialidade).

Assim, a figura do "juiz das garantias" assegura o cumprimento do teste de imparcialidade do julgador. Seu duplo papel de controle da legalidade da investigação criminal e proteção dos direitos submetidos à autorização prévia do Poder Judiciário resulta, entre outras, nas seguintes atividades, de acordo com a Lei n. 13.964/2019:

(i) **prisão e direitos do preso.** Ao juiz das garantias cabe receber a comunicação imediata da prisão de um indivíduo, nos termos do inciso LXII do *caput* do art. 5º da Constituição Federal, bem como receber o auto da prisão em flagrante para o controle da legalidade da prisão, zelando pela observância dos direitos do preso, podendo determinar que este seja conduzido à sua presença, a qualquer tempo;

(ii) **controle da instauração, duração e trancamento da investigação criminal.** Para evitar os "procedimentos secretos" cabe à informação, ao juiz das garantias, sobre a instauração de qualquer investigação criminal, o que abarca os procedimentos preparatórios do Ministério Público. Também lhe cabe prorrogar o prazo de duração do inquérito, estando o investigado preso, a pedido fundamentado da autoridade policial, ouvido o Ministério Público. A oitiva do

Ministério Público é essencial, porque, caso discorde, deve determinar o arquivamento do inquérito ou promover a ação penal. O prazo de conclusão do inquérito na Justiça Comum estadual, estando o investigado preso, continua sendo de 10 dias, admitida uma prorrogação por até 15 dias. Caso a investigação ainda assim não termine, a prisão deve ser relaxada. Na Justiça Federal Comum o prazo é de 15 dias (investigado preso), podendo ser prorrogado por mais 15 dias. Também cabe ao juiz das garantias determinar o trancamento do inquérito policial quando não houver fundamento razoável para sua instauração ou prosseguimento, ressalvada competência do respectivo Tribunal caso a instauração tenha se dado por requisição do membro do Ministério Público. No mesmo sentido, cabe ao juiz das garantias julgar o *habeas corpus* impetrado antes do oferecimento da denúncia, ressalva a competência do Tribunal respectivo no caso de ser autoridade coatora o membro do MP requisitante da instauração do inquérito. A lei prevê ainda que o juiz das garantias pode requisitar documentos, laudos e informações ao delegado de polícia sobre o andamento da investigação. Tal requisição só pode ter a finalidade de fundar eventual deliberação de pedidos da acusação ou defesa, bem como sobre a prorrogação ou trancamento do inquérito, não podendo o juiz traçar estratégias ou orientar de qualquer forma os investigadores sobre eventuais passos a serem tomados;

(iii) **medidas cautelares sob reserva de jurisdição.** Cabe ao juiz das garantias decidir sobre o requerimento da prisão provisória ou qualquer outra medida cautelar pessoal distinta da prisão. Não decidirá, então, de ofício, na linha da aproximação do processo penal brasileiro ao princípio acusatório. Caso seja necessário prorrogação, deve decidir assegurado o contraditório. Por outro lado, caso decida substituir ou revogar, não há necessidade de requerimento;

(iv) **produção antecipada de provas.** Ao juiz das garantias cabe decidir sobre o requerimento de produção antecipada de provas consideradas urgentes e não repetíveis, assegurados o contraditório e a ampla defesa em audiência pública e oral. No caso de crime contra criança menor de 7 anos ou em face da natureza da violência (sexual) contra criança ou adolescente, a Lei n. 13.431/2007 exige a produção antecipada do depoimento especial da criança ou adolescente vítima ou testemunha (art. 11).

(v) **restrição de outros direitos submetidos à reserva de jurisdição.** Além da liberdade, o juiz das garantias tem como missão realizar a ponderação entre os direitos da vítima (ou o direito difuso à segurança) e os direitos do investigado, no caso de direitos submetidos à reserva de jurisdição ("monopólio da primeira palavra"). Assim, cabe ao juiz das garantias decidir sobre os requerimentos (não pode decidir *ex officio*, pois invadiria o campo da estratégia investigativa) a respeito de: a) interceptação telefônica, do fluxo de comunicações em sistemas de informática e telemática ou de outras formas de comunicação; b) afastamento dos sigilos fiscal, bancário, de dados e telefônico; c) busca e apreensão domiciliar; d) acesso a informações sigilosas; e) outros meios de obtenção da prova que restrinjam direitos fundamentais do investigado. Essa cláusula final busca englobar atos submetidos a sigilo por força de lei ou decisão judicial (ver acima, no tocante ao direito à privacidade, o tema do acesso por parte do delegado de polícia aos dados cadastrais e aos registros das chamadas, comunicações por aplicativos de mensagens – "WhatsApp" e outros – e demais informações contidas em celular apreendido);

(vi) **a questão da sanidade do investigado.** Cabe ao juiz das garantias determinar a instauração de incidente de insanidade mental, a requerimento do delegado, MP ou Defesa ou ascendente, descendente, irmão ou cônjuge do investigado;

(vii) **atos que interessam a defesa durante a fase investigatória.** Cabe ao juiz das garantias assegurar prontamente, quando se fizer necessário, o direito outorgado ao investigado e ao seu defensor de acesso a todos os elementos informativos e provas produzidos no âmbito da investigação criminal, salvo no que concerne, estritamente, às diligências em andamento. Também cabe ao juiz das garantias deferir pedido de admissão de assistente técnico para acompanhar a produção da perícia;

(viii) **o acordo de não persecução penal e a colaboração premiada.** Cabe ao juiz das garantias decidir sobre a homologação de acordo de não persecução penal ou os de colaboração premiada, quando formalizados durante a investigação;

(ix) **outras matérias inerentes às atribuições do juiz das garantias.** Trata-se de cláusula de abertura a novas competências, como, por exemplo, autorizações judiciais exigidas *por* lei para técnicas qualificadas de investigação, como a infiltração de agentes (Lei n. 12.850/2013), infiltração virtual (arts. 190-A a 190-E da Lei n. 8.069/90);

(x) o STF decidiu que as normas relativas ao juiz das garantias não se aplicam às seguintes situações: (1) processos de competência originária dos tribunais, os quais são regidos pela Lei n. 8.038/90; (2) processos de competência do tribunal do júri; (3) casos de violência doméstica e familiar; e (4) infrações penais de menor potencial ofensivo (ADIs n. 6.298, 6.299, 6.300 e 6.305, Rel. Min. Luiz Fux, j. 24-8-2023, *DJe* de 19-12-2023).

(xi) Também decidiu o STF que os autos que compõem as matérias de competência do juiz das garantias serão remetidos ao juiz da instrução e julgamento (ADIs n. 6.298, 6.299, 6.300 e 6.305, rel. Min. Luiz Fux, j. 24-8-2023, *DJe* de 19-12-2023).

(xi) O STF afastou a regra da Lei Anticrime, que determinava o impedimento do juiz que houvesse atuado no inquérito para processar e julgar a ação penal dele oriunda. Considerou que tal "presunção absoluta de parcialidade" seria de "manifesta irrazoabilidade" (ADIs n. 6.298, 6.299, 6.300 e 6.305, rel. Min. Luiz Fux, j. 24-8-2023, *DJe* de 19-12-2023).

No tocante à decisão do MP pelo arquivamento da investigação, a Lei n. 13.964 reformou o sistema antigo previsto no antigo art. 28 do CPP, pelo qual era possível o juiz discordar da promoção de arquivamento, remetendo-a ao órgão superior do MP (Procurador-Geral de Justiça nos Ministérios Públicos estaduais ou Câmara de Coordenação e Revisão, no caso do Ministério Público Federal, Ministério Público Militar e Ministério Público do Distrito Federal e Territórios – componentes do Ministério Público da União com atribuição criminal).

A Lei n. 13.964/2019 instituiu um "art. 28 automático", pelo qual *todas* as promoções de arquivamento são remetidas à cúpula do MP. De acordo com essa nova redação, ordenado o arquivamento do inquérito policial ou de quaisquer elementos informativos da mesma natureza, o órgão do Ministério Público comunicará (i) à vítima, (ii) ao investigado e (iii) à autoridade policial e encaminhará os autos para a instância de revisão ministerial para fins de homologação, na forma da lei. Caso a vítima, ou seu representante legal, não concordar com o arquivamento do inquérito policial, poderá, no prazo de 30 (trinta) dias do recebimento da comunicação, submeter a matéria à revisão da instância competente do órgão ministerial. Ainda, nas ações penais relativas a crimes praticados em detrimento da União, Estados e Municípios, a revisão do arquivamento poderá ser provocada pela chefia do órgão público a quem couber a sua representação judicial.

Com isso, há a preservação da igualdade (evita-se a jocosa "política criminal da localidade", no caso de acordo entre promotor/procurador e magistrado) e dos direitos das vítimas. Não há prejuízo também para o acusado, pois eventual persecução desprovida de fundamento determinada pela cúpula será rechaçada pelo juiz de instrução e julgamento, tal qual seria uma persecução feita pelo membro do MP *sponte sua*.

Porém, o STF deu interpretação conforme à citada inovação, tendo decidido que, "ao excluir qualquer possibilidade de controle judicial sobre o ato de arquivamento da investigação, a nova redação violou o princípio da inafastabilidade da jurisdição, nos termos do art. 5º, inciso XXXV, da Constituição". Ocorre que o "art. 28 automático" original da Lei Anticrime fazia exatamente o que o magistrado, ao exercer o controle, poderia fazer na sistemática antiga do CPP:

encaminhava os autos aos órgãos de cúpula do próprio MP. Ou seja, a previsão original da Lei Anticrime não afastava ou diminuía qualquer controle, mas sim o maximizava.

Assim, ficou estabelecido um novo "mecanismo do art. 28"com as seguintes etapas:

1) O membro do MP determina o arquivamento, informando à vítima, ao investigado, à Polícia e ao juiz das garantias (se houver). Assim, não se trata mais de "requerer o arquivamento", mas sim determinar o arquivamento.

2) Determinado o arquivamento, o membro do MP *pode* cientificar aos órgãos de cúpula. No acórdão, a dicção do STF foi: "Podendo encaminhar os autos para o Procurador-Geral ou para a instância de revisão ministerial, quando houver, para fins de homologação". Assim, aparentemente e até o fechamento desta edição, o STF admite que o membro do MP *não* provoque os órgãos de cúpula do MP ("podendo"), erodindo de vez a revisão total da inação prevista pelo legislador (art. 28 automático, similar à "revisão total da inação" do art. 9º da Lei da Ação Civil Pública). Porém, o espírito da Lei Anticrime e a própria menção do STF sobre a necessidade de se *aumentar* o controle da inação ministerial (por isso, a reintegração do magistrado como órgão de controle) indica que a melhor interpretação é "*devendo* o membro do MP provocar a instância de revisão ministerial".

3) A vítima pode recorrer contra o arquivamento aos órgãos de cúpula.

4) A autoridade judicial competente também poderá submeter a matéria à revisão da instância competente do órgão ministerial, mas, agora, somente se for verificada "patente ilegalidade ou teratologia", no ato do arquivamento, o que deve – pelo elevado ônus argumentativo – diminuir ainda mais o reduzido uso do art. 28 pelos magistrados (ADIs n. 6.298, 6.299, 6.300 e 6.305, rel. Min. Luiz Fux, j. 24-8-2023, *DJe* de 19-12-2023).

27.6 A imparcialidade do juízo e o "Caso Lula" no Comitê de Direitos Humanos. O diálogo com o STF

Em 27 de março de 2022, o Comitê de Direitos Humanos do Pacto Internacional de Direitos Civis e Políticos (PIDCP) apreciou petição de Luiz Inácio Lula da Silva, apresentada em 28 de julho de 2016, contra o Brasil por violações dos arts. 9.1 (direito à liberdade), 14.1 (acesso à justiça e devido processo legal) e 14.2 (presunção de inocência); 17 (direito à vida privada) e 25 (direito à participação política) do PIDCP em virtude de atos imputados ao Poder Judiciário e ao Ministério Público. O processo internacional de direitos humanos tem, em geral, como réu o Estado, representado internacionalmente pelo Poder Executivo Federal, mesmo que as ações ou omissões estatais sejam imputadas a outros Poderes ou ao Ministério Público.

Quase seis anos depois do protocolo da demanda, o Comitê, por maioria (dois especialistas divergiram), condenou o Brasil, cabendo, agora, a análise dos principais tópicos da deliberação que realizaram um importante *diálogo* com decisão do STF sobre a *parcialidade* do então Juiz Sérgio Moro, como se vê abaixo:

1) **A sujeição do Brasil ao poder do Comitê de Direitos Humanos em apreciar demandas de vítimas de violações de direitos do PIDCP.** O Protocolo Facultativo ao PIDCP foi aprovado no Congresso Nacional (Decreto Legislativo n. 311/2009) e ratificado pelo Brasil em 25-9-2009[158]. É válido internacionalmente desde então e gera obrigações internacionais ao Brasil. Não houve a edição do Decreto de Promulgação. Para o Supremo Tribunal Federal (STF) brasileiro é necessária, após a ratificação, a edição de um decreto de promulgação pelo Presidente da República,

---

[158] Conferir em: <https://treaties.un.org/Pages/ViewDetails.aspx?src=TREATY&mtdsg_no=IV-5&chapter=4&clang=_en>. Acesso em: 9 ago. 2024.

o qual é indispensável para que o tratado possa ser recepcionado e aplicado internamente, justificando tal exigência em nome da publicidade e segurança jurídica a todos[159]. Doutrinariamente, entendo desnecessária (e desprovida de fundamento constitucional) a edição do decreto de promulgação para todo e qualquer tratado[160]. Assim, pela visão predominante no STF, o Protocolo Facultativo ao PIDCP não havia sido incorporado no ordenamento brasileiro, *não* produzindo efeitos internos (até 9 de novembro de 2023, quando foi editado o Decreto de Promulgação n. 11.777).

2) **O conteúdo da deliberação final em 2022.** Por maioria (dois votos divergentes), o Comitê decidiu superada a tese da falta de esgotamento de recursos internos e ter existido: 1) violação do art. 9.1 (direito à liberdade); 2) violação do art. 14.1 (ausência da imparcialidade do juízo); 3) violação do art. 14.2 (presunção de inocência); 4) violação do art. 17 (direito à privacidade); 5) violação do art. 25 (direito de participação política). O Comitê ainda atestou a violação do art. 1 do Protocolo[161], aparentemente pelo descumprimento da medida provisória pelo Brasil. Em linhas gerais, houve um "diálogo entre as Cortes", tendo sido feitas referências à decisão do Supremo Tribunal Federal sobre a *parcialidade* do então juiz Moro[162] (o que impactou negativamente em todas as suas decisões, concretizando as violações acima expostas) e ainda à Corte Interamericana de Direitos Humanos (Corte IDH; Caso Escher vs. Brasil – 2009 –, que trata justamente de interceptações telefônicas ilegais). O Comitê decidiu não avaliar a (in)convencionalidade da "Lei da Ficha Limpa" em face do PIDCP.

3) **As reparações fixadas.** Quanto às reparações, o Brasil deve: (i) assegurar que os processos criminais existentes contra o peticionário observem as garantias processuais penais (art. 14 do Pacto) e (ii) prevenir novas violações e (iii) publicar a decisão em português. Nada foi mencionado sobre a violação do *projeto de vida* do então candidato (como se vê na jurisprudência da Corte IDH) ou a "perda de uma chance", bem como a compensação de eventuais danos materiais ou morais ocorridos e os modos de indenizar ou compensar o peticionário.

4) **A força vinculante da deliberação final do caso.** Tal deliberação final é tida como recomendação (porém, a medida provisória do "Caso Lula", como exposto neste *Curso*, é vinculante), mas há o acompanhamento do seu cumprimento pelo Comitê. Defendo que tal recomendação deve ser seguida voluntariamente e em boa-fé pelo Brasil, em linha com o seu comprometimento geral perante o Direito Internacional dos Direitos Humanos[163]. O Comitê estipulou prazo de 180 dias ao Brasil, que, após, deverá informar as medidas internas adotadas.

5) **Impacto dessa deliberação.** O primeiro impacto diz respeito ao reconhecimento do efeito deletério da omissão na publicação do Decreto de Promulgação do Protocolo Facultativo ao PIDCP, o que – na visão majoritária do STF – impede o cumprimento de uma medida cautelar do Comitê de Direitos Humanos. Tal omissão é inconvencional e inconstitucional, sendo ainda mais grave por ser relacionada a um tratado de direitos humanos, cuja temática é vinculada à dignidade da pessoa humana, epicentro axiológico do nosso ordenamento. A propositura de

---

[159] Entre outras, ver STF, CR 8.279-AgR, rel. Min. Presidente Celso de Mello, j. 17-6-1998, Plenário, *DJ* de 10-8-2000.

[160] CARVALHO RAMOS, André de. *Teoria geral dos direitos humanos na ordem internacional.* 8. ed. São Paulo: Saraiva, 2024, p. 322.

[161] Cujo teor é "Os Estados Partes do Pacto que se tornem partes do presente Protocolo reconhecem que o Comitê tem competência para receber e examinar comunicações provenientes de indivíduos sujeitos à sua jurisdição que aleguem ser vítimas de uma violação, por esses Estados Partes, de qualquer dos direitos enunciados no Pacto. O Comitê não receberá nenhuma comunicação relativa a um Estado Parte no Pacto que não seja no presente Protocolo".

[162] STF, HC n. 164.493/PR, Segunda Turma, rel. para o acórdão Min. Gilmar Mendes, j. 9-3-2021.

[163] CARVALHO RAMOS, André de. *Teoria geral dos direitos humanos na ordem internacional.* 8. ed., São Paulo: Saraiva, 2024, p. 158.

uma ação direta de inconstitucionalidade por omissão pode ser uma alternativa de superação da situação, uma vez que se trata de omissão normativa (o decreto é parte do ciclo normativo de incorporação do tratado). Um segundo impacto diz respeito à percepção de determinadas características desse específico processo internacional de direitos humanos, a saber: a) seu processamento foi demorado (quase seis anos); (b) a deliberação final é mais concisa que, por exemplo, uma da Comissão ou ainda uma sentença da Corte Interamericanas de Direitos Humanos; (c) houve pouco desenvolvimento das reparações; (d) há diferença na força da "medida provisória" (cumprimento obrigatório) e da deliberação final do Comitê (recomendação, mas com acompanhamento do seu cumprimento) e (e) houve "diálogo das Cortes", com robusta menção ao decidido pelo STF no julgamento da suspeição do juiz Moro.

Finalmente, a existência de (mais) um precedente sobre a interpretação internacionalista dos direitos humanos permite fomentar o respeito ao controle de convencionalidade de matriz internacional e a promoção do universalismo em concreto no Brasil.

27.7. O devido processo legal e a investigação criminal pelo Poder Judiciário: o inquérito das *fake news*

Como visto acima, no processo penal acusatório, o Poder Judiciário não deve realizar a investigação, devendo zelar – como juiz das garantias – pela autorização das medidas de restrição à liberdade que necessitem de prévia autorização judicial. A investigação criminal não é monopólio da polícia, podendo ser realizada também pelo Ministério Público, tendo em vista sua posição de titular da ação penal.

Contudo, em 14 de março de 2019, em face do fenômeno da (i) proliferação de notícias falsas na internet (*fake news*) e ainda (ii) de ataques à "honrabilidade e à segurança do Supremo Tribunal Federal, de seus membros e familiares", o Presidente do STF, Min. Dias Toffoli, ordenou, de ofício (Portaria n. 69/2019), a instauração de inquérito judicial criminal originário no próprio STF, designando, para presidi-lo, o Min. Alexandre de Moraes (Inquérito n. 4.781, *sigiloso* desde então e em trâmite em agosto de 2024). O próprio relator traçou suas estratégias investigativas em conjunto com a Polícia, determinando medidas como (i) retirada de conteúdo de sites e redes sociais, (ii) medidas de busca e apreensão, (iii) prisões processuais, entre outros, com ciência posterior do Procurador-Geral da República.

A justificativa para a instauração do inquérito judicial foi o art. 43 do Regimento Interno do STF (RISTF), o qual prevê que, "[o]correndo infração à lei penal na sede ou dependência do Tribunal, o Presidente instaurará inquérito, se envolver autoridade ou pessoa sujeita à sua jurisdição, ou delegará esta atribuição a outro Ministro". O § 1º do art. 43 estabelece que, "[n]os demais casos, o Presidente poderá proceder na forma deste artigo ou requisitar a instauração de inquérito à autoridade competente". Considerou-se que "autoridade ou pessoa sujeita à sua jurisdição" pode ser a vítima (membro do STF) ou seus familiares, bem como a ubiquidade da internet permitir que o local do crime pode abarcar a "sede ou dependência do Tribunal". Esse inquérito instaurado de ofício e distribuído sem sorteio, além de ferir a competência constitucional do STF, teria ofendido ainda o princípio acusatório penal consagrado pela CF/88, o qual, em essência, retrata a exigência de um processo penal caracterizado pela separação da figura do acusador da do julgador. O trâmite do inquérito também foi feito, inicialmente, sem a participação do Ministério Público. Aparentemente, a linha investigativa é conduzida pelo próprio Min. Alexandre de Moraes (que seria também vítima, conforme consta da Portaria n. 69, por ser membro do STF), em contato direto com a Polícia, tendo já sido determinadas diversas medidas cautelares penais. A PGR é cientificada após e, aparentemente, não traça a estratégia de investigação a qual seria em situação normal, após, defendida em futura ação penal.

Com isso, a *opinio delicti* do titular exclusivo da ação penal pública incondicionada fica prejudicada, a não ser que, ao receber os autos, após o esgotamento da investigação no STF, determine as diligências que entender cabíveis, descartando eventualmente as conclusões das diligências comandadas pelo Min. Alexandre de Moraes. O destinatário do inquérito criminal em um sistema penal acusatório não é o magistrado, mas sim o Ministério Público. O próprio controle externo da atividade policial pelo MP (art. 129, I, II, VII e VIII, bem como seu § 2º, da CF/88) fica impossibilitado.

Outro ponto de destaque do Inquérito n. 4.781 é o fato de que o requerimento de arquivamento foi realizado pela Procuradora-Geral da República, Raquel Dodge, e indeferido pelo Min. Alexandre de Moraes. A jurisprudência do STF, contudo, *era* pacífica em entender que o pedido de arquivamento do PGR em inquérito criminal no STF é *irrecusável*, não cabendo ao Tribunal analisar os fundamentos do pedido, salvo em duas hipóteses que geram coisa julgada material penal: (i) prescrição e (ii) atipicidade da conduta (que não ocorreram no caso).

Contudo, o novo Procurador-Geral, Augusto Aras (2019-2021; reconduzido para o biênio 2021-2023 pelo Pres. Bolsonaro), manifestou-se sobre a instauração do Inquérito, considerando-o constitucional, pois "o inquérito previsto no art. 43 do Regimento Interno do Supremo Tribunal Federal, à semelhança da previsão dos crimes praticados nas sedes ou dependências das Casas Legislativas, visa a assegurar o exercício independente das funções da mais alta Corte do País". Mas, ressalvou que a condução do inquérito não poderia ser feita de modo "inquisitorial", com diligências entre o relator e a Polícia Federal, sem a oitiva do Ministério Público (no caso, a própria Procuradoria-Geral da República), uma vez que "[a] participação do Ministério Público faz se necessária não só porque é o destinatário precípuo dos elementos informativos colhidos em qualquer tipo de investigação criminal, como também porque, como *custos iuris*, deve assegurar o respeito aos direitos fundamentais dos investigados, principalmente diante de medidas restritivas de direitos" (manifestação de 24-10-2019 do Procurador-Geral da República, Augusto Aras, na ADPF n. 572, rel. Min. Fachin).

Não foi conhecido o *Habeas Corpus* n. 186.296, por ser incabível – na jurisprudência pacífica – tal medida contra ato coator imputado a ministro do STF (STF, HC 186.296, j. 17-6-2020). Em junho de 2020, o STF (por larga maioria; somente o Min. Marco Aurélio divergiu) decidiu pela improcedência da ADPF n. 572, que justamente atacava a constitucionalidade da Portaria do Presidente do STF (Portaria GP n. 69/2019) e o art. 43 do Regimento Interno do STF (RISTF). O relator Min. Fachin, contudo, explicitou que seu voto (favorável) era restrito aos limites do processo diante do "incitamento ao fechamento do STF, de ameaça de morte ou de prisão de seus membros, de apregoada desobediência a decisões judiciais" (ADPF n. 572, rel. Min. Edson Fachin, j. 18-6-2020).

Em síntese, as críticas ao Inquérito n. 4.781 e as respostas do STF foram as seguintes:

> (i) **Crítica**: ofensa ao princípio acusatório penal estabelecido no art. 129, I, da CF/88, pela 1) instauração de ofício do inquérito; 2) pelo afastamento do Ministério Público de seu trâmite, não podendo sequer apontar ou descartar linhas de investigação, bem como requerer diligências para formar a *opinio delicti*.
>
> **Resposta**: foi assinalado que o princípio acusatório não foi adotado de forma pura no Brasil, existindo exceções, como a investigação criminal em casos específicos por parte do Poder Judiciário e Legislativo, as quais visam a assegurar o funcionamento independente desses Poderes (mesma posição adotada pelo PGR Aras – *vide* acima). O inquérito era "instrumento eficaz de autodefesa" (passagem de voto do Min. Toffoli) em face da inércia da Polícia Federal e do Ministério Público. Para o Min. relator Edson Fachin, o art. 43 do RISTF é constitucional e

incide justamente "na omissão dos órgãos de controle" para "averiguar, no limite da natureza de peça informativa, lesão ou perigo de lesão à independência do Poder Judiciário e ao Estado de Direito". No voto do relator, também foi valorizada a participação ("ainda que no momento subsequente") da Procuradoria-Geral da República, o que teria superado a alegação de violação do princípio acusatório.

(ii) **Crítica**: ofensa ao devido processo legal penal (art. 5º, LVI, da CF/88), por não existir uma clara delimitação da investigação penal, pois a portaria de instauração menciona "notícias fraudulentas (*fake news*), denunciações caluniosas, ameaças e infrações revestidas de *animus calumniandi*, *diffamandi* e *injuriandi*". Essa menção genérica impede a definição de juízo competente, controle externo da atividade policial, ofendendo ainda a ampla defesa e contraditório. A delimitação da investigação penal não pode ser genérica, abstrata e nem pode ser "exploratória de atos indeterminados, sem definição de tempo e espaço, nem de indivíduos" (trecho extraído do pedido de arquivamento do inquérito pela PGR, feito em 16-4-2019, não aceito pelo Min. Alexandre de Moraes). Seria semelhante a uma "pescaria" (*fishing expedition*) ou devassa sobre a vida de investigados (também indeterminados).

Resposta: o ato de instauração do Inquérito 4.781 aponta que as investigações objetivam apurar atos de ataques ao STF e seus Ministros, no contexto específico de crimes contra a honra, a Administração da Justiça, a segurança e o regular funcionamento do Tribunal. Assim, os fatos teriam sido "(...) bem delimitados e buscam apurar ataques ao STF e aos seus Ministros por intermédio de uma estrutura organizada de divulgação de *fake news*" (voto do Min. Gilmar Mendes, ADPF n. 572, j. 18-6-2020).

(iii) **Crítica**: ofensa ao juiz natural, pois o inquérito abarca fatos ocorridos em todo o território nacional, com potenciais autores de crimes que *não* possuem foro no STF.

Resposta: o STF possui jurisdição sobre todo o território nacional e o fenômeno delituoso investigado, por utilizar a internet, também é de âmbito nacional, devendo o art. 43 do RISTF ser interpretado com base nessa nova situação. Quanto à ausência de possíveis autores com prerrogativa de foro no STF (o que justificaria o inquérito), o relator sustentou que a coleta de elementos para subsidiar ações penais futuras destinadas a proteger o próprio Poder Judiciário no Estado Democrático de Direito, reclama "um regime jurídico também distinto". Assim, o inquérito é constitucional, mesmo que *nenhum* investigado seja autoridade ou pessoa sujeita à jurisdição do STF. Também foi citado o precedente do HC 152.720 (STF HC 152.720, rel. Min. Gilmar Mendes, 2ª Turma, j. de 10-4-2018), no qual o STF tomou ciência de possível crime e determinou a instauração de inquérito vinculado ao relator Min. Gilmar Mendes "para colher elementos para a representação". Pela ótica do voto do relator, essa coleta de elementos pelo STF em casos que, nitidamente são de atribuição de membro do MP *diverso* do PGR (o qual, paradoxalmente, acompanha a investigação no STF) e por juízo *diverso*, tem como fundamento preservar "a autoridade e honorabilidade" da Corte, impedindo que suas ordens sejam "desobedecidas ou ignoradas" por outros juízes no país (voto do relator Min. Edson Fachin, ADPF n. 572, j. 18-6-2020).

(iv) **Crítica**: ofensa ao juiz natural, por ter sido o relator do citado inquérito (Min. Alexandre de Moraes) designado diretamente pelo Presidente do STF, sem livre distribuição.

Resposta: O relator, Min. Edson Fachin, destacou que o Regimento Interno do Supremo Tribunal Federal delimita a competência do ministro presidente, que pode assumir diretamente a condução do Inquérito ou delegar a um ministro por ele escolhido. Assim, a designação é um modo de realizar a delegação, não exigindo a distribuição de modo aleatório entre um dos ministros. Mas, ressalvou o relator, em tom crítico, que, apesar de constitucional o RISTF, "não se tem dúvidas de que a livre distribuição é mais coerente e mais consentânea com o processo no Estado de Direito democrático, apta a evitar o que pode ser arguido na delegação por designação, vale dizer, sejam suscitadas ofensas à imparcialidade, ao juiz natural e a outros preceitos constitucionais (voto do relator Min. Edson Fachin, ADPF n. 572, j. 18-6-2020).

(v) **Crítica**: teriam existido vários atos praticados no curso do inquérito sem conexão com seu objeto.

Resposta: Entre os atos praticados, encontra-se a determinação de retirada da matéria "O amigo do amigo de meu pai" dos sites "Antagonista" e da Revista Crusoé, sob pena de multa diária de 100 mil reais (decisão de 13-4-2019 – depois, tal decisão foi revogada pelo próprio Min. Alexandre de Moraes), sob a alegação de se tratar de *fake news* ao retratar fato inverídico envolvendo o Min. Dias Toffoli. Outro ato praticado foi a busca e apreensão na casa do antigo Procurador-Geral da República, Rodrigo Janot (em 27-9-2019). O Min. Alexandre de Moraes justificou a medida, adotada após a divulgação de trecho de livro no qual Janot relata ter ido armado ao STF e pensado em assassinar o Min. Gilmar Mendes, por estar baseada na necessidade de averiguação de eventual existência de planejamento de atos atentatórios ao Min. Gilmar Mendes[164]. O relator não entrou no mérito da nulidade ou não das medidas, reiterando a jurisprudência tradicional, pela qual é "inviável a anulação do processo penal em razão das irregularidades detectadas no inquérito" (STF. RHC 134.182, rel. Min. Cármen Lúcia, 2ª T., j. 28-6-2016, publicado em 8-8-2016). Para o relator, caberá a análise do uso (ou não) dos elementos colhidos pelo Ministério Público.

No voto do relator ficou evidente que não se reconheceu uma liberdade absoluta do STF em investigar qualquer crime realizado no Brasil e, consequentemente, determinar medidas cautelares satisfativas (considerando a posterior inexistência de ação penal) de restrição a direitos em um inquérito conduzido por um de seus ministros. Ao contrário, o Min. Edson Fachin entendeu que o objeto do inquérito deve-se limitar a manifestações que denotam "risco efetivo à independência do Poder Judiciário (CRFB, art. 2º), pela via da ameaça a seus membros e, assim, risco aos Poderes instituídos, ao Estado de Direito e à democracia". O relator também votou pela exclusão do escopo do inquérito a análise de "matérias jornalísticas e postagens, compartilhamentos ou outras manifestações (inclusive pessoais) na internet, feitas anonimamente ou não, desde que não integrem esquemas de financiamento e divulgação em massa nas redes sociais" (grifo meu – trechos do voto do Min. Fachin, ADPF n. 572, j. 18-6-2020).

---

[164] Conforme consta de matéria publicada. Disponível em: <https://www.jota.info/stf/do-supremo/policia-federal-faz-busca-e-apreensao-em-domicilio-e-escritorio-de-rodrigo-janot-27092019>. Acesso em: 10 ago. 2024.

No julgamento final, foi declarada improcedente a ADPF n. 572 e, nos limites do processo, com base na constatação (i) de incitamento ao fechamento do STF, (ii) de ameaça de morte ou de prisão de seus membros, (iii) de aprego ada desobediência a decisões judiciais, declarando-se a constitucionalidade da Portaria GP n. 69/2019 enquanto constitucional o art. 43 do RISTF (STF, ADPF n. 572, rel. Min. Edson Fachin, j. 18-6-2020).

27.8. O direito de falar por último e a *reformatio in pejus*

A proteção da ampla defesa e do contraditório motivou o debate, pelo STF, da ordem de apresentação das alegações finais dos corréus no processo penal na hipótese de existir, entre eles, um "réu colaborador", gerando a reflexão sobre o "direito de falar por último" como parte integrante do devido processo legal penal.

O Código de Processo Penal (CPP, art. 403) dispõe que os prazos para apresentação de alegações finais são comuns a todos os corréus, independentemente de sua posição de colaborador ou não. A colaboração premiada é um negócio jurídico personalíssimo entre o colaborador e o Ministério Público ou a Polícia, sendo meio de obtenção de prova (art. 3º da Lei n. 12.850/2013). Como meio de obtenção de prova (tal qual a busca e apreensão, a interceptação telefônica etc.), o que foi coligido será submetido ao contraditório e à ampla defesa. No momento da sentença, a decisão judicial aprecia também a eficácia objetiva da cooperação prestada pelo agente colaborador, que está condicionada ao efetivo adimplemento das obrigações assumidas e que tenham atingido os resultados previstos na lei (art. 4º, I a V, da Lei n. 12.850/2013 – por exemplo, identificação dos coautores, recuperação total ou parcial do produto ou proveito do crime etc.), para implementar as "sanções premiais" (STF, HC 144.652/DF, rel. Min. Celso de Mello, decisão monocrática de 12-6-2017).

Esse condicionante ao direito do colaborador de obter vantagens (diminuição da pena ou mesmo perdão) faz com que seu interesse no processo penal seja o de *auxiliar* o Ministério Público, distinto do interesse tradicional de um corréu, que é se opor ao Estado Acusador, apesar da vedação legal ao corréu de ser assistente do Ministério Público no mesmo processo (art. 270 do CPP – "O corréu no mesmo processo não poderá intervir como assistente do Ministério Público"). Para o Min. Alexandre de Moraes, no sentido *material*, o réu *colaborador* não pode ser considerado litisconsorte passivo de réu *delatado*. A justiça premial aceita no Brasil exige que o colaborador (delator) ofereça informações eficazes para a obtenção de provas que sustentem a *sentença condenatória*. Logo, a relação entre colaborador e os demais corréus é de antagonismo (STF, HC 166.373, voto do Min. Alexandre de Moraes).

Por isso, o STF reconheceu o "direito de falar por último" do réu delatado, como corolário do direito à ampla defesa e contraditório, que consiste no direito de refutar todas as informações, alegações, testemunhos, documentos, indícios e provas, em síntese, tudo o que conste do processo penal, o que inclui as próprias alegações finais do réu colaborador. A ausência de previsão legal expressa (princípio da legalidade) é *comprimida*, cabendo ao Judiciário, *oportunamente provocado*, assegurar a *prevalência* do "direito de falar por último". Caso a Defesa não tenha solicitado expressamente o direito de apresentar alegações finais após as alegações do corréu colaborador, entende-se que não houve prejuízo à estratégia defensiva (STF, HC 166.373, rel. p/ o acórdão Min. Alexandre de Moraes, Plenário, j. 2-10-2019). Foi fixada a seguinte tese: "Havendo pedido expresso da defesa no momento processual adequado (art. 403 do CPP e art. 11 da Lei n. 8.038/90), os réus têm o direito de apresentar suas alegações finais após a manifestação das defesas dos colaboradores, sob pena de nulidade".

Por sua vez, o STF decidiu que a proibição da *reformatio in pejus* (art. 617 do CPP – não poderá ser agravada a pena, quando somente o réu houver apelado da sentença) abarca também, em nome da ampla defesa, a *modalidade indireta,* que ocorre na medida em que a sentença condenatória tenha sido anulada pelo recurso da Defesa. A nova sentença não poderá (i) *quantitativa* e (ii) *qualitativamente* ser mais gravosa que a sentença anulada. Caso assim não fosse, haveria receio da Defesa em recorrer, porque a situação do réu poderia ser agravada (STF, HC n. 136.768/SP, rel. Min. Edson Fachin, decisão de 8 de setembro de 2016).

28. DIREITO À PROVA

Art. 5º, LVI – são inadmissíveis, no processo, as provas obtidas por meios ilícitos;

28.1. Direito à prova e provas ilícitas. A Lei Mariana Ferrer

O devido processo legal exige que seja assegurado o *direito à prova*, que, como qualquer outro direito fundamental, possui limites expressos e implícitos. Ou seja, não se pode invocar o direito fundamental à prova de modo ilimitado ou incondicionado. A Constituição determina que são inadmissíveis, em qualquer espécie de processo, as provas obtidas por meios ilícitos. De acordo com o art. 157 do CPP, as provas ilícitas são aquelas que foram obtidas com violação a normas constitucionais ou legais.

Há duas espécies de provas ilícitas: a) *prova ilícita em sentido estrito*, que é aquela que foi obtida em violação de regra de direito material; e b) *prova ilegítima*, que foi obtida em violação a regra processual.

São hipóteses de prova ilícita em sentido estrito (produzidas fora de um processo regular) as obtidas: pela violação indevida do domicílio (art. 5º, XI, da CF), pela interceptação indevida das comunicações (art. 5º, XII, da CF), por meio de tortura ou maus-tratos (art. 5º, III, da CF), pela violação do sigilo de correspondência (art. 5º, XII), por violação do direito à intimidade (caso de quebra do sigilo bancário e fiscal de modo não apropriado – ver **Parte IV**, item 9.8, sobre tais sigilos), entre outras[165].

Por sua vez, a prova ilegítima é aquela que foi obtida em processo regular, mas violando as regras vigentes.

Houve importante alteração trazida pela Lei Anticrime ao regime jurídico das provas ilícitas: de acordo com o novo art. 157, § 5º, do CPP o juiz que conhecer do conteúdo da prova declarada inadmissível *não* poderá proferir a sentença ou acórdão. Busca-se evitar ofensa à imparcialidade objetiva, evitando o risco de que a decisão final do magistrado seja percebida como sendo fruto (mesmo que inconsciente) do seu conhecimento do teor da prova ilícita tida como inadmissível. Tal dispositivo encontra-se *suspenso* por decisão monocrática do Min. Luiz Fux (STF, ADIs n. 6.288, 6.299, 6.300, 6.305, rel. Min. Luiz Fux, decisão monocrática de 22-1-2020).

No final de 2021, foi editada a Lei n. 14.245/2021("Lei Mariana Ferrer") que coibiu prática de atos atentatórios à dignidade da vítima e de testemunhas durante os processos criminais, especialmente nos crimes contra a dignidade sexual. De acordo com a nova lei, todas as partes e demais sujeitos processuais presentes no ato deverão zelar pela integridade física e psicológica da vítima e testemunhas, sob pena de responsabilização civil, penal e administrativa. Ficaram *vedadas* a (i) manifestação sobre circunstâncias ou elementos *alheios* aos fatos objeto de apuração nos autos e ainda (ii) utilização de linguagem, de informações ou de material que ofendam a dignidade da vítima ou de testemunhas. Buscou-se impedir a "vitimização secundária", expressão que designa o *novo* sofrimento imposto às vítimas de crimes, pela necessidade de expor os eventos traumáticos pelos quais passaram, com o potencial risco de descrédito e sujeição a ataques por parte dos perpetradores. A "Lei Mariana Ferrer" demonstra, novamente, a limitabilidade dos

---

[165] Por todos, GOMES FILHO, Antonio Magalhães. *Direito à prova no processo penal.* São Paulo: Revista dos Tribunais, 1997.

direitos humanos, não podendo ser invocada a ampla defesa (e mesmo a "plenitude da defesa" na dicção constitucional do Tribunal do Júri) para amesquinhar os direitos e a dignidade da vítima.

Tal lei *dialoga* com decisões do STF a respeito da proibição da "legítima defesa da honra" nos processos criminais do Tribunal do Júri e também com a condenação do Brasil no "Caso Márcia Barbosa de Souza" da Corte IDH, ambos comentados neste *Curso*.

28.2. Aceitação das provas obtidas por meios ilícitos e teoria dos frutos da árvore envenenada. O caso do WhatsApp

A temática das provas ilícitas levou a várias decisões importantes na jurisprudência brasileira a saber:

a) Inadmissibilidade das provas criminais ilícitas em processo administrativo. Em caso de decisão final do Judiciário sobre a ilicitude da prova criminal, eventual prova emprestada (e as provas derivadas) utilizada no processo administrativo também serão consideradas ilícitas. No Tema 1.238, o STF não aceitou o uso, pelo CADE (que havia exarado multa expressiva por condutas anticoncorrenciais detectadas a partir de interceptação telefônica depois considerada nula pelo STJ – por ausência de fundamentação adequada), de provas consideradas ilícitas na seara criminal. Foi extraída a seguinte tese: "São inadmissíveis, em processos administrativos de qualquer espécie, provas consideradas ilícitas pelo Poder Judiciário" (STF, relator para o acórdão Min. Gilmar Mendes, Repercussão Geral no Recurso Extraordinário com Agravo n. 1.316.369, j. 8-12-2022, Tema 1.238)

b) Aceitação excepcional das provas obtidas por meios ilícitos. Apesar da vedação da utilização de provas ilícitas prevista na Constituição, admite-se excepcionalmente seu uso em um processo para fazer valer o direito à ampla defesa. Há, assim, juízo de ponderação entre o devido processo legal (que não admite prova ilícita) e o direito à ampla defesa, podendo ser aceita a prova ilícita se for indispensável à defesa de determinado indivíduo.

c) Teoria dos frutos da árvore envenenada (*fruits of the poisonous tree*). As provas derivadas de uma prova ilícita são também consideradas ilícitas (ilicitude por derivação). Para o STF, são inadmissíveis os elementos probatórios a que Estado somente obteve em razão da prova ilícita (HC 93.050, rel. Min. Celso de Mello, j. 10-6-2008, Segunda Turma, *DJe* de 1º-8-2008). Todavia, é lícita a prova que foi obtida sem contaminação com outra prova ilícita existente no processo (STF, RHC 74.807, rel. Min. Maurício Corrêa, j. 22-4-1997, Segunda Turma, *DJ* de 20-6-1997).

d) Fonte independente e teoria de descoberta inevitável. A ilicitude da prova por reverberação abrange as derivadas (teoria dos frutos da árvore envenenada), com a exceção de duas hipóteses: 1) não haja qualquer vínculo entre a prova ilícita e a prova sob análise, que teria sido produzida por fonte independente; 2) mesmo que haja vínculo, a prova analisada teria sido produzida de qualquer forma, como "resultado inevitável das atividades investigativas ordinárias e lícitas (Teoria da Descoberta Inevitável)" (EDcl no RHC n. 72.074/MG, 5ª T., rel. Min. Ribeiro Dantas, *DJe* de 4-12-2017).

e) Aceitação de gravação feita por um dos interlocutores, sem ciência do outro. Impacto da Lei Anticrime. Antes da edição da Lei n. 13.964/2019, não era considerada prova ilícita a gravação de conversa telefônica ou conversa em ambiente qualquer (gravação ambiental) por um dos participantes, desde que não houvesse causa legal específica de sigilo nem de reserva da conversação (RE 583.937-QORG, rel. Min. Cezar Peluso, j. 19-11-2009, Plenário, *DJe* de 18-12-2009, com repercussão geral). *Contudo*, houve grande mudança trazida pela Lei Anticrime que foi discutida acima na **Parte IV**, item 9.14 e 9.15

f) Aceitação de gravação por imagem em espaço privado pela vítima de crime. Não é prova ilícita a gravação de imagens feita com o objetivo de identificar o autor de crimes, feita em seu próprio espaço privado, pela vítima de atos delituosos (HC 84.203, rel. Min. Celso de Mello, j. 19-10-2004, Segunda Turma, *DJe* de 25-9-2009).

g) Acesso direto, sem ordem judicial, por parte da polícia a dados em aparelhos telefônicos, incluindo os de mecanismos de comunicação como o WhatsApp. Para o STJ, é *ilícita* a prova oriunda de acesso aos dados armazenados no aparelho celular, relativos a mensagens de texto, SMS, conversas por meio de aplicativos (WhatsApp), obtidos diretamente pela polícia no momento da prisão em flagrante, sem prévia autorização judicial (STJ, HC 537.274/MG, j. 19-11-2019, *DJe* de 26-11-2019).

h) Acesso direto, sem ordem judicial, por parte da polícia a dados em aparelhos telefônicos, incluindo os de mecanismos de comunicação como o WhatsApp. O art. 7º, III, da Lei n. 12.965/2014 ("Marco Civil da Internet") estabelece a inviolabilidade e o sigilo das comunicações privadas armazenadas na rede mundial de computadores (dados armazenados), "salvo por ordem judicial". Esse avanço normativo foi utilizado pelo Min. Gilmar Mendes (relator), em precedente da 2ª Turma do STF para considerar que, em nome do direito à intimidade e à vida privada constitucionalmente previstos, a *reserva de jurisdição* deveria ser estendida aos dados constantes de aparelhos celulares, que, hoje, servem para os mais diversos propósitos. Ou seja, seria indispensável *ordem judicial* fundamentada para que os agentes policiais possam acessar dados constantes de celulares. Com base na *teoria dos frutos da árvore envenenada*, decidiu pela invalidação de todas as provas derivadas do acesso direto (sem ordem judicial) por policiais dos dados constantes de WhatsApp em um celular apreendido. Para o Min. Relator Gilmar Mendes as novas circunstâncias fáticas e jurídicas relativas ao poder de armazenamento e o acesso à internet (evolução fática), bem como a proteção contemporânea aos dados pessoais (evolução jurídica) exigem que a proteção da intimidade (art. 5º, X) seja incrementada, em verdadeira *mutação constitucional*[166], no sentido de que seja indispensável (i) ordem judicial ou (ii) anuência do titular (com prova suficiente de tal anuência, não bastando a declaração dos policiais, como ocorreu no caso). Houve, no caso, *divergência* quanto à existência de contaminação de todas as provas e o réu foi beneficiado pelo empate na Turma (ausente o Min. Celso de Mello – STF, H.C 168.052/SP, Rel. Min. Gilmar Mendes, j. em sessão virtual de 9 a 19 de outubro de 2020). Foi expressamente mencionada a superação do precedente anterior do STF de 2012 (STF, HC n. 91.867, rel. Min. Gilmar Mendes, 2ª T., j. 24-4-2012 – precedente superado), pelo qual ficou estabelecida (sob relatoria do próprio Min. Gilmar Mendes) a *licitude* do acesso direto de policiais ao conteúdo de aparelho celular apreendido. Ressalte-se que os fatos do precedente superado são de 2004, em momento no qual os aparelhos celulares não possuíam os aplicativos e as múltiplas funções de hoje – com considerável maior impacto sobre a privacidade de uma pessoa.

i) Apreensão sem ordem judicial do celular pela polícia. "Congelamento dos dados ou metadados" sem ordem judicial. Acesso por ordem judicial ao conteúdo do celular. Em 2024, o Tema 977 da repercussão geral que envolve a apreensão de celulares, congelamento de dados e metadados e ainda acesso ao conteúdo do celular (abrangendo o WhatsApp) avançou no STF. Houve voto do Min. Flávio Dino, para quem a apreensão do celular e de qualquer elemento informativo que possa ajudar a esclarecer o fato tem previsão legal no art. 6º do CPP. Para Dino, igualmente, a necessidade de ordem judicial para o "congelamento" de dados não encontra previsão expressa na Constituição. Defendeu o Min. Dino que a Emenda n. 115, ao incluir o inciso LXXXIX no art. 5º da CF, delegou ao legislador ordinário o tratamento do tema e que **"[n]ão há direito fundamental de destruir provas."** Finalmente, exigiu o Ministro Dino que seja obtida ordem judicial para acesso ao conteúdo dos dados preservados, respeitando-se o

---

[166] Termo doutrinário que expressa a mudança da interpretação da Constituição *sem que tenha sido alterado* seu texto.

direito à autodeterminação informacional (STF, ARE 1.042.075, rel. Min. Dias Toffoli, tema 977 da repercussão geral, em trâmite em agosto de 2024).

j) Prints de tela. WhatsApp. Prova ilícita por quebra da cadeia de custódia? A Lei Anticrime introduziu o conceito de cadeia de custódia por intermédio do novo art. 158-A do CPP, pelo qual "considera-se cadeia de custódia o conjunto de todos os procedimentos utilizados para manter e documentar a história cronológica do vestígio coletado em locais ou em vítimas de crimes, para rastrear sua posse e manuseio a partir de seu reconhecimento até o descarte". Para o STJ, a cadeia de custódia consiste na "idoneidade do caminho que deve ser percorrido pela prova até sua análise pelo magistrado, sendo certo que qualquer interferência durante o trâmite processual pode resultar na sua imprestabilidade. Tem como objetivo garantir a todos os acusados o devido processo legal e os recursos a ele inerentes, como a ampla defesa, o contraditório e principalmente o direito à prova lícita" (STJ, Agravo Regimental no HC 752.444, Rel. Min. Ribeiro Dantas, j. 4-10-2022). Assim, com base na impossibilidade de se assegurar os antecedentes (história cronológica) do que ocorreu até o "print" da tela do WhatsApp (pois pode existir supressão pela ferramenta "apagar" do aplicativo), o STJ considerou tais "prints" provas ilícitas (AgRg no RHC 133.430, Rel. Min. Nefi Cordeiro, 6ª Turma, j. 23-2-2021, *DJe* 26-2-2021). Porém, caso *não* tenha sido verificada a ocorrência de quebra da cadeia de custódia por "qualquer indício de adulteração da prova, ou de alteração da ordem cronológica da conversa de WhatsApp obtida através dos prints da tela do aparelho celular da vítima", o "print" é considerado prova lícita (STJ, Agravo Regimental no HC 752.444, Rel. Min. Ribeiro Dantas, j. 4-10-2022). Esse precedente (posterior) mostra refinamento da posição anterior do STJ, pois indica que *não há automatismo* na exclusão dos "prints", sendo indispensável a prova da quebra da cadeia de custódia pela Defesa.

28.3. Direito à prova e cooperação jurídica internacional: a ADC 51

A crescente cooperação entre os Estados no combate a crimes gerou dúvida sobre a produção de prova no exterior. Na existência de tratado de cooperação jurídica internacional, pode a autoridade pública obter determinado documento ou informação *sem* que se utilize a via própria prevista no tratado (em geral, por intermédio da chamada autoridade central)?

Há aqui a colisão entre o direito à segurança jurídica que as formalidades previstas na produção probatória protegem e o direito de acesso à justiça em tempo célere. Deve prevalecer o direito de acesso à justiça, uma vez que a essência da cooperação jurídica internacional é justamente promover o direito de acesso à justiça em casos nos quais se exige tal cooperação. Seria contraditório entender que o tratado teria estabelecido uma única via de acesso a informações (teoria da *una via electa*), dificultando a transmissão rápida de dados, quando sua celebração é feita em homenagem à concretização do direito a uma tutela jurisdicional efetiva e célere[167].

Nesse sentido, decidiu o STF: "Ressalte-se que uma das finalidades fundamentais dos tratados de cooperação jurídica em matéria penal é justamente 'a desburocratização da colheita da prova' (MS 33.751, de minha relatoria, Primeira Turma, *DJe* de 31-3-2016), de modo que, cumpridas as exigências legais do direito interno brasileiro, eventual inobservância a formalidades previstas no acordo internacional não acarretaria a ilicitude da prova" (Inq 3.990, rel. Min. Edson Fachin, j. 14-3-2017, 2ª T, *DJe* de 2-6-2017).

Em 2017, foi interposta a ADC n. 51, que busca a declaração de constitucionalidade do Decreto n. 3.810/2001, que promulgou internamente o "Acordo de Assistência Judiciária em Matéria Penal entre o Governo da República Federativa do Brasil e o Governo dos Estados Unidos da América".

---

[167] Sobre cooperação jurídica internacional e direitos fundamentais, ver ABADE, Denise Neves. *Direitos fundamentais na cooperação jurídica internacional*. São Paulo: Saraiva, 2013.

Não havia, na verdade, controvérsia sobre a constitucionalidade do acordo (o que poderia, em uma visão mais rígida, levar à falta de conhecimento da ação). Foi apontado que existiam decisões judiciais nacionais exigindo das subsidiárias brasileiras de conglomerados da internet que informassem dados (coletados no Brasil) que, por decisão empresarial, ficam armazenados nos Estados Unidos (com potencial risco de violação da lei americana).

A discussão envolveu as seguintes dúvidas: (i) o tratado incorporado (equivalente à lei ordinária) criou uma única via ou somente uma via entre as possíveis para a obtenção de prova no exterior? (ii) o não uso do tratado – se obrigatório – violaria o devido processo legal e resultaria em prova ilícita? (iii) como os Estados Unidos podem alegar óbice interno para não transferir o dado solicitado pelo Brasil – art. III do tratado-, há denegação de justiça (por exemplo, vítima caluniada por *fake news*)? (iv) os titulares dos dados armazenados nos EUA devem ter o seu direito à privacidade respeitado de acordo com a lei americana ou de acordo com a CF/88 e os tratados celebrados pelo Brasil, caso os dados tenham sido produzidos e coletados no Brasil? (v) como deve ser interpretado o Marco Civil da Internet (Lei n. 12.965/2014) que exige das empresas de internet a obediência à legislação brasileira, caso os dados tenham vínculo com o Brasil ("operação de coleta, armazenamento, guarda e tratamento de registros, de dados pessoais ou de comunicações por provedores de conexão e de aplicações de internet em que pelo menos um desses atos ocorra em território nacional" – art. 11[168])?

Em síntese, não havia dúvida sobre a constitucionalidade do acordo de assistência jurídica entre Brasil e Estados Unidos, mas sim dúvida sobre se seria constitucional a imposição de sanções a empresas de prestação de serviços digitais (ou até mesmo a seus dirigentes) que descumprem ordens judiciais brasileiras, adotadas com base no Marco Civil da Internet. Para tais empresas, cabe às autoridades judiciais brasileiras utilizarem obrigatoriamente o tratado em tela, uma vez que são requeridas informações que ficam armazenadas nos Estados Unidos. Como o Marco Civil da Internet não exigiu o armazenamento local (opção do legislador brasileiro...), então, o Brasil deveria requerer tais informações aos Estados Unidos e se sujeitar aos contornos da proteção à privacidade naquele país e à liberdade de expressão. Caso os Estados Unidos, apoiados na visão estadunidense de que como devem ser interpretados tais direitos, neguem a cooperação (ou simplesmente não respondam ao pleito cooperacional), nada poderia ser feito. Ou, no máximo, caberia ao Brasil denunciar o tratado e eventualmente modificar o Marco Civil da Internet *exigindo* o armazenamento local para que as ordens judiciais brasileiras fossem cumpridas.

No julgamento final, o STF reconheceu que a ADC 51 tinha como objetivo muito mais que a mera declaração de constitucionalidade do uso das cartas rogatórias e dos acordos MLAT para fins de investigação criminal, abarcando *também* o exame de constitucionalidade do art. 11 do Marco Civil da Internet e art. 18 da Convenção de Budapeste sobre Crime Cibernético (2001)[169]. No julgamento (STF, ADC 51, voto do Min. Relator Gilmar Mendes, j. 23-2-2023) ficou decidido:

---

[168] O art. 11 do Marco Civil da Internet obriga os conglomerados prestadores de serviços digitais da internet (caso queiram continuar suas atividades – auferindo lucros – no Brasil) a cumprir a legislação brasileira, dispondo especificamente: "Art. 11. Em qualquer operação de coleta, armazenamento, guarda e tratamento de registros, de dados pessoais ou de comunicações por provedores de conexão e de aplicações de internet em que pelo menos um desses atos ocorra em território nacional, deverão ser obrigatoriamente respeitados a legislação brasileira e os direitos à privacidade, à proteção dos dados pessoais e ao sigilo das comunicações privadas e dos registros".

[169] Ratificada e já incorporada internamente pelo Dec. n. 11.491/2023. O art. 18, tal como ressaltado pelo Min. Gilmar Mendes, reforça o direito do Estado de ter "critérios adicionais de extensão da jurisdição", abarcando (i) a localização da pessoa jurídica que tem a posse ou o controle dos dados armazenados em um sistema informático e (ii) o fato de a pessoa jurídica fornecedora dos serviços de internet prestar o serviço no território daquele país" (STF, ADC 51, voto do Min. Relator Gilmar Mendes, j. 23-2-2023).

1. O uso da cooperação jurídica internacional (por meio dos veículos "carta rogatória" ou "auxílio direto" dos tratados de assistência jurídica internacional) não é via exclusiva para a obtenção dos dados eletrônicos localizados no exterior, sendo lícitas as ordens judiciais brasileiras sobre pessoas (físicas e jurídicas) sediadas no Brasil, desde que haja vínculos dos dados com o território nacional.
2. As hipóteses de *requisição direta* por parte do Judiciário brasileiro previstas no art. 11 do Marco Civil da Internet e no art. 18 da Convenção de Budapeste estão baseadas nos princípios da soberania e da independência nacional, concretizando o dever do Estado de proteger os direitos fundamentais (dimensão objetiva dos direitos humanos vista acima neste *Curso*) e o "direito à segurança pública" dos brasileiros ou residentes no país (art. 144 da CF/88). Incide o princípio da especialidade das normas do art. 11 do Marco Civil da Internet, que exclui a incidência da cooperação jurídica internacional.
3. O princípio da territorialidade para delimitar a jurisdição internacional brasileira *não* é o único: há adicionalmente o critério do controle dos dados e dos efeitos da atividade. O critério dos efeitos da atividade legitima (inclusive perante o direito internacional) o Estado no qual o serviço de coleta de dados e oferta de comunicações ocorreu, mesmo que não exclusivamente[170].
4. Fora dessas hipóteses de vínculo ao Estado brasileiro, a obtenção de dados no exterior depende da cooperação jurídica internacional.
5. A jurisdição internacional brasileira *não* pode depender da vontade de Estado estrangeiro para a prática de atos com vínculo com o território nacional, em nome da autodeterminação dos povos e do princípio da igualdade entre os Estados.

As questões levantadas na ADC 51 geraram a seguinte dúvida: quem deve decidir sobre a colisão de direitos, o Brasil ou o Estado estrangeiro ao qual as empresas de serviços digitais decidiram localizar as informações requeridas pelo nosso sistema de justiça?

Inicialmente, não há dúvida que o Brasil possui jurisdição, sob o prisma do direito internacional (jurisdição pelo local do dano ou efeito da atividade, ou ainda pelo critério do controle dos dados) e do direito interno (art. 11 do MCI). Assim, não é possível invocar o Direito Internacional ou o Direito Nacional para amparar a recusa em atender as ordens judiciais brasileiras. O fato de certas empresas, por decisão empresarial, buscarem proteger a privacidade e a liberdade de expressão (atraindo mais consumidores) dos seus usuários, transferindo o armazenamento para locais com legislações mais protetivas (*safe heaven*) não afeta a jurisdição brasileira.

Por outro lado, as normas brasileiras e os tratados celebrados pelo Brasil já asseguram *standard global* de proteção à privacidade e à liberdade de expressão, entre outros direitos. Só que a privacidade e mesmo a liberdade de expressão, de acordo com os precedentes do STF e da Corte IDH *não são direitos absolutos*, podendo ceder em face de outros, a partir do critério da proporcionalidade.

Dessa maneira, existe a colisão (entre o direito à privacidade, liberdade de expressão e os direitos tutelados pela decisão judicial que exige a entrega de dados), mas o problema está em quem deve resolver tal colisão: se o Judiciário brasileiro (de acordo com a CF/88 e os tratados e precedentes internacionais) ou o Judiciário estrangeiro do local do armazenamento (aplicando suas leis), escolhido livremente pelas empresas, em uma espécie de *law shopping*[171] do mundo virtual.

---

[170] Conferir sobre as hipóteses de jurisdição internacional e seu alcance extraterritorial em CARVALHO RAMOS, André de. *Curso de direito internacional privado*. 3. ed. São Paulo: Saraiva, 2023.

[171] Ver mais do *law shopping* em CARVALHO RAMOS, André de. *Curso de Direito Internacional Privado*. 3. ed., São Paulo: Saraiva, 2023. Sobre a proteção da parte vulnerável, ver CARVALHO RAMOS, André. *A construção do Direito Internacional Privado*. Heterogeneidade e Coerência. Salvador: JusPodivm, 2021.

Essa situação de "escolha" da jurisdição pelas empresas também afeta o direito à segurança jurídica e o direito de acesso à Justiça: a vítima de violação de direitos no Brasil nunca saberá se obterá ou não a tutela pretendida. Tudo dependerá em qual lugar as empresas da internet decidiram armazenar os dados, nada impedindo, a depender do resultado da ADC 51, que escolham um Estado que *não* coopera ou que impõe delonga e entraves maiores até que os impostos pelos Estados Unidos. Mesmo uma investigação ou ação penal sob a jurisdição do próprio STF *dependerá* dessa decisão empresarial, apesar de o Brasil ter – como já exposto – claramente jurisdição sobre tais dados.

Por tais motivos, levando em consideração (i) a existência de jurisdição internacional brasileira sobre tais condutas; (ii) a existência de *proteção robusta* ao direito à privacidade, liberdade de expressão e outros direitos correlatos no Brasil, inclusive sujeito ao crivo da Comissão e da Corte Interamericanas de Direitos Humanos; (iii) ser o *law shopping* uma conduta que, no caso, ofende o direito à segurança jurídica e o direito de acesso à justiça das vítimas que necessitam das informações a serem obtidas pelas ordens judiciais brasileiras, entendo acertada a posição do STF (ADI 51, j. 23-2-2023) pela qual as empresas de serviços digitais são obrigadas a cumprir as ordens judiciais brasileiras nas situações em que o Brasil possui jurisdição tanto pelo Direito Internacional (local do dano) quanto pelo Direito Nacional (Marco Civil da Internet, entre outros).

Contudo, como o Brasil não possui jurisdição de execução para fazer cumprir as ordens judiciais nacionais em Estado estrangeiro, resta a possibilidade de se utilizar *medidas indiretas*(coercitivas, em geral sanções econômicas) sobre as pessoas jurídicas do grupo econômico localizadas no Brasil para que as ordens nacionais sejam cumpridas. Busca-se evitar que o "véu corporativo" desses grupos econômicos impeça a reparação das violações de direitos humanos, tal qual preconiza o art. 11 do Marco Civil da Internet.

29. A PRESUNÇÃO DE INOCÊNCIA E SUAS FACETAS

> *Art. 5º, LVII – ninguém será considerado culpado até o trânsito em julgado de sentença penal condenatória;*

29.1. Aspectos gerais da presunção de inocência e o princípio acusatório no processo penal. A Lei Anticrime

A *presunção de inocência* consiste no direito de só ser considerado culpado de determinado delito após o trânsito em julgado de uma sentença penal condenatória, também denominada presunção de não culpabilidade. Há duas aplicações típicas da presunção de inocência no processo penal brasileiro: (i) no processo de conhecimento e (ii) na execução da pena criminal definitiva.

No processo de conhecimento e até o trânsito em julgado (ver abaixo a temática da execução imediata da pena criminal após o julgamento colegiado em Tribunal), a presunção de inocência exige que toda prisão processual seja cautelar (não pode ser antecipação da prisão definitiva) e fundamentada.

Ainda no processo de conhecimento, a presunção de não culpabilidade exige que a *culpa do indivíduo* seja demonstrada por provas requeridas pelo acusador (*in dubio pro reo*), restando somente à Defesa provar fatos impeditivos, modificativos ou extintivos do direito do autor (as chamadas exculpantes). Essa faceta da presunção de não culpabilidade é adotada pelo STF, como se vê nesse precedente: "(...) Não encontro justificativa alguma para que se inverta, em processo penal de condenação, o ônus da prova. Entendimento diverso, a meu ver, implicaria evidente ofensa à presunção constitucional da não culpabilidade (art. 5º, LVII)" (HC 95.142, voto do rel. Min. Cezar Peluso, j. 18-11-2008, Segunda Turma, *DJe* de 5-12-2008).

Ocorre que essa última faceta da presunção da inocência deveria, por coerência, implicar na *limitação* do poder do magistrado criminal de requerer, de ofício, a produção de uma prova qualquer, uma vez que seu resultado (a prova em si) *em geral* auxilia o Acusador, já que o réu nada precisa provar. Somente no que tange às exculpantes (cujo ônus probatório é do réu) é que se admitiria a produção probatória de ofício por parte do magistrado, uma vez que auxiliaria a defesa, como defende Denise Abade[172].

A Lei n. 13.964/2019 (Lei Anticrime) introduziu o novo art. 3º-A no CPP, irradiando a estrutura constitucional acusatória a todo o processo penal, ao estabelecer duas vedações: (i) a proibição da iniciativa do julgador na fase de investigação e (ii) a proibição de substituição da atuação probatória do órgão de acusação.

Apesar da posição contrária do STF (vista no item 11.2 da **Parte IV**), é compatível com o novo modelo acusatório o reconhecimento da revogação tácita dos dispositivos do CPP que permitem decretação de restrições a direitos sem provocação do MP ou querelante, e, na fase da investigação, da autoridade policial (trechos dos arts. 127, 156, 168, 196, 209, 225, 234, 242, 404 e 497, XI)[173].

Esse desdobramento da presunção de não culpabilidade (*limitar os poderes instrutórios de ofício do magistrado criminal*) não é aceito pela doutrina processualista majoritária nem pela jurisprudência, sendo corriqueira a aceitação dos poderes instrutórios de ofício ao magistrado no processo penal, mesmo em *desfavor da defesa* nos casos em que a prova só auxilia a tese da Acusação (esmagadora maioria dos casos), o que é justificado em nome do princípio da *verdade real do processo penal*[174] *(ver* STF, ADIs n. 6.288, 6.299, 6.300, 6.305, rel. Min. Luiz Fux, Plenário, j. 24-8-2023).

Jurisprudência do STF

- **Presunção de inocência, inquéritos e ações penais em andamento. Maus antecedentes: impossibilidade. Prisão preventiva: possibilidade.** "A periculosidade do agente pode ser aferida por intermédio de diversos elementos concretos, tal como o registro de inquéritos policiais e ações penais em andamento que, embora não possam ser fonte desfavorável da constatação de maus antecedentes, podem servir de respaldo da necessidade da imposição de custódia preventiva. Diante do disposto no art. 156 do CPP, não se reveste de ilegalidade a atuação de ofício do magistrado que, em pesquisa a banco de dados virtuais, verifica a presença de registros criminais

---

[172] A favor da limitação dos poderes instrutórios penais do juiz, fundada no princípio acusatório e da presunção da inocência, afastando a aplicação da "verdade real" em um processo penal de partes, ver, por todos, ABADE, Denise Neves. *Garantias do processo penal acusatório*: o novo papel do Ministério Público no processo penal de partes. Rio de Janeiro: Renovar, 2005. Em que pese ser esta a posição minoritária – a qual este Autor se filia – já há precedentes que, ao menos inicialmente, buscam restringir a atuação de ofício do magistrado no processo penal. Em 2011, o STJ manteve a anulação de sentença penal condenatória, por ter o juiz criminal, na ausência do promotor na audiência de oitiva de testemunha, inquirindo-a diretamente, sem observar seu papel de somente realizar perguntas para complementar o arguido pela acusação e defesa (art. 212 do CPP-STJ, REsp 1.259.482-RS, 5ª Turma, rel. Min. Marco Aurélio Bellizze, j. 4-10-2011).

[173] JUNQUEIRA, Gustavo; VANZOLINI, Patrícia; FULLER, Paulo Henrique e PARDAL, Rodrigo. *Lei anticrime comentada artigo por artigo*. São Paulo: Saraiva, 2020, p. 90-91.

[174] Contra, defendendo os poderes instrutórios de ofício do juiz criminal, mesmo em *desfavor* da Defesa, ver, por todos, BADARÓ, Gustavo Henrique Righi Ivahy. *Ônus da prova no processo penal*. São Paulo: Revista dos Tribunais, 2003, p. 148 e s.

em face do paciente" (HC 126.501, rel. p/ o ac. Min. Edson Fachin, j. 14-6-2016, 1ª T, *DJe* de 4-10-2016).

- **Presunção de inocência e ato infracional. Aplicação. Natureza cautelar da internação provisória.** "A presunção de inocência se aplica ao processo em que se apura a prática de ato infracional, uma vez que as medidas socioeducativas, ainda que primordialmente tenham natureza pedagógica e finalidade protetiva, podem importar na compressão da liberdade do adolescente, e, portanto, revestem-se de caráter sancionatório-aflitivo. A internação provisória, antes do trânsito em julgado da sentença, assim como a prisão preventiva, tem natureza cautelar, e não satisfativa, uma vez que visa resguardar os meios ou os fins do processo, a exigir, nos termos do art. 108, parágrafo único, do ECA, a demonstração da imperiosa necessidade da medida, com base em elementos fáticos concretos" (HC 122.072, rel. Min. Dias Toffoli, j. 2-9-2014, 1ª T, *DJe* de 29-9-2014).

- **Presunção de inocência e o uso de inquérito policial ou ação penal em andamento para fixar "maus antecedentes". Impossibilidade de uso – I.** Em tema de repercussão geral (Tema 129), o STF decidiu que "[a] existência de inquéritos policiais ou de ações penais sem trânsito em julgado *não* pode ser considerada como maus antecedentes para fins de dosimetria da pena (STF, RE 591.054, rel. Min. Marco Aurélio, j. 17-12-2014).

- **Presunção de inocência e inquéritos criminais e ações penais em andamento. Uso para restringir a participação de candidatos em concursos públicos. Impossibilidade de uso – II.** Apesar de reconhecer que há casos de "gravidade", o STF entendeu que é indispensável *lei* que institua requisitos mais gravosos para a admissão de candidatos em concursos públicos, como, por exemplo, para carreiras da magistratura, ministério público, defensoria, segurança pública. Assim, é inadmissível edital que estabeleça tais critérios sem apoio em lei. Porém, é vedada que tal lei estabeleça a valoração negativa de inquéritos ou processos em andamento, salvo "situações excepcionalíssimas e de indiscutível gravidade. Foi aprovada a seguinte tese: "Sem previsão constitucional adequada e instituída por lei, não é legítima a cláusula de edital de concurso público que restrinja a participação de candidato pelo simples fato de responder a inquérito ou ação penal" (STF, RE 560.900, Relator Roberto Barroso, j. 6-2-2020, com repercussão geral).

- **Presunção de inocência e inquéritos criminais e ações penais em andamento. Uso para restringir a participação de candidatos em concursos públicos. Impossibilidade de uso – III.** Em tema de repercussão geral (tema 1171), o STF decidiu que o indeferimento de matrícula em cursos de reciclagem de *vigilante* e a recusa de registro do respectivo certificado de conclusão pela existência de (i) inquérito policial ou (ii) ação penal sem o trânsito em julgado de sentença condenatória violam a presunção de inocência. Para o STF, é razoável a exigência de idoneidade como requisito para o exercício da profissão de vigilante, haja vista o trabalho por ele desempenhado de proteção e segurança pessoal e patrimonial, mas, nesses casos, (inquérito policial ou ação penal condenatória sem trânsito em julgado) a presunção de inocência prevalece (STF, RE 1.307.053, rel. Min. Presidente Luiz Fux, j. 23-9-2021, Tema 1171 – repercussão geral).

- **Presunção de inocência e uso de condenações criminais extintas há mais de cinco anos. Possibilidade de uso.** Em tema de repercussão geral (tema 150), o STF decidiu que "não se aplica para o reconhecimento dos maus antecedentes o prazo quinquenal de prescrição da reincidência, previsto no art. 64, I, do Código Penal". Assim, não ofende a presunção de inocência nem a vedação da pena em caráter perpétuo o uso de condenações criminais extintas há mais de cinco anos como "maus antecedentes" em novo processo criminal para fins de dosimetria da pena. Para o Relator Roberto Barroso, o uso de tais condenações como "maus antecedentes" na fixação da nova pena criminal obedece a igualdade e o princípio da individualização da pena, não podendo ser tratado igualmente aquele que nunca delinquiu com quem já delinquiu (STF, RE 593.818/SC, com repercussão geral reconhecida – Tema 150, rel. Min. Roberto Barroso, julgamento na sessão virtual de 7-8-2020 a 17-8-2020).

29.2. A execução provisória ou imediata da pena criminal após o julgamento proferido em grau de apelação

De 1988 a 2009, o Supremo Tribunal Federal brasileiro interpretava restritivamente o disposto no art. 5º, LVII da CF/88, decidindo, reiteradamente, que "a pendência do recurso especial ou extraordinário não impede a execução imediata da pena, considerando que eles não têm efeito suspensivo, são excepcionais, sem que isso implique em ofensa ao princípio da presunção da inocência" (STF, HC 90.645/PE, rel. para o ac. Min. Menezes Direito, j. 11-9-2007, *DJ* de 13-11-2007).

Em 2009, houve *mutação constitucional* no STF a favor da mudança da interpretação desse dispositivo constitucional (sem alteração do texto constitucional), pela qual a presunção de inocência passou a impedir a prisão antes do trânsito em julgado da sentença ou acórdão condenatório (HC 84.078, rel. Min. Eros Grau, j. 5-2-2009, *DJe* de 26-2-2010). Por outro lado, *não* se previu nenhuma fórmula que impedisse o uso abusivo de recursos que não possuem limites numéricos de interposição (como os embargos de declaração ou mesmo agravos diversos), o que *impelia* a Defesa de acusados a interpor sucessivos recursos para impedir o trânsito em julgado e, com isso, gerar prescrição da pretensão punitiva do Estado, bem como evitar a prisão. Tal situação de "recursos defensivos ilimitados" e dependência do trânsito em julgado à vontade do réu em desistir de recorrer foi exposta em voto do Ministro Fachin no HC 135.752 (decisão monocrática de 5-8-2016 – ver, a seguir, a adoção, como antídoto, da tese do "abuso do direito da defesa em recorrer").

Em 2016, houve nova viragem jurisprudencial e o Supremo Tribunal Federal decidiu, por maioria, em caso concreto (STF, HC 126.292, rel. Min. Teori Zavascki, j. 17-2-2016, *DJe* de 17-5-2006) e também em medida cautelar no controle abstrato de constitucionalidade (Ações Diretas de Constitucionalidade n. 43 e 44 – Medida Cautelar – rel. Min. Marco Aurélio, j. 5-10-2016), que "a execução provisória de acórdão penal condenatório proferido em grau de apelação, ainda que sujeito a recurso especial ou extraordinário, não compromete o princípio constitucional da presunção de inocência afirmado pelo art. 5º, LVII, da Constituição Federal".

Foi feito amplo debate sobre o alcance da expressão "ninguém será considerado culpado até o trânsito em julgado da sentença penal condenatória" prevista no art. 5º, LVII, da CF/88, bem como do disposto no art. 283 do CPP (depois alterada a redação pela Lei Anticrime[175]), pelo qual "ninguém poderá ser preso senão em flagrante delito ou por ordem escrita e fundamentada da autoridade judiciária competente, em decorrência de sentença condenatória transitada em julgado ou, no curso da investigação ou do processo, em virtude de prisão temporária ou prisão preventiva".

No final de 2016, o STF adotou *tese de repercussão geral*, na qual foi reafirmada essa jurisprudência a favor da execução provisória de acórdão penal condenatório proferido em grau

---

[175] Nova redação do art. 283 do CPP: "Ninguém poderá ser preso senão em flagrante delito ou por ordem escrita e fundamentada da autoridade judiciária competente, em decorrência de prisão cautelar ou em virtude de condenação criminal transitada em julgado" (Lei n. 13.964/2019).

recursal, ainda que sujeito a recurso especial ou extraordinário (STF, Agravo em Recurso Extraordinário n. 964.246, com *repercussão geral,* j. 11-11-2016).

Em 2017, a 1ª Turma do STF decidiu que cabe também execução provisória da pena *após* a condenação pelo *Tribunal do Júri.* No voto do rel. Min. Barroso, não viola o princípio da presunção de inocência ou da não culpabilidade a execução da condenação pelo Tribunal do Júri, independentemente do julgamento da apelação ou de qualquer outro recurso, uma vez que, em virtude da soberania dos julgados do júri (art. 5º, XXXVIII, da CF/88), o Tribunal ao qual a apelação do réu for dirigida não poderá reapreciar os fatos e provas, na medida em que a responsabilidade penal do réu já foi determinada soberanamente pelo Júri (HC 118.770, rel. sorteado Min. Marco Aurélio, rel. p/ acórdão: Min. Roberto Barroso, 1ª T., j. 7-3-2017, *DJe* de 24-4-2017). Em 2019, houve superação desse precedente, considerando-se que a decisão do Tribunal do Júri não pode ser equiparada à decisão de órgão colegiado de segunda instância (STF, Medida Cautelar no HC n. 174.759, rel. Min. Celso de Mello, decisão monocrática de 20-9-2019).

Em novembro de 2019, houve o julgamento definitivo das Ações Diretas de Constitucionalidade n. 43, 44 e 54. Houve *nova* viragem do STF na temática e por 6 votos a 5, o STF decidiu pelo retorno à situação de 2009-2016, com a exigência do trânsito em julgado para a execução da pena criminal, declarando a constitucionalidade do art. 283 do Código de Processo Penal (vencidos o Ministro Edson Fachin, que julgava improcedente a ação, e os Ministros Alexandre de Moraes, Roberto Barroso, Luiz Fux e Cármen Lúcia, que a julgavam parcialmente procedente para dar interpretação conforme. STF, ADIs n. 43, 44 e 54, rel. Min. Marco Aurélio, Plenário, j. 7-11-2019).

Mesmo após a mudança da composição do STF (aposentadorias do Min. Celso de Mello em 2020, do Min. Marco Aurelio em 2021, do Min. Lewandowski em 2023 e da Min. Rosa Weber em 2023, todos votos a favor do trânsito em julgado para autorizar a execução da sentença criminal) *não* se espera nova viragem. Há a previsão de Proposta de Emenda Constitucional sobre a temática, o que poderá suscitar o debate sobre eventual ofensa à cláusula pétrea. Seguem agora os principais argumentos a favor da exigência do trânsito em julgado para a execução da sentença penal condenatória (corrente – atualmente – majoritária):

1. Literalidade do comando do art. 5º, LVII. Para o Min. Marco Aurélio, "a literalidade do preceito não deixa margem a dúvidas: a culpa é pressuposto da sanção, e a constatação ocorre apenas com a preclusão maior" (voto na ADC 43, mérito, j. 7-11-2019), Não é possível utilizar o direito comparado de alguns países democráticos, pois suas Constituições não possuem tal restrição ao poder do Estado no campo penal (voto do Min. Celso de Mello, ADC 43, mérito, j. 7-11-2019). Para o Min. Lewandowski: "Insisto em que não se mostra possível superar a taxatividade daquele dispositivo constitucional, salvo em situações de cautelaridade, por tratar-se de comando constitucional absolutamente imperativo, categórico, com relação ao qual não cabe qualquer tergiversação, pois, como já diziam os jurisconsultos de antanho, *in claris cessat interpretatio*" (voto na ADC 43, mérito, j. 07-11-2019). Para a Ministra Rosa Weber, "trata-se de amarra insuscetível de ser desconsiderada pelo intérprete" (voto na ADC 43, mérito, j. 7-11-2019).

2. Imposição do Direito Internacional dos Direitos Humanos. Apesar de também ser argumento a favor da execução imediata (ver abaixo), invocou-se a Convenção Americana de Direitos Humanos (Pacto de San José da Costa Rica), a qual prevê a garantia no artigo 8, 2: "Toda pessoa acusada de um delito tem direito a que se presuma sua inocência, enquanto não for legalmente comprovada sua culpa". Mesmo que não haja o requisito adicional do "trânsito em julgado", torna-se invocável o critério da norma mais favorável ao indivíduo (voto do Min. Celso de Mello, ADC 43, mérito, j. 7-11-2019).

3. Impossibilidade de separação entre a presunção de inocência e a presunção de não culpabilidade. Não existiria diferença entre a presunção de inocência e a presunção de não culpabilidade. A Constituição só admite o implemento da sanção criminal após o trânsito em julgado da sentença penal, eliminando qualquer dúvida sobre a prática do delito (voto do Min. Marco Aurelio, ADC 43, mérito, j. 07-11-2019).

4. Risco de reversão da execução definitiva. O fundamento da cláusula constitucional é o risco de limitar a liberdade para depois o réu ser absolvido, impondo gravame irreparável ao inocente. O Min. Lewandowski ainda recordou as desigualdades odiosas da sociedade brasileira, asseverando ser indispensável "não admitir a prisão antes do trânsito em julgado da sentença condenatória, em virtude das notórias distorções que, desde os tempos coloniais, caracterizam a persecução penal entre nós, branda com os privilegiados e implacável com os desassistidos" (voto na ADC 43, mérito, j. 7-11-2019).

5. Cabimento da prisão cautelar. A ideia de que "direitos humanos não são absolutos" autoriza somente a decretação de prisões cautelares, ponderando-se a presunção de inocência em cotejo aos direitos protegidos nos fundamentos da decretação da prisão. Mas, o disposto no art. 5º, LVII, é uma regra e não pode ser considerado um princípio (sujeito à ponderação). Para o Min. Gilmar Mendes, "trata-se de uma regra precisa, um direito fundamental, assegurado para limitar o poder punitivo estatal" (STF, RE 1.235.340, rel. Min. Barroso, em trâmite em agosto de 2024).

6. Não se pode atacar as distorções do processo penal (delonga na execução da pena) pela supressão de garantias. Em especial no voto da Ministra Rosa Weber foram mencionadas as distorções do processo penal brasileiro, tais como o extenso lapso entre o início da persecução penal e o início do cumprimento da pena privativa de liberdade. Porém, para a Ministra, tais distorções exigem o aperfeiçoamento da legislação processual pertinente (voto na ADC 43, mérito, j. 7-11-2019).

Seguem agora os argumentos a favor da execução imediata da pena após a deliberação colegiada (corrente minoritária).

1. A inexistência de "direitos absolutos": a necessária ponderação entre a presunção de inocência e os demais direitos protegidos (vida, segurança e integridade pessoal). A exigência do trânsito em julgado gerou a *proteção deficiente* dos direitos à vida, segurança e integridade física dos indivíduos. Por sua vez, o Min. Fachin defendeu a ausência de caráter absoluto da expressão "trânsito em julgado" no tocante à prisão, uma vez que a execução da pena criminal não pode depender de ato de vontade do apenado em não mais recorrer, já que: "(...) Há sempre um recurso oponível a uma decisão, por mais incabível que seja, por mais *estapafúrdias* que sejam as razões recursais invocadas. Se pudéssemos dar à regra do art. 5º, LVII, da CF caráter absoluto, teríamos de admitir, no limite, que a execução da pena privativa de liberdade só poderia operar-se *quando o réu se conformasse com sua sorte* e deixasse de opor novos embargos declaratórios. Isso significaria dizer que a execução da pena privativa de liberdade estaria condicionada à *concordância* do *apenado*. Salta aos olhos, portanto, que não se pode dar caráter absoluto à dicção do art. 5º, LVII, da Constituição da República ao mencionar trânsito em julgado" (grifos meus – voto do Min. Fachin no HC 135.752, decisão monocrática de 5-8-2016).

2. Não é necessária a alteração da CF/88 (emenda constitucional) ou revogação do art. 283 do CPP. A própria CF/88 não veda a prisão antes do trânsito em julgado, como nos casos da prisão em flagrante prevista ou por ordem fundamentada de autoridade judiciária competente (art. 5º, LXI). Para o Min. Barroso, "a Constituição brasileira não condiciona a prisão – mas sim, a certeza jurídica acerca da culpabilidade – ao trânsito em julgado da sentença penal condenatória" (trecho do voto do Min. Barroso – ADCs n. 43 e 44 – Medida Cautelar). O Min. Fachin, citando o Min. Eros Grau, lembrou que "não se interpreta o direito em tiras" (voto do Min. Fachin nas ADCs n. 43 e 44 – Medida Cautelar). Para o Min. Fachin, a literalidade do art. 5º, LVII, deve ser interpretada em conjunto com a razão constitucional da própria existência dos recursos às instâncias de superposição (STF e STJ), uma vez que "...a finalidade que a Constituição persegue não é outorgar uma terceira ou quarta chance para a revisão de um pronunciamento jurisdicional com o qual o sucumbente não se conforma e considera injusto" (trecho do voto do Min. Fachin – ADCs n. 43 e 44 – Medida Cautelar). Pode-se, então, em uma interpretação sistemática da CF/88 chegar-se à conclusão de que a prisão é cabível antes do trânsito em julgado, para preservar os direitos já mencionados acima. Quanto ao art. 283 do CPP, foi recordado pelo Min. Fachin que: "(...) as regras dos arts. 637[176] do CPP c/c a dos arts. 995 e 1.029, § 5º, ambos do CPC, ao atribuir efeito meramente devolutivo aos recursos extraordinário e especial, excepcionam a regra geral do art. 283 do CPP, permitindo o início da execução quando o provimento condenatório for proferido por Tribunal de Apelação" (trecho do voto do Min. Fachin, ADCs n. 43 e 44 – Medida Cautelar). Assim, ficou decidido que "Inexiste antinomia entre a especial regra que confere eficácia imediata aos acórdãos somente atacáveis pela via dos recursos excepcionais e a disposição geral que exige o trânsito em julgado como pressuposto para a produção de efeitos da prisão decorrente de sentença condenatória a que alude o art. 283 do CPP. (...) Declaração de constitucionalidade do art. 283 do Código de Processo Penal, com *interpretação conforme à Constituição*, assentando que é coerente com a Constituição o principiar de execução criminal quando houver condenação assentada em segundo grau de jurisdição, salvo atribuição expressa de efeito suspensivo ao recurso cabível" (ADC 43-MC e ADC 44-MC, rel. Min. Marco Aurélio, j. 5-10-2016, P, *DJe* de 7-3-2018).

3. Não cabe motivação específica para se determinar a prisão dos condenados em 2º grau e ausência de violação do princípio da reserva legal. O implemento da execução imediata da pena, nos termos decididos pelo Plenário do STF "atua como desdobramento natural do esgotamento das instâncias ordinárias, de modo que, assim como ocorre na deflagração da execução definitiva, não se exige motivação particularizada. Trata-se, em verdade, tão somente de cumprimento do título condenatório, este sim caracterizado pela necessidade de robusta motivação" (trecho do voto do Min. Fachin, HC 135.752, decisão monocrática de 5-8-2016). Quanto à violação do princípio da reserva legal, o Min. Barroso salientou que o art. 637 do CPP (mencionado acima) continua a servir como base legal da execução da pena criminal após a condenação em 2º grau, tal como ocorria entre 1988 e 2009 (antiga posição do STF a favor da execução imediata da pena criminal – durante 21 anos – trecho do voto do Min. Barroso – ADCs n. 43 e 44 – Medida Cautelar).

4. Qualquer decisão teratológica poderá ser afastada pelo manejo de outras medidas. Foi constantemente lembrada nos votos dos Ministros (hoje integrantes da minoria) a existência de diversos instrumentos processuais eficazes, tais como as medidas cautelares para conferir efeito suspensivo a recursos especiais e extraordinários, bem como o *habeas corpus*, que a despeito de interpretação mais restritiva sobre seu cabimento, em casos de teratologia, são concedidos de ofício pelo STF.

Como mencionado no voto da Ministra Rosa Weber (ADC 43, mérito, j. 7-11-2019), há distorções no sistema processual penal que merecem atenção. Não há, no Direito Processual Penal brasileiro, limite aos recursos defensivos, mesmo que estes sejam "embargos de declaração" sucessivos. Houve inclusive casos nos quais o trânsito em julgado decorreu do "ato de vontade" de Ministro do STF, que simplesmente foi chamado a decretar, na análise do recurso da Defesa *pendente*, o trânsito em julgado, alegando para tanto "abuso do direito da defesa em recorrer" (o que também *não* está previsto expressamente no Código de Processo Penal)[177]. Essa situação

---

[176] "Art. 637. O recurso extraordinário não tem efeito suspensivo, e uma vez arrazoados pelo recorrido os autos do traslado, os originais baixarão à primeira instância, para a execução da sentença."

[177] Questão de ordem no RE 839.163-DF, rel. Min. Dias Toffoli, j. 5-11-2014.

viola severamente o direito à duração razoável do processo penal (direito titularizado tanto pelo acusado quanto pela vítima e seus familiares, conforme precedentes internacionais – *vide Caso Genie Lacayo*[178], estudado neste *Curso*).

Os precedentes internacionais também caminham no sentido da ponderação de direitos em conflito no processo penal, bem como são a favor da sistematização e racionalidade processual, que não pode depender da vontade do apenado em não mais recorrer. No plano constitucional, o Min. Fachin salientou que: "A Constituição, quer se queira ou não à luz das concepções que cada um sustenta, escolheu o direito penal como um de seus instrumentos de proteção de direitos humanos". No mesmo voto, o Min. Fachin recordou dos Casos "Maria da Penha", "Sétimo Garibaldi", "Damião Ximenes Lopes", entre outros, nos quais a Comissão ("Maria da Penha") e a Corte Interamericanas de Direitos Humanos (nos outros dois) condenaram o Brasil pela deficiência na proteção penal das vítimas de violações graves de direitos humanos (voto do Min. Fachin – ADCs n. 43 e 44 – Medida Cautelar).

Como já visto anteriormente, houve inovação no regramento da execução da pena dos julgados do Tribunal do Júri pela Lei n. 13.964/2019. De acordo com art. 492, I, "e" do CPP, após a votação pelo conselho de sentença, o juiz-presidente, no caso de condenação a uma pena igual ou superior a 15 anos de reclusão, determinará a execução provisória das penas.

Contudo, o STF, como visto, foi favorável à execução imediata da pena imposta (desconsiderando o limite mínimo de 15 anos de pena), tendo sido aprovada a tese pela qual "A soberania dos veredictos do Tribunal do Júri autoriza a imediata execução de condenação imposta pelo corpo de jurados, independentemente do total da pena aplicada". Como explicitado na tese, a maioria dos Ministros apoiou-se na soberania dos veredictos do Tribunal do Júri, sendo que qualquer teratologia pode ser combatida pelo uso do *habeas corpus* ou "o tribunal, valendo-se do poder geral de cautela, poderá suspender a execução da decisão até o julgamento do recurso". Em síntese, para o Min. Barroso, "(...) Não viola o princípio da presunção de inocência ou da não culpabilidade a execução imediata da condenação pelo Tribunal do Júri, independentemente do julgamento da apelação ou de qualquer outro recurso. É que, diferentemente do que se passa em relação aos demais crimes, nenhum tribunal tem o poder de substituir a decisão do júri" (STF, RE 1.235.340, trechos do voto do rel. Min. Barroso, Plenário, j. 12-9-2024).

Jurisprudência

- **Presunção de inocência e início do prazo da prescrição da execução da pena concretamente aplicada.** O prazo para a prescrição da execução da pena concretamente aplicada *somente* começa a correr do dia em que a sentença condenatória transita em julgado para *ambas as partes*, momento em que nasce para o Estado a pretensão executória da pena, conforme interpretação dada pelo Supremo Tribunal Federal ao princípio da presunção de inocência (art. 5º, inciso LVII, da Constituição Federal) nas ADC 43, 44 e 54 (Tema 788 da repercussão geral, ARE 848.107, j. 4-7-2023). Assim, superada a jurisprudência anterior, que considerava que o prazo de início do cômputo da prescrição *executória* da pena era o do trânsito em julgado somente para a Acusação (que não estava inerte, pois não poderia requerer a execução da pena, pois não havia trânsito em julgado para a Defesa também). *Para evitar a surpresa e a retroatividade de interpretação desfavorável ao indivíduo em matéria penal*, o STF modulou o Tema 788, fazendo que esse entendimento somente incida caso: i) a pena não foi declarada extinta pela prescrição e ii) cujo trânsito em julgado para a acusação tenha ocorrido após 12-11-2020 (é a data do julgamento das ADCs n. 43, 44 e 54).

---

[178] Conferir na Parte II, Capítulo V, item 13.13.11, deste *Curso*.

29.3. A presunção de inocência e o empate nos julgamentos penais em órgão colegiado

A Lei n. 14.836, de 8 de abril de 2024, introduz alterações significativas no Código de Processo Penal e na Lei n. 8.038, de 1990, que regula os processos nos Tribunais Superiores. A principal alteração é a consagração do princípio do *in dubio pro reo*, estabelecendo que, em julgamentos de matérias penais ou processuais penais realizados por órgãos colegiados, como Turmas do Supremo Tribunal Federal (STF) e do Superior Tribunal de Justiça (STJ), havendo *empate*, prevalecerá a decisão mais favorável ao réu. Tal decisão será *imediatamente* proclamada, mesmo que o colegiado não esteja completo devido a vagas abertas, impedimento, suspeição ou ausência.

Essa nova diretriz reflete um debate que já vinha sendo travado no Supremo Tribunal Federal (STF), especialmente em torno da interpretação dos arts. 146 e 150 do Regimento Interno da Corte. Esses artigos tratam da condução dos julgamentos de *Habeas Corpus* e recursos criminais, estipulando regras para o voto do presidente e a resolução de empates, com destaque para a preferência pela decisão mais favorável ao réu em casos de *Habeas Corpus* e certos recursos criminais, exceto os recursos extraordinários.

O debate se intensificou com divergências entre ministros do STF sobre como proceder em casos de empate, conforme discutido nas Reclamações 34.805 e 36.131 (em segredo de justiça). O ministro Edson Fachin, relator, propôs que, exceto em casos de *habeas corpus* e recursos ordinários em matéria criminal, os empates em julgamentos de causas penais de competência originária do STF sejam resolvidos conforme as normas regimentais, suspendendo-se o julgamento para a obtenção de voto de desempate. Na impossibilidade disso (devido a vaga, impedimento ou suspeição), um ministro de outra Turma seria convocado para resolver a questão. O Ministro Gilmar Mendes apresentou voto divergente, propondo que, em caso de empate em julgamentos penais, a decisão mais favorável ao réu prevaleça, aplicando-se esse princípio a todos os casos, exceto em recursos extraordinários.

Essas discussões culminaram na decisão da Lei n. 14.836/2024, que formaliza o princípio do *in dubio pro reo* nos empates em julgamentos colegiados em matéria penal e processual penal. Assim, ficam superados outros entendimentos, como, por exemplo, a suspensão do julgamento até que o quórum completo seja atingido ou ainda, no caso de impedimento ou suspeição, a convocação de membro do Tribunal de outro colegiado (por exemplo, no STF, da outra Turma). Após a edição da Lei n. 14.836/2024, o Min. Fachin determinou a perda superveniente do objeto das Reclamações mencionadas (questão de ordem), uma vez que houve a regulamentação *legal* integral da matéria, pela exigência da proclamação de resultado favorável ao réu em qualquer julgamento penal ou processual penal, "a esvaziar o debate em torno da interpretação dos dispositivos do Regimento Interno desta Suprema Corte relacionados ao empate nas deliberações colegiadas em matéria criminal" (STF, Questão de Ordem suscitada nos autos da Reclamação 34.805, AgR rel. Min. Edson Fachin, j. 27-5-2024).

Resta aberta a situação do empate em julgamento de pedido extradicional. Na Ação Rescisória n. 2.921, o STF afastou a proclamação do resultado transitado em julgado da Ext. 1.560-Agr/DF, que, ao não aguardar o retorno do Ministro ausente, aplicou a norma regimental que beneficia o réu em caso de empate na votação. Para o STF, não se aplicava tal entendimento à extradição (que seria veículo de cooperação jurídica internacional em material penal, não decidindo sobre a inocência ou culpa do extraditando). Após, em nova votação, a extradição foi parcialmente concedida (STF, Ação Rescisória n. 2.921, rel. Min. Alexandre de Moares, j. de 30-3-2023). No novo julgamento, a Extradição foi deferida parcialmente (Ext. 1.560-Agr/DF, Redator p/ acórdão Min. Edson Fachin, Segunda Turma, j. 18-4-2023).

30. IDENTIFICAÇÃO CRIMINAL: O BANCO NACIONAL DE PERFIL GENÉTICO E O BANCO NACIONAL MULTIBIOMÉTRICO E DE IMPRESSÕES DIGITAIS

Art. 5º, LVIII – o civilmente identificado não será submetido a identificação criminal, salvo nas hipóteses previstas em lei;

A Constituição de 1988 determina que o civilmente identificado não será submetido a identificação criminal, salvo nas hipóteses previstas em lei (art. 5º, LVIII). Repudiou-se o constrangimento desnecessário gerado pela identificação criminal, que acarretava aparência de culpa (ver o item anterior sobre a presunção de não culpabilidade).

A Constituição admite que lei imponha exceções ao direito daquele já identificado civilmente de não ser identificado criminalmente. A Lei n. 12.037/2009 ("Lei da Identificação Criminal") prevê a *identificação datiloscópica e fotográfica* criminal para quaisquer pessoas que (i) não apresentem identificação civil e (ii) para aqueles que já foram identificados civilmente nas hipóteses elencadas pela lei, referentes à indispensabilidade de tal identificação (art. 3º).

A Lei n. 12.654/2012 alterou a Lei n. 12.037/2009 e também a Lei de Execução Penal (Lei n. 7.210/84), criando a *identificação de perfil genético para fins criminais*, tendo como inspiração o Sistema de Indexação de DNA (CODIS – Combined DNA Index System) gerenciado pelo FBI norte-americano. A identificação de perfil genético consiste no uso de material que contém DNA – ácido desoxirribonucleico – de um indivíduo para identificá-lo, o que é mais preciso que as técnicas tradicionais de identificação (fotográfica e datiloscópica).

Os dados relacionados à coleta do perfil genético deverão ser armazenados em Banco de Dados de Perfis Genéticos (BDPG), que foi denominado pelo Ministério da Justiça *Banco Nacional de Perfis Genéticos (BNPG)*, gerenciado por unidade oficial de perícia criminal, *não podendo revelar traços somáticos ou comportamentais das pessoas, exceto determinação genética de gênero*, consoante as normas constitucionais e internacionais sobre direitos humanos, genoma humano e dados genéticos (busca-se impedir discriminações odiosas, por exemplo, pela não contratação de alguém ou aumento do valor de seguro de vida).

A Lei n. 13.964/2019 (Lei Anticrime) alterou as hipóteses de exclusão dos perfis genéticos do banco de dados. São duas hipóteses: 1) absolvição do acusado (ou outra forma de extinção da punibilidade, por analogia); ou 2) no caso de condenação do acusado, mediante requerimento, após decorridos 20 (vinte) anos do cumprimento da pena, independentemente do crime ou do tempo decorrido depois da condenação. A identificação do perfil genético será armazenada em banco de dados sigiloso, respondendo civil, penal e administrativamente aquele que permitir ou promover sua utilização para fins diversos da investigação criminal ou determinado em decisão judicial.

Finalmente, a lei exigiu que os condenados por (i) crime praticado dolosamente e com violência de natureza grave contra pessoa, ou (ii) por qualquer dos crimes previstos no art. 1º da Lei n. 8.072/90 (Lei dos Crimes Hediondos), sejam submetidos, obrigatoriamente, à identificação do perfil genético, mediante extração de DNA, por técnica adequada e indolor.

De acordo com a lei, é necessária autorização judicial para que a autoridade policial, no caso de inquérito instaurado, tenha acesso ao banco de dados de identificação de perfil genético.

Pelo que se viu, a Lei n. 12.654/2012 *somente* autorizou expressamente a intervenção corpórea *automática* (desde que feita por técnica indolor) para coleta do material dos condenados *definitivos* (ver, na Parte IV, item 6, sobre integridade física).

A Lei n. 13.984/2019 (Lei Anticrime) estabeleceu novas garantias ao BNPG: 1) a regulamentação deverá fazer constar garantias mínimas de proteção de dados genéticos, observando as melhores práticas da genética forense; 2) deve ser viabilizado ao titular de dados genéticos o acesso aos seus dados constantes nos bancos de perfis genéticos, bem como a todos os documentos da cadeia de custódia que gerou esse dado, de maneira que possa ser contraditado pela defesa. Por outro lado, estipulou a lei uma generalização da coleta de DNA para identificação criminal: aqueles condenados e ingressos no sistema prisional cuja identificação por extração de DNA é obrigatória e que ainda não a fizeram, devem submetidos ao procedimento de coleta durante o cumprimento da pena. Será considerado falta grave, caso se recusem a se submeter ao procedimento.

Continua em trâmite o recurso extraordinário, com repercussão geral, contra tal dispositivo (STF, RE 973.837, rel. Min. Gilmar Mendes, em trâmite até agosto de 2023), sob a alegação de violação do princípio da vedação da autoincriminação. Contudo, não se obriga a coleta de material genético para confronto com o perfil já armazenado. O Banco Nacional de Perfis Genéticos – BNPG, do Ministério da Justiça, compõe a identificação criminal, que, *a posteriori*, pode servir para a elucidação de crimes, tal qual ocorria, no passado, com o confronto de digitais colhidas na cena do crime com as impressões datiloscópicas armazenadas nos arquivos estatais. Em síntese, não se trata de ser obrigado a produzir prova contra si mesmo, mas sim de colher dados de identificação precisos (DNA), armazenados de modo sigiloso e que poderão ser consultados para fins de investigação e instrução criminal com autorização judicial, a pedido da autoridade policial ou do Ministério Público.

No caso de investigação e instrução criminais, a medida de coleta de material biológico para a identificação do perfil genético dependerá das circunstâncias do caso (juízo de ponderação) e de autorização judicial, a pedido da Autoridade Policial, do Ministério Público, da Defesa ou mesmo de ofício.

Contudo, alertamos que a intervenção corpórea mínima em outros casos *não* foi aceita pelo STF (ver detalhada análise no item sobre integridade física), que terá agora outra oportunidade para rever sua jurisprudência sobre a ponderação entre o direito à integridade física e os direitos à segurança, à verdade e à justiça.

A Lei Anticrime também autorizou a criação, no Ministério da Justiça e Segurança Pública, do Banco Nacional Multibiométrico e de Impressões Digitais, integrado pelos (i) registros biométricos, (ii) de impressões digitais, (iii) de íris, (iv) face e (v) voz colhidos em investigações criminais ou por ocasião da identificação criminal. Tais dados poderão ser recolhidos dos presos provisórios ou definitivos, caso ainda não tenham sido extraídos no momento da identificação criminal.

Inovação importante é a busca da integração entre os bancos de dados estatais. Poderão integrar o Banco Nacional Multibiométrico e de Impressões Digitais, ou com ele interoperar, os dados de registros constantes em *quaisquer* bancos de dados geridos por órgãos dos Poderes Executivo, Legislativo e Judiciário das esferas federal, estadual e distrital, inclusive pelo Tribunal Superior Eleitoral (que têm como meta identificar, por biometria, todos os quase 150 milhões de eleitores brasileiros) e pelos Institutos de Identificação Civil. Apesar de a lei ser omissa, nada impede que os dados de perfil genético possam ser nele inseridos. No caso de bancos de dados de identificação de natureza civil, administrativa ou eleitoral, a integração ou o compartilhamento dos registros do Banco Nacional Multibiométrico e de Impressões Digitais será limitado às impressões digitais e às informações necessárias para identificação do seu titular.

Assim, há claramente o objetivo de: 1) integrar os dados de identificação e 2) aumentar o número de informações referentes à identificação que serão armazenadas.

O uso desse imenso Banco de Dados é restrito e tem caráter sigiloso, vedada sua comercialização ou uso comercial. No campo penal, a autoridade policial e o Ministério Público poderão requerer ao juiz competente, no caso de inquérito (ou procedimento investigatório do MP) ou ação penal instaurados, o acesso ao Banco Nacional Multibiométrico e de Impressões Digitais.

Em 2020, a Lei n. 14.069 criou o "Cadastro Nacional de Pessoas Condenadas por Crime de Estupro". Contando com apenas 4 artigos, a lei prevê a existência de tal "Cadastro" no plano federal, que contará com informações sobre "pessoas condenadas por esse crime", a saber: a) características físicas e dados de identificação datiloscópica; b) identificação do perfil genético (o que interage com o Banco Nacional de Perfil Genético); c) fotos e d) local de moradia e atividade laboral desenvolvida, nos último três anos, em caso de concessão de livramento condicional (novidade deste Cadastro). Não há hipótese de exclusão, devendo ser aplicadas, analogicamente, as constantes na Lei n. 13.964/2019 sobre exclusão dos perfis genéticos do Banco Nacional de Perfil Genético.

31. AÇÃO PENAL PRIVADA SUBSIDIÁRIA

> *Art. 5º, LIX – será admitida ação privada nos crimes de ação pública, se esta não for intentada no prazo legal;*

A Constituição de 1988 criou uma única exceção à titularidade do Ministério Público na ação penal pública: a ação privada subsidiária da ação penal pública pela vítima ou seu representante, regulamentada no Código de Processo Penal (art. 29). O ajuizamento da ação penal privada subsidiária da ação penal pública é cabível na existência de inércia do Ministério Público (MP), que se abstém, no prazo legal, de (i) oferecer denúncia, ou de (ii) requerer o arquivamento do inquérito policial ou das peças de informação, ou, ainda, (iii) de requisitar diligências investigatórias à autoridade policial.

Diligências internas no próprio MP foram consideradas *irrelevantes* pelo STF. Também não prejudica a propositura da ação penal privada subsidiária a conduta do MP *posterior* ao nascimento do direito de propor a ação privada. Para o STF, "o oferecimento de denúncia, a promoção do arquivamento ou a requisição de diligências externas ao Ministério Público, posterior ao decurso do prazo legal para a propositura da ação penal não afastam o direito de queixa. Nem mesmo a ciência da vítima ou da família quanto a tais diligências afasta esse direito, por não representar concordância com a falta de iniciativa da ação penal pública" (STF, ARE 859.251, rel. Min. Gilmar Mendes, j. 17-4-2015, com repercussão geral – Tema 811).

Caso o MP tenha realizado uma dessas três atividades (por exemplo, promoveu o arquivamento do inquérito policial), não há inércia – mesmo que a vítima não concorde com as razões do *Parquet*, não podendo ser proposta a ação penal privada subsidiária (STF, HC 74.276, rel. Min. Celso de Mello, j. 3-9-1996, Primeira Turma, *DJe* de 24-2-2011).

Em 2021, o STF reafirmou sua jurisprudência sobre como definir a inércia do MP, em caso no qual o Procurador-Geral da República sustentou, diante de peça de informação, inexistir indícios de crime para instaurar inquérito em desfavor do Min. Barroso (do próprio STF) por crime de abuso de autoridade. Para o STF, a nova Lei de Abuso de Autoridade não alterou o regime consolidado da caracterização da inércia ou desinteresse do MP (art. 2º, IV, c/c o art. 3º, § 1º, da Lei n. 13.869/2019), não havendo tais condutas quando o *parquet* sustenta inexistir crime. Assim, para o STF "(...) A formação da opinião sobre o delito, ainda que para concluir pela inviabilidade da pretensão acusatória, não equivale à inércia ministerial para fins de instauração da via subsidiária da pública" (trecho do voto da Relatora, STF, Agravo Regimental na PET 9.579, Relatora Ministra Rosa Weber, j. 20-9-2021 – unanimidade, impedido o Min. Barroso).

32. PUBLICIDADE DOS ATOS PROCESSUAIS

> *Art. 5º, LX – a lei só poderá restringir a publicidade dos atos processuais quando a defesa da intimidade ou o interesse social o exigirem;*

Em linha com a liberdade de informação dos atos envolvendo o Poder Público, a Constituição de 1988 possui dispositivo específico sobre a publicidade dos atos processuais: esses devem, como regra geral, desenvolver-se de modo público, somente podendo ser submetidos a sigilo, permitindo-se o acesso às partes somente nos casos de (i) defesa da intimidade ou do (ii) interesse social.

Nesse sentido, o STF já decidiu que a publicidade dos atos processuais não pode ser restrita por atos judiciais de natureza discricionária, devendo ser fundamentada a decisão de sigilo, nos casos excepcionais, "para a defesa da honra, da imagem e da intimidade de terceiros ou quando a medida for essencial para a proteção do interesse público" (RMS 23.036, rel. p/ o ac. Min. Nelson Jobim, j. 28-3-2006, Segunda Turma, *DJ* de 25-8-2006).

33. PRISÃO CIVIL

> *Art. 5º, LXVII – não haverá prisão civil por dívida, salvo a do responsável pelo inadimplemento voluntário e inescusável de obrigação alimentícia e a do depositário infiel;*

A Constituição de 1988 assegurou o direito individual de não ser preso por dívida, com duas exceções: 1) inadimplemento voluntário e inescusável de obrigação alimentar e 2) depositário infiel.

Porém, a ratificação brasileira de tratados de direitos humanos, como o Pacto Internacional sobre Direitos Civis e Políticos (art. 11 – "ninguém poderá ser preso apenas por não poder cumprir uma obrigação contratual") e a Convenção Americana sobre Direitos Humanos – Pacto de San José da Costa Rica (art. 7º, 7 – 7. "Ninguém deve ser detido por dívidas. Este princípio não limita os mandatos de autoridade judiciária competente expedidos em virtude de inadimplemento de obrigação alimentar"), eliminou a possibilidade de qualquer hipótese de prisão civil do depositário infiel e permitiu apenas a prisão do alimentante que, podendo prestar os alimentos devidos, decide voluntariamente não prestá-los.

Para o STF, o *status* normativo supralegal ou constitucional dos tratados de direitos humanos (ver o duplo estatuto dos tratados de direitos humanos no capítulo específico) no Brasil tornou *inaplicável* a legislação ordinária ou mesmo complementar com eles conflitantes, seja ela anterior ou posterior ao ato de Incorporação interna dos tratados (em especial, o art. 652 do CC – Lei n. 10.406/2002 – RE 466.343, rel. Min. Cezar Peluso, voto do Min. Gilmar Mendes, j. 3-12-2008, Plenário, *DJe* de 5-6-2009, com repercussão geral).

Finalmente, foi editada a *Súmula Vinculante 25*, que determinou que "é ilícita a prisão civil de depositário infiel, qualquer que seja a modalidade do depósito".

34. ASSISTÊNCIA JURÍDICA INTEGRAL E GRATUITA

> *Art. 5º, LXXIV – o Estado prestará assistência jurídica integral e gratuita aos que comprovarem insuficiência de recursos;*

A Constituição de 1988 criou o *direito à assistência jurídica integral*, que deve ser prestado pelo Estado de modo gratuito aos que comprovarem insuficiência de recursos. A menção à "assistência jurídica integral" é inovação da Constituição, que não adotou a linha restritiva de "assistência judiciária", utilizada na Constituição de 1934, que foi a primeira a contar com esse direito, que se manteve nas Constituições posteriores (exceto a Constituição de 1937, que não o mencionou). A Constituição ainda inovou ao incluir o termo "integral", o que exige que o Estado preste inclusive orientação jurídica e assistência extraprocessual (perante órgãos administrativos, por exemplo).

Esse direito é indispensável para fazer valer os demais direitos. Por isso, estudaremos logo abaixo os principais aspectos da *Defensoria Pública*, instituição essencial à função jurisdicional do Estado e que serve de instrumento para assegurar o direito à assistência jurídica integral.

Mesmo considerando o art. 133 da Constituição Federal (o qual prevê expressamente que "o advogado é indispensável à administração da justiça"), o Supremo Tribunal Federal, com base no direito de acesso à justiça (e na necessidade de conferir celeridade a certos procedimentos processuais, geralmente de menor complexidade), aceita a *dispensa por lei da assistência jurídica por advogado* nos seguintes casos:

1. **Juizados Especiais**. De acordo com a Lei n. 9.099/95, há previsão do exercício do *jus postulandi* pelas partes e comparecimento aos Juizados Especiais Cíveis *sem* a assistência de advogado nas causas com valor inferior a vinte salários mínimos (ADI 1.539/DF, rel. Min. Maurício Corrêa, Tribunal Pleno, *DJ* 5-12-2003). Também tal previsão consta da Lei n. 10.259/2001 dos Juizados Especiais Federais, no seu art. 10 ("Art. 10. As partes poderão designar, por escrito, representantes para a causa, advogado *ou não*."). Para o STF, tal dispositivo também é constitucional, pois "a imprescindibilidade de advogado é relativa, podendo, portanto, ser afastada pela lei em relação aos Juizados Especiais" (ADI 3.168/DF, rel. Min. Joaquim Barbosa, Tribunal Pleno, 3-8-2007)

2. **Justiça do Trabalho** (CLT, art. 791 – " Os empregados e os empregadores poderão reclamar pessoalmente perante a Justiça do Trabalho e acompanhar as suas reclamações até o final e 839, "a"), Contudo, a Súmula 425 do Tribunal Superior do Trabalho limita tal dispensa às Varas do Trabalho e aos Tribunais Regionais do Trabalho. Perante o TST, é indispensável a postulação por meio de advogado.

3. **Processo Penal**. *Habeas corpus* (a Constituição não exige advogado) e a revisão criminal (CPP, art. 623)

4. **Direito a Alimentos**. A Lei n. 5.478/68 estabelece uma fase inicial da ação de alimentos, na qual não é necessário advogado (*in verbis*: "Art. 2º. O credor, pessoalmente, ou por intermédio de advogado, dirigir-se-á ao juiz competente, qualificando-se, e exporá suas necessidades, provando, apenas o parentesco ou a obrigação de alimentar do devedor, indicando seu nome e sobrenome, residência ou local de trabalho, profissão e naturalidade, quanto ganha aproximadamente ou os recursos de que dispõe". Após, o juiz, caso não haja advogado indicado pela parte, designará um (art. 2º, § 3º). Para o STF, tal dispensa inicial de advogado é compatível com a CF/88 e "reflete, em verdade, a necessidade de se garantir o acesso à Justiça (art. 5º, XXXV, da CF/88) e a concretização do direito a alimentos" (STF, ADPF n. 591, rel. Min. Cristiano Zanin, Sessão Virtual de 9-8-2024 a 16-8-2024).

35. DEFENSORIA PÚBLICA

35.1. Conceito, inserção constitucional e poderes

A constitucionalização da Defensoria Pública foi uma das *inovações* da Constituição de 1988. De acordo com o art. 134, a Defensoria Pública é instituição essencial à função jurisdicional do Estado, incumbindo-lhe a orientação jurídica e a defesa, em todos os graus, dos necessitados, na forma do art. 5º, LXXIV.

Foi consagrada pela Constituição para ser a responsável pela prestação gratuita do direito à assistência jurídica integral aos que dela necessitem, concretizando o "direito a ter direitos", pois sem o acesso à justiça os demais direitos ficam em risco.

Em 2014, foi promulgada a Emenda Constitucional n. 80, que deu nova redação ao art. 134 da CF, prevendo que "incumbe à Defensoria Pública, como expressão e instrumento do regime democrático, *fundamentalmente*, a orientação jurídica, a promoção dos *direitos humanos* e a defesa, em todos os graus, judicial e extrajudicial, dos direitos *individuais e coletivos*, de forma integral e gratuita, aos necessitados, na forma do inciso LXXIV do art. 5º desta Constituição Federal". Foi transposta para o plano constitucional a literalidade do art. 1º da Lei Complementar n. 80/94 (alterado pela Lei Complementar n. 132/2009).

Nesse sentido, decidiu o STF que "de nada valerão os direitos e de nenhum significado revestir-se-ão as liberdades, se os fundamentos em que eles se apoiam – além de desrespeitados pelo Poder Público ou transgredidos por particulares – também deixarem de contar com o suporte e o apoio de um aparato institucional, como aquele proporcionado pela Defensoria Pública, cuja função precípua, por efeito de sua própria vocação constitucional (...), consiste em dar efetividade e expressão concreta, inclusive mediante acesso do lesado à jurisdição do Estado, a esses mesmos direitos, quando titularizados por pessoas necessitadas, que são as reais destinatárias tanto da norma inscrita no art. 5º, LXXIV, quanto do preceito consubstanciado no art. 134, ambos da CR" (ADI n. 2.903, rel. Min. Celso de Mello, j. 1º-12-2005, Plenário, *DJe* de 19-9-2008).

Ainda de acordo com a Constituição de 1988, a Defensoria Pública da União e do Distrito Federal e dos Territórios devem ser organizadas por lei complementar, assegurando-se a seus integrantes a garantia da *inamovibilidade* e vedado o exercício da advocacia fora das atribuições institucionais.

Já as Defensorias Públicas Estaduais possuem *autonomia funcional e administrativa* e a iniciativa de sua proposta orçamentária, fruto da Emenda Constitucional n. 45/2004 (inclusão do parágrafo segundo do art. 134). Em 6 de agosto de 2013, foi promulgada a Emenda Constitucional n. 74, que conferiu às Defensorias Públicas da União e do Distrito Federal a autonomia administrativa e financeira já obtida pelas Defensorias dos Estados (novo § 3º do art. 134).

Finalmente, pela Emenda Constitucional n. 80, de 4 de junho de 2014, consagrou-se, como princípios institucionais da Defensoria Pública (art. 134, § 4º), (i) a unidade, (ii) a indivisibilidade e (iii) a independência funcional, tal qual já ocorria com o *Ministério Público* (art. 127, § 1º, desde a promulgação da CF/88). Foi concedida a *equiparação com o regime jurídico da magistratura*, pela aplicação, no que couber, do disposto no art. 93 (princípios que regem o "estatuto da magistratura") e no inciso II do art. 96 (propositura de projeto de lei) da CF.

Essas emendas constitucionais forjaram a *equiparação constitucional da Defensoria Pública* com a Magistratura e o Ministério Público, formando o *arco público do sistema de justiça* com regimes jurídicos similares.

A Lei Complementar n. 80/94 (alterada sensivelmente em 2009 pela LC n. 132) dispõe que a Defensoria Pública é instituição permanente, essencial à função jurisdicional do Estado, incumbindo-lhe, como expressão e instrumento do regime democrático, fundamentalmente, (i) a orientação jurídica, (ii) a promoção dos direitos humanos e a (iii) defesa, em todos os graus, judicial e extrajudicial, dos direitos individuais e coletivos, de forma integral e gratuita, aos necessitados, assim considerados na forma do inciso LXXIV do art. 5º da Constituição Federal (art. 1º da LC n. 80, conforme redação da LC n. 132/2009 – texto que agora consta do art. 134 da CF, graças à EC 80/2014).

Ainda de acordo com a Lei Complementar n. 80/94, a Defensoria Pública é composta por: a) Defensoria Pública da União; b) Defensoria Pública do Distrito Federal e dos Territórios; c) Defensoria Pública dos Estados. Seus princípios institucionais são a *unidade*, a *indivisibilidade* e a *independência funcional*.

São objetivos da Defensoria Pública: I – a primazia da dignidade da pessoa humana e a redução das desigualdades sociais; II – a afirmação do Estado Democrático de Direito; III – a prevalência e efetividade dos direitos humanos; IV – a garantia dos princípios constitucionais da ampla defesa e do contraditório (objetivos incluídos pela LC n. 132, de 2009). Pelo que foi exposto, vê-se que a missão maior da Defensoria Pública, em um país marcado por desigualdades sociais e negação de direitos no cotidiano, é a defesa de *direitos humanos*.

Cabe à Defensoria Pública da União atuar perante Justiças Federal, do Trabalho, Eleitoral, Militar, Tribunais Superiores e instâncias administrativas da União. Essa atuação é tão ampla que a Lei Complementar n. 80/94 prevê que a Defensoria Pública da União deverá firmar *convênios* com as Defensorias Públicas dos Estados e do Distrito Federal, para que estas, em seu nome, atuem junto aos órgãos de primeiro e segundo graus de jurisdição referidos.

A Lei Complementar n. 80/94 estabelece as normas gerais da Defensoria Pública dos Estados, que ainda são regidas pelas suas leis estaduais, em linha com a competência legislativa concorrente estabelecida pela CF/88 (art. 24. Compete à União, aos Estados e ao Distrito Federal legislar concorrentemente sobre: XIII – assistência jurídica e Defensoria pública).

No tocante à chefia, a Defensoria Pública da União tem por chefe o *Defensor Público-Geral Federal*, nomeado pelo Presidente da República, dentre membros estáveis da carreira e maiores de 35 anos, escolhidos em lista tríplice formada pelo voto direto, secreto, plurinominal e obrigatório de seus membros, após a aprovação de seu nome pela maioria absoluta dos membros do Senado Federal, para mandato de dois anos, permitida uma recondução, precedida de nova aprovação do Senado Federal.

Já a Defensoria Pública do Estado tem por chefe o Defensor Público-Geral, nomeado pelo Governador do Estado, dentre membros estáveis da Carreira e maiores de 35 anos, escolhidos em lista tríplice formada pelo voto direto, secreto, plurinominal e obrigatório de seus membros, para mandato de dois anos, permitida uma recondução.

35.2. Funções institucionais da Defensoria Pública

A Lei Complementar n. 132/2009 explicitou as diversas funções institucionais que decorrem da missão constitucional da Defensoria de *defesa do direito a ter direitos* dos vulneráveis no Brasil.

O art. 4º da citada Lei dispõe que cabe à Defensoria Pública a promoção de ações de qualquer natureza (inclusive as referentes a interesses difusos, coletivos e individuais homogêneos), a atuação extrajudicial na orientação e conciliação (inclusive promovendo prioritariamente a solução extrajudicial dos litígios, por meio da mediação, arbitragem, conciliação e outras técnicas), a atuação em estabelecimentos policiais e penitenciários, visando assegurar à pessoa, sob quaisquer circunstâncias, o exercício dos direitos e garantias individuais e ainda o *poder de representar aos sistemas internacionais de proteção dos direitos humanos*, postulando perante seus órgãos. Isso sem contar a função de promover a difusão e a conscientização dos direitos humanos, da cidadania e do ordenamento jurídico.

Das ausências de atribuição, uma das mais sentidas é a *falta de legitimidade ativa* do Defensor Público Geral Federal para propor ações diretas de controle abstrato de constitucionalidade, pois o rol do art. 103 da CF/88 não lhe contempla.

Dessas importantes funções, ressalto a ênfase em fórmulas diferenciadas na defesa dos direitos dos vulneráveis, que vão além da assistência jurídica em um litígio judicial individual, a saber: a) atuação na solução extrajudicial de conflitos; b) uso da tutela coletiva de direitos e de direitos coletivos; c) provocação dos mecanismos internacionais de direitos humanos, de modo a superar eventual jurisprudência nacional (inclusive a do STF) restritiva ou de denegação de direitos.

Para o futuro, fica evidente que a Defensoria Pública desempenhará protagonismo no chamado *litígio estratégico de direitos humanos*[179], que consiste no uso de mecanismos jurídicos judiciais ou extrajudiciais para criar ou modificar (i) ações administrativas, (ii) leis e normas em geral, bem como impulsionar a (iii) interpretação judicial de implementação de direitos humanos.

Por outro lado, o STF reforçou a autonomia constitucional da Defensoria Pública, ao considerar que deve ser interpretado conforme a Constituição Federal dispositivo estadual sobre a celebração de convênios pela Defensoria com a OAB, no sentido de apenas autorizar, *sem obrigatoriedade nem exclusividade*, a Defensoria a celebrar convênio com a OAB (ADI n. 4.163, rel. Min. Cezar Peluso, j. 29-2-2012, Plenário, *DJe* de 1º-3-2013).

Em outra decisão a favor da autonomia da Defensoria Pública, o STF julgou inconstitucional a exigência de inscrição em vigor na OAB para o defensor. Para o STF, os defensores públicos possuem regime próprio de fiscalização de sua atuação (perante seus órgãos correicionais), não cabendo a submissão ao regime disciplinar da OAB. A representação cumprida pelo Defensor Público não exige a apresentação de mandato e, mesmo que os candidatos no concurso para defensor público tenham que ter inscrição na OAB, o exercício do cargo gera a vedação da prática da advocacia privada (art. 134, parágrafo único, da CF/88). Em síntese, ao assumir o cargo de defensor público, encerra-se o vínculo com a OAB (STF, RE n. 1.240.999, rel. Min. Alexandre de Moraes, Plenário, Sessão virtual encerrada em 3-11-2021).

Em 2015, foi reconhecida, pelo STF, a legitimidade ativa da Defensoria Pública para ajuizar ação civil pública (art. 5º, II, da Lei n. 7.347/1985, alterado pelo art. 2º da Lei n. 11.448/2007) na tutela de interesses transindividuais (coletivos *stricto sensu* e difusos) e individuais homogêneos. O STF considerou que a Defensoria pública é instituição essencial à função jurisdicional, concretizando o acesso à justiça aos vulneráveis. Assim, caso existam vulneráveis entre os titulares dos interesses a serem protegidos (não é necessário que todos sejam vulneráveis), cabe a atuação da Defensoria, não existindo nenhum prejuízo para os demais colegitimados, em especial o Ministério Público pelo reconhecimento da legitimidade da Defensoria Pública. Para a relatora, Min. Cármen Lúcia, "a presunção de que, no rol dos afetados pelos resultados da ação coletiva, constem pessoas necessitadas é suficiente a justificar a legitimidade da Defensoria Pública" (ADI n. 3.943, rel. Min. Cármen Lúcia, j. 7-5-2015, Plenário, *DJe* de 6-8-2015).

35.3. Precedentes do STF

> **Assistência jurídica gratuita e pagamento de custas e dos honorários advocatícios.** Do art. 12 da Lei n. 1.060/50 extrai-se o entendimento de que o beneficiário da justiça gratuita, quando vencido, deve ser condenado a ressarcir as custas antecipadas e os honorários do patrono vencedor. Entretanto, não está obrigado a fazê-lo com sacrifício do sustento próprio ou da família. Decorridos cinco anos sem melhora da sua situação econômica, opera-se a prescrição da dívida. (...). 9. Portanto, o benefício da justiça gratuita não se constitui na isenção absoluta das custas e dos honorários advocatícios, mas, sim, na desobrigação de pagá-los enquanto perdurar o estado de carência econômica do necessitado, propiciador da concessão deste privilégio. Em resumo, trata-se de um benefício condicionado que visa a garantir o acesso à Justiça, e não a gratuidade em si (RE

---

[179] Sobre litígio estratégico de direitos humanos, ver CARDOSO, Evorah Lusci Costa. *Litígio estratégico e sistema interamericano de direitos humanos*. Belo Horizonte: Fórum, 2012. VIEIRA, Oscar Vilhena; ALMEIDA, Eloísa Machado de. Advocacia estratégica em direitos humanos: a experiência da Conectas, *Revista Internacional de Direitos Humanos*, v. 8, n. 15, p. 187 e s., dez. 2011.

249.003 ED, rel. min. Edson Fachin, voto do min. Roberto Barroso, P, j. 9-12-2015, *DJe* 93 de 10-5-2016).

Súmula 450 do STF. São devidos honorários de advogado sempre que vencedor o beneficiário de justiça gratuita.

Ação Civil Pública. Defensoria. Legitimidade. Decidiu o STF, no tema 607 de repercussão geral, que "a Defensoria Pública tem legitimidade para a propositura de ação civil pública que vise a promover a tutela judicial de direitos difusos ou coletivos de que sejam titulares, em tese, pessoas necessitadas" (STF, RE 733.433, Relator Min. Dias Toffoli, j. 4-11-2015).

Assistência jurídica prestada por município. Constitucionalidade. Apenas a União e os Estados-membros e Distrito Federal podem criar defensorias públicas. Porém, os municípios podem prestar o *serviço público de assistência jurídica integral e gratuita* por meio de órgãos públicos. Para o STF, o serviço de assistência jurídica gratuita não é privativo da União ou dos Estados membros e Distrito Federal, podendo ser realizado pelos Municípios e até mesmo por particulares, como é o caso das universidades. Para a Ministra Carmen Lucia, é constitucional a abertura de *mais um espaço* para garantia de acesso ao direito e à jurisdição. Consta do seu voto que "[o] quadro aqui delineado, portanto, assemelha-se com a advocacia *pro bono* ou decorrente de parcerias com a Ordem dos Advogados do Brasil para a assistência à população carente (STF, ADPF 279, Rel. Min. Cármen Lúcia, j. 3-11-2021).

Poder de Requisição. Validade. "O poder atribuído às Defensorias Públicas de requisitar de qualquer autoridade pública e de seus agentes, certidões, exames, perícias, vistorias, diligências, processos, documentos, informações, esclarecimentos e demais providências necessárias ao exercício de suas atribuições, propicia condições materiais para o exercício de seu mister, não havendo falar em violação ao texto constitucional. A concessão de tal prerrogativa à Defensoria Pública constitui verdadeira expressão do princípio da isonomia e instrumento de acesso à justiça, a viabilizar a prestação de assistência jurídica integral e efetiva" (STF, ADI 6.852, rel. Min. Edson Fachin, 11-2-2022 a 18-2-2022. Divergiu parcialmente apenas a Ministra Cármen Lúcia, para quem tal poder de requisição não poderia ser exercido em demandas individuais, somente em demandas coletivas. Superado o precedente da ADI 230/RJ, pela edição posterior da EC n. 80/2014, que tratou da autonomia funcional e administrativa da Defensoria Pública).

36. O DIREITO À DURAÇÃO RAZOÁVEL DO PROCESSO

Art. 5º, LXXVIII – a todos, no âmbito judicial e administrativo, são assegurados a razoável duração do processo e os meios que garantam a celeridade de sua tramitação.

A Emenda Constitucional n. 45/2004 introduziu o direito à razoável duração do processo e aos meios que garantam a celeridade de sua tramitação, que combate a delonga tradicional no julgamento de feitos no Brasil, dado acúmulo de causas.

Atualmente, ao menos no caso de restrição à liberdade de locomoção, reconhece-se que pode o STF determinar aos Tribunais Superiores o julgamento de mérito de *habeas corpus*, se entender irrazoável a demora no julgamento (HC 91.041, rel. p/ o ac. Min. Ayres Britto, j. 5-6-2007, Primeira Turma, *DJ* de 17-8-2007 – nesse caso, em sede de *habeas corpus*, o STF determinou que a autoridade impetrada apresentasse imediatamente, na primeira sessão da Turma na qual oficiava, o *habeas corpus* ajuizado).

A *Corte Interamericana de Direitos Humanos* utiliza o seguinte critério para, caso a caso, determinar se houve violação do devido processo legal em um prazo razoável: (i) complexidade da causa; (ii) atividade das partes (ou seja, se uma das Partes contribuiu, com medidas procrastinatórias); e (iii) atividade do juiz[180].

37. JUSTIÇA DE TRANSIÇÃO, DIREITO À VERDADE E JUSTIÇA. O CASO RIOCENTRO. A ADPF 153.

A justiça de transição consiste em um *conjunto de dispositivos que regula a restauração do Estado de Direito após regimes ditatoriais ou conflitos armados internos, englobando quatro dimensões* (ou facetas): (i) direito à verdade e à memória; (ii) o direito à reparação das vítimas; (iii) o dever de responsabilização dos perpetradores das violações aos direitos humanos e, finalmente; (iv) a formatação democrática das instituições protagonistas da ditadura (por exemplo, as Forças Armadas).

O *direito à verdade* consiste na exigência de toda informação de interesse público, bem como exigir o esclarecimento de situações inverídicas relacionadas a violações de direitos humanos. Tem natureza individual e coletiva, pois interessa a toda comunidade o esclarecimento das situações de desrespeito aos direitos humanos. Tem dupla finalidade: o conhecimento e também o reconhecimento das situações, combatendo a mentira e a negação de eventos, o que concretiza o direito à memória.

Recentemente, a Lei n. 12.527/2011 regulamentou o acesso a informações previsto no inciso XXXIII do art. 5º, e no inciso II do § 3º do art. 37, bem como no § 2º do art. 216 da CF (ver **Parte IV**, item 18, sobre a citada lei acima).

O direito à verdade é concretizado tanto na sua *faceta histórica*, mediante Comissões de Verdade (a "verdade histórica", ver abaixo a Lei n. 12.528/2012), quanto na sua *faceta judicial* (a "verdade judicial", fruto das ações judiciais – cíveis e criminais – de responsabilização e punição dos agentes responsáveis).

No Brasil, a Lei n. 12.528/2011 criou a *Comissão Nacional da Verdade*. De acordo com seu art. 1º, a comissão tem como finalidade "examinar e esclarecer as graves violações de direitos humanos praticadas no período fixado no art. 8º do Ato das Disposições Constitucionais Transitórias (período de 18 de setembro de 1946 até a data da promulgação da Constituição), a fim de efetivar o direito à memória e à verdade histórica e promover a reconciliação nacional".

Além de (i) esclarecer os fatos e as circunstâncias dos casos de graves violações de direitos humanos, promovendo o esclarecimento dos casos de torturas, mortes, desaparecimentos forçados, ocultação de cadáveres e sua autoria, ainda que ocorridos no exterior, a Comissão deve encaminhar aos órgãos públicos competentes toda e qualquer informação obtida que possa auxiliar na (ii) localização e identificação de corpos e restos mortais de desaparecidos políticos e (iii) recomendar a adoção de medidas e políticas públicas para prevenir violação de direitos humanos, assegurar sua não repetição e promover a efetiva reconciliação nacional.

---

[180] CARVALHO RAMOS, André de. *Direitos humanos em juízo*: comentários aos casos contenciosos e consultivos da Corte Interamericana de Direitos Humanos. São Paulo: Max Limonad, 2001.

Quanto à obtenção da verdade judicial, é cabível a responsabilização dos agentes que promoveram graves violações de direitos humanos durante a ditadura militar. Para tanto, a Corte IDH considerou ser inaplicável a Lei n. 6.683/79 (Lei da Anistia) aos agentes da ditadura, uma vez que tal lei ofendeu o *direito à justiça* das vítimas e seus familiares, previsto implicitamente nos arts. 8º e 25 da Convenção Americana de Direitos Humanos (Caso Gomes Lund *vs.* Brasil, sentença de 24-11-2010).

Ocorre que o STF decidiu pela *improcedência da ADPF 153*, interposta pelo Conselho Federal da OAB, que almejava a interpretação conforme a Constituição da Lei da Anistia, no sentido de excluir os agentes da ditadura do seu alcance. Para o relator, Min. Eros Grau, a Lei da anistia veiculou uma decisão política assumida naquele momento e a Constituição de 1988 não pode afetar leis-medida que a tenham precedido (ADPF 153, rel. Min. Eros Grau, j. 29-4-2010, Plenário, *DJe* de 6-8-2010).

Em 10 de dezembro de 2014, a Comissão Nacional da Verdade, criada pela Lei n. 12.528/2011, entregou seu relatório final, que contempla a análise de graves violações de direitos humanos dentro do período de 1946 a 1988. Composto por três volumes, o relatório final documentou especialmente centenas de casos de violações graves de direitos humanos cometidos por agentes da ditadura militar (1964-1985), atestando que tais violações consistiram em uma política sistemática de Estado (e não atos isolados, de indivíduos – civis ou militares – agindo contra orientações superiores). Conforme consta do relatório, "na ditadura militar, a repressão e a eliminação de opositores políticos se converteram em política de Estado, concebida e implementada a partir de decisões emanadas da Presidência da República e dos ministérios militares" (p. 963). Assim, tais crimes têm, de acordo com o relatório final, a natureza de crimes contra a humanidade. Essa conclusão é importante e está em consonância com a decisão da Corte IDH no Caso Gomes Lund *vs.* Brasil (2010).

As consequências da caracterização de tais condutas dos agentes da ditadura militar como crimes contra a humanidade são as seguintes: (i) não é possível a alegação de qualquer imunidade ou anistia; (ii) essas condutas são imprescritíveis; e (iii) cabe ao Estado, por seus órgãos (Ministério Público Federal e Justiça Federal, não sendo possível o julgamento por juízos militares – Caso Gomes Lund*vs.* Brasil), investigar, perseguir em juízo e punir criminalmente os responsáveis.

Por sua vez, a Terceira Seção do Superior Tribunal de Justiça decidiu que não é possível processar criminalmente os responsáveis pelo chamado "atentado do Riocentro", no qual houve uma malsucedida tentativa por parte de militares brasileiros de colocar bomba no Centro de Convenções Riocentro, que explodiria em evento comemorativo do "Dia do Trabalhador" (a bomba explodiu no próprio carro dos militares, em 30-4-1981). Para o voto vencedor do Min. Reynaldo Soares da Fonseca, os fatos estão sob o abrigo da anistia prevista no art. 4º, § 1º, da EC 26, promulgada em 27 de novembro de 1985. Além disso, houve coisa julgada material (mesmo que fruto de juízo incompetente, o Superior Tribunal Militar) a favor dos imputados. Também foi mencionado o efeito vinculante da ADPF 153, que considerou recepcionada pela CF/88 a anistia ofertada anteriormente. Quanto à natureza de *jus cogens* de crime contra a humanidade (e, por isso, imprescritível), considerou-se que a utilização da Convenção sobre a Imprescritibilidade dos Crimes de Guerra e dos Crimes contra a Humanidade (não ratificada pelo Brasil) seria "afronta à própria soberania estatal e à supremacia da Constituição da República". Ademais, a prescrição penal tem natureza de norma de direito material penal, e sua desconsideração ofende: (i) o princípio da segurança jurídica; (ii) o princípio constitucional da legalidade e (iii) o princípio constitucional da irretroatividade da *lex gravior*, previsto no art. 5º, XL, da CF/88 ("a lei penal não retroagirá, salvo para beneficiar o réu"). Quanto ao controle de convencionalidade e ao respeito às decisões da Corte Interamericana de Direitos Humanos sobre justiça de transição, considerou-se que a hierarquia interna da Convenção e das deliberações internacionais de direitos humanos no Brasil é matéria reservada ao STF, não podendo o STJ dele divergir (STJ, REsp 1.798.903, rel. p/ o acórdão Min. Reynaldo Soares da Fonseca, por maioria, vencidos os Ministros Rogerio Schietti e Sebastião Reis Júnior, j. 25-8-2019).

Quanto à formatação democrática das instituições do Estado, a prática da justiça de transição defende o afastamento dos cargos ou funções públicas daqueles indivíduos que apoiaram ou se envolveram, de alguma forma, com a ditadura. Essa política é chamada de *depuração* ou *lustração* (*vetting* ou *lustration*), que gera (i) a *renovação* dos quadros e das práticas estatais e (ii) a *prevenção* de novos atentados ao Estado Democrático, pela sanção de afastamento aos que apoiaram as iniciativas pretéritas. A política de *vetting* foi intensamente adotada após a redemocratização nos Estados do ex-bloco soviético, afastando do poder os servidores públicos ex-membros do Partido Comunista do país, especialmente os vinculados aos serviços internos de informação política[181].

38. GARANTIAS FUNDAMENTAIS

A Constituição de 1988 prevê, no seu Título II, direitos e garantias fundamentais. Por garantias fundamentais, entendem-se os instrumentos, inseridos na Constituição, que asseguram e promovem os direitos fundamentais. Entre essas garantias, há *ações constitucionais*, também chamadas de remédios constitucionais, que possuem *natureza híbrida*: representam ações regidas pelo Direito Processual, mas, ao mesmo tempo, são inseridas na Constituição e desempenham a função de proteger direitos fundamentais.

Há *oito* ações constitucionais: o *habeas corpus*, o mandado de segurança individual, o mandado de segurança coletivo, o mandado de injunção, o *habeas data*, a ação popular, a ação civil pública e ainda o direito de petição. Analisaremos, abaixo, as principais características de cada uma delas.

38.1. *Habeas corpus*

> Art. 5º, LXVIII – conceder-se-á habeas corpus *sempre que alguém sofrer ou se achar ameaçado de sofrer violência ou coação em sua liberdade de locomoção, por ilegalidade ou abuso de poder;*

Conceito – O *habeas corpus* consiste em ação constitucional cabível sempre que alguém sofrer ou se achar ameaçado de sofrer violência ou coação em sua *liberdade de locomoção*, por ilegalidade ou abuso de poder, conforme dispõe o art. 5º, LXVIII.

Origem – O *habeas corpus* tem raízes na Carta Magna (1215) e no *Habeas Corpus Act* (1679). No Brasil, foi previsto no Código Criminal do Império (1830) e, pela primeira vez em um texto constitucional, na Constituição de 1891.

Cabimento – Logo após a Constituição de 1891, a interpretação do cabimento do *habeas corpus* foi ampliada para abarcar a violação de todo e qualquer direito constitucional, uma vez que a redação do art. 72, § 22, da Constituição de 1891 (que tratou do *habeas corpus*) não mencionava "liberdade de locomoção". Essa ampliação do alcance do *habeas corpus* foi denominada "teoria brasileira do *habeas corpus*", eliminada somente na Reforma Constitucional de 1926, que alterou a redação do art. 72, § 22, para incluir a redação próxima da atual (com referência expressa à liberdade de locomoção). Atualmente, é cabível o *habeas corpus* para combater lesão ou ameaça de lesão à liberdade de locomoção por ilegalidade ou abuso de poder.

---

[181] WEICHERT, Marlon. *Justiça transicional*. São Paulo: Estúdio Editores, 2015, p. 35.

Restrição – A CF/88 prevê que *não* caberá *habeas corpus* em face de punições disciplinares militares (art. 142, § 2º).

Competência para julgamento – Será determinada de acordo com o tipo de autoridade coatora e, excepcionalmente, de acordo com o paciente (aquele que sofre sofreu violência ou coação em sua liberdade ambulatorial).

Espécies e ordem – O *habeas corpus* pode ser preventivo (antes da ocorrência da lesão), quando, se concedido, gerará um "salvo conduto" ao paciente para assegurar seu direito de ir ou repressivo, quando se obtém um alvará de soltura liberatório contra ato abusivo ou ilegalidade.

Propositura e trâmite – Pode ser proposto por qualquer pessoa física (em sua defesa ou na defesa de terceiro) ou jurídica, inclusive o Ministério Público e a Defensoria para proteger direito de ir e vir de determinado indivíduo (liberdade de locomoção ou liberdade ambulatorial). Pode ser proposta sem advogado ou formalidade. O juiz, no exercício de sua atividade jurisdicional, pode conceder de ofício. O trâmite é singelo: o Impetrante sustenta a existência de lesão ou ameaça de lesão à liberdade de locomoção por conduta imputada à Autoridade Coatora, em desfavor do Paciente. A Autoridade Coatora presta informações, o Ministério Público oficia como *custos legis*, dando parecer (já que pode ter ocorrido inclusive crime por parte da Autoridade Coatora), e o juízo concede ou denega a ordem de *habeas corpus*.

***Habeas corpus* contra ato de Ministro do STF e competência do Pleno do STF** – A jurisprudência do STF foi alterada em agosto de 2015, passando a admitir *habeas corpus* contra ato coator de Ministro do STF. A competência é do Pleno do STF. Essa mudança foi gerada pelo aumento dos casos criminais originários (por exemplo, a Operação Lava Jato, que envolveu dezenas de parlamentares federais), nos quais os atos do Ministro relator do STF – pela jurisprudência antiga – eram insuscetíveis de ataque pela via do *habeas corpus* (HC 127.483/PR – Min. Dias Toffoli, j. 27-8-2015, *DJe* de 4-2-2016).

***Habeas corpus* substitutivo de recurso ordinário** – Houve alteração da jurisprudência do STF, para impedir o uso da estratégia defensiva conhecida como "*habeas corpus*" *sucessivo ou substitutivo*, sem a utilização dos recursos cabíveis: da negativa de liminar de um *habeas corpus* pelo juízo, nasceria um ato coator, possibilitando outro *habeas corpus* agora proposto perante Tribunal, que, negando a liminar, permitiria outro *habeas corpus* agora perante o STJ, que, indeferindo a liminar, permitiria o último *habeas corpus* sucessivo agora perante o STF. De acordo com o STF, "o *habeas corpus* tem uma rica história, constituindo garantia fundamental do cidadão. Ação constitucional que é não pode ser amesquinhado, mas também não é passível de vulgarização, sob pena de restar descaracterizado como remédio heroico. Contra a denegação de *habeas corpus* por Tribunal Superior prevê a Constituição Federal remédio jurídico expresso, o recurso ordinário. Diante da dicção do art. 102, II, *a*, da Constituição da República, a impetração de novo *habeas corpus* em caráter substitutivo escamoteia o instituto recursal próprio, em manifesta burla ao preceito constitucional" (1ª Turma, HC 104.045/RJ, rel. Min. Rosa Weber, j. 21-8-2012).

***Habeas corpus* coletivo** – Em 2017, o Min. Ricardo Lewandowski do STF admitiu o trâmite de *habeas corpus* coletivo, impetrado pela Defensoria Pública do Estado do Ceará, tendo como pacientes todas as mulheres submetidas à prisão cautelar no Sistema Penitenciário Nacional, que ostentem a condição de *gestantes*, *puérperas* ou *mães com filhos de até 12 anos* de idade sob sua responsabilidade, e das próprias *crianças*. Na petição são inseridas como autoridades coatoras todos os magistrados criminais (inclusive do STJ) do país. Para o Min. relator, deve-se autorizar o uso do *habeas corpus* na forma coletiva, pois se a lesão pode assumir caráter coletivo e, em assim sendo, "o justo consiste em disponibilizar um remédio efetivo e funcional para a proteção da coletividade – mormente de coletividades vulneráveis socioeconomicamente". Salientou ainda o

Min. Lewandowski que o exercício da faculdade de extensão da ordem de um *habeas corpus* individual a todos os que estejam na mesma situação pode transformá-lo em "legítimo habeas corpus coletivo", mostrando que essa *coletivização do instrumento* do *habeas corpus* não é estranha à prática processual penal brasileira. Também anotou que nessa extensão não se exige a nome de cada paciente, nos termos do art. 654, § 1º, *a*, do Código de Processo Penal e, por igual razão, não se deve exigir tal requisito no *habeas corpus* coletivo, lembrando que a interpretação do Código de Processo Penal deve ser orientada pelo prisma constitucional. Quanto ao argumento da existência de outros instrumentos de defesa coletiva de direitos – por exemplo, a ADPF –, o Relator recordou que rol de legitimados da ADPF é restrito, podendo ser utilizado o *habeas corpus* coletivo como "instrumento flexível e relevante", que amplifica o acesso à Justiça previsto na CF/88 e no art. 25 da Convenção Americana de Direitos Humanos (ver abaixo o comentário à Lei n. 14.836/2024 que acatou tal entendimento jurisprudencial e regulou o HC Coletivo). Quanto à legitimidade ativa, decidiu o Relator pelo uso analógico das regras do mandado de injunção coletivo (art. 12, IV, da Lei 13.300/2016), reconhecendo a legitimidade ativa à Defensoria Pública da União, por se tratar de ação de caráter nacional, admitindo as impetrantes como assistentes, em condição análoga à atribuída às demais Defensorias Públicas atuantes no feito (STF, *Habeas Corpus Coletivo* n. 143.641, rel. Min. Ricardo Lewandowski, decisão de 15 de agosto de 2017).

Em 2018, a 2ª Turma do STF concedeu o HC coletivo ordenando a substituição da prisão preventiva por prisão domiciliar de mulheres presas, em todo o território nacional, que sejam (i) gestantes ou (ii) mães de crianças de até 12 anos ou de pessoas com deficiência. A Turma concedeu ainda HC coletivo de ofício estendendo tal substituição também para adolescentes em conflito com a lei cumprindo medidas socioeducativas em idêntica situação (STF, *Habeas Corpus Coletivo* n. 143.641, rel. Min. Ricardo Lewandowski, j. 20-2-2018).

A Lei n. 14.836, de 8 de abril de 2024, introduz alterações significativas no Código de Processo Penal e na Lei n. 8.038, de 1990, que regula os processos nos Tribunais Superiores. As principais mudanças em relação ao *habeas corpus* são:

- **Concessão de *Habeas Corpus* de Ofício. O *Habeas Corpus* Coletivo.** A nova lei autoriza qualquer autoridade judicial a expedir, *de ofício*, ordem de *habeas corpus* (individual ou *coletivo*) quando verificar que alguém sofre ou está ameaçado de sofrer coação ou violência à sua liberdade de locomoção, em decorrência de violação do ordenamento jurídico. Essa ordem pode ser concedida independentemente do conhecimento da ação ou recurso em que o pedido foi formulado. Regula-se, por lei, a figura do *habeas corpus* coletivo.

Súmulas do STF sobre *Habeas Corpus*:
- Súmula 299 – O recurso ordinário e o extraordinário interpostos no mesmo processo de Mandado de Segurança, ou de *Habeas Corpus*, serão julgados conjuntamente pelo Tribunal Pleno.
- Súmula 319 – O prazo do recurso ordinário para o Supremo Tribunal Federal, em *Habeas Corpus* ou Mandado de Segurança, é de cinco dias.
- Súmula 344 – Sentença de primeira instância concessiva de *Habeas Corpus*, em caso de crime praticado em detrimento de bens, serviços ou interesses da União, está sujeita a recurso *ex officio*.
- Súmula 395 – Não se conhece de recurso de *Habeas Corpus* cujo objeto seja resolver sobre o ônus das custas, por não estar mais em causa a liberdade de locomoção.
- Súmula 431 – É nulo o julgamento de recurso criminal, na segunda instância, sem prévia intimação, ou publicação da pauta, salvo em *Habeas Corpus*.
- Súmula 606 – Não cabe *Habeas Corpus* originário para o Tribunal Pleno de decisão de Turma, ou do Plenário, proferida em *Habeas Corpus* ou no respectivo recurso.

- Súmula 690 – Compete originariamente ao Supremo Tribunal Federal o julgamento de *Habeas Corpus* contra decisão de Turma recursal de Juizados Especiais Criminais.
- Súmula 691 – Não compete ao Supremo Tribunal Federal conhecer de *Habeas Corpus* impetrado contra decisão do relator que, em *Habeas Corpus* requerido a Tribunal Superior, indefere a liminar.
- Súmula 692 – Não se conhece de *Habeas Corpus* contra omissão de relator de extradição, se fundado em fato ou direito estrangeiro cuja prova não constava dos autos, nem foi ele provocado a respeito.
- Súmula 693 – Não cabe *Habeas Corpus* contra decisão condenatória a pena de multa, ou relativo a processo em curso por infração penal a que a pena pecuniária seja a única cominada.
- Súmula 694 – Não cabe *Habeas Corpus* contra a imposição de pena de exclusão de militar ou de perda de patente ou de função pública.
- Súmula 695 – Não cabe *Habeas Corpus* quando já extinta a pena privativa de liberdade.

38.2. Mandado de segurança

> *Art. 5º, LXIX – conceder-se-á mandado de segurança para proteger direito líquido e certo, não amparado por* habeas corpus *ou* habeas data, *quando o responsável pela ilegalidade ou abuso de poder for autoridade pública ou agente de pessoa jurídica no exercício de atribuições do Poder Público;*

Conceito – O mandado de segurança visa proteger direito líquido e certo, não amparado por *habeas corpus* ou *habeas data*, ameaçado ou lesado por ilegalidade ou abuso de poder de autoridade pública ou agente de pessoa jurídica no exercício de atribuições do Poder Público (art. 5º, LXIX). A Constituição de 1988 inovou e prevê ainda o *mandado de segurança coletivo* a ser impetrado por (i) partido político com representação no Congresso Nacional e por (ii) organização sindical, entidade de classe ou associação legalmente constituída e em funcionamento há pelo menos um ano, em defesa dos interesses de seus membros ou associados (art. 5º, LXX).

Origem – Foi inserido pela primeira vez em uma Constituição na Constituição de 1934. Visava incrementar a proteção de direitos, após o fim da "teoria brasileira do *habeas corpus*". Desde então compõe o texto das nossas Constituições (ausência somente na Constituição de 1937), constituindo-se em *instituto tipicamente brasileiro*: somente há institutos próximos (e não idênticos) em outros países, como o "recurso de amparo" da Espanha. A regulamentação foi durante décadas a da Lei n. 1.533/51, que foi revogada e substituída pela Lei n. 12.016, de 2009, com poucas alterações.

Cabimento – Cabe mandado de segurança para proteger "direito líquido e certo", que consiste em todo direito cujos fatos que o embasam podem ser provados de plano, sem instrução probatória. Não se admite, então, dilação probatória no mandado de segurança: a prova tem que ser pré-constituída. Também só é cabível mandado de segurança para combater condutas (comissivas ou omissivas) (i) ilegais ou fruto de (ii) abuso de poder imputadas à autoridade pública ou agente privado no exercício de atribuições do Poder Público. A Lei n. 12.016/2009 vedou a impetração de mandado de segurança contra ato de gestão comercial praticado pelo administrador de empresa pública, de sociedade de economia mista e de concessionária de serviço público. A mesma lei determinou que se equiparam às autoridades públicas os representantes ou órgãos de partidos políticos e os administradores de entidades autárquicas, bem como os dirigentes de pessoas jurídicas ou as pessoas naturais no exercício de atribuições do poder público, somente no que disser respeito a essas atribuições.

Restrição – Não cabe mandado de segurança para proteger a (i) liberdade de locomoção (pois cabe *habeas corpus*) nem a (ii) a autodeterminação informativa (veremos abaixo, pois é cabível *habeas data*). A Súmula n. 604 do STJ prevê ainda outra restrição: "O mandado de segurança não se presta para atribuir efeito suspensivo a recurso criminal interposto pelo Ministério Público".

Competência para julgamento – Será determinada de acordo com o tipo de autoridade coatora, de acordo com a Constituição e com as leis infraconstitucionais.

Espécies e ordem – O mandado de segurança pode ser preventivo (antes da ocorrência da lesão ao direito líquido e certo) ou repressivo (depois da ilegalidade ou abuso de poder). Em geral, pede-se antecipação de tutela pela via liminar.

Propositura e trâmite – O legitimado ativo (impetrante) é o pretenso titular do direito líquido e certo, o que abarca pessoas físicas, jurídicas, entes despersonalizados (inclusive órgãos públicos despersonalizados, como Mesas do Poder Legislativo e Ministério Público). O prazo é de 120 dias (decadencial) contados da ciência da conduta impugnada. O impetrado é a autoridade coatora, que é aquele que praticou o ato ilegal ou abusivo, ou ainda aquele que ordenou tal prática. Após a propositura e eventual apreciação da liminar, há a prestação das informações pela Autoridade Coatora. O *Ministério Público atua como fiscal da lei*, emitindo parecer logo após o prazo para envio das informações. O rito completa-se, de modo célere, com a sentença. O conteúdo da sentença de procedência é mandamental, ou seja, é uma ordem dirigida à autoridade coatora, que comete crime de desobediência, caso a descumpra. Concedida a segurança, a sentença estará sujeita obrigatoriamente ao duplo grau de jurisdição.

38.3. Mandado de segurança coletivo

> *Art. 5º, LXX – o mandado de segurança coletivo pode ser impetrado por:*
>
> *a) partido político com representação no Congresso Nacional;*
>
> *b) organização sindical, entidade de classe ou associação legalmente constituída e em funcionamento há pelo menos um ano, em defesa dos interesses de seus membros ou associados;*

Conceito – Dispõe a Lei n. 12.106/2009, que regulamentou o art. 5º, LXX, que o mandado de segurança coletivo pode ser impetrado por partido político com representação no Congresso Nacional, na defesa de seus interesses legítimos relativos a seus integrantes ou à finalidade partidária, ou por organização sindical, entidade de classe ou associação legalmente constituída e em funcionamento há, pelo menos, um ano, em defesa de direitos líquidos e certos da totalidade, ou de parte, dos seus membros ou associados, na forma dos seus estatutos e desde que pertinentes às suas finalidades, dispensada, para tanto, autorização especial. Assim, não cabe exigir autorização assemblear (de assembleia da associação).

Origem e diferenças – A Constituição de 1988 criou o mandado de segurança coletivo, que difere do mandado de segurança individual somente quanto aos (i) legitimados (visto acima) e (ii) objeto.

Objeto – Os direitos protegidos pelo mandado de segurança coletivo podem ser: I – coletivos, assim entendidos os transindividuais, de natureza indivisível, de que seja titular grupo ou categoria de pessoas ligadas entre si ou com a parte contrária por uma relação jurídica básica; II – individuais homogêneos, assim entendidos, para efeito desta Lei, os decorrentes de origem comum e da atividade ou situação específica da totalidade ou de parte dos associados ou membros do impetrante.

Partidos Políticos – Para parte da doutrina, os partidos políticos podem defender todo e qualquer direito líquido e certo coletivo ou individual homogêneo, pois a finalidade partidária é defender e bem representar o interesse da sociedade. Há precedente contrário do STJ, que restringe a ação dos partidos políticos na defesa dos filiados e em questões políticas. A Lei n. 12.016 adotou a visão restritiva e determinou que os partidos só podem impetrar mandado de segurança coletivo na defesa de direitos líquidos e certos referentes a seus integrantes ou à finalidade partidária.

Organização sindical, entidade de classe ou associação – Já as organizações sindicais, entidade de classe ou associação, podem defender direitos líquidos e certos coletivos ou individuais homogêneos dos membros ou parte deles, na forma dos seus estatutos e desde que pertinentes às suas finalidades, dispensada, para tanto, autorização especial (ver ainda Súmula 630 do STF).

Trâmite – Há poucas diferenças do já estudado no mandado de segurança individual. O mandado de segurança coletivo não induz litispendência para as ações individuais, mas os efeitos da coisa julgada não beneficiarão o impetrante a título individual se não requerer a desistência de seu mandado de segurança no prazo de 30 dias a contar da ciência comprovada da impetração da segurança coletiva. No mandado de segurança coletivo, a liminar só poderá ser concedida após a audiência do representante judicial da pessoa jurídica de direito público, que deverá se pronunciar no prazo de 72 horas. A sentença fará coisa julgada em face somente dos membros do grupo ou categoria substituídos pelo impetrante.

Súmulas do STF sobre Mandado de Segurança:

- Súmula 101 – O mandado de segurança não substitui a ação popular.
- Súmula 248 – É competente, originariamente, o Supremo Tribunal Federal, para mandado de segurança contra ato do Tribunal de Contas da União.
- Súmula 266 – Não cabe mandado de segurança contra lei em tese.
- Súmula 267 – Não cabe mandado de segurança contra ato judicial passível de recurso ou correição.
- Súmula 268 – Não cabe mandado de segurança contra decisão judicial com trânsito em julgado.
- Súmula 269 – O mandado de segurança não é substitutivo de ação de cobrança.
- Súmula 270 – Não cabe mandado de segurança para impugnar enquadramento da Lei n. 3.780, de 12-7-1960, que envolva exame de prova ou de situação funcional complexa.
- Súmula 271 – Concessão de mandado de segurança não produz efeitos patrimoniais em relação a período pretérito, os quais devem ser reclamados administrativamente ou pela via judicial própria.
- Súmula 272 – Não se admite como ordinário recurso extraordinário de decisão denegatória de mandado de segurança.
- Súmula 299 – O recurso ordinário e o extraordinário interpostos no mesmo processo de mandado de segurança, ou de *Habeas Corpus*, serão julgados conjuntamente pelo Tribunal Pleno.
- Súmula 304 – Decisão denegatória de mandado de segurança, não fazendo coisa julgada contra o impetrante, não impede o uso da ação própria.
- Súmula 319 – O prazo do recurso ordinário para o Supremo Tribunal Federal, em *Habeas Corpus* ou mandado de segurança, é de cinco dias.
- Súmula 330 – O Supremo Tribunal Federal não é competente para conhecer de mandado de segurança contra atos dos Tribunais de Justiça dos Estados.
- Súmula 392 – O prazo para recorrer de acórdão concessivo de segurança conta-se da publicação oficial de suas conclusões, e não da anterior ciência à autoridade para cumprimento da decisão.

- Súmula 405 – Denegado o mandado de segurança pela sentença, ou no julgamento do agravo, dela interposto, fica sem efeito a liminar concedida, retroagindo os efeitos da decisão contrária.
- Súmula 429 – A existência de recurso administrativo com efeito suspensivo não impede o uso do mandado de segurança contra omissão da autoridade.
- Súmula 430 – Pedido de reconsideração na via administrativa não interrompe o prazo para o mandado de segurança.
- Súmula 474 – Não há direito líquido e certo, amparado pelo mandado de segurança, quando se escuda em lei cujos efeitos foram anulados por outra, declarada constitucional pelo Supremo Tribunal Federal.
- Súmula 506 – O agravo a que se refere o art. 4º da Lei n. 4.348, de 26-6-1964, cabe, somente, do despacho do presidente do Supremo Tribunal Federal que defere a suspensão da liminar, em mandado de segurança; não do que a "denega".
- Súmula 510 – Praticado o ato por autoridade, no exercício de competência delegada, contra ela cabe o mandado de segurança ou a medida judicial.
- Súmula 511 – Compete à Justiça Federal, em ambas as instâncias, processar e julgar as causas entre autarquias federais e entidades públicas locais, inclusive mandados de segurança, ressalvada a ação fiscal, nos termos da Constituição Federal de 1967, art. 119, § 3º.
- Súmula 512 – Não cabe condenação em honorários de advogado na ação de mandado de segurança.
- Súmula 597 – Não cabem embargos infringentes de acórdão que, em mandado de segurança decidiu, por maioria de votos, a apelação.
- Súmula 623 – Não gera por si só a competência originária do Supremo Tribunal Federal para conhecer do mandado de segurança com base no art. 102, I, *n*, da Constituição, dirigir-se o pedido contra deliberação administrativa do tribunal de origem, da qual haja participado a maioria ou a totalidade de seus membros.
- Súmula 624 – Não compete ao Supremo Tribunal Federal conhecer originariamente de mandado de segurança contra atos de outros tribunais.
- Súmula 625 – Controvérsia sobre matéria de direito não impede concessão de mandado de segurança.
- Súmula 626 – A suspensão da liminar em mandado de segurança, salvo determinação em contrário da decisão que a deferir, vigorará até o trânsito em julgado da decisão definitiva de concessão da segurança ou, havendo recurso, até a sua manutenção pelo Supremo Tribunal Federal, desde que o objeto da liminar deferida coincida, total ou parcialmente, com o da impetração.
- Súmula 627 – No mandado de segurança contra a nomeação de magistrado da competência do Presidente da República, este é considerado autoridade coatora, ainda que o fundamento da impetração seja nulidade ocorrida em fase anterior do procedimento.
- Súmula 629 – A impetração de mandado de segurança coletivo por entidade de classe em favor dos associados independe da autorização destes.
- Súmula 630 – A entidade de classe tem legitimação para o mandado de segurança ainda quando a pretensão veiculada interesse apenas a uma parte da respectiva categoria.
- Súmula 631 – Extingue-se o processo de mandado de segurança se o impetrante não promove, no prazo assinado, a citação do litisconsorte passivo necessário.
- Súmula 632 – É constitucional lei que fixa o prazo de decadência para a impetração de mandado de segurança.

- Súmula 701 – No mandado de segurança impetrado pelo Ministério Público contra decisão proferida em processo penal, é obrigatória a citação do réu como litisconsorte passivo.

38.4. Mandado de injunção

> *Art. 5º, LXXI – conceder-se-á mandado de injunção sempre que a falta de norma regulamentadora torne inviável o exercício dos direitos e liberdades constitucionais e das prerrogativas inerentes à nacionalidade, à soberania e à cidadania;*

Conceito – De acordo com a Constituição de 1988, o mandado de injunção pode ser proposto sempre que "a falta de norma regulamentadora torne inviável o exercício dos direitos e liberdades constitucionais e das prerrogativas inerentes à nacionalidade, à soberania e à cidadania" (art. 5º, LXXI). Combate-se a inércia de regulamentação que impede ou dificulta a efetividade das normas constitucionais. O STF admite o mandado de injunção coletivo, tendo considerado até ser inadmissível o pedido de desistência do mandado de injunção coletivo após o início do julgamento no STF (por ser o Sindicato impetrante mero substituto processual, ou seja, o titular do direito inviabilizado pela omissão são os trabalhadores – ver em STF, MI 712-QO, rel. Min. Eros Grau, j. 15-10-2007, Plenário, *DJ* de 23-11-2007). Com a edição da Lei n. 13.300/2016, foram explicitados no texto legal o conteúdo de diversos precedentes judiciais, inclusive tendo sido reconhecida a possibilidade de impetração do mandado de injunção coletivo (art. 12).

Origem e cabimento – A Constituição de 1988 criou o mandado de injunção. Para o STF: "para ser cabível o mandado de injunção é necessário que se constate: 1) omissão total ou parcial (art. 2º da Lei n. 13.300) de norma regulamentadora e 2) concreta inviabilidade de plena fruição de direito ou liberdade constitucional (ou prerrogativa inerente à nacionalidade, soberania e cidadania) pelo seu titular. Por isso, é necessário que se comprove, de plano, a (i) titularidade do direito e a (ii) sua inviabilidade decorrente da ausência de norma regulamentadora do direito constitucional" (MI 2.195-AgR, voto da rel. Min. Cármen Lúcia, j. 23-2-2011, Plenário, *DJe* de 18-3-2011). A omissão pode advir de qualquer órgão público, inclusive do Poder Judiciário, Ministério Público ou Legislativo, desde que tenha natureza administrativa ou legislativa.

Legitimidade ativa e passiva – Cabe ao titular (pessoa física ou jurídica) do direito inviabilizado a propositura do mandado de injunção. Por sua vez, a legitimidade passiva é do Poder, órgão ou autoridade com atribuição para editar a norma regulamentadora (art. 3º da Lei n. 13.300).

Competência – A competência para julgamento do MI depende do ente omisso e pode ser assim resumida: a) STF (art. 102, I, *q*): cabe ao STF julgar o MI quando a elaboração da norma regulamentadora for atribuição do Presidente da República, do Congresso Nacional, da Câmara dos Deputados, do Senado Federal, das Mesas de uma dessas Casas Legislativas, do Tribunal de Contas da União, de um dos Tribunais Superiores, ou do próprio Supremo Tribunal Federal; também cabe ao STF o julgamento de recurso ordinário, quando o mandado de injunção for decidido em única instância pelos Tribunais Superiores, se denegatória a decisão. b) STJ (art. 105, I, *h*): cabe ao STJ julgar mandado de injunção quando a elaboração da norma regulamentadora for atribuição de órgão, entidade ou autoridade federal, da administração direta ou indireta, excetuados os casos de competência do Supremo Tribunal Federal e dos órgãos da Justiça Militar, da Justiça Eleitoral, da Justiça do Trabalho e da Justiça Federal. c) TSE (art. 121, § 4º, V), no caso de recurso contra denegação de mandado de injunção por um Tribunal Regional Eleitoral. d) Justiça Estadual (art. 125, § 1º): delega aos Estados a organização da Justiça Estadual, observados os princípios da CF/88; assim, em vários Estados, como o de São Paulo, o mandado de injunção contra autoridades estaduais e municipais é da competência do Tribunal de Justiça[182].

Trâmite e efeitos – A Lei n. 13.300 utilizou a estrutura básica do mandado de segurança, a saber: Impetrante, Impetrado, Parecer do MP e Sentença, sem fase probatória (direito provado de plano). Aplicam-se subsidiariamente ao mandado de injunção as normas do mandado de segurança, disciplinado pela Lei n. 12.016, de 7 de agosto de 2009, e do Código de Processo Civil. Não cabe concessão de liminar (MI 283, rel. Min. Sepúlveda Pertence, *DJ* de 14-11-1991).

Reconhecido o estado de mora legislativa, será deferida a injunção para: (i) determinar prazo razoável para que o impetrado promova a edição da norma regulamentadora; (ii) estabelecer as condições em que se dará o exercício dos direitos, das liberdades ou das prerrogativas reclamados ou, se for o caso, (iii) as condições em que poderá o interessado promover ação própria visando a exercê-los, caso não seja suprida a mora legislativa no prazo determinado. Será dispensada a determinação do "prazo razoável" quando comprovado que o impetrado deixou de atender, em mandado de injunção anterior, ao prazo estabelecido para a edição da norma (art. 8º da Lei n. 13.300). Quanto ao efeito geral ou particular do MI, a Lei n. 13.300 estipula que a decisão terá eficácia subjetiva limitada às partes e produzirá efeitos até o advento da norma regulamentadora. Todavia, poderá ser conferida eficácia *ultra partes* ou *erga omnes* à decisão, quando isso for inerente ou indispensável ao exercício do direito, da liberdade ou da prerrogativa objeto da impetração. Após o trânsito em julgado, a Lei n. 13.300 ainda estipula que os efeitos da decisão podem ser estendidos aos casos análogos por decisão monocrática do relator. Além disso, o indeferimento do pedido por insuficiência de prova não impede a renovação da impetração fundada em outros elementos probatórios (art. 9º da Lei n. 13.300). Como a decisão possui impacto regulatório, há a previsão de "ação de revisão", que serve para rever o julgado, a pedido de qualquer interessado, quando sobrevierem relevantes modificações das circunstâncias de fato ou de direito. A ação de revisão observará, no que couber, o procedimento estabelecido na própria Lei n. 13.300 (art. 11).

Caso o Poder Público regulamente posteriormente a matéria objeto do MI, ficou estabelecido que a norma regulamentadora superveniente produzirá efeitos *ex nunc* em relação aos beneficiados por decisão transitada em julgado, salvo se a aplicação da norma editada lhes for mais favorável. Por sua vez, resta prejudicada a impetração se a norma regulamentadora for editada antes da decisão, caso em que o processo será extinto sem resolução de mérito.

A Lei n. 13.300 adotou a chamada "posição concretista intermediária", pela qual se fixa prazo para que o órgão inerte legisle ou regulamente a matéria faltante. Contudo, caso o órgão público continue inerte, pode o órgão julgador estabelecer as condições para o exercício dos direitos ou as condições em que o interessado pode promover ação própria, naquilo que foi denominado, nos precedentes anteriores à Lei n. 13.300, como *posição concretista individual* (cf. em MI 708, rel. Min. Gilmar Mendes, j. 25-10-2007, Plenário, *DJe* de 31-10-2008). E, finalmente, pode o órgão julgador conferir eficácia *ultra partes* ou *erga omnes* à decisão, naquilo que pode ser definido como sendo uma *posição concretista geral*.

Mandado de Injunção coletivo. De acordo com a Lei n. 13.300, o mandado de injunção coletivo pode ser promovido: (i) pelo Ministério Público, quando a tutela requerida for especialmente relevante para a defesa da ordem jurídica, do regime democrático ou dos interesses sociais ou individuais indisponíveis; (ii) por partido político com representação no Congresso Nacional, para assegurar o exercício de direitos, liberdades e prerrogativas de seus integrantes ou relacionados com a finalidade partidária; (iii) por organização sindical, entidade de classe ou associação legalmente constituída e em funcionamento há pelo menos 1 (um) ano, para assegurar o exercício

---

[182] LENZA, Pedro. *Direito constitucional esquematizado*. 16. ed. São Paulo: Saraiva, 2012, p. 1053.

de direitos, liberdades e prerrogativas em favor da totalidade ou de parte de seus membros ou associados, na forma de seus estatutos e desde que pertinentes a suas finalidades, dispensada, para tanto, autorização especial; (iv) pela Defensoria Pública, quando a tutela requerida for especialmente relevante para a promoção dos direitos humanos e a defesa dos direitos individuais e coletivos dos necessitados (vulneráveis). A Lei n. 13.300 definiu que os direitos, as liberdades e as prerrogativas protegidos por mandado de injunção coletivo são os pertencentes, indistintamente, a uma coletividade indeterminada de pessoas ou determinada por grupo, classe ou categoria.

No mandado de injunção coletivo, a sentença faz coisa julgada limitadamente às pessoas integrantes da coletividade, do grupo, da classe ou da categoria substituídos pelo impetrante. Seguindo a lógica do processo coletivo (*right to opt out*), o mandado de injunção coletivo não induz litispendência em relação aos individuais, mas os efeitos da coisa julgada não beneficiarão o impetrante que não requerer a desistência da demanda individual no prazo de 30 (trinta) dias a contar da ciência comprovada da impetração coletiva.

38.5. *Habeas data*

> *Art. 5º, LXXII – conceder-se-á* habeas data:
>
> *a) para assegurar o conhecimento de informações relativas à pessoa do impetrante, constantes de registros ou bancos de dados de entidades governamentais ou de caráter público;*
>
> *b) para a retificação de dados, quando não se prefira fazê-lo por processo sigiloso, judicial ou administrativo;*

Conceito e origem – O *habeas data* consiste em garantia fundamental que assegura o conhecimento de informações relativas à pessoa do impetrante, constantes de registros ou bancos de dados de entidades governamentais ou de caráter público e também serve para retificação de dados, quando não se prefira fazê-lo por processo sigiloso, judicial ou administrativo (art. 5º, LXXII). Essa parte final do dispositivo constitucional demonstra que há a via ordinária como alternativa. É inovação da Constituição e 1988, inspirado nas Constituições de Portugal e da Espanha, e que visa proteger o *direito à autodeterminação informativa*. Sua instituição foi uma ruptura com o passado de arquivos secretos da Ditadura e perseguição política. Não se trata simplesmente de assegurar o direito à informação e combater a "cultura do biombo" dos bancos de dados de entes públicos ou de caráter público, mas também de permitir que o interessado possa *retificar* as informações, controlando sua veracidade. Em 1997, foi editada a Lei n. 9.504 que regulamentou o *habeas data*, após anos de utilização analógica da Lei do Mandado de Segurança.

Objeto – Cabe *habeas data* para assegurar o conhecimento e eventual retificação de informação do titular, garantindo, em benefício de pessoa física ou jurídica diante de bancos de dados públicos ou de caráter público: (i) o direito de acesso aos dados e registros existentes; (ii) o direito de retificação das informações errôneas; e (iii) direito de complementação dos dados insuficientes ou incompletos. Considera-se de caráter público todo registro ou banco de dados contendo informações que sejam ou que possam ser transmitidas a terceiros ou que não sejam de uso privativo do órgão ou entidade produtora ou depositária das informações. A Lei n. 9.507/97 fixou o objeto do HD para o seguinte tripé: obter, corrigir e anotar (incluir) contestação ou explicação sobre dado verdadeiro mais justificável (caso típico de inclusão de anotação sobre existência de pendência judicial).

Diferença com o direito à certidão (mandado de segurança) – No caso do direito à obtenção de certidões (art. 5º, XXXIV, *b*) ou mesmo o direito à informação de interesse particular ou geral (art. 5º, XXXIII), a garantia fundamental apta a proteger tais direitos é o mandado de segurança. Assim, o pedido de certidão de contagem de tempo de serviço negado abusivamente por gerente do INSS é protegido pelo uso do mandado de segurança e não do *habeas data*. No mesmo sentido, o *habeas data* não se revela meio idôneo para se obter vista de processo administrativo, cabendo mandado de segurança (HD 90-AgR, rel. Min. Ellen Gracie, j. 18-2-2010, Plenário, *DJe* de 19-3-2010).

Legitimidade ativa e passiva – Pode impetrar *habeas data* o pretenso titular do direito à autodeterminação informativa. Consequentemente, o *habeas data* não se presta para solicitar informações relativas a terceiros, pois, nos termos do inciso LXXII do art. 5º da CF, sua impetração deve ter por objetivo "assegurar o conhecimento de informações relativas à pessoa do impetrante" (HD 87-AgR, rel. Min. Cármen Lúcia, j. 25-11-2009, Plenário, *DJe* de 5-2-2010). No polo passivo, a Lei n. 9.504/97 adotou o mesmo modelo do mandado de segurança, sendo a Autoridade Coatora o agente que detém a informação e o Requerido (que poderá recorrer) o sujeito de direito a quem pertencem os registros ou dados. Esse sujeito de direito pode ser público ou privado: o critério será a disponibilização da informação ao público. Assim, considera-se de caráter público todo registro ou banco de dados contendo informações que sejam ou que possam ser transmitidas a terceiros ou que não sejam de uso privativo do órgão ou entidade produtora ou depositária das informações. Por isso, decidiu o STF que o Banco do Brasil é parte ilegítima para figurar no polo passivo de ação de HD uma vez que mantinha os dados pleiteados pelo impetrante para seu uso privativo (STF, RE 165.304, rel. Min. Octavio Gallotti, j. 19-10-2000, Plenário, *DJ* de 15-12-2000). Por sua vez, é cabível o *habeas data* "para a obtenção, pelo próprio contribuinte, dos dados concernentes ao pagamento de tributos constantes de sistemas informatizados de apoio à arrecadação dos órgãos da administração fazendária dos entes estatais" (Tema 582 de repercussão geral, RE 673.707, Acórdão de 17-6-2015).

Trâmite – A Lei n. 9.504/97 prevê uma fase administrativa e uma fase judicial. A fase administrativa (ou prejudicial) consiste no pedido das informações para conhecimento e eventual retificação ou complementação ao órgão detentor. Caso haja recusa ou atendimento imperfeito do pedido, é que surge o interesse de agir para a impetração do *habeas data*. Por isso, a petição inicial deverá ser instruída com prova da recusa ao acesso às informações, ou do decurso de mais de 10 dias sem decisão, ou ainda da recusa em fazer-se a retificação ou do decurso de mais de 15 dias, sem decisão e, finalmente, da recusa em fazer-se o complemento de dados ou anotação. Nesse sentido, a Súmula 2 do STJ: "não cabe o *habeas data* (cf., art. 5º, LXXII, letra *a*) se não houve recusa de informações por parte da autoridade administrativa". O rito do HD é similar ao do mandado de segurança: há o impetrante e a autoridade coatora e não se admite instrução probatória. O HD não serve para corrigir aquilo que for controverso: eventual necessidade de dilação probatória exigirá o uso das ações ordinárias.

Competência – A autoridade coatora é essencial para definir competência judicial. A competência do STF é para: *habeas data* contra atos do Presidente da República, das Mesas da Câmara dos Deputados e do Senado Federal, do Tribunal de Contas da União, do Procurador-Geral da República e do próprio STF; cabe ao STJ julgar *habeas data*: contra atos de Ministro de Estado, Comandantes das Forças Armadas ou do próprio STJ; os Tribunais Regionais Federais julgam *habeas data* contra atos do próprio Tribunal ou de juiz federal; o juiz federal julga *habeas data* contra ato de autoridade federal, excetuados os casos de competência dos tribunais federais; e, finalmente, os tribunais estaduais julgam *habeas data* segundo o disposto na Constituição do Estado (observados os casos já previstos pela CF/88); e o juiz estadual, para os casos restantes.

38.6. Ação popular

> *Art. 5º, LXXIII – qualquer cidadão é parte legítima para propor ação popular que vise a anular ato lesivo ao patrimônio público ou de entidade de que o Estado participe, à moralidade administrativa, ao meio ambiente e ao patrimônio histórico e cultural, ficando o autor, salvo comprovada má-fé, isento de custas judiciais e do ônus da sucumbência;*

Conceito e origem – A ação popular consiste em ação em que qualquer cidadão pede a anulação de ato lesivo ao patrimônio público ou de entidade de que o Estado participe, à moralidade administrativa, ao meio ambiente e ao patrimônio histórico e cultural, ficando o autor, salvo comprovada má-fé, isento de custas judiciais e do ônus da sucumbência. Sua origem está nas chamadas ações públicas romanas (*publica judicia*), no qual o autor agia a favor do povo (*pro populo*). No Brasil, a primeira Constituição a prever tal garantia fundamental foi a Constituição de 1934, no inciso XXXIII do art. 113 que estabeleceu: "Qualquer cidadão será parte legítima para pleitear a declaração de nulidade ou a anulação dos atos lesivos do patrimônio da União, dos Estados ou dos Municípios". A ação popular protege o direito fundamental à boa governança, que consiste no direito difuso de toda a comunidade de ser governada segundo os princípios da legalidade, da moralidade e de invocar a tutela jurisdicional para combater práticas lesivas a tal direito. O direito de propor ação popular é do cidadão (age, em nome próprio, na defesa de direito difuso – substituição processual – ver abaixo), o que o insere na categoria dos "direitos políticos de fiscalização".

Objeto – Inicialmente, a ação popular trata de invalidar atos praticados com ilegalidade de que resultou lesão ao patrimônio público. Essa ilegalidade pode advir de vício formal ou substancial, devido à violação de regra de incompetência do agente, ou ainda forma, bem como fruto de ilegalidade do objeto e inexistência dos motivos ou desvio de finalidade. Após a Constituição de 1988, houve a ampliação do objeto da ação popular, que abarca agora ato lesivo à moralidade administrativa, ao meio ambiente e ao patrimônio histórico e cultural. A moralidade administrativa consiste no conjunto de preceitos de bom agir do governante, sendo considerada a conduta ética e em boa-fé que se espera do gestor público. Há três elementos básicos do regime jurídico da ação popular: a) cidadão é o proponente (*vide* abaixo a legitimidade subsidiária do MP); b) ilegalidade; e c) lesividade. Para o STJ, o alargamento das hipóteses de cabimento da ação popular não elimina o dever do Autor Popular de comprovar a lesividade do ato, mesmo em se tratando de lesão à moralidade administrativa, ao meio ambiente ou ao patrimônio histórico e cultural (EREsp 260.821/SP, relator p/ acórdão Ministro João Otávio de Noronha, Primeira Seção, *DJ* de 13-2-2006)[183].

O STF, por sua vez, reconheceu que não é exigível "prejuízo material" como requisito de cabimento da ação popular. Em tese de repercussão geral ficou estabelecido: "*não é condição para o cabimento da ação popular a demonstração de prejuízo material aos cofres públicos*, dado que o art. 5º, LXXIII, da Constituição Federal estabelece que qualquer cidadão é parte legítima para propor ação popular e impugnar, ainda que separadamente, ato lesivo ao patrimônio material, moral, cultural ou histórico do Estado ou de entidade de que ele participe" (STF, Ag. RE 824.781, rel. Min. Dias Toffoli, j. 27-8-2015, *DJ* de 9-10-2015, Tema 836, grifo meu).

A ação popular, ainda, é o instrumento pioneiro na tutela de direitos difusos no Brasil, sendo regulamentada pela Lei n. 4.717, de 1965.

---

[183] Por todos, ver MEIRELLES, Hely Lopes. *Mandado de segurança e ações constitucionais* (atualizado por Arnoldo Wald e Gilmar Ferreira Mendes). 34. ed. São Paulo: Malheiros, 2012.

Legitimidade ativa e passiva – A legitimidade da ação popular é do cidadão, que é o nacional exercente de direitos políticos. Por isso, deve comprovar, na petição inicial, ser eleitor e estar em gozo dos seus direitos políticos. A propositura da ação popular é direito político, ficando o autor, salvo comprovada má-fé, isento de custas judiciais e do ônus da sucumbência (CF, art. 5º, LXXIII). Para Pedro Lenza, não cabe assistência ao menor cidadão (como se sabe, o jovem de 16 a 18 pode, de modo facultativo, ser eleitor)[184]. Excepcionalmente, o MP assumirá o polo ativo, para dar continuidade a ação popular já proposta (art. 9º da Lei n. 4.717/65). Não podem propor ação popular: os inalistáveis ou inalistados, aqueles que sofrem de suspensão de direitos políticos, os estrangeiros (mesmo os portugueses no gozo do estatuto da igualdade, pois não há a reciprocidade em Portugal exigida pela CF/88), os partidos políticos e entidades de classe ou qualquer outra pessoa jurídica (ver abaixo a Súmula 365 do STF). Quanto à legitimidade passiva, cabe a propositura contra as pessoas jurídicas cujo patrimônio foi lesado, bem como contra os agentes que causaram o dano – por ação ou omissão, e ainda contra os beneficiados. É possível a mudança de polo da pessoa jurídica de direito público ou privado, que pode abster-se de contestar e também pode atuar ao lado do Autor. Essa inusitada modificação do polo de uma ação demonstra a natureza de tutela de direitos difusos da ação popular.

Trâmite – O pedido na ação popular consiste na invalidade do ato ou omissão ou sua desconstituição, com a reparação dos prejuízos causados e eventual restituição de bens e valores. O Autor não paga custas ou honorários, salvo má-fé. O MP intervém obrigatoriamente como *custos legis* e, no abandono pelo Autor Popular, pode assumir o polo ativo. Cabe tutela antecipatória e ainda a propositura de ação popular preventiva. A sentença de improcedência ou de carência exige reexame necessário (art. 19 da Lei n. 4.717) e a coisa julgada é *secundum eventum litis*, ou seja, a sentença terá eficácia de coisa julgada oponível *erga omnes*, exceto no caso de haver sido a ação julgada improcedente por falta ou deficiência de prova; nessa hipótese, qualquer cidadão poderá intentar outra ação com idêntico fundamento, valendo-se de nova prova. O prazo de prescrição da ação popular é de cinco anos da conduta (art. 21 da Lei n. 4.717). Entendemos, contudo, que a Constituição, em seu art. 37, § 5º ("A lei estabelecerá os prazos de prescrição para ilícitos praticados por qualquer agente, servidor ou não, que causem prejuízos ao erário, ressalvadas as respectivas ações de ressarcimento"), impõe a imprescritibilidade da ação de reparação de danos ao Erário, o que impacta não só ações ordinárias, mas também a ação popular que venha exigir a reparação de danos. Essa posição (imprescritibilidade de ações de reparação de danos ao Erário) foi, inicialmente, a adotada pelo STF (MS 26.210, rel. Min. Ricardo Lewandowski, j. 4-9-2008, Plenário, *DJe* de 10-10-2008), mas, em 2016, houve alteração do entendimento, tendo firmado o STF a tese pela qual "é prescritível a ação de reparação de danos à Fazenda Pública, decorrente de ilícito civil" (RE 669.069/MG, rel. Min. Teori Zavascki, j. 3-2-2016, Plenário, *DJe* de 28-4-2016, com repercussão geral – Tema 666). Em 2018, foi afirmada a imprescritibilidade do ressarcimento de danos ao erário oriundos de ilícitos penais ou de atos de improbidade, com a aprovação, pelo STF, da seguinte tese *com repercussão geral*: "São imprescritíveis as ações de ressarcimento ao Erário fundadas na prática de ato doloso tipificado na Lei de Improbidade Administrativa". (STF, RE 852.475, rel. Min. Edson Fachin, j. 8-8-2018, *DJe* de 25-3-2019, com repercussão geral, Tema 897).

Em 2020, foi reiterado, no julgamento do Tema 899, que a imprescritibilidade da pretensão de reparação do dano à Fazenda Pública é a *exceção*, sendo regra o disposto no Tema 666. Para o Min. Relator Alexandre de Moraes, "A regra de prescritibilidade no Direito brasileiro é exigência dos princípios da segurança jurídica e do devido processo legal, o qual, em seu sentido material, deve garantir efetiva e real proteção contra o exercício do arbítrio, com a imposição

---

[184] LENZA, Pedro. *Direito constitucional esquematizado*. 16. ed. São Paulo: Saraiva, 2012.

de restrições substanciais ao poder do Estado em relação à liberdade e à propriedade individuais, entre as quais a impossibilidade de permanência infinita do poder persecutório do Estado". Foi fixada a seguinte tese: "É prescritível a pretensão de ressarcimento ao erário fundada em decisão de Tribunal de Contas" (STF, RE 636.886, Tema 899 de repercussão geral, rel. Min. Alexandre de Moraes, j. 20-4-2020, *DJ* de 24-6-2020).

Competência – A competência para o conhecimento de uma ação popular varia de acordo com o bem jurídico protegido: se for patrimônio da União, por exemplo, a competência será do juízo federal. Será, em geral, do juízo de 1º grau – federal ou estadual. Não há foro por prerrogativa de função, mesmo para o Presidente da República, para a ação popular. Excepcionalmente, pode uma ação popular ser julgada originariamente pelo STF no caso da alínea *n* do art. 102, I, da Constituição ("a ação em que todos os membros da magistratura sejam direta ou indiretamente interessados, e aquela em que mais da metade dos membros do tribunal de origem estejam impedidos ou sejam direta ou indiretamente interessados").

Súmulas do STF:
- Súmula 101 – O mandado de segurança não substitui a ação popular.
- Súmula 365 – Pessoa jurídica não tem legitimidade para propor ação popular.

38.7. Direito de petição

Conceito e origem – consiste no direito de se dirigir às autoridades competentes para que realizem determinadas condutas comissivas ou omissivas. É um termo geral aplicável a todas as chamadas "reclamações ou representações" encaminhadas aos órgãos públicos, para a defesa de interesse próprio ou coletivo. Inspira-se no *Petition of Right* de 1628, pelo qual o Parlamento britânico reconhecia uma série de limitações ao Poder Público. No caso do direito de petição, o indivíduo provoca a autoridade pública para que faça ou deixe de fazer algo. No Brasil, a primeira Constituição que o reconheceu foi a de 1824. A Constituição de 1988 o disciplina no art. 5º, XXXIV, *a*, que determina que se reconhece, independentemente do pagamento de taxas, o direito de petição aos Poderes Públicos em defesa de direitos ou contra ilegalidade ou abuso de poder.

Objeto – O direito de petição tem como objeto a (i) defesa de direitos e o (ii) combate à ilegalidade e os abusos de poder, sem a necessidade do pagamento de taxa ou sem que haja outro requisito (por exemplo, ter advogado etc.). Trata-se da chamada *provocatio ad agendum*, pois o indivíduo provoca a autoridade e inclui em sua agenda o tema da petição, exigindo resposta positiva ou negativa. Pode ser exercido de forma individual ou coletiva, para proteger direito próprio ou de terceiro (inclusive direitos difusos ou coletivos). Sua utilidade está na atuação do indivíduo para exigir que a Administração Pública atue de modo eficiente e legítimo, preservando os direitos dos interessados.

Legitimidade ativa e passiva – A legitimidade ativa para exercer o direito de petição é de toda pessoa física, jurídica ou ente despersonalizado. A legitimidade passiva é reservada aos entes ou órgãos públicos, e ainda às entidades privadas que exerçam função pública.

Trâmite – O trâmite do direito de petição pode ser regulamentado pelo ente público, porém não pode ser (i) obstaculizado ou gerar (ii) efeito negativo ao peticionante. Nesse sentido, decidiu o STF que a exigência de depósito recursal em processo administrativo é obstáculo inconstitucional ao direito de petição (Súmula Vinculante do STF 21 e Súmula 373 do STJ). A petição deve ser recebida e examinada em tempo razoável, devendo ainda o peticionante ser comunicado da decisão tomada pela autoridade a quem a petição foi dirigida. Não há direito de ver deferido o pleito.

Competência – Depende do objeto da petição: a análise da petição incumbirá à autoridade que tem atribuição de atender o pleito encaminhado.

38.8. Ação civil pública

> Art. 129. São funções institucionais do Ministério Público:
>
> III – promover o inquérito civil e a ação civil pública, para a proteção do patrimônio público e social, do meio ambiente e de outros interesses difusos e coletivos;

Como já vimos acima, a tutela dos direitos metaindividuais representa faceta material do direito de acesso à justiça. Nessa linha, a Constituição consagrou a *ação civil pública* como ação apta a tutelar os direitos coletivos em sentido amplo (direitos difusos e coletivos em sentido estrito) e os direitos individuais homogêneos (*vide* **Parte I**, Capítulo III, item 2.5.5).

A Constituição outorgou a defesa judicial ou extrajudicial de tais direitos ao Ministério Público (CF, art. 129, III), às entidades associativas, sindicatos e partidos políticos (CF, arts. 5º, XXI, e 8º, III). A Lei n. 7.347/85 (Lei da Ação Civil Pública) e a Lei n. 8.078/90 (Código de Defesa do Consumidor) tratam daquilo que a doutrina denomina "processo coletivo brasileiro", regrando a legitimidade (ver acima a legitimidade da Defensoria Pública), ônus da prova, efeitos da coisa julgada, execução, entre outros temas da tutela metaindividual.

Súmulas do STF e do STJ:

STF, Súmula 643 – O Ministério Público tem legitimidade para promover ação civil pública cujo fundamento seja a ilegalidade de reajuste de mensalidades escolares.

STJ, Súmula 329 – O Ministério Público tem legitimidade para propor ação civil pública em defesa do patrimônio público.

STJ, Súmula 489 – Reconhecida a continência, devem ser reunidas na Justiça Federal as ações civis públicas propostas nesta e na Justiça Estadual.

Foi cancelada a Súmula 183 do STJ: "Compete ao juiz estadual, nas comarcas que não sejam sede de vara da Justiça Federal, processar e julgar ação civil pública, ainda que a União figure no processo".

Foi cancelada a Súmula 470 do STJ – "O Ministério Público não tem legitimidade para pleitear, em ação civil pública, a indenização decorrente do DPVAT em benefício do segurado", por ter o STF assumido posição oposta (RE 631.111-GO, Relator Min. Teori Zavascki, Pleno, *DJe* de 30-10-2014), ou seja, a favor da legitimidade do MP para ajuizar ação civil pública em defesa dos direitos individuais homogêneos dos beneficiários do seguro DPVAT, dado o interesse social qualificado presente na tutela jurisdicional das vítimas de acidente de trânsito beneficiárias pelo DPVAT, bem como as diante das funções constitucionais do MP.

Tema 850 (RE 643.978, j. 9-10-2019). O Ministério Público tem legitimidade para a propositura de ação civil pública em defesa de direitos sociais relacionados ao FGTS.

39. DIREITO À SAÚDE

39.1. Aspectos gerais

O direito à saúde assegura a *promoção do bem-estar físico, mental e social* de um indivíduo, impondo ao Estado a oferta de serviços públicos a todos para prevenir ou eliminar doenças e outros gravames. O direito à saúde possui faceta individual e difusa, pois há o direito difuso de todos de viver em um ambiente sadio, sem o risco de epidemias ou outros malefícios à saúde. Por isso, determina a Constituição de 1988 que a saúde é *direito de todos e dever do Estado*, garantido mediante políticas sociais e econômicas que visem à redução do risco de doenças e de outros agravos e ao *acesso universal e igualitário* às ações e serviços para sua promoção, proteção e recuperação (art. 195).

Além disso, o direito à saúde possui a faceta de abstenção, tida como "negativa", e a faceta prestacional, tida como "positiva". Do ponto de vista da faceta de abstenção, há o direito individual de não ter sua saúde colocada em risco, bem como há o direito de não ser obrigado – em geral – a receber um determinado tratamento. Assim, a pessoa tem *direito à autodeterminação sanitária ou terapêutica*, que consiste na faculdade de aceitar, recusar ou interromper voluntariamente tratamentos médicos. Esse direito exige que seja dada ao indivíduo toda a informação necessária, para que a recusa ou o consentimento seja livre e esclarecido. Excepcionalmente, o direito de recusa de tratamento pode ser superado, em uma ponderação de direitos, com o direito à saúde de outros, como se vê em casos de doenças transmissíveis, nas quais o indivíduo que recusa tratamento pode contaminar outras pessoas (ver abaixo o item específico sobre a COVID-19).

Do ponto de vista prestacional (faceta positiva), o direito à saúde habilita a pessoa a exigir um tratamento adequado por parte do Estado, podendo, inclusive, pleitear tal serviço de saúde judicialmente. Debate-se, atualmente, (i) os limites da judicialização do direito à saúde, especialmente no que tange a tratamentos e medicamentos ainda não assegurados pelo Estado e (ii) qual dos entes federados (União, Estados ou Municípios) deve arcar com os custos decorrentes da judicialização (ver abaixo a análise do Sistema Único de Saúde – SUS).

Inicialmente, cabe separar a (i) judicialização visando ao acesso a tratamentos e medicamentos já incorporados às políticas públicas sanitárias da (ii) judicialização que busca obter tratamentos e medicamentos ainda não incorporados a tais políticas.

No tocante à primeira categoria, o direito à saúde é tido como *direito subjetivo a políticas públicas de assistência à saúde*, sendo ofensa a direito individual a falta ou falha injustificadas na sua prestação.

A demanda judicial por tratamento ou medicamento incorporado à política pública de saúde (via SUS) é fundada na obrigação do Estado de prestar o serviço de saúde de forma adequada ao proponente da ação. Trata-se de intervenção judicial que não ofende à separação de poderes, mas, sim, exige que o Estado cumpra aquilo com o que já havia se comprometido. Em geral, o autor da ação deve comprovar (i) a necessidade do tratamento ou do medicamento e (ii) a prévia tentativa de sua obtenção na via administrativa, o que pode ser substituído pela oitiva judicial do administrador público sobre as condições para a prestação do serviço de saúde almejado (STF, voto do Min. Roberto Barroso, no RE 566.471, rel. Min. André Mendonça, ainda em trâmite em agosto de 2024).

Quanto ao fornecimento, por ordem judicial, de tratamento ou medicamento *não* constante da de políticas públicas de saúde do Sistema Único de Saúde, a posição majoritária assumida pelo STJ e pelo STF é ampliativa, defendendo, em linhas gerais, que cabe ao Poder Judiciário zelar pela adequada implementação do direito à saúde. Contudo, *preferencialmente*, a busca da tutela judicial deve ser veiculada em ações civis públicas, ações coletivas ou individuais que possam ser coletivizáveis, para evitar violação da igualdade (com o uso do sistema de justiça para desviar recursos para a tutela de alguns), cumprindo o princípio da universalidade do direito à saúde da Constituição de 1988 (nesse sentido, resumo de voto do Ministro Edson Fachin, no RE 566.471, rel. Min. André Mendonça, ainda em trâmite em agosto de 2024).

Além disso, a tutela judicial nessa hipótese tem parâmetros estritos. O STJ, em julgamento de recurso repetitivo (Tema 106), entendeu que o Poder Judiciário, em face do dever do Estado em promover o direito à saúde, pode obrigar o Poder Público a fornecer medicamentos *não* incorporados em atos normativos do SUS (o que pode ser aplicado a tratamentos), desde que haja a presença *cumulativa* de três requisitos:

(i) comprovação, por meio de laudo médico fundamentado e circunstanciado expedido por médico que assiste o paciente, da imprescindibilidade ou necessidade do medicamento, assim como da ineficácia, para o tratamento da moléstia, dos fármacos fornecidos pelo SUS;

(ii) incapacidade financeira de arcar com o custo do medicamento prescrito;

(iii) existência de registro na ANVISA do medicamento (STJ, 1ª Seção, REsp 1.657.156-RJ, rel. Min. Benedito Gonçalves, j. 25-4-2018 – recurso repetitivo – Tema 106).

Por sua vez, o STF estabeleceu parâmetros próprios (STF, RE 657.718/MG, redator para o acórdão Min. Roberto Barroso, j. 22-5-2019, com repercussão geral – Tema 500) para serem seguidos pelo Poder Judiciário na análise de pleitos referentes ao fornecimento de medicamentos não incorporados *e que ainda* não tenham sido aprovados pelo órgão de vigilância sanitária nacional. De início, o Estado *não* pode ser obrigado a fornecer medicamentos experimentais, bem como a ausência de registro na Anvisa (Agência Nacional de Vigilância Sanitária) impede, como *regra geral* (ver exceção abaixo), o fornecimento de medicamento por decisão judicial.

O registro sanitário representa uma garantia do direito à saúde e não uma etapa burocrática sem sentido. Ignorar a ausência de registro ofende, ainda, a separação das funções de poder e o papel indispensável do Poder Executivo na análise da eficácia dos medicamentos. O caso da "fosfoetanolamina sintética" (a "pílula do câncer") é considerado um marco no fornecimento de medicamento sem registro, e, consequentemente, sem os testes suficientes. Houve a edição da Lei n. 13.269/2016 para permitir a produção e comercialização do produto sem que os testes fossem concluídos (lei suspensa pela ADI n. 5.501-MC, rel. Min. Marco Aurélio, j. 19-6-2016). Realizados testes, até hoje a eficácia da substância contra tumores não foi comprovada.

Contudo, *excepcionalmente*, é possível a obtenção pela via judicial de medicamento sem registro sanitário, em caso de mora irrazoável da ANVISA em apreciar o pedido (prazo superior ao previsto na Lei n. 13.411/2016, cujo art. 2º chega a mencionar o prazo máximo, na tramitação ordinária, de 365 dias), quando preenchidos *três requisitos* impostos pelo STF: I – a existência de pedido de registro do medicamento no Brasil, salvo no caso de "medicamentos órfãos"[185] para doenças raras e ultrarraras; II – a existência de registro do medicamento em renomadas agências de regulação no exterior; III – a inexistência de substituto terapêutico com registro no Brasil. Por fim, as ações que demandem o fornecimento de medicamentos sem registro na ANVISA deverão ser *necessariamente* propostas em face da *União* (STF, RE 657.718/MG, redator para o acórdão Min. Roberto Barroso, j. 22-5-2019, com repercussão geral – Tema 500).

Esses casos demonstram o aguçamento do debate sobre o dever do Estado de custear os serviços de saúde, o qual gerou a "judicialização da saúde", especialmente em face de pedidos individuais de acesso a tratamentos ou remédios de alto custo ainda não disponibilizados na rede pública. O modelo de *atendimento integral das demandas de saúde* é justificado pela importância da saúde para a vida digna, que não poderia ser amesquinhada por considerações de respeito ao orçamento ou à separação de poderes, devendo ser assegurado o acesso à Justiça.

Esse modelo (denominado criticamente pelo Min. Barroso de "tudo para todos" – voto do Min. Barroso no RE 566.471, rel. Min. André Mendonça, ainda em trâmite em agosto de 2024) sofre questionamento em face da necessidade de ponderar o direito à saúde do beneficiado pela tutela judicial com o direito à saúde dos demais (que não ingressaram com ações judiciais) e que tem de se satisfazer com um orçamento cada vez mais diminuto.

São apontadas as seguintes mazelas da "judicialização do direito à saúde" descontrolada e sem parâmetros: (i) falta de legitimidade democrática, pois não caberia ao Judiciário,

---

[185] São denominados "medicamentos órfãos" aqueles que, em condições regulares do funcionamento do mercado capitalista, *não* atrairiam interesse da indústria farmacêutica privada, pois atendem apenas um pequeno número de pacientes.

indiretamente, orientar as prioridades do gasto público em saúde, outorgando tratamentos não previstos ou concedendo fármacos não aceitos pelo SUS; (ii) seletividade e elitismo, porque poucos teriam acesso à Justiça para obter tal *tutela judicial sanitária*; (iii) falta de capacidade institucional para decidir sobre os motivos da ausência de determinado medicamento na lista de fornecimento gratuito ou o motivo da utilização de um tratamento e não outro e (iv) criação de despesas desnecessárias relacionadas à alocação de servidores públicos para cumprir tais ordens judiciais, desorganizando ainda mais o setor público de saúde.

O modelo alternativo seria o *modelo da judicialização excepcional*, que adota a regra geral de proibição de atuação do Poder Judiciário na tutela de tratamentos não previstos ou concessão de medicamentos ainda não inseridos nas políticas públicas de saúde. Excepcionalmente e obedecendo aos diversos parâmetros acima expostos (STF, RE 657.718/MG, redator para o acórdão Min. Roberto Barroso, j. 22-5-2019), poderia o Judiciário intervir. Anote-se que, mesmo se adotado o segundo modelo, não é afetada a tutela judicial do direito à saúde baseada nas políticas estatais já adotadas, mas implementadas de modo falho ou insuficiente (STF, STA 175 AgR, rel. Min. Gilmar Mendes, j. 17-3-2010, P, *DJe* de 30-4-2010).

Em outra hipótese de "judicialização excepcional", o STF entendeu cabível exigir do Estado que forneça, excepcionalmente, medicamento *não registrado* na ANVISA mas com *importação autorizada* pela citada agência, desde que (i) comprovada a incapacidade econômica do paciente, (ii) imprescindibilidade clínica do tratamento, e (iii) impossibilidade de substituição por outro similar constante das listas oficiais de dispensação de medicamentos e os protocolos de intervenção terapêutica do SUS (STF, RE n. 1.165.959, Relator para o acórdão Min. Alexandre de Moraes, j. 21-6-2021, Tema 1161 – repercussão geral).

Por outro lado, o financiamento à saúde não pode gerar tratamento *privilegiado* no sistema público mediante paga, o que violaria a igualdade e o comando constitucional de acesso universal à saúde. Nesse sentido, o STF considerou constitucional *regra de proibição* da "dupla porta", pela qual foi vedada, no âmbito do SUS, a internação em acomodações de qualidade superior, bem como o atendimento diferenciado por médico (do SUS ou conveniado), mediante pagamento adicional. Para o STF, a "dupla porta" institucionalizaria um procedimento de "diferença de classes" na rede pública de saúde, ofendendo o "acesso equânime e universal às ações e serviços para promoção, proteção e recuperação da saúde, violando, ainda, os princípios da igualdade e da dignidade da pessoa humana" (RE 581.488, rel. Min. Dias Toffoli, j. 3-12-2015, P, *DJe* de 8-4-2016, Tema 579).

39.2. Sistema Único de Saúde

No caso brasileiro, o art. 198 da CF/88 consagrou o Sistema Único de Saúde, que consiste em política pública de saúde, pela qual o Estado promove o direito à saúde de modo universal e igualitário em todo o território nacional. A utilização do termo "único" visa impor uma política nacional de saúde, superando as divergências entre os entes federados. Nesse sentido, Weichert alerta que não pode um ente federado prestar ações de saúde fora do SUS[186].

De acordo com o art. 198 da CF/88, as ações e serviços públicos de saúde integram uma rede regionalizada e hierarquizada e constituem um sistema único, organizado de acordo com as seguintes diretrizes: I – descentralização, com direção única em cada esfera de governo; II – atendimento integral, com prioridade para as atividades preventivas, sem prejuízo dos serviços assistenciais; III – participação da comunidade.

---

[186] WEICHERT, Marlon Alberto. *Saúde e federação na Constituição brasileira*. Rio de Janeiro: Lumen Juris, 2004.

A responsabilidade pela prestação do serviço de saúde é *comum* aos entes federados (art. 23, II, da CF/88[187]), que respondem solidariamente pelas prestações de saúde. Assim, ação judicial contra eventual omissão na realização de um serviço de saúde (por exemplo, o atendimento hospitalar ou a entrega de medicamento da lista do SUS) pode ser proposta *contra a qualquer ente federado*, evitando que o jurisdicionado seja prejudicado pela eventual discussão entre os entes sobre a repartição dos ônus financeiros que tal serviço gera.

O STF fixou tese de repercussão geral nesse sentido (Tema n. 793), pela qual "[o]s entes da federação, em decorrência da competência comum, são *solidariamente* responsáveis nas demandas prestacionais na área da saúde e, diante dos critérios constitucionais de descentralização e hierarquização, compete à autoridade judicial direcionar o cumprimento conforme as regras de repartição de competências e determinar o ressarcimento a quem suportou o ônus financeiro" (Embargos de Declaração no RE 855.178/SE com repercussão geral, Tema n. 793, nos termos do voto do Ministro Edson Fachin, Redator para o acórdão, Plenário, j. 23-5-2019).

Porém, de acordo com o próprio STF no julgado acima (Tema n. 793), a ação judicial deve ser interposta somente contra a União nas seguintes hipóteses: a) medicamentos ainda não aprovados pela Agência Nacional de Vigilância Sanitária – Anvisa; b) medicamentos solicitados para uso diverso do prescrito (uso *off label*); c) embora aprovados pela Anvisa, ainda não forem padronizados pela Comissão Nacional de Incorporação de Tecnologias no SUS – Conitec e incluídos na Relação Nacional de Medicamentos Essenciais – Rename ou na Relação Nacional de Ações e Serviços de Saúde – Renases; d) embora aprovados e padronizados, os gastos foram atribuídos à União.

Como visto acima, em casos de pedidos referentes a medicamentos ainda não registrados na ANVISA, a ação deve ser interposta contra a União exclusivamente.

A repartição constitucional da competência *legislativa* sobre o direito à saúde é concorrente, cabendo aos Estados legislar supletivamente à lei federal (art. 24, XII, da CF/88). Essa competência concorrente é reforçada pela hipótese de regular aspectos referentes ao direito à saúde dos *consumidores,* (art. 24, V). Os municípios podem adotar regras referentes à implementação direito à saúde que sejam compatíveis com o *interesse local* (art. 30, I)[188]. Apesar da subordinação da lei estadual às normas gerais federais no âmbito da competência legislativa concorrente, é possível que os Estados adquiram competência plena na (i) ausência ou (ii) inconstitucionalidade da lei federal. No caso do *amianto,* a proteção à saúde e ao meio ambiente justificaram à adoção de lei estadual de banimento do uso do amianto, ao contrário do disposto na lei federal. Contudo, em face do atual consenso científico sobre sua natureza cancerígena e sendo inviável o uso do amianto de forma segura, o STF reconheceu a *inconstitucionalidade material superveniente* da lei geral federal (Lei n. 9.055/95), por ofensa ao direito à saúde. Com a inconstitucionalidade da norma geral federal, os estados-membros passaram a ter competência legislativa plena sobre a matéria, até a adoção de nova lei federal (ADI n. 3.937, rel. p/ o ac. Min Dias Toffoli, j. 24-8-2017, P, *Informativo* 874, e também ADI n. 3.406 e ADI n. 3.470, rel. Min. Rosa Weber, j. 29-11-2017, P, *Informativo* 886).

Em resumo, a prestação do serviço de saúde no Brasil deve obedecer, então, aos seguintes princípios cardeais: (i) alcance universal, não podendo ninguém ser excluído; (ii) igualitária, não sendo permitida a discriminação de qualquer tipo, o que impede a diferenciação entre

---

[187] Art. 23. É competência comum da União, dos Estados, do Distrito Federal e dos Municípios: (...) II – cuidar da saúde e assistência pública, da proteção e garantia das pessoas portadoras de deficiência.

[188] Art. 24. Compete à União, aos Estados e ao Distrito Federal legislar concorrentemente sobre: (...) V – produção e consumo; (...) XII – previdência social, proteção e defesa da saúde; (...) Art. 30. Compete aos Municípios: I – legislar sobre assuntos de interesse local. Ver precedentes do STF abaixo.

aqueles que podem pagar e os que não podem; (iii) integral, não podendo ter limite de atendimento que prejudique a saúde; (iv) equitativa, com investimentos em todos os campos necessários; (v) aberta à participação da comunidade; (vi) descentralizada para os Municípios; (vii) gratuita e em geral estatal; e (viii) colaborar com a preservação do meio ambiente e dos direitos dos trabalhadores. Ademais, o sistema único de saúde será financiado, nos termos do art. 195, com recursos do orçamento da seguridade social, da União, dos Estados, do Distrito Federal e dos Municípios, além de outras fontes.

Dispõe ainda a Constituição de 1988 que a assistência à saúde é livre à iniciativa privada, podendo as instituições privadas participar de *forma complementar* do Sistema Único de Saúde, segundo diretrizes deste, mediante *contrato de direito público ou convênio*, tendo preferência as entidades filantrópicas e as sem fins lucrativos.

É vedada, todavia, a destinação de recursos públicos para auxílios ou subvenções às instituições privadas com fins lucrativos, bem como é vedada a participação direta ou indireta de empresas ou capitais estrangeiros na assistência à saúde no País, salvo nos casos previstos em lei.

Em 2018, foi editada a Lei n. 13.714, determinando que a atenção integral à saúde, inclusive a dispensação de medicamentos e produtos de interesse para a saúde, a famílias e indivíduos em situações de vulnerabilidade ou risco social e pessoal, deve ser feita *independentemente* da apresentação de documentos que comprovem domicílio ou inscrição no cadastro no Sistema Único de Saúde (SUS). Com isso, supera-se a barreira de acesso à saúde de pessoas vulneráveis que não possuem documento ou endereço fixo.

39.3. O consumo recreativo da maconha

Tema importante para fins penais e também de saúde pública é o do porte e consumo pessoal recreativo da maconha (*cannabis sativa*). Após longo debate, o STF entendeu que tal porte e consumo recreativo não é ilícito penal, mas continua ilícito não penal (administrativo) à luz do art. 28 da Lei n. 11.343/2006. Tal dispositivo teria afastado qualquer sanção penal a tal conduta. Por isso, declarou a inconstitucionalidade, sem redução de texto, do art. 28 da Lei n. 11.343/2006, de modo a afastar do referido dispositivo todo e qualquer efeito de natureza penal, ficando mantidas, no que couber, até o advento de legislação específica, as medidas ali previstas. Assim, haverá ainda (a) a apreensão da maconha e (b) a aplicação de sanções de advertência sobre os efeitos da droga e comparecimento a programa educativo. Até que o CNJ delibere a respeito, a competência para julgar as condutas do art. 28 da Lei n. 11.343/2006 será ainda a dos Juizados Especiais Criminais, segundo a sistemática atual, mas ficou vedada a atribuição de quaisquer efeitos penais para a sentença.

Para evitar a persecução criminal do usuário como traficante, o STF criou a presunção relativa de porte para uso recreativo na situação de "adquirir, guardar, tiver em depósito, transportar ou trouxer consigo, até 40 gramas de *cannabis sativa* ou seis plantas-fêmeas, até que o Congresso Nacional venha a legislar a respeito". Porém, tal presunção é relativa e pode ser superada, caso presentes elementos que indiquem intuito de mercancia, como a forma de (i) acondicionamento da droga, (ii) as circunstâncias da apreensão, a (iii) variedade de substâncias apreendidas, (iv) a apreensão simultânea de instrumentos como balança, (v) registros de operações comerciais e (vii) aparelho celular contendo contatos de usuários ou traficantes. Caberá, claro, ao membro do MP e ao próprio juiz na audiência de custódia avaliar a adequação do entendimento da autoridade policial. Por outro lado, o STF decidiu que mesmo a apreensão de quantidades superiores aos limites ora fixados não impede o juiz (e, implicitamente, o MP, ao não denunciar) de concluir que a conduta é atípica, apontando nos autos prova suficiente da condição de usuário.

Por fim, o STF deliberou, ainda, nos termos do voto do Relator, que sejam tomadas medidas voltadas ao enquadramento do consumo recreativo da maconha como tema de saúde pública (e não da seara criminal, por isso a inclusão deste tópico no item do direito à saúde deste *Curso*). Entre as medidas fixadas pelo STF, consta a criação de protocolo próprio para realização de audiências envolvendo usuários dependentes, com encaminhamento do indivíduo vulnerável aos órgãos da rede pública de saúde capacitados a avaliar a gravidade da situação e oferecer tratamento especializado, como os Centros de Atenção Psicossocial de Álcool e Drogas – CAPSAD. Para viabilizar a concretização de tais medidas – especialmente a implementação de programas de dissuasão contra o consumo de drogas e a criação de órgãos especializados no atendimento de usuários – caberá aos Poderes Executivo e Legislativo assegurar dotações orçamentárias suficientes para essa finalidade. Para isso, a União deverá liberar o saldo acumulado do Fundo Nacional Antidrogas (Funad – mais um caso de *contingenciamento* desses Fundos públicos essenciais à promoção de direitos humanos), instituído pela Lei n. 7.560/86 e gerido pelo Ministério da Justiça e Segurança Pública (MJSP), e se abster de contingenciar os futuros aportes no fundo, recursos que deverão ser utilizados, inclusive, para programas de esclarecimento sobre os malefícios do uso de drogas (STF, RE 635.659, Tema 506, rel. Min. Gilmar Mendes, Plenário, 26-6-2024).

39.4. Jurisprudência do STF

Judicialização do direito à saúde. "O direito à saúde – além de qualificar-se como direito fundamental que assiste a todas as pessoas – representa consequência constitucional indissociável do direito à vida. O Poder Público, qualquer que seja a esfera institucional de sua atuação no plano da organização federativa brasileira, não pode mostrar-se indiferente ao problema da saúde da população, sob pena de incidir, ainda que por censurável omissão, em grave comportamento inconstitucional. (...) O reconhecimento judicial da validade jurídica de programas de distribuição gratuita de medicamentos a pessoas carentes, inclusive àquelas portadoras do vírus HIV/AIDS, dá efetividade a preceitos fundamentais da Constituição da República (arts. 5º, *caput*, e 196) e representa, na concreção do seu alcance, um gesto reverente e solidário de apreço à vida e à saúde das pessoas, especialmente daquelas que nada têm e nada possuem, a não ser a consciência de sua própria humanidade e de sua essencial dignidade" (STF, RE 271.286-AgR, rel. Min. Celso de Mello, j. 12-9-2000, 2ª T., Plenário, *DJ* de 24-11-2000).

Competência estadual e defesa da saúde. Possibilidade. "(...) A natureza das disposições concernentes a incentivos fiscais e determinação para que os supermercados e hipermercados concentrem em um mesmo local ou gôndola todos os produtos alimentícios elaborados sem a utilização de glúten não interferem na função administrativa do Poder Executivo local. A forma de apresentação dos produtos elaborados sem a utilização de glúten está relacionada com a competência concorrente do Estado para legislar sobre consumo, proteção e defesa da saúde. Art. 24, V e XII, da CR" (ADI n. 2.730, rel. Min. Cármen Lúcia, j. 5-5-2010, P, *DJe* de 28-5-2010).

Competência estadual e defesa da saúde. Impossibilidade. Lei n. 14.861/2005 do Estado do Paraná. Informação quanto à presença de organismos geneticamente modificados em alimentos e ingredientes alimentares destinados ao consumo humano e animal. Lei federal n. 11.105/2005 e Decretos n. 4.680/2003 e

5.591/2005. Competência legislativa concorrente para dispor sobre produção, consumo e proteção e defesa da saúde. Art. 24, V e XII, da CF. (...) Ocorrência de substituição – e não suplementação – das regras que cuidam das exigências, procedimentos e penalidades relativos à rotulagem informativa de produtos transgênicos por norma estadual que dispôs sobre o tema de maneira igualmente abrangente. Extrapolação, pelo legislador estadual, da autorização constitucional voltada para o preenchimento de lacunas acaso verificadas na legislação federal. Precedente: ADI n. 3.035, rel. Min. Gilmar Mendes, *DJ* de 14-10-2005. (ADI n. 3.645, rel. Min. Ellen Gracie, j. 31-5-2006, P, *DJ* de 1º-9-2006.) *Vide* ADPF 109, rel. Min. Edson Fachin, j. 30-11-2017, P, *Informativo* 886.

Competência municipal e defesa da saúde. Impossibilidade. A Lei municipal n. 8.640/2000, ao proibir a circulação de água mineral com teor de flúor acima de 0,9 mg/l, pretendeu disciplinar sobre a proteção e defesa da saúde pública, competência legislativa concorrente, nos termos do disposto no art. 24, XII, da CB. É inconstitucional lei municipal que, na competência legislativa concorrente, utilize-se do argumento do interesse local para restringir ou ampliar as determinações contidas em texto normativo de âmbito nacional (RE 596.489 AgR, rel. Min. Eros Grau, j. 27-10-2009, 2ª T, *DJe* de 20-11-2009).

Direito à saúde e direito à igualdade em concursos públicos. Impossibilidade de remarcação de teste de aptidão física em concurso público em razão de problema temporário de saúde, devido à vedação expressa em edital. (...) Inexistência de direito constitucional à remarcação de provas em razão de circunstâncias pessoais dos candidatos. Segurança jurídica. Validade das provas de segunda chamada realizadas até a data da conclusão do julgamento (RE 630.733, rel. Min. Gilmar Mendes, j. 15-5-2013, P, *DJe* de 20-11-2013, Tema 335).

Suspensão da eficácia de parte da EC 86/2015 ("Emenda do Orçamento Impositivo"). Violação da proibição do retrocesso social. O STF, em decisão liminar, suspendeu a eficácia dos arts. 2º e 3º da EC 86/2015, cuja incidência *reduziria* o mínimo de recursos da União a serem aplicados na saúde no ano de 2017, sendo que este patamar de 2017 seria replicado por mais 19 anos, de acordo com a EC 95/2016 ("Emenda do Teto"), o que abalaria por quase duas décadas o gasto público em saúde no Brasil. Para o relator, Min. Lewandowski, "a proteção constitucional do direito à saúde e, por conseguinte, do direito à vida, exige que sejam assegurados concomitantemente a higidez do SUS e o seu financiamento adequado, seja pelo viés das fontes próprias e solidárias de receitas da seguridade social, seja pelo viés do dever de gasto mínimo no setor. Este é o estágio já conquistado de realização do direito à saúde, cujo retrocesso viola seu núcleo essencial". Contudo, por maioria, o STF julgou *improcedente* a ação direta, declarando a constitucionalidade dos arts. 2º e 3º da EC 86/2015. Para a maioria, a Emenda Constitucional 86/2015, ao inovar na disciplina constitucional referente ao investimento público em ações e serviços de saúde, *não* vulnerou o *núcleo essencial das garantias sociais* previstas na Constituição em prol das políticas públicas de saúde. Ademais, a Constituição atribuiu ao legislador ordinário a competência para definir critérios para a alocação de recursos orçamentários em ações e serviços de saúde, com cominações específicas, nos §§ 2º e 3º do art. 198. Assim, não se trata de "cláusula pétrea", podendo ser objeto de alteração pelo legislador constituinte reformador (STF, ADI n. 5.595, rel. para o acórdão Min. Alexandre de Moraes, Plenário, Sessão Virtual de 7-10-2022 a 17-10-2022).

Direito à saúde. Responsabilidade de todos os entes federados. O recebimento de medicamentos pelo Estado é direito fundamental, podendo o requerente pleiteá-los de qualquer um dos entes federativos, desde que demonstrada sua necessidade e a impossibilidade de custeá-los com recursos próprios. Isso por que, uma vez satisfeitos tais requisitos, o ente federativo deve se pautar no espírito de solidariedade para conferir efetividade ao direito garantido pela Constituição, e não criar entraves jurídicos para postergar a devida prestação jurisdicional (STF, RE 607.381-AgR, rel. Min. Luiz Fux, j. 3152011, Primeira Turma, *DJe* de 1762011).

Direito à saúde de indivíduo isolado. Ação Civil Pública proposta pelo Ministério Público. Legitimidade. Ministério Público é parte legítima para ingressar em juízo com ação civil pública visando a compelir o Estado a fornecer medicamento indispensável à saúde de pessoa individualizada (RE 407.902, rel. Min. Marco Aurélio, j. 2652009, Primeira Turma, *DJe* de 2882009; no mesmo sentido, RE 648.410-AgR, rel. Min. Cármen Lúcia, j. 1422012, Primeira Turma, *DJe* de 1432012).

Constitucionalidade do programa "Mais Médicos". Em 2017, o Supremo Tribunal Federal confirmou a constitucionalidade do programa "Mais Médicos" instituído pela Lei n. 12.871/2013. Foram afastados os argumentos principais apresentados pela Associação Médica Brasileira (AMB), que propôs a ação direta de inconstitucionalidade. Para o STF, o programa "Mais Médicos" auxilia na concretização do direito à saúde em regiões não atendidas por diplomados no Brasil, que recebem prioridade na escolha das vagas, aceitando-se na sequência os diplomados no exterior (STF, ADIs n. 5.035 e 5.037, relator para o acórdão Min. Alexandre de Moraes, j. 30-11-2017).

Proteção das mulheres grávidas e lactantes. Inconstitucionalidade da lei que admitia trabalho em ambientes insalubres. Proibição do retrocesso social. Na ADI n. 5.938, o STF considerou inconstitucionais os incisos II e III do art. 394-A da Consolidação das Leis do Trabalho (CLT), após a redação conferida pela "Reforma Trabalhista" do governo Temer (Lei n. 13.467/2017). As normas tidas como inconstitucionais permitiam que as empregadas gestantes atuassem em ambientes insalubres de grau médio ou mínimo e as empregadas lactantes, em ambientes insalubres de qualquer tipo. O afastamento de tais atividades dependeria de determinação de médico consultado pela trabalhadora. Houve violação da proteção constitucional da maternidade, prevista no art. 6º da CF/88, bem como da proteção integral da criança (art. 227 da CF/88). De acordo com o Min. Alexandre de Moraes, trata-se ainda de uma proteção instrumental, pois visa assegurar a saúde das gestantes e lactantes, mas também dos recém-nascidos e dos nascituros. Também foi realçada, na decisão do STF, a proibição do retrocesso social, pois houve a diminuição da proteção já obtida de acordo com a antiga CLT (STF, ADI n. 5.938, rel. Min. Alexandre de Moraes, j. 29-5-2019).

40. SISTEMA ÚNICO DE ASSISTÊNCIA SOCIAL

O direito à assistência social consiste na faculdade de exigir do Estado prestação monetária ou serviço que *assegurem condições materiais mínimas de sobrevivência*, sem que seja exigida qualquer outra contraprestação por parte do beneficiado.

A *ausência de contraprestação* é característica da assistência social que a diferencia dos direitos previdenciários, complementando-os. Aliás, os direitos de seguridade social são compostos pelo tripé: direito à saúde, direito à previdência social e o direito à assistência social. O financiamento da assistência social é feito por toda a sociedade, mostrando sua natureza solidária.

A Constituição de 1988 estabelece os seguintes objetivos da assistência social: (i) a proteção à família, à maternidade, à infância, à adolescência e à velhice; (ii) o amparo às crianças e adolescentes carentes; (iii) a promoção da integração ao mercado de trabalho; (iv) a habilitação e reabilitação das pessoas portadoras de deficiência e a promoção de sua integração à vida comunitária; (v) a garantia de um *salário mínimo de benefício mensal à pessoa com deficiência* e ao *idoso* que comprovem não possuir meios de prover à própria manutenção ou de tê-la provida por sua família, conforme dispuser a lei.

No plano do constitucionalismo brasileiro, a assistência social (art. 203) é parte importante da "democracia substantiva" da Constituição de 1988, que instituiu direito fundamental exigível perante o Estado (Rcl 4.374, rel. Min. Gilmar Mendes, j. 18-4-2013, P, *DJe* de 4-9-2013).

No que tange ao benefício mensal à pessoa com deficiência e ao idoso, a Lei de Organização da Assistência Social (LOAS, Lei n. 8.472/93), ao regulamentar o art. 203, V, da Constituição da República, estabeleceu os critérios para que o benefício mensal de um salário mínimo seja concedido. O art. 20, § 3º, da LOAS estipula que "considera-se incapaz de prover a manutenção da pessoa portadora de deficiência ou idosa a família cuja renda mensal *per capita* seja inferior a 1/4 (um quarto) do salário mínimo". Esse limite objetivo foi contestado em diversas ações judiciais sob o fundamento de excluir parcela significativa de pessoas pobres e miseráveis. Inicialmente, o Supremo Tribunal Federal considerou constitucional o art. 20, § 3º, da LOAS (ADI n. 1.232, rel. p/ o ac. Min. Nelson Jobim, j. 27-8-1998, P, *DJ* de 1-6-2001).

Porém, ocorreu o chamado "processo de inconstitucionalização" motivado por mudanças fáticas (políticas, econômicas e sociais) e jurídicas (sucessivas modificações legislativas dos patamares econômicos utilizados como critérios de concessão de outros benefícios assistenciais por parte do Estado brasileiro), podendo ser utilizados outros critérios para que seja comprovada a vulnerabilidade do beneficiado (RE 567.985, rel. Min. Gilmar Mendes, j. 18-4-2013, P, *DJe* de 14-11-2013, tema 27 de repercussão geral).

Com o novo posicionamento do STF, a situação de vulnerabilidade social do potencial beneficiado deve ser aferida mediante a (i) análise de cada caso concreto, para que seja caracterizada a (ii) impossibilidade de prover a manutenção da sobrevivência do requerente, por parte dos conviventes. O parâmetro da renda familiar per capita inferior a ¼ do salário mínimo *não é mais absoluto*. Para cálculo da renda, devem ser excluídos os rendimentos percebidos por qualquer membro da família com origem no sistema de seguridade social, quando equivalentes a 1 salário mínimo (por aplicação analógica do art. 34, parágrafo único, do Estatuto do Idoso). A Lei n. 14.176/2021 (alterou a Lei n. 8.742/93) seguiu essa linha imposta pelo STF. Além da renda familiar mensal *per capita* igual ou inferior a 1/4 do salário mínimo, há menção a "outros elementos probatórios da condição de miserabilidade e da situação de vulnerabilidade", como o grau da deficiência, dependência de terceiros para a vida cotidiana, entre outros. Houve também a previsão de aumento da renda mensal mínima por meio de regulamento (para até 1/2 salário mínimo *per capita*).

A assistência social é um *direito indispensável* para que o Brasil cumpra seu objetivo de erradicar a pobreza e a marginalização, reduzindo as desigualdades sociais e regionais (art. 3º da CF/88). Atualmente, a Lei Orgânica da Assistência Social é a Lei n. 8.742, de 1993, com várias mudanças implementadas pela Lei n. 12.435, de 2011.

Podem receber os benefícios de assistência social os (i) brasileiros natos, (II) naturalizados e (iii) estrangeiros residentes no País, atendidos os requisitos constitucionais e legais. Os estrangeiros indocumentados podem, assim, ser excluídos das políticas públicas estatais (RE 587.970, rel. Min. Marco Aurélio, j. 20-4-2017, P, *DJe* de 22-9-2017, tema 173), o que fragiliza o universalismo dos direitos humanos.

Por sua vez, houve a edição de diversas leis voltadas à assistência social, como: a Lei n. 10.836/2004, que criou o Bolsa Família; a Lei n. 10.689/2003, que instituiu o Programa Nacional de Acesso à Alimentação; a Lei n. 10.219/2001, que criou o Bolsa Escola; a Lei n. 9.533/97, que autorizou o Poder Executivo a conceder apoio financeiro a Municípios que instituírem programas de garantia de *renda mínima* associados a ações socioeducativas.

41. DIREITO À EDUCAÇÃO

41.1. Aspectos gerais

O direito à educação consiste na faculdade de usufruir todas as formas de ensino, transmissão, reflexão e desenvolvimento do conhecimento voltadas ao desenvolvimento físico, intelectual e moral do ser humano. Por sua vez, o direito ao ensino retrata a realização do direito à educação por meio de instrumentos institucionalizados. A CF/88 inseriu o direito à educação no rol dos direitos sociais (art. 6º, *caput*), sendo direito de todos e tendo exigido seu cumprimento pelo (i) Estado e (ii) pela família (art. 205).

A Declaração Universal dos Direitos Humanos consagrou o direito de toda pessoa à educação, que deve ser gratuita (ao menos a correspondente ao ensino elementar fundamental). Para a DUDH, o ensino elementar é obrigatório, bem como o ensino técnico e profissional dever ser generalizado; o acesso aos estudos superiores deve estar aberto a todos em plena igualdade, em função do seu mérito. Os pais possuem, prioritariamente, o direito de escolher o tipo de educação a dar aos filhos (art. XXVI).

Por sua vez, o art. 13 do Pacto Internacional sobre Direitos Econômicos, Sociais e Culturais (PIDESC) prevê que todos têm o direito à educação, que deve objetivar (i) o pleno desenvolvimento da personalidade humana e do sentido de sua dignidade e (ii) fortalecer o respeito pelos direitos humanos e liberdades fundamentais. Além disso, o direito à educação deve capacitar todas as pessoas a (iii) participar de uma sociedade livre, (iv) favorecer a compreensão, a tolerância e a amizade entre todas as nações e (v) entre todos os grupos raciais, étnicos ou religiosos.

Para o Comitê do PIDESC, a educação é, ao mesmo tempo, um direito em si e também um instrumento indispensável para a realização de outros direitos humanos. De fato, a educação tem um papel indispensável na promoção de direitos humanos e da democracia, possibilitando o empoderamento dos grupos vulneráveis em uma sociedade (Comentário Geral n. 13/1999).

No plano doméstico, a CF/88 estabeleceu que a educação objetiva (i) o pleno desenvolvimento da pessoa, (ii) seu preparo para o exercício da cidadania e (iii) sua qualificação para o trabalho. Esse trinômio constitucional (desenvolvimento pessoal, preparo cidadão e a qualificação trabalhista) concretiza o direito à educação *pluralista*, voltada à formação em sentido amplo do indivíduo na sua vida em sociedade. Há, assim, uma dupla dimensão do direito à educação: a *dimensão prestacional*, pela qual se exige que o Estado (diretamente ou aceitando sua prestação por particulares) realize esse serviço, e a *dimensão de abstenção*, a qual exige que não haja intromissão e eventual introjeção de um único valor ou ponto de vista nos educandos.

A educação deve ser prestada com base nos seguintes princípios constitucionais: (i) igualdade de condições para o acesso e permanência na escola; (ii) liberdade de aprender, ensinar, pesquisar e divulgar o pensamento, a arte e o saber e (iii) pluralismo de ideias e de concepções pedagógicas, e coexistência de instituições públicas e privadas de ensino; (iv) gratuidade do ensino público em estabelecimentos oficiais; (v) valorização dos profissionais do ensino; (vi) gestão democrática do ensino público e (vii) garantia de padrão de qualidade (art. 206 da CF/88).

A gratuidade do ensino público em estabelecimentos oficiais é fruto de mandamento direto da Constituição (art. 206, V), o que ensejou a edição da Súmula Vinculante 12, pela qual se estabeleceu que "[a] cobrança de taxa de matrícula nas universidades públicas viola o disposto no art. 206, IV, da Constituição Federal". Todavia, em 2017, o STF, em decisão com *repercussão geral*, fixou a tese de que "[a] garantia constitucional da gratuidade de ensino não obsta a cobrança por universidades públicas de mensalidade em cursos de especialização" (STF, RE 597.854, rel. Min. Edson Fachin, j. 26-4-2017, P, *DJe* de 21-9-2017, com repercussão geral – Tema 535). Apesar de a decisão ter se restringido aos cursos de especialização (pós-graduação *lato sensu*), houve debate entre os Ministros a respeito de estender, em momento futuro, a permissão de cobrança aos cursos de extensão e aos cursos de mestrado e doutorado.

Com isso, para o STF, a gratuidade ampla e geral a qualquer forma de educação nos estabelecimentos públicos *não* decorre da Constituição, *podendo* as universidades públicas cobrar dos alunos contraprestação (sob o regime jurídico do preço público) nos cursos de especialização.

Todavia, a gratuidade de ensino nas instituições públicas abarca o ensino fundamental, o ensino médio e o ensino superior de graduação. Assim, continua a ser proibida a cobrança para matrícula em curso universitário público de graduação (RE 500.171, rel. Min. Ricardo Lewandowski, j. 13-8-2008, P, *DJe* de 24-10-2008, Tema 40).

Por outro lado, como consequência da liberdade de aprender, ensinar, pesquisar e divulgar o conhecimento, foi consagrada a autonomia didático-científica, administrativa e de gestão financeira e patrimonial das Universidades, que, em contrapartida, devem atuar em três áreas chaves: ensino, pesquisa e extensão.

O dever do Estado é prestar a educação básica obrigatória e gratuita, que corresponde ao ensino fundamental (I e II) dos 4 aos 17 anos de idade, assegurada inclusive sua oferta gratuita para todos os que a ela não tiveram acesso na idade própria. O acesso ao ensino obrigatório e gratuito é direito público subjetivo. Já o acesso aos níveis mais elevados do ensino, da pesquisa e da criação artística, deve seguir o critério da capacidade de cada um. O ensino médio gratuito deve ser progressivamente universalizado. A educação infantil deve ser prestada em creche e pré-escola, às crianças até 5 anos de idade. As pessoas com deficiência têm direito a atendimento educacional especializado preferencialmente na rede regular de ensino (art. 208, III, da CF/88).

As Emendas Constitucionais n. 53/2006 e 59/2009, que ampliaram a educação obrigatória a partir dos quatro anos de idade, substituíram o critério da etapa de ensino pelo critério da idade do aluno. Atualmente, o ingresso nas séries iniciais da educação infantil e do ensino fundamental exige que a criança tenha, respectivamente, quatro e seis anos de idade completos até o dia 31 de março do ano em que ocorrer a matrícula. Diante de alegação de inconstitucionalidade desse critério etário, o Supremo Tribunal Federal decidiu a favor da existência de espaço de conformação do Poder Executivo, em especial diante da especialização técnica do Conselho Nacional de Educação para estabelecer esse corte etário. Para essa visão, apesar de não ser a única solução constitucionalmente possível, cabe reconhecer o espaço de conformação regulamentar do administrador, sobretudo em razão da especialização do Conselho Nacional de

Educação (CNE). Contudo, registre-se o voto vencido do Min. Fachin, para quem o art. 208, IV[189] da CF indica que a criança "até 5 anos" está no ensino infantil. Após, inicia-se o ensino fundamental, sendo inconstitucional o corte em "31 de março", que foi utilizado para limitar o acesso ao ensino fundamental às crianças com seis anos completos. Para essa posição, as crianças com seis anos incompletos até 31 de março do ano da matrícula, poderiam ingressar no ensino fundamental. Por maioria, foi considerado constitucional a fixação administrativa da data de tal corte etário, sendo adotada a seguinte tese de julgamento: "É constitucional a exigência de 6 (seis) anos de idade para o ingresso no ensino fundamental, cabendo ao Ministério da Educação a definição do momento em que o aluno deverá preencher o critério etário". (ADPF 292/DF, rel. Min. Luiz Fux; ADC 17/DF, rel. para o acórdão Min. Roberto Barroso, j. 1-8-2018).

Com o reconhecimento do direito à educação inclusiva na rede regular de ensino da Convenção das Nações Unidas sobre os Direitos da Pessoa com Deficiência, o termo "preferencialmente" deve ser interpretado somente para determinado atendimento, mas não pode servir para excluir a pessoa com deficiência da escola regular.

Na prestação da educação pelo Poder Público, há atuação comum da União, dos Estados, do Distrito Federal e dos Municípios, em colaboração. A CF/88, contudo, estipulou que cabe aos Municípios atuar no ensino fundamental e na educação infantil (art. 211, § 2º); aos Estados e o Distrito Federal atuarão prioritariamente no ensino fundamental e médio (art. 211, § 3º). No plano legislativo, há competência concorrente entre União, Estados-membros e Distrito Federal, na elaboração de leis sobre educação, cultura e ensino (art. 24, IX), sendo, contudo, competência privativa da União a edição de lei sobre as diretrizes e bases da educação (Lei n. 9.394/96), o que gera uma uniformização da educação no território nacional.

Quanto à atuação da iniciativa privada, a CF/88 estabelece que a educação pode ser oferecida, no Brasil, pela iniciativa privada obedecendo às seguintes condições: (i) cumprimento das normas gerais da educação nacional e (ii) autorização e avaliação de qualidade pelo Poder Público.

Outro tema de relevo é a prestação de ensino pela própria família, no chamado ensino domiciliar (*homeschooling*).

Para o Supremo Tribunal Federal, apesar de a CF/88 não proibir genericamente o ensino domiciliar, há determinadas espécies que são vedadas, pois não respeitam o dever de solidariedade entre a família e o Estado como núcleo principal à formação educacional das crianças, jovens e adolescentes. Assim, são inconstitucionais: 1) o "*unschooling* radical" (desescolarização radical, na qual a institucionalização da educação é prejudicial e somente aos pais é consagrado o direito de educar os filhos, sendo vedada ao Estado a instituição de escolas e fixação de currículos), 2) o "*unschooling* moderado" (desescolarização moderada, na qual a institucionalização deve ser evitada, porém não se proíbe ao Estado o oferecimento de educação escolar, cabendo exclusivamente aos pais escolher pela educação institucionalizada ou pelo ensino domiciliar com plena liberdade de conteúdo e método) e o 3) "*homeschooling* puro" (o qual defende que a educação é tarefa primordial da família e só subsidiariamente do Estado, cujas escolas serão utilizadas de maneira alternativa somente pelos pais que se considerarem incapazes de educar seus filhos) em qualquer de suas variações.

Assim, o ensino domiciliar constitucionalmente adequado deve respeitar o vínculo solidário entre a família e o Estado, sendo a única forma aceita pela Constituição de 1988 é o "ensino domiciliar por conveniência circunstancial", que tem suas razões determinadas questões específicas, como a questão religiosa, de *bullying*, de drogas nas escolas, de violência etc.

---

[189] CF/88. "Art. 208. O dever do Estado com a educação será efetivado mediante a garantia de: (...) IV – educação infantil, em creche e pré-escola, às crianças até 5 (cinco) anos de idade; V – acesso aos níveis mais elevados do ensino, da pesquisa e da criação artística, segundo a capacidade de cada um;".

Por isso, para o STF, o ensino domiciliar não se constitui em um direito público subjetivo do aluno ou de sua família, porém sua existência não é *per se* inconstitucional ou inconvencional. Futuramente, cabe a sua criação por meio de (i) lei federal, desde que (ii) se cumpra a obrigatoriedade de ensino (no caso, domiciliar) de 4 a 17 anos, e (iii) se respeite o núcleo básico de matérias acadêmicas, com a consequente *supervisão, avaliação* e *fiscalização* pelo Poder Público, além de se (iv) respeitar as finalidades constitucionais do ensino, em especial a garantia da socialização do indivíduo, por meio de ampla convivência familiar e comunitária. Foi aprovada a seguinte tese de repercussão geral: "Não existe direito público subjetivo do aluno ou de sua família ao ensino domiciliar, inexistente na legislação brasileira" (STF, RE 888.815, rel. p/ o acórdão Min. Alexandre de Moraes, j. 12-9-2018, *DJe* 21-3-2019 – Tema 822).

Em outro tema relevante para a realização de uma educação baseada no respeito mútuo e na igualdade, foi aprovada a Lei n. 14.811, de 12 de janeiro de 2024, a qual estabelece medidas de proteção contra a violência em estabelecimentos educacionais, cria a Política Nacional de Prevenção e Combate ao Abuso e Exploração Sexual de Crianças e Adolescentes, e altera o Código Penal, a Lei dos Crimes Hediondos e o Estatuto da Criança e do Adolescente.

A lei introduz novos crimes, como a intimidação sistemática (*bullying*), incluindo sua versão virtual (*cyberbullying*), e agrava penas para crimes cometidos em ambientes educacionais. Também torna obrigatório que instituições que trabalham com crianças e adolescentes mantenham certidões de antecedentes criminais atualizadas de seus colaboradores e criminaliza a omissão de comunicação do desaparecimento de menores por pais ou responsáveis.

Em tema próximo (*bullying* no esporte), foi aprovada a Lei n. 14.911, de 3 de julho de 2024, que modifica a Lei Geral do Esporte (Lei n. 14.597, de 2023) para incluir a obrigatoriedade de medidas que conscientizem, previnam e combatam a prática de intimidação sistemática (*bullying*) em todos os níveis e serviços da prática esportiva. A lei define *bullying* como qualquer ato de violência física ou psicológica, intencional e repetitivo, praticado sem motivação evidente por um indivíduo ou grupo contra uma ou mais pessoas, com o objetivo de intimidar ou agredir, causando humilhação, dor e angústia à vítima, em uma relação de desequilíbrio de poder.

41.2. O direito à educação democrática e o direito à educação emancipadora

Em 2016, no bojo de movimento denominado "Escola sem Partido"[190], foi editada a Lei estadual de Alagoas n. 7.800/2016 que vedou determinadas condutas ao corpo docente e administrativo ao instituir no sistema estadual de ensino alagoano o Programa "Escola Livre". Foram vedadas "prática de doutrinação política e ideológica, bem como quaisquer outras condutas por parte do corpo docente ou da administração escolar que imponham ou induzam aos alunos opiniões político-partidárias, religiosa ou filosófica" (art. 2º da Lei n. 7.800/2016). Houve a propositura das ADIs 5.537/AL, 5.580/AL e 6.038, tendo como relator o Min. Luís Roberto Barroso. Nas informações da Assembleia Legislativa do Estado de Alagoas, defendeu-se a norma impugnada, alegando que era necessário coibir "prática de doutrinação política e ideológica e quaisquer condutas, por parte do corpo docente ou da administração escolar, que imponham ou induzam os alunos a opiniões político-partidárias, religiosas e/ou filosóficas, de forma a proteger a sua liberdade de consciência" (trecho do relatório do voto do Min. Barroso, julgamento definitivo de 25-8-2020).

---

[190] Sobre o movimento "Escola sem partido" e sobre a busca da eliminação de "doutrinação" nas escolas, ver a Nota Técnica n. 2/2017 da Procuradoria Federal dos Direitos do Cidadão, de 15 de março de 2017. Disponível em: <http://pfdc.pgr.mpf.mp.br/atuacao-e-conteudos-de-apoio/grupos-de-trabalho/direitos-sexuais-e-reprodutivos/atuacao--do-gt/nota-tecnica-2-2017-pfdc>. Acesso em: 9 ago. 2024.

A Convenção Americana de Direitos Humanos (art. 12.4) e o Protocolo de San Salvador (art. 13.4) estipulam o direito dos pais de escolher o tipo de educação que deverá ser ministrada a seus filhos. Contudo, o Protocolo explicita que tal direito dos pais será exercido desde que esteja de acordo com os princípios enunciados no seu próprio texto, ou seja, desde que esteja de acordo com a promoção do pluralismo e das liberdades e direitos fundamentais.

O Comentário Geral n. 13 do Comitê dos Direitos Econômicos, Sociais e Culturais do PIDESC exige que os Estados respeitem a "liberdade acadêmica", permitindo a livre expressão nas escolas, assegurando-se a discussão de opiniões e ressalvando-se ao dever de proibição da discriminação odiosa, do racismo, da apologia do crime e respeito à laicidade.

Assim, eventual restrição à liberdade acadêmica deve respeitar a proporcionalidade e a ponderação de direitos, o que não ocorreu com a lei alagoana, que, ao pretender "cercear a discussão no ambiente escolar" contrariou preceitos conformadores da educação brasileira, em especial "as liberdades constitucionais de aprender, ensinar, pesquisar e divulgar a cultura, o pensamento, a arte e o saber; o pluralismo de ideias e de concepções pedagógicas e a gestão democrática do ensino público" (trechos do voto do Min. Barroso. STF, ADI n. 5.537/A, e n. 5.580/AL, julgamento conjunto, decisão concessiva de liminar de 23-3-2017). Além disso, o uso de expressões excessivamente genéricas para impor limites à liberdade de ensinar podem gerar um ilegítimo *efeito inibidor* ("chilling effect") pelo qual os docentes e servidores deixam expor o pluralismo de ideias sobre certo tema em face do receio de serem punidos de alguma forma. Finalmente, em 2020, no julgamento definitivo dessas ações, o Min. relator Barroso considerou que a lei alagoana era desproporcional (na vertente "adequação") pois limitou direitos e valores protegidos constitucionalmente (e convencionalmente) sem "necessariamente promover outros direitos de igual hierarquia". Ao final, o STF declarou a lei inconstitucional (ADI n. 5.537, ADI n. 5.580 e ADI n. 6.038, rel. Min. Barroso, Sessão Virtual de 14-8-2020 a 21-8-2020).

Em 2020, o STF considerou inconstitucional lei municipal (Município de Paranaguá/PR) que *vedava* o ensino sobre *gênero* e *orientação sexual*, bem como a utilização desses termos nas escolas. No voto que concedeu a liminar (em 2017), o Min. Barroso apontou que a proibição de tratar de conteúdos em sala de aula sem *justificativa plausível,* atenta contra o direito à educação que deve promover o (i) pleno desenvolvimento da pessoa, (ii) a sua capacitação para a cidadania, bem como o (iii) desenvolvimento humanístico do país, conforme consta da CF/88, arts. 205 e 214.

Para o Relator, há o direito à *educação emancipadora*, fundada no pluralismo de ideias, bem como na liberdade de aprender e de ensinar, "cujo propósito é o de habilitar a pessoa para os mais diversos âmbitos da vida, como ser humano, como cidadão e como profissional (trecho do voto do Min. Barroso, STF, ADPF 461, decisão de 21-6-2017).

No julgamento definitivo, o STF decidiu que a norma compromete o acesso de crianças, adolescentes e jovens a conteúdos relevantes, pertinentes à sua vida íntima e social, em desrespeito à doutrina da proteção integral, nos termos do voto do relator (STF, ADPF 461, rel. Min. Roberto Barroso, julgamento na sessão Virtual de 14-8-2020 a 21-8-2020).

Em 2020, foi julgada inconstitucional lei de Foz do Iguaçu que proibia o ensino de "ideologia de gênero, o termo 'gênero' ou 'orientação sexual'" (§ 5º do art. 162, acrescido pela Emenda à Lei Orgânica Municipal n. 47/2018). Para a relatora Min. Cármen Lúcia, a norma impugnada violou o princípio da isonomia (art. 5º, *caput*, da CF/88) ao estabelecer vedação – em desacordo com a Lei de Diretrizes e Bases da Educação – à abordagem de tema, ofendendo também o direito fundamental à liberdade de cátedra e a garantia do pluralismo de ideias, expostos nos incisos II e III do art. 206 da CF/88 (STF, ADPF 526, rel. Cármen Lúcia, julgamento na sessão Virtual de 1º-5-2020 a 8-5-2020).

41.3. Jurisprudência do STF

Direito à educação. Vagas em creche. Intervenção do Poder Judiciário para obrigar atuação administrativa do Poder Executivo. No tema 548 de repercussão geral, o STF decidiu a favor da possibilidade do Judiciário obrigar o Poder Executivo a abrir vagas em creche e pré-escola às crianças de até cinco anos. Foi aprovada a seguinte tese: "1. A educação básica em todas as suas fases – educação infantil, ensino fundamental e ensino médio – constitui direito fundamental de todas as crianças e jovens, assegurado por normas constitucionais de eficácia plena e aplicabilidade direta e imediata. 2. A educação infantil compreende creche (de zero a 3 anos) e a pré-escola (de 4 a 5 anos). Sua oferta pelo Poder Público pode ser exigida individualmente, como no caso examinado neste processo. 3. O Poder Público tem o dever jurídico de dar efetividade integral às normas constitucionais sobre acesso à educação básica" (RE 1.008.166, rel. Min. Luiz Fux, tema 548 de repercussão geral, j. 22-9-2022).

Direito à educação e omissão do Poder Público. A educação é um direito fundamental e indisponível dos indivíduos. É dever do Estado propiciar meios que viabilizem o seu exercício. Dever a ele imposto pelo preceito veiculado pelo artigo 205 da Constituição do Brasil. A omissão da administração importa afronta à Constituição (RE 594.018 AgR, rel. Min. Eros Grau, j. 23-6-2009, 2ª T., *DJe* de 7-8-2009).

Direito à educação e discriminação de origem. "Cartão Cidadão" acessível só a munícipes. (...) Ao condicionar o acesso aos serviços públicos de saúde ao porte de um cartão, excluindo do gozo de tais serviços as pessoas que não residiam na localidade ou que, residindo, não detinham o cartão, o Município violou a natureza universal e igualitária que a Constituição conferiu a esses serviços (art. 196, CF/1988). O "cartão cidadão" também viola o art. 205, que fixa a educação como direito de todos e dever do Estado, e o art. 206, ambos da CF, o qual estabelece, dentre os princípios norteadores do ensino no Brasil, a igualdade de condições para o acesso e a permanência na escola (ARE 661.288, rel. Min. Dias Toffoli, j. 6-5-2014, 1ª T., *DJe* de 24-9-2014).

Ação civil pública e políticas públicas de educação. Possibilidade. Implementação de políticas públicas. Obrigação de fazer: reforma de escola em situação precária. Possibilidade (RE 850.215 AgR, rel. Min. Cármen Lúcia, j. 7-4-2015, 2ª T., *DJe* de 29-4-2015).

Ministério Público e a promoção do direito à educação. Ação civil pública promovida pelo Ministério Público contra Município para o fim de compeli-lo a incluir, no orçamento seguinte, percentual que completaria o mínimo de 25% de aplicação no ensino. CF, art. 212. Legitimidade ativa do Ministério Público e adequação da ação civil pública, dado que esta tem por objeto interesse social indisponível (CF, art. 6º, arts. 205 e seguintes, art. 212), de relevância notável, pelo qual o Ministério Público pode pugnar (CF, art. 127, art. 129, III) (RE 190.938, rel. p/ o ac. Min. Gilmar Mendes, j. 14-3-2006, 2ª T., *DJe* de 22-5-2009).

Educação e inclusão das pessoas com deficiência. Educação de deficientes auditivos. Professores especializados em libras. Inadimplemento estatal de políticas públicas com previsão constitucional. Intervenção excepcional do Judiciário. (...) Cláusula da reserva do possível. Inoponibilidade. Núcleo de intangibilidade dos direitos fundamentais. Constitucionalidade e convencionalidade das políticas públicas de inserção dos portadores de necessidades especiais na sociedade (ARE 860.979 AgR, rel. Min. Gilmar Mendes, j. 14-4-2015, 2ª T., *DJe* de 6-5-2015).

Autonomia universitária e regime jurídico dos seus servidores. O fato de gozarem as universidades da autonomia que lhes é constitucionalmente garantida não retira das autarquias dedicadas a esse mister a qualidade de integrantes da administração indireta, nem afasta, em consequência, a aplicação, a seus servidores, do regime jurídico comum a todo o funcionalismo, inclusive as regras remuneratórias (RE 331.285, rel. Min. Ilmar Galvão, j. 25-3-2003, 1ª T., *DJ* de 2-5-2003).

Limite da autonomia universitária. Nos termos da jurisprudência deste Tribunal, o princípio da autonomia universitária não significa soberania das universidades, devendo estas se submeter às leis e demais atos normativos(RE 561.398 AgR, rel. Min. Joaquim Barbosa, j. 23-6-2009, 2ª T., *DJe* de 7-8-2009).

Autonomia universitária e respeito às regras legais educacionais. Não há direito líquido e certo à expedição de diploma com validade nacional se o curso de mestrado não é reconhecido, como expressamente prevê a lei. As universidades gozam de autonomia administrativa, o que não as exime do dever de cumprir as normas gerais da educação nacional (RE 566.365, rel. Min. Dias Toffoli, j. 22-2-2011, 1ª T., *DJe* de 12-5-2011)

Autonomia universitária e lei estadual. Prevalência. A implantação de *campus* universitário sem que a iniciativa legislativa tenha partido do próprio estabelecimento de ensino envolvido caracteriza, em princípio, ofensa à autonomia universitária (CF, art. 207). Plausibilidade da tese sustentada (ADI n. 2.367 MC, rel. Min. Maurício Corrêa, j. 5-4-2001, P, *DJ* de 5-3-2004).

Princípio da congeneridade na transferência de alunos. A transferência de alunos entre universidades congêneres é instituto que integra o sistema geral de ensino, não transgredindo a autonomia universitária, e é disciplina a ser realizada de modo abrangente, não em vista de cada uma das universidades existentes no País, como decorreria da conclusão sobre tratar-se de questão própria ao estatuto de cada qual. Precedente: RE 134.795, rel. Min. Marco Aurélio, RTJ 144/644 (RE 362.074 AgR, rel. Min. Eros Grau, j. 29-3-2005, 1ª T., *DJ* de 22-4-2005).

42. DIREITO À ALIMENTAÇÃO

O direito à alimentação consiste no acesso físico e econômico, em todos os momentos, a alimentos em quantidade e qualidade suficiente para satisfazer as necessidades alimentárias dos indivíduos. Há dois componentes no direito à alimentação, de acordo com o Comentário n. 12 do Comitê do PIDESC: (i) o direito de estar ao abrigo da fome e (ii) o direito à alimentação adequada.

O direito de estar ao abrigo da fome é parte integrante do *mínimo existencial,* pois abarca o mínimo de nutrientes que um indivíduo necessita, devendo ser assegurado a todas e todos, independentemente do local onde vivam. Por estar vinculado ao direito à vida, o direito de estar ao abrigo da fome não admite que o Estado alegue falta de recursos (escusa da "reserva do possível"), devendo dar total prioridade ao seu atendimento. O direito à alimentação adequada consiste no acesso físico e econômico do indivíduo, sozinho ou conjunto com os outros, à alimentação ou aos meios para obtê-la em face de fatores econômicos, sociais, culturais e ecológicos, o que define se certo alimento disponível pode ser considerado o mais adequado.

Por outro lado, não se trata tão somente da obtenção de determinada quantidade de calorias ou de nutrientes específicos, mas sim de assegurar a chamada *segurança alimentar,* que vem a ser a realização do direito à alimentação adequada por meio do acesso a alimentos, com base em práticas que promovam a saúde, a diversidade cultural e que sejam *sustentáveis,* do ponto de vista ambiental, cultural, econômico e social. A segurança alimentar assegura, ainda, o acesso à alimentação adequada às futuras gerações.

Assim, a alimentação *adequada* depende do contexto social, econômico, cultural e ecológico; a alimentação *sustentável* é fruto da *disponibilidade* e *acessibilidade* de alimentos para a geração presente e futura.

O processo de reconhecimento do direito à alimentação tem como marco o art. 25.1 da Declaração Universal dos Direitos Humanos, que dispõe que toda pessoa tem "direito a um padrão de vida capaz de assegurar a si e a sua família saúde e bem-estar, inclusive *alimentação,* vestuário, habitação, cuidados médicos e os serviços sociais indispensáveis…". No plano convencional, há previsão ao direito à alimentação no Pacto Internacional de Direitos Econômicos, Sociais e Culturais (art. 11), Convenção sobre a Eliminação de Todas as Formas de Discriminação contra a Mulher (art. 12.2), – Convenção sobre os Direitos da Criança (art. 24, 2, "c"), Convenção sobre os Direitos das Pessoas com Deficiência (art. 28), entre outros. No plano nacional, a Emenda Constitucional n. 64/2010 introduziu expressamente o direito à alimentação no *caput* do art. 6º.

O direito à alimentação impõe ao Estado e à sociedade duas obrigações básicas: a de (i) respeitar e (ii) promover. A obrigação de respeito exige que os Estados não obstaculizem o acesso à alimentação. A obrigação de promover requer medidas ativas do Estado para assegurar a alimentação adequada, devendo a *assistência alimentar* levar em consideração tanto a autossuficiência alimentar dos beneficiários e sua cultura quanto à sobrevivência econômica dos produtores de alimentos. No tocante ao dever de assegurar a alimentação adequada e compatível com a cultura dos interessados, a Corte Interamericana de Direitos Humanos condenou o Paraguai a assegurar o acesso à terra e à água potável para que a comunidade indígena pudesse obter alimentação suficiente para uma vida digna[191].

É possível identificar cinco elementos básicos que envolvem a concretização do direito à alimentação: (i) *disponibilidade*, que assegura a produção, processamento, comercialização de alimentos para os indivíduos; (ii) *estabilidade*, que assegura que os alimentos não ficarão escassos em certos períodos e lugares; (iii) *acessibilidade*, que implica o fornecimento de uma dieta alimentar com custo que não comprometa a satisfação de outras necessidades do indivíduo; (iv) *sustentabilidade*, que exige uma gestão dos recursos naturais que preserve a disponibilidade de alimentos para a geração presente e para as futuras gerações; (v) *adequação*, que implica o reconhecimento de uma dieta nutritiva e livre de substâncias nocivas, sendo ainda culturalmente compatível com a comunidade à qual o indivíduo pertence.

43. DIREITO À MORADIA

O direito à moradia consiste no direito de viver com segurança, paz e dignidade em determinado lugar, no qual o indivíduo e sua família possam se instalar, *de modo adequado* e com

---

[191] Corte Interamericana de Direitos Humanos, Caso da *Comunidade Yakye Axa* vs. *Paraguai*, sentença de 17 de junho de 2005, Série C, n. 125, em especial parágrafo 167.

custo razoável, com (i) privacidade, (ii) espaço, (iii) segurança, (iv) iluminação, (v) ventilação, (vi) acesso à infraestrutura básica (água, saneamento etc.) e localização. Em síntese, é o direito a ter um local adequado, com privacidade e dotado do conforto mínimo para o indivíduo e seu grupo familiar.

Essas características exigem do Estado a concretização do direito à moradia adequada, conforme consta do art. 11.1 do Pacto Internacional de Direitos Econômicos, Sociais e Culturais (PIDESC), pelo qual todos têm *direito a um padrão de vida adequado* para si e sua família, o que abarca a habitação.

Além do já citado art. 11.1 do PIDESC, o direito à moradia tem previsão no art. 25.1 da Declaração Universal dos Direitos Humanos[192], no art. 5º, *e*, III, da Convenção Internacional sobre a Eliminação de Todas as Formas de Discriminação Racial[193], no art. 14.2, *h*, da Convenção sobre a Eliminação de Todas as Formas de Discriminação contra a Mulher[194], no art. 27.3 da Convenção sobre os Direitos da Criança[195], entre outros.

No plano interno, o direito à moradia foi incluído no rol do art. 6º pela Emenda Constitucional n. 26/2000, apesar da existência prévia de outros dispositivos constitucionais sobre esse direito. O art. 7º, IV, estipula que o gasto com moradia é uma "necessidade vital básica" a ser atendida pelo salário mínimo; as espécies de usucapião do art. 183 e do art. 191 são referentes a áreas nas quais foi estabelecida a moradia do interessado; por sua vez, o art. 23, IX, trata da competência administrativa comum dos entes federados em promover programas de construção de *moradias* e a melhoria das *condições habitacionais.*

No Comentário Geral n. 4, o Comitê do PIDESC identificou sete elementos essenciais do direito à moradia adequada, a saber: (i) *proteção legal e segurança jurídica,* pelo qual se exige proteção legal da moradia contra despejo arbitrário ou ameaças de qualquer quilate; (ii) *disponibilidade de serviços,* pelo qual se requer que os beneficiados do direito à moradia possam usufruir de acesso sustentável à água, à luz, ao aquecimento, ao saneamento, entre outros; (iii) *custo acessível,* que assegura o acesso à moradia sem que outras necessidades básicas sejam sacrificadas; (iv) *habitabilidade,* que impõe que o local de moradia proteja os seus ocupantes da umidade, calor, frio e outras ameaças à saúde física e psíquica. As recomendações constantes das "Guias de Moradia e Saúde" (*Housing and Health Guidelines)* da Organização Mundial da Saúde explicitam as condições adequadas de uma moradia, mostrando o vínculo entre saúde e

---

[192] Art. 25.1. Toda a pessoa tem direito a um nível de vida suficiente para lhe assegurar e à sua família a saúde e o bem-estar, principalmente quanto à alimentação, ao vestuário, ao *alojamento,* à assistência médica e ainda quanto aos serviços sociais necessários, e tem direito à segurança no desemprego, na doença, na invalidez, na viuvez, na velhice ou noutros casos de perda de meios de subsistência por circunstâncias independentes da sua vontade.

[193] Art. 5º De conformidade com as obrigações fundamentais enunciadas no artigo 2, Os Estados Partes comprometem-se a proibir e a eliminar a discriminação racial em todas suas formas e a garantir o direito de cada uma à igualdade perante a lei sem distinção de raça, de cor ou de origem nacional ou étnica, principalmente no gozo dos seguintes direitos: (...) e) direitos econômicos, sociais culturais, principalmente: (...) iii) direito à *habitação.*

[194] Artigo 14. (...) 2. Os Estados Partes adotarão todas as medidas apropriadas para eliminar a discriminação contra a mulher nas zonas rurais a fim de assegurar, em condições de igualdade entre homens e mulheres, que elas participem no desenvolvimento rural e dele se beneficiem, e em particular as segurar-lhes-ão o direito a: (...) h) gozar de condições de vida adequadas, particularmente nas esferas da *habitação,* dos serviços sanitários, da eletricidade e do abastecimento de água, do transporte e das comunicações.

[195] Artigo 27. 3. Os Estados Partes, de acordo com as condições nacionais e dentro de suas possibilidades, adotarão medidas apropriadas a fim de ajudar os pais e outras pessoas responsáveis pela criança a tornar efetivo esse direito e, caso necessário, proporcionarão assistência material e programas de apoio, especialmente no que diz respeito à nutrição, ao vestuário e à *habitação.*

habitação[196]; (v) *acessibilidade,* que requer prioridade no acesso pleno e sustentável à moradia por parte de grupos vulneráveis (idosos, crianças, pessoas com deficiência, grupos que vivem em áreas de risco ou em habitações precárias etc.), transformando a moradia em direito de todos; (vi) *localização,* que indica a necessidade de não construir moradias em lugares sem serviços, longe de equipamentos sociais e dos locais de trabalho, próximos de áreas de risco ou poluídas etc.; (vii) *adequação cultural,* que visa assegurar a identidade e diversidade cultural na construção da moradia.

Por sua vez, no Comentário n. 7 ("o direito a uma moradia digna e os despejos forçados"), o Comitê do PIDESC reconheceu que todas as pessoas devem possuir um grau de segurança de posse que assegure a proteção jurídica contra despejos forçados, assédios e outras ameaças. Em casos como *López Albán v. Espanha*[197] e *Ben Djazia e Bellili v. Espanha*[198], o Comitê do PIDESC decidiu que o Estado tem o dever de tomar medidas razoáveis para fornecer habitação alternativa para pessoas após uma remoção, mesmo que a remoção tenha sido iniciada por entidades privadas. Em casos excepcionais, pode-se oferecer uma acomodação temporária que, embora não seja totalmente adequada, deve proteger a dignidade humana e ser uma etapa para obter moradia adequada. O Comitê de Direitos Humanos, em casos como *Liliana Assenova Naibidenova et al. v. Bulgária*[199] e *Gregopoulos et al. v. Grécia*[200], determinou que a remoção de comunidades vulneráveis sem proporcionar moradia adequada viola o art. 17 do Pacto Internacional sobre Direitos Civis e Políticos (PIDCP), que protege contra interferências arbitrárias na vida familiar do indivíduo. Essas decisões destacam que a obrigação de prevenir e eliminar a falta de moradia também deriva do direito à vida, consagrado no artigo 6 do PIDCP. O Comitê sublinhou que os Estados devem tomar medidas especiais para proteger pessoas em situações vulneráveis, como crianças em situação de rua, garantindo que possam desfrutar do direito à vida com dignidade, conforme estabelecido na Observação Geral n. 36 (2019).

Essa preocupação com o aspecto social da moradia também é do direito comparado. A Corte Constitucional da África do Sul, no caso *Grootboom*, reconheceu que o direito à moradia impõe requisitos às ordens de despejo.

No Brasil, há casos de despejos forçados de ocupações irregulares em áreas de proteção ambiental, como os entornos de represas e áreas de mananciais. Gera-se um espaço de tensão entre o direito à moradia e o direito ao meio ambiente equilibrado. Em decisão monocrática em 2020, o Min. Fachin citou o caso *Grootboom*, no qual a Corte Constitucional da África do Sul reconheceu que o direito à moradia deve impor condicionantes às ordens de despejo. (STF, ARE 1.158.201, rel. Min. Edson Fachin, decisão monocrática de 2-9-2020).

O direito à moradia é *distinto* do direito de propriedade, uma vez que não é indispensável que seja usufruído por meio da moradia própria. Obviamente, o direito de propriedade gera maior proteção e perenidade ao direito à moradia. Nesse sentido, a Constituição brasileira outorga aos remanescentes das comunidades de quilombos a propriedade definitiva das terras que estejam ocupando. Por sua vez, a Constituição assegura às comunidades indígenas a posse permanente de suas terras, uma vez que a propriedade permanece sendo da União.

No plano legal, o direito à moradia é protegido pelo instituto do "bem de família", regulado pela Lei n. 8.009/90, pelo qual o imóvel residencial é tido como impenhorável em face de dívidas

---

[196] Disponível em: <https://apps.who.int/iris/bitstream/handle/10665/276001/9789241550376-eng.pdf?ua=1>. Acesso em: 9 ago. 2024.
[197] Communication 37/2018, E/C.12/66/D/37/2018.
[198] Communication 5/2015, E/C.12/61/D/5/2015.
[199] Ver CCPR/C/106/D/2073/2011.
[200] Ver CCPR/C/99/D/1799/2008.

do titular do bem. Apesar do nome, essa impenhorabilidade é direito também daquele que vive sozinho. Entre as exceções a tal proteção da Lei n. 8.009/90, há a previsão de penhora do único imóvel residencial do fiador de uma locação. O STF entendeu que tal dispositivo é *constitucional*, uma vez que incentivaria os proprietários de imóvel a alugarem seus bens, concretizando, indiretamente, o direito à moradia (STF, RE 407.688, rel. Min. Cezar Peluso, *DJ* de 6-10-2006; ver ainda RE 612.360-RG, j. 13-8-2010, P, *DJe* de 3-9-2010, Tema 295, com *repercussão geral*).

Ainda no plano legal, o Estatuto da Cidade (Lei n. 10.257/2001) consagra o direito à moradia na política urbana (art. 2º, I).

No contexto da pandemia da COVID-19, a Lei n. 14.216 determinou a suspensão, até 31 de dezembro de 2021, das medidas judiciais, extrajudiciais ou administrativas que imponham a desocupação ou a remoção forçada coletiva de imóvel privado ou público, exclusivamente urbano, que sirva de moradia ou que represente área produtiva pelo trabalho individual ou familiar. Também suspendeu até 31 de dezembro de 2021 o cumprimento de medida judicial, extrajudicial ou administrativa que resulte em desocupação ou remoção forçada coletiva em imóvel privado ou público, exclusivamente urbano, e a concessão de liminar em ação de despejo de que trata a Lei n. 8.245, de 18 de outubro de 1991, para dispensar o locatário do pagamento de multa em caso de denúncia de locação de imóvel. Busca-se proteger o direito à moradia em uma situação de crise. Na ADPF n. 828, o STF estendeu tal proteção da Lei n. 14.216 aos imóveis rurais (omissão inconstitucional do legislador) e ainda determinou que tal suspensão siga vigente até 31-3-2022 (apelando ao legislador que edite lei nesse sentido – ADPF n. 828, Rel. Min. Roberto Barroso, sessão virtual, 8-12-2021).

44. DIREITOS DAS PESSOAS COM DEFICIÊNCIA E DAS PESSOAS COM TRANSTORNOS MENTAIS. O COMBATE AO CAPACITISMO

44.1. Direitos das pessoas com deficiência e a Lei n. 13.146/2015

As pessoas com deficiência são aquelas que têm impedimentos de natureza física, intelectual ou sensorial, os quais, em interação com diversas barreiras, podem obstruir sua participação plena e efetiva na sociedade com as demais pessoas[201]. A "deficiência" significa uma restrição física, mental ou sensorial, de natureza permanente ou transitória, que limita a capacidade de exercer uma ou mais atividades essenciais da vida diária, causada ou agravada pelo ambiente econômico e social[202].

A deficiência é considerada um conceito *social* (e não médico) em evolução, resultante da interação entre pessoas com deficiência e as barreiras geradas por *atitudes* e pelo *ambiente* que impedem a plena e efetiva participação dessas pessoas na sociedade em igualdade de oportunidades com as demais pessoas.

Assim, fica evidente que a "deficiência está na sociedade, não nos atributos dos cidadãos que apresentem impedimentos físicos, mentais, intelectuais ou sensoriais. Na medida em que as sociedades removam essas barreiras culturais, tecnológicas, físicas e atitudinais, as pessoas com impedimentos têm assegurada ou não a sua cidadania"[203].

---

[201] Art. 1º da Convenção da ONU sobre os Direitos das Pessoas com Deficiência.

[202] Art. 1º, 1, da Convenção Interamericana para a Eliminação de Todas as Formas de Discriminação contra as Pessoas Portadoras de Deficiência, incorporada internamente pelo Decreto n. 3.956/2001. Ver ainda a *Standard Rules* em Normas Uniformes sobre Igualdade de Oportunidades para as Pessoas Portadoras de Deficiência da ONU (Resolução AG.48/96, de 20-12-1993).

[203] FONSECA, Ricardo Tadeu Marques da. "A ONU e seu Conceito Revolucionário de Pessoa com Deficiência", *Revista do Tribunal Regional do Trabalho da 14ª Região*, v. 6, n. 1, jan./jun., 2010, p. 121-142.

A expressão "*pessoa portadora de deficiência*" corresponde àquela usada pela Constituição brasileira (art. 7º, XXXI; art. 23, II, art. 24, XIV; art. 37, VIII; art. 203, IV e V; art. 208, III; art. 227, §§ 1º, II, e 2º; art. 244). Porém, o termo "portadora" é inadequado, pois indica ser possível deixar de ter a deficiência.

Assim, a expressão utilizada pela Convenção da ONU sobre Direitos das Pessoas com Deficiência é "*pessoas com deficiência*". Essa Convenção foi aprovada pelo Congresso Nacional seguindo-se o rito especial do art. 5º, § 3º[204], e possui, consequentemente, estatuto normativo equivalente à *emenda constitucional*. Portanto, houve atualização constitucional da denominação para "pessoa com deficiência", que, a partir de 2009, passou a ser o termo utilizado.

A luta pela implementação dos direitos das pessoas com deficiência desembocou, nesse início de século, na fase da chamada "linguagem dos direitos". A luta pela afirmação dos direitos das pessoas com deficiência passou pelo reconhecimento de que sua situação de desigualdade e exclusão constitui verdadeira violação de direitos humanos, tendo sido superado o modelo médico da abordagem da situação das pessoas com deficiência. Esse modelo considerava a deficiência como um "defeito" que necessitava de tratamento ou cura. Quem deveria se adaptar à vida social eram as pessoas com deficiência, que deveriam ser "curadas". A atenção da sociedade e do Estado, então, voltavam-se ao reconhecimento dos problemas de integração da pessoa com deficiência para que esta desenvolvesse estratégias para minimizar os efeitos da deficiência em sua vida cotidiana.

Já o modelo de direitos humanos (ou modelo social) vê a pessoa com deficiência como *ser humano*, utilizando apenas o dado médico para definir suas necessidades. A principal característica deste modelo é sua abordagem de "gozo dos direitos sem discriminação". Fica consagrado o vetor de *antidiscriminação* das pessoas com deficiência, o que acarreta reflexão sobre a necessidade de políticas públicas para que seja assegurada a igualdade material, consolidando a *responsabilidade do Estado e da sociedade* na eliminação das barreiras à efetiva fruição dos direitos do ser humano.

No Brasil, além dos tratados já mencionados nos capítulos acima, a Constituição de 1988 possui diversos dispositivos que tratam de pessoas com deficiência:

- É de competência comum da União, Estados, Distrito Federal e Municípios "cuidar da saúde e assistência pública, da proteção e garantia das pessoas portadoras de deficiência" (art. 23, II).
- O art. 37, VIII, dispõe que "a lei reservará percentual dos cargos e empregos públicos para as pessoas portadoras de deficiência e definirá os critérios de sua admissão". No plano federal, a Lei n. 8.112 prevê até 20% da reserva de vagas (art. 5º, § 2º).
- O art. 7º, XXXI proíbe "qualquer discriminação no tocante a salário e critérios de admissão do trabalhador portador de deficiência".
- O art. 203, V, estabelece a garantia de um salário mínimo de benefício mensal à pessoa portadora de deficiência e ao idoso que comprovem não possuir meios de prover à própria manutenção ou de tê-la provida por sua família, conforme dispuser a lei.
- No que tange à criança e adolescente com deficiência, o art. 227, II, determina a "criação de programas de prevenção e atendimento especializado para os portadores de deficiência física, sensorial ou mental, bem como de integração social do adolescente portador de deficiência, mediante o treinamento para o trabalho e a convivência, e a facilitação do acesso aos bens e serviços coletivos, com a eliminação de preconceitos e obstáculos arquitetônicos".

---

[204] "Os tratados e convenções internacionais sobre direitos humanos que forem aprovados, em cada Casa do Congresso Nacional, em dois turnos, por três quintos dos votos dos respectivos membros, serão equivalentes às emendas constitucionais" (parágrafo incluído pela EC 45, de 2004).

- O art. 227, § 2º, determina que a lei deve dispor sobre normas de construção dos logradouros e dos edifícios de uso público e de fabricação de veículos de transporte coletivo, a fim de garantir acesso adequado às pessoas portadoras de deficiência.

Em 2015, foi editada a Lei n. 13.146, de 6 de julho, que institui o *Estatuto da Pessoa com Deficiência* – também denominada "Lei Brasileira da Inclusão" (LBI) –, buscando estar em linha com o *modelo de direitos humanos* introduzido pela Convenção da ONU sobre os Direitos das Pessoas com Deficiência.

No tocante aos direitos da personalidade, o Estatuto alterou profundamente o regime jurídico da capacidade, tendo revogado as disposições do Código Civil de 2002 que tratavam a pessoa com deficiência como *absolutamente incapaz*.

Cumpriu-se, assim, o disposto no art. 12 da Convenção da ONU sobre os Direitos das Pessoas com Deficiência que estabelece especialmente: "(...) 2. Os Estados Partes reconhecerão que as pessoas com deficiência gozam de *capacidade legal em igualdade de condições com as demais pessoas em todos os aspectos da vida*. 3. Os Estados Partes tomarão medidas apropriadas para prover o acesso de pessoas com deficiência ao apoio que necessitarem no exercício de sua capacidade legal. 4. Os Estados Partes assegurarão que todas as medidas relativas ao exercício da capacidade legal incluam *salvaguardas apropriadas e efetivas para prevenir abusos*, em conformidade com o direito internacional dos direitos humanos".

De acordo com a LBI, somente o menor de 16 anos é considerado absolutamente incapaz. Quanto ao relativamente incapaz, o Estatuto eliminou a menção, no art. 4º do CC, da incapacidade relativa daqueles que "por deficiência mental, tenham o discernimento reduzido", bem como a menção aos "excepcionais, sem desenvolvimento mental completo". De acordo com o art. 114 do Estatuto, são considerados *relativamente incapazes* (i) os ébrios habituais, (ii) os viciados em tóxico e (iii) aqueles que, por causa transitória ou permanente, não puderem exprimir sua vontade. Afastou-se, então, na nova redação do artigo 4º do Código Civil, a possibilidade do uso do "discernimento reduzido" para restringir a capacidade de fato da pessoa com deficiência mental ou intelectual. A regra geral da LBI foi de estabelecer a plena capacidade da pessoa com deficiência.

Acertadamente não é a deficiência a causa da incapacidade relativa, mas sim a ausência de expressão da vontade. Com isso, as pessoas com deficiência que podem exprimir sua vontade são capazes. Essa capacidade civil plena da pessoa com deficiência foi expressa no art. 6º do Estatuto, que lista – *rol meramente exemplificativo* – que a deficiência não afeta a plena capacidade civil da pessoa, inclusive para:

- casar-se e constituir união estável;
- exercer direitos sexuais e reprodutivos;
- exercer o direito de decidir sobre o número de filhos e de ter acesso a informações adequadas sobre reprodução e planejamento familiar;
- conservar sua fertilidade, sendo vedada a esterilização compulsória;
- exercer o direito à família e à convivência familiar e comunitária; e
- exercer o direito à guarda, à tutela, à curatela e à adoção, como adotante ou adotando, em igualdade de oportunidades com as demais pessoas.

A *pessoa com deficiência será, como regra, capaz* e, somente se não puder exprimir sua vontade, *relativamente incapaz*, realizando atos jurídicos em conjunto com assistente. Valoriza-se a autodeterminação da pessoa com deficiência, resumida na máxima "nada sobre nós, sem nós", que também inspira a Convenção da ONU sobre Direitos das Pessoas com Deficiência. Eventual impossibilidade de exprimir a vontade é resolvida pela instituição da curatela, que, em regra, será parcial (total somente se as circunstâncias da pessoa exigirem), e temporária, só para questões pontuais e patrimoniais. O instituto da curatela foi objeto de significativas alterações.

Nesse sentido, o instituto da curatela do Código Civil foi extremamente modificado: dispõe a LBI que a curatela de pessoa com deficiência constitui medida protetiva extraordinária, proporcional às necessidades e às circunstâncias de cada caso, e durará o menor tempo possível (art. 84). O instituto da curatela ficou restrito, de acordo com a LBI, às pessoas com deficiência que não puderem exprimir sua vontade (art. 1.767, I, do Código Civil, com redação dada pela LBI). Tal como as alterações referentes à capacidade do Código Civil, a LBI alterou a curatela, que deixa de utilizar a falta de discernimento como motivo, mas somente a expressão da vontade: podendo exprimir a vontade, não cabe a curatela. Os curadores são obrigados a prestar, anualmente, contas de sua administração ao juiz, apresentando o balanço do respectivo ano. A curatela afetará tão somente os atos relacionados aos direitos de *natureza patrimonial e negocial* e a LBI estabelece expressamente que a definição da curatela não alcança o direito ao próprio corpo, à sexualidade, ao matrimônio, à privacidade, à educação, à saúde, ao trabalho e ao voto. De acordo com a LBI, antes de se pronunciar acerca dos termos da curatela, o juiz, que deverá ser assistido por equipe multidisciplinar, entrevistará pessoalmente a pessoa com deficiência.

É facultada à pessoa com deficiência a adoção de *processo de tomada de decisão apoiada*, que consiste no processo de jurisdição voluntária pelo qual a pessoa com deficiência elege *pelo menos* duas pessoas idôneas, com as quais mantenha vínculos e que gozem de sua confiança, para prestar-lhe apoio na tomada de decisão sobre atos da vida civil, fornecendo-lhe os elementos e informações necessários para que possa exercer sua capacidade. O pedido de tomada de decisão apoiada será requerido pela pessoa com deficiência, com indicação expressa das pessoas aptas a prestarem o apoio. Para formular pedido de tomada de decisão apoiada, a pessoa com deficiência e os apoiadores devem apresentar termo em que constem: (i) os limites do apoio a ser oferecido; (ii) os compromissos dos apoiadores; (iii) o prazo de vigência do acordo; e (iv) o respeito à vontade, aos direitos e aos interesses da pessoa que devem apoiar. Antes de se pronunciar sobre o pedido de tomada de decisão apoiada, o juiz, assistido por equipe multidisciplinar, após oitiva do Ministério Público, ouvirá pessoalmente o requerente e as pessoas que lhe prestarão apoio. A pessoa apoiada pode, a qualquer tempo, solicitar o término de acordo firmado em processo de tomada de decisão apoiada. Em caso de negócio jurídico que possa trazer risco ou prejuízo relevante, havendo divergência de opiniões entre a pessoa apoiada e um dos apoiadores, deverá o juiz, ouvido o Ministério Público, decidir sobre a questão.

Após a entrada em vigor do novo Código de Processo Civil (Lei n. 13.105/2015) em 2016, houve polêmica em relação ao instituto da curatela e da interdição, em virtude da nova redação dada pela LBI aos artigos 1.768, 1.769, 1.771 e 1.772 do Código Civil. O novo CPC, além de trazer disposições sobre interdição (art. 748 e seguintes, inclusive tratando de "incapacidade do interditando de administrar bens" e "praticar atos da vida civil"), termo não utilizado pela LBI, ainda revogou os artigos 1.768 a 1.773 do Código Civil (art. 1.072, II). Contudo, a LBI foi promulgada em 6 de julho de 2015, publicada no dia 7 de julho de 2015, tendo entrado em vigor no dia 2 de janeiro de 2016. Já o novo Código de Processo Civil foi promulgado no dia 16 de março de 2015, publicado no dia 17 de março de 2015, tendo entrado em vigor no dia 18 de março de 2016. Assim, o artigo 1.072 do CPC revogou conteúdo do Código Civil já revogado, pois não poderia o legislador processual revogar conteúdo que ainda sequer havia sido editado (a LBI é posterior ao novo CPC). Assim, ao entrar em vigor, o novo CPC revogou a redação original do Código Civil já revogada pela LBI. Com isso, os comandos da LBI em relação à curatela e prevalência da capacidade das pessoas com deficiência (com as ressalvas vistas acima) devem ser seguidos. Por sua vez, os dispositivos do CPC referentes à interdição devem ser interpretados à luz dos comandos da LBI e da Convenção da ONU sobre os Direitos das Pessoas com Deficiência.

No tocante à educação, a LBI – em linha com a Convenção da ONU sobre os Direitos das Pessoas com Deficiência – consagrou a educação inclusiva na escola regular, pública ou privada. No tocante às escolas privadas, o art. 28, § 1º, da LBI é claro ao estabelecer que as disposições do referido artigo (que tratam das diversas obrigações de inclusão *em todos os níveis e modalidades de ensino*) são aplicáveis aos entes privados de ensino, que, inclusive, não podem cobrar valores adicionais de qualquer natureza.

As pessoas com deficiência devem ter acesso ao ensino primário inclusivo, de qualidade e gratuito, e ao ensino secundário, em igualdade de condições com as demais pessoas na comunidade em que vivem, tendo que ser garantidas as *adaptações* de acordo com as necessidades individuais. Por isso, consta da Convenção que as pessoas com deficiência devem receber o apoio necessário, no âmbito do *sistema educacional geral*, com vistas a facilitar sua efetiva educação, devendo ser adotadas as medidas de apoio individualizadas e efetivas em ambientes que maximizem o desenvolvimento acadêmico e social, de acordo com a meta de *inclusão* plena.

Foi regulamentado pela Lei n. 14.176/2021 o "auxílio inclusão" previsto na Lei Brasileira de Inclusão (art. 94), à pessoa com deficiência moderada ou grave que, cumulativamente, receba o benefício de prestação continuada (ou já tenham recebido o BPC nos últimos cinco anos) e passe a exercer atividade com remuneração de até 2 salários mínimos (entre outros requisitos). Exige-se a miserabilidade do grupo familiar, mas não entra no cálculo o salário que a pessoa com deficiência agora com emprego formal (da área privada ou pública) recebe. O valor do novo benefício é de 50% do BPC (ou seja, meio salário mínimo). Busca-se incentivar a inserção profissional da pessoa com deficiência, evitando a informalidade gerada pelo receio de perder o benefício de prestação continuada da Lei n. 8.472/93 (Lei Orgânica da Assistência Social, comentada acima neste *Curso*, no item 40 da Parte IV).

A aplicação dos comandos da Convenção será tarefa hercúlea. De fato, conforme demonstra a experiência, tem-se observado graves ofensas a esse direito.

Inicialmente, a LBI proíbe as recusas de matrículas sob o argumento de que a escola não está "preparada" para as necessidades de aluno com deficiência. A alegada falta de preparação vai desde a parte arquitetônica até a falta de recursos didáticos e inadequação do método de ensino.

Por outro lado, muitas vezes, as pessoas com deficiência, principalmente a mental, são matriculadas em escolas regulares, que as recebem com a expectativa que eles tenham um desempenho o mais próximo possível do aluno dito "normal".

Caso esse desempenho não ocorra, a criança é "convidada" a retirar-se e encaminhada para a chamada *escola especial*. Na maioria das vezes, na *escola especial*, a criança ou adolescente com deficiência fica *isolado* da sociedade em geral. Tais condutas violam a nova LBI e a Convenção da ONU. Os alunos com deficiência têm o direito de matricular-se em escolas regulares (*regular schools*), devendo o Estado assegurar o preparo material e humano para tanto.

Com isso, não é mais possível negar a qualquer pessoa com deficiência o acesso à escola regular. Como defende Eugênia Gonzaga, a diversidade na sala de aula é possível, e o mais importante, salutar, pois todos ganham: os alunos com deficiência e os alunos sem qualquer necessidade especial, que percebem, já na escola, a diversidade da sociedade à qual pertencem[205]. Assim, a LBI garante a educação para todos, em todos os níveis e de forma igualitária (em um mesmo ambiente), de modo a atingir o pleno desenvolvimento humano e o preparo para a cidadania das pessoas com ou sem deficiência. Para que as pessoas com deficiências possam

---

[205] FÁVERO, Eugênia Augusta Gonzaga. *Direitos das pessoas com deficiência. Garantia da igualdade na diversidade.* Rio de Janeiro: WWA, 2004.

exercer esse direito em sua plenitude é indispensável, portanto, que a *escola* (e não o aluno) se adapte às mais diversas situações[206].

A luta dos empresários do ensino pela exclusão dessas despesas assemelha-se à luta (fracassada, diga-se) dos planos de saúde pela limitação de gastos em determinados casos, como o limite de dias na internação em Unidades de Terapia Intensiva. Ora, *tal qual* ocorreu na área da saúde, aquele que busca lucros na educação deve saber que não pode ofertar um serviço discriminatório ou incompleto (depois de *x* dias na UTI, caso o paciente ainda necessite de tratamento, o que fazer?). Tais custos devem ser computados nos *custos gerais* da instituição de ensino, pois esta é obrigada a oferecer a estrutura adequada a todos os seus alunos, *todos mesmo*. Contra esse dispositivo, a Confederação Nacional dos Estabelecimentos de Ensino (Confenen) ingressou com a Ação Direta de Inconstitucionalidade n. 5.357, no Supremo Tribunal Federal (STF), questionando a aplicação aos entes privados de ensino dos dispositivos da LBI. Em julgamento histórico, o STF decidiu que são constitucionais os dispositivos da LBI que estabelecem a obrigatoriedade da educação inclusiva, devendo as escolas particulares adotar todas as medidas de adaptação necessárias sem que estas possam recusar as matrículas ou repassar o ônus financeiro às famílias das pessoas com deficiência (STF, ADI n. 5.647, rel. Min. Fachin, j. 9-6-2016, publicado no *DJe* de 11-11-2016).

Outro ponto importante da LBI foi a criação do auxílio-inclusão: a pessoa com deficiência (PcD) que se enquadrar nos requisitos exigidos pela Lei Orgânica da Assistência Social (LOAS) tem direito a receber o Benefício de Prestação Continuada, entretanto o benefício é suspenso se a PcD ingressar no mercado de trabalho. Com a vigência da LBI, a PcD que for admitida em trabalho remunerado terá suspenso o benefício de prestação continuada, mas passará a receber o auxílio-inclusão, conforme dispõe o art. 94 da lei.

A LBI reforçou *ações afirmativas,* estabelecendo cotas em diversas áreas, como, por exemplo: a) direito à moradia: 3% de unidades habitacionais em programas públicos ou subsidiados com recursos públicos devem ser reservados às pessoas com deficiência (art. 32, I); b) direito ao transporte e mobilidade urbana: 2% das vagas em estacionamentos devem ser reservadas às pessoas com deficiência (art. 47, parágrafo único); as frotas de empresas de táxi devem reservar 10% (dez por cento) de seus veículos acessíveis às pessoas com deficiência (art. 51); 10% das outorgas de permissão para exploração do serviço de táxi (art. 119); 5% dos carros de locadoras de automóveis devem ser adaptados para motoristas com deficiência (art. 52); c) direito do acesso à informação e à comunicação: 10% dos computadores dos telecentros e *lan houses* devem ter recursos de acessibilidade para pessoa com deficiência visual (art. 63, § 2º).

Em 2021, a Lei n. 14.216 classificou a visão monocular como deficiência sensorial, do tipo visual, para todos os efeitos legais (art. 1º). Por sua vez, para combater estereótipos e preconceitos sobre a indispensabilidade de a deficiência ser "visível" para o gozo de direitos, a Lei n. 14.624, de 17 de julho de 2023, alterou o Estatuto da Pessoa com Deficiência (Lei n. 13.146, de 2015) para instituir o uso de um cordão de fita com desenhos de girassóis como símbolo nacional para a identificação de pessoas com deficiências ocultas. O uso desse símbolo é opcional e sua ausência não interfere no exercício dos direitos e garantias legais. Além disso, a utilização do cordão não substitui a necessidade de apresentação de documento que comprove a deficiência, caso seja solicitado por atendentes ou autoridades competentes.

Quanto à deficiência auditiva, a Lei n. 14.768, de 22 de dezembro de 2023, definiu deficiência auditiva como a limitação de longo prazo da audição, seja unilateral total ou bilateral parcial ou

---

[206] FÁVERO, Eugênia Augusta Gonzaga. O direito das pessoas com deficiência de acesso à educação. In: ARAUJO, Luis Alberto David (Org.). *Defesa dos direitos das pessoas portadoras de deficiência*. São Paulo: Revista dos Tribunais, 2006, p. 152-174, em especial p. 161.

total, que, em interação com barreiras, impede a participação plena e efetiva da pessoa na sociedade em igualdade de condições com os demais. A lei estabelece que o valor referencial para essa limitação auditiva é uma média de 41 decibéis ou mais, medida por audiograma nas frequências de 500 Hz, 1.000 Hz, 2.000 Hz e 3.000 Hz. Além disso, outros instrumentos poderão ser utilizados para constatar a deficiência auditiva, conforme previsto no Estatuto da Pessoa com Deficiência.

Já quanto à deficiência visual, a Lei n. 14.951, de 2 de agosto de 2024, estabelece a coloração da órtese externa conhecida como *bengala longa*, utilizada como tecnologia assistiva por pessoas com deficiência visual, para facilitar a identificação de sua condição. A bengala longa poderá ter três cores: branca para pessoas com cegueira, verde para pessoas com baixa visão (visão subnormal), e vermelha e branca para pessoas com surdocegueira. O Sistema Único de Saúde (SUS) será responsável por fornecer a bengala na cor solicitada pelo usuário, conforme a avaliação de suas necessidades. A lei também prevê a divulgação pela administração pública do significado das diferentes cores e dos direitos das pessoas com deficiência visual.

Por sua vez, em tema muito importante para todas as pessoas com deficiência, foi introduzido, pela Lei n. 14.880, de 4 de junho de 2024, a obrigação de "atenção precoce". Tal lei altera o Marco Legal da Primeira Infância (Lei n. 13.257, de 2016) para instituir a Política Nacional de Atendimento Educacional Especializado a Crianças de Zero a Três Anos, denominada Atenção Precoce. Essa política visa potencializar o desenvolvimento e a aprendizagem de crianças nessa faixa etária, especialmente aquelas que necessitam de atendimento educacional especializado ou que nasceram em condições de risco, como prematuros e bebês com problemas neurológicos ou malformações congênitas. A lei também estabelece que essas crianças devem ter prioridade no atendimento dos programas de visita domiciliar e nos serviços de atenção precoce, os quais devem ser realizados em espaços adaptados e com profissionais qualificados, promovendo um desenvolvimento inclusivo e integral.

Finalmente, destaco que os direitos das pessoas com deficiência exige o combate constante ao capacitismo enraizado na sociedade, verdadeiro *capacitismo sistêmico*. O capacitismo consiste na inferiorização da pessoa com deficiência, que, sob as mais diversas formas, é prejudicada no gozo da igualdade material.

O capacitismo é sistêmico, porque contamina as mais diversas facetas do cotidiano. Por exemplo, há o capacitismo verbal, pelo qual se ofende ou se faz piada utilizando a deficiência para ridicularizar ou para discriminar a pessoa com deficiência, gerando estereótipos negativos. O uso de palavras ofensivas, mesmo que aparentemente em tom jocoso, inibe e afasta a pessoa com deficiência do convívio social. É capacitismo também o capacitismo aparentemente benévolo, quando há a comiseração e a piedade social (a pessoa com deficiência é um "anjo" ou é "especial" etc.), ou ainda infantilização e falta de confiança no potencial da pessoa. Nota-se que, apesar da aparente boa intenção, há a exclusão, resultando em discriminação.

44.2. Direitos das pessoas com transtornos mentais

O caso *Damião Ximenes* (ver Parte II, Capítulo V, item 13.3.11 sobre os casos brasileiros da Corte IDH) demonstrou a necessidade de promoção dos direitos das pessoas com transtornos mentais. Cabe ao Estado o desenvolvimento da política de saúde mental, a assistência e a promoção de ações de saúde aos portadores de transtornos mentais, com a devida participação da sociedade e da família. Para tanto, foi editada a Lei n. 10.216/2001, que zela pelos direitos e atendimento das pessoas com transtornos mentais.

Esse atendimento deve ser prestado em estabelecimento de saúde mental, assim entendidas as instituições ou unidades que ofereçam assistência em saúde aos portadores de transtornos mentais.

A finalidade permanente de qualquer tratamento é a reinserção social do paciente em seu meio. Por isso, o tratamento ambulatorial tem preferência e a internação, em qualquer de suas modalidades, só será indicada quando os recursos extra-hospitalares se mostrarem insuficientes. O regime de internação deve ser estruturado de forma a oferecer assistência integral à pessoa portadora de transtornos mentais, incluindo serviços médicos, de assistência social, psicológicos, ocupacionais, de lazer, e outros.

Com isso, é vedada a internação de pacientes portadores de transtornos mentais nos chamados "asilos", que tradicionalmente no Brasil não asseguravam o tratamento integral nem os direitos das pessoas com transtornos mentais.

Por sua vez, ressaltamos que o tratamento das pessoas com transtornos mentais deve ser estritamente de acordo com os direitos humanos previstos na Constituição e nos tratados internacionais.

Assim, além de não poder incidir qualquer discriminação odiosa (quanto à raça, cor, sexo, orientação sexual, religião, opção política, nacionalidade, idade, família, recursos econômicos e ao grau de gravidade ou tempo de evolução de seu transtorno, ou qualquer outra), são direitos específicos da pessoa portadora de transtorno mental:

a) ter acesso ao melhor tratamento do sistema de saúde;

b) ser tratada com humanidade e respeito e no interesse exclusivo de beneficiar sua saúde, visando alcançar sua recuperação pela inserção na família, no trabalho e na comunidade;

c) ser protegida contra qualquer forma de abuso e exploração;

d) ter garantia de sigilo nas informações prestadas;

e) ter direito à presença médica, em qualquer tempo, para esclarecer a necessidade ou não de sua hospitalização involuntária;

f) ter livre acesso aos meios de comunicação disponíveis;

g) receber o maior número de informações a respeito de sua doença e de seu tratamento;

h) ser tratada em ambiente terapêutico pelos meios menos invasivos possíveis;

i) ser tratada, preferencialmente, em serviços comunitários de saúde mental.

Esse último direito (de tratamento em serviços comunitários) faz com que a internação psiquiátrica só possa ser realizada mediante laudo médico circunstanciado que caracterize os seus motivos. São os seguintes tipos de internação psiquiátrica estabelecidos na Lei n. 10.216/2001:

a) internação voluntária: aquela que se dá com o consentimento do usuário;

b) internação involuntária: aquela que se dá sem o consentimento do usuário e a pedido de terceiro. A internação psiquiátrica involuntária deverá, no prazo de setenta e duas horas, ser comunicada ao Ministério Público Estadual pelo responsável técnico do estabelecimento no qual tenha ocorrido, devendo esse mesmo procedimento ser adotado quando da respectiva alta;

c) internação compulsória: aquela determinada pela Justiça. A internação compulsória é determinada, de acordo com a legislação vigente, pelo juiz competente, que levará em conta as condições de segurança do estabelecimento, quanto à salvaguarda do paciente, dos demais internados e funcionários.

O *término da internação voluntária* deve ser feito por (i) solicitação escrita do paciente ou por (ii) determinação do médico. O *término da internação involuntária* será feito por (i) solicitação escrita do familiar, ou responsável legal, ou quando estabelecido pelo (ii) especialista responsável pelo tratamento.

44.3. Direitos das pessoas com transtorno do espectro autista e a neurodiversidade

Em 27 de dezembro de 2012 foi finalmente instituída, pela Lei n. 12.764, a Política Nacional de Proteção dos Direitos da Pessoa com Transtorno do Espectro Autista[207]. O termo "autismo" convive agora com o termo mais amplo "pessoa com transtorno do espectro autista" (ou simplesmente pessoa autista), que permite visão mais abrangente do quadro, *substituindo* ainda denominações de síndromes como a de *Asperger, Kanner, Heller ou ainda o Transtorno Invasivo do Desenvolvimento Sem Outra Especificação*.

A lei veio em boa hora para dar visibilidade a esse espectro que é mal compreendido pela maior parte dos chamados neurotípicos (e também pela mídia), que usa de modo *pejorativo* e preconceituoso o termo "autista" para designar *situação de alienação negativa*. Serve a lei para promover a inclusão social da pessoa com transtorno do espectro autista, na linha de reconhecimento de *direitos*, o que, inclusive, auxilia a *transformar* o uso da palavra "autista", reconhecendo a diversidade e a importância da *pessoa autista* em uma sociedade plural.

De acordo com a lei, a *pessoa com transtorno do espectro autista* (ou pessoa autista) é aquela que tem *síndrome clínica* caracterizada da seguinte forma (com maior ou menor intensidade; o autismo é um espectro e cada pessoa autista é única, como o é o neurotípico):

a) deficiência persistente e clinicamente significativa da *comunicação e da interação sociais*, manifestada por deficiência marcada de comunicação verbal e não verbal usada para *interação social*; ausência de *reciprocidade social*; falência em desenvolver e manter *relações apropriadas* ao seu nível de desenvolvimento;

b) *padrões restritivos e repetitivos de comportamentos*, interesses e atividades, manifestados por comportamentos motores ou verbais estereotipados ou por comportamentos sensoriais incomuns;

c) excessiva aderência a rotinas e padrões de comportamento ritualizados;

d) interesses restritos e fixos.

A pessoa com transtorno do espectro autista é considerada *pessoa com deficiência*, para todos os efeitos legais (Lei n. 12.764). Mesmo sem tal definição legal específica, a pessoa do transtorno do espectro autista já preenchia os requisitos estabelecidos no art. 1º da Convenção das Nações Unidas sobre os Direitos das Pessoas com Deficiência. Há impedimentos de natureza intelectual ou sensorial, os quais, em interação com diversas barreiras, obstruem sua participação plena e efetiva na sociedade com as demais pessoas.

São direitos da pessoa com transtorno do espectro autista a vida digna, a integridade física e moral, o livre desenvolvimento da personalidade, a segurança e o lazer, bem como a proteção contra qualquer forma de abuso e exploração. Para tanto, ficam assegurados o direito de acesso a *ações e serviços de saúde*, com vistas à atenção integral às suas necessidades de saúde, e o acesso à educação e ao ensino profissionalizante. Em casos de comprovada necessidade, a pessoa com transtorno do espectro autista incluída nas classes comuns de ensino regular, terá direito a *acompanhante especializado*. Apesar de a lei ser silente, entendemos que o acompanhante especializado deve ser custeado pela mantenedora escolar (pública ou privada), sob pena de grave ofensa ao direito à igualdade material, com tratamento desigual e inferiorizante às pessoas com transtorno do espectro autista, aplicando-se aqui a LBI (Lei Brasileira de Inclusão – Lei n. 13.146/2015) e a ADI n. 5.347 (ambas já estudadas), uma vez que as pessoas com transtorno do espectro autista são consideradas pessoas com deficiência. No caso do ensino particular, conforme já explicitado anteriormente, a oferta do serviço de educação é

---

[207] No Brasil, ver a luta da sociedade civil pela promoção da dignidade das pessoas com *transtorno do espectro autista* em <http://www.autismoerealidade.org/>.

remunerada para que a empresa de ensino oferte a todos os seus alunos o ensino digno: seria contrária à exigência de contraprestação de ensino digno se a escola cobrasse – adicionalmente – o uso de cadeiras e mesas, que são custos implícitos à boa oferta do serviço. Se essa cobrança adicional é ofensiva para os neurotípicos, deve ser também ofensiva a cobrança de adicional pelo gasto do acompanhante terapêutico e outras despesas para a oferta do ensino digno aos estudantes com transtorno do espectro autista, respeitando-se a igualdade entre neurotípicos e não neurotípicos.

Por sua vez, a pessoa autista não será impedida de participar de planos privados de assistência à saúde em razão de sua condição de pessoa com deficiência.

Também a pessoa autista não será submetida a tratamento desumano ou degradante, nem será privada de sua liberdade ou do convívio familiar, bem como não sofrerá discriminação por motivo da deficiência.

Em relação às diretrizes da "Política Nacional de Proteção dos Direitos da Pessoa com Transtorno do Espectro Autista", há menção especial à *atenção integral* às necessidades de saúde da pessoa autista, objetivando o (i) diagnóstico precoce, (ii) o atendimento multiprofissional e o (iii) acesso a medicamentos e nutrientes. O diagnóstico e atendimento precoce é indispensável, pois o autismo é um transtorno do desenvolvimento, o que o atendimento precoce pode evitar sofrimento e auxiliar na inclusão social.

Quanto às punições específicas, a lei determina que o gestor escolar (a lei não discrimina se gestor público ou particular), ou autoridade competente, que recusar a matrícula de aluno com transtorno do espectro autista, ou qualquer outro tipo de deficiência, será punido com multa de 3 a 20 salários mínimos. Em caso de reincidência, apurada por processo administrativo, assegurado o contraditório e a ampla defesa, haverá a perda do cargo.

A Lei n. 13.861, de 18 de julho de 2019, determinou que os censos demográficos realizados a partir de 2019 incluirão as *especificidades inerentes ao transtorno do espectro autista*, incrementando a visibilidade já exigida pela Lei n. 12.764/2012. Resta agora a consecução de políticas públicas de promoção de direitos em um segmento de pessoas com deficiência com urgentes demandas de inclusão.

Em 2020, foi aprovada a Lei n. 13.977 ("Lei Romeo Mion"), pela qual foi instituída a Carteira de Identificação da Pessoa com Transtorno do Espectro Autista. Essa carteira será expedida, a pedido do interessado (ou familiares), pelos órgãos estaduais, distritais e municipais responsáveis pela execução da Política Nacional de Proteção dos Direitos da Pessoa com Transtorno do Espectro Autista (TEA). Deve ser apresentado o relatório médico com a indicação do transtorno.

Já em 2023, foi aprovada a Lei n. 14.626, que prevê *atendimento prioritário* a pessoas com transtorno do espectro autista ou com mobilidade reduzida e a doadores de sangue e *reserva* de *assento* em veículos de empresas públicas de transporte e de concessionárias de transporte coletivo nos *dois primeiros casos*. O atendimento prioritário poderá ser realizado mediante alocação de postos, caixas, guichês, linhas ou atendentes específicos para esse fim. Caso não haja postos, caixas, guichês, linhas ou atendentes específicos para a realização do atendimento prioritário, os beneficiados deverão ser atendidos *imediatamente* após a conclusão do atendimento que *estiver em andamento*, antes de quaisquer outras pessoas.

A afirmação de direitos é mais um passo para dar visibilidade à temática, visando a facilitar o gozo de direitos e também contribuir para mobilizar a sociedade civil e o Estado em torno da superação das barreiras à inclusão da pessoa com TEA, em especial à "barreira atitudinal", já que as pessoas do transtorno do espectro autista são objeto de preconceito e discriminação inclusive daqueles que afirmam que não se trataria de uma "deficiência", atingindo especialmente as pessoas autistas de nível de suporte 1[208].

Tal afirmação é fruto do desconhecimento dos impedimentos e barreiras que a pessoa autista sofre no seu cotidiano.

Em 2021, no campo da educação inclusiva, foi aprovada a Lei n. 14.254, regulando o acompanhamento integral para educandos com (i) dislexia ou (ii) Transtorno do Déficit de Atenção com Hiperatividade (TDAH) ou (iii) outro transtorno de aprendizagem. De acordo com a nova lei, o poder público deve desenvolver e manter programa de *acompanhamento integral* para educandos com dislexia, Transtorno do Déficit de Atenção com Hiperatividade (TDAH) ou outro transtorno de aprendizagem. O "acompanhamento integral" abrange a (i) identificação precoce do transtorno, o (ii) encaminhamento do educando para diagnóstico, o (iii) apoio educacional na rede de ensino, bem como o (iv) apoio terapêutico especializado na rede de saúde. As escolas da educação básica das *redes pública e privada*, com o apoio da família e dos serviços de saúde existentes, devem garantir o cuidado e a proteção ao educando com dislexia, TDAH ou outro transtorno de aprendizagem, com vistas ao seu pleno desenvolvimento físico, mental, moral, espiritual e social, com auxílio das redes de proteção social existentes no território, de natureza governamental ou não governamental. Caso seja verificada a necessidade de intervenção terapêutica, esta deverá ser realizada em serviço de saúde em que seja possível a avaliação diagnóstica, com metas de acompanhamento por *equipe multidisciplinar* composta por profissionais necessários ao desempenho dessa abordagem.

Em 2022, foi aprovada a Lei n. 14.306, a qual criou o "Dia Nacional da Síndrome de Down". Busca-se, no dia citado, promover eventos que valorizem a pessoa com síndrome de Down na sociedade. Também em 2022, foi editada a Lei n. 14.420, pela qual ficou instituída a "Semana Nacional de Conscientização sobre o Transtorno do Déficit de Atenção com Hiperatividade (TDAH)". Tal semana tem como objetivo promover a conscientização sobre a importância do diagnóstico e tratamento precoces em indivíduos com Transtorno do Déficit de Atenção com Hiperatividade (TDAH).

Passo importante na implementação de direitos da pessoa autista é a luta pela chamada *neurodiversidade*. A neurodiversidade, na conceituação de Tiago Abreu, consiste em movimento social que possui, em síntese, quatro objetivos: 1) suprimir os estigmas e estereótipos negativos das neurominorias; 2) destacar os pontos positivos da neurodivergência em substituição à visão tradicional pautada nos déficits e prejuízos sociais; 3) lutar pela inclusão e valorização das pessoas neurodivergentes; e 4) demonstrar o ganho social (para toda a sociedade) da inclusão de todas neurominorias[209].

45. DIREITO À MOBILIDADE

A Emenda Constitucional n. 90, de 15 de setembro de 2015, introduziu o transporte como direito social no *caput* do art. 6º da CF/88. Anteriormente, a Emenda Constitucional n. 82, de 16 de julho de 2014, introduziu o § 10 do art. 144, estipulando que a *segurança viária*, exercida para a preservação da ordem pública e da incolumidade das pessoas e do seu patrimônio nas vias públicas, compreende a educação, engenharia e fiscalização de trânsito, além de outras atividades previstas em lei, que *assegurem ao cidadão o direito à mobilidade urbana eficiente*.

---

[208] Para auxiliar na elaboração do suporte necessário para a vida digna de pessoas autistas, é possível – com a devida e necessária especificação no caso concreto – estabelecer níveis de suporte necessário: o nível de suporte 1 seria de menor complexidade e o nível de suporte 3 seria de maior complexidade, abarcando a pessoa autista não oralizada.

[209] ABREU, Tiago. *O que é a neurodiversidade*. Goiânia: Cânone Editorial, 2021, em especial p. 24.

Esse *direito à mobilidade ou direito ao transporte,* que agora consta do *caput* do art. 6º (direitos sociais), consiste na exigência individual ou coletiva de *meios públicos ou privados adequados ao deslocamento* na área urbana ou rural. Atualmente, como se viu nos protestos de junho de 2013, a mobilidade urbana é tema central de um Brasil no qual 80% da população vive em áreas urbanas.

Nesse sentido, foi editada, em 2012, a Lei n. 12.587, que instituiu as diretrizes da *Política Nacional de Mobilidade Urbana.* A Política Nacional de Mobilidade Urbana objetiva (i) o acesso universal à cidade, (ii) o fomento e a concretização das condições que contribuam para a efetivação dos princípios, objetivos e diretrizes da política de desenvolvimento urbano, por meio (iii) do planejamento e da gestão democrática do *Sistema Nacional de Mobilidade Urbana.* O *Sistema Nacional de Mobilidade Urbana* consiste no conjunto organizado e coordenado dos modos de transporte, de serviços e de infraestrutura que garante os *deslocamentos de pessoas e cargas* no território do Município. Os meios para realizar a mobilidade podem ser (i) motorizados ou não motorizados, (ii) coletivos ou individuais, (iii) públicos ou privados e (iv) de cargas ou de passageiros.

Entre os princípios da política nacional de mobilidade urbana estão: 1) *acessibilidade universal*; 2) *desenvolvimento sustentável* das cidades, nas dimensões socioeconômicas e ambientais; 3) *equidade* no acesso dos cidadãos ao transporte público coletivo; 4) eficiência, eficácia e efetividade na prestação dos serviços de transporte urbano; 5) gestão democrática e controle social do planejamento e avaliação da Política Nacional de Mobilidade Urbana; 6) segurança nos deslocamentos das pessoas; 7) justa distribuição dos benefícios e ônus decorrentes do uso dos diferentes modos e serviços; 8) equidade no uso do espaço público de circulação, vias e logradouros; e 9) eficiência, eficácia e efetividade na circulação urbana.

As diretrizes da Lei n. 12.587, se implementadas na prática, revolucionarão o cotidiano das nossas cidades, pois impõem a *modicidade da tarifa, a melhoria da eficiência e qualidade na prestação de serviço.*

São direitos decorrentes do *direito à mobilidade urbana:* a) direito ao serviço adequado de deslocamento; b) direito de participar do planejamento, fiscalização e avaliação da política local de mobilidade urbana; c) direito à informação sobre a mobilidade urbana (tarifas, horários etc.); e d) direito a um meio ambiente seguro e acessível.

A implementação do direito à mobilidade urbana é da competência administrativa comum, incumbindo a todos os entes federados, que devem agir de modo integrado e coerente (União, Estados, Distrito Federal e Municípios).

Em 2020, foi editada a Lei n. 14.000, que justamente institui as diretrizes da Política Nacional de Mobilidade Urbana, para dispor sobre a elaboração do Plano de Mobilidade Urbana pelos Municípios. De acordo com a lei, ficam obrigados a elaborar e a aprovar Plano de Mobilidade Urbana os Municípios: I – com mais de 20.000 (vinte mil) habitantes; II – integrantes de regiões metropolitanas, regiões integradas de desenvolvimento econômico e aglomerações urbanas com população total superior a 1.000.000 (um milhão) de habitantes; III – integrantes de áreas de interesse turístico, incluídas cidades litorâneas que têm sua *dinâmica de mobilidade* normalmente alterada nos finais de semana, feriados e períodos de férias, em função do aporte de turistas, conforme critérios a serem estabelecidos pelo Poder Executivo.

46. DIREITOS INDÍGENAS

46.1. Noções gerais: terminologia

Há diversas comunidades indígenas no Brasil, com características próprias e que possuem diferenças entre si, sendo impossível e equivocada uma simplificação e generalização de suas situações. Há estimativas de que hoje haja 5 mil povos indígenas no mundo, e, no Brasil, há mais de 200. Pelo Censo de 2010 no Brasil, as comunidades indígenas somam mais de 800.000 indígenas, segundo dados do IBGE[210]. Já pelos dados do Censo 2022, o Brasil tem 1,7 milhão de indígenas. Conforme o IBGE, pouco mais da metade (51,2%) da população indígena está concentrada na Amazônia Legal. Esse aumento expressivo nesses 12 anos (88,82%; o crescimento do total da população nesse mesmo período foi de apenas 6,5%) é fruto de nova metodologia, que inclusive indaga ao entrevistado se ele se considera indígena fora da área tida como indígena[211].

O termo "índios" para denominar os habitantes originários das Américas é fruto da equivocada crença de Cristóvão Colombo, que, ao chegar ao Caribe em 1492, imaginou ter encontrado a Índia por nova rota marítima, pelo Oceano Atlântico. A denominação foi mantida pelos europeus para todos os grupos de ascendência pré-colombiana, mesmo após terem se convencido de que se tratava de outro continente e mesmo diante da diversidade das comunidades entre si.

Já o termo "silvícola" significa aquele que vive na selva, retratando a imagem preconceituosa do "selvagem" e da hierarquia e estágio evolucionário das culturas – da selvagem para a civilizada europeia. Assim, esse termo se encontra ultrapassado e deve ser evitado, como o fez o STF no Caso Raposa Serra do Sol (Pet 3.388, rel. Min. Ayres Britto, j. 19-3-2009, Plenário, *DJe* de 1º-7-2010).

Para que se identifique determinado indivíduo como indígena são possíveis dois critérios: (i) o autorreconhecimento e (ii) o heterorreconhecimento. De acordo com o autorreconhecimento, índio é qualquer indivíduo que se identifique como tal, em virtude da consciência de seu vínculo histórico com a sociedade pré-colombiana. Já o heterorreconhecimento consiste no reconhecimento de alguém como índio pela própria comunidade indígena a que aquele afirma pertencer. Para Kayser, é possível identificar quatro requisitos que permitem identificar o indivíduo como índio: a) *requisitos de ordem objetiva*: a.1) origem e ascendência pré-colombiana; a.2) existência de um grupo étnico cujas características culturais o distinguem da sociedade envolvente; b) *requisitos de ordem subjetiva*: b.1) identificação do indivíduo como pertencente a referido grupo étnico; b.2) identificação por outros como pertencente a um grupo étnico[212].

O critério da autoidentificação deve ser considerado como dominante, uma vez que previsto na Convenção da OIT n. 169, já ratificada e incorporada internamente pelo Brasil (art. 1º, item 2)[213]. Claro que a autoidentificação (critério dominante) não elimina a heteroidentificação restrita à própria comunidade indígena a que o indivíduo declara pertencer (não é possível se declarar índio sem que seja feita tal referência à comunidade indígena). Eventual não aceitação da comunidade indígena deve ser analisada no caso concreto, para que se verifique se a recusa se deu por falta de vínculo do indivíduo com o grupo ou se o rechaço nega uma *identidade existente* por motivo de *conflito* entre o grupo e o indivíduo.

De todo modo, a união da autoidentificação com a heteroidentificação restrita à comunidade indígena resulta em: (i) vedação de elemento estranho ao grupo indígena dizer o que este é ou

---

[210] População indígena no Brasil. Disponível em: <http://pib.socioambiental.org/pt/c/0/1/2/populacao-indigena-no-brasil>. Acesso em: 15 set. 2024.

[211] Disponível em: <https://www.gov.br/funai/pt-br/assuntos/noticias/2023/dados-do-censo-2022-revelam-que-o-brasil-tem-1-7-milhao-de-indigenas#:~:text=O%20levantamento%20aponta%20que%20a,83%25%20do%20total%20de%20habitantes>. Acesso em: 13 ago. 2024.

[212] KAYSER, Hartmut-Emanuel. *Os direitos dos povos indígenas do Brasil*: desenvolvimento histórico e estágio atual. Trad. de Maria da Glória Lacerda Rurack e Klaus-Peter Rurak. Porto Alegre: Fundação Procurador Pedro Jorge, Associação Nacional dos Procuradores da República, Safe, 2010, p. 27.

[213] Convenção n. 169 da Organização Internacional do Trabalho (OIT), aprovada em 1989 e incorporada internamente pelo Decreto n. 5.051/2004.

quais são os seus membros[214]; e (ii) não é exigido que os indígenas mantenham padrões de comportamento estereotipados como sendo "indígena", ou seja, que não adotem hábitos ou práticas da sociedade envolvente (como, por exemplo, vestuário, dirigir veículos etc.), pois cada comunidade tem autonomia para gerir sua vida cotidiana.

Para a – criticada – definição da Lei n. 6.001/73 (Estatuto do Índio), consideram-se *índios* todos os indivíduos de origem e ascendência pré-colombiana que se identificam e são identificados como pertencentes a um grupo étnico cujas características culturais os distinguem da sociedade nacional (art. 3º, I). Nesse conceito de cunho legal, há tanto a autoidentificação (ou autorreconhecimento; o indivíduo se identifica como índio) quanto a heteroidentificação (ou heterorreconhecimento; a comunidade o identifica como tal).

No Supremo Tribunal Federal, o Ministro Carlos Britto apresentou os indígenas como primeiros habitantes desse ou daquele país americano, para diferenciar dos principais contingentes humanos advindos de outros países ou continentes (Pet 3.388, rel. Min. Ayres Britto, j. 19-3-2009, Plenário, *DJe* de 1º-7-2010, p. 266).

46.2. Tratamento normativo até a Constituição de 1988

Inicialmente, no período colonial no Brasil, buscou-se a conversão do indígena ao catolicismo, partindo da premissa de que se tratava de selvagens, ainda em estágio inferior, que deveriam ser civilizados e transformados em cristãos.

É da época colonial o início do *instituto do indigenato*, fundado no Alvará Régio de 1680 e na Lei de 6 de junho de 1755, que consiste no reconhecimento do direito primário e congênito do índio à terra tradicionalmente ocupada, pois são os seus naturais senhores. Esse direito originário é distinto e independente dos direitos de propriedade e posse do Direito Civil. O desenvolvimento da doutrina do indigenato coube a João Mendes da Silva Jr., que diferenciou o direito dos povos indígenas às terras por eles ocupadas (título adquirido congenitamente, pela própria existência) do direito da ocupação não indígena, que depende de ser legitimada por meio de títulos adquiridos. Além do *jus possessionis* (direito de posse, poder sobre a coisa), o indígena tem também o *jus possidendi* (direito à posse), fruto do seu direito originário à terra[215].

Em que pese esse reconhecimento pelo colonizador português dos direitos territoriais indígenas, a *prática* foi marcada pela expulsão dos indígenas de suas terras e por atos de violência contra as comunidades indígenas que não se submetiam. A Coroa portuguesa apoiava a ação armada dos colonos contra os indígenas resistentes, e, por meio da Carta Régia de 2 de dezembro de 1808, foram declaradas como devolutas as terras adquiridas em lutas contra os índios nas chamadas "Guerras Justas". Ao final da dominação colonial portuguesa no Brasil, a população indígena sofreu dramática redução em seu número.

Já no Império, a política de assimilação dos índios ao cristianismo continuou, tendo sido determinada, no Ato Adicional de 1834 à Constituição de 1824, a competência das Províncias para o fomento da "catequese e civilização" dos indígenas (art. 11, § 5º). Por outro lado, pela Lei de 27 de outubro de 1831, foi revogada a Carta Régia de 1808, impedindo-se a servidão dos índios, mas considerando-os equivalentes aos órfãos a reclamar tutela (a *tutela orfanária* dos indígenas).

---

[214] Para Duprat, "dessa forma, interdita-se ao legislador, ao administrador, ao juiz e a qualquer outro ator estranho ao grupo dizer o que este é de fato". In PEREIRA, Deborah Macedo Duprat de Britto. *O Estado pluriétnico*. Disponível em: <http://www.mpf.mp.br/atuacao-tematica/ccr6/documentos-e-publicacoes/artigos/docs_artigos/estado_plurietnico.pdf/view>. Acesso em: 9 ago. 2024.

[215] VILLARES, Luiz Fernando. *Direito e povos indígenas*. Curitiba: Juruá, 2009, p. 76, 103 e 104.

A Constituição de 1891 foi particularmente danosa, tanto pela omissão em regular a matéria indígena, mas especialmente por permitir a transferência da quase totalidade das terras devolutas para os Estados (art. 64). As terras devolutas consistem em terras que não se encontram afetadas a qualquer patrimônio – público ou privado –, originalmente reguladas pelo art. 3º da Lei n. 601, de 18 de setembro de 1850 (a "Lei de Terras" do Império). Os Estados, então, aproveitaram esse dispositivo constitucional para iniciar *processo de acelerada titulação a particulares* de terras ocupadas tradicionalmente pelos indígenas (ou seja, não seriam propriamente terras devolutas).

Foi na República Velha que foi editado o primeiro marco no tratamento jurídico republicano aos índios, o Decreto n. 8.072, de 20 de julho de 1910, que criou o Serviço de Proteção aos Índios e Localização de Trabalhadores Nacionais (SPI), logo depois exclusivamente focado na matéria indígena. Seu diretor foi Cândido Rondon (bisneto de índios), depois conhecido como Marechal Rondon, cujas expedições ao oeste do território brasileiro e busca de relacionamento pacífico com os índios o tornaram célebre[216].

O Código Civil de 1916 decidiu que os "silvícolas" (termo da época) eram relativamente incapazes e submetidos ao regime de tutela, que só cessaria na medida de sua adaptação à sociedade não indígena (art. 6º, IV). O Decreto n. 5.484, de 27 de junho de 1928, consagrou a substituição da antiga tutela civilista (orfanológica), em um regime tutelar de natureza pública pelo Serviço de Proteção ao Índio (arts. 4º e 5º)[217]. A Lei n. 4.121/62 alterou o Código Civil de 1916 e inseriu o parágrafo único no art. 6º, determinando-se que os índios ficariam "sujeitos ao regime tutelar, estabelecido em leis e regulamentos especiais, o qual cessará à medida que se forem adaptando à civilização do País".

No plano constitucional, a Constituição de 1934 foi a primeira a regular os direitos e as terras dos silvícolas (novamente, termo da época). Tal Constituição sofreu forte influência da Constituição de Weimar, com intervencionismo prestacional do Estado e reconhecimento de direitos sociais. De acordo com o art. 129 da Constituição de 1934 (e depois com os arts. 154 da Constituição de 1937 e 216 da Constituição de 1946), ficou estabelecida a propriedade da União sobre as terras ocupadas pelos silvícolas. Conforme já reconhecido por Tribunais brasileiros, consequentemente, "os títulos dominais concedidos antes da Constituição de 1934 foram atingidos pela *nulidade superveniente* da norma do seu art. 129. As terras ocupadas pelos silvícolas que, sob regime da Constituição de 1891, integravam o patrimônio coletivo indígena, passaram, com a Constituição de 1934, ao domínio da União" (ApC 1999.01.000.22.8900, rel. Selene Maria de Almeida, Tribunal Regional Federal da 1ª Região, *DJ* de 16-2-2001). Ainda a Constituição de 1934 fixou a competência privativa da União para legislar sobre incorporação dos silvícolas à comunhão nacional.

Já a Constituição de 1967 determinou que as terras ocupadas pelos silvícolas (termo da época) integrariam os bens da União (art. 4º, IV), o que, teoricamente, impediria a prática, desde a Constituição de 1891, de governos estaduais concederem ilícita titulação a particulares de terras notoriamente habitadas por índios. Além disso, a CF/67 assegurou aos índios a posse permanente das terras que habitam e reconheceu o seu direito ao usufruto exclusivo dos recursos naturais e de todas as utilidades nelas existentes (art. 186). Com a Emenda Constitucional n. 1, de 1969, foi declarada a nulidade e a extinção dos efeitos jurídicos de qualquer natureza que

---

[216] Em 17 de fevereiro de 1956, o Território Federal do Guaporé teve seu nome alterado para Território Federal de Rondônia, em homenagem a Rondon. Em 1981, o território foi transformado em Estado.

[217] ANJOS FILHO, Robério Nunes dos. Breve balanço dos direitos das comunidades indígenas: alguns avanços e obstáculos desde a Constituição de 1988. In: DANTAS, Miguel Calmon; CUNHA JÚNIOR Dirley da; TAVARES, André Ramos et al. (Orgs.). *Desafios do constitucionalismo brasileiro*. Salvador: JusPodivm, 2009, p. 243-295.

tenham por objeto o domínio, a posse ou a ocupação de terras habitadas pelos índios, sem que os ocupantes tivessem direito a ação ou indenização contra a União (art. 198, §§ 1º e 2º). A proteção foi ampliada na CF/88, que passou a utilizar a terminologia indígenas ou índios.

Em 1967, foi extinto o SPI e criada a Fundação Nacional do Índio, pela Lei n. 5.371, em plena ditadura militar. De acordo com a lei, cabe à FUNAI[218] estabelecer as diretrizes e garantir o cumprimento da política indigenista, baseada nos princípios de (i) respeito à pessoa do índio e às instituições e comunidades tribais; (ii) garantia à posse permanente das terras que habitam e ao usufruto exclusivo dos recursos naturais.

Em 1973, foi editada a Lei n. 6.001, denominada "Estatuto do Índio", que, apesar de mencionar nominalmente a preservação da cultura indígena, possuía o objetivo de integração dos índios na "comunhão nacional" (art. 1º). Buscou-se, assim, impor aquilo que era denominado integração harmoniosa dos índios, mas se consistia em um verdadeiro processo de assimilação, pelo qual a condição de índio era transitória, devendo ser substituída pela condição de índio plenamente integrado. Por isso, a Lei n. 6.001 classifica os índios em (i) isolados (aqueles sem contato com a sociedade não índia), (ii) em vias de integração (aqueles com contatos intermitentes com a sociedade não índia) e (iii) integrados. Por índio integrado, a lei considera os "incorporados à comunhão nacional e reconhecidos no pleno exercício dos direitos civis, ainda que conservem usos, costumes e tradições característicos da sua cultura".

Como veremos a seguir, há, hoje, intenso debate na doutrina e na jurisprudência sobre a recepção (ou não) de diversos dispositivos do Estatuto do Índio em face da Constituição de 1988, que adotou parâmetros e princípios diferentes na regulação da matéria indígena.

46.3. Indígenas na Constituição. Competência. Ocupação tradicional. Aplicação da lei brasileira

46.3.1. Aspectos gerais: os princípios e os dispositivos constitucionais

A Constituição de 1988 regula a matéria indígena de modo específico em *cinco* momentos: 1) no Título III ("Da organização do Estado"), com foco nas atribuições administrativas (art. 20) e legislativas (art. 22); 2) no Título IV ("Da organização dos Poderes"), com foco na atribuição do Poder Legislativo (art. 49), Judiciário (art. 109) e Ministério Público (art. 129); 3) no Título VII ("Da ordem econômica e financeira"), com foco na exploração das terras indígenas; 4) no Título VIII ("Da ordem social"), com foco na cultura, e ainda com um capítulo ("Capítulo VIII – Dos índios") específico contendo dois artigos (arts. 231 e 232); e 5) no Ato das Disposições Constitucionais Transitórias, no qual ficou determinado – e não cumprido – que a União deveria concluir a demarcação das terras indígenas em 5 anos contados da promulgação da CF/88 (art. 67 do ADCT).

Claro que os demais dispositivos e, em especial, toda a parte dos direitos fundamentais e direitos humanos previstos em tratados (art. 5º, §§ 2º e 3º) são aplicáveis, mas não são específicos à matéria indígena.

Apesar de a CF/88 não ter utilizado termos como "povos ou nações indígenas", optando por grupos, comunidades, organizações indígenas ou índios, Duprat entende que a CF/88 reconhece o "Estado brasileiro como *pluriétnico*, e não mais pautado em pretendidas homogeneidades, garantidas ora por uma perspectiva de assimilação, mediante a qual sub-repticiamente se instalam entre os diferentes grupos étnicos novos gostos e hábitos, corrompendo-os e levando-os

---

[218] Em 2023, a Lei n. 14.600 alterou a denominação da FUNAI, que agora é denominada Fundação Nacional dos Povos Indígenas (Funai).

a renegarem a si próprios ao eliminar o específico de sua identidade, ora submetendo-os forçadamente à invisibilidade"[219].

De acordo com Anjos Filho[220], a CF/88 adotou os seguintes princípios no trato da matéria indígena:

a) *princípio do reconhecimento e proteção* do Estado à organização social, costumes, línguas, crenças e tradições das comunidades indígenas;

b) princípio do *reconhecimento dos direitos originários* dos indígenas sobre as terras que tradicionalmente ocupam e proteção de sua posse permanente em usufruto exclusivo para os índios;

c) princípio da *igualdade de direitos e da igual proteção legal*, o que não permite a existência de institutos que tratam o indígena como ser desamparado ou inferior (*vide* a questão da tutela civil do indígena);

d) princípio da *proteção da identidade* (ou direito à alteridade), que consiste no direito à diferença, não podendo ser aceito ato comissivo ou omissivo de assimilação;

e) princípio da *máxima proteção aos índios*, nascendo o "*in dubio pro*" *indígena* e ainda o reconhecimento de que o patamar de proteção alcançado não elimina novas medidas a favor das comunidades indígenas.

No que tange à organização do Estado, a CF/88 determinou que as terras tradicionalmente ocupadas pelos índios (ver seu significado abaixo) são bens da União (art. 20, IX). Paulo Thadeu Gomes da Silva critica essa opção, que não deferiu a titularidade das terras aos grupos indígenas, o que reforça uma *colonialidade interna*[221], *ou seja, certa subordinação interna (referência ao colonialismo europeu) dos povos originários aos comandos da sociedade envolvente*. Também manteve a competência da União (fixada desde a CF/34) para privativamente legislar sobre as populações indígenas (art. 22, XIV).

Na organização dos Poderes, é da competência exclusiva do Congresso Nacional autorizar, em terras indígenas, a exploração e o aproveitamento de recursos hídricos e a pesquisa e lavra de riquezas minerais (art. 49, XVI). No Título VII ("Da ordem econômica e financeira"), o art. 176 dispõe que as jazidas, em lavra ou não, e demais recursos minerais e os potenciais de energia hidráulica pertencem à União e a lei deve estabelecer as *condições específicas* quando essas atividades se desenvolverem em *terras indígenas*.

No que tange ao Poder Judiciário, cabe aos juízes federais processar e julgar a disputa sobre direitos indígenas (art. 109, XI) e no Ministério Público, cabe ao Ministério Público Federal, como função institucional, *defender* judicialmente os direitos e interesses das populações indígenas. De acordo com o art. 232, os índios, suas comunidades e organizações são partes legítimas para ingressar em juízo em defesa de seus direitos e interesses, intervindo o Ministério Público (no caso, o Ministério Público Federal) em todos os atos do processo.

No que tange à ordem social, inicialmente, a CF/88 dispôs que o ensino fundamental regular será ministrado em língua portuguesa, assegurada às comunidades indígenas *também* a

---

[219] PEREIRA, Deborah Macedo Duprat de Britto. *O Estado pluriétnico*. Disponível em: <http://www.mpf.mp.br/atuacao-tematica/ccr6/documentos-e-publicacoes/artigos/docs_artigos/estado_plurietnico.pdf/view>. Acesso em: 15 ago. 2024.

[220] ANJOS FILHO, Robério Nunes dos. Breve balanço dos direitos das comunidades indígenas: alguns avanços e obstáculos desde a Constituição de 1988. In: DANTAS, Miguel Calmon; CUNHA JÚNIOR Dirley da; TAVARES, André Ramos et al. (Orgs.). *Desafios do constitucionalismo brasileiro*. Salvador: JusPodivm, 2009, p. 243-295.

[221] SILVA, Paulo Thadeu Gomes da. *Os direitos dos índios. Fundamentalidade, paradoxos e colonialidades internas*. São Paulo: Ed. Café com Lei, 2015, p. 213.

utilização de suas línguas maternas e processos próprios de aprendizagem. Além disso, a CF/88 exige que sejam protegidas as manifestações das culturas indígenas (art. 215, § 1º).

Finalmente, no Capítulo VIII do Título VIII, a CF/88 tratou especificamente da matéria indígena, dispondo que são reconhecidos aos índios sua organização social, costumes, línguas, crenças e tradições, e os *direitos originários* sobre as terras que tradicionalmente ocupam, competindo à União (i) demarcá-las, (ii) proteger e (iii) fazer respeitar todos os seus bens.

46.3.2. A vulnerabilidade agravada dos povos indígenas

A interpretação dos direitos dos povos indígenas deve levar em consideração a sua situação de vulnerabilidade agravada, devido a fatores sanitários, sociais, econômicos, políticos e ambientais distintos da sociedade envolvente. Três vulnerabilidades reconhecidas pelo STF, em 2020, na análise da violação de preceitos fundamentais dos povos indígenas no contexto da pandemia da COVID-19.

Em primeiro lugar, do ponto de vista do direito à saúde, os povos indígenas apresentam *vulnerabilidade imunológica*, sendo mais suscetíveis a doenças infectocontagiosas, por sua menor exposição ao longo da história a tais patologias. Em segundo lugar, ostentam *vulnerabilidade sociocultural*, uma vez que dependem da comunidade e de suas terras para a sua vida, o que resulta em maior dificuldade de sobrevivência quando seu *habitat* natural é ameaçado ou invadido pela sociedade envolvente. Em terceiro lugar, há a *vulnerabilidade política*, dada a precariedade da representação dos povos indígenas em virtude de suas práticas culturais e localização geográfica, as quais não favorecem eventual atuação político-partidária a favor da causa indígena (STF, ADPF n. 709, rel. Roberto Barroso, decisão monocrática de 8-7-2020, referendada pelo Plenário em 5-8-2020, ADPF em trâmite em agosto de 2024).

Em quarto e quinto lugar, há a *vulnerabilidade econômica*, uma vez que as práticas sociais e culturais dos povos indígenas geram maior dificuldade para eventual adequação à economia de uma sociedade capitalista e *vulnerabilidade ambiental*, já que os efeitos nocivos da degradação ambiental afetam primeiramente os povos indígenas, dada a sua especial relação com o meio ambiente.

46.3.3. As terras tradicionalmente ocupadas pelos índios e o "renitente esbulho". O marco temporal da ocupação

A CF/88 definiu que as "terras tradicionalmente ocupadas pelos índios" englobam um *conjunto* composto por *quatro tipos* de terras: (i) terras por eles habitadas em caráter permanente, (ii) as utilizadas para suas atividades produtivas, (iii) terras imprescindíveis à preservação dos recursos ambientais necessários a seu bem-estar e (iv) as necessárias a sua reprodução física e cultural, segundo seus usos, costumes e tradições.

Para os indígenas, a terra tem importância central, já que dela dependem para sua sobrevivência física e cultural. Por isso, a disputa pelas terras indígenas e suas riquezas representa o cerne dos conflitos entre indígenas e não indígenas no Brasil[222]. Nesse sentido, o Ministro Menezes Direito, em seu voto na Pet 3.388 (Caso Raposa Serra do Sol), aduziu: "Não há índio sem terra. A relação é marca característica da essência indígena, pois tudo o que ele é, é na terra e com a terra. (...) Sua organização social, seus costumes, língua, crenças e tradições estão, como se sabe, atrelados à terra onde vivem. (...) É nela e por meio dela que se organizam. É na relação com ela que forjam seus costumes e tradições. É pisando o chão e explorando seus limites que desenvolvem suas crenças e enriquecem sua linguagem, intimamente referenciada à terra. Nada é mais importante para eles. Por isso, de nada adianta reconhecer-lhes os direitos sem

---

[222] SILVA, José Afonso da. *Curso de direito constitucional positivo*. 19. ed. Malheiros, 2001, p. 829.

assegurar-lhes as terras, identificando-as e demarcando-as" (Pet 3.388, rel. Min. Ayres Britto, j. 19-3-2009, Plenário, *DJe* de 1º-7-2010).

Pela linguagem constitucional, a CF/88 adotou o *indigenato,* já exposto acima. Por outro lado, há aqueles que defendem a tese do *fato indígena,* apresentada pelo Ministro Menezes Direito (Supremo Tribunal Federal) no julgamento do "Caso Raposa Serra do Sol" (Pet 3.388), pela qual as terras indígenas são somente aquelas que, na data da promulgação da CF/88, eram ocupadas pelos indígenas. Mencionando o § 6º do art. 231 da Constituição, o Ministro defendeu que "o constituinte quis suplantar todas as pretensões e os supostos direitos sobre as terras indígenas identificadas a partir de 1988". Finalmente, o Ministro Direito assim resume seu entendimento: "Conclui-se que uma vez demonstrada a presença dos índios em determinada área na data da promulgação da Constituição (5-10-1988) e estabelecida a extensão geográfica dessa presença, constatado o *fato indígena* por detrás das demais expressões de ocupação tradicional da terra, nenhum direito de cunho privado poderá prevalecer sobre os direitos dos índios. Com isso, *pouco importa a situação fática anterior* (posses, ocupações etc.). O fato indígena a suplantará, como decidido pelo constituinte dos oitenta" (Pet 3.388, rel. Min. Ayres Britto, j. 19-3-2009, Plenário, *DJe* de 1º-7-2010, voto do Min. Direito). O principal critério para a definição do fato indígena foi chamado "marco temporal", o qual o Min. relator, Ayres Brito, definiu como "chapa radiográfica", ao passo que o Min. Lewandowski denominou-o de "fotografia do momento".

Com isso, o STF entendeu que por "terras tradicionalmente ocupadas pelos índios" (art. 20, XI, da CF/88) devem ser entendidas aquelas que: (i) as comunidades indígenas ocupavam na data da promulgação da CF/88 (marco temporal); conquanto que (ii) as comunidades ostentassem o caráter de perdurabilidade no sentido anímico e psíquico de continuidade etnográfica, com o uso da terra para o exercício das tradições, costumes e subsistência indígena, significando que "viver em determinadas terras é tanto pertencer a elas quanto elas pertencerem a eles, os índios". Por fim, o STF também adicionou dois outros critérios: (iii) o marco da concreta abrangência fundiária e da finalidade da ocupação tradicional que contém a utilidade prática a que deve servir a terra tradicionalmente ocupada, reforçando o critério da ancestralidade; e (iv) o marco do conceito fundiariamente extensivo do chamado "princípio da proporcionalidade", a partir do qual a aplicação do princípio da proporcionalidade em matéria indígena ganha um conteúdo extensivo (marco da tradicionalidade da ocupação – STF, Pet 3.388, rel. Min. Ayres Britto, j. 19-3-2009, Plenário, *DJe* de 1º-7-2010, trecho do voto do Min. Carlos Ayres Britto).

Ainda que o STF, nesse mesmo caso (Raposa Serra do Sol), tenha acatado os marcos temporal e da *tradicionalidade da ocupação*, cabe notar que o Tribunal reconheceu a exceção do chamado "renitente esbulho", pela qual as terras seriam ainda indígenas mesmo *sem* a ocupação no dia 5 de outubro de 1988, caso fosse comprovada que a ausência de ocupação houvesse se dado por "efeito de renitente esbulho por parte de não índios" (STF, Pet 3.388, rel. Min. Ayres Britto, j. 19-3-2009, Plenário, *DJe* de 1º-7-2010, trecho do voto do Min. Ayres Britto).

A *teoria do fato indígena* é mais *restritiva* que a teoria do indigenato, pois esta última legitima inclusive a ampliação das terras indígenas para além do que era ocupado no dia 5 de outubro de 1988 (data da promulgação da atual Constituição Federal). Ficou, então, criado o marco de 5 de outubro de 1988 como data na qual deveria ser analisada a situação fática da existência da presença indígena e de sua ocupação tradicional. Cabe ressaltar que a decisão do caso Raposa Serra do Sol não produziu efeitos *erga omnes,* mas tão somente *inter partes.* Foi a partir do voto vista do Min. Gilmar Mendes no *caso Guyrároka* que, em sede de Recurso em Mandado de Segurança, o STF consolidou a tese do marco temporal para configurar a posse indígena em todos os casos similares, sob o argumento destacado pela Min. Cármen Lúcia, citando o Min. Roberto Barroso (relator dos Embargos de Declaração no Caso "Raposa Serra do Sol") de que "embora não tenha efeitos vinculantes em sentido formal, o acórdão do caso Raposa Serra do

Sol ostenta a força moral e persuasiva de uma decisão da mais alta Corte do País, do que decorre um elevado ônus argumentativo nos casos em se cogite de superação das suas razões" (RMS 29.087, rel. p/ ac. Min. Gilmar Mendes, Segunda Turma, *DJe* de 14-10-2014). Todavia, em várias outras decisões após o Caso Raposa Serra do Sol, diversos Ministros salientaram a impossibilidade de se utilizar, fora daquele caso, a tese do renitente esbulho de forma automática, como se vê, por exemplo, na Reclamação n. 14.473 (rel. Min. Marco Aurélio, decisão de 12-12-2013, *DJ* 16-12-2013). Pelo contrário, a aplicação da tese do marco temporal em sentido estrito (que exige (i) autotutela feita pelos indígenas esbulhados ou ainda (ii) busca de proteção judicial por parte dos indígenas) é incompatível com o regime jurídico constitucional e convencional das terras indígenas no Brasil.

Grande parte dos conflitos entre as comunidades indígenas e a sociedade envolvente reside em terras nas quais os índios *não* mais se encontram após várias décadas de ocupação pelos não índios. Duas situações podem ser aferidas: (i) a dos chamados aldeamentos extintos, nos quais a ocupação por parte de não índios levou à morte e desaparecimento da comunidade indígena e (ii) a de terras sujeitas a "renitente esbulho", nas quais a ocupação e titulação privadas das terras indígenas gerou a expulsão das comunidades indígenas que, contudo, resistem e mantêm o desejo do retorno.

No tocante aos aldeamentos extintos, a Súmula n. 650 do Supremo Tribunal Federal estabelece que: "Os incisos I e XI do art. 20 da Constituição Federal não alcançam terras de aldeamentos extintos, ainda que ocupadas por indígenas em passado remoto". Como a essência da Súmula é justamente o reconhecimento da extinção do aldeamento, sua aplicação em áreas densamente urbanizadas como na cidade de São Paulo e cidades da Grande São Paulo não gera polêmica.

Já no tocante às terras indígenas sujeitas a renitente esbulho, duas interpretações são possíveis a respeito do comportamento da comunidade indígena envolvida:

1) **Renitente esbulho em sentido amplo.** Basta que haja a titulação oficial em nome de não índio ou ainda a presença de não índio tida como regular pela autoridade pública para gerar o afastamento *in loco* da comunidade indígena. Exigir resistência física ou jurídica ativa implica em aplicar às comunidades indígenas padrões de comportamento da sociedade envolvente, sem contar que se desconsidera o histórico de violência e miserabilidade daqueles que perderam suas terras, *mas que mantém o desejo de retomada da área*. Em vários casos, a comunidade indígena mantém-se nas proximidades, em intensa situação de vulnerabilidade, inclusive sendo usada como mão de obra barata. Por esse enfoque, não são desconsideradas as diversas formas de resistência (inclusive passiva, de manutenção do desejo na identidade coletiva com a terra) das comunidades indígenas. Com essa visão ampla do "renitente esbulho", a identificação da terra indígena volta a ser fruto de avaliação antropológica, que conta com estudos transdisciplinares para tanto (de origem étnico-histórica, sociológica, geográfica, cartográfica, ambiental etc.).

2) **Renitente esbulho em sentido estrito.** Por essa ótica, o renitente esbulho exige situação de *efetivo* conflito possessório que, mesmo iniciado no passado, ainda persista até a data da promulgação da CF/88 (marco temporal), sendo provado por (i) circunstâncias de fato ou, pelo menos, (ii) por uma controvérsia possessória judicializada.

Desde o "Caso Raposa Serra do Sol", o STF possui precedentes que adotaram a tese do "renitente esbulho" em *sentido estrito*, mantendo a titularidade dos não índios, como no Caso da Terra Guyrároka, da comunidade indígena Guarani-Kaiowá (RMS 29.087, rel. p/ ac. Min. Gilmar Mendes, Segunda Turma, *DJe* de 14-10-2014) e no Caso da Terra indígena Limão Verde, da comunidade indígena Terena. A partir deste último caso, a *tese do renitente esbulho em sentido estrito* ganhou seus contornos atuais, tendo o Min. relator, Teori Zavascki, condicionado a existência do esbulho ao critério do marco temporal, afirmando que, "há de haver, para configuração de esbulho, situação de efetivo conflito possessório que, mesmo iniciado no passado, ainda persista até o marco demarcatório temporal atual (vale dizer, na data da promulgação da Constituição de 1988), conflito que se materializa por circunstâncias de fato ou, pelo menos, por uma controvérsia possessória judicializada" (ARE n. 803.462-AgR-MS, rel. Min. Teori Zavascki, j. 9-12-2014) (grifos nossos).

A exigência de circunstâncias de fato ou mesmo ação judicial reveladoras da existência de "renitente esbulho" pode, a depender do caso, gerar grande vantagem à sociedade envolvente, que possui poder para afastar as comunidades indígenas das suas terras tradicionais, por meio de promessas, ameaças veladas, estímulo econômico singelo (de pequena monta) etc. No Caso da Terra Guyrároka, houve intenso debate entre os julgadores a respeito do laudo da Funai constante dos autos do processo, pelo qual ficou atestado que os indígenas estavam afastados da terra há 70 anos. Para o Min. Lewandowski, aquelas terras eram claramente de ocupação tradicional, conforme estabelecido pela Constituição. Assim, já ao final do debate, foi mencionado que inclusive alguns índios continuaram na região, a prestar serviço como peões, ao que o Ministro Lewandowski respondeu: "mas o Agronegócio quer isso mesmo: expulsar os índios e depois os contrata como boias-frias. É assim que está acontecendo no Brasil todo" (RMS 29.087, rel. p/ ac. Min. Gilmar Mendes, Segunda Turma, *DJe* de 14-10-2014, voto *vencido* do Min. Ricardo Lewandowski). Para Deborah Duprat, a tese do renitente esbulho em sentido estrito viola os direitos dos povos indígenas, uma vez que "exigir a posse contínua e permanente, por toda a vida, dessas comunidades, num determinado território, é desconhecer o processo civilizatório e desenvolvimentista que foi empurrando-as para as margens"[223].

Com o julgamento do RE 1.017.365/SC (rel. Min. Edson Fachin, Plenário, j. 27-09-2023, Tema 1.031 da repercussão geral), foi fixada a seguinte tese, com os seguintes dispositivos:

I – A demarcação consiste em procedimento declaratório do direito originário territorial à posse das terras ocupadas tradicionalmente por comunidade indígena;

II – A posse tradicional indígena é distinta da posse civil, consistindo na ocupação das terras habitadas em caráter permanente pelos indígenas, nas utilizadas para suas atividades produtivas, nas imprescindíveis à preservação dos recursos ambientais necessários a seu bem-estar e nas necessárias a sua reprodução física e cultural, segundo seus usos, costumes e tradições, nos termos do § 1º do art. 231 do texto constitucional;

III – A proteção constitucional aos direitos originários sobre as terras que tradicionalmente ocupam independe da existência de um marco temporal em 5 de outubro de 1988 ou da configuração do renitente esbulho, como conflito físico ou controvérsia judicial persistente à data da promulgação da Constituição;

IV – Existindo ocupação tradicional indígena ou renitente esbulho contemporâneo à promulgação da Constituição Federal, aplica-se o *regime indenizatório relativo às benfeitorias úteis e necessárias*, previsto no § 6º do art. 231 da CF/88 [indenização prévia em dinheiro];

V – Ausente ocupação tradicional indígena ao tempo da promulgação da Constituição Federal ou renitente esbulho na data da promulgação da Constituição, são válidos e eficazes, produzindo todos os seus efeitos, os atos e negócios jurídicos perfeitos e a coisa julgada relativos a justo título ou posse de boa-fé das terras de ocupação tradicional indígena, assistindo ao particular *direito à justa e prévia indenização das benfeitorias necessárias e úteis*, pela União; e, quando inviável o reassentamento dos particulares, caberá a eles *indenização* pela União (com direito de regresso em face do ente federativo que titulou a área) correspondente ao valor da

---

[223] Ver em SOUZA, Oswaldo Braga de Souza, com a colaboração de KLEIN, Tatiane. "Decisões recentes ameaçam direitos territoriais indígenas e abrem polêmica no STF", 17-10-2014. Disponível em: <https://www.socioambiental.org/en/node/3852>. Último acesso em: 10 ago. 2024.

terra nua, paga em dinheiro ou em títulos da dívida agrária, se for do interesse do beneficiário, e processada em autos apartados do procedimento de demarcação, com pagamento imediato da parte incontroversa, garantido o direito de retenção até o pagamento do valor incontroverso, permitidos a autocomposição e o regime do § 6º do art. 37 da CF;

VI – Descabe indenização em casos já pacificados, decorrentes de terras indígenas já reconhecidas e declaradas em procedimento demarcatório, ressalvados os casos judicializados e em andamento;

VII – É dever da União efetivar o procedimento demarcatório das terras indígenas, sendo admitida a formação de áreas reservadas somente diante da absoluta impossibilidade de concretização da ordem constitucional de demarcação, devendo ser ouvida, em todo caso, a comunidade indígena, buscando-se, se necessário, a autocomposição entre os respectivos entes federativos para a identificação das terras necessárias à formação das áreas reservadas, tendo sempre em vista a busca do interesse público e a paz social, bem como a proporcional compensação às comunidades indígenas (art. 16.4 da Convenção 169, OIT);

VIII – A instauração de procedimento de redimensionamento de terra indígena não é vedada em caso de descumprimento dos elementos contidos no art. 231 da Constituição da República, por meio de pedido de revisão do procedimento demarcatório apresentado até o *prazo de cinco anos da demarcação anterior*, sendo necessário comprovar grave e insanável erro na condução do procedimento administrativo ou na definição dos limites da terra indígena, ressalvadas as ações judiciais em curso e os pedidos de revisão já instaurados até a data de conclusão deste julgamento;

IX – O *laudo antropológico* realizado nos termos do Decreto n. 1.775/96 é um dos elementos fundamentais para a demonstração da tradicionalidade da ocupação de comunidade indígena determinada, de acordo com seus usos, costumes e tradições, na forma do instrumento normativo citado;

X – As terras de ocupação tradicional indígena são de posse permanente da comunidade, cabendo aos indígenas o usufruto exclusivo das riquezas do solo, dos rios e lagos nelas existentes;

XI – As terras de ocupação tradicional indígena, na qualidade de terras públicas, são inalienáveis, indisponíveis e os direitos sobre elas, imprescritíveis;

XII – A ocupação tradicional das terras indígenas é compatível com a tutela constitucional do meio ambiente, sendo assegurado o exercício das atividades tradicionais dos povos indígenas;

XIII – Os povos indígenas possuem capacidade civil e postulatória, sendo partes legítimas nos processos em que discutidos seus interesses, sem prejuízo, nos termos da lei, da legitimidade concorrente da FUNAI e da intervenção do Ministério Público como fiscal da lei".

Em seguida ao julgamento do Tema 1.031, foi aprovada a Lei n. 14.701, de 20 de outubro de 2023, que reintroduziu o instituto do marco temporal, pela qual (i) só são terras tradicionalmente ocupadas pelos indígenas brasileiros aquelas que, na data da promulgação da Constituição Federal, eram, *simultaneamente* habitadas por eles em caráter permanente, utilizadas para suas atividades produtivas, imprescindíveis à preservação dos recursos ambientais necessários a seu bem-estar e necessárias à sua reprodução física e cultural, segundo seus usos, costumes e tradições. Na dicção da citada lei, a "ausência da comunidade indígena em 5 de outubro de 1988 na área pretendida descaracteriza o seu enquadramento no inciso I do *caput* deste artigo, salvo o caso de renitente esbulho devidamente comprovado". O "renitente esbulho" ou efetivo conflito possessório, deve ter sido iniciado no passado e sido persistente até o marco demarcatório temporal da data de promulgação da Constituição Federal, materializado por circunstâncias de fato ou por controvérsia possessória judicializada. Ainda na dicção da lei, a cessação da posse indígena ocorrida anteriormente a 5 de outubro de 1988, independentemente da causa e sem o esbulho renitente, inviabiliza o reconhecimento da área como tradicionalmente ocupada. Houve veto presidencial, superado pelo Congresso Nacional.

Houve a propositura de diversas ações questionando a reintrodução legal do "marco temporal" (ADI n. 7.583, ADI n. 7.582) e ainda uma ação direta de constitucionalidade (ADC n. 87) buscando confirmar tal reintrodução. As ações estão sob a relatoria do Min. Gilmar Mendes, em trâmite em agosto de 2024.

46.3.4. A jurisprudência da Corte IDH e a matéria indígena: o Diálogo das Cortes

A Corte Interamericana de Direitos Humanos construiu ampla jurisprudência na temática, fixando parâmetros interpretativos para a proteção dos direitos indígenas na região. Dentre esses casos internacionais, seis tratam diretamente do denominado "direito à propriedade coletiva, comunal ou ancestral dos povos indígenas"[224]. A começar pelo instituto jurídico escolhido, a Corte IDH opta pela propriedade coletiva, diferentemente da CF/88, que se utiliza da posse e do usufruto exclusivo como instrumentos de garantia do direito à terra das populações indígenas. Essa opção decorre da interpretação do artigo 21 da Convenção Americana de Direitos Humanos (propriedade privada), em especial em face da Convenção n. 169 da OIT.

Nesse sentido, a Corte IDH decidiu, no caso *Moiwana* vs. *Suriname*, que, na hipótese da posse da terra ter sido perdida por motivos alheios à vontade dos indígenas, esses continuam os proprietários, salvo se, mesmo sem posse, acabaram vendendo-as a terceiros de boa-fé (Corte IDH, *Comunidade Moiwana vs. Suriname*, sentença de 15 de junho de 2005). Ainda, no caso, foi discutida a situação da etnia N'djuka Maroon de Moiwana que ficou distante de suas terras após massacre feito pelas forças armadas do Estado réu. Para a Corte, com base em voto do Juiz Cançado Trindade, houve *dano espiritual*, uma espécie qualificada (e mais grave) do dano moral, pois a liturgia da despedida (de acordo com os rituais da etnia) não fora realizada[225].

Essa hipótese da venda é descartada pela CF/88 (são propriedade da União), mas constitui em parâmetro valioso nos casos em que o ordenamento nacional permite tal alienação.

A Corte IDH também analisou a situação da perda da posse pelos indígenas involuntariamente com o agravante de, após, suas terras tenham sido vendidas a terceiros em boa-fé. Nesse caso, os indígenas possuem o direito de recuperá-las ou de obter terras de igual extensão e qualidade (Corte IDH, *Comunidade Indígena Yakye Axa vs. Paraguai*, sentença de 17 de junho de 2005). Essa situação é similar aos fatos do caso Guyrároka, no qual o não indígena possuía o título de propriedade da terra que havia adquirido presumidamente de boa-fé.

No que tange ao limite temporal à recuperação das terras tradicionais, a Corte Interamericana decidiu que, enquanto o vínculo espiritual e material da identidade dos povos indígenas continuar existente em relação às suas terras tradicionais, é cabível a reivindicação; caso contrário, não há mais o direito à recuperação de tais terras. A determinação do "vínculo entre a comunidade indígena e a terra" só pode ser aferido no caso concreto, devendo incluir a análise do seu uso ou presença tradicional, seja através de laços espirituais ou cerimoniais; assentamentos ou cultivos esporádicos; caça, pesca, coleta (permanente ou nômade); uso dos recursos naturais ligados a seus costumes ou qualquer outro elemento característico de sua cultura (Corte IDH,

---

[224] Comunidade Indígena XákmokKásek*vs*. Paraguai (2010); Povo Saramaka *vs*. Suriname (2007);Comunidade Indígena Sawhoyamaxa *vs*. Paraguai (2006); Comunidade Moiwana*vs*. Suriname (2005); Comunidade Indígena YakyeAxa*vs*. Paraguai (2005); Comunidade Mayagna (Sumo) AwasTingni *vs*. Nicarágua (2001).

[225] Corte IDH. Caso da Comunidade Moiwana vs. Suriname. Sentença de 15 de junho de 2005. Série C n. 124. Voto concorrente do Juiz Cançado Trindade, em especial parágrafos 71 e 74.

Comunidade Indígena Sawhoyamaxa vs. Paraguai, sentença de 29 de março de 2006, em especial § 131).

Nas situações em que tenha ocorrido qualquer forma de impedimento de acesso à terra por causas alheias à vontade dos índios e que impliquem em obstáculo real para a manutenção dessa relação – como o emprego de violência, ameaça etc. – (o chamado "renitente esbulho" em sentido amplo, visto acima), o direito à recuperação da terra persistirá até que os impedimentos desapareçam (Corte IDH, *Comunidade Indígena Sawhoyamaxa vs. Paraguai*, sentença de 29 de março de 2006, em especial § 132).

A jurisprudência da Corte IDH vista acima sobre o direito dos indígenas à propriedade coletiva da terra assemelha-se ao conteúdo da teoria do indigenato, pela qual o vínculo material e espiritual dos índios em relação à terra é suficiente para declarar a existência do direito a ela, dispensando-se o critério do marco temporal (no caso, a edição da CF/88). Nota-se, assim, a necessidade de efetivo diálogo entre as cortes (Corte Interamericana e STF), que, caso não seja feito, pode levar ao controle de convencionalidade de matriz internacional a ser realizado pela Corte IDH, impondo ao Brasil deveres de reparação pela violação do artigo 21 da Convenção Americana de Direitos Humanos[226].

46.3.5. O direito à consulta livre e informada das comunidades indígenas e o respeito às tradições: o pluralismo jurídico

As terras tradicionalmente ocupadas pelos índios destinam-se a sua posse permanente, cabendo-lhes o usufruto exclusivo das riquezas do solo, dos rios e dos lagos nelas existentes. Novamente, repetindo o que já foi mencionado acima, a CF/88 exige que o aproveitamento dos recursos hídricos, incluídos os potenciais energéticos, a pesquisa e a lavra das riquezas minerais em terras indígenas, só podem ser efetivados com autorização do Congresso Nacional por lei complementar, *ouvidas as comunidades afetadas*, ficando-lhes assegurada participação nos resultados da lavra, na forma da lei. Contudo, o STF reconheceu, em nome dos demais interesses constitucionais, que não precisam de lei complementar: (i) o patrulhamento de fronteiras; (ii) a defesa nacional; (iii) a conservação ambiental nas áreas; (iv) a exploração de recursos hídricos; (v) o uso do potencial energético ou a pesquisa e lavra dos recursos minerais, presente o interesse público da União (STF, Pet 3.388, rel. Min. Ayres Britto, j. 19-3-2009, Plenário, *DJe* de 1º-7-2010 – ver mais na Parte IV, item 46.6).

Combinando esse dispositivo com a interpretação da Corte IDH sobre a Convenção Americana de Direitos Humanos, ratificada e incorporada internamente no Brasil, há o dever de *consulta prévia em boa-fé* (Caso Sarayaku *vs.* Equador– conferir abaixo a posição em sentido contrário do STF no Caso Raposa Serra do Sol – **Parte IV**, item 46.6).

As terras indígenas são inalienáveis e indisponíveis, e os direitos sobre elas, imprescritíveis. É vedada a remoção dos grupos indígenas de suas terras, salvo, *ad referendum* do Congresso Nacional, em caso de catástrofe ou epidemia que ponha em risco sua população, ou no interesse da soberania do País, após deliberação do Congresso Nacional, garantido, em qualquer hipótese, o retorno imediato logo que cesse o risco.

Em tema importante nos conflitos sobre terras no Brasil, a CF/88 *eliminou qualquer pretensão de particular sobre terras indígenas*, considerando nulos e extintos, não produzindo efeitos jurídicos os atos que tenham por objeto (i) a ocupação, (ii) o domínio e (iii) a posse das terras

---

[226] Sobre a temática, ver o indispensável estudo de PEGORARI, Bruno. "O choque de jurisdições e o diálogo das togas: uma proposta dialógica para o conflito interpretativo entre o STF e a Corte Interamericana em matéria de direito à propriedade coletiva para os povos indígenas". In: Wagner Menezes (Org.). *Direito Internacional em expansão*. Belo Horizonte: Arraes, 2016, v. VI, p. 481-500.

indígenas, ou a (iv) exploração das riquezas naturais do solo, dos rios e dos lagos nelas existentes. *Não* há direito a indenização, salvo quanto às *benfeitorias* derivadas da ocupação de *boa-fé*.

Quanto à aplicação do ordenamento brasileiro aos indígenas, o parágrafo único do art. 1º do Estatuto do Índio prevê que as leis brasileiras se estendem aos índios e às comunidades indígenas, tal qual como a todos os brasileiros, "*resguardados* os usos, costumes e tradições indígenas". No mesmo sentido, o art. 6º estipula o respeito aos usos, costumes e tradições das comunidades indígenas e seus efeitos, (i) nas relações de família, (ii) na ordem de sucessão, (iii) no regime de propriedade e (iv) nos atos ou negócios realizados entre índios, salvo se optarem pela aplicação do direito comum.

A Convenção n. 169 da OIT (ver abaixo) consagra o *princípio do pluralismo jurídico e respeito aos costumes indígenas,* em seu art. 8º, que prevê que, ao aplicar a legislação nacional aos povos interessados, devem ser levados em consideração seus costumes ou seu direito consuetudinário, respeitando-se os direitos humanos nacional e internacionalmente reconhecidos. Sempre que for necessário, deverão ser estabelecidos procedimentos para se solucionar os conflitos que possam surgir na aplicação deste princípio.

Nesse sentido, Gomes da Silva, acertadamente, sustenta que há uma *interdependência dos direitos tradicional (indígena) e oficial,* que impede uma solução rígida sobre preferência de um ou de outro, exigindo-se uma análise caso a caso[227]. Fica patente a opção pelo "diálogo das fontes" entre o saber jurídico da sociedade envolvente e o saber das normas indígenas, para que se construa uma solução dos conflitos normativos.

46.4. Povos indígenas e comunidades tradicionais em face do Direito Internacional

O Direito Internacional dos Direitos Humanos conta com uma impressionante abrangência e diversidade: além dos tratados ditos "gerais" (por abrangerem uma pluralidade de direitos), há ainda os tratados "temáticos", que focam em um tema específico (por exemplo, integridade pessoal – *vide* a Convenção da ONU contra a Tortura) ou um grupo vulnerável (*vide* a Convenção da ONU sobre os Direitos da Criança).

Contudo, na matéria indígena, há uma *grave lacuna* no que tange a *tratados*: com a exceção da Convenção da OIT n. 169, não há (ainda) um grande tratado regional ou global sobre os direitos dos povos indígenas. Claro que há tratados que podem ser invocados pelos povos indígenas, em especial (i) o Pacto Internacional sobre Direitos Civis e Políticos (art. 27 dispõe sobre os direitos das minorias étnicas); (ii) o Pacto Internacional sobre Direitos Econômicos, Sociais e Culturais; (iii) a Convenção para a Eliminação da Discriminação Racial; (iv) a Convenção das Nações Unidas sobre os Direitos da Criança; (v) a Convenção Americana de Direitos Humanos, entre outros. Obviamente, esses tratados possuem dispositivos aplicáveis a todos os seres humanos, sendo importantes para a promoção de direitos dos grupos em situação de vulnerabilidade. Entretanto, não eliminam a necessidade de tratados *específicos,* que possam impulsionar a defesa dos povos indígenas na atualidade.

A Organização das Nações Unidas para a Educação, a Ciência e a Cultura (UNESCO) calcula que existam 5 mil povos indígenas com mais de 370 milhões de membros no mundo. Esse imenso contingente de pessoas enfrenta diversos desafios para sua sobrevivência, entre eles, a disputa por terras, dificuldades para a preservação da cultura e desejos integracionistas da sociedade envolvente majoritária[228].

---

[227] SILVA, Paulo Thadeu Gomes da. Direito indígena, direito coletivo e multiculturalismo. In: SARMENTO, Daniel; IKAWA, Daniela; PIOVESAN, Flávia (Coords.). *Igualdade, diferença e direitos humanos.* Rio de Janeiro: Lumen Juris, 2008, p. 559-598, em especial p. 591.

[228] Dados disponíveis em: <http://www.unesco.org/new/en/indigenous-peoples/>. Acesso em: 9 ago. 2024.

Por isso, a luta pela afirmação *internacional* dos direitos dos povos indígenas é indispensável para que os Estados sejam obrigados a promover e proteger esses *grupos que se encontram em situação de vulnerabilidade mesmo em regimes democráticos*, pois são, em geral, numericamente minoritários na população nacional e têm contra si articulações de interesses econômicos da sociedade capitalista (agronegócio etc.).

Na Organização das Nações Unidas, o marco inicial dos esforços de regulação internacional dos direitos dos povos indígenas foi a designação, em 1971, de José Martínez Cobo (Equador) como Relator Especial sobre a situação dos direitos humanos e liberdades fundamentais dos povos indígenas da antiga Comissão de Direitos Humanos (extinta, hoje substituída pelo Conselho de Direitos Humanos).

Na atualidade, os direitos dos povos indígenas são debatidos em três foros especializados da ONU, a saber:

- *Fórum permanente sobre questões indígenas* (United Nations Permanent Forumon Indigenous Issues – UNPFII), que consiste em um órgão colegiado e consultivo do Conselho Econômico e Social, composto por 16 especialistas independentes (mandato de três anos, uma recondução), sendo que 8 indicados pelos Estados e 8 por organizações indígenas (geograficamente representativas), tendo tido sua primeira reunião em 2002. Além de disseminar informações sobre os povos indígenas, o Fórum serve para aconselhar e recomendar ações e programas para a ONU no trato das questões indígenas.
- *Mecanismo de Especialistas sobre os Direitos dos Povos Indígenas*. Esse mecanismo foi criado em 2007 pelo Conselho de Direitos Humanos para fornecer assessoria temática para o próprio Conselho. Seu primeiro estudo foi sobre o direito dos povos indígenas à educação, em 2009.
- *Relatoria Especial sobre os Direitos dos Povos Indígenas*. Essa relatoria temática do Conselho de Direitos Humanos foi criada em 2001, ainda sob a égide da antiga Comissão de Direitos Humanos, sendo seu mandato renovado desde então. Já fez diversos relatórios sobre a situação dos povos indígenas em diversos países, inclusive tendo visitado o Brasil em 2009. Na época, o Relator era James Anaya, que detectou falta de participação adequada das comunidades nas decisões que impactam suas vidas e terras, em especial no que tange à exploração dos recursos hídricos para a construção de grandes projetos de hidrelétricas (*vide* o caso Belo Monte, descrito pelo Relator)[229].

Cabe anotar a existência da *Convenção de Madrid sobre o Fundo para o Desenvolvimento dos Povos Indígenas da América Latina e do Caribe*, de 1992, ratificada e incorporada internamente pelo Decreto n. 3.108, de 30 de junho de 1999, e que visa canalizar recursos financeiros e técnicos para os projetos e os programas prioritários coordenados com os Povos Indígenas.

A Corte Interamericana de Direitos Humanos, por sua vez, possui importante jurisprudência referente aos direitos indígenas, utilizando em alguns casos a Convenção n. 169 da OIT (vista em capítulo específico) para especificar, a favor das comunidades indígenas, os direitos previstos na Convenção Americana de Direitos Humanos[230].

---

[229] O relatório da visita ao Brasil encontra-se disponível em: <http://www2.ohchr.org/english/bodies/hrcouncil/docs/12session/A.HRC.12.34.Add.2.pdf>. Acesso em: 9 ago. 2024.

[230] Conferir em PEGORARI, Bruno. "O choque de jurisdições e o diálogo das togas: uma proposta dialógica para o conflito interpretativo entre o STF e a Corte Interamericana em matéria de direito à propriedade coletiva para os povos indígenas". In: MENEZES, Wagner (Org.). *Direito Internacional em expansão*. Belo Horizonte: Arraes, 2016, v. VI, p. 480-500.

46.5. Autonomia e questão tutelar

O regime tutelar foi estabelecido pelo Estatuto do Índio (Lei n. 6.001/73), que dividiu os índios em superadas categorias conforme o grau de incorporação à "comunhão nacional". Assim, os integrados foram considerados capazes para o exercício de seus direitos e os não integrados (denominados "isolados" ou "em vias de integração") deveriam ser tutelados pela União, através do órgão de assistência (Fundação Nacional do Índio – FUNAI, hoje denominada Fundação Nacional dos Povos Indígenas – Lei n. 14.600, de 2023). O Código Civil de 2002 não repetiu o anterior, não situando o indígena como relativamente incapaz, mas sim previu que a capacidade dos índios será regulada por *legislação especial* (art. 4º, parágrafo único).

O Estatuto do Índio, em seu art. 7º, estabeleceu uma tutela individual e coletiva, abrangendo os índios não integrados – na terminologia ultrapassada – e suas comunidades. Esse regime especial tutelar civil individual e coletivo não foi recepcionado pela CF/88 e colide, ainda, com a Convenção n. 169 (de natureza supralegal, como visto na Parte II, Capítulo II, item 27).

De início, convém observar que a CF/88 determinou que os índios, suas comunidades e organizações são *partes legítimas* para ingressar em juízo em defesa de seus direitos e interesses, devendo o Ministério Público intervir em todos os atos do processo (arts. 232 e 129, V). Conjugando esse dispositivo com a igualdade de direitos prevista no art. 5º, *caput,* fica descartada a diminuição da capacidade civil do indígena, consagrando-se, pelo contrário, no pleno exercício dos direitos civis. Já o artigo 8.3 da Convenção n. 169 da OIT é claro ao dispor que *não* se deve impedir o exercício pelos indígenas de *todos* os direitos reconhecidos para os membros da sociedade envolvente.

Com isso, a prática dos atos da vida civil pelo indígena independe da manifestação da FUNAI, podendo exercer direitos e contrair obrigações. Nesse sentido, o Projeto de Lei n. 2.057/91 (Estatuto das Sociedades Indígenas)[231], tratava o indígena como indivíduo com plena capacidade civil.

Não cabe confundir, ainda, a tutela civil (não recepcionada) do indígena com a intervenção de natureza de direito público da FUNAI, que visa proteger as comunidades indígenas, sob o manto do princípio da proteção e respeito à diversidade cultural, independentemente de como elas interagem com a sociedade envolvente[232].

Há ainda, contudo, diversos precedentes judiciais que sustentam ter sido recepcionada a tutela civil, como, por exemplo: "Não se pode tratar os silvícolas como absolutamente capazes e exigir o discernimento próprio de um indivíduo civilizado, inclusive o Código Civil de 2002 estabelece no parágrafo único do art. 4º que a legislação especial regulará acerca da capacidade dos índios" (TRF da 3ª Região, ApC 2000.60.0000.25329, rel. Des. Federal André Nabarrete, j. 8-7-2008).

Há também, por outro lado, o entendimento na jurisprudência de que não foi recepcionado o regime tutelar do Estatuto do Índio, uma vez que, após a CF/88 e a Convenção n. 169 da OIT, o regime de tutela dos povos indígenas transformou-se em um *regime de inclusão e promoção de direitos humanos*, com respeito à *autonomia* e ao *autogoverno*. Nesse sentido: "Não mais compete ao Estado, através da FUNAI, responder pelos atos das populações autóctones e administrar-lhes os bens, tal como ocorria enquanto vigente o regime tutelar previsto no Código Civil de 1916 e no Estatuto do Índio (Lei n. 6.001/73). A partir do reconhecimento da capacidade

---

[231] Arquivado em 2023 após décadas de sua apresentação sem aprovação. Dados disponíveis em: <https://www.camara.leg.br/proposicoesWeb/fichadetramitacao?idProposicao=17569>. Acesso em: 9 ago. 2024.

[232] ANJOS FILHO, Robério Nunes dos. A Constituição de 1988, o Ministério Público Federal e os direitos dos povos indígenas no Brasil. In: Ministério das Relações Exteriores (Org.). *Textos do Brasil*: culturas indígenas. Brasília: MRE – Ministério das Relações Exteriores, 2012, v. 19, p. 142-149.

civil e postulatória dos silvícolas, em 1988, remanesce ao Estado o *dever de proteção das comunidades indígenas* e de seus bens (à semelhança do que ocorre com os idosos que, a despeito de serem dotados de capacidade civil, gozam de proteção especial do Poder Público)" (ApC 200172010043080, rel. Des. Edgard Antônio Lippmann Júnior, TRF da 4ª Região, *DJ* de 24-11-2008).

Finalmente, a tutela pode gerar responsabilização da FUNAI por atos ilícitos praticados pelos indígenas. Há precedentes nos dois sentidos, tanto para isentar a FUNAI quanto para determinar sua responsabilidade. No sentido de responsabilizar a FUNAI, cite-se: "*A FUNAI é responsável, na qualidade de tutora, pelos danos materiais e morais praticados a terceiros por silvícolas não integrados à comunhão nacional.* Caso em que componentes de comunidade silvícola agrediram (lesionando gravemente) motorista que atropelou criança indígena em rodovia que atravessa aldeamento" (ApC 1998.04.0102.62330, rel. Brum Vaz, TRF da 4ª Região, *DJ* de 17-1-2001).

46.6. A demarcação contínua e as suas condicionantes: o Caso Raposa Serra do Sol

46.6.1. A demarcação das terras indígenas

O núcleo duro do direito dos povos indígenas, consagrado na CF/88 e na Convenção n. 169 da OIT, é sua relação especial com suas terras. A CF/88 reconheceu as comunidades indígenas como *senhores primários e naturais da terra*, sendo seu direito anterior a qualquer outro. Como já se mencionou, as terras tradicionalmente ocupadas pelos índios são aquelas por eles habitadas em caráter permanente, as utilizadas para suas atividades produtivas, as imprescindíveis à preservação dos recursos ambientais necessários a seu bem-estar e as necessárias a sua reprodução física e cultural, segundo seu usos, costumes e tradições (CF/88, art. 231, § 1º). Convém observar, novamente, que as terras indígenas são bens da União, reconhecendo-se aos índios a posse permanente e o usufruto exclusivo das *riquezas do solo, dos rios e dos lagos nelas existentes*. Por força da Constituição, a despeito do caráter originário do direito sobre as terras, o Poder Público está obrigado a realizar a demarcação das terras indígenas – o art. 231 atribui à União a competência para fazê-lo. Os direitos dos indígenas não decorrem da demarcação, ou seja, na inexistência da demarcação, continuam os indígenas a ter direitos sobre essas terras.

O art. 67 do Ato das Disposições Transitórias, com o objetivo de fixar um prazo para as demarcações não iniciadas ou ainda pendentes à época da promulgação da Constituição de 1988, determinou que a União concluirá a demarcação das terras indígenas no prazo de cinco anos a partir da promulgação da Constituição. O fato de isso não ter ainda ocorrido mostra a dificuldade na proteção dos direitos indígenas nos dias de hoje. O Ministro Carlos Britto, no julgamento da Petição 3.388, assim resumiu as *cinco* fases da demarcação: 1) identificação e delimitação antropológica da área; 2) declaração da posse permanente, por meio de portaria do Ministro de Estado da Justiça; 3) demarcação propriamente dita: assentamento físico dos limites, com a utilização dos pertinentes marcos geodésicos e placas sinalizadoras; 4) homologação mediante decreto do Presidente da República; 5) registro, a ser realizado no Cartório de Imóveis na comarca de situação das terras indígenas e na Secretaria do Patrimônio da União (Pet 3.388, rel. Min. Ayres Britto, j. 19-3-2009, Plenário, *DJe* de 1º-7-2010).

Quanto à competência para o procedimento, o STF decidiu que "somente à União compete instaurar, sequenciar e concluir formalmente o processo demarcatório das terras indígenas, tanto quanto efetivá-los materialmente. Mas instaurar, sequenciar, concluir e efetivar esse processo por atos situados na *esfera de atuação do Poder Executivo Federal*, pois as competências deferidas ao Congresso Nacional, com efeito concreto ou sem densidade normativa, se esgotam nos seguintes afazeres: a) 'autorizar, em terras indígenas, a exploração e o aproveitamento de recursos hídricos e a pesquisa e lavra de riquezas minerais' (inciso XVI do art. 49);

b) pronunciar-se, decisoriamente, sobre o ato de 'remoção de grupos indígenas de suas terras' (§ 5º do art. 231). Com o que se mostra plenamente válido o precitado art. 19 da Lei federal n. 6.001/73 (Estatuto do Índio), também validamente regulamentado pelo Decreto de n. 1.775 (...)" (Pet 3.388, rel. Min. Ayres Britto, j. 19-3-2009, Plenário, *DJe* de 1º-7-2010).

46.6.2. O Caso Raposa Serra do Sol e as condicionantes

O Caso "Raposa Serra do Sol" consistiu, originalmente, em ação popular proposta por Senador da República, impugnando o modelo de demarcação contínua da Terra Indígena Raposa Serra do Sol, em Roraima. Sustentou-se a existência de vícios no processo administrativo de demarcação, além do fato de que a demarcação contínua traria consequências desastrosas para o Estado de Roraima e comprometimento da segurança e soberania nacionais. No mérito, pediu-se a declaração de nulidade da Portaria n. 534/2005 do Ministro da Justiça e do Decreto de homologação da demarcação. A ação foi adjudicada ao STF, por ter se vislumbrado "conflito federativo" entre a União e o Estado de Roraima (art. 102, I, *f*, da CF/88[233]).

No STF, o Ministro Menezes Direito, ao proferir o seu voto-vista, foi *favorável* à demarcação contínua das terras da região, mas apresentou condições a serem obedecidas. O STF julgou a ação parcialmente procedente, nos termos do voto do Relator (exemplo de sentença manipulativa de efeito aditivo), declarando *constitucional a demarca*ção contínua da Terra Indígena Raposa Serra do Sol.

Inicialmente, o STF consagrou o termo *constitucionalismo fraternal ou solidário* para traduzir o esforço da CF/88 para efetivar a igualdade material das minorias, assegurando, no caso dos indígenas, um espaço fundiário que lhes garanta meios dignos de subsistência econômica para mais eficazmente poderem preservar sua identidade somática, linguística e cultural, concretizando o valor constitucional da inclusão comunitária pela via da identidade étnica. Nesse sentido, o STF julgou ser falso o antagonismo entre a matéria indígena e o desenvolvimento, pois desenvolvimento que se fizer *sem ou contra os indígenas* viola o objetivo fundamental do inciso II do art. 3º da CF, que assegura o desenvolvimento *ecologicamente equilibrado*, humanizado e culturalmente diversificado, de modo a incorporar a realidade indígena. A preservação do meio ambiente não pode ser prejudicada, na visão do STF, pelo reconhecimento das terras indígenas.

Por sua vez, para o STF, a CF/88 não utilizou o termo "território indígena" de modo proposital, tendo preferido "terras indígenas", para traduzir a dimensão um conceito sociocultural desprovido de ambição de soberania. Assim, o STF entendeu que nenhuma terra indígena se eleva ao patamar de território político, assim como nenhuma etnia ou comunidade indígena se constitui em unidade federada. Como as terras indígenas são bens da União, o modelo de ocupação previsto pela CF/88 exige a *liderança institucional da União*. Por isso, a atuação complementar de Estados e Municípios em terras já demarcadas como indígenas deve ser em linha com a atuação da União, que tem *papel de centralidade institucional* coadjuvado pelos próprios índios, suas comunidades e organizações, além *da protagonização de tutela e fiscalização* do Ministério Público Federal.

Nesse sentido, o STF decidiu que somente à União, por atos situados na esfera de atuação do Poder Executivo, compete instaurar, sequenciar e concluir formalmente o *processo demarcatório das terras indígenas*, tanto quanto efetivá-lo *materialmente*, nada impedindo que o Presidente da República venha a consultar o Conselho de Defesa Nacional (inciso III

---

[233] "Art. 102. Compete ao Supremo Tribunal Federal, precipuamente, a guarda da Constituição, cabendo-lhe: I – processar e julgar, originariamente: (...) *f*) as causas e os conflitos entre a União e os Estados, a União e o Distrito Federal, ou entre uns e outros, inclusive as respectivas entidades da administração indireta."

do § 1º do art. 91 da CF), especialmente se as terras indígenas a demarcar coincidirem com *faixa de fronteira*.

Para o STF, os direitos dos índios sobre as terras que tradicionalmente ocupam foram constitucionalmente *reconhecidos*, e não simplesmente outorgados, tendo a demarcação natureza de *ato declaratório* de uma situação jurídica ativa preexistente. Por isso são considerados direitos originários, ou seja, *direito mais antigo* do que qualquer outro, "de maneira a preponderar sobre pretensos direitos adquiridos, mesmo os materializados em escrituras públicas ou títulos de legitimação de posse em favor de não índios". Os títulos privados sobre terras indígenas foram considerados nulos e extintos pela CF/88 (art. 231, § 6º). Quanto à demarcação, o STF entendeu que o marco temporal de ocupação foi a data da promulgação da Constituição Federal (5 de outubro de 1988) para o reconhecimento, aos índios, dos direitos originários sobre as terras que tradicionalmente ocupam. Porém, o STF reconheceu que a *tradicionalidade da posse nativa ficaria mantida* mesmo ausente a posse em 5 de outubro de 1988, em casos em que a reocupação não tenha ocorrido por efeito de *renitente esbulho* por parte de não índios.

O modelo aceito de demarcação das terras indígenas foi o da *continuidade*, sendo impossível, para a manutenção da cultura indígena, a demarcação em "bolsões" ou "ilhas". Contudo, para o STF, a exclusividade de usufruto das riquezas do solo, dos rios e dos lagos nas terras indígenas é *conciliável* com a eventual presença de não índios, bem assim com (i) a instalação de equipamentos públicos, (ii) a abertura de estradas e outras vias de comunicação, (iii) a montagem ou construção de bases físicas para a prestação de serviços públicos ou de relevância pública, sob a liderança institucional da União, fiscalização do Ministério Público e atuação coadjuvante de entidades tanto da Administração Federal quanto representativas dos próprios indígenas. O STF foi expresso na proibição de as comunidades indígenas interditarem ou bloquearem estradas, cobrarem pedágio pelo uso delas e inibirem o regular funcionamento das repartições públicas. Também o STF reconheceu a compatibilidade entre o usufruto de terras indígenas e faixa de fronteira, podendo ser criados postos de vigilância *sem autorização* das comunidades.

Quanto às salvaguardas (ou condicionantes), o STF reconheceu as seguintes:

(I) o usufruto das riquezas do solo, dos rios e dos lagos existentes nas terras indígenas (art. 231, § 2º, da Constituição Federal) pode ser relativizado sempre que houver, como dispõe o art. 231, § 6º, da Constituição, relevante interesse público da União, na forma de lei complementar;

(II) o usufruto dos índios *não* abrange o aproveitamento de recursos hídricos e potenciais energéticos, que dependerá sempre de autorização do Congresso Nacional;

(III) o usufruto dos índios *não* abrange a pesquisa e lavra das riquezas minerais, que dependerá sempre de autorização do Congresso Nacional, assegurando aos índios a participação nos resultados da lavra, na forma da lei;

(IV) o usufruto dos índios *não* abrange a garimpagem nem a faiscação, devendo, se for o caso, ser obtida a permissão de lavra garimpeira;

(V) o usufruto dos índios *não* se sobrepõe ao interesse da política de defesa nacional; a instalação de bases, unidades e postos militares e demais intervenções militares, a expansão estratégica da malha viária, a exploração de alternativas energéticas de cunho estratégico e o resguardo das riquezas de cunho estratégico, a critério dos órgãos competentes (Ministério da Defesa e Conselho de Defesa Nacional), serão implementados *independentemente* de consulta às comunidades indígenas envolvidas ou à FUNAI (o que contraria a Convenção n. 169 da OIT);

(VI) a atuação das Forças Armadas e da Polícia Federal na área indígena, no âmbito de suas atribuições, fica assegurada e se dará *independentemente* de consulta às comunidades indígenas envolvidas ou à FUNAI;

(VII) o usufruto dos índios não impede a instalação, pela União Federal, de equipamentos públicos, redes de comunicação, estradas e vias de transporte, além das construções necessárias à prestação de serviços públicos pela União, especialmente os de saúde e educação;

(VIII) o usufruto dos índios na área afetada por *unidades de conservação ambiental* fica sob a gestão do Instituto Chico Mendes de Conservação da Biodiversidade;

(IX) o Instituto Chico Mendes de Conservação da Biodiversidade *responderá* pela administração da área da unidade de conservação também afetada pela terra indígena com a participação das comunidades indígenas, que deverão ser ouvidas, levando-se em conta os usos, tradições e costumes dos indígenas, podendo para tanto contar com a consultoria da FUNAI;

(X) o trânsito de visitantes e pesquisadores não índios deve ser admitido na área afetada à unidade de conservação nos horários e condições estipulados pelo Instituto Chico Mendes de Conservação da Biodiversidade;

(XI) devem ser admitidos o ingresso, o trânsito e a permanência de não índios no restante da área da terra indígena, observadas as condições estabelecidas pela FUNAI;

(XII) o ingresso, o trânsito e a permanência de não índios *não* pode ser objeto de cobrança de quaisquer tarifas ou quantias de qualquer natureza por parte das comunidades indígenas;

(XIII) a cobrança de tarifas ou quantias de qualquer natureza também *não* poderá incidir ou ser exigida em troca da utilização das estradas, equipamentos públicos, linhas de transmissão de energia ou de quaisquer outros equipamentos e instalações colocadas a serviço do público, tenham sido excluídos expressamente da homologação, ou não;

(XIV) as terras indígenas *não* poderão ser objeto de arrendamento ou de qualquer ato ou negócio jurídico que restrinja o pleno exercício do usufruto e da posse direta pela comunidade indígena ou pelos índios (art. 231, § 2º, da Constituição Federal, c/c art. 18, *caput*, da Lei n. 6.001/73);

(XV) é vedada, nas terras indígenas, a qualquer pessoa estranha aos grupos tribais ou comunidades indígenas, a prática de caça, pesca ou coleta de frutos, assim como de atividade agropecuária ou extrativa (art. 231, § 2º, da Constituição Federal, c/c art. 18, § 1º, da Lei n. 6.001/73);

(XVI) as terras sob ocupação e posse dos grupos e das comunidades indígenas, o usufruto exclusivo das riquezas naturais e das utilidades existentes nas terras ocupadas, observado o disposto nos arts. 49, XVI, e 231, § 3º, da CF/88, bem como a renda indígena (art. 43 da Lei n. 6.001/73), gozam de plena imunidade tributária, *não* cabendo a cobrança de quaisquer impostos, taxas ou contribuições sobre uns ou outros;

(XVII) é *vedada* a ampliação da terra indígena já demarcada;

(XVIII) os direitos dos índios relacionados às suas terras são imprescritíveis, e estas são inalienáveis e indisponíveis (art. 231, § 4º, da CF/88); e

(XIX) é assegurada a participação dos entes federados no procedimento administrativo de demarcação das terras indígenas, encravadas em seus territórios, observada a fase em que se encontrar o procedimento.

Houve embargos de declaração ao acórdão, destacando-se os embargos propostos pela Procuradoria Geral da República, que defendeu a prevalência dos direitos dos índios em detrimento de uma excessiva primazia dos interesses da União e tutela do meio ambiente. Para o STF, no Caso Raposa Serra do Sol foi feita uma ponderação diante do choque de direitos constitucionais e fins públicos relevantes, levando a compressões e preferências.

Como já visto, *nem toda utilização* das terras indígenas pela União (para fins econômicos ou militares, ou para a prestação de serviços públicos) depende da prévia edição da lei complementar prevista no art. 231, § 6º, da CF/88. A lei complementar referida no § 6º do art. 231, por sua vez, é requisito para a *exploração das riquezas naturais do solo, dos rios e dos lagos existentes nas terras indígenas*. Não precisam de lei complementar: (i) o patrulhamento de fronteiras; (ii) a defesa nacional; (iii) a conservação ambiental nas áreas; (iv) a exploração de recursos hídricos (Caso Belo Monte); (v) o uso do potencial energético ou a pesquisa e lavra dos recursos minerais, presente o interesse público da União. A pesquisa e a lavra de riquezas minerais pelos indígenas exige – tal qual como ocorre com os integrantes da sociedade envolvente indígenas – a adequada permissão, uma vez que os indígenas possuem apenas o usufruto do solo (Leis n. 7.805/89 e 11.685/2008).

Quanto ao direito de prévia consulta, o STF considerou que *esse não é absoluto*, devendo ceder diante de questões estratégicas relacionadas à defesa nacional. Por sua vez, o direito à consulta não implica poder de veto, pois, para o STF, "nenhum indivíduo ou grupo social tem o direito subjetivo de determinar sozinho a decisão do Estado. Não é esse tipo de prerrogativa que a Constituição atribuiu aos índios" (Pet 3.388-ED, rel. Min. Roberto Barroso, j. 23-10-2013, Plenário, *DJe* de 4-2-2014).

Finalmente, quanto à validade *erga omnes* dessas condicionantes para as demais causas de conflito sobre terras indígenas, o STF reconheceu que tais condições foram consideradas pressupostos para o reconhecimento da validade da demarcação das terras indígenas da localidade. Foram impostas por: (i) decorrerem da CF/88 e (ii) ainda pela necessidade de explicitarem as *diretrizes básicas para o exercício do usufruto indígena*, de modo a solucionar de forma efetiva as graves controvérsias existentes na região. Consequentemente, para as *outras* causas envolvendo matéria indígena, essas condicionantes *não* possuem *força vinculante*, mas os fundamentos adotados pelo STF *ostentam força moral e persuasiva* por serem fruto de uma decisão da mais alta Corte do País, do que decorre um "elevado *ônus argumentativo* nos casos em se cogite da superação de suas razões" (grifo que não consta do voto do Relator, Pet 3.388-ED, rel. Min. Roberto Barroso, j. 23-10-2013, Plenário, *DJe* de 4-2-2014).

46.7. Direito penal e os povos indígenas

Em nome da igualdade, o direito penal brasileiro aplica-se a todos, inclusive às comunidades indígenas. Contudo, na linha da igualdade material, do trato diferenciado aos desiguais (*vide* o direito à igualdade neste *Curso*), o art. 10 da Convenção n. 169 exige que os Estados levem em consideração as "características econômicas, sociais e culturais" dos indígenas, antes da aplicação das normais penais. Nessa linha, no caso de crime praticado por índio, o Estatuto do Índio prevê que a pena deverá ser atenuada e na sua aplicação o juiz atenderá também ao seu *grau de integração*. Como esse conceito ("integração") encontra-se superado, cabe ao juiz atenuar a pena na sua aplicação de acordo com o *grau de conhecimento do índio* sobre a cultura da sociedade envolvente. Há divergência na jurisprudência quanto à obrigatoriedade do *laudo antropológico* para que se afira esse "grau de conhecimento" ou se outros elementos de convicção bastariam ao juiz criminal (por exemplo, dados objetivos como carteira de motorista, título de eleitor etc.) para sua decisão sobre a imputabilidade. Importante mencionar que, no âmbito do *Ministério Público Federal*, a 6ª Câmara de Coordenação e Revisão (seu órgão especializado na matéria indígena) defende a obrigatoriedade do laudo antropológico para fins criminais ou para imposição de medida socioeducativa.

Porém, em maior ou menor grau, a atenuante é sempre obrigatória, pela condição indígena, tal qual ocorre com os demais tratamentos diferenciados da lei penal brasileira em face, por exemplo, da redução do prazo prescricional para as pessoas acima de 70 anos ou com menos de 21 anos (art. 115 do Código Penal).

De acordo com o Estatuto do Índio, as penas de reclusão e de detenção serão cumpridas, *se possível*, em regime especial de semiliberdade, no local de funcionamento do órgão federal de assistência aos índios mais próximos da habitação do condenado (art. 56, parágrafo único). Assim, o regime de cumprimento de pena comum (regime fechado, semiaberto, aberto) é adaptado às condições indígenas. Pela dicção legal, contudo, o regime de semiliberdade no local de funcionamento da FUNAI seria *afastado* caso isso não fosse possível. Contudo, como bem observa Vitorelli, caso não exista local adequado para o cumprimento de pena na FUNAI (inexistência corriqueira, diga-se, dada a situação da FUNAI), deveria o indigena cumprir a pena na sua própria comunidade, fazendo-se um paralelismo entre a inexistência de vaga no regime semiaberto e a possibilidade de cumprimento de pena no regime aberto ou mesmo prisão domiciliar.

A jurisprudência inclina-se pela manutenção da expressão "se possível" do art. 56, parágrafo único, do Estatuto do Índio, bem como pelo afastamento do regime de semiliberdade caso o indígena seja considerado "integrado" (entre outros, STJ, RHC 11.862/PA, rel. Min. José Arnaldo da Fonseca, *DJ* de 9-10-2000)[234].

No tocante ao pluralismo jurídico, o próprio Estatuto prevê a possibilidade de aplicação, pelas comunidades indígenas, de acordo com as instituições próprias, de sanções penais ou disciplinares contra os seus membros, desde que não revistam caráter cruel ou infamante, proibida em qualquer caso a pena de morte. O art. 9º da Convenção n. 169 exige que os Estados respeitem a repressão dos delitos pelos métodos dos povos indígenas, *desde que compatíveis com os direitos humanos previstos nas normas internacionais*.

Por outro lado, é possível também – em face das diferenças culturais – verificar a ocorrência de erro de proibição por parte do indígena acusado de crime, referente à consciência da ilicitude do fato (o que exigiria, novamente, o laudo antropológico).

Além da tipificação ordinária do Código Penal e das leis penais extravagantes, há os seguintes crimes específicos contra os índios e a cultura indígena no Estatuto do Índio: I – *escarnecer* de cerimônia, rito, uso, costume ou tradição culturais indígenas, *vilipendiá-los ou perturbar*, de qualquer modo, a sua prática (detenção de um a três meses); II – utilizar o índio ou comunidade indígena como *objeto de propaganda turística ou de exibição* para fins lucrativos (detenção de dois a seis meses); III – propiciar, por qualquer meio, *a aquisição, o uso e a disseminação* de bebidas alcoólicas, nos grupos tribais ou entre índios não integrados (detenção de seis meses a dois anos). As penas são agravadas de um terço, quando o crime for praticado por funcionário ou empregado do órgão de assistência ao índio. No caso de crime contra a pessoa, o patrimônio ou os costumes, em que o ofendido seja índio não integrado ou comunidade indígena, a pena será agravada de um terço.

Finalmente, destaco a proteção penal do indígena em dois pontos já estudados: (i) a punição penal do *crime de discriminação ou preconceito por etnia*, prevista na Lei n. 7.716, de 5 de janeiro de 1989, também chamada de "Lei Caó", que define os crimes de discriminação ou preconceito e suas punições, tendo revogado leis anteriores (*vide* Parte IV, item 24.3, sobre racismo); (ii) a criminalização da conduta de "praticar, induzir ou incitar, pelos meios de *comunicação social ou por publicação de qualquer natureza*, a discriminação ou preconceito de *etnia*", que foi incluído pela Lei n. 8.081/90 (*vide* o capítulo sobre liberdade de expressão).

46.8. Aspectos processuais

Inicialmente, o art. 232 da Constituição prevê a *legitimatio ad causam* aos índios, suas comunidades e organizações na defesa de direitos ou interesses coletivos indígenas[235]. Desse

---

[234] Obra indispensável para o estudo do Estatuto do Índio. Ver VITORELLI, Edilson. *Estatuto do Índio*. 2. ed. Salvador: JusPodivm, 2013, em especial p. 325.
[235] ANJOS FILHO, Robério Nunes dos. Arts. 231 e 232. In: BONAVIDES, Paulo; MIRANDA, Jorge; AGRA, Walber de Moura (Orgs.). *Comentários à Constituição Federal de 1988*. São Paulo: Forense, 2009, p. 2426.

dispositivo, há as seguintes consequências: (i) não elimina a necessidade de capacidade postulatória, por intermédio de advogado; (ii) não são direitos individuais de um índio, mas sim direitos coletivos; (iii) pode a comunidade indígena, os índios e suas organizações ocuparem a condição de autor, oponente ou assistente ("ingressar em juízo em defesa de seus direitos" na linguagem da CF/88), mas não cabe a condição de réu; (iv) há a possibilidade de atuação concorrente, como substituto processual, do Ministério Público Federal, da FUNAI e da União Federal. O Ministério Público atuante na matéria indígena é o *Ministério Público Federal*, uma vez que o art. 109, XI, da CF/88 estabelece que compete aos juízes federais julgar e processar a "disputa sobre direitos indígenas". Caso não seja o autor, o Ministério Público Federal atuará nessas causas como *custos legis*.

Quanto à competência do juízo federal para as causas indígenas, após diversas oscilações na jurisprudência, foi editada a Súmula 140 do STJ, que prevê: "Compete à *Justiça Comum Estadual* processar e julgar crime em que o indígena figure como autor ou vítima". A lógica adotada foi a restritiva, sendo competência da Justiça Federal criminal somente os crimes que fossem realizados em contexto de "disputa sobre direitos indígenas". Um crime contra um índio ou cometido por um índio *sem* relação com essa "disputa sobre direitos indígenas" seria da competência do juízo estadual.

Anteriormente no STF, a *competência criminal da Justiça Federal* na matéria indígena *era* total, englobando inclusive crimes cometidos *por* indígena ou *contra* indígena em particular, conforme precedentes dos anos 90 do século passado. Nesse sentido, decidiu o STF: "Caso em que se disputam direitos indígenas. *Todos* os direitos (a começar pelo direito à vida) que possa ter uma *comunidade indígena* ou um índio em particular estão sob a rubrica do inciso XI do art. 109 da Constituição Federal" (HC 71.835-3/MS, rel. Min. Francisco Rezek, *DJU* de 22-11-1996, itálico do autor).

Contudo, no século XXI, a jurisprudência do STF modificou-se profundamente e adotou o *entendimento restritivo* do art. 109, XI, com votos vencidos. O *leading case* foi o julgamento do Recurso Extraordinário n. 419.528, da relatoria do Ministro Cezar Peluso, no qual se concluiu, com base nos incisos IV e XI do art. 109 da CF/88, que a competência criminal da Justiça Federal alcança apenas (i) crimes de genocídio ou (ii) quando esteja na causa *disputa sobre direitos indígenas*, que são temas referentes à cultura indígena ou aos direitos sobre as terras tradicionalmente ocupadas pelos índios. Assim, a morte de um líder indígena em conflito fundiário é da competência da Justiça Federal. Mas, crime isolado, sem motivação vinculada à "disputa sobre direitos indígenas" será da competência da Justiça Estadual (RE 419.528, rel. p/ o ac. Min. Cezar Peluso, j. 3-8-2006, Plenário, *DJ* de 9-3-2007).

No tocante à competência cível, o STF mantém o mesmo raciocínio, sendo competente a Justiça Federal apenas no trato de matéria envolvendo a comunidade indígena, como, por exemplo, disputas fundiárias ou temas de direitos difusos envolvendo a cultura indígena. Casos individuais, nos quais o indígena é autor ou réu, devem ser apreciados pela Justiça Estadual.

O Ministério Público Federal buscou, em 2013, reverter essa jurisprudência em caso de maus-tratos a menor indígena, mas, novamente, o STF fez valer a atual jurisprudência, confirmando a competência da *Justiça Estadual* (STF, AI 794.447-AgR, rel. Min. Marco Aurélio, j. 24-9-2013, Primeira Turma, *DJe* de 21-11-2013).

Quanto ao tratamento processual privilegiado, o art. 61 do Estatuto do Índio dispõe que "são *extensivos* aos interesses do Patrimônio Indígena os privilégios da Fazenda Pública, quanto à impenhorabilidade de bens, rendas e serviços, ações especiais, prazos processuais, juros e custas". Nesse sentido, decidiu o STJ a favor da Comunidade Indígena Gavião, reconhecendo o prazo em dobro para recorrer (AAREsp 2007.02.249090, rel. Min. Francisco Falcão, *DJe* de 16-4-2008). Por outro lado, o art. 63 do mesmo Estatuto exige que nenhuma medida judicial seja concedida liminarmente em causas indígenas, sem prévia audiência da União e da FUNAI. Também nesse sentido, o STJ decidiu pela nulidade de decisão que concedeu liminar de reintegração de posse de terras em processo de demarcação, na qual não foram ouvidos a União e a Funai (REsp 2006.00.852854, rel. Min. Castro Meira, *DJ* de 23-4-2007).

46.9. Questões específicas da matéria indígena

- **Direitos de personalidade.** No ambiente do Estado contemporâneo, o exercício de parte importante dos direitos exige a identificação do indivíduo por meio de seu nome, assinatura, impressões digitais etc. Há dois registros possíveis para o indígena: (i) o registro civil e (ii) o registro administrativo perante a FUNAI (arts. 12 e 13 do Estatuto do Índio). A FUNAI é responsável pela emissão da carteira de identidade indígena, registro administrativo de nascimento e de óbito. Obviamente, a ausência desse registro administrativo não impede a autodeclaração do indivíduo como membro da comunidade indígena.

- **Direitos políticos.** A Constituição determina que o alistamento eleitoral e o voto são obrigatórios para os maiores de 18 anos e facultativos para os analfabetos, os maiores de 70 anos e os maiores de 16 e menores de 18 anos (art. 14, § 1º). Não fez qualquer ressalva, portanto, com relação aos indígenas. O Tribunal Superior Eleitoral, no Processo Administrativo n. 18.391, usando a superada classificação do Estatuto do Índio, decidiu que "são aplicáveis aos indígenas *integrados*, reconhecidos no pleno exercício dos direitos civis, nos termos da legislação especial (Estatuto do Índio), as exigências impostas para o alistamento eleitoral, inclusive de comprovação de quitação do serviço militar ou de cumprimento de prestação alternativa" (TSE, Resolução n. 20.806, de 15-5-2001). Em 2010, o TSE decidiu que não foi recepcionado o art. 5º, II, do Código Eleitoral, que determina que não podem se alistar eleitores aqueles que não saibam exprimir-se na língua nacional, e, com isso, afirmou a "inexigibilidade de fluência da língua pátria para que o indígena ainda sob tutela e o brasileiro possam alistar-se eleitores" (TSE, Resolução n. 23.274, de 1º-6-2010, j. 20-8-2010).

- **Serviço militar.** A obrigatoriedade constitucional de prestação de serviço militar (art. 143) levou o Ministério da Defesa a regular, administrativamente, a incorporação de jovens oriundos das comunidades indígenas, desde que (i) voluntários e (ii) aprovados no processo de seleção, o que implica a não admissão forçada ou obrigatória (Portaria MD/SPEAI/DPE n. 983/2003 e Portaria MD/EME n. 20/2003). Consequentemente, a obrigação do índio não voluntário de apresentar o "certificado de alistamento militar" para realização de alistamento eleitoral deve ser amenizada. Contudo, como vimos, o Tribunal Superior Eleitoral ainda exige dos indígenas a obrigatoriedade de comprovação de quitação do serviço militar ou de cumprimento de prestação alternativa como requisito para o alistamento eleitoral.

- **Comissão Parlamentar de Inquérito e condução coercitiva de indígena para servir de testemunha. Impossibilidade.** "A convocação de um índio para prestar depoimento em local diverso de suas terras *constrange a sua liberdade de locomoção*, na medida em que é vedada pela Constituição da República a *remoção* dos grupos indígenas de suas terras, salvo exceções nela previstas (CF/88, art. 231, § 5º). A tutela constitucional do grupo indígena, que visa a proteger, além da posse e usufruto das terras originariamente dos índios, a respectiva identidade cultural, se estende ao indivíduo que o compõe, quanto à remoção de suas terras, que é sempre ato de opção, de vontade própria, não podendo se apresentar como imposição, salvo hipóteses excepcionais" (HC 80.240, rel. Min. Sepúlveda Pertence, j. 20-6-2001, Segunda Turma, *DJ* de 14-10-2005 – grifos meus).

47. DIREITO À NACIONALIDADE

47.1. Nacionalidade na gramática dos direitos humanos

A nacionalidade consiste no vínculo jurídico-político entre determinada pessoa, denominada nacional, e um Estado, pelo qual são estabelecidos direitos e deveres recíprocos. Há dois prismas pelos quais é possível abordar a temática da nacionalidade: (i) como elemento formador do Estado (visão estatocêntrica); (ii) como direito individual (visão jusfundamentalista), submetido à gramática dos direitos humanos.

Do ponto de vista estatocêntrico, a nacionalidade é tema indissociável à formação do Estado. O povo consiste no conjunto de nacionais e é elemento subjetivo do Estado. Contudo, a adoção de regras constitucionais para a determinação da nacionalidade foi lenta e somente se desenvolveu a partir das revoluções liberais, que geraram a consequente afirmação da participação popular no poder. Nesse contexto, era necessário determinar quem era nacional, ou seja, quem era membro do povo e, por consequência, deveria participar, direta ou indiretamente, da condução dos destinos do Estado. Assim, a França foi o primeiro Estado, no pós-revolução de 1789, a estabelecer regras constitucionais referentes à nacionalidade (Constituição de 1791, arts. 2º ao 6º). O modelo francês de instituir as regras sobre nacionalidade no texto constitucional foi seguido pelo Brasil nas suas Constituições. Sendo assim, a Constituição de 1988 estabelece as regras básicas sobre a nacionalidade em seu art. 12.

Do ponto de vista dos direitos humanos, o direito à nacionalidade consiste na faculdade de determinado indivíduo exigir, renunciar ou trocar a nacionalidade. Nessa linha, a nacionalidade não é mais uma matéria de soberania do Estado, mas sim tema de direitos humanos, não podendo o Estado arbitrariamente *negar, privar ou ainda exigir a manutenção* da nacionalidade a determinado indivíduo.

A matéria (nacionalidade) possui normas nacionais e internacionais de regência, que são complementares e devem buscar a máxima efetividade do direito à nacionalidade de determinado indivíduo. Além das normas constitucionais específicas sobre nacionalidade na CF/88 (ver abaixo), há normas internacionais de direitos humanos dispondo sobre a nacionalidade, como a Declaração Universal dos Direitos Humanos (1948), que prevê que todos têm direito a uma nacionalidade e ninguém será arbitrariamente privado de sua nacionalidade, nem do direito de mudar de nacionalidade (art. XV).

A Convenção Americana de Direitos Humanos (já ratificada e incorporada ao ordenamento brasileiro) também dispõe que toda pessoa tem direito a uma nacionalidade e a ninguém se deve privar arbitrariamente de sua nacionalidade, nem do direito de mudá-la (art. 20). A Corte Interamericana de Direitos Humanos, inclusive, já emitiu parecer consultivo sobre o direito à nacionalidade (Parecer n. 4/84) e também analisou o conteúdo dos deveres dos nacionais (cotejo com o crime de traição) no caso Castillo Petruzzi.

Essa ótica de direitos humanos sobre a nacionalidade requer diversas condutas do Estado, que não mais pode alegar que tal matéria – em nome da soberania – compõe seu domínio reservado. Entre as condutas exigidas do Estado estão: (i) não privar arbitrariamente alguém de sua nacionalidade; (ii) permitir a renúncia ou mudança da nacionalidade; (iii) envidar esforços para evitar a apatridia e ainda fornecer sua própria nacionalidade para evitar que determinada pessoa continue apátrida.

47.2. Nacionalidade originária e a Emenda Constitucional n. 54/2007

No Brasil, de acordo com o art. 12 da CF, há dois tipos de formas de aquisição de nacionalidade: a *originária ou primária* (brasileiro nato), que se adquire no nascimento, e a *derivada ou secundária*, que advém de ato voluntário após o nascimento (brasileiro naturalizado).

No caso da aquisição originária, há dois critérios aceitos pela Constituição: o critério do *jus soli* (pelo lugar do nascimento) e o *jus sanguinis* (pela nacionalidade dos genitores ou um dos genitores).

De acordo com o *jus soli*, é brasileiro nato aquele nascido no território nacional, salvo se for filho de pais estrangeiros a serviço de seu país. Contudo, apesar da ressalva constitucional ("filho de pais estrangeiros a serviço de seu país"), devem ser levados em consideração o vetor constitucional de proteção da dignidade humana e ainda os tratados celebrados pelo Brasil. No caso, a Convenção da ONU para a Redução dos Casos de Apatridia[236], de 1961, estabelece em seu artigo 1º que "todo Estado Contratante concederá sua nacionalidade a uma pessoa nascida em seu território e que de outro modo seria apátrida". No mesmo sentido, dispõe o artigo 20.2 da Convenção Americana de Direitos Humanos que "toda pessoa tem direito à nacionalidade do Estado em cujo território houver nascido, se não tiver direito a outra". Para compatibilizar a restrição constitucional com o combate à apatridia, é proibida a concessão da nacionalidade originária brasileira aos nascidos em território brasileiro de pais estrangeiros a serviço do seu país, *desde que não* sejam apátridas. Caso seja comprovada a apatridia, concede-se a nacionalidade originária brasileira. Essa interpretação ainda é compatível com o art. 5º, § 2º, da CF/88.

O território nacional compreende todas as porções terrestres do Brasil, o mar territorial e ainda o espaço aéreo sobrejacente. A nacionalidade pelo *jus soli* também incide no chamado *território nacional por equiparação*, como, por exemplo, os navios privados brasileiros em alto-mar ou aeronaves privadas brasileiras em espaço aéreo internacional, bem como em passagem inocente pelo mar territorial ou espaço aéreo estrangeiros, além dos navios e aeronaves do Estado brasileiro, onde quer que se encontrem. Assim, aquele que nasce em navio privado de bandeira brasileira em alto-mar é brasileiro nato.

Pelo critério do *jus sanguinis*, é brasileiro nato aquele que, mesmo nascido no estrangeiro, tenha genitor *brasileiro* (pai ou mãe) que esteja a serviço da República Federativa do Brasil. Tal serviço engloba, inclusive, aqueles prestados para sociedades de economia mista, autarquias e empresas públicas de qualquer ente federado.

Além disso, são brasileiros natos os nascidos no estrangeiro de pai brasileiro ou de mãe brasileira, desde que sejam (i) *registrados em repartição brasileira competente* ou (ii) venham a residir na República Federativa do Brasil e optem, em qualquer tempo, depois de atingida a maioridade, pela nacionalidade brasileira (art. 12, I, *c*, da CF/88). Essa segunda hipótese trata da *nacionalidade potestativa*, que depende da ação de opção de nacionalidade do interessado.

Com o registro na "repartição competente", não é necessária a propositura de ação de opção de nacionalidade. Caso não tenha sido registrado, são necessárias a residência no país e a propositura de uma ação de opção de nacionalidade perante a Justiça Federal (jurisdição voluntária) para que seja declarada a nacionalidade originária. Como tal opção pode ser feita a qualquer tempo e a sentença é *declaratória*, com efeito *ex tunc*, até que ocorra, a pessoa será brasileira sob *condição suspensiva*. Tal opção, por envolver direito personalíssimo e deveres com o Estado brasileiro, deve ser realizada pelo interessado, não se admitindo sua propositura por meio de representante legal.

---

[236] A Convenção para a Redução dos Casos de Apatridia foi editada em 30 de agosto de 1961, tendo entrado em vigor em 13 de dezembro de 1975, em conformidade com o artigo 18 (dois anos após a data do depósito do sexto instrumento de ratificação ou adesão). A ratificação pelo Brasil foi feita em 25 de outubro de 2007, tendo entrado em vigor internacionalmente para o Brasil em 23 de janeiro de 2008. Curiosamente, a Convenção foi promulgada internamente pelo Decreto n. 8.501 somente em 18 de agosto de 2015. O Brasil também já ratificou em 1996 a Convenção sobre o Estatuto dos Apátridas (1954) e a promulgou internamente pelo Decreto n. 4.246, de 22 de maio de 2002.

Em 2023, o STF reconheceu a repercussão geral da questão constitucional referente a saber se o filho adotivo *nascido no exterior* também tem o direito de optar pela nacionalidade brasileira ao completar 18 anos (e demais requisitos). O recurso extraordinário foi proposto contra a recusa do Tribunal Regional Federal da 1ª Região em reconhecer tal direito, sob a alegação de inexistência de previsão constitucional expressa a favor do filho adotivo (RE n. 1.163.774, Rel. Ministra Cármen Lúcia, tema de repercussão geral, em trâmite em agosto de 2024 – já há parecer da PGR com a indicação da seguinte tese para os fins da sistemática da Repercussão Geral: "É assegurado o direito à nacionalidade brasileira originária à criança nascida no exterior e adotada por pessoa brasileira, nos termos do art. 12, I, c, c/c art. 227, § 6º, da Constituição".

Negar esse direito ao filho adotivo nascido no exterior (nacionalidade originária potestativa) implica em tratamento *desigual* entre filhos proibido pela CF/88 (princípio da paridade *absoluta* entre filhos – art. 227, § 6º).

Caso interessante diz respeito a pedido de extradição feito por Estado estrangeiro em relação a indivíduo que ainda não fez a opção. Para o STF, até que a ação de opção de nacionalidade seja julgada e transcrita no registro de pessoa física, a nacionalidade originária (que obsta a extradição) brasileira não é reconhecida. Contudo, a Corte já aceitou suspender o processo extradicional até o término da ação de opção de nacionalidade: "Antes que se complete o processo de opção, não há, pois, como considerá-lo brasileiro nato. (...) Pendente a nacionalidade brasileira do extraditando da homologação judicial *ex tunc* da opção já manifestada, suspende-se o processo extradicional (CPC art. 265, IV, *a*)" (AC 70-QO, rel. Min. Sepúlveda Pertence, j. 25-9-2003, Plenário, *DJ* de 12-3-2004).

O texto atual do art. 12, I, *c*, da CF/88 foi introduzido pela Emenda Constitucional n. 54, de 20 de setembro de 2007, que retomou a tradição de reconhecimento da nacionalidade originária na hipótese de nascidos no exterior de pai brasileiro ou mãe brasileira (no caso de qualquer genitor brasileiro não estar a serviço do Brasil) por mero registro *em repartição competente*.

Anteriormente, a tradição constitucional referia-se somente a "registro consular", que foi curiosamente suprimido, para fins de reconhecimento da nacionalidade, pela Emenda Constitucional de Revisão n. 3, de 7 de junho de 1994, gerando reação da comunidade brasileira no exterior e casos de apatridia (nascidos no exterior em países de *jus sanguinis* e que não podiam voltar ao Brasil para propor a ação de opção de nacionalidade por algum motivo, em geral por receio de ter problemas migratórios no retorno ao Estado estrangeiro). Agora, é possível interpretar tal expressão constitucional – "registro competente" – de modo mais amplo, para abarcar também o Ofício brasileiro de registro de pessoa física.

Como regra de transição, a EC 54/2007 introduziu o art. 95 no Ato das Disposições Constitucionais Transitórias, pelo qual os nascidos no estrangeiro entre 7 de junho de 1994 (data da promulgação da EC de Revisão n. 3) e a data da promulgação da EC 54/2007, filhos de pai brasileiro ou mãe brasileira, podem ser registrados em repartição diplomática ou consular brasileira competente ou em ofício de registro, se vierem a residir na República Federativa do Brasil.

47.3. Nacionalidade derivada ou secundária (adquirida)

A aquisição derivada da nacionalidade brasileira é sempre fruto de ato voluntário expresso do interessado, inexistindo a naturalização tácita (previsto, no passado do direito brasileiro, somente na forma do art. 69, § 4º, da Constituição de 1891) ou a forçada (imposição da nacionalidade pelo Estado, em geral para absorver novos territórios).

A naturalização expressa pode ser de duas espécies: *a de matriz legal*, regida pela lei (no caso, a Lei n. 13.445/2017, que revogou a Lei n. 6.815, de 19-8-1980 e também a Lei n. 818, de 18-9-1949), e a *de matriz constitucional ou extraordinária*, que é aquela prevista diretamente pela Constituição (art. 12, II) em dois casos: primeiro, os estrangeiros originários de países de língua portuguesa devem comprovar residência por um ano ininterrupto e idoneidade moral; segundo, os estrangeiros residentes por mais de 15 anos devem comprovar ausência de condenação penal (naturalização quinzenária). A "idoneidade moral" prevista na CF/88 deve ser interpretada *restritivamente* para evitar arbitrariedade na denegação da nacionalidade derivada. Quanto à residência, esse requisito não exige que o estrangeiro fique de modo contínuo no território nacional (por exemplo, não viaje ao exterior): basta que tenha mantido a residência permanente, mesmo que tenha se ausentado episodicamente.

No tocante à naturalização de matriz legal, a Lei n. 13.445/2017 estabeleceu as seguintes categorias: (i) ordinária; (ii) especial ou (iii) provisória. A Lei ainda menciona a categoria "naturalização extraordinária" reproduzindo uma das hipóteses constitucionais (pessoa fixada no Brasil há mais de 15 anos ininterruptos e sem condenação penal).

A naturalização ordinária é a regra na aquisição da nacionalidade derivada, contendo os requisitos mais amplos. São necessárias as seguintes condições para o interessado: I – ter capacidade civil, segundo a lei brasileira; II – ter residência em território nacional, pelo prazo mínimo de 4 anos; III – comunicar-se em língua portuguesa, consideradas as condições do naturalizando; e IV – não possuir condenação penal ou estiver reabilitado, nos termos da lei. O prazo de residência de 4 anos será reduzido para, no mínimo, 1 ano se o naturalizando preencher *quaisquer* das seguintes condições: (i) ter filho brasileiro; (ii) ter cônjuge ou companheiro brasileiro e não estar dele separado legalmente ou de fato no momento de concessão da naturalização; (iii) haver prestado ou poder prestar serviço relevante ao Brasil; ou (iv) recomendar-se por sua capacidade profissional, científica ou artística.

Por sua vez, a naturalização especial é aquela destinada a interessados envolvidos na atividade diplomática ou consular do Brasil, podendo ser concedida ao estrangeiro que se encontre em uma das seguintes situações: I – seja cônjuge ou companheiro, há mais de 5 anos, de integrante do Serviço Exterior Brasileiro em atividade ou de pessoa a serviço do Estado brasileiro no exterior; ou II – seja ou tenha sido empregado em missão diplomática ou em repartição consular do Brasil por mais de 10 anos ininterruptos. São requisitos para a concessão da naturalização especial ter capacidade civil, segundo a lei brasileira; comunicar-se em língua portuguesa, consideradas as condições do naturalizando; e não possuir condenação penal ou estiver reabilitado, nos termos da lei.

Por fim, a naturalização provisória é aquela que rege a situação da naturalização de menores de idade radicados precocemente no território brasileiro e poderá ser concedida ao migrante criança ou adolescente que tenha fixado residência em território nacional antes de completar 10 anos de idade e deverá ser requerida por intermédio de seu representante legal. Consiste em alternativa que ameniza ser a naturalização um direito personalíssimo, que não pode ser requerido por representante. Porém, a naturalização provisória só será convertida em definitiva se o naturalizando expressamente assim o requerer no prazo de 2 anos após atingir a maioridade.

O pedido de naturalização será apresentado e processado pelo Poder Executivo, sendo cabível recurso em caso de denegação. No curso do processo de naturalização, o naturalizando poderá requerer a tradução ou a adaptação de seu nome à língua portuguesa, sendo mantido cadastro com o nome traduzido ou adaptado associado ao nome anterior. A naturalização produz efeitos após a publicação no Diário Oficial do ato de naturalização, tendo sido eliminada pela nova Lei de Migração o anterior ritual de entrega do certificado de naturalização por magistrado federal.

A discricionariedade do Estado na concessão da naturalização *era* prevista pelo art. 121 da Lei n. 6.815/80, que dispunha que a satisfação das condições legais não assegurava o direito à naturalização. Contudo, a nova Lei não tem a mesma previsão, o que implica em reconhecer que, preenchidos os requisitos legais, o interessado tem o direito à naturalização. Na *naturalização de matriz constitucional ou extraordinária*, que possui condições fixadas na CF/88, preenchidos os requisitos constitucionais, também há o *direito à naturalização*[237].

É possível, como decorrência do respeito à dignidade da pessoa humana e do Estado Democrático de Direito, o controle judicial da eventual negativa do Poder Executivo, para evitar arbitrariedade e desejo mesquinho de perseguição.

Em caso de fraude no processo administrativo de naturalização, não cabe a anulação administrativa e sim *ação judicial* para cancelar a naturalização. Em precedente de 2013, por maioria, o STF decidiu que o art. 112, §§ 2º e 3º, da então vigente Lei n. 6.815/80 (Estatuto do Estrangeiro)[238], o qual estipulava o poder da autoridade administrativa anular naturalização já concedida por fraude, *não foi recepcionado* pela CF/88, que previu somente a ação judicial para cancelamento da naturalização. Com fundamento distinto, a Ministra Cármen Lúcia entendeu que não era caso de *não recepção*, pois a CF/88 previu a ação de cancelamento de naturalização para hipótese diversa (atividade nociva) e não para a ocorrência de fraude. Contudo, a Ministra Cármen Lúcia considerou que o art. 112, § 3º (que estabeleceu a atribuição administrativa do Ministro de Estado da Justiça para cancelar a naturalização por fraude), foi *revogado* pela Convenção da ONU para a Redução dos Casos de Apatridia, de 1961, de hierarquia supralegal (por ser um tratado de direitos humanos), cujo art. 8º, § 4º, exige que a privação da nacionalidade seja feita por "tribunal ou órgão independente", o que impede o cancelamento meramente administrativo da naturalização (STF, RMS 27.840, rel. p/ o ac. Min. Marco Aurélio, j. 7-2-2013, Plenário, *DJe* de 27-8-2013).

47.4. Quase nacionalidade

O art. 12, § 1º, da CF/88 prevê que os (i) portugueses, com (ii) residência permanente e (iii) se houver reciprocidade, terão os mesmos direitos atribuídos ao brasileiro. Assim, só não terá os direitos do *brasileiro nato* (ver abaixo o tratamento diferenciado entre o brasileiro nato e o naturalizado).

O Tratado de Amizade, Cooperação e Consulta, entre a República Federativa do Brasil e a República Portuguesa, celebrado em Porto Seguro em 22 de abril de 2000 (Decreto de Promulgação n. 3.927/2001) concretiza esse "Estatuto da Igualdade", que, pelo seu alcance previsto na CF/88, é uma *quase nacionalidade*.

Em linhas gerais, ficou estabelecido que os brasileiros em Portugal e os portugueses no Brasil, beneficiários do Estatuto da Igualdade, gozarão dos mesmos direitos e estarão sujeitos aos mesmos deveres dos nacionais desses Estados (art. 12 do Tratado).

Esse estatuto de igualdade será atribuído mediante decisão do Ministério da Justiça, no Brasil, e do Ministério da Administração Interna, em Portugal, aos brasileiros e portugueses que o requeiram, desde que civilmente capazes e com *residência habitual* no país em que ele é requerido (igualdade ordinária ou para fins civis). Já quanto ao exercício de direitos políticos (igualdade qualificada), o gozo de direitos políticos por brasileiros em Portugal e por portugueses no Brasil só será reconhecido aos que tiverem *três* anos de residência habitual e depende de requerimento à autoridade competente.

---

[237] Nesse sentido, DOLINGER, Jacob. *Direito internacional privado*. 10. ed. Rio de Janeiro: GEN/Método, 2012, p. 66-67.

[238] "Art. 112. (...) § 2ª Verificada, a qualquer tempo, a falsidade ideológica ou material de qualquer dos requisitos exigidos neste artigo ou nos arts. 113 e 114 desta Lei, será declarado nulo o ato de naturalização sem prejuízo da ação penal cabível pela infração cometida. § 3ª A declaração de nulidade a que se refere o parágrafo anterior processar-se-á administrativamente, no Ministério da Justiça, de ofício ou mediante representação fundamentada, concedido ao naturalizado, para defesa, o prazo de quinze dias, contados da notificação."

Assim, o Estatuto da Igualdade *não* é automático, pois depende de requerimento do interessado (direito personalíssimo), residência habitual e adequado consentimento do Estado (procedimento administrativo). Para o STF, "a norma inscrita no art. 12, § 1º, da CR – que contempla, em seu texto, hipótese excepcional de quase nacionalidade – não opera de modo imediato, seja quanto ao seu conteúdo eficacial, seja no que se refere a todas as consequências jurídicas que dela derivam, pois, para incidir, além de supor o pronunciamento aquiescente do Estado brasileiro, fundado em sua própria soberania, depende, ainda, de requerimento do súdito português interessado, a quem se impõe, para tal efeito, a obrigação de preencher os requisitos estipulados pela Convenção sobre Igualdade de Direitos e Deveres entre brasileiros e portugueses" (Extr 890, rel. Min. Celso de Mello, j. 5-8-2004, Primeira Turma, *DJ* de 28-10-2004).

A *igualdade qualificada* (exercício de direitos políticos) não abrange as pessoas que, no Estado da nacionalidade, houverem sido privadas de direitos equivalentes. Ademais, o exercício de direitos políticos no Estado de residência importa na suspensão do exercício dos mesmos direitos no Estado da nacionalidade.

Esse Estatuto da Igualdade qualificado fornece elegibilidade ao português para *quase* todos os cargos eletivos no Brasil, com as exceções do de Presidente ou Vice-Presidente da República, que são privativos dos brasileiros natos. Eleito deputado federal ou senador, contudo, o português *não* poderá ser Presidente da Câmara ou do Senado Federal, também porque são cargos privativos do brasileiro nato.

Também ficou estabelecido no Tratado que os brasileiros e portugueses beneficiários do Estatuto da Igualdade ficam submetidos à lei penal do Estado de residência nas mesmas condições em que os respectivos nacionais e *não* estão sujeitos à extradição, salvo se requerida pelo Governo do Estado da nacionalidade. Com isso, os portugueses gozando da igualdade ordinária ou qualificada no Brasil só podem ser extraditados para Portugal.

A titularidade do Estatuto da Igualdade por brasileiros em Portugal e por portugueses no Brasil não implicará em perda das nacionalidades originárias. O término do Estatuto da Igualdade dá-se pela (i) perda, pelo beneficiário, da sua nacionalidade ou com a (ii) cessação da autorização de permanência no território do Estado de residência.

47.5. Diferença de tratamento entre brasileiros natos e naturalizados

A nacionalidade originária possui tratamento jurídico diferenciado da nacionalidade secundária, de acordo com a CF/88. Essa opção constitucional é questionável, pois faz tratamento diferenciado por origem com base em sentimento de desconfiança.

São as seguintes as hipóteses constitucionais de tratamento privilegiado ao brasileiro nato:

1) **Cargos privativos dos brasileiros natos (art. 12, § 3º, da CF/88)**. Há dois tipos de cargos privativos dos brasileiros natos: (i) por motivo de linha sucessória na Chefia do Estado e (ii) por segurança nacional. Por motivo de linha sucessória, são privativos de brasileiro nato os seguintes *cinco cargos*: Presidente da República, Vice-Presidente da República, Presidente da Câmara dos Deputados, Presidente do Senado Federal e Ministro do STF (a presidência do STF, que entra na linha sucessória da Chefia do Estado no Brasil, pode ser ocupada por qualquer Ministro). Por motivo de segurança nacional, são privativos de brasileiro nato três cargos: membro da carreira diplomática, oficial das Forças Armadas e Ministro do Estado da Defesa.

2) **Função (art. 89, VII, da CF/88)**. O Conselho da República é órgão de consulta do Presidente da República, devendo se pronunciar sobre a intervenção federal, estado de defesa e estado de sítio, bem como as questões relevantes para a estabilidade das instituições democráticas (art. 90 da CF/88, regulado pela Lei n. 8.041/90). Possui *seis* membros reservados a brasileiros natos.

3) **Extradição (art. 5º, LI, da CF/88)**. O tema já foi estudado na análise da extradição.

4) **Direito de propriedade (art. 222 da CF/88)**. A propriedade de empresa jornalística e de radiodifusão sonora e de sons e imagens é privativa de brasileiros natos ou naturalizados *há mais de dez anos*, ou de pessoas jurídicas constituídas sob as leis brasileiras e que tenham sede no País. Em qualquer caso, pelo menos 70% do capital total e do capital votante das empresas jornalísticas e de radiodifusão sonora e de sons e imagens deverão pertencer, direta ou indiretamente, a brasileiros natos ou naturalizados *há mais de dez anos*, que exercerão obrigatoriamente a gestão das atividades e estabelecerão o conteúdo da programação (redação dada pela EC 36/2002). Há, então, exigência de lapso temporal (10 anos de naturalização) para que o brasileiro naturalizado possa ser equiparado ao nato na propriedade de empresa jornalística e de radiodifusão sonora (rádio) e sons e imagens (televisão).

5) **Perda da nacionalidade por atividade nociva ao interesse nacional (art. 12, § 4º, da CF/88)**. Só o brasileiro naturalizado pode perder sua nacionalidade pela prática de "atividade nociva ao interesse nacional" – *vide* abaixo a crítica a essa previsão constitucional).

47.6. Perda e renúncia ao direito à nacionalidade. A EC n. 131/2023 da prevalência da nacionalidade e a polipatria

Com a promulgação da Emenda Constitucional n. 131 em 3 de outubro de 2023, foi estabelecido um novo § 4º do art. 12, o qual – sucintamente – determina que será declarada a perda da nacionalidade do brasileiro que: (i) tiver cancelada sua naturalização, por *sentença judicial*, em virtude de a) fraude relacionada ao processo de naturalização (perda por fraude) ou b) de atentado contra a ordem constitucional e o Estado Democrático (perda punição); (ii) fizer pedido expresso de perda da nacionalidade brasileira (perda renúncia) perante autoridade brasileira competente (atualmente o Ministério da Justiça e Segurança Pública), ressalvadas situações que acarretem apatridia. Foi ainda criado um § 5º, pelo qual a renúncia da nacionalidade *não impede* o interessado de readquirir sua nacionalidade brasileira originária, nos termos da lei.

A PEC aprovada tramitou inicialmente no Senado Federal (PEC n. 6/2018 – texto de autoria do Senador Antonio Anastasia, hoje Ministro do Tribunal de Contas da União), tendo sido motivada pela instauração de *ofício*, de processo administrativo pelo Ministério da Justiça de perda da nacionalidade brasileira decorrente da aquisição de nacionalidade estrangeira, fora das exceções do texto constitucional então vigente. O "Caso Cláudia Hoerig" (estudado abaixo) foi expressamente citado pelo Sen. Anastasia, que destacou *não ser usual* a abertura de ofício do processo administrativo de perda da nacionalidade, o que poderia gerar insegurança jurídica aos brasileiros naturalizados.

Antes da EC n. 131/2023, a perda da nacionalidade era prevista em duas hipóteses constitucionais (art. 12, § 4º, da CF/88): (i) cancelamento da naturalização por sentença judicial em virtude de *atividade nociva ao interesse nacional* (perda por punição) ou ainda fruto da aquisição de outra nacionalidade por naturalização voluntária (perda por aquisição ou perda por mudança). A EC modificou tanto a *perda por punição* (mudança radical de seus fundamentos) quanto a perda por aquisição (agora eliminada), restringindo sobremaneira a possibilidade de perda da nacionalidade brasileira. É, assim, uma "Emenda Constitucional da Preservação da Nacionalidade" (e também uma "Emenda da Polipatria"), que não repudia a polipatria e ainda restringe o cancelamento – por sentença judicial – da naturalização de um indivíduo.

Na *perda por punição*, a CF/88 na sua redação revogada não estipulava o que deveria ser considerado "atividade nociva ao interesse nacional" realizada pelo brasileiro naturalizado. A nova Lei de Migração desperdiçou a oportunidade de esclarecer esse conceito indeterminado, tendo apenas mencionado que deve ser levado em consideração o risco de geração de situação de apatridia (art. 75, § 4º). Em 2013, o Tribunal Regional Federal da 3ª Região confirmou a perda da nacionalidade de brasileira naturalizada (de origem chinesa), cuja atividade nociva foi a prática de crimes previstos nos arts. 297 do CP (falsificação de documento público) e 125, XII (introduzir estrangeiro clandestinamente ou ocultar clandestino ou irregular), do então vigente Estatuto do Estrangeiro (Lei n. 6.815/80)[239].

Depois da EC n. 131, a ação só poderá ser proposta contra o brasileiro naturalizado (i) em caso de fraude relacionada ao processo de naturalização ou (ii) atentado contra a ordem constitucional e o Estado Democrático. Apesar de não constar da nova redação do § 4º do art. 12, entendo que o cancelamento não pode ocorrer se gerar apatridia. Essa "proibição da criação da apatridia" compõe o núcleo essencial do direito à nacionalidade, sendo compatível com a Convenção da ONU para a Redução dos Casos de Apatridia (1961 – já ratificada e incorporada internamente), que determina que os Estados não podem privar uma pessoa de sua nacionalidade se essa privação a converter em apátrida (art. 8º, § 1º).

A EC n. 131 só determinou efetivamente uma única hipótese de perda punição, que é o atentado contra a ordem constitucional e o Estado Democrático. A perda por fraude é, na verdade, corolário lógico da situação criada pelo ardil: sem a fraude, não teria se naturalizado, ou seja, nunca foi brasileiro.

A ação de perda da nacionalidade é privativa do Ministério Público Federal (art. 6º, IX, da LC n. 75/93) e é proposta na Justiça Federal (na subseção do domicílio do réu), tendo a sentença efeito *ex tunc* no caso de fraude (não possuía os requisitos, ou seja, não poderia ter sido considerado naturalizado) e *ex nunc* na segunda hipótese (nesse caso, é perda punição).

Não há mais a hipótese de perda da nacionalidade brasileira por *aquisição de nacionalidade estrangeira*: a nova redação do § 4º tem como padrão a *aceitação da polipatria*. A redação revogada estipulava tal perda (a *perda por aquisição*; também chamada *perda mudança*) com duas exceções: no caso de a aquisição de nacionalidade estrangeira tivesse sido (i) fruto do reconhecimento de nacionalidade originária ou, ainda, no caso (ii) "de imposição de naturalização, pela norma estrangeira, ao brasileiro residente em Estado estrangeiro, como condição para permanência em seu território ou para o exercício de direitos civis" (redação do ora revogado art. 12, § 4º, II, *b*).

A supressão da hipótese de *perda por aquisição* foi objetivo expressamente mencionado no parecer da relatora da PEC na Câmara dos Deputados, Deputada Bia Kicis, para quem tinha chegado o momento de "repensar a situação dos brasileiros que, em razão das circunstâncias da vida, deixaram o Brasil em busca de um futuro mais promissor para si e seus filhos, e que, no curso de sua estada no exterior, adquiriram a nacionalidade do país de domicílio, por conveniência ou necessidade". De modo assertivo, a relatora sustentou que "não há sentido valer-se do texto constitucional como instrumento para 'evitar' casos de polipatria".

Pode-se, é claro, renunciar à nacionalidade brasileira (*perda renúncia*; direito à autoexpatriação). Nessa hipótese, a EC n. 131 preservou a autonomia do indivíduo, com a exceção em que tal renúncia acarrete apatridia. A previsão de aceitação da renúncia à nacionalidade brasileira (caso não gere apatridia) cumpre o disposto no art. XV.2 da Declaração Universal dos Direitos Humanos ("Ninguém será arbitrariamente privado de sua nacionalidade, nem do *direito de mudar* de nacionalidade") e no art. 20.3 da Convenção Americana de Direitos Humanos ("3. A ninguém se deve privar arbitrariamente de sua nacionalidade, *nem do direito de mudá-la*). Assim, a renúncia à nacionalidade brasileira é agora *direito explícito e não mais somente direito decorrente implícito* amparado no art. 5º, § 2º, da CF/88. A liberdade de renunciar à nacionalidade

---

[239] Consta da ementa do acórdão: "A naturalizada se utilizou de sua condição de brasileira para abrigar no país, em condições subumanas, chineses em situação irregular, explorando o sofrimento alheio com intuito de lucro, atividade esta nociva ao interesse nacional" (TRF da 3ª Região, ApCv 0016348-97.2006.4.03.6100/SP, rel. Desa. Federal Marli Ferreira, j. 21-6-2013).

deve ser respeitada (em nome da autonomia inerente à dignidade humana), só podendo ser afastada caso gere apatridia, a qual é uma situação que acarreta riscos de vulneração de direitos.

Mesmo antes da "Emenda Constitucional da Preservação da Nacionalidade", houve casos nos quais o Ministério da Justiça aceitou a renúncia, na hipótese do interessado ter provado a existência de outra nacionalidade. Nesses casos, a renúncia à nacionalidade brasileira é feita, em geral, em virtude do interesse do indivíduo em obter cargo ou função em Estado estrangeiro que não admite a polipatria para seus ocupantes[240].

Já houve também precedente judicial a favor da renúncia, considerando-a direito individual, em caso no qual o indivíduo já detinha outra nacionalidade. No caso concreto, o interessado propôs ação declaratória de renúncia à nacionalidade brasileira, para gozar, de forma plena, os direitos e prerrogativas titularizadas por aquele que detém somente a nacionalidade norte-americana. Assim, se o próprio interessado quer abdicar de sua nacionalidade, tendo já outra, nada pode o Estado fazer contra seu anseio[241].

A perda de nacionalidade brasileira pela renúncia será efetivada após publicação de decreto do Ministro da Justiça (por delegação do Presidente da República) no *Diário Oficial da União* (*DOU*).

Finalmente, o novo § 5º do art. 12 estabelece que a renúncia não impede o interessado de readquirir sua nacionalidade brasileira originária, nos termos da lei. Nesse sentido, a Lei n. 13.445/2017 previu que o brasileiro que houver perdido a nacionalidade, *uma vez cessada a causa*, poderá (i) readquiri-la ou (ii) ter o ato que declarou a perda revogado, na forma definida pelo órgão competente do Poder Executivo (art. 76).

A "cessação da causa" consiste, agora, na *desistência* da renúncia à nacionalidade brasileira. O indivíduo readquire a nacionalidade da mesma espécie da que possuía antes da perda. Por exemplo, se era brasileiro nato, readquire tal condição. Essa interpretação leva em consideração ser a nacionalidade um *direito essencial*, não devendo ser restringido pelo modo pelo qual o indivíduo readquire, novamente, a condição de nacional brasileiro.

Essa consagração da polipatria como padrão do direito à nacionalidade (e não mais como fruto de exceções estabelecidas) foi influência de recentes casos concretos. Em 2016, no "Caso Cláudia Hoerig", o Supremo Tribunal Federal reconheceu a perda da nacionalidade originária brasileira pela aquisição da nacionalidade derivada norte-americana, uma vez que tal naturalização não teria sido imposta como "condição de permanência no território" ou para o "exercício de direitos civis". No caso, a pessoa já possuía o "green card" (residência permanente, com direito ao trabalho) e, após, havia solicitado a naturalização nos Estados Unidos. Ao sofrer processo administrativo no Ministério da Justiça de perda da nacionalidade originária brasileira, alegou que havia se naturalizado para obter também os direitos políticos (votar e ser votada) e que nunca havia tido a intenção de perder a nacionalidade brasileira. Na análise do mandado de segurança contra a edição da portaria de perda da nacionalidade originária, o Min. Barroso (relator) levou em consideração: (i) a existência da autorização de residência permanente (mostrando a desnecessidade da naturalização para os fins do permissivo constitucional da época); (ii) o juramento feito pela impetrante de lealdade aos Estados Unidos (o conteúdo consta do

---

[240] Conferir o Parecer Conjur/CGDI n. 022/2010 da Consultoria Jurídica do Ministério das Relações Exteriores, de 13 de janeiro de 2010, bem como a Portaria n. 3.166, de 10 de dezembro de 2012 do Ministro de Estado da Justiça, que gerou a perda da nacionalidade de renunciante (que havia comprovado ter a nacionalidade norte-americana, ou seja, sem risco de apatridia).

[241] TRF-2, Apelação Cível n. 2005.50.02.000411-9, rel. Des. Federal Raldênio Bonifacio Costa, j. 16-6-2009, *DJU* 19-6-2009, p. 305.

voto: "recuso qualquer lealdade e fidelidade a qualquer principado, potestado, estado ou soberania estrangeiros a quem ou ao qual eu tenha anteriormente sido um cidadão ou sujeito de direito"); e (iii) ausência de embasamento constitucional da alegação da interessada sobre seu próprio desejo íntimo de querer manter a nacionalidade brasileira, mesmo jurando lealdade aos Estados Unidos (como se fosse uma "reserva mental"). Considerou, então, o Ministro relator que a perda da nacionalidade brasileira havia sido realizada "com observância do disposto nos arts. 5º, LV, da CF; 23, da Lei n. 818/49; e nas normas que regulam o processo administrativo federal, Lei n. 9.784/99, porquanto fundamentado em previsão constitucional expressa, qual seja, a aquisição de outra nacionalidade, sem a subsunção a uma das exceções constitucionalmente previstas (art. 12, § 4º, II, alíneas *a* e *b*)" (STF, Mandado de Segurança n. 33.864/DF, rel. Min. Roberto Barroso, j. 19-4-2016).

Em síntese, em boa hora a EC n. 131. No caso da perda punição, restringiu-se ao máximo a possibilidade de cancelamento da naturalização, substituindo-se o indeterminado conceito (gerador de insegurança jurídica) "atividade nociva ao interesse nacional" pelo mais preciso "atentado contra a ordem constitucional e o Estado Democrático". Mas, apesar do avanço, entendo que o melhor teria sido a eliminação pura e simples da hipótese. Há resposta penal aos que atentaram contra a ordem constitucional e o Estado Democrático, não sendo necessária a perda da nacionalidade. Manteve-se a desigualdade injustificável entre os brasileiros naturalizados e os brasileiros natos, pois estes últimos, caso atentem contra a ordem constitucional, sofrerão as consequências penais, mas manterão a nacionalidade brasileira.

Por fim, com a EC n. 131 a polipatria não é mais um mal a ser evitado ou, no máximo, tolerado em hipóteses cuidadosamente previstas e sujeitas a escrutínio administrativo ou judicial. Agora, um brasileiro que se naturaliza no exterior, por qualquer motivo (por necessidade econômica, sentimento de pertença a outro país, afeto, gratidão, etc.) não perde a nacionalidade brasileira. Não há mais hipótese de "polipatria proibida".

Reconfigura-se, de modo acertado, a visão brasileira sobre a polipatria. Ao se aceitar a naturalização por qualquer motivo, atualiza-se o regime jurídico da nacionalidade, que não é mais vista como uma relação de lealdade (e por isso *quase* sempre exclusiva), mas sim como uma relação de afeto e apreço, que admite uma multiplicidade de vínculos. Consolida-se uma visão *pro persona* da nacionalidade, não mais admitindo-se uma espécie de retaliação aos que adquiriram outra nacionalidade.

Em nome da igualdade e por ter instituído uma visão *pro persona* da nacionalidade, a EC n. 131 deve *retroagir*. Anteriormente, havia severa punição (perda da nacionalidade) por atos que, hoje, são considerados irrelevantes. O princípio da retroatividade da lei penal mais benigna é passível de ser invocado na temática da "perda da nacionalidade", pois se trata da mesma lógica: um ato deixou de ser considerado típico para fins de imposição de determinada sanção, devendo ser preservada a igualdade entre aqueles que cometeram no passado tal ato e os que cometeram o ato no presente.

No caso da antiga punição por "atividade nociva ao interesse nacional", eventuais ações em trâmite devem se adequar à nova hipótese (atentado contra a ordem constitucional e o Estado Democrático) ou por fraude no processo de naturalização. Caso já tenha existido o trânsito em julgado da ação de cancelamento, cabe a reaquisição – pois cessada a causa – do estatuto de brasileiro naturalizado.

No caso da polipatria proibida, todos os brasileiros que se naturalizaram no passado não podem mais ter sua situação escrutinada à luz dos comandos constitucionais revogados. Dito de outro modo, mesmo que tenham se naturalizado desrespeitando as exceções da época, a igualdade entre os brasileiros exige que a (generosa) nova visão constitucional sobre a polipatria também os atinja, não podendo ser mais instaurado processo administrativo de ofício. Caso existam tais processos administrativos em trâmite, devem ser extintos pela perda superveniente do objeto. Também, em nome da igualdade, merecem revisão os casos daqueles que perderam a nacionalidade brasileira no passado por polipatria proibida, que já não existe, podendo requerer a reaquisição no mesmo estatuto original (brasileiro nato ou brasileiro naturalizado, a depender da situação original).

48. DIREITOS POLÍTICOS

48.1. Conceito: o direito à democracia

Os direitos políticos consistem no conjunto de faculdades e prerrogativas que assegura a participação do indivíduo na formação da vontade do poder. Na teoria dos *status* de Jellinek, os direitos políticos representam o "*status*" ativo (*status activus*), abarcando os direitos (i) de votar e (ii) ser votado nos casos dos cargos e funções eletivas, (iii) de fiscalizar a ação do poder, (iv) de representar para provocar a ação do poder, (v) de participar do procedimento de tomada de decisão por parte do poder (iniciativa popular de leis ou ainda participação em audiências públicas etc.) e (vi) de aceder aos cargos em órgãos públicos (direito de nomeação aos cargos públicos, já abordado anteriormente).

A cidadania consiste na faculdade de exercício dos direitos políticos: o cidadão é aquele que exerce direitos políticos, sendo, em geral, o nacional de um Estado. No caso brasileiro, há "quase nacionalidade", que consiste no estatuto da igualdade dos portugueses com a situação jurídica de brasileiro naturalizado, permitindo o exercício de direitos políticos para aquele português que obtém a igualdade de direitos. No caso do direito de votar e ser votado, o nacional português na situação de igualdade de direitos políticos pode concorrer aos cargos eletivos que não são privativos de brasileiros natos.

Por sua vez, o regime político pode ser definido, de *modo amplo*, como sendo o "conjunto das instituições que regulam a luta pelo poder e o seu exercício"[242]. De *modo restrito*, o regime político consiste no conjunto de meios pelos quais são escolhidos os governantes. Na história, foram adotados diferentes regimes políticos, que podem ser classificados, como ensina Bobbio, na contraposição entre, de um lado, os regimes políticos apoiados na soberania popular e, de outro, os que se apoiam na soberania do príncipe (que transmitia o poder, eventualmente, por delegação)[243].

Sob o ângulo da promoção dos direitos humanos, o regime político que adota uma gramática de direitos é o *regime democrático*, que se pauta, em linhas gerais, na prevalência da vontade da maioria na escolha dos governantes e na tomada das decisões do Poder Público.

É possível distinguir dois conceitos de democracia: a *democracia formal ou procedimental* e a *democracia material ou substancial*. A *democracia formal* consiste no conjunto de regras e procedimentos que assegura o exercício do poder como reflexo da vontade da maioria de determinada sociedade, sem que se leve em consideração o conteúdo das decisões tomadas. A *democracia material ou substancial* agrega, além da democracia formal, o objetivo de preservação de direitos humanos e a obtenção da igualdade e justiça social. De acordo com o voto do Min. Barroso, no caso do uso de banheiros por transexuais, "A democracia não é apenas a circunstância formal do governo da maioria. Ela tem também uma dimensão substantiva que envolve a proteção dos direitos fundamentais de todos, inclusive e sobretudo das minorias. É por essa

---

[242] LEVI, Luca. Regime político. In: BOBBIO, Norberto; PASQUINO, Gianfranco (Orgs.). *Dicionário de política*. 4. ed. Trad. Carmen Varrialle et al., Brasília: Ed. UnB, 1992, p. 1081.

[243] BOBBIO, Norberto. Democracia. In: BOBBIO, Norberto; PASQUINO, Gianfranco (Orgs.). *Dicionário de política*. 4. ed. Trad. Carmen Varrialle et al., Brasília: Ed. UnB, 1992, p. 339.

razão que se houver oito cristãos e dois budistas em uma sala, os cristãos não podem deliberar jogar os budistas pela janela. *As maiorias não podem tudo*" (STF, voto do Min. Roberto Barroso, Recurso Extraordinário 845.779/SC. Em 2024, o STF negou seguimento ao RE, vencidos os Ministros Luís Roberto Barroso, Edson Fachin e Cármen Lúcia – Relator para o acórdão Min. Fux, Plenário, 6-6-2024).

No plano nacional, os traços fundamentais da democracia contemporânea foram trazidos pelo constitucionalismo, inicialmente na forma de democracia formal ou procedimental (também chamada democracia liberal). As primeiras declarações de direitos das revoluções liberais mencionaram direitos políticos, voltados à participação do indivíduo na formação da vontade do poder, em claro antagonismo ao Estado absolutista então vigente.

Nesse sentido, o artigo VI da "Declaração de Direitos do Bom Povo da Virgínia", de 12 de junho de 1776, dispunha que "as eleições de representantes do povo em assembleia devem ser livres, e que todos os homens que deem provas suficientes de interesse permanente pela comunidade, e de vinculação com esta, tenham o *direito de sufrágio* e não possam ser submetidos à tributação nem privados de sua propriedade por razões de utilidade pública sem o seu consentimento, ou o de seus *representantes assim eleitos*, nem estejam obrigados por lei alguma a que, da mesma forma, não hajam consentido para o bem público" (grifo meu). A Declaração Francesa dos Direitos do Homem e do Cidadão, de 27 de agosto de 1789, previa, em seu art. 6º, que "a lei é expressão da vontade geral. Todos os cidadãos têm o *direito de concorrer*, pessoalmente ou através de mandatários, para a sua formação. Ela deve ser a mesma para todos, seja para proteger, seja para punir. Todos os cidadãos são iguais a seus olhos e igualmente admissíveis a todas as dignidades, lugares e empregos públicos, segundo a sua capacidade e sem outra distinção que não seja a das suas virtudes e dos seus talentos".

Assim, as primeiras declarações de direitos e as Constituições liberais da época centraram suas atenções na *democracia formal*, buscando ampliar o direito de votar e ser votado, zelando para que o processo decisório do Estado Constitucional espelhasse a vontade da maioria. Em resumo, na frase de Abraham Lincoln, a democracia é o "o governo do povo, pelo povo, para o povo"[244].

A passagem para a *democracia material ou substancial* foi fruto da transformação do Estado Constitucional, com a adoção com graus e intensidades diversos de Constituições do bem-estar social, nas quais o Estado deve promover a igualdade e a justiça social. Não basta, então, o "como" são escolhidos os governantes, mas também é relevante saber "quais" são as decisões adotadas.

No plano internacional, há, desde a Declaração Universal dos Direitos Humanos (1948), uma *relação simbiótica* entre democracia e a proteção de direitos humanos. Inicialmente, foram consagrados internacionalmente os direitos políticos e a democracia formal: o artigo XXI da DUDH dispõe: "1. Toda pessoa tem o direito de tomar parte no governo de seu país, diretamente ou por intermédio de representantes livremente escolhidos. 2. Toda pessoa tem igual direito de acesso ao serviço público do seu país. 3. A *vontade do povo* será a *base da autoridade do governo*; esta vontade será expressa em *eleições periódicas e legítimas*, por sufrágio universal, por voto secreto ou processo equivalente que assegure a liberdade de voto".

No mesmo sentido, o artigo 25 do Pacto Internacional sobre Direitos Civis e Políticos estipula que "Todo cidadão terá o direito e a possibilidade, sem qualquer das formas de discriminação mencionadas no artigo 2 e sem *restrições infundadas*: a) de participar da condução dos assuntos

---

[244] Discurso de poucos minutos feito pelo Presidente norte-americano Lincoln, em Gettysburg, Pennsylvania, em novembro de 1863, poucos meses depois da Batalha de Gettysburg, que envolveu 160 mil homens e que pavimentou a vitória da União contra os confederados na sangrenta Guerra Civil norte-americana (1861-1865). No original, "that government of the people, by the people, for the people, shall not perish from the Earth" (Abraham Lincoln, The Gettysburg Address).

públicos, diretamente ou por meio de representantes livremente escolhidos; b) de votar e de ser eleito em eleições periódicas, autênticas, realizadas por sufrágio universal e igualitário e por voto secreto, que garantam a manifestação da vontade dos eleitores; c) de ter acesso em condições gerais de igualdade, às funções públicas de seu país".

Em 1993, a Declaração e Programa de Ação da II Conferência Mundial da ONU de Direitos Humanos (Conferência de Viena) estabeleceu que democracia, desenvolvimento e respeito aos direitos humanos são conceitos *interdependentes* que se *reforçam mutuamente* (item 8). Na Declaração de Viena definiu-se democracia como sendo aquele regime político baseado na vontade livremente expressa pelo povo de (i) determinar seus próprios sistemas políticos, econômicos, sociais e culturais e (ii) em sua plena participação em todos os aspectos de suas vidas. Assim, o binômio *autodeterminação popular* e *plenitude da participação* são facetas decisivas para a caracterização da democracia, de acordo com a Declaração de Viena.

Com o fim da Guerra Fria, o apoio a ditaduras pelos blocos antagonistas (bloco capitalista e bloco comunista) foi desaparecendo, permitindo a consolidação do reconhecimento internacional da simbiose entre direitos humanos e democracia.

Em 2000, a (hoje extinta) Comissão de Direitos Humanos da ONU adotou a Resolução n. 47, que estipulou os seguintes *elementos essenciais* para a existência da democracia em um Estado, a saber: (i) acesso e exercício do poder de acordo com o Estado de Direito (*rule of law*); (ii) realização de eleições periódicas e justas, pelo sufrágio universal e secreto, assegurando-se a livre manifestação da vontade popular; (iii) pluralismo partidário; (iv) separação de poderes; (v) independência do Poder Judiciário; (vi) transparência e responsabilização do Poder Público; e (vii) liberdade de informação e expressão jornalística.

Em 2001, a Carta Democrática Interamericana da Organização dos Estados Americanos (OEA) estabeleceu que são elementos essenciais da democracia representativa, entre outros: (i) o respeito aos direitos humanos; (ii) o acesso ao poder e seu exercício com sujeição ao Estado de Direito; (iii) a celebração de eleições periódicas, livres, justas e baseadas no sufrágio universal e secreto como expressão da soberania do povo; (iv) o regime pluralista de partidos e organizações políticas; e (v) a separação e independência dos poderes públicos (art. 3º da Carta).

Em 2012, o Conselho de Direitos Humanos da ONU (que substituiu a extinta Comissão de Direitos Humanos) adotou a Resolução n. 19/36, denominada "Direitos Humanos, Democracia e Estado de Direito", pela qual se reafirmou que o respeito aos direitos humanos e a preservação da democracia são interdependentes e se reforçam mutuamente. Nessa linha, em 2015, a Resolução n. 28/14 do mesmo Conselho de Direitos Humanos estabeleceu um fórum sobre direitos humanos, democracia e Estado de Direito, que visa discutir medidas para o fortalecimento dos direitos humanos e as democracias no século XXI.

O regime democrático não pode ser assim definido sem a proteção de direitos humanos; por sua vez, os direitos humanos só encontram um ambiente de *promoção* em sociedades democráticas. Consequentemente, a democracia proposta no plano internacional é uma *democracia substancial ou material*, uma vez que importa o teor das decisões tomadas, que devem promover os direitos humanos, a diversidade, inclusão e igualdade de todos, mesmo os que pertencem a grupos minoritários e vulneráveis.

Fica consolidado o *direito à democracia*, que não se resume ao direito do indivíduo de participar de eleições periódicas, mas também exige que o regime democrático seja *materialmente conforme aos direitos humanos*, promovendo a sociedade inclusiva[245].

---

[245] Nesse sentido, conferir a posição da Comissão IDH sobre o golpe de Estado em Honduras de 2009, que redundou na deposição do Presidente eleito Manuel Zelaya em: <http://www.cidh.org/countryrep/honduras09eng/Chap.6.htm>. Acesso em: 9 ago. 2024.

48.2. A defesa da democracia e os atos golpistas do dia 8 de janeiro de 2023

O debate sobre a necessidade de o Estado contar com instrumentos que impeçam ataques organizados à democracia é tema atual, de abordagem indispensável neste *Curso,* voltado à defesa de direitos humanos. A existência do Estado Democrático é, como visto acima, ambiente incontornável para o florescimento dos direitos humanos.

Em diversos países, há sinais de desencanto de parte da população com as promessas não cumpridas da democracia, especialmente no tocante à implementação de direitos e melhoria das condições materiais de vida. De acordo com Piketty, a exclusão social cresce em demasia no capitalismo do século XXI e a desigualdade passa a ser problema central das sociedades contemporâneas[246], resultando em insatisfação com o Estado e os efeitos nocivos da globalização, como as inovações tecnológicas que geram perdas de emprego e a necessidade de aceitação de menor proteção trabalhista.

Tal desencanto pode ser manipulado por líderes carismáticos, que ascendem ao poder pelo voto e, depois, buscam se eternizar no governo combatendo as instituições que asseguram a rotatividade do poder por meio de eleições livres.

Nessa conjuntura, há várias formas de ataques ao Estado Democrático. Barroso destaca o *constitucionalismo abusivo,* que consiste na edição de nova constituição ou na alteração da constituição vigente, para permitir a concentração de poder e uma agenda iliberal. Caso essa agenda seja feita por meio de leis, ocorre o *legalismo autocrático,* que utiliza a produção de leis para diminuir liberdades, minando o pacto constitucional[247]. Finalmente, Vieira, Glezes e Barbosa identificam a existência de um *infralegalismo autoritário,* no qual o projeto de erosão democrática é feito por intermédio de normas infralegais e pelo ataque constante aos demais Poderes do Estado pelos mais diversos meios (na era digital, por intermédio das redes sociais e das "milícias digitais")[248].

O que une essas três formas de abuso do poder é a criação de um risco existencial à democracia, que pode redundar inclusive em ataque físico às instalações das instituições e a seus integrantes.

Em reação, a Constituição admite a incidência da *democracia militante* ou *democracia defensiva*[249], que engloba um conjunto de atos e medidas que visam combater pessoas e grupos antidemocráticos. No art. 17 da CF/88, há a exigência da defesa de direitos fundamentais por parte dos partidos políticos. Ou seja, os que utilizam os mecanismos democráticos para chegar ao poder devem estar comprometidos com a defesa de direitos. Na ADI 572, os Ministros Edson Fachin e Gilmar Mendes aludiram à *democracia militante* para justificar a condução de inquérito judicial no próprio STF (em tese, o Ministro Relator é também vítima dos ataques) e mesmo contra a vontade do Procurador-Geral da República (o promotor natural e destinatário – em tese – das investigações criminais no STF).

---

[246] PIKETTY, Thomas. *O capital no século XXI.* Trad. de Monica Baumgarten de Bolle. Rio de Janeiro: Intrínseca, 2014.

[247] STF, ADPF 622, rel. Min. Roberto Barroso, Plenário, Sessão Virtual de 19-2-2021 a 26-2-2021.

[248] VIEIRA, Oscar Vilhena; GLEZER, Rubens e BARBOSA, Ana Laura Pereira. Supremocracia e Infralegalismo Autoritário. *Novos Estudos Cebrap.* São Paulo; v.; 41, 2022, p. 591-604.

[249] Loewenstein cunhou essa expressão "democracia militante" em artigo (escrito em duas partes) de 1937, no qual ele analisa as experiências de Estados contra o fascismo emergente. LOEWENSTEIN, Karl. Militant Democracy and Fundamental Rights, Part I e II. *The American Political Science Review.* Jun. , 1937, vol. 31, n. 3 e 4 (Junho e Agosto 1937), p. 417-432 e p. 638-658.

Uma das medidas possíveis consiste na punição – sob o devido processo legal – dos intolerantes antidemocráticos, sem que seja possível a invocação da liberdade de pensamento e expressão para considerar legítimos atos antidemocráticos e agressões das mais variadas aos Poderes constituídos.

Para Sarmento, a ideia subjacente à democracia militante é similar a do combate ao discurso de ódio. Nesse último caso, a liberdade de expressão é manipulada para violar direitos, estimulando discriminação odiosa[250].

No Brasil, o ambiente de ataque ao Supremo Tribunal Federal e ao Tribunal Superior Eleitoral motivaram a instauração do "Inquérito das *Fakes News*" (Inquérito n. 4.781) e também do "Inquérito dos Atos Antidemocráticos" (Inquérito n. 4.879). Depois, em 8 de janeiro de 2023, em clara reação ao resultado das urnas das eleições presidenciais e visando destituir o novo presidente (tentativa de golpe antidemocrático), houve a invasão dos prédios do Palácio do Planalto, do Congresso Nacional e do Supremo Tribunal Federal, com depredação do patrimônio público, conforme amplamente noticiado pela imprensa nacional, bem como interrupção do tráfego nas estradas em todo o Brasil. Tudo isso com forte indício de omissão criminosa de encarregados de zelar pela ordem pública.

Para o Min. Alexandre de Moraes, tais invasões somente poderiam ocorrer com a anuência, e até participação efetiva, das autoridades competentes pela segurança pública e inteligência, uma vez que a organização das supostas manifestações era fato notório e sabido, que foi divulgado pela mídia brasileira[251].

Tais atos não podem ser confundidos com o regular exercício da liberdade de reunião, da liberdade de manifestação e da liberdade de expressão. Para o Ministro Alexandre de Moraes: "O comportamento ilegal e criminoso dos investigados não se confunde com o direito de reunião ou livre manifestação de expressão e se reveste, efetivamente, de *caráter terrorista*, com a omissão, conivência e participação dolosa de autoridades públicas (atuais e anteriores), para propagar o descumprimento e desrespeito ao resultado das Eleições Gerais de 2022, com consequente rompimento do Estado Democrático de Direito e a instalação de um regime de exceção"[252].

Esse cenário de contaminação do Estado a favor de atos antidemocráticos e de não aceitação do resultado das urnas aguça o ataque à democracia. Por isso, ficou demonstrada a necessidade de se levar em consideração a necessidade da proteção da democracia na interpretação das mais diversas facetas do ordenamento jurídico, desde o limite à liberdade de expressão, à liberdade de reunião e manifestação até a disciplina da jurisdição e seu caráter transfronteiriço.

Sedimentou-se um vetor de defesa da democracia no combate à indústria das *fake news* nas mais diversas mídias digitais, com imposição de multas, suspensões de serviço e proibição de uso das redes sociais por parte de agentes públicos ou privados. Também foram adotadas medidas de restrição ao direito de reunião e a liberdade de manifestação. Por exemplo, em 2021, o Min. Alexandre de Moraes proibiu a aproximação de investigados a um quilômetro de raio da Praça dos Três Poderes em Brasília (Inq. n. 4.879, decisão de 18-8-2021).

Esse vetor de defesa da democracia serviu também para fundamentar certa compressão do princípio acusatório no campo processual penal, vencendo possível inércia de atores importantes no processo penal (*vide* a discussão na ADPF n. 572 e o Inquérito Judicial n. 4.781).

---

[250] SARMENTO, Daniel e PONTES, João Gabriel Madeira. Democracia Militante e Imunidade Material dos Parlamentares: Limites Constitucionais aos Discursos de Deputados e Senadores. *Revista da AJURIS* – Porto Alegre, v. 47, n. 149, Dezembro, 2020, p. 67-93, em especial p. 86.

[251] Trecho de decisão do Min. Alexandre de Moraes. Decisão de 8 de janeiro de 2023. Inq. 4.879.

[252] Trecho de decisão do Min. Alexandre de Moraes. Decisão de 8 de janeiro de 2023. Inq. 4.879.

O uso dos inquéritos sob o controle do próprio Supremo Tribunal Federal para investigar fatos graves de ataques à democracia mostrou-se indispensável para a restauração democrática. As mazelas tradicionais do processo penal brasileiro (especialmente a delonga e falta de coerência nas mais diversas esferas do Poder Judiciário) gerariam forte sensação de impunidade.

Por exemplo, a concentração da persecução penal dos envolvidos no ataque de 8 de janeiro no próprio STF (mesmo que ausente qualquer prerrogativa de foro do réu) permite que, ainda em 2023, já ocorra o julgamento de dezenas de envolvidos, que, se provada a culpa, em breve cumprirão suas penas criminais, evitando-se os anos e anos de sucessivos recursos até o trânsito em julgado (*vide* o debate sobre as quatro instâncias do processo penal brasileiro e a execução provisória da pena criminal neste *Curso*).

A justificativa para tal concentração no STF é oriunda da própria fundamentação da decisão na ADPF n. 572 (rel. Min. Edson Fachin, j. 18-6-2020, vista acima neste *Curso*), que se relaciona com a excepcionalidade da situação de ataque ao STF e à democracia, o que permite a incidência do art. 43 do RISTF e o julgamento dos liberticidas naquele Tribunal.

Por sua vez, a posição singular do STF como defensor de direitos humanos e da democracia permite que seja feita a distinção entre o exercício dos direitos e seus abusos. Por isso, a suspensão de *sites* e de páginas em redes sociais, bem como a proibição de repasses financeiros aos que propagam notícias falsas ou estimulam a violência e agressão, desnaturando o conteúdo da liberdade de expressão (que não abrange "liberdade de mentir" ou "liberdade de agredir").

Como destacou Loewenstein, no seu artigo (em duas partes) publicado em 1937 e motivado expressamente pela ascensão do fascismo em vários países do mundo, as democracias pesquisadas que foram bem-sucedidas contra tentativas de implantação de ordens autocráticas *não* permaneceram inertes ("*As shown by this survey, democracy in self-defense against extremism has by no means remained inactive*")[253].

48.3. Democracia indireta ou representativa, democracia direta e democracia semidireta ou participativa

O regime democrático – que hoje é considerado o ambiente indispensável para a promoção de direitos humanos – possui diversas modalidades, que podem ser classificadas de acordo com a existência – ou não – de intermediação entre a vontade popular e a decisão a ser tomada.

A *democracia representativa ou indireta* é aquela pela qual o poder é exercido pelos representantes políticos, que defendem o interesse comum. Por sua vez, a *democracia direta* consiste na modalidade pela qual o povo exerce o poder diretamente, sem qualquer outorga de poderes a representantes. E, em um modelo misto, há ainda a *democracia semidireta ou participativa*, que é aquela que prevê a representação política e também determinados institutos de democracia direta, como o plebiscito ou o referendo.

No caso da democracia representativa, cabe ressaltar que o mandato político *difere* do instituto do mandato de direito privado, pelos seguintes aspectos: (i) alcance subjetivo, (ii) autonomia e (iii) duração.

Quanto ao *alcance subjetivo*, o mandato político é usualmente *geral*, pois as decisões do representante político vinculam não somente os seus eleitores, como ocorre no mandato privado (as decisões do mandatário vinculam apenas o mandante), mas todo o povo. Por exemplo, um deputado federal eleito por uma fração do eleitorado tomará decisões que vincularão todos os brasileiros. Quanto à *autonomia*, o mandato político é, em geral, *livre*, não podendo os mandantes (eleitores) determinar orientações vinculantes. Finalmente, quanto à duração, para que o

---

[253] LOEWENSTEIN, Karl. Militant Democracy and Fundamental Rights, Part II. *The American Political Science Review*, Jun. , 1937, vol. 31, n. 4 (agosto 1937), p. 638-658, em especial p. 656.

representante político possa exercitar sua liberdade de convicção, o mandato político é, em geral, irrevogável, contrariando a regra geral da revogabilidade do mandato de direito privado. Tais características usuais do mandato político geraram, em vários Estados, dúvidas sobre eventual distanciamento entre o representante político e o representado (povo), o que pode ser agravado em países como o Brasil, com forte influência do poder econômico e político sobre as candidaturas.

Para combater a chamada *crise da representação política*[254], alguns Estados adotaram o *mandato imperativo*, no qual constam as principais orientações que o representante eleito deve cumprir durante o mandato, e ainda o *recall,* que consiste na possibilidade de, no curso do mandato eletivo, os eleitores serem convocados para aprovar – ou não – a manutenção do representante no seu cargo. A Constituição da Venezuela possui a previsão de *recall* para todos os cargos eletivos, denominado de "referendo revocatório" (art. 72), que só pode ser utilizado uma única vez durante o mandato do representante político e deve ser convocado (i) por 20% do corpo de eleitores e (ii) somente após a metade do mandato (para que os eleitores possam ter tempo de avaliar a gestão do eleito).

No Brasil, a única fórmula utilizada para vincular representante e representado continua sendo a exigência das candidaturas serem feitas a partir da filiação a *partidos políticos* (art. 14, § 3º, V, da CF/88), que, por regras internas e conforme a lei, escolhem os candidatos. Mas, a lei deve respeitar minimamente a autonomia partidária. Por isso, o STF considerou *inconstitucional* a chamada "candidatura nata", prevista pelo art. 8º, § 1º, da Lei n. 9.504/97, pela qual o detentor de mandato eletivo teria o direito a se candidatar novamente pelo partido político em um direito à reeleição não previsto constitucionalmente (STF, ADI n. 2.530, rel. Min. Nunes Marques, j. em 18-8-2021).

É proibida a chamada "candidatura avulsa" (candidatura apartidária ou candidatura independente), ou seja, aquela que é feita sem que se exija filiação prévia a determinado partido. Contudo, o art. 23, 1, *b*, e ainda seu numeral 2 da Convenção Americana de Direitos Humanos (Pacto de São José) *não* menciona a filiação partidária como um dos fundamentos pelos quais se pode restringir a participação de candidatos em eleições. Já o art. 25 do Pacto Internacional sobre Direitos Civis e Políticos determina que todo cidadão deve ter acesso, "em condições gerais de igualdade", às funções públicas de seu país. O Comentário Geral n. 25 do Comitê de Direitos Humanos, ao interpretar esse artigo, estipula que o direito de ser votado *não* pode ser limitado pela exigência de filiação partidária (parágrafo 17). Esse teste de convencionalidade da exigência de filiação partidária foi submetido ao STF, que superou a costumeira perda de objeto do recurso extraordinário de matéria eleitoral (fruto da rapidez do processo eleitoral) e deve ainda apreciar a questão da "candidatura avulsa" (STF, RE 1.054.490-RJ, rel. Min. Roberto Barroso, reautuado para RE 1.238.853, em trâmite em agosto de 2024).

Ainda em relação à "crise da representação política", o STF, diante do risco de que políticos com denúncias *criminais* recebidas pudessem assumir a presidência da república (substitutos eventuais na linha sucessória) deferiu liminar para determinar que os substitutos eventuais do Presidente da República (art. 80 da CF/88[255]), caso ostentem a *posição de réus criminais*, fiquem *impossibilitados* de exercer o ofício de Presidente da República, permanecendo, contudo, no

---

[254] Por todos, ver BOBBIO, Norberto. *O futuro da democracia*. Trad. Marco Aurélio Nogueira. Rio de Janeiro: Paz e Terra, 1986.

[255] "Art. 80. Em caso de impedimento do Presidente e do Vice-Presidente, ou vacância dos respectivos cargos, serão sucessivamente chamados ao exercício da Presidência o Presidente da Câmara dos Deputados, o do Senado Federal e o do Supremo Tribunal Federal."

exercício dos respectivos cargos no Congresso (ADPF n. 402, rel. Min. Marco Aurelio, j. 7-12-2016).

48.4. A democracia partidária: os partidos políticos

O partido político consiste em um tipo de associação pela qual determinado grupo, unido por ideais ou interesses comuns, busca, organizadamente, receber o apoio popular necessário para a tomada do poder e implementação de seu programa de governo. Para Caggiano, trata-se de instrumento essencial à socialização política na atualidade[256]. Suas características básicas são: (i) grupo social; (ii) acervo de ideias e interesses; (iii) organização; (iv) objetivo voltado à tomada democrática do poder. O desenvolvimento do conceito de partido político é fruto da consolidação do Estado liberal nos séculos XIX e XX[257].

No Brasil, em que pese a regulação jurídica dos partidos políticos ter ocorrido na edição do Código Eleitoral de 1932[258], foi somente com a Constituição de 1946 que a temática foi constitucionalizada, tendo sido introduzida a exigência do *caráter nacional* dos partidos políticos, mostrando o novo centralismo da política brasileira, em contraposição à estadualização partidária existente na Primeira República.

Apesar da importância do partido político no exercício do poder da democracia brasileira, a Constituição de 1988 possui apenas um único artigo que trata da temática, que é o art. 17, contendo três incisos e oito parágrafos (de acordo com a redação até a EC n. 117, de 5 de abril de 2022). O *regime constitucional dos partidos políticos* pode ser sintetizado nas seguintes características:

- **Liberdade de criação, fusão, incorporação e extinção dos partidos políticos**. O art. 17, *caput*, ao estabelecer a liberdade na criação, fusão, incorporação e extinção dos partidos, impede a tutela estatal sobre o *número* de partidos que podem compor o cenário político nacional. Fica impedido o antigo bipartidarismo forçado da ditadura militar, que existiu de 1965-1979 (com dois partidos, um da situação, Aliança Renovadora Nacional – Arena, e um da oposição, o Movimento Democrático Brasileiro – MDB).
- **Autonomia**. Ficou assegurada aos partidos políticos *autonomia* para definir sua estrutura interna, organização e funcionamento e para adotar os critérios de escolha e o regime de suas coligações eleitorais e, mais recentemente, o regime de "federações", de acordo com a Constituição e as leis.
- **Limites materiais constitucionais**. Os partidos políticos devem respeito à soberania nacional, ao regime democrático, ao pluripartidarismo e aos direitos fundamentais da pessoa humana. Não está clara na legislação infraconstitucional qual deve ser a sanção ao descumprimento de tais limites materiais. Evidentemente, as sanções ao descumprimento de tais limites devem obedecer ao devido processo legal e ser proporcionais à gravidade da conduta. Na Europa, a Corte Europeia de Direitos Humanos considerou adequada a *extinção* de partidos políticos antidemocráticos, fundada na teoria do abuso do direito (a liberdade partidária não poderia gerar riscos à própria democracia)[259]. Em 1946, o Partido Comunista Brasileiro (que contava, à época, com

---

[256] CAGGIANO, Mônica Herman Salem. *Direito parlamentar e direito eleitoral*. São Paulo: Manole, 2004, p. 105.
[257] Ver SARTORI, Giovanni. *Partidos e sistemas partidários*. Trad. Waltensir Dutra. Rio de Janeiro/Brasília: Zahar Editores/Ed. UnB, 1982.
[258] Sobre os partidos políticos no Império e República Velha, ver SILVA, Virgílio Afonso da. Partidos e reforma política, *Revista Brasileira de Direito Público* (2005), p. 9-19.
[259] CARVALHO RAMOS, André de. Defesa do regime democrático e a dissolução de partidos políticos. In: CLÈVE, Clèmerson Merlin; SARLET, Ingo Wolfgang; PAGLIARINI, Alexandre Coutinho. (Orgs.). *Direitos humanos e democracia*. Rio de Janeiro: Forense, 2007, p. 157-167.

vários parlamentares) foi extinto por decisão (por maioria) do Tribunal Superior Eleitoral, por ofensa à exigência do partido político respeitar o regime democrático[260], o que não ocorreria por ser programaticamente "comunista" (TSE, Processo n. 411/412, j. 7-5-1947, relator designado para o acórdão J. A. Nogueira).

- **Limites formais constitucionais**. Os partidos devem observar os seguintes limites formais: 1) devem possuir caráter nacional; 2) não podem receber recursos financeiros de entidade ou governo estrangeiros ou de subordinação a estes; 3) devem prestar contas à Justiça Eleitoral; 4) devem possuir atuação parlamentar de acordo com a lei. Nesse caso, há diversas sanções já estabelecidas em lei ou resoluções do Tribunal Superior Eleitoral, tais como a negativa de registro (no caso de não possuir caráter nacional), desaprovação das contas com imposição de devolução ao Erário das quantias recebidas indevidamente (recebimento de recursos ilegítimos) e sanções previstas no Regimento das Casas Legislativas.

- **Registro no Tribunal Superior Eleitoral**. A supervisão da Justiça Eleitoral ficou assegurada na Constituição: os partidos políticos, após adquirirem personalidade jurídica, na forma da lei civil, registrarão seus estatutos no Tribunal Superior Eleitoral.

- **Possibilidade de dissolução**. O art. 28 da Lei n. 9.096/95 (Lei dos Partidos Políticos) regra a possibilidade do Tribunal Superior Eleitoral, após trânsito em julgado de decisão, determinar o cancelamento do registro civil e do estatuto do partido contra o qual fique provado: I – ter recebido ou estar recebendo recursos financeiros de procedência estrangeira; II – estar subordinado a entidade ou governo estrangeiros; III – não ter prestado, nos termos da lei, as devidas contas dos órgãos nacionais ao TSE; IV – que mantém organização paramilitar. Obviamente, o art. 28 reproduz as limitações da CF/88, em um ambiente de ampla defesa e contraditório. O processo de cancelamento é iniciado pelo Tribunal à vista de denúncia de qualquer eleitor, de representante de partido, ou de representação do Procurador-Geral Eleitoral.

- **Financiamento público**. Os partidos políticos têm direito a recursos do fundo partidário e acesso gratuito ao rádio e à televisão, na forma da lei.

- **Vedação da organização paramilitar**. O art. 17, § 4º, proíbe a utilização pelos partidos políticos de organização paramilitar. A organização paramilitar é aquela que imita a organização das forças armadas, com uso de uniforme, treinamento, disciplina e hierarquia similar.

- **A instituição da cláusula de barreira. Posição inicial do STF**. A cláusula de barreira, exclusão ou cláusula de desempenho consiste em norma constitucional ou legal que impede ou restringe o funcionamento parlamentar ao partido que não alcançar percentual mínimo de votos. Busca evitar a fragmentação e pulverização dos partidos, o que muitas vezes paralisa o Congresso e o enfraquece. Apesar de existir em diversos Estados democráticos estrangeiros, o art. 13 da Lei n. 9.096/95, que estabelecia o percentual de barreira de 5% dos votos (distribuídos no mínimo em 9 Estados, com no mínimo 2% dos votos em cada um deles), foi julgado *inconstitucional* por ofensa ao pluralismo político, pois seria prejudicial aos pequenos partidos. A regra previa que os partidos que não superassem esse percentual teriam perdas significativas no

---

[260] Constituição de 1946: "Art. 141. A Constituição assegura aos brasileiros e aos estrangeiros residentes no País a inviolabilidade dos direitos concernentes à vida, à liberdade, a segurança individual e à propriedade, nos termos seguintes: (...) § 13. É vedada a organização, o registro ou o funcionamento de qualquer Partido Político ou associação, cujo programa ou ação contrarie o regime democrático, baseado na pluralidade dos Partidos e na garantia dos direitos fundamentais do homem".

Congresso (por exemplo, atuação da liderança do partido em cada Casa), bem como perderiam recursos do fundo partidário e ainda restrição na propaganda partidária em rede nacional de rádio e de televisão. Para o STF, "surge conflitante com a CF lei que, em face da gradação de votos obtidos por partido político, afasta o funcionamento parlamentar e reduz, substancialmente, o tempo de propaganda partidária gratuita e a participação no rateio do Fundo Partidário" (ADI n. 1.354 e ADI n. 1.351, rel. Min. Marco Aurélio, j. 7-12-2006, Plenário, *DJ* de 30-3-2007).

- **A nova cláusula de barreira e a Emenda Constitucional n. 97, de 2017.** Em 2022, há *32 partidos registrados* no Tribunal Superior Eleitoral, com expectativa de criação de mais partidos, com pedidos de registro em andamento. A EC 97/2017 impôs cláusula de barreira (ou de desempenho), pela qual os partidos políticos só terão acesso aos recursos do fundo partidário e ao uso gratuito do rádio e televisão (o chamado "direito de antena eleitoral") caso obtenham: (i) nas eleições para a Câmara dos Deputados, no mínimo, 3% (três por cento) dos votos válidos, distribuídos em pelo menos um terço das unidades da Federação (9 unidades), com um mínimo de 2% (dois por cento) dos votos válidos em cada uma delas; ou (ii) tiverem eleito pelo menos quinze Deputados Federais distribuídos em pelo menos um terço das unidades da Federação. Há regras de *transição*, com o cumprimento *pleno* da regra *somente* na legislatura seguinte às eleições de *2030*.

- **A "Federação de Partidos" da Lei n. 14.128/2021.** A Lei n. 14.128/2021 admite a criação de "Federações Partidárias", que vem a ser uma reunião de partidos que, ao contrário das coligações, não se exaure com o término do processo eleitoral, mas deve permanecer por, ao menos, quatro anos. A federação possui as seguintes diferenças das antigas coligações em eleições proporcionais (ainda proibidas): (i) deve ter abrangência nacional (como os partidos); (ii) atuará em sintonia programática, agindo como um único partido, devendo ter programa e estatuto, bem como um órgão de direção nacional; (iii) será registrada no Tribunal Superior Eleitoral (tal qual os partidos); e (iv) o limite para criação é a data das convenções partidárias. Apesar das características de atuação nacional e unitária por no mínimo 4 anos gerar a impressão de uma "fusão temporária" de partidos, os partidos federados conservam sua identidade e autonomia. Com isso, logrou-se obter um modo de contornar as exigências da cláusula de barreira da EC n. 97 (votação mínima ou eleição de número mínimo de deputados), para que os partidos envolvidos recebam as verbas do Fundo Partidário e continuem tendo acesso ao horário eleitoral gratuito.

- **Fidelidade partidária e candidatura avulsa.** Apesar de não existir previsão expressa na Constituição, o Supremo Tribunal Federal entendeu que a proibição de candidatura avulsa (candidato não filiado a partido) e ainda o sistema eleitoral proporcional adotado no Brasil implicam ser o mandato político um *mandato do partido* (ADI n. 3.999 e ADI n. 4.086, rel. Min. Joaquim Barbosa, j. 12-11-2008, Plenário, *DJe* de 17-4-2009). Assim, o mandatário que sai do partido político *sem justa causa* deve perder o mandato, sendo convocado o suplente do partido (ou coligação, caso tenha existido – MS 30.260 e MS 30.272, rel. Min. Cármen Lúcia, j. 27-4-2011, Plenário, *DJe* de 30-8-2011). A Resolução n. 22.610/2007 do TSE e a Lei n. 9.096/95 (Lei dos Partidos Políticos) dispõem sobre as hipóteses de justa causa: a) mudança substancial ou desvio reiterado do programa partidário (foi o partido quem "traiu"); e b) grave discriminação pessoal (espécie de *bullying* partidário contra o político, que reage desfiliando-se). A Emenda Constitucional n. 111/2021 reconheceu a anuência do partido como justa causa para a manutenção do mandato do egresso. A consequência de saída sem justa causa é a perda do mandato. Em 2015, o STF determinou que a perda de mandato dos mandatários "infiéis" *não* é aplicável aos mandatos eletivos majoritários (cargos eletivos de prefeito, governador, presidente e seus respectivos vices, bem como cargo de senador), uma vez que nesse tipo de eleição o voto do eleitor é direcionado à figura do candidato (ADI n. 5.081/DF, rel. Min. Roberto Barroso, j. 27-5-2015). A EC 97/2017 criou mais uma hipótese de desfiliação sem perda do mandato, caso o mandatário (i) tenha sido eleito por partido que não superou a cláusula de desempenho (instituída pela mesma EC 97/2017); e (ii) filie-se a outro partido que a tenha atingido. Atualmente, a análise da possibilidade de "candidatura avulsa" está sob análise do STF (STF, RE 1.054.490-RJ, rel. Min. Roberto Barroso, substituído pelo RE 1.238.853, em trâmite em agosto de 2024).

- **Proibição do financiamento eleitoral por pessoas jurídicas**. Em 17 de setembro de 2015, o Supremo Tribunal Federal efetuou um *giro copernicano* no financiamento das campanhas eleitorais no Brasil: quase três décadas após a edição da CF/88, o STF considerou *inconstitucional* o financiamento (doações) feito por pessoa jurídica às campanhas eleitorais. Os dados empíricos trazidos aos autos da Ação Direta de Inconstitucionalidade (ADI) n. 4.650, promovida pelo Conselho Federal da Ordem dos Advogados do Brasil (OAB), impressionam: nas eleições de 2010, por exemplo, apenas 1% dos doadores (equivalente a 191 empresas) foi responsável por 61% do montante doado. Nas eleições de 2012 as pessoas jurídicas doaram quase 95% do montante total. Esses dados revelam que as campanhas eleitorais milionárias brasileiras são financiadas por um universo pequeno de empresas, sendo que muitas doaram para candidato da situação *e também* da oposição, mostrando inexistir perfil ideológico, somente interesses de cooptação. Por isso, no voto do relator, Ministro Fux, consta a interessante pergunta: "É salutar, à luz dos princípios democrático e republicano, a manutenção de um modelo como esse, que permite a captura do político pelos titulares do poder econômico?". De fato, a CF/88 não contém tratamento explícito quanto ao financiamento de campanhas eleitorais, mas há outros dispositivos gerais (decorrentes do Estado Democrático brasileiro) que impedem as doações de pessoas jurídicas às campanhas eleitorais. De acordo com o voto do relator, Ministro Fux, "autorizar que pessoas jurídicas participem da vida política seria, em primeiro lugar, contrário à essência do próprio regime democrático". Ao final do julgamento, *por maioria*, declarou-se inconstitucional doação às campanhas eleitorais feita por pessoas jurídicas por ofensa à igualdade, à soberania popular (pessoa jurídica não vota), ao princípio democrático e republicano da CF/88 (entre outros). Houve, consequentemente, *veto presidencial* às disposições da nova Lei n. 13.165. de 29 de setembro de 2015 (Lei da Reforma Eleitoral), que continuavam a prever doações eleitorais de pessoas jurídicas. A minirreforma eleitoral de 2017 (Leis n. 14.487/2017 e 14.488/2017) criaram o "Fundo Especial de Financiamento de Campanha" (FEFC), que é um (i) fundo público constituído por dotações orçamentárias da União; e (ii) dividido entre os partidos políticos, levando-se em consideração as bancadas de cada partido na Câmara dos Deputados e no Senado Federal, entre outros critérios.
- **Limite mínimo de 30% do "Fundão" para financiamento da campanha eleitoral de mulheres candidatas e 30% do tempo de propaganda no rádio e televisão. Limite de 5% do Fundo Partidária.** O STF decidiu, em 2018, que a distribuição de recursos do Fundo Partidário destinado ao financiamento das campanhas eleitorais deve ser feita na proporção das candidaturas de cada sexo, respeitado o patamar mínimo de 30% de candidatas mulheres para os cargos proporcionais conforme previsto no art. 10, § 3º, da Lei n. 9.504/1997 (Lei das Eleições – a chamada cota feminina, estudada

acima na análise das ações afirmativas preconizadas pela Convenção da ONU pela Eliminação de Toda Forma de Discriminação contra as Mulheres[261]). Foi considerado inconstitucional, por ofensa à igualdade, o limite de 15% do fundo partidário para financiamento da campanha eleitoral de mulheres previsto no art. 9º da Lei 13.165/2015. O STF decidiu ainda que é inconstitucional a fixação de prazo para esta regra (agora adaptada para 30%, no mínimo, do fundo partidário para as candidatas), como determinava a citada lei, e que a distribuição de recursos não discriminatória *deve perdurar* (a Lei n. 13.165/2015 mencionava limite de 3 eleições) enquanto for justificada a necessidade de composição mínima das candidaturas femininas (STF, ADI n. 5.617, rel. Min. Edson Fachin, j. 15-3-2018, P, *DJe* de 3-10-2018). Em 2022, foi aprovada a EC 117, que introduziu dois novos parágrafos (o sétimo e o oitavo) no art. 17 da CF/88 (referente a partido político). O novo § 7º do art. 17 estipula que os partidos políticos devem aplicar no mínimo 5% (cinco por cento) dos recursos do fundo partidário na criação e na manutenção de programas de promoção e difusão da participação política das *mulheres*, constitucionalizando essa ação afirmativa. Além disso, devem alocar no mínimo 30% dos valores do "Fundão" (Fundo Especial de Financiamento de Campanha) e do tempo de propaganda gratuita no rádio e na televisão às respectivas candidatas, sempre de modo proporcional ao número de candidatas (se forem mais candidatas, maior deve ser o percentual da verba e do tempo). A EC n. 117 também anistiou o descumprimento anterior das cotas previstas na legislação infraconstitucional.

- **Cota na distribuição dos recursos do FEFC e tempo de propaganda eleitoral para candidatos negros**. Em agosto de 2020, o Tribunal Superior Eleitoral decidiu que a distribuição dos (i) recursos do Fundo Especial de Financiamento de Campanha (FEFC) e do (i) tempo de propaganda eleitoral gratuita no rádio e na televisão deve ser proporcional ao total de candidatos negros que o partido apresentar para a disputa eleitoral. Trata-se de importante avanço rumo à igualdade material em um país ainda com reduzido número de políticos que se autoidentifiquem como negros. Como exemplo, nas eleições gerais de 2018, embora 47,6% dos candidatos que concorreram fossem negros, apenas 27,9% entre os eleitos se declararam negros (pretos ou pardos). Há grande *subfinanciamento* das campanhas das candidatas e dos candidatos negros. Em 2018, as mulheres negras representaram 12,9% das candidaturas, mas receberam apenas 6,7% dos recursos; os homens negros representavam 26% das candidaturas, mas receberam dos partidos apenas 16,6%. Por outro lado, os homens brancos candidatos foram sobrefinanciados (58% dos recursos contra 43% dos candidatos – dados que constam do voto do Min. Barroso). Em nome do princípio da anualidade do direito eleitoral (art. 16 da CF/88), por apertada maioria o TSE decidiu postergar a incidência dessa distribuição para as Eleições de 2022. Também o TSE negou-se a adotar cotas para as candidaturas negras (similar às candidaturas por sexo), por entender que a criação de política de ação afirmativa para ampliar a participação política de minorias não brancas (em nome da igualdade material) cabe ao Congresso Nacional (TSE, Consulta n. 0600306-47.2019.6.00.0000, rel. Min. Luís Roberto Barroso, j. de 25-8-2020).
- **Emenda Constitucional n. 111, de 28-9-2021. Ação afirmativa.** No que tange à proteção de direitos humanos, a EC n. 111/2021 traz inovações importantes: (i) estimula os partidos que lançam candidaturas mulheres ou candidatos negros para a Câmara dos Deputados por meio da contagem em dobro dos votos dados a tais candidaturas para

---

[261] *Vide* item 14 do Capítulo II da Parte II.

divisão dos recursos do Fundo Partidário e do FEFC. Ao invés de punir, premia-se os que mais se engajarem nas ações afirmativas referentes às candidaturas de mulheres e às candidaturas de negros. Não haverá "contagem em dobro", contudo (candidata mulher e negra). De acordo com a EC, tal estímulo perdura de 2022 a 2030 somente, mas há o precedente da ADI n. 5.617 citado acima, que considera esse tipo de limitação temporal inconstitucional, o que sugere que tal sanção premial seja mantida até que a desigualdade em desfavor das mulheres e dos negros na representação proporcional da Câmara dos Deputados desapareça; (ii) há previsão de incremento da "democracia direta" nos *municípios* por meio de consultas populares sobre questões locais aprovadas pelas Câmaras Municipais e encaminhadas à Justiça Eleitoral até 90 (noventa) dias antes da data das eleições *municipais* (para inserção nas urnas eletrônicas), observados os limites operacionais relativos ao número de quesitos.

Em 1995, foi aprovada a Lei n. 9.096, que consagrou a natureza de *pessoa jurídica de direito privado* dos partidos políticos, revogando a Lei n. 5.682/71 – Lei Orgânica dos Partidos Políticos, que estabelecia a natureza de pessoa jurídica de direito público, sem autonomia, com seus atos internos sujeitos à disciplina legal rígida. A criação de partidos políticos foi facilitada, de acordo com o previsto nos arts. 7º, 8º e 9º da Lei n. 9.096/95:

- 1ª etapa. **Fundação**. A proposta de criação de novo partido deve contar com: a) ao menos 101 eleitores, com domicílio eleitoral em, no mínimo, um terço dos Estados; b) programa e o estatuto do partido; c) eleição, na forma do Estatuto apresentado, dos dirigentes nacionais provisórios. Será permitida a publicação no *Diário Oficial da União*.
- 2ª etapa. **Registro Civil**. Deve ser feito o registro do partido no Cartório de Registro de Pessoa Jurídica do Distrito Federal.
- 3ª etapa. **Apoiamento**. A Comissão Provisória responsável pela formação do novo partido informa aos Tribunais Regionais Eleitorais os nomes dos responsáveis pela coleta de assinaturas do chamado "apoiamento". Com sua assinatura, o eleitor não filiado apresenta sua concordância com a criação do novo partido, mas isso não acarreta filiação ou sequer aceitação do programa. O novo partido deve coletar assinaturas na soma de, pelo menos, 0,5% dos votos dados na última eleição geral para a Câmara dos Deputados, não computados os votos em branco e os nulos, distribuídos por um terço, ou mais, dos Estados, com um mínimo de 0,1% do eleitorado que haja votado em cada um deles (§ 1º do art. 7º da Lei n. 9.096/95, alterado pela Lei n. 13.107/2015). Na atualidade, isso significa quase 500 mil votos distribuídos, como se viu anteriormente. De acordo com a prática do autor, que foi Procurador Regional Eleitoral do Estado de São Paulo (2012-2016), o apoiamento por parte de eleitores não filiados a novos partidos é a fase na qual a Justiça Eleitoral tem precária condição de aferir a autenticidade das assinaturas coletadas[262].
- 4ª etapa. **Formação estadual**. Após a obtenção do apoiamento, o partido constitui, na forma de seu estatuto, órgãos de direção municipais e regional, designando os seus dirigentes e registrando no Tribunal Regional Eleitoral respectivo.
- 5ª etapa. **Formação nacional e definitiva**. Caso obtenha a constituição em pelo menos um terço dos Estados, o Presidente do partido solicitará o registro do estatuto partidário e do respectivo órgão de direção nacional perante o Tribunal Superior

---

[262] CARVALHO RAMOS, André de. O novo e o arcaico nas manifestações da cidadania. *Revista Consultor Jurídico*. Disponível em: <http://www.conjur.com.br/2011-jul-23/arcaico-manifestacoes-cidadania-brasil>. Acesso em: 9 ago. 2024.

Eleitoral. Com o registro partidário perante o TSE, o partido agora pode participar do processo eleitoral, obter recursos do fundo partidário, ter acesso à propaganda partidária gratuita no rádio e na televisão, bem como ter direito exclusivo à denominação, número da urna eletrônica, sigla e símbolos.

48.5. Os principais institutos da democracia direta utilizados no Brasil

De acordo com o art. 14 da CF/88, a soberania popular é exercida mediante plebiscito, referendo e iniciativa popular. Assim, a regra no Brasil é a democracia representativa, aceitando-se, excepcionalmente, institutos da democracia direta, como os *plebiscitos* (arts. 14, I, 18, §§ 3º e 4º), *referendos* (art. 14, II) e *iniciativa popular de leis* (arts. 14, III, 27, § 4º, 28, XIII, e 61, § 2º).

O plebiscito e o referendo consistem em consultas formuladas ao povo para que delibere sobre matéria de acentuada relevância, de natureza constitucional, legislativa ou administrativa (art. 2º da Lei n. 9.709/98), bem como nas matérias do art. 18, § 3º, da CF/88 – incorporação, subdivisão ou desmembramento dos Estados. Nos Estados-membros, no Distrito Federal e nos Municípios, o plebiscito e o referendo são regulados pela Constituição Estadual e pela Lei Orgânica.

O plebiscito é convocado com *anterioridade* a ato legislativo ou administrativo sob análise popular, cabendo ao eleitor, pelo voto, aprovar ou denegar o que lhe tenha sido submetido. Já o referendo é convocado com *posterioridade* a ato legislativo ou administrativo sob análise popular, cumprindo ao eleitor a respectiva ratificação ou rejeição.

Em ambos os casos (plebiscito e referendo), a iniciativa de convocação é *exclusiva* do Congresso Nacional, por intermédio de decreto legislativo (art. 49, XV, da CF). Porém, nesse caso, há ainda a dificuldade adicional do quórum qualificado de um terço dos membros da Câmara dos Deputados ou do Senado para a iniciativa do projeto de decreto legislativo (art. 3º da Lei n. 9.709/98).

Assim, não há a possibilidade de convocação por meio de (i) ato do Presidente da República ou especialmente por meio de (ii) autoconvocação por coleta de número mínimo de manifestações de eleitores, o que *esvazia* tais institutos já que estes dependem justamente da autorização de ente (Congresso Nacional) que terá seus poderes legislativos impactados pela manifestação popular. Desde 1988, esses institutos foram utilizados no plano nacional somente em *duas* ocasiões: no plebiscito de 1993 e no referendo de 2005. No plebiscito de 1993, os eleitores foram chamados a escolher entre "monarquia ou república" e entre "parlamentarismo ou presidencialismo", redundando na vitória da forma de governo republicano e no sistema de governo presidencialista. Em 2005, os eleitores rejeitaram o art. 35 do Estatuto do Desarmamento (Lei n. 10.826/2003), que proibiria a comercialização de arma de fogo e munição em todo o território nacional. Foi apresentada a seguinte pergunta: *"o comércio de armas de fogo e munição deve ser proibido no Brasil?"*, tendo vencido o "não".

A *iniciativa popular* é também instituto de democracia direta e consiste no poder de apresentação direta de projetos de lei pelos eleitores. A CF/88 prevê que a iniciativa popular pode ser exercida pela apresentação à Câmara dos Deputados de projeto de lei subscrito por, no mínimo, 1% do eleitorado nacional, distribuído pelo menos por cinco Estados, com não menos de 0,3% dos eleitores de cada um deles. Atualmente, são necessárias aproximadamente 1.565.000 assinaturas (de acordo com os dados das eleições de 2022, há 156.454.011 eleitores no Brasil[263]). Apesar dos mais de 30 anos da promulgação da CF/88, *não* foi criada estrutura no Congresso Nacional para conferir as assinaturas *em cada projeto*. Adotou-se, então, fórmula alternativa

---

[263] Dados do Tribunal Superior Eleitoral de julho de 2022. Disponível em: <https://sig.tse.jus.br/ords/dwapr/r/seai/sig-eleicao-eleitorado/home?session=204614226959151>. Acesso em: 9 ago. 2024.

que foi utilizada em *todos* os casos de "iniciativa popular": o projeto de lei de iniciativa popular é assinado também por deputados federais, suprindo-se a ausência de conferência. O caso da "Lei da Ficha Limpa" (Lei Complementar n. 135/2010) é exemplar. Foram obtidas mais de 1 milhão e 600 mil assinaturas, mas *não* houve conferência. O protocolo no projeto na Câmara foi feito por meio de apoio de deputados de vários partidos. A "iniciativa popular", então, é denominação utilizada pela doutrina em face da mobilização social, mas, tecnicamente, o projeto foi de iniciativa de deputados.

Esse *paradoxo* de ser um projeto difundido como sendo de "iniciativa popular", com enorme mobilização social, mas ao mesmo tempo ser autuado na Câmara dos Deputados como sendo de iniciativa de deputados, foi questionado no Supremo Tribunal Federal. Tratou-se do caso do projeto de iniciativa popular conhecido como "10 medidas contra a corrupção", que contou com mais de dois milhões de assinaturas de eleitores, mas que foi autuado como sendo de iniciativa de deputados. Após, houve a adição de emendas e substitutivo que se *distanciaram* da intenção original, dispondo inclusive de crimes de abuso de autoridade de magistrados e membros do ministério público.

Contudo, há diferenças substanciais entre o projeto de lei iniciativa popular e um projeto de lei de iniciativa de deputados, de acordo com o próprio Regimento da Câmara dos Deputados. Os projetos de iniciativa popular: (i) não podem ser discutidos e votados nas Comissões; (ii) a sessão plenária da Câmara deve ser transformada em Comissão Geral, sob a direção do Presidente, para a discussão do projeto de lei de iniciativa popular, com a presença de orador para defendê-lo; (iii) as proposições de iniciativa popular *não* são arquivadas ao final da legislatura e (iv) *não* cabem emendas e substitutivos que *desfigurem* a proposta original.

Assim, o Min. Fux *deferiu* medida liminar em mandado de segurança, para determinar o retorno do projeto à Câmara dos Deputados, sua autuação como "projeto de iniciativa popular", bem como a observância do rito correlato previsto no Regimento Interno da Câmara dos Deputado (STF, Mandado de Segurança n. 34.530/DF, Decisão de 14-12-2016).

48.6. Os direitos políticos em espécie: o direito ao sufrágio

48.6.1. Noções gerais

O *direito ao sufrágio* consiste no direito de votar (sufrágio ativo; *jus suffragii*) e ser votado em eleições (sufrágio passivo; *jus honorum*), bem como votar em plebiscitos e referendos. Esse direito é individual, possuindo dimensão coletiva de concretização do regime democrático. Por isso, alguns Estados estabelecem ser também um dever, impondo a obrigatoriedade do voto[264].

No Brasil, há o "direito-obrigação" do sufrágio ativo: o art. 14, § 1º, dispõe que o voto é obrigatório para os maiores de 18 anos e facultativo para (a) os analfabetos, (b) os maiores de 70 anos e (c) os maiores de 16 e menores de 18 anos. Por sua vez, o Código Eleitoral determina que o eleitor que deixar de votar e não se justificar perante o juiz eleitoral até 30 dias após a realização da eleição incorrerá em multa (atualmente de R$ 3,51 por turno). O eleitor faltoso (que não votou, justificou ou pagou a multa) não poderá exercer determinados direitos até a regularização de sua situação, tais como o direito de acesso a cargo público, obtenção de passaporte, renovação de matrícula em estabelecimento de ensino oficial, obtenção de empréstimos em bancos oficiais, participação em concorrência pública ou, se for servidor público, não receberá

---

[264] Dos 193 Estados Membros da Organização das Nações Unidas, apenas 24 estabelecem o dever de votar, sendo 13 deles na América Latina. Na União Europeia, apenas a Bélgica prevê o voto obrigatório. Disponível em: <http://direito.folha.uol.com.br/uploads/2/9/6/2/2962839/cia_-_voto_obrigatrio_x_facultativo.pdf>. Acesso em: 9 ago. 2024.

seus vencimentos. Em 2004, o Tribunal Superior Eleitoral decidiu que o voto passou a ser *facultativo* às pessoas cuja deficiência torne impossível ou demasiadamente oneroso o cumprimento das obrigações eleitorais[265].

O voto é o instrumento para o exercício do direito de sufrágio ativo e é personalíssimo, ou seja, não se admite o voto por procuração. Já o escrutínio é o modo pelo qual o voto é exercido, podendo ser *público ou secreto*. O art. 14, *caput*, da CF estabelece que a soberania popular será exercida pelo sufrágio universal e pelo *voto direto e secreto* (escrutínio), com *valor igual para todos*, além de ter previsto o art. 60, § 4º, II, o voto *universal* (característica do sufrágio) e *periódico*.

No mesmo sentido, o Pacto Internacional sobre Direitos Civis e Políticos exige o *voto secreto e igualitário* (art. 25). Em resumo, no Brasil o voto é: direto, secreto (escrutínio), universal, periódico, livre, personalíssimo, igualitário. Busca-se, assim, zelar pela igualdade dos eleitores (nenhum voto terá peso diferente), pela liberdade e autenticidade de sua vontade (o voto deve ser secreto e direto) e ainda assegurar igualdade de oportunidades (o voto deve ser periódico, evitando a eternização do poder).

Excepcionalmente, admite-se no Brasil o afastamento do sigilo do voto nos casos em que o eleitor pessoa com deficiência necessitar de auxílio humano para manifestar sua vontade na urna eletrônica: tal auxiliar, que pode inclusive digitar os números na urna, não pode estar a serviço da Justiça Eleitoral, de partido, coligação ou candidato (TSE, Res. 21.819/04).

Nas eleições de 2014, foi debatida a conduta do eleitor de tirar foto do seu momento de voto na urna eletrônica (os chamados *selfies*), o que poderia ferir o sigilo do voto. Tal conduta é ilícito administrativo, regulado no art. 91 da Lei n. 9.504/97 (Lei das Eleições), mas não há sanção (flagrante omissão da lei). Do ponto de vista criminal, o art. 312 do Código Eleitoral prevê o crime de "violar ou tentar violar o sigilo do voto", mas esse tipo penal exige a intenção de atentar contra a liberdade do voto do eleitor e só seria invocável caso houvesse a intenção, por meio da foto, de colaborar com corrupção eleitoral ou outra fraude. O mero uso recreativo da *selfie*, então, não constitui crime.

De acordo com a CF/88 e os tratados de direitos humanos ratificados pelo Brasil (em especial o Pacto Internacional sobre Direitos Civis e Políticos e a Convenção Americana de Direitos Humanos), o direito ao sufrágio é *universal*, ou seja, todos os indivíduos possuem o direito ao sufrágio, ressalvadas eventuais restrições legítimas. O sufrágio *restrito* é aquele que é limitado a determinado grupo de indivíduos por razões ilegítimas, não relacionadas à autodeterminação popular, como, por exemplo, renda (sufrágio censitário), gênero (proibição do voto feminino, por exemplo) ou até mesmo capacidade (sufrágio capacitário).

Assim, o direito ao sufrágio universal não significa ausência de restrição ao direito de votar e ser votado, mas simplesmente que tais restrições devem ser legítimas em uma sociedade democrática, a qual deve buscar preservar outros direitos, como liberdade, igualdade, boa governança, entre outros. Assim, por exemplo, é possível restringir o direito de votar pela idade, uma vez que a liberdade de escolha pode não estar plenamente amadurecida. Ou, ainda, restringir o direito de ser votado (sufrágio passivo) em caso de vedação à reeleição (ver Opinião Consultiva n. 26/20 da Corte IDH, que expressamente admite a restrição ao direito a ser votado pela proibição de número indeterminado de reconduções presidenciais), para zelar pela igualdade de oportunidades e rotatividade do poder (princípio republicano). E, como veremos no caso da Lei

---

[265] Res.-TSE n. 21.920/2004, art. 1ª, parágrafo único: "Não estará sujeita a sanção a pessoa portadora de deficiência que torne impossível ou demasiadamente oneroso o cumprimento das obrigações eleitorais, relativas ao alistamento e ao exercício do voto".

da Ficha Limpa, restringir o direito a ser votado de determinado indivíduo "ficha suja", para preservação do direito à boa governança.

Por sua vez, é possível classificar os institutos relativos aos direitos políticos de acordo com sua função de permitir a participação ou negar a participação política: os *direitos políticos positivos* consistem no conjunto de preceitos que assegura o direito de votar ou ser votado, como a alistabilidade e as condições de elegibilidade. Os direitos políticos negativos constituem-se no conjunto de impedimentos (definitivos ou temporários) ao direito de ser votado, como as inelegibilidades, como veremos a seguir.

48.6.2. Capacidade eleitoral ativa: a alistabilidade

O direito de votar exige, para o seu exercício, que o indivíduo realize o *alistamento eleitoral*. Possuir, então, a alistabilidade (capacidade de se alistar) é exigência prévia para o exercício do direito ao sufrágio ativo. O alistamento eleitoral consiste em um procedimento administrativo instaurado por requerimento do eleitor (não existe alistamento *ex officio*), pelo qual o solicitante busca a inscrição no corpo de eleitores do Brasil, adquirindo, após seu deferimento, a condição de cidadão. Assim, o ato de se alistar é pressuposto para o exercício da cidadania. Sua consequência imediata é possibilitar o direito ao sufrágio ativo, mas é também uma das condições para o sufrágio passivo (direito a ser votado).

A CF/88 diferencia três espécies de alistamento: (a) o alistamento obrigatório, (b) o alistamento facultativo e (c) o alistamento vedado ou proibido. O *alistamento é obrigatório* para os maiores de 18 anos e menores de 70 anos. Assim, todo nacional que se encontrar nessa faixa etária deve requerer seu alistamento eleitoral. Por sua vez, o *alistamento é facultativo* para os analfabetos, os maiores de 70 anos e os maiores de 16 e menores de 18 anos. Finalmente, o *alistamento é proibido* para os estrangeiros e durante o período do serviço militar obrigatório, os conscritos. Na proibição do alistamento a estrangeiros não se inclui, obviamente, o caso dos portugueses no gozo do estatuto da igualdade, como já visto acima. Os conscritos são aqueles que prestam o serviço militar obrigatório às Forças Armadas (ou seja, não atinge os policiais militares dos Estados), sendo o alistamento militar realizado por todo brasileiro, do sexo masculino, no período de 1º de janeiro ao último dia útil do mês de junho do ano em que completar 18 anos. Com a CF/88, o jovem maior de 16 anos e menor de 18 anos pode já ter realizado o alistamento eleitoral, que será mantido: apenas seu direito de voto será suspenso.

O alistamento eleitoral deve ser feito no domicílio eleitoral do interessado, que é "lugar de residência ou moradia do requerente, e, verificado ter o alistando mais de uma, considerar-se-á domicílio qualquer delas" (art. 42, parágrafo único, do Código Eleitoral). O Tribunal Superior Eleitoral tem interpretação ampla do domicílio eleitoral, bastando a demonstração de vínculos políticos, sociais, afetivos, patrimoniais ou de negócios (Ac. do TSE, de 8-4-2014, no REsp 8.551; de 5-2-2013, no AgR-AI 7.286; e de 16-11-2000, no ARESP 18.124).

Por fim, cabe esclarecer como é feito o alistamento eleitoral nos seguintes casos especiais:

- **Incapaz**. A incapacidade absoluta após a Lei Brasileira de Inclusão é restrita aos menores de 16 anos, que, pela idade, não podem se alistar. A incapacidade relativa (art. 4º do CC) não afeta os direitos políticos, podendo o interessado realizar o alistamento.
- **Pessoa com deficiência**. O Estatuto da Pessoa com Deficiência (Lei n. 13.146/15) dispõe expressamente que "a deficiência não afeta a plena capacidade civil da pessoa" (art. 6º). O art. 3º, II, do Código Civil, que tratava da incapacidade civil absoluta da pessoa com deficiência, foi revogado pela Lei n. 13.146/15, o que permite o alistamento eleitoral da pessoa com deficiência.
- **Indígena**. Todo membro de comunidade indígena pode alistar-se e participar do processo eleitoral.

- **Brasileiro no exterior.** De acordo com o art. 225 do Código Eleitoral, os brasileiros no exterior podem participar da eleição de presidente e vice-presidente da República. De acordo com a CF/88, o alistamento eleitoral é obrigatório. O requerimento será apresentado na sede da embaixada ou consulado e remetido ao Cartório Eleitoral do Exterior, situado em Brasília. Obviamente, caso o brasileiro já tenha se alistado no Brasil antes de se mudar para o exterior, deverá transferir seu domicílio eleitoral para que possa votar na seção especial instalada na sede da embaixada ou consulado geral (criadas se houver um mínimo de 30 eleitores inscritos).

48.6.3. A capacidade eleitoral passiva: a elegibilidade

O direito de ser votado (sufrágio passivo; *jus honorum*) possui requisitos constitucionais e legais, que podem ser resumidos em dois blocos: (i) as condições de elegibilidade e (ii) as hipóteses de inelegibilidade.

A elegibilidade consiste na conformação ou adequação do indivíduo ao regime jurídico estabelecido para o processo eleitoral[266]. Para o exercício da plena capacidade eleitoral passiva é necessário que determinada pessoa possua as condições de elegibilidade, previstas no art. 14, § 3º, da CF/88 e ainda não incida em nenhuma hipótese de inelegibilidade (constitucional ou legal).

Inicialmente, as condições de elegibilidade consistem em requisitos positivos que determinado eleitor deve possuir para que possa validamente ser candidato. A CF/88 estabelece, em seu art. 14, § 3º, seis condições de elegibilidade, relacionadas a seguir:

> I – **a nacionalidade brasileira**. A exigência da nacionalidade brasileira ou da quase nacionalidade dos portugueses (Estatuto da Igualdade) será aferida no momento do alistamento eleitoral;
>
> II – **o pleno exercício dos direitos políticos**. Os direitos políticos consistem no direito de participar da formação da vontade do poder e podem ser (i) suspensos ou (ii) perdidos, como veremos abaixo;
>
> III – **o alistamento eleitoral**. Para ser candidato, é necessário que o indivíduo seja, como pressuposto lógico, eleitor. Sem o alistamento, o indivíduo não exerce direitos políticos, o que já consta como condição de elegibilidade (item II acima);
>
> IV – **o domicílio eleitoral na circunscrição**. De acordo com a organização federal brasileira, a circunscrição eleitoral consiste no agregado territorial no qual são realizadas eleições para o preenchimento dos cargos eletivos. No caso dos cargos de presidente e vice-presidente da República, a circunscrição é o país; para os cargos eletivos de governador, vice-governador, deputado estadual (ou distrital), deputado federal, senador, a circunscrição é o Estado-membro ou Distrito Federal; e, finalmente, para os cargos de vereador, prefeito e vice-prefeito, o respectivo Município (art. 86 do Código Eleitoral). Para concorrer às eleições, o candidato deverá possuir domicílio eleitoral na respectiva circunscrição pelo (i) prazo de seis meses; e (ii) estar com a filiação deferida pelo partido no mesmo prazo (art. 9º da Lei n. 9.504/97, alterado pela Lei n. 13.488/2017);
>
> V – **a filiação partidária**. A democracia brasileira é uma democracia partidária, não permitindo candidaturas avulsas (sem filiação prévia a um partido). O candidato

---

[266] MALERBI, Diva. Os direitos políticos de votar e ser votado. Estatuto constitucional. Breve análise. In: COSTA WAGNER, L. G.; CALMON, Petronio (Orgs.). *Direito eleitoral. Estudos em homenagem ao Desembargador Mathias Coltro.* Brasília: Gazeta Jurídica, 2014, p. 115-134, em especial p. 127.

deve estar, ainda, filiado ao respectivo partido há pelo menos seis meses antes do pleito (art. 9º da Lei n. 9.504/97, alterado pela Lei n. 13.488/2017). Determinados agentes públicos, por estarem proibidos de desenvolver atividade partidária, não estão obrigados a cumprir tal prazo prévio de filiação, tais como os magistrados, membros do Ministério Público e membros dos Tribunais de Contas, que devem se filiar até 6 meses antes do pleito (prazo idêntico ao da desincompatibilização);

VI – **a idade mínima**. A idade mínima progressiva para ser eleito a determinados cargos eletivos é tida como requisito compatível com a complexidade das funções a serem desempenhadas. No Brasil, a idade mínima é: (a) 35 anos para Presidente e Vice-Presidente da República e Senador; (b) 30 anos para Governador e Vice-Governador de Estado e do Distrito Federal; (c) 21 anos para Deputado Federal, Deputado Estadual ou Distrital, Prefeito, Vice-Prefeito e juiz de paz; (d) 18 anos para Vereador. A idade mínima será aferida na *data da posse* e não na data do registro da candidatura, salvo quando fixada em 18 anos, hipótese em que será aferida na data-limite para o pedido de registro, segundo o art. 11, § 2º, da Lei n. 9.504/97, alterado pela Lei n. 13.165/15.

As condições de elegibilidade serão aferidas no momento do registro da candidatura, bem como na situação que existirá na data das eleições (casos do período para a filiação partidária e fixação do domicílio) e na data da posse (caso da idade mínima).

48.6.4. A capacidade eleitoral passiva: as inelegibilidades constitucionais e infraconstitucionais

As *inelegibilidades* consistem em vedações constitucionais ou legais ao direito de ser votado, atingindo qualquer cargo (inelegibilidade absoluta) ou limitando-se a impedir o acesso a um cargo eletivo em especial (inelegibilidade relativa).

No plano constitucional, são inelegibilidades absolutas as previstas no art. 14, § 4º, da CF/88, que afetam (i) os inalistáveis e (ii) os analfabetos. Quanto aos inalistáveis, José Jairo Gomes aponta a "falta de técnica" da Constituição, pois o alistamento é precondição para o exercício da cidadania[267]. Na melhor das hipóteses, a CF/88 reiterou a importância do exercício dos direitos políticos para que determinado indivíduo possa ser eleito. No que tange ao analfabetismo, este deve ser interpretado restritivamente, só atingindo aquele que efetivamente não possui nenhuma compreensão da leitura e escrita no idioma.

Quanto à inelegibilidade relativa (que atinge somente o direito de se candidatar a determinado cargo eletivo), a CF/88 estabeleceu as seguintes hipóteses:

- **Por motivos funcionais**. Com a aprovação da "Emenda da Reeleição" (EC 16/97), foi permitida a reeleição, para um *único período subsequente,* do Presidente da República, dos Governadores de Estado e do Distrito Federal, dos Prefeitos e quem os houver sucedido, ou substituído no curso dos mandatos. Para concorrerem a *outros cargos*, contudo, devem renunciar aos respectivos mandatos até seis meses antes do pleito. O defeito maior da reeleição é *não* ter sido exigida a desincompatibilização do candidato, que disputará no cargo sua própria sucessão, aproveitando assim de exposição permanente na mídia, entre outras vantagens.

- **Por motivos de casamento, parentesco ou afinidade**. De acordo com o art. 14, § 7º, da CF/88 são inelegíveis, no território de jurisdição do titular, o cônjuge e os parentes consanguíneos ou afins, até o segundo grau ou por adoção, do Presidente da República, de Governador de Estado ou Território, do Distrito Federal, de Prefeito ou de

---
[267] GOMES, José Jairo. *Direito eleitoral*. 5. ed. Belo Horizonte: Del Rey, 2010, p. 150.

quem os haja substituído dentro dos *seis meses anteriores ao pleito*, salvo se já titular de mandato eletivo e candidato à reeleição. O TSE já decidiu que essa inelegibilidade atinge inclusive a família homoafetiva (REsp 24.564/PA, j. 1º-10-2004).
- **Militar**. O militar alistável é elegível, atendidas as seguintes condições: I – se contar menos de dez anos de serviço, deverá afastar-se da atividade; II – se contar mais de dez anos de serviço, será agregado pela autoridade superior e, se eleito, passará automaticamente, no ato da diplomação, para a inatividade.

As inelegibilidades infraconstitucionais ou legais foram genericamente reguladas no *art. 14, § 9º*, da CF/88 ao prever a edição de "lei complementar" para tratar de outros casos de inelegibilidade e os prazos de sua cessação, a fim de proteger (i) a probidade administrativa, (ii) a moralidade para exercício de mandato considerada vida pregressa do candidato, e (iii) a normalidade e legitimidade das eleições contra a influência do poder econômico ou o abuso do exercício de função, cargo ou emprego na administração direta ou indireta.

Houve, então, o *mandamento constitucional de restrição ao direito ao sufrágio passivo* para proteger os seguintes valores: (1) probidade administrativa; (2) moralidade de acordo com a vida pregressa do candidato; (3) igualdade entre os candidatos e liberdade do eleitor (combate ao abuso de poder econômico e político – o uso da "máquina pública").

Em 1990, foi editada a Lei Complementar n. 64, conhecida como "Lei das Inelegibilidades", que trouxe inelegibilidades absolutas (para todo e qualquer cargo – art. 1º, I, *a* a *q*) e relativas (para determinados cargos – art. 1º, II a VII).

As inelegibilidades relativas são, em geral, *funcionais,* pois exigem a desincompatibilização do titular de cargo em um determinado prazo antes das eleições, para preservar a igualdade[268].

Já as inelegibilidades absolutas visam proteger os valores constitucionais citados no art. 14, § 9º, além de direitos que lhes são dependentes. Apesar da LC n. 64 ser de 1990, sua aplicação, contudo, foi diminuta, pois várias de suas hipóteses dependiam do trânsito em julgado de condenações pretéritas do candidato (que poderia, assim, manter distante a inelegibilidade, bastando utilizar recursos sucessivos, mesmo que meramente protelatórios). Por isso, a sociedade civil realizou esforço hercúleo e apresentou um projeto de lei de iniciativa popular com aproximadamente 1 milhão e seiscentas mil assinaturas, que redundou na Lei Complementar n. 135, de 2010, a chamada "Lei da Ficha Limpa".

A Lei da Ficha Limpa introduziu as seguintes alterações na Lei Complementar n. 64/90[269]:
1) ampliou o prazo de inelegibilidade para 8 anos, contados desde a condenação (que pode ocorrer já em órgão colegiado de 2º grau – ver item abaixo) e *também* contados após o cumprimento da pena. Assim, um político condenado em 2º grau no começo do ano de 2016 a pena de 4 anos, cujo cumprimento, esgotados os recursos criminais ocorreu em 2020, estaria inelegível desde 2016, *só voltando a ficar elegível* a partir de 2032 (cumpriria a pena a partir de 2020, até 2024 e depois, seriam contados mais 8 anos. Total: 16 anos de inelegibilidade). Em dezembro de 2020, o PDT questionou tal situação e o Min. Nunes Marques deferiu liminar suspendendo o cômputo dos 8 anos após o cumprimento da pena, uma vez que a atual sistemática (que não prevê detração) criou a inelegibilidade de prazo indeterminado, a depender do caso concreto.

---

[268] Ver TENORIO, Rodrigo. *Direito eleitoral.* São Paulo: Método, 2014; GONÇALVES, Luiz Carlos dos Santos. *Direito eleitoral.* 2. ed. São Paulo: Atlas, 2012; ALMEIDA, Roberto Moreira de. *Curso de direito eleitoral.* 6. ed. rev., ampl. e atual., JusPodivm, 2012; SANSEVERINO, Francisco de Assis Vieira. *Direito eleitoral.* 4. ed. Porto Alegre: Verbo Jurídico, 2012.

[269] Por todos, ver CAGGIANO, Monica Herman (Org.). *Ficha Limpa. Impacto nos tribunais*: tensões e confrontos. São Paulo: Thomson Reuters/Revista dos Tribunais, 2014.

Prevaleceu o entendimento do Min. Alexandre de Moraes, tendo sido determinado que "a fluência integral do prazo de 8 anos de inelegibilidade após o fim do cumprimento da pena (art. 1º, I, *e*, da LC n. 64/1990, com a redação da LC n. 135/2010) é medida proporcional, isonômica e necessária para a prevenção de abusos no processo eleitoral e para a proteção da moralidade e probidade administrativas" (ADI n. 6.630, rel. original Min. Nunes Marques, rel. para o acórdão Min. Alexandre de Moraes, j. 9-3-2022);

2) dispensou a exigência de trânsito em julgado de decisões judiciais, bastando decisão proferida por órgão colegiado nas hipóteses previstas;
3) aumentou o rol de crimes comuns que acarreta inelegibilidade;
4) incluiu como novas hipóteses de inelegibilidade: (i) as infrações decorrentes do exercício de mandato (renúncia para escapar de procedimento); (ii) as condenações por "ato doloso de improbidade administrativa que importe lesão ao patrimônio público e enriquecimento ilícito"; (iii) as infrações de cunho ético-profissional que acarretem exclusão do exercício da profissão; (iv) e a demissão do serviço público, em processo administrativo ou judicial; (v) a fraude no desfazimento de vínculo conjugal ou de união estável para evitar caracterização de inelegibilidade; (vi) realização de doações eleitorais tidas por ilegais; (vii) a aposentadoria determinada aos magistrados e aos membros do Ministério Público por decisão sancionatória, ou ainda que tenham perdido o cargo por sentença ou que tenham pedido exoneração ou aposentadoria voluntária na pendência de processo administrativo disciplinar; (viii) os que forem condenados, por corrupção eleitoral, por captação ilícita de sufrágio, por doação, captação ou gastos ilícitos de recursos de campanha ou por conduta vedada aos agentes públicos em campanhas eleitorais;
5) alterou a hipótese de inelegibilidade por rejeição de contas, estipulando que são inelegíveis os que tiverem suas contas relativas ao exercício de cargos ou funções públicas rejeitadas por irregularidade insanável que configure ato doloso de improbidade administrativa, e por decisão irrecorrível do órgão competente, salvo se esta houver sido suspensa ou anulada pelo Poder Judiciário; em 2021, houve a edição da LC n. 184, que retirou a inelegibilidade daqueles responsáveis por contas rejeitadas, desde que as contas tenham sido julgadas irregulares *sem imputação de débito* e tenham sido sancionados exclusivamente com pagamento de multa;
6) conferiu tratamento prioritário aos processos de desvio ou abuso do poder econômico ou do poder de autoridade até que sejam julgados, ressalvados os de *habeas corpus* e mandado de segurança (art. 26-B);
7) determinou que a Justiça Eleitoral e o Ministério Público Estadual sejam auxiliados pelas polícias judiciárias, órgãos da receita federal, estadual e municipal, tribunais e órgãos de contas, Banco Central do Brasil e o Conselho de Controle de Atividade Financeira, com prioridade sobre as suas atribuições regulares (art. 26-B, § 2º);
8) afastou a necessidade de comprovação da potencialidade dos ilícitos praticados por candidatos ou terceiros, bastando o exame da gravidade das circunstâncias que o caracterizam (art. 22, XVI);
9) previu a comunicação imediata ao Ministério Público Estadual e à Justiça Eleitoral nas hipóteses de declaração de inelegibilidade de candidato (art. 15, parágrafo único).

Para evitar demasiada compressão no direito de ser eleito, há sempre a possibilidade de recurso para suspender a decisão que pode gerar a inelegibilidade. Por exemplo, eventual decisão irrecorrível de Tribunal de Contas de rejeição de contas que venha a acarretar inelegibilidade pode ser suspensa pelo Poder Judiciário. Mesmo a decisão judicial condenatória por órgão colegiado pode ser suspensa cautelarmente pelo Tribunal Superior[270].

Assim, houve uma ponderação de direitos e, no limite, todas as situações geradoras de potenciais inelegibilidades podem ser questionadas no Poder Judiciário.

Os questionamentos à Lei da Ficha Limpa foram levados ao Supremo Tribunal Federal (ADC 29; ADC 30 e ADI n. 4.578, rel. Min. Luiz Fux, j. 16-2-2012, P, *DJe* de 29-6-2012), que decidiu pela constitucionalidade *integral* da lei, abordando os seguintes aspectos principais:

A) **Irretroatividade da *lex gravior* e a aplicação da Lei da Ficha Limpa a fatos pretéritos**. *Argumento pela inconstitucionalidade*: a aplicação das novas inelegibilidades a fatos anteriores à edição da Lei da Ficha Limpa, de 4 de junho de 2010, ofendem os incisos XXXIX, XL e LVII do art. 5º da CF/88, que estabelecem, respectivamente: "não há crime sem lei anterior que o defina, nem pena sem prévia cominação legal", " a lei penal não retroagirá, salvo para beneficiar o réu" e finalmente " ninguém será considerado culpado até o trânsito em julgado de sentença penal condenatória". Teria sido ferido, ainda, o princípio da confiança no Estado, pois, ao praticar o ato, o candidato não poderia saber que, muitas vezes, anos depois, este seria considerado uma inelegibilidade. *Argumento pela constitucionalidade*: o voto do relator, Ministro Luiz Fux, apontou para a diferença entre a *retroatividade proibida* e a *retrospectividade permitida* (retroatividade inautêntica): a retroatividade proibida consiste na qualidade de determinada norma possuir eficácia *ex tunc*, gerando efeito sobre situações pretéritas, atingindo direitos ou relações jurídicas já constituídas no passado; já a retrospectividade permitida consiste na atribuição, por norma, de efeitos *futuros* a situações ou relações jurídicas já estabelecidas no presente. Assim, a LC n. 135 só incidiu em pedidos de registro de candidatura *posteriores* à data de sua vigência (no caso, um ano após sua edição, pelo princípio da anualidade eleitoral – art. 16 da CF/88 – "o art. 16 da Constituição exige que qualquer modificação nas regras do jogo não terá eficácia imediata para o pleito em curso" – STF, RE 633.703, rel. Min. Gilmar Mendes, j. 23-3-2011, Plenário, *DJe* de 18-11-2011, com repercussão geral). Assim, para o STF, não há direito adquirido a regime jurídico e não houve nenhuma violação à expectativas legítimas de manutenção do regime anterior das inelegibilidades, uma vez que a própria CF, no seu art. 14, § 9º, alertava a todos que o *jus honorum* (direito de ser eleito) deveria observar os valores da probidade, moralidade e igualdade. A LC n. 135 somente alterou o regime jurídico das inelegibilidades. Em 2018, foi vencedora a tese da aplicação da Lei da Ficha Limpa a condenações transitadas em julgado antes da entrada em vigor da citada lei (o que leva à incidência do novo prazo de 8 anos de inelegibilidade), tendo sido fixada a seguinte tese de repercussão geral: "[a] condenação por abuso do poder econômico ou político em ação de investigação judicial eleitoral, transitada em julgado, "ex vi" do artigo 22, inciso XIV, da Lei Complementar 64/90, em sua redação primitiva (2), é apta a atrair a incidência da inelegibilidade do artigo 1º, inciso I, alínea "d", na redação dada pela Lei Complementar 135/2010, aplicando-se a todos os processos de registros de candidatura em trâmite" (RE n. 929.670/DF, rel. orig. Min. Ricardo Lewandowski, red. p/ o ac. Min. Luiz Fux, j. 1º-3-2018).

---

[270] LC n. 64/90: "Art. 26-C. O órgão colegiado do tribunal ao qual couber a apreciação do recurso contra as decisões colegiadas a que se referem as alíneas *d*, *e*, *h*, *j*, *l* e *n* do inciso I do art. 1º poderá, em caráter cautelar, suspender a inelegibilidade sempre que existir plausibilidade da pretensão recursal e desde que a providência tenha sido expressamente requerida, sob pena de preclusão, por ocasião da interposição do recurso".

B) **Presunção de inocência**. *Argumentos a favor da inconstitucionalidade*: a Lei da Ficha Limpa, ao dispensar o trânsito em julgado das condenações que geram inelegibilidades, violou a presunção de inocência prevista no art. 5º, LVII, da CF/88 ("ninguém será considerado culpado até o trânsito em julgado de sentença penal condenatória"). Eventual recurso que venha, anos depois, absolver o interessado, demonstraria a intensa injustiça que essa restrição precoce do *jus honorum* pode gerar. *Argumentos a favor da constitucionalidade*: o comando do art. 5º, LVII (presunção de inocência), não proíbe todo e qualquer efeito de decisão condenatória fruto de órgão colegiado; por isso, permite-se a prisão processual, a decretação de indisponibilidade de bens etc. Além disso, o art. 15, III, da CF já permitia a suspensão de direitos políticos pelo trânsito em julgado de sentença penal condenatória, o que esvaziaria de sentido exigir o mesmo trânsito em julgado na hipótese do art. 14, § 9º. Assim, a inelegibilidade, por ser uma condição objetiva cuja verificação impede o indivíduo de concorrer a cargos eletivos, pode decorrer de decisões não definitivas, sob pena de esvaziar o conteúdo do disposto no art. 14, § 9º, da CF/88.

C) **Proporcionalidade**. O Ministro relator, Luiz Fux, fez acurado teste de proporcionalidade da Lei da Ficha Limpa, considerando os seguintes subprincípios: (i) *adequação*: "as inelegibilidades são aptas à consecução dos fins consagrados nos princípios elencados no art. 14, § 9º, da Constituição, haja vista o seu alto grau moralizador" (voto do Relator); (ii) *necessidade ou exigibilidade*: por esse subprincípio, a restrição deve ser a menos gravosa possível. Nesse sentido, o legislador foi cuidadoso ao exigir requisitos qualificados para a constatação de inelegibilidades: no caso de condenação judicial não definitiva, exigiu-se decisão de órgão colegiado; no caso de decisões administrativas, possibilita-se a suspensão de inelegibilidade em caráter liminar pelo juízo de 1º grau meramente; não cabe inelegibilidade por crime culposo ou de menor potencial ofensivo; além disso, em última análise, há a possibilidade de suspensão cautelar da inelegibilidade por nova decisão judicial colegiada; (iii) *proporcionalidade em sentido estrito*: para o Ministro Luiz Fux, a compressão ao direito de ser eleito foi proporcional, sendo os benefícios socialmente desejados à democracia claramente superiores à limitação ao *jus honorum* (ADC 29; ADC 30 e ADI n. 4.578, rel. Min. Luiz Fux, j. 16-2-2012, P, *DJe* de 29-6-2012).

48.6.5. Direito à boa governança e o controle de convencionalidade da Lei da Ficha Limpa: o Caso Lula

As inelegibilidades infraconstitucionais ou de base legal têm fundamentos associados à defesa de direitos humanos: o direito à boa governança (nos casos de inelegibilidade pautada na defesa da probidade, moralidade e vida pregressa) e os direitos à igualdade e liberdade de convicção política (no caso do combate ao abuso do poder econômico ou o abuso do poder político).

Por sua vez, diversos órgãos da Organização das Nações Unidas (como o Conselho de Direitos Humanos e o Alto Comissariado das Nações Unidas para os Direitos Humanos) incluíram o *vetting* (depuração ou lustração) como um instrumento adequado às políticas públicas de consolidação democrática, evitando que aqueles cuja conduta pretérita *não* tenha sido condizente com a democracia possam continuar nos postos públicos[271].

---

[271] Ver, em especial, "Report of the independent expert to update the Set of principles to combat impunity, Addendum Updated Set of principles for the protection and promotion of human rights through action to combat impunity". U.N. Commission onHumanRights, E/CN. 4/2005/102/Add.1, de fevereiro de 2005, em especial parágrafo 36.

Assim, a exigência de "vida pregressa", a preocupação com a probidade e moralidade, bem como com o abuso do poder econômico e político correspondem a uma exigência de defesa da democracia.

Resta analisar a compatibilidade de restrições trazidas pela "Lei da Ficha Limpa" com normas nacionais e internacionais de direitos humanos.

Em primeiro lugar, destaco que a *limitabilidade* dos direitos humanos se aplica também aos direitos políticos, fazendo nascer a *preferência* ao direito à boa governança e a *compressão* ao direito ao sufrágio passivo, evitando que aquele envolvido em práticas contrárias ao bom agir público possa candidatar-se por um período. Essa limitação – por um período determinado – do direito a ser votado visa desestimular novas violações do direito à boa governança.

Por sua vez, pela "teoria do duplo controle" adotada neste livro[272], toda norma ou decisão local sobre direitos humanos deve ser analisada pelo controle de constitucionalidade e também pelo controle de convencionalidade. No caso da Lei da Ficha Limpa, o controle de constitucionalidade foi esgotado, tendo sido decidida a *constitucionalidade integral* da lei (conforme visto anteriormente).

Quanto ao controle de convencionalidade da Lei da Ficha Limpa, houve discussões que se amparam especialmente na interpretação do alcance do art. 23.2 da Convenção Americana de Direitos Humanos, que prevê que a lei nacional pode regular os direitos políticos *exclusivamente* por motivo de idade, nacionalidade, residência, idioma, instrução, capacidade civil ou mental, ou condenação, por juiz competente, em processo penal[273].

No caso *López Mendoza* vs. *Venezuela*, a Corte IDH, em sentença de 1º de setembro de 2011 (já comentado nesta obra) decidiu que o direito a ser eleito foi violado em virtude das sanções – que impediam o exercício de funções públicas – terem sido impostas por um *órgão administrativo* e não por uma condenação, por um juiz competente, em um processo penal, conforme dispõe o artigo 23.2 da Convenção (parágrafo 107 da sentença).

Já o voto *concorrente* (concordando, mas com fundamentação distinta) do Juiz Diego García-Sayán (ex-Presidente da Corte IDH) propõe a necessidade de (i) interpretação sistemática e (ii) evolutiva do art. 23.2 da Convenção. Apontou Sayán que os termos "exclusivamente" e "processo penal" foram incluídos sem maiores debates, a pedido da Delegação brasileira, nos trabalhos preparatórios da redação da Convenção, em 1969. Por outro lado, há diversos marcos nacionais e internacionais que não possuem a mesma rigidez: o Pacto Internacional sobre Direitos Civis e Políticos (art. 25) limita-se a proibir "restrições indevidas"; a Convenção Europeia de Direitos Humanos (art. 3º do Protocolo n. 1) determina somente a necessidade de realização de "eleições livres". Também mencionou Sayán, acertadamente, que as Convenções das Nações Unidas e Interamericana contra a Corrupção exigem dos Estados o combate à corrupção tanto pelos

---

Disponível em: <https://documents-dds-ny.un. org/doc/UNDOC/GEN/G05/109/00/PDF/G0510900. pdf?OpenElement>. Acessoem: 15 set. 2020. United Nations, Rule-of-Law Tools for Post-Conflict States: Vetting: An Operational Handbook (United Nations 2006). Disponível em: <http://www.ohchr.org/Documents/Publications/RuleoflawVettingen. pdf>. Acesso em: 15 set. 2020. Ver mais sobre o *vetting* em: MAYER-RIECKH, Alexander; GREIFF, Pablo de (eds.). *Justice as Prevention*: Vetting Public Employees in Transitional Societies. Disponível em: <http://www.ssrc.org/publications/view/57EFEC93-284A-DE11-AFAC-001CC477EC70/>. Acesso em: 9 ago. 2024.

[272] Ver item 9 da Parte III ("A crise dos 'tratados internacionais nacionais' e a superação do conflito entre decisões sobre direitos humanos: a teoria do duplo controle").

[273] Defendendo a inconvencionalidade da Lei da Ficha Limpa, conferir o profundo estudo de Marcelo Peregrino, fruto da sua acurada dissertação de Mestrado (na qual o Autor deste *Curso* participou da Banca de Avaliação). In: FERREIRA, Marcelo Ramos Peregrino. *O controle de convencionalidade da Lei da Ficha Limpa. Direitos políticos e inelegibilidades*. Rio de Janeiro: Lumen Juris, 2015.

mecanismos penais quanto pelos *não penais*. Assim, na sua visão, a interpretação *teleológica* do art. 23.2 impõe que o termo "exclusivamente" *não* acarreta a fixação de uma lista taxativa de causas de inelegibilidade, assim como a expressão "processo penal" não pode excluir processos cíveis. Agregou também que é crucial que o órgão que imponha a restrição aos direitos políticos seja uma autoridade judicial em sentido amplo, isto é, com as garantias da magistratura (parágrafos 14 a 17 do seu voto).

A Lei da Ficha Limpa, na maior parte de suas hipóteses, atende ao voto do Juiz Garcia-Sayán da Corte IDH no *Caso Lopez Mendoza*: não há discriminação à oposição política e o acesso à justiça para suspender a inelegibilidade é sempre garantido. Por sua vez, no *Caso Castañeda Gutman*, a Corte Interamericana de Direitos Humanos apontou que a Convenção Americana de Direitos Humanos não estabeleceu um único sistema eleitoral, bem como um único formato de exercício dos direitos a votar e ser votado[274]. Assim, não é possível entender que, por exemplo, o direito a ser votado só possa ser afastado pelo trânsito em julgado da condenação criminal.

Em 2018, o Comitê de Direitos Humanos (por meio de relatores especiais) adotou medida provisória pedindo ao Brasil que permitisse a candidatura do ex-presidente Luiz Inácio Lula da Silva, mesmo preso, até que seus recursos criminais transitassem em julgado. Essa determinação do Comitê colide com a inelegibilidade, embasada na Lei da Ficha Limpa, fruto de condenação criminal determinada por órgão colegiado. O Tribunal Superior Eleitoral considerou o candidato Lula inelegível, em face da existência de condenação criminal determinada por órgão colegiado por crime listado no rol daqueles que geram inelegibilidade. Por maioria (vencido o Min. Edson Fachin), o TSE não acatou a medida provisória do Comitê de Direitos Humanos com base nos seguintes argumentos do Min. Barroso (relator):

1) o Primeiro Protocolo Facultativo do Pacto Internacional sobre Direitos Civis e Políticos (PIDCP), embora ratificado pelo Brasil, não o obriga internamente, pela *ausência* da edição do decreto de promulgação;
2) não houve o esgotamento dos recursos internos, o que fere a subsidiariedade da jurisdição internacional;
3) a Lei da Ficha Limpa contém restrições fundadas ao direito a ser votado, o que não contraria o disposto no art. 25 do PIDCP, sendo então compatível com o citado tratado;
4) o Comitê de Direitos Humanos é um órgão administrativo, composto de peritos independentes. Por não ser um órgão judicial internacional, suas deliberações são mera recomendações;
5) o Brasil é um Estado Democrático de Direito, que assegura os direitos de todos;
6) a deliberação do Comitê de Direitos Humanos gera o chamado "perigo na demora reverso", ou seja, caso seja permitida a participação do peticionário nas eleições presidenciais, a decisão final do Comitê seria emitida meses após eventual posse no cargo de presidente da república. Caso o Comitê não acolhesse a pretensão do peticionário, haveria dano irreparável às demais candidaturas (Tribunal Superior Eleitoral, Registro de Candidatura (11532) n. 0600903-50.2018.6.00.0000, rel. Min. Roberto Barroso, por maioria, j. 31 de agosto de 2018).

Para o Min. Fachin, contudo, o Primeiro Protocolo, ao ser válido internacionalmente, vincula o Brasil também no plano interno. Assim, a candidatura deveria ser provisoriamente aceita, até a deliberação final do Comitê.

Em que pese a força vinculante da decisão do Comitê de Direitos Humanos, entendo serem convencionais as restrições trazidas pela Lei da Ficha Limpa, inclusive a que considera inelegível

---

[274] Corte Interamericana de Direitos Humanos, *Caso Castañeda Gutman vs. México*, julgamento de 28-8-2013.

um candidato condenado criminalmente por determinados crimes a partir da condenação por órgão judicial colegiado. Conforme já mencionado, os precedentes da Corte IDH possibilitam restrições ao direito a ser votado, devendo ser assegurado ao candidato que questione a sua inelegibilidade no Poder Judiciário. No julgamento final do Comitê, não foi apreciada a (in)convencionalidade da Lei da Ficha Limpa, como já visto (item 27.6 da **Parte IV** deste *Curso*).

O direito à boa governança e à democracia substancial exigem que o direito a ser eleito (*jus honorum*) seja restringido, *desde que observadas as estritas condições que a Lei da Ficha Limpa possui*, o que inclui o acesso ao Poder Judiciário para suspender a eventual inelegibilidade de qualquer origem (criminal, cível ou administrativa) imposta. Cumpre-se o disposto no art. 25 do Pacto Internacional sobre Direitos Civis e Políticos, que prevê que todo cidadão terá o direito de ser votado, *sem restrições infundadas*, o que é o caso da Lei da Ficha Limpa em linhas gerais.

48.7. Perda e suspensão dos direitos políticos

A Constituição estabelece condicionamentos à perda e suspensão dos direitos políticos, bem como estabelece *proibição* à *cassação*. A *cassação* dos direitos políticos consiste na perda desses direitos por ato arbitrário do Poder Público, sem que se assegure o acesso à justiça e o devido processo legal, como ocorreu no Brasil durante a ditadura militar, que, já no Ato Institucional n. 1, de 9 de abril de 1964, previu a cassação de mandatos legislativos. Já a *suspensão* dos direitos políticos é a interrupção temporária do gozo dos direitos políticos por prazo determinado. Finalmente, a *perda* ou privação dos direitos políticos é o afastamento do gozo dos direitos políticos por prazo indeterminado. A diferença, então, entre os institutos da suspensão e perda é o prazo, pois mesmo na perda é possível a recuperação posterior dos direitos políticos.

Quanto à suspensão de direitos políticos, a CF/88 previu, no art. 15, *três* hipóteses:

- **Incapacidade civil absoluta**. São absolutamente incapazes aqueles que não podem exercer pessoalmente os atos da vida civil. Em 2015, o art. 114 do Estatuto da Pessoa com Deficiência (Lei n. 13.146/15) revogou os incisos II (incapacidade absoluta por enfermidade ou deficiência) e III (incapacidade por falta de expressão da vontade), restando somente a incapacidade absoluta do menor de 16 anos[275]. Além disso, o Estatuto dispõe expressamente que "a deficiência não afeta a plena capacidade civil da pessoa" (art. 6º). Assim, não há mais indivíduo maior de 16 anos absolutamente incapaz no Brasil. É caso de suspensão de direitos políticos, pois, ao se completar 16 anos, desaparece a causa suspensiva. Contudo, como alerta Gomes, é impróprio chamar de "suspensão", pois esta pressupõe o gozo anterior dos direitos políticos (o que não ocorre para os menores de 16 anos). Trata-se, então, de impedimento ou suspensão imprópria dos direitos políticos[276].
- **Condenação criminal transitada em julgado, enquanto durarem seus efeitos**. A suspensão dos direitos políticos pela ocorrência de condenação criminal transitada em julgado foi introduzida já na Constituição de 1824 (art. 8º, somente para os condenados à pena de prisão ou degredo, enquanto durarem seus efeitos) e, de acordo com o teor do art. 15, III, da CF/88, este dispositivo atual é tido como autoaplicável e decorre

---

[275] No caso da curatela de pessoa com deficiência (medida protetiva extraordinária, proporcional às necessidades do caso concreto), o art. 85, § 1º, da Lei Brasileira de Inclusão menciona expressamente que não se afeta o "...direito ao voto". Nesse sentido, o STJ reformou acórdão do TJ/SP, que havia declarado a incapacidade civil absoluta de determinada pessoa em ação de curatela (idosa), para que constasse "incapacidade civil relativa" (dados do processo omitidos em virtude de sigilo judicial. Divulgação da decisão consta do *site* do STJ. Conferir em: <https://www.stj.jus.br/sites/portalp/Paginas/Comunicacao/Noticias/02072021-Apos-Estatuto-da-Pessoa-com-Deficiencia--incapacidade-absoluta-so-se-aplica-a-menores-de-16-anos.aspx>. Acesso em: 9 ago. 2024.

[276] GOMES, José Jairo. *Direito eleitoral*. 5. ed. Belo Horizonte: Del Rey, 2010, p. 11.

automaticamente da sentença penal (não é necessário que seja prevista expressamente no corpo da sentença). A suspensão dos direitos políticos somente termina com o cumprimento da sentença ou caso ela seja declarada extinta, abarcando inclusive o cumprimento da sentença em liberdade (livramento condicional, por exemplo) ou penas substitutivas da pena privativa de liberdade (restritivas de direitos, por exemplo. STF, RE 601.182, rel. para acórdão Min. Alexandre de Moraes, *com repercussão geral*, j. 8-5-2019). A reaquisição dos direitos políticos é imediata, não dependendo de reabilitação ou prova da reparação dos danos (Súmula 9 do Tribunal Superior Eleitoral). Não abarca, obviamente, qualquer espécie de condenação ou prisão antes do trânsito em julgado, sendo constitucional o voto do preso provisório. Também não atinge a transação penal ou a suspensão condicional do processo (Lei n. 9.099/95), pois nesses dois casos não há condenação criminal transitada em julgado.

- **Crítica à suspensão de direitos políticos como consequência da condenação criminal transitada em julgado.** A desproporcionalidade da medida é evidente, porque é aplicada sem distinção para crimes dolosos, culposos, de menor potencial ofensivo e até mesmo para contravenções, bem como todo tipo de sanção penal (inclusive penas restritivas de direito). José Jairo Gomes defende que esse preceito ainda atinge a sentença absolutória imprópria (aquela que impõe medida de segurança), que ostenta natureza condenatória[277]. Esse tipo de preceito aumenta a exclusão e a invisibilidade eleitoral dos presos. Por isso, a Corte Europeia de Direitos Humanos já possui jurisprudência consolidada exigindo que tal restrição aos direitos políticos dos presos definitivos *não* seja genericamente prevista e seja *adequada e proporcional* à gravidade do delito. Nessa linha, a Corte EDH, no *Caso Hirst* (2005) contra o Reino Unido, entendeu que a *vedação geral de voto ao preso* violou a Convenção EDH. Em 2010, no *Caso Greens e M.T. vs. Reino Unido*, diante das "demandas repetitivas", foi aplicado o "procedimento de julgamento piloto"[278], com a fixação do prazo para apresentação de projetos para reforma da lei eleitoral britânica. Em 2015, no *Caso McHugh e outros*, foi feita a reunião de 1.015 demandas e a Corte *novamente* condenou o Reino Unido, constatada a demora na adequação da legislação interna.

- **Improbidade administrativa, nos termos do art. 37, § 4º.** De acordo com o art. 37, § 4º, da CF/88, "os atos de improbidade administrativa importarão a suspensão dos direitos políticos, a perda da função pública, a indisponibilidade dos bens e o ressarcimento ao erário, na forma e gradação previstas em lei, sem prejuízo da ação penal cabível". Conforme a dicção legal, a condenação em ação de improbidade administrativa é caso de suspensão de direitos políticos. Diferentemente do enunciado draconiano da condenação criminal (que não precisa de expressa previsão na sentença), a suspensão tem que estar prevista pela sentença judicial, uma vez que a CF/88 menciona a "gradação" prevista em lei. A nova lei de improbidade (Lei n. 14.230/2021, que alterou radicalmente a Lei n. 8.429/92) prevê, em seu art. 12, a suspensão dos direitos políticos por até 14 anos (maior prazo; há prazos menores). Por sua vez, o art. 20 da mesma lei exige o trânsito em julgado da ação de improbidade para que a suspensão dos direitos políticos possa ser implementada (com a comunicação ao Juízo Eleitoral). Após o transcurso do prazo determinado na sentença de improbidade, os direitos políticos do réu são restabelecidos.

---

[277] GOMES, José Jairo. *Direito eleitoral*. 5. ed. Belo Horizonte: Del Rey, 2010, p. 14.

[278] Sobre o procedimento piloto e a Corte EDH, ver CARVALHO RAMOS, André de. *Processo internacional de direitos humanos*. 7. ed. São Paulo: Saraiva, 2022

Quanto à perda de direitos políticos, a CF/88 previu, no art. 15, *duas* hipóteses:
- **Cancelamento da naturalização por sentença transitada em julgado**. Prevê o art. 12, § 4º, I, da CF/88 que será declarada a perda da nacionalidade do brasileiro que tiver cancelada sua naturalização, por sentença judicial, em virtude de fraude relacionada ao processo de naturalização ou de atentado contra a ordem constitucional e o Estado Democrático (redação do art. 12, § 4º, I da CF/88, dada pela EC n. 131/2023) . A ação é promovida pelo Ministério Público Federal (LC n. 75/93, art. 6º, IX) perante juízo federal comum (CF/88, art. 109, X). A CF/88 exige que haja o trânsito em julgado da sentença declaratória de cancelamento da naturalização. Para readquirir os direitos políticos, é necessária a rescisão do julgado. Quanto à EC n. 131/2023, remeto o leitor ao tópico específico no item 47, sobre "Direito à nacionalidade".
- **Recusa de cumprir obrigação a todos imposta ou prestação alternativa, nos termos do art. 5º, VIII**. O art. 5º, VIII, da CF/88 (já comentado) prevê que ninguém será privado de direitos por motivo de crença religiosa ou de convicção filosófica ou política, salvo se as invocar para eximir-se de obrigação legal a todos imposta e recusar-se a cumprir prestação alternativa, fixada em lei. Caso, então, determinado indivíduo (i) recuse cumprir obrigação a todos imposta por objeção de consciência e sucessivamente (ii) não realize a prestação alternativa existente. Pode ter seus direitos políticos reestabelecidos, caso cumpra a obrigação. É hipótese de *perda* de direitos políticos, porque não há prazo predeterminado para seu término (como ocorre na suspensão)[279]. Caso o Estado brasileiro seja inerte e não implemente a prestação alternativa, não cabe imposição da perda dos direitos políticos, uma vez que o cidadão não pode ser prejudicado pela omissão estatal.

Há, ainda, hipótese de perda dos direitos políticos não prevista no rol do art. 15: a perda da nacionalidade brasileira, com o novo regime estabelecido pela EC n. 131/2023 ("Emenda da Polipatria"), visto no item 47 da Parte IV deste *Curso*..

A perda ou suspensão dos direitos políticos implica em uma série de restrições ao indivíduo na sua participação cidadã, a saber: (i) cancelamento do alistamento e exclusão do corpo de eleitores; (ii) cancelamento da filiação partidária (Lei n. 9.096/95, art. 22, II); (iii) perda do mandato eletivo (art. 55, IV, § 3º, da CF/88); (iv) óbice para investidura em cargo ou função pública (CF, art. 37, I, combinado com diversos dispositivos da CF/88 – por exemplo, composição do STF – e as diversas leis administrativas, como a Lei n. 8.112/90 – esfera federal, art. 5º, II e III); (v) ausência de legitimidade para propor ação popular; (vi) impedimento para votar e ser votado (art. 14, § 3º, II); (vii) não pode subscrever iniciativa popular de projeto de lei; (viii) ser escolhido juiz de paz (art. 98, II, da CF/88); (ix) representar, como cidadão, irregularidade ao Tribunal de Contas da União (art. 74, § 2º); (x) exercer cargo em entidade sindical (art. 530, V, da CLT)[280].

Na *hipótese especial* da perda do mandato eletivo pela condenação criminal transitada em julgado (caso de suspensão de direitos políticos), não há ainda jurisprudência pacificada sobre a temática.

São possíveis duas posições sobre a temática.

---

[279] Na linha defendida pelo *Curso*, de que se trata de *perda* dos direitos políticos, ver TAVARES, André Ramos. *Curso de direito constitucional*. 5. ed. São Paulo: Saraiva, 2007, p. 722; MORAES, Alexandre de. *Constituição do Brasil interpretada*. São Paulo: Atlas, 2002, p. 589. Contra, sustentando que se trata de *suspensão* de direitos políticos, ver, por todos, GOMES, José Jairo. *Direito eleitoral*. 5. ed. Belo Horizonte: Del Rey, 2010, p. 9.

[280] GOMES, José Jairo. *Direito eleitoral*. 5. ed., Belo Horizonte: Del Rey, 2010, p. 9.

A primeira adota exceção à regra do art. art. 55, VI e § 2º (perda do mandato condicionada ao juízo político da Casa respectiva), determinando a perda *automática* do mandato caso a condenação tenha imposto o (i) cumprimento de pena em *regime fechado* e (ii) não for viável, durante o mandato, o trabalho externo do parlamentar, antes de consumada sua ausência a 1/3 das sessões ordinárias da Casa Legislativa de que faça parte (art. 55, III, da CF/88[281]). Nesse sentido, mencione-se a decisão nos autos da Ação Penal n. 694, proferida pela 1ª Turma do STF (STF, AP 694/MT, rel. Min. Rosa Weber, j. 2-5-2017 – Info 863).

A segunda posição – tendência mais recente no STF – defende a supremacia do juízo político da Casa respectiva, que deve determinar ou não a perda do mandato. Caberia ao STF somente comunicar a condenação à respectiva Casa do Congresso Nacional, para que esta *decida* e não meramente *declare* a perda do mandato (STF, AP 565, rel. Min. Cármen Lúcia, j. 8-8-2013, Plenário, *DJe* de 23-5-2014, e ainda, na 2ª T., AP 572, rel. Min. Gilmar Mendes, j. 11-11-2014). Nesse sentido, sustentou o Min. Lewandowski que "(...) a jurisprudência consolidada e a melhor doutrina sobre o assunto sinalizam que a perda do mandato nos casos de condenação criminal transitada em julgado, em se tratando de deputados e senadores, regrada pelo art. 55, § 2º, da Lei Maior, *não é automática*. (...) o Texto Magno é claro ao outorgar, nesse caso, à Câmara dos Deputados e ao Senado a competência de *decidir*, e não meramente *declarar*, a perda de mandato de parlamentares das respectivas Casas (STF, AP 996, rel. Min. Edson Fachin, voto do Min. Ricardo Lewandowski, j. 29-5-2018, 2ª T., *DJe* de 8-2-2019, grifos meus).

Os demais mandatos eletivos (vereador e os ocupantes da cúpula do Poder Executivo – prefeito, vice-prefeito, governador, vice-governador, presidente da República e vice-presidente da República) seguem a regra geral de *perda do mandato por decorrência automática* da sentença penal condenatória transitada em julgado, pois o pleno exercício dos direitos políticos é condição de elegibilidade (art. 14, § 3º, da CF/88).

48.8. A segurança da urna eletrônica e o direito ao voto seguro

No Brasil, o escrutínio é secreto e feito de modo eletrônico desde as eleições municipais de 1996. O objetivo da informatização do escrutínio é "afastar a mão humana da apuração"[282], por intermédio da votação em urna eletrônica, que propicia segurança e celeridade na apuração dos votos, consagrando o *direito ao voto seguro*. Quase vinte anos depois, nas eleições de 2014, votaram 141 milhões de eleitores em 530 mil urnas eletrônicas espalhadas pelos locais de votação.

Em 2009, foi editada a Lei n. 12.034, que previa, no art. 5º, o "voto impresso" no processo de votação eletrônico, contendo número de identificação associado à identificação digital do eleitor. O Procurador-Geral da República questionou a constitucionalidade dessa regra, tendo decidido o STF que tal voto impresso "vulnera o segredo do voto, garantia constitucional expressa. A garantia da inviolabilidade do voto impõe a necessidade de se assegurar ser impessoal o voto para garantia da liberdade de manifestação, evitando-se coação sobre o eleitor. A manutenção da urna em aberto põe em risco a segurança do sistema, possibilitando fraudes, o que não se harmoniza com as normas constitucionais de garantia do eleitor" (ADI n. 4.543, rel. Min. Cármen Lúcia, j. 6-11-2014, Plenário, *DJe* de 13-10-2014). Em 2018, o STF considerou inconstitucional em medida cautelar (julgamento definitivo em 2020 – ver abaixo) a reintrodução do

---

[281] Art. 55. Perderá o mandato o Deputado ou Senador: (...) III – que deixar de comparecer, em cada sessão legislativa, à terça parte das sessões ordinárias da Casa a que pertencer, salvo licença ou missão por esta autorizada.

[282] Declaração do Ministro Carlos Velloso do Supremo Tribunal Federal (hoje aposentado), um dos incentivadores da implementação da urna eletrônica no Brasil. Disponível em: <http://www.tse.jus.br/imprensa/noticias-tse/2014/Junho/conheca-a-historia-da-urna-eletronica-brasileira-que-completa-18-anos>. Acesso em: 9 ago. 2024.

voto impresso (ADI n. 5.889/DF, rel. orig. Min. Gilmar Mendes, rel. p/ o ac. Min. Alexandre de Moraes, j. 6-6-2018).

Para a Ministra Cármen Lúcia, "a inviolabilidade do voto do eleitor e o segredo do seu voto supõem a impossibilidade de se ter, no exercício do voto ou no próprio voto, qualquer forma de identificação pessoal. Assim, a liberdade de manifestação política do cidadão pelo voto impede qualquer forma de manipulação ou coação no ato de votar" (ADI n. 4.543, rel. Min. Cármen Lúcia, j. 6-11-2014, Plenário, *DJe* de 13-10-2014).

Nesse mesmo voto da Ministra Cármen Lúcia consta o resumo dos mecanismos de segurança da urna eletrônica, o que é indispensável para a liberdade de manifestação dos eleitores:

A) **Assinatura Digital**. Consiste em "técnica criptográfica que busca garantir que o programa de computador da urna não foi modificado de forma intencional ou não perdeu suas características originais por falha na gravação ou leitura. Ademais, com a assinatura digital tem-se a garantia da autenticidade do programa gerado pelo Tribunal Superior Eleitoral" (voto da Min. Cármen Lúcia, ADI n. 4.543).

B) **Resumo Digital**. Trata-se de técnica criptográfica pela qual todos os votos são "armazenados digitalmente, da forma como foram escolhidos pelo eleitor, resguardando o sigilo do voto. Com o Registro Digital de Voto (RDV) é possível recontar os votos, de forma automatizada sem comprometer o segredo dos votos nem a credibilidade do processo eletrônico de votação. A comparação do Boletim de Urna (BU) com o RDV possibilita a auditoria. Nos termos da legislação eleitoral vigente, os interessados podem auditar o sistema eletrônico de votação, antes, durante e depois das eleições" (voto da Min. Cármen Lúcia, ADI n. 4.543).

C) **Votação paralela**. É o último mecanismo de segurança. No dia anterior às eleições, há um sorteio realizado pelo Tribunal Regional Eleitoral em cada Estado-membro para a escolha aleatória de urnas eletrônicas *já distribuídas e armazenadas nos locais de votação*. As urnas escolhidas são retiradas (inclusive por transporte aéreo, se necessário) e são instaladas em local com câmeras de filmagem (no Estado de São Paulo, já foram utilizadas, por exemplo, as dependências da Câmara Municipal da Capital). No dia da eleição, ocorre uma votação paralela, com a digitação, nas urnas sorteadas, do conteúdo de cédulas já preenchidas por convidados (por exemplo, estudantes da rede pública). As câmeras filmam a digitação. Ao final, verifica-se se os votos das cédulas impressas geram os mesmos resultados dos votos digitados na urna eletrônica. Tudo é auditado e com a presença de juiz eleitoral, membro do Ministério Público Eleitoral, OAB e representantes de partidos. Se o resultado dos votos impressos for o mesmo do da urna eletrônica (aleatoriamente escolhida e que seria utilizada no dia das eleições), fica legitimada a sua segurança.

Por outro lado, no seio das discussões sobre a segurança da urna eletrônica, o Ministro Gilmar Mendes recordou que a *votação eletrônica pura* (sem a contraprova do voto impresso) é questionada: por exemplo, o Tribunal Constitucional Federal da Alemanha entendeu que o princípio da *publicidade* da eleição (art. 38 da Lei Fundamental de Bonn) impede a adoção do sistema puro, pois este não possibilita uma verificação *facilmente* entendida pelo público (como, por exemplo, a antiga "recontagem dos votos impressos"). Contudo, o Ministro Gilmar Mendes votou *contra* a reintrodução do voto impresso pela Lei n. 12.034/2009, uma vez que entendeu que o modelo brasileiro permite a auditoria e a verificação *a posteriori,* como visto acima (o "resumo digital" – voto do Min. Gilmar Mendes, Plenário, ADI n. 4.543-MC, rel. Min. Cármen Lúcia, j. 19-10-2011).

Em 2020, o STF repudiou em definitivo a reintrodução do voto impresso, declarando a inconstitucionalidade do art. 59-A e parágrafo único da Lei n. 9.504/97 (na redação dada pela

Lei n. 13.165/2015). Para o STF, a impressão do voto pelo modo previsto na legislação impugnada violaria a liberdade e o sigilo do voto, tendo o Min. Gilmar Mendes ajustado seu voto *a favor* da *inconstitucionalidade* da impressão do voto tal qual proposta (ADI n. 5.889/DF, rel. Min. Gilmar Mendes, j. 15-9-2020).

49. DIREITOS SEXUAIS E REPRODUTIVOS

49.1. A proteção dos direitos sexuais e reprodutivos

Os direitos sexuais consistem no conjunto de direitos relacionados com o exercício e a vivência sexual dos seres humanos, o que abarca o direito à livre orientação sexual e implica no reconhecimento da igualdade e liberdade das mais diversas práticas sexuais existentes. São os direitos sexuais oriundos: (i) do direito à igualdade, (ii) do respeito à integridade física e psíquica e (iii) à liberdade e autonomia da pessoa que geram, em seu conjunto, a necessidade de proteção da diversidade. Os direitos sexuais abrangem:

- O direito a serviços de saúde sexual que garantam privacidade, confidencialidade e atendimento de qualidade, sem discriminação.
- O direito à informação e à educação sexual.
- O direito à escolha, tanto do parceiro quanto sobre ter ou não relação sexual, independentemente da reprodução.
- O direito de viver plenamente a sexualidade e identidade de gênero, sem sofrer discriminação, temor ou qualquer forma de violência.
- O direito de viver a sexualidade, sem sofrer discriminação, temor ou qualquer forma de violência.
- O direito de expressar livremente sua orientação sexual e identidade de gênero, sem sofrer discriminação, temor ou qualquer forma de violência.
- O direito à prática de sexo com segurança para prevenção da gravidez e de doenças sexualmente transmissíveis (DST).

Já os direitos reprodutivos consistem no conjunto de direitos relacionados ao exercício da capacidade reprodutiva do ser humano. Os direitos reprodutivos abrangem:

- O direito de escolha, de forma livre e informada, sobre ter ou não ter filhos, sobre o intervalo entre eles, sobre o número de filhos e em que momento de suas vidas.
- O direito de acesso a receber informações e o acesso a meios, métodos e técnicas para ter ou não ter filhos.
- O direito de exercer a reprodução, sem sofrer discriminação, temor ou violência.

Há complementaridade entre ambas as categorias, que reforçam a autodeterminação do ser humano no tocante à sexualidade e reprodução. Apesar da inter-relação entre direitos reprodutivos e sexuais, é necessária a diferenciação: os direitos sexuais são mais amplos e não estão sempre identificados com a reprodução humana (nem todo ato sexual visa procriação) e sim com a vida com prazer, merecendo atenção apropriada. A construção da proteção também é distinta: a luta pelos direitos reprodutivos está associada ao movimento feminista de seus questionamentos sobre padrões sociais de maternidade e reprodução. No caso dos direitos sexuais, somam-se ainda a contribuição do movimento LGBTI (lésbicas, gays, bissexuais, trans e intersex).

Os direitos sexuais e reprodutivos possuem: (i) dimensão positiva, que trata da esfera de autonomia dos seus titulares e (ii) dimensão negativa, que se refere às vedações de violência e discriminação com base na sexualidade, orientação sexual e identidade de gênero. A proteção desses direitos pode ser feita de modo: (i) direto, por intermédio de normas que regulem a temática ou (ii) de modo indireto, por intermédio da interpretação ampliativa de direitos genericamente reconhecidos, como, por exemplo, o direito à igualdade (no caso dos direitos sexuais) ou mesmo o direito à saúde (no caso dos direitos reprodutivos).

No plano internacional, a proteção direta aos direitos sexuais e reprodutivos encontra-se incipiente e seu avanço é alvo de resistência. A partir do reconhecimento da universalidade dos direitos humanos e com a consolidação da internacionalização dos direitos humanos[283], houve contínuo processo de *especificação de direitos* para atender as demandas de grupos em "situação de vulnerabilidade", como as mulheres, pessoas com deficiência, crianças, entre outros grupos que possuem tratados internacionais (no âmbito global e regional) com recorte voltado às suas necessidades. No caso dos direitos sexuais e reprodutivos, há resistência dos Estados tanto para a edição de normas vinculantes (um tratado internacional sobre a diversidade sexual e direitos reprodutivos, por exemplo) quanto para normas de *soft law*.

A evolução da temática deu-se, inicialmente, no âmbito da luta pelos (a) direitos das mulheres e no contexto das (b) discussões sobre a evolução populacional no globo. O primeiro diploma normativo internacional específico sobre direitos reprodutivos foi a Proclamação de Teerã, fruto da I Conferência Internacional de Direitos Humanos (1968) em cujo item 16 constou que: "[a] proteção da família e da criança continua a ser uma preocupação da comunidade internacional. Os pais têm o direito humano básico de determinar de forma livre e responsável o número e o espaçamento dos seus filhos".

Após, a Convenção da ONU pela eliminação de toda forma de discriminação contra a mulher (1979) determinou que os Estados Partes devem suprimir a discriminação contra a mulher em todos os assuntos relativos ao casamento e às relações familiares e, em particular, com base na igualdade entre homens e mulheres, assegurar os mesmos direitos de (i) decidir livre e responsavelmente sobre o número de filhos, (ii) sobre o intervalo entre os nascimentos e (iii) a ter acesso à informação, à educação e aos meios que lhes permitam exercer esses direitos. Nota-se a ausência da menção expressa à sexualidade ou a direitos reprodutivos.

Somente na II Conferência Mundial sobre os Direitos Humanos da ONU (1993) é que os direitos sexuais das mulheres na sua dimensão negativa (impedir a violação de tais direitos) foram mencionados expressamente: a Declaração e Programa de Ação de Viena exigem que os Estados eliminem a violência baseada no sexo da pessoa e todas as formas de assédio e exploração sexual (parágrafos 18 e 38)[284].

Em 1994, a Conferência Internacional sobre População e Desenvolvimento (CIPD – Conferência do Cairo) tratou especificamente, no seu Programa de Ação, da dimensão positiva dos direitos sexuais e reprodutivos no capítulo IV sobre "Igualdade dos sexos, equidade e empoderamento da mulher", no capítulo VII sobre "Direitos de reprodução e saúde reprodutiva", e no capítulo VIII sobre "Saúde, Morbidade e Mortalidade", entre outros. Houve nítida associação entre o direito à saúde (previsto no art. 12 do Pacto Internacional sobre Direitos Econômicos, Sociais e Culturais) e os direitos reprodutivos, tendo sido definido que a "saúde reprodutiva" é um estado de completo bem-estar físico, mental e social e não a simples ausência de doença ou enfermidade, em todas as matérias concernentes ao sistema reprodutivo e a suas funções e processos.

Para a Conferência do Cairo, a *saúde reprodutiva* implica em que uma pessoa possa ter uma (i) vida sexual segura e satisfatória, tenha a (ii) capacidade de reproduzir e a (iii) liberdade de decidir sobre quando, e quantas vezes o deve fazer. Com isso, reconheceu-se o direito de homens e mulheres de serem (iv) informados e de ter acesso a métodos eficientes, seguros, permissíveis

---

[283] Conferir a Parte I, Capítulo II, item 7, deste *Curso*.
[284] Sobre a Declaração e Programa de Ação de Viena, conferir a Parte II, Capítulo II, item 21, deste *Curso*.

e aceitáveis de planejamento familiar de sua escolha, assim como outros métodos, de sua escolha, de (v) controle da fecundidade que não sejam contrários à lei, e o (vi) direito de acesso a serviços apropriados de saúde que deem à mulher condições de passar, com segurança, pela gestação e pelo parto e proporcionem aos casais a melhor chance de ter um filho sadio. A interrupção voluntária da gravidez não foi considerada um direito universalmente reconhecido, mas sim dependente das escolhas nacionais. Constou que, nas circunstâncias em que o aborto não contrarie a lei nacional, ele deve ser seguro. Em todos os casos, as mulheres devem ter acesso a serviços de qualidade para o tratamento de complicações resultantes de aborto (Cap. VIII, em especial item 8.25).

Por sua vez, a IV Conferência Mundial da Mulher das Nações Unidas (Pequim, 1995) reiterou o uso da gramática dos direitos humanos para formatar os direitos sexuais e reprodutivos das mulheres. Ficou consagrado que os direitos humanos das mulheres incluem os seus (i) direitos a ter controle sobre as questões relativas à sua sexualidade, inclusive sua saúde sexual e reprodutiva, e a (ii) decidir livremente a respeito dessas questões, livres de coerção, discriminação e violência. A igualdade entre mulheres e homens no tocante às relações sexuais e à reprodução, inclusive o pleno respeito à integridade da pessoa humana, exige o respeito mútuo, o consentimento e a responsabilidade comum pelo comportamento sexual e suas consequências (item 96 da Declaração de Pequim).

Quanto às discussões envolvendo a saúde da mulher e os riscos do aborto ilegal, o Comitê pela eliminação de toda forma de discriminação contra a mulher editou a Recomendação n. 19 (1999), pela qual orienta os Estados a modificar a legislação nacional que imponha sanções às mulheres que realizam abortos[285].

Em 2016, o Comitê sobre os Direitos Econômicos, Sociais e Culturais editou o Comentário (ou Observação) Geral n. 22 sobre o direito à saúde reprodutiva e sexual, referente ao alcance do "direito à saúde" do art. 12 do Pacto, tendo decidido que as principais obrigações dos Estados Partes do Pacto no tocante à temática da saúde sexual e reprodutiva são as seguintes: (i) rechaçar ou eliminar qualquer lei, política ou prática que criminalize, obstrua ou dificulte o acesso aos serviços, facilidades, bens e informações referentes à saúde sexual e reprodutiva; (ii) adotar e implementar planos nacionais voltados à promoção da saúde sexual e reprodutiva; (iii) assegurar acesso universal e equitativo aos serviços de saúde sexual e reprodutiva, em especial às mulheres e a grupos marginalizados; (iv) editar e implementar a proibição legal a práticas danosas e violência baseadas em critério de gênero, o que inclui violência sexual e doméstica, ao mesmo tempo em que assegura o consentimento livre, informado e confidencial, sem coerção, medo ou discriminação, em relação a necessidades reprodutivas e sexuais; (v) prevenir abortos inseguros e prover cuidados pós-aborto; (vi) assegurar educação e informação sobre a saúde sexual e reprodutiva sem discriminação; (vii) prover todo material, instrumentos e remédios necessários para a saúde reprodutiva e sexual, de acordo com a Organização Mundial da Saúde; e (viii) assegurar mecanismos administrativos e judiciais de repressão às violações do direito à saúde sexual e reprodutiva[286].

Esse conjunto de normas vinculantes, de *soft law* e decisões internacionais rumam à consolidação da proteção internacional dos direitos sexuais e reprodutivos. Esse segmento do Direito Internacional dos Direitos Humanos faz avançar uma temática marcada por opressão e violência

---

[285] Item 29, "c", da Recomendação n. 24. Disponível em português em: <https://www.defensoria.sp.def.br/dpesp/repositorio/41/Tradu%c3%a7%c3%a3o%20das%20Recomenda%c3%a7%c3%b5es%20Gerais%20da%20ONU%20(1).pdf>. Acesso em: 9 ago. 2024.

[286] O Comentário Geral n. 22 encontra-se disponível em português: <https://www.defensoria.sp.def.br/dpesp/repositorio/0/Coment%c3%a1rios%20Gerais%20da%20ONU.pdf>. Acesso em: 9 ago. 2024.

e sua consolidação concretiza o direito à igualdade e não discriminação, sem distinção por motivo de sexo, orientação sexual ou identidade de gênero.

No Brasil, a Lei n. 13.363, de 25 de novembro de 2016, assegurou direitos e garantias para a advogada (i) gestante, (ii) lactante, (iii) adotante ou que der à luz, bem como ao advogado que se tornar pai. Entre os direitos previstos estão (i) a preferência na ordem das sustentações orais e das audiências a serem realizadas a cada dia à gestante, lactante, adotante ou que der à luz, mediante comprovação de sua condição; (ii) suspensão de prazos processuais quando a advogada adotante ou que der à luz for a única patrona da causa, desde que haja notificação por escrito ao cliente.

Em 2023, foi aprovada a Lei n. 14.541 que dispõe sobre a criação e o funcionamento ininterrupto de Delegacias Especializadas de Atendimento à Mulher. Tais Delegacias Especializadas de Atendimento à Mulher (Deam) têm como finalidade o atendimento de todas as mulheres que tenham sido vítimas de violência doméstica e familiar, crimes contra a dignidade sexual e feminicídios, e funcionarão ininterruptamente, inclusive em feriados e finais de semana.

Para melhor atender a mãe e seu bebê, a Lei n. 14.721, de 8 de novembro de 2023, altera o Estatuto da Criança e do Adolescente (Lei n. 8.069, de 1990) para expandir a assistência oferecida à gestante e à mãe durante a gravidez, o pré-natal e o puerpério. Essas alterações visam garantir um suporte mais amplo e efetivo durante esses períodos, assegurando melhores condições de saúde e cuidado tanto para a mãe quanto para o bebê.

49.2. Direito à livre orientação sexual e identidade de gênero. Os direitos LGBTQIAP+

O *direito à livre orientação sexual* consiste no direito ao respeito, por parte do Estado e de terceiros, da preferência sexual e afetiva de cada um, não podendo dela ser gerada nenhuma consequência negativa ou restrição de direitos. Nesse sentido, os "Princípios de Yogyakarta" definem orientação sexual como sendo a capacidade de cada indivíduo experimentar atração afetiva, emocional ou sexual por pessoas de gênero diferente, mesmo gênero ou mais de um gênero. As orientações sexuais mais comuns são: homossexualidade, que consiste na atração emocional, afetiva ou sexual por pessoa do mesmo gênero; heterossexualidade, que consiste na atração emocional, afetiva ou sexual por pessoa de gênero diferente; bissexualidade: atração emocional, afetiva ou sexual por pessoas dos dois gêneros; assexualidade: ausência de atração sexual por pessoas de ambos os gêneros[287].

O sexo do ser humano consiste na combinação de informações cromossômicas, genitália, bem como capacidades reprodutivas e características fisiológicas secundárias, que levam à definição de macho e fêmea na espécie. A intersexualidade ocorre na variação da anatomia reprodutiva e sexual, que não se ajusta com as características típicas que distinguem machos de fêmeas.

Por sua vez, a identidade de gênero consiste na experiência interna individual em relação ao gênero, a qual pode corresponder ou não ao sexo atribuído quando do nascimento, e que inclui expressões de gênero como o sentimento pessoal do corpo e o modo de vestir-se e falar. Em relação à identidade de gênero, há, inicialmente, os *transgêneros*, que agrupam aqueles que se identificam com gênero distinto do seu sexo atribuído no nascimento. De acordo com o Min. Barroso, as pessoas transgêneras "(...) podem sentir, por exemplo, que pertencem ao gênero oposto, a ambos ou a nenhum dos dois gêneros. Os *transexuais* estão incluídos neste grupo, constituindo pessoas que se identificam com o gênero oposto ao seu sexo"[288]. Já o termo *cisgênero* agrupa as pessoas cuja identidade de gênero corresponde ao sexo atribuído no nascimento,

---

[287] Conferir "O Ministério Público e os direitos de LGBT", Procuradoria Federal dos Direitos do Cidadão, Ministério Público do Estado do Ceará. – Brasília: MPF, 2017, p. 10.

[288] STF, voto do Min. Roberto Barroso, Recurso Extraordinário 845.779-SC (julgado em definitivo em 2024).

independentemente da orientação sexual[289]. Por sua vez, a expressão "transgêneras" agrupa as pessoas que possuem uma identidade de gênero diferente daquela correspondente ao sexo biológico. Há transgêneros heterossexuais, bissexuais e homossexuais. Já as travestis são pessoas que vivenciam papéis de gênero feminino, não se reconhecendo como homens ou como mulheres, mas como membros de um terceiro gênero ou de um não gênero[290].

O acrônimo "LGBTI" retrata os grupos de pessoas que não estão em conformidade com as noções tidas como tradicionais de papéis de gênero masculino ou feminino, correspondendo a sigla às lésbicas, aos *gays*, aos bissexuais, aos trans e aos intersexuais.

Essa terminologia é cambiante e evolui ao longo do tempo, existindo outras formulações, como pessoas assexuadas, *queers*, travestis, transexuais, entre outros. Na atualidade, utiliza-se a sigla LGBTQIAP+, que abarca, pela ordem, lésbicas, *gays*, bissexuais, transexuais-transgêneros--travestis, *queer*, intersexuais, assexuais, pansexuais, e + para as demais orientações sexuais e identidades de gênero. A *não binariedade* é uma identidade de gênero na qual a pessoa não se sente em conformidade com o modelo binário homem/mulher, podendo inclusive fluir entre diversas identidades de gênero sem padrão social preconcebido[291].

Já a "expressão de gênero" consiste na manifestação externa do gênero de uma pessoa, por meio da sua aparência física, podendo incluir o modo de vestir, penteado, uso de artigos cosméticos, ou por meio de maneirismos, modo de falar, padrões de comportamento pessoal, comportamento ou interação social, nomes ou referências pessoais, entre outros. Como é fruto da livre opção individual, a expressão de gênero de uma pessoa pode ou não corresponder à sua identidade de gênero autopercebida. Nesse sentido, a pessoa travesti, em termos gerais, é aquela que manifesta uma expressão de gênero – de forma permanente ou transitória – por meio do uso de roupas e atitudes do gênero oposto àquele social e culturalmente associado ao sexo atribuído no nascimento, com modificação ou não do seu corpo[292].

No tocante à proteção do direito à livre orientação sexual e identidade de gênero, em que pese não ter sido expresso na Convenção Americana de Direitos Humanos, a jurisprudência da Corte Interamericana de Direitos Humanos determina que a expressão "outra condição social" do art. 1.1 da Convenção (que trata do direito ao gozo de direitos sem discriminação) abarca a orientação sexual e a identidade de gênero[293].

Em 2015, a Comissão Interamericana de Direitos Humanos editou o Relatório sobre a violência contra as pessoas lésbicas, *gays*, bissexuais, trans e intersex nas Américas, no qual, entre outras formas de violência, constatou-se que 11 Estados americanos ainda criminalizavam

---

[289] RIOS, Roger Raupp; RESADORI, Alice Hertzog. Direitos humanos, transexualidade e "direito dos banheiros", *Direito & Práxis*, v. 6, n. 12, 2015, p. 196-227.

[290] Conferir "O Ministério Público e os direitos de LGBT", Procuradoria Federal dos Direitos do Cidadão, Ministério Público do Estado do Ceará. – Brasília: MPF, 2017, p. 14-15.

[291] REIS, T., org. *Manual de Comunicação LGBTI+*. 2ª edição. Curitiba: Aliança, 2018. Nacional LGBTI / Gay Latino, 2018. Disponível em: <https://www.trt4.jus.br/portais/media-noticia/465957/manual-comunicacao-LGBTI.pdf>. Acesso em: 9 ago. 2024.

[292] Definições desta passagem do *Curso* foram extraídas da Opinião Consultiva n. 24, da Corte Interamericana de Direitos Humanos.

[293] Art. 1.1. Os Estados partes nesta Convenção comprometem-se a respeitar os direitos e liberdades nela reconhecidos e a garantir seu livre e pleno exercício a toda pessoa que esteja sujeita à sua jurisdição, sem discriminação alguma, por motivo de raça, cor, sexo, idioma, religião, opiniões políticas ou de qualquer outra natureza, origem nacional ou social, posição econômica, nascimento ou *qualquer outra condição social*. Corte Interamericana de Direitos Humanos Corte IDH. *Caso Karen Atala Riffo e filhas vs. Chile*. Sentença de 24 de fevereiro de 2012, em especial parágrafos 84, 85, 91 e 93.

relações sexuais consensuais entre adultos do mesmo sexo em privado (oriundos do Caribe anglo-saxão)[294].

Por sua vez, apesar de também não expresso na Constituição de 1988, esse direito é extraído da previsão do art. 5º, § 2º (os direitos expressos não excluem outros *decorrentes* do regime, dos princípios e dos tratados de direitos humanos), bem como do princípio da dignidade humana (art. 1º, III) e da proibição de toda forma de discriminação (objetivo fundamental da República – art. 3º, IV – "promover o bem de todos, sem preconceitos de origem, raça, sexo, cor, idade e quaisquer outras formas de discriminação").

Além disso, a orientação sexual advém da liberdade de cada um e faz parte das decisões abarcadas pelo direito à *privacidade*, não podendo o Estado abrigar preconceitos e punir com base nessa opção íntima, negando direitos que somente outra orientação sexual pode exercer.

Para o Ministro Celso de Mello, há um *direito constitucional implícito* à "busca da felicidade", que decorre da dignidade da pessoa humana, devendo ser eliminados os entraves odiosos à sua consecução. Por isso, no campo da orientação sexual, a união homoafetiva é tida como equiparada à entidade familiar, devendo ser adotadas, a favor de parceiros homossexuais, as mesmas regras incidentes sobre as uniões heterossexuais, em especial no *Direito Previdenciário* e no campo das *relações sociais e familiares* (RE 477.554-AgR, rel. Min. Celso de Mello, j. 16-8-2011, 2ª T., *DJe* de 26-8-2011.) Esse *direito à homoafetividade* não pode gerar prejuízos ao seu titular.

Nesse sentido, o STF deu ao art. 1.723 do Código Civil[295] interpretação conforme à Constituição para dele excluir qualquer significado que impeça o reconhecimento da união contínua, pública e duradoura entre pessoas do mesmo sexo como "entidade familiar", entendida esta como sinônimo perfeito de "família". Para o relator, Min. Carlos Britto, esse reconhecimento deve ser feito segundo as mesmas regras e com as mesmas consequências da união estável heteroafetiva (ADI n. 4.277 e ADPF 132, rel. Min. Ayres Britto, j. 5-5-2011, Plenário, *DJe* de 14-10-2011). O reconhecimento de união estável entre pessoas do mesmo sexo compõe o conceito de "entidade familiar". Nesse sentido, o STF decidiu que lei distrital tem de ser interpretada de modo a não restringir o conceito de entidade familiar exclusivamente à união entre homem e mulher (STF, ADI n. 5.971, rel. Min. Alexandre de Moraes, julgamento em sessão do Plenário Virtual encerrada em 12-9-2019). Essa decisão reforça a posição do STF explicitada na ADI n. 4.277 e na ADPF 132, pela qual foi excluída qualquer interpretação que venha a ser feita sobre o Código Civil, que impeça o reconhecimento da união contínua, pública e duradoura entre pessoas do mesmo sexo como família, de acordo com as mesmas regras da união estável heteroafetiva.

A proteção da liberdade de orientação sexual e identidade de gênero é indispensável ao reconhecimento das especificidades de pessoas e grupos de pessoas, que, sem tal reconhecimento não conseguem usufruir dos demais direitos a todos os demais assegurados. Retorna, na luta pela igualdade de direitos sexuais, o que Arendt denominou "direito a ter direitos"[296]. A luta pelo reconhecimento da diversidade é indispensável para assegurar inclusão de todos na sociedade, pois a invisibilidade de suas distinções acarreta discriminação e sentimento de inferiorização diante dos demais.

Nessa linha de defesa da igualdade na orientação e do *direito ao reconhecimento das diferenças* (fator de inclusão social), o Conselho Nacional de Justiça aprovou a Resolução n. 175, de

---

[294] Disponível em: <http://www.oas.org/es/cidh/informes/pdfs/violenciaPersonaslgBti.pdf>. Acesso em: 9 ago. 2024.
[295] "Art. 1.723. É reconhecida como entidade familiar a união estável entre o homem e a mulher, configurada na convivência pública, contínua e duradoura e estabelecida com o objetivo de constituição de família."
[296] LAFER, Celso. *A reconstrução dos direitos humanos*: um diálogo com o pensamento de Hannah Arendt. São Paulo: Cia. das Letras, 1988.

14 de maio de 2013, pela qual estabeleceu que todos os cartórios devem habilitar ou celebrar o casamento civil entre pessoas de mesmo sexo, bem como, caso haja pedido dos interessados, devem converter as uniões estáveis em casamento entre pessoas do mesmo sexo.

Por sua vez, em 2015, o Conselho Nacional de Combate à Discriminação e Promoções dos Direitos de Lésbicas, Gays, Travestis e Transexuais (CNCD/LGBT, órgão colegiado da antiga Secretaria de Direitos Humanos – ver sua reformulação na Parte III, item 12.6.4) editou a Resolução n. 12, pela qual foram estabelecidos parâmetros para a garantia das condições de acesso e permanência de pessoas travestis e transexuais – e todas aquelas que tenham sua identidade de gênero não reconhecida em diferentes espaços sociais – nos sistemas e instituições de ensino. De acordo com a resolução, deve ser garantido pelas instituições e redes de ensino, em todos os níveis e modalidades, o reconhecimento e adoção do nome social àqueles e àquelas cuja identificação civil não reflita adequadamente sua identidade de gênero. Caso haja distinções quanto ao uso de uniformes e demais elementos de indumentária, deve ser facultado o uso de vestimentas conforme a identidade de gênero de cada sujeito e ainda deve ser garantido o uso de banheiros, vestiários e demais espaços segregados por gênero, quando houver, de acordo com a identidade de gênero de cada sujeito.

Na jurisprudência, citem-se as seguintes decisões que concretizam a igualdade e o reconhecimento da diversidade sexual e de gênero: (i) adoção[297] e (ii) alteração de registro civil de pessoa que realizou a cirurgia de transgenitalização[298].

Em 2018, no julgamento da ADI n. 4.275, o STF reiterou que o direito à igualdade sem discriminações abrange a liberdade de identidade (ou expressão) de gênero. Para o STF, a identidade de gênero é fruto do direito à personalidade da pessoa humana e, como tal, cabe ao Estado apenas o papel de reconhecê-la, nunca de constituí-la. A pessoa não deve provar o que é, e o Estado não deve condicionar a expressão da identidade a qualquer tipo de modelo, ainda que meramente procedimental.

Com base nessas assertivas, o Plenário, por maioria, deu interpretação conforme a Constituição e o Pacto de São José da Costa Rica ao art. 58 da Lei n. 6.015/1973, reconhecendo aos transgêneros, *independentemente* da cirurgia de *transgenitalização*, ou da realização de tratamentos hormonais ou patologizantes, (i) o direito à alteração de prenome e (ii) sexo diretamente no registro civil. Vencidos em parte o ministro Marco Aurélio (relator), que considerou necessário procedimento de jurisdição voluntária (em que não há litígio) e, em menor extensão, os ministros Alexandre de Moraes, Ricardo Lewandowski e Gilmar Mendes, que votaram a favor da exigência de autorização judicial para a alteração (ADI n. 4.275/DF, rel. orig. Min. Marco Aurélio, red. p/ o acórdão Min. Edson Fachin, j. 28-2 e 1º-3-2018).

Outro tema importante diz respeito ao tratamento social não igualitário no tocante à identidade de gênero. O respeito à liberdade de identidade de gênero impede que uma pessoa seja tratada socialmente como se pertencesse a sexo diverso do qual se identifica e se apresenta publicamente, pois isso significaria: (i) discriminação em relação aos cisgêneros (que não sofrem esse tipo de tratamento) e (ii) ofensa à integridade psíquica da pessoa.

Em 2014, houve a propositura de recurso extraordinário com repercussão geral reconhecida em 2015 (Tema 778), no qual se apreciava os direitos dos transexuais a serem tratados socialmente de acordo com a sua identidade de gênero, inclusive na utilização de banheiros de acesso público. Todavia, em 2024, o STF negou seguimento ao recurso extraordinário, cancelando o reconhecimento da repercussão geral da matéria atinente ao Tema 778, nos termos do voto do Ministro Luiz

---

[297] STF, RE 846.102, rel. Min. Cármen Lúcia, *DJe* de 18-3-2015.
[298] STJ, REsp 737.993, 4ª T., rel. Min. João Otávio de Noronha, *DJe* de 18-12-2009.

Fux, Redator para o acórdão, vencidos os Ministros Luís Roberto Barroso (Presidente e Relator), Edson Fachin e Cármen Lúcia (STF, relator para o acórdão Min. Fux, Plenário, 6-6-2024).

Em 2016, foi editado o Decreto federal n. 8.727/2016, que permite o uso do nome social e o reconhecimento da *identidade de gênero* de pessoas travestis e transexuais no âmbito da administração pública federal direta, autárquica e fundacional. A pessoa travesti ou transexual poderá requerer, a qualquer tempo, a inclusão de seu *nome social* em documentos oficiais e nos registros dos sistemas de informação, de cadastros, de programas, de serviços, de fichas, de formulários, de prontuários e congêneres dos órgãos e das entidades da administração pública federal direta, autárquica e fundacional.

Outro ponto importante em relação à igualdade da homoafetividade é a doação de sangue. O STF, em 2020, julgou inconstitucionais o art. 64, IV, da Portaria n. 158/2016 do Ministério da Saúde e o art. 25, XXX, "d", da Resolução da Diretoria Colegiada – RDC n. 34/2014 da Agência Nacional de Vigilância Sanitária, *que proibiam a doação de sangue por homens que se relacionam sexualmente com outros homens*. Para o Ministro Edson Fachin (relator), esses dispositivos tinham como base a concepção equivocada de que a exposição a contágio de doenças é maior nessa hipótese. Há discriminação e preconceito, gerando estigmatização da pessoa homossexual e realizando discriminação odiosa por orientação sexual. Afinal, como explicita o voto do Min. Fachin, "basta que se apliquem aos homens que fazem sexo com outros homens e/ou suas parceiras as mesmas exigências e condicionantes postas aos demais candidatos a doadores de sangue, *independentemente* do gênero ou orientação sexual". Para o citado Ministro, incide, no caso concreto, a teoria do impacto desproporcional, pela qual uma prática privada ou governamental, ainda que não possua intenção discriminatória em sua concepção, deve ser proibida se, em consequência de sua implementação, existirem efeitos nocivos de sua incidência especialmente desproporcional sobre certos grupos sociais. No caso, a normatividade impugnada, ainda que de forma não intencional, violava a igualdade ao impedir o ato empático de doar sangue ou condicionar tal ato à proibição de realização de sexo seguro com seu parceiro ou parceira (STF, ADI n. 5.543, rel. Min. Edson Fachin, j. 11-5-2020, publicado em 26-8-2020).

Outro ponto importante para a concretização da igualdade material na temática da identidade de gênero diz respeito à transferência de transexuais mulheres para presídios femininos e também à possibilidade das custodiadas travestis identificadas socialmente com o gênero feminino de optar por cumprir pena em estabelecimento prisional do gênero feminino ou masculino. Na ADPF n. 527, o Min. Barroso concedeu em 2019 medida cautelar para determinar que transexuais femininas fossem transferidas para presídios femininos. Em 2021, após intenso diálogo institucional com a sociedade civil (a ADPF foi proposta pela Associação Brasileira de Gays, Lésbicas e Transgêneros) e Poder Executivo, entre outros entes, o Min. Barroso proferiu nova medida cautelar outorgando às transexuais e travestis com identidade de gênero feminina o direito de *opção* por cumprir pena: (i) em estabelecimento prisional feminino; ou (ii) em estabelecimento prisional masculino, porém em área reservada, que garanta a sua segurança.

Tal decisão apoiou-se expressamente no *Princípio n. 9 de Yogyakarta* (visto no *Curso*), o qual recomenda que a população LGBTIQIA+ encarcerada *participe* das decisões relacionadas ao local de detenção adequado à sua orientação sexual e identidade de gênero. Todavia, em 2023, o STF *reverteu* esse entendimento e, por maioria (abriu a divergência o Min. Lewandowski), decidiu aplicar a Resolução n. 366/2021 do CNJ (a qual alterou a Res. n. 348/2020), que prevê que o *juiz* deverá decidir, fundamentadamente, sobre o local de detenção de pessoa trans, após a oitiva de sua preferência. Assim, a pessoa autodeclarada parte da população LGBTIQIA+ será ouvida, mas a palavra final será do Judiciário (STF, ADPF n. 527, Rel. para o acórdão Min. Luiz Fux, Sessão Virtual de 4-8-2023).

50. DIREITOS DOS MIGRANTES

50.1. Aspectos gerais

O Direito Internacional da Mobilidade Humana consiste no conjunto de normas internacionais que regula os direitos dos indivíduos em (i) situação de deslocamento transfronteiriço ou (ii) em permanência, temporária ou definitiva, em Estado do qual não possuem nacionalidade. Abarca as regras gerais que incidem sobre todos os migrantes[299], tanto os imigrantes (nacionais de outros Estados ou apátridas que chegam a outro Estado) quanto os emigrantes (nacionais que deixam o território de um Estado para outro), bem como regras especiais sobre apatridia e refúgio e outras formas de acolhimento de pessoas. No plano nacional, a mobilidade humana também é regulada por meio de normas locais que disciplinam a entrada, permanência e saída dos estrangeiros.

Além da aplicação geral da proteção de direitos humanos aos indivíduos em situação de mobilidade, há determinadas previsões específicas de tutela de direitos. O marco dessa atenção internacional a pessoas em *situação de mobilidade* é a Declaração Universal dos Direitos Humanos, que estipula que "Toda a pessoa tem o direito de abandonar o país em que se encontra, incluindo o seu, e o direito de regressar ao seu país" (art. XIII, numeral 2), bem como prevê que "Toda a pessoa sujeita a perseguição tem o direito de procurar e de beneficiar de asilo em outros países" (art. XIV, numeral 1).

Esse *direito de saída* e ainda o *direito ao asilo* em sentido amplo consagram a mobilidade internacional, cada vez mais presente na era da globalização. Não se trata da consagração do "jus communicationis", tese doutrinária defendida por Francisco de Vitória no séc. XV[300], pela qual os indivíduos teriam direito à emigração e à imigração em uma verdadeira circulação mundial. Na atualidade, o Direito Internacional da Mobilidade Humana não assegura, em geral, o direito de ingresso em qualquer país do mundo, somente o (i) direito de sair e (ii) o direito de buscar asilo.

A exceção a essa regra encontra-se no Direito Internacional dos Refugiados, que obriga – em geral – os Estados a acolher o solicitante de refúgio até (i) a definição de sua situação jurídica de refugiado, zelando, mesmo que não seja considerado um refugiado, (ii) que não seja devolvido a um Estado no qual sua vida, liberdade ou integridade pessoal esteja em risco por motivo odioso (em virtude da sua raça, da sua religião, da sua nacionalidade, do grupo social a que pertence ou das suas opiniões políticas).

Quanto a diplomas jurídicos internacionais específicos, a mobilidade internacional foi tratada pela Convenção Internacional sobre a Proteção dos Direitos de Todos os Trabalhadores Migrantes e dos Membros das suas Famílias (1990), que enfrentou a discriminação e a ofensa a direitos básicos dos trabalhadores migrantes em Estados de acolhida, em virtude da vulnerabilidade gerada pelo (i) tipo de migração (em geral indocumentada) e (ii) pelas diferenças socioculturais eventualmente existentes. Essa convenção não foi ainda ratificada pelo Brasil e foi analisada acima neste *Curso*.

Quanto a diplomas internacionais gerais (não específicos), os direitos previstos nos tratados de direitos humanos já celebrados pelo país são passíveis de serem invocados pelos migrantes, como a Convenção Americana de Direitos Humanos, Pacto Internacional sobre Direitos Civis

---

[299] Para a Corte Interamericana de Direitos Humanos, o termo "migrante" é um termo genérico que abarca tanto o emigrante quanto o imigrante. Corte Interamericana de Direitos Humanos, *Opinião consultiva relativa aos direitos dos migrantes indocumentados* (OC-18/03), 2003, parágrafo 69.

[300] Sobre o "jus communicationis" de Francisco de Vitoria (1480-1546), conferir VEDOVATO, Luís Renato. *Direito de ingresso do estrangeiro*: a circulação das pessoas pelo mundo no cenário globalizado. Livro digital. São Paulo: Atlas, 2013, p. 59. CASELLA, Paulo Borba. *Direito internacional no tempo medieval e moderno até Vitoria*. São Paulo: Atlas, 2012, em especial p. 619.

e Políticos e o Pacto Internacional sobre Direitos Econômicos, Sociais e Culturais, todos já ratificados pelo Brasil.

Exemplos dessa interpretação de diplomas gerais para abarcar as situações de mobilidade internacional de pessoas são encontrados na jurisprudência da Corte Interamericana de Direitos Humanos[301] e na Corte Europeia de Direitos Humanos em julgamentos envolvendo, respectivamente, a Convenção Americana de Direitos Humanos e Convenção Europeia de Direitos Humanos[302].

Nesse sentido, a Corte Interamericana de Direitos Humanos possui vários precedentes, na sua jurisdição contenciosa e consultiva, que tratam de diversas facetas da mobilidade internacional, como os direitos dos trabalhadores migrantes indocumentados[303], direito ao devido processo legal[304], direito à nacionalidade[305], direito à assistência consular[306], direito à igualdade e combate à discriminação contra migrantes[307], direitos dos solicitantes de refúgios[308], inclusive crianças[309].

Nesse sentido, a Corte IDH, na Opinião Consultiva n. 18, determinou que os Estados membros da Organização dos Estados Americanos têm o dever de respeitar e garantir os direitos dos trabalhadores migrantes indocumentados, independentemente de sua nacionalidade, em nome do direito à igualdade e não discriminação com os trabalhadores nacionais. Para a Corte IDH, o direito à igualdade pertence ao *jus cogens*, o que não depende da ratificação de tratados específicos, como a Convenção Internacional sobre a Proteção dos Direitos de Todos os Trabalhadores Migrantes e dos Membros das suas Famílias.

Desse modo, a Corte exige que os Estados e os particulares assegurem os (i) direitos trabalhistas dos migrantes indocumentados, sem qualquer espécie de discriminação nas relações de trabalho com os direitos previstos aos trabalhadores regulares, observando-se os direitos mínimos estabelecidos internacionalmente. Nisso, é necessário (ii) proibir o trabalho forçado ou obrigatório, bem como (iii) vedar o trabalho infantil, assegurando-se o (iv) direito à associação sindical e o (v) direito à jornada razoável, por exemplo.

A lógica da Corte é a seguinte: o Estado não é obrigado a admitir os migrantes, mas, caso estes estejam no território sob sua jurisdição, não é possível discriminá-los, não assegurando os mesmos direitos previstos aos demais trabalhadores.

Além disso, a Corte IDH decidiu que os migrantes têm o direito de acesso à justiça para fazer valer seus direitos de forma efetiva e em condições de igualdade como qualquer jurisdicionado[310]. Os estrangeiros indocumentados possuem o (i) direito à ampla defesa e (ii) ao devido processo legal, mesmo em casos nos quais sejam discutidas a detenção e futura saída compulsória por meio da expulsão ou deportação[311].

---

[301] Entre os casos da Corte IDH, ver: *Caso Vélez Loor Vs. Panamá*.

[302] Ver, entre outros, Corte Europeia de Direitos Humanos, *Caso Amuur vs. França*, sentença de 25 de junho de 1996, par. 42.

[303] *Opinião consultiva relativa aos direitos dos migrantes indocumentados* (OC-18/03), 2003.

[304] Conferir o *Caso Vélez Loor vs. Panamá* (sentença de 23-11-2010), visto acima neste *Curso*.

[305] Conferir o *Caso de las Niñas Yean y Bosico vs. República Dominicana* (sentença de 8-9-2005), visto acima neste *Curso*.

[306] *Opinião Consultiva sobre o direito à informação sobre a assistência consular em relação às garantias do devido processo legal* (OC -16/99), 1999, visto acima neste *Curso*.

[307] Conferir o *Caso Nadege Dorzema ou outros vs. República Dominicana* (sentença de 24-8-2012), visto acima neste *Curso*.

[308] *Opinião consultiva relativa aos direitos dos migrantes indocumentados* (OC-18/03), 2003.

[309] *Opinião consultiva relativa às crianças migrantes* (OC-21/014), 2014, visto acima neste *Curso*.

[310] Cf. Condição Jurídica e Direitos dos Migrantes Indocumentados, pars. 121 e 122.

[311] Ver também o Caso Vélez Loor *vs.* Panamá, par. 143.

Em síntese, os tratados de direitos humanos não garantem o direito de ingresso de um estrangeiro (salvo o solicitante de refúgio), porém determinam que o Estado deve promover o direito à igualdade aos migrantes, independentemente de seu estatuto migratório, bem como estabelecem o dever de assegurar outros direitos como o acesso à justiça e o devido processo legal.

50.2. Histórico brasileiro do tratamento jurídico ao migrante

No Brasil, o antigo Direito dos Estrangeiros (hoje denominado Direito da Mobilidade Humana) oscilou por três vertentes, que influenciaram a normatividade vigente em cada época: a) a visão tradicional do estrangeiro como elemento estranho à sociedade brasileira e criador de problemas diplomáticos b) a visão tradicional do estrangeiro como imigrante, apto a ser integrado por meio de normas de imigração e naturalização; e c) a visão contemporânea, quando o regime jurídico do tratamento ao *migrante* deve ser visto com base na lógica da gramática dos direitos, fundada na Constituição de 1988 e nos tratados de direitos humanos.

50.2.1. Fase do estrangeiro como inimigo

No Brasil Colônia, sujeito ao pacto colonial e seu monopólio de comércio, o regramento jurídico dos estrangeiros ficou marcado pelos atos de D. Manuel, inspirados pela intolerância religiosa, contra a liberdade de credo de judeus e mouros. Todavia, com as Ordenações Manuelinas (1521-1603), o Reino passou a ter um só direito, marcado por um espírito pragmático, que submetia todas a pessoas, inclusive estrangeiros, às leis portuguesas. Tais leis então vigentes não eram dissonantes à época, salientando mesmo que no Reino de Portugal nunca imperou o chamado direito de albinágio[312] nem o direito de represália[313]. Havia, então, uma certa liberalidade, mas nunca igualdade. Com as Ordenações e Leis do Reino de Portugal de D. Felipe (1603-1867), foi proibida a entrada nas terras do Reino de "ciganos, armênios, árabes, persas e mouriscos de Granada". Caso o fizessem, deveriam ser presos e açoitados com baraço e pregão[314].

Tal cenário mudou sensivelmente com a vinda da família real ao Brasil, em 1808. A Carta Régia de D. João VI decretou a abertura dos portos às nações amigas e o início de um tratamento não discriminatório aos estrangeiros, estimulando-se a imigração. Além disso, o então príncipe regente, por meio de decreto de 25 de novembro de 1808, possibilitou a concessão de terras aos estrangeiros residentes no Brasil, da mesma forma em que, segundo as regras da época, eram concedidas as sesmarias aos portugueses.

Após a Independência, a Constituição de 1824 foi extremamente zelosa quanto à diferença entre o brasileiro e o estrangeiro, com clara mensagem de afirmação da identidade própria do novo Estado. No artigo 6º da Carta imperial, por exemplo, estabeleceu-se a definição de brasileiro, e o artigo 173 e seguintes, que tratava das garantias dos direitos, há a menção já no título do capítulo ao termo "cidadão brasileiro".

A desconfiança em face ao estrangeiro era tamanha que o artigo 91, relativo aos direitos políticos, diferenciava o cidadão brasileiro do *"estrangeiro naturalizado"*, que era excluído de altos cargos da administração imperial. Nesse sentido, o artigo 136 da Constituição proibia aos estrangeiros naturalizados o exercício de cargo de ministro. Além disso, existiam várias restrições aos estrangeiros expressas em leis infraconstitucionais. Entre elas, havia a impossibilidade de advogar, de requerer *habeas corpus*, de assumir a direção de um colégio, entre outros, sendo

---

[312] Direitos que o Fisco recebia na sucessão de estrangeiro.

[313] As chamadas cartas de represálias outorgavam o direito a obter ressarcimento, pelo confisco de bens de estrangeiros, por dívidas contraídas por seus compatriotas. Ver mais em CARVALHO RAMOS, André de. *Responsabilidade Internacional por Violação de Direitos Humanos*. Rio de Janeiro: Renovar, 2004.

[314] Ordenações Filipinas (1603), Livro V, título 69.

possível a expulsão de estrangeiro dito nocivo por ato de soberania, sem que houvesse menção a processo administrativo ou decisão judicial. Apesar de tal enfoque discriminatório, o artigo 178, item 6, estabeleceu o direito de qualquer pessoa a determinadas garantias e liberdades, entre elas a liberdade de religião

Contudo, essas restrições aos estrangeiros coexistiram, por certo período logo após a independência brasileira, com tratamento especial vantajoso do chamado juiz conservador inglês. O juiz conservador inglês (*Conservatory Court*) era escolhido pelos súditos britânicos (com nome, ao final, aprovado pelo Imperador), que julgava sobre todas as causas que envolvessem súditos britânicos em solo brasileiro. Essa jurisdição especial começou por um tratado com Portugal em 1810, renovado pelo Império em 1827. Esse "juiz conservador" insere-se no âmbito dos chamados *tratados desiguais*, uma vez que, é bom lembrar, não havia reciprocidade alguma, apenas vaga promessa de tratamento equânime aos brasileiros perante cortes britânicas. Em 1844, encerrou-se tal jurisdição especial.

50.2.2. Fase do estrangeiro como imigrante e fator de desenvolvimento

A segunda visão do estrangeiro começa a se materializar no Brasil já em sua primeira Constituição republicana, que valorizou o estrangeiro como imigrante e fator de desenvolvimento e riqueza. Imbuída do ideal de liberdade e abolicionismo, a Constituição de 1891 inaugurou a fórmula republicana, existente até hoje, de assegurar direitos aos brasileiros *e* estrangeiros residentes no país, em seu artigo 72. O parágrafo 10º de tal artigo estabeleceu até o direito de ir e vir do território nacional a todos, *mesmo sem passaporte*, o que foi eliminado pela reforma constitucional de 1926.

Aliás, a tolerância com o estrangeiro já foi sentida no Governo provisório, antes mesmo da Constituição. A abolição do passaporte foi feita já em 1890, em nome da liberdade individual e também da confessada necessidade de povoar o Brasil, como reconhece o "considerando" do Decreto n. 512 de 1890, pelo qual a "*vastidão territorial está reclamando o concurso migratório de todos os países de origem para o seu povoamento, riqueza e progresso*". Nesse ponto, de modo claro, ficou registrada uma crítica ao passaporte, que seria uma simples inutilidade vexatória, pois existiriam outros meios mais eficazes de apreensão dos criminosos foragidos.

Assim, a redação da Constituição foi generosa e estabeleceu claramente o princípio da igualdade no parágrafo 2º do referido artigo 72[315]. O estrangeiro foi equiparado ao nacional no que concerne ao uso e gozo dos direitos públicos não políticos e direitos civis. Isso sem contar o artigo 78, que usando *fórmula existente até hoje*, estabeleceu que as garantias e direitos expressos na Constituição *não excluiriam* outras garantias e direitos resultantes da forma de governo e dos princípios constitucionais.

50.2.3. Fase do controle e xenofobia

Essa visão generosa e igualitária sobre os estrangeiros no Brasil logo cedeu ao *medo e desconfiança*, que foram impulsionados por levas de imigrantes italianos *politizados* e desejosos de mudanças no Brasil *agrário e desigual*. Em 1921, foi aprovada a chamada "Lei dos indesejáveis", que vedava a entrada de prostitutas, pessoas portadoras de deficiência física e mental, idosos, bem como estabelecia condições para a expulsão de estrangeiros considerados ativistas políticos.

---

[315] Constituição de 1891, art. 72 – A Constituição assegura a brasileiros e a estrangeiros residentes no País a inviolabilidade dos direitos concernentes à liberdade, à segurança individual e à propriedade, nos termos seguintes: § 2º Todos são iguais perante a lei.

A Revolução Russa de 1917 e a Grande Depressão de 1929 fizeram que houvesse preocupação quanto ao recebimento de estrangeiros e sua permanência no Brasil, tanto por motivos políticos (ameaça "ideológica") quanto econômicos (o estrangeiro "roubando" empregos do nacional). O Estado passou a intervir no domínio econômico e o fez em nome do desenvolvimento nacional, com surto nacionalista e o aumento da xenofobia. Foram criadas, por decretos em 1934, restrições à entrada de imigrantes, dividindo-se os imigrantes entre agricultores e não agricultores, sendo os primeiros obrigados a tal trabalho sob pena de expulsão por descumprimento de obrigação assumida (a chamada imigração dirigida).

Tal tendência de racismo e xenofobia foi inserida na Constituição de 1934. A entrada do estrangeiro foi pela primeira vez restrita em um texto constitucional, que estabeleceu, em seu artigo 121, §6º, que a entrada de imigrantes sofreria as *restrições necessárias* à garantia da (i) integração étnica e (ii) capacidade física e civil do imigrante. Ainda, dispunha o texto que nenhuma corrente migratória de cada país poderia exceder o limite de *dois por cento* sobre o número total dos respectivos nacionais já fixados no Brasil durante os últimos cinquenta anos. Estava *constitucionalizado* o conceito de *cotas de imigração*[316]. E mais, poderia a União proibir a concentração de imigrantes em qualquer ponto do território nacional, bem como estabelecia o artigo 121, § 7º, que a lei deveria regular a "assimilação do alienígena"[317].

Foi estabelecida a competência federal para legislar sobre naturalização, entrada e expulsa dos estrangeiros, extradição, emigração e imigração, que, de acordo com o artigo 5º, XIX, "g", deveria ser regulada e orientada, podendo ser proibida totalmente, inclusive em relação à procedência.

Além disso, a Constituição de 1934 ampliou o rol de direitos *reservados* aos nacionais para incluir, entre outros, o direito de exercício de profissão liberal, podendo a lei fixar um número limite de estrangeiros empregados em determinado ramo, como proteção ao trabalhador nacional.

A Constituição de 1937, com suas feições ditatoriais, só fez aumentar as restrições. Apesar de mencionar ainda o princípio da igualdade de todos, o direito à livre circulação era restrito ao nacional, pois o artigo 122, item 2 estipulava que a lei deveria dispor sobre a *circulação do estrangeiro*. Além disso, a Constituição remeteu à lei a possibilidade de regrar o ingresso e permanência do estrangeiro no Brasil.

Em tal cenário, as leis editadas na época foram sempre rigorosas. O Decreto-lei n. 406, de 1938, facultava ao Governo Federal a proibição de entrada de estrangeiros por *motivos econômicos, sociais ou raciais*, criando ainda o Conselho de Imigração e Colonização.

50.2.4. Fase da segurança nacional

Com o fim da ditadura do Estado Novo e a redemocratização, a Constituição de 1946 eliminou o sistema de cotas, apesar de delegar à lei ordinária o estabelecimento dos requisitos ao ingresso dos estrangeiros, e, principalmente, resgatou o ideal de igualdade e garantia de inviolabilidade dos direitos de todos, brasileiros e estrangeiros.

Esse preceito genérico era acompanhado de restrições tópicas, como os vários "privilégios de nacionais", tal qual a navegação de cabotagem (já existente na Constituição de 1891),

---

[316] *In verbis*: "§ 6ª A entrada de imigrantes no território nacional sofrerá as restrições necessárias à garantia da integração étnica e capacidade física e civil do imigrante, não podendo, porém, a corrente imigratória de cada país exceder, anualmente, o limite de dois por cento sobre o número total dos respectivos nacionais fixados no Brasil durante os últimos cinquenta anos".

[317] *In verbis*: "§ 7º É vedada a concentração de imigrantes em qualquer ponto do território da União, devendo a lei regular a seleção, localização e assimilação do alienígena".

proprietários, armadores e 2/3 da tripulação de navios brasileiros, acionistas de empresas jornalísticas, proprietários de faixas de fronteira, entre outros.

As Constituições de 1967 e 1969 trataram do estrangeiro em poucos tópicos, com restrições a direitos e determinados cargos. Entretanto, o fluxo imigratório começou a perder fôlego e o tema passou a não mais figurar na agenda política.

Em 1980, nos estertores do regime militar, houve a edição da Lei n. 6.815/80, sem maior análise por parte do Congresso de então (aprovação por decurso de prazo) e que, de modo revelador, continuou a reger o tema no Brasil até 2017 (quase trinta anos após a edição da CF/88), ano no qual foi editada a Lei de Migração (Lei n. 13.445), que revogou expressamente o Estatuto do Estrangeiro.

50.2.5. A CF/88 e a fase da igualdade e garantia de direitos

A CF/88, em linha com seu fundamento de proteção à dignidade da pessoa humana, garantiu expressamente, ao brasileiro e ao estrangeiro residente, a "inviolabilidade do direito à vida, à liberdade, à igualdade, à segurança e à propriedade" (art. 5º, *caput*).

De início, a CF/88 limitou ao "estrangeiro residente" a titularidade de direitos fundamentais. Ocorre que tal restrição ofende os princípios basilares de um Estado Democrático de Direito (art. 1º), pois permitiria, *ad terrorem*, a privação do direito à vida ou integridade física do turista estrangeiro, por exemplo. Como visto, é pacífica na doutrina a extensão da titularidade de direitos fundamentais a *todos* os estrangeiros. Tal extensão justifica-se de diversos modos: (i) o Estado Democrático de Direito, previsto no art. 1º da CF/88, não admite a privação de direitos com base no critério da "não residência", que não possui qualquer pertinência com o exercício de tais direitos básicos; (ii) tratar os estrangeiros não residentes como desprovidos de direitos ofende um dos fundamentos da República, que é promoção da dignidade humana (art. 1º, inciso III); (iii) o reconhecimento pela CF/88 dos *direitos decorrentes* dos tratados internacionais de direitos humanos (art. 5º, § 2º) já ratificados pelo Brasil permite deduzir que tais tratados, como o Pacto Internacional sobre Direitos Civis e Políticos ou a Convenção Americana de Direitos Humanos, estendem a todos, estrangeiros residentes ou não, a titularidade dos direitos humanos[318].

No Direito Comparado, a Constituição portuguesa de 1976 estabelece, em seu artigo 15, que os estrangeiros *residentes* e também os que se *encontrem* em Portugal gozam dos direitos do cidadão português, com exceção dos direitos políticos, das funções públicas e dos direitos reservados quer na Constituição ou lei aos nacionais[319].

Após 1988, houve várias reformas constitucionais, que buscaram amenizar as diferenças de tratamento normativo entre brasileiros e estrangeiros. Eliminou-se a menção a empresas brasileira de capital nacional; alterou-se também a exploração de recursos minerais e hidráulicos, agora possível também a sociedades organizadas no Brasil e não só a brasileiros como antes; levantou-se a reserva a brasileiros no setor de navegação (EC 7); além de ter-se permitido a concessão de serviços públicos de relevo a particulares mesmo que estrangeiros e não somente a empresas sob controle acionário estatal. Até mesmo o acesso a cargos públicos pode ser facultado a estrangeiros, de acordo com o artigo 37, I, e no caso das universidades, no artigo 207.

---

[318] Ver precedentes dessa extensão de direitos aos estrangeiros não residentes na Parte IV, item 2, deste *Curso*.

[319] "Artigo 15º Estrangeiros, apátridas, cidadãos europeus. 1. Os estrangeiros e os apátridas que se encontrem ou residam em Portugal gozam dos direitos e estão sujeitos aos deveres do cidadão português. 2. Exceptuam-se do disposto no número anterior os direitos políticos, o exercício das funções públicas que não tenham carácter predominantemente técnico e os direitos e deveres reservados pela Constituição e pela lei exclusivamente aos cidadãos portugueses. (...)."

50.3. A nova Lei de Migração (Lei n. 13.445/2017)

50.3.1. Aspectos gerais da nova lei

Foi publicada em 25 de maio de 2017 a nova Lei de Migração (Lei n. 13.445/2017), que revogou expressamente o Estatuto do Estrangeiro (Lei n. 6.815/80) e a Lei n. 818/49 (que regulava a aquisição, perda e reaquisição da nacionalidade). São 125 artigos, aprovados em um trâmite com ampla participação da academia, sociedade civil e partidos da situação e oposição, retratando um consenso pluripartidário em torno do projeto[320].

A adoção de um novo marco jurídico regulatório das migrações atende a um pleito antigo e a uma necessidade urgente de revogação do Estatuto do Estrangeiro de 1980. Na era da intensa mobilidade humana internacional, surgem (i) oportunidades para o Brasil se beneficiar da diversidade e do multiculturalismo, bem como (ii) deveres de proteção para impedir a construção jurídica de vulnerabilidades e a superexploração de migrantes, em prejuízo à toda sociedade.

O eixo central da nova lei é a *proteção de direitos humanos na temática das migrações*, intuída já na escolha da epígrafe: trata-se de uma lei de migração, aplicando-se ao migrante que vive no Brasil e, inclusive, ao brasileiro que vive no exterior. O reconhecimento da universalidade, indivisibilidade e interdependência dos direitos humanos como princípio de regência da política migratória brasileira (art. 3º, I) é decorrência da proteção da dignidade humana, vetor axiológico da Constituição (art. 1º, III) e dos tratados de direitos humanos celebrados pelo Brasil.

Ao contrário do agora revogado Estatuto do Estrangeiro (adotado na ditadura militar e inspirado na doutrina de segurança nacional), a nova lei é fruto da constatação de que negar direitos, gerar entraves burocráticos na regularização migratória, atuar com arbítrio e sem coerência, são condutas que *não* reduzem o deslocamento de pessoas, mas apenas degradam as condições de vida do migrante, bem como prejudicam empresas, trabalhadores e a sociedade em geral.

A lei avança ao prever uma série de princípios e diretrizes que conformam a atuação dos órgãos públicos à luz da gramática dos direitos humanos. Ao migrante é garantida, em condição de igualdade com os nacionais, a inviolabilidade do direito à vida, à liberdade, à igualdade, à segurança e à propriedade, assegurando-lhe também os direitos e liberdades civis, sociais, culturais e econômicos (art. 4º, *caput* e inciso I).

Estabelece-se, com o novo marco legal, a regra geral de vedação da discriminação e proibição do arbítrio na entrada, permanência e saída compulsória do migrante, com várias menções ao direito de ser informado e de obter assistência jurídica integral. Essas normas serão valiosos instrumentos para orientar a ação de agentes públicos envolvidos nas questões migratórias e deverão pautar a interpretação do Poder Judiciário, quando provocado para coibir abusos e discriminações.

Por sua vez, a Lei não prejudica a aplicação de normas internas e internacionais específicas sobre refugiados, asilados, agentes e pessoal diplomático ou consular, funcionários de organização internacional e seus familiares (art. 2º da Lei n. 13.445/2017). Os refugiados e solicitantes de refúgio continuam a ser regidos pela Lei n. 9.474/97 (art. 121).

A lei foi regulamentada pelo Decreto n. 9.199, de 2017.

---

[320] O autor deste *Curso* foi membro da Comissão de Especialistas, nomeada pelo Ministro da Justiça, que redigiu anteprojeto de lei de migração, parcialmente utilizada nos trabalhos congressuais (Portaria n. 2.162, de 31-5-2013 do Ministro da Justiça).

50.3.2. As principais características

Seguem abaixo as principais novidades da Lei:

1) **Define cinco categorias de migrantes**. O (i) *imigrante* é a pessoa nacional de outro país ou apátrida que trabalha ou reside e se estabelece temporária ou definitivamente no Brasil; o (ii) *emigrante* é o brasileiro que se estabelece temporária ou definitivamente no exterior; o (iii) *residente fronteiriço* é a pessoa nacional de país limítrofe ou apátrida que conserva a sua residência habitual em município fronteiriço de país vizinho; o (iv) *visitante* é pessoa nacional de outro país ou apátrida que vem ao Brasil para estadas de curta duração, sem pretensão de se estabelecer temporária ou definitivamente no território nacional; e o (v) *apátrida* é pessoa que não seja considerada como nacional por nenhum Estado, segundo a sua legislação, nos termos da Convenção sobre o Estatuto dos Apátridas, de 1954, ou assim reconhecida pelo Estado brasileiro.

2) **Estabelece 22 princípios e diretrizes da política migratória brasileira**, que podem ser divididos da seguinte maneira: (i) *princípios gerais de direitos humanos,* como: universalidade, indivisibilidade e interdependência dos direitos humanos; repúdio e prevenção à xenofobia, ao racismo e a quaisquer formas de discriminação; direito à reunião familiar; (ii) *princípios referentes a direitos específicos dos migrante,* como: não discriminação em razão dos critérios ou dos procedimentos pelos quais a pessoa foi admitida em território nacional; acesso igualitário e livre do migrante a serviços, programas e benefícios sociais, bens públicos, educação, assistência jurídica integral pública, trabalho, moradia, serviço bancário e seguridade social; inclusão social, laboral e produtiva do migrante por meio de políticas públicas; igualdade de tratamento e de oportunidade ao migrante e a seus familiares; proteção integral e atenção ao superior interesse da criança e do adolescente migrante; (iii) *diretrizes de ação governamental nacional,* como: promoção do reconhecimento acadêmico e do exercício profissional no Brasil, nos termos da lei; não criminalização da migração; promoção de entrada regular e de regularização documental do migrante; acolhida humanitária; desenvolvimento econômico, turístico, social, cultural, esportivo, científico e tecnológico do Brasil; promoção e difusão de direitos, liberdades, garantias e obrigações do migrante; diálogo social na formulação, na execução e na avaliação de políticas migratórias e promoção da participação cidadã do migrante; repúdio a práticas de expulsão ou de deportação coletivas; (iv) *diretrizes de ação governamental internacional,* como: fortalecimento da integração econômica, política, social e cultural dos povos da América Latina, mediante constituição de espaços de cidadania e de livre circulação de pessoas; cooperação internacional com Estados de origem, de trânsito e de destino de movimentos migratórios, a fim de garantir efetiva proteção aos direitos humanos do migrante; integração e desenvolvimento das regiões de fronteira e articulação de políticas públicas regionais capazes de garantir efetividade aos direitos do residente fronteiriço; migração e desenvolvimento humano no local de origem, como direitos inalienáveis de todas as pessoas; proteção ao brasileiro no exterior e, finalmente, a diretriz de observância ao disposto em tratado.

3) **O rol dos direitos dos migrantes**. A lei enumera os direitos dos migrantes, estipulando, ainda que seu exercício será realizado de acordo com CF/88 e "independentemente da situação migratória", sem excluir outros decorrentes dos tratados celebrados pelo Brasil (criando os *direitos migratórios decorrentes* – art. 4º, § 1º). São assegurados aos migrantes os seguintes direitos: (i) *direitos civis e sociais em geral*: é garantida, em condição de igualdade com os nacionais, a inviolabilidade do *direito à vida*, à *liberdade*, à *igualdade*, à *segurança* e à *propriedade*; foram assegurados também, genericamente, "direitos e liberdades civis, sociais, culturais e econômicos". (ii) *direitos civis específicos:* direito à *liberdade de circulação* em território nacional; direito à *reunião familiar* do migrante com seu cônjuge ou companheiro e seus filhos, familiares e dependentes; direito de *reunião* para fins pacíficos; direito de *associação*, inclusive sindical, para fins lícitos; direito de *acesso à justiça* e à *assistência jurídica* integral; direito de

acesso à informação e garantia de confidencialidade quanto aos dados pessoais do migrante, nos termos da Lei n. 12.527/2011 (Lei de Acesso à Informação, estudada acima neste *Curso);* direito de *sair,* de *permanecer* e de *reingressar* ao território nacional, mesmo enquanto pendente pedido de autorização de residência, de prorrogação de estada ou de transformação de visto em autorização de residência; direito do imigrante de ser *informado* sobre as garantias que lhe são asseguradas para fins de regularização migratória; (iii) *direitos sociais específicos*: direito de acesso a serviços públicos de *saúde* e de *assistência social* e à *previdência social*, nos termos da lei, sem discriminação em razão da nacionalidade e da condição migratória; direito à *educação pública,* vedada a discriminação em razão da nacionalidade e da condição migratória; garantia de cumprimento de obrigações legais e contratuais *trabalhistas* e de aplicação das normas de proteção ao trabalhador, sem discriminação em razão da nacionalidade e da condição migratória; direito de *transferir* recursos decorrentes de sua renda e economias pessoais a outro país, observada a legislação aplicável; direito a isenção das taxas estipuladas pela Lei de Migração, mediante declaração de hipossuficiência econômica, na forma de regulamento; direito a abertura de conta bancária.

4) **O visto.** O visto consiste em ato unilateral pelo qual o Estado manifesta sua predisposição em permitir o ingresso de um estrangeiro no território nacional. Trata-se de *expectativa de direito,* não gerando o direito adquirido de ingresso. Na ótica do Estado, o visto não elimina a necessidade de verificação de documentos no desembarque e, por isso, cada vez mais os Estados buscam acordos de eliminação de vistos. Conforme a nova lei, os vistos podem ser: (i) de visita; (ii) temporário; (iii) diplomático; (iv) oficial; e (v) de cortesia. O *visto de visita* abrange o visto de turismo, de negócios, de trânsito (não é exigido quando o passageiro não venha a deixar a área de trânsito internacional), de atividades artísticas ou desportivas, bem como outras hipóteses definidas em regulamento. É vedado ao beneficiário de visto de visita exercer atividade remunerada no Brasil, podendo, contudo, receber pagamento do governo, de empregador brasileiro ou de entidade privada *a título de diária, ajuda de custo, cachê, pró-labore ou outras despesas com a viagem,* bem como concorrer a prêmios em competições desportivas, em concursos artísticos ou culturais. O *visto temporário* poderá ser concedido ao imigrante que venha ao Brasil com o intuito de estabelecer residência por tempo determinado e que se enquadre em pelo menos uma das seguintes hipóteses: a) pesquisa, ensino ou extensão acadêmica; b) tratamento de saúde; c) acolhida humanitária; d) estudo; e) trabalho; f) férias-trabalho; g) prática de atividade religiosa ou serviço voluntário; h) realização de investimento ou de atividade com relevância econômica, social, científica, tecnológica ou cultural; i) reunião familiar; j) atividades artísticas ou desportivas com contrato por prazo determinado; k) o imigrante seja beneficiário de tratado em matéria de vistos; e l) outras hipóteses definidas em regulamento. Outra novidade da Lei de Migração foi a criação do *visto temporário para acolhida humanitária* que pode ser concedido ao *apátrida ou ao nacional de qualquer país* em (i) situação de grave ou iminente instabilidade institucional; de (ii) conflito armado; (iii) de calamidade de grande proporção; de (iv) desastre ambiental; ou de (v) grave violação de direitos humanos; ou de (vi) direito internacional humanitário; ou (vi) em outras hipóteses, na forma de regulamento. Além da negativa de visto aos (i) que não preencherem os requisitos para o tipo específico pleiteado (por exemplo, visto para atividade desportiva não demonstrada), o visto ainda não será concedido a (ii) menor de 18 anos desacompanhado ou sem autorização de viagem por escrito dos responsáveis legais ou de autoridade competente; bem como (iii) a indivíduo que estiver em *determinadas situações de impedimento de ingresso.* As situações de impedimento de ingresso que impedem a concessão de visto são: (i) expulsão anterior ainda produzindo efeito; (ii) condenação ou mero processo por ato de terrorismo ou ainda por crime de genocídio, crime contra a humanidade, crime de guerra ou crime de agressão (crimes definidos conforme o Estatuto do Tribunal Penal Internacional); (iii) condenação ou mero processo por crime doloso em outro país passível de extradição segundo a lei brasileira;

(iv) ter o nome incluído em lista de restrições por ordem judicial ou por compromisso assumido pelo Brasil perante organismo internacional; e (v) ter praticado ato contrário aos princípios e objetivos dispostos na CF/88. Assim, as hipóteses de impedimento ao ingresso (ver a seguir) servem, paralelamente, para que não se conceda visto. Caso seja concedido, assim mesmo o agente federal nas fronteiras poderá impedir o ingresso.

5) **A autorização de residência**. Após a extinção do antigo "visto permanente", a lei criou, em seu lugar, a autorização de residência ao imigrante, independentemente de sua situação migratória ou visto de entrada. Assim, o migrante ingressa no Brasil com o visto temporário, de visita ou ainda autorização para o residente fronteiriço, podendo solicitar autorização de residência caso cumpra os requisitos previstos no art. 30 e regulamento posterior (demonstrando a finalidade admitida pela lei, que reproduz as hipóteses do visto temporário, agregando outras). A autorização de permanência aplica-se aos imigrantes que têm a finalidade de aqui residirem por motivo pesquisa, ensino ou extensão acadêmica, tratamento de saúde, acolhida humanitária, trabalho, *entre outros*, bem como para os beneficiários de tratado em matéria de residência e livre circulação (caso dos nacionais oriundos de Estados do Mercosul).

6) **O residente fronteiriço.** A lei outorgou direitos ao residente fronteiriço, que é a pessoa nacional (ou apátrida) residente em município fronteiriço de *país limítrofe* ao Brasil. Mediante requerimento, pode-se obter autorização para praticar atos da vida civil, recebendo documento de residente fronteiriço.

7) **A proteção do apátrida e da redução da apatridia**. A lei inova ao estabelecer, de modo condizente com as duas Convenções sobre Apatridia (1954 e 1961, ratificadas pelo Brasil e analisadas acima neste *Curso),* o processo de reconhecimento da condição de apátrida, que visa determinar se o interessado é considerado nacional pela legislação de algum Estado. Após essa determinação, o apátrida reconhecido terá (i) direito de adquirir a nacionalidade derivada brasileira (naturalização) e (ii) mesmo que não queira se naturalizar, terá autorização de residência em definitivo. Aplicam-se ao apátrida residente todos os direitos atribuídos ao migrante vistos acima.

8) **A proteção do asilado**. Foi previsto na lei que o asilo político constitui ato discricionário do Estado, podendo ser *diplomático* ou *territorial* e será outorgado como instrumento de proteção à pessoa, na forma de regulamento. Há duas restrições expressas na lei: (i) não pode ser concedido asilo a quem tenha cometido crime de genocídio, crime contra a humanidade, crime de guerra ou crime de agressão, nos termos do Estatuto de Roma do Tribunal Penal Internacional (estudado acima neste *Curso) e* (ii) a saída do asilado do Brasil sem prévia comunicação implica *renúncia* ao asilo.

9) **O impedimento de ingresso.** A lei regulou o chamado "impedimento de ingresso", buscando reduzir arbitrariedades dos agentes públicos na admissão de migrantes no território nacional. Exige-se agora que o *impedimento de ingresso* seja feito após (i) *entrevista individual* e mediante (ii) *ato fundamentado*, o que já assegura o *controle* pelo Ministério Público e pelo Poder Judiciário federais para prevenir e punir atos abusivos. São motivos elencados na lei para o impedimento: I – pessoa expulsa anteriormente, enquanto os efeitos da expulsão vigorarem (ver abaixo o regramento da *expulsão)*; II – pessoa condenada ou respondendo a processo por *crimes de jus cogens,* a saber: ato de terrorismo ou por crime de genocídio, crime contra a humanidade, crime de guerra ou crime de agressão, nos termos definidos pelo Estatuto de Roma do Tribunal Penal Internacional; III – condenada ou respondendo a processo em outro país por *crime doloso passível de extradição* (ver o estudo sobre *extradição* neste *Curso);* segundo a lei brasileira; IV – que tenha o nome incluído em lista de restrições por ordem judicial ou por compromisso assumido pelo Brasil perante organismo internacional (por exemplo, a lista de pessoas que não podem viajar do Conselho de Segurança da ONU, por suspeita de

envolvimento com terrorismo); V – que apresente documento de viagem que: a) não seja válido para o Brasil; b) esteja com o prazo de validade vencido; ou c) esteja com rasura ou indício de falsificação; VI – que não apresente documento de viagem ou documento de identidade, quando admitido; VII – cuja razão da viagem não seja condizente com o visto ou com o motivo alegado para a isenção de visto; VIII – que tenha, comprovadamente, fraudado documentação ou prestado informação falsa por ocasião da solicitação de visto; ou IX – que tenha praticado ato contrário aos princípios e objetivos dispostos na Constituição Federal. Este último motivo é extremamente amplo, devendo ser *fundamentado* e responder por desvio de finalidade o agente público que dele se utilizar somente por razões políticas (por exemplo, impedir o ingresso de ativista estrangeiro crítico ao governo) ou discriminatórias de qualquer natureza. Para evitar esses abusos, o art. 45, parágrafo único, estipula que ninguém será impedido de ingressar no País por motivo de *raça, religião, nacionalidade, pertinência a grupo social ou opinião política*. Em 2019, o Ministério da Justiça editou a Portaria n. 666 – depois substituída pela Portaria n. 770 –, que tratou do impedimento de ingresso, da repatriação e da deportação sumária de pessoa perigosa ou que tenha praticado ato contrário aos princípios e objetivos dispostos na Constituição Federal, que será analisada abaixo.

10) **O emigrante.** De maneira inédita, a Lei de Migração trata das políticas públicas e direitos dos *emigrantes*. Quanto aos direitos, o emigrante ganhou isenção de direitos de importação e de taxas aduaneiras incidentes sobre os bens novos ou usados que ele trouxer ao Brasil no seu retorno para residência definitiva, desde que sejam para uso ou consumo pessoal e profissional. Também foi assegurado o direito de *assistência* ao emigrante pelas representações brasileiras no exterior em caso de ameaça à paz social e à ordem pública por grave ou iminente instabilidade institucional ou de calamidade de grande proporção na natureza. Entre as políticas públicas previstas na lei, está a promoção de condições de *vida digna do brasileiro no exterior*, por meio, entre outros, da facilitação do registro consular e da prestação de serviços consulares relativos às áreas de educação, saúde, trabalho, previdência social e cultura.

11) **A retirada compulsória.** A retirada compulsória também foi regulamentada, com destaque para novas regras sobre os institutos da (i) repatriação, (ii) deportação e (iii) expulsão, além da previsão para atuação da Defensoria Pública da União nos procedimentos, o que inibe atos arbitrários ou discriminatórios, como veremos a seguir neste *Curso*.

12) **A cooperação jurídica internacional em matéria penal**. A nova a lei de migração, tal qual o Estatuto do Estrangeiro revogado, manteve a disciplina de matérias estranhas ao tema do migrante, como a cooperação jurídica internacional em suas espécies (i) extradição (vista acima) e (ii) transferência de sentenciados.

13) **O registro e identificação civil.** Foi criado o Registro Nacional Migratório, que substitui o antigo Registro Nacional de Estrangeiro (art. 117).

14) **A falta de previsão de um órgão administrativo centralizado e específico**. A Lei de Migração foi originada de projeto de lei do Senador Aloysio Nunes Ferreira, não tendo o Poder Executivo encaminhado o anteprojeto de lei elaborado pela Comissão de Especialistas (da qual o Autor deste *Curso* fez parte) em 2013. O substitutivo do Senador Ricardo Ferraço incorporou diversos artigos do Anteprojeto, mas, por não ser um projeto de iniciativa do Presidente da República, não houve a possibilidade de se criar a "Autoridade Nacional Migratória" (que havia sido regrada detalhadamente no Anteprojeto da Comissão de Especialistas do Ministério da Justiça – da qual o Autor deste *Curso* participou). Tal órgão atuaria como uma *agência com participação social*, eliminando-se a fragmentação administrativa existente, na qual atua na matéria inclusive a Polícia Federal (na qualidade de agente administrativo de migração, desviando recursos humanos da sua função essencial e típica de Polícia Judiciária da União). Por isso, a Lei não faz também menção ao Conselho Nacional de Imigração, que foi criado pelo Estatuto do

Estrangeiro (Lei n. 6.815/80 – art. 129), agora revogado, cujas resoluções preencheram, ao longo das décadas, lacunas e atualizaram a aplicação da antiga lei. Contudo, a Lei n. 13.844/2019 (revogada pela Lei n. 14.600/2023) previu o *Conselho Nacional de Imigração* como órgão integrante do Ministério da Justiça e Segurança Pública (art. 38, VIII). O Decreto n. 9.199, de 20 de novembro de 2017, regulamentou a Lei de Migração, e estabeleceu regras sobre o CNIg. Em 2019 foi publicado o Decreto n. 9.873, em 27 de junho, que dispõe sobre o Conselho Nacional de Imigração e disciplina suas competências (ainda em vigor em agosto de 2023). Atualmente, o CNIg é órgão colegiado e vinculado ao Ministério da Justiça e da Segurança Pública.

15) **Os vetos.** De se lamentar a grande maioria dos vetos impostos no momento da sanção presidencial, em especial o referente à (i) garantia do direito à livre circulação dos povos indígenas em terras tradicionalmente ocupadas (art. 1º, § 2º), e o relativo à (ii) anistia e regularização migratória (art. 116). Alguns dos vetos podem ser contornados pela via interpretativa, tal qual o que eliminou a (iii) previsão do acesso a serviços públicos de saúde ao visitante, que pode ser superado pela previsão constitucional de universalização do direito à saúde. Já outros vetos simplesmente não gerarão efeito, tal qual aquele que (iv) eliminou a definição de "migrante" contida no art. 1º, § 1º, I, mas mantive, ao longo da lei, o uso do termo.

50.4. As medidas administrativas de retirada compulsória do imigrante

50.4.1. Aspectos gerais

A *retirada* consiste em um conjunto de medidas pelo qual o Brasil determina que estrangeiro (imigrante, visitante ou apátrida na linguagem da Lei de Migração) seja afastado do território nacional. Pode ser classificada em dois grupos: *a retirada compulsória administrativa* e a *retirada cooperacional*.

A *retirada compulsória administrativa* é aquela feita pelas autoridades administrativas brasileiras em virtude do desrespeito, pelo indivíduo retirado, de regras que regulam a entrada e permanência no Brasil. Ocorre nas hipóteses de *repatriação*, *deportação* e *expulsão*, sendo o indivíduo devolvido para seu país de nacionalidade ou de procedência.

Já a *retirada cooperacional* é aquela que é feita pelas autoridades brasileiras a pedido ou anuência de Estado estrangeiro ou por organização internacional como o Tribunal Penal Internacional, sendo medida de cooperação jurídica internacional em matéria penal. Suas espécies tradicionais são a *extradição*, a *entrega (aos tribunais internacionais penais)* e a *transferência de pessoa condenada*[321].

Nos casos de deportação ou expulsão, o chefe da unidade da Polícia Federal poderá representar perante o juízo federal para que sejam tomadas providências que assegurem a retirada, respeitados, nos procedimentos judiciais, os direitos à ampla defesa e ao devido processo legal (art. 48 da Lei n. 13.445/17). Resta saber o conteúdo e o resultado dessa representação, pois a lei nada menciona. Sob a égide do Estatuto do Estrangeiro, consolidou-se a prática judicial de decretação de prisão especial (natureza cível) para fins de retirada compulsória. Como a nova lei é *omissa* e seu conteúdo é informado pela proteção de direitos humanos, a representação poderia significar somente a condução coercitiva para o transporte para fora do território nacional, já que não é possível a imposição de prisão (mesmo que de natureza não criminal) sem previsão legal. Contudo, o art. 211 do Decreto n. 9.199/17 optou pelo uso analógico do Código de Processo Penal, dispondo que o delegado da Polícia Federal poderá representar perante o juízo federal pela (i) prisão ou (ii) por outra medida cautelar, observado o disposto no CPP.

---

[321] Estudamos acima a *extradição* e a *entrega* acima neste *Curso*. Sobre a transferência de pessoa condenada, ver ABADE, Denise Neves. *Direitos Fundamentais na cooperação jurídica internacional*. São Paulo: Saraiva, 2013.

De nenhum modo, a retirada compulsória de indivíduo pode significar a sua devolução a Estado no qual seu direito à vida, à integridade pessoal ou à liberdade pessoal esteja em risco de violação por causa da sua raça, nacionalidade, religião, condição social ou de suas opiniões políticas (conforme previsto no art. 22.8 da Convenção Americana de Direitos Humanos e ainda no art. 3º.1 da Convenção da ONU contra a Tortura e outros tratamentos ou penas cruéis, desumanos ou degradantes).

50.4.2. A repatriação

A repatriação consiste em medida administrativa fundamentada de devolução de pessoa em situação de *impedimento de ingresso* ao país de procedência ou de nacionalidade. Era previsto em atos administrativos (sem apoio legal) da Polícia Federal e agora foi inserida na nova Lei de Migração. Seu uso é feito na zona de fronteira, quando detectado impedimento, pelo agente público, à entrada regular no nosso território. A repatriação deve ser fundamentada, o que permite o seu controle.

A Polícia Federal, como agente administrativo de migração, comunicará o ato fundamentado de repatriação à empresa transportadora e à autoridade consular do país de procedência ou de nacionalidade do migrante ou do visitante, ou a quem o representa.

A lei prevê casos de *repatriação proibida:* (i) não será aplicada medida de repatriação à pessoa em situação de refúgio ou de apatridia, de fato ou de direito[322], (ii) ao menor de 18 anos desacompanhado ou separado de sua família, exceto nos casos em que se demonstrar favorável para a garantia de seus direitos ou para a reintegração a sua família de origem; (iii) a quem necessite de acolhimento humanitário; (iv) quando a medida de devolução a um Estado possa apresentar risco à vida, à integridade pessoal ou à liberdade da pessoa.

A Defensoria Pública da União será notificada, preferencialmente por via eletrônica, no caso da (i) repatriação proibida ou (ii) quando a repatriação imediata não seja possível. Entendo que essas hipóteses restritas de notificação à Defensoria Pública da União não impedem o exercício de suas atribuições constitucionais de defesa dos vulneráveis, podendo a Defensoria atuar em todos os casos de repatriação.

50.4.3. A deportação

A deportação é medida decorrente de procedimento administrativo que consiste na retirada compulsória de pessoa que se encontre em situação migratória irregular em território nacional. A situação migratória irregular pode ter sido gerada tanto por sua (i) entrada irregular ou por (ii) sua permanência irregular. São casos tradicionais de deportação a permanência após o esgotamento do prazo do visto ou a realização de atividades não permitidas pelo visto daquele migrante.

A nova Lei possibilita o *saneamento da irregularidade,* pois a deportação será precedida de notificação pessoal ao deportando, da qual constem, expressamente, as irregularidades verificadas e prazo para a regularização não inferior a 60 dias, podendo ser prorrogado, por igual período, por despacho fundamentado e mediante compromisso de a pessoa manter atualizadas suas informações domiciliares. Esses prazos podem ser reduzidos na hipótese de a pessoa, em situação irregular, ter ainda cometido "ato contrário aos princípios e objetivos dispostos na Constituição Federal" (art. 45, IX).

Outro avanço significativo foi a exigência de que os procedimentos conducentes à deportação devem respeitar o contraditório e a ampla defesa, e a garantia de recurso com efeito suspensivo.

---

[322] Sobre a apatridia *de jure* e *de facto,* ver a análise das Convenções de Apatridia neste *Curso.*

A Defensoria Pública da União deverá ser notificada, preferencialmente por meio eletrônico, para prestação de assistência ao deportando em todos os procedimentos administrativos de deportação. A ausência de manifestação da Defensoria Pública da União, desde que prévia e devidamente notificada, não impedirá a efetivação da medida de deportação.

Somente vencido o prazo sem que se regularize a situação migratória, a deportação poderá ser executada. A saída voluntária de pessoa notificada para deixar o País equivale ao cumprimento da notificação de deportação.

A lei prevê um caso de *deportação condicionada à autorização*: em se tratando de apátrida, o procedimento de deportação dependerá de prévia autorização da autoridade competente (Ministério da Justiça, atualmente).

Também foi previsto caso de *deportação proibida*, na hipótese da medida configurar extradição não admitida pela legislação brasileira.

50.4.4. A expulsão

A expulsão consiste em medida administrativa de retirada compulsória de migrante ou visitante do território nacional, que resulta com seu impedimento de reingresso por prazo determinado.

O instituto da expulsão sofreu grande alteração com a Lei de Migração, *deixando* de ser utilizado para a saída compulsória de estrangeiro que cometeu *ato nocivo aos interesses nacionais*, tal qual preconizava a revogada Lei n. 6.815/80. Essa lei revogada considerava ser passível de expulsão o estrangeiro que, de qualquer forma, atentasse contra a segurança nacional, a ordem política ou social, a tranquilidade ou moralidade pública e a economia popular, ou cujo procedimento o tornasse nocivo à conveniência e aos interesses nacionais.

Com a nova lei, esses conceitos indeterminados referente a "atos nocivos aos interesses nacionais" que tanto geraram abusos durante o regime militar, deixam de servir como fundamento para a expulsão.

Agora, a expulsão é mais restrita e só ocorrerá em virtude de *condenação por crime grave com sentença transitada em julgado*. Evita-se, assim, a discricionariedade política do Poder Executivo na expulsão, o que é salutar em um Estado Democrático de Direito.

Assim, a nova Lei estipula que poderá dar causa à expulsão a *condenação com sentença transitada em julgado* relativa à prática de: I – *crimes de jus cogens*, a saber: crime de genocídio, crime contra a humanidade, crime de guerra ou crime de agressão, nos termos definidos pelo Estatuto de Roma do Tribunal Penal Internacional (já estudado acima neste *Curso*); II – crime comum doloso passível de pena privativa de liberdade, consideradas a gravidade e as possibilidades de ressocialização em território nacional. Assim, é possível que o indivíduo, mesmo condenado, não seja expulso.

Há duas consequências da determinação de expulsão do imigrante: (i) sua retirada compulsória do território nacional e (ii) seu impedimento de reingresso, por prazo fixado na medida de expulsão. Nessa segunda consequência, o prazo de vigência da medida de impedimento vinculada aos efeitos da expulsão será *proporcional* ao prazo total da pena aplicada e nunca será superior ao dobro de seu tempo (art. 54, § 4º).

Atendendo à crítica antiga da doutrina quanto à ausência de prazo para o reingresso do estrangeiro expulso (que só poderia retornar com a revogação do decreto de expulsão[323]), a Lei de Migração definiu que o prazo de vigência da medida de impedimento vinculada aos efeitos

---

[323] Criticando essa ausência de prazo do decreto de expulsão na vigência do Estatuto do Estrangeiro, ver PARDI, Luis Vanderlei. *O regime jurídico da expulsão de estrangeiros no Brasil*. São Paulo: Almedina, 2015.

da expulsão será *proporcional* ao prazo total da pena criminal aplicada e *nunca será superior* ao dobro de seu tempo.

O processamento da expulsão em caso de crime comum *não* prejudicará a (i) progressão de regime, o (ii) cumprimento da pena, a (iii) suspensão condicional do processo, a (iv) comutação da pena ou a (v) concessão de pena alternativa, de (vi) indulto coletivo ou individual, de (vii) anistia ou de (viii) quaisquer benefícios concedidos em igualdade de condições ao nacional brasileiro.

Caberá ao Ministério da Justiça (atualmente a autoridade competente) instaurar procedimento administrativo de expulsão, estipulando a duração do impedimento de reingresso, bem como a suspensão ou a revogação dos efeitos da expulsão.

No processo administrativo de expulsão, serão garantidos o contraditório e a ampla defesa. A Defensoria Pública da União será notificada da instauração de processo de expulsão, se não houver defensor constituído. Caberá pedido de reconsideração da decisão sobre a expulsão no prazo de 10 dias, a contar da notificação pessoal do expulsando. A existência de processo de expulsão não impede a saída voluntária do expulsando do País.

Contudo, há restrições à expulsão, que não ocorrerá (mesmo sendo, inicialmente, possível) quando: I – a medida configurar extradição inadmitida pela legislação brasileira; II – o expulsando: a) tiver filho brasileiro que esteja sob sua guarda ou dependência econômica ou socioafetiva ou tiver pessoa brasileira sob sua tutela; b) tiver cônjuge ou companheiro residente no Brasil, sem discriminação alguma, reconhecido judicial ou legalmente; c) tiver ingressado no Brasil até os 12 anos de idade, residindo desde então no País; d) for pessoa com mais de 70 anos que resida no País há mais de 10 (dez) anos, considerados a gravidade e o fundamento da expulsão.

Com isso, a nova Lei aumenta os casos de *expulsão proibida,* dirimindo antigas pendências judiciais sobre o cabimento da expulsão quando o expulsando possuía família no Brasil. Note-se que a lei, ao mencionar a expressão "sem discriminação alguma", abarca também as famílias homoafetivas.

Quanto aos expulsos com base na normatividade revogada, entendo que a Lei de Migração deve ser aplicada retroativamente, em nome do princípio da igualdade incidente no Direito Sancionador. Não se trata aqui de ato jurídico perfeito, porque os decretos de expulsão editados sob à égide do vetusto Estatuto do Estrangeiro (revogado) admitiam a revogação do decreto para possibilitar o retorno do estrangeiro expulso ao território nacional. A Lei de Migração simplesmente estabeleceu um marco temporal máximo que agora é nunca mais que o dobro do tempo de pena privativa de liberdade. Assim, em nome da igualdade, não há lógica de se manter duas sanções tão distintas a pessoas na mesma situação (por exemplo, praticaram o mesmo tipo penal e tiveram a mesma pena).

Também cabe a incidência da Lei de Migração com base na prevalência do direito à mobilidade humana, mesmo que regrado por dispositivos legais (os quais devem ser proporcionais e condizentes com a dignidade humana e a igualdade, entre outros direitos). O "banimento perpétuo" do estrangeiro previsto no Estatuto do Estrangeiro (bastava que o decreto de expulsão nunca fosse revogado) viola claramente a proporcionalidade que se espera de um diploma legal, que sequer trazia alguma atenuante em face das especificidades do caso concreto. Assim, o dispositivo anterior do Estatuto do Estrangeiro era ofensivo à CF/88. A manutenção dos efeitos futuros do Decreto Expulsão sob a alegação da irretroatividade da Lei de Migração, mantém *ad eternum* essa incompatibilidade. Sem contar que, como o Estatuto do Estrangeiro previa a revogação, trata-se de ultratividade de Lei revogada (o Estatuto do Estrangeiro). Assim, caso o interessado requeira a sua entrada no território brasileiro já sob o pálio da Lei de Migração, deve a autoridade administrativa (Ministério da Justiça e Segurança Pública) aplicar a nova lei, estabelecendo o prazo de no máximo o dobro da pena aplicada. Após, o interessado não sofre mais o efeito da expulsão.

A retroatividade da lei penal mais benéfica, prevista no art. 5º, XL, serve como argumento de reforço para que seja aplicado, analogicamente, ao Direito Administrativo Sancionador, em que pese a existência de posicionamento contrário do STF, que vê a retroatividade da lei penal benéfica restrita ao Direito Penal (entre outros, ver ARE 843.989 /PR, Repercussão Geral, rel. Min. Alexandre de Moraes, j. 18-8-2022 e Publicação: 12-12-2022 – referente ao Tema 1.199 e a irretroatividade da nova Lei de Improbidade Administrativa).

50.5. A Portaria n. 770/2019 e a saída compulsória de estrangeiros por razões sérias de prática de crimes

A Portaria n. 770, do Ministério da Justiça e Segurança Pública, de 11 de outubro de 2019, dispõe sobre o impedimento de ingresso, a repatriação e a deportação sumária de (i) pessoa perigosa ou (ii) que tenha praticado ato contrário aos princípios e objetivos dispostos na Constituição Federal.

Para os fins da portaria, são consideradas pessoas perigosas ou que tenham praticado ato contrário aos princípios e objetivos dispostos na CF/88 aquelas sobre as quais recaem razões sérias que indiquem envolvimento em:

1) terrorismo, nos termos da Lei n. 13.260, de 16 de março de 2016;
2) grupo criminoso organizado ou associação criminosa armada ou que tenha armas à disposição, nos termos da Lei n. 12.850, de 2 de agosto de 2013;
3) tráfico de drogas, pessoas ou armas de fogo;
4) pornografia ou exploração sexual infantojuvenil.

Nessas hipóteses, a pessoa não poderá ingressar no país, ficando sujeita (i) à repatriação e, caso tenha já ingressado, (ii) à deportação sumária.

A *razão séria* de envolvimento da pessoa nessas atividades pode ser baseada nas seguintes fontes de informação: (i) difusão ou informação oficial em ação de cooperação internacional; (ii) lista de restrições exaradas por ordem judicial ou por compromisso assumido pelo Brasil perante organismo internacional (o que abarca as pessoas sob sanções do Conselho de Segurança da ONU) ou Estado estrangeiro; (iii) informação de inteligência proveniente de autoridade brasileira ou estrangeira; (iv) investigação criminal em curso e (v) sentença penal condenatória.

A Portaria proíbe, é claro, o uso de informações que tenham sido geradas por motivo de raça, religião, nacionalidade, pertinência a grupo social ou opinião política. Também veda a utilização desse procedimento sumário para aquele perseguido no exterior por crime puramente político.

O trâmite do *procedimento de repatriação por razão séria de envolvimento em crimes* não foi regrado na Portaria, devendo ser utilizado o já existente, visto acima.

Já o trâmite do *procedimento da deportação sumária por razão séria de envolvimento com crimes graves* é expedito: (i) a pessoa é notificada pessoalmente a deixar o país em cinco dias; (ii) na ausência de defensor constituído, a Defensoria Pública deverá ser notificada, preferencialmente por meio eletrônico, para manifestação no prazo também de cinco dias; (iii) a ausência de defesa ou manifestação inclusive do defensor não obsta a execução da medida; (iv) da decisão de deportação caberá recurso administrativo, com efeito suspensivo, no prazo de até cinco dias, contado da notificação do deportando ou de seu defensor; (v) caso o deportando esteja regular no Brasil, seu prazo de estada poderá reduzido ou mesmo cancelado; (vi) autoridade policial federal poderá representar perante o juízo federal pela prisão ou por outra medida cautelar, em qualquer fase do processo de deportação.

As críticas ao teor da Portaria são, em síntese, as seguintes:

(i) O termo *razão séria* não pode gerar tamanha restrição de ingresso ou ainda cancelamento da regularidade da estadia. O devido processo legal previsto constitucionalmente ou em tratados é violado, pois a "razão séria" dificulta inclusive a defesa e contraditório. Não há sequer uma acusação formal, que poderia ser refutada por argumentos defensivos. Além disso, caso houvesse provas de envolvimento nas práticas delitivas graves listadas pela Portaria, o Estado informante deveria apontar as medidas processuais adotadas, o que poderia inclusive gerar pedido de extradição.

(ii) A portaria criou a "irregularidade migratória fabricada": o estrangeiro pode estar regular no Brasil, mas, por "razões sérias", ter sua estadia legítima abruptamente cancelada e com prazo de cinco dias para sair do país. Utilizou-se o instituto da deportação para ressuscitar o antigo desenho da expulsão da Lei n. 6.815/80 (retirada do estrangeiro – mesmo com estadia regular – que teria cometido "ato nocivo").

(iii) A Lei de Migração, em seu art. 49, § 4º, estabelece que "não será aplicada medida de repatriação à pessoa em situação de refúgio ou de apatridia, de fato ou de direito, ao menor de 18 (dezoito) anos desacompanhado ou separado de sua família, exceto nos casos em que se demonstrar favorável para a garantia de seus direitos ou para a reintegração a sua família de origem, ou a quem necessite de acolhimento humanitário (...)". Com base nesse artigo e em face do *princípio pro persona,* está revogado implicitamente o art. 7º, § 2º, da Lei n. 9.474/97, o qual dispõe que o solicitante de refúgio considerado perigoso para a segurança do Brasil poderá não ser aceito no território nacional.

A Portaria n. 770 (ainda em vigor em agosto de 2023) revogou a anterior Portaria n. 666, de 25 de julho de 2019. A portaria revogada previa o repatriamento e a deportação sumários a partir de mera "suspeita" de envolvimento. A nova portaria exige, aparentemente, maior peso para que seja o estrangeiro impedido de ingressar ou mesmo deportado do território nacional. Contudo, o uso do conceito indeterminado das "razões sérias", bem como o uso da "irregularidade migratória fabricada", continua a viciar o novo texto. Em setembro de 2019, a Procuradoria-Geral da República ajuizou a ADPF n. 619, impugnando todo o texto da Portaria n. 666. Foi extinta sem julgamento de mérito pela revogação posterior da Portaria n. 666 (STF, ADPF n. 619, rel. Min. Rosa Weber, decisão monocrática de 22-8-2022).

50.6. A detenção e o direito à notificação da assistência consular

Todo migrante estrangeiro, ao ser detido, deve ser notificado do seu direito de receber assistência consular. Este direito está previsto no artigo 36, 1, *"b"*, da Convenção de Viena sobre Relações Consulares de 1963, já ratificada e incorporada internamente no Brasil[324]. A assistência consular é importante porque busca neutralizar a *inegável desigualdade* que existe entre o detido nacional e o detido estrangeiro, pois este último enfrenta (além da carga da prisão) as inúmeras barreiras culturais, linguísticas e jurídicas oriunda da sua situação migratória.

Essa notificação do direito de receber assistência consular exige: (i) que seja feita, sem tardar ("without delay"), no exato momento da detenção e *antes* de qualquer declaração do detido, sob pena de se tornar supérflua (no auxílio na superação das desigualdades); (ii) que seja concretizada a vontade do detido de contatar a autoridade consular, com a autoridade brasileira adotando as medidas para que o consulado seja acionado, aguardando-se a chegada do representante consular

---

[324] Incorporada pelo Decreto n. 61.078, de 26 de julho de 1967.

antes do interrogatório do detido; e (iii) que seja assegurada, com privacidade, o encontro do detido com sua autoridade consular.

Em 2015, o STF decidiu que o artigo 36 da Convenção de Viena sobre Relações Consulares deve incidir em todas as hipóteses de detenção de um estrangeiro no país, qualquer que seja a modalidade, inclusive prisão cautelar (flagrante delito, prisão temporária, prisão preventiva etc.)[325].

Em 2016, o Conselho Nacional do Ministério Público adotou a Recomendação n. 47, a qual recomendou aos membros do Ministério Público que fiscalizem a notificação consular resultante da aplicação do artigo 36 da Convenção de Viena sobre Relações Consulares, de 1963, que impõe que as autoridades brasileiras cientifiquem, *sem tardar*, a autoridade consular do País a que pertence o estrangeiro, sempre que este for preso, qualquer que seja a modalidade da prisão.

Já em 2017, houve a edição da Portaria n. 67/2017, pela qual o Ministro da Justiça determinou às Polícias Federal e Rodoviária Federal que fiscalizem a aplicação do art. 36 da Convenção de Viena sobre Relações Consulares, para que seja feita "sem demora, a autoridade consular do País a que pertence o estrangeiro, sempre que este for preso, qualquer que seja a modalidade da prisão".

No caso de não ter sido feita a notificação ao detido, há dois posicionamentos que podem ser adotados.

Para uma primeira visão, a falta de notificação é irregularidade que só contamina os atos posteriores se houver prejuízo (*pas de nullité sans grief*), o que só seria demonstrável caso o estrangeiro comprovasse dano à sua defesa. Nesse sentido, o Superior Tribunal de Justiça decidiu que "a ausência de informação do local e da prisão do recorrente à sua família e ao consulado da Romênia, ainda que tivessem ocorrido, não seriam suficientes, por si sós, para viciar o auto de prisão em flagrante, tendo em vista a ausência de demonstração de prejuízo efetivo à Defesa" (RHC 27.067/SP, rel. Min. Jorge Mussi, 5ª T., j. 16-3-2010, publicado no *DJe* 12-4-2010).

Em uma segunda visão, a ausência de notificação da assistência consular acarreta violação do devido processo legal penal e, consequentemente, *nulidade* dos atos processuais posteriores. Essa segunda visão foi adotada pela Corte Interamericana de Direitos Humanos (Opinião Consultiva n. 16/99).

51. DIREITO DOS REFUGIADOS: A LEI N. 9.474/97

51.1. Aspectos gerais da Lei n. 9.474/97

O Brasil ratificou a Convenção sobre o Estatuto dos Refugiados de 1951 *com* a limitação geográfica aos acontecimentos ocorridos em solo europeu, como visto acima. Consequentemente, o instituto do refúgio foi pouco utilizado no Brasil ao longo dos anos seguintes, prevalecendo o recurso ao asilo, uma vez que os eventos posteriores ocorridos na América Latina, como, por exemplo, no Chile da ditadura de Pinochet da década de 70 e que gerou um número expressivo de refugiados, não eram abarcados pela cláusula geográfica prevista na própria Convenção de 1951. Porém, em 19 de dezembro de 1989, o Brasil finalmente desistiu de tal reserva, o que possibilitou a aplicação irrestrita da Convenção e seu Protocolo de 1967. Anos mais tarde, em 1997, foi editada a Lei n. 9.474, de 22 de julho de 1997, disciplinando o estatuto do refugiado no Brasil.

Tal lei está em sintonia com a definição de refugiado prevista na Convenção de 1951. De acordo com o art. 1º da Lei, é considerado refugiado todo indivíduo que, devido a fundados temores de perseguição por motivos de raça, religião, nacionalidade, grupo social ou opiniões políticas, encontre-se fora de seu país de nacionalidade e não possa ou não queira acolher-se à

---

[325] STF, Prisão Preventiva para Extradição n. 726, Decisão monocrática do relator, Min. Celso de Mello, de 27 de maio de 2015.

proteção de tal país, ou aquele que, não tendo nacionalidade e estando fora do país onde antes teve sua residência habitual, não possa ou não queira regressar a ele, em função da perseguição odiosa já mencionada.

A Lei n. 9.474 adotou a *definição ampla de refugiado*, defendida na Declaração de Cartagena de 1984: o art. 1º, III, dispõe que será considerado refugiado pelo Brasil todo aquele que, devido a grave e generalizada violação de direitos humanos (GGVDH), é obrigado a deixar seu país de nacionalidade para buscar refúgio em outro país. No acumulado de 1985 a 2022, a GGVDH representou 76% do total de solicitações reconhecidas[326]. Em 2023, o CONARE , o Comitê reconheceu 77.193 refugiados[327].

A Lei n. 9.474 preencheu o vazio administrativo existente no trato dos refugiados ao criar, na letra do art. 11, o Comitê Nacional para os Refugiados (CONARE), órgão de deliberação coletiva, no âmbito do Ministério da Justiça e da Segurança Pública (denominação atual; 2023). O CONARE representou a plena assunção, pelo Estado brasileiro, de todo o procedimento de análise da solicitação de refúgio, bem como da política de proteção e apoio aos que forem considerados refugiados.

O Alto Comissariado das Nações Unidas para Refugiados (ACNUR) será sempre membro convidado para as reuniões do CONARE, com direito a voz, sem voto. Atualmente, há a presença, como observadores (com direito à voz e sem direito a voto) de representante da Defensoria Pública da União e do Ministério Público Federal[328]. Em 2023, foi aprovada a Lei n. 14.678, que institui a "Semana do Migrante e do Refugiado", a qual objetiva, entre outras finalidades, "promover e difundir os direitos, as liberdades, as obrigações e as garantias dos migrantes e dos refugiados", auxiliando na construção da sociedade inclusiva para os migrantes e refugiados.

51.2. O princípio do *non refoulement* e suas espécies

51.2.1 O princípio do *non refoulement* mitigado

O Direito Internacional dos Refugiados (DIR) protege especialmente o direito ao acolhimento. Além de estipular deveres relacionados ao acolhimento do solicitante de refúgio, o DIR fixa um segundo dever, não menos importante, relacionado ao "não acolhimento", que vem a ser o dever de, ao não conceder o estatuto de refugiado, não entregar ou devolver tal indivíduo a Estado no qual haverá risco à vida ou integridade pessoal do devolvido. Esse dever de proibição da devolução ou rechaço, denominado também de "princípio do *non refoulement*", assegura uma proteção *mínima* aos "não acolhidos".

A Convenção sobre o Estatuto do Refugiado de 1951 consagrou o princípio do *non refoulement* no seu art. 33 (intitulado "Proibição de expulsão ou de rechaço", na tradução oficial para o português), ao dispor que "1. Nenhum dos Estados Contratantes expulsará ou rechaçará, de forma alguma, um refugiado para as fronteiras dos territórios em que sua vida ou liberdade seja ameaçada em decorrência da sua raça, religião, nacionalidade, grupo social a que pertença ou opiniões políticas".

Tal princípio consiste na vedação da devolução do refugiado ou solicitante de refúgio (*refugee seeker*) para o Estado do qual tenha o fundado temor de ser alvo de perseguição odiosa. Assim,

---

[326] Foram 47.245 refugiados na categoria GGVDH de um total de 61.731 pessoas refugiadas. Dados disponíveis em: <https://app.powerbi.com/view?r=eyJrIjoiZTk3OTdiZjctNGQwOC00Y2FhLTgxYTctNDNlN2ZkNjZmMWVlIiwidCI6ImU1Yz M3OTgxLTY2NjQtNDEzNC04YTBjLTY1NDNkMmFmODBiZSIsImMiOjh9&pageName=ReportSection>. Acesso em: 10 ago. 2024.

[327] Disponível em <https://portaldeimigracao.mj.gov.br/pt/dados/refugio-em-numeros>. Acesso em 10 ago. 2024.

[328] O autor deste *Curso* foi designado, pelo Procurador-Geral da República, observador pelo MPF no CONARE (2020 até o presente).

a *proteção da vida ou da liberdade* são prioritárias (ameaçadas de modo odioso), mesmo que o indivíduo *não* tenha obtido o reconhecimento da condição de refugiado.

Porém, há duas importantes exceções prevista no numeral 2 do mesmo art. 33: "[o] benefício da presente disposição não poderá, todavia, ser invocado por um refugiado que por motivos sérios seja considerado um perigo à segurança do país no qual ele se encontre ou que, tendo sido condenado definitivamente por um crime ou delito particularmente grave, constitua ameaça para a comunidade do referido país".

Essas exceções são, então, pela natureza: (i) *geral*, referente a um certo "perigo à segurança nacional" e (ii) *específica,* referente à condenação em definitivo por crime "particularmente grave" e que constitua ameaça à comunidade do Estado de acolhida.

Além disso, o refugiado que estiver regularmente em um território não poderá ser expulso, salvo por motivos de (i) segurança nacional ou (ii) ordem pública, mediante decisão judicial proferida em atendimento ao devido processo legal, o que assegura a devida fundamentação jurídica (art. 32 da Convenção de 1951).

Por sua vez, o art. 7º da Lei n. 9.474 prevê que o estrangeiro ao chegar ao território nacional poderá expressar sua vontade de solicitar reconhecimento de sua situação jurídica de refugiado a qualquer autoridade migratória e, "em *hipótese alguma*", será efetuada sua deportação para fronteira de território em que sua vida ou liberdade esteja ameaçada, em virtude de raça, religião, nacionalidade, grupo social ou opinião política (art. 7º § 1º).

Porém, apesar do termo peremptório da Lei ("em hipótese alguma"), o art. 7º, § 2º estipula que tal proibição do rechaço "não poderá ser invocado por refugiado considerado perigoso para a segurança do Brasil".

Consagrou-se, agora na Lei do Refúgio, o princípio da proibição da devolução (ou rechaço) ou *non-refoulement,* mas com exceção (caso do indivíduo "considerado perigoso" para a segurança do Brasil).

Adotou-se, tal qual na Convenção de 1951, o princípio do *non refoulement* mitigado.

51.2.2 O princípio do *non refoulement* absoluto: o modelo do acolhimento

O princípio do *non refoulement* sem exceções (por mim denominado "princípio do *non refoulement* absoluto) encontra-se inserido em outros diplomas internacionais, já ratificados pelo Brasil, como a Convenção das Nações Unidas contra a Tortura (art. 3º) e da Convenção Americana de Direitos Humanos (art. 22.8 e 9), sem contar o dever dos Estados de tratar com dignidade o solicitante do refúgio, o que é espelho do dever internacional de proteger os direitos humanos (previsto na Carta da ONU).

O art. 3º da Convenção das Nações Unidas contra a Tortura veda a expulsão, devolução ou extradição de uma pessoa para outro Estado quando houver razões substanciais para crer que ela corre perigo de ali ser submetida a tortura (princípio do *non refoulement* em caso de tortura). Para a determinação da existência dessas razões, as autoridades competentes devem levar em conta todas as considerações pertinentes, inclusive, quando for o caso, a existência de um quadro de violações sistemáticas e graves de direitos humanos no Estado em questão.

Já o art. 22.8 da Convenção Americana de Direitos Humanos dispõe que "em nenhum caso o estrangeiro pode ser expulso ou entregue a outro país, seja ou não de origem, onde seu direito à vida ou à liberdade pessoal esteja em risco de violação em virtude de sua raça, nacionalidade, religião, condição social ou de suas opiniões políticas".

Ainda no plano interamericano, a Convenção Interamericana para Prevenir e Punir a Tortura estabelece, nos seus arts. 11, 13 e 14, a disciplina da extradição de torturadores. Os Estados Partes da Convenção devem tomar as medidas necessárias para conceder a extradição de toda pessoa acusada de delito de tortura ou condenada por esse delito, em conformidade com suas legislações nacionais sobre extradição e suas obrigações internacionais na matéria. Tal Convenção determina ainda que *não* se concederá a extradição nem se procederá à devolução da pessoa requerida quando houver suspeita fundada de que sua vida corre perigo, de que será submetida à *tortura*, tratamento cruel, desumano ou degradante, ou de que será julgada por tribunais de exceção ou *ad hoc* no Estado requerente. Isso consagra o *princípio do non refoulement*, ou proibição do rechaço, em caso de tortura ou violação do devido processo legal.

Assim, o Brasil encontra-se vinculado ao princípio do *non refoulement* absoluto, na leitura da Convenção Americana de Direitos Humanos e dos dois tratados contra a tortura acima citados.

Por isso, não foi surpresa que a Lei de Migração, em seu art. 49, § 4º, viesse a estabelecer que "*não* será aplicada medida de repatriação à pessoa em situação de refúgio ou de apatridia, de fato ou de direito, ao menor de 18 (dezoito) anos desacompanhado ou separado de sua família, exceto nos casos em que se demonstrar favorável para a garantia de seus direitos ou para a reintegração a sua família de origem, ou a quem necessite de acolhimento humanitário (...)".

Com base nesse artigo e em face do *princípio pro persona,* está revogado implicitamente o art. 7º, § 2º, da Lei n. 9.474/97, o qual dispõe que o refugiado considerado perigoso para a segurança do Brasil poderá não ser aceito no território nacional.

Ao adotar o princípio do *non refoulement* absoluto, o Brasil adere ao modelo do acolhimento, pelo qual se incrementa a proteção ao solicitante de refúgio, que, mesmo que não seja aceito como refugiado, nunca poderá ser devolvido a um território no qual sua vida, segurança ou integridade pessoal podem estar em risco por motivo odioso.

51.3. O princípio do *non refoulement* na Corte Interamericana de Direitos

51.3.1. A jurisprudência internacional e a consolidação do princípio do *non refoulement* absoluto

A jurisprudência internacional de direitos humanos caminha no sentido de exigir dos Estados o cumprimento das normas convencionais relativas ao *non refoulement* absoluto, sem exceções que levem em consideração a "segurança nacional".

A Corte Interamericana de Direitos Humanos explicitou que, em qualquer hipótese (mesmo no asilo diplomático), o Estado de acolhida está obrigado a não devolver o solicitante a um território no qual este possa sofrer o risco de perseguição odiosa. Assim, o princípio da proibição do rechaço ("proibição do *refoulement*") é exigível para a proteção de *qualquer* estrangeiro. Esse dever de proteção ao solicitante de asilo ou refúgio, para a Corte, é obrigação *erga omnes* e vincula internacionalmente os Estados[329].

Ou seja, há a proibição de os Estados transferirem (qualquer que seja a nomenclatura – repatriamento, rechaço, expulsão, deportação etc.) um indivíduo a um outro Estado quando sua 1) vida, 2) segurança ou 3) liberdade estejam em risco de violação por causa de (i) perseguição ou ameaça de perseguição odiosa, (ii) violência generalizada ou (iii) violações massivas aos direitos humanos, entre outros, assim como para um Estado onde (iv) corra o risco de ser submetida a tortura ou outros tratamentos cruéis, desumanos ou degradantes[330].

No caso *Família Pacheco Tineo*, a Corte Interamericana de Direitos Humanos condenou a Bolívia por violações de direitos humanos ocorridas no marco de um procedimento de solicitação de reconhecimento do estatuto de *refugiado*. Para a Corte, procedimentos migratórios vinculados

---

[329] Corte Interamericana de Direitos Humanos. Opinião consultiva n. 25, de 2018, sobre o instituto do asilo e seu reconhecimento como direito humano.

[330] Corte Interamericana de Direitos Humanos. Opinião consultiva n. 21, de 2014, sobre os direitos e garantias das crianças migrantes.

à solicitação de refúgio ou que podem levar à deportação ou à expulsão de alguém devem contemplar as garantias mínimas do devido processo legal. Além disso, o sistema interamericano de direitos humanos reconhece que qualquer pessoa estrangeira não deve ser devolvida quando sua vida, integridade pessoal ou liberdade estejam sob risco de serem violadas. No caso, a expulsão da família Pacheco Tineo para o Peru, inclusive de seus filhos, violou o direito a buscar e receber asilo e ao princípio do *non refoulement*[331].

Na área dos direitos humanos, a Corte Interamericana de Direitos Humanos reconheceu[332] a natureza de *jus cogens* do princípio da não devolução (proibição do rechaço; *non refoulement*), incluindo a não repulsão direta na fronteira e a repulsão indireta[333] (ver abaixo os conceitos de repulsão direta e indireta).

51.4. A repulsão direta e indireta do solicitante de refúgio. A possível introdução do *pushback* no Brasil

Cumpre, nesse momento, explicitar a aplicabilidade desse princípio no Brasil. Em primeiro lugar, cabe aos agentes estatais e seus delegatários nas zonas de fronteira impedir o *refoulement* do estrangeiro solicitante de refúgio. Mesmo que o solicitante ingresse no país ilegalmente, não cabe a deportação, pois o art. 31 da Convenção impede a aplicação de qualquer penalidade derivada da entrada irregular. O art. 8º da Lei n. 9.474/97 também é expresso em estabelecer que o ingresso irregular no território nacional não constitui impedimento para o estrangeiro solicitar refúgio às autoridades competentes.

Consequentemente, o cumprimento integral do princípio do *non refoulement* exige uma completa apuração do pedido do solicitante de refúgio, para que seja confirmado ou não o seu estatuto de refugiado. Tal análise se faz no Brasil por meio de processo administrativo submetido ao Comitê Nacional para os Refugiados (CONARE). Ademais, a decisão administrativa final sobre a concessão de refúgio (pelo CONARE ou, na via recursal, pelo Ministro da Justiça e Segurança Pública, no Brasil) é meramente declaratória.

Por outro lado, o princípio do *non refoulement* tem sofrido desgaste em face das migrações em massa ou das alegações inexistentes *prima facie* de perseguição. Como reação, vários países do mundo criaram campos de internamento do solicitante de refúgio até que seja proferida a decisão final, sintoma claro da desconfiança do real motivo da solicitação de refúgio.

Surgem os fenômenos da repulsão (ou rechaço, devolução) direta e da repulsão (ou rechaço, devolução) indireta.

A repulsão direta consiste no estabelecimento, pelo Estado, de mecanismos que impedem ou dificultem a chegada, em seu território, dos solicitantes de refúgio. Por exemplo, o Estado edifica muros ou barreiras de diversos tipos para impedir ou dificultar ao máximo que o solicitante de refúgio chegue ao seu território (na zona primária de fronteira). Outra possibilidade de repulsão é o *pushback* (frequentemente traduzido como "devolução sumária"). Esse termo se refere à prática em que autoridades de um país impedem a entrada de migrantes e refugiados em suas fronteiras, frequentemente devolvendo-os à fronteira de onde vieram ou a um terceiro país, sem lhes oferecer a oportunidade de solicitar asilo ou proteção, o que pode violar o princípio de não devolução (*non-refoulement*) estabelecido no direito internacional.

Já a repulsão indireta consiste na prática de determinado Estado de obter o apoio do Estado de trânsito do solicitante de refúgio para impedir que o solicitante chegue ao território do Estado tido como destino final.

---

[331] Família Pacheco Tineo *vs*. Bolívia (sentença de 25-11-2013).

[332] Rol mencionado na Opinião Consultiva n. 26/2020 da Corte IDH.

[333] Corte Interamericana de Direitos Humanos, Opinião consultiva 21/14, § 225 e Opinião Consultiva n. 25/18, § 181.

No Brasil, o maior exemplo de repulsão direta foi a adoção de diversas Portarias Interministeriais de "fechamento de fronteira", sem que o CONARE fosse consultado. A pedido do autor deste *Curso*, houve a inserção na pauta de reunião do CONARE de adoção de declaração contrária a tal fechamento, mas *não houve deliberação final* do citado órgão colegiado. Não há exemplo de repulsão indireta na prática brasileira.

Por outro lado, o Brasil modificou sua política de aceitação de pedidos de solicitação de refúgio nos Aeroportos. Em decisão de 26 de agosto de 2024, ficou estabelecido que passageiros em trânsito sem visto de entrada no Brasil devem seguir viagem (para o Estado de destino) ou retornar ao local de origem. Tal nova política foi motivada devido ao crescente uso da solicitação de refúgio por parte de migrantes, especialmente aqueles oriundos do Sudeste Asiático. Essas pessoas, sem visto para entrarem no Brasil, ao chegarem ao Brasil em conexão para outros países da América do Sul (Estado de destino), desistem do trecho final de suas viagens e permanecem na área de trânsito internacional dos aeroportos, como o Aeroporto de Guarulhos[334].

Investigações da Polícia Federal revelaram que essas ações são frequentemente orientadas por organizações criminosas envolvidas no tráfico de pessoas e no contrabando de imigrantes, que instruem os viajantes a solicitar refúgio no Brasil como uma forma de burlar a necessidade de visto de entrada. Os dados da Polícia Federal mostram um aumento significativo nos pedidos de refúgio no Aeroporto de Guarulhos, que passaram de 69 em 2013 para 4.239 em 2023, um crescimento de mais de 61 vezes. Além disso, entre janeiro e agosto de 2024, foram registrados 6.329 pedidos de reconhecimento da condição de refugiado, mas apenas uma pequena fração dos solicitantes (117 pessoas) procurou obter o Registro Nacional Migratório, e apenas 262 solicitaram CPF, documentos essenciais para viver no Brasil (e que indicam a existência de uma solicitação de refúgio verdadeira).

Esses números sugerem que muitos desses solicitantes de refúgio não têm a intenção real de permanecer no Brasil, mas sim de usar o país como um ponto de trânsito para alcançar outros destinos, principalmente nos Estados Unidos e Canadá, por meio da perigosa rota do Darién. Diante dessa situação, o Brasil adotou a nova política para proteger o instituto do refúgio, assegurar que ele seja acessado por quem realmente necessita, e quebrar a atuação das organizações criminosas que exploram essas rotas migratórias irregulares.

Essa decisão visa impedir que o território brasileiro seja utilizado indevidamente como porta de entrada para migrações ilegais e para evitar que o caráter humanitário do refúgio seja distorcido por atividades criminosas, mantendo assim uma migração justa, ordenada e segura.

Por outro lado, até a data de fechamento desta edição (agosto de 2024), há preocupações sobre se tal nova postura brasileira não oficializa a política de *pushback*, que consiste na rejeição ou retorno forçado de migrantes, impedidos de realizar o mero pedido de refúgio, em um ambiente de ausência de formalização, assistência jurídica e devido processo legal.

Exemplos recentes da inconvencionalidade dessa prática podem ser observados nas decisões do Corte Europeia de Direitos Humanos contra a Hungria. Em 8 de outubro de 2021, a Corte EDH decidiu que os *pushbacks* realizados pela Hungria, baseados em regulamentação interna, violaram a proibição de expulsões coletivas estabelecida no Artigo 4 do Protocolo 4 da Convenção Europeia de Direitos Humanos. Decisões subsequentes, incluindo o caso H. K. contra a Hungria e outros em 2023, reforçaram a condenação do Estado infrator por *pushbacks* de famílias e menores desacompanhados. Essas decisões demonstram que tais práticas são incompatíveis com as obrigações internacionais de proteção aos direitos humanos.

---

[334] Notícia da nova política e os dados da Polícia Federal aqui expostos estão disponíveis em: <https://www.gov.br/mj/pt-br/assuntos/noticias/brasil-vira-rota-de-contrabando-de-migrantes-e-mjsp-muda-regras-para-a-entrada-no-pais>. Acesso em: 25-8-2024.

Portanto, é fundamental que as autoridades brasileiras esclareçam como será garantido o respeito aos pedidos de refúgio, para evitar que o Brasil adote práticas de *pushback* que possam ser consideradas inconvencionais e violadoras de direitos humanos, mantendo o respeito ao princípio do *non refoulement* e aos demais parâmetros interamericanos já estudados neste *Curso*.

52. DIREITOS DOS QUILOMBOLAS

Os quilombolas são membros de comunidade tradicional, com identidade, costumes e usos próprios, composta por descendentes de escravizados e que mantém a tradição de união gerada pela resistência à sociedade envolvente, que, à época da constituição dos quilombos, representava a opressão e a perda da liberdade.

Tendo em vista a importância da terra para a preservação da cultura dessa comunidade, o art. 68 do Ato das Disposições Constitucionais Transitórias (ADCT) prevê que "aos remanescentes das comunidades dos quilombos que estejam ocupando suas terras é reconhecida a propriedade definitiva, devendo o Estado emitir-lhes os títulos respectivos".

Trata-se do reconhecimento, pelo poder constituinte originário, da necessidade de assegurar a preservação cultural daquelas comunidades compostas – em geral – por descendentes de escravizados. A preservação do território dessas comunidades permite que os seus habitantes (os quilombolas) possam manter a cultura e identidade étnica próprias, forjadas pela resistência à escravidão. Sem tais terras, tais comunidades tradicionais seriam inevitavelmente integradas à sociedade envolvente, gerando a perda da diversidade cultural para toda a sociedade brasileira. Por isso, o constituinte originário previu o reconhecimento da propriedade definitiva das terras ocupadas, mantendo-se a própria e distintiva identidade coletiva, com seus costumes e tradições.

De acordo com o Decreto n. 4.887/2003, são terras ocupadas por remanescentes das comunidades dos quilombos as utilizadas para a garantia de sua reprodução (i) física, (ii) social, (iii) econômica e (iv) cultural. Para a medição e demarcação das terras, serão levados em consideração critérios de territorialidade indicados pelos remanescentes das comunidades dos quilombos, sendo facultado à comunidade interessada apresentar peças técnicas para a instrução procedimental.

A titulação das terras dos quilombolas, além de ser indispensável para a (i) promoção do direito à diversidade cultural no Brasil, também serve para a (ii) proteção da igualdade material, em face da situação de pobreza e discriminação dessas comunidades, que sofrem os efeitos deletérios da escravidão ocorrida no passado. Ainda se assegura, por consequência, o (iii) direito à moradia e, com isso, a própria união da comunidade e de seus valores próprios.

Quanto à identificação dos quilombolas, utiliza-se o critério da autoidentificação, que deve ser associado também à avaliação antropológica, que levará em consideração a (i) trajetória histórica própria, (ii) as relações territoriais específicas e (iii) a ancestralidade negra relacionada com a opressão histórica sofrida (art. 2º do Decreto n. 4.887/2003).

Consta ainda do art. 13 do Decreto n. 4.887/2003 o direito à indenização aos particulares que possuírem domínio válido sobre os territórios dos remanescentes de quilombo por meio da desapropriação.

O referido decreto foi considerado constitucional pelo Supremo Tribunal Federal. O STF entendeu que o art. 68 do ADCT é norma de eficácia plena e aplicabilidade direta, apta a produzir todos os seus efeitos no momento em que a CF/88 entrou em vigor, independentemente de norma integrativa posterior de natureza infraconstitucional. Para o STF, a Convenção n. 169 da OIT (mencionada acima) consagrou a "consciência da própria identidade" como critério para delimitar as comunidades tradicionais, o que se aplica também aos quilombolas. O STF considerou, então, constitucional a autodefinição da comunidade como quilombola, que é atestada por certidão da Fundação Cultural Palmares, nos termos do art. 2º, III, da Lei n. 7.668/88. Garante-se que a comunidade tenha voz e seja ouvida. Trata-se de ato declaratório, que não amplia indevidamente o universo dos quilombolas. Além disso, o STF realçou a necessidade da satisfação de *elemento objetivo* para a caracterização da comunidade quilombola, que é a reprodução da unidade social, que se afirma originada de um quilombo, por meio da *ocupação continuada* do espaço territorial em tela (STF, ADI n. 3.239, rel. p/ o ac. Min. Rosa Weber, j. 8-2-2018, *Informativo* n. 890).

Além disso, o STF julgou parcialmente procedente ação direta de inconstitucionalidade para aplicar a técnica da interpretação conforme à Constituição, sem redução de texto, ao § 2º do art. 4º da Lei n. 11.952/2009, com a finalidade de afastar qualquer entendimento que permita a regularização fundiária em nome de particulares das terras públicas ocupadas por quilombolas e outras comunidades tradicionais da Amazônia Legal [STF, ADI n. 4.269, rel. Min. Edson Fachin, j. 18-10-2017, *Informativo* STF n. 882).

53. MEIO AMBIENTE: O DIREITO AO MEIO AMBIENTE EQUILIBRADO

53.1. Aspectos gerais

O tratamento jurídico dado à natureza é objeto de constante evolução no Direito. De início, o meio ambiente era tratado como se fosse composto de coisas não concatenadas, percebidas isoladamente e reguladas à luz da possibilidade ou não de apropriação privada, como se vê no Direito Civil tradicional ou no Direito Administrativo. Tratava-se de *coisa* ou *bem*, que poderia ser *res nullius* ou *res communes*, e ainda bens particulares os quais poderiam ser utilizados ou destruídos a depender da autonomia da vontade dos proprietários.

A partir das últimas décadas do século XX, houve um giro copernicano na temática, tendo o Direito Nacional (no Brasil e em vários países) e Internacional (ver abaixo) reconhecido a autonomia da disciplina (Direito Ambiental) e a unificado, mostrando o aspecto *relacional* entre os elementos do meio ambiente, ressaltando seu caráter ecossistêmico e intangível.

Essa ruptura com o tratamento jurídico anterior foi feita com base em três modelos ético-jurídicos, propostos por Benjamin, a saber: (i) o modelo antropocêntrico puro; (ii) o modelo antropocêntrico mitigado ou reformado que se subdivide no (ii.1) modelo antropocêntrico do bem-estar dos seres vivos não humanos e no (ii.2) modelo antropocêntrico intergeracional; e o (iii) modelo ecocêntrico ou biocêntrico (não antropocêntrico).

O modelo do *antropocentrismo puro* defende que a tutela do meio ambiente protege exclusivamente o ser humano. Defende-se a fauna e a flora uma vez que o meio ambiente sadio é um instrumento para assegurar uma vida digna do ser humano. O modelo do *antropocentrismo reformado do bem-estar dos seres vivos não humanos* é impregnado pelo sentimento de respeito e bondade em relação aos seres vivos não humanos; já o *modelo intergeracional* é ainda antropocêntrico, porém introduz as necessidades das gerações futuras, a partir da ética da solidariedade. A tutela meio ambiente recebeu peso maior, até porque os impactos no futuro são indefinidos e há a necessidade de se ter cautela e *prevenção*.

Finalmente, há o *modelo não antropocêntrico*, que vê o ser humano como *parte* da natureza, não existindo segregação entre os seres vivos (humanos e não humanos) e os seres inanimados que compõem o ecossistema da Terra. Não é um modelo *misantrópico* (contra o ser humano), mas busca reconhecer direitos a entidades não humanas, deixando de lado o tratamento da natureza como objeto para a reconhecê-la como sujeito. Para Benjamin, esse último modelo não visa o reconhecimento de que os direitos dos animais e demais seres vivos são idênticos ou mesmo equivalentes aos dos seres humanos, pois "os direitos de não-humanos não são menos flexíveis que os direitos humanos", mas se busca uma mudança de paradigma na dogmática jurídica[335].

---

[335] Conforme modelos propostos por BENJAMIN, Antonio Herman de Vasconcellos e. A natureza no direito brasileiro: coisa, sujeito ou nada disso. *Revista do Programa de Pós-Graduação em Direito da UFC*, Fortaleza, v. 31, n.

De todo o modo, do ponto de vista dos direitos humanos, há a *fundamentalidade material* do direito ao meio ambiente (indispensável à vida do ser humano pautada na liberdade, igualdade e dignidade). Por isso, o *direito ao meio ambiente* consiste na exigência de existência do ser humano em um ambiente equilibrado, sadio (ou saudável) e seguro.

É possível extrair o direito ao meio ambiente do reconhecimento do direito à vida e do direito à saúde, também chamado de *reconhecimento derivado*. Contudo, opto pelo reconhecimento *autônomo* do direito ao meio ambiente, que é fruto de faceta ecológica da dignidade humana (*dignidade humana ecológica*) e da especificidade da qualidade do meio ambiente para permitir o desenvolvimento de todas as potencialidades do ser humano.

53.2. A proteção do meio ambiente e suas fases

A inclusão do direito ao meio ambiente no catálogo dos direitos humanos tardou. Há quatro fases[336] na evolução da proteção normativa ao meio ambiente no plano internacional, que entrelaça diplomas de direito internacional público (tratados e *soft law*) e diplomas de direito internacional dos direitos humanos.

Na fase inicial da internacionalização em sentido estrito dos direitos humanos (1945-1972), houve grave omissão dos primeiros diplomas normativos internacionais de direitos humanos, como a Declaração Universal dos Direitos Humanos (1948) e os dois Pactos Internacionais de Direitos no plano global (Pacto Internacional de Direitos Civis e Políticos e Pacto Internacional de Direitos Sociais, Econômicos e Culturais) de 1966. A Convenção Americana sobre Direitos Humanos (1969) também não mencionou de modo expresso o direito ao meio ambiente.

Tal silêncio demonstrou a ambiguidade da época no trato da matéria: ao mesmo tempo em que era óbvio o vínculo entre a qualidade de vida do ser humano e o ambiente, havia rarefeita percepção sobre a gravidade do impacto nocivo das atividades humanas sobre o ecossistema. Mesmo assim, em situações episódicas, o Direito Internacional Público ressaltou a importância da preservação do meio ambiente, como se viu nos emblemáticos casos arbitrais da Fundição Trail ("Trail Smelter Arbitration" – entre Canadá e Estados Unidos, 1941 – laudo final) e do Lago Lenoux ("Lac Lanoux", entre França e Espanha, 1957). No primeiro laudo arbitral, houve o reconhecimento da obrigação internacional do Estado em não causar danos transfronteiriços (no caso, poluição aérea) e no segundo laudo discutiu-se obrigações procedimentais de notificação prévia, consulta e negociação a respeito de obras que viessem a afetar o meio ambiente de outro Estado.

A partir dos anos 70 da década passada e em face da "corrida espacial" (cujo resultado visível era a impossibilidade de colonização imediata do espaço: o ser humano está "preso" à Terra[337]), houve sensível mudança, inaugurando-se uma nova etapa (1972-1992) com a (i) adoção da *Declaração de Estocolmo das Nações Unidas sobre o Meio Ambiente Humano* (elaborada em 1972 na Conferência das Nações Unidas sobre o Meio Ambiente Humano, realizada em Estocolmo) e a (ii) criação, em 1972, do Programa das Nações Unidas para o Meio Ambiente (PNUMA ou, em inglês, *United Nations Environment Programme* (UNEP), que consiste em órgão despersonalizado da ONU focado na proteção do meio ambiente e consectários. Ainda no plano global, registre-se a criação, pela ONU, da Comissão Mundial sobre Meio Ambiente e Desenvolvimento, presidida por Gro Harlem Brundtland, que produziu em 1987 o relatório "Nosso Futuro Comum"

1, jan./jun. 2011, p. 79-96, em especial p. 82 e seguintes.

[336] WEISS, Edith Brown. The Evolution of International Environmental Law. *Japanese Yearbook of International Law*. Vol. 54, 2011, p. 1-27.

[337] Homenagem ao meu orientador de Doutorado, Professor José Carlos de Magalhães, que sempre refletiu, em suas aulas na Faculdade de Direito da USP, sobre as consequências da "corrida espacial".

(também chamado de "Relatório Brundtland). Entre as diversas recomendações, foi proposta a vinculação entre preservação ambiental e desenvolvimento econômico, consagrando o chamado "desenvolvimento sustentável", o qual consiste no desenvolvimento que satisfaz as necessidades da geração atual, sem comprometer a capacidade das gerações futuras de satisfazerem as suas próprias necessidades, exigindo que se leve em consideração o uso adequado dos recursos naturais e a preservação do meio ambiente. Forja-se o vínculo entre o direito ao desenvolvimento e o direito ao meio ambiente equilibrado.

No plano nacional, houve a previsão pioneira na Constituição de Portugal de 1976 que "todos têm direito a um ambiente de vida humano, sadio e ecologicamente equilibrado e o dever de o defender" (art. 66.1). Desde então, aproximadamente 100 Estados declararam o direito ao meio ambiente em seu rol constitucional de direitos.

Já no Direito Internacional dos Direitos Humanos, há o marco da edição do Protocolo Adicional à Convenção Americana sobre Direitos Humanos em Matéria de Direitos Econômicos, Sociais e Culturais ("Protocolo de San Salvador", de 1988), cujo art. 11 dispõe: "Direito ao Meio Ambiente Sadio. 1. Toda pessoa tem direito a viver em meio ambiente sadio e a dispor dos serviços públicos básicos. 2. Os Estados-Partes promoverão a proteção, preservação e melhoramento do meio ambiente". Assim, de modo pioneiro no plano convencional (tratado) firmou o direito humano ao meio ambiente.

Em síntese, 20 anos após a Declaração de Estocolmo, houve a adoção de diversos instrumentos internacionais relativos ao meio ambiente, unindo diplomas vinculantes e não vinculantes (a chamada *soft law)*, mas a explicitação de um direito humano ao meio ambiente no plano global (só no regional interamericano) não foi feita nessa segunda fase.

A terceira fase (1992-2012) é a fase da maturidade, na qual há sensível esforço na realização de Conferências intergovernamentais e na produção normativa de Direito Internacional Público. Apesar de não serem diplomas internacionais de direitos humanos (mas sim do Direito Internacional do Meio Ambiente), cabe mencioná-los pois auxiliam na conscientização dos Estados sobre a importância da preservação do meio ambiente, servindo como reforço da necessidade de consagração de um *direito humano ao meio ambiente*. Entre as principais Conferências intergovernamentais e os principais tratados, citem-se: Conferência das Nações Unidas sobre Meio Ambiente e Desenvolvimento de 1992 (Rio de Janeiro); Convenção sobre a Diversidade Biológica de 1992; Convenção Quadro das Nações Unidas sobre Mudança do Clima de 1992; Protocolo de Kyoto à Convenção Quadro das Nações Unidas sobre Mudança do Clima de 1997; Cúpula Mundial das Nações Unidas sobre o Desenvolvimento Sustentável de 2002 (Rio de Janeiro); e Conferência das Nações Unidas sobre Desenvolvimento Sustentável de 2012 (Rio de Janeiro).

No plano global e regional dos direitos humanos, os mais diversos órgãos de direitos humanos produziram informes, estudos e também precedentes a respeito do direito ao meio ambiente como sendo reflexos dos direitos à vida, à saúde, à alimentação, à água, entre outros. No plano interamericano, a Carta Democrática Interamericana (2001; analisada acima) recomendou aos Estados que adotem políticas e estratégias de proteção do meio ambiente, respeitando os diversos tratados e convenções, para conseguir um desenvolvimento sustentável em benefício das futuras gerações.

A quarta fase (2012 – dias de hoje) consagrou em definitivo em vários precedentes internacionais e nacionais o *direito humano ao meio ambiente equilibrado, sadio e seguro*, o que assegura a utilização da gramática de direitos humanos para sua proteção, com destaque à universalidade (todos têm tal direito), indivisibilidade (o regime jurídico protetivo é único, não podendo ser afastada a tutela judicial, por exemplo) e interdependência (há interrelação entre os direitos na temática ambiental, como, por exemplo, o direito à informação e o direito de associação, entre outros).

Em outubro de 2021, o Conselho de Direitos Humanos da ONU aprovou a Resolução 48/13 reconhecendo o *direito ao meio ambiente limpo, saudável e sustentável*. Apesar de não ser vinculante, a Resolução foi encaminhada para consideração da Assembleia Geral da ONU, tendo sido aprovada a Resolução A/76/L.75, datada de 26 de julho de 2022 (ver abaixo). A Alta Comissária de Direitos Humanos da ONU, Michelle Bachelet, declarou, na oportunidade, resumiu as "três ameaças" ambientais aos direitos humanos na atualidade: *mudança climática*, *poluição* e *perda da biodiversidade*[338].

53.3. O "esverdeamento" e a proteção reflexa dos direitos ambientais. O modelo da incidência direta. Os principais direitos humanos ambientais

A dificuldade de convencer os Estados a incluir, expressamente, o direito ao meio ambiente equilibrado no corpo do direito internacional dos direitos humanos não impediu o desenvolvimento de uma *proteção indireta* ou *reflexa* desse direito, a partir da constatação de impactos ambientais a direitos humanos já reconhecidos, como o direito à vida, à propriedade, à vida familiar, entre outros. Essa via é também conhecida como "greening" ou "esverdeamento" e ampara-se nas consequências negativas causadas pelas violações ambientais ao rol de direitos humanos já reconhecidos pelos Estados. O "esverdeamento" funda-se na indivisibilidade e a interdependência. Os direitos humanos asseguram a vida do ser humano baseada nos atributos da dignidade, respeito à igualdade e à liberdade. A promoção de tais atributos exige a preservação do meio ambiente para que todas as potencialidades do ser humano possam se realizar. Por outro lado, a proteção do meio ambiente exige a existência de diversos direitos humanos que são indispensáveis para que se concretize políticas com informações técnicas adequadas e com um agir transparente e responsável.

Trata-se de estratégia semelhante a desenvolvida na proteção indireta dos direitos sociais, na qual houve a superação da resistência dos Estados em aceitar a judicialização internacional dos direitos sociais. Porém, há uma grande diferença: o Direito Internacional do Meio Ambiente desenvolve-se com base em normas principiológicas e que dependem – grosso modo – de ações futuras dos Estados, que podem tardar ou nunca serem adotadas, especialmente diante de imperativos econômicos e desejos de grupos de interesse. Por isso, o "esverdeamento" passa ser importante instrumento para a proteção do meio ambiente.

A crítica ao "esverdeamento" é que este consagra o modelo antropocêntrico de defesa do meio ambiente: exige-se que o dano ambiental esteja relacionado com a violação de direitos expressos.

Para suprir eventuais déficits normativos sobre o que vem a ser tais violações ambientais, o "esverdeamento" utiliza diplomas de *soft law*, que servem como vetores hermenêuticos para extrair as facetas ecológicas dos direitos humanos já reconhecidos.

O modelo alternativo é o da aplicabilidade ou da incidência direta do direito ao meio ambiente, que é possível no sistema interamericano a partir da conjugação do art. 26 da Convenção Americana de Direitos Humanos,[339] como vimos acima no que tange aos direitos sociais. A Corte IDH não mais busca fundamentar a obrigatoriedade dos Estados em promover os direitos sociais pela via indireta (reconhecimento das facetas sociais dos direitos civis, como o direito à vida), mas passou a extrair direitos sociais da própria menção ao citado art. 26.

---

[338] Disponível em: <https://news.un.org/en/story/2021/10/1102582>. Acesso em: 9 ago. 2024.

[339] Art. 26. Desenvolvimento Progressivo. Os Estados-Partes comprometem-se a adotar providência, tanto no âmbito interno como mediante cooperação internacional, especialmente econômica e técnica, a fim de conseguir progressivamente a plena efetividade dos direitos que decorrem das normas econômicas, sociais e sobre educação, ciência e cultura, constantes da Carta da Organização dos Estados Americanos, reformada pelo Protocolo de Buenos Aires, na medida dos recursos disponíveis, por via legislativa ou por outros meios apropriados.

A lógica da autonomia dos direitos sociais pode ser utilizada também para os direitos ambientais, que ainda contam com menção expressa no art. 11 do Protocolo de San Salvador, como já explicitado. A superação do modelo do "esverdeamento" deu-se com a edição da Opinião Consultiva 23/17, no qual houve o reconhecimento do valor *per se* (intrínseco) da natureza – sem intermediação de sua importância para a vida humana. Consequentemente, é possível a judiciabilidade direta dos direitos ambientais, sem que seja necessário invocar o *greening*. Para a Corte IDH, o direito ao meio ambiente deve também ser considerado incluído como um dos "direitos econômicos, sociais e culturais" protegidos no art. 26 da Convenção Americana de Direitos Humanos (CADH), o que os transforma em DESCA, ou seja, direitos econômicos, sociais, culturais e *ambientais* (Opinião Consultiva n. 23/17, parágrafo 57). Desta maneira, o direito a um meio ambiente saudável como direito autônomo foi reconhecido pela Corte IDH como *distinto* do conteúdo ambiental que é extraído da proteção de outros direitos, tais como o direito à vida ou o direito à saúde ou à integridade pessoal (Opinião Consultiva n. 23/17, parágrafo 63).

Tanto o sistema interamericano de direitos humanos quanto o sistema europeu de direitos humanos já possuem precedentes de "esverdeamento", como se vê nos casos da Comunidade Mayagna (Sumo) AwasTingni vs. Nicarágua (2001), Caso do Povo Saramaka vs. Suriname (2007), Caso do Povo indígena Kichwa de Sarayaku vs. Equador (2012), caso das Comunidades Afrodescendentes Deslocadas do Rio Cacarica vs. Colômbia (2013), caso Claude Reyes e outros vs. Chile (2006), todos já discutidos na Parte II desta obra. Assim, como base em direitos dos povos indígenas e tribais – à propriedade, à vida e à proteção judicial – a Corte IDH promove, por via indireta, o meio ambiente confirmando a indivisibilidade e interdependência entre todos os direitos humanos.

Após a edição da OC n. 23/2017, há a alternativa da proteção direta dos direitos ambientais, à luz do art. 11 do Protocolo de San Salvador e do art. 26 da Convenção Americana sobre Direitos Humanos.

De acordo com o conteúdo, é possível classificar os direitos ambientais em dois grupos: os (i) direitos ambientais substantivos, que impactam os demais direitos como os direitos à vida, à integridade pessoal, à saúde ou à propriedade e (ii) os direitos procedimentais, cujo que visam assegurar políticas públicas ambientalmente adequadas, como os direitos à liberdade de expressão e associação, à informação. Os direitos procedimentais possuem extrema relevância para a promoção do direito ao meio ambiente, destacando-se, de acordo com Princípio 10 da Declaração do Rio sobre Meio Ambiente e Desenvolvimento, três direitos imprescindíveis, a saber: direito à informação, direito à participação na tomada de decisão ambiental e direito de acesso à justiça.

1. **Direito à informação ambiental.** O direito à informação ambiental consiste no dever do Estado de ofertar todas as informações disponíveis (transparência ativa) sobre determinado tema ambiental e na possibilidade dos indivíduos de exigir a disponibilização de tais informações. O direito à informação exige que o Estado não se omita e obtenha todos os dados sobre o meio ambiente e seus elementos, bem como sobre os impactos de determinada atividade. A falta de informação viola o "direito de saber" (*rigth to known*) das pessoas em especial diante dos riscos ambientais de atividades humanas. O Acordo de Escazú (comentado acima) prevê o direito a acessar a informação ambiental que esteja em (i) poder do Estado, sob seu (iii) controle ou custódia, de acordo com o princípio de máxima publicidade. Nessa linha, a Lei de Acesso à Informação (Lei n. 12.527/2011 – também comentada nesta obra) pode ser utilizada pelo interessado, dado o evidente *interesse público primário* na obtenção de tais informações. A Corte IDH reconheceu o direito à informação em matéria ambiental, na dimensão do acesso público à informação sobre impactos ambientais de uma obra (desflorestamento). O Estado réu (Chile) foi condenado, então, pela violação

do art. 13 da Convenção por ofender o *princípio da máxima divulgação* e negar – sem a devida fundamentação – informações sobre os *impactos ambientais* que o projeto Rio Condor teria sobre o desenvolvimento sustentável no país (Claude Reyes e outros vs. Chile, 2006 – comentado acima).

3. **Direito à participação pública ecológica.** O direito à participação pública consiste na faculdade de levar à consideração dos órgãos públicos informações e posições, bem como receber a fundamentação adotada antes da tomada de decisão em temas ambientais relevantes, além de participar da tomada de decisão. Trata-se do *direito de ser ouvido*, que pode inclusive redundar na participação na tomada de decisão em órgãos colegiados. Entre outras emanações desse direito, há o *direito à audiência pública*, pelo qual há apresentação e manifestação do público a respeito de determinada faceta da temática ambiental. Busca-se refinar a qualidade da decisão a ser tomada, representando o caráter democrático-participativo o qual impregna a proteção ao meio ambiente[340]. Não pode, assim, ser a audiência pública vista como etapa burocrática sem maiores consequências. No polo ativo do direito, são incluídas: pessoas físicas ou jurídicas, abarcando organizações não governamentais, bastando que estejam sob a jurisdição do Estado (não precisam ser nacionais). Na *área ambiental*, houve *sensível redução* da participação da comunidade no CONAMA (Conselho Nacional do Meio-Ambiente) pelo Decreto n. 9.806/2019. Em reação, a Procuradora-Geral da República à época, Raquel Dodge, interpôs Arguição de Descumprimento de Preceito Fundamental (ADPF 623) apontando, entre outros fundamentos, a *proibição do retrocesso institucional* em *matéria ambiental*. O STF declarou, em 2023, inconstitucional o Dec. n. 9.806/2019. Consta da ementa, que o "(...) desmantelamento das estruturas orgânicas que viabilizam a participação democrática de grupos sociais heterogêneos nos processos decisórios do Conama tem como efeito a implementação de um sistema decisório hegemônico, concentrado e não responsivo, incompatível com a arquitetura constitucional democrática das instituições públicas e suas exigentes condicionantes". Assim, o Estado de Direito Ambiental exige que seja respeitada a participação social e plural em entes como o CONAMA (ADPF 623, rel. Min. Rosa Weber, Sessão Virtual de 12-5-2023 a 19-5-2023).

4. **Direito de acesso à justiça.** O Princípio 10 da Declaração do Rio sobre Meio Ambiente e Desenvolvimento (1992) dispõe que deve ser assegurado o acesso efetivo a mecanismos judiciais e administrativos para a tutela efetiva do meio ambiente. A existência de mecanismos administrativo (tutela extrajudicial) visa prevenir ou dar celeridade a reparação das violações eventualmente constatadas. No fracasso da tutela extrajudicial, exige-se que seja assegurado o acesso ao Poder Judiciário, com o devido processo legal em prazo razoável Há ainda entrelaçamento entre o direito à participação ecológica e o acesso à justiça, como se vê nos institutos do *amicus curiae* e da audiência pública nas ações de controle abstrato de constitucionalidade.

53.4. Os "direitos verdes" e o direito à proteção contra a mudança climática

Em 2022, a Assembleia Geral das Nações Unidas declarou oficialmente o direito a um ambiente limpo, saudável e sustentável como um direito humano fundamental, conforme estabelecido na Resolução A/76/L.75, datada de 26 de julho de 2022. Este reconhecimento integra-se a um conjunto de regras e precedentes que desenvolvem o conceito de "direitos verdes" ou

---

[340] Nessa linha, SARLET, Ingo W. e FENSTERSEIFER, Tiago. *Direito Constitucional Ecológico*. 6. ed., São Paulo: RT, 2019, p. 483.

"direitos ambientais" inseridos na proteção internacional de direitos humanos, que já vinha sendo reconhecido em diversas jurisdições internacionais de direitos humanos.

Apesar de tal reconhecimento, a resistência de diversos Estados em adotar medidas eficientes contra a mudança climática (para não "perder" no curto prazo os ganhos econômicos em favor de determinados grupos sociais) e a falta de mecanismos de coerção próprios do Direito Internacional do Meio Ambiente (não há, por exemplo, um tribunal internacional de direitos ambientais, para julgar os Estados infratores) faz com que a preservação efetiva do meio ambiente seja lenta ou mesmo não avance. Por isso, é importante destacar os principais precedentes dos sistemas global e regionais de direitos humanos na pauta dos "direitos verdes"[341].

No âmbito de órgãos (Comitês) dos Tratados do sistema global de direitos humanos, há constante desenvolvimento da "faceta verde" dos direitos humanos. A relevância da sustentabilidade também foi enfatizada na Observação Geral n. 26 (2022) do Comitê de Direitos Econômicos, Sociais e Culturais, onde se afirma que práticas sustentáveis de uso da terra são essenciais para a promoção de um ambiente saudável e para o avanço do direito ao desenvolvimento. De forma similar, na Observação Geral n. 26 (2023) do Comitê dos Direitos da Criança, reafirma-se que um ambiente limpo e sustentável é tanto um direito humano autônomo quanto uma condição necessária para o exercício de outros direitos fundamentais. Adicionalmente, os esforços e relatórios do Relator Especial da ONU sobre direitos humanos e ambiente e sobre mudanças climáticas destacam a interconexão entre os direitos humanos e a proteção ambiental.

No plano judicial internacional, destacam-se a recente judicialização do combate à mudança climática, por meio de ações de responsabilidade internacional do Estado e ainda solicitações de opiniões consultivas, como se vê abaixo:

1) **Corte Internacional de Justiça**. A partir de mobilização do Estado de Vanuatu, a Assembleia Geral da ONU solicitou, em 2023, opinião consultiva sobre as obrigações dos Estados no combate às mudanças climáticas. No fundamento do pedido, a Assembleia Geral invocou, como fontes do Direito Internacional na temática: "(i) a Carta das Nações Unidas, (ii) o Pacto Internacional sobre Direitos Civis e Políticos, (iii) o Pacto Internacional sobre Direitos Econômicos, Sociais e Culturais, (iv) a Convenção-Quadro das Nações Unidas sobre Mudança do Clima, (v) o Acordo de Paris, (vi) a Convenção das Nações Unidas sobre o Direito do Mar. Além desses tratados, foram mencionados o dever de diligência, os direitos reconhecidos na Declaração Universal dos Direitos Humanos, o princípio da prevenção de danos significativos ao meio ambiente e o dever de proteger e preservar o meio ambiente marinho. As perguntas formuladas foram as seguintes: (a) Quais são as obrigações dos Estados, segundo o direito internacional, para garantir a proteção do sistema climático e de outras partes do meio ambiente contra emissões antropogênicas de gases de efeito estufa para os Estados e para as gerações presentes e futuras? (b) Quais são as consequências jurídicas, segundo essas obrigações, para os Estados cujos *atos e omissões tenham causado danos significativos ao sistema climático e a outras partes do meio ambiente*, em relação a: (i) Estados, incluindo, em particular, *pequenos Estados insulares em desenvolvimento*, que, devido às suas circunstâncias geográficas e nível de desenvolvimento, são prejudicados ou especialmente afetados ou são particularmente vulneráveis aos efeitos adversos das mudanças climáticas? (ii) *Povos e indivíduos das gerações presentes e futuras afetados*

---

[341] Essa lista foi extraída do voto concorrente dos Juízes Ricardo C. Pérez Manrique, Eduardo Ferrer Mac-Gregor Poisot e Rodrigo Mudrovitsch. Caso habitantes de La Oroya *vs.* Peru. Disponível em: <https://www.corteidh.or.cr/docs/casos/votos/vsc_manrique_ferrer_mudrovitsch_511_esp.docx>. Acesso em: 1º jul. 2024.

pelos efeitos adversos das mudanças climáticas?[342] Tais perguntas mostram a preocupação com Estados menos desenvolvidos e ainda em situação geográfica vulnerável (por exemplo, Vanuatu) e ainda sobre toda a humanidade (e, em especial, a geração futura).

2) **Corte Europeia de Direitos Humanos**. A Corte Europeia de Direitos Humanos (Corte EDH) maneja, em geral, a técnica da justiciabilidade indireta dos direitos verdes, ou seja, busca proteger o direito ao meio ambiente por meio da invocação de outros direitos, como, por exemplo, o direito à vida privada (artigo 8º). Nessa linha, em 2024, a Corte EDH (Grande Câmara), julgou ação contra a Suíça, proposta por quatro mulheres e uma associação suíça, a Verein KlimaSeniorinnen Schweiz, cujos membros são todas mulheres idosas preocupadas com os impactos do aquecimento global nas suas condições de vida e saúde. Elas argumentaram que as autoridades suíças não estavam tomando medidas adequadas, apesar de suas obrigações sob a Convenção, para mitigar os efeitos das *mudanças climáticas*. O Tribunal concluiu que o Artigo 8º da Convenção abrange o direito à proteção eficaz pelas autoridades estatais contra os graves efeitos adversos das mudanças climáticas na vida, saúde, bem-estar e qualidade de vida. A Corte concluiu que a Suíça não cumpriu com suas obrigações prestacionais (as chamadas obrigações positivas) sob a Convenção em relação às mudanças climáticas. Houve falhas significativas na implementação do quadro regulatório doméstico relevante, incluindo a omissão das autoridades suíças em quantificar, por meio de um orçamento de carbono ou de outra forma, as limitações nacionais de emissões de gases de efeito estufa (GEE), bem como o Estado réu também não cumpriu suas metas anteriores de redução de emissões de GEE. Além disso, a Corte concluiu que houve violação do Artigo 6º, § 1º, da Convenção (acesso à justiça e devido processo legal), uma vez que o Poder Judiciário suíço não levou em consideração as evidências científicas contundentes sobre as mudanças climáticas nas ações judiciais domésticas das vítimas (esgotamento prévio dos recursos internos)[343].

3) **Tribunal Internacional de Direito do Mar**. Em 2024, o Tribunal Internacional de Direito do Mar editou Opinião Consultiva (caso n. 31) sobre Mudanças Climáticas e Direito Internacional, sendo o pioneiro na temática, por solicitação da Comissão de Pequenos Estados Insulares sobre Mudanças Climáticas e Direito Internacional (COSIS, na sigla em inglês[344]), que consiste em grupo de Estados insulares do Caribe e do Pacífico e que tem como propósito estimular o desenvolvimento do Direito Internacional na temática da mudança climática. As perguntas apresentadas ao Tribunal buscam posicionamento jurídico do intérprete autêntico da Convenção das Nações Unidas sobre o Direito do Mar (CNUDM) a respeito das obrigações dos Estados para prevenir, reduzir e controlar a poluição do ambiente marinho causada pelos efeitos negativos das mudanças climáticas, resultantes dos GEE na atmosfera, e para proteger e preservar o ambiente marinho contra esses impactos. O Tribunal Internacional de

---

[342] Resolução A/77/L.58, Pedido de uma opinião consultiva à Corte Internacional de Justiça sobre as obrigações dos Estados com respeito às mudanças climáticas, de 1º de março de 2023. Disponível em <https://www.icj-cij.org/sites/default/files/case-related/187/187-20230412-app-01-00-en.pdf>. Acesso em: 20 ago. 2024.

[343] Corte Europeia de Direitos Humanos, (Grande Câmara), Caso Verein KlimaSeniorinnen Schweiz e Outros v. Suíça, j. 9 de abril de 2024.

[344] Como consta da própria inspiração da organização da COSIS, os que são menos responsáveis pelas mudanças climáticas, os chamados Pequenos Estados Insulares em Desenvolvimento (SIDS), serão os mais propensos a sofrer os piores impactos tanto no curto quanto no longo prazo. Mais sobre a COSIS disponível em <https://www.cosis-ccil.org/about>. Acesso em: 14 ago. 2024.

Direito do Mar concluiu que as emissões de gases de efeito estufa (GEE) são uma forma de poluição marinha, impondo aos Estados obrigações específicas e dever de devida diligência para *prevenir* danos irreversíveis ao ambiente marinho. Os Estados devem regular e fiscalizar atividades poluentes, adotar medidas para reduzir emissões e limitar o aquecimento global, além de monitorar continuamente os impactos ambientais. A obrigação de agir é especialmente rigorosa em casos de poluição transfronteiriça, e os Estados devem cooperar internacionalmente para estabelecer normas e práticas globais. O Tribunal também destacou que a CNUDM deve ser interpretada de maneira dinâmica, em diálogo com outros tratados, para enfrentar os desafios contemporâneos das mudanças climáticas, reconhecendo seu impacto nos direitos humanos. As opiniões consultivas, apesar de não terem força vinculante, atestam o *real alcance e sentido* do Direito Internacional, eliminando a boa-fé do Estado divergente, o que pode redundar em futura responsabilidade internacional aos que descumprirem suas obrigações[345].

Assim, há o nascimento do que pode ser descrito como o "direito à proteção contra os impactos adversos das mudanças climáticas", um conceito que integra a crescente jurisprudência de "direitos verdes" ou "direitos ambientais" dentro do arcabouço dos direitos humanos no plano internacional.

A partir de precedentes estabelecidos por diversos tribunais e comitês internacionais, como o Tribunal Internacional de Direito do Mar e a Corte Europeia de Direitos Humanos, esse direito se fortalece ao exigir que os Estados adotem medidas concretas para mitigar os efeitos das mudanças climáticas e proteger o meio ambiente.

Embora a efetividade desse direito ainda enfrente desafios, especialmente devido à falta de mecanismos coercitivos globais, o reconhecimento jurídico internacional de tais obrigações sinaliza um passo crucial na responsabilização dos Estados e na promoção de um ambiente sustentável para as gerações presentes e futuras. A evolução desse direito reflete a interconexão entre a proteção ambiental e a promoção dos direitos humanos, sublinhando a necessidade urgente de ação global coordenada.

53.5. O reconhecimento dos direitos de titularidade dos animais não humanos e da natureza

O direito humano ao meio ambiente equilibrado, sadio e seguro valoriza a natureza e estimulou o fortalecimento de uma visão biocêntrica da fauna e flora, que não deve ser considerada meramente objeto do direito (protegida pela sua importância aos seres humanos), o que seria típico de uma visão antropocêntrica.

Essa visão biocêntrica ou ecocêntrica é percebida em diplomas constitucionais como a Constituição do Equador (2008; arts. 71 e 72, em especial) e a Constituição da Bolívia (art. 14, em especial).

No caso brasileiro, o art. 225 da CF estipula que "todos têm direito ao meio ambiente ecologicamente equilibrado, bem de uso comum do povo e essencial à sadia qualidade de vida, impondo-se ao Poder Público e à coletividade o dever de defendê-lo e preservá-lo para as presentes e futuras gerações". Tal redação não é restritiva, mas, ao contrário, enfatiza a essencialidade do meio ambiente, tido como indispensável à vida. Por isso, não há excludente constitucional em se aceitar um modelo ecocêntrico, que reconheça parcial ou totalmente direitos aos demais seres

---

[345] Ver mais em TORRES, Paula Ritzmann. Tribunal Internacional de Direito do Mar e mudanças climáticas. *Revista Conjur,* de 22 jun. 2024. Disponível em: <http:///www.conjur.com.br/2024-jun-22/tribunal-internacional-de-direito-do-mar-e-mudancas-climaticas/. Acesso em: 20 ago. 2024.

vivos. Como aponta Benjamin: "Vale dizer, mesmo que, no contexto da geração atual, não valorizemos adequada e suficientemente o meio ambiente ou seus elementos (como algo que ultrapasse a noção de *res*), ainda assim haveríamos de protegê-los, porque as gerações futuras podem vir a estimá-lo de modo diverso do nosso (= menos antropocentricamente), inclusive conferindo-lhes a posição de *sujeito de direitos*"[346].

Em 2021, o Tribunal de Justiça do Estado do Paraná reconheceu animais como sujeitos ativos de direitos humano e por consequência, possuidores da capacidade de ser parte em litígios, desde que devidamente representados[347].

Em 20 de outubro de 2021, foi editada a Lei n. 14.228, que proíbe a eliminação da vida de cães e de gatos pelos órgãos de controle de zoonoses, canis públicos e estabelecimentos oficiais congêneres, com exceção da *eutanásia* nos casos de males, doenças graves ou enfermidades *infectocontagiosas incuráveis* que coloquem em risco a saúde humana e a de outros animais. Com tal ressalva (doença infectocontagiosa incurável, que caracterize risco à saúde pública), o animal pode ser disponibilizado para entidade de proteção dos animais.

53.6. O racismo ambiental

Na linha da interdependência dos direitos humanos, constata-se o vínculo entre o *direito ao ambiente* equilibrado, sadio e seguro e o *direito à igualdade*, pelo qual a degradação ambiental atinge com maior virulência as pessoas em situação de vulnerabilidade e também populações de determinadas regiões. Forma-se a *injustiça ambiental*, que tem duas formas presentes de emanação: (i) o racismo ambiental e o (ii) neocolonialismo ambiental.

O *racismo ambiental* consiste na existência de impactos negativos de maior força, oriundos da devastação ambiental, incidentes sobre as pessoas em situação de vulnerabilidade, mantendo ou agravando sua situação de inferiorização. Utiliza-se aqui o conceito de *racismo em sua dimensão social,* o qual se projeta para além de aspectos estritamente biológicos ou fenotípicos.

Nessa linha, diversos órgãos voltados à proteção internacional de direitos humanos, como o Conselho de Direitos Humanos[348] e a Corte Interamericana de Direitos Humanos[349], reconhecem que os danos ambientais incidem com mais força nos setores da população que já se encontram em situações de vulnerabilidade, como mulheres, povos indígenas, crianças, as pessoas vivendo em situação de extrema pobreza, as pessoas com deficiência, os afrodescendentes, entre outros.

Com isso, os Estados devem adotar medidas de proteção ambiental, que levem em consideração o impacto diferenciado dos danos ambientais sobre certos segmentos sociais, de modo a assegurar o gozo integral dos direitos humanos, sem *discriminação ecológica*[350].

---

[346] BENJAMIN, op. cit, p. 87.

[347] TJ – Paraná. Agravo de Instrumento n. 0059204-56.2020.8.16.0000 1. 0059204-56.2020.8.16.0000. Relator: Marcel Guimarães Rotoli de Macedo, Juiz de Direito Substituto em Segundo Grau. Processo: 0059204-56.2020.8.16.0000 Órgão Julgador: 7ª Câmara Cível. Data Julgamento: 14-9-2021

[348] Conselho de Direitos Humanos, Res. 16/11 "Direitos Humanos e o Meio Ambiente" de 24-3-2011, no qual ficou estabelecido que "Reconhecendo que, embora estas implicações afectem indivíduos e comunidades em todo o mundo, os danos ambientais são sentidos com mais intensidade pelos segmentos da população que já se encontram em situações vulneráveis" (in verbis: "Recognizing that, while thes eimplications affect individuals and communities around the world, environmental damage is felt mos tacutely by those segments of the population already in vulnerable situations")

[349] Corte Interamericana de Direitos Humanos. Opinião Consultiva n. 23 (2017), sobre as obrigações de proteção do meio ambiente no marco da proteção internacional de direitos humanos, parágrafo 67.

[350] Corte Interamericana de Direitos Humanos. Opinião Consultiva n. 23 (2017), sobre as obrigações de proteção do meio ambiente no marco da proteção internacional de direitos humanos, parágrafo 68.

Do ponto de vista interestatal, há também o impacto diferenciado da degradação do meio ambiente em relação a Estados subdesenvolvidos ou em vias de desenvolvimento que não (i) conseguem regular de maneira satisfatória a proteção do meio ambiente, aceitando atividades econômicas nocivas e poluentes (que não têm mais guarida nos países desenvolvidos), bem como não conseguindo impor medidas de restauração e prevenção de novas violações e também em relação a Estados que (ii) sofrem mais com os danos ambientais – em virtude da localização geográfica – como se vê nos Estados insulares. Esse impacto diferenciado nas relações internacionais constitui em certa forma de neocolonialismo ambiental[351].

53.7 Tratados ambientais e a hierarquia interna dos tratados de direitos humanos

Os tratados que tratam da proteção ambiental têm relação direta com a proteção de direitos humanos, como se viu acima. A Corte IDH acatou a existência dos DESCAs, ou seja, dos direitos ambientais como parte integrante dos direitos sociais em sentido amplo. No caso Kawas Fernándes vs. Honduras (comentado neste *Curso*), ficou atestada a relação entre a (i) proteção do meio ambiente e a efetivação de outros direitos humanos e ainda o (ii) o impacto negativo da degradação ambiental e das mudanças climáticas na fruição de direitos humanos (caso citado expressamente no voto do Min. Fachin na ADPF 708, rel. Min. Roberto Barroso, j. 4-7-2022).

Coerentemente, o Supremo Tribunal Federal reconheceu que os tratados sobre direito ambiental são espécie do gênero "tratados de direitos humanos". Assim, declarou o mesmo estatuto interno dos tratados de direitos humanos aos tratados ambientais. Como nenhum tratado ambiental foi aprovado de acordo com o rito especial do art. 5º, § 3º, da CF/88 (o que lhes daria a hierarquia equivalente à emenda constitucional), os tratados ambientais têm hierarquia *supralegal*.

Nesse sentido, o STF decidiu que: "Na mesma linha, a Constituição reconhece o caráter supralegal dos tratados internacionais sobre direitos humanos de que o Brasil faz parte, nos termos do seu art. 5º, § 2º. E não há dúvida de que a matéria ambiental se enquadra na hipótese" (voto do Min. Barroso, § 17, STF, ADPF 708, rel. Min. Roberto Barroso, j. 4-7-2022).

Em outro julgamento (sobre a constitucionalidade da proibição do uso de amianto), o STF reconheceu o estatuto supralegal da Convenção da Basileia sobre o Controle de Movimentos Transfronteiriços de Resíduos Perigosos e seu Depósito (1989), como espécie de tratado de direitos humanos. Para a Ministra Rosa Weber, "(...) Porque veiculadoras de regimes protetivos de direitos fundamentais, as Convenções n. 139 e 162 da OIT, bem como a Convenção de Basileia, assumem, no nosso ordenamento jurídico, *status* de supralegalidade" (STF, ADI n. 4.066, rel. Min. Rosa Weber, j. 24-8-2017).

53.8. Jurisprudência

> **Imprescritibilidade da pretensão de reparação civil do dano ambiental.** O STF reconheceu a imprescritibilidade da pretensão de reparação civil do dano ambiental, em tema de repercussão geral (Tema 999). No voto do Ministro Relator Alexandre de Moraes, ficou estabelecido que o "meio ambiente deve ser considerado patrimônio comum de toda humanidade, para a garantia de sua integral proteção, especialmente em relação às gerações futuras. Todas as condutas do Poder Público estatal devem ser direcionadas no sentido de integral proteção legislativa interna e de adesão aos pactos e tratados internacionais protetivos desse direito humano fundamental de 3ª geração, para evitar prejuízo da coletividade em face de uma

---

[351] STOLL, Mary Lyn. Environmental Colonialism. *The SAGE Encyclopedia of Business Ethics and Society*, 2018. Acesso em: 11 out. 2021.

afetação de certo bem (recurso natural) a uma finalidade individual. 5. A reparação do dano ao meio ambiente é *direito fundamental indisponível*, sendo imperativo o reconhecimento da imprescritibilidade no que toca à recomposição dos danos ambientais' (Supremo Tribunal Federal, RE. n. 654.833, Relator Min. Alexandre de Moraes, j. 20-4-2020, tema 999 – repercussão geral – grifo meu). Em 2023, o STF confirmou a tese da imprescritibilidade da pretensão de reparação do dano ambiental, no caso de ofensa ao patrimônio mineral da União, fixando nova tese de repercussão geral (Tema 1.268; RE 1.427.694): "É imprescritível a pretensão de ressarcimento ao erário decorrente da exploração irregular do patrimônio mineral da União, porquanto indissociável do dano ambiental causado".

Vedação de práticas cruéis. Farra do boi. Briga de galos. Vaquejada. Em três situações, o Supremo Tribunal Federal reconheceu serem proibidas práticas cruéis contra animais, tal como preconiza art. 225, § 1º, VII, da CF que veda práticas que "submetam os animas a crueldade". Inicialmente, o STF julgou inconstitucional a prática da chamada "farra do boi", não podendo ser utilizada, como justificativa, a obrigação de o Estado garantir a todos o pleno exercício de direitos culturais, pois tais direitos culturais devem ser ponderados com a proteção constitucional aos animais (STF, RE 153.531, rel. p/ o ac. min. Marco Aurélio, j. 3-6-1997, 2ª T, *DJ* de 13-3-1998). Após, o STF decidiu ser inconstitucional lei do Estado do Rio de Janeiro que regulamentava a prática de *briga de galos* (STF, ADI n. 1.856, Rel. Min. Celso de Mello, DJe 13-10-2011). Para o STF, "a promoção de briga de galos, além de caracterizar prática criminosa tipificada na legislação ambiental, configura conduta atentatória à Constituição da República, que veda a submissão de animas a atos de crueldade". Finalmente, o STF considerou a prática da *vaquejada* também é proibida, por se tratar de prática cruel aos animais (ADI n. 4.983, Rel. Min. Marco Aurélio, *DJe* 26-4-2017).

Liberdade de religião. Sacrifício de animais em rituais religiosos sem maus tratos ou crueldade. Preconceito estrutural contra religiões de matriz africana. O Supremo Tribunal Federal reconheceu a constitucionalidade da prática de sacrifício ritual de animais, sem crueldade ou maus tratos, em nome da liberdade de religião e em face da necessidade de proteção especial às religiões de matriz africana, historicamente estigmatizadas no Brasil. No caso, foi apreciada a constitucionalidade de lei estadual (Lei n. 12.131/04, Rio Grande do Sul), que introduziu parágrafo único ao art. 2º da Lei n. 11.915/03-RS (Código Estadual de Proteção aos Animais), explicitando que não infringe tal lei "o sacrifício ritual em cultos e liturgias das religiões de matriz africana, desde que sem excessos ou crueldade". Para o STF, não há invasão da competência constitucional da União, pois o art. 24, VI, dispõe que é competência concorrente legislar sobre "florestas, caça, pesca, fauna, conservação da natureza, defesa do solo e dos recursos naturais, proteção do meio ambiente e controle da poluição". Além disso, é competência dos Estados a defesa dos direitos fundamentais (voto do Min. Barroso). Também não houve ofensa à isonomia (menção às religiões de matriz africana) pelo preconceito estrutural (voto do Min. Fachin) contra tais religiões, que têm sido, historicamente, vítimas de intolerância, de discriminação e de preconceito (voto do Min. Barroso), sendo merecedoras de proteção especial do Estado. Consagra-se a igualdade material como reconhecimento do preconceito a culto religioso minoritário. Em *obiter dictum,* o Min. Barroso apontou que a possibilidade de sacrifício ritual de animais se estende a todas as religiões. Finalmente, em relação à gramática dos direitos humanos, o STF reconheceu que a prática e os rituais relacionados ao sacrifício animal são "patrimônio cultural imaterial", na forma do disposto no art. 2º, item 2, *c*, da Convenção para a Salvaguarda do Patrimônio Cultural Imaterial da UNESCO[352]. O sacrifício ritual de animais compõe adquire feição de direito cultural, vinculado aos modos de ser e viver de uma comunidade. Cumpre-se o dever de proteção imposto ao quanto às manifestações das culturas populares, indígenas e afro-brasileiras, e das de outros grupos participantes do processo civilizatório nacional, nos termos do art. 215, § 1º[353], da CF/88. O Min. Marco Aurélio ficou vencido em parte, pois defendeu a necessidade de consumo da carne do animal sacrificado. Foi destacada a ausência de maus tratos e crueldade. Foi fixada a seguinte tese de repercussão geral: "É constitucional a lei de proteção animal que, a fim de resguardar a liberdade religiosa, permite o sacrifício ritual de animais em cultos de religiões de matriz africana" (STF RE n. 494.601/RS, Relator para o acórdão, Min. Edson Fachin, j. 28-3-2019).

Sacrifício de cães e gatos. Possibilidade. Vedação de meios cruéis. "(...). 4. Em situações extremas, nas quais a medida se torne imprescindível para o resguardo da saúde humana, o extermínio dos animais deve ser permitido. No entanto, nesses casos, é defeso a utilização de métodos cruéis, sob pena de violação do art. 225 da CF, do art. 3º da Declaração Universal dos Direitos dos Animais[354], dos arts. 1º e 3º, I e VI do Decreto Federal n. 5. Não se pode 24.645 e do art. 32 da Lei n. 9.605/98. STJ – REsp 1.115.916/MG, rel. Min. Humberto Martins, j. 1º-9-2009).

Conflito entre o direito de propriedade e o direito ao meio ambiente equilibrado. A gramática dos direitos humanos reconhece o latente conflito de direitos na atualidade. A tutela ambiental em geral faz nascer forte limitação ao direito de propriedade, mostrando uma nova faceta da função social da propriedade, que vem a ser a *função social ecológica*. Por isso, o Superior Tribunal de Justiça determinou que a preservação do meio ambiente é inerente ao direito de propriedade, exigindo conduta ativa do atual proprietário, que não pode simplesmente alegar que o responsável pelo dano foi o antigo proprietário. Há responsabilidade objetiva do atual proprietário, que deve restaurar a área de preservação permanente, mesmo que a conduta ativa de depredação tenha ocorrido antes de seu domínio. Ou seja, mesmo se a área de preservação permanente (APP) já estivesse devastada no momento da compra do imóvel, o novo proprietário deve restaurá-la. Para o STJ, "Os deveres associados às APPs e à Reserva Legal têm natureza de obrigação propter rem, isto é, aderem ao título de domínio ou posse". Quanto à eventual convalidação da ofensa ao meio ambiente pela passagem do tempo, decidiu o STJ

---

[352] Art. 2º, item 2, alínea c) práticas sociais, rituais e atos festivos. Já ratificada pelo Brasil. Incorporada internamente pelo Decreto n. 5.753/2006.

[353] *In verbis:* " Art. 215, § 1º O Estado protegerá as manifestações das culturas populares, indígenas e afro-brasileiras, e das de outros grupos participantes do processo civilizatório nacional.

[354] A "Declaração Universal dos Direitos dos Animais" citada pelo Rel. Min. Humberto Martins consiste em manifestação apresentada em 1978 e depois revisada por organização não govenamental (International League of Animal Rights) em 1989, direcionada à Unesco como estímulo, por parte da sociedade civil organizada, à adoção de Declaração oficial da UNESCO sobre a temática (que ainda não ocorreu.) Disponível em: <http://www.la.utexas.edu/users/bump/Universal%20Declaration%20of%20Animal%20Rights.htm>. Acesso em: 1º out. 2021. Nota de rodapé não consta do voto.

que "Inexiste direito adquirido a poluir ou degradar o meio ambiente. O tempo é incapaz de curar ilegalidades ambientais de natureza permanente, pois parte dos sujeitos tutelados (as gerações futuras) carece de voz e de representantes que falem ou se omitam em seu nome" (Superior Tribunal de Justiça, REsp n. 948.921/SP, Rel. Min. Herman Benjamin, j. 23-10-2007, *DJe* 11-11-2009).

Princípio da Precaução. O princípio da precaução, consagrado formalmente pela Conferência das Nações Unidas sobre o Meio Ambiente e o Desenvolvimento – Rio 92, consiste no reconhecimento de que a "ausência de certezas científicas não pode ser argumento utilizado para postergar a adoção de medidas eficazes para a proteção ambiental. Na dúvida, prevalece a defesa do meio ambiente" (Superior Tribunal de Justiça, REsp 1.285.463, rel. Min. Humberto Martins, j. 28-2-2012).

In dubio pro natura. Para o Superior Tribunal de Justiça, a proteção ao meio ambiente exige que, em caso de dúvida ou outra anomalia técnico-redacional, a norma ambiental tenha interpretação e integração de acordo com o *princípio hermenêutico in dubio pro natura,* ou seja, mais favorável à proteção do meio ambiente. No caso, decidiu-se que "[a] legislação de amparo dos sujeitos vulneráveis e dos interesses difusos e coletivos deve ser interpretada da maneira que lhes seja mais favorável e melhor possa viabilizar, no plano da eficácia, a prestação jurisdicional e a *ratio essendi* da norma. A hermenêutica jurídico-ambiental rege-se pelo princípio in *dubio pro natura*" (Superior Tribunal de Justiça, REsp 1.198.727, rel. Min. Herman Benjamin, j. 14-8-2012).

54. CORRUPÇÃO E OS DIREITOS HUMANOS. A RESOLUÇÃO N. 1/2018 DA COMISSÃO IDH

A corrupção consiste em qualquer forma ilícita de pagamento ou retribuição de qualquer espécie para a obtenção de um ato comissivo ou omissivo por parte de um servidor público (corrupção pública) ou funcionário privado (corrupção privada)[355]. Na área de direitos humanos, a corrupção pública pode gerar grande impacto nocivo na implementação de direitos (pela perda de eficiência do Estado e ainda aumento dos gastos) e na própria democracia, por aumentar a descrença nos agentes públicos e desconfiança das suas reais finalidades no momento de propor e concretizar políticas e obras públicas. Já a corrupção privada pode, indiretamente, impactar a área de direitos humanos, por meio da atuação real de empresas em contradição a seus próprios códigos de ética e compromissos em combater violações de direitos (vide os "Princípios de Ruggie" neste *Curso*).

Como a corrupção pública consiste no exercício de influência ilícita sobre os negócios públicos para proveito privado (próprio ou alheio), é utilizada, usualmente, uma subdivisão em três espécies: o (i) *suborno*, quem vem a ser o uso da retribuição ilícita para a realização ou omissão de ato de ofício; o (ii) *nepotismo*, definido como a concessão de emprego ou favor na área pública por vínculo familiar ou por amizade, em detrimento do critério determinado pela lei (melhor qualificação; melhor desempenho); e finalmente o (iii) *peculato*, entendido como sendo o desvio ou apropriação da coisa pública para o proveito ilegal de particulares[356]. O termo

---

[355] Definição adaptada de MIRANDA, Luiz Fernando. Unificando os conceitos de corrupção. Revista Brasileira de Ciência Política, n. 25. Brasília, janeiro – abril de 2018, p. 237-272, em especial p. 254.

[356] Ver BOBBIO, Norberto; MATTEUCCI, Nicola e PASQUINO, Gianfranco. "Corrupção", in *Dicionário de Política,* 4. ed., Brasília: Edunb, 1992, p. 292.

corrupção vem do latim *corruptio*, que significa "deterioração, alteração", o que mostra o seu sentido comum, quando aplicado aos negócios públicos: a destruição, por apodrecimento, do ideal de bem comum, pela apropriação, para fins privados de alguns, dos meios e recursos públicos[357].

Há também a *corrupção estrutural ou sistêmica*, que consiste em uma troca clandestina entre a administração pública e os agentes econômicos com poder de influência, de modo formar uma espúria troca de favores, com o uso do poder decisório do cargo público para o favorecimento de setores econômicos ou políticos privilegiados[358]. Nasce, então, o chamado "*risco de captura*", pela qual a administração pública passa a ser dominada pelos interesses dos grupos econômicos. A "captura" é fruto da perda de independência dos administradores públicos face aos agentes econômicos e consequente influência ilegítima dos mesmos sobre os formuladores das políticas públicas. A chamada "captura" dos agentes públicos pelo Poder Econômico viola diretamente a *good governance*, fazendo com seja perpetuada a negação dos direitos sociais.

A corrupção sistêmica é forjada por três fatores centrais: (i) a concentração de poder e possibilidade de tomada de decisão com ausência de consultas prévias à sociedade ou sem debate aprofundado; (ii) multiplicidade de órgãos competentes para execução de tarefas, sem determinação precisa de responsabilidades (gerando terreno fértil para a atuação ilícita em prol do interesse privado influenciador); a (iii) ausência de sistemas independentes e atuantes de controles do gasto público, bem como (iv) a falta de publicidade e transparência de tais gastos e finalmente, a (v) a falta de punição (ou a previsão de impunidade) tanto dos corrompidos quanto dos corruptores[359].

No plano internacional, o desenvolvimento de normas internacionais de combate à corrupção tem como propulsor inicial a preocupação com práticas de concorrência desleal, como se vê na adoção, pela Organização de Cooperação e Desenvolvimento Econômico (OCDE), da Recomendação anticorrupção (*Antibribery Recommendation*), que, entre outros itens, solicitava aos Estados membros da OCDE que envidassem todos os esforços na coibição de subornos e práticas de corrupção que favorecessem ilegalmente determinada empresa ou negócio. Foi elaborada a Convenção sobre corrupção de funcionários públicos em transações comerciais internacionais, elaborada pela OCDE para proteger postulados do comércio internacional livre e justo, tendo sido ratificada pelo Brasil[360].

Após, o combate à corrupção internacional ingressou, já na década de 90, em uma nova fase: a defesa de direitos humanos. Essa nova fase é fundada na constatação da relação entre a corrupção e a ausência de efetividade dos chamados direitos sociais, que são justamente aqueles que clamam com maior ênfase pela intervenção do Estado, combalida pelas práticas de corrupção. O desperdício e a alocação de recursos em atividades desnecessárias ou supérfluas (ou atividades necessárias, mas com custo excessivo), além de onerar toda a sociedade, posterga a efetivação de direitos humanos, que exigem uma série de prestações positivas do Estado. Finalmente, na atualidade, consolidou-se o vínculo do combate à corrupção com a defesa da democracia. A corrupção destrói a confiança e transparência nas relações entre governantes e governados ao

---

[357] Ver in FERREIRA FILHO, Manoel Gonçalves. A corrupção como fenômeno social e político. *Revista de Direito Administrativo*, v. 118, 1991, p. 1-18, em especial p. 3.

[358] Ver in SCHILLING, Flávia. "A luta contra a corrupção e a construção democracia: perspectivas de análise" in 08 *Revista do Ilanud* (1998), p. 29-52.

[359] ROCHA, Carmen Lúcia Antunes. *Princípios constitucionais da Administração Pública*. Belo Horizonte: Ed. Del Rey, 1994, em especial p. 200 *et seq*.

[360] Decreto n. 3.678, de 30 de novembro de 2000.

submeter o processo decisório a influências ilegítimas de grupos corruptores, fragilizando, então, a democracia enquanto regra de tomada de decisão.

O Alto Comissariado de Direitos Humanos e o Conselho de Direitos da Organização das Nações Unidas têm enfatizado o dever de combate à corrupção tendo em vista o fortalecimento do direito à boa governança (*right to good governance* ou *right to good administration;* direito à *administração* proba; direito à boa administração[361]). Em discurso de março de 2013, a Alta Comissária para os Direitos Humanos da ONU, Navi Pillay, destacou que "corrupção mata" ("Let us be clear. Corruption kills"[362]). No âmbito do Conselho de Direitos Humanos, foram aprovadas a Resolução n. 68/05 e a Resolução n. 7/11 sobre o papel da boa governança na proteção e promoção de direitos humanos, bem como a Resolução n. 23/9 sobre o impacto negativo da corrupção no gozo dos direitos humanos. Essas sucessivas resoluções colocaram na agenda onusiana a abordagem de direitos humanos no combate à corrupção[363]. No plano regional, a Carta de Direitos Fundamentais da União Europeia (de 2000; em 2007, foi alterada e incluída como anexo ao Tratado de Lisboa) estabeleceu, em seu art. 41[364], o direito à boa administração como um dos direitos essenciais a serem protegidos no seio da União.

No plano interamericano, a Comissão Interamericana de Direitos Humanos editou a Resolução n. 1/2018, denominada "Corrupção e Direitos Humanos", na qual atestou que a corrupção vulnera a implementação de todos os direitos humanos (direitos civis, políticos e sociais em sentido amplo), bem como debilita o direito à democracia e torna mais difícil a concretização do direito ao desenvolvimento. Nesta Resolução (aprovada em 2018), a Comissão recomendou aos Estados que:

1) assegurem a independência, imparcialidade e autonomia dos agentes do sistema de justiça;
2) garantam que a luta contra a corrupção seja feita de acordo com o devido processo legal;
3) adotem políticas públicas e mecanismos eficientes para eliminar a corrupção, à luz da proteção dos direitos humanos, utilizando a cooperação internacional e implantando modo de avaliação das atividades realizadas;
4) realizem investigações exaustivas e punam os responsáveis em caso de ataques aos agentes que combatem a corrupção;
5) assegurem acesso à informação e transparência sobre os resultados da luta contra a corrupção;

---

[361] A tradução oficial do conceito de *good governance* previsto no preâmbulo da Convenção da OCDE sobre corrupção de funcionários públicos estrangeiros em transações comerciais, já ratificada pelo Brasil, foi de "boa governança".

[362] Disponível em: <http://www.ohchr.org/Documents/Issues/Development/GoodGovernance/Corruption/HRCaseAgainstCorruption.pdf>. Acesso em: 9 ago. 2024.

[363] Por todos, ver "The Human Rights Case against Corruption", publicação do Alto Comissariado das Nações Unidas para os Direitos Humanos, 2013. Disponível em: <http://www.ohchr.org/Documents/Issues/Development/GoodGovernance/Corruption/HRCaseAgainstCorruption.pdf>. Acesso em: 9 ago. 2024.

[364] "Art. 41. Direito a uma boa administração. 1. Todas as pessoas têm direito a que os seus assuntos sejam tratados pelas instituições e órgãos da União de forma imparcial, equitativa e num prazo razoável. 2. Este direito compreende, nomeadamente: o direito de qualquer pessoa a ser ouvida antes de a seu respeito ser tomada qualquer medida individual que a afete desfavoravelmente, o direito de qualquer pessoa a ter acesso aos processos que se lhe refiram, no respeito dos legítimos interesses da confidencialidade e do segredo profissional e comercial, a obrigação, por parte da administração, de fundamentar as suas decisões. 3. Todas as pessoas têm direito à reparação, por parte da Comunidade, dos danos causados pelas suas instituições ou pelos seus agentes no exercício das respectivas funções, de acordo com os princípios gerais comuns às legislações dos Estados-membros. 4. Todas as pessoas têm a possibilidade de se dirigir às instituições da União numa das línguas oficiais dos Tratados, devendo obter uma resposta na mesma língua."

6) promovam um ambiente de incentivo às denúncias contra a corrupção.

O direito à boa governança consiste no direito difuso de toda coletividade de exigir que os agentes das instituições públicas conduzam os negócios e recursos públicos em obediência ao Estado de Direito (*rule of law*) e sem corrupção, voltados para a promoção de igualdade e justiça social. Esse agir em prol dos direitos humanos é erodido pelas práticas de corrupção, ou seja, para que o homem possa viver uma vida digna, com a satisfação de suas necessidades materiais e espirituais básicas, devem atuar os agentes públicos com *probidade*, devendo o ordenamento jurídico possuir instrumentos para zelar por tal conduta e reprimir, sancionando, os faltosos.

Exige-se um agir governamental baseado na transparência, responsabilização do governante, igualdade, legalidade, não discriminação e participação. Como o regime jurídico dos direitos humanos contempla a *indivisibilidade* e a *interdependência*, o direito à boa governança relaciona-se com o (i) direito à informação, (ii) direito à igualdade (evitando que a administração seja corrompida para beneficiar alguns), (v) legalidade, (iv) liberdade de expressão (aceitando-se as críticas) e (v) direito ao sufrágio passivo (evitando que aqueles envolvidos em práticas contrárias ao direito à boa governança possam retornar ao poder).

Essa busca pela atuação proba do agente público não é somente para evitar desvios e enriquecimento ilícito, mas é também para assegurar a utilização dos escassos recursos da sociedade de modo *eficiente e equânime*, proibindo-se, então, desperdício e utilização supérflua ou equivocada do gasto público, que compromete, como se vê com infeliz habitualidade na vida brasileira, o atendimento das necessidades básicas da população e, com isso, a efetividade da dignidade da pessoa humana estabelecida na Constituição.

55. DIREITO À PROTEÇÃO DE DADOS PESSOAIS, INCLUSIVE NOS MEIOS DIGITAIS

Em 2022, foi editada a Emenda Constitucional n. 115, pela qual foi introduzido o inciso LXXIX do art. 5º, com a seguinte redação: "LXXIX – é assegurado, nos termos da lei, o direito à proteção dos dados pessoais, inclusive nos meios digitais".

O traço característico do "dado pessoal", objeto da proteção desse direito, é seu vínculo com determinado indivíduo, referindo-se às características ou condutas da pessoa, atribuídas pela lei (nome civil, domicílio) ou ainda de seu próprio comportamento (dados de consumo, opções diversas – religião, preferência política etc.)[365]. Os "dados" são informações brutas, antes de processamento e análise.

No plano internacional, é tido como pioneiro na definição de um "direito à proteção de dados pessoais" o art. 8º da Carta de Direitos Fundamentais da União Europeia o qual determina que "todas as pessoas têm direito à proteção dos dados de caráter pessoal que lhes digam respeito". Como corolário desse direito, a Carta prevê que tais dados devem ser objeto de um tratamento leal, para fins específicos e com o consentimento da pessoa interessada ou com outro *fundamento legítimo* previsto por lei. Além disso, a Carta prevê o acesso a dados por parte do interessado, com o direito de retificação, sob a fiscalização de uma autoridade independente.

No plano nacional, o Tribunal Constitucional Federal da Alemanha reconheceu o direito à autodeterminação informacional, com foco no poder de decisão do titular e com acesso a procedimentos para assegurar tal direito. No Brasil, Laura Schertel Ferreira Mendes defendeu a existência do *direito à proteção de dados pessoais* na leitura constitucional da junção do direito à privacidade e da garantia do *habeas data*[366].

---

[365] DONEDA, Danilo. A proteção dos dados pessoais como um Direito fundamental. *Espaço Jurídico Joaçaba*, v. 12, n. 2, p. 91-108, jul./dez. 2011

[366] MENDES, Laura Schertel Ferreira. Habeas data e autodeterminação informativa: os dois lados da mesma moeda. Direitos Fundamentais & Justiça, Belo Horizonte, ano 12, n. 39, p. 185-216, jul./dez. 2018, p. 191 e p. 203.

Há duas dimensões do direito à proteção de dados: a dimensão subjetiva assegura a proteção do indivíduo contra o uso indevido da coleta, processamento, utilização e circulação dos dados pessoais; na dimensão objetiva, impõe-se o dever do Estado de garantir o controle do fluxo dos dados pessoais, assegurando a autodeterminação informativa por parte do indivíduo (STF, ADI n. 6.387, rel. Min. Rosa Weber, medida cautelar de 24-4-2020, referendada pelo Plenário em 7-5-2020, voto do Min. Gilmar Mendes[367]).

O direito à proteção dos dados pessoais como *direito autônomo* é fruto da era digital, na qual há robusta (e inédita) capacidade de armazenamento, tratamento, transmissão e acesso dos dados, o que motivou o legislador a (i) consagrar o direito no rol dos direitos fundamentais (para assegurar a incidência da gramática dos direitos essenciais) e (ii) editar normas legais e estruturar órgãos administrativos (com arquitetura normativa própria, em geral calcada na independência dos seus dirigentes).

A proteção de forma derivada aos dados armazenados é extraída do direito à privacidade previsto no art. 5º, X, já comentado neste *Curso*. Os tratados internacionais de direitos humanos estabelecem a proteção à privacidade, como se vê no art. 11 da Convenção Americana sobre Direitos Humanos, que prevê que "ninguém pode ser objeto de ingerências arbitrárias ou abusivas em sua vida privada, em seu domicílio ou em sua correspondência, nem de ofensas ilegais à sua honra ou reputação".

No plano infraconstitucional brasileiro, a proteção dos dados pessoais já era refletida no âmbito da *privacidade* (proteção *derivada*)e consagrada em legislações setoriais como: (i) Código de Defesa do Consumidor (Lei n. 8078/90); (ii) Lei do Cadastro Positivo (Lei n. 12.414/2011); (iii) Lei de Acesso à Informação (Lei n. 12.527/2011); (iv) Marco Civil da Internet (Lei n. 12.965/2014) e, principalmente, na (v) Lei Geral de Proteção de Dados (Lei 13.709/2018), que fundamenta a proteção de dados no "respeito à privacidade e a autodeterminação informativa" (art. 2º, I e II)[368].

No campo criminal, há diversas normas legais referentes à obtenção de dados para fins de investigação e persecução penais. Citem-se, por exemplo, a Lei n. 9.296/96 (Lei de Interceptação Telefônica), que trata das interceptações telefônicas e telemáticas; a Lei n. 12.037/2009 (Lei da Identificação Criminal), que trata dos registros de dados pessoais, inclusive perfis genéticos, para fins de persecução criminal; a Lei n. 9.613/98 (Lei de Lavagem de Dinheiro, em especial os arts. 17-B e 17-E), regulando o acesso a dados cadastrais; a Lei n. 12.850/2013 (em especial os arts. 15 a 17 da Lei do Crime Organizado); e os arts. 13-A e 13-B do Código de Processo Penal (CPP; ver abaixo maiores comentários), que regulam o acesso a dados cadastrais e metadados para uso em casos de tráfico de pessoas e crimes correlatos.

Com base na relatividade dos direitos humanos, o direito à privacidade pode ceder diante da necessidade de se dar prevalência a outros direitos humanos, como nos casos nos quais o acesso a tais informações viabiliza a investigação criminal e eventual persecução criminal. Por isso, a legislação permite a compressão do direito à privacidade, obtendo-se dados pessoais armazenados.

Tradicionalmente, a jurisprudência brasileira reconhecia a separação entre a *interceptação* de comunicação (necessária lei autorizadora, ordem judicial e finalidade de investigação e persecução criminal) e o *armazenamento* de informação. Essas duas espécies (interceptação e armazenamento) possuíam regras e disciplinas distintas. Nesse sentido, em caso clássico,

---

[367] Foi citada a pioneira obra de MENDES, Laura Schertel. Privacidade, proteção de dados e defesa do consumidor: linhas gerais de um novo direito fundamental. São Paulo: Saraiva, 2014.

[368] Ver STF, ADI 6.387, rel. Min. Rosa Weber, medida cautelar de 24-4-2020, referendada pelo Plenário em 7-5-2020, voto do Min. Gilmar Mendes.

decidiu o STF (voto do Min. Sepúlveda Pertence) que "a proteção a que se refere o art. 5º, XII, da Constituição, é da comunicação 'de dados' e não dos dados em si mesmos" (STF, RE 418.416, Rel. Min. Sepúlveda Pertence, Pleno, *DJ* 19-12-2006). No mesmo sentido, o STF decidiu que "não se confundem comunicação telefônica e registros telefônicos, que recebem, inclusive, *proteção jurídica distinta*" (HC 91.867, Rel. Min. Gilmar Mendes, Segunda Turma, *DJe* 19-2-2012 – grifo meu).

Antes da era digital, o acúmulo de dados em cadastros públicos ou legitimamente em mãos de terceiros *não* possuía proteção especial, uma vez que não existiria uma *expectativa de privacidade,* cabendo a lei estabelecer os modos de acesso, em geral por meio de requisição de autoridade administrativa no exercício de suas competências legais, como é o caso da autoridade policial.

Contudo, na era digital, os dados armazenados podem, em seu conjunto, ser *mais invasivos* que a interceptação de uma conversa telefônica. Os "metadados" (*meta*, "além de"), consistem em uma informação sobre o dado, que pode ser, entre outras: 1) *em um celular*: dados de localização (onde esteve seu celular); data e hora em que foram feitas as ligações, os e-mails, arquivos e fotos neles constantes; número de telefones acessados etc. 2) *uso da internet*: endereço de IP, horário de entrada e saída, detalhes sobre acessos; etc. Com base nesse acúmulo de metadados, forma-se uma imagem (em linhas gerais, podem inclusive gerar interpretações distorcidas) da vida de um determinado indivíduo.

Tal situação típica da sociedade de informação exige uma reação do Estado, que deve impor regramento aos agentes privados (por exemplo, a Lei Geral de Proteção de Dados) e aos agentes públicos. No tocante ao Poder Público, o acesso a tais informações acumuladas sobre um indivíduo – que pode redundar em uma verdadeira devassa – seria similar a uma "invasão de domicílio". Consequentemente, deveria contar com a mesma reserva de jurisdição atribuída à invasão sem autorização de um domicílio (vide acima no comentário neste *Curso*), exigindo autorização judicial para que as autoridades públicas, especialmente às autoridades criminais, tivessem acesso a tais dados. Tal reserva de jurisdição deve constar expressamente de lei, para dar segurança jurídica a todos os envolvidos.

A necessidade de ordem judicial justifica-se pela natureza de direito fundamental do "direito à proteção de dados pessoais", conforme consta do art. 5º, LXXIX. Cria-se uma barreira razoável (a ordem judicial pode ser obtida, obviamente) ao controle estatal, evitando o "efeito inibidor" e a consolidação de uma *sociedade da insegurança*, na qual a vigilância estatal seria sempre uma possibilidade. Por isso, há casos nos quais a lei (por exemplo, o Marco Civil da Internet) foi *além* da Constituição e criou nova hipótese de exigência de ordem judicial para casos de armazenamento de dados para proteger a privacidade. O art. 10, § 2º, do Marco Civil da Internet prevê que, mesmo em casos de armazenamento de dados, o "conteúdo das comunicações privadas somente poderá ser disponibilizado mediante ordem judicial, nas hipóteses e na forma que a lei estabelecer, respeitado o disposto nos incisos II e III do art. 7º"[369].

Porém, houve situações nas quais a legislação continuou a aceitar a requisição direta por parte de autoridades públicas de dados cadastrais, que, é claro, respondem na seara administrativa, cível (improbidade) e criminal por abusos e atuações arbitrárias. Por exemplo, o art. 10, § 3º[370], da Lei n. 12.965, de 2014 ("Marco civil da internet"), prevê a entrega de dados cadastrais

---

[369] *In verbis:* art. 7º O acesso à internet é essencial ao exercício da cidadania, e ao usuário são assegurados os seguintes direitos: II – inviolabilidade e sigilo do fluxo de suas comunicações pela internet, salvo por ordem judicial, na forma da lei; III – inviolabilidade e sigilo de suas comunicações privadas armazenadas, salvo por ordem judicial;

[370] Art. 10. A guarda e a disponibilização dos registros de conexão e de acesso a aplicações de internet de que trata esta Lei, bem como de dados pessoais e do conteúdo de comunicações privadas, devem atender à preservação da

a "autoridades administrativas" com competência legal, a saber: a (i) qualificação pessoal, a (ii) filiação e o (iii) endereço do usuário.

Como já comentado, a Lei n. 13.964/2019 ("Lei Anticrime") criou duas novas hipóteses de acesso direto a dados pessoais: o art. 13-A e o art. 13-B do Código de Processo Penal. De acordo com o art. 13-A é possível a requisição direta pelo delegado de polícia e pelo Ministério Público de "dados e informações cadastrais" de vítima e suspeitos da prática dos crimes previstos nos arts. 148, 149 e 149-A, art. 158, § 3º, art. 159 do Código Penal e no art. 239 da Lei n. 8.069/90 (Estatuto da Criança e do Adolescente). Trata-se de crimes graves, relacionados ao cárcere privado, à redução a condição análoga à de escravo, ao tráfico de pessoas, ao sequestro relâmpago, à extorsão mediante sequestro e ao envio ilegal de criança ao exterior.

Já o art. 13-B prevê, em caso de prevenção e repressão a crimes relacionados com tráfico de pessoas, a requisição – *mediante autorização judicial* – pelo MP ou delegado de polícia (por até 30 dias, renovável uma vez pelo mesmo período; após é necessária ordem judicial), às empresas prestadoras de serviço de telecomunicações e/ou telemática que disponibilizem imediatamente os "meios técnicos adequados" – como "sinais, informações e outros" – que permitam a localização da vítima ou dos suspeitos do delito em curso.

Trata-se de requisição administrativa de "meios técnicos" que auxiliem a localização de vítima ou suspeito, sendo vedado o acesso à comunicação (cuja interceptação depende de ordem judicial).

Caso o juiz não aprecie o pedido em 12 horas, a autoridade solicitante transforma-se em autoridade com poder de requisitar diretamente aos entes privados. Não se trata, então, de um poder de requisição sem balizas ou condicionantes, pois exige: 1) inquérito policial instaurado sobre determinados crimes graves; 2) há necessidade de autorização judicial: somente se não houver manifestação em 12 horas (prazo exíguo justificado pela urgência em se localizar e proteger a vítima) é que se admite a requisição direta; 3) somente é admitido para reprimir as violações de crimes graves que atentam contra a liberdade pessoal e que se destinam a permitir o resgate das vítimas dessas infrações enquanto elas ainda estão em curso e 4) as medidas requisitas são idôneas, necessárias e visam finalidade legítima em uma sociedade democrática, admitindo-se o afastamento (após 12 horas) da autorização judicial e compressão da privacidade. De todo o modo, há situação de flagrância nesses casos, pois a requisição direta (caso haja inércia judicial) visa a identificação e localização imediata da vítima. Tal situação de flagrância autoriza imediatamente a restrição à privacidade, como se vê em caso paralelo da entrada na moradia – sem autorização do morador – na qual esteja sendo praticado crime.

A constitucionalidade dessas duas alterações está sob análise do STF na ADI n. 5.642. No *voto* já declarado do Min. Fachin (relator), após cuidadoso estudo sobre a ponderação de direitos e tendo em vista que tais alterações foram fruto do trabalho de Comissão Parlamentar de Inquérito referente ao tráfico de pessoas, foi salientado que "Em nenhuma hipótese pode-se permitir que cumprimento integral das garantias constitucionais sejam empecilho à efetividade da repressão de crimes que configuram graves violações de direitos humanos" Por sua vez, o prazo de 12 horas para manifestação judicial pode ser atendido pela sistemática de plantões judiciais, evitando-se inclusive que a ordem direta da autoridade policial ou do MP seja necessária. A ADI foi julgada improcedente (STF, ADI n. 5.642, rel. Ministro Edson Fachin, j. 18-4-2024).

---

intimidade, da vida privada, da honra e da imagem das partes direta ou indiretamente envolvidas (...) § 3ª O disposto no *caput* não impede o acesso aos dados cadastrais que informem qualificação pessoal, filiação e endereço, na forma da lei, pelas autoridades administrativas que detenham competência legal para a sua requisição.

Dados fiscais e ausência de representação fiscal da Receita Federal ao Ministério Público. Possibilidade de requisição *sem* ordem judicial. Para o STJ, o sigilo fiscal não impede que o Ministério Público requisite diretamente à Receita dados fiscais, a despeito de não ter sido oferecida representação fiscal para fins penais após a conclusão do procedimento administrativo fiscal tendo em vista a existência de investigação, no âmbito do MP, que apurava exatamente a suposta violação de dever funcional por parte dos auditores fiscais (em fazer a representação fiscal). (Superior Tribunal de Justiça, HC n. 500.470, Relatora Ministra Laurita Vaz j. 23-3-2021, *DJe* 5-4-2021).

Dados do COAF e requisição do MP. Possibilidade. Para o STF, "A mera solicitação de providências investigativas é atividade compatível com as atribuições constitucionais do Ministério Público. Se a legislação de regência impositivamente determina que o COAF 'comunicará às autoridades competentes para a instauração dos procedimentos cabíveis, quando concluir pela existência de crimes previstos nesta Lei, de fundados indícios de sua prática, ou de qualquer outro ilícito' (art. 15 da Lei 9.613/1998), seria contraditório impedir o Ministério Público de solicitar ao COAF informações por esses mesmos motivos" (AgRg no RE 1.058.429/SP, rel. Ministro Alexandre de Moraes, Primeira Turma, j. em 20-2-2018, *DJe* 6-3-2018).

56. COVID-19 E OS DIREITOS HUMANOS

56.1. A "Emergência de Saúde Pública de Importância Internacional" (ESPII) e o novo coronavírus (COVID-19)

A Organização Mundial da Saúde (OMS) é uma organização internacional, vinculada ao sistema da Organização das Nações Unidas, que possui, como uma de suas funções, promover ações coordenadas entre Estados em face de doenças que podem se propagar para além das fronteiras estatais. Esse efeito transnacional das doenças (que não observam os limites das fronteiras políticas) exige que os Estados busquem coordenação com os demais, para evitar perda de eficiência dos recursos empregados (por exemplo, nos centros de pesquisa, os quais ganham muito quando agem em colaboração) e até mesmo ações contraditórias, como, por exemplo, se vê com determinados Estados proibindo viagens e outros permitindo.

Instrumento pelo qual a OMS alerta os Estados e busca ação coordenada é a declaração de uma "emergência de saúde pública de importância internacional" (ESPII; em inglês é conhecida pela sigla "PHEIC" – Public Health Emergency of International Concern), pela qual é identificado um (i) evento extraordinário que constitui um (ii) risco de saúde pública para (iii) outros Estados por intermédio de uma (iv) disseminação internacional da doença, o que (v) requer uma resposta internacional coordenada.

A primeira emergência internacional declarada foi a da gripe A (H1N1; "gripe suína"), em 2009. A segunda foi a do vírus da pólio (declarada em 2014), após a sua quase erradicação no século XX, no que foi visto pela OMS como um evento extraordinário. A terceira (2014) e a quinta (2018) emergências referiram-se à epidemia do vírus Ebola. A quarta emergência deu-se em 2016 tendo como principal afetado o Brasil (em ano de Olimpíadas do Rio de Janeiro) e abordou a epidemia do vírus Zika (síndrome congênita do vírus Zika).

Em 30 de janeiro de 2020, a OMS declarou a sexta emergência internacional após a identificação de mais de 7 mil casos de pessoas infectadas com o novo coronavírus (nCoV ou COVID-19[371]) em 19 países, a partir, inicialmente, de contaminação de seres humanos pelo vírus na China[372]. Em 11 de março, a OMS declarou a existência de uma pandemia global, dado o impacto generalizado na população com alcance global[373]. A pandemia consiste em uma (i) enfermidade (ii) amplamente disseminada, que (iii) alcança simultaneamente um grande número de pessoas em (iv) uma zona geográfica vasta. A diferença entre "pandemia" e "epidemia" refere-se à gravidade: a pandemia possui maior dimensão, seja pela sua maior propagação territorial ou seja pela gravidade das ocorrências, o que resulta em maior número de mortos ou de doentes necessitando intervenção médica de alta intensidade[374].

A primeira pessoa com a COVID-19 no Brasil foi diagnosticada em 26 de fevereiro e o primeiro óbito fruto da doença ocorreu em 17 de março de 2020, levando, nos meses subsequentes a milhares de mortes no país[375].

No plano normativo, a reação no Brasil deu-se quase em seguida à declaração da OMS sobre o estado de emergência sanitária. Em 3 de fevereiro, com remissão clara à deliberação internacional, o Ministério da Saúde adotou a Portaria n. 188/2020[376], declarando "emergência em saúde pública de importância nacional" (ESPIN) em decorrência do novo Coronavírus (2019-nCoV), criando ainda o Centro de Operações de Emergências em Saúde Pública (COE-nCoV) como mecanismo nacional da gestão coordenada da resposta à emergência no âmbito nacional.

Imediatamente, foi editada a Lei n. 13.979, de 6 de fevereiro de 2020, chamada de "Lei da Pandemia ou Lei da Quarentena", pela qual foram adotadas medidas para enfrentamento da emergência de saúde pública de importância internacional decorrente do novo coronavírus. Posteriormente, em 20 de março, o Congresso Nacional reconheceu o estado de calamidade pública (Decreto Legislativo n. 06/2020) com efeitos até 31 de dezembro de 2020, para possibilitar medidas de alto custo econômico referentes à emergência de saúde pública de importância internacional relacionada ao coronavírus (COVID-19), nos termos da solicitação do Presidente da República encaminhada por meio da Mensagem n. 93, de 18 de março de 2020. Na mesma data, o Presidente editou o Decreto n. 10.282 determinando, entre outras medidas, o rol de atividades essenciais que deveriam ter seu funcionamento mantido.

No globo, os Estados discutiram e alguns adotaram medidas como isolamento social, uso de testes ou mensuração de temperatura para viabilizar o acesso a determinados locais, uso obrigatório de máscaras para evitar a disseminação da doença, monitoramento de pessoas por intermédio dos aparelhos de telefonia celular, suspensão de direitos trabalhistas para assegurar a sobrevida de empresas, entre outros.

---

[371] A sigla "COVID" é composta de "CO" de "corona", "VI" de vírus de "D" de *disease* (doença, em inglês); já o "19" faz referência ao ano de 2019, no qual foram divulgados os primeiros casos de infectados (na província de Wuhan, China).

[372] Declaração disponível em: <https://www.who.int/news-room/detail/30-01-2020-statement-on-the-second-meeting-of-the-international-health-regulations-(2005)-emergency-committee-regarding-the-outbreak-of-novel--coronavirus-(2019-ncov)>. Acesso em: 15 ago. 2024.

[373] Ver a linha do tempo das medidas tomadas pela OMS até junho de 2020 em: <https://www.who.int/news-room/detail/29-06-2020-covidtimeline>. Acesso em: 15 ago. 2024.

[374] VENTURA, Deisy. Pandemias e estado de exceção. In: Marcelo Catoni e Felipe Machado. (Org.). Constituição e processo: a resposta do constitucionalismo à banalização do terror. Belo Horizonte, MG: Del Rey/IHJ, 2009, p. 159-181, em especial p. 159.

[375] Dados oficiais disponíveis em: <https://covid.saude.gov.br/>. Acesso em: 15 ago. 2024.

[376] Disponível em: <http://www.in.gov.br/web/dou/-/portaria-n-188-de-3-de-fevereiro-de-2020-241408388>. Acesso em: 15 ago. 2024.

Sob a perspectiva da proteção de direitos humanos, a pandemia da COVID-19 exigiu atuação do Estado especialmente em face das desigualdades brasileiras. No Brasil, em sua plena inserção na globalização e em vigor o regime democrático, as desigualdades são resilientes: em média, entre 2006 e 2012, o 1% mais rico do Brasil apropriou-se de aproximadamente 25% da renda total brasileira, sendo que o 0,1% mais rico ficou com 11%[377]. Nesse ambiente geral de falta de implementação de direitos básicos da maior parte da população (direito à saúde, direito à educação, direito à moradia, direito à alimentação, direito à água e saneamento básico, direito ao trabalho, entre outros), surgiu a necessidade de adoção de medidas de proteção aos que estavam em situação de maior vulnerabilidade.

Esse contexto é importante para que se dimensione o ambiente normativo de excepcionalidade pelo qual o Brasil atravessou nos anos de 2020 e 2021, com medidas sendo adotadas nas mais diversas áreas, com claro impacto restritivo aos direitos humanos, mas que, em tese, possuem como objetivo combater uma pandemia e preservar outros direitos, como o direito à vida e à saúde, em face de evento que causou milhares de mortes no mundo e no Brasil. Em 2022, com a vacinação em massa desde o início de 2021 (associada a medidas voltadas à redução de circulação, suspensão de determinadas atividades, proibição de realização de eventos públicos e privados com aglomeração de pessoas, uso de máscaras de proteção, entre outras), houve a diminuição de casos e retorno à normalidade.

Assim, em 22 de abril de 2022, a Portaria n. 913 do Ministro da Saúde **declarou encerrada** a "Emergência em Saúde Pública de Importância Nacional" (ESPIN) em decorrência da Infecção Humana pelo novo Coronavírus (2019-nCov).

Decidi manter a análise do tratamento normativo do combate à COVID-19 neste *Curso*, pois tal combate referiu-se, essencialmente, à *proteção de direitos humanos* e à *ponderação* que deve ser feita no caso de colisão de direitos, como se verá abaixo.

56.2. O balanceamento e as restrições aos direitos em tempo de pandemia

No Brasil, não houve o uso do sistema constitucional de combate a crises (*vide* acima). Pelo contrário, foram mantidas inclusive as eleições municipais de 2020, com a alteração inserida na Emenda Constitucional n. 107, a qual postergou as eleições municipais previstas para outubro de 2020 para a realização no dia 15 de novembro, em primeiro turno, e no dia 29 de novembro de 2020, em segundo turno, onde houver. Além disso, caso as condições sanitárias de um Estado ou Município não permitirem a realização das eleições nas datas previstas, cabe decreto legislativo a fim de designar novas datas para a realização do pleito, observada como data-limite o dia 27 de dezembro de 2020.

No plano infraconstitucional, foi adotada a Lei n. 13.979/2020 ("Lei da Quarentena" ou "Lei da Pandemia"), a qual dispõe sobre o enfrentamento da emergência sanitária internacional do coronavírus, concedendo poderes às autoridades públicas (na medida de suas atribuições) para restringir direitos e determinar condutas sociais.

A Lei n. 13.979/2020, alterada pela Lei n. 14.019/2020, previu nove tipos de medidas a serem adotadas, a saber: (i) isolamento; (ii) a quarentena; (iii) a determinação de realização compulsória de testes, vacinas e tratamentos médicos; (iv) uso obrigatório de máscaras de proteção individual (introduzido tardiamente pela Lei n. 14.019/2020); (v) estudo ou investigação epidemiológica; (vi) restrição excepcional e temporária de entrada e saída do país, bem como da locomoção interestadual e intermunicipal; (vii) exumação, manejo e cremação de cadáveres; (viii) requisição

---

[377] MEDEIROS, Marcelo; SOUZA, Pedro H. G. Ferreira de; CASTRO, Fábio Avila de. O Topo da Distribuição de Renda no Brasil: Primeiras Estimativas com Dados Tributários e Comparação com Pesquisas Domiciliares (2006-2012), in *DADOS – Revista de Ciências Sociais*, v. 58, n. 1, 2015, p. 7-36, em especial p. 28.

de bens e serviços; (ix) autorização para importação de produtos sem registro na Anvisa (Agência Nacional de Vigilância Sanitária).

Essas medidas impactaram os direitos humanos como, por exemplo, a liberdade de locomoção (isolamento, quarentena, restrição à entrada e saída do país e locomoção interestadual e intermunicipal), integridade física (testagem e vacinação compulsórias), autodeterminação (uso obrigatório de máscara, imposição de tratamento ou vacina), liberdade religiosa (proibição de abertura dos locais de culto, cremação de cadáver), direito de propriedade e livre-iniciativa (quarentena, requisição de bens e serviços), liberdade de exercício profissional (quarentena; isolamento), direito à saúde (uso de medicamento com dispensa de registro na Anvisa), entre outros.

Também foram editados outros diplomas normativos, em especial medidas provisórias, com claro impacto sobre os direitos humanos, como se verá abaixo

Todos (a "Lei da Pandemia" e os demais diplomas) devem também seguir os limites materiais, temporais e procedimentais que constam dos tratados internacionais para que sejam impostas restrições a direitos.

No caso, a pandemia foi reconhecida como causa de uma situação de emergência, capaz de promover restrições a direitos e modificações inclusive no processo legislativo, como veremos abaixo.

56.3. A vigilância epidemiológica e a restrição a direitos

De acordo com a Constituição, a proteção da saúde é da competência administrativa comum à União, Estados, Distrito Federal e Municípios (art. 23, II) e a atribuição de executar ações de vigilância sanitária e epidemiológica é do Sistema Único de Saúde (SUS, art. 200, II).

A vigilância epidemiológica consiste no conjunto de ações que proporcionam o (i) conhecimento, a (ii) detecção ou (iii) prevenção de qualquer mudança nos fatores determinantes e condicionantes de saúde individual ou coletiva, com a (iv) finalidade de recomendar e adotar as medidas de prevenção e controle das doenças ou agravos (Lei Orgânica da Saúde; Lei n. 8.080/90, art. 5º, § 2º).

As ações de vigilância epidemiológica estão previstas na Lei n. 6.259/75, que expressamente estipula o dever geral da comunidade (pessoas físicas ou jurídicas) de se sujeitar ao controle determinado por autoridade sanitária. A citada lei não estabelece um conjunto exaustivo de medidas, que depende do tipo de doença a ser enfrentada. Entre as medidas comumente vistas, estão o dever de notificação das doenças e o dever de se conformar com medidas de interferência estatal, como, por exemplo, o ingresso em domicílios para combate a focos de mosquitos (caso clássico do combate à dengue).

Contudo, há mecanismos de controle das interferências estatais que devem ser observados.

Em primeiro lugar, as medidas referentes à vigilância epidemiológica devem ser tomadas por (i) autoridades competentes, (ii) com fundamentação científica disponível no momento e apoiadas, em (iii) lei (já citadas acima), no que fica englobado o poder de polícia das autoridades administrativas para preservar o interesse público na vida social. No Brasil, tais medidas são de responsabilidade dos gestores municipais, estaduais e federais, como fruto da competência administrativa *comum*. Resta saber se o gestor federal pode impor sua vontade em relação aos demais, caso haja divergência. Depois da edição da Medida Provisória n. 966/2020 a respeito do alcance do poder do gestor federal (Ministério da Saúde e Anvisa) sobre as medidas de restrição à liberdade de locomoção, o Supremo Tribunal Federal decidiu que Estados e Municípios, no âmbito de suas competências e em seu território, podem adotar, respectivamente, medidas de restrição à locomoção intermunicipal e local durante o estado de emergência decorrente da pandemia do novo coronavírus, *sem* a necessidade de autorização prévia do Ministério da Saúde, devendo ainda ser resguardada a locomoção dos produtos e serviços essenciais definidos por decreto da respectiva autoridade federativa, sempre respeitadas as definições no âmbito da competência constitucional de cada ente federativo (STF, ADI n. 6.343-DF, rel. Min. Marco Aurélio, referendo da medida liminar, Plenário, 6-5-2020). A Lei n. 14.035/2020 (lei de conversão da MP n. 926) seguiu a decisão do STF e atribuiu às autoridades dos entes federados tal competência.

Em segundo lugar, a fundamentação do ato de restrição pode ser sujeita ao controle jurisdicional, cabendo ao juízo verificar a proporcionalidade das medidas, aferindo a (i) adequação, (ii) a necessidade e (iii) a proporcionalidade em sentido estrito das medidas (*vide* acima no item sobre o "princípio da proporcionalidade" da obra). Trata-se de um espaço de tensão entre os direitos à vida e à saúde cotejados com outro direito humano. Em se tratando de colisão de direitos humanos, o princípio da proporcionalidade representa um "método geral de solução de conflitos" (voto do Min. Gilmar Mendes, STF, HC 82.424, rel. p/ o ac. Min. Presidente Maurício Corrêa, j. 17-9-2003, Plenário, *DJ* de 19-3-2004), devendo serem expostas, de modo racional, consistente e coerente, as razões justificadoras da intervenção em um determinado direito no contexto do combate ao novo coronavírus.

Em terceiro lugar, as medidas de vigilância epidemiológica que afetem direitos submetidos à reserva de jurisdição exigem autorização judicial, como se viu, acima, no estudo da inviolabilidade domiciliar e o ingresso dos agentes públicos em moradias sem autorização do dono para combater focos de dengue. Há ainda precedente antigo do STF no bojo da "Revolta da Vacina" do começo do século, no qual o Tribunal considerou inconstitucional dispositivo que permitia às autoridades sanitárias adentrarem em casa de particular – sem seu consentimento – para realizarem operações de extermínio do mosquito transmissor da febre amarela (STF, HC 2.244, j. 31-1-1905, *DOU*, p. 665, em 3-2-1905[378]).

Em quarto lugar, no caso de imposição de sanção penal aos infratores das normas epidemiológicas cabe observância da exigência de tipificação prévia e proporcional, à luz do art. 5º, XXXIX, da CF/88 ("não há crime sem lei anterior que o defina, nem pena sem prévia cominação legal"). O art. 268 do Código Penal ("Infração de medida sanitária preventiva") regula a sanção penal aos que violarem norma do Poder Público sobre a introdução ou propagação de doença contagiosa ("Infringir determinação do poder público, destinada a impedir introdução ou propagação de doença contagiosa: Pena – detenção, de um mês a um ano, e multa. Parágrafo único. A pena é aumentada de um terço, se o agente é funcionário da saúde pública ou exerce a profissão de médico, farmacêutico, dentista ou enfermeiro). Como é norma penal em branco, é necessário que haja "norma do Poder Público" violada. Nessa linha, a Portaria n. 356/2020 do Ministro da Saúde detalha o poder das autoridades estaduais e municipais para impor medidas de isolamento e quarentena e a Portaria Interministerial n. 5/2020 (Ministros da Saúde e da Justiça e Segurança Pública) aponta – de modo *informativo* – a incidência do arts. 268 e do 330 (desobediência) do Código Penal aos que descumprirem normas de isolamento ou quarentena.

56.4. Direito à saúde como direito autônomo, independente da proteção ao direito à vida. O direito à assistência social na pandemia. A EC n. 109/2021

A pandemia da COVID-19 deixou claro que o direito à saúde é direito autônomo, que exige proteção específica, de responsabilidade do Estado. Uma das medidas referentes ao financiamento das políticas públicas emergenciais foi a adoção de interpretação conforme a Constituição dos

---

[378] Disponível em: <http://www.stf.jus.br/portal/cms/verTexto.asp?servico=sobreStfConhecaStfJulgamentoHistorico&pagina=STFdescricaoHC2244>. Acesso em: 9 ago. 2024.

dispositivos da Lei Complementar n. 101/2000 (LRF – Lei de Responsabilidade Fiscal) no sentido de afastar a exigência de demonstração de adequação e compensação orçamentárias em relação à criação/expansão de programas públicos destinados ao enfrentamento do contexto de calamidade gerado pela disseminação da COVID-19.

Para o STF, a existência de condições supervenientes absolutamente imprevisíveis autoriza gastos orçamentários adicionais voltados à proteção da vida e saúde dos afetados pela pandemia, não sendo necessária demonstrar a adequação e compensação orçamentárias em relação à criação/expansão de programas públicos destinados ao enfrentamento do contexto de calamidade gerado pela disseminação de COVID-19 (STF, ADI n. 6.357 MC/DF, rel. Min. Alexandre de Moraes, decisão de 23-3-2020).

Por se tratar de um direito humano, as políticas de saúde devem adotar a gramática dos direitos humanos em todos os seus aspectos, minimizando eventuais impactos negativos sobre o gozo de direitos pela adoção de medidas restritivas, em especial em relação a pessoas em situação de vulnerabilidade. Por isso, tais medidas devem estar (i) previstas em lei; (ii) objetivar finalidades compatíveis com as de sociedades democráticas e ainda ser proporcionais, mostrando, com a devida motivação, as prevalências e as compressões. Por isso, a adoção de medidas por parte das autoridades deve estar fundada em evidências científicas disponíveis no momento.

Nesse sentido, o Supremo Tribunal Federal, no julgamento de medida cautelar em sete ações diretas de inconstitucionalidade decidiu dar interpretação conforme ao art. 1º da Medida Provisória n. 966/2020, que, ao se referir à responsabilidade civil e administrativa dos agentes públicos no enfrentamento da pandemia da COVID-19, restringiu tal responsabilização à conduta com dolo ou erro grosseiro. Contudo, para a maioria do STF, configura erro grosseiro o ato administrativo que ensejar violação ao direito à vida, à saúde, ao meio ambiente equilibrado ou impactos adversos à economia, por inobservância: (i) de normas e critérios científicos e técnicos; ou (ii) dos princípios constitucionais da precaução e da prevenção. Assim, refutar – sem justificativa técnica – medidas como isolamento social ou receitar – sem apoio científico – medicamento ou terapia, além de ignorar o princípio da precaução e prevenção, são condutas tidas pelo STF como abarcadas pelo conceito de "erro grosseiro", apto a gerar responsabilização civil ou administrativa dos agentes públicos envolvidos (STF, julgamento conjunto da medida cautelar nas ADIs 6.421, 6.422, 6.424, 6.425, 6.427 e 6.428 e 6.431, rel. Min. Roberto Barroso, j. 21-5-2020).

No tocante à assistência social, ficou clara a necessidade de se prover o sustento mínimo de ampla parte da população brasileira que (i) perdeu emprego ou (ii) vivia já com trabalhos precários e informais, resultando em forte situação de vulnerabilidade. Foi aprovada a Lei n. 13.982, em abril de 2020, instituindo a "situação de vulnerabilidade social" para a obtenção do auxílio emergencial como benefício social, no valor de 600 reais por três meses, depois ampliado para 5 meses. A mulher chefe de família monoparental é apta a receber em dobro. A Medida Provisória n. 1.000/2020 ampliou o recebimento do auxílio até dezembro de 2020, mas com redução do valor mensal para 300 reais. Para permitir tais gastos, a Emenda Constitucional n. 106/2020 instituiu regime extraordinário fiscal, financeiro e de contratações para enfrentamento de calamidade pública nacional decorrente de pandemia.

A Emenda Constitucional n. 109/2021 permitiu o financiamento do Auxílio Emergencial em 2021 pelo uso de créditos extraordinários, que não foram limitados pelo teto de gastos.

56.5. O direito à informação: da ocultação de dados à nova "Revolta da Vacina"

Em um ambiente de enfrentamento de uma pandemia, a liberdade de informação é indispensável para (i) aferir a escala da disseminação e a situação social, em especial quanto ao estado dos doentes e número de mortos, bem como para (ii) permitir o crivo crítica de medidas impostas, direcionando modificações e aperfeiçoamentos. Além disso, é indispensável para o correto esclarecimento da população, evitando tanto o pânico quanto a adoção de condutas negligentes e perigosas. Destacam-se três medidas do Poder Público no sentido de limitar a informação na pandemia e que foram analisadas no STF.

A primeira foi a edição da Medida Provisória n. 928, que limitou as respostas aos pedidos de acesso à informação previstos na Lei n. 12.527 (Lei de Acesso à Informação), sob a justificativa do uso do teletrabalho ou regime de quarentena. O STF suspendeu, fundado nos princípios da publicidade e transparência, a eficácia do dispositivo (STF, ADI n. 6.351/DF, rel. Min. Alexandre de Moraes, decisão de 26-3-2020). No voto do relator, Min. Alexandre de Moraes, ficou reafirmado o papel do direito à informação como "garantia instrumental ao pleno exercício do princípio democrático", tendo a medida provisória transformado a regra de livre acesso em exceção, invertendo a proteção constitucional do direito à informação. A MP n. 928 teve seu prazo de vigência encerrado em 20 de julho de 2020.

A segunda medida foi a elaboração de campanha "O Brasil não pode parar", divulgada em canais oficiais do Governo Federal e depois excluída (teriam natureza experimental). O STF fez cuidadosa análise do consenso científico sobre o isolamento social e a necessidade de se evitar aglomerações, impedindo o contágio e a propagação do vírus. Também foi abordado o princípio da precaução: mesmo que não houvesse a quase unanimidade técnica-científica sobre as medidas de distanciamento social ou ainda mesmo que o Brasil não possuísse tantos grupos vulneráveis de baixa renda, o princípio da precaução e da prevenção exigiria a adoção da medida que fosse a mais protetora para o bem-estar e saúde da população.

Assim, considerou a campanha "desinformativa", até porque não haveria conflito entre a proteção à economia e a proteção da saúde, pois o aumento da pandemia aumentaria (i) o isolamento econômico do país no mundo e (ii) retardaria a volta à normalidade (ADPF 669, rel. Min. Roberto Barroso, decisão monocrática de 31-3-2020).

A terceira medida do Poder Executivo Federal foi voltada à redução da informação sobre os efeitos da pandemia da COVID-19, graças à supressão e a omissão de diversos dados epidemiológicos que, até 4 de junho de 2020, eram amplamente disponibilizados. Tal divulgação de dados (evolução do número de óbitos, evolução da doença, por exemplo) é vital em uma pandemia, permitindo estudos e projeções comparativas necessárias para auxiliar as autoridades públicas na tomada de decisões. Além, a supressão de dados cria um ambiente de secretismo e desconfiança no Poder Público, erodindo a credibilidade dos agentes públicos e reduzindo a possibilidade de se contar com a adesão voluntária da população para as drásticas medidas de contenção da doença.

Em decisão monocrática do Min. Alexandre de Moraes, o STF decidiu a favor da divulgação integral de todos os dados epidemiológicos, pois tal ampla publicidade cumpre o art. 37 da CF/88 (princípio da publicidade) e atende também o art. 5º, XXXIII ("todos têm direito a receber dos órgãos públicos informações de seu interesse particular, ou de interesse coletivo ou geral, que serão prestadas no prazo da lei, sob pena de responsabilidade, ressalvadas aquelas cujo sigilo seja imprescindível à segurança da sociedade e do Estado" – STF, ADPF 690, rel. Min. Alexandre de Moraes, decisão de 9-6-2020). Em 2021, a ADPF foi julgada procedente, uma vez que a gravidade da emergência causada pela COVID-19 exige "o fornecimento de todas as informações necessárias para o planejamento e o combate à pandemia" (STF, ADPF 690, rel. Min. Alexandre de Moraes, j. de 15-3-2021).

A informação transparente também permite fortalecer a confiança nas autoridades governamentais, evitando a formação de uma nova "revolta da vacina" (1904), que eclodiu em ambiente de truculência, desinformação e desconfiança das reais intenções de um Poder Público desacreditado e elitista na República Velha brasileira que quis impor a vacinação obrigatória (desistindo depois).

56.6. A liberdade de locomoção (ir e vir), direito ao trabalho, livre-iniciativa, liberdade de religião e liberdade do exercício profissional

Na falta de vacina ou outra terapia, a estratégia perseguida pelas autoridades públicas no mundo foi a de limitar a liberdade de circulação (nos mais variados graus) a fim de evitar a disseminação da COVID-19 ou reduzir seu grau de propagação, evitando que o sistema de saúde pública entrasse em colapso (o que aumentaria a mortalidade, ocasionada pela falta de leitos ou equipamentos de saúde – por exemplo, respiradores).

As duas medidas de maior impacto sobre a liberdade de circulação são o "isolamento" e a "quarentena".

O isolamento consiste na "separação de pessoas sintomáticas ou assintomáticas, em investigação clínica e laboratorial, de maneira a evitar a propagação da infecção e transmissão local". Tal medida somente poderá ser determinada por prescrição médica ou por recomendação do agente de vigilância epidemiológica, por um prazo máximo de 14 (quatorze) dias, podendo se estender por até igual período, conforme resultado laboratorial que comprove o risco de transmissão (art. 3º, Portaria MS n. 356/2020).

Já a quarentena é a medida consistente na "restrição de atividades ou separação de pessoas suspeitas de contaminação das pessoas que não estejam doentes, ou de bagagens, contêineres, animais, meios de transporte ou mercadorias suspeitos de contaminação, de maneira a evitar a possível contaminação ou a propagação do coronavírus" (art. 2º, I e II, da Lei n. 13.979). Pode ser adotada pelo prazo de até 40 (quarenta) dias, podendo se estender pelo tempo necessário para reduzir a transmissão comunitária e garantir a manutenção dos serviços de saúde no território (art. 4º, Portaria MS n. 356/2020).

Conforme decidiu o STF, tais medidas podem ser decretadas pelos gestores municipais e estaduais de saúde, *precedidas* de recomendação técnica e fundamentada como se vê em diversos diplomas locais e regionais que estipularam a (i) proibição de aglomerações e separação de pessoas e (ii) a suspensão de diversas atividades comerciais e profissionais. Entre outros, citem-se os decretos n. 64.881 (Estado de São Paulo), n. 59.298 (Município de São Paulo), n. 35.677 (Estado do Maranhão), entre outros (STF, ADI n. 6.343-DF, rel. Min. Marco Aurélio, redator do acórdão sobre o referendo da medida liminar Min. Alexandre de Moraes, Plenário, 6-5-2020).

Em face de eventual divergência entre os entes municipais e estaduais com o Governo Federal a respeito do isolamento e da quarentena, decidiu o STF que não compete ao Poder Executivo federal afastar unilateralmente medidas estaduais ou municipais restritivas, tais como a exigência de distanciamento ou isolamento social, quarentena, suspensão de atividades de ensino, religiosas, comerciais, entre outras, para reduzir o número de infectados e de mortos, como recomendado por estudos científicos, capitaneados pela OMS (STF, ADPF n. 672, decisão monocrática do Min. Alexandre de Moraes de 8-4-2020).

A Lei da Pandemia prevê o isolamento e a quarentena, cujas definições estão lá previstas (art. 2º, parágrafo único, vide acima), compatíveis ainda com o Regulamento Sanitário Internacional (RSI) da OMS (incorporado internamente pelo Decreto n. 10.212/2020 – após anterior aprovação congressual por Decreto Legislativo). Dispõe o RSI que "quarentena" significa a *restrição das atividades* e/ou a separação de pessoas suspeitas de pessoas que não estão doentes, de maneira a evitar a possível propagação de infecção ou contaminação.

Assim, na ausência de testagem maciça (que levaria à identificação dos contaminados, como foi feito na Coréia do Sul), vários países do mundo adotaram as restrições às atividades não essenciais, adotando-se o *princípio da precaução sanitária*. Em relação ao critério da proporcionalidade, não há desproporção em se limitar a circulação (compressão à liberdade de locomoção) e a livre iniciativa (fechamento do comércio não essencial), pois tais medidas são temporárias e justificáveis (idôneas e necessárias) para preservar o direito à vida e saúde (proporcionalidade em sentido estrito; relação custo *x* benefício) na imensa crise sanitária atual.

Tais medidas de restrição à circulação não necessitam da adoção do estado de defesa ou do estado de sítio por parte da União, sendo fruto da competência concorrente comum dos demais entes federados (Estados, Distrito Federal e Municípios) na promoção do direito à saúde.

No mesmo sentido, o STF decidiu, com base em proposta do Ministro Edson Fachin, que a Lei n. 13.979/2020 deve ser interpretada de acordo com a Constituição, a fim de reconhecer que a União pode legislar sobre as medidas de enfrentamento da pandemia, sempre ressalvada a autonomia dos demais entes. Nessa linha, a possibilidade de o Presidente da República definir por decreto a essencialidade dos serviços públicos, sem observância da autonomia dos entes locais, viola o princípio da separação dos poderes (STF, ADI n. 6.341-DF, rel. Min. Marco Aurélio, redator do acórdão sobre o referendo da medida liminar Min. Edson Fachin, j. 15-4-2020 e Notícias do STF, de 15-4-2020).

O STF decidiu que as requisições administrativas de bens e serviços para o combate ao coronavírus (previstas na Lei n. 13.979/2020) realizadas por Estados, Municípios e Distrito Federal não dependem de prévia autorização do Ministério da Saúde, mas devem ser (i) motivadas e (ii) fundadas em evidências científicas. Assim, o controle prévio da União lhe daria primazia em face dos demais entes federados. Para o STF, a competência constitucional comum habilita os gestores estaduais e municipais a exercerem o poder de requisição, que não pode ser submetido às autoridades federais (STF, ADI n. 6.362, rel. Min. Ricardo Lewandowski, j. 2-9-2020).

Essas medidas de todos os entes federados impactaram, em cascata, outros direitos, notadamente o direito ao trabalho, liberdade de exercício profissional e livre-iniciativa (pela restrição de atividades), bem como a liberdade de religião (pela restrição à aglomeração nos locais de culto). Nenhuma dessas medidas interferiu com direitos submetidos à reserva de jurisdição, estando na alçada administrativa, na medida da atribuição de cada ente, o estabelecimento de restrições proporcionais a direitos para salvaguardar o direito à vida e à saúde.

Por outro lado, nem toda ação de ente federado de restrição a direitos (em nome do combate à pandemia) é compatível com a gramática de direitos. O uso do critério da proporcionalidade exige transparência e dados fundados na ciência. Por isso, na ADI n. 6.343, foi explicitada a necessidade de "recomendação técnica e fundamentada" para embasar o ato administrativo de restrição a direitos. Nessa linha, a Presidência do STF considerou que decreto do Município de Teresina não havia sido embasado em "recomendação técnica e fundamentada da ANVISA" ao proibir o funcionamento de unidade industrial em sua localidade, o que violava a liberdade de locomoção (Supremo Tribunal Federal, Suspensão de Segurança n. 5.362/Piauí, decisão do Presidente de 7-3-2020).

56.7. O direito à autodeterminação e à integridade pessoal: a vacinação e a internação compulsórias

56.7.1. A recusa vacinal: a vacinação "obrigatória" e as medidas indiretas de indução à vacinação. O caso do "passaporte de vacinação"

A Lei n. 13.979 determina a realização contra a vontade do indivíduo de testes, a utilização de vacinas e a submissão a tratamentos médicos, como forma de prevenção e combate à pandemia da COVID-19. Permite-se, assim, a desconsideração do (i) direito à integridade pessoal, (ii) da autodeterminação sanitária ou terapêutica e (iii) liberdade de crença e de consciência (caso a recusa seja baseada em convicções religiosas ou filosóficas).

No que tange à imposição de testagem obrigatória, com a coleta de muco ou sangue para a comprovação do contágio do COVID-19, há conduta menos invasiva que é a obrigatoriedade do isolamento do indivíduo pelo prazo de 14 dias ou outro a depender da fundamentação científica. Em nome da autodeterminação, o indivíduo pode optar em não ser testado e ter sua liberdade de circulação e contato com outros seres humanos restringida.

Quanto à recusa à vacinação, o movimento antivacina é, em geral, baseado em supostos riscos da vacinação (efeitos colaterais), bem como aos riscos de intervenções medicinais invasivas, que seria o caso das vacinações obrigatórias. Contudo, há de se considerar a fundamentação científica sobre a eficácia e a segurança das vacinas após a homologação por parte dos órgãos reguladores. Além disso, a irresignação de um indivíduo afeta o direito à saúde de terceiros (por exemplo, daquele que não pode por algum motivo – imunodeprimidos, entre outros – ser vacinado). No mesmo sentido, a recusa a determinado tratamento ameaça potencialmente terceiros, pelo risco da disseminação da doença. Assim, o direito à integridade e à autodeterminação terapêutica cede em face da preferência ao direito à saúde e à vida. Nessa linha, há precedente antigo do Supremo Tribunal Federal a favor da internação compulsória de indivíduo contagiado pela peste bubônica (STF, HC 2.642, paciente Roberto Francisco Bernardes, j. 9-12-1908[379]).

Parte do movimento antivacina utiliza a gramática de direitos para fundamentar a recusa à vacinação, apoiando-se na ausência de uma absoluta certeza (inexistente no campo médico) de efeitos colaterais adversos de seu uso. Entre os direitos usualmente invocados constam a liberdade de consciência e a liberdade de crença.

Conforme já visto, não *há automatismo* no mundo da sociedade de direitos. Não basta anunciar um direito para que o dever de proteção incida mecanicamente. Também não é possível adotar uma escala hierárquica imutável entre os direitos humanos. Os espaços de tensão e as colisões são solucionados por meio do critério da ponderação pelo qual se atribui pesos e preferência entre os direitos envolvidos.

A recusa a determinado tratamento ou terapia invocando a liberdade de consciência ou de crença é tema polêmico. Há vários casos nos quais o paciente alega impedimento religioso para recusar determinado tratamento (por exemplo, *recusa de transfusão de sangue* por Testemunhas de Jeová[380]), pondo em risco sua própria vida. Como assinala Barroso, *cabe ao paciente*, com a ressalva daqueles que não podem expressar de modo pleno sua vontade (os interditados, as crianças e adolescentes), *a escolha do tratamento*, em nome da liberdade e de sua autonomia[381].

Contudo, a recusa vacinal não põe somente o direito à saúde e à vida daquele que a recusa em risco, mas também direitos de terceiros. Diferente do caso da recusa à transfusão de sangue aqui mencionado, não se pode aqui reconhecer a prevalência da liberdade de escolha e do direito à autodeterminação, pois há inegável impacto negativo nos direitos de terceiros. A escolha

---

[379] Precedente *apud* SUNFELD, Carlos Ari. Vigilância epidemiológica e direitos constitucionais. *Revista de Direito Sanitário*. v. 3, n. 2, jul. 2002, p. 90-106, em especial p. 98.

[380] Com base nos direitos constitucionais à vida digna e à liberdade de crença, a Procuradoria-Geral da República ajuizou, em 2019, no Supremo Tribunal Federal (STF), a Arguição de Descumprimento de Preceito Fundamental (ADPF) n. 618, com pedido de medida cautelar, no qual visa assegurar às Testemunhas de Jeová maiores de idade e capazes o direito de não se submeterem a transfusões de sangue por motivo de convicção pessoal (STF, ADPF 618, rel. Min. Nunes Marques, em trâmite em agosto de 2023).

[381] BARROSO, Luís Roberto. Legitimidade da recusa de transfusão de sangue por Testemunhas de Jeová. Dignidade humana, liberdade religiosa e escolhas existenciais. Disponível em: <http://www.luisrobertobarroso.com.br/wp--content/themes/LRB/pdf/testemunhas_de_jeova.pdf>. Acesso em: 10 ago. 2024.

individual de alguém que decidiu não se vacinar (ou não usar máscara, bem como qualquer outra medida de proteção) não pode resultar em violação ou frustração de direitos de terceiros, expondo-os à contaminação e risco de morte.

Foram propostas duas ações diretas de inconstitucionalidade (ADI n. 6.586, do Partido Democrático Trabalhista-PDT e ADI n. 6.587, do Partido Trabalhista Brasileiro – PTB, ambas sob relatoria do Min. Ricardo Lewandowski). Os partidos políticos autores defenderam a inconstitucionalidade da compulsoriedade da vacinação por violação dos direitos fundamentais à vida, à liberdade, integridade pessoal e à saúde (arts. 5º, *caput* e III, 6º, *caput*, e 196 da CF/88), bem ao princípio da dignidade da pessoa humana (art. 1º, III, da CF/88).

O STF fez julgamento em conjunto dessas duas ADIs. Nos votos, ficou clara a prevalência dos direitos à vida e à saúde dos terceiros que seriam ameaçados ou violados pela recusa (salvo contraindicação médica) à vacinação.

No combate à pandemia da COVID-19, a vacinação obrigatória protege tanto o indivíduo resistente quanto os terceiros que, por algum motivo médico, não podem ser imunizados. Assim, a imunidade por meio das vacinas é tema coletivo e não individual, pois a vacinação só logrará êxito (erradicação da doença) caso atinja uma grande quantidade de pessoas da população-alvo, gerando a *imunidade coletiva* ou de rebanho (impedindo que a doença seja transmitida).

Aquele que se recusa sem motivo médico a se vacinar atua com abuso de direito[382], impedindo – caso o movimento antivacina seja de relevo – a extinção de doenças que a medicina já encontrou modo seguro e eficiente (a vacinação coletiva) de erradicação.

Para o Min. Gilmar Mendes, "(...) A rigor, a recalcitrância à vacinação constitui não apenas uma recusa terapêutica que coloca em risco a saúde individual. No caso da recusa vacinal, o que está em jogo, em última análise, é a essencialidade do cumprimento da medida para um plano maior de realização de política pública de combate a uma doença infectocontagiosa que põe em risco a vida de todos"[383].

Todavia, houve também a menção ao direito à integridade pessoal e à inviolabilidade do domicílio, bem como à dignidade humana, que impedem a que alguém possa ser compelido a ser vacinado à força, contra a sua vontade.

O *consentimento individual* seria, então, indispensável à vacinação. O Min. Lewandowski, relator das duas ADIs, apontou, em seu voto, que o art. 5º da Convenção para a Proteção dos Direitos do Homem e da Dignidade do Ser Humano face às Aplicações da Biologia e da Medicina (Conselho da Europa, 1997), determina que "qualquer intervenção no domínio da saúde só pode ser efetuada após ter sido prestado pela pessoa em causa o seu consentimento livre e esclarecido"[384].

Também foram feitas menções a diversos precedentes do STF sobre a intangibilidade do corpo das pessoas, como se vê na proibição da extração compulsória de DNA para fins de investigação de paternidade (STF, HC 71.373, rel. p/ o ac. Min. Marco Aurélio, j. 10-11-1994, Plenário, *DJ* de 22-11-1996).

Corretas tais ponderações. A expressão "vacinação obrigatória" da Lei da Pandemia não pode ser interpretada como imposição à força da imunização. Não cabe violência física ou qualquer outro tipo de coação direta, que venha a inocular substância no corpo de um ser humano, mesmo diante dos benefícios e do provável risco nulo (ou quase nulo) ao receptor da vacina. O

---

[382] Ver mais sobre o "abuso de direito" na área dos direitos humanos em CARVALHO RAMOS, André de. *Teoria Geral dos Direitos Humanos na Ordem Internacional*. 7. ed., São Paulo: Saraiva, 2019, p. 249 e seguintes.

[383] Voto do Min. Gilmar Mendes. STF, ADI n. 6.586 e ADIN n. 6.587, julgamento conjunto, rel. Min. Ricardo Lewandowski, Plenário, 17-12-2020.

[384] Voto do Min. Ricardo Lewandowski. STF, ADI n. 6.586 e ADIN n. 6.587, julgamento conjunto, Rel. Min. Ricardo Lewandowski, Plenário, 17-12-2020.

direito à integridade pessoal e o respeito à dignidade humana representam barreiras a tal interpretação.

Por outro lado, nada impede que o Estado ou os agentes privados incentivem a vacinação e, também, adotem medidas de desestímulo à recusa vacinal. Tal medidas de desestímulo consistem em sanções indiretas aos recalcitrantes e são necessárias, dado o risco à saúde e à vida de terceiros, como se viu acima.

As sanções indiretas promovem, com menor ofensividade, o direito à saúde dos demais indivíduos, que estariam sob risco pelas recusas à vacinação. São sanções indiretas que estimulam a vacinação: a recusa de matrícula em escola, a denegação de benefícios, bem como a imposição de multas, o impedimento ao ingresso em recintos de uso coletivo (shoppings e centros comerciais, lojas e estabelecimentos comerciais, eventos artísticos etc. com a exigência do chamado "passaporte da vacinação"), entre outras.

Assim, o Estado pode promover o direito à saúde de um indivíduo contrário às vacinas, mesmo contra sua vontade. Para Barroso, há um componente comunitário no princípio da dignidade humana, que consiste na interferência estatal e social legítima na fixação dos limites da autonomia[385].

Assim, o STF, no bojo das ADI n. 6.586 e ADIN n. 6.587 fixou a seguinte tese:

(i) A vacinação compulsória não significa vacinação forçada, porquanto facultada sempre a recusa do usuário.

(ii) admite-se a adoção pelo Poder Público, no exercício de sua atribuição, de *medidas indiretas*, as quais compreendem, dentre outras, a restrição ao exercício de certas atividades ou à frequência de determinados lugares, desde que previstas em lei, ou dela decorrentes.

(iii) as medidas indiretas dependem de previsão legal (ou dela decorrente) e devem ser fundadas em evidências científicas e análises estratégicas pertinentes, bem como devendo os indivíduos afetados serem informação sobre a eficácia, segurança e contraindicações dos imunizantes. Também tais medidas devem respeitar a dignidade e os direitos humanos de todas e todos, cumprindo o critério de proporcionalidade. Por fim, para dar validade às medidas indiretas, as vacinas devem ser distribuídas universal e gratuitamente, evitando que alguém sofra sanções por recusa motivada por razões econômicas. Essas medidas indiretas podem ser implementadas tanto pela União como pelos Estados, Distrito Federal e Municípios, de acordo com as respectivas esferas de atribuição (Supremo Tribunal Federal, ADI n. 6.586 e ADIN n. 6.587, julgamento conjunto, rel. Min. Ricardo Lewandowski, Plenário, 17-12-2020).

Como se viu, além da previsão legal, as sanções indiretas devem ser proporcionais. No campo das relações de trabalho na seara privada e também na área pública, discute-se se o empregador pode exigir a vacinação (desde que não haja contraindicação médica), sob pena de demissão com justa causa (a demissão sem justa causa, por óbvio, continua permitida). Entendo que a recusa imotivada do empregado expõe os demais trabalhadores a risco desnecessário. É dever do empregador assegurar ambiente de trabalho salubre e seguro, como apregoa a Convenção n. 155 da Organização Internacional do Trabalho (OIT[386]) sobre segurança e saúde dos trabalhadores, não podendo se omitir diante da recusa vacinal imotivada. O empregador deve, contudo, antes de adotar a pena de demissão com justa causa, (i) informar e buscar a conscientização do empregado recalcitrante, realçando, por meio de atendimento médico inclusive, a eficácia e a

---

[385] BARROSO, Luís Roberto. "Aqui, lá e em todo lugar": a dignidade humana no Direito Contemporâneo e no discurso transnacional, *RT*, ano 101, v. 919, maio de 2012, p. 127-196. Conferir também BARROSO, Luís Roberto. *A dignidade humana no direito constitucional contemporâneo*: a construção de um conceito jurídico à luz da jurisprudência mundial. Belo Horizonte: Editora Fórum, 2013.

[386] Já ratificada e incorporada internamente pelo Decreto n. 1.254, de 29-9-94.

segurança da vacina, bem como a importância da vacinação para a imunidade coletiva (ou imunidade de rebanho); e (ii) impor advertência ou mesmo afastamento temporário. Na continuidade da conduta abusiva (pois injustificada), é possível a demissão por justa causa[387].

Na seara pública, os servidores e empregados públicos que gozam de estabilidade podem ser demitidos – após procedimento administrativo – por recusa vacinal imotivada, pois tal comportamento viola os deveres do servidor público de zelar por um ambiente de trabalho sadio.

56.7.2. A vacinação obrigatória de crianças

No que tange à vacinação de crianças, há um espaço de tensão entre a liberdade de consciência e crença e os direitos da criança (entre eles, o direito à saúde). No caso, a liberdade dos pais seguirem suas convicções íntimas que os levam a negar vacinas a seus próprios filhos (consolidando o direito dos pais de criarem seus filhos de acordo com suas convicções) entra em colisão com o direito à saúde da criança, maximizado pelo princípio que zela pela observância do seu melhor interesse ("best interest of the child") previsto na Convenção da ONU sobre os Direitos da Criança.

Em 8 de abril de 2021, o Tribunal Pleno (*Grand Chamber*) da Corte Europeia de Direitos Humanos (Corte EDH) julgou improcedente, por 16 votos a 1, o caso Vavřička e outros vs. República Tcheca, considerado um marco na temática de vacinação obrigatória de crianças. Os autores da ação de responsabilidade internacional contra a República Tcheca alegaram, novamente, violação ao direito à vida privada por terem sido sancionados pelo Estado réu por se recusarem a vacinar seus filhos em idade escolar. Entre as sanções, o Estado impôs multa pecuniária e vedação de matrícula em pré-escola e creches. As vacinas recusadas eram para combater tétano, poliomielite, hepatite B, sarampo, caxumba e rubéola. Não houve imposição de vacinação compulsória, mas somente sanções de coerção.

A Corte EDH reconheceu que há interferência na vida privada pela imposição de sanções aos que se recusam à vacinação. Porém, a interferência no caso foi considerada "necessária numa sociedade democrática" pois possuía um objetivo legítimo de dar resposta a uma "necessidade social premente", tendo sido proporcionais ao objetivo legítimo perseguido as medidas adotadas pelas autoridades nacionais. A Corte enfatizou a moderação das sanções, que não resultaram em vacinação forçada fisicamente. A multa era submetida ao devido processo administrativo e ainda passível de ser crivada no Poder Judiciário local. Quanto à exclusão da pré-escola, tal sanção tem faceta protetiva das demais crianças. Além disso, a matrícula obrigatória de crianças na escola fundamental na Rep. Tcheca não exige vacinação prévia, mostrando, novamente a moderação da sanção.

A diferença dos casos anteriores no sistema regional europeu, este envolveu crianças, impondo a análise do "melhor interesse da criança", reconhecido na Convenção da ONU sobre os Direitos da Criança (art. 3º) e também pela Corte EDH[388].

O STF apreciou tema de repercussão geral, que tratava de "saber se os pais podem deixar de vacinar os seus filhos, tendo como fundamento convicções filosóficas, religiosas, morais e existenciais" (Tema 1103 – ARE n. 1.267.879, Relator Min. Roberto Barroso).

---

[387] Nesse sentido, Tribunal Regional do Trabalho da 2ª Região, Autos n. 1000122-24.2021.5.02.0472 (RORSum), Relator Des. Roberto Barros da Silva, j. 19-7-2021. Também defendendo a demissão com justa causa, como *ultima ratio* diante da recusa vacinal injustificada, ver a posição do Ministério Público do Trabalho ("Guia técnico interno do MPT sobre Vacinação da COVID – 19). Disponível em: <https://mpt.mp.br/pgt/noticias/estudo_tecnico_de_vacinacao_gt_covid_19_versao_final_28_de_janeiro-sem-marca-dagua-2.pdf>. Acesso em: 9 ago. 2024.

[388] Corte Europeia de Direitos Humanos, Vavřička e outros vs. República Tcheca, julgamento de 8 de abril de 2021.

O paralelo do Tema 1103 com a vacinação obrigatória da Lei da Pandemia é evidente, pois também há lei que exige a vacinação das crianças (art. 14, § 1º, do Estatuto da Criança e do Adolescente – Lei n. 8.069/90: "É obrigatória a vacinação das crianças nos casos recomendados pelas autoridades sanitárias"). Inclusive na decisão monocrática de reconhecimento da repercussão geral, foi atestada a importância social do tema tendo em vista a pandemia do Covid-19, bem como sua importância jurídica, uma vez que se relaciona com a interpretação de eventuais colisões entre o direito à saúde das crianças e de terceiros com as liberdades de consciência e de crença (STF, ARE 1.267.879, decisão monocrática do Min. Barroso, 06.08.2020).

No que tange ao Tema 1103 (julgado na mesma sessão das ADIs acima analisadas), o Relator Min. Barroso, relembrou a relatividade das liberdades públicas, apontando que apesar de ser protegida constitucional, a liberdade de consciência não é absoluta, encontrando seus limites em outros direitos e valores constitucionais.

Averiguando o caso de vacinação obrigatória de crianças, o Min. Barroso apontou os seguintes fundamentos a favor de sua constitucionalidade, desde que haja registro em órgão sanitário e consenso médico-científico sobre a segurança e necessidade da vacinação: a) o Estado pode, em situações excepcionais, proteger as pessoas mesmo contra a sua vontade (dignidade como valor comunitário; compressão da liberdade em face de outros direitos); b) a vacinação protege de toda a sociedade, não sendo legítimas escolhas individuais que afetem gravemente direitos de terceiros (os que não podem ser vacinados – por motivos médicos – e que serão protegidos pela imunização coletiva); e c) o poder familiar não autoriza que os pais, invocando convicção filosófica, coloquem em risco a vida e a saúde dos filhos, diante da prevalência dos direitos da criança (direito à vida e à saúde) sob a ótica do "melhor interesse da criança"

Foi fixada a seguinte tese: "É constitucional a obrigatoriedade de imunização por meio de vacina que, registrada em órgão de vigilância sanitária, (i) tenha sido incluída no Programa Nacional de Imunizações ou (ii) tenha sua aplicação obrigatória determinada em lei ou (iii) seja objeto de determinação da União, Estado, Distrito Federal ou Município, com base em consenso médico-científico. Em tais casos, não se caracteriza violação à liberdade de consciência e de convicção filosófica dos pais ou responsáveis, nem tampouco ao poder familiar" (STF, ARE n. 1.267.879, rel. Min. Roberto Barroso, julgamento de 17-12-2020).

56.8. O uso obrigatório de máscara. Situações especiais

A Lei n. 13.979/2020 ("Lei da Pandemia) foi alterada pela Lei n. 14.019/2020, para a finalidade de introduzir o art. 3º-A, pelo qual ficou sendo obrigatório "manter boca e nariz cobertos por máscara de proteção individual", conforme a legislação sanitária e na forma de regulamentação estabelecida pelo Poder Executivo federal, para (i) circulação em espaços públicos e privados acessíveis ao público, em (ii) vias públicas e em (iii) transportes públicos coletivos.

Além desses três espaços, também foi exigido o uso da máscara de proteção individual em: (iv) veículos de transporte remunerado privado individual de passageiros por aplicativo ou por meio de táxis; (v) ônibus, aeronaves ou embarcações de uso coletivo *fretados*; (vi) estabelecimentos comerciais e industriais, templos religiosos, estabelecimentos de ensino *e demais locais fechados em que haja reunião de pessoas*[389].

Essa última previsão expandiu a obrigatoriedade das máscaras em todos os demais "locais fechados" nos quais haja reunião de pessoas, não importando a finalidade da reunião (para fins comerciais, educativos, religiosos, de congraçamento social etc.) ou natureza do local (público ou privado). Houve veto presidencial à tal previsão, fundado na chamada "inviolabilidade domiciliar".

---

[389] Houve veto deste dispositivo e depois *superação do veto* pelo Congresso.

Correta a superação do veto. O uso obrigatório das máscaras em demais locais fechados em que haja reunião de pessoas *não* implica em violação de domicílio à luz do art. 5º, XI, da Constituição Federal ("a casa é asilo inviolável do indivíduo, ninguém nela podendo penetrar sem consentimento do morador, salvo em caso de flagrante delito ou desastre, ou para prestar socorro, ou, durante o dia, por determinação judicial"). A proteção ao domicílio é de cunho procedimental, não o transformando em um local imune às leis do país, o que inclusive autoriza a entrada *sem autorização* do morador e *sem ordem judicial* no caso de flagrante delito.

O descumprimento da obrigação de utilizar as máscaras acarreta a imposição de *multa definida e regulamentada pelo ente federado competente*.

Também ficou – corretamente – prevista a dispensa da cobrança da multa às populações vulneráveis economicamente. Quanto à oferta das máscaras, cabe aos estabelecimentos em funcionamento durante a pandemia da Covid-19 fornecê-las *gratuitamente* a seus funcionários e colaboradores, ainda que de fabricação artesanal.

Foi determinado também, aos órgãos e entidades públicas (abrangendo suas empresas, concessionárias ou permissionárias ou por qualquer outra forma de empreendimento), ao setor privado de bens e serviços, que adotem *medidas de prevenção* à proliferação de doenças, como a (i) assepsia de locais de circulação de pessoas e do interior de veículos de toda natureza usados em serviço e a (ii) disponibilização aos usuários de produtos higienizantes e saneantes. Tal previsão legal coaduna-se com o dever de toda a comunidade de envidar esforços na proteção à saúde.

A obrigatoriedade do uso de máscara encontra resistência, fundada no direito à autodeterminação e inutilidade de seu uso (apesar da recomendação de uso por parte das autoridades sanitárias)[390]. Trata-se, novamente, de colisão de direitos, devendo a autonomia individual (direito à autodeterminação) ceder em face do intenso risco de lesão ao direito à saúde e à vida dos terceiros.

Destaque-se, ainda, a previsão introduzida pela Lei n. 14.019/2020 de dispensa do uso de máscara às pessoas do transtorno do espectro autista (TEA), com deficiência intelectual, com deficiências sensoriais ou com quaisquer outras deficiências que as impeçam de fazer o uso adequado de máscara de proteção facial, conforme declaração médica, que poderá ser obtida por meio digital.

Tal dispensa cumpre o mandamento da igualdade material, mostrando que o combate à pandemia não pode ser feito com *capacitismo,* prejudicando-se às pessoas com deficiência que não consigam utilizar as máscaras.

Também a Lei n. 14.019/2020 previu a dispensa das máscaras às crianças com menos de 3 (três) anos de idade, dada à dificuldade de se utilizar corretamente o aparato.

No tocante aos presos do sistema prisional e aos adolescentes em conflito com a lei, a Lei n. 14.019 introduziu o art. 3º-F na "Lei da Pandemia" pelo qual tornou-se obrigatório o uso de máscaras de proteção individual nos (i) estabelecimentos prisionais e nos (ii) estabelecimentos de cumprimento de medidas socioeducativas. Esse dispositivo cumpre a recomendação da Comissão Interamericana de Direitos Humanos[391] que orientou os Estados a adotar nas unidades

---

[390] Cite-se a resistência do então Presidente da República, Jair Bolsonaro, à utilização das máscaras, tendo sido proposta inclusive ação popular para obrigá-lo ao uso. A liminar foi concedida, mas, após, cassada sob a alegação de que não haveria necessidade dada a regulamentação (quem não usasse a máscara quando necessário, deveria ser multado pela autoridade administrativa, não sendo necessária ordem judicial). Ação Popular, Autos n. : 1032760-04.2020.4.01.3400, 9ª Vara Cível do Distrito Federal. Ver https://www.conjur.com.br/2020-jun-23/liminar-obriga--bolsonaro-usar-mascara-protecao-covid-19 e https://www.conjur.com.br/2020-jun-30/desembargadora-derruba--decisao-determinou-uso-mascara-presidente.

[391] Comissão Interamericana de Direitos Humanos, Resolução n. 1/2020, "Pandemia e Direitos Humanos nas Américas", aprovada pela Comissão IDH em 10 de abril de 2020. Disponível em: https://www.oas.org/pt/cidh/decisiones/pdf/Resolucao-1-20-pt.pdf,=. Acesso em: 9 ago. 2024.

de detenção de pessoas as medidas de proteção para impedir o contágio "intramuros" da COVID-19[392].

Tal comando normativo havia sido vetado pelo Presidente da República, porém com vício (republicação de veto já publicado) no que foi considerado inconstitucional pelo STF, em face da preclusão no processo legislativo. Assim, o dispositivo está em vigor (STF, ADPF n. 714, Relator Ministro Gilmar Mendes, j. sessão virtual de 5 a 12 de fevereiro de 2021).

56.9. A liberdade religiosa: o fechamento de lugares de culto e a cremação de cadáveres

A pandemia afetou a liberdade religiosa, em especial na restrição à aglomeração de pessoas em templos religiosos e na previsão de adoção de medidas compulsórias de proteção à saúde voltadas à cremação e à imposição de regras limitantes para a "liturgia da despedida" na realização de velório e enterro.

Cabe salientar que a liberdade de culto e liturgia é dimensão da liberdade religiosa (art. 5º, VI, parte final), impondo tanto a não intervenção do Poder Público quanto medidas de proteção em face de ameaças ou atos lesivos praticados.

A pandemia afetou a liberdade religiosa, em especial na restrição à aglomeração de pessoas em templos religiosos e na previsão de adoção de medidas compulsórias de proteção à saúde voltadas à cremação e à imposição de regras limitantes para a "liturgia da despedida" na realização de velório e enterro. Tal situação deu visibilidade à dupla dimensão do direito à liberdade religiosa: a dimensão interna e a externa. A dimensão interna (*forum internum*) consiste na liberdade espiritual de formar sua própria crença e convicção religiosa; já a dimensão externa (*forum externum*) consiste à liberdade de realizar o culto e sua confissão de fé perante a sociedade[393].

Conforme consta do voto do Min. Gilmar Mendes (ADPF n. 811[394]), a proteção às dimensões não é idêntica: a dimensão interna é protegida de forma absoluta, dado o seu vínculo com a convicção do indivíduo; já a dimensão externa, por envolver relações com a sociedade, *pode sofrer restrições*, especialmente no contexto de eclosão de pandemia, com sérios impactos à vida e à saúde de todas e todos.

Não se exclui a limitação de tal liberdade em face da proteção a outros direitos, como se vê expressamente mencionado no art. 18.3 do Pacto Internacional de Direitos Civis e Políticos ("A liberdade de manifestar a própria religião ou crença estará sujeita apenas a limitações previstas em lei e que se façam necessárias para proteger a segurança, a ordem, a saúde ou a moral públicas ou os direitos e as liberdades das demais pessoas") ou o art. 12.3 da Convenção Americana sobre os Direitos Humanos (redação similar).

Assim, é legítima a restrição incidente sobre a realização de práticas religiosas em templos para evitar aglomeração (limite de pessoas, distância social, uso de máscara e álcool gel etc.), bem como restrição à liturgia da despedida, em especial quanto ao uso de urna funerária lacrada e enterro com limite de pessoas e exclusão daquelas que pertençam ao grupo de risco da

---

[392] De acordo com o Boletim da primeira quinzena de agosto de 2021 do Conselho Nacional de Justiça, aproximadamente 66 mil presos foram contaminados, com 271 óbitos. Entre os servidores, houve quase 25 mil infectados, com 290 óbitos registrados. Disponível em https://www.cnj.jus.br/wp-content/uploads/2021/08/monitoramento--casos-e-obitos-covid19-12-8-21-info.pdf. Acesso em: 9 ago. 2024.

[393] STF, ADPF n. 811, Relator Min. Gilmar Mendes, j. sessão virtual de 26 de março a 7 de abril de 2021.

[394] STF, ADPF n. 811, Relator Min. Gilmar Mendes, j. sessão virtual de 26 de março a 7 de abril de 2021.

COVID-19 (idade igual ou superior a 60 anos, gestantes, lactantes, portadores de doenças crônicas e imunodeprimidos). A cremação não foi tida como obrigatória[395].

No que tange à razoabilidade de tais restrições, destacou-se, na ADPF n. 811, o caso da cerimônia religiosa na cidade de Daegu (Coréia do Sul), em fevereiro de 2020, que teria deflagrado forte contaminação pela COVID-19 naquele país. Outros eventos religiosos no mundo ao longo de 2020 e 2021 foram identificados como geradores de "supertransmissão" do vírus[396]. Com isso, a proibição temporária à realização de cultos presenciais foi considerada adequada, necessária e proporcional (STF, ADPF n. 811-MC/DF, Relator Min. Gilmar Mendes, p. 39, j. sessão virtual de 26 de março a 7 de abril de 2021).

56.10. O direito dos povos indígenas, diálogos institucionais e a Comissão Interamericana de Direitos Humanos

A pandemia aguçou a situação de vulnerabilidade dos povos indígenas no Brasil, especialmente em face da precariedade dos serviços públicos ofertados para a proteção da saúde e vida indígenas. As vulnerabilidades acima expostas (imunológica, sociocultural, política, econômica e ambiental) foram reconhecidas pelo STF, que se pautou por três diretrizes: (i) a observância dos princípios da precaução e da prevenção na proteção à vida e à saúde; (ii) a necessidade de diálogo institucional entre o Judiciário e o Poder Executivo, em matéria de políticas públicas decorrentes da Constituição; e (iii) a imprescindibilidade de diálogo intercultural em casos de direitos de povos indígenas.

Para cumprir tais diretrizes, foram adotadas as seguintes medidas: 1) criação de "Sala de Situação", para gestão de ações de combate à pandemia quanto aos povos indígenas em isolamento e de contato recente, com participação de representantes das comunidades indígenas, da Procuradoria-Geral da República e da Defensoria Pública da União, concretizando o "diálogo institucional" estudado acima; 2) elaboração e monitoramento de um Plano de Enfrentamento da COVID-19 para os Povos Indígenas Brasileiros, de comum acordo, pela União e pelo Conselho Nacional de Direitos Humanos, com a participação das comunidades indígenas (cumprindo o direito à informação prévia das comunidades indígenas a respeito das medidas que lhes impactem, cumprindo a Convenção n. 169 da OIT); 3) criação de barreiras sanitárias, conforme plano apresentado pela União e ouvidos os membros da "Sala de Situação"; 4) oferta dos serviços do Subsistema Indígena de Saúde a todos os indígenas aldeados, independentemente de suas reservas estarem ou não homologadas; 5) oferta aos não aldeados do Subsistema de Saúde Indígena somente na falta de disponibilidade do SUS geral; 6) apesar de reconhecer a necessidade de desintrusão dos não indígenas das terras indígenas, a maioria do STF decidiu somente pela adoção de medida emergencial de contenção e isolamento dos invasores em relação às comunidades indígenas ou providência alternativa apta a evitar o contato (STF, ADPF n. 709, rel. Min. Roberto Barroso, referendo de medida cautelar, j. 5-8-2020).

Por sua vez, a Comissão Interamericana de Direitos Humanos adotou medida cautelar especificamente em favor dos membros dos povos indígenas Yanomami e Ye'kwana, que vivem na região do Orinoco-Amazonas (afluentes da margem direita do rio Branco e esquerda do rio Negro) com uma população total de quase 26.000 pessoas, distribuídas em 321 aldeias. Entre os vários fatores de risco existentes no momento da pandemia, destacou-se a crescente atividade ilegal de garimpo em suas terras (calculou-se 20 mil invasores), a qual aumentou a propagação

---

[395] Recomendações da ANVISA no seu "Manejo de corpos no contexto do novo coronavírus COVID-19". Disponível em: <https://www.saude.gov.br/images/pdf/2020/marco/25/manejo-corpos-coronavirus-versao1-25mar20-rev5.pdf>. Acesso em: 9 ago. 2024.

[396] STF, ADPF n. 811, rel. Min. Gilmar Mendes, j. sessão virtual de 26 de março a 7 de abril de 2021.

de doenças infecciosas, sem que o Estado brasileiro tenha adotado medidas eficazes de desintrusão. A Comissão IDH, então, determinou ao Brasil que adote medidas necessárias para proteger os direitos à saúde, à vida e à integridade pessoal dos membros dos povos indígenas Yanomami e Ye'kwana, implementando, de uma perspectiva culturalmente apropriada, medidas preventivas contra a disseminação da COVID-19, além de lhes fornecer atendimento médico adequado em condições de disponibilidade, acessibilidade, aceitabilidade e qualidade, de acordo com os parâmetros internacionais aplicáveis.

Nota-se que tanto o STF quanto a Comissão IDH evitaram determinar medidas imediatas com prazos para a desintrusão, o que, obviamente, estimula mais invasões e a torna cada vez mais difícil de ser realizada (pelo desafio de retirada, de forma pacífica, de milhares de pessoas).

Em 2022, após o descumprimento da medida cautelar pelo Brasil, a Comissão IDH solicitou e obteve da Corte IDH a *primeira medida provisória* de proteção a povos originários brasileiros. Como analisado acima (no item sobre as medidas provisórias da Corte), a medida provisória da Corte IDH determina a proteção à vida e à integridade de membros das comunidades Yanomami (RR/AM), Ye´kwana (RR) e Mundukuru (PA). Foi determinado ao Estado brasileiro que adote medidas de proteção à vida, integridade e saúde das comunidades afetadas, as quais incluam: acesso à água potável e alimentação para os membros da comunidade; medidas de prevenção contra a exploração e violência sexual em face de meninas e mulheres indígenas, além da garantia da proteção da vida e integridade física das lideranças indígenas em face da violência estatal e também de atores privados, como os garimpeiros[397].

56.11. O direito dos migrantes e o fechamento das fronteiras

O combate à pandemia da COVID-19 restringiu o direito dos migrantes de entrada no Brasil, atingindo inclusive os solicitantes de refúgio. Foram adotadas, progressivamente, medidas de fechamento das fronteiras brasileiras, proibindo-se ingresso de não nacionais (com poucas exceções). Cabe aqui um esclarecimento: o termo "fechamento de fronteiras" juridicamente significa restrição temporária e excepcional da entrada de não nacionais no Brasil. Tal regime em geral não é aplicado a brasileiros, (ver abaixo a exigência de testagem aplicados a brasileiros) mesmo residentes fora do país, em face da interpretação ampliativa da previsão constitucional de vedação à pena de banimento (art. 5º, XLVII, "não haverá penas: (...) d) de banimento").

Inicialmente, a Portaria Conjunta Interministerial n. 132, de 22 de março de 2020, restringiu, pelo prazo de 30 dias, a entrada no País, por via terrestre, de não nacionais provenientes do Uruguai, com determinadas exceções. Após, houve uma "escalada" de portarias proibindo tal ingresso por todas as vias e países (via terrestre, transporte aquaviário, transporte aéreo). Com o aumento do número de casos, houve a unificação do marco infralegal do "fechamento de fronteiras" por meio da Portaria n. 255 dos Ministros de Estado Chefe da Casa Civil da Presidência da República, da Justiça e Segurança Pública, da Infraestrutura e da Saúde, de 22 de maio de 2020, prorrogada por mais 15 dias, pela Portaria Interministerial n. 319.

A Portaria n. 419, de 26 de agosto de 2020, prorrogou, pelo prazo de 30 dias, a proibição de entrada no país de estrangeiros de qualquer nacionalidade, por rodovias, por outros meios terrestres ou por transporte aquaviário (transporte aéreo foi liberado).

A partir da Portaria n. 655/ 2021, houve abrandamento do regime de proibição de ingresso, tendo sido permitido o acolhimento e a regularização migratória de pessoas em situação de

---

[397] Corte IDH. Asunto Miembros de los Pueblos Indígenas Yanomami, Ye'kwana y Munduruku respecto de Brasil. Adopción de Medidas Provisionales. Resolução da Corte Interamericana de Direitos Humanos de 1ª de julho de 2022.

vulnerabilidade decorrente de fluxo migratório provocado por (i) crise humanitária, no território nacional, (ii) reconhecida por ato do Presidente da República[398].

Essa regularização aplica-se também ao imigrante que tenha ingressado em território nacional no período de 18 de março de 2020 até 23-8-2021 (data da publicação da Portaria). Assim, flexibilizou-se o regime de "fechamento de fronteira" ao menos para acolher os migrantes venezuelanos, cuja condição de refugiado já havia sido reconhecida pelo CONARE (Comitê Nacional para os Refugiados – Lei n. 9.474/97) em face da situação de grave e generalizada violação de direitos humanos no território venezuelano.

Em setembro de 2022, a Portaria n. 678 referente ao "fechamento de fronteira" (requisitos excepcionais e temporários para entrada no Brasil devidos à pandemia do COVID-19) autorizou a entrada de viajantes de procedência internacional, brasileiro ou estrangeiro, pela via terrestre ou aérea (a via marítima é regulada em ato separado) desde que apresente, alternativamente: a) comprovante de vacinação ou b) testagem prévia ao embarque (1 dia antes do embarque). As fronteiras, então, foram "abertas" novamente, mantendo-se a exigência de apresentação do "passaporte de vacinação" ou da testagem negativa. Em maio de 2023, a Agência Nacional de Vigilância Sanitária (ANVISA) deixou de exigir a apresentação de passaporte da vacinação ou testagem negativa[399].

O fundamento constitucional de tal drástica restrição à mobilidade internacional humana é a proteção à vida e à saúde em face do alto grau de contágio do vírus, que atingiu, em setembro de 2021, cerca de 180 países, com mais de 228 milhões de infectados, resultando em mais de 4 milhões e seiscentas mil mortes (mais de 592 mil mortes no Brasil)[400]. A mobilidade sem restrição pode agravar essa situação, fazendo surgir novas ondas de infecção.

Já o fundamento legal encontra-se no art. 3º, VI, *a*, da Lei n. 13.979/2020, pelo qual as autoridades governamentais podem adotar, para enfrentamento da pandemia do coronavírus, a restrição excepcional e temporária da entrada e saída do País, conforme recomendação técnica e fundamentada da Agência Nacional de Vigilância Sanitária, por rodovias, portos ou aeroportos.

O fechamento de fronteiras impactou negativamente tanto a migração em geral regulada pela Lei de Migração (Lei n. 13.445/2017) quanto o direito ao acolhimento regrado pelo direito internacional do refúgio e pelas normas nacionais, em especial a Lei n. 9.474/97 (Estatuto do Refugiado).

Todavia, um dos pilares tanto da Convenção de 1951 sobre o Estatuto dos Refugiados quanto da Lei n. 9.474/97 é o princípio da proibição da devolução (ou rechaço) ou *non refoulement*, que consiste na vedação da devolução do refugiado ou solicitante de refúgio para o Estado do qual tenha o fundado temor de ser alvo de perseguição odiosa[401]. Esse princípio encontra-se inserido no artigo 33 da Convenção relativa ao Estatuto dos Refugiados de 1951 e também em diversos outros diplomas internacionais, já ratificados pelo Brasil. Por exemplo, o artigo 22.8 da Convenção Americana de Direitos Humanos dispõe que "em nenhum caso o estrangeiro pode ser expulso ou entregue a outro país, seja ou não de origem, onde seu direito à vida ou à liberdade pessoal esteja em risco de violação em virtude de sua raça, nacionalidade, religião, condição social ou de suas opiniões políticas".

Além disso, o art. 7º da Lei n. 9.474/97 prevê que o estrangeiro, ao chegar ao território nacional, poderá expressar sua vontade de solicitar declaração de sua situação jurídica de refugiado

---

[398] Em 5 de outubro de 2021, foi editada a Portaria n. 658, revogando a Portaria n. 655, no mesmo sentido.
[399] Disponível em: <https://www.gov.br/anvisa/pt-br/assuntos/noticias-anvisa/2023/SEI_ANVISA2374172NotaTecnica1.pdf>. Acesso em: 9 ago. 2024.
[400] Ver o número de casos por país tabulado pela OMS em https://covid19.who.int/. Acesso em: 14 ago. 2024.
[401] CARVALHO RAMOS, André de. *Teoria geral dos direitos humanos na ordem internacional*. 8. ed. São Paulo: Saraiva, 2024, p. 95 e s.

a qualquer autoridade migratória e em hipótese alguma será efetuada sua deportação para fronteira de território em que sua vida ou liberdade esteja ameaçada, em virtude de raça, religião, nacionalidade, grupo social ou opinião política.

A jurisprudência internacional de direitos humanos caminha no mesmo sentido. A Corte Interamericana de Direitos Humanos explicitou que, em qualquer hipótese (mesmo no asilo diplomático), o Estado de acolhida está obrigado a não devolver o solicitante a um território no qual este possa sofrer o risco de perseguição odiosa. Assim, o princípio da proibição do rechaço ("proibição do non refoulement") é exigível por qualquer estrangeiro. Esse dever de proteção ao solicitante de asilo ou refúgio, para a Corte, é obrigação *erga omnes* e vincula internacionalmente os Estados[402]. Ou seja, há a proibição de os Estados transferirem (qualquer que seja a nomenclatura – rechaço, expulsão, deportação etc.) um indivíduo a um outro Estado quando sua vida, segurança ou liberdade estejam em risco de violação por causa de (i) perseguição ou ameaça de perseguição odiosa, (ii) violência generalizada ou (iii) violações massivas aos direitos humanos, entre outros, assim como para um Estado onde (iv) corra o risco de ser submetida a tortura ou outros tratamentos cruéis, desumanos ou degradantes[403].

Consequentemente, o fechamento das fronteiras e o consequente estabelecimento da sanção inovadora (não prevista em lei) de "inabilitação do pedido de refúgio" para aqueles que ingressarem no Brasil no período proibido abalam fortemente o direito ao acolhimento previstos nos tratados acima citados e na Lei n. 9.474/97, ofendendo as obrigações internacionais assumidas pelo Brasil.

Por sua vez, a Lei de Migração (Lei n. 13.445/2017) estabelece que a política migratória do Brasil é regida pelo princípio da acolhida humanitária (art. 3º, VI), estando em linha com a promoção de direitos da Constituição e dos tratados internacionais.

Não deve ser aceita a interpretação pela qual a Lei da Pandemia, que autoriza "a restrição excepcional e temporária de entrada e saída do País, conforme recomendação técnica e fundamentada da Agência Nacional de Vigilância Sanitária (Anvisa), por rodovias, portos ou aeroportos" (art. 3º, VI), seria *lex specialis* e que, pelo princípio da especialidade, criaria um regime excepcional, mesmo que contrário ao regime geral da migração e do refúgio. Tal comando deve ser interpretação *em conjunto* com os diplomas normativos de *hierarquia superior*, como, por exemplo, a Convenção de Genebra de 1951 sobre o Estatuto dos Refugiados.

De acordo com o decidido pelo Supremo Tribunal Federal, os tratados de direitos humanos incorporados pelo chamado rito simples[404] têm hierarquia supralegal[405]. Assim, a Convenção de 1951 *é hierarquicamente superior* à Lei da Pandemia, não podendo subsistir o argumento pelo qual as Portarias de fechamento de fronteira estão apenas 'cumprindo a lei'.

A melhor interpretação é justamente aquela que *excepciona* do regime do fechamento de fronteiras os solicitantes de refúgio, uma vez que estes podem sofrer grave risco à vida, à liberdade ou à

---

[402] Corte Interamericana de Direitos Humanos. Opinião consultiva n. 25, de 2018, sobre o instituto do asilo e seu reconhecimento como direito humano.

[403] Corte Interamericana de Direitos Humanos. Opinião consultiva n. 21, de 2014, sobre os direitos e garantias das crianças migrantes.

[404] O "rito simples" ou "rito ordinário" da fase de formação e incorporação de tratados ao ordenamento jurídico brasileiro é detectado na "fase da aprovação congressual", com o projeto de decreto legislativo sendo aprovado por maioria simples em um turno em cada Casa do Congresso Nacional. Em contraposição, há o "rito especial" do art. 5º, § 3º, da CF/ 88 (introduzido pela EC 45/04), pelo qual os tratados de direitos humanos podem ser aprovados por maioria de 3/5, em dois turnos, em cada Casa do Congresso Nacional. Ver mais sobre o tema em CARVALHO RAMOS, André de. *Teoria Geral dos Direitos Humanos na Ordem Internacional*. 8. ed., São Paulo: Saraiva, 2024, p. 317 e seguintes.

[405] Supremo Tribunal Federal, RE 466.343, rel. Min. Cezar Peluso, j. 3-12-2008, Plenário, *DJe* de 5-6-2009, com repercussão geral.

integridade pessoal caso devolvidos. Também os que necessitam de acolhida humanitária merecem o direito de entrada, justamente por estarem em situação de perigo a direitos essenciais.

Claro que não se trata aqui de desconsiderar o impacto da pandemia e os riscos de contágio. Por isso, proponho uma proporcional restrição da mobilidade internacional para melhor proteger o direito à vida e à saúde, sem desconsiderar o direito ao acolhimento aos solicitantes de refúgio e a aceitação humanitária de migrantes.

A solução que se sugere é aquela que é aplicável aos que têm o direito de ingresso no território nacional, como, por exemplo, os brasileiros ou estrangeiros com residência permanente: o controle sanitário nas fronteiras (testagem) e posterior isolamento pelo prazo determinado cientificamente à época. Já aqueles que necessitam de atendimento médico devem ser tratados como todos os solicitantes de refúgio ou de acolhida humanitária que, após o ingresso, contraem uma doença: serão atendidos pelo sistema de saúde nacional.

Na linha da crítica vista acima, deve ser mencionada a Recomendação n. 108/2021 do Conselho Nacional de Justiça, que, nos limites de sua atribuição e com "considerandos" fortemente apoiados em textos internacionais de direitos humanos, chamou a atenção dos juízos à situação dos estrangeiros no contexto da pandemia da COVID-19. Foi recomendo aos juízes, nos casos envolvendo a restrição ao ingrsso de estrangeiros no país, que "avaliem com especial cautela" o deferimento de tutela de urgência de pedido de asilo no Brasil, sobretudo "nas hipóteses que acarretarem deportação, devolução, expulsão ou repatriação ao país de origem ou a qualquer outro país". Recomendou-se, também, que fossem avaliadas as consequências jurídicas de tais restrições ao ingresso de estrangeiros, à luz do (i) devido processo legal, (ii) dos tratados de direitos humanos e da (iii) jurisprudência do STF.

Como visto, a Portaria 678, de 12 de setembro de 2022, reconheceu a abertura das fronteiras, com a exigência apenas de apresentação do "passaporte de vacinação" ou da testagem. Em que pese o avanço, a Portaria peca por continuar a violar o princípio do *non refoulement*, ao manter a sanção de "inabilitação do pedido de refúgio" aos estrangeiros que violarem os termos da Portaria (art. 11). Apesar de não ter sido revogada expressamente até agosto de 2023, entendo que a Portaria n. 678 sofreu revogação implícita (tácita), pela mudança da normatização posterior, em especial da Anvisa.

56.12. A exigência de testagem a brasileiros e a proibição de ingressar no país

No final de 2020, houve sutil alteração na sucessão de portarias de fechamento de fronteiras modificando-se a regra de ingresso de *estrangeiros* e *brasileiros* pela via aérea. Até a Portaria n. 615, de 11 de dezembro de 2020, havia lacônica permissão ao ingresso de *estrangeiros* por *via aérea* no território nacional, desde que cumprissem os "requisitos migratórios adequados à sua condição" (art. 7º).

Menos de uma semana depois, o Poder Executivo federal editou a Portaria n. 630, de 17 de dezembro de 2020, pela qual foi exigido dos viajantes estrangeiros *e brasileiros* que apresentassem exame com resultado negativo (não reagente) para o COVID-19 para poder viajar ao Brasil pelo transporte aéreo[406].

---

[406] Modificou-se o art. 7º, com a seguinte nova redação: Art. 7º As restrições de que trata esta Portaria não impedem a entrada de estrangeiros no País por via aérea, desde que obedecidos os requisitos migratórios adequados à sua condição, inclusive o de portar visto de entrada, quando este for exigido pelo ordenamento jurídico brasileiro. § 1º O viajante de procedência internacional, brasileiro ou estrangeiro, deverá apresentar à companhia aérea responsável pelo voo, antes do embarque: I – Documento comprobatório de realização de teste laboratorial (RT-PCR), para rastreio da infeção por SARS-CoV-2, com resultado negativo/não reagente, realizado com 72 horas anteriores ao momento do embarque; e II – Declaração de Saúde do Viajante (DSV) preenchida (impressa ou por meio digital) com a concordância sobre as medidas sanitárias que devem ser cumpridas durante o período que estiver no país.

A exigência de testagem prévia aos estrangeiros está em linha com as medidas de prevenção para evitar o contágio (com a ressalva de que deveriam ter excepcionado os solicitantes de refúgio e os solicitantes de proteção humanitária).

Porém, a proibição de ingresso de *brasileiros* (caso contagiados) é inovação que merece reflexão.

Em primeiro lugar, para vários doutrinadores, há costume internacional consolidado pelo qual o nacional tem o direito subjetivo de ingressar no território do Estado patrial[407].

No que tange ao Brasil, há também dispositivo previsto em tratado: a Convenção sobre a condição dos estrangeiros (assinada em Havana, 1928 no seio da VI Conferência internacional americana) prevê que o Estado patrial é obrigado a receber seus nacionais que, tendo sido *expulsos* no exterior, busquem ingressar no território estatal (art. 6º)[408].

Apesar da restrição (brasileiro expulso no exterior), o *dever de receber (dutytoreceive)* seus nacionais ficou claramente estabelecido na Convenção, espelhando o costume internacional vigente. A recusa em receber os nacionais ofende tal costume internacional e gerou a reação de Estados – em geral ditatoriais – de retirar a nacionalidade para, assim, rechaçar o indivíduo (que seria, então, *estrangeiro).*

A Declaração Universal dos Direitos Humanos (1948) confirma tal costume internacional ao estabelecer, em seu art. 13.2, que "todo ser humano tem o direito de deixar qualquer país, inclusive o próprio e a esse *regressar."*

O Pacto Internacional sobre os direitos civis e políticos (PIDCP)[409] dispõe que "ninguém poderá ser privado arbitrariamente do direito de entrar em seu próprio país" (Art. 12.4).

Já a Convenção pela Eliminação de Toda Forma de Discriminação Racial (CERD[410]) dispõe que os Estados Partes se comprometem a proibir e a eliminar a discriminação racial em todas suas formas e a garantir o direito de cada uma à igualdade perante a lei sem distinção de raça, de cor ou de origem nacional ou étnica, *principalmente no gozo de direitos* e, entre eles, o "direito de deixar qualquer país, inclusive o seu, e de voltar a seu país" (art. V, II).

A Convenção Americana sobre Direitos Humanos[411] estabelece, em seu art. 22.5, que "Ninguém pode ser expulso do território do Estado do qual for nacional, nem ser privado do direito de nele entrar". Também os apátridas têm o direito de reingresso no território do Estado de residência, como se vê no art.

Cotejando os três tratados (PIDCP, CEDR e a CADH), vê-se que o Pacto é restritivo, fazendo menção ao impedimento *arbitrário* de ingresso do nacional no território do Estado patrial. Determinado impedimento ao ingresso, desde que racional e fundamentado, como por exemplo, a prevenção de contágio pela COVID-19 dos demais passageiros do voo, seria aceito. Por sua

---

[407] Nesse sentido, apontando um "dever de receber seus nacionais" *(dutytoreceive),* ver OPPENHEIM, Lassa (ed. por Sir Ronald Roxburgh). *International law – a treatise.* Vol. I, Clark, N. J.: Lawbook Exchange, 2005, em especial p. 280 (§ 294). Ver também HUFMANN, Clemens. Duty to Receive Nationals?.*Fordham Law Review*, vol. 24, 1955, pp. 235-65.

[408] Curiosamente, o Decreto de Promulgação, (Decreto n. 18.956, de 22-10-1929), traz o texto da convenção em espanhol.

[409] No Brasil, a nota de adesão ao Pacto Internacional sobre Direitos Civis e Políticos foi depositada em 24 de janeiro de 1992 e o Pacto entrou em vigor internacional, para o Brasil, em 24 de abril de 1992. Finalmente, o Pacto foi promulgado (incorporação interna) pelo Decreto n. 592, de 6 de julho de 1992.

[410] É um dos mais antigos tratados de direitos humanos ratificados pelo Brasil, que assinou a Convenção em 7 de março de 1966, quando foi aberta a assinatura, e a ratificou em 27 de março de 1968. Foi promulgada pelo Decreto n. 65.810, de 8 de dezembro de 1969 (em plena ditadura militar brasileira).

[411] O Brasil somente aderiu à Convenção em 9 de julho de 1992, após a redemocratização. Depositou a carta de adesão em 25 de setembro de 1992 e a promulgou por meio do Decreto n. 678, de 6 de novembro do mesmo ano.

vez, a CEDR impõe o respeito à igualdade material e proibição de tratamento discriminatório, o que, na mesma linha do PIDCP, permite que haja vedação de ingresso desde que baseada em motivo não discriminatório (no caso, proteção à saúde).

Já a CADH é mais abrangente, porque, a princípio, não traz nenhuma possibilidade de restrição ao ingresso do nacional no território do Estado de sua nacionalidade.

Contudo, não cabe interpretar os comandos normativos a CADH de modo isolado. Conforme já defendi, acima, é necessário que se interprete a Convenção de modo *sistemático,* levando-se em consideração a interação entre os direitos e a possibilidade, implícita, de limitação *não prevista expressamente* a determinado direito, caso seja adequada, proporcional e benéfica para a prevalência de outro direito.

No caso, entendo que a proteção à vida e à saúde (derivados dos arts. 4º e 26 da CADH) devem ser levadas em consideração na interpretação do direito de ingresso do nacional. A exigência de testagem prévia *protege* os demais passageiros, uma vez que é alto o risco de contágio no transporte internacional.

Por isso, tal restrição ao direito de ingresso é *proporcional* e, sendo assim, uma exceção *fundamentada* ao dever de receber seus nacionais por parte do Estado patrial.

Por outro lado, há o *dever de cuidar* que é imposto ao Estado patrial, pelo qual não pode deixar de proteger os direitos do seu nacional apenas pelo fato deste se encontrar fora do território. Esse dever de cuidar (*duty of care*) é distinto da proteção diplomática[412], instituto pelo qual o Estado patrial zela pelo respeito a um tratamento mínimo aos seus nacionais no estrangeiro (resultando na responsabilidade internacional do Estado de acolhida por danos causados a estrangeiros).

Já o dever de cuidado é fruto da dimensão objetiva dos direitos humanos, pela qual há o dever de proteção do Estado pela promoção de direitos humanos, o que abrange os seus nacionais no exterior.

No caso da COVID-19, a exigência da testagem aos brasileiros antes do transporte aéreo é exigência proporcional, dado o risco à vida e à saúde dos demais passageiros. Porém, não pode o Estado brasileiro deixar de zelar pela situação dos brasileiros no exterior, como decorrência do seu *dever de cuidado.*

Nessa linha, a Lei n. 13.445/2017 (Lei de Migração) estipula, em seu art. 79, que "em caso de ameaça à paz social e à ordem pública por grave ou iminente instabilidade institucional ou de calamidade de grande proporção na natureza, *deverá ser prestada especial assistência ao emigrante* pelas representações brasileiras no exterior". A pandemia da COVID-19 e sua escala global autoriza a invocação do art. 79 na proteção dos brasileiros no exterior que estejam em (i) situação de vulnerabilidade e (ii) não consigam retornar ao Brasil pela proibição de ingresso em face de contaminação (testagem positiva).

56.13. Direito à privacidade ("MP do IBGE")

A pandemia demonstrou a colisão entre o direito à privacidade e o direito à saúde e à vida, na medida em que o Estado buscou obter informações sobre os indivíduos, de modo a (i) detectar a origem da disseminação e eventuais vítimas contaminadas, (ii) prevenir o deslocamento de pessoas visando à redução da propagação da doença, impedindo que o sistema de saúde viesse a colapsar e (iii) coletando dados para organizar as políticas públicas de prevenção e contenção da pandemia, como, por exemplo, obtendo informações sobre comportamento das pessoas, composição de núcleos familiares etc.

---

[412] CARVALHO RAMOS, André de. *Processo internacional de direitos humanos.* 7. ed., São Paulo: Saraiva, 2022.

Nessa linha, a Medida Provisória n. 954/2020, editada em 17-4-2020, determinou compartilhamento de dados por empresas de telecomunicações com a Fundação Instituto Brasileiro de Geografia e Estatística (IBGE), para fins de suporte à produção estatística oficial durante a pandemia da COVID-19. Buscavam-se informações sobre nomes, números de telefone e dos endereços dos consumidores, pessoas físicas ou jurídicas, das empresas concessionárias de telefonia fixa e móvel, permitindo a continuidade da elaboração da Pesquisa Nacional por Amostra de Domicílios Contínua (PNAD-Contínua), que exige visitas a 200 mil domicílios por trimestre, o que, em tempos de pandemia, era impossível de ser realizado. Foi também justificada a medida pelo uso do PNAD-Contínua para monitoramento contra a COVID-19, graças à inclusão de quesitos específicos na pesquisa. Como medidas de prevenção de uso abusivo desse tipo de transmissão de dados pessoais, a medida provisória estabeleceu: (i) temporalidade da medida, (ii) caráter sigiloso e (iii) descarte dos dados ao fim da pandemia.

Houve a propositura de cinco ações diretas de inconstitucionalidade (ADIs 6.387, 6.388, 6.389, 6.390 e 6.393) contra a MP n. 954 e a Procuradoria-Geral da República manifestou-se a favor da constitucionalidade da medida provisória. Contudo, o STF considerou que o panorama fático não ficou nítido, não tendo o Poder Público trazido, de forma clara, a necessidade, adequação e proporcionalidade da medida (compartilhamento dos dados) com as finalidades pretendidas, violando o princípio da proporcionalidade (ou o devido processo legal em sua dimensão substantiva) que deve imperar na compressão do direito à privacidade. Para a relatora Min. Rosa Weber, a medida provisória apenas se referiu genericamente à pandemia e não definiu "como" e "para que" seriam utilizados os dados, impedindo uma análise mais detida sobre sua proporcionalidade. Além disso, a medida provisória não mencionou os mecanismos de segurança da informação que seriam implementados pelo IBGE e nem estava em vigor a Lei Geral de Proteção de Dados (LGPD), que, ao menos, poderia gerar a responsabilização dos agentes pelo uso ilegítimo desses dados (STF, ADI n. 6.387, rel. Min. Rosa Weber, medida cautelar de 24-4-2020, referendada pelo Plenário em 7-5-2020).

Em agosto de 2020, a MP n. 954 perdeu a vigência. Esse precedente é importante, porque demonstra que não basta a prevalência, em abstrato, do direito à saúde em situações de crise sanitária para justificar, como se fosse um "cheque em branco", toda e qualquer compressão a outro direito humano. Também ficou exposto, no referendo da medida cautelar, a utilização dos critérios de prevenção da Lei Geral de Proteção de Dados, em especial no tocante à (i) justificativa para o compartilhamento e ao (ii) estabelecimento de mecanismos de segurança dos dados.

Mesmo em situações de pandemia, continua a ser exigido do Estado, que esclareça, com transparência e racionalidade, o panorama fático indispensável para justificar de modo coerente e consistente a limitação de determinado direito.

56.14. Direito à vida e à saúde dos presos

De acordo com os dados do próprio Estado brasileiro (CNJ, Relatório de Gestão – Departamento de Monitoramento e Fiscalização do Sistema Carcerário e do Sistema de Execução de Medidas Socioeducativas – DMF, 2017), apenas 37% dos estabelecimentos prisionais têm instalações de saúde aptas a fornecer cuidados mínimos às pessoas presas. Além disso, há evidente superlotação, com a população prisional atingindo mais de 770 mil pessoas encarceradas para pouco mais de 460 mil vagas (déficit de quase 70%). O ambiente insalubre e de alta aglomeração de pessoas (superlotação) da maior parte das instalações prisionais propicia a existência de comorbidades (sífilis, hepatite, HIV, tuberculose), gerando evidente risco de vida das pessoas privadas de liberdade em face da alta transmissibilidade do novo coronavírus (CNJ, 2017).

Por isso, o Conselho Nacional de Justiça (CNJ) editou a Resolução n. 62/2020 (alterada pela Resolução n. 68/2020), pela qual são trazidas orientações para que se previna a disseminação da pandemia no sistema prisional e socioeducativo. Sugeriu-se a reavaliação das prisões provisórias, priorizando-se (i) as presas e presos em grupos de risco, (ii) em estabelecimentos com ocupação superior à capacidade, em situação precária ou sem equipe de saúde; (iii) os casos de prisões preventivas que tenham excedido o prazo de 90 (noventa) dias ou que estejam relacionadas a crimes praticados sem violência ou grave ameaça à pessoa; e ainda sugeriu-se a suspensão do dever de apresentação periódica ao juízo das pessoas em liberdade provisória ou suspensão condicional do processo, pelo prazo de 90 (noventa) dias.

Também foi recomendada a substituição da prisão celular por prisão domiciliar ou monitoração eletrônica de (i) pessoas em grupos de risco e em final de pena, (iii) que não tenham cometido crimes violentos e (iii) que não pertençam a organizações criminosas. Foi ainda recomendada a análise da excepcionalidade de novas decisões de prisão preventiva, bem como foi sugerida a análise de saída antecipada dos regimes fechados e semiaberto, na linha da Súmula Vinculante 56 do Supremo Tribunal Federal ("a falta de estabelecimento penal adequado não autoriza a manutenção do condenado em regime prisional mais gravoso, devendo-se observar, nessa hipótese, os parâmetros fixados no RE 641.320/RS").

No sistema socioeducativo, sugeriu-se a reavaliação de medidas socioeducativas de internação e semiliberdade, para fins de eventual substituição por medida em meio aberto, suspensão ou remissão, notadamente em casos de indivíduos em grupos de risco, em unidades superlotadas (parâmetro estabelecido pelo STF no HC n. 143.988/ES – *vide* acima) ou sem equipes de saúde, bem como os que estejam internados pela prática de atos infracionais praticados sem violência ou grave ameaça à pessoa. Também se recomendou aos magistrados que, no exercício de suas atribuições de fiscalização de estabelecimentos prisionais e unidades socioeducativas, zelem pela elaboração e implementação de um plano de contingências pelo Poder Executivo.

No tocante às audiências de custódia suspensas por alguns Tribunais, a Resolução n. 68/2020 sugeriu a realização de entrevista prévia reservada, ou por videoconferência, entre o defensor público ou advogado e a pessoa custodiada, resguardando-se o direito à ampla defesa. Após, seria realizada a manifestação do membro do Ministério Público e, em seguida, da defesa técnica, previamente à análise do magistrado sobre a prisão processual (em 24 horas).

Essas providências nacionais estão em linha com a Resolução n. 01/2020 da Comissão Interamericana de Direitos Humanos, que recomendou as seguintes medidas para preservar o direito à vida e à saúde das pessoas privadas de liberdade: (i) diminuição da aglomeração nas unidades prisionais, com reavaliação dos casos de prisão preventiva para conversão em medidas alternativas, dando prioridade às populações com maior risco de saúde frente a um eventual contágio pela COVID-19, principalmente os idosos e mulheres grávidas ou com filhos lactantes.; (ii) análise dos casos de pessoas em situação de risco em contexto de pandemia para concessão de benefícios carcerários e medidas alternativas à pena de prisão, aceitando que, em nome da proporcionalidade, haja requisitos mais exigentes para desencarceramento de indivíduos que tenham cometido graves violações de direitos; (iii) adequação das condições de detenção das pessoas privadas de liberdade, particularmente no que se refere a alimentação, saúde, saneamento e medidas de quarentena, para impedir o contágio intramuros pela COVID-19, garantindo em particular que todas as unidades contem com atenção médica; e (iv) estabelecimento de protocolos para a garantia da segurança e da ordem nas unidades de privação da liberdade, em particular para prevenir atos de violência relacionados com a pandemia

A jurisprudência da Corte Interamericana de Direitos Humanos também assegura a proteção do direito à saúde das pessoas privadas de liberdade. Em 2016, no Chinchilla Sandoval vs. Guatemala (ver acima), a Corte IDH decidiu, com base no direito à igualdade, à integridade física e à vida que "[t]oda pessoa privada de sua liberdade tem o direito de viver em condições de detenção compatíveis com sua dignidade pessoal. Isto implica o dever do Estado de salvaguardar a saúde e o bem-estar das pessoas privadas de liberdade e de assegurar que a forma e o método de privação de liberdade não excedam o nível inevitável de sofrimento inerente a ela" (Chincilla Sandoval vs. Guatemala, 2016, par. 169).

Em maio de 2020, a Presidência da Corte recebeu inédito pedido de medida provisória para fazer cumprir ponto resolutivo de sentença proferida em 2010 e que se encontra na fase de supervisão da sentença. No caso Vélez Loor vs. Panamá, a Corte havia condenado o Estado, como garantia de não repetição, a possuir estabelecimentos dignos para a detenção de pessoas migrantes. Os representantes da vítima (que não se encontra mais detida) peticionaram à Corte requerendo medidas de proteção a favor das pessoas migrantes em centro de detenção, para evitar que se produzam danos irreparáveis a seus direitos à vida, à saúde e à integridade pessoal, no contexto da crise sanitária provocada pela COVID-19. A Presidente da Corte IDH entendeu que foi configurado o requisito de "relação com objeto do caso" para concessão da medida provisória e tendo em vista a (i) extrema gravidade da situação de vulnerabilidade dos presos migrantes, (ii) bem como a irreparabilidade dos danos e sua (iii) urgência, ordenou medidas urgentes de proteção para as pessoas em custódia nas "Estações de Recepção Migratória" do Estado. Entre as medidas ordenadas, estão o estabelecimento de protocolos e planos de atuação, que incluam controles de saúde, monitoramento de febre ou outros sintomas, testagem, isolamento e quarentenas necessárias (Corte IDH, Medida Provisória de 26 de maio de 2020, decisão da Presidente Elisabeth Odio Benito).

56.15. Direito à vida e as incursões policiais em comunidades

A pandemia da COVID-19 impactou também o tratamento dado à tutela do direito à vida e integridade dos moradores de comunidades populares no Rio de Janeiro, palco de repetidas operações policiais, que, além de resultar em mortes e notícias de tortura contra os habitantes, também geram desorganização dos serviços (luz, entrega de doações de alimentos, água e material de higiene e limpeza) e mesmo danos patrimoniais. Símbolo recente dessa letalidade policial foi o assassinato de jovem com 14 anos de idade, por mais de 70 disparos de arma de fogo após sua casa ser invadida por policiais em operação do dia 18 de maio de 2020.

O uso da força pelos agentes policiais do Estado só pode ser feito com proporcionalidade, tendo em vista (i) a gravidade da infração e (ii) do objetivo legítimo a ser alcançado, devendo ser utilizada de modo a minimizar os danos e ferimentos, preservando a vida humana e assegurando o recebimento de assistência médica o mais rápido possível aos feridos, conforme preceituam os " Princípios Básicos das Nações Unidas para o Uso da Força" das Nações Unidas (ver acima). De acordo com seu Princípio n. 9 (dos Princípios para o Uso da Força), o uso intencional letal de arma de fogo (aquele que ocorre com o objetivo de tirar a vida de outrem) exige que o agente público (i) identifique-se como tal e (ii) alerte que utilizará a arma de fogo, salvo (iii) quando tal alerta aumente os riscos ou seja sem propósito. Nessa linha, o Estado brasileiro foi condenado pela Corte IDH no Caso Favela Nova Brasília a estabelecer protocolos para uso da força, tanto para disciplinar seu uso quanto para fiscalizar a posteriori seu emprego, evitando a sensação de impunidade pelo mau uso dela.

Durante a pandemia, as medidas rígidas de controle epidemiológico como quarentena e isolamento, aliadas a ausência ou precariedade dos protocolos estatais referentes ao uso da força. geraram maior efeito nocivo dessas operações policiais, pois as pessoas ficaram tempo maior em casa, aumentando o risco de violação do direito à vida e à integridade física nesses locais agora com maior número de pessoas. Por isso, o STF restringiu a utilização de helicópteros nas operações policiais apenas nos casos de observância da estrita necessidade, bem como fixou diretrizes para operações em perímetros nos quais estejam localizados escolas, postos de saúde e escolas, fixando especial controle por parte do Ministério Público do Estado do Rio de Janeiro. Também determinou a preservação de todos os vestígios de crime, de modo a evitar a remoção indevida de cadáveres sob o pretexto de suposta prestação de socorro, devendo ainda a polícia científica documentar todos os seus atos, para permitir revisão independente posterior.

Finalmente, em parcial cumprimento ao disposto na sentença da Corte IDH no caso Favela Nova Brasília, o STF determinou que, sempre que houver suspeita de envolvimento de agentes dos órgãos de segurança pública na prática de infração penal, a investigação será atribuição do órgão do Ministério Público competente, devendo a investigação atender, ao que exige o Protocolo de Minnesota, em especial no que tange à oitiva das vítimas ou familiares e à priorização de casos que tenham como vítimas as crianças. Acolheu-se também o pedido para determinar que, em casos tais, o Ministério Público designe um membro para atuar em regime de plantão (ADPF n. 635 Medida Cautelar, rel. Min. Edson Fachin, Plenário, Sessão Virtual de 7-8-2020 a 17-8-2020).

Apesar desse avanço, não há ainda reação do Poder Executivo ou Poder Legislativo para dotar o Ministério Público (em geral, e não somente o do Rio de Janeiro) de um corpo de agentes independentes (como poderes policiais) para investigar esses casos, não tendo esclarecido o STF de que modo a supervisão desses casos de presumida atuação criminosa de policiais será feita *sem* que dependa a investigação, como, aliás, recomenda o Protocolo de Minnesota, da própria *polícia*.

57. DIREITO A DEFENDER DIREITOS HUMANOS

São defensores e defensoras dos direitos humanos todas aquelas pessoas que, individual ou coletivamente, promovem e buscam a proteção e a realização dos direitos humanos de forma pacífica. A antiga Comissão de Direitos Humanos da ONU (extinta e substituída pelo Conselho de Direitos Humanos) estabeleceu uma Relatoria Especial sobre os defensores dos direitos humanos no ano 2000.

O mandato foi criado com o propósito de: (i) promover a implementação efetiva da Declaração da ONU sobre os Defensores de Direitos Humanos (ver na Parte II, item 45, deste *Curso*) em cooperação e diálogo com os governos, os parceiros relevantes e outros atores; (ii) estudar as tendências e desafios relacionados ao exercício do direito de toda pessoa de promover e proteger os direitos humanos, bem como coletar, receber e responder a informações sobre a situação dos defensores e defensoras dos direitos humanos; (iii) recomendar estratégias eficazes para proteger melhor os defensores e defensoras dos direitos humanos; (iv) integrar uma perspectiva de gênero e prestar especial atenção à situação das defensoras dos direitos humanos. O mandato foi prorrogado pelo Conselho de Direitos Humanos por meio da Decisão n. 43/115 e Resolução n. 43/16 em 2020, sendo atualmente Relatora Mary Lawlor.

Defensores de direitos humanos desempenham um papel crucial na promoção e proteção de todos os direitos humanos, abrangendo direitos civis, políticos, econômicos, sociais e culturais. Eles trabalham em diversas frentes, como a luta contra a tortura, discriminação, execuções sumárias, e a promoção de direitos fundamentais como o acesso à saúde, educação e moradia. Esses defensores atuam em prol de diferentes grupos, incluindo mulheres, crianças, povos indígenas, refugiados e minorias, assegurando que todos tenham seus direitos reconhecidos e protegidos.

A ONU reconhece que os defensores estão presentes em todas as partes do mundo, e enfrentam desafios variados, como conflitos armados, crises de saúde como o HIV/AIDS, e transições políticas. Muitos trabalham em nível local ou nacional, mas há também aqueles que atuam em níveis regionais e internacionais, monitorando violações e colaborando com mecanismos globais para promover os direitos humanos. Esse trabalho muitas vezes envolve a coleta e disseminação de informações sobre violações, utilizando estratégias de lobby para chamar a atenção do público e das autoridades.

Além disso, uma parte significativa dos defensores concentra-se no apoio direto às vítimas de violações de direitos humanos, buscando responsabilizar os culpados e pôr fim à impunidade.

Eles trabalham para garantir que os padrões legais de direitos humanos sejam respeitados, muitas vezes levando testemunhos ao público ou aos tribunais, ajudando a garantir justiça para as vítimas e prevenindo futuras violações. Em paralelo, outros defensores se dedicam a melhorar a governança, promovendo a democratização e combatendo a corrupção, ao mesmo tempo em que educam a população sobre a importância da participação política.

Finalmente, os defensores de direitos humanos desempenham um papel vital na implementação de tratados internacionais de direitos humanos, contribuindo para o desenvolvimento de projetos de saúde, habitação e geração de renda para comunidades marginalizadas. Eles também são fundamentais na educação em direitos humanos, oferecendo treinamentos específicos para profissionais como juízes e policiais, além de disseminar informações ao público em geral. Essas atividades, embora muitas vezes descritas como ações de desenvolvimento, são essenciais para o respeito, proteção e realização dos direitos humanos.

No sistema interamericano de direitos humanos, além do Caso *Gilson Nogueira de Carvalho* (estudado neste *Curso*), há o emblemático caso dos Membros da Corporação Coletivo de Advogados "José Alvear Restrepo" – conhecido pela sigla CAJAR – *v* . Colômbia (sentença de 18-10-2023, também já estudado neste *Curso*), no qual foi feito maior desenvolvimento do "direito a defender os direitos humanos" como direito autônomo.

Nesse caso, a Corte Interamericana de Direitos Humanos destacou que o respeito e a garantia do *direito de defender os direitos humanos* impõem ao Estado diversas obrigações, as quais se traduzem em um "dever especial de proteção" em relação aos defensores e defensoras de direitos humanos.

Esse dever inclui: (i) o reconhecimento, a promoção e a garantia dos direitos dessas pessoas, reafirmando a importância de seu papel em uma sociedade democrática e fornecendo-lhes os meios necessários para que possam exercer adequadamente suas funções. Isso implica a necessidade de o Estado abster-se de impor obstáculos que dificultem a realização efetiva de suas atividades, bem como de estigmatizá-los, questionar a legitimidade de seu trabalho, assediá-los ou, de qualquer forma, promover, tolerar ou consentir sua estigmatização, perseguição ou hostilização; (ii) a garantia de um ambiente seguro e propício para que os defensores possam atuar livremente, sem ameaças, restrições ou riscos para suas vidas, integridade física ou para o trabalho que desenvolvem, incluindo a obrigação reforçada de prevenir ataques, agressões ou intimidações contra eles, mitigar os riscos existentes e adotar medidas de proteção adequadas e eficazes; e (iii) o dever de investigar e, quando aplicável, sancionar os ataques, ameaças ou intimidações que os defensores possam sofrer no exercício de suas funções, além de reparar os danos que possam ter sido causados. Esse dever reforçado inclui a devida diligência na investigação e esclarecimento dos fatos que os afetam, o que, no caso das mulheres defensoras, exige uma diligência dupla, dada sua condição de mulheres e defensoras de direitos humanos.

A Corte também enfatiza que as medidas de proteção adotadas em favor dos defensores de direitos humanos devem ser tanto idôneas, no sentido de enfrentar a situação específica de risco, quanto eficazes, de modo a produzir os resultados esperados. Para cumprir o requisito de idoneidade, as medidas especiais de proteção devem ser: a) adequadas às funções desempenhadas pelos defensores; b) baseadas em uma avaliação contínua do nível de risco, com a adoção e monitoramento de medidas vigentes, que possam ser ajustadas conforme a intensidade do risco; e c) acordadas em consulta com os defensores, a fim de garantir uma intervenção oportuna, especializada e proporcional ao risco enfrentado. O enfoque de gênero é de particular importância no procedimento de avaliação do risco e na implementação das medidas de proteção. A eficácia das medidas também depende de uma resposta estatal imediata assim que o risco é identificado, do treinamento adequado das pessoas responsáveis pela proteção dos defensores e da manutenção dessas medidas pelo tempo que as vítimas de violência ou ameaças necessitarem.

A Corte IDH afirma que esse dever especial de proteção exige das autoridades estatais não apenas a abstenção de impor limites ou restrições ilegítimas às atividades dos defensores, mas também a formulação e implementação de instrumentos de política pública adequados. Além disso, o Estado deve adotar disposições de direito interno e práticas pertinentes para assegurar o exercício livre e seguro das atividades dos defensores e defensoras de direitos humanos.

No voto concorrente do Juiz Rodrigo Mudrovitsch no caso CAJAR, a autonomia do direito de defender os direitos humanos é fundamental para entender a responsabilidade internacional dos Estados na proteção dos defensores. Ele argumenta que a Corte Interamericana de Direitos Humanos (Corte IDH) sacralizou esse ponto de partida, ao reconhecer que as obrigações estatais derivam de um cenário estrutural e sistemático de impunidade e omissões investigativas, o que gera um efeito aterrorizante na sociedade e limita a capacidade de vigilância e denúncia em defesa dos direitos humanos na América Latina.

Ou seja, não são casos episódicos, de violação do direito à vida, privacidade, entre outros, de vítimas isoladas (por exemplo, um determinado ativista de direitos humanos, um advogado ou de um jornalista), mas sim um fenômeno sistemático e estrutural que visa criar um inegável clima de terror e um efeito inibidor, impedindo que haja a atuação futura de novos defensores.

O juiz Mudrovitsch defendeu que as violações específicas aos direitos à vida, à integridade pessoal, à honra, à intimidade e à participação política ganham maior relevância quando analisadas sob a proteção do direito de defender os direitos humanos. Ele sustenta que essas violações são *produto de um risco estrutural inerente à defesa dos direitos humanos no continente latino-americano*.

Fez o juiz Mudrovitsch expressa menção ao Caso Sales Pimenta *v.* Brasil (2022 – também estudado neste *Curso*), destacando-o como paradigmático. Nesse caso, a Corte IDH reconheceu uma "situação de impunidade estrutural" relacionada à violência contra defensores de direitos humanos dos trabalhadores rurais no Brasil. Além de condenar o Estado brasileiro pela violação ao direito à vida do Sr. Sales Pimenta, assassinado em um conflito agrário, a Corte determinou que o Estado deve cuidar da vida de outros defensores, criando um grupo de trabalho para desenvolver políticas públicas que identifiquem e erradiquem as causas da impunidade estrutural.

Mudrovitsch também destacou a criminalização das atividades dos defensores de direitos humanos, mencionando tanto o Caso Sales Pimenta quanto o Caso Escher e outros *v.* Brasil (2009 – também estudado neste *Curso*). Ele observou que esses casos refletem um fenômeno comum na América Latina, onde defensores de direitos humanos enfrentam perseguições, ameaças e hostilidades que elevam as violações ao nível de sistematicidade, reforçando a necessidade de um enfoque estruturado para proteger esses indivíduos.

Por fim, o juiz Mudrovitsch argumentou que o reconhecimento do direito de defender os direitos humanos abre novas possibilidades interpretativas para a Convenção Americana sobre Direitos Humanos. Ele enfatizou que essa interpretação ampliada permite à Corte IDH refletir sobre medidas de não repetição voltadas a identificar e erradicar as causas da violência estrutural, buscando assim proteger os defensores de direitos humanos e assegurar a vigência de suas atividades em um ambiente seguro e propício.

58. DIREITO DAS PESSOAS EM SITUAÇÃO DE RUA. O "RELATÓRIO FARHA" E A LEI N. 14.821/2024

A população em situação de rua consiste em grupo populacional heterogêneo que tem em comum a *falta de moradia* e utiliza os *logradouros públicos como espaço de moradia e de sustento*, bem como as unidades de acolhimento institucional para pernoite eventual ou provisório, podendo tal condição estar associada a outras vulnerabilidades como a pobreza e os vínculos familiares interrompidos ou fragilizados (definição da Lei n. 14.821/2024, que institui a Política Nacional de Trabalho Digno e Cidadania para a População em Situação de Rua (PNTC PopRua).

A "situação de rua" (falta de moradia das pessoas em situação de rua) resulta em *identidade social que estigmatiza os indivíduos em situação de rua*, tornando-os um grupo social distinto e marginalizado. Gera-se um vínculo entre a identidade social dessas pessoas com a consequente negação de diversos direitos sociais, fazendo com que que a situação de rua seja uma violação múltipla de direitos humanos, incluindo o direito à moradia adequada, à não discriminação, à vida, à segurança, à saúde e à proteção da família (incluindo direito das crianças).

No plano internacional, o relatório da Relatora Especial sobre moradia adequada do Conselho de Direitos Humanos da ONU, Leilani Farha, de 30 de dezembro de 2015, é considerado o marco na mobilização internacional sobre o tema das pessoas em situação de rua, que se apresenta como uma "crise global de direitos humanos".

A situação de rua, segundo Farha, é um fenômeno que afeta todas as economias, desenvolvidas ou em desenvolvimento, e resulta da incapacidade dos governos de reagirem às crescentes desigualdades de renda, acesso à terra e propriedade, bem como de lidarem de forma eficaz com os desafios da migração e urbanização.

Tal qual estabelece a Lei n. 14.821/2024, a Relatora Especial ressalta que a situação de rua não é apenas a ausência de um abrigo físico, mas também uma condição que afeta a dignidade e a autoestima das pessoas, resultando em exclusão social e discriminação.

Leilani Farha critica a falta de prioridade e urgência com que a situação de rua tem sido tratada pelos organismos internacionais de direitos humanos. Ela observa que a situação de rua não foi mencionada nos Objetivos de Desenvolvimento do Milênio nem nos Objetivos de Desenvolvimento Sustentável, e que violações ao direito à vida decorrentes dessa condição raramente são reconhecidas como tal. Farha aponta que, embora o termo *homelessness* em inglês sugira tanto a falta de habitação quanto a perda de pertencimento social, ele não encontra equivalência em outros idiomas e suas definições variam amplamente.

A Relatora propõe uma abordagem flexível e contextual para definir a situação de rua a partir de uma perspectiva de direitos humanos, que leve em consideração as experiências e interpretações das próprias pessoas em situação de rua. Essa definição deve reconhecer as pessoas em situação de rua como agentes de mudança e titulares de direitos, e não apenas como receptores de caridade.

Farha sugere um enfoque tridimensional para essa definição, que inclui a ausência de moradia como primeiro aspecto, a situação de rua como forma de discriminação sistêmica e, por fim, o reconhecimento das pessoas em situação de rua como resilientes e essenciais para a transformação social necessária para a realização do direito à moradia. Essa abordagem é estruturada em três componentes principais, a saber:

1. Ausência de Moradia: O primeiro componente da abordagem tridimensional de Farha trata da **ausência de moradia**, tanto no aspecto material quanto social. Essa dimensão reconhece que a falta de uma habitação adequada vai além da mera ausência de um abrigo físico. Envolve também a falta de um local seguro onde as pessoas possam estabelecer uma família, construir relações sociais e participar plenamente da vida em comunidade. Essa ausência de moradia significa, portanto, uma negação dos direitos básicos de ter um espaço seguro, adequado e digno para viver. Farha destaca que essa condição cria uma situação de vulnerabilidade extrema, onde os indivíduos são privados das necessidades mais básicas de vida, expondo-os a riscos de saúde, segurança e isolamento social.

2. Discriminação Sistêmica e Exclusão Social: O segundo componente trata da **situação de rua como uma forma de discriminação sistêmica e exclusão social**. Farha argumenta que a falta de moradia não é apenas uma questão de privação material, mas também uma questão de identidade social. As pessoas em situação de rua formam um grupo social que é frequentemente estigmatizado, marginalizado e discriminado. Essa discriminação é sistêmica, refletindo e reforçando desigualdades sociais profundas, incluindo racismo, xenofobia e discriminação baseada em gênero e orientação sexual. Farha destaca que a privação de um lar não só priva essas pessoas de um espaço físico, mas também lhes nega o direito de serem reconhecidas como membros plenos da sociedade. Essa exclusão social agrava ainda mais sua vulnerabilidade e dificulta o acesso aos direitos e serviços básicos.

3. Reconhecimento como Titulares de Direitos e Agentes de Transformação: O terceiro componente da abordagem é **reconhecimento das pessoas em situação de rua como titulares de direitos e agentes de transformação social**. Essa dimensão enfatiza que, apesar das adversidades, as pessoas em situação de rua possuem uma resiliência significativa e uma compreensão única dos sistemas que negam seus direitos. Farha defende que essas pessoas devem ser vistas não apenas como vítimas passivas, mas como agentes ativos que desempenham um papel central na luta pela realização de seus direitos, incluindo o direito à moradia adequada. Ela argumenta que as políticas públicas devem incluir essas pessoas no processo de tomada de decisões, reconhecendo sua agência e promovendo sua participação ativa na busca por soluções duradouras. Esse reconhecimento é crucial para transformar as condições que perpetuam a situação de rua e para garantir que as soluções sejam sustentáveis e centradas nas necessidades reais das pessoas afetadas.

A abordagem tridimensional proposta por Leilani Farha combina essas três dimensões para criar uma visão holística da situação de rua, que reconhece a complexidade e as interconexões entre a falta de moradia, a discriminação social e a capacidade de ação das pessoas em situação de rua. Ela defende que essa abordagem é essencial para desenvolver políticas e estratégias que abordem não apenas os sintomas da situação de rua, mas também suas causas subjacentes. Farha critica abordagens simplistas que tratam a situação de rua apenas como uma questão de caridade ou de gestão de crise, sem reconhecer os padrões de desigualdade e injustiça que perpetuam essa condição.

A Relatora Especial argumenta que uma definição de situação de rua baseada em direitos humanos pode eliminar explicações morais que culpam os indivíduos por sua condição, e em vez disso, revelar padrões de desigualdade e injustiça. Ela enfatiza que essa abordagem pode ajudar a garantir que as pessoas em situação de rua sejam tratadas como membros plenos da sociedade, com direitos iguais aos dos demais. A situação de rua deve ser abordada com a mesma urgência que outras violações de direitos humanos, e que os Estados têm a obrigação de implementar políticas que garantam o acesso à moradia adequada como um direito humano fundamental.

A Lei n. 14.821, de 16 de janeiro de 2024, institui a Política Nacional de Trabalho Digno e Cidadania para a População em Situação de Rua (PNTC PopRua), com o objetivo de promover direitos humanos, trabalho, renda, qualificação profissional e educação para pessoas em situação de rua. Essa população é caracterizada pela falta de moradia, utilizando espaços públicos como residência e enfrentando vulnerabilidades como pobreza e vínculos familiares fragilizados.

Os princípios da PNTC PopRua incluem o respeito à dignidade humana, condições de trabalho decente, sustentabilidade ambiental, atendimento humanizado, promoção de igualdade de oportunidades e combate à discriminação. A lei também destaca a importância da articulação entre trabalho, educação e outras políticas públicas, como saúde e assistência social.

A PNTC PopRua se organiza em torno de eixos estratégicos que incentivam a geração de empregos, a qualificação profissional e o acesso à renda. Um dos principais mecanismos é a criação de incentivos à contratação de pessoas em situação de rua, com a participação de entidades públicas e privadas sem fins lucrativos. Além disso, serão instituídos Centros de Apoio ao Trabalhador em Situação de Rua (CatRua), responsáveis por articular ações de empregabilidade, qualificação e integração intersetorial.

Por sua vez, a Resolução n. 425, de 2021, do Conselho Nacional de Justiça (CNJ) institui a Política Nacional de Atenção a Pessoas em Situação de Rua e suas interseccionalidades no âmbito do Poder Judiciário. O objetivo central dessa política é garantir o amplo acesso à justiça para pessoas em situação de rua, considerando suas múltiplas vulnerabilidades, como a precariedade habitacional e a falta de acesso a direitos básicos. A política visa também a criação de um ambiente judicial mais inclusivo, com foco na eliminação de barreiras e na promoção de direitos humanos.

A resolução reconhece a heterogeneidade da população em situação de rua, destacando a importância de políticas afirmativas que levem em consideração as particularidades de diferentes grupos, como mulheres, LGBTQIA+, crianças, idosos, pessoas negras, indígenas e pessoas com deficiência. Essas diretrizes buscam assegurar um tratamento equitativo e respeitoso, que garanta o pleno exercício dos direitos dessas populações.

Um dos principais pontos da resolução é o estímulo à articulação entre o Poder Judiciário e outras esferas do governo e da sociedade civil. Isso inclui a colaboração com órgãos de assistência social, habitação e saúde, bem como a integração com centros de referência e organizações da sociedade civil. A resolução também promove a formação continuada de magistrados e servidores para garantir que estejam capacitados para lidar com as demandas específicas dessa população.

No que diz respeito ao atendimento direto, a resolução exige que os tribunais ofereçam um atendimento prioritário, desburocratizado e humanizado às pessoas em situação de rua. Isso inclui a presença de equipes multidisciplinares especializadas e a garantia de que essas pessoas possam acessar os serviços judiciais independentemente de sua condição física ou de higiene, ausência de documentos ou falta de residência fixa. A resolução também prevê a implementação de atendimento itinerante para alcançar aqueles que não têm acesso fácil às dependências do Judiciário.

A resolução reconhece ainda a importância de assegurar a identificação civil para pessoas em situação de rua, facilitando o acesso a documentos essenciais para o exercício de seus direitos. Medidas são estabelecidas para garantir que o registro civil seja acessível e que os cartórios e órgãos públicos colaborem na emissão de documentos, sem custos para os beneficiários.

Em termos de processos judiciais, a resolução estabelece diretrizes claras para assegurar que as medidas cautelares e alternativas penais aplicadas a pessoas em situação de rua sejam adequadas à sua realidade. A aplicação de penas deve considerar as vulnerabilidades específicas dessa população, evitando a prisão preventiva apenas por falta de moradia e priorizando medidas que possam ser cumpridas de forma efetiva.

REFERÊNCIAS

ABADE, Denise Neves. *Direitos fundamentais na cooperação jurídica internacional.* São Paulo: Saraiva, 2013.

_____. *Garantias do processo penal acusatório*: o novo papel do Ministério Público no processo penal de partes. Rio de Janeiro: Renovar, 2005.

_____. *Processo penal.* Rio de Janeiro: Forense; São Paulo: Método, 2014.

AGRA, Walber de Moura. O *entrenchment* como condição para a efetivação dos direitos fundamentais. In: TAVARES, André Ramos (Coord.). *Justiça constitucional*: pressupostos teóricos e análises concretas. Belo Horizonte: Fórum, 2007.

ALEXY, Robert. Colisão de direitos fundamentais e realização de direitos fundamentais no Estado Democrático de Direito, *Revista de Direito Administrativo*, Rio de Janeiro, n. 217: I-VI, p. 67-79, jul./set. 1999.

_____. *Teoria dos direitos fundamentais.* Trad. Virgílio Afonso da Silva. São Paulo: Malheiros, 2008.

ALMEIDA, Roberto Moreira de. *Curso de direito eleitoral.* 6. ed. rev., ampl. e atual., JusPodivm, 2012.

ALMEIDA, Sílvio Luiz de. *Racismo estrutural.* Coleção Feminismos Plurais. São Paulo: Sueli Carneiro/Pólen, 2019.

ALVES, José Augusto Lindgren. *Relações internacionais e temas sociais*: a década das conferências. Brasília: IBRI, 2001.

ANJOS FILHO, Robério Nunes dos. Breve balanço dos direitos das comunidades indígenas: alguns avanços e obstáculos desde a Constituição de 1988. In: DANTAS, Miguel Calmon; CUNHA JÚNIOR, Dirley da; TAVARES, André Ramos et al. (Orgs.). *Desafios do constitucionalismo brasileiro.* Salvador: JusPodivm, 2009, p. 243-295.

_____. A Constituição de 1988, o Ministério Público Federal e os direitos dos povos indígenas no Brasil. In: Ministério das Relações Exteriores (Org.). *Textos do Brasil*: culturas indígenas. Brasília: MRE – Ministério das Relações Exteriores, 2012, v. 19, p. 142-149.

_____. Arts. 231 e 232. In: BONAVIDES, Paulo; MIRANDA, Jorge; AGRA, Walber de Moura (Orgs.). *Comentários à Constituição Federal de 1988.* São Paulo: Forense, 2009.

ARENHART, Sérgio Cruz. *A tutela inibitória da vida privada.* São Paulo: Revista dos Tribunais, 2000.

ARISTÓTELES. *Ética a Nicômaco.* Introdução, tradução e notas de Antônio de Castro Caeiro. São Paulo: Atlas, 2009.

_____. *Política.* 3. ed. Brasília: UnB, 1997.

ÁVILA, Humberto Bergmann. *Teoria dos princípios: da definição à aplicação dos princípios jurídicos.* 4. ed. rev. São Paulo: Malheiros, 2005.

_____. A distinção entre princípios e regras e a redefinição do dever de proporcionalidade, *Revista de Direito Administrativo*, n. 215, p. 151-179, 1999.

BADARÓ, Gustavo Henrique Righi Ivahy. *Ônus da prova no processo penal*. São Paulo: Revista dos Tribunais, 2003.

BANDEIRA DE MELLO, Celso Antônio. *Conteúdo jurídico do princípio da igualdade*. 3. ed. São Paulo: Malheiros, 1993.

BARCELLOS, Ana Paula de. *A eficácia jurídica dos princípios constitucionais*: o princípio da dignidade da pessoa humana. Rio de Janeiro: Renovar, 2002.

BARROS, Suzana de Toledo. *O princípio da proporcionalidade e o controle de constitucionalidade das leis restritivas de direitos fundamentais*. 2. ed. Brasília: Brasília Jurídica, 2000.

BARROSO, Luís Roberto. Princípios da razoabilidade e proporcionalidade. In: SOARES, José Ronald Cavalcante (Coord.). *Direito constitucional*: estudos em homenagem a Paulo Bonavides. São Paulo: LTr, 2001.

_____. *Legitimidade da recusa de transfusão de sangue por Testemunhas de Jeová. Dignidade humana, liberdade religiosa e escolhas existenciais*. Disponível em: <http://www.luisrobertobarroso.com.br/wp-content/themes/LRB/pdf/testemunhas_de_jeova.pdf>. Acesso em: 23 jul. 2017.

_____. *Interpretação e aplicação da Constituição*: fundamentos de uma dogmática transformadora. 5. ed. São Paulo: Saraiva, 2003.

_____. "Aqui, lá e em todo lugar": a dignidade humana no Direito Contemporâneo e no discurso transnacional, *Revista dos Tribunais,* ano 101, v. 919, maio 2012, p. 127-196.

_____. *A dignidade humana no direito constitucional contemporâneo*: a construção de um conceito jurídico à luz da jurisprudência mundial. Belo Horizonte: Editora Fórum, 2013.

_____ e OSÓRIO, Aline Rezende Peres. "Sabe com quem está falando?": algumas notas sobre o princípio da igualdade no Brasil contemporâneo. *Direito & Práxis*, v. 7, n. 13, 2016.

BASSO, Maristela. "As exceções e limitações aos direitos do autor e a observância da regra do teste dos três passos (*three-step-test*)", *Revista da Faculdade de Direito da Universidade de São Paulo*, v. 102, jan. /dez. 2007, p. 493-503.

BECCARIA, Cesare. *Dos delitos e das penas*. Trad. Paulo M. Oliveira. Rio de Janeiro: Ediouro, 1988.

BOBBIO, Norberto. *A era dos direitos*. Trad. Carlos Nelson Coutinho. Rio de Janeiro: Campus, 2004.

_____. *O futuro da democracia*. Trad. Marco Aurélio Nogueira. Rio de Janeiro: Paz e Terra, 1986.

_____; MATEUCCI, Nicola: PASQUINO, Gianfranco (Coords.). *Dicionário de política*. Trad. João Ferreira. 4. ed. Brasília: UnB, 1992. v. 1 e 2.

BONAVIDES, Paulo. *Curso de direito constitucional*. 4. ed.São Paulo: Malheiros, 1993.

_____. *Curso de direito constitucional*. 6. ed. São Paulo: Malheiros, 1996.

_____. *Curso de direito constitucional*. 25. ed.São Paulo: Malheiros, 2010.

CAGGIANO, Mônica Herman Salem. *Direito parlamentar e direito eleitoral*. São Paulo: Manole, 2004.

_____ (Org.). *Ficha Limpa. Impacto nos tribunais*: tensões e confrontos. São Paulo: Thomson Reuters/Revista dos Tribunais, 2014.

CANÇADO TRINDADE, Antônio Augusto. *Tratado de direito internacional de direitos humanos*. Porto Alegre: Sérgio Antonio Fabris Ed., 1999. v. II.

_____. A interação entre direito internacional e o direito interno na proteção dos direitos humanos. *Arquivos do Ministério da Justiça,* 182, 1993.

CANOTILHO, J. J. Gomes. *Direito constitucional e teoria da Constituição.* 5. ed. Coimbra: Almedina, 2002.

_____. *Direito constitucional e teoria da Constituição.* 7. ed. Coimbra: Almedina, 2008.

CARDOSO, EvorahLusci Costa. *Litígio estratégico e sistema interamericano de direitos humanos.* Belo Horizonte: Fórum, 2012.

CARVALHO RAMOS, André de. *Teoria geral dos direitos humanos na ordem internacional.* 8. ed. São Paulo: Saraiva, 2024.

_____. *A construção do Direito Internacional Privado.* Heterogeneidade e Coerência. Salvador: JusPodivm, 2021.

_____. *Curso de direito internacional privado.* 3. ed. São Paulo: Saraiva, 2023.

_____ e GRAMSTRUP, Erik Frederico. *Comentários à Lei de Introdução às Normas do Direito Brasileiro.* 2. ed. São Paulo: Saraiva, 2021.

_____. *Direitos humanos na integração econômica.* Rio de Janeiro: Renovar, 2008.

_____. *Responsabilidade internacional por violação de direitos humanos.* Rio de Janeiro: Renovar, 2004.

_____. *Processo internacional de direitos humanos.* 7. ed. São Paulo: Saraiva, 2022.

_____. *Direitos humanos em juízo*: comentários aos casos contenciosos e consultivos da Corte Interamericana de Direitos Humanos. São Paulo: Max Limonad, 2001.

_____. Defesa do Regime Democrático e a Dissolução de Partidos Políticos. In: CLÈVE, Clèmerson Merlin; SARLET, Ingo Wolfgang; PAGLIARINI, Alexandre Coutinho (Orgs.).*Direitos humanos e democracia.* Rio de Janeiro: Forense, 2007, p. 157-167.

_____; GRAMSTRUP, Erik Frederico. *Comentários à Lei de Introdução às Normas do Direito Brasileiro (LINDB).* São Paulo: Saraiva, 2016.

CASELLA, Paulo Borba. *Direito internacional no tempo medieval e moderno até Vitoria.* São Paulo: Atlas, 2012.

_____. *Direito internacional no tempo moderno de Suarez a Grócio.* São Paulo: Atlas, 2013.

_____. *Direito internacional no tempo clássico.* São Paulo: Atlas, 2015.

_____; ACCIOLY, Hildebrando; NASCIMENTO E SILVA, Geraldo Eulálio. *Manual de Direito Internacional Público.* 23. ed. rev. e atual. São Paulo: Saraiva, 2017.

CAZETTA, Ubiratan. *Direitos humanos e federalismo*: o incidente de deslocamento de competência. São Paulo: Atlas, 2009.

COMPARATO, Fábio Konder. *A afirmação histórica dos direitos humanos.* 7. ed. São Paulo: Saraiva, 2010.

_____. Fundamentos dos direitos humanos, *Revista Consulex,* v. 48, p. 43, dez. 2000.

CONSTANT, Benjamin. Da liberdade dos antigos comparada à dos modernos. *Revista Filosofia Política,* n. 2, Porto Alegre: L&PM, 1985, p. 9-25. Disponível em: <http://caosmose.net/candido/unisinos/textos/benjamin. pdf>. Acesso em: 23 jul. 2017.

CONTRERAS, Sérgio Gamonal. Procedimiento de tutela y eficacia diagonal de los derechos humanos, *Revista Laboral Chilena,* nov. 2009, p. 72-76.

COSTA JR., Paulo José da. *O direito de estar só*: tutela penal da intimidade. 2. ed. São Paulo: Revista dos Tribunais, 1995.

COUTINHO, Jacinto Nelson de Miranda. Sistema acusatório – cada parte no lugar constitucionalmente demarcado. *Revista de Informação Legislativa*, a. 46, n. 183, jul./set. 2009.

DÍEZ-PICAZO, Luis María. Notas de derecho comparado sobre la independencia judicial. *Revista Española de Derecho Constitucional*, n. 34, enero-abril 1992.

DIMOULIS, Dimitri; MARTINS, Leonardo. *Teoria geral dos direitos fundamentais*. São Paulo: Revista dos Tribunais, 2007.

_____ et al. (Orgs.). *Dicionário brasileiro de direito constitucional*. São Paulo: Saraiva, 2007. v. 1.

FALCÓN Y TELLA, Fernando. *Challenges for human rights*. Leiden; Boston: Martinus Nijhoff Publishers, 2007.

FÁVERO, Eugênia Augusta Gonzaga. O direito das pessoas com deficiência de acesso à educação. In: ARAUJO, Luis Alberto David (Org.). *Defesa dos direitos das pessoas portadoras de deficiência*. São Paulo: Revista dos Tribunais, 2006, p. 152-174.

_____. *Direitos das pessoas com deficiência*: garantia da igualdade na diversidade. Rio de Janeiro: WWA, 2004

FELDENS, Luciano. *A Constituição Penal*: a dupla face da proporcionalidade no controle de normas penais. Porto Alegre: Livraria do Advogado, 2005.

FERREIRA, Marcelo Ramos Peregrino. *O controle de convencionalidade da Lei da Ficha Limpa*: direitos políticos e inelegibilidades. Rio de Janeiro: Lumen Juris, 2015.

FERREIRA FILHO, Manoel Gonçalves. *Os direitos humanos fundamentais*. 2. ed. São Paulo: Saraiva, 1998.

FINNIS, John. *Natural law and natural rights*. Oxford: Clarendon Press, 1989.

FISCHER, Douglas. Garantismo penal integral (e não o garantismo hiperbólico monocular) e o princípio da proporcionalidade: breves anotações de compreensão e aproximação dos seus ideais, *Revista de Doutrina da 4ª Região*, Porto Alegre, n. 28, mar. 2009. Disponível em: <http://www.revistadoutrina.trf4.jus.br/index.htm?http://www.revistadoutrina.trf4.jus.br/artigos/edicao028/douglas_fischer.html>. Acesso em: 7 dez. 2011.

FONSECA, Ricardo Tadeu Marques da. "A ONU e seu Conceito Revolucionário de Pessoa com Deficiência", *Revista do Tribunal Regional do Trabalho da 14ª Região*, v. 6, n. 1, jan. /jun. 2010, p. 121-142.

GOMES, Joaquim B. Barbosa. *Ação afirmativa & princípio constitucional da igualdade*. Rio de Janeiro: Renovar, 2001.

GOMES, José Jairo. *Direito eleitoral*. 5. ed. Belo Horizonte: Del Rey, 2010.

GOMES FILHO, Antonio Magalhães. *Direito à prova no processo penal*. São Paulo: Revista dos Tribunais, 1997.

GONÇALVES, Luiz Carlos dos Santos. *Mandados expressos de criminalização e a proteção de direitos fundamentais na Constituição brasileira de 1988*. Belo Horizonte: Fórum, 2007.

_____. *Direito eleitoral*. 2. ed. São Paulo: Atlas, 2012.

GORCZEVSKI, Clóvis. *Direitos humanos dos primórdios da humanidade ao Brasil de hoje*. Porto Alegre: Imprensa Livre, 2005.

GRAU, Eros. *Ensaio e discurso sobre a interpretação/aplicação do direito.* 5. ed. São Paulo: Malheiros, 2009.

GUERRA FILHO, Willis Santiago. Princípio da proporcionalidade e teoria do direito. In: GRAU, Eros Roberto; GUERRA FILHO, Willis Santiago (Orgs.). *Direito constitucional*: estudos em homenagem a Paulo Bonavides. São Paulo. Malheiros, 2003.

HÄBERLE, Peter. *Hermenêutica constitucional*: a sociedade aberta dos intérpretes da Constituição – contribuição para a interpretação pluralista e procedimental da Constituição. Trad. Gilmar Ferreira Mendes. Porto Alegre: Sergio Antonio Fabris Editor, 1997.

_____. *Pluralismo y Constitución*: estudios de la Teoría Constitucional de la sociedad abierta. Madrid: Tecnos, 2002.

HART, Herbert L. A. *O conceito de direito.* 2. ed. Trad. A. Ribeiro Mendes. Lisboa: Fundação C. Gulbenkian, 1994.

HECK, Luís Afonso. *O Tribunal Constitucional Federal e o desenvolvimento dos princípios constitucionais.* Porto Alegre: Sergio Antonio Fabris Editor, 1996.

IKAWA, Daniela. *Ações afirmativas em universidades.* Rio de Janeiro: Lumen Juris, 2008.

ISHAY, Micheline. *Direitos humanos*: uma antologia. Principais escritos políticos, ensaios, discursos e documentos desde a Bíblia até o presente. Trad. Fábio Joly. São Paulo: EDUSP, 2006.

JELLINEK, GeOrg. *Teoria General del Estado.* Trad. da 2ª ed. alemã por Fernando de los Rios. Buenos Aires: Albatros, 1970.

JESUS, Damásio de. *Código Penal anotado.* 20. ed. São Paulo: Saraiva, 2010.

KANT, Immanuel. *Fundamentação da metafísica dos costumes* (1795). Trad. Antônio Pinto de Carvalho. São Paulo: Companhia Editora Nacional, 1964.

_____. *Fundamentação da metafísica dos costumes.* São Paulo: Abril, v. XXV, 1974 (Col. Os Pensadores).

KAYSER, Hartmut-Emanuel. *Os direitos dos povos indígenas do Brasil*: desenvolvimento histórico e estágio atual. Trad. Maria da Glória Lacerda Rurack e Klaus-Peter Rurak. Porto Alegre: Fundação Procurador Pedro Jorge, Associação Nacional dos Procuradores da República, Safe, 2010.

LAFER, Celso. *A reconstrução dos direitos humanos*: um diálogo com o pensamento de Hannah Arendt. São Paulo: Cia. das Letras, 1988.

_____. A reconstrução dos direitos humanos: a contribuição de Hannah Arendt. In: *Estudos Avançados* 11 (30), 1997.

_____. *A internacionalização dos direitos humanos*: constituição, racismo e relações internacionais. Barueri: Manole, 2005.

LEMKIN, Raphael. *Axis Rule in Occupied Europe: Laws of Occupation – Analysis of Government – Proposals for Redress.* Washington: Carnegie Endowment for International Peace, 1944.

LENZA, Pedro. *Direito constitucional esquematizado.* 15. ed. São Paulo: Saraiva, 2011.

_____. *Direito constitucional esquematizado.* 16. ed. São Paulo: Saraiva, 2012.

LEVI, Luca. Regime político. In: BOBBIO, Norberto; PASQUINO, Gianfranco (Orgs.). *Dicionário de política.* 4. ed. Trad. Carmen Varrialle et al., Brasília: Ed. UnB, 1992.

LEWANDOWSKI, Enrique Ricardo. *Proteção internacional dos direitos humanos na ordem interna e internacional.* Rio de Janeiro: Forense, 1984.

LIMA, Carolina Alves de Souza; LOPES, Antonio Carlos; SANTORO, Luciano de Freitas. *Eutanásia, Ortotanásia e Distanásia.* 3. ed., atualizada e ampliada. Rio de Janeiro: Atheneu, 2018.

LOCKE, John. *Segundo tratado sobre o governo civil*: ensaio sobre a origem, os limites e os fins verdadeiros do governo civil (1689). Trad. Magda Lopes e Marisa Lobo da Costa. Petrópolis, RJ: Vozes, 1994.

LOEWENSTEIN, Karl. Militant Democracy and Fundamental Rights, Part I and II. *The American Political Science Review*, Jun. , 1937, vol. 31, n. 4 e 5 (Agosto 1937), p. 638-658.

MAHLKE, Helisane. *Direito internacional dos refugiados.* Novo paradigma jurídico. Belo Horizonte: Arraes, 2017.

MALERBI, Diva. Os direitos políticos de votar e ser votado. Estatuto constitucional. Breve análise. In: COSTA WAGNER, L. G.; CALMON, Petronio (Orgs.). *Direito eleitoral*: estudos em homenagem ao Desembargador Mathias Coltro. Brasília: Gazeta Jurídica, 2014, p. 115-134.

MARITAIN, Jacques. *Les droits de l'homme et la lo inaturel.* Paris: Paul Hartmann Éditeur, 1947.

MARTINS, Leonardo (Org.). *Cinquenta anos de jurisprudência do Tribunal Constitucional Federal alemão.* Montevidéu: Konrad Adenauer Stiftung, 2005.

MEDEIROS, Marcelo; SOUZA, Pedro H. G. Ferreira de; CASTRO, Fábio Avila de. O Topo da Distribuição de Renda no Brasil: Primeiras Estimativas com Dados Tributários e Comparação com Pesquisas Domiciliares (2006-2012), in DADOS – Revista de Ciências Sociais, v. 58, n. 1, 2015.

MEIRELLES, Hely Lopes. *Mandado de segurança e ações constitucionais* (atualizado por Arnoldo Wald e Gilmar Ferreira Mendes). 34. ed. São Paulo: Malheiros, 2012.

MELLO, Celso A. O § 2º do art. 5º da Constituição Federal. In: TORRES, Ricardo Lobo. *Teoria dos direitos fundamentais.* 2. ed.Rio de Janeiro: Renovar, 2001.

MENDES, Gilmar. *Os direitos fundamentais e seus múltiplos significados na ordem constitucional.* Brasília, v. 2, n. 13, jun. 1999. Disponível em: <https://revistajuridica.presidencia.gov.br/index.php/saj/article/view/1011/995>. Acesso em: 15 out. 2016.

_____. *Direitos fundamentais e controle de constitucionalidade.* 3. ed. São Paulo: Saraiva, 2004.

_____; COELHO, Inocêncio Mártires; BRANCO, Paulo Gustavo Gonet. *Curso de direito constitucional.* 2. ed. São Paulo: Saraiva, 2008.

_____; COELHO, Inocêncio Mártires; BRANCO, Paulo Gustavo Gonet. *Curso de direito constitucional.* São Paulo: Saraiva, 2007.

MORAES, Alexandre de. *Direito constitucional.* 24. ed. São Paulo: Atlas, 2009.

_____. *Direitos humanos fundamentais.* 9. ed. São Paulo: Atlas, 2011.

_____. *Constituição do Brasil interpretada.* São Paulo: Atlas, 2002.

MORAES, Maria Celina Bodin de. Conceito de dignidade humana: substrato axiológico e conteúdo normativo. In: SARLET, Ingo Wolfgang (Org.). *Constituição, direitos fundamentais e direito privado.* Porto Alegre: Ed. Livraria do Advogado, 2003.

MOREIRA, Adilson. Racismo recreativo (Coleção Femininos Plurais. Coordenação de Djamila Ribeiro). São Paulo: Sueli Carneiro/Pólen Livros, 2019.

MÜLLER, Friedrich. *Métodos de trabalho do direito constitucional*. 2 ed. São Paulo: Max Limonad, 2000.

NOVAIS, Jorge Reis. *As restrições aos direitos fundamentais não expressamente autorizadas pela Constituição*. Coimbra: Coimbra Ed., 2003.

_____. *A dignidade da pessoa humana*. v. II *Dignidade e inconstitucionalidade*. Coimbra: Almedina, 2017.

PAIVA, Caio. *Audiência de custódia e o processo penal brasileiro*. São Paulo: Empório do Direito, 2015.

PARDI, Luis Vanderlei. *O regime jurídico da expulsão de estrangeiros no Brasil*. São Paulo: Almedina, 2015.

PEGORARI, Bruno. O choque de jurisdições e o diálogo das togas: uma proposta dialógica para o conflito interpretativo entre o STF e a Corte Interamericana em matéria de direito à propriedade coletiva para os povos indígenas. In: MENEZES, Wagner (Org.). *Direito Internacional em expansão*. Belo Horizonte: Arraes, 2016, v. VI, p. 480-500.

PEREIRA, Deborah Macedo Duprat de Britto. *O Estado pluriétnico*. Disponível em: <http://www.mpf.mp.br/atuacao-tematica/ccr6/documentos-e-publicacoes/artigos/docs_artigos/estado_plurietnico.pdf/view>. Acesso em: 15 out. 2016.

PEREIRA, Jane Reis Gonçalves. *Interpretação constitucional e direitos fundamentais*. Rio de Janeiro: Renovar, 2006.

PERELMAN, Chaïm. É possível fundamentar os direitos do homem. In: *Ética e o Direito*. Trad. Maria Ermentina G. Pereira. São Paulo: Martins Fontes, 1996.

PEREZ LUÑO, Antonio Enrique. *Derechos humanos, Estado de derecho y constitución*. Madrid: Tecnos, 2001.

PIKETTY, Thomas. *O capital no século XXI*. Trad. de Monica Baumgarten de Bolle Rio de Janeiro: Intrínseca, 2014.

PIOVESAN, Flávia. A universalidade e a indivisibilidade dos direitos humanos: desafios e perspectivas. In: BALDI, César Augusto (Org.). *Direitos humanos na sociedade cosmopolita*. Rio de Janeiro: Renovar, 2004.

_____. *Direitos humanos e o direito constitucional internacional*. 7. ed. São Paulo: Saraiva, 2006.

QUIÑONES, Paola Pelletier. "La 'discriminación estructural' en la evolución jurisprudencial de la Corte Interamericana de Derechos Humanos", *Revista del Instituto Interamericano de Derechos Humanos*, v. 60, 2014, p. 204-215.

RAMOS, Elival da Silva. *Perspectivas de evolução do controle de constitucionalidade no Brasil*. São Paulo: Saraiva, 2009.

RAWLS, John. *Uma teoria da justiça*. Trad. Almiro Pisetta, Lenita M. R. Esteves. São Paulo: Martins Fontes, 1997.

REY MARTÍNEZ, Fernando. *Eutanasia y derechos fundamentales*. Madrid: Centro de Estudios Políticos y Constitucionales, 2008.

RIOS, Roger Raupp; RESADORI, Alice Hertzog. Direitos humanos, transexualidade e "direito dos banheiros", *Direito & Práxis*, v. 6, n. 12, 2015, p. 196-227.

ROTHENBURG, Walter Claudius. O tempero da proporcionalidade no caldo dos direitos fundamentais. In: *Princípios processuais civis na Constituição*. Coord. Olavo de Oliveira Neto e Maria Elizabeth de Castro Lopes. Rio de Janeiro: Elsevier, 2008, p. 283-319.

_____. Direitos fundamentais e suas características, *Caderno de Direito Constitucional e Ciência Política*, n. 29, out./dez. 1999, p. 55-65.

_____. Igualdade. In: LEITE, George Salomão; SARLET, Ingo Wolfgang (Coords.). *Direitos fundamentais e estado constitucional*: estudos em homenagem a J. J. Gomes Canotilho. São Paulo: Revista dos Tribunais; Coimbra: Coimbra Ed., 2009, p. 346-371.

_____. *Direitos fundamentais*. São Paulo: GEN/Método, 2014.

_____. *A fundamentalidade dos direitos sociais*: por uma concepção unitária dos direitos fundamentais. Tese de livre-docência aprovada na Faculdade de Direito da Universidade de São Paulo (Ribeirão Preto), 2019.

ROUSSEAU, Jean Jacques. *O contrato social*. Trad. Mário Pugliesi e Norberto de Paula Lima. São Paulo: Hemus, 1996.

SAGÜES, Nestor Pedro. El "control de convencionalidad" en el sistema interamericano, y sus anticipos en el ámbito de los derechos económicos-sociales. Concordancias y diferencias con el sistema europeo. In: BOGDANDY, Armin von; FIX-FIERRO, Héctor; ANTONIAZZI, Mariela Morales; MAC-GREGOR, Eduardo Ferrer (Orgs.). *Construcción y papel de los derechos sociales fundamentales. Hacia un ius constitucionale commune en América Latina*. Universidad Nacional Autónoma de México: Instituto de Investigaciones Jurídicas, 2011. Disponível em: <http://biblio.juridicas.unam.mx/libros/7/3063/16.pdf>. Acesso em: 15 out. 2016.

SARLET, Ingo Wolfgang. *Dignidade da pessoa humana e direitos fundamentais*. Porto Alegre: Ed. Livraria do Advogado, 2001.

_____. Direitos fundamentais sociais e proibição de retrocesso: algumas notas sobre o desafio da sobrevivência dos direitos sociais num contexto de crise, *Revista Brasileira de Direito Constitucional – RBDC*, São Paulo, n. 4, p. 241-271, jul./dez. 2004.

_____. Direitos fundamentais, reforma do Judiciário e tratados internacionais de direitos humanos. In: CLEVE, Clèmerson Merlin; SARLET, Ingo W.; PAGLIARINI, Alexandre Coutinho (Orgs.). *Direitos humanos e democracia*. Rio de Janeiro: Forense, 2007.

_____. *A eficácia dos direitos fundamentais*. 2. ed. Porto Alegre: Livraria do Advogado, 2001.

_____. *A eficácia dos direitos fundamentais*. 10. ed. Porto Alegre: Livraria do Advogado, 2010.

SARMENTO, Daniel. O crucifixo nos tribunais e a laicidade do Estado, *Revista Eletrônica PRPE*. Disponível em: <http://www.prpe.mpf.mp.br/internet/index.php/internet/Legislacao-e-Revista-Eletronica/Revista-Eletronica/2007-ano-5/O-Crucifixo-nos-Tribunais-e-a-Laicidade-do-Estado>. Acesso em: 15 out. 2016.

_____. *A ponderação de interesses na Constituição brasileira*. Rio de Janeiro: Lumen Juris, 2000.

_____. *Livres e iguais*: estudos de direito constitucional. Rio de Janeiro: Lumen Juris, 2010.

_____. *Dignidade da pessoa humana*. Conteúdo, trajetórias e metodologia. 2. ed. Belo Horizonte: Forum, 2016.

_____. e PONTES, João Gabriel Madeira. Democracia Militante e Imunidade Material dos Parlamentares: Limites Constitucionais aos discursos de Deputados E Senadores. *Revista da AJURIS* – Porto Alegre, v. 47, n. 149, dezembro, 2020, p. 67-93.

SANSEVERINO, Francisco de Assis Vieira. *Direito eleitoral*. 4. ed. Porto Alegre: Verbo Jurídico, 2012.

SARTORI, Giovanni. *Partidos e sistemas partidários*. Trad. Waltensir Dutra. Rio de Janeiro/Brasília: Zahar Editores/Ed. UnB, 1982.

SILVA, José Afonso da. *Curso de direito constitucional positivo*. 5. ed. São Paulo: Malheiros, 1989.

_____. A dignidade da pessoa humana como valor supremo da democracia, *Revista de Direito Administrativo*. Rio de Janeiro, v. 212, p. 89-94, abr./jun. 1998.

_____. *Comentário contextual à Constituição*. 2. ed. São Paulo: Malheiros, 2006.

SILVA, Paulo Thadeu Gomes da. Direito indígena, direito coletivo e multiculturalismo. In: SARMENTO, Daniel; IKAWA, Daniela; PIOVESAN, Flávia (Coords.). *Igualdade, diferença e direitos humanos*. Rio de Janeiro: Lumen Juris, 2008, p. 559-598.

_____. *Os direitos dos índios*: fundamentalidade, paradoxos e colonialidades internas. São Paulo: Café com Leite, 2015.

SILVA, Virgílio Afonso da. O conteúdo essencial dos direitos fundamentais e a eficácia das normas constitucionais, *Revista de Direito do Estado*, n. 4, p. 23-51, 2006.

_____. O proporcional e o razoável, *Revista dos Tribunais*, São Paulo, n. 798, p. 23-50, 2002.

_____. *Direitos fundamentais*: conteúdo essencial, restrições e eficácia. São Paulo: Malheiros, 2010.

_____. Interpretação constitucional e sincretismo metodológico. In: SILVA, Virgílio Afonso da (Org.). *Interpretação constitucional*. São Paulo: Malheiros, 2005.

_____. Partidos e reforma política, *Revista Brasileira de Direito Público*, 2005, p. 9-19.

SOUZA NETO, Cláudio Pereira. *Jurisdição constitucional, democracia e racionalidade prática*. Rio de Janeiro: Renovar, 2002.

STEINMETZ, Wilson. *Colisão de direitos fundamentais e princípio da proporcionalidade*. Porto Alegre: Livraria do Advogado, 2001.

STRECK, Lenio Luiz. *As interceptações telefônicas e os direitos fundamentais*: Constituição, cidadania, violência: a Lei n. 9.296/96 e seus reflexos penais e processuais. 2. ed. Porto Alegre: Livraria do Advogado, 2001.

SUESS, Paulo (Org.). *A conquista espiritual da América espanhola*. Petrópolis: Vozes, 1992.

SUNFELD, Carlos Ari. Vigilância epidemiológica e direitos constitucionais, Revista de Direito Sanitário, v. 3, n. 2, jul. 2002.

TAVARES, André Ramos. *Curso de direito constitucional*. 5. ed. São Paulo: Saraiva, 2007.

_____. Princípio da consubstancialidade parcial dos direitos fundamentais na dignidade do homem, *Revista da AJURIS*. v. 32, n. 99 – set. 2005, p. 22-39.

TENORIO, Rodrigo. *Direito eleitoral*. São Paulo: Método, 2014.

TORRES, Paula Ritzmann. O caso Álvarez Ramos vs. Venezuela: limites à tutela penal da honra e da liberdade de expressão e crítica. Boletim do IBCCrim, n. 327, fev. de 2020.

VASAK, Karel. "For the Third Generation of Human Rights: The Rights of Solidarity", Inaugural lecture, Tenth Study Session, International Institute of Human Rights, July 1979. In: VASAK, K. (Ed.). *The international dimension of human rights.* Paris: Unesco, 1982. v. I e II.

VEDOVATO, Luís Renato. *Direito de ingresso do estrangeiro*: a circulação das pessoas pelo mundo no cenário globalizado. Livro digital. São Paulo: Atlas, 2013.

VENTURA, Deisy. Pandemias e estado de exceção. In: Marcelo Catoni e Felipe Machado (Org.). Constituição e Processo: a resposta do constitucionalismo à banalização do terror. Belo Horizonte, MG: Del Rey/IHJ, 2009.

VIEIRA, Oscar Vilhena; ALMEIDA, Eloísa Machado de. Advocacia estratégica em direitos humanos: a experiência da Conectas, *Revista Internacional de Direitos Humanos,* v. 8, n. 15, p. 187 e s., dez. 2011.

VIEIRA, Oscar Vilhena; GLEZER, Rubens e BARBOSA, Ana Laura Pereira. Supremocracia E Infralegalismo Autoritário. *Novos Estudos Cebrap.* São Paulo, v. 41, 2022, p. 591-604.

VIEIRA DE ANDRADE, José Carlos. *Os direitos fundamentais na Constituição Portuguesa de 1976.* 1. ed. Coimbra: Almedina, 1983. Reimp. 1987.

VILLARES, Luiz Fernando. *Direito e povos indígenas.* Curitiba: Juruá, 2009.

VILLEY, Michel. *Direito e os direitos humanos.* São Paulo: Martins Fontes, 2007.

VITORELLI, Edilson. *Estatuto do Índio.* 2. ed. Salvador: JusPodivm, 2013.

_____. "O equívoco brasileiro: cotas raciais em concursos públicos". *Revista de Direito Administrativo,* v. 271, p. 281-315, maio 2016.

WARREN, Samuel D.; BRANDEIS, Louis D. The right of privacy, *Harvard Law Review,* n. 5, p. 193-220, 1890.

WEICHERT, Marlon Alberto. *Saúde e federação na Constituição brasileira.* Rio de Janeiro: Lumen Juris, 2004.

_____. *Justiça transicional.* São Paulo: Estúdio Editores, 2015.

WEIS, Carlos. *Os direitos humanos contemporâneos.* São Paulo: Malheiros, 1999.

_____. *Direitos humanos contemporâneos.* 2. ed. 2. tir. São Paulo: Malheiros, 2011.

ZAVASCKI, Teori Albino. *Processo coletivo*: tutela de direitos coletivos e tutela coletiva de direitos. 4. ed. São Paulo: Revista dos Tribunais, 2009.